DU MÊME AUTEUR

L'INVENTION DU CORPS DE SAINT MARC, POL, 1983
L'INNOCENCE, POL, 1984
SEPT PASSIONS SINGULIÈRES, POL, 1985
LE SENTIMENT DE LA LANGUE, Champ Vallon, 1986
LE PLUS HAUT MIROIR, Fata Morgana, 1986
BEYROUTH, Champ Vallon, 1987
L'ANGÉLUS, POL, 1988 (Folio n° 3506)
LA CHAMBRE D'IVOIRE, POL, 1989 (Folio n° 3506)
LAURA MENDOZA, POL, 1991
ACCOMPAGNEMENT, POL, 1991
L'ÉCRIVAIN SIRIEIX, POL, 1992 (Folio n° 3506)
LE CHANT DES ADOLESCENTES, POL, 1993
LE SENTIMENT DE LA LANGUE I, II, III, La Table ronde, 1993, prix de l'essai de l'Académie française, 1994
CŒUR BLANC, POL, 1994
UN BALCON À BEYROUTH, La Table ronde, 1994
LA GLOIRE DES PYTHRE, POL, 1995 (Folio n° 3018)
L'AMOUR MENDIANT, POL, 1996
L'AMOUR DES TROIS SŒURS PIALE, POL, 1997 (Folio n° 3199)
CITÉ PERDUE, Fata Morgana, 1998
AUTRES JEUNES FILLES, avec des dessins d'Ernest Pignon-Ernest, Éditions François Janaud, 1998
LE CAVALIER SIOMOIS, éditions François Janaud, 1999
LAUVE LE PUR, POL, 2000

LA VOIX D'ALTO

RICHARD MILLET

LA VOIX D'ALTO

roman

nrf

GALLIMARD

Dis, ô mon Dieu, à ton suppliant, dis, miséricordieux, à ton misérable, dis-moi si mon enfance succédait à une autre période déjà morte d'une vie personnelle ou simplement au temps que je passai dans le ventre de ma mère.

Saint Augustin

La nuit vivante se dissipe à la clarté de la mort.

Michel Foucault

I

« Il n'y a pas de commencement à une histoire d'amour, elle a toujours commencé et elle finira sans doute comme elle a commencé, sans vraiment prendre fin, même quand nous ne serons plus là, mon amour », m'a-t-elle dit aux premiers temps de ce qu'il faut bien appeler notre liaison, faute de mieux, lorsque je l'écoutais parler dans le calme du lointain, offerte et déjà plus tout à fait présente, elle, la lente, l'étrange, la belle émigrée, qui n'aura jamais été tout à fait là, je le sais maintenant, pas voulu être là, non, pas dans l'évidence du jour ni dans le pauvre mystère de ce qui succède au jour, mais dans la vraie nuit qu'elle appelait aussi la vérité sur soi : « la seule », ajoutait-elle avec une solennité qui m'agaçait, au début, puisqu'il y a eu un début, malgré tout, ces premiers mots, gestes, effleurements rêvés ou réels qui sont un tâtonnement d'aveugle en plein midi, retour sur soi, recherche de la vérité, ce peu de vérité qui a l'éclat d'un ongle dans la nuit...

Elle regardait avec dégoût la fausse monnaie des sentiments, des images, des mots. L'appauvrissement des langues la désolait, comme le peu de secret qu'elles recèlent.

« Les langues souffrent et meurent comme des corps », murmurait-elle en souriant.

Elle se sentait cernée, assiégée, égarée — sans préciser par quoi. Elle attendait des signes. Certains phénomènes météorologiques la terrifiaient, l'indignaient même, m'avait-elle laissé entendre, le jour de la grande éclipse, le 11 août 1999, si je me souviens bien. J'avais chaud. J'ai toujours eu trop chaud, même en hiver, dans les chambres, les rues, les sous-sols des villes, à cause, j'imagine, de mon enfance à Siom, dans le haut Limousin, parmi les grands vents et des hivers où le froid semblait devoir faire surgir de la nuit les loups de l'ancien temps et où j'ai passé mes premières années à lutter contre ça, le froid, l'obscurité, la solitude, les loups, les barbares, et tout ce qui n'était pas tout à fait mort et hantait les abords de Siom.

Le jour de l'éclipse, j'avais quitté dans la matinée une jeune Polonaise dont le lit donnait sur les marronniers du bois de Vincennes et avec qui je vivais un de ces amours tranquilles qui sont aux hommes mûrs une musique de l'aube, puis j'étais passé, non loin de là, pour prendre une partition au conservatoire de Fontenay-sous-Bois, où je tiens la classe d'alto durant l'année scolaire et où on me laissait disposer, cet été-là, d'une salle où répéter avec quelques amis des quintettes français de la fin du XIXe siècle.

Dans le RER la chaleur était dégradante, pour moi plus que pour les autres, puisque l'homme de la rue, l'homme des foules, a pris l'habitude de se dévêtir autant que les femmes, de sorte qu'assis sur une banquette du train on a souvent les yeux et le nez sur cela même que des siècles de civilisation avaient eu pour but de dissimuler ou de ne proposer que par éclairs, dans l'échancrure ou le bâillement du vêtement : les poils des jambes, des aisselles, des torses, et ces tatouages qui fleurissent dans les fins de siècle, fleurs, prénoms, oiseaux, dragons, slogans, idéogrammes, cris d'amour et de haine, emblèmes de religions naissantes ou moribondes.

Avilissante chaleur, pour eux comme pour moi, ai-je pensé avec le sentiment d'en être plus affecté que ces gens à demi nus, non pas parce que je leur serais supérieur mais parce que je suis un artiste et que cette condition est à mes yeux bien plus importante que le fait d'être citoyen d'un pays transpirant, désœuvré, morose, oublieux, et si conscient, moi, de ce que je dois à la musique que je n'ai jamais touché mon alto sans être convenablement vêtu, même chez moi, lorsque j'ai trop chaud et que je suis seul, travaillant un morceau et incapable de me représenter Marc-Antoine Charpentier composant en linge de corps ses *Leçons de ténèbres*, ou Alban Berg en caleçon son *Concerto à la mémoire d'un ange*. Oui, indigné à l'idée que la musique puisse se jouer en débraillé alors qu'elle est la seule chose qui me fasse supporter l'idée qu'il y ait désormais un temps où Nicole n'est plus et un autre, peut-être peu lointain, où mon corps reposera dans la froide terre de Siom.

Je suis descendu à Châtelet-Les Halles pour remonter par l'immense escalier mécanique vers un ciel d'été d'un bleu presque pâle dans lequel s'amoncelaient des nuages venus de l'ouest, le visage levé vers ce ciel, comme tous ceux qui sortaient de ces souterrains, non seulement à cause de la lumière dont ils avaient été privés mais parce qu'ils guettaient déjà dans le ciel ce qu'y chercheraient ce jour-là d'innombrables regards à qui les nuages faisaient déjà redouter de ne pouvoir la contempler, cette éclipse annoncée, commentée, interprétée depuis des semaines dans les journaux, des livres, des bouches de savants ou d'herméneutes délirants. Je ne me souciais pas de l'éclipse : je suis né trop près de la terre — une terre pas encore privée de légendes — pour m'étonner des phénomènes naturels. Je les regardais, ces scrutateurs, autour de la fontaine des Innocents, sur le boulevard de Sébastopol, sur la place du Châtelet, le nez en l'air et chaussé de lunettes noires ; je les regardais, ces innocents, et je marchais moi aussi vers la Seine d'un pas moins lent que le leur tout en guettant au ciel non pas l'imminence de l'obscurcissement mais je ne sais quel ange qui protégerait Nicole : un ange que je ne pouvais songer à incarner, me disais-je en souriant, malgré la confiance qu'avait placée en moi la femme que j'allais retrouver et que l'éclipse emplissait de terreur ; une peur irraisonnée, m'avait-elle dit ce matin-là, dès l'aube, dans un message laissé sur mon téléphone mobile, ne sachant si j'étais dans le lit d'une autre femme ou bien chez moi, trop tôt éveillé comme à la fin de chaque nuit, et attendant le lever du jour dans mon vaste et clair appartement, boulevard de la Bastille, au dernier étage d'un immeuble moderne auquel je ne trouvais d'autre charme que de donner à la fois sur le bassin de l'Arsenal, la Seine, les arbres du jardin des Plantes et les toits de la gare d'Austerlitz — n'ayant, en bon Siomois, m'avait souvent dit Nicole, jamais voulu trop m'éloigner des trains qui puissent me ramener sur les terres où je suis né, au plus haut de la montagne limousine.

Une peur — celle de Nicole — que j'avais en tout cas prise au sérieux et pour laquelle j'en appelais non pas au saint du jour, comme je l'avais si souvent entendu faire aux vieilles femmes de Siom, et bien que ce jour-là fût celui de sainte Claire, l'amie admirable de François d'Assise que Nicole aimait particulièrement, mais à saint Michel archange, dont Nicole m'avait dit qu'elle l'invoquerait, en ce jour où elle s'était persuadée qu'il pourrait lui arriver malheur, à elle : superstition à première vue extravagante chez cette femme intelligente, cultivée, docteur en médecine, dont la vie tout entière témoignait d'une liberté souveraine, sans doute agnostique ou n'ayant gardé de la religion de ses pères que le goût du tragique, de l'apparat, de la grande douceur catholique — et particulièrement des saints et des anges qui avaient entouré son enfance du bruissement de leurs ailes et qu'elle convoquait, imaginais-je, en ce jour où elle resterait terrée chez elle, sous les toits d'un immeuble de l'île Saint-Louis.

Elle m'avait appelé pour annuler le déjeuner que nous avions coutume de prendre ensemble, une fois par semaine, généralement le vendredi, qui était son jour de congé. Nous nous retrouvions, à la pointe de l'île, dans un bistrot où nous avions nos habitudes : « Un rite, disait-elle, parce que le rite est la noblesse de l'habitude et qu'il n'y a rien de mieux que ceux qu'on invente ensemble... » Je l'avais rappelée en sortant de chez la jeune Polonaise. J'avais insisté, ne voulant ni déroger au rite, ni la laisser seule, et elle était revenue sur sa décision : ce serait chez elle que nous nous verrions, et j'apporterais de quoi me nourrir, pour peu que ce ne soit que de la nourriture froide, qui ne sente pas, ne s'étale pas, n'offense pas les yeux, avait-elle murmuré au téléphone, si bas que je ne suis pas certain qu'elle n'ait pas dit « les dieux » au lieu de « les yeux », comme s'il s'agissait pour elle d'apaiser par l'abstinence des divinités dont la colère se fût manifestée par l'obscurcissement du ciel en plein midi, ou bien de ne pas les irriter davantage en faisant cuire quelque chose qui leur rappelât notre misérable existence.

Misérable, pauvre petit humain : tel me suis-je senti en insistant pour voir une femme qui entendait rester seule, ce jour-là, mais qui, tout aussi brusquement, s'est mise à me supplier de venir :

— Il faut que tu viennes, oui, que tu ne t'étonnes pas, ne me juges pas... Mais on ne fera pas l'amour... .

Il arrivait qu'après le déjeuner nous montions chez elle pour nous étreindre : j'use là d'une de ses expressions à elle pour dire un autre moment du rite, un autre accomplissement dont je la laissais décider, tant il est vrai qu'il dépend, cet acte, de la seule volonté, du bon vouloir des femmes, quelque illusion de pouvoir qu'elles laissent là-dessus aux hommes qui continuent de se croire maîtres de l'empire des sens. Je ne me suis pas demandé pourquoi nous ne ferions pas l'amour, cette fois, et en vérité je ne m'en souciais guère puisque je sortais des bras de la jeune Kryztyna. Nicole avait lié son existence à un ensemble de signes dont le moins considérable n'était pas la qualité de la lumière du jour et des saisons, à quoi elle accordait son cœur, ses désirs et ses actes, et qui lui avait fait ajouter, au téléphone, comme si je ne venais que pour ça : « Non, on ne baisera pas », avec une crudité que je ne lui connaissais pas, surtout s'agissant de l'amour, quelque chose qu'elle ne parvenait pas à rendre vulgaire et dont la violence disait seulement l'effroi où la plongeait l'éclipse.

« J'aurais trop peur de mourir, de jouir de façon inverse, si tu préfères, de tomber au fond de moi-même », me rappelais-je qu'elle avait encore murmuré au téléphone.

Je marchais d'un pas égal le long du quai de Gesvres dont j'aime le nom parce qu'il me donne l'impression de marcher, même en plein été, sur un quai de givre, et la vue qu'il offre sur les îles et sur le ciel. Les gens se pressaient contre les parapets. Les voitures roulaient plus lentement ou trop vite, à une allure qui semblait en tout cas dépendre davantage des mouvements célestes que des conducteurs. Moi aussi je levais les yeux vers le ciel, moins pour faire comme les autres et admirer les progrès de l'enténèbrement que pour y trouver de quoi me rassurer au sujet de Nicole : la lumière, à ce moment-là, n'était plus celle d'une ordinaire journée d'août, chaude et nuageuse, ni le bruit de la ville tout à fait le même. Nicole et moi aimions par-dessus tout les nuages, les ciels changeants, les pluies d'automne et de printemps ; nous partagions l'horreur des ciels trop bleus qui nous renvoyaient au désarroi de l'enfance, Nicole à l'éternité de l'hiver québécois au bord du Saint-Laurent pris dans les glaces ou à Québec, devant les plaines d'Abraham sur lesquelles avaient été défaits les soldats de Champlain dont sa grand-mère Dupré lui disait qu'on pouvait entendre les gémissements, les jours de grand vent, et qui lui faisaient trouver ces étendues aussi terribles et infranchissables que les territoires du Grand Nord ; et moi, à Siom, dans la chaleur de l'été limousin, tout aussi désarmé au milieu d'une journée de soleil que je ne savais comment traverser et rameutant toute la musique que je connaissais pour aller me la chanter à mi-voix au cours d'une de ces interminables marches par lesquelles je tentais d'exténuer en moi une détresse née du ciel trop bleu, je ne peux l'expliquer autrement, quelque chose d'insidieux, l'ennui poussé à son plus haut degré d'angoisse, et qui très tôt m'a fait prendre à la lettre l'expression « tuer le temps », prenant du même coup conscience de l'ironie de la langue à notre égard, puisque c'est nous que nous tuons, ou plutôt le temps qui nous met à mort dans la langue, le temps déguisé en langue qui nous rappelle que nous sommes mortels parce que parlant, parlant sans fin, oui, même ceux qui, comme Nicole ou moi, auront tenté d'échapper à l'ennui, à la détresse, à eux-mêmes par le silence, la musique, le sexe.

Je me suis engagé sur le pont d'Arcole, au milieu duquel je me suis retourné avec une vive torsion du buste qui m'a fait songer à Bonaparte sur son cheval blanc, à Arcole, en Italie, non pas pour la gloire du petit Corse (qu'ai-je à faire de la gloire, moi, cette gloire-là, du moins, l'Empire, les héros, la légende...), mais, me suis-je dit, parce que, manie ou superstition, je ne passe jamais un pont sans me retourner, lorsque j'arrive au milieu, et que, ce matin-là, le nom du pont m'est revenu à l'esprit en même temps que le général de l'armée d'Italie.

Il y avait trop de monde dans la rue d'Arcole, sur le quai de la Corse, sur le quai aux Fleurs, en face, aussi, place de l'Hôtel-de-Ville et sur les berges. Les gens semblaient prêts à se jeter à la Seine ou à se précipiter dans Notre-Dame pour y prier. Les voix étaient plus fortes, les gestes plus vifs, les visages tirés. Nul n'était plus simple passant ou touriste mais devenait un individu à la fois excité et inquiet, entré dans l'imminence d'une apocalypse à quoi il ne croyait cependant pas tout à fait et à l'idée de laquelle je n'échappais pas, moi non plus, puisqu'il m'a fallu me mettre à l'écart, trouver la protection de rues plus étroites et désertes, prenant la rue de la

Colombe puis celle des Ursins avant de retrouver le quai aux Fleurs et de passer dans l'île Saint-Louis.

À l'extrémité du pont, un jeune violoniste blond aux cheveux attachés par un catogan faisait la manche en jouant un air de *Thaïs*, de Massenet, que je ne supporte guère d'entendre chanter mais qui, transposé au violon, n'était pas loin de me tirer des larmes, sans doute parce qu'à cet endroit le ciel était extraordinairement ouvert, au-dessus de la Seine, et que je ne pouvais pas ne pas regarder, ne pas voir que l'éclipse allait commencer, que le soleil qu'on apercevait par intermittence entre les nuages ressemblait à un bouclier de cuivre sale. Je n'ai pas regardé davantage, redoutant de devenir aveugle sur-le-champ, au milieu de cette foule murmurante qui, à mesure que la pénombre gagnait, éclatait en applaudissements, cris de joie, couinements d'appareils photographiques, paroles de reconnaissance, ai-je cru entendre en plusieurs langues, et, dans la bouche d'un automobiliste qui avait mis pied à terre, quai d'Orléans, un chant de louange adressé ni au Ciel ni à l'exceptionnelle conjonction de deux astres, mais à je ne sais quelle instance préposée à ce qui était pour lui non pas un phénomène naturel mais un spectacle, tandis qu'une autre voix (une femme, cette fois) disait qu'elle ne pouvait continuer à rouler dans cette espèce de nuit, que c'eût été rouler à tombeau ouvert, oui, quelque chose comme ça, qui lui faisait considérer les gens massés sur les quais, les berges et les ponts comme des morts sortis de leurs tombes à l'instant de la Résurrection. Et j'étais, moi, dans cet enténèbrement qui n'avait ni la douceur du crépuscule ni l'apaisante obscurité de la nuit, encore moins l'intransigeance des ténèbres qui tombent chaque soir sur Siom, j'étais sur le point de croire que je n'atteindrais pas le quai de

Béthune, même si je me sentais, comment le dire autrement, placé sous la protection de la mélodie de Massenet et doutant, pour peu que je parvienne au quai de Béthune, si rien fonctionnerait à la porte de l'immeuble où vivait Nicole : ni l'interphone régentant l'accès à l'immeuble, ni le déclenchement électrique de la porte, ni même la minuterie du hall d'entrée, lesquels ont cependant rempli leur office, encore que je n'aie pas entendu la voix de Nicole à l'interphone ni eu besoin de me nommer, moi, pénétrant en quasi-fantôme dans un hall toujours sombre, où la lumière venait moins du faible plafonnier que d'une porte vitrée, à l'autre extrémité d'un passage au sol recouvert de dalles blanches disposées en losange et aux murs ornés d'une fausse colonnade corinthienne, et qui sentait le stuc humide, le vieux tapis, la cire : le musée de province, me disais-je toujours en pénétrant dans ce hall où il régnait cette fois une odeur de chapelle ardente que j'ai traversée sans respirer, pressant le pas pour échapper à ce qui me rappelait les chambres mortuaires de Siom et me plaçait de nouveau face au malheur, me disais-je en imaginant qu'une fois poussée la porte vitrée, je déboucherais à l'air libre, sur un rivage heureux, et non sur l'étroite cour intérieure dont le fond était occupé par une étrange et basse construction octogonale en brique sombre et à toit de zinc, avec un œil-de-bœuf encadré par deux fenêtres toujours closes et surplombant une petite fontaine dont la bouche figurait une divinité marine. La porte, s'il y en avait une (jamais je n'ai songé à faire le tour de l'édifice ni à demander ce que c'était ni s'il y vivait quelqu'un, bien que j'aie quelquefois cru voir de la lumière derrière les persiennes), devait se trouver du côté opposé à celui par lequel je passais pour monter chez Nicole. J'ai repris mon souffle devant ce qui ne pouvait, ce jour-là, m'apparaître que comme un tombeau, une sorte de mausolée qui eût enfin accueilli la dépouille pour laquelle il avait été bâti, me suis-je dit sans pour autant me demander quel mort ni m'attarder devant la rangée de plantes en pots, sous ce morceau de ciel qui continuait à s'obscurcir tandis que les oiseaux s'étaient tus — en tout cas les mainates qui d'ordinaire sifflaient à la fenêtre d'une arrière-cuisine et donnaient à la cour une profondeur de forêt équatoriale.

Tout sur la terre semblait appeler à faire silence pendant qu'au plus haut du ciel les deux astres accomplissaient leur singulière rencontre et que je m'étais mis à gravir les marches de bois de ce qui avait été l'escalier de service et menait aux chambres de bonnes. Or il n'y a plus de bonnes ni de domestiques, mais des employés de maison, ai-je pensé en me rappelant les petites bonnes un peu sauvages ou impertinentes qui s'employaient autrefois, à Siom, l'été, à l'hôtel Berthe-Dieu, et regrettant qu'il n'y en ait plus, de ces petites bonnes, qu'il ne reste plus que leurs chambres — pour la plupart transformées en studios habités par des jeunes gens qui sont peut-être les descendants des dernières bonnes.

Je montais lentement, pour ne pas perdre le souffle ni transpirer trop. L'escalier sentait le Paris d'autrefois, celui dont Nicole disait avoir longtemps respiré l'odeur dans les romans français de son enfance, et qui me rappelait, à moi, celle de la maison toulousaine où j'ai logé, pendant mes études musicales, chez une vieille dame dont le visage résumait cette province française qui gisait au fond des livres que lisait Nicole ; la même odeur de vieille France, quai de Béthune ou rue Jacques-Labatut, à Toulouse, sentant la tommette humide, le bois poli, la cire, l'eau de Javel, le pot-au-feu, le vin rouge, le tabac brun, les vieilles gens dont on croyait deviner à de menus bruits, derrière des portes que je n'ai jamais vues s'ouvrir, la frêle, l'incertaine présence, avant d'entrer dans une zone de silence, accédant à des étages peut-être inhabités, reprenant souffle devant des portes qui ne laissaient passer ni bruit ni odeur ni filet de lumière, tandis que je continuais à gravir le bois usé des marches jusqu'à l'ultime tournant où je marquais un léger temps d'arrêt : à l'odeur de vieille France succédait d'ordinaire la lavande de la lessive faite par Nicole, le vendredi matin, et qu'elle mettait à sécher sur le palier dont elle était, dans cette partie du couloir, l'unique usagère. Une odeur à laquelle convenait mieux le nom de parfum et qui me faisait gravir les derniers degrés les yeux fermés, la main glissant sur la rampe dans un bonheur grandissant qui devait quelque chose au plaisir sexuel que je partagerais bientôt avec Nicole, et davantage à la variété de senteurs dans laquelle je pénétrais et qui me ramenaient à la pièce qui faisait office de buanderie, chez nous, à Siom, lorsque ma mère et mes sœurs s'affairaient à la lessive en me tenant à l'écart de leur linge intime et me faisant comprendre que c'étaient là des affaires de femmes, ces sœurs qui me paraissaient presque aussi âgées que ma mère, à moi, le petit frère qu'on n'attendait plus, l'indésiré, l'accident, semblaient-elles me dire en me faisant mesurer quel écart il y avait entre nous, quelle distance, quel chemin à parcourir pour espérer le réduire, et quels détours à emprunter avant d'accéder peut-être à elles, d'être admis dans le cercle des femmes en approchant par exemple le linge qu'elles mettaient à sécher sur des fils tendus entre les thuyas du jardin ; si bien que l'intimité des femmes gardera pour moi quelque chose de l'odeur de savon et de lessive associée à la sève profonde de ces arbres entre lesquels j'aimais marcher, laissant glisser sur mon front, mes joues, mes lèvres et mes mains ces étoffes lourdes d'humidité et dont le frôlement me mettait au bord des larmes, frissonnant plus que je n'aurais dû, comme si je m'y promenais nu, pensant qu'on ne me voyait pas et sortant avec la même innocence de cette forêt de linges, oui, sortant de là pour enfouir mon visage dans ce qui est derrière le linge : la peau, le ciel, le monde, le monde se résumant peu ou prou à la chair des femmes, et d'une douceur, cette chair, aussi inaccessible que le ciel d'un après-midi de printemps où se balance du linge, dans un jardin du haut Limousin.

En montant chez Nicole, j'avais quelquefois l'impression de gravir les marches d'un hôtel de passe, elle l'avait elle-même murmuré, une nuit, dans le même escalier, en enlevant sa culotte entre le deuxième étage et le troisième, avec cette élégance si audacieuse des femmes qui se dénudent pour un homme, particulièrement dans un raide escalier nocturne, veillant à ne pas perdre l'équilibre ni déchirer la dentelle du sous-vêtement aux talons de ses souliers puis me la tendant, cette fine culotte qui, repliée après que j'y eus enfoui ma figure, n'avait dans ma main pas plus de volume qu'un mouchoir et du même rouge que les souliers à talons hauts que je n'aimais pas pour leur seule élégance mais parce qu'ils évoquaient pour moi un conte d'Andersen que m'avait donné à lire Hélène, ma sœur aînée, dans mon enfance : un conte qui faisait en quelque sorte le lien entre la petite Karen de l'histoire, le corps inaccessible de ma sœur et celui de Nicole tel qu'il s'offrirait à moi, quelques minutes plus tard, dans la pénombre du petit appartement où elle était entrée sans donner de lumière et où elle n'avait déjà plus de robe, mais toujours ses chaussures aux pieds et moi sa culotte à la main, tout près de mon nez, pour jouir encore de cet avant-goût de Nicole, de sa douceur autant que de son parfum et, par-delà le parfum, son odeur et ce qui se déploie dans le goût exclusif et inexplicable que nous avons de l'odeur intime d'une femme et des images qui se lèvent avec l'odeur et qui sont le dernier linge, celui qui ne tombe pas, puisqu'on n'est jamais vraiment nu, disait Nicole.

« Non, pas même là, comme ça, devant toi, mon amour, les cuisses écartées, la vulve ouverte et humide... »

Des images, des linges dont j'avais grand besoin pour lutter contre l'espèce d'irritation ou de dégoût né de ce mot de « vulve » ou de « vagin » qu'elle employait de préférence à celui de « sexe » (de la même façon qu'elle ne parlait jamais que de ma « verge » ou de mon « pénis », ce qui ne me paraissait pas moins obscène que « vulve » ou « clitoris » et en tout cas, dans ces moments, moins approprié que les mots de « queue », de « bitte », de « chatte » et de « cul » employés sans vulgarité par mes autres amoureuses), sans doute à cause de son métier de médecin, plus sûrement parce qu'elle avait toujours tenu à appeler les choses par leur nom, surtout celles du corps ; à cause aussi de la haute opinion dans laquelle elle tenait les études qu'elle avait faites, en français, à l'université Laval de Québec, elle, l'Irlando-Québécoise qui révérait la médecine française parce que l'une des rares, disait-elle, à avoir élaboré un lexique anatomique complet à partir des racines grecques et latines alors que les Anglo-Saxons, eux, ont gardé la nomenclature gréco-latine, et incarné, ce lexique, dans le magnifique *Traité d'anatomie humaine descriptive et fonctionnelle* d'Henri Rouvière, qui aura été pour l'étudiante Nicole Cleary Dupré l'équivalent de ce qu'avait été, dans son enfance, le *Petit Larousse illustré*.

« Tout un monde, en français, relié en pleine toile, grise pour le Larousse, et rouge pour le Rouvière. Un univers, même, un travail par lequel Rouvière rejoint la grande tradition des traducteurs allemands depuis la traduction de la Bible par Luther : celle de l'Allemagne romantique, celle de la musique que tu aimes », ajoutait-elle dans le calme si étonnant de sa voix et l'espèce de retrait où elle tenait son visage, comme si pour parler il lui fallait de l'ombre, fût-elle celle de sa voix, oui, l'ombre qu'elle trouvait dans le grain de sa propre voix bien plus que dans le petit appartement aux murs blancs et nus où nous nous retrouvions pour faire l'amour et puis parler, c'est-à-dire, pour moi, l'écouter parler, elle qui semblait d'ailleurs aimer autant parler que faire l'amour, surtout dans la dimension singulière que prend la parole après l'amour et qui lui faisait dire qu'il n'y a de vraie parole qu'après l'amour, dans le silence du corps — dans mon silence, à moi, qui suis d'un naturel peu bavard et qui en tout cas aimais entendre Nicole me livrer les moments d'une vie, la sienne, à bien des égards énigmatique, me dire encore la grandeur du Rouvière, de cet homme qui a donné sa noblesse à la terminologie française en dépassant la léthargie du vocabulaire anatomique international, cet espéranto figé, sans possibilités littéraires, pour créer une grammaire du corps humain décrit dans sa structure et ses rapports tridimensionnels, et cela d'une manière exacte, élaborée, intelligible ; de sorte qu'en français les malades, les médecins et les écrivains possèdent les mêmes mots, partagent la même dimension romanesque du corps.

Est-ce que je comprenais tout ce qu'elle disait ? L'écoutais-je toujours avec une égale attention ? Je me retirais au plus silencieux de moi-même. Je rêvais. J'aime les rêveries d'après l'amour autant que l'amour ou le silence qui suit la musique. Aimer Nicole revenait à se taire, et j'ai très tôt appris à parler le moins possible, à écouter comme on rêve, à me méfier de la littérature et de la dimension romanesque ou occulte des choses : méfiance qui pouvait aller, Nicole ne l'ignorait pas, jusqu'à la haine de la parole et de tout bruit humain. Je suis un interprète, un passeur, quelqu'un qui cherche à accorder le sonore et le visible, qui transforme le son en lumière et restitue les évidences sonores au mystère de l'ombre et de la nuit. Quelqu'un de très humble, donc, d'honnête, de rigoureux, de solitaire, même quand je joue en formation de chambre — la musique de chambre demandant cette humilité, cette abnégation rayonnante. C'est pourquoi je ne me suis pas lancé dans une carrière de soliste ; je n'ai pas non plus cherché à faire partie d'un quatuor à cordes, la formation reine de la musique de chambre. Je préfère les marges, les duos, les trios, les ensembles variables, la semi-obscurité de l'altiste de fond. Je n'écoute presque jamais de musique en dehors des moments où je joue et ceux où je participe à des enregistrements. Je n'ai besoin ni du concert ni du disque : la musique est en moi, sonne en moi à ma guise ; elle est probablement la part majeure de ma mémoire affective, sans doute plus importante que les êtres qui ont traversé ma vie, me suis-je souvent dit en écoutant Nicole déployer la partition de sa propre existence telle que je tente de la reconstituer aujourd'hui, en commençant par la journée de l'éclipse, où il m'a été donné de la voir sous un tout autre jour — dans sa nuit, avais-je pensé en arrivant sur le palier du cinquième et me disant que c'était la première fois qu'elle ne m'avait pas accueilli en lançant à l'interphone son enjoué et très anglais « Hello ! », auquel je répondais de la même façon, quoique parfois gêné qu'il fît se retourner des passants dans la rue ; la première fois aussi qu'elle ne s'avançait pas sur le palier après avoir entendu le bruit de mes pas croître dans l'escalier ; la première fois que je trouvais sa porte fermée.

J'y ai frappé, à cette porte, en notant qu'il était singulier que Nicole m'eût ouvert, en bas, sans chercher à savoir si c'était moi qui sonnais, et aussi combien était sévère ce qui se dressait devant moi, dans toute sa hauteur et, ai-je envie d'ajouter, son épaisseur : une porte sombre et ouvragée à laquelle je n'avais jamais prêté attention et qui n'était pas de celles qu'on s'attend à trouver à l'entrée d'un tel logement (deux ou trois chambres transformées en un studio), mais qui avait dû être celle d'un des appartements qui, de l'autre côté de la cour, donnaient sur la Seine. Une porte que Nicole refermait sur nous, dès que j'avais franchi le seuil, en donnant au verrou le double tour qui nous isolait du monde ; puis elle branchait le répondeur de son téléphone, nous installant dans une autre sorte de temps, dans ce qu'elle appelait « notre temps à nous », mais dont je n'avais pas la même notion qu'elle puisque je crois qu'il n'appartient à personne, ce temps, pas même aux solitaires devenus pur bruissement de temps à force d'en accompagner l'écoulement ni à ceux que hante l'extase musicale ou sexuelle, non, pas même à deux amants qui, comme nous, étaient entrés dans une relation qui n'obéissait pas à la temporalité ordinaire de l'amour (les six mois de la passion ou les deux années nécessaires à une relation amoureuse pour croître et s'éteindre, encore moins l'éternité conjugale) : une relation singulière, non passionnelle, faite d'absence, d'éloignement et de silence, et d'une confiance d'autant plus forte qu'elle relevait moins de la fidélité exclusive que du secret, me disais-je en heurtant au battant de bois verni et attendant qu'il s'ouvre, me mettant à l'espérer de toutes mes forces, à me trouver même sur le point de prier pour ça, étant donné qu'aucun bruit ne me parvenait de l'autre côté de la porte. Pas de réponse, même après avoir frappé encore une fois et prononcé le nom de Nicole non sans penser qu'on est toujours un peu ridicule quand on toque une seconde ou une troisième fois à la porte d'une femme. On se sent même coupable. On est en vérité coupable parce que déraisonnable d'insister alors que celle qu'on vient voir ou espère trouver là est bien à l'intérieur et ne peut pas ne pas avoir entendu, et qu'on la dérange, qu'elle n'est pas là pour nous ni, peut-être, pour personne, comme dit la langue, puisqu'elle ne répond pas : une espèce d'absence qu'on devrait prendre en considération au lieu d'insister comme je le faisais, ce jour-là, en heurtant une autre fois à la porte et en me disant que je faisais sans doute face à une absence bien plus terrible que si Nicole n'eût pas été là, alors qu'elle m'avait pressé de venir, comme s'il lui était arrivé malheur, puisqu'elle était là sans y être vraiment, ailleurs peut-être, dans des espaces où son esprit se serait détaché de son corps sans pour autant qu'elle fût, elle, en train de rêver, entrée dans quelque chose qui ressemblait à la mort ou à ce mouvement de mourir qui ne se confondait pas tout à fait avec l'agonie mais en serait les prémices ou l'accomplissement ; quelque chose que je redoutais en tout cas sans pouvoir le nommer et qui me faisait craindre avec une inquiétude grandissante que Nicole n'ait mis à exécution sa décision de se tuer.

Elle m'en avait parlé à plusieurs reprises, m'expliquant qu'elle ne pourrait survivre à sa propre beauté, c'est-à-dire d'aller au-delà de quarante-quatre ans (et elle les avait eus quelques mois auparavant, en février, si je me souviens bien), c'était tout ce qu'elle s'accordait (« Un bon chiffre, un chiffre rond, indiscutable, n'est-ce pas ? »), finir en beauté n'étant pas une vaine expression mais sa façon à elle d'être une artiste, elle qui ne voulait pas voir sa beauté la quitter d'un seul coup, comme le vent tombe d'une voile, disait-elle.

Comment ne pas penser qu'elle avait choisi le jour de l'éclipse pour mourir, que c'était pour cette raison qu'elle ne répondait pas, qu'elle était peut-être en train d'agoniser entre ses draps de lin, ou déjà morte ? Avouerai-je aussi que j'ai eu honte de frapper et d'appeler plus fort que je ne l'avais fait jusque-là, que je songeais avec inquiétude non pas à la belle agonisante mais au ridicule que j'allais me donner en tentant de défoncer la porte à coups d'épaule ou en descendant chercher la concierge qui n'était probablement pas dans sa loge mais sur le quai, comme tout le monde, en train de contempler l'éclipse ? C'était là moins un défaut d'amour (je dirai plus tard de quelle sorte d'amour j'ai aimé Nicole) que de l'incrédulité mêlée d'une extrême angoisse et d'un respect fataliste (et sans doute égoïste, pour peu que ce terme convienne à une situation dans laquelle la morale ordinaire n'avait pas cours) devant la mort d'autrui. Et pourtant, si Nicole n'était pas là, ou plus en vie, qui avait déclenché tout à l'heure l'ouverture de la porte de l'immeuble ? À qui avais-je adressé mon salut après avoir appuyé, j'en étais certain, sur le bouton correspondant à son nom ? Et qui m'avait répondu sans que je l'entende ou que j'aie besoin de l'écouter ? Quelle voix de plein silence ? Quelle main plus ténébreuse que ce qui venait de s'obscurcir au-dehors et produisait l'espèce de nuit dans laquelle j'attendais devant une porte plus sourde que le ciel, ai-je pensé en regardant sur ma droite, par la fenêtre de l'escalier, par-delà la muraille d'une autre cour et le dos d'un immeuble voisin auquel l'étrange demi-nuit donnait une grisaille de songe et que je remarquais ce paysage (haute muraille de brique, cime d'un faux acacia, fenêtres aveugles, toits d'ardoise) pour la première fois parce qu'en arrivant à l'étage de Nicole je n'avais nulle raison de regarder derrière moi et qu'en la quittant c'est vers elle que je me retournais, à plusieurs reprises, continuant avec elle, dans l'escalier, ce badinage sérieux grâce auquel les amants semblent ne pas devoir se quitter.

J'ai failli, je l'avoue, m'en aller, décamper, foutre le camp, soudain terrifié comme je le suis toujours à la mort d'un être que je connais, non seulement les grands compositeurs que j'ai approchés, Olivier Messiaen, Maurice Ohana, Witold Lutoslawski, mais aussi ces humbles qui ont été les figures mythiques de mon enfance : cet innocent de Jean Pythre, la sauvage Amélie Piale ou Céline Soudeils — celle-ci aimée dès l'enfance, la seule, probablement, dont je puisse dire que je l'ai aimée d'une manière qui aura ressemblé à l'amour, si tant est que l'amour ressemble jamais à l'idée que les autres (et même la personne aimée) se font de ce sentiment. J'étais à Siom, il y a quelques années, lorsqu'elle est revenue mourir dans sa maison natale, auprès de cette mère qu'elle avait fuie, vingt ans plus tôt, et qu'elle n'avait jusque-là pas voulu revoir. Tout Siom a défilé aux Geniettes, devant la dépouille de celle dont la beauté était toujours aussi étrange, m'avait dit ma mère, qui entendait par là que j'étais bien le seul à la trouver belle, et qui avait ajouté, devant mon refus d'aller lui rendre un dernier hommage :

« Un enfant ! Tu resteras un enfant... On n'aime pas la musique, à Siom, mais on ne comprendra pas que tu ne joues pas quelque chose à la mémoire de cet ange... »

Jamais je n'ai voulu voir un mort, eût-il le corps d'un ange (et ce sont mes sœurs, je le sais, qui s'occuperont de mes parents lorsqu'ils disparaîtront). J'ai rendu hommage à Céline Soudeils à ma façon, en descendant au bord du lac, parmi les petits chênes d'où je pouvais apercevoir la maison des Geniettes, au loin, sur une des collines qui surplombent Siom, et où les gens de Siom défilaient en ce beau jour d'automne, comme des corneilles maladroites, devant la dépouille de celle qu'on avait naguère appelée le cavalier siomois, parce qu'elle avait la manie de s'habiller en garçon pour galoper sur un cheval imaginaire par les chemins de la commune, tandis que, là-bas, sur l'autre rive du lac, celui qui refusait d'être une corneille priait à sa manière, plus seul qu'il ne l'avait jamais été, en jouant, comme un petit ménestrel aveuglé par ses larmes, une *Partita* de Bach transposée à l'alto, la deuxième, celle qui contient la célèbre chaconne qui m'a toujours donné à penser que je ne vivrais pas tout à fait de la même façon si cette pièce n'opposait à mon désespoir sa haute, son aérienne architecture.

Et voilà que, des années plus tard, devant la porte obscure d'une autre femme, dans ce couloir où ne séchait nulle lessive, je m'étais mis à trembler comme je l'avais fait à la mort de Céline Soudeils ; j'étais renvoyé à je ne sais quelle terreur d'enfance : j'étais soudain cet enfant, mon propre enfant, et j'aurais pu être en même temps celui de Nicole, que j'imaginais morte, de l'autre côté du bois sombre, que je ne pouvais imaginer autrement à cause de l'absence de linge séchant sur le palier, de la pénombre qui sentait le renfermé, de l'étrange silence de l'immeuble et de ce qui se passait au dehors.

J'étais l'enfant de ma propre peur. J'avais commencé à reculer vers l'escalier. J'avais posé le pied sur la première marche quand j'ai entendu s'ouvrir la porte pour laisser apparaître dans l'embrasure Nicole vêtue d'une audacieuse, courte et moulante robe noire au lieu d'un de ces vêtements d'intérieur légers et vaporeux, comme on en portait il y a une quarantaine d'années et que Nicole appelait, à l'américaine, *a négligé*, dans lesquels elle se sentait à l'aise, l'été, et m'accueillait avec les airs lointains ou absents de Monica Vitti dans les films de Michelangelo Antonioni, quand elle ne minaudait pas comme Audrey Hepburn, avec des mots tels que : « Do you like my négligé ? Do you like it ? Do you love me, Philippe ? », et néanmoins un sourire assez grave pour qu'on pensât qu'elle offrait là non pas son corps (il nous arrivait de rester des semaines entières sans faire l'amour) mais une image d'elle qu'il lui plaisait de me sentir aimer et qui n'était pas tant la sienne que celle de la femme qu'elle aurait aimé être lorsqu'elle était enfant.

« Tout ce qui n'était pas ma propre mère », ajoutait-elle en riant doucement et en approchant de mon visage sa chair nacrée de rousse avec un mouvement de la tête par lequel elle rejetait en arrière ses cheveux et qui lui était aussi naturel que la présentation de sa poitrine et les yeux qu'elle fermait pour se laisser embrasser.

Elle était là, sur le seuil, pâle dans sa robe noire, me faisant signe d'entrer, sans sourire ni me regarder vraiment, avec dans le regard une absence de clarté qui m'a fait songer qu'elle était aveugle, qu'elle avait regardé l'éclipse ou quelque chose de pire.

« Mais non, rien de plus que ce qui est en moi », murmurerait-elle un peu plus tard, sans que je lui aie posé nulle question, lorsque je serais chez elle, dans cet appartement dont il me semblait, à cause du silence où se terrait Nicole, découvrir le mobilier : la table ronde recouverte d'une nappe de tissu indien à feuilles d'acanthe, les deux fauteuils de rotin, la petite étagère de bois blanc contenant des livres dont je savais que le nombre n'excéderait jamais ce que le meuble pouvait accueillir, non seulement parce que le goût de Nicole pour la littérature devenait plus sévère mais parce qu'elle souhaitait posséder le moins de choses possible. Il y avait aussi un sommier posé à même le plancher, une lampe de chevet à l'abat-jour couleur sable, une corbeille d'osier pleine de disques compacts, une petite armoire, une malle de voyage supportant un vase garni de fleurs offertes par un amant de passage et dans lesquelles je reconnaissais ces hortensias bleus que faisait pousser ma mère dans le jardin de l'ancien presbytère de Siom et dont elle disait que la belle couleur foncée venait de ce qu'elle mêlait à leur terre de l'ardoise qu'elle m'envoyait chercher au bas des murs de l'église ou des vieilles maisons siomoises et qu'elle pilait dans un bac de granit qui avait dû contenir, il y avait bien longtemps, lorsque les hommes vivaient sous le regard de Dieu, les cendres de quelque mort, murmurait-elle en souriant.

Ce peu de meubles ne se remarquait guère, n'était que la concession faite à une halte entre ces murs par une locataire qui paraissait avoir fait là un élégant vœu de pauvreté, même si on pouvait penser que la modestie du mobilier était surtout due à celle de son salaire, tandis que l'œil finissait par distinguer quelques objets plus rares, par exemple deux minuscules tableaux représentant, le premier, un paysage automnal assez semblable à celui de

Charlevoix, au bord du Saint-Laurent, et l'autre, une rue de village, l'hiver, traversée par un traîneau attelé d'un cheval noir ; touchants tableaux d'amateurs chinés à Montréal tout comme les trois petits miroirs à cadre doré, l'un rond et l'autre ovale, accrochés entre les deux fenêtres, et le dernier, octogonal, au centre de la cloison séparant la pièce de la cuisine, et tous trois voilés, ce jour-là, couverts de ces belles serviettes de lin apportées par Nicole du Québec, avec des draps, des torchons et un peu de vaisselle, comme une fiancée son trousseau, m'avait-elle dit, la première fois que nous avions déjeuné chez elle, en me faisant admirer et palper ces tissus qui, le jour de l'éclipse, ainsi étalés dans cet appartement dont les rideaux étaient tirés de telle sorte que rien ne filtrât de la lumière du dehors me semblaient plutôt les linges d'un appareil funéraire.

Elle a été longue à parler. Je m'étais assis dans un des fauteuils de rotin, toujours le même et disposé de telle sorte que je tournais le dos aux fenêtres. Je ne me souciais pas du jour. Je n'ai pas le goût de la pleine lumière ni du dehors. Je ne suis pas pour rien un musicien de chambre. On me dit taciturne ; je mesure mes paroles, c'est vrai, peu enclin à discuter, plus volontiers à écouter. J'étais heureux (ce sont les premiers mots que j'ai prononcés devant Nicole, ce jour-là, à voix très basse) de la voir là, même si ce n'était pas comme d'habitude, puisqu'elle ne se trouvait pas dans l'autre fauteuil, face à moi, et jouant avec une amoureuse science de l'entrouverture de ses vêtements et de son pied nu, mais étendue sur le lit dans sa courte robe noire. Elle n'a pas répondu. Je comprenais qu'elle n'ajouterait rien tant que l'éclipse n'aurait pas pris fin et que nous ne serions pas sortis vivants de cette étrange nuit, faisant en quelque sorte dépendre de son silence le retour à l'ordre naturel des choses. Je songeais à son goût des musiques funèbres du Grand Siècle, des mises en croix et des dépositions, de la Semaine sainte où elle allait se recueillir dans les églises parisiennes, particulièrement à Saint-Paul-Saint-Louis, rue Saint-Antoine, devant les crucifix, les statues et les autels recouverts de voiles violets.

Elle-même venait de se couvrir le visage d'un tulle blanc si léger que son souffle le soulevait à peine. Elle se voilait la face, ai-je pensé, un peu désarmé, vaguement irrité. On était au plus fort de l'éclipse et il s'agissait pour elle de ne rien savoir de ce qui se passait au dehors, le répudiant, ce dehors, de la même façon qu'elle s'efforçait jour après jour de tenir à distance les démons d'une intériorité menaçante, disait-elle : sa propre histoire, des gouffres plus profonds que la nuit siomoise, ai-je encore pensé en laissant aller mes regards du corps immobile de Nicole (qui avait à ce moment quelque chose d'un personnage de cette littérature qu'elle aimait tant et qui faisait partie de ce qu'elle appelait son autre ascendance — et parmi ces *ghostly*, ces *haunting ancestors*, venue de ses années profondes, de ses *earliest recollections*, il y avait l'Hélène de Sannis de Pierre Jean Jouve, dont elle avait tenu à me lire, bien qu'elle n'ignorât pas mon peu de goût pour la littérature, une nuit où j'étais resté auprès d'elle et où nous ne pouvions dormir, l'extraordinaire, la si romanesque apparition dans une haute prairie de l'Engadine, Hélène de Sannis se dégageant de la matière du paysage pour l'habiter, ce paysage, de la même façon que Nicole était désormais inséparable de la chambre où nous nous aimions, de l'île Saint-Louis et de tous les lieux et paysages qu'elle évoquait), allant donc de ce corps qui semblait se soustraire à lui-même tout en cherchant en soi la seule lumière qui lui convînt : celle du souvenir, jusqu'aux sandwichs que je venais d'acheter et de poser sur la table, encore emballés dans leur papier semi-transparent qui laissait voir, comme une mauvaise plaie, à l'endroit où le pain avait été ouvert et imprégnait le papier, la matière rosâtre du jambon et celle, plus pâle, de l'emmenthal à quoi s'ajoutaient les touches carmin d'une tomate en tranches.

Je les avais posés, les deux sandwichs, le pain aux raisins et la bouteille de bordeaux que je venais d'acheter dans l'île, près d'une coupe de porcelaine bleu pâle contenant des cerises, des abricots et une grappe de muscat qui paraissait plus sombre que de nature, tout comme le vin, à cause de l'étrange pénombre qui donnait également à la bouteille de whisky irlandais, pour lequel j'avais alors un goût quasi exclusif, une teinte caramel, comme si cette liqueur dont la marque évoquait le nom de la rosée avait elle aussi subi une métamorphose et que l'éclipse avait modifié non seulement sa couleur mais sa nature : lune et soleil infusés dans le breuvage auquel je n'ai pas osé toucher alors qu'un des premiers gestes que j'accomplissais en arrivant chez Nicole était, soit par superstition, soit pour me purifier l'haleine ou me défaire de la pensée du dehors, de m'en verser un peu dans le verre sans pied et à motifs torsadés qui se trouvait toujours placé à cette intention, à côté de la bouteille, puis de le lever en l'honneur de la belle Irlandaise, comme je l'appelais, tandis qu'elle s'approchait autant pour m'embrasser que pour goûter à ma bouche ce dont elle voulait ne pas boire, sans doute par peur de l'aimer trop, et dont elle ne prenait qu'un seul verre, le 17 mars, jour de la Saint-Patrick, en hommage à son ascendance irlandaise.

J'ai débouché le bordeaux : il fallait bien faire quelque chose, je ne pouvais rester là, dans cette lumière étrange et cette chambre où j'étouffais, auprès d'une femme dont je n'avais, ce jour-là, nul désir, non pas comme si elle était impure, aurait-elle dit, mais parce que tout entière la proie de l'éclipse ou de sa propre folie, me disais-je à la voir allongée dans sa robe noire, le visage voilé, au milieu de cette pièce aux miroirs et aux fenêtres aveugles, aveugle elle aussi et sourde non seulement à tout ce qui se passait au dehors mais à moi qui devais lui paraître une sorte d'intrus, ou pas tout à fait là, en tout cas trop loin pour qu'elle se souciât d'autre chose que de rester immobile et silencieuse. Allongée en elle-même, ai-je pensé en me versant du vin que j'étais allé déboucher dans la salle de bains, redoutant que le bruit du bouchon ne lui semble aussi terrible que la trompette de l'ange de l'Apocalypse. J'étais certain que j'allais trop boire ; je ne pouvais faire autrement : ni inquiet, ni joyeux, ni même sur le chemin de la joie, mais près d'être délivré, cherchant à tirer profit de la paix que me donnait le vin, à anticiper l'espèce de jubilation à laquelle il me fallait atteindre pour demeurer là, avec Nicole étendue sur son lit et paraissant dormir, non loin de moi et cependant hors du temps, comme si elle était en train de descendre au tombeau, je ne puis le dire autrement, immobile, respirant si doucement qu'il me semblait que le seul bruit de ma déglutition suffirait à la faire sursauter, à se dresser pour me maudire, me chasser, me transformer en animal, me faire bouler dans l'escalier, oui, être ce lièvre, ce renard, ce cerf blessé qu'on découvrirait après l'éclipse, gisant la tête ouverte au bas de l'escalier, près du vélo hollandais que Nicole attachait à la rampe, sur les tommettes sèches et usées qui boiraient mon sang aussi aisément que j'avalais le bordeaux qui commençait à me tourner la tête et à me délier la langue, sans que j'aie toutefois rien proféré à voix haute — Nicole ayant sans doute pris pour des mots chuchotés le bruit que j'avais fait en délivrant un sandwich de son emballage.

« Ne dis rien, je t'en supplie, pas encore, pas encore », ai-je cru l'entendre murmurer.

Je la plaignais d'avoir à se traverser elle-même. J'ai détourné les yeux : parler, fût-ce au plus près du silence, avait quelque chose d'indélicat, ou d'indécent, qui me faisait penser que les mots de Nicole s'étaient non pas détachés de son corps mais qu'ils ne lui appartenaient pas, et que ce n'était pas elle qui avait parlé mais quelqu'un d'autre, j'ignorais qui, peut-être l'enfant qu'elle avait été, oui, la fillette qu'elle avait rejointe et qui s'était mise à supplier en elle, à demander qu'on l'aide à traverser le terrible moment de l'éclipse pendant lequel il lui semblait qu'elle allait mourir, me dirait-elle plus tard, la femme et la fillette en appelant dès lors non seulement à cette mère qu'elles n'auront pas aimée mais l'une à l'autre, défiant le temps pour se retrouver comme autrefois, au bord du Saint-Laurent, et s'en remettant à l'archange, à saint Michel veillant sur l'église qui lui est consacrée, à Sillery, banlieue de Québec, au-dessus du fleuve : une église de pierre grise avec sa façade surmontée de deux flèches et son parvis s'avançant sur le cap, et puis, sur un carré de pelouse, un groupe de statues en marbre blanc représentant elle ne savait plus quels *Martyrs de 1940*, lesquels l'intéressaient moins, enfant, que les cinq tableaux conservés dans l'église, particulièrement un *Saint François d'Assise recevant les stigmates*, à cause de la joie qu'elle lisait sur le visage du saint et du rapport qu'elle devinait déjà entre les blessures et la joie.

« Le corps percé, n'est-ce pas, ce que le corps de François devait à l'intervention divine : l'ouverture, le sang, l'abandon, tout ce qui le rendait proche non pas de ce François Paradis pour qui toute petite Québécoise a les yeux de Maria Chapdelaine, mais proche d'un corps de femme tout en étant bien celui d'un homme ; proche de moi, en tout cas, et qui allait accompagner ma métamorphose, non seulement celle de mon corps mais l'idée d'une blessure offerte au désir masculin, à la pénétration, à cette grâce que j'ai toujours cherchée dans le plaisir », m'avait-elle dit un jour où elle perdait son sang et où elle avait tenu à me faire saigner, moi aussi, c'étaient ses mots, dans sa bouche.

C'était à sa mère qu'elle en appelait en fin de compte, le jour de l'éclipse, cette terrible mère qui ne lui répondait jamais, du moins pas à ça : l'angoisse d'être abandonnée et seule au monde, malgré les quatre sœurs qu'elle avait vues naître, les grands-parents et, plus tard, les amants. Et aussi le fait d'avoir à mourir, de ne pouvoir aller au-delà de ses quarante-quatre ans, la peur que les stigmates aient été aussi vains que le reste puisqu'il mourait aussi, ce saint François d'Assise, un autre tableau montrait sa mort, dans l'église de Sillery, et elle le regardait de préférence aux autres qui représentaient les disciples à Emmaüs, l'Annonciation et l'Adoration des rois mages.

« Oui, la mort de saint François pendant les trop longs offices du dimanche et les grandes fêtes religieuses, et même, bien des années plus tard, pendant le service funèbre d'Alice Dupré, ma grand-mère paternelle, où il me semblait découvrir un rapport entre les blessures divines et la mort heureuse du saint, tandis que je me demandais si ma grand-mère avait été heureuse de mourir, elle aussi, posant donc la question à ma mère, à voix basse, pendant la cérémonie, et recevant pour toute réponse un pincement de ses ongles qui a fait surgir une auréole de sang sur le dos de ma main », murmurait-elle en se revoyant, enfant, en train de contempler le grand corps nu du Christ et se disant que ce n'était pas là, malgré le pagne entourant le ventre de Jésus, un corps sur lequel s'abandonner plus que sur le corps de son père, et finissant par rêver sur cette Annonciation qu'elle avait d'abord méprisée, malgré son beau mystère, parce qu'elle lui rappelait les maternités successives de sa mère, et à quoi (l'Annonciation) elle reviendrait souvent pour se dire, avec l'extraordinaire sens divinatoire d'une petite fille tourmentée, dès l'âge de quatre ans, par un désir sur lequel elle ne pouvait mettre de nom ni de baume et qui la ferait, à dix ans, supplier ses petites camarades de se déshabiller, au fond du jardin de Sillery, pour les regarder (« Oui, seulement ça, les regarder, je ne me touchais pas moi-même, j'attendais toujours les stigmates et mes seuls orgasmes avaient lieu dans mes rêves ») et pour se dire, donc, que c'était une bien étrange affaire que celle qui faisait qu'un homme, fût-il un saint, puisse trouver la joie — et quelle joie ! — dans des blessures ressemblant à ce sexe dont elle entrouvrait parfois les lèvres avec ses doigts devant le haut miroir de la salle de bains, oui, une affaire tout aussi étrange que celle qui avait permis à une femme de concevoir un enfant sans recevoir nulle blessure mais seulement la visite d'un ange : l'opération du Saint-Esprit, lui avait dit cette grand-mère qui reposait à présent non pas au milieu des Irlandais du cimetière Saint-Patrick de Québec ni, bien sûr, sous les arbres et le gazon bossué du cimetière protestant de l'avenue Maguire, mais non loin de là, à Sainte-Foy, au cimetière Belmont, avec les autres Dupré.

La petite Nicole avait donc accepté que ça n'ait pas saigné entre les jambes de la mère de Jésus, rien, pas une goutte de sang, ni le moindre stigmate sur ce corps immaculé qui ne s'était ouvert qu'à l'Esprit saint, c'est-à-dire tout et rien, un souffle ou, même, une absence de souffle qu'il lui fallait attendre, elle aussi, dans sa chambre de Sillery, à Québec, avec la venue d'un ange dont la figure ne se confondrait pas avec celle de son propre père, même si elle n'était pas la mère de Dieu, elle, Nicole Cleary Dupré, avait-elle pu se dire, petite fille aux jambes écartées devant le miroir embué, au sortir de ce bain où elle traînait le plus longtemps possible, avant ses sœurs, pour bénéficier de l'eau la plus chaude et la plus pure, malgré les remontrances maternelles et celles d'Emérentienne Martel, la femme de ménage, qu'on appelait Mademoiselle et qui tenait à ce titre et serait retournée sur-le-champ à son Matane natal, en Gaspésie, dans le bas du Saint-Laurent, là où l'eau est salée et le fleuve ouvert comme une mer, si les filles Dupré lui avaient manqué de respect sur son rang ou qu'elles ne se fussent pas contentées de lui piquer les fesses avec une épingle à nourrice ou de cracher dans le seau d'eau dont elle lavait les sols.

« Oui, acceptant ça, et avec le sourire, disait Nicole, parce que ayant de l'énergie à revendre et pleine de bonté, cette Emérentienne Martel, fille de pêcheur sans mari ni amant, croyait-on savoir, grande femme sèche au visage dépourvu de grâce et qui, quoique née près d'un phare, au bord du fleuve, n'avait pu vivre de la pêche au saumon ou à la crevette et avait dû s'exiler à Québec, chez ces Dupré où elle avait trouvé à se placer. Elle donnait toujours l'impression d'arriver du large. Elle adorait ouvrir les fenêtres et laver à grande eau, même en hiver, et trouvait pour ça mille prétextes. La mer et le vent lui manquaient, mais sans doute pas l'homme, puisque, quand nous nous sommes mises à grandir, mes sœurs et moi, elle nous a regardées bien singulièrement, par moments. Je l'ai retrouvée vingt ans plus tard, non pas à Matane mais un peu plus haut, à Rimouski, où je l'ai soignée lors d'un remplacement que je faisais aux urgences de l'hôpital : elle avait plus de quatre-vingt ans, était toujours célibataire, et souffrait d'arthrose. Il a fallu que je me nomme, me fasse reconnaître. J'étais plus émue qu'elle, qui demeurait une femme mythique de mon enfance, à cause de l'étrange regard qu'elle posait sur moi lorsque je sortais de l'eau et qu'elle m'enveloppait dans le drap de bain blanc — et surtout, on peut le penser, quand j'ouvrais les cuisses devant le miroir avec l'impression que je n'étais pas seule à me regarder et à attendre les stigmates. Un regard semblable à celui des sœurs Coiffard qui travaillaient à l'arsenal de Québec où elles fabriquaient des cartouches et s'employaient en fin de semaine chez ma grand-mère Dupré, à Saint-Romuald, en face de Québec, de l'autre côté du fleuve. C'était mon grand-père qui allait les chercher, au traversier de Lévis. Il fallait aussi, malgré leur laideur, leur donner du Mademoiselle, à Manon et Carmen Coiffard, qui m'effrayaient par leurs regards croisés, plus durs, plus incisifs que des épées, deux sœurs lesbiennes et probablement incestueuses, qui portaient des noms d'héroïnes d'opéra alors qu'il n'y avait pas d'opéra à Québec, en ce temps-là, et que leurs parents devaient tout ignorer de la musique. Je les imaginais traversant le fleuve, le visage tourné vers la rive qu'elles avaient quittée pour contempler Québec dont à l'époque on ne voyait de remarquable, depuis l'autre rive, que le château Frontenac, le Séminaire, le Parlement et cet édifice Price qui reste dans nos mémoires moins pour son style arts déco que parce qu'il offrait, à nous autres enfants, un excellent moyen d'apprendre à prononcer le son “ice” des deux langues dans lesquelles nous étions élevées. Elles traversaient le fleuve, les sœurs Coiffard, pour venir chez ma grand-mère, le samedi et le dimanche, me tourmenter de leurs mains qui sentaient la poudre de l'arsenal et ajouter encore à cet univers presque exclusivement féminin où j'étouffais, où je désespérais, dès l'âge de dix ans, d'atteindre une autre rive : ni la rive d'en face, encore moins celle où aborderait ma grand-mère, quelques années plus tard, en son cercueil de bois clair, dans le corbillard qui lui ferait traverser le fleuve une dernière fois par le pont de Québec, jusqu'au cimetière où son corps reposerait alors que son âme avait depuis longtemps rejoint les saints aux mains percées de stigmates, les pauvres qui étaient entrés les premiers au Royaume, et toute une assemblée de petites filles et de petits garçons parmi lesquels oublier qu'on a été adulte et qu'on a tant souffert de ce que le mal existe, avais-je pu penser pendant son service funèbre, auquel assistaient ses deux fils que je n'avais à aucun moment vu pleurer ni paraître la regretter. Ma rive à moi n'était pas de celles-là, me disais-je à douze ans, sans savoir encore que ce ne pourrait être qu'une épaule d'homme, laquelle n'avait cependant pas d'autre chair que celle, plutôt maigrichonne, de mon père, ou alors, plus épaisse et fugitive, celle du *milkman* qui nous apportait chaque matin une bouteille de lait PP Poupart et reprenait sur le seuil le demiard vide dans le goulot duquel on avait glissé un mot pour la commande du lendemain et où je n'aurais jamais songé à placer mon propre billet, encore moins me lever avant l'aube, surtout en hiver, puisqu'il aurait fallu devancer Emérentienne Martel et rentrer sans tarder la bouteille de peur que le froid ne la fasse éclater. Depuis, je n'ai jamais pu mordre dans l'épaule d'un homme sans que jaillisse en moi je ne sais quel lait ou, à cause du livreur de pain, le goût d'une mie qui n'est pas celle du pain Wonder de mon enfance, ou encore la sueur de Maurice Richard, le Rocket, le joueur de hockey dont j'aimais, pour son visage aux mâchoires crispées et ses épaules démesurées, suivre les exploits sur le vieux téléviseur RCA Victor, en prenant le canal anglophone où le speaker était plus sexy. Des épaules lointaines, rêvées, quasi mythologiques, qui me faisaient en attendant me résigner aux vraies rives : celle de l'Anse-au-Foulon, par exemple, au pied de la falaise de Sillery, une baisseur, une petite crique sablonneuse, comme on disait dans notre livre de géographie, et que j'aimais justement pour ce mot « sablonneux » qui avait la beauté d'une neige en plein été. On y descendait pour le sable, et pour le bois de grève venu s'y égarer, ces pitounes qui provenaient de la drave, le métier de draveur nous faisant rêver non seulement parce que en bonnes petites Québécoises nous avions lu *Meneau maître draveur* de Mgr Savard, mais pour les hommes que nous avions vus guidant le flottage du bois aujourd'hui interdit sur le Saint-Laurent parce que trop polluant. Je rêvais là, longuement, oubliant que c'est par cet endroit paradisiaque que les Anglais de Wolfe s'étaient hissés sur la falaise pour aller défaire les Français de Montcalm dans les plaines d'Abraham. Je regardais passer les cargos dans la lumière blonde, à la faveur d'une de ces marées si douces qu'on oubliait ce qu'elles pouvaient avoir d'affreux, ailleurs, avec les fleurs étranges qu'elles dévoilaient, les pierres gluantes, la vase dont l'odeur me rappelait celle des pêcheries d'anguilles dont mon père nous emmenait voir l'agonie dans les nasses où elles étaient prises, à marée basse, à Beaumont, sur la rive sud, et qui me donnaient des cauchemars après lesquels je ne me rendormais pas. »

Et je l'imaginais fort bien, adolescente, en compagnie de ses sœurs ou plus volontiers seule, dans les années 60, chez une des sœurs de son père, qui habitait sur la falaise de Sillery et où elle se rendait quelquefois, pour déjeuner ou pour se reposer, avec autant de plaisir que le jeune Copperfield dans le bateau renversé de la servante Pegotty, disait-elle, parce que de là-haut elle avait vue sur l'anse, le fleuve et l'autre rive, et puis, descendant la côte escarpée et glacée avec l'impression qu'elle aussi, Nicole, allait être prise par le froid et tomber au bas de la paroi de schiste, tandis que sonnait l'angélus de midi et qu'il fallait s'ébrouer, reprendre ses esprits, remonter vers le collège Jésus-Marie de Sillery, oublier le vent venu du fleuve et dans lequel il lui semblait sentir le souffle des dieux, pensait-elle avant d'aller respirer celui d'un autre Dieu dont on lui répétait (et elle n'avait nulle raison de ne pas le croire, depuis que le latin était venu ajouter son mystère aux deux langues dans lesquelles elle était née et qu'elle l'entendait, ce latin, comme le ciel de toute langue) que c'était le vrai, le seul Dieu.

Car c'est dans la grammaire, comprenait-elle déjà, que se trouve la clé des mystères, leur révélation aussi bien que le surcroît d'obscurité qui fait qu'ils demeurent mystères même en pleine lumière, et que les langues, comme la musique ou le désir, ne nous expliquent pas le monde, ne lui donnent pas de sens : elles le donnent à voir pour mieux nous le dérober, le restituer à l'énigme qui nous maintient éveillés et fait que nous nous obstinons à y voir clair tout en cheminant dans le lit de fleuves que certains appellent aussi le temps, et que nous le passons, ce temps, à gémir, supplier, appeler, oui, en appeler à cela même qui puisse nous le rendre supportable : Dieu, la musique, les langues, les corps. Ou bien, quand tout demeure sourd, la petite fille ou le petit garçon qu'on a été, eussent-ils, ces enfants, une apparence de vieillards, n'est-ce pas, le vieillard que nous ne serons peut-être jamais et l'enfant que nous ne sommes plus, ensemble dans la paume du temps, criant ensemble vers cette mère qui est un autre nom du temps, même quand nous l'avons reniée et qu'à notre tour nous avons engendré, procréé, cru nous perpétuer, et que nous l'appelons d'une voix que nul ne peut entendre ou qui ne peut s'entendre que dans ce qu'il faudrait alors appeler l'enfance de la voix, quelque chose comme ce qui gémissait en Nicole, le jour de l'éclipse.

Elle était donc, à ce moment, elle-même et l'enfant qu'elle avait été et celui qu'elle ne mettrait jamais au monde, ayant très tôt décidé ça, ne pas avoir d'enfant, ne pas perpétuer cette angoisse, cette terreur qui ne la quittait que rarement, cette folie, disons-le, qui avait été celle de sa propre mère et au bord de laquelle elle, Nicole, dansait ou se terrait comme elle le faisait ce jour-là sur son lit, immobile et de nouveau muette, tandis que je me versais du vin pour la quatrième fois et que j'avais défait l'autre sandwich de son emballage avec un froissement qui m'avait paru presque aussi obscène qu'un coup de tonnerre mais qui n'avait pas suscité le moindre frémissement sur le visage et le corps de la belle endormie.

Et j'étais là, mon sandwich à la main, la bouche entrouverte, les yeux dans le vague, parvenu à ce début d'ivresse où tout semble joyeusement possible, y compris le fait de mourir : pensée impie dont j'ai voulu me défaire en entamant le second sandwich, avec l'espoir que le fait de manger diminuerait non seulement l'effet de l'ivresse solitaire mais aussi l'importance que le vin me faisait trouver à ma propre personne alors que c'était de Nicole que je me souciais, non pas en amoureux (ai-je été jamais amoureux d'elle, au sens où tout le monde s'entend sur ce mot ?), ni en protecteur, encore moins en ami (« Rien de tout ça ne pourrait dire ce que nous sommes l'un pour l'autre, ma belle Nicole », ai-je murmuré, mais si bas que je doute si ma voix a passé mes lèvres), mais en enfant, moi aussi, par l'ivresse et l'inquiétude amené à héler à mon tour l'enfant que j'ai été, à Siom, il y a une quarantaine d'années : une enfance solitaire et triste, celle d'un fils de gens simples qui ne s'intéressaient pas à l'art, ne lisaient pas, n'avaient pas le goût de voyager, et frère cadet de deux sœurs trop âgées pour que je ne les ai pas considérées comme des sortes de tantes et qui, pas plus que nos parents, n'avaient à voir avec la musique, l'angoisse, l'enfance, le mystère des signes, l'errance sexuelle, l'abjection, la rédemption, ai-je pensé avec des larmes dans les yeux.

Je mens. Mon enfance ne fut pas malheureuse. Elle n'eut de triste que ce que toute enfance compte d'ennui quand elle se passe dans une bourgade aussi isolée que l'est Siom, dès cette époque condamnée à voir sa population vieillir, mourir, ne pas se renouveler. J'ai vu fermer le presbytère, la forge, la poste, les épiceries, les deux restaurants, les trois fermes, l'école ; j'ai vu ceux qui les tenaient s'enfoncer dans la nuit, et je suis un des derniers à figurer au registre siomois des naissances.

Né dans un monde de vieillards, j'ai passé mon enfance à lutter contre la résignation et l'ennui. Une lutte quotidienne, opiniâtre : une obstination qui est une des rares choses dont je sois reconnaissant à mes ancêtres paysans qui ont raclé la terre comme je frotte aujourd'hui du crin sur des cordes de métal ou de boyau. Une lutte qui était en vérité une sorte de pacte noué avec je ne savais quelles puissances, un jour d'avril, dans un village de haute Corrèze où les rares enfants de mon âge étaient des fils et des filles de fermiers avec qui je ne me sentais rien de commun, hormis l'ennui, peut-être, et quelques solitaires qui semblaient tenir à le rester, comme le dernier des Pythre et tous ceux qui se sont abîmés en eux-mêmes : le jeune compositeur qui était revenu s'enfermer dans sa ferme de La Vialle, au bout du lac de Siom, après avoir publié puis renié son œuvre ultime, *L'angélus*, Céline Soudeils qui, à douze ans, avait traversé à pied le plateau de Millevaches pour rejoindre un père dont elle pensait qu'il l'avait abandonnée, et le ténébreux Thomas Lauve avec qui je n'ai pas échangé plus de dix mots mais dont la mère, avant d'aller se perdre à Paris pour devenir ce qui sera sans doute l'ultime légende siomoise, m'avait sans le savoir révélé le pouvoir de la musique. Elle chantait en s'accompagnant au piano des mélodies françaises ou des lieder dont les paroles avaient été mises en français et qui s'élevaient dans la rue haute, en face de l'école, par la fenêtre qu'elle laissait souvent grande ouverte. Je n'allais pas l'écouter en cachette, juché sur un muret ou une pile de billes de sapin, comme ceux qui espéraient apercevoir quelque chose de mieux qu'une femme à son piano et dont la voix leur faisait espérer ça, la nudité d'une femme à sa toilette, et pas n'importe quelle femme : la plus belle de Siom, avec Lucie Piale, Suzanne Pythre et Solange Bugeaud, et avec ça racée, élégante, instruite, et courageuse — elle le montrerait bientôt en abandonnant là sa vie d'épouse et de mère pour aller vivre à Paris, puisqu'il n'y a qu'à Paris, n'est-ce pas, qu'on peut refaire sa vie ou finir de se perdre, en tout cas loin de ce Siom où on ne l'écoutait chanter que pour se moquer ou espérer la voir sortir nue de sa propre bouche tant elle faisait songer à la fraîcheur de l'eau, cette voix qui finissait par émouvoir même ceux qui s'en moquaient et qui ne riaient que parce qu'ils détestaient cette émotion dont je m'étais laissé pénétrer, moi, sans me cacher, devant la fenêtre des Lauve, un jour d'avril après lequel je m'efforcerais de retrouver en moi ce que j'avais entendu, cette mélodie surprise alors que j'avais dix ans et que je passais dans la rue haute comme un innocent dans une rue mal famée, dirais-je un jour à Nicole, puisqu'il y avait deux chemins pour gagner l'école et que celui de la rue haute n'était pas pour moi le plus court et que je voulais peut-être entendre ce que je devinais peut-être que j'y entendrais et qui ne serait chanté, ce jour-là, que pour moi : une mélodie en forme de valse à la sentimentalité ironique qui allait me hanter aussi longtemps que le souvenir de Céline Soudeils, et que je suis allé fredonner au compositeur de La Vialle, au bord du lac, ayant pris mon courage à deux mains pour affronter ce type qui avait renié son œuvre et même, pouvait-on dire, sa vie et qui, lorsque je lui ai chanté la mélodie en rougissant comme si je me déshabillais devant lui, m'a dit en me tournant le dos d'un air furieux que c'était *Les chemins de l'amour* de Francis Poulenc, qu'il y avait beaucoup mieux en matière de musique, et qu'il ne comprenait pas qu'on vînt l'emmerder avec l'amour, les chemins cherchés, perdus, ou qui ne mènent nulle part sinon au bord du vide.

C'était pourtant ce qu'il y avait de mieux, à cette époque, pour moi qui, dans cette rue dont le soleil faisait étinceler les morceaux de mica pris dans l'asphalte, n'étais plus tout à fait l'enfant que j'étais au début de la rue, mais un être qui n'entendait plus rien que ce qui l'avait cloué sur place, quelques instants auparavant, et qui lui tirait à présent des larmes qu'il ne cherchait pas à dissimuler et qui ont fait dire que je pleurais comme une fille, qu'il n'y avait qu'une fille pour pleurer comme ça, les yeux au ciel, comme si j'y voyais défiler tous les saints du calendrier.

Je les ai laissés dire : il ne leur avait pas été donné, à eux, d'être touchés par une grâce (je ne peux décidément pas l'appeler autrement) dont je sentais qu'elle pourrait se manifester encore, sinon à ma guise, puisque liée à la musique bien plus qu'à une femme qui devait en être elle aussi pénétrée, illuminée, transfigurée, de cette grâce, ou de cette émotion qu'il me fallait tenir aussi secrète que l'amour que je vouais à Céline Soudeils, me suis-je dit en continuant à sourire, en classe, cette fois, et sans me soucier de ce qu'on me demandait ni rien entendre d'autre que ce chant en moi à présent détaché de la voix qui me l'avait révélé et que mon souvenir me laisse entendre (tant il est vrai que les disparus survivent en nous autant par la mémoire que nous gardons de leur voix que par des visages qui s'enfuient) comme une voix de contralto, probablement pas très belle ni bien posée, mais qui avait la beauté de ce qui nous écarte de nous-mêmes pour faire tomber sur nous, épaules, mains, figures, un peu de l'extraordinaire fraîcheur du ciel.

Nous ne demandons qu'à être ouverts, vidés, épuisés, rendus à toutes sortes de sommeils. Nous sommes avides de notre propre mort alors que nous croyons désirer vivre et que nous voulons ignorer que vivre n'est rien d'autre qu'en appeler au plus lointain de soi, à ce moment où l'enfance et la mort cessent d'être contradictoires. Et de la même façon que Nicole en appelait à l'enfant qui courait, à Québec, le long du chemin Saint-Louis, dans la Grande

Allée, ou dans les baisseurs sablonneuses des rives du Saint-Laurent, c'était le petit garçon touché par la grâce d'une voix que je hélais, moi, dans le silence de l'éclipse. Je me disais que rien, nul amour, musique, enfant né de moi, ou création d'aucune sorte, ne pourrait me rendre à la joie qui m'avait autrefois, dans la rue haute de Siom, défait de l'enfance pour me jeter dans ce surcroît d'innocence qui est aussi éloigné de l'enfance que de l'âge adulte, et qui me faisait croire que j'étais en vue de la vraie Sion, oui, de cette Jérusalem céleste dont ma grand-mère, Marthe Saint-Yrieix, aimait évoquer la splendeur, quoiqu'elle fût incapable de me l'expliquer autrement qu'en me renvoyant aux Psaumes, c'est-à-dire à mon désarroi devant les livres, ces livres que je détestais déjà comme je haïrais l'opéra, genre éminemment bâtard et vulgaire, à quelques exceptions près (et il me faudrait, bien des années plus tard, des mois de vie commune puis d'amitié avec la pianiste Jeanne Delamare pour que je parvienne à en aimer certains, *Cosi fan tutte, Parsifal, Le Chevalier à la rose* ou *Katia Kabanova*, sans me soucier d'autre chose que de la beauté des voix, celles des femmes, surtout, et quel que soit l'intérêt du livret et de la mise en scène) : haine, dégoût, peur des textes qui m'a fait préférer la voix vive, dès l'enfance, et me laisser persuader par ma grand-mère qu'il existait une cité céleste dont la splendeur n'avait rien de la beauté des villes de ce monde, et particulièrement de ce Paris où je n'avais pas encore mis les pieds et qui me faisait rêver parce que c'était là que s'était enfuie la belle Mme Lauve et que je me la représentais marchant à travers les rues dans sa gabardine beige sous laquelle beaucoup, à Siom, l'imaginaient nue, oui, avançant le long des rues, des avenues, des boulevards, en souriant comme si elle avait enfin trouvé un chemin qui ne fût plus celui de la mer, ni du désespoir, ni du souvenir, ni même un chemin perdu, mais l'amour, la souveraineté innocente et cruelle de ceux qui sont toujours au bord de se perdre ou d'être niés, refusés, bafoués et qui se donnent quand même, dans un mouvement d'offrande qui est leur seule possibilité de présence, une présence lointaine, oui, qui a la proximité fraîche et légère de ce qui demeure extraordinairement lointain.

— C'est ça, un artiste, m'avait dit Nicole. C'est parce que tu vis dans ce lointain-là que tu es un artiste, un grand artiste.

— Non, ai-je répondu. Un interprète, un scrupuleux, un opiniâtre intercesseur...

D'entrée de jeu, j'ai voulu cette humilité, cette droiture, servir la musique, refusant tout romantisme jusque dans mon apparence, alors qu'il est si facile d'en jouer, surtout pour un altiste, pour peu qu'on arbore des cheveux longs, des vêtements sombres, un air ténébreux ou mélancolique, voire un peu fou (mais je suis aussi superstitieux que sérieux, et il me suffisait de considérer ce que le doute et la haine de soi avaient fait du jeune compositeur devant qui j'étais allé chantonner *Les chemins de l'amour* pour n'être pas tenté de jouer avec l'image de la folie). Des simagrées qui m'ont éloigné d'une carrière de soliste : il m'aurait fallu travailler non seulement ma technique mais mon apparence, ce corps que je n'arrivais pas à mettre en avant et que les femmes ont fini par me faire accepter, encore qu'il y ait bien des moments où, me regardant dans la glace, je ne vois rien qui me fasse admettre qu'on puisse me désirer, n'ayant rien de remarquable dans le visage ni dans le corps, sinon ma haute taille et des épaules assez larges, et donc contraint d'accepter que la faveur des femmes me vienne surtout de ma condition d'artiste, avec le malentendu qu'il suscite et qui n'est peut-être, après tout, qu'une version un peu moins pathétique de l'éternel malentendu qui règne entre les sexes.

Je ne suis pas un mauvais altiste. *Les chemins de l'amour* autrefois chantés par Mme Lauve ne m'ont pas conduit là où ils l'avaient menée, elle, fuyant un mari impossible, un fils taciturne et une bourgade oubliée de Dieu en dépit de ce nom qui s'écrit Siom mais se prononce Sion, comme la Jérusalem céleste, pour aller à Paris, là où les amours trouvent leur fin, leur désillusion, ou, tout simplement, cet anonymat qui est la justice rendue aux cœurs aventureux. Non pas là, donc, mais dans la voie austère du solfège et des études musicales, ce qui n'a pas été sans mal : il a d'abord fallu convaincre mon père, qui avait renoncé à la succession de son propre père et laissé à son frère cadet la ferme de La Moratille pour faire des études de gestion et prendre, aux Buiges, chef-lieu de canton situé à quatre kilomètres de Siom, sur la route d'Ussel, la direction d'une petite fabrique de contreplaqué et, parce qu'il n'aimait pas vivre en ville, comme il disait, s'installer à Siom, derrière l'église, dans l'ancien presbytère depuis longtemps reconverti en bureau de poste et qui s'était retrouvé sans usage lorsque l'administration des Postes avait décidé de le fermer et que la postière était allée finir ses jours chez son fils, en basse Corrèze, du côté de Turenne.

Il avait fallu le convaincre, cet homme devant qui j'avais dû, en cet après-midi d'avril, expliquer pourquoi la maîtresse d'école avait inscrit sur mon carnet de notes des mots quasi infamants qui faisaient de moi une sorte d'idiot ou de buse : oui, trouver à dix ans des mots pour expliquer que la musique avait fait de moi quelqu'un d'autre, ce jour-là, et dire que je voulais devenir musicien à cet homme qui ne croyait pas plus à la terre qu'aux grandes abstractions et surtout pas à la musique, qu'il détestait, comme presque tous les Siomois et la plus grande partie de l'humanité, mais qui devinait que l'art et les affaires peuvent malgré tout ne pas faire trop mauvais ménage, conforté dans cette opinion par le temps et par ma grand-mère Saint-Yrieix, laquelle avait joué un peu de piano, dans sa jeunesse, et qui l'aurait bien fait parvenir de Meymac jusqu'à Siom, ce vieux Gaveau dont le nom, la haute forme sombre, l'ivoire et l'ébène des touches avaient toujours eu pour moi quelque chose de si funèbre qu'il n'a pas eu un rôle peu considérable dans mon goût quasi exclusif des cordes et des bois, si mon père n'avait mis pour condition à mon apprentissage musical qu'il n'aurait pas à supporter chez lui la moindre note de musique, que c'était bien assez d'en tolérer à la radio, à la télévision et aussi dans les magasins, comme si on avait peur du silence.

« Pas même en mon absence ! » avait-il ajouté en donnant l'impression que sa haine de la musique était assez forte pour qu'il lui soit donné de l'entendre jusque dans son bureau des Buiges, malgré la distance, le bruit des machines débitant les troncs de chêne et de hêtre, les écorçant, les déroulant comme une peau qu'il fallait ensuite aplatir, sécher, découper, assembler, coller et redécouper, selon un modèle unique, en fonds de sièges de bureau, de bistrot, de salle d'attente.

Il avait fallu le convaincre, mais sans doute l'était-il déjà, lui qui n'attendait rien de moi — rien de bon, veux-je dire, parce que je venais trop tard et que sa haine de la musique (une haine qu'il partageait avec ma mère et mes sœurs et dont je n'ai jamais su la raison, mais qui devait bien en avoir une, et plus terrible que ce que j'ai pu imaginer, puisque cette haine confinait à une sorte de terreur qui n'est, peut-être, que la peur de la mort ou de l'amplification infinie du souvenir) le confirmait dans l'idée que je pouvais être musicien comme on est fonctionnaire, associant dans un étonnant mélange de condescendance et de résignation l'art et la fonction publique, et jugeant somme toute que pratiquer un instrument en professionnel valait autant que de travailler pour l'État.

Pas de scène violente, donc ; nul tableau à la Greuze ou à la Stendhal, aurait pu dire Nicole ; il ne m'a ni humilié ni chassé : je n'étais pas un chien de musiqueux ni un enfant prodigue, mais un fils trop tard venu pour qu'on s'intéressât vraiment à lui, croyais-je, ou qu'on ne voulût pas lui laisser faire ce à quoi il se pensait destiné, lui qui présentait les choses en termes de destin, alors que j'étais à plaindre, avait-il murmuré, de croire qu'on vient au monde pour accomplir ou bâtir quelque chose... Mon père était, au fond, plus honnête que mauvais, même si je pense que quelqu'un de sourd à la musique ne peut être tout à fait bon. Ou alors c'est soi-même qu'on fuit, injuste à force d'être honnête, oui, simplement, obstinément honnête, puisque c'est à nous-mêmes que nous renvoie la musique : nous-mêmes, c'est-à-dire pas grand-chose, une présence fugitive, un frêle bruit, un nuage.

Peut-être mon père était-il surtout, comme tant de gens simples, intimidé par ce qu'il appelait la « grande musique », lui qui était né près de la terre, des bêtes et des grands bois, dans les derniers temps d'une civilisation millénaire dont le folklore était depuis longtemps éteint et dont on peut entendre les ultimes échos dans les beaux *Chants d'Auvergne* de Joseph Canteloube, et particulièrement dans cette mélodie intitulée « Obal, din lou Limouzi », ou cette berceuse qui adjure le sommeil, *soun, soun, minou minauno*, de passer sous la table et sous le banc pour enfin venir à l'enfant, et que je n'écoute jamais sans être ramené là-bas, dans le Limousin, où il me semble que c'est sur une tout autre poitrine que celle de ma mère que je laisse aller ma tête, oui, ailleurs, étendu au plus haut d'un pré, uniquement soucieux du mouvement des nuages qui me font peu à peu basculer dans le ciel.

Il avait, cet Alain Feuillie, choisi les affaires moins par goût de l'argent ou pour s'élever au-dessus de ce qu'on appelait encore sa condition en reniant les travaux agricoles et en épousant la fille d'un petit négociant en vins de Meymac, que pour avoir très tôt compris qu'il n'y avait pas assez de place pour plusieurs frères sur une terre aussi ingrate et dans ce type d'exploitation traditionnelle, que le temps n'était d'ailleurs plus aux métamorphoses naturelles, à l'ensemencement des terres, des bêtes et des femmes, mais à des choses à la fois plus simples et plus complexes, comme ces arbres qu'il allait lui-même choisir sur pied pour les transformer en fonds de sièges pour les collectivités et même pour ces gourles qui s'imaginaient entrer dans le progrès parce qu'elles posaient leurs fesses sur du contreplaqué recouvert de formica ou de moleskine au lieu de chaises paillées. Et que cela produisît de l'argent n'était pas moins extraordinaire à ses yeux que le déploiement de cette musique qu'il faisait profession de détester et d'interdire chez lui, mais dont le pouvoir sur les autres et, surtout, le profit qu'on pouvait en tirer avaient fini par le convaincre de laisser entrer dans cette voie, comme il disait avec la solennité des autodidactes, ce fils dont la seule fierté qu'il lui procurait était qu'on le vît encore apte à procréer à près de cinquante ans, lui, Pierre

Feuillie, fût-ce un bougre non désiré et à passer par profits et pertes, et pourquoi pas par l'art, avait-il dû déclarer à la cantonade : sa façon à lui de justifier qu'il me fît donner des leçons par un professeur de musique d'Ussel que ma mère allait, deux fois par semaine, chercher en voiture à la gare, à deux kilomètres de Siom, en rase campagne, comme disait le petit homme dont le langage était aussi vieillot et parfois aussi étrange que le manteau gris qui lui arrivait à mi-cuisse et dont il était vêtu été comme hiver, et qui, à tout autre que nous, aurait paru de mauvais augure, encore qu'il s'accordât à merveille à l'extraordinaire des conditions posées par mon père et qui était que le professeur ne ferait pas retentir la moindre note de musique entre les murs de l'ancien presbytère.

— Une Pâque perpétuelle, si je comprends bien, murmura le professeur en souriant, avec l'air non pas de se moquer mais de quelqu'un qui est revenu tout.

— De quoi parlez-vous ? demanda mon père en songeant probablement au fait que nous nous trouvions en un lieu qui avait abrité des hommes d'Église.

— De la Pâque juive, pendant laquelle pas même une miette de pain ne doit se trouver dans la maison. La musique n'est-elle pas le pain de l'esprit ?

Mon père eut un étrange sourire ; il se tourna vers la fenêtre, regarda le lac, les hauts sapins qui descendaient en rangs obscurs des collines de Veix, de Couignoux et, plus loin, des hauteurs du Montheix, pensant (l'entendrais-je dire plus tard à ma mère) non seulement que la présence d'un Juif était, sur ces hautes terres, même dans une petite ville comme Ussel (puisqu'il croyait savoir que les juifs s'établissent exclusivement dans les métropoles et qu'à moins d'être originaire du coin ou envoyé là par l'Administration, personne ne pourrait sérieusement songer à venir vivre à Ussel), bien plus extraordinaire que celle des Arabes et des Portugais qu'il employait à l'usine, mais que c'était la première fois qu'il parlait à un Juif, s'étonnant qu'un Juif puisse avoir les yeux bleus et le nez droit, qu'on puisse même être juif et français, avait-il dit à ma mère, sans ironie et sans méchanceté, n'étant pas, je le répète, un mauvais homme, étant même dépourvu de vrais préjugés, mais, n'ayant pas voyagé, voyant des étrangers dans tous ceux qui n'avaient pas l'accent du haut plateau limousin, à commencer par les fils de réfugiés espagnols en compagnie de qui il avait été à l'école, et finissant par me considérer moi aussi, dès lors qu'il fut arrêté que je serais un musicien, comme une sorte d'étranger, de juif, d'artiste qui ne parlait plus tout à fait la même langue que lui.

Il ne croyait à rien, ou alors que l'immatérialité, la transcendance, les mystères majeurs ne pouvaient trouver d'autre incarnation que dans ce qu'on appelle aujourd'hui le système monétaire international, mais qu'il résumait, lui, de ce seul mot : l'argent. Non pas la thésaurisation, l'avarice, la rapine propres à la lignée dont il était issu, comme tous ceux qui ont vécu là, entre le granit et un ciel assez vaste pour que l'idée d'un monde immobile se suffise à elle-même, mais la fascination qu'exerçaient sur lui les affaires : un jeu entre le concret et l'abstrait, à quoi il ne perdit ni ses fonds ni son âme, au contraire de tant de Siomois qui s'y étaient essayés, le grand Pythre, Lauve le père, Amélie Piale, Berthe-Dieu, les Bugeaud ou Orluc, et songeant donc, devant ce petit professeur juif aux cheveux blancs et un peu trop longs, et au manteau minable, qu'il y avait des règles pour tout, des rites aussi, pour la Pâque comme pour la musique ou le commerce des fonds de chaises, et que ce qui était un tissu de règles et de rites était plus près d'une science que de ce qu'il avait d'abord considéré comme un métier de saltimbanque et qui, vu sous l'angle de la coercition, ne pouvait pas être tout à fait mauvais.

C'est lui-même qui dit au professeur de musique (j'étais resté dehors, à peine si le petit homme avait posé les yeux sur moi, je commençais à croire que je rêvais debout) qu'on ne pouvait espérer qu'un enfant devînt musicien pour la seule raison qu'il avait été ému par une mélodie chantée par une femme perdue, pensais-je en essayant de deviner ce qui se disait au salon, assis sur la plus haute des trois dalles de granit usé menant à notre seuil, ma mère se tenant debout sur la deuxième marche, dans le tiède vent d'avril qui faisait frémir sa jupe claire dont le tissu frôlait ma joue et me semblait d'une douceur incomparable, non seulement celle des caresses auxquelles ni elle ni mes sœurs ne m'avaient habitué, mais celle du jupon dont le vent me révélait par intermittence la soie et dont j'imaginais qu'elle avait la même fraîcheur crémeuse que la peau de sa jambe, tandis que je rougissais de ce plaisir inattendu comme de ce que j'entendis enfin dans la bouche de mon père :

— Si on peut en faire un artiste et qu'il gagne correctement sa vie...

À quoi le professeur répondit que gagner correctement sa vie avec un instrument de musique supposait un travail quotidien, long, difficile, acharné, avec peut-être, au bout, une absence de gloire, ou alors la gloire secrète du musicien solitaire, la dévotion à la seule musique : de quoi emplir toute une vie, en effet...

— Une espèce d'obscurité lumineuse, si vous voyez ce que je veux dire, ajouta le petit homme après un silence pendant lequel il m'a semblé qu'on aurait pu entendre le bruit que faisait sur ma joue d'enfant le frôlement de la robe maternelle et le feu qu'elle y faisait naître, à cette joue qui n'avait connu si grand plaisir.

Je doute si mes parents voyaient ce que voulait dire le petit homme aux yeux pâles. Avec sa mine lasse, son manteau fatigué que personne n'avait pensé à lui proposer d'ôter et qu'il n'aurait d'ailleurs peut-être pas quitté, il avait l'air d'un comptable bien plus que d'un artiste ou d'un maître de musique. Moi-même je n'étais pas certain d'avoir compris que l'obscure clarté dont il était question n'ait pas renvoyé aux seuls yeux du visiteur, ni que ma destinée ne se soit pas jouée en quelque sorte dans mon dos, ce jour-là, pendant la conversation qui a suivi, autour d'un verre de Suze ou de Pernod, et au cours de laquelle le petit professeur juif et le chef d'entreprise corrézien fermèrent la porte du salon pour discuter du prix des leçons à donner à un petit garçon qui n'avait pas l'air comme les autres et dont il fallait bien faire quelque chose...

Bien sûr, j'avais été touché par la grâce, et je ne m'imaginais pas vivre autrement que dans la perpétuation de cette grâce, laquelle ne s'obtient, je n'allais pas tarder à le comprendre, que par un long cheminement dans son contraire : l'envers de la grâce, la déréliction, la souffrance, me disais-je en m'expliquant de la sorte l'obscurité lumineuse à quoi avait fait allusion le petit homme, oui, un travail et une vie dont j'aimais par avance l'austérité, la souffrance que j'allais y trouver, puisque je croyais comprendre ou avais cru entendre dans la bouche du professeur, avant que mon père ne referme la porte du salon, que l'art ne vit que de contraintes, d'abnégation, de souffrance, et que la seule chose que j'avais à faire, pour le moment, était de mériter cette souffrance ; ce qui n'était pas si mal vu, surtout si on considère que j'aurais été bien en peine d'expliquer pourquoi il n'y avait pas de contradiction entre cette souffrance que j'imaginais terrible et la joie, non moins foudroyante, qu'il m'avait été donné de connaître, quelques semaines plus tôt, sous la fenêtre de Mme Lauve. J'aurais toutefois été incapable de parler de salut. Je le suis toujours. Il y a toujours, dans le fait d'être musicien, comme dans le fait que la musique existe, je ne sais quoi qui se refuse à ma conscience et qui, disait Nicole, fait partie de mon innocence, de la même façon que je ne pouvais comprendre que, dans le petit salon de l'ancien presbytère, mon père et son visiteur aux yeux si étrangement clairs tendaient ma destinée sur les quatre cordes d'un instrument qui n'était ni un violon ni un violoncelle ou une viole de gambe, encore moins une contrebasse, mais qui ressemblait à un violon, en un peu plus large, et portait le nom, pour moi inconnu, d'alto.

Un instrument qui m'est resté non pas mystérieux mais a gardé quelque chose du mystère de son nom, de ce qui a sonné à mes oreilles d'enfant lorsque j'ai été appelé dans ce qui avait été la salle de séjour de plusieurs générations de curés avant de devenir le bureau de la recette postale puis le salon d'un homme qui avait renié la terre pour devenir le chef d'une petite entreprise (« Comme s'il y avait une continuité entre le commerce des âmes, celui des messages humains et la métamorphose des arbres en fonds de sièges », avais-je dit à Nicole qui m'avait répondu que le monde obéissait à des évidences qui ne sont pas obscures pour tous, et que c'était à de telles logiques qu'elle avait abandonné sa propre existence) afin de m'entendre signifier par mon père que je serais un altiste, oui, un altiste et non, comme j'avais cru l'entendre, puisque le mot « alto » n'avait pas encore été prononcé, un artiste : confusion qui semblait devoir faire de l'altiste une altération risible du mot artiste et de moi un artiste par défaut ou pas tout à fait un artiste, ce qui a été sur le point de me dégriser et m'a donné à l'égard des mots une méfiance qui n'a fait que s'accroître, surtout si on songe que dans la mélodie chantée par Mme Lauve ce n'était pas à ce que disaient les paroles qu'était allée ma ferveur mais au fait que je ne les comprenais pas vraiment, qu'elles constituaient avec la musique une langue dont la compréhension ne passait pas par la signification ordinaire mais une sorte de promesse, l'espoir d'un sens supérieur qui me serait révélé plus tard, et qui m'était pourtant déjà familier, rendant désuets les mots que je percevais là et dont l'obsolescence n'était pas due qu'à la médiocre articulation de la chanteuse mais à ce que la musique tend à faire des mots : un élément de la matière musicale.

— Oui, un altiste ! avait répété mon père comme si la famille des cordes n'avait pas de secret pour lui qui ignorait pourtant, quelques minutes auparavant, l'existence de cet instrument et qui avait maintenant l'air de savoir que l'alto est l'ancêtre des cordes, que le corps de cet instrument mesure entre trente-trois et quarante-trois centimètres, que sa technique de jeu correspond à celle du violon mais qu'il est plus difficile de le faire sonner de façon virtuose, qu'il existait au XVIIe siècle de nombreux altos de dimensions plus importantes qui répondaient à la nécessité d'un solide instrument ténor dans l'écriture pour cinq instruments à cordes telle qu'on la pratiquait à l'époque ; des instruments dont les parties ne descendaient jamais plus bas que le *do*, qui se jouaient sur le bras, se notaient en *ut* quatrième et *ut* troisième, et dont le plus connu est la *viola medicea* fabriquée par Stradivarius pour le duc de Toscane ; et puis qu'avec la réduction à quatre parties de l'écriture pour cordes, au XVIIIe siècle, ces instruments avaient disparu, sauf l'*alto violo* dont les dimensions sont en principe trop réduites pour descendre jusqu'au *do* : d'où les nombreuses tentatives pour transformer l'alto, au XIXe siècle : le violon ténor de Dubois, le contralto de Vuillaume, la *viola alta* de Ritter, le *violetto* de Stelzner — instruments trop difficiles à jouer et qui ne se sont pas plus imposés que l'*arpeggione* auquel Franz Schubert a dédié une sonate qu'on interprète aujourd'hui au violoncelle. Il avait également l'air de savoir, ce père qui me regardait avec une sorte de ferveur triomphale, que les luthiers du XXe siècle ont compris qu'on ne pourrait améliorer l'alto qu'en conservant les mesures traditionnelles de l'instrument : ils ont obtenu des résultats si remarquables que sa sonorité est supérieure à celle de la plupart des anciens, même si tout altiste peut rêver de jouer sur un instrument de l'école de Brescia, un Gasparo Da Salo de 1560, par exemple.

Il ajouta que le professeur de musique avait bien pensé à faire de moi un violoncelliste mais que lui, mon père, s'y était catégoriquement opposé pour en avoir déjà vu un, de violoncelliste, une femme, qui plus est, à la télévision, un jour qu'il prenait l'apéritif chez un client de Peyrelevade :

— Une jolie femme, d'ailleurs, en jupe, avec des talons hauts et des cheveux qui menaçaient tout le temps de se prendre dans les cordes, comme si elle le faisait exprès pour avoir l'occasion de les rejeter en arrière et montrer combien elle était belle avec ses cuisses écartées autour de l'instrument, avait-il dit en ajoutant qu'il n'était guère plus convenable à un homme qu'à une femme de pratiquer un instrument pour lequel on écarte sans cesse les cuisses.

Je ne comprenais pas ; j'aurais été bien en peine de distinguer un violoncelle d'une contrebasse, et le vieux

Petit Larousse à reliure grenat qui traînait sur une étagère du salon, à côté d'un guide Michelin et de quelques livres de poche, ne m'était d'aucun secours, puisque je ne pouvais me précipiter pour l'ouvrir afin de faire bonne figure devant le professeur de musique qui s'est enfin tourné vers moi pour m'expliquer ce dont il venait de persuader mes parents : que le violon, comme le piano, est un instrument roi avec lequel il est très difficile de faire carrière, une carrière de soliste, s'entend, les places étant très chères, les rivalités exacerbées, le marché quasi saturé de jeunes prodiges russes ou asiatiques.

— Et puis vous n'êtes ni juif, ni un singe savant, et vous vous y prenez même un peu tard, me dirait-il plus tard, avec l'air de se moquer tout en me signifiant que, mon père n'étant convaincu ni par le violoncelle ni par les cuivres ou par les bois, il ne nous restait plus que l'alto, un instrument plus rare, méconnu, mystérieux, particulièrement aimé par Bach et par Beethoven, qu'il pratiquait, lui, avec autant d'intérêt que le violon, et grâce auquel je pourrais espérer faire une carrière de musicien d'orchestre ou de chambriste.

J'ai regardé s'avancer sur le seuil le petit homme au visage creusé, fatigué (« Une lassitude de plus de cinq mille ans », me dirait-il lorsque nous nous connaîtrions mieux), flottant dans son court manteau gris dont on ne savait, tant il était passé de mode, s'il lui était trop court ou pas assez grand, posant sur mon épaule une main aussi lisse que celle d'une femme (« Nous avons les mains nues depuis Abraham », me dirait-il encore) et me poussant vers l'extrémité de la terrasse, à l'endroit d'où on avait vue sur Siom, sur le lac, les grands bois de sapins, l'étagement des collines, le ciel si vaste qu'un oiseau de proie qui y tournait semblait tomber dans son propre cri, et murmurant de cette voix dont l'ironie faisait tout le mystère et où traînait un accent qui n'était pas de chez nous et dont lui-même prétendait qu'il n'était de nulle part, pas même de cette Europe centrale dont il était originaire, me confierait-il une autre fois, et qui n'existait plus et qui faisait qu'il venait, lui, non pas vraiment de Pologne mais de bien plus loin, d'avant, pouvait-il dire, d'avant la nuit, le brouillard, le froid, même si cet avant était à présent pris dans un hiver bien plus terrible que ceux des hautes terres et qui semblait avoir pris dans ses glaces ses cinq mille ans d'existence : un hiver comme il ne s'en présenterait probablement plus et auquel seule la musique lui avait donné la force de ne pas s'abandonner — toute la musique qu'il connaissait et qu'il s'était remémorée mesure après mesure, note par note, jour et nuit, la laissant sonner au plus inaccessible de lui-même et qu'il n'était alors plus question de nommer ni le for intérieur ni l'âme, mais le lieu le plus secret, irréductible, de la mémoire, là où, entré dans l'hiver de la parole, et au plus près de renoncer à son corps, il continuait d'être avec les autres, ses semblables, ses frères, comme il disait, se chantant muettement, avec la précision d'un lecteur des grands textes sacrés, *Le Clavier bien tempéré*, et les sonates et les partitions de Bach pour violon et ses *Suites pour violoncelle*, certaines symphonies de Brahms, de Bruckner, de Mahler, des sonates de Haydn, les quatuors de Beethoven, quelques lieder de Schubert, le *Winterreise*, surtout, qui lui donnait l'impression d'être ce *Wanderer*, ce voyageur d'hiver, un errant dans le désert des champs de neige, arrêté devant l'auberge funèbre où il n'y a pas même l'espace d'une fosse, et continuant dans l'hiver, avec, à l'horizon, les trois soleils des parhélies dont il regarde disparaître deux d'entre eux avant de souhaiter voir s'anéantir le troisième, puisque le beau rêve nuptial est mort et que le voyageur s'abandonne à un vieux ménétrier joueur de vielle qu'il suit on ne sait où, nulle part, probablement, sinon dans le rêve d'avoir existé et l'infinie plainte de Job, me dirait-il, quelques années plus tard, lorsqu'il me ferait travailler la *Sonate pour alto et piano* de Charles Koechlin, une œuvre sombre et intime, une plainte humaine composée au début de la Grande Guerre et dont le caractère général semble avoir été déterminé par la nature même de l'alto. Nature dont il avait fallu toutes ces années pour qu'il me soit donné de comprendre ce qu'est la voix d'un instrument que je pouvais désormais dire mien, et aussi ce que le petit homme avait voulu me faire entendre, le jour où il s'était mis d'accord avec mes parents et où il m'avait amené au bord de la terrasse, non pas pour me précipiter dans le jardin d'en dessous, comme j'avais pu le penser à l'instant où l'oiseau criait dans le ciel, mais pour me dire, avec un geste assez large pour laisser croire qu'il tirait sur un archet invisible, que la musique n'avait rien à voir avec l'immensité qui était devant nous :

— Rien de tout ça, ni la beauté de ce paysage, ni son mystère, ni votre solitude, rien, la musique n'exprime rien, ne décrit rien ; au mieux, elle renvoie au mystère d'un drame aussi ancien et mystérieux que l'existence de l'homme. Quand vous l'aurez compris, vous serez un musicien...

Et il me planta là, l'homme venu de nulle part et à l'âge duquel il fallait ajouter cinq mille ans, le premier adulte qui m'ait vouvoyé, écouté sans regarder ailleurs, traité avec déférence. Il remonta dans la voiture de ma mère pour aller prendre l'autorail qui le ramènerait à Ussel après m'avoir entrouvert le ciel, si j'ose dire — ce que je pourrais formuler autrement en disant qu'il m'avait laissé pressentir que le mystère du monde relève du sonore bien plus que du visible, et que c'est par lâcheté, paresse ou peur que l'homme a asservi le sonore au visible.

Il me laissait là, en ce jour tiède de printemps, à l'entrée d'un chemin qui se confondait peut-être avec ces sentiers recouverts d'herbe ou de brume dans lesquels j'aimais croire que j'allais me perdre, au plus profond des grands bois qui entourent Siom et où j'espérais, les jours de grand vent, entendre hurler l'orgue de Baudelaire, me disais-je en me rappelant le mot « chambriste » employé par mon maître et qui me faisait penser que mon chemin me conduirait à des chambres dans lesquelles je retrouverais des êtres tels que lui, venus on ne sait d'où, solitaires, ironiques ou taciturnes ; des gens que l'expression « musique de chambre » me faisait imaginer dans la pénombre de pièces tapissées de bois clair, semblables à ma chambre d'enfant, au premier étage de l'ancien presbytère, et qui se réunissaient là pour se taire et faire tenir l'immensité du ciel dans l'espace de la main ou du souffle — pour n'être plus que ce souffle, cette main qui s'absente, ce corps obscur, penché, noué, tourmenté qui cherche dans des sons une lumière qui n'est plus celle du dehors, me dirais-je bien des années plus tard, lorsque j'aurais pris la mesure de ce qui m'avait poussé vers ces chambres et vers ce moindre bruit qu'est la musique (et que j'entendrais un jour mon maître définir comme la noblesse de l'impossible silence), pour peu qu'on accepte de partager avec quelques-uns le silence où elle a lieu et qui est, au fond, de même nature que la taciturnité de mes ancêtres siomois ou que le silence que j'observais, le jour de l'éclipse, devant Nicole allongée sur son lit.

Nicole encore profondément enfouie en elle-même, immobile, muette, absente, alors que le jour se levait, avais-je envie de m'exclamer et ne sachant comment dire autrement la fin de l'éclipse, l'éclaircissement progressif de la chambre, la restitution du jour à lui-même, puisque l'ombre dans laquelle nous étions plongés n'était pas celle d'une vraie nuit, mais autre chose que la nuit, et dont une lointaine rumeur d'applaudissements et de cris de joie saluait la fin, laquelle ne se confondrait donc pas avec celle de Nicole, commençais-je à espérer, aidé en cela par ma lègère ivresse et par un agacement pour le fait de n'avoir pu y échapper, moi non plus, à ce phénomène météorologique auquel je n'aurais pas prêté la moindre attention s'il n'avait plongé Nicole dans une telle terreur et ne l'avait en quelque sorte placée au cœur du phénomène, et moi aussi qui, pour veiller sur elle et attendre qu'elle revienne à elle, avais dû faire le mort et m'interdire de la regarder, comme j'avais cru entendre qu'elle m'en priait, ou de la regarder les yeux fermés, de la même façon que certaines musiques ne se livrent jamais mieux que si on les écoute de façon quasi distraite, de biais, voire dans le peu de goût qu'on croit avoir pour elles, mais dont la beauté nous est révélée d'une façon le plus souvent inattendue, inespérée, qui fait de notre étonnement l'accomplissement de l'amour qu'elles nous avaient inspiré d'entrée de jeu et qui ne s'avançait que masqué.

C'est de cette façon que j'aime *Diadèmes* de Marc-André Dalbavie, sorte de concerto pour alto, ensemble instrumental et dispositif électronique, dont je n'ai jamais cherché à jouer la partie soliste, non seulement à cause de la technique particulière requise par l'emploi du synthétiseur, le traitement de l'alto en temps réel et l'amplification des violons, mais parce que, pour moi, certaines œuvres ne demeurent belles que dans la mesure où je ne les travaille pas et où leur écoute ne peut avoir lieu qu'à de certaines conditions qui les renvoient aux circonstances dans lesquelles je les ai découvertes : grâce au disque, pour *Diadèmes*, et en compagnie de Nicole, nue sur mon lit, une nuit, après l'amour, dans mon appartement du boulevard de la Bastille, alors que je n'avais plus à poser sur son front humide que ce musical diadème ; avec d'autres femmes, aussi, à ce moment de la nuit où le bruit du métro, des automobiles et des passants cesse, au bas de chez moi, sur le boulevard Bourdon et sur le quai de la Rapée, pour laisser se déployer avec nos respirations apaisées les pierreries de *Diadèmes* ; lesquelles devenaient au cœur de la nuit les signes d'une constellation d'instants dont se tissait notre temps amoureux, même après que la musique s'était tue et que, dans le vent qui soufflait de l'ouest et qui entrait par une baie entrouverte en nous faisant frissonner délicieusement, on pouvait entendre le rugissement d'un tigre, de l'autre côté de la Seine, dans la solitude du jardin des Plantes.

Or, ces diadèmes que je posais parfois sur la tête de mes visiteuses nocturnes, ils n'auraient, ce jour-là, été d'aucun secours à Nicole, n'auraient rien apaisé en elle, surtout pas ce qui semblait continuer à lui faire peur et dont elle ne me parlerait d'ailleurs pas, dont il me faudrait deviner les causes et qui ne pouvait être mis au compte d'une simple superstition, le jour de l'éclipse coïncidât-il, comme je le pensais, avec le premier jour de ses règles et cette « impureté » qu'elle détestait mais qui ne m'a jamais gêné, moi, pour faire l'amour avec une femme dont j'ai le goût : Nicole était docteur en médecine, elle exerçait le métier de radiologue et, je le répète, il me paraissait inconcevable qu'elle puisse trouver dans un phénomène relevant des lois de l'astrophysique le signe de sa propre mort, voire une incitation à mettre fin à ses jours, comme dit pudiquement la langue française, et comme Nicole elle-même disait lorsqu'elle évoquait cet acte et, depuis qu'elle avait eu quarante-quatre ans, en février dernier, non seulement sa possibilité mais son imminence. Sans doute était-elle trop irlandaise et hantée par le vieillissement et la déchéance pour ne pas chercher dans des signes qui n'appartenaient plus au domaine de l'art la certitude qu'il lui fallait quitter ce monde, comme disait un autre euphémisme qui ne m'irritait pas moins que le précédent. Et à mesure que la clarté du jour d'été reprenait possession de la pièce, je comprenais que Nicole souhaitait être aidée d'une autre façon, que la lecture de son ciel intérieur ne lui était plus d'aucun secours, et que c'était à moi qu'elle la demandait, cette aide, et non à ses autres amants au nombre desquels se trouvaient, pouvais-je penser, des médecins pourtant mieux placés qu'un altiste pour l'aider à entrer dans la vraie nuit : non pas la nuit des amants, ni la nuit sans nuit des solitaires et des pauvres, des malades et des enfants tristes, mais celle qui est en nous et dans laquelle nous ne cessons de marcher, disait aussi Nicole, usant là encore d'un vocabulaire qui n'est pas le mien, trop littéraire, presque religieux, mais qui, dans sa bouche, surtout quand elle évoquait sans que j'y croie vraiment l'imminence de sa mort, avait la conviction mélancolique des *Ballades* de John Coltrane, ajouterait-elle en se reprenant et en faisant mine de rire de tout ça.

Je l'ai de nouveau regardée. Je veux dire que je me suis franchement tourné vers elle en me disant, un peu bêtement, qu'il fallait prendre le taureau par les cornes. Le vin me donnait cette petite audace, et aussi le retour de la lumière qui rendait tout leur éclat aux grands rideaux terre de Sienne qu'elle avait choisis parce qu'ils lui rappelaient la couleur des rideaux de ma chambre : de lourds rideaux ocre laissés chez moi par le précédent propriétaire et que j'avais gardés parce qu'ils étaient d'excellente qualité et que leur couleur orangée me rappelait, le matin, en m'éveillant dans cette chambre dont je n'abaissais jamais les stores, et aussi l'après-midi, lorsque je m'étendais sur mon lit pour une de ces siestes grâce auxquelles j'ai appris à compenser des nuits abrégées par l'insomnie, les concerts et les travaux amoureux, quelque chose de mon enfance, à Siom, dans ma chambre lambrissée de ce bois de pin verni qui donnait à mes aubes et à mes songes une couleur de miel de forêt.

À ce moment Nicole avait un visage très dur, le plus austère que je lui aie jamais vu, même dans les moments où elle se disait mauvaise : si fermé, si ténébreux qu'on l'aurait dit effondré en lui-même, comme si elle était non pas morte mais plus tout à fait là, devant moi, et qu'elle eût profité de ma présence pour s'absenter, ayant peut-être pris des cachets avant mon arrivée, ai-je pensé en remarquant à la tête du lit une petite boîte verte contenant de ces tranquillisants dont j'ignorais qu'elle fît usage et dont elle me fournissait : je les prenais, moi, mélangés à de l'alcool, lorsque le sommeil me fuyait et que ni la musique ni les femmes ne parvenaient à me délivrer de ma trop longue veille.

Regarde-t-on vraiment les gens, même les femmes dont on s'approche pour les dénuder et enfouir en elles les cris qu'on n'aura pas su pousser ? Qui a jamais contemplé sans ciller un visage, s'en est approché assez près pour soutenir cette nudité qui effraie bien plus qu'elle n'attire, puisqu'un visage est à cet instant aussi étrange et inquiétant que la surface d'un champ vue de tout près, et qui, en fin de compte, se dérobe, ce visage, à mesure que le reste du corps se propose, s'ouvre, se donne, participe de la tentative d'exténuation qu'on appelle l'amour ? Est-ce que j'avais une seule fois regardé Nicole telle que je la voyais là, dans ce qui n'était peut-être ni le sommeil ni la mort mais son absence, ou son absentement, si je puis dire, Nicole descendue à ce qui n'était pas encore son tombeau tout en y ressemblant fort, pensais-je en reposant l'abricot que je m'apprêtais à porter à ma bouche et me levant, m'approchant d'elle, m'agenouillant à la tête du lit devant lequel je l'avais tant de fois dévêtue et où elle m'attendait, toujours allongée la première, moins en vertu de quelque aptitude à la soumission que parce qu'elle tenait aux formes, à la politesse amoureuse, à un raffinement dont seules sont capables les femmes, je crois, même lorsqu'elles s'emparent d'un sexe d'homme dressé au-dessus d'elles dans l'intention de le délivrer avec leur bouche, cet homme, et mettant à cela une délicatesse proche de la grâce ou, plus simplement, de l'habileté déguisée en pudeur, fût-elle à ce moment, la femme, telle Nicole agenouillée au bord du même lit, une autre fois, ayant dépouillé lentement vêtements et bijoux pour ne garder que ses bas qu'elle portait sans jarretelles et dont elle aimait la légère pression au haut de ses cuisses, sachant que, si je n'ai qu'un goût médiocre pour les mises en scène érotiques, je ne déteste pas le contraste entre l'incomparable douceur du gras de la cuisse, à la hauteur de l'entrejambe, dans la partie comprise entre le tendon, le muscle et la toison, et le soyeux toujours plus frais du bas, bien que je n'aie pas érigé le port du bas en condition de plaisir non plus que le fait de jouir dans la bouche ou même dans l'anus, trop de femmes s'imaginant que c'est là pour un homme une faveur suprême, une marque de virtuosité, de transgression d'on ne sait quel interdit, ou d'abnégation, et mettant à cela une trop évidente bonne volonté pour qu'on ne doute pas s'il ne s'agit pas d'en finir au plus vite avec un acte somme toute répugnant, en tout cas avec ce qui se dresse devant elles de façon tout à la fois triomphale, obscène et pathétique, oui, même pour les plus jeunes, à qui la pornographie contemporaine a imposé la fellation et la sodomie comme des figures obligées de l'amour, n'ayant pour la plupart connu que des hommes aussi jeunes qu'elles et nourris de la même brutalité sexuelle, de la même méfiance à l'égard du sentiment amoureux, et me les imposant, ces figures, y mettant parfois tout leur cœur, jeunes femmes rencontrées lors de tournées d'été ou de festivals d'automne, et la plupart du temps grâce au prestige attaché au musicien bien plus qu'à mon physique de quadragénaire mélancolique, encore que les plus jeunes d'entre elles aient l'illusion de mordre là dans l'épaule d'un père.

Nicole se releva, ôta de son visage ce tulle qui, dans la lumière retrouvée, ressemblait à un linge d'autel ; elle se mit debout, non pas tournée vers moi mais vers la clarté de l'après-midi dont elle alla, je crois, vérifier la nature ou la qualité en ouvrant tout grands les rideaux et en enlevant des miroirs les voiles qui les recouvraient, puis renversant la tête dans cette pleine lumière, exactement comme elle l'aurait fait si je m'étais approché d'elle par-derrière, avais défait et enlevé sa courte robe noire et l'avais prise là, debout, après lui avoir écarté doucement les jambes et qu'elle eût, autre moment du rite, laissé couler sa chevelure blond-roux sur ses épaules et dans son dos qui se creuserait sous cette chute autant que pour recevoir ce que je logeais en elle et qui la faisait se cambrer davantage tout en rehaussant les fesses et les hanches, qu'elle avait magnifiquement larges, afin que j'y pose une main plus sûre, la gauche, par exemple, tandis que de l'autre je lui prendrais l'épaule droite — et rien d'autre, nul de ces palpations, pelotages, baisers ou caresses dont s'accompagne d'ordinaire l'accouplement, mais une sorte de danse lente et qu'elle voulait telle, quelque chose d'épuré, de presque abstrait, puisque entre nous il n'avait jamais été question, je le répète, j'y reviendrai encore, de ce sentiment qui se réduit la plupart du temps à de la sentimentalité fade ou exacerbée, en tout cas vouée au malheur, à l'ennui, à la défaite des sens.

Non que Nicole fût incapable de caresses ou de laisser les mains et la bouche d'un homme lui envahir le corps : il y avait néanmoins en elle le refus du geste imprécis, vulgaire, mécanique, un souci d'élever la chair à sa dimension la plus noble, quasi liturgique, la moins basse en tout cas, elle qui en connaissait tout, de cette chair, la sienne et celle des hommes, et non seulement la chair désirante et belle à voir, à sentir, à caresser, mais le corps tout entier, l'apparent et l'organique, le corps naissant comme le corps malade, mourant, putréfié.

— Le corps humain, m'avait-elle dit quelques semaines plus tôt, après l'amour, avec l'air d'être sinon heureuse, du moins de s'être traversée elle-même et délivrée. Oui, le corps assourdi, endormi, comme le corps malade ou le corps jouissant, exultant, tendu à l'excès, vers l'excès de sa joie et la délivrance, l'abandon, l'amollissement, sa lourdeur, aussi, sa belle lourdeur sur moi, en moi, contre moi, comme toi, en ce moment, mon cher amour ; mais aussi le corps mort, l'Hadès, l'enfer, vraiment, les cours d'anatomie, ma première année de médecine, à l'université Laval de Québec, les dissections qu'on pratiquait sur des cadavres qui devaient rester anonymes et qui, pour qu'on ne puisse pas les identifier, faisaient l'objet d'un échange : ceux de l'Est envoyés dans les provinces de l'Ouest et nous, au Québec, travaillant sur des corps venus de Vancouver, de l'Alberta ou du Manitoba ; cadavres embaumés voyageant par le Canadien Pacifique, brinquebalant sur des milliers de kilomètres dans leurs cercueils plombés et se croisant peut-être dans les plaines enneigées du Saskatchewan ou sur les hauteurs des Rocheuses, avant que de jeunes étudiants ne leur donnent une seconde vie, si on peut dire : quelque chose, cette étrange vie d'après la vie, qu'on fait de moins en moins, aujourd'hui, les dissections coûtant cher et pouvant se figurer sur des logiciels, la préférence donnée à l'image, au lointain, au simulacre, à l'aseptisé, un rite de passage qui va se perdre. Les premiers morts... Une vraie descente aux enfers, crois-moi. On passait vraiment la porte de l'enfer, dès l'antichambre du laboratoire de pathologie anatomique, avec l'odeur de formol et de corps en décomposition. Je ne savais presque rien de la vie, hormis ma volonté de vivre et d'être médecin. Mes études avaient semblé ne jamais devoir commencer. C'était l'hiver ; il y avait une grève à l'université, et j'avais passé un automne interminable à me refuser à l'homme que j'aimais, si lente, si lente, tu le sais maintenant, et alors incapable d'aller jusqu'au bout de l'amour, peut-être parce que les études n'avaient pas commencé et que je n'avais pas franchi la porte de l'enfer, et que ce qui m'avait jusque-là tant fait souffrir et rendue si malade, malheureuse, presque perdue, n'était rien à côté de ce vers quoi je descendais et où il me fallait la main de l'homme que j'aimais pour m'aider à descendre. Je le caressais, ce jeune homme que j'appelais mon fiancé et qui n'était en vérité qu'un étudiant en médecine, comme moi ; je le faisais jouir dans ma bouche ou sur mon ventre, mais c'était à d'autres corps que nous songions, qui nous hantaient, nous attendaient dans le laboratoire fermé de l'université Laval en grève. J'avais bien pensé, pour en finir, à m'inscrire à l'université Mc Gill de Montréal, mais il aurait fallu travailler en anglais et depuis longtemps déjà le français était pour moi la langue de mon accord avec le monde, celle aussi du seul homme de ma famille, Jean Dupré, mon père, et bien sûr celle du Rouvière que je découvrais avec l'émerveillement que tu devines pendant ces journées d'automne au cours desquelles j'avais l'impression que jamais je n'échapperais à la tristesse et à l'ennui de mon enfance. Le sexe de mon fiancé, donc, et le *Traité d'anatomie humaine descriptive et fonctionnelle* qui me fait me dire, encore aujourd'hui, que s'il n'avait pas existé je n'aurais probablement rien fait de ce que j'ai fait, que je n'aurais pas, dès le mois de janvier 1974, passé le sarrau blanc des élèves de première année pour aller contempler, derrière le chirurgien, vêtu, lui, de la noble blouse verte, et sous le regard singulier d'un vieux garçon de laboratoire dont je n'ai jamais pu savoir s'il était muet ou s'il avait fait vœu de silence, contempler ce qu'il est donné à peu de gens de voir et qu'il allait me falloir des années pour digérer, oui, entrée dans l'immense salle où se dressaient vingt tables tombeaux, vingt sarcophages d'acier ou d'aluminium qu'on amenait à bonne hauteur au moyen d'une manivelle et dont on ouvrait les panneaux de dessus pour faire apparaître le cadavre attribué à chaque équipe de cinq ou six élèves : des vieillards, pour la plupart, qui avaient légué leur corps à la Science par haine des curés et des pasteurs, ou parce qu'ils avaient cru dur comme fer à cette Science qui avait été incapable de les sauver de la maladie et de la mort, et dont ils espéraient cependant qu'elle prolongerait une existence déjà longue, là, sur une table de dissection, privés de leurs noms, dans une nudité que nul vivant n'aura jamais connue, pendant les six mois que durerait la dissection, à raison de deux fois par semaine, dans l'étrange lumière tombée des vitres au verre dépoli et des plafonniers pendant entre les grands schémas anatomiques accrochés aux murs et qui donnaient à ce lieu quelque chose d'un décor de théâtre où on travaillait parfois sans gants, dans la puanteur du formol qui rendait la chair luisante, gélatineuse. Une odeur dont on mettait des heures à se débarrasser mais qui n'empêchait pas les cadavres d'avoir l'air presque aussi frais que s'ils venaient de mourir et nous d'être vulgaires et grossiers, comme il fallait bien l'être pour supporter tout ça, les médecins aussi, sauf le médecin-chef devant qui on se surveillait, dans le grand amphithéâtre, devant le cadavre modèle disséqué de façon quasi divine par ce grand anatomiste qui s'était réservé le plus beau corps, un jeune, un suicidé, la plupart du temps, dont il parlait avec une éloquence et une piété extraordinaires. Je me croyais, en l'écoutant, dans un voyage à la Jules Verne, entrée avec lui sur des terres inconnues, perdant la notion du temps malgré l'odeur de formol et de mort, devant l'abandon du cadavre qui avait je ne sais quoi d'un Christ descendu de la Croix, une déposition que nul tombeau n'accueillerait puisqu'on ne tarderait pas à le brûler, celui-là, une fois la leçon terminée, et le beau, le précis, le puissant langage du médecin-chef retourné à la nuit de la langue ou à la rumination de ceux qui, comme moi, avaient de la médecine une vision romanesque et bien du mal à supporter, du moins au début, les séances de dissection, le corps mort et ouvert, le silence, l'hiver, oui, cet hiver au cours duquel j'ai enfin fait l'amour, en février exactement, pour mon anniversaire, avec celui que j'appelais mon fiancé et à qui je resterais longtemps fidèle sans me décider à l'épouser, à cause de l'intérêt que me portait un autre homme, un diplomate indien en poste à Québec et originaire de Mysore, un homme bien plus âgé que moi, qui voulait lui aussi m'épouser et m'emmener à Paris, où il était muté. J'ai eu avec lui une incomplète, une frustrante liaison lorsque je me fus relevée de l'espèce de maladie où j'étais tombée, en novembre : une langueur dépressive qui m'avait fait croire que je resterais à jamais enfermée en moi-même, qu'il n'y aurait rien d'autre que ce frêle corps de trop jeune fille encore terrifiée par l'ennui, même si je me jurais de ne jamais le laisser, ce corps, atteindre la déchéance de la vieillesse, non, jamais, me suis-je promis, plutôt ressembler à ce jeune suicidé que la chance avait attribué à notre équipe, un blond-roux, comme moi, que nous avions surnommé Johnny à cause de la ressemblance (au moins pour la forme du visage et le pli de la bouche) qu'on lui trouvait avec l'acteur Sterling Hayden, dans *Johnny Guitar,* et aussi pour éviter le mot de « cadavre » ou cette troisième personne du singulier qui n'aurait pas été très longtemps de mise, vu qu'on ne saurait entretenir des rapports de distance et de froideur, je le dis sans plaisanter, avec un corps sur lequel on va travailler pendant six mois et qui livre peu à peu des secrets qu'aucun vivant ne laisserait entrevoir, fût-il aimé à la folie. Il fallait également conjurer l'effroi où nous plongeait ce que nous lui faisions subir, à lui qui avait notre âge. On avait parfois du mal à s'y faire, et ça n'a pas peu contribué à ma maladie de cet hiver-là, avant que je me décide à faire l'amour pour la première fois, à cause de Johnny, probablement, afin de chasser de mon esprit ce corps dont nous avions ouvert l'abdomen et sorti les viscères, et que je trouvais malgré ça aussi beau que celui de mon fiancé. Et je l'imaginais, ce Johnny, en fils de fermiers de l'Ouest, l'Alberta ou le Manitoba, par exemple, à l'extrémité d'un *trail* éloigné de tout chemin de fer, de toute ville, de toute foule déchaînée, avec d'un côté la chapelle de bois peinte en blanc, le *general store* avec ses deux pompes à essence, l'école de planches claires, quelques maisons à cheminée de brique, et puis, de l'autre côté, ou, plus exactement, tout autour, la prairie ondulée où sont arrimées quelques fermes et où rien n'arrête le vent ni le regard, non, rien, pas même les yeux bleu pâle de la fille des plus proches fermiers, des Danois, pourquoi pas, à trois miles de la ferme paternelle dont on aperçoit, surgissant d'un repli de la plaine, le faîte rouge du silo à grains, non pas comme une balise heureuse ou un amer prometteur, mais comme le signe de l'éternel regret de ne pas vivre au bord d'un fleuve ou de l'océan, voire d'un lac, parmi les grands sapins, les faux trembles et les tilleuls d'Amérique, au lieu de ces maigres bouleaux pas même bons à constituer un bois où aller rêver à l'abri des regards et du vent. Rien, rien du tout : les rêves arrêtés au pied du silo rouge, piétinés par les bœufs, répudiés par la parole du pasteur, dispersés par le vent, et les femmes trop rares pour qu'il ne faille pas se résoudre à épouser celle que les parents vous désignent, par exemple la petite aux yeux pâles et aux trop blonds cheveux qu'il se serait résolu à épouser, Johnny, s'il n'y avait eu la fille du maître d'école : un peu plus grande, celle-là, et mieux formée, avec des cheveux sombres, des yeux noirs et dans le regard quelque chose qui en dit bien plus long que n'en dira jamais la petite fille blonde et prête à assurer la descendance des deux familles, de sorte que le même étendard flotte sur les deux silos rouges, dans la prairie. C'est donc vers les yeux sombres et hautains qu'on se tourne, à dix-huit ans, et vers ces corps qu'on connaît à peine, dont on a eu, au mieux, un avant-goût dans un bordel de Winnipeg ou d'Edmonton, une des rares fois qu'on s'est rendu en ville et que le père a donné un peu plus d'argent de poche que d'ordinaire en se détournant légèrement pour dire au fils qu'il en fît ce que bon lui semblerait mais qui ne pouvait bien sûr pas être autre chose que le passage d'une porte, au fond d'une rue écartée, après laquelle on ne sera plus le même. Dès lors initié au mystère de la chair, pense-t-on, et retournant au *settlement* pour s'apercevoir qu'on ne sait rien et qu'on préfère le journal radiophonique aux imprimés qui arrivent toujours avec retard, la parole vive plutôt que le corps des lettres, cette même parole dont on usera pour approcher la fille au regard sombre, pas forcément la plus belle, mais la plus mystérieuse, parce que arrivée depuis peu et brune parmi tous ces immigrants danois, norvégiens ou finlandais, brune comme on croit que seule peut l'être une *French Canadian* avec une goutte de sang indien dans les veines, murmure-t-on, et qui en appelle à l'or des reins bien plus qu'au fil d'argent que les deux pères rêvaient de voir se tendre entre les deux silos. Il faut imaginer Johnny poussant une porte invisible mais non moins lourde que celle du bordel de Winnipeg pour aborder la belle et lui demander de le rejoindre dans tel bosquet de bouleaux, là où la prairie semble se dérober à son infini en proposant ce repli de terrain et ce peu de bouleaux où attendre, à la brunante, celle qui ne viendra pas et qu'on attendra jusqu'à la nuit tombée, faute d'avoir compris ce que signifiait le rire de la belle et qu'on aurait dû y mettre les formes, qu'un billet, même maladroit, eût été préférable à une voix quasi blanche et à une face écarlate ; qu'il aurait, ce billet, probablement amené la fille du maître d'école au bosquet de bouleaux, au lieu qu'elle allât écouter les fadaises débitées par le commis du *general store*, celui qui prenait des poses avantageuses que seul, murmurait-on parmi ces luthériens, un catholique peut prendre, adossé à la pompe à essence, à la porte de la remise ou au *pick-up* Dodge, le paquet de Camel serré dans une manche de sa chemise retroussée sur le biceps, comme s'il n'était pas le commis mais le fils de la maison, un parti, un gars qui savait en tout cas faire croire que l'ennui peut se muer en bonheur, en vie meilleure ; un gars nullement retenu à la terre par des bottes trop lourdes ou par la culpabilité originelle et tout ce qui peut déplaire à une fille qui a lu des romans et préfère l'odeur de l'essence et des Camel à celle des grands bœufs roux et du vent sur l'herbe ; un gars qui sait rire et faire oublier la courte rue du *settlement* et le mauvais vertige de la plaine ; un type qui sait ce qu'il veut et qui fait connaître à une fille de dix-huit ans ce qu'elle ignore encore et qui ne recoupe pas forcément les songes du père instituteur ni du fils de fermiers qui attend parmi les maigres bouleaux dont l'écorce se pèle dans le vent pendant que dans son ventre s'ouvre quelque chose qui ne se refermera pas plus que ce qui s'est déchiré, le même soir, peut-être, entre les cuisses de la fille aux yeux noirs, à la brunante, ailleurs dans la plaine, dans un autre repli de la prairie, sur la bure de l'armée sur laquelle coule du sang mêlé de cette chose blanchâtre qu'on prend entre ses doigts pour les porter à ses lèvres et découvrir ce qui goûte l'or du soir, oui, tel que j'y ai goûté, moi aussi, une nuit de l'hiver de 1975, dans un lit de la Basse Ville, à Québec, essayant de ne plus mêler Johnny à ma vie, mon ennui, mes terreurs, ma mère, la folie de ma mère. Mais on en revient toujours à ça : la douleur, la mère, la folie, le désespoir, surtout quand on a devant soi le corps d'un suicidé de vingt ans dont on a incisé l'abdomen là où ça s'était déchiré en lui, dans le bois de bouleaux, et qu'on a mal, à son tour, de ce qui vous pénètre et vous déchire le ventre, mais pas autant que ce qui s'ouvrait dans le ventre du fils de fermiers, là-bas, au fond du Manitoba ou de l'Alberta, le brave gars qui ne savait pas sourire en faisant la moue et en regardant par en dessous comme il l'avait vu faire, au cinéma, à Paul Newman ou à Marlon Brando, avec un air d'ange en exil qui était sans doute la clé de quelque chose : des cœurs, s'était-il dit, c'est-à-dire des corps, de ce qui semblait encore plus inaccessible que le cœur, surtout quand on était élevé dans un ennui semblable au mien, je veux le croire, moi qui ai grandi dans un univers de femmes, mère, sœurs, grands-mères, tantes, bonnes, et rien qu'un père souvent absent puisse laisser entrevoir du grand corps masculin, pas même un renflement du bas-ventre, pantalons et maillots de bain alors portés fort lâches, tout comme les slips séchant sur les fils de l'arrière-cour de la maison de Sillery après être passés entre les mains d'Emérentienne Martel et que, malgré la peur d'être surprise, j'allais examiner de plus près sans qu'ils me révèlent rien, me renvoyant à mon ignorance, à cette solitude dont je souffrais autant qu'avait dû en souffrir Johnny, grandi en fils unique dans la ferme paternelle, près de ce qui était à peine un village et n'avait peut-être pas de nom, ou alors un nom si récent qu'on ne s'y faisait pas encore, pour peu que ce ne fût pas un de ces maudits noms indiens qui sonnent comme une éructation, un blasphème ou un piétinement de bêtes mystérieuses, devait-on se dire, là-bas. C'est pourquoi j'ai tant songé à lui, Johnny, au cours de cet hiver de 1975, dans sa solitude de la plaine, auprès de ces parents déjà vieux qui n'écoutaient que la Bible et le *weather report* ou les glorieux combats des Canadians de Montréal contre les Black Hawks de Chicago, les Orioles de Baltimore ou les Maple Leaves de Toronto dans la Coupe Stanley, après l'ouvrage, par un de ces soirs semblables à celui où le fils était allé attendre la fille aux yeux noirs, non seulement le soir où il l'y avait invitée mais les soirs suivants, avec une patience qui n'avait plus rien à voir avec l'objet de son attente, puisqu'il savait que la fille ne viendrait pas, qu'il l'avait peut-être toujours su et ne pouvait pas ne pas deviner qu'elle se trouvait dans les bras du commis, dans un repli de la plaine, près du *pick-up* dont le moteur refroidissait à mesure que s'échauffaient les corps et que le commis cherchait, trouvait de tout autres replis, tièdes, humides et doux, extraordinairement doux, l'extrême douceur qu'il n'aurait pas été donné à Johnny de connaître, pas même avec la prostituée d'Edmonton, se disait-il peut-être, dans le bosquet de bouleaux où il n'y avait même pas une maîtresse branche à laquelle se pendre, ainsi qu'il le ferait, un peu plus tard, dans la grange du père, sans laisser le moindre mot, se méfiant plus que jamais de l'écrit, et sans que personne comprenne, sinon la jolie brunette et, peut-être, le commis à qui elle en toucherait un mot en frémissant d'un orgueil qu'elle mettrait au compte de l'air qui fraîchissait, puis secouant la tête avec un petit rire, les filles sont cruelles, à cet âge, bêtement heureuses et cruelles à proportion de cette ivresse qui les empêche de voir qu'un commis qui singe Marlon Brando ou Paul Newman n'est pas un demi-dieu mais un type comme les autres qu'on pleurera quand il vous laissera tomber pour une autre, c'est vieux comme le monde, cette affaire-là, et ça n'empêche pas que ce soit pour un type comme ça qu'on pleure et non pour le pauvre gars pendu à la poutre de la grange paternelle, dans la tiède odeur d'étable, au début d'un maigre printemps, et que les pauvres vieux découvriront avant l'aube, parce qu'ils voyaient bien qu'il n'était pas rentré et que les bêtes faisaient du raffut dans l'étable, comme si elles sentaient la mort, oui, leur Johnny qu'ils contempleraient sans comprendre et qui semblerait leur sourire, le visage pas abîmé, calme, la langue point sortie de la bouche, tel que je le découvrirais, quelques mois plus tard, après que les deux vieux eurent laissé partir pour la ville ce fils à qui on n'avait pu donner des funérailles chrétiennes et dont il fallait se résigner à oublier le corps qui ne pouvait reposer en terre consacrée, autant valait le léguer à la Science, n'est-ce pas, qu'au moins il serve à ça, qu'il ne soit pas né pour rien, lui qui n'avait pas voulu vivre, et qu'il expie de la sorte son geste, devaient-ils se dire tandis que le jeune mort passait de la morgue du comté au Canadien Pacifique par lequel il arriverait au laboratoire d'anatomie pathologique de l'université Laval, à Québec, entre nos mains ; entre les miennes, surtout, lorsque j'ai eu le courage de retourner à mes études et à ce cadavre dont les autres étudiants avaient, pendant ma courte maladie, sorti de l'abdomen, pour les disséquer, les organes auxquels le légiste de l'Alberta ou du Manitoba n'avait pas jugé bon de toucher. Ils me laissaient ce qui m'intéressait le plus et qui les avait conduits à venir me voir, à la maison, pour m'exhorter à me reprendre, me rappelant à moi-même et à ce dont je voulais tant sortir : ce monde de femmes, la folie de ma mère, la mienne aussi qui me guettait en ce corps où je me sentais tellement à l'étroit avant qu'un homme ne m'en délivre et que j'entreprenne de le comprendre, ce corps, ce n'était pas pour autre chose que j'avais entrepris des études de médecine : oui, pour étudier plus que pour pratiquer, de hautes études, le savoir pour le savoir, et tout le côté romanesque de la médecine, non pas à cause de ces personnages en blanc dont j'avais pu voir les figures héroïques sur la couverture de livres de poche français, à la librairie Pantoute ou dans les mains d'Emérentienne Martel, mais parce qu'il y a dans la médecine un grand roman du corps, un langage, et que j'aimais ce langage, que c'était la langue française que je dressais contre la mort, que je voulais nommer exactement le corps humain, jouissant, souffrant et périssable, pour me défendre ou me consoler de ce que je voyais au labo d'anatomie, même si j'avais fini par trouver un intérêt particulier aux muscles du visage, de la mimique, de la physionomie — à ce qui est à la fois le plus humain et le plus étrange : les orbiculaires des yeux et des lèvres, les releveurs des paupières, les obliques, les droits, le canin, le risorius, le buccinateur... Disséquer le visage est particulièrement difficile, sais-tu, les mains aussi qui se replient sous l'effet de la rigidité cadavérique ; et disséquant le visage de Johnny, c'était la vie que je recherchais. Je rêvais. Je sublimais à partir des masques de chair et de muscles obtenus par le bistouri et qui le faisaient ressembler peu à peu aux cires anatomiques du XVIIIe siècle, aux terrifiants dioramas de Ruysch avec leurs squelettes de fœtus dressés sur un décor de poumons et de morceaux d'abdomen, aux écorchés en papier mâché sentant le vernis et qu'a dû contempler Flaubert enfant dans l'ancien hôtel-Dieu de Rouen, ou encore à ces coupes de corps humains, lacis de veines, membres disséqués, peaux sans corps, et même un homme à cheval, réalisés à partir de cadavres embaumés et figés pour l'éternité dans du plastique transparent par un médecin de Heidelberg. Je tentais de le réveiller, ce jeune mort. Je voulais avoir son visage avant qu'on en vienne à la boîte crânienne, lorsque le préparateur aurait scié la calotte et qu'on aurait sorti le cerveau : le pire, ce qui fait que la dissection tourne à la boucherie, à la violence guerrière, et qui me faisait horreur, moi qui avais été si impressionnée par l'armée fédérale patrouillant dans les rues de Montréal, quelques années plus tôt, à cause de la loi sur les mesures de guerre prises contre le Front de libération du Québec, et qui pensais, quand le regard d'un soldat se posait sur moi, un anglophone le plus souvent, que j'étais coupable de quelque chose dont j'allais devoir m'expliquer dans la langue de ma mère... Le reste, les membres supérieurs, les inférieurs, le tronc, les organes génitaux, le cou, tout ça pouvait donner l'illusion de la chirurgie et il était possible d'en conjurer l'effroi, après, par le plaisir, la libido absolue, la musique, le champagne, du Dom Pérignon, quelle folie, n'est-ce pas, dont je n'ai jamais autant bu que cette année-là, et aussi par des promenades solitaires qui me menaient côte de la Fabrique, entre la porte Saint-Jean et le Petit Séminaire, rêvant devant la vitrine de la librairie Garneau, les tricots de chez Racine, les affiches de L'Empire, la pharmacie Livernois, les gâteaux de chez Kerhulu, les magasins Holt Rentrew, jusqu'à la rue des Remparts ou la terrasse Dufferin d'où je contemplais le fleuve, assise sur un banc, comme mon père, comme mes grands-pères, avec l'idée que seuls les hommes peuvent passer autant de temps à contempler un fleuve... Mais quelquefois, à midi, j'allais disséquer Johnny, toute seule. J'entrais dans la lumière étrange du labo. Le ciel était bas, neigeux. Je me dévêtais, j'enfilais le sarrau bleu et, seule au milieu de ces vingt cadavres dont la boîte crânienne était ouverte, je m'emparais des pinces, des ciseaux, d'un bistouri neuf, le Rouvière posé sur un lutrin, tout près, et je me penchais sur Johnny allongé sur le dos avec l'espèce de minerve qui lui maintenait le cou. C'était long, très long : une demi-heure pour dégager un petit muscle du visage de cet homme à présent méconnaissable mais dont je voulais à tout prix faire apparaître l'autre visage, le vrai, me disais-je, quelque chose qui soit plus près de ce que la brunette n'avait pas voulu voir que des planches d'anatomie de l'*Encyclopædia britannica* de mon grand-père Cleary : celui d'un jeune gars aux yeux entrouverts mais point boursouflés par le formol qui donne à la plupart des cadavres des allures de Mongols, et aux lèvres si belles que j'ai approché ma bouche de la sienne, tout près, si près que je crois les avoir frôlées, même si c'est la réverbération de mon souffle sur sa bouche qui peut m'en avoir donné l'illusion sans pour autant m'empêcher de penser que j'ai vraiment senti leur douceur, leur extraordinaire douceur, comme je ne suis pas sûre d'en avoir senti de pareille sur les lèvres d'aucun homme, tu comprends, sans doute parce qu'il restait entre celles de Johnny et les miennes l'infime distance de l'intention, du désir, de l'interdit... Tu trouves ça sentimental, trop romanesque ? Pense combien il était émouvant, troublant, déstabilisant, ce tête-à-tête avec le cadavre, pendant de si longues heures. Et avec ça l'urgence d'apprendre quelque chose de lui, et l'idée que si on n'apprenait rien de la mort, on donnerait la mort, vu qu'on sortait la plupart du temps du labo avec le sentiment que le mystère restait entier, qu'on était en quelque sorte giflé par les limites du savoir, de la Science, que la différence entre expliquer et comprendre était trop grande et qu'il fallait chercher d'autres chemins de connaissance : on était si démuni, on en avait assez de la mort, l'écorché que je faisais surgir toute seule sous le bistouri ne m'en disait pas plus que ce que livraient les corps autopsiés, à l'hôtel-

Dieu de Québec, où je me rendrais quelquefois, le jeudi, l'année suivante, pour les démonstrations faites par une femme aux beaux cheveux blond-roux, comme les miens, pour me plonger à nouveau dans un univers romanesque. Il y avait là des cadavres plus frais, dans lesquels on voyait tout, les lésions, les caillots, les tumeurs, comme en chirurgie, l'embaumement n'ayant pas figé ni sclérosé les tissus. Et je voulais voir ça, j'en avais besoin, je songeais à devenir chirurgien de la main, malgré le côté technique, trop physiquement technique, l'idée m'intéressant plus que sa réalisation répétitive, un peu comme Glenn Gould, tu le sais, à la fin de sa vie, n'avait plus besoin du piano pour jouer certaines œuvres, celles de Bach par exemple : il lui suffisait de se les représenter pour les entendre, les laisser chanter en lui. Et puis c'était trop réducteur : j'avais besoin des êtres, de leur histoire, de rêver sur d'autres Johnny ou sur cette belle femme autopsiée à l'hôtel-Dieu et à propos de qui j'entends encore la voix de la démonstratrice, une voix pleine, rayonnante, même, qui déployait dans une langue magnifique les paroles par lesquelles elle disait : « Ceci est une femme de quarante-deux ans, admise pour dyspnée progressive et hémoptysie, qui n'a pas répondu au traitement anticoagulant avec héparine et qui a succombé à une embolie pulmonaire massive dans la nuit suivant son admission. » Ou quelque chose de cet ordre, aussi simple et rythmé qu'un chant, entends-tu, l'entends-tu, cette langue française qui faisait de moi quelqu'un d'autre que ce à quoi me destinait l'anglais maternel : *illness*, *madness*, la folie, oui, celle qui naîtrait de l'abandon, de la répudiation dont me menaçait ma mère, et aussi mon incapacité à surmonter mon dégoût du corps malade et de la folie des autres, ce qui m'éloignait de la chirurgie comme de la médecine générale ou de la psychiatrie pour m'orienter vers une spécialité qui me ferait pénétrer à l'intérieur des gens sans avoir à les toucher, la radiologie, parce que c'est un métier du regard, qu'on passe sa vie devant le négatoscope, à scruter des radiographies, et que ça a quelque chose d'abstrait vu que c'est un technicien ou un instrument qui touche les malades. J'en étais rendue à ce point de paradoxe que la chair morte que je disséquais me répugnait moins que la peau malade des vivants, refusant la fameuse imposition des mains pour m'en tenir aux images et aux mots : pythie, sainte, sorcière, et non pas guérisseuse, comprends-tu... Et puis la radiologie a une histoire récente, comme la psychiatrie, comme le Nouveau Monde. Marie Curie était, après tout, une héroïne de mon enfance ; elle a habité l'île Saint-Louis, comme Baudelaire, comme Robert Bresson, dont le *Procès de Jeanne d'Arc*, à seize ans, m'avait tenue éveillée, et en larmes, pendant plusieurs nuits, pleine du désir d'être sinon Jeanne d'Arc du moins de ressembler à l'actrice qui l'interprétait, Florence Delay dont j'enviais le beau, le pur visage ; et ce n'est pas pour rien que je me suis réfugiée ici, dans cette île, au milieu d'un fleuve, et que je passe mon temps à visualiser des choses invisibles, à lever le voile sur des organismes par des investigations non invasives qui préservent le corps en lui donnant, là encore, je ne sais quoi de romanesque. « Les plages pulmonaires sont normales. La biométrie du fœtus vu à l'échographie est harmonieuse pour le terme. » Ce genre de phrases que je répète cent fois par semaine, et que je ne me lasse pas de trouver belles, puisqu'elles font que ce métier n'est pas très éloigné de l'astronomie de mon grand-père Dupré, et que nommer le corps intérieur, c'est le restituer blanc sur noir, comme les constellations, le secret des os valant bien celui de la poussière d'astres, étant donné qu'on peut, par la radiographie des os et des articulations, tant que les épiphyses ne sont pas formées et les os pas encore scellés comme un destin, déterminer l'âge osseux et ainsi l'âge chronologique — ce qui fait des os un très singulier miroir du temps, n'est-ce pas ?

— Et Johnny ? ai-je fini par demander à la fin d'un silence pendant lequel Nicole était allée préparer du thé, tout bas, si bas que j'ai pensé qu'elle n'avait pas entendu ou que ma question était superfétatoire, sinon une sorte de blasphème, comme si le destin de ce jeune homme à qui elle avait inventé une histoire était de ne survivre que de cette façon, dans l'imagination de deux amants dont l'un ne l'avait jamais vu, même mort, et l'autre lui avait, plus de vingt ans auparavant, disséqué le visage au point de le rendre méconnaissable, plus anonyme encore qu'après avoir été renié par son père, son nom effacé de la page de garde de la Bible familiale et le corps abandonné avec l'autorisation, sinon la recommandation, d'en faire ce qu'on voudrait, livré pourquoi pas à cette Science à laquelle il pourrait être utile, lui qui n'avait pas cru en la miséricorde divine et qui demeurerait à jamais parmi les hommes sous forme d'âme en peine, au lieu de se retrouver à la droite du Père.

— Johnny ? avait fini par murmurer Nicole en revenant de la cuisine avec une théière de porcelaine blanche, et me regardant gravement comme si elle avait suivi la pente de ma rêverie et qu'elle eût deviné que je me demandais, comme la mère, ce qu'on avait fait du corps, puisque, dans quelque état qu'il fût, même aussi démembré qu'un dieu de l'ancienne Égypte, il fallait bien qu'il eût une fin, ce cadavre, les flammes de l'incinérateur ou la terre québécoise. Johnny m'a sauvé la vie, oui, m'a empêchée de me suicider, tout autant que mon fiancé, lequel en devenait presque jaloux... On a donné une cérémonie en l'honneur des cadavres, à la fin de l'année universitaire, avant qu'ils ne partent pour la fosse commune, puisqu'on ne les brûlait pas, à cette époque, comme on faisait pour les organes disséqués, les bandages, les instruments et ces gazes qui me hantaient depuis l'enfance et m'ont toujours fait penser à Lazare. Enterrés tous les vingt, ensemble, sous le sobriquet qu'on leur avait donné. Il faisait beau. Je me souviens du ciel où défilaient très haut de petits nuages blancs qui ne parvenaient pas à cacher le soleil. Toutes les équipes étaient là, devant le carré de terre : une centaine d'étudiants, quelques médecins, et les préparateurs, pour des funérailles au cours desquelles on a lu des poèmes, des épitaphes, quelques prières ; des funérailles qui n'avaient pas l'air tout à fait vraies, mais qui étaient notre seule façon de leur rendre hommage et de lutter contre les forces mortifères qui ne nous laisseraient jamais en paix, nous le savions, nous qui frissonnions dans le soleil, rendus à nous-mêmes, c'est-à-dire à la perspective d'avoir nous aussi à mourir, songions-nous dans ce bel après-midi de juin où il nous semblait que nous n'avions rien appris, aussi ignorants qu'avant d'être descendus là où il n'est pas possible d'aller plus bas et sans être parvenus à pénétrer plus avant dans le secret qu'ils emportaient sous terre, Johnny et les autres cadavres... Et maintenant je vais dormir, oui, dormir vraiment, je suis fatiguée, si fatiguée, tu comprends... Étends-toi près de moi, si tu veux. Allonge-toi, je te fais de la place, viens, viens contre moi, prends-moi dans tes bras, endormons-nous, mon amour, entrons ensemble dans cette bonne nuit...

II

Ces paroles, ces moments du récit par lesquels elle avait entrepris (d'entrée de jeu, mais plus précisément dans ce qu'il me faut à présent appeler les derniers temps) de me livrer sa vie tout entière et par là, peut-être, de me lier davantage à elle, je me les suis rappelés quelques semaines plus tard, le jour de l'éclipse, en la voyant se lever pour aller préparer une théière de ce même thé de Chine vert qu'elle aimait tant et que je l'ai regardée boire en me souriant enfin : l'éclipse était terminée et Nicole vivante. Elle m'a tendu la main, une main amoureuse mais encore trop lasse pour que je n'y sente pas, sous la chaleur humide laissée sur sa peau par les objets qu'elle venait de manipuler, la froideur de l'étrange sommeil dont elle sortait, une main qui semblait retenue ou happée par ce sommeil : non pas Nicole tout entière mais sa seule main, si bien qu'il m'est venu à l'esprit l'expression irrésistible de « main de nuit » et qu'il m'a fallu abandonner Nicole à cette nuit qui n'avait maintenant plus rien d'inquiétant, puisqu'elle n'était plus qu'une heureuse hésitation entre la nuit et le jour, et dont seul, peut-être, le titre du sextuor d'Arnold Schönberg *La nuit transfigurée* pourrait donner une idée.

Je ne me suis pas allongé à côté d'elle. Une tout autre nuit m'appelait, si on peut appeler ainsi la torpeur procurée par le vin, c'est-à-dire le sommeil farouchement solitaire de la sieste. Je l'ai regardée s'endormir, du moins fermer les yeux, car je ne la croyais pas de celles qui peuvent s'abandonner au sommeil comme ça, avec ce qu'elle venait de remuer en elle, pendant des heures, et qui lui tirait des larmes. Je les ai vues, ces larmes, en me penchant sur sa joue pour l'embrasser tandis qu'elle se tournait légèrement de l'autre côté, comme pour me refuser ses lèvres, sans doute parce que je sentais le vin. Je retrouvais le dur, l'austère profil qui m'avait tant inquiété, tout à l'heure, et qui maintenant m'étonnait, me faisait comprendre que quelque chose se produisait dont l'éclipse et les moments que Nicole me livrait de sa vie, depuis quelque temps, étaient les signes annonciateurs, et que si ce n'était pas ce jour-là qu'elle devait mourir, il n'en était pas moins évident — une évidence qui avait l'énigmatique beauté d'une nudité surprise — qu'elle avait noué avec sa propre fin un pacte dont je connaissais depuis longtemps la nature mais à la possibilité duquel je ne pensais pas, que je ne prenais peut-être pas au sérieux, et à propos de quoi je me refusais à donner le nom de suicide, trop cru, maléfique, même, et qui ne serait pas une seule fois prononcé entre nous, non plus que (sauf dans la douce et tendre ironie du vocatif) celui d'amour.

Je pouvais donc la laisser à son endormissement, finir mon verre, m'en verser un autre, grignoter le pain aux raisins, attendre qu'elle se soit complètement tournée du côté opposé au jour, me découvrant davantage ses larges, ses belles hanches qui ne porteraient pas d'enfant et dont le balancement, lorsqu'elle marchait, avait quelque chose d'excessif, de provocant, rien de vulgaire, pourtant, obéissant autant à une conscience très précise de sa beauté qu'au mouvement ondulatoire suscité par sa grande taille et ses chaussures presque toujours à hauts talons, qui donnaient l'impression qu'elle dansait en marchant, un peu comme ces actrices des années 50 et 60 qu'elle allait admirer dans ces cinémas de Montréal aux noms étranges et fabuleux, Le Séville, L'Ève, L'Élysée, Le Midi-Minuit et Le Rialto — ce Rialto qui faisait dire à sa tante Mary, une des sœurs de sa mère, qu'on ne ferait rien de bon d'une fille *educated at the Rialto* ! Et rêvant, Nicole, non plus à la fraîcheur de Julie Andrews dans *The Sound of Music*, le premier film qu'elle soit allée voir seule, un dimanche, dans sa petite jupe plissée à carreaux et son manteau en *camel hair*, mais aux battements de cils d'Elizabeth Taylor, à la moue de Brigitte Bardot, aux hanches de Sophia Loren, et à tous ceux pour qui ces belles battaient des paupières, boudaient, minaudaient, se déhanchaient, et dont les noms ne devaient pas franchir la porte des lèvres, disait auntie Mary : des noms sous d'autres noms, des secrets qui lui paraîtraient dérisoires lorsque à dix-sept ans elle verrait, à L'Empire, côte de la Fabrique, à Québec, *Cris et chuchotements*, ce grand poème du silence traversé de murmures et de hurlements qui la tiendrait éveillée toute une nuit, non plus dans l'espèce de ravissement où l'avait plongée la *Jeanne d'Arc* de Bresson, mais terrifiée, la bouche ouverte sur le vide, disait-elle, comprenant qu'on ne meurt pas seulement en s'endormant, comme sa grand-mère Dupré, quelques années plus tôt, à Saint-Romuald, en face de Québec, sur l'autre rive, dans un sommeil de conte, dans le lointain, la quasi-abstraction de ce qui a lieu non seulement de l'autre côté du fleuve mais ailleurs, de l'autre côté de toute chose, dans ce qui devient récit familial, légende, grand-mère Dupré morte dans son sommeil, sans souffrir, avait-on dit, montée tout droit au ciel et se penchant de là-haut comme à un balcon pour contempler ceux qui restaient, avec un amour qui était au-delà de l'amour.

— Et pourtant, avait ajouté Nicole, ça n'était pas possible, un tel amour, ça n'aurait pas pu tenir à l'intérieur d'un vivant, ça l'aurait tué, un amour qui traverse un fleuve incomparablement plus large que le Saint-Laurent, et qui nous aurait fait pleurer toutes les larmes de notre corps, comme elle aurait dit, cette Alice Dupré qui venait de mourir et dont la mort m'attristait tant que ma mère avait dû me chanter, plusieurs soirs de suite, ce qu'elle faisait si rarement, *My Wild Irish Rose* et *My Bonnie Lies Over the Ocean*, et d'autres chansons irlandaises, d'une voix que je ne lui connaissais pas et qui me la rendait presque étrangère, ou familière à force d'étrangeté, accentuant le sentiment de séparation que j'éprouvais devant elle, si bien que j'ai sangloté de plus belle et que je l'ai regardée comme si elle était le yabe en jupons, oui, le diable, sa propre impossibilité à m'aimer me rendant incapable d'aimer vraiment, ou d'aimer comme tout le monde, de vivre comme tout le monde, et qu'il faudrait bien appeler folie et qui faisait que l'amour qu'Alice Dupré continuait à nous témoigner depuis les balcons du ciel me paraissait incroyable, inacceptable même, une morte contre une vivante qui était ma mère, my own mother, unbelievable, you know, surtout quand *Cris et chuchotements*, quelques années plus tard, m'a placée devant la même chose : la coïncidence de l'amour et de la mort, death and entrances, a sad little girl suddenly grown up and becoming beautiful in front of the dark door, oui, placée devant l'irrémédiable qui faisait brusquement de l'enfance quelque chose d'aussi bref que l'été québécois...

J'ai fini mon verre de vin. J'aurais pu rester là, à me remémorer ce que je savais de la vie de Nicole tout en veillant sur le sommeil de cette petite fille trop brusquement poussée devant la porte sombre et qui reposait à présent devant moi, sur l'océan de ses draps, dans une odeur de rose sauvage. J'aurais pu m'allonger et m'endormir non pas en homme qui partage la couche d'une femme, mais, si j'ose dire, en m'allongeant à mon tour dans ma propre enfance. Or je ne voulais pas dormir. Ma semi-ivresse me dictait autre chose, je ne savais pas très bien quoi, même si je pouvais me dire qu'il ne s'agissait pas de jouir d'une femme, en tout cas pas de Nicole, que j'ai laissée à son sommeil d'enfant, me levant sans bruit, repassant la saharienne récemment offerte par la jeune femme avec qui je venais de nouer une relation aussi tendre qu'énigmatique et dont Nicole était, je crois, un peu jalouse, feignant du moins d'être irritée par cette saharienne dont elle prétendait qu'elle ne m'allait pas et que j'avais en entrant installée sur un cintre et accrochée à ce long porte-manteau auquel pendait presque toute sa garde-robe, selon un ordre que je pourrais dire musical, tant Nicole était sensible à tout ce qui touche à l'œil et au mouvement : la texture et l'allure, le grain et la ligne, et dont la complexité quasi rythmique se retrouvait, me disais-je, dans cette garde-robe dont l'énumération aurait eu pour elle quelque chose d'aussi long et rigoureux que la liste des vêtements de poupées de Madeleine et de Camille, dans *Les petites filles modèles*, qui l'avait tant fait rêver avant d'en venir à ce qui recouvrait le corps de sa mère et de sa grand-mère Cleary : non seulement leurs parfums (« Was it *Joy*, de Patou, or *Ma griffe*, de Carven, or both of them mixed with the smoke of *Black Cat* and *Craven A ?* » se demandait-elle), mais surtout la chaleur habitée de leurs jupes à plis, twin-sets, manteaux de fourrure, petites robes droites que la mère cousait à partir d'un même modèle et déclinait dans diverses matières et couleurs, habillant quelquefois une poupée avec les retailles et les filles toujours de la même sorte de jupes plissées en viyella, avec des plaids très classiques, des manteaux en laine bleu marine, tout ça très anglais, très écolière sage, alors que la petite Nicole rêvait de s'habiller comme sa mère, quand celle-ci sortait, avec ses bas, ses jarretières, comme elle disait en traduisant son anglais *garter*, qui évoquait pour elle l'ordre des chevaliers anglais de la Jarretière, alors qu'il s'agissait d'une sorte de gaine à jarretelles, et ses jupons, ses robes en crêpe de soie ou en shantung turquoise ou jaune dont Nicole garderait le goût, comme de l'ensemble des vêtements des années 60 dont je pouvais voir quelques pièces, dans sa penderie à ciel ouvert. Par exemple une cape de velours noir à capuche, une autre en loden autrichien, un manteau en laine noire bouclée garni d'un col de lapin blanc et de gros boutons en forme de pastille, deux ou trois vieux imperméables Burberry's chinés aux puces, dont un acheté à Rome et d'un beige rosé biscuit qui lui faisait songer à certaines façades italiennes, façon pour elle, peut-être, de porter les couleurs d'un de ses amants italiens qu'elle allait retrouver de temps à autre, à Venise, Viterbe ou Naples.

J'ai regagné la pénombre du couloir où l'odeur de la lessive qui y séchait d'ordinaire m'a manqué : une privation soudain si insupportable que j'ai été sur le point de me mettre à pleurer comme un enfant, de me retourner vers la porte que je venais de claquer le plus doucement possible et d'y tambouriner, de supplier Nicole de m'ouvrir, de m'expliquer pourquoi elle n'avait pas fait de lessive, ce jour-là, pourquoi j'étais ainsi abandonné, privé de l'odeur de lavande, de cette extraordinaire fraîcheur que toute femme peut apporter à notre front, au front des hommes qui se retrouvent seuls dans la pénombre d'un palier, au début d'un après-midi d'été, aussi perdus que dans ces couloirs de l'enfance à l'extrémité desquels il y a toujours un vitrail inaccessible comme le sera, plus tard, voire dès l'enfance, quelque succès qu'on s'imagine avoir auprès des femmes, le grand corps féminin.

Je me suis ressaisi. J'ai même ri, tout doucement, puis j'ai descendu l'escalier en réactivant mon téléphone mobile : l'écran m'indiquait qu'on m'avait laissé quatre messages. Je ne les ai pas écoutés, ne voulant pas entendre d'autre voix avant d'être rentré chez moi, par le pont de Sully et le boulevard Henri-IV où, le long des hauts murs de pierre bosselée des bâtiments de la Garde républicaine, une autre odeur, celle des écuries, subtil remugle de paille et de crottin montant par les soupiraux, m'a ramené à ma jeunesse siomoise et aux souffles puissants des étables où j'allais, l'hiver, me réchauffer en regardant les derniers paysans soigner leurs bêtes et se plaindre en patois de l'étrangeté qu'il y avait à ne pas avoir de successeurs, de voir que la terre sur laquelle des générations avaient peiné allait se retrouver abandonnée, démantelée, replantée de sapins qui ne produisaient que de l'ombre et de l'humidité, et que c'était la première fois que les choses s'arrêtaient là, non pas à cause d'une guerre ou faute de descendants, mais parce que plus personne ne voulait faire ça : se plier vers le sol, sentir la terre, la bête, la sueur, le fumier.

Chez moi, j'ai baissé les stores et tiré les rideaux de la chambre, puis je me suis allongé sur le lit, oubliant les messages et le téléphone dans la poche de ma saharienne pendue dans l'entrée, songeant que la position et l'orientation de mon corps étaient à peu près semblables à celui de Nicole : à l'ouest, comme un gisant médiéval, comme si mon optimisme avait été excessif et qu'elle et moi n'en eussions pas encore fini avec la mort, ce jour-là, qu'il nous fallût dormir en plein jour, d'une façon ou d'une autre, et que nous dussions sortir du sommeil tout autres que nous n'étions, heureux et délivrés. Ce n'était pas la mort terrifiante et nue de *Cris et chuchotements*, ni le martyre mystique de Jeanne d'Arc, ni la mort solitaire de Céline Soudeils, revenue expirer à Siom sans qu'on sache pourquoi, trente ans plus tard, dans la maison des Geniettes, auprès de cette mère qu'elle avait fuie à l'âge de douze ans, et en m'abandonnant, faut-il que je le redise, que je remue encore ça, nostalgie, naïveté, illusion, paradis sans couleur ni porte de bronze doré derrière laquelle retrouver la cavalière imaginaire d'un faux roman russe confondant la steppe et le plateau de Millevaches... C'était plutôt la mort dont Nicole m'avait parlé, quelques jours plus tôt, au téléphone, à propos d'un film de Dreyer qu'elle était allée voir, seule (« Parce que c'est le genre de film qu'on ne peut voir que seul », avait-elle ajouté), et dans lequel un simple d'esprit, un innocent, se place devant le cercueil d'une jeune femme morte et lui intime l'ordre de se lever, lui fait rouvrir les yeux, et se relever, cette femme en ses blancs habits d'épouse trépassée, dans une famille de paysans d'un coin désolé de la côte danoise. Oui, la toute-puissance de la parole et de l'innocence qui avait tant ému Nicole, ce pouvoir salvateur qu'elle aurait peut-être attendu de moi, ce jour-là, si l'éclipse lui eût été fatale, elle à qui je n'ai jamais demandé si elle avait la foi et moi qui ne crois pas en Dieu mais à qui elle a toujours trouvé une manière d'innocence, sans doute parce que je suis musicien, que j'ai grandi dans un ancien presbytère et qu'on n'habite pas en vain dans un lieu de ce genre, qu'il n'était pas possible que les ombres de ces vieux curés de campagne ne soient pas revenues, la nuit, incliner sur mon lit d'enfant leurs visages à la fois terribles et bons, et que je n'en aie pas reçu quelque chose, de cette dureté, de cette bonté, de ces pouvoirs que je ne manquais pas de leur attribuer et dont Nicole me pensait investi, la musique ayant, selon elle, à voir exclusivement avec le sacré — les danses profanes auxquelles elle se livrait n'étant qu'une façon de se souvenir des transes des anciens dieux qui avaient régné sur le monde avant d'en être chassés par la Parole du Christ.

Sans doute mon téléphone a-t-il sonné plusieurs fois dans la penderie. Je ne me suis levé ni pour répondre ni pour le placer en position de veille. Il ne me déplaisait pas qu'on ne sache pas où j'étais, que ça sonne dans la penderie comme dans l'obscurité d'un tombeau et que la messagerie vocale se mette en marche, enregistre des paroles qui m'auraient paru, si je m'étais donné la peine d'aller les écouter, portées par une voix qui se fût adressée à moi depuis un autre monde. Et puis je ne me suis jamais trouvé assez d'importance pour croire qu'on veuille me joindre à tout prix et qu'il me faille répondre dans l'instant, ni organisateur de concerts, agent, compositeur, musicien, élève ou femme — pas même la jeune femme qui venait, comme on dit, d'entrer dans ma vie et se plaignait déjà de rester sur le seuil, redoutant probablement de comprendre qu'on ne peut pénétrer plus avant dans l'existence d'un homme tel que moi. Ni cynique, ni frivole, encore moins un collectionneur de femmes, mais un musicien solitaire, une sorte d'indifférent, un type entre deux âges, ni désabusé, ni désespéré puisque je ne me suis jamais soucié de découvrir un sens à l'existence, l'ayant liée, mon existence, à la musique instrumentale parce que je savais qu'il n'y avait rien au bout des chemins de l'amour, pas même l'espoir de retrouver la fillette qu'on aime à douze ans et qui s'enfuit pour toujours sur un cheval imaginaire, oui, aussi innocent que pénétré de la vanité de tout ce qui n'a pas trait à la musique, au sexe ou à la conversation, et en cela, probablement, supérieur aux autres hommes, et m'efforçant de ne pas faire trop mauvaise figure parmi eux. Je m'en tiens à l'honnêteté qu'il y a dans tout métier et aux femmes que me vaut le prestige lié à la pratique d'un instrument — fût-il, comme l'alto, le plus méconnu des cordes, l'instrument des violonistes ratés, le parent pauvre, l'accompagnateur, le bouche-trou entre les violons et les violoncelles, et l'altiste celui qu'on a toujours envie d'assassiner après le chef d'orchestre, disaient en plaisantant mes condisciples du conservatoire de Toulouse, où j'étais allé étudier lorsque le petit professeur d'Ussel m'eut montré tout ce qu'il savait, m'ayant par exemple fait travailler les passages difficiles à des vitesses, à des rythmes et dans des tons différents afin de ne rien jouer en public que je ne sois capable d'exécuter dix fois plus vite et plus fort pour donner au public le sentiment d'une infinie réserve de puissance, disait-il en souriant, lui qui, violoniste de formation, n'a jamais joué d'alto devant moi, me laissant seul, d'entrée de jeu, pour me faire comprendre que le musicien est toujours seul, aussi seul et aussi pauvre que Job sur son fumier, et me montrant les exemples au violon ou au violoncelle, sous le prétexte que j'avais à trouver mon propre son, et cultivant cet instrument comme un exercice spirituel pour lequel il avait transcrit les *Sonates et Partitas pour violon seul* de Bach, ne se consolant pas de ce que le Cantor n'ait pas écrit pour l'alto, qu'il aimait et pratiquait, une œuvre semblable à ces *Sonates* ou à ces *Suites pour violoncelle seul* dont il m'a donné le goût et qui me font rêver non pas de la gloire (« La plus belle des musiques est-elle digne de la plainte de Job ou des lamentations de Jérémie sur la destruction de Jérusalem ! » s'exclamait mon vieux maître), mais qu'il me soit donné de connaître, par exemple, ce qui est arrivé au violoncelliste Pierre Fournier, en 1974, dans l'église Saint-Michel-de-Cuxa, lorsque, après une exécution de ces *Suites*, le public s'est levé comme un seul homme et est demeuré là, debout, dans un silence extraordinaire.

Rêve d'enfant. Rêve de l'adolescent que le petit professeur juif a regardé partir avec une sorte de tristesse, je crois, ayant trouvé en moi non pas une filiation mais une justification au fait d'être venu s'installer à Ussel (par quel hasard, décision ou fatigue : je ne lui ai jamais demandé, persuadé que le secret est la meilleure façon de supporter les autres et de leur rendre tolérable notre propre personne), et, à travers moi, peut-être (et bien que je ne fusse, m'avait-il répété en souriant, ni enfant prodige, ni juif, ni membre d'aucune franc-maçonnerie ou minorité susceptible de me faire valoir, mais fort de mon seul talent, moi qui avais comme il disait ajouté à mon cœur les quatre cordes de l'alto), le lien entre Paul Hindemith, dont il avait été l'élève, à Berlin, et un futur où il pressentait que l'alto allait se développer. Un futur où il ne serait pas, lui qui, pour avoir réchappé d'un événement qui était autre chose qu'un événement et dans lequel l'humain s'était nié dans l'Homme, vivait dans une sorte de présent auquel il avait le sentiment de ne pas appartenir tout à fait, sursitaire, imposteur ou quasi-fantôme, avait-il murmuré le jour où je suis parti pour Toulouse, sur le gravier lie-de-vin de la gare des Buiges où nous regardions manœuvrer un train chargé de troncs d'arbres, s'adressant à moi comme si je n'étais plus tout à fait là, moi non plus, tandis que mes parents et Laure, ma plus jeune sœur, se tenaient un peu à l'écart, près de la lampisterie, après m'avoir embrassé, et qu'il me disait que j'allais avoir à me faire ma place, que ma vraie famille portait non pas le patronyme de Feuillie mais celui, innombrable, de Leclair, Telemann, Berlioz, Brahms, Walton, Bartók, Milhaud, Britten, Schnittke, Ligeti et tous les modernes qui écrivent pour l'alto, murmurait-il sur ce quai de gare quasi désert où c'était bien la seule fois qu'on entendrait sonner de tels noms. Tout un répertoire, n'est-ce pas, qu'il ne tiendrait qu'à moi d'illustrer, avait-il ajouté, avec cet instrument qui n'a, je le savais maintenant, ni le brillant *virtuoso* du violon ni le pathos du violoncelle, encore moins la dimension méditative de la viole de gambe, mais qui est un bel instrument à la voix automnale, un passeur à la fois viril et féminin, apte à susciter l'émotion sans la revendiquer, un peu distant et par là très moderne, d'une chaleur maternelle ou plus sèche selon qu'il est de facture italienne ou française, qu'il répand le son ou tend à le garder si sa table est plate ou courbe ; un instrument capable d'évoquer les disparus, pensait le petit homme dont je ne donnerai pas le nom, lui qui m'avait dit un jour qu'un nom n'est qu'une formule incantatoire par laquelle on croit évoquer quelqu'un, alors que nous ne sommes que l'écho du nom imprononçable de Dieu.

« Mon nom, ma personne, à mon âge tout ça n'a plus d'importance ; c'est ce que je vous ai appris qui compte », avait-il fini par dire, me voussoyant comme au premier jour, aimant dans la langue française ce pluriel de politesse qui n'avait pas selon lui la fadeur démocratique de l'anglais, lequel était, avec le français, la seule langue qu'il consentît encore à parler, ayant renié le polonais et l'allemand, me suis-je rappelé en le voyant tourner ses regards vers les hauts sapins de la route de Siom, à l'horizon.

L'autorail sentait le tabac brun, le collégien mal lavé, le vieillard et ce relent d'étable qui traînait encore, à cette époque, sur ces lignes rurales. J'avais l'impression de quitter un monde effroyablement ancien, condamné, dans lequel j'avais été peu ou prou méprisé. Mon maître m'avait serré la main en silence. Il avait l'air un peu gêné, misérable, déplacé, sur ce quai de gare : un survivant, ai-je pensé sans peut-être comprendre vraiment ce que je me disais, moi qui n'avais jusque-là connu que le granit, le brouillard, les longs hivers, le repli sur soi dans un village où les morts semblaient vivre au milieu de nous autant que les derniers vivants. Je descendais vers une ville de brique rose et violette, après avoir passé bien des heures enfermé dans un cabanon de jardin que mon père avait fait bâtir par Chabrat, le charpentier de Siom, étouffant en été et, le reste du temps, chauffé par un radiateur électrique dont la chaleur m'engourdissait. C'est là que pendant des années j'ai manié l'archet, les yeux fixés sur les doigts de cette main gauche dont je ne pensais pas qu'ils deviendraient si prompts à l'ennoblir, cette main qu'à l'école on nous avait appris à mépriser et dont Yvonne Piale, l'institutrice des Buiges, disait qu'elle n'était pas même bonne à s'essuyer les fesses. Et, comme me l'avait dit mon maître, je comprenais que ce qui était à voir (pour peu qu'il y eût quelque chose de particulier à voir, quelque chose qui relevât de ce que les humains s'accordent à juger digne de contemplation) se trouvait en moi et non à l'extérieur, autour de moi (le jardin de mon père, l'étroite vallée de derrière avec le pont sans arche qui sépare le lac de l'étang du curé, et le cimetière, sur la plus haute colline, au-dessus des champs où déjà ni Berthe-Dieu, ni Chadiéras, ni Orluc ne menaient plus de vaches, vu qu'ils avaient renoncé à la terre, comme tant d'autres, et qu'il n'y avait plus que les bêtes d'Arbiouloux qu'on voyait paître librement dans les grands prés, de l'autre côté du lac, et dont j'ai souvent suivi du regard, en travaillant, les déplacements, trouvant dans leur lenteur et la logique hasardeuse ou solaire de leur errance je ne sais quel apaisement, et même, comment le dire autrement, une sorte d'encouragement). Et encore ne s'agissait-il pas de ma petite personne mais de ce qui est commun à l'humanité tout entière, à tout le moins partageable par quelques-uns, vivants ou morts, m'avait expliqué mon maître, sur le pas de sa porte, lorsque je suis passé du collège des Buiges au lycée d'Ussel et que c'est chez lui que j'ai pris mes leçons, dans la petite maison qu'il louait à l'entrée de la ville, sur la route de Bort-les-Orgues, ayant trouvé là non pas la Terre promise mais un lieu où achever le temps qu'il lui aurait été donné de survivre, aurait-il pu dire, avec au loin les neiges des monts d'Auvergne qui valaient bien les hauteurs enneigées de l'Hermon, m'avait-il laissé entendre, un autre jour, dans un étrange murmure qui me laissait penser que la Terre promise ne se trouve pas ailleurs qu'en nous-même, et que la musique est le chemin non pas de l'amour mais de cette terre à laquelle on n'arrive sans doute jamais mais où tout nous appelle, les vivants et les morts, et les voix de ceux dont la musique est le seul, le frêle, l'impalpable écho :

« Vous les entendrez vous aussi, ces voix, vos voix, un jour elles seront là, elles sont déjà là, en vous... »

Oui, je les trouverais, je les entendrais, dès lors que j'y aurais renoncé, que se seraient apaisées les terreurs de l'enfance, de la grande nuit siomoise, et le chagrin d'avoir été abandonné par Céline Soudeils et de n'avoir été aimé par personne, même s'il est toujours extraordinaire qu'un enfant ne soit pas aimé, qu'il soit élevé avec une justice qui n'est pas celle de l'amour : alors, oui, j'entendrais quelle plainte passerait par moi, de quelle ténèbre sortirait la clarté que je pourrais appeler ma voix, faute de mieux, et dont j'allais avoir la révélation au cours de la première année que je passerais à Toulouse, dans la maison d'une vieille dame apparentée aux Berthe-Dieu, Mme Fabre, chez qui j'ai demeuré pendant mes études au conservatoire de la ville.

On voit avec quel romantisme j'interprétais ce que je pensais être la philosophie de mon maître et qui n'était rien d'autre, chez lui, qu'une façon de se tenir à égale distance de l'ironie et de la piété, voire de se méfier des pouvoirs de la musique, laquelle suscite, fait entendre, ou apaise en nous ce qu'il faut bien appeler des voix qui ne sont très souvent que l'ombre de ce que nous souhaiterions entendre : à peu près ce que les vessies sont aux lanternes. J'avais dix-sept ans, me répétais-je dans l'autorail, et je ne rêvais que de mes vingt ans, comme si cet âge était celui auquel tout devait m'être donné : une sonorité qui me soit propre, une gloire mesurée et les femmes, ces femmes qui me promettaient un territoire aussi merveilleux que celui qui s'étend sous les neiges du mont Hermon, en Galilée, et dont parlait mon vieux maître. Je ne tarderais pas à savoir qu'ils sont, ces vingt ans, un âge cruel, une triomphale entrée dans le temps, c'est-à-dire dans une autre solitude que celle de l'enfance, qu'il n'est d'autre Terre promise que celle que le temps nous impartit, que le temps nous dicte sa loi, à moi comme à tous ceux qui tentent de ruser, d'établir avec lui un pacte que l'art ne rend pas plus fiable ou plus clément, surtout si on se contente, au bout de cinq années d'études, d'un prix d'alto décroché dans un conservatoire de province, la musique étant une façon de moudre le grain par lequel on meurt de faim.

Une autre solitude, donc : celle, paradoxale, de cette vie qu'il me restait à vivre. Mon père disait qu'il fallait la gagner, et son père employait l'expression « gagner son pain », comme si une vie pouvait se gagner, m'avait dit mon maître en me faisant remarquer, avec son accent de nulle part, que c'était une faute de français, qu'on peut en effet gagner son pain mais certainement pas sa vie, pas ce qui relève du destin ou de la main de Dieu. Les temps changeaient. Mes sœurs s'étaient mariées, vivaient ailleurs. La petite fabrique de contreplaqué des Buiges n'était plus rentable, mal adaptée au marché, mal gérée, peut-être, si bien qu'entre une affaire qui battait de l'aile et un fils qui ne savait que battre la mesure après avoir passablement battu la campagne, murmurait-on à Siom, mon père avait dû chercher ailleurs, non pas du côté de la terre, mais dans le courtage d'assurances, puis dans le commerce du vin, comme son beau-père, qu'il accompagna puis remplaça dans ses tournées en Belgique et en Hollande, où il représentait une grande maison de bordeaux.

Et moi, à vingt ans, n'ayant pas eu de jeunesse, déjà plus vieux que ceux de mon âge, avec pour toute fortune la maîtrise de l'alto et une mine ténébreuse dont je n'avais pas besoin de jouer pour qu'elle m'attirât la faveur des femmes, je ne me souciais que de la voix dont j'avais eu la révélation, à dix-sept ans, au cours de ma première année d'études : une voix singulière, qui m'a tiré des larmes, un soir où, dans ma haute chambre de la rue Jacques-Labatut, à Toulouse, je travaillais la *Romance pour alto* de Max Bruch — une musique pour laquelle je n'avais qu'une médiocre estime, mais bien écrite et qui, comme tant de musiques de second plan ou comme les chansons populaires, est douée de propriétés quasi médiumniques.

J'étais là, dans cette chambre presque obscure, à 9 heures du soir, un vendredi de février. Le vent soufflait dans la rue déserte. Je ne songeais à rien de précis. La *Romance* de Bruch n'évoquait pour moi nulle image, aucun de ces sous-bois dont la lumière crépusculaire baigne les *Sonates* de Brahms pour alto et piano, ni l'atmosphère lunaire et hivernale de celle de Chostakovitch. Je travaillais comme je le faisais depuis bien des années, exécutant scrupuleusement mes exercices, déchiffrant, apprenant par cœur, surmontant peu à peu les difficultés avec la fureur rentrée de mes ancêtres laboureurs, faucheurs, forestiers, qui ne cédaient à la fatigue qu'une fois le champ retourné ou fauché, le bois à terre, les branches séparées des troncs et réunies par ordre de grosseur, les troncs sciés et soigneusement empilés à l'entrée de la clairière, laissant aux femmes le soin de ramasser la branchaille restée sur place pour la lier en fagots.

Je ne voyais donc rien, je ne regardais rien et soudain j'ai été dans le temps, projeté dans ce que j'ignorais être le temps et que la plupart des hommes découvrent d'ordinaire entre les cuisses d'une femme : non pas entré en paradis, comme on pourrait le croire, mais expulsé de ce seul paradis qu'est l'absence de temps, c'est-à-dire l'enfance. Les femmes ne nous délivrent que de l'enfance, et c'est en vain qu'on espère la retrouver entre leurs bras puisque ce n'est pas nous qu'elles veulent : non pas l'homme avec son intolérable nostalgie de l'enfance, de la mère, de l'absence de temps, mais ce qu'il a entre les jambes, sa semence, cette liqueur qui a la couleur de la Voie lactée dans la nuit étoilée et qui rend le ventre des femmes aussi vaste et profond que le ciel nocturne. Je n'étais pas ce ciel nocturne. Je n'étais pas le temps et je n'avais rien à attendre de l'autre sexe : je l'apprendrais le jour de mes dix-huit ans, grâce à mon père qui, revenant de Bordeaux, était passé par Toulouse pour voir si tout allait bien, comme il disait, et m'avait demandé si j'étais encore puceau. Je l'étais. Je le lui ai dit. Aurais-je d'ailleurs pu répondre autre chose à un homme dont il n'était pas difficile de comprendre qu'il était lui aussi terrifié par le temps et qu'espérant apaiser cette terreur dans d'autres bras que ceux de ma mère il cherchait à nouer une complicité qui me désarmait, me répugnait, même, et dès lors m'emmenant, moi dont la semence n'avait jusque-là coulé que malgré moi, à la faveur de rêves qui me laissaient au matin un sentiment de défaite, plus soucieux de frotter du crin que ce qui se dressait entre mes jambes, me conduisant donc vers une fille publique, ne me laissant pas le choix de la fille ni celui de refuser, me remettant à une grande blonde, un soir, en pleine rue, avec assez d'argent, semblait-il, pour que celle-ci me jouât ce qu'elle appelait le grand jeu et fît de moi un homme, dans un studio dont je me rappelle la couleur, le même rouge sombre que ses sous-vêtements, et qui le devint, un homme, avec si peu de plaisir que je n'ai pas cherché tout de suite à le retrouver ni espérer en accroître l'intensité, les jeux étant faits et moi réduit à constater que ce n'était que pour ça, cet infime frémissement du temps, que les hommes et les femmes s'affrontent à l'arme blanche.

Révélation qui pesait bien peu en regard de celle qu'il m'avait été donné de connaître, quelques semaines plus tôt et dont je n'aurais pour rien au monde parlé à mon père. Je dois à la vérité de lier ces deux événements, comme si la révélation avait eu lieu en deux temps et que la grande blonde payée par mon père n'avait fait que prêter figure humaine à ce qui ne s'était jusque-là manifesté que dans les songes et qui ne pouvait ainsi qu'être la face trop évidente et banale du mystère devant lequel je m'étais trouvé, j'y reviens, dans la nuit venteuse de février, au deuxième étage de cette maison où on respirait un mélange de cire, de compote, de tisane et d'eucalyptus, et dont je ne sortais que pour mes cours au conservatoire, quelques concerts à la Halle aux grains, des promenades au jardin du Grand Rond, le long du canal du Midi, dans les allées Jean-Jaurès, ou alors remonter vers le haut plateau limousin, à Siom, chez mes parents, pour des vacances au cours desquelles je ne faisais rien d'autre, dans mon cabanon, au fond du jardin, que ce à quoi je m'occupais dans ma chambre toulousaine : travailler mon alto, non plus avec l'opiniâtreté d'un garçon de charrue mais comme si ma vie en dépendait, vu que j'étais entré dans le temps, que je ne pouvais faire autrement que de jouer, ne sachant rien faire d'autre, d'ailleurs, et ne voulant pas décevoir mes parents, me disant qu'il y avait à présent entre mon instrument et moi une relation bien singulière, quelque chose qui ne résulte d'aucun travail, un son, une voix qui m'était propre et de laquelle je m'étais imprégné très jeune, mais dont la révélation ou la conscience ne m'avait pas été donnée d'emblée, mais, comme souvent, à la faveur d'un événement inattendu, inopportun même, sans rapport apparent avec la musique ; ou alors par un banal morceau, comme en cette nuit de février où, reprenant une fois encore cette *Romance* de Bruch dont le pathos m'était indifférent, quelque chose, soudain, s'est donné à entendre, sans que rien ait changé dans la chambre ni dans la rue. Le vent continuait à souffler, la lumière de la petite lampe éclairant mon pupitre tremblotait de temps en temps, le murmure du téléviseur de Mme Fabre montait comme chaque soir jusqu'à ma porte avec les odeurs de soupe et de tisane : rien qui aurait pu m'apparaître comme un signe avant-coureur, nulle atmosphère particulière, nulle disposition intérieure qui aurait préparé ce qui allait survenir en arrêtant à ma porte les bruits de la télévision, les repoussant même, leur intimant le silence pour laisser bruire en moi, inattendue, bouleversante, une voix qui ne parlait pas plus qu'elle ne chantait mais qui était entrée en moi avec un calme, une innocence dont la musique n'était plus le fil conducteur. Une voix que j'ai dite inattendue mais que j'espérais depuis bien des années et à laquelle il m'avait fallu renoncer pour qu'elle se manifeste, inconnue et néanmoins familière, à supposer qu'on trouve familier ce qui relève des ténèbres, de la seule puissance de l'obscurité, ai-je pensé, plus tard, lorsque tout fut rentré dans l'ordre et que la voix se fut apaisée en moi, pour moi, ai-je envie de dire, tant il est vrai que cette voix avait la fraîcheur de ce qui s'impose, de ce qui entre dans une vie pour ne plus en sortir.

C'était sa voix que m'avait fait entendre la très sentimentale *Romance* de Bruch : le grain de sa voix, ce que toute voix possède d'inconnu et de familier, de bouleversant et d'insupportable lorsqu'on l'entend pour la première fois, dans une proximité qui est le sourire du lointain, aurait pu dire mon maître, un peu comme quand on écoute sa propre voix enregistrée. Le reste m'avait été révélé par ma logeuse, Mme Fabre, avec qui je n'avais pour ainsi dire jamais parlé, bien qu'il m'arrivât de ne pouvoir échapper à ses récits que j'écoutais en pensant à autre chose, le soir, le temps d'une tisane, avant de retourner à mon alto dont je me rejouais en moi-même des pièces que j'étudiais alors et pour lesquelles je n'avais pas plus d'estime que pour la *Romance* de Bruch, comme les *Sonates* de Telemann et de Haendel, ou l'*Élégie* de Glazounov, mais qui me permettaient de supporter le bavardage de Mme Fabre : elles accompagnaient à merveille son langage vieillot et coloré de vieille provinciale un peu sourde qui vivait hors du temps et finissait peut-être par voir en moi le fils qu'elle n'avait pas eu, n'ayant donné le jour qu'à une fille, qui travaillait dans l'informatique, près de Nice, et qu'elle ne voyait plus guère depuis la mort de son père et son mariage avec un mulâtre, arabe ou hindou, elle ne savait pas très bien, le père n'avait jamais voulu le voir ni assister à la noce, vouant aux gémonies ce gendre basané et cette fille sans cœur qui était aujourd'hui en instance de divorce et Dieu merci sans enfant, sans petit métis qui vînt perpétuer la honte d'une alliance contre nature, disait-elle. Elles se téléphonaient un dimanche sur deux, le matin, très tôt, et brièvement : une ingrate, oui, une intellectuelle, une de ces filles d'aujourd'hui qui ne savent aimer qu'elles-mêmes, et encore, et qui ont honte de leur propre mère, allez savoir pourquoi, murmurait-elle en tournant les yeux vers une photographie disposée sous verre, dans un cadre ovale et doré, sur une petite table ronde recouverte de satin bleu nuit, et qui représentait une jeune fille blonde, sans grâce, au sourire figé, presque cruel, aux yeux durs, et dont le visage n'avait rien de celui de sa mère, laquelle aurait tout aussi bien pu passer pour sa grand-mère et n'avait probablement pas été considérée autrement par cette fille de l'existence de qui j'avais fini par douter, même s'il m'arrivait d'entendre Mme Fabre, le dimanche, parler au téléphone, trop fort, presque prise de panique, comme si le volume de sa voix devait être proportionnel à la distance où se tenait son interlocutrice.

Mme Fabre m'avait donc trouvé hébété, ce soir de février, sur le palier du premier étage, devant le cabinet de toilette qu'elle m'avait attribué et où j'étais sans doute incapable de pénétrer. Elle montait se coucher, maudissant l'âge qui lui rendait toujours plus difficile et dangereux l'escalier qu'elle finirait par gravir à genoux, comme les degrés de pierre menant à la Vierge noire de Rocamadour, disait-elle, bien qu'il n'y eût au haut de ces marches de bois sombre et bien ciré nulle statue à qui demander ce que la vie ne vous a pas accordé ; et de même qu'on ne pète jamais plus haut que son derrière, on ne pouvait monter plus haut qu'à la chambre qui nous sert à dormir ou à mourir, ou au grenier où se pendre, ajoutait-elle avec ce petit rire de demi-sourde et cet aplomb de vieille femme qui ne se trouve pas plus de pitié pour elle-même que pour autrui, et qui, ce soir-là, l'a fait se planter devant moi, une main sur la rampe de l'escalier, et l'autre tendue vers mon épaule, tout en me lançant :

— Êtes-vous donc amoureux pour avoir l'air, comme ça, plus ahuri qu'une effraie jetée dans le grand jour !

Pouvais-je lui dire ce qui se passait ? Devais-je lui révéler qu'il m'avait été donné d'entendre une voix très ancienne, quoique d'une extraordinaire fraîcheur, terriblement lointaine et néanmoins si proche que j'aurais pu prendre ce qu'elle disait, à supposer que je fusse capable d'y distinguer des mots, pour la vérité même ? Fallait-il en parler à cette vieille femme qui n'était elle aussi plus tout à fait de ce monde, et qui aurait sans doute aimé m'y faire tomber, dans cette absence de temps, moi qui avais l'air si sage, si travailleur, si brave, comme on disait à Siom, et qui ne demandais qu'à vivre ?

Elle m'a pris par la main, m'a tapoté le visage avec le petit mouchoir de batiste qu'elle portait dans son corsage, m'a dit qu'il fallait la laver, cette figure, qu'elle était moite et sale, qu'on ne pouvait s'enfoncer dans cette nuit avec un visage souillé.

— Quelle nuit ? ai-je crié. Quelle nuit ?

— La nuit, la vraie nuit, mon petit Philippe, l'ai-je entendue me répondre sans m'étonner ni de ce que sa voix eût brusquement changé, ni de ce qu'elle me disait et qui ne pouvait être une réponse acceptable, non, surtout dans la bouche d'une femme qui, comme Mme Fabre, ne s'intéressait à rien, pas plus aux images qui défilaient chaque soir dans son téléviseur qu'à la musique que je jouais, et depuis si longtemps détournée du monde qu'il ne lui en restait plus que des récits d'autrefois, avant le temps où elle avait été femme, ce lointain où les petites filles se confondent si aisément avec les esprits et les songes déçus de ceux qui les ont engendrées, des histoires qu'elle ressassait devant son téléviseur ou près du téléphone qu'elle laissait, la plupart du temps, sonner dans le vide, comme je l'avais fait pour le mien, tout à l'heure, dans la penderie, avant de m'endormir en revenant une fois encore à cet étrange épisode de ma jeunesse.

— Je ne comprends pas, avais-je dit à Mme Fabre.

La colère me gagnait. J'étais au bord des larmes. J'aurais tout aussi bien pu me mettre à rire. L'air de mystère dont se grimait ma logeuse avait quelque chose de ridicule et d'inquiétant tout à la fois. Elle ne répondait pas, ne s'expliquait pas, me laissait devant ses mots comme devant cette nuit dont elle venait de me dévoiler l'existence et qui était encore plus profonde que celle de Siom — laquelle était pourtant assez noire pour m'avoir donné dès l'enfance une peur des ténèbres qui, aujourd'hui encore, m'empêche de traverser un couloir obscur ou de m'endormir dans le noir sans craindre de ne pas aller jusqu'au bout de la nuit, et n'ayant rien trouvé de mieux que de chanter à voix haute, voire à tue-tête, tel air du *Magnificat* de Bach ou de la *Messe en si*, par exemple, pour surmonter cette peur qui me fait dire aujourd'hui, s'il fallait donner une autre raison à mon amour de la musique, que je suis devenu musicien par horreur des ténèbres, oui, que la musique est une manière de les tenir à distance, ces ténèbres contre lesquelles mes ancêtres paysans n'ont cessé de lutter.

C'était au bord de moi-même que je me retrouvais, ce soir-là, autant dire au bord du gouffre. Mme Fabre continuait à sourire non pas de ce que j'avais l'air perdu mais parce qu'elle savait qu'on ne pouvait en rester là, qu'il fallait parler, elle ou moi — elle, surtout, ai-je pensé, à la voir se tenir bien droite, comme si ses rhumatismes l'avaient soudain quittée, dans cet étroit couloir au fond duquel un haut vitrail reproduisait, à une échelle réduite, le grand vitrail qui se trouvait, en bas, au fond du corridor d'entrée, à ceci près que le centre, dans celui du bas, représentait un théorbe, tandis qu'au cœur de celui-ci on voyait une mandorle et qu'au second, dans le couloir menant à ma chambre, un ultime vitrail, plus petit que les autres, laissait passer à travers une tête d'angelot soufflant dans un cor de basset une lumière qui ne me semblait pas plus venir de l'extérieur que de dedans et qui me faisait me dire que ce n'était pas par hasard que je m'étais retrouvé dans cette maison dans laquelle je doutais cependant qu'avant moi on ait entendu une seule note de musique.

Ce qui m'était révélé, ce soir-là, ce qui me bouleversait (et qui n'était pas seulement dû au fait que j'avais pu dominer enfin la partition de Bruch), c'était cette voix fraternelle, à la fois intérieure et venue d'espaces inconnus, harmonieuse et cependant un peu grinçante, qui s'insinuait, insistait, pressante, consolatrice, qu'on aurait pu dire chaleureuse si le mot de « fraîcheur » n'eût été celui qui la caractérisait le mieux, à défaut d'autre chose, et m'imposant peu à peu sa houle sentimentale et presque excessive, impérieuse, menaçante même, quoique pleine de détresse, comme si elle avait traversé non seulement l'espace qui sépare Toulouse des hautes terres limousines, mais le temps, oui, surgie de tout près comme du fond des âges et laissant entendre en elle toutes les voix d'enfants morts depuis l'origine des temps, m'avait-il semblé : de quoi pourrait donner idée le carillon funèbre de Jonathan Harvey intitulé *Mortuos plango, vivos voco*, où le compositeur britannique, pour plaindre les morts et en appeler aux vivants, a enregistré la voix de son propre fils, retravaillée par l'électronique, pour la faire dialoguer avec un ensemble de cloches, en un saisissant mouvement perpétuel.

Et elle continuait à résonner en moi, cette voix, bien après que j'eus reposé l'alto et l'archet dans leur étui et quitté la chambre où rien n'avait changé, où il ne faisait pas plus froid ni plus clair ni plus obscur, mais où je sentais que je ne pourrais plus rentrer tant que je n'aurais pas compris pourquoi rien ne serait plus comme avant. Elle m'avait accompagné sur le palier, en m'y poussant doucement, comme une main fraternelle, avais-je pensé, encore que je fusse incapable de savoir ce que c'était qu'une main fraternelle : je n'avais pas d'ami, et mes sœurs, bien plus âgées que moi, n'avaient posé sur moi que des mains aussi sèches que celles de ma mère ; pas de petite amie, non plus, qui eût approché de moi une autre sorte de main. Plus seul que jamais, donc, particulièrement ce soir-là, sur ce palier presque obscur, au bas de cet escalier aux marches recouvertes d'un tapis usé que j'avais descendu pour me retrouver au premier étage, devant Mme Fabre, qui me répondait enfin, avec elle aussi des larmes dans les yeux :

— La grande nuit de ceux qui n'ont pas vécu, celle où les morts, les pauvres morts se rappellent à nous, allez savoir pourquoi et ce qu'ils peuvent nous vouloir, votre frère, par exemple, ou ma petite nièce, renversée par une voiture, dans une rue d'Angers...

— Mon frère ?

Je ne comprenais pas, la croyais égarée, radotant, rebusant, comme on dit à Siom, ne voulais pas en entendre davantage, et cependant je restais là à guetter sur ces lèvres de demi-sourde les mots qui me délivreraient et qu'elle a fini par prononcer, en un murmure léger, presque joyeux, se mettant à me tutoyer comme si ce qu'elle révélait lui donnait sur moi une autorité qu'elle n'avait visiblement jamais eue sur sa propre fille :

— Ton frère, oui... Tu ne savais pas ? On ne t'a rien dit, là-haut ? Ce n'est pourtant un secret pour personne, ce frère qui n'a pas vécu un an, mort de je ne sais quoi mais dont on a dit à Siom qu'il n'a pas voulu vivre, comme si on pouvait, à cet âge-là, décider de ne pas vivre, n'est-ce pas, vouloir passer de l'autre côté, retourner d'où on vient... Et les deux autres, là-haut, ton père et ta mère, brûlant comme des fadards tout ce qui avait appartenu à ce petit Philippe, un beau matin, dans le jardin de l'ancien presbytère, comme si ça n'aurait pas pu servir encore, à tes sœurs, et même à toi, et que les flammes pouvaient brûler le souvenir, effacer leur douleur, alors que c'était leur propre cœur qu'ils auraient voulu brûler avec les affaires du petit... Ils avaient même été sur le point de se jeter dans les flammes, a-t-on raconté ; ta mère, en tout cas, s'en était approchée si près que sa jupe avait commencé à prendre feu et qu'il avait fallu pas moins de ton père et de cet innocent de Jean Pythre, qui sortait de derrière l'église où il allait fienter, comme tous les matins, pour la maîtriser, la pauvre femme ; si bien que lorsque tu es né, bien des années plus tard, après tes sœurs, ce n'est pas qu'ils n'ont pas été contents, ne va pas croire ça, mais ce n'était plus pareil : ils étaient déjà âgés, ils ne t'attendaient plus, ils n'avaient plus le cœur à ça ; et puis rien ne pouvait remplacer le petit mort, même quelqu'un qui en portait le nom, et même si, on peut le croire, tu es à peu près comme il serait, aujourd'hui, s'il avait vécu, s'il n'était pas retourné dans les limbes, dans cette grande nuit où on peut les entendre gémir, quelquefois rire, et même parler. C'est ça que tu as dû entendre, tout à l'heure, avec ton espèce de violon qui n'a l'air bon qu'à faire parler les morts, à les appeler et les plaindre, les petits morts et les autres, ceux qui se tiennent dans la nuit noire, qui n'ont jamais eu la parole et qui veulent parler, maintenant, qui ont tant de choses à dire et l'éternité pour cela, et qui en savent tellement plus que nous autres vivants, pauvres vivants, disait-elle de sa voix égale et un peu aiguë de sourde qui ne se souciait pas de savoir si je l'entendais ni de ce que je pouvais ressentir à me découvrir un frère aîné qui avait à peine vécu, qui ne reposait ni au cimetière de Meymac ni dans celui de Siom, non pas comme s'il n'avait pas existé, ce petit Philippe Feuillie, mais comme s'il ne cessait pas de vivre et que j'existasse moins que lui, puisque je ne l'avais pas remplacé, que je n'étais que l'image infiniment altérée de celui qui n'était plus là tout en persistant à se rappeler à eux, mes parents, mes sœurs, et maintenant à moi, le fils par défaut, celui dans lequel on avait en vain cherché le reflet, les paroles, les sourires, toutes les promesses que le premier Philippe n'avait pas eu le temps de donner. Et il m'avait accompagné, veillé, encouragé, dès ma naissance, ce petit grand frère si tôt en allé, mais dans le nom et les traits de qui je vivais sans doute comme si une partie de moi-même se trouvait de l'autre côté et qu'il me fût malgré tout donné de vivre normalement, et non plus seul, comme je l'avais cru tout en m'étonnant d'être capable de supporter pareille solitude, mais vivant grâce à lui, et sans doute pour lui, oui, pour celui qui m'avait précédé et me précéderait éternellement en me donnant parfois le sentiment de le précéder, lui, le précédant et le suivant tout à la fois, selon que ma joue se trouvait du côté de la nuit ou appuyée sur l'alto, évoquant non seulement la voix de mon frère mais toutes celles qui voulaient chanter avec lui et qui constituaient, au-delà de la pure technique, mon propre son, celui, m'avait dit mon premier maître, qu'il n'appartiendrait qu'à moi de faire reconnaître.

Il m'a ouvert le monde, ce petit frère. Il m'a aidé à sortir de moi-même, à m'y trouver moins à l'étroit, à devenir ce que je suis : non pas le musicien sans importance que mes parents pensaient que je serais, ni un être influençable ou poursuivi par la haine que j'eusse vouée à ce frère disparu, comme j'ai pu le croire, pendant quelques jours, après qu'il me fut apparu ou qu'on m'eut révélé son existence, comme on voudra, mais un homme libre, voué jusqu'à l'abnégation à l'instrument choisi par un père qui haïssait la musique et ne m'aimait sans doute pas davantage, et devenu musicien sur les conseils d'un homme revenu de plus loin que tout et qui avait su convaincre mes parents, qui n'y avait même eu aucun mal, comme s'ils avaient deviné que cet instrument à peine plus épais, oserais-je dire, que le corps du petit Philippe ou que le cercueil qui l'avait contenu, pourrait me permettre d'incarner, comment le dire autrement, le petit disparu, à tout le moins d'établir avec lui une solution de continuité qui était pour mes parents une façon d'en finir avec le deuil, même s'ils ont échoué à faire de mon frère et de moi une seule et même personne.

C'est donc mon frère qui m'a fait entrer dans le temps ; c'est à ce petit mort que j'ai dû de ne pas désespérer, moi dont les parents ni les sœurs n'approchaient jamais de mes joues les lèvres ni les mains, moi que Céline Soudeils avait laissé seul à Siom, parmi les vents qui rabattaient toute plainte sur ma bouche ; c'est lui, encore, qui m'a amené vers les vivants, c'est-à-dire aux femmes, et non plus aux seules prostituées dont mon père m'avait sinon donné le goût, du moins laissé croire qu'elles sont l'unique moyen d'entretenir de saines relations avec l'autre sexe — le reste (l'amour, le mariage) n'étant que l'accommodement de désillusions partagées. Relations vénales dont je me suis contenté pendant bien des années, jusqu'à ma rencontre avec la pianiste Jeanne Delamare, après un concert où elle tenait, à Toulouse, la partie soliste de la *Symphonie cévenole* de Vincent d'Indy. Il m'arrive encore d'y recourir, certains soirs de solitude ou de détresse, lorsque je joue dans une ville inconnue et que j'ai subi l'éternel dîner d'après le concert en compagnie des organisateurs et de femmes seules qui ne poussent pas toujours l'admiration jusqu'à me suivre dans ma chambre d'hôtel.

C'est enfin lui qui m'a fait quitter, après ma dernière année de conservatoire, la maison de Mme Fabre pour un clair studio donnant sur la Garonne et dont j'ai d'abord payé le loyer en donnant des leçons de violon à des fillettes qui avaient manifestement autant de talent pour torturer le corps de leurs poupées que les cordes de l'instrument, dans des appartements profonds, avant d'entrer à l'Orchestre du Capitole comme altiste de rang. J'y resterais près de dix ans, ayant compris qu'il me fallait me mesurer à d'autres musiciens, trouver ma place et la tenir, revêtir la livrée grâce à quoi faire dans le monde une figure honorable, être un individu qui réponde d'autre chose que de la nostalgie d'un frère mort en bas âge, bien des années avant ma propre naissance — ce petit mort que nous abritons tous en nous et qui n'est pas exactement l'enfant que nous avons été ni celui que nous n'aurons jamais, me dirait un jour Nicole Cleary Dupré, me suis-je rappelé, chez moi, le jour de l'éclipse, avant de m'abandonner au sommeil.

Nicole que je revois telle qu'elle est venue à moi, huit ans auparavant, envoyée par un ami d'Amsterdam qui me faisait présent d'un nouvel archet.

Je dis ami, bien que je n'en aie jamais compté de véritable parmi les hommes, même s'il fut tout près d'en incarner la figure, ce Tobias Suttermans, un violoniste de quinze ans mon aîné, rencontré grâce à Jeanne Delamare, et avec qui j'ai joué les quatuors et les quintettes de Schumann, de Brahms et de Dvořák avant qu'il ne se convertisse (le mot n'était pas trop fort, ni de moi, mais de Suttermans lui-même dont la haine du romantisme musical devenait aussi irréversible qu'injuste) à la musique baroque sans abandonner le répertoire contemporain, et particulièrement le courant spectral français, dans lequel il voyait un antidote au grand sirop néoromantique dont notre époque se laisse poisser l'esprit.

Un excellent violoniste, donc, qui avait déniché pour moi, à Amsterdam, où il vivait, un archet français du XVIIIe siècle qui aurait pu appartenir à Jean-Marie Leclair, le compositeur assassiné à Paris, dans sa maison de la rue Carême-Prenant, l'idée l'en ravissait, et qu'il me fit tenir (comme on disait au siècle de Leclair, m'avait rappelé au téléphone Tobias Suttermans, qui poussait l'amour du baroque jusqu'à ne plus lire que des écrivains du XVIIe et du XVIIIe siècle) par une jeune femme dont il avait naguère eu les faveurs et avec qui il entretenait désormais une relation tendre et spirituelle.

— Une belle Irlandaise, que tu voudras bien recevoir chez toi, demain, car elle n'est pas à Paris pour longtemps. On ne saurait rêver plus bel écrin pour ce que je t'envoie, tu verras...

En vérité je me souciais bien plus de l'archet que des engouements féminins de Suttermans, lequel approchait de la soixantaine et avait tendance à trouver jolies toutes les femmes de moins de quarante ans qui se laissaient éblouir par le grand musicien qu'il est et qui, comme tant d'autres, est terrifié à l'idée de ne plus plaire, de ne plus voir tomber gratuitement la robe d'une femme, lui qui en aura payé, des femmes, pour le plaisir, tant qu'il pouvait les séduire, et qui avec l'âge prétend les avoir pour rien, pour ses seuls charmes.

La femme que j'ai découverte sur mon seuil, le lendemain soir, et à qui je n'avais prêté nul visage entre le moment où elle m'avait téléphoné depuis la gare du Nord, puis redonné son nom, une demi-heure plus tard, en bas, à l'interphone, avant que je ne la voie devant moi, cette femme ne me paraissait pas mériter le titre de beauté, ai-je vaguement songé en la faisant entrer et me rappelant ce que m'avait dit Suttermans. J'ai pour les femmes de taille moyenne, voire petites, très brunes, minces et à la poitrine lourde, un goût quasi exclusif, et la messagère était grande, trop grande pour que je me sois attardé à ce visage aux traits plutôt anguleux, presque durs, sous une chevelure d'un blond roux, et à ce corps aux formes trop prononcées.

— Elle fait penser à Virginia Woolf jeune, avait encore dit Suttermans au téléphone.

Virginia Woolf, dont j'avais découvert le portrait quelques jours plus tard dans une librairie : c'était précisément là un type de visage que je n'aime pas, mais que je pouvais trouver sinon beau du moins intéressant, c'est-à-dire non désirable, tout comme la messagère, donc, qui avait en effet quelque chose de la jeune Virginia ou encore de Julie Schumann, fille de Robert et de Clara Schumann, telle qu'on la voit sur une photo de 1869, en sa belle robe blanche, cette future jeune morte devenue comtesse Radicati di Marmorito au lieu d'épouser le vieux Johannes Brahms qui en était amoureux : même façon de relever sa chevelure au-dessus de la tête et de s'accouder quelque part pour regarder en se tournant à demi, même bouche aux lèvres un peu minces, même regard qui en sait déjà long sur la mélancolie, la folie, la brièveté de la vie, rétorquerais-je à Tobias, qu'irritait bien entendu mon goût pour l'auteur des *Kreisleriana*.

Elle avait en tout cas, cette messagère, de quoi intéresser un homme tel que Tobias, mais pas moi qui ne me souciais pas d'elle mais de ce qu'elle me tendait et que je suis allé découvrir dans le salon sans penser à la faire asseoir, la plantant là pour ouvrir l'étui non pas devant elle, mais en lui tournant pour ainsi dire le dos afin d'examiner l'archet à la lumière d'une lampe halogène dont j'ai augmenté la puissance avant de prendre mon alto, que j'ai accordé un peu fiévreusement, tant j'avais hâte de l'essayer, cet archet, alors que (je m'en rendrais bientôt compte, je le savais même déjà, mais je continuais de m'en tenir à l'immédiate version des faits qui me disait que j'étais déçu ou que Tobias, qui n'ignorait pas mes goûts en matière de femmes, s'était moqué de moi) c'était à la messagère que je m'étais mis à penser et que je brûlais d'essayer, si j'ose dire, non pas comme je l'aurais fait d'une de ces proies trop faciles, ou qui se donnent pour telles, lors d'un de ces festivals auxquels il est difficile à un musicien de chambre d'échapper (puisque j'étais devenu chambriste, au bout de dix années passées au Capitole et quelques mois de vie commune avec Jeanne Delamare dont je ne me séparerais que pour m'apercevoir que, si nous ne pouvions vivre en ménage, il nous était impossible de ne pas jouer ensemble, en duo, quatuor ou quintette) : l'été, dans telle petite ville du Sud-Ouest, par exemple, qui a son festival de musique comme tant de communes françaises, et où on ne connaît pas grand-monde, sinon personne, et où il faut regagner seul une médiocre chambre dans ce qu'on vous a présenté comme le meilleur hôtel de la ville et dont la situation, toujours un peu en dehors du quartier central, en fait un repaire d'amours clandestines, avec ses cloisons et planchers trop minces pour qu'on n'y entende pas la sempiternelle quête de joie par laquelle les hommes et les femmes tentent d'oublier ensemble qu'ils vont mourir, et qu'on n'ait pas besoin, soi aussi, de plonger dans ce même Léthé, après la bataille, lorsque la musique a été de la routine, qu'on est mécontent de la façon dont on a joué ou au contraire ému par son propre jeu, et qu'on l'a en quelque sorte dédié, ce morceau, ce concert, aux belles jambes nues qui n'auront cessé de se croiser et de se décroiser, là, au second rang, ou à la belle poitrine sur laquelle votre position sur scène vous donne un point de vue privilégié et qu'il n'est pas difficile, ensuite, de s'attarder avec celle qui écoute et qui n'a souvent de beau que ce qu'elle montre et avec qui on se jette néanmoins à l'eau, parce que toute femme qui s'offre a quelque chose de beau, même si elle ne peut vous délivrer vraiment de vous-même et que, devant l'air inquiet de la nageuse, on exagère, on met sa déception au compte de la grande tension du concert, de la mélancolie des *Sonates pour alto et piano* de Brahms, par exemple, qu'on a fait suivre de celle de Kœchlin, et puis, le public vous ayant rappelé, de la *Pavane* de Philippe Hersant, oui, osant, devant cet auditoire qui vous était acquis, une pièce contemporaine aussi émouvante que celle-là, ou même la difficile *Sequenza pour alto* de Luciano Berio — des pièces que je ne joue jamais sans en avoir expliqué brièvement la nature à un auditoire étonné de m'entendre une autre voix que celle de mon instrument, créé pour moi par Jacques Fustier, à Lyon, en 1983, dont j'ai attendu plus de deux ans la réalisation et dont je n'aurais jamais pu passer commande si Jeanne Delamare ne m'avait persuadé qu'il serait indigne de moi de jouer sur autre chose qu'un Vatelot ou un Fustier et, surtout, ne m'avait fait rencontrer une vieille dame fortunée qui s'était prise d'affection pour moi et qui n'a pas peu contribué à ma notoriété.

Elle, Paule Cazenove, ne me l'avait pas offert, cet instrument ; elle m'en laissait la jouissance à la condition que je viendrais, une fois par mois, chez elle, pour elle, exclusivement, jouer quelques-unes de ces pièces contemporaines qu'elle ne goûtait peut-être pas autant qu'elle le disait, mais qu'elle s'efforçait d'aimer non pas pour être de son temps (« comme veulent l'être à tout prix ces vieillards imbéciles qui arpentent le monde en dentiers éclatants, survêtement de sport et casquette de base-ball, et tous les insignes de la vulgarité démocratique », s'indignait-elle), mais parce que c'était son rôle de défendre cette musique en faisant jouer chez elle, fût-ce pour son seul plaisir, la *Sonate pour alto solo* de György Ligeti, le *Prologue pour alto* de Gérard Grisey, ou les *Tre notturni* de Salvatore Sciarrino, pièces que j'ai travaillées à son intention et auxquelles je dois non seulement d'avoir pénétré dans un domaine que je pensais réservé à d'autres, mais aussi de m'avoir fait connaître Tobias Suttermans et quelques musiciens en compagnie desquels je faisais de la musique de chambre, dans son salon de la rue Singer qui donnait sur un minuscule jardin au fond duquel on pouvait voir, éclairée par-dessous, une vasque où se penchait une néréide pâmée ou agonisante sous un ciel de lierre et sans qu'on aperçût, depuis le salon, le vrai ciel dont notre hôtesse soutenait qu'il n'était pas ailleurs que dans la musique.

— Et puis je ne sais plus ce que c'est que le temps ; non seulement le temps qu'il fait et dont je ne me soucie plus depuis belle lurette, mais celui qui nous humilie, qui nous en veut particulièrement à nous autres femmes, n'est-ce pas ?

Et à voix plus basse, les yeux mi-clos, avec aux lèvres la même espèce de sourire qu'on pouvait voir à la néréide du jardin, elle ajoutait que c'était une humiliation à laquelle l'art — la musique, surtout — ne nous permet bien sûr pas de nous soustraire mais face à quoi il nous donne de la dignité avant de choir dans la vasque, comme la jeune néréide, l'entendais-je murmurer en pensant qu'elle, Paule Cazenove, était aussi vieille que la néréide était jeune et qu'elle ne trouverait pas éternellement dans la musique de quoi surseoir à la chute, me disais-je après avoir joué devant elle la *Sonate* de Ligeti et en la voyant fermer les yeux, ou plutôt ne pas les rouvrir et moi, gêné, me demandant si elle ne s'était pas endormie, regardant Jeanne Delamare qui m'a souri en posant un doigt sur ses lèvres puis s'est levée pour aller admirer les deux toiles de Dufy représentant des orchestres et encadrant, sur le mur du fond, un grand dessin orphique de Cocteau, avant de venir s'asseoir près de moi pour attendre avec moi, au milieu de ce mobilier Arts déco auquel se mêlaient ces porcelaines de Saxe et de Sèvres sans lesquelles Mme Cazenove, disait Jeanne, n'aurait pas été tout à fait elle-même, elle qui était à ce moment hors du temps, endormie ou encore sous ce qu'elle appelait le « charme » de la musique, en donnant à ce mot, précisait-elle, le sens magique que lui donnait Paul Valéry, avec qui elle avait souvent conversé, ici même.

On aurait aussi bien pu la croire morte, là, dans son fauteuil Bauer, la tête rejetée en arrière, le chignon aussi défait que le système tempéré qui avait régi la musique pendant deux siècles, aurait pu dire Tobias Suttermans, la bouche entrouverte comme les trépassés ou les femmes qui viennent de jouir, et en tout cas hors du temps, dans ce salon d'un autre âge, où avaient fréquenté Satie, Stravinsky, Honegger, Martinu, Jolivet, Dutilleux, et où j'imaginais volontiers Yvonne Printemps et Francis Poulenc interprétant pour elle *Les chemins de l'amour*, ou Pierre Bernac, toujours avec Poulenc, dans ce *Montparnasse* que je n'écoute jamais sans tressaillir ni fermer les yeux, comme la vieille mécène de la rue Singer, au rez-de-chaussée de cet immeuble qui, comme tant d'immeubles du quartier de Passy, me faisait penser, à cause de leurs façades à encorbellements, aux falaises surplombant la Vézère, non pas la jeune Vézère au bord de laquelle j'ai grandi, à Siom, mais beaucoup plus bas, dans le Périgord, où elle prend une lenteur de fleuve après avoir creusé des voûtes au pied des parois de calcaire où s'ouvrent ces cavernes dans lesquelles est né l'art, sous les doigts de chasseurs de bouquetins, de bisons, de cerfs, de taureaux, de chevaux, de rennes et, qui sait, de licornes.

Elle aussi avait fermé les yeux à demi, la messagère, la jeune femme qui m'apportait l'archet d'Amsterdam et qui avait fini par s'asseoir sur le canapé de la salle de séjour, face à la baie vitrée, sans me regarder, donc, et se taisant, la tête un peu penchée sur le côté, attendant je ne sais quoi, que je parle, lui serve à boire, me mette à jouer pour elle, Tobias Suttermans lui ayant probablement dit que je n'étais pas un trop mauvais altiste ; ou alors, fatiguée par le voyage et mettant à profit l'impolitesse avec laquelle je la traitais pour reprendre souffle et se reposer un peu, même si ce n'est pas vraiment un voyage, aujourd'hui, que d'aller d'Amsterdam à Paris par ce train à grande vitesse qui porte un nom de muse, ai-je pensé en la voyant fermer les yeux, et m'irritant de la trouver presque épuisée, comme si je m'assurais par là qu'elle ne passerait pas la soirée en ma compagnie et qu'il me parût déplacé qu'elle vienne chez moi se défaire avec des airs mystérieux d'une fatigue qu'il fallait attribuer à autre chose qu'au voyage — à une nuit ou une après-midi d'amour avec Tobias, par exemple, avant de prendre le train pour Paris et d'arriver à moi le visage et le corps à peine remis de ce dans quoi ils avaient été jetés, Tobias m'offrant en quelque sorte de prendre la suite, de parachever ce qu'il avait commencé et dont il était peut-être las, ça ne m'eût pas étonné de sa part. À moins qu'il ne fallût la mettre, cette fatigue, au compte d'une étrangeté dont je ne pouvais deviner la nature et qui m'a fait me tourner vers la messagère, la regarder franchement, contempler à loisir ce visage qui me faisait face sans me regarder, ou qui me voyait autrement qu'avec les yeux, cette Nicole Cleary Dupré dont le nom m'avait autant séduit qu'irrité lorsque je l'avais entendu, d'abord dans la bouche de Tobias, ensuite au téléphone, puis de nouveau dans l'entrée, prononcé à l'anglaise et à la française avec un tel aplomb et une telle grâce que je me suis dit qu'il devait y avoir du bonheur à habiter un tel patronyme et que je ne pouvais que commencer par l'oublier, ce nom, pour m'attacher au seul visage qu'il désignait et dont je me suis là encore détourné, ne le trouvant décidément pas à mon goût, afin de leur laisser accomplir en moi, le visage et le nom, un long, un mystérieux trajet.

Ce visage étroit et long, clair et grave, visage d'Irlandaise hérité de sa lignée maternelle (ce qui explique qu'elle ait tenu à porter aussi celui de sa mère, enchâssé entre le patronyme et ce prénom qu'elle avait bien des raisons de ne pas aimer, notamment parce qu'il faisait d'elle la quasi-homonyme de la violoncelliste britannique Jacqueline Du Pré, dont la mort, en 1987, à l'âge de quarante-deux ans, d'une sclérose en plaques qui l'empêchait de jouer depuis quatorze années, avait en quelque sorte délivré Nicole sans lui donner la possibilité d'être, elle aussi, une artiste, m'avait-elle dit, la seule fois où elle fit allusion à cette jeune morte dont elle avait été la jalouse admiratrice et dont elle ne pouvait écouter sans pleurer l'interprétation du lumineux

Concerto de Delius), je continuais de ne pas l'aimer. Sa beauté me restait étrangère. Car Nicole était belle, indéniablement ; belle et non jolie, et mon goût ne va qu'aux femmes jolies ou dont la beauté est en quelque sorte adoucie, voire rendue un peu vulgaire par la sensualité des formes : des femmes, même, qui ont plus de chien que de beauté.

J'imagine qu'elle l'avait vu dans mon regard, dès que j'avais ouvert la porte ; oui, qu'elle avait d'emblée remarqué qu'elle ne me plaisait pas, que ce grand corps aux formes si généreuses, cette figure altière, cette voix aux inflexions savantes, ne relevaient pas pour moi du désir immédiat, ne se plaçaient pas sur le terrain du sex-appeal mais d'une autre forme de séduction, plus lente, plus sûre, que j'appellerai, faute de mieux, de l'amour, et qui faisait appel à un bien étrange désir, qui me faisait désirer Nicole sans le savoir, ni même le vouloir, et l'aimer sans pouvoir me dire amoureux d'elle ni éprouver le besoin de la posséder ni de la revoir de longtemps, comme si cette relation (ainsi que nous l'appellerions le plus souvent) ne pouvait s'inscrire dans le temps commun puisque, selon Nicole, elle relevait du destin, comme toute vraie rencontre.

Je ne me souviens plus très bien de ce que nous nous sommes dit, ce soir-là, ni même de la façon dont elle était vêtue. Elle semblait ne se soucier ni de l'heure ni du dîner, ni même de moi qui avais replacé l'archet dans son étui et m'étais resservi du whisky dont j'avais déjà bu un verre en l'attendant et qu'elle a refusé, me demandant de l'eau et me disant qu'elle ne buvait jamais de whisky, fût-il irlandais comme ce vieux Bushmills avec lequel je venais de porter un peu ridiculement un toast à sa beauté.

« Non, jamais, sauf le jour de la Saint-Patrick », avait-elle déclaré sur un ton que j'avais trouvé presque méprisant mais dont elle atténua l'effet en souriant franchement et en ajoutant : « Le 17 mars, en hommage à ma mère qui est d'origine irlandaise, et à ce jour où la coutume veut que les Irlandais, *top of the morning*, s'offrent leurs vœux en portant des couleurs vertes et, si possible, en s'offrant un brin de *shamrock*, ce trèfle qui aurait servi à saint Patrick pour illustrer la Sainte Trinité... »

Sa voix avait trouvé son point d'équilibre, d'un grain à la fois clair et un peu rauque, en tout cas très étudiée, tout comme les poses que la jeune femme prenait sur le canapé, le visage presque jamais tourné vers moi, mais en direction du soir de printemps qui tombait sur Paris et qui faisait qu'il était difficile de contempler autre chose que ce qu'on apercevait par les baies vitrées de mon dernier étage : le gris tourterelle des toits, les clochers et les coupoles, et aussi les tours de Montparnasse, de l'ancienne Halle aux vins et du quartier Italie qu'on ne se résolvait pas à accepter, ai-je fini par murmurer. Elle a acquiescé, ajoutant que Paris était une ville du passé, une ville close, et qu'il était vain de vouloir la faire ressembler à Montréal.

— Pourquoi Montréal ?

— Je suis canadienne... Québécoise, a-t-elle aussitôt repris comme si elle s'était mal exprimée ou que la nationalité canadienne fût quelque chose de trop vague et de trop peu prestigieux pour la définir, elle, Nicole Cleary Dupré, déclinant une nouvelle fois son nom en précisant que c'était un singulier mélange, irlando-québécois, un héritage où elle avait parfois du mal à se reconnaître.

Je ne me rappelle rien d'autre, sinon le soir d'avril qui tombait doucement dans des alternances de bleu pâle et de vieux rose qui m'ont fait penser à la musique pour viole de gambe de François Couperin. Le whisky me donnait une gaieté que je n'ai pas d'ordinaire ; du moins la mettais-je au compte du whisky et de l'étrange paix que je trouvais à regarder Nicole contemplant la nuit tombante en buvant de cette eau de Volvic dont je lui avais déjà servi deux verres. Elle était attendue, avait-elle dit sans avoir cependant l'air pressée de s'en aller, mais finissant par se lever, s'approchant de moi assez près pour que j'aie été sur le point de lever la main vers sa joue ou son cou et l'imaginant emprisonnée, cette main, par l'inclinaison de sa tête sur son épaule, alors que c'est dans sa main qu'elle l'a prise pour la serrer avec une douceur qui, me suis-je dit, valait probablement celle de son épaule ou de son cou. Je rêvais, la nuit était là, et Nicole s'échappait en disant que nous nous reverrions, oui, que nous ne pouvions pas ne pas nous revoir, et ajoutant dans un souffle, devant la porte ouverte de l'ascenceur :

— Je suis lente, vous savez, très lente...

Cette lenteur, elle y a de nouveau fait allusion, quelques semaines plus tard, dans une brève lettre postée à Montréal : un bristol, plutôt, sur lequel elle me disait, d'une écriture minuscule tracée à l'encre violette, que le trajet d'un être à un autre est ce qu'il y a de plus difficile, difficultueux, peut-être (mais elle m'écrivait de l'hôpital où elle travaillait et n'avait sous la main nul dictionnaire qui lui permît de vérifier le sens d'un adjectif qu'elle osait pour la beauté de ses sonorités), d'interminable même, qu'elle avait aimé les moments (avaient-ils duré une heure ? se demandait-elle) passés ce soir-là avec moi, dans le crépuscule bleu-rose, qu'elle avait trouvé, à Paris, dès le lendemain, le disque consacré aux *Sonates pour alto* et *pour violon* de Kœchlin dans lesquelles Tobias Suttermans et moi étions accompagnés par Jeanne Delamare. C'était là, écrivait Nicole, deux œuvres très belles, qui me ressemblaient, elle n'en doutait pas, écoutées dans un autre crépuscule, celui de Montréal où elle exerçait le métier de radiologue mais ne vivait que pour l'art, pour la musique, surtout, le seul art capable de tenir les démons à distance ; la seule activité, avec l'amour et, peut-être, la poésie, qui fût à la hauteur de notre désespoir, ajouterait-elle, dans une autre lettre où elle ne semblait pas tenir compte de ce que je n'avais répondu à la première que par l'envoi d'une cassette contenant l'enregistrement pris sur le vif, cet été-là, au festival de Saint-Léon-sur-Vézère, des deux *Quintettes* de Fauré et de celui de Louis Vierne, dans lesquels je tenais la partie d'alto.

« Ce qui m'émeut, écrivait-elle, ce sont vos mains et vos épaules ; vos épaules, surtout, qui ont quelque chose de granitique, oui, du granit de ce Limousin que je ne connais pas, bien qu'une partie de ma famille paternelle en soit originaire, mais que j'aime pour cette pierre qu'on trouve aussi au Québec, son grain, sa couleur grise ou rose, la patine qu'il prend, sa puissance et sa douceur qui sont celles de votre jeu et de cet instrument qui vous dispense de parler. »

Je l'ai revue à la fin du mois d'octobre, dans la tiédeur douceâtre d'un été de la Saint-Martin qu'elle détestait autant que moi (« L'été indien, oui, l'été des sauvages, comme on l'appelle, chez moi », me dirait-elle plus tard), sur la place qui se trouve devant Saint-Germain-l'Auxerrois, où on peut écouter un beau carillon jouer à vêpres et où, certains soirs, il suffit de fermer les yeux pour se croire dans une cité du Nord et voir sortir du brouillard une souriante et grave jeune fille qui est soudain là, devant soi, comme Nicole devant le banc où je l'attendais en me remémorant une jeune Henrika brièvement aimée à Copenhague et dont la blondeur et les yeux bleus se sont un instant confondus avec ceux de Nicole, debout devant moi dans une robe d'été blanche, très serrée à la taille et parsemée de larges coquelicots rouges qui mettaient en valeur ses hanches et sa poitrine et, bien sûr, ce qui m'émouvait le plus, ce soir-là, ses bras : la chair ferme, ronde et comme irisée de ses bras que je n'ai cessé de regarder dans la pénombre du restaurant chinois de la rue Perrault où nous avons dîné de mets à la vapeur accompagnés d'un bordeaux que je savais trouver là et que je me promettais de boire en sa compagnie, et qui nous a réjouis, délié les mains autant que les langues ; des mains qui se sont cherchées sans oser se trouver, tandis que nos pieds s'évitaient sous la table avant de nous conduire sur les quais de la Seine toute proche, près du pont des Arts. La nuit était tombée. Nous avions beaucoup parlé. Nous parlions encore en marchant vers les Tuileries, jusqu'à l'endroit où des hommes se guettent, se croisent, se flairent, et où nous avons rebroussé chemin pour aller nous asseoir sur un banc de pierre lisse, en face de l'Institut, et nous embrasser du bout des lèvres, presque sans y toucher, comme s'il était trop tôt et que le geste par lequel je soupesais un des seins de Nicole avait, sans qu'elle m'en empêchât, quelque chose de déplacé qui me faisait penser que les femmes ont sur nous cette supériorité physique de pouvoir nous abandonner quelque partie de leur corps à peu près comme, de guerre lasse, on laisse jouer un enfant avec un objet dont on lui a d'abord interdit l'usage.

— Allons ailleurs, ai-je fini par dire, d'une voix trop basse, un peu ridicule, et frissonnant de suggérer aussi platement à une femme dont je n'étais toujours pas certain qu'elle me plaisait de me suivre en un lieu qui ne pouvait être que chez moi, alors que ce n'est d'ordinaire pas moi qui fais le premier pas ; ni geste ni mot, rien, ayant depuis longtemps (depuis la fuite de Céline Soudeils, probablement) compris que cette initiative est l'apanage des femmes, que ce sont elles qui décident, élisent, accomplissent la majeure partie du chemin, malgré les apparences — ou par-delà ces apparences qui laissent croire aux hommes qu'ils mènent la danse, même à des types comme moi qui se soucient avant tout de ne pas être ridicules ou de ne pas souffrir. Et je trouvais, ce soir-là, qu'il y avait quelque chose de trop convenu, sinon de dérisoire, à bécoter une jeune femme qui ne me plaisait sans doute pas, sur ce quai, violemment éclairés par les projecteurs des bateaux-mouches qui passaient sur la Seine.

— Ailleurs ? Je vous l'ai dit : je suis lente ; j'aime prendre le temps. Je n'ai pas fini d'arriver jusqu'à vous...

Je n'étais pas pressé, moi non plus : pas plus amoureux d'elle que soucieux de savoir si elle l'était de moi. Ce que j'appellerai notre amour (sans m'habituer à ce mot qui sonnera toujours dans ma bouche comme un galet trop épais) était d'une autre nature, obéissant à une nécessité d'un autre ordre que le sentimentalisme dont on entoure généralement les rapports sexuels pour les exalter ou les dénaturer, ou simplement les rendre possibles : nous étions, Nicole et moi, au plus près de ce qui rapproche un homme et une femme, dès lors qu'il ne s'agit ni de vivre ensemble ni de procréer, au plus près de cette vérité que je dirais volontiers supérieure, asociale, non pas clandestine mais secrète, d'une exigence inouïe et cependant sans vraie souffrance, énigmatique parce que sans visée de bonheur ; un vrai, un beau défi, en même temps que quelque chose de vain et qui tirait toute sa force et, si j'ose dire, son originalité, de ce sentiment d'absolue vanité.

Je n'étais pas impatient. Je me délassais de mes journées dans les bras de femmes aussi désabusées que moi. Nicole n'était à Paris que pour peu de temps, à l'occasion d'un congrès de radiologie. Je comprenais qu'elle n'était pas venue seule, m'ayant laissé entendre non pas qu'elle n'était « pas vraiment libre », comme elle aurait dit à un homme qu'elle eût fait lanterner, mais « pas encore libre », ce qui ne s'adressait qu'à moi qui, de mon côté, n'étais jamais plus libre que lorsque je menais de front plusieurs liaisons, d'un autre ordre, légères, éphémères, comme le savait sans doute Nicole, là-dessus renseignée par Tobias Suttermans, imaginais-je en l'écoutant me dire qu'il fallait laisser se faire ce qui était en train de nous lier et qui ne pourrait jamais finir, et que c'était pour ça que nous ne pouvions aller ailleurs, murmurait-elle ce soir-là, sous les applaudissements des touristes d'un bateau-mouche dont je me rappelle qu'il portait le nom de Catherine Deneuve, et qui devaient, ces touristes, trouver non pas touchant le couple que nous formions, Nicole et moi, mais parfaitement à sa place dans ce décor : automnaux amoureux surpris dans la lumière des projecteurs ; des figurants, aussi bien, et qui devraient sortir de leur propre image pour arriver l'un à l'autre, dirait encore Nicole.

— Plus tard, a-t-elle ajouté après un moment de silence pendant lequel elle semblait vouloir laisser aux vagues soulevées par le passage du bateau le temps de retomber, plus tard, au printemps, lorsque je reviendrai, que les neiges auront fondu, là-bas, chez moi, et que les glaces auront redescendu le fleuve...

J'ai souri. Je n'avais pas l'habitude d'un tel langage ni de cette manière de voir les choses. Je me suis retourné pour allumer une de ces cigarettes anglaises à bout de liège que je fumais à cette époque où je supportais encore l'odeur de tabac froid que me renvoyait la table de l'alto, lorsque je jouais. Sans doute avais-je aussi besoin de me donner une contenance pour l'écouter me parler d'elle, sachant qu'une femme qui se refuse ou n'est pas tout à fait disposée à se donner ne peut que se mettre à parler d'elle, que la qualité de notre écoute est, même, la condition d'un bonheur à venir, et qu'un type aussi peu loquace que moi avait toutes ses chances avec une fille comme Nicole, laquelle s'est mise à parler en reprenant ce que je lui avais dit, au restaurant, à propos de ce frère à qui j'avais parfois l'impression de prêter mon corps, non pas comme si je me laissais habiter ou posséder par une présence maléfique, mais selon une autre sorte d'incarnation ou de complémentarité dont la musique était la seule justification.

— Une présence, avais-je dit à Nicole, une présence qui a indigné bien des femmes qui ont traversé ma vie, et qui ont été jalouses, oui, de ce petit être qui n'a pas eu le temps d'exister et qui, ces femmes, finissaient par tout haïr : mon frère, la musique et moi, bien sûr, comme si la musique ne les attirait que pour mieux les repousser ou leur montrer combien elles étaient seules... .

— Nous en sommes tous là, dirait Nicole, venus au monde en lieu et place d'un autre, ou, faute de mieux, dans le rêve éternellement déçu de nos parents, toi l'inattendu, celui qui n'a pas remplacé son frère, à qui on a laissé faire de la musique comme si c'était le saut de l'ange, et moi à la place de personne, sinon de l'héritier mâle que mes parents auraient voulu se donner et qui a fini par avoir une sorte d'existence puisque c'est aussi à son absence qu'on songeait, là-bas, infiniment, côte des Neiges, à Montréal, puis à Dollard-des-Ormeaux, dans la banlieue, et enfin à Québec, lorsque nous nous sommes installés chemin Saint-Louis, à Sillery, et qu'après avoir mis au monde cinq filles ma mère a cessé d'enfanter et que nous avons enfin commencé à vivre, mes sœurs et moi, cinq filles séparées les unes des autres par un peu plus de deux ans mais en réalité par bien autre chose que ce peu de temps qui ne réussissait pas à faire de nous des proches, en tout cas pas à faire oublier l'absence de celui qui n'était pas né mais qui existait malgré tout dans la constellation que nous formions aux yeux de nos parents et dont il était, le jamais né, l'étoile morte, ou le trou noir : à la fois des corps étrangers et la chair de leur chair, et dès lors investies de leurs rêves et de leurs déceptions, de leur ennui de vivre, surtout, de cette mélancolie irlando-québécoise qu'ils nous communiquaient, à nous, les filles, qui existions alors comme un corps unique et cependant divisible par cinq, venues au monde entre 1955 et 1964 sous forme de corps braillards, informes, exigeants, avant de devenir des filles, cinq filles bien distinctes et bientôt isolées dans leur individualité farouche, presque sans rapport les unes avec les autres, sauf pour d'éphémères alliances qui avaient toutes pour but de m'isoler, moi, l'aînée, parce que trop étrange et sans doute plus que mes sœurs marquée par ce Nicolas qui n'avait pas existé mais dont je porte le prénom féminisé. Sans alliée, donc, du côté féminin, ni mère, ni sœur, ni tante, pas même la grand-mère

Dupré, qui vivait à Saint-Romuald, en face de Sillery, de l'autre côté du fleuve, ni la grand-mère Cleary, cette Katherine Cleary dont je savais que je n'étais pas aimée plus que mes sœurs, voire moins aimée qu'elles, et que je pleurerais pourtant, oui, pleurant de façon incontrôlée devant son corps exposé sans avoir été embaumé dans le salon de la demeure de la Grande Allée, à Québec, pleurant encore dans la grande limousine noire qui nous emmenait au cimetière Saint-Patrick, alors que ni mes sœurs ni ma mère ne pleuraient, elles, et que je pleurais aussi de ne pas la voir pleurer, elle, ma mère, à la place de qui je pleurais, et qui ne me consolait pas, qui a laissé sa sœur cadette le faire, Heather, celle qui était sur le point de sombrer dans la folie et qui s'est mise à sangloter, elle aussi, avant que la sœur de mon grand-père, auntie Margaret, nous prenne toutes deux par l'épaule et nous serre contre elle. Sans allié féminin, donc, mais avec quelques-uns du côté des hommes, déjà, et particulièrement mon grand-père Albert Dupré, homme brillant, bourru et alcoolique, qui ne supportait pas la vie, je crois, et avait pour manie de dessiner des nouveau-nés endormis dans des nacelles de fleurs. Il était né à Boston, à la fin du XIXᵉ siècle, avait fait ses études à Harvard, et puis avait passé la frontière, Dieu sait pourquoi, afin de devenir astronome à Québec. Il m'avait prise en affection et me parlait bien sûr de son métier, de ce qu'il observait dans le ciel, la Grande Ourse, la Petite Ourse, les Pléiades, le Chariot, Andromède, Vénus, Orion, la Voie lactée, à travers ce télescope que ses filles, les sœurs de mon père, mes tantes, astiquaient une fois par semaine, avec la même ferveur qu'elles trouvaient à monter mesurer chaque jour la quantité d'eau tombée sur le toit de l'observatoire, comme si elles n'avaient rien eu de mieux à faire, se marier, par exemple, ou devenir infirmières, comme leur sœur aînée qui était allée travailler au vieil Hôpital français de New York, dans la 34e rue ouest, où elle avait connu le jeune médecin et poète William Carlos Wiliams, au lieu de passer leur vie dans cet observatoire dont elles n'imaginaient pas qu'il serait un jour démoli, ses services transférés à l'aéroport de Québec et elles relogées à l'entrée des Plaines d'Abraham, déjà vieilles filles, avec le vieil astronome qui finirait par ne plus les supporter et que je soupçonne d'avoir eu pour elles moins d'amour que pour sa petite et unique sœur, Madeleine, une belle enfant dont il me parlait quelquefois et qu'une photo montre avec une grosse fleur blanche dans les cheveux, un hortensia probablement, et que je confondais, cette Madeleine, avec les personnages de la comtesse de Ségur que je lisais alors. Elle était morte d'une pneumonie, à dix ans, en revenant de La Pocatière, où elle était pensionnaire, dans le bas Saint-Laurent, ayant pris froid sur le quai de la gare où elle attendait le train qui la ramènerait à Québec, cette Madeleine Dupré, éternelle petite fille dont l'histoire me tirait des larmes et qui m'émeut encore, et que je vois aujourd'hui moins comme un personnage de la comtesse de Ségur que comme une héroïne de roman russe, à cause de ce « née Rostopchine » qui figurait sous le nom de la comtesse et qui m'intriguait tant, à cause de la neige, aussi, des bouleaux argentés, du train, de la pâleur de Madeleine, de son manchon de renard et de la fourrure de chat sauvage qu'elle portait et qui ne l'ont pas préservée du froid, oui, une sorte d'Anna Karénine enfant, morte avant d'avoir pu aimer, et cependant devenue ma grand-tante...

Nous étions, ce soir-là, entrés, Nicole et moi, dans l'infinie conversation qui est le destin général de l'amour, dans ce qui est sans doute le meilleur de l'amour : les paroles nocturnes, quêtées, échangées, murmurées au plus secret des corps. Nous cherchions à réduire des distances, à pénétrer dans un ordre de temps qui ne fût pas celui d'une époque que nous avions tous deux en horreur, Nicole plus que moi, encore, et dont elle m'apprenait à voir combien elle était vulgaire, violente, plus hypocrite et sournoise qu'aucune autre dans sa volonté de simplification morale. Nous venions, elle et moi, de bien plus loin que de la classe sociale à laquelle nous appartenions. Nous vivions dans l'ombre d'êtres qui avaient à peine existé, sinon jamais : des ombres qui nous interdisaient un destin ordinaire, faisaient de nous des gens à part, d'une étrangeté qu'on n'aurait sans doute pas tolérée si nous n'avions pas porté les masques du médecin et du musicien, lesquels ne nous empêchaient pas d'être promis (nous l'avait-on assez répété !) à des fins misérables.

Cette conversation, cette grande liberté de parole seraient notre vraie nudité — la mienne, en tout cas, puisque je n'aime pas me montrer nu (enfantine pudeur, méfiance héréditaire des paysans à l'égard de ce qui les eût trop rapprochés des bêtes, et qui m'a conduit à préférer la pénombre amoureuse et à adopter le noir pour les concerts comme pour le plein jour, me créant sans le vouloir une image à la fois austère et ténébreuse qui ne me sied pas mal). Quant à Nicole, elle avait vu trop de corps dans leur dernière nudité, et au-delà de ce qu'il est permis de contempler, pour que sa propre nudité, lorsqu'elle s'approcherait de moi, une autre nuit, au printemps de l'année suivante, comme elle me l'avait dit en octobre, ne fût pas à la fois soulignée et défendue par des bijoux, des bas noirs et un porte-jarretelles dont elle ne se déferait pas pendant l'amour.

— Ton souffle traversant la soie qui couvre le sexe, lorsque ta bouche se porte là, et la rendant aussi mouillée que la vulve au point que l'étoffe n'est plus qu'une peau qu'il faut ôter, presque douloureusement, avant d'être pénétrée, remuée, bouleversée, me dirait-elle, cette nuit-là, attentive à ces détails qui faisaient de l'amour avec elle non pas une simple exténuation des corps et de peurs très anciennes, mais une sorte de danse, de cérémonie, dont le but semblait être la joie bien plus que le plaisir.

Dès le printemps, donc, et lorsqu'elle fut revenue à Paris pour trois semaines, en vacances, si je me souviens bien, et non plus accompagnée de son amant en titre, lui aussi médecin, un homme plus que mûr, m'avait-elle laissé entendre en me parlant moins de celui qu'elle n'aimait plus mais à qui elle gardait une grande admiration (la plupart du temps d'une extrême discrétion à propos de ceux qui croisaient son chemin et dont je ne crois pas qu'elle ait prononcé une seule fois le nom), que de son goût pour les hommes plus âgés qu'elle. Un goût qu'elle devait à son père, disait-elle sans aucun de ces détours par lesquels tant de jeunes femmes tentent de justifier leur incapacité à établir avec un homme autre chose qu'un ambigu ou impossible rapport filial, et recherchant, ces jeunes femmes, pour la plupart filles de parents divorcés ou de pères lointains, des hommes aux tempes grisonnantes et aux larges épaules, c'était aussi simple, aussi dérisoire, et c'était le cas pour Nicole (pour qui j'étais, ayant le même âge qu'elle, une exception qu'elle mettait au compte d'une autre sorte d'amour et de désir, lesquels lui restaient assez mystérieux pour lui permettre de m'aimer sans souffrir, dans la distance, l'énigme, ou l'intermittence), elle ne s'en cachait pas, ne cherchait pas à dissimuler combien l'avait fait souffrir l'éloignement de son père, ce lointain dans lequel il s'était toujours tenu.

— Oui, le fils de l'astronome, qui avait transmis à son fils cadet non pas le goût des études mais de la contemplation et aussi, disons-le, son peu d'amour pour la vie, du moins pas assez de confiance en soi pour que celui-là, le cadet (l'aîné était devenu ingénieur, et on disait dans la famille qu'il avait épuisé l'héritage paternel, ne laissant pas grand-chose à ses sœurs ni au petit dernier, mon père), aille dans ses études plus loin que ce qui lui permettrait de tenir honnêtement un rang de sous-directeur de compagnie financière, d'abord à Montréal, puis à Québec, dans les bureaux de Seamus Cleary, rue du Sault-au-Matelot, chez cet Irlandais dont il avait épousé la fille cadette, Eileen, dont la famille possédait la moitié du vieux Québec. Car il n'avait même pas réussi ça : épouser une femme qu'il aimait, me dirait Nicole, ce printemps-là, après l'amour, parlant jusqu'au milieu de la nuit et parfois jusqu'à l'aube, lorsque nous nous retrouvions après un concert. Et il est vrai qu'il était beau, ce Jean Dupré, ajouterait-elle, Eileen Cleary n'était pas sans grâce, elle aussi, et ils s'étaient l'un l'autre laissés prendre à cette beauté ; ils avaient cru qu'elle pourrait tenir lieu d'amour et produire des enfants splendides. En quoi ils ne se trompaient pas, n'est-ce pas, my dear love ! Un mariage que les riches Cleary avaient accepté non sans difficulté, tout comme les Dupré, d'ailleurs, lesquels étaient modestes mais orgueilleux ; d'autant plus orgueilleux, sans doute, qu'ils ne soupçonnaient pas comment des anglophones, catholiques il est vrai, avaient pu se résoudre à donner non pas une fille mais les deux (la dernière ne comptant pas, cette Heather peu à peu sombrée dans la folie) et à deux frères, deux francophones qui plus est, dont le père exerçait l'extravagante profession d'astronome et était né non pas au Canada mais aux États-Unis, ce qui ne l'empêchait pas de passer pour un maudit Français, comme on disait encore au Québec, dans les années 50, ni d'avoir la tête dans les étoiles, murmurait-on chez les Cleary, dans la demeure de la Grande Allée. Et s'ils avaient quand même les pieds sur terre, Albert Dupré et Pierre, son fils aîné, ça ne semblait pas vrai pour le cadet, Jean, qui avait brusquement arrêté ses études pour s'en aller, s'enfuir serait plus juste, dans le sud des États-Unis, sans qu'on sache pourquoi, ni ce qui l'avait fait revenir, quelques mois plus tard... Un homme un peu falot, instable, mais beau, très beau. Un rêveur, un mélancolique, comme son père ; un absent, aussi bien, qui n'a pas été tout à fait l'homme que pouvait attendre une petite fille, moi, son aînée, surtout dans le monde de femmes où je grandissais et qui a fait de mes deux grands-pères, le rentier et l'astronome, les hommes les plus importants de mon enfance, Seamus Cleary et Albert Dupré, donc, qui ont d'ailleurs fini par cohabiter de façon infernale, à la fin de leur vie, une fois leurs épouses décédées, non pas à Québec, sur la Grande Allée, ni dans la maison de Saint-Romuald qu'il avait fallu vendre pour régler je ne sais quelles dettes, mais plus loin, sur la rive sud, à Saint-Michel, dans le comté de Bellechasse, où ils allaient prier ensemble dans une église qui ressemblait à celle devant laquelle, tout près de là, à Beaumont, le général Wolfe avait autrefois rassemblé les colons français pour leur signifier qu'ils étaient vaincus et puis les déporter en Louisiane... La maison de Saint-Michel, bâtie par l'arrière-grand-père John Cleary, sur une hauteur, une maison de parvenus, dont l'emplacement et les dimensions s'expliquent par le fait que l'aïeul avait d'abord habité, enfant et pauvre, une simple maison de fermier située dans la baisseur, au bord du fleuve, et que de là il avait longuement contemplé la hauteur où il s'était juré, un jour, s'il devenait riche, quand il serait devenu riche, qu'il bâtirait sa demeure, moins pour en remontrer aux autres que parce que de là-haut on avait vue sur l'île d'Orléans, au milieu du fleuve, et, au-delà, sur la rive nord, sur le mont Sainte-Anne et sur la basilique Sainte-Anne-de-Beaupré, où j'aimais tant me rendre, petite fille, ayant une vraie dévotion pour cette sainte à cause du livre qu'elle apprend à lire à la Vierge Marie, contrairement à ma mère, qui nous les interdisait, les livres. Le vieux Cleary avait le sens de la tradition et de la famille, comme tout Irlandais qui se respecte, même s'il y avait près d'un siècle qu'ils vivaient au Canada. C'est lui, ce John Cleary, qui était si gratteux, économe, avare même, mais qui ne détestait pas, à la fin de sa vie, claquer son argent aux courses et probablement avec des femmes, c'est lui qui avait fait de sa maison, du moins de son salon, une sorte de sanctuaire dédié à la porte du tabernacle de l'église de Saint-Michel dont il s'était porté acquéreur afin de la préserver des interminables travaux qu'on y avait entrepris et au cours desquels elle se serait sans doute perdue. Et je revois l'Agneau mystique et la crosse de saint Jean-Baptiste en bois de pin sculpté et doré sur fond de velours noir, entouré d'un cadre d'or et trônant au cœur de cette maison juchée sur une hauteur certes moins importante que celle à laquelle il avait pensé quelque temps, non loin de là, à Beaumont, avant qu'Hydro-Québec n'y installe les gigantesques pylônes soutenant les lignes qui faisaient franchir le fleuve aux soixante-treize mille volts de la rivière Manicouagan dans un bruit de frelons traversant l'espace jusqu'à Montréal et à New York, disait Seamus Cleary à Albert Dupré, lequel acquiesçait en contemplant le paysage tout en se balançant comme l'autre dans sa chaise berçante, sur la terrasse de la maison de Saint-Michel... Deux hommes que tout séparait, qui ne se supportaient pas et qui ont pourtant fini leurs jours ensemble, dans cette grande maison où nous allions en vacances, l'été, et d'où ils venaient nous voir, le reste de l'année, non pas ensemble, mais séparément, le dimanche, dès que nous nous fûmes installés à Sillery, dans la banlieue de Québec, l'un suivant l'autre, Albert Dupré dans sa Buick bordeaux, et Seamus Cleary dans son Oldsmobile noire dont l'arrière avec ses grands ailerons dessinait une figure qui lui ressemblait, disais-je à mes sœurs, l'un et l'autre débarquant chez nous, chemin Saint-Louis, après avoir passé le pont de Québec, puis, à partir de 1970, lorsqu'on a construit, parallèle au premier, le pont Pierre-Laporte, chacun empruntant un pont, non dans l'espoir de dépasser l'autre mais pour ne pas se laisser distancer, se surveillant, mettant un point d'honneur à arriver ensemble et à l'heure devant chez nous, de chaque côté de la Pontiac que mon père a gardée plus de trois ans, lui qui tous les printemps achetait pour faire comme tout le monde une nouvelle voiture et dont je me rappelle le *hard top* rose magenta : le même rose que le vernis que ma mère se passait sur les ongles des pieds et qui s'appelait, je m'en souviens, j'en respirais l'odeur avec délices, *Love that Pink*, de Revlon. Et ils entraient ensemble chez nous, avec des manières, comme s'ils ne se connaissaient pas ou qu'ils ne s'étaient pas vus depuis des années, celui qui avait passé son temps à observer les étoiles et l'autre, qui avait possédé la moitié du vieux Québec et s'était chaque jour rendu à son bureau de la rue du Sault-au-Matelot, au dernier étage d'un grand immeuble de pierre grise, entre des hôtels de passe et des bureaux maritimes, gérant ses rentes en contemplant le fleuve, immobile, avec sur les lèvres ce sourire un peu amer que je lui ai toujours connu et qui me faisait l'imaginer, ce Seamus Cleary, devant ses hautes fenêtres par lesquelles il regardait les cargos remontant ou descendant le Saint-Laurent surgir du brouillard comme des vaisseaux fantômes, après la débâcle des glaces, au printemps, en se disant peut-être qu'il aurait pu les accompagner, ces cargos, oui, s'en aller, en Louisiane, comme l'avait fait celui qui allait devenir son gendre, ou ailleurs, en songe, puisque l'avarice et le sens de la famille et de la tradition étaient plus forts que tout, avec aussi, sans doute, la vanité de tout départ, comme le dirait le futur gendre en revenant du Mississippi pour lui demander la main d'Eileen Cleary, sa deuxième fille, avec qui le jeune Dupré formerait un couple en fin de compte moins solide que celui que le vieux Cleary constituerait un jour avec le vieux Dupré, dans la maison de Saint-Michel-de-Bellechasse où ils s'éteindraient doucement sous les yeux d'une vieille domestique à moitié sourde, sans se supporter ni pouvoir se passer l'un de l'autre, par orgueil autant que par fidélité à je ne sais quelle mémoire familiale, l'un et l'autre assis dans leur chaise berçante sur la terrasse qui donnait sur le fleuve et sur l'île d'Orléans, Seamus Cleary répétant à l'intention d'Albert Dupré, dans un mauvais français, que les affaires n'avaient de sens que pour ça : se balancer dans un rocking-chair au bord d'un fleuve immense, à la brunante, jusqu'au moment où surgissaient les étoiles et même au milieu de la nuit, et Albert Dupré lui répondant, dans son excellent anglais de Boston, qu'on pouvait voir dans les étoiles bien plus que ce qu'on y apercevait d'ordinaire : la naissance et la fin du monde, bien sûr, et, pourquoi pas, la lumière morte et cependant encore perceptible d'une étoile dont on pouvait penser qu'elle avait été, sur terre, une petite fille morte de pneumonie, vers 1910, pour avoir attendu trop longtemps un train sous la neige d'une gare lointaine...

J'avais, bien sûr, revu Tobias Suttermans avant la nuit de printemps où Nicole s'était donnée à moi (et je ne sais pourquoi, s'agissant d'elle, moi dont le langage est d'ordinaire peu châtié, surtout quand je m'entretiens avec Tobias des femmes que nous avons eues, je ne peux faire autrement que d'employer des tournures solennelles ; on ne faisait pas plus l'amour avec Nicole qu'on ne la baisait : elle se donnait, elle avait une façon à la fois glorieuse et unique de s'offrir ou de s'abandonner qui élevait ces gestes en vérité si répugnants, dès lors qu'on les considère de l'extérieur, à la dimension d'un rite — vêtements enlevés un à un, ma chemise, puis son caraco, et ainsi de suite, lentement, un vêtement après l'autre, jusqu'au moment où elle n'était plus vêtue que de dentelle et de soie, et moi d'un slip devant lequel elle s'agenouillait pour presser sa joue contre le membre qui n'en finissait pas de durcir sous le tissu dont elle le délivrait, l'appliquant de nouveau contre sa joue pour éprouver la douceur de la peau et y entendre les battements de mon cœur, les sifflements du sang, le chant profond du désir, aurait-elle pu dire, et puis le prenant dans sa bouche, ce membre, de façon presque distante, et si grave que je me demandais parfois si elle n'y trouvait pas du dégoût, les yeux fermés, avec sur le front un pli qu'on aurait pu croire douloureux si elle ne s'était reculée pour délivrer ses cheveux du chignon où elle les enserrait et les faire retomber sur mon sexe avec une fraîcheur extraordinaire, et puis se relevant, rejetant en arrière cette chevelure blond-roux où elle faisait mine de dissimuler son visage tout en s'allongeant sur le lit dont elle tenait, où qu'elle se trouvât, à ouvrir elle-même les draps afin que je m'allonge sur elle, ou en elle, aurait-elle pu dire).

J'étais allé le retrouver non pas à Amsterdam, dans sa lointaine maison de la Pythagorasstraat, qu'il partageait avec une sœur plus âgée que lui, veuve d'un fonctionnaire des Antilles néerlandaises, mais à Bruges, où il dirigeait un ensemble consacré à la musique baroque avec lequel il travaillait les *Leçons de ténèbres* de Michel Lambert qui sont un des monuments du Grand Siècle, moins connues que celles de Couperin, de Charpentier ou de Delalande, mais pas moins belles, et bien sûr ignorées de ces foutus Français qui trouvent que c'est toujours meilleur dans l'assiette de l'étranger tout en voulant faire croire qu'ils continuent à inventer le monde, clamait Tobias dans un néerlandais que je n'avais pas besoin de comprendre pour deviner contre quoi il s'emportait, et qu'il ne prenait d'ailleurs pas soin de traduire, s'approchant de moi, rouge, en nage, s'essuyant la figure avant de m'embrasser avec un petit rugissement d'aise et ajoutant en se tournant vers ses musiciens, en français, cette fois :

— Le voilà enfin, le paysan limousin, l'altiste des hauts plateaux, un des rares hommes capables de faire entendre des voix qui ne sont pas de ce monde !

Il voulait mon opinion sur la contralto imposée par la maison de disques pour l'enregistrement de ces *Leçons*. Je lui ai dit que les voix de contralto me mettaient mal à l'aise, qu'elles me troublaient à l'excès, comme des femmes au désir inquiétant, à la sexualité harassante, que je fréquentais trop mon alto pour ne pas rechercher des voix plus hautes, plus limpides, celle de Véronique Gens, par exemple, à laquelle je voue une passion à peu près du même ordre que celle de Suttermans pour Lisa Della Casa : deux femmes dont on ne sait si la beauté leur vient de leur voix ou de leur visage, ou de l'extraordinaire conjonction du visage et de la voix.

Il voulait aussi me faire entendre un violon fabriqué à Venise, en 1730, par Domenico Montagnana, dont le collectionneur souhaitait se séparer en même temps que d'un autre alto du XVIIIe fabriqué à Füssen par Sympertus Niggeli, que je n'avais bien sûr pas les moyens de m'offrir mais sur lequel j'ai été heureux de jouer, avec Tobias, quelques duos pour violon et alto de Joseph et de Michael Haydn, ce qui a permis à Tobias d'évoquer une fois encore la question du génie, de soutenir que Joseph Haydn était certes un génie mais qu'on ne se demandait pas aux dépens de qui, et surtout si ce n'était pas aux dépens — quelle injustice, n'est-ce pas, comme toujours entre deux frères — de ce frère cadet Michael, lequel entretenait de bonnes relations avec Joseph mais savait qu'il n'était pas de taille à lutter contre l'aîné, et que s'il avait été le premier à composer pour des chœurs d'hommes *a cappella*, c'est à son frère qu'on attribuerait longtemps le charmant *Quintette à cordes* en *ut* majeur, et à son ami Mozart l'ouverture de la *Symphonie* en *sol* majeur KV 444. De quoi finir dans l'aigreur, le sentiment d'injustice et la maladie, et à la tête d'une œuvre qui ne compte pour ainsi dire pas, puisque, au mieux, on la confond avec celle du grand Haydn et qu'on a beau avoir laissé inachevé à cause de l'ultime maladie son propre *Requiem*, celui-ci n'aura pas le destin du *Requiem* du génial ami...

J'aime le matin de Bruges, en semaine, lorsque le brouillard tarde à se dissiper et que les collégiennes en jupes plissées et manteaux bleu marine jetés sur des chemisiers blancs se rendent en classe à bicyclette, la tête le plus souvent couverte d'un de ces bérets qui sur une chevelure de femme ne manquent pas de susciter en moi un trouble qui me fait croire que je suis sur le point de tomber amoureux, surtout quand ils tressautent, ces cheveux, ou qu'ils sont soulevés par le vent autour d'un visage grave ou souriant avec la pudeur des Vierges des vieux tableaux flamands, disais-je à Tobias, qui approuvait l'admiration que je portais aux jeunes filles de Bruges et me faisait remarquer la belle pesanteur de leurs seins remuant sous les corsages, une des rares qualités plastiques qu'il accordait à ces filles du Nord qui ne tarderaient pas à s'empâter comme des servantes de Frans Hals, ajoutait-il avec l'air de ne pas tout à fait croire à ce qu'il disait.

Rien ne semblait devoir rapprocher le peu liant Français des hautes terres limousines et l'ironique Hollandais de la Frise qui aurait pu être son père, sinon le goût de musiques rares ou méconnues, des très jeunes femmes et des alcools qui se boivent lentement, au milieu de la nuit. C'était du moins ce que nous mettions en commun, Tobias et moi, dans les lieux où nous nous retrouvions, chez nous, dans des bars de nuit, dans des chambres d'hôtels des villes d'Europe où nous jouions ensemble avec Jeanne Delamare et le violoncelliste belge Guillaume Denuncques, Tobias Suttermans n'acceptant de renoncer au baroque que pour servir la musique de chambre française, dans laquelle il entendait l'écho des œuvres de Charpentier, de Marais, de Couperin, de Grigny, de Rameau. Nous parlions de femmes, de musique, de ce que nous buvions, comme peuvent en parler deux hommes qui ont renoncé à se perpétuer et tentent de faire tenir tout ça ensemble, la musique, l'alcool, les femmes, tout ce qui nous faisait tenir debout, nous empêchait de désespérer vraiment ou de sombrer dans un pessimisme vulgaire — les très jeunes femmes, notamment, parmi lesquelles Nicole faisait figure d'exception, ayant passé la quarantaine et appelée à devenir la composante essentielle de ce qui nous liait, lui et moi, et qui nous gardait, selon lui, de la sentimentalité d'un rapport filial. Nicole que nous avions possédée tous les deux, que nous aimions chacun à sa manière et qui nous aimait d'une façon bien plus extraordinaire encore : elle était le sel, l'élément opératif sans lequel la musique eût été lettre morte, l'alcool une source de stupeur définitive et nos vies des carrières plus ou moins heureuses, et non ces existences dont l'individualité n'avait de sens que d'être liées à quelques autres, comme Tobias et moi, et que nous avions jusque-là hésité à appeler amitié, cette notion nous demeurant aussi suspecte que celle d'amour, parce que appartenant à l'insipide vulgate des psychologues et des journaux féminins.

— Tu vas me parler de Nicole, j'imagine ; c'est aussi pour ça que je t'ai demandé de venir. Tu veux en savoir davantage sur cette fille dont on ne tombe pas amoureux mais qu'on ne peut oublier, m'avait-il dit en français et en roulant les *r* comme les vieilles femmes de Siom. On ne peut pas l'aimer et pourtant nous l'aimons, toi et moi, d'une manière qui ne ressemble à aucune autre, sans exclusive, sans jalousie ; et nous ne sommes pas les seuls, tu t'en doutes... Elle me téléphone, me dit qu'elle arrive, non pas comme si elle était à Montréal mais à côté, en bas de chez moi, et qu'elle voudrait que nous nous voyions, où que je sois, à Amsterdam, par exemple, dans ce studio que tu es un des seuls à savoir que je possède, non loin du Vondel Park, et où je la retrouve dès que je peux, l'après-midi, le soir, au milieu de la nuit, jamais le matin — elle n'est pas du matin, tu le sais. Je ne me fais pas d'illusions : elle ne vient pas en Europe pour moi, pas pour moi seul, du moins. Elle aime en moi l'homme d'Amsterdam, le musicien, l'amant, peut-être, naguère, puisque nous ne faisons plus l'amour, nous contentant de dormir quelquefois ensemble, de parler, surtout. Elle va d'Amsterdam à Paris, à Venise ou à Londres, ailleurs encore, dans toutes ces villes auxquelles elle peut associer un homme, un type qui l'aide à voyager, non seulement financièrement, mais en lui faisant traverser les nuits sans qu'elle se sente près de hurler, comme on peut l'être certains soirs, seul, dans une ville étrangère, j'ai connu ça à Vaduz, un soir de printemps où la pluie ne cessait pas, devant une bouteille de vin blanc. Elle voyage comme elle vit : sans grand argent, ce qui m'a fait croire au début que c'était une poule de luxe, quelque chose comme ça, cette fille étrange et belle qui ne fait pas forcément l'amour avec les hommes dont elle partage le lit. Comment elle est venue à moi ? Très simplement, il y a environ quatre ans, un été, à Saint-Guilhem-le-Désert, dans l'arrière-pays montpelliérain, après un concert où on donnait la *Symphonie concertante* de Mozart, et où j'ai ensuite joué, en duo avec Maurier, les KV 423 et 424 que j'aimerais tant jouer avec toi, si tu te décidais à aimer Mozart autant que tu aimes Haydn. Car qu'est-ce qu'un type qui n'aime pas Mozart, sinon un pauvre d'esprit, un rustre, un amateur de rock ! Nicole n'est pas venue à moi, ce soir-là : elle a été là, dans le désordre de l'après-concert. Je croyais que c'était pour Maurier ; je me suis retourné vers lui, qui avait replacé son violoncelle dans son étui et regardait s'avancer cette grande fille aux cheveux blond-roux, mais je ne désirais pas qu'elle soit pour lui, celle-là, ça ne se pouvait pas, la tête me tournait un peu, on était dans un lieu consacré, impossible de fumer, j'ai encore ce respect-là, et il faisait si chaud dans cette abbaye, et j'étais là, en train de me dire qu'il n'était pas possible qu'elle soit pour Maurier, il a beau avoir une belle gueule et avoir été l'élève de Navarra, ça ne lui donne pas des droits sur toutes celles qui s'approchent de nous après les concerts, non, ce n'était pas possible, me suis-je dit en jetant un coup d'œil au Christ en croix, au-dessus de l'autel, prêt à me mettre à prier, même, pour qu'elle n'aille pas jusqu'à Maurier, puisqu'il y en avait autour de nous de plus jeunes et de plus évidemment jolies, me répétais-je encore lorsqu'elle a été là, devant moi, pour moi, il fallait y croire, elle me regardant et moi lui souriant non pas avec le sentiment d'avoir à la conquérir ou que c'était dans la poche, comme vous dites, vous autres Français, mais la certitude qu'elle était là, tout simplement, comme si elle avait été là depuis toujours ou depuis plus longtemps que je ne l'imaginais, tout comme elle l'a été, devant toi, je suppose, avec l'archet que je t'ai envoyé.

— Ce n'est pas l'archet que tu m'as envoyé...

— Si, l'archet. Nicole n'est pas de celles qu'on se refile. Pas un hasard, non plus, si elle est venue à toi.

J'ai répondu que c'était trop beau pour être vrai, que tout ça, la prédestination, les rencontres bouleversantes, les coups du hasard ou de la Providence, les femmes qui traversent l'été et les songes pour donner l'impression qu'elles ont toujours été là ou que nous les attendions sans le savoir, tout ça c'était de la blague et qu'il n'y avait que la solitude, oui, l'os d'une solitude bien plus dur à ronger que les concertos romantiques qu'il détestait tant, lui, Tobias Suttermans.

— Bien sûr que c'est trop beau, invraisemblable même,

cette fille qui débarque et se tient debout devant toi avec l'air d'en savoir sur toi bien plus que ce que tu pourrais lui en dire, à ce moment, et avec qui tu te mets à parler comme tu ne l'as peut-être jamais fait parce que tu as déjà peur de la perdre et que tu te dépêches de dire ce que tu as à dire et qui est bien peu en regard de ce qu'elle s'est mise à dire, non pas comme ces petites femmes un peu paumées qui nous accompagnent, après les concerts, jusqu'au milieu de la nuit, et qui ne cherchent rien d'autre qu'oublier leur solitude sur notre épaule, nous qui connaissons la musique, n'est-ce pas, et qui s'imaginent qu'elles la boivent à nos lèvres, la musique, et qui parlent, pauvres petites femmes, qui parleraient jusqu'au matin si nous ne savions muer leurs mots en soupirs et en râles, puis en silence ; non, pas de celles qu'on mène à l'hôtel, un soir de concert, cette Nicole en vacances dans le Midi et montée pour me rencontrer jusqu'à Saint-Guilhem-le-Désert à cause des *Sonates* de Franck et de Pierné et de la mystérieuse *Sonate-poème* de Tournemire que j'avais autrefois enregistrées avec Pierre Chenavard, mais toute disposée à boire quelque chose en tête-à-tête dans la pénombre de la petite place, près de l'immense platane dont une pluie d'orage, à la fin de l'après-midi, avait réveillé l'odeur, laquelle avait de quoi faire tourner la tête à un type du Nord comme moi autant qu'à Nicole, fille d'un autre Nord et qui, le verre bu, avait néanmoins disparu dans la nuit on ne sait où ni comment, sans frôlement ni baiser : un simple mot d'adieu, un sourire bref, la promesse que nous nous reverrions un jour, et ce regard pâle qui n'a rien à voir avec le bleu de mes yeux à moi, par exemple, ni même, peut-être, avec les ciels irlandais sous lesquels sont nés ses ancêtres maternels, mais qui possède je ne sais quoi d'insensé qui la fait s'approcher de types comme nous, comme moi qui ai regardé s'en aller dans la nuit languedocienne cette inconnue qui ne s'est pas retournée et qui marchait comme si elle dansait sur les pavés inégaux avec, à la main, une large feuille de platane dont elle s'éventait en souriant.

III

Je veux dire ça simplement : la vérité sur Nicole, me montrer digne d'elle, de son amour, malgré l'étrangeté, le malentendu, la distance, la folie, sa lutte contre la maladie venue de l'enfance et de la mère et, plus loin que la mère, de ce comté de Sligo, dans le nord-ouest de l'Irlande, d'où venaient les ancêtres maternels, et ce qu'elle appelait la folie d'émeraude, à cause de la verte Erin dont sa mère avait une nostalgie d'autant plus singulière qu'elle n'y avait pas plus mis les pieds que Nicole ou nulle autre de ses filles ; à cause aussi de son père, qui ne parlait jamais de ses origines limousines et bourguignonnes, qui se considérait comme un pur Américain du Nord, faisant commencer son histoire avec la naissance de son propre père, à Boston, à la fin du XIXe siècle, et qui n'avait jamais traversé l'Atlantique : pas de retour en arrière, vers les vieux pays, répulsion, régression, peur qu'on lui demande de l'argent, terreur de tomber malade et de n'être pas soigné comme il faut, ou qu'on lui fasse faire son service militaire, haine, haine de l'ancienne Europe et de la misère sans doute imaginaire qu'il avait fallu fuir, puisque c'est toujours contre un passé plus ou moins mythique qu'on s'adosse, ruines, légendes, silences, maudissure, disait Nicole.

Je tente de retrouver une voix, celle d'une petite fille, voix enfantine résonnant perpétuellement en Nicole, et qui ne pouvait être ni celle de la petite Madeleine Dupré ni celle d'Eileen Cleary enfant, mais de Nicole elle-même, l'écho de ce qu'elle avait été, tout entière dans ce reflet et cette souffrance qu'elle tenait à distance et qui donnait à sa voix son grain incomparable, sa douceur, également, et sa clarté, quelque chose d'un cristal impur, de rauque par moments, ou de voilé, qui faisait dire au violoniste hollandais qu'elle était toujours au bord de se rompre. J'aurais aimé la faire entendre, cette voix, un peu comme je donne voix à mon frère mort, en l'écoutant me parler, oui, aujourd'hui encore, au plus silencieux de ce qui s'est tu et qui continue cependant de bruire et de se déployer comme ces musiques qui voyagent en nous, inlassablement, qui en appellent à nous et dont on se laisse pénétrer avec une patience qui est sans doute, pour moi, la seule forme de compassion.

Dès ce printemps, dès que j'eus goûté à ce sexe aux lèvres très brunes et dont la nacre avait une saveur sucrée, j'ai revu Nicole chaque fois qu'elle venait à Paris, où elle logeait chez une compatriote, du côté de Montmartre, dans un quartier que je connaissais mal, n'ayant pour Paris qu'un goût médiocre, surtout pour les quartiers du Nord, sombres, populeux, voire dangereux, dans lesquels je me sens encore moins à l'aise que, enfant, au cœur de la forêt du Montheix où je ne m'aventurais jamais sans m'imaginer en train de traverser une ville endormie et pleine de menaces. Je suis resté cet enfant : j'ai encore de ces peurs, ces préjugés, ces désirs qui me portent à croire que ma vie peut basculer à tout instant dans une nuit dont je ne verrai pas la fin, et que je mourrai sous un couteau qui m'ouvrira la gorge pour me faire ressembler à Celui en qui je n'aurai pas eu foi.

Nicole était de ces femmes qui passent rarement une nuit entière chez un homme, s'enfuyant au petit matin, n'ayant jamais vécu avec un homme : ni concubine, ni ce qu'on désigne aujourd'hui du nom un peu solennel et agaçant de compagne ; regagnant donc, après m'avoir quitté, l'immeuble de Montmartre dans le couloir duquel il lui arrivait de trouver un jeune clochard à barbe blonde et bonnet de laine rouge qui lui rappelait un pêcheur de la Gaspésie qu'elle avait autrefois soigné à l'hôpital de Rimouski, endormi sur le paillasson et qu'elle devait enjamber, malgré sa peur de le réveiller et qu'il lui saisît la cheville, s'engouffrât sous sa jupe, lui dévorât le sexe, m'avait-elle avoué avec un étrange sourire. Elle passait donc par-dessus ce corps recroquevillé, malodorant, qui lui donnait envie de hurler et la dissuadait, une fois de l'autre côté de la porte, de rien faire d'autre que d'éteindre la lumière et de se mettre au lit sans faire de bruit, ne se décidant pas à appeler la police et attendant un sommeil souvent long à venir, malgré la fatigue, à cause de ce corps d'homme endormi, geignant, grognant, ronflant de l'autre côté de la porte et qui réveillait les figures sombres de son enfance, les ombres dessinées par la lune sur les murs de toutes ses chambres de petite fille, à Montréal, à Dollard-des-Ormeaux, à Sillery, à Saint-Romuald, chez sa grand-mère Dupré, ou chez les deux vieillards, à Saint-Michel-de-Bellechasse, partout où elle avait une chambre à elle, parce que l'aînée, et déjà si différente de ses sœurs qu'on la laissait toute seule avec les ombres, la lune reflétée par la neige, les bruits de la nuit d'été, et tout ce qui vient heurter à la vitre obscure, puisqu'il n'y a pas de volets, là-bas, et qu'aucun rideau n'a jamais pu empêcher les ombres et les bruits de pénétrer jusqu'à un lit d'enfant...

Une chambre à soi, comme elle n'en avait pas à Paris, pas assez riche pour demeurer longtemps à l'hôtel et préférant le modeste logis d'une compatriote absente à un hôtel où elle se serait sentie au-dessous de sa condition, disait-elle sans qu'il y eût là nul jugement social, étant d'un pays où la démocratie est plus active qu'en Europe, plus américaine, du moins, parce que sans idéologie, les distinctions s'établissant non pas entre riches et moins riches mais, plus insidieusement, entre catholiques et protestants, par exemple, ou francophones et anglophones, Européens et Amérindiens, et depuis longtemps entrée, Nicole, dans ce qu'elle appelait non sans solennité (avec cependant la grâce qu'elle mettait à affirmer ce qui relevait pour elle d'une nécessité vitale et permettait de comprendre qu'un médecin qui aurait, comme on dit, pu faire de l'argent ne voulût pas y perdre son âme, jetant sa carrière aux orties, préférant le modeste salaire d'un dispensaire français aux honoraires d'un grand hôpital de Montréal) son vœu de pauvreté.

Elle venait plus souvent en Europe, avec l'idée de quitter le Québec, de s'exiler bien plus que de retourner à ses origines françaises, l'exil étant une des rares qualités irlandaises, disait-elle encore, en souriant, comme si elle devait obéir moins à son sang français (la terre, la vigne, la lumière, certains visages, la langue, la musique, le rêve et l'assomption de l'origine, le lointain qui a la douceur d'une caresse) qu'à l'irlandais, encore et toujours, au vent, à la mer, à l'herbe rase, au ciel ouvert, à l'impression de ne pas être tout à fait au monde tout en étant d'un coin de terre, une terre qui reste sous les ongles et fait qu'on ne peut vivre comme tout le monde.

— Autrement, disait-elle, en voyage, dans la distance, l'écart, les sentiers recouverts, les rues traversières, les mondes déserts, les provinces perdues, tu comprends, et partout ailleurs qu'au Québec, qui est une mauvaise province, mauvaise pour moi, à cause de ce peuple politiquement infantile, peuple de *losers* qui refuse son indépendance et me renvoie sans cesse à ma propre folie...

Elle employait ce mot-là de préférence à « maladie », sans doute parce qu'il lui semblait d'une autre espèce que celui qu'elle réservait à ses patients, ai-je remarqué lorsqu'elle s'est installée à Paris, à l'automne de l'année suivante, en 1996, ayant trouvé dans un dispensaire de Pantin ou de la porte des Lilas un poste de radiologue qui ne lui permettait de se loger que médiocrement, mais dans l'île Saint-Louis, un studio sur cour, d'abord, pour quelques mois, au premier étage d'un immeuble de la rue Poulletier, sombre, étroit, aussi peu commode qu'une cabine de navire et trop sonore, avec au-dessus d'elle un couple de jeunes Australiens qui faisaient bruyamment l'amour et la renvoyaient à elle-même, à ce désir sexuel qui l'avait tourmentée dès l'enfance et la faisait se relever dans la nuit, elle qui était si seule, à cette époque, longtemps après que les Australiens avaient fini de s'étreindre. Nous ne nous sommes guère vus, cet automne-là, Nicole ayant besoin de temps pour accomplir en réalité les distances que les avions et les décisions brusques nous donnent l'illusion de parcourir, et j'étais occupé, moi, à d'autres amours et à une tournée qui nous avait conduits dans plusieurs pays d'Europe, où Suttermans, plus royaliste que le roi et apologiste du rare, entendait montrer que la musique française ne se résume pas à Saint-Saëns, Debussy et Ravel mais tire aussi sa gloire de compositeurs délicieusement mineurs tels que Chausson, Séverac, Pierné ou Jolivet), allant à la fenêtre contempler la cour d'une école voisine dont le préau lui faisait penser au cloître d'un couvent et à ces sœurs grises dont le nom l'impressionnait tant, autrefois, et à ces journées de classe de l'école Saint-Thomas, à Dollard-des-Ormeaux, qui s'ouvraient par la récitation du Credo, se poursuivaient par le Benedicite puis l'Action de grâces, pour se terminer par l'Acte de contrition, avec, une fois par semaine, la confession obligatoire pendant laquelle Nicole faisait comme les autres, inventant quelques péchés pour avoir non pas l'âme en paix, mais brûler tranquillement, si on peut dire, de ce qui, depuis longtemps déjà, ne la laissait plus en paix : le désir sexuel, qu'elle ne comprenait pas et dont elle pensait que rien ne pourrait l'apaiser, pas même le prêtre, le mercredi des Cendres, qui venait à l'école avec des cierges bénits qu'il leur croisait sur la gorge afin de purifier les paroles à leur source, puis il traçait sur les fronts enfantins une croix au moyen de cendres puisées dans un pot en argent tenu par un jeune vicaire aux yeux plus charbonneux que ce dont le prêtre leur marquait le front, cette croix gris-noir qu'elles portaient sans se laver et veillant à ne pas l'effacer sur l'oreiller, le plus longtemps possible, dans un mélange de fierté et de honte, et le cœur battant de ce qu'elles comprenaient sans comprendre.

Folie ou maladie, ou innocence perdue, j'étais entré, au printemps de 1997, dans une agitation amoureuse qui ne me ressemblait pas, moi qui ai toujours pris soin de mettre entre l'amour et moi la saine distance du sexe. Ni tombeur ni cynique, redisons-le, pas même désabusé, puisque je ne m'étais fait d'illusions sur rien, je n'avais été amoureux que d'une enfant, Céline Soudeils, à Siom, bien des années auparavant, et j'avais regardé le temps me défaire de cette innocence où se confondaient l'amour et l'enfance et qui me fait dire que je n'ai jamais aimé, du moins pas au sens où on l'entend généralement, la musique et la solitude m'ayant permis de rendre supportable la haine qu'on se voue à soi-même et que la plupart des hommes s'arrangent pour faire supporter aux femmes en le donnant pour de l'amour. Je ne fréquentais que des femmes faciles, des égéries, des prostituées ; les autres, les jeunes femmes qui espéraient autre chose et méritaient mieux qu'un type comme moi, voulaient des enfants. Là-dessus j'étais, comme Nicole, depuis longtemps entré dans ce refus d'engendrer dont il faut chercher la raison au-delà du désir de rester libre : dans l'étrange commerce que j'entretenais avec ce frère aîné qui devenait avec le temps une sorte d'enfant que je ne cesserais d'engendrer tout en continuant d'être protégé par lui, et, pour Nicole, la volonté de ne pas ressembler à sa mère et de mettre au monde un enfant malade, atteint de cette folie qu'elle combattait pied à pied, et qui ne pourrait être qu'une fille, bien sûr, aussi folle que la mère, et qu'elle, Nicole, ne pourrait pas protéger, et dans laquelle elle se regarderait devenir folle à son tour.

Tout me portait donc à une forme de relation amoureuse dont le sexe et la conversation étaient les éléments quasi exclusifs, ce qui ne pouvait que faire souffrir celles qui s'approchaient de moi avec le souci d'autre chose qu'une nuit d'amour, et qui souffraient en silence, elles qui, ayant toujours su à quoi s'en tenir, avaient cependant risqué l'affaire pour me quitter dignement, sans grandes larmes, plus occupées à me plaindre, disaient-elles, qu'à me haïr ou à tenter de m'infléchir, mais finissant pour la plupart par dire qu'il y en aurait bien une pour les venger et avec elles, se plaignaient-elles, l'éternelle défaite des femmes.

Vengées, elles l'ont sans doute été d'une façon inattendue (une demi-victoire, en vérité, puisque cette vengeance n'a pas peu contribué à m'ouvrir le cœur sans me rendre meilleur pour autant : je suis ainsi fait qu'il n'y aura pas d'amour après Nicole, le souvenir de l'amour étant peut-être le meilleur de ce qui nous a fait croire que nous pouvons échapper un peu à nous-même) par une jeune fille, une adolescente, disons-le, âgée de dix-sept ans, à qui je donnais des cours particuliers, l'unique enfant d'une femme un peu plus âgée que moi et dont le visage semblait, comme beaucoup de femmes de cet âge, déchiré entre le désir de faire jeune et l'abandon à ce qu'elle-même appelait, avec une fausse résignation, « l'autre côté », ce qui se traduisait par le port de jeans délavés et de pantalons en cuir et, surtout, une libre crinière de cheveux grisonnants qui est sans doute ce qu'on peut voir de plus pathétique chez une femme qui approche de la cinquantaine et que les vieilles de Siom m'avaient appris à trouver vulgaire, en usant à ce propos d'une expression aujourd'hui obsolète mais qui dit bien ce qu'elle dit : une femme « en cheveux ».

Elle, la mère, enseignait le français dans un collège de Fontenay-sous-Bois, non loin du conservatoire où je tiens la classe d'alto. Je l'avais rencontrée, au printemps qui précéda l'installation de Nicole en France, à une table du bistrot du vieux Fontenay où je prends quelquefois mes repas. Nous avions lié conversation. Il n'était pas difficile de voir combien elle était seule : une de ces solitudes singulières que j'ai appris à reconnaître et qui n'ont rien à voir avec l'ennui ou le fait de ne fréquenter personne. Elle ne pouvait pas ne pas voir, lorsque je l'ai refermée pour la laisser s'installer, la partition des *Suites pour alto solo* de Max Reger que je faisais travailler à mes élèves. Elle prétendait aimer la musique. Elle s'est bientôt confiée à moi. Elle semblait la proie de peurs qu'elle avait du mal à contenir. Elle souhaitait que je préserve sa fille du dégoût que lui inspirait pour le violon son professeur du conservatoire de Saint-Maur-des-Fossés, auquel elle l'avait confiée, dans la banlieue lointaine qu'elles habitaient toutes deux, m'avait-elle expliqué, et où la jeune Delphine vivait quasi seule, la plupart du temps, allais-je bientôt comprendre, une fois que j'eus accepté non pas de sauver en elle le goût de la musique mais de lui rendre assez de confiance en elle pour présenter l'épreuve de musique au baccalauréat.

— On ne peut rien contre ça, vous le savez, la haine de la musique, d'un instrument ; c'est pire que le dégoût inspiré par un corps, avais-je dit à la mère, qui rétorquait que la musique est une manière de salut, qu'elle nous console de l'injustice que font naître en nous le désir et l'amour, surtout quand une femme a passé la quarantaine, ajoutait-elle avec un petit rire faux, comme si elle ne croyait pas tout à fait à ce qu'elle disait et qu'elle fût avant tout soucieuse de me refiler sa fille, pour des raisons que je ne comprendrais pas sur-le-champ et qui me feraient entreprendre un amoureux trajet dont tout laissait penser qu'il m'éloignerait de Nicole, alors que ce ne serait qu'un détour pour mieux arriver jusqu'à elle, m'accorder à sa lenteur, mesurer la nature énigmatique de notre amour.

J'ai donné à Delphine les leçons de violon demandées par la mère. Je lui ai surtout montré l'alto, fait découvrir cet instrument dont la voix est plus mystérieuse encore que celle de la viole de gambe à quoi elle prétendait s'intéresser à cause d'un film qu'elle avait vu et revu, qui la faisait se retrouver dans le destin douloureux de la fille de Sainte-Colombe. Peut-être rêvait-elle avant tout d'être la fille d'un père qu'elle admirât. Peut-être ne rêvait-elle que d'aimer, de mêler l'amour et la musique, de sortir des forêts obscures et solitaires où elle errait. Il a fallu la faire renoncer à vouloir apprendre la viole, et à l'idée selon laquelle les gambistes français retrouvent dans les cordes les plus graves de cet instrument la voix de leur enfance perdue, ce qui n'a pas été sans mal, puisque j'aime moi aussi cet instrument, en particulier les rares *Pièces pour viole seule* de M. Demachy et les rudes, les hautaines *Suites* d'Antoine Forqueray. Je ne pouvais que proposer l'alto : autant me montrer nu à elle devant qui j'avais été sur le point de reprendre l'argument de mon père à propos de l'inconvenance qu'il y a à voir une femme ouvrir les cuisses autour d'une caisse de bois. Je me suis contenté de dire à Delphine que la musique est une illusion qui nous délivre des autres illusions.

On le voit : je vieillissais. On devine surtout de quoi j'allais devenir le jouet, moi que la musique avait jusque-là gardé de l'illusion amoureuse, avais-je dit à Nicole qui m'avait enjoint d'accepter, me mettant néanmoins en garde contre la mère, maintenant que j'avais vu la fille et qu'elle m'était apparue, cette Delphine, telle que la mère avait voulu que je la voie, que je remarque ce dos couleur de miel, l'ovale parfait du visage et ce ventre qui semblait se rétracter sous une main invisible.

« Vous pouvez beaucoup pour elle, m'avait-elle dit

après ma première entrevue avec Delphine. Elle est déjà séduite. »

— Tu peux surtout lui briser le cœur, même si elles le savent, la mère comme la fille, avait murmuré Nicole, à qui j'avais raconté comment la mère me l'avait en quelque sorte offerte, cette fille, au cours de nos déjeuners dans le bistrot de Fontenay, me détaillant ses qualités physiques d'une façon qui me montrait autant le peu d'estime dans lequel elle, la mère, tenait les hommes que l'espèce de haine qu'elle semblait vouer à sa fille, et par là m'intriguant plus, la mère, que l'adolescente au tee-shirt perpétuellement relevé au-dessus d'un nombril percé d'une perle, chose qu'elle croyait propre à émouvoir un type de quarante ans et qui l'a été, ému, et même séduit, lorsque j'eus découvert Delphine, un soir de mars, appuyée à la porte de ma salle du conservatoire et me regardant par-dessous, l'air de bouder : elle était là, elle aussi, cette jeune fille de taille moyenne, plutôt mince, aux cheveux lisses, blond cendré, coupés au carré, à la poitrine menue, aux yeux d'un beau marron profond, presque noir, très grands, et qu'on ne pouvait regarder qu'en souriant, puisqu'ils souriaient, ces yeux, qu'ils tenaient à distance je ne sais quelle détresse pour me convaincre de l'accepter, elle, Delphine dont la bouche s'entrouvrait sur une voix dont je doute qu'elle ait passé ses lèvres ou même si elle a dit quelque chose, ce soir-là, avant que sa mère n'entre, la prenne par l'épaule, la pousse dans la salle en me disant :

— Je ne vous ai pas menti, hein ?

— Tu as donc accepté, me dirait, le même soir, au téléphone, Nicole qui connaissait assez mon goût des très jeunes femmes pour ne pas deviner ce qui s'ensuivrait lorsque je lui eus décrit Delphine, avec le sentiment non pas de la tromper mais de rompre l'espèce de pacte par lequel nous nous serions interdit d'évoquer nos amours parallèles, même avec l'élégance des silencieux, et aussi l'impression que si Nicole m'écoutait, me guidait, même, pendant ces trois saisons de 1996 et de 1997 où elle s'efforçait d'oublier l'homme qu'elle avait accompagné pendant si longtemps, c'était qu'elle me sentait promis à une grande souffrance, surtout quand elle sut que les leçons auraient lieu chez Delphine, à Saint-Maur.

Je dis chez Delphine parce que je n'ai pas tardé à comprendre comment vivait l'adolescente, dans ce studio qui donnait sur un vaste cimetière : sinon seule, du moins partageant son temps entre ce petit appartement où la mère ne faisait que de rares apparitions et la maison de son père, à Champs-sur-Marne, où elle se rendait le week-end, quelquefois en semaine, le mercredi, selon son humeur ou les lubies de sa mère qui vivait, elle, une singulière passion avec un apprenti garagiste de Helles, non loin de Champs-sur-Marne, qui avait l'âge de sa fille, et avec qui, comme on disait encore à Siom, elle s'était plus que compromise : envolée avec l'apprenti pour qui elle avait eu le coup de foudre, un soir qu'elle rejoignait le pavillon de Champs et qu'elle avait crevé à l'entrée de Helles et peinait à changer sous la pluie la roue de la Peugeot dont l'apprenti se rappelait avoir fait la révision, quelques jours plus tôt, comme il le lui dit, alors qu'il se rappelait sans doute plus le châssis de la conductrice que la carrosserie de l'auto, lui dirait-il plus tard en ricanant, lorsqu'ils seraient amants et qu'ils auraient humilié le mari et la fille, puisqu'on ne saurait vivre dans une zone pavillonnaire autrement qu'on le fait à Siom : au vu et au su de tout le monde, et dès lors obligée, la mère, de quitter Champs après en avoir appelé à l'innocence de l'amour puis à l'implacable destin de ceux que frappe la passion, et enfin à l'impossibilité de vivre avec un mari qu'on n'aime plus et au désir de vivre seule avec sa fille, ailleurs, dans un studio déniché à la hâte à Saint-Maur-des-Fossés, par exemple, où elle passait en réalité fort peu de temps, les rares nuits où elle n'était pas dans un autre studio, à Helles, dans les bras de l'apprenti garagiste, incapable de réfréner cet amour qu'elle savait mauvais, humiliant, destructeur. Une passion injustifiable, qui enlaidissait ceux qui s'aimaient de la sorte et les approchait de la damnation, disait-elle à présent, tout en me laissant entendre que si elle aimait ce garçon c'était parce qu'il y avait eu dans sa vie à elle quelque chose d'intolérable dont j'étais réduit à supputer qu'il était du même ordre que la perte d'un enfant en bas âge. Je ne cherchais pas à en savoir davantage ; je faisais semblant de comprendre, me contentais d'écouter, ce qui revenait à ne pas lui jeter la pierre, puisqu'elle souffrait, c'était visible, non pas, comme on aurait pu le croire, de l'infidélité et de la brutalité de l'apprenti, qui avait laissé tomber son garage pour vivre aux crochets de la mère et, peut-être, de revenus moins avouables qui ne faisaient qu'ajouter à son charme, disait la mère en rougissant d'évoquer la nature de son attachement à ce garçon (un beau, un sauvage garçon que j'avais eu l'occasion de croiser à la porte du studio, un jour où la mère m'avait appelé en prétendant qu'il avait sur Delphine des vues de plus en plus pressantes et que c'était pour ça qu'il continuait à coucher avec elle, la mère, qui se gardait bien d'ajouter que c'était en grande partie pour cette raison qu'elle me l'avait jetée dans les bras), mais souffrant de cet amour, de sa soumission à un garçon dont elle aurait pu être la mère, de sa veulerie, même, de tout ce qui faisait d'elle non plus une femme amoureuse mais une mère, j'allais bientôt le comprendre, moi, l'homme mûr, disponible, expérimenté, dont elle n'avait pas manqué de surprendre les regards que je portais aux très jeunes femmes et de faire mine de s'en plaindre, puis de me plaindre comme si elle doutait que je puisse les avoir sans payer, ces trop jeunes beautés dont elle réprouvait qu'on puisse les désirer tout en m'en proposant une, sa propre fille, sans que j'aie pu mesurer alors, malgré les avertissements de Nicole, le prix qu'il me faudrait payer. Lequel prix n'était pas seulement que je la débarrasse de Delphine au moment où celle-ci commençait à demander des comptes et à ne plus tolérer la présence dans le studio de Saint-Maur de l'ex-apprenti dont il n'était pas difficile de voir qu'il était plus attaché à la mère que celle-ci n'osait l'espérer, mais pour que je comprenne, moi aussi, et en souffrant, qu'on peut aimer en dépit des différences d'âge, et ce que c'est que d'aimer un être plus jeune que soi, trop jeune, même, et inexpérimenté, tout en étant celle par qui le scandale arrive, et confrontant le scandale au pur amour pour pencher en faveur de l'amour, malgré cette fille qui avait à peu près l'âge du jeune amant et qui le reprochait à sa mère, cet amant, avec sa figure d'ange déchu, sa brutalité, ses foucades, ses coups en douce, ses mauvaises fréquentations, qui avait de quoi réussir le tour de force de la faire rêver, elle, la quasi-quinquagénaire, d'être en quelque sorte sa fille, oui, son enfant, l'enfant de son amant, quelle folie, n'est-ce pas, mais il fallait connaître ça une fois, au moins, envers et contre tout, puisque l'amour est séparé du bonheur comme la parole de la bouche qui la profère, ou le présent du passé, m'avait dit la mère en sanglotant, venue au studio, à l'improviste, un soir, après la leçon, chassant ainsi Delphine qui ne supportait en vérité plus sa mère, et pas du tout de nous voir ensemble, comme si elle redoutait un complot d'adultes qui la concernât, ou que je retourne, moi, du côté des adultes, c'est-à-dire de femmes dont elle se doutait bien qu'elles peuplaient ma vie et au rang desquelles elle n'excluait pas de voir figurer sa mère.

C'est ce qu'elle me laisserait entendre, le même soir : la souffrance à venir, la jalousie, le manque de confiance en soi, le pari sur autrui, tout cet envers de l'amour qu'elle avait exprimé avec le vocabulaire d'une trop jeune fille, lorsqu'elle était rentrée au studio une fois sa mère repartie, ayant compris que celle-ci ne s'en était pas tenue au verre de whisky qu'elle s'était versé en arrivant, mais qu'elle avait bu et parlé beaucoup, en avait dit bien plus que je n'aurais dû en savoir sur elles deux, et surtout sur ce qu'elle, Delphine, éprouvait déjà pour moi, moi qu'elle trouvait si bon, si séduisant, si proche d'elle avec cet alto dont je prenais soin comme d'une femme alors que je semblais un peu maladroit avec son violon d'étude.

Les leçons étaient principalement consacrées à l'écoute d'œuvres que nous analysions ensemble, comparant diverses versions, écoutant comment Gérard Caussé, Youri Bashmet ou Kim Kashkashian interprétaient ce que je lui donnais ensuite à entendre dans ma propre version, lui faisant découvrir aussi bien ce qu'elle croyait connaître, le rôle soliste de l'alto dans *Harold en Italie*, que Delphine appréciait plus que moi, les combinaisons inédites de la *Sonate pour flûte, alto et harpe* de Debussy, et celles, encore plus inouïes, de la série de pièces pour alto et petit ensemble que Morton Feldman a intitulée *The Viola in my Life*, et dans lesquelles l'alto semble révéler toute la profondeur de surfaces, de paysages aussi abstraits que ceux de Jackson Pollock ou de Mark Rothko dont je l'ai emmenée voir des toiles, au musée du Centre Pompidou, où elle n'avait jamais mis les pieds, vivant dans une banlieue qui est déjà un peu la province et se comportant donc en provinciale, nourrissant à l'égard de Paris des sentiments de refus et de fascination qui la rendaient quelquefois irritante. Mais rien ne bouleversait Delphine comme le *Concerto pour alto* de Bartók : une œuvre que m'avait fait découvrir mon premier maître et qui m'a toujours ému — l'attaque du premier mouvement, surtout, lorsque l'alto se met à chanter, avec de rares accords de l'orchestre, une mélodie mélancolique dont on retrouve la belle et simple mélancolie dans l'*adagio religioso*. Je le joue souvent, pour moi, seul ou avec Jeanne Delamare, dans une réduction pour alto et piano, et sans jamais oublier, disais-je à Delphine, que c'est là l'œuvre ultime de Bartók, laissée par lui à l'état d'esquisses et achevée par son compatriote Tibor Serly, qui s'est fait un scrupule de respecter l'opposition voulue par le maître entre le caractère sombre et plutôt masculin de l'alto et la masse transparente de l'orchestre. Musique d'un homme malade, exilé en Amérique à cause de la guerre, un homme pauvre, dont l'épouse était en train de sombrer dans la folie et dont le corps ne ressemblait plus qu'à du parchemin finement tendu sur une cavité sonore et qui avait l'air de se creuser davantage à chaque pulsation, avais-je un jour entendu dire à Yehudi Menuhin : un corps-instrument, un corps en quelque sorte devenu cet alto pour lequel il composait ce concerto, au lit, dans une petite maison des Adirondacks, à l'intention de l'altiste William Primrose, un corps au sang rongé par la leucémie et qui ne faisait plus que capter et propager des vibrations, non seulement celles de la parole, de la toux, de la respiration du compositeur mais aussi, on peut le croire, celles de la musique qu'il composait et qui frémissaient en lui, comme si entre l'esprit et le corps il n'y avait plus eu que l'infime épaisseur de cette chair presque impalpable, cette peau sur laquelle le destin tambourinait son rythme impitoyable avant de rendre à la terre celui qui avait dressé entre l'homme et la mort une cadence tout autre et qui s'efforçait de la faire chanter jusqu'au bout, jusqu'aux dernières forces, avant de s'abandonner à la terre, au vent, au ciel ouvert, à ce feuillage éternellement remué qu'est la musique d'un homme dont le portrait, le beau visage tendu, austère, lumineux, ne cesse de m'accompagner, de me donner du courage, de m'empêcher de sombrer dans cette pitié pour soi-même qui sonne la mort de l'artiste.

Delphine aima le visage de Bartók. Puis-je ajouter sans trop de honte (moi qui voue à ma propre figure une sorte de haine et me suis toujours demandé quel ragoût trouvent là les femmes qui se donnent à moi) qu'elle préférait le mien, qu'elle avait pour le mien cette préférence qu'elle justifiait ainsi, avec une simplicité qui aurait dû m'ouvrir les yeux dès ce temps-là : « Vous êtes vivant, vous... »

Si elle m'écoutait parler, jouer, lui montrer la filiation hongroise de l'alto de Bartók à Ligeti, Kurtág et Eötvös qui tous ont écrit pour cet instrument comme s'il leur fallait se mesurer, eux, Hongrois, à l'un des pères de la musique moderne, je voyais bien que c'était moi qu'elle aimait, que la musique n'était plus qu'un prétexte à nos rencontres, que je jouais sur du velours, si j'ose dire. Songeant à cette époque, je reste frappé par la facilité, voire la complaisance avec laquelle on confond l'inéluctable et la grâce, la fatalité et la puissance de séduction qui s'attache à la musique, et je ne puis trouver, pour l'évoquer, d'autre expression que ce « jouer sur du velours » qui a quelque chose de vulgaire, surtout si on se représente quel empire j'établissais dans le cœur de l'adolescente.

J'aurais dû m'en tenir là, ne pas me tromper d'amour, ne pas prendre le sentiment que je voyais se développer pour cela même que j'étais incapable d'éprouver et qui ne serait jamais, au mieux, que de l'affection. Je suis allé plus loin, encouragé par ce que je sentais naître en moi autant que par les raisons obscures de la mère et celles, qui ne l'étaient pas moins, quoique d'une autre nature, de Nicole, que je rendais jalouse à son insu, je crois, et qui, cet été-là, retourna au Québec pour y régler diverses affaires, le cœur sans doute meurtri mais plus généreuse que jamais (généreuse comme une femme qui trouve dans sa souffrance ce surcroît d'abnégation propre à dompter une douleur qui lui vient de bien plus loin que de l'amour), certaine que nous nous retrouverions non seulement dans la parenthèse nocturne des corps, mais dans ce que les langues dressent contre la folie, la mort, l'oubli : ces récits dont nous avions pris l'habitude, la musique de nos vies, ce que nous avions de plus précieux encore que la jouissance qui nous arrache à nous-même, nous éloignant de toute sentimentalité.

Or, voilà que j'y plongeais, dans cette sentimentalité, comme n'a pas manqué de me le faire remarquer Tobias Suttermans en voyant que je lui devenais fidèle, à cette petite Delphine à la fois capricieuse et soumise, au corps quasi parfait, à l'exception de trois ou quatre petits grains de beauté qu'elle avait entre les seins (de beaux seins ronds aux fines pointes roses, qui n'avaient pas peu compté dans mon ravissement) : grains que j'avais trouvés assez disgracieux pour la décider à se les faire ôter — opération que j'ai fait exécuter par un médecin de Nogent-sur-Marne et payée de ma poche, qu'elle n'avait accepté de subir qu'à la condition que je me ferais enlever, le même jour, en contrepartie, un nævus que j'avais au menton, et à l'issue de laquelle nous sommes allés enterrer ces minuscules parties de nous-mêmes dans la terre du bois de Vincennes, au pied d'un grand marronnier en fleur dont l'odeur profonde nous rendait graves, si graves et en même temps si ridicules que nous avons éclaté de rire et nous sommes étreints debout contre le tronc du marronnier.

J'aimais ces fines cicatrices laissées par l'opération sur le torse de Delphine ; je passais souvent le bout de la langue sur ces traces d'un rose nacré plus délicat, encore, que celui de son sexe dont j'avais taillé l'épaisse toison blonde au moyen d'une paire de petits ciseaux ouvragés dont je n'avais jamais su que faire, rapportés du Puy-en-Velay par une amante auvergnate et qui ont trouvé là leur unique emploi. Peut-être voulais-je voir dans ces cicatrices la trace de sa virginité perdue : celle que je lui avais ravie, disait-elle, comme si le garçon qui l'avait dépucelée n'avait pas compté, n'avait fait le travail qu'à moitié, laissait-elle entendre, oui, le plus intime de ce corps qui s'était mis à vivre à un autre rythme, non plus celui du garçon avec lequel elle sortait, quelques mois plus tôt, ni celui, alternatif, de son père et de sa mère, mais le mien — celui d'un homme mûr, donc, et voué à devenir tout ça à la fois, amant, père, maître et en quelque sorte sa mère, puisque celle-ci me laissait non seulement la jouissance de sa fille mais me déléguait le peu d'autorité qu'elle avait sur elle et que j'ai transformée en empire, y trouvant une satisfaction inédite, marchant main dans la main avec une adolescente qui aurait pu être ma fille et qui attirait le noir regard des femmes, des hommes et même des adolescents, suscitant la réprobation ou l'envie, Delphine se plaisant même à les susciter avec ses jeans serrés, ses courtes jupes, ses tee-shirts et ses chemisiers que le moindre souffle semblait sur le point d'ouvrir ou de soulever, et surtout l'air de grand bonheur qui se voyait sur son visage, avec ce sourire qui la faisait paraître quasi nue, tandis que je demeurais, moi, dans la rue, vêtu de noir, un peu distant, conscient de l'étrange couple que nous formions : quelque chose d'incestueux, en vérité, de scandaleux, lisais-je dans les regards des passants comme dans ceux de Nicole ou de Jeanne Delamare, qui ne me jugeaient bien sûr pas mais auguraient le pire de cette liaison qui, pendant près de six mois (ces quelques mois qui sont en général le temps de vie et de mort d'un amour qui prend le caractère de la passion), éloignerait de moi toute autre femme, Delphine s'étant d'emblée montrée plus qu'exigeante, possessive, lunatique, jalouse à l'excès, m'accompagnant dans le Sud-Ouest pour une petite tournée d'été où je la faisais passer pour ma nièce, sauf, bien sûr, aux yeux de Tobias qui avait fini par approuver mon choix comme il l'eût fait d'un vieil Islay, d'un tabac de Sumatra, d'un violon de Jacob Stainer de 1676, d'un archet Sartory, de la sonorité de Christian Ferras, de la voix de Christa Ludwig, ou de la *Correspondance* de Diderot ; sauf, aussi, dans le salon de Mme Cazenove, où on ne pouvait s'offusquer de ce qu'un artiste fût tombé amoureux d'une aussi charmante élève, où on encouragea même nos amours en mettant à notre disposition une maison de gardien, dans la propriété que la vieille dame possédait près de Chaon, en Sologne, où nous sommes allés passer une partie de l'été au milieu des sapins, des petits chênes, des bouleaux, de la brume qui montait des étangs, dans cet étrange amour qui nous isolait du monde et dont je garde un souvenir qui a goût de salive, de sperme, de résine, de bruyère chauffée par le soleil et de cette gelée de coing que Delphine me faisait lécher dans les lèvres de son sexe.

Une nièce pour laquelle j'avais dû m'inventer une sœur morte en mettant Delphine au monde, comme dans un de ces romans qu'elle lisait, cet été-là, pendant que je travaillais des pièces contemporaines que Tobias voulait que j'enregistre avec lui et un petit ensemble — explication qui ne trompait probablement personne et mettait mal à l'aise Delphine, à qui j'avais parlé de mon frère et qui trouvait que j'entourais notre amour de trop de jeunes morts pour que ça ne finisse pas par nous porter malheur. Sans doute songeait-elle à la fin de l'été, à la rentrée, au moment où il nous faudrait regagner elle le studio de Saint-Maur et moi ce qu'elle appelait, sans mesurer tout à fait ce qu'elle disait (ou alors avec cette prescience d'amante promise à une souffrance prochaine), ma vie antérieure.

Faut-il que je me justifie, que je redise qu'en fin de compte je n'aimais pas plus Delphine que je n'aimais Nicole, mais que cette absence d'amour n'était pas de même nature, qu'avec la première il y avait l'obscure volonté de me perdre et, avec l'autre, l'espoir d'accéder à une forme supérieure de solitude ? Je me laissais aimer par elles afin que leur amour me touche comme une grâce, que j'en sois illuminé, rendu meilleur et, pourquoi pas, amoureux à mon tour puisque je n'étais pas loin de penser, comme Delphine, qu'il n'y a pas d'amour sans réciprocité — à ceci près, aurais-je pu ajouter, avec Nicole, cette fois, que ce sont la plupart du temps des réciprocités inégales, d'où naît toute l'injustice du monde, et que, me dirait-elle plus tard, nous étions les seuls, elle et moi, capables de les battre en brèche ; des sortes de justes, ajoutait-elle, en donnant à notre amour une dimension qu'il me restait à mériter.

En vérité je me tenais à distance de tout : dans le lointain, sur l'autre rive d'où j'assistais à mes amours sans pouvoir rejoindre celles qui les inspiraient et qui en paraissaient souvent plus les ombres que des personnes de chair et à qui j'inspirais un sentiment en fin de compte désespérant. Ni pire ni plus frivole qu'un autre, pourtant, pas plus un libertin comme Tobias Suttermans qu'un vrai indifférent : un type qui avançait avec sur les épaules le poids de neige d'un frère mort et qui n'avait, pour se sentir peu ou prou de ce monde, que la musique et les femmes, l'alto me rapprochant des femmes et celles-ci me renvoyant à lui, sans cesse, en un mouvement que je ne cherchais pas à contrôler — auquel, même, je m'abandonnais avec une légèreté qui était à mes yeux l'unique chance de ne pas sombrer dans ce dans quoi je voyais tomber tant d'autres et où je me suis trouvé à mon tour sur le point de choir, lorsque j'ai été las de Delphine et que j'ai avoué à Nicole combien j'étais effrayé de voir cet amour entrer dans son propre hiver.

— Tu ne peux pas prendre sur toi la folie de la mère et celle de la fille, s'est-elle contentée de me dire.

J'ai rompu. J'ai sans doute quitté Delphine parce qu'elle n'avait pas eu d'enfance, une enfance digne d'être contée et qui m'eût rapproché d'elle, qui m'eût permis d'oublier non pas mon enfance révolue mais celle qui avait pris fin avec la fuite de Céline Soudeils, autrefois, à Siom. Nicole, qui était en train d'enfouir en elle-même l'homme qui avait longtemps été la basse continue de sa vie, m'avait exhorté à ménager Delphine, à être patient, à faire semblant, à attendre le moment opportun, même si, ajoutait-elle, il n'y a pas de bon moment ni de justification aux mots par lesquels on signifie son congé à une femme, sa répudiation, son renvoi à une solitude plus humiliante encore que la trahison. J'ai rompu parce que depuis longtemps — depuis le commencement, peut-être — éloigné de cette trop jeune fille que j'avais conduite au bord d'elle-même où elle était désormais seule à pouvoir se tenir, danser, ou s'effondrer.

Une jeune fille à qui il ne manquait plus que la souffrance que j'allais lui infliger, disait Nicole, et qui lui a d'abord fait ravager ma salle de bains, où elle s'est enfermée après avoir écouté ce qu'elle pensait ne jamais voir passer mes lèvres et à quoi elle a répondu en s'infligeant aux poignets, avec un de mes rasoirs, des blessures sans gravité, quoique d'assez vilain aspect pour que je juge bon de téléphoner à sa mère, qui me dit d'abord de me débrouiller seul, trop occupée à rompre, une nouvelle fois, avec son jeune amant mais qui, lorsqu'elle eut compris ce qu'avait fait sa fille, se dressa devant moi, ai-je imaginé, comme la mère qu'elle n'avait pas su être et dont la fureur ne parvenait qu'à lui donner une dimension pathétique, grotesque, et fausse, me menaçant, me sommant de revenir sur ma décision, de ne pas foutre en l'air les études de sa fille. Je lui ai raccroché au nez.

— C'est maintenant que tu entres dans le péché, m'avait dit Tobias, au téléphone, depuis Amsterdam, cette même nuit, après avoir réussi à calmer Delphine que j'avais reconduite à Saint-Maur et à qui j'avais menti en promettant de la revoir dès le lendemain. Oui, le vrai péché, le crime amoureux, puisqu'on ne peut désigner autrement le fait de quitter une femme qui vous aime, qu'il n'est rien de pire, surtout pour les très jeunes, à qui il faut laisser l'initiative ou l'illusion de la rupture, n'est-ce pas, que ce sont elles qui nous quittent, nous chassent, nous renvoient à l'éternel besoin de consolation...

— Tu vas souffrir, toi aussi, avait ajouté Nicole avec un

étrange sourire qui me faisait croire que c'est elle qui souffrait non pas pour elle mais à ma place, comme si elle savait que c'était aussi à moi qu'il manquait cette souffrance et que je m'étais trompé en me croyant supérieur à Delphine : nous étions elle et moi aussi démunis devant l'amour que devant la souffrance, à ceci près qu'elle s'imaginait ne pas pouvoir la supporter, cette souffrance, alors que je la souhaitais, moi, d'une certaine façon, pour aller plus vite, m'en défaire au plus tôt et, faut-il le préciser, en arriver au point où en était Nicole de sa souffrance à elle, non pas la rattraper mais me rendre digne d'elle en lui sacrifiant, faut-il le dire, la petite Delphine.

Dans un autre ordre d'idées (celui de Tobias ou de la mère de Delphine), il fallait que j'expie : les choses ne pouvaient en aller autrement, et puis j'étais, moi, le célibataire, l'homme mûr, l'artiste, un coupable idéal, me résignant à revoir Delphine dès le lendemain, au studio de Saint-Maur. Calme, souriante, elle tirait sur une cigarette avec l'air d'y trouver, elle qui n'avait jamais fumé, un intérêt considérable. Elle m'a dit, d'une voix claire, trop légère, qu'elle me laissait libre, et sautant, moi, l'aveugle, le présomptueux, sur cette occasion, me croyant libéré tout de bon, disant à Delphine mon bonheur de la voir revenue à des sentiments raisonnables sans songer que je n'avais même pas fait semblant de lui dire ce qu'elle souhaitait entendre, un déni, une repentance, un serment d'amour prononcé avec un visage ruisselant de larmes, par exemple, mais lui représentant au contraire la nécessité de ne plus nous revoir pendant quelque temps.

— Quel temps ? a-t-elle hurlé en se levant. De quel temps parles-tu ?

Elle m'a regardé, s'est approchée de la fenêtre embuée, s'est retournée, a souri étrangement puis s'est mise à hurler, plus fort que la première fois, quelque chose que je n'ai pas compris et qui n'était peut-être pas des mots. Elle est sortie en courant : cette précipitation fut une autre sorte de hurlement, ou son prolongement, son écho le plus sauvage, qui m'a laissé les bras ballants, dans le studio où je l'ai attendue et où il n'y avait pas d'autre lumière que celle du réverbère de la rue qui bordait le cimetière. Il était plus de minuit et j'entrais dans la terre vaine, dans ma souffrance à moi, le remords, l'expiation. J'imaginais Delphine errant dans les rues de Saint-Maur, perdue en elle-même et capable de tout — toutes sortes de sacrifices qu'elle m'eût dédiés pour me prouver combien elle m'aimait et combien j'étais indigne de cet amour, moi qui étais devenu la proie d'une inquiétude qui n'avait plus seulement pour objet la jeune fille, une inquiétude dès lors muée en angoisse puis en fureur. Étrange, étrange fureur... J'ai appelé Nicole ; je lui ai dit où je me trouvais, où j'en étais, à quel sacrifice j'étais moi aussi disposé, ce que j'allais faire, ce que j'ai bientôt été en train de faire dans le temps même où je lui parlais, l'écouteur coincé entre le menton et l'épaule, les mains libres d'accomplir ce que n'avait fait qu'esquisser Delphine, la veille, m'entaillant assez profondément la peau des poignets, réussissant même à m'ouvrir au poignet gauche une veine d'où a jailli le sang, très haut, avec une puissance qui m'a coupé le souffle, tandis que Nicole me suppliait de me calmer, d'avoir pitié de moi et d'elle, aussi, qu'il était criminel de la faire assister à ça, impuissante, incapable de me rejoindre puisque je m'obstinais à ne pas lui donner l'adresse du studio de Saint-Maur, qu'elle ignorait le nom de famille de Delphine, que je lui interdisais de sauter dans un taxi pour venir me soigner, me serrer dans ses bras, me presser sur la figure un linge humide et frais en même temps que ces mots encore plus frais que des linges et par lesquels elle seule, ne le savais-je pas encore, avait le pouvoir de m'apaiser.

Je ne pouvais plus rien entendre. J'étais au cœur ténébreux de mon histoire. J'ai dû raccrocher. J'ai appelé le commissariat pour signaler qu'une jeune fille errait dans la ville, une mineure en danger, désespérée, capable de tout. On m'a demandé mon nom : j'ai donné le premier qui me soit venu à l'esprit, François Couperin, sans rire, qu'il me pardonne. On a voulu savoir qui j'étais. « Un parent », ai-je répondu en songeant que je n'étais somme toute qu'un imposteur, depuis le début, et répétant : « Un parent, oui », avant de reposer l'écouteur pour composer un autre numéro et demander un médecin de garde. Le téléphone était couvert de sang, la moquette aussi, et le mur devant moi ressemblait à un arbre de Pierre Alechinsky ou, pour prendre une comparaison qui me touche davantage, à une arborescence sonore de Xenakis. J'ai rappelé Nicole. Je lui ai demandé de me pardonner. Je m'entendais parler de bien plus loin que de moi-même, et c'est de plus loin encore que je l'ai entendue me dire que c'était à moi-même qu'il me fallait pardonner. Je me regardais accomplir les gestes que je décrivais à Nicole, enveloppant mes poignets dans des serviettes-éponges, me resservant du whisky dont je veillais à ce que le studio fût pourvu et qui était, avec quelques disques et un nécessaire de toilette, les seuls indices de ma présence entre ces murs. Le médecin est arrivé : un petit homme chauve, au teint jaunâtre, qui m'a examiné avec une sorte d'irritation ou de crainte, pour voir si je ne m'étais pas sectionné un tendon, sans me demander les raisons d'un geste qu'il réprouvait pourtant si ostensiblement que c'est en rougissant qu'il a décroché le téléphone pour appeler une ambulance.

— C'est ça qui est excessif, l'ambulance, votre présence, mon besoin de consolation, ai-je murmuré en interrompant la communication pour dire que ce n'était pas la peine de déranger une ambulance, que ma voiture était en bas, que j'en avais fini avec ce qui m'avait amené jusque-là et que j'allais rentrer chez moi.

— Il faut vous faire recoudre, monsieur Couperin, a-t-il répondu en me regardant comme s'il ne croyait pas possible de recoudre un type tel que moi, me reprenant le téléphone pour appeler les urgences de l'hôpital Sainte-Camille, à Bry-sur-Marne, et les avertir de mon arrivée. J'avais envie de rire : il m'aurait volontiers envoyé au diable, ce petit homme mécontent, s'il n'avait craint de réveiller en moi le furieux capable de s'ouvrir les veines avec une telle sauvagerie.

— Une histoire d'amour, docteur, une histoire d'amour qui tourne mal, ai-je murmuré avec un sourire niais, tandis qu'il me tendait pour que je le signe le chèque qu'il avait détaché du chéquier pris à ma demande dans la poche de ma veste et lui-même rempli, sans paraître remarquer que je ne m'appelais pas Couperin, et haussant les épaules avec l'air de penser que les histoires d'amour ne peuvent pas finir autrement.

J'ai roulé lentement à travers Joinville, Nogent, Le Perreux, dans une nuit d'automne froide et humide. Je ne pensais plus à Delphine ni à Nicole. Je ne me souciais plus que de ne pas attirer l'attention d'une patrouille de police sur mes avant-bras enveloppés de serviettes (même si je me dis aujourd'hui que c'est peut-être ce que je souhaitais : être arrêté, interrogé, confessé, enfermé, puni, entrer enfin dans la délivrance, fût-ce par un surcroît d'infamie ou de lâcheté, puisque, dirait Nicole, il est bien plus pardonné à un artiste qu'à tout autre, même si, n'est-ce pas, la justice n'y trouve pas son compte).

Aux urgences, pendant qu'on soignait mes poignets, j'ai expliqué que j'avais trop bu, que j'avais trébuché sur un tapis, que j'étais tombé les bras en avant dans une bibliothèque vitrée. On ne m'a pas cru. Je n'avais moi-même pas l'air d'y croire. On a fait semblant. Tout cela me paraissait à présent excessif, de mauvais goût : un pur excès de sentimentalité. Je suis sorti. L'aube était proche, derrière la grande lueur orangée de Paris, là-bas, à l'horizon, et ces chants d'oiseaux qu'on n'entend qu'à cette heure indécise et qui entraient considérablement dans ce qui se levait en moi : la joie qui précède le pardon, car j'avais besoin de me pardonner à moi-même, non pas juge et partie, mais en homme exténué, égaré, qui se ressaisit pour en appeler à sa propre pitié, cette pitié pour lui-même grâce à laquelle pardonner aux autres. J'ai allumé une cigarette. J'ai regardé s'éclairer les cuisines de plusieurs pavillons, en contrebas, et j'ai eu envie de pleurer ; des larmes que j'imaginais très douces, d'une agréable chaleur, qui m'ont fait penser avec reconnaissance à la langue française, à cause de l'expression « pleurer à chaudes larmes » avec laquelle je me sentais en accord, oui, la méritant corps et âme, cette pitié, cette consolation gisant au fond de la langue. Un sentiment d'innocence et de calme qui m'a fait songer que la vie méritait d'être vécue et que j'aurais été heureux de mourir, sur-le-champ, puisqu'il y avait là des arbres, des maisons, la Marne endormie au creux de la vallée, les premiers oiseaux du matin ou les derniers de la nuit, et la mauvaise lueur orange de Paris qui se dissipait, là-bas, tandis que je redescendais lentement des hauteurs de Bry pour regagner mon appartement de la Bastille où je me suis couché sans avoir appelé Nicole ni le studio de Saint-Maur, ne doutant pas (quelle présomption ! quelle légèreté cependant si proche de la vérité !) qu'elles avaient regagné leurs lits, l'une comme l'autre tombées dans le sommeil, qu'il fallait à l'amour ce peu d'indifférence ou de négligence qui permet de tromper l'angoisse et qui nous fait entrer dans un sommeil aussi paisible que celui où je me suis laissé glisser, les bras le long du corps, comme dans les eaux d'un fleuve.

Je ne veux pas réduire ma liaison avec cette jeune personne à ce que je viens d'en dire : on sacrifie toujours quelqu'un à quelqu'un d'autre ou à quelque chose, et Delphine le fut bien plus à la musique (à la vie singulière que dicte l'inlassable compagnonnage avec un instrument de musique) qu'à Nicole, laquelle me rappellerait que Delphine avait été sacrifiée, dès le début, par sa propre mère à l'implacable cours d'une histoire qui les dépassait l'une et l'autre. Delphine connaissait l'existence de Nicole : j'avais eu l'imprudence, ou la fatuité, de lui parler d'elle, d'évoquer ce que je pensais être une amitié exceptionnelle, alors que j'ignorais que l'amitié ne saurait exister pour une amoureuse de cette trempe, qui avait dès lors conçu à l'égard de cette amie trop lointaine pour n'être pas en vérité très proche, une de ces jalousies que la distance ne faisait qu'aviver puisqu'elle n'obéit pas forcément à la sentimentalité génitale mais à un désir qui a le temps pour lui, qui est une autre version du temps, la moins vulgaire peut-être.

Je ne pouvais bien sûr pas reprendre mes cours avec aux poignets des bandages trop évocateurs pour n'avoir pas quelque chose d'ostentatoire, voire d'obscène. Je ne pouvais pas davantage rester chez moi, boulevard de la Bastille : la mère de Delphine m'avait téléphoné pour me dire sur un ton étrangement calme, qui aurait même prêté à rire si je n'y avais senti monter quelque chose qui dépassait le ridicule de sa menace et qui avait à voir avec sa propre folie, qu'elle n'entendait pas que les choses en restassent là et qu'elle s'était procuré, dans une salle de chimie de l'établissement où elle enseignait, de l'acide chlorhydrique dont elle se promettait de m'asperger la figure.

— C'est ma fille, mon seul enfant, et tu l'as démolie, tu comprends...

Elle avait en hurlant la même voix trop aiguë et insensée que sa fille, la veille, quand Delphine s'était enfuie du studio. J'avais raccroché sans attendre qu'elle eût fini : je connaissais la plainte des femmes mûres ; je ne voulais pas entendre celle d'une désespérée qui voulait que je paie, croyais-je l'entendre dire, non seulement pour sa fille mais pour tout ce que les hommes font subir aux femmes.

Je me suis terré chez moi jusqu'à ce que Tobias vienne à Paris, dès le lendemain, pour constater que ma figure ne ressemblait toujours pas à celle du fantôme de l'Opéra, jugeant en outre venu le moment d'accomplir le voyage dont il était entre nous question depuis des mois, à Saint-Chartier, dans le Berry, chez Samuel Du Bois, ce vieux et rare compositeur qui avait cessé d'écrire après la mort accidentelle de sa fille et détruit le manuscrit d'une immense symphonie, refusant dès lors toute allusion à son œuvre publié, et offrant à toute une génération de jeunes musiciens l'occasion de prendre son silence pour une posture esthétique qui ne lui donnait pas moins de mystère que des compositeurs tels qu'Anton Webern ou Giacinto Scelsi, alors qu'il n'avait fait que l'épreuve du deuil et de la vanité de l'écriture, et regardé pendant près de vingt ans son image acquérir la dimension d'un mythe vivant ; ce qui avait fait trouver presque incongru qu'il se remette à composer et désirer d'être joué. Il venait d'achever, abordant la voix pour la première fois avec une œuvre pour mezzo-soprano et orchestre, *Rapides*, sur des poèmes d'André Du Bouchet, et voulait consulter Suttermans sur le *Trio pour violon, alto et violoncelle* auquel il travaillait et dont il avait parlé à plusieurs reprises dans des lettres au musicien hollandais chez qui il aimait le lien que celui-ci tentait d'établir entre le baroque et le contemporain, lui confiant qu'après une pièce aussi monumentale que *Rapides*, le retour à la musique de chambre serait l'occasion d'une de ces ironiques approches du silence qui avaient constitué la première manière de son œuvre. Tobias me proposait d'aller le voir pour le convaincre de nous confier la création de cette pièce.

— Il nous faut ce *Trio*, me disait-il, dans le couloir qui mène à mon appartement, au moment où, tendant la main vers le bouton de la minuterie, j'ai eu la joue déchirée d'un coup d'ongle si vif que j'ai bondi en arrière, comme si j'avais posé la main sur un de ces aspics qui étaient ce que, depuis mon enfance siomoise, je redoute le plus au monde, avec les puits sans fond, les survêtements de sport, le bruit du rap et l'odeur de l'ail.

Nous avons maîtrisé à grand-peine une Delphine hors d'elle et dont les hurlements avaient attiré les voisins sur le pas de leur porte. Tobias leur a intimé l'ordre de rentrer chez eux, avec une autorité merveilleuse, sa belle main silencieuse de violoniste plaquée sur la bouche de Delphine et, de l'autre, lui tenant le bras replié derrière le dos par une prise dont elle a pourtant fini par se délivrer. Nous l'avons rattrapée dans l'escalier puis traînée jusqu'au parking souterrain, et enfournée dans ma voiture. Nous nous taisions. Nous avions l'air de deux scélérats du XVIIIe siècle enlevant une jeune proie pour la conduire dans un château des Alpes, me dirait Tobias, plus tard, lorsque nous aurions ramené Delphine à Champs-sur-Marne, ce qui, avait ajouté Tobias en découvrant cette lointaine ville de banlieue, ne devait pas valoir beaucoup mieux qu'un sadien repaire : chez son père, donc, remise à cet homme que je voyais pour la première fois, abîmé dans le silence et la mélancolie, et qui n'avait pas besoin du surcroît de honte que lui donnait ce soir-là cette fille que nous lui ramenions en la tenant par les aisselles et par les pieds, et qui se débattait en hurlant de nouveau comme un beau diable, oui, jamais l'expression ne m'avait paru plus juste, malgré le masculin, ou plutôt, grâce à lui, puisque, à ce moment, Delphine n'avait plus rien de ce qui faisait d'elle une jeune fille ou une personne du sexe féminin, mais qu'elle était la figure même de la possession, m'étais-je dit pour supporter l'opprobre dans lequel nous étions nous aussi entrés, sous les yeux des voisins venus contempler le retour de celle dont les cris suscitaient les aboiements de leurs chiens, et dont ils avaient pensé ou espéré que ce serait la mère mais qui n'était que la fille que deux inconnus remettaient à ce père aux yeux éteints qui nous avait ouvert la porte sans un mot et nous regardait déposer sur le canapé d'un salon vieillot et mal rangé cette enfant qu'au fond il ne connaissait pas et qui lui rappelait sans doute trop la femme qui avait fui avec un godelureau aux mains pleines de cambouis.

Je n'ai jamais revu Delphine. Elle m'a téléphoné, l'année suivante, pour me féliciter du disque consacré au *Trio pour cordes* de Samuel Du Bois, que je venais d'enregistrer avec Suttermans et le violoncelliste Maurier, et qui, couplé avec une Suite de quatre pièces pour quatuor avec piano (une œuvre ancienne, à laquelle le compositeur avait retranché une pièce qu'il jugeait incompatible avec les autres et transformée en une longue pièce pour piano seul figurant également sur le disque), remportait un succès non pas inattendu, puisqu'elle était depuis longtemps, cette œuvre, l'objet de maintes supputations voire exécutions partielles et quasi confidentielles, mais inespéré.

« Un homme sans tonalité : voilà ce que tu es », a-t-elle ajouté doucement, avant de raccrocher.

J'ai cessé de penser à elle — sans doute rentrée dans le rang et appelée à devenir ce que sa mère souhaitait qu'elle fût : un professeur de mathématiques, une jeune femme qui a fait ses premières armes amoureuses et qui sait maintenant ce qu'elle veut, fût-ce en brûlant ce qu'elle a aimé.

Je me rappelle plus volontiers ce voyage de l'automne 1997, à Saint-Chartier, Tobias logeant chez le compositeur, derrière des murs recouverts d'un lierre si épais que Du Bois devait composer en plein air, dans son jardin, l'été, et le reste du temps dans un rayon de lumière, devant une fenêtre étroite ou dans la clarté ronde d'une petite lampe — ce qui explique, prétendait Tobias, la part d'ombre et de silence régnant dans ce *Trio* que nous avons créé, une œuvre pleine d'assombrissements sonores, d'interrogations, de ruptures, de granulations ironiques, qui insiste d'abord sur le caractère particulier et indépendant de chaque instrument pour les faire ensuite jouer ensemble, puis liguer le violon et le violoncelle contre l'alto avant de les laisser peu à peu seuls pour des aventures sonores brèves et contrastées, radicalement modernes, avec néanmoins des moments rhapsodiques qui sont un clin d'œil à cette tradition avec laquelle Du Bois n'a cessé de jouer.

Nicole avait tenu à être du voyage, autant pour rencontrer Du Bois que pour être avec moi, et aussi parce que Tobias avait décrété qu'un voyage d'automne dans une province aussi reculée que le Berry ne pouvait avoir lieu qu'en compagnie d'une femme de la beauté de Nicole, la seule personne au monde, disait-il, capable d'empêcher de faire de nous de plaintifs compagnons errants, expliquait-il en se mettant à chanter le premier des *Lieder eines fahrenden Gesellen* de Mahler.

Nous sommes descendus, elle et moi, dans un petit hôtel comme il s'en trouve encore en province, par exemple à Siom, chez Berthe-Dieu, vieillots, humides, un peu inconfortables. Celui-ci portait, si je me souviens bien, le nom d'Hôtel de France, et ce qu'on y respirait et y entendait venait surtout de l'enfance ou, pour Nicole, de livres passionnément lus enfant et parmi lesquels les admirables *Maîtres sonneurs* de George Sand qui l'avaient fait rêver de cette vallée Noire où elle dormait enfin comme on peut s'endormir dans les draps d'une langue, murmurait-elle, alors que j'avais encore l'esprit tiraillé par le remords comme les poignets par ces fils de suture qui avaient fait dire à Du Bois que la partie d'alto de son *Trio* n'impliquait pas l'usage d'un archet aussi tranchant. Nous avons ri (un rire un peu forcé, qui nous dispensait de toute explication, Du Bois ayant une sainte horreur de tout ce qui a trait au suicide). Nous dînions dans une auberge tenue par une vieille dame qui avait un langage et un sourire qu'on ne rencontre plus que dans ces provinces et qui, a murmuré Du Bois, semblait sortir d'une pièce pour clavecin de Jean-Philippe Rameau.

« Un air de bonté, aussi, qui nous rappelle que l'homme n'est, en vérité, pas bon, nous sommes tous d'accord là-dessus, mais il faut que nous pensions qu'il n'est pas tout à fait mauvais si nous voulons continuer à faire de la musique, n'est-ce pas ? » avait ajouté le vieux compositeur en élevant à la lumière d'un plafonnier un verre dans lequel il faisait tournoyer un blanc de Reuilly en les comparant, le geste et le vin, aux mélismes d'un haute-contre dans un air de cour de Joseph Chabanceau de La Barre, dont Tobias se mit à fredonner, à l'intention de Nicole, les paroles suivantes :

Loin de Philis, je suis loin de moy-même
Sans elle hélas ! je ne suis propre à rien
Un grand amour serait un trop grand bien
Si l'on voyait toujours ce que l'on ayme.

Nicole avait plu à Du Bois comme elle plaisait à tant d'hommes mûrs que son étrange beauté fascinait ; elle était, même, cette beauté, la seule dont il m'ait été donné de voir que non seulement elle n'intimidait pas, mais qu'elle rassurait ceux qui s'approchaient d'elle, fût-ce en vain, hommes mûrs ou très jeunes, ces derniers étant voués à errer interminablement dans les forêts solitaires, les lieux affreux et les stériles déserts des airs de cour.

Sans doute ne me plaisait-elle pas comme m'avait plu Delphine ou comme je goûterais la jeune Polonaise qui entrerait dans ma vie quelques semaines avant l'éclipse. J'étais lié à Nicole par autre chose que ce qu'on a coutume de réduire au plaisir : un lien plutôt qu'une liaison ; un lien dont la nature ne tenait pas au fait que Nicole ne s'installait pas dans ma vie ou qu'elle dût se contenter d'y passer, ni même dans son aptitude à y survenir perpétuellement, ce qui aurait suffi à combler les plus sévères attentes, mais à ce qu'elle m'avait très tôt laissé entendre du mystère de sa vie — une vie que je serais, disait-elle, le seul à connaître, peu à peu, d'abord au hasard de nos rencontres, puis au cours du déjeuner dont nous avons institué le rite pendant la dernière année, celle de l'éclipse, lorsqu'elle m'a confirmé ce qu'elle m'avait déjà laissé entendre : qu'il viendrait un jour, plus proche qu'elle ne l'imaginait elle-même, où ce serait la folie qui lui dicterait sa conduite, la terrible raison, la lumière, l'éclair de lucidité qu'engendre la folie, et où je serais la seule personne au monde capable de l'aider, tout comme elle m'avait aidé, dans les semaines qui ont suivi ma rupture avec Delphine, à garder la tête hors de l'eau, me réapprenant à nager, pendant la nuit de Saint-Chartier, dans le grand lit profond et grinçant où je me suis laissé faire, à cause de mes poignets bandés et encore douloureux, auxquels Nicole me demandait de faire attention tout en chuchotant son désir que ces plaies se rouvrent et que mon sang coule sur elle de la même façon qu'elle aimait voir mon sperme jaillir sur sa figure. Elle m'a chevauché, cette nuit-là, avec une autorité et une douceur dont je lui étais reconnaissant, moi qui de toute façon, avec ces mauvais poignets, n'aurais été sur elle qu'une tortue maladroite, tandis qu'elle donnait à ses gestes quelque chose d'une danse dont le plaisir n'était pas le but unique — l'orgasme, veux-je dire, car ce qu'elle m'apprenait, mieux qu'aucune de ces femmes qui cherchent désespérément de l'or dans les yeux d'un homme qui jouit, c'est que l'orgasme n'est qu'abstraction, crispation, négation de la beauté, volonté de mise à mort d'autrui et sans doute de soi dont on veut se défaire à tout prix, tant il est vrai que le spectacle de deux corps soupirant, râlant, criant, sursautant, se figeant dans des attitudes de suppliciés, a quelque chose de l'agonie dont il n'est peut-être que le joyeux ou le morbide avant-goût, même dans la vision forcément parcellaire et subjective que deux amants ont de leurs corps entrés dans cette étrange danse dans laquelle les poils, les lèvres, le sexe, les aisselles, l'anus, le nombril, les orteils, le creux des oreilles, l'haleine, la salive, le sperme, tout ce qui d'ordinaire se cache ou a besoin d'artifices pour se faire oublier ou se rendre acceptable, devient objet d'adoration. Et sur un corps sans défaut comme l'était celui de Nicole (ou du moins sur lequel je n'ai pas cherché, comme sur tant d'autres, le moindre défaut qui me les donne souvent à détester : nul grain de beauté, tache de vin, vergeture, mauvaise odeur, repli disgracieux, tant elle se surveillait, ne se nourrissant que de poisson, de laitages, de légumes et de fruits qui n'auraient pas permis à des carcasses commes les nôtres, disait Tobias, de tenir debout, et buvant d'autant moins qu'elle s'y serait trop volontiers laissée aller, désireuse de préserver cette peau dont la blancheur, la fermeté, le lisse avaient quelque chose d'extraordinaire non seulement pour une femme de son âge, mais pour son siècle, où la beauté se mesure plutôt à la trace perpétuelle du soleil sur la peau), ce n'était pas aux détails qu'on s'arrêtait, ce n'était pas tel membre, organe ou parcelle de son corps qu'elle mettait en valeur — pas même le plus visible, ses jambes si longues, et cette poitrine d'un beau et juste poids qu'elle semblait quelquefois proposer comme une femme prête à se sacrifier — mais son corps tout entier, dressé au-dessus de moi dans la demi-nuit de la chambre d'hôtel où régnait un silence dont Nicole m'a fait remarquer qu'on ne le trouvait plus que dans ces campagnes, dans les romans anciens ou dans l'enfance, lorsque nous sommes encore capables d'isoler les bruits, de les détacher de leur contexte menaçant pour les transformer en rumeurs lointaines qui peu à peu retournent au silence heureux de la nuit.

Dressé au-dessus de moi, ce corps dont je ne pouvais, cette nuit-là, que caresser les hanches et dont les mouvements nous amenaient lentement à nous défaire de nous-mêmes, Nicole avec de petits cris semblables à ceux d'un lapereau dans les serres d'un hibou et moi cherchant à les entourer de ma bouche, ces cris, pour les faire miens, les avaler, et puis guettant ensemble dans nos regards le signe de notre délivrance, Nicole rejetant son visage dans l'ombre tandis que j'enfouissais le mien entre ses seins puis au creux de l'oreiller, comme ferait une femme, cherchant un peu de fraîcheur où reprendre des forces jusqu'à ce que je renverse la situation, nullement pour rétablir je ne sais quel rôle ou préséance qui m'obligeât à la dominer, cette situation, en me retrouvant sur Nicole pour lui imposer mon propre rythme, mais parce que je n'ai jamais aimé jouir dans la position où nous nous trouvions auparavant, le sang refluant vers la racine du sexe qui perd dès lors de sa puissance et de sa sensibilité, devient moins aisément contrôlable et moins propre au plaisir, quelque experte que fût, à ce moment-là, la main de Nicole flattant mes testicules tout en donnant à son propre sexe un surcroît d'étroitesse qui me faisait penser qu'elle se souciait moins de son plaisir que du mien, y sacrifiant même le sien ou paraissant m'en faire le sacrifice, vu qu'il est aisé à une femme non seulement de feindre le plaisir ou de le différer, mais de le trouver dans une dimension tout autre que celle de l'homme, et particulièrement dans le plaisir de l'homme, si on peut dire, dans cette jouissance qui fut, cette nuit-là, plus spirituelle que voluptueuse puisque ce n'est pas ma seule semence qu'elle a fait jaillir mais des larmes, des larmes de joie, comme s'il m'avait fallu tout ce temps, ces jours et ces nuits, depuis le moment où j'avais rompu avec Delphine dans le studio de Saint-Maur jusqu'à celui où je jouissais dans le ventre de Nicole, pour être enfin délivré et tirer de moi des larmes qui ne soient pas de souffrance et qui ne pouvaient couler qu'avec mon sperme, larmes et sperme mêlés d'un peu de sang, celui de la blessure que Delphine m'avait infligée à la joue et qui se rouvrait là (puisque je m'étais refusé à y mettre aucun pansement, bien décidé à porter de la sorte la trace de mon infamie, avais-je dit à Tobias, qui avait rétorqué qu'en cette matière j'étais plus protestant que lui, moi qui ne croyais pas en Dieu) sur le ventre de Nicole, qui l'a caressé du doigt puis l'a porté à ses lèvres en murmurant : « Je te retrouve, Philippe, enfin je te retrouve... », exactement comme elle l'avait fait, quelques mois plus tôt, au cours de notre première nuit, comme si nous nous étions déjà rencontrés non pas ailleurs ni dans une autre vie mais, si on peut dire, toujours connus dans le mouvement qui nous avait amenés l'un à l'autre et plaçait notre rencontre sous le signe non pas du hasard mais d'une vraie reconnaissance, et qui ne m'a pas étonné, cette première nuit, lorsqu'elle m'a soudain repoussé pour me demander de jouir dans sa bouche afin de connaître la saveur de cette semence dont elle aimerait tant, dirait-elle, le goût de sous-bois et d'automne, et dont elle ne tirerait jamais, elle qui avait depuis longtemps décidé de ne pas avoir d'enfant, que de quoi entrer plus avant dans ses songes, se mettant à parler de son enfance, dans le silence de la nuit berrichonne, c'était son tour, à elle qui savait tout de la mienne dont elle disait qu'elle avait sans doute pris fin avec ma rupture avec Delphine, si tant est que l'enfance finisse jamais pour des êtres comme nous, avait-elle murmuré en se recroquevillant contre moi.

IV

C'est cette même nuit qu'elle m'a révélé sa décision de ne pas vivre au-delà de quarante-quatre ans, en m'expliquant que c'était à cet âge, précisément, que la folie de sa mère avait atteint son plus haut point d'égarement et de souffrance, et qu'elle, Nicole, ne pouvait vivre cela à son tour, ni laisser le temps empoigner son visage comme il l'avait fait pour sa mère, devenue vieille d'un seul coup, comme dans un conte, après avoir achevé la traversée de sa propre folie, et vivant désormais avec un masque d'argent qui lui tenait lieu de figure : celle d'une éternelle jeune vieille que lui avaient donné le temps, la maladie, la chirurgie esthétique, et qui serait le sien jusqu'à la fin, immarcescible, disait Nicole en précisant qu'il n'y avait pas d'autre mot que celui-là, rare et beau, impressionnant comme ce qu'était devenu le visage de cette femme à présent sans âge et qui emporterait dans la tombe le masque d'argent avec lequel elle attendrait la résurrection de la chair, au cimetière Saint-Patrick de Québec.

L'écoutais-je vraiment ? N'étais-je pas trop loin, tenu à distance de tout, y compris de moi-même, par la fatigue du voyage, du dîner et de l'amour, pour avoir, cette nuit-là, pris la pleine mesure de ce qu'elle me disait à propos de sa volonté d'en finir ? Ne devais-je pas plutôt voir là, surtout au moment où ce qui nous liait était appelé à se renforcer, une simple façon d'exorciser sa terreur de la mort, me demandais-je sans croire vraiment à la pertinence d'une interrogation qu'il suffisait (ce mouvement vers la lucidité dût-il durer des semaines et des mois) de déplacer hors du domaine psychologique ou sentimental pour mesurer l'extraordinaire demande que Nicole m'adressait à travers cette confidence, à moi qui avais toujours contemplé les autres depuis une rive où il ne semblait pas que j'étais tout à fait vivant.

Elle fuyait. Elle avait fui non seulement cet homme qui demeurerait longtemps entre nous comme un corps étranger qu'elle aurait bien du mal à mettre au tombeau, mais aussi le Québec, elle reviendrait souvent là-dessus, une société, un peuple qu'elle jugeait médiocre, pusillanime, sans audace, inculte, pauvre de langage et indigent à force d'être conformiste, et trop américain, malgré l'ascendance française, incapable de s'assumer, ayant plusieurs fois refusé son indépendance, la dernière fois de peu, en 1995, quelques milliers de voix qui lui avaient donné le sentiment d'une mauvaise farce, la démocratie comme répétition de la même défaite, depuis toujours défait, ce peuple, vaincu, déporté, ou trop longtemps maintenu sous la coupe ecclésiastique de Rome et sous le regard pragmatique de l'Anglais, pour qui tout ce qui est français est source de nuisance.

— Quelques milliers de voix, oui, qui nous ont empêchés de nous détacher du Canada, de ces Canadiens anglophones encore plus vulgaires que les Québécois et qui ont fini de me faire prendre la décision de partir, de venir vivre ici, à Paris, dans cette île, poursuivrait-elle, le regard tourné vers la petite terrasse de l'immeuble voisin dont la paroi couverte d'azulejos et les orangers en pots lui faisaient songer à ces villes du Sud qui étaient probablement le but de ce voyage qu'elle avait entrepris en quittant son pays et dont Paris n'était qu'une étape, murmurait-elle en regardant, par-delà les azulejos et les toits de zinc, le ciel gris tourterelle de cet après-midi d'avril, après l'amour, allongés sur le lit aux draps de lin qui étaient une des rares choses qu'elle eût apportées du Québec, chuchotait-elle en se retournant sur le dos, non pour s'abandonner à la somnolence des amants mais à sa propre parole et m'y glisser, m'y allonger, m'y enrouler, dans ces mots qu'elle me proposait, dans ce récit qui lui était devenu aussi nécessaire que la danse, l'exil, ou l'amour.

— Trop irlandaise, oui, et trop femme du Nouveau Monde pour ne pas bouger, comme mon propre père, le fils de l'astronome, celui qui n'a sans doute jamais contemplé les mêmes étoiles que son père, celui qui a préféré laisser tomber ses études, tu te rappelles, pour entreprendre ce mystérieux voyage dans le sud des États-Unis, une fuite, aussi bien, un voyage devenu mythique, dans la famille, et à propos duquel il m'a fallu bien des années pour apprendre quelque chose, et de la bouche des femmes, non pas de ma mère, tu t'en doutes, mais de mes grands-tantes, celles qui allaient recueillir l'eau de pluie sur le toit de l'observatoire avant qu'on le démolisse et qu'elles soient relogées avec leur frère, devenu veuf, un peu plus haut, presque en ville, dans une maison de pierre grise, face à un jardin public où on a installé, un peu plus tard, une statue de Jeanne d'Arc offerte par la France, et, n'ayant rien d'autre à faire, ces sœurs, que de ressasser des souvenirs du temps où elles vivaient dans les plaines d'Abraham et où elles allaient avec leur frère Albert jusqu'à la proche prison où avaient lieu des exécutions capitales auxquelles ils assistaient en fermant les yeux, la rumeur de la foule et sa soudaine interruption leur indiquant que le supplicié se balançait au bout de sa corde ; se souvenant aussi du temps où elles voyaient partir pour l'école en traîneau à chiens ces neveux qu'elles aimeraient autant que le mélancolique astronome : le cadet, surtout, c'est-à-dire mon père, à propos de qui elles en savaient bien plus qu'elles n'en diraient jamais, même à moi, sachant ou devinant ce qu'il était allé faire là-bas, dans le Mississippi. Un voyage auquel j'ai encore pensé, l'autre soir, en revoyant *Easy Rider* à l'Action Écoles que j'adore pour les coiffures choucroute de son ouvreuse qui semblent venir du milieu des années 50, l'époque où Jean Dupré a fichu le camp dans le Deep South, pendant tout un hiver, pour un périple que je veux croire initiatique, celui des aventuriers et des coureurs des bois qui avaient tracé dans le Nouveau Monde, de la Louisiane à la baie d'Hudson, les chemins d'une Amérique française, des hommes perdus de la route, entrés dans le grand chant des pistes de cette Amérique où les gens sont demeurés nomades, go west, young man, and don't look back, never, par-dessus cette épaule où il n'y a plus rien à voir que la poussière de ce qui est déjà loin de soi, toujours vers l'ouest, donc, ou vers ce Sud que Jean Dupré savait qu'il ne pouvait atteindre grâce aux livres, lui qui n'aimait pas lire, mais en Greyhound ou en auto-stop, puis achetant sur place une moto d'occasion, croyaient savoir les tantes, pour errer du côté de domaines hantés où il suffisait de s'arrêter un peu pour percevoir le bruit d'une harpe d'herbe, le murmure d'un cœur solitaire, la grande plainte des nègres dans les champs de coton, et arriver, qui sait, jusqu'à une petite ville au centre de laquelle, près d'un marché aux melons et d'une banque d'où il aurait pu entendre s'élever le murmure de deux vieillards qui avaient passé et repassé les portes de la mort, s'approchant ensuite du péristyle à quatre colonnes blanches d'un palais de justice surmonté d'un campanile à l'horloge duquel il aurait pu lire l'heure avant de s'asseoir au pied d'un monument dont la haute colonne porte à sa cime la statue d'un soldat confédéré, le fusil entre les jambes, le regard perdu dans le lointain, dans un soir d'été où bourdonnaient les insectes et les balles Minié, un soir couleur de bourbon et plein d'odeurs de glycines, de caroubiers et de magnolias, et que Jean Dupré avait eu, rêvons-le, l'impression de sentir, même en plein hiver, et où il avait peut-être croisé la silhouette mince et vive d'un petit homme en costume de tweed, pipe à la bouche et moustache grisonnante, le visage levé vers ce que nul ne voyait déjà plus et qui n'était pourtant pas si lointain, et qu'il s'acharnait à donner à voir, lui, le petit homme aux yeux plissés, fatigués, ironiques, qui ressassait des histoires de familles maudites, de larrons, d'idiots, de charges de cavalerie, de nègres blancs, de chasses à l'ours, d'amours tuméfiées, d'enfants sacrifiés, tout ce qui ne cesse de s'engendrer et de se détruire, l'impossible rédemption, le basculement de la nuit dans la gorge des femmes et le rire des hommes. Et lui, Jean Dupré, qui s'était arrêté là par hasard, il aurait pu se croire, s'il avait aimé lire, un personnage du petit homme en tweed, lui, le grand gars qui fuyait l'hiver de la Belle Province et sans doute autre chose, vu qu'il était encore à l'âge où on croit pouvoir échapper à soi-même, où on peut ne pas être un enfant prodigue tout en étant le fils d'un astronome mélancolique alors que la parabole est depuis toujours écrite, dans l'autre livre, dans ce qui sera toujours l'autre livre, l'autre de tout roman, le livre des livres, à quoi il ne pouvait pas ne pas penser, Jean Dupré, tandis qu'il décevait son père et que son frère aîné suivait les traces paternelles, à Harvard, et fréquentait Deirdre Cleary, jeune et jolie Irlandaise de la Grande Allée, à Québec. Il en avait probablement conçu du dépit, lui, le cadet, de voir que ça aussi c'était écrit, les fiançailles, les épousailles, la fondation d'une famille avec une jeune fille plus que convenable et qui avait du bien, comme on disait encore, alors qu'il préférait, mon père futur, la longue tresse blonde d'une fille de chauffeur d'autobus de la Basse Ville, plus avenante, plus langoureuse que les Irlandaises de la Grande Allée, mais inacceptable par les Dupré. Aussi inacceptable que d'avoir abandonné ses études d'ingénieur pour prendre la route du sud et aller se perdre Dieu sait où pour tenter d'oublier ce qui n'était peut-être rien d'autre que l'hiver, celui d'avant ma mère ; car il en est revenu, de ce paradis ou de cette absence de paradis. Pourquoi ? Pourquoi est-il rentré ? Était-il comme Ulysse qui, dans les bras d'une nymphe, a brusquement la nostalgie d'une mortelle ? Ou bien a-t-il eu peur, trop fragile, trop seul, abandonné encore une fois, lui qui, après être allé à l'école primaire en traîneau à chiens, avait été mis en pension, jeté dans une immense solitude, dès l'âge de six ans, à Saint-Louis-de-Gonzague, où les sœurs, d'anciennes orphelines battues, faisaient subir aux enfants quelque chose de ce qu'elles avaient elles-mêmes supporté mais qui lui importait moins que le froid, car il était frileux, si frileux que ni les rives du Mississippi, ni les marais de Louisiane, ni les yeux noirs d'aucune fille du Sud ni même, plus loin, les plages de Daytona, des Keys, des Everglades qui étaient sans doute le but de son voyage, rien n'avait pu lui faire oublier la tresse blonde d'une fille de laitier, pas plus que les lois du sang, le mimétisme fraternel, l'argent à gagner, la jeunesse à enterrer et la semence à enfouir dans d'autres ventres que ceux des filles faciles ou vénales. Peut-être s'est-il rappelé la parabole et y a-t-il trouvé de quoi rentrer à Québec la tête point trop basse, puisque c'était écrit dans le Livre et qu'il était fatigué de l'errance, des villes minuscules et en fin de compte aussi mornes que celles de son pays et de ces logeuses qu'il voyait avec dépit emballer ses sandwichs au pain de mie dans du papier journal, lui qui avait toujours été méticuleux et se craignait de tout mais qui a eu le courage de cheminer tout un hiver, comme Peter Fonda dans *Easy Rider,* et qui aurait pu dire, comme lui, tout simplement : « I gotta go, now... », pour justifier sa fuite, se l'expliquer à soi-même et en faire le vrai, le seul voyage, celui dont on ne reviendra jamais, même quand on aura épousé celle qu'on avait peut-être en tête, faute de l'avoir dans le cœur, non pas bien sûr la fille du laitier de la Basse Ville mais la petite sœur timide et moins jolie de celle qui était devenue sa belle-sœur, avant le départ pour le Sud, et rencontrée aux noces de son frère Pierre et de Deirdre Cleary : la timide et gauche Eileen, dont il n'a jamais été amoureux mais qu'il a épousée parce qu'il fallait bien que l'enfant prodigue aille jusqu'au bout de son retour et qu'elle l'avait remarqué, elle, la petite Eileen, et que ça lui donnait le sentiment que tout était tracé, dans l'ordre, une belle symétrie qui pouvait passer pour l'accomplissement d'une vérité ou du destin. Il n'y a pas regardé de plus près, n'a pas repris ses études, ne s'est pas demandé pourquoi le destin prenait la figure du beau-père qui l'avait fait entrer comme fondé de pouvoir dans une banque qu'il contrôlait et envoyé à Montréal, dans une succursale, avec la petite Eileen dont il se rendait bien compte qu'il ne l'aimerait pas comme elle l'aimait, elle, son beau *French Canadian* en qui elle voyait l'albatros dont elle rêvait qu'il l'emmenât faire *the great tour*, c'est-à-dire en Europe, et qu'elle a commencé de moins aimer lorsqu'elle s'est rendu compte que c'était un sédentaire, au fond, un rêveur, ou, comme elle dirait joliment, « un albatros à l'aile brisée », à qui le moindre voyage professionnel à Toronto, Halifax ou Vancouver donnerait bientôt des nausées et des maux de ventre, un homme tout juste bon à lui faire des filles alors qu'elle aurait tant voulu des garçons, au moins un, qui fût aussi beau que lui, et surtout pas une fille comme celle qui lui est venue en premier, moi, Nicole, née à Montréal, comme mes sœurs, au Queen Elizabeth Hospital, dans Notre-Dame-de-Grâce, où allaient beaucoup d'Irlandais, ce qui n'a pas empêché ma mère de regretter que ce ne fût pas à Saint Mary's, un hôpital beaucoup plus chic, sur Côte des Neiges où elle aurait tant voulu habiter, aussi, au lieu d'emménager dans cette boîte à savon en bois, à Dollard-des-Ormeaux, banlieue alors toute neuve de Montréal. Un endroit qui porte le nom d'un antihéros de la colonisation française, tué par les Iroquois en défendant Montréal — un perdant, comme tant d'autres, dans l'histoire de ce pays. Une banlieue arrachée à la vie rurale avec, encore, son école de rang, une école primaire de campagne, dans laquelle une institutrice faisait la classe à tous les groupes d'âges et qui desservait non pas un village — c'était l'école de village, celle que tu as connu à Siom, j'imagine — mais une partie d'un comté dont le découpage se faisait selon des routes parallèles au Saint-Laurent : des rangs, donc, de plus en plus éloignés du fleuve à mesure qu'on va à l'intérieur des terres et qui portent le plus souvent des numéros, jusqu'au dernier rang en arrière, le plus arriéré, aussi. Nous avons vécu là plusieurs années, aux confins de deux mondes et de deux époques, la fin des années 50 et le début des sixties, avec des fils de fermiers — les dernières fermes peu à peu abandonnées à la vague d'urbanisation ; des garçons qui sentaient l'étable, comme ce Michel Deloche qui montait à cheval, après l'école, et les Carette, qui habitaient une roulotte, ou l'Écossais Barry Clyde, qui passait devant nous, les filles Dupré, en claironnant ce que nous soupçonnions n'être pas tout à fait une chanson : « I measure my love to show you... », ou quelque chose de ce genre... On se serait cru dans un *settlement* avec ces rues non pavées, non goudronnées, auxquelles on donnait par exemple le nom du dernier fermier chassé, Anselme Lavigne, je me souviens, ou des noms anglais, Aldercrest, Woodlawn, Greenview, que prononçaient tant bien que mal tous les immigrants venus d'Allemagne, d'Écosse, de l'Italie du Sud, d'Égypte, de la Jamaïque : races, langues, religions et traditions qui ne se mêlaient pas, ne pouvaient se mêler, tant était vive la blessure de l'exil et l'éternelle rancœur entre les races, et qui faisait des petits coptes égyptiens de la rue Belcourt avec qui je parlais quelquefois, dans l'autocar GMC jaune qui nous amenait à l'école Saint-Thomas, des sortes de martyrs dont j'enviais le destin, m'imaginant moi aussi sinon en martyre, du moins en exilée pour être passée de l'appartement de la rue Peel, à Montréal, à ce Dollard-des-Ormeaux que nous avions en horreur et n'appelions, mes sœurs et moi, que DDO, en prononçant ces initiales à l'anglaise, comme si c'était plus injurieux ou une manière de tenir le lieu à distance, de ne pas tout à fait en être. Et il est vrai qu'il y avait de quoi mourir d'ennui, à DDO, où il n'y avait à l'époque aucun moyen de transport pour aller en ville, ce qui nous condamnait à rêver, infiniment, à la maison des Cleary sur la Grande Allée, à Québec, et à celles de Saint-Romuald et de Saint-Michel-de-Bellechasse, au bord du fleuve. Tout ça, l'exil, le lointain, le peu d'amour que se vouaient nos parents, les grossesses successives et interminables de ma mère que j'ai tout fait pour aider, surtout pendant la dernière, afin de ne pas aller à l'école, et la disgrâce d'être une fille, tout ça a fait de mes douze premières années une longue nausée, une maladie pendant laquelle je suis restée souvent au lit, des semaines entières, pour ne pas aller à l'école, écoutant la radio, tricotant, lisant, songeant, quelque chose d'une fille du XIXe siècle, triste, particulièrement triste, lorsque je voyais tomber la première neige avant le 21 novembre parce que je savais qu'à Montréal elle ne tient qu'après cette date, oui, aussi triste que pendant les fausses débâcles de mars, et tout le temps envahie de ce désir qui me pesait chaque année davantage et que je ne savais pas nommer...

Elle les trouverait peu à peu, ces mots. Toute sa vie serait un extraordinaire effort pour nommer ce corps, ces tourments, cette chose invisible, grâce non seulement au *Petit Larousse* à reliure de toile grise dont elle et ses sœurs devaient se contenter faute de pouvoir ouvrir l'encyclopédie Quillet du père, mais à tout ce qui lui tombait sous la main et qui lui faisait voir au-delà de DDO : la comtesse de Ségur, Jules Verne, Daudet, Dumas, Dickens, Stevenson, et Shakespeare, bien sûr, qu'elle lisait sans le comprendre vraiment. Des livres prêtés par des camarades de classe, puisque ses parents n'en achetaient pas. Des livres exclusivement en français, malgré la décision familiale qui voulait que les filles fussent élevées dans les deux langues, Nicole préférant s'isoler pour rêver dans celle de son père, même si le goût de lire lui était venu à travers l'anglais, les nursery rimes, les chansons irlandaises, et les prières, le *Hail Mary* et le *Our Father*, et la si belle *Elegy Written in an English Churchyard*, de Thomas Gray, que le grand-père Cleary récitait à ses petites-filles, dans la maison de Saint-Michel, l'été, et qu'entendait surtout l'aînée, cette heathly neglect Nicole, celle qu'on élevait dans un beau désordre, comme un jardin anglais, murmurait sa mère en songeant peut-être au futur jardin de Sillery, à Québec, et à cette fille qui se disait malade et restait au lit pendant des semaines et dont elle ne pouvait pas ne pas voir que c'était du bluff, qu'elle n'était pas vraiment malade ou alors qu'elle souffrait d'un mal mystérieux, sans doute de neurasthénie. Mais voulait-elle le voir, Eileen Cleary, qui avait déjà compris que son beau *French Canadian*, son albatros, son lord Snowdon, ne l'aimait pas et qu'il allait falloir passer plus de vingt ans, le temps d'élever les filles, dans cette absence d'amour, puisqu'il y aurait toujours une Louisiane, un Deep South entre eux, ce qui est presque pire qu'une multitude de maîtresses ou qu'une amante morte après qui elle fût venue, elle, la petite Irlandaise mortifiée de s'avouer qu'elle serait moins heureuse que sa sœur aînée, là-bas, avenue Laurier, à Québec, avec le frère de son mari et leurs deux fils beaux et sains, tandis qu'elle, Eileen Cleary, ne voulait pas voir que sa fille aînée souffrait d'un mal du même ordre, probablement, que celui contre lequel elle luttait depuis toujours, contre ce qui avait déjà jeté une de ses tantes, et bientôt Heather, sa sœur cadette, dans ce que les Français appellent « folie douce », comme s'il pouvait y avoir là quelque douceur, comme si ce qui gît dans votre sang pouvait vous dispenser de souffrir, yes, even though the writing was on the wall, disait ma mère, et qu'on ne peut que s'abandonner à ce mal venu de la lointaine Irlande où on n'a jamais mis les pieds et qu'ont apporté ces émigrants qui au siècle dernier servaient de lest aux navires chargés au retour de bois et de granit, oui, qu'on ne peut faire autrement, trop sensible, trop fragile, trop rigoureusement éduquée, la petite Eileen qui avait d'abord été destinée à être religieuse pour remercier le Seigneur d'avoir donné aux Cleary une aînée si belle et parce que la benjamine présentait déjà les signes du mal qui eût fait du couvent l'antichambre de l'asile ; mais elle ne l'a pas été, épouse du Christ, cette Eileen aux yeux pâles qui savait contre quoi elle avait à lutter, le mauvais ange, cette couleur verte qui avait dans sa tête une profondeur d'émeraude, et cette fille aînée qui restait au lit pendant des semaines, à fuir la même chose qu'elle, probablement, le monde extérieur, la malchance, le destin, tout ce qui les rabaissait au niveau de ces immigrants de DDO alors qu'on était né sur la Grande Allée, à Québec, dans une maison à colonnade aujourd'hui détruite mais qui avait servi à Alfred Hitchcock pour quelques scènes d'intérieur de *I Confess* qui avaient donné à la petite Cleary l'occasion de voir de près ce Montgomery Clift dont elle croirait retrouver un peu plus tard la beauté dans ce Jean Dupré dont elle attendait chaque soir, à DDO, le retour en se demandant s'il rentrerait, s'il ne repartirait pas pour la Louisiane ou ailleurs, abandonnant ces femmes qui semblaient l'intimider, à qui il ne saurait jamais montrer d'amour, lui qui n'était pourtant pas un mauvais homme, qui avait pour les animaux une infinie compassion, et le sens de l'honneur, mais qui faisait comme sa femme et sa fille aînée, se fuyant lui-même, avec l'espoir de se quitter un peu, et ne parvenant qu'à être distant, lointain, tandis que la mère renonçait à ce côté du paradis pour camper sur ses privilèges abolis et son amertume, déçue, recluse, tyrannique envers ses filles qu'elle menaçait d'abandon et qui devraient lutter pied à pied pour conserver son amour.

— J'en hurlais quelquefois la nuit, poursuivait Nicole, j'en étais terrifiée, c'était le seul être qui m'aimait vraiment, je peux le dire, maintenant que je sais que mon père n'a jamais aimé personne, pas même lui, tandis que ma mère aimait, elle, mais d'un amour affreux, awful, you know, the dark side of the paradise when being loved by her, si bien que seul un autre amour, me disais-je déjà, dans mon lit de DDO, pourrait me délivrer de ce maudit amour-là qui me forçait à vivre au diapason de l'humeur maternelle, de sa folie orgueilleuse qui l'empêchait de rien considérer d'autre qu'elle-même : non pas ce qu'elle était mais ce qu'elle aurait voulu être, afin de ne pas voir combien elle s'était trompée en épousant ce gars qui fronçait les sourcils comme Montgomery Clift, ou alors se voyant en princesse déchue, solitaire, aimée de personne, n'ayant confiance en personne, susceptible à l'excès, angoissée, phobique, sans ami, et nous interdisant tout ce qui aurait pu attirer l'attention, soutien-gorge, pantalons, jambes croisées, maillots deux pièces, et qui me faisait désirer, moi, de regarder par exemple sous les jupes de Madame Fichini, dans *Les Malheurs de Sophie*. Quelle niaiserie, n'est-ce pas, mais où aurais-je pu regarder, avant les petites camarades du jardin de Sillery que je faisais se déshabiller pour voir si elles étaient faites autrement que moi et qui ne m'en apprenaient pas plus que ce que je découvrais sur mon propre corps, en tout cas pas sur ce qui me tourmentait depuis si longtemps, déjà, moi qui guettais ma puberté comme une bête sa proie, qui avais hâte d'avoir mes règles, d'être femme, oui, comme ma mère, d'enfiler nue le manteau de fourrure de ma mère, celui qu'elle portait quand elle était enceinte de moi et que je porterais à mon tour, bien des années plus tard, avec l'impression d'être en elle, devenue la femme que je rêvais d'être, lorsque je lirais *Les Fleurs du mal*, à quinze ans, malgré la mise en demeure maternelle : « If you read that, Heaven knows what will become of you ! », oui, malgré cette menace de perdition qui était ce qu'elle pouvait m'adresser de pire, pire que la menace de brûler le livre, même si je savais les tenir à distance, les conjurer, par l'écriture, ces menaces, moi qui écrivais déjà, à huit ans, dans le journal que j'avais reçu pour Noël, je m'en souviens parfaitement, c'était la première entrée : « Mummy was very cranky, this morning », inaugurant ainsi la météorologie de sa folie, la sienne et celle dont j'étais menacée et qui me faisait croire que j'allais cesser d'exister, la nuit, en sombrant non pas dans le sommeil mais dans le néant, puisque, malgré les *Our Father* et les *Hail Mary* que je récitais dans le noir, au bord du vide, dans ma chambre d'enfant, j'avais peur de ne jamais me réveiller, et dès lors cherchant la lumière des prières et des livres... »

Il lui avait fallu la lumière des mots, disait-elle, puisqu'il n'y avait rien, à Dollard-des-Ormeaux, au début des années 60, ni église, ni cinéma, ni pâtisserie, si bien qu'on devait aller jusqu'à Sainte-Geneviève-de-Pierrefonds, le dimanche, pour honorer le Seigneur en français (alors qu'une fois installés à Sillery, dans la banlieue de Québec, on irait à la messe tantôt en français, tantôt en anglais, selon l'humeur), puis acheter des mille-feuilles à la pâtisserie de Gascogne avant de s'échapper, l'après-midi, vers La Montérégie, les Laurentides ou les Cantons de l'Est, avec à ce moment le sentiment d'une enfance normale au sein de paysages aimés, les petites villes dont on oublie le nom sitôt qu'on les a traversées, les forêts d'épinettes, et les lacs, le lac Champlain, surtout, ou le lac Memphremagog dont on suivait la rive ouest jusqu'à la frontière américaine qu'on franchissait, parfois, pour rapporter de Plattsburgh ou de Burlington des cartouches de cigarettes, du cognac, du whisky. Et au retour, dans la fatigue du soir qui tombait sur la plaine de Montréal, la litanie des noms de lieux français, anglais, indiens, dont se tresse tout trajet d'enfance dans le nord-est de l'Amérique, et puis, devenues mythiques pour Nicole et ses sœurs, ces affiches et enseignes lumineuses qu'elles retrouvaient à l'entrée de Montréal : le nom de Miron inscrit en lettres verticales sur la haute cheminée d'une carrière visible depuis le boulevard Métropolitain, tout comme les lettres lumineuses de Redpath Sugar ou des Cimenteries du Saint-Laurent, visibles depuis les ponts Victoria et Champlain, et le panneau lumineux de la brasserie Molson, depuis le pont Jacques-Cartier, à chaque pont son monument industriel, son icône, son effigie, que la neige recouvrait parfois et qui donnait à l'immense bouteille de lait dressée sur le toit de la laiterie Guaranteed Pure Milk, à l'angle des rues Guy et Dorchester, quelque chose de presque irréel.

— Et aussi, ajoutait-elle, les noms, bien plus mystérieux, des motels et des bars, le long de la route, à la sortie des villes, si mystérieux même qu'il me faudrait des années pour comprendre qu'ils signalaient des lieux pour les amours clandestines, les commis voyageurs, les camionneurs, les âmes en peine et les désargentés, tous ceux qui aimaient la liberté d'ouvrir une porte d'entrée inconnue : La Belle Françoise et Le Fenil bleu, près de Québec, La Fleur de lys et La Boîte à Mado, au nord de Montréal et, bien sûr, plus tard, dans Montréal, ces endroits clandestins qui ne sont peut-être, en fin de compte, que ceux où on ne va pas spontanément, à cause des préjugés, de l'éducation, du manque de courage ou de curiosité, et qui nous feront toujours préférer les lieux où on sert du Martini, des pâtes californiennes et des sushis au poussiéreux, au laid, au triste, absurde et kitsch qui se terre par exemple au

Beauceron, à l'angle d'Ontario et de Pie-IX, au Town and Country, sur le boulevard Sainte-Anne-de-Bellevue, ou au Bar Salon Bière, dans Décarie, au sud de Queen Mary : des lieux sentant la solitude, le polyester, le dentier, la bière locale, le blush, la cigarette, la sueur, le type chaud qui parle tout seul dans un coin, la barmaid d'un certain âge, ancienne actrice de télévision dont les reparties sont destinées à l'ensemble de la clientèle et non au type qui la lorgne, au bar, le juke-box nostalgique ou l'orchestre western où officient le père et ses trois fils et où, à la Saint-Valentin, on tire des cœurs en chocolat avant de continuer la nuit, seule ou accompagnée, et d'avaler au Famous Deli Boys, sur Westminster, des *chopped liver*, des *blintze* ou des *latkes*, ou encore, à Verdun, chez Mademoiselle Wellington, des mets canadiens, italiens, chinois ou péruviens, avant d'aller plus loin, là où il me faudrait des années pour savoir qu'on allait, dans la pénombre de chambres anonymes, n'est-ce pas, murmurait-elle en élevant son bras nu vers la blancheur du plafond sur lequel l'après-midi d'avril finissait de glisser, dans son petit appartement du quai de Béthune, ajoutant que ce serait la première fois qu'elle ne verrait ni la débâcle des glaces sur le Saint-Laurent ni la brusque éclosion du printemps québécois ; elle se contenterait des eaux moirées de la Seine, sur l'île Saint-Louis, heureuse d'être dans une île, au milieu d'un fleuve, vu que pour les Québécois le monde se partage entre ceux qui sont des lacs et ceux du fleuve, et qu'elle, Nicole Cleary Dupré ne pouvait être que du fleuve, de l'eau qui coule, remue et mène toujours quelque part, fût-ce dans les eaux originelles, celles qui baignent la côte occidentale de l'Irlande, au large du comté de Sligo, d'où venait sa famille maternelle.

Nous nous sommes peu vus, cet hiver-là, non seulement parce que j'ai dû accompagner Suttermans, Jeanne Delamare et Étienne Maurier en Amérique du Sud pour une tournée dédiée à la musique de chambre française, de César Franck à Pascal Dusapin (Tobias râlant contre cette réduction nationaliste qui faisait de lui un Français malgré lui, comme si le plaisir avait une identité, disait-il, et Jeanne lui rétorquant que nous nous contentions de projeter sur le monde une lumière dont la couleur suscite un paysage ou, s'il préférait, un arrière-pays que les autres reconnaissaient, désignaient et aimaient comme français), mais aussi parce que Nicole fuyait plus qu'un pays ou un homme, ou même la conjonction d'un pays et d'un homme afin de laisser mourir en elle un amour qui avait été trop long, trop difficile, trop violent. Elle allait vers autre chose, vers moi, peut-être, l'intercesseur, le passeur, ou plus sûrement vers une autre lumière, une autre façon de parler le français et de se taire, puisque c'est le plus souvent pour se taire qu'on s'exile, pour retrouver les grands silences de l'enfance au cœur desquels s'inventent les grands récits.

Des mois pendant lesquels je travaillais, moi, à oublier non pas Delphine (vu qu'on ne saurait oublier une femme qui a fait couler le sang d'un homme) mais le goût que j'avais de cette mince et experte amoureuse au corps trop parfait pour que je n'aie pas eu envie d'en déchirer l'immédiat, l'involontaire souvenir, et qui aura fini par m'apparaître comme la fille dont je rêve sans doute d'être le père et que je n'aurai pas, je le sais, maintenant : je ne ressemble à rien de ce qu'on peut imaginer que j'ai rêvé d'être, n'ayant pas désiré d'être autre que ce qu'on a voulu faire de moi, n'ayant pas même cherché à donner le change, ne me souciant ni de mon enfance ni de mon avenir, ne bâtissant rien, ni œuvre ni discographie, n'étant sans doute pas même le grand altiste que Nicole se plaît à voir en moi, mais un bon musicien qui fait une carrière honorable et n'aime rien tant que le corps des femmes et leur conversation, les siestes d'après l'amour, la lumière des soirs d'été, la solitude du matin, et le silence qu'on entend à Siom lorsque les chiens du soir ont cessé de se répondre d'une ferme à l'autre, dans le lointain. Sans Tobias Suttermans, Jeanne Delamare, Mme Cazenove et Nicole Cleary Dupré, je n'aurais sans doute rien enregistré, me serais contenté du répertoire courant, dans un orchestre de province. On peut passer sa vie au deuxième rang, vieillir en frottant du boyau et atteindre, sans se voir vieillir, non seulement le moment où on joue la musique sans l'entendre, mais celui où c'est la musique elle-même qui semble nous écouter, oui, accompagner le mouvement de notre disparition, se confondre avec le peu de bruit qu'on fait avant de disparaître et d'être soi-même glissé dans une boîte de bois qui présente quelque ressemblance avec celle où on a pendant toute sa carrière rangé son instrument.

J'aurais eu quelques élèves, aurais fait un peu de musique de chambre, joué des choses un peu fades et plaisantes, romances oubliées et pages d'albums romantiques afin de conquérir des femmes de plus en plus mûres, un provincial faisant à ses moments perdus de la musique un peu rare, et ignorant ses contemporains.

« Vous les auriez haïs, vos contemporains », m'avait lancé un jour Mme Cazenove, qui jouait du piano aussi bien qu'une Yvonne Lefébure, dont elle avait d'ailleurs été l'élève, mais qui avait renoncé à toute carrière pour, disait-elle, mieux écouter les autres, c'est-à-dire ceux qu'on aime, tant il est vrai qu'on n'est contemporain que de ce qu'on aime, avait-elle ajouté, une des dernières fois que nous nous sommes vus, rue Singer, dans ce salon où elle n'était en vérité plus contemporaine que des ombres de ceux qu'elle y avait reçus et dont nous étions les héritiers, disait-elle en évoquant les « hommes exquis » qu'elle avait eu la chance de connaître, parfois de soutenir : Edgar Varèse entrant dans une « colère homérique » à propos d'un journaliste qui lui demandait si sa pièce *Déserts*, dont la création venait de susciter un scandale, était une œuvre existentialiste, puis se souvenant avec attendrissement de son enfance bourguignonne, Francis Poulenc lui faisant goûter du vouvray de sa propriété de Noizay, en Touraine, Pierre Boulez, un whisky à la main, jetant superbement aux orties presque toute la musique composée entre les deux guerres, Jacques Ibert fumant avec elle une cigarette dans les jardins de la villa Médicis pendant que sonnait l'angélus et qu'il soutenait que personne ne pourrait composer quelque chose qui ressemblât à cela : les cloches des églises de Rome sonnant ensemble parmi les pins et les coupoles dans un crépuscule safran, et nul nombre d'or qui eût permis, pour évoquer la beauté de Paule Cazenove, de trouver l'invisible accord de la chair humaine et du paysage, avait ajouté l'élégant auteur de *Tropismes pour des amours imaginaires*.

J'ai répondu à la vieille dame qu'il me semblait parfois l'entendre, cet accord de la chair et du paysage, ce déploiement inouï du visible et du sonore, cette transmutation de deux ordres en un troisième que Tobias Suttermans appelait l'ordre intérieur du visible et qui avait pour lui la force quasi théologique d'une définition de la vérité. Une vérité dont il soutenait pour nous convaincre que quelques œuvres contemporaines étaient exemplaires, telles que *La Partition du ciel et de l'enfer* de Philippe Manoury, le *Magnificat* de Jean-Louis Florentz, ou le *Concerto pour alto* de Toru Takemitsu : des œuvres qui suscitaient une grande ferveur chez moi, comme chez Jeanne et chez Nicole (que j'avais fini par amener chez Mme Cazenove bien que celle-ci rechignât à recevoir chez elle des femmes qui n'étaient pas des artistes et qu'il lui ait fallu du temps pour se convaincre que Nicole était une artiste à sa façon, très moderne, vivant l'art dans une impossibilité de créer qui suscitait chez elle une inlassable réflexion sur les conditions de ce qui n'était dès lors plus de l'impuissance mais une épreuve quasi mystique de la solitude), et que la généreuse vieille dame consentait à aimer alors qu'elle leur préférait par exemple l'austère *Trio* de Du Bois dont elle avait parrainé l'enregistrement et qui était ce qu'elle goûtait de plus moderne, avec la musique de Dutilleux et de Messiaen. *Trio* dont nous interpréterions le mouvement lent d'une façon encore plus émouvante que sur le disque, je crois, dans l'église Saint-Roch, à Paris, où aurait lieu son service funèbre, en mai 1998, bien que ce ne fût pas là sa paroisse, mais où Paule Cazenove avait demandé à être accompagnée, parce que c'était l'église des musiciens et qu'elle y avait assisté aux obsèques d'Alexandre Lagoya, peu de temps auparavant, mais pas à celles de son ami Jean-Pierre Rampal, elle à qui nous répétions qu'elle nous enterrerait tous et qu'il avait bien fallu conduire jusqu'à sa dernière demeure, le cœur navré, dans le caveau familial de Chaon, en Sologne.

Nous autres musiciens nous sommes de peu ordinaires citoyens d'une époque envahie de bons sentiments et de mauvaise musique. Nous nous efforçons de rappeler que la musique, la vraie, est l'autre versant du silence, et que nous avons plus que jamais besoin de ce silence. Nous gardons mémoire de nos morts. Nous sommes quelques-uns à nous réunir secrètement, le jour anniversaire de la mort de Luigi Nono, à Venise, où le grand compositeur est mort, le 8 mai 1990, dans la maison où il a passé toute sa vie, je crois, dans les Fondamente Zattere, au bord du canal de la Giudecca, et que Nicole avait découverte par hasard, au cours d'un de ses séjours vénitiens, attirée par la façade sobre, d'un ocre rosé dont elle retrouverait la couleur dans de vieilles entrées d'immeubles, à Beyrouth, et qui regarde le mulino Stucky, de l'autre côté du canal, un ancien moulin désaffecté, à la belle architecture mitteleuropéenne, et puis, plus loin, la trinité des églises palladiennes du Redentore, des Zitelle, de San Giorgio Maggiore dont les carillons infiniment réverbérés dans la brume hantent le triptyque des *Caminantes* du grand compositeur vénitien.

— Et en disant ça, je m'aperçois que les quais de l'île Saint-Louis, les Fondamente Zattere, la grève de l'Anse-au-Foulon, à Sillery, et la hauteur de Saint-Michel-de-Bellechasse d'où j'entendais, petite fille, sonner l'angélus de midi à l'église Saint-Laurent de l'île d'Orléans, tout ça ne forme peut-être qu'un seul et même rivage, le rivage infini de mon enfance et peut-être la rive où je vais bientôt aborder et où nous nous retrouverons tous ensemble, mon bel amour, m'avait dit Nicole, un 8 mai, après que nous nous étions réunis chez Paule Cazenove pour interpréter à la mémoire de Nono son quatuor à cordes *An Diotima*, une œuvre faite de silence autant que de sons, sorte de chant muet dans lequel le compositeur nous amène au bord de nous-mêmes pour nous donner à contempler d'autres espaces, d'autres cieux, et maintenir en nous l'espoir d'une autre manière d'être au monde — ou ailleurs, avait murmuré à mon oreille Jeanne Delamare, ce soir-là, en regardant Mme Cazenove, puis Nicole, comme si elle devinait que ces deux femmes allaient bientôt mourir, et reprenant à voix haute cette phrase, sans regarder personne, l'année suivante, après la mort de notre mécène, chez moi, où nous nous étions retrouvés parce que je dispose d'un assez vaste appartement.

Nous sommes surtout, pour reprendre une expression de Tobias, des racleurs de temps : nous raclons du temps sur du temps, nous cherchons à l'étrangler avec des cordes en boyau ou en métal, à le pacifier par le contrepoint et l'harmonie, à le réduire en quarts de ton et en micro-intervalles, à l'éventer à travers du bois, du cuivre, des marteaux, de l'or. Le plus sonore des arts n'est pas le plus bruyant, mais bien le plus silencieux, le plus immatériel. Nous sommes des nécrophages obsédés de dates, d'anniversaires, d'éternels retours. Nous aurions aimé rendre hommage à notre défunte mécène, chez elle, sous le portrait qu'avait fait d'elle Marie Laurencin, ou alors dans sa propriété de Chaon, avions-nous proposé à la nièce, qui était son unique héritière et qui s'opposa à toute commémoration, rue Singer, mais ne put empêcher que nous jouions en l'honneur de sa tante, dans une salle Gaveau quasi pleine, la *Sonate pour violon et piano* de Poulenc, les *Poèmes pour Mi* de Messiaen, le *Quatuor à cordes* d'Ibert, les *Figures de résonance* de Dutilleux et, bien sûr, le *Trio* de Du Bois. Elle ne put davantage contester le testament par lequel Paule Cazenove laissait à certains d'entre nous des sommes d'argent par lesquelles elle entendait perpétuer non pas tant sa mémoire que les liens subtils unissant l'argent et l'amitié.

Elle laissait à Tobias Suttermans de quoi commander à des compositeurs plusieurs pièces pour violon et orchestre ; à Jeanne Delamare le quart de queue Bösendorfer dont elle rêvait pour travailler chez elle ; à Étienne Maurier un violoncelle français de la fin du XVIIIe siècle dont elle savait par Vatelot que son propriétaire souhaitait se séparer ; quant à moi, Paule Cazenove me rendait non seulement propriétaire de l'alto de chez Fustier sur lequel je jouais depuis bientôt dix ans, mais elle me donnait aussi de quoi me faire bâtir un petit chalet, à Siom, au flanc d'une des plus hautes collines, dans un ancien pacage envahi de ronces, de genets, de fougères et de coudriers, que mes parents avaient acheté à Berthe-Dieu lorsque celui-ci s'était défait des dernières vaches qu'on ait vues à Siom et qu'il n'avait plus eu l'emploi de ce terrain en pente sur lequel mon père avait songé à faire construire une maison avant de décider qu'ils seraient mieux en ville et d'aller s'installer à Meymac, dans une maison comme on en construisait dans les années 50 : tout en hauteur, et en escaliers, mal commode, humide, avec des chaînages de granit, un toit d'ardoise et un pignon qui lui donnait l'allure d'une forteresse limousine.

J'ai fait défricher ces deux hectares et, sur la partie la plus abrupte, le plus loin possible du cimetière, entre de hauts épicéas et un noyer centenaire, j'ai fait installer une petite maison en bois à toit d'ardoise, avec une terrasse de laquelle je peux contempler Siom, le lac, les collines à perte de vue où rien, nul château d'eau, ferme, route ou pylône, à peine quelque fumée montant d'une combe invisible, ne me rappelle l'existence humaine.

Je ne suis guère soucieux que de ma paix. Je ne me rends dans cette austère maison de bois ni pour jouer de l'alto ni pour écouter de la musique : pour rien d'autre que pour me taire. Je n'y amène pas de femme, parce que le confort y est rudimentaire et que partager avec une femme, fût-ce pendant deux jours, une telle absence de confort reviendrait à la perdre plus sûrement qu'Orphée se retournant vers Eurydice ; et puis j'ai toujours été seul, même pendant les mois où j'ai vécu avec Jeanne Delamare, même pendant les nuits d'amour où on croit échanger quelque chose alors qu'on ne fait que soupirer ensemble pour ne pas se mettre l'un l'autre en pièces.

L'amour nous ramène à notre préhistoire : mêmes gestes, terreur et attente de l'aube. Même brutalité, innocente, insoutenable. Des cris de bêtes dans la nuit, ai-je dit à Nicole qui aurait tant aimé m'accompagner à Siom. Je lui ai rappelé que nous nous serions vite haïs, dans ce paysage où tant de choses lui auraient rappelé le pays qu'elle avait fui, lacs, sapins, schiste, granit, que ce n'était là qu'un repaire de vieille bête, que j'avais beaucoup d'un vieil animal dès lors que je remettais les pieds sur ces hautes terres, que je n'étais plus tout à fait moi-même, qu'elle serait effrayée, elle qui goûtait tant la compagnie des amants raffinés qu'elle accompagnait au bord de lacs autrement prestigieux, en Savoie, en Carinthie, dans l'Italie du Nord, en Engadine, ou devant les eaux mortes d'Amsterdam et de Venise pour qui elle se découvrait une prédilection inattendue, elle, la fille du fleuve, qui se reprochait parfois d'aimer ce que tout le monde aime et qu'il n'y eût pas mille manières d'aimer les lieux, les choses, les gens, qu'il fallût retomber dans le chassé-croisé du désir, toujours à la recherche d'un équilibre à partir de cette vieille affaire sexuelle qu'on doit transformer en émerveillement quotidien, malgré la fatigue, les désillusions, le danger, même. Et ils étaient, ces lieux, non seulement liés à leur propre beauté mais à la beauté des circonstances bien plus qu'à celle des amants qu'elle y accompagnait ou y rencontrait — des hommes mariés, pour la plupart, des hommes mûrs, je le savais, élégants, raffinés, artistes ou hommes de l'art, comme elle les appelait : cet architecte italien, par exemple, rencontré au Harry's Bar de Venise (« C'est trop beau, je sais, mais s'il faut donner ses chances au romanesque, ce ne peut être qu'à partir du banal, du convenu, du lieu commun. Les prostituées ont leur territoire ; le Harry's, les bars d'hôtels, les musées font partie du mien... »), un hiver où elle y avait emporté le roman de Hemingway qui se passe dans une Venise hivernale, sombre, glaciale, une des plus belles méditations sur le désir, sur le temps et sur la mort qu'il nous soit donné de lire, me dirait-elle plus tard en répétant probablement ce qu'elle avait expliqué à l'homme qui avait quitté son tabouret, au bar, pour l'aborder en un français hésitant, à cause du titre lu sur la couverture du livre qu'il connaissait dans une traduction italienne, et refusant, elle, de passer à l'anglais que l'inconnu maîtrisait davantage et qu'il imaginait être sa langue à cause du rapport qu'il établissait entre Hemingway et ses yeux bleus, ses cheveux blond-roux, sa peau blanche, sa haute taille ; s'entretenant donc longuement dans ce qui était pour elle la langue de l'amour, ce français qu'elle trouvait toujours si émouvant de parler hors de son aire linguistique, la nuit, surtout, et particulièrement cette nuit-là, pendant le dîner avec l'inconnu qu'elle avait accepté de suivre, à pied, de l'autre côté du Grand Canal, par le pont de l'Accademia après avoir passé devant l'hôtel Europa & Regina au nom en lettres dorées sur le beige rosé et jaune paille de ses façades dressées comme deux sœurs jumelles dans la nuit, non seulement à l'Osteria Da Sandro, où ils avaient dîné de spaghettis à la seiche noire et d'une bouteille de Barbera d'Alba, mais chez lui, ou plus précisément à son bureau, toujours à pied, par les rues de plus en plus désertes du Dorsoduro, jusqu'à une ruelle donnant sur un petit canal où leurs pas avaient des échos presque souterrains.

— Pourquoi je l'ai suivi ? Je ne sais pas. Il ne me déplaisait pas, il était architecte, il se souvenait assez bien du roman de Hemingway. Et puis j'étais seule à Venise, cet hiver-là, si seule, loin de tout fleuve et sous aucun arbre, abandonnée au hasard, à la possibilité d'une rencontre à laquelle je ne croyais d'ailleurs pas, ou voulais ne pas croire, à cause du roman de Hemingway, et sans doute de toi et de ta récente histoire avec Marianne Fancourt, mais à laquelle, cette rencontre, je donnais cependant toutes ses chances, comme d'habitude, plus que d'habitude, peut-être ; mais je suis lente, tu le sais, et cet homme-là était pressé, affamé, un peu ivre et déjà dévêtu dans ce bureau qui lui servait de garçonnière et où il s'approchait de moi, quasi nu, le sexe dressé, un fort beau sexe, ma foi, qu'il regardait en souriant et sur lequel il a replié ma main mais que je n'ai pas masturbé comme il m'y exhortait, puisque je ne voulais pas faire l'amour, encore moins le délivrer dans ma bouche, même s'il ne me déplaisait pas, ce membre si émouvant au milieu de ce bureau cerné par la nuit. Je le sentais frémir, ce sexe, sous la voix presque furieuse de l'architecte que je ne quittais pas des yeux, songeant enfin au danger qu'il y avait à être seule, là, dans un lieu inconnu et désert, avec un homme dont je ne satisferais pas le désir, et qui ne cachait plus combien il était déçu, blessé, frustré, incapable de comprendre pourquoi je ne me donnais pas à lui et que j'aurais, je crois, accepté de voir se délivrer devant moi, mais pas en se servant de moi, même si la situation était soudain inacceptable, et qu'elle me renvoyait à ma propre souffrance et au mal que j'avais à la tenir à distance ; et puis il s'était versé du whisky, avait voulu que je boive avec lui, espérant que l'alcool me convaincrait mieux que les dimensions pourtant intéressantes de son sexe, sans se douter qu'il n'avait pas à me convaincre, qu'il était assez beau comme ça, dans sa nudité dépitée, dans cette lassitude où le plongeait le whisky, près de la fenêtre qui donnait sur un canal obscur et dont il était alors si près, si nu, si abandonné qu'il m'a semblé que le moindre geste pourrait le faire basculer derrière la vitre...

Des hommes qu'elle évoquait trop rarement pour que j'aie jamais su ce qu'elle faisait vraiment de sa vie, à cette époque-là, pudeur, discrétion, goût du secret, surcroît de souffrance, ou bien parce qu'ils n'étaient pour elle que l'infini détour qu'elle empruntait pour arriver jusqu'à moi qui avais à ses yeux, je dois le dire, bien plus d'importance qu'elle n'en avait pour moi qui n'imaginais pas que je puisse tenir une telle place dans le cœur et l'esprit d'une femme ; à telle enseigne que je n'hésitais pas à lui parler de celles qui venaient à moi depuis ma rupture avec Delphine et qui étaient à peu près pour moi ce que les hommes de hasard étaient à Nicole : des voix aussi douces et bienfaisantes que des linges, et qui nous retenaient dans la pénombre des chambres, nous convainquaient de rester encore un peu de ce côté-ci de la vitre — dissuadaient en tout cas Nicole de ne pas mettre tout de suite à exécution sa décision de ne pas s'enfoncer dans l'hiver de sa beauté, comme elle disait en se servant d'une de ces expressions un peu surannées que je ne détestais pas, dans sa bouche, parce que j'y entendais quelque chose de très ancien qui me persuadait qu'il en va des langues comme de la musique : on peut les faire sonner en tous temps et en tous lieux, il suffit de s'en laisser pénétrer, de se laisser aimer d'elles comme ces voix qui ne cessent d'en appeler à nous depuis des territoires où on est à jamais séparé de soi-même.

C'est à cette époque, l'hiver de 1998, que nous avons pris l'habitude de nous voir régulièrement, le vendredi, vers midi, le dispensaire où elle exerçait (et où elle se sentait, elle qui avait mis fin à ce qu'on appelle une brillante carrière dans un hôpital de Montréal, la même volonté d'effacement, d'anonymat que le colonel Lawrence s'engageant comme deuxième classe dans l'armée britannique après la gloire d'Arabie) lui laissant ce jour-là de liberté, et moi ayant obtenu du conservatoire l'après-midi du même jour afin de la rejoindre chez elle, dans cette île où le simple fait de passer la Seine me faisait croire que j'allais me retrouver ailleurs que dans le vieux cœur de Paris, puisque au-delà d'un fleuve et sous le regard exigeant d'une femme on est toujours plus loin que là où on croit être parvenu : au centre du monde, peut-être, selon Tobias Suttermans, ou dans l'éternité des saisons, disait Jeanne Delamare, ou encore dans ce lieu sans lieu qu'est le secret des chambres où on se retouve pour s'aimer, ajoutait Nicole.

Ce n'était pas un amour comme les autres : il ne faisait appel à presque rien de ce qui lie d'ordinaire un homme et une femme, sentimentalité, jalousie, méfiance, lutte pour la dévoration de l'autre, mutité traversée d'éclairs bavards. Cet amour ne se pliait pas plus au temps commun qu'à l'ordinaire de la passion, un amour non vulgaire, qui obéissait aux conditions climatiques autant qu'aux variations de l'humeur et du désir, au goût que nous avions des arrière-saisons, des crépuscules, d'un langage élégant auquel elle me contraignait avec douceur (moi qui, comme tant de musiciens, parle un français familier, voire grossier, puisque mon vrai langage est la musique, c'est-à-dire la possibilité, le luxe de me passer des mots). Goût de l'écart, aussi, du rare, de l'intempestif, de la solitude. Elle n'avait pas fui en Louisiane, elle : elle était en quelque sorte cette Louisiane, ce Sud profond et perdu. Elle avait le raffinement des vaincus, le mépris de l'argent, la force de vivre au-dessus de ses moyens, et tout ce qui faisait d'elle un être à part, non pas une petite individualité bien à l'aise dans une marginalité sexuelle ou ethnique à la mode, mais un être secret, asocial, avec l'élégance que donne une beauté singulière dont une femme comme Nicole s'autorisait pour se vêtir dans des boutiques d'occasion de Paris, de Londres, de Milan ou de New York, où elle dénichait une robe de satin noir à dos nu, des chaussures de danse de chez Flabella, à Buenos Aires, un châle de cachemire vert d'eau, un corsage tabac d'Espagne, une veste en pattes de vison, une gabardine militaire, un de ces manteaux d'homme en tweed que les gentlemen faisaient d'abord porter à leur valet de chambre afin de les assouplir et qu'elle portait, elle, par-dessus une très courte jupe et des bas à couture, toutes choses que je voyais aux élégantes de mon enfance, quand mes parents m'emmenaient à Limoges, à Clermont ou à Brive et que je me demandais comment il pouvait exister des êtres aussi inaccessibles que ces femmes. Telle m'apparaîtrait Nicole Cleary Dupré, par exemple, arrivant un soir de mars, au Théâtre du Châtelet, dans une robe Lanvin noir et blanc des années 50, comme en portaient Nadia Boulanger ou Germaine Tailleferre, disait-elle, une robe d'un beau tissu épais, très près du corps et s'évasant sous les seins comme au temps de l'Empire, dont les couleurs alternées rappelaient les touches de piano et qu'elle avait dénichée chez Didier Ludot, dans une galerie du Palais-Royal ; une robe qu'on n'imaginait portée par nulle autre qu'elle ni avec tant d'aplomb et de grâce, et qui n'était pas moins audacieuse que cette gabardine militaire dans laquelle je l'ai vue arriver, un autre soir, à la Cité de la Musique, pour un concert consacré à la musique pour cordes de György Kurtág, sans qu'elle me voie (la seule fois où j'ai pu la contempler sans qu'elle le sache, au bras d'un homme de belle allure, tranquillement hautaine et lumineuse, et souriant telle que j'imaginais Ava Gardner regardant toréer Dominguín) et qu'elle n'a pas quittée de la soirée puisqu'elle ne portait rien d'autre sous l'imperméable que *Ma griffe* de Carven, autrefois le parfum favori de sa mère et que lui avait offert l'homme qu'elle accompagnait, et les dessous rouges qu'elle savait que j'aimais particulièrement et qu'elle portait sans savoir que je serais là, moi aussi accompagné d'une femme auprès de qui elle a fini par m'apercevoir, en haut, dans la galerie au-dessus de la scène : la jolie Marianne Fancourt, critique au *Figaro*, à qui nous devions en grande partie le succès du *Trio* de Samuel Du Bois et dont Nicole aurait sans doute préféré, sans être vraiment jalouse, ne pas avoir à se représenter le visage, bien éclairé par la lumière de la scène, tandis que je cherchais et finissais par distinguer Nicole dans la semi-obscurité du parterre, pendant l'*Officium breve* du compositeur hongrois, repérant à vrai dire sa silhouette dans la gabardine kaki sans oser m'y attarder, si bien que nous nous sommes regardés, ce soir-là, sans vraiment nous voir.

— Sans te voir, mon cher amour, mais en te voyant quand même, nous contemplant l'un l'autre autrement ou mieux qu'avec les yeux, puisqu'il nous est donné de ne pas vivre tout à fait comme tout le monde, me dirait-elle ce soir-là, dans le message qu'elle laisserait sur mon répondeur, comme si elle avait senti là du danger, non pas de la part de Marianne Fancourt, dont elle appréciait les chroniques consacrées à la musique contemporaine et dont elle devait se dire qu'elle était trop bien pour moi pour être dangereuse (trop chic, veux-je dire, trop bien en cour, trop mondaine et capricieuse, et surtout en âge d'exiger des enfants), mais du hasard qui nous avait réunis dans cette salle de concert où n'avait pas été prévu que nous nous rendrions l'un ni l'autre, et qui constituait le genre d'événement auquel elle attachait une importance qui m'agaçait un peu, je l'avoue, et dont je ne prendrais la pleine mesure que le jour de l'éclipse.

Nous nous aimions ainsi, pas comme tout le monde, dans une sorte de distance qui nous préservait de la souffrance que nous aurions pu nous infliger l'un à l'autre : l'amour sans la sentimentalité stratégique ni l'hystérie sexuelle, me disais-je, lorsque nous restions quelque temps sans nous voir ou que nous ne faisions pas l'amour ensemble à cause d'autres intensités (comme elle les appelait) qui nous auraient brouillé le regard et qui lui eussent tiré des larmes en lui faisant murmurer qu'elle était folle, décidément, et me donnant à croire qu'elle était comme les autres, sentimentale, jalouse, faible, éternellement déçue, me dirait-elle, par exemple en cet après-midi de mars où il faisait déjà tiède et où le ciel avait une douceur d'opaline qui a fini par la consoler, lui tirer un petit sourire puis la faire descendre sur la berge pour verser dans la Seine le contenu d'un flacon d'*Ysatis* offert par un homme marié pour qui elle avait décidé de ne plus souffrir, même si elle savait qu'avec ce genre d'homme (trop beau, trop riche, trop sûr de lui) on ne peut que souffrir et qu'ils étaient les seuls auxquels allât sa faiblesse, murmurait-elle en regardant les eaux du fleuve puis les façades des hôtels particuliers du quai de la Tournelle, et puis ce ciel opalin pour lequel elle s'était exilée, et enfin les vagues sur le fleuve qui lui faisait murmurer que la débâcle devait avoir commencé, là-bas, sur le Saint-Laurent, en aval de Québec, et que ça lui manquait soudain terriblement, ces avant-signes du printemps après l'interminable hiver que prolongeaient la souffrance et la solitude de l'enfance et de l'adolescence.

— Non plus la solitude de DDO mais celle, un peu moins lourde, de Sillery, jolie banlieue de Québec, où nous sommes allés vivre lorsque j'ai eu douze ans, dans une maison du chemin Saint-Louis, une grande et vieille demeure de bois peinte en blanc et entourée de chênes, avec un jardin où poussaient de hauts lilas et ce seringa que ma mère s'obstinait à appeler *mock-orange*, faux-oranger, et qui ont constitué les odeurs fondamentales de ma seconde enfance. Un jardin clos dont il me semblait que je ne sortirais jamais, parce que nous étions pauvres, répétait ma mère, alors que nous vivions modestement mais surtout déchus par rapport aux Cleary et même aux Dupré ; si bien que lorsque nous habitions à Dollard-des-Ormeaux, la grand-mère de ma mère, notre arrière-grand-mère, donc (celle qui avait épousé à quinze ans un commis voyageur de souche irlandaise âgé de quarante-cinq ans qui était tombé amoureux d'elle et l'avait épousée pour la laisser veuve, quelques années plus tard, le temps d'amasser dans la potasse une fortune que la trop jeune Mary ne saurait pas gérer mais dont elle garderait tous les signes extérieurs, notamment le bel immeuble en pierre de l'avenue Peel, à Montréal, et la Cadillac noire conduite par le chauffeur Alphonse en livrée et casquette également noires), cette arrière-grand-mère qui avait toujours eu en affection et, maintenant, en pitié sa petite-fille Eileen lui faisait envoyer par Alphonse, une fois par semaine, généralement le samedi, prétextant la fête de quelque saint, ou un anniversaire, ou rien du tout, un plat préparé par sa cuisinière : quelquefois une entrée, le plus souvent un entremets, quelque chose de recherché, magnifiquement présenté dans un plat de service, un compotier de Limoges ou en argent, un cadeau aussi éphémère que récurrent, qui agaçait mon père et ma mère mais qui m'émouvait, moi, d'autant mieux que l'arrivée d'Alphonse dans cette minable rue de banlieue au volant de l'immense Cadillac du coffre de laquelle il ne tirait rien de plus que ce plat qu'il portait jusqu'à notre porte avec l'air de ne pas y toucher, comme s'il se rendait au *pawn-shop* en casquette et gants noirs, mais qui avait pour nous, les filles Dupré, quelque chose de la venue d'un ange, lequel me faisait sentir tout à la fois une promesse d'élégance, de beauté, de faste, et la gloire d'une lignée qui menaçait de s'éteindre avec nous, au grand désespoir de ma mère qui refusait de voir que non seulement elle qui s'était trompée en épousant son Canadien français mais que les temps changeaient, aussi, et qui vivrait toute sa vie avec l'espoir d'un retour to the lost paradise dont il ne restait plus que quelques fragrances, parfums offerts par sa grand-mère Mary, au jour de l'an, et l'arôme d'une mousse au saumon ou d'un entremets au chocolat — rien qui ait pu ôter au quotidien son goût d'amertume... Ce qui explique pourquoi mes parents ne fréquentaient personne, que nous ne sortions du jardin de Sillery que le dimanche, pour aller à la messe, à Saint-Romuald ou à Saint-Michel-de-Bellechasse, ou en promenade dans le parc du Bois-de-Coulonge que les maudits Blokes, les maudits Anglais avaient rebaptisé Spencer Wood et que les Cleary appelaient comme ça, moins pour rappeler à ma mère sa langue natale et leur tristesse de voir le français l'emporter, chez nous, les filles, sur l'anglais, que parce que, pour ces Irlandais, la ville de Québec, le paysage, les affaires, les gens s'énonçaient en anglais : une ville pas simplement traduite en anglais mais adaptée aux parcours de Seamus et de Katherine Cleary et de leurs filles Deirdre, Eileen et cette Heather qui allait sombrer dans la folie. Deux villes, en vérité : Québec, avec le chemin Gomin, le chemin Saint-Louis, l'avenue des Érables, la côte de la Fabrique, la Grande Allée, et l'autre : Quebec City, Gomin Road, Louis Road, Maple Avenue, Fabric Street, the Great Allee — lesquels, ainsi nommés, n'avaient pas pour moi le même aspect ni le même goût que ceux qu'ils avaient en français et que j'arpenterais à loisir, plus tard, lorsque j'aurais enfin quitté le jardin de Sillery dont je rêvais tant de m'échapper en disant, devant ma mère : « I want to go in » et non « to go out », parce que je pensais que c'était le monde, le reste du monde qui m'était interdit, où il fallait que je pénètre, et le pas de mon père, le soir, d'abord sur le trottoir puis sur les dalles entourées de sable de l'allée, semblait m'apporter l'assurance que j'en aurais aussi ma part, de ce dehors qu'on nous interdisait, tandis que ma mère, surprenant mon regard, répondait en me regardant avec pitié, comme elle l'aurait fait d'une bête blessée, et comme elle le faisait de ce mari qu'elle apprenait à ne plus aimer : « All the world is an illusion, dear Nicole, an illusion... »

Peut-être songeait-elle aussi à sa Louisiane à elle, cette Europe où ne l'emmènerait pas celui dont le pas sur les dalles se faisait avec les ans un peu plus lourd, s'arrêtant un instant au bas du perron dont il gravissait pesamment les marches, puis semblait hésiter, s'immobilisant de nouveau, se demandant peut-être s'il n'allait pas rebrousser chemin et repartir pour le Sud, ou ailleurs, au lieu d'entrer pour retrouver cette femme qu'il n'aimait pas et ces filles dont il ne supportait probablement ni les cris ni, qui sait, la présence, mais qui ne l'empêchaient en tout cas pas d'être seul ni de rêver, et qu'il envoyait au lit après y avoir mis les formes (caressées, questionnées, embrassées avec toute la gêne d'un homme à qui on en demande trop, qui n'est pas fait pour ça, qui a toujours été loin, terriblement lointain), et qui finirait non pas par les abandonner, filles et femme, lui qui, au fond, n'avait jamais été tout à fait là, mais par s'en aller, quand elles seraient élevées, qu'on ne serait plus pauvre et que la mère aurait accompli avec sa sœur Deirdre le voyage en Europe dont elle avait tant rêvé. Alors il s'en irait, l'homme lointain, pour vivre seul, au milieu du fleuve, dans l'île d'Orléans, ensuite plus à l'est, dans l'embouchure, du côté de Mingan ou en face de Terre-Neuve, imaginais-je, à Harrington Harbour ou à Blanc Sablon, où il pourrait observer à sa guise la nature qui était au fond la seule chose qu'on puisse aimer quand on a renoncé à la tresse blonde d'une fille de laitier, oui, les oiseaux, macareux, eiders communs, guillemots noirs, fous de Bassan et sternes arctiques, et les marées et les nuages, mettant enfin à profit les dons d'observation et de méditation hérités de ce père astronome qu'il avait tant déçu comme il décevrait son épouse puis ses filles — sauf moi, d'une certaine façon, qui avais très tôt deviné ce qu'il était, non pas un *loser* mais un rêveur, et surtout qu'il n'y avait rien à attendre de lui, pas même son amour, du moins pas l'amour irréfutable qu'une fille attend de son père. Ce qui ne m'empêchait pas de l'aimer, moi, de l'aimer en dépit de tout, de combler par une affection démesurée, désespérée, qui avait la beauté d'une offrande musicale, ce défaut d'amour pour faire de lui un père, puisqu'on ne peut vivre sans père, fût-elle bâtie sur du vent, cette figure extraordinaire que nous appelons un père, même lointain, même absent, même quand nous avons cessé d'avoir de ses nouvelles et que nous nous sommes demandé s'il n'était pas mort, là-bas, en face de Terre-Neuve, entré dans les eaux glaciales pour s'abandonner au mouvement des marées, enfin délivré, flottant, rêvant pour l'éternité.

Après l'amour, ou après ces récits qui en étaient l'accomplissement, nous descendions quelquefois dans le monde, c'est-à-dire sur les quais, où nous marchions sans parler, jusqu'au pont d'Austerlitz, généralement, où nous faisions demi-tour pour nous quitter brusquement, comme deux inconnus qui n'ont fait que se croiser. Mais ces promenades étaient rares, non seulement parce que les récits de Nicole nous menaient en général jusqu'à la fin de l'après-midi et qu'il nous fallait aller retrouver les « intensités extérieures » à notre amour, mais parce que je suis resté une sorte de solitaire, un vrai type des hautes terres limousines, un rustre, disait Jeanne Delamare, qui aurait volontiers employé, si elle l'avait connu, l'équivalent dialectal et bien plus péjoratif de « gourle ». « Quelqu'un qui n'ose pas être tout à fait lui-même », me disait quelquefois Mme Cazenove. Elles n'avaient pas tort. Je demeure au bord de moi-même comme en surplomb de Siom et de mon enfance, dans ce petit chalet où je me retire de plus en plus souvent, non pas pour travailler, comme je le laisse croire aux femmes qui traversent ma vie, mais pour y trouver ce que je ne peux trouver que là et qui n'est pas l'absence de musique, vu que je suis habité de trop de musique pour qu'elle puisse jamais se taire en moi, mais le silence même de la musique, celui qui établit en moi ses quartiers de nuit ou d'aube, et avec lequel reviennent à moi tant de figures de femmes qui m'ont aimé et que je ne puis dissocier des *Leçons des morts* de Sébastien de Brossard, des *Pièces de luth* de Jacques de Gallot ou de la *Música callada* de Federico Mompou et de toutes ces musiques du silence que je laisse revenir à moi, dans le chalet de Siom, moi qui n'aurai su les aimer, ces femmes, que dans cette distance, ce souvenir, ce ressassement amoureux qui est une forme de gratitude.

Mais la raison pour laquelle nous nous promenions si rarement ensemble, Nicole et moi, tenait à sa trop rare beauté : une beauté qui attirait d'emblée le regard, intriguait, faisait qu'on se mettait à chercher, homme ou femme, ce qui l'avait retenu à ce point et qui, pour les hommes, était un défi lancé au désir et au fait même de vivre, et suscitait chez les femmes une immédiate antipathie, une volonté de se mesurer à ce qui les dépassait, la plupart du temps, les renvoyant à l'effroi de ne pas être belles, ni même jolies, mais inférieures, osons le mot, tant pour le physique que l'élégance, le chien, le racé, la tenue morale, la superbe faite d'orgueil et de simplicité avec laquelle cette femme-là cheminait dans les rues comme si, je le répète, là encore, elle dansait, seule mais perpétuellement à la rencontre de quelqu'un, dans cette solitude supérieure du danseur exposé aux regards de tous ; et pas n'importe quelle danse, mais la quintessence de celles à quoi elle s'adonnait et qui, dans son cas, étaient bien plus qu'une façon de tromper le temps : un art de vivre, une façon de survivre, aussi, de s'accorder à ce corps presque trop beau pour que les regards qui le distinguaient ne fassent pas de celui qui l'accompagnait non pas l'autre membre de ce qu'on appelle d'ordinaire « un beau couple » mais une sorte de chevalier servant, pour ne pas dire de garde du corps dont on devait penser, s'agissant par exemple de moi, qu'il manquait singulièrement d'allure, qu'il n'était pas assez bien pour elle, ou alors qu'il avait bien de la chance, quelque chose d'immérité ou peut-être d'inaccompli qui le laissait dans la promesse infiniment différée du bonheur.

Et sans doute aimais-je trop n'être rien, passer inaperçu, pouvoir regarder les gens à partir du sentiment de ma banale apparence, pour que ces promenades avec Nicole n'aient pas été le prétexte à une sorte de mise en scène qui me mettait mal à l'aise. Notre lien en souffrait ; je le lui ai dit ; elle en a pris ombrage : elle a rebroussé chemin comme si je n'avais été qu'un importun dragueur remis à sa place, me laissant à un ridicule bien plus grand que celui à quoi je me persuadais que ces promenades m'exposaient et qui était à peu près du même ordre que la gêne que j'éprouvais à l'entendre clamer « Je t'aime » pendant l'amour : formule proférée d'une voix trop forte, presque désespérée et à laquelle je ne pouvais rien répondre, et surtout pas m'en faire l'écho, moi qui n'ai jamais prononcé ces mots devant aucune femme, pas même Delphine, parce que celle pour qui je les avais toujours eus à la bouche s'était enfuie de Siom, à l'âge de douze ans, et n'y reviendrait que bien des années plus tard, pour y mourir, et aussi parce que j'étais, à cette époque, pendant le printemps et l'été de 1998, non pas fatigué de Nicole, bien sûr (étant, elle, de ces femmes dont on ne se lasse pas, qui s'ingénient à ne faire l'amour qu'à la condition de sentir chez leur amant un désir qui ne peut se feindre), mais occupé d'une jeune femme dont je ne pouvais cacher l'existence à Nicole sans manquer à la règle fondamentale de notre lien.

Il fallait me faire pardonner ce que j'avais dit sur le quai, rentrer en grâce, lui offrir par exemple de ces lys qu'elle aimait parce qu'ils demeuraient à ses yeux le motif de cette France autrefois rêvée depuis le Québec, et qu'ils figurent au drapeau québécois, la ramenant en pensée à ce pays qui se mettait à lui manquer, ce printemps-là, la renvoyant au primitif, au kitsch québécois, à ce mélange de mauvais goût, d'émerveillement enfantin et de beauté qui faisait qu'elle ne pouvait écouter sans nostalgie les rengaines de Gilles Vigneault ou de Robert Charlebois, qu'elle pleurerait, au début de l'été 2000, lorsqu'elle apprendrait par une lettre de sa plus jeune sœur la mort de Maurice Richard, le Rocket, le petit hockeyeur québécois qui avait trouvé avec Les Canadiens de Montréal une gloire qui serait celle de tout un peuple et à qui on ferait, cet été-là, des funérailles nationales, drapeaux en berne et Ginette Reno chantant devant la dépouille du numéro 9 pour les deux cent mille admirateurs venus rendre un dernier hommage à celui qui, au contraire d'un Joe Di Maggio épousant en Marilyn Monroe la fiancée de l'Amérique, était resté un simple gars de Montréal avec une sorte de grandeur tranquille, au même titre, m'avait dit Nicole en me demandant de lui pardonner de se montrer si sentimentale, que le poète Gaston Miron sur la tombe de qui elle était allée se recueillir, en 1996, à Sainte-Agathe-des-Monts, dans les Laurentides, non seulement en hommage à la poésie de *L'homme rapaillé* mais à cet homme qu'elle avait un peu connu, comme tout le monde, en tout cas rencontré plusieurs fois, dans la rue, qui l'avait même abordée, un soir, peu avant son départ pour Paris, devant le café

Cherrier, pour lui dire ce que peu osaient dire sans que cela passât pour de la drague : qu'elle avait une beauté singulière, oui, arrêtée sur le trottoir, un soir d'été dans lequel dansaient des lucioles, comme ça, pour saluer sa beauté et pour rien d'autre, disait Nicole, que ce salut qui avait fait réciter un poème à celui qui ne savait pas qu'il allait bientôt mourir, la mâchoire agitée d'un tic qui lui donnait l'air de remâcher quelque chose comme la liberté de vivre en français dans ce territoire d'Amérique trois fois plus étendu que la France et cerné d'anglophones méprisant, haïssant la langue française, disait-il en tonitruant, le regard scrutant déjà on ne savait quoi au-delà de la jeune femme qui écoutait en souriant le vieil orignal fatigué mais nullement résigné à la domination des Blokes lui réciter sa *Marche à l'amour*, et qui pensait à ce moment qu'on ne marche pas à l'amour, que c'était là une façon excessive de désigner comme une marche au supplice ce qui relève de la rencontre ou du destin, oui, d'une beauté de cet ordre, et qu'il y avait, dans cet amour dont elle faisait la basse continue de sa vie, autre chose qu'un supplice, il fallait y croire, de toutes ses forces, même si au bout de ce qu'on ne peut appeler un chemin mais un compte à rebours enclenché dès le premier regard, dès les premiers mots, il y a souvent les flammes d'un supplice.

« Mais on ne meurt plus d'amour, aujourd'hui », a-t-elle répondu au vieux poète qui ne l'avait probablement pas entendue, ou pas de cette oreille, et qui l'avait forcée à répéter, à préciser, à expliquer qu'on ne meurt pas d'amour mais plus sûrement du défaut d'amour et de ce feu qui est dans la brûlure du désir et que rien ne saurait apaiser, n'est-ce pas, pas même un contre-feu mais, si on peut dire, une flamme apaisée par une flamme plus vive, ou encore le fait de trouver chez quelqu'un d'autre le même désespoir, cela même qui ne se partage pas et qui nous a fait nous rencontrer, Nicole et moi, nous reconnaître l'un l'autre, flairés, jugés, devinés, approchés, nous dépouillant des préjugés amoureux pour nous exposer l'un à l'autre dans la nudité incomparable d'une chair que nous nous efforcions de maintenir nue à partir de nos égoïsmes autant que de ce qu'il y a de plus généreux en nous, pour lutter contre le retour de la sentimentalité, laquelle n'est que le commencement d'une défaite et un sempiternel, un invraisemblable besoin de consolation.

V

Les premières semaines de 1999, je les ai occupées à tenter d'oublier non pas Marianne Fancourt mais ce qu'elle m'avait dit en me renvoyant à ma solitude de frotteur de crin, après avoir pris la mesure de ses illusions, et qui m'apparaissait comme une menace : j'étais incapable de perpétuer autre chose que la mémoire des sons, il y avait en moi quelque chose de mort, et mon alto n'était que le modèle réduit de mon futur cercueil... Elle n'avait pas tout à fait tort, mais elle se trompait quand elle s'imaginait que les linges dont elle entourait son amour blessé n'avaient pas, eux aussi, quelque chose de funèbre, jusqu'à sa voix si claire et qui avait joué un grand rôle dans la séduction qu'elle exerçait sur moi et qui devenait, dans sa vindicte, aussi rêche qu'un mauvais drap.

Elle m'avait quitté en février, devançant de quelques semaines l'époque à laquelle une femme quitte un homme : au début du printemps, généralement. Je ne lui en voulais pas : elle en avait assez d'être seule et je souffrais de ne pas l'être tout mon soûl. Jamais je n'ai cherché à retenir une femme, n'ayant pas le sentiment de mériter qu'on s'intéresse à moi pour autre chose que la musique, ou mes qualités sexuelles, ayant depuis longtemps compris qu'on existe à peine pour soi-même, qu'on n'est qu'une ombre dans le songe d'autrui ; je suis par exemple le fils que Tobias Suttermans n'a pas eu, non pas son fils spirituel, mais cette chair faite de nerfs, de muscles, de viscères et de sang qui se dresse dans le jour et que Tobias rêve de plus en plus de voir agir à sa place, particulièrement avec les femmes. Non que je veuille absolument être moi-même, pour parler comme Mme Cazenove : il me semble même n'avoir passé ma vie à rien d'autre qu'à oublier qui je suis, entre les cuisses des femmes, ou en jouant de l'alto. L'amitié (j'utilise ce mot faute de mieux) m'a sauvé de la médiocrité, m'a empêché de tomber dans cette prétentieuse monstration de soi qu'est l'amour, à quoi j'ai toujours préféré l'amitié amoureuse, qui est sans doute la forme supérieure de l'amour, comme ce qui me liait à Nicole ; et encore ne devais-je pas oublier qu'elle était une femme et moi un homme, et qu'il y a entre deux individus de sexes opposés un point d'incompréhension, de rivalité, de jalousie ou d'indifférence, voire de haine, que l'ordinaire des passions ne manque pas de susciter et qui — je ne pouvais pas ne pas le savoir tout en ignorant la façon dont ça arriverait — nous éloignerait l'un de l'autre, malgré l'extraordinaire liberté que nous nous accordions et qui faisait que nul inconnu, nulle Delphine, nulle Marianne Fancourt, ou Kryztyna Lukowska ne pouvait nous amener à renier notre amour.

La brune Marianne Fancourt que j'avais aimée à ma façon pour le mélange de sangs français et réunionnais qui donnait à sa beauté quelque chose de rare, elle aussi, que j'attribuais surtout à la goutte de sang indien dont on m'avait parlé et à propos de quoi elle se taisait, détestant les questions à propos de ses origines, pensant qu'on ne remonte jamais qu'à soi-même et que c'était là un vain voyage. Ce que je lui accordais volontiers, moi qui n'aurai eu de vraie famille que celle de l'instrument auquel je me suis voué et qui ne voyais plus mes parents qu'à Noël, dans leur sinistre maison de Meymac, en compagnie de mes sœurs, mariées, celles-là, puis divorcées, comme il se doit, puis remariées à des types dont elles divorceraient sans doute encore, comme tant d'autres, et comme ne voulait pas le devenir Marianne Fancourt que j'ai regardée partir, ce soir-là, en pensant non pas à la solitude où elle me laissait, encore moins à la sienne, mais au fait qu'on ne se remet pas d'avoir été abandonné une première fois, fût-ce à douze ans, à Siom, par une petite fille aussi solitaire et sauvage que le jeune Lauve ou que moi-même, et que j'ai aimée, à distance, non seulement parce qu'elle vivait loin, en Afrique, où son père était militaire, et d'où elle ne rentrait que pour les grandes vacances, mais parce que, même quand ses parents se sont séparés et qu'elle est venue habiter Siom, je n'osais pas lui parler, à cette Céline Soudeils qui vivait avec un secret qui la dépassait mais dont elle s'efforçait d'être digne, et qui passait son temps à courir sur les chemins et dans les bois comme si elle chevauchait je ne sais quel destrier, tout en contemplant le monde de bien plus haut que je ne le faisais, moi qui, à cette époque, étais plus silencieux qu'un ver de terre et ne me suis décidé à l'aborder que lorsque j'ai eu en mains mon premier alto et que je l'ai vue descendre la sente du curé qui passait derrière l'ancien presbytère pour rejoindre le fond de la vallée et le pont sans arches menant à la route des Buiges. Elle s'est arrêtée, m'a regardé en se demandant peut-être ce que je pouvais bien faire là, à l'entrée d'un cabanon, avec cet instrument qu'elle devait prendre pour un violon, puis elle a continué à descendre alors que j'en étais non pas à chercher mes mots mais à me dire que c'était la première fois que je voyais de si près un visage de fille, palpitant, la bouche entrouverte, la lourde chevelure rousse ramenée sur l'épaule, et qu'elle était enfin devant moi, celle que j'avais tant guettée, sur les hauteurs de Siom, derrière la rangée de vieux tilleuls qui bordaient le parc des Geniettes, sa maison de famille, et tenté de rencontrer en me promenant dans les mêmes lieux qu'elle, persuadé que le hasard finirait par la mettre sur mon chemin, et le croyant arrivé, ce bonheur (un jour d'automne où le brouillard ne quitterait pas avant midi la surface du lac), alors que c'était aussi la dernière fois que je la voyais, Céline Soudeils : elle s'enfuirait quelques jours plus tard, poussée par un amour plus puissant que celui qui m'habitait et que j'aurais alors été bien incapable de m'expliquer à moi-même, même si, sur le seuil de ce cabanon où me reléguait un père qui ne supportait pas la musique, il aurait suffi de peu de chose, un sourire, une main levée vers ma joue, une parole, pour que je les trouve, non pas les mots qui m'auraient délivré, mais la mélodie par laquelle je l'aurais retenue et serais entré dans son cœur, au lieu de ces grincements que j'ai tirés de mon alto et qui me donnaient l'air aussi idiot que le dernier des Pythre, et qui m'ont amené au bord des larmes, pendant que Céline poursuivait son chemin en riant comme savent le faire les femmes, me laissant cloué à moi-même, avec le sentiment qu'elle m'avait maudit, cette petite fille que je croirais revoir, bien des années plus tard, devenue femme, et toujours d'aussi loin, au Théâtre du Châtelet où je venais de donner avec Jeanne Delamare la *Sonate* de Koechlin suivie de celles de Milhaud et de Honegger. Elle était assise au parterre, à peu près semblable à l'enfant qu'elle avait été et souriant de la même façon, avec l'air de savoir où elle allait, c'est-à-dire à Siom, pour y mourir de ce cancer qui l'emporterait bientôt et me laisserait le sentiment que l'amour dure plus que la vie. Jeanne, la belle et fière Jeanne, avait surpris mon regard. Elle répugnait aux rappels et aux bis : « Ce qui est donné est donné. On ne réclame pas un cadeau... », aurait-elle pu lancer au public en s'inclinant devant lui et en allant se placer non pas à son piano mais derrière lui, dans l'ombre des tourneurs de pages, où elle me signifiait que c'était à moi de jouer, seul, généralement un mouvement d'une *Sonate* de Hindemith ou l'*Élégie* de Stravinsky. Mais ce jour-là, je suis allé parler à Jeanne et c'est la *Deuxième Sonate* de Brahms que nous avons jouée, apparemment en bis, mais en vérité pour celle qui était assise, là, non loin de moi, me semblait-il, et cependant terriblement lointaine, puisque prisonnière de ce passé où nous ne nous étions jamais parlé et de ce futur si proche vers lequel, sans m'avoir souri ni montré le moindre signe de reconnaissance, ni même que j'aie eu le temps de descendre vers elle, ou plutôt de la rattraper, elle s'était une nouvelle fois enfuie, me faisant douter si c'était bien elle qui s'était tenue là, devant moi, tandis que mes yeux se levaient vers Nicole, dont la chevelure blond-roux ne pouvait se confondre avec la rousseur de celle que j'avais prise pour Céline Soudeils ; Nicole qui était venue nous écouter, ce jour-là, sans m'en avertir et en payant sa place, et qui me dirait la même nuit, au téléphone, qu'elle avait rarement entendu jouer Brahms avec une joie aussi triste, comme si je n'étais plus tout à fait de ce monde, et en tout cas très loin d'elle, ajouterait-elle sans que cela pût passer pour un reproche, Nicole n'étant en fin de compte occupée que d'elle-même, égoïste par nécessité bien plus que par bassesse ou inclination, ayant à lutter chaque jour, faut-il le redire, contre cette folie qui l'éloignait peu à peu du monde des vivants, de la même façon que ses parents s'étaient éloignés l'un de l'autre, le père, d'abord, dont tout pouvait laisser penser qu'il avait fini par se noyer dans les eaux froides de Terre-Neuve, et puis la mère, se séparant d'elle-même, si on peut dire, établissant entre son esprit et son corps une distance que nul amour n'aurait pu réduire, pendant des années, surtout à partir de quarante-quatre ans, l'âge que venait d'atteindre Nicole, en février dernier, me suis-je rappelé sans pour autant vouloir me souvenir de ce que cela impliquerait pour elle, qui me dirait, un autre soir, que sa plus jeune tante, Heather, qui venait de mourir dans un asile de Québec, « sous le regard de Dieu », dirait-elle tout en refusant d'en parler davantage, sans doute parce qu'elle aurait dû parler aussi de ce qui était en train de nous éloigner l'un de l'autre.

Nicole dont j'imaginais sans peine, la nuit qui avait suivi le concert au cours duquel j'avais cru apercevoir Céline Soudeils, le beau visage plus fermé que la musique d'Arnold Schönberg, aurait pu dire Tobias Suttermans, les yeux brillants, les lèvres serrées, colère ou désespoir.

« Tu te trompes de fantômes », m'a-t-elle lancé, avant de se remettre à parler dans la nuit et que pour la première fois je ne l'écoutais plus vraiment, songeant aux paroles de la fière Marianne Fancourt, le soir où elle s'était donnée à moi, quelques mois auparavant.

« Je sais ce que vous êtes, avait murmuré Marianne en m'abandonnant sa main et en fermant les yeux à demi comme si elle avait un peu honte de cette main trop longue, presque maigre, quoique douce et d'une exquise tiédeur. Je sais que vous êtes ce qu'il ne me faut pas, un musicien, un homme à femmes, et pourtant me voilà devant vous, près de vous, vous laissant goûter à ce que vous brûlez de prendre et que vous aurez bientôt, vous comprenez, et dont je ne comprends pas que vous ne soyez pas las, vous qui ne vivez que pour la musique, qui tirez de nous une musique pas moins singulière que celle de l'alto comme la bête sort du bois, la bête de l'enfance qui demeure tapie dans les songes des petites filles et des femmes, toutes les femmes, vous le savez, vous ne pouvez pas ne pas le savoir, de même que vous ne pouvez pas ignorer que c'est pour ça que je suis là, chez vous, la bête de l'enfance, la main et la voix qui chassent les démons de la nuit, ici et maintenant, avec vous, pour vous... »

Elle avait en parlant un sourire d'une extraordinaire douceur, presque menaçant, qui n'admettait pas de contradiction ; et ce qu'elle disait là était plus émouvant encore que ce corps dont la main me laissait deviner la forme de son sexe, non seulement les lèvres mais l'intérieur du conduit, selon une théorie qui faisait correspondre la forme de la main et la plus ou moins grande étroitesse du sexe féminin et que nous développions à loisir, Tobias et moi, lorsque nous nous retrouvions entre hommes, chez moi, boulevard de la Bastille, dans ses garçonnières de Bruges et d'Amsterdam, ou encore dans les bars des hôtels où nous descendions ; théorie d'après boire et à laquelle nous nous acharnions à trouver de la vraisemblance, voire des preuves, ce qui revenait, disons-le, à nous raconter, fort tard dans la nuit, un certain nombre de nos bonnes fortunes, comme tant d'hommes désœuvrés ou revenus de tout, et pour qui le fait même de vivre est proche de cette extrême fatigue qui a soudain le visage d'autrui, ai-je dit à Tobias, un soir de février, au bar désert de l'hôtel Unger, à Stuttgart, où nous venions de donner des *Trios pour violon, alto et piano* de Carl Philipp Emanuel Bach et de son frère Johann Christian, les *Duos* de Mozart et le *Trio* de Hindemith *pour heckelphone, alto et piano*, une œuvre rarement jouée à cause de cette espèce de hautbois dont la basse fondamentale est le *la*, inventé par Wilhelm Heckel à Briebrich-um-Rhein, en 1904, d'après une idée de Richard Wagner, et qui est fabriqué dans de l'érable, possède une large perce et un pavillon piriforme tourné vers le bas, et dont l'usage, malgré Hindemith et Richard Strauss, ne s'est pas répandu.

Tobias, plus ivre que moi, prétendait que nous n'étions lui et moi que des heckelphones, le pavillon néanmoins tourné vers le haut, et destinés à nous répandre dans des ventres qui n'enfanteront pas.

— Des sentimentaux, en fin de compte, ai-je dit.

— C'est la musique qui nous rend sentimentaux, qui nous étend en nous-mêmes comme entre des draps plus doux que la soie.

Je ne l'écoutais plus, lui non plus. Ces sophismes, ces paradoxes, ces métaphores avaient depuis longtemps cessé de m'amuser ; et si le vieux Hollandais n'avait pas été surtout capable de silence, j'aurais cessé de le fréquenter aussi assidûment, encore que nous ne nous soyons jamais pensés amis, ayant l'un comme l'autre à l'égard de l'amitié la même absence d'illusions qu'envers l'amour, nous sachant seuls, ayant toujours été seuls, non seulement parce qu'originaires de la campagne et trop différents des citadins pour ne pas avoir à dissimuler nos origines rurales (Tobias né encore plus près de la terre que moi, avais-je fini par savoir, avec le temps, puisqu'il venait d'une famille de paysans du sud de la Frise qui vivaient dans une ferme regroupant la grange, l'étable et le logis sous une immense toiture en forme de meule de foin dont un des pans était non pas en chaume mais en tuiles disposées selon un motif géométrique dans la contemplation duquel était né son goût de l'architecture musicale, m'avait-il dit en me tendant ses mains courtaudes et noueuses qui avaient manié la faux et la fourche sur des terres bordées par des dunes, par la mer, par le vent et par la parole de Dieu, jusqu'à ce que le pasteur remarque les dons exceptionnels du jeune garçon et convainque ses parents de le vouer à la musique, comme un musicien d'autrefois, disait-il, les fils du charron Haydn ou de l'épicier Verdi), mais parce que la solitude est la marque de musiciens tels que nous : une forme de bonté, la seule dont nous soyons capables, et qui dépend trop des cinq doigts de la main gauche et de la souplesse du poignet droit, ai-je coutume de dire, pour que nous nous résignions à nous laisser lier les mains par une femme.

Je ne voudrais pas laisser croire, pour employer une piètre expression du vocabulaire contemporain, que mes rapports avec Nicole se dégradaient. Nous ne nous fréquentions pas moins. Nous n'avions pas de disputes. Ce que je ne voyais pas, ne voulais ou ne pouvais pas voir, c'était que la proximité de la mort donnait à son amour une générosité souveraine ; elle m'aimait, elle, comme rarement femme aura aimé un homme : dans le lointain de toute passion qui est, en même temps, la plus extraordinaire des proximités. Quant à ma façon de l'aimer, c'était la rencontre entre l'intérêt sexuel et une intelligence réciproque de nos vies ; et cela, je le répète, bien qu'elle ne fût pas mon type, ou alors grâce à ça, oui, à l'abnégation heureuse qu'il y a dans le fait de rencontrer, chez une femme qui ne nous plaît pas au point que nous tombions tout de bon amoureux d'elle, la grande science amoureuse, la vérité musicale des corps, cette vérité sur soi, aussi, qu'on ne peut trouver que dans les paroles d'après l'amour, non pas les fastidieuses confidences teintées de psychanalyse que nous servent tant de femmes, aujourd'hui, dans la semi-obscurité des chambres et qui sont, ces petites vérités, la menue monnaie des sentiments qu'on n'éprouve pas et grâce à quoi on espère échapper à soi-même, mais ces grands récits qui sont la vraie nudité, la dimension véridique de l'amour, n'est-ce pas, cette excessive et désarmante nudité du plaisir qui dérangeait par exemple le visage de Nicole au point de le rendre presque laid, parfois, sans âge, perdu, abandonné à l'absence de temps.

— Je te reviens, lui ai-je dit, au début de l'hiver, celui de 1999, sur le lit où nous n'avions plus fait l'amour depuis l'éclipse.

L'altruisme n'était pourtant pas notre fort ; il ne saurait se confondre avec la générosité ni le don de soi ; il avait même quelque chose de détestable, comme les bons sentiments.

— Tu ne me reviens pas : c'est le désir qui te rend fidèle.

— Fidèle ?

— Comme la foudre au paratonnerre, a-t-elle murmuré en une formule qui aurait mieux convenu à Tobias et qui, dans sa bouche, avait je ne sais quoi d'ironique, d'étrangement amer, comme si je la décevais, non pas bien sûr à cause des femmes qui traversaient ma vie comme des oiseaux migrateurs, mais parce que j'allais entrer dans un âge, la cinquantaine, où j'étais guetté par tout ce pour quoi nous n'étions pas faits, elle et moi, la fidélité, la vie à deux, les serments amoureux, le bonheur, c'est-à-dire le moment d'avant l'aube où on est à même de se renier, sauf qu'il n'y aura pas d'aube ou que celle-ci se confondra avec la nuit, et où la fidélité n'est que la meilleure façon de manquer à la parole grâce à laquelle deux êtres se seront approchés l'un de l'autre bien plus près que par leur épiderme.

Nicole savait souffrir, comme toutes les femmes, mais différente des autres en ceci qu'elle n'aimait pas sa souffrance et qu'elle n'en faisait pas un objet de négoce entre nous. Elle souffrait non pas de cette jeune Kryztyna Lukowska rencontrée au Conservatoire national supérieur de musique de Paris où elle poursuivait des études de composition et qui était devenue ma maîtresse, l'été de l'éclipse, mais de ce que je la négligeais, que je ne comprenais pas qu'elle étendait sa souffrance à tout autre chose que ce dont je pouvais croire qu'elle souffrait et qui était d'avoir à s'éloigner de ce corps qu'elle entretenait par le sexe et la danse.

Je n'aime pas la danse. Jamais je n'ai dansé. J'ai une trop haute idée du rythme pour m'abandonner aux transes collectives par lesquelles mes contemporains pensent exorciser la peur de la mort. Et puis le corps humain ne m'est supportable que dans la semi-obscurité des chambres, ou audelà de la rampe. Comme beaucoup de musiciens j'écoute peu de musique pour mon propre plaisir et je n'aime guère regarder jouer les autres ; il y a quelque chose d'obscène dans le visage d'un interprète sur scène, autant être surpris aux cabinets ou en train de jouir, et je ne suis pas loin de penser que je pourrais haïr la musique à cause du visage qu'elle me donne lorsque je joue et que je n'ose me représenter, particulièrement lorsque mon jeu ne parvient pas à me le faire oublier, ce visage, ni ce qu'il peut avoir de grotesque, de laborieux, d'indécent, surtout si on songe que la plupart des gens vont au concert autant pour voir que pour écouter, car ils ont en vérité peur de la musique ; celle-ci possède un si puissant pouvoir d'abstraction qu'elle finit toujours par nous conduire au-delà du plaisir pour nous placer face à notre propre nuit, à notre néant, à l'irrémédiable : ils viennent nous voir mourir à leur place.

C'est pourquoi je me refusais à contempler le visage de Nicole dansant, tango ou flamenco, ou même ces infinis tournoiements de derviches que lui avait montrés un amant libanais. Il me plaît de penser que ce visage-là ne m'était pas destiné, même si elle a regretté que je ne l'aie jamais accompagnée, pas même pour la regarder de loin, depuis le pont de Sully, par exemple, certains soirs de printemps et d'été où elle dansait le tango sur le quai de la Tournelle dans une ambiance très *porteño*, au clair de lune, avec dans les jupes le vent qui ajoutait son mouvement à celui de la danse qui est aussi un ensemble de sensations intimes, concédait-elle, une expérience privée qui n'a pas forcément besoin d'être vue ni reçue, qui a l'immédiateté, l'exclusivité de la vie, de la performance, de l'interprétation.

— Une lutte avec le corps, tu comprends, et avec la gravité, avec le poids des choses et du monde. Le plus ingrat de tous les arts, le plus exposé au vieillissement du corps. Une ballerine est finie à trente ans. Gaspillage, pur écoulement de sable entre les doigts, pratique tragique et archaïque, moins abstraite que la musique et néanmoins musicale, se rapprochant du chant dans sa nudité muette parce que sans autre instrument que le corps, ajoutait-elle en tournant les yeux vers la terrasse aux azulejos de l'immeuble voisin où elle n'avait jamais vu personne s'accouder, personne qui vînt se pencher là parmi les orangers en pots pour regarder dans ces grands puits que sont les cours intérieures des vieux immeubles parisiens, personne, non, pour rêver aux jardins qu'il y avait là autrefois et qui descendaient jusqu'à la Seine... J'ai toujours voulu danser, poursuivait-elle, un rêve d'enfant qui me venait peut-être de cette photographie d'Isadora Duncan dont j'avais lu la vie, vers l'âge de huit ans, dans un livre maternel évoquant plusieurs *Famous Women*, c'était son titre, parmi lesquelles Cleopâtre, Théodora, Marie Curie, Helen Keller... Un rêve que je n'ai pu réaliser que bien des années plus tard, et de manière incomplète, comme tant d'autres rêves, puisque ma mère réprouvait toute exhibition corporelle et que la danse a été interdite en tant qu'art, au Québec, jusqu'à la fondation des Grands Ballets canadiens, dans les années 60, par Ludmilla Cheriaev, je m'en souviens, ce nom m'était devenu presque aussi cher que celui d'Anna Karénine ou de Natacha Rostov, à moi qui rêvais devant les tutus roses et les jolies mallettes rondes de mes camarades à qui leurs parents permettaient de suivre des cours de danse, et me disant que c'était ça, bien plus que le piano dont j'aurais pourtant tellement aimé jouer, oui, la danse, qui me requérait : un engagement du corps tout entier dans ce qui me semblait pouvoir canaliser ce qui me tourmentait, me faisait si souvent porter la main entre mes cuisses, un besoin de me perdre, aussi bien, ou d'oublier, et que je n'ai pu satisfaire que vers l'âge de dix-huit ans, lorsque je me suis inscrite à l'école des Grands Ballets, côte des Glacis, à Québec, en même temps que je m'inscrivais à la faculté de médecine ; la danse contemporaine, donc, qui convenait mieux à mes débuts tardifs, qui travaillait avec le poids du corps et contre lui plutôt que de vouloir le nier, l'abolir, comme dans l'aérienne danse classique. Quelque chose de terrien, vois-tu, de tellurique, qui tient compte du sol et de la gravité. Une danse plus libre, plus violente. Ombre et lumière. La mort omniprésente, le cygne égorgé et pas simplement la mort stylisée du cygne. Martha Graham, que je me souviens d'avoir approchée sans oser rien lui dire, dans les années 80, après une repésentation à Montréal de *Appalachian Spring* d'Aaron Copland, qui m'avait tellement frappée que j'ai senti que je n'irais pas plus loin dans la danse contemporaine et que je me suis tournée vers le flamenco et le tango argentin, parce que l'âge n'y est pas un ennemi aussi absolu et que la maturité d'une danseuse ajoute à son expressivité, à sa puissance, et que c'était là un autre défi pour moi, la grande Irlandaise aux cheveux blond roux, que de m'ouvrir à cette raucité, à cette figuration brûlante de l'*amor brujo* par laquelle je rêvais de rejoindre le sublime de ces grandes déesses modernes que sont Cristina Hoyos, Pina Bausch et Carolyn Carlson. Et puis le tango, danse du Nouveau Monde, danse de déracinés, avec sa musique proche du jazz, si mélancolique, avec ses improvisations et ses rubatos, la plus belle et la plus dangereuse des danses de couple ; une marche, une avancée de l'homme sur la femme qui, loin d'être innocente, recule moins devant celui qui vient qu'elle ne l'attire à elle pour se renverser sous lui et rejoindre dès lors les belles allongées, la dormeuse surprise dans tous les états du corps requis par la lecture, le sommeil, le bain, danseuses, liseuses, dormeuses, baigneuses, et toutes les belles étendues, Olympias, Majas, nus de Bonnard étendus dans leur baignoire comme dans un cercueil...

Je lui ai répondu qu'au fond, malgré la lumière qui semble sourdre du corps d'une femme dont la robe vient de tomber à mes pieds, je n'aime pas les corps, l'exhibition du corps, que comme tant de musiciens je reste aveugle à certaines choses.

— Pourquoi m'aimes-tu, alors ? m'a-t-elle demandé en riant, une des rares fois où je l'ai vue rire aux éclats (et non sans penser que ce rire avait quelque chose d'insensé, non seulement parce qu'il n'avait pas lieu d'être, en regard de ce qui venait de se dire, mais parce qu'il n'avait plus de rapport avec rien et que ce qui semblait le porter était plus proche du vertige que de la gaieté).

— Qui te dit que je t'aime ? ai-je répondu, sur le même ton, mais sans rire, n'ayant nulle raison de rire puisque, cet automne-là, il me fallait bien me rendre à l'évidence que quelque chose se défaisait entre nous, et remarquant au plafond, à ce moment précis, une infime lézarde à laquelle j'ai attaché mon regard tout en me disant que le meursault blanc que nous venions de boire était une des rares choses capables de rendre supportable l'éloignement des êtres et que je vieillissais, que la lézarde au plafond avait dû apparaître le jour de l'éclipse et qu'elle avait quelque chose de trop symbolique, d'entêtant, comme le meursault, comme le souvenir d'un corps, mais qu'elle représentait bien, au début de cet après-midi d'automne, l'image de mon esprit, ai-je fini par dire à Nicole.

— Comme tu dois souffrir, a-t-elle murmuré en se mettant à genoux devant moi.

Je me suis laissé faire. Il me fallait aller au bout de ma détresse, et Nicole savait que c'était le seul moyen, qu'il ne s'agissait pas de faire l'amour mais d'accomplir un geste qui nous délivrerait momentanément, encore qu'il nous conduise, la plupart du temps, au-delà ou en deçà de nous-même, et nous force à reconnaître qu'on est toujours peu ou prou à l'écart de soi bien plus que d'autrui, et qu'on passe sa vie à tenter de réduire cet écart parfois plus considérable que la distance qu'il y a d'un homme à une femme.

VI

Le 13 mars 1989, un des plus intenses orages électromagnétiques jamais enregistrés, modifiant la pression du vent solaire et le volume de la magnétosphère sous l'effet d'une éjection de masse coronale de notre étoile, a privé le Québec d'électricité, plongeant dans l'obscurité pendant plusieurs heures les sept millions d'habitants de la Belle Province.

— C'était il y a dix ans, quelques jours après mon anniversaire, et pas un hasard, je ne crois pas à ce genre de hasard. Je suis restée toute la nuit chez moi, à Westmount, incapable de me lever pour aller prendre mon service à l'hôpital Royal Victoria, non pas parce que je croyais ma fin arrivée mais parce que c'était là, je le devinais (je l'avais toujours attendu sans y croire vraiment, malgré ce que m'en avaient dit Aline et Suzanne, les sœurs de mon père, celles qui allaient recueillir l'eau de pluie sur le toit de l'observatoire et avaient de l'astronomie une vision à la fois scientifique et poétique à laquelle j'avais prêté l'oreille dès l'enfance), un coup de semonce, le premier de ces coups du destin qu'il est donné à chacun de nous d'entendre avant de mourir, pour peu qu'on prenne la peine d'y voir clair, ou qu'on soit assez fou pour ça, dans ce qui compose notre paysage intérieur, m'avait dit Nicole, le lendemain de l'éclipse — laquelle constituait, j'allais devoir l'accepter bien que je ne fusse en rien disposé à la lecture d'autres signes que ceux dont on se sert pour noter la musique, le second coup de semonce, prétendait-elle, et lui signifiait sinon l'imminence de sa fin du moins qu'elle eût à se méfier, à veiller sur elle-même, à se préparer, peut-être, à revenir à ce dont toute sa vie on a eu non seulement la nostalgie mais vers quoi on n'a cessé de se tourner : le corps de la mère, malgré la danse, la médecine, les hommes, l'exil...

J'en avais assez entendu, là aussi, avais-je envie de lui dire, assez de ces mystères, de cette théâtralisation, de cette souffrance que je ne comprenais plus ou ne voulais plus voir, moi qui suis au fond une sorte de simple, m'avait naguère dit Jeanne Delamare, laquelle m'avait fait comprendre que je devais le rester à tout prix, et fuir comme la peste la politique, les injonctions moralisatrices, les fausses évidences scientifiques, et cette nouvelle gnose qui fait de l'homme et de ses droits le centre d'un culte, d'un monde nouveau, alors que nous savons bien, nous autres musiciens, frêles amants du silence dans l'inversion du jour et de la nuit, ce qu'est le vrai centre du monde et au-delà de quel mur de Planck, de quelle antimatière, de quelle respiration galactique, de quels rayonnements de fond venus du big bang et dont la musique serait la manifestation initiale, ou, plus simplement, dans quelle vanité, quel néant, notre petitesse trouve sa gloire. Nous ne sommes rien, avais-je appris à penser avec les compositeurs du XVIIe siècle, et le peu de bruit que nous faisons à la surface du monde est déjà du silence, oui, même la musique, même le chant des femmes pendant l'amour, même le fredonnement d'un enfant dans la forêt profonde.

Je ne voulais pas en entendre davantage, incapable de supporter ce qui allait arriver, cette fin que Nicole avait évoquée à plusieurs reprises, à l'occasion de l'éclipse surtout, et plus tard, lorsqu'il m'a bien fallu admettre que l'inacceptable décompte avait commencé et que le temps ne passait plus pour elle comme pour nous, mais que c'était là la basse obstinée de son destin, une façon de s'aider à mourir, à charge pour moi d'en tenir compte, voire le compte, et je me suis mis à attendre, à guetter à mon tour les signes, à redouter pour elle le troisième coup de semonce après lequel elle n'aurait plus, comme elle disait, qu'à se mettre à mourir, ce qui n'était pas un vain mot, je ne pouvais que l'admettre, vu l'état dans lequel je l'avais trouvée, pendant l'éclipse comme le 26 décembre de la même année.

J'avais quitté à l'aube le lit de Kryztyna Lukowska, que je rejoignais de plus en plus souvent, depuis l'automne, dans le petit appartement qu'elle louait, à Nogent-sur-Marne, devant le bois de Vincennes, comme je fais avec la plupart des femmes dont je partage la couche, ne parvenant pas à dormir le matin et ayant peu d'appétit pour les corps qui sortent du sommeil, les haleines lourdes, les yeux gonflés, les ventres soucieux de se délivrer, les voix plus lentes que celles des vieillards.

Ma plus grande joie était, après avoir quitté Kryztyna, de traverser l'avenue qui sépare son immeuble du bois et d'aller pisser ou m'accroupir contre un arbre, comme je le faisais enfant, à Siom où j'avais appris des paysans le plaisir qu'il y a à se soulager dans la nature, le matin, surtout, lorsque le soleil se lève dans le brouillard et les chants d'oiseaux et qu'on est aussi seul qu'à sa dernière heure, sauf que, ce matin-là, j'ai dû pisser le dos au vent, au milieu des arbres qui se sont mis à ployer extraordinairement, d'un seul coup, vers 7 heures, comme si quelque chose de plus puissant et de plus terrible que le vent les agitait : quelque chose d'excessif, de bruyant, de grotesque, même, qui suscitait l'indignation, comme le fracas du tonnerre ou le cri d'un enfant qu'on blesse ; quelque chose de menaçant, aussi, un danger qui était là sans qu'on en eût mesuré l'étendue ni la force, qui m'empêchait de poursuivre ma marche le long du bois jusqu'à la station Château-de-Vincennes, à une demi-heure de l'endroit où je me trouvais, et qui a soudain dépassé ce qu'on pourrait appeler tempête, du moins vue à l'échelle d'un homme seul, surpris, à l'aube, dans un bois où semblaient s'être réveillées les puissances mythologiques sommeillant dans les forêts de Siom et qui ont pris la vie de tant d'innocents, comme la dernière des Piale, je me souviens, la belle, la sauvage Amélie qui avait été quelque temps ouvrière dans l'usine de mon père, aux Buiges, avant d'aller défier au Montheix les divinités des grands bois. Je ne voulais pas connaître le sort d'Amélie Piale. Je me suis mis à courir, non pas le long de l'avenue sur laquelle s'abattaient les grands marronniers, les pins maritimes et les chênes, écrasant des voitures garées le long du trottoir, défonçant des grilles, des balcons, des fenêtres, pénétrant même dans des appartements, tandis que le vent faisait voler des branches et des tuiles, mais en m'enfonçant dans le bois, vers une clairière assez vaste, au centre de laquelle je me suis réfugié, dans une mauvaise lueur orange qui semblait venir de plus loin que de la grande cité violentée, ai-je pensé, à genoux dans l'herbe pendant près d'une heure sous les nuages qui couraient dans le ciel, les yeux grands ouverts, et terrifié, comment le dire autrement, sans avoir cependant peur pour ma vie : abandonné tout entier à cette puissance déchaînée dont le vent n'était que l'élément manifeste et dont la violence continuait à m'indigner tout en suscitant en moi les prières qu'on ne m'avait pas apprises, dirais-je à Nicole, quelques heures plus tard, lorsque j'eus réussi à regagner mon appartement en longeant des avenues dévastées par endroits seulement, comme si la tempête avait choisi ses victimes puisque des parties entières du bois gardaient leur belle allure de forêt hivernale et qu'un peu plus loin un homme gisait écrasé sous le tronc d'un marronnier à côté du petit chien qu'il était descendu promener à l'aube et qui hurlait près de lui tandis que les pompiers faisaient rugir les tronçonneuses pour dégager le corps. Depuis combien de temps les hommes n'avaient-ils pas pleuré comme ça, dans la rue, et sur une forêt dévastée plutôt que sur eux-mêmes, ai-je dit à Nicole que j'ai trouvée telle que je l'avais imaginée en songeant à elle pendant la tempête, lorsque j'avais, si j'ose dire, prié non pas pour moi mais pour elle, qui habitait cependant sur une cour donnant à l'est, et donc protégée de ce qui soufflait de l'ouest, mais qui avait deviné la puissance du vent non seulement au bruit qu'il produisait mais en voyant se renverser les orangers en pots de la terrasse aux azulejos et s'envoler des cheminées, des plaques de zinc des toits voisins.

— Le troisième coup, a-t-elle murmuré en souriant comme un enfant qui ne veut pas montrer qu'il a le ventre tordu par la poignée de cerises point mûres qu'il a dérobées sur l'arbre.

— Le troisième, ai-je répété un peu bêtement, avant de m'entendre dire (comme si je me parlais à moi-même ou qu'elle n'écoutât pas, qu'elle eût décidé de ne plus attacher d'importance à ce que je pourrais ajouter) que ce n'était après tout qu'une tempête, d'une puissance certes extraordinaire, mais un simple phénomène météorologique.

— Il n'y a pas de simple phénomène météorologique, ai-je cru l'entendre murmurer en se retournant vers moi pour me caresser les lèvres.

Et comme pour lui donner raison, comme si ce coup du destin n'avait pas eu assez d'éclat, dès le lendemain la même sorte de tempête ravagea le sud-ouest du pays, touchant particulièrement les Charentes, les Landes et le Limousin, où mon père, sortant à l'aube pour refermer le portail qui battait, avait eu le poignet droit cassé par un coup de vantail qui aurait brisé ma carrière si je m'étais trouvé à sa place ou bien dans mon chalet de Siom sur lequel s'étaient couchés, m'avait-on fait savoir, des sapins aussi hauts que ceux qui étaient tombés sur le cimetière, éventrant quelques caveaux, forçant les vivants à descendre en plein hiver dans les tombeaux pour remettre de l'ordre chez les morts.

Nicole secouait la tête, voyait que je ne la prenais pas au sérieux, que je faisais mine de vouloir la distraire de ce que je savais à présent être inéluctable et qui l'a tenue terrée chez elle, les 26 et 27 décembre, elle qui était si loin des siens, et qui avait tenu pour ces fêtes à décorer sa table de bougies suédoises d'un beau mauve, de pommes de pin dorées et d'une branche de houx que je lui avais rapportée du bois de Vincennes, ainsi que d'un enfant Jésus en cire acheté dans une boutique d'objets religieux, du côté de la place des Victoires, où elle était entrée à cause de l'enseigne, *Au cœur immaculé de Marie*.

Loin des siens, ou plutôt proche de personne, pas même

de moi, désormais, qui n'avais pourtant jamais été si présent, mais dont la présence était, aurait-elle pu dire, lointaine, en tout cas pas assez vive pour elle, Nicole, plus démunie encore en ces jours de fête parce que délaissée par l'amant en compagnie de qui elle avait l'habitude de voyager et qui n'était ni l'architecte vénitien, ni le poète romain avec qui elle avait visité les villas palladiennes, Arezzo, Viterbe, Bomarzo et ses ogres de pierre surgissant des broussailles, ni même l'organiste autrichien chez qui il lui arrivait de séjourner, l'été, en Carinthie, au bord du lac de Millstatt dont elle disait qu'il n'y avait rien de plus beau, le soir après un orage, encore qu'elle reconnût cette excellence aux montagnes entourant Soglio, en Engadine, au printemps, aussi bien qu'à la mer contemplée depuis les terrasses de Santorin, où l'avait emmenée un amant grec. Des hommes de cœur, comme elle les appelait, et dont elle semblait s'éloigner peu à peu, elle qui songeait pourtant à abandonner la médecine pour devenir une sorte d'accompagnatrice.

— Quelque chose entre l'*escort girl* et la dame de compagnie, suivant des hommes cultivés et virils dans des voyages où l'esprit et le corps trouveraient leur compte, ce qui est une manière de vivre, n'est-ce pas, être payée pour ma beauté par des hommes de goût, quoi de plus moral, en fin de compte, disait-elle avec ce pauvre sourire qu'elle avait quelquefois, depuis l'éclipse, et qui ne la quitterait plus après les tempêtes de Noël, lui faisant perdre un peu de ce qu'elle appelait le sens de la mesure, en cela très française, comme si le fait d'être français était pour elle non pas l'appartenance à une communauté administrative pour laquelle elle avait d'ailleurs entrepris des démarches, afin d'aller au bout de son exil et que cette naturalisation fût l'accomplissement du long détour par lequel elle en reviendrait à sa mère, mais une affaire de goût, de langue, d'élégance, de musique, ce paysage dans le rêve duquel elle avait trouvé dès l'enfance de quoi ne pas désespérer tout à fait, jusqu'à ce troisième coup de semonce qui l'avait terrifiée et presque soulagée, dirait-elle quelques jours plus tard, lorsque je la trouverais pleurant devant un arbre abattu sur le quai du Louvre, près de l'endroit où nous nous étions embrassés pour la première fois, tout comme Kryztyna pleurerait en me tenant la main devant le parc saccagé de Versailles et décidant de dédier la dernière des *Trois pièces pour alto solo* auxquelles elle travaillait à l'architecture solaire du château, après avoir dédié la première à son maître, Gérard Grisey, qui venait de mourir brusquement d'une rupture d'anévrisme, et la seconde à moi-même, qui créerais l'ensemble, l'été suivant, au festival de Saint-Léon-sur-Vézère, et que je jouerais en un secret hommage à Nicole.

Trop spectaculaires, ces signes, trop irrationnels, aussi, pour que je n'aie pas été tenté d'y voir autre chose : la fin de ce qu'il fallait bien appeler notre amour, par exemple, puisque nous ne trouvions plus le temps de faire l'amour, ni de nous témoigner la grâce infinie de la conversation, laquelle aura été notre plus secret plaisir. Je m'aveuglais, je me voilais la face, je ne voulais pas voir une femme mourir de mort volontaire, cette femme, surtout, qui allait cependant me contraindre à voir dans ces signes ce qu'elle-même y voyait, elle qui toute sa vie n'aurait rien rapporté de ce qui lui arrivait ou de ce qu'elle faisait à l'ordre banal des choses, et pour qui tout était signe, comme cette forêt de symboles dont elle avait découvert l'existence dans ces *Fleurs du mal* auxquelles elle devait de vivre poétiquement, dans la joie aussi bien qu'au bord de l'abîme, comme en cette nuit où elle avait saisi la main d'un homme, pendant une traversée transatlantique qui la ramenait en France, dans une zone de turbulences si fortes que tous les passagers s'étaient réveillés et se taisaient comme s'ils priaient ensemble, Nicole serrant la main de l'inconnu, de l'autre côté de la travée, sans songer un instant qu'ils pourraient mourir puisqu'elle l'avait trouvée, cette main, qu'elle la serrait de toutes ses forces et que l'inconnu lui répondait par un serrement d'une autorité pleine de douceur, et sans qu'elle l'ait regardé une seule fois, cet homme, ni avant ni pendant, pas même après les turbulences, oui, sans qu'ils aient cherché à savoir qui ils étaient ni s'ils pourraient être autre chose, l'un pour l'autre, que deux humains qui s'étaient mutuellement réconfortés dans un moment de grande angoisse, et cela à la condition qu'ils ne découvriraient jamais leur visage, ayant peut-être honte, après coup, de s'être laissés aller à cette faiblesse, de ne pas s'être dominés, de n'avoir pas tenu à distance la peur de mourir, de périr de cette façon-là, eux qui étaient sans doute résignés depuis longtemps à l'idée de mourir, ça se sentait, disait Nicole, à la manière dont l'homme lui donnait de l'énergie (une énergie qu'il aurait dû se réserver à lui-même mais qui n'était bénéfique que dans la mesure où il y renonçait au profit d'une inconnue), et dans sa manière à elle de la recevoir, de l'accepter, de s'en laisser pénétrer avec le même abandon, le même bonheur qu'il y a à sentir un sexe d'homme entrer en soi, la même irradiation, aussi, avait-elle ajouté quelques jours après la tempête, songeant à cet inconnu vers qui elle ne s'était pas retournée jusqu'à l'atterrissage, et qui n'était déjà plus là lorsqu'elle avait, malgré tout, osé regarder dans sa direction, ou qui n'avait existé que par sa main ou même, qui sait, n'avait jamais été là, ai-je pensé, comme si c'était la main d'un ange qu'elle avait tenue, cette main dont une femme comme elle ne pouvait qu'admettre l'existence et qu'il lui avait été donné de tenir, au moins une fois, oui, cette grâce, cette paix qu'elle tentait de trouver avec les hommes qui traversaient sa vie et dont elle se demandait, devant la multiplication inquiétante des signes, quel serait le dernier, signe ou amant...

« Le dernier inconnu, le dernier amant, le dernier homme, à l'exception de toi, of course, my sweeat love », disait-elle encore en suscitant devant moi un de ces mystérieux messieurs dont elle avait été, pour reprendre une de ses expressions, la passagère clandestine, un psychanalyste libanais, rencontré à Paris, à la Salpêtrière, où elle participait à un séminaire sur l'intériorité, et avec qui elle avait connu non plus les étroites garçonnières et les mauvaises chambres d'hôtel où l'emmenaient, entre midi et deux ou de cinq à sept, certains de ses amants, des hommes mariés, en général, pressés, frénétiques, et en fin de compte tous plus ou moins mesquins parce que condamnés à devenir coupables ou jaloux, mais dans des hôtels de charme, ceux dans lesquels on ne croise ni minable étudiant, ni touriste fauché, ni couple honteux, et où les rideaux sont assez lourds pour donner une impression de nuit aux deux heures d'amour pendant lesquelles on croit entrer dans l'éternité, non seulement parce qu'avec l'âge le désir et le plaisir nous sont donnés comme une grâce, mais parce que le corps s'y prête, s'y abandonne, s'y ouvre bien mieux qu'il ne le faisait dans la frénésie un peu sèche et famélique des amours de jeunesse, et qu'il a besoin de ce temps maîtrisé, de la sensation de temps suspendu que procurent les belles chambres où on peut être débarrassé de la parole, et s'adonner à ce à quoi on s'était toujours refusé : la sodomie, par exemple, l'étonnement d'y trouver du plaisir, et qu'il y ait encore ça à découvrir, que le corps n'a pas livré tous ses secrets, malgré la connaissance qu'on en a, et ça entre les bras d'un homme plus que mûr, légèrement claudicant quoique sans rien d'un diable boiteux, viril, irrésistiblement viril et apaisant, avec qui elle avait trouvé du temps, non pas échappé au temps, mais accordé ce qu'il lui restait de temps à celui de ce dernier amant.

« L'écouter parler de lui, oui, me raconter sa vie, la sienne, ce qu'il estimait être son bien le plus précieux, un récit, et pour la première fois, sans doute, à une femme qu'il ne payait pas et qui n'était pas sa sœur, et qui me faisait l'imaginer, jeune homme, à Beyrouth, dans le quartier chrétien d'Achrafiyé, au dernier étage d'un immeuble de couleur ocre datant du Mandat français et appartenant à son père. Il avait passé là le plus clair de l'enfance et de l'adolescence, à cause d'une coxalgie mal soignée qui l'avait laissé boiteux et tenu éloigné de l'amour aussi bien que de la religion ou de la médecine, à quoi il songeait, ayant très vite compris que nul ne pourrait avoir confiance en un prêtre ou un médecin boiteux ; et il s'était d'abord tourné vers les affaires, comme son père, entre le commerce et les songes, sinon dans le commerce des songes, de la même façon qu'il vivait entre la mer et les hautes neiges de la montagne libanaise, chaque jour contemplée à travers les stores du bureau, à la banque, dans le quartier de l'Horloge, comme il le faisait au dernier étage de l'immeuble d'Achrafiyé, où il habitait en compagnie de ses parents et de sa sœur cadette, celle qui ne s'était pas mariée parce que, pouvait-on se dire, elle n'était pas assez jolie et qu'elle ne croyait pas à l'amour, ou préférait ne pas y croire plutôt que d'être éternellement déçue, trompée, bafouée, et qu'elle trouvait aussi bien de se vouer à ce frère qui ne se marierait pas, lui non plus, c'était évident, et qu'elle aimerait jusqu'au bout, comme si, en fin de compte, il n'était rien de plus juste que de se vouer à un frère infirme ; rien de plus beau, aussi, que de passer ses soirées à regarder ensemble rosir les neiges de cette montagne, au loin, en forme de nef renversée, qui lui faisait penser que c'était l'arche de Noé qui s'était échouée là, sur ce rivage où avait été inventé notre alphabet, avait pu se dire le frère, à l'âge où on peut encore être charmé par les mots d'autrui avant de découvrir que seuls nos propres mots sont capables de faire figurer dans le monde un autre corps que celui que nous possédons, et qu'il fallait une oreille, oui, un regard qui se fie avant tout à l'oreille pour recevoir ce corps, la sœur n'y suffisant bientôt plus, malgré son dévouement, car il y a les autres femmes, la véritable, la plus haute incarnation d'autrui, même si celles-ci vous regardent avec dégoût, méchanceté ou pitié, et que votre père, quand vous avez dix-sept ou dix-huit ans, participe de cette pitié en vous menant, un après-midi d'avril, non pas à l'église ou à la banque, puisque à cela vous êtes déjà peu ou prou initié, mais dans une rue étroite qui part de la place des Martyrs, dans un de ces établissements portant les noms de Marika, de Sonia, de Rajah, et à l'étage duquel vous accueille une femme plus maquillée que votre mère, bien plus déshabillée aussi, et qui vous regarde avec l'air de ne pas vous voir ou de ne pas considérer ce que voient d'ordinaire les mères et les sœurs, et qui, après avoir fumé sa cigarette égyptienne à bout doré, vous emmène au second étage, pour faire de vous ce qu'on appelle un homme, en quelques minutes, sur un mauvais lit, dans la pénombre d'une chambre d'où on n'aurait pas pu apercevoir, par-delà les volets de bois repliés sur l'après-midi finissant, la nef enneigée de la montagne, à l'horizon, à supposer qu'on ait pu penser à autre chose qu'à ces murs entre lesquels la femme nue allongée près de vous et en train de fumer sa cigarette égyptienne vous a fait connaître qu'il n'y a pas de paradis, ou que ce n'est que ça, le paradis, un vertige au bord du vide, contrairement à ce que vous avez pu rêver, tout commençant et finissant dans le ventre d'une femme, la joie et la désillusion, l'espoir et l'abjection, pouvait-il penser avec le sentiment d'être à la fois le premier et le dernier homme, c'est-à-dire seul, comme tout un chacun, et comme on peut l'être en se voyant dans les yeux d'une fille qui vous regarde avec une tout autre pitié ; non pas la grande, l'universelle compassion féminine pour les disgrâces naturelles mais cette pitié qui est une sorte de vengeance, du moins une compensation au fait d'être née femme et devenue ce qu'on est dans ces régions maudites d'Orient, et qui permet ce surcroît de pitié — celle-là même qui fait qu'une jeune prostituée circassienne finit par caresser le front humide d'un jeune boiteux en murmurant : "Tu reviendras me voir, hein ?", ou quelque chose comme ça, ni un souhait ni un ordre, pas même une recommandation, une simple phrase excédant celles qu'on prononce en de telles circonstances et qui la disait tout entière, cette singulière pitié qui ne pouvait, malgré tout, que renvoyer le disgracié à son infirmité, à cette croix dont rien ne le détacherait et au pied de laquelle se rassembleraient les légionnaires romains et les saintes femmes, mère, sœur, prostituées, dans la pénombre de l'appartement d'Achrafiyé ou à la montagne, dans la fraîche villa de Bikfaya, l'été, parmi les pins parasols, non loin des neiges qui avaient fondu, et, bien des années plus tard, dans la semi-obscurité silencieuse d'un appartement de l'avenue Raphaël, à Paris, où il s'était réfugié après la mort de sa sœur, abattue par un franc-tireur pendant la guerre civile libanaise, ayant à présent assez d'argent pour gérer ses affaires de loin et se vouer à ce qui lui aura importé toute sa vie et grâce à quoi, sans en faire un métier, il avait bâti de quoi élever contre le corps disgracié la grâce d'une parole savante et calme, celle de la psychanalyse, dont il s'occupait en théoricien et non en thérapeute, travaillant chez lui sans autre vue que le faîte des arbres du Ranelagh dont il aimait respirer l'odeur, surtout par temps de pluie, au milieu de ses livres, de ses crucifix sino-portugais, de ses icônes anciennes, de ses tapis, la banque lui ayant donné au moins ça, l'argent, qui avait fait de lui un homme respecté, et transformé en une force un peu inquiétante le handicap qui l'avait autrefois donné à plaindre, puisqu'il avait pu s'offrir des miroirs féminins autrement profonds que ceux du bordel de Marika Spiridon, ou encore plus complaisants et soumis, peu lui importait désormais, à ce boiteux dont on ne voyait plus que ce qu'il pesait d'argent, le pouvoir de séduction attaché à la puissance financière, l'élégance, et tout ce qu'il quitterait pour aller s'occuper de psychanalyse, à Paris, lui qui descendait des princes phéniciens autant que des anachorètes maronites, et qui m'a emmenée non seulement sur le rivage des anciens dieux, à Beyrouth, dans l'appartement d'Achrafiyé, et dans la villa de Bikfaya, à la montagne dont j'ai vu rosir les dernières neiges, en avril, au soleil couchant, mais aussi dans les îles des Princes, au large d'Istanbul, et puis dans une maison d'Alep qui s'ouvrait sur un petit jardin planté de citronniers et d'orangers, et à Damas, encore, non loin de l'endroit où saint Paul recouvra la vue, oui, des lieux enchanteurs où il m'emmenait pour me distraire de ce qu'il sentait en moi de désespéré, mais où il s'ennuyait un peu, lui qui trouvait que rien ne valait ce Paris qui était pour lui ce qu'il avait été pour moi, enfant, un rêve ultramarin, une passion née aux confins d'empires perdus et dont il voyait mieux que moi que ce n'était plus un paradis ni une ville lumière, mais qu'on y était malgré tout mieux que dans les capitales de pays qui n'existent pas vraiment, le Liban, le Québec, la Belgique, la Bosnie, et tant d'autres, ou qui restent provinciales, comme presque toutes les capitales du monde, même si Paris n'est plus que la légende que cette ville s'obstine à donner d'elle-même, et qu'on y vit dans une sorte de mort douce, car ce ne sont pas les commémorations nostalgiques dont les Français ont la manie qui la feront encore briller, disait-il, mais de tout autres clartés, les incendies qui s'allument dans ses banlieues, ces vastes lueurs qui font naître un jour sinistre sur cette ville prisonnière de l'image que lui ont donnée ses écrivains, la capitale du XIXe siècle, éternellement, dans la belle tristesse des villes qui n'inventent plus rien et se livrent aux oiseaux migrateurs, à ces hommes et ces femmes qui arborent leur origine comme unique noblesse, la grande revanche de la plèbe venue d'au-delà des mers et que Paris ne peut plus assimiler comme il l'a fait pendant des siècles en affinant le produit des provinces françaises et européennes afin d'en faire surgir ce qu'on appelait le Parisien, c'est-à-dire le Français par excellence, ce Français qui n'existe pour ainsi dire plus, qui n'est plus que vous ou moi, une Québécoise, un Libanais, c'est-à-dire presque rien, des métèques, nous aussi, puisque ce n'est plus seulement en Orient ni dans le Nouveau Monde que se fait le grand, le subtil mélange des sangs, mais ici même, dans les cités d'Europe où le mélange ne prend pourtant pas, surtout en France où on continue à rêver de littérature et de grandeur alors que la littérature a perdu les Français, que c'est là une valeur qui n'a plus court, qu'ils sont descendus au tombeau de leur langue en se croyant éternels, disait-il en souriant, après l'amour, versant dans des coupes du champagne dont il murmurait que c'était le seul breuvage capable de réconcilier les vivants et les morts... »

Le dernier amant, donc, celui après lequel il ne restait plus qu'à mourir, m'a-t-elle laissé comprendre, cet hiver-là, le dernier du siècle, quelques jours après la tempête, retour de Toronto où elle était allée assister au mariage de sa plus jeune sœur, la plus jolie, celle qui ressemblait tant à l'actrice Uma Thurman (« Même grâce un peu lointaine, même sourire charnu et mélancolique, même regard bleu-gris : la beauté incontestable, celle qui fait tant souffrir ceux qui la contemplent, n'est-ce pas ? »), et dont elle était rentrée effrayée, non seulement parce que la jeune Juliette avait épousé un Bloke, un Canadien de souche anglaise qui ne parlait pas même français, ce qui était à ses yeux le comble de la vulgarité, sinon une trahison, mais parce qu'il lui avait encore une fois été donné de voir qu'une famille, ou ce qu'il en restait, n'était que ça : des enfances qui ne passent pas, qui se heurtent infiniment à la même absence de paradis, c'est-à-dire à cela même qui a déchiré les parents, le sexe, la déchéance, la maladie, la folie rôdant d'une fille à l'autre, épargnant les unes pour faire son choix et fondre sur l'aînée, qui avait compris, ce jour-là, au bord du lac Ontario, qu'elle n'irait pas beaucoup plus loin, puisqu'elle n'avait pu, cette fois encore, parler avec sa mère, tell me, Mummy, tell me, why is Daddy gone, is not here, as we are lying crying alone in the mist, the haze, the frost, the cold, the cold stream of no love, as you were used to say, Mummy, Mummy...

— Tu ne mourras pas, lui disais-je.

— Je ne veux pas mourir. J'ai peur, tu entends, j'ai

peur parce que ça va arriver comme ça, un coup de folie, je le sais, je te l'ai dit, jamais je n'étends mon linge à la fenêtre sans me demander si je ne vais pas me jeter dans le vide. Même chose dans le métro ou en traversant la rue, je ne sais jamais si je vais pouvoir atteindre l'autre côté, monter dans la rame, m'éloigner de la fenêtre, ayant vieilli d'un coup, comme ça, comme toutes les femmes qui ont mon genre de beauté, une beauté très physique, liée à l'équilibre du corps, et qui ne se voient pas vieillir, soudain placées devant une autre qu'elles-mêmes, la fin du voyage, tout ce détour pour en revenir à ça, la vieillesse, le corps interdit de ma mère, avait-elle ajouté, au téléphone, alors que je m'étais rendu en Limousin, dans cette haute Corrèze que j'avais trouvée plongée dans une nuit mythologique, à cause de la tempête qui avait privé les hautes terres d'électricité, et que je lui ai répondu, devant mes parents, qu'on en revient toujours à ça, en effet, à ce qui nous précède, qui aura toujours été là, nous rendant possibles et interdits tout à la fois, ai-je ajouté devant les deux vieillards qui me regardaient en souriant dans la lueur d'une lampe à pétrole et se disaient probablement que je n'étais pas grand-chose, un saltimbanque, un artiste, pas même un mauvais bougre, un gars dont il n'y avait rien de bien bon à attendre, en tout cas nulle descendance, puisqu'ils ne m'avaient jamais vu en compagnie d'aucune femme et qu'ils se demandaient peut-être si je n'étais pas d'un « autre bord », imaginant tous les artistes comme des invertis, auraient-ils pu dire de la même façon qu'autrefois, lorsqu'il avait été décidé que je serais musicien, ils avaient été sur le point de voir en moi une sorte de juif, et cela bien que j'eusse téléphoné devant eux à Kryztyna avec les mots les plus tendres pour me réjouir de ce que mon chalet siomois eût bien moins souffert qu'on l'avait cru (seule la terrasse avait été détruite par la chute d'un grand épicéa) — elle m'avait répondu que j'étais béni des dieux, ou de Dieu, ce qui, malgré l'accent, était plus plausible dans la bouche de cette catholique fervente qui n'avait pas cherché à m'accompagner à Siom, ayant d'emblée compris qu'on ne va en de tels lieux que pour se taire, faire silence, fuir quelque chose ou quelqu'un, en l'occurrence Nicole, qui avait vu dans cette seconde tempête qui me touchait personnellement une mauvaise conjonction de signes.

C'était donc à elle que je pensais, allongé sur mon lit de camp, au cœur de la froide nuit limousine, en me disant que nous encore étions à la merci des anciens dieux, de la colère divine, qu'il fallait croire à quelque chose de cet ordre, oui, même moi à qui Jeanne Delamare avait soutenu un jour que la mort de Dieu m'avait jeté dans les bras des femmes et qu'il n'y avait pas, là non plus, l'ombre d'un paradis ni d'une consolation. Mais je ne pouvais pas davantage croire qu'il y a de purs hasards, et qu'il ne fallût pas s'attendre au pire, à l'imminence de quelque chose dont la venue n'obéirait ni à la patience ni à notre mesure du temps.

Un secret si lourd que je m'en suis ouvert à Kryztyna, qui ne pouvait pas croire qu'on puisse se tuer pour de telles raisons, surtout une femme, puis à Tobias, quelques semaines plus tard, lorsque j'ai vu Nicole s'enfoncer dans le silence avec une hauteur qui ne laissait rien présager de bon ; il a haussé les épaules en disant que les femmes, passé quarante ans, entrent dans leur âge comme dans une plaine glaciale, ou alors sur une scène de théâtre, que Nicole ne faisait pas son âge et qu'elle avait encore de beaux jours devant elle au lieu de songer à se tuer comme une adolescente qui n'a pas encore compris que la vie n'est qu'une plaisanterie dont nous nous efforçons d'oublier le mauvais goût par la musique, le sexe, l'alcool, les voyages, les conversations avec les morts.

Nicole avait bien eu des mots pour me rassurer : elle avait du temps devant elle, elle ne me parlerait plus de ça, elle n'aurait pas dû me mettre dans ce secret, notre amour ne devait pas entrer dans cette sentimentalité funéraire, aussi obscène que l'autre. Reste que nous nous sommes peu vus, ce printemps-là : elle voyageait beaucoup en compagnie de son dernier amant, disait-elle. Quant à moi, je ne tenais guère en place, ou plutôt je fuyais, acceptant par exemple d'aller enregistrer à Londres un disque de sonates françaises pour alto et piano, puis accompagnant Kryztyna chez elle, à Cracovie, ne songeant à Nicole que de loin en loin, en me disant que c'était là, dans ce lointain, qu'il m'était donné de l'aimer le mieux, à ma façon, pauvre et attachante, aurait-elle pu dire, et, me disais-je, moi, en acceptant peu à peu l'idée qu'elle allait se tuer mais que ce n'était pas un événement dont j'eusse à redouter la proximité, m'en remettant moi aussi à la sagesse populaire qui veut que le printemps nous délivre de la noirceur où l'hiver nous a plongés, même si je ne pouvais plus penser à Nicole que comme à une femme qui va mourir et dont l'amour, celui que je lui portais à ma façon, ne pourrait se réaliser, m'apparaître dans sa pleine et belle maturité, que lorsqu'elle aurait disparu, finirais-je par comprendre, à la fin de l'hiver.

Un hiver empli de signes et au cours duquel j'avais moi aussi beaucoup songé aux morts, à des confrères disparus, Samson François d'une crise cardiaque dans un ascenseur, Clara Haskil d'une chute dans la gare de Bruxelles, Ginette Neveu et Jacques Thibaud dans un accident d'avion, et Christian Ferras se défenestrant à Nice, si je me souviens bien. Ces musiciens, c'était mon premier maître qui me les avait fait aimer. Je n'avais jamais cherché à le revoir mais je lui avais toujours envoyé mes disques, signalé mes concerts, bien qu'il ne me répondît jamais, sans doute parce qu'il n'habitait plus Ussel, qu'il avait repris son errance ou ne voulait plus avoir affaire à ses semblables, mais de qui je venais de recevoir un signe, une lettre qui m'attendait chez moi, à mon retour de Londres, et dans laquelle une inconnue me faisait savoir que mon maître reposait depuis quelques jours dans le cimetière juif de Cracovie, où nous nous sommes rendus, Kryztyna et moi, le surlendemain. Nous n'avons guère eu de mal à trouver sa tombe, neuve celle-là, puisqu'il n'avait plus de famille auprès de qui reposer, sa stèle blanche dressée au milieu de tombes grises et moussues datant presque toutes d'avant la Seconde Guerre mondiale, sous des arbres qui donnaient un peu de fraîcheur à cet étouffant après-midi de mai. Le cimetière était désert, non pas à l'abandon ni sinistre, encore moins pittoresque, mais vétuste, comme si quelque chose de très ancien avait brusquement cessé là son mouvement, quelque chose qui n'avait plus à voir avec la fonction mémorielle du cimetière ni avec la corruption de la chair. La laideur était ailleurs, tout autour, dans les immeubles lépreux de ce quartier un peu excentré, dans ce pont de briques sur lequel passaient à grand fracas des trains de banlieue pendant que je me recueillais sur la tombe. Le gardien du cimetière nous regardait à la dérobée. J'ai pris dans ma poche trois petits cailloux blancs autrefois ramassés dans le lit de la Vézère, en aval de Siom, et que j'avais disposés avec d'autres, chez moi, dans une coupe de verre, et je les ai placés sur la tombe, ainsi qu'on le fait dans la religion juive pour marquer qu'on se souvient du temple de Jérusalem et de la Terre promise, les larmes aux yeux, pleurant cet homme à qui je devais tant, sinon tout, qui m'avait révélé notamment la beauté des structures musicales en cycle, me disais-je, comme dans la *Sonate pour violon et piano* de Franck, et qui pensait que l'éternel retour, un thème varié, une fugue, constituent la figure secrète du monde. Il avait tenu à être enterré là, près de l'endroit d'où il était parti un demi-siècle plus tôt, bouclant la boucle, par ironie autant que révérence envers ses pères, lui qui, comme Leonard Bernstein, avait pensé, en se référant à je ne sais quel livre de la Bible, qu'il n'irait guère au-delà de soixante-dix ans, ai-je dit à Kryztyna qui se tenait à quelques pas derrière moi et me regardait en se mordillant les lèvres.

Elle attendait, la blonde Kryztyna, que j'en aie fini avec cette sorte de prière qui était, le devinait-elle, un autre adieu à ma jeunesse et marquait mon entrée dans un temps où la remémoration compterait bientôt plus que ce qui peut advenir, et où ce qui advient n'est généralement qu'une figure déguisée de la mort, lui ai-je dit, un peu plus tard, dans un café donnant sur la place du Marché, où elle a fait mine de ne pas entendre pour écouter le trompettiste qui vient sonner les heures, au plus haut clocher de l'église Mariacki, avant de me demander si je souhaitais rencontrer le compositeur Krzysztof Penderecki auprès de qui elle avait étudié, là même, à Cracovie.

Je lui ai dit que je n'aimais guère la nouvelle manière, néo-tonale, de l'auteur du *Thrène pour les victimes d'Hiroshima*, que j'étais épuisé, que je ne me sentais pas en mesure de soutenir une conversation de haut niveau, et que je n'avais rien à demander à ce maître, que je préférais louer une voiture pour aller dans les monts Tatras, ou bien visiter les églises où venaient se recueillir des gens dont la jeunesse et la beauté m'émouvaient, brusquement plein d'amour pour Kryztyna, dont je verrais palpiter les lèvres à la lueur d'un bouquet de cierges, dans l'église des Franciscains, et rentrant avec elle pour l'étreindre dans notre immense chambre de l'hôtel Royal, dont les fenêtres donnaient sur le château des rois de Pologne. Les trésors avaient été envoyés au Québec pendant la guerre pour y être mis à l'abri, me dirait Kryztyna avec une sorte de défi dans le regard en prononçant le nom de la Belle Province, avant de redescendre avec moi dans les rues d'une ville que j'aimais depuis des années déjà, à cause d'un film de Kieslowski que m'avait emmené voir Nicole, au début de notre liaison, et que j'ai aimé pour la tonalité rouge, vert, jaune de ses couleurs et pour la lumineuse beauté de l'actrice, Irène Jacob, qui est sans doute le type de femme dont j'aurais pu m'éprendre, s'il m'avait été donné d'aimer autrement que dans la distance ou la nostalgie, et si je n'avais compris qu'on échoue toujours à poursuivre ce que l'on croit être son type de femme, même dans les ressemblances, même lorsque l'image de cette femme finit par surgir derrière le visage de celle avec qui nous faisons l'amour et qui nous regarde alors en se disant que le visage qui lui fait face est maintenant tout autre, méconnaissable, laid, ou transfiguré, et que tout ça, le plaisir, le visage, la quête de l'autre, la dévoration d'autrui, n'est rien en regard du grand rêve de ne plus exister que nous portons au fond de nous.

Kryztyna a voulu savoir si j'avais rencontré Irène Jacob, qu'elle n'appelait pas autrement que par le prénom qu'elle porte dans le film, Véronique, comme si elle voulait envelopper cette étrange passion d'un voile funèbre.

— Jamais, lui ai-je dit. On ne rencontre pas les gens comme ça, aussi facilement...

— Comment aimer quelqu'un sans chercher à le rencontrer ?

Je n'ai pas répondu. J'aurais pu lui dire que c'était là ma façon d'aimer, ce qu'elle ne savait sans doute que trop, que j'avais envoyé à Irène Jacob le disque sur lequel figure le *Trio* de Du Bois, imaginant qu'elle aimait cette musique, qu'elle ne pouvait pas aimer autre chose que cette musique, et qu'elle ne pouvait me répondre que par le silence, un silence qui me tenait lieu de réciprocité amoureuse, aurais-je pu dire à Kryztyna si l'image de Nicole Cleary Dupré n'était venue se superposer à celle d'Irène Jacob, dont j'avais en vain guetté l'apparition, dans les rues de Cracovie, et pour la troisième fois de la journée (la deuxième avait eu lieu lorsque Kryztyna s'était mise, après que nous eûmes joui, à chanter une berceuse polonaise).

— Je ne suis pas Véronique !

C'est ce que j'ai cru entendre dans l'espèce de cri qu'elle a poussé, dans la rue, en polonais, et qui m'a laissé aussi muet qu'autrefois, devant Céline Soudeils, et aussi à certains moments de ma carrière où il aurait fallu que je me montre brillant et où je me suis mis à ressembler, dirait Tobias, à un violoncelle dans son étui, aussi frêle, creux, inerte, et passant dès lors pour plus étrange que je ne suis, tel que je le serais encore, quelques jours plus tard, devant Giya Kancheli, le compositeur géorgien dont Tobias aimait la musique (particulièrement son *Lament pour violon et orchestre*, écrit à la mémoire de Luigi Nono, et *Exil*, pour soprano et petit ensemble, sur des poèmes de Paul Celan et sur le Psaume 23 — une œuvre certes tonale mais qui ne tombe dans nul néoromantisme ni mysticisme de pacotille, et qui fait la part belle au silence) et à qui il souhaitait commander une pièce pour violon, alto et orchestre de chambre avant que Gidon Kremer ou Kim Kashkashian n'en aient l'idée.

J'étais rentré seul de Varsovie, Kryztyna m'ayant non pas plaqué mais laissé retourner à ce qu'elle appelait mes fantômes. « Passés et à venir », avait-elle ajouté, comme si elle devinait que c'était vers Nicole que je retournais. Nicole, que je n'ai pas eu le temps de revoir, pendant les quelques heures passées à Paris, entre l'avion qui me ramenait de Pologne et le train pour Anvers, où Kancheli vivait en exil, et devant qui je n'ai donc pas ouvert la bouche, laissant le Géorgien et le Hollandais s'entretenir, en allemand, de la musique de l'école spectrale française, puis Tobias comparer les mérites de l'alto et du violon et soutenir qu'aux cordes de métal il préférait le boyau, avec quoi on peut bien plus aisément et naturellement varier les couleurs, même si le métal sonne plus fort, plus sûr, et fort beau, car le son devient rapidement monotone et il faut outrer son jeu pour lutter contre cet ennui.

— Les cordes en métal me font penser à ces femmes qu'on élit sous le nom de Miss : très belles et finalement ennuyeuses, a-t-il ajouté en se tournant vers moi, qui avais à ce moment l'air d'un mauvais valet devant ma tasse de thé noir en train de refroidir sans que j'y touche, la même sorte de thé noir, remarquais-je, que celui que j'avais bu, quelques heures plus tôt, en compagnie de Kryztyna, à l'aéroport de Cracovie, sauf qu'à Anvers, où nous étions arrivés pour dîner avec le compositeur, je me sentais la proie non d'un pressentiment, mais d'une certitude, comme si le fait de n'avoir pu joindre Nicole au téléphone, à Paris, ni même après, dans le train, sur mon téléphone mobile, m'apportait peu à peu l'évidence du signe que je redoutais, tout en affectant de ne pas y croire, me forçant à entrer dans la conversation, moi qui parle aussi mal l'allemand que l'anglais et ne maîtrise que le français et le patois limousin entendu à Siom, dans mon enfance, pour lancer quelques remarques sur le rôle du silence et de l'éclat en musique, avant de me rejeter dans la pénombre du bar et de m'intéresser aux seuls visages de mes interlocuteurs : la tête ronde, au regard à la fois bienveillant, profond et lointain de Kancheli, l'épaisse figure rougeaude de Tobias devenue à mes yeux aussi inséparable des tableaux de Frans Hals qu'il prétendait que je l'étais, moi, des pastels de Quentin de La Tour.

« Oui, Jean-Joseph Cassanéa de Mondonville, musicien du roi, voilà à qui tu me fais penser », disait-il, encore qu'il réprouvât toute réduction du visage à quelque type ethnique ou national et qu'il contredît sans cesse cette réprobation en assurant que tout visage n'est que la somme contradictoire de défauts nationaux. Ce qui ne m'empêchait pas, moi, devant la tête ronde et chauve du Géorgien, de songer (manie de solitaire, de silencieux, de rêveur) au paysage où le compositeur avait vu le jour, le nom de Tbilissi évoquant par ses consonnes douces et jaunes le lointain pays oublié de Kancheli, une Géorgie automnale, montueuse, quelque chose que j'imaginais à mi-chemin entre les pentes du Bosphore et celles du pays de Vaud, où j'avais donné un concert au printemps et où la musique m'avait semblé résumer le juste accord entre la pente et la vigne — un paysage où Nicole eût été heureuse, à tout le moins en paix, me suis-je dit après le dîner, dans le bar de l'hôtel où nous étions passés du thé aux alcools forts et à des fauteuils profonds dans lesquels il a de nouveau été question de musique et où je me suis soudain senti une immense confiance dans le petit homme à moustache et au visage souriant et grave qui disait, à propos de sa musique, si j'ai bien compris :

— J'ai le sentiment de combler un espace délaissé par les hommes...

Oui, une confiance proche de l'amour, qui me renvoyait à l'espace délaissé par moi, à ce défaut d'amour, à Nicole, donc, surtout lorsqu'il a été question d'une pièce de Kancheli qui a pour titre *Abii ne viderem*, pour alto et orchestre à cordes, une œuvre pleine de silence et d'éclairs, d'attente et de moments rageurs, qui ne fait surgir aucun paysage mais dit la douleur de s'être détourné afin de ne pas voir, selon le titre latin, la honte et la douleur de cette honte, le détour par la honte pour mieux affronter ce qui ne peut dès lors que faire appel à notre générosité et qui me ramenait à Nicole, au message qu'elle m'avait laissé sur le répondeur de mon téléphone mobile que j'avais éteint pendant le dîner et que je venais de réactiver pour l'interroger. Un message en réponse à ceux que j'avais laissés, ce jour-là, sur son répondeur, à Paris, et dans lesquels je lui disais de m'attendre, de patienter, que je serais là le lendemain matin. Elle me disait qu'elle pensait beaucoup à moi, oui, tout entière tournée vers moi, poursuivait-elle d'une voix très claire, trop claire même pour que je n'aie pas pensé que j'étais en train de détourner la tête afin de ne pas voir ce qui se passait, que c'était exactement ce que nous étions en train de faire, Tobias et moi, à Anvers, sous prétexte de passer commande d'une œuvre à un compositeur célèbre : nous voiler la face, ne pas voir que Nicole allait mourir, était peut-être en train de mourir, et non seulement vouloir l'ignorer mais, sans doute, vouloir que les choses se passent ainsi, telles que Nicole l'avait souhaité ou prévu, ce qui revenait à faire de nous des témoins à distance et, plus que des témoins, des complices, des meurtriers — pour moi, du moins, puisque, après tout, Tobias s'était depuis longtemps éloigné de Nicole, que c'était à moi qu'elle avait confié sa décision de ne plus vivre et, dans le message reçu à Anvers, qu'elle évoquait sa récente rencontre, rue Saint-Antoine, avec un homme qu'elle avait autrefois connu à Québec, le diplomate indien avec qui elle avait eu, étudiante, une aventure qui s'était bornée à des promenades nocturnes, terrasse Dufferin, au bord du fleuve, alors que le printemps était là comme il vient toujours au Québec, tout d'un coup, sans prévenir, dénudant les corps embarrassés d'un trop long hiver et d'une sève d'autant plus douloureuse à garder que Nicole ne ferait pas l'amour avec le diplomate, qui voulait l'épouser, l'emmener au Rajasthan. Trop beau pour être vrai, n'est-ce pas, mais quand même véridique, et dont elle avait refusé les propositions parce que déjà fiancée et soucieuse de poursuivre ses études, se refusant donc à l'homme avec qui l'amour s'était limité à des baisers et à des caresses frustrantes, et le quittant non sans qu'il lui ait dit qu'ils se retrouveraient, un jour, qu'il ne pouvait en être autrement, qu'il fallait bien qu'ils fassent l'amour ensemble, peu importait où et quand. À quoi elle avait répondu qu'il avait raison, qu'ils se reverraient, un jour, elle en était certaine, mais que ce jour-là ce serait elle qui aurait besoin de lui, qu'il aurait à l'aider, lui avait-elle rappelé, le soir de leur rencontre, vingt ans plus tard, comme on peut l'imaginer, par exemple à une table de chez Bofinger, à la Bastille, où il l'avait invitée à dîner, Nicole lui représentant que ces retrouvailles n'étaient pas le fruit du hasard, qu'elle avait besoin d'aide, de ce courage qu'elle avait peur de ne pas trouver en elle-même et qu'il lui avait promis de lui apporter, autrefois, lui avait-elle rappelé tandis qu'il lui disait en lui prenant sur la table une main qu'elle ne retira pas qu'elle n'avait pas changé, qu'il allait l'aider, oui, qu'il la désirait plus que jamais, et qu'en effet leur rencontre n'était pas le fruit du hasard mais un signe, que le destin lui envoyait cet homme non pour l'aider à mourir mais pour lui donner le courage de mourir seule, me disait Nicole dans son long message que le minutage du répondeur découpait en petites tranches qui la forçaient à parler d'une façon précipitée, en précisant que l'homme liait à une nuit d'amour une aide dont il ne comprenait pas la nature et qu'il était bien entendu incapable de lui apporter autre chose que de la compassion, parce qu'il était trop tard, qu'elle était en quelque sorte déjà morte, et qu'elle lui était cependant reconnaissante d'avoir été le dernier signe, celui qui la plaçait devant l'irrémédiable avec une sorte de sérénité, avait-elle réussi à me dire d'une voix de plus en plus lasse, et me laissant, moi aussi, seul devant ce qui relevait d'une évidence qui n'appartenait ni au jour ni à la nuit, pensais-je tandis que Giya Kancheli se tournait vers moi pour me demander combien de pièces contemporaines j'avais créées.

— Trop peu, trop peu, ai-je répondu d'un air sombre, en ajoutant que j'étais un homme de l'écart, du lointain, comme lui, Kancheli, l'était de l'exil.

— Un montagnard limousin, un descendant de Bernard de Ventadour et de l'hiver, a cru bon d'ajouter Tobias.

J'ai encore dit que j'avais longtemps été intimidé par mon propre instrument, par la mauvaise réputation de l'alto, par sa marginalité, oui, trop longtemps persuadé que ce n'était qu'un instrument romantique, destiné à se fondre dans la masse orchestrale, et l'identifiant à ma propre personne, c'est-à-dire à mon peu d'importance, en cela influencé par Edgar Varèse, qui déniait déjà au violon la possibilité d'exprimer notre époque, et puis, sous l'influence de Suttermans, qui ne faisait d'ailleurs que reprendre la pensée de Stravinsky, considérant que la musique n'exprime rien d'autre qu'elle-même, langage sans signification ou au-delà de tout langage, se déployant là où le langage fait défaut aussi bien que là où il menace d'instaurer un ordre de signification.

Il me semblait que je récitais une leçon. Je savais ce qu'allait répondre Kancheli, qui avait écrit un beau cycle de *Prières* pour alto et orchestre. Je n'étais pas à ma place. Je me sentais comme l'ombre de Marc-Antoine Charpentier, naguère connu dans le siècle et maintenant mort, nu et nul au sépulcre, poussière, cendres et nourriture pour les vers, ayant assez vécu mais trop peu au regard de l'éternité. J'étais un petit teneur de soufflet d'orgue. Un copiste recopiant les *Leçons de ténèbres* de Nicolas Bernier. Un domestique de Louis-Nicolas Clérambault. Un petit garçon à la voix défaillant dans le chœur. Un fils inconnu de Michel Richard Delalande. Je délirais. J'étais quasi ivre. J'ai laissé Tobias, non moins ivre que moi mais tenant bien mieux l'alcool, finir de discuter avec le maître géorgien, puis me conduire, puisqu'il n'y avait pas de train pour Paris avant le matin, de l'autre côté d'une vitrine, entre les cuisses d'une femme venue de rivages lointains, mer Noire, Danube, ou rives de l'Achéron, ai-je encore eu la force de bredouiller, tandis que Tobias me ramenait de ce côté-ci du miroir, c'est-à-dire vers Nicole, maintenant et pour toujours.

« Ce genre de femme n'est jamais en danger. Au mieux elles sont un danger pour les autres », me lançait Tobias, appuyé à un mur de brique sale, me reprochant de sacrifier l'art à une femme à demi cinglée, comme elles le sont presque toutes, criait-il en approchant de moi sa face de silène batave qui ne m'a alors pas semblé bien différente de ce qu'il y a de plus vulgaire au monde : un supporter de football fêtant la victoire de son équipe. Je le lui ai dit ; il n'a pas répondu ; il s'est tourné un instant vers le mur de brique sur lequel il a longuement appuyé la tête, puis m'a fait face, les bras ouverts, les yeux pleins de larmes, comme s'il comprenait enfin, aussi désarmé que moi, non moins coupable, plus effrayé aussi, lui qui tournait depuis longtemps autour de son propre suicide, et ne s'y résoudrait pas tant qu'il serait capable de posséder une femme, ai-je pensé en lui serrant le bras et lui disant quelque chose qu'il n'aurait pas manqué de me dire lui, à savoir qu'il pleurait comme un héros de Puccini, puis l'entraînant vers l'hôtel où nous étions descendus et que je quitterais seul, au petit matin, pour aller à pied à la gare et y attendre le train, sans impatience, sachant qu'il était trop tard, puisque Nicole, je m'en rendais compte, avait achevé le récit de sa vie et que (je ne me justifierai pas là-dessus) je m'étais mis à l'aimer, elle, parce qu'il était trop tard.

Une vie que j'ai commencé à me remémorer par bribes, dans le train, telle que j'avais aimé l'entendre, lentement, puisque la lenteur n'est rien d'autre que la brièveté retournée comme un gant, m'avait-elle dit en une formule qui me semblait aussi irréfutable que celle que Tobias avait prononcée au téléphone à la façon d'une sentence, ce matin même, et par laquelle ce désespéré, ce musicien admirable, cet amateur qui ne voyait dans le regard des femmes que l'avant-goût du néant où nous allions plonger, me rappelait qu'on ne saurait empêcher quelqu'un de mourir, surtout pas une femme comme Nicole, dont l'existence tout entière en appelait non pas à la mort mais au repos éternel, à l'absence de souffrance, elle pour qui, je le savais, la vie n'était rien d'autre que la définition qu'en donnait Bichat : l'ensemble des fonctions qui résistent à la mort. Non, rien de plus, me suis-je rappelé dans le train, entre Bruxelles et Lille, où j'ai encore tenté de joindre Nicole au téléphone, tombant toujours sur son répondeur, sur l'annonce par laquelle sa voix tranquille signalait qu'on pouvait lui laisser un message lorsque se serait tue la musique, un extrait de *Alone Together*, de Chet Baker, musicien qu'elle admirait non seulement pour l'élégiaque beauté de son jeu mais parce que la trompette représentait pour elle la sonorité du Nouveau Monde et qu'il n'était pas de lieu où la sonorité ronde, riche, méditative ou voilée de cet instrument ne lui fît fermer les yeux et se revoir, enfant, dans le printemps de la Nouvelle France, comme elle disait parfois, me suis-je rappelé, ce jour-là, vers midi, en arrivant quai de Béthune, avant d'appuyer sur le bouton de l'interphone et d'entendre une voix d'homme me demander assez rudement qui j'étais et ce que je voulais. Je n'ai pas répondu. J'ai reculé de quelques pas, regardant autour de moi le quai ensoleillé, les touristes, le bleu fade du ciel, un coupé Peugeot gris métallisé qui roulait à vive allure dans ma direction et m'a dissuadé de traverser la rue, et puis, un peu plus loin, sur la droite, à l'entrée de la rue de Bretonvilliers, l'avant d'une fourgonnette de police. La porte de l'immeuble s'est ouverte, ou, plus exactement, j'ai entendu se déclencher l'ouverture automatique de la porte, que j'ai poussée pour me retrouver dans le hall, devant la concierge en larmes qu'un agent de police ramenait vers sa loge en la tenant par le coude et qui, m'apercevant, s'est précipitée vers moi, elle qui n'avait jamais fait que me saluer sans déférence particulière mais n'ignorait pas que j'allais visiter la belle dame dans son appartement du cinquième, comme elle l'a dit à l'inspecteur qui en redescendait et qui, devinant en moi un proche, sinon l'amant en titre, me demandait si j'étais un ami de Mlle Dupré.

— Un ami, oui.

Il a voulu savoir quelle sorte d'ami. J'ai répondu que cette sorte d'amitié ne pouvait s'expliquer.

— Son amant, si je comprends bien...

J'ai répondu que nous devions aller elle et moi en Irlande, dans le comté de Sligo, pour y voir le village de ses ancêtres, la terre d'émeraude, les grands ciels ouverts. J'inventais. Il fallait bien dire quelque chose et ce que je disais me desservait, je le sentais, mais je ne pouvais révéler à l'inspecteur que nous devions aller, Nicole et moi, à l'extrémité de telle pointe de terre pour y voir le soleil se coucher, à l'horizon, dans un ciel dégagé de tout nuage, de toute brume, au moment où la partie supérieure de son disque effleurant l'eau va disparaître et où le dernier rayon à frapper la rétine ne serait pas rouge, comme on pourrait le croire, mais vert, oui, un rayon d'un vert merveilleux qui n'est plus tout à fait celui de l'émeraude, disait-elle, Nicole, mais du paradis, ce vert-là, celui de l'espérance et de la vie, ou encore, si on en croit ce peu connu roman de Jules Verne qu'elle avait lu autrefois et qui porte justement ce titre, *Le Rayon vert*, une couleur dont l'apparition détruit illusions et mensonges et fait que celui qui l'a contemplé peut y voir clair dans son cœur comme dans celui des autres, disait une légende écossaise que Nicole reprenait volontiers à son compte, ayant rêvé, enfant, d'être l'Helena Campbell du roman. Je ne pouvais pas non plus dire à l'inspecteur que je savais que Nicole allait se tuer, que tout m'avait porté à croire que ce serait la nuit précédente et sans que je fasse rien pour la sauver, même si j'avais ce qu'il fallait bien appeler un alibi, que corroboraient les messages que j'avais laissés sur le répondeur de Nicole et qu'il n'avait pas manqué d'écouter, là-haut. Mais je ne lui dirais rien de la courte lettre que j'ai trouvée, chez moi, un peu plus tard, et par laquelle elle me demandait simplement de ne pas l'oublier, ni du message qu'elle m'avait laissé sur le répondeur de mon téléphone fixe, sachant que je ne l'interrogeais que le soir, en rentrant, que je l'écouterais ce même soir, retour d'Anvers, que j'entendrais encore sa voix alors que tout serait fini, et cette pensée, murmurait-elle, l'aidait à s'en aller, à s'endormir, à s'abandonner peu à peu au sommeil des barbituriques qu'elle avait avalés, à l'aube, avec le whisky dont elle ne buvait d'ordinaire que pour la Saint-Patrick et dont son dernier amant lui disait que c'était bien là, au contraire du vin qui se gorge de soleil, une boisson de mort, la tourbe nous ramenant à notre poussière, pour les siècles des siècles.

Message par lequel elle annulait bien sûr le rendez-vous que nous avions fixé, au parc de Sceaux, parce qu'il avait été épargné par la tempête de décembre, devant le pavillon de l'Aurore, qu'on venait de restaurer et qu'elle me décrivait comme un de ces « lieux d'agrément » du XVIIIe siècle qu'elle aimait tant, sous une coupole décorée d'une fresque de Le Brun montrant l'Aurore sur son char attelé des chevaux du Soleil, avec, à sa gauche, une femme portant un marteau et représentant les bruits du matin, puisque l'aurore est sonore, musicale, comme ce petit matin où elle mourait, elle, Nicole, qui me disait ensuite qu'elle était heureuse de mourir en me parlant, c'était ma façon à moi de l'aider à en finir, elle ne mourait pas seule, c'était maintenant, n'est-ce pas, que j'allais l'aimer, oui, l'aimer vraiment, comme jamais je n'avais aimé, elle s'était faite belle, verni les ongles des mains et des pieds avec ce *Rouge baroque* de chez Guerlain qu'elle savait que j'aimais et parfumée avec cet *Insensé* que je portais, moi, et dont elle avait acheté un flacon pour s'endormir dans mon odeur, disait-elle, dans ce message que j'écouterais dans la pénombre de mon appartement, oui, l'écoutant me parler sans retenue, quoique sachant le temps mesuré, non seulement celui de ma boîte vocale dès lors aussi précieuse qu'un coffret de santal mais son temps à elle, puisque la voix faiblissait, devenait celle d'une dormeuse épuisée qui s'interromprait bientôt et qui serait tout ce qu'il me reste d'elle, une voix, Nicole, dont je ne possède pas même une photo, rien d'autre que des lettres et des cartes postales, une biographie du peintre Léon Spilliaert, trois boules de savon d'Alep et, bien sûr, l'image d'elle sur son lit de mort.

L'inspecteur m'avait demandé de l'accompagner au cinquième pour reconnaître le corps. Je me suis penché sur ce visage aux traits étrangement tirés vers l'arrière et néanmoins très calme, souriant, dépourvu de la dureté qu'il avait le jour de l'éclipse ou le matin de la tempête, tel plutôt qu'il était après l'amour, comme s'il continuait d'accueillir ces vagues intérieures que fait naître le plaisir ou que des mots fussent sur le point d'affleurer à ses lèvres entrouvertes que j'ai demandé à l'inspecteur la permission d'embrasser avant de m'entendre répondre qu'on n'avait pas le droit de toucher à un cadavre non autopsié.

« On dirait qu'elle va parler », avait murmuré la concierge, qui avait, le matin, en distribuant le courrier, découvert Nicole, laquelle s'était, les jours précédents, pour être sûre que la concierge passerait ce jour-là devant sa porte, posté à elle-même des missives que l'inspecteur avait ouvertes et dans lesquelles elle avait recopié des fragments du *Livre de l'intranquillité* de Pessoa, sans expliquer son geste, lequel, au fond, se passait de justification, dirais-je à l'inspecteur, dans le bureau de la place Baudoyer où il m'avait convoqué pour prendre ma déposition, non sans que j'eusse l'air peu ou prou d'un coupable, comme tout homme qui ne pleure pas devant le corps de son amie morte et qui semble en savoir bien plus qu'il n'en dira jamais, non seulement à propos des lettres contenant les fragments de Pessoa, et particulièrement de la dernière, postée la veille, dans l'île Saint-Louis, et sur le bristol de laquelle Nicole avait écrit, de cette encre noire qu'elle affectionnait : « O Lord, have mercy ! », mais au sujet de ces vies dans le secret desquelles nul ne pénètre, ai-je cru bon de dire, non, pas même un amant. « On dirait qu'elle va se lever », avait ajouté la concierge en faisant remarquer que Nicole s'était maquillée et vêtue, comme pour sortir, de la robe blanche à grands coquelicots qu'elle portait le soir où nous nous étions retrouvés devant Saint-Germain-l'Auxerrois, et en précisant que c'était une femme élégante, oui, très distinguée, à qui elle ne manquait pas de rapporter du Portugal, l'été, une bouteille de porto blanc, qu'elle en avait d'ailleurs une à la main, ce matin, quand elle lui avait monté le courrier, pour la remercier du bouquet de fleurs qu'elle lui avait offert la veille, elle ignorait pourquoi, une bouteille qu'elle avait posée là, sur la table ronde, quand elle avait trouvé la porte entrouverte et qu'elle n'avait pu que finir de la pousser, vu qu'il n'était pas normal, n'est-ce pas, que cette porte fût entrouverte alors que Mlle Dupré n'était peut-être pas chez elle et qu'elle, la concierge, brûlait d'envie de voir comment c'était chez la belle dame du cinquième qui ne recevait personne, à l'exception de quelques messieurs, tous très bien, avait-elle dû dire à l'inspecteur en donnant de ma personne une description propre à résumer tous les amants de Nicole, qu'elle avait découverte allongée sur son lit comme si elle avait voulu se reposer un instant avant de sortir, sauf qu'il n'était pas normal de s'allonger avec sur la figure un voile de tulle comme on en place sur le visage des morts pour empêcher les mouches de s'y promener et qu'elle l'avait ôté, elle, la concierge, parce qu'il lui fallait en avoir le cœur net, avait-elle dit en se tournant vers moi et se mettant à pleurer parce qu'elle n'avait plus rien à dire ou que je lui faisais soudain peur, elle qui ne comprenait pas pourquoi une si belle dame, médecin de surcroît, pouvait s'être tuée...

— Personne ne le saura jamais, ai-je cru bon de murmurer en lui pressant l'épaule en un geste dont la familiarité m'étonnait moi-même et me plaçait, me semblait-il, hors de soupçon. Non, personne ne saura pourquoi on en finit avec l'existence, ai-je répété, l'après-midi, place Baudoyer, devant le jeune inspecteur qui me regardait avec une sorte d'ironie ou de dégoût, comme s'il savait que je ne dirais rien d'autre, que des gens comme Nicole et moi ne vivaient pas, ne pensaient pas, n'aimaient pas comme tout le monde et en tout cas pas comme ce petit et point désagréable fonctionnaire de police qui n'eût jamais compris, si je le lui avais expliqué, et malgré tout ce que son métier lui faisait voir de sordide et d'extraordinaire, qu'une femme comme Nicole Cleary Dupré ait pu se tuer pour la seule raison qu'elle ne voulait pas vieillir alors qu'elle avait à peine plus de quarante ans et une beauté assez rare pour qu'il valût le coup de continuer à vivre, aurait pensé l'inspecteur qui m'eût alors accusé de non-assistance à personne en danger au lieu de se contenter de la dépression dans laquelle j'affirmais que Nicole était entrée quelques mois auparavant et de quoi rien ne semblait devoir la tirer, elle le savait bien, elle était médecin, n'est-ce pas...

C'est aussi ce que j'ai dit à sa sœur Françoise, venue en France, quelques jours plus tard, afin de rapatrier le corps.

Elle ne tenait pas à me rencontrer. Nous nous sommes brièvement entretenus au téléphone. Elle m'a dit (sa voix ressemblait à celle de Nicole, avec un accent québécois plus prononcé et sans doute moins de grâce et de clarté dans l'expression) avoir trouvé dans les papiers de Nicole une lettre par laquelle celle-ci me léguait sa paire de chaussures de danse à hauts talons, ces salomés en daim rouge cramoisi de chez Flabella que j'aimais tant lui voir garder aux pieds lorsque nous faisions l'amour. Françoise Dupré me faisait savoir qu'elle me les laisserait chez la concierge du quai de Béthune. Je ne lui en voulais pas de se montrer si distante, presque hostile : à elle aussi il fallait un coupable, du moins quelqu'un à la tête de qui lancer ses reproches, sa haine, sa malédiction, et pour Françoise Dupré j'étais un homme, qui plus est un de ces artistes qui avaient perdu sa sœur, m'avait-elle laissé entendre en ajoutant qu'elle emportait le corps, qui repose aujourd'hui dans le cimetière Saint-Patrick, à Québec, au bord du Saint-Laurent.

VII

Je viens t'écouter ici, Nicole, dans le chalet de Siom dont j'ai fait réparer la terrasse et où je peux retrouver le silence que nous aimons toi et moi, je viens écouter ta voix qui continue à me parler au-delà de ce que tu me dis dans le message que tu as laissé sur mon répondeur et que j'ai fait graver sur disque compact, ta voix murmurant dans le grand silence siomois que tu as rejoint non pas ton père dans les eaux froides de Terre-Neuve, mais le corps rêvé de ta mère et ceux de tes ancêtres maternels, et plus encore cette langue anglaise aux couleurs d'émeraude qui est derrière la langue française, n'est-ce pas, ce rayon vert que nous ne sommes pas allés guetter ensemble au large du comté de Sligo et qui dissipe non seulement la confusion sentimentale mais celle des langues, aussi, ce qui ne t'a pas empêchée de les manier superbement, l'une comme l'autre, de les parler avec la pureté et le respect qu'exige toute langue, toi qui reposes à présent non plus dans les eaux mêlées des deux langues mais dans celles de ta mère et de la mère et du père de ta mère et de toute cette lignée d'Irlandais qui auront mis tant d'années pour arriver à toi et te reprendre dans les eaux vertes de leur langue, your native tongue in which you're talking to me, now, even though I can't answer you, et dans laquelle je t'écoute avec l'impression d'une douce langue de feu descendant sur moi dans la nuit de Siom, et qui fait que je te comprends aussi bien que si tu t'adressais à moi dans la langue de ton père, ce français qui a toujours été pour toi un peu énigmatique, n'est-ce pas, une construction, une civilisation, langue paternelle, bien sûr, même si ta mère aujourd'hui s'exprime plus volontiers en français, langue palimpseste et langue de préférence, élue par toi comme les hommes sont choisis par les femmes, comme tu m'as choisi, mon amour, avec cette magnifique et terrible aptitude des femmes à la préférence amoureuse, sans laquelle tout objet d'amour serait interchangeable, une préférence qui mène assurément à la souffrance et au deuil, mais que tu n'aurais reniée pour rien au monde, vu qu'elle t'a conduite à moi, Nicole, depuis la faute chrétienne où tu vivais, où vous viviez tous, au Québec, à cette époque, et que semblait redoubler le français fautif qu'on parlait là-bas, dévoré d'anglicismes, une langue de pauvre, opprimée, honteuse et peut-être coupable, elle aussi, et sûrement maudite, yes, damned Canucks, not speaking white damned Canucks, parlant non pas la langue blanche des vainqueurs mais la langue noire des French Canadians, des métis et des Indiens, parlure de ténèbres en ce pays de neige et de catholicisme dur où on ne pouvait jeter un caillou sans briser un vitrail, disait-on, où dans les autobus il n'y avait pas d'écriteau interdisant de fumer ou de cracher mais de blasphémer, c'est-à-dire invitant à se taire, construire une langue du secret, belle et pure comme celle qu'on parlait en France, de l'autre côté de l'océan, le français non plus langue de misère, de honte et de taisure, mais littéraire et non coupable, comme cet anglais dans quoi on se sentait moins fautif, c'était ce qui en faisait le prix, l'enchantement des *nursery rimes*, la mélancolie de l'*Élégie* de Thomas Gray, la beauté littéraire des prières, de « *Hail Mary full of grace The Lord is with thee Blessed are thou amongst women And blessed is the fruit of thy womb Jesus* », ou de « *Our Father Hallowed be thy name Thy kingdom come Thy will be done On earth as it is in Heaven* », beauté de ce *thy* et de ce *thou* étranges et intimidants, dont la profération te donnait des frissons comme si tu sentais frémir là le vieux sang de la langue anglaise, qui l'emportait, il faut bien le dire, sur le français du *Notre Père* et du *Je vous salue Marie*, même quand il a fallu passer outre l'anglais, de l'autre côté du terrible miroir devant lequel ta mère énonçait les devoirs et les commandements dans le dédoublement cinglant du futur entre *shall* et *will* et leur négation *shan't* et *won't*, ce futur obligé s'exprimant dans le vertige hurlant du *all* et du *ill*, oui, le *ill* et le *illness* de la maladie, de ta folie à venir et pourtant déjà là, because the writing was on the wall, répétait ta mère, c'était écrit, là, dans cette langue qui avait quelque chose de l'anglais liturgique et shakespearien, langue des rois et des dieux, mais aussi celle de ta mère et donc de la nécessaire subversion, du passage au français de ton père par les livres de l'enfance, non plus ceux qui pouvaient se lire indifféremment dans l'une ou l'autre langue, ni les édifiants récits offerts par ta grand-mère Dupré, comme la niaiseuse histoire d'*Aurore, enfant martyre*, ou celle du père Goupil, autre champion de cette contreperformance qu'est votre roman national, venu évangéliser les Indiens et enlevé par les Iroquois et dont tu te rappelles le supplice, notamment ces haches brûlantes enfilées en collier au cou du missionnaire au bûcher dont les flammes te donneraient bientôt une idée de celles que tu allais connaître, à cause de ce que les langues taisaient et qui était évoqué dans les autres livres français, particulièrement celui dont la reliure blanc crème te faisait songer à un gant de femme avec son titre écrit en lettres dorées, *Madame Bovary*, et dont le personnage te hanterait tout le temps que tu vivrais, te donnant un avant-goût de l'enfer, un enfer où tu étais déjà à cause de ce corps qui te tourmentait, toi qui n'as cessé de nommer la chair en français au point que même les gynécologues qui te touchaient devaient parler français, fidèle à ce bovarysme que tu ne nommais pas ainsi, bien entendu, en tes jeunes années marquées par toutes les attentes, l'attente amoureuse, celle de la neige et de sa disparition, celle du Messie, de sa mise à mort puis de son retour, l'affranchissement face à l'Angleterre comme, plus tard, l'indépendance du Québec, l'espoir d'une dignité sociale et de l'amour maternel enfin retrouvé, le retour de l'eau salée venant se mêler à l'eau douce du Saint-Laurent, et la France qui était derrière la neige, l'océan et les livres, oui, Paris où tu as vécu dès lors que tu as su lire, dans ces livres français dévorés à la lueur d'une lampe de poche, la nuit, la lecture et la maladie, seules façons d'échapper à ta mère qui respectait ça et rêvait de l'Europe, elle aussi, qui aimait cette vieille Europe qui était au bout de la neige, se disait-elle comme toi en regardant couler le fleuve vers son embouchure, Anticosti, Terre-Neuve, Nouvelle-Écosse, et puis au-delà de la mer l'Irlande, la terre d'émeraude saluée le 17 mars selon cette tradition dont le kitsch rejoint le mauvais goût québécois des innombrables calvaires blancs dressés à la croisée des routes, Jésus de plâtre, grandes balançoires à quatre pour oublier un peu l'ennui de l'enfance parmi des flamants en plastique rose, des négrillons en livrée ou en tenue de base-ball menaçant ceux qui marchaient sur la pelouse, cygnes en ciment servant de bacs à fleurs tout comme ces vieux pneus peints et aménagés pour former des massifs de fleurs, ces bouteilles d'eau de Javel découpées de façon à tourner dans le vent comme de petites éoliennes près de vieilles baignoires plantées debout et servant de niches à des Vierges de plâtre bleu ciel, et tout cet art néanmoins si touchant des jardins brefs qui ne durent que deux mois, et qui te faisait rêver le reste du temps à ce qui était tellement plus loin que l'avenue des Érables et son no man's land et plus loin que cap Rouge, si loin, si loin, au bout de l'hiver et de la neige, et qui avait lieu dans la même langue, de la même façon qu'à Dollard-des-Ormeaux tu rêvais devant les fermes de la plaine du Saint-Laurent avec leurs belles vaches blanches ou rousses venues du Charolais ou de ce Limousin dont on disait que ton arrière-grand-père était parti pour aller à Boston engendrer ce fils qui était venu s'installer à Québec pour y contempler les étoiles et engendrer à son tour celui qui n'est jamais vraiment revenu de sa fugue en Louisiane, ton père, donc, Louisiane et Limousin souvent si proches en ta mémoire d'enfant et où tu n'es jamais allée à cause de ce père dans la main de qui tu n'auras jamais mis la tienne pour courir dans les battures de Kamouraska, sous les pommiers de l'île d'Orléans, ou sur les rives du lac Saint-Jean, pas plus que nous ne serons allés ensemble en Irlande pour voir le comté de Sligo et le rayon vert, selon la promesse que nous nous étions faite le jour où, chez toi, durant ce qui aura été ton dernier hiver, j'ai eu à la bouche, moi qui ai si rarement cette chance, la perle de fausse émeraude qui s'était détachée d'une de tes boucles d'oreilles et que tu avais placée dans la brioche préférée à ces peu digestes galettes des Rois à la frangipane, et que j'ai gardée sur ma langue, cette larme verte que j'ai nettoyée dans ma bouche puis dans mon verre de jurançon avant de l'élever dans la lumière de midi où elle a brillé comme un élément du rayon que nous ne contemplerions pas ensemble, le savais-tu déjà, toi qui n'es pas allée jusque-là, ayant achevé le détour qui te ramenait au corps de ta mère, pouvant te revoir désormais sans honte ni chagrin, dans la langue de ta mère, à la mort de ta grand-mère Cleary, the day she died, Katherine Cleary lying in her coffin, in the living-room of the Cleary house, on Grande Allée, not by the mantelpiece in the hall nor by the piano in the music room, no, in the living-room, open casket, the stairs, her body, corpse, the green carpet, paddy green like emeralds, leaves of grass, lawns, Ireland at your feet, grand-father Seamus howling ever since she died, howling day and night, dreamless nights, calling her Kate, howling up and down the stairs just like the old dog used to do when he got lonely, and calling out « Kate, Kate, Kate ! Ah ! Mummy, Mummy », because to Seamus, Katherine was his and everyone else's mother, « Your mother Kate, I haven't dreamt of her since her death, how could that be, shame, shame... », how could that be, Seamus, whilst howling in agony without her, Katherine absent even from your sleep, she who now lies East of the sun and West of the moon, as the tales goes, the sunset and the dawn, the beginning and the end of you, Seamus, the day she died, the day I understood that everything about her was the past, everything about her became memory, I understood and I cried and cried, I sobbed in the living-room, and at Saint Patrick's Church, then all the way to the cemetery by the river, where a dark grey granite stone marks the Cleary grave, Seamus had had his name engraved on the tombstone together with Katherine's, as he believed his end was nearing, and my mother Eileen did not shed a tear, and no one to console me but old Auntie Margaret who finally put her arm around me in the black limousine, on the way back from the graveyard, the day Katherine died, the day I discovered that I could no longer, that I would never again be a child, non, plus jamais une enfant puisque en plus de la mort de ta grand-mère Cleary, il y aurait celle de l'autre grand-mère, et puis ces affiches de films qui te faisaient rêver d'autre chose, *Belle de jour, The Graduate, La peau douce,* oui, quelque chose qui rejoignait non seulement *Madame Bovary* et *Les Fleurs du mal,* mais l'air étrange que prenait parfois ton père pour dire de telle fille qu'elle avait les yeux trop clairs — ce qui te faisait penser que les femmes pouvaient avoir quelque chose d'excessif, qu'il y avait des choses que tu ignorais mais qui devaient avoir un rapport avec ce que tu éprouvais au bas du ventre lorsque ton père roulait dans la Studebaker sur les cassis de la route du lac Bleu, le dimanche, et que tu te disais qu'il faisait exprès de passer là-dessus, pour que tu aies ce que tu ne savais pas encore nommer un orgasme, toi qui à dix ans t'imaginais le sexe masculin comme un accroissement plus ou moins monstrueux du clitoris et la sexualité comme quelque chose d'indifférencié, d'androgyne, l'important étant d'être nu, de toucher, d'explorer, devinant que la vérité était là et dans les livres, c'était là que tu étais vivante, et cette vie-là te rendait malade parce que tu ne savais pas encore, tu cherchais, tu faisais tout pour entrevoir, jusque dans *Elle* ou *Marie-Claire,* avec le sentiment que c'était à Paris qu'on savait, qu'il n'y avait de destin que sexuel, qu'il te fallait sortir de toi pour avoir ton corps à toi, pressentais-tu dans la salle de bains de Sillery ou dans la chambre de jeux où habitaient les poupées et les peluches, ou encore dans le salon où la lumière arrivait sur les briques luisantes et rousses de la cheminée et sur les géraniums qui donnaient à ce lieu un effet de jardin intérieur, un jardin à l'intérieur de l'autre, où tu guettais, rêvais, inventais les hommes à partir de ceux, très rares, qui pénétraient dans le jardin clos avec leurs uniformes, le laitier, le boulanger, the eggman, et laissaient derrière eux une odeur de mauvais parfum et de transpiration qui te troublait et te troublerait toujours, t'étonnant peut-être d'être troublée par des choses ou des êtres inattendus, comme à Saint-Romuald, de l'autre côté du fleuve, l'odeur de M. Thabaska, qui habitait près de chez ta grand-mère Dupré, une belle demeure au toit à larmier, derrière des murs, au milieu d'un jardin à l'anglaise plein de lys et de roses, un homme d'une soixantaine d'années, dont on ignorait tout et qu'on trouvait inquiétant à cause du bracelet d'or très ouvragé qu'il portait au poignet gauche et des bas de soie qu'il enfilait sur ses mains et ses bras pour aller couper ses roses, un étranger, peut-être un Indien, bel homme aux cheveux lisses et aux yeux calmes, grand, excentrique, intéressant, probablement un pervers, qui faisait à Lévis, non loin de là, commerce d'antiquités, et à qui ta grand-mère a fini par acheter le fameux bracelet que tu porterais un jour, toi, ce beau bijou en or avec son améthyste ovale dont tu apercevais l'éclat au soleil, quand M. Thabaska taillait ses roses dans ce jardin qui resterait beau bien des années après la mort de son propriétaire, avec ses lys, ses lilas, ses rosiers, ses pommiers qui continueraient à pousser là, en gloire, comme l'incarnation du grand mystère sexuel qui te ravissait et te désolait tout à la fois ainsi qu'il le ferait toute ta vie, parce que l'amour est séparé du sexe, oui, même pour une femme, même pour une amoureuse comme toi qui n'as jamais voulu cet écart, qui as au contraire fait tant d'efforts pour le réduire de la même façon qu'on réduit une fracture ou une plaie, et garder au sexe tout son mystère, souvent émue aux larmes devant une verge dressée devant toi comme tu l'étais devant le jardin de M. Thabaska, ou bien dans la baisseur de Saint-Michel-de-Bellechasse, où habitaient Palmyre et Bibiane, un couple de très vieux frère et sœur, au bord du fleuve, qui avaient vu grandir le grand-père Seamus et construire la maison Cleary, sur la hauteur, et qui étaient devenus comme des gardiens de phare, bons qu'à ça, des idiots de village, en quelque sorte, qu'on soupçonnait de relations incestueuses et devant qui, lorsqu'ils étaient là à se balancer sur leur galerie, guetteurs, veilleurs, songeurs, probablement hors du temps, tu ne passais jamais sans les regarder ni éprouver un trouble qui te faisait courir jusqu'à la maison dans le manteau à col de velours et la jupe en cachemire et le cardigan achetés en série pour les cinq filles par ta mère chez Holt Rentrew, et qu'il fallait porter, ces dimanches où vous alliez déjeuner à Saint-Michel, pour bien montrer qu'on le domptait, ce corps, qu'on ne laissait rien paraître de ce qui le dévorait de l'intérieur, lorsque l'été semblait promettre que s'apaiserait la brûlure qui te faisait te comparer à cette Lady Macbeth que tu jouais à quinze ans, en français, dans la traduction d'André Gide, lorsque tu faisais un peu de théâtre faute de pouvoir danser et toucher d'autre corps que ceux de tes sœurs observées pendant des heures dans le ressassement écœurant de la féminité, toi, démultipliée, te comparant à elles dans vos premiers maillots de bain en Lycra, au bord du lac Bleu, lisant ces corps autant que les livres et la bouche rouge de ta mère dont c'était le seul élément sexuel ostentatoire, oui, offrant ce corps brûlant pendant le trop court été québécois avant que tout ne meure et ne devienne étrangement près et lointain, so near and yet so far, comme disait ta mère, tout blanc, les rideaux, les murs, l'horizon, les grandes étendues, le ciel, le pays tout entier entrant en résonance avec la longue attente du printemps et du corps délivré, ressuscité, le long Carême, la grande patience et l'effort de mémoire pour imaginer pendant près de huit mois le printemps et l'été, et les pommes, les fraises, les framboises, les bleuets qu'on ramasse dans le comté de Lotbinière ou au lac Saint-Jean, lorsque les arbres n'ont plus leur terrible nudité et que l'écorce grise des hêtres devient rose, parfois pourpre comme une chair, tout ce qu'on se met à attendre dès la première neige, qui tombe en général à Québec en octobre, dans l'après-midi, alors que tu es en classe, à Jésus-Marie de Sillery, et que tout s'arrête pour que vous puissiez la regarder tomber, élèves et maîtres, dans l'excitation générale, entrant dès lors dans un autre rapport au temps, te réveillant vers 4 ou 5 heures du matin en te demandant ce qui se passe dehors, où tu entends le grondement de la charrue, c'est-à-dire du chasse-neige, ce monstre mythologique avec sa soufflerie capable d'avaler des enfants cachés dans les iglous qu'ils ont bâtis sur le trottoir, une machine si puissante qu'il en était ressorti, de ces enfants, dans des giclées de chair et de sang, et que la municipalité avait dû faire précéder l'engin d'un guetteur qui sondait les bords et les talus enneigés, vous obligeant, enfants, à respecter les éléments et les forces telluriques, acceptant de vous soumettre au grand hiver au cours duquel tu voyais ton père pelleter la neige du trottoir et de l'allée du jardin en redoutant qu'il ne meure, d'une crise cardiaque, dans le froid, et le reste du temps rêvant plus que jamais, toi, à la France qui était derrière la neige, derrière le froid qui te brûlait les yeux et te faisait te cacher tout entière, étant donné qu'on pouvait mourir de froid, en pleine ville, même emmitouflé dans la douceur du lynx, du renard argenté, du loup, du coyote, des fourrures à poils longs bonnes pour les secrétaires, et de ce chat sauvage qui était la fourrure du pauvre, disait ta mère, malgré aussi les jupes longues que tu tenais un peu relevées d'une main afin qu'elles ne traînent pas dans la neige, et le visage plein de flocons qu'il fallait secouer en rentrant et qui prenaient sur les habits une consistance, une odeur et un aspect différents selon la neige et les tissus, neige noire, la nuit, et l'attente toujours, et l'ennui, le fleuve gelé qui se confond avec la terre et dont on entend le bruit des marées sous la glace, et les lacs sur lesquels tes sœurs et toi vous patiniez, si dangereux au printemps, et qui vous donnaient l'illusion de marcher sur les flots, et tout ce qui s'inscrit sur la neige, traces de pas, de pneus, de bêtes, et puis s'efface avec le vent ou s'enfouit sous d'autres neiges, et ce qui la tache, soleil, sang, urine, gaz d'échappement, et cette heure bleue, à la fin du court après-midi, lorsque le jour bascule dans la nuit et que la neige tourne au bleu, pendant quelques instants, comme si le monde baignait dans un sang veineux et glacé, et toi, Nicole, guettant ce moment aussi miraculeux que le rayon vert comme une petite victoire mélancolique sur l'ennui d'un dimanche ou d'un jour de fête, quand vous faisiez la vaisselle, tes sœurs et toi, l'après-midi, à n'en plus finir, lisant pour vous distraire ces noms que vous saviez pourtant par cœur au dos de la porcelaine et qui te renvoyaient à ton double héritage, les ors et les verts pâles des assiettes de Limoges, les fleurs et les paysages bucoliques de Burleigh Ware ou de Mason Ware, les motifs désuets du Royal Doulton et du Wedgwood, tous les noms qui se noyaient dans l'eau tiède et savonneuse des dimanches et t'emportaient vers l'Angleterre, le Limousin ou l'Irlande, où la neige tombait aussi et te faisait rêver jusqu'au dégel, le fabuleux dégel, la violence des éléments, le vent du fleuve, les marées libérées, et le grand ciel ouvert, tout ce que tu as fini par retrouver, fleur, vent, lumière, mon amour, so near and yet so far, Nicole devenue langue, reposant dans les langues mêlées de l'enfance comme des marées mêlant leurs eaux jusqu'à la grande mère rêvée, immémoriale et lumineuse, celle qui te berçait, songeais-tu, lorsque tu te balançais dans la chaise berçante sur la galerie de la maison de Saint-Michel, l'été, tard dans la nuit, en buvant du thé et mangeant de ces biscuits Peak and Freans qui faisaient dire à ta mère : « Even though they are British and I'm Irish, they are biscuits for the Queen and I am a queen », sans que vous l'écoutiez vraiment, dans la nuit chaude au bord du fleuve où vous attendiez tous ensemble les derniers paquebots à faire la traversée de l'océan et remontant le Saint-Laurent comme de blanches et superbes princesses de la Couronne britannique avec leurs noms d'*Empress of Britain, of Australia, of Ireland,* et dont vous guettiez l'arrivée par-delà l'île d'Orléans, sautant sur vos pieds dès que Seamus Cleary avait crié : « The *Empress* is coming ! » et courant jusqu'à la balustrade qui donnait sur le fleuve pour voir passer, tout illuminé, The *Empress of Ireland* s'avançant lentement comme une fiancée dans la nuit d'été, et que tu saluais en levant le bras, un peu à l'écart, et qui te répondait en faisant sonner sa sirène qui te faisait pleurer parce que tu croyais entendre, plus loin, comme si tu comprenais déjà que le bonheur ne peut exister sans le malheur, la sirène de cette autre *Empress of Ireland* qui avait coulé un siècle plus tôt, aux Escoumins, dans l'embouchure, avec toutes ces jeunes filles dont c'était le premier voyage, their maiden voyage, disait le grand-père Cleary, et dont il te semblait, Nicole, que c'était le fantôme qui passait, tout illuminé dans la nuit, l'été, au bord du fleuve, avec au bastingage une petite fille aux cheveux blond-roux qui levait le bras vers la vieille femme que tu ne seras jamais.

Composition Graphic Hainaut.
Reproduit et achevé d'imprimer
sur Roto-Page
par l'Imprimerie Floch
à Mayenne, le 20 juillet 2001.
Dépôt légal : juillet 2001.
Numéro d'imprimeur : 52072.
ISBN 2-07-076204-1 / Imprimé en France.

1692

Foreword

For the BMW owner with basic mechanical skills and for independent auto service professionals, this manual includes many of the specifications and procedures that were available in an authorized BMW dealer service department as this manual went to press. The BMW owner with no intention of working on his or her car will find that owning and referring to this manual will make it possible to be better informed and to more knowledgeably discuss repairs with a professional automotive technician.

For those intending to do maintenance and repair on their BMW, it is essential that safety equipment be used and safety precautions observed when working on the vehicle. A minimum safety equipment list includes hand protection, eye protection and a fire extinguisher. A selection of good quality hand tools is also needed. This includes a torque wrench to ensure that fasteners are tightened in accordance with specifications. In some cases, the text refers to special tools that are recommended or required to accomplish adjustments or repairs. These tools are often identified by their BMW special tool number and illustrated.

Disclaimer

We have endeavored to ensure the accuracy of the information in this manual. When the vast array of data presented in the manual is taken into account, however, no claim to infallibility can be made. We therefore cannot be responsible for the result of any errors that may have crept into the text. Please also read the **WARNING—Important Safety Notice** on the copyright page at the beginning of this book.

Prior to starting a repair procedure, read the procedure, **001 Warnings and Cautions** and the warnings and cautions that accompany the procedure. Reading a procedure before beginning work helps you determine in advance the need for specific skills, identify hazards, prepare for appropriate capture and handling of hazardous materials, and the need for particular tools and replacement parts such as gaskets.

Bentley Publishers encourages comments from the readers of this manual with regard to errors, and suggestions for improvement of our product. These communications have been and will be carefully considered in the preparation of this and other manuals. If you identify inconsistencies in the manual, you may have found an error. Please contact the publisher and we will endeavor to post applicable corrections on our website. Posted updates and corrections should be reviewed before beginning work. Please see the following web address:

`http://www.BentleyPublishers.com/updates/`

BMW will continue to issue service information and parts retrofits after the editorial closing of this manual. Some of this updated information may apply to procedures and specifications in this manual. For the latest information, please see the following web address:

`http://www.bmwtechinfo.com/`

BMW offers extensive warranties, especially on components of the fuel delivery and emission control systems. Therefore, before deciding to repair a BMW that may be covered wholly or in part by any warranties issued by BMW of North America, LLC, consult your authorized BMW dealer. You may find that the dealer can make the repair either free or at minimum cost. Regardless of its age, or whether it is under warranty, your BMW is both an easy car to service and an easy car to get serviced. So if at any time a repair is needed that you feel is too difficult to do yourself, a trained BMW technician is ready to do the job for you.

Bentley Publishers

001 Warnings and Cautions

PLEASE READ THESE WARNINGS AND CAUTIONS BEFORE PROCEEDING WITH MAINTENANCE AND REPAIR WORK.

WARNINGS—
See also CAUTIONS

- Read the important safety notice on the copyright page at the beginning of the book.
- Some repairs may be beyond your capability. If you lack the skills, tools and equipment or a suitable workplace for any procedure described in this manual, we suggest you leave such repairs to an authorized BMW dealer service department or other qualified shop.
- Thoroughly read each procedure and the **WARNINGS** and **CAUTIONS** that accompany the procedure. Also review posted corrections at `www.BentleyPublishers.com/updates/` before beginning work.
- If any procedure, tightening torque, wear limit, specification or data presented in this manual does not appear to be appropriate for a specific application, contact the publisher or the vehicle manufacturer for clarification before using the information in question.
- Do not reuse any fasteners that are worn or deformed. Many fasteners are designed to be used only once and become unreliable and may fail when used a second time. This includes, but is not limited to, nuts, bolts, washers, self-locking nuts or bolts, circlips and cotter pins. Replace these fasteners with new parts.
- Do not work under a lifted car unless it is solidly supported on stands designed for the purpose. Do not support a car on cinder blocks, hollow tiles or other props that may crumble under continuous load. Do not work under a car that is supported solely by a jack. Do not work under the car while the engine is running.
- If you are going to work under a car on the ground, make sure that the ground is level. Block the wheels to keep the car from rolling. Disconnect the battery negative (–) terminal to prevent others from starting the car while you are under it.
- Do not run the engine unless the work area is well ventilated. Carbon monoxide kills.
- Remove rings, bracelets and other jewelry so that they cannot cause electrical shorts, get caught in running machinery, or be crushed by heavy parts.
- Tie long hair behind your head. Do not wear a necktie, a scarf, loose clothing, or a necklace when you work near machine tools or running engines. If your hair, clothing, or jewelry were to get caught in the machinery, severe injury could result.
- Do not attempt to work on your car if you do not feel well. You increase the danger of injury to yourself and others if you are tired, upset or have taken medication or any other substance that may keep you from being fully alert.
- Illuminate your work area adequately but safely. Use a portable safety light for working inside or under the car. Make sure the bulb is enclosed by a wire cage. The hot filament of an accidentally broken bulb can ignite spilled fuel, vapors or oil.
- Catch draining fuel, oil, or brake fluid in suitable containers. Do not use food or beverage containers that might mislead someone into drinking from them. Store flammable fluids away from fire hazards. Wipe up spills at once, but do not store the oily rags, which can ignite and burn spontaneously.
- Observe good workshop practices. Wear goggles when you operate machine tools or work with battery acid. Wear gloves or other protective clothing whenever the job requires working with harmful substances.
- Greases, lubricants and other automotive chemicals contain toxic substances, many of which are absorbed directly through the skin. Read the manufacturer's instructions and warnings carefully. Use hand and eye protection. Avoid direct skin contact.
- Disconnect the battery negative (–) terminal whenever you work on the fuel system or the electrical system. Do not smoke or work near heaters or other fire hazards. Keep an approved fire extinguisher handy.
- Friction materials (such as brake pads and shoes or clutch discs) contain asbestos fibers or other friction materials. Do not create dust by grinding, sanding, or by cleaning with compressed air. Avoid breathing dust. Breathing any friction material dust can lead to serious diseases and may result in death.
- Batteries give off explosive hydrogen gas during charging. Keep sparks, lighted matches and open flame away from the top of the battery. If hydrogen gas escaping from the cap vents is ignited, it may ignite gas trapped in the cells and cause the battery to explode.
- The air-conditioning system is filled with chemical refrigerant, which is hazardous. Make sure the system is serviced only by a trained technician using approved refrigerant recovery/recycling equipment, trained in related safety precautions, and familiar with regulations governing the discharge and disposal of automotive chemical refrigerants.

Continued on next page

WARNINGS (continued)

- Do not expose any part of the A/C system to high temperatures such as open flame. Excessive heat increases system pressure and may cause the system to burst.
- Some aerosol tire inflators are highly flammable. Be extremely cautious when repairing a tire that may have been inflated using an aerosol tire inflator. Keep sparks, open flame or other sources of ignition away from the tire repair area. Inflate and deflate the tire at least four times before breaking the bead from the rim. Completely remove the tire from the rim before attempting any repair.
- Cars covered by this manual are equipped with a supplemental restraint system (SRS) that automatically deploys airbags and pyrotechnic seat belt tensioners in case of a frontal or side impact. These are explosive devices. Handled improperly or without adequate safeguards, they can be accidently activated and cause serious injury.
- The ignition system produces high voltages that can be fatal. Avoid contact with exposed terminals and use extreme care when working on a car with the engine running or the ignition switched ON.
- Place jack stands only at locations specified by the manufacturer. The vehicle lifting jack supplied with the vehicle is intended for tire changes only. Use a heavy duty floor jack to lift vehicle before installing jack stands. See **020 Maintenance**.
- Battery acid (electrolyte) can cause severe burns. Flush contact area with water, then seek medical attention.
- Aerosol cleaners and solvents may contain hazardous or deadly vapors and are highly flammable. Use only in a well ventilated area. Do not use on hot surfaces (engines, brakes, etc.).
- Due to risk of personal injury, be sure the engine is cold before beginning work on the cooling system.

CAUTIONS—
See also WARNINGS

- If you lack the skills, tools and equipment, or a suitable workshop for any procedure described in this manual, leave such repairs to an authorized BMW dealer or other qualified shop.
- BMW is constantly improving its cars and sometimes these changes, both in parts and specifications, are made applicable to earlier models. Any part numbers listed in this manual are for reference only. Check with your authorized BMW dealer parts department for the latest information.
- Before starting a job, make certain that you have the necessary tools and parts on hand. Read all the instructions thoroughly, and do not attempt shortcuts. Use tools appropriate to the work and use only replacement parts meeting BMW specifications.
- Use pneumatic and electric tools only to loosen threaded parts and fasteners. Do not use these tools to tighten fasteners, especially on light alloy parts. Use a torque wrench to tighten fasteners to the tightening torque specification listed.
- Be mindful of the environment and ecology. Before you drain the crankcase, find out the proper way to dispose of the oil. Do not pour oil onto the ground, down a drain, or into a stream, pond or lake. Dispose of waste in accordance with federal, state and local laws.
- The control module for the anti-lock brake system (ABS) cannot withstand temperatures from a paint-drying booth or a heat lamp in excess of 203°F (95°C). Do not subject to temperatures in excess of 185°F (85°C) for more than two hours.
- Before doing any electrical welding on cars equipped with ABS, disconnect the battery negative (–) terminal (ground strap) and the ABS control module connector.
- Make sure ignition is switched OFF before disconnecting battery.
- Label battery cables before disconnecting. On some models, battery cables are not color coded.
- Disconnecting the battery may erase fault code(s) stored in control module memory. Using special BMW diagnostic equipment, check for fault codes prior to disconnecting the battery cables. If the malfunction indicator light (MIL) is illuminated, see **OBD On-Board Diagnostics** at the back of this manual. (This light may be identified as the Check Engine light or the Service Engine Soon light.) If any other system faults are detected (indicated by an illuminated warning light), see an authorized BMW dealer.
- If a normal or rapid charger is used to charge battery, disconnect the battery remove it from the vehicle in order to avoid damaging the vehicle.
- Do not quick-charge the battery (for boost starting) for longer than one minute. Wait at least one minute before boosting the battery a second time.
- Connect and disconnect a battery charger only with the battery charger switched OFF.
- Sealed or "maintenance free" batteries should be slow-charged only, at an amperage rate that is approximately 10% of the battery's ampere-hour (Ah) rating.
- Do not allow battery charging voltage to exceed 16.5 volts. If the battery begins producing gas or boiling violently, reduce the charging rate. Boosting a sulfated battery at a high charging rate can cause an explosion.
- Do not use steel fasteners on engine components made of aluminum-magnesium alloy. Use aluminum fasteners only. Test fasteners for aluminum composition with magnet.
- Replace aluminum bolts each time they are loosened. Follow torque instructions, including angle of rotation specifications, when installing aluminum fasteners.

002 Vehicle Identification and VIN Decoder

Some of the information in this manual applies only to cars of a particular model year or range of years. For example, 2006 refers to the 2006 model year but does not necessarily match the calendar year in which the car was manufactured or sold. To be sure of the model year of a particular car, check the vehicle identification number (VIN) on the car.

The VIN is a unique sequence of 17 characters assigned by BMW to identify each individual car. When decoded, the VIN tells the country and year of manufacture; make, model and serial number; assembly plant and even some equipment specifications.

The BMW VIN plate is mounted on the top of the dashboard, on the driver's side where the number can be seen through the windshield. The 10th character is the model year code: 6 for 2006, 7 for 2007, 8 for 2008, 9 for 2009, A for 2010, B for 2011, and C for 2012. The table below explains the codes in the VIN for 2006 through 2012 BMW E90, E91, E92, and E93 3 Series cars.

Sample VIN:

Sample VIN:	WBA	PK53	5	X	9	A	999999
position	1 2 3	4 5 6 7	8	9	10	11	12 -17

VIN position	Description	Decoding information	
1 - 3	Country of manufacture	WBA	BMW, AG, Munich, Germany
4	Line	V	Sedan and Sport Wagon models (2006-2008)
		P	Sedan models (2009-2011, LCI)
		U	Sport Wagon models (2009-2012, LCI)
		W	Coupe and Convertible models (2007-2010)
		K	Coupe models (2011-2012, LCI)
		D	Convertible models (2011-2012, LCI)
5	Series	A	328i Sedan (2007-2008)
		B	325i, 330i, Sedan (2006), 328i Coupe (2007-2010), 335i Sedan (2006-2008), 335i Coupe (2007-2010)
		C	328i Sedan (2007), 328xi Sedan and Coupe (2007-2009), 335xi Coupe (2007-2010)
		D	325xi Sedan, 330xi Sedan (2006), 335xi Sedan (200-2008)
		E	328i Coupe (2010)
		F	328i xDrive Coupe (2010), 335i xDrive Coupe (2010)
		G	335i Coupe (2010-2012), 335is Coupe (2011)
		H	328i Sedan (2009-2010)
		K	328i xDrive Sedan (2009-2011)
		L	328i Convertible, 335i Convertible (2007-2010), 335i xDrive Sedan (2009-2011)
		R	328i Convertible (2007-2010)
		T	325xi Sports Wagon (2006-2007), 328xi Sports Wagon (2008), 328i Sports Wagon (2009-2012)
		U	328xi Sports Wagon (2009-2012)
		V	328i Coupe (2009-2010), 328i xDrive Coupe (2009 - 2010)
		W	328i Convertible (2011-2012)
		X	335i Convertible (2011-2012), 335is Convertible (2011-2012)
6	Engine type	1, 3, 5 7, 9	3.0 liter 6-cylinder
7	Vehicle type	3, 7	Passenger vehicle (2006-2009)
		A, G	Passenger vehicle (2010)
		C	Passenger vehicle (2011-2012)
8	Restraint system	5	Multiple restraint system
9	Check digit		0 - 9 or X, calculated by NHTSA
10	Model year	6	2006
		7	2007
		8	2008
		9	2009
		A	2010
		B	2011
		C	2012
11	Assembly plant	A, F, K	Munich, Germany
		N, V	Leipzig, Germany
		E, J, P	Regensburg, Germany
12-17	Serial number		Sequential production number for specific vehicle

003 Symptoms and Field Observations

General

This repair group includes a list of symptoms, field observations, and suggested fixes for common problems and issues found on 3 Series (E90, E91, E92, and E93) cars.

The information is organized by sections that correspond to the layout of the repair manual. Additional information (when available) can be found in the repair group associated with the specific issue:

- **0** General Data and Maintenance
- **1** Engine
- **2** Transmission
- **3** Suspension, Steering and Brakes
- **4** Body
- **5** Body Equipment
- **6** Electrical System
- **7** Equipment and Accessories

This information was developed from varied sources, ranging from professional BMW technician feedback to manufacturer-issued technical service bulletins (TSBs). The content is intended to complement the repair information found in this repair manual.

CAUTION—
- *The information contained in this section is inherently dated material. It was applicable and relevant at the time this manual went to press. Always check BMW factory repair information at www.bmwtechinfo.com or the publisher's website at www.bentleypublishers.com for information that may supersede any information included in this section.*

0 General Data and Maintenance

Topic	Notes	Additional information (when available)
Exiting a vehicle that is double-locked from the outside 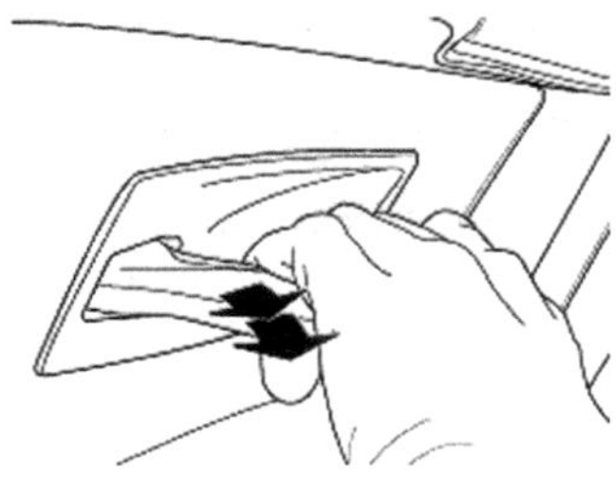	Do not lock a vehicle from outside the car with someone inside the car. In the unlikely event that someone gets double-locked inside the car, the person inside the car can exit the vehicle using the following 2-step procedure: • Press central unlock button to disable "double-lock". • Pull door handle twice to open door. ***NOTE—*** *• For vehicles with factory alarm, opening door activates alarm.*	
Service Engine Soon or Check Gas Cap warning Is illuminated: faulty gas cap or software error (to 09/2008) 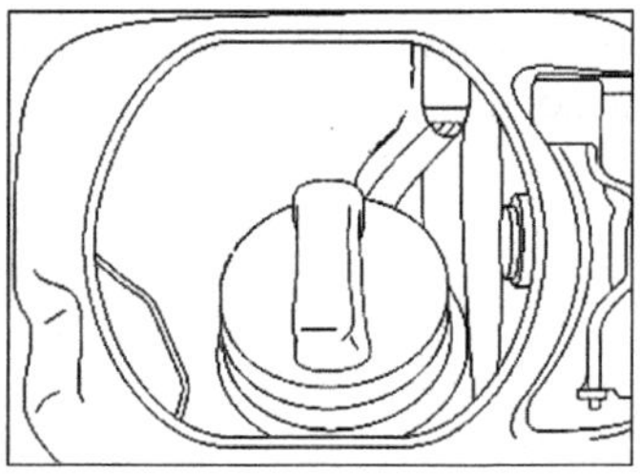	DME has stored faults for a small leak, microleak, super fine leak, or large leak in the tank ventilation or evaporative system. • Remove the fuel cap and inspect cap seal for damage (torn, worn or curling seal). If any damage is detected, replace cap. Be sure cap is properly tightened down. • If no cap faults can be found and fault returns, additional DMTL system diagnosis is required (e.g. run DMTL test plan using the BMW diagnostic scan tool). ***NOTE—*** *• On vehicles produced from July 1st, 2006 up to September 30th, 2008 with the following stored faults: 2A15 - DMTL minor leak, leak greater than 1.0 mm or 2A16 - DMTL microleak, leak greater than 0.5 mm, there may be a software error for the tank leak diagnostic system. If these faults are present, be sure the software level (I-level vehicle data status) is up to date.*	**OBD**
Cabin filters, changing 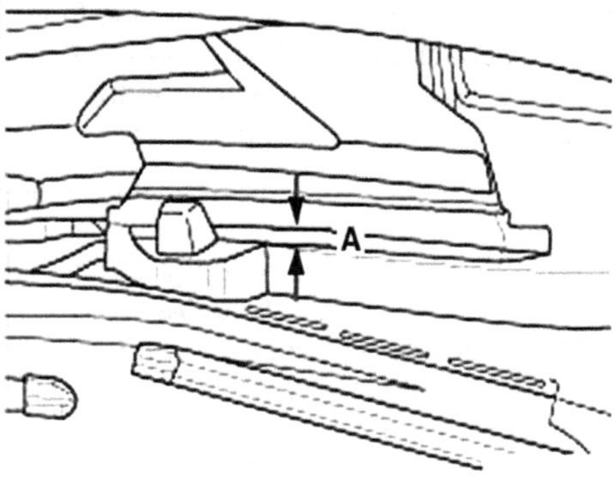	When servicing fresh air (cabin) micro filter, be sure to reinstall the filter lid correctly. Incorrect installation can result in premature blower motor failure due to water intrusion. • Check that gap (**A**) between upper microfilter housing and cowl is no more than 1 cm (0.40 in). Remove and reposition housing as necessary to reduce gap.	**020**

0 General Data and Maintenance (continued)

Topic	Notes	Additional information (when available)
Engine oil, topping up 	Oil residue may collect on the cylinder head cover near the oil filler cap a few days after topping up or refilling the engine oil. When oil is added, the filler cap is laid partially upside down. In this position, engine oil seeps into the area of the oil cap that is not sealed by the gasket. When the cap is reinstalled, the oil leaks from the unsealed area onto the cylinder head cover surface. If investigating an oil leak in this area, confirm that it is not oil from the cap.	**020**
Replacing spark plugs, service tip (N52 / N51 engines) 	When servicing spark plugs, a standard socket may fit too tightly into the spark plug bore in the cylinder head. If this is the case, remove the heat shield inside plug hole (**arrow**) before servicing spark plugs.	**020**
Special tool for spark plug removal (N54 and N55 engine) 	A 12-point Bosch spark plug with 12 mm threads is used in the N54 and N55 (turbocharged) engines. Removal and installation requires a thin- wall socket (BMW special tool part no. 83 30 0 495 560), owing to the confined area of the cylinder head.	**020**
Engine oil level, checking after oil change - dynamic check (engine running) 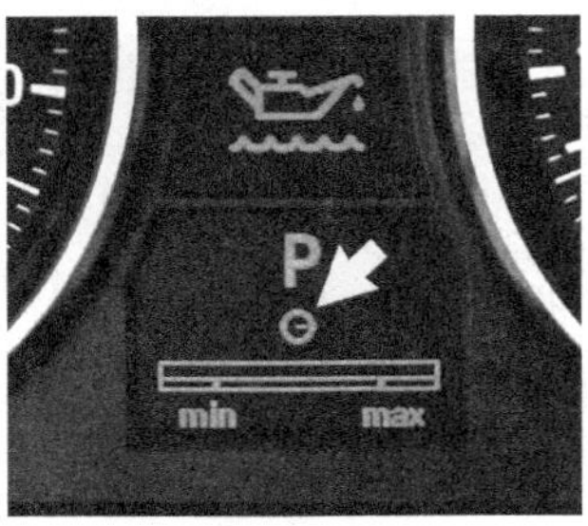	Perform the dynamic oil level measurement (approx. 5 minutes driving time) after an oil change. The oil level could be misinterpreted as the oil level last stored is initially displayed after an oil change. ***NOTE—*** *• There is no oil level initially stored after replacing or reprogramming the engine control unit ("Oil level below min" is displayed). The correct oil level is indicated after running the engine for approx. 5 minutes.* • Start engine. • Select on-board computer function - **OIL** using rocker switch. Press BC switch in once. Oil level check begins. A clock symbol (arrow) may appear while the level measurement is running. ***NOTE—*** *• The clock symbol appears for up to 50 seconds after starting the engine when there is no measured value or the last stored value is not within the tolerance range of the currently measured oil level.*	**020**

0 General Data and Maintenance (continued)

Topic	Notes	Additional information (when available)
Check control messages 	On cars without the central information display (CID), check control (CC) messages stored in the instrument cluster can be viewed in the CC display. To check CC messages in instrument cluster: • Switch ON ignition (KL-R or KL-15) • Toggle turn signal switch to bring up Check Control • Briefly press the on-board computer button • Select CC message required with turn signal switch (if multiple CC messages are present) • Press on-board computer button for longer than 4 seconds • CC message will appear for approx. 2 seconds: CC-ID xxx • Toggle turn signal switch to bring up additional stored messages. This procedure displays the message identification number, but does not define the message. A list of check control messages and their definitions can be found in **020 Maintenance**. ***NOTE—*** *• When using the BMW diagnostic scan tool, up to 72 messages can be accessed along with the vehicle mileage when message was stored.*	**020**
Intelligent battery sensor (IBS), service precautions 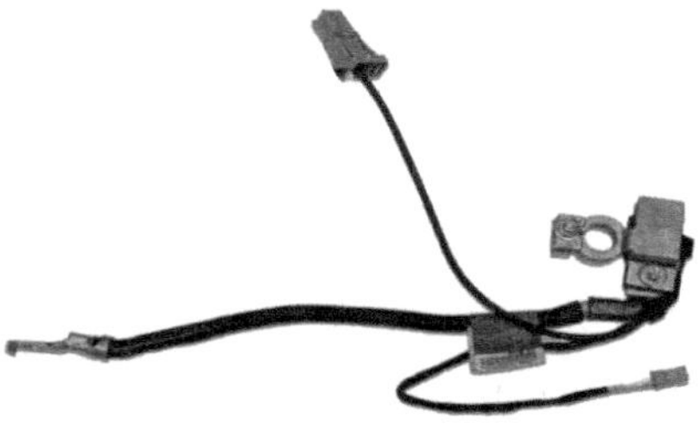	The IBS, an electronic device connected directly to the negative battery terminal, is very sensitive to mechanical stress and strain. Pay particular attention to the following: • Do not make any additional connections at battery negative terminal. • Do not modify battery ground cable. • Do not make any connections between IBS and sensor screw. • Do not use force when disconnecting ground cable from the battery. • Do not pull on ground cable. • Do not use IBS as a pivot point to lever off ground terminal. • Do not use connections of IBS as a lever. • Use a torque wrench during installation. • Do not release or tighten sensor screw. ***NOTE—*** *• A replacement IBS includes the ground cable. The ground cable also serves as a heat dissipater for the IBS.*	**121**
Battery, replacing	When installing a new battery, it must "registered" to the vehicle to notify the vehicle power management software (engine electronics and intelligent battery sensor) that a new battery was fitted. This operation requires a BMW diagnostic scan tool or equivalent. Without new battery registration, various electrical problems as well odd electrical system behavior can occur.	**121**

1 Engine

Topic	Notes	Additional information (when available)
Excessive engine movement results in engine accessory belt failure (N54 engine, up 04/2008 production, except xi models) 	Excessive engine movement can lead to engine accessory belt damage. The drive belt may become dislodged from pulleys or broken when traveling over curbs, speed bumps or at a high rate of speed. • Inspect power steering pulley for chips or cracks indicating contact with front axle carrier. If you find damage to pulley, inspect front axle carrier. If you find marks that show the pulley has made contact, replace the front axle carrier and the left side engine mount with updated parts. See BMW service bulletin SIB 11 09 08 (dated October 2008) or an authorized BMW center for additional information.	**020**
Coolant contact with magnesium components (N51, N52, N52KP engines) 	During service procedures which involve coolant, such as cylinder head replacement, blow dry bolt holes immediately. To prevent corrosion, do not allow any traces of coolant to remain in holes.	**113**
Intermittent lifter noise (N51, N52, N52KP engines, up to 10/2008 production) 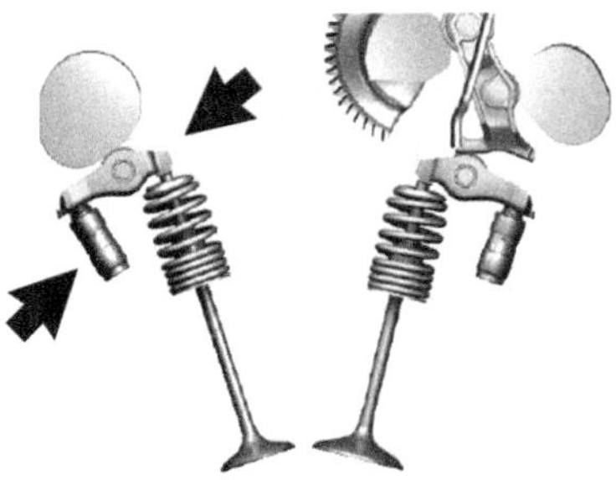	An occasional ticking or rattling noise from exhaust camshaft hydraulic valve lifters may occur during cold engine starts or frequent short-distance driving. The noise may continue for an extended period of time even though the engine is at operating temperature. Vehicles produced prior to 10/01/2008 may require exhaust valve lifter and exhaust roller drag lever replacement to remedy the noise. For additional information see BMW service bulletin SIB 11 09 07 (dated March 2013).	**117**
Valvetrain service note	When diagnosing engine noise, do not rule out worn timing chain components. This is especially applicable to high mileage engines and engines with extended oil change intervals.	**117**
VANOS and silicone sealant	When working around VANOS units keep area clean and free of silicone sealant. Even a small amount of silicone introduced into VANOS actuator or solenoid can cause a fault.	**117**

1 Engine (continued)

Topic	Notes	Additional information (when available)
Sticky VANOS solenoid sets cam position (CMP) sensor codes 	A sticky or jammed VANOS solenoid can set a camshaft position (CMP) sensor fault (tooth error). The engine may be difficult to start, run rough and have the MIL illuminated with one or more stored faults: • Cam sensor, inlet signal - signal invalid for synchronization • Crankshaft-inlet camshaft, correlation - value outside reference range • VANOS intake - stiff, jammed mechanically • Cam sensor, exhaust signal - signal invalid for synchronization • Crankshaft - exhaust camshaft, correlation - value outside reference range • VANOS exhaust - stiff, jammed mechanically - Remove VANOS solenoid, intake or exhaust, depending on the fault codes stored and, using shop air, gently blow out any visible particles and reinstall. If the fault returns, try swapping the solenoids between banks to see if the fault follows the solenoid. - Replace solenoid if fault cannot be corrected.	117
Various VANOS and camshaft position faults stored in DME VANOS unit assembly bolts (arrows) 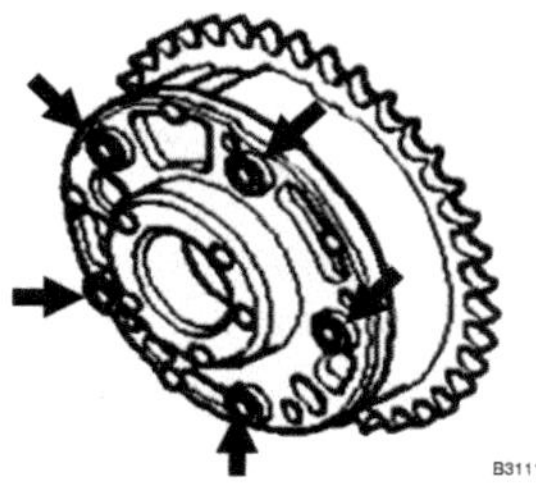 	Loose or broken VANOS bolts If a rattling noise can be heard from the engine compartment in the VANOS area, the engine has reduced power, and VANOS and camshaft sensor faults are stored (SES light on), check the assembly bolts on the VANOS units once the units are removed. The bolts may be loose, broken, or have fallen out of the VANOS unit. The VANOS units are not serviceable. If the bolts are found to be loose, broken or missing, replace the complete VANOS unit. Locate all missing parts before reassembling the engine.	117
Power reduction, VANOS and camshaft fault codes stored in DME 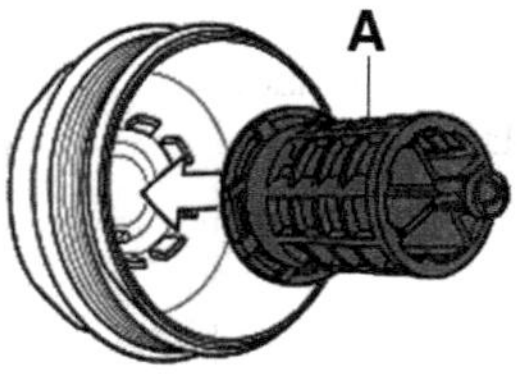 	SES lamp is illuminated, reduced engine power with fault codes stored. This situation can occur after an extended drive. If the ignition is cycled, the engine then often runs normally. • Check to make sure the insert cage on the oil filter cap has not been removed (**A**). If the insert cage is not installed, it will result in non-filtered engine oil being supplied to the engine, thus possibly clogging or damaging the VANOS solenoids. • If the oil filter cap insert is found to be missing, the entire oil filter housing cap must be replaced.	117

1 Engine (continued)

Topic	Notes	Additional information (when available)
Engine rough running, misfires, irregular idle (N54, N55 engines) 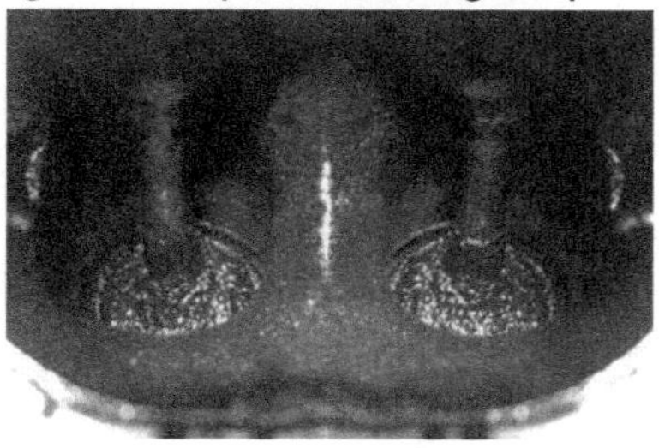	Heavy carbon deposits in the intake ports and on the back of intake valves on can result rough running, misfires and an irregular idle. • If an engine is found to have heavy carbon deposits it is recommended to clean the intake ports and valves to restore engine performance. • BMW recommends using a walnut type media blaster to remove deposits safely from intake ports and valves. This job requires intake manifold removal. For additional information, see BMW service bulletin B04 12 11 (dated August 2011)	**117**
Whistling or squealing noise from engine at idle (N55 engine) 	N55 engines may produce a whistling or squealing noise at idle when warm. The noise can be traced to a manufacturing defect in the front or real main oil seal, and can be eliminated by replacing the seal. • If noise is present at idle after start-up without driving vehicle, partially loosen oil fill cap. If noise diminishes when oil fill cap is loosened, the noise is likely related to the rear main oil seal. • If noise occurs while driving vehicle and applying the brakes, then does not go away, stop vehicle and partially release oil fill cap. If noise then dimishes after loosening oil fill cap, the noise is likely related to the front main oil seal. For additional information see BMW service bulletin SIB 11 03 11 (dated September 2011).	**119**
Engine knock fault codes	Engine knock fault codes indicate that the engine is knocking. Detonation or knock is an erratic form of combustion that can cause head gasket failure as well as other engine damage. Prolonged or heavy detonation can be very damaging. The hammer-like shock waves created by detonation subject the head gasket, piston, rings, spark plug and rod bearings to severe overloading. As a first remedy, try higher octane high detergent fuel or switch brands. If the fault codes continue to return, contact your authorized BMW center.	**120**
Ignition coil fuel/ oil contamination 	When working on the fuel system, it is important to ensure that the ignition coils are not fouled by fuel or oil. The silicone material will swell, making future removal difficult. Can also cause spark-over and misfires at the spark plug. • Before servicing fuel system, remove ignition coils and cover spark plug holes with a cloth. • Do not reinstall fuel-fouled ignition coils.	**120**

1 Engine (continued)

Topic	Notes	Additional information (when available)
No crank, no start 	Engine does not crank. Only the SRS (Supplemental Restraint System) and red brake lights show in the instrument cluster with ignition on. FC A111 (ELV voltage supply fault) is stored in the CAS (Car Access System). ***NOTE—*** *• As a result of a change in government requirements, the ELV was eliminated on most 2007 and later models. Anti-theft protection continues to be provided by the electronic immobilizer system (EWS).* • Disconnect IBS connector (3-pin connector with 2 wires) at negative battery terminal. Follow white/blue and gray wires from IBS to locate connector. • Now try starting vehicle. If vehicle starts, replace faulty IBS.	**121**
Damaged connector at throttle module	When connecting throttle module connector, it is possible to twist the connector before plugging it in, causing damage to the harness and the connector. Be sure to install connector carefully to avoid damage.	
Faulty valvetronic motor linked to DME failure (N52, N51 engines) 	If diagnosing a faulty engine control module (DME), be sure to check that the Valvetronic motor was not the root cause of the damage to engine control module (DME). Excessive current from a faulty Valvetronic motor will damage the replacement engine control module (DME).	**130**
Cylinder-assigned high pressure injectors (N54 and N55 engines) 	On N54 and N55 engines, mark the cylinder locations on the fuel injectors when removing them. As part of injector manufacturing, tolerance ranges for injection quantity are determined and specified by a number combination. These values are used by the DME to compensate for variations in the individual injectors. ***NOTE—*** *• When replacing an injector, it is essential to carry out an injector adjustment using the BMW diagnostic scan tool.*	**130**

1 Engine (continued)

Topic	Notes	Additional information (when available)
Fuel injector faults (N54 engine) 	On cars with faulty fuel injectors, various fault codes related to fuel injectors may be stored in the engine control module (DME) with the MIL illuminated. The engine may lack power, idle erratically, or have poor throttle response. Related fault codes: • Injector, cylinder 1-6, short circuit or line break • DME internal fault • Injector driver circuit failure bank 1-3; bank 4-6 • Misfire faults (faults indicate banks of 3 faulty injectors). ***NOTE—*** *• When replacing injectors, replace all injectors per bank (cyl. 1-3, cyl. 4-6) if the injectors are indexed 10 (**A**) or below. Injectors indexed 11 or higher may not be used on the same bank as injectors indexed 10 or lower.*	130
Servicing high pressure fuel injection system - safety precaution (N54 and N55 engines) 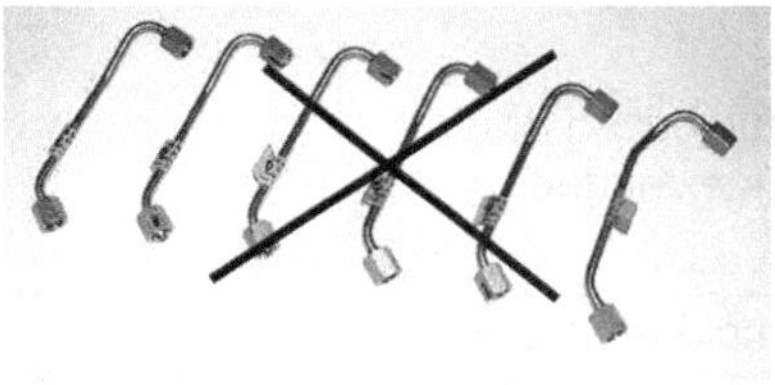	Working on the HPI system must only be carried out after the engine has cooled down. Do not attempt to open any fuel lines or connections on the HPI injection system until the coolant temperature is below 40° C (approx. 104°F) If the engine is not cool, there is danger of residual fuel pressure spray in the high-pressure system. When working on the high-pressure fuel system, take particular care to ensure conditions of absolute cleanliness and follow the work sequences described in the repair instructions. Even the smallest contaminants and/or damage to the threads on the high-pressure lines can cause leaks.	130
High pressure fuel injector, replacing replace teflon seal (N54, N55 engines) 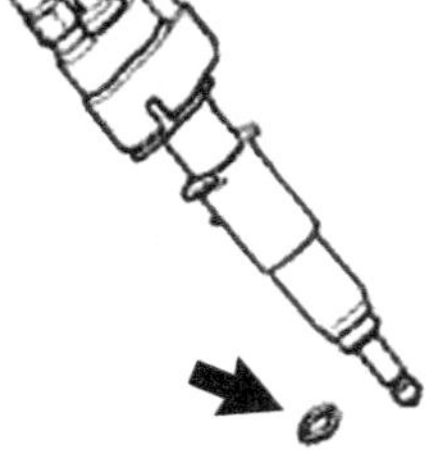	Replace the teflon O-ring (**arrow**) when fitting and removing the fuel injector. This also applies to an injector that has just been fitted and has to be removed again after an engine start. A new injector with a new teflon O-ring should be fitted as quickly as possible as the Teflon sealing ring could swell. Also, be sure that the injector is correctly seated when installing. The injector hold-down must rest on both injector tabs, otherwise the necessary force is not applied to injector. Do not clean the nozzle-needle tip of the high pressure fuel injector.	130

1 Engine (continued)

Topic	Notes	Additional information (when available)
High pressure fuel system faults (N54 engine) 	MIL illuminated, engine enters fail-safe mode with reduced power. Scan tool data shows fault codes 10737 (P3283, P3284), and/or 10738 (P3003, P3090) – "High fuel pressure system, plausibility" stored in MSD80 (DME) control module. These fault codes all relate to the high pressure fuel system. The possible causes are: incorrect adaptation values of the high pressure pump control valve or failure of the high-pressure fuel pump. Begin by resetting adaptations for engine management. If fault codes return immediately after adaptation, the fuel pump may be faulty.	**160**
High pressure fuel pump extended warranty coverage (N54 engine) 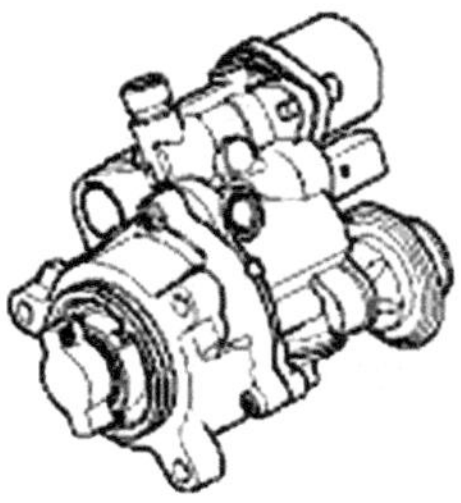	BMW has determined that certain 2007-2010 model year vehicles may experience partial failure of the high pressure fuel pump (HPFP) on models with the N54 (turbocharged) engine. BMW's emissions warranty has therefore been extended to cover the high pressure fuel pump (HPFP) for 10 years or 120,000 miles, whichever comes first. Vehicles with a faulty fuel pump may have an MIL illuminated with various low fuel pressure-related faults stored in the engine control module (DME). Affected vehicles may experience long cranking times or reduced engine performance (engine in failsafe mode) when the HPFP malfunctions. If the above symptoms are present, contact an authorized BMW center for additional information regarding BMW's extended emissions warranty coverage on the HPFP.	**160**
Electric coolant pump precautions 	Take particular care to ensure that the coolant pump does not run dry. Fill a removed pump with coolant before storing. Pump bearings could seize if not filled with coolant. An inoperative coolant pump could cause serious engine damage. • If pump runs dry, turn pump impeller by hand to ensure pump is not seized before connecting coolant hoses. Fill system immediately with coolant.	**170**

1 ENGINE (CONTINUED)

Topic	Notes	Additional information (when available)
EML light illuminated, limp home mode, no boost pressure control (N54, engine)	In the event of a failure, malfunction or an implausible signal from any of the sensors listed below, activation of the wastegate valves is shut down and the valve flaps are fully opened. Turbocharging ceases at this point and the EML light is illuminated. • High-pressure fuel system • Inlet or exhaust VANOS • Crankshaft position sensor • Camshaft position sensor • Boost-pressure sensor • Knock sensors • Intake-air temperature sensor	**180**
Rattle noise from turbocharger area (N54 engine) 	A metallic noise from the exhaust system near the engine or turbocharger area can occur during deceleration from approx. 3,500 rpm or at high engine speed without a drive gear being engaged. In this situation, the wastegate valve does not completely close due to wear. This results rattling noises between the wastegate valve and its seating surface. Do not replace turbocharger or adjust the wastegate actuator control rod initially. Reprogram DME with latest software using BMW scan tool. If after programming, the noise is no longer present, take no further action. If the noise is still present, check wastegate actuator adjustment and wastegate valve wear. See **180 Exhaust System** for additional information.	**180**
Engine failsafe, boost pressure control fault (N55 engine) 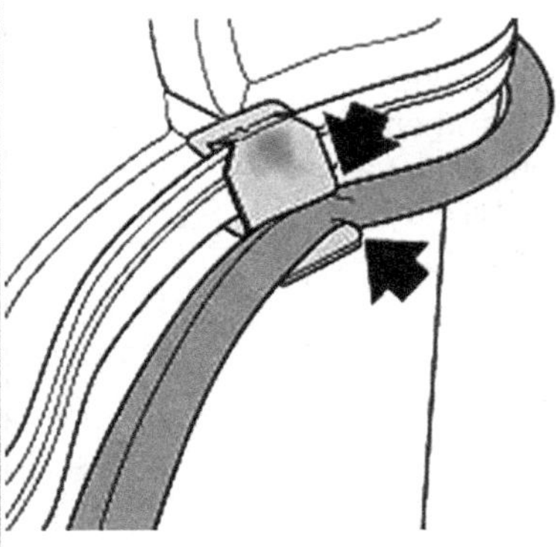	If fault code 2C57 - boost pressure control, plausibility: pressure too low is stored and no other faults are stored, then the following should be checked: • Leaks or restrictions in induction system • Damaged, disconnected or collapsed vacuum lines for boost pressure control system • Loose clamps, cracks or damage on intake pipes or housings • Air path disruptions In the event of a fault, check the complete turbocharger vacuum control system using a vacuum gauge. Additional diagnosis using a smoke machine may be helpful to locate loose or damaged intake components.	

2 Transmission

Topic	Notes	Additional information (when available)
ATF service recommendation 	Change ATF in both the ZF and GM units at service intervals no greater than 100,000 miles, preferably 60,000 to 80,000 miles. When checking the fluid level, it is critical that the temperature of the fluid be maintained at approximately 30°C (86°F). (The factory specification is 30 - 50°C.) Checking the temperature can be done using an infrared temperature gun or with a BMW diagnostic scan tool.	**240**
Delay and jolt when pulling away (from 03/2007 production with 6HP19TU automatic transmission)	Transmission exhibits a delayed engagement with a harsh jolt when accelerating from a stop. Occurs only during engine warm-up (cold engine) and cannot be reproduced in Sport mode. To correct this problem BMW recommends reprogramming and recoding the complete vehicle with current software. See BMW service bulletin SIB 24 03 08 (January 2009) for additional information.	**240**
Transmission/transmission control complaints **X8500** 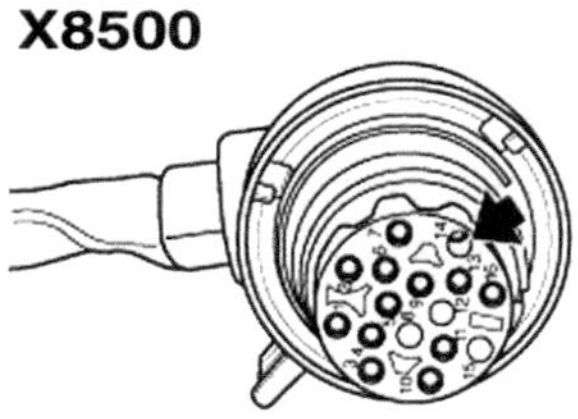	Various complaints associated with inoperative transmission controls. At times the vehicle does not start, gear indicator display is not present, transmission failsafe light is on, or there is a transmission failsafe message in the Check Control. During diagnosis with scan tool, EGS cannot be identified. The transmission harness connector may have a loose or pushed back pin(s). This condition can cause various complaints and many different faults to be stored. Disconnect the battery and check the transmission main connector (X8500) for loose or pushed back pins. It may be possible when the connector is removed for the pin to move forward, so check that all the pins are tight and locked in place by using a blunt tool like a pick. Look carefully - a pushed in pin may appear as an open slot. ***NOTE—*** • *It may be necessary to remove the exhaust and lower the back of the transmission to properly inspect plug. If this step is necessary be careful to not bend shifter cable bracket. Otherwise shifter cable operation may be compromised.*	**240**

2 Transmission (continued)

Topic	Notes	Additional information (when available)
Transmission in failsafe mode with fault 4F8D stored (from 09/2006 to 02/2007 production with 6HP19TU automatic transmission) ***NOTE—*** • *This problem has been solved beginning with 3/01/07 production.*	This is caused by highly-sensitive EGS software diagnostics. The fault normally sets during a 5-4 downshift in vehicles with a replacement transmission, or after a reset of the adaptation values. If this fault is present, carry out a transmission adaptation as follows: • Warm up transmission to 75°C (167°F). ***NOTE—*** • *Transmission adaptation occurs only at a transmission fluid temperature of 75°C or higher. If a scan tool is not available to read ATF temp. directly, use an infrared temperature gun.* • In drive position D, increase vehicle speed up to 4th gear (approximately 25 mph), but do not allow a shift into 5th gear. • Allow vehicle to then coast to a stop. Keep the vehicle stationary for approximately 15 seconds with the brake pedal applied. • Next, with the vehicle stationary, change from D to N and back to D again. • Repeat previous steps approximately 10 times.	240
Mechatronic sealing sleeve leaking (with ZF 6-speed 6HP19 automatic transmission) 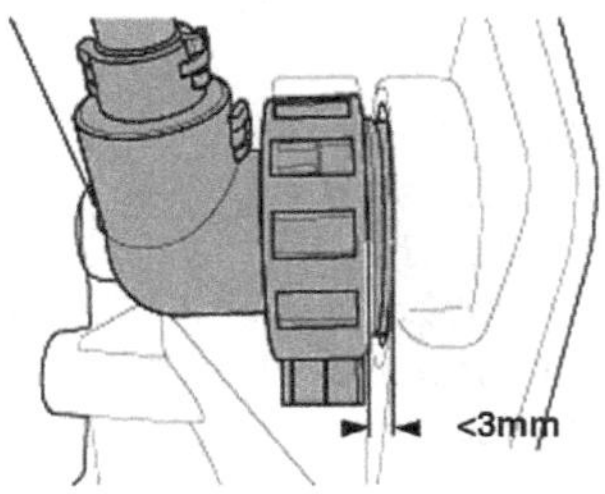	Transmission fluid can be seen leaking from transmission oil pan, or more specifically from the mechatronic sealing sleeve. This repair requires replacing the sealing sleeve and the transmission oil pan gasket. See BMW service bulletin SIB 24 08 06 (dated February 2009) for parts and repair information, including proper sleeve installation instructions. ***NOTE—*** • *After installation of the new sleeve, the correct distance between the transmission harness connector and the housing surface should not exceed 3 mm.*	240
Shudder or vibration on light acceleration (with GM6-6L45R automatic transmission) 	A shudder or vibration can be felt under light acceleration or when driving at constant low speeds. This can be most noticeable in the 1700 - 2200 rpm range while in 3rd through 6th gears. No faults are stored in the EGS module. Changes in the frictional properties of the automatic transmission fluid over time can lead to slipping of the torque converter lock-up clutch. BMW's recommended procedure is to drain the transmission fluid and add BMW special transmission fluid additive part number 83 22 2 161 756 while refilling the transmission with new Dexron VI fluid. After refilling perform transmission adaptation drive using a BMW scan tool. Further information can be found in BMW service bulletin SIB 24 04 13 (dated January 2014).	240

3 Suspension, Steering and Brakes

Topic	Notes	Additional information (when available)
Heated steering wheel switches off (from 9/2008) 	Immediately following a cold start, if the heated steering wheel is switched on in addition to other electrical consumers, it may switch off after 5-10 seconds of operation. This is an intermittent situation. Cycling the key typically restores function. For the first few seconds after start-up, voltage levels may dip momentarily when electrical consumers are switched on. If the supply voltage dips below the threshold for the heated steering wheel, it is switched off. This situation may be present even if the battery is properly charged and no charging system problems are present. At the time of this printing, no repairs were required for this condition.	
Rear coil spring repair procedures 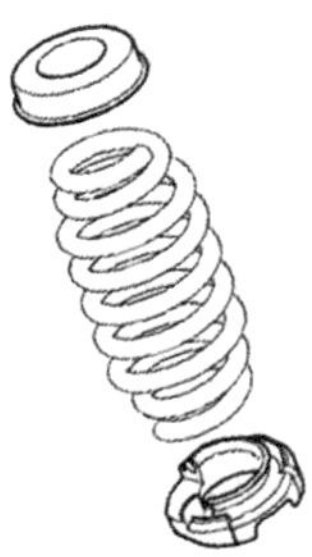	For repair procedures that require removal of the rear coil springs, spring seats must be clean prior to reinstalling. Dirt, pebbles, and debris left on the spring pads can become trapped between the spring pads and the lower coil of the springs, which can damage the protective coating of the springs. If the coating is damaged, rust may form on the spring. Over time the spring may break.	**330**
Noisy, groaning front stabilizer bar bushings 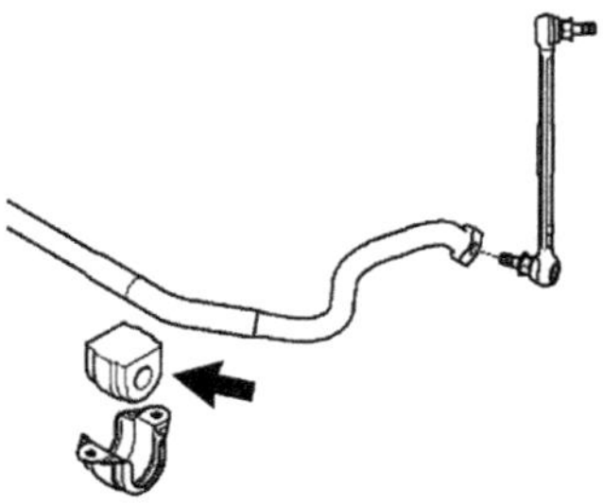	A groaning noise can be heard when the front axle compresses and/or rebounds. This may be heard particularly over speed bumps. The noise normally occurs at lower outside temperatures and may be less pronounced when the vehicle has warmed up. To correct this noise, replace the front stabilizer bar bushings (**arrow**) with updated parts. ***NOTE—*** • *Lubricate the new busings only with water to assist in installation.* • *The bushings used for RWD vehicles are different than the bushings used in AWD vehicles.*	**310**
Difficulty setting front wheel alignment 	If you are having trouble getting the front alignment to come into specification, the struts may be bent. You can check this by loosening the pinch bolt on the wheel bearing housing. Slide strut up a few inches until you can see where the strut inserts into spindle. There will be a small dimple/dent if the strut is bent.	**310**

3 Suspension, Steering and Brakes (continued)

Topic	Notes	Additional information (when available)
Brake pad wear sensor, use care when installing / removing 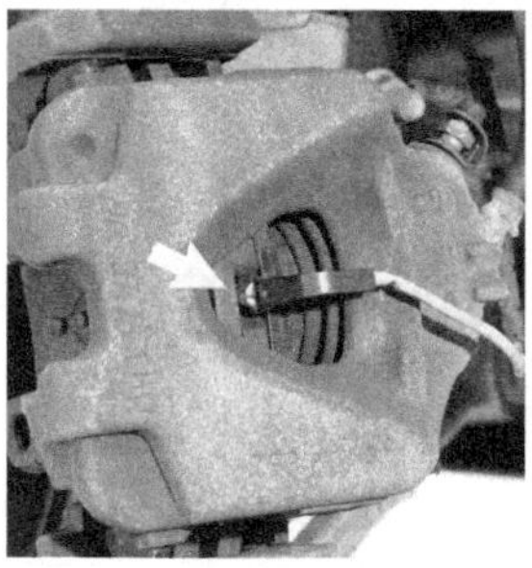	The brake pad wear sensor is easily damaged during installation owing to the 90° design. Be careful not to break the sensor during installation and removal.	340
Brake squeal from pad wear sensor	Under light / moderate brake applications, brake squeal can be caused by contact between the brake pad wear sensor and the brake rotor (front or rear brakes). The geometry of the pad wear sensor, combined with individual driving habits, can result in a wear pattern that causes a squeaking and/or squealing noise when the brakes are applied with light to moderate force. If the noise is coming from the brake system, inspect the brake pad wear sensor of the affected axle. If the sensor is in contact with the rotor/disc, remove the sensor and drive the vehicle. If the noise is eliminated, replace the brake pads and wear sensor of the affected axle. If the noise is not eliminated, further diagnosis is required to determine the cause of the noise.	
Increased brake pedal effort prior to engine start (to 09/2007) 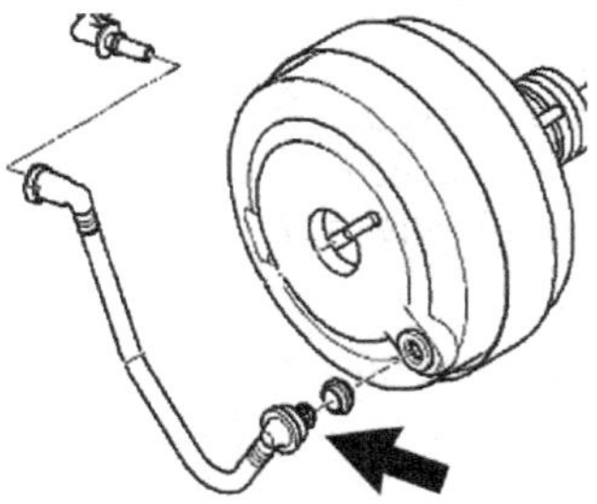	This situation can occur if the vehicle sits for extended periods of time. Although the brake pedal can be depressed, pedal effort is increased. The vacuum check valve at the brake booster (**arrow**) may leak. Replace the vacuum valve and hose assembly for the brake booster.	
Steering column, service note	Replace steering column after an airbag is deployed or if the steering shaft is replaced.	320
Track, resetting (cars with active steering)	On cars with the optional active steering (option SA 214), track has to be reset after work on the steering. The procedure for adjusting track on a vehicle with active front steering (total steering angle sensor) is not the same as that for a vehicle with a conventional power-assisted steering system.	

3 Suspension, Steering and Brakes (continued)

Topic	Notes	Additional information (when available)
ELV (electric steering lock) warning shown in instrument cluster (up to 9/2006 with manual transmission) (up to 12/2006 with automatic transmission) 	ELV light on with intermittent no-crank, no-start situation or ELV solenoid in locked position. This fault is usually caused by an ELV voltage supply issue (low terminal KL15 / KL15 (wake up) signal voltage from the ignition switch or CAS (car access system)). ***NOTE—*** *• As a result of a change in government requirement, the ELV was eliminated on later models. Note that anti-theft protection continues to be provided by drive-away protection in EWS.* For basic troubleshooting, the system requires the following conditions for the starter to operate: • Must be a valid key. • No road speed. • ELV must be unlocked (and the "unlocked and secured" telegram received by the CAS). • ELV module must be de-energized by the CAS. • Start button must be pressed with the brake applied. Check that the key holder locks the key in position, and that the steering lock unlocks (an audible "clunk" can be heard when the key is inserted). ***NOTE—*** *• Terminal KL15 is not released unless the steering is unlocked, and CAS has received the "unlocked" telegram.* *• ELV makes three attempts to unlock. A whirring sound can be heard at each attempt.* Additional troubleshooting should be carried out using the BMW diagnostic scan tool. ***NOTE—*** *• If terminal KL15 is not switched on, scan tool communication is inhibited. In this case, start diagnostics by selecting the vehicle manually. Then follow the diagnostics path: Drive / Engine start / Comfort start / button to get into the scan tool test plan.*	**320**
Front wheel bearing wear 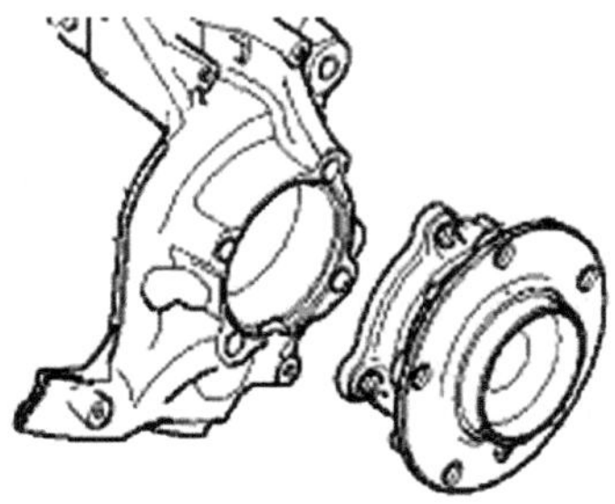	Worn wheel bearings often produce a knocking sound while driving. ***NOTE—*** *• Special press tools are needed to replace bearings on all wheel drive models. See* **310 Front Suspension**. • Check front wheel bearings for wear with vehicle raised. The bearing feels tight when spinning the wheel. • Put vehicle on the ground, pull and push on top of wheel / tire to check for looseness in wheel bearing. Initially it may feel tight. Rock steering wheel back and forth to seat the bearing. Bearing then feels loose when pushing / pulling at top of tire.	**310**

3 Suspension, Steering and Brakes (continued)

Topic	Notes	Additional information (when available)
Active steering, reinitializing after battery disconnect	Reinitialize active steering after battery is reconnected as follows: • Start engine ("Active Steering Inactive" Check Control message appears) • Turn steering wheel as far as it will go counterclockwise and then as far as it will go clockwise.	
Active steering warning light illuminated (9/2007 to 3/2008) 	Active steering warning light illuminates immediately after starting the engine. After cycling the ignition, the active steering operates normally with no warning indicator. A brief voltage drop during starting can cause a fault code (6149: combined position, speed monitoring) to be stored in the active steering control module. If this fault is stored, the warning light illuminates. If other control modules have power supply faults, diagnose and test for voltage-related faults, including active steering system faults.	
Tire pressure monitor, damaged wheel electronics 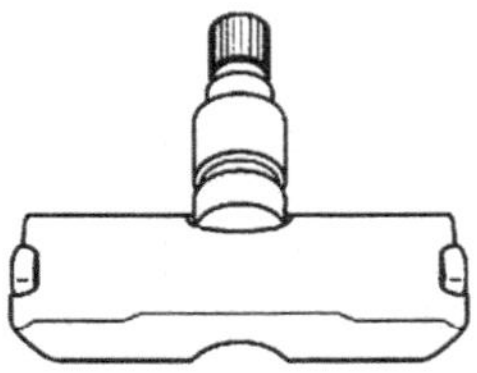	Tire pressure monitor (TPM) system measures tire pressures at each of the four wheels. The system utilizes a warning light, mounted in the instrument cluster to alert the driver to a low tire pressure condition. The TPM system uses separate wheel electronics mounted at the base of each tire valve inside the wheel. Extra care must be taken when changing tires to avoid damaging the wheel electronics. A damaged wheel electronic can cause the tire warning indicator to illuminate. When diagnosing an illuminated TPM warning light, the tires and wheels should be inspected for damage. ***NOTE—*** • *The last four digits of the tire's DOT number indicate the calendar week, followed by the year in which the tire was produced. This information is used to determine if one or more tires have been recently replaced.*	
Tire pressure monitoring, illuminated warning lamp 	The warning lamp is illuminated when the tire pressure decreases by approximately 25%. Temperature fluctuations can cause changes in tire pressure. For every 10°F change in ambient temperature, tire pressure can change by 1 psi. Therefore, the tire warning indicator may be illuminated by a large change in temperature combined with a low pressure condition. Inspect tires regularly for physical damage and check tire pressures when the tire warning is illuminated. BMW recommends checking tire inflation pressures every two weeks and before long trips. ***CAUTION—*** • *Driving on a significantly under-inflated tire causes the tire to overheat and can lead to tire failure.* • *Under-inflation reduces fuel efficiency and tire tread life, and may affect vehicle handling and stopping.*	020

4 Body

Topic	Notes	Additional information (when available)
Rear door check can pull out of B-pillar (up to 8/2007) 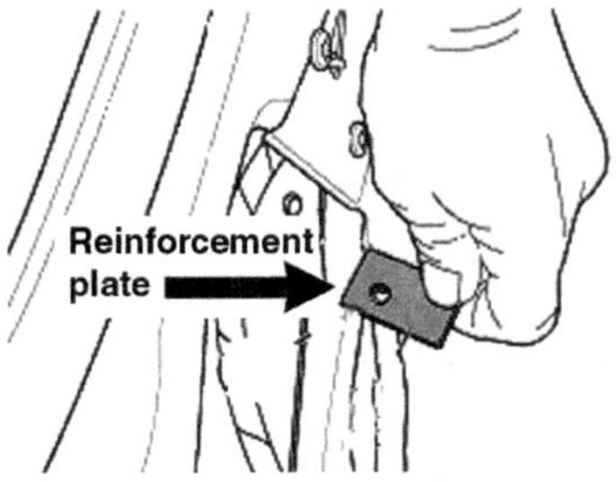	The door check mounting nut may pull through the sheet metal on the B-pillar. When this happens, the door does not stay open on its own and has little resistance when opening and closing. To correct this, BMW has devised a reinforcement plate (BMW part no. 41 21 7 207 272 - M8 threaded plate) in place of the welded nut. Refer to BMW service bulletin SIB 41 01 08 (dated April 2008) for additional installation information.	
Wiper blades, noise, chatter	Wiper blades in good condition may make noise during operation, or may not clean the windshield properly. This may be caused by contaminants on the glass or blades, or by the blades or arms being out of adjustment. • The first step is to make sure the glass and the blades are clean and free of contaminants. Common contaminants that are not removed by conventional glass cleaners can be removed with BON AMI®, a household cleanser. • Apply cleanser using a wet cloth or sponge and thoroughly and evenly scrub glass. Wipe off residue with a clean, dry cloth before cleanser dries on glass. • If there is evidence of heavy overspray of waxes or silicones on glass, use a wax and silicone remover to clean glass. • Clean wiper blades with a clean cloth soaked in rubbing alcohol. Once blades and glass are cleaned, check wiper arm adjustment. ***NOTE—*** • *To properly adjust the wiper arms, special BMW adjustment gauges and tools are required. See* **611 Wipers and Washers**.	611

5 Body Equipment

Topic	Notes	Additional information (when available)
Reactivating folding door mirrors through convenient closure (from 08/2006)	On cars with the auto-dimming mirrors (option code 430) the "convenient closure" feature can be used to close the windows, the sunroof, and fold in the door mirrors. Although this feature was deactivated as of August 31, 2006 production, the feature can be reactivated using BMW diagnostic equipment. ***NOTE —*** • *To check if this feature can be reactivated, first confirm that the mirrors fold in using the push button on the mirror adjustment switch.*	
Rear view mirror compass difficult to read in high temperatures 	When the rear view mirror reaches very high temperatures, e.g. the vehicle is parked in direct sunlight in hot climates, the compass becomes difficult to read. This is normal as the rear view mirror temperature protection feature is active: • Above 130°F (55°C), the compass display dims to 50% of its maximum value. • Above 160°F (70°C), the compass display dims to 5% of its maximum value. When the mirror cools, normal operation resumes.	
Side areas in luggage compartment - not intended for storage (Convertible model) 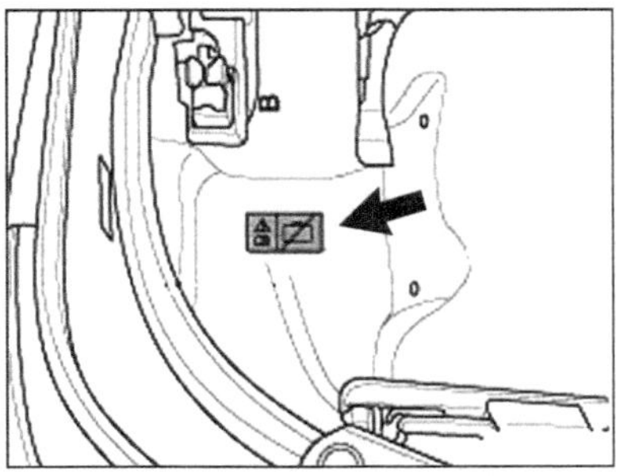	The side areas of the luggage compartment are not intended for storage. If an object is stored in these areas when the retractable hard top (RHT) is opened, the RHT may not open fully, or damage may occur to either the RHT or the object itself. Observe the warning labels (**arrow**) in the luggage side areas.	
Top of rear window does not defrost 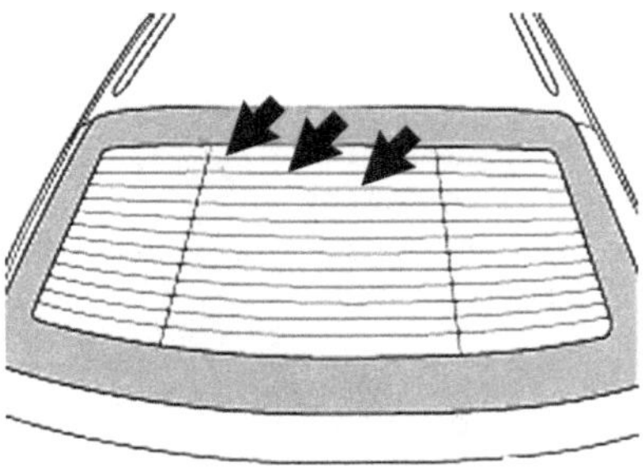	The top 3 grid lines in the rear defroster grid (**arrows**) are not heating elements. These lines are the AM aerial antenna wires. This unheated area is wider on the window of the E93, and may therefore be more noticeable than other vehicles.	

5 Body Equipment (continued)

Topic	Notes	Additional information (when available)
Emergency unlock of center console (convertible model) 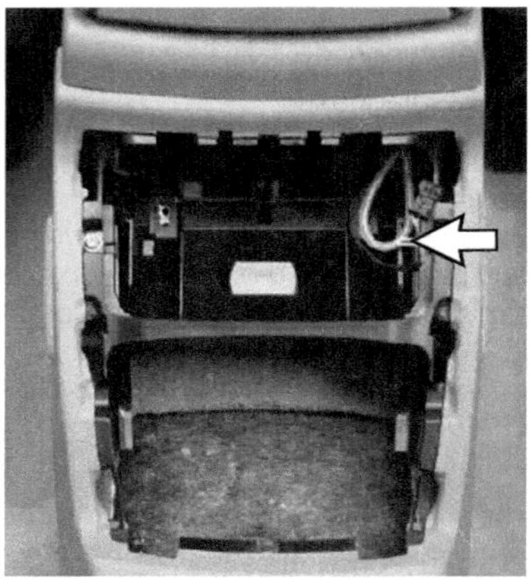	The center console storage compartment contains an electric locking actuator motor operated directly by the junction box when central locking is activated. In an emergency (power loss), the storage compartment can be unlocked by means of a pull cable. To access the pull cable, remove cover from rear compartment air outlet, followed by removal of air outlet duct. The storage compartment can then be released by pulling loop on pull cable (**arrow**).	**515**
Sunroof moves in small steps or interior lights not working	Proper function of the slide/tilt sunroof requires initialization. The motor of the slide/tilt sunroof uses 2 Hall sensors. They are located on the motor shaft and offset by 90° with respect to each other. When the motor is running, this results in two offset Hall signals that are used to register the direction of rotation and for the anti-trapping protection function. ***NOTE —*** *• Press control button during the entire initialization procedure. The initialization procedure must be repeated if the button is released.* *• If the power supply is interrupted during initialization, repeat procedure.* Press and hold sunroof button in the sunroof tilt direction. After approx. 15 seconds, the initialization begins by storing the tilt-position end stop, then the full open end stop position, etc. Initialization takes about 120 seconds. Initialization is erased under the following conditions: • Removal of the voltage supply to the roof function center (FZD) • Hall sensor fault detected • Sunroof position implausible • Modified/changed vehicle coding or coding data faulty	
Tailgate opens slow at low ambient temperatures (Sports Wagon)	Tailgate opens slowly or does not fully open under its own power. In low ambient temperatures, the gas pressure in the tailgate struts is reduced. The effect of this is a less powerful strut. Conversely, at very high ambient temperatures, the gas pressure is higher, thus allowing the tailgate to open quicker. This is a normal condition and the struts are not faulty. To ensure that excessive friction is not present in the hinges due to lack of lubrication, lubricate tailgate and gas strut hinges with grease.	

5 Body Equipment (continued)

<table>
<tr><th>Topic</th><th>Notes</th><th>Additional information (when available)</th></tr>
<tr><td>Doors will not unlock using key fob or central locking button
(to 11/2008)</td><td>One or more of the doors may not unlock when using the remote key outside the vehicle, or the central locking button inside the car.

NOTE—
• With this fault, the doors can be unlocked using the key in the driver's door lock cylinder or by pulling the door handle on the inside of the car.

Typically fault codes (A6D4 and A6D5) are stored in the junction box electronics (JBE). This is due to a blown fuse in the JBE caused by either excessive current draw by one of the door lock actuators (commonly caused by silicone spray contamination) or by an intermittent amperage spike (above 15A) due to normal variations in the locking system.

NOTE—
• Never spray any silicone products into the latch, as this will lead to premature failure.

Inspect fuse 57 (up to 9/07 production) or 73 (from 9/07 production) in the JBE. Replace the blown 15A fuse with a 20A fuse.

Test the locking function by activating the door locks 10 times in succession via the central locking switch.

NOTE—
• Thermal protection is activated after about 15 successive activations and does not indicate any damage to the system.

Observe the operation of each lock actuator during the test. Damaged or faulty actuators operate slowly or make unusual noises.

• If either one of the front door lock actuators is determined to be the source of the blown fuse, replace both front door latches (which contain the lock actuators).
• If either one of the rear door lock actuators is determined to be the source of the blown fuse, replace only that single faulty latch.
• If one of the front lock actuators and one of the rear lock actuators appears to be faulty, replace both front latches and the single faulty rear latch.

If no faulty lock actuators can be identified, wait 2 minutes and then repeat the successive (10 times) locking test. If no faulty lock actuators can be identified, no further action is required.</td><td></td></tr>
</table>

6 Electrical System

Topic	Notes	Additional information (when available)
Changing / setting date format (mm/dd or dd/mm) in the Personal Profile settings (vehicle without Navigation)	To change Personal Profile settings: • Press rocker switch on turn signal stalk up or down until Personal Profile function (key with a check mark) appears, accompanied by the word SET in the instrument cluster. • Press board computer (BC) button on steering column stalk. • Press rocker switch, up or down, until "tt/mm" or "mm/tt" is shown. • Press BC button. • Use rocker switch to make selection/change. • Press BC button to confirm and accept selection/change. ***NOTE—*** *• This also changes the date format in the radio display.* The following display formats and units of measure can be selected/changed in the same way. • Fuel consumption (liter / 100km, mpg, km / liter) • Distance (km, miles) • Time format (12h / 24h) • Temperature (°C, °F) • Reset of display formats / units of measure (factory/default setting)	
Closed-circuit current (parasitic draw) specification	Increased closed-circuit currents may occur permanently or intermittently and cause the battery to discharge. The increase in closed-circuit current may be caused by a faulty control unit, or by the installation of a non-approved accessory. **E90, E91, E92, E93: 40 mA after 60-70 minutes with TCU (telematics control unit) (30 minutes without TCU)** In general, closed-circuit current consistently over 50 mA should be investigated.	121
Stabilant 22A electrical contact enhancer 	Connectors carrying low current are particularly susceptible to the formation of deposits. These deposits affect the resistance of the circuit and, depending on the sensitivity of the particular circuit, can cause system malfunctions (very often intermittent), and the activation of warning lights and check control indicators. In difficult to solve electrical resistance situations, Stabilant 22A may help to enhance electrical contact. Stabilant 22A evaporates and leaves a thin polymer film which is conductive between the mating surfaces, while staying non-conductive between adjacent pins. At the same time it prevents the formation of any further harmful deposits. ***NOTE—*** *• Read and understand any Stabilant 22A safety precautions provided by the manufacturer.* *• Do not use Stabilant 22A on oxygen sensor or SRS connectors.*	

6 Electrical System (continued)

Topic	Notes	Additional information (when available)
Check Control message: Vehicle Battery! Increased Battery Discharge	If the measured off-load current exceeds 80 mA after 68 minutes of the key being off, the engine management system outputs the CC message "Vehicle Battery! Increased Battery Discharge" the next time the ignition is switched on. This happens regardless of the battery state of charge. In the event of the above situation, check the vehicle for non-approved electrical equipment installations. Retrofitted after-market equipment (e.g., hands-free systems, navigation systems, GPS or entertainment systems) may have been incorrectly connected to terminal 30, terminal 30g-f or directly to the battery. ***NOTE—*** • *The intelligent battery sensor (IBS) monitors the battery's discharge current while the vehicle is off. The measured values are transmitted to the ECM through the bit-serial data interface (BSD).* • *Equipment or accessories may only be connected to terminal 15 or terminal 30g, unless otherwise specified in the installation instructions of the BMW retrofit kit.*	**121**
No scan tool communication with instrument cluster (to 08/2006)	The warning lights in the instrument cluster come on and go out intermittently after turning on ignition (prior to engine start). It is not possible to carry out diagnosis of the instrument cluster using the BMW diagnostic scan tool. • First, perform a battery reset by disconnecting the negative battery terminal from the battery for at least 2 minutes. It may be necessary to repeat the process a few times. It is then possible to diagnose the instrument cluster. • To correct this problem on these early cars, BMW recommends re-programming the complete vehicle with current software.	
Windshield washer, low or no volume 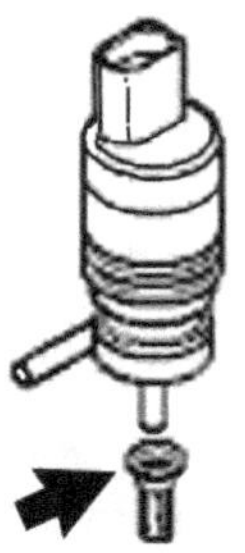	Windshield washers spray a very low volume of fluid, or no fluid at all. The strainer (**arrow**) on the windshield washer fluid pump may become clogged by debris or an algae-like substance. The algae-like substance is typically caused by using non-approved washer fluid or straight water in the washer fluid reservoir. To replace strainer: • Remove washer fluid pump, located in lower part of right front wheel well. • Drain existing washer fluid in reservoir and properly discard. • Replace strainer, which is installed on end of pump. An updated strainer has a larger mesh to avoid future occurrences. • Refill washer fluid reservoir with BMW washer fluid at specified concentration.	**611**

6 Electrical System (continued)

Topic	Notes	Additional information (when available)
Gong warning without visual Check Control message	A gong warning sounds approximately 10-15 seconds after the engine is started. There is no check control warning in the instrument cluster and no faults are stored. This can be caused by a center door lock button (permanently closed contacts) Test the functionality of the center door lock button and replace as necessary.	**515**
Wipers park out of position (up to 04/2006 production)	A faulty windshield wiper relay can cause the wipers to park 10 to 15° (2-3 cm) out of position. In this situation, replace the blue windshield wiper relay, located behind the fuse box access panel in the glove box, with updated green relay.	
Sunroof, interior lights, and rain sensor are inoperative (to 03/2009)	The sunroof, interior lights, rain sensor and other functions controlled by FZD (roof functions center) are inoperative. There is no communication with the FZD when using BMW diagnostic tester. Reset FZD by removing/installing FZD-related fuses in junction box A4010 (See **ECL Electrical Component Locations**): • E90, E91 E92 up to 3/2007: **F5** (7.5A), **F12** (20A), **F28** (5A) • E90, E91 and E92 from 3/2007 to 9/2007: **F40** (7.5A), **F12** (20A), **F28** (5A) • E90, E91 and E92 from 9/2007: **F62** (7.5A), **F2**5 (20A), **F7** (5A) • E93 up to 3/2007 **F5** (7.5A), **F28** (5A) • E93 from 3/2007 to 9/2007: **F40** (7.5A), **F28** (5A) E93 from 9/2007: **F62** (7.5A), **F7** (5A) If functionality is restored, BMW recommends reprogramming and recoding the complete vehicle with current software. Refer to BMW service bulletin SIB 61 12 08 (April 2008) for additional information. ***NOTE—*** • *Be sure reinitialize sunroof after reprogramming. See* **121 Battery, Starter, Alternator** *for additional battery information.*	

6 Electrical System (continued)

Topic	Notes	Additional information (when available)
Junction box electronic module (JBE) failure, various electrical issues (with N51 engine) 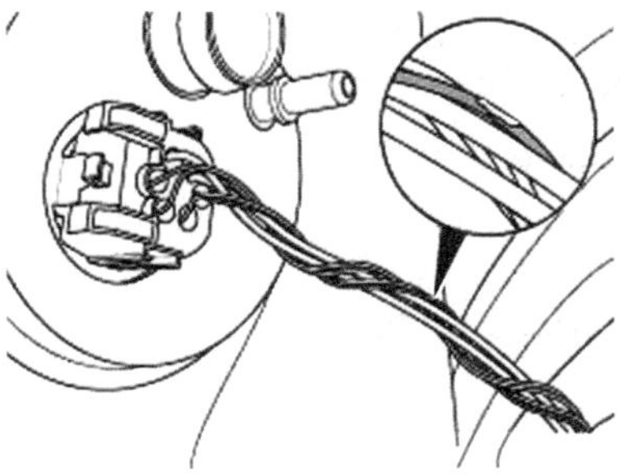	Repeated JBE failures due to shorted fuel sender harness, including various electrical system failures while driving: • A/C stopped working • Fuel gauge display shows empty • Rear windows one-touch function is inoperative • Windshield wipers run without being switched on • Various warning lights illuminated Scan tool diagnosis shows several fault codes in JBE: • Fuel sensor signal plausibility (fuel sensor plausibility faults may also be stored in ECM and instrument cluster) • A/C refrigerant sensor signal • Rear window Hall sensor signal • Rear stratification potentiometer • JBE also shows signs of local overheating. Additionally, repair history shows multiple repair attempts for the listed complaints; or JBE was previously replaced. In this situation, the right side fuel sending unit ground wire may be intermittently shorted to the B+ terminal of electric fuel pump inside fuel tank. As a result, battery voltage (via chafed fuel sender ground wire) overloads ground circuits of JBE, causing failure. Inspect in-tank fuel pump ground wire (black wire, pin 6, see graphic inset). Replace a damaged harness with an updated harness. See BMW service bulletin SIB 61 16 08 (dated November 2008) for additional information.	**160**
Power mirrors and/or windows are inoperative (models with Xenon headlights) 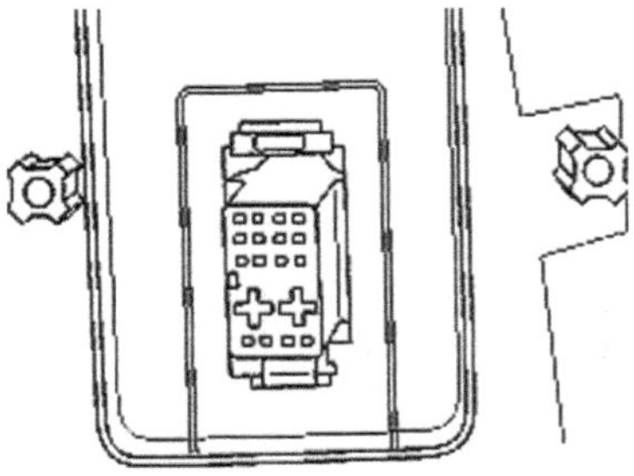	The LED on the headlight switch is flashing and there is a Check Control message for windows / mirrors / headlights. There may also be water in one or both headlights. One of the following fault codes may be stored: • Communication with stepper motor box left / right defective (FC 9CBD / 9CBE) • Communication with mirror driver / passenger side defective (FC 9CC1 / 9CC2) • Communication with LIN control defective (FC 9CCF) Check that left and right headlight access covers are installed correctly. If a cover is not installed correctly, water can get into stepper motor controller (SMC) connector. Inspect connector at each headlight assembly for corrosion and replace as necessary. Make sure covers are reinstalled correctly.	**630**

6 Electrical System (continued)

Topic	Notes	Additional information (when available)
Bulb out display in Check Control  	A bulb out symbol is shown in the board computer (BC), but all bulbs appear to work correctly. Additionally fault codes are stored in the FRM (footwell module) for "Rear fog light / US: brake force display left / right defective". The cause is a faulty BFD (brake force display) bulb. If a faulty bulb is found, be sure to check bulb contact and repair as necessary. Check the Check Control ID fault numbers in instrument cluster for a faulty bulb message. • Switch on ignition (KL-R or KL-15) • Toggle rocker switch on turn signal switch to bring up Check Control • Briefly press on-board computer button • Select Check Control message required with rocker switch • Press on-board computer button for longer than 4 seconds • The following message appears in bottom line of LCD display for approx. 2 seconds: "CC-ID xxx" CC numbers for a faulty BFD bulb are 372 (left) and 373 (right). ***NOTE—*** *• A listing of Check Control messages and their definitions can be found in* **020 Maintenance**.	630
Rear light failure displayed in Check Control **(Coupe (E92), Convertible (E93)** **(08/2006 to 07/2007)** 	Check for a light bulb failure or loose contact between light bulb and socket. Check also for a fault code(s) stored in FRM (footwell module): "Brake force display right /left defective". ***NOTE—*** *• The brake force display bulb and socket are located in taillight housing on trunk lid (arrow).* If faults are stored, remove brake force display bulbs and sockets. Replace faulty bulb(s), if applicable and install updated bulb sockets. • Bulb: BMW part no. 63 21 7 160 788 • Bulb socket: BMW part no. 63 21 7 207 528	
Xenon light bulb - yellow appearance after replacement **(vehicles with xenon headlights)**	New replacement xenon bulb has a yellow-white appearance when compared with bluish-white of original bulb on other side of vehicle. Due to chemical and physical properties, new xenon bulbs require a burn-in period, which causes a gradual color change from yellow to blue. The greatest color change occurs in the first 5 minutes of use, and stabilizes after approximately 100 hours of use.	
Glove compartment flashlight deleted **(from 03/2008 production)**	The glove compartment rechargeable flashlight was discontinued as standard vehicle equipment as of 03/2008. Flashlight can be purchased through a BMW parts department.	

6 Electrical System (continued)

Topic	Notes	Additional information (when available)
Automatic headlights, adjusting sensitivity	Headlights switch on too early or too late, even in daylight, with headlight switch set to the automatic position. The factory default for the rain-light sensor is "Sensitive". With this setting, rain/light sensor is set for optimum operation. If the preference is to have the sensor setting either more or less sensitive, adjust using BMW diagnostic scan tool. There are three setting options: • Normal (reduced sensitivity) • Sensitive (factory default) • Highly sensitive (most sensitive).	
Front LED turn signal not working (E90 / E91 models with Xenon headlights from 07/2008)	Cause is either faulty LED front turn signals or a faulty FRM (footwell module). Two situations are possible: • Front left and front right LED turn signals do not work, either intermittently or permanently. • LED turn signals on vehicle side flash at a higher frequency, either intermittently or permanently. In the case of such a fault, Check Control message "Turn indicator defective" appears. If LED turn signals do not work properly, diagnose using BMW scan tool. If LED turn signals work, but either intermittently or permanently has double-speed flashing frequency, replace LED indicator module in headlight. If this does not resolve problem, replace footwell module (FRM). Further information can be found in BMW Service Bulletin SIB 63 06 09 (dated May 2009)	

7 Equipment and Accessories

Topic	Notes	Additional information (when available)
Airbag warning light on (E93 Convertible) 	Airbag warning light is illuminated with fault code (rollover protection controller internal fault) stored in the ACSM2 (advanced crash and safety management) control module. Replace roll-over controller (ROC) to correct this fault. ROC is behind rear seat back, driver side (**arrow**). Access ROC by folding rear seat down and removing bulkhead access panel. Be sure to carry out a short test of controller using BMW scan tool after installation.	
Airbag deployment, service note	Replace steering column after driver airbag deployment.	**320**
Airbag warning light illuminated for occupant detection seat mat fault (up to 11/2005) 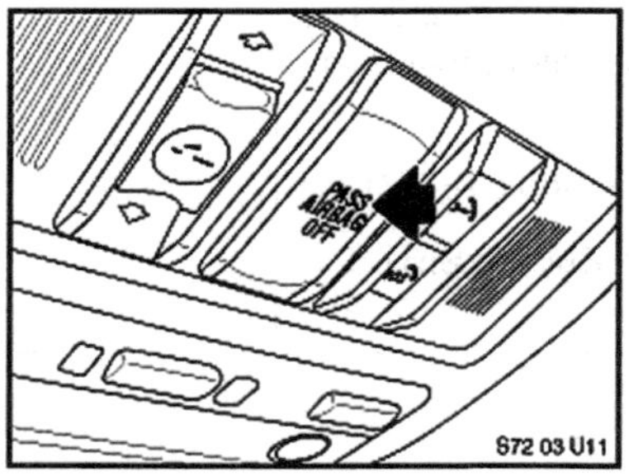	Airbag warning light is illuminated together with passenger airbag status light. The problem may be intermittent. To correct this problem, replace passenger occupancy detection seat mat (OC-3) with the revised version under BMW's extended warranty program. ***NOTE—*** • *The primary purpose of the passenger seat occupancy detection mat is to detect a child up to an age of approximately one-year who is placed in an appropriate child seat.* The BMW warranty coverage for this specific airbag warning lamp issue has been extended to 10 years without mileage limit. A letter was sent to owners of affected vehicles to advise of this change.	**721**
Both rear belt tensioners deploy in accident 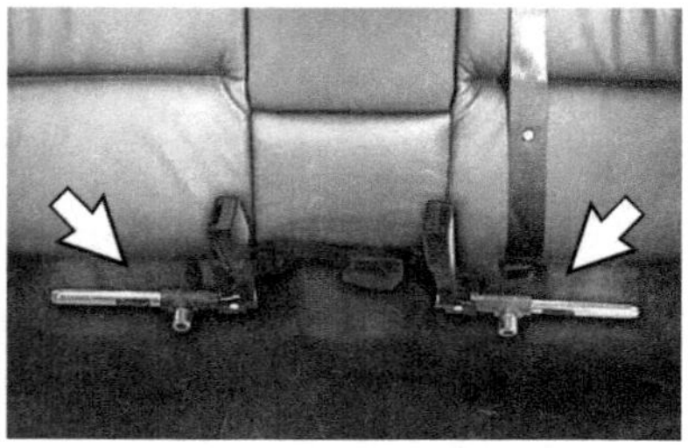	In the case of an accident that triggers rear belt tensioners, both tensioners deploy, regardless of whether the rear seats are occupied, or not. This a normal condition as the rear belt buckles have no switch. ***WARNING—*** • *Replace deployed airbag components and confirm MRS operational status using BMW scan tool.*	**721**

7 Equipment and Accessories (continued)

Topic	Notes	Additional information (when available)
Seat belt assist (E92 3 Series Coupe)	While switching on the ignition and seated in the driver's seat, both the left and right side seat belt assistants will extend (intermittently), instead of only on the driver's side. This is a normal condition. If the passenger door is opened and closed, such as to place an object in the car, and then the driver enters the car, the assistant extends on both sides when ignition is switched ON. This airbag precheck is performed each time the ignition is switched ON. During this precheck, the passenger seat OC-3 mat cannot determine if a passenger is present. Since the passenger side door latch has been operated, and the OC-3 mat hasn't yet determined whether a passenger is present, both seatbelt assistants operate. After approximately 10 seconds, the passenger side seat belt assistant retracts.	

010 Product Familiarization

INTRODUCTION

The information found in this section is based on introductory material for 2006 through 2011 BMW 3 Series vehicles sold in the USA and Canada. The content provided here is intended as a general reference guide and is subject to change.

WARNING—
- *Check the BMW factory repair information at www.bmwtechinfo.com or the publisher's website at www.bentleypublishers.com for information that may supersede any information included in this section.*

Product Overview

The fifth generation 3 Series (E90) was introduced in the US in model year 2006 as a replacement for the 1999 - 2005 3 Series (E46). The E90 is larger, slightly heavier and faster than the previous 3 Series. It has a bolder look, revised suspension and braking, more power and more interior space.

2006 model introduction	
E90 4-door Sedan	325i, 330i, 325xi, 330xi
E91 Sports Wagon (October 2005)	325xi

The rear-wheel drive 3 Series E90 4-door Sedan was introduced first, with the E91 Sports Wagon soon after, both as 2006 models. The E92 Coupe and the E93 retractable hard top Convertible became available as 2007 models.

Overall, the dimensions of the all-new 3 Series are significantly greater than the corresponding dimensions of the 325i and 330i it replaced, adding both interior passenger room and wheelbase length.

Compared to the outgoing model, more generous exterior dimensions ensure even greater spaciousness and comfort for all passengers. At 178.0 inches, the length increases by 1.9 inches. The width at 71.5 inches increases by 3.1. Vehicle height is 55.9 inches, an increase of 0.24. The wheelbase is 1.4 inches longer at 108.7.

The E90 features innovations, such as the Valvetronic engine with weight-saving magnesium in the crankcase, a newly developed double-pivot aluminum front suspension, a redesigned five-link rear suspension made of lightweight steel, and a lighter, 25% stiffer body shell.

The interior is ergonomically designed with more space and more luxury for both driver and passenger compared to its predecessor. The driver's environment is designed to enhance the driving experience. An onboard navigation system is available with BMW's iDrive control system.

Technical Data

BMW 3 Series specifications (2006)		
	325i	**330i**
Exterior		
Doors	4	4
Height (A)	55.9 in (1421 mm)	55.9 in (1421 mm)
Front track (B)	59.1 in (1500 mm)	59.1 in (1500 mm)
Rear track (C)	59.6 in (1513 mm)	59.6 in (1513 mm)
Width (E)	71.5 in (1817 mm)	71.5 in (1817 mm)
Overall width (D)	79.3 in (2013 mm)	79.3 in (2013 mm)
Wheelbase (F)	108.7 in (2760 mm)	108.7 in (2760 mm)
Length (G)	178.2 in (4520 mm)	178.2 in (4520 mm)
Interior		
Front headroom	37.4 in	37.4 in
Rear headroom	37.1 in	37.1 in
Front legroom	41.5 in	41.5 in
Rear legroom	34.6 in	34.6 in
EPA passenger compartment vol.	93.0 cu ft / 2492 liters	93.0 cu ft / 2492 liters
Cargo (trunk) capacity	12.0 cu ft / 340 liters	12.0 cu ft / 340 liters
Engine		
Engine configuration, cylinders/valves per cyl.	3.0 liter In-line 6 / 4	3.0 liter in-line 6 / 4
Displacement	2996 cc (182 cu in)	2996 cc (182 cu in)
Stroke / bore (mm)	88.0 / 85.0	88.0 / 85.0
Rated power	215 @ 6250 rpm	255 @ 6600 rpm
Max. torque (lb-ft)	185 @ 2750 rpm	220 @ 2750rpm
Compression	10.7 : 1	10.7 : 1
Fuel requirement	Premium unleaded (91 pump octane)	Premium unleaded (91 pump octane)
General		
Final drive ratio	3.23 : 1 (MT); 3.73 : 1 (AT)	3.15 : 1 (MT); 3.64 :1 (AT)
Fuel tank capacity	16.1 US gal	16.1 US gal
Unladen weight (manual)	3285 lb	3417 lb
Load	1058 lb	1058 lb
Coefficient of drag (Cd)	0.30	0.30
Max. roof load	165 lbs.	165 lbs.
Acceleration (0- 60 mph)	6.7 sec (est)	6.1 sec (est)

BMW 3 Series specifications (2006)

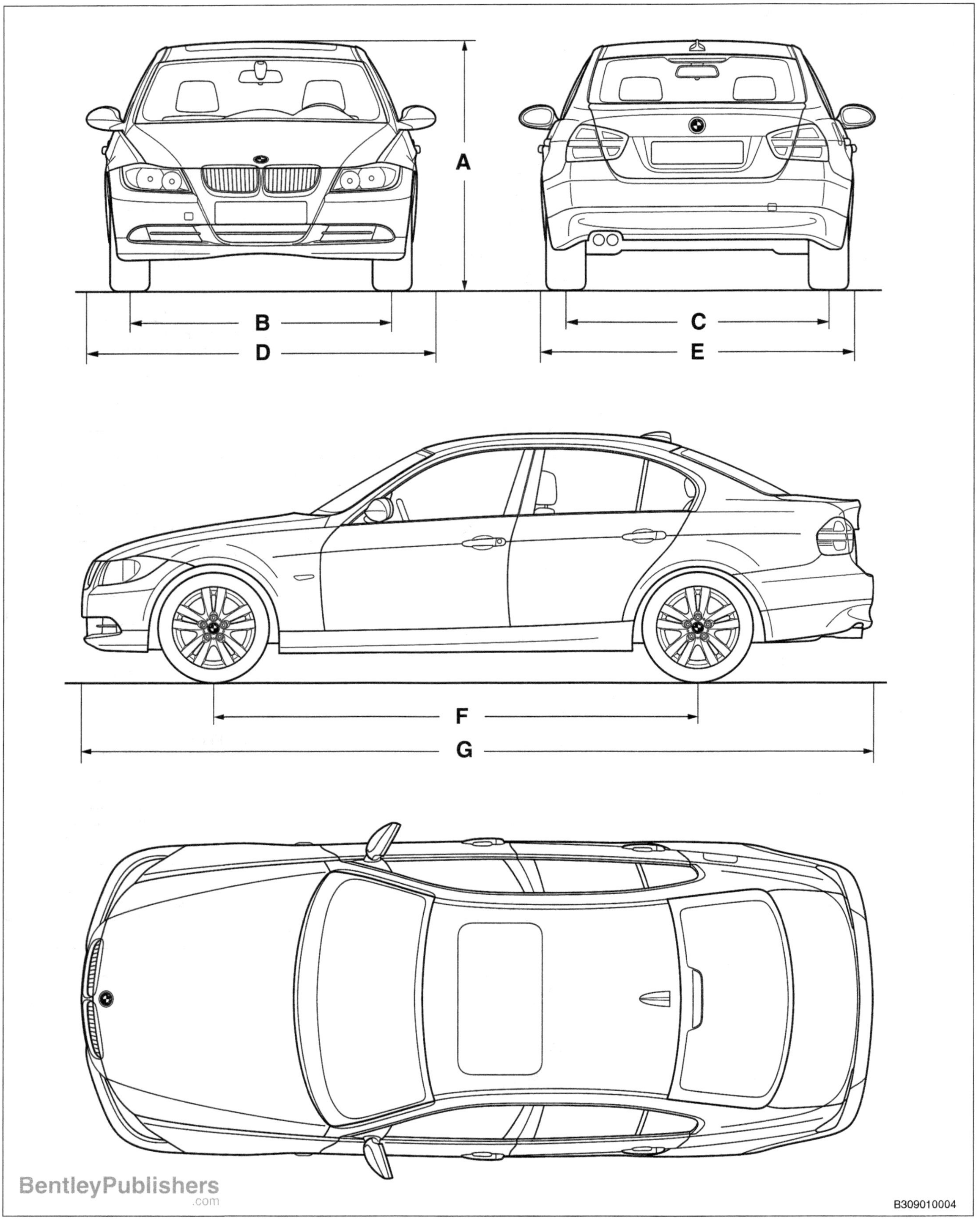

Model Year Highlights

Below are the 3 Series year-to-year highlights through model year 2011.

B309010057

Model year 2006

6-speed Steptronic transmission

B309010002

- First models of the 3 Series for the U.S., the E90 325i and 330i Sedans entered production in March 2005 as 2006 models.
- Optional active steering (RWD models only); varies steering ratio according to vehicle speed and other factors.
- Run-flat tires standard on all models, eliminating the need to carry a spare tire.
- Standard wheels and tires:
  - 325i / xi model with 16-in. wheels, all-season tires.
  - 330i / xi model with 17-in. wheels, all-season tires.
- Flat tire monitor (FTM), standard on all models, monitors tire pressures while the vehicle is being driven. FTM detects any significant loss of pressure in one tire in relation to another and illuminates warning light in Check Control (in instrument cluster).
- 6-speed manual standard, 6-speed Steptronic automatic optional on all models.
- New-generation dynamic stability control (DSC) with many new braking functions.

- Fall of 2005, three additional models added:
  - 325xi and 330xi Sedans, featuring BMW's innovative xDrive all-wheel drive system and specific configurations of standard and optional equipment.
  - 325xi Sports Wagon, adding 5-door wagon versatility and xDrive all-weather, any-road capability to the 3 Series.
- New generation 6-cylinder engines, called N52, both with 3.0-liter displacement
  - 325i: 215 hp @ 6250 rpm, 185 lb-ft. torque @ 2750 rpm, single-stage induction system
  - 330i: 255 hp @ 6600 rpm, 220 lb-ft. torque @ 2750 rpm, 3-stage induction system.
- New type differentials (rear and front differential for AWD models).
- Xenon adaptive headlights standard on 330i/xi models, optional on 325i/xi models.
- Adaptive brake lights.
- Ground lighting in door handles.
- Front- and rear-seat head protection system (HPS) airbags.
- Automatic safety-belt tensioners and force limiters standard at rear outboard seating positions (standard on front seats).
- BMW Assist, BMW's system of in-car telematics and customer services, available in Premium Package or as stand-alone option.

Model year 2007

For 2007, the sedans and wagons were upgraded with new engines, a couple of new colors and some minor interior tweaks.

The 325i and 325xi are replaced by the 328i and 328xi. These models received a more powerful version of BMW's 3.0-liter inline six-cylinder engine, generating 230 horsepower and 200 pound-feet of torque, for an increase of 15 hp and 15 lb-ft over the previous models.

In 2007, the 335i and 335 xi replaced the 330i and 330xi, featuring BMW's N54 3.0-liter twin-turbocharged inline 6-cylinder engine producing 300 horsepower and 400 pound-feet of torque. That is an increase of 45 hp and 80 lb-ft for higher end models.

Model year 2007

The 3 Series expanded for 2007 with the introduction of a two-door Coupe (E92) and a Convertible (E93), completing the 3 Series family lineup.

The 3 Series Coupe, new for Model Year 2001.

New for 2007, the retractable hardtop Convertible. Made of lightweight steel, the three-piece roof opens in just 22 seconds and folds smoothly into its rear compartment. The new roof structure ensures a lower level of noise even at high speeds while the ultra-stiff platform provides extreme torsional strength for rigidity.

Model year 2008

M3 Sedan and M3 Coupe were introduced in spring 2008. Other models remained essentially unchanged.

There were a few minor enhancements:

- Galvanic silver trim matching the trim around the START/ STOP button was applied to the climate control knobs, adding a premium touch to the console. The sport steering wheel, available with the optional Sport Package, was the same as that of the 3 Series Coupe with galvanic accents. Satellite radio preparation was standard.
- A second-generation evolution of the N54 turbocharged engine management system, called MSD81.

Optional transmission paddle shifters for all models with a 6-speed Steptronic automatic transmission and Sport Package.

Model year 2009, 2010

Updates for the 2009 models include:

- Interior and exterior-design freshening for the Sedan and Sports Wagon and refinement of interior functions.
- New and revised options.
- New generation iDrive control and display system; expansion of BMW ConnectedDrive functions.
- Addition of 335d BluePerformance diesel model.

2009 redesigned interior

B3090010025

E90 LCI

B309010018

The biggest visual change for 2009 was the Sedan and Sports Wagon mid-life update, called Life Cycle Impulse (LCI) by BMW. The exterior design featured a new front end, a more dynamic profile, and a wider appearance at the rear. Headlights and taillights used innovative lighting technology and 3-dimensional effects.

At the front, width was accented, though actual width was unchanged. The front spoiler / bumper was reshaped with a larger intake air area.

Model year 2009, 2010

The redesigned headlights were emphasized by chromed tubes.

The luminous rings around the headlights serve as daytime running lights (DRL) on vehicles with xenon adaptive lights (optional on 328i or 328xi models, standard on 335i or 335xi models).

The turn-signal lights received a vertically layered look and use LED technology.

In profile, the side sills and rocker panels set a strong lower accent. Side mirrors had new contours and provided an enlarged visual field for the driver.

At the rear, the bumper, taillights and (on the Sedan) trunk lid were all reshaped. The taillight L-shape was more in evident, and new LED lighting sources illuminate the taillights and turn-signal lamps. An actual increase in rear track adds emphasis to the vehicle's wide stance.

2009 refinement of interior design and amenities included new colors and materials. Among functional updates were ergonomically enhanced placement of power-window controls for the driver and expanded storage.

BMW iDrive in combination with optional navigation was ergonomically optimized with function selection and activation via turn, push and tilt motions. The redesigned iDrive controller features new direct-select keys and more programmable memory keys.

Included in the navigation option is a hard drive for storage of navigation data (such as destinations) and audio material (such as music). The hard drive allows transfer of material from a CD, MP3 player or a USB stick and can hold up to 8 Gb of music.

With an 8.8-in. high-resolution monitor, the iDrive displays remarkably attractive images.

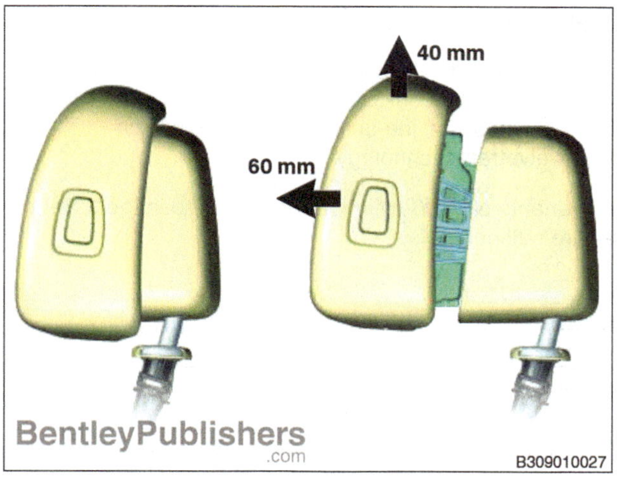

Also for 2009 was active front head restraints, which in a rear-end impact employ pyrotechnics to pivot the restraint forward and upward (up to 60 mm/2.4 in. forward and 40 mm/1.6 in. upward).

The 2010 3 Series models were largely unchanged from the 2009 models. The few notable changes were:

- Automatic high beams became available as a stand-alone option.
- The BMW Professional radio with HD radio reception became standard.
- A new standard wheel style was introduced on 328i and 328i xDrive models Sedan and Sports Wagon models.

Model year 2011

Model year 2011 saw the coupe (E92) and convertible (E93) receive their mid-life update (LCI). Both models received updated headlights and tailights, a new hood and kidney grill and new front and rear fascias.

Interior updates followed the Sedan and Sport Wagons LCI from 2009.

Updates to the 2011 vehicles include:

- Redesigned headlights and tailights with integrated LED turn signal lighting.
- Addition of Vermillion Red, Deep Sea Blue and Mineral White exterior colors.
- Harmon Kardon Surround Sound System replaces the BMW HiFi Professional System on all models.
- New shift paddles (left-shift down, right-shift up) for the STEPTRONIC available for the sport steering wheel.

2011 also saw the introduction of a new twin-scroll single turbocharged engine variant designated the N55 in the 335i models.

A new high performance 335is coupe and convertible was introduced for 2011. These models received a high output version of the N54 twin turbocharged motor, producing 320hp and 332 lb-ft of torque. The 335is models also received an additional radiator, an engine oil cooler, sport suspension, and sport exhaust as standard.

The 335is was also available with an optional 7 speed Double Clutch Transmission (DCT).

New Generation (NG) Engines

With the E90 chassis came a new generation of engines with advanced concepts and technical sophistication. The primary focus of these engines was the use of Valvetronic, which revolutionized valvetrain technology.

There are 5 variants of the 6-cylinder engines used in the 3 Series. Differences are outlined below.

Component	N52 Engine	N52KP	N51	N54	N55
Crankcase	Composite magnesium/ aluminum	Composite magnesium/ aluminum	Composite magnesium/ aluminum	All aluminum alloy	All aluminum alloy
Cylinder head	Aluminum	Aluminum (same as N52)	Aluminum - Specific to N51 due to combustion chamber modifications	Aluminum - specific to N54	Aluminum - specific to N55 with integrated injector cooling
Cylinder head gasket	Silicone rubber to prevent contact corrosion	same as N52	Same as N52	Specific to N54 - multi-layer with no silicone rubber perimeter	
Cylinder head cover	Magnesium	Plastic with integrated crankcase ventilation	Plastic with integrated crankcase ventilation (same as N52KP)	Plastic with integrated crankcase ventilation (specific to N54)	Plastic with integrated crankcase ventilation and vacuum accumulator
Crankcase ventilation	External crankcase vent valve with cyclone separator	Crankcase vent valve and labyrinth and cyclone oil separation integrated into cyl. head cover	Crankcase vent valve and labyrinth and cyclone oil separation integrated into cyl. head cover	No crankcase vent valve - calibrated orifice with cyclone separation integrated into cyl. head cover	No crankcase vent valve - calibrated orifice with cyclone separation integrated into cyl. head cover
Valvetrain	5mm intake and exhaust valve stems (6mm exhaust valve stem from 6/06)	5mm intake and 6mm exhaust valve stems	5mm intake and 6mm exhaust valve stems	5mm intake and 6mm exhaust valve stems	5mm intake and 6mm exhaust valve stems
VANOS	Infinitely variable BI-VANOS	Infinitely variable BI-VANOS	Infinitely variable BI-VANOS	Infinitely variable BI-VANOS	Infinitely variable BI-VANOS (optimized to provide faster adjustment speeds)
Valvetronic	Valvetronic II	Valvetronic II	Valvetronic II	No Valvetronic	Valvetronic III
Intake manifold	Plastic with 3-stage DISA on high-output version (OL)	Plastic with 3-stage DISA on high-output version (OL)	Plastic	Plastic (no DISA)	Plastic with integrated engine control unit
Fuel system	Manifold Injection	Manifold Injection	Manifold Injection	High precision injection (HPI)	Turbo Valvetronic Direct Injection (TVDI)
Cooling system	Electric coolant pump - 200W	2nd Generation electric coolant pump - 200W	2nd Generation electric coolant pump - 200W	2nd Generation electric coolant pump - 400W	2nd Generation electric coolant pump - 400W
Exhaust system	"Near Engine" catalysts	"Near Engine" catalysts with underbody catalysts (ULEV II)	"Near Engine" catalysts with underbody catalysts (ULEV II)	"Near Engine" catalysts with underbody catalysts (ULEV II)	Single "Near Engine" catalyst (ULEV II)
Comp. ratio	10.7 to 1	10.7 to 1	10 to 1	10.2 to 1	10.2 to 1
Connecting rods/ crankshaft	Forged Steel with 8 mm bolts "cracked design" (cast crankshaft)	Forged Steel (stiffened) with 8 mm bolts "cracked design" (cast crankshaft)	Forged Steel (stiffened) with 8 mm bolts "cracked design" (cast crankshaft)	Forged Steel (stiffened) with 8 mm bolts "cracked design" (cast crankshaft)	Forged Steel (stiffened) with 8 mm bolts "cracked design" (cast crankshaft)
HFM	Analog	Digital	Digital	Digital MAP	Digital

N52 3.0 liter Valvetronic engine

Magnesium alloy composite crankcase

1. Bedplate inlays
2. Bedplate

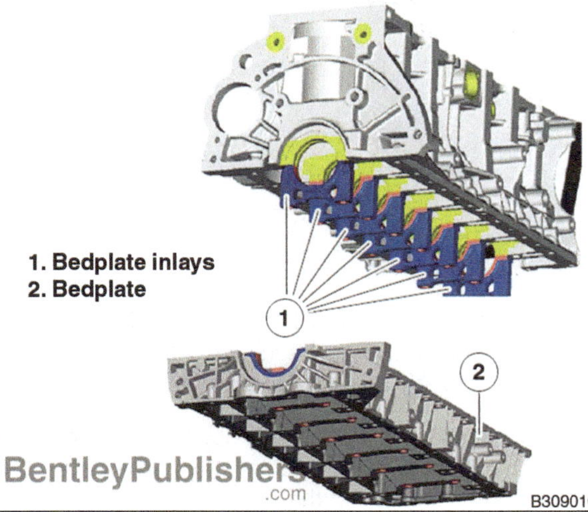

N52 engine (2006)

In 2006, the new generation N52B30 in-line 6-cylinder engine was introduced in the E90 and E91 cars. This engine featured many innovations, including the composite crankcase, Valvetronic system and the 3-stage DISA intake manifold. The oil level dipstick was eliminated.

The same basic engine was shared on the 325i and 330i, with the difference in power ratings being achieved with intake manifold tuning and DME software.

N52 engine specifications	
Displacement (cm^3)	2996
Stroke/bore (mm)	85.0/88.0
Power output (kW/bhp) @ rpm 325i 330i	 160/215 @ 6250 RPM 190/255 @ 6600 RPM
Torque (Nm/ft-lb) @rpm 325i 330i	 185/251 @ 2750 220/298 @ 2750
Maximum engine speed	7000
Compression ratio	10.7 : 1
Valves/cyl	4
Engine weight (kg)	161 kg (355 lb)
Engine management	Siemens MSV70
Emission compliancy	ULEV 2

The N52 engine weighed 22 lbs. less than its predecessor M54 engine. The primary weight savings came from the composite magnesium-aluminum crankcase and the lightweight exhaust manifold.

The magnesium bedplate and cylinder head cover also played a role in overall weight reduction.

The traditional belt driven coolant pump from previous engines was replaced by an electric coolant pump. This allowed for the addition of a single belt drive.

Other N52 engine features included:

- Trapezoidal connecting rods (weight optimized).
- Aluminum silicon (AluSil) cylinder head
- Timing case integrated in crankcase and cylinder head
- Cylinder head gasket with silicon sealing lip
- Weight-optimized double VANOS
- Crankcase ventilation with integrated heater
- Volumetric flow controlled oil pump

The N52 engine features Valvetronic. This advanced technology replaces the conventional throttle butterfly with an electro-mechanical system that controls the amount of lift of the individual intake valves. The Valvetronic engine is able to breathe freely, delivering better performance while using less fuel.

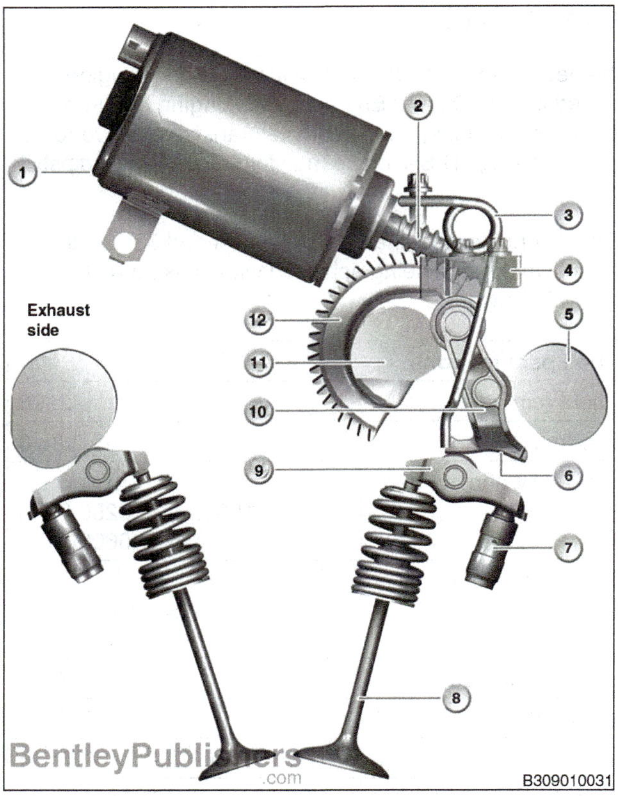

Valvetronic valvetrain uses a stepper motor to control a secondary eccentric shaft fitted with a series of intermediate rocker arms that control the degree of valve lift. The throttle butterfly is no longer needed as a means of controlling the air supply, though for safety reasons it is still fitted as an emergency back-up. Valvetronic improves cold start behavior, lowers exhaust emissions and provides smoother, more immediate power.

1. Actuator
2. Worm shaft
3. Return spring
4. Gate block
5. Intake camshaft
6. Ramp
7. Hydraulic valve adjuster (HVA), intake
8. Intake valve
9. Roller cam follower
10. Intermediate lever
11. Eccentric shaft
12. Worm gear

The compact VANOS units use vane-type construction which is less complex and easier to service than previous VANOS designs. The VANOS units have integrated sprockets and are attached to the camshaft via a central bolt.

NOTE—

- *Due to the different spread ranges for the intake and exhaust camshaft, the VANOS units cannot be interchanged. Doing so would cause engine damage.*

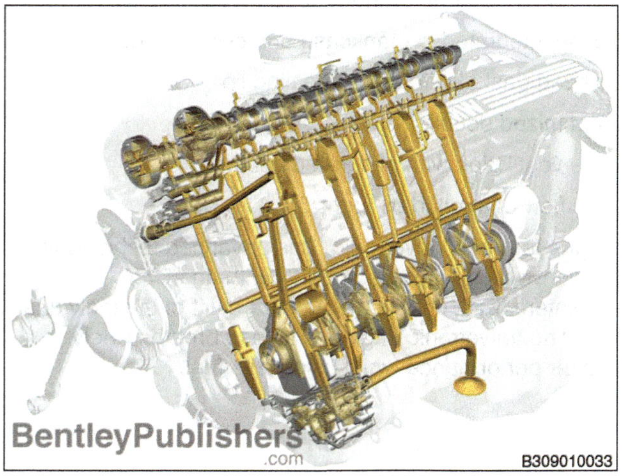

To meet the oiling requirements of the N52, a volumetric-flow controlled oil pump is utilized. Systems such as VANOS require a large volume of oil, particularly at low engine speeds.

This pump only delivers as much oil as each operating range of the engine requires. A conventional oil pump would have to be approximately three times the size of that in the N52 engine. A larger oil pump would also consume excess energy and therefore the new pump design allows:

- Increased power output
- Reduced weight
- Optimized fuel consumption
- Reduced exhaust emissions

B309010035

N52KP engine (2007- 2011)

For 2007, the N52 base engine from the 325i was replaced by the more powerful N52KP engine (230 hp vs. 215 hp). The N52KP engine was an improved and cost-optimized version of the N52 and was first available in the 328i and 328xi Coupe from September 2006.

There are not many changes to the emission systems on this engine. The N52KP continued to use the composite magnesium/ aluminum alloy engine block from the existing N52.

The technical highlights of the N52KP include:

- New engine management (MSV80)
- New hot film mass air flow sensor (digital HFM)
- EGAS8 throttle with magnetoresistive position feedback
- Plastic valve cover with integrated crankcase vent valve and oil separation
- Stronger connecting rods
- Exhaust valve stem increased to 6 mm
- Second-generation electric coolant pump
- Lightweight camshafts (hydroformed)

N52KP engine specifications	
Displacement (cm^3)	2996
Stroke/bore (mm)	88.0/85.0
Power output (kW/bhp) @ rpm	172/230 @ 6250 RPM
Torque (Nm/ft-lb) @rpm	200/270 @ 3000
Maximum engine speed	7000
Compression ratio	10.7 : 1
Valves/cyl	4
Engine management	Siemens MSV80
Emission compliancy	ULEV 2

N51 engine (2007 - 2011)

The N51 is variant of the N52 engine, designed to comply with EPA / CARB SULEV 2 emission requirements. There were various measures employed to meet the standards.

NOTE—

- *In addition to the 5 existing SULEV states of California, New York, Maine, Massachusetts, and Vermont, four states were added for 2007. These states include, Connecticut, Rhode Island, Oregon and Washington.*

N51 engine specifications	
Displacement (cm^3)	2996
Stroke/bore (mm)	88.0/85.0
Power output (kW/bhp) @ rpm	172/230 @ 6250 RPM
Torque (Nm/ft-lb) @rpm	200/270 @ 3000
Maximum engine speed	7000
Compression ratio	10.0 : 1
Valves/cyl	4
Engine management	Siemens MSV80
Emission compliancy	SULEV 2

The N51 engine has a lower compression ratio and the combustion chamber design has been modified to work in conjunction with the N51 piston to achieve the required emission goals.

Some of the SULEV measures for the N51 include:

- Near engine catalyst with additional underbody catalyst
- Secondary air system
- Optimized combustion chamber geometry in cylinder head
- Modified piston crown for lower compression
- Plastic valve cover with integrated crankcase vent valve and separator (from N52KP)
- Stainless steel fuel lines with threaded connections
- Radiator with “Prem-air” coating
- EGAS08 throttle system carried over from N52KP
- Air box with activated carbon filter for EVAP control
- Purge system pipes made from optimized plastic

N54 engine (2007 - 2011)

The N54 engine utilizes twin-turbo technology and high-pressure direct gasoline injection. The new technology used in the N54 allows for maximum efficiency and the low exhaust emissions to meet ULEV II guidelines.

Although the N54 was discontinued in place of the N55 engine, 2011 335is models were fitted with a high output version of N54 engine.

N54 3.0 liter turbocharged engine

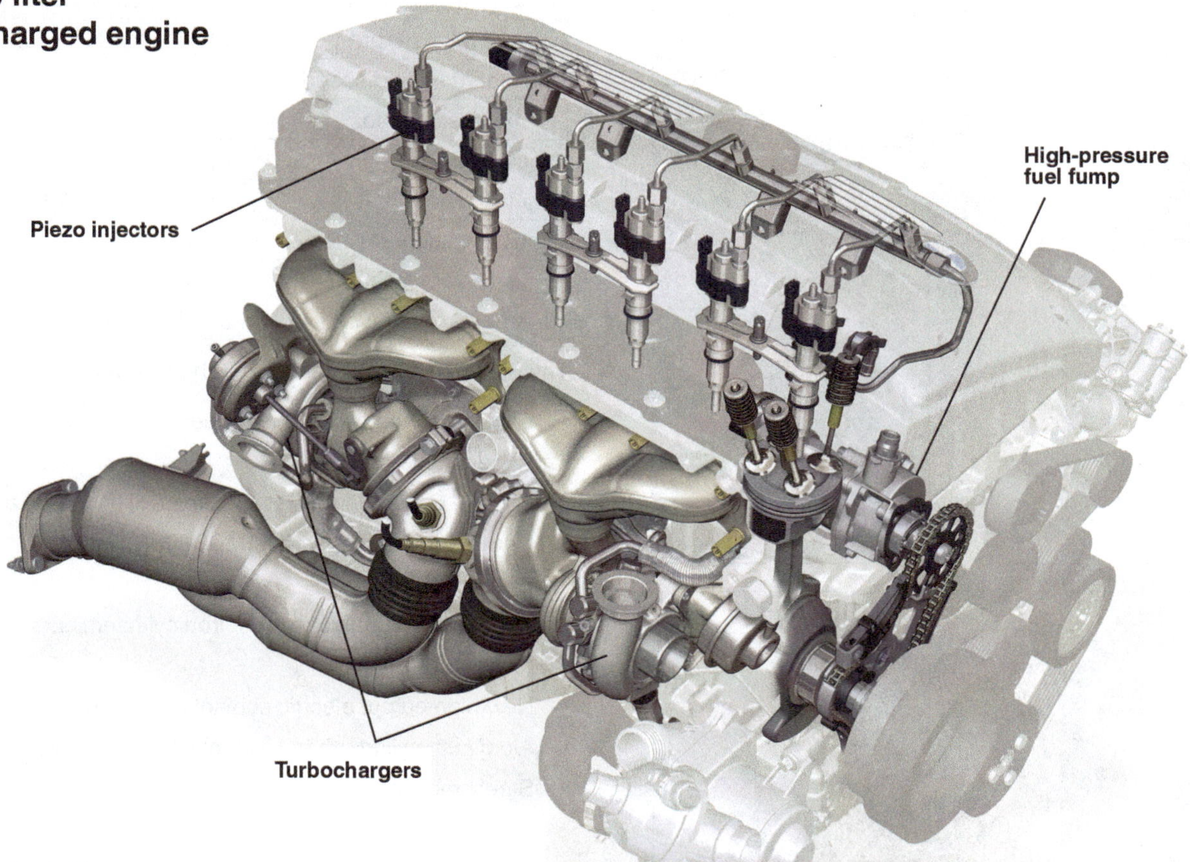

B309010040

N54 engine

B309010034

The N54 is officially referred to as the N54B30O0. The "O" designates the "upper" output range and the "0' indicates the first generation in this series.

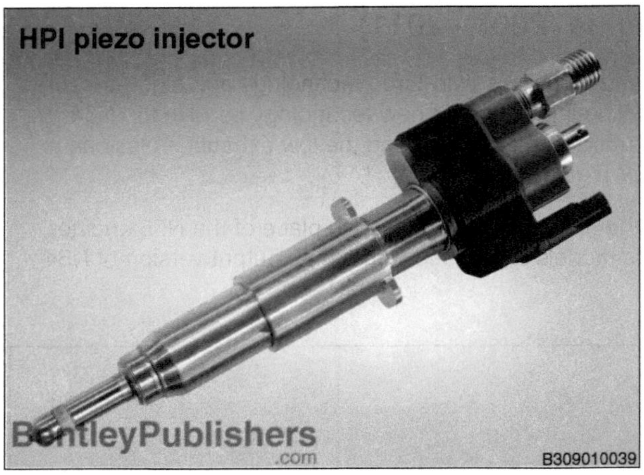

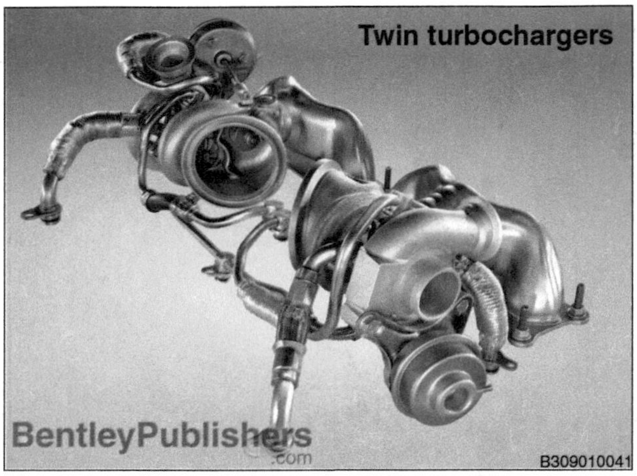

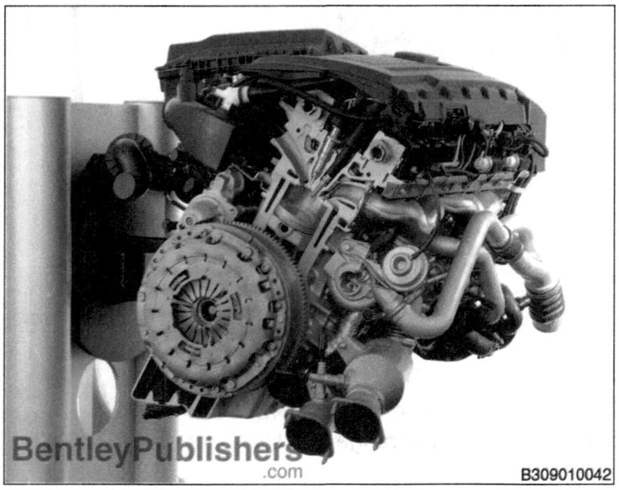

The N54 uses the new HPI injection system, which is capable of pressures of up to 200 bar. This system features piezo injector technology with outward opening injectors.

Developing 300 hp and peak torque of 400 Nm (295 lb-ft), this new engine offers the highest standard of spontaneous and superior power and performance.

N54 engine specifications	
Displacement (cm^3)	2979
Stroke/bore (mm)	84/89.6
Power output (kw/bhp) @ rpm	225/300 @ 5800 RPM
Torque (Nm) @rpm	400 @ 1300 - 5000
Maximum engine speed	7000
Compression ratio	10.2 : 1
Valves/cyl	4
Engine weight (kg)	187 kg (412 lb)
Engine management	MSD80
Emission compliancy	ULEV 2
Injection system type	HPI (DI 2)

The 3.0 liter N54 engine features the following:

- Exhaust driven twin turbocharger
- Air to air intercooler
- Second generation direct injection (HPI) with piezo injectors
- New engine management (MSD80)
- Bi-VANOS
- All aluminum crankcase with iron cylinder liners
- External oil cooler
- New high output electric coolant pump (400 W)
- Aluminum cylinder head with plastic valve cover
- Steel crankshaft

In 2011 BMW introduced a high-performance version of the N54 engine in the 335is. This engine features adapted software and a free-flowing exhaust, resulting in a 20 hp gain at 320 hp and a peak torque of 450 Nm (332 lb-ft). There is also an overboost function that will allow for a temporary increase in peak torque to 370 lb-ft.

N54 high output engine specifications	
Power output (kw/bhp) @ rpm	240/320 @ 5800 - 6250
Torque (Nm) @rpm	450 @ 1400 - 5000

N55 engine (2011)

The N55 engine, introduced in 2011 and known internally to BMW as the N55B30M0, is an evolution of the N54 engine.

The N55 integrates many new features, including the use of Valvetronic for the first time on a turbo engine. A single Twin-Scroll turbocharger is used instead of the twin turbocharges on the N54. BMW refers to this new single turbo technology as TwinPower Turbo.

The combination of turbocharging, valvetronic, and direct fuel injection is referred to as Turbo-Valvetronic-Direct-Injection (TVDI). The N55 offers greater fuel economy and better emissions, while maintaining virtually the same technical specifications as the N54 engine.

N55 engine specifications	
Displacement (cm^3)	2979
Stroke/bore (mm)	84/89.6
Power output (kw/bhp) @ rpm	225/300 @ 5800-6400
Torque (Nm) @rpm	400 @ 1300 - 5000
Maximum engine speed	7000
Compression ratio	10.2 : 1
Valves/cyl	4
Engine weight (kg)	183 kg (403 lb)
Engine management	MEVD17.2
Emission compliancy	ULEV 2
Injection system type	DFI (TVDI)

N55 Twin-Scroll turbo charger.

N55 engine features:

- Exhaust driven twin scroll turbocharger
- Air to air intercooler
- High pressure fuel injection system (HDE) with solenoid valve fuel injectors
- Modified engine management (MEVD17.2) with DME mounted on intake manifold
- Bi-VANOS with Valvetronic III
- All aluminum crankcase with iron cylinder liners
- External oil cooler
- Revised high output electric coolant pump (400 W)
- Aluminum cylinder head with integrated injector cooling
- Plastic valve cover with integrated vacuum reservoir
- New lightweight steel crankshaft

Transmissions

The 3 series was available with a choice of a 6-speed manual transmission, a 6-speed automatic transmission, or a 7-speed double clutch transmission.

Manual transmissions

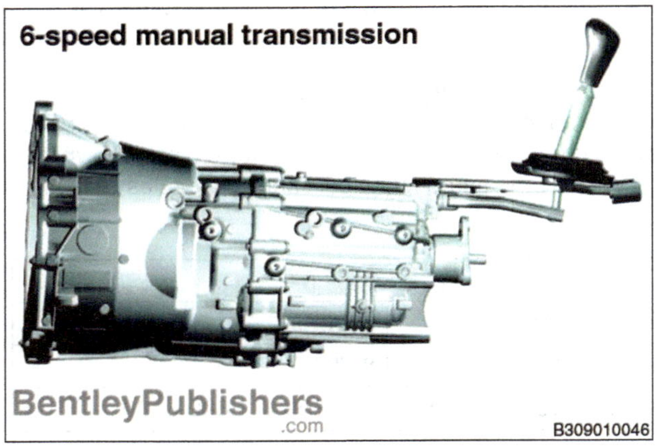
6-speed manual transmission

The 6-speed manual gearbox, standard on all models, is engineered to provide precise control and a high level of driving pleasure. The manual transmission has a lifetime oil fill. Both Getrag and ZF manufactured units are installed on the 3 Series cars covered by this manual. See 200 Transmission–General for additional application information.

6-speed manual transmission applications	
325i, 328i	Getrag GS6-17BG
330i, 325xi, 328xi, 330xi	ZF GS6-37BZ ZF GS6X-37BZ
335i, 335is, 335xi (N54 engine)	ZF GS6-53BZ ZF GS6X-53BZ
335i (N55 enigne)	ZF GS6-45BZ

Automatic transmissions

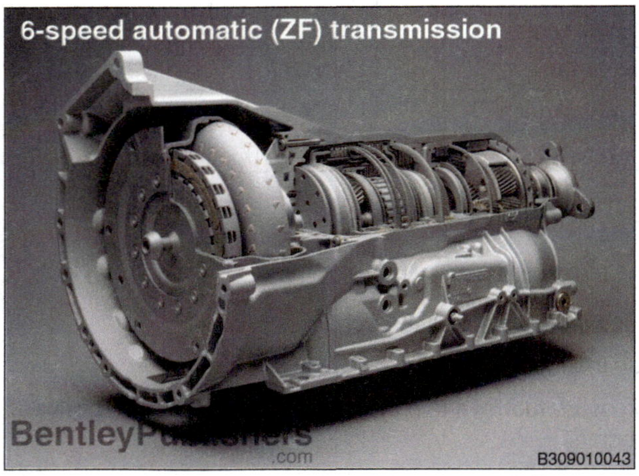
6-speed automatic (ZF) transmission

A 6-speed automatic transmission is optionally available for all 3 Series cars. Compared to the 5-speed unit it replaces, it is 10% lighter, has a more efficient torque converter and operates with fewer internal clutches.

6-speed automatic transmission applications	
328i, 328xi	GM GA6L45R (GM6)
325i, 325xi, 330i, 330xi, 335i, 335xi	ZF GA6HP19Z (ZF 6HP19)

The Steptronic feature offers Normal, Sport and Manual modes. The Sport mode, in which shifts occur at higher engine speeds, is engaged by moving the lever from D; from here, the Manual mode is engaged when the driver manually chooses a gear by tipping the lever forward (for downshifts) or rearward (for upshifts).

Double Clutch Transmission (DCT)

A computer controlled seven speed double clutch transmission (DCT) was fitted as an option on 335is models. This transmission features two clutches and two transmission shafts that allow for nearly continuous power flow without interruption. When one gear is disengaged on one shaft, the next gear is already engaged on the second shaft. This results in minimal shift times and faster acceleration.

7-speed double clutch transmission applications	
335is	Getrag GS7-D36SG

BMW xDrive

xDrive is BMW's intelligent all-wheel drive system.

NOTE—

• 2009 and later models with all-wheel drive no longer carry xi on the trunk badge. Instead, there is an xDrive badge on the front fender.

xDrive operates as follows:

- Driving torque is always transmitted to the front and rear wheels.
- The portion of torque transmitted to the front wheels is controlled by a multi-disc clutch attached to the transfer box. The torque split between front and rear wheels is steplessly variable.
- Engagement pressure on the multi-disc clutch is directed by an electronic control system in response to actual road and driving conditions.

xDrive doesn't just optimize traction; it also enhances both agility and stability on grippy as well as slippery road surfaces. Via the same type of logic that DSC employs to recognize and correct for excessive over- or understeer, xDrive adjusts the front/rear torque split to avoid these tendencies.

B309010047

Suspension, Steering and Brakes

The front suspension utilizes MacPherson struts. The rear axle is a completely redesigned five-link axle. The steering is an engine-speed-sensitive variable-assist power rack-and-pinion design.

Run-flat tires are standard together with four-wheel ventilated brake rotors and a new-generation dynamic stability control (DSC) system.

Front suspension

The front suspension utilizes a double pivot spring strut axle with MacPherson struts. The double-pivot concept is a more elaborate system than that of the previous 3 Series, featuring two lower arms (hence the designation double-pivot) that work in concert with the spring / shock-absorber strut.

The system provides:

- Small positive steering offset for best steering feel and control under all road conditions.
- Large steering caster, for outstanding stability in straight-line driving and excellent steering return action coming out of curves.
- Space for large brakes, by virtue of the arrangement of the two lower arms.

E90 front suspension (RWD)

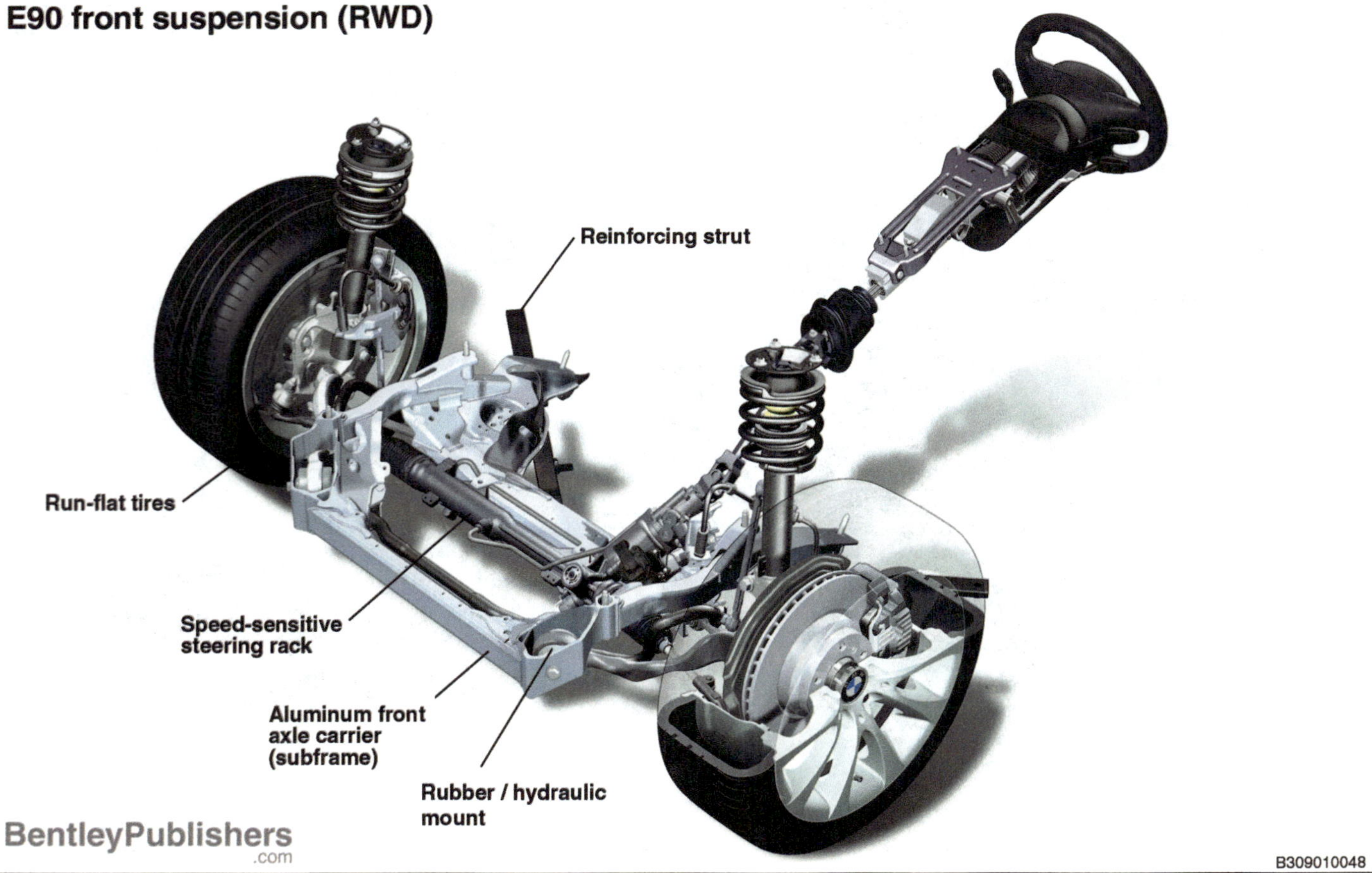

B309010048

Additional front suspension design attributes:

- The trailing (forward) lower arm has a rubber/hydraulic mount for enhanced ride comfort.
- The transverse (rearward) lower arm is cushioned by a finely tuned rubber mount that enables direct and precise steering response in curves and corners.
- Extensive aluminum components in the RWD models for low unsprung weight. This improves suspension response to bumps and other road irregularities and it significantly improves ride comfort and handling on irregular road surfaces.

In addition, the subframe on RWD models is of aluminum, as is the steering rack; these parts are not unsprung, but contribute to overall weight reduction, and a near 50/50 weight distribution. The subframe adds rigidity, enhances steering precision and is also an integral part of energy absorption in a frontal crash.

NOTE—

• Because the AWD front suspension handles drive forces as well as those of steering, cornering and braking, AWD (xi) models have mostly steel components in this area.

Rear suspension

5-link rear suspension

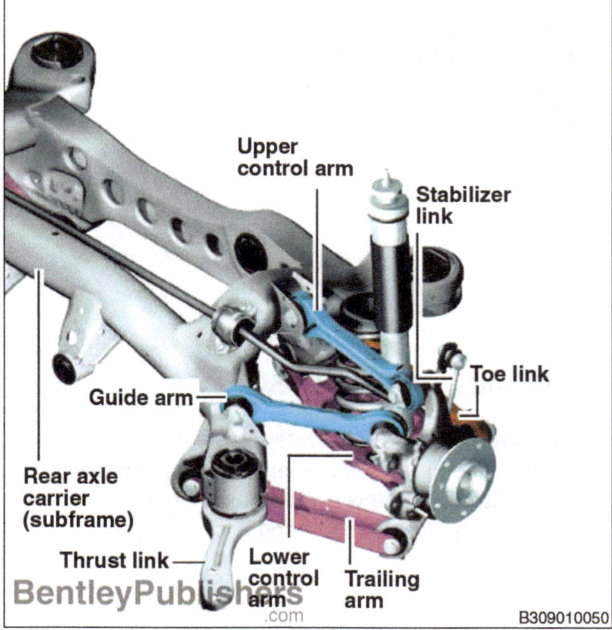

The rear suspension is a multi-link independent rear axle with 5 different link arms. Conceptually, this system could be described as a double-A-arm system with an additional lateral thrust rod. The upper and lower A-arms are actually two links each, with their vertical positions differing.

There is a virtual pivot point for each pair of links, similar to the front axle. The result is a system geometry optimized for handling. Also as at the front, the axis connecting these virtual points is configured to ensure that driving, braking and road forces all act effectively on short leverage. The result is very precise handling, especially on rough road surfaces. Under cornering forces, the system controls geometry to ensure predictable, stable handling.

Contributing to this outstanding geometry is the wide and rigid platform the rear tires are planted on. The lateral links are extremely rigid too, as is the subframe.

All suspension links connect to the subframe; no longer does any link pivot directly from the body structure. This further reduces the effects of road irregularities on ride comfort, and improves handling as well.

The large and elaborate subframe enhances energy management in a crash - including the more severe rear-end impact that BMW's new models are designed to withstand.

As always with BMWs, the final drive (differential) is also mounted to the subframe through rubber, creating acoustic decoupling that minimizes the transmission of driveline noises into the body. Widely spread mounts to the body, in an area where the body structure is particularly rigid, further help optimize the combination of precision handling and ride comfort.

The rear suspension system, subframe and brake calipers are all of steel.

Steering

The steering column adjustment range has been extended compared to its predecessor, plus the adjustment unit now supports the airbag and the steering column. An integrated crash element (metal tube) located in the upper area of the steering column are designed as load bearing parts.

The engine-speed-sensitive variable-assist power rack-and-pinion steering system has direct overall ratio of 16.0:1. Together with the redesigned suspension and subframe, the steering reaction to inputs is precise and sharp.

Brakes

The brakes use ventilated cast-iron rotors all around, and aluminum calipers at the front as a contribution to balanced weight distribution. Braking power is enhanced by large diameter rotors. For example, the 330i front rotors are 330 mm (13.0 in); rear rotors 336 mm (13.2 in).

A new Geomet steel coating eliminates rusting on portions of the rotors not swept by the brake pads. And in the context of condition-based service (CBS), there are separate front and rear wear sensors which allow the mileage remaining on the front and rear pads to be displayed and appropriate service scheduled. See **020 Maintenance** for accessing the CBS menu.

Dynamic stability control (DSC)

The dynamic stability control (DSC) system is referred to as MK60E5 and is manufactured by Continental Teves. Several functions were introduced with this system resulting in significantly improved comfort during brake intervention and more precise braking.

Functions introduced with MK60E5:

- Brake fade support
- Braking readiness
- Brake disk drying
- Soft stop
- Start assist
- Electronic control brake actuation (ECBA)
- Yaw moment compensation with AFS

These advanced functions contribute to increased directional stability, optimized comfort, enhanced system availability and response plus reduced braking distance.

Brake fade support

High brake temperatures (can occur when brakes are applied over a long period (i.e. brakes applied while traveling downhill) or as a result of multiple hard brake applications. As the temperature of the brake rotor increases, pads friction decreases, resulting in diminishing brake effect (brake fade).

In order to reduce fade, DSC calculates the temperature of the brake rotors based on:

- Applied brake pressure
- Duration of brake application
- Rate of vehicle deceleration

If DSC detects brake fade, brake pressure is increased to maintain a constant ratio of brake pedal force to vehicle deceleration. If necessary, pedal travel is increased to compensate for the fading effect.

When this function is activated, a warning light appears in the LCD display in the instrument cluster. If the brake rotor temperature increases further, an additional brake warning light is also activated.

Braking readiness

If the DSC system notices that the accelerator pedal is released quickly, the brakes are immediately pretensioned to shorten the brake apply response time. By applying a small amount of brake pressure, the clearance between the brake pads and brake rotors is reduced. If the brakes are not applied within a certain time, brake pressure is reduced. The pre-tensioning of the brakes depends on vehicle speed, which must be above 44 mph (70 kph).

Brake disk drying

Brake disk drying removes moisture on the brake rotors while traveling on wet roads or in the rain. To do this, the DSC control module generates a small brake pressure on the rotors without creating measurable deceleration of the vehicle. Application of the low brake pressure signal is done continually based on:

- Road speed (greater than 44 mph (70 kph).
- Signal from rain sensor indicating continuous wiper operation (stage 1 or 2).

The function is altered if the brakes are applied by the driver during these times.

Soft stop

Soft stop prevents a harsh stop causing the occupants to pitch forward when braking the vehicle to a standstill.

The soft stop function reduces the braking pressure at the rear axle prior to the vehicle reaching a complete stop. DSC calculates the moment that a complete stop can be expected based on the current road speed plus rate of deceleration and reduces braking pressure accordingly.

Activation of function:

- Light brake application, under constant pressure.
- Road speed (under approximately 3 mph (5 kph).

Start-off assist

Start-off assist prevents the vehicle from moving unexpectedly on an incline as the driver releases the brake pedal and moves to the accelerator pedal when pulling away on a hill.

Start-off assist functions by applying the brakes based on the degree of incline (determined by the DSC acceleration sensor). Brake pressure is reduced as soon as engine torque is sufficient to move the vehicle or if the accelerator is not depressed within approx. 2 seconds. The function can be activated when driving forward or backwards and is deactivated when the parking brake is applied and can not be activated if the transmission is in neutral.

NOTE—

- *After approx. 2 seconds of the brake pedal being released, start-off assist is deactivated.*

Body

A new BMW platform always means exciting new technology and innovative, meaningful features. The most noteworthy is the highly sophisticated chassis technology.

The E90 3 Series body incorporated all the trademarks of its predecessors: the double-kidney grille, the power-domed hood, and the Hoffmeister kink in a progressive, sporty, yet elegant design.

E90 3 Series chassis

B309010054

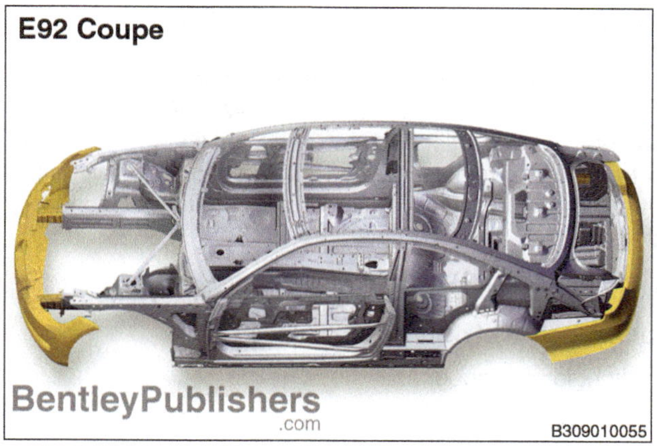

E92 Coupe

Various engineering structural features include:

- Use of high-strength steels in the large-section structural body sections.
- Targeted application of different types of steel, including multi-phase types, at various points to promote effective energy management.
- Improved structural energy paths for dissipating the immense forces of frontal crash impacts. The engineers concentrated on optimizing the balance between front-end deformation and maintaining an intact passenger compartment.
- Ways to transfer forces onto the other side in the event of a severe offset frontal collision (when one side of the vehicle takes the hit). The high energy absorbing structure is the basis for keeping the passenger compartment intact - and for optimum calibration of passive-safety systems such as safety belts and multiple airbags.
- The structure is similarly designed to transfer impact energy to the side opposite the impact in side impacts. Components that help manage this impact energy include:

3 Series Sports Wagon body (Munich plant)

Floor structure

- Doors, including BMW's effective interlocking door anchoring system.
- Reinforced B-pillars.
- Dashboard structure, which functions as much more than just a carrier for instruments, climate control, etc.
- Roof frame.

In rear-end impacts, the deformable area consists of:

- Longitudinal structural members.
- Trunk floor and lid, or tailgate (Sports Wagon).
- Trunk or cargo-area side walls, as integral elements of the overall body-side structures.
- Various additional reinforcements.

The structure is almost completely galvanized, enhancing corrosion resistance and thus helping preserve its strength and energy management over the years.

Sports Wagon (E91)

As with the Sedan, the body of the Sports Wagon is conventionally manufactured from steel. It is fully galvanized and equipped with a safety passenger cell. All the performance data of the E90 with regard to weight optimization, body stiffness and high safety levels apply to the E91.

The rear hatch is set at a much lower level in the interests of a low loading sill. The rear tailgate is comprised of two segments (the rear window can be opened separately). The indentation in the rear bumper reduces the height of the loading sill for easier loading.

The floor assembly does not require any Sports Wagon specific reinforcements.

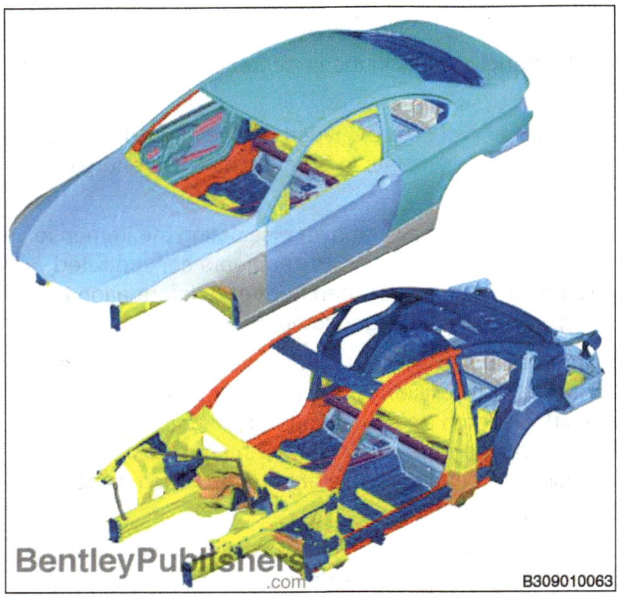

Coupe (E92)

A stronger and lighter body is constructed of a combination of different types of materials including many metals of different composition and even plastic. This increases rigidity and provides more structural support where needed without sacrificing weight. The passive safety principle is based on retaining the passenger cell with dynamic deformation zones.

- Carrier structures with a high load bearing capacity
- Optimum utilization of deformation ranges
- Extremely rigid passenger cell
- Effective restraint systems

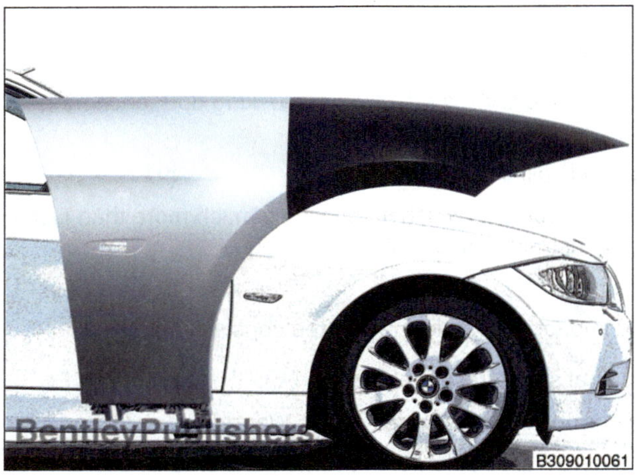

The front fenders and rocker panel covers are fabricated from Thermo-plastic material to promote weight distribution. The use of these plastic components results in a 20 lb reduction of the vehicle body weight, enhancing fuel economy and performance.

The front fenders are made of a special synthetic material and no longer have to be painted separately. Instead, they go through the regular painting process together with the complete body-in-white.

The doors are built of lightweight steel.

Convertible (E93)

The Convertible bodyshell is light and torsionally stiff. In the E93, BMW's has achieved the highest level of torsional stiffness ever seen in a BMW Convertible.

Unladen weight of the Convertible is approximately 400 lb above the BMW 3 Series Coupe. This extra weight results from the installation of additional support members (struts) in the floor and the electric motors and hydraulic elements required for the retractable hardtop.

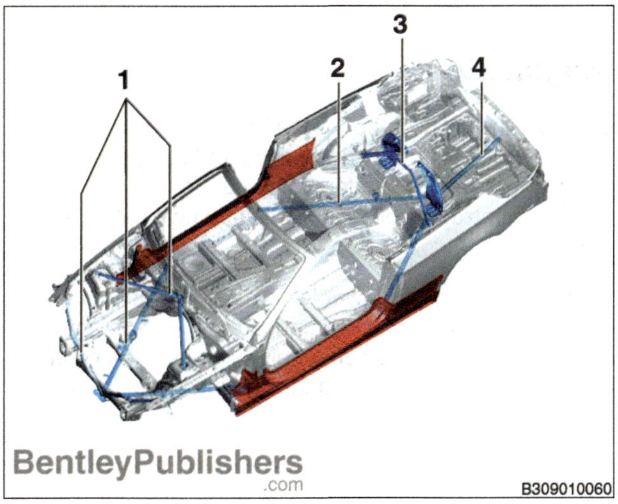

A strut concept is employed with the aim of increasing the body rigidity, consisting of:

1. Front end diagonal strut
   Front axle subframe struts
   Bulkhead strut
2. Underbody strut
3. Rollover protection system strut
4. Tension strut

The cross section of the sill (shown in red) has been increased compared to the E92 Coupe. The E93 is also fitted with the innovative plastic front fenders found on the E92 Coupe.

Interior and driver enhancements

On the inside, the all-new 3 Series continues the harmonious balance between sportiness and elegance, with an ergonomically designed cockpit for the driver and purposeful materials carefully chosen to please the senses.

Active front steering

The 3 Series receives many of the technological enhancements of its bigger siblings. Available features include but are not limited to:

- Navigation with voice recognition
- Stolen vehicle recovery
- iDrive
- MOST bus technology
- Comfort access (from 09 / 2005)
- Active front steering
- ACC (active cruise control)
- IHKA (automatic climate control)

The E90 was available with basic seats and sports seats. Electrically adjustable versions were also available. The power sports seat include a memory function as well as a backrest width adjustment option. Side airbags are included in the front seats.

2006 BMW 330i interior

Multiple restraint system (MRS)

The latest generation of the multiple restraint system (MRS 5) provides enhanced passive protection for vehicle occupants in case of a serious collision. The system is regarded as passive in that it operates automatically. It differs from the previous MRS 4 system in that reaction time is decreased and accuracy increased due to the addition of the door pressure sensors and crash sensors in the engine compartment.

Electrical System

Multiple control modules are involved in the operation of the vehicle electrical system. BMW calls this the distributed functions approach. There are several systems (i.e. central locking, power windows and interior lighting) whose functions are distributed across multiple control modules. The primary control modules are:

1. Junction box electronics (JBE)
2. Roof functions center (FZD)
3. Car access system (CAS)
4. Footwell module (FRM)

NOTE–

• *See* **600 Electrical System–General** *for additional information on control module functions.*

Control module locations

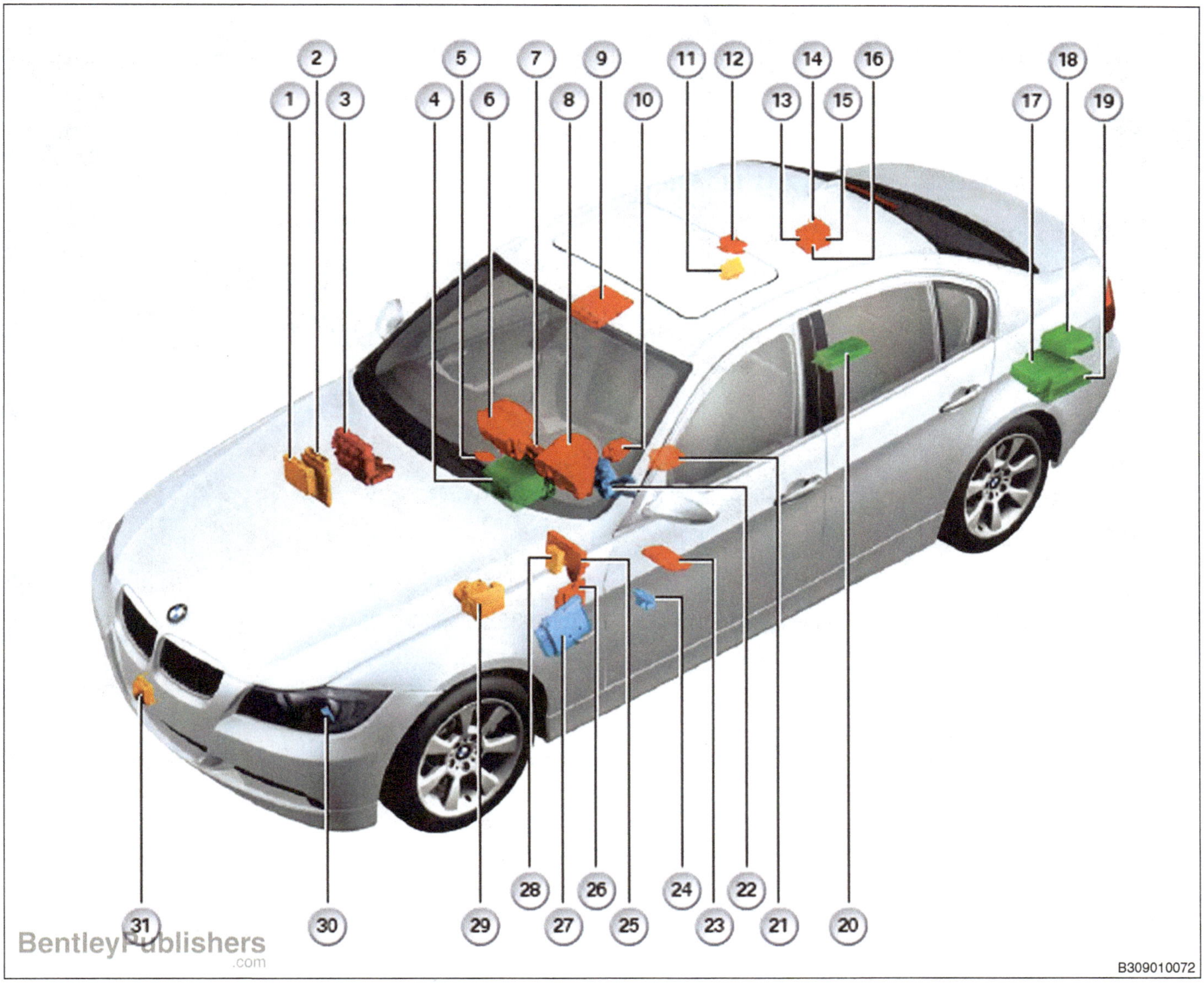

1. Sequential manual gearbox (SMG)
2. Digital motor electronics (DME)
3. Junction box (JB)
4. Car communication computer (CCC)
5. Passenger seat module
6. Central information display (CID)
7. Integrated automatic heating and air-conditioning (IHKA)
8. Instrument cluster
9. Roof functions center (FZD)
10. iDrive Controller (CON)
11. Electric fuel pump (EKP)
12. Ultrasonic interior sensor (USIS)
13. Comfort access (CA)
14. Trailer locking module
15. Trailer module (AHM)
16. Park distance control (PDC)
17. Top-HiFi system
18. Video module (VM)
19. CD changer (CDC)
20. Telephone and telematics control unit (TCU)
21. Multiple restraint system (MRS)
22. Steering column switch cluster (SZL)
23. Driver seat module
24. DSC acceleration sensor
25. Comfort access system (CAS)
26. Footwell module (FRM)
27. Active steering (AFS)
28. Longitudinal dynamics management (LDM)
29. Dynamic stability control (DSC)
30. Steering angle sensor
31. Active cruise control (ACC)

Dashboard and controls overview

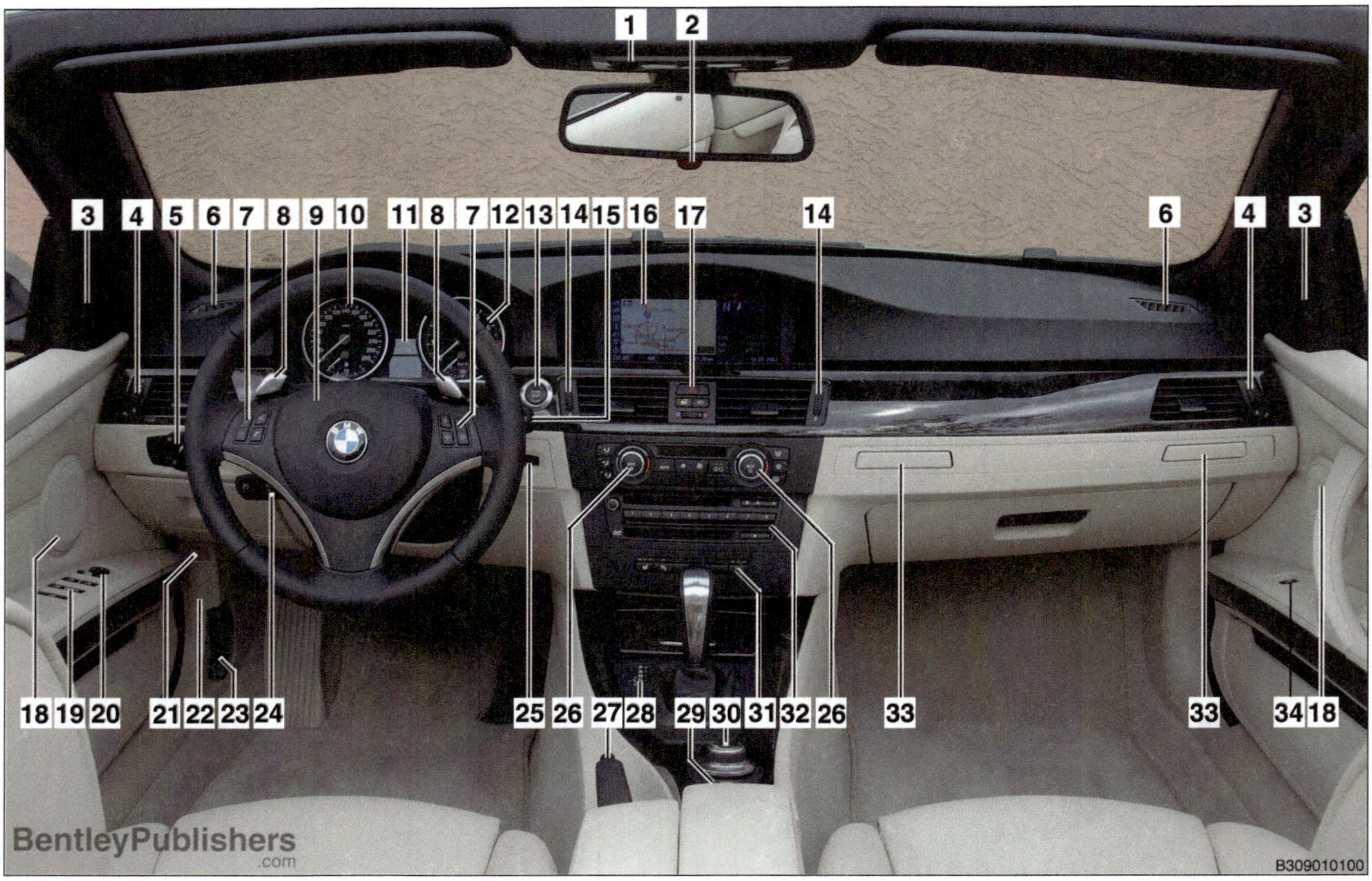

1. Roof function center (FZD)
2. Central locking and anti-theft alarm indicator
3. Door mounted tweeter
4. Side air outlet adjuster
5. Light switch
6. Side window defroster outlet
7. Multifunction steering wheel switches
8. Paddle shifter
9. Horn, airbag
10. Speedometer, fuel gauge
11. Instrument cluster LCD screen
12. Tachometer, engine coolant temperature gauge
13. START / STOP switch
14. Center air outlets adjuster
15. Wiper - washer stalk switch
16. Navigation and iDrive display screen
17. Hazard warning and central locking switch
18. Door mounted midrange speaker
19. Driver door window switch cluster
20. Outside mirror control switch
21. Trunk lid or tailgate release button
22. OBD II plug cover
23. Engine hood release
24. Cruise control stalk switch
25. Remote key slot
26. Climate control knobs
27. Parking brake handle
28. Steptronic gear range indicator
29. iDrive main menu button
30. iDrive controller
31. Center console switch cluster
32. Radio and navigation control
33. Cup holder
34. Passenger door window switch

NOTE—
- *Features and equipment may vary from the illustration.*

020 Maintenance

TABLES

General

This repair group details service and maintenance procedures.

BMW 3 Series vehicles are equipped with condition based service (CBS) capabilities. This onboard CBS system monitors many vehicle systems and components and suggests service based on current condition of components. See **Condition Based Service (CBS)** in this repair group. Following the CBS recommended service intervals helps ensure safe and dependable operation of the vehicle.

Aside from keeping your vehicle in the best possible condition, proper maintenance plays a role in maintaining full protection under BMW's new-vehicle warranty coverage. If in doubt about the terms and conditions of your vehicle's warranty, an authorized BMW dealer should be able to explain them.

BMW is constantly updating their recommended maintenance procedures and requirements. The information contained here may not include updates or revisions made by BMW since the publication of the documents supplied with the vehicle. If there is any doubt about what procedures apply to a specific model or model year, or what intervals to follow, consult an authorized BMW dealer.

Warnings, Cautions and Notes

Throughout this manual, there are numerous paragraphs with the headings **WARNING, CAUTION** or **NOTE**. These headings have different meanings.

WARNING—
- *Text under this heading warns of unsafe practices that are likely to cause injury, either by direct threat to the person(s) doing the work or by increased risk of accident or mechanical failure while driving.*

CAUTION—
- *Text under this heading calls attention to important precautions to be observed during the repair work to help prevent accidentally damaging the vehicle or its parts.*

NOTE—
- *A note contains information, tips, or pointers which help in doing a better job and completing it more easily.*

Read **WARNING, CAUTION** and **NOTE** headings before you begin repair work. See also **001 Warnings and Cautions**.

Condition Based Service (CBS)

CBS basics

The BMW maintenance system, called condition based service (CBS) constantly monitors oil levels and the degree of wear and tear on a limited number of components on the vehicle. CBS uses sensors and special algorithms to monitor vehicle driving conditions, then uses this data to calculate current and future service requirements.

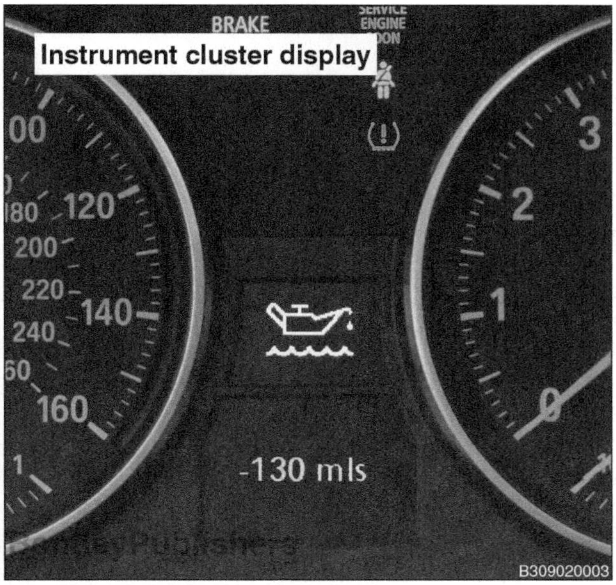

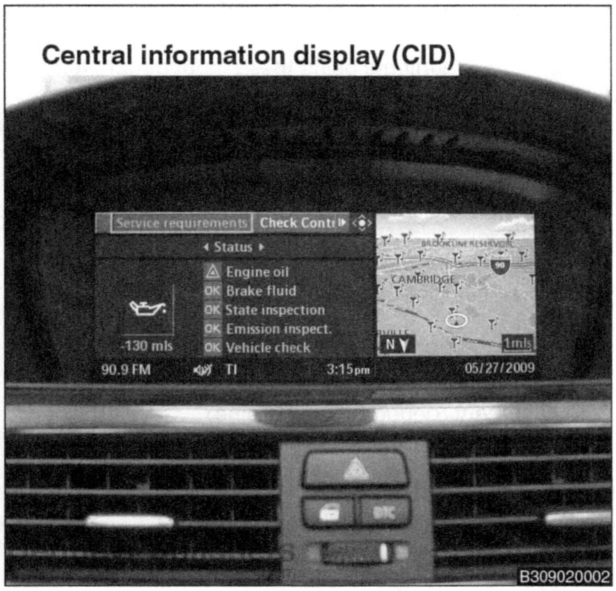

◄ CBS items that are monitored are displayed in the instrument cluster or the iDrive central information display (CID, 2006 - 2011, cars without navigation option) or car information computer (CIC, 2009 and later with navigation option). The display shows remaining times or distances for the following maintenance tasks.

- Engine oil and filter change (see **Table a**)
- Front brake pads replacement (see **Table b**)
- Rear brake pads replacement (see **Table b**)
- Brake fluid change (see **Table b**)
- Cabin microfilter replacement (see **Table b**)

CBS sorts service requirements according to date due and notifies the driver when the vehicle needs a service appointment. Mandatory emissions and safety inspection due dates may also be stored and displayed.

Additional maintenance recommended by BMW is listed in **Table c.** and **Table d**.

B309020004

Service requirement information is stored in the remote key while the vehicle is driven. This information can be accessed by an authorized BMW device center at the time of a service appointment.

For CBS to work correctly, make sure correct local date and time are set in vehicle memory.

Service recognition details

The CBS system recognizes when a service is required using one of the following three methods:

Adaptive. Sensor data and algorithms are used to determine the required maintenance interval for a service based on individual user driving style. Examples:

- Oil change interval is determined by engine oil condition sensor (OZS) monitoring oil condition, oil level, and oil temperature; and from additional algorithms using these parameters: engine load, fuel consumption, time and distance since the last oil change.
- Front and rear brake pad replacement intervals are determined from two-stage brake lining wear sensors on left front and right rear brake pads; and from algorithms using these input parameters: travel distance, wheel speed, braking pressure, braking time, and braking frequency.

Fixed time (months) determines the required maintenance of the following:

- Brake fluid change
- Mandated safety and emissions inspections

Fixed distance (miles) determines the required maintenance of the following:

- Spark plug replacement (dependent on engine)
- Air filter element replacement
- Automatic transmission fluid change
- Microfilter replacement (dependent on vehicle model and CBS version)
- Oxygen sensors replacement
- Vehicle check

Instrument cluster CBS display

– Switch ignition ON.

◄ Center LCD display (between speedometer and tachometer gauges) shows car icon and the word SERVICE.

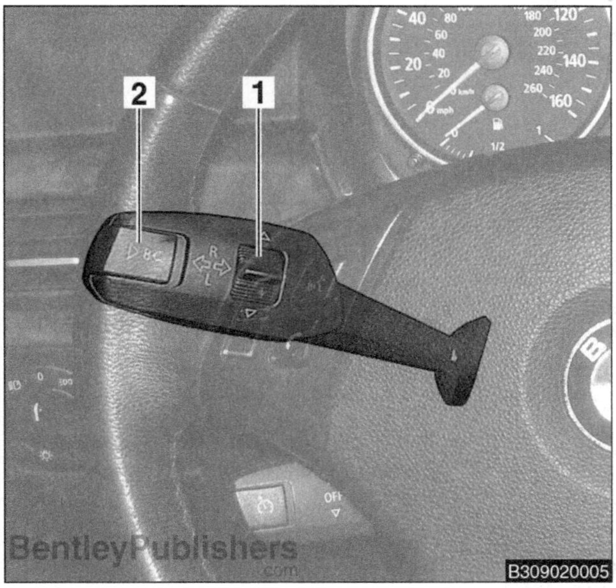

◄ Use turn signal lever buttons to call up service information:

1. Toggle up or down to scroll through menu items.
2. Press to select menu item.
   Press to enter next menu level.

◄ Center LCD display: Outside temperature reading and time shown if button **2** on turn signal lever is pressed or no entries are made within approx. 15 seconds.

Lower LCD display: Remaining driving distance and date of next scheduled service shown.

⚠ indicates that Check Control messages are stored. See **Check Control** in this repair group.

– Use turn signal lever button **1** to scroll through menu items:

1. Instrument lighting brightness control (when lights are ON). See **630 Lights**.
2. Check Control. See **Check Control** in this repair group.
3. Engine oil level monitoring. See **119 Engine Lubrication**.
4. Set current time using turn signal lever buttons.
5. Set current date using turn signal lever buttons.
6. To retrieve service information, press turn signal lever button **2**. See below.

– Use turn signal lever button **1** to scroll through service information items. Service requirements are displayed in order of priority:

1. Vehicle check. See **Table d**.
2. Next oil change due. See **Engine oil service** in this repair group.
3. Next safety inspection and road test due.
4. Next emissions inspection due.
5. Next front brake service due. See **Brake Service** in this repair group. See also **340 Brakes**.
6. Next rear brake service due. See **Brake Service** in this repair group. See also **340 Brakes**.
7. Next brake fluid change due. See **340 Brakes**.

B309020006

Central information display (CID)

E90 models with navigation and iDrive are equipped with a liquid crystal display (LCD) known as central information display or CID. The instrument cluster control module communicates service requirements to CID where data can be displayed with graphics and text.

In addition, CID is the graphic display unit for convenience functions and several vehicle functions.

The initial CID screen contains four menu items:

- Communication
- Navigation
- Entertainment
- Climate control

– Switch ignition ON.

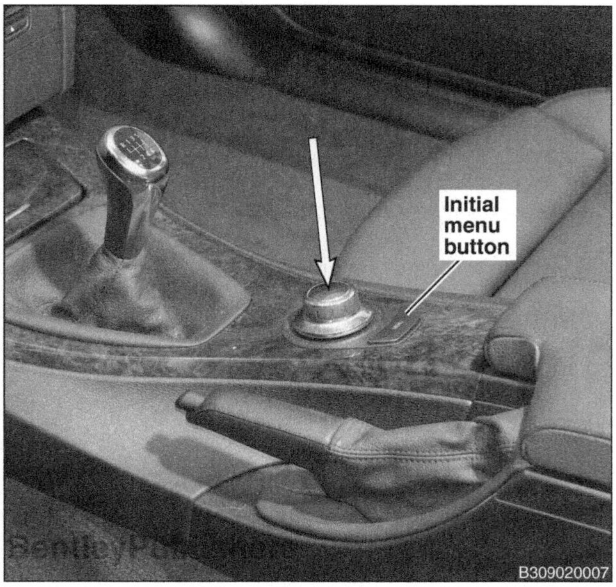

B309020007

Press down iDrive controller (**arrow**) to select **Info sources | Settings** menu.

The button for returning to the initial menu is located behind the controller.

B309020008

Press down iDrive controller to brings up **Info sources | Settings** menu.

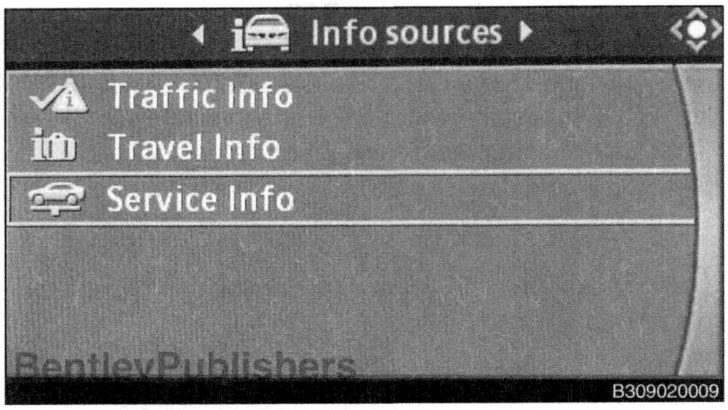

Pull back iDrive controller to enter middle screen, then rotate controller to **Service Info**.

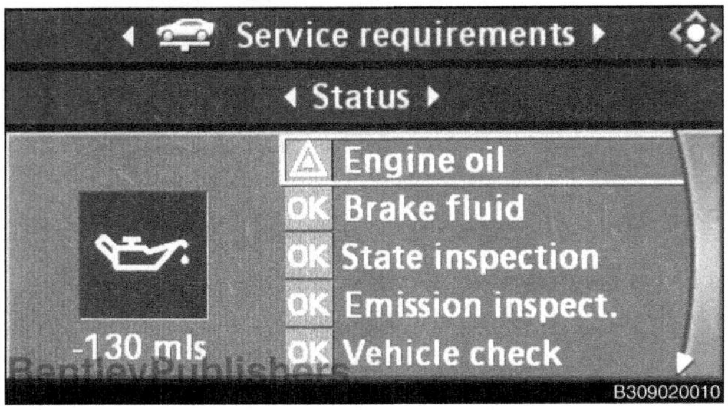

Press down controller to enter **Service Info** (or **Service requirements**) submenu.

Service requirements are listed with the most urgent at the top.

- Pull back controller to enter middle screen, then rotate controller to **Engine oil**.

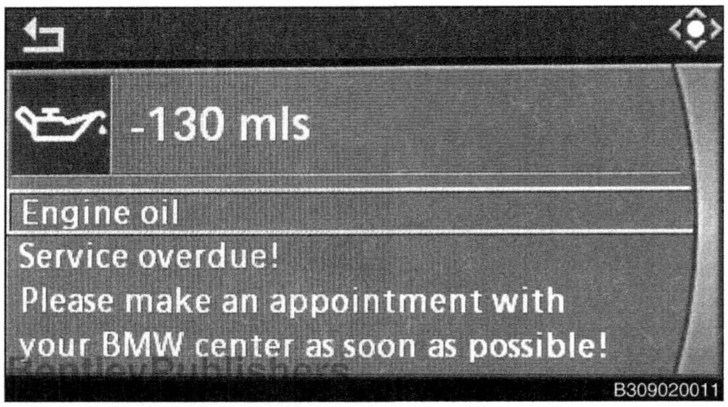

Press down controller to enter **Engine oil** screen.

In this case, engine oil service is overdue by 130 miles.

- Push forward, then down on controller to return to **Service Info** menu.

Use controller to scroll to next service item, in this case **Brake fluid**.

Press down controller to select **Brake fluid** screen.

Brake fluid change is recommended by date.

- Return to **Service Info** menu by pushing controller forward, then down. Scroll through remainder of service items in the same way.

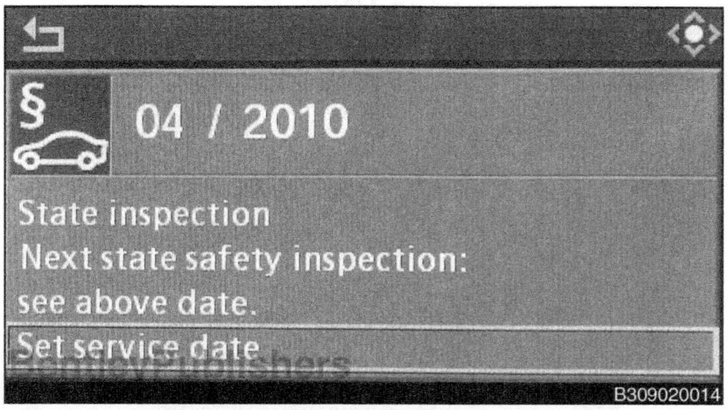

Enter safety inspection date in this screen.

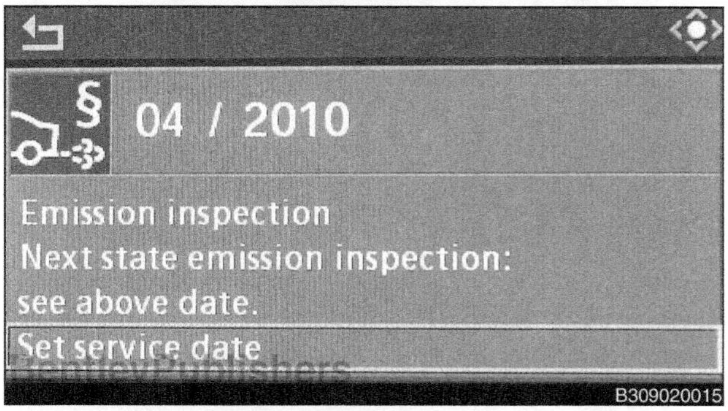

Enter emissions inspection date in this screen.

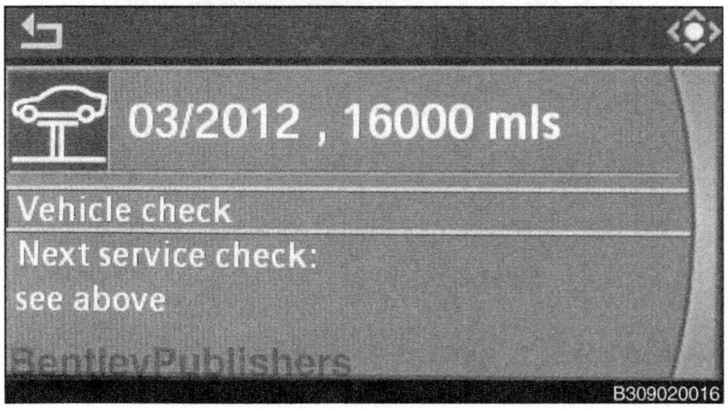

Next required service due, indicated by date and miles (or kilometers).

For a listing of vehicle check items, see **Table d**.

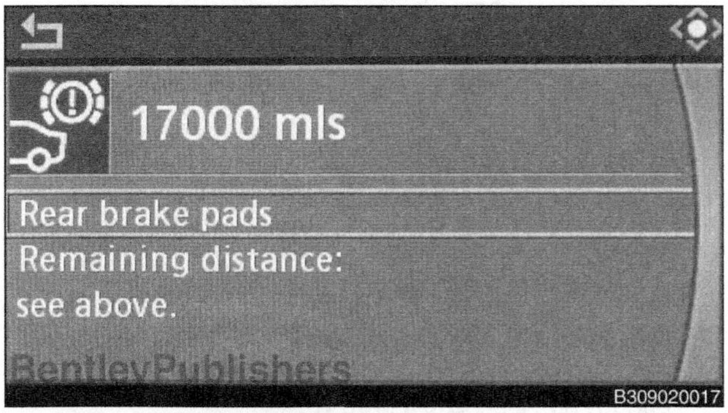

Next rear brake service due.

Next front brake service due.

Car information computer (CIC)

2009 and later models with iDrive are equipped with a modified design with multiple menu buttons. The display for this system is known as car information computer (CIC). Functionally, system operations are similar to the older car communication computer (CCC) version.

Resetting service requirements

When one or more service operations are carried out (example: front brake pads are changed) reset these operations to their full service interval.

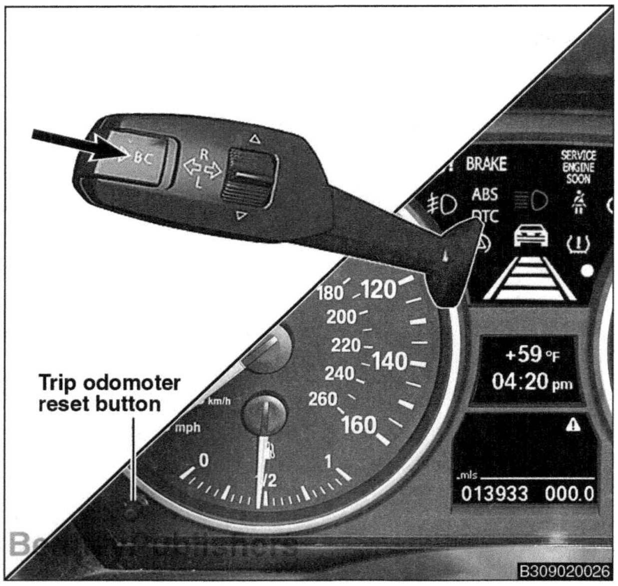

Vehicle without iDrive: Reset service requirements in instrument cluster as follows:

- Close all doors. Switch ignition ON.
- Make sure lower displays in cluster show clock and mileage.
- Press and hold trip odometer reset button for about 5 seconds until CBS icons begin to display in cluster. Release button.
- Press turn signal lever BC button (**arrow**) repeatedly to scroll through CBS icons.
- For each icon the word RESET? is displayed. To reset a particular item, press and hold BC button. A small analog clock icon is displayed. When complete, the chosen CBS item is reset.
- To insure that the reset was done, press BC button while looking at CBS reset icon. Acknowledgment of reset is shown with a check mark in a box.

Recommended maintenance

Oil change service task are shown in **Table a**.

For service prompted by CBS, see **Table b**.

Table c lists service and maintenance required at mileage intervals.

Table d lists other recommended periodic vehicle inspection tasks.

The number in the "additional repair information" column refers to the repair group in this manual where additional information can be found.

Table a. Engine oil service	Additional repair information
Engine oil and oil filter, change. (CBS prompts based on oil condition sensor monitoring. See **119 Lubrication System**.)	**020**
Brief diagnostic tests: • Check Control, check messages. • Indicator and warning lights, scan for fault codes using BMW scan tool or equivalent. • CBS display, reset. • Tires, check tread, adjust pressures. • Tire pressure monitor, reset.	**020**
Parking brake: check operation, adjust as necessary.	**340**
Washer fluid: top off	

Table b. CBS prompted service	Additional repair information
Front brake pads: replace. (CBS prompts based on pad thickness.)	**340**
Rear brake pads: replace. (CBS prompts based on pad thickness.)	**340**
Brake fluid: change every 2 years. (CBS prompts based on time elapsed since last change.)	**340**
Cabin microfilter: change. (CBS prompts based on mileage elapsed.)	**020**
Air filter element (all models to 2009): replace. Reduce change interval in dusty conditions.	**020**
Spark plugs (all models, 2007): replace.	**020**

Table c. Additional services	Additional repair information
Every second oil change	
Air filter element (all models from 2010): replace. Reduce change interval in dusty conditions.	**020**
Every 45,000 miles	
Spark plugs, N54 engine (2008-2011): replace. ***For 2007 models, see CBS prompted service.**	**020**
Every 60,000 miles	
Spark plugs, replace: N51, N52KP engines from 2010 N55 engine from 2011	**020**
Every 100,000 miles	
Automatic transmission fluid (ATF): replace.	**240**
Spark plugs • 2006, all models: replace • 2008, 2009 N51, N52KP engines, replace ***From 3/2009 production, replace at 60k** ***For 2007 models, see CBS prompted service.**	**020**
Every 120,000 miles	
Oxygen sensors, N52, N54, N55 engines: replace.	**180**
Every 150,000 miles	
Oxygen sensors, N51 engine: replace.	**180**
Note: BMW states that engine coolant, manual transmission fluid, differential fluid and transfer case fluid are life-time fluids.	

Table d. Vehicle check	Additional repair information
Horn, headlight flasher, hazard warning flasher, check operation,	
Instrument cluster and control lighting, blower, check operation	
Lighting system (dome lights, glove compartment light, flashlight, trunk or cargo compartment lights, turn signals, hazard warning flasher, back-up lights, brake lights, license plate lights, check operation.	630
Safety belts, check condition and function.	720
Wipers and washers, check.	611
Body, check for corrosion.	
Tires, check tread depth, wear pattern, condition, inflation pressure, correct pressure as necessary.	
Run-flat indicator, initialize.	020
Battery, check state of charge, charge as required.	121
Power steering fluid, check fluid level.	020, 320
Airbags, inspect for torn covers, damage or attached stickers.	721
Mirrors, inspect.	510
Convertible: activate rollover protection system annually. Open soft top prior to triggering.	
Engine coolant, check level and concentration.	020, 170
Windshield washer, intensive cleaning system, check protection level, fluid level, top off if necessary.	
Brake system connections and lines, check for leaks, damage and correct positioning.	
Underbody (transmission, rear axle, fuel lines, exhaust system) check for damage, leaks and corrosion.	
Steering components, check for clearance, leaks, damage and wear.	
Road test, check for performance, braking, steering, suspension, noises.	

BASIC SERVICE INFORMATION

Diagnostic trouble codes (DTCs), accessing

Diagnostic trouble codes (DTCs) that are stored in the engine control module (ECM) or other electronic modules may be accessed as follows:

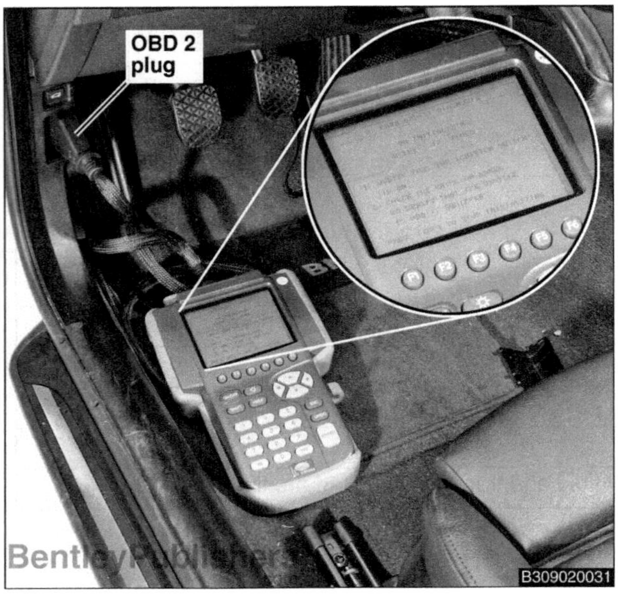

– Place transmission selector lever in PARK or NEUTRAL. Engage parking brake. Make sure ignition is OFF.

< Connect BMW diagnostic scan tool to OBD 2 plug on left door post. (Plug is behind plastic trim.)

– Set parking brake. Turn ignition key on or start engine and let idle.

– Follow scan tool instructions as they appear on scan tool screen.

– For a listing of scan tool suppliers, see **Tools** in this repair group. For additional information, see **OBD On-Board Diagnostics**.

Non-reusable fasteners

Many fasteners used on the cars covered by this manual must be replaced with new ones once they are removed. These include but are not limited to: bolts, nuts (self-locking, nylock, etc.), clips and washers. Use genuine BMW replacement parts for this purpose.

Some bolts, known as torque-to-yield fasteners, are designed to stretch during assembly and are permanently altered, rendering them unreliable once removed. Replace these where instructed to do so. Failure to replace these fasteners could cause personal injury or vehicle damage.

Many engine components are assembled using aluminum bolts in order to reduce electrochemical corrosion. Aluminum bolt heads are painted blue (**arrows**) to distinguish them. These fasteners also stretch in use; replace with new during reassembly. Be sure to use new aluminum bolts where specified.

Tightening fasteners

It is good practice to tighten fasteners gradually and evenly to avoid misalignment or over-stressing any one portion of the component. For components sealed with gaskets, this method helps to ensure that the gasket seals correctly.

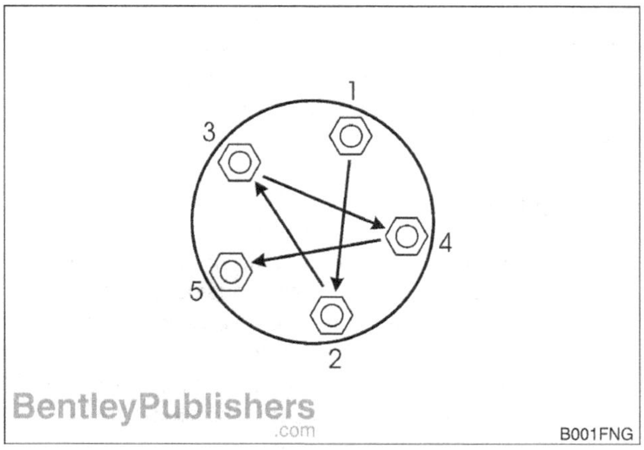

Where there are several fasteners, tighten them in a sequence alternating between opposite sides. Repeat the sequence until all the fasteners are evenly tightened to the proper specification.

For some repairs a specific tightening sequence is necessary, or particular order of assembly is required. Such special conditions are noted in the text, and the necessary sequence is described or illustrated. Where no specific torque is listed, use **Table e** as a general guide for tightening fasteners. Values shown are for reference only.

NOTE—
- *Metric bolt classes or grades are marked on the bolt head.*
- *Do not confuse wrench size with bolt diameter.*

Table e. General bolt tightening torques in Nm (max. permissible)

	Bolt Class (according to DIN 267)					
Bolt diameter	**5.6**	**5.8**	**6.8**	**8.8**	**10.9**	**12.9**
M5	2.5	3.5	4.5	6	8	10
M6	4.5	6	7.5	10	14	17
M8	11	15	18	24	34	40
M10	23	30	36	47	66	79
M12	39	52	62	82	115	140
M14	62	82	98	130	180	220
M16	94	126	150	200	280	340
M18	130	174	210	280	390	470

Buying parts

Many of the maintenance and repair tasks in this manual call for the installation of new parts, or the use of new gaskets and other materials when reinstalling parts. Make sure the parts that are needed are on hand before beginning the job. Read the introductory text and the complete procedure to determine a parts list.

For some bigger jobs, partial disassembly and inspection is required to determine a complete parts list. Read the procedure carefully and, if necessary, make other arrangements to get the necessary parts while your vehicle is disassembled.

Genuine BMW parts

Genuine BMW replacement parts from an authorized BMW dealer are designed and manufactured to the same high standards as the original parts. They are the correct material, manufactured to the same specifications, and guaranteed to fit and work as intended. Most genuine BMW parts carry a limited warranty.

Many independent repair shops make a point of using genuine BMW parts. They know the value of doing the job right with the right parts. Parts from other sources may be as good as BMW parts, particularly if manufactured by one of BMW's original equipment suppliers, but it is often difficult to know.

BMW is constantly updating and improving their vehicles, often making improvements during a given model year. BMW may recommend a newer, improved part as a replacement, and your authorized dealer's parts department will know about it and provide it. The BMW parts organization is best equipped to deal with your BMW parts needs.

Non-returnable parts

Some parts cannot be returned, even for credit. The best example is electrical parts, which are almost universally considered non-returnable. Buy electrical parts carefully, and be as sure as possible that a replacement is needed, especially for expensive parts such as electronic control modules. It may be wise to let an authorized BMW dealer or other qualified shop confirm your diagnosis before replacing an expensive non-returnable part.

Model and model year

When ordering parts it is important that you know the correct model and engine designation for your vehicle. This manual covers 3 Series models with 6-cylinder engines. For information on engine codes and engine applications, see **100 Engine–General**.

Model year is not necessarily the same as date of manufacture or date of sale. A 2007 model may have been manufactured in late 2006, and perhaps not sold until early 2008. It is still a 2007 model. Model years covered by this manual are 2006 to 2011.

Service

BMW dealers are uniquely qualified to provide service for BMW vehicles. Their authorized relationship with the large BMW service organization means that they have access to special tools and equipment, together with the latest and most accurate repair information.

The BMW dealer's service technicians are highly trained and very capable. Authorized BMW dealers are committed to supporting the BMW product. On the other hand, there are many independent shops that provide quality repair work. Checking with other BMW owners for recommendations on service facilities is good way to learn of reputable BMW shops in your area.

Tools

Most maintenance can be accomplished with a small selection of tools. Tools range in quality from inexpensive junk, which may break at first use, to very expensive and well-made tools for the professional. The best tools for most do-it-yourself BMW owners lie somewhere in between.

Many reputable tool manufacturers offer good quality, moderately priced tools with a lifetime guarantee. These are your best buy. They cost a little more, but they are good quality tools that will do what is expected of them. Sears' Craftsman® line is one such source of good quality tools.

Some of the repairs covered in this manual require the use of special tools, such as a custom puller or specialized electrical test equipment. These special tools are called out in the text and can be purchased through an authorized BMW dealer. As an alternative, some specialty and scan tools may be purchased from the following tool manufacturers or distributors:

Specialty tool suppliers

Assenmacher Specialty Tools, Inc.
800-525-2943
www.asttool.com

Autologic Diagnostics (UK)
44-1865-870050
www.autologic-diagnos.co.uk

Baum Tools Unlimited, Inc.
800-848-6657
www.baumtools.com

Samstag Sales
615-735-3388
www.samstagsales.com

ZDMAK Tools
(877) 938-6657
www.zdmak.com

Zelenda Automotive, Inc.
888-892-8348
www.zelenda.com

Identification Plates and Labels

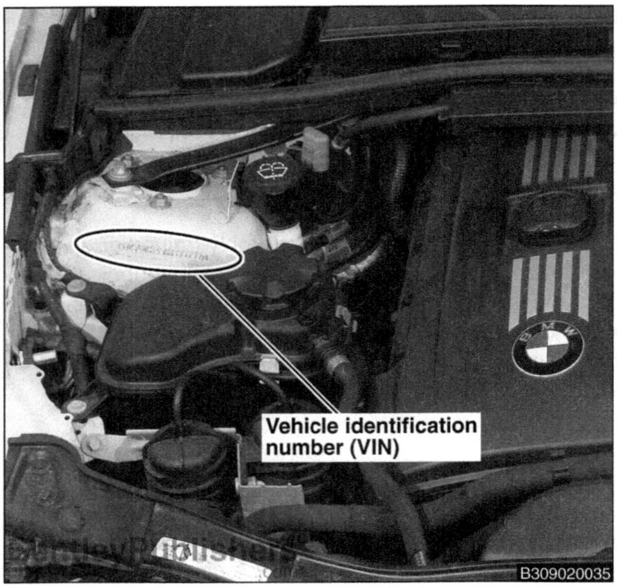

B309020035

◀ **Vehicle identification number (VIN)**. This is a combination of letters and numbers that identify the particular vehicle. The VIN appears on the state registration document, and on the vehicle itself. One location is on the right front strut tower in the engine compartment, another in the lower left corner of the windshield.

For additional information, see **002 Vehicle Identification and VIN Decoder**.

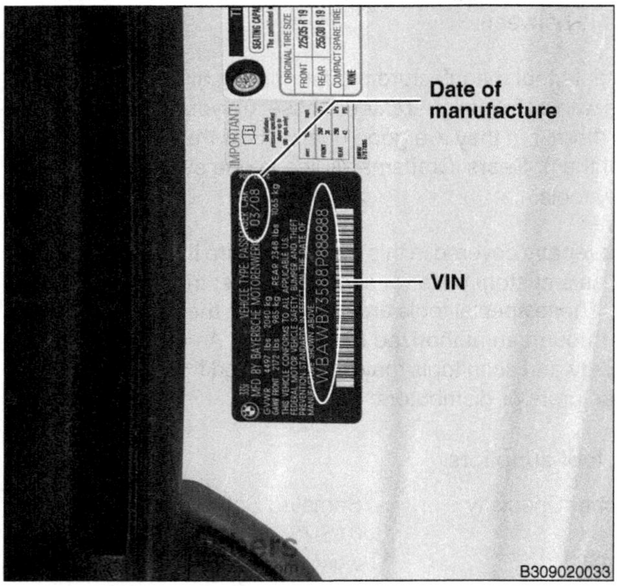

B309020033

◀ **Date of manufacture**. This information is necessary when ordering replacement parts or determining if any of the warranty recalls are applicable to your vehicle. The VIN plate on the driver door jamb below the door striker also specifies the month and year that the vehicle was built.

Engine code. 3 Series vehicles covered in this manual are powered by 6-cylinder engines. For information on engine codes and engine applications, see **100 Engine–General**.

Transmission code. The transmission type with its identifying code may be important when buying parts such as seals or gaskets. For information on transmission codes and applications, see **200 Transmission–General**.

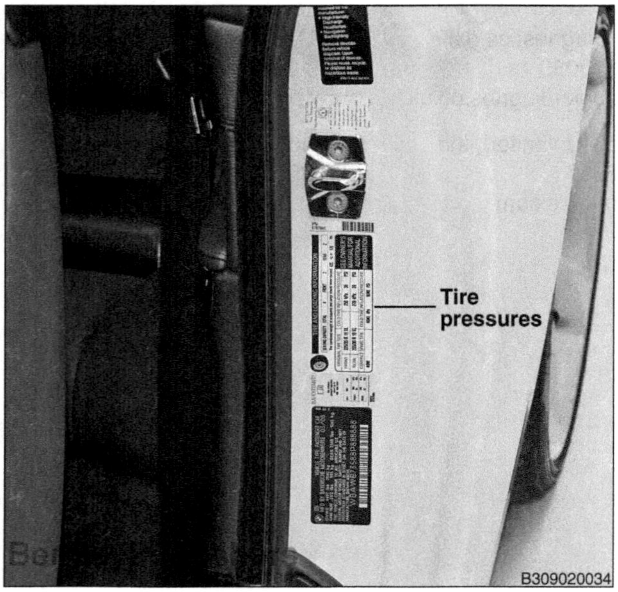

B309020034

◀ **Tire pressures**. Recommended tire pressures as well as wheel size, tire size, gross vehicle weight, and carrying capacity are listed on a sticker on the driver door jamb.

Engine serial number is on left side of engine block behind and under intake manifold.

Raising Vehicle

Raising vehicle safely using floor jack

> ***WARNING—***
> - *When raising the vehicle using a floor jack or hydraulic lift, carefully position the jack pad to prevent damaging the vehicle body.*
> - *Watch the jack closely. Make sure it stays stable and does not shift or tilt.*

For safety and to avoid damaging vehicle, use jack only at four jacking points (**arrows**) just behind front wheels or just in front of rear wheels.

- Park vehicle on flat, level surface.
- If changing a tire, loosen lug bolts before raising vehicle. See **Changing a tire** in this repair group.
- Use wheel chocks to block wheel that is opposite and farthest from jack to prevent vehicle from unexpectedly rolling.

> ***WARNING—***
> - *Do not rely on the transmission or the parking brake to keep the vehicle from rolling. They are not a substitute for positively blocking the opposite wheel.*

- Place floor jack into position, making sure base of jack is resting on flat, solid surface. Use a board or other support to provide a firm surface for jack, if necessary.
- Raise vehicle slowly while constantly checking position of jack and vehicle.

Raising vehicle using hydraulic lift

◄ Place lifting pads under jacking points (**arrows**) just behind front wheels and just in front of rear wheels. Raise vehicle carefully, checking to make sure that it is solidly balanced on lift.

Working under vehicle safely

> ***WARNING—***
> - *A jack is a temporary lifting device. Do not use a jack alone to support the vehicle while you are under it.*
> - *Do not work under a lifted vehicle unless it is solidly supported on jack stands that are intended for that purpose.*
> - *Do not use wood, concrete blocks or bricks to support a vehicle. Wood may split. Blocks and bricks, while strong, are not designed for that kind of load and may break or collapse.*
> - *Use care when removing major (heavy) components from one end of the vehicle. The sudden change in weight and balance can cause vehicle to tip off the lift or jack stands.*
> - *Do not support vehicle at engine oil pan, transmission, fuel tank, or on front or rear axle. Serious damage may result.*

– Disconnect negative (–) cable from battery so that vehicle cannot be started. Let others know what you are doing.

> ***CAUTION—***
> - *Prior to disconnecting the battery, read the battery disconnection cautions given in* **001 Warnings and Cautions**.

– Raise vehicle slowly. See **Raising vehicle safely using floor jack** in this repair group.

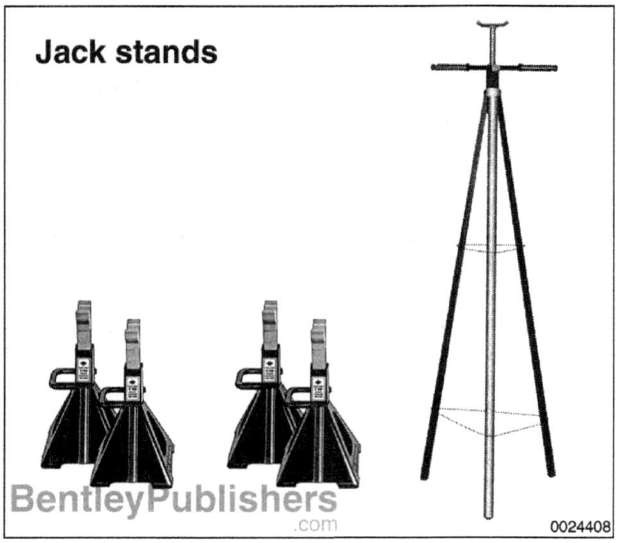

◄ Use at least two jack stands to support vehicle. Use jack stands designed for the purpose of supporting a vehicle.

– Place jack stands on firm, solid surface. If necessary, use a flat board or similar solid object to provide a firm footing.

– Lower vehicle slowly until its weight is fully supported by jack stands. Watch to make sure that the jack stands do not tip or lean as the vehicle settles on them.

– Observe jacking precautions again when raising vehicle to remove jack stands.

EMERGENCIES

The following is a list of emergency procedures and where they are covered in this manual:

- **Alarm** emergency disarming. See **515 Central Locking and Anti-theft**.
- **Convertible center console** opening. See **515 Central Locking and Anti-theft**.
- **Flat tire** warning. See **Flat tire indication** in this repair group.
- **Fuel flap** manual release. See **515 Central Locking and Anti-theft**.
- **Jump start**. See **Jump starting** in this repair group.
- **Sunroof** manual closing. See **Sunroof, emergency closing** in this repair group.
- **Tailgate** emergency opening. See **515 Central Locking and Anti-theft**.
- **Tire** change. See **Tire change** in this repair group.
- **Towing**. See **Towing** in this repair group.
- **Trunk lid** opening. See **515 Central Locking and Anti-theft**.

Flat tire indication

The air pressure in run-flat tires is automatically checked by the tire pressure monitoring (TPM) system. If a flat tire or substantial loss of tire pressure is detected, warning lights in yellow and red illuminate in the instrument cluster and a tire failure message appears in Check Control display. In addition, an acoustic signal sounds.

> ***WARNING—***
> - *In case of run-flat tire failure, drive cautiously and do not exceed a speed of 50 mph or 80 km/h. With tire pressure loss, vehicle handling changes. This includes reduced tracking stability in braking, extended braking distance and altered steering characteristics.*
> - *If unusual vibration or loud noises occur while driving on a damaged tire, this may be an indication that the tire has failed completely. Reduce speed and pull over as soon as possible at a suitable location. Otherwise parts of the tire could come loose, resulting in an accident. Do not continue driving.*

Avoid sudden braking and steering maneuvers. At the next opportunity, check air pressure in all four tires. Tire pressure specifications are given on a sticker on the driver door jamb.

If all four tires are inflated to the correct pressures, reinitialize TPM. TPM initialization is covered in **300 Suspension, Steering and Brakes–General**.

If warning lights illuminate in yellow and a tire failure message appears in Check Control display, TPM has a malfunction. Have the system checked as soon as possible.

Jump starting

Jump start the vehicle with discharged or dead battery using the good battery from another vehicle. See owner's manual for proper instruction on jump starting.

◄ Attach jumper cables to engine compartment battery B+ terminal and ground lug.

> ***WARNING —***
> *• Do not jump-start the engine if you suspect that the battery is frozen. Trapped gas may explode. Allow the battery to thaw first.*

> ***CAUTION—***
> *• Do not quick-charge the battery (for boost starting) for longer than one minute, and do not exceed 16.5 volts at the battery with the boosting cables attached. Wait at least one minute before boosting the battery a second time.*

Tire change

3 Series vehicles covered by this manual are equipped with run-flat tires and no spare tire. There is no need to change a wheel immediately in case of a puncture. See **Flat tire indication** in this repair group.

The vehicle is also not equipped with tire changing tools. The following details a safe procedure for changing a tire using floor jack and hand tools.

– Chock wheel diagonally opposite to the one being changed.

> ***WARNING —***
> *• Do not rely on the transmission or the parking brake to keep the vehicle from rolling. They are not a substitute for positively blocking the opposite wheel.*

– Loosen lug bolts while vehicle is on ground, but leave them a little snug.

◄ Place jack under jacking point nearest wheel being changed. Use a board to provide a firm footing for jack if ground is soft. Raise vehicle only far enough so that the wheel is fully off ground and then remove lug bolts and wheel.

– Install new wheel. Install lug bolts and tighten hand tight using lug wrench.

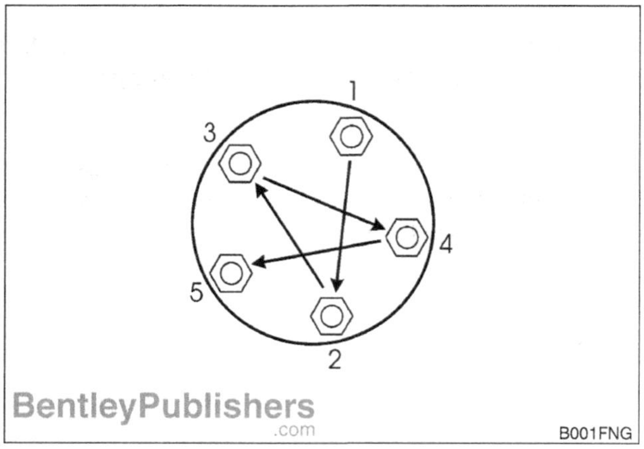

◄ Lower vehicle. With all wheels on ground, fully tighten lug bolts in a crisscross pattern. Check inflation pressure of newly installed tire.

Tightening torque	
Wheel to wheel hub	120 Nm (89 ft-lb)

Towing

The safest technique for towing vehicles covered by this manual (2-wheel drive or xDrive, manual or automatic transmission) is by using flat bed equipment.

> ***WARNING—***
> - *Do not tow with rear wheel lifted and front wheels on the ground. There is no steering lock. Vehicle may self-steer and sway dangerously from side to side.*

> ***CAUTION—***
> - *2-wheel drive model: Do not tow with sling-type equipment. Use a lift bar.*
> - *2-wheel drive model: Do not use tow hook to tow faster than 30 mph (50 kph) or for a distance greater than 95 miles (150 km).*
> - *2-wheel drive model with automatic transmission: Automatic transmission fluid (ATF) does not circulate when the vehicle is on rear wheels. Severe transmission damage may result. Use flat bed equipment.*
> - *xDrive model: Do not tow with front or rear axle raised individually. Use flat bed equipment.*
> - *xDrive model: Do not use tow hook or cable except for very short distances to winch it to a safe place.*
> - *Winch or tow vehicle with transmission lever in N (neutral).*

To access front threaded towing eye socket, press on upper edge of trim (**arrow**) on front bumper and remove trim.

To access rear threaded towing eye socket, press on upper edge of trim (**arrow**) on rear bumper and remove trim.

- Remove towing eye from cargo compartment tool kit and screw into threaded hole in bumper until tight.
- Use towing eye for winching vehicle on flat bed.

Indicator and warning lights

Many vehicle systems are self-monitored for faults while driving. Generally, a red warning light that illuminates while driving should be considered serious. If you cannot immediately determine the seriousness of the warning light, stop the vehicle in a safe place and switch engine OFF as soon as possible. Consult the owner's manual for additional information on the warning light and the recommended action.

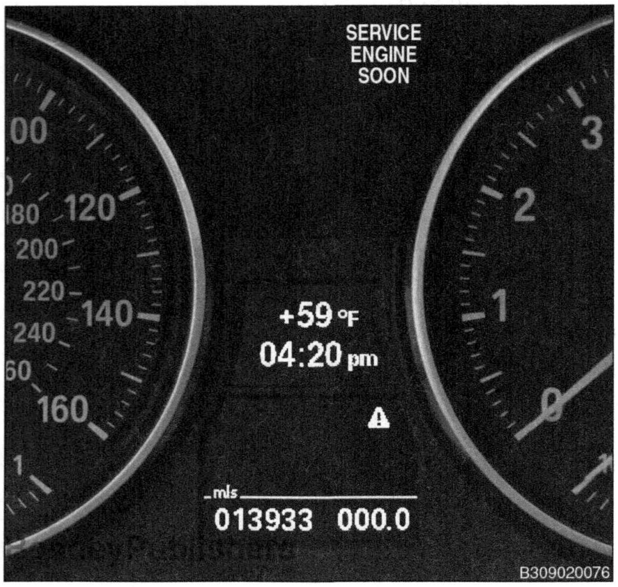

B309020076

If the malfunction indicator light (MIL) (Service Engine Soon warning light) comes on or flashes, it indicates emissions-related fault in engine management. Faults such as a bad oxygen sensor or a dead fuel injector can cause exhaust or evaporative emissions to exceed a specified limit. When these limits are exceeded, the MIL illuminates. The engine can be safety driven with the light on, but check engine management and emission control systems as soon as possible. See **OBD On-Board Diagnostics** for more information on the MIL and the on-board diagnostic system.

ENGINE COMPARTMENT

Engine compartment inspection

Remove upper and lower engine covers as required and check engine compartment for signs of fluid leaks. Fluid leaks attract dust making them easier to spot. Expensive repairs can be avoided by prompt repair of minor fluid leaks.

Visually inspect for oil and ATF leaks at engine and transmission. Also inspect cooling, fuel, heating and air-conditioning systems for leakage. Visually inspect hoses and hose connections for leaks, worn areas, porosity and brittleness.

Check that fluid levels are between MIN and MAX marks.

The following illustrations show representative engine compartment layouts. There may be minor differences among model years, such as engine cover configuration.

N51 engine compartment (non-turbo)

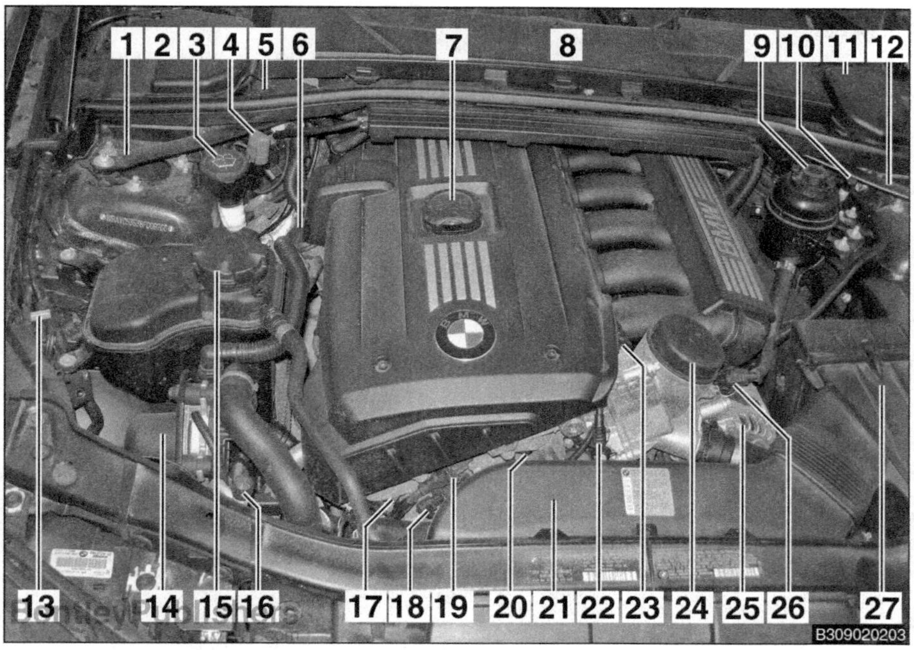

1. Right strut tower brace
2. Electronics box (E-box) cover
3. Windshield washer reservoir cap
4. Battery B+ junction
5. Air quality (AUC) sensor
6. Secondary air injection valve
7. Oil filler cap
8. Cabin microfilter (underneath cover)
9. Power steering fluid reservoir
10. A/C refrigerant port
11. Brake fluid reservoir (underneath cover)
12. Left strut tower brace
13. Ground lug
14. Secondary air injection pump
15. Coolant reservoir cap
16. A/C refrigerant port
17. Exhaust camshaft sensor
18. Exhaust VANOS solenoid
19. Intake VANOS solenoid
20. Intake camshaft sensor
21. Engine air intake duct
22. Engine coolant temperature sensor
23. Oil pressure switch
24. Oil filter housing
25. Alternator
26. Vacuum motor line connection to brake booster
27. Intake air filter housing

N52 engine compartment (non-turbo)

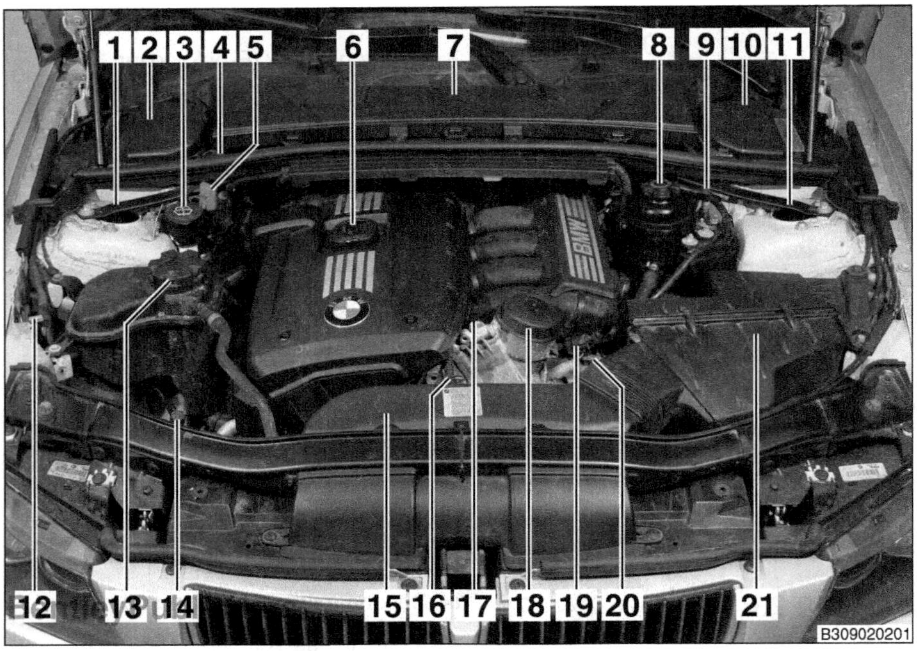

1. Right strut tower brace
2. Electronics box (E-box) cover
3. Windshield washer reservoir cap
4. Air quality (AUC) sensor
5. Battery B+ junction
6. Oil filler cap
7. Cabin microfilter (underneath cover)
8. Power steering fluid reservoir
9. A/C refrigerant port
10. Brake fluid reservoir (underneath cover)
11. Left strut tower brace
12. Ground lug
13. Coolant reservoir cap
14. A/C refrigerant port
15. Engine air intake duct
16. Engine coolant temperature sensor
17. Oil pressure switch
18. Oil filter housing
19. Vacuum motor line connection to brake booster
20. Alternator
21. Intake air filter housing

N54 engine compartment (turbo)

1. Right strut tower brace
2. Electronics box (E-box) cover
3. Windshield washer reservoir cap
4. Air quality (AUC) sensor
5. Battery B+ junction
6. Oil filler cap
7. Cabin microfilter (underneath cover)
8. Intake air filter housing
9. A/C refrigerant port
10. Brake fluid reservoir (underneath cover)
11. Left strut tower brace
12. Ground lug
13. Vacuum reservoirs
14. Coolant reservoir cap
15. Engine air intake duct
16. Oil pressure switch
17. Oil filter housing with oil-coolant heat exchanger
18. Vacuum motor line connection to brake booster
19. Power steering fluid reservoir

N55 engine compartment (turbo)

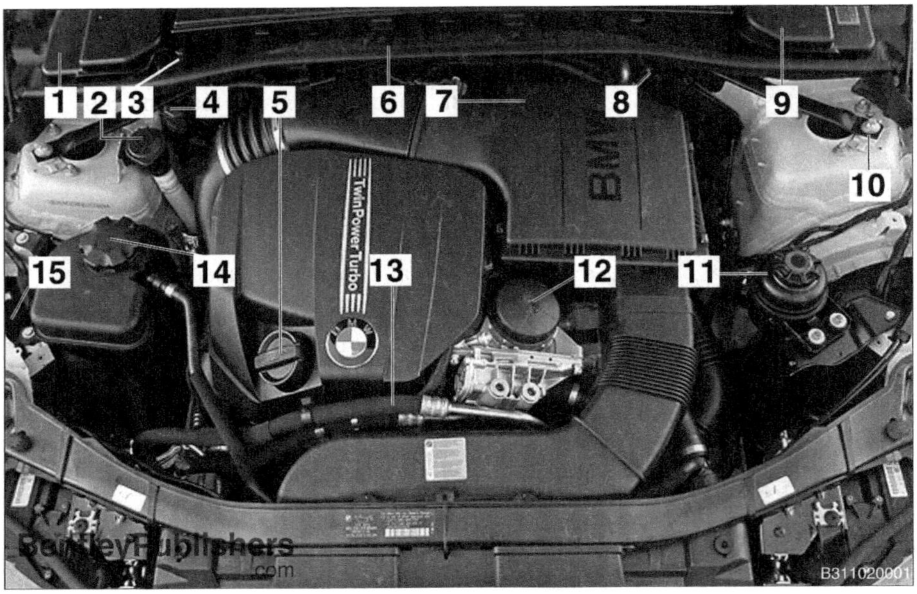

1. Electronics box (E-box) cover
2. Windshield washer reservoir cap
3. Air quality (AUC) sensor
4. Battery B+ junction
5. Oil filler cap
6. Cabin microfilter (underneath cover)
7. Intake air filter housing
8. A/C refrigerant port
9. Brake fluid reservoir (underneath cover)
10. Strut tower brace
11. Power steering fluid reservoir
12. Oil filter housing
13. Engine oil cooler lines
14. Coolant reservoir cap
15. Ground lug

Engine upper cover (ignition coil cover), removing

– Remove upper and lower cabin microfilter housings. See **640 Heating and Air-conditioning**.

< N52 engine (metallic cover): Remove cover fasteners (**arrows**) and lift up cover.

◀ N51, N52K, N54 engine (black plastic cover): Remove cover fasteners (**arrows**) and lift up cover.

– N55 engine: Pull up on front of cover and pull forward to remove.

Engine lower covers (splash shields), removing

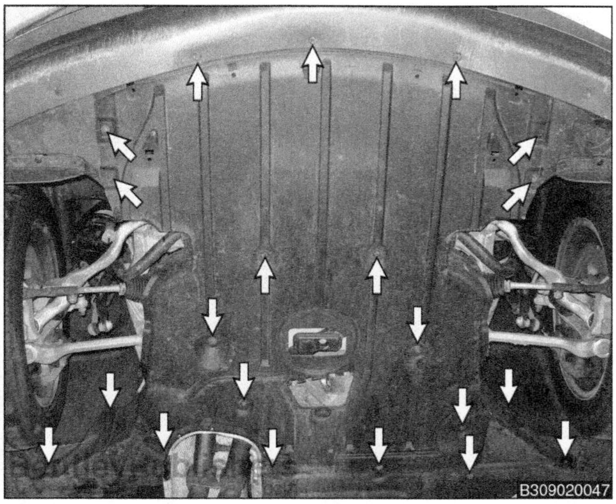

◀ Engine splash shield: Unscrew fasteners (**arrows**) and remove cover.

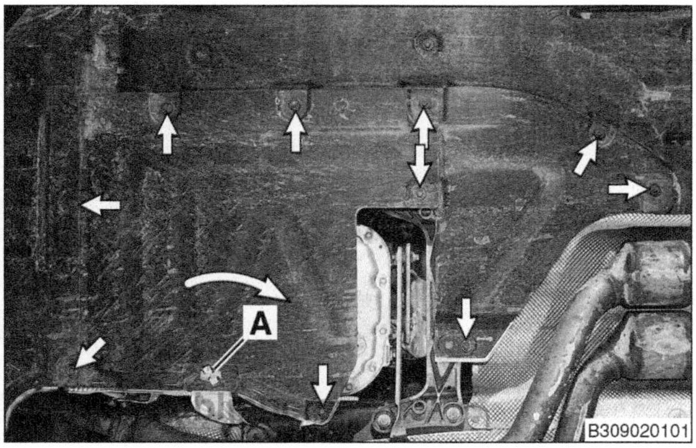

◀ Transmission splash shield: Unscrew fasteners (**arrows**). Rotate cover around lug (**A**) to remove.

AIR FILTER SERVICE

Air filter element, replacing (non-turbo)

Working at air filter housing:

- Detach air intake duct from filter housing (**A**).
- Loosen hose clamp and detach connector at mass air flow sensor (**B**).
- Remove filter housing mounting bolts (**C**) and lift housing out of engine compartment.

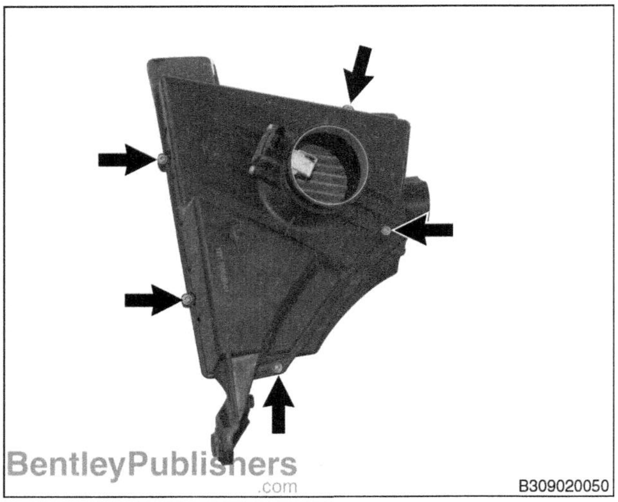

Remove filter housing cover screws (**arrows**) and separate cover.

Pull out filter element and replace.

– Installation is reverse of removal.

Air filter element, replacing (turbo)

Release air filter cover hold-down clips (**arrows**).

NOTE—

- *N54 engine shown. N55 engine is similar.*

Pull out filter element and replace.

– Installation is reverse of removal.

BATTERY SERVICE

Access to battery

The battery is in the right rear of the trunk or cargo compartment.

Working in trunk or cargo compartment, open battery compartment. Twist plastic retainer counterclockwise (**arrow**) and remove right side trim.

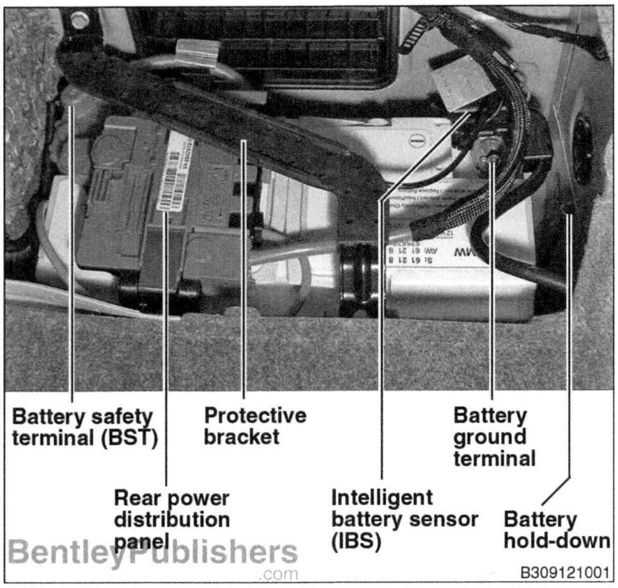

B309121001

⋞ Battery is equipped with several devices:

- Battery safety terminal (BST)
- Rear power distribution panel (A46) containing high-amperage fusible links
- Intelligent battery sensor (IBS).

A bracket spans the top of the battery, protecting the power distribution panel.

The battery is held in place by a hold-down bracket and bolt. A secure battery hold-down is important in order to prevent vibrations and road shock from damaging the battery.

Battery, checking

The original equipment BMW battery is equipped with built-in hydrometer "magic eye".

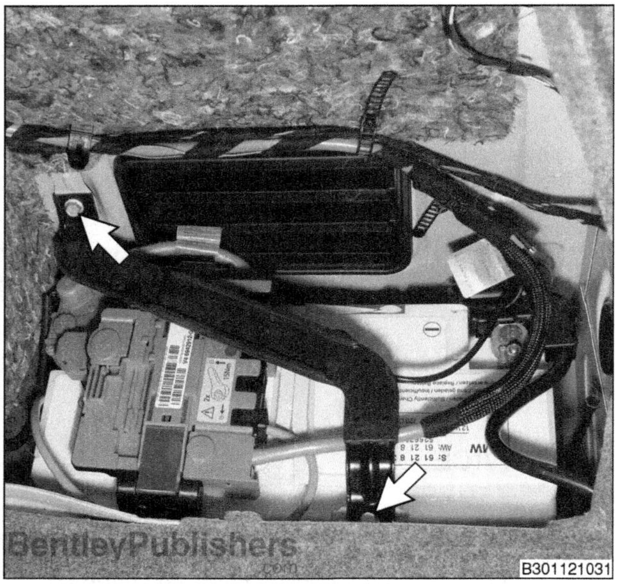
B301121031

⋞ First remove protective bracket bolts (**arrows**) and lift out bracket.

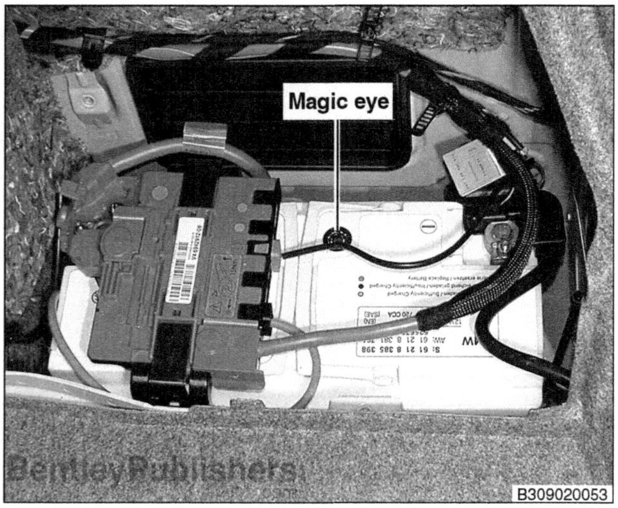

B309020053

⋞ Battery condition is determined by magic eye color:

- Green: Adequate charge
- Black: Inadequate charge, recharge
- Yellow: Defective battery, replace

See **121 Battery, Starter, Alternator** for additional topics:

- Battery removal and installation.
- Replacement battery registration.
- Battery reconnection notes.

> ***CAUTION—***
> - *Do not charge battery with conventional charger. Use vehicle power supply device for recharging.*

Brake Service

Routine maintenance of the brake system includes maintaining brake fluid in the reservoir, checking brake pads for wear, checking parking brake function, and inspecting the system for fluid leaks or other damage:

- Check that brake hoses are correctly routed to avoid chafing or kinking.
- Inspect unions and brake calipers for signs of fluid leaks.
- Inspect rigid lines for corrosion, dents, or other damage.
- Inspect flexible hoses for cracking.
- Replace faulty hoses or lines.

WARNING—
- *Incorrect installation or overtightening of hoses, lines and unions may cause chafing or leakage. This can lead to partial or complete brake system failure.*

Note that brake fluid level and brake pad thickness are monitored and replacement intervals recommended by condition based service (CBS) system. See **Condition Based Service (CBS)** in this repair group.

Brake fluid level, checking

The brake fluid reservoir is located on the driver's side near the base of the windshield underneath the cabin microfilter side cover.

WARNING—
- *Brake fluid is poisonous. Do not ingest. Wash thoroughly with soap and water if it comes into contact with skin.*

CAUTION—
- *Use only new, previously unopened brake fluid conforming to DOT 4.*
- *Do not let brake fluid come in contact with paint. Wash immediately with soap and water.*
- *Brake fluid absorbs moisture from the air. Store in an airtight container.*
- *Do not use DOT 5 (silicone) brake fluid.*
- *Do not fill brake fluid above* **MAX** *in fluid reservoir.*
- *Do not mix mineral oil products such as gasoline or engine oil with brake fluid. Mineral oil damages rubber seals in the brake system.*
- *Dispose brake fluid as a hazardous waste.*

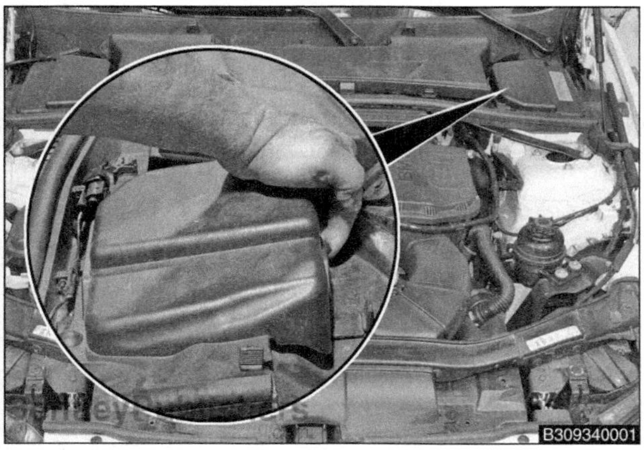

< Working near left engine hood hinge, remove cabin microfilter side cover (**inset**) to access brake fluid reservoir.

Check that fluid level is between **MIN** and **MAX** marks on brake fluid reservoir. Fluid level drops slightly as brake pad material wears.

Brake fluid application	
BMW preferred fluid	Low viscosity DOT 4 brake fluid
Low viscosity DOT 4 brake fluid may be used in all E90 vehicles. DOT 4 and low viscosity DOT 4 brake fluid can be mixed.	

Brake fluid absorbs moisture easily. This affects brake performance and reliability. To eliminate moisture, BMW recommends replacing the brake fluid every two years. When replacing or adding brake fluid, use only new fluid from previously unopened containers. Do not use brake fluid that has been bled from the system, even if it is brand new.

See **340 Brakes** for brake fluid flushing and bleeding.

Brake pad and rotor wear, checking

Disc brakes are fitted at all four wheels. Although the brakes are equipped with a brake pad warning system, the system only monitors one wheel per axle. Check brake pad thickness whenever wheels are off or brake work is being done.

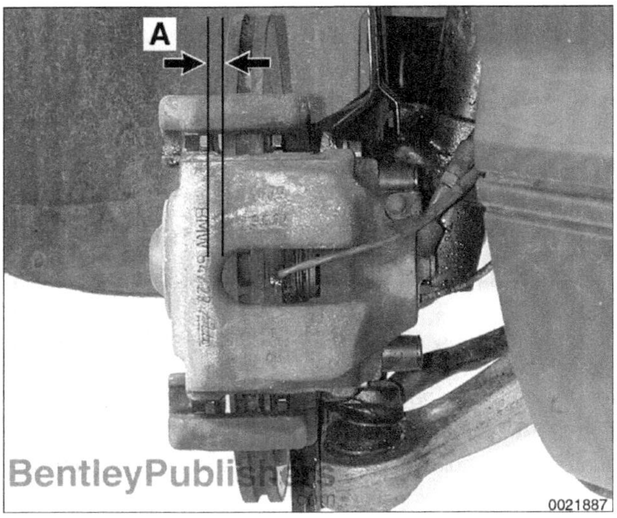

Disc brake pad wear can be checked through opening in caliper:

- Measure distance (**A**) of brake pad “ear” to brake rotor. Compare to specification below.

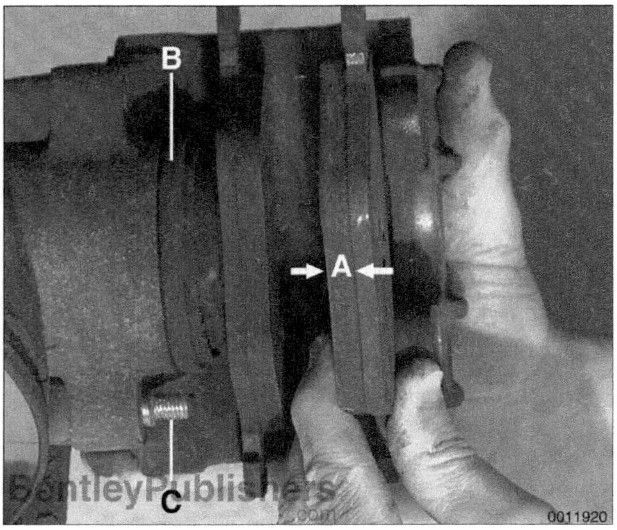

Unbolt caliper from steering arm to properly inspect:

- Brake pad thickness (**A**)
- Brake rotor
- Condition of caliper seal (**B**)
- Condition of caliper slider bolts (**C**)

Brake pad lining minimum thickness	
Dimension **A**	3.0 mm (0.12 in)

See **340 Brakes** for additional techniques for checking brakes and for brake pad, rotor and caliper replacement procedures.

Parking brake, checking

The parking brake system is independent of the main braking system and may require periodic adjustment depending on use. Adjust the parking brake if the brake lever can be pulled up more than 8 clicks. Check that the cable moves freely. See **340 Brakes** for parking brake adjustment procedure.

The parking brake may lose some of its effectiveness if it is not used frequently. This is due to rust build-up on the parking brake drum. To remove rust, apply the parking brake just until it begins to grip, then pull the lever up one more stop (click). Drive the vehicle approximately 400 meters (1,300 ft.) and release the brake.

CABIN AIR MICROFILTER

E90 models are equipped with a cabin air microfilter to filter dust and pollen from incoming air. Filter is located at the base of the windshield under the upper microfilter housing.

Cabin air microfilter, replacing

– Open engine hood.

< Remove upper microfilter housing screws (**arrows**). Lift off housing and microfilter.

< Unclip filter element from housing and replace.

– Installation is reverse of removal. Make sure filter housing fits snugly over openings in cowl covering in order to keep water out of cabin air intake.

Cooling System Service

Antifreeze raises the boiling point and lowers the freezing point of coolant. BMW recommends engine coolant that is a 50 / 50 mixture of distilled water and ethylene glycol-based antifreeze.

Routine cooling system maintenance consists of maintaining the coolant level and inspecting hoses.

For additional cooling system information and repair procedures, see **170 Radiator and Cooling System**.

Coolant level, checking

> ***WARNING—***
> - *Allow cooling system to cool before opening or draining the cooling system.*

< With engine fully cooled off, carefully open radiator expansion tank cap. Note that when fully closed, **arrows** on cap and tank line up.

< Float in expansion tank indicates coolant level when cold.
- When upper mark on float (**MIN**) is level with top of filler neck, coolant is at minimum allowable level.
- When lower mark on float (**MAX**) is level with top of filler neck, coolant is at maximum level.

– Top off coolant if necessary.

> ***CAUTION—***
> - *Use only BMW approved phosphate-free, nitrite-free and amino-free antifreeze when filling the cooling system.*

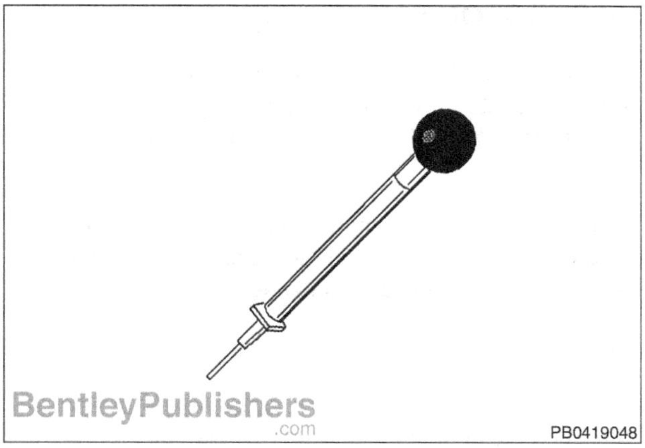

Antifreeze concentration, checking

Use a coolant hydrometer to determine antifreeze concentration.

Coolant mixture recommendations	
Concentration	**Cold protection**
50% antifreeze	-35°C (-31°F)
60% antifreeze	-40°C (-40°F)

Do not use a higher concentration of antifreeze than a 60% mixture, as the heat transfer quality of the coolant decreases with higher antifreeze concentrations.

Cooling system hoses, inspecting

Inspect hoses by first checking that all connections are tight and dry. Coolant seepage indicates that either the hose clamp is loose, hose is damaged, or connection is dirty or corroded. Dried coolant has a chalky appearance.

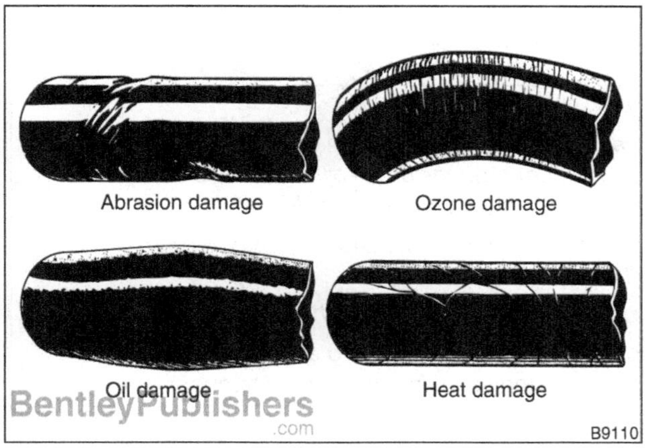

Check hose condition by a visual and tactile inspection, making sure it is firm and springy. Replace hoses that exhibit conditions noted below. (Illustration courtesy of Gates Rubber Company, Inc.)

- Leakage: Dripping, moisture, or seepage near clamps or connectors.

> ***CAUTION—***
> - *When installing or reinstalling coolant hoses, use clamps specified by BMW.*

- Electromechanical degradation: Difficult to see, but detectable by squeezing hose and feeling for cracks, weak areas, and voids.
- Oil damage: Soft and spongy to touch, visible bulges and swelling.
- Abrasion damage: Wear, abrasion, or scuffing, often due to contact with components in engine compartment.
- Heat damage: Internal and external damage, generally due to high under hood temperatures or overheating. Internal heat damage is often indicated by swelling with external damage marked by hardened and cracked areas.
- Ozone damage: Small, parallel cracks in outer layers, but without hardening. Due to exposure to atmospheric conditions.

– As a preventative measure, replace coolant hoses every 4 years.

Electrical System Service

E90 vehicles are equipped with a complex electrical system. See the following repair groups for detailed information:

- **121 Battery, Starter, Alternator** for engine electrical components
- **600 Electrical System–General** for basic electrical troubleshooting information
- **ECL Electrical Component Locations** for fuse, relay and control module information
- **ELE Electrical Wiring Diagrams** for detailed electrical schematics

ENGINE ACCESSORY BELT SERVICE

The accessory belt and pulleys transfer power from the engine crankshaft to the alternator, A/C compressor and power steering pump. Note that engine coolant pump and engine cooling fan are both electric.

Inspect belt with engine off. If belt shows signs of wear, cracking, glazing, or missing sections, replace immediately. To reduce the chance of belt failure while driving, replace belt every four years.

When the belt is replaced with a new one, store the old one in the trunk for emergency use.

Note that excessive engine movement due to a defective left side engine mount can lead to accessory belt damage. This is usually caused by contact between the power steering pump pulley and the front axle carrier. The belt may become dislodged from pulleys or broken when traveling over curbs, speed bumps or at a high rate of speed. This is primarily an issue on N54 turbo models.

If accessory belt, power steering pump pulley or front axle carrier are found to be damaged, replace these parts as well as the left engine mount with updated parts.

CAUTION—
- *To avoid electrochemical corrosion to engine components made of aluminum-magnesium alloy, do not use steel fasteners. Use aluminum fasteners only.*
- *For reliable identification, test fasteners for aluminum composition with magnet.*
- *Replace aluminum bolts each time they are loosened.*
- *Follow torque instructions, including angle of rotation specifications, when installing aluminum fasteners.*

Accessory belt and tensioner, replacing (non-turbo)

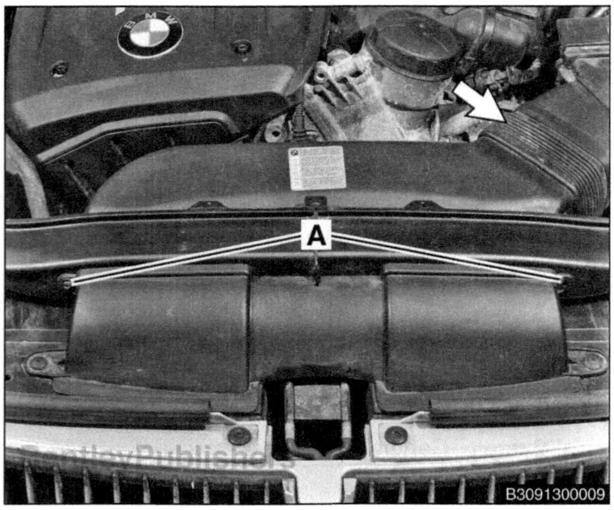

Working above radiator:
- Remove air intake duct screws (**A**).
- Pull duct backward to disengage from radiator support crossbar, then detach bellows (**arrow**) from air filter housing.

– Remove electric engine cooling fan and fan cowl. See **170 Radiator and Cooling System**.

– Remove engine splash shield. See **Engine lower covers (splash shields), removing** in this repair group.

– If planning to reinstall old belt, be sure to mark direction of rotation.

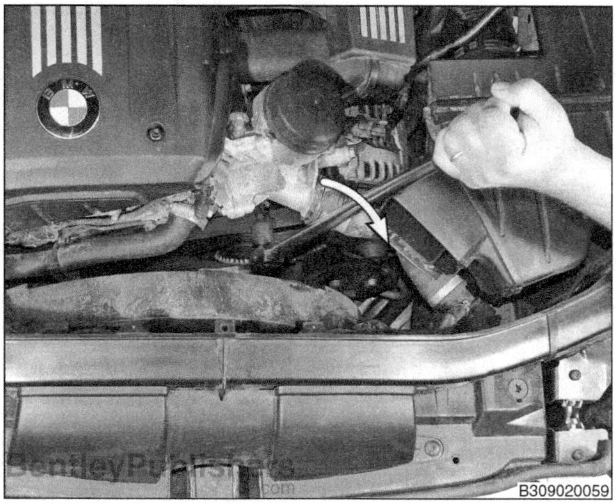

Use Torx socket to rotate belt tensioner clockwise (**arrow**). This releases belt tension.

If necessary lock tensioner in released position using awl-shaped tool (BMW special tool 11 3 340).

> ***WARNING—***
> - *Observe care when working with tensioner. Personal injury could result if tensioner springs back into position uncontrolled.*

– Work belt off pulleys and remove.

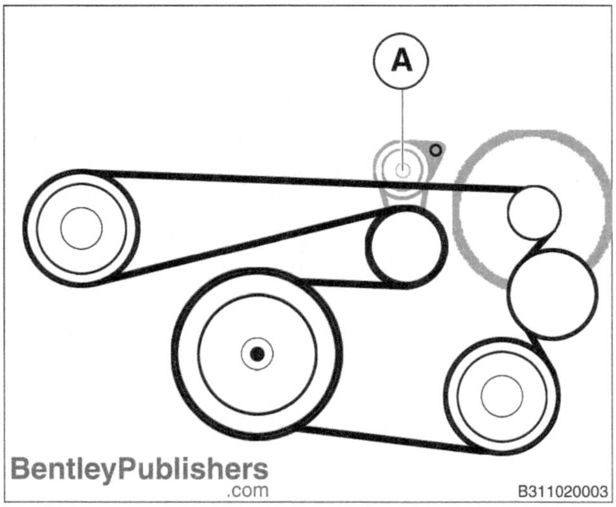

If replacing belt tensioner:

- Remove special tool 11 3 340.
- Remove bolt (**A**) and remove tensioner.
- Install new tensioner. Replace bolt with new.
- Using Torx socket, rotate new belt tensioner clockwise and lock in released position using special tool 11 3 340.

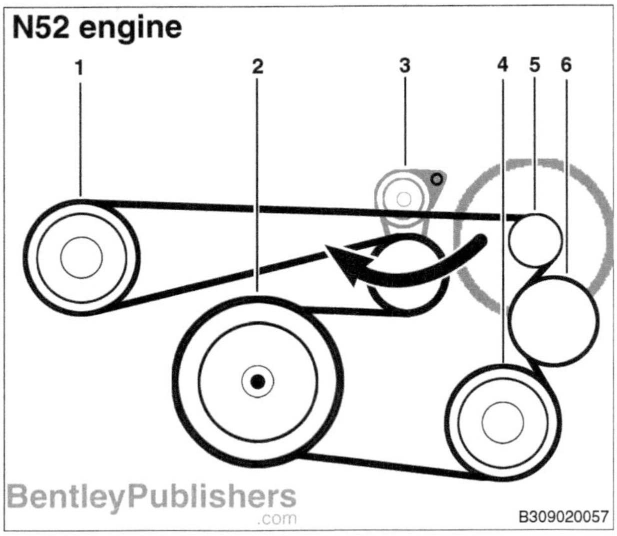

Install belt using accompanying diagram as guide. If reinstalling used belt, follow direction-of-rotation mark made previously.

1. A/C compressor pulley
2. Vibration damper (crankshaft pulley)
3. Tensioner pulley
4. Power steering pump pulley
5. Alternator pulley
6. Idler pulley

Tightening torque	
Accessory belt tensioner to engine block M11 x 65 mm	25 Nm (18 ft-lb) + 90° (¼ turn)

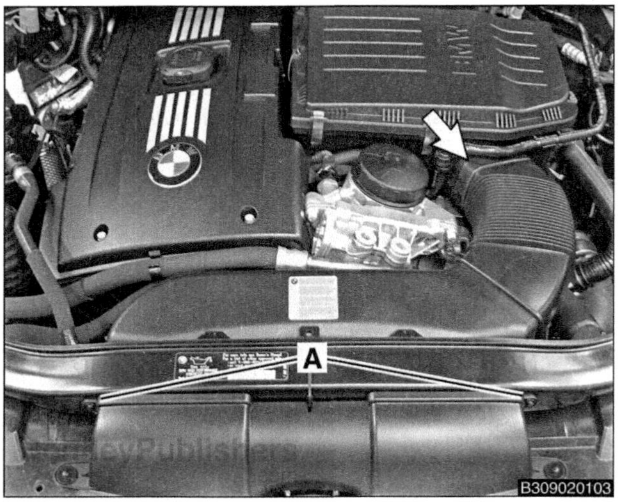

Accessory belt and tensioner, replacing (N54)

Working above radiator:

- Remove air intake duct screws (**A**).
- Pull duct backward to disengage from radiator support crossbar, then detach bellows (**arrow**) from air filter housing.

– Remove electric engine cooling fan and fan cowl. See **170 Radiator and Cooling System**.

– Remove engine splash shield. See **Engine lower covers (splash shields), removing** in this repair group.

– If planning to reinstall old belt, be sure to mark direction of rotation.

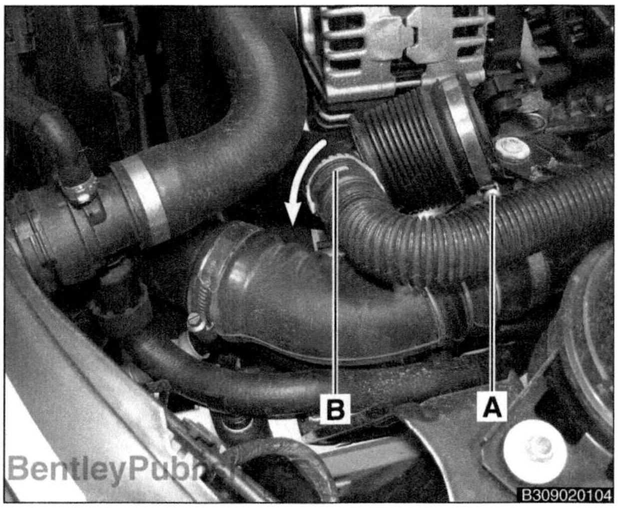

Working at left side of engine compartment:

- Loosen hose clamp **A** and detach air duct from air filter housing.
- Rotate quick-release clamp **B** 90° on boost pressure duct. Separate air ducts.

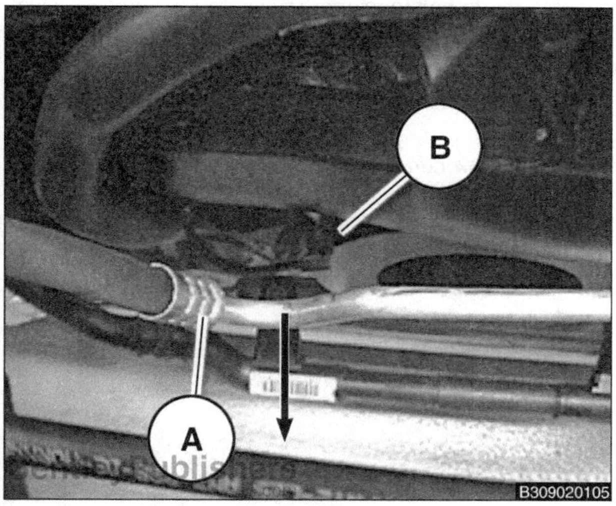

Working underneath radiator, unclip line **A** from clip **B** in direction of **arrow**.

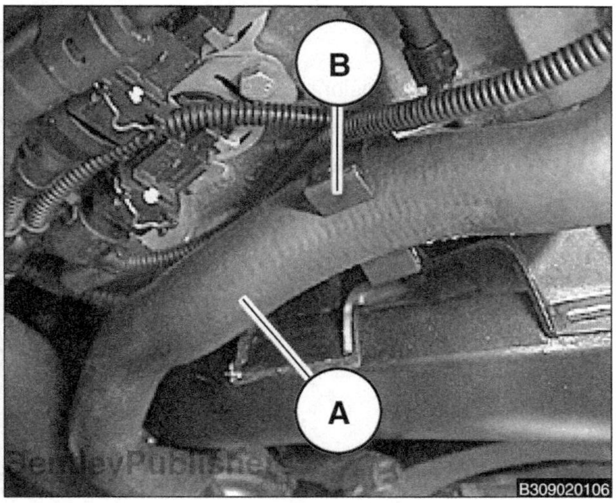

Working at top front of cylinder head, detach coolant hose **A** from bracket **B**.

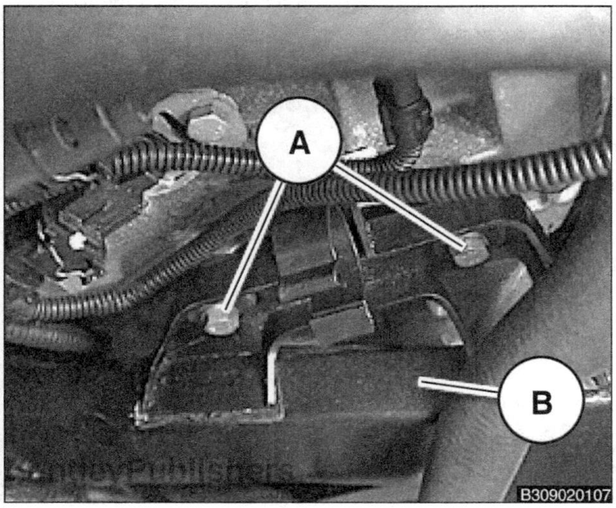

Remove air duct bracket mounting bolts (**A**) at front of engine. Fold air duct (**B**) down without disconnecting or removing.

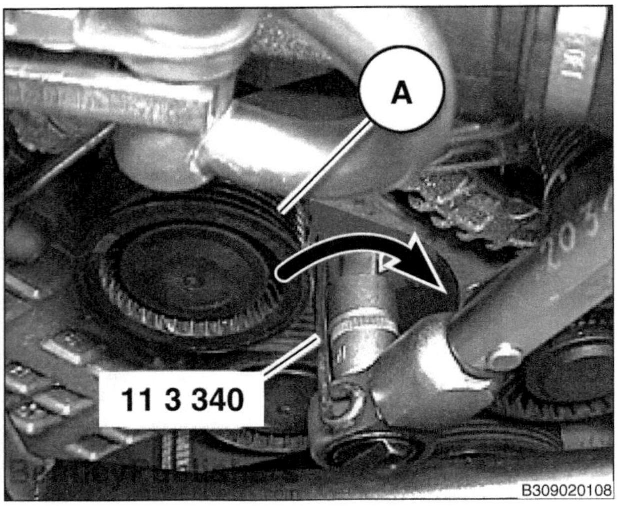

- Use Torx socket to rotate belt tensioner (**A**) clockwise (**arrow**). This releases belt tension. Lock tensioner in released position using awl-shaped tool (BMW special tool 11 3 340).

> ***WARNING —***
> *• Observe care when working with tensioner. Personal injury could result if tensioner springs back into position uncontrolled.*

– Work belt off pulleys and remove.

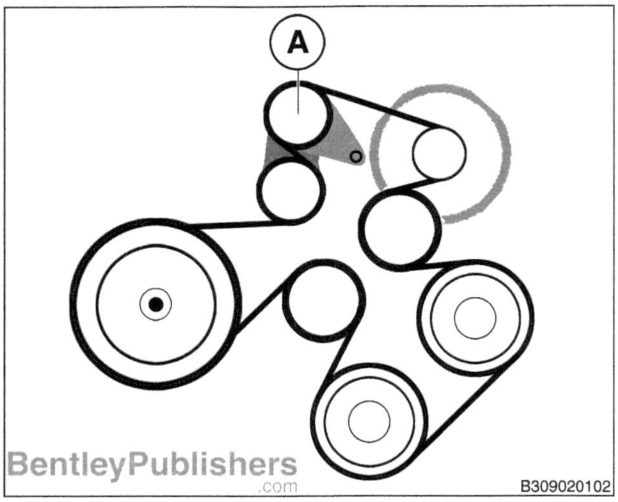

- If replacing belt tensioner:
  - Remove special tool 11 3 340.
  - Remove bolt (**A**) and remove tensioner.
  - Install new tensioner. Replace bolt with new.
  - Using Torx socket, rotate new belt tensioner clockwise and lock in released position using special tool 11 3 340.

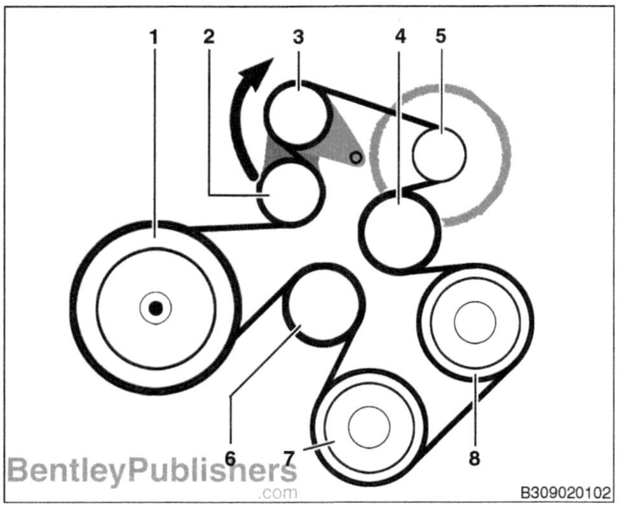

- Install belt using accompanying diagram as guide. If reinstalling used belt, follow direction-of-rotation mark made previously.
  1. Vibration damper (crankshaft pulley)
  2. Tensioner pulley
  3. Tensioner-idler pulley
  4. Idler pulley
  5. Alternator pulley
  6. Idler pulley
  7. Power steering pump pulley
  8. A/C compressor pulley

Tightening torque	
Accessory belt tensioner to engine block M10 x 110 mm	40 Nm (30 ft-lb)

Accessory belt and tensioner, replacing (N55)

< Working above radiator:

- Remove air intake duct screws (**A**).
- Pull duct backward to disengage from radiator support crossbar, then detach bellows (**arrow**) from air filter housing.

– Remove electric engine cooling fan and fan cowl. See **170 Radiator and Cooling System**.

– Remove engine splash shield. See **Engine lower covers (splash shields), removing** in this repair group.

– If planning to reinstall old belt, be sure to mark direction of rotation.

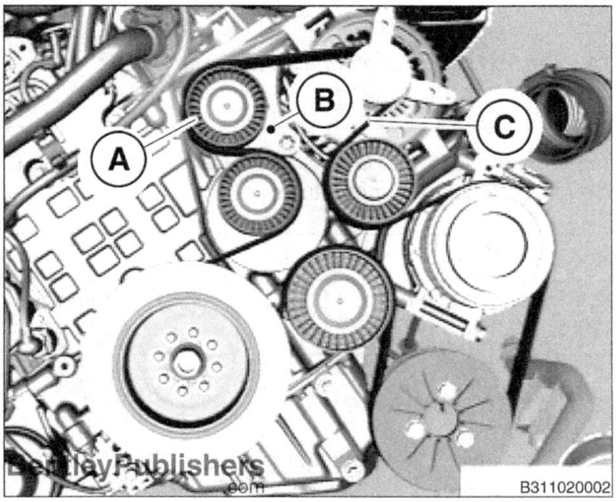

< Rotate belt tensioner (**A**) clockwise until belt tensioner bore hole (**B**) aligns with hole on crankcase. This releases belt tension.

– Insert awl-shaped tool (BMW special tool 11 3 340) into bore hole to lock tensioner in place.

> ***WARNING —***
> - *Observe care when working with tensioner. Personal injury could result if tensioner springs back into position uncontrolled.*

– Work drive belt (**C**) off pulleys and remove.

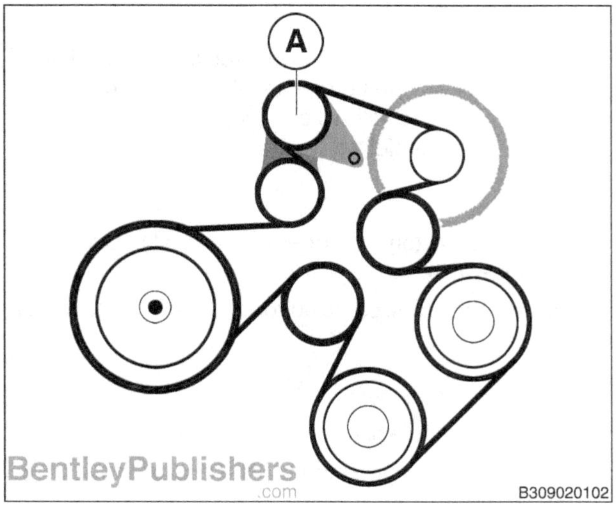

< If replacing belt tensioner:

- Remove special tool 11 3 340.
- Remove bolt (**A**) and remove tensioner.
- Install new tensioner. Replace bolt with new.
- Using Torx socket, rotate new belt tensioner clockwise and lock in released position using special tool 11 3 340.

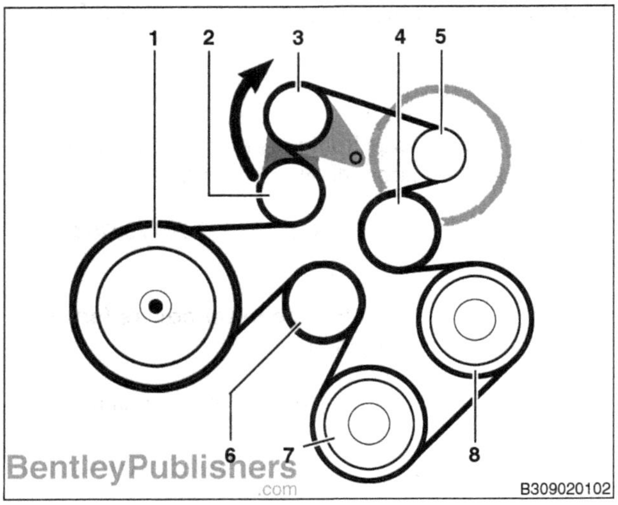

◀ Install belt using accompanying diagram as guide. If reinstalling used belt, follow direction-of-rotation mark made previously.

1. Vibration damper (crankshaft pulley)
2. Tensioner pulley
3. Tensioner-idler pulley
4. Idler pulley
5. Alternator pulley
6. Idler pulley
7. Power steering pump pulley
8. A/C compressor pulley

Tightening torque	
Accessory belt tensioner to engine block M10 x 90 mm	38 Nm (28 ft-lb)

Engine Oil Service

> ***CAUTION—***
> - *Use BMW specified oil to top off engine between oil changes.*
> - *Do not use engine oil additives.*

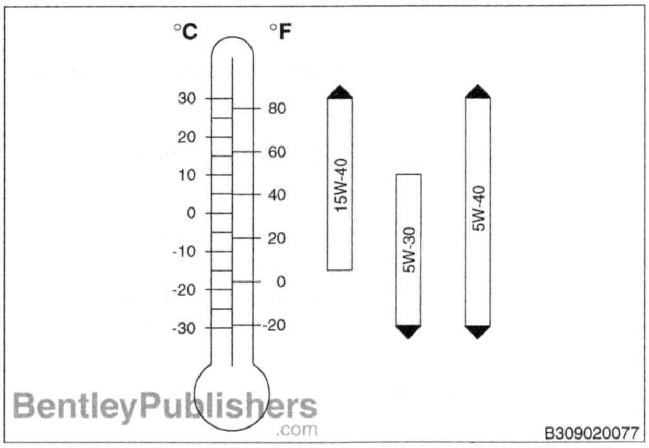

◀ BMW recommends the following engine oils. The recommendation is based on average ambient temperature.

Engine oil specification	
BMW high performance synthetic SAE 5W - 30 or 5W - 40	API rating SM or higher

Engine oil, checking level

There is no engine oil dipstick. Engine oil level and other oil characteristics are monitored electronically by the oil condition sensor (OZS). See **119 Engine Lubrication** for detail of OZS operation.

Monitoring engine oil level electronically ensures that the oil does not reach critically low levels, thus protecting the engine from damage. Overfilling the engine with oil can cause leaks; a corresponding warning is therefore given.

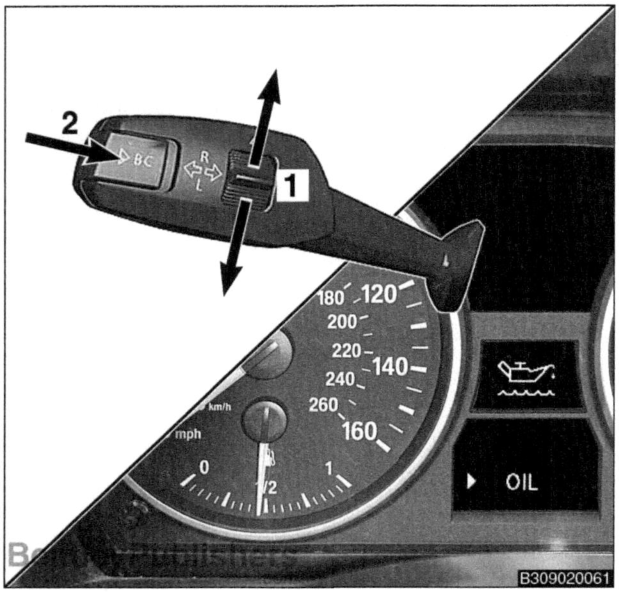

◀ To check oil level:

- Toggle turn signal lever button **1** up or down to scroll through instrument cluster menu items.
- When icon for oil level appears, press button **2** (BC button) to select it.

Oil level is measured in two stages:

- Static oil level measurement while vehicle is stationary.
- Dynamic oil level measurement during vehicle operation.

Static oil level

Static oil level measurement (with engine OFF) is only a reference measurement. The oil condition sensor (OZS) is flooded when the engine is OFF and can only detect the minimum oil level.

With vehicle parked on horizontal surface, switch ignition ON and use turn signal lever buttons to activate service information. Static oil level measurement checks whether there is sufficient engine oil for a safe and reliable engine start.

Dynamic oil level

Oil level is measured correctly only when the engine is running and at operating temperature. Start up engine and drive at least 6.5 miles (10 km). Once oil is fully warmed up, oil level may be displayed while driving or while the vehicle is at a standstill on a level surface with the engine running.

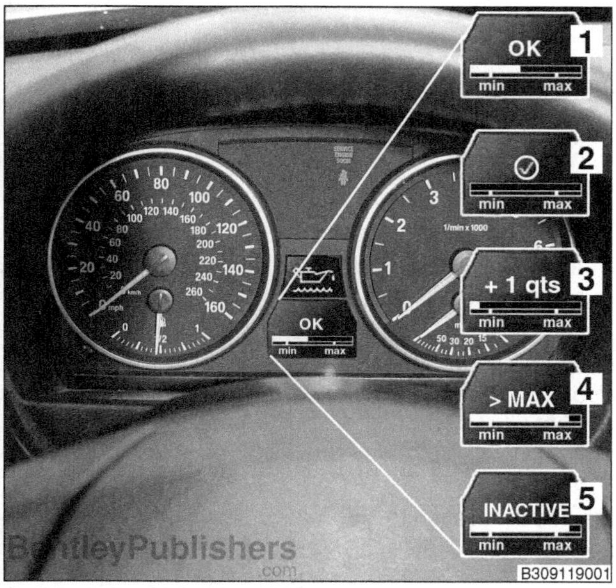

Use turn signal lever buttons to activate service information. When icon for oil level appears, press BC button to select it. Oil level is checked and reading displayed.

1. Oil level OK.
2. Oil level being checked.
   This can take about 3 minutes if vehicle is at a standstill on a level surface, or about 5 minutes if vehicle is on the move.
3. Oil level down to minimum.
   Add 1 US quart or 1 liter of engine oil as soon as possible.
4. Oil level too high.
   Too much oil is harmful to engine. Have vehicle checked without delay.
5. Oil level sensor defective.
   Do not add engine oil. Have system checked as soon as possible.

If oil level is low, add oil at oil filler (**arrow**). Use correct viscosity and grade oil.

Engine oil and filter, changing

> ***CAUTION—***
> - *In the interest of engine longevity, change oil at 7500 mile intervals or once a year, whichever comes first.*
> - *When changing the oil, make sure the engine oil drain plug is started and torqued using hand-tools. Power tools can strip the threads of the plug and the oil pan.*

A complete oil change requires new oil, a new filter insert kit and a new drain plug sealing washer. Run engine for a few minutes to warm engine oil. Switch engine OFF.

B309020063

◄ Use oil filter wrench to loosen and remove oil filter housing cover (**arrow**). Remove filter cartridge and discard O-ring.

– Raise vehicle and support safely.

> ***WARNING —***
> - *Make sure the vehicle is stable and well supported at all times. Use a professional automotive lift or jack stands designed for the purpose. A floor jack is not adequate support.*

B309020066

◄ Working underneath engine, open trap door in engine splash shield to expose drain plug (**inset**).

– Place drain pan under oil drain plug. Using a socket or box wrench, loosen drain plug. Remove plug by hand and let oil drain into pan.

> ***WARNING —***
> - *Pull the loose plug away from the hole quickly to avoid being scalded by hot oil. It will run out quickly when the plug is removed. If possible, use gloves to protect your hands.*

– When oil flow has diminished to an occasional drip, reinstall drain plug with a new metal sealing washer and torque plug.

Tightening torque	
Engine oil drain plug to oil pan	25 Nm (18 ft-lb)

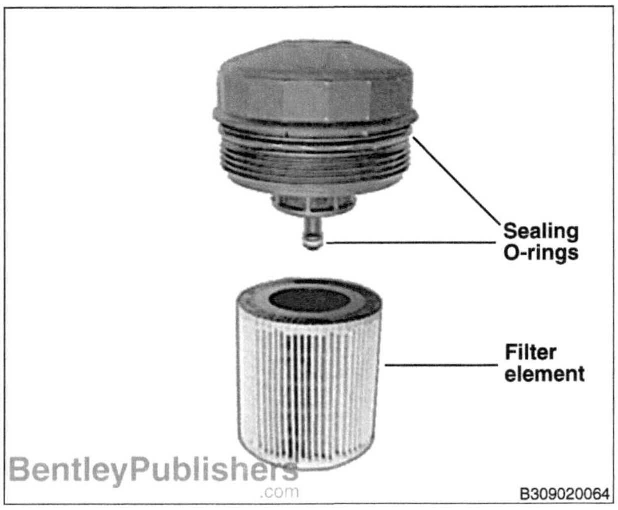

B309020064

◄ Lubricate and install new oil filter O-ring and new filter cartridge in oil filter housing cover. Install and tighten housing cover.

Tightening torque	
Cover to oil filter housing	25 Nm (18 ft-lb)

– Refill crankcase with oil. Approximate oil capacity is listed in **Table f**.

Table f. Engine oil capacity	
Engine	**Approx. capacity (incl.oil filter)**
6-cylinder: N51, N52, N54, N55	6.5 liters (6.9 US qt)

– Start engine and check that oil pressure warning light immediately goes out.

– Check for correct oil level:
  - Park on horizontal surface.
  - Run engine until it reaches operating temperature. Increase engine speed to 1100 rpm and maintain for 3 minutes.
  - Read engine oil level using instrument cluster display. See **Engine oil, checking level** in this repair group.

FUEL FILTER

3 Series models covered by this manual are equipped with a lifetime fuel filter with no specified replacement interval.

POWER STEERING FLUID SERVICE

Power steering fluid, checking level

The power steering system is permanently filled with either CHF or ATF hydraulic fluid. Routinely adding fluid is not required unless the system is leaking.

> ***CAUTION—***
> - *Power steering reservoir cap is marked with the type of fluid being used— ATF or CHF. Do not mix.*

To check power steering fluid level in fluid reservoir:
  - Park vehicle on level ground with engine off.
  - Level is correct if it is between **MIN** and **MAX** marks on dipstick.
  - If level is below **MIN** mark, add fluid to reservoir to bring level up.

– Hand-tighten reservoir cap.

See **320 Steering and Wheel Alignment** for power steering system bleeding.

Spark Plug Service

B309020071

6-cylinder engines in E90 vehicles (N51, N52, N54) use a coil-over-spark plug configuration, with one ignition coil above each spark plug.

< Removal of the turbocharged (N54, N55) engine spark plugs require a special thin-walled 12-point spark plug socket, BMW part no. 83 30 0 495 560.

Table g. Spark plugs		
Manufacturer	**Bosch**	**NGK**
N51, N52 engine	FR7NPP332	ILZFR6D11
N54 engine (turbo)	ZGR6STE2	not available
N55 engine (turbo)	ZR5TPP33S	not available
Check for correct applications with authorized BMW dealer parts department.		

Spark plugs, replacing

> ***WARNING—***
> - *To avoid personal injury, be sure the engine is cold before beginning work in the engine compartment.*

– Remove ignition coil covers. See **Engine upper cover (ignition coil cover), removing** in this repair group.

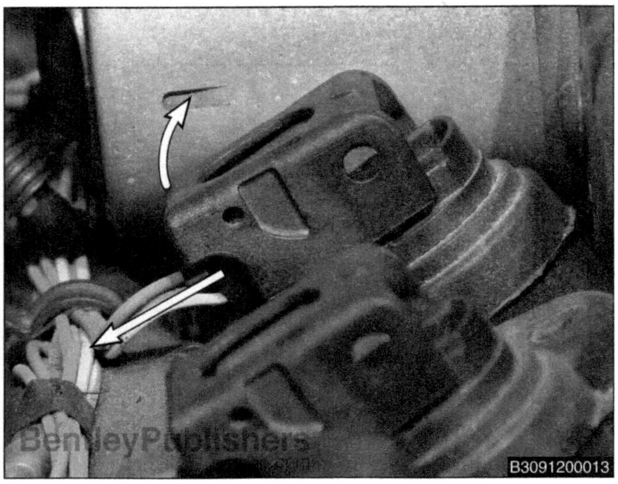
B3091200013

< Unlock ignition coil connector (**curved arrow**). Pull connector off coil (**straight arrow**) .

B3091200014

< Slide rod-shaped ignition coil straight out of spark plug hole.

> ***CAUTION—***
> - *Maintain cleanliness when servicing ignition coils. Fuel and oil residue can cause a breakdown in the electrical resistance of the silicone encased coil, resulting in ignition coil failure.*

< Remove spark plugs:

- Non-turbo engine: Use thin-walled spark plug socket.
- Turbo engine: Use special 12-point spark plug socket.

< Non-turbo engine: if thin-walled spark plug socket is not available, carefully remove slotted ignition coil sleeves from cylinder head cover holes, then remove spark plugs.

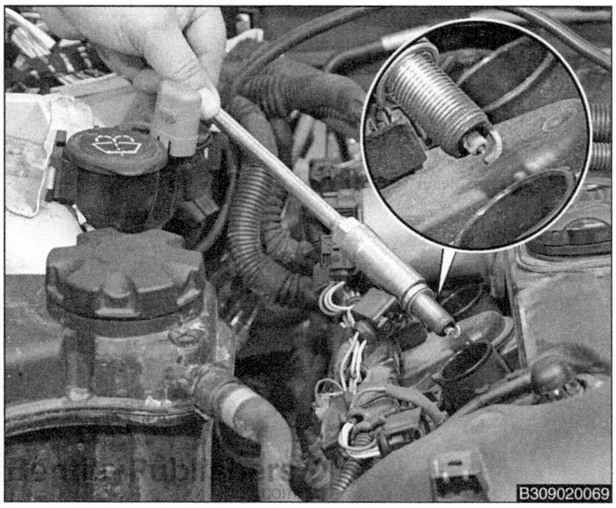

< Inspect spark plug electrodes. Light grey indicates normal combustion.

– Installation is reverse of removal, bearing in mind the following:

- Lightly lubricate new spark plug threads with copper-based anti-seize compound.
- Thread plugs into cylinder head by hand to prevent cross-threading.
- Reinsert or replace slotted ignition coil sleeves, if removed.
- Carefully insert ignition coils in spark plug wells and reattach electrical connectors.

Tightening torque	
Spark plug to cylinder head	23 ± 3 Nm (18 ± 2 ft-lb)

Other Mechanical Maintenance

Differential oil level, checking

The E90 front (if applicable) and rear differentials are filled with lifetime oil that ordinarily does not need to be changed. BMW recommends using only a specially formulated synthetic gear oil (SAF-XO) that is available through an authorized BMW dealer parts department. For additional information on this lubricant and any other lubricants that may be compatible, contact an authorized BMW dealer service department.

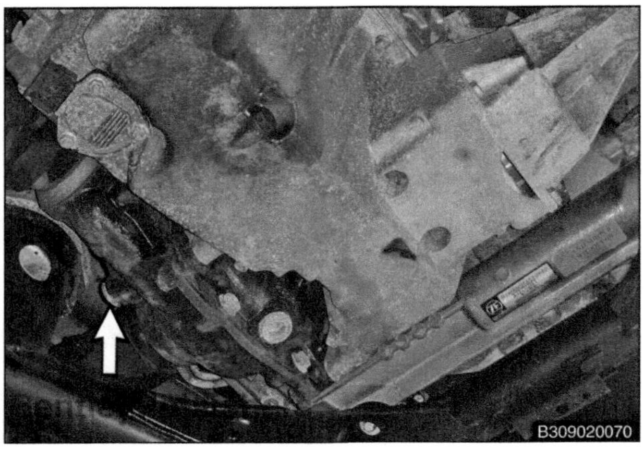

Front differential:

- Remove engine splash shield. See **Engine lower covers (splash shields), removing** in this repair group.
- Remove front reinforcement plate. See **310 Front Suspension**.
- Check oil at filler plug (**arrow**).

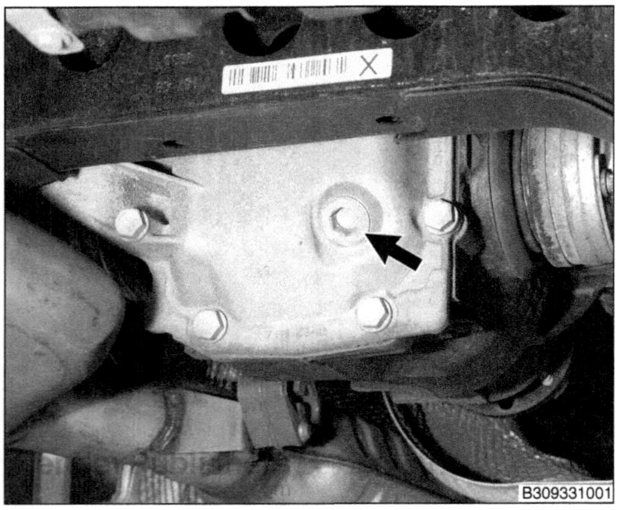

Rear differential: Check oil level at filler plug **(arrow)**.

– All: Check lubricant level with vehicle level:

- Use 14 mm or 17 mm Allen socket to remove filler plug.
- Level is correct when fluid just reaches edge of filler hole.
- If necessary, top up fluid.
- Replace filler plug sealing ring.
- Install and tighten oil filler plug when oil level is correct.

Tightening torque	
Filler plug to differential housing (front or rear)	60 Nm (44 ft-lb)

See also **311 Front Axle Differential** or **331 Rear Axle Differential**.

Drive axle joint (CV joint) boots, inspecting

◄ Inspect CV joint protective boots (**arrows**) for cracks and damage. If the rubber boots fail, water and dirt that enter the joint quickly damage it.

Areas where leaks are most likely to occur are around drive shaft and drive axle mounting flanges.

CV boot replacement is covered in **331 Rear Axle Differential**.

Exhaust system, inspecting

Exhaust system life varies widely according to driving habits and environmental conditions. If short-distance driving predominates, moisture and condensation in the system does not fully dry out. This leads to early corrosion damage and more frequent replacement.

Scheduled maintenance of the exhaust system is limited to inspection.

◄ Check to see that hangers (**arrow**) are in place and properly supporting the system and that parts of the exhaust system do not contact the body.

- Check for restrictions due to dents or kinks.

- Check for weakness or perforation due to rust.

See **180 Exhaust System**.

Fuel tank and fuel lines, inspecting

- Inspect fuel tank and fuel lines for damage or leaks.

- Check for fuel leaks in engine compartment or fuel odors in passenger compartment.

- Check for evaporative emissions hoses that may have become disconnected. Check carefully at charcoal canister and leakage diagnosis pump. See **130 Fuel Injection** and **160 Fuel Tank and Fuel Pump** for component locations and additional information.

Idle speed

Idle speed is electronically adaptive and not adjustable. See **130 Fuel Injection** for more information.

Oxygen sensors

Replacement of oxygen sensors at specified intervals ensures that the engine and emission control system continue to operate as designed. Extending the replacement interval may void the emission control warranty coverage. Oxygen sensor replacement is covered in **180 Exhaust System**.

Suspension and steering, inspecting

Check suspension and steering moving parts for wear and excessive play. Inspect ball joint and tie-rod rubber seals and boots for cracks or tears that allow the entry of dirt and water.

See also:

- **310 Front Suspension**.
- **311 Front Axle Differential**
- **320 Steering and Wheel Alignment**
- **330 Rear Suspension**
- **331 Rear Axle Differential**

Tires, checking inflation pressure

Correct tire pressures are important to handling and stability, fuel economy, and tire wear. Tire pressure changes with temperature. Check tire pressures often during seasonal temperature changes.

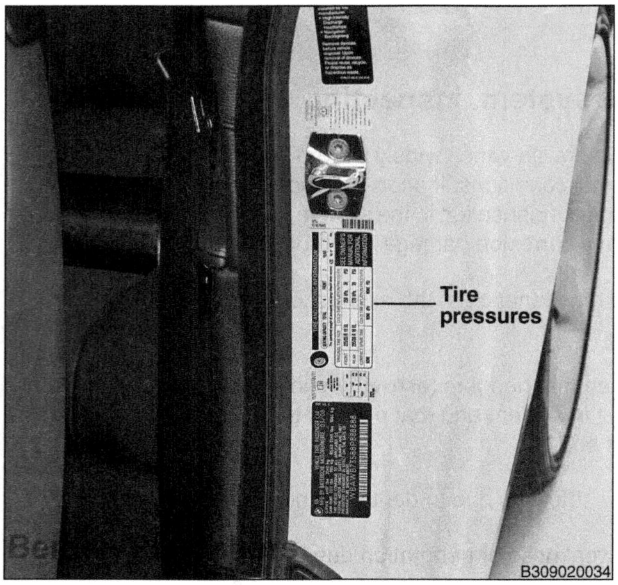

< Correct inflation pressures can be found on driver door pillar. Note that tire pressure specifications are higher when the vehicle is more heavily loaded.

> ***WARNING —***
> - *Do not inflate any tire to a pressure higher than maximum inflation pressure listed on the sidewall. Use care when adding air to warm tires. Warm tire pressures can increase as much as 4 psi (0.3 bar) over their cold pressures.*

Tires, rotating

BMW does not recommend tire rotation. Due to the vehicle's suspension design, the front tires begin to wear first at the outer shoulder and the rear tires begin to wear first at the middle of the tread or inner shoulder. Rotating the tires may adversely affect road handling and tire grip.

Transmission service

Use only the approved lube oil when servicing the transmission.

Transmission fluid, automatic

The automatic transmission is not equipped with a dipstick. Checking ATF level includes measuring and maintaining a specified ATF temperature during the checking procedure.

For ATF service information, including checking ATF level and ATF filter replacement procedures, see **240 Automatic Transmission**.

Transmission fluid, manual

Manual transmissions installed in E90 models are filled with a special lifetime fluid. For manual transmission fluid checking and replacement procedures, see **230 Manual Transmission**.

Wheels, aligning

BMW recommends checking the front and rear alignment once a year and whenever new tires are installed. See **320 Steering and Wheel Alignment**.

BODY AND INTERIOR MAINTENANCE

Body, hinges, locks, lubricating

- Lubricate door locks and lock cylinders with an oil that contains graphite.
- Lubricate body and door hinges, hood latch and door check rods with SAE 30 or SAE 40 engine oil.
- Lubricate seat runners with multipurpose grease.
- Lubricate door weather-strips with silicone spray or talcum powder.
- Lubricate engine hood release and hood release cable with spray grease.

> ***CAUTION—***
> - *Do not apply oil to rubber parts.*
> - *Use an absolute minimum of winter lock deicer spray. Alcohol in deicer washes grease out of lock assemblies and may cause locks to corrode internally or to become difficult to operate.*

Exterior washing

The longer dirt is left on the paint, the greater the risk of damaging the glossy finish, either by scratching or by the chemical effect dirt particles may have on the painted surface.

- Wash with a mixture of lukewarm water and vehicle wash product.
- Rinse using plenty of clear water.
- Wipe body dry with a soft cloth towel or chamois to prevent water-spotting.

> ***CAUTION—***
> - *Do not wash the vehicle in direct sunlight.*
> - *If the engine hood is warm, allow it to cool.*
> - *Beads of water not only leave spots when dried rapidly by the sun or heat from the engine, but also can act as small magnifying glasses and burn spots into the finish.*

Interior care

– Remove dirt spots on upholstery with lukewarm soapy water or dry foam cleaner.

– Use spot remover for grease and oil spots. Do not pour cleaning liquid directly on carpet or fabric. Dampen clean cloth and rub carefully, starting at edge of the spot and working inward.

> ***WARNING —***
> *• Do not use gasoline, naphtha, or other flammable substances.*

Leather upholstery and trim

– Clean leather upholstery and trim periodically.

– Use slightly damp cotton or wool cloth to get rid of dirt in creases and pores that can cause brittleness and premature aging.

– On heavily soiled areas, use a mild detergent (such as Woolite®) or a specially formulated leather cleaner.

– Dry trim and upholstery completely using a soft cloth. Regular use of a good quality leather conditioner reduces drying and cracking of leather.

Polishing

– Use paint polish only if finish assumes a dull look after long service.

– Use polish to remove tar spots and tarnish. Afterwards apply coat of wax to protect clean finish.

> ***CAUTION—***
> *• Do not use abrasive polish or cleaners on aluminum trim or accessories.*

Seat belts

Dirt and other abrasive particles damage seat belt webbing.

– To clean seat belts, use a mild soap solution.

> ***WARNING —***
> *• Do not clean the seat belt webbing using dry cleaning chemicals, bleach or other strong cleaning agents.*
> *• Allow wet belts to dry before allowing them to retract.*

– Inspect condition of belt webbing and function of retractor mechanisms.

Special cleaning

– Remove tar and insect spots with a bug and tar remover. Do not use gasoline, kerosene, nail polish remover, or other unsuitable solvents.

A bit of baking soda dissolved in the wash water will facilitate their removal. This method can also be used to remove tree sap spots.

Sunroof, emergency closing

In case of an electrical malfunction, you can close the sunroof manually.

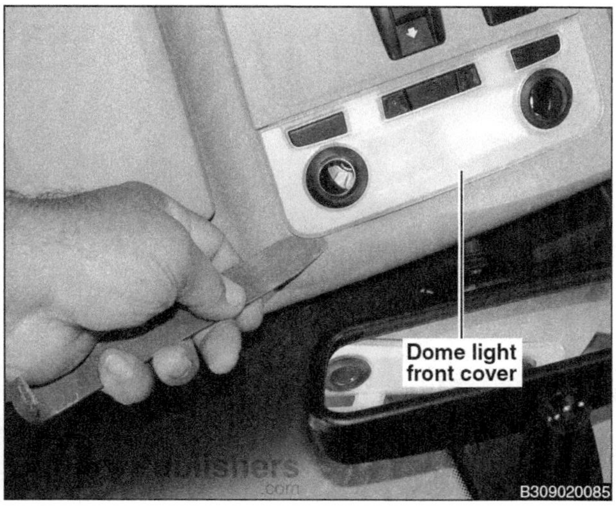

◀ Use plastic prying tool to lever off dome light front plastic cover.

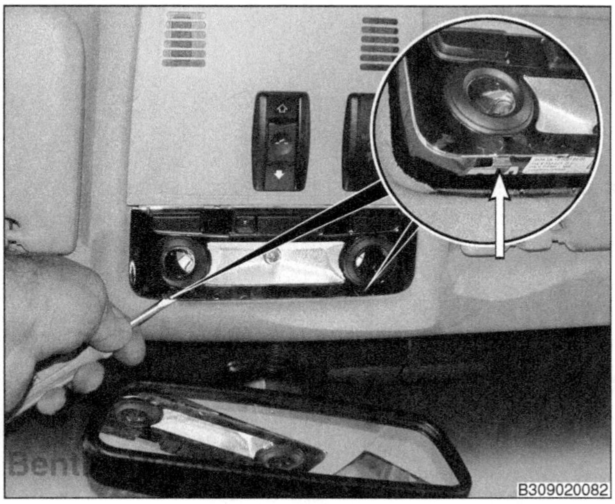

◀ Remove roof function center (FZD).

- Retaining clips (**inset**) are aligned with center line of reading lights. Pry carefully (**arrow**) with thin bladed screwdriver

◀ Detach sunroof motor electrical connector (**inset**). Considerably less effort is required for manual operation with motor disconnected.

B309020084

Use 4 mm Allen wrench to close sunroof glass. Note that Allen wrench is no longer supplied with vehicle tool kit in trunk.

Underbody visual inspection

– Inspect the following for leaks or damage:
- Engine
- Transmission
- Fuel system
- Cooling and heating systems
- Brake system
- Exhaust system

A small amount of dampness is considered normal in some cases, especially around axle and pulley seals since the leaking fluid helps the seal work properly. On the other hand, expensive repairs can be avoided by prompt repair of minor fluid leaks. Judgement and experience are required to distinguish among the different kinds of fluid leaks.

– Inspect underside of vehicle for damage caused by normal wear and tear or by driving over road debris. Whenever vehicle is raised on a lift, inspect underbody, wheel wells and sill or rocker panels for damage to underbody sealants and coatings. Also inspect after major repairs to vehicle systems.

– Repair damage or defects found. Only use wax-based or tar-based anti-corrosion compounds as specified. Do not use oil-based anti-corrosion sprays due to possible incompatibility with factory applied protection.

Washing chassis

– Periodically wash underside of vehicle, especially in winter, to help prevent accumulation of road salt and rust.

The best time to wash the underside is just after the vehicle has been driven in wet conditions. Spray the chassis with a powerful jet of water. Commercial or self-service vehicle washes may not be best for this, as they may recycle the salt-contaminated water.

Waxing

– For a long-lasting, protective and glossy finish, apply a hard wax after the vehicle has been washed and dried. Use carnauba or synthetic based products.

Waxing is not needed after every washing. You can tell when waxing is required by looking at the finish when it is wet. If the water coats the paint in smooth sheets instead of forming beads that roll off, a new coat of wax is needed. Do not apply wax to black trim pieces, rubber, or other plastic parts.

Windshield wiper blade maintenance

Common problems with windshield wipers include streaking or sheeting, water drops after wiping, and blade chatter. Streaking is usually caused when wiper blades are coated with road film or vehicle wash wax. Clean the blades using soapy water. If cleaning the blades does not cure the problem, they should be replaced. BMW recommends replacing the wiper blades twice a year, before and after the cold season.

– Check tension spring that forces wiper against glass. Replace wiper arm if spring tension is weak.

– Drops that remain behind after wiping are caused by oil, road film, or diesel exhaust coating the windshield. Use an alcohol or ammonia solution or a nonabrasive cleanser to clean the windshield.

Wiper blade chatter may be caused by dirty or worn blades, by a dirty windshield, or by bent or twisted wiper arms. Clean the blades and windshield as described above. Adjust the wiper arm so that there is even pressure along the blade, and so that the blade is perpendicular to the windshield at rest. Lubricate the wiper linkage with a light oil. The linkage is located under the hood on the driver's side. If the problem persists, the blades are excessively aged or worn and should be replaced.

Wiper blade replacement is covered in **611 Wipers and Washers**.

CHECK CONTROL

Check Control codes, instrument cluster

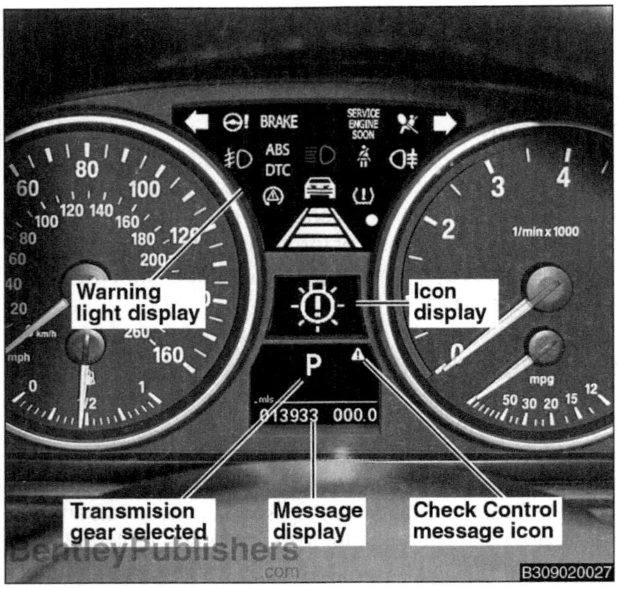

Check Control monitors vehicle functions and alerts the driver to malfunctions using indicator and warning lights in a variety of colors in the instrument cluster. In some circumstances, acoustic signals as well as text messages are given.

⚠ indicates that Check Control messages are stored.

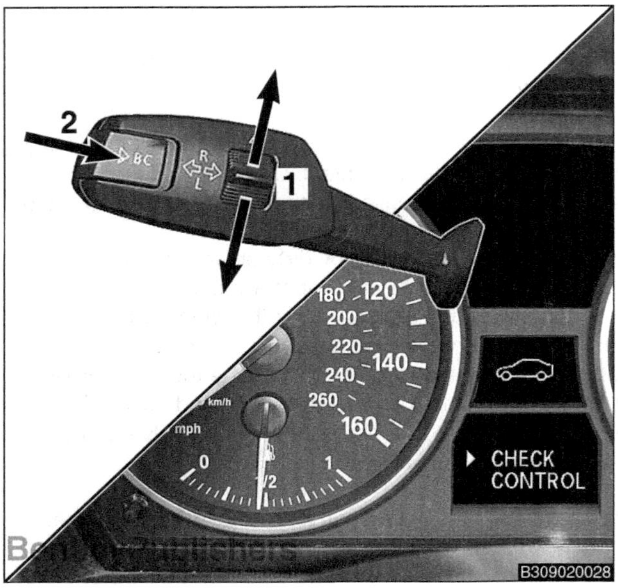

To view Check Control messages in instrument cluster:

- Toggle button **1** in turn signal lever up or down to scroll through instrument cluster menu items.
- When CHECK CONTROL appears in lower display, press button **2** to select it.

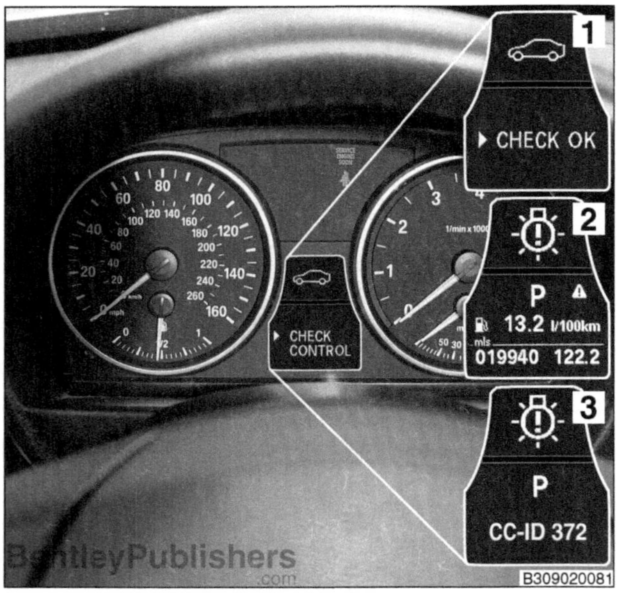

Details of Check Control messages:

1. If CHECK OK appears, there are no Check Control messages.
2. If a message is stored, an icon (light bulb in this case) illuminates in the center cluster display.
3. Press button **2** in turn signal lever and hold for approx. 4 seconds. A numeric message appears in lower display. In this case, Check Control code 372 refers to failed left taillight bulb. See **Table h** for list of Check Control codes (CC-ID).

– Toggle button **1** in turn signal lever to check for other messages.

– Press button **2** to return to outside temperature and clock display.

Check Control in central information display (CID)

B309020008

To view Check Control messages in central information display (CID): Press down iDrive controller to brings up **Info sources | Settings** menu.

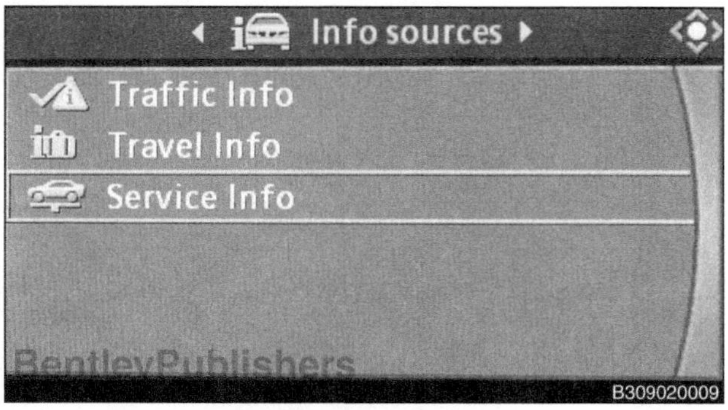

B309020009

Pull back iDrive controller to enter middle screen, then rotate controller to **Service Info**.

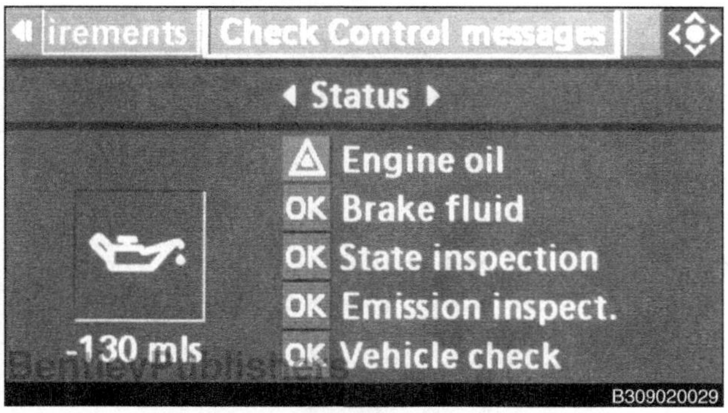

B309020029

Press down controller to enter **Service Info** (or **Service requirements**) submenu.

– Rotate controller to **Check Control messages**.

B309020030

Press down controller to enter **Check Control messages**.

Check Control in central information display (CID)

Table h. Check Control codes (CC-ID)			
CC-ID	**Control module**	**Message text**	**Meaning and possible solution**
0	Instrument cluster (KOMBI)	no faults	
1 *	Longitudinal dynamic management (LDM)	ACC deactivated. Drive with care	Active Cruise Control deactivated due to risk of skidding. Keep your distance and drive with care. Reactivate ACC as needed when driving situation allows.
2 *	Longitudinal dynamic management (LDM)	ACC deactivated. Keep your distance	Active Cruise Control deactivated due to dirty sensor. Keep your distance. Wipe sensor clean, see Owner's Manual.
3 *	Longitudinal dynamic management (LDM)	ACC deactivated. Keep your distance	Active Cruise Control failure Keep your distance. Consult BMW Service.
4	Trailer module (AHM)	Trailer, parking light, left	
5	Trailer module (AHM)	Trailer, parking light, right	
6	Trailer module (AHM)	Trailer, indicator, left	
7	Trailer module (AHM)	Trailer, indicator, right	
8	Trailer module (AHM)	Trailer, brake lights	
9	Trailer module (AHM)	Trailer, fog light	
13	Instrument cluster (KOMBI)	Radio-control key in lock	
14	Car Access System (CAS)	Door open. (= front right)	
15 *	Car Access System (CAS)	Door open. (= front left)	
16 *	Car Access System (CAS)	Door open. (= rear left)	
17 *	Car Access System (CAS)	Door open. (= rear right)	
18 *	Car Access System (CAS)	Bonnet open. Stop the vehicle carefully	Engine hood is not locked. Risk of accident. Stop vehicle and close hood.
19	Car Access System (CAS) or Convertible Top Module (CTM)	Boot open	Trunk lid open.
21	Car Access System (CAS)	Ignition faulty	Engine can only be started with brake pedal depressed. Contact nearest BMW Service.
22 *	Car Access System (CAS)	Starter motor. Do not stop engine	Not possible to restart engine. Have problem checked by nearest BMW Service.
24 *	Dynamic Stability Control (DSC)	DBC failure. Drive with care	No additional brake support from DBC when emergency braking. Drive with care. Have problem checked by BMW Service as soon as possible.
25	Digital diesel electronics (DDE)	Preheating. Please wait	
26	Digital engine electronics (DME), digital diesel electronics (DDE)	Cruise control	Cruise control failure. Possible to continue journey with caution. Have problem checked by nearest BMW Service.
27	Digital engine electronics (DME), digital diesel electronics (DDE)	Engine oil level. Top up engine oil	Engine oil level at minimum: Add 1 liter of engine oil at next opportunity. Refer to Owner's Manual.
28	Digital engine electronics (DME), digital diesel electronics (DDE)	Engine oil level. Top up engine oil	Engine oil level below minimum. Add 1 liter of engine oil at next opportunity. Refer to Owner's Manual.
29	Digital engine electronics (DME), digital diesel electronics (DDE)	Engine fault. Reduced power	Full engine output no longer available. Drive with care. Have problem checked by nearest BMW Service.
** Stored in instrument cluster*			

Table h. Check Control codes (CC-ID)

CC-ID	Control module	Message text	Meaning and possible solution
30 *	Digital engine electronics (DME), digital diesel electronics (DDE)	Engine. Stop the vehicle carefully	Driving on could cause engine damage. Stop vehicle and switch off engine. Contact nearest BMW Service.
31 *	Digital engine electronics (DME), digital diesel electronics (DDE)	Increased emissions	Engine malfunction influencing exhaust emissions. Have problem checked by BMW Service as soon as possible.
32 *	Digital engine electronics (DME), digital diesel electronics (DDE)	Please close filler cap	Fuel or fuel vapors could escape. Check that fuel filler cap is properly closed and engaged.
33	Digital engine electronics (DME), digital diesel electronics (DDE)	Engine fault. Drive with care	Increased engine load could damage catalytic converter. Drive with moderate engine load. Have problem checked by nearest BMW Service.
35 *	Dynamic Stability Control (DSC)	DSC failure. Drive with care	Driving stability restricted when accelerating and cornering. Drive with care. Have problem checked by BMW Service as soon as possible.
36	Dynamic Stability Control (DSC)	DSC deactivated	Driving stability restricted when accelerating and cornering.
38	Car Access System (CAS)	Remote control. Unidentified key	Remote key used is not assigned to this vehicle.
39 *	Digital engine electronics (DME), digital diesel electronics (DDE)	Engine overheated. Stop the vehicle carefully	Stop engine and allow it to cool. Do not open engine hood, risk of scolding. Contact nearest BMW Service.
40	Car Access System (CAS)	To start engine, press brake pedal	
41	Instrument cluster (KOMBI)	Service due	Your BMW dealer was unable to be informed automatically. Contact your BMW Service.
42 *	Dynamic Stability Control (DSC)	Control systems. Drive with care	Ground clearance / driving comfort reduced. Avoid high speeds when cornering. Have problem checked by nearest BMW Service.
46	Multiple restraint system (MRS)	Fasten seat belt	
49 *	Digital diesel electronics (DDE)	Particulate filter malfunction	Possible to continue journey with caution. Have problem checked by nearest BMW Service.
50 *	Dynamic Stability Control (DSC)	Run Flat Indicator failure	Flat tires cannot be detected. Have problem checked by BMW Service as soon as possible.
60	Instrument cluster (KOMBI)	Speedometer display fault	Speedometer display malfunction. Have problem checked by nearest BMW Service.
62	Instrument cluster (KOMBI)	Speed limit exceeded. (Gulf states only)	
63 *	Dynamic Stability Control (DSC)	Tire puncture	Journey can be continued for a limited distance at speeds up to max. 50 mph (80 kph). Refer to Owner's Manual. Have problem checked by nearest BMW Service.
65	Car Access System (CAS)	Charge battery in key / Remote control. Charging	Remote key battery is automatically recharged during lengthy journeys with key in ignition lock.
66	Car Access System (CAS)	Remote control. No engine start	Remote key not available or faulty. Engine start not possible. Refer to Owner's Manual.
67	Car Access System (CAS)	Remote control battery discharged	Batteries in remote key discharged. Replace. Refer to Owner's Manual.
68	Car Access System (CAS)	Bat. remote cont. for stat. funct.	Batteries in remote key discharged. Replace. Refer to Owner's Manual.

** Stored in instrument cluster*

Table h. Check Control codes (CC-ID)			
CC-ID	**Control module**	**Message text**	**Meaning and possible solution**
69	Longitudinal dynamic management (LDM)	ACC deactivated. Keep your distance	Cruise Control deactivated under approx. 30 km/h (20 mph). Keep your distance. Reactivate ACC as needed.
71 *	Dynamic Stability Control (DSC)	Brake pads. Replace	Brake pads worn. Have them replaced by nearest BMW Service.
73	Electro-mechanical power steering (EPS)	EPS inoperable (= on-board computer)	
74 *	Dynamic Stability Control (DSC)	Brake fluid. Stop vehicle carefully	Insufficient quantity of brake fluid. Braking effect reduced. Stop vehicle carefully. Contact nearest BMW Service.
75 *	Trailer module (AHM)	Trailer tow bar electrics.	Trailer electrics failed. Trailer lights affected. Have problem checked by nearest BMW Service.
78	Instrument cluster (KOMBI)	Speed limit exceeded. (= on-board computer)	
79	Instrument cluster (KOMBI)	Outside temperature (= for northern countries)	
85 *	Longitudinal dynamic management (LDM)	ACC deactivated. Manual braking	Active Cruise Control ACC deactivated due to long downhill drive. Keep your distance. Reactivate ACC as needed.
87	Footwell module	Rear light, right, failure	Rear right lamp failed. Have problem checked by nearest BMW Service.
88	Footwell module	Dipped beam, left, failure	Left dipped-beam headlight failed. Have problem checked by nearest BMW Service.
89	Footwell module	Dipped beam, right, failure	Right dipped-beam headlights failed. Have problem checked by nearest BMW Service.
90	Trailer module (AHM)	Trailer, reversing light	
91	Multiple restraint system (MRS)	Fasten seat belt	
92 *	Multiple restraint system (MRS)	Front pass. restraint system faulty	Belt tensioner or belt force limiter malfunction. Fasten seat belt despite malfunction. Have problem checked by nearest BMW Service.
93 *	Multiple restraint system (MRS)	Driver restraint system faulty	Belt tensioner or belt force limiter malfunction. Fasten seat belt despite malfunction. Have problem checked by nearest BMW Service.
94 *	Multiple restraint system (MRS)	Restraint system, rear left, faulty	Belt tensioner malfunction. Fasten seat belt despite malfunction. Have problem checked by nearest BMW Service.
95 *	Multiple restraint system (MRS)	Restraint system, rear right, faulty	Belt tensioner malfunction. Fasten seat belt despite malfunction. Have problem checked by nearest BMW Service.
97 *	Multiple restraint system (MRS)	Restraint systems faulty	Airbags, belt tensioners and belt force limiters malfunction. Fasten belts despite problem. Have problem checked by nearest BMW Service.
103 *	Electronic transmission control (EGS)	Transmission too hot	Transmission too hot. Possible to continue journey with caution. Engine power output reduced. Drive with care.
104 *	Electronic transmission control (EGS)	Transmission fault. Drive with care	Risk of transmission overheating. Shift program with restricted driving active. Avoid high engine loads.
105 *	Electronic transmission control (EGS)	Transmission fault. Stop vehicle carefully	Transmission overheating. Stop vehicle and engage transmission position P. Allow to cool and continue journey with care. In case of repeated overheating, have problem checked by your BMW Service.
108 *	Multiple restraint system (MRS)	Driver airbags faulty	Airbags malfunction. Have problem checked by nearest BMW Service.
** Stored in instrument cluster*			

Table h. Check Control codes (CC-ID)

CC-ID	Control module	Message text	Meaning and possible solution
109 *	Multiple restraint system (MRS)	Front passenger airbags faulty	Airbags malfunction. If possible, do not occupy front-passenger seat. Have problem checked by nearest BMW Service.
111	Footwell module (FRM)	Number plate light left, failure	Left licence-plate light failed. Have problem checked by nearest BMW Service.
113	Footwell module (FRM)	Parking lights on	
114	Footwell module (FRM)	Foglight, rear left, failure	Rear left foglight failed. Have problem checked by nearest BMW Service.
115	Footwell module (FRM)	Reversing light, right, failure	Right back-up light failed. Have problem checked by nearest BMW Service.
116	Footwell module (FRM)	Indicator, rear left, failure	Rear left turn signal failed. Have problem checked by nearest BMW Service.
117	Footwell module (FRM)	Reversing light, left, failure	Left back-up light failed. Have problem checked by nearest BMW Service.
118	Footwell module (FRM)	Rear light, right, failure	Rear right lamp failed. Have problem checked by nearest BMW Service.
119	Footwell module (FRM)	Indicator, front right, failure	Front right turn signal failed. Have problem checked by nearest BMW Service.
120	Footwell module (FRM)	Dipped beam, left, failure	Left dipped-beam headlight failed. Have problem checked by nearest BMW Service.
121	Footwell module (FRM)	Dipped beam, right, failure	Right dipped-beam headlights failed. Have problem checked by nearest BMW Service.
122	Footwell module (FRM)	Indicator, front left, failure	Front left turn signal failed. Have problem checked by nearest BMW Service.
123	Footwell module (FRM)	Rear light, left, failure	Rear left lamps failed. Have problem checked by nearest BMW Service.
124	Footwell module (FRM)	Side indicator, right, failure	Right side-mounted turn signal failed. Have problem checked by nearest BMW Service.
125	Footwell module (FRM)	Indicator, rear right, failure	Rear right turn signal failed. Have problem checked by nearest BMW Service.
126	Footwell module (FRM)	Foglight, front right, failure	Front right foglight failed. Consult BMW Service.
127	Footwell module (FRM)	Left side-mounted turn signal failed	Left side-mounted turn signal failed. Have problem checked by nearest BMW Service.
128	Footwell module (FRM)	Full beam headlight left, failure	Left main-beam headlight failed. Consult BMW Service.
129	Footwell module (FRM)	Foglight, rear right, failure	Right rear foglight failed. Consult BMW Service.
130	Footwell module (FRM)	Full beam headlight right, failure	Right main-beam headlight failed. Consult BMW Service.
131	Footwell module (FRM)	Parking light front left, failure	Parking light front left, failure. Have problem checked by nearest BMW Service.
132	Footwell module (FRM)	Front right side light failed	Front right side light failed. Have problem checked by nearest BMW Service.
133	Footwell module (FRM)	Rear light, left, failure	Rear left lamps failed. Have problem checked by nearest BMW Service.
134	Footwell module (FRM)	Brake light right, failure	Right brake light failed. Have problem checked by nearest BMW Service.
135	Footwell module (FRM)	Third brake light, failure	Centre brake light failed. Have problem checked by nearest BMW Service.

** Stored in instrument cluster*

Table h. Check Control codes (CC-ID)			
CC-ID	**Control module**	**Message text**	**Meaning and possible solution**
136	Footwell module (FRM)	Brake light left, failure	Left brake light failed. Have problem checked by nearest BMW Service.
137	Footwell module (FRM)	Number plate light, right, failure	Right licence-plate light failed. Have problem checked by nearest BMW Service.
138	Footwell module (FRM)	Foglight, front left, failure	Front left foglight failed. Have problem checked by nearest BMW Service.
139 *	Run Flat Indicator (RPA)	Tire puncture front left	Journey can be continued for a limited distance at speeds up to max. 50 mph (80 kph). Refer to Owner's Manual. Have problem checked by nearest BMW Service.
140 *	Run Flat Indicator (RPA)	Tire puncture rear right	Journey can be continued for a limited distance at speeds up to max. 50 mph (80 kph). Refer to Owner's Manual. Have problem checked by nearest BMW Service.
141 *	Run Flat Indicator (RPA)	Tire puncture rear left	Journey can be continued for a limited distance at speeds up to max. 50 mph (80 kph). Refer to Owner's Manual. Have problem checked by nearest BMW Service.
142	Run Flat Indicator (RPA)	Tire pressure. Check	Tire pressure too low or too high. Check and correct. Refer to Owner's Manual or inflation pressure tag.
143 *	Run Flat Indicator (RPA)	Tire puncture front right	Journey can be continued for a limited distance at speeds up to max. 50 mph (80 kph). Refer to Owner's Manual. Have problem checked by nearest BMW Service.
144 *	Tire pressure control (RDC)	Tire pressure control malfunction	Temporary radio interference in tire pressure control system (RDC) from outside or due to additional RDC wheels inside vehicle. Possible to continue journey with caution.
145 *	Tire pressure control (RDC)	Brake light actuation failed	Brake light failed. Have problem checked by nearest BMW Service.
147 *	Run Flat Indicator (RPA)	Tire puncture	Journey can be continued for a limited distance at speeds up to max. 50 mph (80 kph). Refer to Owner's Manual. Have problem checked by nearest BMW Service.
148	Digital engine electronics (DME)	Brake light control failure	Brake light failed. Have problem checked by nearest BMW Service.
149 *	Tire pressure control (RDC)	Tire pressure control failed	Tire pressure control (RDC) not available. Burst tires and losses of pressure cannot be detected. Have problem checked by nearest BMW Service.
164 *	Junction box electronics (JBE)	Washer fluid level low	Not enough washer fluid in reservoir. Top up at next opportunity. Refer to Owner's Manual.
165	Instrument cluster (KOMBI)	Ambient temperature	
166 *	Junction box electronics (JBE)	Coolant level too low	Not enough coolant. Risk of engine damage. Add coolant at next opportunity. Refer to Owner's Manual. Caution: risk of scolding.
167 *	Instrument cluster (KOMBI)	Set time and date	Battery has been disconnected, time and date displays no longer correct. Reset. Refer to Owner's Manual.
171 *	Electronic transmission control (EGS)	Transm. fault. Drive with care	Transmission malfunction. Emergency program active. Transmission positions P, R, N, D possible (forwards only in 3rd and 5th gear). Gear can be engaged without brake. Drive with care. Have problem checked by nearest BMW Service.
172 *	Electronic transmission control (EGS)	Transm. fault. Drive with care	Transmission malfunction. Emergency program active. Reverse gear may not be able to be engaged. Reduced acceleration. Drive with care. Have problem checked by nearest BMW Service.
** Stored in instrument cluster*			

Table h. Check Control codes (CC-ID)

CC-ID	Control module	Message text	Meaning and possible solution
176 *	Longitudinal dynamic management (LDM)	ACC malfunction. Keep your distance	Active cruise control (ACC) sensor possibly dirty. Detection of vehicle in front restricted. Refer to Owner's Manual. Keep your distance.
178	Electronic transmission control (EGS)	Transmission in N	Transmission position N Vehicle is not secured against rolling. Engage gear or apply parking brake.
179	Electronic transmission control (EGS)	Transm. fault. Drive with care	Transmission functions and position display may be faulty. Gear can be engaged without applying brake. Have problem checked by nearest BMW Service.
181	Multiple restraint system (MRS)	(during pre-drive check)	
182	Digital engine electronics (DME), digital diesel electronics (DDE)	Oil level sensor fault	Oil level sensor malfunction. Have problem checked by BMW Service as soon as possible.
184	Dynamic Stability Control (DSC)	DTC activated, DSC restricted	Dynamic Traction Control (DTC) increases forward traction on loose surfaces but reduces driving stability.
186	Car Access System (CAS)	ELV. If possible, do not stop engine	Electric steering wheel lock (ELV) will not be released after engine has been switched OFF. Start not possible. If engine is running, do not switch it OFF.
187	Car Access System (CAS)	ELV engaged. Move steering wheel	Electric steering wheel lock (ELV) inhibiting engine start. Move steering wheel to allow engine to be started.
192 *	Tire pressure control (RDC)	RDC initialized when driving	RDC is being initialized. RDC is not available for approx. 15 to 30 minutes. Flat tires cannot be detected in this time. System is initialized while vehicle is being driven.
195 *	Park Distance Control (PDC)	PDC failure	No acoustic warning available for Park Distance Control (PDC). Have problem checked by BMW Service as soon as possible.
196	Footwell module (FRM)	Indicator, front right, failure	Front right turn signal failed. Have problem checked by nearest BMW Service.
197	Footwell module (FRM)	Indicator, front left, failure	Front left turn signal failed. Have problem checked by nearest BMW Service.
205	Car Access System (CAS)	Remote control. Do not stop engine	Remote key not in ignition lock. Engine may not be able to be restarted - do not switch off. Have problem checked by nearest BMW Service.
206	Car Access System (CAS)	Next press of button starts engine	Engine will start with press of START / STOP button, even if clutch and/or brake are not depressed.
207 *	Junction box electronics (JBE)	Electronics malfunction. Stop vehicle carefully	Central vehicle electronics failed. Not possible to continue journey. Contact nearest BMW Service.
208	Car Access System (CAS)	Comfort Access inactive	Comfort Access deactivated.
209	Car Access System (CAS)	Remote control inside vehicle	Remote control inside vehicle: Not possible to lock vehicle from outside. Take remote control with you on leaving vehicle
212 *	Digital engine electronics (DME), digital diesel electronics (DDE)	Engine oil pressure. Stop the vehicle carefully	Engine oil pressure too low. Engine damage possible. Switch off engine, do not continue journey. Contact nearest BMW Service.
213	Digital engine electronics (DME)	Charging fault	Alternator malfunction. Battery not being recharged. Switch off current consumers that are not needed. Have problem checked by nearest BMW Service.
216 *	Electric fuel pump (EKP)	Fuel pump fault. Drive with care	Fuel supply malfunction. Engine output may be reduced. Drive with care. Have problem checked by nearest BMW Service.

** Stored in instrument cluster*

Table h. Check Control codes (CC-ID)			
CC-ID	**Control module**	**Message text**	**Meaning and possible solution**
217	Car Access System (CAS)	Remote control not present	Remote key not in vicinity of vehicle, therefore not possible to lock vehicle. Keep remote control with you.
220 *	Digital engine electronics (DME), digital diesel electronics (DDE)	High rate of battery discharge	Increased battery discharge when stationary. Engine start may no longer be possible. Switch off current consumers that are not needed. Consult BMW Service.
229 *	Digital engine electronics (DME), digital diesel electronics (DDE)	Battery charge very low	Vehicle battery heavily discharged. Recharge by driving lengthy distance or with external battery charger. Automatic current consumer cutoff soon.
231	Footwell module (FRM)	Lighting system. Stop the vehicle carefully	Check displays and possibly turn signals, foglights, main-beam headlights and headlight flasher inoperable. Stop vehicle, check and continue journey with care. Have problem checked by nearest BMW Service.
236 *	Dynamic Stability Control (DSC)	Control systems. Drive with care	Stability system failed. Reduced braking and driving stability. If possible, avoid abrupt braking. Have problem check by nearest BMW Service.
237 *	Dynamic Stability Control (DSC)	Drive contr. syst. Drive with care	Driving control system failed. Reduced driving stability when cornering. Drive with care. Have problem checked by nearest BMW Service.
245 *	Electronic height control (DSC)	Level control malfunction	Level control malfunction Driving comfort may be slightly reduced. Have problem checked by nearest BMW Service.
247 *	Digital engine electronics (DME)	Battery monitoring failure	Automatic monitoring of battery charge state failed. Have problem check by your BMW Service.
248	Electronic transmission control (EGS)	Gear engag. without brake poss.	Apply brake before engaging gear. Switch off engine before leaving vehicle. Risk of accident. Have system checked as soon as possible by your local BMW Service.
250	Electronic transmission control (EGS)	Gear engag. without brake poss.	Apply brake before engaging a gear. Possible to continue journey with caution. Switch off engine before leaving vehicle. Have problem checked by BMW Service as soon as possible.
254	Electronic transmission control (EGS)	Transmission fault. Drive with care	Emergency program active. Acceleration may be reduced. Drive with care. Have problem checked by nearest BMW Service.
256	Footwell module	Headlight range adjustment	Headlight-range adjustment malfunction. Road-surface illumination not optimal. Oncoming traffic may be dazzled. Have problem checked by BMW Service as soon as possible.
257 *	Digital engine electronics (DME), digital diesel electronics (DDE)	Engine too hot. Drive with care	Engine temperature too high. Drive with care to cool. In case of repeated overheating, have problem checked by your BMW Service.
259	Footwell module	Side window anti-trap function	Power windows anti-trap function inactive.
260	Roof control panel (FZD) or sliding/tilting sunroof (SHD)	Sliding sunroof anti-trap function	Sliding sunroof anti-trap function inactive. Have problem checked by nearest BMW Service.
261	Footwell module	Side window anti-trap function	Power windows anti-trap function failure. Have problem checked by nearest BMW Service.
262	Roof control panel (FZD) or sliding/tilting sunroof (SHD)	Sliding sunroof anti-trap function	Sliding sunroof anti-trap function failure. Have problem checked by nearest BMW Service.
265 *	Run Flat Indicator (RPA)	Tire pressure. Recheck	Left/right pressure difference too high. Recheck tire pressures. Refer to Owner's Manual or inflation pressure tag.
266	Multiple restraint system (MRS)	Rollover protection malfunction	Rollover protection malfunction. Have problem checked by nearest BMW Service.
** Stored in instrument cluster*			

Table h. Check Control codes (CC-ID)

CC-ID	Control module	Message text	Meaning and possible solution
273	Active Steering (AL)	Active steering. Exercise care when steering	Steering behavior altered. Steering wheel might be at an angle. Possible to continue journey with caution. Exercise care when steering. Have active steering (AL) checked by nearest BMW Service.
275	Instrument cluster (KOMBI)	Fuel reserve	
276	Longitudinal dynamic management (LDM)	Speed Select higher gear	Engine speed too high. Select higher gear if driving situation allows.
277	Longitudinal dynamic management (LDM)		Active cruise control (ACC) deactivated. Gear engaged not appropriate to driving situation. Change gear and reactivate ACC as needed.
278	Longitudinal dynamic management (LDM)	Speed Select lower gear	Engine speed too low. Select lower gear if driving situation allows.
279	Instrument cluster (KOMBI)	Driver's seat backrest not locked.	Driver's seat backrest not locked. Increased risk of injury in event of an impact as seat belt cannot work as intended. Engage seat backrest.
280	Instrument cluster (KOMBI)	Front-passenger seat backrest not locked	Passenger seat backrest not locked. Increased risk of injury in event of an impact as seat belt cannot work as intended. Engage seat backrest.
281	Instrument cluster (KOMBI)	Service due. (= yellow)	
284	Instrument cluster (KOMBI)	Service overdue. (= red)	
285	Instrument cluster (KOMBI)	No service due (= orange)	
286	Instrument cluster (KOMBI)	Range	
287	Electronic transmission control (EGS)	Clutch overheating.	Clutch overheating. If possible, stay where you are or pull away quickly.
288	Electronic transmission control (EGS)	Transm. fault. Drive with care	Transmission malfunction. Emergency program activated. Only transmission positions R, N and 1st to 3rd gear available. Have problem checked by nearest BMW Service.
289	Electronic transmission control (EGS)	Transm. fault. Drive with care	Transmission malfunction. Emergency program activated. Only transmission positions R, N and 1st to 3rd gear available. Have problem checked by nearest BMW Service.
290	Electronic transmission control (EGS)	Transm. fault. Drive with care	Transmission malfunction Journey can be continued at moderate speeds. Journey cannot be continued after stopping. Contact nearest BMW Service.
291	Electronic transmission control (EGS)	Transm. fault. Drive with care	Transmission malfunction. Emergency program activated. Only positions D, N, R available. Have problem checked by nearest BMW Service.
292	Electronic transmission control (EGS)	Transmission. Engage gear again	Transmission malfunction. Position N automatically engaged when vehicle is stationary. Have problem checked by nearest BMW Service.
293	Electronic transmission control (EGS)	Start: select pos. N and press brake	Before starting engine, apply brake and move selector lever to position N.
295	Footwell module	Cornering lights failed.	Adaptive headlights failed. Continue journey with care. Consult BMW Service.

** Stored in instrument cluster*

Table h. Check Control codes (CC-ID)			
CC-ID	**Control module**	**Message text**	**Meaning and possible solution**
296	Telematics control unit (TCU)	No SOS calls. Mobile phone?	No emergency call possible. Insert mobile phone and switch on.
297	Telematics control unit (TCU)	Assist SOS calls not enabled	BMW Assist emergency call not possible as not enabled. Refer to your BMW Assist contract and check settings.
298	Telematics control unit (TCU)	Assist SOS calls not available	BMW Assist emergency call not possible in this country. Consult instructions for BMW Assist roaming.
299 *	Telematics control unit (TCU)	SOS call system failure	Emergency call system functions restricted of failed. Have problem checked by nearest BMW Service.
300	Telematics control unit (TCU)	Assist SOS calls not available. SIM?	BMW Assist emergency call not available. SIM card not available or not usable.
301	Instrument cluster (KOMBI)	Seat backrest monitor defective	Seat backrest monitor failed. Engage seat backrest. Have problem checked by nearest BMW Service.
302	Electronic transmission control (EGS)	Transmission pos. P not engaged	Transmission position P not engaged. Vehicle could roll away.
303	Car Access System (CAS)	To start engine, depress clutch	
304 *	Digital engine electronics (DME), digital diesel electronics (DDE)	Battery. Check	Battery severely aged. Consult BMW Service.
305 *	Digital engine electronics (DME), digital diesel electronics (DDE)	Battery terminals. Check	Electrical current supply at risk. Have problem checked by nearest BMW Service.
306 *	Digital engine electronics (DME), digital diesel electronics (DDE)	Battery charge very low	Battery heavily discharged. Electric comfort functions deactivated to reduce load on battery. These functions will be reactivated when battery has been recharged.
307 *	Electronic transmission control (EGS)	Transm. fault. Drive with care	Transmission malfunctions possible. Gear can be engaged without brake. Drive with care. Have problem checked by nearest BMW Service.
308	Instrument cluster (KOMBI)	(= parking brake applied)	
309 *	Electric fuel pump (EKP)	Fuel pump fault	Fuel pump malfunction. Possible to continue journey with caution. Have problem checked by BMW Service as soon as possible.
321	Active Steering (AL)	Active steering inactive	Active steering inactive. Steering behavior altered. Steering wheel might be at an angle. Possible to continue journey with caution. Exercise care when steering.
322	Electronic transmission control (EGS)	Transmission. Introduction active	
323	Electronic transmission control (EGS)	Clutch. Introduction active	
325	Electronic transmission control (EGS)	Transmission in N	
326	Electronic transmission control (EGS)	Transmission in drive position	
327 *	Tire pressure control (RDC)	RDC initialized when driving.	RDC is being initialized. RDC is not available for up to 3 minutes. Flat tires cannot be detected in this time. System is initialized while vehicle is being driven.
328	Dynamic Stability Control (DSC)	Brake pad wear indicator	Sensor malfunction. Fault in brake pad wear sensors. Have problem checked by nearest BMW Service.
** Stored in instrument cluster*			

Table h. Check Control codes (CC-ID)

CC-ID	Control module	Message text	Meaning and possible solution
330	Dynamic Stability Control (DSC)	HDC not available at present	HDC not available. Automatic brake intervention interrupted for safety reasons to prevent brakes from overheating. Change down a gear and drive carefully to reduce temperature.
331	Dynamic Stability Control (DSC)	HDC active	
332	Dynamic Stability Control (DSC)	HDC deactivated	Hill Descent Control (HDC) is deactivated above 60 km/h (37 mph). Reactivation possible below 35 km/h (22 mph).
333	Dynamic Stability Control (DSC)	HDC not regulating. Drive slower	Regulating range ends at 35 kph (22 mph). To make use of HDC, reduce speed accordingly.
334	Dynamic Stability Control (DSC)	End of line: Standardize RPA	Standardize Run Flat Indicator. Refer to Owner's Manual.
335 *	Car Access System (CAS)	Ignition switched on	
337 *	Longitudinal dynamic management (LDM)	DCC failed	Dynamic Cruise Control (DCC) failed. Consult BMW Service.
339 *	Longitudinal dynamic management (LDM)	DCC deactivated. Drive with care	Dynamic Cruise Control (DCC) deactivated due to risk of skidding. Drive with care. Reactivate DCC as needed when driving situation allows.
340 *	Longitudinal dynamic management (LDM)	DCC deactivated. Drive with care	Dynamic Cruise Control (DCC) deactivated due to long downhill drive. Reactivate DCC as needed.
341 *	Longitudinal dynamic management (LDM)	DCC deactivated	Dynamic Cruise Control (DCC) deactivated. Gear engaged not appropriate to driving situation. Change gear and reactivate DCC as needed.
342	Longitudinal dynamic management (LDM)	DCC deactivated	Dynamic Cruise Control (DCC) deactivated under 30 kph (20 mph). Reactivate DCC as needed.
345	Footwell module (FRM)	Brake/rear light, right, failure	Right-hand lights failed. Have problem checked by nearest BMW Service.
346	Footwell module (FRM)	Brake/rear light, left, failure	Left-hand lights failed. Have problem checked by nearest BMW Service.
347 *	Car Access System (CAS)	Position R, N, D possibly not avail.	Positions R, N, D may not be possible. If necessary, activate emergency release device for selector lever. Comply with instructions in Owner's Manual. Have problem checked by nearest BMW Service.
348 *	Car Access System (CAS)	Engage pos. P before leaving car	Engage position P before leaving vehicle. Possible malfunction in ignition or transmission / selector lever. Have problem checked by nearest BMW Service.
349 *	Car Access System (CAS)	Ignition off only possible in pos. P	
350 *	Dynamic Stability Control (DSC)	4x4 system defective. Drive with care	xDrive system defective. Driving stability restricted. Drive with care. Have problem checked by nearest BMW Service.
351 *	Dynamic Stability Control (DSC)	4x4 system and DSC failed	Driving stability restricted. Drive with care. Have problem checked by nearest BMW Service.
353 *	Dynamic Stability Control (DSC)	Brakes overheated. Allow to cool	Brakes critical temperature exceeded. Braking effect no longer guaranteed. Stop vehicle at next opportunity and allow brakes to cool off significantly
354 *	Dynamic Stability Control (DSC)	Pulling-away assistant inactive	Caution: vehicle may roll back. Have problem checked by your BMW Service at next opportunity.
364 *	Dynamic Stability Control (DSC)	RPA initialization...	

** Stored in instrument cluster*

Check Control in central information display (CID)

Table h. Check Control codes (CC-ID)			
CC-ID	**Control module**	**Message text**	**Meaning and possible solution**
367 *	Digital engine electronics (DME), digital diesel electronics (DDE)	Engine too hot. Reduce engine speed	Engine temperature may be too hot. Full engine speed not available. Use high gears.
368	Electronic transmission control (EGS)	Transmission fault	Transmission malfunction. Possible to continue journey. Have problem checked by nearest BMW Service.
369 *	Dynamic Stability Control (DSC)	4x4, DSC, ABS and emergency EBV failed	xDrive system, DSC ABS, EBV xDrive system, DSC, ABS and emergency EBV failed. Driving stability restricted. Drive with care. Have problem checked by nearest BMW Service.
370 *	Dynamic Stability Control (DSC)	4x4 system, DSC and ABS failed	xDrive system, DSC, ABS xDrive system, DSC and ABS failed Driving stability restricted. Drive with care. Have problem checked by nearest BMW Service.
371	Footwell module	Number plate light failure	Licence-plate light failed. Have problem checked by nearest BMW Service.
372	Footwell module	Left Brake Force Display faulty	Left-hand Brake Force Display failed. Have problem checked by nearest BMW Service.
373	Footwell module	Right Brake Force Display faulty	Right 2-stage brake light right failed. Have problem checked by nearest BMW Service.
374	Main beam assistant (FLA)	Main-beam assistant defective	Main-beam assistant defective Have problem checked by nearest BMW Service.
375	Main-beam assistant (FLA)	Main-beam assistant not active	Main-beam assistant not active Sensor range covered. Manually switch headlights between main and dipped beam.
377	Main beam assistant (FLA)	Sensitivity misadjusted	Sensitivity for automatic main-beam headlights set incorrectly. Possible risk of dazzling oncoming vehicles.
378	Footwell module	Side light and daytime driving light, left, defective	Left-hand side light and daytime driving light failed. Have problem checked by nearest BMW Service.
379	Footwell module	Turning light left failed	Right-hand side light and daytime driving light failed. Have problem checked by nearest BMW Service.
380	Footwell module	Turning light right failed	Turning light left failed. Have problem checked by nearest BMW Service.
381	Footwell module	Side light and daytime driving light, left, defective	Turning light right failed. Have problem checked by nearest BMW Service.
382	Dynamic Stability Control (DSC)	DSC restricted. Drive with care	Brake pressure sensor failed. Drive with care. Have problem checked by nearest BMW Service.
385 *	Electro-mechanical power steering (EPS)	Steering assistance failed	Steering assistance failed Steering characteristics significantly changed Continue driving with care. Have problem checked by nearest BMW Service.
389	Multiple restraint system (MRS)	Fasten driver's seat belt	
390	Multiple restraint system (MRS)	Fasten front-passenger seat belt	
392	Multiple restraint system (MRS) US version	Fasten driver's seat belt	
401	Convertible Top Module (CTM)	Roof mechanism function failure	Roof mechanism defective. Have problem checked by nearest BMW Service.
413 *	Car Access System (CAS)	Press START / STOP button	Steering column unlocked Press START / STOP button to lock steering column.
** Stored in instrument cluster*			

Table h. Check Control codes (CC-ID)			
CC-ID	**Control module**	**Message text**	**Meaning and possible solution**
415 *	Junction box electronics (JBE)	Increased battery discharge	Increased battery discharge when stationary. Electrical consumers may be temporarily switched off. It may be necessary to reset date and time. If fault occurs repeatedly, have problem checked by your BMW Service.
416	Convertible Top Module (CTM)	Luggage compartment partition	Roof drive overheating. Temporarily only closing function available.
419 *	Electronic transmission control (EGS)	Drive malfunction	Drive malfunction. Possible to continue journey with caution. Reduced acceleration. Have problem checked by nearest BMW Service.
420	Electronic transmission control (EGS)	Transmission fault. Drive with care	Possible to continue journey with caution. Reduced acceleration. Have problem checked by nearest BMW Service.
423	Trailer module (AHM)	Trailer coupling lock	Trailer coupling folding ball head not securely engaged. Lock ball head again. If fault cannot be rectified, do not drive with a trailer. Have problem checked by your BMW Service.
427 *	Digital engine electronics (DME)	Engine oil pressure. Drive with care	Engine speed limited. Possible to continue journey with caution. Have problem checked as soon as possible by nearest BMW Service.
430	Junction box electronics (JBE)	Transport mode	Some vehicle systems still deactivated. Have vehicle checked without delay by nearest BMW Service.
431	Dynamic Stability Control (DSC)	High brake loading	High brake loading. Drive with care.
432	Convertible Top Module (CTM)	Roof drive overheating	No roof movement possible. Move luggage compartment partition to position required. Refer to Owner's Manual.
437	Footwell module	Parking light switched on	
445	Convertible Top Module (CTM)	Vehicle not standing on level surface	Vehicle not standing on level surface. No roof movement possible.
** Stored in instrument cluster*			

100 Engine–General

GENERAL

This section covers general information on engines and engine components.

For specific repair procedures, refer to:

- **020 Maintenance** for engine compartment views and accessory belt service, oil change and air filter service
- **110 Engine Removal and Installation**
- **113 Cylinder Head Removal and Installation** for cylinder head and cylinder head cover service
- **117 Camshaft Timing Chain** for timing chain and VANOS service
- **119 Lubrication System** for lubrication system description and crankcase seal service
- **120 Ignition System** for ignition coil, cam sensor, crankshaft sensor and knock sensor service
- **130 Fuel Injection** for engine management system description and component replacement
- **170 Radiator and Cooling System** for radiator, coolant pump and coolant service
- **180 Exhaust System** for exhaust manifold, oxygen sensor and turbocharger service

Engine ID tag

ID tag with engine serial number is on left side of engine block, underneath intake manifold.

Engine applications

Table a gives engine application information and specifications.

Table a. 3 Series engine applications and specifications							
Year, model	**Engine code, type**	**Displacement cc (cid)**	**Bore x stroke mm (in)**	**Comp. ratio**	**Horsepower hp @ rpm**	**Torque lb-ft @ rpm**	**Engine management**
2006							
325i, 325xi	N52 6-cylinder 24-valve	2996 (183)	85.0 x 88.0 (3.35 x 3.46)	10.7 : 1	215 @ 6250	185 @ 2750	Siemens MSV70
330i, 330xi	N52 6-cylinder 24-valve	2996 (183)	85.0 x 88.0 (3.35 x 3.46)	10.7 : 1	255 @ 6600	220 @ 2750	
2007- 2011							
328i, 328xi	N52KP 6-cylinder 24-valve	2996 (183)	85.0 x 88.0 (3.35 x 3.46)	10.7 : 1	230 @ 6500	200 @ 2750	Siemens MSV80
328i, 328xi (automatic transmission)*	N51 6-cylinder 24-valve	2996 (183)	85.0 x 88.0 (3.35 x 3.46)	10 : 1	230 @ 6500		Siemens MSV80 SULEV
335i, 335xi (2007 - 2010)	N54 6-cylinder 24-valve twin-turbo	2979 (182)	84 x 89.6 (3.31 x 3.53)	10.2 : 1	300 @ 5800 - 6250	300 @ 1400 - 5000	MSD80 (2007) MSD81 (2008)
335i, 335xi (2011)	N55 6-cylinder 24-valve turbo	2979 (182)	84 x 89.6 (3.31 x 3.53)	10.2 : 1	300@ 5800	300 @ 1400 - 5000	MEVD17.2 ULEV II
335is (2011)	N54 6-cylinder 24-valve twin-turbo	2979 (182)	84 x 89.6 (3.31 x 3.53)	10.2 : 1	320 @ 5800	330 @ 1400 - 5000	MSD81 ULEV II
* Starting in 03 / 2007, a super low emission (SULEV II) version of the non-turbo 6-cylinder engine, N51, was sold in California, Connecticut, Maine, Massachusetts, New York, Oregon, Rhode Island, Vermont and Washington (state).							

N52 Engine Overview

3 Series E90 and E91 (Sedan and Sport Wagon) models were introduced in 2006 in the North American market equipped with the 3-liter in-line 6-cylinder normally-aspirated N52 engine. 2-wheel drive and 4-wheel drive (xDrive) models were offered with two levels of performance:

- Low output engine in 325i or 325xi models
- High output engine in 330i or 330xi models

Beginning with 2007 models, 328i and 328xi models were fitted with the N52KP engine. Some models were equipped with the N51, a modification of the N52 with additional emissions restrictions (SULEV II), including secondary air injection. Vehicles with N51 engine are equipped with automatic transmission.

The N52 engine family features the following:

- 4-valves-per-cylinder friction-optimized components
- Two-piece crankcase
- Composite magnesium-aluminum engine block structure
- Trapezoidal weight-optimized connecting rods
- Aluminum silicon (AluSil) cylinder head
- Timing case integrated in crankcase and cylinder head
- Cylinder head gasket with silicon sealing lip
- Valvetronic system
- Weight-optimized double VANOS system
- Volumetric flow-controlled oil pump
- Electrically controlled coolant pump
- Crankcase ventilation with integrated heater
- 3-stage variable intake manifold or DISA (in 330i / xi models)

The weight reduction in these systems and components, as compared to previous generation 3 Series models, has led to increased power-to-weight ratio, reduced emissions and decreased fuel consumption.

N52 crankcase components

Crankcase

The upper section of the crankcase consists of an aluminum / silicon (AluSil) insert cast in a magnesium alloy. The timing cover is cast as an integral part of the engine block.

The AluSil cylinder bores are not equipped with iron cylinder liners. Therefore, the cylinder bores cannot be machined, but the deck surface may be planed.

The AluSil insert has threaded bores for transmission, cylinder head and crankshaft main bearing bolts.

The insert provides coolant passages as well. This is to prevent coolant contact with the magnesium portion of the engine block.

The lower section of the crankcase is a bedplate structure made of magnesium with sintered steel inlays (**arrow**) for main bearing support. The magnesium structure is used to increase crankcase rigidity and the steel inlays take up forces which are not suitable for magnesium alone.

A liquid sealant is injected under high pressure into a machined groove between upper and lower crankcase sections. This detail is critical to understand in service applications. As an example, when the crankcase main seals are replaced, a special sealant is injected into the seal grooves and crankcase seams.

Crankshaft

The crankshaft is cast iron with 7 main bearing journals. The trigger wheel for the crankshaft sensor is between cylinders 5 and 6. Due to the design of the timing chain housing (one piece with the crankcase), the crankshaft snout is modified to facilitate timing chain module removal and installation during service.

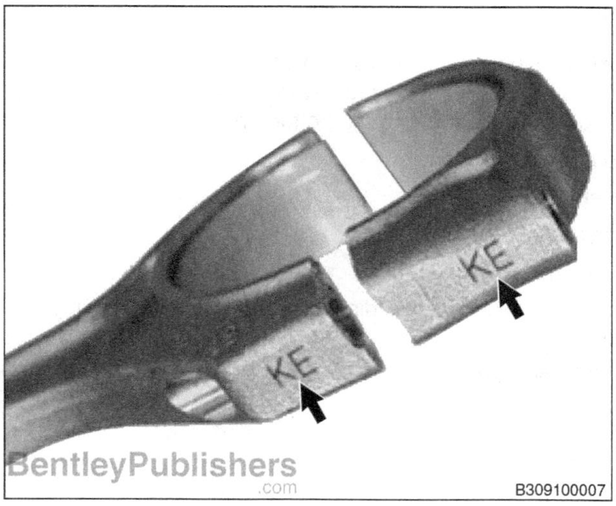

B309100007

Connecting rods

The big end of each connecting rod is cracked to allow centering of the bearing cap without the use of dowel pins. This contributes to the overall weight reduction.

Pairing codes (**arrows**) are stamped on each connecting rod to match the correct rod cap to the connecting rod.

The small end of the rod is tapered, reducing weight without affecting strength.

The connecting rods are separated into weight categories and can only be replaced as a set.

Pistons

The pistons are manufactured from aluminum and have 4 valve reliefs. The undersides of the pistons are cooled with oil spray jets.

N52 cylinder head and valvetrain

Cylinder head

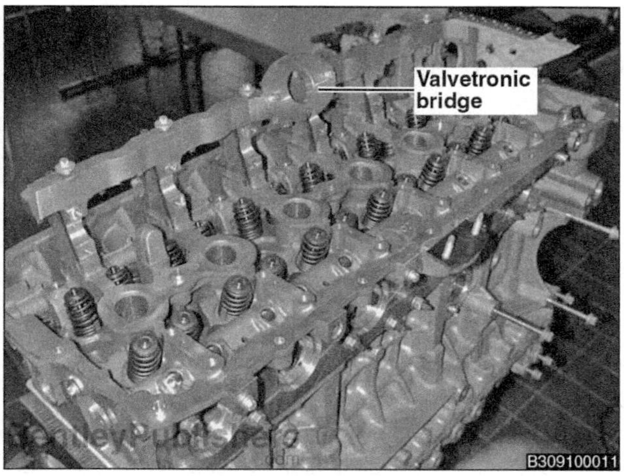

B309100011

The N52 engine uses an AluSil cylinder head with a cast bridge to mount the Valvetronic actuator motor.

Variable camshaft timing (VANOS)

B309100004

N52 engines are equipped with compact, infinitely variable vane-type VANOS units for both intake and exhaust camshafts. The VANOS system (from the German words *VAriable NOckenwellen Steuerung*) electrohydraulically adjusts valve timing for enhanced mid-range performance and improved emissions. VANOS is controlled by the engine control module (ECM), using engine speed, engine load and engine coolant temperature as the primary inputs. Engine oil pressure is used for powering camshaft adjustment.

Valvetronic

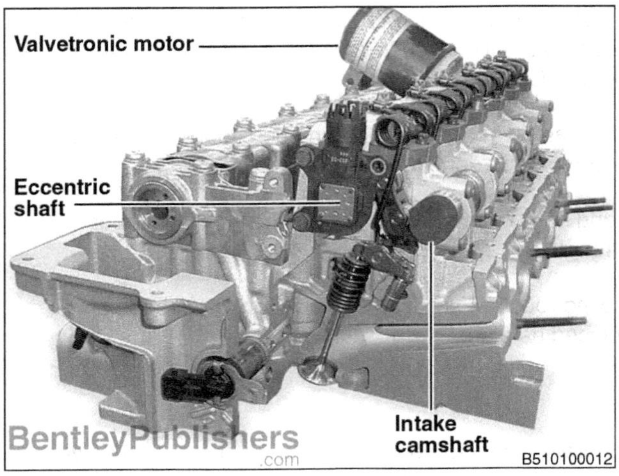

N52 engine load is controlled via the valve timing gear. This system, called Valvetronic, varies valve lift rather than throttle valve opening to control engine power and torque. It offers the following:

- Increased engine efficiency.
- Improved emission values.
- Top engine speed to 7,000 rpm.
- Power output of 85 hp / liter displacement.
- Engine torque of 100 Nm / liter displacement over a broad engine speed range.
- Reduced CO_2 emissions.

N52 intake manifold

Variable intake manifold (DISA)

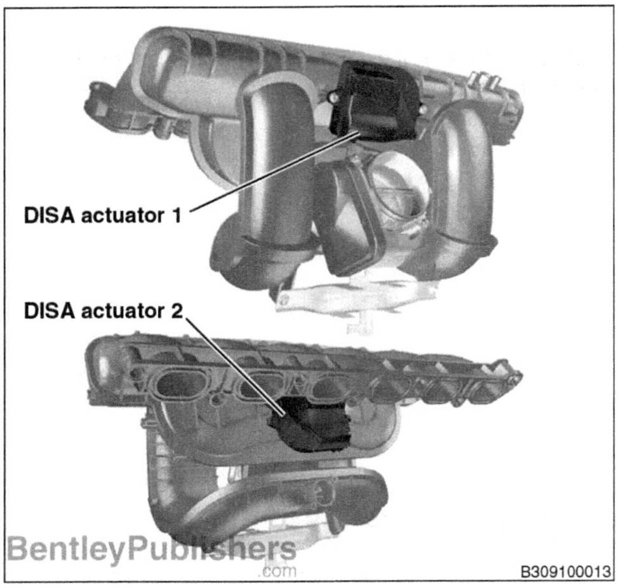

N52 engines in 328i and 330i models are equipped with 3-stage variable intake runners in a system known as DISA.

Valves in the intake manifold are driven by DISA electric motors and gear mechanisms. DISA actuators are driven by pulse width-modulated signals from the engine control module (ECM).

Each valve has only two possible positions: Open or closed.

Switched-length intake manifold runners help achieve a high torque over the entire engine speed range using two DISA valves and an overflow pipe in the intake.

- **Stage 1**: Idle and low engine speed range. Both DISA valves closed. In this position, a relatively large air mass is made available to cylinders.
- **Stage 2**: Medium engine speed range. DISA valve 2 open. Air flow produces pressure peaks at closing intake valves. This resonates to next cylinder in firing order, thus improving charge of next cylinder.
- **Stage 3**: High engine speed range. Both DISA valves open. Pressure peaks ahead of closing intake valves are also utilized in this position. Intake air mass is now routed via resonance, overflow and manifold runners.

N52 lubrication, vacuum and cooling systems

Lubrication and vacuum systems

VANOS requires a large volume of oil, particularly at low engine speeds. To meet the oiling requirements of the engine, a high volume volumetric-flow controlled oil pump is utilized. The pump is designed to provide the high volume when needed, but drop back its flow at higher engine speeds when it is not needed. See **119 Engine Lubrication**.

Valvetronic engine load control requires a wide open throttle under most engine operating conditions, resulting in minimal intake manifold vacuum. In order to operate the brake vacuum booster, an auxiliary vacuum pump is fitted to the engine.

A chain assembly is used to drive the oil pump and brake booster auxiliary vacuum pump sprockets.

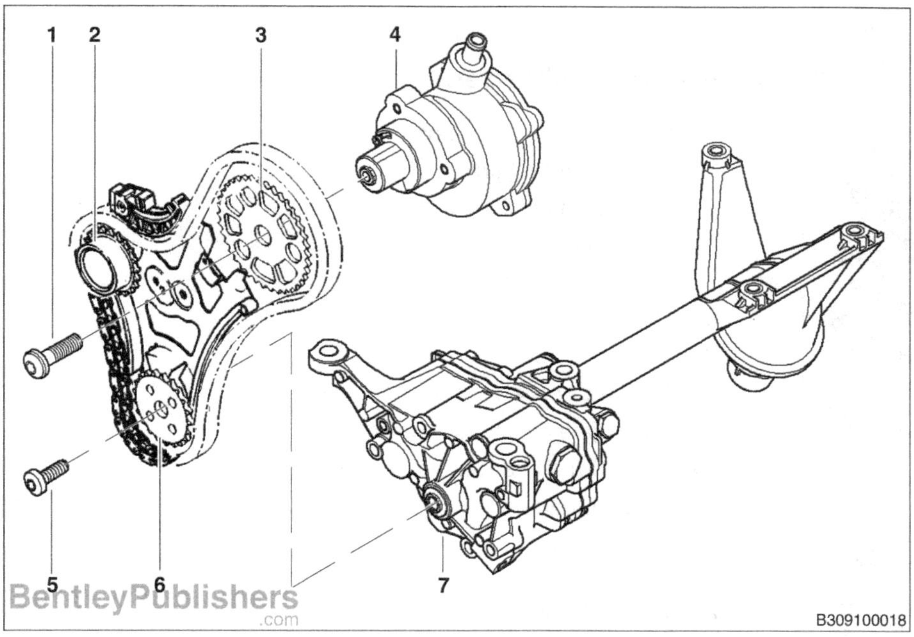

1. Auxiliary vacuum pump sprocket bolt
2. Crankshaft sprocket
3. Auxiliary vacuum pump drive sprocket
4. Auxiliary vacuum pump
5. Oil pump sprocket bolt
6. Oil pump drive sprocket
7. Oil pump

Cooling system

The cooling system utilizes a DME-controlled electric coolant pump which minimizes engine power losses and allows for increased fuel economy by a more efficient method of engine heat management and can operate regardless of whether the engine is ON or OFF.

◄ The pump is bolted to the lower right front of the engine block.

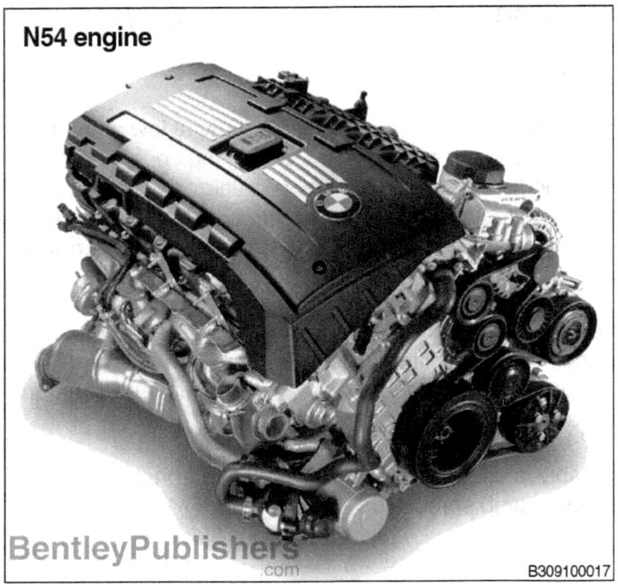

N54 Engine Overview

The turbocharged in-line 6-cylinder N54 engine was introduced in the 3 Series E92 (Coupe) model. Available as a 3.0 liter engine, it shares the following features with the N52 engine:

- Double VANOS
- High output (400 W) electric coolant pump
- Aluminum cylinder head with plastic cylinder head cover
- Steel crankshaft

The following features are specific to the N54 engine:

- Exhaust driven twin turbochargers (bi-turbo)
- Air to air intercooler
- Direct injection (high pressure injection or HPI) with piezo injectors
- External oil cooler
- All aluminum crankcase with iron cylinder liners
-

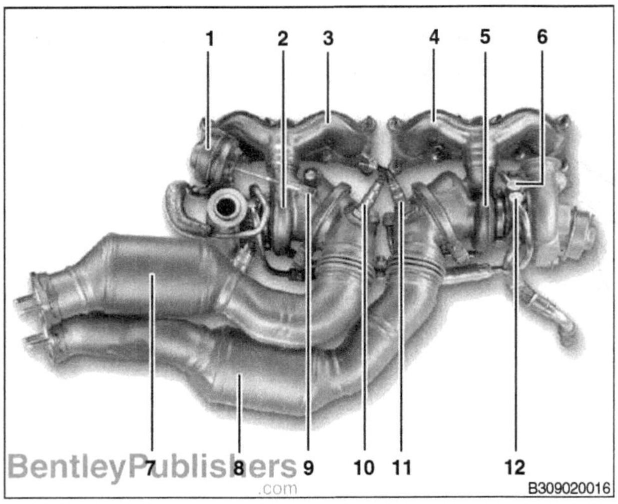

N54 turbochargers

1. Wastegate actuator, bank 2
2. Turbocharger, bank 2
3. Exhaust manifold, bank 2
4. Exhaust manifold, bank 1
5. Turbocharger, bank 1
6. Coolant return
7. Catalytic converter, bank 2
8. Catalytic converter, bank 1
9. Wastegate actuating lever
10. Planar broad-band oxygen sensor, bank 2
11. Planar broad-band oxygen sensor, bank 1
12. Coolant supply

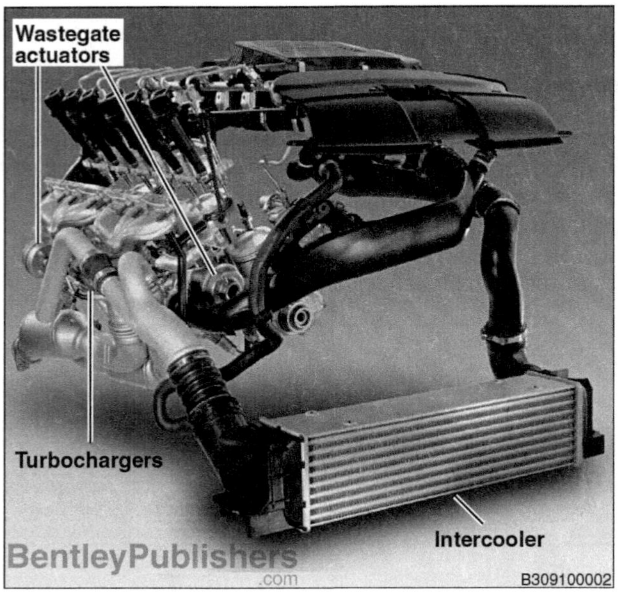

N54 intercooler

The charge air is greatly heated when it is compressed in the turbochargers, making it necessary for the air to be cooled again in an intercooler.

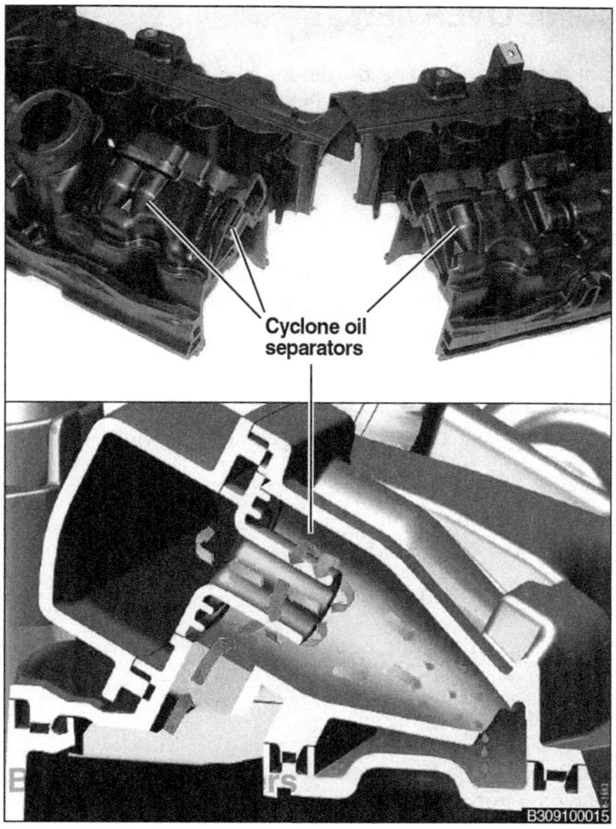

N54 crankcase breathing

◄ The turbocharged engine crankcase breather valve system is designed so that when the engine is in turbocharged mode, increased manifold pressure does not adversely affect crankcase venting. Instead of a crankcase ventilation valve, the engine breathing system consists of small cyclone separators integrated into the plastic cylinder head cover. The flow of crankcase gases is metered through a series of restrictions which control crankcase pressure.

N54 engine oil, vacuum and fuel pump drive

As with the non-turbo engine, the turbo engine oil pump and auxiliary vacuum pump are driven by a single chain powered by a sprocket at the front of the crankshaft. In addition, the high pressure fuel pump is tandem mounted to the rear of the vacuum pump.

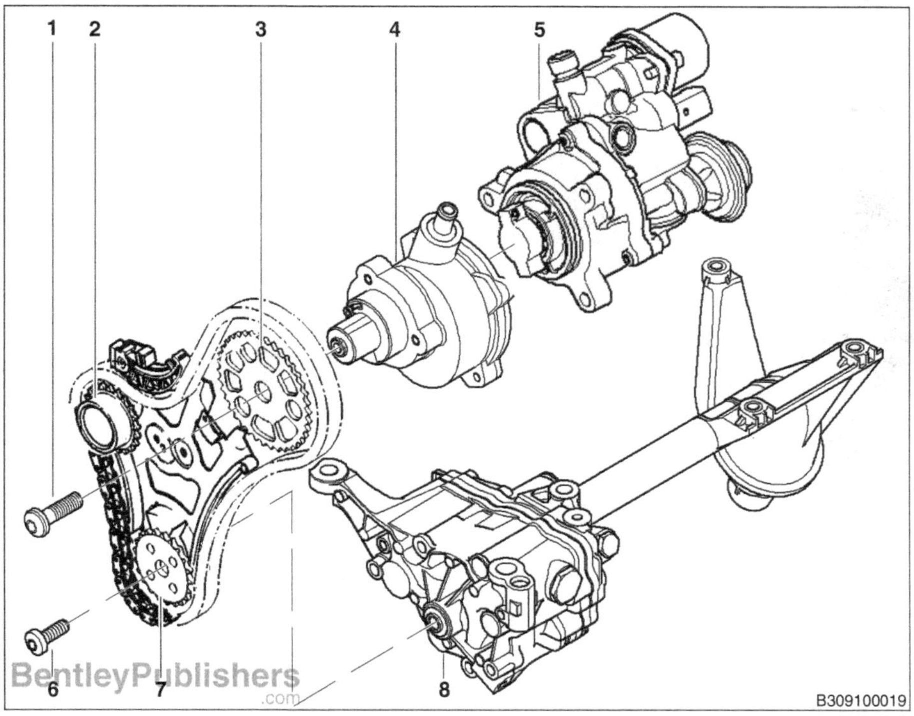

1. Auxiliary vacuum pump sprocket bolt
2. Crankshaft sprocket
3. Auxiliary vacuum pump-high pressure fuel pump drive sprocket
4. Auxiliary vacuum pump
5. High pressure fuel pump
6. Oil pump sprocket bolt
7. Oil pump drive sprocket
8. Oil pump

N55 Engine Overview

The 3.0 liter turbocharged in-line 6-cylinder N55 engine was introduced in 2011 in the 3 Series Sedan (E90), Coupe (E92), and Convertible (E93) models as a successor to the N54 engine. It shares the following features with the N54 engine:

- Double VANOS
- Electric coolant pump
- All aluminum crankcase with iron cylinder liners
- High pressure fuel pump tandem mounted on vacuum pump.
- External oil cooler

The following features are specific to the N55 engine:

- Engine-mounted Digital Motor Electronics (DME) module
- Single twin scroll turbocharger
- Lightweight cast iron crankshaft
- Valvetronic III system
- Bosch MEVD17.2 engine management

N55 engine block components

Crankcase

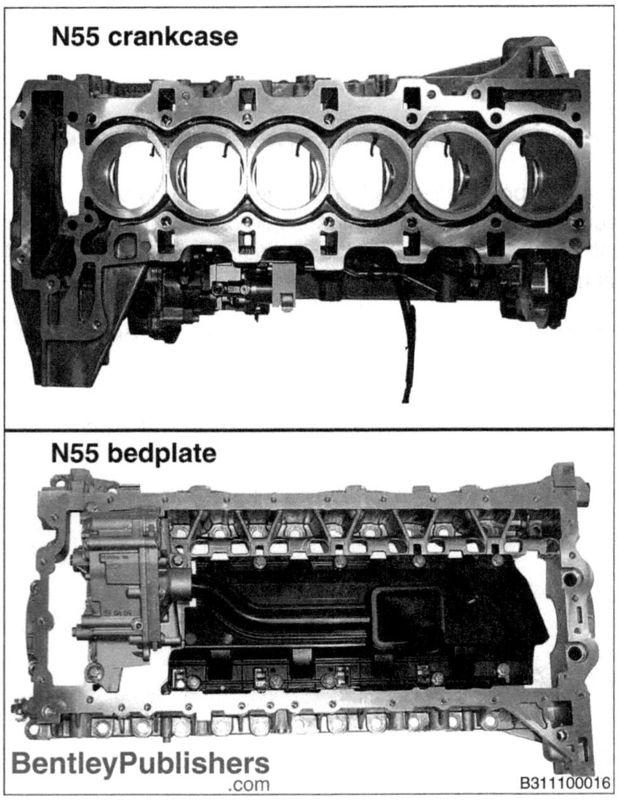

The N55 engine block is a two-piece unit consisting of a die cast aluminum with cast iron cylinder liners and a separate bedplate.

The cast iron cylinder liner features a groove (**inset**) between each cylinder bore, allowing coolant to flow from one side of one side of the cooling duct to the other.

Crankshaft

The N55 engine features a lightweight crankshaft. Made of cast iron, it is approximately 3 kg (6.6 lbs) lighter than the crankshaft in the N54 engine and is counterweighted asymmetrically.

Pistons

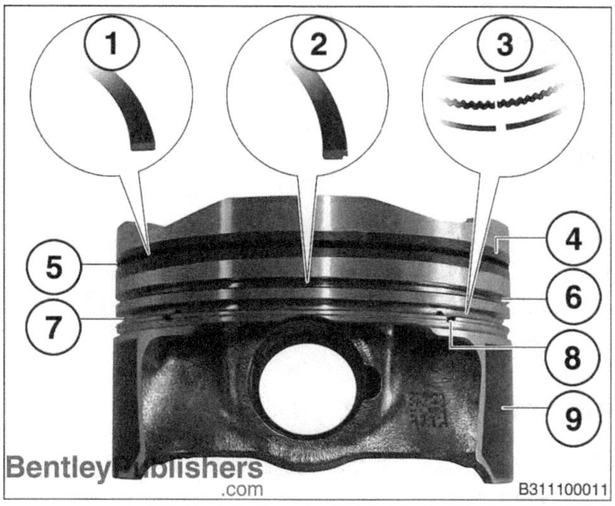

The N55 engine uses KS pistons with a diameter of 82.5 mm (3.25 in). A plain rectangular ring is used for compression. The second piston ring is a taper-faced Napier ring. The oil scrape ring is a steel band ring with spring, also known as the VF system.

1. Plain rectangular compression ring
2. Taper faced Napier ring
3. VF system ring
4. Steel inlay for first piston ring
5. Groove for first piston ring
6. Groove for second piston ring
7. Groove for oil scraper ring
8. Hole for lubricating oil drain
9. Graphite coating

N55 turbocharger

The N55 engine uses a single twin scroll turbocharger. The turbocharger is fed from two combined exhaust channels from cylinders 1-3 and from cylinders 4-6. An added benefit is that this allows for simplification of the exhaust system in comparison to the N54 engine.

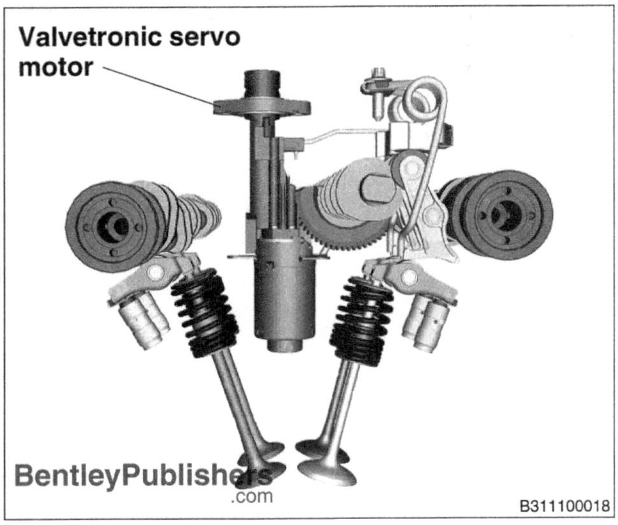

N55 Valvetronic system

The N55 engine uses the Valvetronic III system, featuring a brushless DC motor, which, combined with direct injection and turbo charging, improves engine response. BMW refers to this system as "Turbo-Valvetronic-Direct Injection" or TVDI.

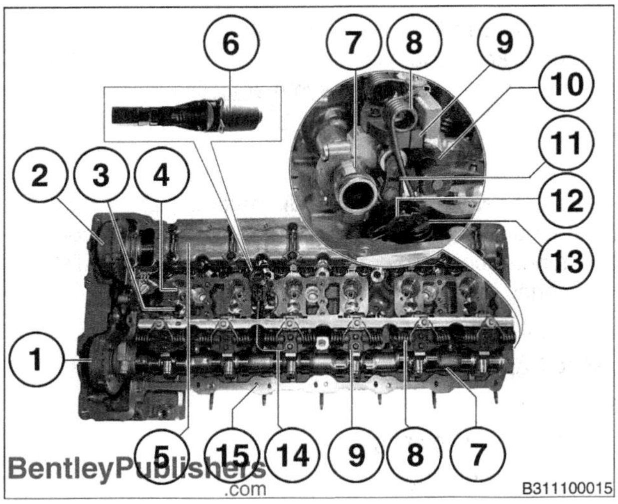

1. VANOS unit, intake camshaft
2. VANOS unit, exhaust camshaft
3. Injector well
4. Spark plug well
5. Camshaft housing
6. Valvetronic servomotor
7. Intake camshaft
8. Torsion spring
9. Gate
10. Eccentric shaft
11. Intermediate lever
12. Roller lever tappet
13. Valve head
14. Oil spray nozzle
15. Hole for introducing blow-by gas

N55 Engine management

The N55 engine is equipped with the Bosch MEVD17.2 engine management system. The DME is engine-mounted, simplifying the engine electrical system. All engine electrical components are supplied directly by the DME. The connectors between the engine wiring harness and the DME are water-tight.

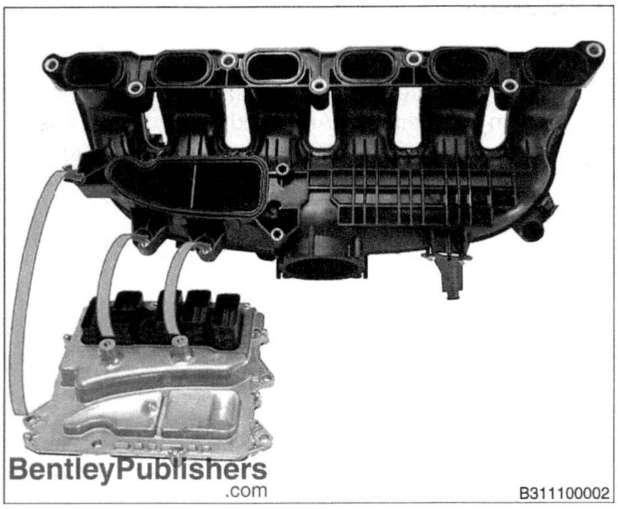

The DME is housed in the intake manifold and is cooled by intake air. The top of the DME housing serves as the bottom section of the intake system.

110 Engine Removal and Installation

GENERAL

This repair group includes an overview of 3 series engine removal and installation, and related procedures. The procedures have been combined, and steps applying to an individual engine have been highlighted.

Transmission removal is required before the engine can be removed.

A procedure is given for supporting the engine at the top for removal of engine support components.

See also:
- **020 Maintenance** for engine covers removal
- **100 Engine–General** for engine codes and applications
- **121 Battery, Starter, Alternator**
- **170 Radiator and Cooling System**
- **180 Exhaust System**
- **230 Manual Transmission**
- **240 Automatic Transmission**
- **260 Driveshafts**
- **310 Front Suspension**
- **410 Fenders, Engine Hood**

Warnings and Cautions

> ***WARNING—***
> - *The fuel system is designed to retain pressure even when the ignition is OFF. When working with the fuel system, loosen fuel lines slowly to allow residual fuel pressure to dissipate. Avoid spraying fuel.*
> - *Before beginning any work on the fuel system, place a fire extinguisher in the vicinity of the work area.*
> - *Fuel is highly flammable. When working around fuel, do not disconnect any wires that could cause electrical sparks. Do not smoke or work near heaters or other fire hazards.*
> - *Loosen the fuel tank cap to release pressure in the tank before working on the tank or lines.*
> - *When disconnecting a fuel hose, wrap a shop towel around the end of the hose to prevent fuel spray.*
> - *Do not use a work light with an incandescent bulb near any fuel. Fuel may spray on the hot bulb causing a fire.*
> - *Make sure the work area is properly ventilated.*
> - *Steel fasteners may not be used in place of aluminum fasteners due to the threat of corrosion.*
> - *Magnesium crankcase requires aluminum fasteners.*
> - *Replace aluminum fasteners each time they are removed.*
> - *Aluminum fasteners are identified with blue paint marking.*

> ***CAUTION—***
> - *If the MIL (malfunction indicator light, also called Check Engine or Service Engine Soon light) is illuminated, see* **OBD On-Board Diagnostics** *for DME fault code information.*
> - *If other system faults are indicated by an illuminated ABS, SRS or DSC warning light, see the appropriate repair group in this manual or an authorized BMW dealer for more information on fault codes.*

ENGINE REMOVAL AND INSTALLATION

Be sure to cover painted surfaces before beginning the removal procedure. As an aid to installation, label components, wires and hoses before removing them. Do not reuse gaskets, O-rings or seals during reassembly.

> ***WARNING—***
> - *Due to risk of personal injury, be sure the engine is cold before beginning the removal procedure.*

Engine, removing and installing (N51, N52, N52KP, N54)

- Place hood in service position.
- Remove exhaust system. See **180 Exhaust System**.
- Remove transmission. See **230 Manual Transmission** or **240 Automatic Transmission**.
- Drain engine oil.
- Drain engine coolant.
- Disconnect negative (–) cable from battery.

> ***CAUTION—***
> - *Prior to disconnecting the battery, read the battery disconnection cautions in* **001 Warnings and Cautions**.

- Remove air cleaner housing and fresh air ducts. See **130 Fuel Injection**.
- Remove fan cowl with electric cooling fan. See **170 Radiator and Cooling System**.
- Remove radiator. See **170 Radiator and Cooling System**.
- Remove thermostat. See **170 Radiator and Cooling System**.
- Remove all cooling system hoses from vehicle.
- Remove intake manifold. See **130 Fuel Injection**.
- Remove vacuum line from brake booster.
- Disconnect electrical connectors and harness from ignition coils and lay harness aside.
- Disconnect engine electrical harness and lay aside.
- N54 engine: Remove fuel supply line to high pressure fuel pump. See **160 Fuel Tank and Fuel Pump** for high pressure fuel pump removal and installation.

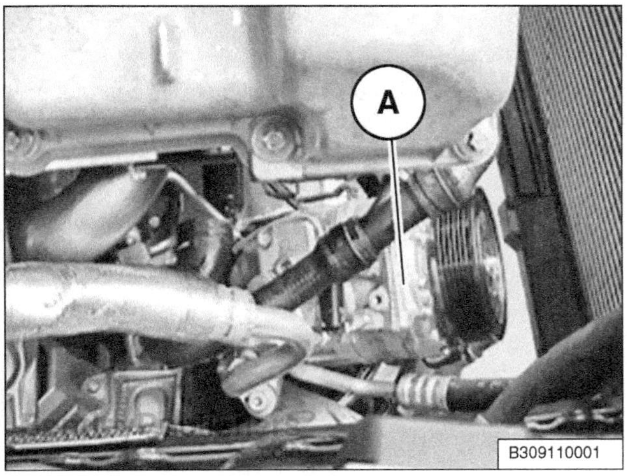

◄ Remove A/C compressor (**A**) from engine and set on front axle carrier. Do not disconnect A/C lines or discharge system.

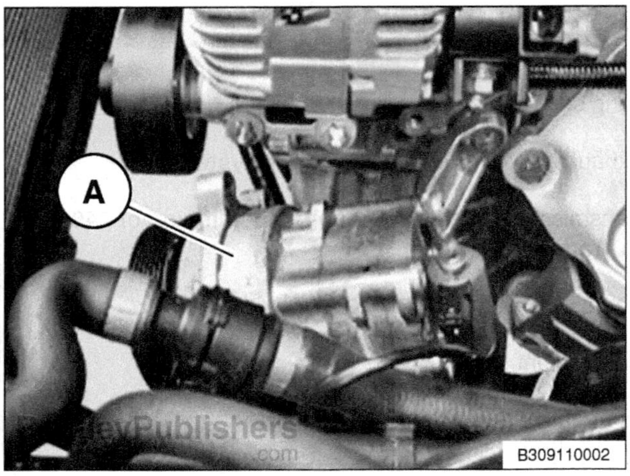

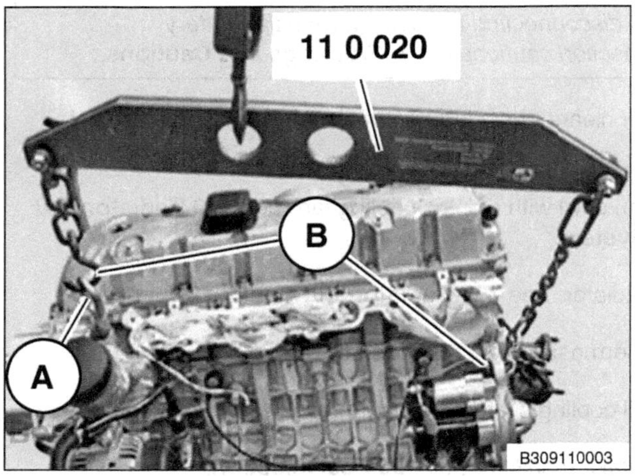

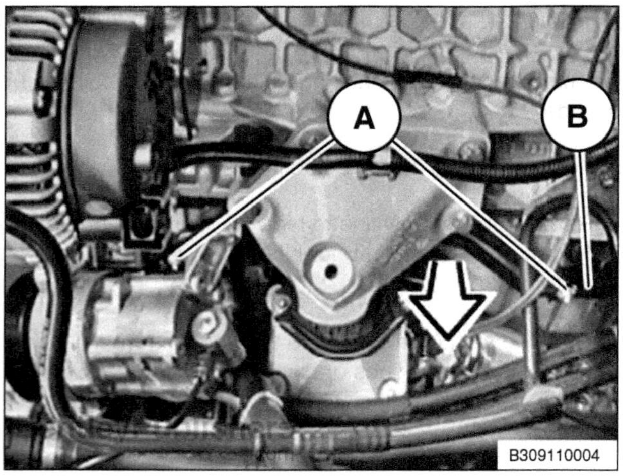

⮜ Remove power steering pump (**A**) and set on front axle carrier. Do not disconnect hydraulic lines.

⮜ Install engine tow hook (from took kit in trunk) to front of engine (**A**). Attach BMW special tool 11 0 020 to engine using only specified mounting places (**B**).

⮜ If equipped with automatic transmission: Raise engine 10 cm (4 in) and remove fasteners (**A**) for ATF cooler lines (**B**).

– Remove engine from vehicle using engine hoist attached to BMW special hook 11 0 020.

– Raise engine slowly while watching carefully to make sure no lines, wires or hoses become snagged.

– Installation is reverse of removal. Remember to:
  - Replace aluminum fasteners.
  - Check for fuel leaks.
  - Check for coolant leaks.
  - Check and clear any fault codes using BMW factory scan tool or equivalent.

Engine, removing and installing (N55)

– Disconnect negative (–) cable from battery.

> ***CAUTION—***
> *• Prior to disconnecting the battery, read the battery disconnection cautions in* **001 Warnings and Cautions**.

– Place hood in service position. See **410 Fenders, Engine Hood**.

– Remove cowl panel cover at rear of engine bay.

– Remove left and right strut braces. See **310 Front Suspension**.

– Remove intake manifold. See **130 Fuel Injection**.

– Remove air cleaner housing and fresh air ducts. See **130 Fuel Injection**.

– Have A/C system discharged. See **640 Heating and Air-conditioning** for more information.

– Remove catalytic converter. See **180 Exhaust System**.

– **All wheel drive vehicles**: Remove front drive axles. See **311 Front Axle Differential**.

– Remove transmission. See **230 Manual Transmission** or **240 Automatic Transmission**.

– Drain engine oil.

– Remove engine oil line between oil filter and oil cooler.

NOTE—
• When reinstalling oil line, replace sealing rings with new.

– Remove fan cowl with electric cooling fan. See **170 Radiator and Cooling System**.

– Remove radiator and coolant expansion tank. See **170 Radiator and Cooling System**.

– Remove all cooling system hoses from vehicle.

– Disconnect vacuum line from brake booster.

– Disconnect engine electrical harness and lay aside.

– Disconnect ground cable from engine mount arm.

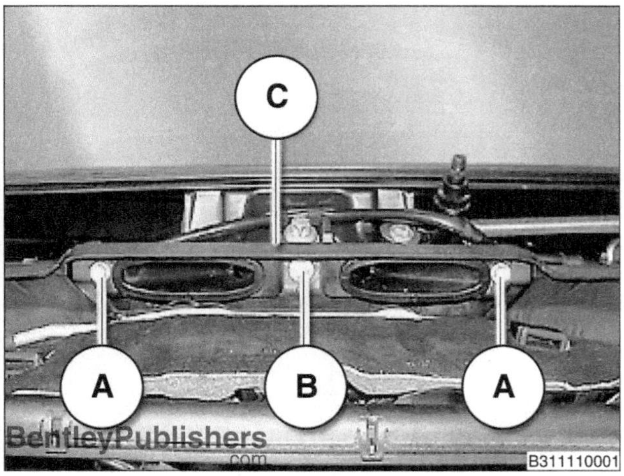

◄ Remove screws (**A**, **B**) and remove heater end panel (**C**).

NOTE—
• When installing, be sure heater end panel is correctly seated.
• M6 x 20 mm bolt must be fitted in middle.

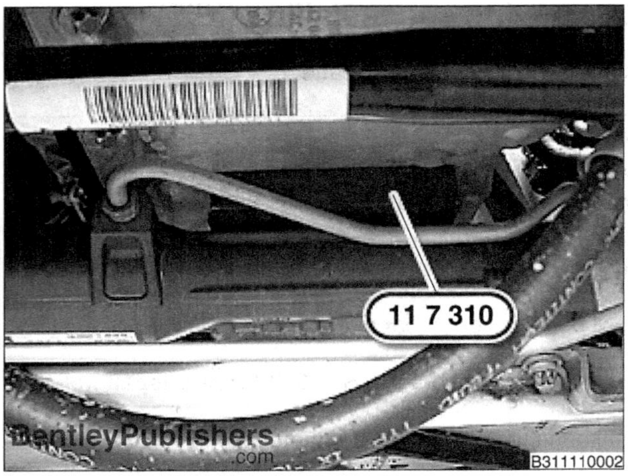

Working from below, support weight of engine with BMW special tool 11 7 310 on steering rack.

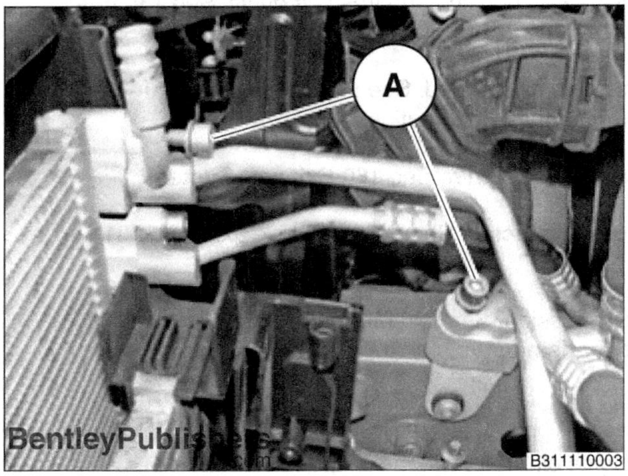

Remove fasteners (**A**) and disconnect A/C lines.

NOTE—
- *It is not necessary to remove air conditioning compressor.*

Disconnect right pressure pipe (**A**) from intercooler.

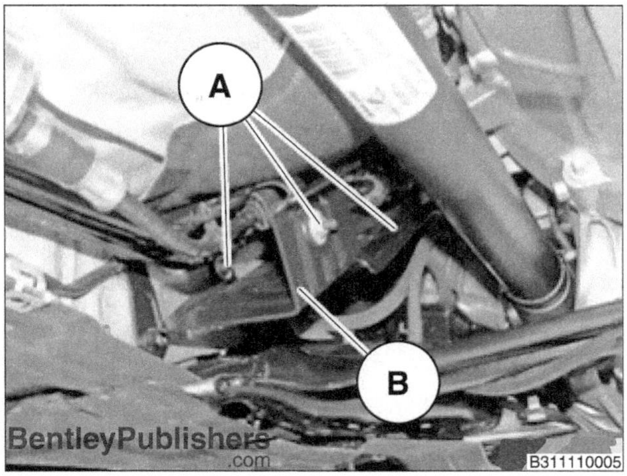

◄ Working from below, release screws (**A**).

– Remove protective plate (**B**).

NOTE—
- *All-wheel drive vehicle shown.*

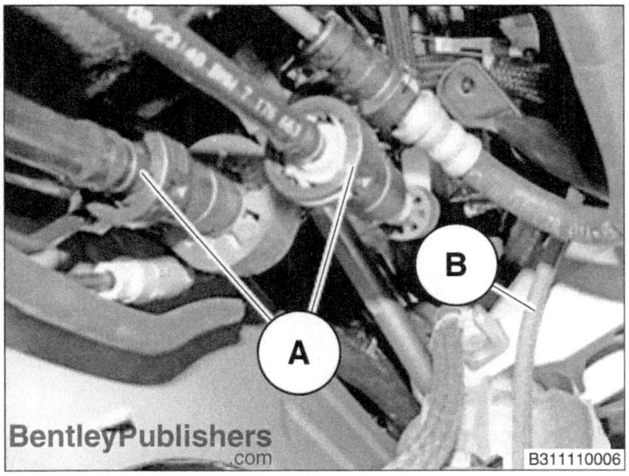

◄ Unlock and detach fuel and tank ventilation lines (**A**).

– Disconnect vacuum hose (**B**) for engine mount.

◄ Disconnect power steering pump (**A**) and set on front axle support.

NOTE—
- *Do not disconnect hydraulic lines.*
- *Air conditioning compressor shown removed for clarity.*

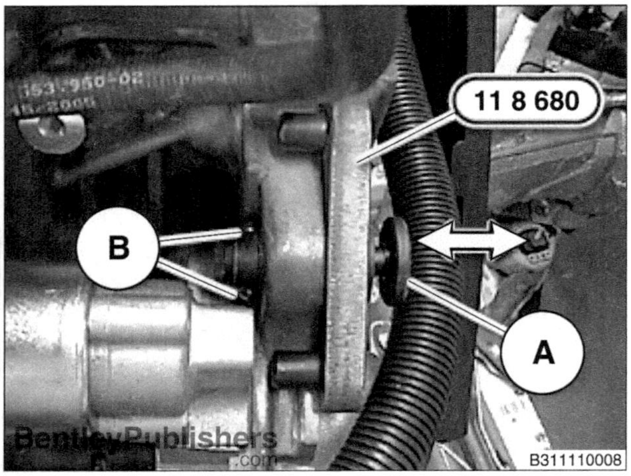

Attach BMW special tool 11 8 680 to rear lifting eye (transmission side).

- Push ball lock pin (**A**) in direction of arrow and hold down until special tool 11 8 680 is positioned in lifting eye.
- Pull ball lock pin (**A**) outward in direction of arrow until both balls (**B**) are pushed outward.
  - Check that special tool is correctly and securely installed. There must be a 6.5 mm (0.25 in) gap between ball lock pin (**A**) and ball lock pin housing (check gap with a 0.25 in drill bit).

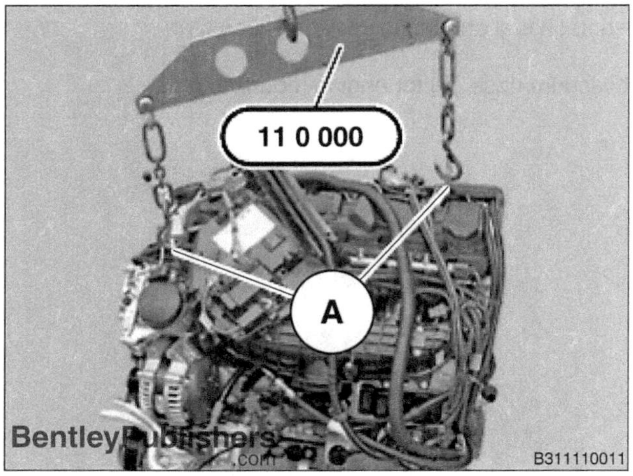

Attach BMW special tool 11 0 000 to engine hoist.

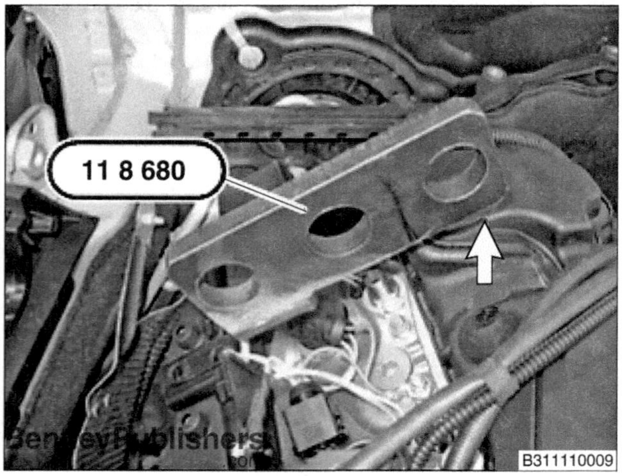

Attach BMW special tool 11 0 000 to designated mounting eyelets of special tool 11 8 680 only (**arrow**).

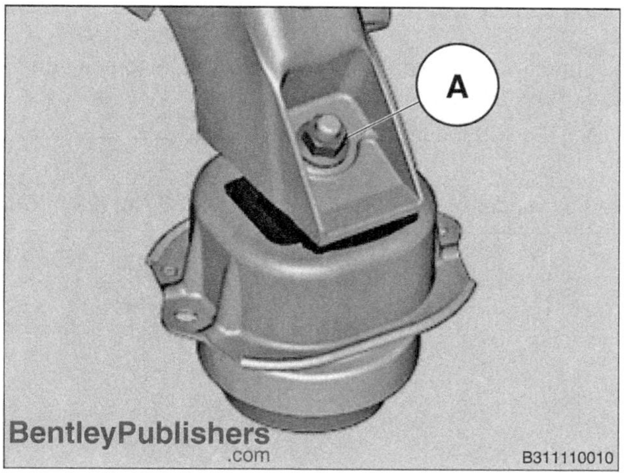

Remove left and right engine mount nuts (**A**).

- Screw engine tow hook (from took kit in trunk) into threaded bore in cylinder head at front, near oil filter housing.

NOTE—
- *Tighten tow hook to 30 Nm (22 ft-lb).*

- Careful lift engine out with engine hoist.

- Installation is reverse of removal. Be sure to:
  - Replace engine oil pipe sealing rings.

Tightening torques	
Engine mount nut	56 Nm (41 ft-lb)
Engine oil pipe to oil cooler flange, M8 x 25 mm (replace sealing rings)	20 Nm (15 ft-lb)
Engine oil pipe to oil filter housing, M8 x 25 mm (replace sealing rings)	20 Nm (15 ft-lb)
Towing lug to cylinder head	30 Nm (22 ft-lb)

ENGINE SUPPORT, ENGINE MOUNTS

Supporting engine at top

Some repairs may require the engine to be supported from the top of the engine compartment. This can be done using the BMW transverse support fixture, or a comparable aftermarket engine support bar.

- Raise hood to service position, see **410 Fender, Engine Hood.**

- Remove intake air duct, see **130 Fuel Injection.**

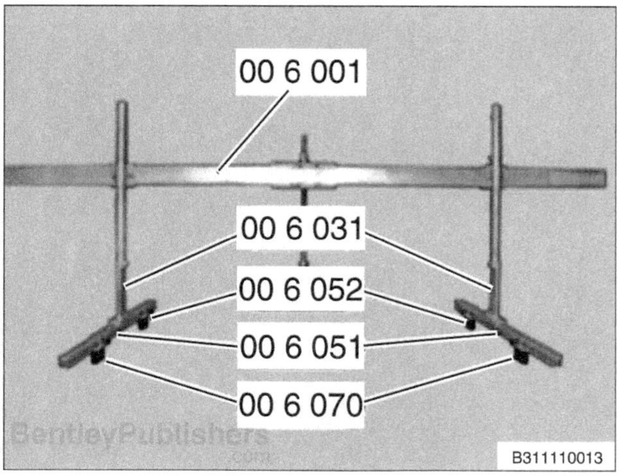

Assemble engine support fixture as shown.

BMW engine support fixture tool numbers:
- 00 6 000
- 00 6 001
- 00 6 002
- 00 6 031
- 00 6 051
- 00 6 052
- 00 6 070
- 00 6 080
- 64 1 020

Supporting engine at top

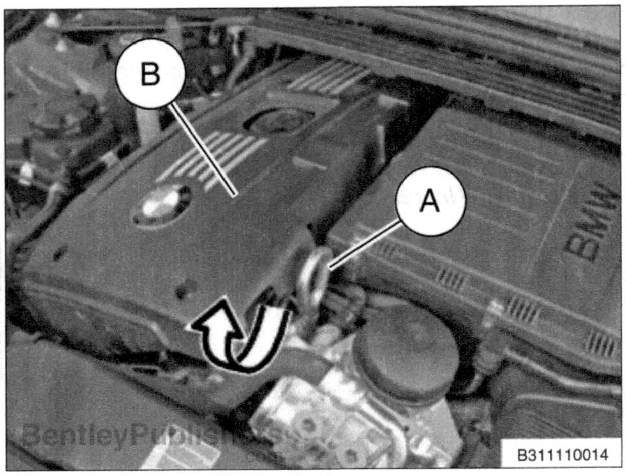

Remove engine upper cover (**B**), see **020 Maintenance.**

- Screw towing hook (**A**) from vehicle tool kit into fastening point on cylinder head (BMW P/N 72 15 0 108 670).

Torque	
Towing hook to cylinder head	30 Nm (22 ft-lb)

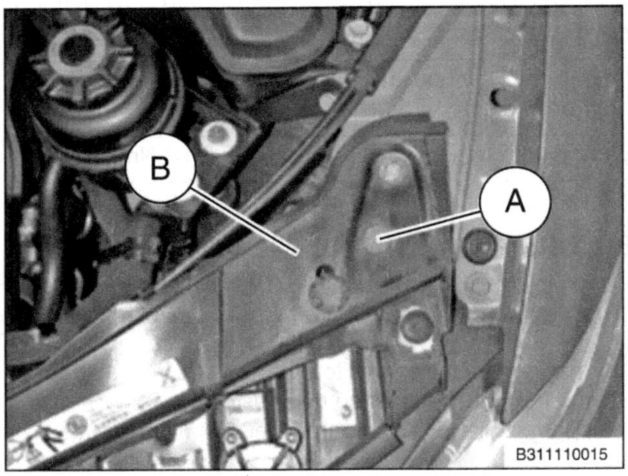

Remove fastener (**A**) from front panel (**B**).

NOTE—

- *Above step may not be necessary if using an aftermarket support bar.*

- Install transverse support fixture as shown, making sure to adjust fixture and tighten when stable. Support weight of engine by tightening center support.

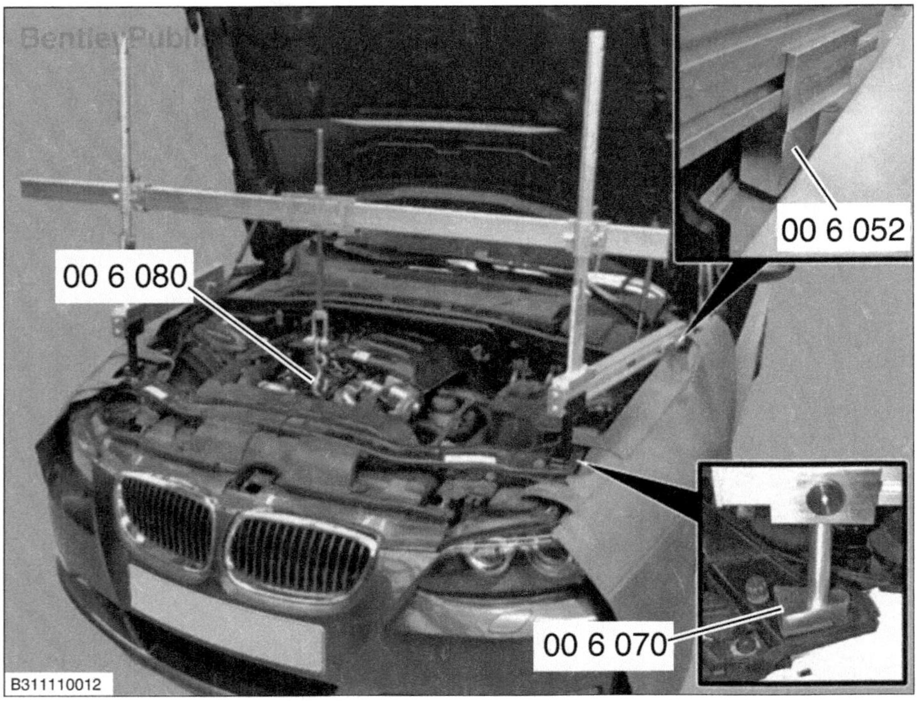

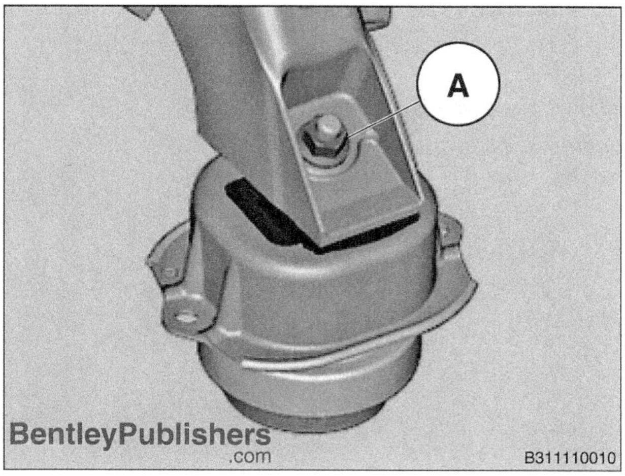

B311110010

Loosen fasteners (**A**) for left and right engine mounts, and raise engine.

> ***CAUTION—***
> - *Avoid moving engine side to side when lifting or performing repairs. Always make sure there is sufficient clearance between engine and body.*
> - *Make sure not to stress or strain lines, hoses or wiring when lifting engine.*

- Installation is reverse of removal, making sure to replace mount fasteners.

Tightening torques	
Engine mount to support arm (nut)	56 Nm (41 ft-lb)

Engine mounts, replacing

- Raise vehicle and support safely.

> ***WARNING—***
> - *Make sure vehicle is stable and well supported at all times. Use a professional automotive lift or jack stands. A floor jack is not adequate support.*

- Remove engine lower cover, see **020 Maintenance**.
- Lower vehicle and support engine at top, see **Supporting Engine at Top** in this repair group.
- Remove charge air ducts on turbo charged vehicles, see **130 Fuel Injection.**

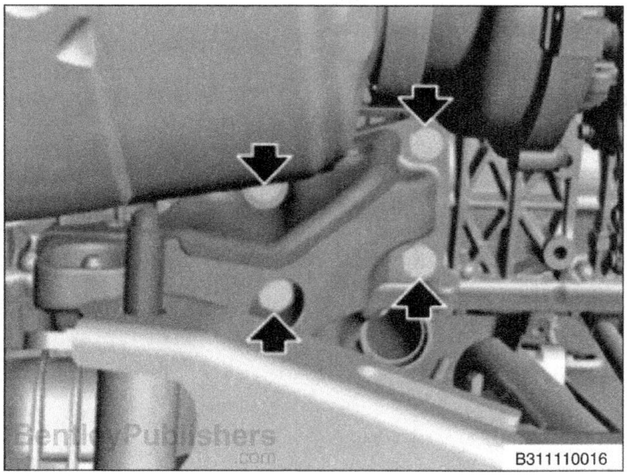
B311110016

Working at right side mount:

- Remove fasteners (**arrows**) and remove support arm from engine.

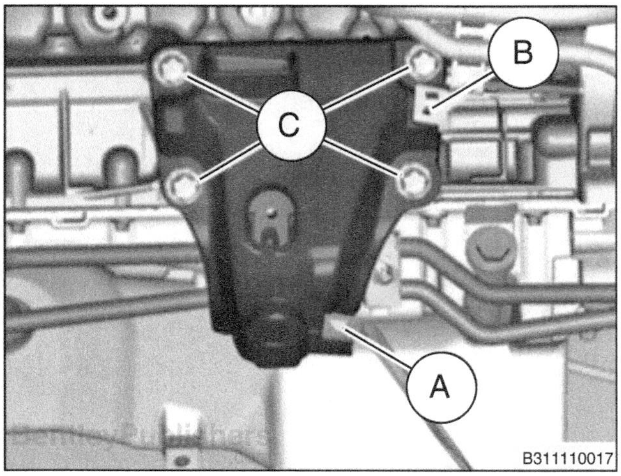

B311110017

Working at left side mount:

- Remove fastener (**A**) for ground cable.
- Remove fastener (**B**), and remove bracket.
- Remove fasteners (**C**), and remove support arm from engine.

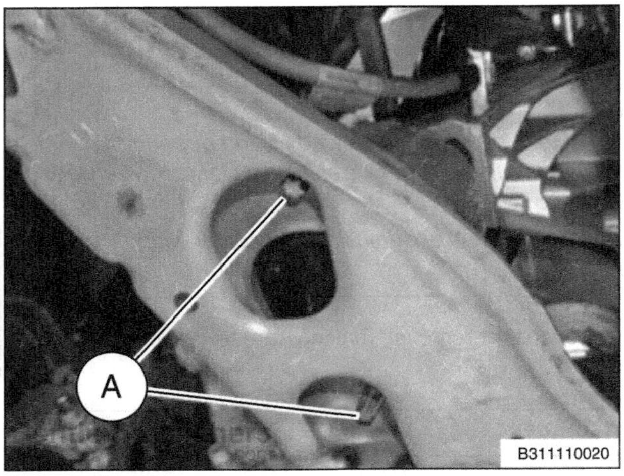

◄ Remove fasteners (**A**), and remove mount.

NOTE—
- *Left side shown, right side is similar.*
- *Engine support arm shown installed.*

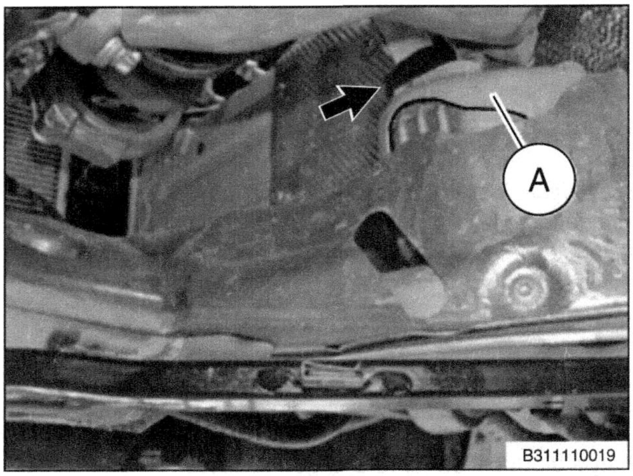

◄ When reinstalling mount (**A**), make sure rubber part of engine mount (**arrow**) points towards center of vehicle.

NOTE—
- *Engine mount identification:*
- *Right side: part number ends in even number.*
- *Left side: part number ends in odd number.*

– Installation is reverse of removal, making sure to replace all fasteners.

Tightening torques	
Engine mount to support arm (nut)	56 Nm (41 ft-lb)
Support arm to engine block	38 Nm (28 ft-lb)
Engine mount to front axle sub frame	38 Nm (28 ft-lb)

113 Cylinder Head Removal and Installation

TABLE

GENERAL

Cylinder head: N52 6-cylinder engine

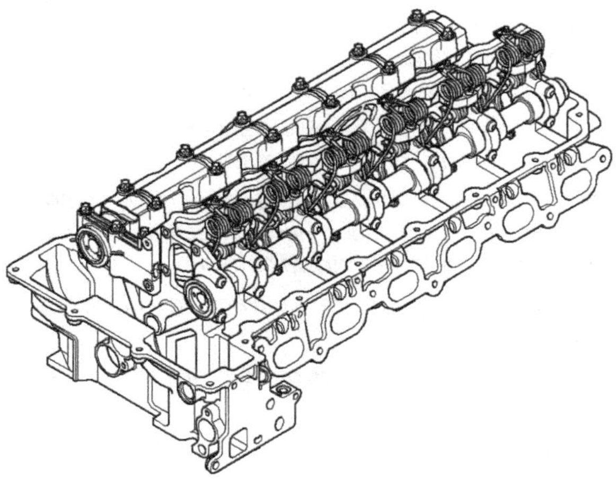

B309113007

This repair group provides removal and installation procedures for the cylinder head and associated components.

The cylinder head is equipped with variable camshaft timing (sometimes referred to as VANOS, from the German words *VAriable NOckenwellen Steuerung*). Special tools and procedures are required to remove and install camshaft adjustment units and to time camshafts. Be sure to read through each procedure before starting work.

See also:

- **020 Maintenance**
- **100 Engine–General** for engine code and application information.
- **117 Camshaft Timing Chain** for camshaft timing chain and camshaft adjuster (VANOS) service
- **130 Fuel Injection** for air filter housing and intake manifold removal
- **170 Radiator and Cooling System**

Engine identification

Repair procedures in this manual are broken down by engine version. Engine versions are identified by their BMW engine designation number.

Table a. Engine identification

Engine designation	Year, model	Identifying feature
N51	2007 and later 328i, 328ix with automatic transmission (sold in California, Connecticut, Maine, Massachusetts, New York, Oregon, Rhode Island, Vermont, Washington)	Secondary air injection pump Black plastic cylinder head cover Non variable intake manifold
N52	2006 325i, 325ix, 330i, 330ix	Aluminum-magnesium cylinder head cover
N52KP	2007 and later 328i, 328ix	Black plastic cylinder head cover
N54	2007 to 2010 335i, 335ix 2011 335is	Twin turbochargers
N55	2011 335i, 335ix	Single twin-scroll turbocharger

Fasteners and fastener torques differ among the versions. Read torque specifications carefully.

Warnings and Cautions

WARNING—
- *To avoid personal injury, be sure the engine is cold before beginning work on engine components.*
- *Use extreme caution when draining and disposing of engine coolant. Coolant is poisonous and lethal to humans and pets. Pets are attracted to coolant because of its sweet smell and taste. Seek medical attention immediately if coolant is ingested.*
- *The fuel system is designed to retain pressure even when the ignition is OFF. When working with the fuel system, loosen fuel lines slowly to allow residual fuel pressure to dissipate. Avoid spraying fuel. Use shop towels to capture leaking fuel.*
- *Before beginning work on the fuel system, place a fire extinguisher in the vicinity of the work area.*
- *Fuel is highly flammable. When working around fuel, do not disconnect wires that could cause electrical sparks. Do not smoke or work near heaters or other fire hazards.*
- *Wear eye protection and protective clothing to avoid injuries from contact with fuel.*
- *Unscrew the fuel tank cap to release pressure in the tank before working on fuel lines.*
- *Do not use a work light with an incandescent bulb near fuel. Fuel may spray on the hot bulb causing a fire.*
- *Make sure the work area is properly ventilated.*

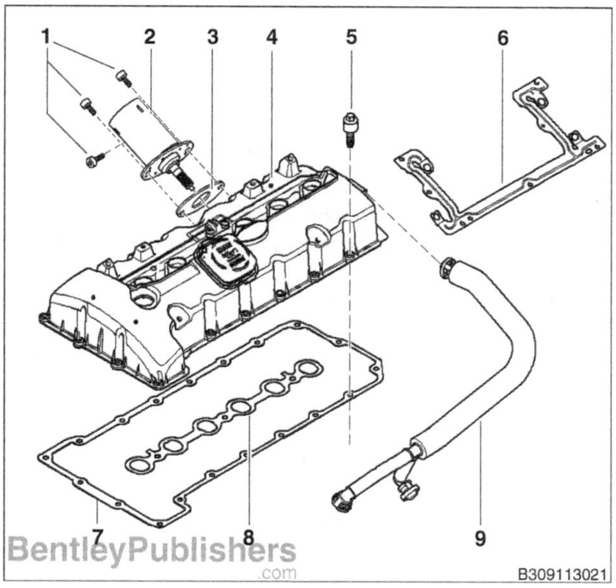

> ***CAUTION—***
> - *To avoid electrochemical corrosion to engine components made of aluminum-magnesium alloy, do not use steel fasteners. Use aluminum fasteners only.*
> - *The end faces of aluminum fasteners are usually painted blue. For reliable identification, test fasteners for aluminum composition with magnet.*
> - *Replace aluminum bolts each time they are loosened.*
> - *Follow torque instructions, including angle of rotation specifications, when installing aluminum fasteners.*

CYLINDER HEAD (N51, N52, N52KP ENGINES)

Cylinder head cover components (N51, N52, N52KP engines)

Cylinder head cover for 2006 N52 engine is made of aluminum-magnesium alloy. Aluminum stretch bolts and fasteners are used. Replace them whenever the cover is removed. Cylinder head cover for 2007 and later non-turbo engine is made of plastic. Steel fasteners may be used and they can be reused.

1. Valvetronic motor mounting bolt (M6 x 16 mm)
   - Tighten to 10 Nm (7 ft-lb)
2. Valvetronic motor
3. Gasket
4. Cylinder head cover
5. Cylinder head cover fastener
   - N52: M7 aluminum
     Replace with new
     Tighten to 7 Nm (63 in-lb) + 90° additional
   - N52KP or N51: M7, tighten to 9 Nm (7 ft-lb)
6. Bracket (N52 engine only)
7. Cylinder head cover gasket–outer
8. Cylinder head cover gasket–inner (spark plug holes)
9. Crankcase breather hose

Cylinder head cover, removing and installing (N51, N52, N52KP engines)

– Use scan tool to read out and record ECM fault memory.

– Switch ignition OFF and remove key.

– Remove cabin microfilter upper and lower housings. See **640 Heating and Air-conditioning**.

– Remove right strut tower brace.

– Remove ignition upper engine cover. See **020 Maintenance**.

– Detach ignition coil connectors. Unclip ignition coil harness from cylinder head cover and lift aside.

– Remove ignition coils. See **120 Ignition System**.

Cylinder head cover, removing and installing (N51, N52, N52KP engines)

Working at cylinder head cover:

- Detach crankcase breather hose.
- If applicable: Pull off metal bracket.
- Remove valvetronic motor mounting bolts (**A**). To disengage valvetronic motor, see **130 Fuel Injection**.
- N51 engine: Remove mounting screws and detach secondary air injection valve (**B**) from right side of cylinder head.

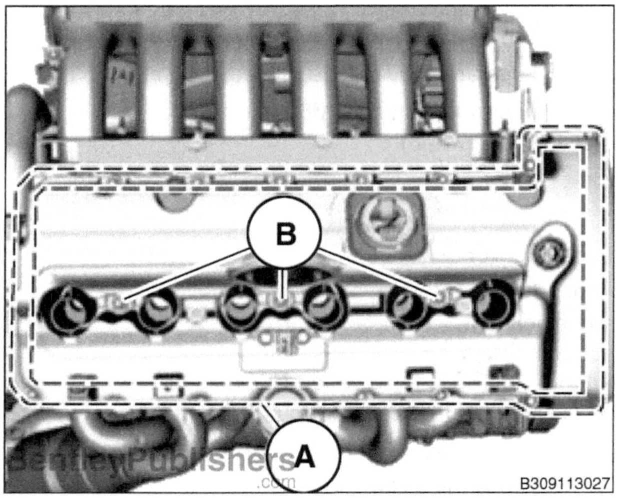

Remove cylinder head cover fasteners (**A**, **B**). Discard if aluminum (blue head).

- Measure and record lengths and positions of bolts and studs. Different fastener lengths are determined by shapes of bushings.

– Lift off cylinder head cover and discard old gaskets.

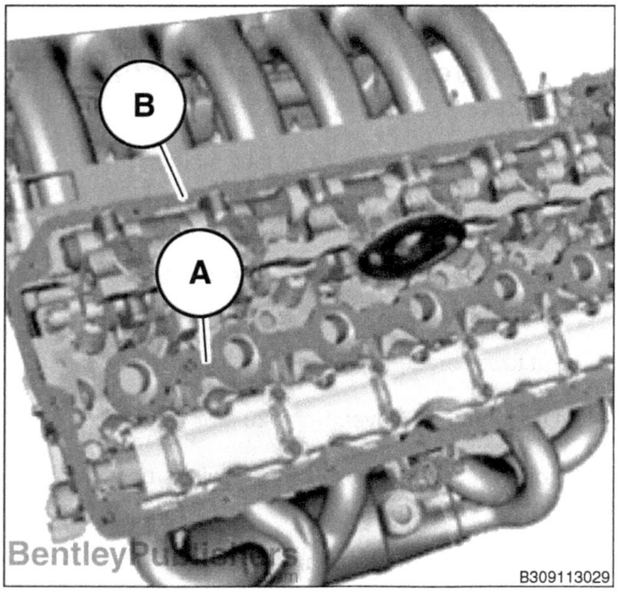

Clean gasket residue from cylinder head and cylinder head cover sealing surfaces (**A**, **B**).

CAUTION—
- *To avoid gouging the cover, do not use metal scraping tool.*

< Replace slotted ignition coil sleeves in cylinder head cover.

– Coat cylinder head cover grooves with thin layer of anti-friction compound such as glycerine. Press gaskets in place, making sure they are not stretched at any point.

– Reinstall cylinder head cover.
  - Coat cylinder head contact surfaces with thin layer of anti-friction compound such as glycerine.
  - Place small quantity of silicone sealant at metal-to-metal seams (such as timing cover to engine block).
  - Replace aluminum fasteners. Install in correct locations as noted previously.
  - Tighten gradually in crisscross pattern, starting with inside fasteners.

Tightening torques	
N52 engine cylinder head cover to cylinder head (aluminum-magnesium alloy cover, use new aluminum M7 fasteners) • Stage 1 • Stage 2	7 Nm (63 in-lb) additional 90°
N52KP or N51 engine cylinder head cover to cylinder head (plastic cover, steel M7 fasteners)	9 Nm (7 ft-lb)

– Reinstall valvetronic servo motor.

Tightening torque	
Valvetronic motor to cylinder head cover (M6 x 16 mm bolts)	10 Nm (7 ft-lb)

– Reinstall secondary air injection valve.

Tightening torque	
Secondary air injection valve to cylinder head (M6 bolts)	8 Nm (6 ft-lb)

– Remainder of assembly is reverse of removal. Make sure cabin microfilter housing seals correctly.

Tightening torques	
Ignition coil cover to cylinder head cover (M6)	4 Nm (35 in-lb)
Strut tower brace to bulkhead (replace M12 bolt) • Stage 1 • Stage 2	100 Nm (74 ft-lb) additional 90°
Strut tower brace to strut tower (replace M10 bolt) • Stage 1 • Stage 2	40 Nm (30 ft-lb) additional 60°

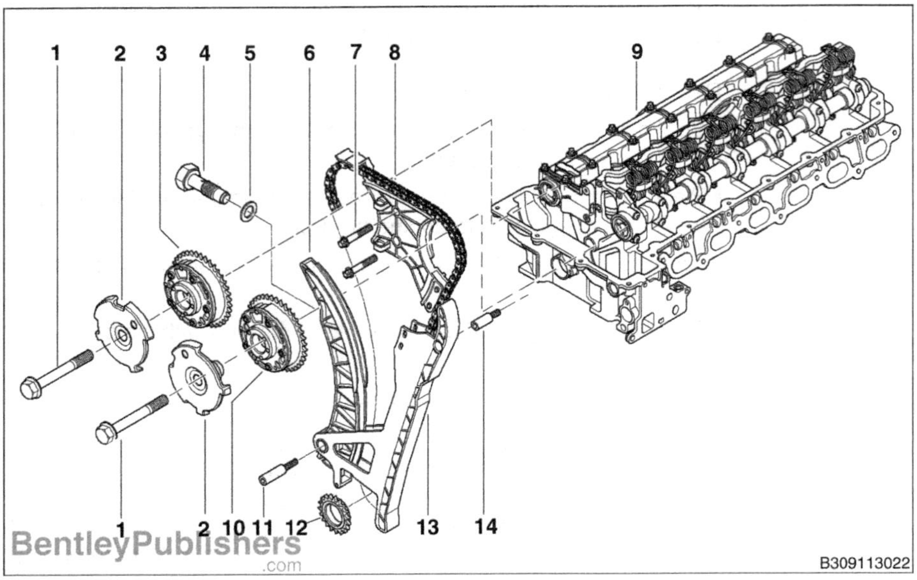

Cylinder head and timing chain (N51, N52, N52KP engines)

1. Camshaft adjustment unit mounting bolt (M10 x 94 mm)
   - Replace with new
   - Tighten in 2 stages
     Stage 1: 20 Nm (15 ft-lb)
     Stage 2: Additional 180°
2. Camshaft impulse wheel
3. Exhaust camshaft adjustment unit
4. Chain tensioner (M22 x 1.5)
   - Tighten to 55 Nm (41 ft-lb)
5. Sealing O-ring
   - Install new
6. Chain tensioner rail
7. Chain module mounting bolts (M6 x 35 mm Torx)
   - Tighten to 8.5 Nm (6 ft-lb)
8. Timing chain
9. Cylinder head with camshafts
10. Intake camshaft adjustment unit
11. Chain tensioner rail mounting bolt (M8)
    - Tighten to 20 Nm (15 ft-lb)
12. Crankshaft sprocket
13. Chain guide
14. Chain guide mounting bolt (M7)
    - Tighten to 14 Nm (10 ft-lb)

Cylinder head, removing and installing (N51, N52, N52KP engines)

When removing and installing the cylinder head, BMW special tools and procedures are required to remove and install camshaft adjustment units and valvetronic eccentric shaft and to time camshafts. Read the entire procedure before beginning repairs.

> ***CAUTION—***
> - *Disassembly, removal and assembly of camshafts, camshaft adjustment units or cylinder head without special tools poses the risk of damage or breakage: Valves may be bent by contact with the piston crowns.*

NOTE—
- *Camshaft timing is covered in* **117 Camshaft Timing Chain**.

Cylinder head removal and installation procedures are described separately.

If you remove a cylinder head and determine that it requires significant reconditioning work, a remanufactured cylinder head is available from an authorized BMW dealer.

Cylinder head, removing (N51, N52, N52KP engines)

The cylinder head stretch bolts are aluminum. Replace them any time they are removed. Use angle protractor to torque.

> ***WARNING —***
> - *To avoid personal injury, be sure the engine is cold before beginning the removal procedure.*

– Disconnect negative (–) cable from battery.

> ***CAUTION—***
> - *Prior to disconnecting the battery, read the battery disconnection cautions in* **001 Warnings and Cautions**.

– Raise vehicle and support safely.

> ***WARNING —***
> - *Make sure the vehicle is stable and well supported at all times. Use a professional automotive lift or jack stands designed for the purpose. A floor jack is not adequate support.*

– Remove engine compartment splash shield. See **020 Maintenance**.

– With exhaust system fully cooled off, remove exhaust system and both exhaust manifolds. See **180 Exhaust System**.

– Drain engine coolant. See **170 Radiator and Cooling System**.

– Drain engine oil. See **020 Maintenance**.

– Remove ignition coil cover (upper engine cover). See **020 Maintenance**.

– Remove air filter housing, engine air intake ducts and intake manifold. See **130 Fuel Injection**.

> ***WARNING —***
> - *Unscrew the fuel tank cap to release pressure in the tank before working on fuel lines.*

– Remove cylinder head cover. See **Cylinder head cover, removing and installing (N51, N52, N52KP engines)** in this repair group.

– Detach coolant hoses from cylinder head.

◄ Using vibration damper bolt, rotate crankshaft to place cylinder 1 in TDC firing position. In this position, cylinder 1 intake camshaft lobe points upward at an angle.

Make sure intake and exhaust camshaft part numbers (**A**) point up.

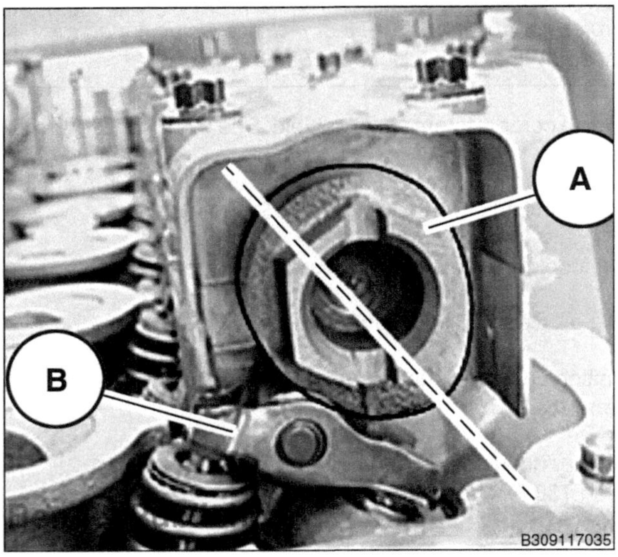

Cylinder 1 in TDC firing position: Cylinder 6 exhaust camshaft lobe (**A**) points downward at an angle (**dashed line**). Cam follower (**B**) is not actuated.

NOTE—

- *Use a mirror to check exhaust camshaft lobe position.*

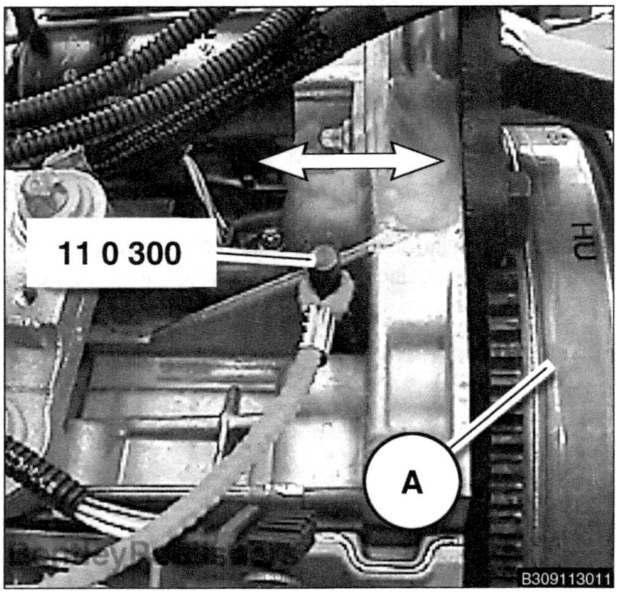

Working underneath engine, slide out protective plug at lower left of engine bell housing flange. Install BMW special tool 11 0 300 (crankshaft locking tool) through bell housing flange port into flywheel (**A**) hole. If necessary, rock flywheel slightly back and forth to line up holes with tool. This locks crankshaft at TDC.

CAUTION—

- *Automatic transmission model: There is a larger bore very close to the flywheel TDC bore. Do not confuse the larger bore with the correct TDC bore. BMW special tool should fit snugly. If the flywheel is locked using the correct bore, the engine can no longer be rotated at the vibration damper bolt.*

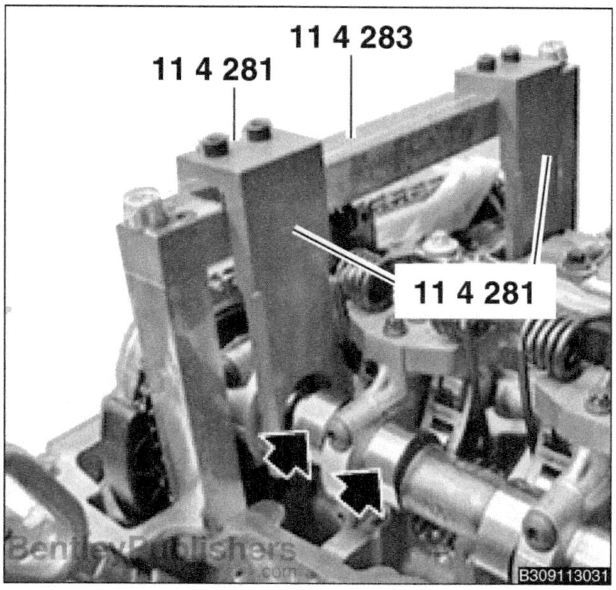

Use BMW special tool set 11 4 280 to lock down camshafts.

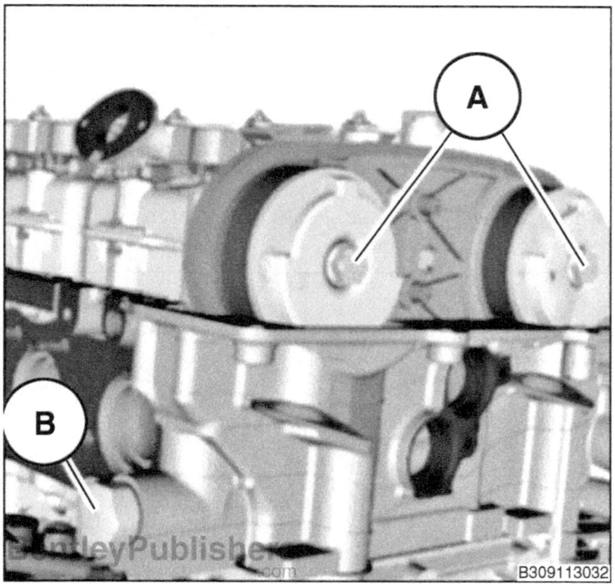

Remove intake and exhaust camshaft adjustment units:

- Loosen and remove adjustment unit mounting bolts (**A**). Discard bolts.
- Remove timing chain tensioner (**B**). Be prepared to catch dripping oil with a shop towel. Do not allow oil to contaminate accessory belt.
- Disengage timing chain from camshaft adjustment unit sprockets. Remove adjustment units and set aside.

NOTE—

- *Illustration does not show BMW special tool set 11 4 280 in place.*

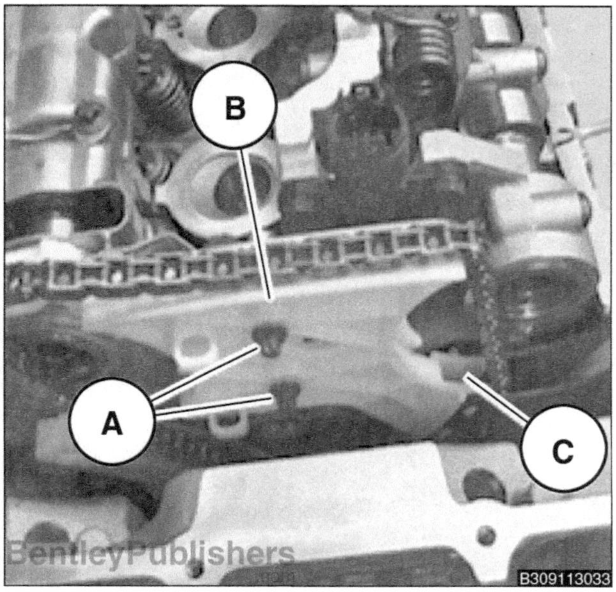

Working at front of cylinder head:

- Remove timing chain module mounting bolts (**A**).
- Unclip chain module (**B**) at junction (**C**) and lift out.
- Place timing chain in cylinder head opening.

CAUTION—

- *Do not remove crankshaft locking tool. Rotating crankshaft may cause the timing chain to jam or jump teeth.*

113

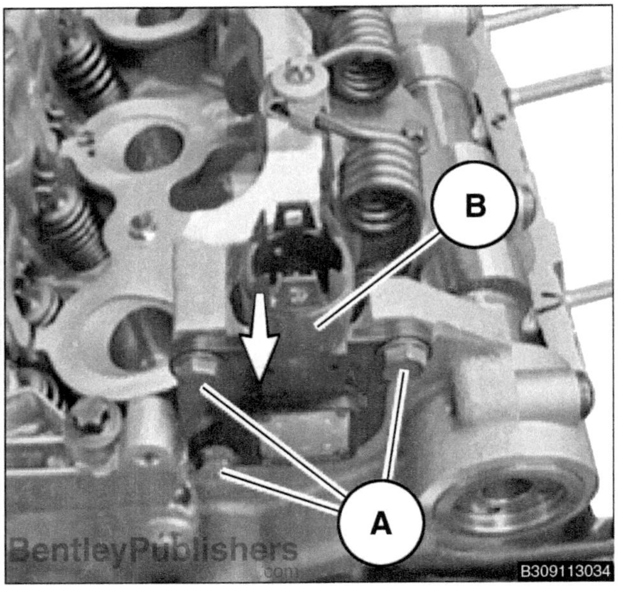

Unbolt and remove valvetronic eccentric shaft sensor mounting bolts (**A**). Slide sensor (**B**) forward (**arrow**) to remove.

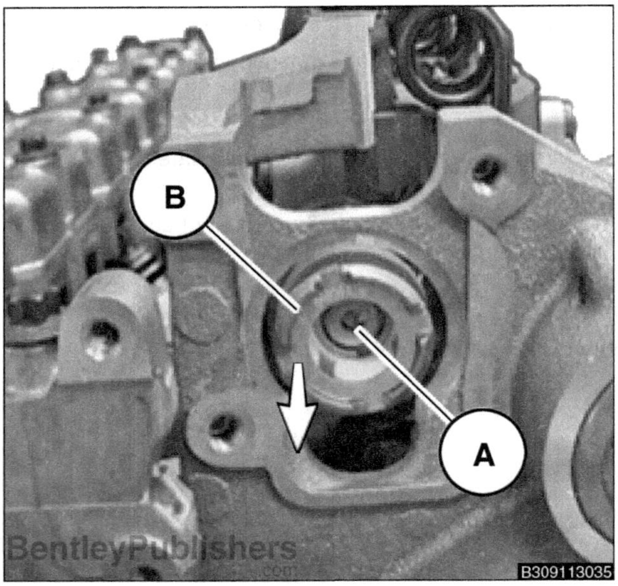

Remove eccentric shaft magnet wheel mounting bolt (**A**). Slide magnet wheel (**B**) forward (**arrow**) to remove.

CAUTION—
- *Magnet wheel mounting bolt is non-magnetic. Do not allow it to fall into engine.*
- *Magnet wheel is highly magnetic. Protect against metal filings by storing in sealed plastic bag.*

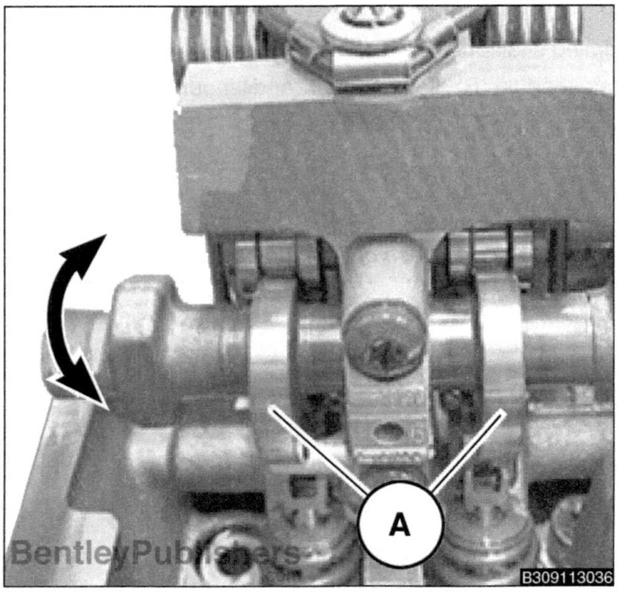

Pretension eccentric shaft (**arrow**). Remove stop screw between cylinders 1 and 2 (**A**).

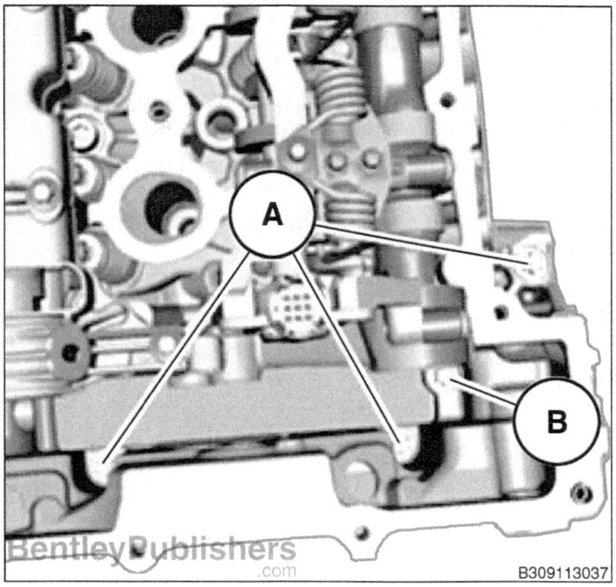

◀ Remove cylinder head bolts (**A**, **B**) to timing chain housing. Press timing chain rail forward slightly to remove bolt **B**. Discard aluminum bolts.

> ***CAUTION—***
> - *Use mechanical gripper to prevent lower bolt(s) from falling down inside crankcase.*
> - *Measure and note down different bolt lengths for correct reinstallation.*

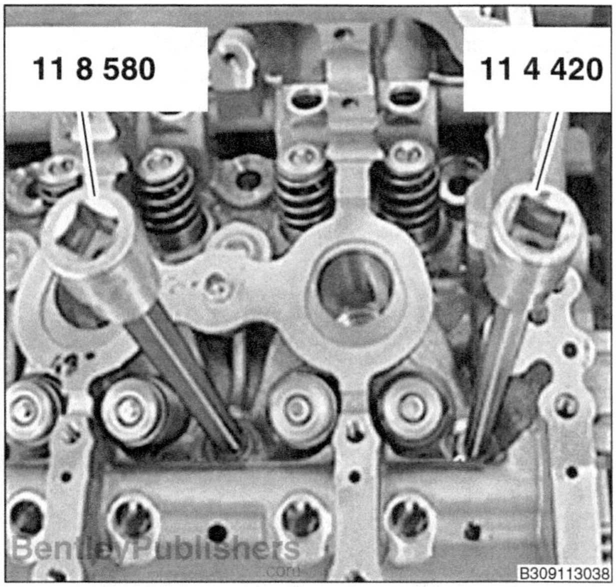

◀ Use BMW special tools 11 4 420 (Torx T50) and 11 8 580 (Torx T60) to loosen and remove M9 and M10 cylinder head bolts. (Intake and exhaust camshafts removed for purpose of illustration.)

- Loosen M9 bolts first.
- Loosen M10 bolts in crisscross pattern, starting with outside bolts.
- Note different bolt lengths.
- Discard aluminum bolts.

– Bolt lifting handles to cylinder head. Lift off head with help of assistant.

> ***CAUTION—***
> - *Cylinder head weighs approx. 40 kg (88 lb).*
> - *Place cylinder head on work bench on its side. Putting it down on sealing surface risks damage to the valves.*
> - *Be sure to clean antifreeze out of cylinder head bolt holes in crankcase immediately.*

Cylinder head, installing (N51, N52, N52KP engines)

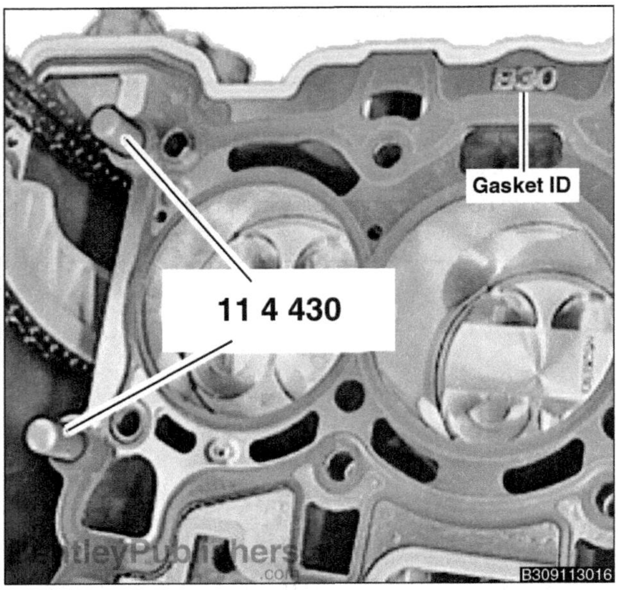

- Before cleaning engine block sealing surface, insert plugs (BMW special tools 11 4 430 or equivalent) into oil passages.
  - Note cylinder head gasket ID at right front edge of gasket.
- Remove coarse residues on sealing surfaces from cylinder head and crankcase with scraper.

> ***CAUTION—***
> - *To avoid damaging cylinder head and crankcase surfaces, do not use any metal-cutting tools.*

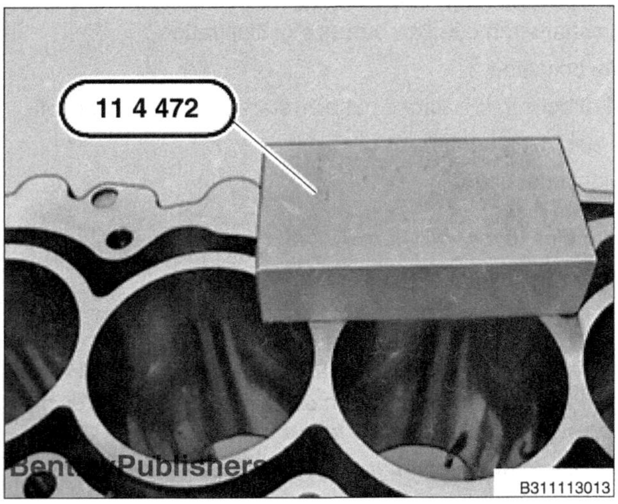

- Remove fine residues on sealing surfaces from cylinder head and crankcase with BMW special tool 11 4 472 or equivalent grindstone.

> ***CAUTION—***
> - *To avoid damaging cylinder head and crankcase surfaces, do not use any metal-cutting tools.*
> - *To avoid risk or cracking or corrosion, clean all blind holes to remove coolant, water, or engine oil.*

- Inspect cylinder head for visible cracks or other defects.
- Clean cylinder head and gasket surfaces of engine block and timing chain housing.

> ***CAUTION—***
> - *Remove foreign matter and liquid from bolt holes. Trapped oil or coolant in bolt holes can cause damage to the engine block.*
> - *Do not use a metal scraper or wire brush to clean sealing surfaces. If necessary, use a hard wooden or plastic scraper. Also available are abrasive discs to be used in conjunction with an electric drill. Be sure to use the correct disc for the type of metal being cleaned.*

- Inspect cylinder head for visible cracks or other defects.
- To check cylinder head for warpage:
  - Remove intake and exhaust camshafts and intermediate intake levers.

> ***CAUTION—***
> - *Keep components in separate compartments and mark them for reassembly in their original positions.*

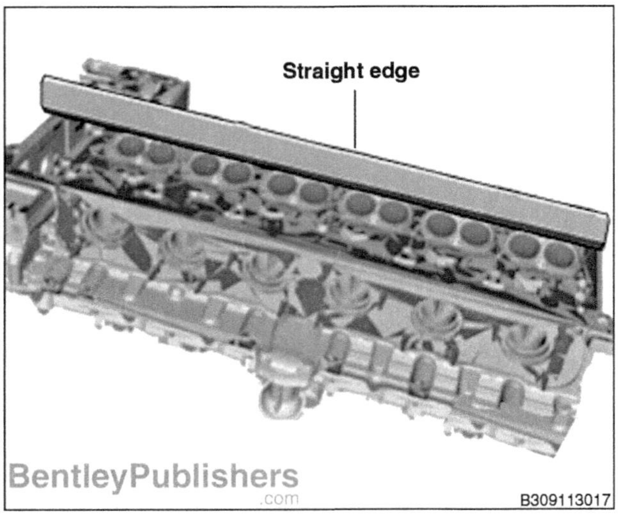

- Use straight edge to check evenness of cylinder head sealing surface in longitudinal direction.

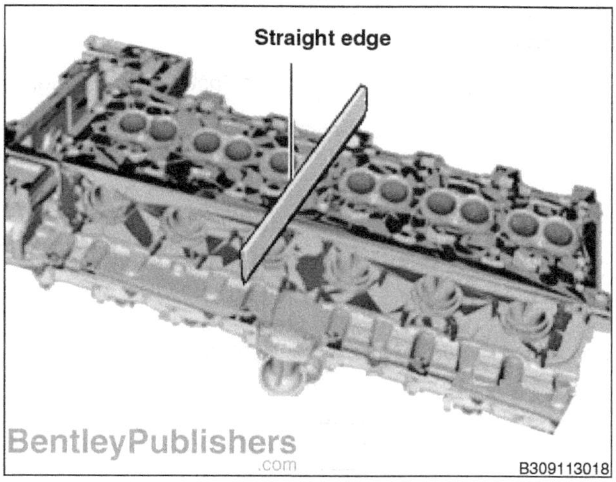

Use straight edge to check evenness of cylinder head sealing surface in transverse direction.

Cylinder head warpage specifications	
Maximum warpage allowed • Longitudinal • Transverse	 0.10 mm (0.0039 in) 0.05 mm (0.0020 in)

- Have cylinder head tested for coolant leaks and cracks.
- If cylinder head is warped but otherwise sound, machine a maximum of 0.3 mm (0.011 in) off sealing surface.
- Reassemble cylinder head, or use reconditioned BMW cylinder head. See **117 Camshaft Timing Chain**.

Tightening torques	
Oil spray nozzle to valvetronic guide block (M6 x 30 mm bolt)	10 Nm (7 ft-lb)
Valvetronic guide block to timing chain housing (M6 x 23 mm bolt)	10 Nm (7 ft-lb)
Valvetronic torsion spring to cylinder head (M6 x 20 bolt)	10 Nm (7 ft-lb)
Camshaft bearing strip to camshaft (M7 x 70 mm 10.9 steel bolt) • Stage 1 • Stage 2	 8 Nm (71 in-lb) additional 60°

CAUTION—
• Once assembled with valves and camshafts, place cylinder head down on work bench on its side. Putting it down on sealing surface risks damage to the valves.

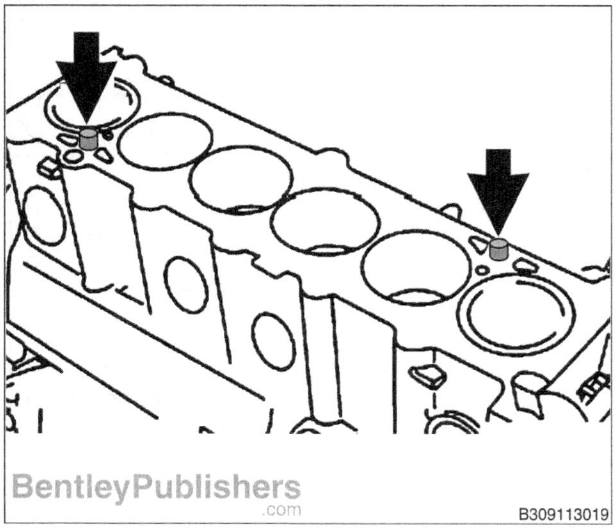

Check that two cylinder head aligning sleeves (**arrows**) are correctly positioned in engine block and are not damaged.

- Replace cylinder head gasket.
- If cylinder head is machined, use a special cylinder head gasket available from an authorized BMW dealer. The gasket is 0.3 mm (0.011 in) thicker than standard and is marked accordingly.
- Place cylinder head on engine block and fit to aligning sleeves.

Cylinder head, installing (N51, N52, N52KP engines)

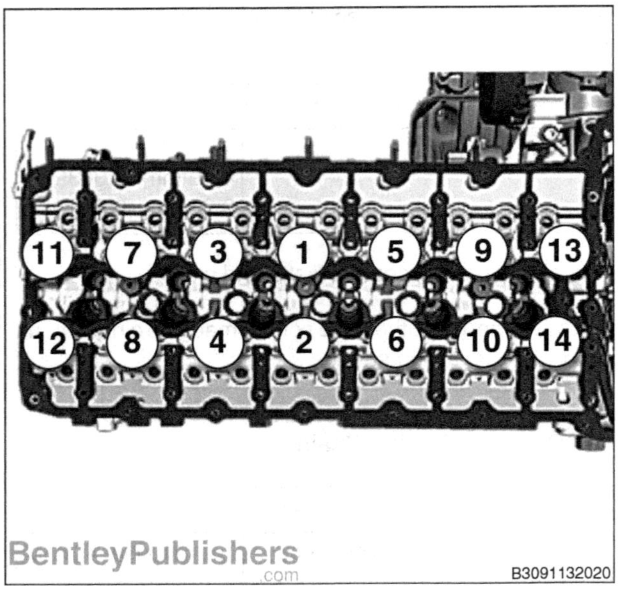

Insert new aluminum cylinder head bolts:

- Bolts 1 - 10: M10 x 125 mm
- Bolts 11 - 14: M9 x 95 mm and M9 x 125 mm. Insert correct length bolts, as marked previously.

NOTE—

- *Graphic shows intake and exhaust camshafts removed.*

– Use BMW special tool 11 8 850 (Torx T60) to tighten bolts 1 - 10 in sequence shown below.

– Use BMW special tool 11 4 420 (Torx T50) to tighten bolts 11 - 14 in sequence shown below.

Tightening torques and sequence	
Cylinder head to engine block: • Stage 1: All bolts, 1 - 14 • Stage 2: All bolts, 1 - 14 • Stage 3: Only bolts 1 - 10 • Stage 4: All bolts 1 - 14	 30 Nm (22 ft-lb) additional 90° additional 90° additional 45°

CAUTION—

- *Stage 3 applies to M10 bolts (1 - 10) only.*

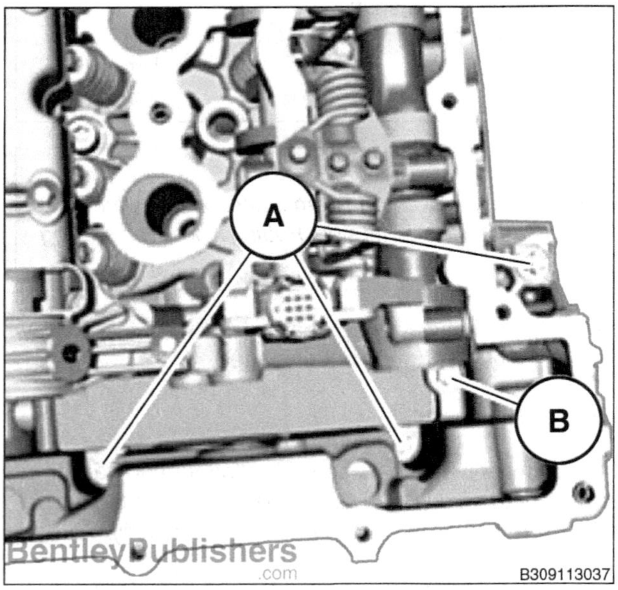

Use new aluminum bolts (**A**, **B**) to attach cylinder head to timing chain housing. Press timing chain rail forward slightly to install lower bolt(s).

CAUTION—

- *Use mechanical gripper to prevent lower bolt(s) from falling down inside crankcase.*
- *Place different bolt lengths in correct bores.*

Tightening torques	
N52 engine cylinder head to timing chain housing (M9 x 30 mm or M9 x 70 mm): • Stage 1 • Stage 2	 15 Nm (11 ft-lb) additional 90°
N52KP or N51 engine cylinder head to timing chain housing (M9 x 30 mm): • Stage 1 • Stage 2	 10 Nm (7 ft-lb) additional 90°
N52KP or N51 engine cylinder head to timing chain housing (M9 x 70 mm): • Stage 1 • Stage 2	 10 Nm (7 ft-lb) additional 135°

– Reinstall eccentric shaft stop screw.

Tightening torque	
Eccentric shaft stop screw to cylinder head (M6)	10 Nm (7 ft-lb)

– Replace eccentric shaft magnet wheel.

– Reinstall eccentric shaft sensor.

– Use wire hook to retrieve timing chain from inside timing chain housing. Place chain over chain module and clip module to lower chain rail. Reinstall chain module mounting bolts.

Tightening torque	
Chain module to cylinder head (M6 x 35 mm Torx)	8.5 Nm (6 ft-lb)

◄ Use new bolts to reattach camshaft adjustment (VANOS) units. Note that exhaust and intake units are different and so marked. Camshaft sensor impulse wheel for intake and exhaust are the same.

> ***CAUTION—***
> *• Use BMW special tools shown in* **117 Camshaft Timing Chain** *to lock down camshafts.*

Tightening torque	
Camshaft adjustment (VANOS) unit to camshaft (use new M10 x 94 mm bolt): • Stage 1 • Stage 2	 20 Nm (15 ft-lb) additional 180°

– Install chain tensioner and set camshaft timing. See **117 Camshaft Timing Chain**.

> ***CAUTION—***
> *• If chain tensioner is reused, drain its oil chamber. Place tensioner on level working surface and compress slowly. Repeat twice.*
> *• No sealing ring is fitted to chain tensioner at the factory. When reassembling engine, be sure to use new sealing O-ring.*

Tightening torque	
Timing chain tensioner to cylinder head (M22 x 1.5) (use new sealing O-ring)	55 Nm (41 ft-lb)

– Remainder of installation is reverse of removal. Remember to:
- Remove camshaft and crankshaft locking tools.
- Assemble cylinder head cover with new gasket.
- Reattach and tighten any ground cables removed.
- Reassemble fuel rail using new O-ring seals.
- Fill and bleed cooling system. See **170 Radiator and Cooling System**.

Cylinder Head (N54 Engine)

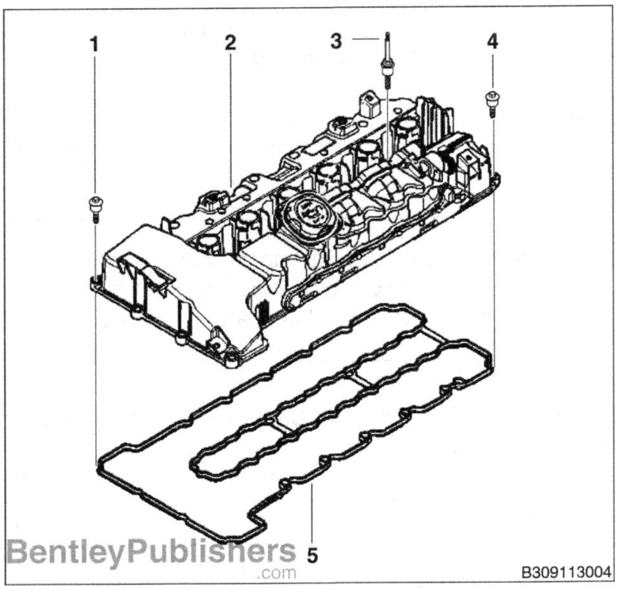

Cylinder head cover components (N54 engine)

1. Cylinder head cover bolt (M6 x 38 mm)
   - Quantity: 2
   - Tighten to 8.5 Nm (75 in-lb)
2. Cylinder head cover
3. Threaded stud
   - Quantity: 3
   - Remove using BMW special tool 11 8 620 or equivalent deep 10 mm socket wrench.
4. Cylinder head cover bolt (M6 x 32.5 mm)
   - Quantity: 26
   - Tighten to 8.5 Nm (75 in-lb)
5. Cylinder head cover gasket

Cylinder head cover, removing and installing (N54 engine)

– Use scan tool to read out and record ECM fault memory.

– Disconnect negative (-) battery cable and cover battery terminal to keep cable from accidentally contacting terminal.

> ***CAUTION—***
> *• Prior to disconnecting the battery, read the battery disconnection cautions given in* **001 Warnings and Cautions**.

– Switch ignition OFF and remove key.

– Remove upper and lower cabin microfilter housings. See **640 Heating and Air-conditioning**.

– Remove right strut tower brace.

– Remove upper engine cover. See **020 Maintenance**.

– Remove ignition coils. See **120 Ignition System**.

– Unclip fuel injector and ignition coil wiring harness and set aside

◀ Loosen high pressure fuel line junctions (**arrows**).

– Remove injector lines and mark them in order.

WARNING—
- *Fuel in the fuel line is under pressure (up to 200 bar or 2900 psi) and may be expelled forcibly. Do not smoke or work near heaters or other fire hazards. Keep a fire extinguisher handy.*
- *Work only on fuel system when engine temperature is below 40°C (104°F).*
- *Unscrew the fuel tank cap to release pressure in the tank before working on the fuel line.*
- *Plug open fuel lines and fittings.*
- *Wrap a clean shop towel around fitting before disconnecting. Residual fuel pressure is present in the fuel line.*
- *To reduce fuel pressure, place towel over injector and carefully tap with a wrench.*

CAUTION—
- *Maintain a clean work area when servicing high pressure fuel system. Contaminants can cause a system malfunction.*
- *Fuel residue can break down the electrical resistance qualities of silicone used in ignition coil production, resulting in coil failure.*
- *Replace high pressure fuel lines if tightened 10 times.*

Working at left front of cylinder head:
- Detach vacuum hoses (**A**) from vacuum lines.
- Unclip vacuum lines (**B**) from cylinder head cover.

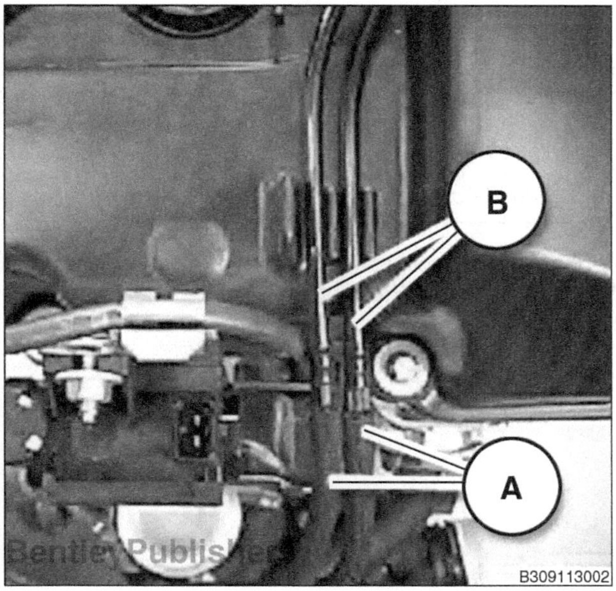

Working at right front of cylinder head:
- Detach vacuum hoses (**A**) from vacuum lines.
- Unclip vacuum lines (**B**) and set aside.

Cylinder head cover, removing and installing (N54 engine)

B309113040

◄ Use BMW special tool 11 8 620 or equivalent deep 10 mm socket wrench to loosen and remove threaded studs (**arrow**) in center of cylinder head cover valley.

- Quantity: 3 studs

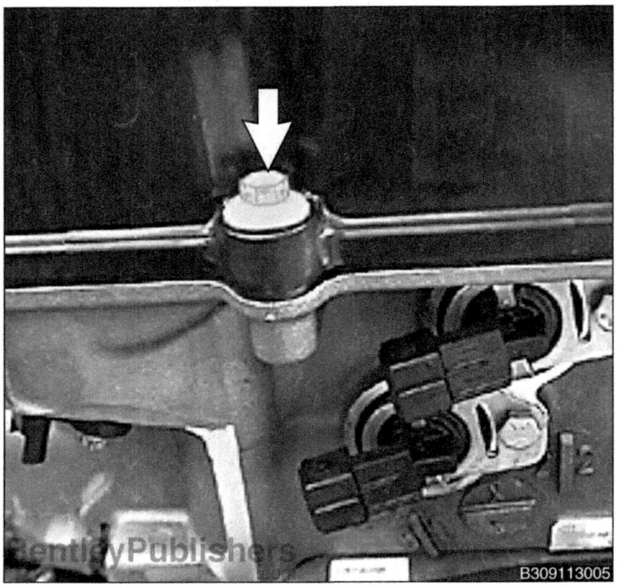

B309113005

◄ Remove cylinder head cover bolts (**arrow**).

- M6 x 38 mm bolts, quantity: 2
- M6 x 32.5 mm bolts, quantity: 26

NOTE—

- *Make note of arrangement of fasteners during removal so that they can be reinstalled in their original locations.*

– Remove cylinder head cover and discard gasket.

– Inspect cylinder head cover fasteners. Replace as necessary.

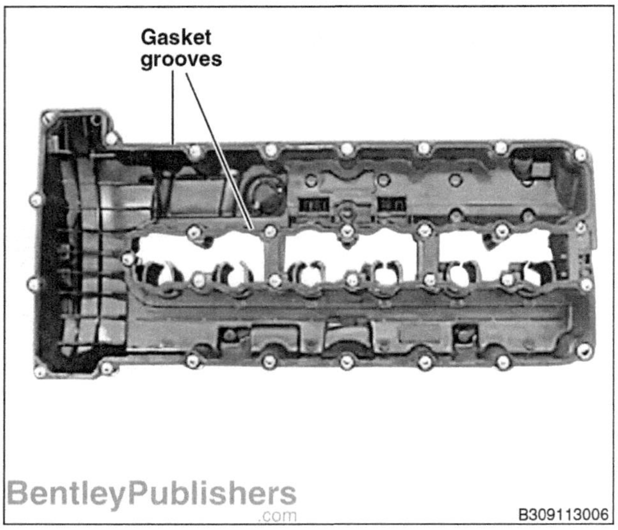

B309113006

◄ Clean gasket residue from cylinder head sealing surface and from cylinder head cover grooves.

CAUTION—
• *To avoid gouging the cover, do not use metal scraping tool.*

– Coat cylinder head cover grooves with thin layer of anti-friction compound such as glycerine. Press gasket in place, making sure it is not stretched at any point.

– Reinstall cylinder head cover.
  - Coat cylinder head and gasket contact surfaces with thin layer of anti-friction compound such as glycerine.
  - Place small quantity of silicone sealant at metal-to-metal seams (such as timing cover to engine block).
  - Install cylinder head cover fasteners in correct locations as noted previously.
  - Tighten gradually in crisscross pattern, starting with inside fasteners.

Tightening torque	
Cylinder head cover to cylinder head (M6)	8.5 Nm (75 in-lb)

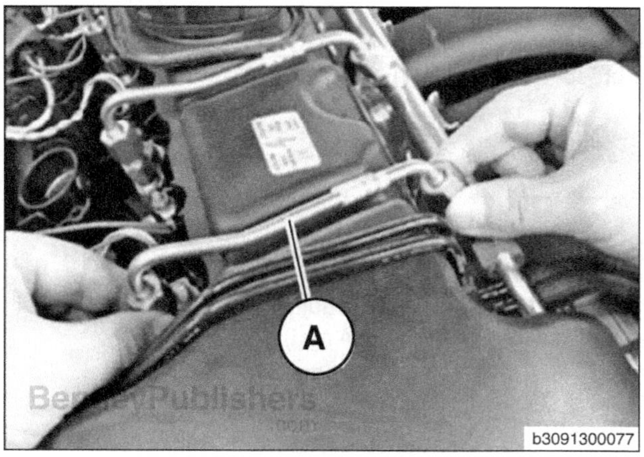

Reinstall high pressure fuel lines in correct locations, as marked previously.
- Coat nut threads with gear oil.
- Connect high pressure line (**A**) finger tight.
- High pressure line may only be retightened 10 times.

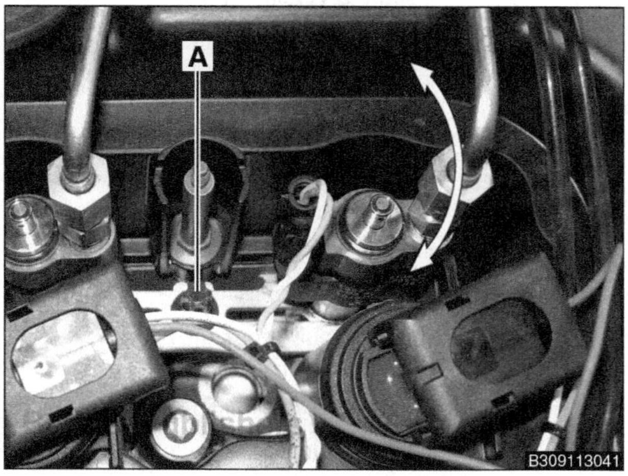

If fuel lines cannot be easily installed, rock injector (**arrows**) to allow fuel line nipple threads to be started by hand.
- Tighten hold-down bracket fastener (**A**).

Tightening torque	
Hold-down bracket to cylinder head	13 Nm (9.5 ft-lb)

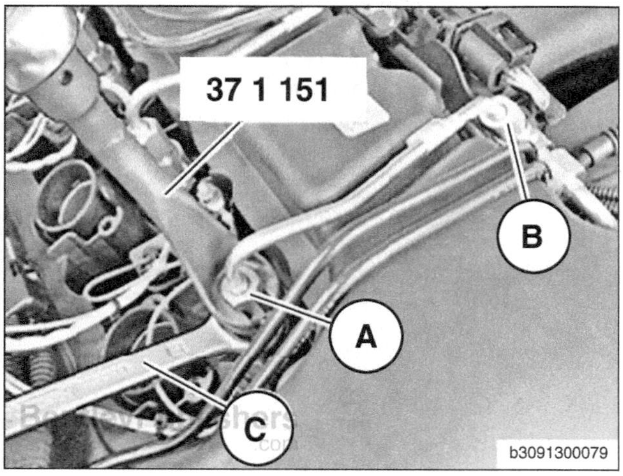

To tighten injector lines:
- Tighten nut (**A**) using BMW special tool 37 1 151 while holding injector with wrench (**C**).
- Tighten nut (**B**) using BMW special tool 37 1 151.

Tightening torque	
High pressure line to injector	23 Nm (17 ft-lb)
High pressure line to fuel rail	23 Nm (17 ft-lb)

– Clean all fuel from ignition coil hole.

– Remainder of assembly is reverse of removal. Keep in mind the following:
  - Make sure cabin microfilter housing seals correctly.
  - Check fuel lines for leaks once engine starts.

Tightening torque	
Ignition coil cover to cylinder head cover (M6)	4 Nm (35 in-lb)
Strut tower brace to bulkhead (replace M12 bolt) • Stage 1 • Stage 2	100 Nm (74 ft-lb) additional 90°
Strut tower brace to strut tower (replace M10 bolt) • Stage 1 • Stage 2	40 Nm (30 ft-lb) additional 60°

Cylinder head and timing chain (N54 engine)

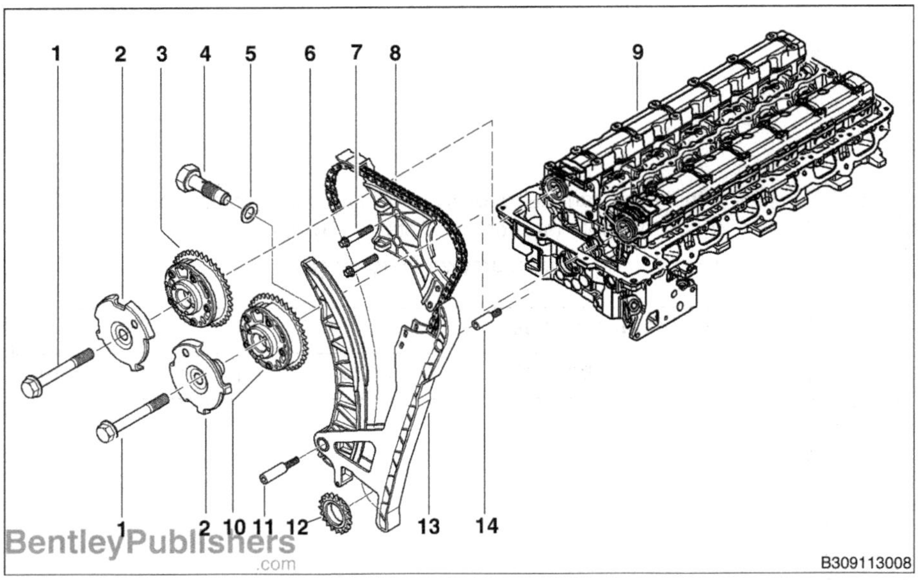

1. Camshaft adjustment unit mounting bolt (M10 x 94 mm)
   - Replace with new
   - Tighten in 2 stages
     Stage 1: 20 Nm (15 ft-lb)
     Stage 2: Additional 180°
2. Camshaft impulse wheel
3. Exhaust camshaft adjustment unit
4. Chain tensioner (M22 x 1.5)
   - Tighten to 55 Nm (41 ft-lb)
5. Sealing O-ring
   - Install new
6. Chain tensioner rail
7. Chain module mounting bolts (M6 x 35 mm Torx)
   - Tighten to 8.5 Nm (6 ft-lb)
8. Timing chain
9. Cylinder head with camshafts
10. Intake camshaft adjustment unit
11. Chain guide mounting bolt (M8)
    - Tighten to 20 Nm (15 ft-lb)
12. Crankshaft sprocket
13. Chain guide
14. Chain guide mounting bolt (M7)
    - Tighten to 14 Nm (10 ft-lb)

Cylinder head, removing and installing (N54 engine)

To remove the N54 engine cylinder head, first remove the engine. Special tools and procedures are required to remove and install camshaft adjustment units and to time camshafts. Read the entire procedure before beginning repairs.

> ***CAUTION—***
> *• Disassembly, removal and assembly of camshafts, camshaft adjustment units or cylinder head without special tools poses the risk of damage or breakage:*
> *-Valves may be bent by contact with the piston crowns.*
> *-Camshaft may snap in two if bent by valve springs.*

NOTE—
• Camshaft timing is covered in **117 Camshaft Timing Chain.**

If you remove a cylinder head and determine that it requires significant reconditioning work, a remanufactured cylinder head is available from an authorized BMW dealer.

Cylinder head, removing (N54 engine)

The cylinder head stretch bolts are aluminum. Replace them any time they are removed. Use angle protractor to torque.

> ***WARNING—***
> *• To avoid personal injury, be sure the engine is cold before beginning the removal procedure.*

– Disconnect negative (–) cable from battery.

> ***CAUTION—***
> *• Prior to disconnecting the battery, read the battery disconnection cautions in* **001 Warnings and Cautions.**

– Remove ignition coil cover (upper engine cover). See **020 Maintenance**.

– Remove engine. See **110 Engine Removal and Installation.**

– Remove cylinder head cover. See **Cylinder head cover, removing and installing (N54 engine)** in this repair group.

– Remove intake manifold, see **130 Fuel Injection.**

– Remove exhaust manifolds and turbo chargers, see **180 Exhaust System**.

Using vibration damper bolt to rotate crankshaft, place cylinder 1 in TDC firing position. In this position, lobes for cylinder 6 (rear of engine) intake and exhaust camshafts (**A**, **B**) point away from each other and down. Cylinder 6 camshaft lobes do not contact roller cam followers.

NOTE—
• Use a mirror to check cylinder 6 cam lobe positions.

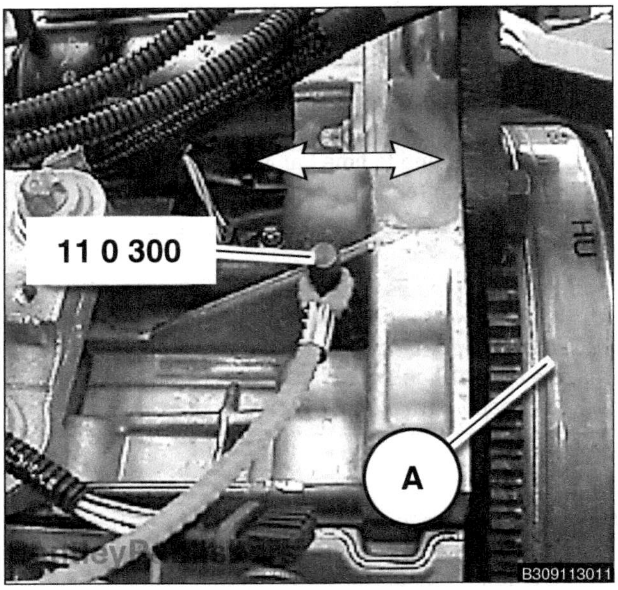

Working underneath engine, slide out protective plug at lower left of engine bell housing flange. Install BMW special tool 11 0 300 (crankshaft locking tool) through bell housing flange port into flywheel (**A**) hole. If necessary, rock flywheel slightly back and forth to line up holes with tool. This locks crankshaft at TDC.

CAUTION—
- *Automatic transmission model: There is a larger bore very close to the flywheel TDC bore. Do not confuse the larger bore with the correct TDC bore. BMW special tool should fit snugly. If the flywheel is locked using the correct bore, the engine can no longer be rotated at the vibration damper bolt.*

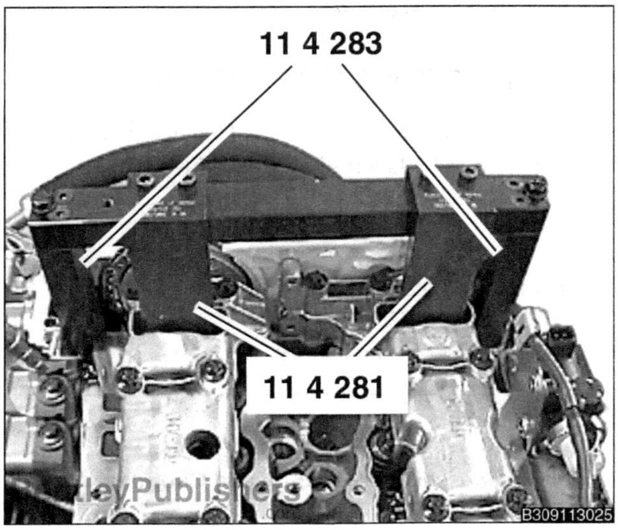

Use BMW special tool set 11 4 280 to lock down camshafts.

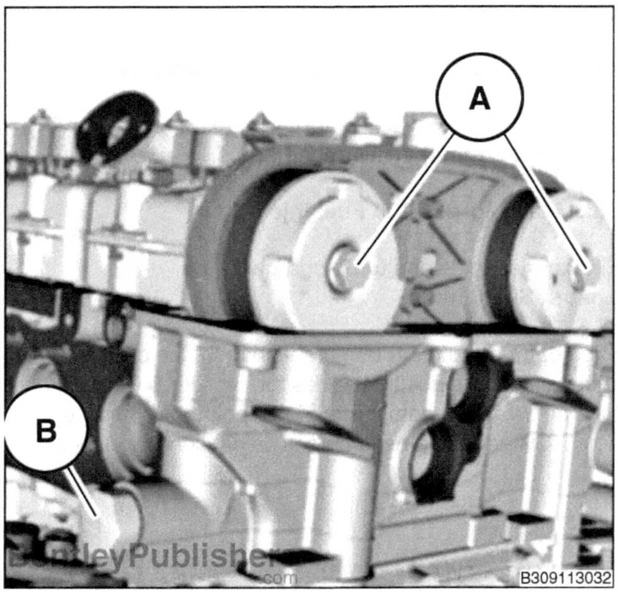

Remove intake and exhaust camshaft adjustment units:
- Loosen and remove adjustment unit mounting bolts (**A**). Discard bolts.
- Remove timing chain tensioner (**B**). Be prepared to catch dripping oil with a shop towel. Do not allow oil to contaminate accessory belt.
- Disengage timing chain from camshaft adjustment unit sprockets. Remove adjustment units and set aside.

NOTE—
- *Illustration does not show BMW special tool set 11 4 280 in place.*

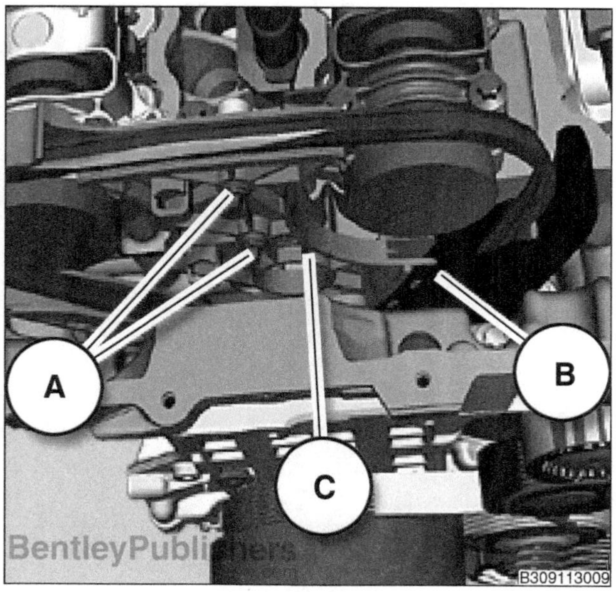

Working at front of cylinder head:

- Remove timing chain module mounting bolts (**A**).
- Unclip chain module (**C**) at junction (**B**) and lift out.
- Place timing chain in cylinder head opening.

> ***CAUTION—***
> - *Do not remove crankshaft locking tool. Rotating crankshaft may cause the timing chain to jam or jump teeth.*

Remove cylinder head bolts (**A**) to timing chain housing. Press timing chain rail forward slightly to remove lower bolt(s).

> ***CAUTION—***
> - *Use mechanical gripper to prevent lower bolt(s) from falling down inside crankcase.*
> - *Measure and note down different bolt lengths for correct reinstallation.*

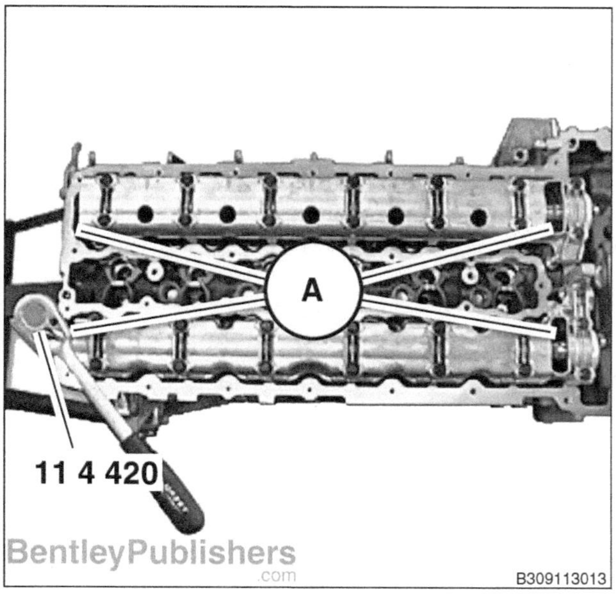

Use BMW special tool 11 4 420 (Torx T50) to loosen and remove M9 cylinder head bolts.

- Note different bolt lengths.
- Discard all aluminum bolts.

Cylinder head, removing (N54 engine)

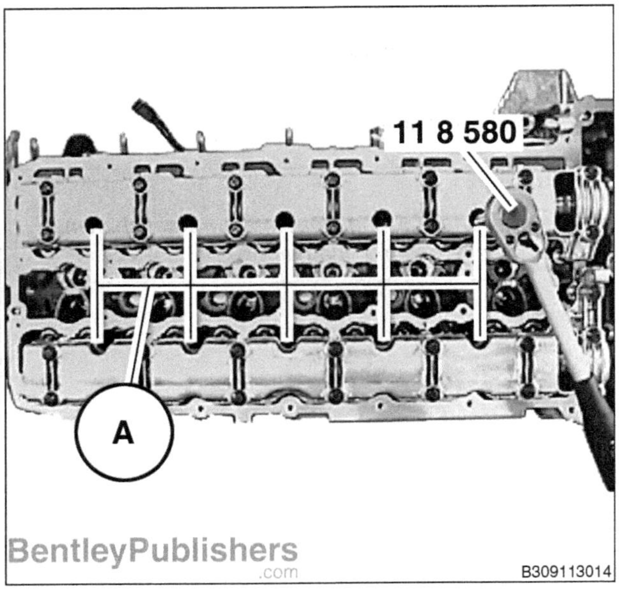

Use BMW special tool 11 8 850 (Torx T60) to loosen and remove M11 cylinder head bolts (**A**).

- Start at outer corners and loosen bolts in crisscross pattern.
- Discard all aluminum bolts.

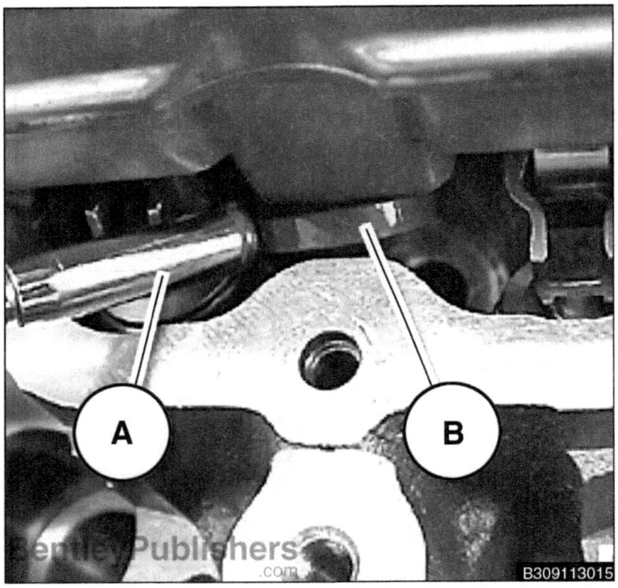

Use magnet (**A**) to lift out cylinder head bolt washers (**B**) between surface of cylinder head and camshaft bearing strip.

– Bolt lifting handles to cylinder head. Lift off head with help of assistant.

> ***CAUTION—***
> - *Cylinder head weighs approx. 40 kg (88 lb).*
> - *Place cylinder head down on work bench on its side. Putting it down on sealing surface risks damage to the valves.*
> - *Be sure to clean antifreeze out of cylinder head bolt holes in crankcase immediately.*

Cylinder head, installing (N54 engine)

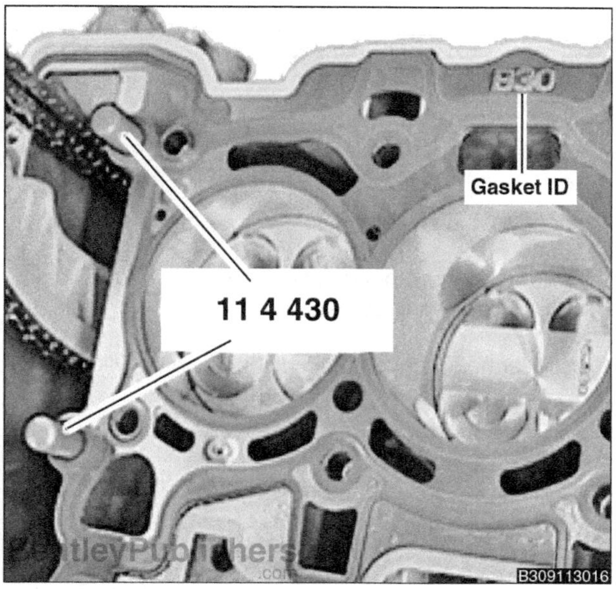

- Before cleaning engine block sealing surface, insert plugs (BMW special tools 11 4 430 or equivalent) into oil passages.

– Remove coarse residues on sealing surfaces from cylinder head and crankcase with scraper.

> ***CAUTION—***
> - *To avoid damaging cylinder head and crankcase surfaces, do not use any metal-cutting tools.*

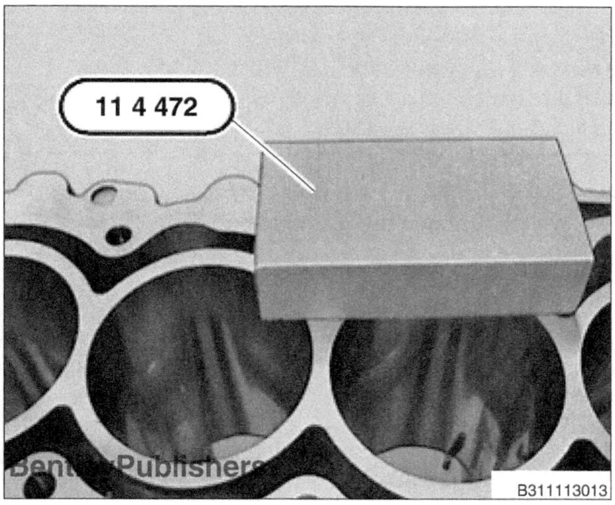

- Remove fine residues on sealing surfaces from cylinder head and crankcase with BMW special tool 11 4 472 or equivalent grindstone.

> ***CAUTION—***
> - *To avoid damaging cylinder head and crankcase surfaces, do not use any metal-cutting tools.*
> - *To avoid risk or cracking or corrosion, clean all blind holes to remove coolant, water, or engine oil.*

– Inspect cylinder head for visible cracks or other defects.

– To check cylinder head for warpage:
  - Remove intake and exhaust camshafts and roller cam followers.
  - Remove valve lifters and valves.

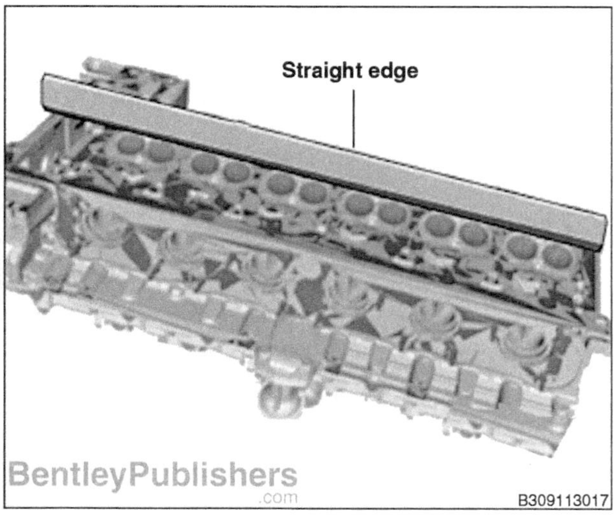

- Use straight edge to check evenness of cylinder head sealing surface in longitudinal direction.

Cylinder head, installing (N54 engine)

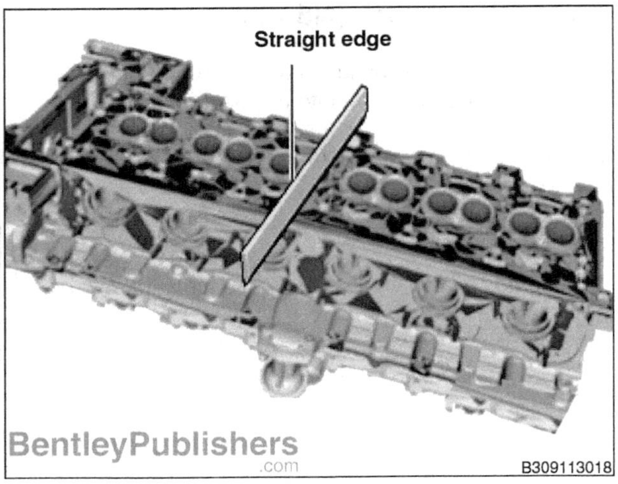

Use straight edge to check evenness of cylinder head sealing surface in transverse direction.

Cylinder head warpage specifications	
Maximum warpage allowed • Longitudinal • Transverse	 0.10 mm (0.0039 in) 0.05 mm (0.0020 in)

- Have cylinder head tested for coolant leaks and cracks.
- If cylinder head is warped but otherwise sound, machine a maximum of 0.3 mm (0.011 in) off sealing surface.
- Reassemble cylinder head, or use reconditioned BMW cylinder head.

Tightening torque	
Camshaft bearing strip to camshaft (M7 x 70 mm 10.9 steel bolt) • Stage 1 • Stage 2	 8 Nm (71 in-lb) additional 60°

> ***CAUTION—***
> - *Once assembled with valves and camshafts, place cylinder head down on work bench on its side. Putting it down on sealing surface risks damage to the valves.*

Check that two cylinder head aligning sleeves (**arrows**) are correctly positioned in engine block and are not damaged.

- Replace cylinder head gasket.
- If cylinder head is machined, use a special cylinder head gasket available from an authorized BMW dealer. The gasket is 0.3 mm (0.011 in) thicker than standard and is marked accordingly.
- Place cylinder head on engine block and fit to aligning sleeves.

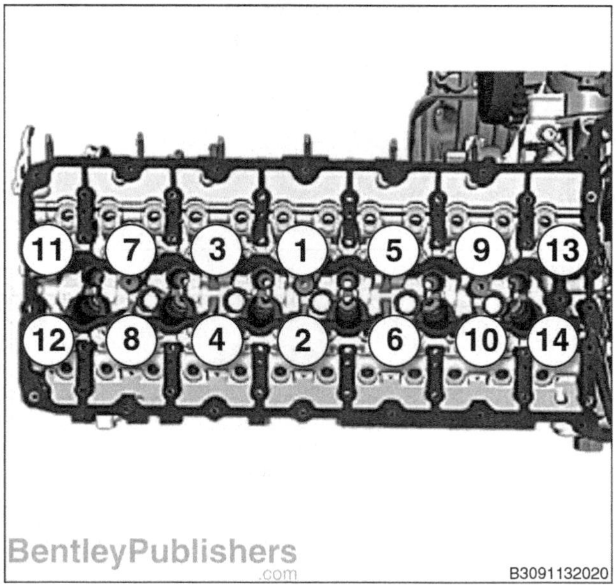

Insert new aluminum cylinder head bolts:

- Bolts 1 - 10: M11 x 135 mm
- Bolts 11 - 14: M9 x 95 mm and M9 x 125 mm. Insert correct length bolts, as marked previously.
- Where necessary, use magnet to fit bolt washer.

NOTE—
- *Graphic shows intake and exhaust camshafts removed.*

– Use BMW special tool 11 8 850 (Torx T60) to tighten bolts 1 - 10 in sequence shown below.

– Use BMW special tool 11 4 420 (Torx T50) to tighten bolts 11 - 14 in sequence shown below.

Tightening torques and sequence	
Cylinder head to engine block: • Stage 1: All bolts, 1 - 14 • Stage 2: All bolts, 1 - 14 • Stage 3: Only bolts 1 - 10 • Stage 4: All bolts 1 - 14	 30 Nm (22 ft-lb) additional 90° additional 90° additional 45°

CAUTION—
- *Stage 3 applies to M11 bolts (1 - 10) only.*

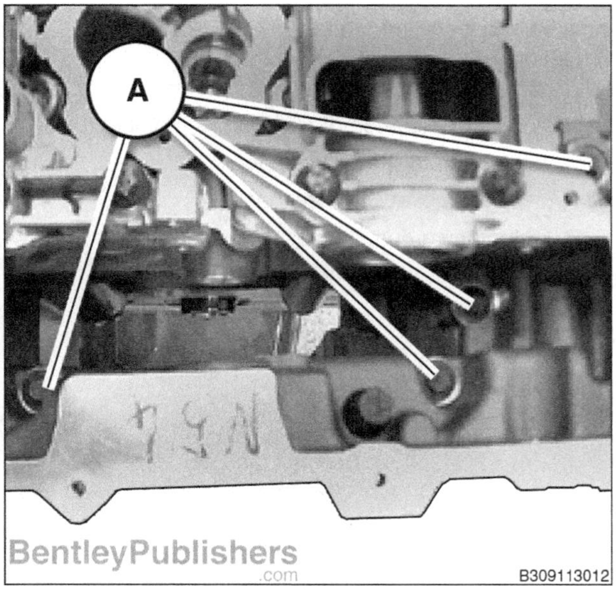

Install cylinder head bolts to timing chain housing (**A**). Press timing chain rail forward slightly to install lower bolt(s).

CAUTION—
- *Use mechanical gripper to prevent lower bolt(s) from falling down inside crankcase.*
- *Place different bolt lengths in correct bores.*

Tightening torque	
Cylinder head to timing chain housing (M9 x 30 mm or M9 x 70 mm)	22 Nm (16 ft-lb)

– Use wire hook to retrieve timing chain from inside timing chain housing. Place chain over chain module and clip module to lower chain rail. Reinstall chain module mounting bolts.

Tightening torque	
Chain module to cylinder head (M6 x 35 mm Torx)	8.5 Nm (6 ft-lb)

Cylinder head, installing (N54 engine)

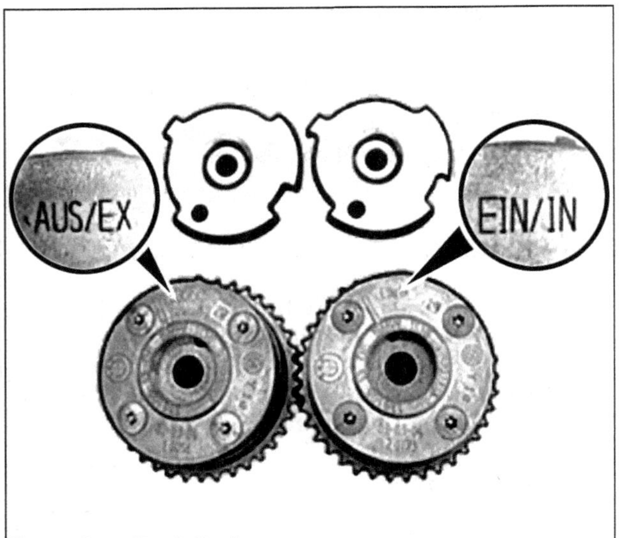

Use new bolts to reattach camshaft adjustment units. Note that exhaust and intake units are different and so marked. Camshaft sensor impulse wheel for intake and exhaust are the same.

> ***CAUTION—***
> - *Use BMW special tools shown in* **117 Camshaft Timing Chain** *to lock down camshafts.*

Tightening torque	
Camshaft adjustment unit to camshaft (use new M10 x 94 mm bolt): • Stage 1 • Stage 2	 20 Nm (15 ft-lb) additional 180°

– Install chain tensioner and set camshaft timing. See **117 Camshaft Timing Chain**.

> ***CAUTION—***
> - *If chain tensioner is reused, drain its oil chamber. Place tensioner on level working surface and compress slowly. Repeat twice.*
> - *No sealing ring is fitted to chain tensioner at the factory. When reassembling engine, be sure to use new sealing O-ring.*

Tightening torque	
Timing chain tensioner to cylinder head (M22 x 1.5) (use new sealing O-ring)	55 Nm (41 ft-lb)

– Remainder of installation is reverse of removal. Remember to:

- Remove camshaft and crankshaft locking tools.
- Assemble cylinder head cover with new gasket.
- Reattach and tighten any ground cables removed.
- Reassemble fuel rail using new O-ring seals.
- Reinstall engine, then fill and bleed cooling system. See **170 Radiator and Cooling System**.

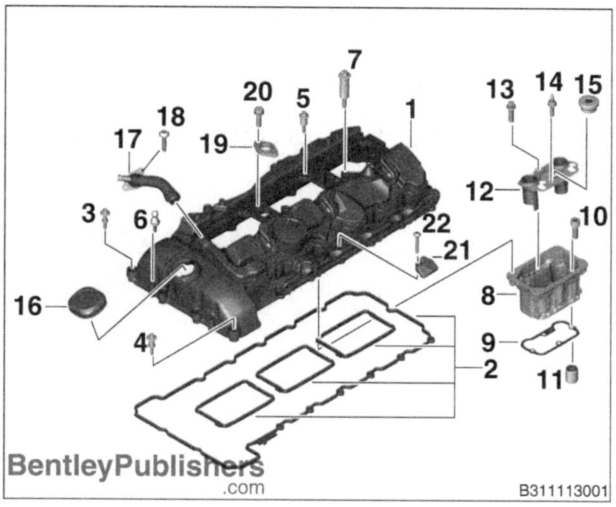

CYLINDER HEAD (N55 ENGINE)

Cylinder head cover components (N55 engine)

1. Cylinder head cover
2. Cylinder head cover gaskets
3. Bolt, M6 x 30 mm
4. Bolt, M6 x 36.5 mm
5. Bolt, M6 x 32.5 mm
6. Screw
7. Bolt, M6 x 56 mm
8. Plug slot insert
9. Gasket
10. Screw, M6 x 35 mm
11. Dowel
12. Ignition coil tubes
13. Torx bolt, M6 x 20mm
14. Shouldered bolt with threaded pin
15. Screw plug with gasket ring
16. Cover lid
17. Vent hose
18. Screw, 5 x 20 mm
19. Flange seal
20. Plastic bolt, M6 x 18 mm
21. Absorber
22. Screw for plastic

Cylinder head cover, removing and installing (N55 engine)

– Disconnect negative (–) battery cable and cover battery terminal to keep cable from accidentally contacting terminal.

> ***CAUTION—***
> - *Prior to disconnecting the battery, read the battery disconnection cautions given in* **001 Warnings and Cautions**.

– Use scan tool to read out and record ECM fault memory.

– Switch ignition OFF and remove key.

– Remove wiper arms. See **Windshield wiper arm, removing and installing** in this repair group.

– Remove upper and lower cabin microfilter housings. See **640 Heating and Air-conditioning**.

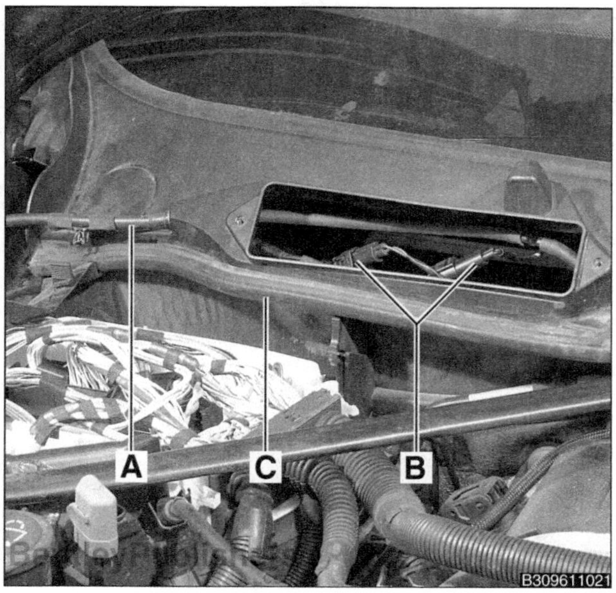

◄ Working at right side of cowl cover:
- Detach windshield washer hose (**A**).
- Separate washer jet electrical connectors (**B**).
- Remove rubber seal (**C**).

- Using plastic prying tool, start at corner of windshield and carefully peel cowl cover off retainer at lower edge of windshield.

- Disconnect engine wiring harness from cylinder head cover.

- Remove ignition coils. See **120 Ignition System**.

- Remove air cleaner housing and fresh air ducts. See **130 Fuel Injection**.

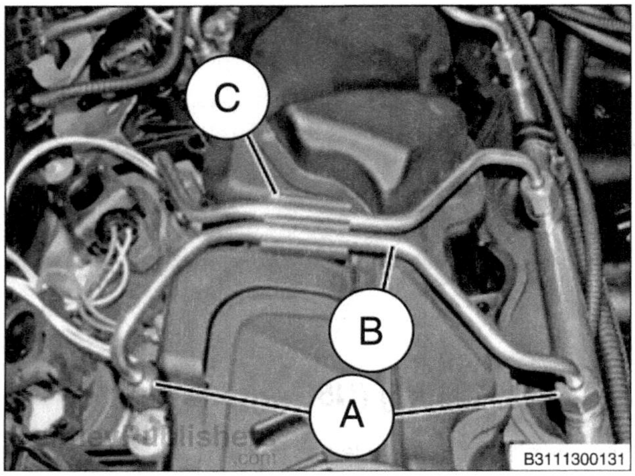

- Remove high pressure fuel lines:
  - Loosen fasteners (**A**).
  - Remove fuel line (**B**) from rubber mount (**C**).

WARNING—
- *Fuel in the fuel line is under pressure (up to 200 bar or 2900 psi) and may be expelled forcibly. Do not smoke or work near heaters or other fire hazards. Keep a fire extinguisher handy.*
- *Work only on fuel system when engine temperature is below 40°C (104°F).*
- *Unscrew the fuel tank cap to release pressure in the tank before working on the fuel line.*
- *Plug open fuel lines and fittings.*
- *Wrap a clean shop towel around fitting before disconnecting. Residual fuel pressure is present in the fuel line.*
- *To reduce fuel pressure, place towel over injector and carefully tap with a wrench.*

CAUTION—
- *Maintain a clean work area when servicing high pressure fuel system. Contaminants can cause a system malfunction.*
- *Seal all fuel system opening with protective caps.*
- *Replace high pressure fuel lines if tightened 10 times.*

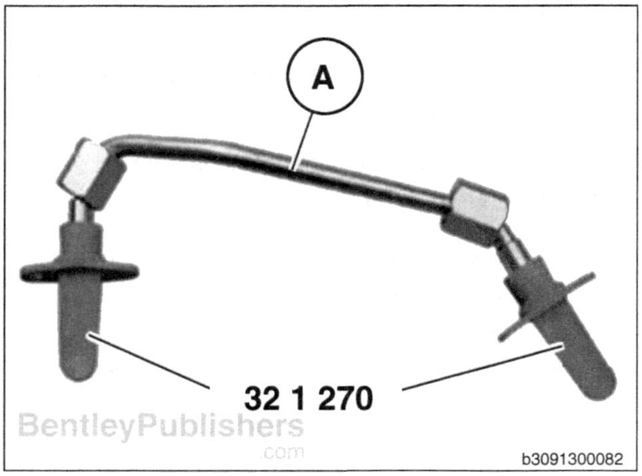

- Seal high pressure fuel lines (**A**) with caps from BMW special tool kit 32 1 270.

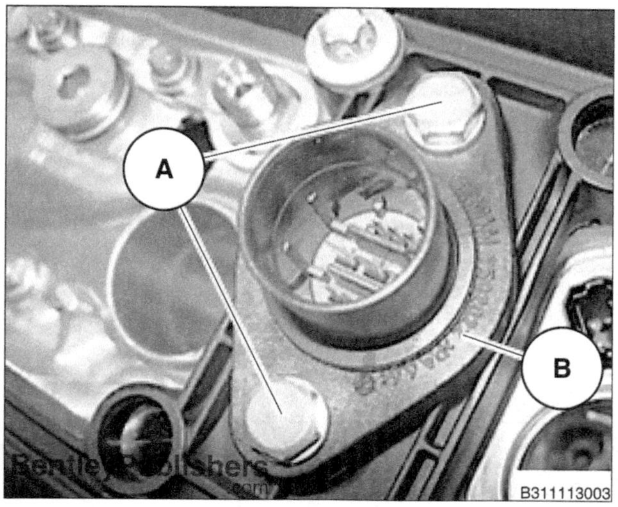

Remove bolts (**A**) and remove flange (**B**).

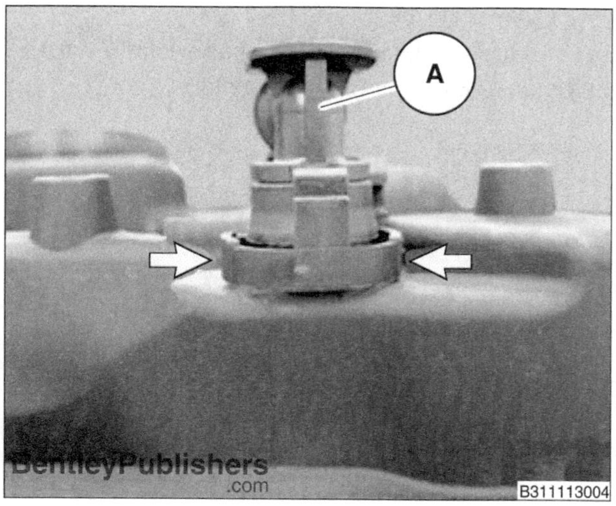

Press and hold unlocking device on vacuum reservoir (**arrows**) and pull up on vacuum line to disconnect.

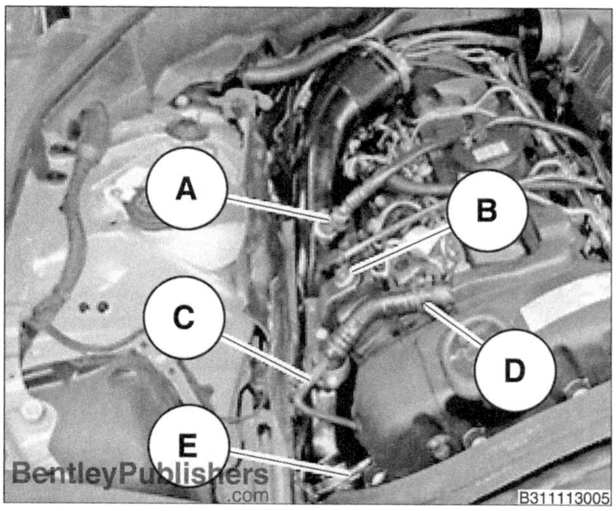

Loosen screws on air intake system (**C**) and disconnect engine vent line. Do no disconnect vent line at cylinder head cover (**D**).

> ***CAUTION—***
> - *Damage to cylinder head cover coupling may result if engine vent line is disconnected at cylinder head cover.*

113

Cylinder head cover, removing and installing (N55 engine)

◄ Starting from outside and moving in, loosen cylinder head cover fasteners in 1/2 turn increments and remove. Remove cylinder head cover.

– Installation is reverse of removal. Be sure to:
  - Replace all gaskets.
  - Replace flange seal with new.
  - Install cylinder head cover screws in 1/2 turn increments.
  - Tighten fit screw (**1**).
  - Tighten position screw (**2**).
  - Tighten remaining cylinder head cover screws in sequence from **3** to **23**.

Tightening torque	
Cylinder head cover to cylinder head	8.5 Nm (75 in-lb)

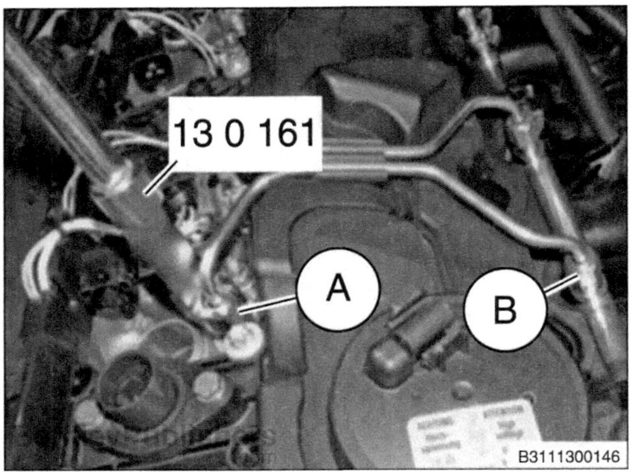

◄ Reinstall injector lines using the following sequence:
  - Tighten nut (**A**) at fuel injector using BMW special tool 13 0 161.
  - Tighten nut (**B**) at fuel rail using BMW special tool 13 0 161

– Check fuel system for leaks.

– Reinstall remaining removed components.

Tightening torque	
High pressure line to injector	23 Nm (17 ft-lb)
High pressure line to fuel rail	23 Nm (17 ft-lb)

Cylinder head and timing chain (N55 engine)

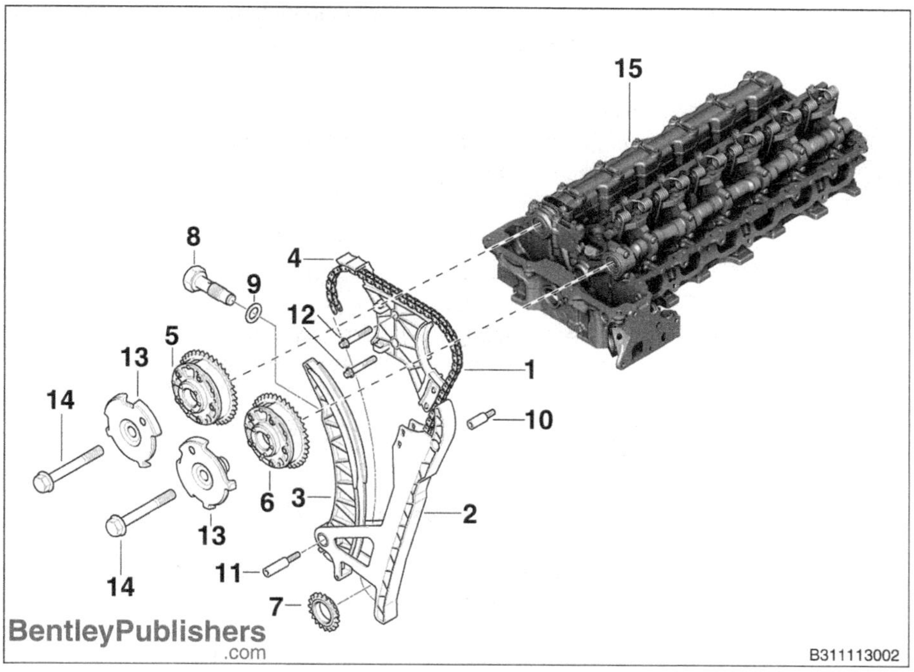

1. Timing chain
2. Chain guide
3. Chain tensioner rail
4. Slide rail
5. Exhaust camshaft adjustment unit
6. Intake camshaft adjustment unit
7. Crankshaft sprocket
8. Chain tensioner (M22 x 1.5)
   - Tighten to 55 Nm (41 ft-lb)
9. Sealing O-ring
   - Replace with new
10. Chain guide mounting bolt (M7)
    - Tighten to 14 Nm (10 ft-lb)
11. Chain tensioner rail mounting bolt (M8)
    - Tighten to 20 Nm (15 ft-lb)
12. Chain module mounting bolts (M6 x 35 mm Torx)
    - Tighten to 8 Nm (71 in-lb)
13. Camshaft impulse wheel
14. Camshaft adjustment unit mounting bolt (M10 x 94 mm)
    - Replace with new
    - Tighten in 2 stages
      Stage 1: 20 Nm (15 ft-lb)
      Stage 2: Additional 180°
15. Cylinder head with camshafts

Cylinder head, removing and installing (N55 engine)

To remove the N55 engine cylinder head, first remove the engine. Special tools and procedures are required to remove and install camshaft adjustment units and to time camshafts. Read the entire procedure before beginning repairs.

CAUTION—
- *Disassembly, removal and assembly of camshafts, camshaft adjustment units or cylinder head without BMW special tools poses the risk of damage or breakage:*
  -Valves may be bent by contact with the piston crowns.
  -Camshaft may snap in two if bent by valve springs.

NOTE—
- *Camshaft timing is covered in* **117 Camshaft Timing Chain**.

If you remove a cylinder head and determine that it requires significant reconditioning work, a remanufactured cylinder head is available from an authorized BMW dealer.

Cylinder head, removing (N55 engine)

The cylinder head stretch bolts are aluminum and must be replaced once removed. Use angle protractor to torque.

> *WARNING —*
> - *To avoid personal injury, be sure the engine is cold before beginning the removal procedure.*

— Disconnect negative (–) cable from battery.

> *CAUTION—*
> - *Prior to disconnecting the battery, read the battery disconnection cautions in* **001 Warnings and Cautions**.

— Remove ignition coil cover (upper engine cover). See **020 Maintenance**.

— Remove engine. See **110 Engine Removal and Installation**.

— Remove cylinder head cover. See **Cylinder head cover, removing and installing (N54 engine)** in this repair group.

— Remove intake manifold, see **130 Fuel Injection**.

— Remove exhaust manifold and turbo charger, see **180 Exhaust System**.

◄ Using vibration damper bolt, rotate crankshaft to place cylinder 1 in TDC firing position. In this position, cylinder 1 intake camshaft lobe points upward at an angle (**dashed line**).

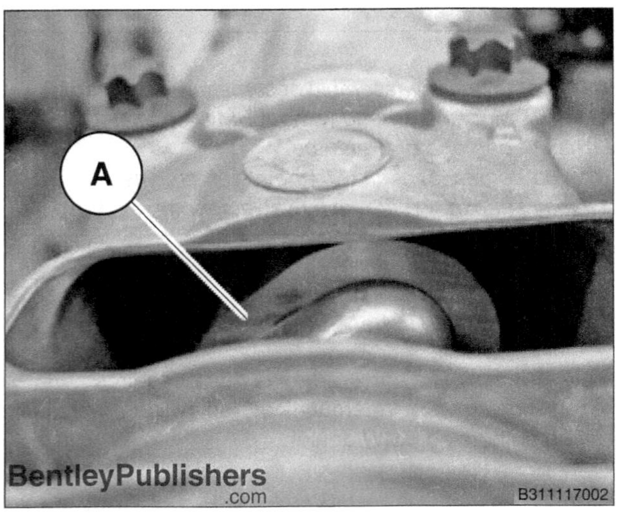

◄ With cylinder 1 in TDC firing position, exhaust camshaft cams (**A**) point upward at an angle.

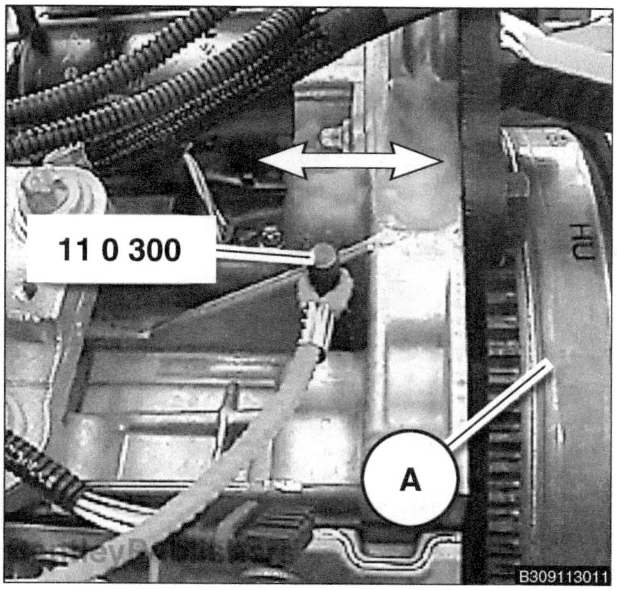

Slide out protective plug at lower left of engine bell housing flange. Install BMW special tool 11 0 300 (crankshaft locking tool) through bell housing flange port into flywheel (**A**) hole. If necessary, rock flywheel slightly back and forth to line up holes with tool. This locks crankshaft at TDC.

> ***CAUTION—***
> - *Automatic transmission model: There is a larger bore very close to the flywheel TDC bore. Do not confuse the larger bore with the correct TDC bore. BMW special tool should fit snugly. If the flywheel is locked using the correct bore, the engine can no longer be rotated at the vibration damper bolt.*

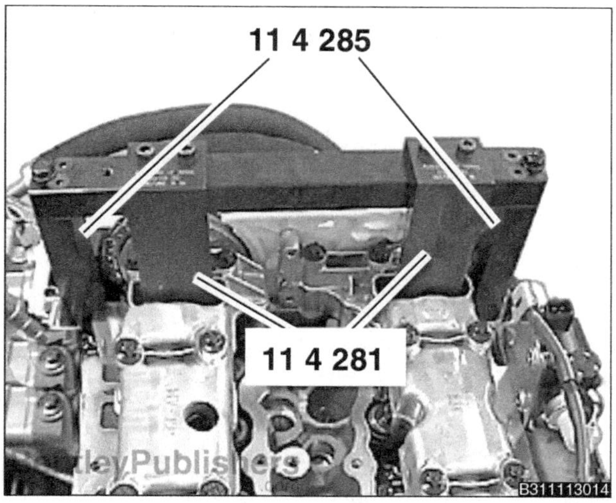

Use BMW special tool set 11 4 285 to lock down camshafts. Tools should slide easily into position if TDC position is correctly set.

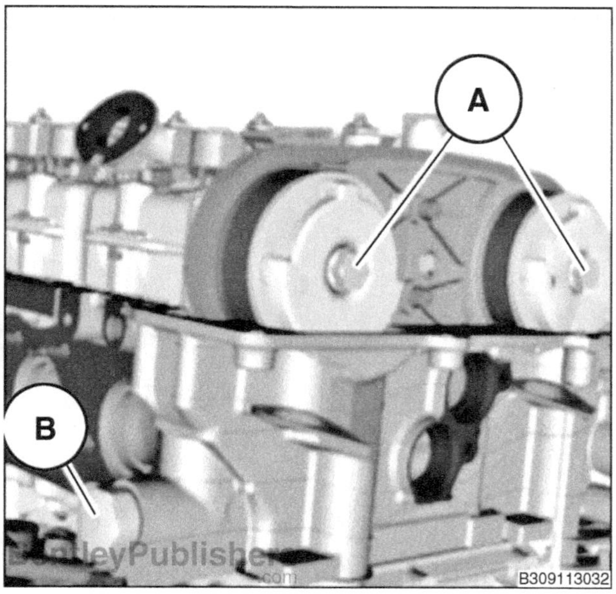

Remove intake and exhaust camshaft adjustment units:

- Loosen and remove adjustment unit mounting bolts (**A**). Discard bolts.
- Remove timing chain tensioner (**B**). Be prepared to catch dripping oil with a shop towel. Do not allow oil to contaminate accessory belt.
- Disengage timing chain from camshaft adjustment unit sprockets. Remove adjustment units and set aside.

NOTE—
- *Illustration does not show BMW special tool set 11 4 285 in place.*

Cylinder head, removing (N55 engine)

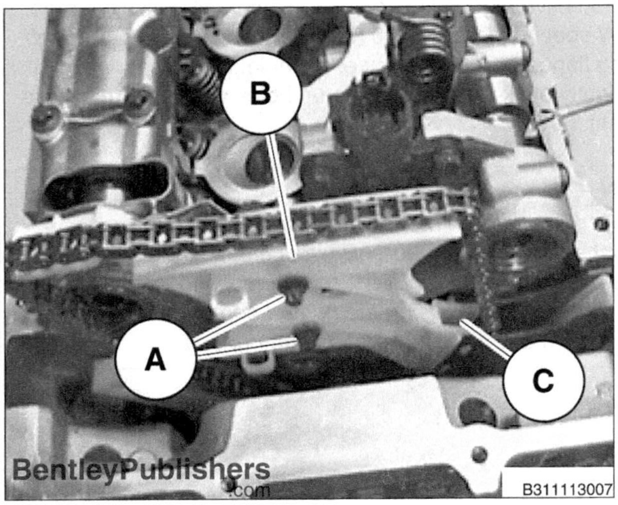

- Remove fasteners (**A**).
- Unclip timing chain module (**B**) at separation point (**C**) and remove from top.
- Set down timing chain.

NOTE—
- *N52 engine shown. N55 engine is similar.*

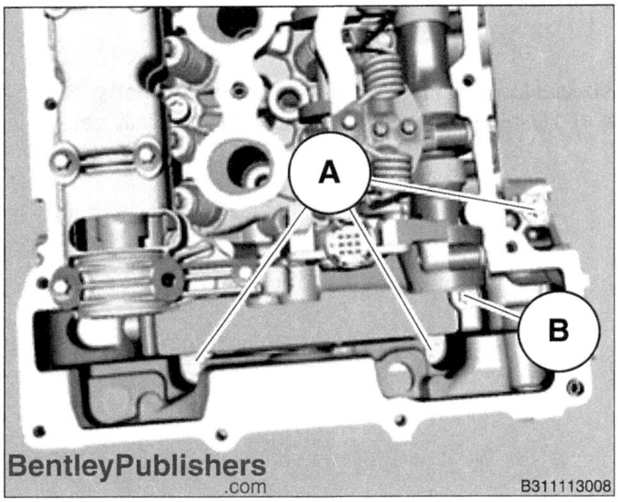

- Remove fasteners (**A** and **B**).

NOTE—
- *Bolt (**B**) can only be removed if timing chain module is pressed forward slightly.*

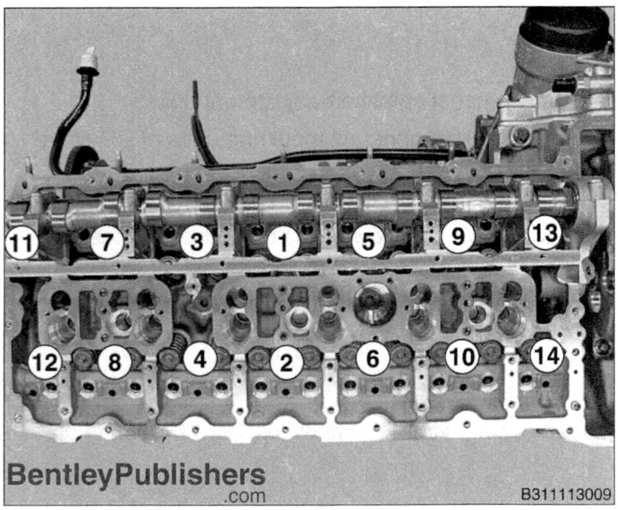

- Remove cylinder head bolts in sequence **14** to **11** with BMW special tool 11 4 420 or T50 Torx socket.
- Then remove cylinder head bolts in sequence **10** to **1** with BMW special tool 11 8 580 or 17 mm 12-point deep socket.

NOTE—
- *Intermediate lever and exhaust camshaft shown removed for clarity.*

Secure BMW special tool 11 0 320 to cylinder head with bolts (**A**).

> ***WARNING—***
> - *To avoid personal injury, remove cylinder head with help from an assistant.*
> - *Weight of cylinder head with add-on parts is approx. 40 kg (88 lbs).*

> ***CAUTION—***
> - *To avoid damaging valves, do not rest cylinder head on sealing surface.*

NOTE—
- *N52 engine shown. N55 engine is similar.*

Cylinder head, installing (N55 engine)

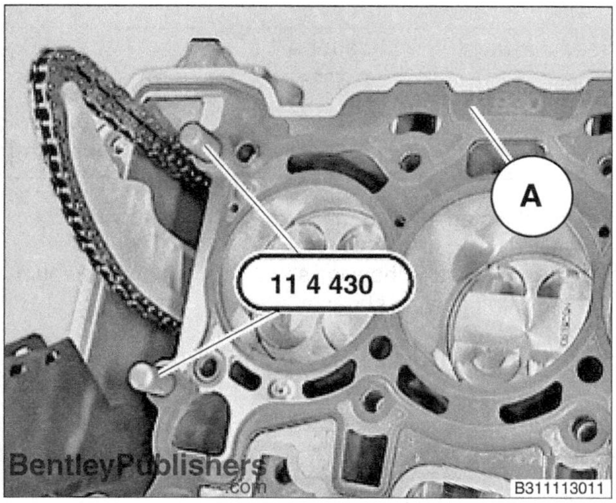

Insert BMW special tool 11 4 430 or equivalent sealing plugs into bore holes.

– Remove coarse residues on sealing surfaces from cylinder head and crankcase.

> ***CAUTION—***
> - *To avoid damaging cylinder head and crankcase surfaces, do not use any metal-cutting tools.*

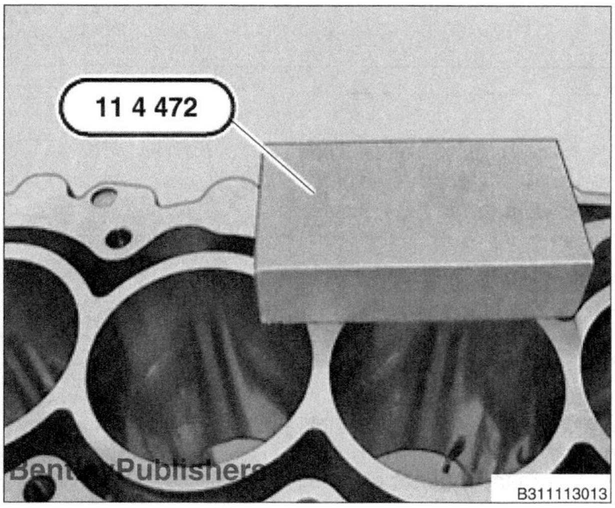

Remove fine residues on sealing surfaces from cylinder head and crankcase with BMW special tool 11 4 472 or equivalent grindstone.

> ***CAUTION—***
> - *To avoid damaging cylinder head and crankcase surfaces, do not use any metal-cutting tools.*
> - *To avoid risk or cracking or corrosion, clean all blind holes to remove coolant, water, or engine oil.*

– Inspect cylinder head for visible cracks or other defects.

– To check cylinder head for warpage:
  - Remove intake and exhaust camshafts and roller cam followers.
  - Remove valve lifters and valves.

Cylinder head, installing (N55 engine)

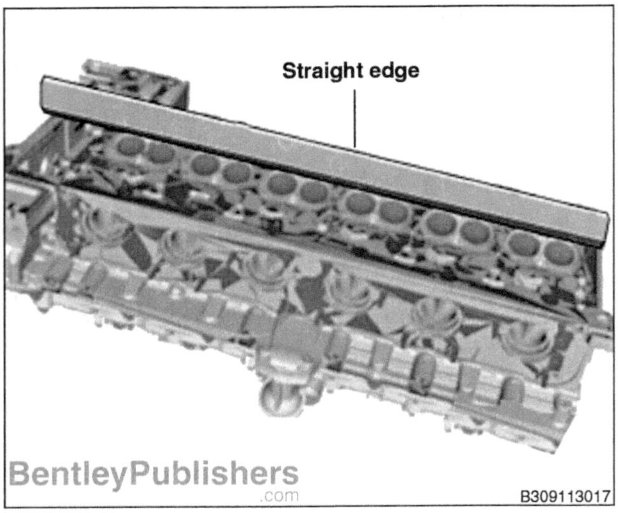

Use straight edge to check evenness of cylinder head sealing surface in longitudinal direction.

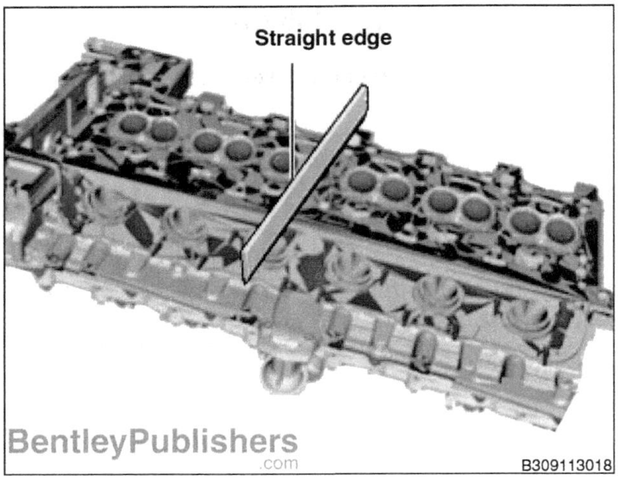

Use straight edge to check evenness of cylinder head sealing surface in transverse direction.

Cylinder head warpage specifications	
Maximum warpage allowed • Longitudinal • Transverse	 0.10 mm (0.0039 in) 0.05 mm (0.0020 in)

– Have cylinder head tested for coolant leaks and cracks.

– If cylinder head is warped but otherwise sound, machine a maximum of 0.3 mm (0.011 in) off sealing surface

– Reassemble cylinder head, or use reconditioned BMW cylinder head.

Tightening torque	
Camshaft bearing strip to camshaft (M7 x 70 mm 10.9 steel bolt) • Stage 1 • Stage 2	 8 Nm (71 in-lb) additional 60°

CAUTION—
- *Once assembled with valves and camshafts, place cylinder head down on work bench on its side. Putting it down on sealing surface risks damage to the valves.*

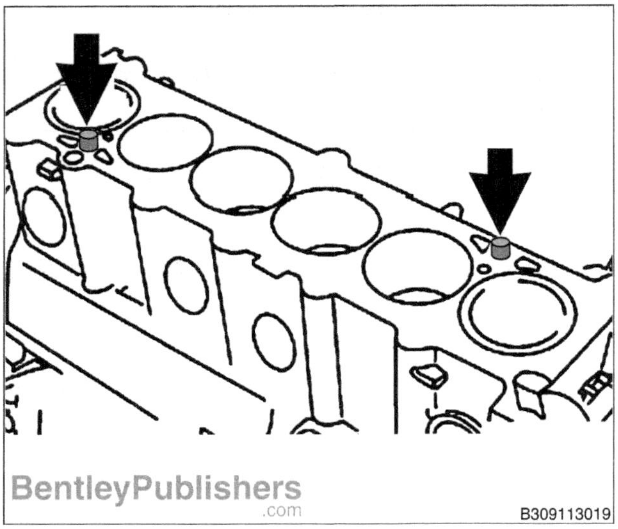

Check that two cylinder head aligning sleeves (**arrows**) are correctly positioned in engine block and are not damaged.

– Replace cylinder head gasket.

– If cylinder head is machined, use a special cylinder head gasket available from an authorized BMW dealer. The gasket is 0.3 mm (0.011 in) thicker than standard and is marked accordingly.

– Place cylinder head on engine block and fit to aligning sleeves.

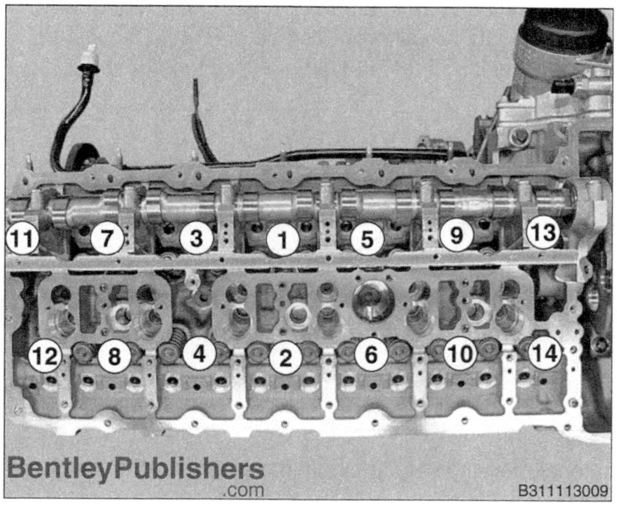

Using new cylinder head bolts.

- Install cylinder head bolts (**1** to **10**) with BMW special tool 11 8 580 or 17 mm 12-point deep socket.

- Install cylinder head bolts (**11** to **14**) with BMW special tool 11 4 420 or T50 Torx socket.

NOTE—

- *Intermediate lever and exhaust camshaft shown removed for clarity.*

Tightening torques	
Cylinder head bolt to crankcase M11 x 173 mm, replace with new • Stage 1 • Stage 2 • Stage 3	 30 Nm 22 ft-In) 90° (¼ turn) 180° (½ turn)
Cylinder head bolt to crankcase M9 x 170 mm, replace with new • Stage 1 • Stage 2 • Stage 3	 30 Nm 22 ft-In) 90° (¼ turn) 180° (½ turn)
Cylinder head bolt to crankcase M9 x 30 mm, replace with new	22 Nm (16 ft-lb)
Cylinder head bolt to crankcase M9 x 70 mm, replace with new	22 Nm (16 ft-lb)

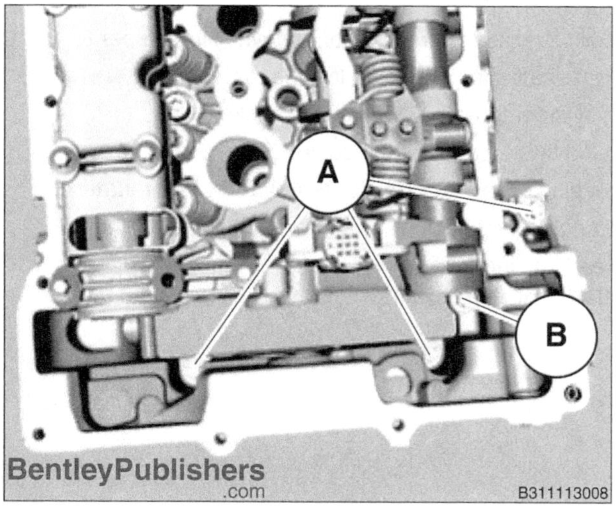

Install bolts (**A** and **B**).

- Use wire hook to retrieve timing chain from inside timing chain housing. Place chain over chain module and clip module to lower chain rail. Reinstall chain module mounting bolts.

Tightening torque	
Chain module to cylinder head (M6 x 35 mm Torx)	8.5 Nm (6 ft-lb)

113

Cylinder head, installing (N55 engine)

Use new bolts to reattach camshaft adjustment units. Note that exhaust and intake units are different and so marked. Camshaft sensor impulse wheel for intake and exhaust are the same.

> ***CAUTION—***
> - *Use BMW special tools shown in* **117 Camshaft Timing Chain** *to lock down camshafts.*

Tightening torque	
Camshaft adjustment unit to camshaft (use new M10 x 94 mm bolt): • Stage 1 • Stage 2	 20 Nm (15 ft-lb) additional 180°

– Install chain tensioner and set camshaft timing. See **117 Camshaft Timing Chain**.

> ***CAUTION—***
> - *If chain tensioner is reused, drain its oil chamber. Place tensioner on level working surface and compress slowly. Repeat twice.*
> - *No sealing ring is fitted to chain tensioner at the factory. When reassembling engine, be sure to use new sealing O-ring.*

Tightening torque	
Timing chain tensioner to cylinder head (M22 x 1.5) (use new sealing O-ring)	55 Nm (41 ft-lb)

– Remainder of installation is reverse of removal. Remember to:
- Remove camshaft and crankshaft locking tools.
- Assemble cylinder head cover with new gasket.
- Reattach and tighten any ground cables removed.
- Reinstall engine. See **110 Engine Removal and installation**.
- Add fresh engine oil, check oil level. See **020 Maintenance**.
- Fill and bleed cooling system.
  See **170 Radiator and Cooling System**.

117 Camshaft Timing Chain

TABLE

General

This repair group provides removal and repair information for crankshaft vibration damper, engine timing chain and camshaft adjustment (VANOS) units. Camshaft timing procedure is also included.

The 6-cylinder engine cylinder head is equipped with variable camshaft timing or VANOS (from the German words *VAriable NOckenwellen Steuerung*). Special tools and procedures are required to remove and install camshaft adjustment units and to time camshafts. Be sure to read each procedure through before starting work.

Camshaft removal and installation procedures are not included in this manual.

Repair procedures in this repair group assume that the engine is installed in the engine bay.

See also:

- **020 Maintenance**
- **100 Engine–General** for engine code and application information.
- **113 Cylinder Head Removal and Installation** for cylinder head cover removal
- **119 Lubrication System** for crankshaft seal replacement
- **130 Fuel Injection** for air filter housing and intake manifold removal
- **170 Radiator and Cooling System**

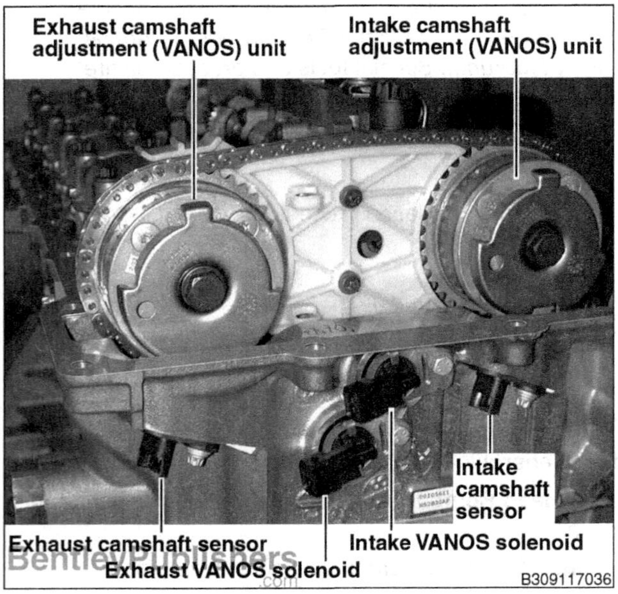

Engine identification

Engine applications and specifications are detailed in **100 Engine–General**.

Repair procedures in this manual are broken down by engine version. Engine versions are identified by their BMW engine designation number.

Table a. Engine identification

Engine designation	Year, model	Identifying feature
N51	2007 and later 328i, 328ix with automatic transmission (sold in California, Connecticut, Maine, Massachusetts, New York, Oregon, Rhode Island, Vermont, Washington)	Secondary air injection pump Black plastic cylinder head cover
N52	2006 325i, 325ix, 330i, 330ix	Aluminum-magnesium cylinder head cover
N52KP	2007 and later 328i, 328ix	Black plastic cylinder head cover
N54	2007 to 2010 335i, 335ix 2011 335is	Twin turbochargers
N55	2011 335i, 335ix	Single twin-scroll turbocharger

Variable camshaft timing (VANOS)

Performance, torque, idle characteristics and exhaust emissions reduction are improved by variable camshaft timing or VANOS.

VANOS units are mounted directly on the front of the camshafts and adjust the timing of the intake and exhaust camshafts from retarded to advanced. The engine control module (ECM) controls the operation of the VANOS solenoids which regulate oil pressure to rotate the VANOS units. Engine rpm, load and temperature inputs are used to regulate VANOS activation.

VANOS mechanical operation is dependent on engine oil pressure applied to the VANOS units. When oil pressure is applied to the units (via ports in the camshafts regulated by the solenoids), the camshaft hubs are rotated in the timing chain drive sprockets, thus advancing or retarding intake and exhaust camshaft timing.

The VANOS system is fully variable. When the ECM, using camshaft sensor signals, detects that the camshafts are in the optimum positions, the solenoids maintain oil pressure on the VANOS units to hold the camshaft timing.

VANOS solenoid operations are regulated according to OBD II requirements for emission control.

B309117037

VANOS solenoids

Separate VANOS solenoids, mounted through the front of the cylinder head, control oil flow to intake and exhaust camshaft ports. Each solenoid is equipped with a 4/3- way proportional valve activated by the ECM to direct oil flow. The solenoids are sealed to the cylinder head by a radial seal and secured by a retaining plate.

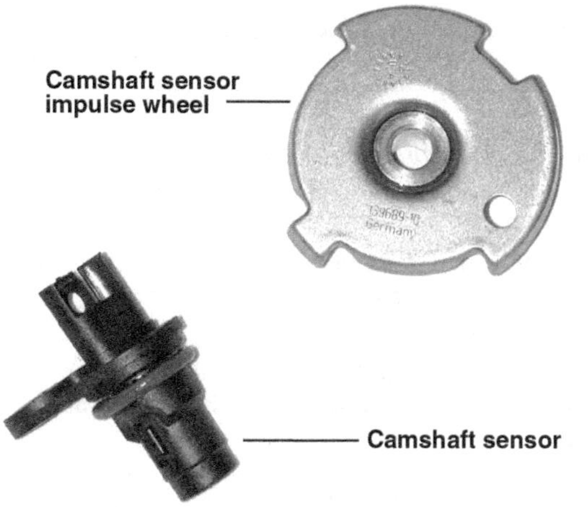

B309117038

Camshaft sensors and impulse wheels

Intake and exhaust camshaft sensors are mounted at the front of the cylinder head and monitor the impulse wheels which are bolted to the front of the VANOS units.

The sensors are supplied power via engine electronics fuses. Ground is supplied via the ECM. The Hall effect sensors provide the ECM with a 5 volt square wave signal indicating camshaft position.

Camshaft sensor replacement is covered in **120 Ignition System**.

B309117042

VANOS fault diagnosis

CAUTION—
- *A small amount of silicone introduced into VANOS actuator or solenoid can set faults.*

A sticky VANOS solenoid may set a VANOS, camshaft or camshaft sensor fault code. To test for this problem:

- Swap VANOS solenoid positions.
- Clear and recheck for fault codes. If fault code swaps position, a solenoid is at fault.

– Remove faulty solenoid and use shop air to gently blow out particles and contaminants. Reinstall and retest.

Warnings and Cautions

WARNING—
- *To avoid personal injury, be sure the engine is cold before beginning work on engine components.*
- *The fuel system is designed to retain pressure even when the ignition is OFF. When working with the fuel system, loosen fuel lines slowly to allow residual fuel pressure to dissipate. Avoid spraying fuel. Use shop towels to capture leaking fuel.*
- *Before beginning work on the fuel system, place a fire extinguisher in the vicinity of the work area.*
- *Fuel is highly flammable. When working around fuel, do not disconnect wires that could cause electrical sparks. Do not smoke or work near heaters or other fire hazards.*
- *Wear eye protection and protective clothing to avoid injuries from contact with fuel.*
- *Unscrew the fuel tank cap to release pressure in the tank before working on fuel lines.*
- *Do not use a work light with an incandescent bulb near fuel. Fuel may spray on the hot bulb causing a fire.*
- *Make sure the work area is properly ventilated.*

CAUTION—
- *To avoid electrochemical corrosion to engine components made of aluminum-magnesium alloy, do not use steel fasteners. Use aluminum fasteners only.*
- *The end faces of aluminum fasteners are usually painted blue. For reliable identification, test fasteners for aluminum composition with magnet.*
- *To avoid camshaft damage, counter hold hexagon casting at rear of camshaft whenever loosening or tightening camshaft adjuster (VANOS) unit.*
- *Replace aluminum bolts each time they are loosened.*

Crankshaft Vibration Damper

Crankshaft vibration damper, removing and installing (N51, N52, N54, N54KP engines)

The crankshaft vibration damper is also referred to as the front pulley.

> ***WARNING—***
> - *To avoid personal injury, be sure the engine is cold before beginning the procedure.*

– Raise vehicle and support safely.

> ***WARNING—***
> - *Make sure the vehicle is stable and well supported at all times. Use a professional automotive lift or jack stands designed for the purpose. A floor jack is not adequate support.*

– Remove engine compartment splash shield. See **020 Maintenance**.

– Remove engine accessory belt. See **020 Maintenance**.

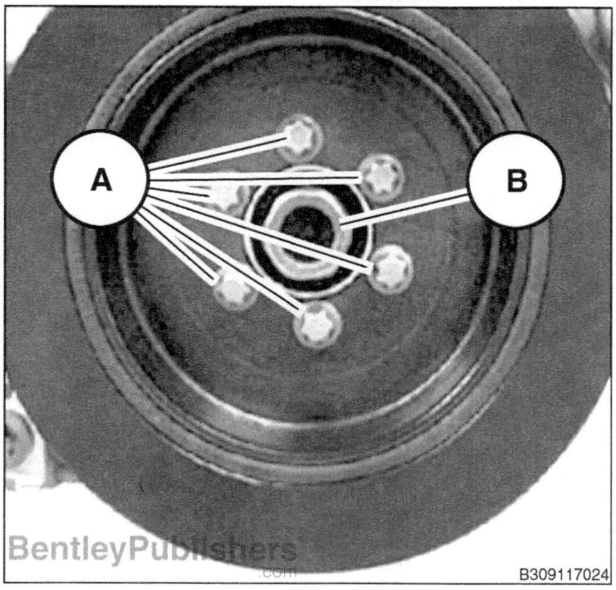

◄ Remove vibration damper mounting Torx bolts (**A**). Lift off vibration damper.

> ***CAUTION—***
> - *Do not remove vibration damper hub bolt (**B**). If this bolt is removed, the timing chain drive sprocket becomes free to rotate, resulting in valve damage.*

– Installation is reverse of removal.

Tightening torque	
Vibration damper to vibration damper hub, N51 and N52 engines (M8 x 20 mm Torx)	25 Nm (18 ft-lb)
Vibration damper to vibration damper hub, N52K and N54 engines (M8 x 16 mm Torx)	35 Nm (26 ft-lb)

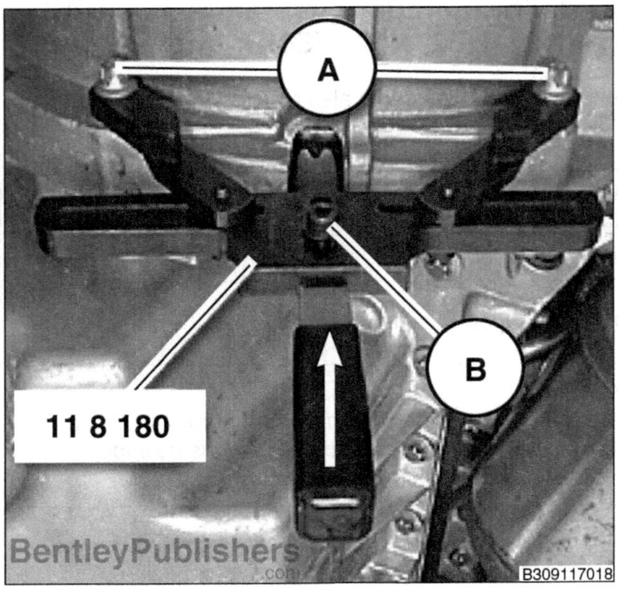

Crankshaft vibration damper, removing and installing (N55 engine)

The crankshaft vibration damper is also referred to as the front pulley.

> ***WARNING —***
> *• To avoid personal injury, be sure the engine is cold before beginning the procedure.*

– Remove engine compartment splash shield. See **020 Maintenance**.

– Remove engine accessory belt. See **020 Maintenance**.

< **With manual transmission**: Mount BMW special tool 11 8 180 on transmission using bolts **A**. Slide lock handle up (**arrow**) and tighten bolt **B**.

< **With automatic transmission:** Secure flywheel with BMW special tool 11 8 660 through transmission bell housing opening.

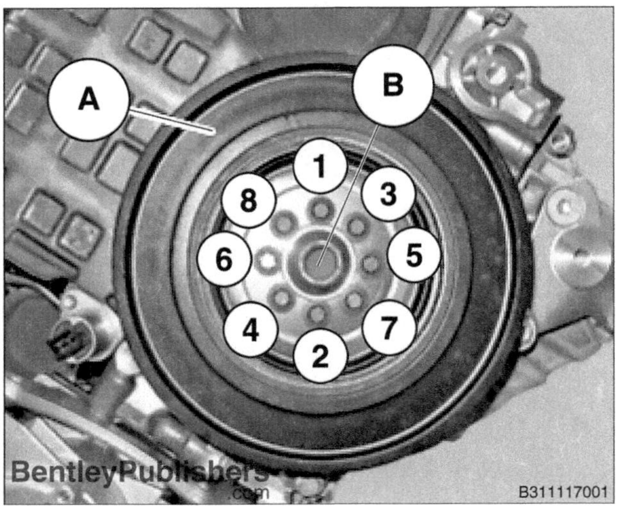

< Remove fasteners (**1** to **8**).

– Remove vibration damper (**A**).

> ***CAUTION—***
> *• Do not remove vibration damper hub bolt (**B**). If this bolt is removed, the timing chain drive sprocket becomes free to rotate, resulting in valve damage.*

– Installation is reverse of removal.

Tightening torque	
Vibration damper to vibration damper hub (M8 x 16 mm Torx)	35 Nm (26 ft-lb)

CAMSHAFT TIMING CHAIN

Camshaft timing chain components

Camshaft timing chain, vibration damper (front pulley) and associated components of non-turbo and turbo engines are similar.

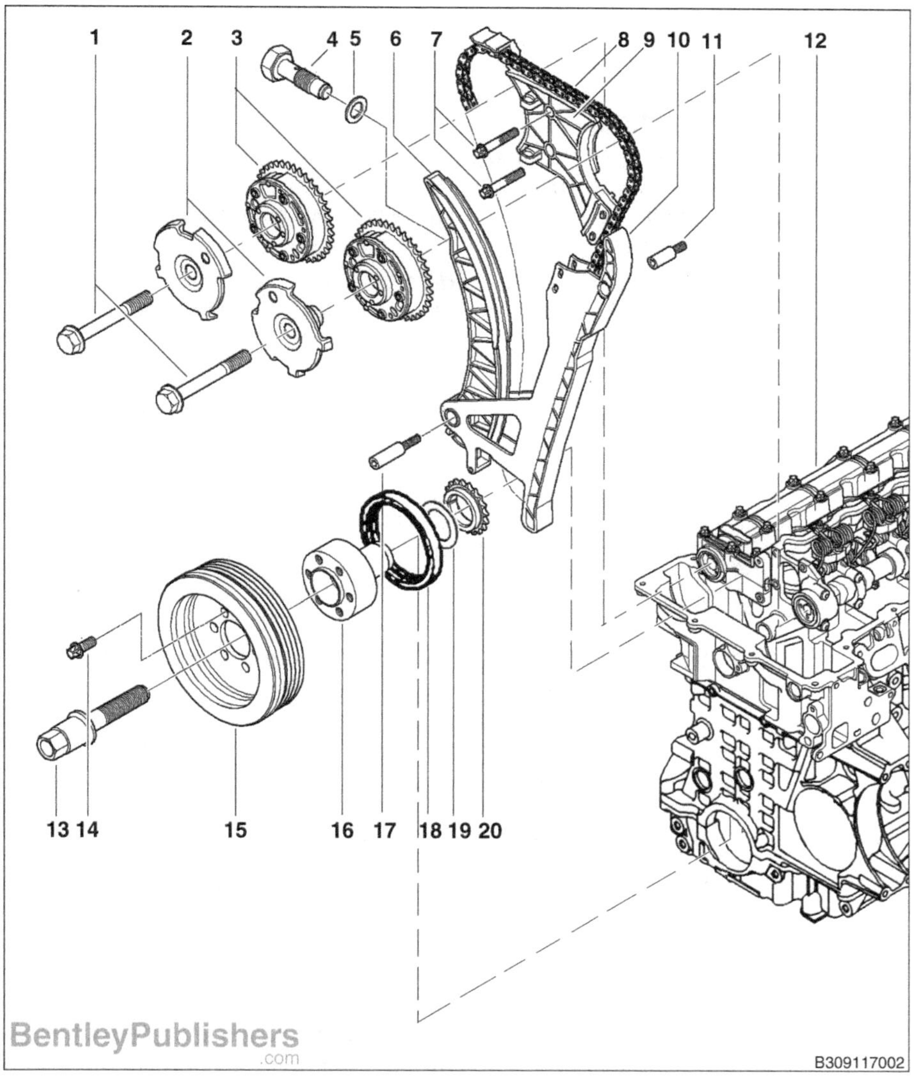

1. **Camshaft adjustment (VANOS) unit mounting bolt (M10 x 94 mm)**
   - Replace with new
   - Tighten in 2 stages
     Stage 1: 20 Nm (15 ft-lb)
     Stage 2: Additional 180°
2. **Camshaft impulse wheel**
   - Must be timed before tightening center bolts (**1**)
3. **Camshaft adjustment (VANOS) unit**
   - Different intake and exhaust adjustment units
4. **Chain tensioner (M22 x 1.5)**
   - Tighten to 55 Nm (41 ft-lb)
5. **Sealing O-ring**
   - Install new
6. **Chain tensioner rail**
7. **Chain assembly mounting bolts (M6 x 35 mm Torx)**
   - Tighten to 8.5 Nm (6 ft-lb)
8. **Timing chain**
9. **Chain assembly**
10. **Chain guide**
11. **Chain guide mounting bolt (M7)**
    - Tighten to 14 Nm (10 ft-lb)
12. **Cylinder head with camshafts**
    - Non-turbo cylinder head illustrated
13. **Vibration damper hub mounting bolt (M16 x 80 mm)**
    - Replace with new, lightly oil bolt and threads
    - Tighten in 2 stages
      Stage 1: 100 Nm (74 ft-lb)
      Stage 2: Additional 360°
14. **Vibration damper mounting bolt (M8 x 16 mm Torx)**
15. **Vibration damper (front pulley)**
16. **Vibration damper hub**
17. **Chain tensioner rail mounting bolt (M8)**
    - Tighten to 20 Nm (15 ft-lb)
18. **Crankshaft front seal**
19. **Friction plate washer (N54, N55 engine only)**
20. **Crankshaft sprocket**

Camshaft timing chain, removing and installing (N51, N52, N52KP, N54 engines)

Special tools and new parts are required to carry out this repair procedure. Read the entire procedure before beginning repairs.

> ***WARNING —***
> - *To avoid personal injury, be sure the engine is cold before beginning the procedure.*

> ***CAUTION—***
> - *Disassembly, removal and assembly of camshafts or camshaft adjustment units without special tools poses the risk of damage or breakage: Valves may be bent by contact with the piston crowns.*
> - *Throughout this procedure, unless otherwise specified, crankshaft and camshafts remain locked against rotation using BMW special tools.*

– Use scan tool to read out and record ECM fault memory.

– Switch ignition OFF and remove key.

– Remove upper and lower cabin microfilter housings. See **640 Heating and Air-conditioning**.

– Remove right strut tower brace.

– Remove ignition coil cover (upper engine cover). See **020 Maintenance**.

– Detach ignition coil connectors. Lift ignition coil harness off cylinder head cover and set aside.

– Remove ignition coils. See **120 Ignition System**.

– Remove cylinder head cover. See **113 Cylinder Head Removal and Installation**.

– Remove spark plugs.

◄ Non-turbo engine: Using vibration damper bolt, rotate crankshaft to place cylinder 1 in TDC firing position. In this position, cylinder 1 intake camshaft lobe points upward at an angle (**dashed line**).

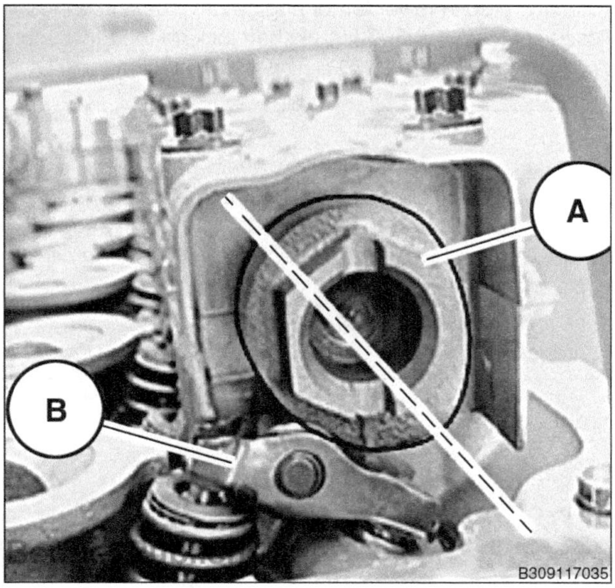

Non-turbo engine: Cylinder 1 in TDC firing position: Cylinder 6 exhaust camshaft lobe (**A**) points downward at an angle (**dashed line**). Cam follower (**B**) is not actuated.

NOTE—
- *Use a mirror to check exhaust camshaft lobe position.*

Turbo engine: Using vibration damper bolt to rotate crankshaft, place cylinder 1 in TDC firing position. In this position, lobes for cylinder 6 (rear of engine) intake and exhaust camshafts (**A**, **B**) point away from each other and down. Cylinder 6 camshaft lobes do not contact roller cam followers.

NOTE—
- *Use a mirror to check cylinder 6 cam lobe positions.*

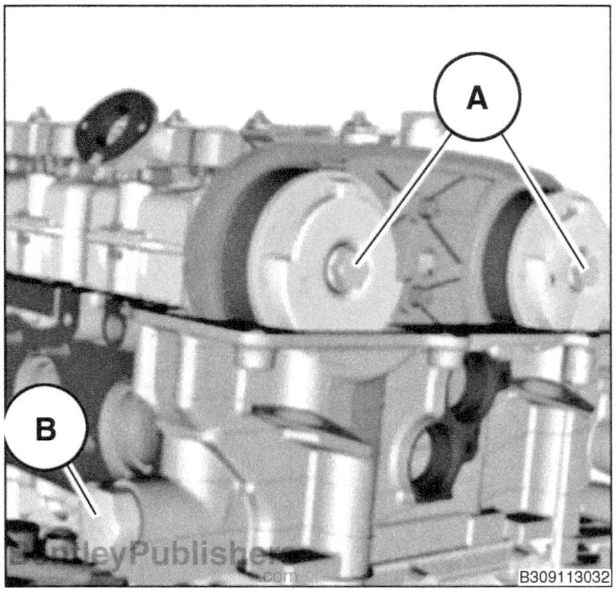

Working at right front of cylinder head, remove timing chain tensioner (**B**). Be prepared to catch dripping oil with a shop towel. Do not allow oil to contaminate accessory belt.

- Raise vehicle and support safely.

> ***WARNING—***
> - *Make sure vehicle is stable and well supported at all times. Use a professional automotive lift or jack stands. A floor jack is not adequate support.*

- Remove engine compartment splash shield. See **020 Maintenance**.
- Remove engine accessory belt. See **020 Maintenance**.
- Remove vibration damper (front pulley). See **Crankshaft vibration damper, removing and installing (N51, N52, N54, N54KP engines)** in this repair group.
- Remove crankshaft front seal. See **119 Lubrication System.**

Camshaft timing chain, removing and installing (N51, N52, N52KP, N54 engines)

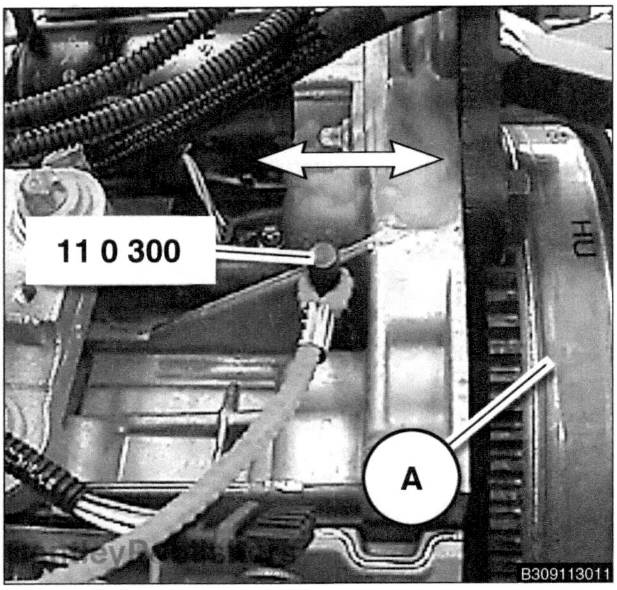

➤ Slide out protective plug at lower left of engine bell housing flange. Install BMW special tool 11 0 300 (crankshaft locking tool) through bell housing into hole in flywheel (**A**). This locks crankshaft at TDC.

> ***CAUTION—***
> - *Automatic transmission model: There is a larger bore very close to the flywheel TDC bore. Do not confuse the larger bore with the correct TDC bore. BMW special tool should fit snugly. If the flywheel is locked using the correct bore, the engine can no longer be rotated at the vibration damper bolt.*
> - *If crankshaft locking tool does not slide easily into the bell housing bore, sand paint off the tool. Do not enlarge the bore.*

➤ Remove vibration damper hub:

- Remove belt tensioner and screw in BMW special tool 11 4 362.
- Bolt BMW special tool 11 5 200 to vibration damper hub.
- Bolt BMW special tool 11 9 280 to special tool 11 5 200
- Remove BMW special tool 11 0 300 (crankshaft locking tool) and rest tool 11 9 280 against tool 11 4 362.
- Remove center hub bolt and reinstall crankshaft locking tool.
- Discard bolt.
- Pull hub off crankshaft, sliding it out of timing chain lower sprocket.

> ***CAUTION—***
> - *Counter hold hub securely. Do not rely on flywheel lock (special tool 11 0 300) to counter hold against crankshaft rotation.*

➤ Unscrew plug (**arrow**) at upper left of timing chain housing.

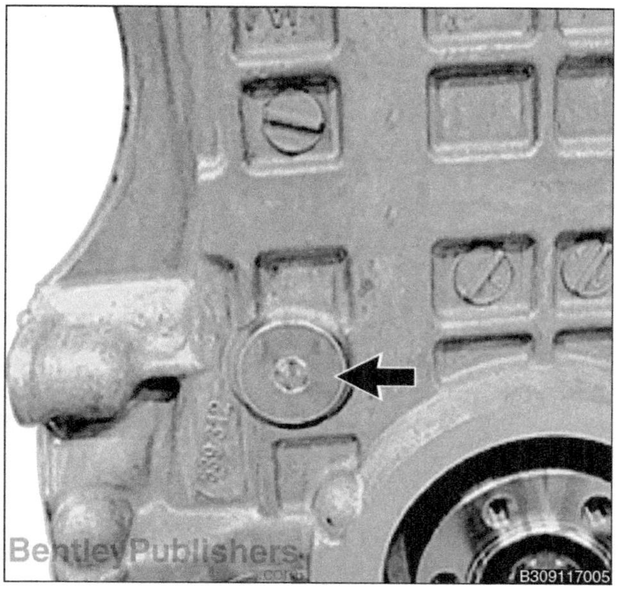

Unscrew plug (**arrow**) at lower right of timing chain housing.

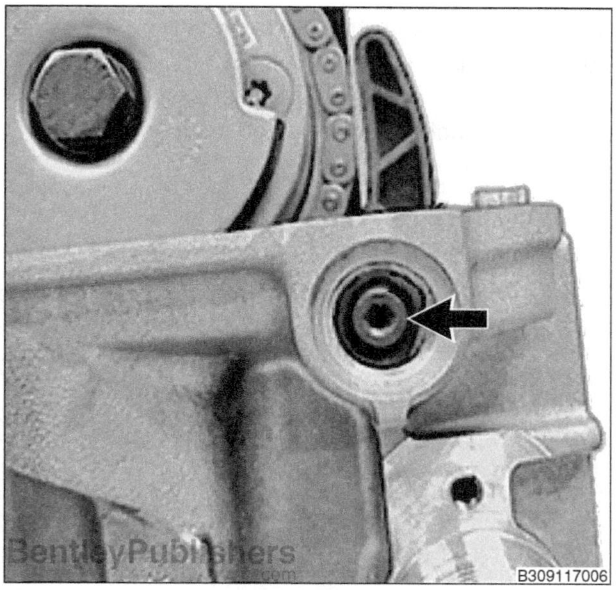

Remove chain guide mounting bolt (**arrow**) at upper left of timing chain housing.

Remove chain tensioning rail mounting bolt (**arrow**) at lower right of timing chain housing.

Camshaft timing chain, removing and installing (N51, N52, N52KP, N54 engines)

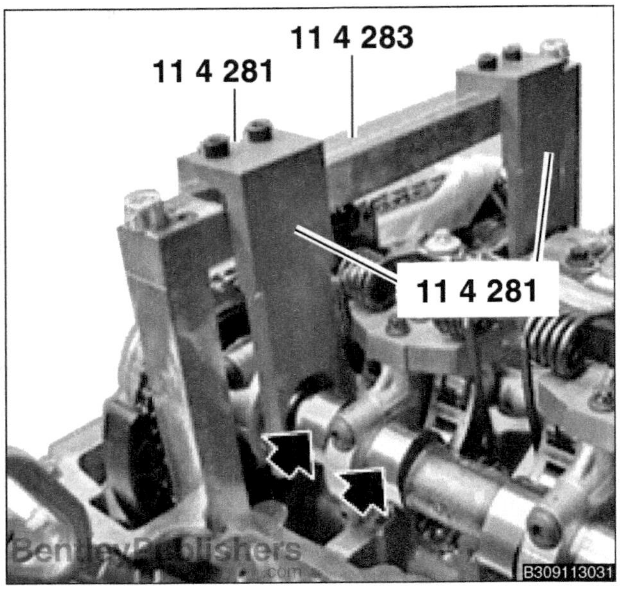

Use BMW special tool set 11 4 280 (includes 281, 282, 283) to lock down camshafts.

Remove intake and exhaust camshaft adjustment units:

- Loosen and remove adjustment unit mounting bolts. Discard bolts.
- Remove adjustment units (**arrows**) and set aside. See **Camshaft adjustment (VANOS) units, removing and installing** in this repair group.

NOTE—

- *Illustration does not show special tool set 11 4 280 in place.*

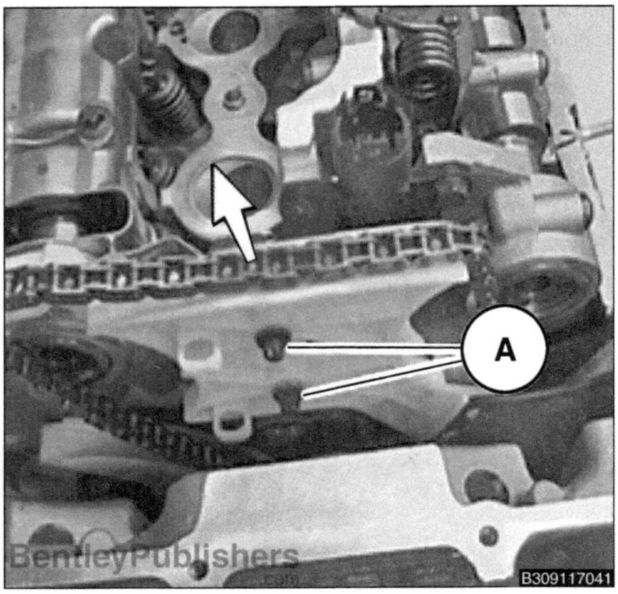

Working at front of cylinder head:

- Remove timing chain assembly mounting bolts (**A**).
- Lift timing chain, timing chain assembly and crankshaft sprocket straight up (**arrow**) out of timing chain housing.

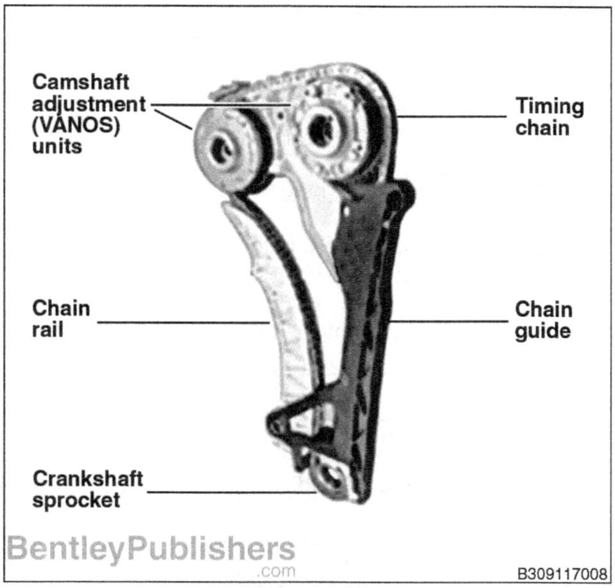

Chain, chain assembly and crankshaft sprocket. Camshaft adjustment (VANOS) units shown installed on assembly for purposes of illustration.

- Disengage timing chain from guide and rail assembly and crankshaft sprocket and fit new chain.

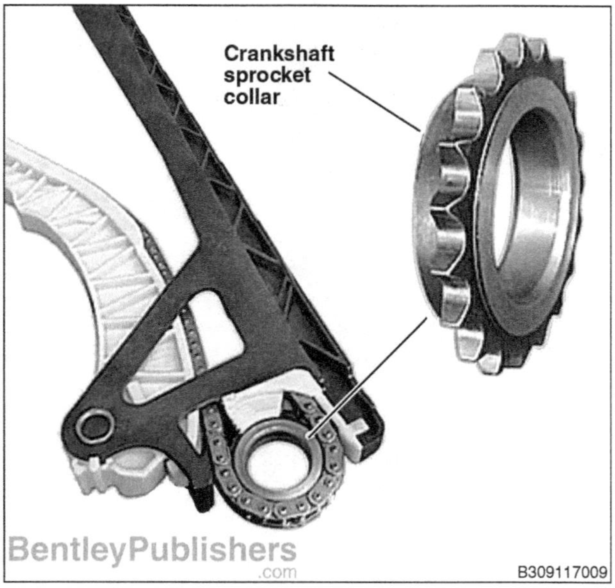

Fit crankshaft sprocket to chain in orientation shown, with collar pointing to engine.

> ***CAUTION—***
> - *Incorrect sprocket assembly results in engine damage.*

Turbo engine: Note that friction plates (**arrows**) are fitted between timing chain sprocket and oil pump drive sprocket.

> ***CAUTION—***
> - *If turbo engine is operated without friction plates, engine damage results.*

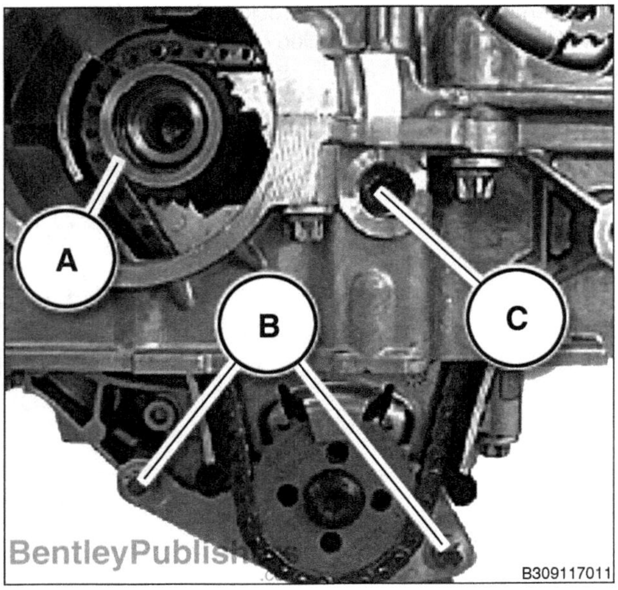

◄ Turbo engine: Make sure oil pump drive sprocket friction plate (**A**) is in correct position.

NOTE—
- ***B** and **C** are oil pump and oil pump chain guide mounting bolts.*

– Pull timing chain taut until sprocket engages chain guide.

– Install timing chain and chain assembly in chain housing, holding chain under tension at all times.

– Install and torque timing chain assembly, rail and guide bolts.

Tightening torques	
Timing chain guide to cylinder head (M7)	14 Nm (10 ft-lb)
Timing chain assembly to cylinder head (M6 x 35 mm Torx)	8.5 Nm (6 ft-lb)
Timing chain rail to crankcase (M8)	20 Nm (14 ft-lb)

◄ N54 (Turbo) engine: Slide friction plate washer on vibration damper hub shaft prior to inserting hub in crankcase bore.

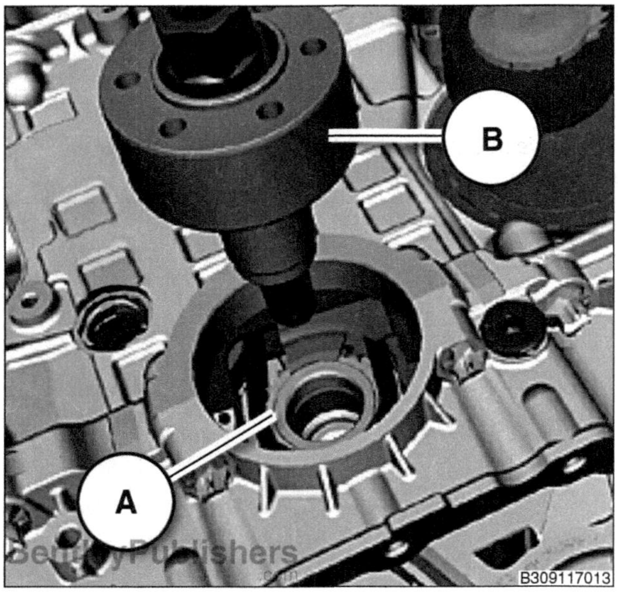

◄ Line up timing chain and oil pump chain sprockets (**A**) inside crankcase bore, then insert vibration damper hub (**B**), sliding it through chain sprockets. Using new vibration damper bolt, attach hub finger tight to crankshaft.

– To achieve final torque on vibration damper hub, follow one of several alternative procedure steps for preventing crankshaft rotation.

> ***CAUTION—***
> - *Do not rely on flywheel lock (special tool 11 0 300) to counter hold against crankshaft rotation.*

Install vibration damper hub:

- Remove belt tensioner and screw in special tool 11 4 362.
- Remove BMW special tool 11 0 300 (crankshaft locking tool).
- Bolt special tool 11 5 200 to vibration damper hub.
- Bolt special tool 11 9 280 to tool 11 5 200. Rest tool 11 9 280 against tool 11 4 362.
- Using new bolt, lightly oil bolt and threads. Tighten to initial tightening torque.

Tightening torque	
Vibration damper hub to crankshaft • Stage 1	100 Nm (74 ft-lb)

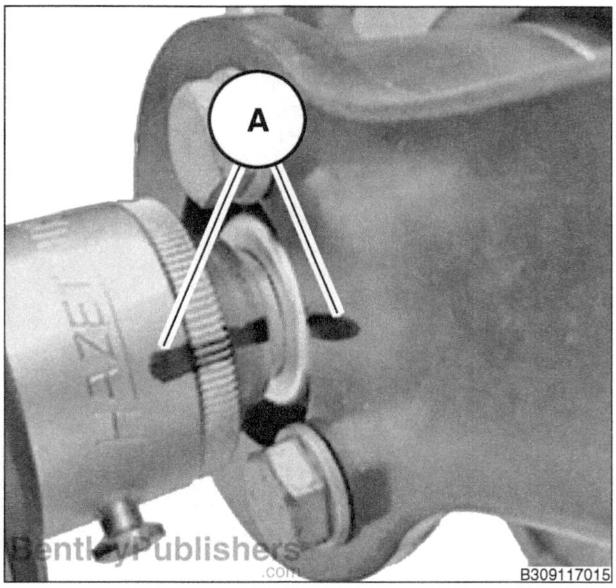

Mark special tool 11 9 280 and socket wrench with paint (**A**).

- Tighten hub bolt to final torque with assistant helping to counter hold tool 11 9 280.

Tightening torque	
Vibration damper hub to crankshaft • Stage 2	Additional 360°

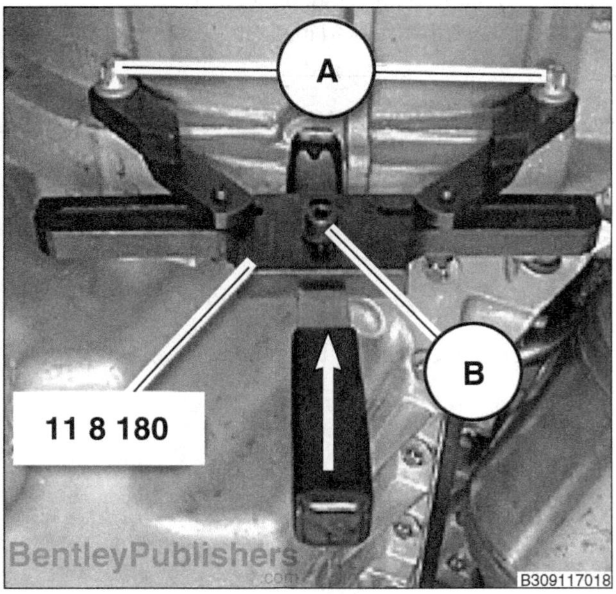

Alternate method for manual transmission vehicle

Mount special tool 11 8 180 on transmission using bolts **A**.

- Slide lock handle up (**arrow**) and tighten bolt **B**.

Camshaft timing chain, removing and installing (N51, N52, N52KP, N54 engines)

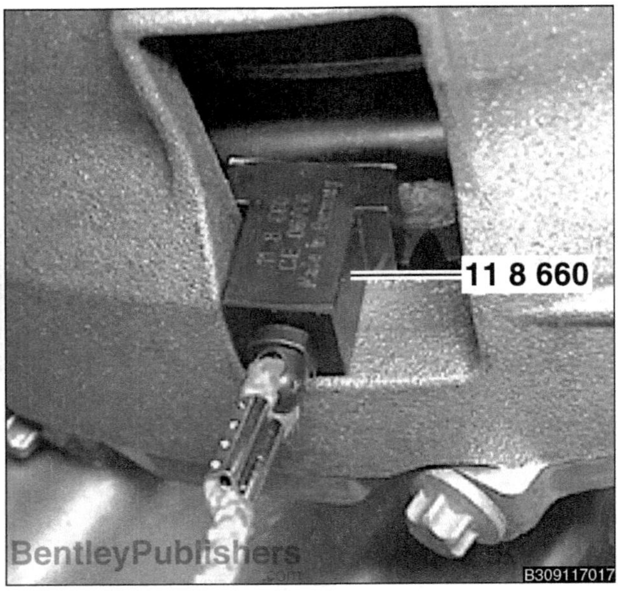

Alternate method for automatic transmission vehicle:

- Secure flywheel with special tool 11 8 660 through transmission bell housing opening.

Alternative method if transmission is removed:

- Secure flywheel with special tool 11 9 260.

Use angle protractor (BMW special tool 00 9 140 or equivalent) to torque hub bolt with crankshaft locked in place.

Tightening torque	
Vibration damper hub to crankshaft • Use new bolt, lightly oil bolt and threads • Stage 1 • Stage 2	 100 Nm (74 ft-lb) Additional 360°

– Reinstall crankshaft locking tool (BMW special tool 11 0 300).

– Install crankshaft front seal. See **119 Lubrication System**.

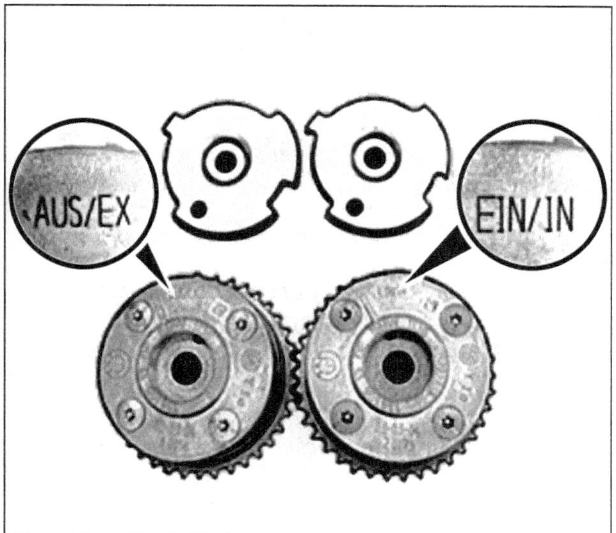

BentleyPublishers.com

B309113023

◄ Use new bolts to reattach camshaft adjustment (VANOS) units. Note that exhaust and intake units are different and so marked. Camshaft sensor impulse wheel for intake and exhaust are the same. See **Camshaft Adjustment (VANOS) Units** in this repair group.

– Adjust camshaft timing. See **Camshaft timing, adjusting (N51, N52, N52KP, N54 engines)** in this repair group. Then torque adjustment unit mounting bolts.

Tightening torque	
Camshaft adjustment (VANOS) unit to camshaft (use new M10 x 94 mm bolt): • Stage 1 • Stage 2	 20 Nm (15 ft-lb) additional 180°

– Install chain tensioner. See **Camshaft timing, adjusting (N55 engine)** in this repair group.

CAUTION—
- *If chain tensioner is reused, drain its oil chamber. Place tensioner on level working surface and compress slowly. Repeat twice.*
- *No sealing ring is fitted to chain tensioner at the factory. When reassembling engine, be sure to use new sealing O-ring.*

Tightening torque	
Timing chain tensioner to cylinder head (M22 x 1.5) (use new sealing O-ring)	55 Nm (41 ft-lb)

– Remove crankshaft and camshaft locking tools and rotate engine 2 full revolutions. Then check and, if necessary, reset camshaft timing. See **Camshaft timing, adjusting (N51, N52, N52KP, N54 engines)** in this repair group.

CAUTION—
- *Remove crankshaft and camshaft locking tools before rotating or starting engine.*

– Reassemble engine.

117

Camshaft timing chain, removing and installing (N55 engine, to 03/2012)

Special tools and new parts are required to carry out this repair procedure. Read the entire procedure before beginning repairs.

> ***WARNING —***
> - *To avoid personal injury, be sure the engine is cold before beginning the procedure.*

> ***CAUTION—***
> - *Disassembly, removal and assembly of camshafts or camshaft adjustment units without special tools poses the risk of damage or breakage: Valves may be bent by contact with the piston crowns.*
> - *Throughout this procedure, unless otherwise specified, crankshaft and camshafts remain locked against rotation using BMW special tools.*

– Remove cylinder head cover. See **113 Cylinder Head Removal and Installation**.

– Remove all spark plugs. See **020 Maintenance**.

– Remove crankshaft seal at front. See **119 Lubrication System**.

– Remove drive belt tensioner. See **020 Maintenance**.

– Remove vibration damper. See **Crankshaft vibration damper, removing and installing (N55 engine)** in this repair group.

◀ Using vibration damper bolt, rotate crankshaft to place cylinder 1 in TDC firing position. In this position, cylinder 1 intake camshaft lobe points upward at an angle (**dashed line**).

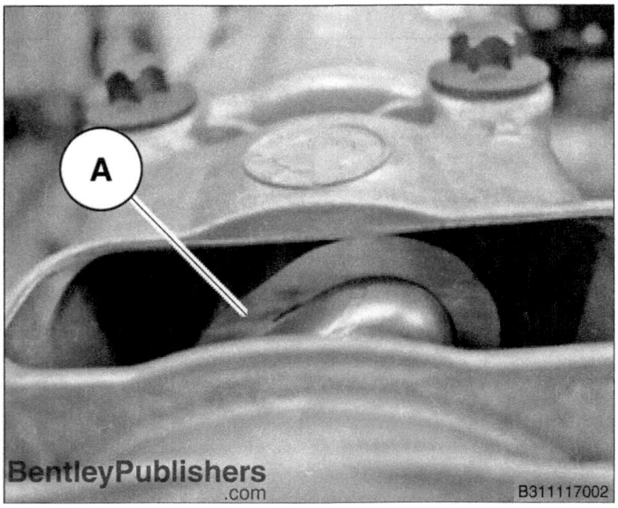

◀ With cylinder 1 in TDC firing position, exhaust camshaft cams (**A**) point upward at an angle.

Camshaft timing is correct when part numbers or code (**A**) and the intake and exhaust camshafts point upwards.

Attach special tools 11 8 535 to special tool 11 8 531. Place a 6 mm thick M10 washer between crankcase and short screw of special tool 11 8 535.

NOTE—

- *Alternator and power steering pump shown removed for clarity.*
- *Special tool 11 8 535 is a two piece tool consisting of one long M10 screw and one short M10 screw.*

Position special tool 11 8 537 manually on sealing cap. Screw in special tool 11 8 534 to press out vacuum pump sealing cap.

NOTE—

- *Vacuum pump sealing cap is pressed out diagonally during this step.*

Camshaft timing chain, removing and installing (N55 engine, to 03/2012)

with transmission removed: Secure flywheel with special tool 11 9 260.

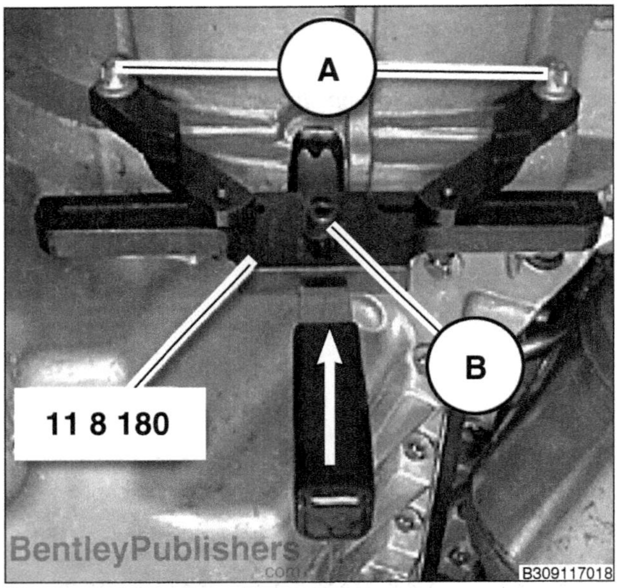

With manual transmission installed: Mount special tool 11 8 180 on transmission using bolts **A**. Slide lock handle up (**arrow**) and tighten bolt **B**.

With automatic transmission installed: Secure flywheel with special tool 11 8 660 through transmission bell housing opening.

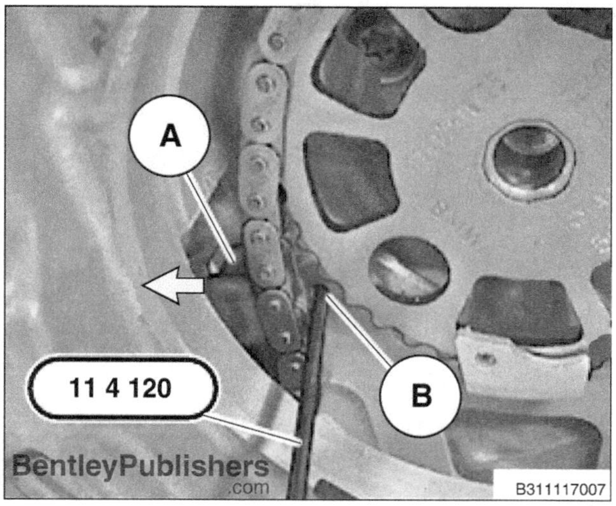

◀ Working through vacuum pump sealing cap opening, press timing chain with chain tensioner (**A**) in direction of **arrow** to relieve tension on oil pump chain. Insert special tool 11 4 120 or suitable lock pin into tensioner (**B**).

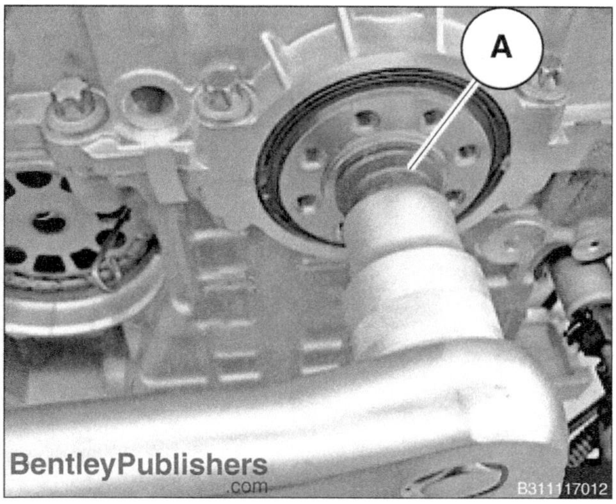

◀ Remove center bolt (**A**).

NOTE—

- *Breakaway torque of bolt is 600 Nm (440 ft-lb).*
- *A 3/4-inch drive socket/breaker should be used to loosen bolt.*

– Remove timing chain tensioner. See **Camshaft timing, adjusting (N55 engine)** in this repair group.

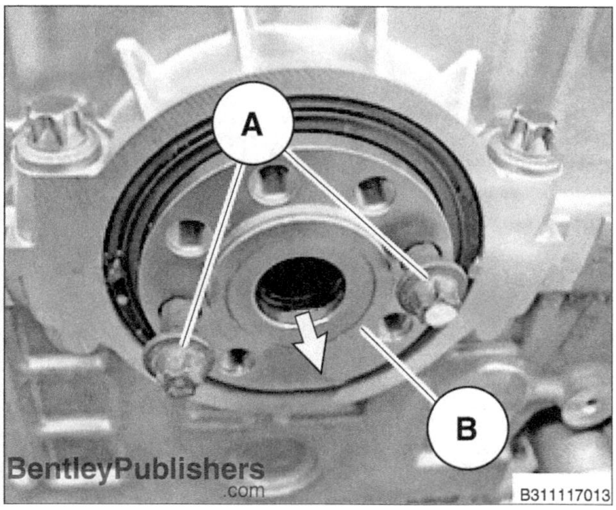

◀ Screw in vibration absorber screws (**A**).

– Pull hub (**B**) on crankshaft forward in direction of **arrow** to remove.

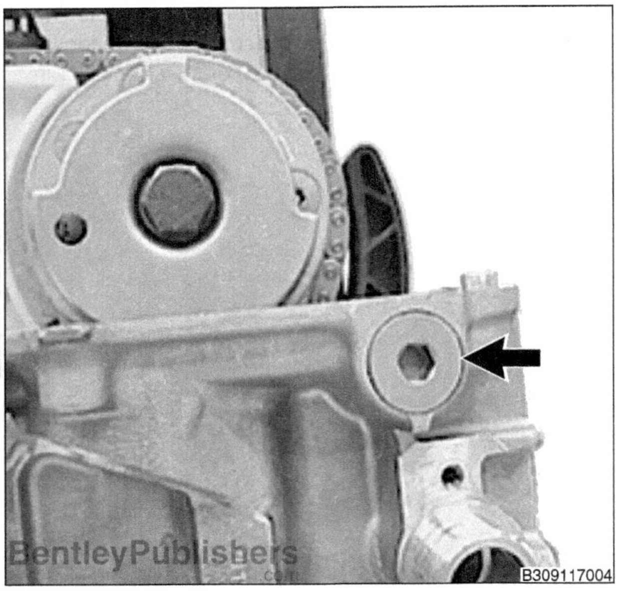
B309117004

Unscrew plug (**arrow**) at upper left of timing chain housing.

B309117005

Unscrew plug (**arrow**) at lower right of timing chain housing.

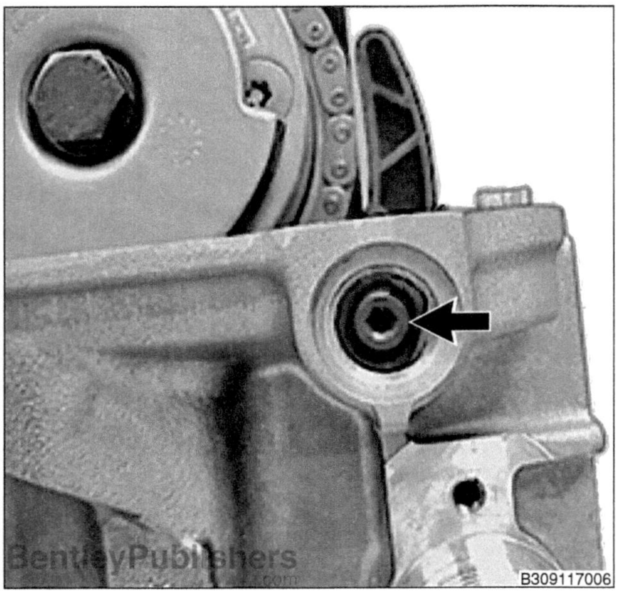
B309117006

Remove chain guide mounting bolt (**arrow**) at upper left of timing chain housing.

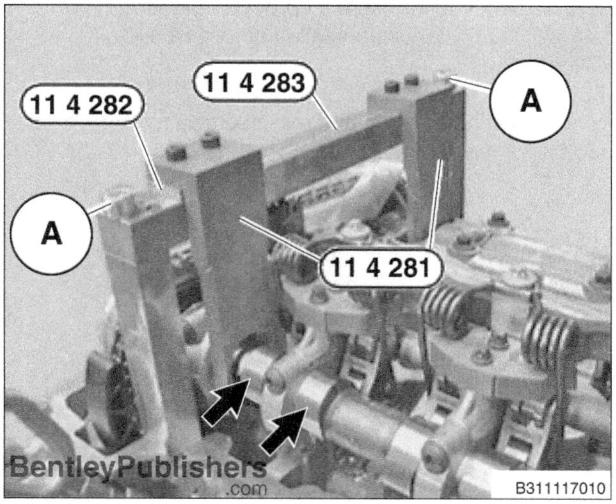

◀ Install special tool 11 4 280 (includes 281, 282, 283) as shown. Then loosen and remove center bolts on front of intake and exhaust camshaft adjusters.

– Remove intake and exhaust camshaft adjusters from timing chain and set aside. See **Camshaft adjustment (VANOS) units, removing and installing** in this repair group.

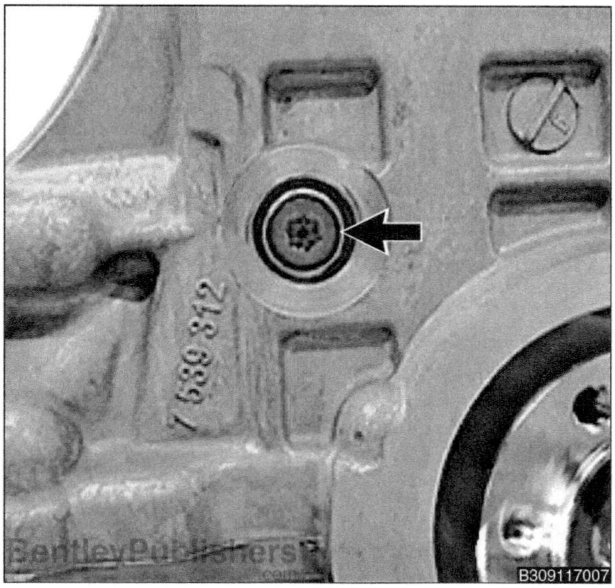

◀ Remove chain tensioning rail mounting bolt (**arrow**) at lower right of timing chain housing.

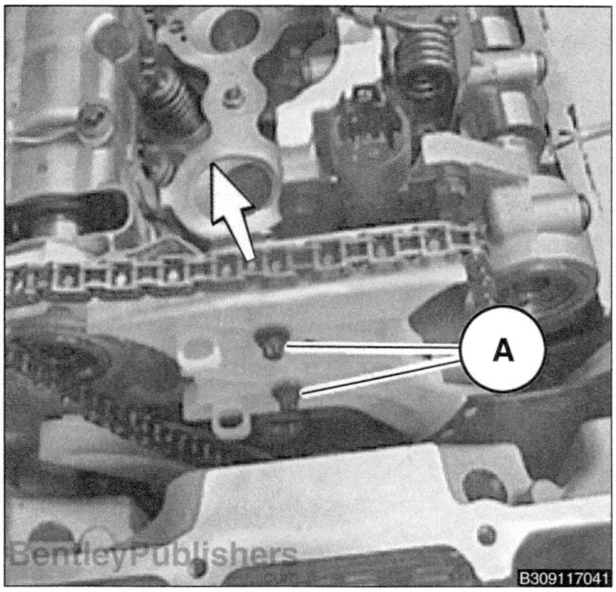

◀ Working at front of cylinder head:

- Remove timing chain assembly mounting bolts (**A**).
- Lift timing chain, timing chain assembly and crankshaft sprocket straight up (**arrow**) out of timing chain housing.

NOTE—

- *N52 engine shown. N55 engine is similar.*

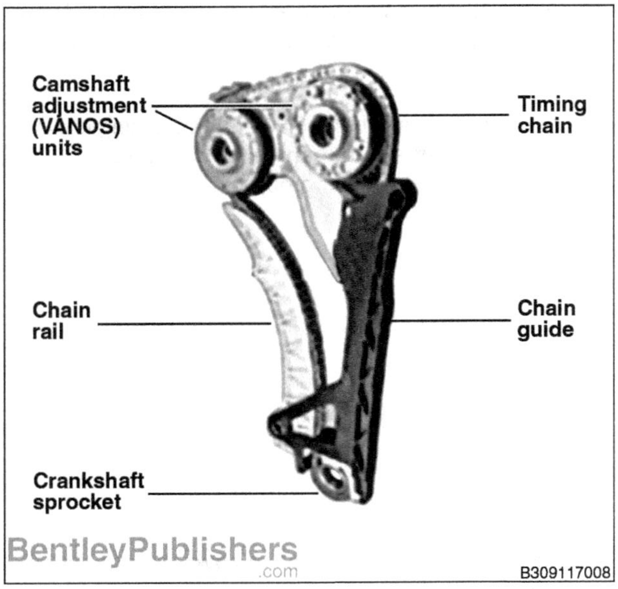

◀ Chain, chain assembly and crankshaft sprocket. Camshaft adjustment (VANOS) units shown installed on assembly for purposes of illustration.

– Disengage timing chain from guide and rail assembly and crankshaft sprocket and fit new chain.

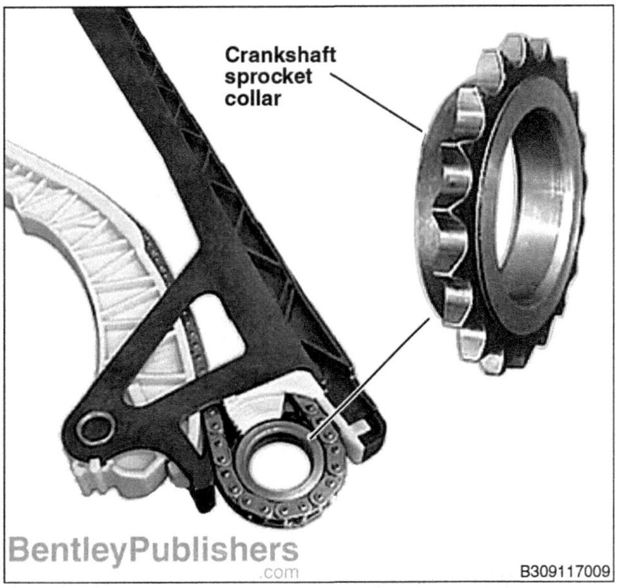

◀ Fit crankshaft sprocket to chain in orientation shown, with collar pointing to engine.

> ***CAUTION—***
> • *Incorrect sprocket assembly results in engine damage.*

– Pull timing chain taut until sprocket engages chain guide. Install timing chain and chain assembly in chain housing in this position, holding chain under tension at all times.

– Install and torque timing chain assembly, rail and guide bolts.

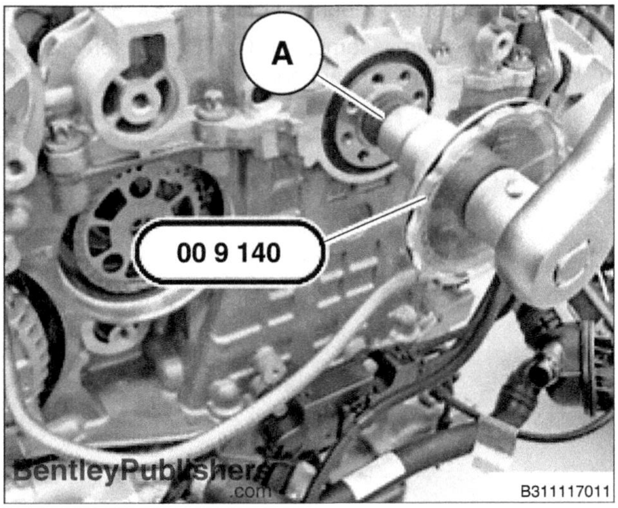

◀ With crankshaft locked as described earlier, insert new bolt (**A**) with hub for crankshaft. Use angle protractor (BMW special tool 00 9 140 or equivalent) to torque center bolt (**A**).

Tightening torque	
Vibration damper hub to crankshaft (N55) • Use new bolt, lightly oil bolt and threads • Stage 1 • Stage 2	 100 Nm (74 ft-lb) Additional 270°

– Install new crankshaft seal. See **119 Lubrication System**.

◀ Use new bolts to reattach camshaft adjustment (VANOS) units. Note that exhaust and intake units are different and so marked. Camshaft sensor impulse wheel for intake and exhaust are the same. See **Camshaft adjustment (VANOS) units, removing and installing** in this repair group.

– Adjust camshaft timing. See **Camshaft timing, adjusting (N55 engine)** in this repair group. Then torque adjustment unit mounting bolts.

Tightening torque	
Camshaft adjustment (VANOS) unit to camshaft (use new M10 x 94 mm bolt): • Stage 1 • Stage 2	 20 Nm (15 ft-lb) additional 180°

– Install timing chain tensioner. See **Timing chain tensioner** in this repair group.

– Remove crankshaft and camshaft locking tools and rotate engine 2 full revolutions. Then check and, if necessary, reset camshaft timing. See **Camshaft timing, adjusting (N55 engine)** in this repair group.

◀ Using BMW special tools 118 533 and 11 8 532, install new vacuum pump sealing cap until flush with upper part of crankcase.

– Remainder of installation is reverse of removal.

Tightening torques	
Timing chain assembly to cylinder head (M8 x 35 mm Torx)	8 Nm (6 ft-lb)
Timing chain guide to cylinder head (M7)	14 Nm (10 ft-lb)
Timing chain rail to crankcase (M8)	25 Nm (18 ft-lb)
Timing chain housing plug, lower (M22 x 1.5 mm)	50 Nm (37 ft-lb)
Timing chain housing plug, upper (M22 x 1.5 mm)	20 Nm (18 ft-lb)

117

Camshaft timing, adjusting (N51, N52, N52KP, N54 engines)

Special tools and new parts are required to carry out this adjustment procedure. Read the entire procedure before beginning repairs.

> ***WARNING —***
> * *To avoid personal injury, be sure the engine is cold before beginning the procedure.*

– Use scan tool to read out and record ECM fault memory.

– Switch ignition OFF and remove key.

– Remove upper and lower cabin microfilter housings. See **640 Heating and Air-conditioning**.

– Remove right strut tower brace.

– Remove ignition coil cover (upper engine cover). See **020 Maintenance**.

– Detach ignition coil connectors. Lift ignition coil harness off cylinder head cover and set aside.

– Remove ignition coils. See **120 Ignition System**.

– Remove cylinder head cover. See **113 Cylinder Head Removal and Installation**.

– Raise vehicle and support safely.

> ***WARNING —***
> * *Make sure the vehicle is stable and well supported at all times. Use a professional automotive lift or jack stands designed for the purpose. A floor jack is not adequate support.*

– Remove engine compartment splash shield. See **020 Maintenance**.

Non-turbo engine: Using vibration damper bolt, rotate crankshaft to place cylinder 1 in TDC firing position. In this position, cylinder 1 intake camshaft lobe points upward at an angle (**dashed line**).

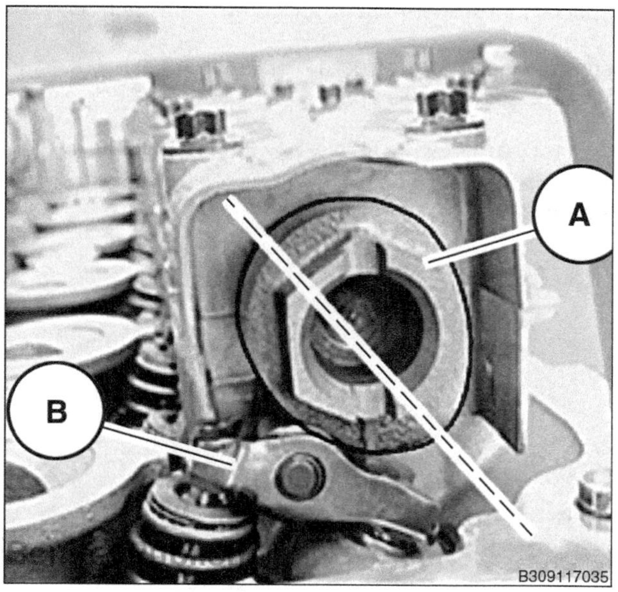

Non-turbo engine: Cylinder 1 in TDC firing position: Cylinder 6 exhaust camshaft lobe (**A**) points downward at an angle (**dashed line**). Cam follower (**B**) is not actuated.

NOTE—

- *Use a mirror to check exhaust camshaft lobe position.*

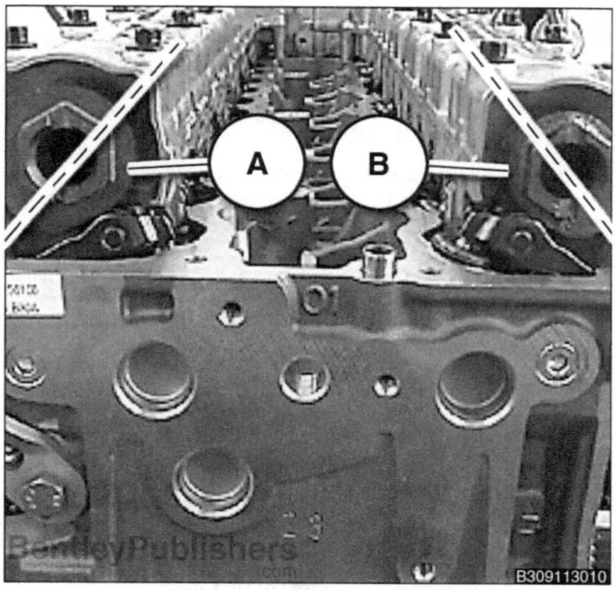

Turbo engine: Using vibration damper bolt to rotate crankshaft, place cylinder 1 in TDC firing position. In this position, lobes for cylinder 6 (rear of engine) intake and exhaust camshafts (**A**, **B**) point away from each other and down. Cylinder 6 camshaft lobes do not contact roller cam followers.

NOTE—

- *Use a mirror to check cylinder 6 cam lobe positions.*

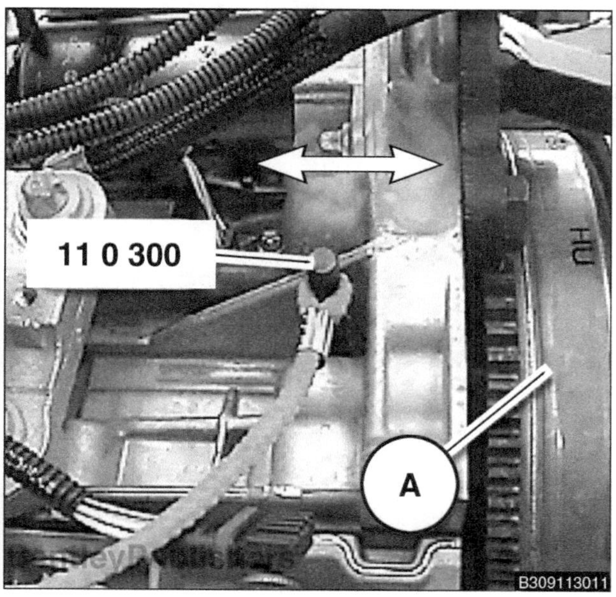

Working underneath engine, slide out protective plug at lower left of engine bell housing flange. Install BMW special tool 11 0 300 (crankshaft locking tool) through bell housing into hole in flywheel (**A**). This locks crankshaft at TDC.

CAUTION—

- *Automatic transmission model: There is a larger bore very close to the flywheel TDC bore. Do not confuse the larger bore with the correct TDC bore. BMW special tool should fit snugly. If the flywheel is locked using the correct bore, the engine can no longer be rotated at the vibration damper bolt.*
- *If special tool 11 0 300 does not slide easily into the bell housing flange bore, sand paint off the tool. Do not enlarge the bore.*

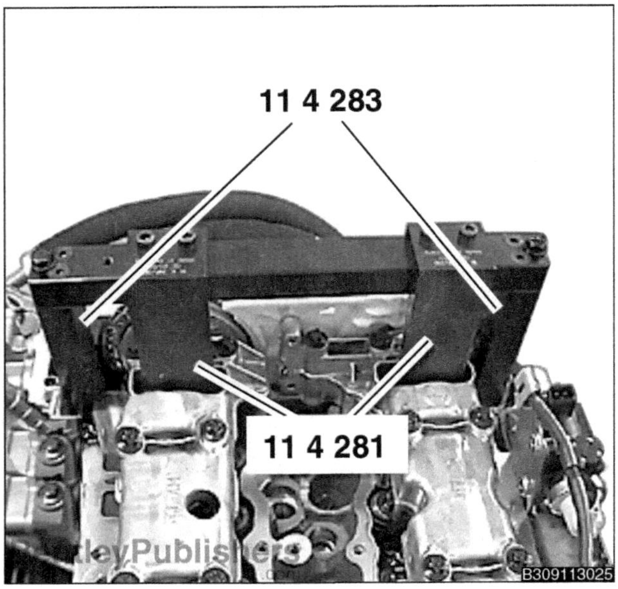

Use BMW special tool set 11 4 280 to lock down camshafts.

- With crankshaft locked, if special tool 11 4 281 fits, camshaft timing is correct. Remove special tools and reassemble engine.
- If special tool 11 4 281 does not fit, use hexagon casting at rear of camshafts to rotate camshafts until tool fits. Proceed with camshaft timing procedure.

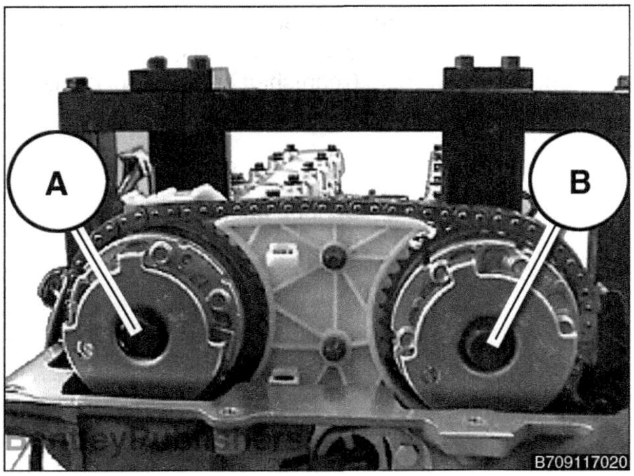

Working at front of camshafts:

- Loosen and remove exhaust and intake camshaft adjustment (VANOS) unit mounting bolts (**A**, **B**).
- Discard bolts and replace with new.
- Tighten new bolts until snug, then back out 90° (1/4 turn).

Install BMW special tool 11 8 520.

- Place tool up against camshaft adjustment unit sensor gears.
- Rotate sensor impulse wheels (**arrows**) until locating pins on tool line up with bores in impulse wheels.
- Push tool firmly against sensor wheels and lock down with M6 x 45 mm bolts (**A**).

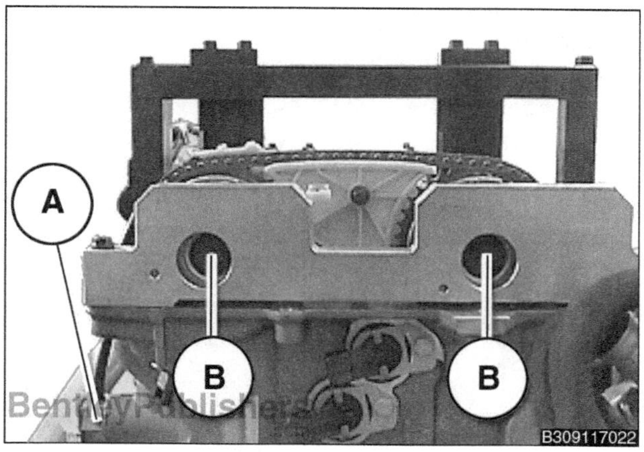

Working at front of cylinder head:

- Remove timing chain tensioner (**A**). Be prepared to catch dripping oil. Do not allow oil to contaminate accessory belt.
- Screw BMW special tool 11 9 340 (dummy chain tensioner) into cylinder head.
- Using BMW special tool 00 9 250 (low-torque torque wrench), rotate stud of special tool 11 9 340 to pretension timing chain to 0.6 Nm (5.3 in-lb).
- Tighten camshaft adjustment (VANOS) unit mounting bolts (**B**).

Tightening torque	
Camshaft adjustment (VANOS) unit to camshaft: • Stage 1 • Stage 2	 20 Nm (15 ft-lb) additional 180°

– Reinstall chain tensioner using new sealing O-ring.

Tightening torque	
Timing chain tensioner to cylinder head (M22 x 1.5) (use new sealing O-ring)	55 Nm (41 ft-lb)

– Remove special tools and assemble engine. See **Camshaft timing, adjusting (N55 engine)** in this repair group.

Camshaft timing, adjusting (N55 engine)

Special tools and new parts are required to carry out this adjustment procedure. Read the entire procedure before beginning repairs.

> ***WARNING—***
> - *To avoid personal injury, be sure the engine is cold before beginning the procedure.*

– Remove cylinder head cover. See **113 Cylinder Head Removal and Installation**.

Using vibration damper bolt, rotate crankshaft to place cylinder 1 in TDC firing position. In this position, cylinder 1 intake camshaft lobe points upward at an angle (**dashed line**).

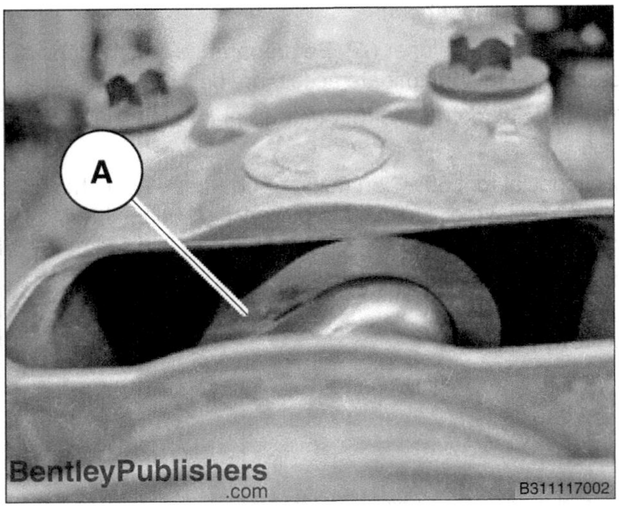

With cylinder 1 in TDC firing position, exhaust camshaft cams (**A**) point upward at an angle.

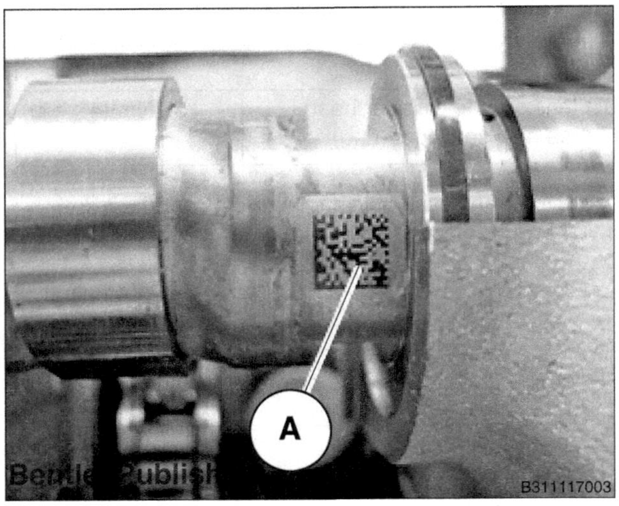

Camshaft timing is correct when part numbers or read code (**A**) and the intake and exhaust camshafts point upward.

Mount special tool 11 4 280 (includes 281, 282, 285) as shown and bolt in place (**A**).

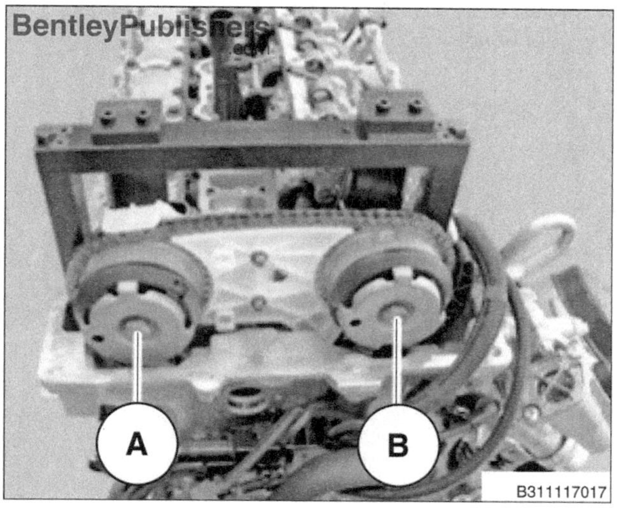

B311117017

◀ Remove center bolts (**A** and **B**). Discard bolts.

> ***CAUTION—***
> • *Loosen bolts (**A** and **B**) of VANOS unit only with special tool 11 4 280 installed.*

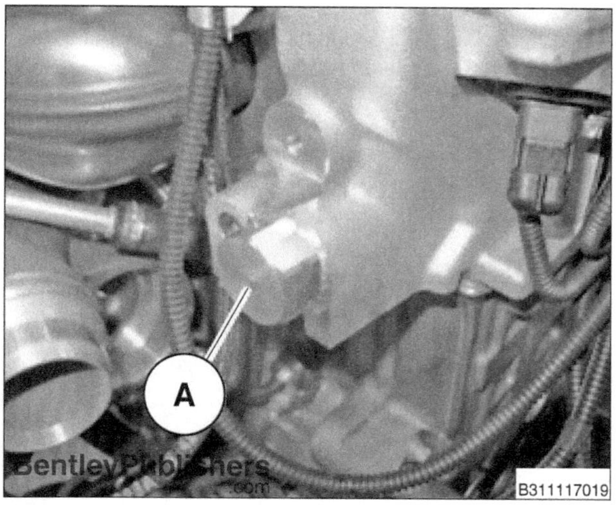

B311117019

◀ Release chain tensioner (**A**).

> ***CAUTION—***
> • *Have a cleaning cloth ready. A small quantity of engine oil will emerge after the screw connection has been released.*
> • *Make sure no engine oil runs onto belt drive.*

NOTE—

• *When installing, replace sealing ring.*

– Install new camshaft adjuster (VANOS) unit center bolts. Screw in both center bolts until snug, the loosen bolts 90° (1/4 turn).

B311117018

◀ Turn impulse wheel (**B**) in direction of **curved arrows** until retaining pins (**A**) on BMW special tool 11 4 290 match up to holes on wheels. Slide special tool 11 4 290 in (**black arrow**). Use bolts to fasten tool in place.

Screw BMW special tool 11 9 340 into timing chain tensioner opening in cylinder head.

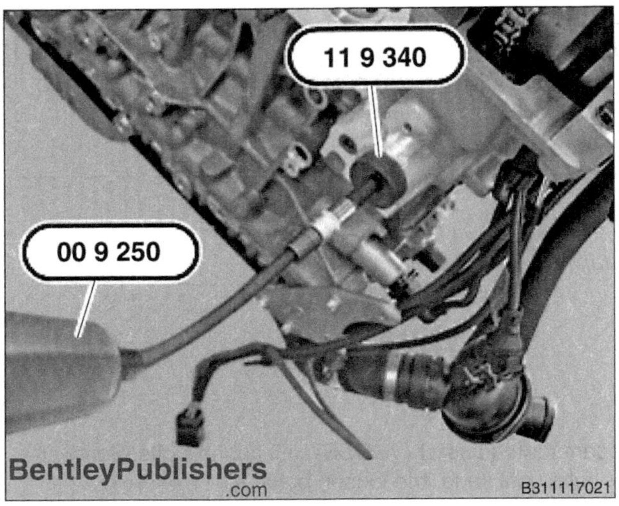

Using BMW special tool 00 9 250, tighten BMW special tool 11 9 340 to **0.6 Nm (5.3 in-lb)** to pre-tension timing chain.

Use angle protractor (BMW special tool 00 9 120 or equivalent) to torque intake camshaft adjuster center bolts.

Tightening torque	
Camshaft adjustment (VANOS) unit to camshaft M10 x 94 mm (replace fasteners with new): • Stage 1 • Stage 2	 20 Nm (15 ft-lb) additional 180°

Torque exhaust camshaft adjuster center bolt.

Tightening torque	
Camshaft adjustment (VANOS) unit to camshaft M10 x 94 mm (replace fasteners with new): • Stage 1 • Stage 2	20 Nm (15 ft-lb) additional 180°

– Remove all special tools.

– Rotate crankshaft two full revolutions (at crankshaft center bolt) in direction of engine rotation and check timing.

– Remainder of installation is reverse of removal. Be sure to:
  • Replace timing chain tensioner seal with new.

Tightening torque	
Timing chain tensioner to cylinder head (M22 x 1.5) (use new sealing O-ring)	55 Nm (41 ft-lb)

Timing chain tensioner

The timing chain tensioner is screwed into the right front of the cylinder head. When it is removed be sure to catch any dripping oil in a shop towel. Do not allow oil to contaminate accessory belt.

If chain tensioner is reused, drain its oil chamber. Place tensioner vertically on level working surface and compress slowly (**arrow**). Repeat twice.

> ***CAUTION—***
> *• No sealing ring is fitted to chain tensioner at the factory. When reassembling engine, be sure to use new sealing O-ring.*

Tightening torque	
Timing chain tensioner to cylinder head (M22 x 1.5) (use new sealing O-ring)	55 Nm (41 ft-lb)

CAMSHAFT ADJUSTMENT (VANOS) UNITS

Camshaft adjustment (VANOS) solenoid valves, replacing

– Remove ignition coil cover, see **020 Maintenance**.

– Remove electric cooling fan, see **170 Radiator and Cooling System**.

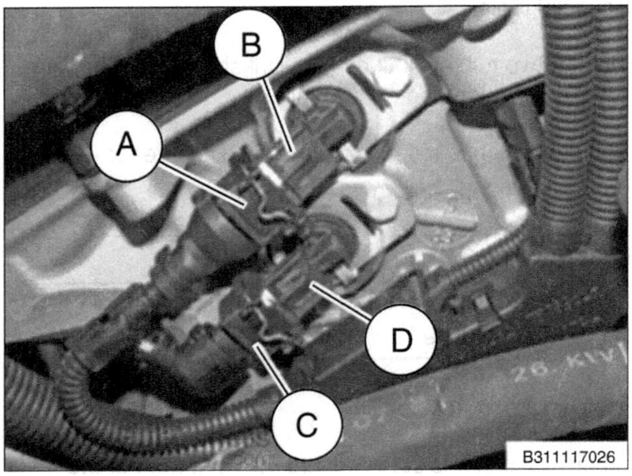

B311117026

◀ Depending on which valve is to be replaced, remove connector. If removing both valves mark connectors for reinstallation.

- Connector (**A**) for intake camshaft valve (**B**).
- Connector (**C**) for exhaust camshaft valve (**D**).

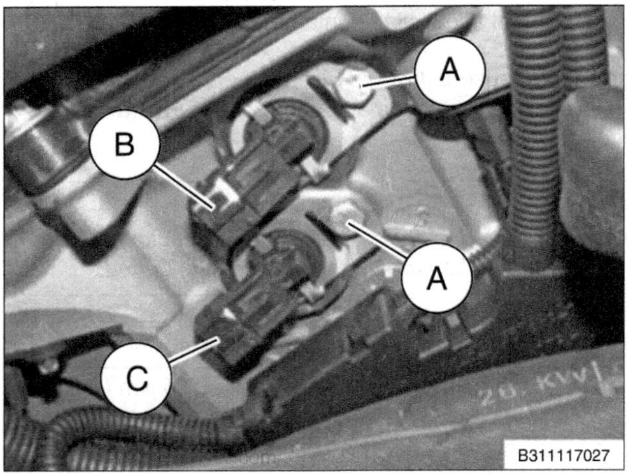

B311117027

◀ Remove fasteners (**A**) and remove solenoid valve, (**B**) for intake, (**C**) for exhaust. If necessary, valves can be rotated in cylinder head to aid in removal and installation.

– Installation is the reverse of removal, making sure of the following:

- Replace O-ring and coat lightly with oil.
- Ensure valves are clean and free of dirt.

Tightening torque	
VANOS solenoid to cylinder head (replace sealing O-ring)	9 Nm (7 ft-lb)

Camshaft adjustment (VANOS) units, removing and installing (N51, N52, N52KP, N54 engines)

VANOS unit assembly bolts (arrows)

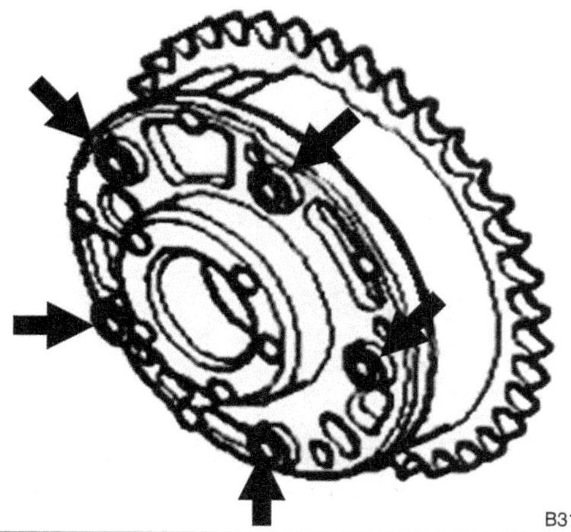

Special tools and new parts are required to remove and install camshaft adjustment (VANOS) units and to time camshafts. Read the entire procedure before beginning repairs.

NOTE—

- *If a rattling noise can be heard from the engine compartment in the VANOS area, the engine has reduced power, and VANOS and camshaft sensor faults are stored (SES light on), check the assembly bolts on the VANOS units once the units are removed. The bolts may be loose or broken or have fallen out of the VANOS unit. The VANOS units are not serviceable. If the bolts are found to be loose, broken or missing, replace the complete VANOS unit. Locate all missing parts before reassembling the engine.*

WARNING—

- *To avoid personal injury, be sure the engine is cold before beginning the procedure.*

CAUTION—

- *Disassembly, removal and assembly of camshaft adjustment (VANOS) units without special tools poses the risk of damage or breakage: Valves may be bent by contact with the piston crowns.*
- *Throughout this procedure, unless otherwise specified, crankshaft and camshafts remain locked against rotation using BMW special tools.*
- *Keep VANOS components free of silicone sealant. A small amount of silicone introduced into VANOS actuator or solenoid can set faults.*

– Use scan tool to read out and record ECM fault memory. Switch ignition OFF and remove key.

– Remove upper and lower cabin microfilter housings. See **640 Heating and Air-conditioning**.

– Remove right strut tower brace.

– Remove ignition coil cover (upper engine cover). See **020 Maintenance**.

– Remove ignition coils. See **120 Ignition System**.

– Remove cylinder head cover. See **113 Cylinder Head Removal and Installation**.

– Raise vehicle and support safely.

WARNING—

- *Make sure the vehicle is stable and well supported at all times. Use a professional automotive lift or jack stands. A floor jack is not adequate support.*

– Remove engine compartment splash shield. See **020 Maintenance**.

Camshaft adjustment (VANOS) units, removing and installing (N51, N52, N52KP, N54 engines)

Non-turbo engine: Using vibration damper bolt, rotate crankshaft to place cylinder 1 in TDC firing position. In this position, cylinder 1 intake camshaft lobe points upward at an angle.

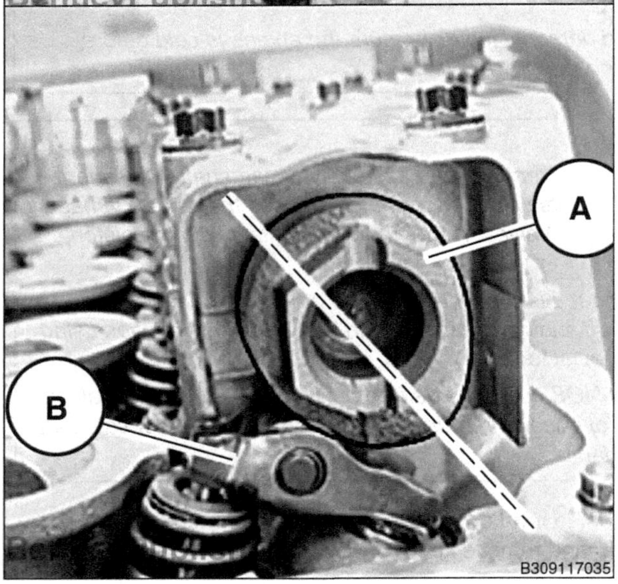

Non-turbo engine: Cylinder 1 in TDC firing position: Cylinder 6 exhaust camshaft lobe (**A**) points downward at an angle (**dashed line**). Cam follower (**B**) is not actuated.

NOTE—

- *Use a mirror to check exhaust camshaft lobe position.*

Turbo engine: Using vibration damper bolt to rotate crankshaft, place cylinder 1 in TDC firing position. In this position, lobes for cylinder 6 (rear of engine) intake and exhaust camshafts (**A**, **B**) point away from each other and down. Cylinder 6 camshaft lobes do not contact roller cam followers.

NOTE—

- *Use a mirror to check cylinder 6 cam lobe positions.*

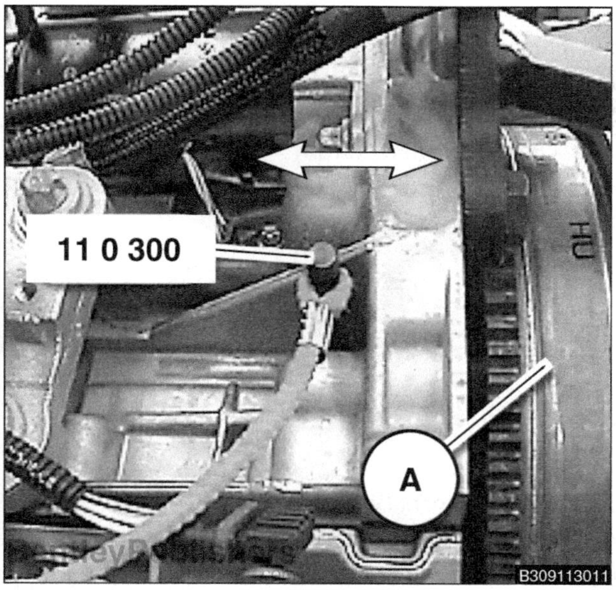

Working underneath engine, slide out protective plug at lower left of engine bell housing flange. Install BMW special tool 11 0 300 (crankshaft locking tool) through bell housing flange port into flywheel (**A**) hole. If necessary, rock flywheel slightly back and forth to line up holes with tool. This locks crankshaft at TDC.

> ***CAUTION—***
> - *Automatic transmission model: There is a larger bore very close to the flywheel TDC bore. Do not confuse the larger bore with the correct TDC bore. BMW special tool should fit snugly. If the flywheel is locked using the correct bore, the engine can no longer be rotated at the vibration damper bolt.*
> - *If special tool 11 0 300 does not slide easily into the bell housing flange bore, sand paint off the tool. Do not enlarge the bore.*

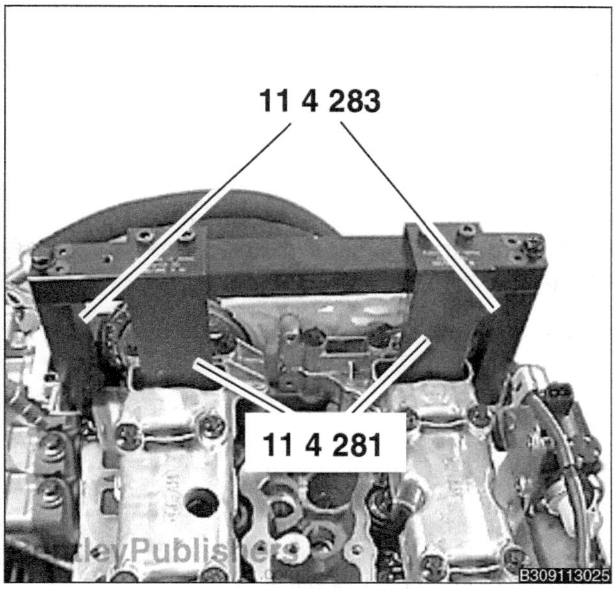

Use BMW special tool set 11 4 280 to lock down camshafts.

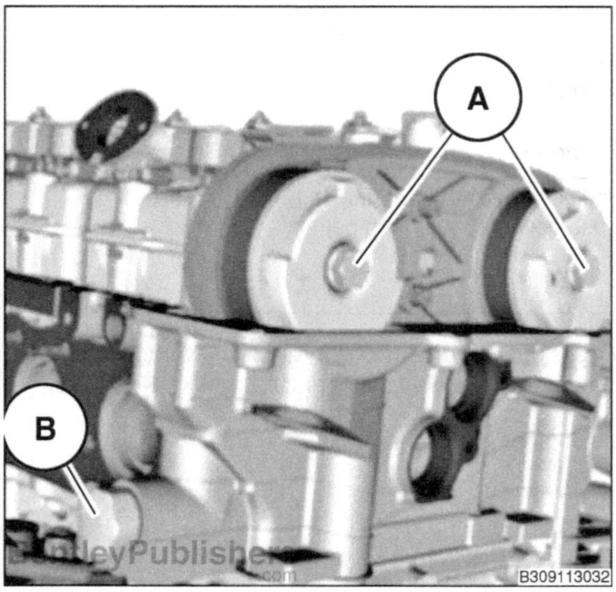

Working at right front of cylinder head, remove timing chain tensioner (**B**). Be prepared to catch dripping oil with a shop towel. Do not allow oil to contaminate accessory belt.

B709117020

Working at front of camshafts:

- Loosen and remove exhaust and intake camshaft adjustment (VANOS) unit mounting bolts (**A**, **B**). Discard bolts.
- Disengage timing chain from camshaft adjustment unit sprockets.
- Tilt adjustment units down to remove.

B309113023

Installing camshaft adjustment (VANOS) units:

- Note that exhaust and intake units are different and so marked.
- Camshaft sensor impulse wheel for intake and exhaust are the same.
- Adjustment units and sensor wheels may be installed in any position initially.
- Use center new bolts.

– Place intake adjuster onto intake camshaft and timing chain. Install impulse wheel with new bolt. Snug up center bolt.

– Place exhaust camshaft adjuster onto exhaust camshaft and timing chain. Install impulse wheel with new bolt. Snug up center bolt.

– Loosen both center bolts center by 90° (¼ turn).

B309117039

Press chain into chain tensioner rail (**arrow**) by hand to make sure it is routed correctly. (Chain assembly and camshaft adjustment units shown removed from engine for purpose of illustration.)

– Adjust camshaft timing. See **Camshaft timing, adjusting (N51, N52, N52KP, N54 engines)** in this repair group. Then torque adjustment unit mounting bolts.

Tightening torque	
Camshaft adjustment (VANOS) unit to camshaft (use new M10 x 94 mm bolt): • Stage 1 • Stage 2	 20 Nm (15 ft-lb) additional 180°

– Install chain tensioner. See **Camshaft timing, adjusting (N51, N52, N52KP, N54 engines)** in this repair group.

– Reassemble engine.

CAUTION—
- *If chain tensioner is reused, drain its oil chamber. Place tensioner on level working surface and compress slowly. Repeat twice.*
- *No sealing ring is fitted to chain tensioner at the factory. When reassembling engine, be sure to use new sealing O-ring.*

Tightening torque	
Timing chain tensioner to cylinder head (M22 x 1.5) (use new sealing O-ring)	55 Nm (41 ft-lb)

CAUTION—
- *Remove crankshaft locking tool before rotating or starting engine.*

Camshaft adjustment (VANOS) units, removing and installing (N55)

Special tools and new parts are required to remove and install camshaft adjustment (VANOS) units and to time camshafts. Read the entire procedure before beginning repairs.

NOTE—
- *If a rattling noise can be heard from the engine compartment in the VANOS area, the engine has reduced power, and VANOS and camshaft sensor faults are stored (SES light on), check the assembly bolts on the VANOS units once the units are removed. The bolts may be loose or broken or have fallen out of the VANOS unit. The VANOS units are not serviceable. If the bolts are found to be loose, broken or missing, replace the complete VANOS unit. Locate all missing parts before reassembling the engine*

VANOS unit assembly bolts (arrows)

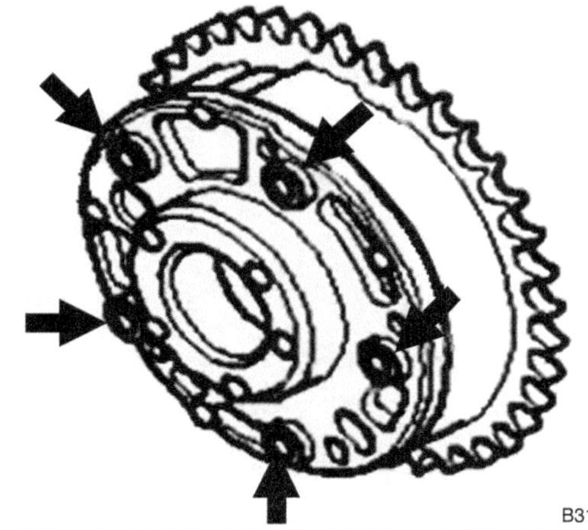

B311117028

WARNING—
- *To avoid personal injury, be sure the engine is cold before beginning the procedure.*

CAUTION—
- *Disassembly, removal and assembly of camshaft adjustment (VANOS) units without special tools poses the risk of damage or breakage: Valves may be bent by contact with the piston crowns.*
- *Throughout this procedure, unless otherwise specified, crankshaft and camshafts remain locked against rotation using BMW special tools.*
- *Keep VANOS components free of silicone sealant. A small amount of silicone introduced into VANOS actuator or solenoid can set faults.*

– Remove cylinder head cover. See **113 Cylinder Head Removal and Installation**.

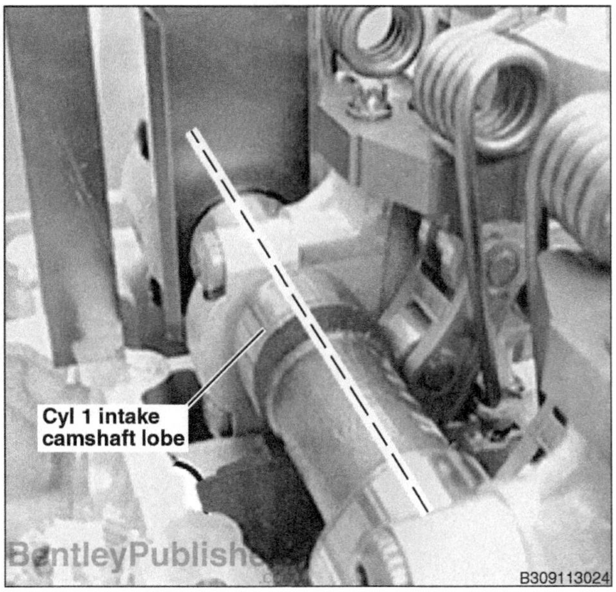

B309113024

◄ Using vibration damper bolt, rotate crankshaft to place cylinder 1 in TDC firing position. In this position, cylinder 1 intake camshaft lobe points upward at an angle (**dashed line**).

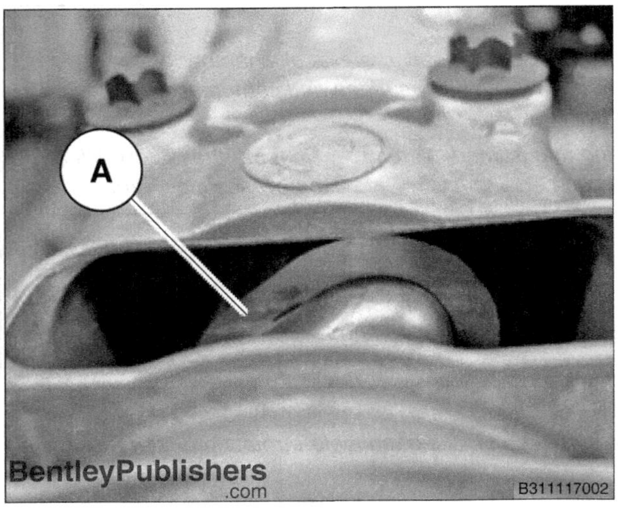

With cylinder 1 in TDC firing position, exhaust camshaft cams (**A**) point upward at an angle.

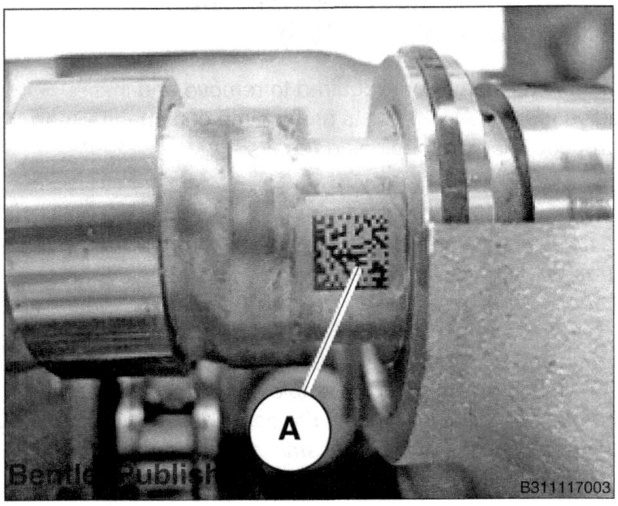

Camshaft timing is correct when part numbers or code (**A**) and the intake and exhaust camshafts point upwards.

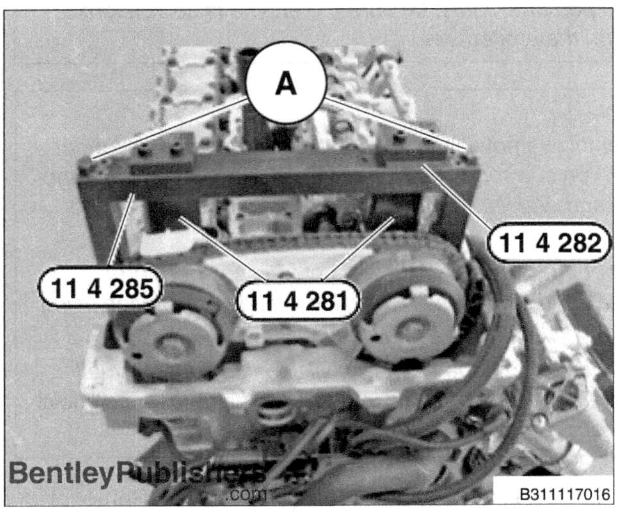

Mount special tool 11 4 280 (includes 281, 282, and 285) as shown and bolt in place (**A**).

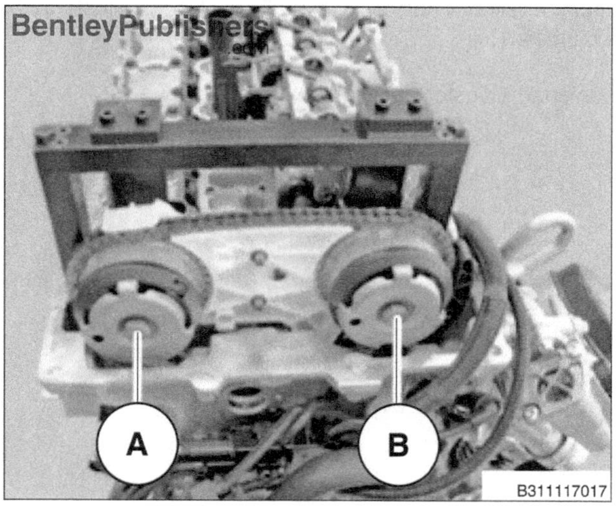

◄ Remove bolts (**A** and **B**) with impulse wheels. Discard bolts.

> ***CAUTION—***
> - *Be sure special tool 11 4 280 is installed before loosening center bolts (**A** and **B**) of VANOS unit.*

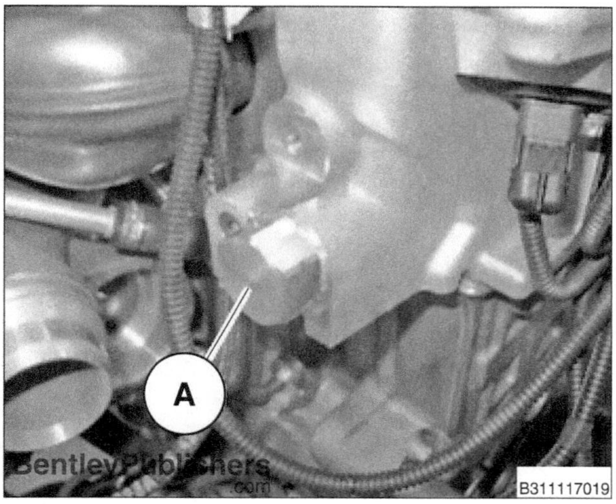

◄ Release chain tensioner (**A**).

> ***CAUTION—***
> - *Have a cleaning cloth ready. A small quantity of engine oil will emerge after the screw connection has been released.*
> - *Make sure no engine oil runs onto belt drive.*

NOTE—
- *When installing, replace sealing ring.*

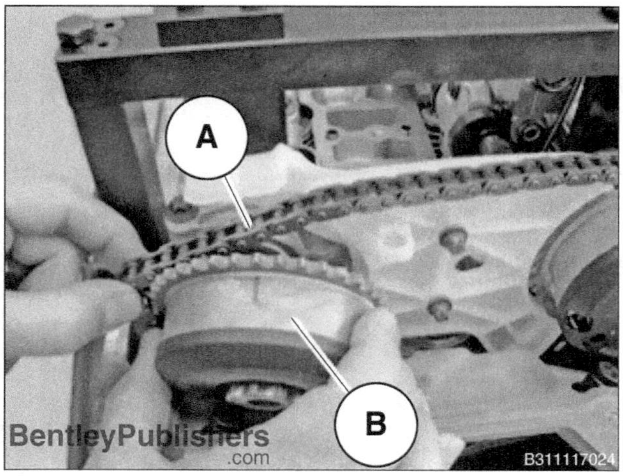

◄ Lift timing chain (**A**) slightly and remove exhaust camshaft adjuster (**B**) from exhaust camshaft.

– Tilt exhaust camshaft adjuster (**B**) slightly and remove upward.

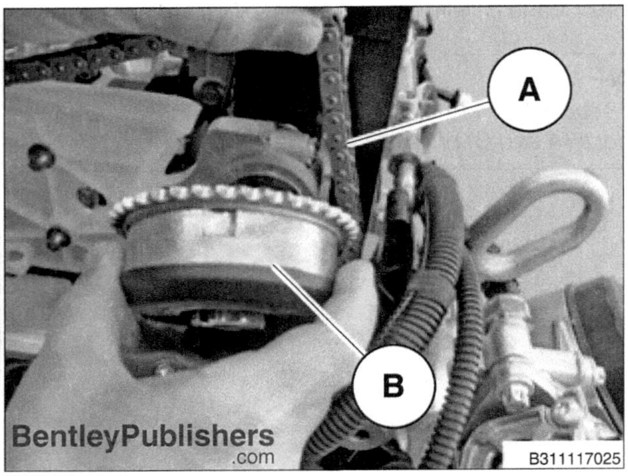

Lift timing chain (**A**) slightly and remove intake camshaft adjuster (**B**) from intake camshaft.

– Tilt intake camshaft adjuster (**B**) slightly and remove upward.

Installing camshaft adjuster (VANOS) units:

- Note that exhaust and intake units are different and so marked.
- Camshaft sensor impulse wheel for intake and exhaust are the same.
- Adjustment units and sensor wheels may be installed in any position initially.
- Use new center bolts.

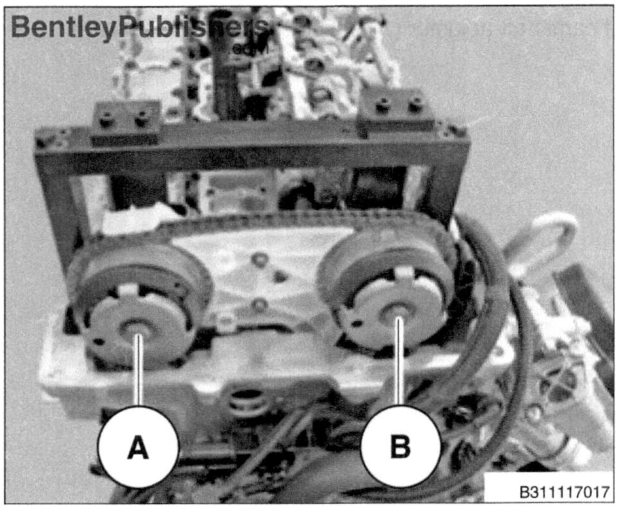

Place intake adjuster onto intake camshaft. Install impulse wheel with new bolt. Snug up center bolt.

– Place exhaust camshaft adjuster onto exhaust camshaft. Install impulse wheel with new bolt. Snug up center bolt.

– Loosen bolts (**A** and **B**) by 90° (¼ turn).

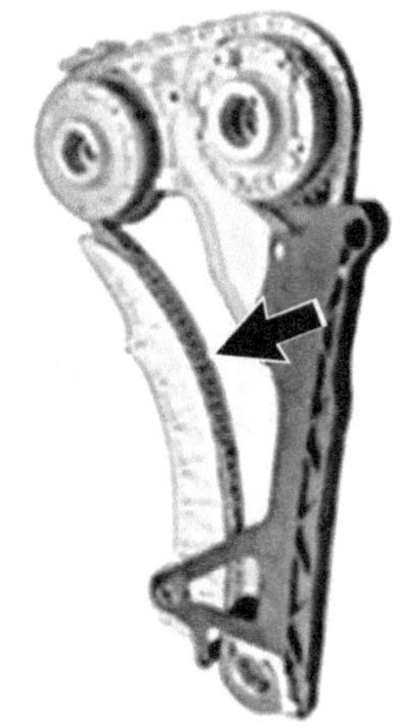

B309117039

Press chain into chain tensioner rail (**arrow**) by hand to make sure it is routed correctly. (Chain assembly and camshaft adjustment units shown removed from engine for purpose of illustration.)

– Adjust camshaft timing. See **Camshaft timing, adjusting (N55 engine)** in this repair group. Then torque adjustment unit mounting bolts.

Tightening torque	
Camshaft adjustment (VANOS) unit to camshaft M10 x 94 mm (replace fasteners with new): • Stage 1 • Stage 2	 20 Nm (15 ft-lb) additional 180°

– Install chain tensioner. See **Timing chain tensioner** in this repair group.

> ***CAUTION—***
> - *If chain tensioner is reused, drain its oil chamber. Place tensioner on level working surface and compress slowly. Repeat twice.*
> - *No sealing ring is fitted to chain tensioner at the factory. When reassembling engine, be sure to use new sealing O-ring.*

Tightening torque	
Timing chain tensioner to cylinder head (M22 x 1.5) (use new sealing O-ring)	55 Nm (41 ft-lb)

– Reassemble engine.

– Remove all special tools.

> ***CAUTION—***
> - *Remove crankshaft locking tool before rotating or starting engine.*

– Turn engine over engine (using center crankshaft bolt) two revolutions in direction of engine rotation and check timing.

– Remainder of installation is reverse of removal.

119 Lubrication System

GENERAL

This repair group covers lubrication system troubleshooting and crankshaft seal replacement. Oil pan removal and oil pump replacement are not covered in this manual.

See also:

- **020 Maintenance** for oil and oil filter change
- **100 Engine–General** for oil pump drive chain diagrams

Engine lubricant

Engine oil specification	
BMW long-life rating (LL-01) synthetic oils for US market	API rating SM or higher

Engine oil capacity	
N51, N52, N52KP, N54, N55 engines	6.5 liters (6.9 US qt)

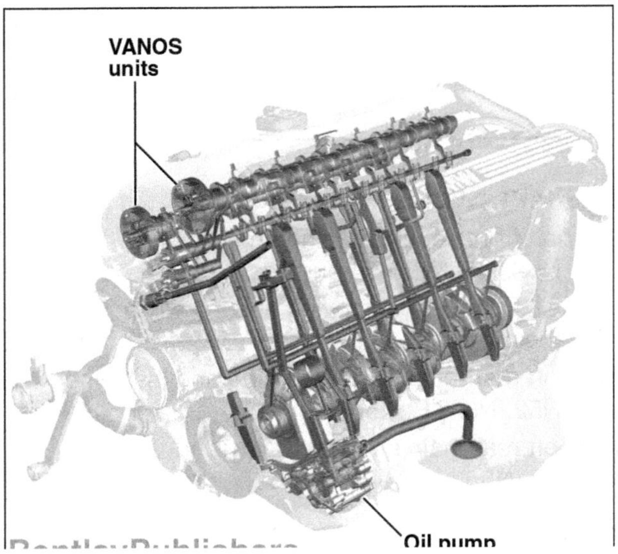

Engine lubrication

A chain-driven volumetric-flow controlled oil pump is used on the 6-cylinder engines covered by this manual. The VANOS system requires a large volume of oil, particularly at low engine speeds

The volumetric-flow controlled pump design allows:

- Increased power output
- Reduced weight
- Optimized fuel consumption
- Reduced exhaust emissions

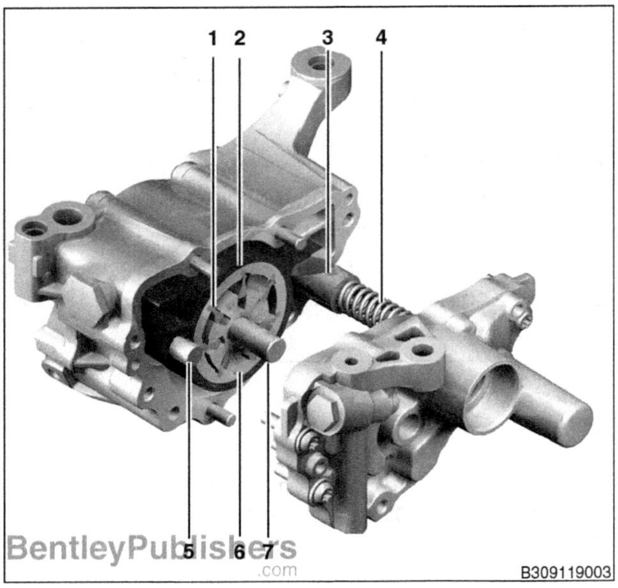

Engine oil pump

1. Sliding vane valve
2. Pivoting rotor housing
3. Beveled control piston
4. Compression spring
5. Pivot pin
6. Rotor
7. Pump shaft

The volumetric-flow controlled oil pump delivers only as much oil as is necessary. No surplus quantities of oil are delivered in low load operating ranges. This reduces the fuel consumption of the engine and slows down the oil wear rate.

The pump is designed with sliding vane valves. The pump shaft and rotor are positioned off-center in the pivoting rotor housing and the vanes are displaced radially during rotation. The vanes form chambers of differing volume depending on the position of the rotor housing.

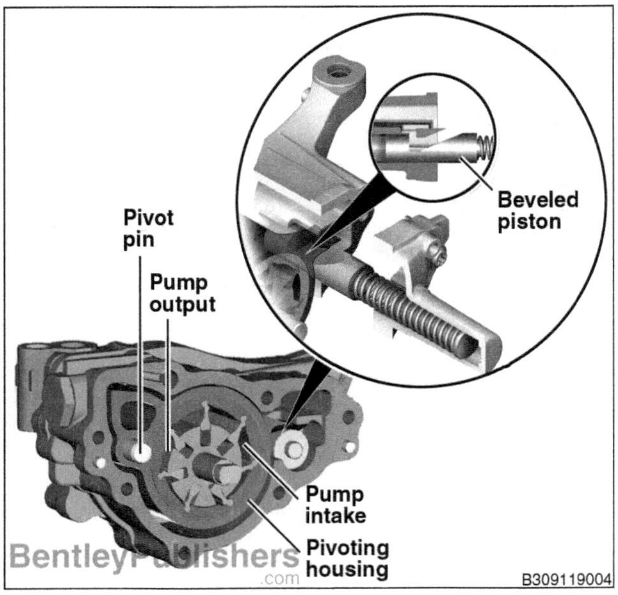

When the pump rotates, oil pressure acts on the control piston against the force of the compression spring. The beveled piston varies the position of the pivoting housing.

When the housing is centered on the rotor, changes in intake and output chamber volumes are small: Delivered oil volume is low. When the rotor housing is off-center in relation to the rotor, changes in input and output chamber volumes are greater: Delivered oil volume is high.

When the oil volume required by the engine increases, for example during VANOS operation, oil pressure in the lubricating system drops, reducing pressure on the beveled piston. In response, the compression spring presses the beveled piston against the pivoting housing control dog, forcing the housing further off-center and increasing oil volume. The opposite occurs as engine oil pressure increases and the need for delivered oil volume drops.

Warnings and Cautions

> *WARNING—*
> - *Due to risk of personal injury, be sure the engine is cold before beginning work on engine components.*

> *CAUTION—*
> - *Prior to disconnecting the battery, read the battery disconnection cautions in* **001 Warnings and Cautions**.
> - *To avoid electrochemical corrosion to engine components made of aluminum-magnesium alloy, do not use steel fasteners. Use aluminum fasteners only. For reliable identification, the end faces of aluminum fasteners are painted blue.*
> - *Replace aluminum bolts each time they are loosened.*
> - *Follow torque instructions, including angle of rotation specifications, when installing aluminum fasteners.*
> - *Cover alternator with shop towel to protect from oil drips.*

OIL PRESSURE WARNING SYSTEM

> *CAUTION—*
> - *If the red oil pressure warning light comes on or flashes on while driving, assume that the oil pressure is low. Stop the engine immediately and make arrangements to test oil pressure.*

Oil pressure, checking (N51, N52, N52KP, N54 engines)

Test oil pressure by removing oil pressure switch and installing oil pressure gauge in its place.

- Loosen oil filter cover to allow engine oil to drain back down into oil pan. Tighten cover.

◄ Detach harness connector (**arrow**) from oil pressure switch. If necessary, remove ignition coil cover. See **020 Maintenance**.

- Remove switch. Be prepared to catch leaking oil with a shop towel.

> *CAUTION—*
> - *Thoroughly clean around the oil pressure switch before removing it.*

- Install pressure gauge in place of oil pressure switch. If necessary, use BMW special adapter 11 4 050 in place of oil pressure switch.

– With gauge installed, start engine and allow to reach operating temperature. Check oil pressure. See **Table a**.

NOTE—
- *For the most accurate test results, make sure the engine oil and filter are new and the oil of the correct grade.*

Table a. Engine oil pressure	
At idle, engine at operating temperature	1.5 bar (22 psi)
Maximum regulated pressure, engine at operating temperature	4.0 - 6.0 bar (58 - 87 psi)

– Remove pressure gauge and reinstall pressure switch with new sealing washer.

Tightening torque	
Oil pressure switch to oil filter housing (M12 x 1.5) • Stage 1 • Stage 2	 20 Nm (15 ft-lb) additional 16°

If testing shows low oil pressure, one or more of the following conditions may be indicated:
- Worn or faulty oil pump or faulty pump pressure relief valve
- Worn or damaged engine bearings
- Severe engine wear

Any of these conditions indicate the need for major repairs.

Oil pressure, checking (N55 engine)

Multiple BMW special tools are required for this checking procedure. Read the procedure through before beginning.

CAUTION—
- *Protect drive belt against dirt and contaminants.*
- *Have a cleaning cloth ready to catch escaping oil.*

– Secure BMW special tool 11 9 250 at hexagon head in a vice.

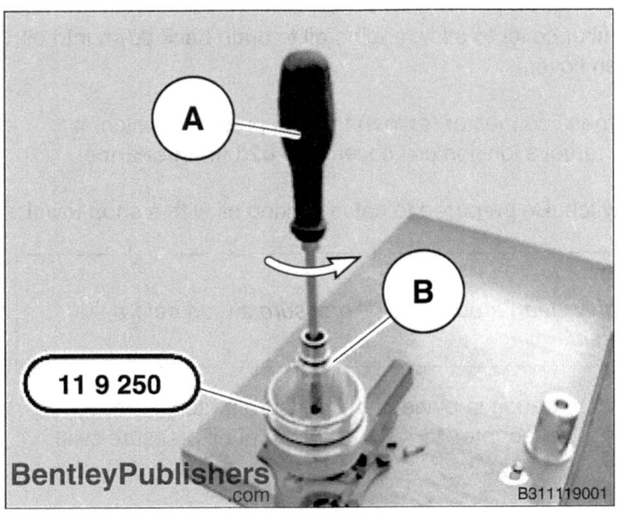

< Using a slotted screwdriver (**A**), remove insert (**B**).

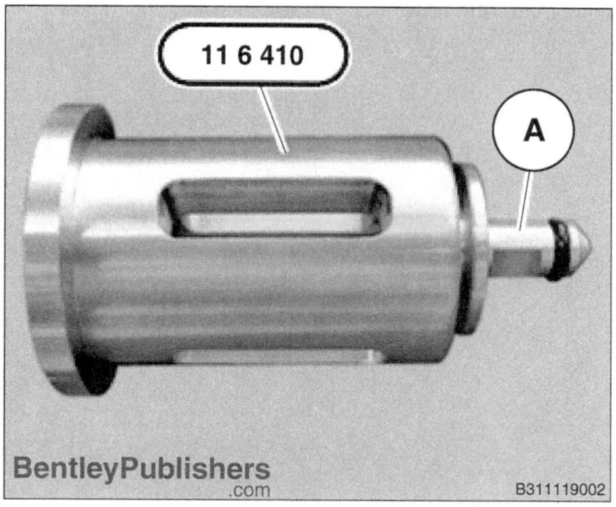

Remove screw piece (**A**) from BMW special tool 11 6 410.

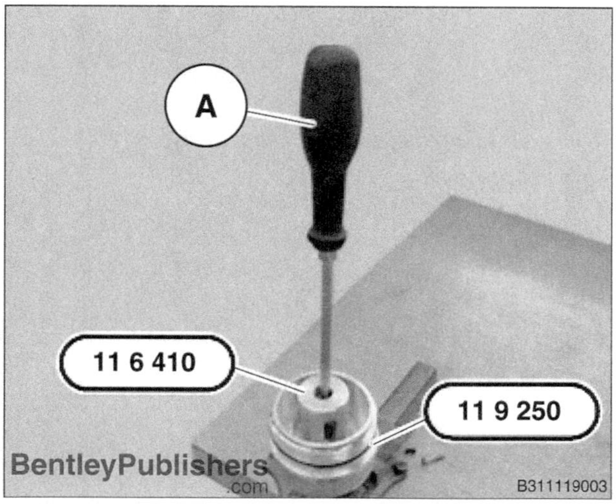

Install BMW special tool 11 6 410 in special tool 11 9 250.

- Hand-tighten center bolt with a slotted screwdriver (**A**).

Turn screw piece (**A**) in direction of **arrow** to install hand-tight on BMW special tool 11 6 410.

Unscrew oil filter cap and remove.

Remove oil filter from oil filter cap and install filter in BMW special tool 11 9 250.

NOTE—

- *Check all O-rings for damage, replace if necessary.*
- *Coat O-ring with engine oil.*

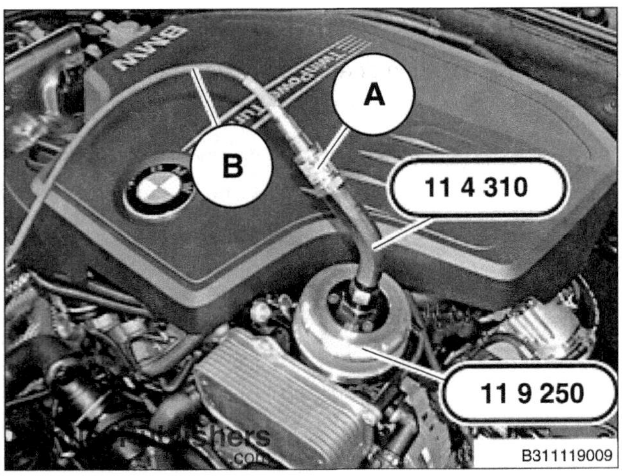

Attach BMW special tool 11 9 250 and 11 4 310 to oil filter housing. Screw pressure sensor (**A**) to BMW tool 11 4 310 hand tight.

– Apply light coating of oil to sealing O-ring at pressure sensor (**arrow**), then connect IMIB (Integrated Measurement Interface Box) cable (**B**) to pressure sensor (**A**).

NOTE—

- *N20 engine shown. N55 engine is similar.*

– Start engine and check engine oil pressure by means of BMW scan tool. Diagnosis path:

- DME Digital Motor Electronics
- Complete vehicle
- Power train
- Engine electronics
- Engine oil
- Oil-pressure control

– When testing is complete, remove tools and reinstall oil filter cap.

Tightening torque	
Oil filter cap to oil filter housing	25 Nm (18 ft-lb)

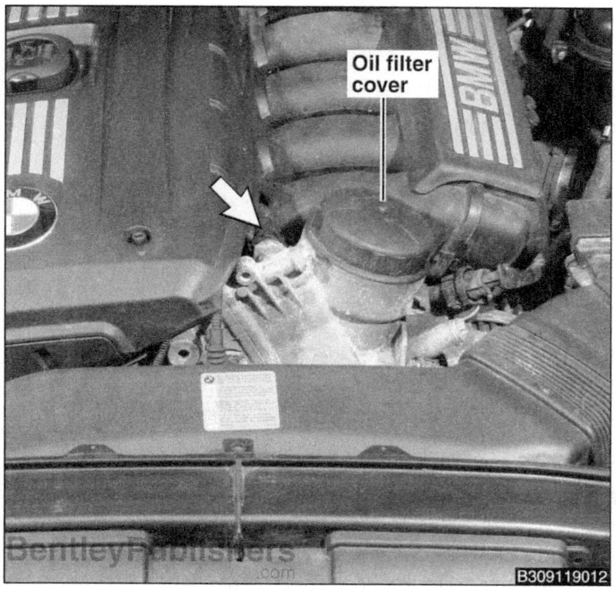

Oil pressure switch, replacing

- Loosen oil filter cover to allow engine oil to drain back down into oil pan. Tighten cover.

◄ Detach harness connector (**arrow**) from oil pressure switch. If necessary, remove ignition coil cover. See **020 Maintenance**.

- Remove switch. Be prepared to catch leaking oil with a shop towel.

> ***CAUTION—***
> • *Thoroughly clean around oil pressure switch before removing it.*

- Install new pressure switch with new sealing washer.

Tightening torque	
Oil pressure switch to oil filter housing (M12 x 1.5) • Stage 1 • Stage 2	 20 Nm (15 ft-lb) additional 16°

Oil Condition Monitoring

Oil condition sensor (OZS)

◄ There is no oil dipstick. The engine oil level is measured by the oil condition sensor (OZS) and indicated in the instrument cluster or central information display. Engine oil temperature and condition are also monitored by the OZS.

Oil condition information is processed by the engine control module (ECM), then routed via PT-CAN and K-CAN buses to the instrument cluster and central information display. The ECM uses condition based service (CBS) software to determine optimal oil change interval.

Checking oil level is covered in **020 Maintenance**.

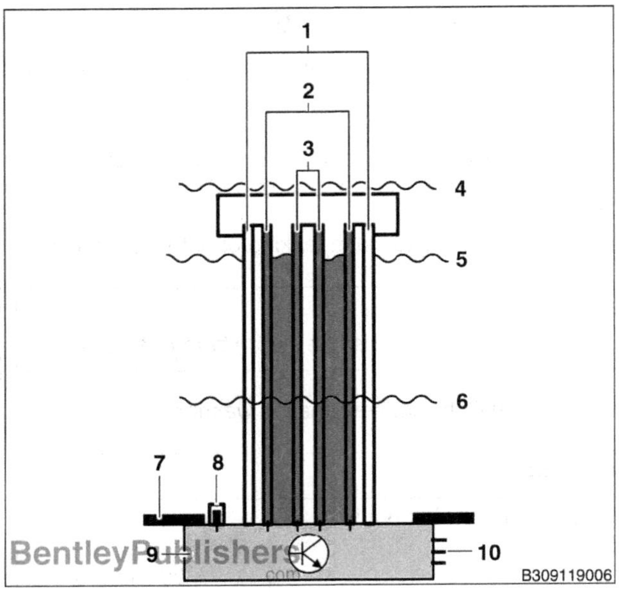

OZS operation

1. Housing
2. Outer metal tube
3. Inner metal tube
4. Engine oil (maximum)
5. Engine oil (average)
6. Engine oil (minimum)
7. Oil pan
8. Oil temperature sensor
9. Sensor electronics
10. Sensor connector

OZS consists of two cylindrical capacitors arranged one above the other. Oil condition is determined by the lower, smaller capacitor. Two metal tubes (**1**, **2**), arranged one inside the other, serve as capacitor electrodes. The dielectric is the engine oil between the electrodes. The electrical property of engine oil changes with age and break-down of oil additives, changing the OZS capacitance. This change is processed in the sensor electronics (**9**) and converted to a digital signal. The digital sensor signal is transferred to the ECM, which uses it to calculate the next oil change service due.

Engine oil level is determined in the upper part of the OZS. As oil level drops, sensor capacitance changes accordingly. This change is processed in the sensor electronics (**9**) and converted to a digital signal. The digital sensor signal is transferred to the ECM and displayed to the driver.

A platinum temperature sensor (**8**) is installed at the base of the oil condition sensor.

Engine oil level, temperature and condition are monitored continuously as long as voltage is applied at terminal 15 (ignition ON). OZS is powered via terminal 87.

OZS fault evaluation

OZS electronic circuitry features a self-diagnosis function. In case of a fault in the sensor, an error message is sent to the ECM. The fault can be viewed using a BMW scan tool or equivalent.

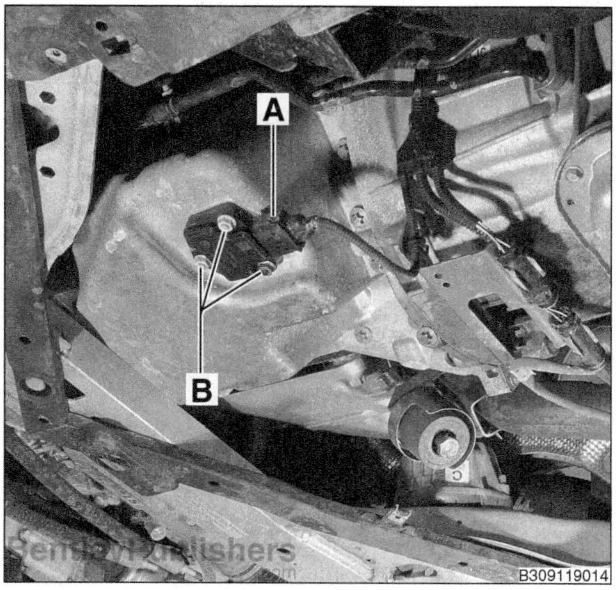

OZS, replacing

– Raise vehicle and support safely.

> ***WARNING—***
> • *Make sure the vehicle is stable and well supported at all times. Use a professional automotive lift or jack stands designed for the purpose. A floor jack is not adequate support.*

– Remove splash shield underneath engine. See **020 Maintenance**.

– Drain engine oil. See **020 Maintenance**.

< With engine fully cooled off, disconnect OZS electrical connector (**A**) and remove mounting nuts (**B**). Lower level sensor. Be prepared to catch dripping oil.

– When reinstalling, replace sealing O-ring.

Tightening torque	
OZS to oil pan • Stage 1 • Stage 2	 2 Nm (18 lb-in) 8.5 Nm (75 lb-in)

– Refill engine with oil and check for leaks after work is completed.

CRANKSHAFT SEALS

Crankshaft front seal, removing and installing (N51, N52, N52KP, N54 engines)

> ***WARNING—***
> • *To avoid personal injury, be sure the engine is cold before beginning procedure.*

> ***CAUTION—***
> • *When crankshaft seal is replaced, its grooves and crankcase seams are filled with special Loctite® sealant to avoid oil leaks. Be sure to read the entire procedure before starting work.*

– Raise vehicle and support safely.

> ***WARNING—***
> • *Make sure the vehicle is stable and well supported at all times. Use a professional automotive lift or jack stands designed for the purpose. A floor jack is not adequate support.*

– Remove splash shield underneath engine. See **020 Maintenance**.

– Remove engine accessory belt. See **020 Maintenance**.

– Remove vibration damper (front pulley). See **117 Camshaft Timing Chain**.

> **CAUTION—**
> • *Do not remove vibration damper hub (center) bolt. If this bolt is loosened, the timing chain drive sprocket becomes free to rotate, resulting in valve damage.*

- Place BMW special tool 11 9 221 against vibration damper hub and tighten down using bolts (BMW special tool 11 9 224). This pushes crankshaft seal inward approx. 1 mm, thus loosening it for subsequent removal.

Tightening torque	
BMW special tool 11 9 221 to vibration damper hub	20 Nm (15 ft-lb)

– Remove special tools.

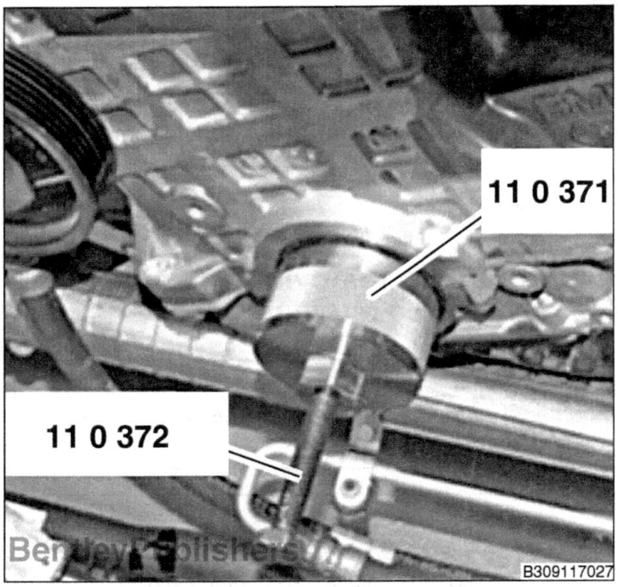

- Screw BMW special tool 11 0 371 into crankshaft seal with approx. 80 Nm (59 ft-lb) of torque. Then rotate special toolclockwise to pull out seal. Repeat process if necessary.

- Carefully saw seal at **dashed line** and peel off tool.

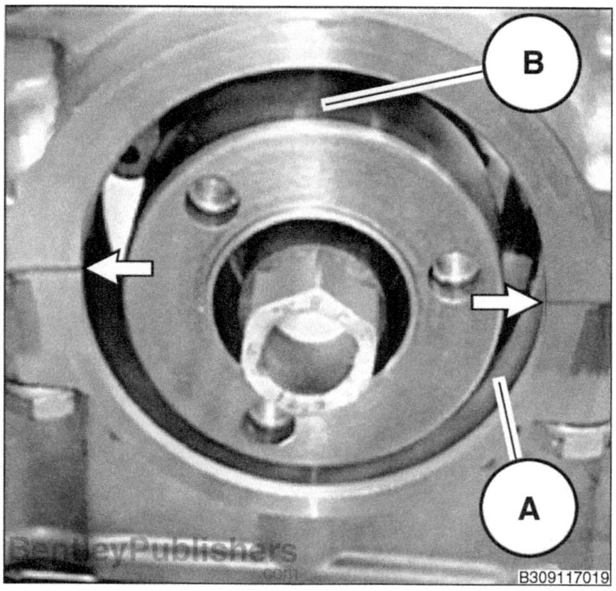

Working at crankcase opening:

- Clean crankshaft seal seating surface (**A**).
- Degrease thoroughly area around crankcase seam (**arrows**).
- Lightly oil sealing surface (**B**) on vibration damper hub.

Attach BMW special tool 11 9 232 to vibration damper hub using bolts (special tool 11 9 234).

Place crankshaft seal and installation sleeve over tool and against crankcase opening.

- Plastic sleeve is supplied with seal and is used as installation guide sleeve.
- Make sure seal grooves center on crankcase seam (**arrows**).
- Coat both grooves on seal with Loctite® 171000 (primer). Allow to dry for approx. 1 minute.

Crankshaft front seal, removing and installing (N51, N52, N52KP, N54 engines)

Use BMW special tools 11 9 231 and 11 9 233 to press in seal.

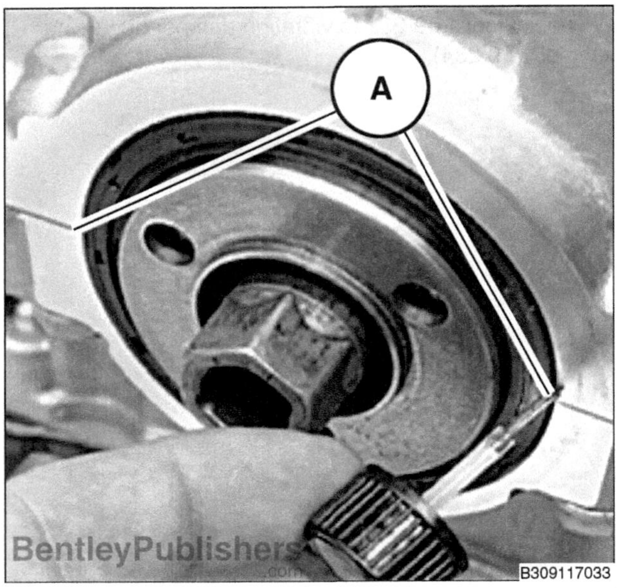

Use brush to coat seal grooves and crankcase seams (**A**) with Loctite® 171000 (primer).

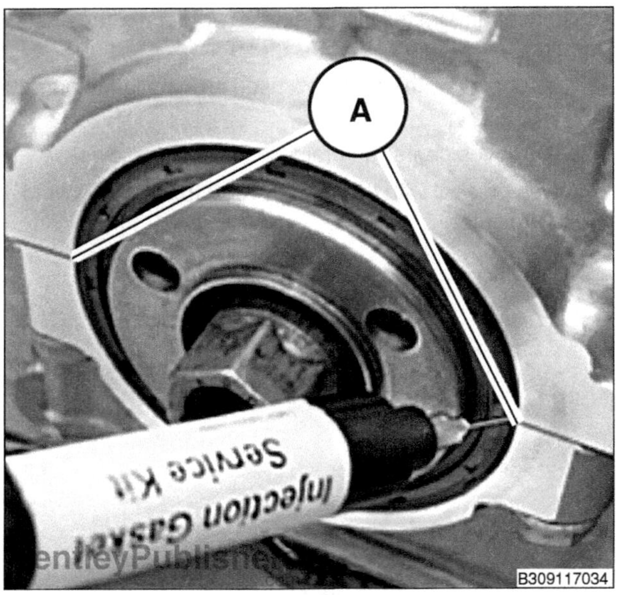

Use injector kit to fill seal grooves and crankcase seams (**A**) with Loctite® 128357 (sealant).

– Coat sealed areas with Loctite® 171000 (primer) to bind sealant.

– Reinstall crankshaft vibration damper.

Tightening torque	
Vibration damper to vibration damper hub • N51 and N52 engines (M8 x 20 mm Torx) • N52K and N54 engines (M8 x 16 mm Torx)	 25 Nm (18 ft-lb) 35 Nm (26 ft-lb)

– Remainder of assembly is reverse of disassembly.

Crankshaft front seal, removing and installing (N55 engine)

> ***WARNING—***
> *• To avoid personal injury, be sure the engine is cold before beginning the procedure.*

> ***CAUTION—***
> *• When the crankshaft seal is replaced, its grooves and crankcase seams are filled with special Loctite® sealant to avoid oil leaks. Be sure to read the entire procedure before starting work.*

– Raise vehicle and support safely.

> ***WARNING—***
> *• Make sure the vehicle is stable and well supported at all times. Use a professional automotive lift or jack stands designed for the purpose. A floor jack is not adequate support.*

– Remove splash shield underneath engine. See **020 Maintenance**.

– Remove engine accessory belt. See **020 Maintenance**.

– Remove vibration damper (front pulley). See **117 Camshaft Timing Chain**.

> ***CAUTION—***
> *• Do not remove vibration damper hub bolt. If this bolt is loosened, the timing chain drive sprocket becomes free to rotate, resulting in valve damage.*

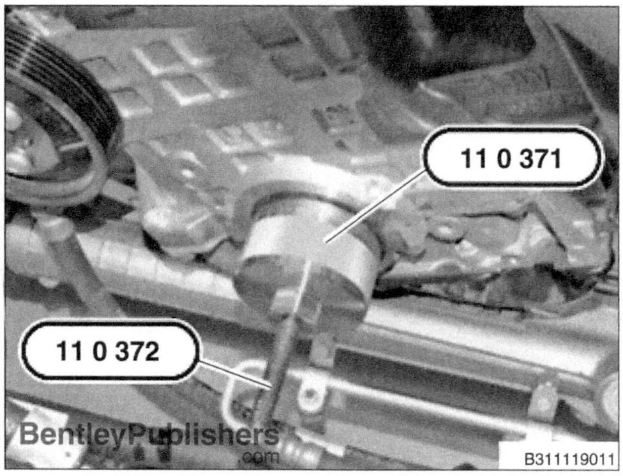

◄ Screw BMW special tool 11 0 371 into crankshaft seal and torque to 80 Nm (59 ft-lb).

– Attach spindle (BMW special tool 11 0 372) to remove crankshaft seal from housing.

– Repeat operation several times if necessary.

Carefully saw open crankshaft seal (**A**) at cutting line (**B**). Remove crankshaft seal (**A**) from special tool.

> ***CAUTION—***
> *• The front oil seal will leak if the following work steps and the work sequence outlined below are not adhered to.*

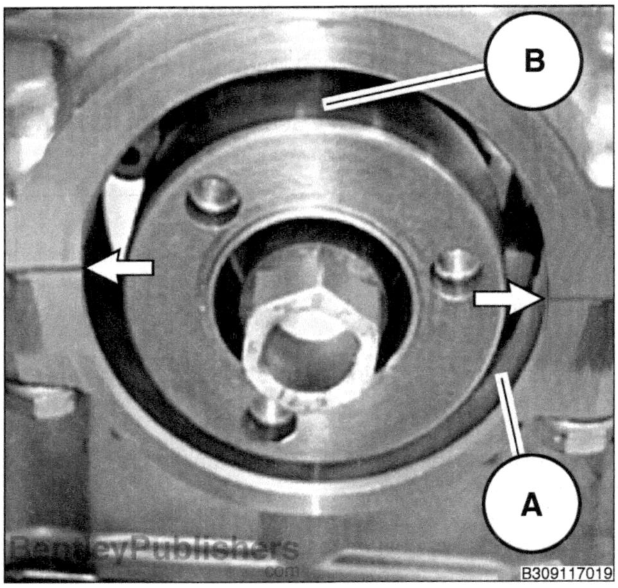

Working at crankcase opening:

- Clean crankshaft seal seating surface (**A**).
- Degrease thoroughly area around crankcase seam (**arrows**).
- Lightly oil sealing surface (**B**) on vibration damper hub.

NOTE—
- *N52 engine shown. N55 engine is similar.*

Carefully push radial shaft seal (**A**) onto BMW special tool 11 9 235 in direction of **arrow**.

- Fasten BMW special tool 11 9 234 to hub using BMW special tool 11 9 235 (two bolts).

–

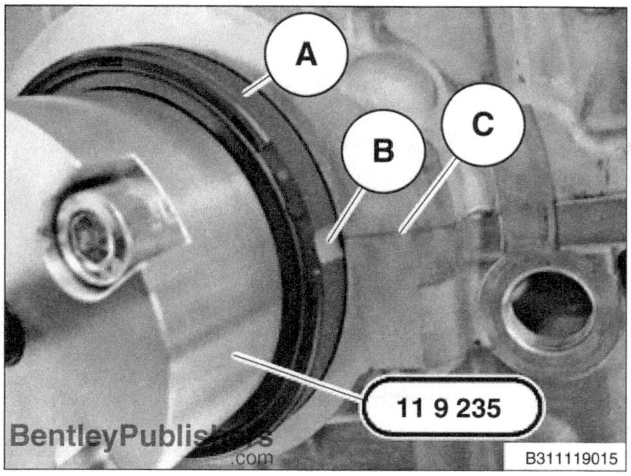

- Align groove (**B**) of radial shaft seal (**A**) centred to partition (**C**) in crankcase.

- Install radial shaft seal with BMW special tool 11 9 231 in conjunction with special tool 11 9 233 until flush with crankcase.

Crankshaft front seal, removing and installing (N55 engine)

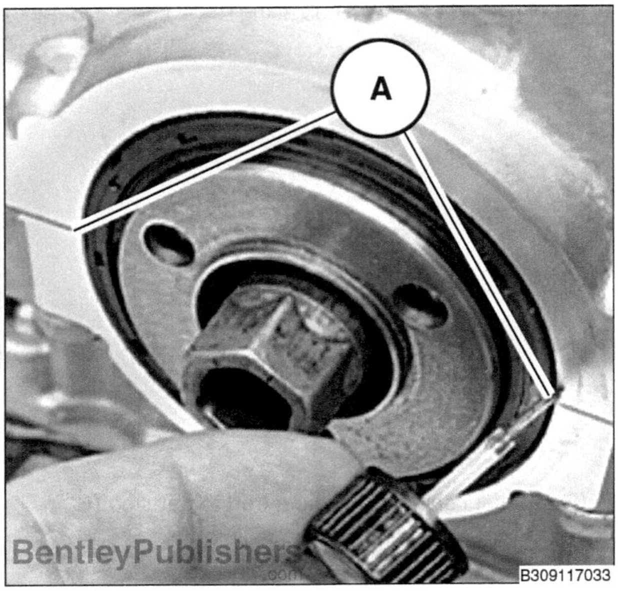

◄ Use brush to coat seal grooves and crankcase seams (**A**) with Loctite® 171000 (primer).

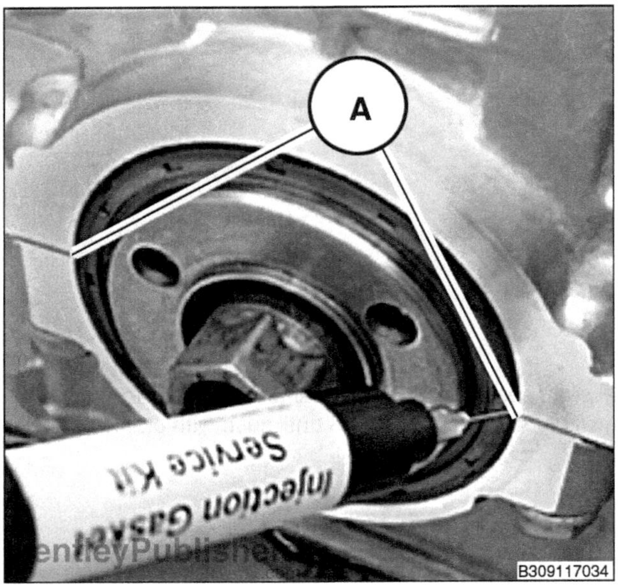

◄ Use injector kit to fill seal grooves and crankcase seams (**A**) with Loctite® 128357 (sealant).

- Coat sealed areas with Loctite® 171000 (primer) to bind sealant.
- Reinstall crankshaft vibration damper.

Tightening torque	
Vibration damper to vibration damper hub (M8 x 16 mm Torx)	35 Nm (26 ft-lb)

- Remainder of assembly is reverse of disassembly.

Crankshaft rear main seal, removing and installing (N51, N52, N52KP, N54 engines)

Crankshaft rear main seal (flywheel seal) replacement requires removal of the transmission and flywheel.

> ***CAUTION—***
> - *When the crankshaft seal is replaced, its grooves and crankcase seams are filled with special Loctite® sealant to avoid oil leaks. Be sure to read the entire procedure before starting work.*

– Remove transmission. See **230 Manual Transmission** or **240 Automatic Transmission**.

– Manual transmission vehicles: Remove clutch pressure plate and disc. See **210 Clutch**.

– Remove flywheel. See **210 Clutch** or **240 Automatic Transmission**.

– Drain engine oil.

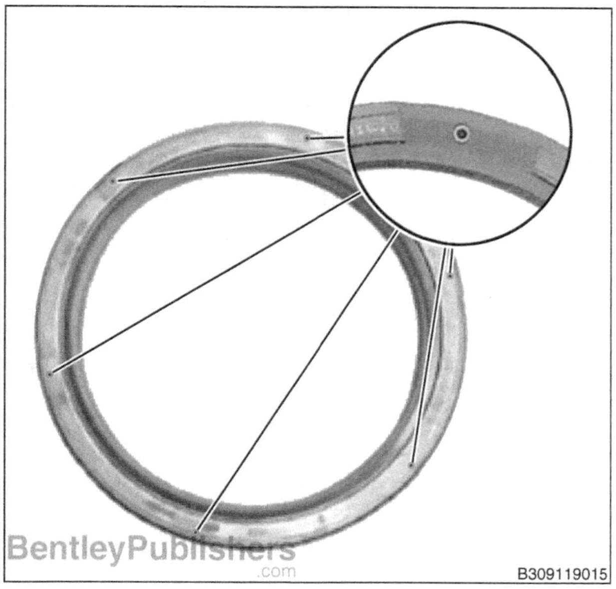

B3091190l5

Crankshaft rear main seal has six removal openings (**inset**). If necessary, scrape off rubber coating to expose openings.

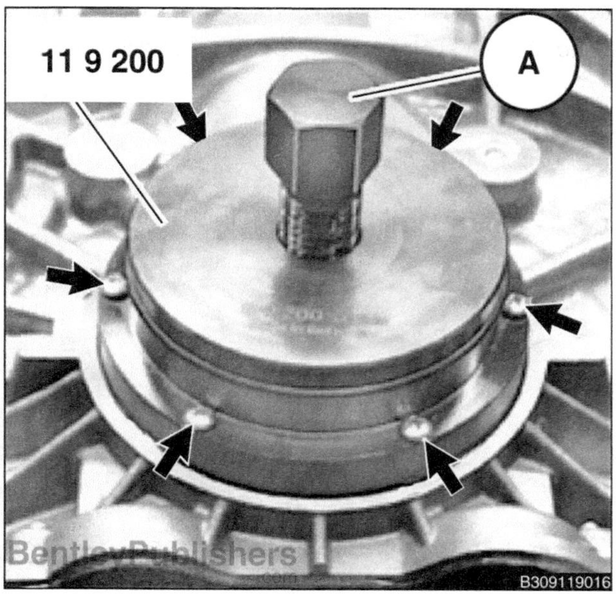

B309119016

Fit BMW special tool 11 9 200 (seal puller), to seal.
- Insert sheet metal screws (**arrows**) into seal removal openings. Tighten snugly but do not overtighten.
- Screw in seal remover spindle (**A**) slowly to pull out seal.

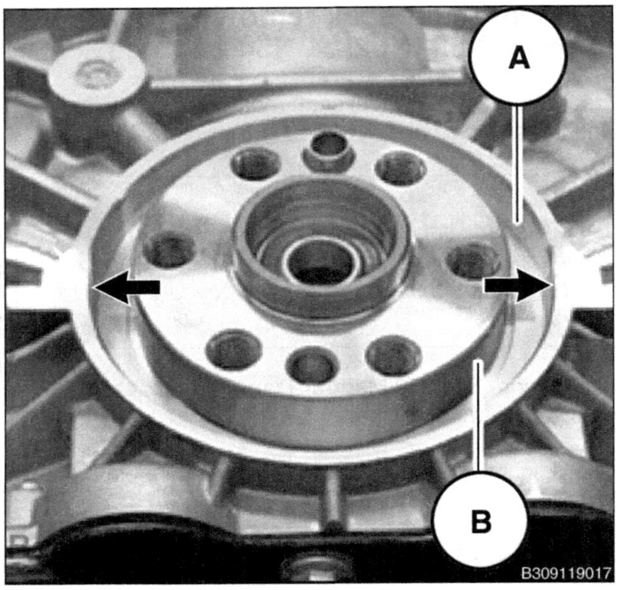

B309119017

Before installing new seal:

- Clean seal seating surface (**A**).
- Degrease crankcase seams (**arrows**) thoroughly.
- Apply light coal of engine oil to seal lip running surface (**B**) on crankshaft flange.

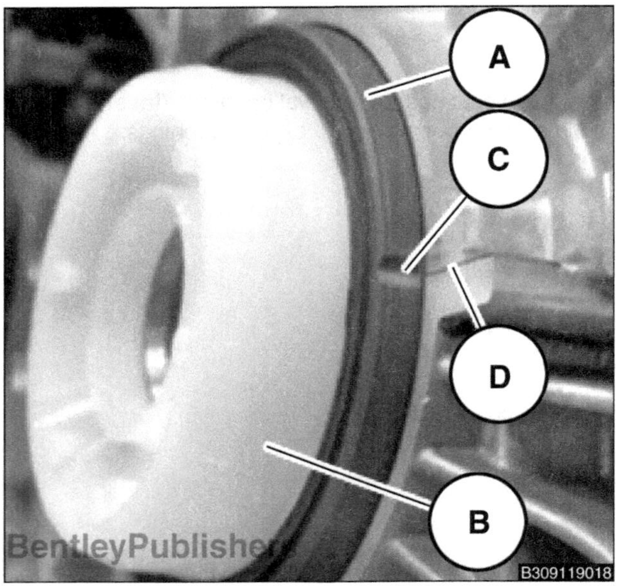

B309119018

Place crankshaft seal (**A**) and installation sleeve (**B**) against crankcase opening.

> ***CAUTION—***
> *• Do not kink or damage the sealing lip. Do not touch with fingers.*

- Plastic installation sleeve is supplied with seal and is used as installation guide sleeve.
- Make sure seal grooves (**C**) center on crankcase seams (**D**).
- Coat both grooves on seal with Loctite® 171000 (primer). Allow to dry for approx. 1 minute.
- Press in seal as far as possible by hand, then remove installation sleeve.

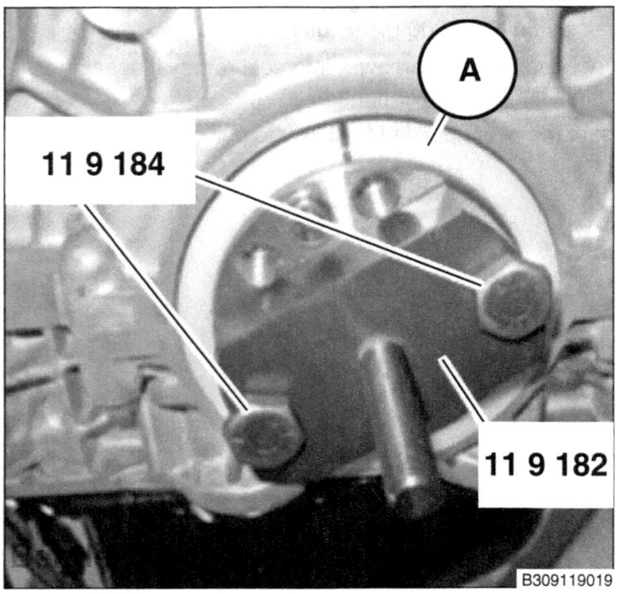

B309119019

Fit BMW special tools 11 9 182 and 11 9 184 to crankshaft flange.

- Fit spacer ring (**A**) over seal. Spacer ring is supplied with seal.

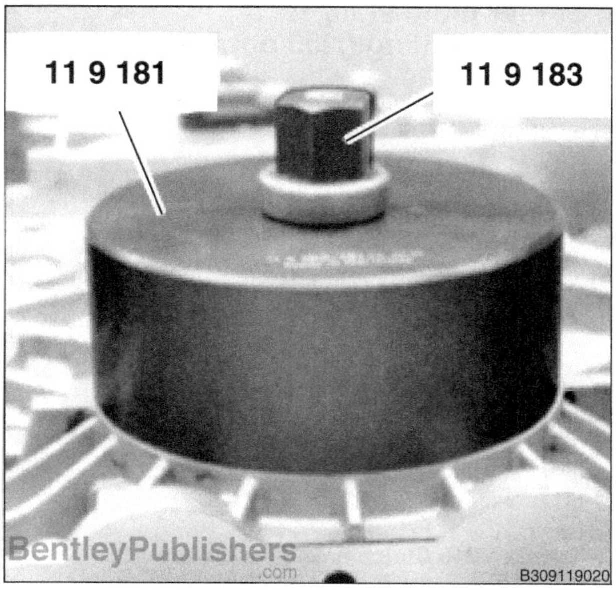

◀ Use BMW special tools 11 9 181 and 11 9 183 to press in seal.

– Remove special tools and spacer ring.

◀ Use brush to coat seal grooves and crankcase seams (**A**) with Loctite® 171000 (primer).

◀ Use injector kit to fill seal grooves and crankshaft seams (**A**) with Loctite® 128357 (sealant).

– Coat sealed areas with Loctite® 171000 (primer) to bind sealant.

– Remainder of assembly is reverse of disassembly.
  - Install flywheel, clutch or torque converter and transmission.
  - Fill engine with oil.
  - Run engine and check for leaks.

Crankshaft rear main seal, removing and installing (N55 engine)

Crankshaft rear main seal (flywheel seal) replacement requires removal of the transmission and flywheel.

> ***CAUTION—***
> - *When the crankshaft seal is replaced, its grooves and crankcase seams are filled with special Loctite® sealant to avoid oil leaks. Be sure to read the entire procedure before starting work.*

– Remove transmission. See **230 Manual Transmission** or **240 Automatic Transmission**.

– Manual transmission vehicles: Remove clutch pressure plate and disc. See **210 Clutch**.

– Remove flywheel. See **210 Clutch** or **240 Automatic Transmission**.

– Drain engine oil.

< Remove magnet wheel (**A**) from crankshaft.

> ***CAUTION—***
> - *Magnet wheel (**A**) is magnetic.*
> - *Keep magnet wheel (**A**) in a plastic bag away from ferrous metal.*

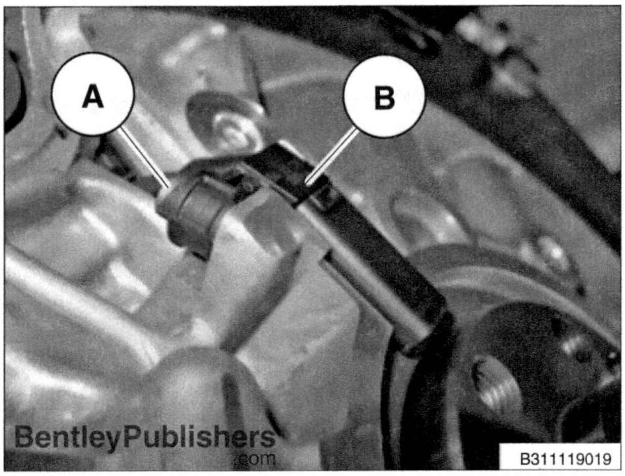

< Remove pulse sensor screw (**A**).

– Slide pulse sensor (**B**) up to remove.

Using a drill (**A**), drill a hole in the radial shaft seal (**arrow**).

NOTE—
- *Drill bit size maximum 2.5 mm (0.1 in).*
- *Remove metal filings/shavings immediately.*

Screw BMW special tool 23 0 490 (slide hammer) into drilled hole in seal.

– Pull out seal with slide hammer in direction of **arrow**.

Place radial shaft seal (**A**) on special tool 11 8 220.

⮜ Position radial shaft seal (**A**) with BMW special tool 11 8 220 on crankshaft.

⮜ Push radial shaft seal (**A**) over BMW special tool 11 8 220 until flush with crankcase. Remove special tool.

⮜ Secure BMW special tool 11 9 182 to crankshaft with BMW special tool 11 9 184 (from BMW special tool set 11 9 180).

Connect BMW special tool 11 9 185 to BMW special tool 11 9 181 (from BMW special tool set 11 9 180).

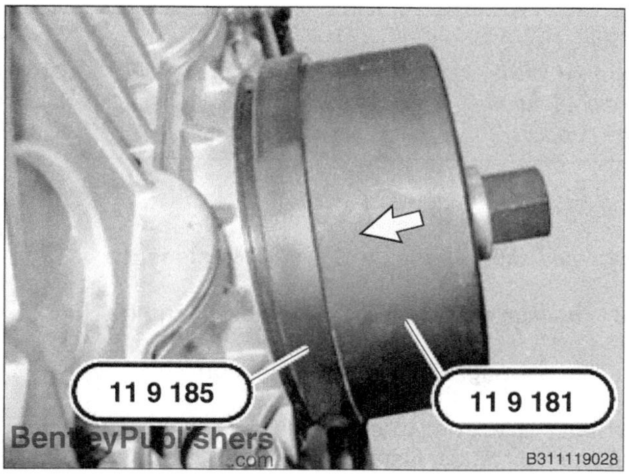

Pull in radial shaft seal with BMW special tool 11 9 181 and 11 9 185 in conjunction with BMW special tool 11 9 183 (from BMW special tool set 11 9 180).

Using ratchet, turn BMW special tool 11 9 183 to limit position to install radial shaft seal.

- Remove all special tools.

- Remainder of installation is reverse of removal.

Oil Sump

Oil sump gasket, replacing

> ***WARNING—***
> *• Prior to each use, check the special tools for defects, modifications and operational reliability. Damaged or modified special tools must not be used.*

> ***CAUTION—***
> *• Before lifting engine, check lifting lugs for damage (cracks) and to ensure they are seated securely.*
> *• Aluminium screws/bolts must be replaced each time they are released.*

– Raise vehicle and support safely.

> ***WARNING—***
> *• Make sure vehicle is stable and well supported at all times. Use a professional automotive lift or jack stands. A floor jack is not adequate support.*

– Drain engine oil. See **020 Maintenance**.

– Remove underbody splash shields. See **020 Maintenance**.

– Raise hood to service position. See **410 Fenders, Engine Hood**.

– Remove air filter housing. See **130 Fuel Injection**.

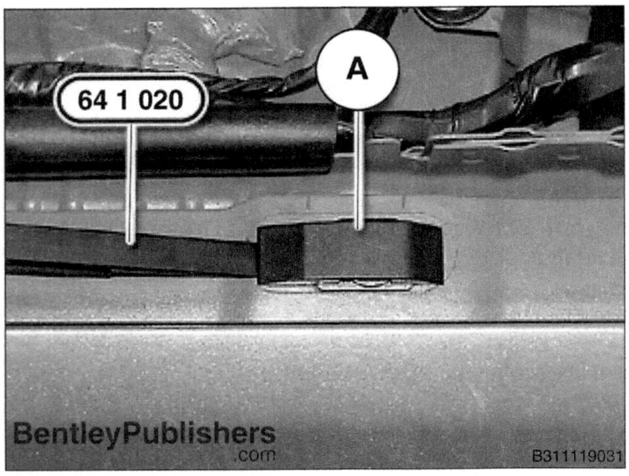

◄ Coupe and Convertible: using plastic prying tool, remove cover caps (**A**) from left and right fender fasteners.

NOTE—
• Replace damaged cover caps.

– Loosen fasteners as applicable and pull engine upper cover up slightly. See **020 Maintenance**.

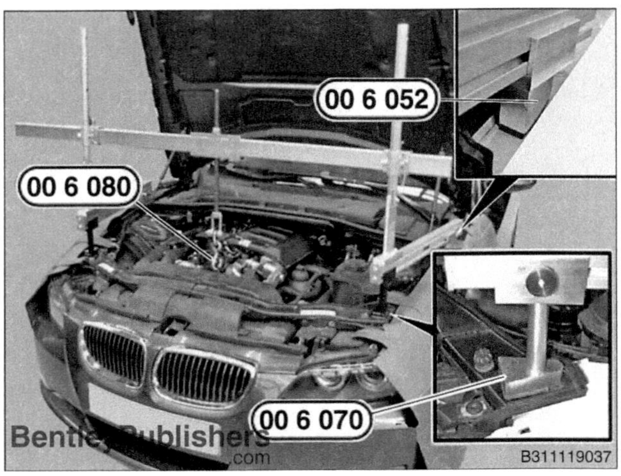

◄ With aid from a helper, install engine support. See **Engine Removal and Installation**.

> ***CAUTION—***
> *• Avoid a change of engine position in the transverse or longitudinal direction.*
> *• Always make sure there is sufficient clearance between the engine (or its attachment parts) and the body.*

< Remove engine mount nuts (**arrow**).

– Raise engine approximately 10 mm (0.4 in) with engine support.

– If necessary, remove steering box cover on left and right sides.

– Coupe and Convertible: Remove front wheel housing liners. See **410 Fenders, Engine Hood**.

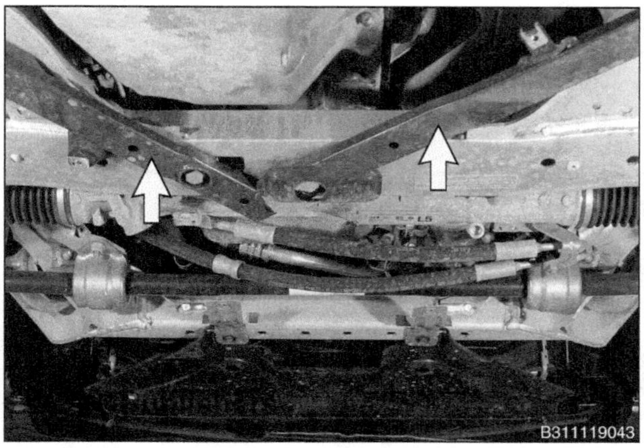

< Sedan, Sports Wagon, Coupe: Remove bolts and remove reinforcement struts.

– Convertible: Remove V-strut on left and right sides.

– Disconnect steering column from steering rack. Unbolt power steering pump. See **320 Steering and Wheel Alignment**.

– Disconnect electrical connector from vehicle ride height sensor.

– If necessary, disconnect vacuum line from electric changeover valve at T-piece at engine mounts.

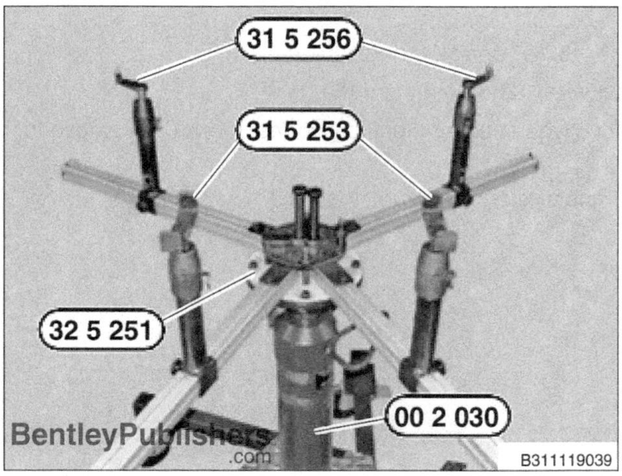

< With help from an assistant, install BMW special tool 31 5 251 on jack (BMW special tool 00 2 030).

– Install BMW special tools 31 5 253 and 31 5 256 on supports as shown.

< Align BMW special tools 31 5 253 and 31 5 256 to front axle carrier.

– Support front axle carrier with jack (BMW special tool 00 2 030).

NOTE—
• Left side suspension shown. Right side is similar.

WARNING—
• The center of gravity of the front axle must remain above the jack.

CAUTION—
• Pay attention to hoses and lines when lowering and raising engine. Hoses and lines must not be kinked, tensioned or bent.

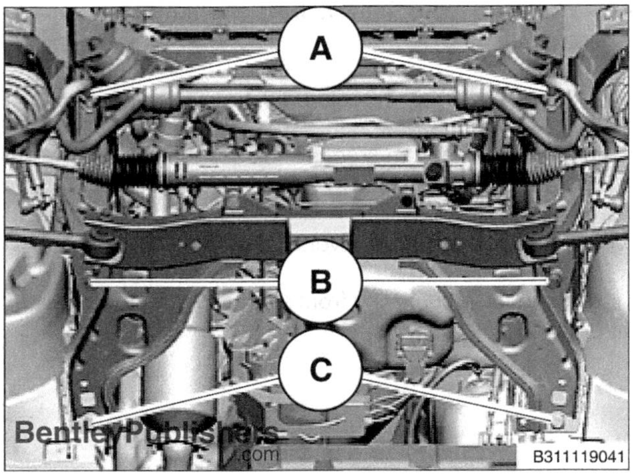

< Remove bolts (**A**, **B**, **C**).

– Lower front axle carrier a maximum of 100 mm (4 in). If necessary, disconnect radiator return hose pipe from front axle carrier.

– All wheel drive vehicles: Remove front drive axles and front differential. See **311 Front Axle Differential**.

– Vehicles with automatic transmission: Disconnect transmission oil cooler lines from engine oil sump.

– If necessary, disconnect power steering pump and move to side. See **320 Steering and Wheel Alignment**.

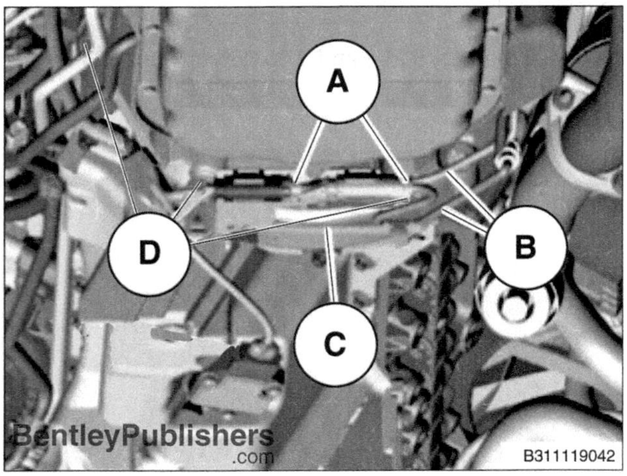

< On cars with N52KP and N55 engine:
- Disconnect wires (**B**) from holder (**C**).
- Disconnect oxygen sensor electrical connectors (**A**) and move to side.
- Remove transmission to oil sump bolts (**D**).

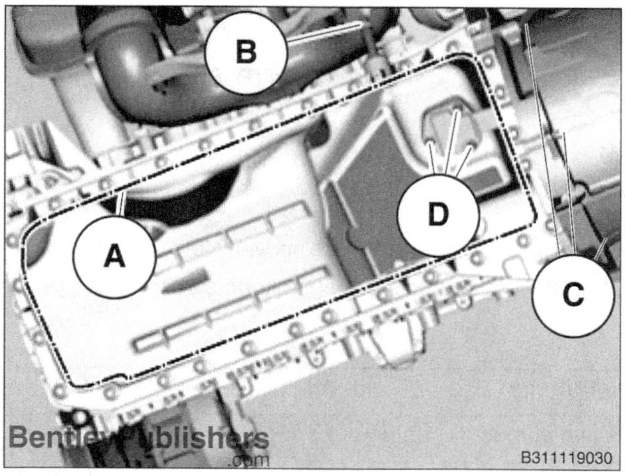

◀ Vehicles with N51, N52, and N54 engines: Remove bolts (**C**) on transmission.

NOTE—
- *Different length bolts used. Note position when removing.*

– Vehicles with N51, N52, N52KP and N54 engines: Disconnect return hose (**B**).

– Vehicles with N51, N52, N52KP and N54 engines: Remove bolts along line (**A**).

NOTE—
- *Different length bolts used. Note position when removing.*

– Vehicles with N51, N52, N52KP and N54 engines with automatic transmission: Fasteners are of different lengths (M8x26, M8x92, M8x112). Note installation position of fasteners.

– Vehicles with N51, N52, N52KP and N54 engines: If necessary, release screws (**D**) and remove oil level sensor.

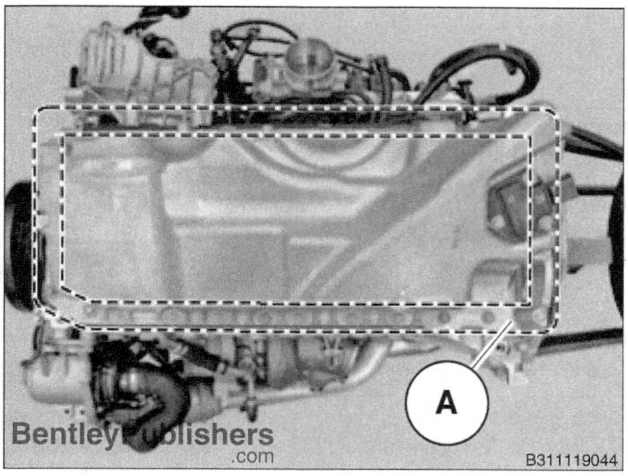

◀ Vehicles with N55 engine: Remove bolts along perimeter of oil sump (**A**).

– Replace oil sump gasket with new.

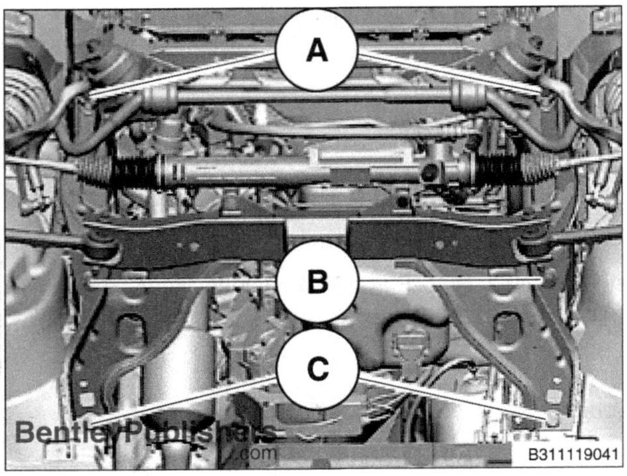

When installing front axle carrier, be sure bolts are installed in correct positions (**A**, **B**, **C**):

- First tighten down bolts (**A**) and then bolts (**B**, **C**).
- Bolt (**A**) M12x90
- Bolt (**B**) M12x145
- Bolt (**C**) M12x53

– Remainder of installation is reverse of removal. Note the following:

- Replace all aluminum and self-locking fasteners with new.
- Refill engine oil.

Tightening torques	
Engine oil drain plug to oil sump	25 Nm (18 ft-lb)
Engine support to engine mount (replace self-locking nuts with new)	56 Nm (41 ft-lb)
Front axle carrier to engine support, M12	108 Nm (80 ft-lb)
Front axle carrier to engine support, M30 x 33 mm	56 Nm (41 ft-lb) + 90° (¼ turn)
Oil condition sensor to oil sump • stag 1 • stage 2	 2 Nm (18 lb-in) 8.5 Nm (6 ft-lb)
Oil sump to engine block, N51, N54 (aluminum oil sump) M8 x 26 mm	8 Nm (6 ft-lb) + 60° (1/6 turn)
Oil sump to engine block N51, N52, N52K, N54, N55 (aluminum oil sump) M8 x 92 mm, M8 x 112 mm	8 Nm (6 ft-lb) + 180° (½ turn)
Oil sump to engine block, N52, N52K, N55 (aluminum oil sump) M8 x 26 mm	8 Nm (6 ft-lb) + 90° (¼ turn)
Oil sump to engine block, N51 (AWD), M8 x 36 mm, M8 x 44 mm	8 Nm (6 ft-lb) + 90° (¼ turn)
Oil sump to engine block, N51, N52 (sheet metal oil sump), M8 x 24 mm	8 Nm (6 ft-lb) + 90° (¼ turn)
Reinforcement struts to body	56 Nm (41 ft-lb) + 90° (¼ turn)
Transmission to oil sump, N52K, N54 M8 x 50 mm	19 Nm (14 ft-lb)

Oil Cooler

Engine oil cooler, removing and installing (N52, N52KP engines)

◀ N52 and N52KP engines may be equipped with an engine oil cooler mounted to the front of the oil filter housing (**arrow**).

NOTE—

- *On N54 and N55 engines equipped with and engine oil cooler, the cooler is mounted in the right front wheel well. Access to the cooler requires that the wheel well liner be removed. See* **410 Fenders, Engine Hood**.

– Drain engine coolant. See **170 Radiator and Cooling System**.

– Loosen oil filter cover to allow oil in filter housing to flow into pan.

– Remove engine upper cover. See **020 Maintenance**.

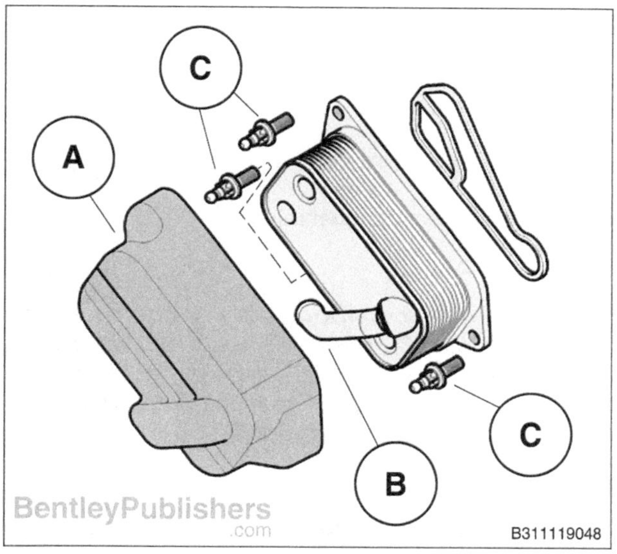

◀ Unclip cover (**A**) from cooler.

– Remove coolant line from hose fitting on cooler (**B**). Use a shop rag to catch coolant.

– Remove bolts (**C**) and remove oil cooler. Use a shop rag to catch oil.

– Installation is reverse of removal, noting the following.
- Clean mating surfaces and replace seal.
- Tighten fasteners to specified torque, avoid damaging seal.

Tightening torques	
M8	22 Nm (16 ft-lb)

- Refill coolant, see **170 Radiator and Cooling System**.
- Check and top off oil, see **020 Maintenance**.

Oil Filter Housing

Oil filter housing, removing and installing (N51, N52, N52KP engines)

– Drain engine coolant. Remove electric cooling fan. See **170 Radiator and Cooling System**.

– Loosen oil filter cover to allow oil in filter housing to flow into pan.

– Remove intake manifold, see **130 Fuel Injection**.

NOTE—

- *Intake manifold removal is required to access a difficult-to-reach oil filter housing fastener (bolt* ***D****). This bolt is located at right side of oil filter housing under intake manifold. It may be possible to access this bolt without removing the intake manifold using suitable tools (universal joints / e-torx socket).*

– If necessary, remove oil cooler from oil filter housing. See **Engine oil cooler, removing and installing (N52 engines)** given earlier.

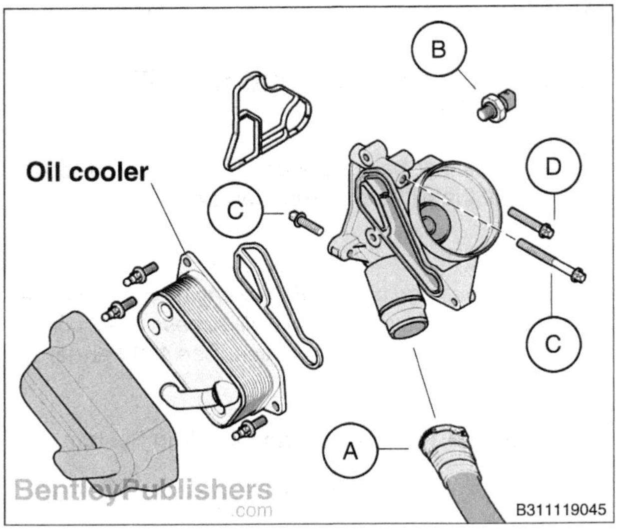

Working at oil filter housing:

- Disconnect coolant line from housing (**A**).
- Remove oil pressure sensor (**B**).
- Remove bolts **C** and **D** and remove oil filter housing from engine.

– Installation is reverse of removal, noting the following:

- Clean mating surfaces and replace O-rings and seals.
- Be sure not to over tighten fasteners to avoid damaging seals. Refill coolant, see **170 Radiator and Cooling System**.
- Check and top off oil, see **020 Maintenance**.

Tightening torques	
M8	22 Nm (16 ft-lb)

Oil filter housing, removing and installing (N54, N55 engines)

– Drain engine coolant. Remove electric cooling fan. See **170 Radiator and Cooling System**.

– Loosen oil filter cover to allow oil in filter housing to flow into pan.

– Remove intake manifold, see **132 Fuel Injection**.

NOTE—

- *Intake manifold removal is required to access a difficult-to-reach oil filter housing fastener (bolt **C**). This bolt is located at right side of oil filter housing under intake manifold. It may be possible to access this bolt without removing the intake manifold using suitable tools (universal joints / e-torx socket).*

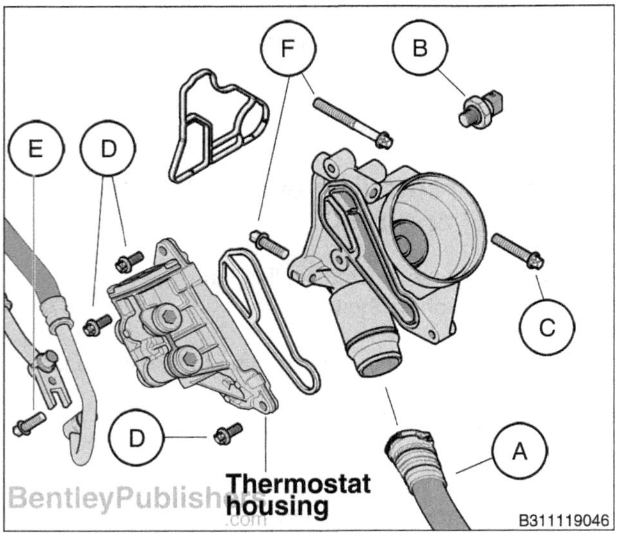

Working at oil filter housing:

- Remove fastener **E** and pull lines from thermostat housing.
- Remove thermostat housing fasteners (**D**) and remove thermostat housing from oil filter housing.
- Remove coolant line from housing (**A**).
- Remove oil pressure sensor (**B**).
- Remove bolts **C** and **F** and remove oil filter housing from engine.

– Installation is reverse of removal, noting the following.

- Clean mating surfaces and replace O-rings and seals.
- Be sure not to over tighten fasteners to avoid damaging seals.

Tightening torques	
M8	22 Nm (16 ft-lb)

- Refill coolant, see **170 Radiator and Cooling System**.
- Check and top off oil, see **020 Maintenance**.

120 Ignition System

TABLES

GENERAL

This repair group covers ignition component troubleshooting and replacement.

See also:

- **020 Maintenance** for spark plug replacement
- **100 Engine–General** for engine applications
- **130 Fuel Injection** for DME system applications, description and power supply fuses
- **ECL Electrical Component Locations**
- **ELE Electrical Wiring Diagrams**
- **OBD On-Board Diagnostics**

Ignition firing order

Table a. Firing order	
6-cylinder engine	1-5-3-6-2-4

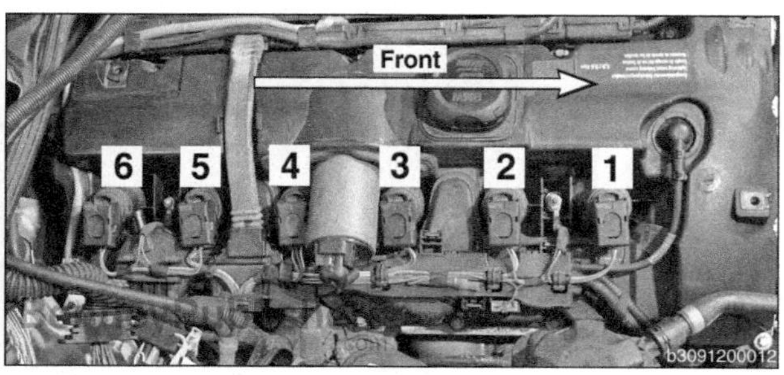

Cylinder 1 is at the front end of vehicle.

Disabling ignition system

The ignition system operates in a lethal voltage range. Disable the ignition system any time engine service or repair work is being done that requires the ignition to be switched ON.

One way of disabling the ignition is by removing the DME main relay. Relay location varies depending on model and model year. See **ECL Electrical Component Locations** *or* **130 Fuel Injection** for relay location information.

> ***WARNING—***
> - *On vehicles with N55 engine: Remove both the DME main relay (K6300) and the fuel injection and ignition relay (K6341) when disabling ignition system.*

> ***CAUTION—***
> - *Relay locations vary. Use care when identifying relays. See* **ECL Electrical Component Locations**.

Warnings and Cautions

> ***WARNING—***
> - *Do not touch or disconnect any cables from the ignition coils while the engine is running or being cranked by the starter.*
> - *The ignition system produces high voltages that can be fatal. Avoid contact with exposed terminals. Use extreme caution when working on a car with the ignition switched ON or the engine running.*
> - *Connect and disconnect the DME system wiring and test equipment leads when the ignition is OFF.*
> - *Before operating the starter without starting the engine (for example when testing compression), disable the ignition. See* **Disabling ignition system** *in this repair group.*

CAUTION—

- *Do not attempt to disable the ignition by removing the coils from the spark plugs.*
- *Do not connect any test equipment that delivers a 12-volt power supply to terminal 15 (+) of the ignition coils. The current flow may damage the engine control module (ECM). Connect test equipment only as specified by BMW or the equipment maker.*
- *Connect or disconnect ignition system wires, multiple wire connectors and ignition test equipment leads only while the ignition is OFF. Switch multimeter functions or measurement ranges with test probes disconnected.*
- *Do not disconnect the battery while the engine is running.*
- *Prior to disconnecting the battery cables, read the battery disconnection cautions in* **001 Warnings and Cautions**.
- *Wait at least 1 minute after switching the ignition OFF before removing the ECM connector. If the connector is removed before this time, residual power in the system relay may damage the control module.*
- *Use a digital multimeter for electrical tests. Use an LED test light for quick tests.*
- *To avoid electrochemical corrosion to engine components made of aluminum-magnesium alloy, do not use steel fasteners in place of aluminum. For reliable identification, the end faces of aluminum fasteners are often painted blue.*
- *Replace aluminum bolts each time they are loosened.*
- *Follow torque instructions, including angle of rotation specifications, when installing aluminum fasteners.*

Digital Motor Electronics (DME) Ignition System

BMW E9x models are equipped with digital motor electronics (DME), also known as Motronic. In these systems, fuel injection and ignition are controlled by an integrated engine control module (ECM). Application information for DME systems is in **Table b**.

Most DME functions are described in **130 Fuel Injection**. In the topics that follow, functions that are traditionally associated with ignition are given fuller treatment.

Table b. Engine identification

Engine designation	Year, model	Identifying feature
N51 (SULEV)	2007- on 328i, 328ix with automatic transmission (sold in CA, CT, MN, MA, NY, OR, RI, VT, WA)	Secondary air injection pump Black plastic cylinder head cover
N52	2006 325i, 325ix, 330i, 330ix	Aluminum-magnesium cylinder head cover
N52KP	2007 and later 328i, 328ix	Black plastic cylinder head cover
N54	2007 to 2010 335i, 335ix 2011- on 335is	Twin turbochargers
N55	2011- on 335i, 335ix	Single twin-scroll turbocharger

Ignition coils

All engines use a distributorless ignition system with individual ignition coils (**numbered**) for each cylinder. There is no distributor cap or ignition rotor. (N52 engine shown in photo.)

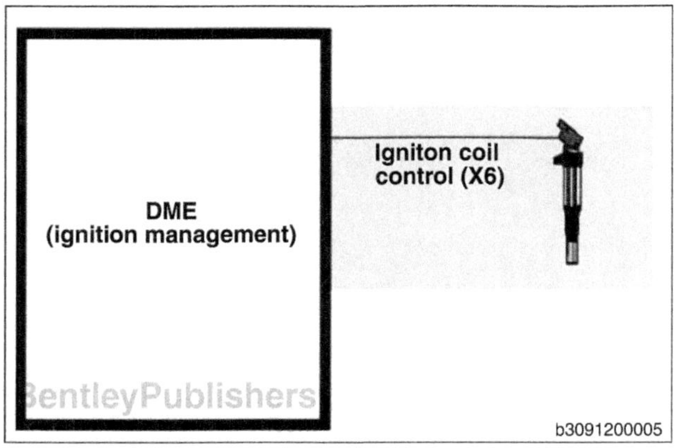

Each coil is separately controlled and monitored by the ECM.

When the ignition is switched ON, the ECM receives wake-up (KL 15w) via the bus network and a hardwire KL15 wake-up signal directly from the car access system (CAS) to energize the ECM main relay and other DME relays to supply power to the engine electronics fuse carrier and to the ignition coils.

> ***CAUTION—***
> • *Maintain cleanliness when servicing ignition coils. Fuel and oil residue can cause a breakdown in the electrical resistance of the silicone encased coil, resulting in ignition coil failure.*

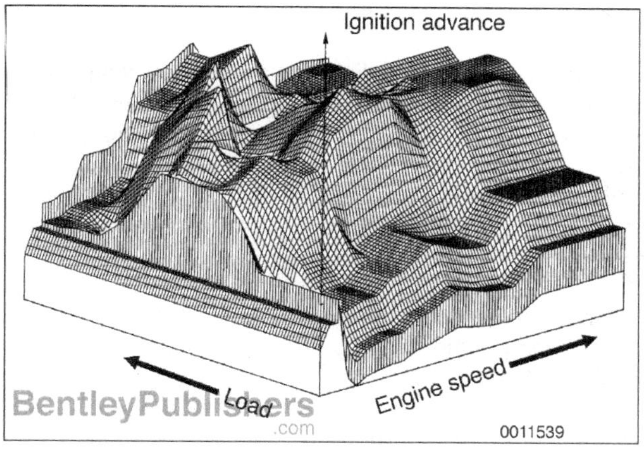

Ignition timing is electronically mapped and not adjustable. The ECM uses engine load, engine speed, coolant temperature, knock detection, and intake air temperature as the basic inputs for timing control.

A three-dimensional map similar to the one shown is digitally stored in the ECM. The initial ignition point is determined by the crankshaft position sensor during cranking. Once the engine is running, the ECM refers to the stored map to continually adjust ignition timing based on operating conditions.

Crankshaft position sensor

The crankshaft position sensor detects crankshaft position and rotation speed. The sensor used on N55 motors can also detect direction of rotation.

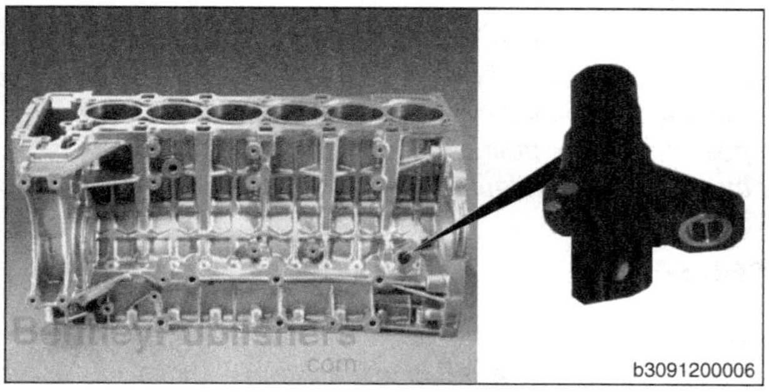

On N51, N52, and N54 motors this sensor is positioned in the engine block and reads a toothed wheel located on the crankshaft.

On N55 motors this sensor is located in the bellhousing and uses a magnetic reluctor wheel mounted on the crankshaft flange.

If the ECM does not receive a signal from the crankshaft position sensor during cranking, the engine does not start. If the OBD II system misfire detection protocol detects a catalyst damaging fault due to a malfunctioning in crankshaft position sensor, the malfunction indicator light (MIL) is illuminated.

The crankshaft position sensor on N51, N52, nad N54 motors is supplied 12 volts from the engine electronics fuses and ground from the ECM. It produces a 5 volt square wave signal to the ECM.

N55 engines use a sensor that is supplied with a 5 volt reference signal. The sensor evaluation electronics produce a sine wave signal to the ECM from 4.1 to 5.1 volts.

NOTE—

- *The crankshaft position sensor may also be referred to as engine speed / reference sensor.*

Camshaft position sensors

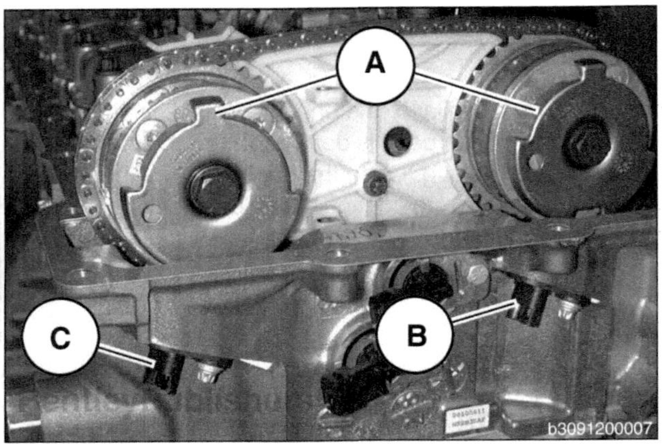

Each camshaft position sensor responds to an impulse wheel (**A**) mounted at the end of the camshaft. The signal from camshaft position sensors are used by the ECM for cylinder recognition, spark timing, sequential fuel injection, VANOS (camshaft timing) and Valvetronic (variable valve lift) control. If a fault with the camshaft position sensor is detected the malfunction indicator light (MIL) is illuminated.

The camshaft position sensor is supplied 12 volts from the engine electronics fuses and ground from the ECM. It produces a 5 volt square wave signal to the ECM.

Intake camshaft position sensor (**B**): Left front of cylinder head.

Exhaust camshaft position sensor (**C**): Right front of cylinder head.

NOTE—
- *The camshaft position sensor is also called the cylinder identification sensor.*
- *A malfunctioning or sticking VANOS solenoid may set camshaft position sensor fault codes. If you suspect this, swap VANOS solenoid from bank with fault code to the other bank. If the camshaft position sensor fault code follows the location of the solenoid, the solenoid is at fault.*

Knock sensors

Knock sensors monitor the combustion chamber for engine-damaging knock. A knock sensor is a piezoelectric microphone tuned to the frequencies of engine knock or detonation. If engine knock is detected, ignition spark is retarded by the ECM. If a fault with the knock sensor is detected the malfunction indicator light (MIL) is illuminated

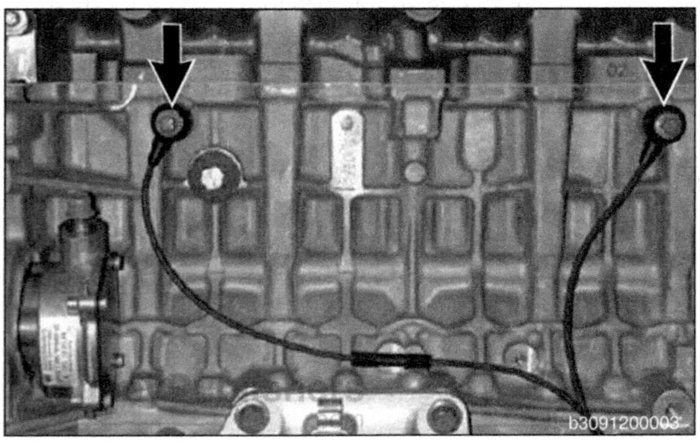

Knock sensors are bolted to left side of cylinder block under intake manifold (**arrows**). They share an electrical connector and have to be replaced as a pair.

Troubleshooting

On-board diagnostics

If faults arise, or if the malfunction indicator light (MIL) is illuminated, begin troubleshooting by connecting BMW scan tool or equivalent to the data link connector (DLC or OBD II plug). For information on how to access diagnostic trouble codes (DTCs), see **020 Maintenance**.

Misfire detection

Engine misfire in one or more cylinders may be caused by malfunctions in various subsystems. The OBD II system incorporated into the engine management systems is designed to detect and warn of misfire faults during engine operation. See **OBD On-Board Diagnostics.**

> ***WARNING —***
> - *Ignition misfires can cause high hydrocarbon exhaust emissions and catalytic converter damage. For this reason, if a severe misfire is detected, the fuel injector to the specific cylinder is switched OFF and the MIL is illuminated, and may blink on and off in severe cases. A misfire may also overheat the catalytic converter(s), a fire hazard.*

Oscilloscope diagnostic diagrams

One way to diagnose faulty engine management components or functions is to use an oscilloscope to analyze spark quality with the engine running.

See **Table c** for a list of common ignition coil voltage faults and related causes.

Table c. Ignition secondary voltage diagnostics

	Secondary voltage low	Secondary voltage high
Spark plug electrode gap	Too small	Too big
Spark plug electrode condition		Worn/burnt
Spark plug electrode temperature	Too high	Too low
Engine compression	Too low	Too high
Spark plug wires		Faulty
Fuel air mixture		Too lean

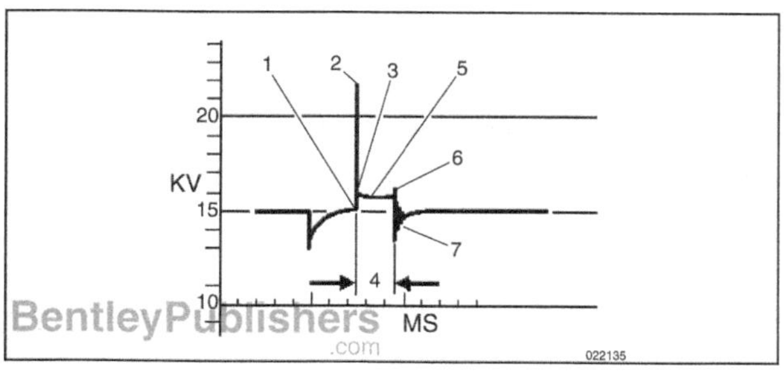

Normal scope trace of spark at idle

1. Start of ignition voltage peak
2. Level of ignition voltage
3. Level of combustion voltage
4. Period of combustion
5. Combustion curve characteristics
6. Start of spark decay
7. Termination oscillations

Oscilloscope diagnostic diagrams

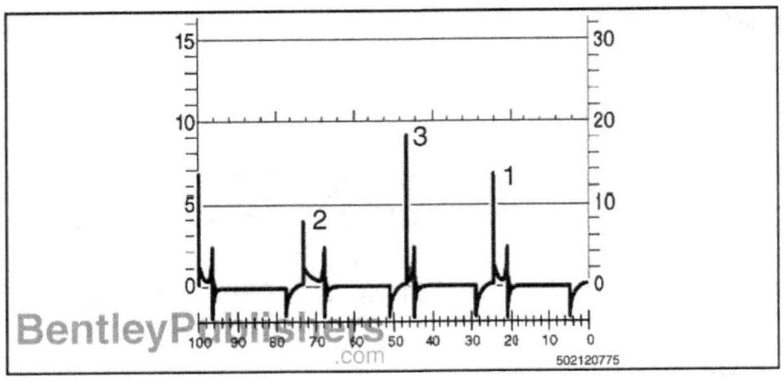

Ignition spark at idle speed

1. Normal ignition voltage peak: Good spark plug
2. Low voltage peak: Closed plug gap
3. High voltage peak: Open plug gap

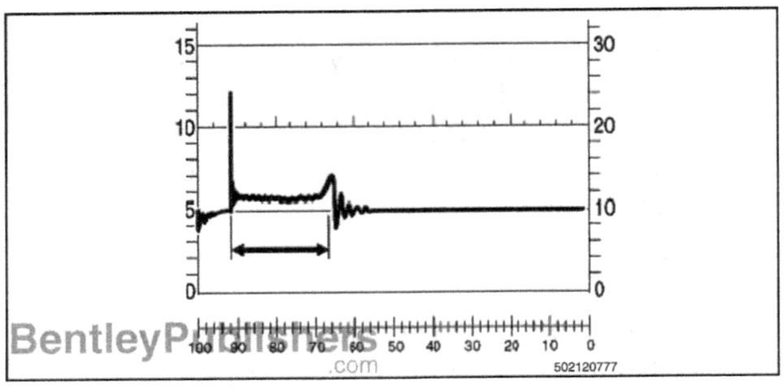

Long combustion period: Small spark plug gap

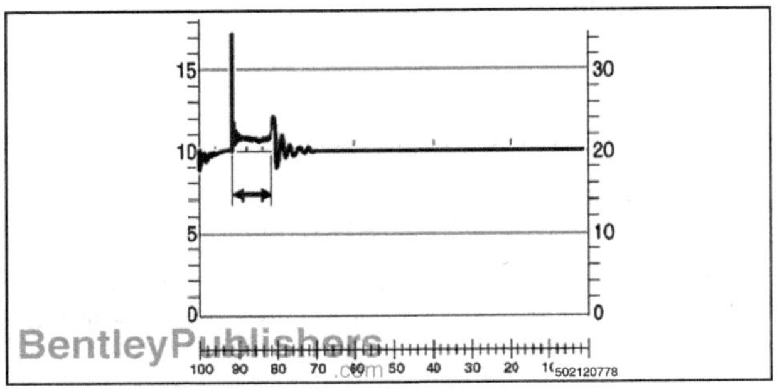

Short combustion period: Large spark plug gap

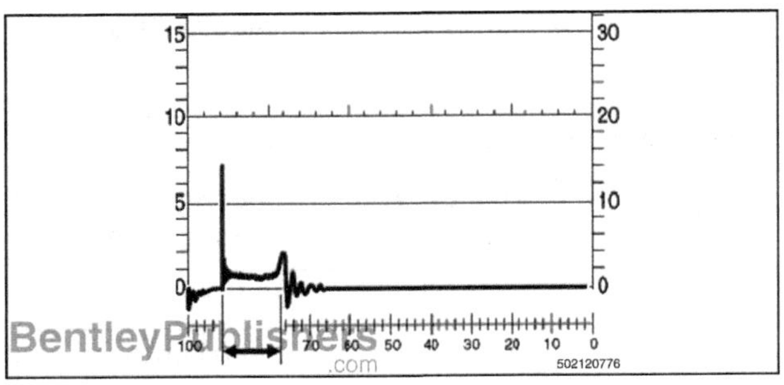

Normal combustion period at idle

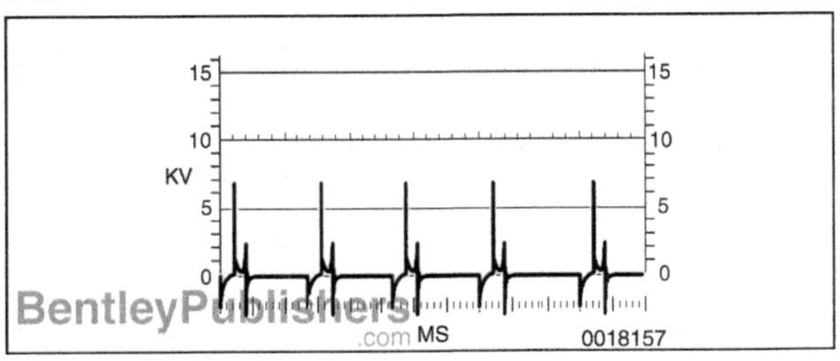

Normal oscilloscope pattern for ignition system at idle

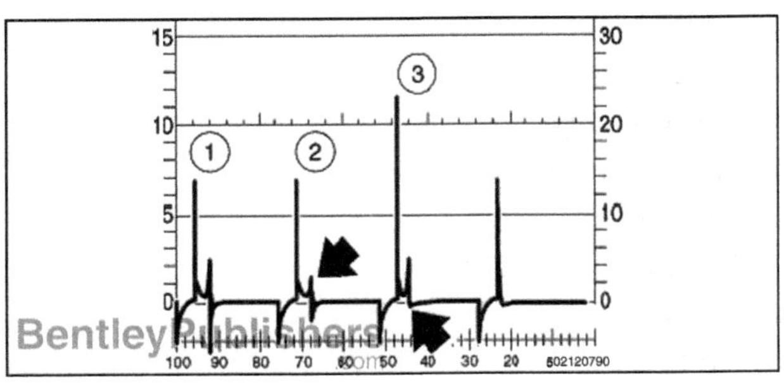

Ignition voltage peaks at idle

1. Normal ignition peaks
2. Downward peak (**arrow**) shortened: Ignition coil defective
3. Downward peak (**arrow**) missing completely: Ignition coil defective

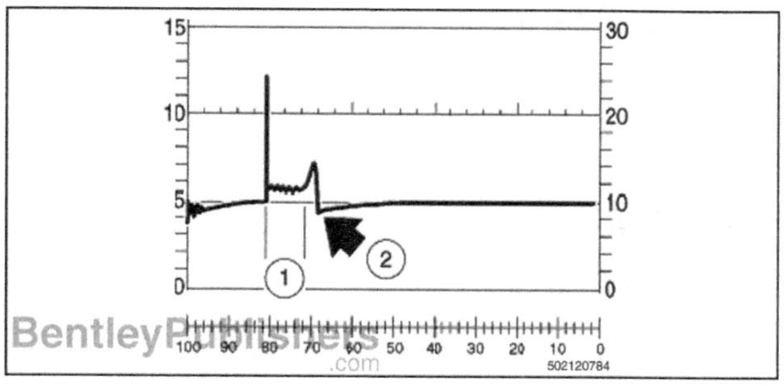

Defective ignition coil

1. Short spark period
2. Spark voltage line (**arrow**) with very slight drop

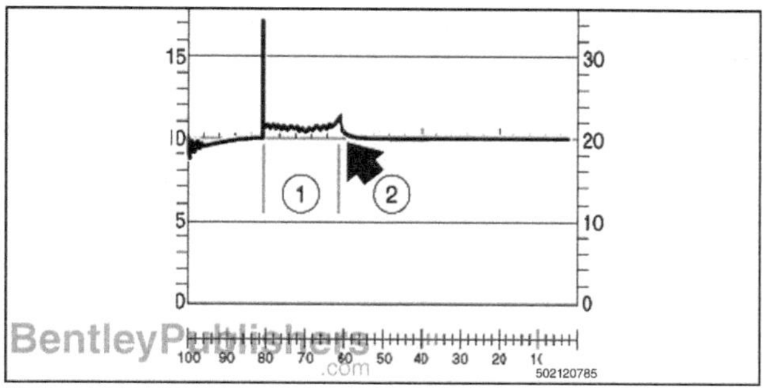

Defective ignition coil

1. Normal combustion period
2. Spark voltage line (**arrow**) absent

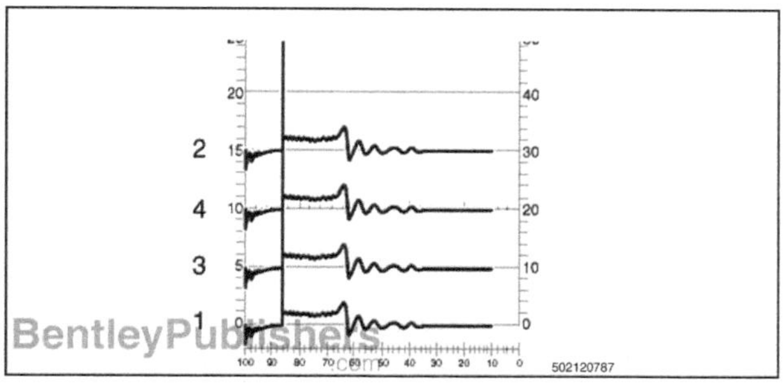

Normal secondary voltage patterns (4–cylinder pattern shown)

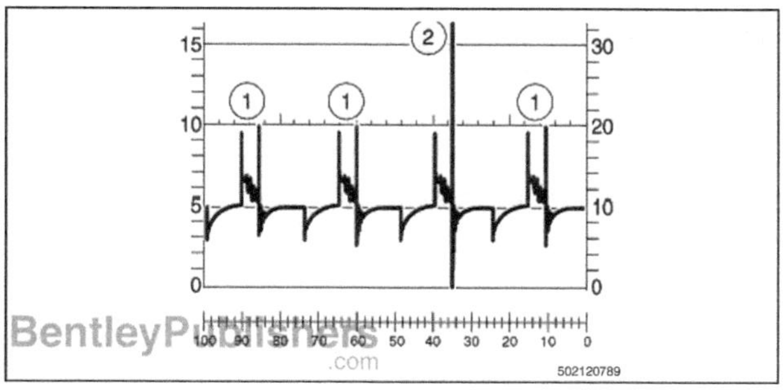

Ignition voltage peaks in response to sudden acceleration load:

1. Normal ignition pattern. Beginning of dying out pattern is not much higher than ignition voltage peak.
2. Beginning of dying out pattern considerably higher than ignition voltage peak. Fault in injection system:
   - Lean fuel mixture
   - Defective fuel injector
   - Low compression in cylinder

Ignition Coil Service

There is a separate ignition coil above each spark plug. Spark plug replacement is covered in **020 Maintenance**.

Ignition coil, replacing

– Make sure ignition is switched OFF.

– Remove ignition coil cover. See **020 Maintenance**.

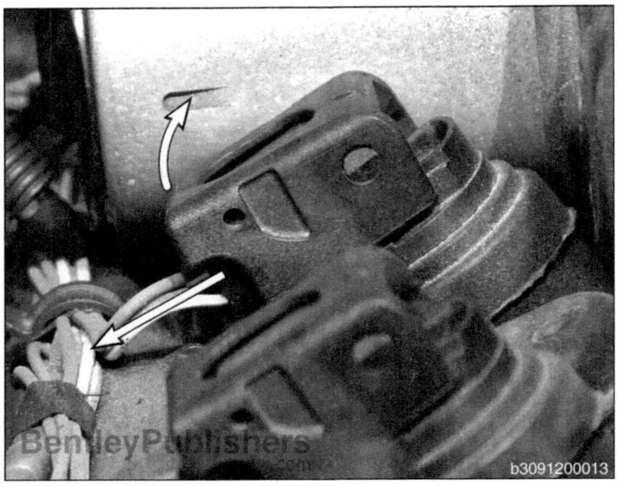

◄ Unlock (**curved arrow**) ignition coil connector. Pull (**straight arrow**) connector off coil.

◄ Slide rod-shaped ignition coil straight out of spark plug hole.

> ***CAUTION—***
> - *Maintain cleanliness when servicing ignition coils. Fuel and oil residue can cause a breakdown in the electrical resistance of the silicone encased coil, resulting in ignition coil failure.*

– Installation is reverse of removal.

– Check for fault codes and reset ECM memory.

Crankshaft Position Sensor Service

Crankshaft position sensor, replacing (N51, N52, N54)

Crankshaft position sensor is on left rear of engine block, underneath intake manifold and starter motor.

– Make sure ignition is OFF.

– Raise car and support in a safe manner.

> ***WARNING —***
> - *Make sure the car is stable and well supported at all times. Use a professional automotive lift or jack stands designed for the purpose. A floor jack is not adequate support.*

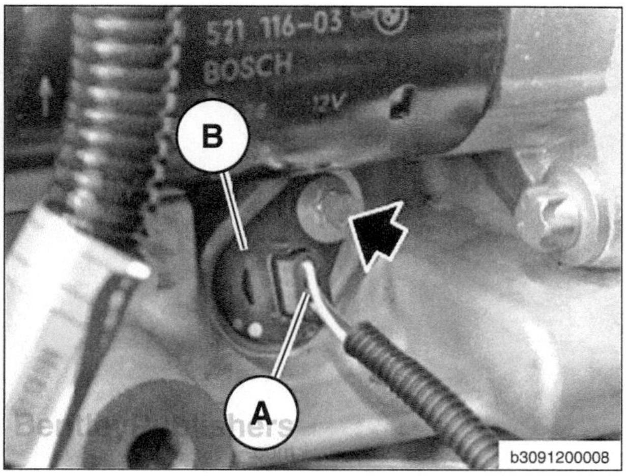

< Working underneath starter:

- Disconnect crankshaft position sensor harness connector (**A**) from sensor (**B**).

– Remove sensor mounting fastener (**arrow**) and remove sensor from cylinder block. Be prepared to catch dripping oil.

– Installation is reverse of removal. Remember to:

- Use new sealing O-ring when installing sensor.
- Replace mounting bolt.
- Be sure wiring is routed as before.
- Check and clear fault codes from ECM memory.

Tightening torque	
Crankshaft position sensor to engine block (M6, replace bolt)	3 Nm (26 in-lb) additional 45°

Crankshaft position sensor, replacing (N55)

Crankshaft position sensor is located within the bell housing and reads a magnetic reluctor wheel mounted on the crankshaft flange. Sensor can be accessed through starter motor opening.

1. **Crankshaft position sensor**
2. **Magnetic reluctor wheel**
3. **Starter**
4. **Sensor fastening bolt**
5. **Connector**

– Make sure ignition is OFF.

– Remove Starter. See **121 Battery, Starter, Alternator**

– Remove sensor mounting fastener (**4**) and remove sensor from cylinder block with dust gasket.

– Remove sensor connector mounting fastener (**5**) and remove sensor connector from cylinder block.

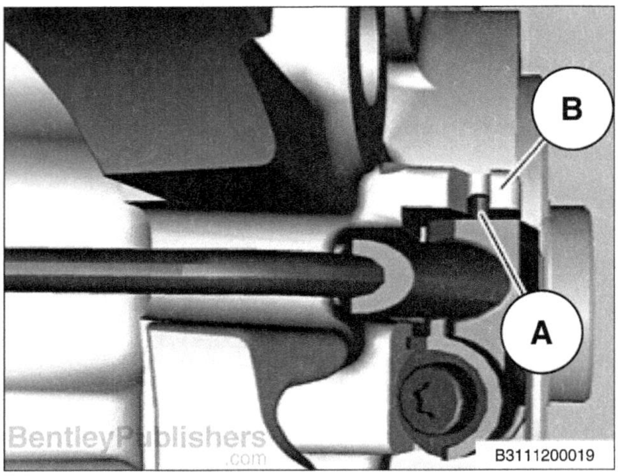

Installation is the reverse of removal, making sure that guide pin (**A**) of sensor is inserted in guiding groove (**B**) of crankcase. Remember to:

- Use new sealing dust gasket when installing sensor.
- Replace mounting bolts.
- Be sure wiring is routed as before.
- Check and clear fault codes from ECM memory

Tightening torque	
Crankshaft position sensor to engine block (M6, replace bolt)	5 Nm (44 in-lb)
Crankshaft position sensor connector to engine block (M6, replace bolt)	8 Nm (6 ft-lb)

Camshaft Position Sensor Service

Intake camshaft position sensor, replacing

Intake camshaft position sensor is mounted to left front of cylinder head.

- Make sure ignition is OFF.
- Remove upper engine covers. See **020 Maintenance**.
- Remove air filter housing and ducts. See **130 Fuel Injection**.

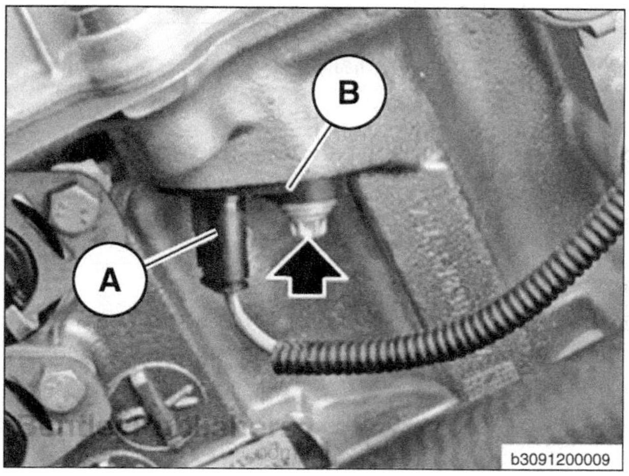

- Detach camshaft position sensor electrical connector (**A**).
- Remove camshaft position sensor mounting bolt (**arrow**). Remove sensor (**B**) from cylinder head. be prepared to catch dripping oil.
- Installation is reverse of removal. Remember to:
  - Replace camshaft position sensor mounting bolt.
  - Use new sealing O-rings when installing sensor.
  - Be sure sensor harness is routed as before.
  - Check and clear fault codes from ECM memory.

Tightening torques	
Intake camshaft position sensor to cylinder head (M6, replace bolt)	9 Nm (6.5 ft-lb)

Exhaust camshaft position sensor, replacing

Exhaust camshaft position sensor is mounted to right front of cylinder head.

- Make sure ignition is OFF.
- Remove upper engine covers. See **020 Maintenance**.
- Remove air filter housing and ducts. See **130 Fuel Injection**.

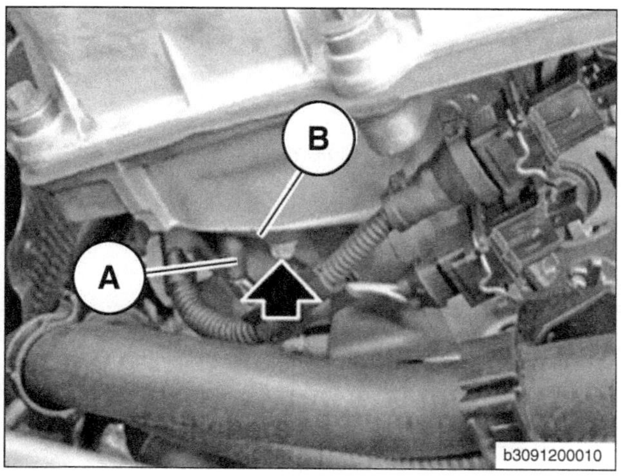

- Detach camshaft position sensor electrical connector (**A**).
- Remove camshaft position sensor mounting bolt (**arrow**). Remove sensor (**B**) from cylinder head. Be prepared to catch dripping oil.
- Installation is reverse of removal. Remember to:
  - Replace camshaft position sensor mounting bolt.
  - Use new sealing O-rings when installing sensor.
  - Be sure sensor harness is routed as before.
  - Check and clear fault codes from ECM memory.

Tightening torques	
Intake camshaft position sensor to cylinder head (M6, replace bolt)	9 Nm (6.5 ft-lb)

KNOCK SENSOR SERVICE

Knock sensors, replacing (non-turbo)

Non-turbo engine knock sensors are under the intake manifold on the left side of the cylinder head.

— Disconnect negative (-) battery cable and cover battery terminal to keep cable from accidentally contacting terminal.

> ***CAUTION—***
> - *Prior to disconnecting the battery, read the battery disconnection cautions given in* **001 Warnings and Cautions**.

— With engine fully cooled, remove intake manifold. See **130 Fuel Injection**.

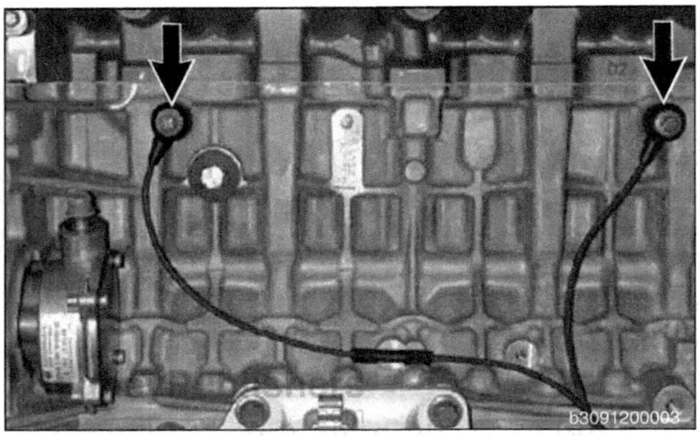

◀ Disconnect knock sensor electrical harness connector.

- Remove knock sensor mounting bolts (**arrows**) on side of cylinder block. Remove sensors.

> ***CAUTION—***
> - *Note the installed angle of the knock sensor on the block before removing it. Reinstall the sensor in the same position. Be sure to use a torque wrench when tightening the sensor mounting bolt.*

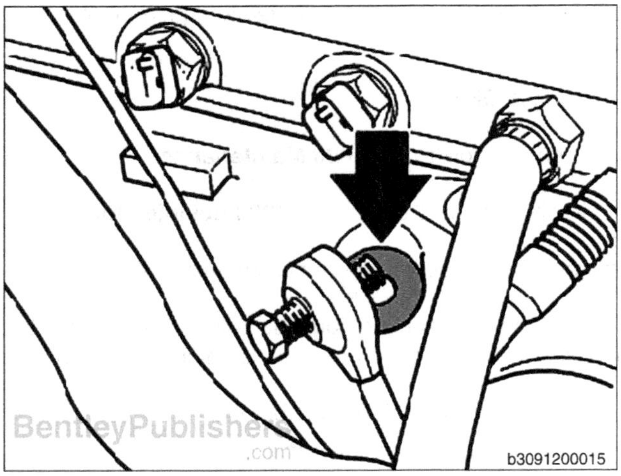

◀ Clean knock sensor contact surface on engine block and sensor (**arrow**) before installing knock sensor.

> ***CAUTION—***
> - *Do not overtighten knock sensors.*

Tightening torques	
Knock sensor to engine block (use new aluminum M8 fasteners) • Stage 1 • Stage 2	 10 Nm (88 in-lb) additional 90°

— Installation is reverse of removal. Remember to:

- Replace knock sensor mounting bolt.
- Be sure sensor harness is routed as before.

— Check and clear fault codes from ECM memory.

Knock sensors, replacing (turbo)

Turbo engine knock sensors are under the intake manifold on the left side of the cylinder head.

– Disconnect negative (-) battery cable and cover battery terminal to keep cable from accidentally contacting terminal.

> ***CAUTION—***
> - *Prior to disconnecting the battery, read the battery disconnection cautions given in* **001 Warnings and Cautions**.

– With engine fully cooled, remove intake manifold. See **130 Fuel Injection**.

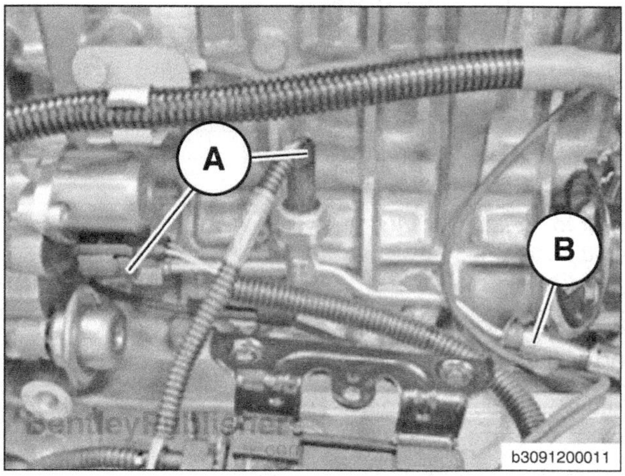

◄ Disconnect electrical connectors (**A**), remove and seal fuel line connections (**B**). Be prepared to catch dripping fuel.

> ***WARNING—***
> - *The fuel system is designed to retain pressure even when the ignition is OFF. When working with the fuel system, remove fuel lines slowly to allow residual fuel pressure to dissipate. Avoid spraying fuel. Use shop rags to capture leaking fuel.*
> - *Electric fuel pump starts automatically when door is opened.*
> - *Carry out installation work on fuel system with coolant temperature below 40°C (104°F).*

> ***CAUTION—***
> - *When working with high pressure fuel lines observe clean working habits. Any dirt or debris introduced into system will cause malfunctions.*

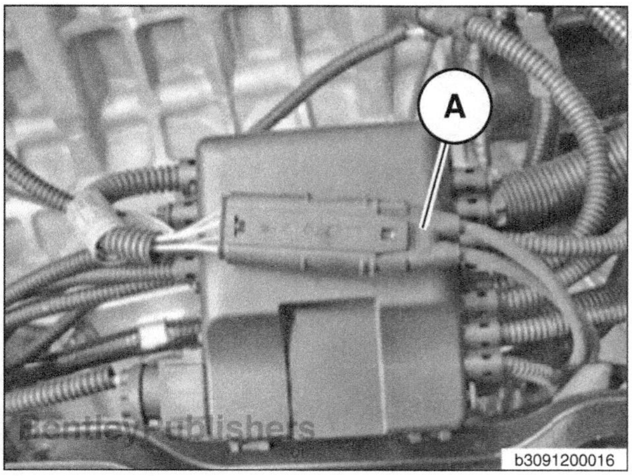

◄ Disconnect knock sensor electrical connector (**A**) on left side of engine block.

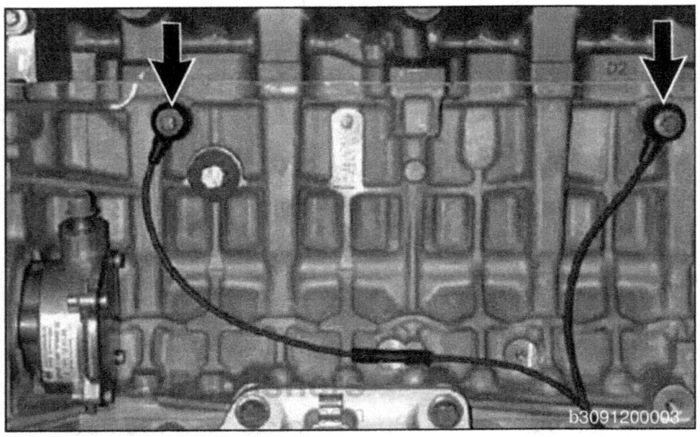

Remove knock sensor mounting bolts (**arrows**) on side of cylinder block. Remove sensors.

> ***CAUTION—***
> • *Note the installed angle of the knock sensor on the block before removing it. Reinstall the sensor in the same position. Be sure to use a torque wrench when tightening the sensor mounting bolt.*

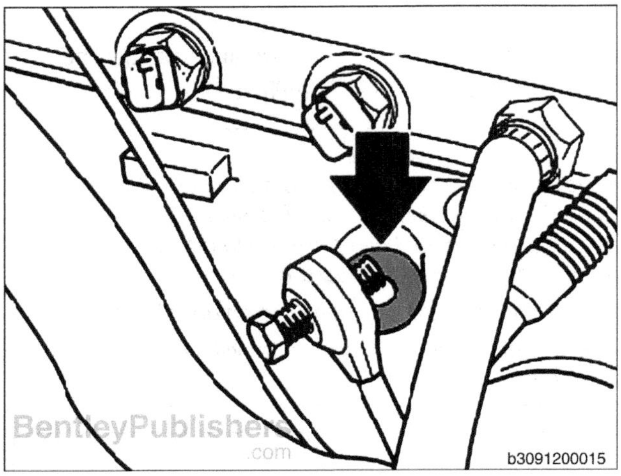

Clean knock sensor contact surface on engine block and sensor (**arrow**) before installing knock sensor.

> ***CAUTION—***
> • *Do not overtighten knock sensors.*

Tightening torques	
Knock sensor to engine block (use new aluminum M8 fasteners)	21.5 Nm (18.6 ft-lb)
Fuel line nut to high pressure pump (coat thread with transmission fluid)	30 Nm (22 ft-lb)
Fuel line mounting bracket to engine block	8 Nm (87.5 in-lb)

– Installation is reverse of removal. Remember to:
  - Replace knock sensor mounting bolt.
  - Be sure sensor harness is rerouted as before.
  - Check for fuel system leaks.
  - Check and clear fault codes from ECM memory.

121 Battery, Starter, Alternator

TABLES

121

GENERAL

This repair group covers the battery, alternator, starter and associated components of the electrical system.

See also:

- **020 Maintenance** for accessory belt replacement and battery routine service.
- **600 Electrical System–General** for bus system information, power reset procedure and general electrical troubleshooting
- **721 Airbag System (SRS)** for battery safety terminal (BST)
- **ECL Electrical Component Locations**
- **ELE Electrical Wiring Diagrams**

Engine electrical system

The alternator and starter are wired directly to the battery. To prevent accidental shorts that might blow a fuse or damage wires and electrical components, disconnect the negative (–) battery cable before working on the electrical system.

Different versions of alternators, starters and batteries are used in E90 models. Replace components according to the original equipment specifications.

Troubleshooting

Basic battery, starter and charging system troubleshooting information is in **Table a**.

Table a. Battery, starter and charging system troubleshooting

Symptom	Probable cause	Corrective action
Engine does not crank	Fault in car access system (CAS).	Try another ignition key. If problem persists, contact your authorized BMW dealer.
Engine cranks slowly or not at all, solenoid clicks when starter is operated.	Battery cables loose, dirty or corroded.	Clean or replace cables. See **020 Maintenance**.
	Battery discharged.	Charge battery and test. Replace if necessary.
	Battery to body ground cable in trunk loose, dirty or corroded	Inspect ground cable. Clean, tighten or replace if necessary.
	Poor connection at starter motor terminal X6512.	Check connections at starter motor.
	Starter motor or solenoid faulty.	Test starter.
Battery does not stay charged more than a few days.	Short circuit draining battery.	Test for excessive current drain with everything electrical off.
	Short driving trips and high electrical drain on charging system does not allow battery to recharge.	Evaluate driving style. Where possible, reduce electrical consumption when making short trips.
	Engine accessory belt loose, worn or damaged.	Inspect or replace accessory belt. See **020 Maintenance**.
	Battery faulty.	Test battery and replace if necessary.
	Battery cables loose, dirty or corroded.	Clean or replace cables. See **020 Maintenance**.
	Alternator faulty.	Test alternator.

Warnings and Cautions

WARNING —
- *Wear goggles, rubber gloves, and a rubber apron when working around the battery or battery acid (electrolyte).*
- *Battery acid contains sulfuric acid and can cause skin irritation and burning. If acid is spilled on your skin or clothing, flush the area at once with large quantities of water. If electrolyte gets into your eyes, flush them with large quantities of clean water for several minutes and call a physician.*
- *A battery that is being charged or is fully charged gives off explosive hydrogen gas. Keep sparks and open flames away. Do not smoke.*
- *Battery lead and battery acid are both hazardous materials. When disposing of an old battery, follow federal, state and local regulations on hazardous waste disposal.*

CAUTION—

- *Use a digital multimeter when testing automotive electrical components.*
- *If a repair procedure specifies disconnecting the battery, follow the instruction for safety reasons.*
- *Prior to disconnecting the battery, read the battery disconnection cautions in* **001 Warnings and Cautions**.
- *Disconnecting the battery cables may erase fault codes stored in ECM memory.*
- *Using a conventional battery charger to jump start the vehicle may damage electronic control modules. Use an electronic vehicle power supply or another 12-volt battery for jump-starting. Jump starting is covered in* **020 Maintenance**.
- *Disconnect the negative (–) battery cable first and reconnect it last. Cover the battery post with an insulating material whenever the cable is removed.*
- *Do not disconnect battery, alternator or starter wires while the engine is running.*
- *Do not reverse the battery cables. Even a momentary wrong connection can damage the alternator or other electrical components.*
- *Do not depend on insulation color to tell battery positive and negative cables apart. Label cables before removing.*
- *Power windows and sunroof may fail to function properly after disconnecting and reconnecting the battery. Reinitialize windows and sunroof. See* **Battery reconnection notes** *in this repair group.*
- *Do not make any additional connections at the negative terminal of the battery.*
- *Do not modify the battery ground cable.*
- *Do not make any connections between the intelligent battery sensor (IBS) and the sensor screw.*
- *Do not use force when disconnecting the ground terminal from the battery.*
- *Do not pull at the ground cable.*
- *Do not use the IBS as a pivot point to lever off the ground terminal.*
- *Do not use the connections of the IBS as a lever.*
- *Use a torque wrench when reinstalling the battery ground cable.*
- *Do not release or tighten the IBS screw (screw with Torx head).*
- *To avoid electrochemical corrosion to engine components made of aluminum-magnesium alloy, do not use steel fasteners. Use aluminum fasteners only. For reliable identification, aluminum fastener heads are painted blue.*
- *Replace aluminum fasteners each time they are loosened.*
- *Follow torque instructions, including angle of rotation specifications, when installing aluminum fasteners.*

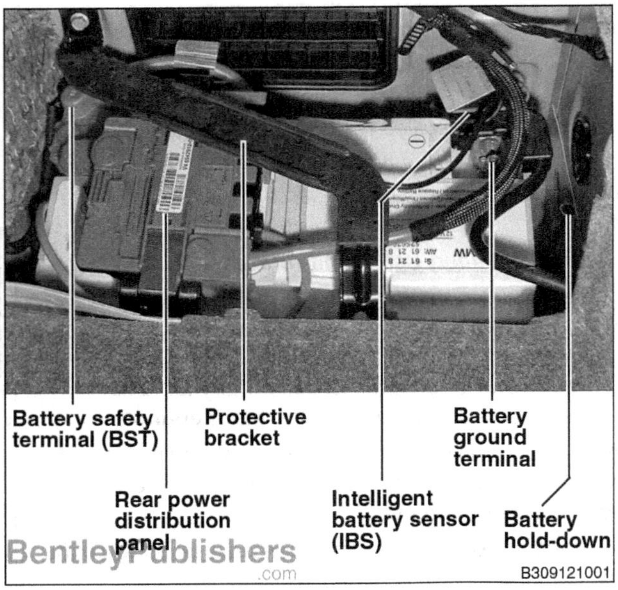

Battery

Battery basics

The wet-cell lead-acid battery is rated by ampere / hours (Ah) and cold cranking amps (CCA) listed on the battery.

Battery location and connections

The battery is mounted in the right side of the trunk or cargo compartment, underneath the floor trim.

For rear power distribution panel details, see **ECL Electrical Component Locations**.

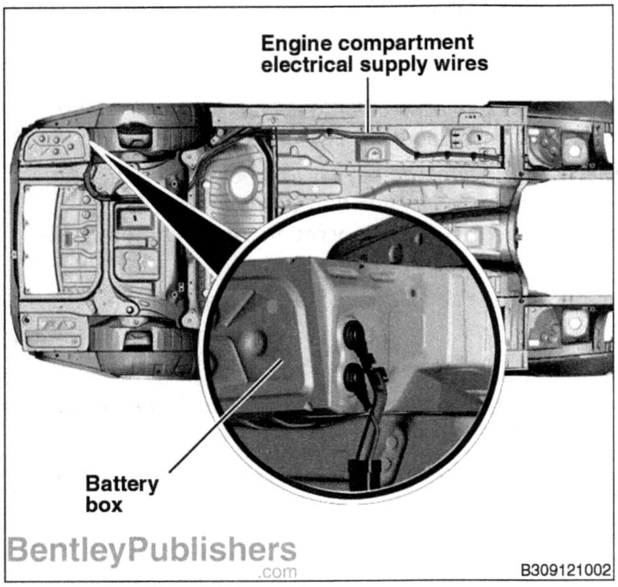

Underneath the vehicle at the battery box are two power transfer points for the two cables that run to the engine compartment.

- One cable goes to the jump start terminal in the engine compartment and then connects to the starter and alternator.
- The second cable is used to supply power to engine electronics (DME and Valvetronic).

The power cables are routed in a protected area underneath the body of the vehicle.

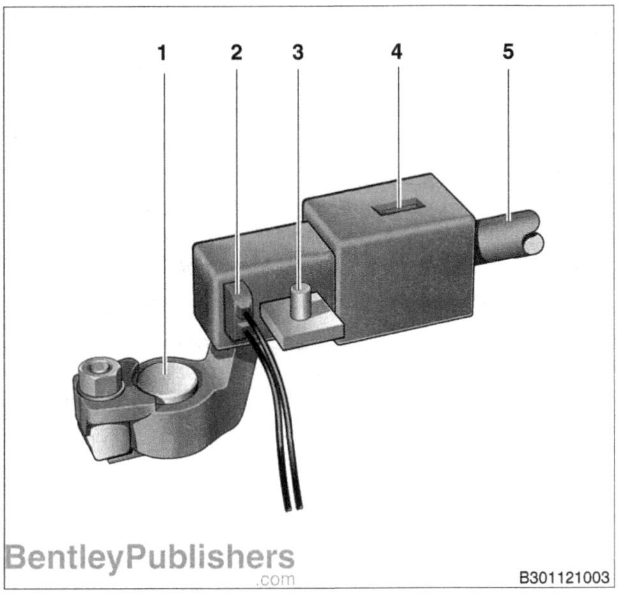

Battery safety terminal (BST)

1. Positive battery terminal (B+)
2. BST igniter connector
3. B+ to rear power distribution box (A46)
4. BST cover retaining clip
5. B+ to starter and alternator

The battery safety terminal (BST) is controlled by the multiple restraint system (MRS) control module. The system disconnects electrical power to the engine compartment in case of a significant crash. MRS fires an encapsulated pyrotechnic device in the positive (+) battery terminal that disconnects power to the engine compartment but maintains power to the exterior lights and interior of the vehicle.

See also **721 Airbag System (SRS)**.

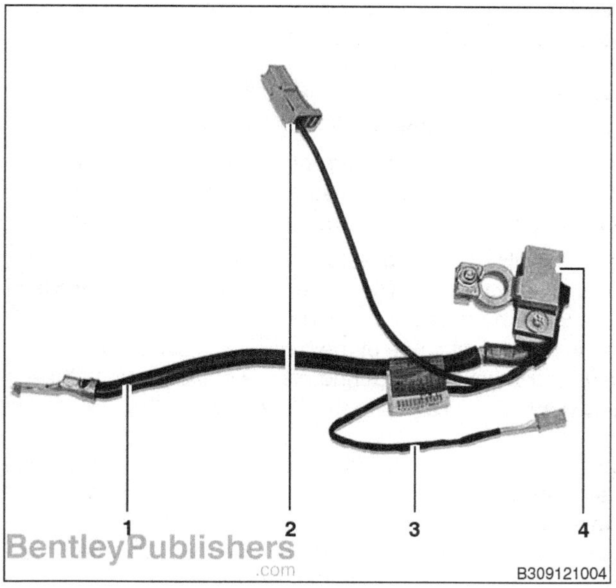

Intelligent battery sensor (IBS)

Intelligent battery sensor (IBS) is connected to the negative battery terminal.

1. Battery ground cable
2. B+ connection to IBS
3. Bit-serial data (BSD) interface
4. Intelligent battery sensor (IBS)

The IBS is sensitive to mechanical stress and strain. See **Warnings and Cautions** in this repair group.

Replace IBS as a complete unit with the battery ground cable. The ground cable serves as a heat sink for the IBS.

If IBS is replaced, allow vehicle to rest unused at least 3 hours. Only then can the new IBS determine battery status.

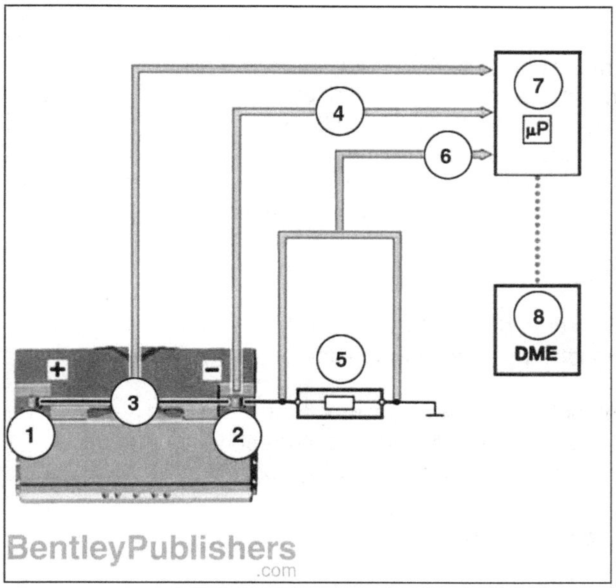

The IBS microprocessor monitors and measures battery conditions such as:

- Terminal voltage via measurement from B+ to ground
- Charge / discharge current via integrated shunt resistor
- Temperature of battery acid via integrated temperature sensor

1. B+ battery positive terminal
2. Battery ground terminal
3. Voltage measurement
4. Temperature measurement
5. Integrated shunt resistor
6. Current measurement
7. IBS microprocessor
8. Engine control module (ECM)

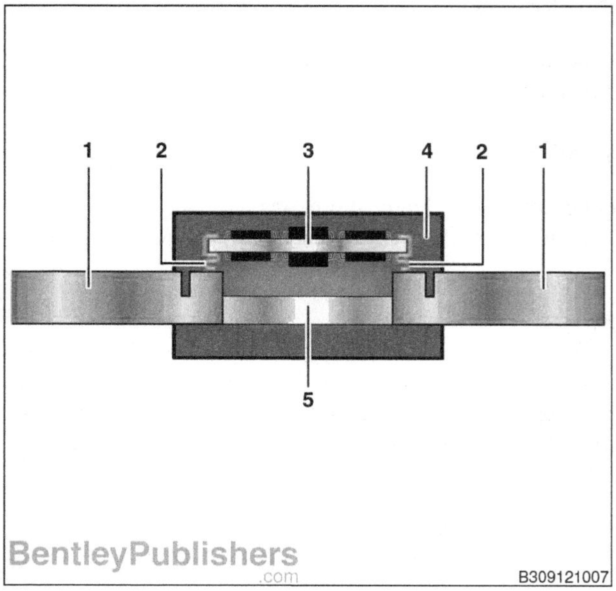

IBS components:

1. Copper plate
2. Gull wing tabs
3. PC board with evaluation electronics
4. Housing
5. Manganin copper alloy resistor maintains constant temperature regardless of current flow, used to measure current flow.

IBS evaluation function

IBS electronics continuously measure the following values under all vehicle operating conditions:

- Voltage (6 v to 16.5 v)
- Starting current (0 A to 1000 A)
- Charging current (20 A to 200 A)
- Temperature (-40°C to 105°C or -40°F to 221°F)
- Parasitic draw or closed circuit current (0 A to 10 A)

When the vehicle is stationary, the IBS is programmed to wake up every 40 seconds and makes battery condition measurements within approx. 50 ms in order to save power. The measured values, communicated to the engine control module (ECM) via binary serial data (BSD) interface, are used to calculate the following:

- State of charge (SoC) shows the current charge of the battery. SoC is used during key OFF periods to insure that the battery maintains a sufficient charge to start the engine at least one more time.
- State of health (SoH) tracks the history of the battery in the vehicle. Charge / discharge cycles and times are monitored. SoH helps the ECM determine correct battery charging rates and anticipated battery life. Internal resistance of the battery is calculated by IBS from current and voltage drop during engine start. These values are used by the ECM to calculate the SoH of the battery.

Software contained in the IBS microprocessor utilizes the measured values to calculate battery SoC during vehicle sleep mode and compares this information with that received from the ECM pertaining to the battery SoC / SoH during the period between engine OFF and deactivation of the DME main relay.

Battery data is stored every 2 hours over a 6 hour time frame, providing three snapshots of battery SoC information. The stored information / snapshot data is overwritten every 6 hours. Whenever the ignition is activated, IBS updates the ECM with the current closed circuit histogram / battery status information. The ECM evaluates the new data and, if a parasitic draw (closed-circuit current draw) is identified, a fault is stored in fault memory.

IBS diagnosis

A fault code is stored in the ECM when the IBS is defective. The ECM boosts idle speed in order to sufficiently charge the battery.

The IBS can only be diagnosed through the ECM. The self-diagnosis function checks the voltage, current, temperature, terminal 15 wake up signal as well as system errors in the IBS.

Voltage measurement

If IBS is shorted to ground, ECM fault code displays “Voltage Fault DME ON”. The IBS is unable to wake up the ECM.

If IBS is shorted to B+, ECM fault code displays “Voltage Fault, DME not ON”. The vehicle does NOT enter sleep mode.

Current measurement

Current measurement is a dynamic process. If an implausible current flow value is detected, ECM fault code displays “Current Fault”.

IBS wake-up

The IBS constantly monitors battery SoC, even when the vehicle is asleep. A wake-up signal is sent to the ECM if the SoC falls below a predetermined threshold. Upon wake-up, the ECM switches OFF auxiliary electrical loads in order to preserve battery charge.

IBS wakes up the vehicle once during a key-off cycle. Once awakened, the vehicle returns to sleep mode.

Wake-up signal faults

The IBS detects wake-up line faults under the following conditions:

- ECM switched ON.
- Ignition switched ON (voltage high at IBS).
- Terminal 15 running via alternator output at BSD.

If voltages at IBS terminal 15 and terminal 15 via the BSD are not equal, a fault is indicated either in the BSD line or the IBS.

Battery, testing

BMW batteries are rated as follows:

- **Ah rating** is determined by the average amount of current the battery can deliver over time without dropping below a specified voltage.
- **CCA rating** is determined by the battery's ability to deliver starting current at 0°F (-18°C) without dropping below a specified voltage.

Battery testing determines battery condition and state of charge. Before testing the battery, check that the battery cables are tight and free of corrosion.

Electronic battery testing

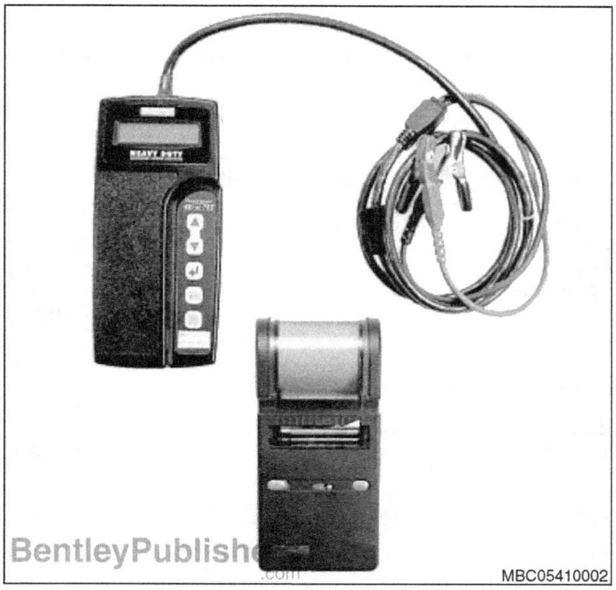

Electronic battery testers such as Midtronics®MCR 717 are recommended for testing all battery types.

Hydrometer testing

On conventional or low-maintenance batteries, check the specific gravity of the electrolyte using a hydrometer. The more dense the concentration of sulfuric acid in the electrolyte, the higher the state of charge.

Before hydrometer testing, load the battery with 15 amperes for one minute. If the battery is installed in the vehicle, this can be done by switching the headlights ON for about one minute without the engine running. The state of battery charge based on specific gravity values are in **Table b**.

Note that electrolyte temperature affects hydrometer reading. Check the electrolyte temperature with a thermometer. Add 0.004 to the hydrometer reading for every 6°C (10°F) that the electrolyte is above 27°C (80°F). Subtract 0.004 from the reading for every 6°C (10°F) that the electrolyte is below 27°C (80°F).

Table b. Specific gravity of battery electrolyte at 27°C (80°F)

Specific gravity	State of charge
1.265	Fully charged
1.225	75% charged
1.190	50% charged
1.155	25% charged
1.120	Fully discharged

If the specific gravity is at or above 1.225 but the battery lacks power for starting, determine the battery's service condition with a load voltage test. See **Battery load voltage test** in this repair group.

If the average specific gravity of the six cells is below 1.225, charge battery and retest. See **Battery charging notes** in this repair group.

Battery open-circuit voltage test

– Before testing, load battery with 15 amperes for one minute with battery load-tester or switch headlights ON for about one minute without engine running. Connect digital voltmeter across battery terminals. Open-circuit voltage levels are given in **Table c**.

Table c. Open-circuit voltage and battery charge

Open-circuit voltage	State of charge
12.6 or more	Fully charged
12.4	75% charged
12.2	50% charged
12.0	25% charged
11.7 or less	Fully discharged

– If open-circuit voltage is OK but battery still lacks power for starting, perform a load voltage test. See **Battery load voltage test** in this repair group.

– If open-circuit voltage is below 12.4 volts, recharge battery and retest. See **Battery charging notes** in this repair group.

Battery load voltage test

A battery load tester is required for a load voltage test. The test is made by applying a high resistive load to the battery terminals and simultaneously measuring battery voltage. For the most accurate results, make sure the battery is fully charged. Disconnect battery cables before making the test. Replace the battery if the voltage is below that listed in **Table d**.

> ***WARNING—***
> - *Wear protective goggles and clothing when performing a load test.*

Table d. Battery load test–minimum voltage

Ambient temperature	Voltage*
27°C (80°F)	9.6
16°C (60°F)	9.5
4°C (40°F)	9.3
-7°C (20°F)	8.9
-18°C (0°F)	8.5

* Measure after applying a 200 amp load for 15 seconds.

Battery parasitic draw, testing

If the vehicle battery is discharged for an unknown reason, perform the parasitic draw test designed to detect excessive current flow from the battery when everything in the vehicle is shut down. This is also known as a closed circuit current measurement.

- Check that battery voltage is 12 volts or higher. If lower, recharge battery.

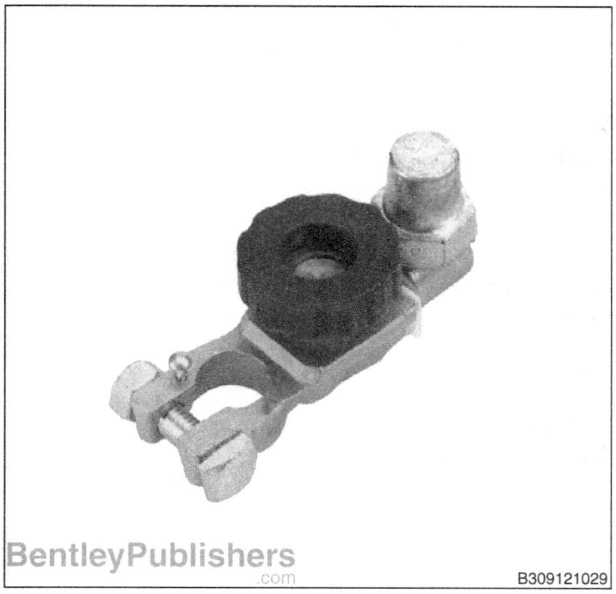

B309121029

- Remove negative cable and install battery isolation switch (OTC tool 7645 or equivalent).
- Close switch. Connect digital multimeter in series across switch. Set meter to milliamp (mA) scale.
- Turn trunk lock to locked position using screwdriver or similar (simulates trunk lid being closed). With exception of trunk, keep all other doors and lids closed.
- To simulate normal parasitic draw conditions: Switch ignition ON and activate all electrical consumers, including any accessories. Switch ignition OFF. Open and close driver's door (simulates somebody getting out). Lock car, arming alarm if installed.
- Open battery isolation switch and monitor current draw.
  - Vehicle without telematics (TCU): Wait 30 minutes.
  - Vehicle with telematics (TCU): Wait 60 - 70 minutes.
- Maximum allowable parasitic draw after waiting: Approx. 40 mA.
- If draw exceeds maximum allowable, find consumer(s) at fault by removing individual fuses and noting change in parasitic draw. Repair or replace component(s) found at fault.

Fuse locations and applications are in **ECL Electrical Component Locations**.

430-watt Deutronic power supply

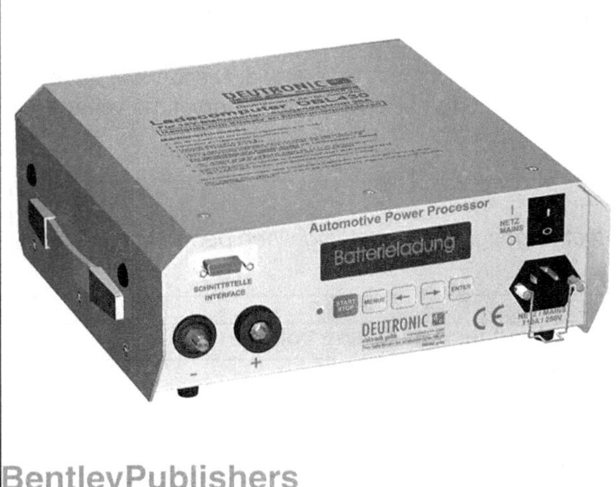

BentleyPublishers.com B309121013

Power supply (70-amp)

BentleyPublishers.com B309121014

BentleyPublishers B3009601022

Battery charging notes

Consistent, clean voltage is essential when charging the battery or maintaining battery charge while coding or programming control modules. A transformer-based battery charger is inadequate for this task. BMW recommends the use of a vehicle power supply instead of a battery charger.

A power supply is a constant voltage, high-amperage power station with electronically controlled functions. It insures clean DC voltage and eliminates AC. It also provides fast, efficient and safe battery charging. Once proper battery voltage is obtained, the power supply floats the charge to maintain that voltage.

Battery charging voltage	
BMW recommendation	14.8 v

Power supply units from different manufacturers are illustrated on this page.

If using a power supply, recharge battery without removing it. Otherwise, remove the battery from the trunk or cargo compartment during charging. See **Battery, removing and installing** in this repair group.

Prolonged charging with a conventional charger can cause battery electrolyte evaporation to a level that can damage. It is best to use a low-current charger (6 amperes or less) to prevent battery damage caused by overheating.

WARNING —
- *Hydrogen gas given off by the battery during charging is explosive. Do not smoke. Keep open flames away from the top of the battery, and prevent electrical sparks by turning off the battery charger before connecting or disconnecting it.*

CAUTION—
- *Battery electrolyte (sulfuric acid) can damage the car. If electrolyte is spilled, clean the area with a solution of baking soda and water.*
- *Allow a frozen battery to thaw before attempting to recharge it.*
- *Do not exceed 16.5 charging voltage at the battery.*

Battery, charging

Connect vehicle power supply charger to engine compartment B+ and ground. Follow manufacturer's instructions for setting charging voltage.

Battery, removing and installing

> ***CAUTION—***
> * *Prior to disconnecting the battery, read the battery disconnection cautions given in* **001 Warnings and Cautions**.

– Switch ignition OFF.

B309121012

◄ Working in trunk or cargo compartment, open battery compartment. Twist plastic retainer counterclockwise (**arrow**) and remove right side trim.

B301121031

◄ Working at top of battery, remove protective bracket mounting fasteners (**arrows**) and lift off bracket.

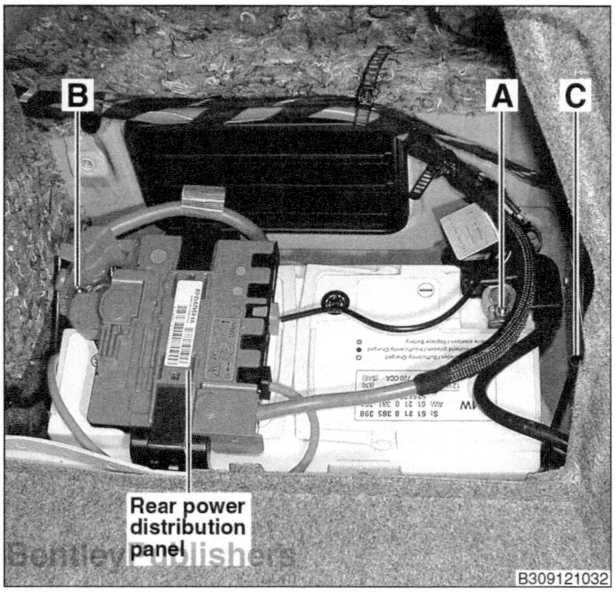

B309121032

◄ Working at top of battery:

- Loosen fastener (**A**) and disconnect negative cable first.
- Unlock battery safety terminal plastic cover and loosen positive cable fastener (**B**).
- Carefully lift rear power distribution panel, positive cable, negative cable and intelligent battery sensor off battery and lay aside.

> ***CAUTION—***
> * *Do not damage intelligent battery sensor (IBS), which is attached to ground cable. See* **Warnings and Cautions** *in this repair group.*

- Remove battery hold-down bolt (**C**).
- Disconnect battery vent hose at side of battery, if applicable.

– Lift battery out of trunk or cargo compartment.

– Clean away corrosion in and around battery tray and on cables ends.

– When reinstalling battery, reconnect negative cable last.

Tightening torques	
Battery post pinch bolt • M6 • M8	 5 Nm (44 in-lb) 15 Nm (11 ft-lb)

Once the battery is reinstalled, the following steps are necessary:

- If higher rating battery is installed, recode CAS with correct battery specifications.
- Register battery. See **Replacement battery registration** in this repair group.
- Follow **Battery reconnection notes** in this repair group.

Replacement battery registration

After fitting a new battery, connect BMW scan tool or equivalent and run service function "Register battery replacement" to notify vehicle power management (software in the engine electronics and intelligent battery sensor) that a new battery is fitted in the vehicle.

Without new battery registration, CAS and vehicle power management does not run properly and this can lead to function limitations; for example: reduction or deactivation of individual consumer functions.

During battery registration, the following operations are performed:

- Current mileage is stored.
- Stored values from old battery (charge status, current, voltage, temperature, etc.) are deleted.
- Power management is initialized.

Battery reconnection notes

In addition to **Warnings and Cautions** in this repair group and in **001 Warnings and Cautions,** observe the following whenever the battery is disconnected or accidentally discharged and then reconnected.

Clock

– Reset.

Radio

– Enter presets.

Steering angle sensor

– Adjust using BMW scan tool or equivalent.

Power window regulator motors

Initialize as follows:

– Switch ignition ON and close window completely.

- Release window button, then hold switch in Close direction again for approx. 1 second.
- Open window completely.
- Release window button, then hold switch in Open direction again for approx. 1 second.
- Close window completely again.
- Release window button, then hold switch in Close direction again for approx. 1 second.
- Check to make sure one-touch control, anti-trapping and comfort functions are activated.

See **512 Door Windows** for additional information.

Sunroof

Initialize as follows (if applicable):

◀ Switch ignition ON and press and hold sunroof switch in Raised direction (**arrow**).

- After sunroof reaches Raised position, keep switch pressed for approx. 15 seconds longer.
- Initialization is complete when sunroof attempts briefly to lift again.

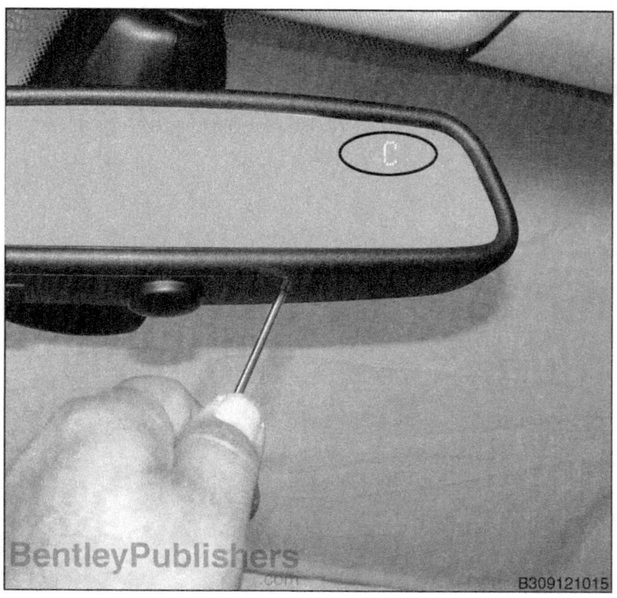

Compass in interior mirror

Calibration (if applicable):

- Switch ignition ON

◀ Using thin bladed screwdriver or equivalent tool, press push button at base of mirror until C appears in compass display (**oval**).

- Drive vehicle 2 - 3 times in a circle at approx. 10 mph.
- Calibration is complete when direction display appears.

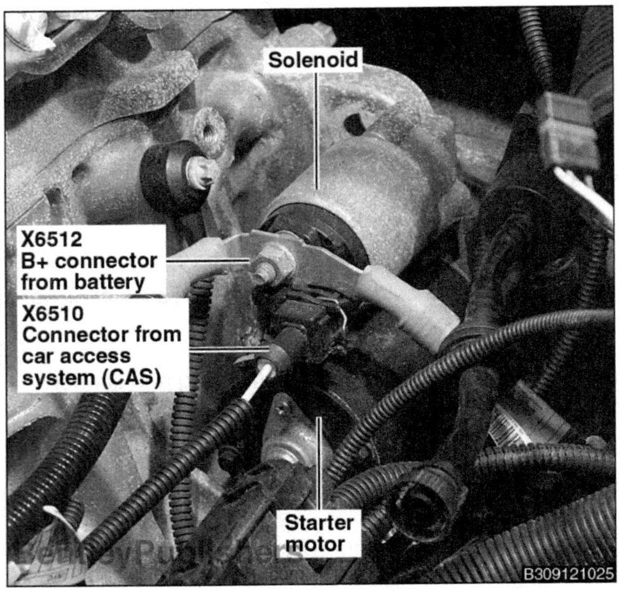

Starter

Starter troubleshooting

The starter is bolted to the engine bell housing under the intake manifold. Starter wiring connects to the solenoid, above the starter, as follows:

- Large wire (X6512 or B+ connector) is direct battery voltage.
- Smaller wire (X6510) operates starter solenoid via ignition switch and car access system (CAS).

– If starter and solenoid click repeatedly without starting vehicle:

- Check battery state of charge.
- Inspect battery and starter cables, terminals, and ground connections for good contact. In particular, make sure ground connections between battery, body and engine are completely clean and tight.
- If no faults are found, starter may be faulty and should be replaced.

– If starter fails to operate, check the following:

- Car access system (CAS). Try another ignition key. If no faults can be found, have CAS checked using BMW scan tool equipment. CAS replacement is covered in **CAS module, removing and installing** in this repair group.
- Clutch switch module (manual transmission). Make sure clutch is pressed all the way to the floor. See **210 Clutch**.

NOTE—
- *Automatic transmission neutral safety switch function is built into transmission mechatronics electronics. Failure of this function causes a no-start condition.*

– Access to starter is difficult as it is under the intake manifold. If possible, check for battery voltage (12.6 volts) at B+ terminal (X6512).

– Check for battery voltage at terminal X6510 of starter motor with ignition in START position.

- If voltage is not present, check wiring between CAS and starter terminal.
- Check CAS and other inputs that disrupt power to solenoid. See **ELE Electrical Wiring Diagrams**.
- If voltage is present and no other visible wiring faults can be found, problem is most likely in starter motor.

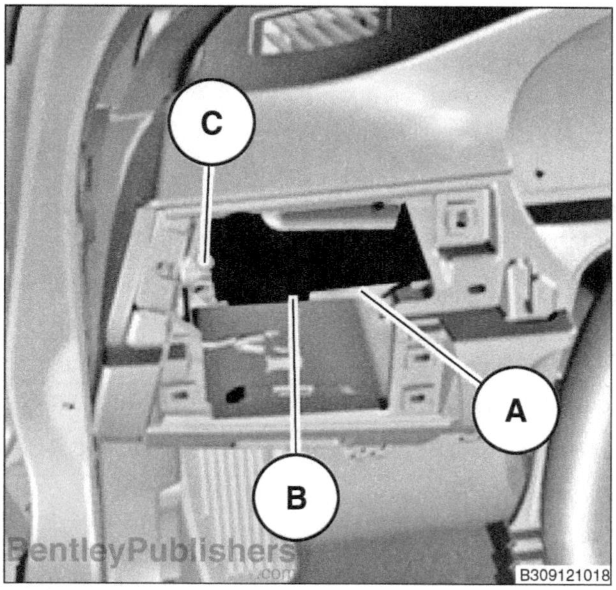

CAS module, removing and installing

> ***CAUTION—***
> *• CAS module is static sensitive. Static discharge may damage it permanently. Handle using static prevention equipment and techniques. See* **600 Electrical System–General**.

– Remove left side dashboard lower trim (pedal cluster trim). See **513 Interior Trim**.

< Working to left of steering column:
- Detach ribbon harness (**A**) from CAS module.
- Detach harness connector (**B**) from CAS module.
- Remove module mounting screw (**C**) and withdraw module to left and down to remove from dashboard.

– Inspect ribbon cable and replace if damaged. (Ribbon cable connects CAS to ignition key slot and Start / Stop button.)

– When installing, make sure CAS module guide fits correctly into mounting slot.

– After reassembly, carry out vehicle coding and programming. See **600 Electrical System–General**.

Starter, removing and installing

– Switch ignition OFF. Disconnect negative (–) battery cable and cover battery terminal to keep cable from accidentally contacting terminal.

> ***CAUTION—***
> *• Prior to disconnecting the battery, read the battery disconnection cautions in* **001 Warnings and Cautions**.

– Remove upper and lower cabin air microfilter housings. See **640 Heating and Air-conditioning**.

– Remove engine air filter housing and ducts. See **130 Fuel Injection**.

– Remove left front upper tension strut (crossbrace from rear engine compartment bulkhead to left strut tower).

– Remove ignition coil cover. See **020 Maintenance**.

– Remove intake manifold. See **130 Fuel Injection**.

> ***CAUTION—***
> *• Do not detach fuel lines or injectors.*

< Working at starter solenoid electrical connections:
- Remove fastener (**A**) and detach B+ cable from solenoid.
- Press in wire clip (**arrow**) to release solenoid wire connector.

- Remove starter mounting bolts (**arrows**). Discard aluminum bolts. (Aluminum bolt heads are not always marked with blue paint. Use a magnet to identify them.)

- Lift out starter motor.

- Before installing new starter, rotate engine and inspect flywheel or torque plate gear teeth through starter hole. Replace if damaged. See **210 Clutch** or **240 Automatic Transmission**.

- Reinstall starter and reattach electrical connectors.

Tightening torques	
B+ cable to starter (M8)	13 Nm (10 ft-lb)
Starter to bell housing (turbo)	38 Nm (28 ft-lb)
Starter to bell housing (non-turbo) (replace M10 aluminum bolts) • Stage 1 • Stage 2	 20 Nm (15 ft-lb) additional 180°

ALTERNATOR AND CHARGING SYSTEM

Alternator basics

The alternator is bolted to the left side of the engine block. It is driven by the engine accessory belt. A belt idler pulley is bolted to the bottom of the alternator housing. Accessory belt replacement is covered in **020 Maintenance**.

Several versions of alternators are used in E90 vehicles. Be sure that the replacement alternator is correct for the application.

Alternator interface

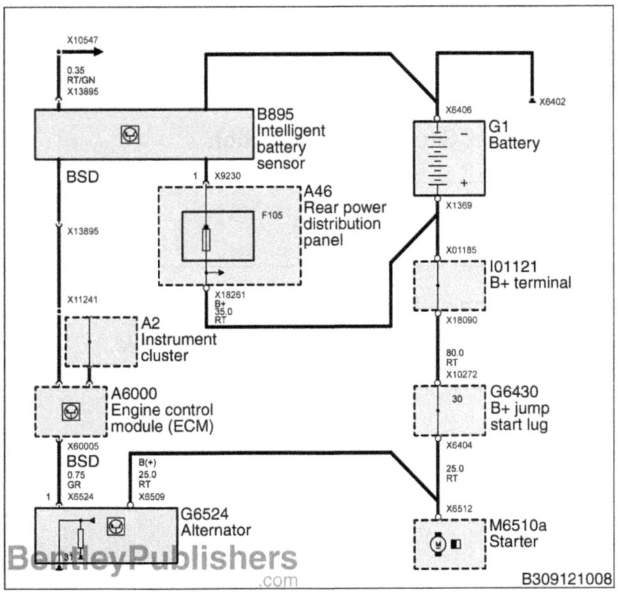

The alternator communicates with the engine control module (ECM) via bit-serial data (BSD) interface. This single wire connection allows the ECM to adapt its calculations and control data to alternator output. The ECM controls the following functions:

- Alternator activation and deactivation.
- Informing the voltage regulator of the nominal voltage value to be set.
- Alternator load response control.
- BSD line diagnosis.
- Alternator fault code storage.
- Charge indicator light activation in instrument cluster.

Charging system troubleshooting

Some charging system tests require special test equipment. If the test equipment is not available, charging system fault diagnosis can be performed by an authorized BMW dealer or other qualified repair shop. See **Table a** for general electrical component troubleshooting.

Before checking the alternator, make sure the battery is fully charged and capable of holding a charge. Check that the battery terminals are clean and tight and the engine accessory drive belt is properly tensioned and not severely worn.

Charging system quick-check

– Use a digital multimeter to measure voltage across the battery terminals with ignition OFF and then again with engine running. Battery voltage should be about 12.6 volts with key OFF and between 13.5 and 14.5 volts with engine running.

– Run engine at about 2000 rpm and switch ON electrical loads (fans, lights, rear window defroster, and wipers). With all accessories on, battery voltage should be above 12.6 volts.

The regulated voltage (engine running, battery charged, accessories and lights OFF) is usually between 13.2 and 14.5, depending on temperature and operating conditions. If the voltage is higher than 14.8, the voltage regulator is most likely faulty.

Charging system, checking

> ***CAUTION—***
> - *Do not disconnect the battery while the engine is running. Damage to the alternator or engine electronic systems may result.*
> - *Only use a digital multimeter when testing charging system components.*

◄ Switch ignition ON. Check that battery warning light comes ON. If warning light does not come ON, check for fault codes.

Charging system, checking

- Check for battery voltage at alternator terminal 30 (B+):
  - Pull off insulating cover at terminal 30 (**arrow**) at rear of alternator.
  - Connect voltmeter between terminal 30 and ground and check for battery voltage. If voltage is not present, check wiring for faults.

– Connect oscilloscope to check alternator function:
  - Positive test lead of oscilloscope to positive battery terminal.
  - Negative test lead of oscilloscope to negative battery terminal.
  - Set oscilloscope to A/C volts and a time base of 500ms.

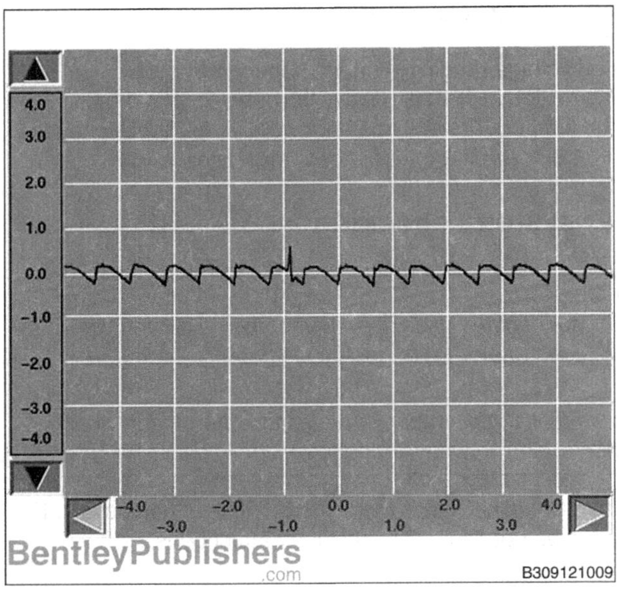

- Normal alternator pattern.

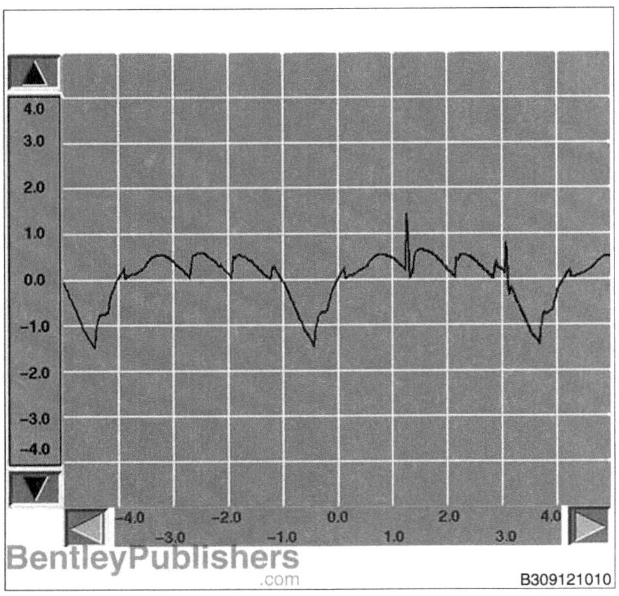

- Alternator with defective diode.

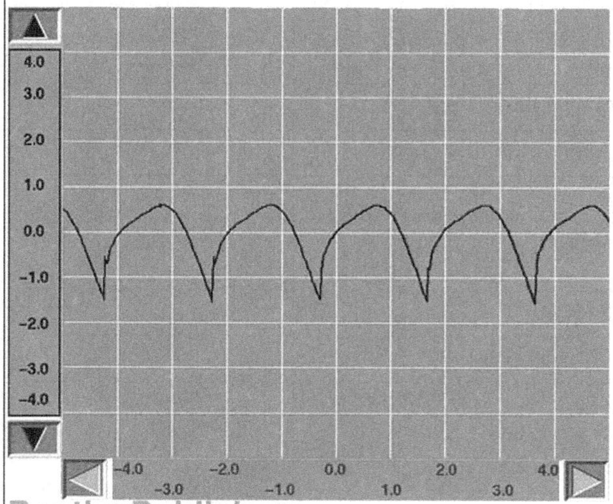

B309121011

< Alternator with broken winding.

– If test indicate a defective alternator, replace unit. Repair parts are not available for the alternator.

Alternator, removing and installing (non-turbo)

– Switch ignition OFF. Disconnect negative (–) battery cable and cover battery terminal to keep cable from accidentally contacting terminal.

> ***CAUTION—***
> *• Prior to disconnecting the battery, read the battery disconnection cautions in* **001 Warnings and Cautions**.

– Raise vehicle and support safely.

> ***WARNING—***
> *• Make sure the vehicle is stable and well supported at all times. Use a professional automotive lift or jack stands designed for the purpose. A floor jack is not adequate support.*

– Remove splash shield underneath engine compartment. See **020 Maintenance**.

– Remove electric fan cowl and fan. See **170 Radiator and Cooling System**.

– Remove engine accessory belt. See **020 Maintenance**. Mark direction of rotation on belt before removing.

– Remove intake air filter housing. See **130 Fuel Injection**.

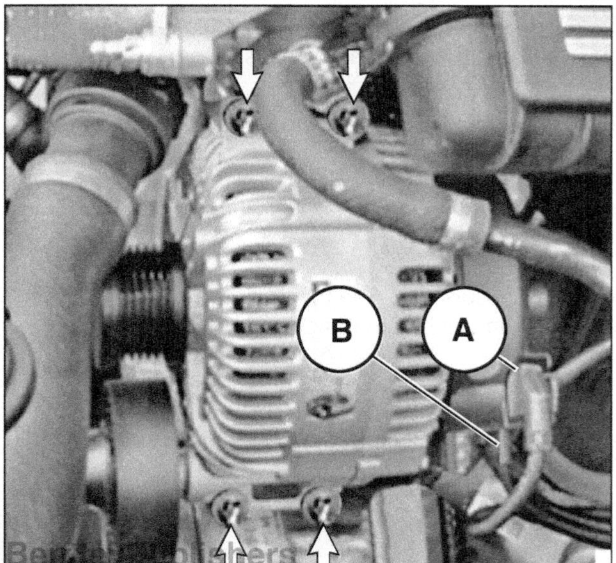

B301121020

< Working at rear of alternator:

- Detach harness connector (**A**)
- Remove nut (**B**) and detach alternator cable.
- Remove alternator mounting bolts (**arrows**) and discard (aluminum bolts).
- Lift out alternator.

◀ With alternator on work bench:

- Remove idler pulley (**C**) fastener plastic cover, if applicable.
- Remove idler pulley and transfer to new alternator.

Tightening torques	
Idle pulley to alternator housing	40 Nm (30 ft-lb)

– Reinstall alternator using new aluminum bolts. Reattach electrical harnesses.

Tightening torques	
Alternator cable to alternator (M8)	19 Nm (14 ft-lb)
Alternator to engine block (M8 x 82 mm aluminum bolts, replace with new) • Stage 1 • Stage 2	 10 Nm additional 180°

– Reassemble front of engine. Remember to:

- Reinstall accessory belt using previously made direction-of-rotation marks.
- Make sure accessory belt grooves engage pulleys correctly.
- After reconnecting battery, see **Battery reconnection notes** in this repair group.

Alternator, removing and installing (turbo)

– Switch ignition OFF. Disconnect negative (–) battery cable and cover battery terminal to keep cable from accidentally contacting terminal.

> ***CAUTION—***
> - *Prior to disconnecting the battery, read the battery disconnection cautions in* **001 Warnings and Cautions**.

– Raise vehicle and support safely.

> ***WARNING —***
> - *Make sure the vehicle is stable and well supported at all times. Use a professional automotive lift or jack stands designed for the purpose. A floor jack is not adequate support.*

– Remove splash shield underneath engine compartment. See **020 Maintenance**.

– Remove electric fan cowl and fan. See **170 Radiator and Cooling System**.

– Remove engine accessory belt. See **020 Maintenance.** Mark direction of rotation on belt before removing.

– Remove intake air filter housing. See **130 Fuel Injection**.

– Remove left side charge air duct. See **130 Fuel Injection**.

– Remove A/C compressor from mounting bracket and hang aside. See **640 Heating and Air-conditioning**. Do not detach A/C refrigerant lines.

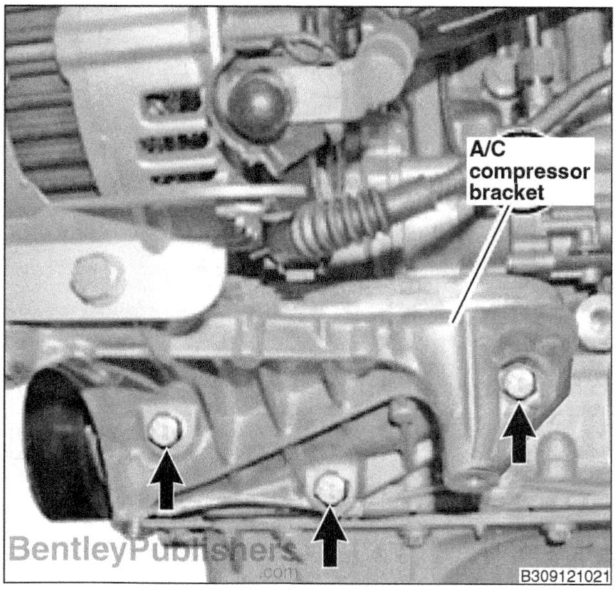

◄ Loosen A/C compressor bracket bolts (**arrows**) a few turns. Do not remove bracket.

◄ Working at rear of alternator:

- Detach harness connector (**A**)
- Pull off plastic protective cover and remove nut (**B**) to detach alternator terminal 30 (B+) cable.

Alternator, removing and installing (turbo)

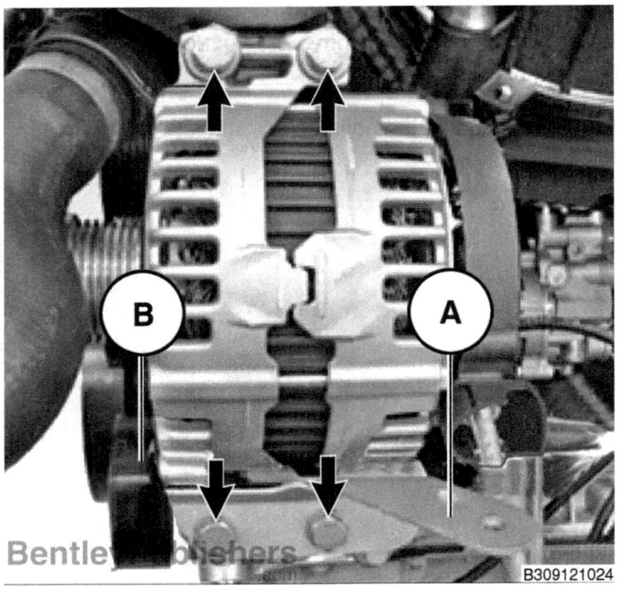

◄ Working at left side of engine:

- Remove alternator mounting bolts (**arrows**).
- Lift out alternator with bracket (**A**).

— With alternator on work bench:

- Remove idler pulley (**B**) fastener plastic cover, if applicable.
- Remove idler pulley and transfer to new alternator.

Tightening torques	
Idler pulley to alternator housing	80 Nm (59 ft-lb)

— Reinstall alternator and reattach electrical harnesses.

Tightening torques	
Alternator cable to alternator (M8)	19 Nm (14 ft-lb)
Alternator to engine block (M8)	19 Nm (14 ft-lb)

— Tighten A/C compressor bracket bolts, then reinstall compressor.

Tightening torque	
A/C compressor bracket to engine block	19 Nm (14 ft-lb)

— Reassemble front of engine. Remember to:

- Reinstall accessory belt using previously made direction-of-rotation marks.
- Make sure accessory belt grooves engage pulleys correctly.
- After reconnecting battery, see **Battery reconnection notes** in this repair group.

130 Fuel Injection

continued on next page

TABLES

GENERAL

This repair group covers service and repair of engine management systems. Information in this repair group is organized by engine application. There are three engine management system variants used, depending on engine application. Application information for DME systems is listed in **Table a**.

DME systems is listed in **Table a**.

Table a. Engine management applications

Engine code	Engine management	Features
N52	Siemens MSV70	Valvetronic and VANOS
N51	Siemens MSV80	Valvetronic and VANOS
N52KP	Siemens MSV80	Valvetronic and VANOS
N54 • 2007 • 2008 - 2011	 Siemens MSD80 Siemens MSD81	 Direct injection and VANOS Direct injection and VANOS
N55	Bosch MEVD17.2	Direct injection, Valvetronic and VANOS

See also:

- **020 Maintenance** for air filter and spark plug replacement
- **100 Engine–General** for engine identification
- **120 Ignition System** for ignition coil, camshaft sensor, crankshaft sensor and knock sensor service
- **160 Fuel Tank and Fuel Pump** for fuel pump and fuel pump relay service, fuel pressure tests and fuel pressure regulator replacement
- **180 Exhaust System** for oxygen sensor service
- **ECL Electrical Component Locations**
- **ELE Electrical Wiring Diagrams**
- **OBD On-Board Diagnostics**

Warnings and Cautions

WARNING—

- *The fuel system is designed to retain pressure even when the ignition is OFF. When working with the fuel system, loosen the fuel lines slowly to allow residual fuel pressure to dissipate. Avoid spraying fuel. Use shop towels to capture leaking fuel.*
- *Before beginning work on the fuel system, place a fire extinguisher in the vicinity of the work area.*
- *Work only on fuel system when engine temperature is below 40°C (104°F).*
- *When disconnecting a fuel line, clamp off the line and wrap a clean shop towel around the fitting before disconnecting. Residual fuel pressure is present in the line.*
- *Fuel is highly flammable. When working around fuel, do not disconnect wires that could cause electrical sparks. Do not smoke or work near heaters or other fire hazards.*

WARNING—

- *Wear eye protection and protective clothing to avoid injuries from contact with fuel.*
- *When working on an open fuel system, wear suitable hand protection, as prolonged contact with fuel can cause illnesses and skin disorders.*
- *Unscrew the fuel tank cap to release pressure in the tank before working on fuel lines.*
- *Do not use a work light with an incandescent bulb near fuel. Fuel may spray on the hot bulb causing a fire.*
- *Make sure the work area is properly ventilated.*
- *Due to risk of personal injury, be sure the engine is cold before beginning work on engine components.*
- *The ignition system produces high voltages that can be fatal. Avoid contact with exposed terminals. Use extreme caution when working on a car with the ignition switched ON or the engine running.*

CAUTION—

- *Renew fuel system hoses, clamps and O-rings any time they are removed.*
- *Prior to disconnecting the battery, read the battery disconnection cautions in* **001 Warnings and Cautions**.
- *Connect and disconnect the DME system wiring and test equipment leads only when the ignition is switched OFF.*
- *Wait at least 1 minute after switching the ignition OFF before removing the engine control module (ECM) connector. If the connector is removed before this time, residual power in the system relay may damage the control module.*
- *Tests or repair procedures in this section may set fault codes (DTCs) in the ECM and illuminate the MIL. After repairs are completed, access and clear DTC memory using a BMW scan tool or equivalent. See* **On-board diagnostics** *in this repair group.*
- *Fuel system cleaners and chemical additives other than those specifically recommended by BMW may damage catalytic converters, oxygen sensors and fuel supply components.*
- *Do not connect any test equipment that delivers a 12-volt power supply to terminal 15 (+) of the ignition coils. The current flow may damage the ECM. Connect test equipment only as specified by BMW or the equipment maker.*
- *Relay positions can vary. Be sure to confirm relay location and function by identifying the wiring in the socket using the wiring diagrams found in* **ELE Electrical Wiring Diagrams**.
- *Use a digital multimeter for electrical tests. Use an LED test light for quick tests.*

Driveability Troubleshooting

The self-diagnostic DME engine management systems monitor and store diagnostic trouble codes (DTCs). If the malfunction indicator light (MIL) illuminates, it indicates that an emissions-related fault has occurred and that one or more DTCs are stored in the engine control module (ECM).

If faults arise, or if the MIL is illuminated, begin troubleshooting by connecting BMW scan tool or equivalent to the data link connector (DLC) in the engine compartment or OBD II plug under the dashboard.

The capabilities of OBD II software has the potential to save hours of diagnostic time and to help avoid incorrect component replacement and possible damage to system components. See **On-board diagnostics** in this repair group.

Basic engine settings

Idle speed, idle mixture (%CO), and ignition timing are not adjustable. The DME system is adaptive and automatically compensates for changes in the engine due to age, minor wear or small problems such as a disconnected vacuum hose. However, the adaptive range is limited. Once the limits are exceeded, driveability problems become noticeable.

Poor initial driveability may be encountered when the battery is disconnected and reconnected. When the battery is disconnected, ECM adaptive memory may be reset. The system readapts after about ten minutes of driving.

System voltage

Digital motor electronics (DME) requires that the system (battery) voltage be maintained within a narrow range of DC voltage. DC voltage levels beyond or below the operating range, or any AC voltage in the electrical system can cause havoc.

- When troubleshooting an illuminated MIL, make sure the battery is fully charged and capable of delivering all its power to the electrical system. An undercharged battery can amplify AC alternator output ripple.

- To make a quick check of battery charge, measure voltage across battery terminals with all cables attached and ignition OFF. A fully charged battery measures 12.6 volts or slightly more, compared to 12.15 volts for a battery with a 25% charge.

The DME system operates at low voltage and current levels, making it sensitive to small increases in resistance. The electrical system is routinely subject to corrosion, vibration and wear, so faults or corrosion in the wiring harness and connectors are not uncommon.

- Check battery and DME terminals for corrosion or loose fitting connections.

– If a battery cable connection has no visible faults but is still suspect, measure voltage drop across the connection. A large drop indicates excessive resistance, meaning that the connection is corroded, dirty or damaged. Clean or repair and retest. See **600 Electrical System–General** for voltage drop test procedure.

– Visually inspect wiring, connectors, switches and fuses. Loose or damaged connectors can cause intermittent problems, especially small terminals in ECM connectors. Disconnect wiring harness connectors to check for corrosion, and use electrical cleaning spray to remove contaminants.

Main grounds

Good grounds are critical to proper DME operation. If a ground connection has no visible faults but is still suspect, measure the voltage drop across the connection. A large voltage drop means high resistance. Clean or repair the connection and retest.

For voltage drop testing, see **600 Electrical System-General.**

For ground locations, see **ECL Electrical Component Locations**.

On-board diagnostics

Second generation on-board diagnostics (OBD II) software and hardware is incorporated in the engine management systems. The OBD II system monitors components that influence exhaust and evaporative emissions. If a problem is detected, the OBD II system stores the associated diagnostic trouble code (DTC) and condition.

If vehicle emissions levels exceed 1.5 times Federally mandated criteria, the OBD II system illuminates a malfunction indicator light (MIL) in the instrument cluster.

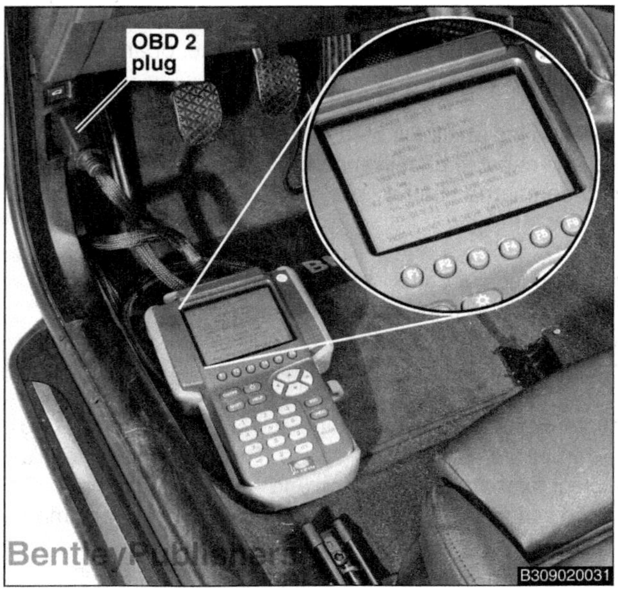

◀ Scan tool connected to OBD II plug below left dashboard.

Professional diagnostic scan tools available at the time of this printing include the BMW GT1, ISTA and a small number of aftermarket BMW-specific tools.

In addition to professional scan tools, there are inexpensive generic OBD II scan tool software programs and handheld units available. Although these have limited capabilities as compared to the dedicated tools, they are powerful diagnostic tools.

For the DIY owner, a simple aftermarket DTC reader is available through http://www.peakeresearch.com. This tool is capable of checking for DTCs as well as switching the illuminated MIL OFF and resetting service indicator lights.

NOTE—

- *OBD II DTC memory (including an illuminated MIL) can only be reset using a BMW scan tool or equivalent. Removing the connector from the ECM or disconnecting the battery does not erase DTC memory.*

Engine Management Power Supply

See **ECL Electrical Component Locations** for fuse location and fuse panel access information.

DME relay locations

DME main relay position varies with vehicle production date. See also **ECL Electrical Component Locations**.

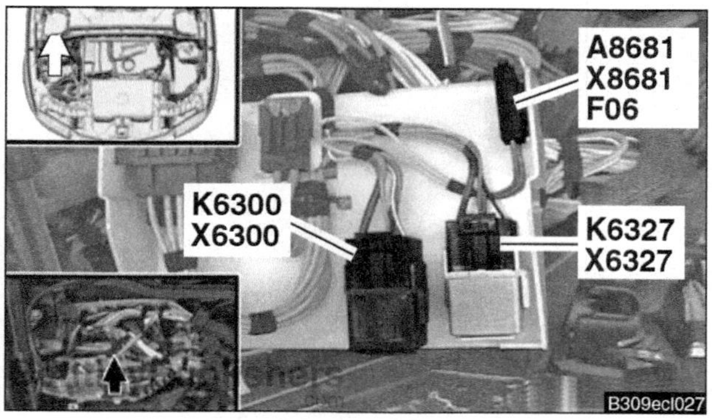

N51, N52, N52KP engines - to 03/2007

E-box, right rear of engine compartment.

- K6300 - DME main relay
- K6327 - Relay for fuel injection
- Fuse F06 (10 amp) - exhaust flap, e-box fan, DMTL, secondary air air mass meter (N51), secondary relay (N51), EAC (Environmental Air Catalyst) sensor (N51)

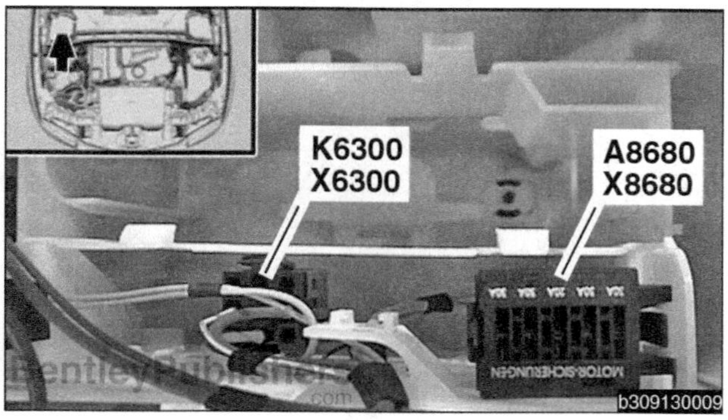

N54 engine - to 03/2007

E-box, right rear of engine compartment.

- K6300 - DME main relay
- A8680 - Engine electronics fuse carrier

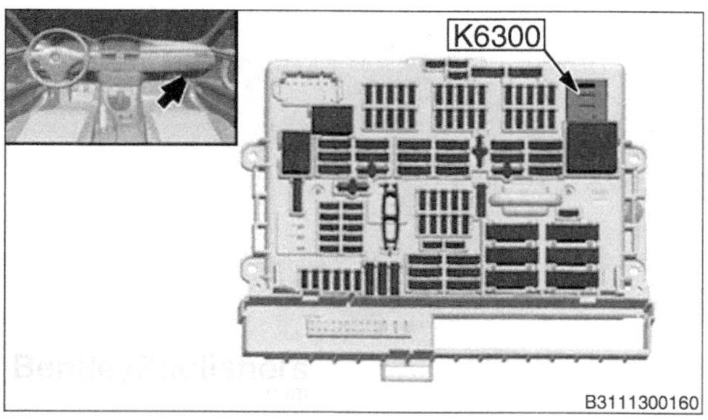

N51, N52KP, N54, N55 engines - from 03/2007

Junction box (JB) fuse and relay panel, behind glove compartment.

- K6300 - DME main relay

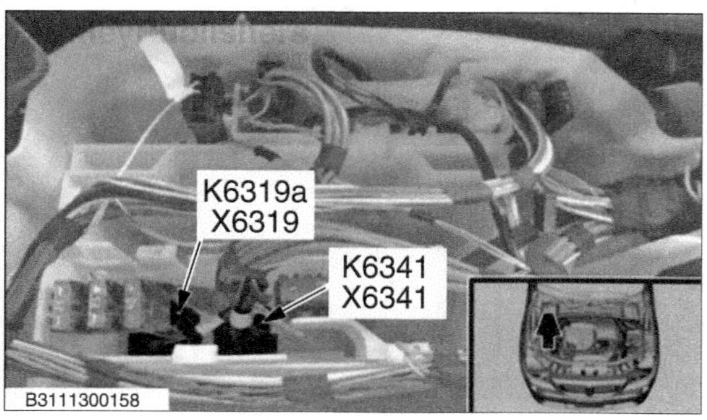

N55 engines

E-box, right rear of engine compartment.

- K6341 - relay for ignition and fuel injection
- K6319 - relay for Valvetronic

DME relay circuits

The DME main relay (K6300) is energized via the ECM and supplies battery positive (B+) power to the ECM as well as other engine management components. Components powered by DME main relay may vary based on model and model year. See **ELE Electrical Wiring Diagrams**.

DME main relay circuit (N51, N52 engines to 03/2007)

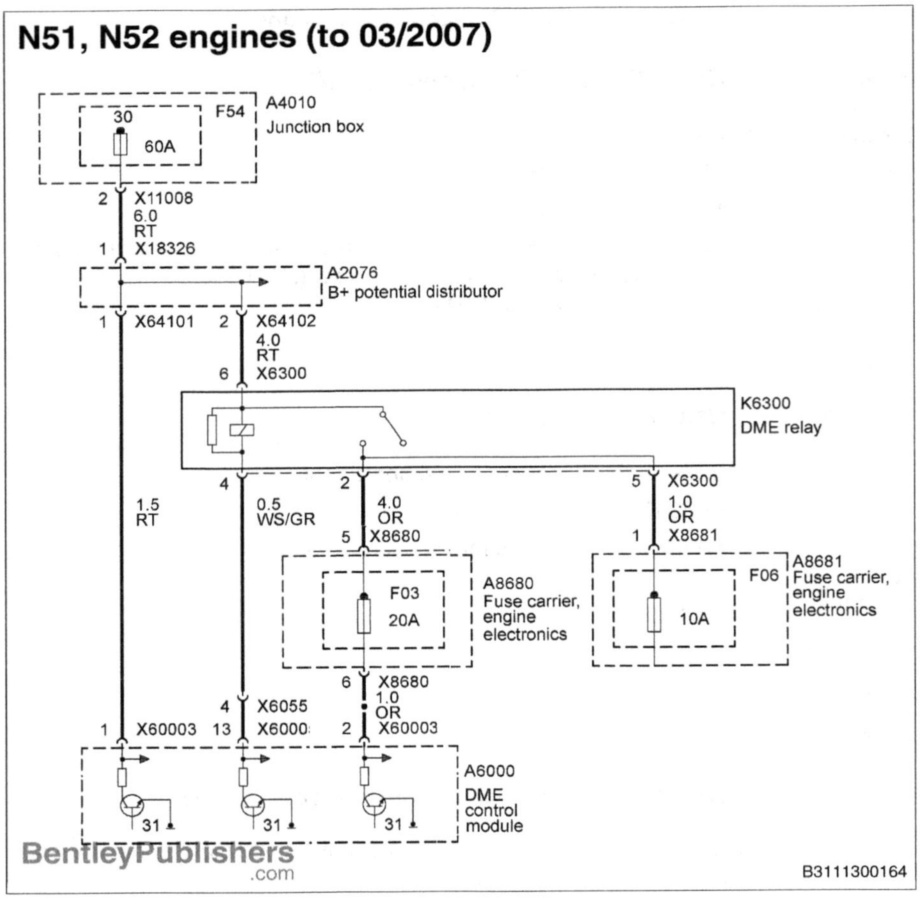

Fuel injector relay circuit (N51, N52 engines to 03/2007)

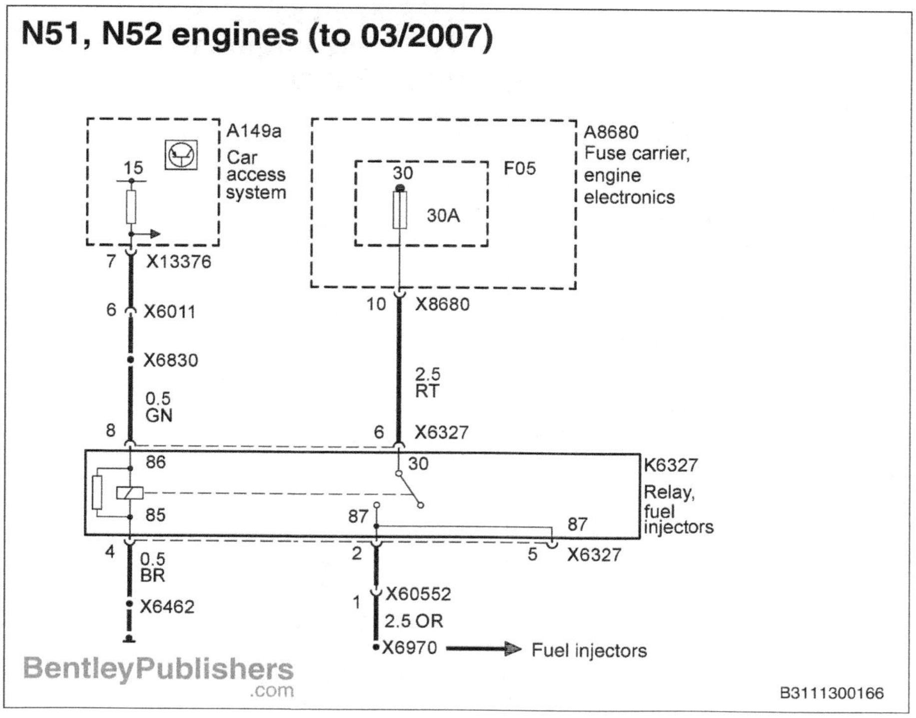

DME main relay circuit (N54 engines to 03/2007)

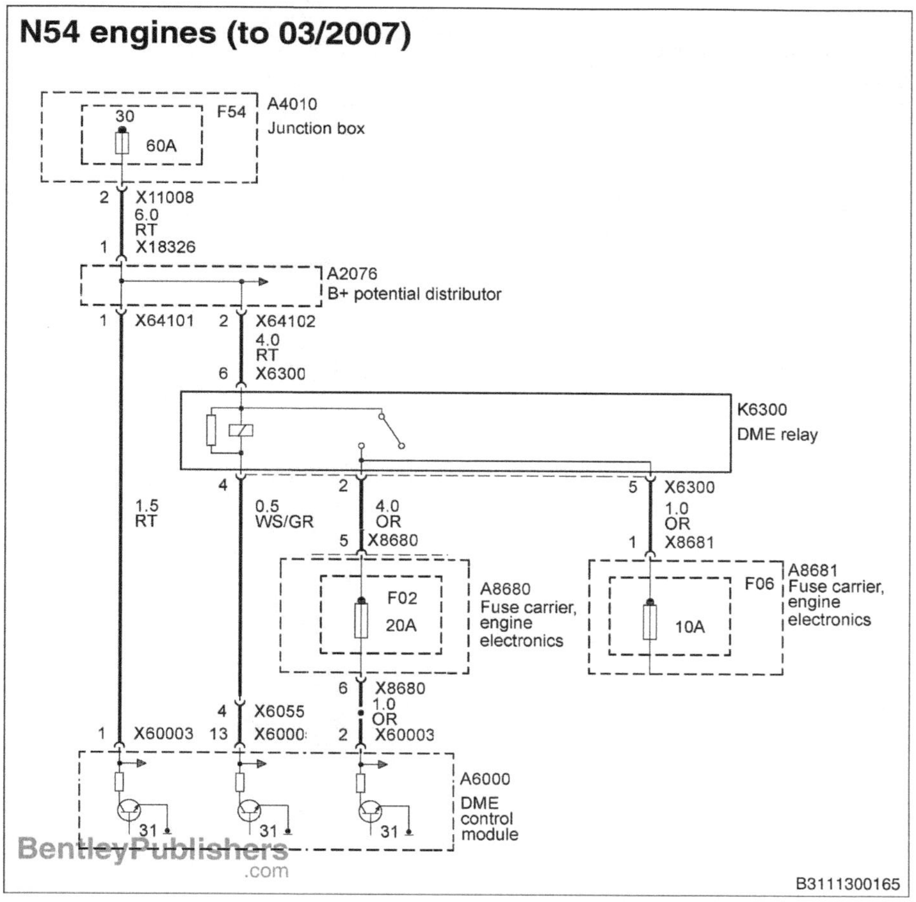

DME main relay circuit (N51, N52 engines from 03/2007)

N51, N52 engines (from 03/2007)

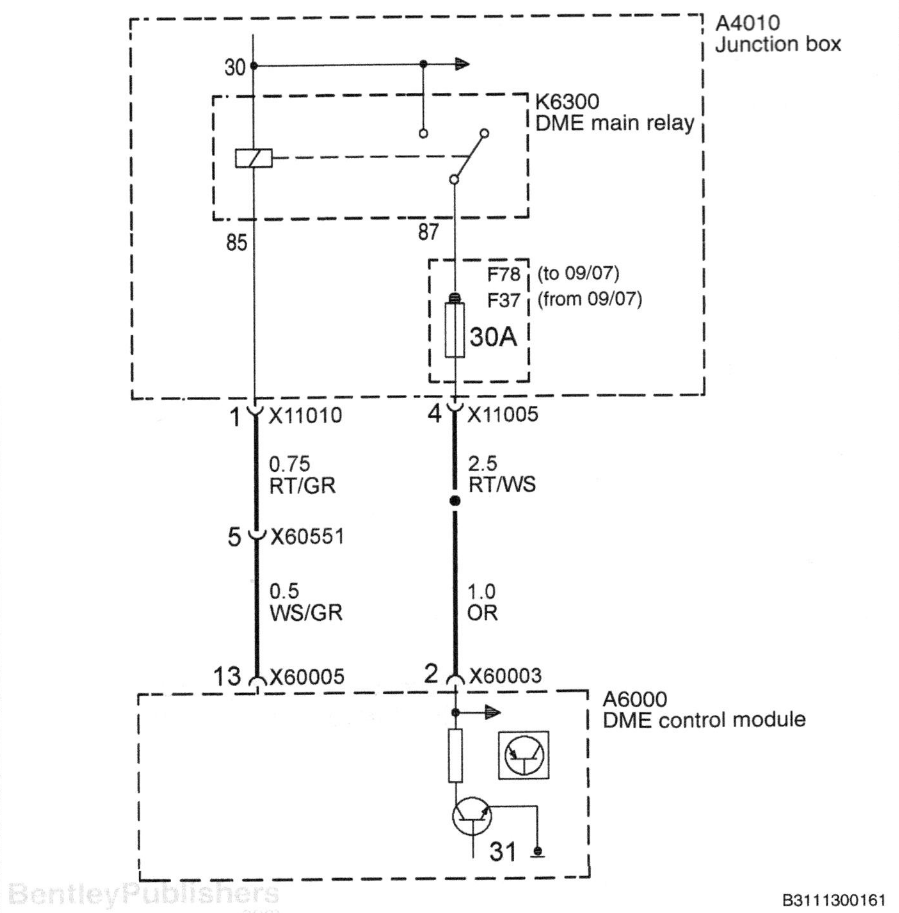

N54 engines (from 03/2007)

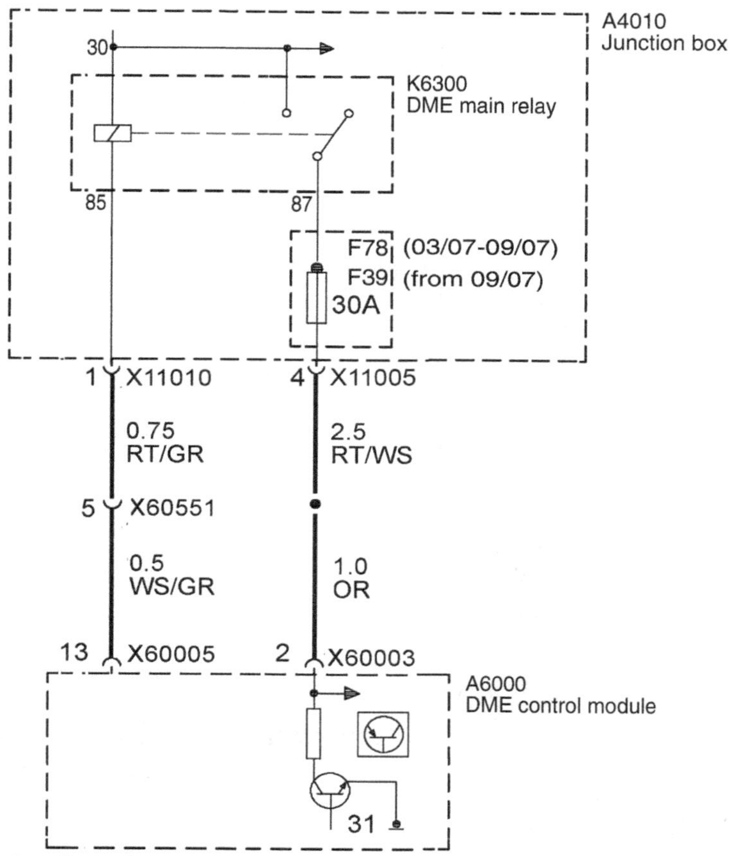

B3111300162

DME main relay circuit (N54 engines from 03/2007)

DME relay circuits

DME main relay circuit (N55 engines)

N55 engines

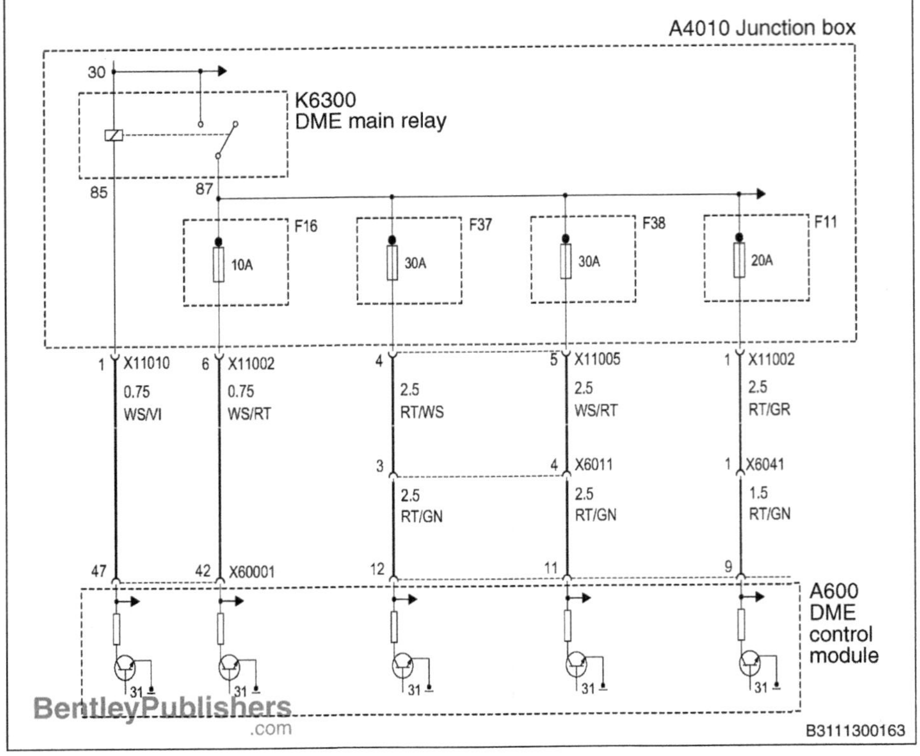

Relay circuit for ignition and fuel injection (N55 engines)

N55 engines

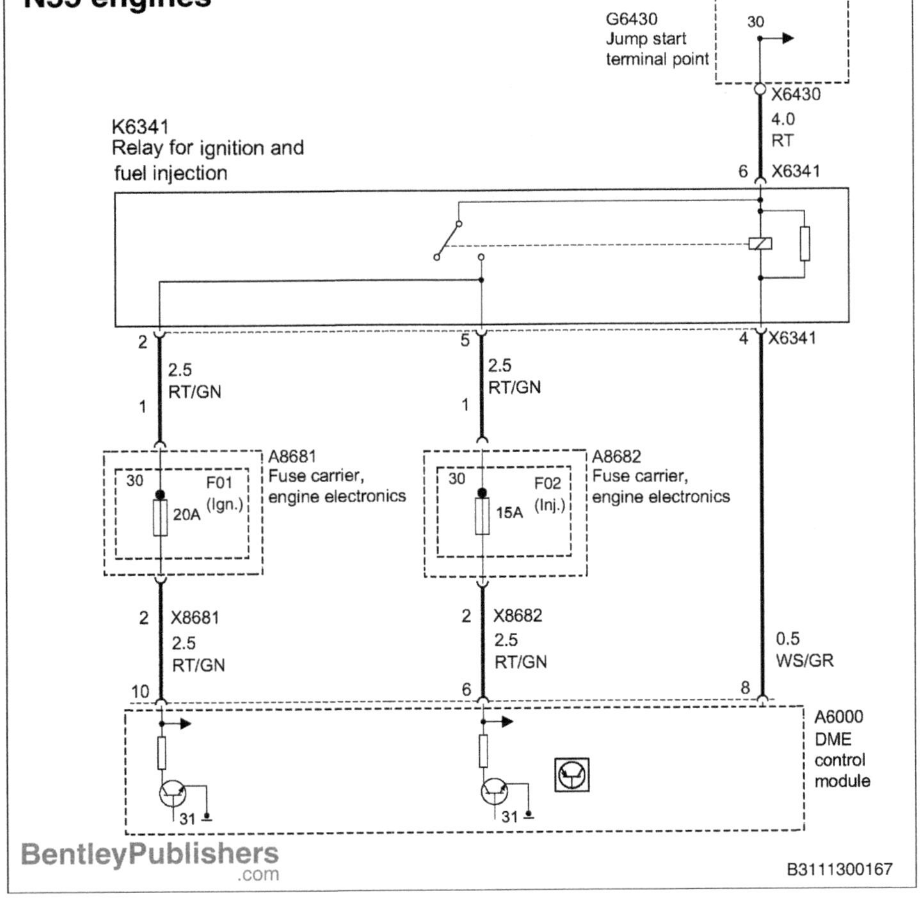

SIEMENS DME (N51, N52, N52KP ENGINES)

Engine management applications		
Engine code	**Engine management**	**Features**
N52 (2006)	Siemens MSV70	Valvetronic and VANOS
N51 (2007 - 2011)	Siemens MSV80	Valvetronic and VANOS
N52KP (2007 - 2011)	Siemens MSV80	Valvetronic and VANOS

See **100 Engine–General** for additional engine application information.

DME engine management system description

The DME manages and monitors the following functions:

Air

- Electronic throttle
- Mass air flow
- Resonance-turbulence intake control
- Valvetronic II

Fuel

- Fuel supply and fuel injection

Ignition

- Direct ignition and knock control
- Primary / secondary ignition monitoring

Emissions

- OBD II compliance
- Pre and post-catalyst oxygen sensors
- Electrically heated DME-mapped thermostat
- Misfire detection
- Evaporative emission control and leak detection
- Malfunction indicator light (MIL)

Performance controls

- Double VANOS control
- A/C compressor control
- Electric radiator cooling fan
- CAN-bus communication
- Dynamic stability control (DSC) interface
- EWS (electronic immobilizer)
- Cruise control

The accompanying IPO (input-processing-output) diagram illustrates sensor inputs to the control module are on the left, control module processing is in the center and control module output commands are on the right of the diagram.

DME engine management system description

DME IPO diagram (MSV70, MSV80)

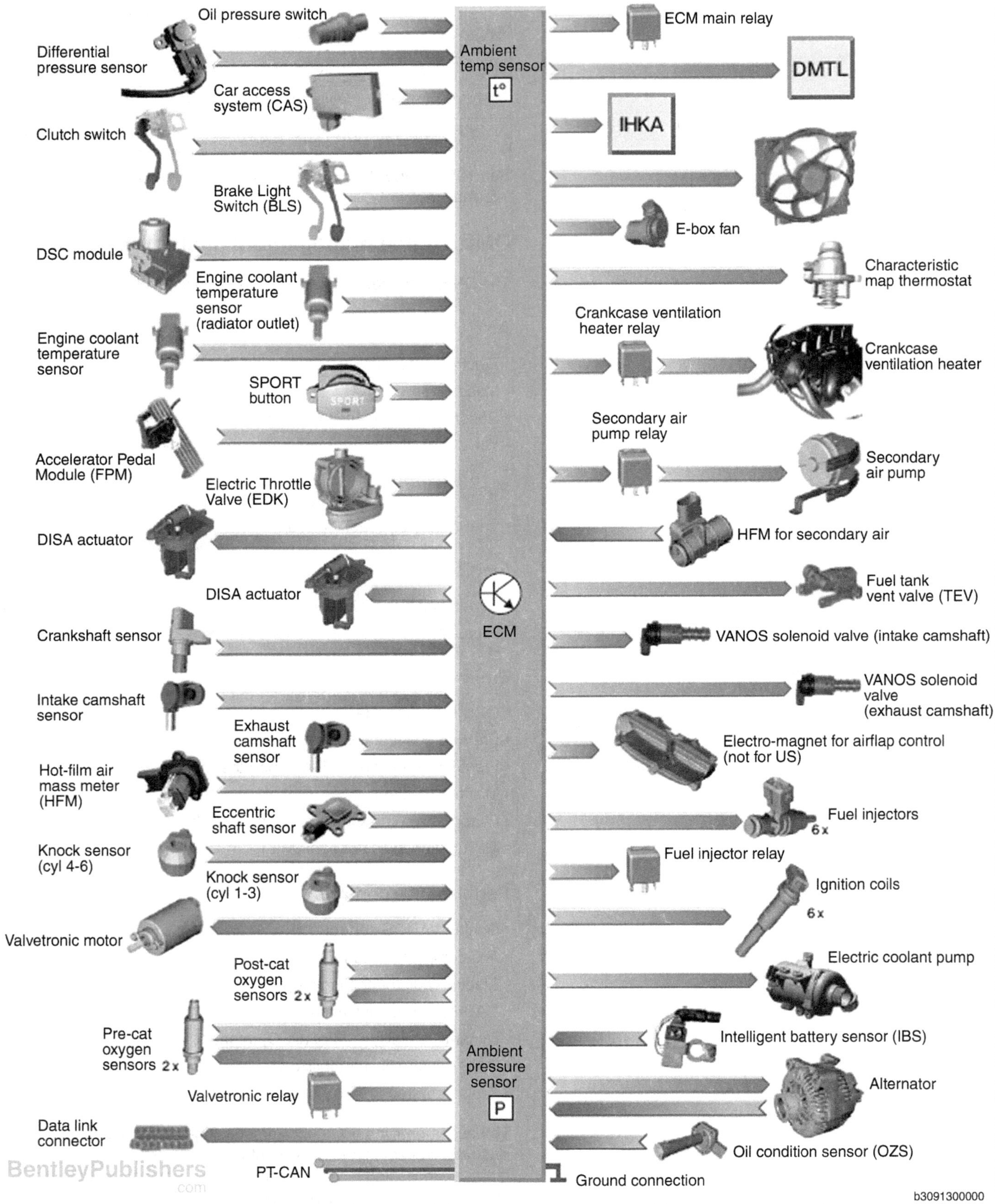

Engine control module (ECM)

The engine control module (ECM) (**arrow**) is mounted in the electronics box (E-box) in right rear of engine compartment.

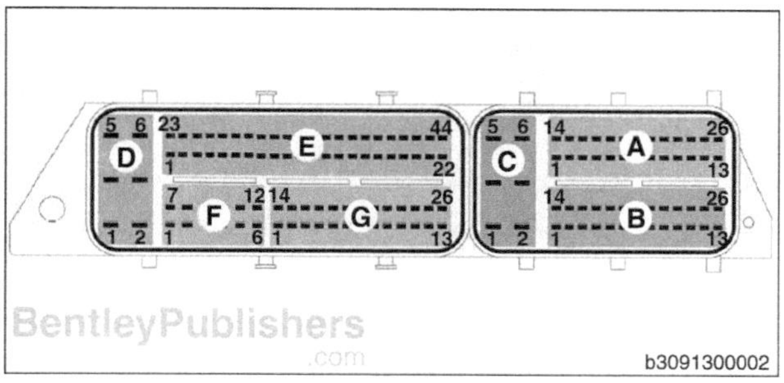

The ECM is flash-programmable and features 2 main electrical harness connectors, one with 4 modular connections and the other with 3 for a total of 7 subconnectors and 147 pins.

- **A:** X60001 (signals)
- **B:** X60002 (signals)
- **C:** X60003 (voltage, ground supply)
- **D:** X60004 (valvetronic)
- **E:** X60005 (signals)
- **F:** X60006 (ignition coils)
- **G:** X60007 (signals)

NOTE—

- *The EEPROM (chip) in the ECM is coded to the vehicle. ECMs cannot be swapped for testing purposes.*

Fuel metering

The ECM meters pressurized fuel by changing the opening time (pulse width) of the fuel injectors. To ensure that injector pulse width is the only factor that determines fuel metering, fuel pump pressure is maintained by a pressure regulator. The injectors are mounted to a common fuel rail.

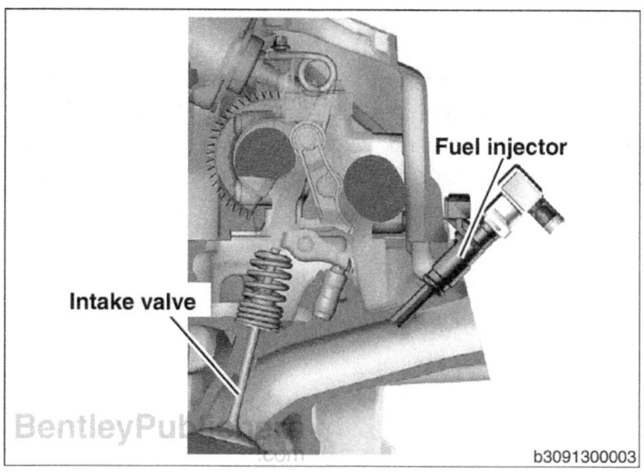

The fuel injectors are mounted into a machined bore in the cylinder head. This design allows the fuel injectors to be closely mounted to the intake valves.

The injectors are a compact design manufactured by Deka with a resistance value of approximately 12 ohms each.

The ECM monitors engine operating conditions to determine injector opening duration. Each injector can be individually controlled for cylinder selective fuel trim.

Air intake

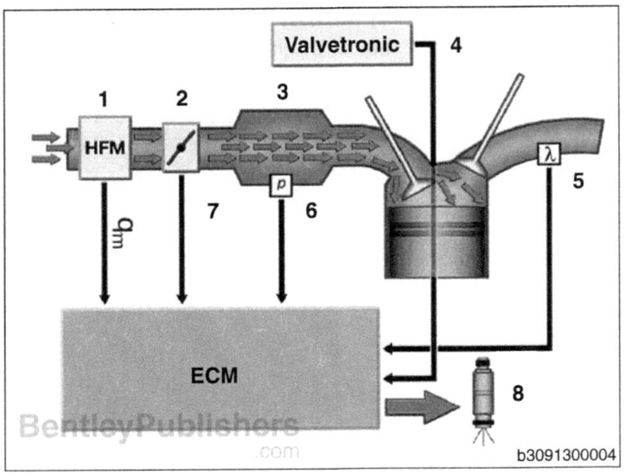

Air entering the engine passes through a pleated paper element in the air filter housing. Intake air mass is then measured by a mass air flow sensor. A reference current is used to heat a thin film in the sensor when the engine is running. The current needed to hold the temperature of the film constant is used to calculate the mass of the intake air.

1. Air mass measurement (HFM)
2. Throttle valve
3. Intake manifold
4. Variable intake valve lift (valvetronic)
5. Residual oxygen measurement in exhaust
6. Inatke manifold vacuum
7. Engine speed
8. Injection timing

Idle speed control

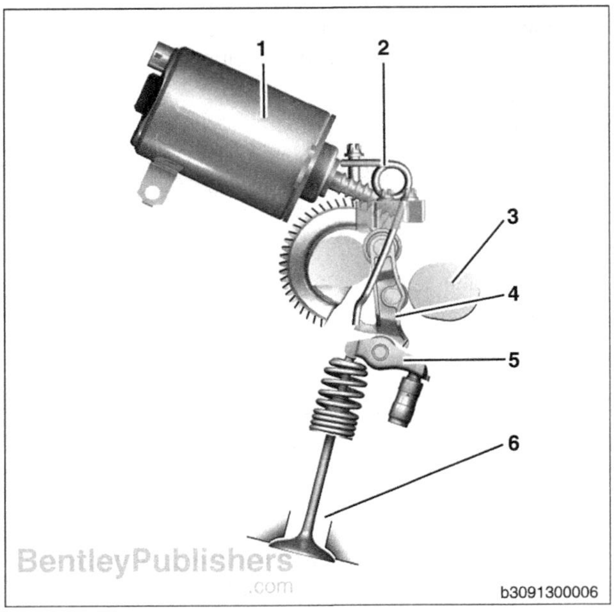

The ECM controls Idle speed by varying intake valve lift via the valvetronic system.

1. Valvetronic motor
2. Return spring
3. Intake camshaft
4. Intermediate lever
5. Intake rocker are
6. Intake valve

Idle speed is not adjustable. The basic functions and parameters of idle speed control are as follows:

- Control of cold air intake volume.
- Smooth idle speeds regardless of load and inputs.
- Smooth transition from acceleration to deceleration.

Idle speed stabilization is active during the following conditions:

- Engine warm up
- Heating or A/C activation
- Drive gear selected (automatic transmission)
- Varying cooling fan speeds

Throttle control

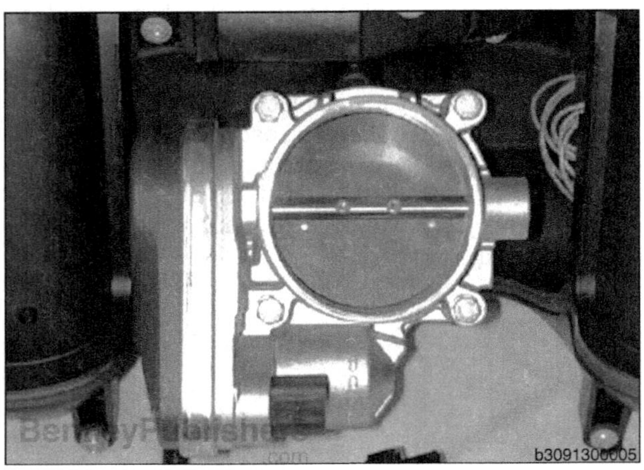

The throttle module (EDK) is not needed for engine load control. Engine load control is carried out by the valvetronic function of the ECM. However, the throttle may be slightly closed to allow sufficient manifold vacuum for the crankcase ventilation and canister purge systems.

Knock (detonation) control

Knock sensors monitor and control ignition knock through the ECM. The knock sensors function like microphones and are able to convert mechanical vibration (knock) into electrical signals. The ECM is programmed to react to frequencies that are characteristic of engine knock and adapt the ignition timing point accordingly.

Knock sensor replacement is covered in **120 Ignition System**.

Secondary air injection (N51 engine)

The secondary air system pumps ambient air into the exhaust stream after a cold engine start to reduce the warm-up time of the catalytic converters and to reduce HC and CO emissions. The ECM controls and monitors the secondary air injection system.

The electric air pump draws in ambient air and supplies it to the secondary air valve. The air injection valve is opened by air pressure (from the pump) and is closed by an internal spring.

The secondary air valve is bolted to the right front of the cylinder head. Cast passageways within the cylinder head duct the secondary air directly into the cylinder head exhaust ports.

Secondary air injection power supply fuses and relay are shown in **ECL Electrical Component Locations**.

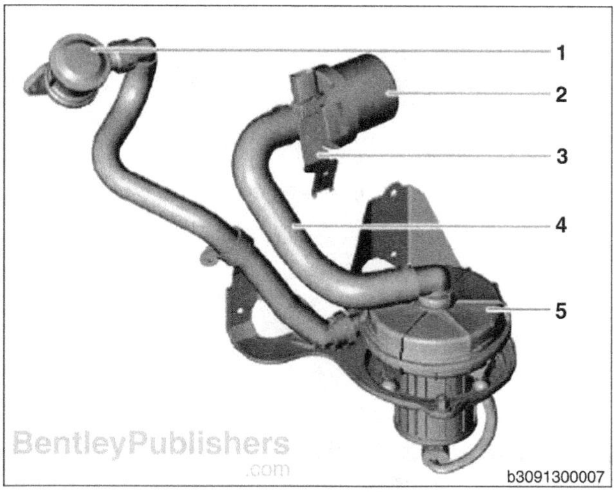

◀ Secondary air injection system components (6-cylinder engine)

1. Air valve
2. Air pump filter
3. Secondary air mini-mass air flow sensor
4. Air intake hose
5. Air pump

◀ A miniature mass air flow sensor in the secondary air system detects the air mass supplied by the secondary-air pump. This function monitors the secondary air system for OBD compliance.

When the mini mass air flow sensor detects no air mass or insufficient air mass, a fault is stored in the ECM and the malfunction indicator light (MIL) is illuminated.

Secondary air injection illustrations (N51 engine)

Secondary air pump is in front of coolant expansion tank:

- **M63** Secondary air pump.
- **B2606** Mini mass air flow sensor (if equipped).
- **X166** Secondary air pump ground.

Secondary air valve is bolted to right front of cylinder head.

Air filter housing and ducts, removing and installing (N51, N52, N52KP engines)

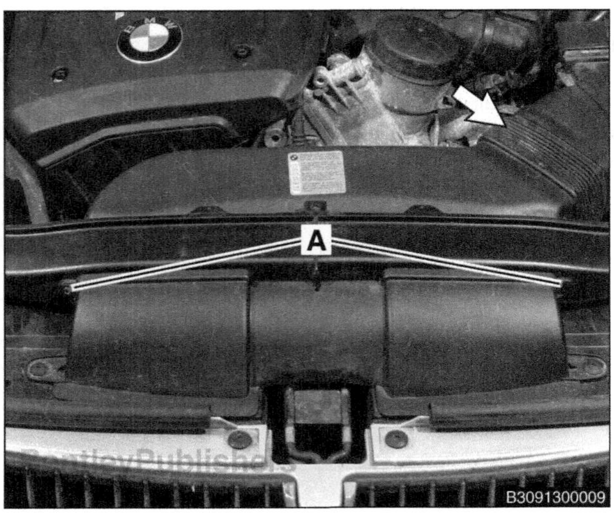

Working at front of engine compartment above radiator, remove air intake hood screws (**A**). Detach air intake duct connection (**arrow**) and lift out of radiator support.

For air filter replacing, see **020 Maintenance**.

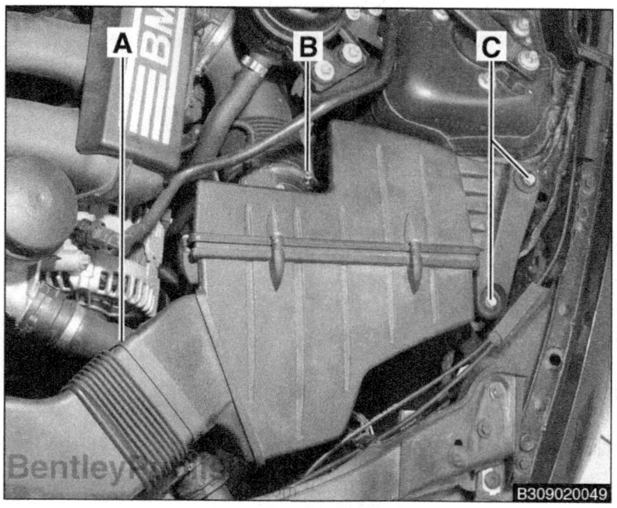

◀ Working at air filter housing:

- Detach air intake duct from filter housing (**A**).
- Loosen hose clamp (**B**) at mass air flow sensor.
- Remove filter housing mounting bolts (**C**) and lift housing out of engine compartment.

– Remove cabin microfilter housing. See **640 Heating and Air-conditioning**.

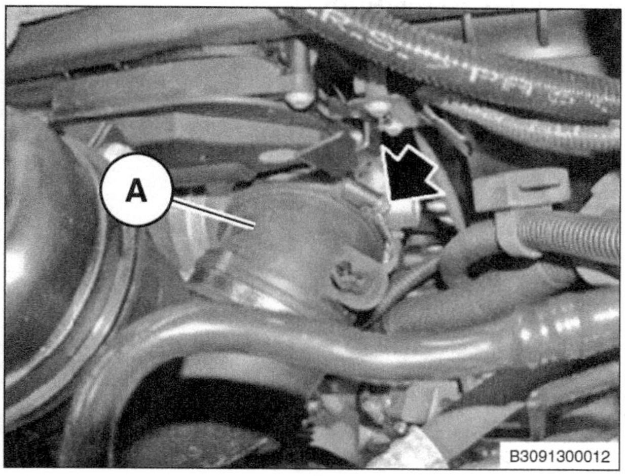

◀ Loosen duct clamp (**arrow**). Remove duct (**A**) from throttle body.

– Installation is reverse of removal.

– After reinstalling, check for fault codes and reset ECM memory.

Mass air flow, measurement (N51, N52, N52KP engines)

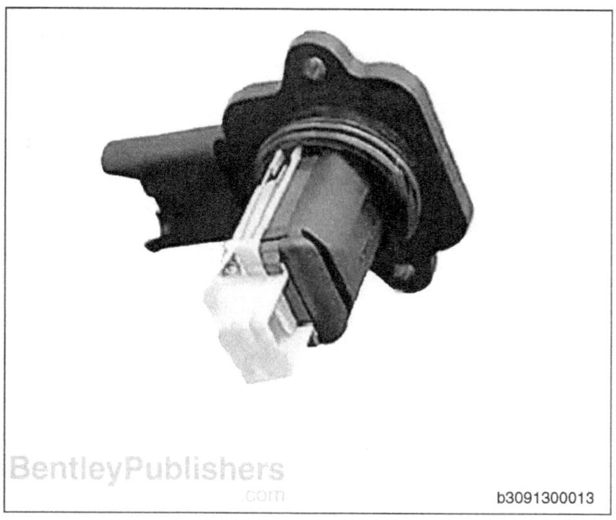

◀ 3 Series non-turbo engines utilize two different air mass measurement systems.

Analog mass air flow sensor is used in models produced to 09 / 2006. The sensor, incorporating an electrically heated film in the air flow stream, sends to the ECM a varying voltage (approx. 0.5 - 4.5 volts) representing the mass of the intake air.

The ECM provides operating voltage and ground to the air flow sensor. As air flows through the sensor, the film is cooled. To maintain the film at a constant temperature, additional current is necessary. It is this additional current that is the basis for the input signal.

If there is no output signal from the air flow sensor, the ECM operates the engine using throttle position and engine rpm inputs. A faulty air flow sensor illuminates the MIL.

Digital mass air flow sensor is used in models from 09 / 2006. In this system, a duty cycle signal corresponds to changes in intake air mass. This eliminates the need for signal conversion in the ECM.

The intake air temperature sensor is integrated into the mass air flow sensor. The sensor is an NTC thermistor which receives a 5 volt reference current and ground from the ECM.

A faulty air flow sensor can produce the following problems:

- Difficult to restart when engine is hot.
- Engine starts then stalls.
- Engine starts and runs only with accelerator pedal depressed.

Mass air flow sensor, replacing (N51, N52, N52KP engines)

– Switch ignition OFF and remove key.

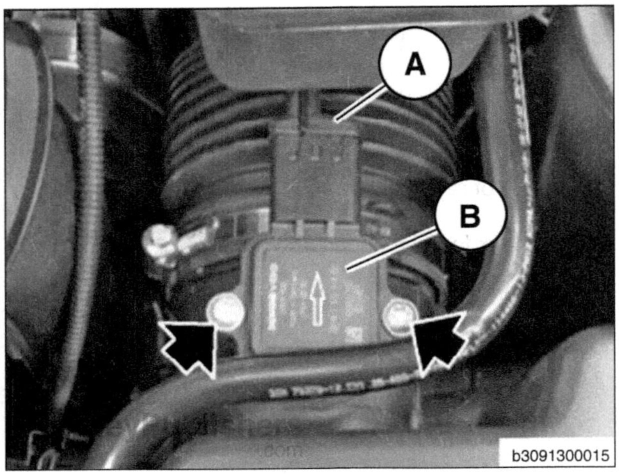

◄ Working at left front of engine compartment at air filter housing:

- Detach mass air flow sensor electrical connector (**A**).
- Remove fasteners (**arrows**).
- Remove mass air flow sensor (**B**).

– Check intake ducts for cracks and vacuum leaks.

◄ Installation is reverse of removal.

- Inspect O-ring (**arrow**) and replace in necessary.

– After reinstalling, check for fault codes and reset ECM memory.

Tightening torques	
Mass air flow sensor to housing	3 Nm (26 in-lb)

Throttle housing, replacing (N51, N52, N52KP engines)

The throttle housing (EDK) is not used for engine load control. Engine load control is carried out by the valvetronic function of the ECM. However, the throttle may be slightly closed to allow sufficient manifold vacuum for the crankcase ventilation and canister purge systems. There is no mechanical (cable) link between the accelerator pedal and the throttle plate.

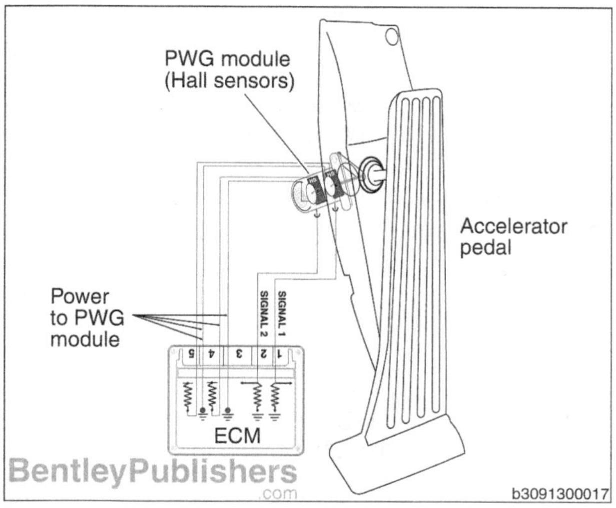

The accelerator pedal module (PWG) at the pedal assembly communicates pedal position directly to the ECM. The module provides two variable voltage signals (via two Hall sensors) to the ECM for pedal position and rate of movement.

The ECM provides an independent voltage and ground supply for each hall sensor. Each Hall sensor is provided with 5 volts and ground. As the accelerator pedal is moved from rest to full throttle, the sensors produce a variable voltage signal.

The output of the Hall sensors is checked for plausibility. The voltage range of Hall sensor 1 is approximately 0.5 to 4.5 volts. Hall sensor 2 ranges from approximately 0.5 to 2.5 volts.

The throttle housing unit is nonadjustable. If found to be faulty, replace as a complete unit.

After replacing the throttle housing, use BMW scan tool or equivalent to reset adaptation values.

CAUTION—
- *If the adaptation process is not completed correctly, the engine does not start.*

– Switch ignition OFF and remove key.

– Remove air filter housing and air intake ducts. See **Air filter housing and ducts, removing and installing (non-turbo)** in this repair group.

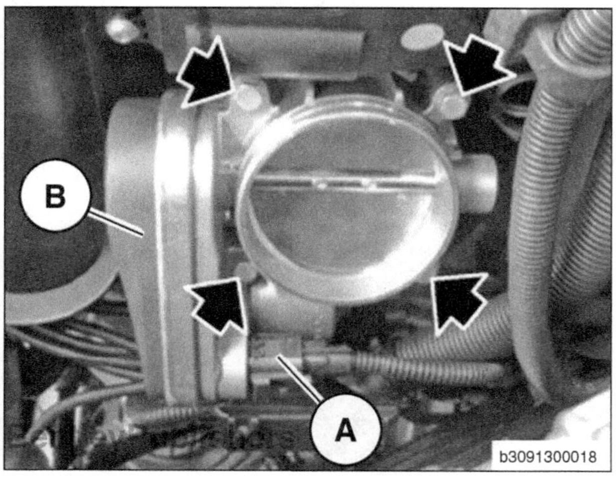

Working at left side of intake manifold:
- Disconnect electrical connector (**A**).
- Remove fasteners (**arrows**) and remove throttle housing (**B**).

– Installation is reverse of removal.

– Replace profile gasket (sealing O-ring) between throttle assembly and intake manifold.

Tightening torques	
Throttle housing to intake manifold	9 Nm (80 in-lb)

– Reattach throttle assembly connector with care. It is possible to twist the connector before plugging it in. This can cause damage to the harness and connector.

– After reinstalling, check for fault codes and reset ECM memory. Reset throttle plate adaptation values following on-screen directions.

Valvetronic motor, removing and installing (N51, N52, N52KP engines)

– Switch ignition OFF and remove key.

– Remove cabin microfilter housings. See **640 Heating and Air-conditioning**.

– Remove ignition coil cover. See **020 Maintenance**.

– Disconnect battery negative (-) cable.

> ***CAUTION—***
> • *Prior to disconnecting the battery, read the battery disconnection cautions in* **001 Warnings and Cautions**.

B3091300106

◄ Disconnect ignition coil electrical connectors and remove ignition coil overlay harness (**arrows**).

B3091300107

◄ Gently screw valvetronic motor in clockwise direction (**arrow**) until you feel resistance of the eccentric shaft stop.

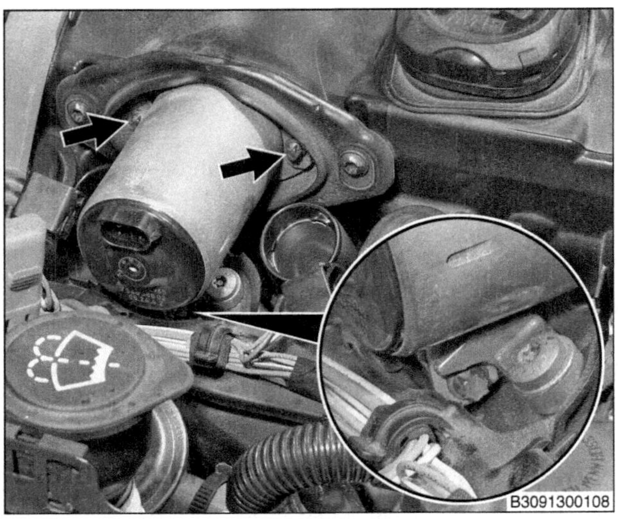
B3091300108

◄ Remove valvetronic motor fasteners (**arrows**) and valvetronic motor support bracket fastener (**inset**).

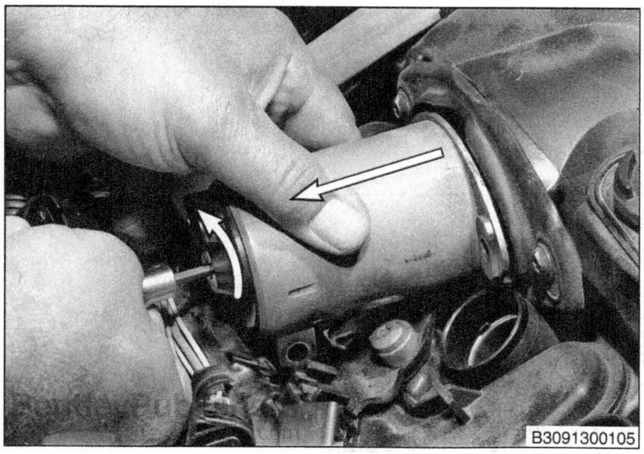

Gently screw valvetronic motor in counterclockwise direction while sliding motor out of cylinder head cover (**arrow**).

– Installation is reverse of removal. Remember to:
  - Replace aluminum fasteners.
  - Route ignition harness correctly

Tightening torque	
Valvetronic motor to cylinder cover (M6 x 16 mm)	10 Nm (7 ft-lb)

– After reinstalling, check for fault codes and reset ECM memory.

Fuel rail and injectors, removing and installing (N51, N52, N52KP engines)

Fuel injectors are electrically controlled solenoid valves that provide precisely metered and atomized fuel into the engine intake ports.

Injectors receive voltage from the DME main relay. The engine control module (ECM) controls injector opening by activating the ground circuit for the injector valve solenoids. The ECM varies the duration (in milliseconds) of injector opening to regulate air / fuel ratio.

– Switch ignition OFF and remove key.

– Remove cabin microfilter housing. See **640 Heating and Air-conditioning**.

– Remove ignition coil cover. See **020 Maintenance**.

– For a quick check of injectors, run engine and touch each injector with a screwdriver or stethoscope. You should feel a vibration or hear a buzzing. Switch engine OFF.

– Disconnect battery negative (–) cable.

> ***CAUTION—***
> - *Prior to disconnecting the battery, read the battery disconnection cautions in* **001 Warnings and Cautions**.

Working above engine, detach oxygen sensor connectors (**A**) and unclip wiring harness from holder.

> ***CAUTION—***
> - *Be sure to mark oxygen sensor connectors so that they can be reassembled as before.*

Fuel rail and injectors, removing and installing (N51, N52, N52KP engines)

Unscrew schræder valve cap (**arrow**) from fuel rail. Connect air line adapter (**A**) to fitting.

- Unscrew fuel tank cap to release pressure.
- Using a brief burst of compressed air (maximum of 3 bar or 43.5 psi), blow fuel back into fuel tank.

> ***WARNING—***
> - *Fuel in the fuel line is under pressure (approx. 3 - 5 bar or 45 - 75 psi) and may be expelled forcibly. Do not smoke or work near heaters or other fire hazards. Keep a fire extinguisher handy.*
> - *Unscrew the fuel tank cap to release pressure in the tank before working on the fuel line.*
> - *Plug open fuel lines and fittings.*

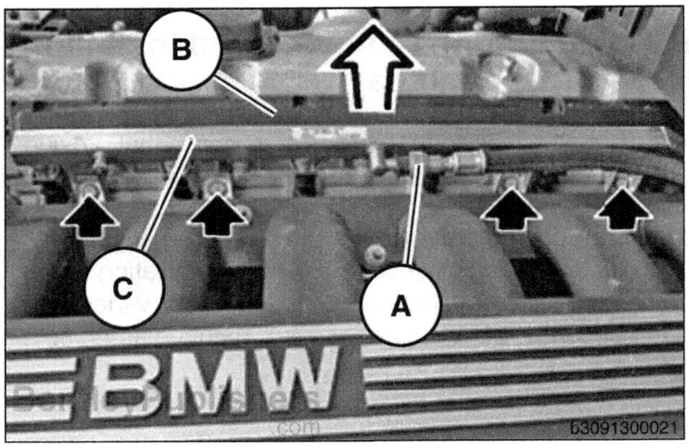

Working above engine:

- Remove and detach fuel line (**A**).
- Disconnect connector strip (**B**) in direction of arrow.
- Remove fasteners (**arrows**).
- Remove fuel rail (**C**).

> ***WARNING—***
> - *Wrap a clean shop towel around fitting before disconnecting. Residual fuel pressure is present in the fuel line.*

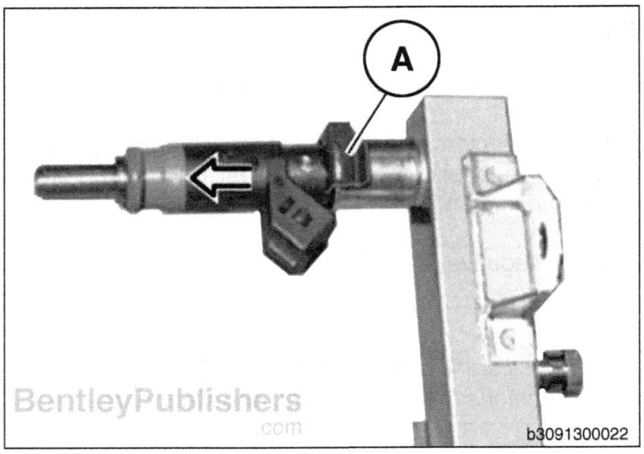

Remove individual injectors:

- Pry retaining clip from injector (**A**).
- Pull injector from rail (**arrow**).

– Installation is reverse of removal. Remember to:

- Fit new sealing O-rings when installing injectors. For ease of installation, lightly lubricate O-rings with assembly lubricant.
- Check that injector electrical connections are correctly fitted and that injectors are fully seated prior to installing fuel rail mounting bolts.
- Replace wire ties.

Tightening torque	
Fuel rail to cylinder head	10 Nm (7 ft-lb)

– After reinstalling, check for fault codes and reset ECM memory.

Intake manifold, removing and installing (N51, N52, N52KP engines)

– Disconnect battery negative (-) cable in cargo compartment.

> ***CAUTION—***
> • *Prior to disconnecting the battery, read the battery disconnection cautions in* **001 Warnings and Cautions**.

– Remove cabin microfilter housing. See **640 Heating and Air-conditioning**.

– Remove ignition coil cover. See **020 Maintenance**.

– Remove air filter housing and air intake ducts. See **Air filter housing and ducts, removing and installing (non-turbo)** in this repair group.

◀ Remove tension strut (**arrow**).

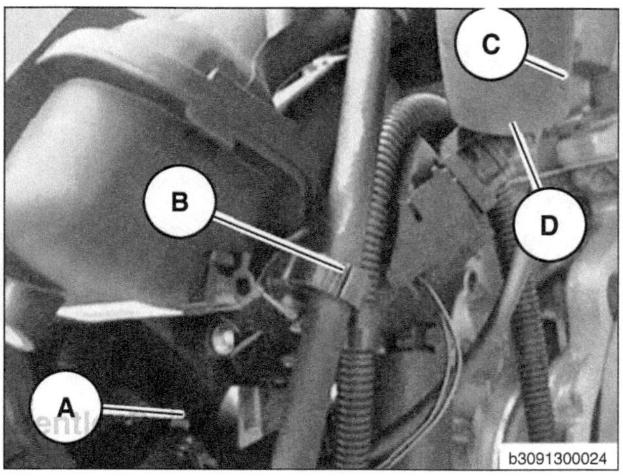

◀ Working at left side and underneath intake manifold:

- Open harness holder (**B**).
- Disconnect electrical connector (**A**).
- Release both crankcase breather connections (**C**,**D**).

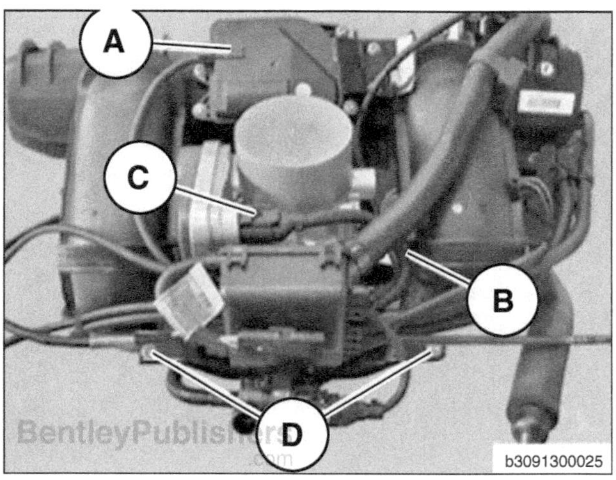

◀ Working at left side and underneath intake manifold:

- Disconnect electrical connectors (**A**,**C**).
- Remove fasteners (**D**).
- Detach engine wiring harness (**B**) from intake manifold and lay aside.

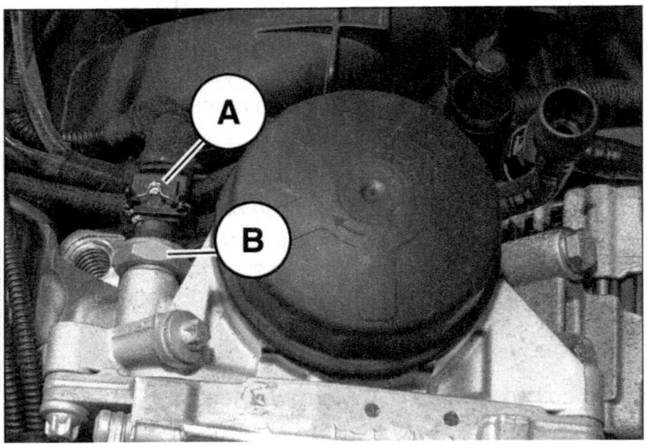

Disconnect electrical connector (**A**) at oil pressure switch (**B**).

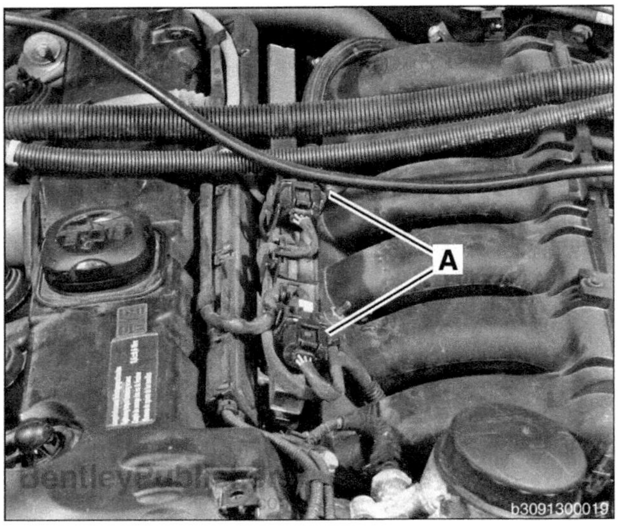

Working above engine, detach oxygen sensor connectors (**A**) and unclip wiring harness from holder.

> ***CAUTION—***
> • *Be sure to mark oxygen sensor connectors so that they can be reassembled as before.*

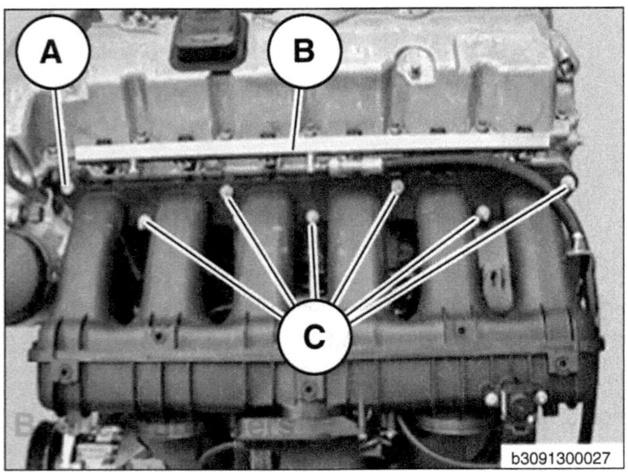

Working above engine:

- Remove and lay fuel rail (**B**) aside. Do not disconnect fuel line.
- Remove fastener (**A**).
- Remove nuts (**C**).

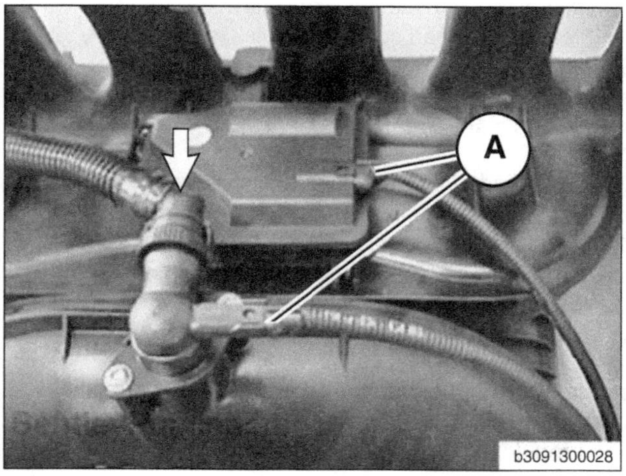

b3091300028

Raise intake manifold approximately 10 cm (4 in). Working underneath:

- Disconnect electrical connector (**A**).
- Release fuel tank vent line (**arrow**) behind throttle valve assembly.
- Raise and remove intake manifold.

> ***CAUTION—***
> *• Plug open intake ports to prevent parts or debris from falling into the engine intake.*

– Installation is reverse of removal. Remember to replace all seals.

Tightening torque	
Manifold to cylinder head	15 Nm (11 ft-lb)

Crankcase breather valve (N51, N52, N52KP engines)

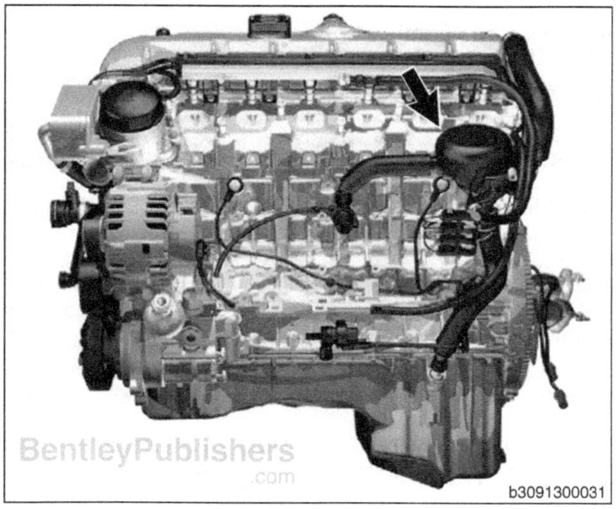

b3091300031

On MSV70 cars, the engine crankcase is ventilated by an external breather valve under the intake manifold (**arrow**). For quick identification, engines with a metal cylinder head cover utilize an external breather valve.

To access the external breather valve, remove air filter housing and ducts. See **Air filter housing and ducts, removing and installing (N51, N52, N52KP engines)** in this repair group.

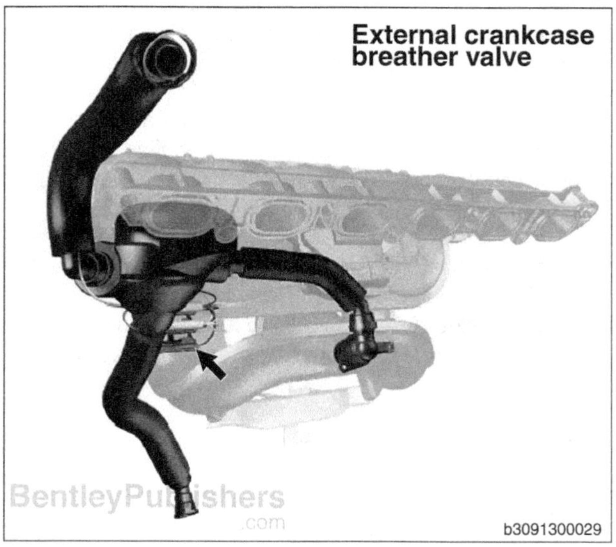

b3091300029

Integrated into the design of the external crankcase breather valve is an electric heating system (**arrow**) designed to prevent moisture buildup. Moisture buildup can eventually lead to ice at low ambient temperatures leading to malfunctions of the crankcase breather valve. The crankcase breather valve is insulated by a protective foam covering to provide additional shelter from cold temperatures.

The heating elements are integrated into the crankcase ventilation valve and hose assemblies. There is a junction point on the intake manifold which provides a connection point for the individual heating elements.

There is also a heating element located on the centrally located port on the intake manifold. This port is also provided with a separate heating circuit controlled by a PTC thermistor. For wiring schematic **ELE Electrical Wiring Diagrams**.

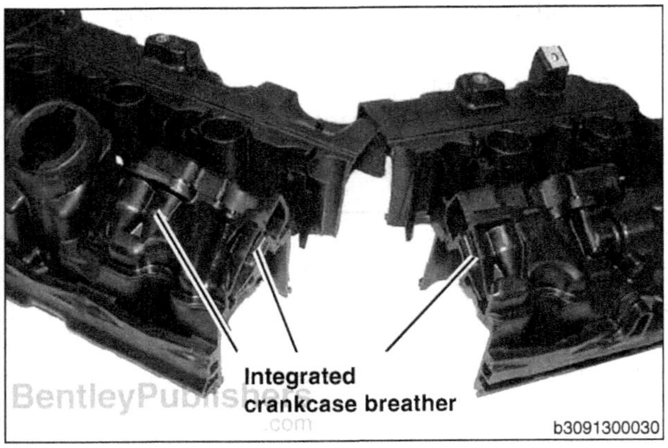

On MSV80 cars, engine crankcase is ventilated by a breather valve integrated in the cylinder head cover. For quick identification, engines with a plastic valve cover utilize an internal breather valve. The crankcase breather valve is part of the cylinder head cover and is not serviceable as a separate component.

Oil separation is carried out via a labyrinth system and two cyclone separators. The crankcase gases are heated by the engine, however, there is still one electric heating element at the intake manifold. Once the liquid oil is separated from the crankcase vapors, the oil is allowed to drain back through check valves back into the engine.

If the diaphragm valve in the breather housing leaks, full intake vacuum may be applied to the crankcase, resulting in excessive oil consumption, irregular idle, whistling or howling noises or oil smoke in the exhaust

A faulty crankcase breather valve causes significant deviations from the values specified below:.

Crankcase ventilation specifications (N51, N52, N52KP engines)	
Operating pressure range • N52 • N51 and N52KP	 30±10% mbar 33±10% mbar
Deviation to ambient pressure:	+20 mbar to -60 mbar
Fault condition: • Clogged crankcase ventilation • Internal leak in crankcase ventilation	 +100 mbar over ambient pressure -170 mbar under ambient pressure

Engine coolant temperature (ECT) sensor, replacing (N51, N52, N52KP engines)

The engine coolant temperature (ECT) sensor is a negative temperature coefficient (NTC) sensor. As coolant temperature rises, resistance through the sensor decreases.

The ECM varies ignition timing and air / fuel mixture based on engine coolant temperature. The ECT sensor is supplied a 5 volt reference voltage. The voltage drop across the sensor varies as the coolant temperature (sensor resistance) changes.

If the ECT sensor input is faulty or not plausible, the MIL is illuminated when OBD II fault criteria are exceeded. The ECM assumes a substitute value (80°C / 176°F) to maintain engine operation. The ignition timing is set to a safely conservative basic setting.

The ECT sensor is located in the left front of the engine near oil filter housing.

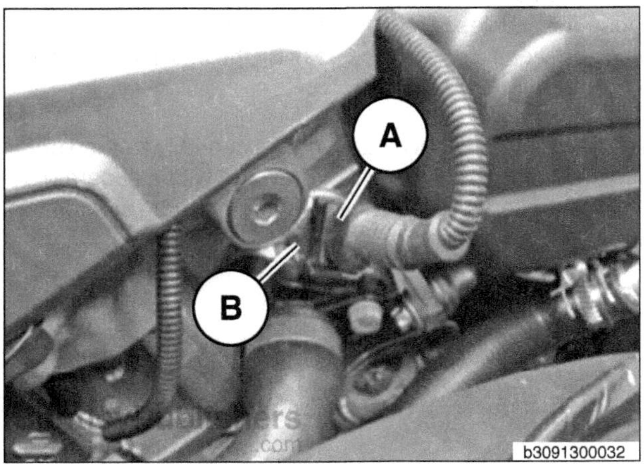

With engine fully cooled off, disconnect ECT sensor connector (**A**).

– Unscrew ECT sensor (**B**) from cylinder head. Be prepared to catch small amount of coolant.

– Installation is reverse of removal:
  - Use new copper sealing washer when installing sensor.
  - Replace lost coolant.

Tightening torque	
Temperature sensor to cylinder head	18 Nm (13 ft-lb)

– After reinstalling, check for fault codes and reset ECM memory.

DME pin assignments (N51, N52, N52KP engines)

The engine control module (ECM) (**arrow**) is located in the right rear of the engine compartment in the E-box.

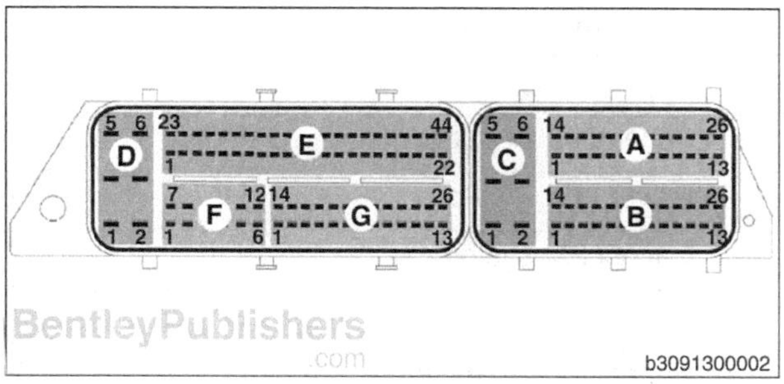

The ECM has 2 main electrical harness connectors, one with 4 modular connections and the other with 3 for a total of 7 sub connectors and 147 pins.

- **A:** X60001 (signals)
- **B:** X60002 (signals)
- **C:** X60003 (voltage, ground supply)
- **D:** X60004 (valvetronic)
- **E:** X60005 (signals)
- **F:** X60006 (ignition coils)
- **G:** X60007 (signals)

ECM pin assignments for N51 (MSV80), N52 (MSV70), N52KP (MSV80) engines are given in **Table b**.

Generally, absence of voltage or continuity means there is a wiring or connector problem. Test results with incorrect values do not necessarily mean that a component is faulty. Check for loose, broken or corroded connections and wiring before replacing components. For engine management system electrical schematics, see **ELE Electrical Wiring Diagrams**.

When making checks at the ECM, use a break-out box to allow tests to be made with the connector attached to the ECM. This prevents damage to the small terminals in the connector. As an alternative, the connector housing can be separated so that electrical checks can be made from the back of the connector.

> ***CAUTION—***
> - *Wait at least one minute after switching the ignition OFF before removing the connector from the ECM. If the connector is removed before this time, residual power in the system relay may damage the ECM.*
> - *Connect or disconnect the control module connector and meter probes with the ignition OFF.*

Table b. N51, N52, N52KP engines ECM pin assignments			
Connector X60001 26-pin (signals)			
Pin	**Type**	**Component or function**	**Note**
1	input/output	Signal PT-CAN low	Powertrain CAN-bus
2	input	Start signal	Car access system
3	input/output	BSD signal	Battery sensor
4	input	Brake light signal	Brake light switch
5	output	Exhaust flap signal	Exhaust flap
6	input	Radiator outlet temperature sensor signal	Temperature sensor at radiator outlet
7	input	Accelerator pedal module signal	Accelerator pedal module
8	output	Electric fan signal	Electric engine cooling fan
9	-	Not used	
10	ground	Accelerator pedal module	Accelerator pedal module
11	output	Accelerator pedal module supply voltage	Accelerator pedal module
12	-	Not used	
13	output	Secondary air pump relay signal	Secondary air pump relay
14	input/output	Signal PT-CAN high	Powertrain CAN-bus
15	input	EWS signal	Car access system
16	input	Brake light test signal	Brake light switch
17	input	Right rear wheel speed sensor signal	Connector X10186 (right rear wheel speed sensor)
18	input	Clutch switch signal	Clutch switch module
19	input	Radiator outlet temperature sensor signal	Temperature sensor at radiator outlet
20	input	Accelerator pedal module signal	Accelerator pedal module
21	input/output	TD signal	TD signal connector
22	-	Not used	
23	ground	Accelerator pedal module	Accelerator pedal module
24	output	Accelerator pedal module supply voltage	Accelerator pedal module
25	input	Mini mass air flow sensor signal	Mass air flow sensor secondary air
26	output	E-box fan signal	E-box fan

Connector X60002 26-pin (signals)			
Pin	**Type**	**Component or function**	**Note**
1	input	Wake up signal, terminal 15	Terminal 15 wake up connector
2	-	Not used	
3	-	Not used	
4	-	Not used	
5	input	Oxygen sensor signal	Bank 2 sensor 1
6	input	Oxygen sensor signal	Bank 1 sensor 1
7	input	Oxygen sensor signal	Bank 2 sensor 1
8	input	Oxygen sensor signal	Bank 1 sensor 1
9	input	Oxygen sensor signal	Bank 2 sensor 1
10	ground	Oxygen sensor	Bank 1 sensor 1
11	ground	Oxygen sensor	Bank 2 sensor 1
12	input	Oxygen sensor heating	Bank 1 sensor 1
13	input	Oxygen sensor heating	Bank 2 sensor 1
14	-	Not used	
15	input	DMTL valve signal	Diagnosis module for fuel tank leakage
16	input	DMTL pump signal	Diagnosis module for fuel tank leakage
17	input	DMTL heating signal	Diagnosis module for fuel tank leakage
18	input	Oxygen sensor signal	Bank 1 sensor 1
19	input	Oxygen sensor signal	Bank 2 sensor 2
20	input	Oxygen sensor signal	Bank 1 sensor 2
21	-	Not used	
22	-	Not used	
23	ground	Oxygen sensor	Bank 1 sensor 2
24	input	Oxygen sensor	Bank 2 sensor 2
25	input	Oxygen sensor	Bank 2 sensor 2
26	output	Oxygen sensor	Bank 1 sensor 2

Connector X60003 6-pin (voltage, ground supply)			
Pin	**Type**	**Component or function**	**Note**
1	input	Terminal 30	B+ potential distributor
2	input	Terminal 87	Fuse F03
3	ground	Ground	Ground point
4	ground	Ground	Ground point
5	ground	Ground	Ground point
6	ground	Ground	Ground point

DME pin assignments (N51, N52, N52KP engines)

Connector X60004 6-pin (valvetronic)			
Pin	**Type**	**Component or function**	**Note**
1	input	Terminal 87	VVT relay
2	input	Terminal 87	VVT relay
3	output	Valvetronic actuator signal	Valvetronic actuator timing actuator
4	output	Valvetronic actuator signal	Valvetronic actuator timing actuator
5	output	Valvetronic actuator signal	Valvetronic actuator timing actuator
6	output	Valvetronic actuator signal	Valvetronic actuator timing actuator

Connector X60005 44-pin (signals)			
Pin	**Type**	**Component or function**	**Note**
1	-	Not used	
2	-	Not used	
3	-	Not used	
4	-	Not used	
5	-	Not used	
6	-	Not used	
7	-	Not used	
8	-	Not used	
9	-	Not used	
10	-	Not used	
11	-	Not used	
12	output	Crankcase breather valve heating activation	Crankcase breather valve heating relay
13	output	DME main relay activation	DME main relay
14	output	Throttle valve voltage supply	Throttle valve
15	input	Throttle valve signal	Throttle valve
16	input	Throttle valve signal	Throttle valve
17	-	Not used	
18	output	DISA changeover valve signal	DISA controller 2
19	input	Knock sensor signal	Knock sensor
20	input	Knock sensor signal	Knock sensor
21	-	Not used	
22	-	Not used	
23	output	Fuel tank vent valve signal	Fuel tank vent valve
24	-	Not used	
25	output	Mass air flow sensor voltage supply	Mass air flow sensor
26	input	Mass air flow sensor signal	Mass air flow sensor
27	ground	Mass air flow sensor	Mass air flow sensor
28	input	Intake air temperature sensor signal	Intake air temperature sensor

Connector X60005 44-pin (signals) (continued)			
Pin	**Type**	**Component or function**	**Note**
29	input	Crankshaft position sensor signal	Crankshaft position sensor
30	ground	Crankshaft position sensor	Crankshaft position sensor
31	output	Intake manifold pressure sensor voltage supply	Intake manifold pressure sensor
32	ground	Intake manifold pressure sensor	Intake manifold pressure sensor
33	input	Intake manifold pressure sensor signal	Intake manifold pressure sensor
34	-	Not used	
35	input/output	BSD signal	BSD signal connector
36	input	Throttle valve signal	Throttle valve
37	input	Throttle valve signal	Throttle valve
38	ground	Throttle valve	Throttle valve
39	-	Not used	
40	output	DISA changeover valve signal	DISA controller 1
41	input	Knock sensor signal	Knock sensor
42	input	Knock sensor signal	Knock sensor
43	-	Not used	
44	-	Not used	

Connector X60006 12-pin (ignition coils)			
Pin	**Type**	**Component or function**	**Note**
1	output	Ignition coil signal	Ignition coil signal 1
2	output	Ignition coil signal	Ignition coil signal 2
3	output	Ignition coil signal	Ignition coil signal 3
4	output	Ignition coil signal	Ignition coil signal 4
5	output	Ignition coil signal	Ignition coil signal 5
6	output	Ignition coil signal	Ignition coil signal 6
7	-	Not used	
8	-	Not used	
9	-	Not used	
10	-	Not used	
11	-	Not used	
12	-	Not used	

Connector X60007 26-pin (signals)			
Pin	**Type**	**Component or function**	**Note**
1	output	Fuel injector signal	Fuel injector 1
2	output	Fuel injector signal	Fuel injector 2
3	output	Fuel injector signal	Fuel injector 3
4	input	Engine coolant temperature signal	Engine coolant temperature sensor
5	output	Intake VANOS solenoid signal	Intake VANOS solenoid
6	input	Eccentric shaft sensor signal	Eccentric shaft sensor

Connector X60007 26-pin (signals) (continued)			
Pin	**Type**	**Component or function**	**Note**
7	input	Eccentric shaft sensor signal	Eccentric shaft sensor
8	input	Eccentric shaft sensor signal	Eccentric shaft sensor
9	input	Eccentric shaft sensor signal	Eccentric shaft sensor
10	ground	Wire shielding	Eccentric shaft sensor
11	input	Camshaft position sensor 1 signal	Camshaft position sensor 1
12	input	Camshaft position sensor 2 signal	Camshaft position sensor 2
13	input	Oil pressure switch signal	Oil pressure switch
14	output	Fuel injector signal	Fuel injector signal 4
15	output	Fuel injector signal	Fuel injector signal 5
16	output	Fuel injector signal	Fuel injector signal 6
17	ground	Engine coolant temperature sensor	Engine coolant temperature sensor
18	output	Exhaust VANOS solenoid signal	Exhaust VANOS solenoid
19	input	Thermostat signal	Thermostat
20	ground	Eccentric shaft sensor	Eccentric shaft sensor
21	output	Eccentric shaft sensor voltage supply	Eccentric shaft sensor
22	input	Eccentric shaft sensor signal	Eccentric shaft sensor
23	output	Valvetronic actuator relay signal	Valvetronic actuator relay
24	ground	Camshaft position sensor 1	Camshaft position sensor 1
25	ground	Camshaft position sensor 2	Camshaft position sensor 2
26	input/output	BSD signal	Electric coolant pump

SIEMENS DME (N54 ENGINE)

Engine management applications		
Engine code	**Engine management**	**Features**
N54 (2007)	Siemens MSD80	Direct injection, VANOS
N54 (2008 - 2011)	Siemens MSD81	Direct injection, VANOS

See **100 Engine–General** for additional engine application information.

DME engine management system description (N54 engine)

The DME manages and monitors the following functions:

Air

- Twin-turbo chargers
- Electronic throttle
- Charge air intercoolers

Fuel

- Fuel supply
- Direct fuel injection

Ignition

- Direct ignition with knock control
- Primary / secondary ignition monitoring

Emissions

- OBD II compliance
- Pre- and post-catalyst oxygen sensors
- Electrically heated DME-mapped thermostat
- Misfire detection
- Evaporative emission control and leak detection

Performance controls

- Double VANOS control
- Output of injection signal (TI) for fuel economy gauge
- Output of engine rpm (TD) for tachometer
- A/C compressor control
- Electric radiator cooling fan
- CAN-bus communication
- Dynamic stability control (DSC) interface
- EWS (electronic immobilizer)
- Cruise control
- ECM programming

Engine control module (ECM)

The engine control module (ECM) (**arrow**) is mounted in the electronics box (E-box) at the right rear of the engine compartment.

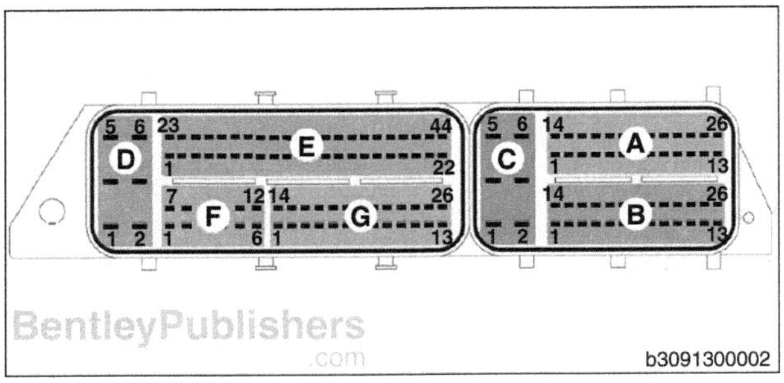

The ECM is flash-programmable and features 2 main electrical harness connectors, one with 4 modular connections and the other with 3 for a total of 7 sub connectors and 147 pins.

- **A:** X60001 (signals)
- **B:** X60002 (signals)
- **C:** X60003 (voltage, ground supply)
- **D:** X60004 (ignition coils)
- **E:** X60005 (signals)
- **F:** X60006 (fuel injection)
- **G:** X60007 (signals)

NOTE—
- *The EEPROM (chip) in the ECM is coded to the vehicle.*

Fuel metering

The ECM meters pressurized fuel by changing the opening time (pulse width) of the fuel injectors. The exact amount of fuel injected is determined by the amount of time the injectors are open.

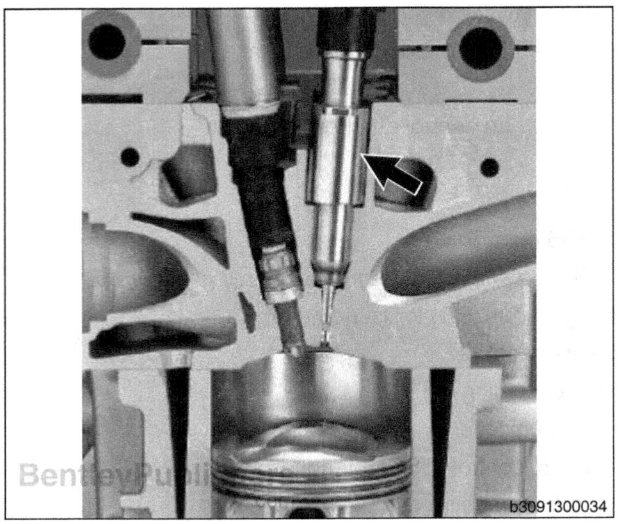

The N54 engine utilizes direct fuel injection. The fuel injector (**arrow**) is mounted into a machined hole in the cylinder head near the spark plug.

A direct injection turbo charged engine achieves a higher compression ratio when compared to ones utilizing manifold injection. At the same time, the exhaust-gas temperature is reduced under full load. Another advantage of this injection process is the improved efficiency in part-load operation.

The ECM monitors engine operating conditions to determine injector opening duration. Each injector can be individually controlled for cylinder selective fuel trim.

Air intake

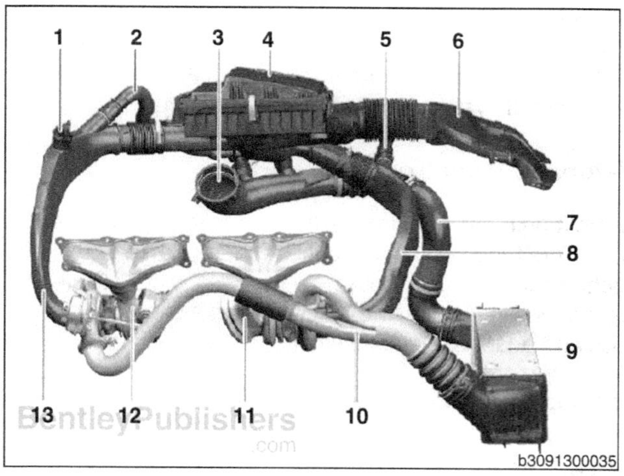

Air intake ducting plays a significant role due to the requirements of a turbocharged engine. In principle, the energy of escaping exhaust gases is utilized to precompress the inducted fresh air and thus introduce a greater air mass into the combustion chamber. This is only possible if the air intake ducting is leak free and installed properly.

1. PTC heater for blow by gases
2. Recirculated air line, bank 2
3. Connection to throttle valve
4. Air filter housing
5. Recirculated air line, bank 1
6. Air intake snorkel
7. Charge air pressure line
8. Charge air suction line, bank 1
9. Charge air intercooler
10. Charge air manifold
11. Turbocharger, bank 1
12. Turbocharger, bank 2
13. Charge air suction line, bank 2

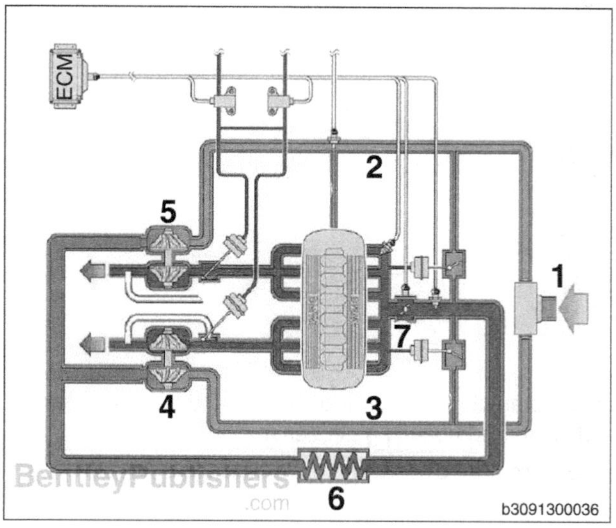

Fresh air is drawn in via the air cleaner (**1**) and charge-air suction lines (**2**, **3**) to the turbochargers compressors (**4**, **5**) and compressed. Because the turbochargers can get very hot during operation, they are connected to the engine coolant and engine oil circuits. The charge air is greatly heated when compressed in the turbocharger, making it necessary for the air to be cooled in an intercooler (**6**).

The compressed and cooled charge air is routed from the intercooler via the throttle valve (**7**) into the intake manifold. The system is equipped with several sensors and actuators in order to ensure that the volume of air is optimally adapted to engine operating conditions.

Idle speed control

The ECM controls Idle speed by varying throttle valve actuation. Idle speed is not adjustable. The basic functions and parameters of idle speed control are as follows:

- Control of cold air intake volume.
- Smooth idle speeds regardless of load and inputs.
- Smooth transition from acceleration to deceleration.

Idle speed stabilization is active during the following conditions:

- Engine warm up
- Heating or A/C activation
- Drive gear selected (automatic transmission)
- Varying cooling fan speeds

Throttle control

The N54 engine features electronic throttle control (EDK). There is no throttle cable between the accelerator pedal and the throttle housing. EDK integrates the driver command with the requirements of the traction control system (DSC) and cruise control.

Knock (detonation) control

Knock sensors monitor and control ignition knock through the ECM. The knock sensors function like microphones and are able to convert mechanical vibration (knock) into electrical signals. The ECM is programmed to react to frequencies that are characteristic of engine knock and adapt the ignition timing point accordingly.

Knock sensor replacement is covered in **120 Ignition System**.

Air filter housing and ducts, removing and installing (N54 engine)

< Working at front of engine compartment above radiator, remove air intake hood screws (**A**). Detach air intake duct (**arrow**) and lift out of radiator support.

– Remove cabin microfilter housing. See **640 Heating and Air-conditioning**.

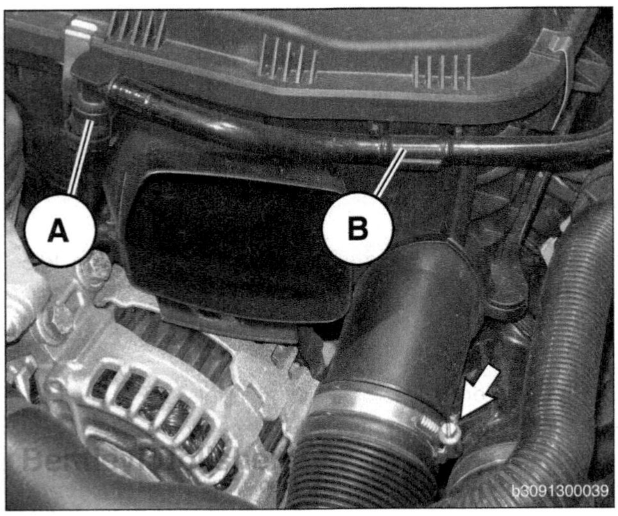

< Remove complete air cleaner housing, disconnecting and labeling connectors, ducting and hoses as necessary:

- Air duct hose clamp (**arrow**).
- Disconnect line (**A**) and detach from air intake housing (**B**).

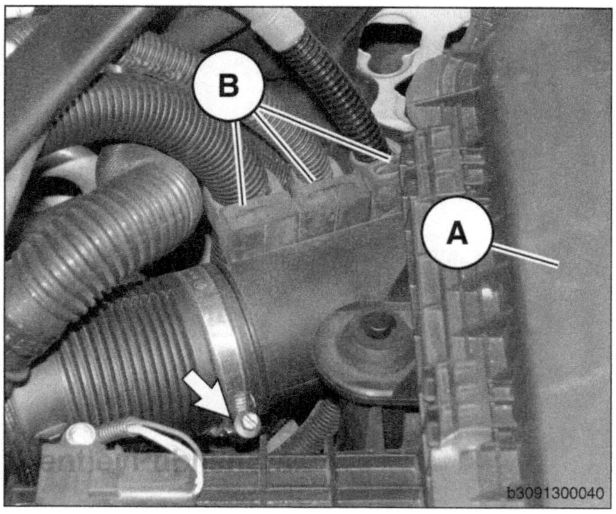

Loosen clamp (**arrow**) and remove air intake hose.

- Pull off wiring harness holders (**B**) in upward direction.
- Detach intake filter housing (**A**) from rubber mounts then lift and remove.

– Installation is reverse of removal.

> ***CAUTION—***
> - *Turbocharger damage may result if charge air ducts are not installed dry and free of dirt and grease. If necessary, install using antiseize compound only.*

– After reinstalling, check for fault codes and reset ECM memory.

Charge air ducts, left side, removing and installing (N54 engine)

– Remove air filter housing and ducts. See **Air filter housing and ducts, removing and installing (N54 engine)** in this chapter.

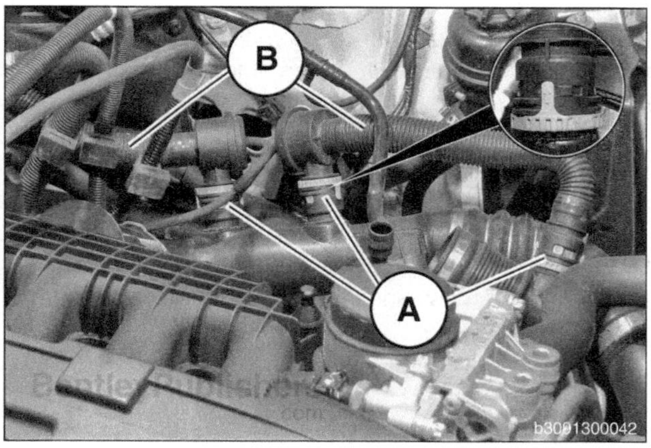

Turn quick release coupling locks (**A**) 90° to disconnect. Detach recirculated air hoses (**B**) and lay aside. Note position of arrows on quick connector for reinstallation.

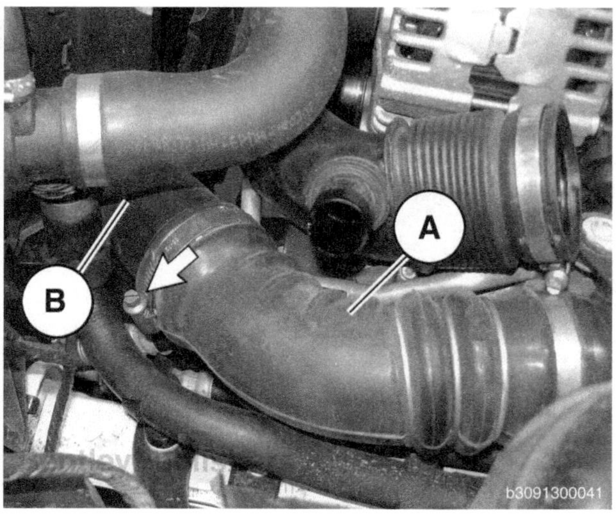

Working at left charge air duct:

- Loosen clamp (**arrow**) and remove charge air hose (**A**) from duct (**B**).

Charge air ducts, left side, removing and installing (N54 engine)

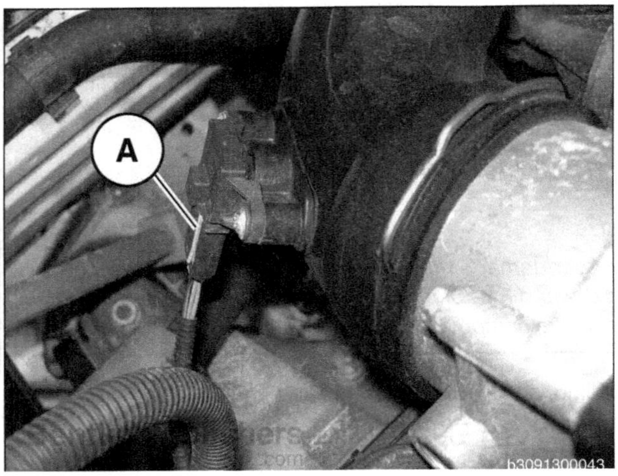

Disconnect electrical connector (**A**) and place harness aside.

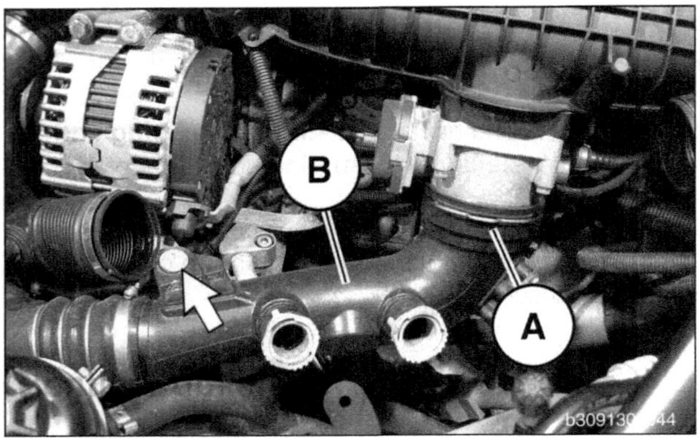

Remove fastener (**arrow**).

- Unlock quick connect (**A**) and remove charge air duct (**B**) from throttle valve.

– Raise vehicle and support safely.

> ***WARNING —***
> - *Make sure the vehicle is stable and well supported at all times. Use a professional automotive lift or jack stands designed for the purpose. A floor jack is not adequate support.*

– Remove engine splash shield. See **020 Maintenance**.

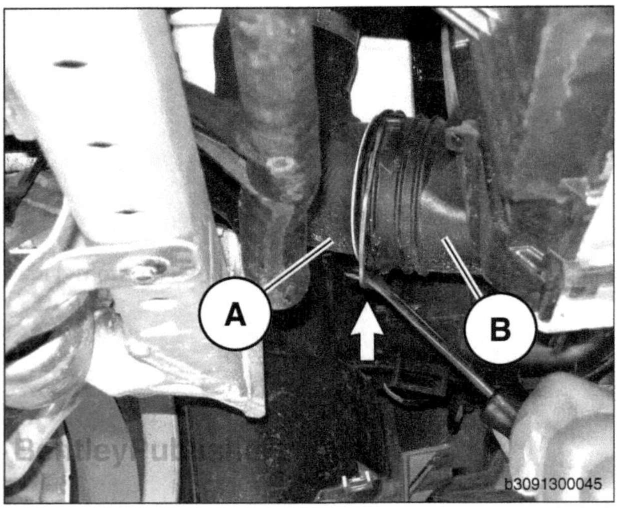

Working under vehicle at right front air charge duct:

- Unlock quick connect (**arrow**) and disconnect charge air duct (**A**) from intercooler (**B**).

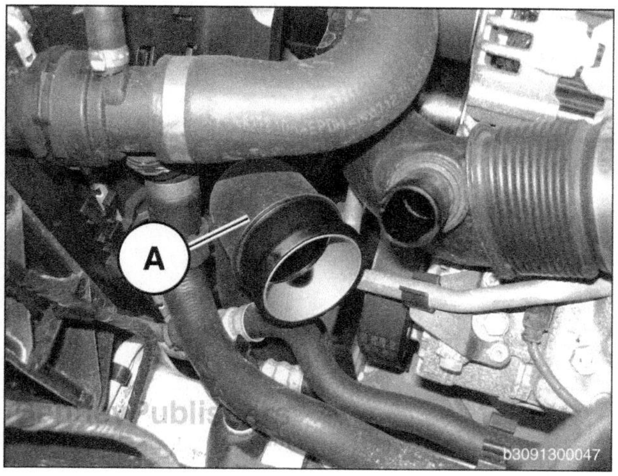

- Feed air charge duct (**A**) through top and remove.

- Installation is reverse of removal.

> ***CAUTION—***
> - *Turbocharger damage may result if charge air ducts are not installed dry and free of dirt and grease. If necessary, install using antiseize compound only.*

- After reinstalling, check for fault codes and reset ECM memory.

Charge air ducts, right side, removing and installing (N54 engine)

- Drain coolant and remove coolant expansion tank. See **170 Radiator and Cooling System**.

- Remove engine splash shield. See **020 Maintenance**.

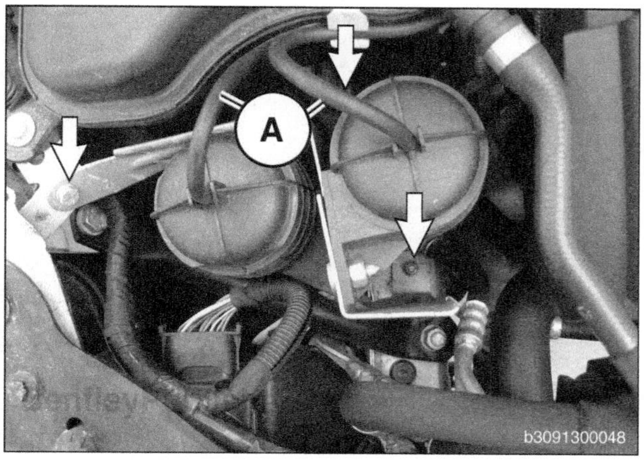

- Working in right front engine compartment:
  - Label and remove vacuum lines (**A**).
  - Remove fasteners (**arrows**).

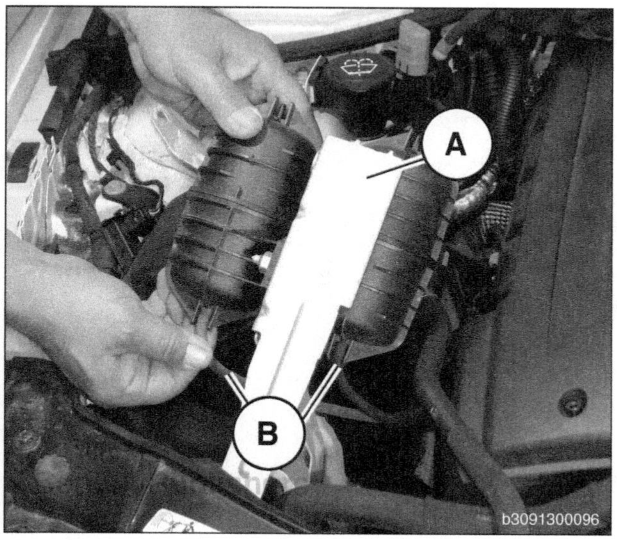

- Raise bracket (**A**) slightly, label and remove vacuum hoses (**B**) from bottom of canisters. Remove assembly.

Charge air ducts, right side, removing and installing (N54 engine)

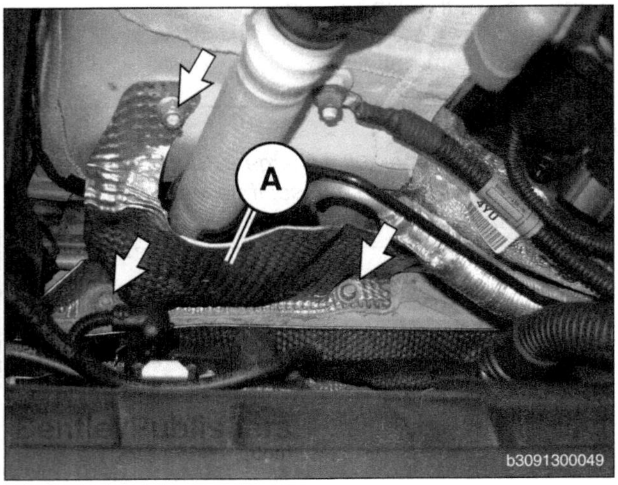

◄ Remove nuts (**arrows**) and remove heat shield (**A**).

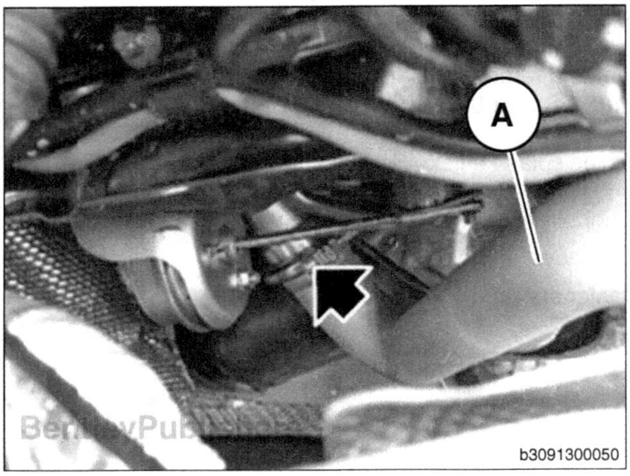

◄ Loosen clamp (**arrow**) and remove charge air duct (**A**).

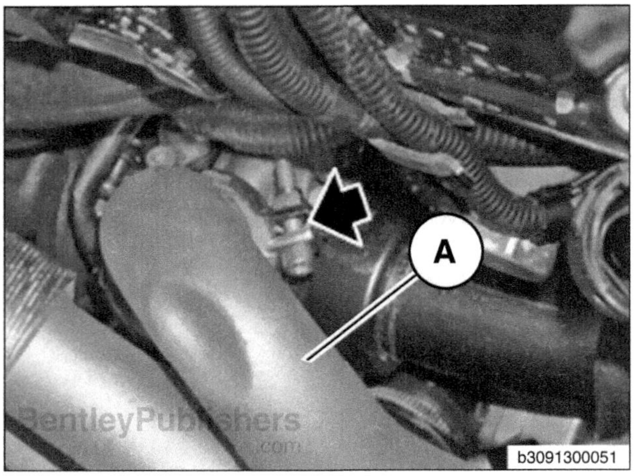

◄ Loosen clamp (**arrow**) and remove charge air duct (**A**).

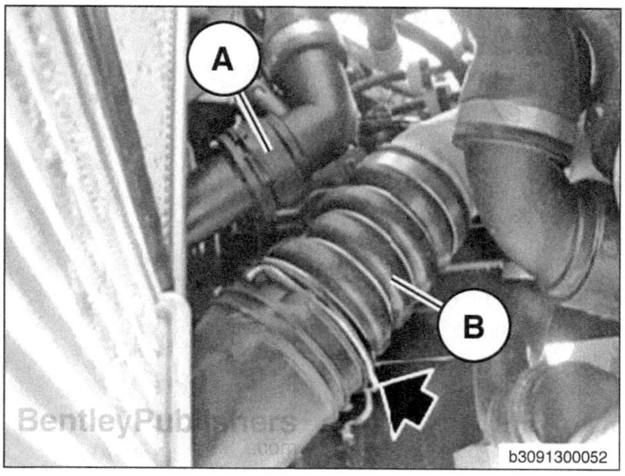

< Working beneath right front of vehicle:
- Unlock quick connect and remove radiator hose (**A**).
- Unlock quick connect (**arrow**) and remove charge air duct (**B**).

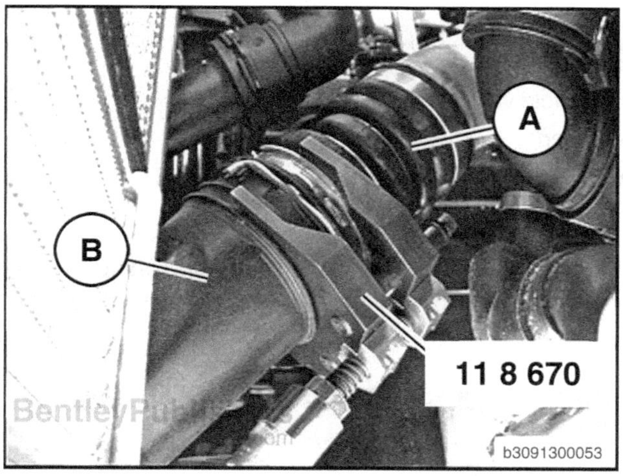

< When reinstalling charge air duct to intercooler use BMW special tool 11 8 670.

< Coat charge air duct O-ring (**arrow**) with antiseize before reinstalling.

– Remainder of installation is reverse of removal.

> ***CAUTION—***
> - *Turbocharger damage may result if charge air ducts are not installed dry and free of dirt and grease. If necessary, install using antiseize compound only.*

– After reinstalling, check for fault codes and reset ECM memory.

Mass air flow, measurement (N54 engine)

The N54 engine utilizes a calculated air mass system. This calculation makes use of the following signals:

- VANOS setting (load acquisition)
- Throttle setting
- Intake air temperature (air density correction)
- Engine temperature (air density correction)
- Engine speed (cylinder charge)
- Intake manifold pressure (throttle correction)
- Ambient pressure (air density, altitude correction)

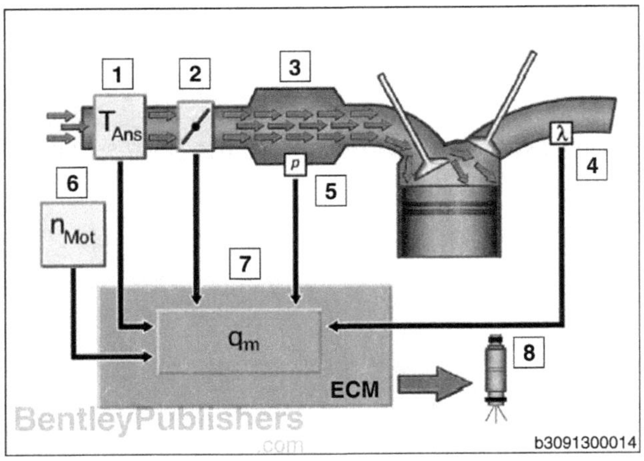

The calculated air mass is adjusted with the oxygen sensor signal (mixture ratio) and injector timing and corrected if necessary.

1. Intake air temperature sensor
2. Throttle valve position
3. Intake manifold
4. Residual oxygen measurement in exhaust
5. Intake manifold vacuum
6. Engine speed
7. ECM with charge calculation model
8. Injection timing

In the event of an oxygen sensor failure, a fault code is stored in the ECM (air mass plausibility). The calculated air mass is not adjusted in this case.

Charge air duct pressure sensor, replacing (N54 engine)

– Switch ignition OFF and remove key.

Remove air filter housing and ducts. See **Air filter housing and ducts, removing and installing (N54 engine)** in this chapter.

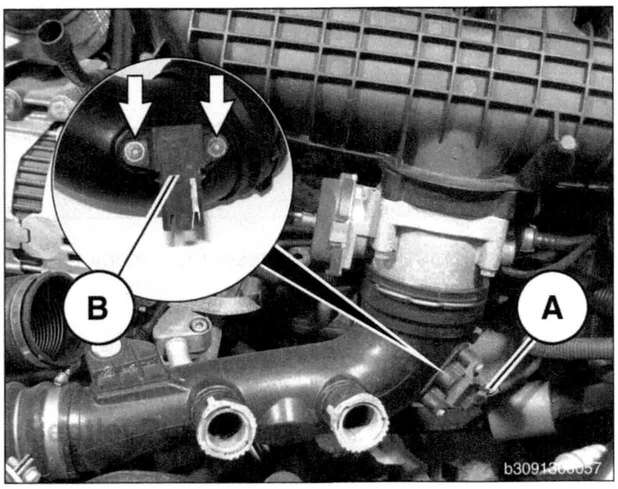

Working at throttle body charge air duct:

- Detach sensor electrical connector (**A**).
- Remove fasteners (**arrows**).
- Remove sensor (**B**).

◀ Installation is reverse of removal. Inspect O-ring (**arrow**) and replace in necessary.

– After reinstalling, check for fault codes and reset ECM memory.

Tightening torques	
Sensor to charge air duct	3.5 Nm (31 in-lb)

Intake manifold charge air pressure sensor, replacing (N54 engine)

– Switch ignition OFF and remove key.

– Remove cabin microfilter housing. See **640 Heating and Air-conditioning**.

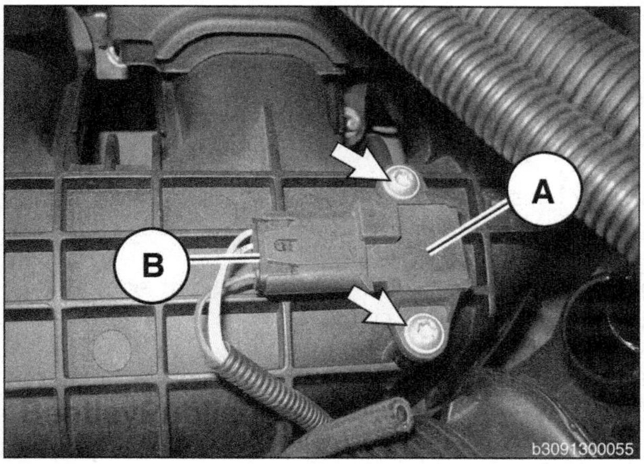

◀ Working at rear of intake manifold:

- Detach sensor electrical connector (**B**).
- Remove fasteners (**arrows**).
- Remove sensor (**A**).

◀ Installation is reverse of removal.

- Inspect O-ring (**arrow**) and replace if necessary.

– After reinstalling, check for fault codes and reset ECM memory.

Tightening torques	
Sensor to intake manifold	3.5 Nm (31 in-lb)

Throttle housing, replacing (N54 engine)

There is no mechanical (cable) link between the accelerator pedal and the throttle plate.

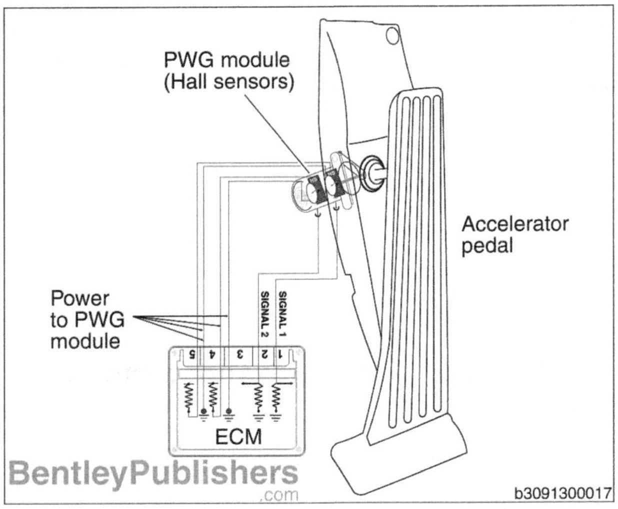

◄ The accelerator pedal module (PWG) at the pedal assembly communicates pedal position directly to the ECM. The module provides two variable voltage signals (via two Hall sensors) to the ECM for pedal position and rate of movement.

The ECM provides an independent voltage and ground supply for each hall sensor. Each Hall sensor is provided with 5 volts and ground. As the accelerator pedal is moved from rest to full throttle, the sensors produce a variable voltage signal.

The output of the Hall sensors is checked for plausibility. The voltage range of Hall sensor 1 is approximately 0.5 to 4.5 volts. Hall sensor 2 ranges from approximately 0.5 to 2.5 volts.

The throttle housing unit is non-adjustable. If found to be faulty, replace as a complete unit.

After replacing the throttle housing, use BMW scan tool or equivalent to reset adaptation values.

> ***CAUTION—***
> *• If the adaptation process is not completed correctly, the engine will not start.*

– Switch ignition OFF and remove key.

– Remove air filter housing and ducts. See **Air filter housing and ducts, removing and installing (N54 engine)** in this chapter.

– Remove charge air ducts. See **Charge air ducts, left side, removing and installing** in this chapter.

◄ Working at side of throttle assembly, disconnect line (**arrow**).

Working under throttle assembly, disconnect electrical connector (**A**).

- Remove fasteners (**arrows**) and remove throttle housing (**B**).

— Installation is reverse of removal.

— Reattach throttle assembly connector with care.

> ***CAUTION—***
> - *It is possible to twist the connector before plugging it in. This can cause damage to the harness and connector.*

— Replace profile gasket (sealing O-ring) between throttle assembly and intake manifold.

Tightening torques	
Throttle housing to intake manifold	8 Nm (70 in-lb)

— After reinstalling, check for fault codes and reset ECM memory. Reset throttle plate adaptation values following on-screen directions.

Fuel injector service (N54 engine)

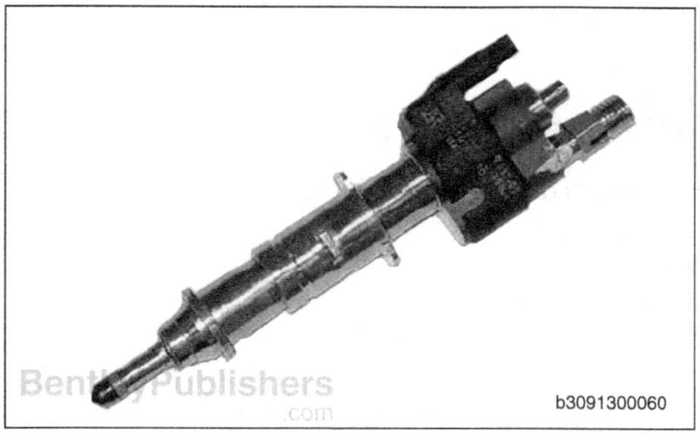

The N54 engine utilizes a high precision injection (HPI) system with piezo-electric fuel injectors. Voltage from the ECM controls injector opening by activating the injector valve piezo element. The ECM varies the duration (in milliseconds) of injector opening to regulate air / fuel ratio.

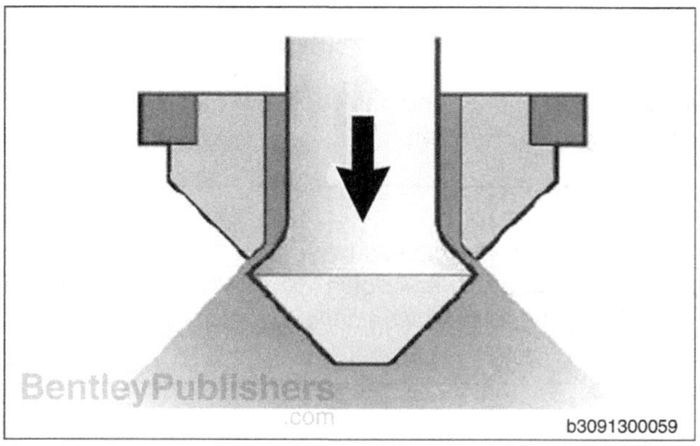

These injectors open in an outward direction, which forms a precise tapered spray pattern. With the aid of high system pressure (up to 200 bar), the HPI system is capable of providing a high level of efficiency.

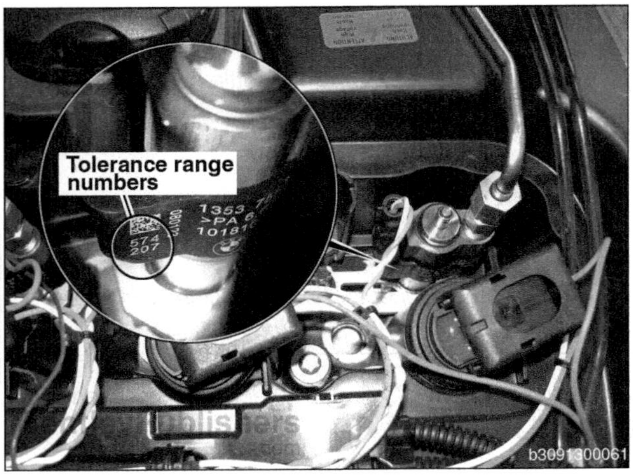

During manufacture, the tolerance ranges for injector-quantity adjustment are determined and specified in a six-digit number combination. Make note of tolerance numbers. They are required for fuel injector adaptation. See **Fuel injector adaptation** in this repair group.

Information on the lift performance of the injector is also added for injector voltage adjustment. Injector adjustment is required because of the individual voltage demand of each piezo actuator. This data is programmed in the ECM. During engine operation, these values are used to compensate for deviations in the metering and switching performance.

When replacing an injector, it is essential to carry out an injector adjustment using BMW factory scan tool or equivalent.

If a fault is diagnosed in the system, such as failure of the high pressure sensor, the fuel-supply control valve is de-energized; fuel then flows bypasses into the rail. In the event of limp-home mode, turbocharging is deactivated by an opening of the wastegate valves.

Additional causes of limp-home mode can be:

- Implausible high-pressure sensor values
- Failure of the fuel-supply control valve
- Leakage in the high-pressure system
- Failure of the high-pressure pump
- Failure of the high-pressure sensor

Fuel injectors, removing (N54 engine)

– Disconnect battery negative (-) cable in cargo compartment.

> ***CAUTION—***
> - *Prior to disconnecting the battery, read the battery disconnection cautions in* **001 Warnings and Cautions**.

– Remove cabin microfilter housing. See **640 Heating and Air-conditioning**.

– Remove ignition coil cover. See **020 Maintenance**.

– Remove ignition coil at corresponding cylinder of fuel injector service. See **120 Ignition System**.

> ***CAUTION—***
> - *Maintain a high level of cleanliness when servicing ignition coils. Fuel / oil residue can break down the electrical resistance qualities of silicone used in ignition coil production, resulting in coil failure.*

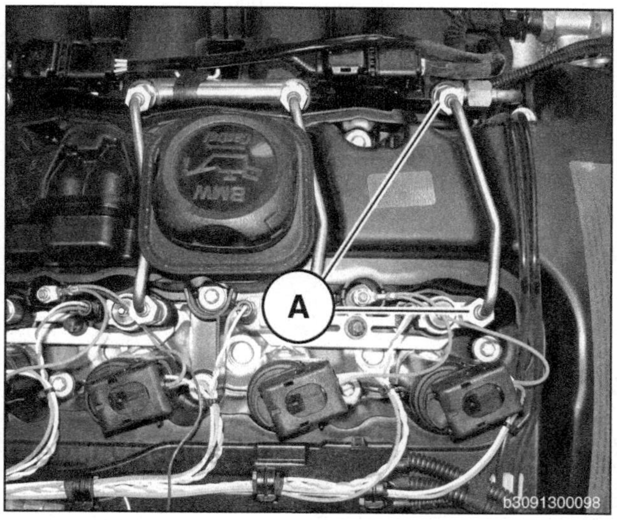

Remove fuel line to corresponding fuel injector (**A**).

WARNING—
- *Fuel in the fuel line is under pressure (up to 200 bar or 2900 psi) and may be expelled forcibly. Do not smoke or work near heaters or other fire hazards. Keep a fire extinguisher handy.*
- *Work only on fuel system when engine temperature is below 40°C (104°F).*
- *Unscrew the fuel tank cap to release pressure in the tank before working on the fuel line.*
- *Plug open fuel lines and fittings.*
- *Wrap a clean shop towel around fitting before disconnecting. Residual fuel pressure is present in the fuel line.*
- *To reduce fuel pressure, place towel over injector and carefully tap with a wrench.*

CAUTION—
- *Maintain a clean work area when servicing high pressure fuel system. Contaminants can cause a system malfunction.*
- *Seal all fuel system opening with protective caps.*
- *Replace high pressure fuel lines if tightened 10 times.*

NOTE—
- *If several injectors are being removed, ensure that each injector is reinstalled in its original location (cylinder).*

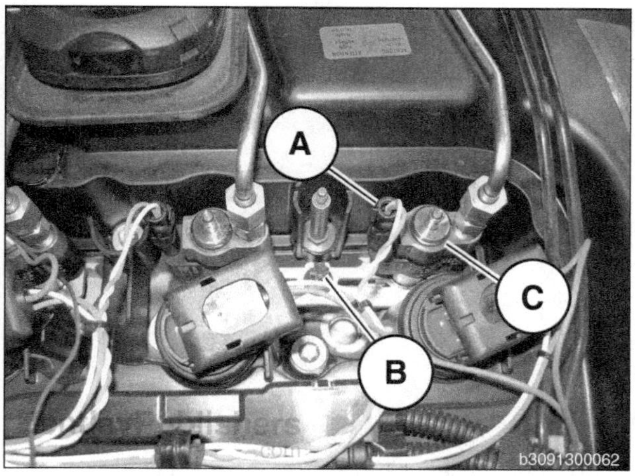

Unlock and remove electrical connector (**A**). Remove fastener and remove hold-down bracket (**B**). Remove injector (**C**).

– Seal injector with cap and fuel rail connections with plugs (from BMW special tool kit 32 1 270).

– Seal high pressure fuel lines with caps from (BMW special tool kit 32 1 270).

The following procedure can be used if of an injector is stuck in the cylinder head. Note that BMW special tools are required.

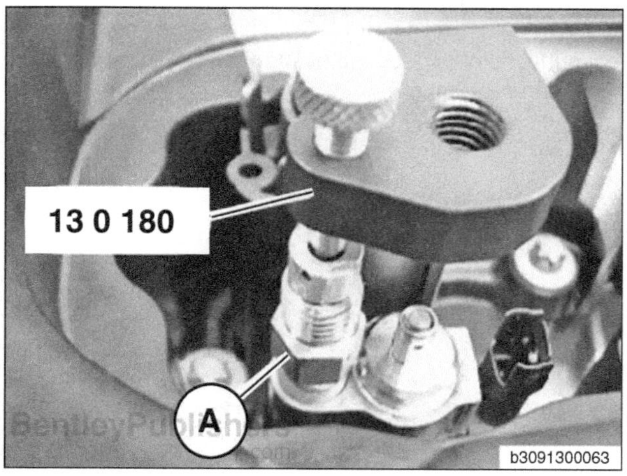

Install special tool 13 0 180 on injector (**A**).

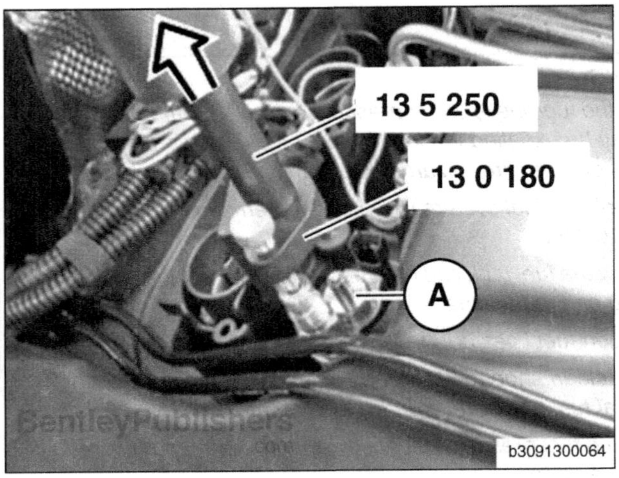

Install BMW special tool 13 5 250 and carefully knock fuel injector (**A**) out.

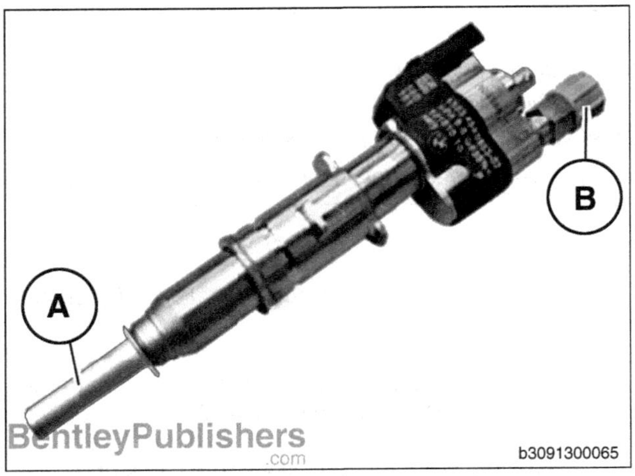

Once injector is removed. Install sealing caps to injector tip (**A**) and fuel line connection (**B**). Caps are available from BMW dealer parts department.

Injector bore, cleaning (N54 engine)

Only use the following procedure if injector bores are dirty.

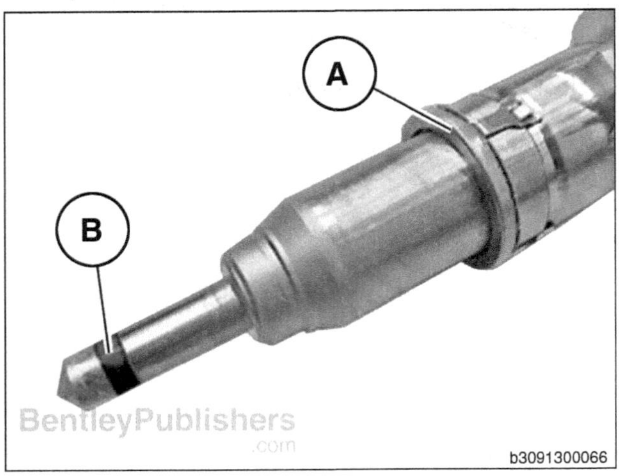

To clean injector bore, slide injector, without uncoupling element (**A**) but with new PTFE sealing ring (**B**), in and out of injector bores several times. Replace PTFE sealing ring after cleaning.

– Clean contact surfaces of uncoupling element and cylinder head. Replace uncoupling element (**A**).

Fuel injector PTFE seal, replacing (N54 engine)

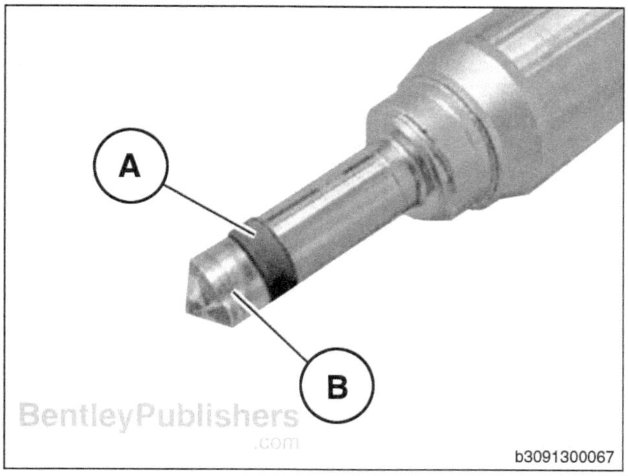

Before replacing PTFE sealing ring (**A**) make sure your hands and work surface are clean and free of oil. Avoid mechanical contact with injector tip (**B**).

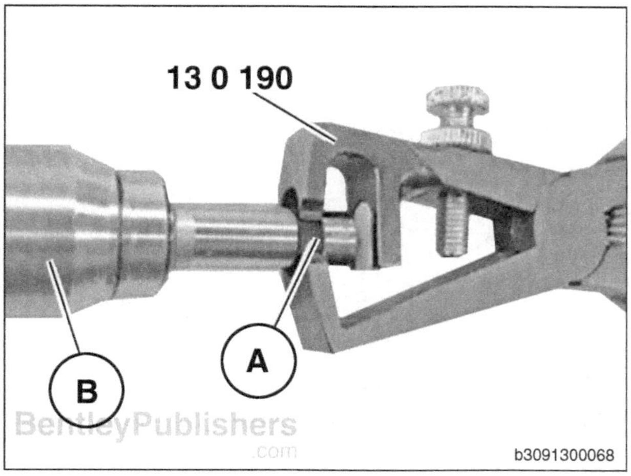

Using BMW special tool 13 0 190, remove PTFE sealing ring (**A**) from injector (**B**). Use a lint-free cloth to remove combustion residue from cylindrical part of injector tip. Do not clean injector tip.

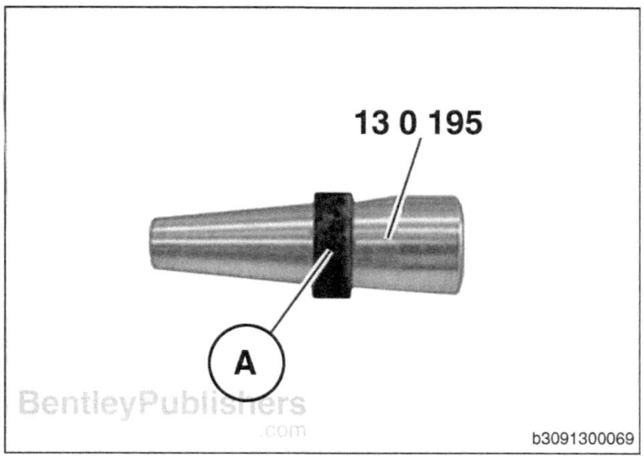

Slide new PTFE sealing ring (**A**) onto mounting taper 13 0 195.

Fuel injector PTFE seal, replacing (N54 engine)

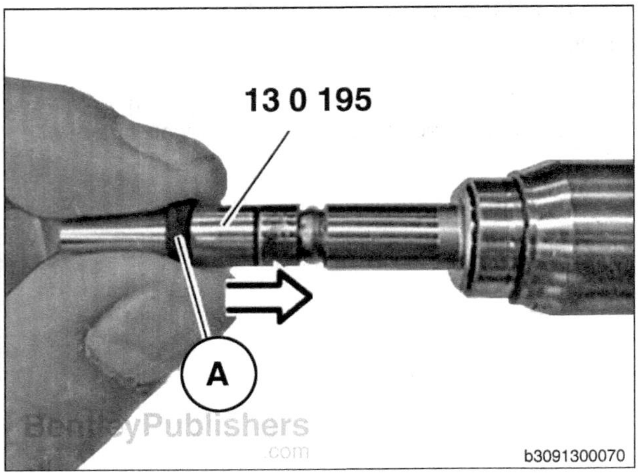

Using fingers and mounting taper (13 0 195) install PTFE sealing ring (**A**) onto injector.

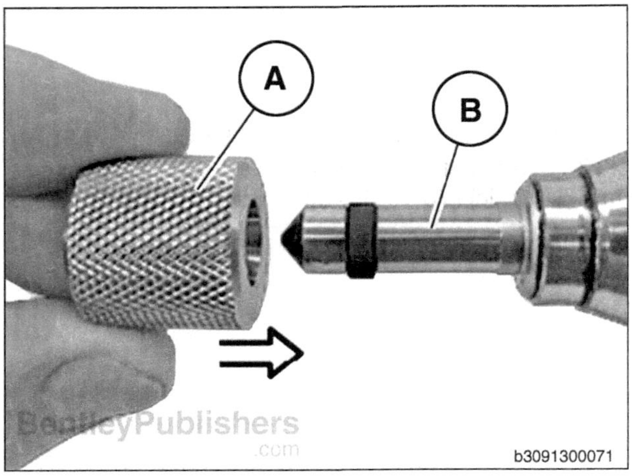

To size PTFE sealing ring to its installation dimension, slide three mounting sleeves (**A**) with decreasing diameters on injector (**B**).

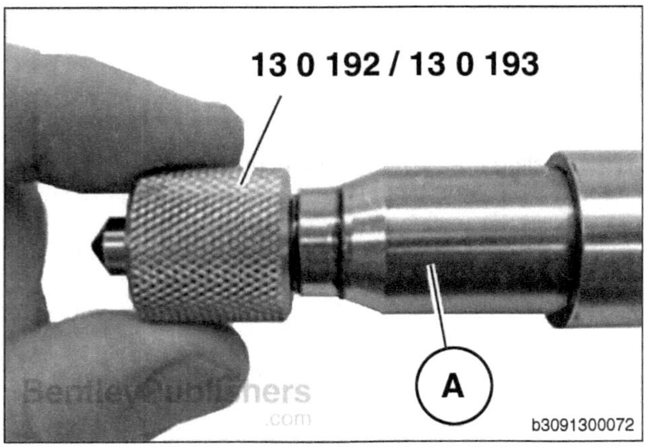

First slide 13 0 192 (large diameter sleeve) onto injector (**A**). Then slide mounting sleeve 13 0 193 on injector (**A**).

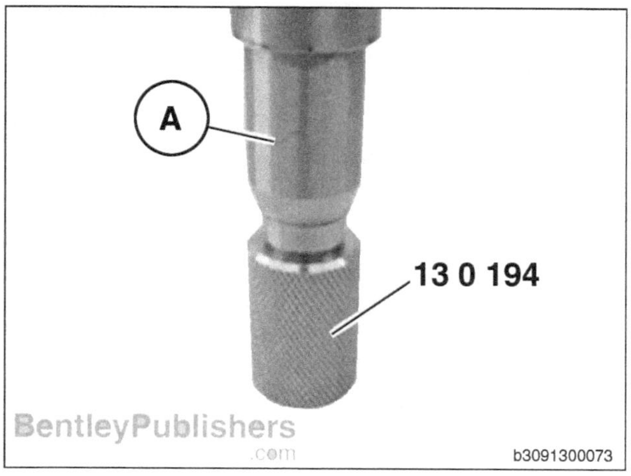

Next press injector (**A**) into mounting sleeve 13 0 194 (small diameter). Install injector within 10 minutes of removing mounting sleeve.

Fuel injectors, installing (N54 engine)

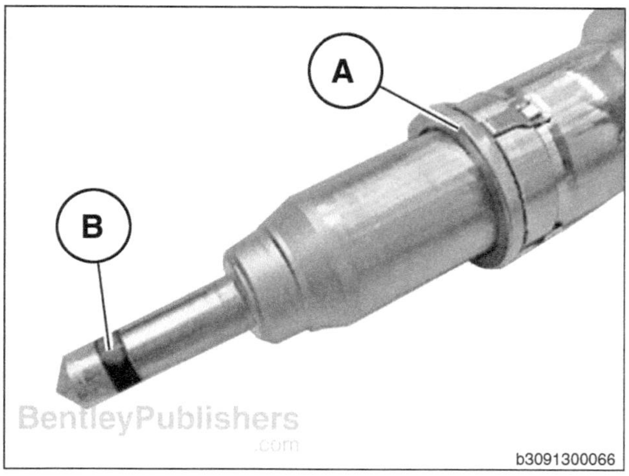

Remember to:

- Replace uncoupling element (**A**).
- Replace PTFE sealing ring (**B**).
- Remove PTFE protective cap a maximum of 10 minutes before installing. Sealing ring swells up once cap is removed.
- If injector adaptation is needed note injector tolerance range numbers for each corresponding cylinder.

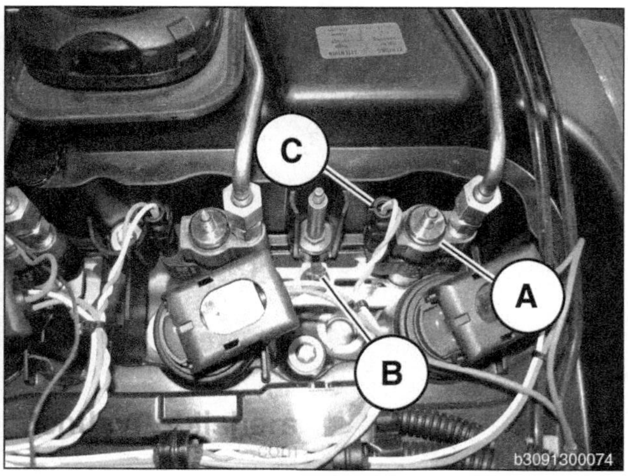

Working at cylinder head:

- Install injector (**A**) into cylinder head.
- Install hold-down bracket (**B**). Fastener (**arrow**) should be finger tight allowing injector (**A**) to be adjusted.
- Install electrical connector (**C**).

Fuel injectors, installing (N54 engine)

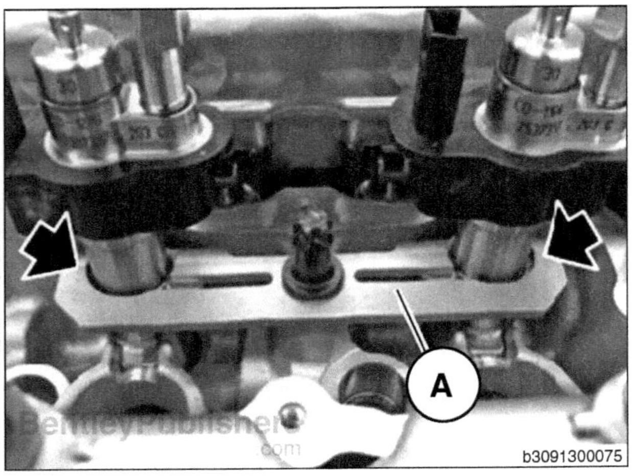

Check that the hold-down bracket (**A**) is correctly installed (**arrows**).

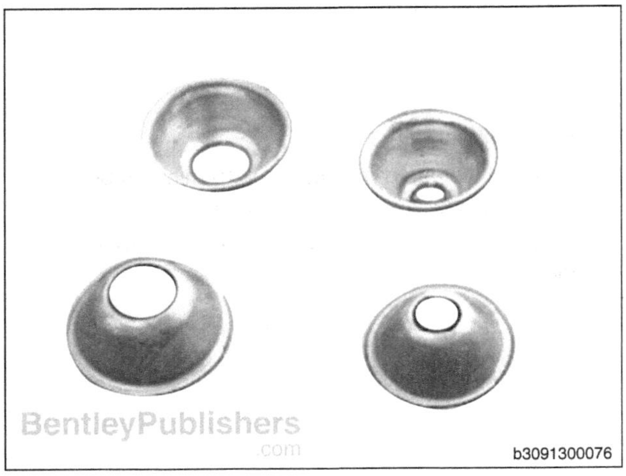

Copper seals on high pressure lines installed at factory are no longer needed. Remove and discard.

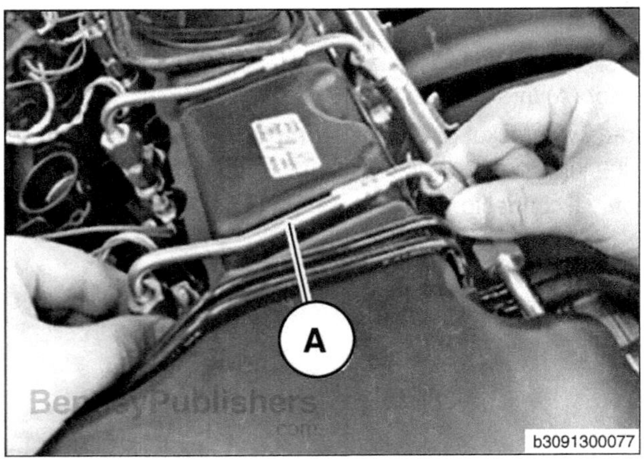

Connect high pressure line (**A**) finger tight.

- If reusing high pressure line coat nut threads with gear oil.
- High pressure line may only be retightened 10 times.
- If both nuts on line cannot be installed easily by hand adjust position of injector using following step.

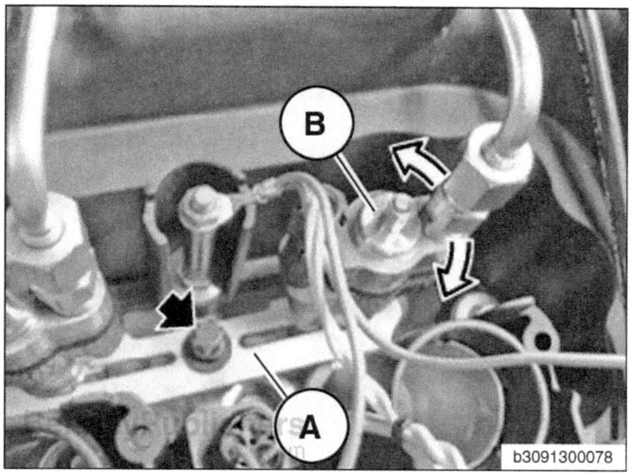

If fuel lines cannot be easily installed by hand, rotate injector in direction of **arrows** until high pressure line nuts can be easily tightened by hand.

– Tighten fastener for hold-down bracket (**arrow**).

Tightening torque	
Hold-down bracket to cylinder head	13 Nm (9.5 ft-lb)

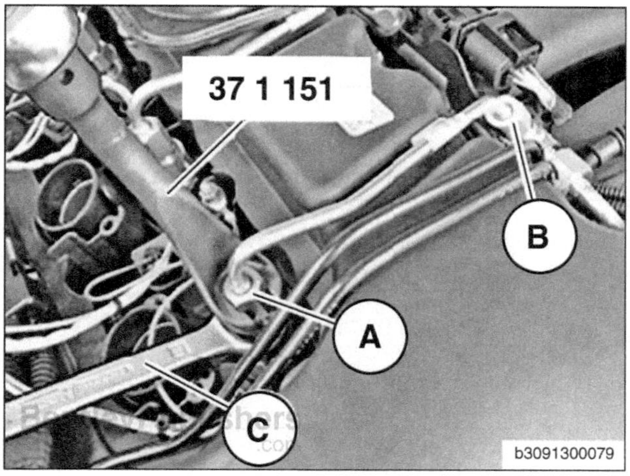

Use following tightening sequence:
- Tighten nut (**A**) using BMW special tool 37 1 151 while holding injector with wrench (**C**).
- Tighten nut (**B**) using special tool 37 1 151.

– Clean all fuel from ignition coil hole.

– Check fuel system for leaks.

– Perform injector adaptation. See **Fuel injector adaptation** in this repair group.

– Check for fault codes and reset ECM memory.

Tightening torque	
High pressure line to injector	23 Nm (17 ft-lb)
High pressure line to fuel rail	23 Nm (17 ft-lb)

Fuel injector adaptation (N54 engine)

– Connect BMW scan tool or equivalent and perform following tasks:
- Identify vehicle.
- Select **Function selection**.
- Select **Service functions**.
- Select **Adjustment programs**.
- Select **Adjust injectors**.
- Change **Test schedule**.

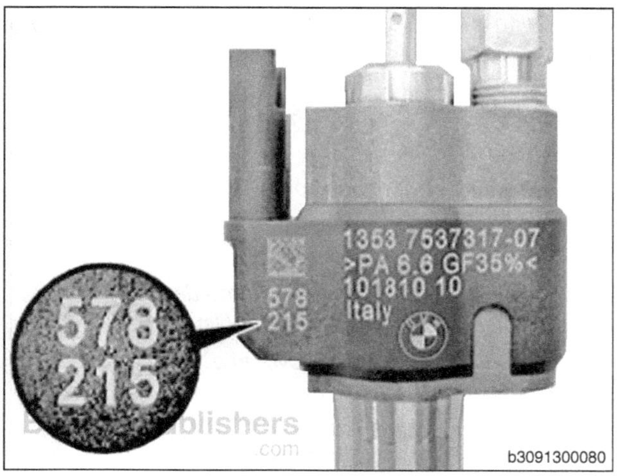

For each replaced injector, enter fuel injector tolerance range (**inset**) to corresponding cylinder.

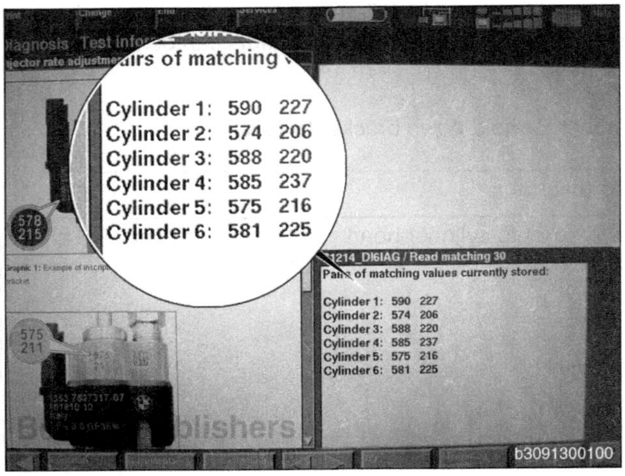

Confirm the correct tolerance range (**inset**) has been entered for each injector.

Fuel rail, removing (N54 engine)

– Disconnect battery negative (–) cable in cargo compartment.

> ***CAUTION—***
> - *Prior to disconnecting the battery, read the battery disconnection cautions in* **001 Warnings and Cautions**.

– Remove cabin microfilter housing. See **640 Heating and Air-conditioning**.

– Remove ignition coil cover. See **020 Maintenance**.

– Remove ignition coils. See **120 Ignition System**.

> ***CAUTION—***
> - *Maintain a high level of cleanliness when servicing ignition coils. Fuel / oil residue causes a breakdown of the electrical resistance qualities of silicone used in production. Resulting in failure of the ignition coil.*

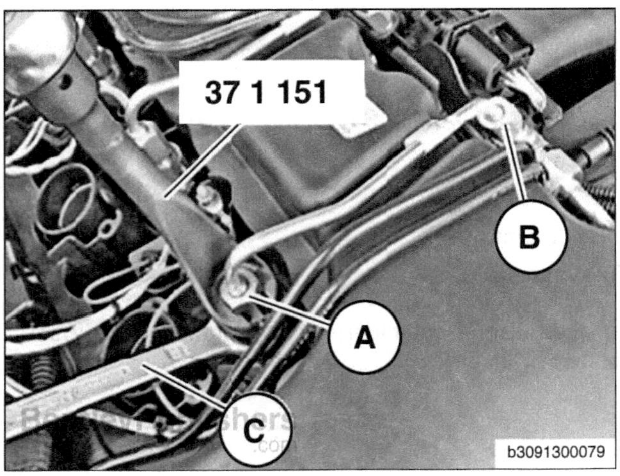

Label position and remove high pressure fuel lines:

- Using BMW special tool 37 1 151 loosen nut (**A**) while holding injector with wrench.
- Using special tool 37 1 151 loosen nut (**B**).

> ***WARNING—***
> - *Fuel in the fuel line is under pressure (up to 200 bar or 2900 psi) and may be expelled forcibly. Do not smoke or work near heaters or other fire hazards. Keep a fire extinguisher handy.*
> - *Work only on fuel system when engine temperature is below 40°C (104°F).*
> - *Unscrew the fuel tank cap to release pressure in the tank before working on the fuel line.*
> - *Plug open fuel lines and fittings.*
> - *Wrap a clean shop towel around fitting before disconnecting. Residual fuel pressure is present in the fuel line.*
> - *To reduce fuel pressure, place towel over injector and carefully tap with a wrench.*
> - *Protect alternator from dripping fuel and oil.*

> ***CAUTION—***
> - *Maintain a clean work area when servicing high pressure fuel system. Contaminants can cause a system malfunction.*
> - *Seal all fuel system opening with protective caps.*
> - *Replace high pressure fuel lines if tightened 10 times.*

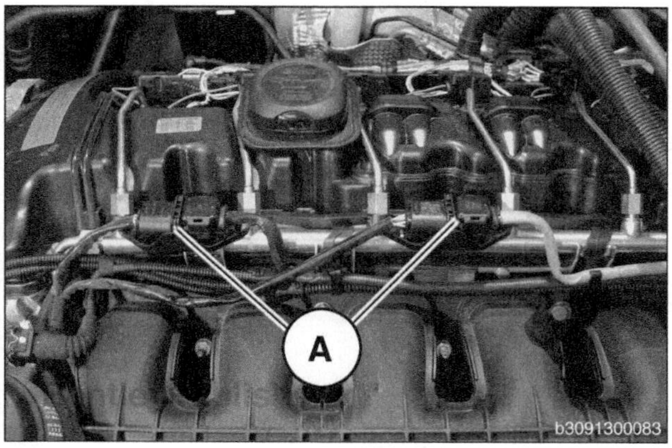

– Seal injector with cap and fuel rail connection with plug (from BMW special tool kit 32 1 270).

– Seal removed high pressure fuel lines with caps (from BMW special tool kit 32 1 270).

◄ Unlock and remove electrical connector (**A**) from fuel injector rail.

– Remove electrical connector holders from fuel injector rail.

◄ Remove fuel rail pressure sensor electrical connector (**arrow**).

◄ Working at fuel injector rail:
- Loosen fuel line nut (**A**).
- Plug open fuel lines and fittings.
- Wrap a clean shop towel around fitting before disconnecting. Residual fuel pressure is present in fuel line.
- Remove fasteners (**B**) and remove fuel injector rail (**C**).
- Seal connections at high pressure line (**A**) and fuel rail (**C**).

Fuel rail, installing (N54 engine)

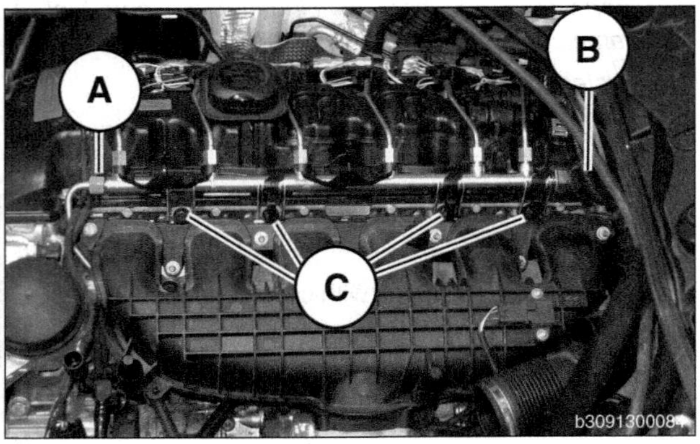

Install high pressure rail:

- Connect nut (**A**) finger tight.
- Install fasteners (**C**) finger tight.
- Install electrical connector (**B**).

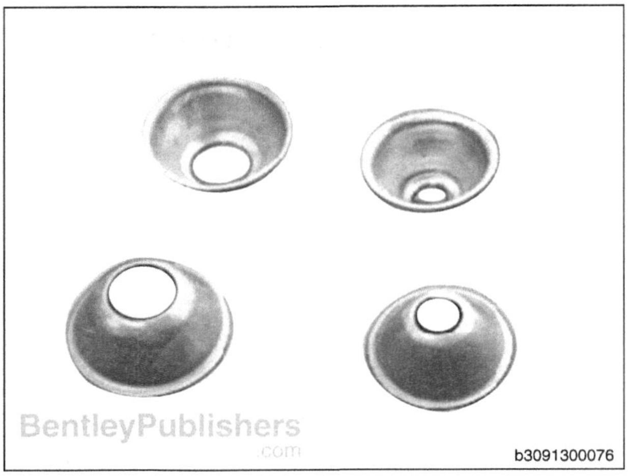

Copper seals on high pressure lines installed at factory are no longer needed. Remove and discard.

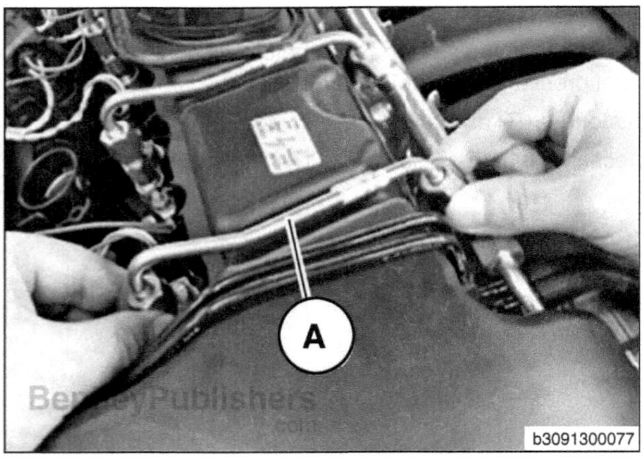

Connect high pressure line finger tight.

- If reusing high pressure line coat nut threads with gear oil.
- High pressure line may only be retightened 10 times.
- If both nuts on line cannot be installed easily by hand adjust position of injector using following step.

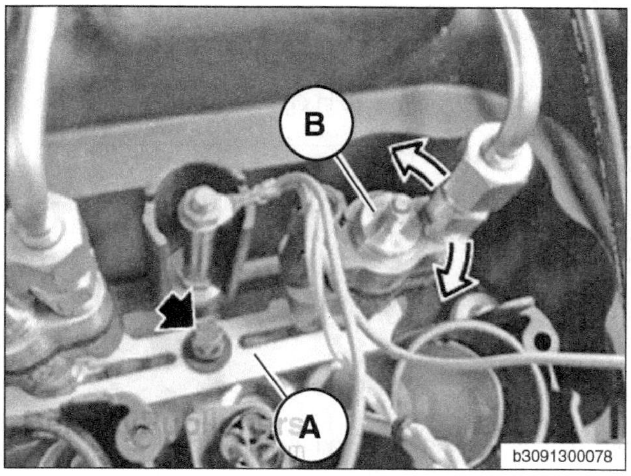

If fuel lines cannot be easily installed by hand:

- Loosen fastener (**arrow**)
- Rotate injector in direction of **arrows** until high pressure line nuts can be easily tightened by hand.

– Tighten fastener for hold-down bracket (**arrow**).

Tightening torque	
Hold-down bracket to cylinder head	13 Nm (9.5 ft-lb)

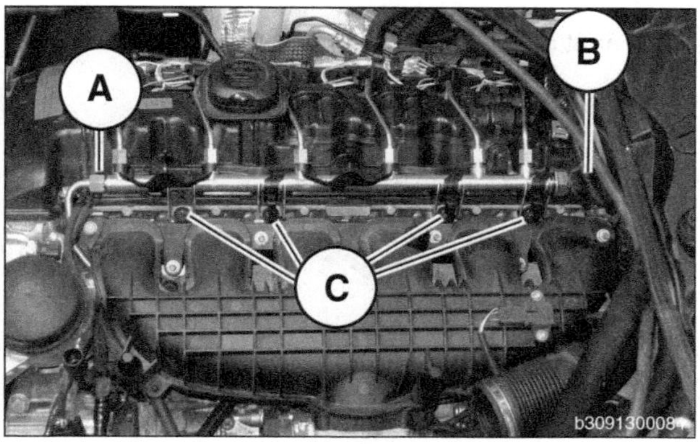

Tighten fuel injector rail (**C**) fasteners (**B**).

– Tighten fuel line nut (**A**).

Tightening torque	
Fuel injector rail to cylinder head	13 Nm (9.5 ft-lb)
High pressure line to fuel rail	30 Nm (22 ft-lb)

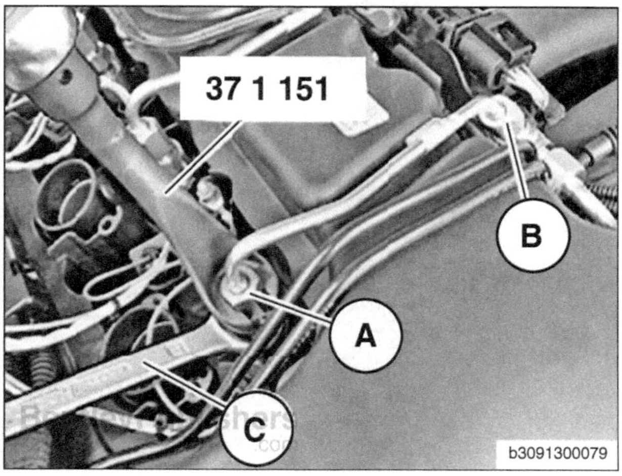

Use following tightening sequence:

- Tighten nut (**A**) using special tool 37 1 151 while holding injector with wrench (**C**).
- Tighten nut (**B**) using special tool **3**7 1 151.

– Clean all fuel from ignition coil hole.

– Check fuel system for leaks.

– Check for fault codes and reset ECM memory.

Tightening torque	
High pressure line to injector	23 Nm (17 ft-lb)
High pressure line to fuel rail	23 Nm (17 ft-lb)

Intake manifold, removing and installing (N54 engine)

– Disconnect battery negative (-) cable in cargo compartment.

> ***CAUTION—***
> *• Prior to disconnecting the battery, read the battery disconnection cautions in* **001 Warnings and Cautions**.

– Remove cabin microfilter housing. See **640 Heating and Air-conditioning**.

– Remove ignition coil cover. See **020 Maintenance**.

– Remove complete air filter housing and air intake ducts. See **Air filter housing and ducts, removing and installing (N54 engine)** in this repair group.

◄ Remove tension strut (**arrow**) if necessary.

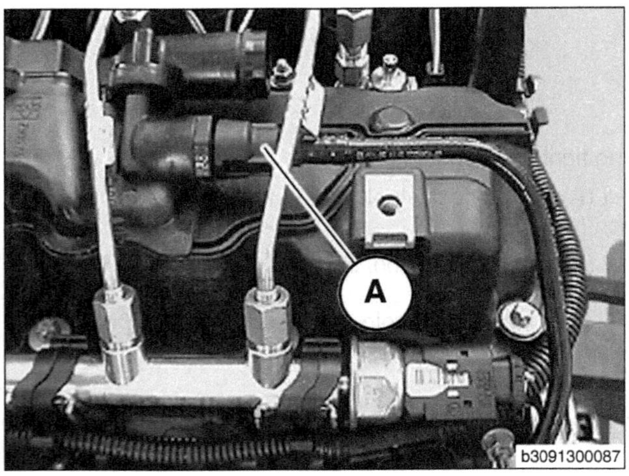

◄ Disconnect crankcase breather line (**A**) at cylinder head cover if equipped.

NOTE—
• Not all models have additional line.

◄ Example of N54 engine without additional crankcase breather line. There will be a plug (**arrow**) in its place.

– Remove throttle housing. See **Throttle housing, replacing** in this repair group.

Working at right side underneath intake manifold:

- Disconnect vacuum hose (**A**). If equipped.
- Remove fuel tank vent valve (**B**) from mounting bracket.
- Remove vacuum hose (**C**) and lay aside.

Slide wiring harness junction box (**A**) off bracket under intake manifold.

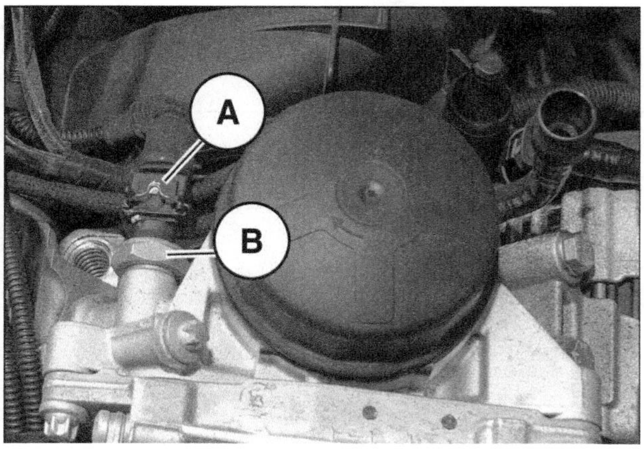

Disconnect electrical connector (**A**) at oil pressure switch (**B**).

Working at top of intake manifold, unhook electrical harness retainers (**A**) and place harness out of way.

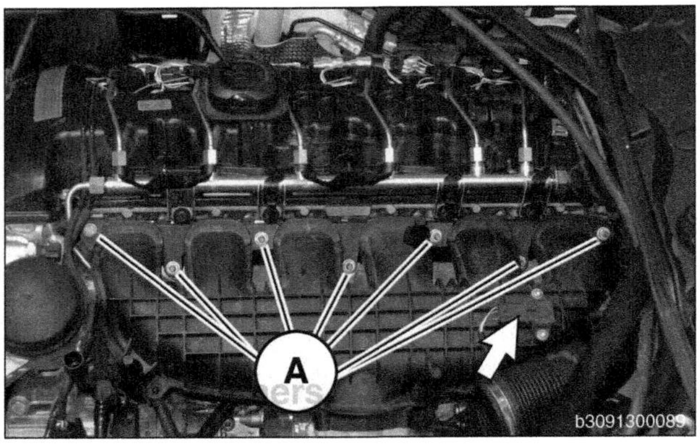

Remove electrical connector (**arrow**) and remove fasteners (**A**).

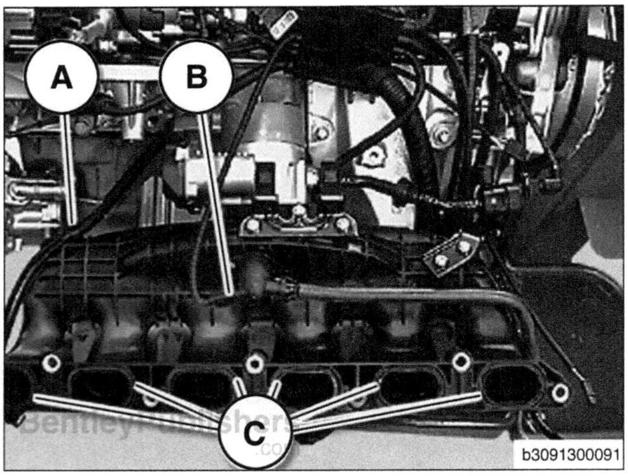

Working at backside of intake manifold:

- Cut cable tie (**A**).
- Disconnect electrical connector (**B**). If equipped

> ***CAUTION—***
> - *Plug open intake ports to prevent parts or debris from falling into the engine intake.*

– Installation is reverse of removal. Remember to replace intake manifold seals (**C**) if necessary.

Tightening torque	
Manifold to cylinder head	15 Nm (11 ft-lb)

Crankcase ventilation (N54 engine)

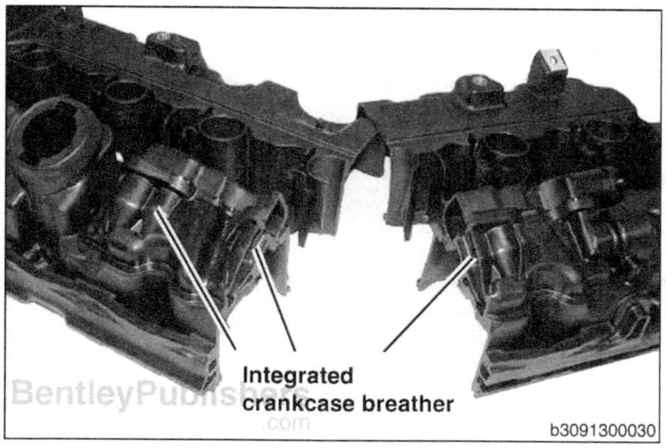

The crankcase breather valve is part of the cylinder head cover and is not serviceable as a separate component.

Oil separation is carried out via a labyrinth system and two cyclone separators incorporated into the cylinder head cover. By having the system components integrated into the cylinder head cover, the crankcase gases are heated by the engine.

However, there is one electric heating element at the manifold inlet (**arrow**). Once the liquid oil is separated from the crankcase vapors, the oil is allowed to drain back through check valves into the engine.

If the diaphragm valve in the breather housing leaks, excessive oil consumption, irregular idle, whistling or howling noises or oil smoke in the exhaust can result.

Crankcase vacuum specifications (N54, N54T)	
Operating pressure range • N54 (335i) • N54T (335is)	 17±10% mbar 14±10% mbar
Deviation to ambient pressure:	+20 mbar to -60 mbar
Fault condition: • Clogged crankcase ventilation • Internal leak in crankcase ventilation	 +100 mbar over ambient pressure -170 mbar under ambient pressure

Engine coolant temperature (ECT) sensor, replacing (N54 engine)

The engine coolant temperature (ECT) sensor is a negative temperature coefficient (NTC) sensor. As coolant temperature rises, resistance through the sensor decreases.

The ECT sensor is supplied a 5 volt reference voltage. The voltage drop across the sensor varies as the coolant temperature (sensor resistance) changes.

If the ECT sensor input is faulty or not plausible, the MIL is illuminated when OBD II fault criteria are exceeded. The ECM assumes a substitute value (80°C / 176°F) to maintain engine operation. The ignition timing is set to a conservative basic setting.

The ECT sensor is located in the front of cylinder head.

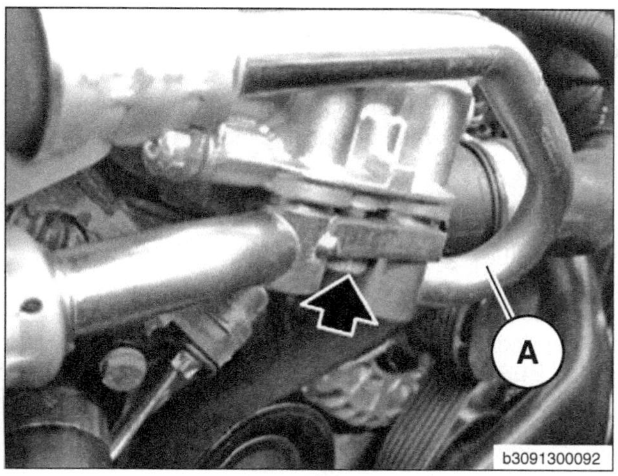

With engine fully cooled off, remove fastener (**arrow**) and line (**A**).

> ***CAUTION—***
> *• Be prepared to catch dripping fluids.*

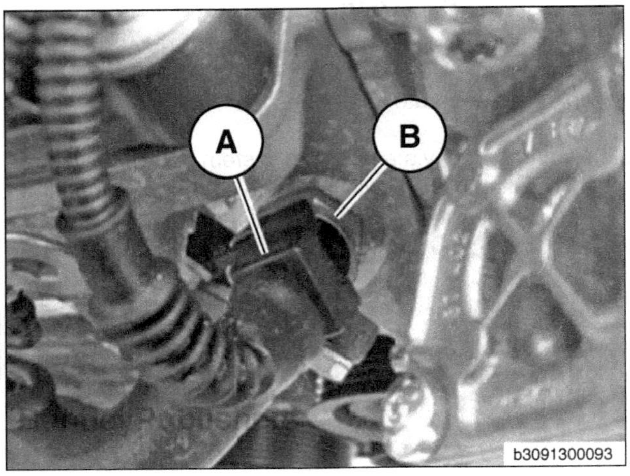

Remove electrical connector (**A**). Unscrew ECT sensor (**B**) from cylinder head. Be prepared to catch small amount of coolant.

– Installation is reverse of removal:
  - Use new copper sealing washer when installing sensor.
  - Replace O-rings on coolant line.
  - Replace lost coolant.

Tightening torque	
Temperature sensor to cylinder head	19 Nm (14 ft-lb)
Coolant pipe to cylinder head	19 Nm (14 ft-lb)

– After reinstalling, check for fault codes and reset ECM memory.

DME pin assignments (N54 engine)

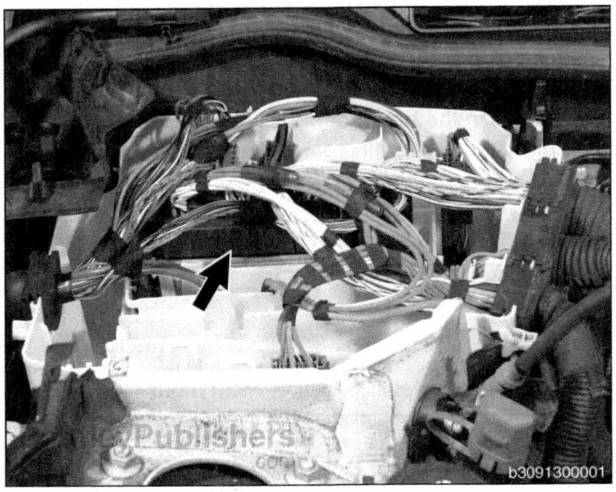

The engine control module (ECM) (**arrow**) is located in the right rear of the engine compartment in the E-box.

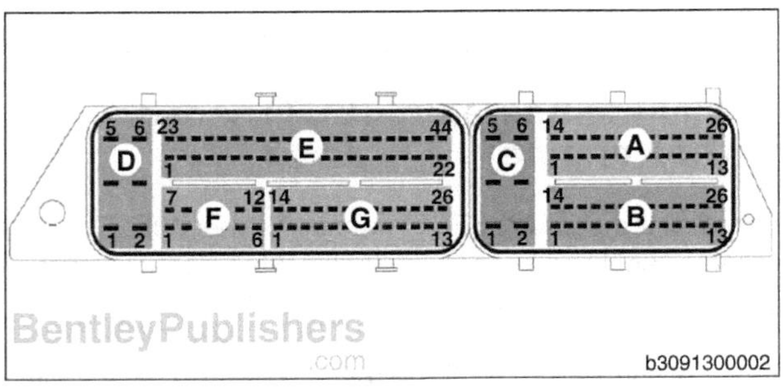

The ECM has 2 main electrical harness connectors, one with 4 modular connections and the other with 3 for a total of 7 sub connectors and 147 pins.

- **A:** X60001 (signals)
- **B:** X60002 (signals)
- **C:** X60003 (voltage, ground supply)
- **D:** X60004 (ignition coils)
- **E:** X60005 (signals)
- **F:** X60006 (fuel injectors)
- **G:** X60007(signals)

ECM pin assignments for the N54 engine are given in **Table b**. This information can be helpful when diagnosing faults to or from the ECM.

Generally, absence of voltage or continuity means there is a wiring or connector problem. Test results with incorrect values do not necessarily mean that a component is faulty. Check for loose, broken or corroded connections and wiring before replacing components. For engine management system electrical schematics, see **ELE Electrical Wiring Diagrams**.

When making checks at the ECM, use a break-out box to allow tests to be made with the connector attached to the ECM. This prevents damage to the small terminals in the connector. As an alternative, the connector housing can be separated so that electrical checks can be made from the back of the connector.

> ***CAUTION—***
> - *Wait at least one minute after switching the ignition OFF before removing the connector from the ECM. If the connector is removed before this time, residual power in the system relay may damage the ECM.*
> - *Connect or disconnect the control module connector and meter probes with the ignition OFF.*

Table c. N54 engine ECM pin assignments

Connector X60001 26-pin (signals)

Pin	Type	Component or function	Note
1	input/output	Signal PT-CAN low	Powertrain CAN-bus
2	input	Start signal	Car access system
3	input/output	BSD signal	Battery sensor
4	input	Brake light signal	Brake light switch
5	-	Not used	
6	input	Radiator outlet temperature sensor signal	Temperature sensor at radiator outlet
7	input	Accelerator pedal module signal	Accelerator pedal module
8	output	Electric fan signal	Electric engine cooling fan
9	-	Not used	
10	ground	Accelerator pedal module	Accelerator pedal module
11	output	Accelerator pedal module supply voltage	Accelerator pedal module
12	-	Not used	
13	-	Not used	
14	input/output	Signal PT-CAN high	Powertrain CAN-bus
15	input	EWS signal	Car access system
16	input	Brake light test signal	Brake light switch
17	input	Right rear wheel speed sensor signal	Connector X10186 (right rear wheel speed sensor)
18	input	Clutch switch signal	Clutch switch module
19	input	Radiator outlet temperature sensor signal	Temperature sensor at radiator outlet
20	input	Accelerator pedal module signal	Accelerator pedal module
21	input/output	TD signal	TD signal connector
22	-	Not used	
23	ground	Accelerator pedal module	Accelerator pedal module
24	output	Accelerator pedal module supply voltage	Accelerator pedal module
25	-	Not used	
26	-	Not used	

DME pin assignments (N54 engine)

Connector X60002 26-pin (signals)			
Pin	**Type**	**Component or function**	**Note**
1	input	Wake up signal, terminal 15	Terminal 15 wake up connector
2	-	Not used	
3	-	Not used	
4	-	Not used	
5	input	Oxygen sensor signal	Bank 2 sensor 1
6	input	Oxygen sensor signal	Bank 1 sensor 1
7	input	Oxygen sensor signal	Bank 2 sensor 1
8	input	Oxygen sensor signal	Bank 1 sensor 1
9	input	Oxygen sensor signal	Bank 2 sensor 1
10	ground	Oxygen sensor	Bank 1 sensor 1
11	ground	Oxygen sensor	Bank 2 sensor 1
12	input	Oxygen sensor heating	Bank 1 sensor 1
13	input	Oxygen sensor heating	Bank 2 sensor 1
14	-	Not used	
15	-	Not used	
16	input	DMTL pump signal	Diagnosis module for fuel tank leakage
17	input	DMTL heating signal	Diagnosis module for fuel tank leakage
18	input	Oxygen sensor signal	Bank 1 sensor 1
19	input	Oxygen sensor signal	Bank 2 sensor 2
20	input	Oxygen sensor signal	Bank 1 sensor 2
21	-	Not used	
22	-	Not used	
23	ground	Oxygen sensor	Bank 1 sensor 2
24	input	Oxygen sensor	Bank 2 sensor 2
25	input	Oxygen sensor	Bank 2 sensor 2
26	output	Oxygen sensor	Bank 1 sensor 2

Connector X60003 6-pin (voltage, ground supply)			
Pin	**Type**	**Component or function**	**Note**
1	input	Terminal 30	B+ potential distributor
2	input	Terminal 87	Fuse F03
3	ground	Ground	Ground point
4	ground	Ground	Ground point
5	ground	Ground	Ground point
6	ground	Ground	Ground point

Connector X60004 6-pin (ignition coils)			
Pin	**Type**	**Component or function**	**Note**
1	output	Ignition coil signal	Ignition coil signal 1
2	output	Ignition coil signal	Ignition coil signal 2
3	output	Ignition coil signal	Ignition coil signal 3
4	output	Ignition coil signal	Ignition coil signal 4
5	output	Ignition coil signal	Ignition coil signal 5
6	output	Ignition coil signal	Ignition coil signal 6

Connector X60005 44-pin (signals)			
Pin	**Type**	**Component or function**	**Note**
1	-	Not used	
2	-	Not used	
3	output	Volume control valve	Control signal
4	-	Not used	
5	-	Not used	
6	-	Not used	
7	output	Low pressure fuel sensor ground	Low pressure fuel sensor
8	output	Low pressure fuel sensor voltage supply	Low pressure fuel sensor
9	input	Boost pressure sensor signal	Boost pressure sensor
10	input	Boost pressure sensor signal	Boost pressure sensor
11	output	Boost pressure sensor voltage supply	Boost pressure sensor
12	-	Not used	
13	output	DME main relay activation	DME main relay
14	output	Throttle valve voltage supply	Throttle valve
15	input	Throttle valve signal	Throttle valve
16	input	Throttle valve signal	Throttle valve
17	input	Intake air temperature signal	Integral to boost pressure sensor
18	-	Not used	
19	input	Knock sensor signal	Knock sensor
20	input	Knock sensor signal	Knock sensor
21	-	Not used	
22	-	Not used	
23	output	Fuel tank vent valve signal	Fuel tank vent valve
24	-	Not used	
25	-	Not used	
26	-	Not used	
27	-	Not used	
28	-	Not used	
29	input	Crankshaft position sensor signal	Crankshaft position sensor
30	ground	Crankshaft position sensor	Crankshaft position sensor
31	output	Intake manifold pressure sensor voltage supply	Intake manifold pressure sensor

Connector X60005 44-pin (signals) (continued)			
Pin	**Type**	**Component or function**	**Note**
32	ground	Intake manifold pressure sensor	Intake manifold pressure sensor
33	input	Intake manifold pressure sensor signal	Intake manifold pressure sensor
34	input	Low pressure fuel sensor signal	Low pressure fuel sensor
35	input/output	BSD signal	BSD signal connector
36	input	Throttle valve signal	Throttle valve
37	input	Throttle valve signal	Throttle valve
38	ground	Throttle valve	Throttle valve
39	-	Not used	
40	-	Not used	
41	input	Knock sensor signal	Knock sensor
42	input	Knock sensor signal	Knock sensor
43	-	Not used	
44	-	Not used	

Connector X60006 12-pin (ignition coils)			
Pin	**Type**	**Component or function**	**Note**
1	output	Fuel injector voltage supply	Fuel injector 1
2	output	Fuel injector voltage supply	Fuel injector 2
3	output	Fuel injector voltage supply	Fuel injector 3
4	output	Fuel injector voltage supply	Fuel injector 4
5	output	Fuel injector voltage supply	Fuel injector 5
6	output	Fuel injector voltage supply	Fuel injector 6
7	output	Fuel injector trigger	Fuel injector 1
8	output	Fuel injector trigger	Fuel injector 2
9	output	Fuel injector trigger	Fuel injector 3
10	output	Fuel injector trigger	Fuel injector 4
11	output	Fuel injector trigger	Fuel injector 5
12	output	Fuel injector trigger	Fuel injector 6

Connector X60007 26-pin (signals)			
Pin	**Type**	**Component or function**	**Note**
1	-	Not used	
2	-	Not used	
3	-	Not used	
4	input	Engine coolant temperature signal	Engine coolant temperature sensor
5	output	Intake VANOS solenoid signal	Intake VANOS solenoid
6	-	Not used	
7	output	Wastegate control valve signal	Wastegate control valve
8	input	Fuel rail pressure sensor signal	Fuel rail pressure sensor

Connector X60007 26-pin (signals) (continued)			
Pin	**Type**	**Component or function**	**Note**
9	output	Fuel rail pressure sensor signal	Fuel rail pressure sensor
10	output	Fuel rail pressure sensor voltage supply	Fuel rail pressure sensor
11	input	Camshaft position sensor 1 signal	Camshaft position sensor 1
12	input	Camshaft position sensor 2 signal	Camshaft position sensor 2
13	input	Oil pressure switch signal	Oil pressure switch
14	output	Wastegate control valve signal	Wastegate control valve signal
15	-	Not used	
16	-	Not used	
17	ground	Engine coolant temperature sensor	Engine coolant temperature sensor
18	output	Exhaust VANOS solenoid signal	Exhaust VANOS solenoid
19	input	Thermostat signal	Thermostat
20	-	Not used	
21	-	Not used	
22	-	Not used	
23	-	Not used	
24	ground	Camshaft position sensor 1	Camshaft position sensor 1
25	ground	Camshaft position sensor 2	Camshaft position sensor 2
26	input/output	BSD signal	Electric coolant pump

Bosch DME (N55 engine)

Engine management applications		
Engine code	**Engine management**	**Features**
N55 (2011 - on)	Bosch MEVD 17.2	Direct injection, Valvetronic and VANOS

See **100 Engine–General** for additional engine application information.

DME engine management system description (N55 engine)

Air

- Single twin-scroll turbo charger
- Electronic throttle
- Charge air intercooler
- Valvetronic III

Fuel

- Fuel supply
- Direct fuel injection

Ignition

- Direct ignition with knock control
- Primary / secondary ignition monitoring

Emissions

- OBD II compliance
- Pre- and post-catalyst oxygen sensors
- Electrically heated DME-mapped thermostat
- Misfire detection
- Evaporative emission control and leak detection
- Malfunction indicator light (MIL)

Performance controls

- Double VANOS control
- Valvetronic III control
- Output of injection signal (TI) for fuel economy gauge
- Output of engine rpm (TD) for tachometer
- A/C compressor control
- Electric radiator cooling fan
- CAN-bus communication
- Dynamic stability control (DSC) interface
- EWS (electronic immobilizer)
- Cruise control
- ECM programming

Engine control module (ECM)

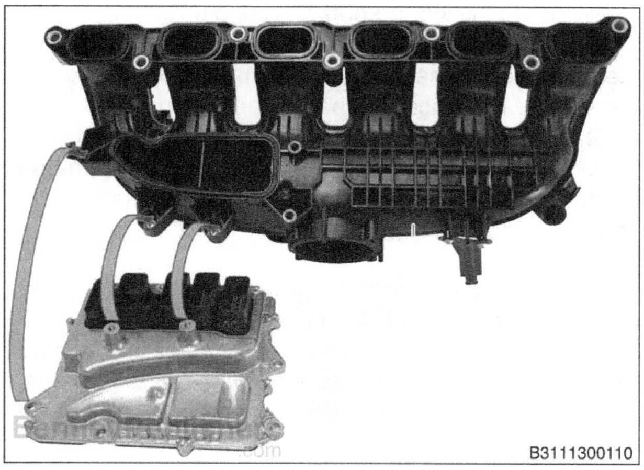
B3111300110

The N55 engine is equipped with the Bosch MEVD 17.2 engine management system. The engine control module (ECM) is integrated in the intake system and is cooled by intake air. The top side of the DME doubles as the bottom portion of the intake manifold, and is sealed with an O-ring. This engine control module is FlexRay-compatible, and directly supplies voltage to the engine sensors.

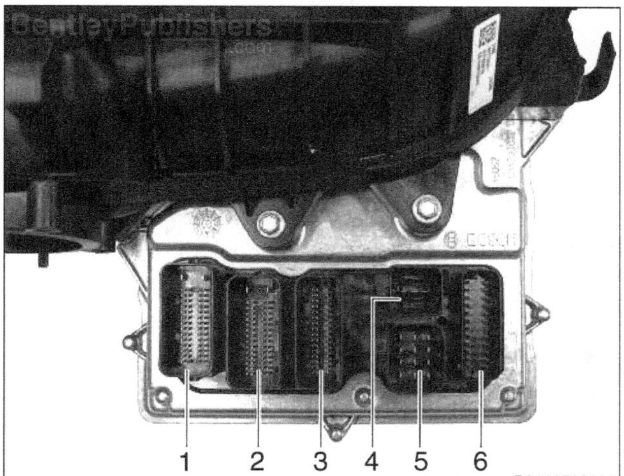

B3111300111

The ECM is flash-programmable and features 6 individual electrical modules, with a total of 211 pins.

1. Engine wiring harness, sensor 1 (Module 100).
2. Engine wiring harness, sensor 2 (Module 200).
3. Connection vehicle wiring harness (Module 300).
4. Engine wiring harness, Valvetronic (Module 400).
5. Connection, voltage supply (Module 500).
6. Engine wiring harness, injection and ignition (Module 600).

Fuel Injectors

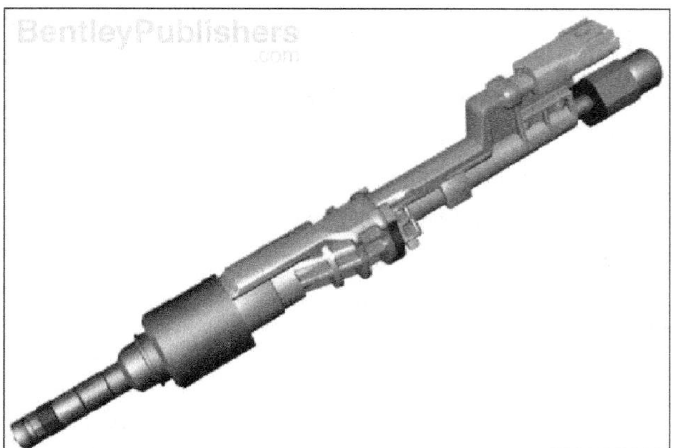
B3111300129

Solenoid valve type fuel injectors with a retracting-plunger style valve are used the N55 engine. With a system pressure of up to 200 bar, the system is capable of providing a high level of efficiency.

Solenoid type fuel injectors are ground controlled by the ECM. The ECM varies the duration (in milliseconds) of injector opening to regulate air / fuel ratio.

NOTE—

- *When replacing an injector, it is essential to carry out an injector quantity compensation using a BMW factory scan tool or equivalent.*

Knock (detonation) control

Knock sensors monitor and control ignition knock through the ECM. The knock sensors function like microphones and are able to convert mechanical vibration (knock) into electrical signals. The ECM is programmed to react to frequencies that are characteristic of engine knock and adapt the ignition timing point accordingly. Knock sensor replacement is covered in **120 Ignition System**.

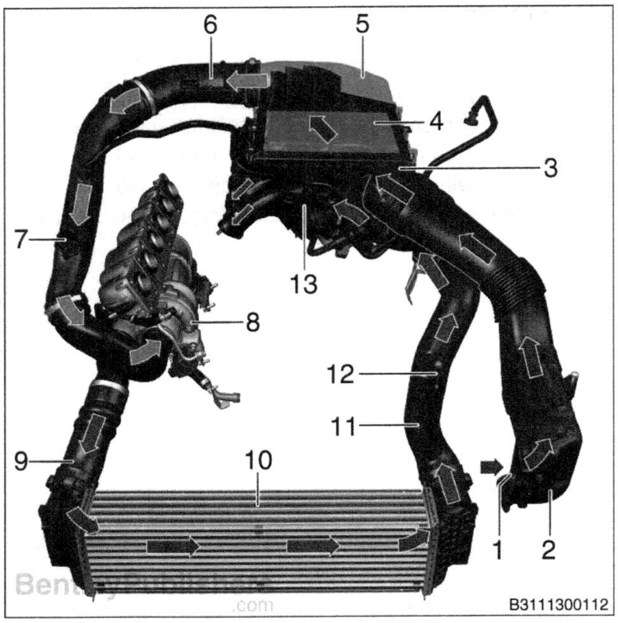

Air intake

Fresh air is drawn in via the intake snorkel (**1**) and unfiltered air pipe (**2**), through the air filter element within the intake silencer (**3,4**), out the intake silencer cover (**5**), past the air mass meter (**6**). Crankcase ventilation gasses are introduced (**7**) before the exhaust turbocharger (**8**), where the air is compressed. The compressed air leaves the turbocharger through the charge-air pipe(**9**). The charge air is heated when compressed in the turbocharger, making it necessary for an intercooler (**10**).

The compressed and cooled charge air is routed from the intercooler via charge-air pipe (**11**) past the boost pressure-temperature sensor (**12**), and through the throttle valve and into the intake manifold (**13**). The system is equipped with several sensors and actuators to ensure that the volume of air is adapted to engine operating conditions.

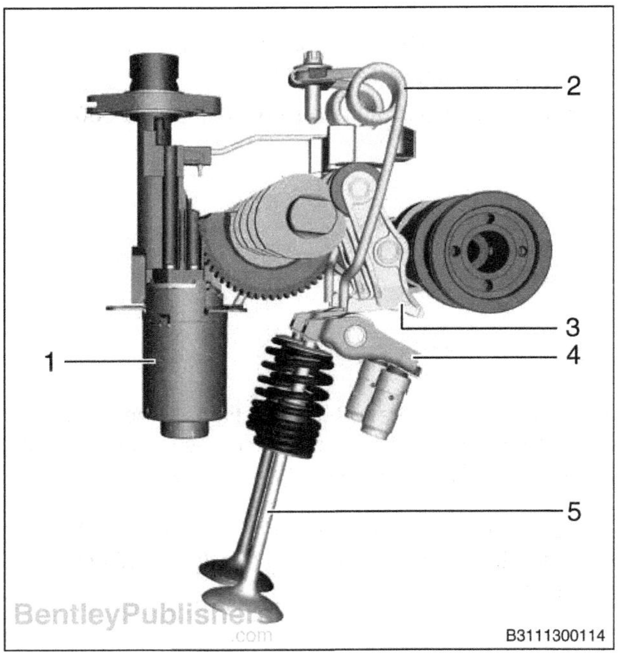

Idle speed control

The ECM controls Idle speed by varying intake valve lift via the Valvetronic III system.

1. Valvetronic motor
2. Return spring
3. Intermediate lever
4. Intake rocker arm
5. Intake valve

Idle speed is not adjustable. The basic functions and parameters of idle speed control are as follows:

- Control of cold air intake volume.
- Smooth idle speeds regardless of load and inputs.
- Smooth transition from acceleration to deceleration.

Idle speed stabilization is active during the following conditions:

- Engine warm up
- Heating or A/C activation
- Drive gear selected (automatic transmission)
- Varying cooling fan speeds

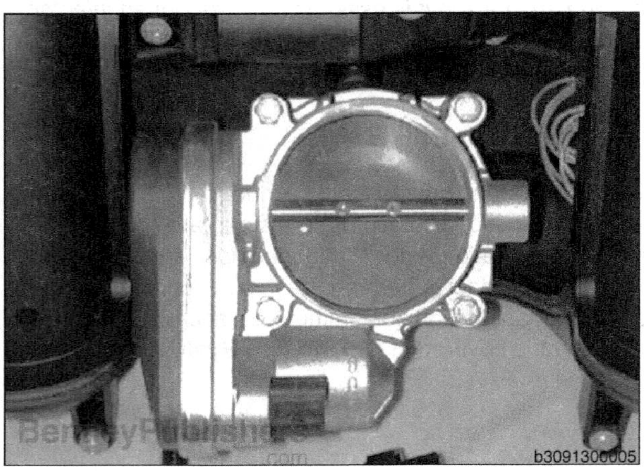

Throttle control

The throttle module (EDK) is not needed for engine load control. Engine load control is carried out by the valvetronic function of the ECM. However, the throttle may be slightly closed to allow sufficient manifold vacuum for the crankcase ventilation and canister purge systems.

Air filter housing and ducts, removing and installing (N55 engine)

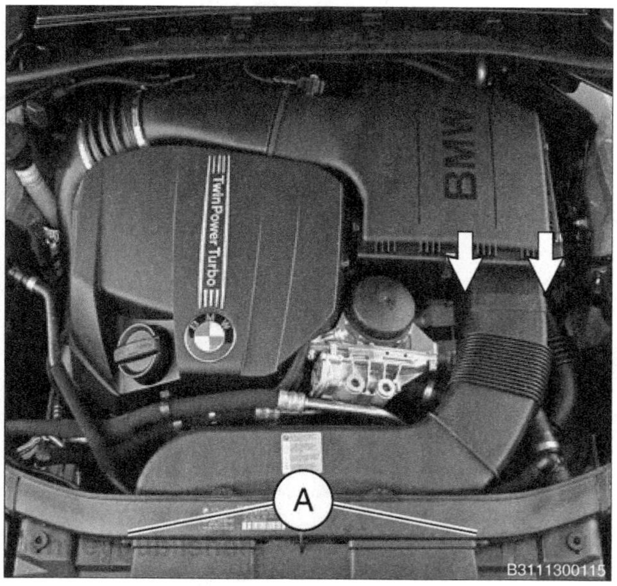

< Working at front of engine compartment above radiator, remove air intake screws (**A**) from lock support. Detach air intake duct side clamps (**arrows**) and lift out of radiator support.

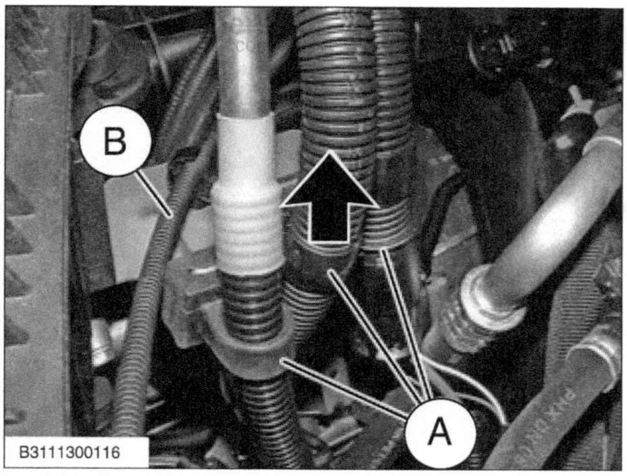

< Detach brackets (**A**) in upward direction. Unclip cable (**B**) from clamp and lay to one side.

< Unlock air mass meter harness connector (**A**) and remove. Loosen clamps (**arrows**) and remove air intake cover.

– Pull intake filter housing off rubber mounts in an upward motion.

– Installation is reverse of removal.

> ***CAUTION—***
> *• Observe tightening torque of clamps. Over tightening can cause damage to intake pipes.*

Tightening torques	
Clamp for fresh air pipe	3 Nm (26.5 in-lb)
Air intake to lock support	2 Nm (17.7 in-lb)

– After reinstalling, check for fault codes and reset ECM memory.

Charge air ducts, right side, removing and installing (N55 engine)

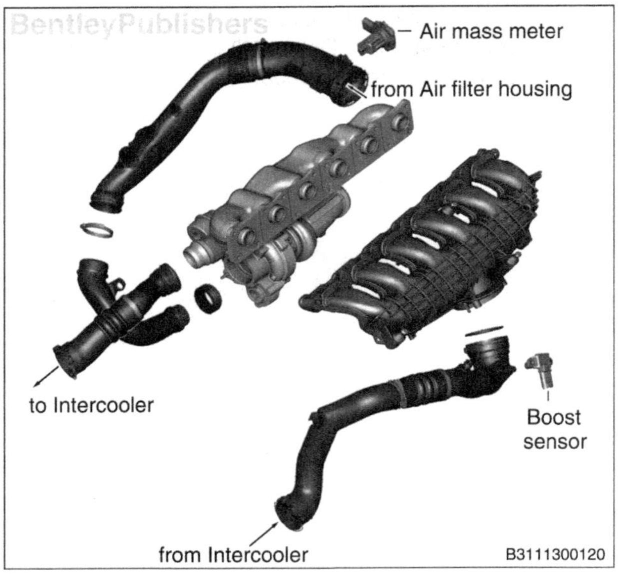

– Remove air filter housing and ducts. See **Air filter housing and ducts, removing and installing (N55 engine)**, given earlier.

– Remove ignition coil cover. See **020 Maintenance.**

– Remove coolant pump. See **170 Radiator and Cooling System**

◀ Intake duct routing shown.

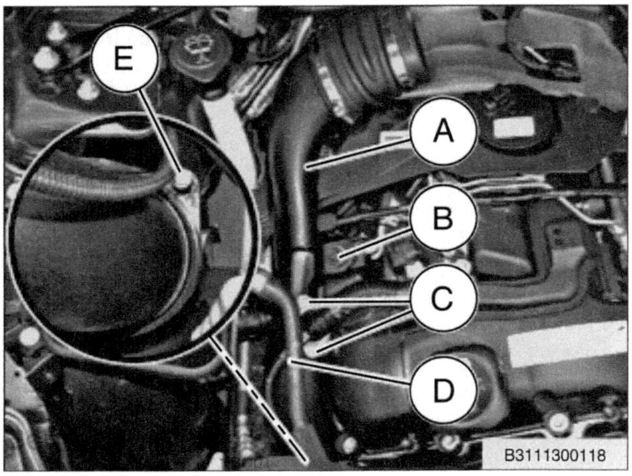

◀ Working at right upper air duct:

- Remove intake air duct fastening screw (**B**)
- Disconnect harness connector from vent line heating element (**D**)
- Remove fasteners (**C**) for vent hose, and remove vent hose from air duct.

> ***CAUTION—***
> *• Do not detach vent hose at cylinder head cover. Doing so will risk damaging cylinder head cover.*

- Release screw (**E**) and feed air duct (**A**) up and out to remove.

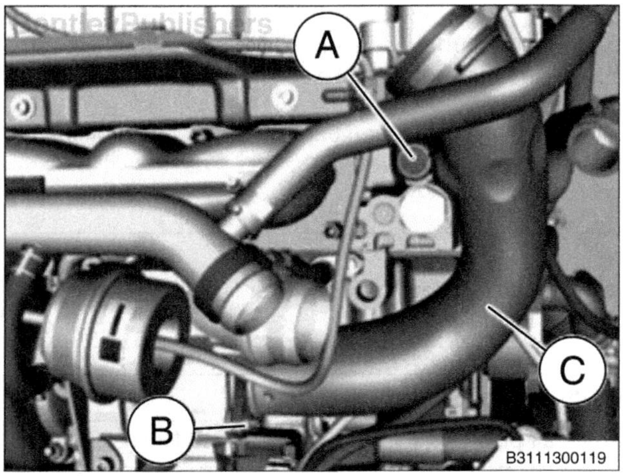

◀ Working at left lower air duct:

- Remove fasteners (**A** and **B**)
- Pull off air duct (**C**) from turbo charger, feed out and remove.

NOTE—

• Lower charge air duct shown removed.

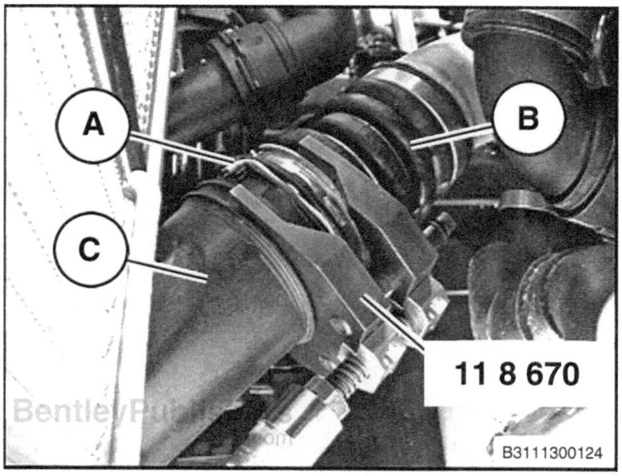

◀ Release locking clips (**A**) from lower charge air duct at intercooler. Remove lower charge air duct (**B**) from intercooler (**C**). Repeat at turbocharger air duct (not shown).

NOTE—

- *When reinstalling air ducts, use special tool 11 8 670 to prevent damage to sealing rings.*

◀ When removing locking clips for charge air duct:

- Lift locking clip (**A**) to unlock connection.
- Ensure locking clips are fully seated (**B**) when reinstalling.

NOTE—

- *Locking clips must snap audibly into place.*

– Installation is reverse of removal.

> ***CAUTION—***
>
> - *Turbocharger damage may result if charge air ducts are not installed dry and free of dirt and grease. If necessary, install using antiseize compound only.*

Torques	
Upper intake duct to air cleaner housing	3 Nm (26.5 in-lb)
Upper intake duct to cylinder head cover	3 Nm (26.5 in-lb)
Upper intake duct to lower intake duct	3 Nm (26.5 in-lb)
Lower intake air duct to cylinder head	8 Nm (6 ft-lb)

Charge air ducts, left side, removing and installing (N55 engine)

– Remove air filter housing. see **Air filter housing and ducts, removing and installing (N55 engine)**, given earlier.

– Remove fan cowl. See **170 Radiator and Cooling System**

– Remove engine splash shield. See **020 Maintenance**.

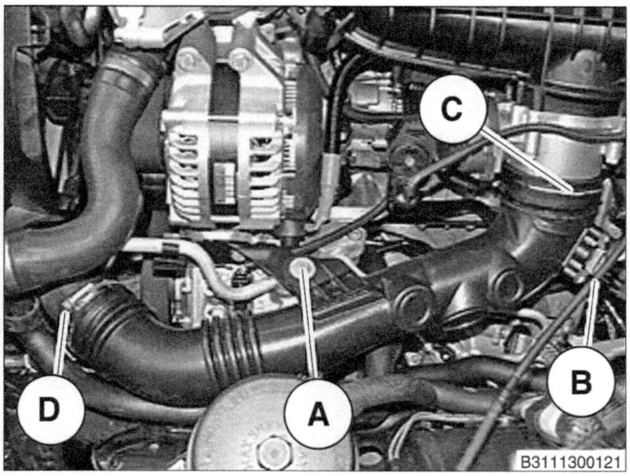

◀ Working in left front engine compartment:

- Release screw (**A**)
- Release connector for boost pressure-temperature sensor (**B**)
- Release locking clip (**C**)
- Loosen hose clamp (**D**)
- Remove charge air duct up and out.

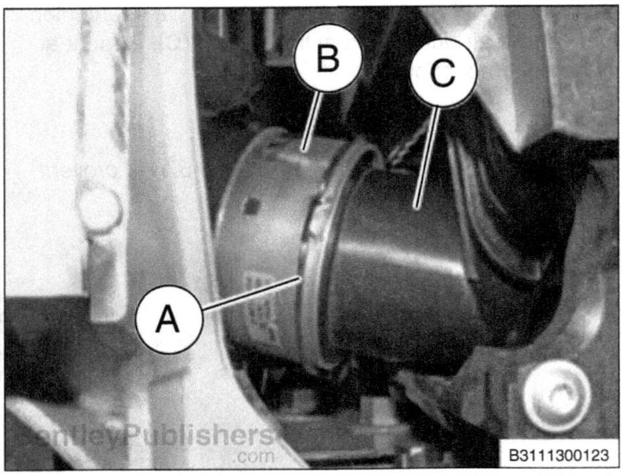

Working under vehicle at lower left charge air duct:

- Release locking clip (**A**) and disconnect charge air duct (**B**) from intercooler (**C**).

When removing locking clips for charge air duct:

- Lift locking clip (**A**) to remove.
- Ensure locking clips are fully seated (**B**) when reinstalling.

NOTE—

- *Locking clips must snap audibly into place.*

– Installation is reverse of removal.

CAUTION—

- *Turbocharger damage may result if charge air ducts are not installed dry and free of dirt and grease. If necessary, install using antiseize compound only.*

Mass air flow, measurement (N55 engine)

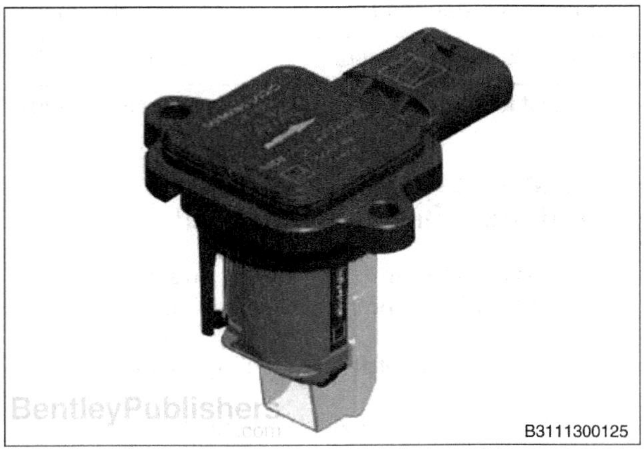

N55 engines use a Siemens SIMAF GT2 hot-film air mass meter. This sensor utilizes planar metal resistors on glass. This sensor provides high vibration resistance, improved accuracy at all operating temperatures, and reduced sensitivity to air pulsations and moisture.

The intake air temperature sensor is integrated into the mass air flow sensor. The sensor is an NTC thermistor that receives a 5 volt reference current and ground from the ECM.

A faulty air flow sensor can produce the following problems:

- Difficult to restart when engine is hot.
- Engine starts then stalls.
- Engine starts and runs only with accelerator pedal depressed.

Mass air flow sensor, replacing (N55 engine)

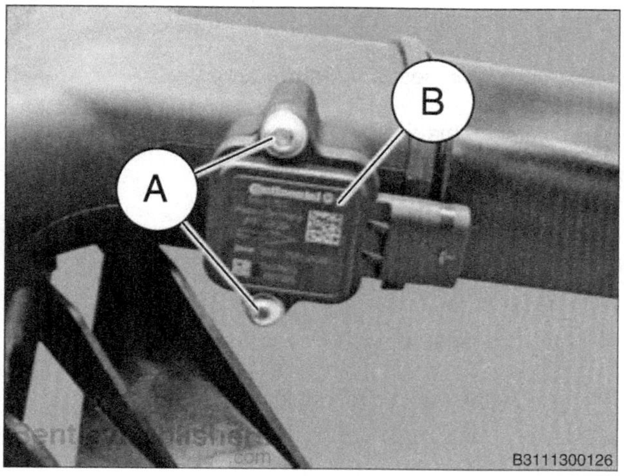

- Switch ignition OFF and remove key.
- Remove air filter housing cover, see **Air filter housing and ducts, removing and installing (N55)**.
- ◄ Release screws (**A**) and remove sensor (**B**).
- Installation is reverse of removal.

Torques	
Hot film mass air flow sensor to intake pipe	2 Nm (18 in-lb)

Charge air duct pressure sensor, replacing (N55 engine)

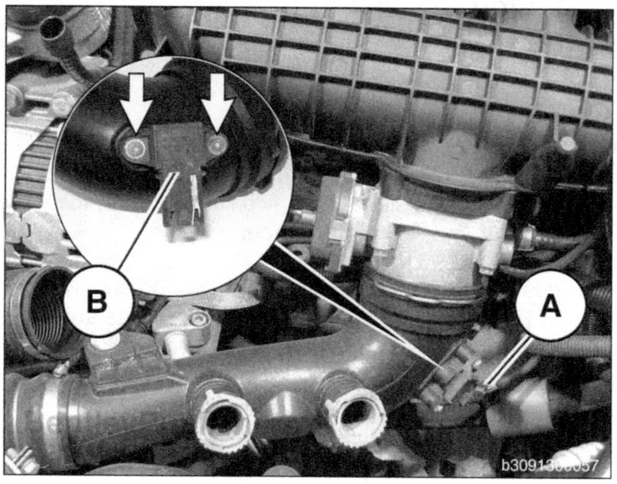

- Switch ignition OFF and remove key.

Remove air filter housing and ducts. See **Air filter housing and ducts, removing and installing (MSVED 17.2 engine)**.

◄ Working at throttle body charge air duct:
- Detach sensor electrical connector (**A**).
- Remove fasteners (**arrows**).
- Remove sensor (**B**).

NOTE—
- *N54 engine shown, N55 engine is similar.*

◄ Installation is reverse of removal. Inspect O-ring (**arrow**) and replace in necessary.

- After reinstalling, check for fault codes and reset ECM memory.

Tightening torques	
Sensor to charge air duct	3.5 Nm (31 in-lb)

Intake manifold charge air pressure sensor, replacing (N55 engine)

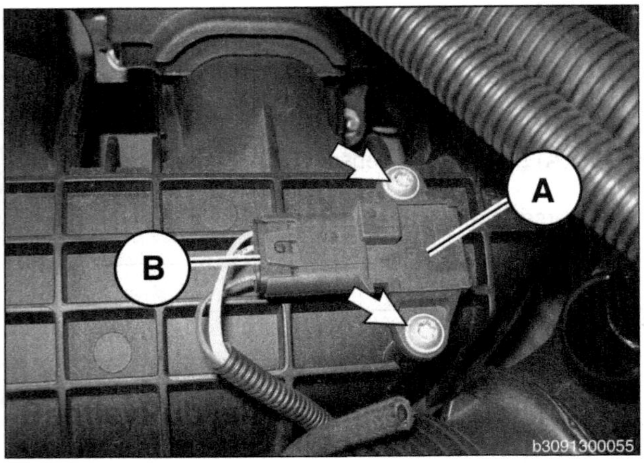

– Switch ignition OFF and remove key.

– Remove ignition coil cover, see **020 Maintenance**.

< Working at rear of intake manifold:
- Detach sensor electrical connector (**B**).
- Remove fasteners (**arrows**).
- Remove sensor (**A**).

– Installation is reverse of removal.
- Inspect O-ring (**arrow**) and replace if necessary.

– After reinstalling, check for fault codes and reset ECM memory.

Tightening torques	
Sensor to intake manifold	3.5 Nm (31 in-lb)

Throttle housing, replacing (N55 engine)

There is no mechanical (cable) link between the accelerator pedal and the throttle plate.

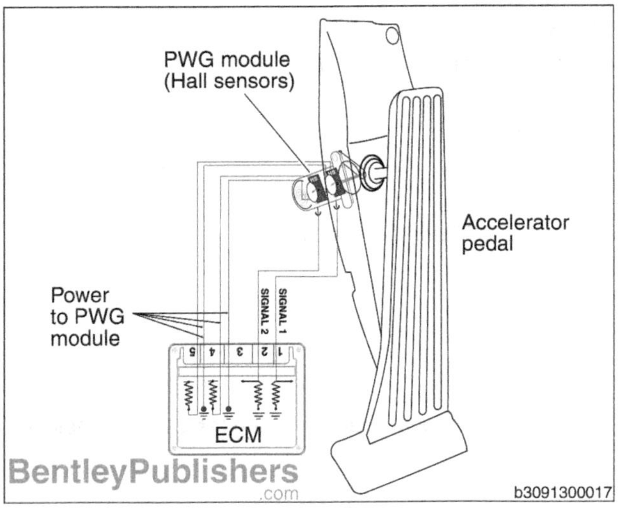

< The accelerator pedal module (PWG) at the pedal assembly communicates pedal position directly to the ECM. The module provides two variable voltage signals (via two Hall sensors) to the ECM for pedal position and rate of movement.

The ECM provides an independent voltage and ground supply for each hall sensor. Each Hall sensor is provided with 5 volts and ground. As the accelerator pedal is moved from rest to full throttle, the sensors produce a variable voltage signal.

The output of the Hall sensors is checked for plausibility. The voltage range of Hall sensor 1 is approximately 0.5 to 4.5 volts. Hall sensor 2 ranges from approximately 0.5 to 2.5 volts.

The throttle housing unit is non-adjustable. If found to be faulty, replace as a complete unit.

After replacing the throttle housing, use BMW scan tool or equivalent to reset adaptation values.

> ***CAUTION—***
> - *If the adaptation process is not completed correctly, the engine will not start.*

– Switch ignition OFF and remove key.

– Remove air filter housing and ducts. See **Air filter housing and ducts, removing and installing (N55 engine)** in this chapter.

– Remove charge air ducts. See **Charge air ducts, left side, removing and installing (N55 engine)** in this chapter.

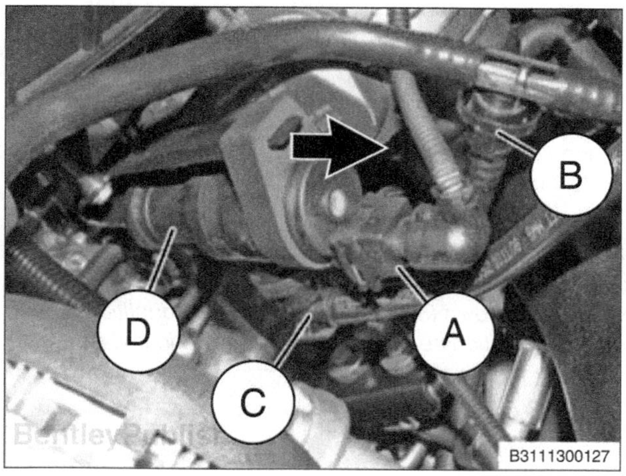

Remove tank vent valve:

- Remove electrical connector (**A**).
- Disconnect vent lines (**B, C**).
- Remove tank vent valve (**D**) from holder in direction of arrow.

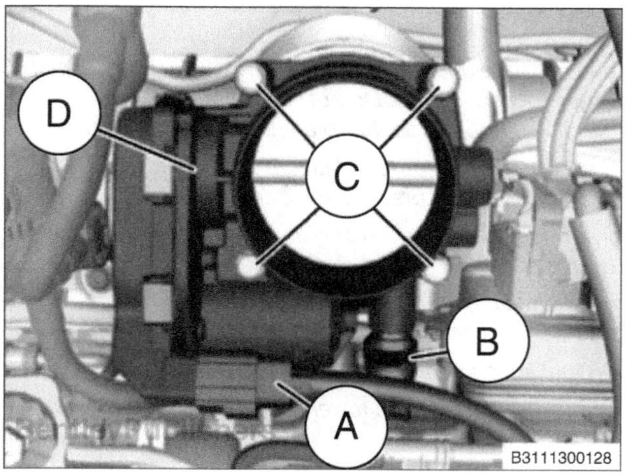

Working under throttle assembly, disconnect electrical connector (**A**).

- Remove fasteners (**C**) and partially remove throttle housing (**D**) to disconnect vent line (**B**).

– Installation is reverse of removal.

– Reattach throttle assembly connector with care.

> ***CAUTION—***
> - *It is possible to twist the connector before plugging it in. This can cause damage to the harness and connector.*

– Replace profile gasket (sealing O-ring) between throttle assembly and intake manifold.

Tightening torques	
Throttle housing to intake manifold	7 Nm (62 in-lb)

– After reinstalling, check for fault codes and reset ECM memory. Reset throttle plate adaptation values following on-screen directions.

Fuel injectors, removing (N55 engine) (with bottom hold-down bracket)

NOTE—

- *Two versions of injectors are used on the N55 engines. Removal and installation instructions vary depending on type of injector used. Injectors on early cars use a bottom hold-down bracket, late cars use a top hold-down bracket. Be sure to review the procedure first to identify the hold-down bracket type installed.*
- *After replacing an injector, carry out injector quantity compensation using a BMW factory scan tool or equivalent.*

– Disconnect battery negative (–) cable in cargo compartment.

> ***CAUTION—***
> - *Prior to disconnecting battery, read battery disconnection cautions in* **001 Warnings and Cautions**.

Fuel injectors, removing (N55 engine) (with bottom hold-down bracket)

- Remove cabin microfilter housing. See **640 Heating and Air-conditioning**.

- Remove ignition coil cover. See **020 Maintenance**.

- Remove ignition coil at corresponding cylinder of fuel injector service. See **120 Ignition System**.

> ***CAUTION—***
> - *Maintain cleanliness when servicing ignition coils. Fuel / oil residue can break down the electrical resistance qualities of silicone used in ignition coil production, resulting in coil failure.*

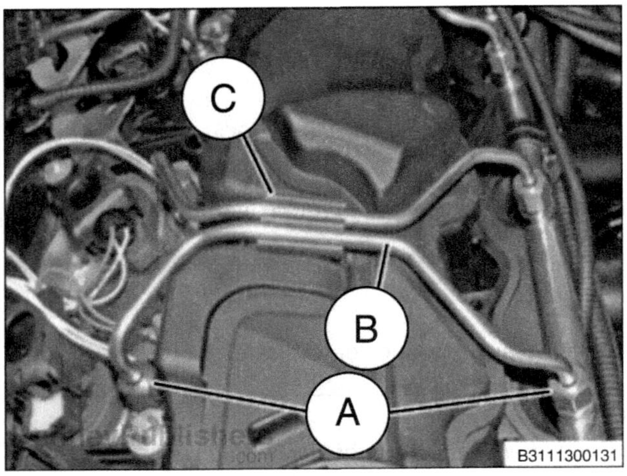

Remove fuel line to corresponding fuel injector:

- Loosen fasteners (**A**).
- Remove fuel line (**B**) from rubber mount (**C**).

> ***WARNING—***
> - *Fuel in the fuel line is under pressure (up to 200 bar or 2900 psi) and may be expelled forcibly. Do not smoke or work near heaters or other fire hazards. Keep a fire extinguisher handy.*
> - *Wrap a clean shop towel around fitting before disconnecting. Residual fuel pressure is present in the fuel line.*
> - *Work only on fuel system when engine temperature is below 40°C (104°F).*
> - *Unscrew fuel tank cap to release pressure in tank before working on the fuel line.*
> - *Plug open fuel lines and fittings.*
> - *To reduce fuel pressure, place towel over injector and carefully tap with a wrench.*

> ***CAUTION—***
> - *Maintain a clean work area when servicing high pressure fuel system. Contaminants can cause a system malfunction.*
> - *Seal all fuel system opening with protective caps.*
> - *Replace high pressure fuel lines if tightened 10 times.*

- Seal injector with cap and plug fuel rail connections (from BMW special tool kit 32 1 270).

- Seal removed high pressure fuel lines with caps (from BMW special tool kit 32 1 270).

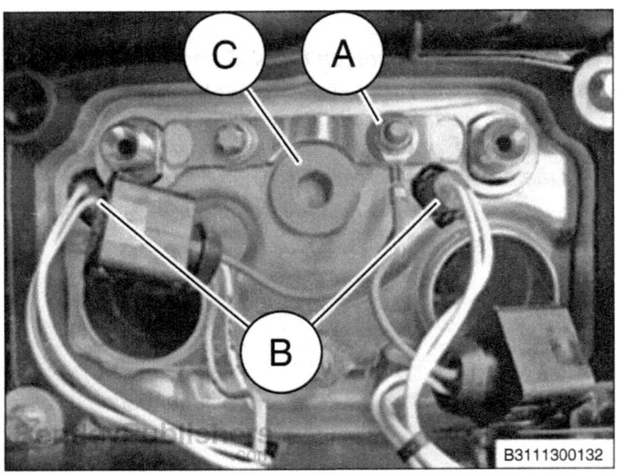

Applies to all injectors.

- Remove fastener (**A**) and remove ground wire.
- Unlock and remove electrical connector (**B**) from injector.
- Release screw plug (**C**) and remove.

NOTE—
- *If several injectors are being removed, label each injector so that they can be reinstalled in their original cylinder location.*

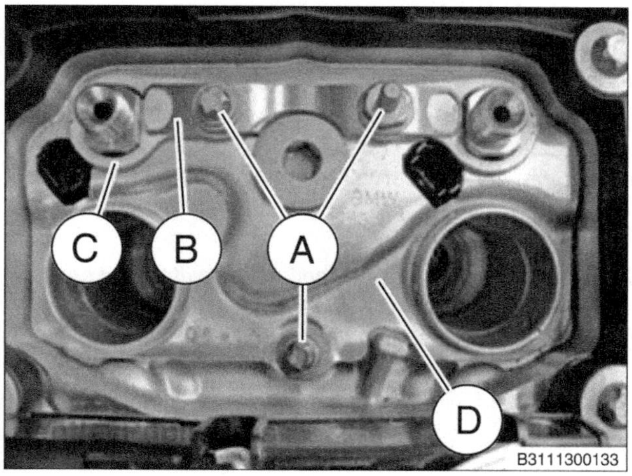

Remove bolts (**A**).

- Remove clamping plate (**B**) and support bridge (**C**).
- Remove plate (**D**).

NOTE—

- *Clamping plate* (**B**) *is a single use part. always replace once removed.*

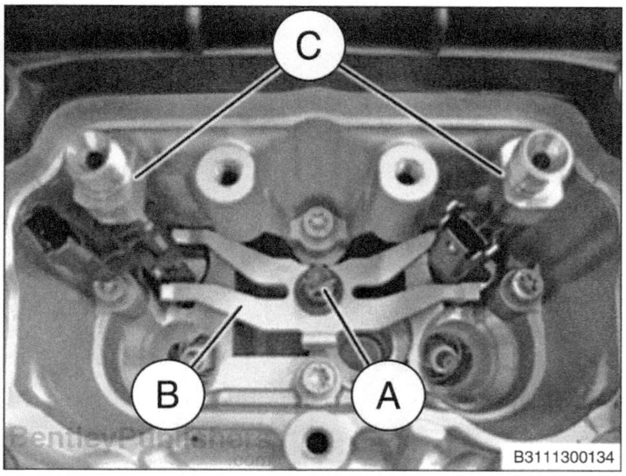

Remove bolt (**A**).

- Remove bottom hold-down bracket (**B**).
- Lift injectors (**C**) out of cylinder head and remove.

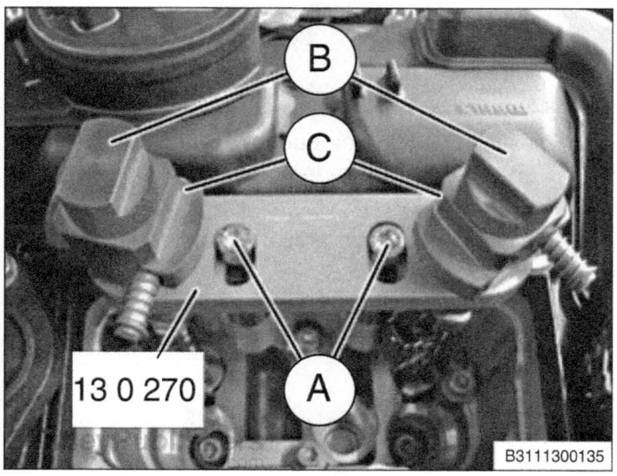

– The following procedure is for an injector that is stuck in cylinder head. Note that this procedure requires BMW special tools.

Install BMW special tool 13 0 270 on injector slot.

- Thread screws (**A**) in by hand a few threads.
- Screw in threaded pull out piece (**C**) until it is possible to screw threaded sleeves (**B**) onto injectors.

NOTE—

- *Threaded pull out piece has left-handed thread.*

- Tighten threaded sleeves (**B**) onto injectors.
- Tighten screws (**A**).

Torques	
BMW special tool 13 0 270 to cylinder head (**A**)	8.5 Nm (75 in-lb)

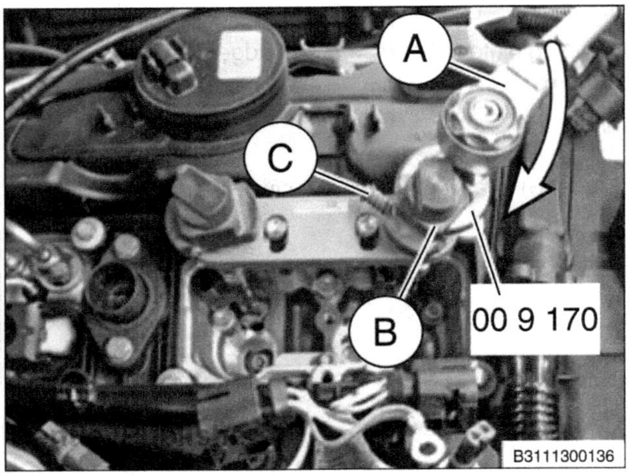

Set torque wrench (**A**) to **5 Nm**.

- Fit torque wrench (**A**) and BMW special tool 00 9 170 on square head of special tool 13 0 270 (**B**).
- Turn torque wrench in clockwise direction until injector is extracted from cylinder head. Make sure retaining pin (**C**) does not touch cylinder head cover, if necessary press retaining pin back.

NOTE—

- *Torque wrench set to 5 Nm used in conjunction with BMW special tool corresponds to a maximum tensile force of 2000 N. Injector will be damaged and must be replaced if 5 Nm is exceeded.*

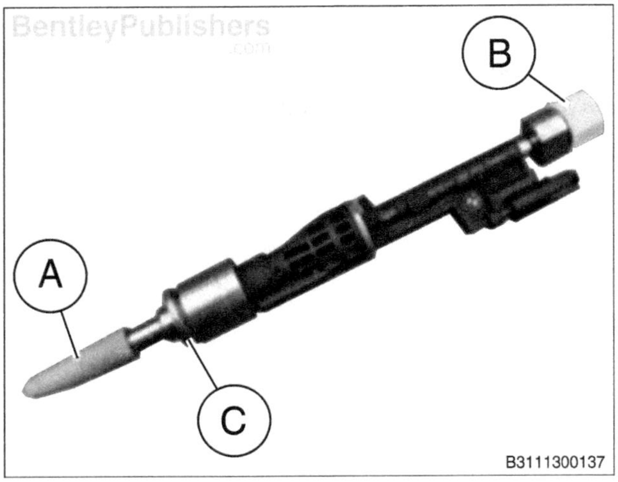

Once injector (**C**) is removed. Install sealing caps to fuel line connection (**B**) and injector tip (**A**).

NOTE—

- *Sealing caps are available from an authorized BMW parts department.*

Fuel injectors, installing (N55 engine) (with bottom hold-down bracket)

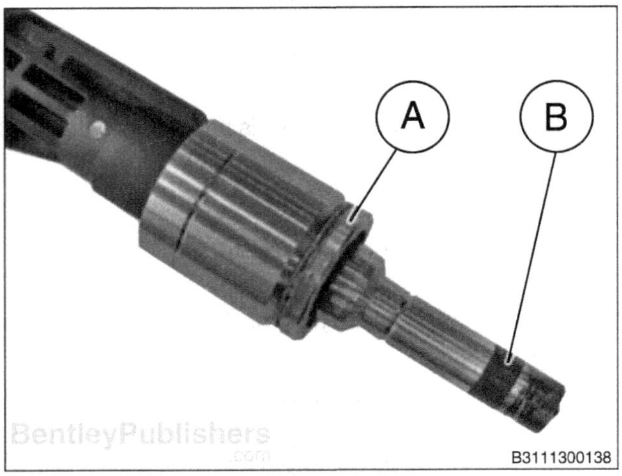

Remember to:

- Replace uncoupling element (**A**).
- Replace PTFE sealing ring (B). See **Fuel injector PTFE seal, replacing (N55 engine)**, given later in this repair group.
- Remove PTFE protective cap a maximum of 10 minutes before installing. Sealing ring swells up once cap is removed.

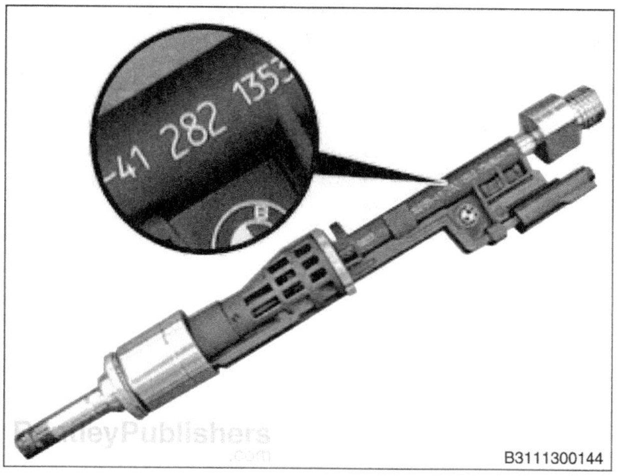

An injector quantity compensation must be carried out (with BMW scan tool) if an injector is replaced. Injector quantity compensation is carried out with the aid of an adjustment value. Adjustment value is printed with three digits on the injector body and must be read off before installation of the injectors. See **Injector quantity compensation (N55 engine)**, given later in this repair group.

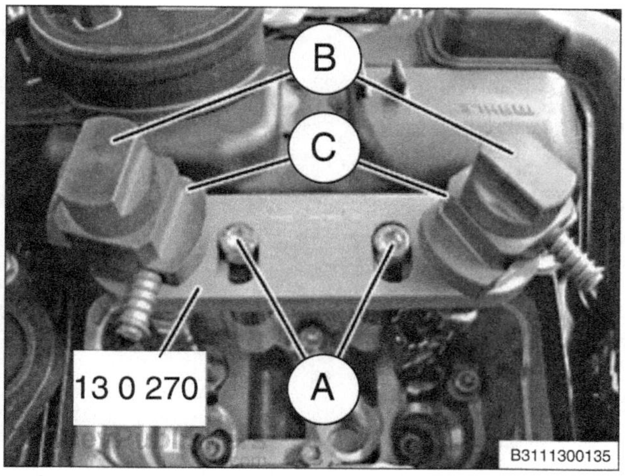

Insert injectors in cylinder head and install BMW special tool 13 0 270 on injector slot.

- thread screws (**A**) in by hand a few threads
- Screw in threaded pull out piece (**C**) until it is possible to screw threaded sleeves (**B**) onto injectors.

NOTE—
- *Threaded pull out piece has left-handed thread.*

- Tighten threaded sleeves (**B**) onto injectors.
- Tighten screws (**A**).

Torques	
BMW special tool 13 0 270 to cylinder head (**A**)	8.5 Nm (75 in-lb)

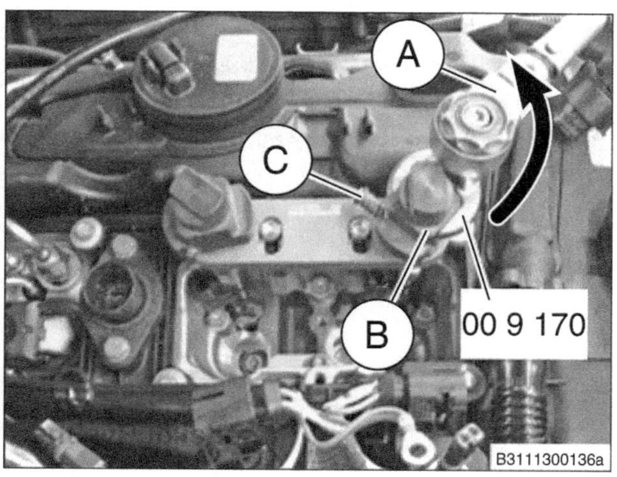

Set torque wrench (**A**) to **2 Nm**.

- Fit torque wrench (**A**) and BMW special tool 00 9 170 on square head of special tool 13 0 270 (**B**).
- Turn torque wrench in counterclockwise direction until 2 Nm is reached. Make sure retaining pin (**C**) does not touch cylinder head cover, if necessary press retaining pin back.

Fuel injectors, installing (N55 engine) (with bottom hold-down bracket)

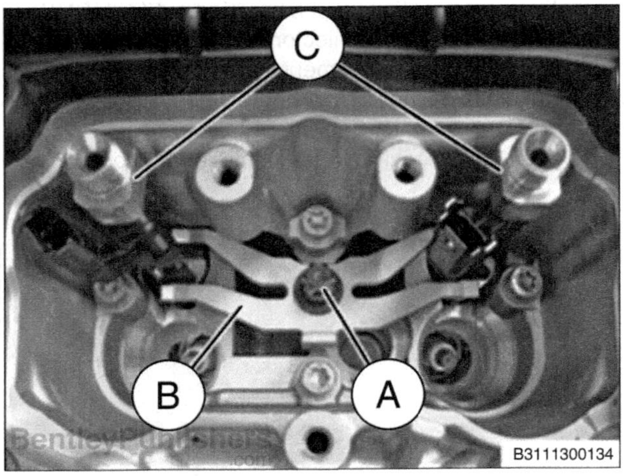

Install hold-down bracket (**B**) on injectors (**C**). Insert screw (**A**) finger tight (injectors can still be turned).

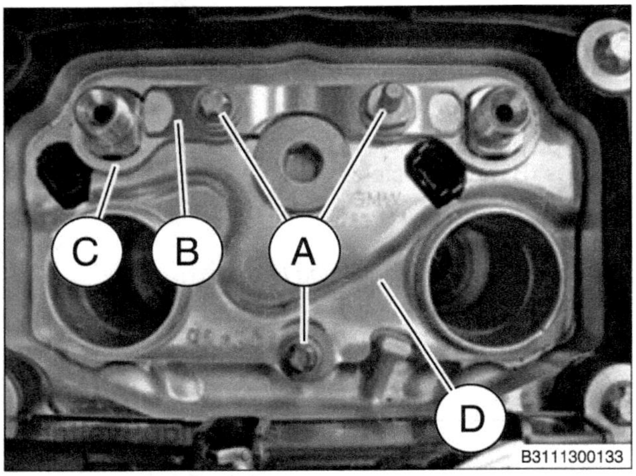

Insert plate (**D**).

- Install support bridge (**C**).
- Install clamping plate (**B**).
- Insert screws (**A**) finger tight.

WARNING —

- *Clamping plate* (**B**) *is a single use part. Always replace once removed.*

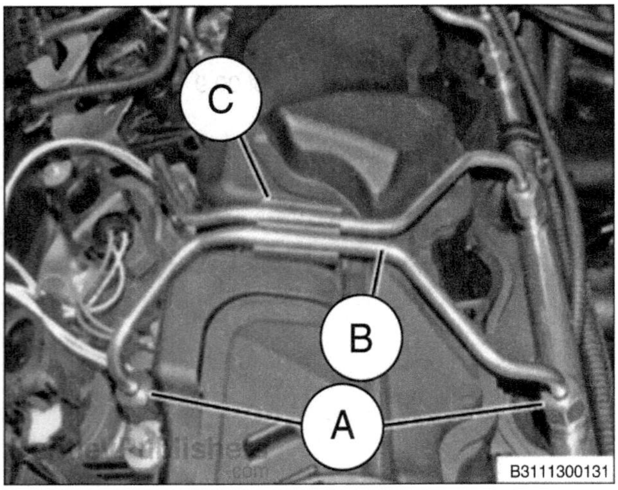

Connect high pressure line (**B**) nut (**A**) finger tight.

- Install rubber damper (**C**).
- If reusing high pressure line coat nut threads with gear oil.
- High pressure line may only be retightened 10 times.
- If both nuts on line cannot be installed easily by hand adjust position of injector.

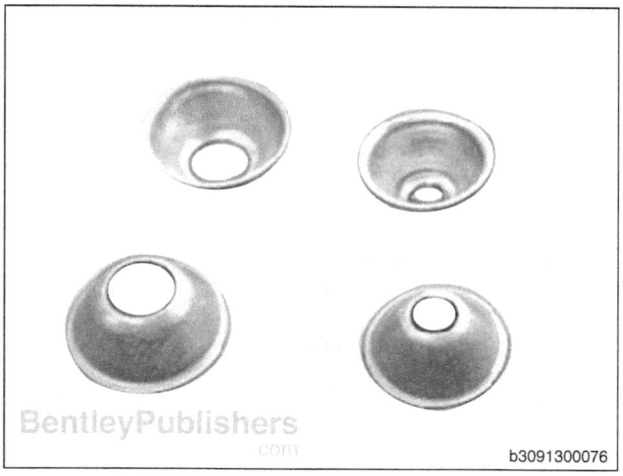

b3091300076

Copper seals on high pressure lines installed at factory are no longer needed. Remove and discard.

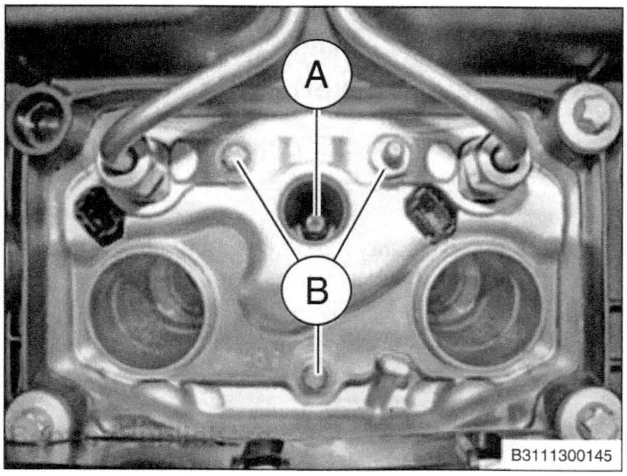

B3111300145

Tighten hold down screw (**A**) through plate.

- Tighten screws (**B**) of plate uniformly.

Tightening torque	
Hold down bracket to cylinder head (**A**)	13 Nm (9.5 ft-lb)
Plate to injector well (**B**)	8.5 Nm (75 in-lb)

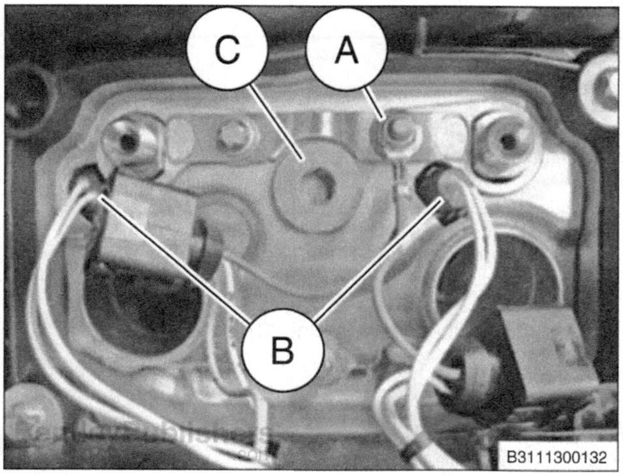

B3111300132

Install screw plug (**C**) in plate.

- Fasten ground wire (**A**)
- Install electrical connectors (**B**).

Tightening torque	
Screw plug to plate (**C**)	25 Nm (18 ft-lb)

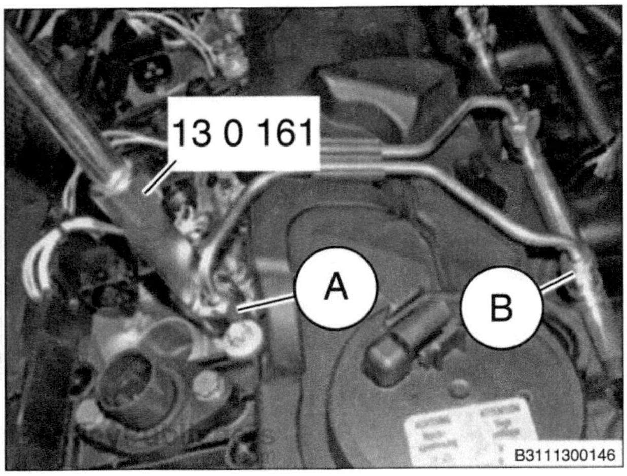

Tighten Injector lines using the following sequence:

- Tighten nut (**A**) at fuel injector using BMW special tool 13 0 161
- Tighten nut (**B**) at fuel rail using BMW special tool 13 0 161.

– Check fuel system for leaks.

– Reinstall remaining removed components.

– Perform injector quantity compensation. See **Injector quantity compensation (N55 engine)** in this repair group.

– Check for fault codes and reset ECM memory.

Tightening torque	
High pressure line to injector	23 Nm (17 ft-lb)
High pressure line to fuel rail	23 Nm (17 ft-lb)

Fuel injectors, removing (N55 engine) (with top hold-down bracket)

– Disconnect battery negative (–) cable in cargo compartment.

> ***CAUTION—***
> - *Prior to disconnecting the battery, read the battery disconnection cautions in* **001 Warnings and Cautions**.

– Remove cabin microfilter housing. See **640 Heating and Air-conditioning**.

– Remove ignition coil cover. See **020 Maintenance**.

– Remove ignition coil at corresponding cylinder of fuel injector service. See **120 Ignition System**.

> ***CAUTION—***
> - *Maintain a high level of cleanliness when servicing ignition coils. Fuel / oil residue can break down the electrical resistance qualities of silicone used in ignition coil production, resulting in coil failure.*

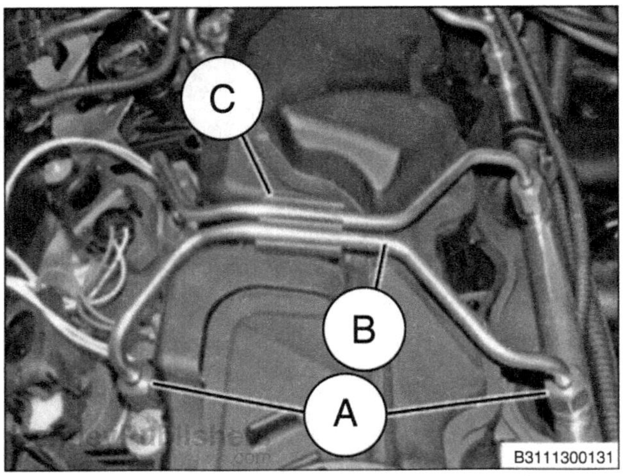

Remove fuel line to corresponding fuel injector

- Loosen fasteners (**A**).
- Remove fuel line (**B**) from rubber mount (**C**).

NOTE—
- *If several injectors are being removed, ensure that each injector is reinstalled in its original location (cylinder).*

– Seal injector with cap and plug fuel rail connections with plugs (from BMW special tool kit 32 1 270).

– Seal removed high pressure fuel lines with caps (from BMW special tool kit 32 1 270).

WARNING—
- *Fuel in the fuel line is under pressure (up to 200 bar or 2900 psi) and may be expelled forcibly. Do not smoke or work near heaters or other fire hazards. Keep a fire extinguisher handy.*
- *Work only on fuel system when engine temperature is below 40°C (104°F).*
- *Unscrew the fuel tank cap to release pressure in the tank before working on the fuel line.*
- *Plug open fuel lines and fittings.*
- *Wrap a clean shop towel around fitting before disconnecting. Residual fuel pressure is present in the fuel line.*
- *To reduce fuel pressure, place towel over injector and carefully tap with a wrench.*

CAUTION—
- *Maintain a clean work area when servicing high pressure fuel system. Contaminants can cause a system malfunction.*
- *Seal all fuel system opening with protective caps.*
- *Replace high pressure fuel lines if tightened 10 times.*

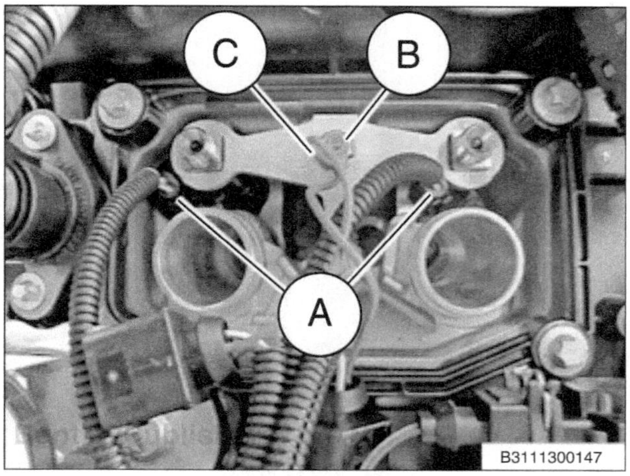

The following description applies to all injectors.
- Unlock and remove electrical connector (**A**) from injector.
- Remove fastener (**B**) and remove ground wire (**C**).

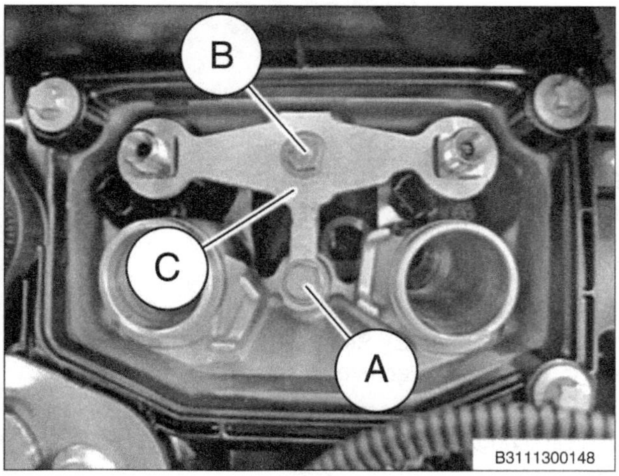

Remove hold-down element (**C**) and injectors in the following order:
- Remove bolt (**A**).
- Remove bolt (**B**).
- Lift off hold-down bracket.
- Pull injectors straight up.

– The following procedure can be used if of an injector is stuck in the cylinder head.

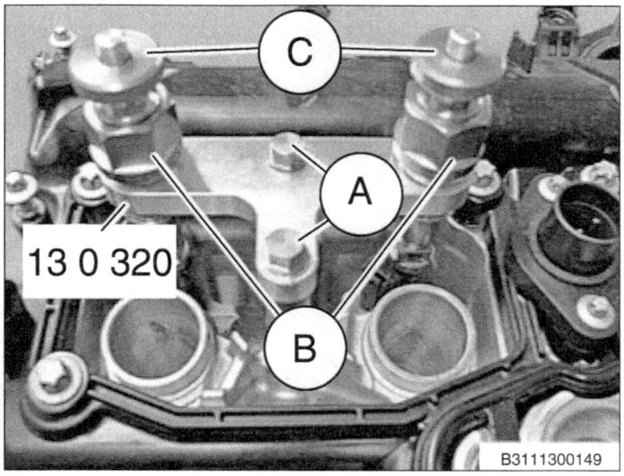

Install BMW special tool 13 0 320 into position.
- Thread screws (**A**) in by hand a few threads.
- Screw in threaded pull out piece (**B**) until it is possible to screw threaded sleeves (**C**) onto injectors.

NOTE—
- *Threaded pull out piece has left-handed thread.*

- Tighten threaded sleeves (**C**) onto injectors.
- Tighten screws (**A**).

Torques	
BMW special tool 13 0 320 to cylinder head (**A**)	8.5 Nm (75 in-lb)

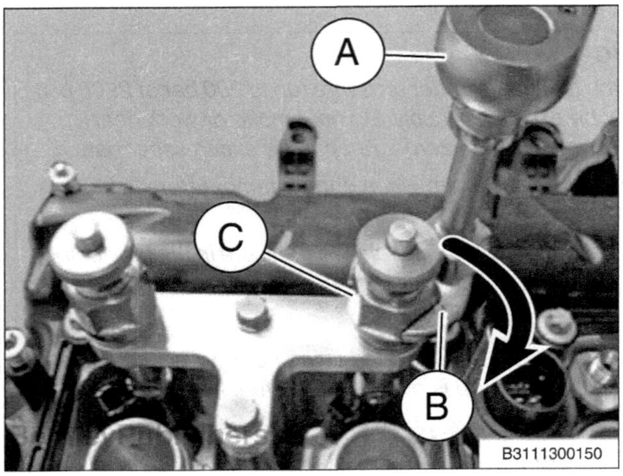

Set torque wrench (**A**) to **5 Nm**.

- Fit torque wrench (**A**) and BMW special tool 00 9 170 (**B**) on square head of special tool 13 0 320 (**C**).
- Turn torque wrench in clockwise direction until injector is extracted from cylinder head.

NOTE—

- *Torque wrench set to 5 Nm used in conjunction with special tool 12 0 320 corresponds to a maximum tensile force of 2000 N. Injector must be replaced if torque wrench indicates 5 Nm is exceeded.*

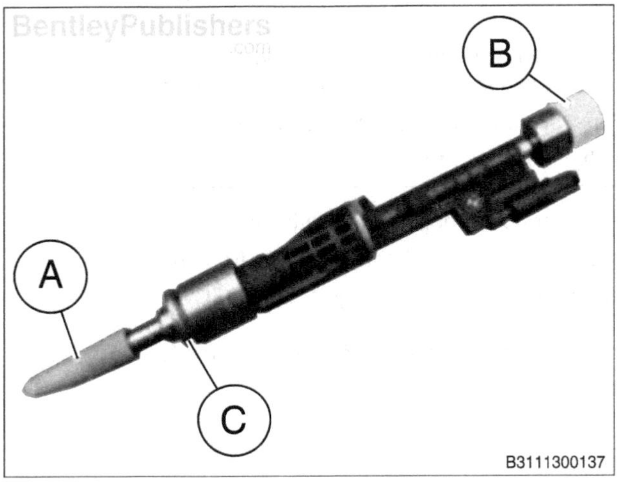

Once injector (**C**) is removed. Install sealing caps to fuel line connection (**B**) and injector tip (**A**). Caps are available from BMW dealer parts department.

Fuel injectors, installing (N55 engine) (with top hold-down bracket)

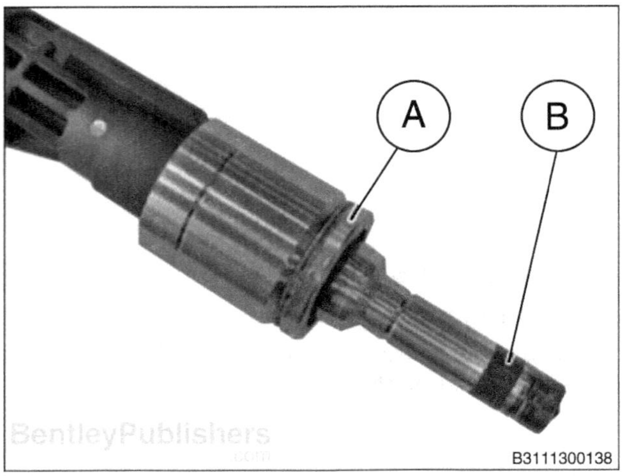

Remember to:

- Replace uncoupling element (**A**).
- Replace PTFE sealing ring (B). See **Fuel injector PTFE seal, replacing (N55 engine)**, given later in this repair group.
- Remove PTFE protective cap a maximum of 10 minutes before installing. Sealing ring swells up once cap is removed.

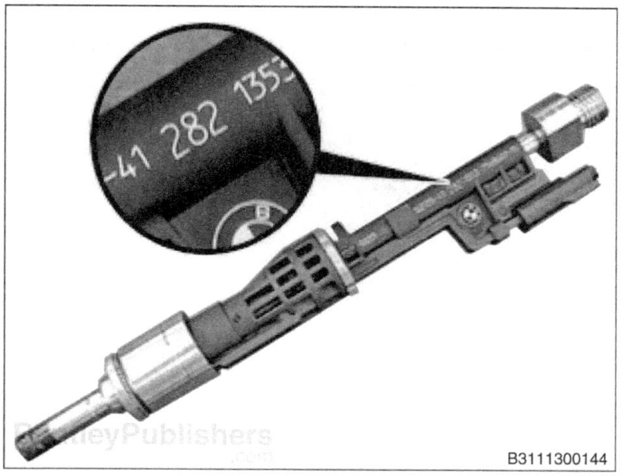

An injector quantity compensation must be carried out (with BMW scan tool) if an injector is replaced. Injector quantity compensation is carried out with the aid of an adjustment value. Adjustment value is printed with three digits on the injector body and must be read off before installation of the injectors. See **Injector quantity compensation (N55 engine)**, given later in this repair group.

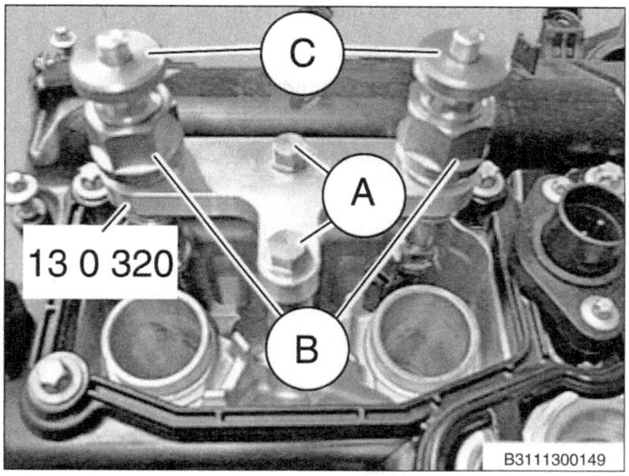

Insert injectors in cylinder head and install BMW special tool 13 0 320 on injector slot.

- Thread screws (**A**) in by hand a few threads
- Screw in threaded pull out piece (**B**) until it is possible to screw threaded sleeves (**C**) onto injectors.

NOTE—
- *Threaded pull out piece has left hand threads.*

- Tighten threaded sleeves (**C**) onto injectors.
- Tighten screws (**A**).

Torques	
BMW special tool 13 0 320 to cylinder head (**A**)	8.5 Nm (75 in-lb)

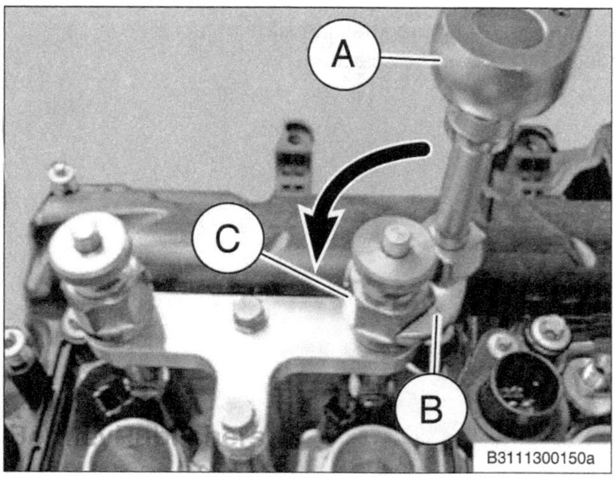

Set torque wrench (**A**) to **2 Nm**.

- Fit torque wrench (**A**) and BMW special tool 00 9 170 (**B**) on square head of BMW special tool 13 0 320.
- Turn torque wrench in counterclockwise direction until a torque of 2 Nm is reached.

Fuel injectors, installing (N55 engine) (with top hold-down bracket)

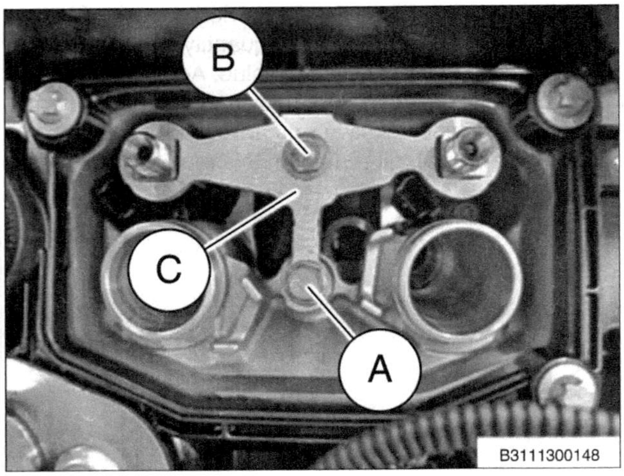

Install hold-down bracket (**C**) on injectors.

- Insert screws (**A**,**B**) finger tight so injectors may still be turned.

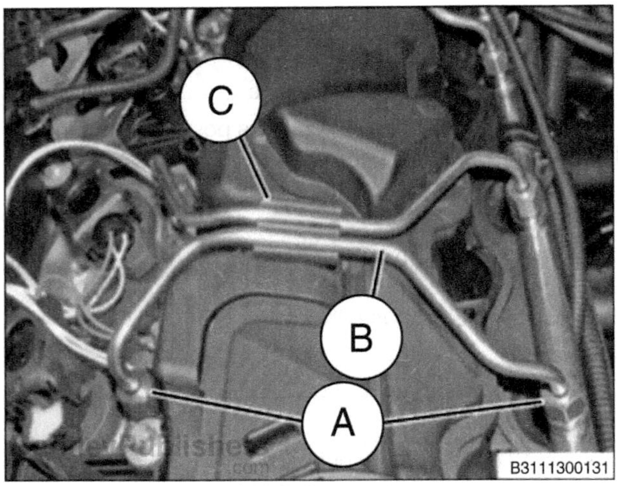

Connect high pressure line (**B**) and tighten nuts (**A**) finger tight.

- Install rubber damper (**C**).
- If reusing high pressure line, coat nut threads with gear oil (high pressure line may only be retightened 10 times).
- If both nuts on line cannot be installed easily by hand adjust position of injector.

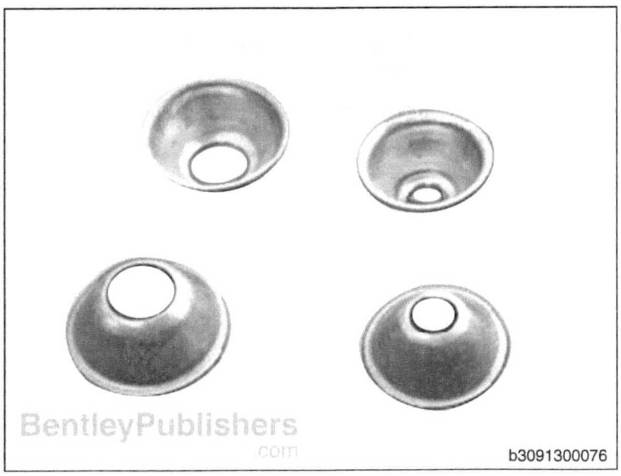

Copper seals on high pressure lines installed at factory are no longer needed. Remove and discard.

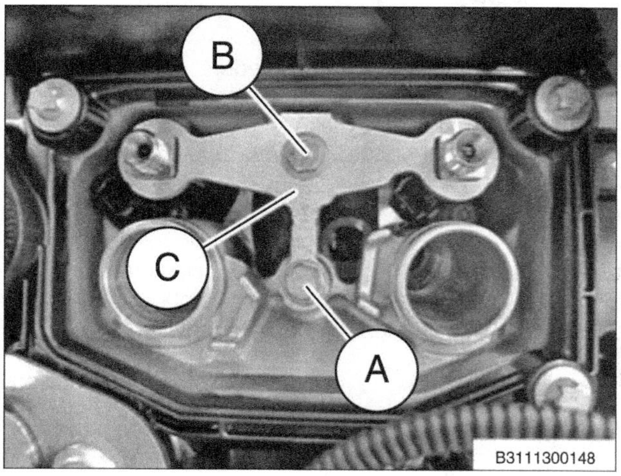

Tighten screws for hold-down bracket in the following order:

- Tighten screw (**B**) of hold-down bracket.
- Tighten screw (**A**) of hold down bracket.

Tightening torque	
Hold down bracket to cylinder head	13 Nm (9.5 ft-lb)

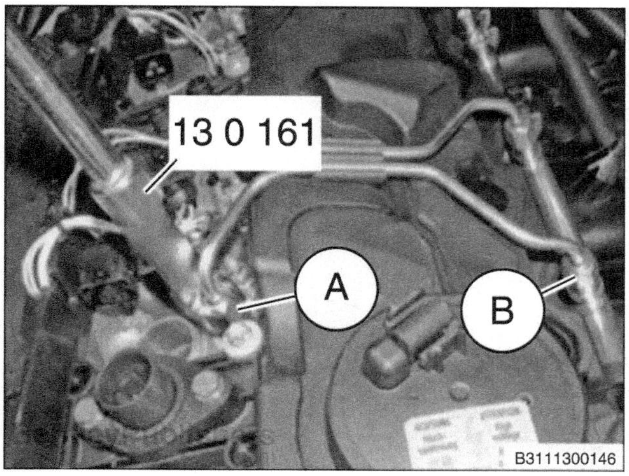

Tighten Injector lines using the following sequence:

- Tighten nut (**A**) at fuel injector using BMW special tool 13 0 161.
- Tighten nut (**B**) at fuel rail using special tool 13 0 161

– Check fuel system for leaks.

– Reinstall remaining removed components.

– Perform injector quantity compensation. See **Injector quantity compensation (N55 engine)** in this repair group.

– Check for fault codes and reset ECM memory.

Tightening torque	
High pressure line to injector	23 Nm (17 ft-lb)
High pressure line to fuel rail	23 Nm (17 ft-lb)

Injector bore, cleaning (N55 engine)

Only use the following procedure if injector bores are dirty.

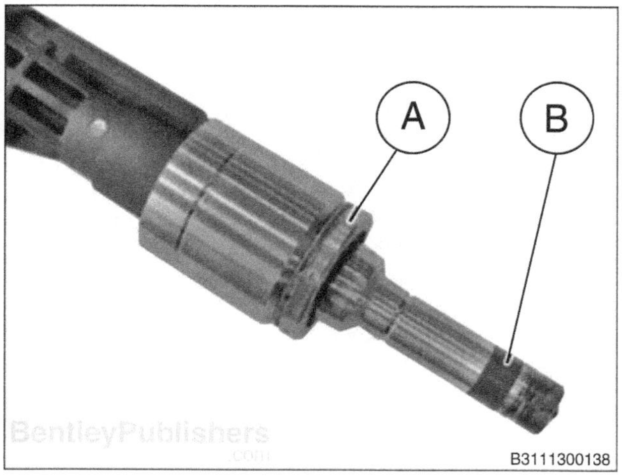

To clean injector bore, slide injector, without uncoupling element (**A**) but with new PTFE sealing ring (**B**), in and out of injector bores several times. Replace PTFE sealing ring after cleaning.

– Clean contact surfaces of uncoupling element and cylinder head. Replace uncoupling element (**A**).

Fuel injector PTFE seal, replacing (N55 engine)

BMW special tools are required for this procedure.

Before replacing PTFE sealing ring make sure your hands and work surface are clean and free of oil. Avoid mechanical contact with injector tip. Do not use any lubricating agents when installing new PTFE sealing rings.

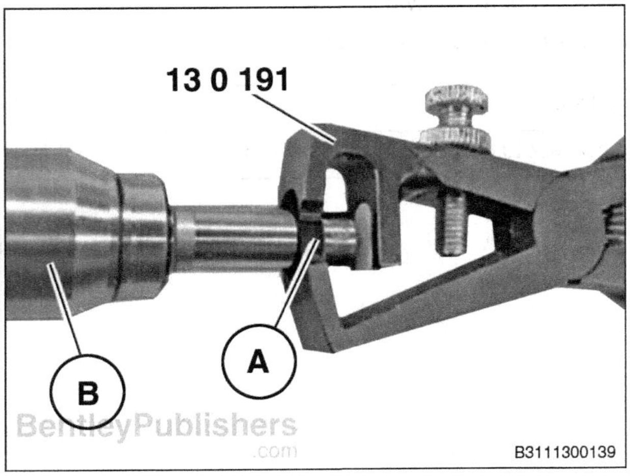

◀ Using BMW special tool 13 0 191, remove PTFE sealing ring (**A**) from injector (**B**). Use a lint-free cloth to remove combustion residue from cylindrical part of injector tip. Do not clean injector tip.

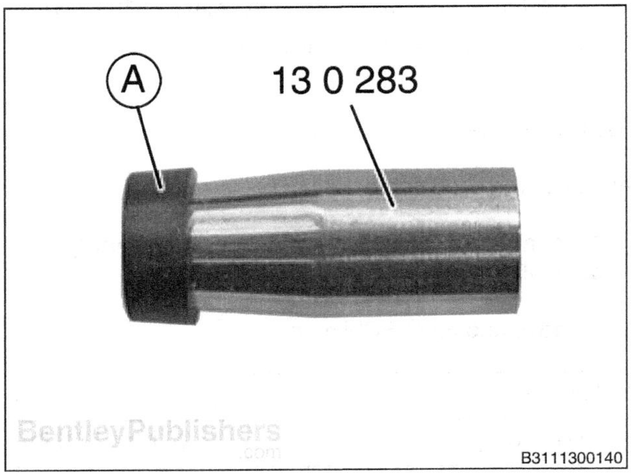

◀ Slide new PTFE sealing ring (**A**) onto mounting taper (BMW special tool 13 0 283).

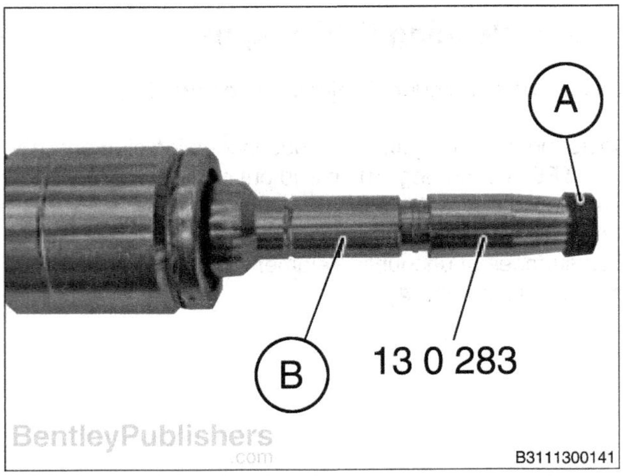

◀ Using fingers and mounting taper, install PTFE sealing ring (**A**) onto injector (**B**).

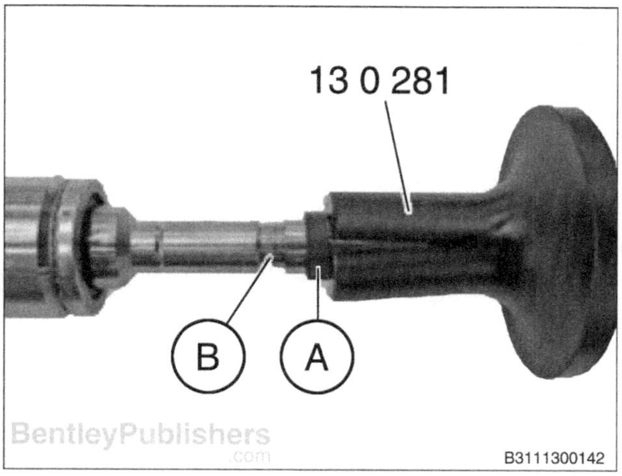

Using BMW special tool 13 0 281, push PTFE sealing ring (**A**) off of mounting taper (13 0 283) into injector groove (**B**).

130

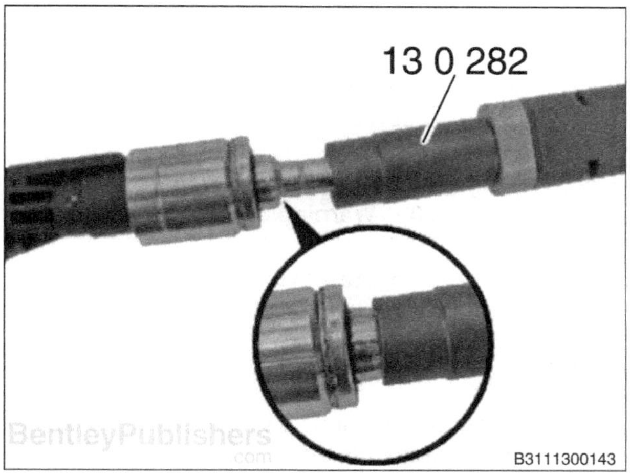

To bring the PTFE sealing ring to its installation dimension push BMW special tool 13 0 282 as far as it will go onto the injector. Install injector within 10 minutes of removing BMW special tool 13 0 282.

Injector quantity compensation (N55 engine)

– Connect BMW scan tool or equivalent and perform following tasks:
- Identify vehicle.
- Select **Function selection.**
- Select **Service functions.**
- Select **Adjustment functions.**
- Select **Adjust injectors.**
- Change **Test plan.**

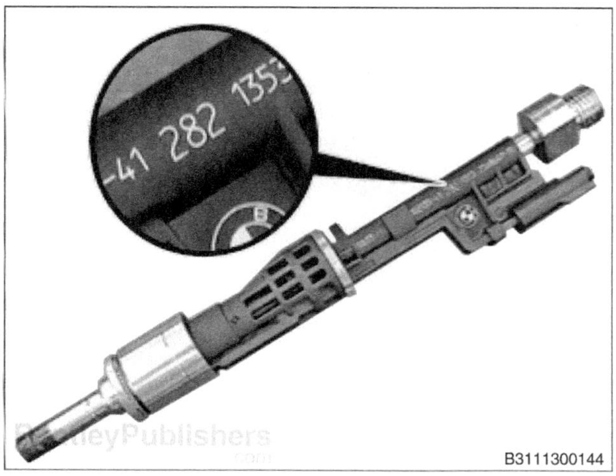

For each replaced injector, enter fuel injector tolerance range (**inset**) to corresponding cylinder.

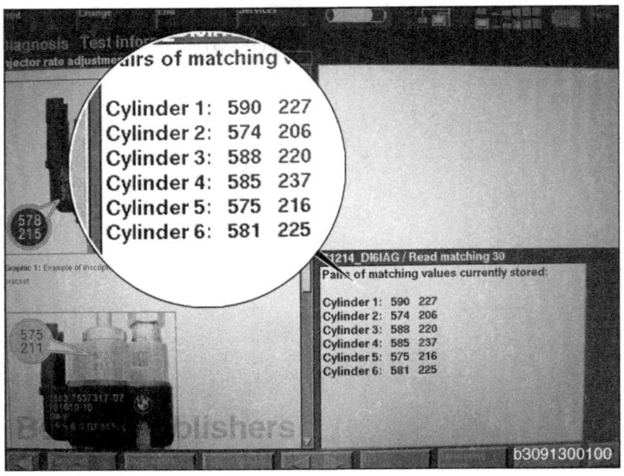

◀ Confirm the correct tolerance range (**inset**) has been entered for each injector.

Intake manifold, removing and installing (N55 engine)

– Disconnect battery negative (–) cable in luggage compartment.

> ***CAUTION—***
> - *Prior to disconnecting the battery, read the battery disconnection cautions in* **001 Warnings and Cautions**.

– Remove cabin microfilter housing. See **640 Heating and Air-conditioning**.

– Remove ignition coil cover. See **020 Maintenance**.

– Remove complete air filter housing and air intake ducts. See **Air filter housing and ducts, removing and installing (N55 engine)** in this repair group.

– Remove throttle housing, see **Throttle housing, replacing** in this repair group.

–

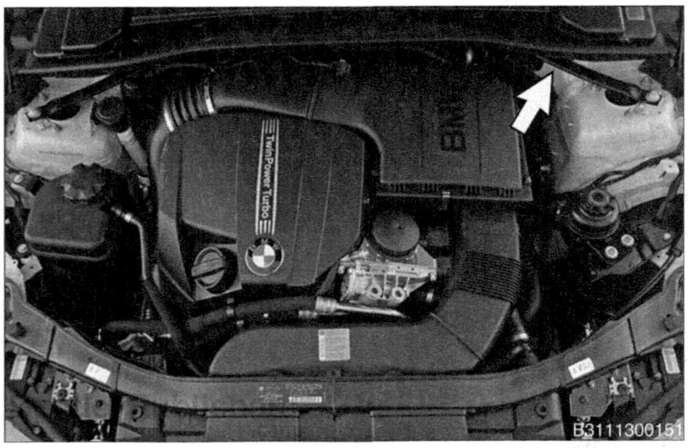

◀ Remove tension strut (**arrow**) if necessary.

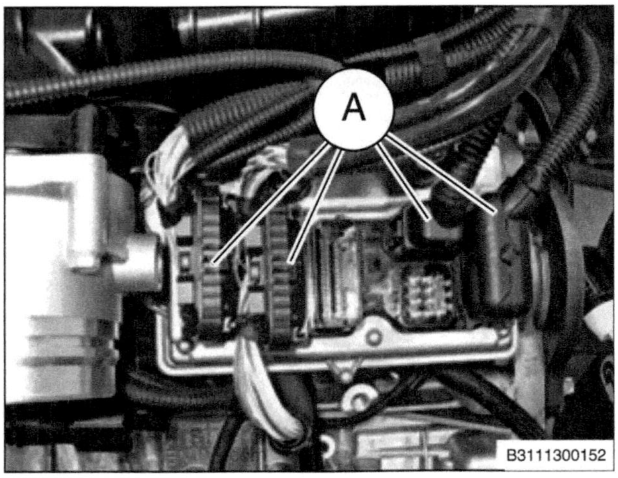

◀ Disconnect all plug connections (**A**) at DME.

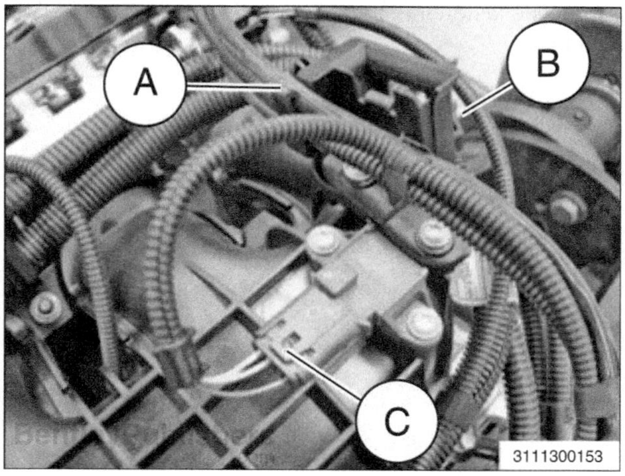

Working at rear of intake manifold:

- Remove wiring harness from holders (**A**,**B**).
- remove connector for charge pressure sensor (**C**).

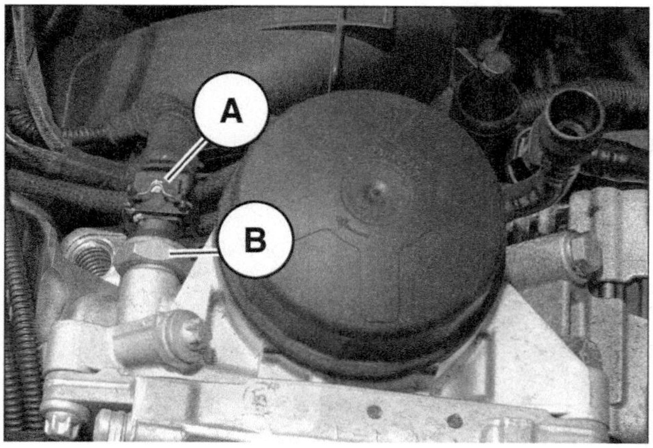

Disconnect electrical connector (**A**) at oil pressure switch (**B**).

Remove vacuum line (**A**) from cylinder head cover by pressing on (pinching) locking device in direction of arrows.

B3111300155

Remove vacuum line fastener (**B**) and remove fitting (**A**) from intake by pulling straight up.

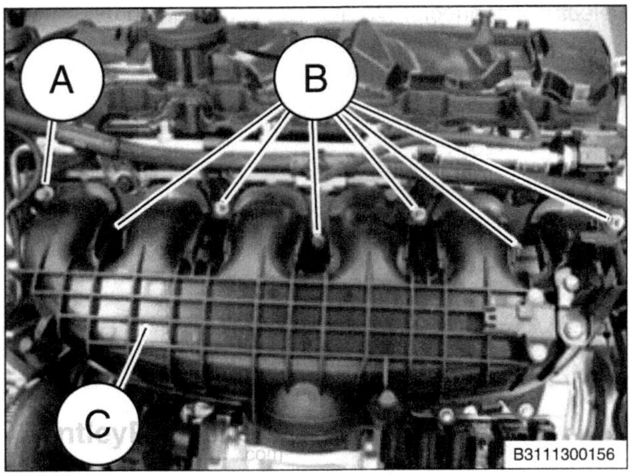

B3111300156

Working at top of intake manifold:

- Remove screw (**A**).
- Remove nuts (**B**).
- Lift off intake manifold (**C**).

> ***CAUTION—***
> - *Plug open intake ports to prevent parts or debris from falling into engine intake.*

– Installation is reverse of removal. Remember to replace intake manifold seals (**C**) if necessary.

Tightening torque	
Intake manifold to cylinder head	15 Nm (11 ft-lb)

Crankcase ventilation (N55 engine)

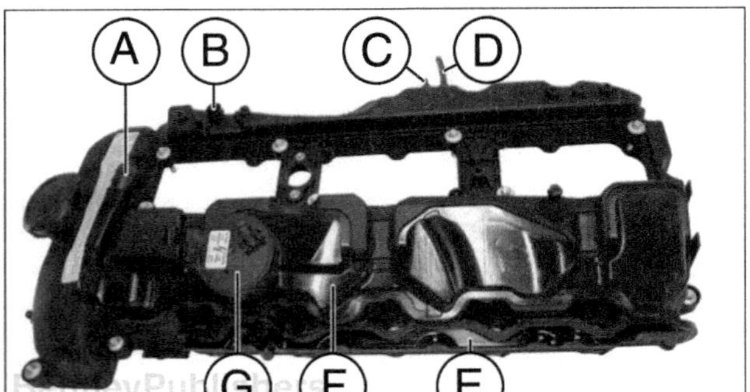

B3111300157

N55 engines utilize a crankcase ventilation system that is integrated into the cylinder head cover and is non-serviceable. The accumulator for the vacuum system is also integrated in the cover.

N55 crankcase ventilation system is equipped with a non-return valve. When a vacuum is present in the intake system, vapors are drawn directly into the cylinder head intake ports. Under boost, the valve closes and vapors are drawn into the fresh air duct upstream of the turbo charger.

A: Connection, crankcase vapors to clean air duct.
B: Connection, vacuum line to vacuum pump.
C: Vacuum connection.
D: Vacuum connection to wastegate valve.
E: Duct for crankcase vapor feed to intake ports.
F: Crankcase vapor settling chamber.
G: Pressure regulating valve.

Crankcase vacuum specifications (N55)	
Operating pressure range	38±10% mbar

Engine coolant temperature (ECT) sensor, replacing (N55 engine)

The engine coolant temperature (ECT) sensor is a negative temperature coefficient (NTC) sensor. As coolant temperature rises, resistance through the sensor decreases.

The ECM varies ignition timing and air / fuel mixture based on engine coolant temperature. The ECT sensor is supplied a 5 volt reference voltage. The voltage drop across the sensor varies as the coolant temperature (sensor resistance) changes.

If the ECT sensor input is faulty or not plausible, the MIL is illuminated when OBD II fault criteria are exceeded. The ECM assumes a substitute value (80°C / 176°F) to maintain engine operation. The ignition timing is set to a safely conservative basic setting.

The ECT sensor is located in the front of cylinder head.

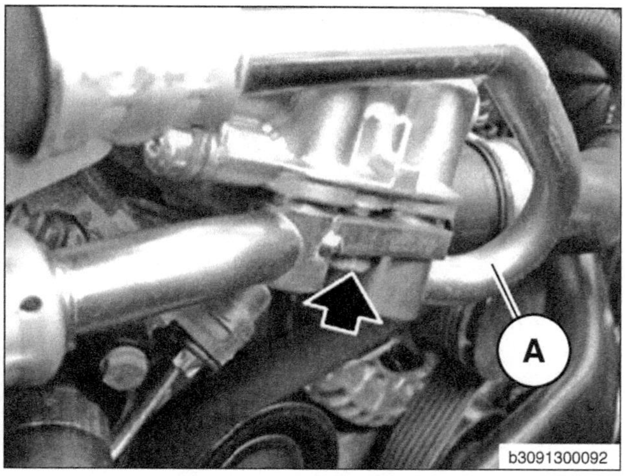

◄ With engine fully cooled off, remove fastener (**arrow**) and line (**A**).

> *CAUTION—*
> *• Be prepared to catch any dripping fluids*

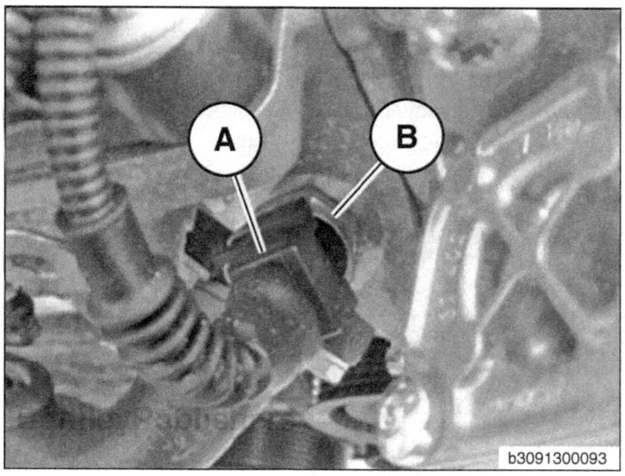

◄ Remove electrical connector (**A**). Unscrew ECT sensor (**B**) from cylinder head. Be prepared to catch small amount of coolant.

– Installation is reverse of removal:
  - Use new copper sealing washer when installing sensor
  - Replace O-rings on coolant line
  - Replace lost coolant.

Tightening torque	
Temperature sensor to cylinder head	19 Nm (14 ft-lb)
Coolant pipe to cylinder head	19 Nm (14 ft-lb)

– After reinstalling, check for fault codes and reset ECM memory.

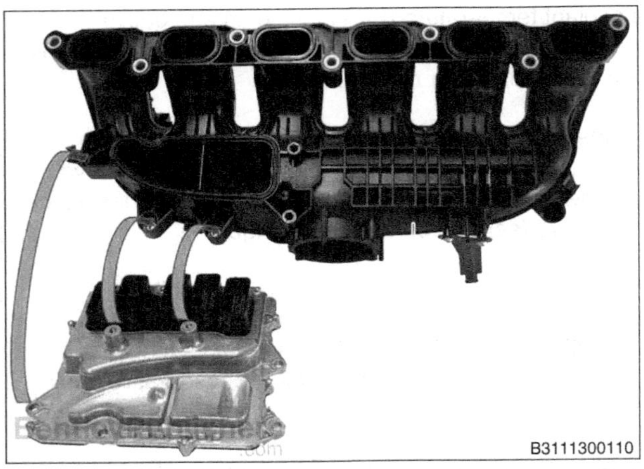

Bosch DME control module, removing and installing (N55 engine)

The N55 engine is equipped with the Bosch MEVD17.2 engine management system.

The engine control module (ECM) is integrated in the intake manifold and is sealed with an O-ring.

– Switch ignition OFF and remove key. Disconnect negative battery cable.

> ***CAUTION—***
> • *Prior to disconnecting the battery, read the battery disconnection cautions in* **001 Warnings and Cautions**.

– Remove intake manifold. See **Intake manifold, removing and installing (N55 engine)**.

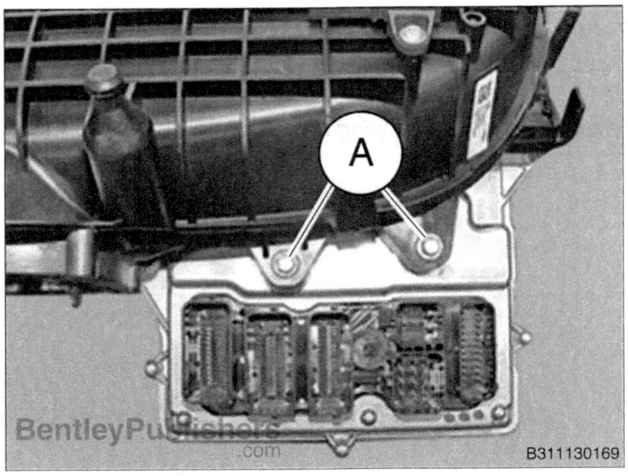

Working at DME control module, remove upper mounting bolts (**A**).

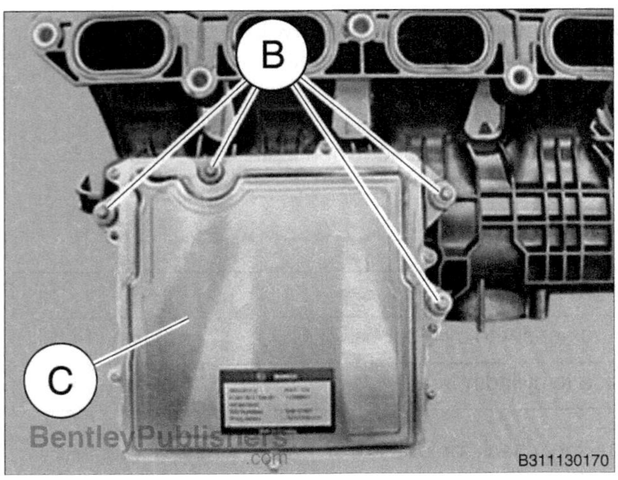

Working at DME control module, remove lower mounting bolts (**B**) and remove control module (**C**).

– Installation is reverse of removal, noting the following:

• Use new sealing O-ring when mounting DME.

• Observe bolt tightening torque.

• Code replacement control module using factory scan tool.

Tightening torque	
DME control module to intake manifold • upper • lower	 12 Nm (8.8 ft-lb) 10 Nm (7 ft-lb)

160 Fuel Tank and Fuel Pump

TABLE

GENERAL

This repair group covers service information for the fuel supply system.

See also:

- **100 Engine–General** for model year, engine code, and DME applications
- **130 Fuel Injection**
- **ECL Electrical Component Locations** for fuel pump fuse and relay access information

Fuel tank

The saddle-shaped plastic fuel tank is mounted underneath the center of the car (underneath the rear seat). Mounted in the fuel tank are the electric fuel pump, fuel level sending units and suction jet pump. Connecting lines for the evaporative emission control system are also attached to the tank.

Fuel tank capacity for 3 Series models is listed in **Table a**.

Table a. Fuel tank capacity	
Tank capacity	60 liters (15.8 gal)
Reserve capacity	6 liters (1.5 gal)

Fuel delivery systems

Fuel delivery type varies depending on engine application:

- N51, N52, N52KP engines - multi-port injection
- N54, N55 models - high-pressure direct injection

N51, N52, N52KP engines: Fuel injectors are installed in machine-bored holes in the cylinder head. See **130 Fuel Injection**. An in-tank electric fuel pump delivers pressure-regulated fuel to the fuel rail.

The in-tank fuel pump is a variable speed pump controlled by the EKP (electric fuel pump control) and module delivers only the amount of fuel needed for engine operation. This eliminates excess fuel delivery and reduces pump wear. It can operate at up to 5 bar (72.5 psi) and 95 liters (25 gallons) per hour.

N54, N55 engines: Direct fuel injected engines allows for precise metering of mixture and higher compression. This is made possible by locating a fuel injector for each cylinder centrally between the valves. See **130 Fuel Injection**.

The in-tank electric fuel pump delivers fuel to a high pressure fuel pump. The mechanically-driven high pressure fuel pump can provide fuel pressure from 20 bar (290 psi) up to 200 bar (2900 psi).

Electric fuel pump

An electric fuel pump is mounted in the fuel tank in tandem with the right side fuel level sender and suction jet pump. A suction jet pump is located in the left side of the tank to transfer fuel to the right side. The combined fuel filter / pressure regulator delivers pressurized fuel to the fuel injection system. The system is a non-return design; there is one fuel line to the fuel injectors and excess fuel flows directly from the fuel filter / pressure regulator back into the tank.

Fuel pump self-diagnostics are built into the DME. A failure in the fuel pump circuit will set a fault code.

Fuel supply (N51, N52, N52KP)

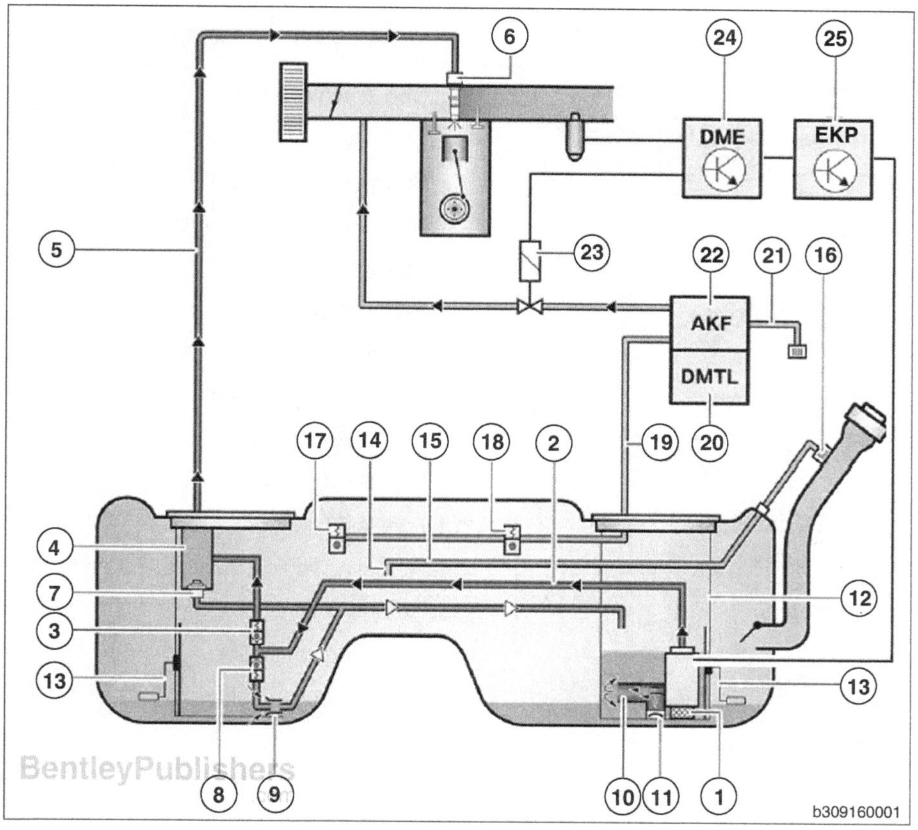

1. Electric fuel pump
2. Supply line
3. Check valve
4. Fuel filter
5. Supply line to engine
6. Fuel injector
7. Pressure regulator
8. Check valve
9. Left suction jet pump
10. Suction jet pump
11. Initial filling valve
12. Fuel baffle
13. Fuel level sender
14. Refueling line connector
15. Refueling ventilation line
16. Refueling ventilation nipple
17. Left operation ventilation valve
18. Right operation ventilation valve
19. Operation ventilation line
20. Diagnosis pump for tank leakage (DMTL)
21. Fresh air vent line
22. Activated carbon canister
23. Fuel tank vent valve
24. Engine control module (ECM)
25. Fuel pump module (EKP)

Fuel supply (N54, N55)

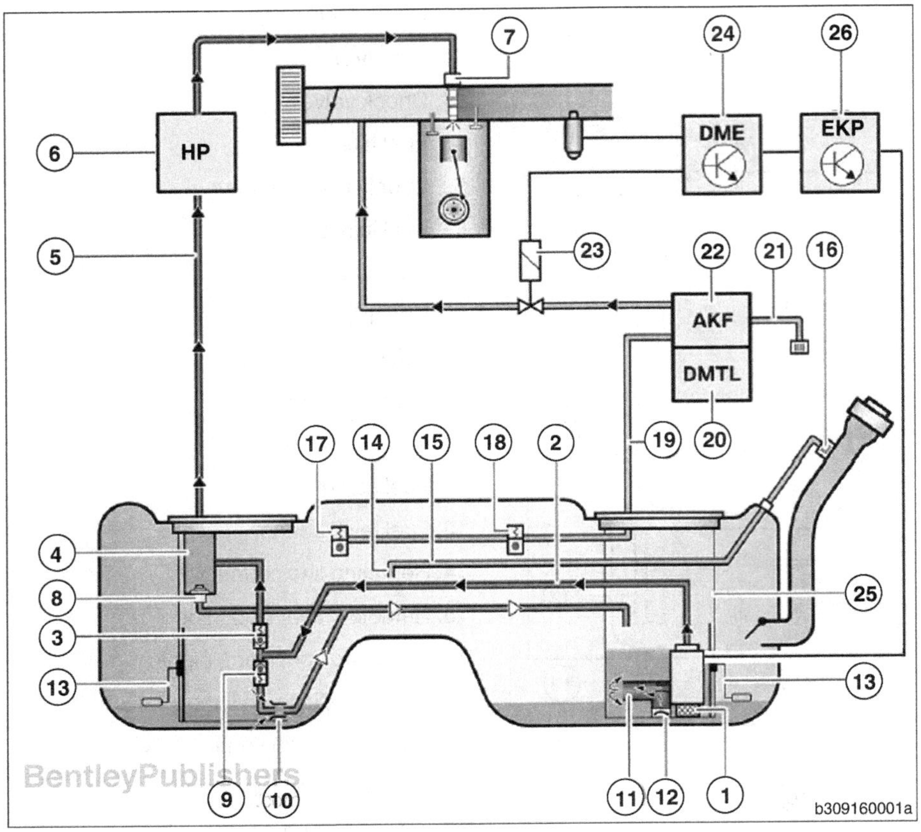

1. Electric fuel pump
2. Supply line
3. Check valve
4. Fuel filter
5. Supply line to engine
6. High pressure fuel pump
7. Fuel injector
8. Pressure regulator
9. Check valve
10. Left suction jet pump
11. Suction jet pump
12. Initial filling valve
13. Fuel level sender
14. Refueling line connector
15. Refueling ventilation line
16. Refueling ventilation nipple
17. Left operation ventilation valve
18. Right operation ventilation valve
19. Operation ventilation line
20. Diagnosis pump for tank leakage (DMTL)
21. Fresh air vent line
22. Activated carbon canister
23. Fuel tank vent valve
24. Engine control module (ECM)
25. Fuel baffle
26. Fuel pump module (EKP)

Warnings and Cautions

WARNING—
- *The fuel system is designed to retain pressure even when the ignition is OFF. When working with the fuel system, loosen the fuel lines slowly to allow residual fuel pressure to dissipate. Avoid spraying fuel. Use shop towels to capture leaking fuel.*
- *Before beginning work on the fuel system, place a fire extinguisher in the vicinity of the work area.*
- *Work only on the fuel system when engine temperature is below 40°C (104°F).*
- *When disconnecting a fuel line, clamp off the line and wrap a clean shop towel around the fitting before disconnecting. Residual fuel pressure is present in the line.*
- *Electric fuel pump starts each time door is opened.*
- *Fuel is highly flammable. When working around fuel, do not disconnect wires that could cause electrical sparks. Do not smoke or work near heaters or other fire hazards.*
- *Wear eye protection, face shield and protective clothing to avoid injuries from contact with fuel.*
- *When working on an open fuel system, wear suitable hand protection, as prolonged contact with fuel can cause illnesses and skin disorders.*
- *Unscrew the fuel tank cap to release pressure in the tank before working on fuel lines.*
- *Do not use a work light with an incandescent bulb near fuel. Fuel may spray on the hot bulb causing a fire.*
- *Make sure the work area is properly ventilated.*
- *Due to risk of personal injury, be sure the engine is cold before beginning work on engine components.*

CAUTION—
- *Prior to disconnecting the battery, read the battery disconnection cautions given in* **001 Warnings and Cautions**.
- *Before making any electrical tests with ignition switched ON, disable the ignition system as described in* **120 Ignition System**. *Be sure the battery is disconnected when replacing components.*
- *To prevent damage to the ignition system or other DME components, including the engine control module (ECM), connect and disconnect wires and test equipment with ignition OFF.*
- *Cleanliness is essential when working with the fuel system. Thoroughly clean the fuel line unions before disconnecting any of the lines. Plug open fuel lines and ports.*
- *Use only clean tools. Keep removed parts clean and sealed or covered with a clean, lint-free cloth, especially if completion of the repair is delayed.*
- *Do not move the car while the fuel system is open.*
- *Avoid using high pressure compressed air to blow out lines and components. High pressure can rupture internal seals and gaskets.*
- *Use new seals, O-rings and hose clamps when replacing fuel system components*

Fuel System Troubleshooting

Electric pump fuse and module

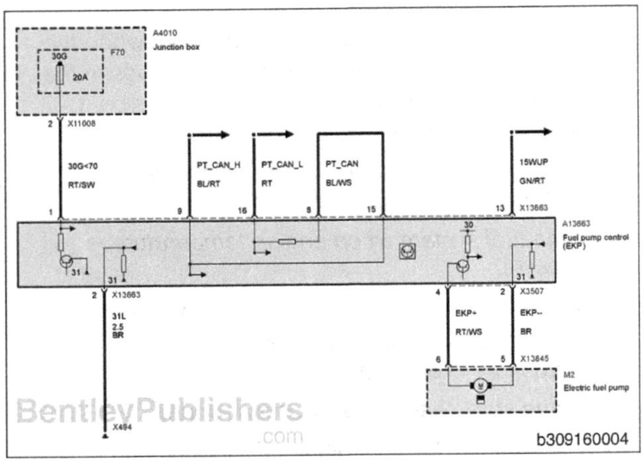
b309160004

Begin troubleshooting fuel system faults by checking fuel pump fuse. The fuel pump fuse is located in the junction box (JB) behind the glove compartment. See **ECL Electrical Component Locations** for access information.

Fuel pump circuit is fuse-protected by:

- F70 up to 03/2007.
- F88 from 03/2007 to 09/2007.
- F70 10/2007 and up.

> ***CAUTION—***
> - *Relay and fuse positions and wire colors vary. A good way to verify a relay position or wire colors is to compare the wiring colors at the relay socket to the colors indicated on the wiring diagrams in* **ELE Electrical Wiring Diagrams**.

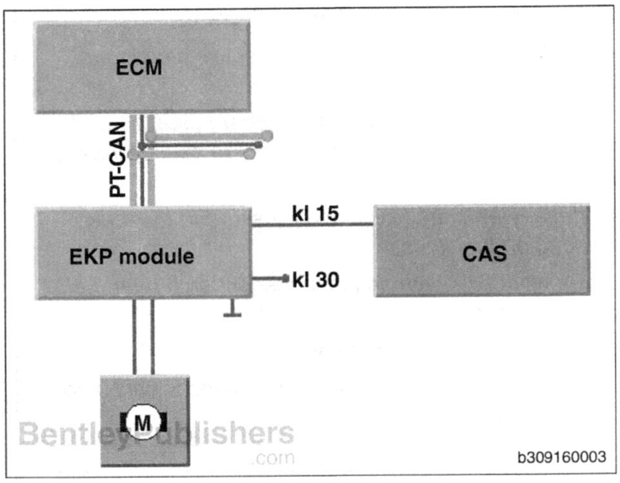

b309160003

The ECM calculates the amount of fuel required at the given point in time and the electric fuel pump is activated as required. The total volume required is transmitted as a message to the EKP control module via PT-CAN.

The EKP module converts this message into an output voltage which controls the fuel pump. The fuel pump is capable of delivering up to 95 liters (25 gallons) per hour at a pressure of 5 bar (72.5 psi). On turbo engine models, if the ECM detects a fault in the low pressure fuel sensor, the fuel pump is activated to 100%.

Operating fuel pump for tests

This procedure explains how to operate the in-tank fuel pump for testing purposes without having to run the engine.

NOTE—
- *On N54 and N55 engines, fuel pressure tests and fault diagnosis of the high pressure side of the fuel injection system is done using a BMW scan tool.*

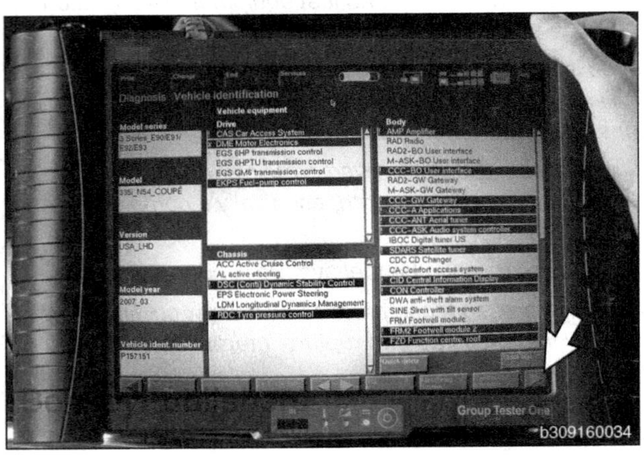
b309160034

Using BMW factory scan tool or equivalent:

- Identify vehicle
- Select **Next (arrow)**
- Select **Control Module Functions**
- Select **Complete Vehicle**
- Select **Drive**
- Select **DME**
- Select **Component Activation**
- Select **Fuel Pump**

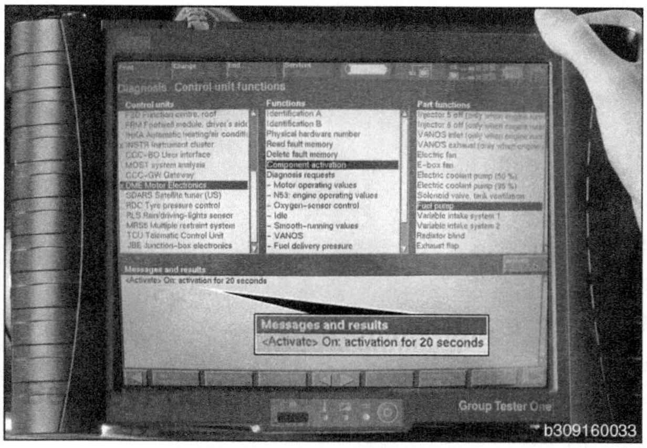

Fuel pump will run at 100% (approx. 5 bar) for 20 seconds.

Fuel pump electrical circuit, testing

If fuel pump does not operate or there is no fuel pressure, first test fuel pump electrical circuit.

– Remove rear seat to access fuel pump and fuel level sender. See **Accessing fuel pump and fuel level senders** in this repair group.

Disconnect harness connector from fuel pump and fuel level sender.

Connect voltmeter between fuel pump leads (**arrows**) on connector.

– Activate fuel pump. See **Operating fuel pump for tests** in this repair group.

– Use digital multimeter to test for battery voltage at fuel pump connector leads.

– If voltage and ground are present, fuel pump is probably faulty. If there is no voltage, check wiring between fuel pump and fuel pump module.

– After completing tests, reconnect fuel pump harness connector.

Fuel pump power consumption, testing

If fuel delivery is erratic or poor, or if fuel pump makes abnormally loud noises, test pump power consumption.

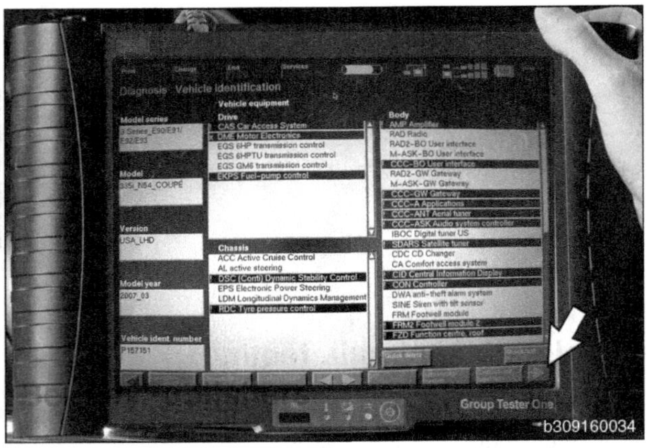

- Using BMW factory scan tool or equivalent:
  - Identify vehicle
  - Select **Next** (**arrow**)
  - Select **Function Selection**
  - Select **DME**
  - Select **Fuel Pump**
  - Select **Control Current B1612_STR00**
  - Select **Next (arrow)**

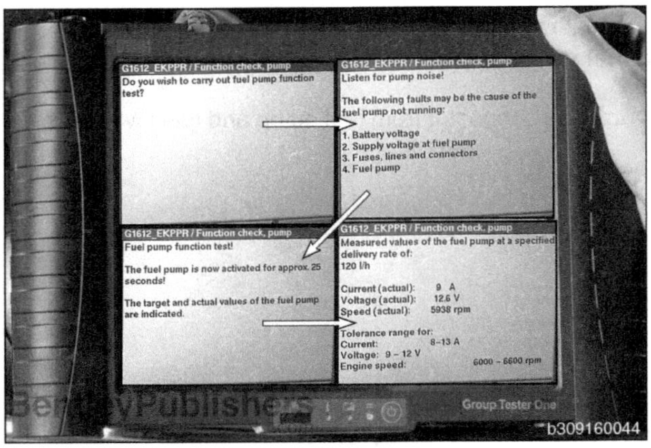

- Follow steps on screen to monitor fuel pump current.

Fuel pump current	
Current consumption (activated with scan tool)	8 - 13 amps

An alternative method is to install a digital ammeter in fuel pump circuit using the following steps.

– Remove rear seat to access fuel pump and fuel level sender. See **Accessing fuel pump and fuel level senders** in this repair group.

- Disconnect harness connector from fuel pump.

– Make sure battery voltage at fuel pump connector is 12.6 volts. Charge battery if necessary.

– Attach digital ammeter between pump lead and harness. Connect jumper wire between pump and harness.

> ***CAUTION—***
> *• Do not allow the test leads to short to ground.*

b309160029

– Activate fuel pump. See **Operating fuel pump for tests** in this repair group.

– Compare ammeter reading with specification listed in table.

Fuel pump current	
Current consumption (activated with scan tool)	8 - 13 amps

– Higher than normal power consumption by fuel pump may indicate a worn pump, causing intermittent fuel starvation due to pump overheating and seizure. Replace pump.

– Lower than normal power consumption may indicate blockage in a fuel line. Before replacing fuel pump, check that return line and pump pickup (inside fuel tank) are not obstructed.

Fuel pressure gauge, installing (N51, N52, N52KP engines)

– Remove ignition coil cover. See **020 Maintenance**.

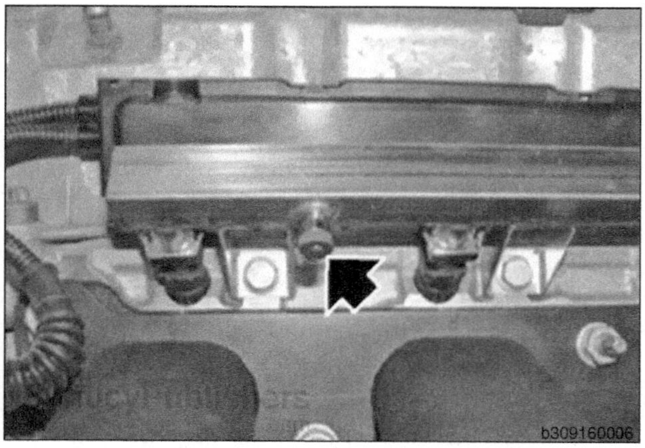
b309160006

– Remove Schræder valve cap (**arrow**) at fuel rail and connect fuel pressure gauge.

– Use a fuel pressure gauge with a minimum range of 0 to 7 bar (0 to 100 psi).

> ***WARNING —***
> *• The fuel system is designed to retain pressure even when the ignition is OFF. When working with the fuel system, loosen fuel lines slowly to allow residual fuel pressure to dissipate. Avoid spraying fuel. Use shop towels to capture leaking fuel.*
> *• Fuel pump starts each time door is opened.*
> *• Make sure the fuel pressure gauge is securely connected to the fuel rail to prevent it from coming loose under pressure.*

Fuel pressure gauge, installing (N54, N55 engines)

Use a fuel pressure gauge with a minimum range of 0 to 7 bar (0 to 100 psi).

> ***WARNING —***
> - *The fuel system is designed to retain pressure even when the ignition is OFF. When working with the fuel system, loosen fuel lines slowly to allow residual fuel pressure to dissipate. Avoid spraying fuel. Use shop towels to capture leaking fuel.*
> - *Fuel pump starts each time door is opened.*
> - *Make sure the fuel pressure gauge is securely connected to the fuel rail to prevent it from coming loose under pressure.*

– Remove splash shield for transmission. See **020 Maintenance**.

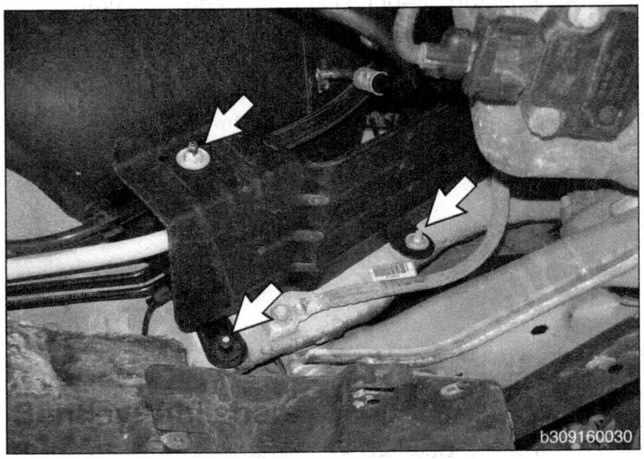

◄ Working underneath vehicle on drivers side:

- Remove fasteners (**arrows**) for fuel line protective shield and remove protective shield.

◄ Disconnect fuel line (**arrow**).

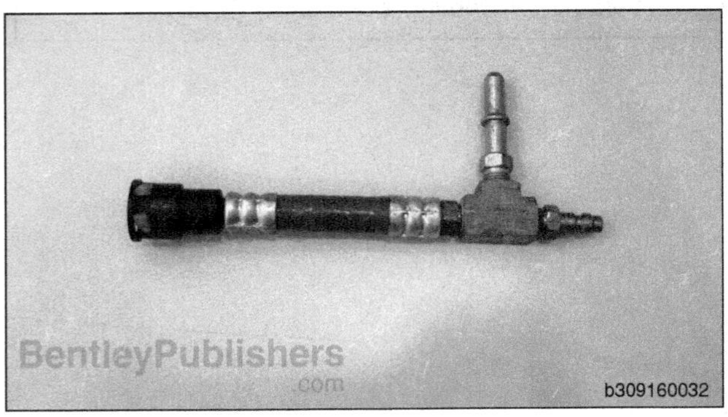

◄ Install compatible T-style test adapter and install fuel pressure gauge.

Fuel delivery, testing

Checking fuel delivery is a fundamental part of troubleshooting and diagnosing the DME system. Fuel pressure directly influences fuel delivery. There are two significant fuel delivery values to be measured:

- **System pressure** is created by fuel pump and maintained by pressure regulator. System pressure is adjustable only by the ECM.
- **Residual pressure** is pressure maintained in closed system after engine and fuel pump are shut off.

System pressure, engine not running

— Attach fuel pressure gauge. See **Fuel pressure gauge, installing (N51, N52, N52KP) or Fuel pressure gauge, installing (N54, N55)** in this repair group.

— Activate fuel pump. See **Operating fuel pump for tests** in this repair group. Compare fuel pressure to specifications in accompanying table.

Fuel pressure specification	
System pressure, engine not running	5 ± 0.2 bar (72.5 ± 2.9 psi)

> ***CAUTION—***
> - *The fuel pump is capable of developing a higher pressure than that regulated by the pressure regulator. Do not allow pressure to rise above 6.5 bar (94 psi). Damage to the fuel lines or fuel system components could result.*

— After completing tests without running engine, check for fault codes and reset ECM memory.

System pressure, engine running

If fuel pressure tests show normal pressure but engine lacks power under acceleration, test fuel pump pressure control regulation function.

— With fuel pressure gauge attached, start engine and check fuel pressure.

Fuel pressure specification	
System pressure, engine running	5 ± 0.2 bar (72.5 ± 2.9 psi)

> ***CAUTION—***
> - *The fuel pump is capable of developing a higher pressure than that regulated by the pressure regulator. Do not allow pressure to rise above 6.5 bar (94 psi). Damage to the fuel lines or fuel system components could result.*

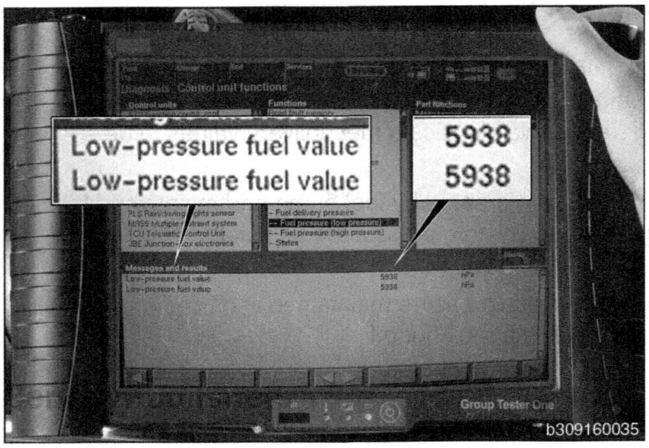

On turbo engine models compare fuel pressure on gauge to data value on BMW factory scan tool or equivalent.

– If pressure does not match, replace fuel pressure regulator. See **Fuel pump, removing and installing** in this repair group.

– After completing tests, note the following:
  - N51, N52, N52KP: replace Schræder valve cap.
  - N54, N55 reassemble fuel line.
  - Check for fault codes and reset ECM memory.

Residual pressure

For quick restarts and to avoid vapor lock when the engine is hot, the fuel injection system retains fuel pressure after the engine is shut off. This residual pressure is primarily maintained by the fuel pressure regulator and a check valve at the fuel pump outlet.

– Attach fuel pressure gauge. See **Fuel pressure gauge, installing** in this repair group.

– Start engine and allow it to run for approximately one minute. Note fuel pressure reading. Shut OFF engine.

– Note fuel pressure after approximately 20 minutes. Make sure pressure does not drop more than 0.5 bar from system pressure.

Fuel pressure specification	
System pressure, engine not running	5 ± 0.2 bar (72.5 ± 2.9 psi)

– When finished, disconnect pressure gauge and fitting, and replace Schræder valve cap.

– If fuel system does not maintain pressure:
  - Visually check for leaks in fuel lines and unions.
  - Check for leaking injector(s).
  - Check for faulty fuel pump check valve.

FUEL SYSTEM (LOW PRESSURE)

Accessing fuel pump and fuel level senders

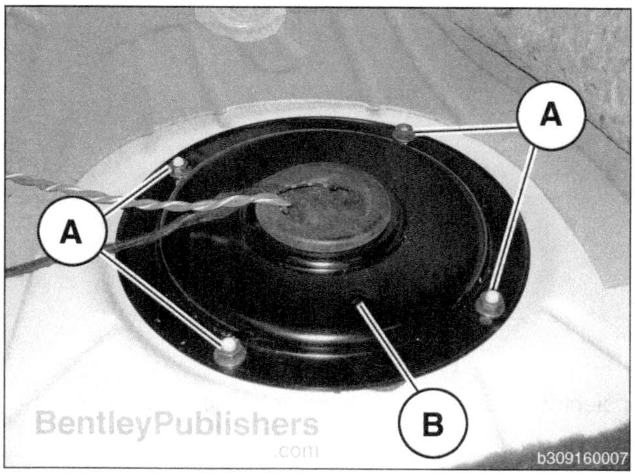

NOTE—
- *Right side fuel pump / fuel level sender shown. Accessing left side fuel level sender is similar.*

– Remove rear seat cushion. See **520 Seats**.

Working at ride side fuel tank:
- Remove fasteners (**A**).
- Remove fuel pump access cover (**B**).

– Installation is reverse of removal.

Fuel pump and fuel level sender (right side), removing and installing

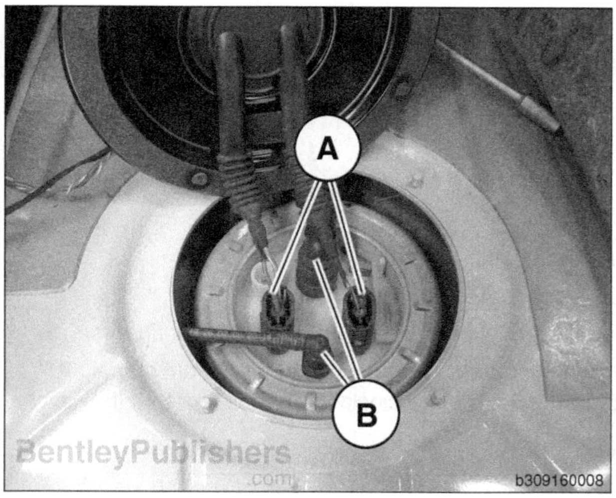

– Drain fuel tank. See **Fuel tank, draining** in this repair group.

– Disconnect negative cable from battery.

> *CAUTION—*
> - *Prior to disconnecting the battery, read the battery disconnection cautions given in* **001 Warnings and Cautions**.

– Remove fuel pump access cover. See **Accessing fuel pump and fuel level senders** in this repair group.

Remove electrical connectors (**A**) and fuel lines (**B**).

> *WARNING—*
> - *When disconnecting fuel hose, wrap shop towel around end of hose to prevent spray of fuel under pressure.*

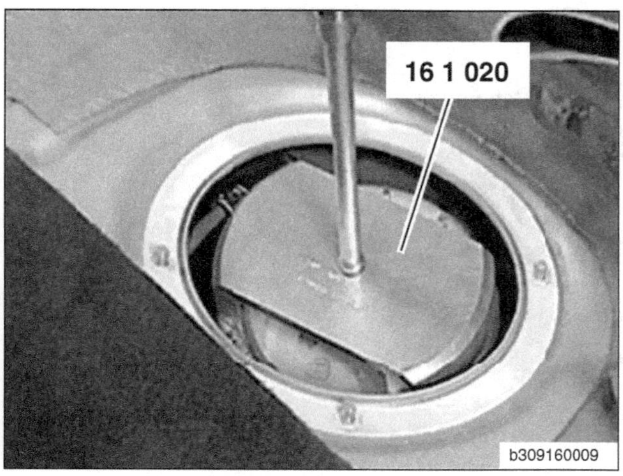

Using special tool 16 1 020, remove fuel pump service cap.

Fuel pump and fuel level sender (right side), removing and installing

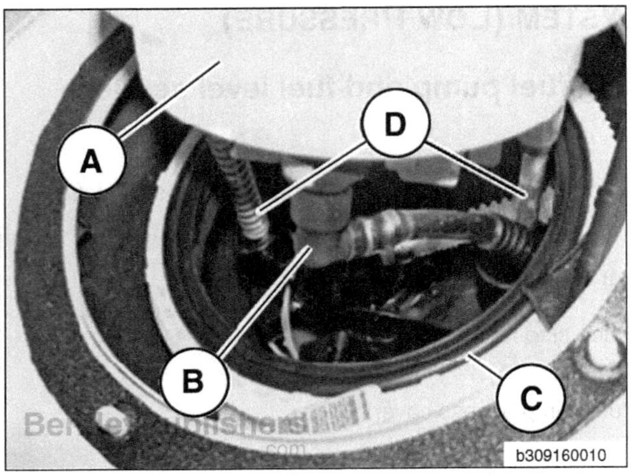

Carefully raise service cap (**A**) and disconnect fuel line (**B**). Remove and discard O-ring (**C**).

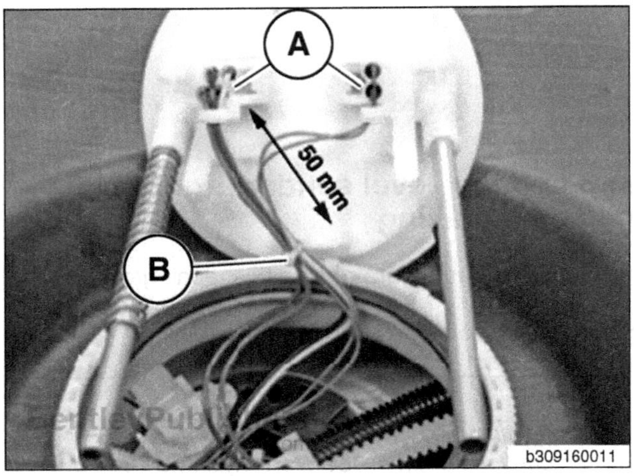

Disconnect electrical connectors (**A**), cut and dispose of wire tire (**B**).

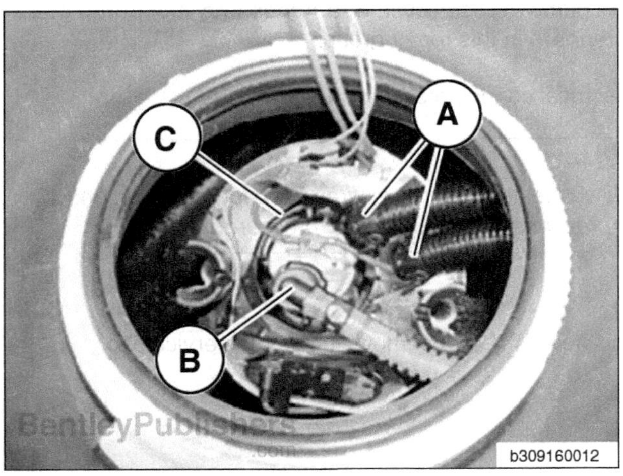

Working inside fuel tank:

- Disconnect black fuel return lines (**A**).
- Unlock and disconnect fuel line (**B**) using only your fingers.
- Carefully lift fuel pump and fuel level sender (**C**) out of tank. If necessary rotate 90° counterclockwise and tilt towards fuel level sender.

CAUTION—
- *Do not bend fuel sender arm.*

NOTE—
- *Be prepared to catch any dripping fuel.*

– To replace fuel level sender use following step.

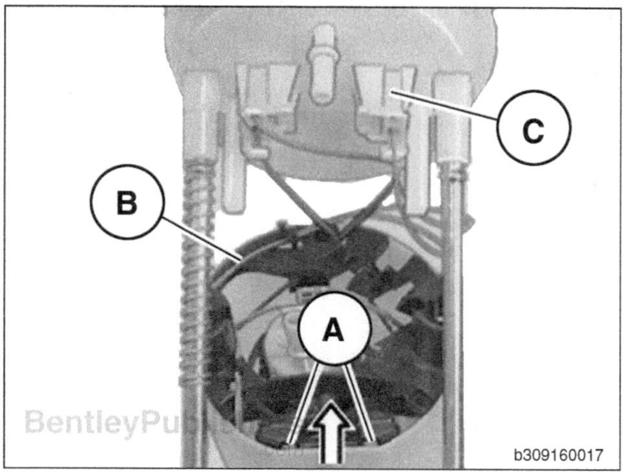

◀ Carefully unlock tabs (**A**) and pull fuel level sensor off in direction of **arrow**. Remove wire (**B**) from holders and disconnect electrical connector (**C**).

– Installation of fuel level sender is reverse of removal. **See Fuel pump and fuel level sender (right side), installing** in this repair group for fuel pump installing.

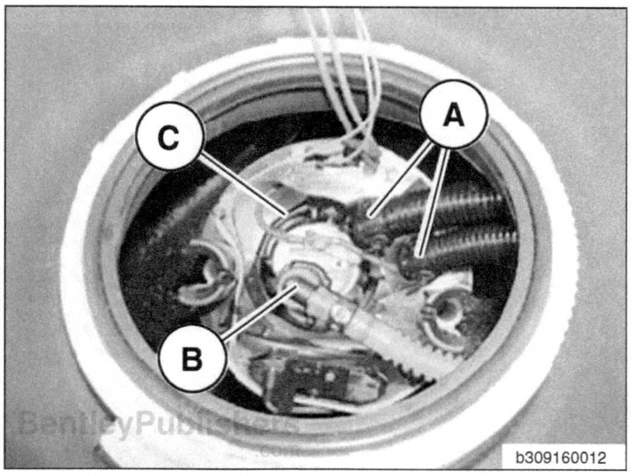

Installing

◀ Working inside fuel tank:

- Carefully install fuel pump and fuel level sender (**C**). If necessary rotate 90° clockwise and tilt toward fuel level sender.
- Connect black fuel return lines (**A**).
- Connect and lock fuel line (**B**) using only your fingers.

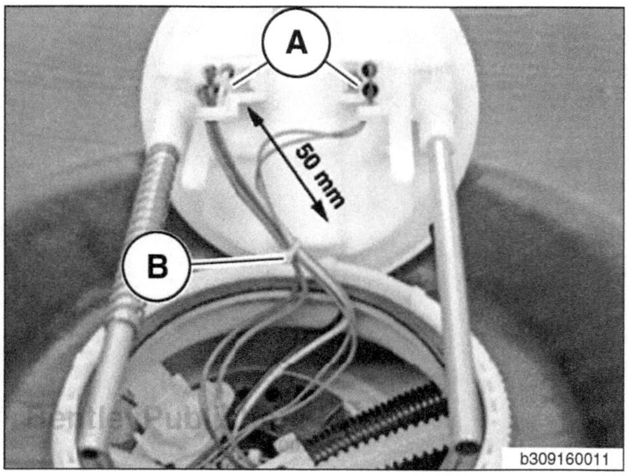

◀ Connect electrical connectors (**A**), and attach wires with wire tie (**B**).

Fuel pump and fuel level sender (right side), removing and installing

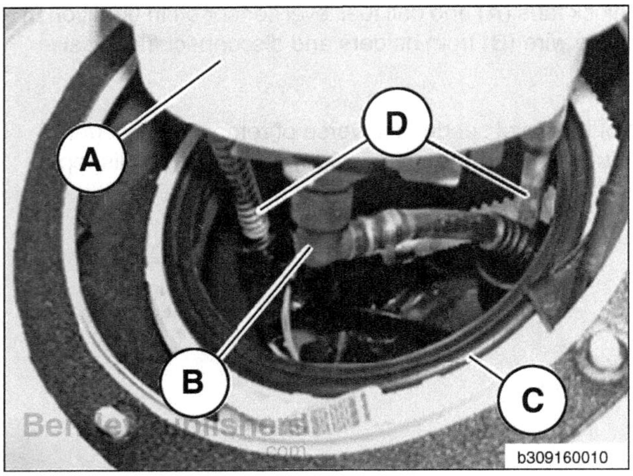

◀ Clean sealing area for O-ring (**C**). Remember to replace O-ring (**C**) with new.

– Carefully install service cap (**A**) while aligning locating rods (**D**). Check to see service cap freely, do not force.

– Connect vent line (**B**).

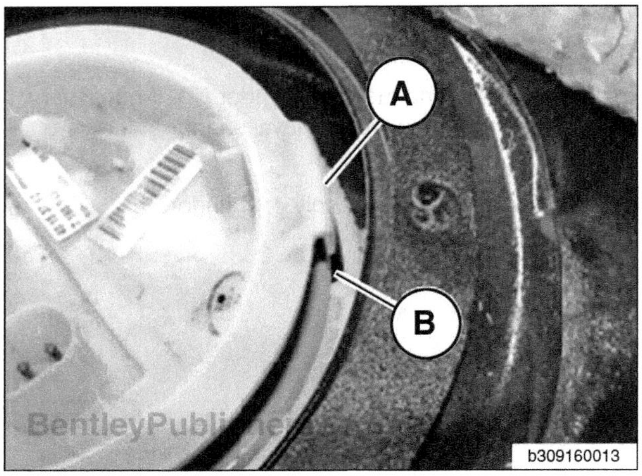

◀ When installing, check to see that service cap lug (**A**) engages with corresponding slot of fuel tank (**B**).

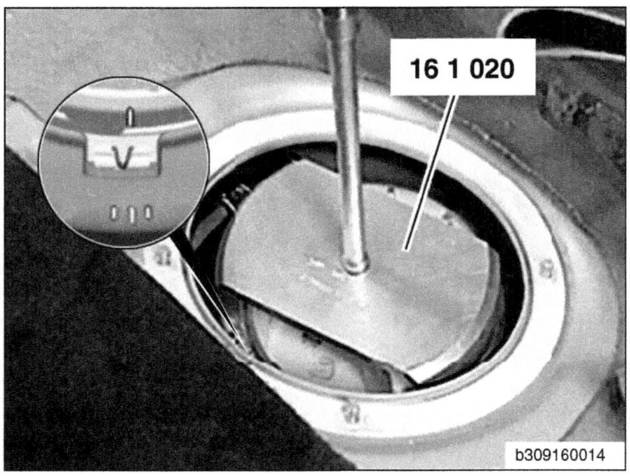

◀ Install service cap hand tight.

– Using special tool 16 1 020 tighten service cap until marking on service cap point to notch on fuel tank (**inset**).

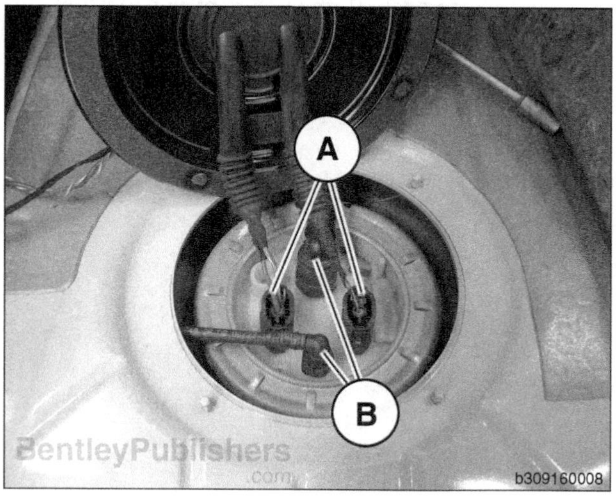

- Connect electrical connectors (**A**) and fuel lines (**B**).

- Install fuel tank access cover.

> ***CAUTION—***
> - *After finishing repairs but before starting engine, be sure there is at least 5 liters (1.5 gallons) of fuel in the tank. The fuel pump is damaged if run without fuel.*

Fuel level sender (left side), removing and installing

- Drain fuel tank. See **Fuel tank, draining** in this repair group.

- Disconnect negative cable from battery.

> ***CAUTION—***
> - *Prior to disconnecting the battery, read the battery disconnection cautions given in* **001 Warnings and Cautions**.

- Remove fuel sender access cover. See **Accessing fuel pump and fuel level senders** in this repair group.

- Remove left side fuel level sender. See **Fuel pump and fuel level sender (right side), removing**, in this repair group

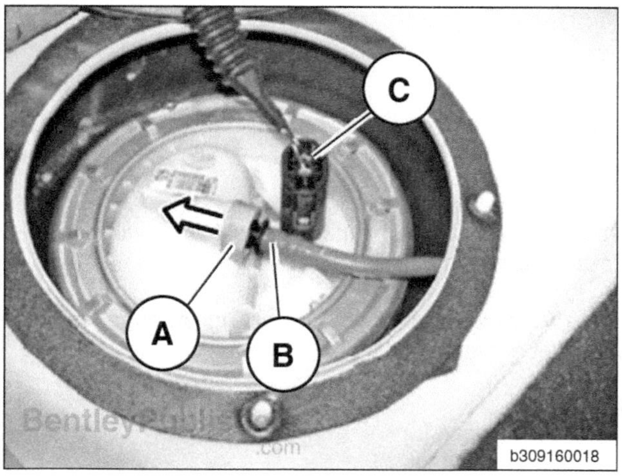

- Disconnect electrical connector (**C**). Using only your fingers press gray ring (**A**) toward sensor and pull fuel supply (**B**) line straight out.

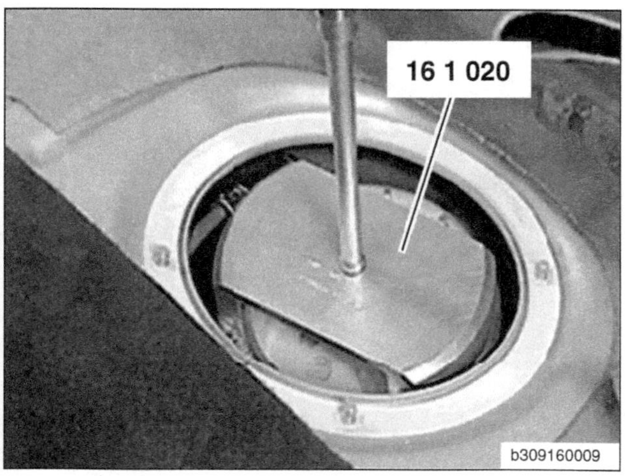

- Using special tool 16 1 020, remove fuel pump service cap.

Fuel level sender (left side), removing and installing

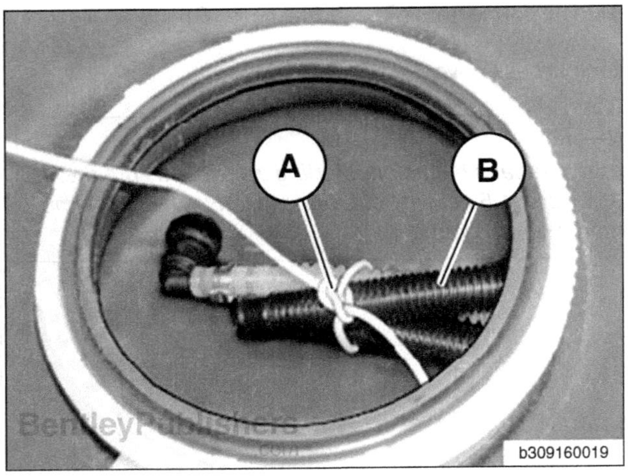

Attach stiff wire (**A**) to hose pack (**B**) through right side fuel tank opening. The wire is pulled through to the left side to aid installation.

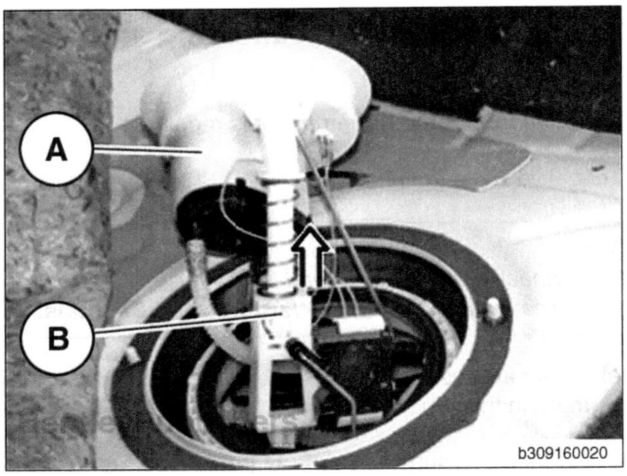

To remove assembly, press tab (**B**) against spring force and carefully lift sender (**A**) out of tank with hose pack. Remember to replace fuel tank seals (O-rings).

Installing

– Carefully feed hose pack through tank with mechanics wire and guide fuel level sender into position.

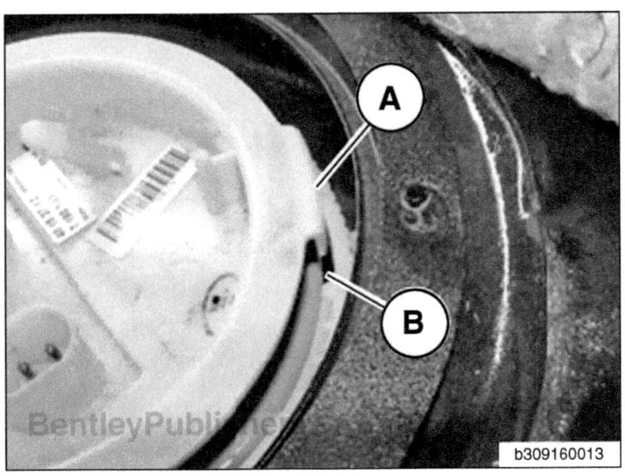

When installing check to see that service cap lug (**A**) engages with corresponding slot of fuel tank (**B**).

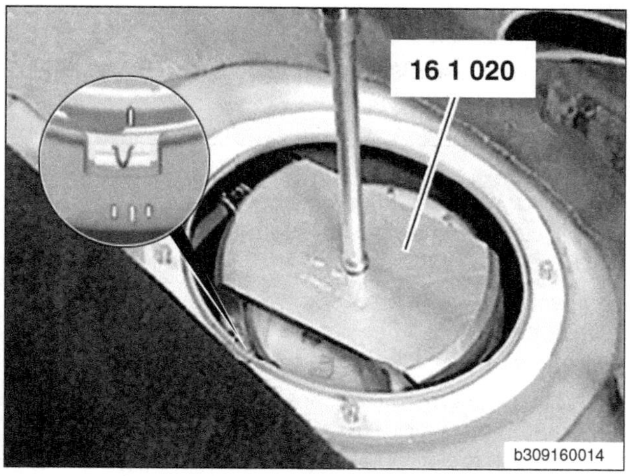

< Install service cap hand tight.

- Using BMW special tool 16 1 020 tighten service cap until marking on service cap point to notch on fuel tank.

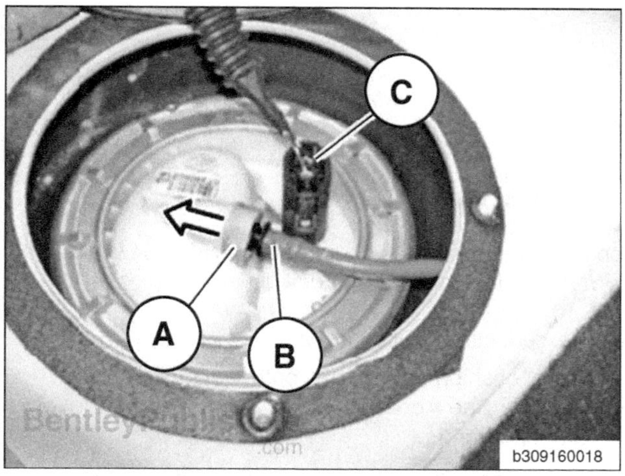

< Connect electrical connector (**C**) and fuel line (**B**).

- Install fuel tank access cover.

> ***CAUTION—***
> - *After finishing repairs but before starting engine, be sure there is at least 5 liters (1.5 gallons) of fuel in the tank. The fuel pump is damaged if run without fuel.*

Fuel tank, draining

When draining fuel tank, use a safe storage unit and an approved fuel pumping device.

> ***WARNING—***
> - *Before starting to work on tank removal, make sure hot components, such as the exhaust system, are completely cooled down.*
> - *Fuel may be spilled. Do not smoke or work near heaters or other fire hazards.*

– Start engine and allow to run 10 - 15 seconds to fill fuel compensating siphon assembly. This allows both lobes of fuel tank to be drawn off through fuel filler pipe.

– Disconnect negative cable from battery.

> ***CAUTION—***
> - *Prior to disconnecting the battery, read the battery disconnection cautions given in* **001 Warnings and Cautions**.

– Remove fuel tank filler cap.

– Slide suction hose into filler neck about 130 cm (51 in), twisting as necessary. Withdraw fuel into storage unit.

– Monitor fuel level reduction in both lobes:
  - Remove rear seat cushion and access both fuel tank sender harness connectors. See **Accessing fuel pump and fuel level senders** in this repair group.
  - Use multimeter to measure resistance at both senders. Resistance should drop as fuel level drops.

– If siphoning mechanism is faulty, drain left tank lobe separately by removing sender cover and pumping fuel directly out of left lobe.

– Remove suction hose from tank filler neck carefully to avoid damaging filler neck baffle plate.

> ***CAUTION—***
> - *After finishing repairs but before starting engine, be sure there is at least 5 liters (1.5 gallons) of fuel in tank. The fuel pump is damaged if run without fuel.*

Fuel filter

The fuel filter is a lifetime filter. It is integrated into the left side fuel level sender. See **Fuel level sender (left side), removing** in this repair group.

Fuel pressure regulator

The fuel pressure regulator is integrated into the left side fuel level sender. See **Fuel level sender (left side), removing** in this repair group.

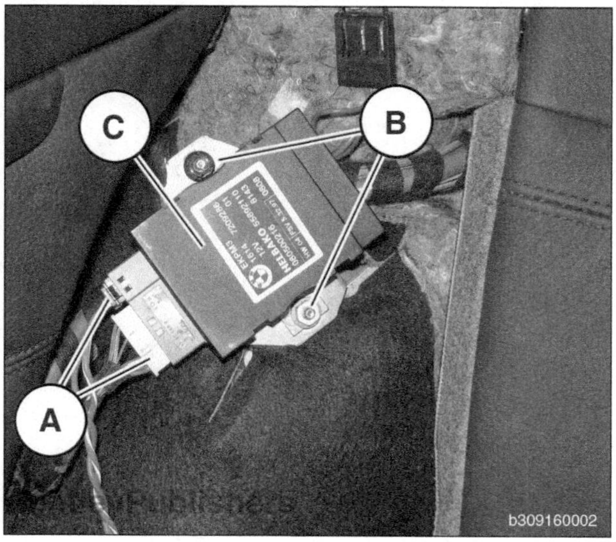

Fuel pump module (EKP), removing and installing

- E90: Remove rear seat backrest. See **520 Seats**.
- E91, E92: Remove rear right backrest side bolster. See **520 Seats**.
- Remove electrical connectors (**A**). Remove fasteners (**B**) and remove EKP module (**C**).
- Installation is reverse of removal.
  - Code / program EKP module if replacing with new unit.
- Check for fault codes and reset ECM memory.

FUEL SYSTEM (HIGH PRESSURE)

N54 and N55 engines utilize a high pressure fuel pump mounted on the lower left side of the engine block (4). The high pressure pump is mechanically driven off the rear of the vacuum pump (5). The vacuum pump is in turn chain driven off the crankshaft.

1. Check valve for brake booster
2. Check valve for auxiliary consumers
3. Knock sensor
4. High pressure line to fuel rail
5. Vacuum pump
6. High pressure pump
7. Quantity control valve
8. Oil pressure sensor
9. Fuel supply line
10. Fuel pressure sensor

Fuel is supplied to the high pressure pump at a pressure of 5 bar by the electric fuel pump in the fuel tank. This primary pressure is monitored by the fuel pressure sensor (**10**). Fuel is delivered by the electric fuel pump corresponding to engine requirements.

High pressure is monitored by the fuel rail pressure sensor (**arrow**).

> ***WARNING—***
> - *Do not open high pressure fuel system if coolant temperature is above 40°C (104°F). Residual pressure in the system could cause bodily injury.*
> - *Observe cleanliness when working on the high pressure fuel system and follow safe working procedures. Even minute dirt or thread damage at the high pressure lines can cause leaks.*

NOTE—
- *If the fuel pressure sensor fails, the electric fuel pump operates at 100% delivery rate.*
- *Primary (low) and high fuel pressures can be monitored using a BMW scan tool.*

Continental high pressure fuel pump (to 03/2012)

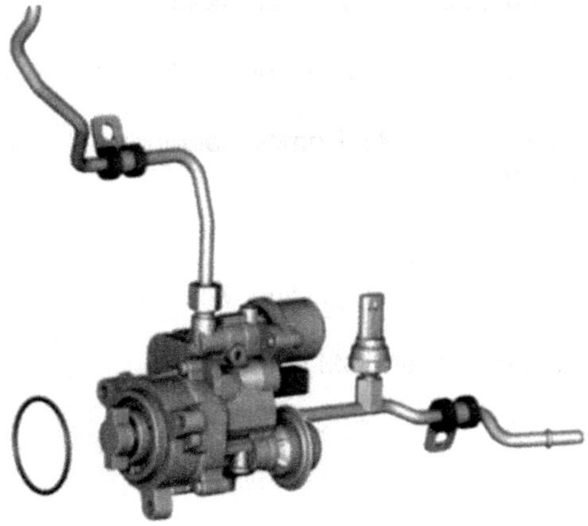

B311160046

◀ N54 and early N55 engines made up to 03/2012 use a Continental high pressure fuel pump.

Bosch high pressure fuel pump (from 03/21012)

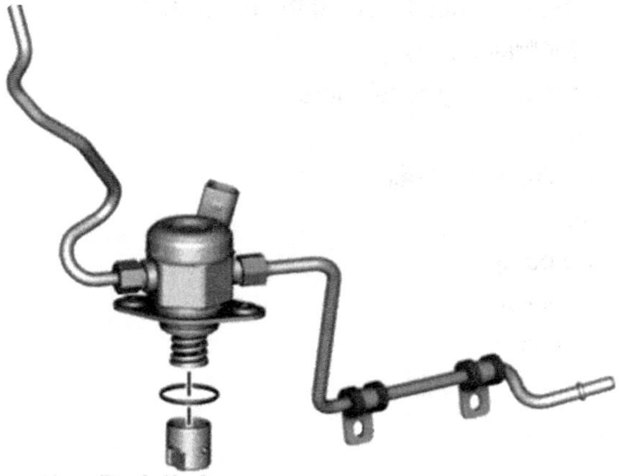

B3111600047

◀ N55 engines made from 03/2012 utilize a Bosch high pressure fuel pump.

High pressure fuel pump, removing (N54 and N55 engines, Continental)

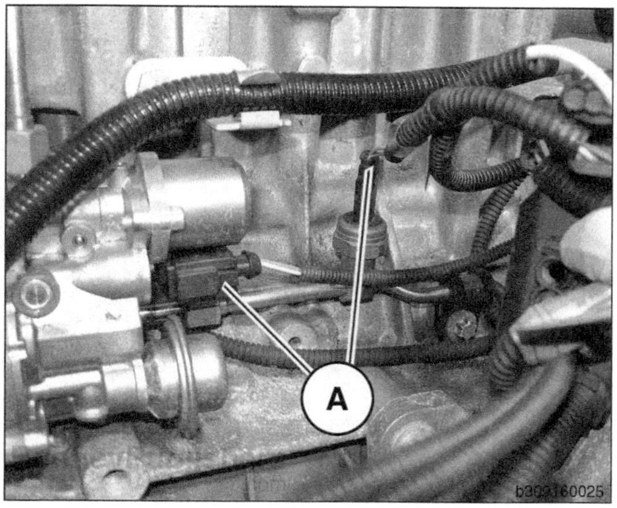

> *WARNING—*
> - *Do not open high pressure fuel system if coolant temperature is above 40°C (104°F). Residual pressure in the system could cause bodily injury.*
> - *Observe cleanliness when working on the high pressure fuel system and follow safe working procedures. Even minute dirt or thread damage at the high pressure lines can cause leaks.*

– Remove intake manifold. See **130 Fuel Injection**.

< Remove electrical connectors (**A**) and lay harness aside.

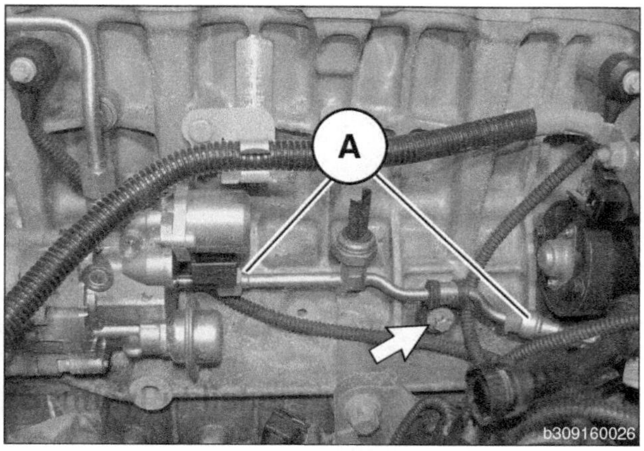

< Remove aluminum fastener (**arrow**) and discard. Wrap a clean shop towel around fuel line nut (**A**) and loosen nut. Seal fuel lines with BMW special tools 13 5 281 and 13 5 282.

> *WARNING—*
> - *Wear hand and face protection when loosening fuel lines.*

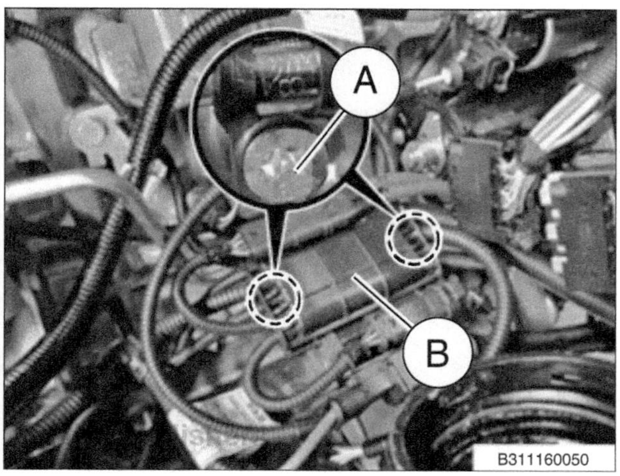

< N55 engines have an additional harness (**B**) over fuel supply line fasteners (**A**). Move harness out of way to access fuel supply line.

High pressure fuel pump, removing (N54 and N55 engines, Continental)

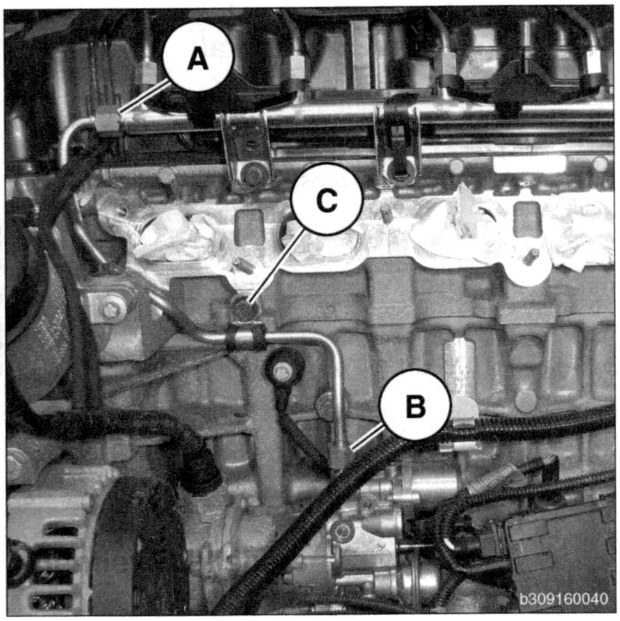

Wrap a clean shop towel around fuel line nut (**A**) and loosen nut. Loosen fuel line nut (**B**) in this order. Remove fuel line bracket fastener (**C**) and remove fuel line (**D**). Seal fuel line connections with matching plugs from BMW special tool kit 32 1 270.

> ***WARNING—***
> *• Wear hand and face protection when loosening fuel lines.*

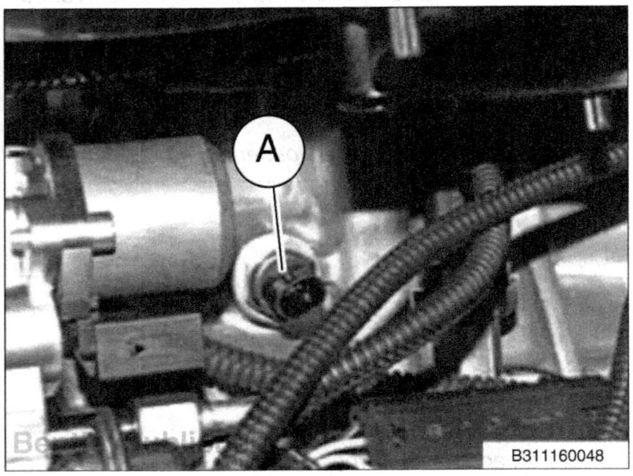

N55 engines:

- Remove electrical connector for oil temperature sensor.
- Remove oil temperature sensor (**A**).

Remove high pressure fuel pump mounting fasteners (**arrows**) and remove high pressure fuel pump. Be prepared to catch any dripping oil with shop cloth.

High pressure fuel pump, installing (N54 and N55, Continental)

- Check that fuel supply line has correct elastomer mounting clamp (**arrow**). If fuel line has a welded hold down clamp, replace fuel supply line with updated part.

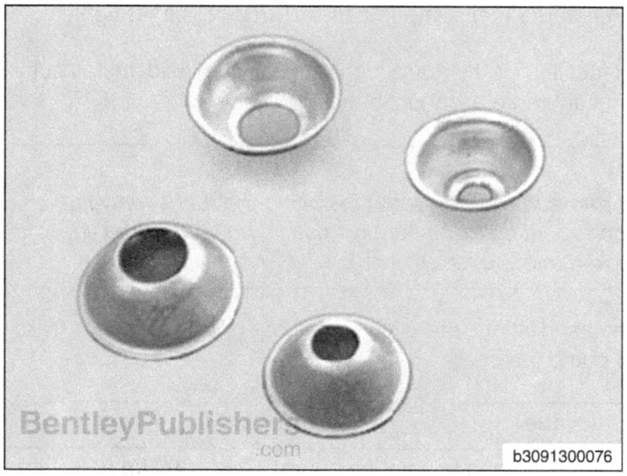

- If present, dispose of copper sealing rings. Sealing rings were installed at the factory and are no longer needed.

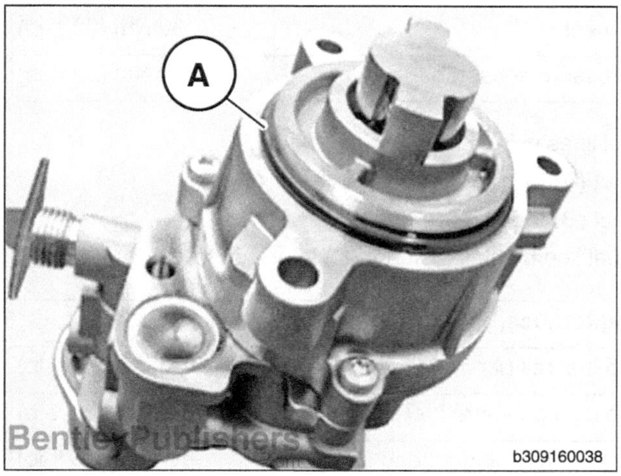

- Replace high pressure fuel pump O-ring (**A**) and clean mounting surfaces.

High pressure fuel pump, removing (N54 and N55 engines, Continental)

Instal pump. Rotate pump (**A**) in direction of **arrow** until flush with mounting surface.

Install high pressure fuel pump fasteners (**arrows**) finger tight.

– Lightly coat fuel line connections with transmission fluid. Install both fuel lines and tighten all connections finger tight.

> ***CAUTION—***
> - *Listen for an audible click when installing the fuel supply line quick-connect fitting to the supply hose fitting. Make sure line is firmly locked into the hose.*

– When all lines and fittings are in position, finger tight and stress free, tighten fuel pump fasteners.

Tightening torque	
High pressure fuel pump to vacuum pump	9 Nm (6.7 ft-lb)
Low pressure fuel sensor to supply line • Sensata sensor • Bosch sensor	 20 Nm (15 ft-lb) 30 Nm (22 ft-lb)
Fuel rail pressure sensor to fuel rail	30 Nm (22 ft-lb)

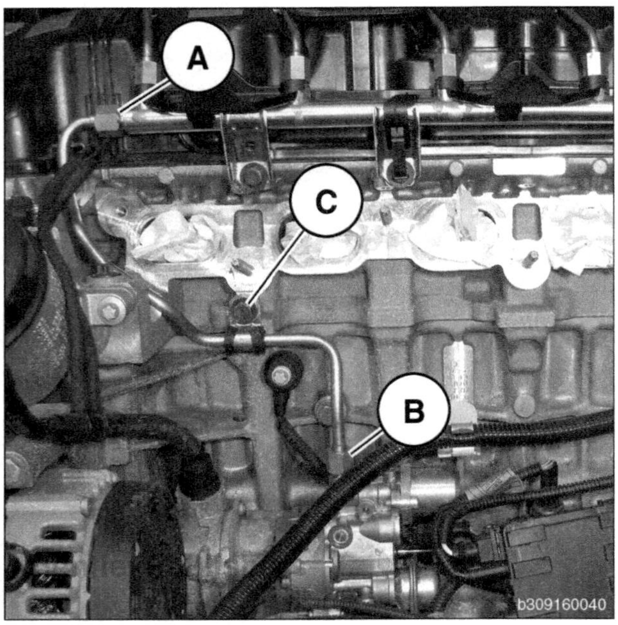

Tighten fuel lines using the following sequence:
- Tighten nut (**A**) to proper torque.
- Tighten nut (**B**) to proper torque.
- Tighten fuel line bracket fastener (**C**) to proper torque.

Tightening torques	
Fuel line to fuel rail (**A**)	30 Nm (22 ft-lb)
Fuel line to high pressure fuel pump (**B**)	30 Nm (22 ft-lb)
Fuel line mount to cylinder head (**C**)	13 Nm (9.5 ft-lb)

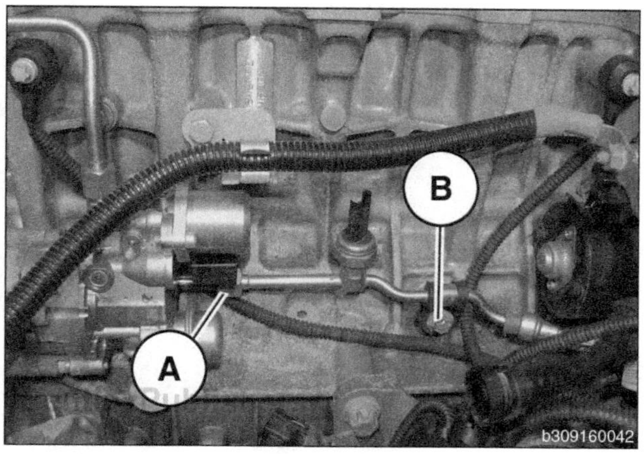

Tighten remaining fuel lines using the following sequence:

- Tighten nut (**A**) to proper torque.
- Using a new aluminum stretch bolt (**B**), tighten to proper torque.

Tightening torques	
Fuel line to high pressure fuel pump	30 Nm (22 ft-lb)
Fuel line bracket to engine block • N54 • N55	 10 Nm (7.3 ft-lb) Additional 90° ± 15° 5 Nm (7.3 ft-lb) Additional 90° ± 15°

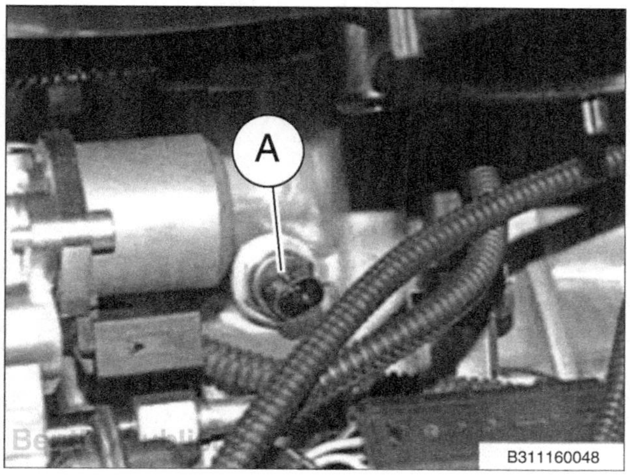

N55 engines:

- Reinstall oil temperature sensor (**A**).

Torques	
Oil temperature sensor to engine block.	5 Nm (44 in-lb)

– Reassemble engine.

– Check fuel system for leaks.

– Check for fault codes and reset ECM memory.

High pressure fuel pump, removing (N55 engines, Bosch)

– Remove intake manifold. See **130 Fuel Injection**.

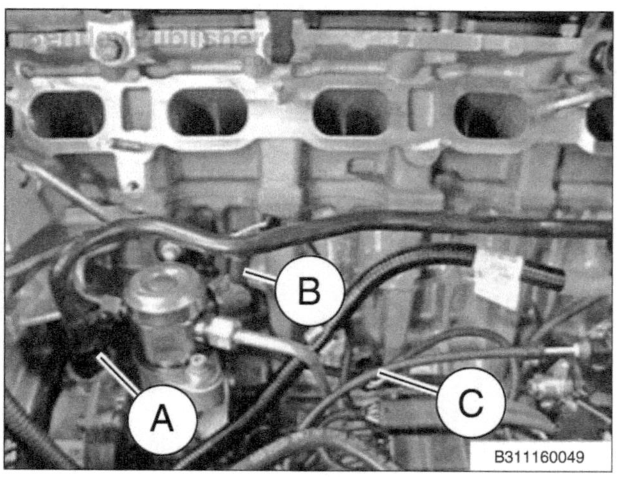

Remove vacuum line (**A**) from vacuum pump.

– Remove connector from high pressure pump (**B**) and oil temperature sensor (**C**).

High pressure fuel pump, removing (N55 engines, Bosch)

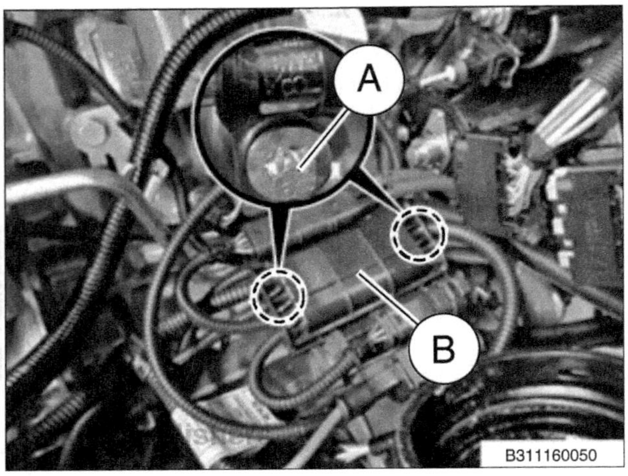

Remove and discard aluminum fasteners for fuel supply line (**A**).

- Electrical harness (**B**) must be moved to access fasteners.

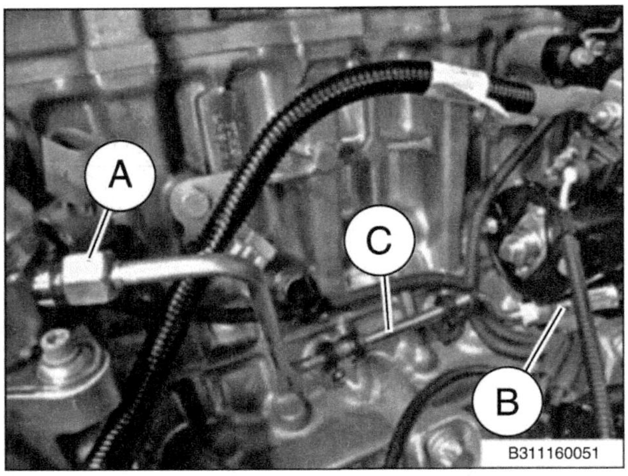

Loosen fuel supply line fitting (**A**), Disconnect fuel supply line from quick-disconnect fitting (**B**), and remove fuel supply line (**C**).

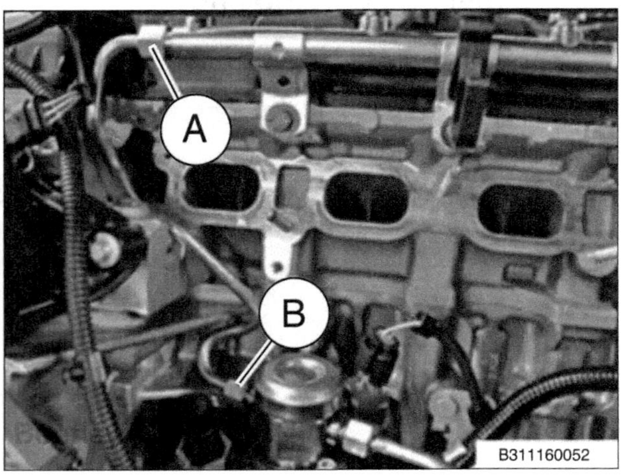

Loosen fasteners (**A,B**) and remove fuel line.

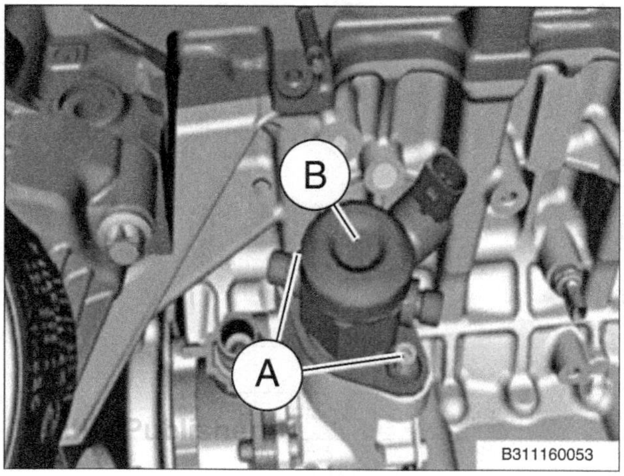

Remove fasteners (**A**) and pull pump up and out.

NOTE—
- *Make sure pump tappet does not fall when removing pump.*

High pressure fuel pump, installing (N55 engines, Bosch)

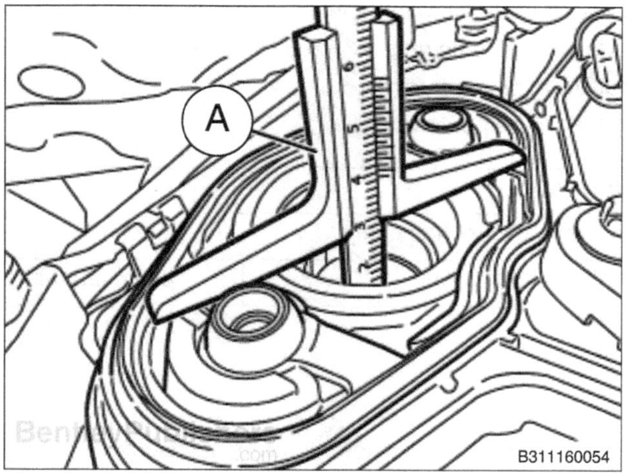

Before installing high pressure pump, high pressure pump drive within vacuum pump must be turned to bottom dead center.

- Lay depth gauge (**A**) flat on flange for high pressure pump.
- Rotate engine at crankshaft belt drive in clockwise direction until depth gauge shows camshaft lobe within vacuum pump has reached bottom most position.

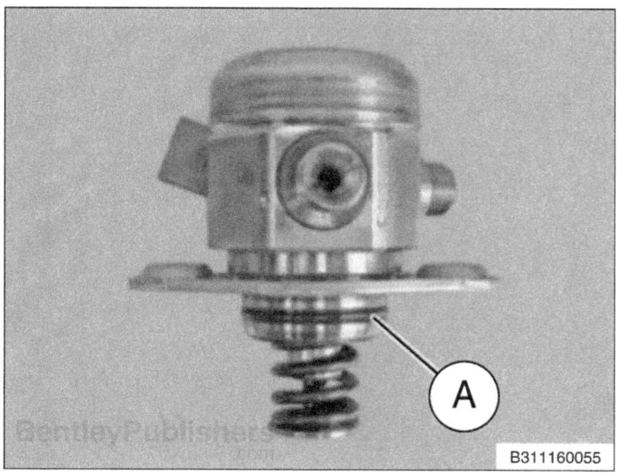

Replace high pressure pump O-ring (**A**) and coat with engine oil.

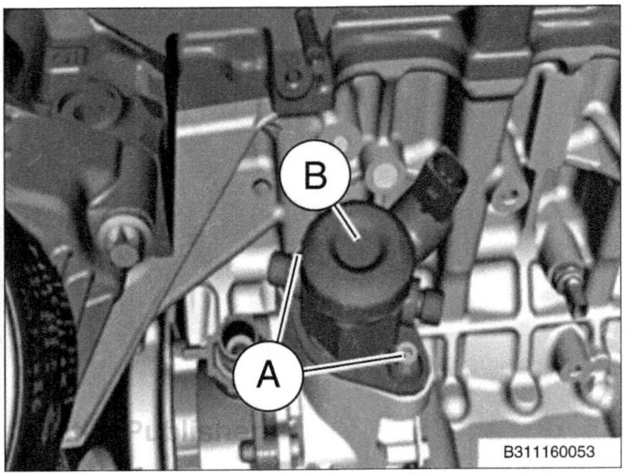

Install high pressure pump (**B**) on vacuum pump:

– Install fasteners (**A**) and slowly draw pump (**B**) down by tightening fasteners alternately in stages (90° increments).
  - When high pressure fuel pump is flush to mounting flange tighten fasteners to final torque.

> ***CAUTION—***
> - *Damage may occur if fasteners are not tightened in equal increments.*

Torques	
High pressure fuel pump to vacuum pump	12 ±1 Nm (106 in-lb)

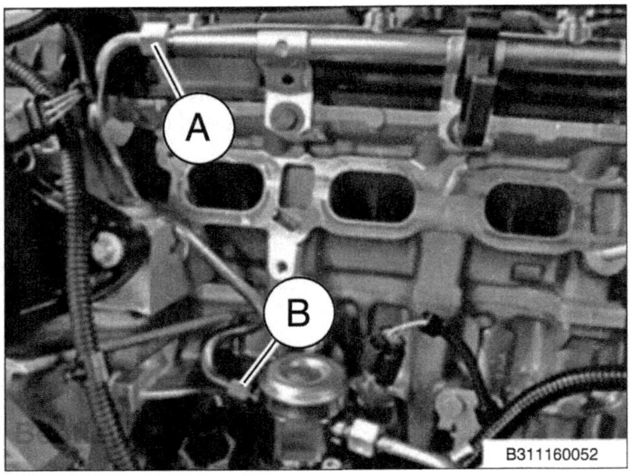

Use the following sequence when installing the pump-to-fuel rail fuel line.
- Coat fuel line connections with transmission fluid.
- Install fuel line and tighten nuts (**A** and **B**) finger tight.
- Tighten nut (**A**) to proper torque.
- Tighten nut (**B**) to proper torque.

Tightening torques	
Fuel line to high pressure fuel pump	30 Nm (22 ft-lb)
Fuel line to fuel rail	30 Nm (22 ft-lb)

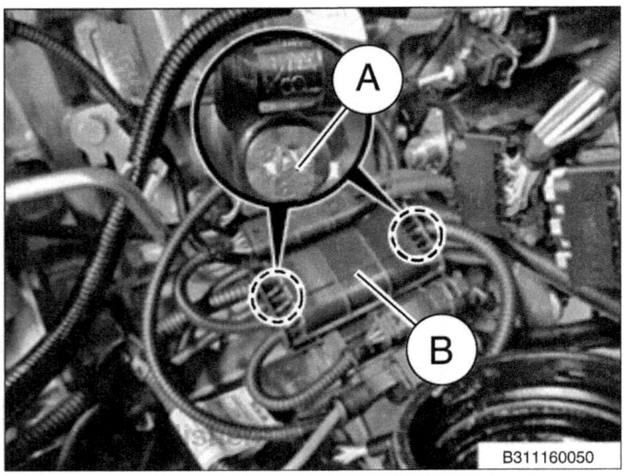

Install fuel supply line and install new aluminum fasteners (**A**).

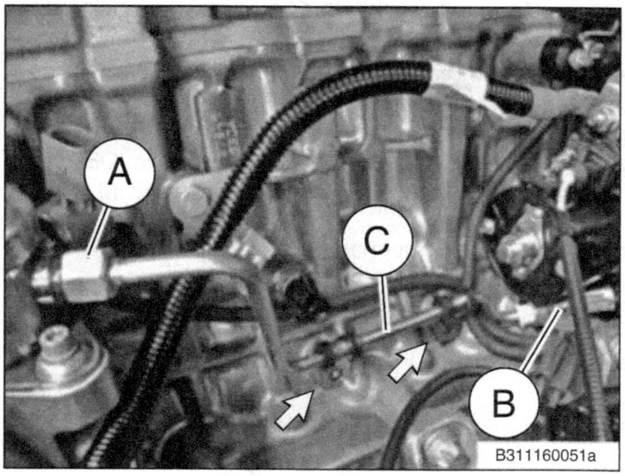

Use the following sequence when installing the fuel supply line.

- Coat fuel line connection with transmission fluid.
- Install fuel line (**C**).Tighten nut (**A**) and mount fasteners (**arrows**) finger tight.
- Connect fuel hose (**B**) to fuel supply line (**A**). Listen for audible click. Check that hose has locked in position.
- Tighten nut (**A**) to proper torque.
- Tighten fuel line bracket fasteners (**arrow**).

Tightening torques	
Fuel line to high pressure fuel pump	30 Nm (22 ft-lb)
Fuel line bracket to engine • Use new bolts	5 Nm (44 in-lb) Additional 90° ± 15°

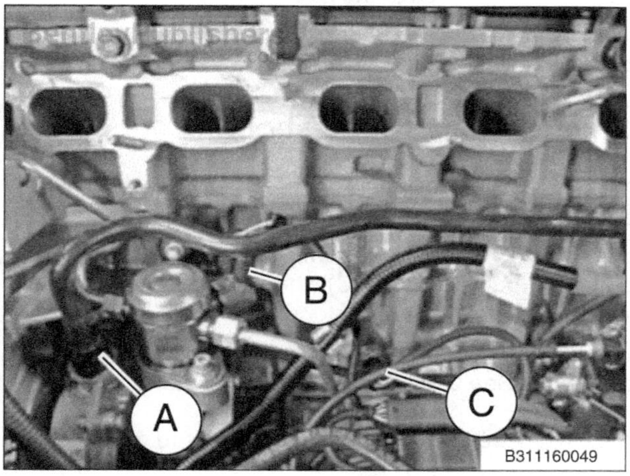

Reinstall vacuum line (**A**) to vacuum pump.

– Reinstall connector for high pressure pump (**B**) and oil temperature sensor (**C**).

– Reassemble engine.

– Check fuel system for leaks.

– Check for fault codes and reset ECM memory.

FUEL TANK EVAPORATIVE CONTROL SYSTEM

Evaporative control, also referred to as running losses control, is designed to prevent fuel system evaporative losses from venting into the atmosphere. The components of this system allow control and monitoring of evaporative losses by on-board diagnostic (OBD II) software incorporated into the engine control module (ECM).

Listed below are the main components of the evaporative control system and their functions:

- Carbon canister stores fuel vapors.
- Plumbing ducts vapors from fuel tank to canister and from canister to intake manifold.
- Carbon canister purge valve is controlled by engine control module (ECM).
- Pressure regulator shunts excess fuel volume directly back to fuel tank before it circulates through the fuel lines.
- Leak detection unit (DMTL) pressurizes fuel tank and evaporative system to monitor system leaks.

Evaporative system troubleshooting

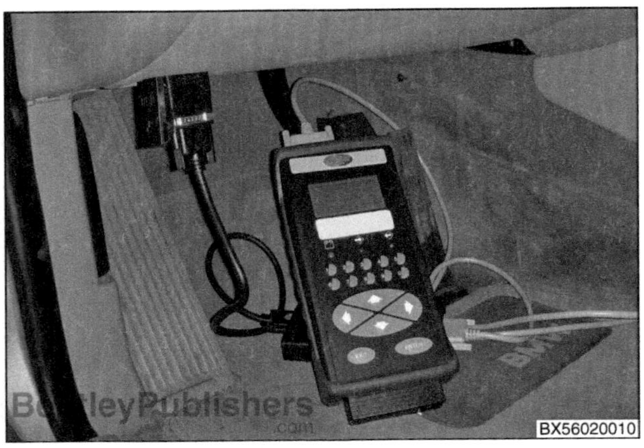

BX56020010

Start by accessing diagnostic trouble codes (DTCs) using a BMW or compatible aftermarket scan tool.

- For purposes of OBD II emissions compliance, the DME system sets a diagnostic trouble code (DTC) when it detects a leak in the evaporative control system.
- Malfunction indicator light (MIL) is illuminated upon second recurrence of fault. See **OBD On-Board Diagnostics**.

– When leak testing, observe the following conditions to obtain plausible results:

- Fuel tank ¼ to ¾ full.
- Vehicle parked for at least 2 hours to allow fuel to reach ambient temperature. Ideal fuel temperature is 10°- 20°C (50° - 68°F).
- Do not refuel immediately before leak test.

– If a leak is detected, check the following areas:

- Fuel filler cap leaking or off.
- Fuel tank ventilation lines leaking at fuel tank or activated carbon canister.
- Tank ventilation valve leaking (in engine compartment).
- Fuel level sensor and fuel pump assembly cover leaking.

For evaporative system component replacement, see **Fuel Supply Components** in this repair group.

Evaporative system leak test

Use the following leak test when diagnosing evaporative system leak fault codes.

– Working underneath left rear bumper: gain access to activated carbon canister. See **Activated carbon canister, removing and installing** in this repair group.

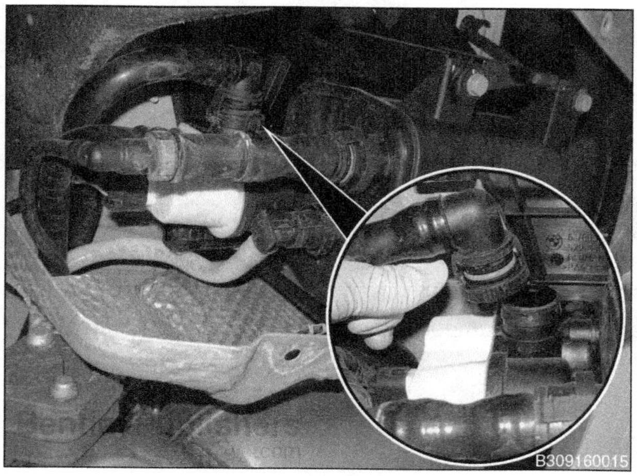

B309160015

< Remove fresh air line (**inset**) from DMTL pump.

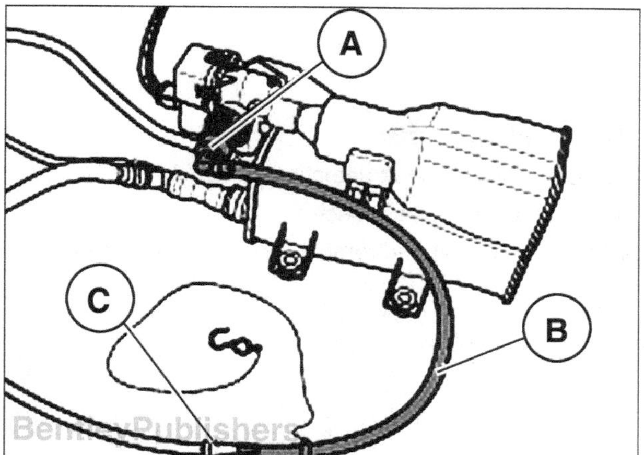

b309160016

< Install BMW test adapter 83 30 0 433 207 (**B**) (or suitable substitute) at DMTL fresh air connection (**A**).

– Connect evaporative system smoke machine (**C**) to test adapter (**B**). BMW recommends VACUTEC 625-522B (nitrogen pressure swing absorption technology).

– Remove fuel filler cap.

– Activate smoke machine and fill fuel system with smoke until it escapes from fuel filler neck. Shut off smoke machine.

> ***WARNING—***
> - *Use only smoke machine that utilizes nitrogen to pressurize fuel system.*
> - *The fuel system may release a substantial amount of fuel-rich gasoline vapors during testing. Work in a well ventilated area.*

– Reinstall fuel filler cap.

– Reactivate smoke machine and fill fuel system with smoke.

> ***WARNING—***
> - *Do not exceed a maximum fuel system pressure of 0.3 bar (4 psi) when using smoke machine.*

– Examine fuel system components for signs of escaping smoke. Repair or replace faulty components.

– After completing tests:
- Attach DMTL fresh air line.
- Check for fault codes and reset ECM memory.

Activated carbon canister, removing and installing

The carbon canister is on the left side underneath the rear bumper.

– Raise rear end of car and support safely.

> ***CAUTION—***
> *• Make sure car is stable and well supported at all times. Use a professional automotive lift or jack stands. A floor jack is not adequate support.*

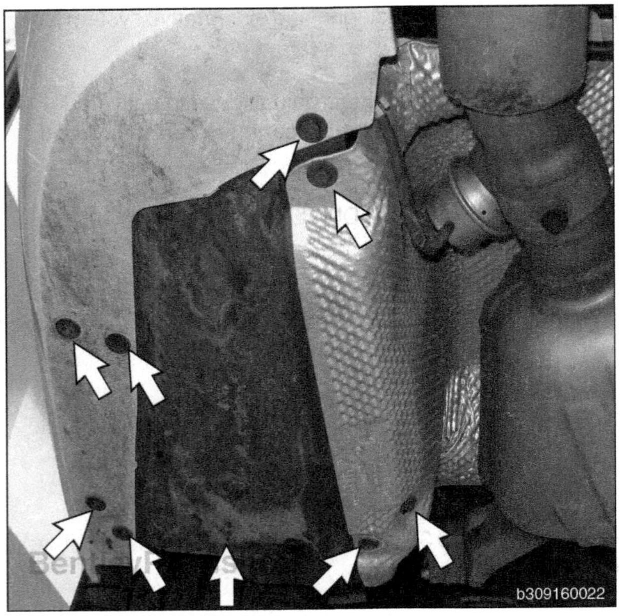

◄ Remove left side rear bumper splash shield fasteners (**arrows**).

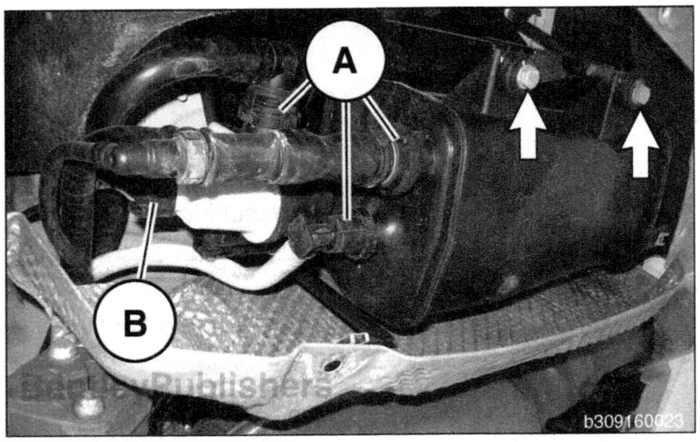

◄ Remove activated carbon canister:

- Remove line connections at leak detection pump (**A**).
- Disconnect electrical harness connector (**B**).
- Remove fasteners (**arrows**) and remove carbon canister from vehicle.

– Installation is reverse of removal.

Fuel tank leak detection unit (DMTL), removing and installing

The DMTL is mounted to the activated carbon canister.

– Raise car and support safely.

> ***WARNING—***
> *• Make sure the car is stable and well supported at all times. Use a professional automotive lift or jack stands designed for the purpose. A floor jack is not adequate support.*

– Remove activated carbon canister. See **Activated carbon canister, removing and installing** in this repair group.

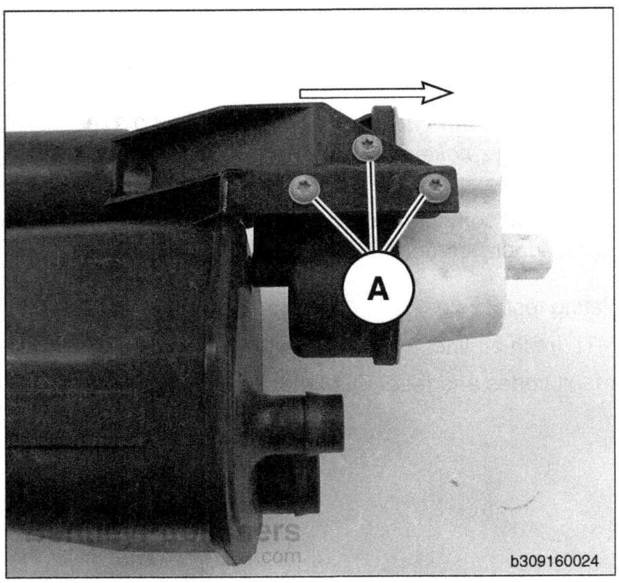

◄ Remove fasteners (**A**) and pull DMTL unit out of carbon canister in direction of **arrow**.

– Installation is reverse of removal.

170 Radiator and Cooling System

TABLES

GENERAL

This repair group covers component repair information for the engine cooling system.

See also:

- **020 Maintenance** for coolant hose inspection
- **100 Engine–General** for engine code and application information
- **130 Fuel Injection** for engine coolant temperature (ECT) sensor service

Electric coolant pump

An externally mounted electric coolant pump is bolted to the right front of the engine block. The electric pump allows for more efficient heating and cooling of the engine. It can operate regardless of whether the engine is ON or OFF.

A low coolant flow rate is used during cold start situations to speed engine warm-up. A high flow rate (including flow with engine OFF) is used for rapid cool-down. In this way the electric coolant pump helps ensure engine efficiency and longevity.

The pump is DME controlled. The DME use engine load, the operating range and various temperature sensors to determine coolant pump operation and speed.

The electric coolant pump is self-diagnosable and can identify and store the following faults:

- Impeller speed deviation
- Stiff operation or blocked by foreign objects
- Incorrect mixture ratio coolant/water
- Air in cooling system

Electrically heated thermostat

An electrically heated, DME controlled thermostat is externally mounted above the coolant pump. The engine control module (ECM) activates the thermostat to maintain engine coolant temperature within a narrow range.

If the electronics fail, the mechanical function of the thermostat acts as a fail-safe.

Radiator and expansion tank

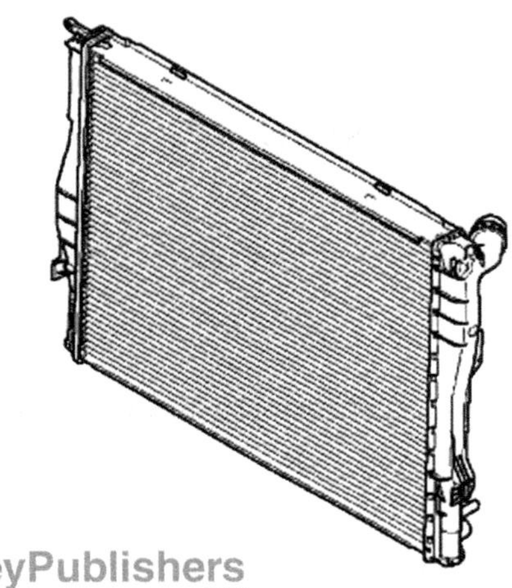

BentleyPublishers.com B309170053

The radiator is a crossflow design. An expansion tank provides for coolant expansion at higher temperatures and easy monitoring of the coolant level.

Automatic transmission fluid (ATF) is circulated through an additional heat exchanger (ATF cooler).

N51 engines use a manganese oxide coated radiator that works to reduce ambient air ozone. This radiator uses an EAC (Environmental Air Catalyst) sensor to check that the special coated radiator is fitted to the vehicle.

NOTE—

- *The EAC sensor is hard wired to the radiator so that it cannot be disconnected. In the event of failure of the EAC sensor, it can be replaced once. If the EAC sensor fails again, it must always be replaced together with the radiator.*
- *The EAC sensor continuously transmits a signal to the engine control module. If an uncoated radiator without an EAC sensor is installed, the engine control module will illuminate the check engine lamp.*

Electric cooling fan

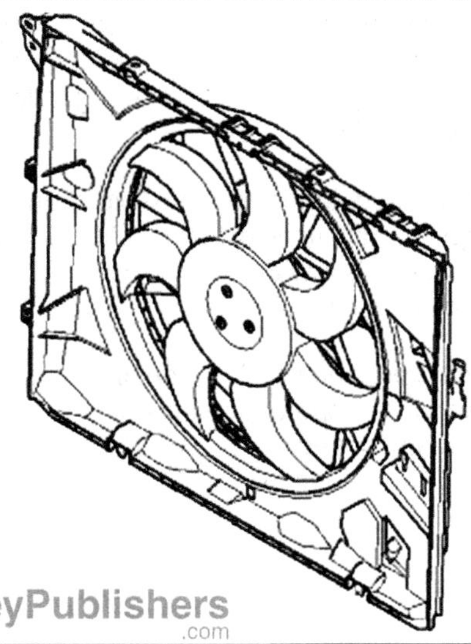

BentleyPublishers.com B309170052

Models covered by this manual use an electric cooling fan mounted on the engine side of the radiator.

The electric cooling fan is controlled by the engine control module (ECM) via the output final stage.

The output final stage is mounted on the fan housing, next to the fan motor. The fan is operated using a pulse width modulated signal.

Fan circuit wiring is protected by a high-amp fuse. Electric fan activation is based on the following inputs to the ECM:

- Radiator outlet temperature
- Calculated catalytic converter temperature
- Vehicle speed
- Battery voltage
- Calculated refrigerant pressure

When the vehicle is first started, the ECM activates the electric fan briefly at 20% of its maximum speed, then switches OFF. This is for diagnostic monitoring. The voltage generated by the fan when it slows down (acting as a generator) must match the stored rpm values in the fan output stage to confirm that the fan is operating correctly.

NOTE—

- *If the ECM fault memory indicates a cooling fan fault, check that the fan is not seized and that it spins freely.*
- *When A/C is switched ON, the electric fan is not immediately turned on.*
- *After the engine is switched OFF, the fan may continue to run at varying speeds for up to 10 minutes, based on calculated catalyst temperature.*

Automatic transmission fluid (ATF) cooler

ATF lines connect the transmission to the ATF cooler (heat exchanger) at back of radiator.

On cold engine start-up, the engine coolant is heated more quickly than the transmission fluid. Heat from engine coolant is used to warm up the ATF faster, reducing drag in the transmission and improving fuel mileage.

Once ATF reaches normal operating temperature it is hotter than the engine coolant. The ATF heat exchanger then acts as a cooling device.

Warnings and Cautions

Observe the following warnings and cautions when working on the cooling system.

WARNING—

- *At normal operating temperature the cooling system is pressurized. Allow the system to cool as long as possible before opening (a minimum of one hour), then release the cap slowly to allow safe release of pressure.*
- *Releasing cooling system pressure lowers the coolant boiling point. The coolant may boil suddenly. Use heavy gloves and wear eye and face protection to guard against scalding.*
- *Use extreme care when draining and disposing of engine coolant. Coolant is poisonous and lethal to humans and pets. Pets are attracted to coolant because of its sweet smell and taste. Seek medical attention immediately if coolant is ingested.*

> ***CAUTION—***
> - *Avoid adding cold water to the coolant while the engine is hot or overheated. If it is necessary to add coolant to a hot system, do so only with the engine running and coolant pump operating.*
> - *To avoid excess silicate gel precipitation in the cooling system and loss of cooling capacity, use BMW coolant or equivalent low silicate antifreeze.*
> - *If oil enters the cooling system, the radiator, expansion tank and heating circuit must be flushed with cleaning agent. BMW recommends removal of the radiator and expansion tank to flush.*
> - *When working on the cooling system, cover the alternator to protect it against coolant drips.*
> - *Prior to disconnecting the battery, read the battery disconnection cautions given in* **001 Warnings and Cautions**.

TROUBLESHOOTING

Begin the diagnosis of cooling system problems with a thorough visual inspection. If no visual faults are found, check the engine control module (ECM) fault memory for stored diagnostic trouble codes (DTCs) using BMW scan tool or equivalent.

Common cooling system faults can be grouped into one of 4 categories:
- Cooling system leaks
- Poor coolant circulation
- Radiator cooling fan faults
- Electrical / electronic faults

Cooling system inspection

– Check operation of electric radiator fan:
  - Start engine, turn A/C on, MAX setting. Electric fan should run.

– Check coolant hoses for cracks or softness. Check clamps for looseness. Check coolant level and check for evidence of coolant leaks from engine.

– Check that radiator fins are not blocked with dirt or debris. Clean radiator using low-pressure water or compressed air. Blow outward from engine side out.

– Check operation of electric coolant pump:
  - Turn ignition key on.
  - Adjust heat to max. setting.
  - Press accelerator pedal to floor.
  - Pump should audibly run after about 10 seconds.

– At normal operating temperature, cooling system is pressurized. This raises boiling point of coolant. Leaks may prevent system from becoming pressurized. Pressure test cooling system to help pinpoint hard-to-find leaks. See **Cooling system pressure test**.

– If cooling system is full of coolant and holds pressure:
  - Use an appropriate scan tool to interrogate engine control module (ECM) for radiator fan or DME control circuit faults.
  - Check for failed thermostat or coolant pump impeller.
  - Check for clogged / plugged radiator or coolant passages.

Cooling system pressure test

A cooling system pressure tester is used to test for coolant leaks, including internal ones. Common sources of internal coolant leaks are a faulty cylinder head gasket, a cracked cylinder head, or a cracked engine block.

> ***WARNING—***
> - *At normal operating temperature the cooling system is pressurized. Allow the system to cool before opening. Remove the cap slowly to allow safe release of pressure.*

– With engine cold, install pressure tester (BMW special tools 17 0 101 / 17 0 113 or equivalent) to expansion tank. Pressurize system to specification listed in **Table a**.
  - Pressure should not drop more than 0.1 bar (1.45 psi) for at least two minutes.
  - If pressure drops rapidly and there is no sign of external leakage, cylinder head gasket may be faulty. Perform compression and leak-down tests.
  - Test expansion tank cap using pressure tester with correct adapter (BMW special tool 17 0 114 or equivalent). Replace faulty cap or cap gasket.

> ***CAUTION—***
> - *Exceeding the specified test pressure could damage the radiator or other system components.*

Table a. Cooling system test pressures

Component	Test Pressure
Radiator	1.5 bar (21.75 psi)
Radiator cap	2 bar (29 psi)

Combustion chamber leak test

– If you suspect that combustion chamber pressure is leaking into the cooling system past the cylinder head gasket, use an exhaust gas analyzer to test the vapors rising from the coolant at the expansion tank.

> ***CAUTION—***
> - *Use an extension tube above the reservoir neck to maintain distance between the tip of the coolant and the gas analyzer nozzle. The gas analyzer is easily damaged if it is allowed to inhale liquid coolant.*
> - *While running engine to check for causes of overheating, observe coolant temperature carefully in order to avoid engine damage.*

Thermostat

If the engine overheats or runs too cool and no other cooling system tests indicate trouble, the thermostat may be faulty.

The electrically heated thermostat is monitored by the OBD II diagnostic software. The fault may lie in the DME software or hardware, or it may lie in the wiring to the thermostat. See **OBD On-Board Diagnostics**.

COOLING SYSTEM SERVICE

Coolant, draining and filling

> ***WARNING—***
> - *Allow cooling system to cool before opening or draining the cooling system.*

– Raise car and support safely.

> ***WARNING—***
> - *Make sure the car is stable and well supported at all times. Use a professional automotive lift or jack stands designed for the purpose. A floor jack is not adequate support.*

– Remove splash shield from under engine.

◄ Remove cap from radiator expansion tank.

> ***CAUTION—***
> - *Cover alternator when working on oil, coolant or fuel circuits to protect from damage.*

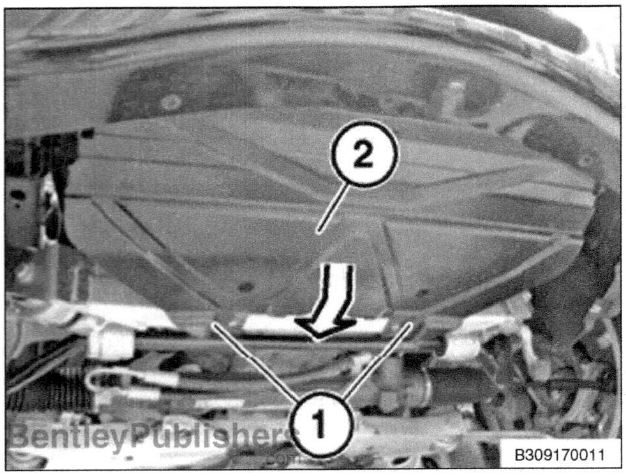

◄ Release fasteners (**1**) on radiator cover (**2**) and remove cover in direction of **arrow**.

– N54, N55 models: Remove intercooler. See **Intercooler removing and installing** in this repair group.

– Place a 5-gallon pail underneath radiator.

Release drain plug (**1**) on bottom of radiator and allow coolant to drain.

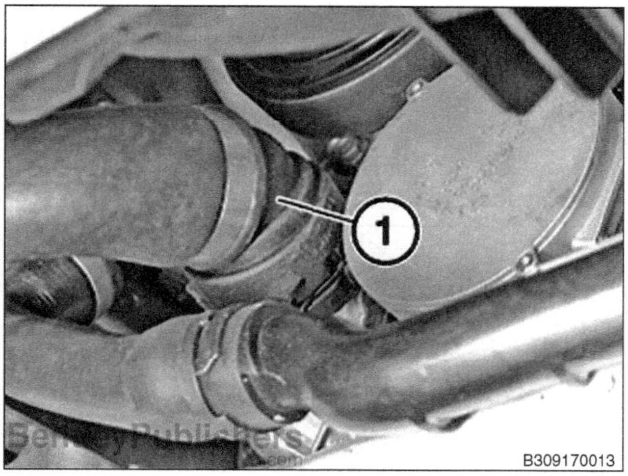

Disconnect radiator hose from thermostat housing and allow coolant to drain.

– Catch and dispose of coolant properly.

> ***WARNING—***
> - *Coolant is poisonous. It is especially lethal to pets. Clean up spills immediately and rinse the area with water. If coolant is ingested, immediately seek medical attention.*

– To fill cooling system, reattach removed hoses and close drain plugs.

– Using a coolant mixture of 50% antifreeze and 50% distilled water, fill expansion tank slowly to top.

> ***CAUTION—***
> - *Open radiator bleed screw when filling cooling system.* See **Cooling system, bleeding**
> - *Tap water may cause corrosion of radiator and engine components.*
> - *Do not reuse coolant.*

– Bleed cooling system. See **Cooling system, bleeding** in this repair group.

> ***CAUTION—***
> - *Strict adherence to the factory bleeding procedure is necessary to avoid incomplete filling of cooling system, overheating and engine damage. See* **Cooling system, bleeding** *in this repair group.*

Tightening torque	
Radiator drain plug to radiator (replace O-ring with new)	2.5 Nm (22 in-lb)

Cooling system, filling and bleeding

Trapped air in the cooling system can prevent proper coolant circulation and cause overheating. Whenever the coolant is drained and filled, bleed the cooling system.

Models covered by this manual feature an electric coolant pump. The bleeding procedure operates the coolant pump for approximately 12 minutes to remove trapped air and ensure that the cooling system is filled to capacity.

> ***CAUTION—***
> - *This procedure should be carried out when replacing cooling system components or refilling the cooling system. Failure to follow this procedure may result in incomplete filling of cooling system, overheating and engine damage.*

B309170014

◄ Using a coolant mixture of 50% antifreeze and 50% distilled water, fill expansion tank slowly to MAX.

> ***CAUTION—***
> - *Cover alternator when working on oil, coolant or fuel circuits to protect from damage.*

B309170015

◄ Open bleed screw on radiator hose (**1**) (if equipped). Continue to fill expansion tank slowly until coolant starts to emerge. Close bleed screw.

Open bleed screw on coolant expansion tank (**arrow**). Fill coolant expansion tank until coolant starts to emerge from bleed screw.

- Close bleed screw.
- Fill coolant expansion tank to lower edge of filler neck.

B309170017

Close cap on coolant expansion tank and perform the following steps:

1. Connect battery charger.
2. Switch on ignition.
3. Set heater to MAX temperature and turn fan to lowest speed.
4. Press accelerator pedal for 10 seconds to floor.
5. Bleeding procedure begins when accelerator pedal is pressed and takes approximately 12 minutes. (Electric coolant pump turns ON and OFF automatically after approx. 12 minutes).

> ***CAUTION—***
> • *Do not open expansion tank cap while electric coolant pump is ON.*

6. Fill coolant expansion tank 100 ml above MAX (dimension **A**).
7. Check cooling system for leaks
8. If leaks are found, remove ignition key and wait approximately 3 minutes before repeating cooling system bleeding procedure.

B309170051

When bleeding procedure is complete, close coolant expansion tank cap until marks on cap and tank (**arrows**) line up.

Table b. Cooling system capacities	
Engine	**Capacity**
N51, N52, N52KP, N54, N55 • Manual transmission • Automatic transmission	 8.2L (2.17 gal) 8.4L (2.23 gal)

Radiator, removing and installing

– Raise car and support safely

> ***WARNING —***
> *• Make sure the car is stable and well supported at all times. Use a professional automotive lift or jack stands designed for the purpose. A floor jack is not adequate support.*

– Remove splash shield from under engine.

– Drain radiator. See **Coolant draining and filling** in this repair group.

> ***WARNING —***
> *• Allow cooling system to cool before opening or draining system.*

– Remove fan cowl. See **Electric cooling fan and cowl, removing and installing** in this repair group.

– Unlock coolant hose and detach from radiator.

– Turbo models: Release clamp at charge-air duct and remove duct.

< Automatic transmission: Release bolts (**arrow**) and disconnect hose (**1**) for ATF heat exchanger.

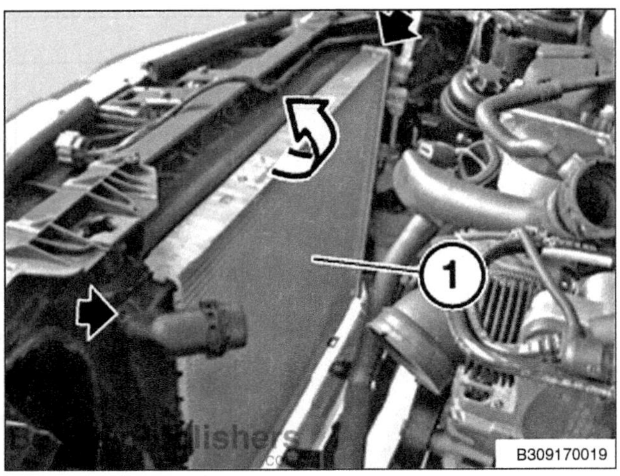

< Remove fasteners (**arrows**) and carefully lift radiator (**1**) up and out of engine compartment.

– Installation is reverse of removal. Make sure:
- Radiator seats firmly in lower mounts.
- Electric cooling fan cowl clips securely at bottom.
- Refill and bleed cooling system. See **Cooling system, bleeding** in this repair group.
- Check cooling system for leaks.

Tightening torques	
Radiator to body	10 Nm (ft-lb)

Electric cooling fan and cowl, removing and installing

– Use a BMW factory scan tool, or equivalent, to read and clear fault codes.

– Switch ignition OFF.

– Remove intake air duct.

– Remove splash shield from under engine.

B309170020

< Automatic transmission: Remove fastener (**arrow**) and remove ATF cooler (**1**) from fan shroud (**2**).

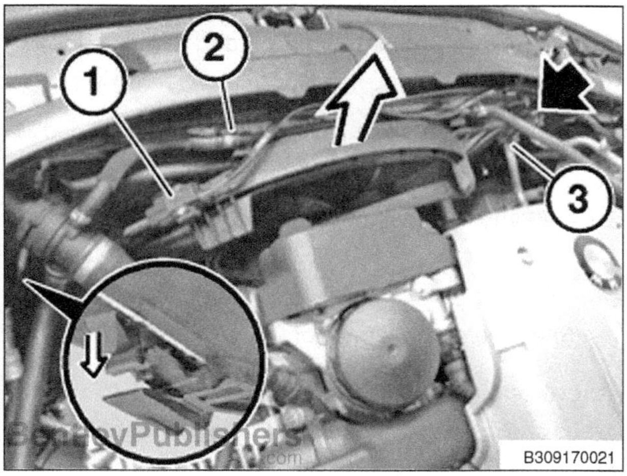

B309170021

< Detach electrical connector (**1**) and unclip line (**2**) from fan cowl.

– Detach cable strap (**3**) and remove fastener (**arrow**).

– Turbo models: Release charge air duct from rubber mount on fan cowl.

– Unlock clip (**inset**) on lower edge of fan cowl and lift electric fan and cowl up and out of engine compartment.

– Installation is reverse of removal. Make sure:
- Fan cowl snaps securely into clips on lower edge.
- Fan electrical connector snaps firmly into place and wires and hose are routed as before.

Coolant expansion tank, removing and installing

– Drain cooling system. See **Coolant, draining and filling** in this repair group.

– N54, N55: Unclip vacuum hoses from perimeter of expansion tank.

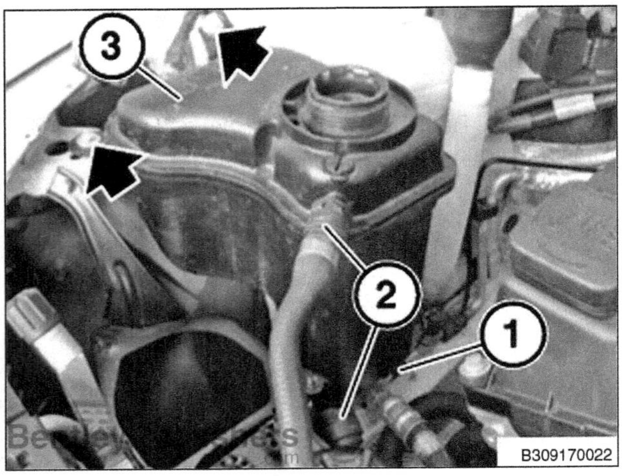

◄ Remove expansion tank fasteners (**arrows**).

– Raise tank slightly (if necessary) and release electrical connector for coolant level switch (**1**).

– Release clamps on coolant hoses (**2**) and remove expansion tank.

– Installation is reverse of removal. Remember to:
- Make sure locating pin at bottom of tank fits securely into rubber grommet.
- Refill and bleed cooling system. See **Cooling system, bleeding** in this repair group.
- Check cooling system for leaks.

Tightening torque	
Expansion tank to body	8 Nm (71 in-lb)

Thermostat, removing and installing

– Remove splash shield from under engine.

– Drain cooling system. See **Coolant, draining and filling** in this repair group.

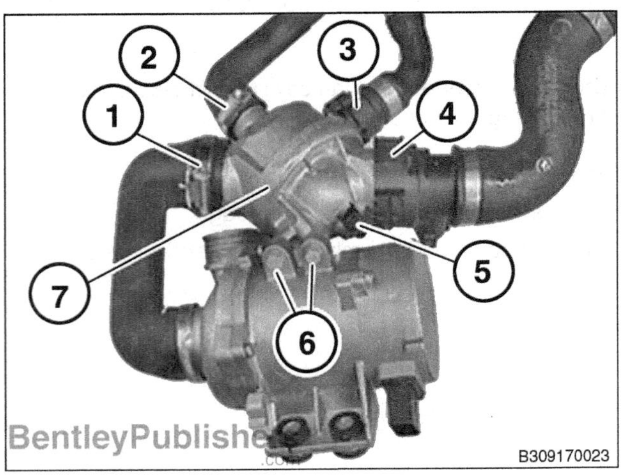

◄ Working above engine coolant pump, release hose clamps (**1** and **2**) and disconnect hoses.

– Unlock fasteners (**3** and **4**) and remove hoses.

– Disconnect electrical connector (**5**).

– Remove bolts (**6**) and remove thermostat (**7**).

– Installation is reverse of removal. Remember to:
- Refill and bleed cooling system. See **Cooling system, bleeding** in this repair group.
- Check cooling system for leaks.

Tightening torque	
Thermostat to coolant pump: • N51, N52, N52KP engines • N54, N55 engines	 9 Nm (80 in-lb) 8 Nm (71 in-lb)

Coolant pump, removing and installing

– Remove splash shield from under engine.

– Drain cooling system. See **Coolant, draining and filling** in this repair group.

– Remove coolant thermostat. See **Thermostat, removing and installing** in this repair group.

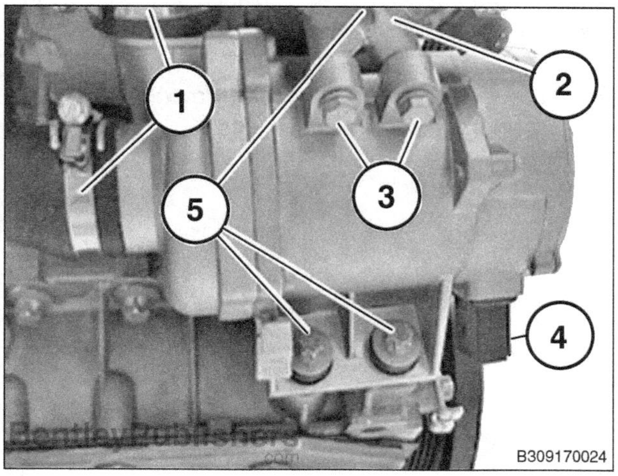

B309170024

◄ Release hose clamps (**1**) and disconnect coolant hoses from back of pump.

– Disconnect electrical connector (**4**) at front of pump.

– Remove bolts (**5**) and remove pump from side of engine.

> ***CAUTION—***
> *• If coolant pump is to be reused, fill with mixture of 50% antifreeze and 50% distilled water immediately after removing, and plug openings to avoid contamination.*

– Installation is reverse of removal. Remember to:

- Mechanically rotate coolant pump impeller one full revolution before installing.
- Replace aluminum fasteners (fasteners with heads painted blue) with new.

> ***CAUTION—***
> *• Do not use steel fasteners in place of aluminum. Electrochemical corrosion will result.*

- Reinstall thermostat.
- Refill and bleed cooling system. See **Cooling system, bleeding** in this repair group.
- Check cooling system for leaks.

Tightening torque	
Thermostat to coolant pump • non-turbo engine • turbo engine	 9 Nm (80 in-lb) 8 Nm (71 in-lb)
Coolant pump to engine block (replace aluminum fasteners with new and observe torque angle)	10 Nm (89 in-lb) + 90° turn

Automatic transmission fluid (ATF) cooler, removing and installing

– Remove splash shield from under engine.

– Drain cooling system. See **Coolant, draining and filling** in this repair group.

> ***CAUTION—***
> - *Cover alternator when working on oil, coolant or fuel circuits to protect from damage.*

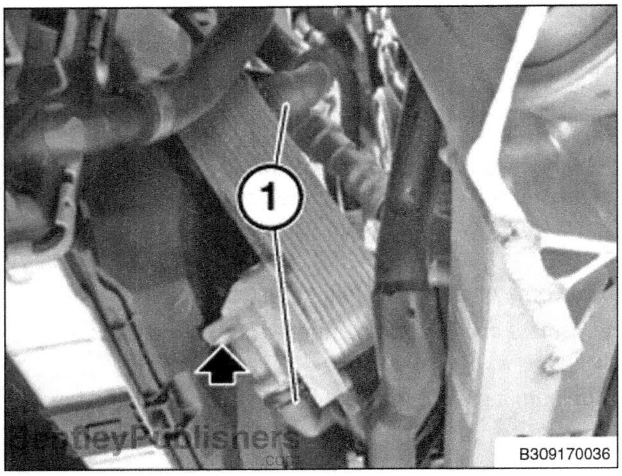

Remove coolant hoses (**1**) and remove screw (**arrow**) from underside of ATF cooler.

Use BMW special tool 17 0 030 to unlock transmission fluid from hydraulic lines and remove ATF cooler.

– Installation is reverse of removal. Remember to:
- Check automatic transmission fluid level. See **020 Maintenance**.
- Refill and bleed cooling system. See **Cooling system, bleeding** in this repair group.
- Check cooling system for leaks.

Power steering cooling loop, removing and installing

– Remove splash shield from under engine.

– Drain cooling system. See **Coolant, draining and filling** in this repair group.

> ***CAUTION—***
> *• Cover alternator when working on oil, coolant or fuel circuits to protect from damage.*

– Remove radiator. See **Radiator, removing and installing** in this repair group.

– Place a suitable container beneath power steering cooling loop connections to catch dripping fluid. Dispose of properly.

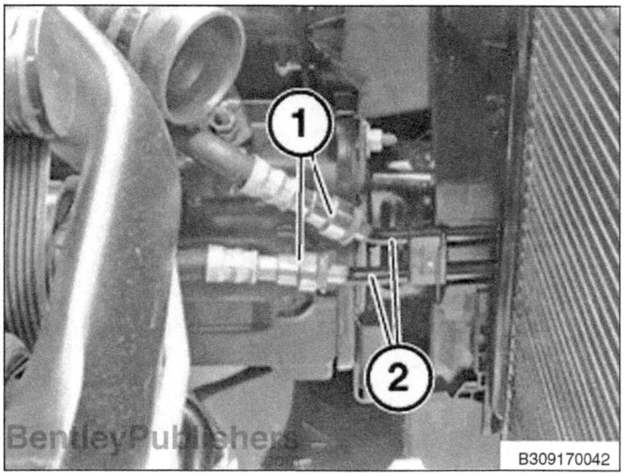

◀ Press hydraulic line (**1**) towards cooling loop (**2**). Pull back on locking ring and remove line.

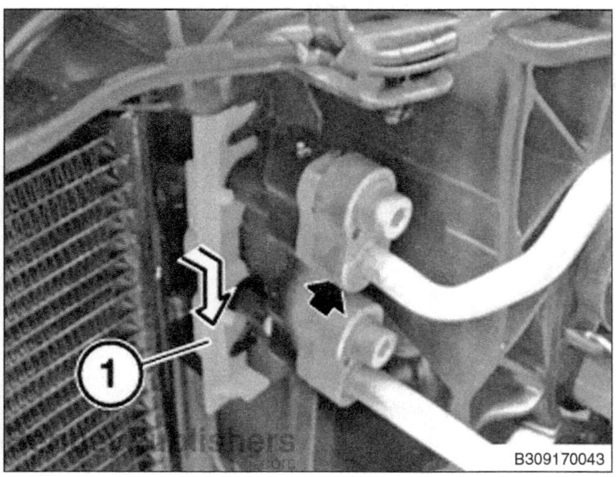

◀ Working at A/C condenser, release clip (**1**) and remove fastener (**arrow**).

> ***WARNING—***
> *• Do not disconnect A/C refrigerant lines.*

Power steering cooling loop, removing and installing

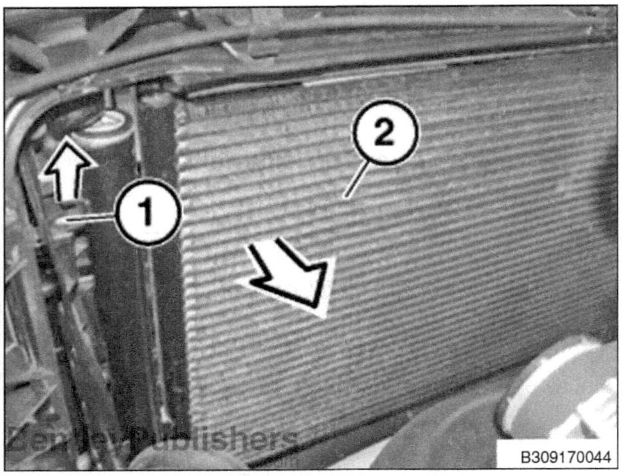

◀ Release condenser lock (**1**) in direction of **arrow**. Gently tilt condenser towards engine to gain access to power steering cooling loop. Make sure condenser and refrigerant lines are not stressed or damaged.

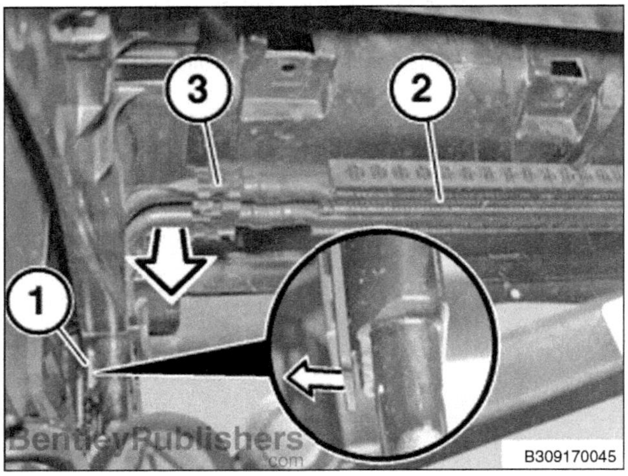

◀ Working in front of condenser, release clip (**1**). Release cooling loop (**2**) from clip (**3**) and remove cooling loop.

◀ Installation is reverse of removal. Remember to:

- Make sure cooling loop hydraulic lines (**1**) connect securely.
- Check that cooling loop lines (**3**) snap securely into holder (**2**).
- Refill and bleed cooling system. See **Cooling system, bleeding** in this repair group.
- Check cooling system for leaks.
- Replace lost power steering fluid.

Intercooler, removing and installing (N54, N55)

– Raise car and support safely

> ***WARNING—***
> *• Make sure the car is stable and well supported at all times. Use a professional automotive lift or jack stands designed for the purpose. A floor jack is not adequate support.*

– Remove splash shield from under engine.

– Disconnect intake air duct from left and right side of intercooler.

B309170028

◀ Working at front of radiator, release lock on intercooler cover in direction of **arrow**.

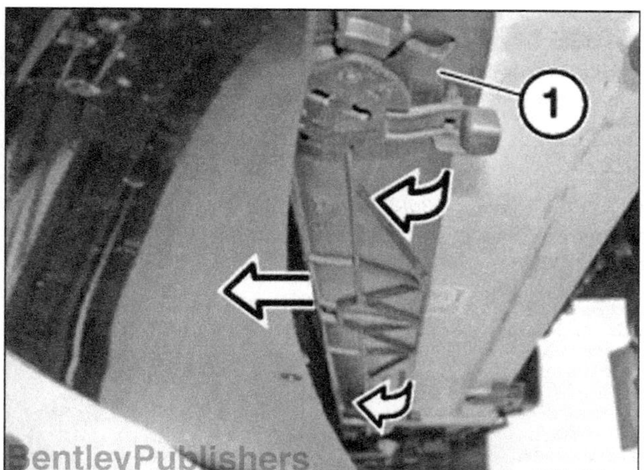

B309170029

◀ Release cover (**1**) in direction of **arrows** and remove.

< Remove fasteners (**arrows**) at sides of intercooler and remove from below.

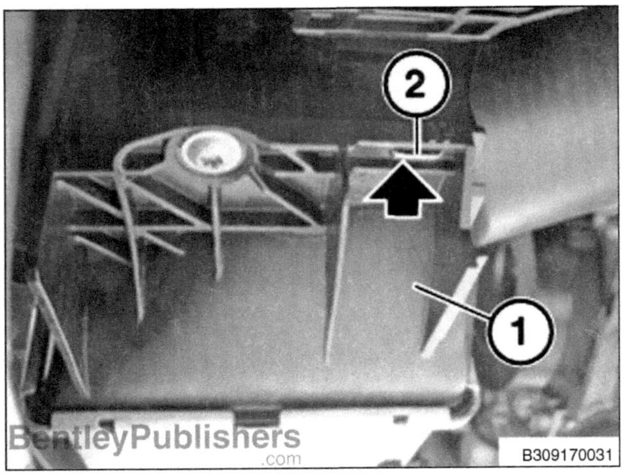

< When installing, make sure sides of intercooler (**1**) fits securely into notch of intercooler bracket (**2**).

– Coat sealing rings of intake air ducts with antiseize paste.

NOTE—

- *Fitting air ducts to intercooler without antiseize paste is nearly impossible.*

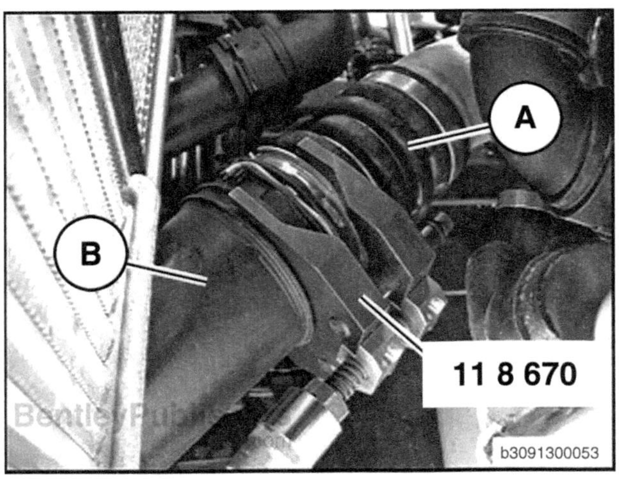

< Reattach intake air ducts using BMW special tool 11 8 670. Ducts must snap audibly into place.

CAUTION—
- *Special clamping jaws (special tool 11 8 670) are strongly recommended for proper installation and to prevent damage to air ducts.*
- *Right side shown, left side is similar.*

180 Exhaust System

180

GENERAL

This repair group covers removal and replacement of the exhaust system including exhaust manifolds, turbochargers and oxygen sensors.

Warnings and Cautions

WARNING—
- *The exhaust system and catalytic converter operate at very high temperatures. Allow components to cool before servicing. Wear protective clothing to prevent burns. Do not use flammable chemicals near a hot catalytic converter.*
- *Corroded exhaust system components crumble easily and often have exposed sharp edges. To avoid injury, wear eye protection and heavy gloves when working with old exhaust parts.*

EXHAUST SYSTEM

The exhaust system is designed to be maintenance free, although regular inspection is warranted. Under normal conditions, catalytic converters do not require replacement unless damaged

Use new fasteners, clamps, rubber mounts and gaskets when replacing exhaust components. A liberal application of penetrating oil to the exhaust system nuts and bolts in advance may make removal easier.

Exhaust system, removing and installing

The removal and installation procedures given here are general procedures for all models. Where model-specific differences exist, they are noted in the text. The removal of the exhaust system as a complete unit is recommended. Once the complete system is removed from the car, individual pipes and mufflers can be more easily replaced.

> ***WARNING —***
> - *Exhaust gases are colorless, odorless, and very toxic. Run the engine only in a well-ventilated area. Immediately repair any leaks in the exhaust system or structural damage to the car body that might allow exhaust gases to enter the passenger compartment.*

> ***CAUTION—***
> - *Use care when handling oxygen sensors. Oxygen sensors are easily damaged by shock.*
> - *When reconnecting oxygen sensor connectors, make sure front and rear connectors are not mixed up.*
> - *The exhaust system is heavy. Work with an assistant.*

– Raise vehicle and support safely.

> ***WARNING —***
> - *Make sure vehicle is stable and well supported at all times. Use a professional automotive lift or jack stands. A floor jack is not adequate support.*

– Sport Wagon and Coupe models: Remove tension strut on rear axle. See **330 Rear Suspension**.

– Support exhaust using BMW special tool 31 2 220 or equivalent and suitable jack.

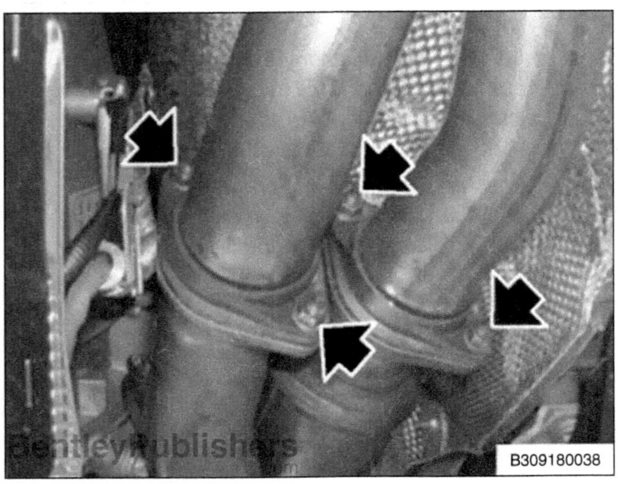
B309180038

◄ Remove fasteners for front exhaust at exhaust manifold flange (**arrows**).

Remove fastener (**arrow**) and front support bracket (**1**).

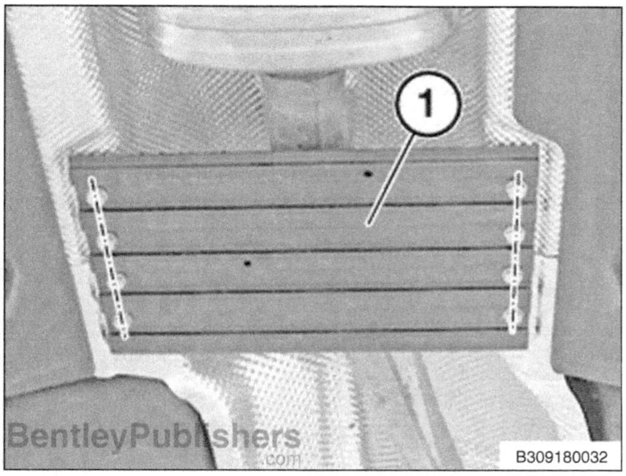

Remove reinforcement plate bolts and remove plate (**1**).

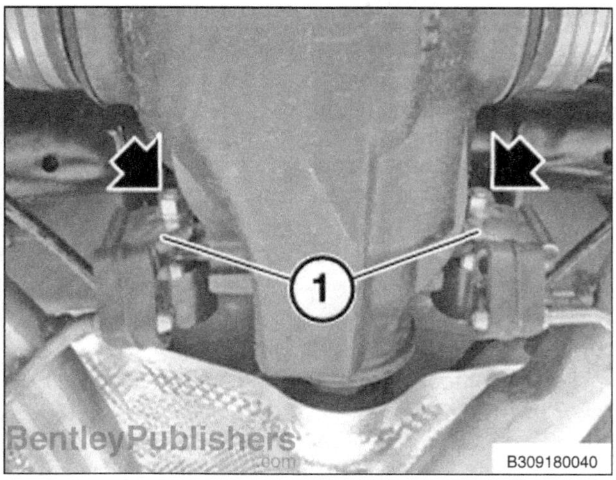

Working at rear differential, release fasteners (**arrows**) and remove exhaust hanger brackets (**1**).

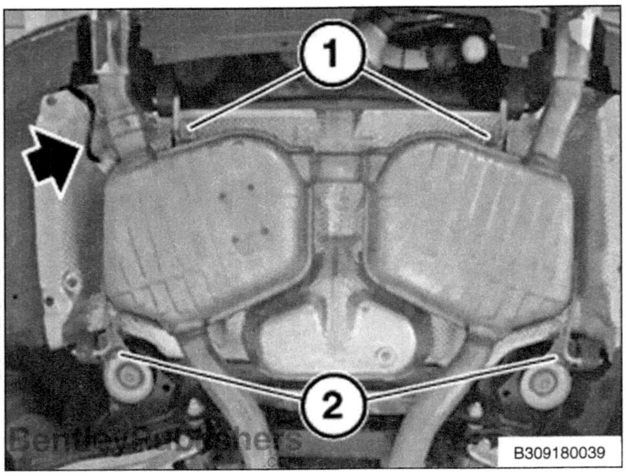

- Working at rear mufflers, remove vacuum hose (**arrow**). Remove exhaust hanger fasteners at rear chassis (**1**) and wheel carrier (**2**).

> ***CAUTION—***
> *• Exhaust system is heavy. Lower with the help of an assistant.*

– Carefully lower complete exhaust system and remove.

– Installation is reverse of removal. Remember to:
- Use new gaskets and hardware. Coat hardware threads with anti-seize lubricant.
- Make sure there is sufficient clearance between exhaust system and vehicle underbody at every point.
- Loosely install exhaust system mounting hardware and hangers before tightening fasteners to their final torque.
- Check exhaust system for leaks.

Tightening torques	
Exhaust to manifold flange: • non-turbo • turbo	 45 Nm (33 ft-lb) 21 Nm (15 ft-lb)
Front exhaust clamp to transmission	20 Nm (15 ft-lb)
Exhaust hanger to rear differential: • non-turbo • turbo	 30 Nm (22 ft-lb) 35 Nm (26 ft-lb)
Exhaust hanger to wheel carrier	21 Nm (15 ft-lb)
Exhaust hanger to rear chassis	20 Nm (15 ft-lb)

Exhaust system components, removing and installing

BMW offers individual exhaust components as replacement parts. Originally installed exhaust components are welded together at the factory and must be cut off to be replaced.

Component replacement is best accomplished by first removing the complete exhaust system. See **Exhaust system, removing and installing** in this repair group.

NOTE—
• Rear muffler can be replaced without removing exhaust system.

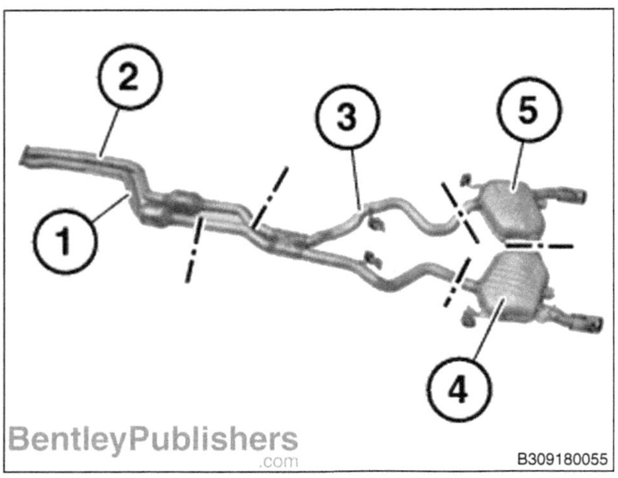

- Cut lines for exhaust components are designated by notches in the exhaust system.

1. Rear catalytic converter, left
2. Rear catalytic converter, right
3. Center muffler
4. Rear muffler, left
5. Rear muffler, right

NOTE—
• 335i exhaust shown.

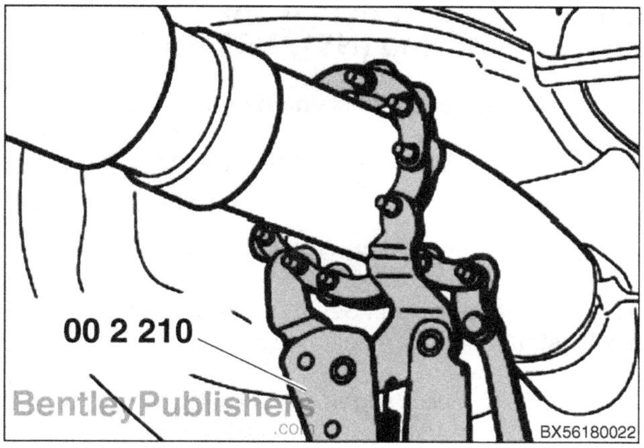

Use exhaust pipe cutter (BMW special tool 00 2 210 or equivalent) to cut pipe(s). Deburr cut pipe end(s).

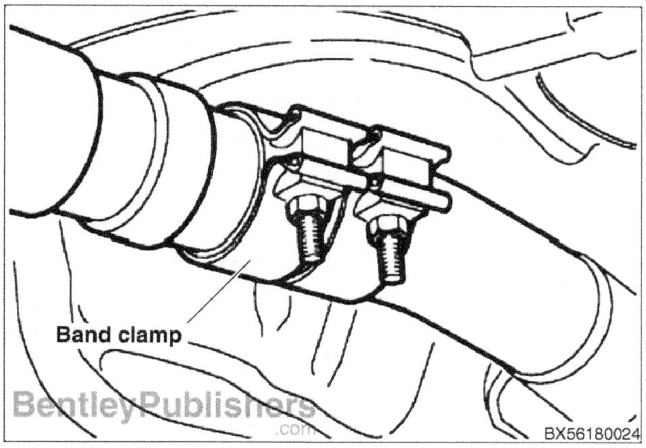

Assemble pipes using band clamps.

– Installation is reverse of removal. Remember to:
  - Make sure there is sufficient clearance between exhaust system and vehicle underbody at every point.
  - Check exhaust system for leaks.

Tightening torque	
Band clamp to exhaust pipes	45 Nm (33 ft-lb)

EXHAUST MANIFOLDS (N51, N52 ENGINES)

The N51 and N52 engines uses two exhaust manifolds. Each manifold includes an integral pre-catalytic converter. Should the pre-catalyst need replacing, replace the appropriate exhaust manifold / pre-catalyst unit. See **Exhaust Components** in this repair group.

Exhaust manifold (cylinders 1- 3), removing and installing (N51, N52 engines)

– Remove rear exhaust manifold. See **Exhaust manifold (cylinders 4 - 6), removing and installing** in this repair group.

– Remove oxygen sensors. See **Oxygen sensors, removing and installing** in this repair group.

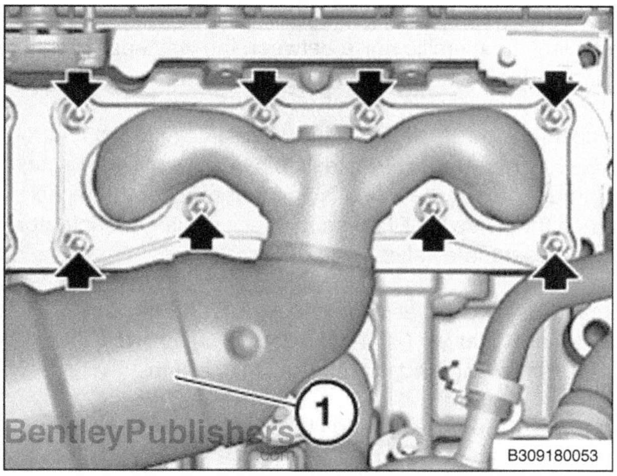

Remove fasteners (**arrows**) from front exhaust manifold (**1**) and remove manifold.

– Installation is reverse of removal. Remember to:
  - Clean sealing surfaces of manifold and cylinder head.
  - Use new gaskets and hardware.
  - Check exhaust system for leaks.

Tightening torque	
Exhaust manifold to cylinder head	20 Nm (15 ft-lb)

Exhaust manifold (cylinders 4 - 6), removing and installing (N51, N52 engines)

– Remove ignition coil cover. See **020 Maintenance**.

– Remove coolant expansion tank. See **170 Radiator and Cooling System**.

– Remove lower engine cover. See **020 Maintenance**.

– Remove complete exhaust system. See **Exhaust system, removing and installing** in this repair group.

– Remove oxygen sensors. See **Oxygen sensors, (N51, N52, N54 engines) removing and installing** in this repair group.

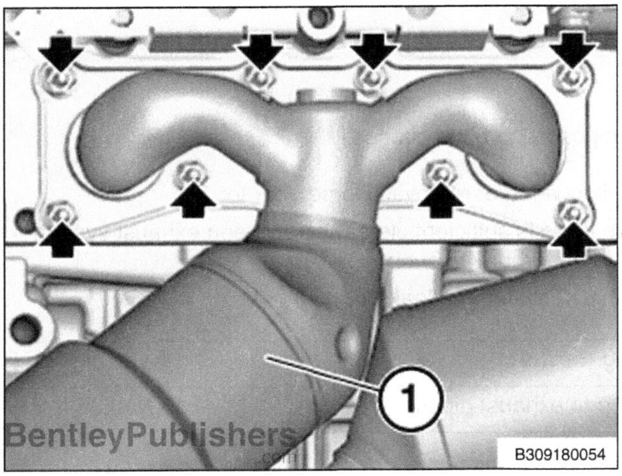

◀ Remove fasteners (**arrows**) from rear exhaust manifold (**1**) and remove manifold.

– Installation is reverse of removal. Remember to:
- Clean sealing surfaces of manifold and cylinder head.
- Use new gaskets and hardware.
- Check exhaust system for leaks.

Tightening torque	
Exhaust manifold to cylinder head	20 Nm (15 ft-lb)

EXHAUST MANIFOLDS AND TURBOCHARGERS (N54 ENGINE)

The N54 engine is equipped with two exhaust manifolds each with an integral turbocharger. A pre-catalytic converter is attached downstream of each turbocharger. Should the pre-catalyst need replacing, it is removable and available separately. See **Exhaust Components** in this repair group.

Turbocharger wastegate noise, checking for wear (N54 engine)

A metallic noise from the exhaust system near the engine or turbocharger area can occur during deceleration from approx. 3,500 rpm or at high engine speed without a drive gear being engaged.

In this situation, the wastegate valve does not completely close, resulting in a clanking metallic noise between the wastegate valve and its seating surface.

Do not replace turbocharger or adjust the wastegate actuator control rod initially. Reprogram DME with latest software using BMW scan tool. If after programming, the noise is no longer present, take no further action. If the noise is still present, check wastegate actuator adjustment and wastegate valve wear

– Remove exhaust turbo charger to be checked. See **Exhaust manifold and turbocharger (N54 cylinders 1- 3)**, or **(N54 cylinders 4-6), removing and installing** in this group.

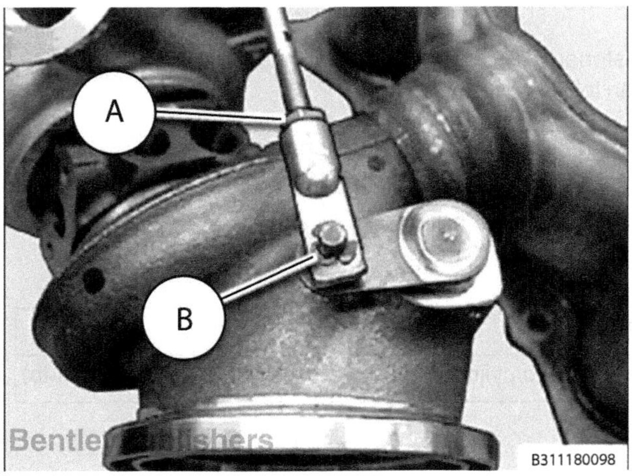

◀ Loosen lock nut (**A**). Remove locking clip (**B**) and disconnect actuator rod from wastegate arm.

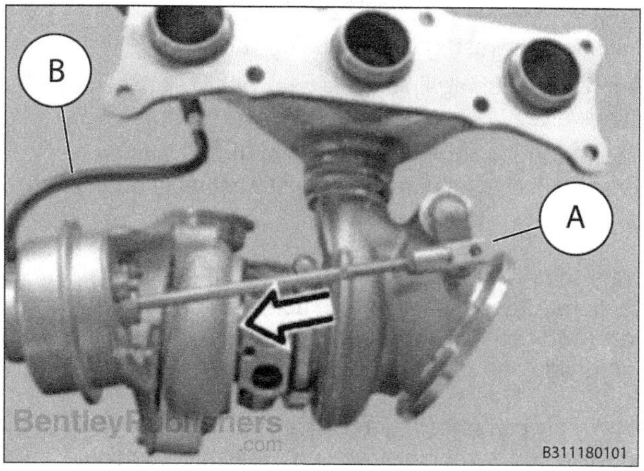

Connect vacuum pump to wastegate actuator (**B**). Apply approximately -200 mbar of pressure to retract waste gate actuator rod (**A**).

NOTE—

- *Wastegate actuator must fully retract with -200 mbar of pressure or actuator is faulty.*

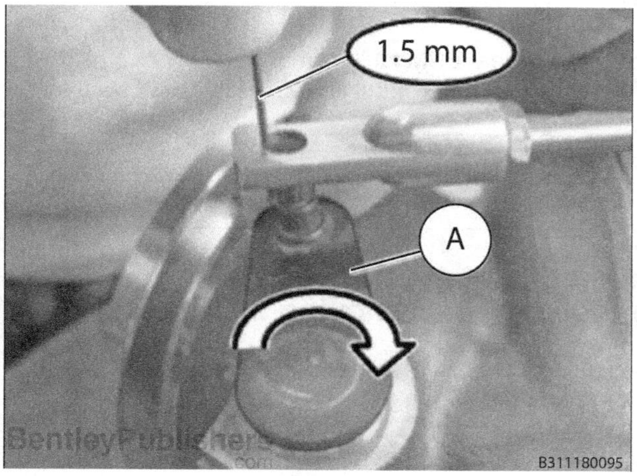

Fully close wastegate valve (**A**) by hand in direction of arrow. In this position, use a 1.5 mm drill bit to check overlap between wastegate lever arm and actuator rod hole.

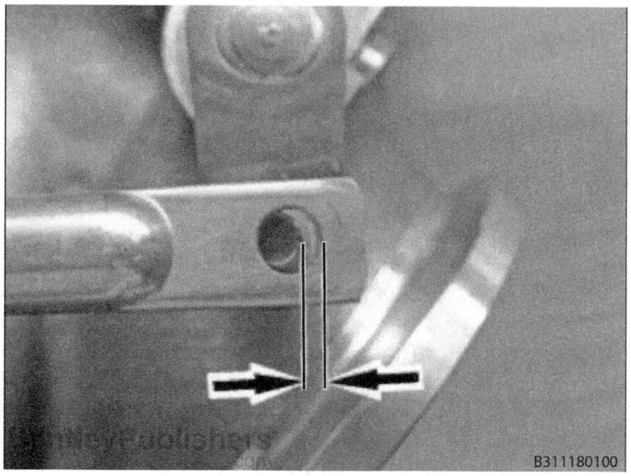

If difference (**arrows**) is greater than 1.5 mm, replace turbocharger. If gap is less than 1.5 mm, actuator rod may adjusted if necessary.

– Place wastegate actuator rod back on wastegate arm without locking clip to perform next check.

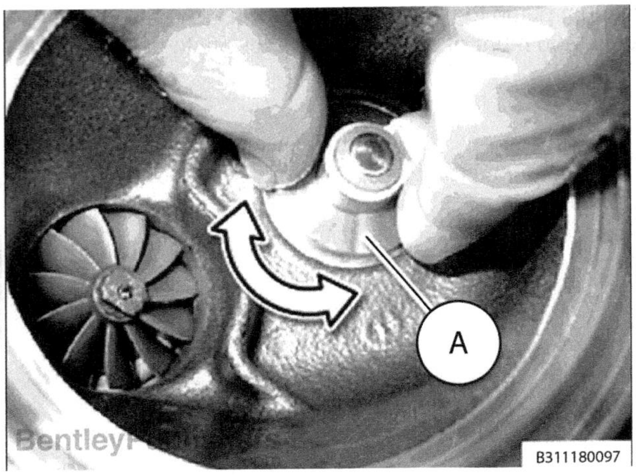

Working inside turbocharger at wastegate valve:

- Check adjustment of wastegate by rotating valve (**A**).
- Valve face must sit flush against valve seat with light resistance when rotating valve.
- If valve does not sit flush against valve seat (no resistance or excessive resistance to rotation), an adjustment must be made to the actuator rod.

— Adjust actuator rod by turning rod end a maximum of one half turn in either direction. After adjusting, place actuator rod back onto wastegate arm and recheck wastegate valve adjustment inside turbocharger for light resistance when rotating valve.

— When adjustment is completed, tighten lock not on wastegate actuator rod while counterholding rod end. Reinstall wastegate actuator locking clip on wastegate arm. Verify wastegate actuator does not bind during operation.

— Reassemble engine clear ECM fault memory, and check turbocharger boost pressure control system using BMW scan tool.

Tightening torques	
Lock nut to wastegate actuator rod end	7 Nm (62 in/lb)

Exhaust manifold and turbocharger (N54 cylinders 1- 3), removing and installing

— Remove both pre-catalytic converters. See **Pre-catalytic converters (N54)** in this repair group.

— Release right side tie rod from steering rack. See **320 Steering and Wheel Alignment**.

— Remove intercooler. See **170 Radiator and Cooling System**.

— Drain engine coolant and remove coolant expansion tank. See **170 Radiator and cooling system**.

— Remove coolant pump. See **170 Radiator and Cooling System**.

— Remove both vacuum reservoirs. See **130 Fuel Injection**.

— Remove air box and air intake duct. See **130 Fuel Injection**.

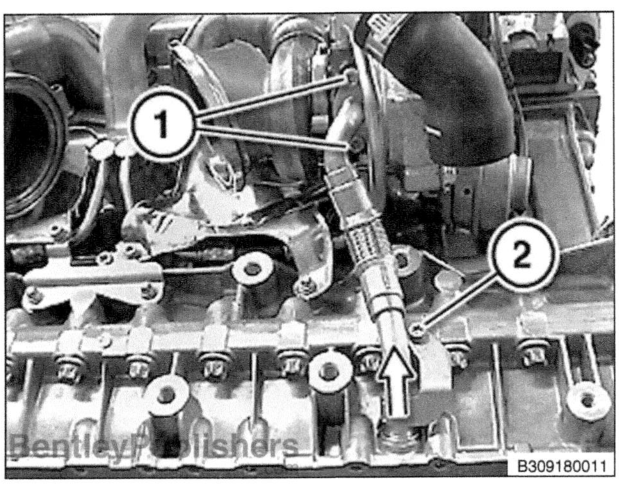

Remove fasteners on oil return line (**1**) and oil return line bracket (**2**). Gently pull oil return line out of engine block in direction of **arrow**.

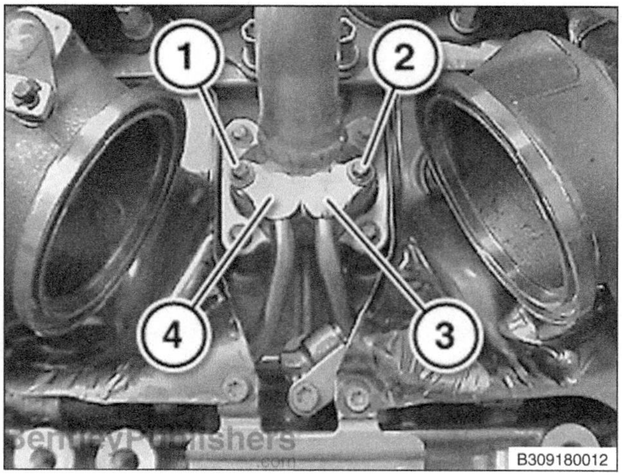

◀ Working between turbochargers, remove fasteners (**1** and **2**) and remove coolant supply lines (**3** and **4**).

NOTE—

- *If necessary grasp coolant supply line flange with pliers to remove. Do not use pliers on pipes.*

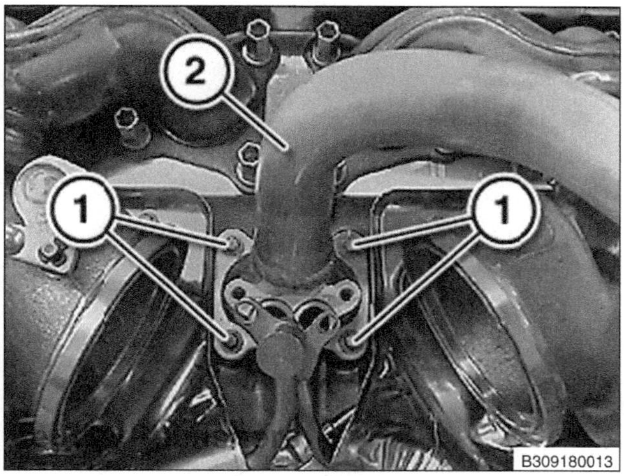

◀ Remove fasteners (**1**) at coolant inlet pipe (**2**) and remove pipe.

◀ Remove coolant return pipe fasteners (**1** and **3**) and remove return pipe (**4**).

NOTE—

- *If necessary grasp coolant return line flange (**2**) with pliers to remove. Do not use pliers on pipes.*

Exhaust manifold and turbocharger (N54 cylinders 1- 3), removing and installing

◄ Remove fasteners (**1**) at retaining plate (**2**). Remove heat shield fasteners (**3**).

◄ Remove heat shield (**1**) in direction of **arrow**. Make sure shield and coolant pipes are not damaged.

◄ Remove fasteners (**1**) from bracket (**2**). Lay bracket on top of cylinder head.

◄ Remove oil supply line bracket fastener (**1**). Remove oil supply line in direction of **arrow**.

◄ Remove fastener (**1**) and remove oil supply line.

NOTE—

- *If necessary grasp oil supply line flange (**2**) with pliers to remove. Do not use pliers on pipes.*

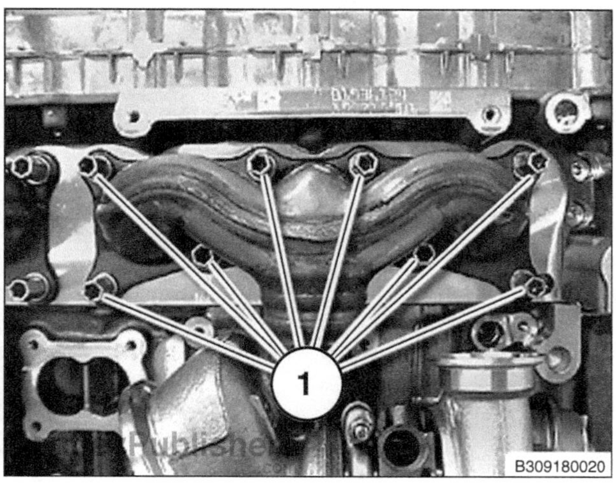

◄ Remove exhaust manifold fasteners (**1**). Detach vacuum hose from waste gate valve and remove exhaust manifold / turbocharger towards the top.

NOTE—

- *Take care not to damage waste gate valve linkage.*

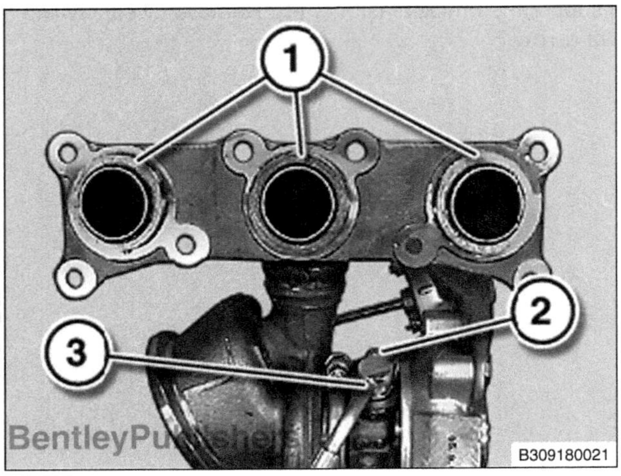

If replacing turbocharger, remove fastener (**2**) for oil supply line (**3**) and install supply line on new unit. Always replace graphite gaskets (**1**).

– Remainder of installation is reverse of removal. Remember to:
- Use new O-rings, gaskets and hardware. Coat hardware threads with anti-seize lubricant.
- Check and clear fault memory using BMW scan tool.
- Check air intake system for leaks.
- Check exhaust system for leaks.

Tightening torques	
Bracket to cylinder head	9 Nm (7 ft-lb)
Coolant supply line to crankcase	9 Nm (7 ft-lb)
Coolant return line to crankcase	8 Nm (6 ft-lb)
Coolant return line to turbocharger	8 Nm (6 ft-lb)
Coolant supply line to supply line	8 Nm (6 ft-lb)
Exhaust manifold heat shield to crankcase	8 Nm (6 ft-lb)
Oil supply line to crankcase	20 Nm (15 ft-lb)
Oil pressure line to turbocharger	8 Nm (6 ft-lb)
Oil return line to crankcase	8 Nm (6 ft-lb)
Oil return line to turbocharger	8 Nm (6 ft-lb)
Turbocharger to exhaust manifold	20 Nm (15 ft-lb)

Exhaust manifold and turbocharger (N54 cylinders 4-6), removing and installing

- Remove both pre-catalytic converters. See **Pre-catalytic converters (N54)** in this repair group.
- Release right side tie rod from steering rack. See **320 Steering and Wheel Alignment**.
- Remove intercooler. See **170 Radiator and Cooling System**.
- Drain engine coolant and remove coolant expansion tank. See **170 Radiator and Cooling system**.
- Remove coolant pump. See **170 Radiator and cooling system**.
- Remove both vacuum reservoirs. See **130 Fuel Injection**.
- Remove air box and air intake duct. See **130 Fuel Injection**.

B309180022

< Remove fasteners on oil return line (**1**) and oil return line bracket (**2**). Gently pull oil return line out of engine block in direction of **arrow**.

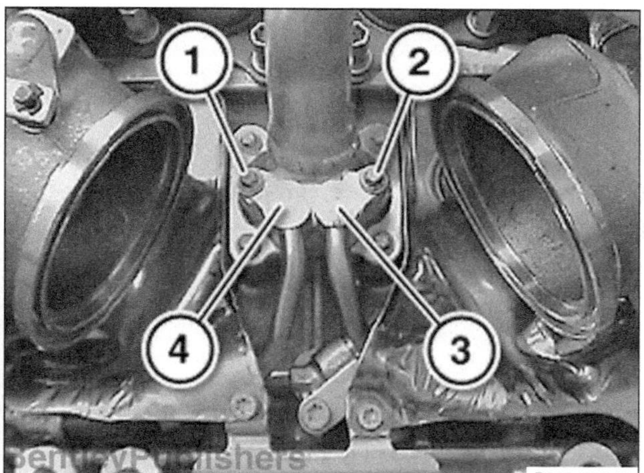

B309180012

< Working between turbochargers, remove fasteners (**1** and **2**) and remove coolant supply lines (**3** and **4**).

NOTE—
- *If necessary grasp coolant supply line flange with pliers to remove. Do not use pliers on pipes.*

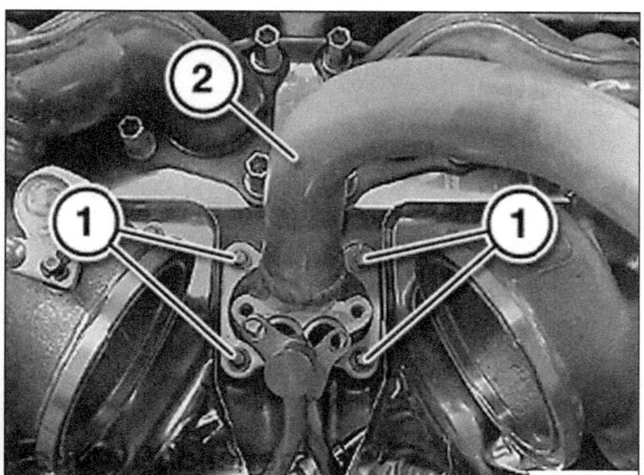

B309180013

< Remove fasteners (**1**) at coolant inlet pipe (**2**) and remove pipe.

Exhaust manifold and turbocharger (N54 cylinders 4-6), removing and installing

Remove fastener (**1**) at coolant return line clamp and remove line.

NOTE—

- *If necessary grasp coolant return line flange with pliers to remove. Do not use pliers on pipes.*

Remove fastener (**1**) and remove coolant return line (**2**) and coolant supply line (**3**).

NOTE—

- *If necessary grasp flange with pliers to remove. Do not use pliers on pipes.*
- *Take care not to damage wastegate valve linkage.*

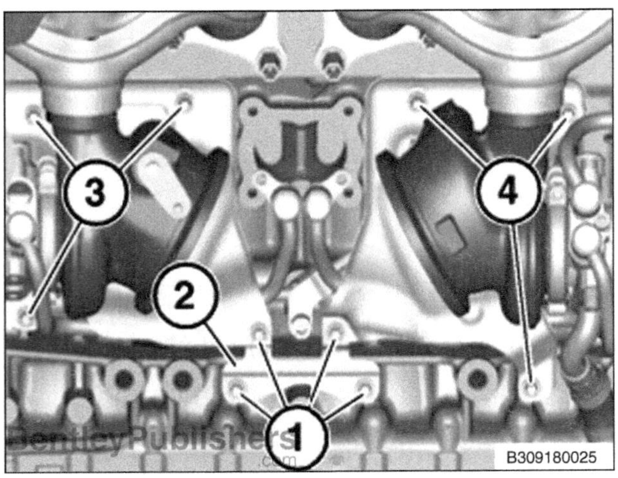

Remove fasteners (**1**) at retaining plate (**2**). Remove heat shield fasteners (**3** and **4**).

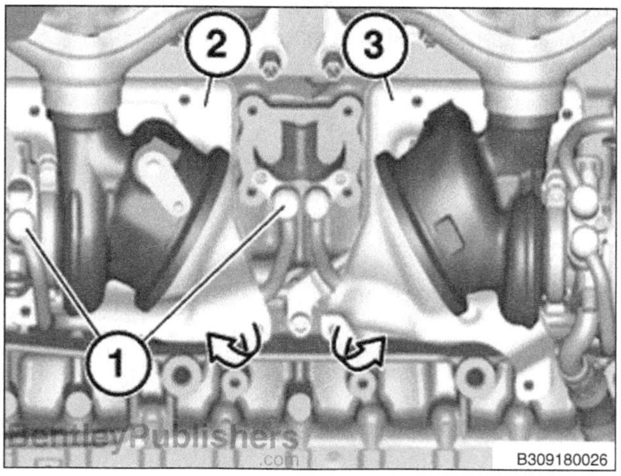

Carefully swing out heat shields (**2** and **3**) in direction of **arrow**. Coolant supply pipe (**1**) can be removed along with heat shield.

Remove fasteners (**1**) from bracket (**2**). Lay bracket on top of cylinder head.

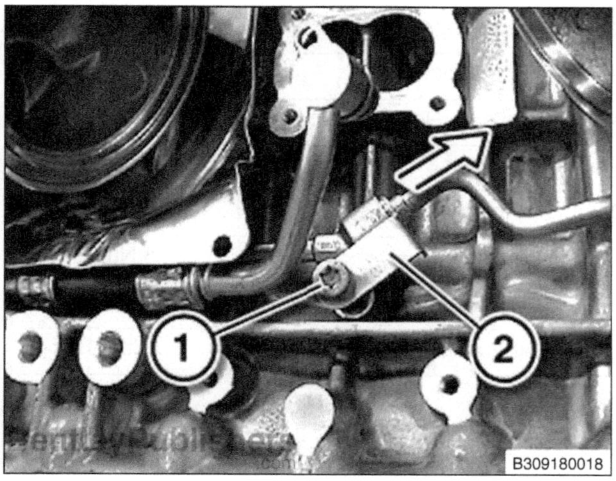

Remove oil supply line bracket fastener (**1**). Remove oil supply line in direction of **arrow**.

180

Exhaust manifold and turbocharger (N54 cylinders 4-6), removing and installing

Remove exhaust manifold fasteners (**1**). Detach vacuum hose from wastegate valve and remove exhaust manifold / turbocharger towards the top.

NOTE—

- *Take care not to damage wastegate valve linkage.*

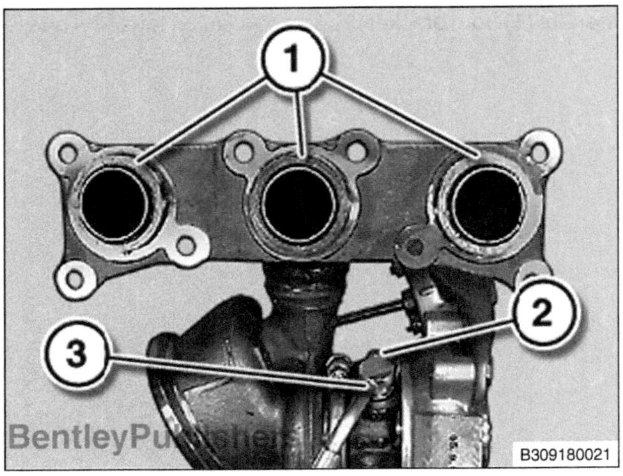

f replacing turbocharger, remove fastener (**2**) for oil supply line (**3**) and install supply line on new unit. Always replace graphite gaskets (**1**).

– Remainder of installation is reverse of removal. Remember to:
  - Use new O-rings, gaskets and hardware. Coat hardware threads with anti-seize lubricant.
  - Check and clear fault memory using BMW scan tool.
  - Check air intake system for leaks.
  - Check exhaust system for leaks.

Tightening torques	
Bracket to cylinder head	9 Nm (7 ft-lb)
Coolant supply line to crankcase	9 Nm (7 ft-lb)
Coolant return line to crankcase	8 Nm (6 ft-lb)
Coolant return line to turbocharger	8 Nm (6 ft-lb)
Coolant supply line to supply line	8 Nm (6 ft-lb)
Exhaust manifold heat shield to crankcase	8 Nm (6 ft-lb)
Oil supply line to crankcase	20 Nm (15 ft-lb)
Oil pressure line to turbocharger	8 Nm (6 ft-lb)
Oil return line to crankcase	8 Nm (6 ft-lb)
Oil return line to turbocharger	8 Nm (6 ft-lb)
Turbocharger to exhaust manifold	20 Nm (15 ft-lb)

EXHAUST MANIFOLD AND TURBOCHARGER (N55 ENGINE)

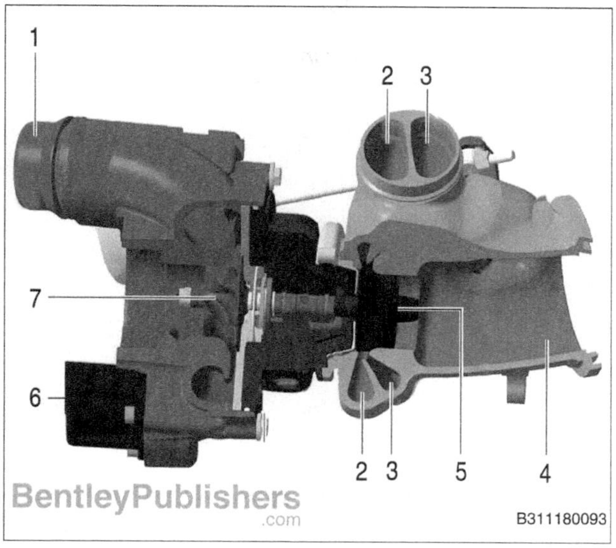

N55 engines are equipped with a single twin scroll turbocharger that is mounted integrally with the exhaust manifold. The exhaust manifold is divided into two chambers comprising cylinders 1-3 and 4-6. Each chamber of the exhaust manifold feeds one scroll duct of the twin scroll turbocharger.

1. to Intercooler
2. Exhaust duct 1 (cylinders 1 - 3)
3. Exhaust duct 2 (cylinders 4 - 6)
4. to Catalytic converter
5. Turbine wheel
6. Diverter valve
7. Compressor wheel

A single near engine catalyst is mounted downstream of the turbocharger. This catalyst is removable and available separately. See **Exhaust Components** in this repair group.

Exhaust manifold and turbocharger (N55 engine), removing and installing

- Support engine at top. See **110 Engine Removal and Installation**.
- Remove catalytic converter. See **Catalytic converter, removing and installing (N55 engine)** in this repair group.
- Remove engine cooling fan and cowl. See **170 Radiator and Cooling System**.
- Remove intercooler. See **170 Radiator and Cooling System**.
- Drain engine coolant and remove coolant expansion tank. See **170 Radiator and Cooling System**.
- Remove coolant pump. See **170 Radiator and Cooling System**.
- Remove air box and air intake duct. See **130 Fuel Injection**.

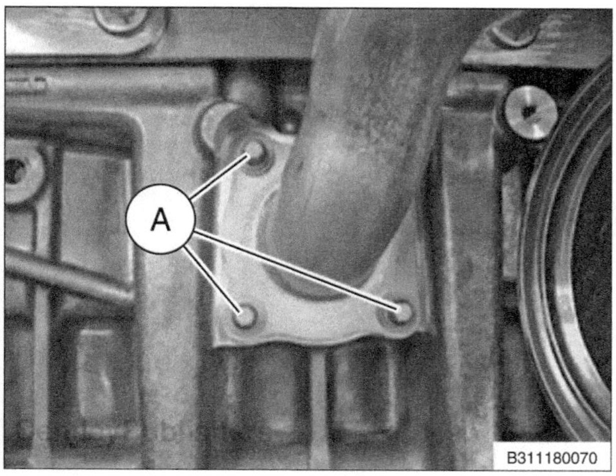

Remove fasteners (**A**) for coolant supply line.

> ***CAUTION—***
> *• Be prepared to catch any residual coolant in lines.*

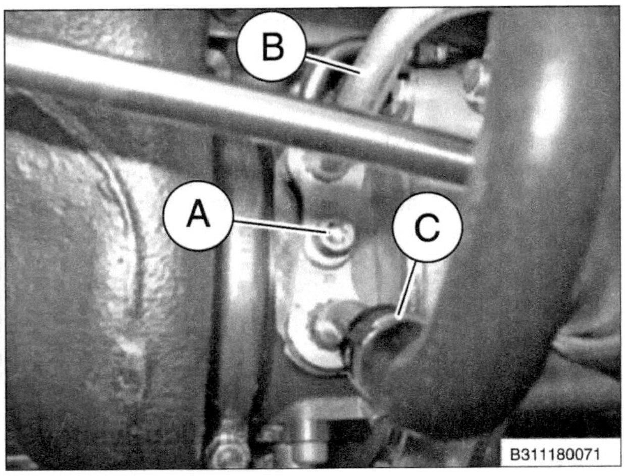

Working at turbocharger, remove fastener (**A**) and release coolant supply line (**B**) and coolant return line (**C**).

> ***CAUTION—***
> *• Be prepared to catch dripping coolant.*

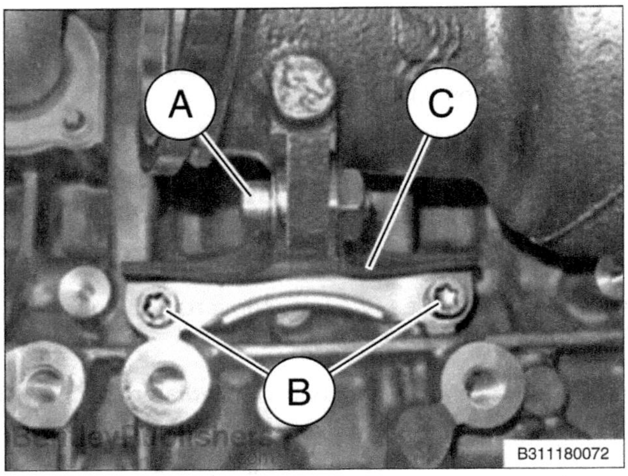

Remove fastener (**A**).

– Loosen fasteners (**B**) for bracket (**C**) but do not remove.

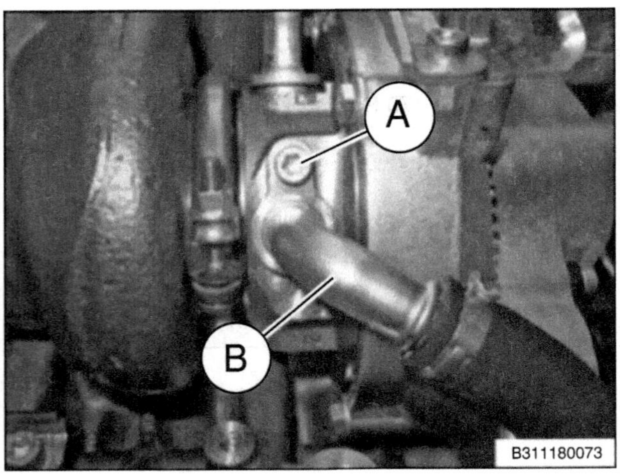

Remove fastener (**A**) and remove oil line.

> ***CAUTION—***
> *• Be prepared to catch dripping oil.*

◄ Remove fastener (**B**), and remove oil return line (**A**) at engine.

> ***CAUTION—***
> *• Be prepared to catch dripping oil.*

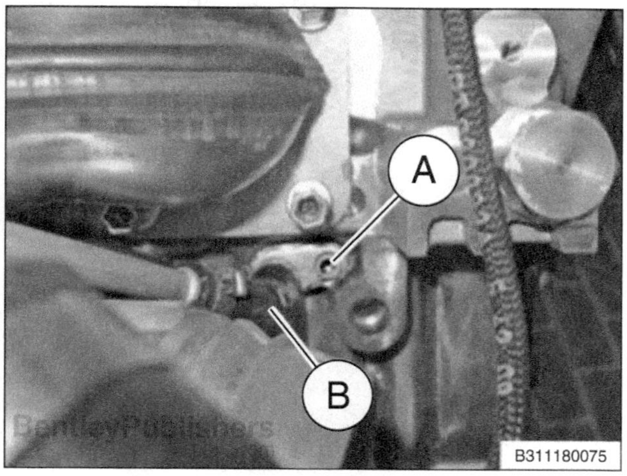

◄ Remove fastener (**A**), and remove coolant line (**B**) at engine.

> ***CAUTION—***
> *• Be prepared to catch dripping coolant.*

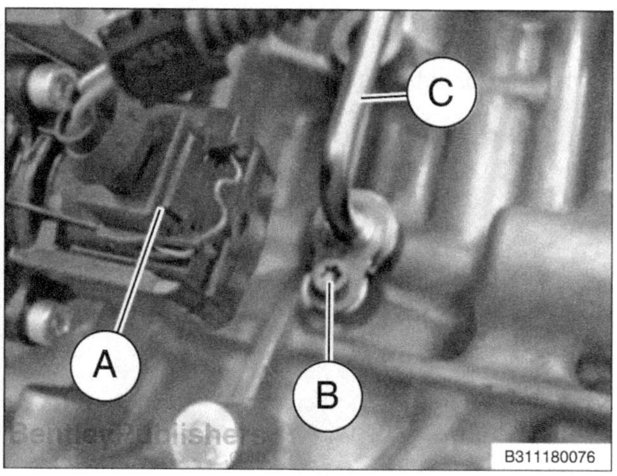

◄ Remove connector for wastegate valve (**A**).

– Remove fastener (**B**).

– Remove oil supply line (**C**) at engine.

> ***CAUTION—***
> *• Be prepared to catch dripping oil.*

Exhaust manifold and turbocharger (N55 engine), removing and installing

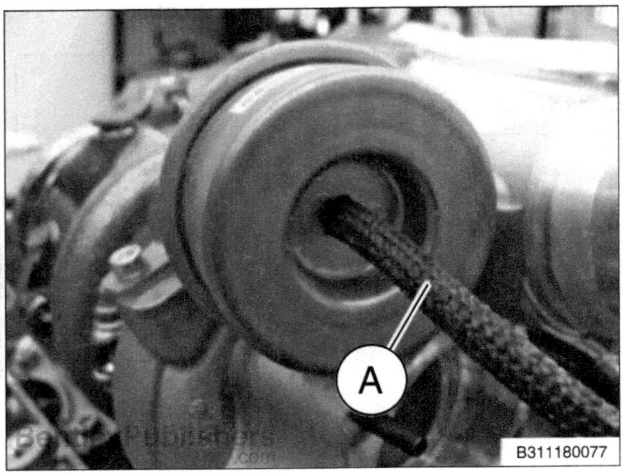

< Remove vacuum line (**A**) at wastegate actuator.

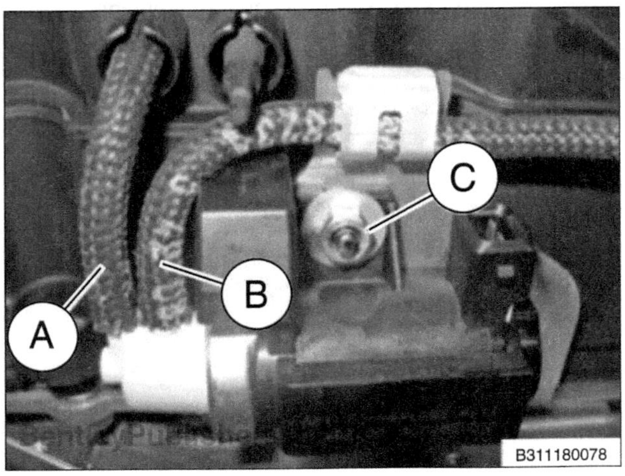

< Remove vacuum lines (**A, B**) from solenoid valve. Remove fastener (**C**) and remove solenoid valve.

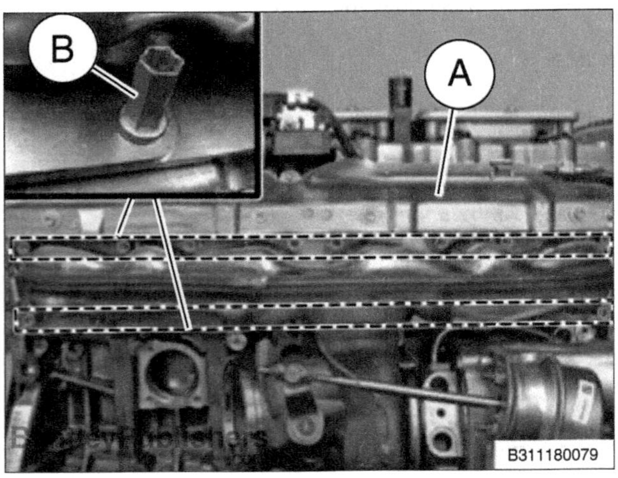

< Remove fasteners for heat shield (**A**), and remove shield.

- Remove fasteners (**B**) for turbocharger flange (indicated along dotted line).
- Lower turbocharger and tilt downward towards rear.

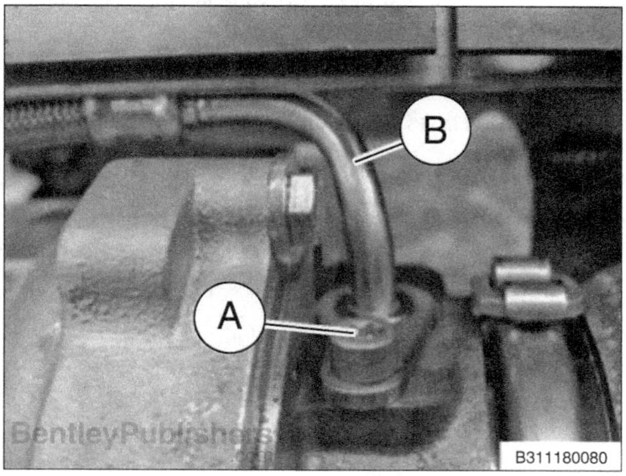

◀ Oil supply line can be removed when turbocharger is lowered.

– Remove fastener (**A**) and remove oil line (**B**) from turbocharger.

– Remove turbocharger.

Exhaust manifold and turbocharger (N55 Engine) installing

– Coat hardware threads with anti-seize lubricant.

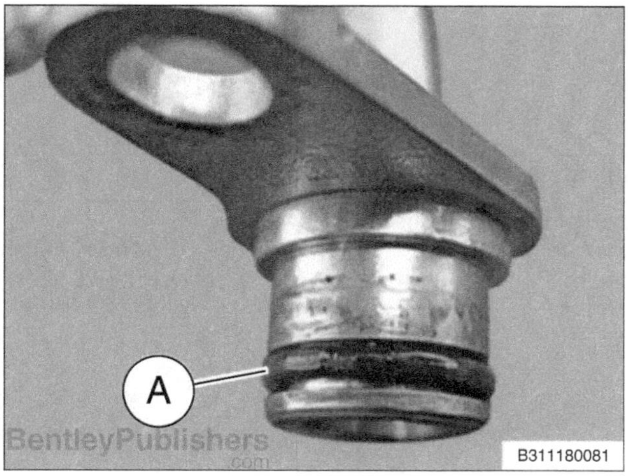

◀ Replace O-rings (**A**) when reinstalling oil and coolant lines.

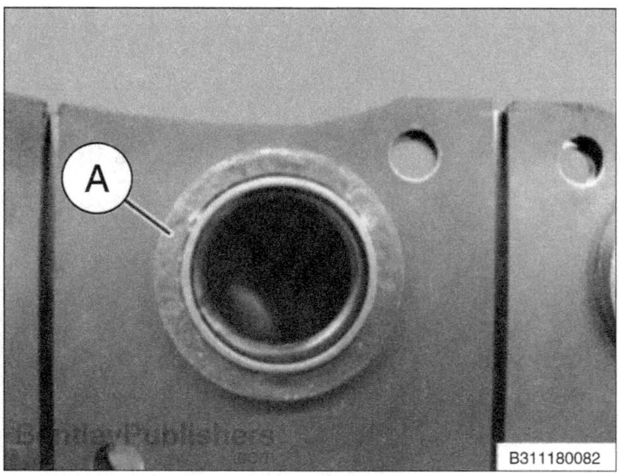

◀ Replace all graphite sealing rings (**A**) when reinstalling exhaust manifold and turbocharger.

– Install turbocharger onto cylinder head and hold in place with two fasteners.

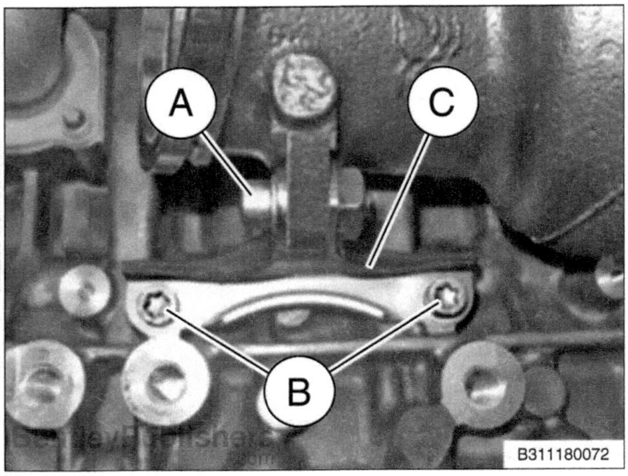

◄ Insert fastener (**A**) between turbocharger and bracket (**C**) and leave loose. Using new bracket bolts (**B**), install finger tight.

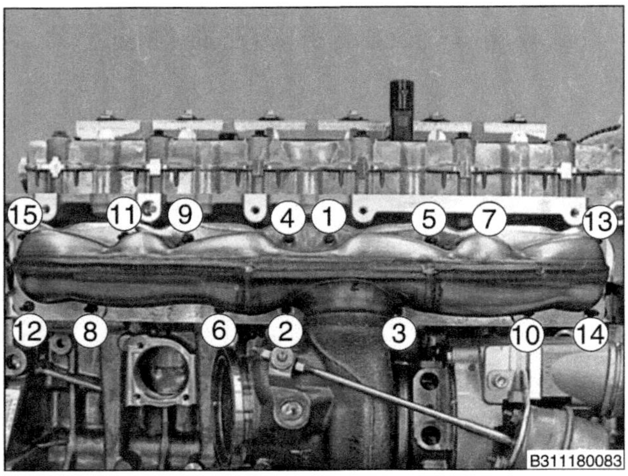

◄ Install fasteners for exhaust manifold to cylinder head and tighten in sequence.

WARNING —
- *Damage may occur if installation torque and sequence are not followed.*

Tightening torques	
Exhaust manifold to cylinder head • Initial tightening • final tightening	 8 Nm (6 ft-lb) 13 Nm (9.5 ft-lb)

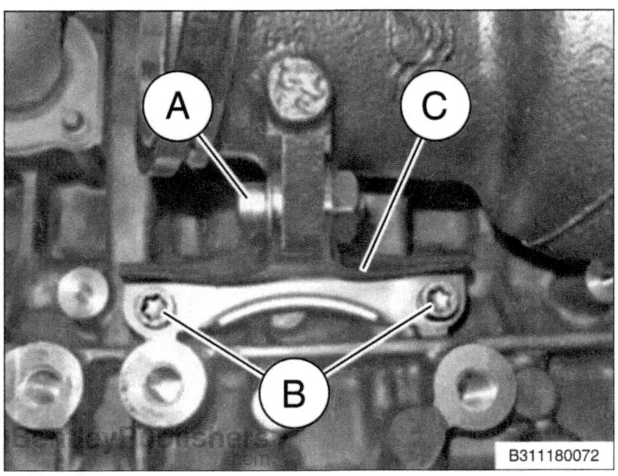

◄ Tighten fasteners (**B**) to engine block.

– Tighten fastener (**A**).

Tightening torques	
Turbocharger to bracket (**A**)	20 Nm 15 (ft-lb)
Bracket to cylinder block (**B**)	20 Nm 15 (ft-lb)

– Remainder of installation is reverse of removal. Remember to:
- Check and clear fault memory using BMW scan tool.
- Check air intake system for leaks.
- Check exhaust system for leaks.

Tightening torques	
Coolant supply line to crankcase	9 Nm (7 ft-lb)
Coolant return line to crankcase	8 Nm (6 ft-lb)
Coolant return line to turbocharger	8 Nm (6 ft-lb)
Coolant supply line to turbocharger	8 Nm (6 ft-lb)
Exhaust manifold heat shield to crankcase	8 Nm (6 ft-lb)
Oil supply line to engine	9 Nm (7 ft-lb)
Oil pressure line to turbocharger	8 Nm (6 ft-lb)
Oil return line to crankcase	8 Nm (6 ft-lb)
Oil return line to turbocharger	8 Nm (6 ft-lb)

Oxygen Sensors

Oxygen sensors, removing and installing (N51, N52, N54 engines)

Oxygen sensors are installed at the front and rear of the catalytic converters. Prior to sensor removal, use BMW scan tool or equivalent to read out and clear ECM fault codes.

CAUTION—
- *Use care when handling oxygen sensors. Oxygen sensors are easily damaged by shock.*
- *To avoid possible engine damage, do not mix up oxygen sensor connectors. Mark connectors before disassembling.*

– Remove upper engine cover. See **020 Maintenance**.

– Raise vehicle and support safely.

WARNING —
- *Make sure the vehicle is stable and well supported at all times. Use a professional automotive lift or jack stands designed for the purpose. A floor jack is not adequate support.*

– Disconnect oxygen sensor harness connectors.

Pre-catalyst oxygen sensors

– Release right side tie rod from steering rack. See **320 Steering and Wheel Alignment**.

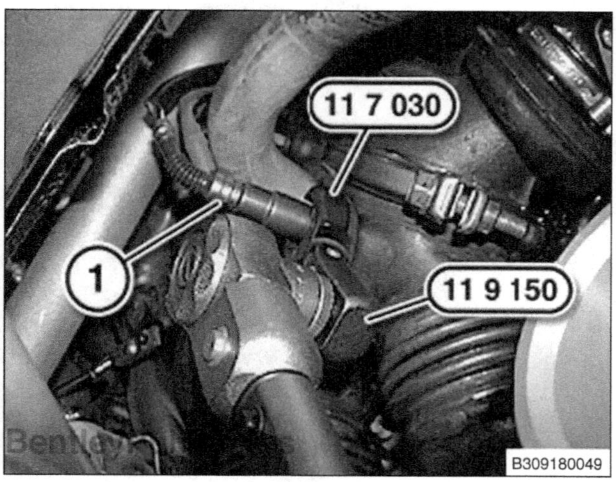

◄ Pre-catalyst oxygen sensor for cylinders 1 - 3 shown with BMW special tools 11 7 030 and 11 9 150.

NOTE—
- *Cylinders 1 - 3 harness connector colored black.*

Pre-catalyst oxygen sensor for cylinders 4 - 6 shown with BMW special tools 11 7 030 and 11 9 150.

NOTE—
- *Cylinders 4 - 6 harness connector colored grey.*

– Installation is reverse of removal. Remember to:
- Apply a small amount of anti-seize compound to sensor threads.
- Make sure sensor electrical harness connectors are routed as before and connected correctly.

> ***CAUTION—***
> - *Do not overuse anti-seize lubricant. Do not contaminate tip of sensor with lubricant.*

Tightening torques	
Oxygen sensor to exhaust pipe: • Using BMW special tool 11 7 030 together with 11 9 150 • Using BMW special tool 11 7 020	 47 Nm (35 ft-lb) 50 Nm (37 ft-lb)

NOTE—
- *When tool 11 7 030 is used together with swivel tool 11 9 150, reduce tightening torque by 3 Nm to 47 Nm (35 ft-lb).*

Post-catalyst oxygen sensors

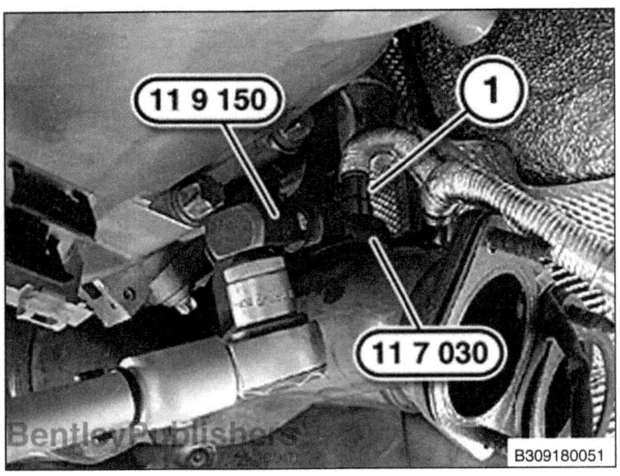

Post-catalyst oxygen sensor for cylinders 1 - 3 shown with BMW special tools 11 7 030 and 11 9 150.

NOTE—
- *Cylinders 1 - 3 harness connector colored black.*

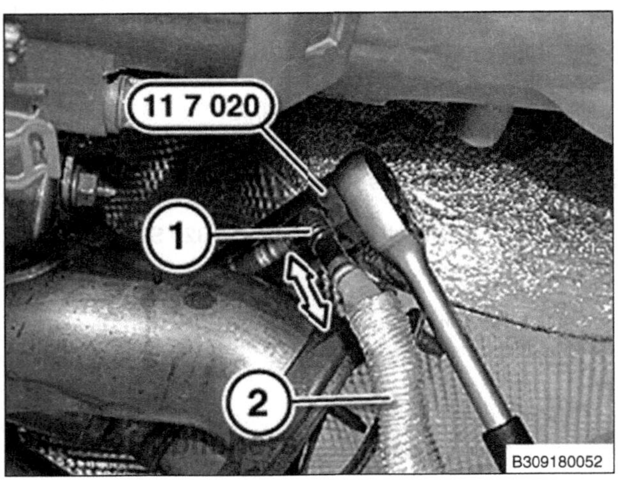

Post-catalyst oxygen sensor for cylinders 4 - 6 shown with BMW special tool 11 7 020.

NOTE—
- *Cylinders 4 - 6 harness connector colored grey.*

– Installation is reverse of removal. Remember to:
  - Apply a small amount of anti-seize compound to sensor threads.
  - Make sure sensor electrical harness connectors are routed as before and connected correctly.

CAUTION—
- *Do not overuse anti-seize lubricant. Do not contaminate tip of sensor with lubricant.*

Tightening torques	
Oxygen sensor to exhaust pipe: • Using BMW special tool 11 7 030 together with 11 9 150 • Using BMW special tool 11 7 020	 47 Nm (35 ft-lb) 50 Nm (37 ft-lb)

NOTE—
- *When tool 11 7 030 is used together with swivel tool 11 9 150, reduce tightening torque by 3 Nm to 47 Nm (35 ft-lb).*

Oxygen sensors, removing and installing (N55 engine)

Oxygen sensors are installed at the front and rear of the near-engine catalytic converter. Prior to sensor removal, use BMW scan tool or equivalent to read out and clear ECM fault codes.

CAUTION—
- *Use care when handling oxygen sensors. Oxygen sensors are easily damaged by shock.*
- *To avoid possible engine damage, do not mix up oxygen sensor connectors. Mark connectors before disassembling.*

– Raise vehicle and support safely.

WARNING—
- *Make sure vehicle is stable and well supported at all times. Use a professional automotive lift or jack stands. A floor jack is not adequate support.*

– Remove front and rear engine lower covers, see **020 Maintenance.**

– Remove rear coil cover, see **020 Maintenance.**

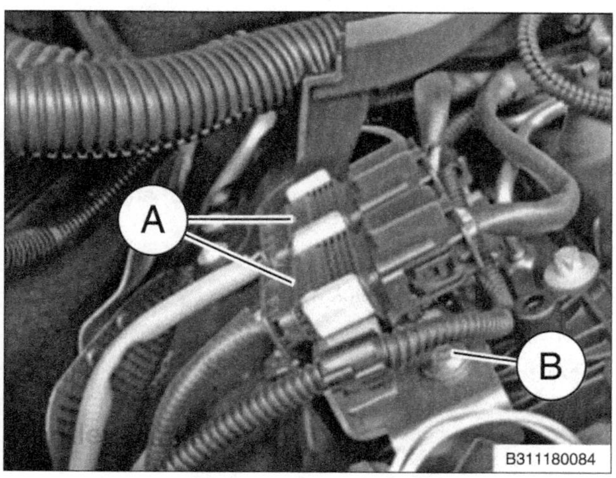

◄ Disconnect oxygen sensor harness connectors (**A**).

– If necessary, remove fastener (**B**), and remove connector bracket.

NOTE—
- *Pre-catalyst wiring is grey.*
- *Post-catalyst wiring is black.*

Pre-catalyst oxygen sensor

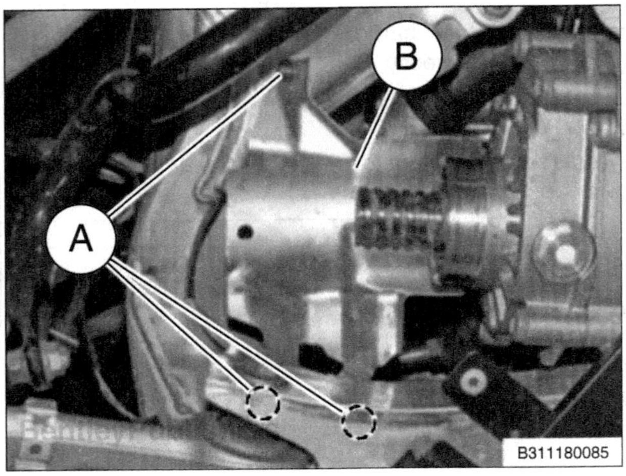

– Release right side tie rod from steering rack. See **320 Steering and Wheel Alignment**.

◄ Remove fasteners (**A**) and remove heat shield (**B**).

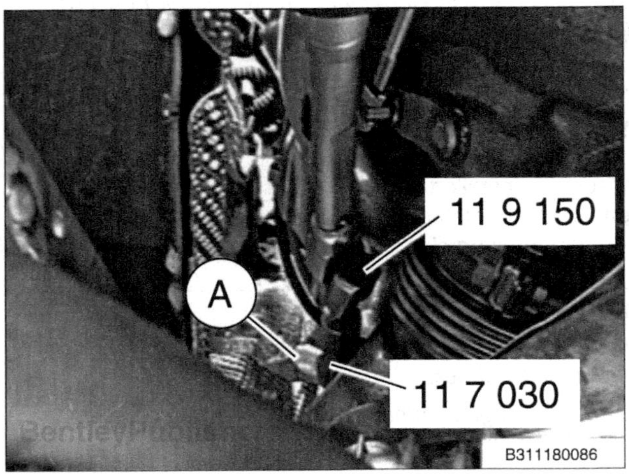

◄ Remove pre-catalyst oxygen sensor (**A**) using BMW special tools 11 7 030 and 11 9 150.

NOTE—
- *Pre-catalyst sensor harness colored grey.*

– Installation is reverse of removal. Remember to:
- Apply a small amount of anti-seize lubricant to sensor threads.
- Make sure sensor electrical harness connectors are routed as before and connected correctly.

CAUTION—
- *Use anti-seize lubricant sparingly. Do not contaminate tip of sensor with lubricant.*

Tightening torques	
Oxygen sensor to exhaust pipe: • Using BMW special tool 11 7 020	50 Nm (37 ft-lb)

NOTE—
- *When tool 11 7 030 is used together with swivel tool 11 9 150, reduce tightening torque by 3 Nm, or to 47 Nm (35 ft-lb).*

Post-catalyst oxygen sensors

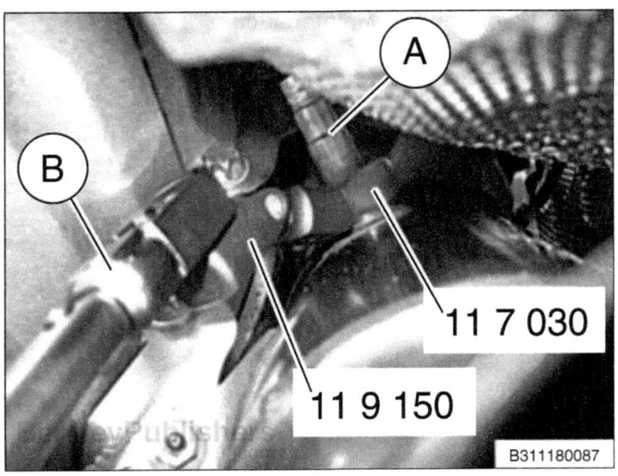

– Remove exhaust system, see **Exhaust system, removing and installing** in this repair group.

◄ Loosen post-catalyst oxygen sensor (**A**) with BMW special tools 11 7 030 and 11 9 150 and a suitable socket wrench (**B**) and remove.

NOTE—
- *Post-catalyst harness colored black.*
- *If needed, loosen catalytic converter to gain additional clearance.*

- Installation is reverse of removal. Remember to:
  - Apply a small amount of anti-seize compound to sensor threads.
  - Make sure sensor electrical harness connectors are routed as before and connected correctly.

CAUTION—
- *Do not overuse anti-seize lubricant. Do not contaminate tip of sensor with lubricant.*

Tightening torques	
Oxygen sensor to exhaust pipe: • Using BMW special tool 11 7 030 together with 11 9 150 • Using BMW special tool 11 7 020	 47 Nm (35 ft-lb) 50 Nm (37 ft-lb)

NOTE—
- *When tool 11 7 030 is used together with swivel tool 11 9 150, reduce tightening torque by 3 Nm to 47 Nm (35 ft-lb).*

CATALYTIC CONVERTERS

Catalytic converters are used in the exhaust pipes to force oxidation or conversion of unburned hydrocarbons and nitrogen oxides.

N51, N52, and N54 engines use two pre-catalytic converters and two post-catalytic converters in the exhaust pipes. N55 engine uses a single near-engine catalytic converter directly after the turbocharger.

Pre-catalytic converters (N51, N52 engines)

N51 and N52 engines include an integral pre-catalytic converter in each exhaust manifold. To replace pre-catalyst, see **Exhaust manifold (N51, N52)** in this repair group.

Pre-catalytic converters, removing and installing (N54 engine)

N54 engines include a separate pre-catalytic converter clamped to each turbocharger. To replace N54 pre-catalyst, follow the procedures below.

- Remove lower engine cover. See **020 Maintenance**.
- Remove exhaust system. See **Exhaust system, removing and installing** in this repair group.
- Working at side of transmission: Remove holder for oxygen sensor wiring harness.
- Remove oxygen sensors. See **Oxygen sensors, (N51, N52, N54 engines) removing and installing** in this repair group.

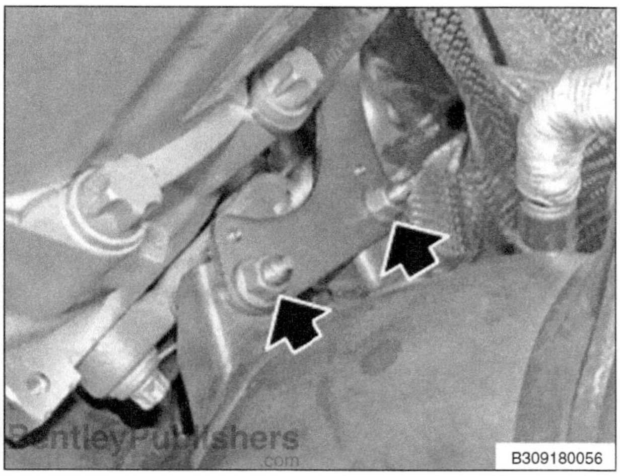

Pre-catalytic converter, cylinders 1 - 3 (N54 engine)

< Remove nuts (**arrows**) from catalytic converter bracket.

Pre-catalytic converters, removing and installing (N54 engine)

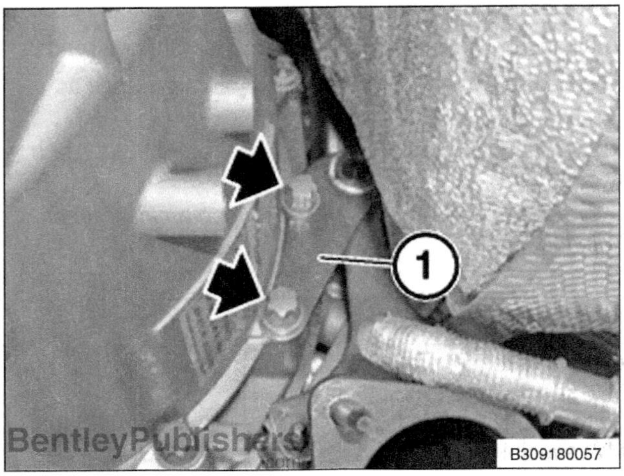

Remove bolts (**arrows**) from catalytic converter bracket.

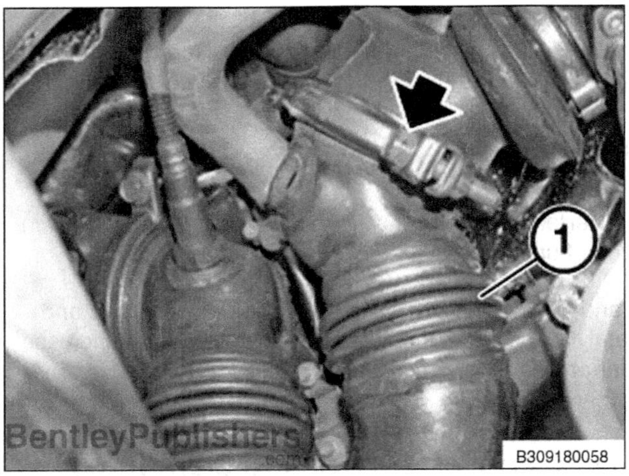

While supporting catalytic converter: remove clamp (**arrow**) and lower converter (**1**) down to remove.

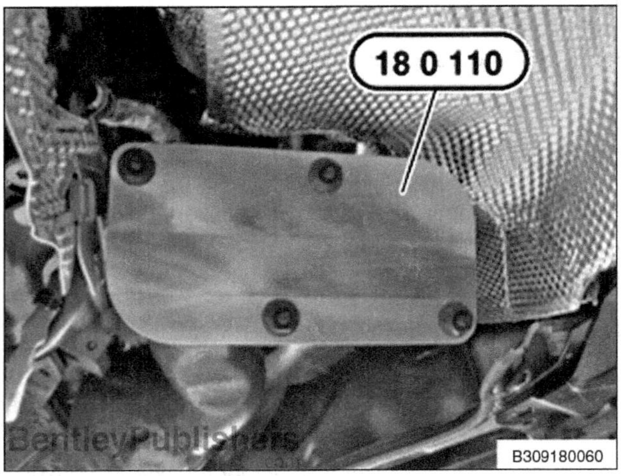

Installation is reverse of removal. Remember to:

- Clean sealing surfaces and replace seal between converter and turbocharger.
- Hold catalytic converter in position using BMW special tool 18 0 110 or equivalent and install clamp.
- Check exhaust system for leaks.

Tightening torque	
Catalytic converter to turbocharger	13 Nm (10 ft-lb)

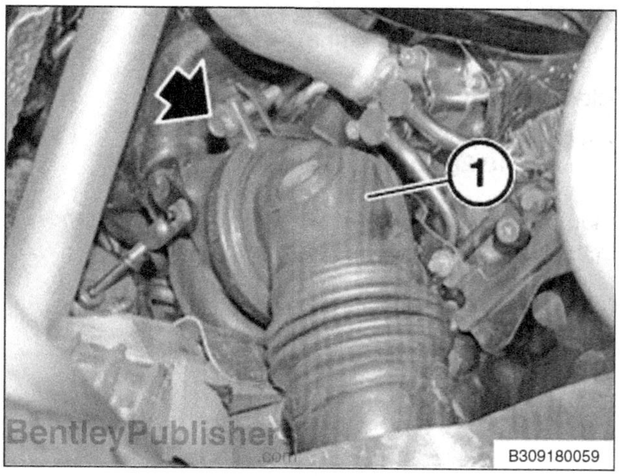

Pre-catalytic converter, cylinders 4 - 6 (N54 engine)

- Remove pre-catalytic converter for cylinders 1 - 3.
- Remove oxygen sensors. See **Oxygen sensors, removing and installing** in this repair group.

< While supporting catalytic converter: Remove clamp (**arrow**) and lower converter (**1**) downwards to remove.

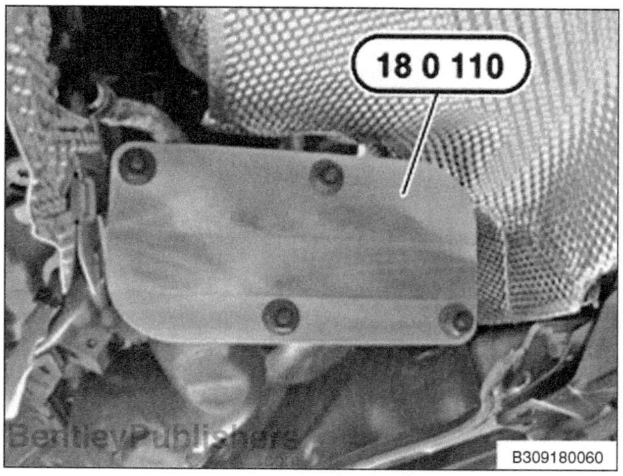

< Installation is reverse of removal. Remember to:

- Clean sealing surfaces and replace seal between converter and turbocharger.
- Hold catalytic converter in position using BMW special tool 18 0 110 or equivalent and install clamp.
- Check exhaust system for leaks.

Tightening torque	
Catalytic converter to turbocharger	13 Nm (10 ft-lb)

Catalytic converter, removing and installing (N55 engine)

CAUTION—
- *Use care when handling oxygen sensors. Oxygen sensors are easily damaged by shock.*
- *To avoid possible engine damage, do not mix up oxygen sensor connectors. Mark connectors before disassembling.*

- Raise vehicle and support safely.

WARNING —
- *Make sure vehicle is stable and well supported at all times. Use a professional automotive lift or jack stands. A floor jack is not adequate support.*

- Remove front and rear engine lower covers, see **020 Maintenance.**
- Remove rear coil cover, see **020 Maintenance.**

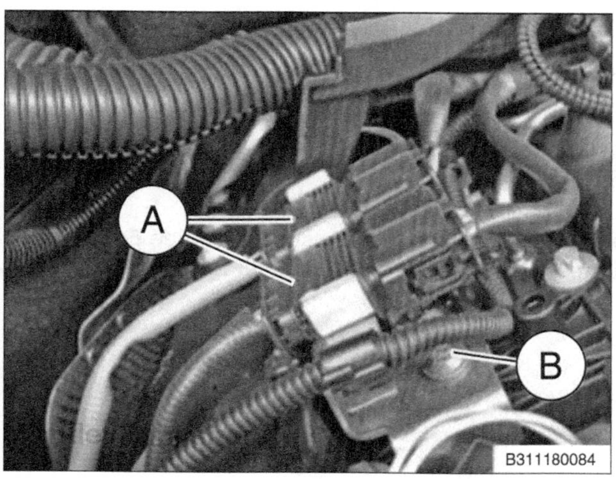

< Working at rear of engine, disconnect oxygen sensor harness connectors (**A**). If necessary, remove fastener (**B**), and remove connector bracket.

NOTE —
- *Pre-catalyst wiring is grey. Post-catalyst wiring is black.*

– Remove post-catalyst oxygen sensor. See **Oxygen Sensors, Removing and Installing (N55 engine)** in this repair group.

– xDrive vehicles only:
  - Support engine at top and remove right engine mount and engine support arm, see **110 Engine removal and Installation**

– Remove exhaust system. See **Exhaust system, removing and installing** in this repair group.

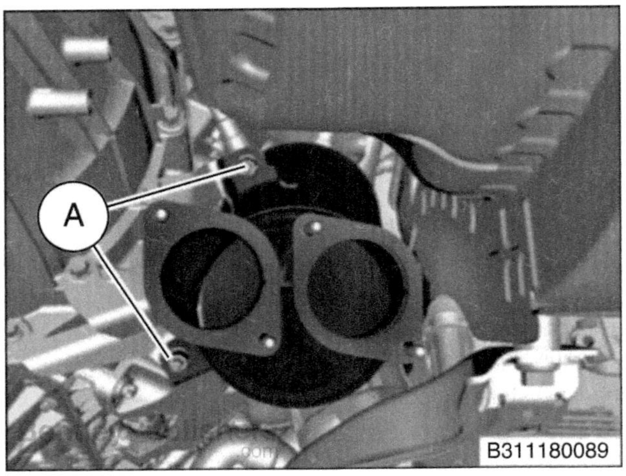

◄ Remove fasteners (**A**) from catalytic converter bracket.

◄ loosen fastener (**A**), and release clamp.

CAUTION—
- *when removing exhaust clamp, be sure to secure catalytic converter from falling.*

– Remove catalytic converter from bottom of vehicle.

– Installation is reverse of removal.

NOTE—
- *Exhaust clamp is single use and must be replaced when reinstalling.*

Torques	
Catalytic converter to bracket	19 Nm (14 ft-lb)
Catalytic converter to turbocharger clamp	13 Nm (9.5 ft-lb)

Post-catalytic converters

N51, N52 and N54 engines include post-catalytic converters that are welded into the originally installed exhaust system and must be cut off to be replaced.

To replace N51, N52 or N54 engine post-catalyst, See **Exhaust system components, removing and installing** in this repair group.

Exhaust Components

Exhaust components (N51, N52, N52KP engines)

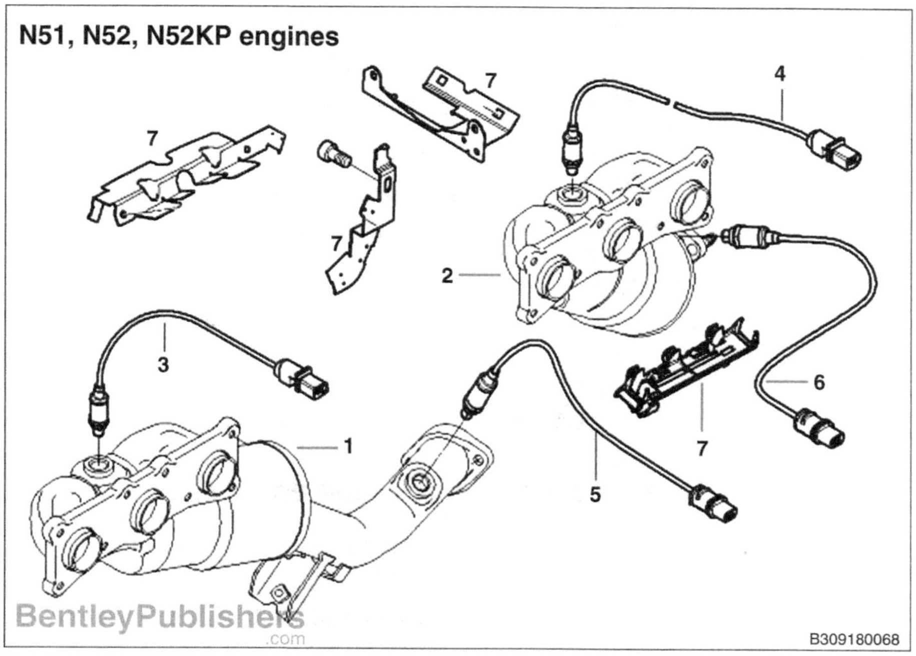

1. Exhaust manifold, front
2. Exhaust manifold, rear
3. Pre-catalyst oxygen sensor, front
4. Pre-catalyst oxygen sensor, rear
5. Post-catalyst oxygen sensor, front
6. Post-catalyst oxygen sensor, rear
7. Bracket

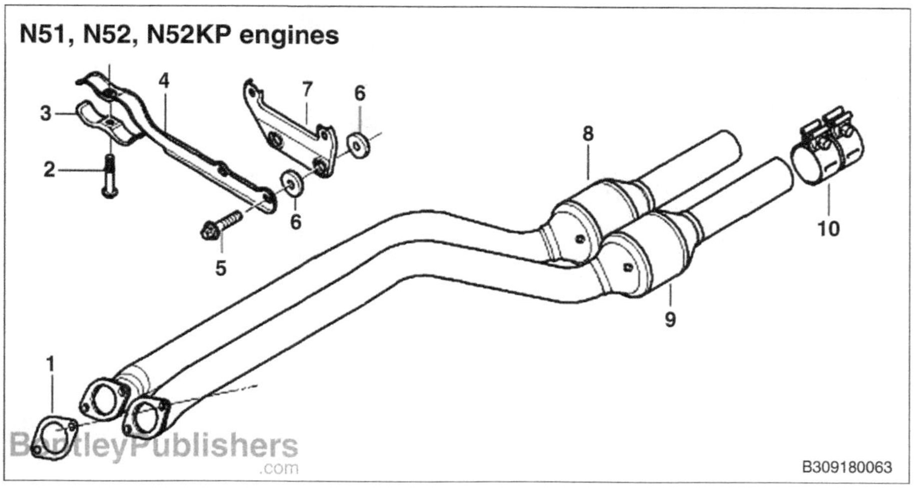

1. Gasket
2. Bolt
3. Exhaust hanger, lower
4. Exhaust hanger, upper
5. Bolt
6. Washer
7. Bracket
8. Post-catalytic converter, front
9. Post-catalytic converter, rear
10. Dual clamp

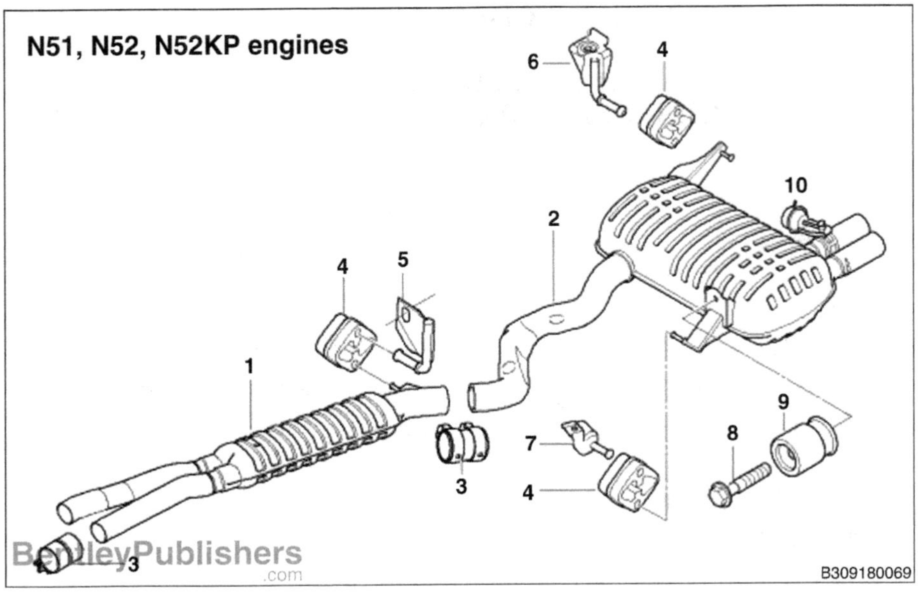

1. Resonator
2. Muffler
3. Dual clamp
4. Hanger
5. Bracket, front
6. Bracket, rear
7. Bracket, center
8. Bolt
9. Vibration dampener
10. Vacuum valve

Exhaust components (N54 engine)

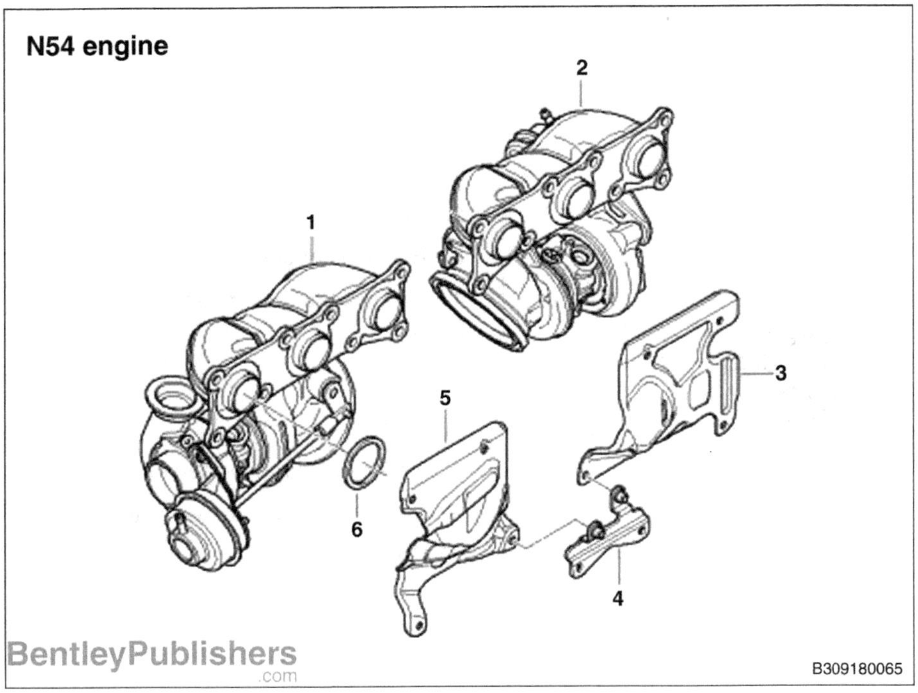

1. Exhaust manifold / turbocharger, front
2. Exhaust manifold / turbocharger, rear
3. Heat shield
4. Bracket
5. Heat shield
6. Gasket

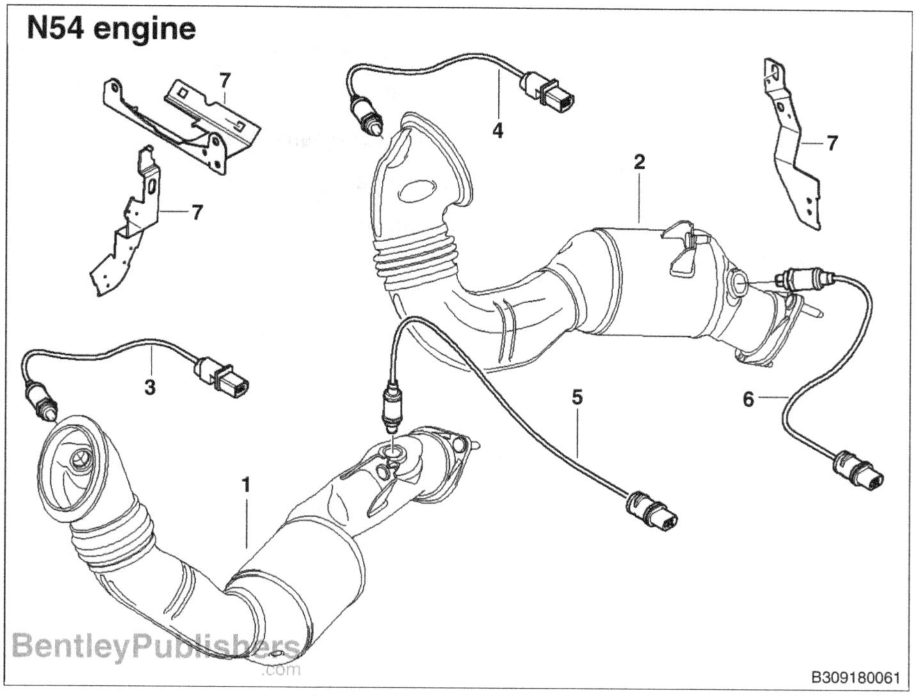

1. Pre-catalytic converter, front
2. Pre-catalytic converter, rear
3. Pre-catalyst oxygen sensor, front
4. Pre-catalyst oxygen sensor, rear
5. Post-catalyst oxygen sensor, front
6. Post-catalyst oxygen sensor, rear
7. Bracket

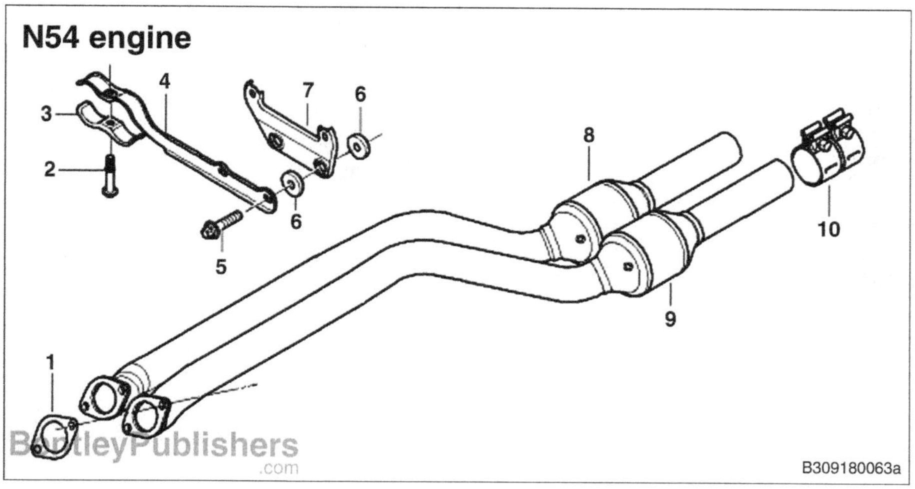

1. Gasket
2. Bolt
3. Exhaust hanger, lower
4. Exhaust hanger, upper
5. Bolt
6. Washer
7. Bracket
8. Post-catalytic converter, front
9. Post-catalytic converter, rear
10. Dual clamp

Exhaust components (N54 engine)

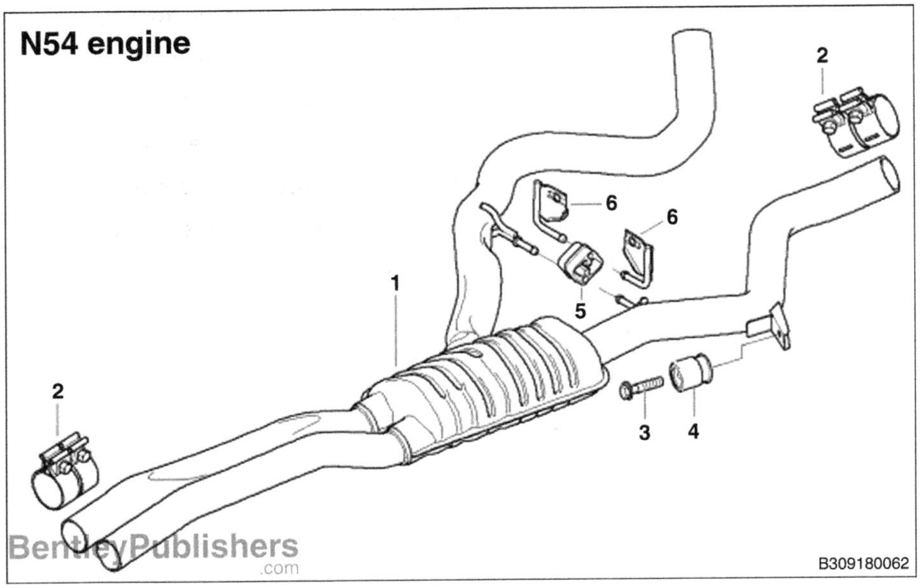

1. Resonator
2. Dual clamp
3. Bolt
4. Vibration dampener
5. Hanger
6. Bracket

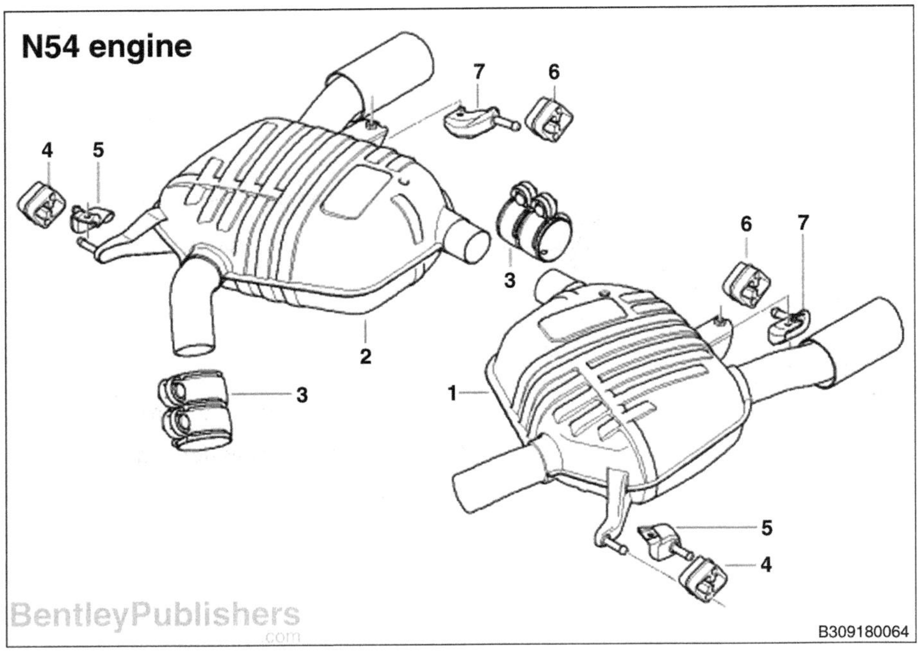

1. Muffler, left
2. Muffler, right
3. Dual clamp
4. Hanger
5. Bracket, front
6. Hanger
7. Bracket, rear

Exhaust components (N55 engine)

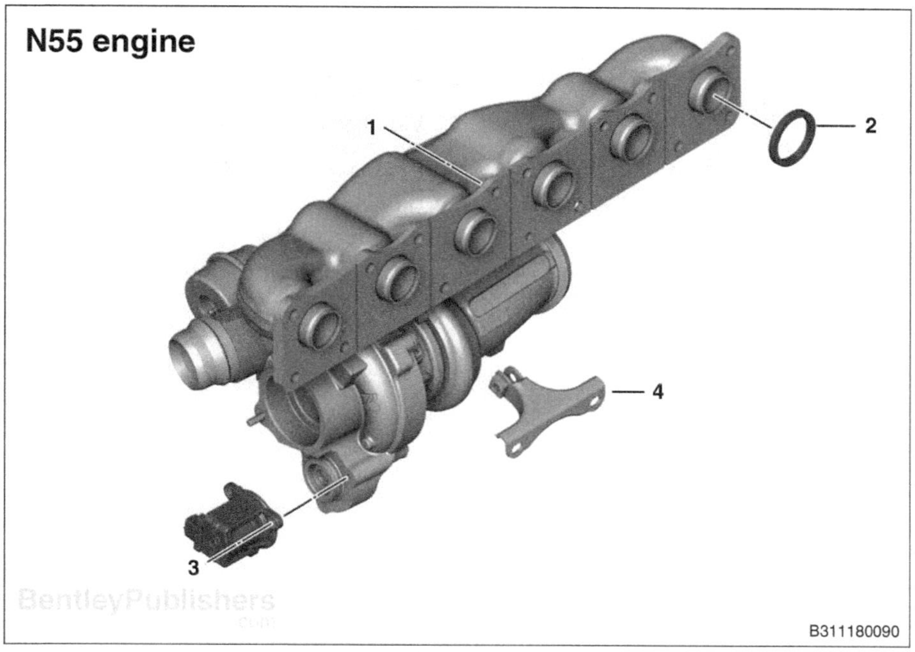

1. Exhaust manifold with integral turbocharger
2. Sealing ring
3. Wastegate solenoid
4. turbocharger bracket

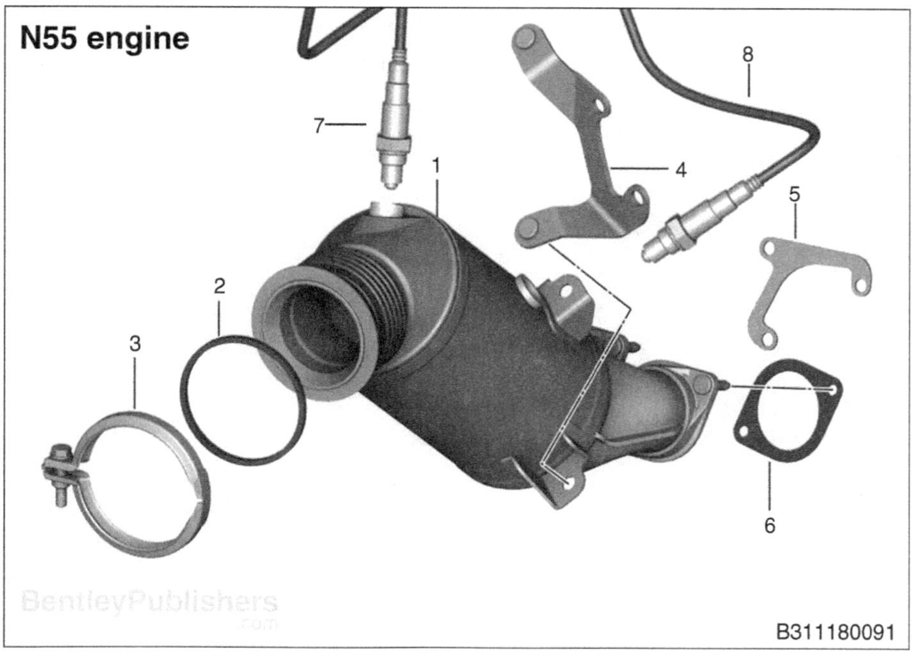

1. Catalytic converter
2. Catalytic converter gasket
3. Clamp
4. Catalytic converter bracket
5. Exhaust bracket
6. Exhaust gasket
7. Pre-catalyst oxygen sensor
8. Post-catalyst oxygen sensor

Exhaust components (N55 engine)

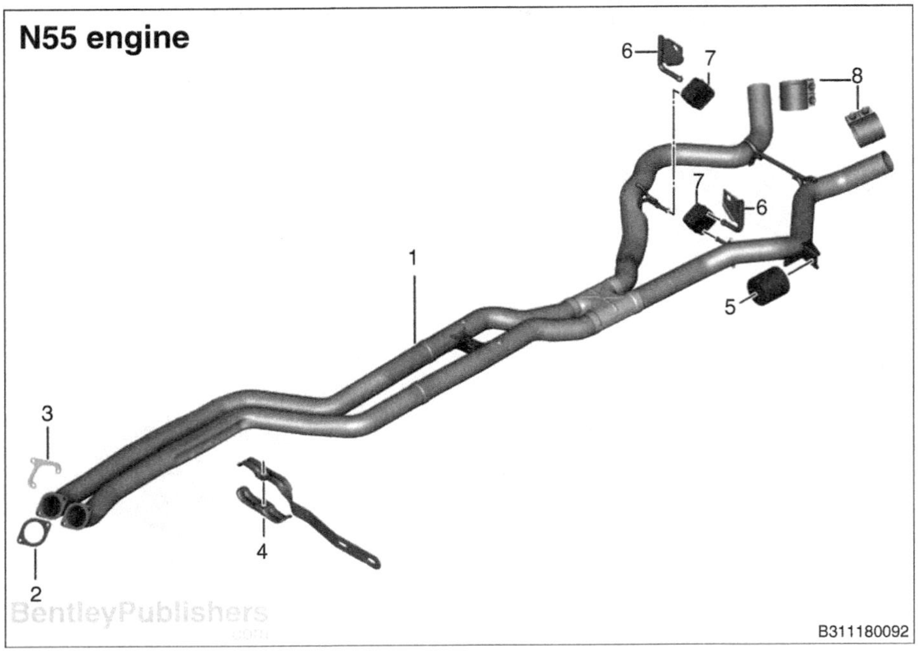

1. Exhaust system
2. Gasket
3. Catalytic converter flange bracket
4. Front exhaust bracket
5. Vibration dampener
6. Rear support brackets
7. Hanger
8. Dual clamp

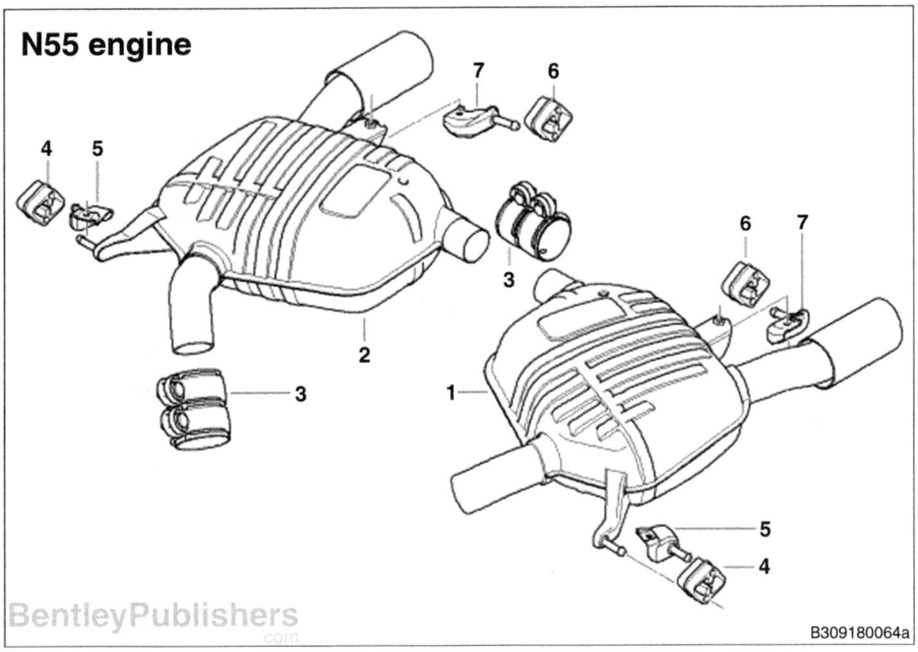

1. Muffler, left
2. Muffler, right
3. Dual clamp
4. Hanger
5. Bracket, front
6. Hanger
7. Bracket, rear

200 Transmission–General

TABLES

GENERAL

This section provides general information for drivetrain components such as clutch, transmission, driveshafts and xDrive transfer case.

See also:

- **119 Lubrication System** for rear main seal replacement
- **210 Clutch** for clutch mechanical and hydraulic repairs and flywheel replacement
- **230 Manual Transmission** for manual transmission fluid service, seal replacement and transmission replacement
- **240 Automatic Transmission** for ATF change and transmission replacement
- **260 Driveshafts** for front and rear driveshaft repairs
- **270 Transfer Case** for xDrive transfer case replacement
- **280 Double Clutch Transmission** for DCT fluid check
- **311 Front Axle Differential** for front differential, front drive axles and front CV joints
- **331 Rear Axle Differential** for rear differential, rear drive axles and rear CV joints

DRIVETRAIN

3 Series models are equipped with a longitudinal drivetrain. The transmission is bolted directly to the rear of the engine. In rear wheel drive models, a driveshaft connects the output shaft of the transmission to the rear differential. On xDrive models, a transfer case is mounted to the rear of the transmission, with drive shafts leading to front and rear differentials. Individual drive axles with integrated constant velocity joints transfer rotational power from the differentials to the drive wheels.

MANUAL TRANSMISSION

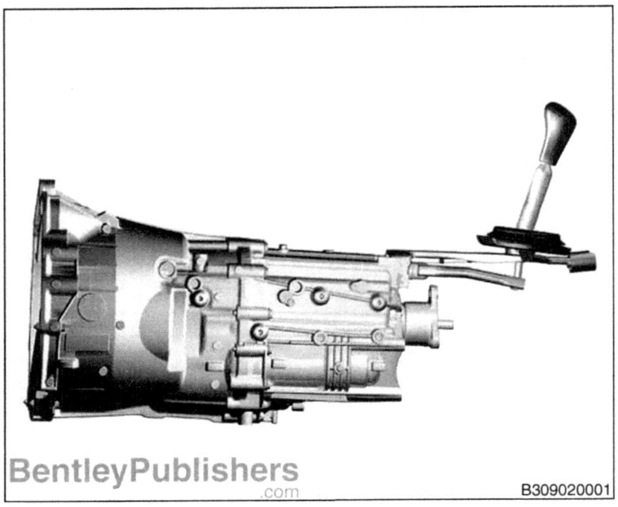

A 6-speed manual transmission is standard on all models. See **Table a**. Transmission gear ratio information is in **230 Manual Transmission**.

NOTE—

- *Manual transmission has metal ID plate mounted on side of transmission. Do not rely on numbers cast on transmission case for identification.*

Table a. Manual transmission applications

Model	Transmission	Manufacturer id
325i, 328i	GS6-17BG	Getrag type I
325xi, 328xi, 330xi 330i	GS6X-37BZ GS6-37BZ	ZF type H
335i, 335is (N54) 335xi (N54)	GS6-53BZ GS6X-53BZ	ZF type G
335i (N55) 335xi (N55)	GS6-45BZ GS6X-45BZ	ZF type K

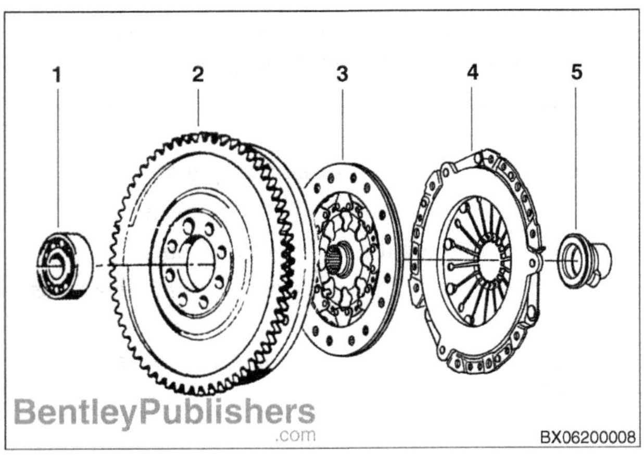

Manual transmission vehicles are equipped with a single-disc clutch and dual-mass flywheel.

1. Pilot bearing
2. Dual-mass flywheel
3. Clutch disc
4. Clutch pressure plate
5. Clutch release bearing

For further information, see **210 Clutch**.

AUTOMATIC TRANSMISSION

The automatic transmission is a 6-speed Steptronic that offers a choice of Normal, Sport, and Manual mode. Sport mode is engaged by moving the shift lever out of Drive and into the Sport / Manual shift gate. In Sport mode, shifts occur at a higher rpm than normal. Additionally, the driver can tip the lever forward (downshifts) or backward (upshifts) to manually select a gear. Automatic transmission applications are in **Table b**.

Table b. Automatic transmission applications		
Model	**Transmission**	**Manufacturer id**
328i, 328xi	GA6L45R (6-speed)	GM GM6
325i, 325xi, 330i, 330xi, 335i, 335xi	GA6HP19Z (6-speed)	ZF 6HP19

GM transmission identification tag (**arrow**) is on left side of transmission, just above transmission pan, behind transmission selector cable.

ZF transmission identification tag (**arrow**) is on left rear of transmission, just above transmission pan.

Double Clutch Sequential Transmission

2011 and later models can be optionally equipped with a 7-speed double clutch transmission. This transmission features two clutches and two transmission shafts that allow for nearly continuous power flow without interruption. When one gear is disengaged on one shaft, the next gear is already engaged on the second shaft. This results in minimal shift times and faster acceleration.

Table c. Double clutch transmission applications

Model	Transmission	Manufacturer id
2011-on 335i,335is Coupe and Convertible	GS7D36SG (7-speed)	DKG (436)

xDrive

BMW's advanced all-wheel drive system is known as xDrive. It includes a transfer case with electronically controlled clutch that regulates the front to rear torque split for best traction.

Transfer case

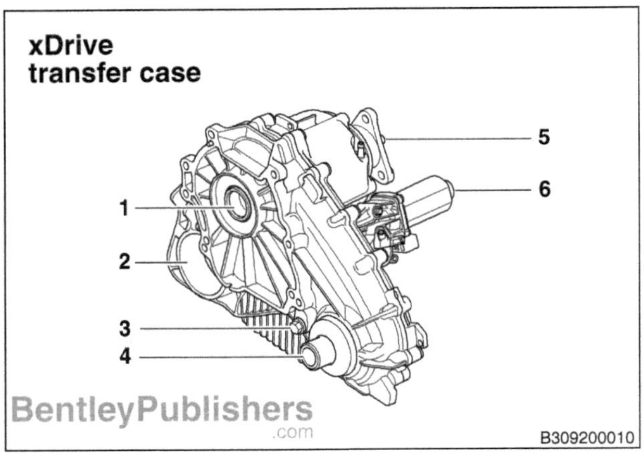

The xDrive transfer case, bolted to the rear of the transmission, directs power from the transmission to both the front and rear differentials via driveshafts. The transfer case is permanently engaged to drive all four wheels all of the time.

1. Transfer case input shaft
2. Transmission and transfer case mount
3. Fill plug
4. Front driveshaft output
5. Rear driveshaft output
6. xDrive clutch actuator

Clutch

In the xDrive system, an electronically controlled clutch allows for infinitely variable distribution of front to rear torque for best traction.

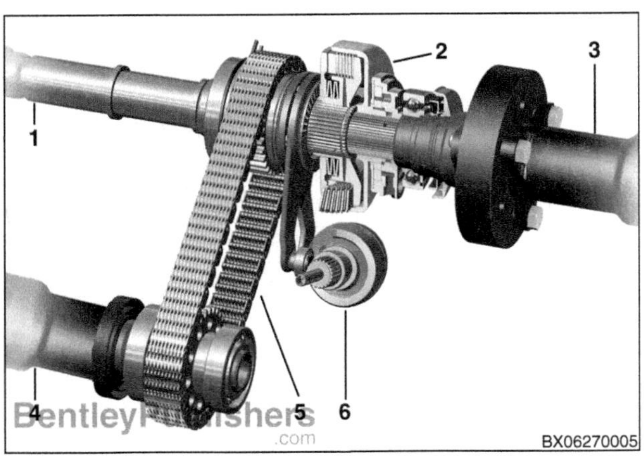

xDrive components consist of:

1. Transmission output shaft
2. Electronically controlled clutch
3. Rear driveshaft
4. Front driveshaft
5. Power transfer chain
6. xDrive clutch actuator

xDrive functions are integrated with ABS / DSC. If a wheel begins to slip or if the DCS steering angle sensor and acceleration sensors signal excessive "yaw" in the vehicle, xDrive reacts by transferring power to the wheel or wheels with best traction, usually before a wheel is able to spin. This significantly reduces the risk of under- or oversteer, improving agility and safety on the road.

Torque and engine power are redistributed by xDrive within a few milliseconds. As a result, the driver normally does not notice a change in power distribution.

In addition to controlling power distribution, xDrive and DSC may intervene via braking. If a wheel starts to spin without transmitting power, the brakes are applied at that wheel. In this case, the differential automatically supplies more power to the opposite wheel.

For additional information on xDrive and DSC functions, see **340 Brakes**.

DRIVETRAIN LUBRICANTS

Transmission fluids

Manual and double clutch transmssions (DCT) transmissions are filled with lifetime lubrication. No oil change is required for the entire service life of the transmission.

Automatic transmission fluid change intervals are listed **020 Maintenance**.

If repairs have to be made to the transmission or transmission oil cooler, use only the recommended fluid to refill.
See **Table d**, **Table e** or **Table f**.

A label on manual transmission specifies original lubricant used at the factory.

For manual transmission fluid service, see **230 Manual Transmission**.

Table d. Manual transmission fluids

Transmission	Year range	Fluid type
Getrag GS6-17BG	All	MTF-LT-3
ZF GS6-37BZ	To 03/2007 From 03/2007	MTF-LT-2 MTF-LT-3
ZF GS6-53BZ	To 03/2007 From 03/2007	MTF-LT-2 MTF-LT-3
ZF GS6-45BZ	All	MTF-LT-5

MTF-LT-2 (Lifetime fluid) BMW part no. 83 22 0 309 031
MTF-LT-3 (Lifetime fluid) BMW part no. 83 22 7 533 818
MTF-LT-5 (Lifetime fluid) BMW part no. 83 22 2 167 66

ATF is specified on colored label on automatic transmission sump.

For automatic transmission fluid service, including checking fluid level and ATF filter replacement, see **240 Automatic Transmission**.

Table e. Automatic transmission fluids		
Type	**BMW part no.**	**Manufacturer part no.**
GA6L45R	83 22 0 397 114	Dexron VI
GA6HP19Z	83 22 0 142 516	Shell M-1375.4

Table f. Double clutch transmission fluids		
Type	**BMW part no.**	**Manufacturer part no.**
GS7D36SG	83 22 0 440 214	Pentosin FFL-4 1080107

Transfer case fluid

xDrive models: Transfer case fluid specifications are in **Table g**.

Table g. Transfer case fluid specifications	
Type	**BMW part no.**
xDrive (all)	83 22 0 397 244

For transfer case fluid service, see **270 Transfer Case**.

Differential oil

Differentials are filled with lifetime lubrication. No oil change is required for the entire service life of the differential. If repairs have to be made to the differential, use only the recommended lifetime oil to refill. See **Table h**.

Table h. Differential oil (lifetime)	
BMW specification	SAF-XO Synthetic

xDrive models: Front differential is bolted to left side of engine oil pan.

For front differential oil service, see **311 Front Axle Differential**.

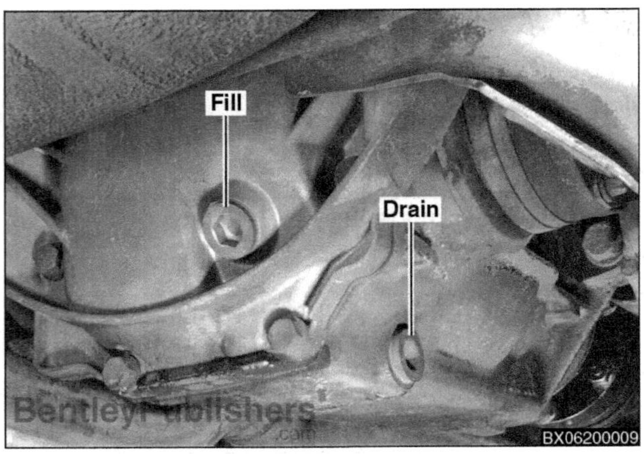

Rear differential is bolted to rear suspension subframe.

For rear differential oil service, see **331 Rear Axle Differential**.

210 Clutch

GENERAL

This repair group covers replacement of clutch mechanical and hydraulic components.

See also:

- **200 Transmission–General** for transmission application information
- **230 Manual Transmission** for transmission removal
- **270 Transfer Case** for xDrive transfer case removal

Warnings and Cautions

CAUTION—
- *When performing any repair which involves separating the engine and transmission, check that the bellhousing dowels are undamaged and properly in place before reassembly. If the alignment of the engine flywheel to the transmission input shaft or torque converter is incorrect any of the following complaints may result: Clutch slipping, shudder, or poor disengagement; noise from transmission input shaft; transmission popping out of gear; difficulty changing gears; or internal damage to the transmission.*
- *For engines with a magnesium crankcase only aluminum fasteners and dowels may be used. Consult with an authorized BMW dealer parts department for the correct fasteners and dowels for the engine and model concerned.*

CLUTCH HYDRAULICS

The clutch is hydraulically actuated by the master and slave cylinders. Clutch disc wear is automatically taken up through the self-adjusting clutch (SAC) pressure plate springs, making periodic adjustments unnecessary.

A soft or spongy feel to the clutch pedal, long pedal free-play, or grinding noises from the gears while shifting can all indicate problems with the clutch hydraulics. In these circumstances it is best to start with a clutch fluid flush, followed, if necessary, by replacement of the hydraulic parts.

The clutch hydraulic system shares the fluid reservoir and fluid with the brake hydraulic system.

Models prior to 08/2006 are equipped with metal slave cylinder. Later models are equipped with a plastic slave cylinder. Differences are noted in the text where they occur.

Clutch hydraulic system, bleeding and flushing

If the clutch and brake fluid is murky or muddy, or has not been changed within the last two years, flush the system using a brake system pressure bleeder.

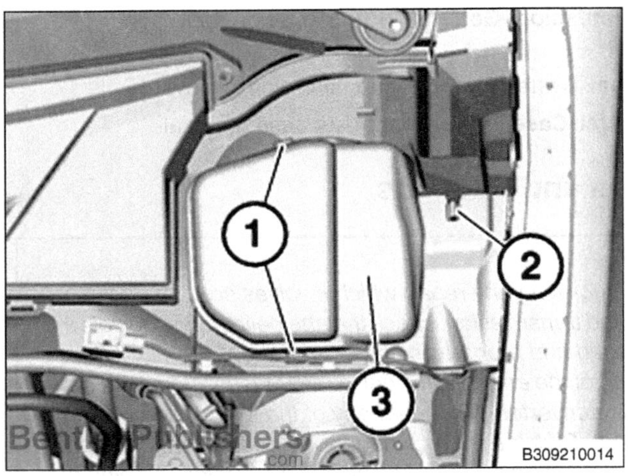

– Raise vehicle and support safely.

> ***WARNING—***
> - *Make sure the vehicle is stable and well supported at all times. Use a professional automotive lift or jack stands designed for the purpose. A floor jack is not adequate support.*

– Remove splash shield under transmission. See **020 Maintenance**.

< Working on left side of engine compartment, release locking tabs (**1**) and remove brake fluid reservoir cover (**3**).

– Remove brake fluid reservoir cap. Using a clean syringe, remove brake fluid from reservoir. Refill reservoir with clean DOT4 low viscosity brake fluid.

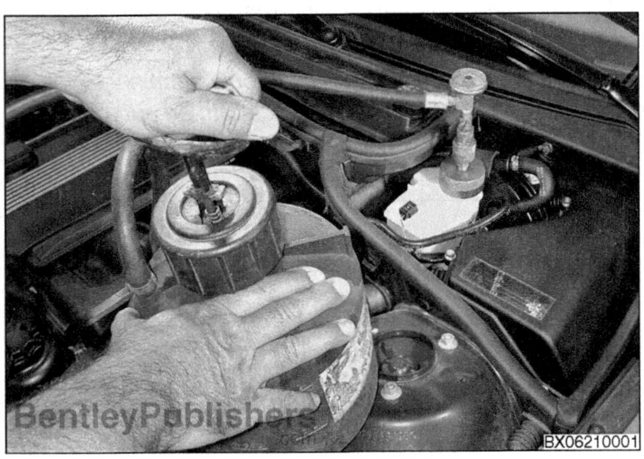

< Attach pressure brake bleeder to fluid reservoir and pump bleeder a few times to pressurize hydraulic fluid system.

> ***CAUTION—***
> - *Do not exceed 2 bar (29 psi) pressure at the fluid reservoir when bleeding or flushing the hydraulic system.*
> - *Brake fluid is poisonous, highly corrosive and dangerous to the environment. Wear safety glasses and rubber gloves when working with brake fluid. Do not siphon brake fluid with your mouth. Immediately clean away any fluid spilled on painted surfaces and wash with water, as brake fluid will remove paint.*
> - *Use new brake fluid from a fresh, unopened container. Brake fluid absorbs moisture from the air. This can lead to corrosion problems in the hydraulic systems, and also lowers the brake fluid boiling point. Dispose of brake fluid properly.*

Clutch hydraulics, bleeding

< Connect a length of hose from clutch slave cylinder bleeder valve (**arrow**) to a container.

– Open bleeder valve and allow brake fluid to expel until clean fluid comes out free of air bubbles.

– Close bleeder valve and disconnect pressure bleeding equipment from fluid reservoir. Hose on bleeder valve remains connected.

– Slowly operate clutch pedal about 10 times. Fill reservoir with clean fluid as necessary.

Clutch hydraulics, bleeding using BMW special tool 21 5 030

< Working underneath vehicle, unbolt slave cylinder from transmission. Fit BMW special tool 21 5 030 to slave cylinder. Rotate threaded tool spindle to press slave cylinder pushrod completely into slave cylinder.

– Attach pressure brake bleeder to fluid reservoir.

– Hold slave cylinder so that bleeder valve is at highest point.
  - Open bleeder valve.
  - If bubble-free brake fluid emerges, use tool spindle to retract slave cylinder push rod slightly, then press in again.
  - If bubbles appear, repeat procedure until fluid runs clear and without bubbles. Once brake fluid appears without air bubbles, close bleeder valve.
  - Release pressure bleeder and detach special tool. Disconnect bleeder hose.

> ***CAUTION—***
> - *Do not detach special tool from slave cylinder if fluid is pressurized. The slave cylinder push rod can blow out of cylinder.*

– Reinstall slave cylinder to transmission. Add clean brake fluid to reservoir as necessary. Check clutch operation.

Tightening torque	
Clutch slave cylinder to transmission	22 Nm (16 ft-lb)

Clutch master cylinder, replacing

The clutch master cylinder is mounted to the pedal assembly directly above the clutch pedal.

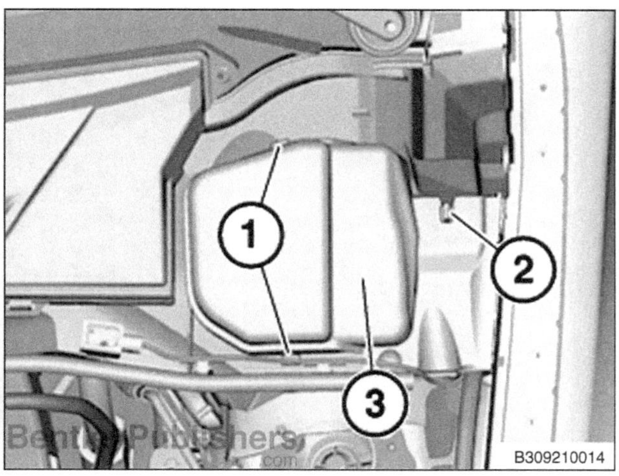

< Working on left side of engine compartment, release locking tabs (**1**) and remove brake fluid reservoir cover (**3**).

– Remove brake fluid reservoir cap. Using a clean syringe, remove brake fluid from reservoir.

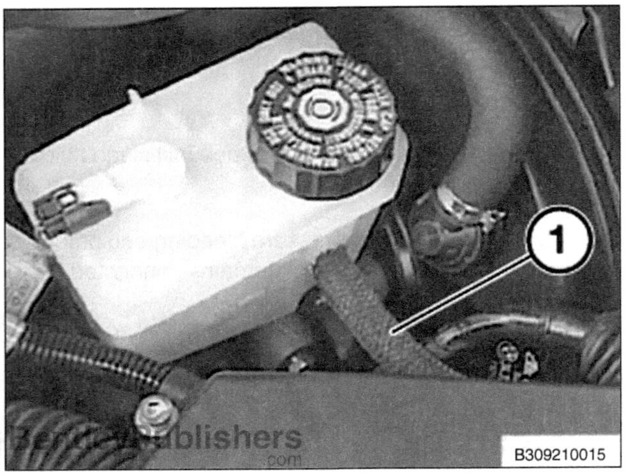

< Disconnect clutch fluid supply line (**1**) from brake fluid reservoir. Place a pan under hose to catch dripping fluid.

- Working at pedal cluster, remove lower left trim panel under dashboard (pedal cluster trim). See **513 Interior Trim**.

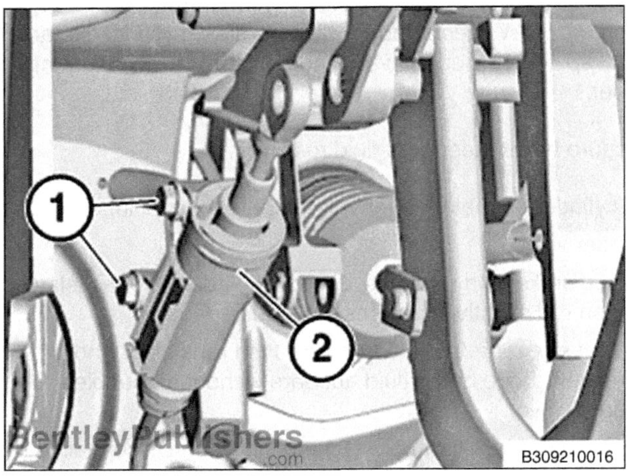

< Remove fasteners (**1**) on master cylinder (**2**).

NOTE—

- *Clutch pedal shown removed to aid illustration.*

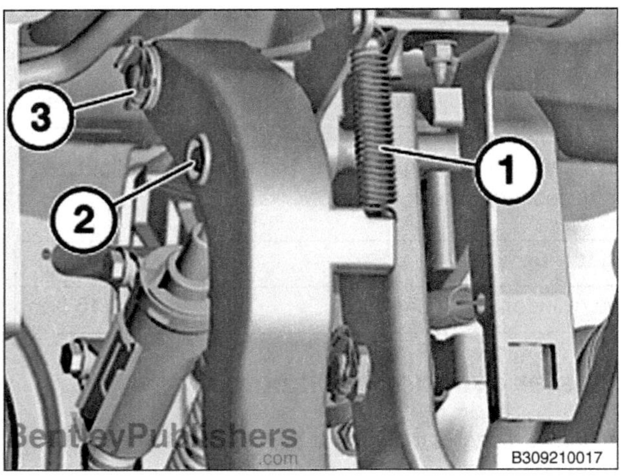

< Remove clutch pedal return spring (**1**).

- Remove locking clip (**3**) to release clutch pedal and master cylinder from bearing block.
- Press pin ends (**2**) together and remove pin so that master cylinder is free from clutch pedal.

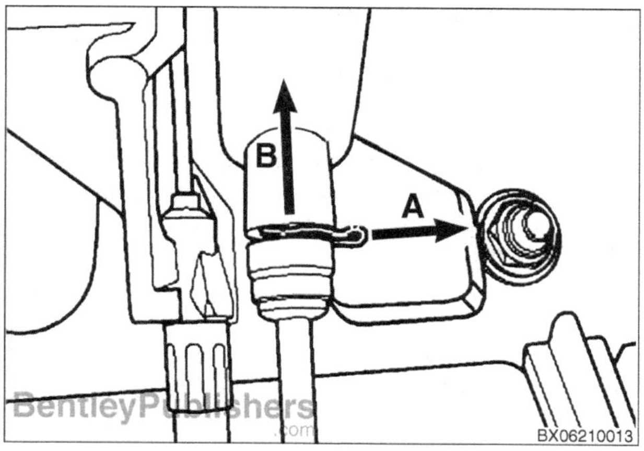

Remove pressure line locking clip (**A**) and pull master cylinder (**B**) off line.

> ***CAUTION—***
> - *To prevent brake fluid spill, wrap clutch master cylinder with shop towels when removing hydraulic fluid lines from master cylinder.*
> - *Brake fluid damages paint and stains carpets. Clean off any brake fluid on or in the vehicle immediately.*

– Remove supply hose from master cylinder. Do not pull supply hose into vehicle interior.

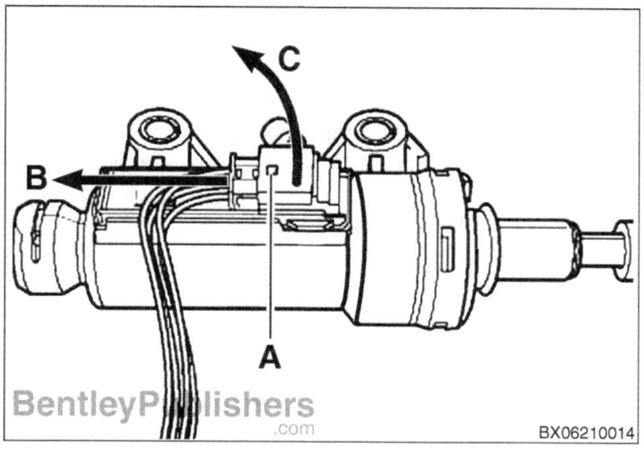

Remove switch module from master cylinder.
- Press locking button (**A**) to release harness connector.
- Pull harness connector (**B**) off switch module.
- Use screwdriver to lever off switch module (**C**).

– Installation is reverse of removal. Make sure switch module snaps audibly into place on master cylinder housing.

Tightening torques	
Clutch master cylinder to pedal cluster	9 Nm (80 in-lb)

– Fill brake fluid reservoir with clean fluid and bleed clutch hydraulics. See **Clutch hydraulic system, bleeding and flushing** in this repair group.

Clutch switch, replacing

The clutch switch is a single module, attached to the clutch master cylinder. It performs both cruise control and starter immobilization functions.

– Remove driver side footwell trim. See **513 Interior Trim**.

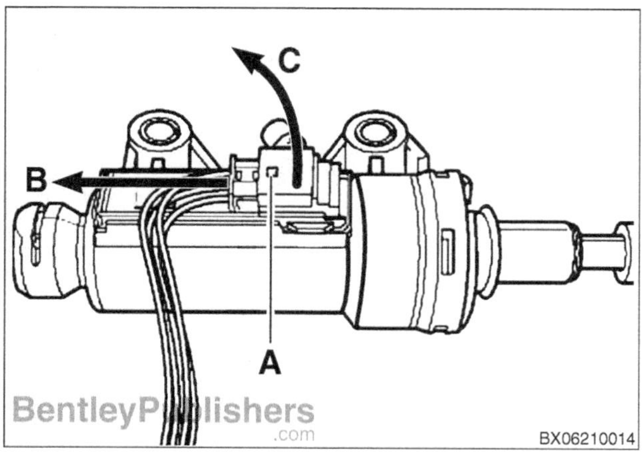

Remove switch module from master cylinder.
- Press locking button (**A**) to release harness connector.
- Pull harness connector (**B**) off switch module.
- Use screwdriver to lever off switch module (**C**).

– Installation is reverse of removal. Make sure switch module snaps firmly into place.

Clutch slave cylinder, replacing

– Working on left side of engine compartment, remove brake fluid reservoir cover.

◄ Use BMW special tool 13 3 010 or equivalent hose clamping tool to pinch off brake reservoir to clutch master cylinder supply hose.

– Raise vehicle and support safely.

> ***WARNING —***
> *• Make sure the vehicle is stable and well supported at all times. Use a professional automotive lift or jack stands designed for the purpose. A floor jack is not adequate support.*

– Remove lower engine and transmission splash shields as necessary. See **020 Maintenance**.

– **Models with metal slave cylinder:** Working underneath transmission, disconnect fluid line from slave cylinder on side of transmission. Place pan under hose to catch dripping fluid.

◄ Remove slave cylinder mounting nuts (**arrow**) from clutch bellhousing and remove cylinder.

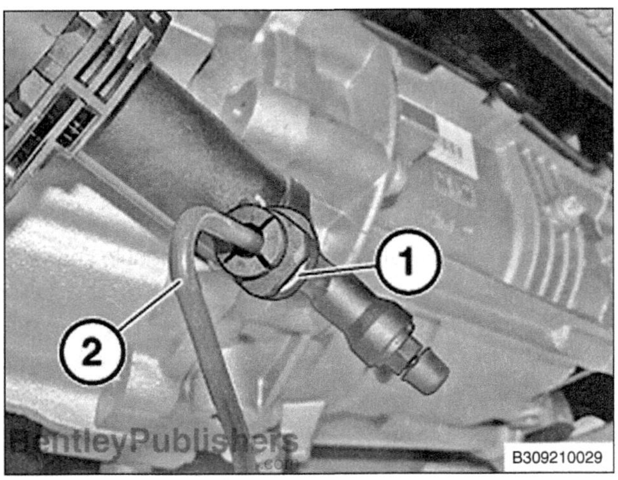

◄ **Models with plastic slave cylinder:** Remove slave cylinder mounting nuts from clutch bellhousing and remove cylinder.

– Working underneath transmission, release retaining clip (**1**) and remove hydraulic line (**2**). Place pan under hose to catch dripping fluid.

To reinstall, press cylinder piston in by hand. Reconnect hydraulic line with cylinder fully depressed.

– Working at brake fluid reservoir, remove hose clamp tool (BMW special tool 13 3 010 or equivalent) from hydraulic line

Hold cylinder with piston facing down. Press piston into cylinder 5 times.

– **All models:** Remainder of installation is reverse of removal. Note the following:

- Check for wear on slave cylinder. Any wear except on tip is caused by misalignment of clutch components.
- Lightly coat pushrod tip with molybdenum disulfide grease (Molykote® Longterm or equivalent).
- During installation be sure pushrod tip engages recess in clutch release lever.
- Make sure spacer (if equipped) between fuel line and hydraulic line remains in installed position.
- Fill brake fluid reservoir with clean fluid and bleed clutch hydraulics. See **Clutch hydraulic system, bleeding and flushing** in this repair group.

Tightening torques	
Clutch slave cylinder to transmission	22 Nm (16 ft-lb)
Fluid line to slave cylinder	14.5 Nm (11 ft-lb)

Clutch assembly and hydraulics

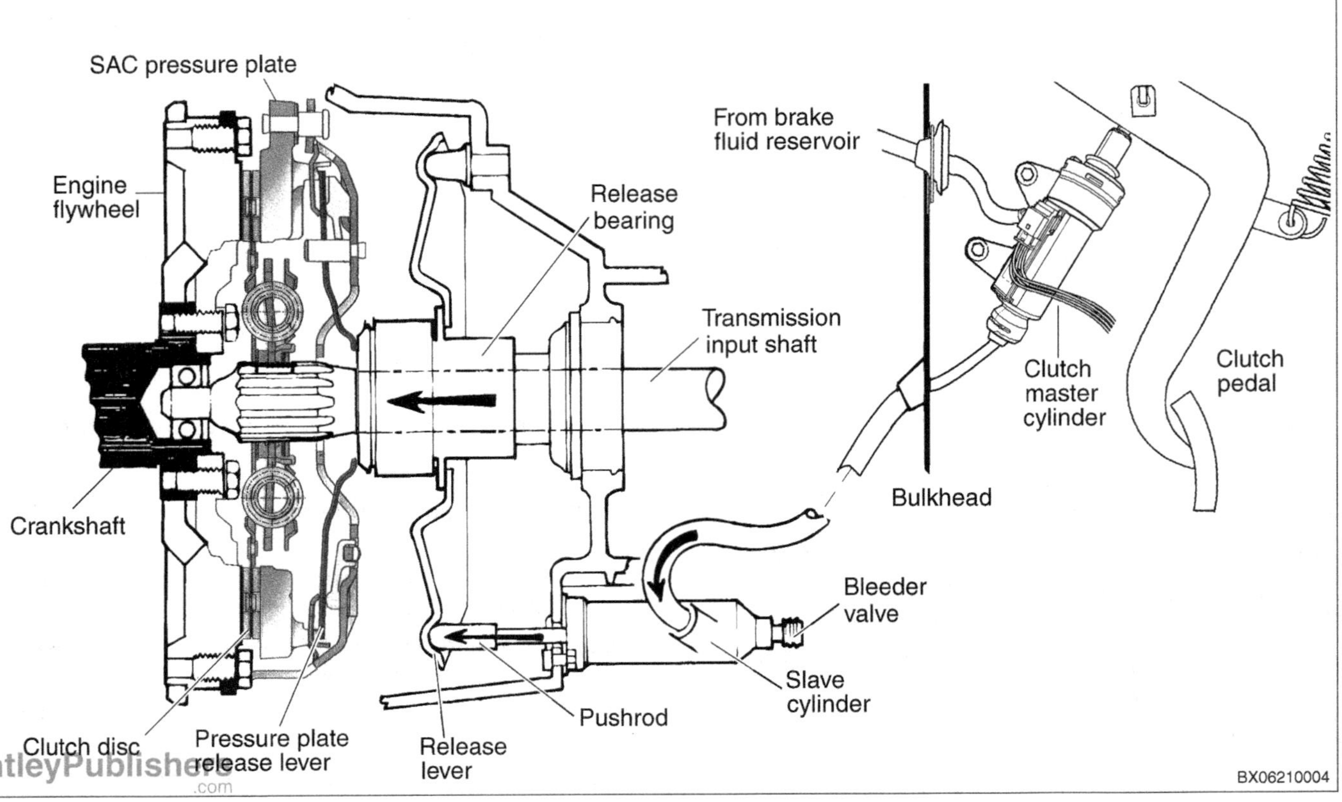

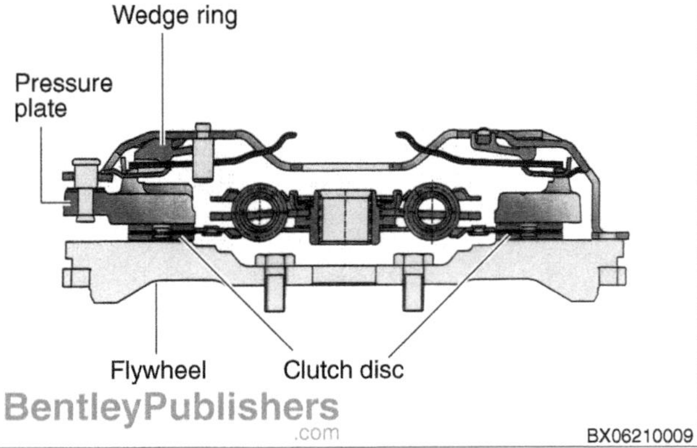

Clutch Mechanical

Clutch replacement requires removal of the transfer case (xDrive models) and transmission.

Clutch disc, pressure plate and release bearing are usually replaced during a clutch overhaul. Check flywheel for wear and scoring. Replace if necessary.

Be sure to check the bottom of the bellhousing for oil. If engine oil is found, check for faulty rear crankshaft (rear main) oil seal. Rear main seal replacement is covered in **119 Lubrication System**.

Use special tools for removing and installing self-adjusting clutch (SAC). The SAC pressure plate uses a wedge ring which rotates against the diaphragm springs to accommodate for clutch disc wear. The wedge ring adjusts by means of spring tension, so special tools are needed to apply and relieve spring tension as the clutch pressure plate is removed and installed.

Clutch, removing

– Raise vehicle and support safely.

> ***WARNING—***
> • *Make sure the vehicle is stable and well supported at all times. Use a professional automotive lift or jack stands designed for the purpose. A floor jack is not adequate support.*

– Remove splash shield under transmission.

– Remove intermediate muffler and heat shield. See **180 Exhaust System**.

> ***WARNING—***
> • *Make sure exhaust system is fully cooled off before starting removal.*

– Detach front (xDrive models) and rear driveshaft. Tie to side. See **260 Driveshafts**.

– Remove transfer case (xDrive models). See **270 Transfer Case**.

– Remove transmission from engine. See **230 Manual Transmission**.

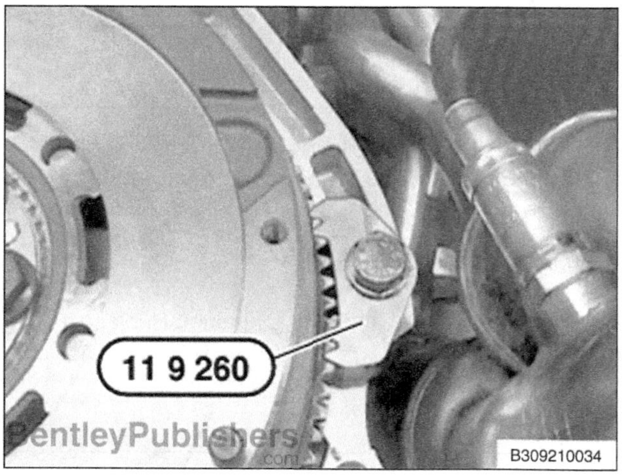

◄ Lock flywheel in position using BMW special tool 11 9 260 or equivalent.

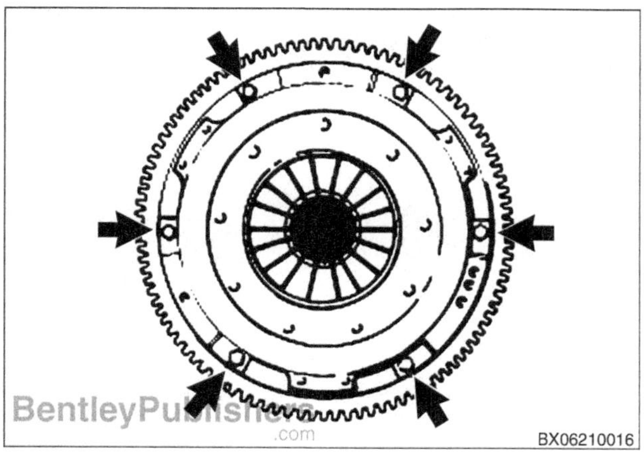

◄ Loosen 6 clutch mounting bolts (**arrows**) evenly.

– Remove pressure plate and clutch disc.

> ***WARNING—***
> • *Friction material in the clutch disc produces dangerous dust. Do not breathe in dust. Use water to wet down components and collect dripping mixture in a shop towel.*

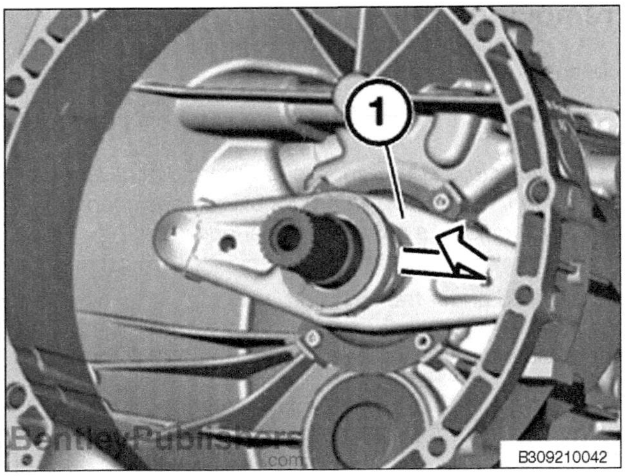

- Remove clutch release bearing / lever module from transmission input shaft as a complete unit.

- Remove release module (**1**) from spring clip in direction of **arrow**.

> ***CAUTION—***
> *• To avoid installing incorrectly, do not disassemble bearing from combined release bearing / lever module.*

Clutch components, inspecting

- Inspect clutch disc for wear, cracks, loose rivets, contamination or excessive runout (warping). Replace if necessary.

- Measure depth of clutch lining at lining rivets. If shallowest rivet depth is less than 1 mm (0.04 in), replace clutch disk.

- Inspect flywheel for scoring, hot spots, cracks or loose or worn guide pins. Replace flywheel if any faults are found. See **Flywheel, removing and installing** in this repair group.

> ***CAUTION—***
> *• If flywheel is removed from engine, install using new bolts.*

- Check to make sure transmission pilot bearing rotates smoothly without play. Replace if faulty. See **Transmission pilot bearing, replacing** in this repair group.

- Inspect and clean release bearing module.

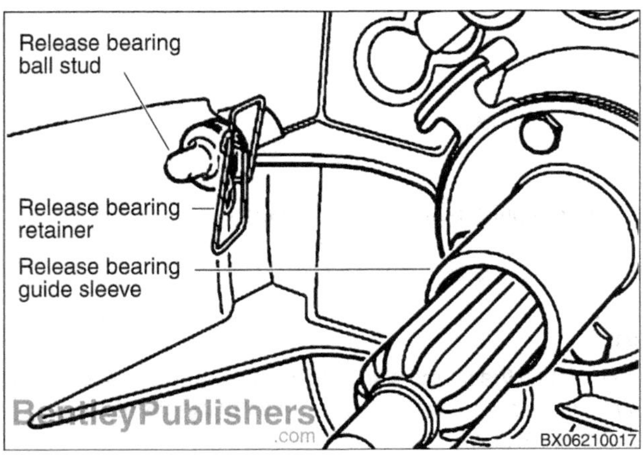

- Check release bearing ball stud and spring retainer. Replace if damaged or worn.

- Clean release bearing guide sleeve.

> ***CAUTION—***
> *• Do not grease release bearing module or guide sleeve. If guide sleeve is greased, release bearing may stick to it.*

Clutch, installing (new SAC components)

The SAC pressure plate, when new, comes from the factory with a lock plate at the center which maintains spring tension on the self-adjusting springs. Do not remove this lock plate until the pressure plate is securely installed on the flywheel with clutch disk in place.

> *CAUTION—*
> - *Avoid contaminating clutch friction surfaces with oil or grease. Do not touch these surfaces.*

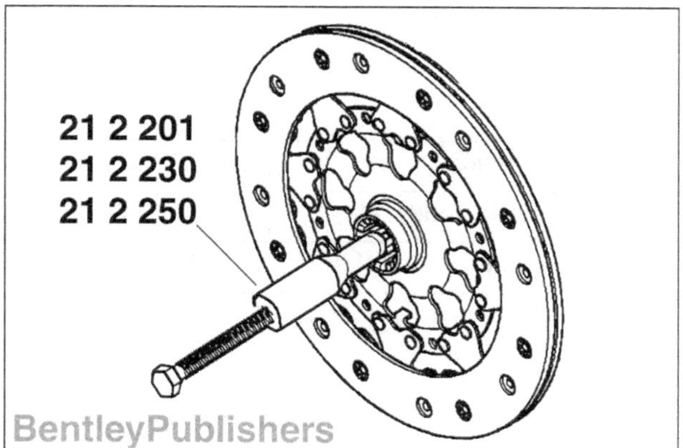

B309210040

Center clutch disc on flywheel using the appropriate BMW (or equivalent) centering tool.

> *CAUTION—*
> - *Be sure clutch disc is facing the correct way. The disc is marked "engine side" or "transmission side".*

NOTE—
- *The large bolt in the clutch disc centering tool is used to install and remove the tool only. Once the disc is in place on the flywheel, remove the bolt to make room for the SAC pressure plate.*

– Lock flywheel in position using BMW special tool 11 9 260 or equivalent.

– Install SAC pressure plate on dowel pins at flywheel. Install clutch mounting bolts and tighten each one turn at a time until pressure plate is fully seated. Torque to specification in 2 stages.

Tightening torque	
Clutch to flywheel (use new M8 ZNS bolts) • Stage 1 • Stage 2 (torque angle)	 15 Nm (11 ft-lb) additional 90° ± 5°

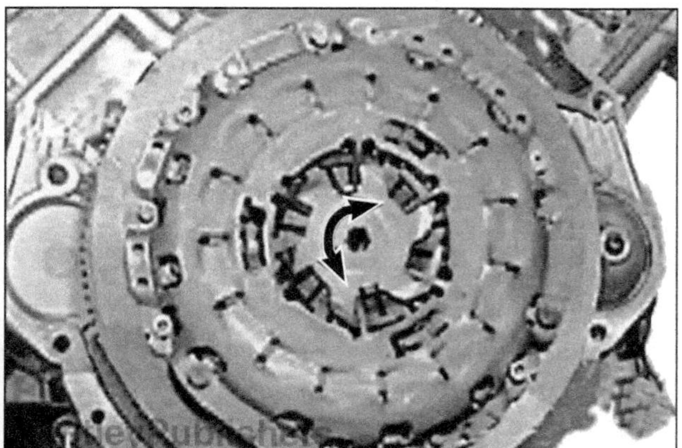
BX06210025

Use 14 mm Allen wrench to unscrew (clockwise or counterclockwise) lock plate in center of pressure plate.

NOTE—
- *The spring lock plate may make snapping noises while being unscrewed.*

– Using large bolt, pull out clutch disc centering tool.

– Remove flywheel locking tool.

– Inspect and clean clutch release bearing / lever module.

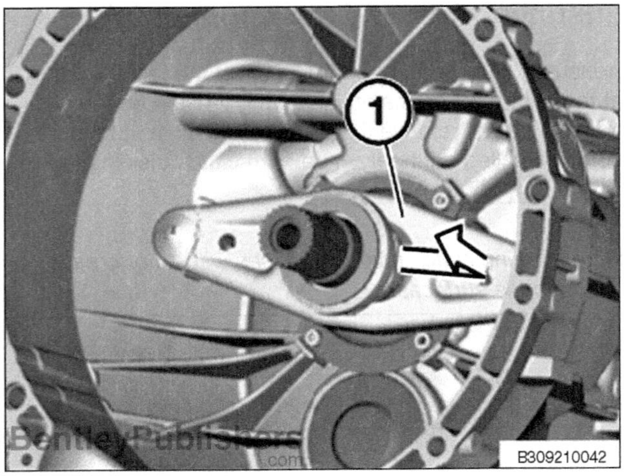

B309210042

Install clutch release bearing / lever module (**1**).

– Install transmission. See **230 Manual Transmission**.

> ***CAUTION—***
> - *Replace aluminum bolts each time they are loosened.*
> - *Follow torque instructions, including angle of rotation specifications, when installing aluminum fasteners.*

Tightening torques	
Front end reinforcement to front end (use new fasteners): • Stage 1 • Stage 2	 56 Nm (41 ft-lb) additional 90°
Slave cylinder to transmission	22 Nm (16 ft-lb)
Transmission rear support to body (M8)	19 Nm (14 ft-lb)
Transmission mount to rear support (M8)	19 Nm (14 ft-lb)
Transmission to engine (use new alum. bolts) • M10 x 30 mm Stage 1 Stage 2 • M10 x 85 mm Stage 1 Stage 2 • M12 Stage 1 Stage 2	 20 Nm additional 90° - 110° 20 Nm additional 180° - 200° 25 Nm additional 130° + 20°
Vibration mount to trans. rear support (M10)	38 Nm (28 ft-lb)

Clutch, installing (used SAC components)

When reinstalling a previously used self-adjusting clutch (SAC), special tools are needed to reset the self-adjusting ring to its original position.

– Place SAC pressure plate on clean work surface.

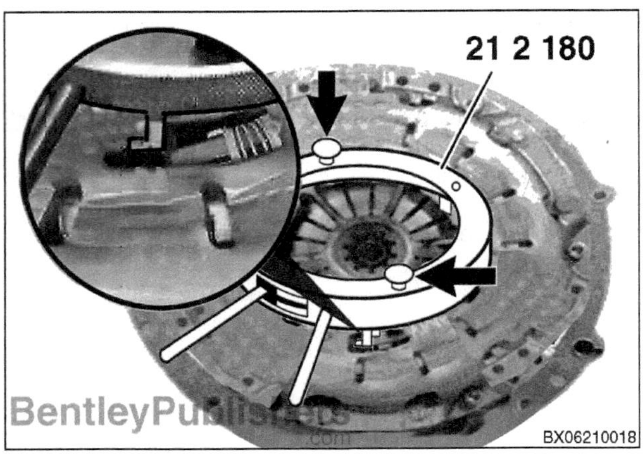

BX06210018

Place BMW special tool 21 2 180 on pressure plate.

- Note that locating hooks of special tool engage pressure plate adjusting ring openings (**inset**).
- Grip tool firmly and squeeze special tool handles together.
- Tighten down special tool knurled screws (**arrows**).
- SAC adjustment ring is now in its original position.

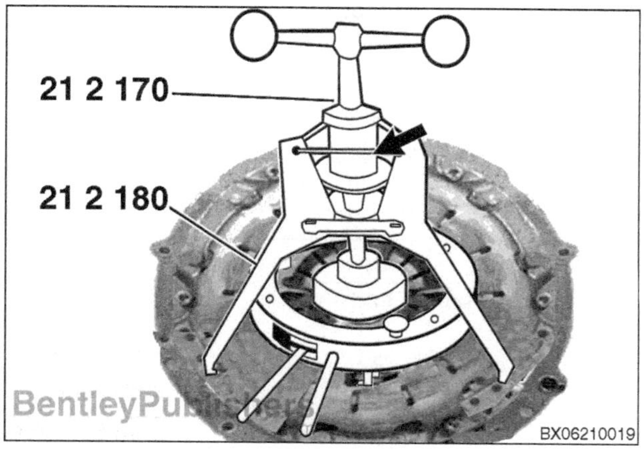

Install BMW special tool 21 2 170 on SAC pressure plate.

- Fit fingers of special tool in slots above dowel pin bores.
- Tighten down knurled nut (**arrow**) finger-tight.
- Screw in T-handle until pressure plate diaphragm spring is pretensioned to stop.

> ***CAUTION—***
> - *Avoid contaminating clutch friction surfaces with oil or grease. Do not touch these surfaces.*

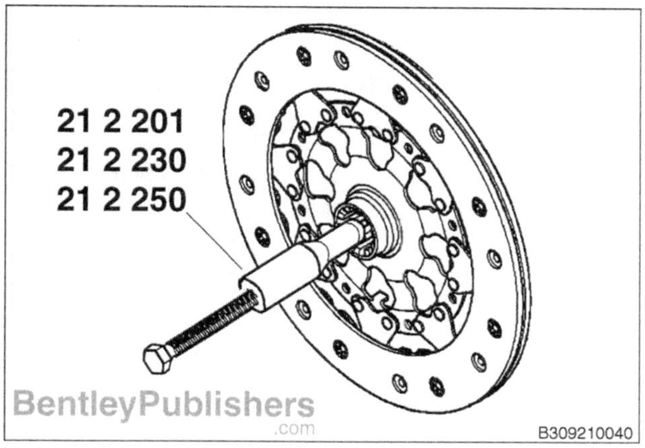

Center clutch disc on flywheel using the appropriate BMW (or equivalent) centering tool.

> ***CAUTION—***
> - *Be sure clutch disc is facing the correct way. The disc is marked "engine side" or "transmission side".*

NOTE—

- *The large bolt in the clutch disc centering tool is used to install and remove the tool only. Once the disc is in place on the flywheel, remove the bolt to make room for the SAC pressure plate.*

– Lock flywheel in position using BMW special tool 11 9 260 or equivalent.

– Install SAC pressure plate on dowel pins at flywheel. Install clutch mounting bolts and tighten each one turn at a time until pressure plate is fully seated. Torque to specification in 2 stages.

Tightening torque	
Clutch to flywheel (use new M8 ZNS bolts) • Stage 1 • Stage 2 (torque angle)	 15 Nm (11 ft-lb) additional 90° ± 5°

– Using large bolt, pull out clutch disc centering tool.

– Remove flywheel locking tool.

– Inspect and clean release bearing lever.

Install clutch release bearing / lever module (**1**).

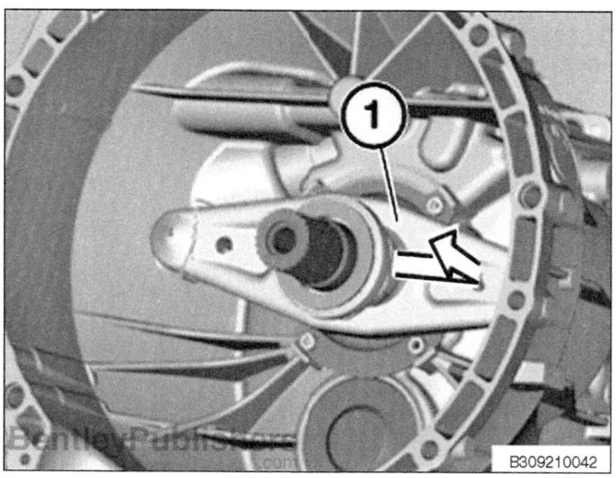

– Install transmission. See **230 Manual Transmission**.

> ***CAUTION—***
> - *Replace aluminum bolts each time they are loosened.*
> - *Follow torque instructions, including angle of rotation specifications, when installing aluminum fasteners.*

Tightening torques	
Front end reinforcement to front end (use new fasteners): • Stage 1 • Stage 2	 56 Nm (41 ft-lb) additional 90°
Slave cylinder to transmission	22 Nm (16 ft-lb)
Transmission rear support to body (M8)	19 Nm (14 ft-lb)
Transmission mount to rear support (M8)	19 Nm (14 ft-lb)
Transmission to engine (use new fasteners) • M10 x 30 mm Stage 1 Stage 2 • M10 x 85 mm Stage 1 Stage 2 • M12 Stage 1 Stage 2	 20 Nm additional 90° - 110° 20 Nm additional 180° - 200° 25 Nm additional 130° + 20°
Vibration mount to trans. rear support (M10)	38 Nm (28 ft-lb)

Self-adjusting clutch (SAC), breaking in

In normal driving, approx. 800 to 1000 gearshifts are needed for a new SAC clutch lining to be fully broken in. To ensure correct operation and long life, break in the SAC gradually, with light to medium loads. Fast sports-style driving and abrupt clutch engagement may destroy a new clutch.The following procedure helps to break in the clutch.

– Drive at 20 mph (30 kph) on level grade. Start, upshift and downshift through the gears at approx. 2000 rpm.

– Increase speed. Upshift and downshift through the gears at approx. 3500 - 4000 rpm.

– On medium grade (approx. 12% and up): Start off at approx. 2500 rpm 3 - 5 times.

Flywheel, removing and installing

This procedure is for vehicles with manual transmission. Flywheel and torque plate removal for automatic transmission vehicle is covered in **240 Automatic Transmission**.

- Remove splash shield under transmission.
- Remove intermediate muffler and heat shield. See **180 Exhaust System**.

> ***WARNING —***
> • *Make sure exhaust system is fully cooled off.*

- Detach front (xDrive models) and rear driveshaft. Tie to side. See **260 Driveshafts**.
- Remove transfer case (xDrive models). See **270 Transfer Case**.
- Remove transmission. See **230 Manual Transmission**.
- Remove clutch. See **Clutch, removing** in this repair group.
- Inspect flywheel for scoring, hot spots, cracks or loose or worn guide pins. Replace flywheel if any faults are found.

< Lock flywheel in position using BMW special tool 11 9 260 or equivalent.

- Loosen and remove flywheel mounting bolts. Remove flywheel.
- Clean flywheel bolt threads in crankshaft.

< N55 engines, check magnetic reluctor wheel (**A**) for damage and correct orientation before mounting flywheel.

- All engines: Check flywheel location dowel sleeve (**arrow**) for damage and correct installation.

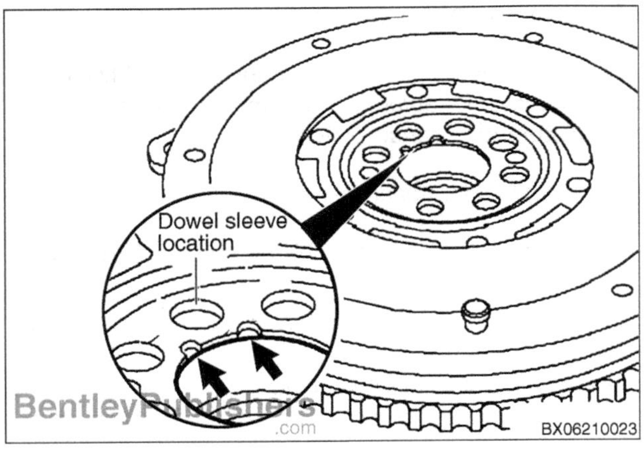

When reinstalling flywheel, position dowel sleeve next to two locating notches (**arrows**).

– Install flywheel using new self-locking bolts.

Tightening torque	
Flywheel to crankshaft (use new self-locking bolts)	
N51, N52, N54 engines	120 Nm (89 ft-lb)
N55 engines • Stage 1 • Stage 2	60 Nm (44 ft-lb) additional 45°

> ***CAUTION—***
> *• Use new self-locking bolts to install flywheel. Do not reuse the old stretch-type bolts. Do not install bolts with Loctite® or similar thread-locking compound.*

Transmission pilot bearing, replacing

– Remove splash shield under transmission.

– Remove intermediate muffler and heat shield. See **180 Exhaust System**.

> ***WARNING —***
> *• Make sure exhaust system is fully cooled off before starting removal.*

– Detach front (xDrive models) and rear driveshaft. Tie to side. See **260 Driveshafts**.

– Remove transfer case (xDrive models). See **270 Transfer Case**.

– Remove transmission. See **230 Manual Transmission**.

– Remove clutch. See **Clutch, removing** in this repair group.

– Remove flywheel. See **Flywheel, removing and installing** in this repair group.

Use hydraulic press and BMW special tool 21 2 051 to press transmission pilot bearing out of dual-mass flywheel. Press from engine side of flywheel.

> ***CAUTION—***
> *• Do not drive bearing in or out using a chisel or punch.*

– Place new pilot bearing on BMW special tool 21 2 052. Use hydraulic press to press bearing into flywheel as far as it will go. Press from clutch side of flywheel.

230 Manual Transmission

TABLES

GENERAL

This repair group covers external service of manual transmission, including transmission removal and installation. Internal transmission repair is not covered. Special tools and procedures are required to disassemble and service the internal geartrain.

See also:

- **210 Clutch**
- **250 Gearshift Linkage**
- **260 Driveshafts**
- **270 Transfer Case**

CAUTION—
- *When performing any repair which involves separating the engine and transmission, check that the bellhousing dowels are undamaged and properly in place before reassembly. If the alignment of the engine flywheel to the transmission input shaft or torque converter is incorrect any of the following complaints may result: Clutch slipping, shudder, or poor disengagement; noise from transmission input shaft; transmission popping out of gear; difficulty changing gears; or internal damage to the transmission.*
- *For engines with a magnesium crankcase only aluminum fasteners and dowels may be used. Consult with an authorized BMW dealer parts department for the correct fasteners and dowels for the engine and model concerned.*

Manual transmission applications and ratios

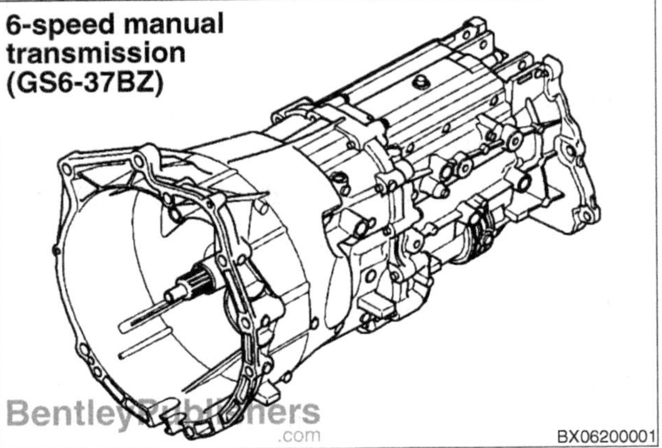

6-speed manual transmission (GS6-37BZ)

Several manual transmission are used in the various 3 Series models. See **Table a**. For gear ratio specifications, see **Table b**.

Table a. Manual transmission applications		
Model	**Transmission**	**Manufacturer id**
325i, 328i	GS6-17BG	Getrag type I
325xi, 328xi, 330xi 330i	GS6X-37BZ GS6-37BZ	ZF type H
335i, 335is (N54) 335xi (N54)	GS6-53BZ GS6X-53BZ	ZF type G
335i (N55) 335xi (N55)	GS6-45BZ GS6X-45BZ	ZF type K ZF type K

Table b. Manual transmission gear ratios				
Gear	**GS6-17BG**	**GS6-37BZ**	**GS6-53BZ**	**GS6-45BZ**
1st	4.32	4.35	4.06	4.11
2nd	2.46	2.50	2.40	2.32
3rd	1.66	1.66	1.58	1.54
4th	1.23	1.23	1.19	1.18
5th	1.00	1.00	1.00	1.00
6th	0.85	0.85	0.87	.85
Reverse	3.94	3.93	3.68	3.37
Final drive	3.23	3.38	3.08	3.23

TRANSMISSION FLUID SERVICE

Manual transmissions in 3 Series models are provided with lifetime lubrication. No oil change is required for the entire service life of these transmissions. If repairs have to be made to the transmission, use only the recommended lifetime fluid to refill.

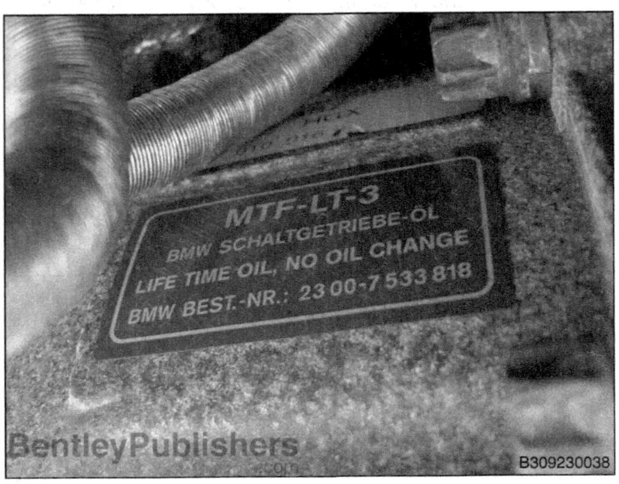

ZF GS6-53BZ transmission filled with MTF-LT-3 lifetime oil is identified with a blue label near the transmission fill plug.

Table c. Manual transmission fluid type		
Transmission	Year range	Fluid type
GS6-17BG	All	MTF-LT-3
ZF GS6-37BZ	To 03/2007 From 03/2007	MTF-LT-2 MTF-LT-3
ZF GS6-53DZ	To 03/2007 From 03/2007	MTF-LT-2 MTF-LT-3 MTF-LT-3
ZF GS6-45BZ	All	MTF-LT5
MTF-LT-2 (Lifetime fluid) BMW part no. 83 22 0 309 031 *• MTF-LT-3 (Lifetime fluid) BMW part no. 83 22 7 533 818* *• MTF-LT-5 (Lifetime fluid) BMW part no. 83 22 2 167 666*		

Transmission fluid level, checking

– Drive vehicle for a few miles to warm transmission.

– Raise and safely support vehicle to access transmission filler plug. Make sure vehicle is level.

> ***WARNING —***
> *• Make sure the vehicle is stable and well supported at all times. Use a professional automotive lift or jack stands designed for the purpose. A floor jack is not adequate support.*

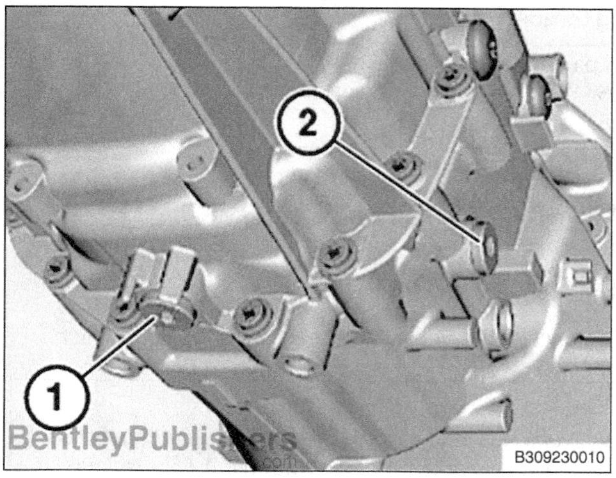

◄ Remove fill plug (**2**). Be prepared to catch dripping fluid.

– Insert finger in fill hole to check fluid level.
- If fluid level is up to bottom of fill hole (finger is wetted by transmission fluid), level is correct.
- If level is low, slowly fill transmission with fluid until fluid overflows fill hole.

– Install and torque fill plug.

Tightening torque	
Drain or fill plug to transmission case: • M12 x 1.5 • M18 x 1.5	 25 Nm (18 ft-lb) 35 Nm (26 ft-lb)

Transmission fluid, replacing

– Drive vehicle for a few miles to warm transmission.

– Raise and safely support vehicle to access drain plug.

> *WARNING —*
> *• Make sure vehicle is stable and well supported at all times. Use a professional automotive lift or jack stands. A floor jack is not adequate support.*

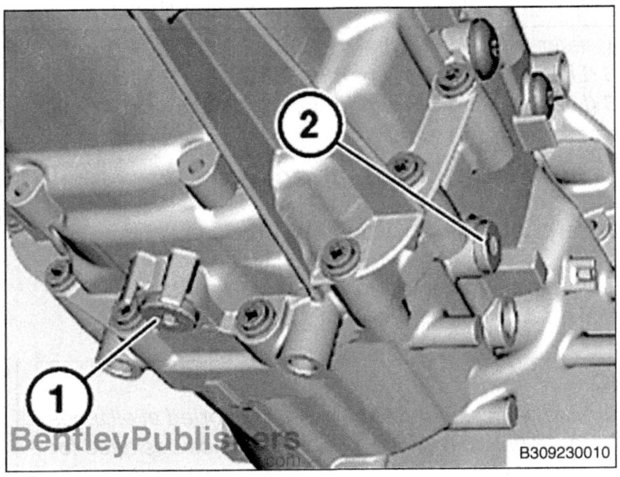

◄ Place drain pan under transmission and remove drain plug (**1**) at bottom of transmission.

- Drain fluid.Install and torque drain plug.
- Remove fill plug (**2**) from side of transmission.
- Slowly fill transmission with fluid until fluid overflows fill hole.

Table d. Manual transmission fluid capacities		
Transmission	**Initial fill, new or rebuilt unit**	**Fluid change**
GS6-17BG	1.4 liter (1.5 US qt)	1.3 liter (1.4 US qt)
ZF GS6-37BZ	1.6 liter (1.7 US qt)	1.5 liter (1.6 US qt)
ZF GS6-53DZ	1.6 liter (1.7 US qt)	1.5 liter (1.6 US qt)

– Install and torque fluid fill plug.

Tightening torque	
Drain or fill plug to transmission case: • M12 x 1.5 • M18 x 1.5	 25 Nm (18 ft-lb) 35 Nm (26 ft-lb)

TRANSMISSION EXTERNAL SERVICE

Back-up light switch, replacing

– Raise and safely support vehicle to access back-up light switch.

> *WARNING —*
> *• Make sure vehicle is stable and well supported at all times. Use a professional automotive lift or jack stands. A floor jack is not adequate support.*

◄ Unscrew switch (**1**) from transmission.

NOTE —
• Back-up light switch location on transmission varies.

– Install new switch.

Tightening torque	
Back-up light switch to transmission	18 Nm (13 ft-lb)

– Check transmission fluid level before lowering vehicle. Top off as necessary. See **Transmission Fluid Service** in this repair group.

Selector shaft seal, replacing

This repair can be performed with transmission installed in vehicle.

– Place transmission into second gear.

– Raise vehicle and support safely.

> ***WARNING —***
> *• Make sure vehicle is stable and well supported at all times. Use a professional automotive lift or jack stands. A floor jack is not adequate support.*

– Remove underbody splash shields.

– Remove exhaust system. See **180 Exhaust System**.

> ***WARNING —***
> *• Make sure exhaust system is fully cooled off before removing.*

– Remove exhaust heat shields.

– xDrive models: Remove front drive shaft. See **260 Driveshafts**.

– All models: Remove rear driveshaft from output flange:

- Remove driveshaft center bearing support fasteners. Support center of driveshaft.
- Detach rear driveshaft flex-disc from transfer case.
- Lower center of driveshaft sufficiently to disengage flex-disc from transfer case flange. Tie driveshaft to side.

> ***CAUTION—***
> *• To prevent damage to rear driveshaft CV joint, do not allow driveshaft to hang down unsupported.*

– Free harnesses for oxygen sensors and back-up light switch from rear transmission support.

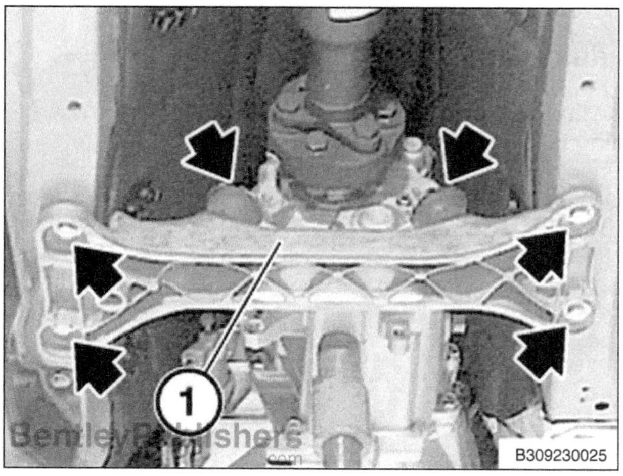

◀ Support end of transmission with suitable jack. Remove mounting fasteners (**arrows**) for rear transmission support.

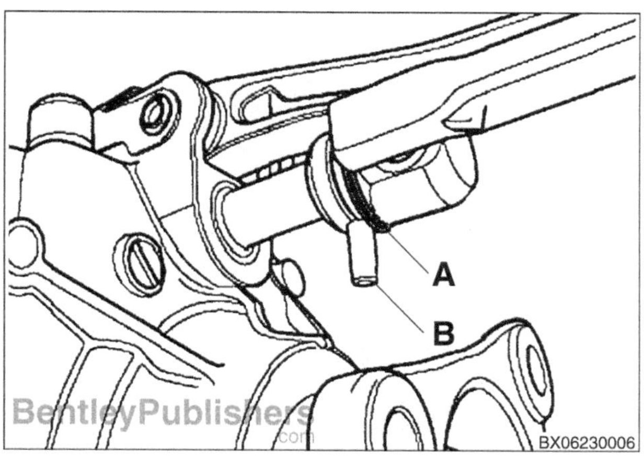

◀ Working at top rear of transmission at shifter console, pry locking spring (**A**) out of groove and press pin (**B**) out of shift coupling.

- Detach shift coupling and shift linkage from selector shaft and tie aside.

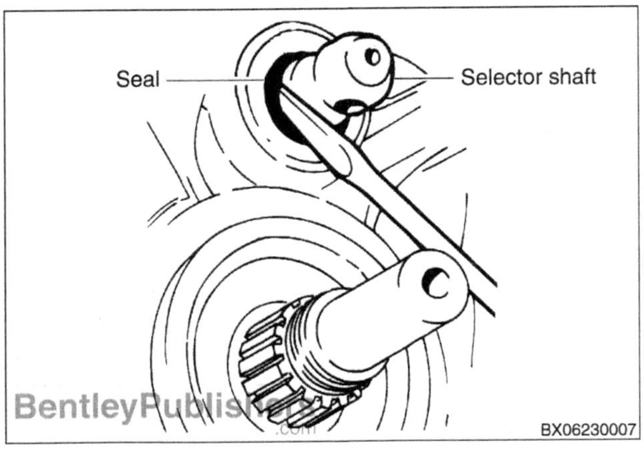

Carefully pry out selector shaft oil seal with BMW special tool 23 0 210, or with a narrow seal remover or small screwdriver.

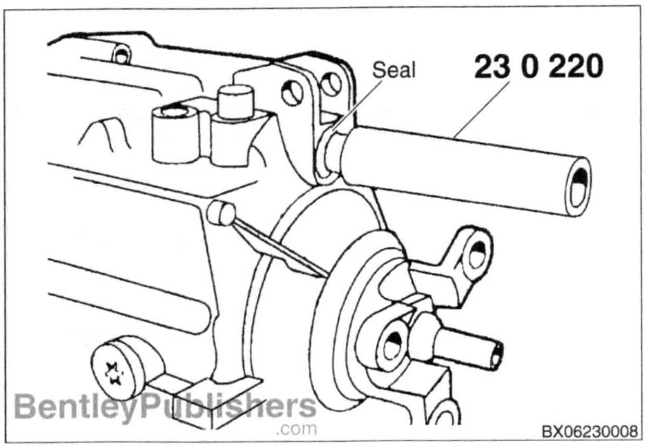

Coat new selector shaft seal with transmission fluid. Drive new seal in flush with housing. Use BMW special seal installation tool 23 0 220 or equivalent and a soft-faced (plastic) hammer.

– Remainder of installation is reverse of removal. Check transmission and transfer case oil level, topping up as necessary.

Tightening torques	
Transfer case to transmission	43 Nm (31 ft-lb)

Transmission input shaft seal, replacing

– Remove transmission from vehicle. See **Transmission, removing and installing** in this repair group.

– Remove clutch release bearing / release lever module from inside bellhousing. See **210 Clutch**.

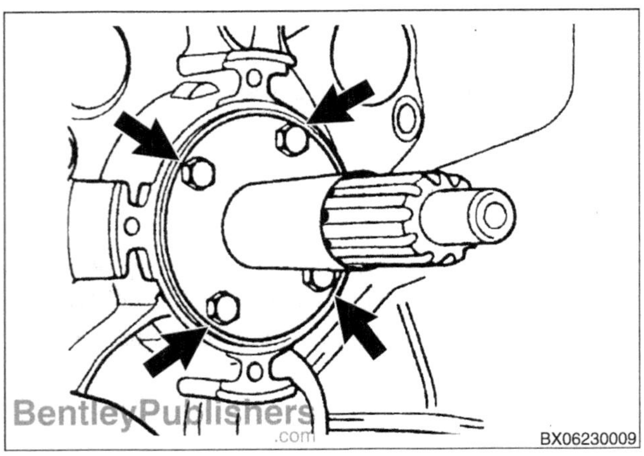

Remove bolts (**arrows**) for clutch release-bearing guide sleeve. Remove guide sleeve.

Two covered removal holes (**1**) are present in seal. Thread BMW special tool 23 0 490 or equivalent slide hammer seal puller into one hole and remove seal.

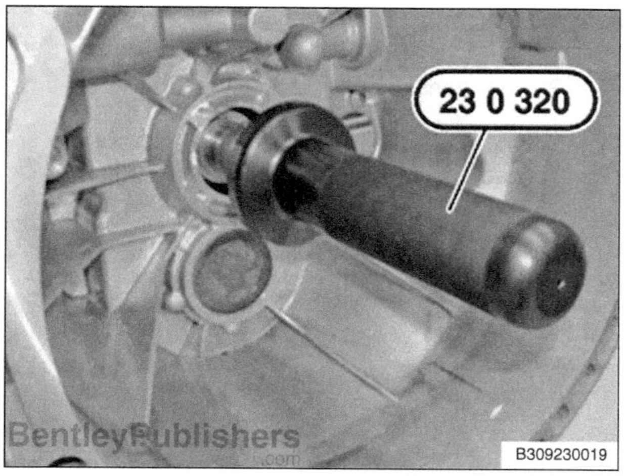

To install new seal:

- Push radial seal onto BMW special tool 23 0 320.
- Coat sealing lip of new seal with transmission oil.
- Slide tool onto input shaft.
- Use plastic hammer to drive in seal until fully seated.

– Thoroughly clean clutch release bearing guide sleeve mounting bolts, sealing surfaces, and threads. Apply Loctite®243 or equivalent thread locking compound to guide sleeve bolts. Reinstall guide sleeve and spacer (if equipped).

Tightening torque	
Guide sleeve to transmission housing • M8 X 30 • M8 X 22 • M6	 25 Nm (18 ft-lb) 18 Nm (13 ft-lb) 10 Nm (7 ft-lb)

– Replace clutch release bearing / release lever module. See **210 Clutch**.

– Reinstall transmission.

Transmission output shaft seal, replacing

– Disconnect negative (-) cable from battery.

> ***CAUTION—***
> - *Prior to disconnecting the battery, read the battery disconnection cautions given in* **001 Warnings and Cautions**.

– Raise and safely support vehicle.

> ***WARNING—***
> - *Make sure vehicle is stable and well supported at all times. Use a professional automotive lift or jack stands. A floor jack is not adequate support.*

– Remove underbody splash shields.

– Remove complete exhaust system. See **180 Exhaust System**.

> ***WARNING—***
> • *Make sure exhaust system is fully cooled off before removing.*

– Remove exhaust system heat shields.

– Remove rear driveshaft from output shaft:

- Remove driveshaft center bearing support fasteners. Support center of driveshaft.
- Detach rear driveshaft flex-disc from transfer case.
- Lower center of driveshaft sufficiently to disengage flex-disc from transfer case flange. Tie driveshaft to side.

> ***CAUTION—***
> • *To prevent damage to rear driveshaft CV joint, do not allow driveshaft to hang down unsupported.*

– xDrive models: Remove transfer case. See **270 Transfer Case**.

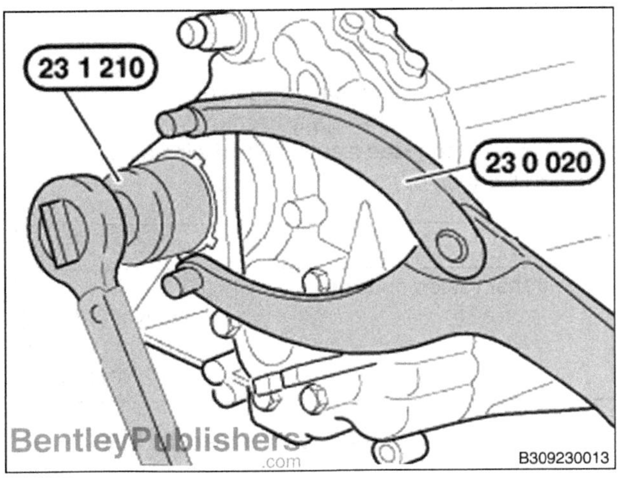

◀ Counterhold output flange with BMW special tool 23 0 020 and release flange collar nut using BMW special tool 23 1 210.

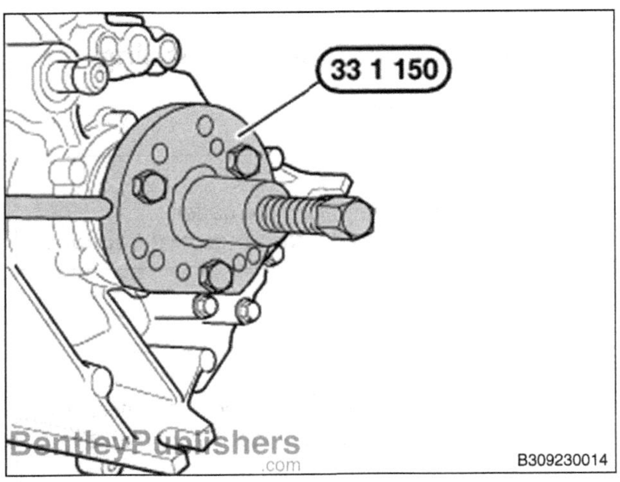

◀ Remove output flange using BMW special tool 33 1 150 or suitable puller.

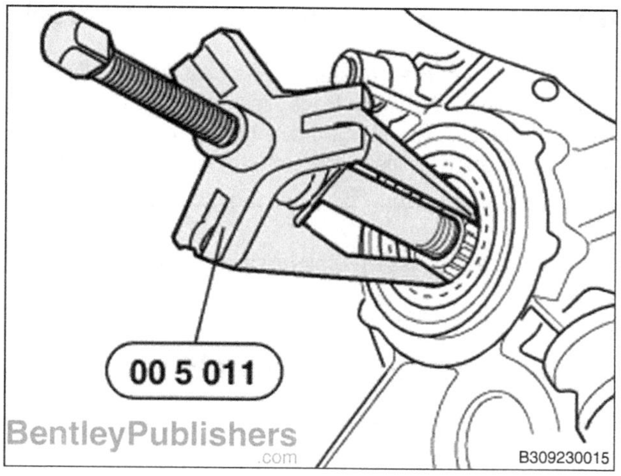

< Remove output shaft seal using BMW special tool 00 5 011 or suitable seal puller.

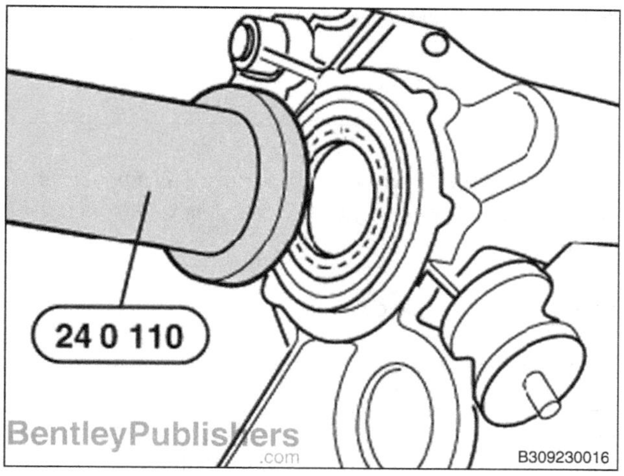

< When installing new seal, coat seal lips with transmission fluid. Use BMW special tool 24 0 110 and plastic hammer to drive seal in flush.

– Remainder of installation is reverse of removal. Remember to:
  - Replace collar nut with new.
  - Use Loctite® 431 on output shaft threads when installing collar nut.
  - Follow 3 step tightening procedure (tighten, release, tighten down).
  - Check transmission fluid level and check system for leaks.

Tightening torque	
Transmission output flange to transmission (GS6-17BG, GS6-37BZ, GS6-45BZ transmissions) • Pretension • Release • Tighten down	 170 Nm (125 ft-lb) Release tension 120 Nm (89 ft-lb)
Transmission output flange to transmission (GS6-53DZ transmission) • Pretension • Release • Tighten down	 200 Nm (148 ft-lb) Release tension 140 Nm (103 ft-lb)

Transmission Removal and Installation

Removal and installation of the transmission is best accomplished with the vehicle on a lift and using a transmission jack. Support engine using equipment which allows the engine to pivot on its mounts to access the upper bolts at the transmission bellhousing.

> ***WARNING—***
> - *The removal of the transmission may upset the balance of the vehicle on a lift.*

Transmission, removing and installing

– Disconnect negative (-) cable from battery.

> ***CAUTION—***
> - *Prior to disconnecting the battery, read the battery disconnection cautions given in* **001 Warnings and Cautions**.

– Raise and safely support vehicle.

> ***WARNING—***
> - *Make sure vehicle is stable and well supported at all times. Use a professional automotive lift or jack stands. A floor jack is not adequate support.*

– Remove underbody splash shields.

– Remove compete exhaust system. See **180 Exhaust System**.

> ***WARNING—***
> - *Make sure exhaust system is fully cooled off before removing.*

– Remove exhaust system heat shields.

– xDrive models: Remove front drive shaft. See **260 Driveshafts**.

– All models: Remove rear driveshaft from output flange:
- Remove driveshaft center bearing support fasteners. Support center of driveshaft.
- Detach rear driveshaft flex-disc from transfer case.
- Lower center of driveshaft sufficiently to disengage flex-disc from transfer case flange. Tie driveshaft to side.

> ***CAUTION—***
> - *To prevent damage to rear driveshaft CV joint, do not allow driveshaft to hang down unsupported.*

– Disconnect harness connector from back-up light switch on transmission. See **Back up light switch, replacing** in this repair group.

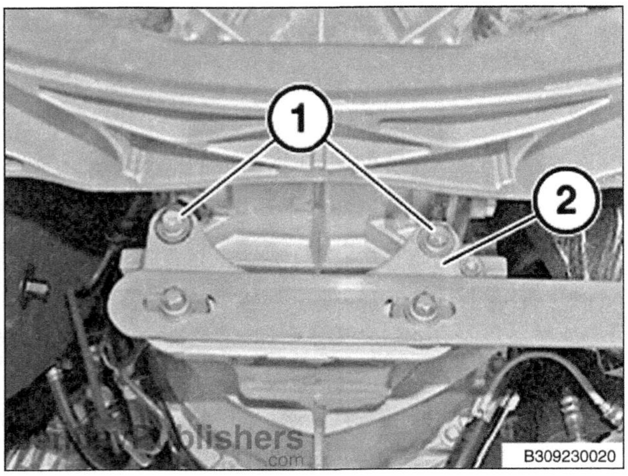

◄ Remove fasteners (**1**) and remove exhaust bracket (**2**).

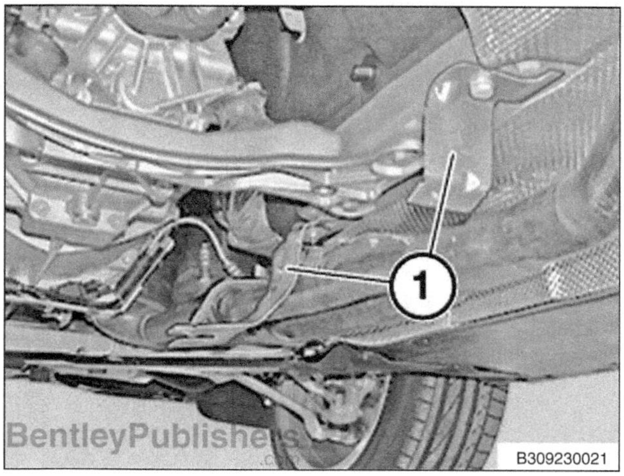

Remove brackets for underbody splash shields (**1**).

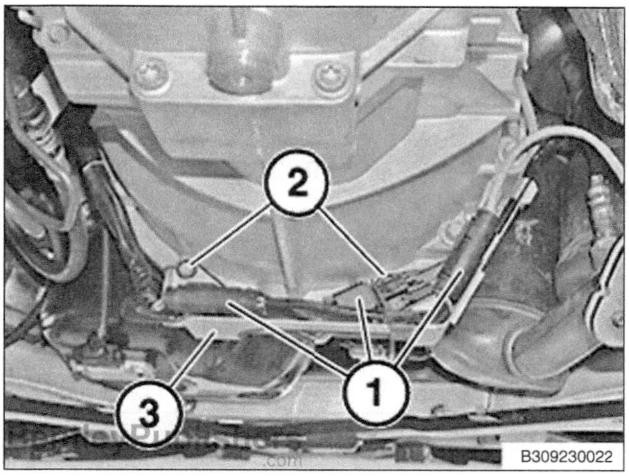

Disconnect oxygen sensor harness connectors (**1**) and remove fasteners (**2**) from connector bracket (**3**).

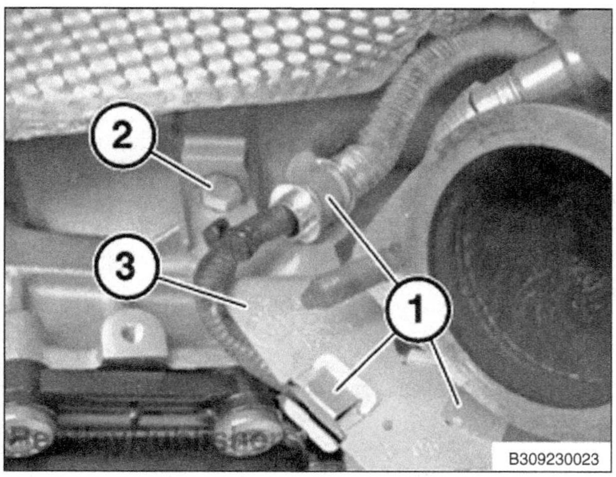

Unclip oxygen sensor harness (**1**) from bracket (**2**). Remove fastener and remove bracket (**3**) from transmission.

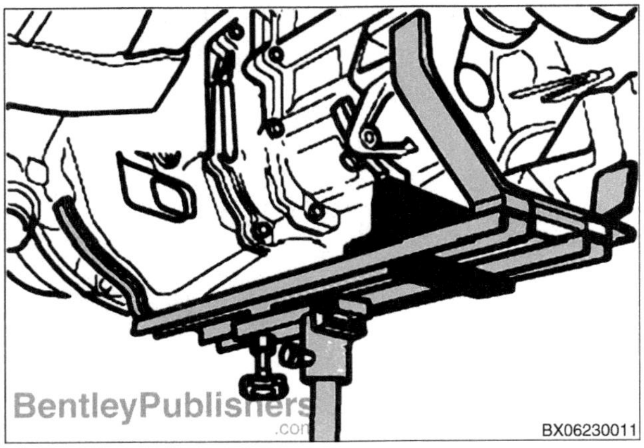

Support transmission on transmission jack. Secure transmission to jack.

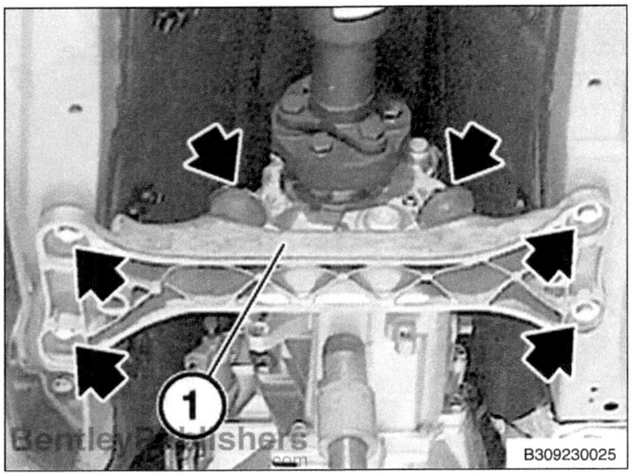

Remove mounting fasteners (**arrows**) for rear transmission support.

- xDrive models: Remove transfer case. See **270 Transfer Case**.
  - Be sure to detach xDrive servomotor harness connectors at transfer case.
- Lower transmission jack slowly, allowing engine and transmission assembly to tilt back and down slightly.

> ***CAUTION—***
> - *Tilting the engine to lower the transmission can lead to damage to engine compartment components due to lack of clearance at rear of engine. Lower transmission carefully while checking engine rear clearance.*

- Unbolt clutch slave cylinder from side of transmission. Do not disconnect fluid hose. Suspend slave cylinder from chassis using stiff wire.

> ***CAUTION—***
> - *Unbolt clutch slave cylinder slowly to prevent air being drawn into hydraulic system.*
> - *Do not operate clutch pedal with slave cylinder removed from transmission.*

Remove shift rod clip and disconnect shift linkage from selector shaft coupling.

NOTE—
- *A new, more secure, shift rod clip is fitted as of 04/2008. Use new specification shift rod clip when reassembling.*

- Disconnect shift console from top of transmission. See **250 Gearshift Linkage**.
- Support front of engine with tall jack stand or hydraulic jack.

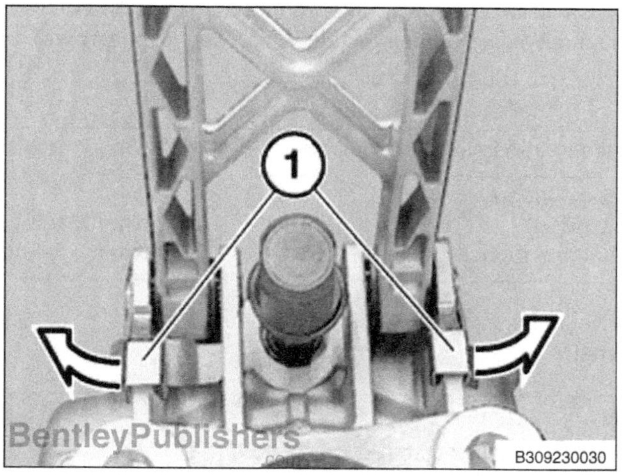

Release locking clips (**1**) and lift out shift arms.

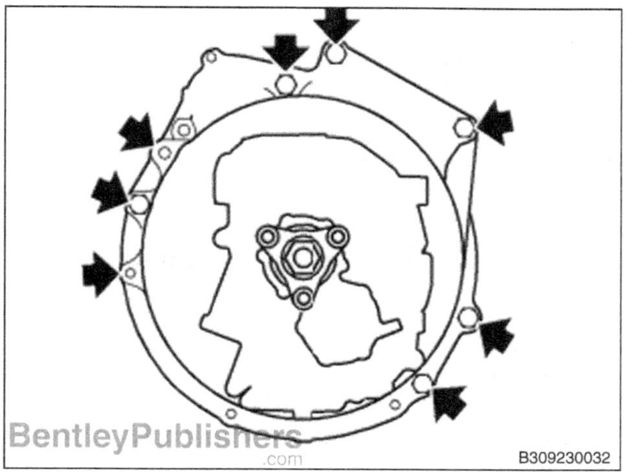

Remove transmission mounting Torx-head bolts (**arrows**). Note length and location of bolts.

> ***CAUTION—***
> *• Number, size and location of fasteners varies with transmission installed.*

– Remove transmission by pulling backward until transmission input shaft clears clutch disc splines, then pull downwards. Lower transmission jack to remove transmission.

> ***CAUTION—***
> *• Do not allow transmission to hang from input shaft.*

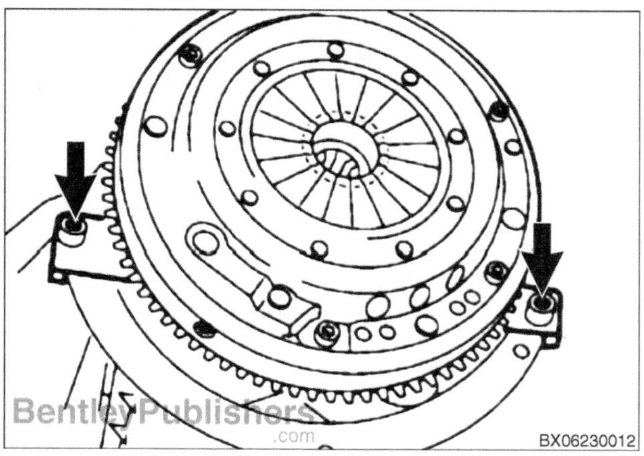

Be sure bellhousing alignment dowel sleeves (**arrows**) are located correctly. Replace damaged sleeves.

– Inspect clutch, clutch release bearing and flywheel. See **210 Clutch**. Repair as necessary.

– Check and repair transmission seals. See **Transmission External Service** in this repair group.

– Reinstall transmission and xDrive transfer case (if equipped), keeping in mind the following:
  - If installing a new transmission, be sure to transfer parts from old transmission.
  - Thoroughly clean input shaft and clutch disc splines. Lightly lubricate transmission input shaft splines before installing.

Tightening torques	
Slave cylinder to transmission	22 Nm (16 ft-lb)
Transmission to engine • M6 Allen bolt • M8 Torx bolt • M10 Torx bolt • M12 Torx bolt	 9 Nm (t ft-lb) 22 Nm (16 ft-lb) 43 Nm (32 ft-lb) 72 Nm (53 ft-lb)

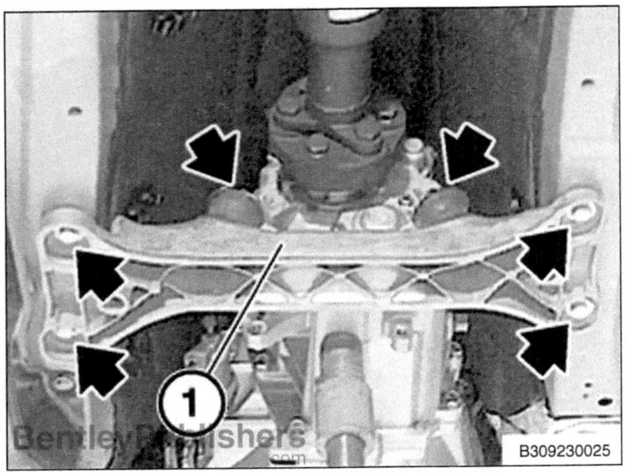

Reinstall transmission support. Center rear of transmission in driveshaft tunnel before tightening support bracket bolts (**arrows**).

Tightening torques	
Transfer case to transmission	43 Nm (31 ft-lb)
Transfer case support • To chassis (M10) • To transfer case rubber mount (M12)	 42 Nm (30 ft-lb) 74 Nm (55 ft-lb)

– Reinstall driveshafts using new self-locking nuts. See **260 Driveshafts**.

> ***CAUTION—***
> *• To avoid damaging flex-disc rubber, be sure to hold bolts stationary while tightening nuts.*

Tightening torques	
Front driveshaft flex-disc to front differential flange (replace fasteners) (M10 10.9)	60 Nm (44 ft-lb)
Rear driveshaft flex-disc to transfer case output flange	100 Nm (74 ft-lb)

– xDrive models: Refill transfer case. See **270 Transfer Case**.

Tightening torque	
Fill plug to transfer case	33 Nm (24 ft-lb)

– Refill transmission before starting or towing vehicle. See **Transmission Fluid Service** in this repair group.

Tightening torque	
Drain or fill plug to transmission case: • M12 x 1.5 • M18 x 1.5	 25 Nm (18 ft-lb) 35 Nm (26 ft-lb)

240 Automatic Transmission

TABLES

General

This repair group covers maintenance and replacement of the automatic transmission.

Automatic transmission internal repairs are not covered. Transmission repairs require special service equipment and knowledge. If transmission internal service is required, consult an authorized BMW dealer about a factory reconditioned unit or a transmission rebuild.

See also:

- **119 Lubrication System** for crankshaft rear main (flywheel) seal.
- **170 Radiator and Cooling System** for ATF cooler and heat exchanger.
- **200 Transmission–General** for drivetrain information.
- **260 Driveshafts** for front (xDrive) and rear driveshaft.
- **270 Transfer Case** for xDrive equipped models.

Automatic transmission applications

Automatic transmissions are configured with adaptive transmission control and Steptronic. Automatic transmission applications are in **Table a**.

Table a. Automatic transmission applications

Model	Transmission	Manufacturer id
328i, 328xi	GA6L45R (6-speed)	GM GM6
325i, 325xi, 330i, 330xi, 335i, 335xi	GA6HP19Z (6-speed)	ZF 6HP19

Steptronic

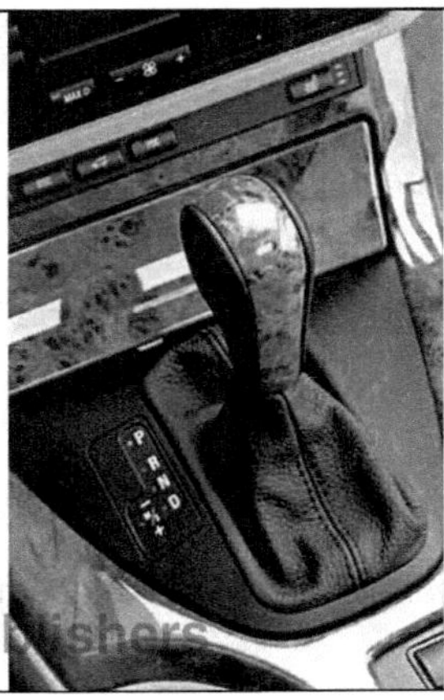

BX06240006

The Steptronic function makes it possible to shift the automatic transmission manually. Manual mode is engaged when the selector lever is moved left from automatic gate into manual gate. In manual mode, pressing the selector lever forward or backward closes electrical contacts, resulting in upshift or downshift.

Bus systems

To handle electrical complexity, E90 vehicles are equipped extensively with bus systems. Signals are shared digitally among electrical components on a bus, eliminating the need for separate connections for each pair of components. The use of bus communication for controls and accessories reduces wiring complexity and improves system response time.

Data transfer over a bus is similar to a telephone conference. A component on the bus transmits a stream of data which other components receive at the same time. Each component is then free to use or ignore this data.

The benefits of the bus method of data transfer are as follows:

- As data and programs are modified and extended, only software modifications are necessary.
- Continuous verification of transmitted data leads to low error rate.
- Sensors and signal wires can be simplified or eliminated due to the transmittal of multiplexed digital data.
- Control modules transfer data at a high rate.
- Control module sizes and connector sizes are smaller.
- Bus architecture conforms to international standards. This facilitates data interchange between components of different manufacture.

See **600 Electrical System–General** for additional details.

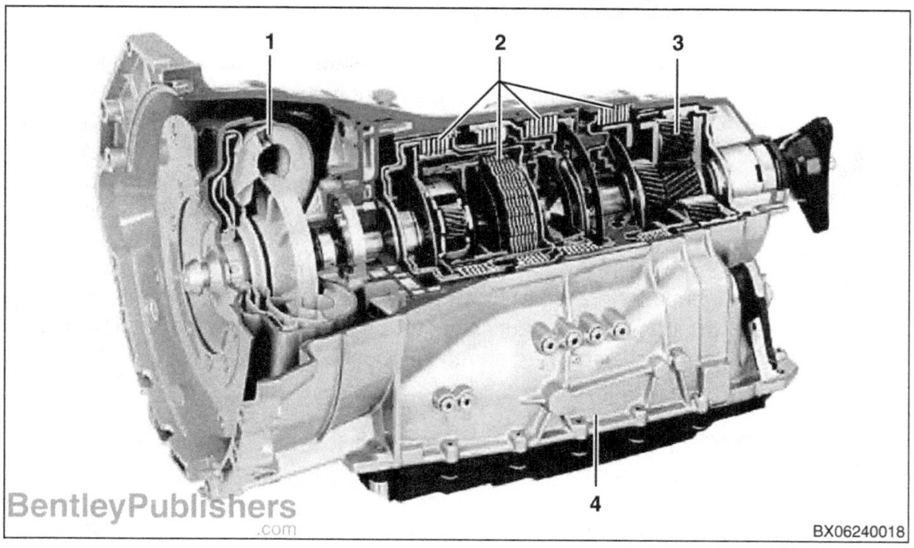

6-speed automatic transmission assembly

1. Torque converter
   - Capable of torque multiplication
2. Multi-plate clutch packs
3. Planetary gear assembly
4. Mechatronics module
   - Valve body (hydraulic unit)
   - Transmission control module (A7000a)

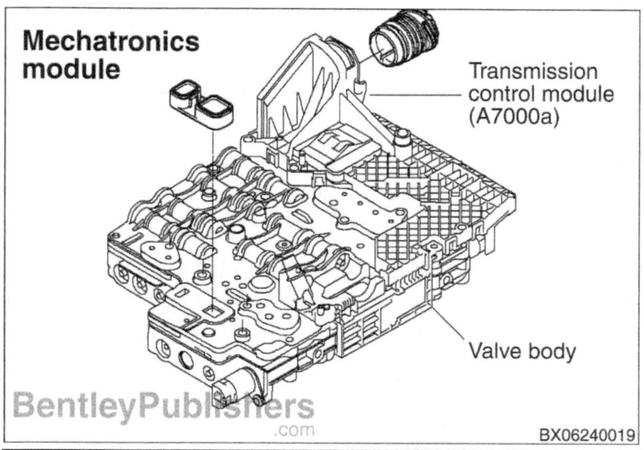

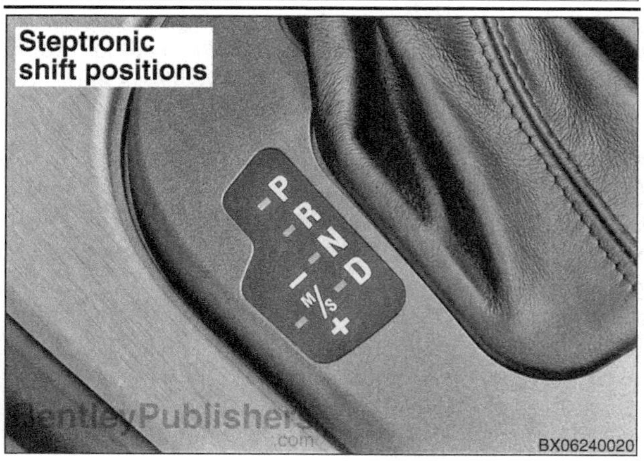

6-speed automatic transmission overview

The 6-speed automatic transmission system utilizes the following components:

- 6-speed automatic gearbox.
- Mechatronics module inside the transmission housing, combining hydraulic unit (valve body) and transmission control module (TCM)(A7000a).
- Selector lever with positions P(ARK), R(EVERSE) and N(EUTRAL) as well as D(RIVE) for automatic mode and M/S for manual and Steptronic mode.
- Instrument cluster displaying shift selector range and drive program.
- Brake light switch signal affects function of selector lever shiftlock.
- Engine control module (ECM) signals engine speed, torque and other parameters. TCM signals current transmission operating status back to ECM.
- DSC control module signals cornering, acceleration and traction data.
- Accelerator pedal module signals driver power demand data.

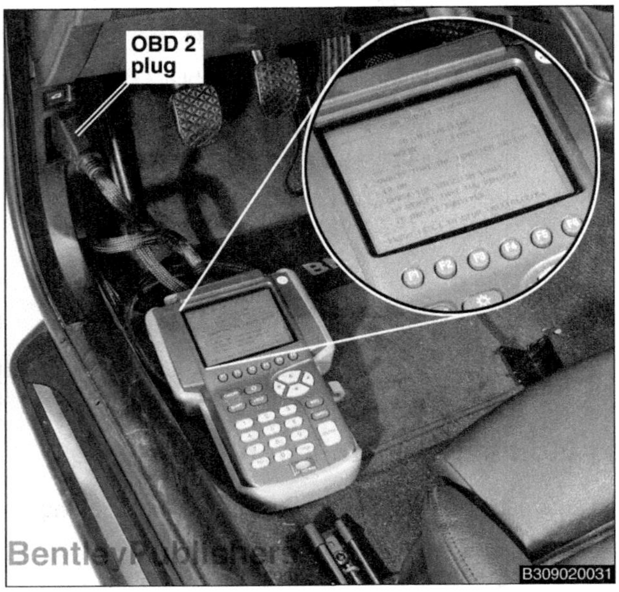

Troubleshooting

Minor automatic transmission problems may be corrected by changing the automatic transmission fluid (ATF) and filter. Begin by checking ATF level and condition. Check to see if the fluid is dirty or has a burned odor indicating overheated fluid. The burned odor may be the results of burned discs in the clutch packs. The friction material from the burned disc can clog valve body passages.

Software in the transmission control module (TCM) monitors transmission operation for faults and alerts the driver by illuminating the transmission fault indicator on the instrument panel. The self-diagnostic software stores diagnostic trouble codes (DTCs) which may be accessed as follows:

< Connect BMW diagnostic scan tool to OBD 2 plug on left door post. (Plug is behind plastic trim.)

– Place transmission selector lever in PARK or NEUTRAL. Engage parking brake.

– Switch ignition ON.

– Follow scan tool instructions as they appear on scan tool screen.

– For a listing of scan tool suppliers, see **020 Maintenance**.

Cautions

CAUTION—

- *When performing any repair which involves separating the engine and transmission, check that the bellhousing dowels are undamaged and properly in place before reassembly. If the alignment of the engine flywheel to the transmission input shaft or torque converter is incorrect, shudder, noise and internal damage to the transmission may result.*
- *For engines with a magnesium crankcase only aluminum fasteners and dowels may be used. Consult with an authorized BMW dealer parts department for the correct fasteners and dowels for the engine and model concerned.*
- *Do not mix BMW transmission oils, and do not replace with another oil.*
- *ATF does not circulate unless the engine is running. When transporting the vehicle, use a flat bed truck or raise the wheels off the ground.*

Automatic Transmission Fluid (ATF) Service

3 Series automatic transmission fluid has a condition based service interval of approximately 100,000 miles (160,935 km). If service or repairs have to be made to the transmission or ATF cooler, use only the approved transmission fluid.

Check ATF level if there is evidence of a leak, a complaint related to fluid level or after transmission repairs.

The automatic transmission is not equipped with a dipstick. Check ATF level while monitoring ATF temperature with special equipment. Make sure transmission is at operating temperature and vehicle is level throughout tests.

Be sure necessary equipment, catch bin, transmission fluid and fluid pump are available before starting the fluid level checking procedure.

Table b. ATF service interval	
Condition based - check instrument cluster to monitor service interval	approximately 100,000 miles

ATF level, checking

Transmission fluid expands with temperature. BMW requires that the ATF of all 3 Series transmissions be checked when fluid temperature is between 30 - 50°C (86 - 122°F).

- Drive vehicle to warm up ATF to operating temperature.

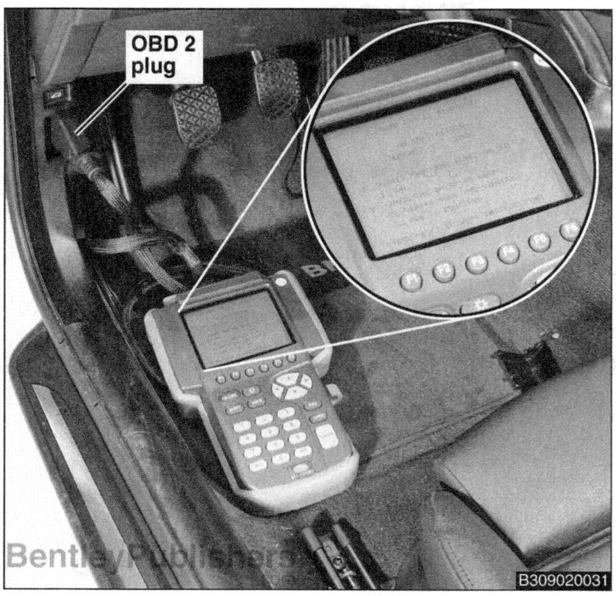

< Connect BMW diagnostic scan tool to OBD 2 plug on left door post. (Plug is behind plastic trim.) Set scan tool to measure ATF temperature.

- With engine running, switch on air-conditioning to increase engine idle speed.
- Apply parking brake.
- While applying foot brake firmly move gear shift selector lever through all gear positions, pausing in each gear briefly.
- Raise and safely support vehicle. Place oil drip pan underneath.

> ***CAUTION—***
> *• Make sure the vehicle is stable and well supported at all times. Use a professional automotive lift or jack stands designed for the purpose. A floor jack is not adequate support.*

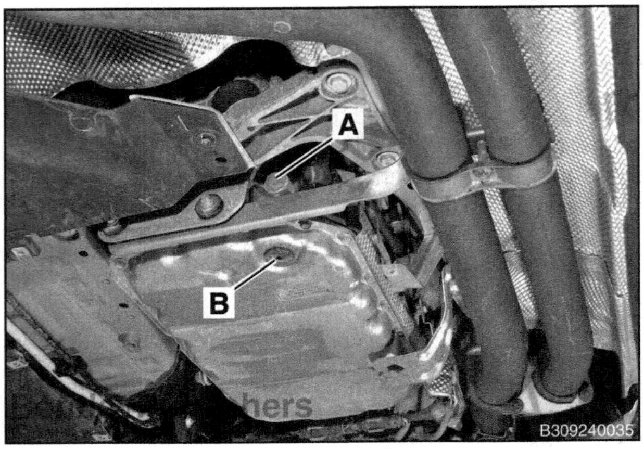

With engine running, selector lever in PARK and temperature as specified, remove fill plug (**A**).

NOTE—
- *GM transmission fill plug shown. ZF fill plug is on right side of transmission.*

> ***WARNING—***
> - *Hot ATF can scald. Wear eye protection and protective clothing and gloves during the check. If the transmission is overfilled, hot ATF spills from the fill hole when the fill plug is removed.*

ATF level checking	
Fluid temperature	30° - 50°C (86° - 120°F)

NOTE—
- *For best results, check fluid level at 30°C (85°F).*
- *An accurate level check is not possible if fluid temperature rises above 50°C (120°F).*

– Level is correct if small stream of fluid runs out of fill hole.

– If no fluid runs out, add fluid until it starts to overflow.

> ***CAUTION—***
> - *Do not mix BMW transmission oils, and do not replace with another oil.*

Automatic transmission fluid (6-speed transmission)		
Type	**BMW part no.**	**Manufacturer part no.**
GA6L45R	83 22 0 397 114	Dexron VI
GA6HP19Z	83 22 0 142 516	Shell M-1375.4

– Install fill plug using new sealing ring.

Tightening torques	
Drain plug to transmission sump: • GA6L45R (M12 x 1.75) • GA6HP19Z (M10 x 1 metal sump) • GA6HP19Z (M16 x 1.5 plastic)	 14 Nm (10 ft-lb) 12 Nm (9 ft-lb) 8 Nm (6 ft-lb)
Fill plug to transmission sump: • GA6L45RM (M18 x 1.5) • GA6HP19Z (M18 x 1.5)	 19 Nm (14 ft-lb) 35 Nm (26 ft-lb)

– Connect BMW diagnostic tool and call up “Service functions (drive).” Follow the on-screen instructions to complete fluid level check.

ATF, draining and filling

NOTE—

- *Draining and filling of the GM transmission is shown throughout this procedure. Draining and filling the ZF transmission is similar.*

– Raise vehicle and support safely.

> ***WARNING—***
> - *Make sure the vehicle is stable and well supported at all times. Use a professional automotive lift or jack stands designed for the purpose. A floor jack is not adequate support.*

– Remove splash shield under transmission. If necessary to improve access, remove splash shield and exhaust brackets.

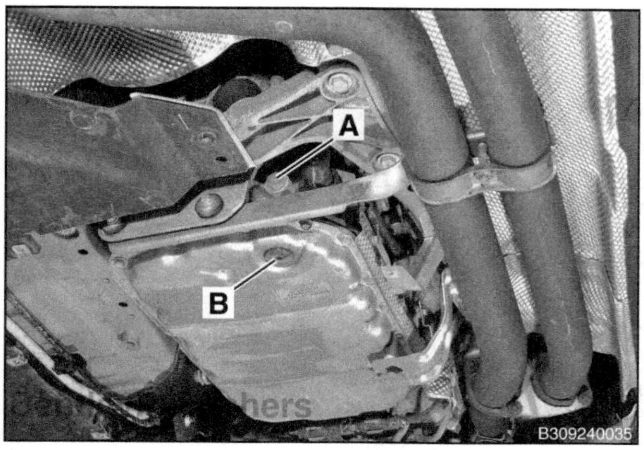

◄ Remove ATF drain plug (**B**) and drain fluid into container.

> ***WARNING—***
> - *Make sure ATF is warm when draining. Hot ATF can scald. Wear eye protection, protective clothing and gloves.*

– Remove transmission sump mounting bolts and remove sump.

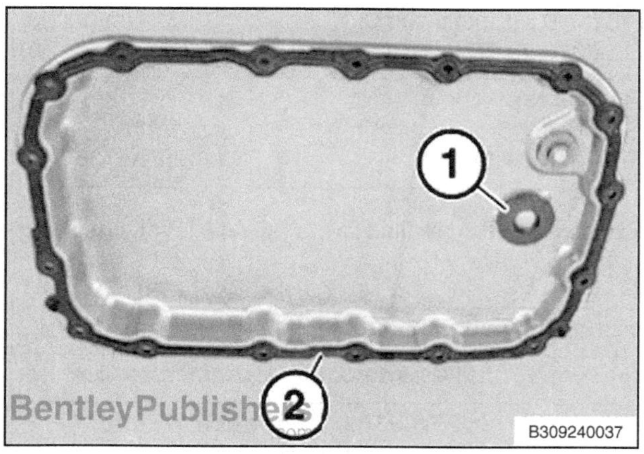

◄ Clean sump and sump magnet (**1**) using a lint-free cloth. Remove sump gasket (**2**) and clean gasket sealing surface.

NOTE—

- *Models with plastic sump lack magnet.*

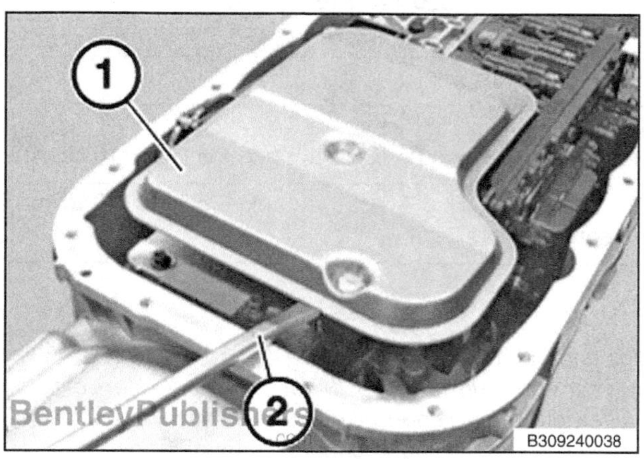

◄ Lever ATF strainer (**1**) from transmission pump housing using a prying tool (**2**). If strainer sealing O-ring remains in pump housing, remove using a seal puller or small hooked tool.

Using new sealing O-ring (**1**), replace ATF strainer.

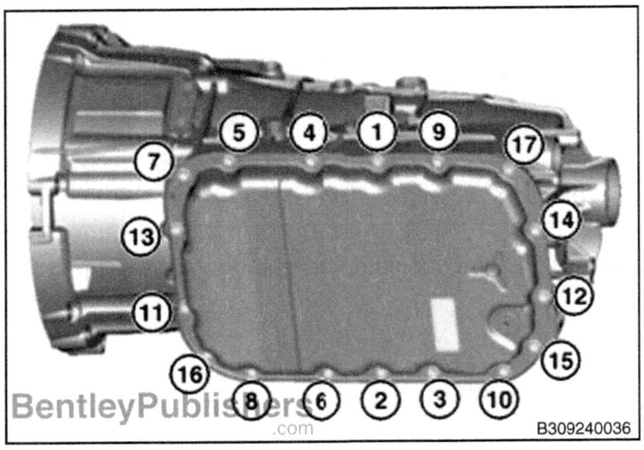

Install transmission sump using new gasket. Make sure locating tabs of gasket engage in openings of sump. Use new ATF sump bolts purchased from BMW. Alternatively, clean old bolts and coat with Loctite® thread locking compound or equivalent. Tighten transmission pan bolts in order shown, gradually and in several stages.

Tightening torques	
ATF sump to transmission (M6)	10 Nm (7 ft-lb)

– Replace drain plug using new sealing ring.

Tightening torques	
Drain plug to transmission sump: • GA6L45R (M12 x 1.75) • GA6HP19Z (M10 x 1 metal sump) • GA6HP19Z (M16 x 1.5 plastic)	 14 Nm (10 ft-lb) 12 Nm (9 ft-lb) 8 Nm (6 ft-lb)
Fill plug to transmission sump: • GA6L45R (M18 x 1.5) • GA6HP19Z (M18 x 1.5)	 19 Nm (14 ft-lb) 35 Nm (26 ft-lb)

– Top off transmission and check fluid level. See **ATF level, checking** in this repair group.

Automatic transmission fluid (6-speed transmission)		
Type	**BMW part no.**	**Manufacturer part no.**
GA6L45R	83 22 0 397 114	Dexron VI
GA6HP19Z	83 22 0 142 516	Shell M-1375.4

Table c. ATF capacities	
GA6L45R (with torque converter drained)	approx. 9.5 liters (10 US qt)
GA6HP19Z (with torque converter drained)	approx. 9.5 liters (10 US qt)

NOTE—

• If not draining torque converter, measure fluid removed and replace with same amount. A rule of thumb is to have 7 liters of fluid on hand, although 6 liters is normally sufficient. Always check fluid level using the method described under ***ATF level, checking****.*

Transmission Removal and Installation

Removal and installation of the transmission is best accomplished on an automotive lift using a transmission jack. Use caution and safe workshop practices when working underneath vehicle and lowering transmission. Be sure to have appropriate tools on hand before starting the job.

CAUTION—
- *Replace aluminium fasteners each time they are released. Do not use steel fasteners in place of aluminium. Electrochemical corrosion will result.*
- *Magnesium crankcase requires aluminum fasteners exclusively.*
- *When replacing aluminium fasteners, follow tightening torque and angle of rotation specification strictly.*

Transmission, removing and installing

Automatic transition removal varies slightly depending on installed transmission. Although the following procedure is specific to the GM (GA6L45R) 6-speed transmission, it can be used as a guide for all models.

WARNING—
- *Allow engine and transmission to cool down before starting work on the transmission.*

Transmission, removing

– Disconnect negative (-) cable from battery.

CAUTION—
- *Prior to disconnecting the battery, read the battery disconnection cautions given in* **001 Warnings and Cautions**.

– Remove electric radiator fan. See **170 Radiator and Cooling System**.

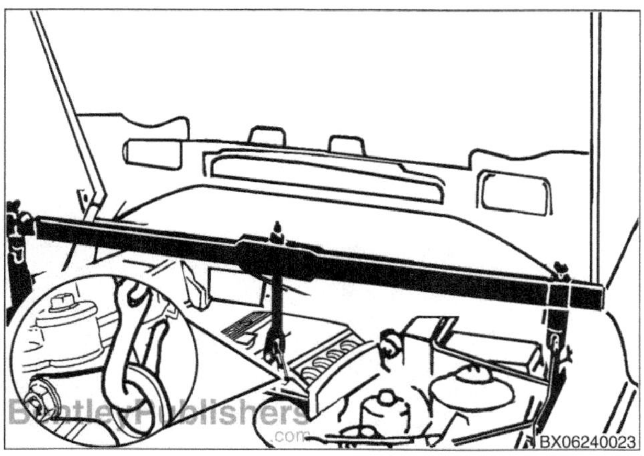

◄ Support engine from above with suitable hoist. See**110 Engine Removal and Installation**

– Raise and safely support vehicle.

WARNING—
- *Make sure the vehicle is stable and well supported at all times. Use a professional automotive lift or jack stands designed for the purpose. A floor jack is not adequate support.*

– Remove splash shields and supporting brackets under engine and transmission.

– Remove chassis reinforcement plate (if equipped).

– Remove exhaust system. See **180 Exhaust System**.

– Remove exhaust heat shields.

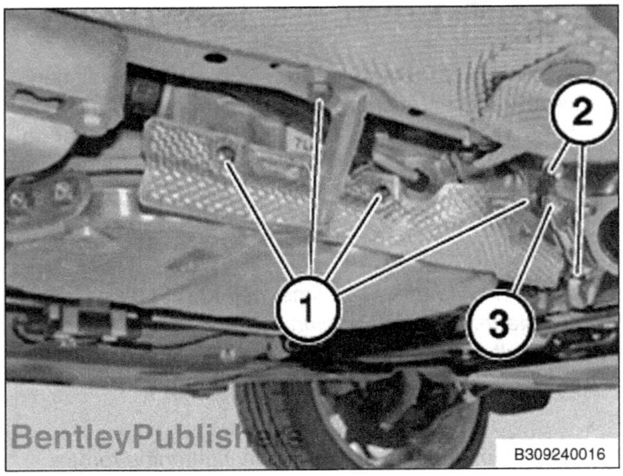

Remove fasteners (**1**) and remove heat shield. Unclip lines (**2**) and remove support bracket (**3**).

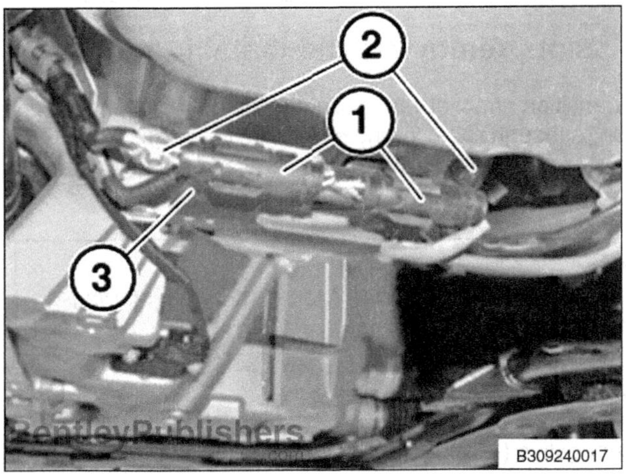

Release electrical connector (**1**) Remove fasteners (**2**) and remove retaining plate (**3**).

Using BMW special tool 00 9 010 (or equivalent), remove aluminium fastener next to electrical connector brackets.

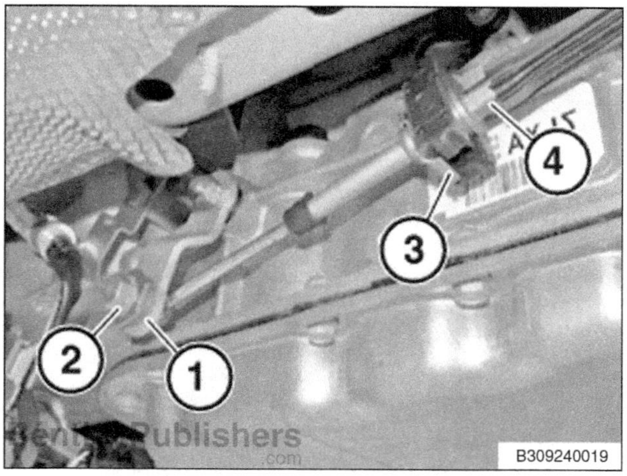

B309240019

Counterhold clamping sleeve (**1**) and loosen nut (**2**). Use a screwdriver to remove retainer (**3**) downwards and pull cable (**4**) out of holder.

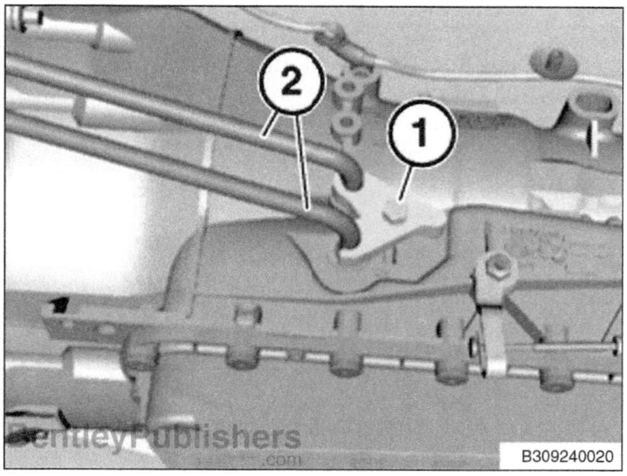

B309240020

Remove hold-down bolt (**1**) and disconnect hydraulic lines to transmission fluid cooler.

> ***CAUTION—***
> - *Be prepared to catch dripping fluid.*
> - *Make sure hydraulic line O-rings are removed with line and discarded. Always replace O-rings with new.*

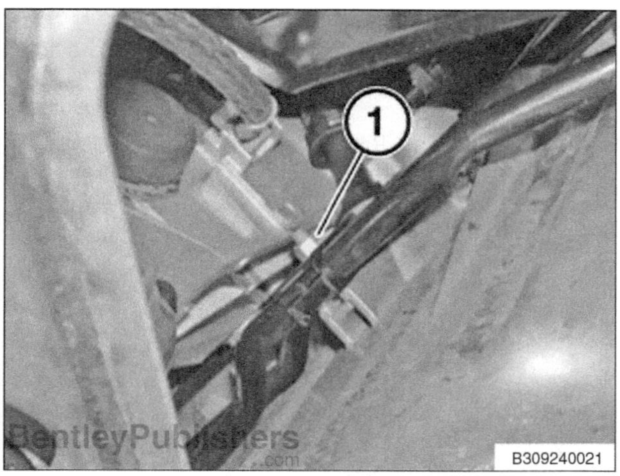

B309240021

Remove nut (**1**) and bracket holding hydraulic lines to sump.

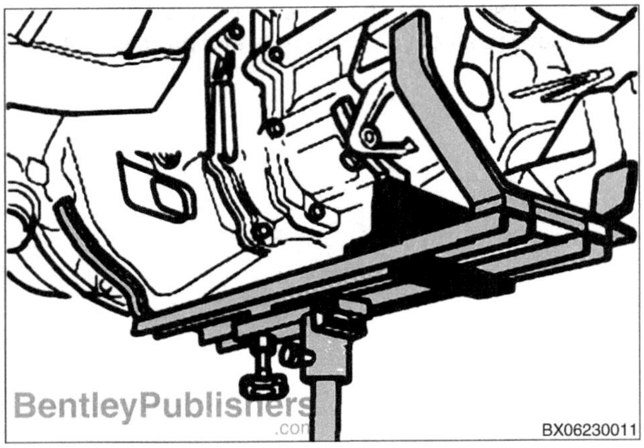

Support transmission with suitable hoist.

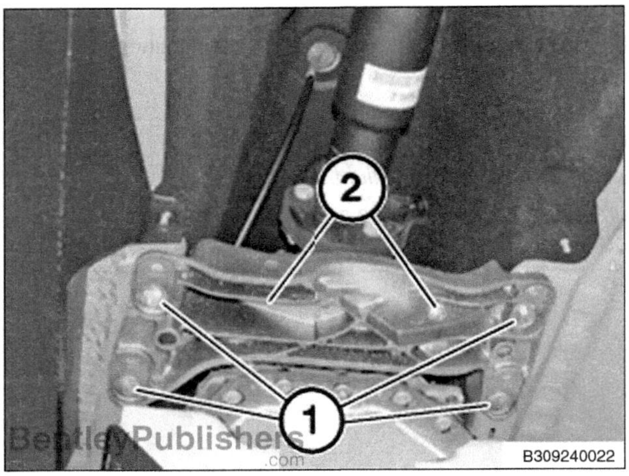

Remove fasteners (**1** and **2**) and remove transmission cross-member.

- xDrive models: Remove front drive shaft. Be prepared to catch dripping fluid. See **260 Driveshafts**.
- Rear driveshaft:
  - Remove driveshaft center bearing support fasteners. Support center of driveshaft.
  - Detach rear driveshaft flex-disc from transfer case.
  - Lower center of driveshaft sufficiently to disengage flex-disc from transfer case flange. Tie driveshaft to side. See **260 Driveshafts**.

> ***CAUTION—***
> - *To prevent damage to rear driveshaft CV joint, do not allow driveshaft to hang down unsupported.*

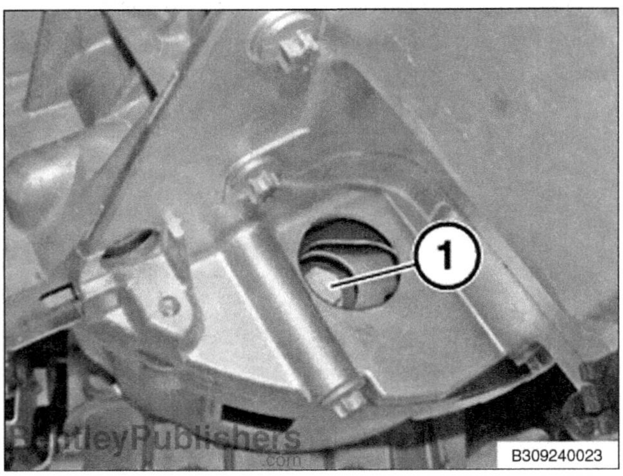

Crank engine by hand in direction of rotation using bolt on crankshaft dampener until fastener (**1**) is visible through access hole in transmission bell housing.

- Remove fastener (**1**). Continue to rotate engine and remove remaining torque converter fasteners.

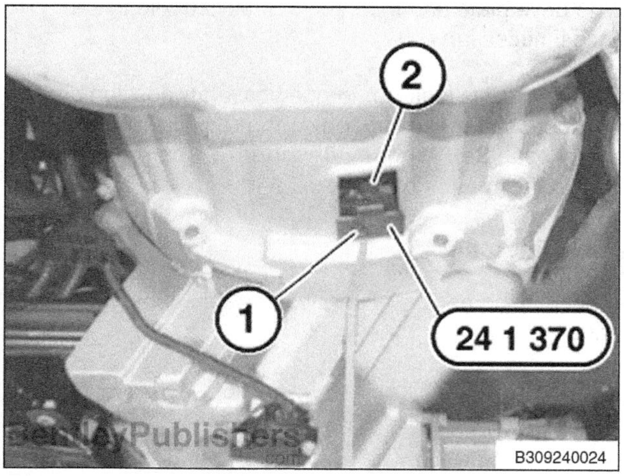

Insert torque converter locking tool (BMW special tool 24 1 370 or equivalent) and secure with fastener (**1**). Make sure lug (**2**) points in opposite direction of vehicle travel.

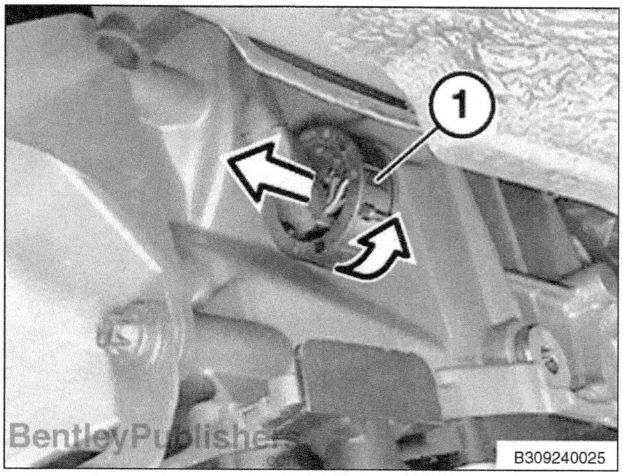

Release mechatronics electrical connector bayonet lock (**1**) in direction of curved arrow. Carefully pull connector off pins.

– Insert BMW special tool 24 2 390 in place of mechatronics connector to protect delicate pins.

> ***CAUTION—***
> *• Do not touch pins.*

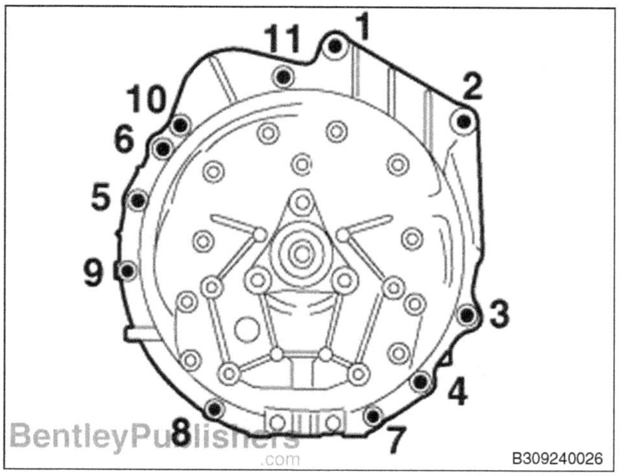

Remove remainder of aluminium fasteners from transmission bell housing.

– Remove transmission by pulling back and down. Lower jack slowly while watching carefully to make sure no lines, hoses or wires become snagged.

> ***WARNING —***
> *• Be sure the vehicle is properly supported. The removal of the transmission may upset the balance of the vehicle on the lift.*

> ***CAUTION—***
> *• Tilting the engine to remove the transmission can lead to damage to various components due to lack of clearance.*
> *• Do not allow the torque converter to fall off the transmission input shaft. Use BMW special tool 24 1 370 or equivalent to hold torque converter in place during transmission removal.*

– Blow out oil cooler lines with low-pressure compressed air and flush cooler with clean ATF twice.

> ***CAUTION—***
> *• Wear safety glasses when working with compressed air.*
> *• Do not reuse ATF used for flushing.*

– Inspect engine drive plate and flywheel for cracks or elongated holes. Replace if necessary.

– If torque converter seal is leaky, or torque converter position on transmission input shaft was disturbed during removal, replace torque converter seal. See **Torque converter oil seal, removing and installing** in this repair group.

Transmission, installing

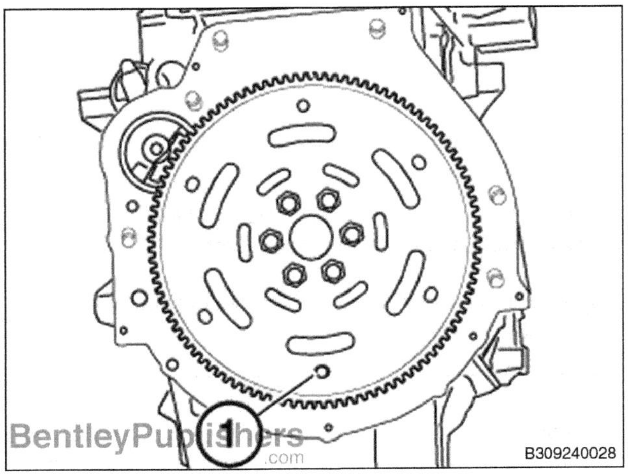

◄ Rotate flywheel until bore (**1**) is accessible through opening in engine oil pan.

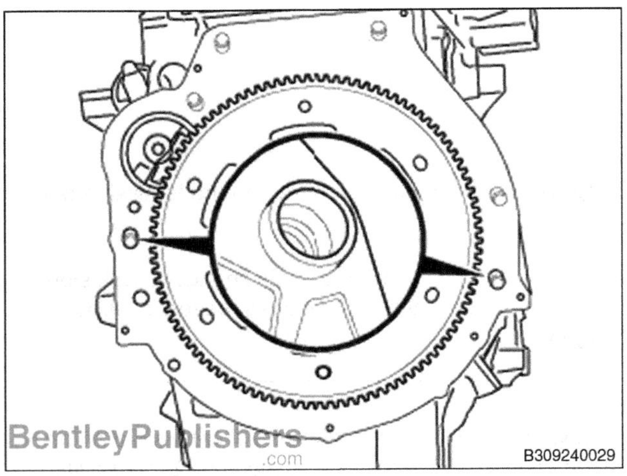

◄ Check that dowel sleeves are in good shape and correctly seated. Replace if needed.

– Check that torque converter is seated correctly in transmission.

– Rotate torque converter until bore in converter is flush with bore in driving disk.

– Join transmission to engine.

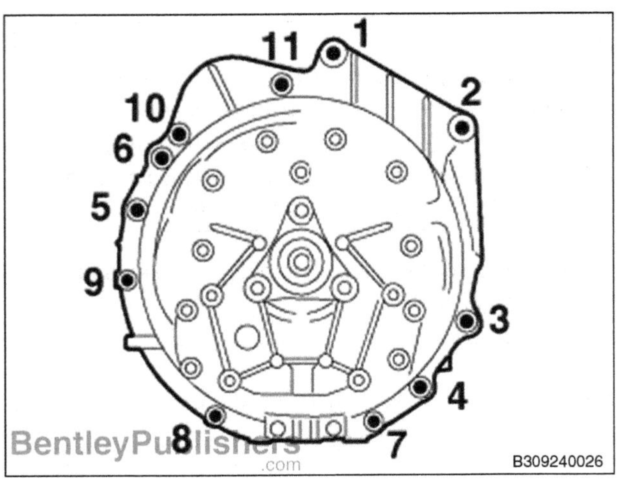

◄ When attaching transmission, replace all aluminium fasteners and follow tightening sequence.

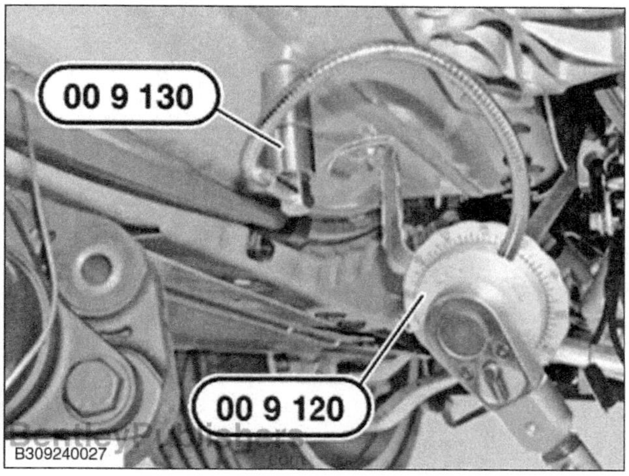

Tighten new aluminium bolts at bell housing to initial torque.

– Secure torque angle tool (BMW special tools 00 9 120 / 00 9 130 or equivalent) and tighten fasteners to final torque angle.

Tightening torques	
Transmission to engine (M10x30 aluminium): • Initial torque • Torque angle	 20 Nm (15 ft-lb) + 90 - 110°
Transmission to engine (M10x85 aluminium): • Initial torque • Torque angle	 20 Nm (15 ft-lb) + 180 - 200°
Transmission to engine (M12 aluminium): • Initial torque • Torque angle	 25 Nm (18 ft-lb) + 130°
Transmission cross member to body (M8)	19 Nm (14 ft-lb)
Transmission cross member to transmission	19 Nm (14 ft-lb)
Torque converter to flywheel: • M8 • M10x8.8 • M10x10.9	 26 Nm (19 ft-lb) 45 Nm (33 ft-lb) 56 Nm (41 ft-lb)

CAUTION—
- *To avoid damaging driveshaft flex-disc rubber, hold bolts stationary while tightening nuts.*

– Remainder of installation is reverse of removal. Remember to:
- Install new sealing washers or O-rings on ATF cooling line fittings.
- Adjust gearshift mechanism. See **250 Gearshift Linkage**.
- Fill transmission with clean ATF. See **ATF, draining and filling** in this repair group.

Tightening torques	
Drain plug to transmission sump: • GA6L45R (M12 x 1.75) • GA6HP19Z (M10 x 1 metal sump) • GA6HP19Z (M16 x 1.5 plastic)	 14 Nm (10 ft-lb) 12 Nm (9 ft-lb) 8 Nm (6 ft-lb)
Fill plug to transmission sump: • GA6L45R (M18 x 1.5) • GA6HP19Z (M18 x 1.5)	 19 Nm (14 ft-lb) 35 Nm (26 ft-lb)

Automatic transmission fluid (6-speed transmission)		
Type	**BMW part no.**	**Manufacturer part no.**
GA6L45R	83 22 0 397 114	Dexron VI
GA6HP19Z	83 22 0 142 516	Shell M-1375.4

240

Torque converter, removing and installing

– Remove transmission. See **Automatic transmission, removing and installing** in this repair group.

◄ Screw BMW special tools 24 4 000 into torque converter. Pull converter straight off transmission input shaft.

> ***CAUTION—***
> • *When torque converter is removed, transmission fluid will drain out. Be prepared to catch dripping fluid.*

◄ Remove torque converter slowly and set down vertically to avoid spilling additional transmission fluid.

– Reinstall torque converter, taking care to not damage new seal. Lightly oil converter seal surface and rotate converter during installation, applying slight pressure until recesses in converter locate audibly in ATF pump. Then press converter in firmly.

> ***CAUTION—***
> • *If torque converter is not installed correctly, impeller driver in converter is destroyed when transmission is mated to engine.*

Torque converter oil seal, removing and installing

ATF leaking from the torque converter seal usually collects at the bottom of the bellhousing and drips out.

Torque converter oil seal leakage is often caused by a worn or scored bushing in the torque converter hub. Check bushing when replacing seal. A damaged bushing rapidly wears the new seal.

- Remove transmission. See **Transmission, removing and installing** in this repair group.
- Carefully slide torque converter off transmission input shaft. Be prepared to catch ATF as it flows out of torque converter.

B701240012

< Check converter bushing surface (**arrow**) for scoring or wear.
- Remove sharp edges and burrs with fine emery cloth.
- If hub is deeply scored, replace torque converter.

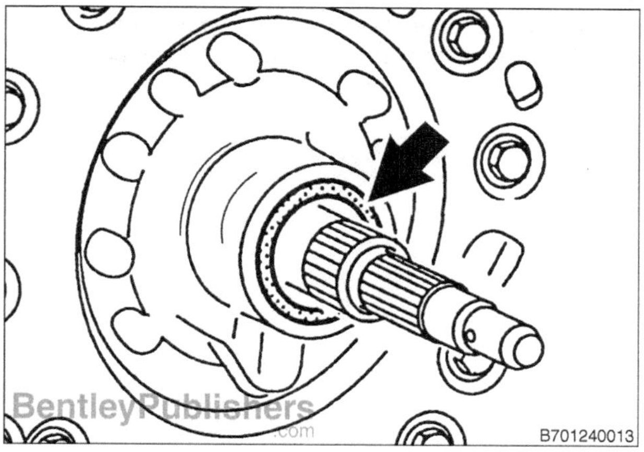

B701240013

< Use small screwdriver to pry out seal retaining circlip (if equipped) (**arrow**) from ATF pump at front of transmission case.

B309240011

< Attach BMW special tool (24 2 353 / 24 2 354, depending on transmission) to transmission input shaft.

◀ Screw BMW special tool 24 2 351 into seal. Use BMW special tool 24 2 352 to gradually draw out seal.

◀ Coat sealing lips of new seal with transmission fluid. Use BMW special tool (24 2 360 / 24 2 400, depending on transmission) and soft-faced hammer to drive seal into transmission as far as it will go.

- Reinstall retaining circlip (if equipped).
- Reinstall torque converter, taking care to not damage new seal. Lightly oil converter seal surface and rotate converter during installation, applying slight pressure until recesses in converter locate audibly in ATF pump. Then press converter in firmly.

> ***CAUTION—***
> *• If torque converter is not installed correctly, impeller driver in converter is destroyed when transmission is mated to engine.*

Torque plate and flywheel, removing and installing

Crankshaft rear main (flywheel) seal replacement is covered in **119 Lubrication System**.

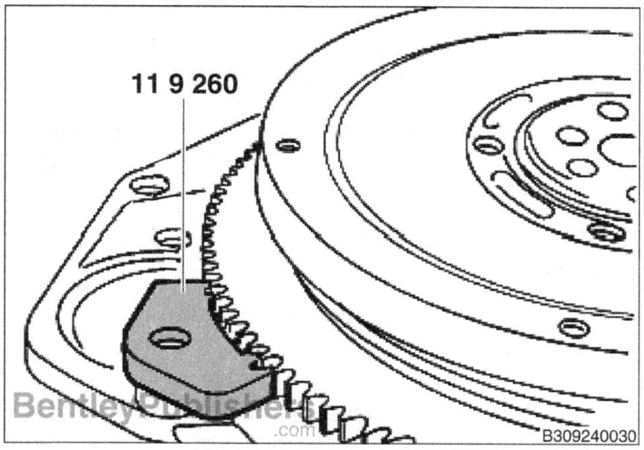

– Remove transmission. See **Transmission, removing and installing** in this repair group.

◄ Use BMW special tool 11 9 260 or equivalent to lock flywheel.

◄ Loosen and remove flywheel bolts (**arrows**) and discard.

– Remove torque plate and flywheel.

– Clean bolt threads in crankshaft.

◄ When installing:

- Note that flywheel is located with dowel sleeve (**arrow**).
- Make sure torque converter mounting holes in torque plate and flywheel line up.
- Use new flywheel bolts.
- On N55 engines: make sure magnetic reluctor wheel for crankshaft sensor is positioned correctly.

Tightening torque	
Flywheel and torque plate to crankshaft N52 engine (use new bolts)	130 Nm (96 ft-lb)
Flywheel and torque plate to crankshaft N52KP engine (use new bolts)	Stage 1 - 30 Nm (22 ft-lb) Stage 2 - 120 Nm (88 ft-lb)
Flywheel and torque plate to crankshaft N54 engine (use new bolts)	Stage 1 - 30 Nm (22ft-lb) Stage 2 - 125 Nm (92 ft-lb)
Flywheel and torque plate to crankshaft N55 engine (use new bolts)	Stage 1 - 60 Nm (44 ft-lb) Stage 2 - 45°

– Reinstall transmission.

Mechatronic notes

The mechatronic connection is delicate. Use care when removing and replacing the multi-pin connector. If pins are damaged, the complete mechatronic module must be replaced.

Leaks around the mechatronic sleeve can be misdiagnosed as coming from the transmission pan gasket. If a leak at the mechatronic sleeve is confirmed, replace the sleeve.

An incorrectly installed mechatronic sleeve can cause damaged connector pins and intermittent transmission communication faults. Example faults include:

- Serial wire message missing (FC 5079)
- Serial line signal plausibility (FC 507A)
- Transmission Emergency Program light illuminated
- Transmission entering failsafe mode

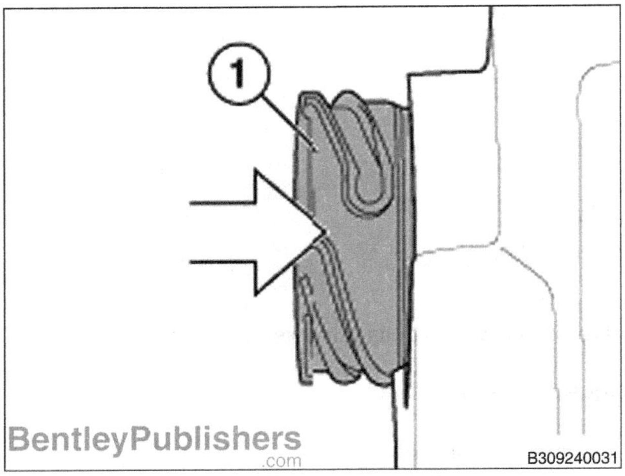

◄ Push the sealing sleeve (**1**) into the mechatronic housing. Use new O-rings and lubricate sleeve with transmission fluid.

– Reattach mechatronic connector making sure connector pins are not damaged. Close white locking tab on connector. Do not use excessive force. Excessive force indicates an incorrectly installed sleeve.

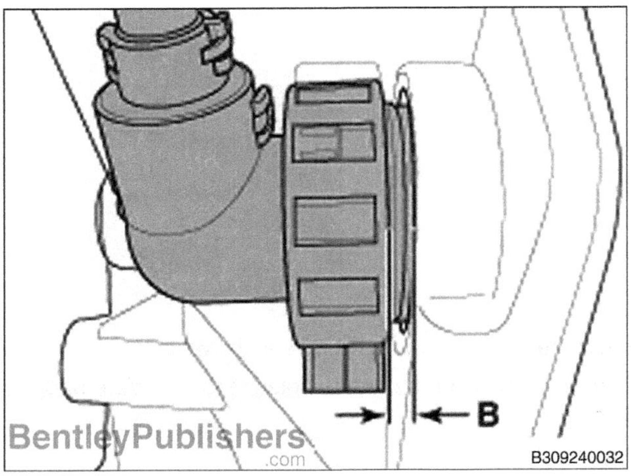

◄ With the harness connector installed and locked, the distance between the connector and the housing surface (**B**) should not exceed 3 mm.

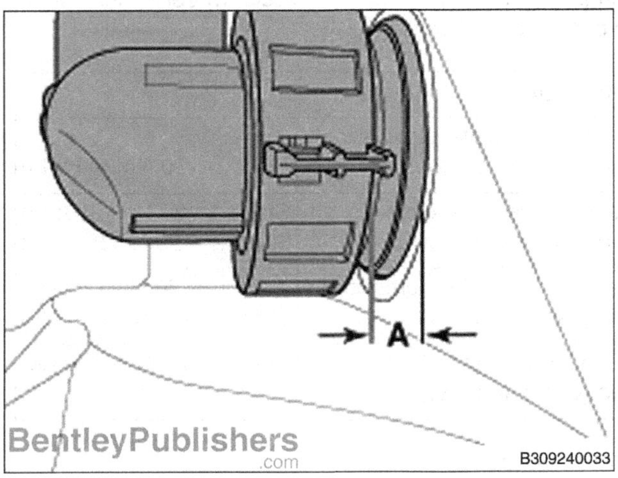

◄ If the distance between the connector and housing surface (**A**) measures approximately 7 - 8 mm, the sealing sleeve was installed incorrectly. An incorrectly installed mechatronic sleeve may permanently damage the connector pins.

250 Gearshift Linkage

GENERAL

This repair group covers transmission gearshift service for manual and automatic transmission models.

To gain access to the complete gearshift mechanism, remove the transfer case, intermediate muffler and rear driveshaft. See:

- **180 Exhaust System**
- **260 Driveshafts**
- **270 Transfer Case**
- **310 Front Suspension** for front end reinforcement

Neutral safety switch function

In models with automatic transmission, the electronic immobilizer function (EWS) prevents starter operation unless the gear position is (P)ARK or (N)EUTRAL. This serves as the neutral safety switch.

Gearshift knob, removing

Gearshift knob removal is the same on manual and automatic models. Make sure the engine is OFF when removing gearshift knob.

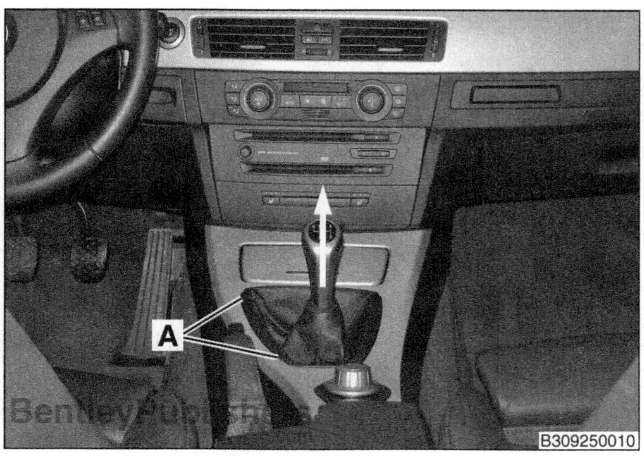

B309250010

< Starting from left side of shift boot (**A**), press in on shift boot frame to release boot from center console.

– Pull gearshift knob straight up (**arrow**) to remove. It may require up to 90 lbs. of force to do this.

> ***CAUTION—***
> - *Some versions of shift boot and knob are one piece. Always release boot from console before removing knob.*
> - *To prevent damage to locating tabs, do not twist knob.*

Manual Transmission Gearshift

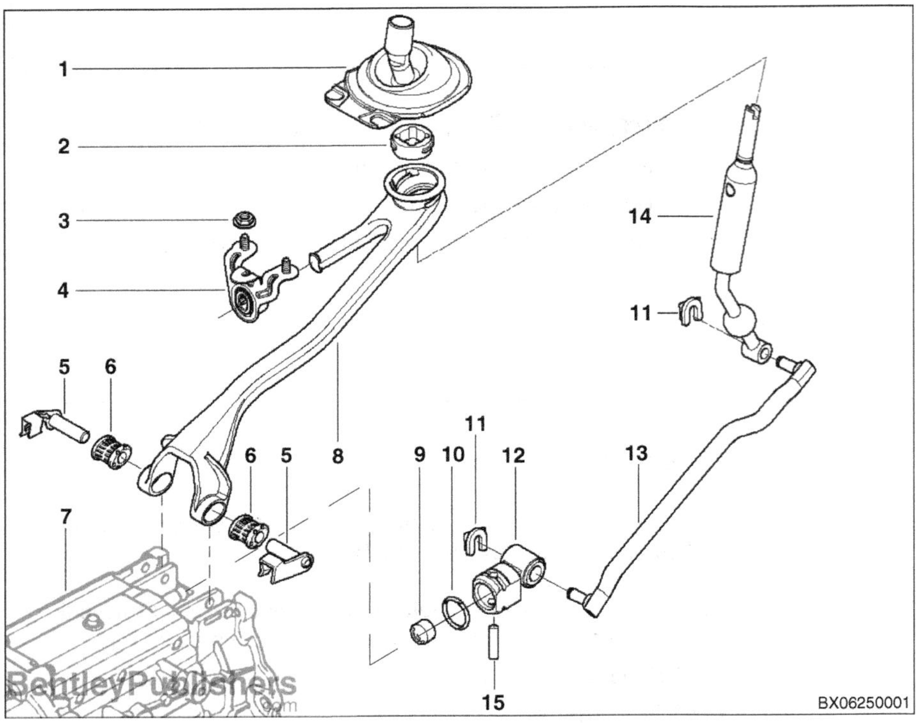

Manual gearshift linkage

1. Rubber boot
2. Shift lever bearing
3. M8 nut
4. Shift arm support bearing
5. Lock pin
6. Bushing
7. Transmission housing
8. Shift arm
9. Bushing
10. Lock ring
11. Circlip
12. Shifter coupling
13. Selector rod
14. Shift lever
15. Dowel

Gearshift lever, removing and installing (manual transmission)

– Remove shift boot and shift knob. See **Gearshift knob, removing** in this repair group.

> ***CAUTION—***
> - *Some versions of shift boot and knob are one piece. Always release boot from console before removing knob.*
> - *To prevent damage to locating tabs, do not twist knob.*

– Remove sound insulation at base of shift lever.

– Raise vehicle to gain access to underside of vehicle.

> ***WARNING—***
> - *Make sure the vehicle is stable and well supported at all times. Use a professional automotive lift or jack stands designed for the purpose. A floor jack is not adequate support.*

– Remove exhaust system and heat shields. See **180 Exhaust System**.

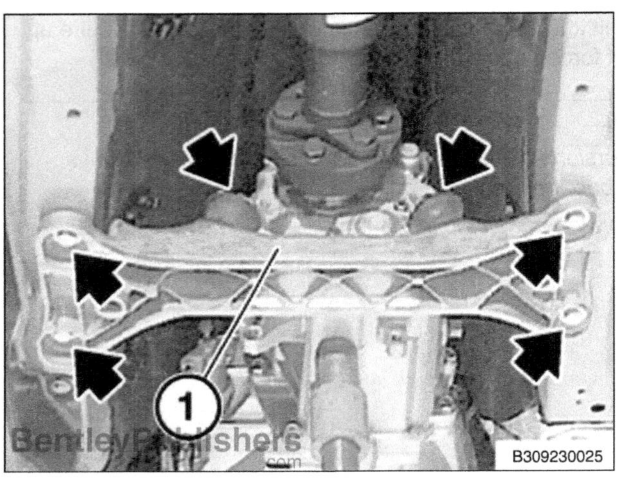

◄ Support transmission with a suitable jack. Remove transmission support bracket (**arrows**) and lower transmission slightly to gain access to gearshift lever.

Working above transmission, disconnect selector rod:

- Pull off selector rod retaining circlip (**arrow**).
- Disengage selector rod from gearshift lever.

NOTE—

- *A new, more secure, shift rod clip is fitted as of 04/2008. Use new shift rod clip when reassembling.*

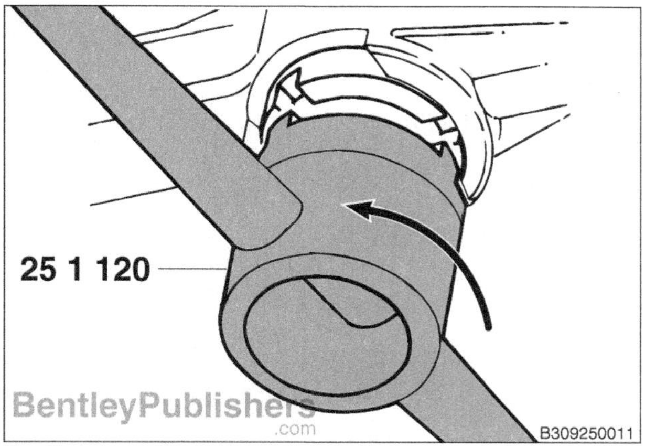

Release shift lever bearing from below using BMW special spanner 25 1 120. Turn tool 90° (¼ turn) counterclockwise.

- Push shift lever and bearing up to remove from shift arm.

– Lower vehicle. Working from inside passenger compartment, pull up on shift lever to remove it together with inner rubber boot and shift lever bearing.

– Clean old grease from shift lever ball and mounting ring. Also clean shift arm bowl. Lubricate with molybdenum disulfide grease.

– Insert shift lever together with inner boot and bearing into shift arm.

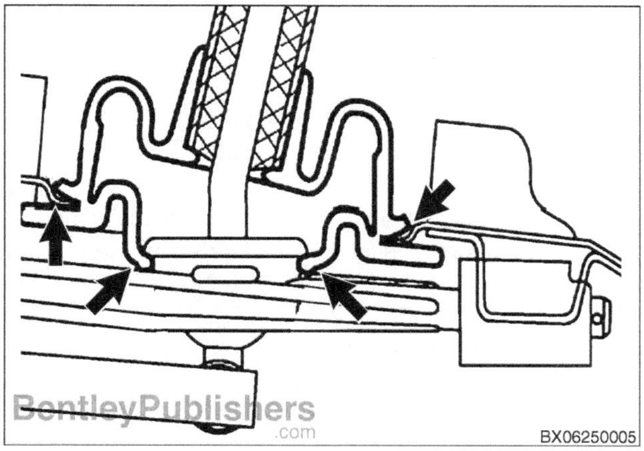

Pull inner rubber boot over shift arm bowl (**arrows**) to seal base of shift lever. Install rubber boot with arrow pointing toward front of vehicle.

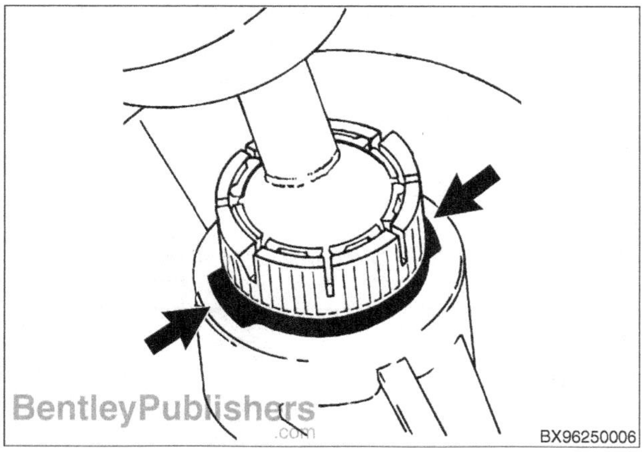

When installing shift lever bearing:

- Align locking tabs with slots (**arrows**) in shift arm bowl.
- Make sure arrow on shift lever bearing points to front of vehicle.
- Press down until bearing snaps into place.

– Remainder of installation is reverse of removal.

AUTOMATIC TRANSMISSION GEARSHIFT

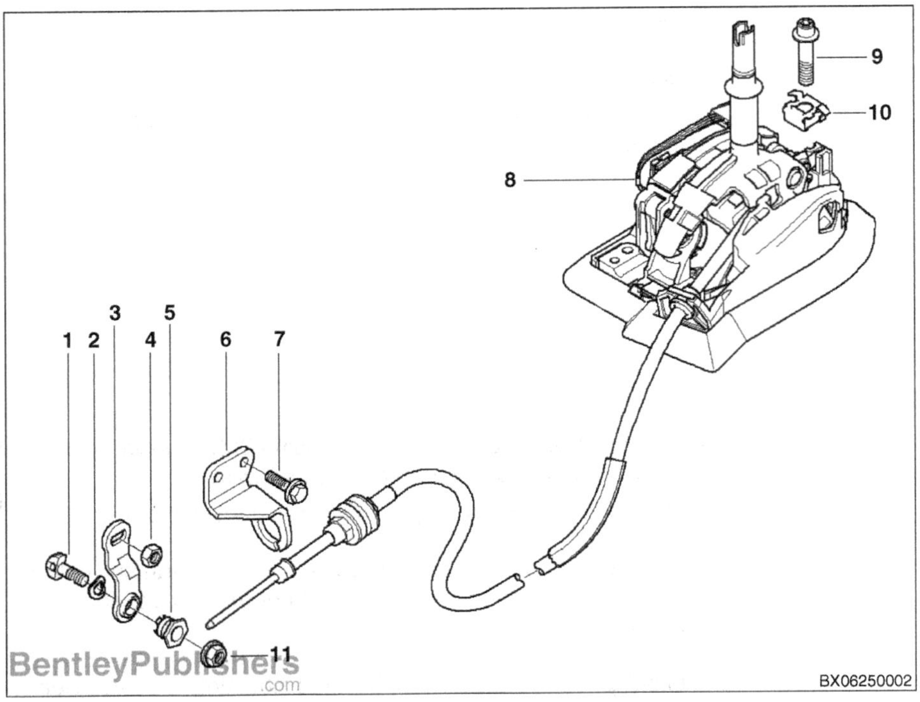

Steptronic gearshift assembly

1. Clamping bolt
2. Washer
3. Transmission shift arm on side of transmission
4. M8 self-locking nut
5. Bushing
6. Support bracket
7. M6 bolt
8. Steptronic shift mechanism
9. M6 Torx screw
10. Cage nut
11. M8 self-locking nut

Gearshift mechanism, adjusting

NOTE—
- *Gearshift mechanism varies with model. Adjustment is similar.*

– Position gearshift lever in P(ARK).

– Raise vehicle to gain access to shift linkage.

> ***WARNING—***
> - *Make sure the vehicle is stable and well supported at all times. Use a professional automotive lift or jack stands designed for the purpose.*

< Working at transmission selector lever at side of transmission:
- Counterhold cable clamping bushing (**A**).
- Loosen cable clamping nut (**B**).
- Push transmission shift arm forward toward engine (**arrow 1**) (PARK position).
- Push shifter cable end backward away from engine (**arrow 2**). Release pressure on cable.
- Tighten clamping nut.

> ***CAUTION—***
> - *Do not overtighten the nut so that it twists the cable.*

Tightening torque	
Shift cable clamping nut	10 Nm (7 ft-lb)

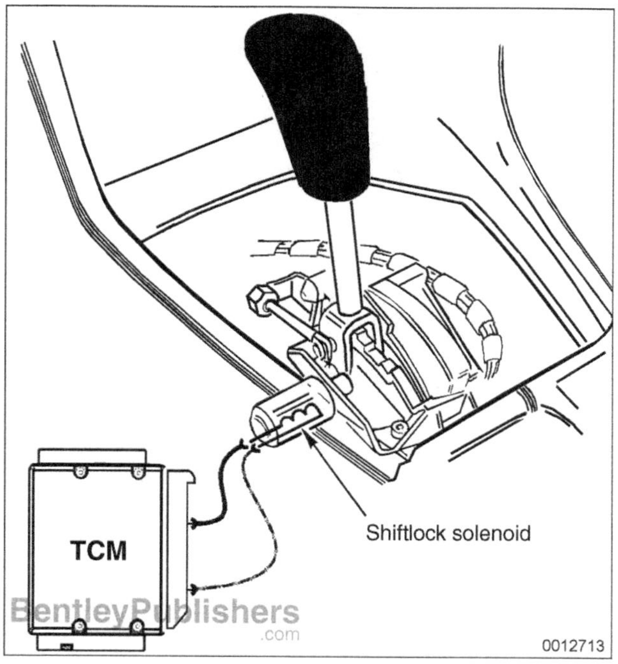

Automatic shiftlock, checking function

The automatic shiftlock uses an electric solenoid to lock the selector lever in P(ARK) or N(EUTRAL). Depressing the foot brake with the ignition ON energizes the solenoid, allowing the lever to be moved into R(EVERSE) or D(RIVE). The solenoid is energized only when engine speed is below 2,500 rpm and vehicle speed is below 3 mph (5 kph). The solenoid is mounted in the right side of the selector lever housing.

< Automatic shiftlock prevents drive gear selection until brake pedal is depressed.

- With engine running and vehicle stopped, place selector lever in P.
- Without depressing brake pedal, check that selector lever is locked in P.
- Depress brake pedal firmly and listen to solenoid clicking audibly.
- Check that selector lever can now be moved out of P.

NOTE—

- *Perform the next test in an open area with the parking brake ON and with extreme caution.*

— With selector lever in P and brake pedal depressed, raise engine above 2,500 rpm. Check that selector lever cannot be moved out of P.

— If any faults are found:

- Check electrical operation of shiftlock solenoid
- Check for wiring faults to or from transmission control module (TCM). See **ECL Electrical Component Locations** and **ELE Electrical Wiring Diagrams**.

NOTE—

- *The solenoid is controlled via the transmission control module (TCM), using brake pedal position, engine speed, and road speed as controlling inputs.*

250

260 Driveshafts

TABLE

GENERAL

This repair group covers repair and replacement of front and rear driveshafts and driveshaft components.

xDrive models include a transfer case bolted to the rear of the transmission with front and rear driveshafts. Rear-drive models include a single driveshaft attached directly to the rear of the transmission.

Front driveshaft repairs are limited to replacement of the complete driveshaft. Rear driveshaft repairs consist of replacement of the flex-discs, center mount and bearing. If rear driveshaft universal joints are defective, replace the complete driveshaft.

3 Series vehicles are equipped with aluminium driveshafts and ZNS (shiny zinc-coated) fasteners. Always replace ZNS fasteners with same.

See also:

- **270 Transfer case**
- **310 Front Suspension** for front end components
- **311 Front Axle Differential** for front drive axle repairs
- **331 Rear Axle Differential** for rear drive axle repairs

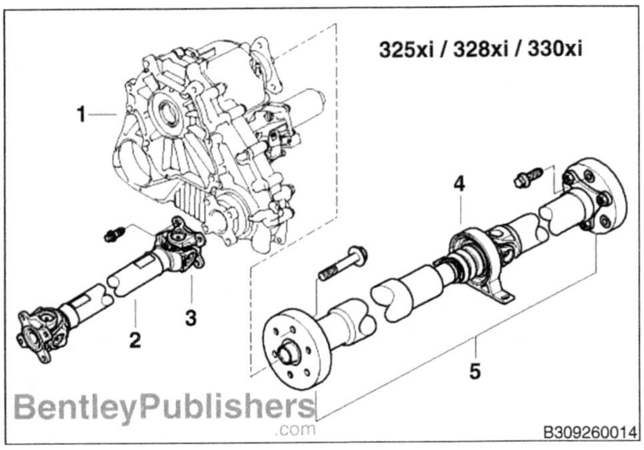

Driveshaft assemblies

325xi, 328xi and 330xi components

1. Transfer case
2. Front driveshaft
3. Front driveshaft universal joint
4. Rear driveshaft center bearing
   - Rubber mounted
5. Rear driveshaft flex-discs

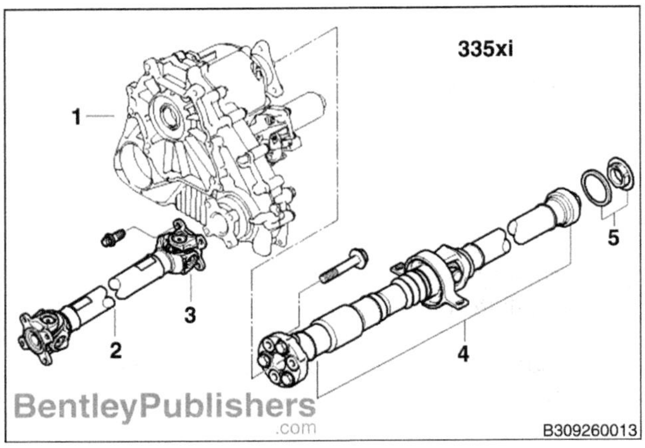

335xi components

1. Transfer case
2. Front driveshaft
3. Front driveshaft universal joint
4. Rear driveshaft center bearing
   - Rubber mounted
5. Rear driveshaft
   - Flange nut
   - Collar

Cautions

CAUTION—
- *Be sure the wheels are off the ground before removing the driveshaft. Set the parking brake before removing the driveshaft.*
- *Use only ZNS (zinc-coated) fasteners with aluminium driveshaft components.*
- *ZNS fasteners are designed to be used only once. Replace during reassembly.*
- *Do not move vehicle using engine power once a driveshaft is removed.*
- *Driveshaft are balanced to close tolerances. Whenever driveshafts are removed or disassembled, mark mounting flanges and driveshaft sections with paint before proceeding with work. This ensures that the driveshaft can be reassembled and installed in exactly the original orientation.*

Front Driveshaft Service

If detecting vibration or noise from the front driveshaft, check front universal joints for play. Pull and twist driveshaft while watching universal joint. Specified tolerance for play is very small, so almost any noticeable play indicates a problem.

Universal joint play	
Maximum allowable	0.15 mm (0.006 in)

Front driveshaft, removing and installing

- Raise car and support safely.

> ***WARNING —***
> - *Make sure the car is stable and well supported at all times. Use a professional automotive lift or jack stands designed for the purpose. A floor jack is not adequate support.*

- Remove splash guard under engine. Remove front end reinforcement (if equipped). See **310 Front Suspension**.

- If driveshaft is to be reinstalled, mark mounting flanges and driveshaft sections with paint to preserve original orientation.

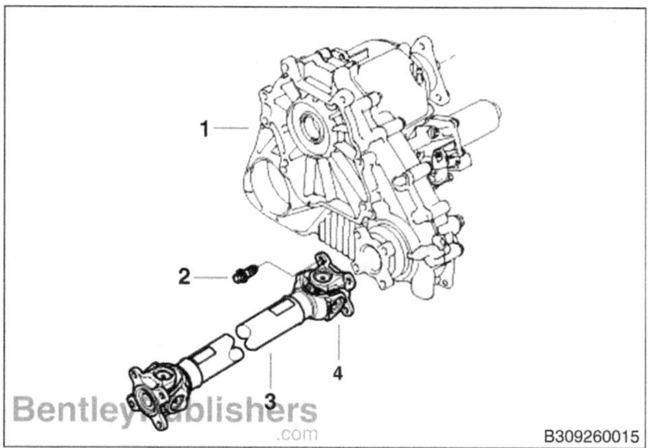

< Front driveshaft components:
1. Transfer case
2. ZNS bolt (replace with new)
3. Driveshaft
4. Universal joint

- Working at front differential input flange, remove universal joint bolts.

- Working at transfer case flange, remove universal joint bolts and remove driveshaft.

- Installation is reverse of removal. Remember to:
  - Observe marks made previously (if applicable).
  - Replace ZNS fasteners with new.

Tightening torque	
Front driveshaft to transfer case / differential (use new ZNS bolts)	20 Nm (15 ft-lb) + additional 45°

Rear Driveshaft Service

Rear driveshaft components

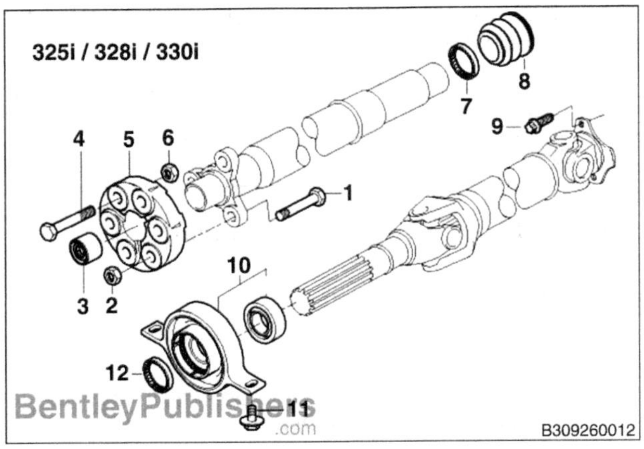

325i, 328i and 330i rear driveshaft components:

1. ZNS bolt (replace)
2. Self-locking nut (replace)
3. Centering sleeve
4. ZNS bolt (replace)
5. Flex-disc
6. Self-locking nut (replace)
7. Dust cover
8. Boot
9. ZNS bolt (replace)
10. Center bearing and housing
11. Bolt
12. Spacer

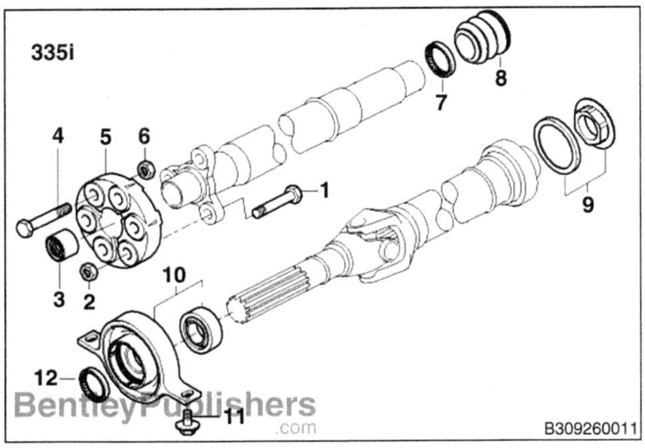

335i rear driveshaft components

1. ZNS bolt (replace)
2. Self-locking nut (replace)
3. Centering sleeve
4. ZNS bolt (replace)
5. Flex-disc
6. Self-locking nut (replace)
7. Dust cover
8. Boot
9. Flange nut and collar
10. Center bearing and housing
11. Bolt
12. Spacer

Troubleshooting

Sources of driveline vibrations and noise may be difficult to pinpoint. Engine, transmission, front or rear axle or wheel vibrations may be transmitted through the driveshafts to the car body.

Noises in the interior of vehicle may be caused by:

- Differential problems
- Faulty wheel bearings
- Damaged drive axle(s)
- Worn or improperly inflated tires

Driveshaft noise or vibrations are usually caused by worn or damaged components.

– To inspect or remove rear driveshaft, remove exhaust system and exhaust heat shield. See **180 Exhaust System**.

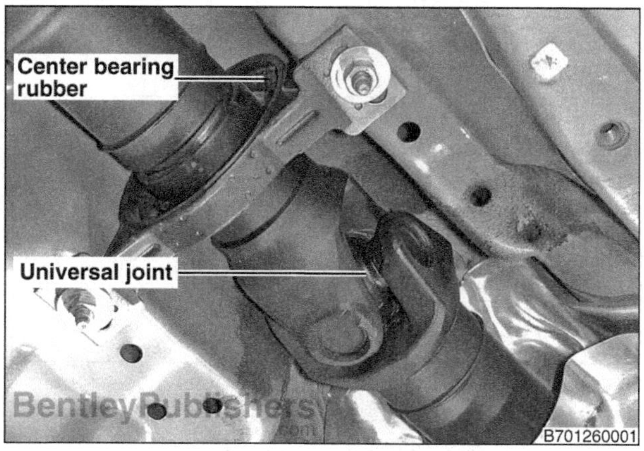

Check driveshaft universal joint for play. Pull and twist driveshaft while watching universal joint. Specified tolerance for play is very small, so almost any noticeable play indicates a problem.

Universal joint play	
Maximum allowable	0.15 mm (0.006 in)

- Check fastener torque at flange connections.
- Check flex-disc and center bearing rubber for deterioration or tearing.
- Check driveshaft for broken or missing balance weights. Weights are welded tabs on driveshaft tubes.
- Use paint to matchmark front and rear flanges. Remove driveshaft. See **Rear driveshaft, removing (universal joint at rear differential)** or **Rear driveshaft, removing (flange nut at rear differential)** in this repair group.
- Check universal joints for wear or binding. If it is difficult to move or binds, replace driveshaft.
- Check centering guide at output flange for damage or misalignment.
- Check runout at transmission / transfer case output flange and output shaft, and at rear differential input flange.

Driveshaft flange wear limits	
Runout at transfer case output flange (max. allowable): • Axial play • Radial play	 0.10 mm (0.004 in) 0.07 mm (0.003 in)
Rear differential input flange radial play (measured at driveshaft center lip)	0.07 mm (0.003 in)

- Check bolt bores at transmission / transfer case output flange and rear differential input flange for wear and elongation.
- Spin driveshaft center bearing and check for smooth operation without play.

If inspection reveals nothing wrong with driveshaft, it may need to be rebalanced. This can be done by a speciality driveshaft repair shop.

Sometimes a minor driveshaft vibration can be corrected by disconnecting at transfer case and repositioning it 90°, 180° or 270° in relation to differential input flange.

Table a lists symptoms of rear driveshaft problems and their probable causes. Most of the repair information is contained within this repair group. There are references to other repair groups, where applicable.

260

Table a. Rear driveshaft problems and causes		
Symptom	**Probable cause**	**Corrective action**
Vibration when starting off (forward or reverse).	Center bearing rubber deteriorated.	Inspect center bearing and rubber. Replace if necessary. See **Center bearing assembly, replacing** in this repair group.
	Flex-disc damaged or worn.	Inspect flex-disc. Replace if necessary. See **Flex-disc, replacing** in this repair group.
	Engine or transmission mounts faulty.	Inspect engine and transmission mounts. Align or replace, if necessary.
	Front centering guide worn, or driveshaft mounting flanges out of round.	Check front centering sleeve and replace if necessary. See **Front centering sleeve, replacing** in this repair group. Also check runout of driveshaft flanges.
	Universal joint worn or seized.	Check universal joint play and movement. Replace driveshaft if necessary.
Noise during on / off throttle or when engaging clutch.	Differential components worn or damaged (excessive pinion-to-ring-gear clearance).	Remove differential and repair. See **311 Front Axle Differential** or **331 Rear Axle Differential**.
	Drive axle or CV joint faulty.	Inspect drive axles and CV joints. Repair or replace as necessary. See **311 Front Axle Differential** or **331 Rear Axle Differential**.
Vibration at 25 to 30 mph (40 to 50 kph).	Front centering sleeve worn, or driveshaft mounting flanges out of round or damaged.	Check front centering sleeve and replace if necessary. See **Front centering sleeve, replacing** in this repair group. Also check runout of driveshaft flanges.
	Universal joint worn or seized.	Check universal joint play and movement. Replace driveshaft if necessary.
	Flex-disc damaged or worn.	Inspect flex-disc. Replace if necessary. See **Flex-disc, replacing** in this repair group.
	Center bearing rubber deteriorated.	Inspect center bearing. Replace if necessary. See **Center bearing assembly, replacing** in this repair group.
Vibration, audible rumble over 35 mph (60 kph).	Front centering sleeve worn, or driveshaft mounting flanges out of round or damaged.	Check front centering sleeve and replace if necessary. See **Front centering sleeve, replacing** in this repair group. Also check runout of driveshaft flanges.
	Mounting flange bolts loose or holes worn.	Remove rear driveshaft and check transfer case output flange and differential input flange. Replace if necessary.
	Rear driveshaft unbalanced.	Check driveshaft for loose or missing balance weights. Have driveshaft rebalanced or replace if necessary.
	Universal joint worn or seized.	Check universal joint play and movement. Replace rear driveshaft if necessary.
	Rear driveshaft center bearing faulty.	Replace center bearing. See **Center bearing assembly, replacing** in this repair group.
	Rear differential rubber bushing(s) faulty.	Inspect differential rubber bushing. Replace as necessary. See **331 Rear Axle Differential**.

Rear driveshaft, removing (universal joint at rear differential)

– Raise vehicle and support safely.

> ***WARNING —***
> *• Make sure the vehicle is stable and well supported at all times. Use a professional automotive lift or jack stands designed for the purpose. A floor jack is not adequate support.*

– Remove exhaust system and exhaust heat shields. See **180 Exhaust System**.

> ***WARNING —***
> *• Make sure exhaust system is fully cooled off before removing.*

– Mark mounting flanges and driveshaft sections with paint to preserve original orientation.

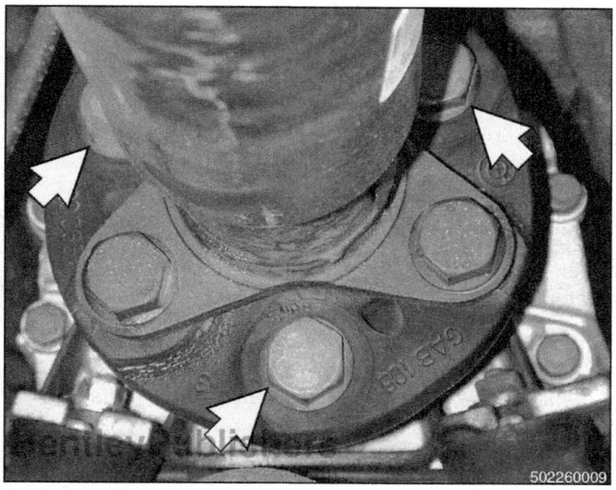

◄ Working at driveshaft front flex-disc, counterhold bolt heads (**arrows**) and remove nuts at transmission / transfer case output flange. Discard old fasteners.

> ***CAUTION—***
> *• To avoid damaging flex-disc rubber, be sure to hold bolts stationary while loosening nuts.*

– Hang driveshaft front section from body using stiff wire.

– Working at driveshaft rear universal joint, remove mounting nuts at differential input flange. Discard nuts. If necessary, use pry bar at groove to pry universal joint free.

– Hang driveshaft rear section from body using stiff wire.

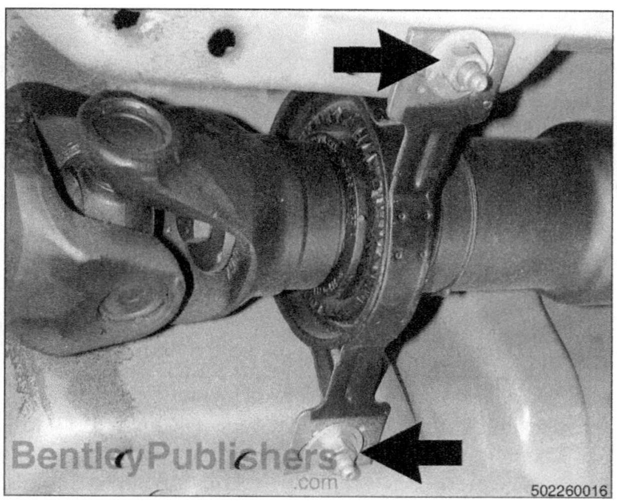

◄ Remove driveshaft center support bearing mounting nuts (**arrows**).

– Remove driveshaft. Pull down on center of driveshaft to facilitate removal.

Tightening torque	
Driveshaft center bearing support to body	21 Nm (15 ft-lb)

Rear driveshaft, installing (universal joint at rear differential)

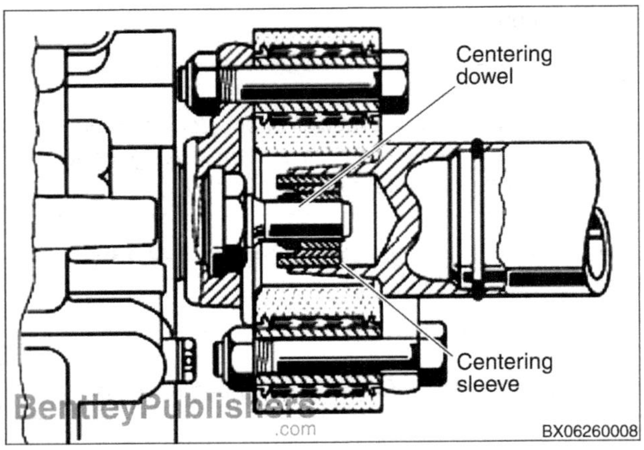

Prior to installation:

- Inspect centering dowel on transmission / transfer case output flange.
- Inspect centering sleeve inside driveshaft flex-disc.
- Replace damaged components. See **Front centering sleeve, replacing** in this repair group.
- When installing centering sleeve over centering dowel, apply thin coat of molybdenum disulfide grease (Molykote Longterm 2 Plus® or equivalent).

– Bend driveshaft slightly at center universal joint to install.

– Align matchmarks on driveshaft to matchmarks on differential and transfer case flanges.

– Fit driveshaft to differential input flange. Using new ZNS fasteners, alternately tighten two opposite nuts to draw joint evenly into flange. Once seated, tighten down remaining nuts.

> ***CAUTION—***
> - *Do not reuse fasteners. They are designed to be used only once.*
> - *Do not allow driveshaft to hang unsupported.*

– Attach front flex-disc to transmission / transfer case output flange using new fasteners.

> ***CAUTION—***
> - *To avoid damaging flex-disc rubber, be sure to hold bolts stationary while tightening nuts.*

Tightening torque	
Front driveshaft to transmission / transfer case (flex-disc) • M10x10.9 (replace ZNS fasteners) • M12x10.9 (replace ZNS fasteners)	20 Nm (15 ft-lb) + 90° 55 Nm (41 ft-lb) + 90°
Rear driveshaft to differential (flex-disc) • M10x10.9 (replace ZNS fasteners) • M12x10.9 (replace ZNS fasteners)	20 Nm (15 ft-lb) + 90° 55 Nm (41 ft-lb) + 90°
Rear driveshaft to differential (universal joint) • M10x10.9 (bolt with ribbed teeth) (replace ZNS fasteners) • M10x10.9 (and M3 models) (replace ZNS fasteners)	40 Nm (30 ft-lb) + 45° 20 Nm (15 ft-lb) + 90°
Rear driveshaft to differential (flange nut)	75 Nm (55 ft-lb)

– Reinstall center bearing support.

Tightening torque	
Driveshaft center bearing support to body	21 Nm (15 ft-lb)

– Install heat shields. Install exhaust system. See **180 Exhaust System**.

– Road test vehicle to check for noise or vibration.

Rear driveshaft, removing (flange nut at rear differential)

– Raise vehicle and support safely.

> ***WARNING—***
> - *Make sure the vehicle is stable and well supported at all times. Use a professional automotive lift or jack stands designed for the purpose. A floor jack is not adequate support.*

– Remove exhaust system and exhaust heat shields. See **180 Exhaust System**.

> ***WARNING—***
> - *Make sure exhaust system is fully cooled off before removing.*

– Mark mounting flanges and driveshaft sections with paint to preserve original orientation.

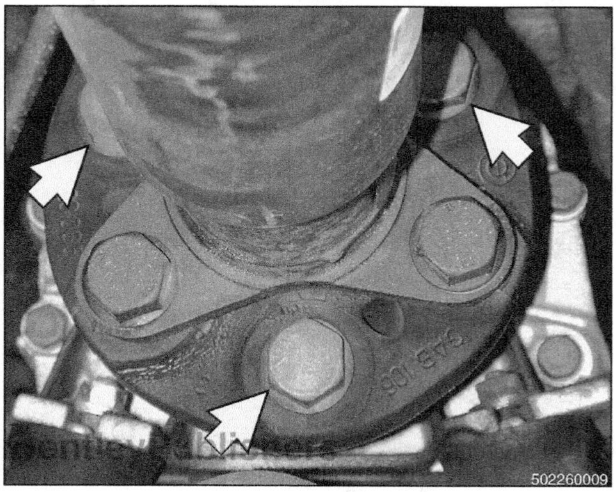

◄ Working at driveshaft front flex-disc, counterhold bolt heads (**arrows**) and remove nuts at transfer case output flange. Discard old fasteners.

> ***CAUTION—***
> - *To avoid damaging flex-disc rubber, be sure to hold bolts stationary while loosening nuts.*

– Hang driveshaft front section from body using stiff wire.

◄ Working at center support bearing, loosen fasteners (**1**) but do not remove. Use a pry bar or equivalent tool (**2**) to brace driveshaft at center universal joint.

B309260017

Working at rear differential, release insert nut clockwise using BMW special tools 33 5 040 and 33 5 070.

> ***CAUTION—***
> *• Do not use flange nut to counter hold driveshaft. Rear differential may be damaged.*

– Hang driveshaft rear section from body using stiff wire.

– Remove driveshaft center support bearing mounting nuts.

– Remove driveshaft. Pull down on center of driveshaft to facilitate removal.

Tightening torque	
Driveshaft center bearing support to body	21 Nm (15 ft-lb)

Rear driveshaft, installing (flange nut at rear differential)

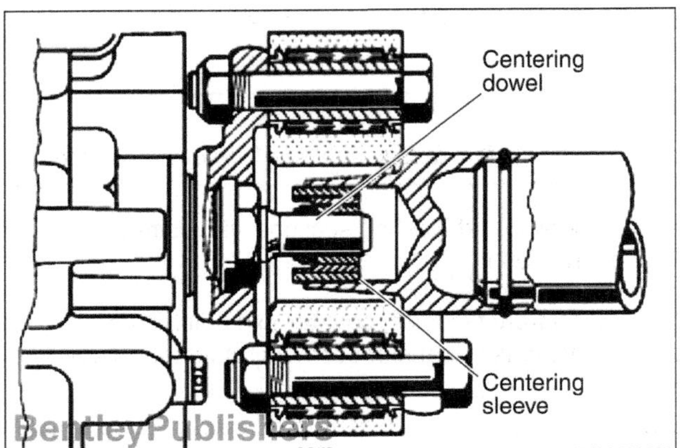

BX06260008

Prior to installation:

- Inspect centering dowel on transmission / transfer case output flange.
- Inspect centering sleeve inside driveshaft flex-disc.
- Replace damaged components. See **Front centering sleeve, replacing** in this repair group.
- When installing centering sleeve over centering dowel, apply thin coat of molybdenum disulfide grease (Molykote Longterm 2 Plus® or equivalent).

B309260018

Remove retaining clip (**1**) and seal (**2**)

Remove insert nut (**1**).

> ***CAUTION—***
> - *Always replace retaining clip, seal and insert nut at rear differential with new.*

Clean insert collar (**1**), flange nut and spline teeth on bevel pinion (**2**). Fill insert collar (**1**) with thin coat of molybdenum disulfide grease (Molykote Longterm 2 Plus® or equivalent).

Clean threads of joint hub (**1**) to remove all trace of residue. Clean hub teeth (**2**) and coat with thin coat of molybdenum disulfide grease (Molykote Longterm 2 Plus® or equivalent).

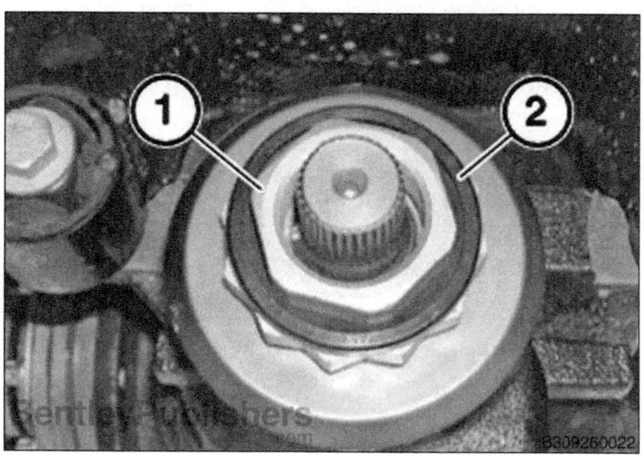

Using new parts, place insert nut (**1**) with seal in insert collar of flange nut. Install retaining clip (**2**).

- Align matchmarks on driveshaft to matchmarks on differential and transfer case flanges.
- Attach front flex-disc to transmission / transfer case output flange using new fasteners.

> ***CAUTION—***
> - *To avoid damaging flex-disc rubber, be sure to hold bolts stationary while tightening nuts.*

Rear driveshaft, installing (flange nut at rear differential)

– Bend driveshaft slightly at center universal joint to aid installation.

> ***CAUTION—***
> - *Observe the following installation sequence:*
>   - *Attach driveshaft to transmission.*
>   - *Attach driveshaft to rear differential.*
>   - *Attach center mount.*
> - *Observe the following tightening sequence:*
>   - *Insert nut to driveshaft.*
>   - *Flex-disc to transmission / transfer case.*
>   - *Center mount to chassis.*

◄ Slide driveshaft (**1**) as far as it will go onto insert nut and secure finger tight. Use a pry bar or equivalent tool to brace driveshaft at center universal joint. Tighten insert nut to final torque.

> ***CAUTION—***
> - *Final tightening of insert nut must occur within 5 minutes.*
> - *Do not use flange nut to counter hold driveshaft. Rear differential may be damaged.*
> - *Do not reuse fasteners. They are designed to be used only once.*
> - *Do not allow driveshaft to hang unsupported.*

Tightening torque	
Front driveshaft to transmission / transfer case (flex-disc) • M10x10.9 (replace ZNS fasteners) • M12x10.9 (replace ZNS fasteners)	20 Nm (15 ft-lb) + 90° 55 Nm (41 ft-lb) + 90°
Rear driveshaft to differential (flex-disc) • M10x10.9 (replace ZNS fasteners) • M12x10.9 (replace ZNS fasteners)	20 Nm (15 ft-lb) + 90° 55 Nm (41 ft-lb) + 90°
Rear driveshaft to differential (universal joint) • M10x10.9 (bolt with ribbed teeth) (replace ZNS fasteners) • M10x10.9 (and M3 models) (replace ZNS fasteners)	40 Nm (30 ft-lb) + 45° 20 Nm (15 ft-lb) + 90°
Rear driveshaft to differential (flange nut)	75 Nm (55 ft-lb)

– Reinstall center bearing support.

Tightening torque	
Driveshaft center bearing support to body	21 Nm (15 ft-lb)

– Install heat shields. Install exhaust system. See **180 Exhaust System**.

– Road test vehicle to check for noise or vibration.

Flex-disc, replacing

– Check flex-disc for cracks, tears, missing pieces or distortion. Check for worn bolt hole bores in flange.

– Remove driveshaft center bearing support fasteners. Support center of driveshaft.

– Detach driveshaft flex-disc from transmission / transfer case.

– Lower center of driveshaft sufficiently to disengage flex-disc from transfer case flange. Tie driveshaft to side.

– Remove fasteners and detach flex-disc from driveshaft.

> ***CAUTION—***
> - *To avoid damaging rear driveshaft CV joint, do not allow driveshaft to hang down unsupported.*
> - *To avoid damaging flex-disc rubber, be sure to hold bolts stationary while loosening nuts.*

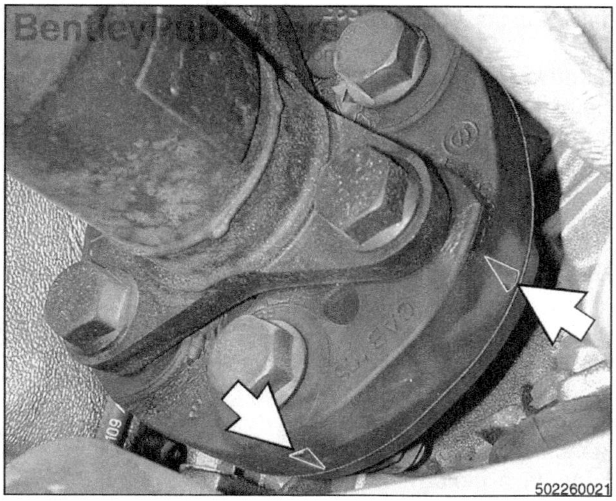

< Install new flex-disc using new ZNS fasteners.
- Molded arrows (**arrows**) on coupling point toward flange arms.
- Counterhold bolts while tightening nuts.

> ***CAUTION—***
> - *To avoid damaging flex-disc rubber, be sure to hold bolts stationary while tightening nuts.*

Tightening torques	
Front driveshaft to transmission / transfer case (flex-disc)	
• M10x10.9 (replace ZNS fasteners)	20 Nm (15 ft-lb) + 90°
• M12x10.9 (replace ZNS fasteners)	55 Nm (41 ft-lb) + 90°

Center bearing assembly, replacing

The rear driveshaft center bearing assembly consists of a grooved ball bearing in a rubber mount. The bearing assembly is pressed on the driveshaft.

– Remove driveshaft. See **Rear driveshaft, removing (universal joint at rear differential)** or **Rear driveshaft, removing (flange nut at rear differential)** in this repair group.

– Use paint to matchmark front and rear driveshaft sections before separating. Do not scratch or punch marks in driveshaft metal.

< Remove bolt (**arrow**) securing front and rear halves of driveshaft and pull driveshaft apart.

– Remove shim and dust shield, where fitted.

– Use puller to remove center bearing assembly from driveshaft.

– On installation, drive new center bearing firmly to stop. Reassemble driveshaft using matchmarks made prior to disassembly.

– Clean threads and install bolt securing driveshaft halves. Use thread locking compound Loctite® or equivalent.

Tightening torque	
Driveshaft front half to rear half (use thread locking compound)	97 Nm (72 ft-lb)

– Install driveshaft. See **Rear driveshaft, installing (universal joint at rear differential)** or **Rear driveshaft, installing (flange nut at rear differential)** in this repair group.

Front centering sleeve, replacing

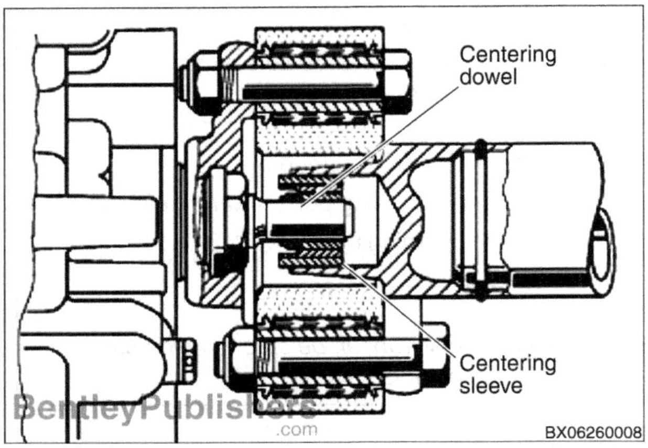

◄ The front centering sleeve centers the rear driveshaft in relation to the transfer case flange. The guide is press-fit into a cavity in the flex-disc and slides on a dowel on the transfer case output flange.

No specifications are given for wear of the guide. Check to make sure that the sleeve fits snugly over the dowel.

– Remove rear driveshaft. See **Rear driveshaft, removing (universal joint at rear differential)** or **Rear driveshaft, removing (flange nut at rear differential)** in this repair group.

– Pack cavity behind centering guide with heavy grease until grease is flush with bottom edge of guide.

– Insert 14 mm (approximately 9⁄16 in) diameter mandrel or metal rod into guide. Strike guide with hammer to force centering guide out. Make sure mandrel fits snugly in the centering guide so that grease cannot escape around the sides of the mandrel.

– Remove old grease from driveshaft, lubricate new centering guide with molybdenum disulfide grease (Molykote Longterm 2 Plus® or equivalent) and drive into driveshaft.

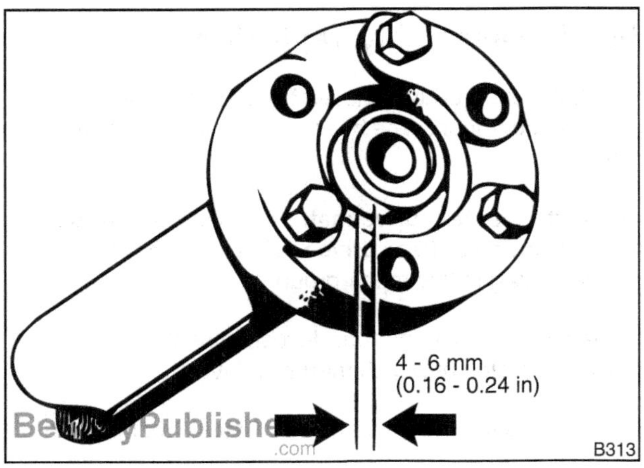

◄ When installing new driveshaft centering guide, be sure sealing lip of guide faces outward. Drive guide into driveshaft to a protrusion depth of 4 - 6 mm (0.16 - 0.24 in).

– Install driveshaft. See **Rear driveshaft, installing (universal joint at rear differential)** or **Rear driveshaft, installing (flange nut at rear differential)** in this repair group.

270 Transfer Case

GENERAL

This repair group covers the all-wheel drive transfer case. Internal transfer case repair is not covered. Special press tools and procedures are required to disassemble and service the internal geartrain.

See also:

- **180 Exhaust System**
- **260 Driveshafts**

Transfer case

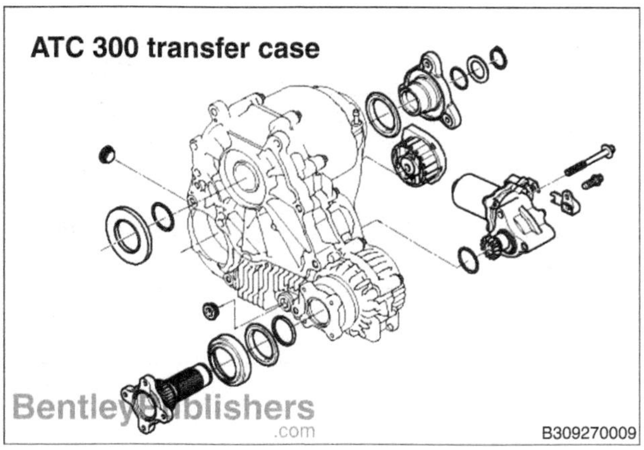

The xDrive transfer case, bolted to the rear of the transmission, directs power from the transmission to both the front and rear differentials via driveshafts. The transfer case is permanently engaged to drive all four wheels all of the time.

xDrive includes active torque control (ATC). ATC uses electronics to control torque split and traction.

For additional information, see

- **200 Transmission–General**
- **260 Driveshafts**

TRANSFER CASE SERVICE

Transfer case fluid service

xDrive transfer case oil monitoring is performed by the transfer case control module to determine when oil change is due.

– After performing work on transfer case, check fluid level. Be sure to use correct specification fluid.

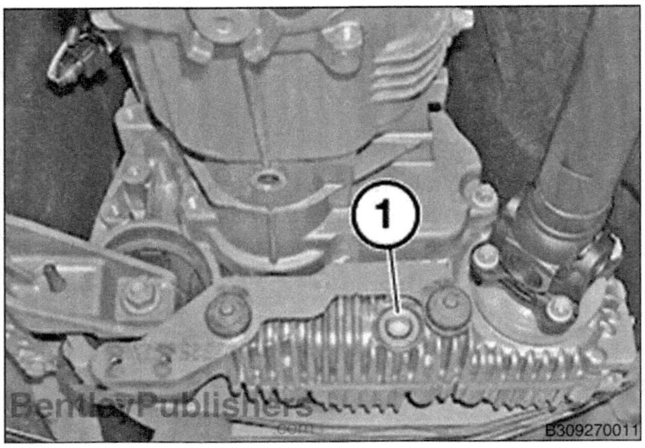

◄ Remove drain plug (**1**) to drain transfer case.

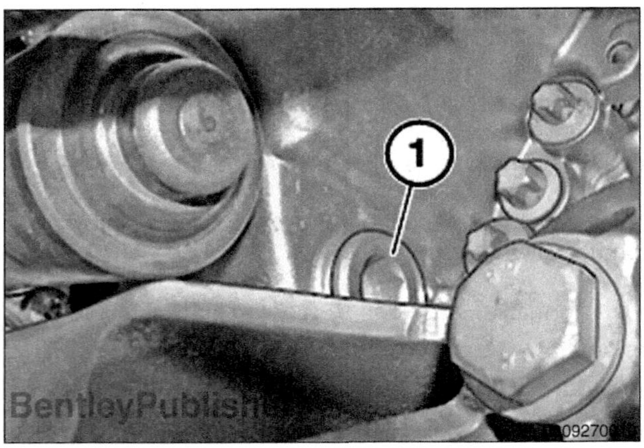

◄ Fill case to lower edge of filler plug (**arrow**).

Transfer case fluids	
Capacity	0.52 ltr (0.55 qt)
Specification	BMW part no. 83 22 0 397 244

> ***CAUTION—***
> • *In order to prevent serious damage to transfer case, use only the recommended fluid.*

Tightening torque	
Drain / fill plug to transfer case (M22)	60 Nm (44 ft-lb)

Transfer case, removing and installing

– Raise vehicle and support safely.

> ***WARNING —***
> *• Make sure the vehicle is stable and well supported at all times. Use a professional automotive lift or jack stands designed for the purpose. A floor jack is not adequate support.*

– Remove splash guard under engine. Remove front end reinforcement (if applicable). See **310 Front Suspension**.

– Remove exhaust system and exhaust heat shield. See **180 Exhaust System**.

> ***WARNING —***
> *• Make sure exhaust system is fully cooled off before removing.*

– Remove support brackets for heat and splash shields as needed.

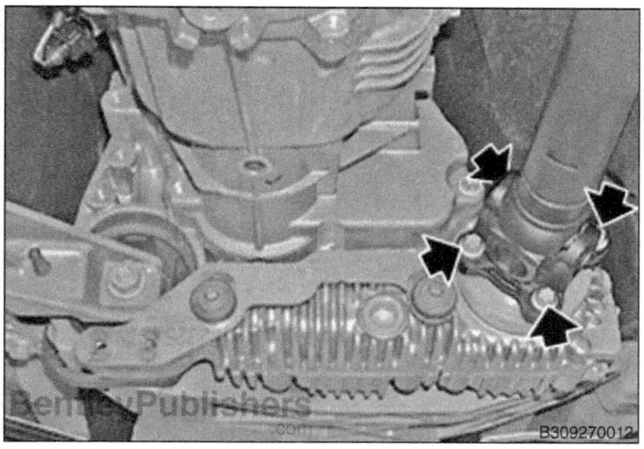

◄ Remove front driveshaft at transfer case output flange. Tie driveshaft to side.

Tightening torque	
Front driveshaft to transfer case (use new ZNS bolts)	20 Nm (15 ft-lb) + 45°
Front driveshaft to front differential (use new ZNS bolts)	20 Nm (15 ft-lb) + 45°

– Rear driveshaft:

- Working at transfer case output flange, use paint to matchmark rear driveshaft flex-disc flanges.
- Remove driveshaft center bearing support fasteners. Support center of driveshaft.
- Detach rear driveshaft flex-disc from transfer case.

> ***CAUTION—***
> *• To avoid damaging flex-disc rubber, be sure to hold bolts stationary while loosening nuts.*

– Lower center of driveshaft sufficiently to disengage flex-disc from transfer case flange. Tie driveshaft to side. See **260 Driveshafts**.

> ***CAUTION—***
> *• To prevent damage to rear driveshaft CV joint, do not allow driveshaft to hang down unsupported.*

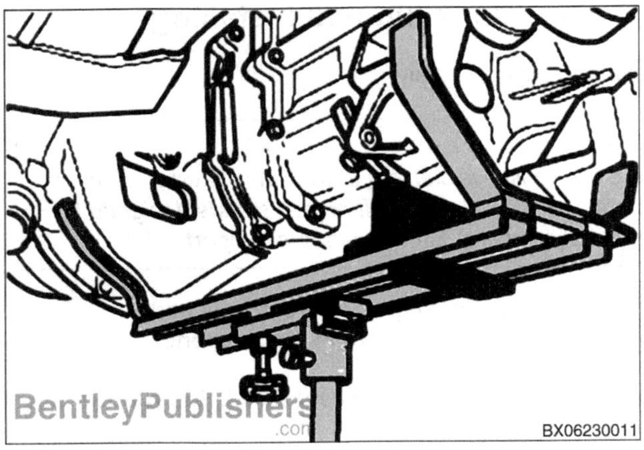

Support transmission on transmission jack.

Detach xDrive clutch actuator electrical harnesses (**1** and **2**).

- Detach vent line from transfer case.

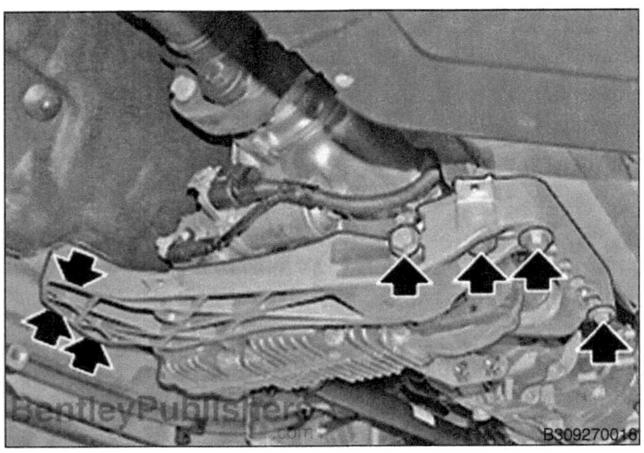

Remove mounting fasteners (**arrows**) for transmission cross member and remove cross member.

Tightening torque	
Transmission cross member to rubber mounts (M12)	68 Nm (50 ft-lb)
Transmission cross member to chassis (M8)	19 Nm (14 ft-lb)

- While supporting transfer case, remove transfer case mounting bolts. Lower transfer case. Check carefully to make sure no lines, hoses or wires become snagged.

When installing:

- Inspect dowel sleeves (**1**) and replace if damaged.
- Transfer vents hose, covers and protective caps to new transfer case
- Replace transfer case input shaft sealing O-ring, if applicable.
- Apply thin coat of Weicon® antiseize grease to dowel pin and input shaft splines.

Tightening torques	
Front driveshaft to transfer case (use new ZNS bolts)	20 Nm (15 ft-lb) + 45°
Front driveshaft to front differential (use new ZNS bolts)	20 Nm (15 ft-lb) + 45°
Front driveshaft to transmission / transfer case (flex disc) • M10x10.9 (use new ZNS fasteners) • M12x10.9 (use new ZNS fasteners)	 20 Nm (15 ft-lb) + 90° 55 Nm (41 ft-lb) + 90°
Transfer case to transmission (M10)	43 Nm (32 ft-lb)
Transmission cross member to rubber mounts (M12)	68 Nm (50 ft-lb)
Transmission cross member to chassis (M8)	19 Nm (14 ft-lb)

– After completion of work, check and top off fluid level. See **Transfer case fluid service** in this repair group.

– After filling transfer case, drive vehicle approximately 200 meters (600 ft) and recheck fluid level.

– Use BMW diagnostic tool to carry out "Repair" service function and complete transfer case programing / coding.

280 Double Clutch Transmission

GENERAL

This repair group covers fluid level checking of the double clutch transmission (DCT).

See also:

- **119 Lubrication System** for crankshaft rear main (flywheel) seal.
- **200 Transmission–General** for drivetrain information.

Double clutch transmission (DCT) applications

A 7-speed double clutch sequential transmission is offered as an option for 2011 and later 335i and 335is Coupe and Convertible models. BMW refers to this transmission as M-DCT with Drivelogic.

Double clutch transmission (DCT)		
Model	**Transmission**	**Manufacturer id**
335i,335is Coupe and Convertible	GS7D36SG	DKG (436)

DCT operating principles

The M-DTC 7-speed sequential transmission consists of two sub-transmissions, each with its own clutch. Sub-transmission 1 contains gears 1, 3, 5, 7 and reverse. Sub-transmission 2 contains gears 2, 4, and 6.

By incorporating two separate sub-transmissions, the next gear is always preselected. Pre-selection of the next gear, combined with precise control of the clutches allows for nearly seamless power through the transmission.

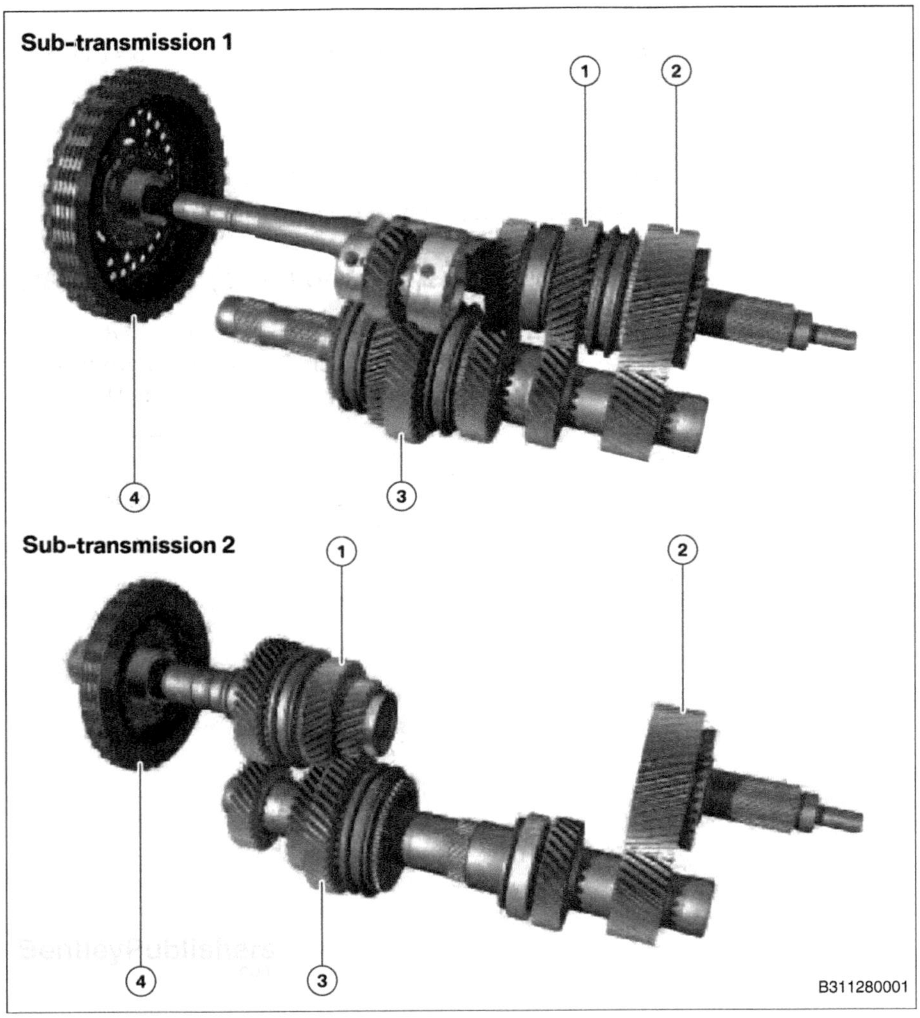

DCT sub-transmission assembly

1. Inner input shaft
2. Output shaft
3. Countershaft
4. Multi-plate clutch assembly
   - Sub-transmission 1 utilizes outer clutch assembly
   - Sub-transmission 2 utilizes inner clutch assembly

DCT components

The 7-speed double clutch transmission utilizes the following components:

- 7-speed gearbox with two sub-transmissions.
- Mechatronics module mounted on side of transmission, combining hydraulic unit and transmission electronics.
- Gear lever selector switch with cable for parking lock.
- Integrated oil-to-coolant heat exchanger.
- Double wet clutch assembly.

DCT clutch unit

Double clutch transmissions utilize a double wet-clutch assembly mounted at the front of the transmission housing. The two separate clutches are hydraulically activated by the mechatronics control unit.

DCT Fluid Service

DCTs are factory filled with a long life fluid. There is a green tag in the area of the oil fill plug labeled “Lifetime Fill”. Use only approved transmission fluid when adding or changing the fluid.

DCT fluid level, checking

The double clutch transmission is not equipped with a dipstick. Checking the fluid level requires monitoring the fluid temperature using a BMW scan tool. Hydraulic fluid expands with temperature. BMW requires that the DCT transmission fluid level be checked when fluid temperature is between 32° and 40°C (90°-104°F).

Be sure to have the necessary equipment on hand prior to checking fluid level:

- oil drip pan
- transmission fluid
- fluid pump

– Apply parking brake. Run engine to bring DCT fluid up to temperature. Make sure vehicle is level throughout tests.

– Connect BMW diagnostic scan tool to OBD 2 port. Set scan tool to measure DCT fluid temperature.

– Raise and safely support vehicle. Place oil drip pan underneath fill plug.

CAUTION—
- *Make sure vehicle is stable and well supported at all times. Use a professional automotive lift or jack stands designed for the purpose. A floor jack is not adequate support.*

– With engine running and transmission in position P or N, raise engine speed to approximately 2000 rpm for 1 minute.

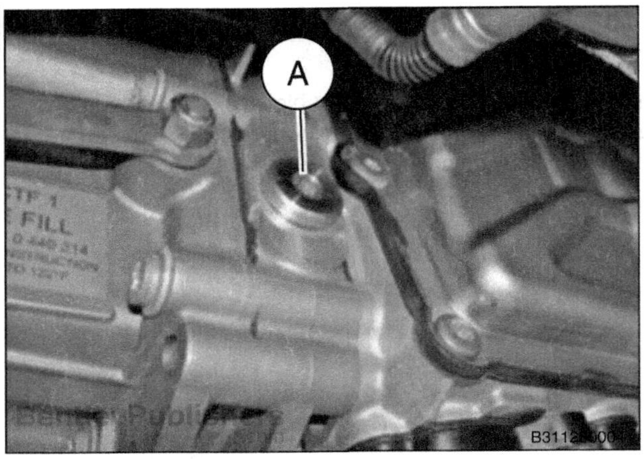

◄ With engine idling, and transmission fluid temperature between 32° and 40°C (90°-104°F) remove fill plug (**A**).

WARNING—
- *Hot transmission fluid can scald. Wear eye protection and protective clothing and gloves during the check. If the transmission is overfilled, hot transmission fluid spills from the fill hole when the fill plug is removed.*

ATF level checking	
Fluid temperature	32°- 40°C (90°-104°F)

NOTE—
- *An accurate level check is not possible if fluid temperature rises above 40°C (104°F).*

– Level is correct if small stream of fluid runs out of fill hole.

– If no fluid runs out, add fluid until it starts to overflow.

Automatic transmission fluid (7- speed DCT)		
Type	**BMW part no.**	**Manufacturer part no.**
GS7D36SG	83 22 0 440 214	1080107 Pentosin FFL-4

– Install new fill plug and sealing ring.

Tightening torques	
Fill plug to transmission: GS7D36SG (replace fill plug)	25 Nm (18 ft-lb)

– Use BMW diagnostic scan tool to check and erase OBD fault memory.

300 Suspension, Steering and Brakes–General

GENERAL

This repair group includes overview information for the front and rear suspension, braking and steering systems. Also covered is tire pressure monitoring (TPM) system initialization. For additional information, see:

- **200 Transmission–General** for xDrive transfer case information
- **600 Electrical System–General** for bus information
- **ECL Electrical Component Locations**

Suspension, steering, brakes and drivetrain, overview (rear-wheel drive Coupe)

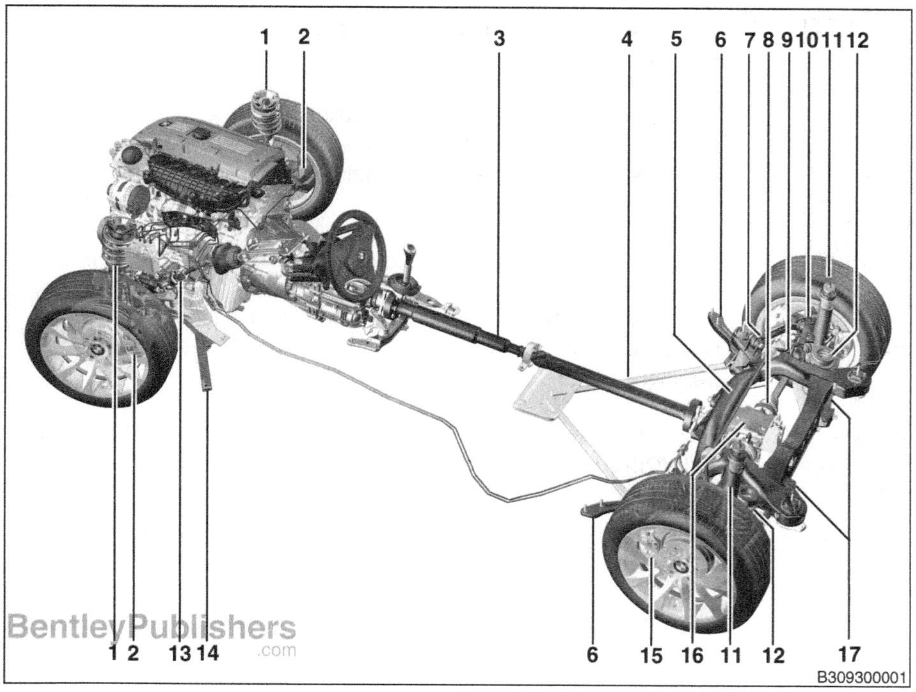

1. Front strut and spring assembly
2. Front brake caliper
3. Rear driveshaft
4. Rear body reinforcement
5. Rear axle carrier (rear subframe)
6. Thrust link
7. Guide arm
8. Rear drive axle
9. Stabilizer bar
10. Upper control arm
11. Rear shock absorber
12. Rear coil spring
13. Steering shaft universal joint
14. Front body reinforcement
15. Rear brake caliper
16. Rear differential
17. Rear toe link

Aluminum suspension components

In order to reduce vehicle weight, some aluminum suspension components are used. A test with a magnet easily reveals the metal used. If working with aluminum components, follow the cautions below.

CAUTION—
- *Due to the chemical and corrosion characteristics of aluminum, do not bring into contact with battery acid.*
- *Do not use wire brushes with brass or iron bristles. Only use brushes with stainless steel bristles.*
- *Do not expose to flying sparks from grinding or cutting operations.*
- *Do not subject to steel welding splashes.*
- *Do not expose to temperatures over 80°C (176°F), even for short periods. Temperatures in painting facilities are not a problem.*

FRONT SUSPENSION

The 3 Series front suspension is a double-pivot, strut-type design with dual lower control arms. An axle carrier (front subframe) is used as a rigid mounting platform for the front suspension arms, stabilizer bar and steering rack.

The tension struts (thrust arms) are connected to the axle carrier using hydraulic mounts. The lower control arms are connected to the steering knuckles in a double pivot configuration.

Each front strut assembly includes a tubular strut and a coil spring. The upper strut mount includes a bearing.

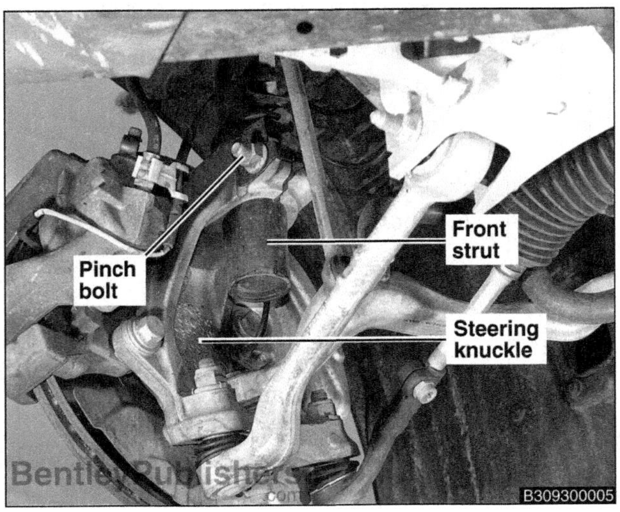

The lower end of each strut housing is pinch-fitted to the steering knuckle.

The wheel bearing and hub assemblies are either bolted to the steering knuckles (rear drive models) or pressed on the steering knuckles (xDrive models) and require several special tools to remove.

Front suspension repairs are covered in **310 Front Suspension**.

The front differential is bolted to the left side of the engine oil pan. Drive axles with constant velocity (CV) joints at each end drive the front wheels.

Front differential and drive axle repairs are covered in **311 Front Axle Differential**.

Front suspension components (rear-wheel drive Coupe)

1. Front axle carrier (front subframe)
2. Hydraulic mount
3. Tension strut (thrust arm)
4. Front stabilizer bar
5. Steering rack
6. Front strut and coil spring assembly
7. Steering knuckle (wheel bearing carrier)
8. Steering tie rod
9. Stabilizer bar link
10. Control arm
11. Front body reinforcement

Rear Suspension

The rear suspension is a 5-link design. The rear axle carrier (subframe) and links are made from high strength steel.

On xDrive (AWD) version of the car, the wheel bearing carrier is slightly bigger to allow for bigger wheel bearings.

Rear suspension repairs are covered in **330 Rear Suspension**.

The rear differential mounts to the subframe using two rubber bushings in front and one hydraulic mount at rear. Drive axles with constant-velocity (CV) joints at both ends transfer power from the differential to the road wheels.

Rear differential and drive axle repairs are covered in **331 Rear Axle Differential**.

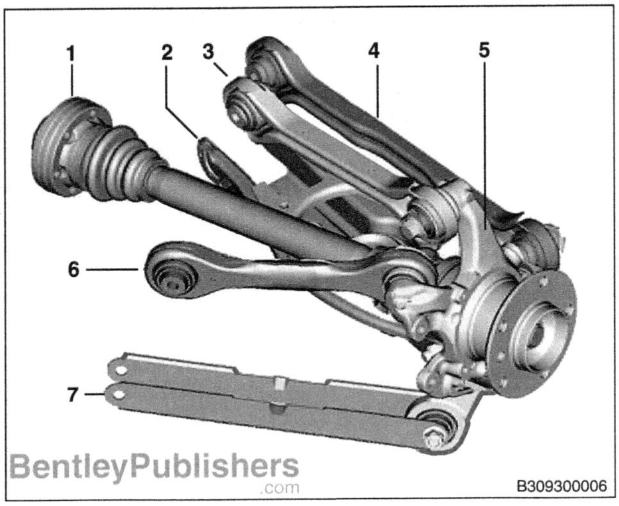

Rear control arms and links:

1. Rear drive axle
2. Lower control arm (swing arm)
3. Upper control arm
4. Toe link
5. Wheel bearing carrier
6. Guide arm (traction strut)
7. Trailing arm

Rear suspension components

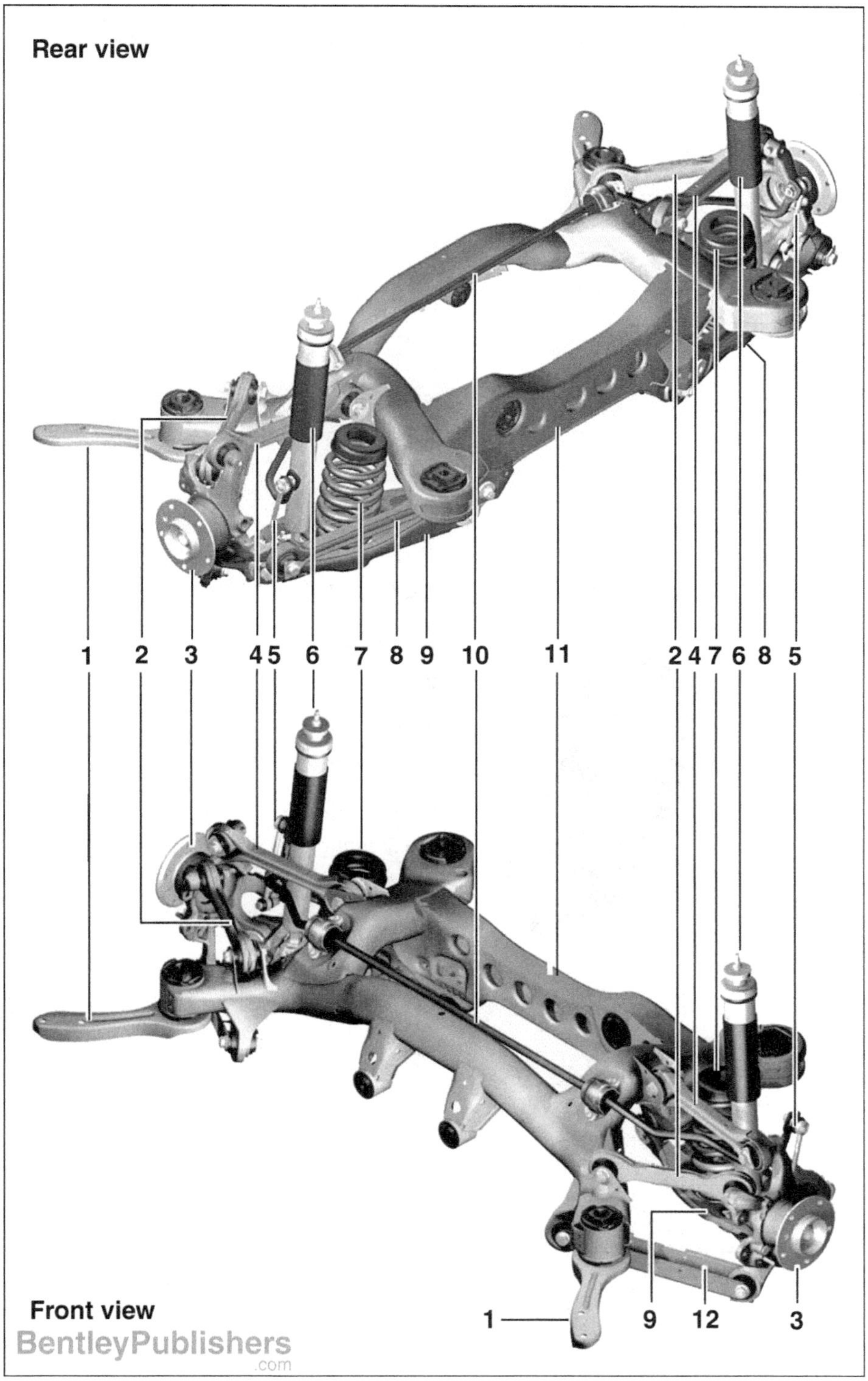

1. Thrust link
2. Guide arm (traction strut)
3. Wheel hub
4. Upper control arm
5. Stabilizer link
6. Shock absorber
7. Coil spring
8. Toe link
9. Lower control arm (swing arm)
10. Stabilizer bar
11. Rear axle carrier (rear subframe)
12. Trailing arm

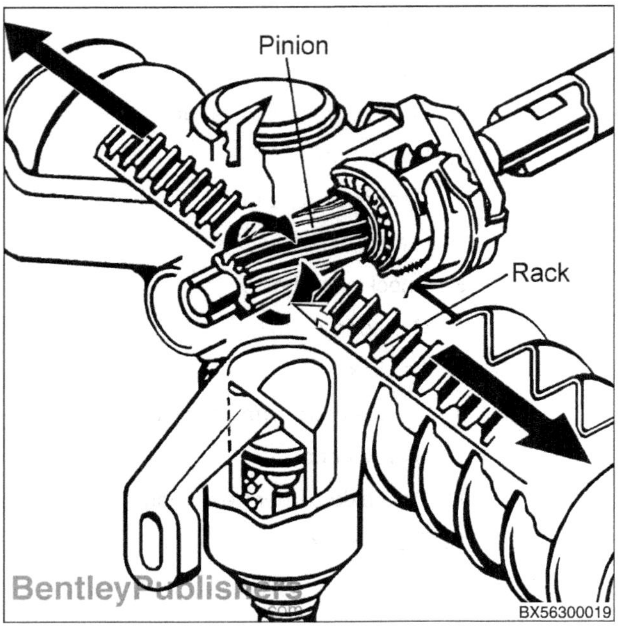

STEERING

The rack-and-pinion steering system features speed-sensitive variable power assist provided by an engine-driven hydraulic pump.

Steering column components

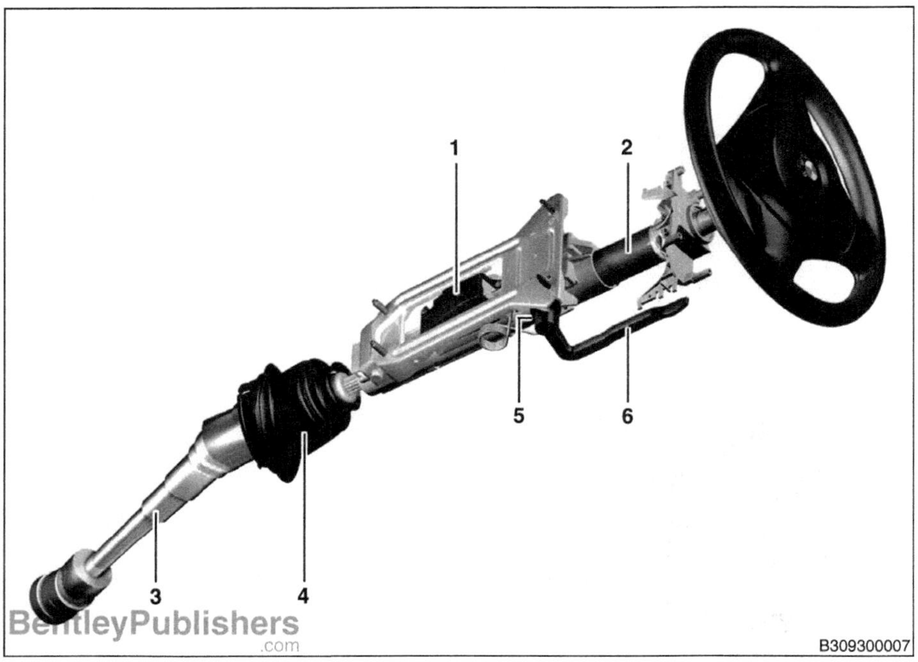

1. Electric steering lock or ELV (2006 only)
2. Crash absorbing element
3. Lower steering shaft spindle
4. Rubber boot
5. Steering column adjustment lock
6. Steering column adjustment lever

Brake System

3 Series vehicles covered by this manual are equipped with power disc brakes with integral antilock brakes (ABS) and dynamic stability control (DSC). See **340 Brakes** for details.

The parking brake is a dual-drum system integrated with the rear brake rotors.

Each disc brake uses a caliper with a single hydraulic cylinder. Brake pads in the left front and right rear contain wear sensors. When brake pads need replacement, the sensors illuminate a light on the dashboard.

Power assist is provided by a vacuum booster when the engine is running. The brake pedal pushrod is connected directly to the master cylinder, so failure of the vacuum booster does not normally result in total brake failure.

In order to provide adequate vacuum for the brake booster, an additional vacuum pump is fitted. The pump is driven off the oil pump chain.

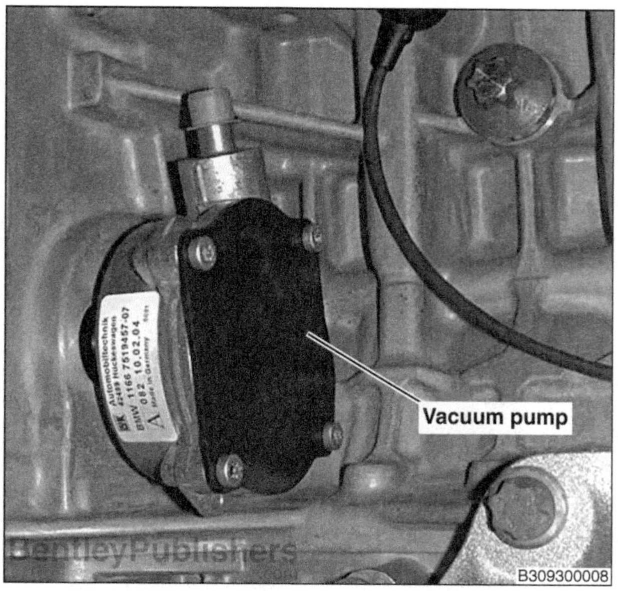

Non-turbo (N52) engine: Vacuum pump is attached to rear of timing chain housing.

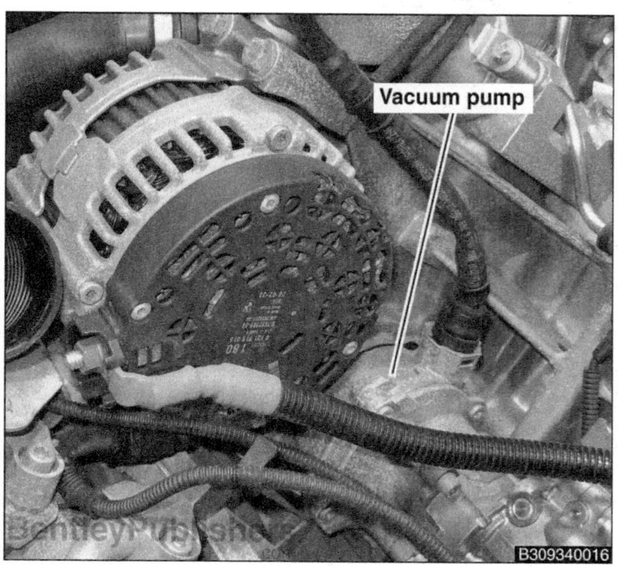

Turbo (N54, N55) engine: Vacuum pump in tandem with high pressure fuel pump is attached to rear of timing chain housing, below and to right of alternator.

See **100 Engine–General** for additional information.

Wheel Alignment

Use electronic alignment equipment to check and set camber and toe for all 4 wheels. Be sure to check and adjust ride height prior to attempting wheel alignment.

For ride height and alignment specifications and procedures, see **320 Steering and Wheel Alignment**.

Wheels and Tires

Run-flat tires are standard on 3 Series cars covered by this manual. Several different styles of wheels in 16, 17, 18 and 19 inch diameters are available from an authorized BMW dealer.

Tire pressure monitoring (TPM)

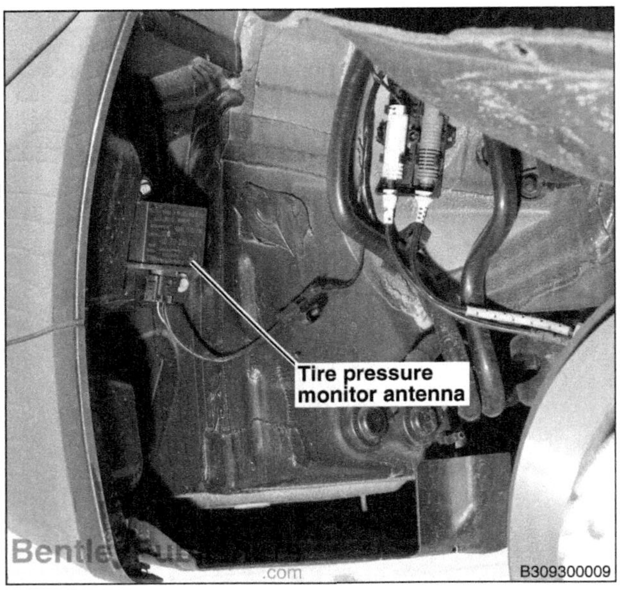

To conform to US legal requirements, tire pressures are automatically monitored by the tire pressure monitoring system (TPM). A TPM antenna in each wheel communicates tire pressure data to a pick-up antenna in each wheel housing.

Tire pressure data from the run-flat tires is monitored by the tire pressure monitoring (TPM) system. If a substantial loss of tire pressure is detected, warning lights in yellow and red illuminate in the instrument cluster and a tire failure message appears in Check Control display. In addition, an acoustic signal sounds.

> ***WARNING —***
> - *In case of run-flat tire failure, drive cautiously and do not exceed a speed of 50 mph or 80 km/h. With tire pressure loss, vehicle handling changes. This includes reduced tracking stability in braking, extended braking distance and altered steering characteristics.*
> - *If unusual vibration or loud noises occur while driving on a damaged tire, this may be an indication that the tire has failed completely. Reduce speed and pull over as soon as possible at a suitable location. Otherwise parts of the tire could come loose, resulting in an accident. Do not continue driving.*
> - *TPM does not work correctly if it is not initialized.*
> - *TPM cannot indicate a flat tire if a wheel without TPM electronics is mounted.*

Avoid sudden braking and steering maneuvers. At the next opportunity, check air pressure in all four tires. Tire pressure specifications are given on a sticker on the driver door jamb.

Immediately after correcting tire pressures or mounting a new wheel, reinitialize TPM.

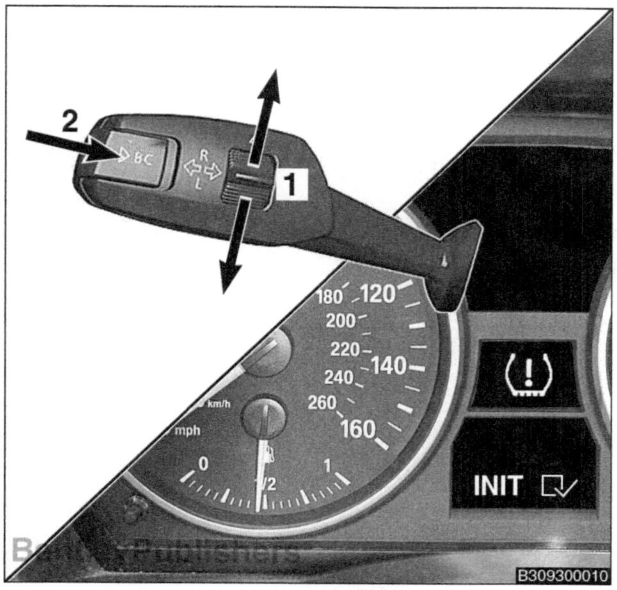

TPM, reinitializing in instrument cluster

– Start engine, but do not drive off.

< Working at turn signal lever:

- Toggle button **1** up or down to scroll through instrument cluster menu items.
- When **INIT** appears, press button **2** (BC button) to select it.
- Press and hold button **2** (BC button) for approx. 5 seconds until **INIT** is displayed with check box. TPM is now ready for initialization. If no check box appears, TPM cannot be initialized due to a fault. Diagnose system using BMW scan tool or equivalent.

– Start to drive. Initialization completes automatically while vehicle is on the move.

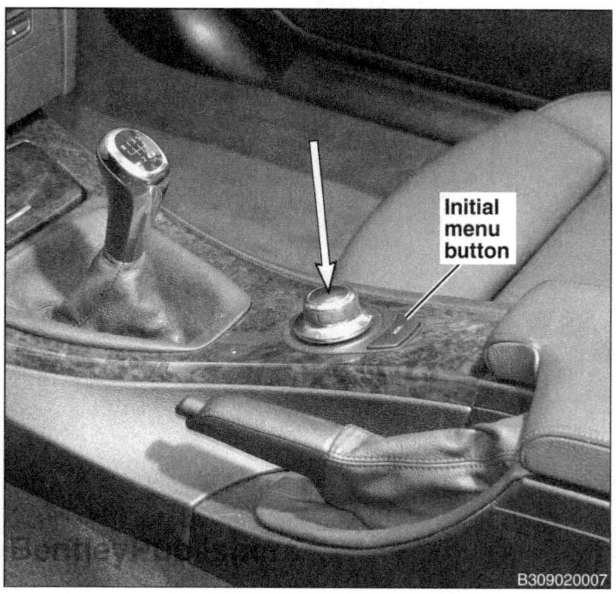

TPM, reinitializing using iDrive

– Switch ignition ON.

< Press down iDrive controller (**arrow**) to select **Info sources | Settings** menu.

NOTE—

- *Early style iDrive shown. Later version iDrive operates similarly.*

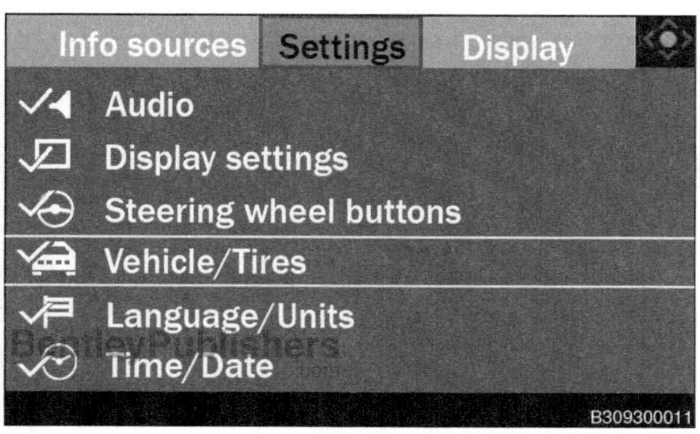

< Rotate controller to **Settings**.

– Press down controller to select **Settings**, then rotate to **Vehicle/Tires**.

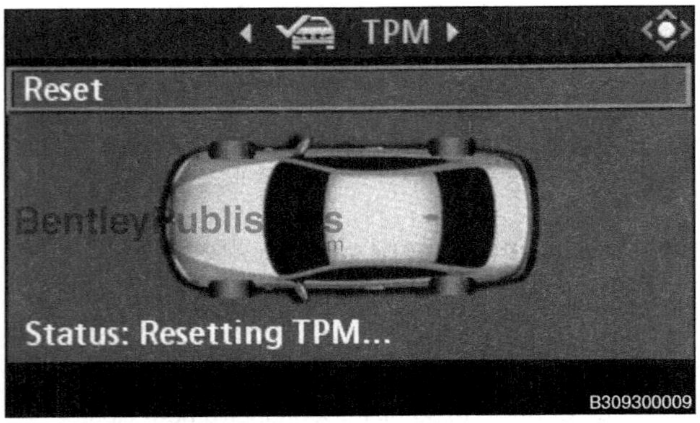

Press down controller to select **Vehicle/Tires**. In similar manner, navigate to **TPM** screen.

- Start engine, but do not drive off.
- Select **Reset** and press controller.
- Select **Yes** and press controller.
- Start to drive. Initialization completes automatically while vehicle is on the move.

310 Front Suspension

GENERAL

This repair group covers the repair and replacement of front suspension components.

All models are equipped with a rack and pinion type steering system mounted to a steel subframe. The subframe is strengthened by a reinforcing struts and, on xDrive models, a front end reinforcement plate.

See **300 Suspension, Steering and Brakes–General** for a description of the front suspension and components.

See **320 Steering and Wheel Alignment** for specifications on setting ride height.

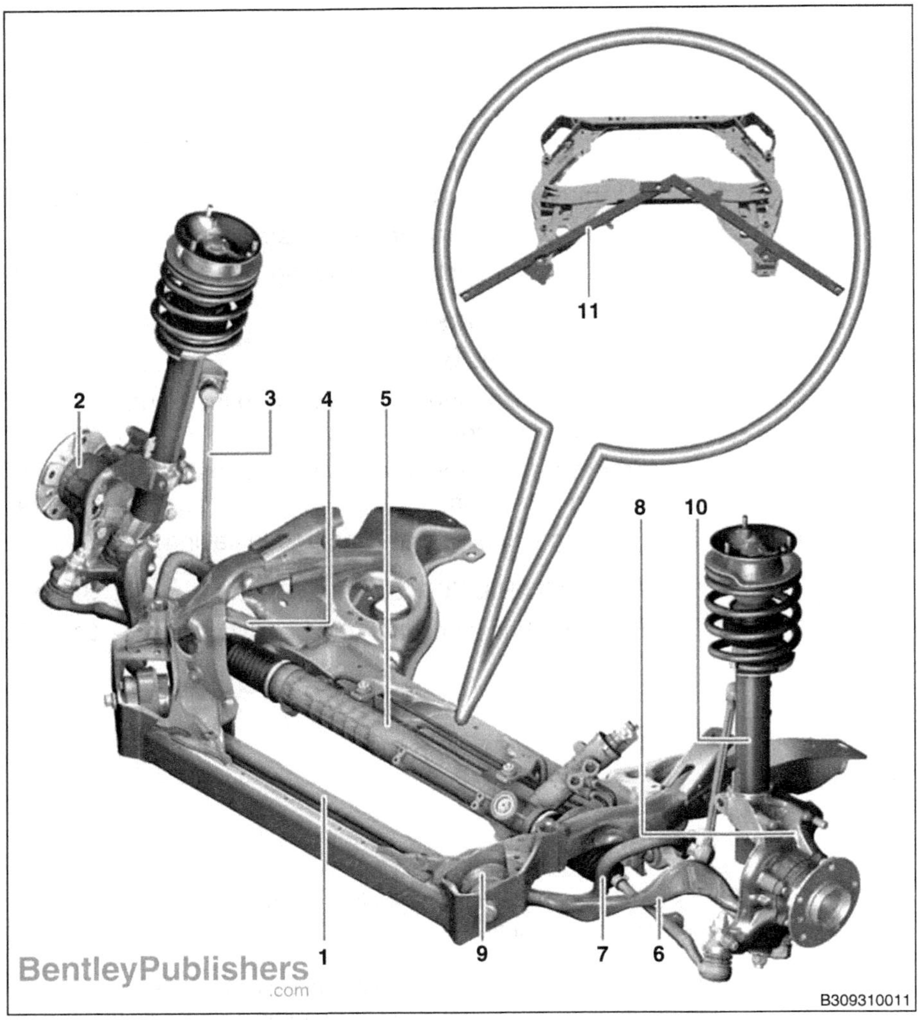

Front suspension components

1. Front axle carrier
2. Wheel hub
3. Stabilizer bar link
4. Control arm
5. Steering rack
6. Tension strut
7. Stabilizer bar
8. Steering knuckle (swivel bearing)
9. Hydro-mount
10. Spring strut
11. Reinforcing strut

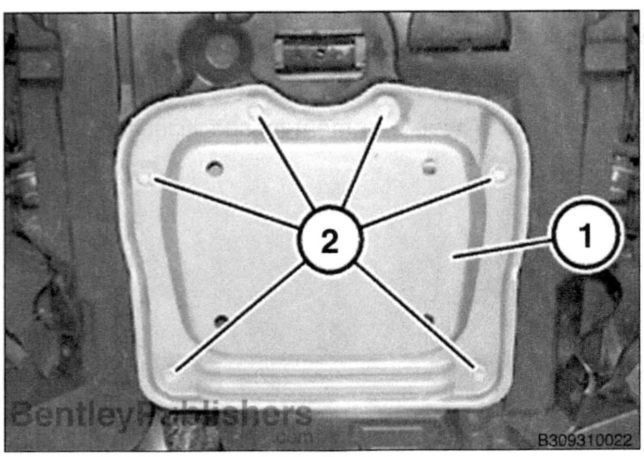

Front end reinforcement plate, removing and installing

xDrive models include a reinforcement plate (**1**) to provide additional rigidity to the subframe (front axle carrier).

> ***CAUTION—***
> *• Do not drive vehicle with front end reinforcement plate removed.*

– Raise vehicle support safely.

> ***WARNING—***
> *• Make sure the vehicle is stable and well supported at all times. Use a professional automotive lift or jack stands designed for the purpose. A floor jack is not adequate support.*

– Remove fasteners (**2**) and remove reinforcement plate.

– Installation is reverse of removal. Remember to replace fasteners with new.

Tightening torque	
Front end reinforcement plate to subframe (use new fasteners): • Stage 1 • Stage 2	 56 Nm (41 ft-lb) + additional 90°

Strut brace, removing and installing

3 Series models include 2 strut tower braces to provide additional rigidity to the front suspension.

> ***CAUTION—***
> *• Do not drive vehicle with strut tower brace removed.*

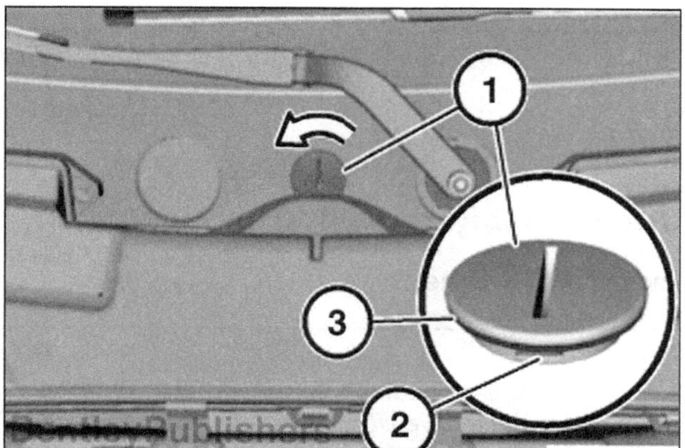

B309310023

◀ Working at cowl cover, use a large flat blade screwdriver to release center cover (**1**) for left and right strut brace fastener.

– Make sure tab (**2**) and seal (**3**) are not damaged. A damaged cover can allow water to infiltrate the cabin.

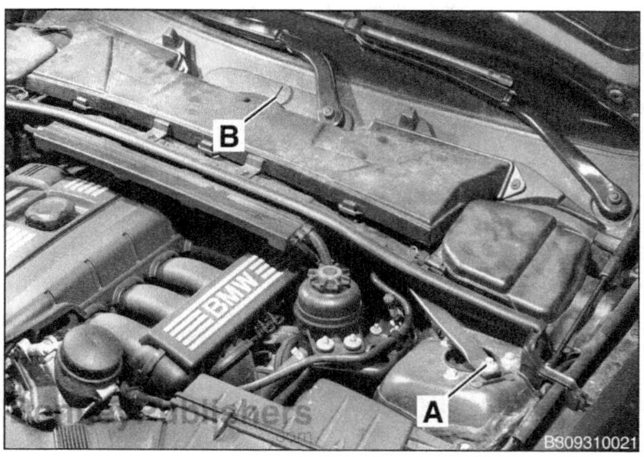

B309310021

◀ Release fastener (**A**) at strut top. Loosen fastener (**B**) under center cover at cowl cover.

– Slide strut brace out of engine compartment.

> ***NOTE—***
> *• A grommet in cowl cover properly locates strut brace when reinstalling. If grommet becomes dislodged, remove microfilter housing to access. See* **640 Heating and Air-conditioning**.

– Installation is reverse of removal.

Tightening torque	
Strut brace to chassis (M12 use new fasteners): • Stage 1 • Stage 2	 100 Nm (74 ft-lb) + additional 100°
Strut brace to strut tower (M10 use new fasteners): • Stage 1 • Stage 2	 40 Nm (30 ft-lb) + additional 60°

Warning

> ***WARNING —***
> - *Do not reuse self-locking fasteners. They are designed to be used only once and may fail if reused. Replace with new.*

FRONT STRUT ASSEMBLY

The front suspension shock absorbers on 3-Series models are MacPherson struts. The strut is a major component of the front suspension and supports the spring. Most strut assembly components are available as replacement parts. Replace struts and springs in pairs.

Front strut, upper strut mount or spring replacement is a two-step procedure:

- Removal of strut assembly from vehicle
- Disassembly and replacement of components on work bench

Front strut assembly, removing and installing

– Raise car and remove front wheel.

> ***WARNING —***
> - *Make sure the vehicle is stable and well supported at all times. Use a professional automotive lift or jack stands designed for the purpose. A floor jack is not adequate support.*

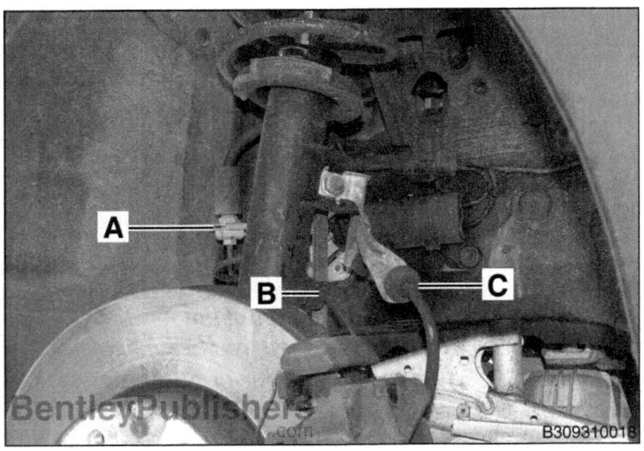

Remove clips (**A**) securing brake fluid hydraulic line to front strut.

– Detach wheel speed sensor wire harness and brake pad wear sensor wire harness (**B** and **C**) from strut housing.

– Remove upper stabilizer bar connecting link mounting nut. Use a thin wrench to counterhold shaft of stabilizer bar link ball joint while removing nut.

– Support steering knuckle with suitable jack.

Remove front strut pinch bolt (**arrow**).

– Loosen control arm and tension strut bolts at subframe to avoid damaging bonded rubber bushings.

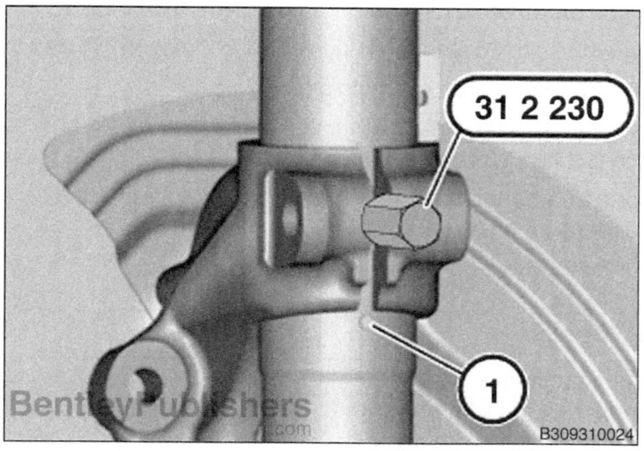

If necessary, use BMW special tool 31 2 230 to spread steering knuckle pinch collar.

Working in engine compartment, remove strut brace (**A**). See **Strut brace, removing and installing** in this repair group.

Note position of strut centering pin (**A**). If centering pin is missing, mark position of strut top bearing studs on strut tower.

> ***CAUTION—***
> - *If strut centering pin is missing from strut top bearing, mark the position of the studs to the strut tower to maintain original camber.*

- Secure spring strut against falling out.
- Remove upper strut top bearing fasteners (**arrows**).

> ***WARNING —***
> - *Do not remove center strut retaining nut.*

- Remove strut downwards out of wheel arch.
- If replacing strut, disassemble and reassemble strut assembly on bench. See **Front strut assembly, disassembling and assembling** in this repair group.

NOTE—
- *Letter on strut tube designates mounting location. Struts are marked R for right and L for left.*

– Remainder of installation is reverse of removal. Remember to:
  - Face bolt head of strut to steering knuckle bolt in direction of travel.
  - Make sure steering knuckle contacts stop on strut.
  - When attaching stabilizer link to strut, use a thin wrench to counterhold link ball joint while tightening nut.
  - Tighten bonded rubber fasteners with car on ground and loaded. Bounce suspension a few times before final tightening.
  - Check alignment when job is complete.

Tightening torques	
Control arm to subframe • M12 8.8 bolt (replace with new) • M12 10.9 bolt (replace with new)	 68 Nm (50 ft-lb) +90° 100 Nm (74 ft-lb) +90°
Tension strut to subframe • M12 8.8 bolt (replace with new) • M12 10.9 bolt (replace with new)	 68 Nm (50 ft-lb) +90° 100 Nm (74 ft-lb) +90°
Road wheel to hub	120 Nm (89 ft-lb)
Stabilizer bar link to strut • M10 bolt (replace with new)	 58 Nm (43 ft-lb)
Strut assembly to steering knuckle • M10 pinch bolt (replace with new) • M12 pinch bolt (replace with new)	 45 Nm (34 ft-lb) 81 Nm (60 ft-lb)
Strut top bearing to chassis • M8 bolt (replace with new)	 34 Nm (25 ft-lb)

Front strut assembly components

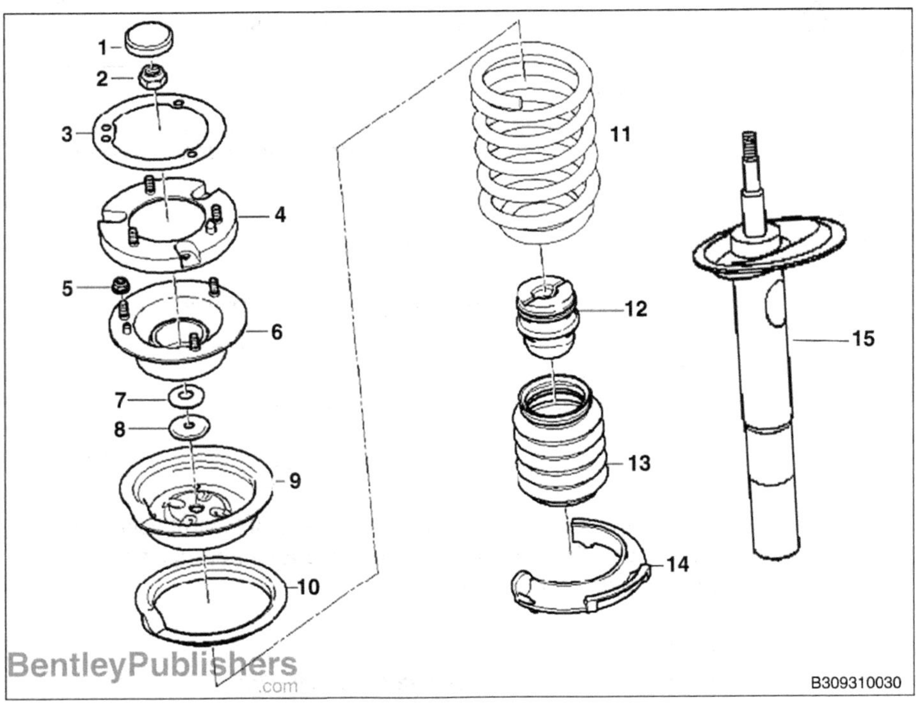

1. Cap
2. Upper strut self-locking nut
3. Washer
4. Strut top bearing reinforcement
5. Strut mount self-locking nut
6. Upper strut mount
7. Dust protector collar
8. Spacer
9. Upper spring seat
10. Upper spring pad
11. Coil spring
12. Rubber stop
13. Dust boot
14. Lower spring pad
15. Strut with lower spring seat

NOTE —
- *Illustration shows a typical E90 strut assembly. Other models are similar but not identical.*

Front strut assembly, disassembling and assembling

Replacing the strut, upper strut mount or spring requires that the strut assembly first be removed from the car and disassembled. See **Front strut assembly, removing and installing** in this repair group.

< Clamp spring compressor (BMW special tool 31 3 340 or equivalent) in shop vise.

> ***WARNING —***
> - *Do not attempt to disassemble the strut assembly without a spring compressor designed specifically for this job.*
> - *Prior to each use, check special tool for functionality.*
> - *Do not use a damaged tool.*
> - *Do not make any modifications to tool.*
> - *Use correct size spring retainers when compressing coil spring.*
> - *When assembling BMW spring compressor (special tool 31 3 340), make sure spring retainer plates are felt and heard snapping into place. Check seating of spring retainers carefully.*

< Position coil spring between spring holders so that 3 coils lie between spring holders (**arrows**). Compress spring.

> ***WARNING —***
> - *When tensioned, the spring coils must rest completely in the spring holder recess.*
> - *Do not tighten or loosen spring compressor with an impact tool.*
> - *Only tighten down the coil springs until stress on the thrust bearing is relieved.*
> - *Only loosen strut nut if spring coils are completely inserted in the spring holder grooves. If necessary, loosen compressor, reposition and recompress.*

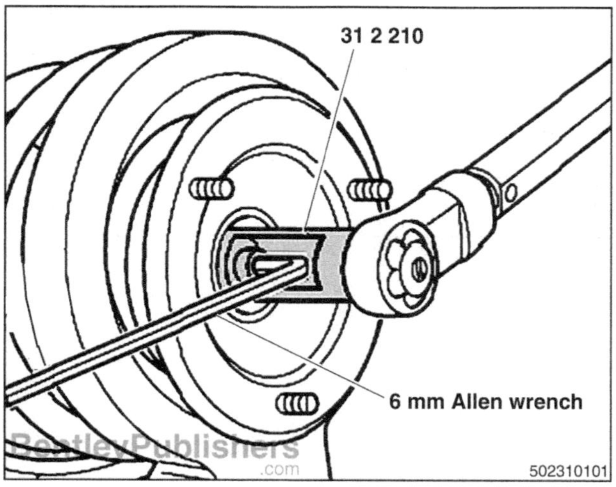

< Use BMW special tool 31 2 210 or equivalent to remove strut nut. Counterhold strut shaft using 6 mm Allen wrench.

> ***CAUTION—***
> - *Do not remove strut nut with impact tool.*

– Remove upper strut bearing and related components.

– If a new coil spring is being installed, relieve tension on spring compressor and remove coil spring.

– Check strut dust boot, rubber stop and spring pads. Replace as necessary.

– Replace strut, upper strut mount or spring, as needed.

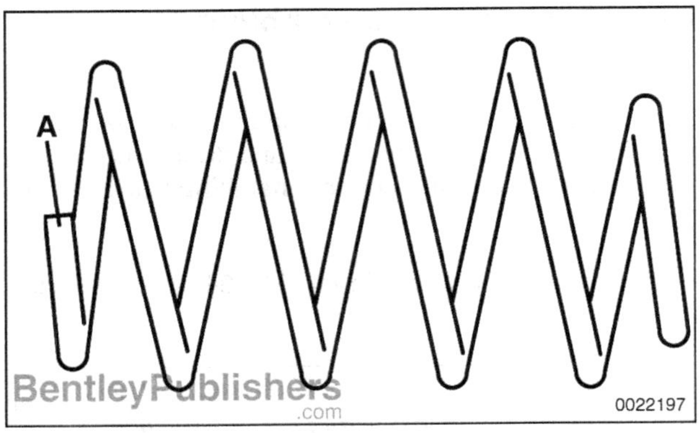

Replace springs in matched pairs only. BMW ID number is stamped near end (**A**).

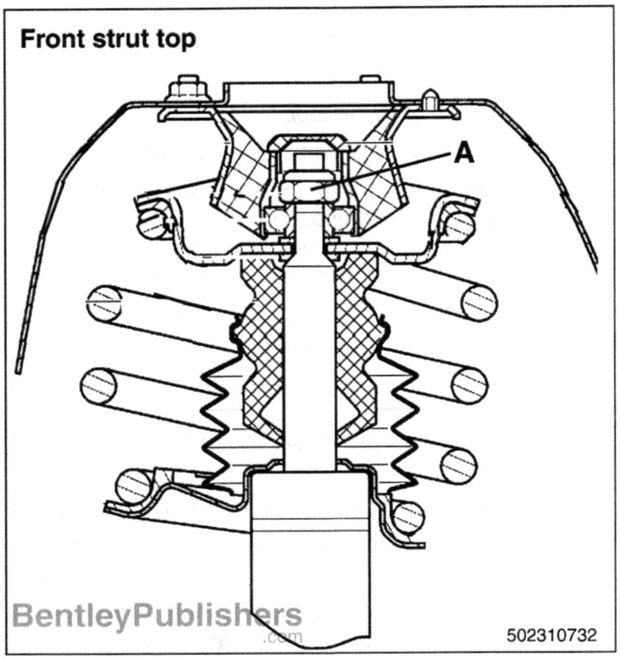

Assembly is reverse of disassembly, noting the following:

- Use a new upper strut self-locking nut (**A**). Tighten nut fully before releasing spring compressor.

> ***CAUTION—***
> - *Do not tighten strut nut with impact tool.*

NOTE—

- *Illustration shows a typical BMW strut assembly. 3 Series models are similar but not identical.*

Be sure upper and lower spring pads (**arrows**) are correctly installed to spring seats before releasing spring compressor.

- Release spring compressor carefully and evenly, allowing spring to expand slowly.
- Have car professionally aligned when job is complete.

Tightening torques	
Strut shaft to strut top bearing (replace with new)	64 Nm (47 ft-lb)

Front Suspension Arms

Control arms and tension struts are attached to the front subframe through rubber bushings and to the steering knuckles by ball joints.

NOTE—
- *Tension struts are sometimes called thrust arms or thrust rods.*
- *Control arms or tension struts are sometimes called lower front arms or lower rear arms.*

Inspect ball joints for wear and looseness. Inspect bushings for wear or fluid leaks. The ball joint can only be replaced as part of an entire suspension arm assembly. Some suspension arm bushings are available as replacement parts. Always replace in pairs.

NOTE—
- *Steering wheel vibration during braking (usually at road speeds of 50 to 60 mph) are often caused by faulty suspension arm bushings, not out-of-true brake rotors.*

Some special tools may be required to remove suspension arms and to replace bushings. Read procedures through before beginning the job.

Control arm, removing and installing

– Raise car and remove front wheel.

> ***WARNING—***
> - *Make sure that the car is firmly supported on jack stands designed for the purpose. Place jack stands underneath structural chassis points. Do not place jack stands under suspension parts.*

– If equipped, remove ride height sensor link rod clamp from control arm.

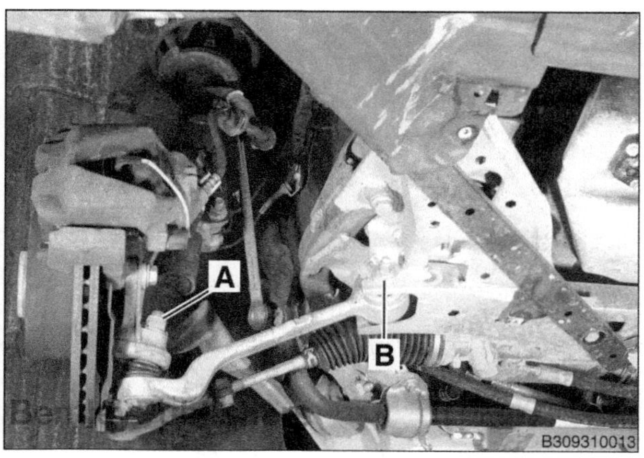

◄ Remove control arm fasteners (**A** and **B**). Lightly tap inner control arm mounting bolt out of front subframe.

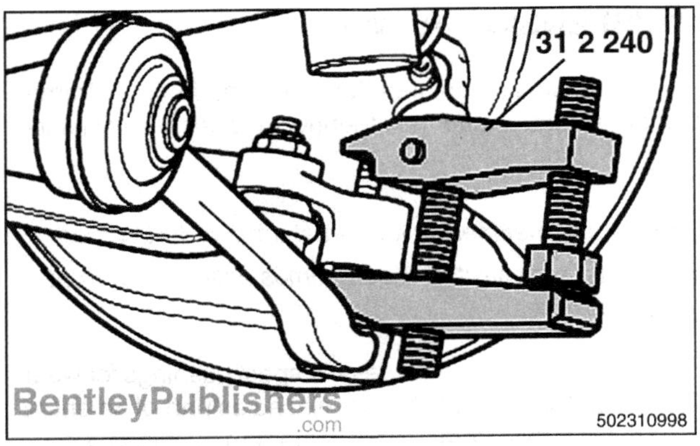

Use BMW special tool 31 2 240 or equivalent to separate ball joint from steering knuckle.

– Installation is reverse of removal. Remember to:
  - Make sure thread bores, bolts, nuts and mating surfaces are clean.
  - Install bushing end of control arm to subframe using new fasteners. Do not tighten nut at this time.
  - Install control arm ball joint to steering knuckle using new self-locking nut. Tighten fully.
  - Install ride height sensor link rod to control arm (if applicable).
  - Install wheel and lower car.
  - Tighten bushing end of control arm to subframe with car on ground and loaded. Bounce suspension a few times before final tightening.
  - Use BMW scan tool to carry out steering angle sensor alignment.
  - Check vehicle alignment.

Tightening torques	
Control arm to steering knuckle • M14 8.8 bolt (replace with new) • M14 10.9 bolt (replace with new)	 80 Nm (59 ft-lb) 165 Nm (122 ft-lb)
Control arm to subframe • M12 8.8 bolt (replace with new) • M12 10.9 bolt (replace with new)	 68 Nm (50 ft-lb) + 90° 100 Nm (74 ft-lb) + 90°
Road wheel to hub	120 Nm (89 ft-lb)

Control arm bushing, replacing

– Raise car and remove wheel.

> ***WARNING—***
> - *Make sure that the car is firmly supported on jack stands designed for the purpose. Place jack stands underneath structural chassis points. Do not place jack stands under suspension parts.*

– Remove control arm. See **Control arm, removing and installing** in this repair group.

– Using a service press and appropriate press tools, press bushing out of control arm.

– Clean bushing bore and press in new bushing.

> ***CAUTION—***
> - *Draw in rubber mount from chamfered side of control arm bore.*

– Press bushing in so it protrudes equally from both sides of arm.

– Install control arm.

Tension strut, removing and installing

– Raise car and remove wheel.

> ***WARNING —***
> • *Make sure that the car is firmly supported on jack stands designed for the purpose. Place jack stands underneath structural chassis points. Do not place jack stands under suspension parts.*

– Remove lower engine cover.

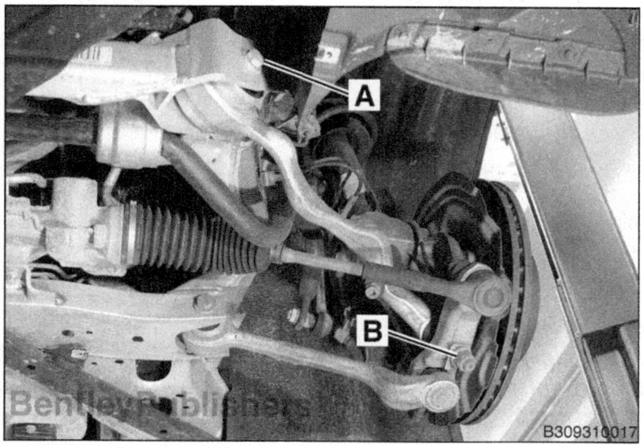

< Remove tension strut fasteners (**A**). Lightly tap tension strut mounting bolt out of front subframe.

– Remove tension strut nut (**B**). If necessary, use a Torx socket (T40) to prevent joint from turning.

– Separate ball joint from steering knuckle and remove tension strut.

> ***CAUTION—***
> • *Take care not to damage the ball joint threads if the tension strut is to be reused.*

– Installation is reverse of removal
- Make sure thread bores, bolts, nuts and mating surfaces are clean.
- Install bushing end of tension strut to subframe using new fasteners. Do not tighten nut at this time.
- Install tension strut ball joint to steering knuckle using new self-locking nut. Tighten fully.
- Install wheel and lower car.
- Tighten bushing end of tension strut to subframe with car on ground and loaded. Bounce suspension a few times before final tightening.
- Use BMW scan tool to carry out steering angle sensor alignment.
- Check vehicle alignment.

Tightening torques	
Road wheel to hub	120 Nm (89 ft-lb)
Tension strut to steering knuckle (replace with new)	165 Nm (122 ft-lb)
Tension strut to subframe • M12 8.8 (replace with new) • M12 10.9 (replace with new)	 68 Nm (50 ft-lb) + 90° 100 Nm (74 ft-lb) + 90°

310

Tension strut bushing, replacing

Replace tension strut bushings in pairs. Bushings may only be replaced once.

– Raise car and remove wheel.

> ***WARNING—***
> - *Make sure that the car is firmly supported on jack stands designed for the purpose. Place jack stands underneath structural chassis points. Do not place jack stands under suspension parts.*

– Remove tension strut. See **Tension strut, removing and installing** in this repair group.

– Using a service press and appropriate press tools, press bushing out of tension strut.

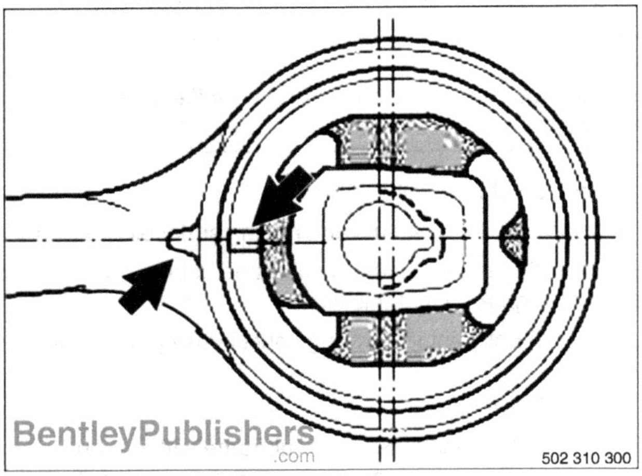

< Clean bushing bore and press in new bushing while aligning mark on bushing with mark on tension strut (**arrows**).

> ***CAUTION—***
> - *To avoid damaging the new bushing, press only on the outer steel sleeve during installation.*

– Press bushing in so it protrudes equally from both sides of tension strut.

– Install tension strut.

> ***CAUTION—***
> - *Tighten the tension strut bushing through-bolt to its final torque only with car on the ground and the suspension normally loaded as described earlier.*

Steering Knuckle and Front Wheel Bearings

The steering knuckle (also called swivel bearing) serves as the outboard attachment point for the suspension arms and as the wheel hub / wheel bearing carrier.

The wheel bearings are permanently sealed and require no maintenance. The wheel bearing and hub assembly is either bolted to the steering knuckle (rear drive models), or pressed onto the steering knuckle and requires several special tools to remove (xDrive models).

On xDrive models, the bearing is destroyed when the wheel hub is removed. Consult the procedure appropriate for your model.

Front wheel bearing, removing and installing (rear drive models)

– Raise car and remove front wheel.

> ***WARNING —***
> - *Make sure that the car is firmly supported on jack stands designed for the purpose. Place jack stands underneath structural chassis points. Do not place jack stands under suspension parts.*

– Unbolt brake caliper and hang to side with stiff wire. Do not disconnect brake hose. Remove brake disc. See **340 Brakes**.

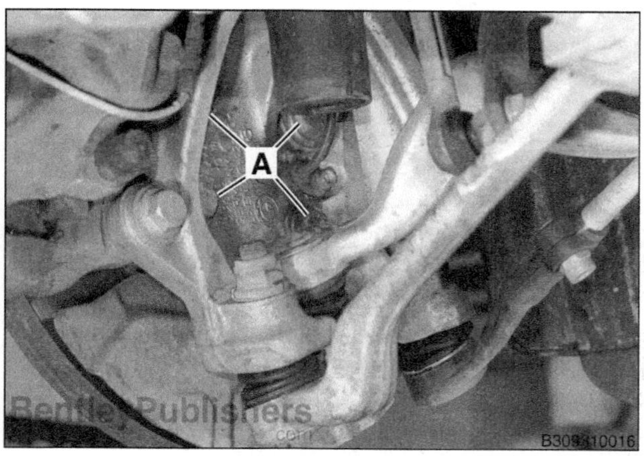

< Remove wheel hub fasteners (**A**).

– Remove wheel bearing / hub unit off steering knuckle.

– Installation is reverse of removal. Remember to:
- Make sure wheel hub and steering knuckle mating surfaces are clean.
- If reusing wheel bearing / hub unit, recut bolt hole threads.
- Replace fasteners with new.

Tightening torques	
Road wheel to hub	120 Nm (89 ft-lb)
Wheel bearing / hub unit to steering knuckle (replace bolts with new)	110 Nm (81 ft-lb)

310

Front wheel bearing, removing and installing (xDrive models)

– Raise car and remove front wheel.

> ***WARNING —***
> *• Make sure that the car is firmly supported on jack stands designed for the purpose. Place jack stands underneath structural chassis points. Do not place jack stands under suspension parts.*

– Using a suitable drift, release staked side of collar nut.

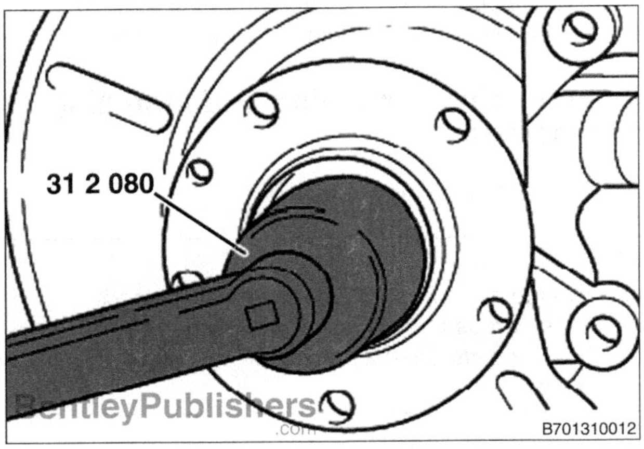

◄ With an assistant holding down brake, remove collar nut using BMW special tool 31 2 080. Do not reuse collar nut.

– Unbolt brake caliper and hang to side with stiff wire. Do not disconnect brake hose. Remove brake disc. See **340 Brakes**.

◄ Remove wheel hub using BMW special tools 33 2 160 / 33 2 116 / 33 4 200 and 5 wheel lugs.

NOTE —
• Point rounded inside edge of special tool 33 2 160 towards wheel hub.

> ***WARNING —***
> *• Bearing is destroyed when wheel hub is removed. Replace wheel bearing and wheel hub together.*

– Remove steering knuckle and clamp in bench vice with aluminum clamping jaws. See **Steering knuckle, removing and installing** in this repair group.

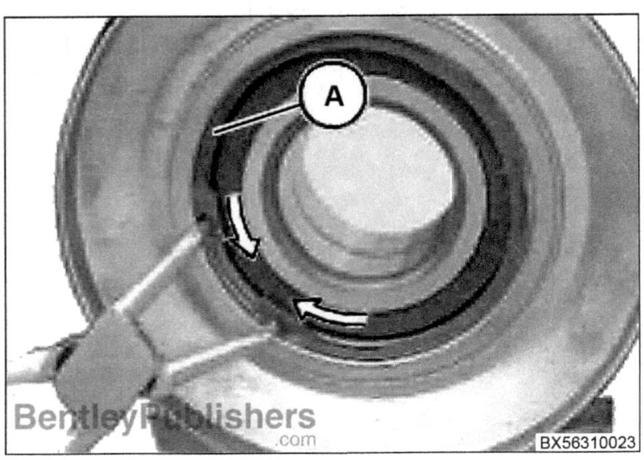

◄ Use snap ring pliers to remove wheel bearing circlip.

- Remove wheel bearing using BMW special tools 31 2 113 / 33 4 261 / 33 3 266 / 33 3 261.

- Check dust sleeve. Replace if necessary.

- Make sure steering knuckle bearing surface is clean and coat 50% of its length with Loctite 638®. Note that wide chamfer of bearing (**A**) points towards steering knuckle.

- With wide chamfer of bearing pointing towards steering knuckle, draw new bearing into hub using BMW special tools 31 2 113 / 22 1 018 / 33 4 262 / 33 3 261.

- Install new wheel bearing circlip. Make sure circlip is correctly seated.

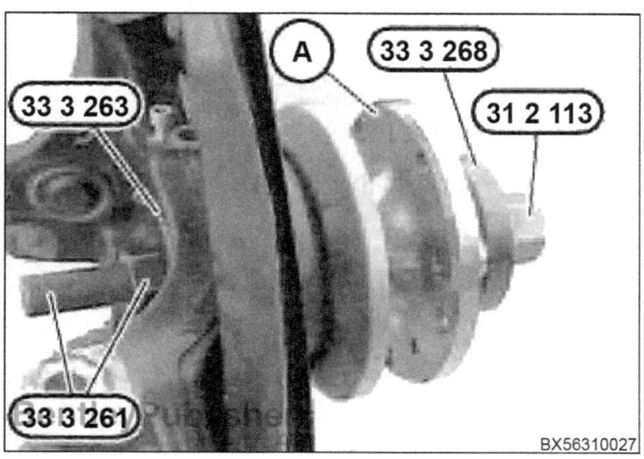

- Replace wheel hub (**A**) and draw into steering knuckle using BMW special tools 32 2 113 / 33 3 268 / 33 3 263 / 33 3 261.

310

- Install steering knuckle. See **Steering knuckle, removing and installing** in this repair group.
- Draw front axle into steering knuckle.
- Install front brake disc and caliper. See **340 Brakes.**
- Apply light coating of oil to contact surfaces. With an assistant holding down brake, tighten axle nut to specified torque.

Tightening torque	
Road wheel to hub	120 Nm (89 ft-lb)
Wheel hub to axle shaft (replace axle nut with new)	420 Nm (310 ft-lb)

- Using a suitable drift, stake side of axle nut to axle.

Steering knuckle, removing and replacing

Rear drive and xDrive procedures vary. Differences are noted in the text.

- Raise car and remove front wheel.

> ***WARNING —***
> - *Make sure that the car is firmly supported on jack stands designed for the purpose. Place jack stands underneath structural chassis points. Do not place jack stands under suspension parts.*

- **xDrive**: Using a suitable drift, release staked side of collar nut.

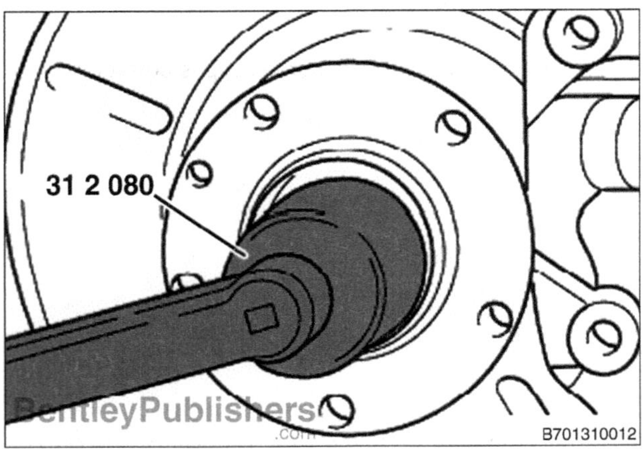

- **xDrive**: With an assistant holding down brake, remove collar nut using BMW special tool 31 2 080. Do not reuse collar nut.
- Unbolt brake caliper and hang to side with stiff wire. Do not disconnect brake hose.
- Remove front brake disc. See **340 Brakes**.
- Remove wheel speed sensor. See **340 Brakes**.
- Remove tie rod end from steering knuckle. See **320 Steering and Wheel Alignment**.
- Remove tension strut from steering knuckle. See **Tension strut, removing and installing** in this repair group.
- Remove control arm from steering knuckle. See **Control arm, removing and installing** in this repair group.
- **xDrive**: Press drive axle out of steering knuckle.

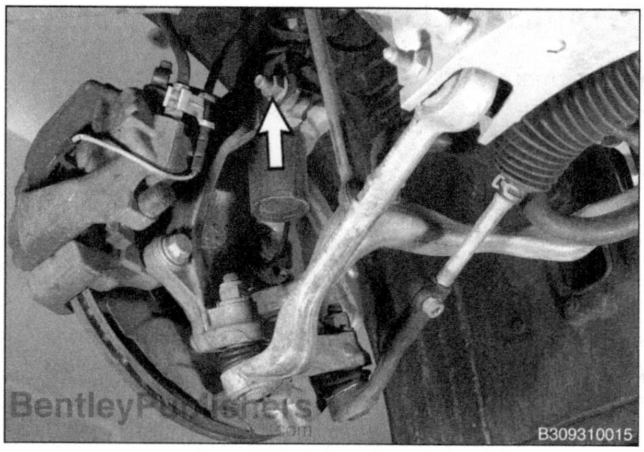

Using a suitable jack, support steering knuckle. Remove pinch bolt (**arrow**) securing front strut to steering knuckle.

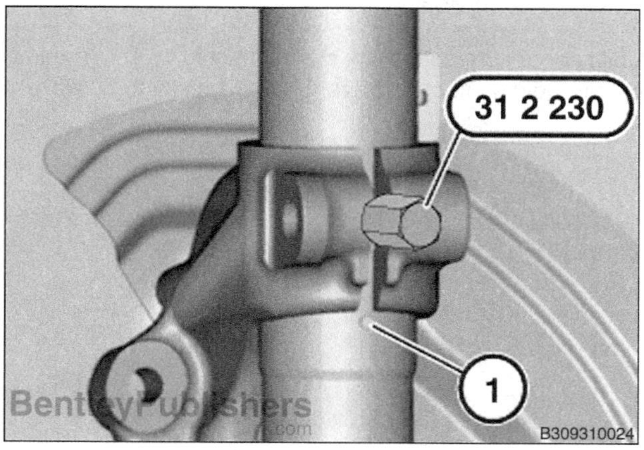

If necessary, use BMW special too 31 2 230 to spread steering knuckle pinch clamp. Remove steering knuckle.

– Remainder of installation is reverse of removal. Remember to:
  - Face bolt head of steering knuckle pinch bolt in direction of travel.
  - Replace self locking fasteners with new.
  - Make sure steering knuckle contacts stop on strut.
  - Tighten bonded rubber fasteners to final torque specification with car on ground and loaded. Bounce suspension a few times before final tightening.

Tightening torques	
Control arm to steering knuckle • M14 8.8 bolts (replace with new) • M14 10.9 bolts (replace with new)	 80 Nm (59 ft-lb) 165 Nm (122 ft-lb)
Control arm to subframe • M12 8.8 bolts (replace with new) • M12 10.9 bolts (replace with new)	 68 Nm (50 ft-lb)+90° 100 Nm (74 ft-lb)+90°
Road wheel to hub	120 Nm (89 ft-lb)
Stabilizer bar link to strut • M10 bolts (replace with new)	 58 Nm (43 ft-lb)
Strut assembly to steering knuckle • M10 bolts (replace with new) • M12 bolts (replace with new)	 45 Nm (34 ft-lb) 81 Nm (60 ft-lb)
Strut top bearing to chassis • M8 bolts (replace with new)	 34 Nm (25 ft-lb)
Tension strut to steering knuckle	165 Nm (122 ft-lb)
Tension strut to subframe • M12 8.8 bolts (replace with new) • M12 10.9 bolts (replace with new)	 68 Nm (50 ft-lb)+90° 100 Nm (74 ft-lb)+90°
Tie rod end to steering knuckle (replace nut with new)	 80 Nm (59 ft-lb)
Wheel bearing / hub unit to steering knuckle (replace bolts with new)	110 Nm (81 ft-lb)
Wheel hub to axle shaft (replace with new)	420 Nm (310 ft-lb)

Front Stabilizer Bar

The stabilizer bar mounts to the front subframe. The front stabilizer bar links attach to the strut assemblies.

Stabilizer bar, removing and installing

– Raise vehicle support safely.

> ***WARNING—***
> - *Make sure the vehicle is stable and well supported at all times. Use a professional automotive lift or jack stands designed for the purpose. A floor jack is not adequate support.*

– Remove engine splash shield and reinforcement plate (if equipped).

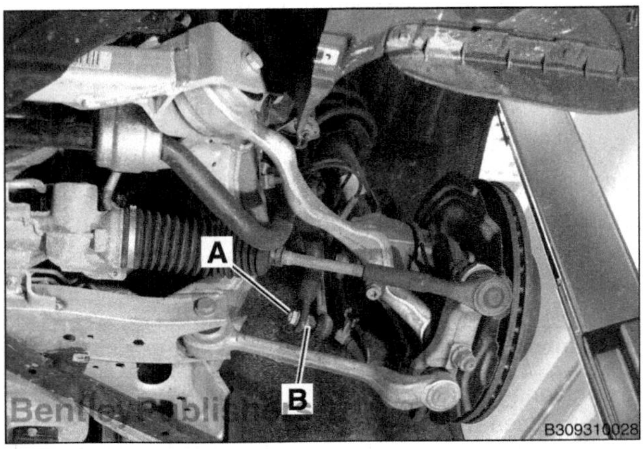

◄ Remove stabilizer bar connecting link mounting nut (**A**). Use a thin wrench to counterhold shaft of stabilizer bar link ball joint (**B**) while removing nut.

NOTE—
- *If replacing stabilizer bar links, remove upper stabilizer bar link ball joint from strut.*

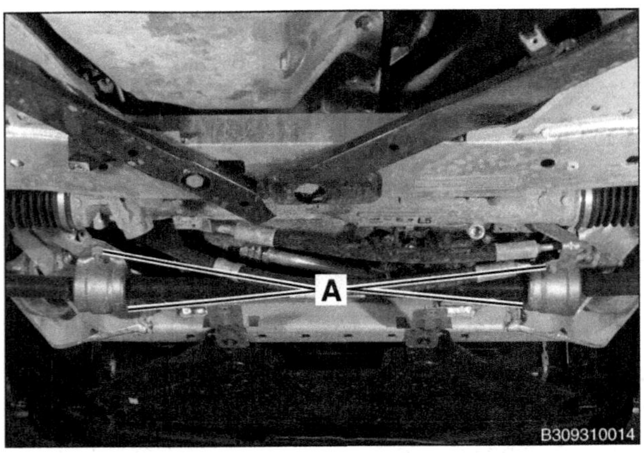

◄ Remove stabilizer bar anchor bushing nuts (**A**) on right and left sides.

– Installation is reverse of removal. Remember to:
- Replace fasteners with new.
- Check rubber mounts for damage. Replace as needed.
- Tighten stabilizer bar mount fasteners with car on ground and loaded. Bounce suspension a few times before final tightening.

Tightening torques	
Stabilizer bar link to stabilizer bar • M8 bolts (replace with new) • M10 bolts (replace with new)	 21 Nm (16 ft-lb) 60 Nm (44 ft-lb)
Stabilizer bar link to strut • M10 bolts (replace with new)	 58 Nm (43 ft-lb)

311 Front Axle Differential

General

This repair group covers service and replacement of front drive axles and front differential. Front differential internal repair is not covered.

See **300 Suspension, Steering and Brakes–General** for a general description of the front suspension.

For additional information, see also the following repair groups:

- **260 Driveshafts** for front driveshaft removal
- **310 Front Suspension**

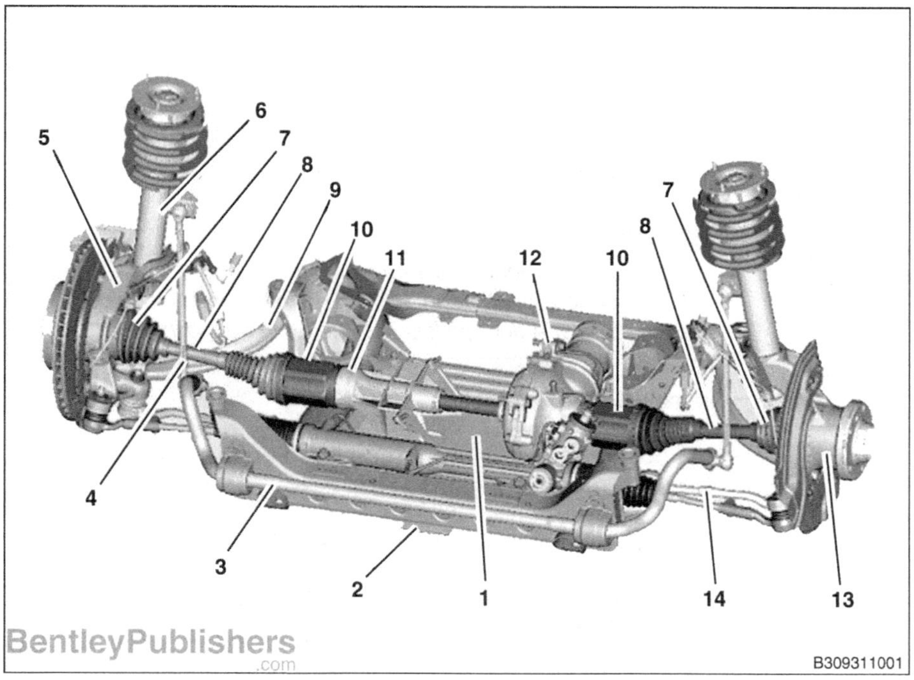

Front differential and drive axles

1. Reinforcement plate
2. Axle carrier
3. Stabilizer bar
4. Stabilizer link
5. Steering knuckle
6. Spring strut
7. Outer CV joint
8. Front drive axle
9. Tension strut
10. Inner CV joint
11. Right side bearing pedestal
12. Differential
13. Wheel bearing hub
14. Control arm

System description

The front axle differential and the right side bearing pedestal bolt to each side of a modified oil pan. Power is transmitted to the front differential from the transfer case via a driveshaft, and out to front drive hubs through two drive axles. The right drive axle inner constant velocity (CV) joint shaft extends through the oil pan into the front differential.

Warning

> ***WARNING —***
> - *Do not reuse self-locking fasteners. They are designed to be used only once and may fail if reused. Replace with new.*

DRIVE AXLES

Front drive axles use two different types of CV joint.

- **Outer CV joint**: Traditional design allows power to be delivered from axle to wheel hub continuously while allowing suspension and steering motion.
- **Inner joint**: Triple roller bearing joint minimizes the amount of vibration and noise transmitted back through vehicle drivetrain while allowing axle to move in and out to compensate for suspension travel.

To replace a CV joint or boot, remove the drive axle from the vehicle.

Drive axle, removing and installing

0021631

◀ Pry center cap off road wheel. Use a suitable drift to unstake drive axle collar nut at wheel hub.

– With an assistant applying brakes, break free drive axle collar nut (**arrow**). Do not remove completely.

> ***WARNING —***
> - *The drive axle collar nut is tightened to a high torque. Make sure car is firmly on ground.*

– Raise front of vehicle and support safely.

> ***WARNING —***
> - *Make sure the vehicle is stable and well supported at all times. Use a professional automotive lift or jack stands designed for the purpose. A floor jack is not adequate support.*

– Remove front wheel.

– Remove splash shield and front end reinforcement (if applicable). See **310 Front Suspension**.

– Remove ABS wheel speed sensor. See **340 Brakes**.

– Remove front brake caliper and tie up. Do not detach brake fluid line. See **340 Brakes**.

– Detach tie rod end from steering knuckle. See **320 Steering and Wheel Alignment**.

– Detach tension strut and bushing from steering knuckle. See **310 Front Suspension**.

– Detach control arm from steering knuckle. See **310 Front Suspension**.

– Detach stabilizer bar link at suspension strut. See **310 Front Suspension**.

– Remove drive axle collared nut.

◄ Use BMW special tool kit 33 2 100 / 33 2 200 to press drive axle shaft inward and disengage axle from steering knuckle:

- Use all five lug nuts to attach special tool 33 2 203, 33 2 207 and 33 2 201 to drive flange.
- Counterhold flange using special tools 33 2 202 and 33 5 070.
- Press out drive axle and tie to chassis using strong wire.

> ***CAUTION—***
> - *BMW specifies 2 special tool kits (33 2 200 and 33 2 100). This procedure shows special tool kit 33 2 200.*
> - *Do not pound on end of drive axle shaft.*

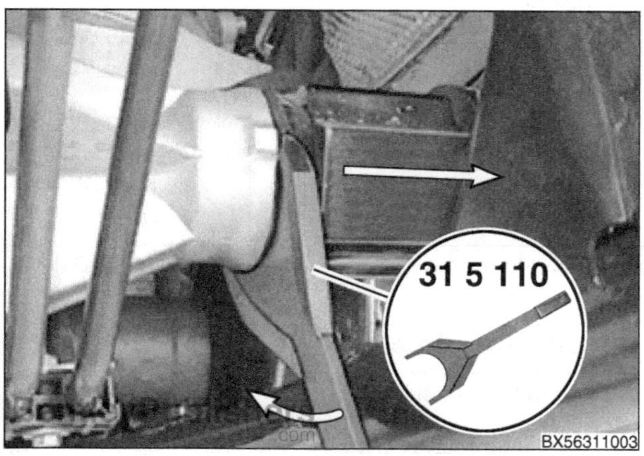

◄ Use BMW special tool 31 5 110 or equivalent prying tool to force drive axle inner CV joint shaft out of front differential or right bearing pedestal output flange. Be prepared to catch dripping oil.

– Replace differential or bearing pedestal flange seal while axle is removed from vehicle. See **Front differential flange seal, replacing** in this repair group.

– Replace CV joint boots as necessary. See **Outer CV joint boot, replacing** or **Inner CV joint boot, replacing** in this repair group.

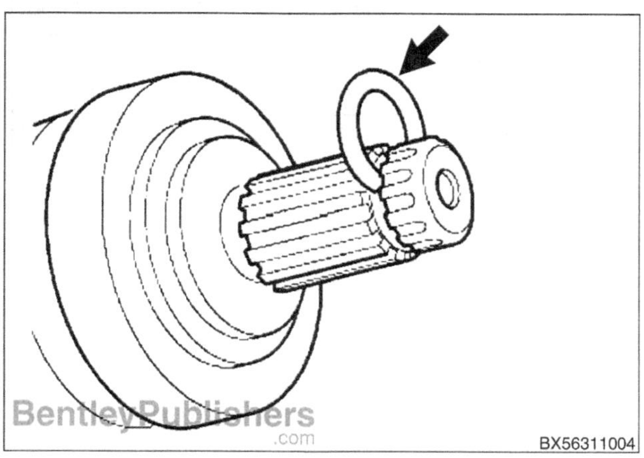

◄ Replace inner CV joint locking circlip (**arrow**).

– When installing:

- Coat sealing lip of flange seal with transmission fluid.
- Push inner CV joint shaft into differential or bearing pedestal flange until locking circlip snaps in place.

311

Lightly oil drive axle spline teeth and insert drive axle into wheel hub.

– Screw BMW special tool 33 2 2 05 into drive axle.

> ***CAUTION—***
> • *Do not oil axle or collar nut threads.*

Use three lug nuts to attach BMW special tool 33 2 201 to wheel hub.

– Draw axle into wheel hub using special tool 33 2 208. Counterhold hub with special tools 33 2 202 and 33 5 070.

– Remainder of installation is reverse of removal. Remember to:
- Use new collar nut at outboard end of drive axle. Restake nut after tightening. Caulk axle threads.
- Install front end reinforcement plate using new fasteners. See **310 Front Suspension**.
- Check front differential oil level and top off if necessary. See **Front differential oil, checking** in this repair group.

Tightening torques	
Brake pad carrier to steering knuckle	110 Nm (81 ft-lb)
Control arm to subframe: • M12 8.8 (replace with new) • M12 10.9 (replace with new)	68 Nm (50 ft-lb) + additional 90° 100 Nm (74 ft-lb) + additional 90°
Drive axle collar nut to front hub (replace nut)	420 Nm (310 ft-lb)
Oil drain / filler plug to differential	60 Nm (44 ft-lb)
Reinforcement plate to front subframe (replace fasteners)	56 Nm (41 ft-lb) + additional 90°
Road wheel to hub	120 Nm (89 ft-lb)
Stabilizer bar link to strut • M10 (replace with new)	58 Nm (43 ft-lb)
Tension strut to subframe: • M12 8.8 (replace with new) • M12 10.9 (replace with new)	68 Nm (50 ft-lb) + additional 90° 100 Nm (74 ft-lb) + additional 90°
Tie rod to steering knuckle	80 Nm (59 ft-lb)

Front differential flange seal, replacing

- Raise front of vehicle and support safely.

> ***WARNING —***
> - *Make sure the vehicle is stable and well supported at all times. Use a professional automotive lift or jack stands designed for the purpose. A floor jack is not adequate support.*

- Remove front wheel.
- Remove splash shield and front end reinforcement (if applicable) from below engine compartment. See **310 Front Suspension**.
- Remove front ABS wheel speed sensor. See **340 Brakes**.
- Remove front brake caliper and tie up. Do not detach brake fluid line. See **340 Brakes**.
- Detach tie rod end from steering knuckle. See **320 Steering and Wheel Alignment**.
- Detach tension strut and bushing from steering knuckle. See **310 Front Suspension**.
- Detach control arm from steering knuckle. See **310 Front Suspension**.
- Remove pinch-bolt securing front strut to steering knuckle. See **310 Front Suspension**.

Use BMW special tool 31 5 110 or equivalent prying tool to force drive axle inner CV joint shaft out of front differential or right bearing pedestal output flange. Be prepared to catch dripping oil.

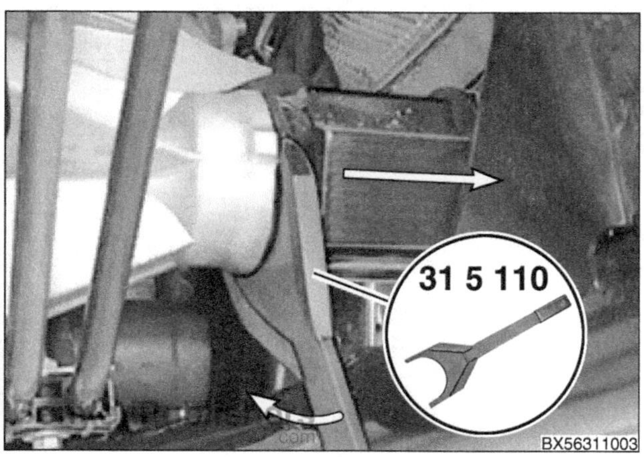

Right bearing pedestal output flange.

Front differential flange seal, replacing

Note that drive axle is removed along with steering knuckle as a single unit.

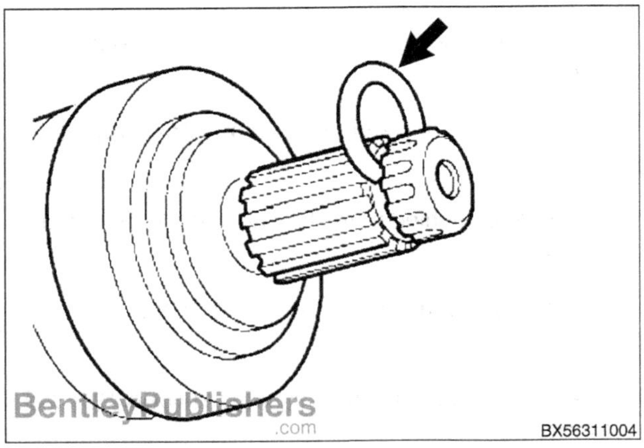

Replace inner CV joint locking circlip (**arrow**).

Use seal removal tool or screw driver to pry flange seal out of differential or bearing pedestal.

– Remove protective sleeve from new flange seal and save for use during drive axle installation. Seal is equipped with protective covering to prevent sealing lip from damage during installation.

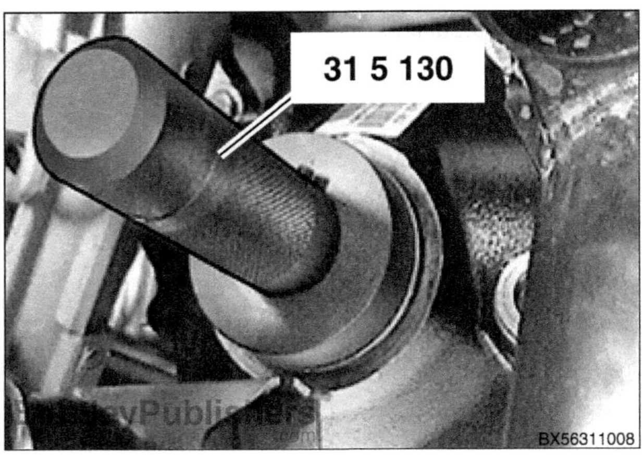

Use BMW special tool 31 3 130 or equivalent seal driver to drive flange seal into differential or bearing pedestal as far as it will go.

– Coat sealing lip of flange seal with transmission fluid.

– Insert protective sleeve into seal.

– Install drive axle:
  - Insert inboard end of drive axle partially into differential housing or bearing pedestal.
  - Withdraw protective sleeve from sealing lip, cut protective sleeve and remove sleeve.
  - Continue pressing drive axle in until spring clip snaps audibly into place.

– Remainder of installation is reverse of removal. Check front differential oil level and top off if necessary. See **Front differential oil, checking** in this repair group.

Tightening torques	
Brake pad carrier to steering knuckle	110 Nm (81 ft-lb)
Control arm to subframe: • M12 8.8 (replace with new) • M12 10.9 (replace with new)	 68 Nm (50 ft-lb) + additional 90° 100 Nm (74 ft-lb) + additional 90°
Reinforcement plate to front subframe (replace fasteners)	56 Nm (41 ft-lb) + additional 90°
Road wheel to hub	120 Nm (89 ft-lb)
Stabilizer bar link to strut: • M10 (replace with new)	 58 Nm (43 ft-lb)
Strut to steering knuckle pinch bolt: • M10 (replace with new) • M12 (replace with new)	 45 Nm (34 ft-lb) 81 Nm (60 ft-lb)
Tension strut to subframe: • M12 8.8 (replace with new) • M12 10.9 (replace with new)	 68 Nm (50 ft-lb) + additional 90° 100 Nm (74 ft-lb) + additional 90°
Tie rod to steering knuckle	80 Nm (59 ft-lb)

Outer CV joint boot, replacing

When replacing CV boot, use a complete boot repair kit available from an authorized BMW dealer parts department. The kit includes new boot, clamping bands, special lubricant and a new CV joint shaft circlip.

– Remove drive axle. See **Drive axle, removing and installing** in this repair group. Place axle in shop vice with aluminum jaws.

– Release retaining clamps from both ends of outer CV boot. Cut off boot and discard.

– Using a soft-faced hammer, pound outer CV joint off drive axle.

– Using a flat blade screw driver, pry spring clip off drive axle splines.

– Clean old lubricant off axle splines.

311

– Inspect CV joint carefully.
  - Look for galling, pitting and other signs of wear or physical damage.
  - Polished surfaces or visible ball tracks alone are not necessarily cause for replacement.
  - Discoloration (overheating) indicates lack of lubrication.

– Place new clamping bands and CV boot over drive axle.

– Replace spring clip on splined end of drive axle.

– Apply Loctite® 270 or an equivalent heavy-duty locking compound to drive axle splines.

> ***CAUTION—***
> - *Do not let locking compound contact balls in joint. Apply only a thin coat to cover splines.*

– Pack joint with fresh CV joint grease.

CV joint lubricant capacity	
Outer CV joint	80 grams (2.8 oz)

– Tap CV joint onto splined end of drive axle until spring clip snaps audibly into place.

– Using clamp pliers, secure retaining clamp into position tightly sealing large end of boot against CV joint.

< Before installing small boot clamp:
  - Flex CV joint as far over as it will go.
  - Insert small screw-driver between boot and axle-shaft to "burp" boot.

– With outer boot full of grease, and any air eliminated from boot, secure small end of boot on CV joint by pinching clamp with pliers.

– Remainder of installation is reverse of removal. See **Drive axle, removing and installing** in this repair group.

– Check front differential oil level and top off if necessary. See **Front differential oil, checking** in this repair group.

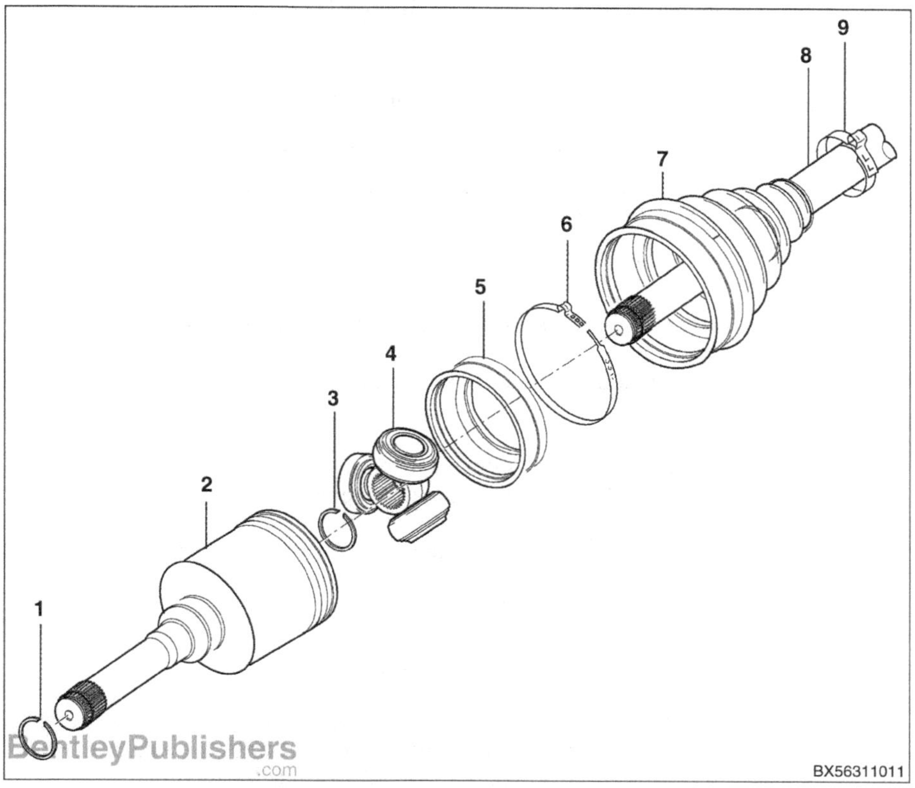

Inner CV joint (triple-roller)

1. Locking circlip
2. Inner CV joint housing
3. Circlip
4. Triple roller bearing
5. Inner CV joint boot adapter
6. Clamp
7. Inner CV joint boot
8. Drive axle shaft
9. Clamp

Inner CV joint boot, replacing

When replacing CV boot, use a complete boot repair kit available from an authorized BMW dealer parts department. The kit includes new boot, clamping bands, special lubricant and a new outer CV joint axle circlip.

- Remove drive axle. See **Drive axle, removing and installing** in this repair group.
- Release retaining clamp on both ends of inner CV boot. Pull back inner boot and detach inner CV joint housing.
- Remove circlip retaining triple roller bearing to drive axle and remove triple roller bearing.
- Slide boot off drive axle. Separate inner CV joint boot adapter from boot.
- Clean old lubricant off axle splines and triple roller bearing splines.
- Install new inner CV joint boot:
  - Attach boot to boot adapter.
  - Slide retaining clamps and boot over drive axle.
  - Secure retaining clamp using clamp pliers, tightly sealing small end of boot against drive axle.

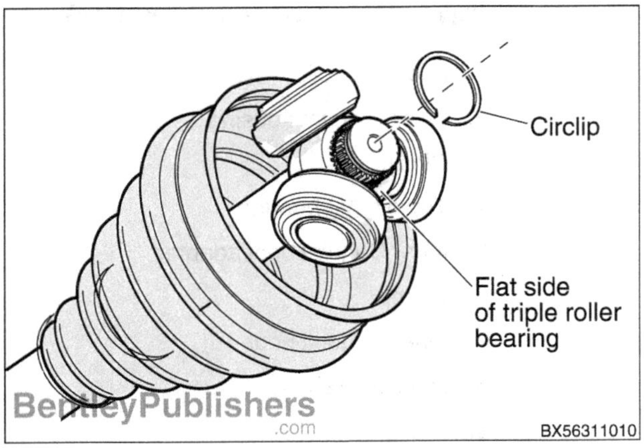

◀ Install triple roller bearing with flat edge of joint facing retaining circlip.

- Replace inner CV joint housing shaft circlip.
- Pack triple roller bearing and boot with fresh CV joint grease.

CV joint lubricant capacity	
Inner CV joint	80 grams (2.8 oz)

- Insert triple roller bearing into inner CV joint housing.
- Secure boot connection to boot adapter using clamp supplied with boot kit.
- Remainder of installation is reverse of removal. See **Drive axle, removing and installing** in this repair group.
- Check front differential oil level and top off if necessary. See **Front differential oil, checking** in this repair group.

FRONT DIFFERENTIAL

The front differential on xDrive models is filled with lifetime oil that ordinarily does not need to be changed. If service is required, BMW recommends using only a specially formulated synthetic gear oil (SAF-XO). For additional information on this lubricant and any other lubricants that may be compatible, contact an authorized BMW dealer parts department.

Replacement of O-ring seal between engine oil pan and front differential is covered in **Front differential, removing and installing** in this repair group.

Replacement of O-ring seal between engine oil pan and right side bearing pedestal is covered in **Right axle bearing pedestal, removing and installing** in this repair group.

Table a. Differential fluid	
Capacity	0.6 ltr (0.63 qt)
BMW specification	SAF-XO Synthetic

Front differential oil level, checking

- Drive vehicle a short distance to warm differential oil.
- Raise vehicle and support safely.

> ***WARNING —***
> - *Make sure the vehicle is stable and well supported at all times. Use a professional automotive lift or jack stands designed for the purpose. A floor jack is not adequate support.*

- Remove splash shield and front end reinforcement (if applicable). See **310 Front Suspension**.

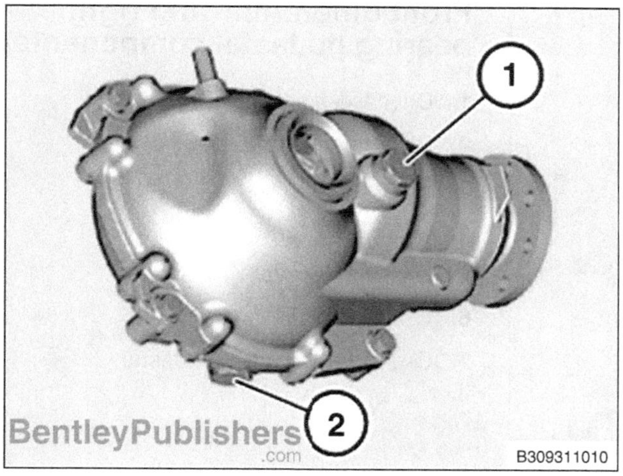

< With vehicle level, check oil at filler plug (**1**):

- Place a drain pan under oil filler plug.
- Oil level is correct when it just reaches edge of filler hole.

– If necessary, top up fluid with synthetic gear oil (SAF-XO).

– Replace filler plug sealing ring.

– Install and tighten oil filler plug when oil level is correct.

Tightening torque	
Oil drain / fill plug to differential	60 Nm (44 ft-lb)

Front differential oil, draining and filling

– Drive vehicle a short distance to warm differential oil.

– Raise vehicle and safely support.

> ***WARNING —***
> - *Make sure the vehicle is stable and well supported at all times. Use a professional automotive lift or jack stands designed for the purpose. A floor jack is not adequate support.*

– Remove splash shield and front end reinforcement (if applicable). See **310 Front Suspension**.

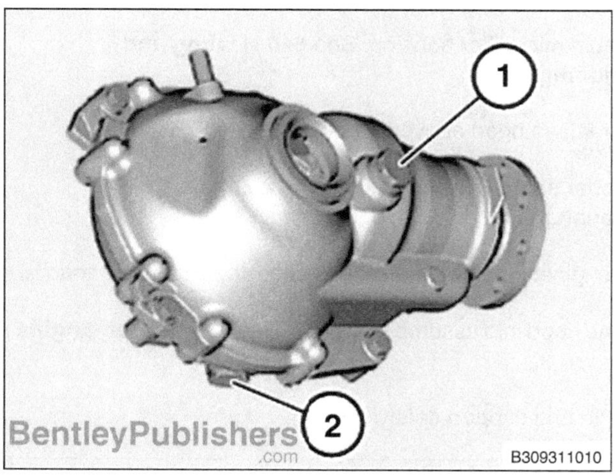

< With vehicle level, Change oil at drain plug (**2**):

- Place a drain pan under oil drain plug.
- Remove drain plug and allow oil to drain into pan.

> ***WARNING —***
> - *Pull the loose plug away quickly to avoid being scalded by hot oil. Use gloves to protect your hands.*

– When oil flow has diminished to an occasional drip, reinstall drain plug with new sealing ring.

– Remove filler plug (**1**).

– Add synthetic gear oil (SAF-XO) and check level. See **Front differential oil level, checking** in this repair group.

Tightening torque	
Oil drain / fill plug to differential	60 Nm (44 ft-lb)

311

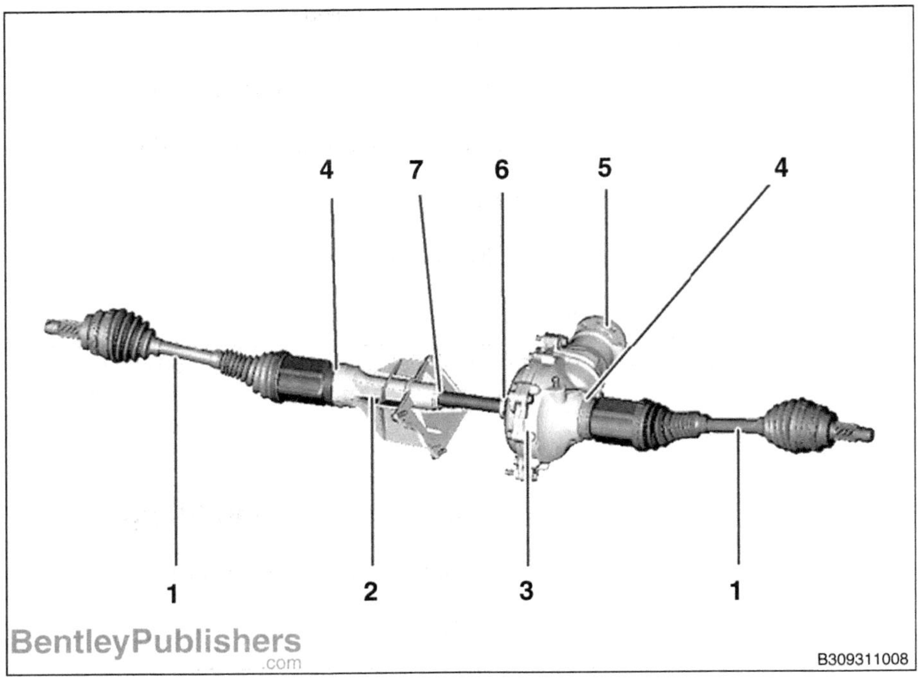

Front differential and right bearing pedestal components

1. Drive axles and boots
2. Right bearing pedestal
3. Front differential
4. Output shaft seal
5. Drive flange seal
6. O-ring, differential
7. O-ring, right bearing pedestal

Front differential, removing and installing

– Disconnect negative (-) battery cable.

> ***CAUTION—***
> • *Prior to disconnecting the battery, read the battery disconnection cautions in* **001 Warnings and Cautions**.

– Remove cabin microfilter housing. See **640 Heating and Air-conditioning**.

– Remove air intake hood above radiator.

– Remove upper engine cover (ignition coil cover). See **020 Maintenance**.

– Non-turbo engine: Remove air filter housing. See **020 Maintenance**.

– Raise engine hood into assembly position. See **410 Fender, Engine Hood**.

– Raise vehicle and support safely.

> ***WARNING—***
> • *Make sure the vehicle is stable and well supported at all times. Use a professional automotive lift or jack stands designed for the purpose. A floor jack is not adequate support.*

– Remove splash shield and front end reinforcement (if applicable) from under engine. See **310 Front Suspension**.

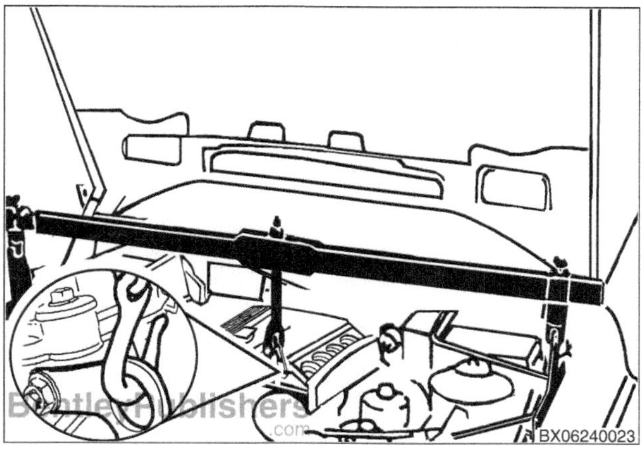

◄ Install engine support brace across engine bay. Raise engine slightly (¼ - ½ in) to release load on engine mounts.
See **110 Engine Removal and Installation**

◄ Working underneath engine, remove right and left engine mount upper nuts (**arrow**).

– Remove left front wheel.

– Remove left front ABS wheel speed sensor. See **340 Brakes**.

– Remove front brake caliper and tie up. Do not detach brake fluid line. See **340 Brakes**.

– Detach left tie rod end from steering knuckle. See **320 Steering and Wheel Alignment**.

– Detach left tension strut and bushing from steering knuckle. See **310 Front Suspension**.

– Detach left control arm from steering knuckle. See **310 Front Suspension**.

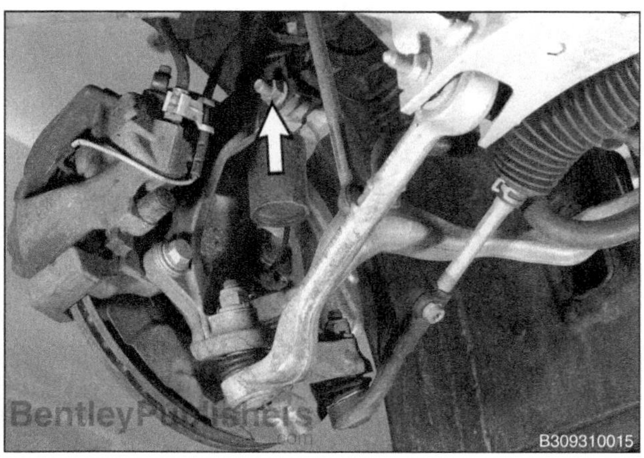

◄ Remove pinch-bolt (**arrow**) securing front strut to steering knuckle. See **310 Front Suspension**.

NOTE—

- *Rear drive shown. xDrive is similar.*

311

◀ Use BMW special tool 31 5 110 or equivalent prying tool to force left front drive axle inner CV joint shaft out of front differential output flange. Be prepared to catch dripping oil.

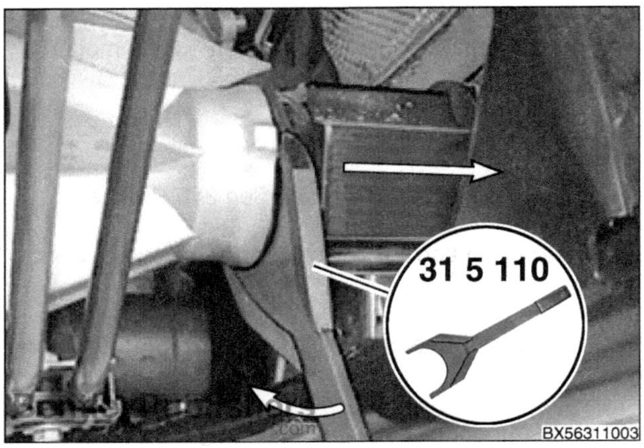

◀ Use BMW special tool 31 5 110 or equivalent prying tool to separate right front drive axle inner CV joint from right bearing pedestal by approximately 7mm to release axle circlip. Be prepared to catch dripping oil.

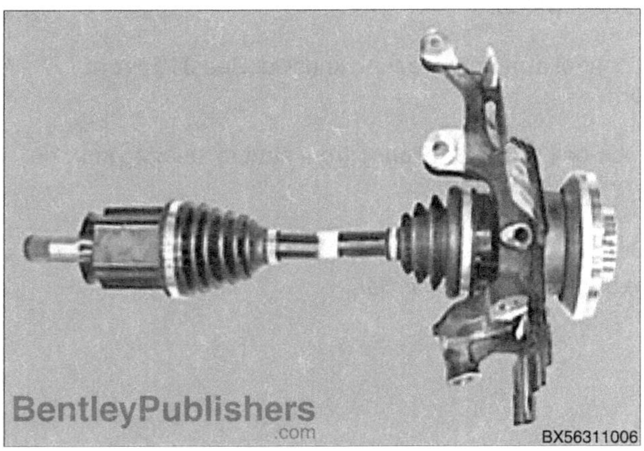

◀ Note that drive axle is removed along with steering knuckle as a single unit.

– Unbolt steering spindle universal joint from steering rack.

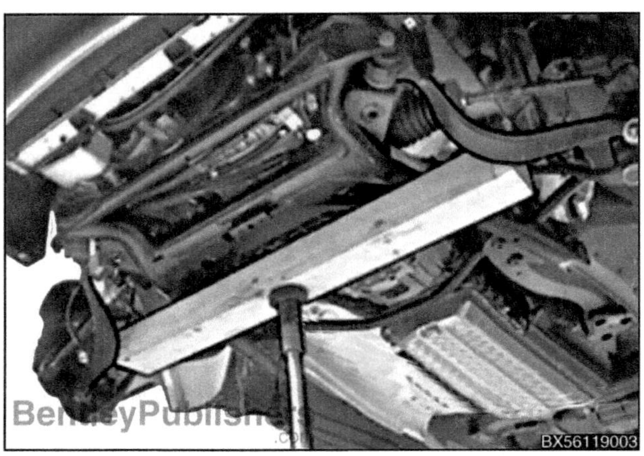

◀ Support front subframe with block of wood placed on transmission jack.

NOTE—

- *Steering rack remains bolted to front subframe.*

– Unbolt front subframe from vehicle frame. Carefully lower by approx. 46 mm (2 in) and insert longer bolts to support it.

> ***CAUTION—***
> - *Lower subframe without damaging power steering lines. Make sure it is adequately supported throughout the remainder of this procedure.*

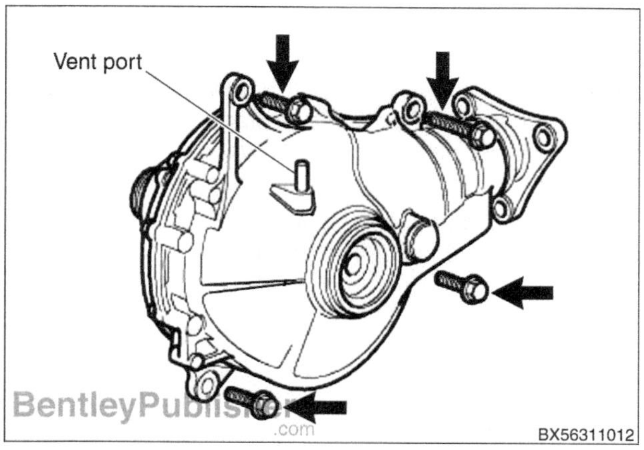

- Remove left engine mount.
- Pull off front differential vent hose.
- Remove bolts (**arrows**) and lower differential carefully, making sure that no lines, hoses or harnesses become snagged.
- Replace O-ring between oil pan and differential before reinstalling differential. Coat O-ring with differential oil.
- Install differential to oil pan.

Tightening torques	
Front differential to oil pan	65 Nm (48 ft-lb)

- Remainder of assembly is reverse of removal. Keep in mind:
  - Replace drive axle flange seal before installing drive axle.
  - Check front differential oil level and top off if necessary. See **Front differential oil, checking** in this repair group.
  - Use BMW scan tool to carry out steering angle sensor adjustment.

Tightening torques	
Brake pad carrier to steering knuckle	110 Nm (81 ft-lb)
Control arm to steering knuckle: • M14 8.8 (replace with new) • M14 10.9 (replace with new)	 80 Nm (59 ft-lb) 165 Nm (122 ft-lb)
Tension strut to steering knuckle	165 Nm (122 ft-lb)
Oil filler plug to differential	60 Nm (44 ft-lb)
Reinforcement plate to front subframe (replace fasteners)	56 Nm (41 ft-lb) + 90°
Road wheel to hub	120 Nm (89 ft-lb)
Tie rod end to steering knuckle (replace with new)	80 Nm (59 ft-lb)
Engine mount to engine bracket • M10 10.9 grade • E92 M10	 56 Nm (41 ft-lb) 38 Nm (28 ft-lb)
Front subframe to chassis: • M12 • M10	 108 Nm (80 ft-lb) 56 Nm (41 ft-lb) + additional 90°
Steering spindle universal joint to steering rack (pinch bolt)	21 Nm (16 ft-lb)
Strut assembly to steering knuckle: • M10 (replace with new) • M12 (replace with new)	 45 Nm (34 ft-lb) 81 Nm (60 ft-lb)

311

Right axle bearing pedestal, removing and installing

- Raise vehicle and support safely.

> ***WARNING —***
> *• Make sure the vehicle is stable and well supported at all times. Use a professional automotive lift or jack stands designed for the purpose. A floor jack is not adequate support.*

- Remove splash shield and front end reinforcement (if applicable) from under engine. See **310 Front Suspension**.
- Remove right front wheel.
- Remove right front ABS wheel speed sensor. See **340 Brakes**.
- Remove right front brake caliper and tie up. Do not detach brake fluid line. See **340 Brakes**.
- Detach right tie rod end from steering knuckle. See **320 Steering and Wheel Alignment**.
- Detach right tension strut and control arm from steering knuckle. See **310 Front Suspension**.
- Remove pinch-bolt securing right front strut to steering knuckle.
- Use BMW special tool 31 5 110 or equivalent prying tool to force right front drive axle inner CV joint shaft out of right axle bearing pedestal flange. Be prepared to catch dripping oil.

Note that drive axle is removed along with steering knuckle as a single unit.

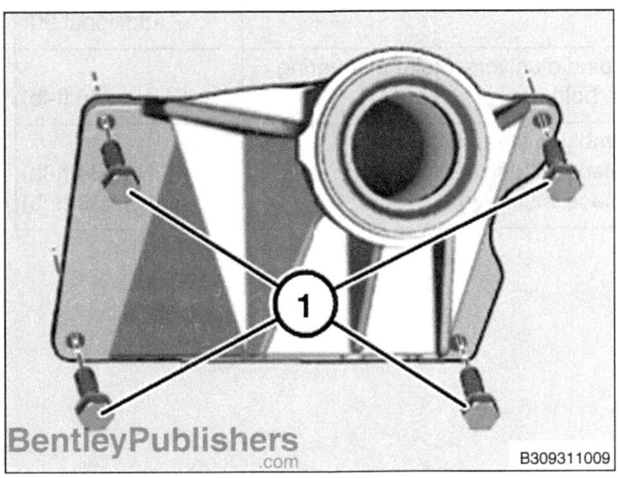

Remove bearing pedestal mounting bolts (**arrows**) at side of oil pan. Lift off pedestal.

- When reinstalling:
  - Replace sealing O-ring (**arrow**). Coat O-ring with assembly fluid.
  - Replace drive axle flange seal before installing drive axle.

Tightening torques	
Bearing pedestal to oil pan	27 Nm (20 ft-lb)
Brake pad carrier to steering knuckle	110 Nm (81 ft-lb)
Control arm to steering knuckle: • M14 8.8 (replace with new) • M14 10.9 (replace with new)	 80 Nm (59 ft-lb) 165 Nm (122 ft-lb)
Tension strut to steering knuckle	165 Nm (122 ft-lb)
Reinforcement plate to front subframe (replace fasteners)	56 Nm (41 ft-lb) + additional 90°
Road wheel to hub	120 Nm (89 ft-lb)
Strut assembly to steering knuckle: • M10 (replace with new) • M12 (replace with new)	 45 Nm (34 ft-lb) 81 Nm (60 ft-lb)
Tie rod end to steering knuckle (replace with new)	80 Nm (59 ft-lb)

Differential input flange seal, replacing

- Raise vehicle and support safely.

> ***WARNING —***
> • *Make sure the vehicle is stable and well supported at all times. Use a professional automotive lift or jack stands designed for the purpose. A floor jack is not adequate support.*

- Remove front driveshaft. See **260 Driveshafts**.
- Pry out input flange retaining nut lock plate.

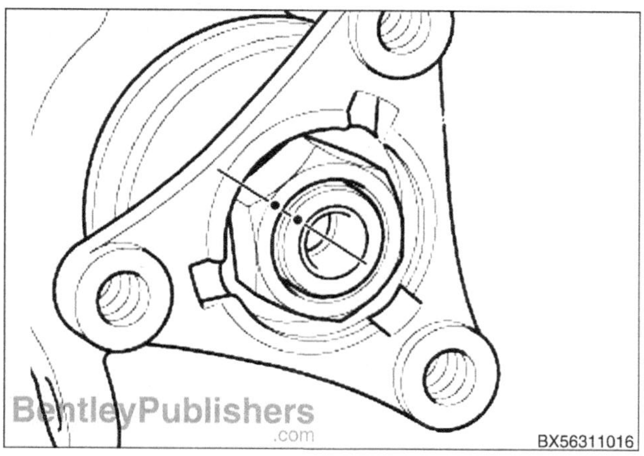

BX56311016

- Using a center punch, mark relation of input flange retaining nut to shaft.

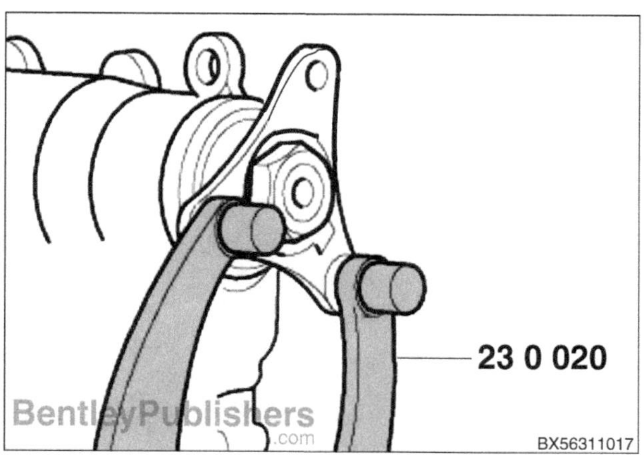

BX56311017

- Counterhold input flange using BMW special tool 23 0 020 and remove nut.
- Remove input flange out of differential using hub puller. Be prepared to catch dripping oil.
- Remove input seal dust shields.
- Using a seal puller or flat screwdriver, pry seal out of differential housing.
- Coat sealing edges of seal with transmission fluid and drive into differential housing using BMW special tool 31 5 130 or equivalent drift.

– Replace dust shields.

– Clean input flange and install into differential housing.
  • Tighten down nut until punch marks align.
  • Install new input flange retaining nut locking plate.

CAUTION—
- *Do not torque input flange retaining nut beyond match marks. Over-torquing can damage differential internals.*
- *Do not replace input flange or input flange locking nut.*

– Remainder of installation is reverse of removal. Check front differential oil level and top off if necessary. See **Front differential oil, checking** in this repair group.

Tightening torque	
Oil drain / fill plug to differential	60 Nm (44 ft-lb)

320 Steering and Wheel Alignment

TABLES

GENERAL

This repair group covers steering wheel and column removal and steering system service, including wheel alignment information. For additional information, see:

- **513 Interior Trim** for steering column trim
- **612 Switches** for steering column switch cluster (SZL) and START / STOP switch
- **721 Airbag System (SRS)** for driver airbag

Steering system

3 Series models are equipped with a power-assisted steering rack mounted to a steel subframe. Power boost for the steering is provided by an engine-driven hydraulic pump.

The steering wheel connects to the steering rack via an adjustable steering column which incorporates a sliding spindle to dampen vibration and noise.

Power steering fluid is supplied from the fluid reservoir to the pump and to the steering rack via rubber and metal lines.

The return line from the steering rack to the reservoir loops into the airstream in front of the radiator and acts as the steering fluid cooler.

The steering system requires no maintenance other than alignment and periodic inspection for worn components. Inspect tie rod end boots periodically for tears or damage. Replace tie rod end if necessary.

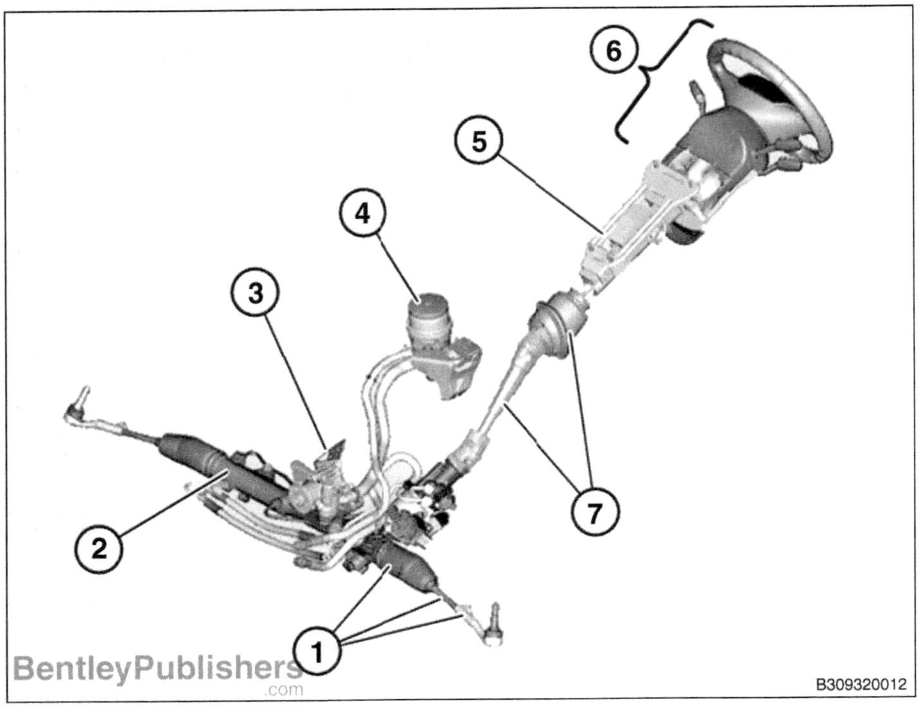

Steering components

1. Tie rod end, tie rod, steering rack boot
2. Steering rack
3. Power steering pump
4. Power steering reservoir
5. Steering column (upper) and adjustment mechanism
6. Steering wheel and switch housing
7. Lower steering spindle and sleeve

Warnings and Cautions

WARNING—

- *The airbag mounted in the steering wheel is an explosive device. Treat it with extreme caution. Follow the airbag removal procedure in* **721 Airbag System (SRS)**.
- *Serious injury may result if airbag system service is attempted by persons unfamiliar with the BMW SRS and its approved service procedures.*
- *Before performing any work involving airbags, disconnect the negative (-) battery cable.*
- *Prior to disconnecting the battery, read the battery disconnections cautions given in* **001 Warnings and Cautions**.
- *BMW airbags are equipped with a back-up power supply inside the airbag control module. Observe a 5 second waiting period after disconnecting the battery cable to allow the reserve power supply to discharge.*
- *Do not reuse self-locking nuts. They are designed to be used only once and may fail if reused. Replace with new.*
- *Do not install bolts and nuts coated with undercoating wax, as correct tightening torque cannot be assured. Clean the threads with solvent before installation, or install new parts.*
- *Do not attempt to weld or straighten steering components. Replace damaged parts.*

CAUTION—
- *When working with power steering components, maintain absolute cleanliness to ensure proper operation of the hydraulic system.*
- *Follow local, state and federal regulations for safe disposal of power steering fluid.*
- *To avoid electrochemical corrosion to engine components made of aluminum-magnesium alloy, do not use steel fasteners. Use aluminum fasteners only.*
- *The end faces of aluminum fasteners are usually painted blue. For reliable identification, test fasteners for aluminum composition with magnet.*
- *Replace aluminum bolts each time they are loosened.*
- *Follow torque instructions, including angle of rotation specifications, when installing aluminum fasteners.*
- *To prevent marring interior trim, work with plastic prying tools or wrap the tips of screwdrivers and pliers with tape before prying out switches or trim.*

STEERING WHEEL

3 Series vehicles are equipped with one of two different styles of steering wheel:

Multifunction steering wheel switches

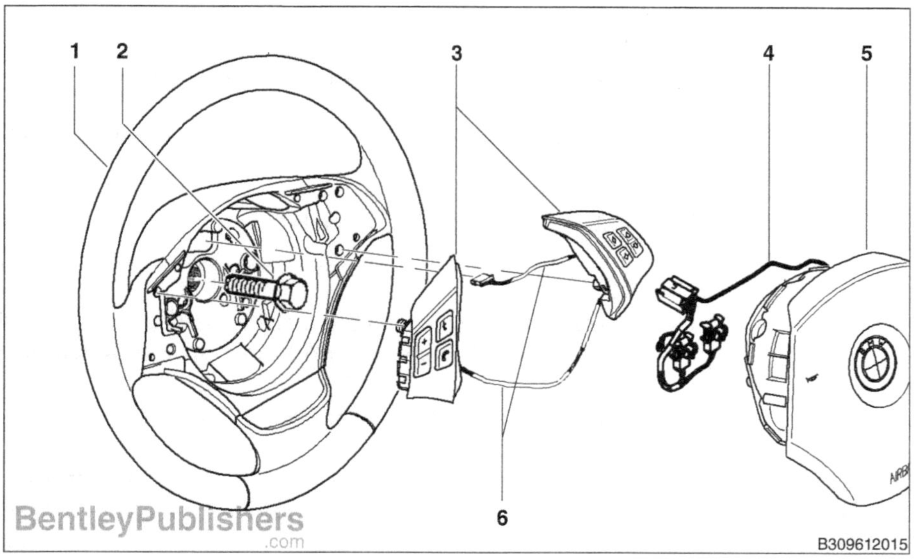

1. Multifunction steering wheel
2. Mounting bolt (M16)
   - Tighten to 63 Nm (46 ft-lb)
3. Multifunction switches
4. Airbag and horn electrical harness
5. Airbag unit and horn button
6. Multifunction switch electrical harness

Sport steering wheel switches

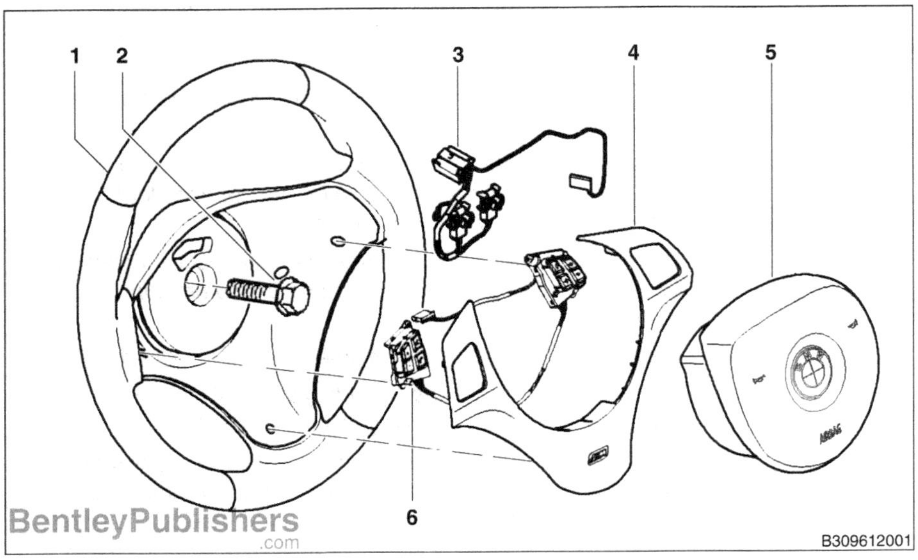

1. Sport steering wheel
2. Mounting bolt (M16)
   - Tighten to 63 Nm (46 ft-lb)
3. Airbag and horn electrical harness
4. Plastic trim
5. Airbag unit and horn button
6. Radio and telephone control switches

Steering angle sensor

The steering angle sensor is integral with the steering column switch cluster (SZL). For more information, including removal and installation of the SZL, see **612 Switches**.

To reset steering angle sensor, connect vehicle to BMW diagnostic tool and carry out steering angle sensor adjustment system function.

Steering wheel, removing and installing

– Center steering wheel. Make sure front wheels are pointed straight ahead.

– Disconnect negative (-) cable from battery.

> ***CAUTION—***
> - *Prior to disconnecting the battery, read the battery disconnection cautions given in* **001 Warnings and Cautions**.

– Extend steering wheel as far back and as low as possible.

– Remove driver airbag in steering wheel. See **721 Airbag System (SRS)**.

> ***WARNING —***
> - *The steering wheel mounted airbag is an explosive device. Treat with extreme caution. Follow the airbag removal procedure in* **721 Airbag System (SRS)**.
> - *Airbag removal may set SRS fault codes. The SRS indicator light remains ON until problems are corrected and fault memory cleared.*

◀ Remove steering wheel center bolt (**arrow**).

> ***CAUTION—***
> *• The SRS contact reel (also known as airbag contact ring / slip ring) is integral with the steering column switch block. The contact reel is a wound coil of wire that ensures continuous electrical contact for the airbag and steering wheel electrical components. When the steering wheel is removed the contact reel is locked and its position must not be altered.*

Check for proper alignment of steering column marks (**arrow**) before removing steering wheel.

NOTE—
• The steering column and steering wheel are match marked at the factory.

– Remove steering wheel.

– When installing steering wheel:
  - Align steering wheel and column match marks.
  - Align steering wheel to alignment pins located on steering column switch block.
  - Install steering column center bolt. Do not over-torque.

Tightening torques	
Steering wheel to steering shaft (M14)	63 Nm (47 ft-lb)

– Carefully install airbag. See **721 Airbag System (SRS)**.

Steering Column

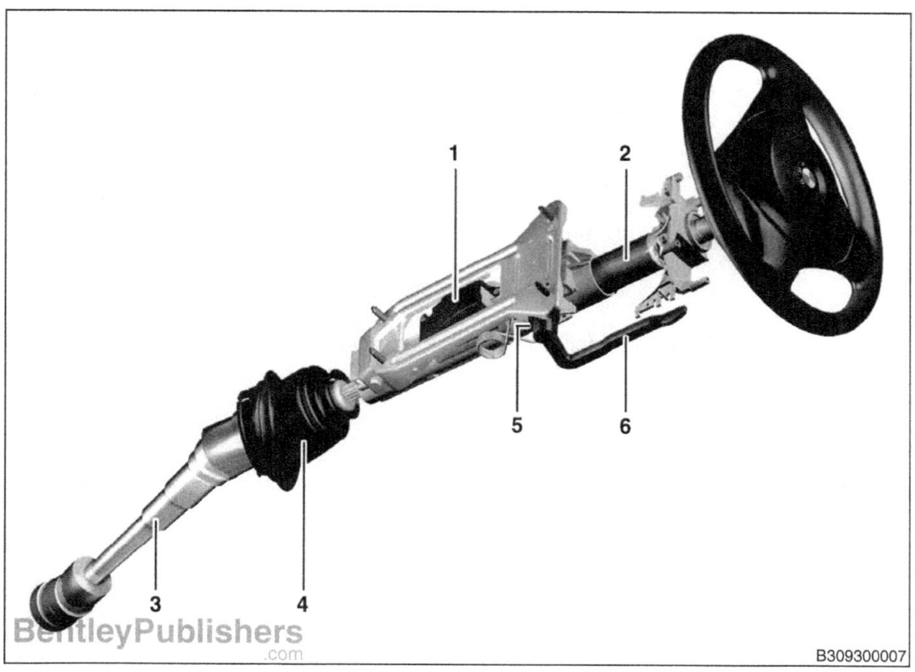

Steering column components

1. Electric steering lock or ELV (2006 only)
2. Crash absorbing element
3. Lower steering shaft spindle
4. Rubber boot
5. Steering column adjustment lock
6. Steering column adjustment lever

320

Steering column, removing and installing

– Disconnect negative (-) battery cable and cover battery terminal to keep cable from accidentally contacting terminal.

> ***CAUTION—***
> • *Prior to disconnecting the battery, read the battery disconnection cautions given in* **001 Warnings and Cautions**.

– Extend steering wheel as far back and as low as possible.

– Remove driver airbag. See **721 Airbag System (SRS)**.

> ***WARNING—***
> • *The steering wheel mounted airbag is an explosive device. Treat with extreme caution. Follow the airbag removal procedure in* **721 Airbag System (SRS)**.
> • *Airbag removal may set SRS fault codes. The SRS indicator light remains ON until problems are corrected and fault memory cleared.*

– Remove steering wheel. See **Steering wheel, removing and installing** in this repair group.

> ***CAUTION—***
> • *Do not move front wheels from straight-ahead position while steering wheel is off.*
> • *Do not turn or twist the airbag and horn contact spring.*

– Remove steering column trim, left lower dashboard trim and left dashboard panel. See **513 Interior Trim**.

– Remove left footwell duct.

– Disconnect harness connectors for steering column switch cluster.

– Remove wiring harness from steering column.

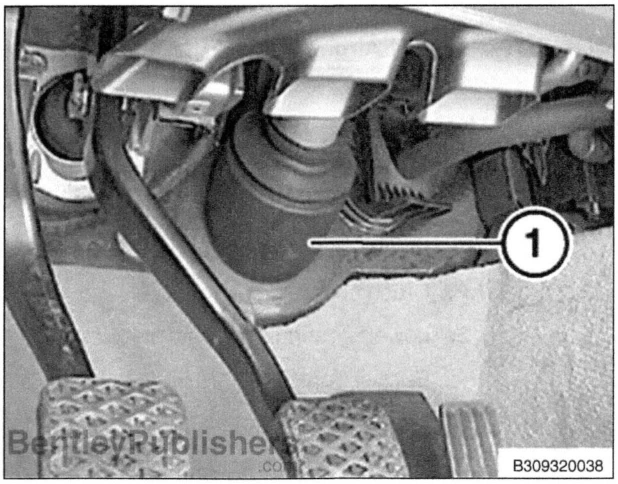

◀ Working in footwell, slide sleeve (**1**) for steering spindle upwards on steering column.

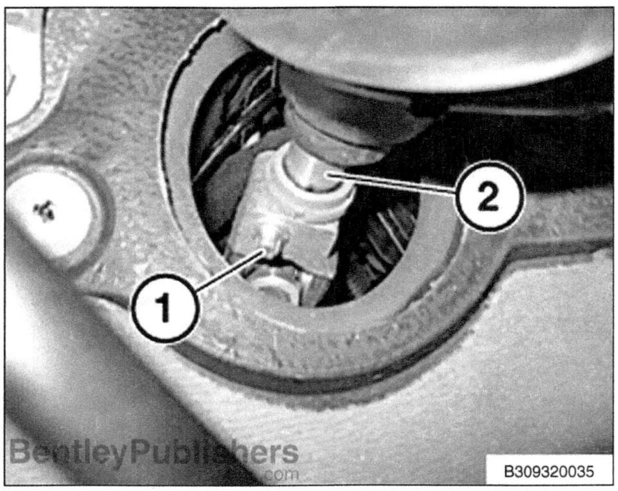

◀ Remove pinch bolt (**1**) joining upper section of steering spindle (**2**) to lower section.

Working underneath steering column:

- Loosen and remove steering column fasteners (**1**).
- Have an assistant support column and remove fasteners (**2**). Guide column off of steering spindle swivel joint and remove.

– Remainder of installation is reverse of removal. Remember to:

- Make sure spindle sleeve is slid on column.
- Clean all threads of residual adhesive.
- Align upper steering column with lower spindle clamp. Pinch bolt must rest in groove of steering column. Use new pinch bolt.
- Fit spindle sleeve back into opening in floorboard. Align marks on sleeve and floorboard.
- Use new bolts to mount column to dashboard brace.

Tightening torque	
Steering column to dashboard (M8)	21 Nm (15.5 ft-lb)
Steering column to lower spindle (M8)	21 Nm (15.5 ft-lb)

– Check steering system for freedom of movement through entire steering column adjustment range.

– Carry out steering angle sensor adjustment using BMW scan tool. If replacing steering angle sensor, code using BMW scan tool before performing steering angle offset check.

320

Lower steering spindle, removing and installing

– Extend steering wheel as far back and as high as possible.

– Move steering wheel to straight ahead position and remove ignition key.

– Remove left lower dashboard trim. See **513 Interior Trim**.

– Working in footwell, push upper spindle towards column and secure.

– Non turbo models: Working in engine compartment, remove intake air filter housing and ductwork. See **130 Fuel Injection**.

Release pinch bolt (**1**) at steering spindle swivel joint (**2**).

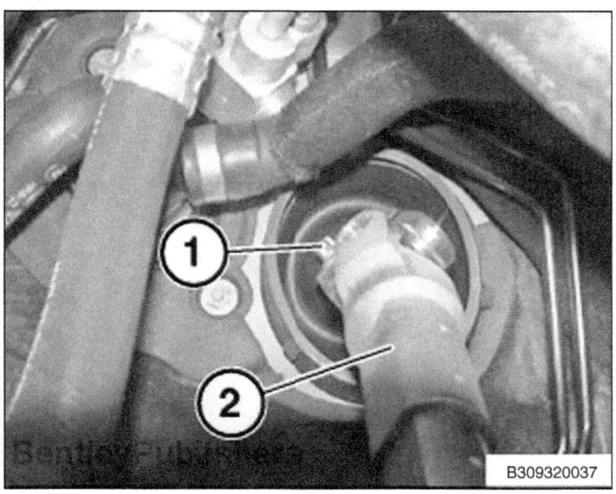

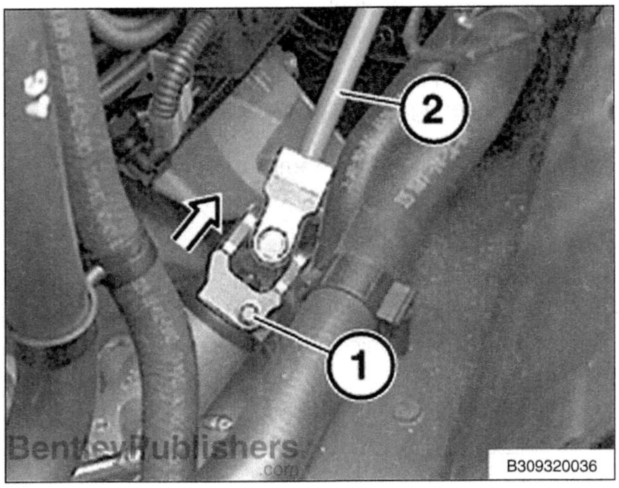

Release pinch bolt (**1**) where lower swivel joint attaches to steering rack.

- Detach lower steering spindle (**2**) from rack in direction of **arrow**.
- Detach lower steering spindle from upper spindle and remove.
- Installation is reverse of removal. Remember to:
  - Clean all threads of residual adhesive.
  - Pinch bolts must rest in groove of steering column and steering rack. Use new pinch bolts.

Tightening torque	
Steering lower spindle to steering rack (M8)	21 Nm (15.5 ft-lb)
Steering upper spindle to lower spindle (M8)	21 Nm (15.5 ft-lb)

- Check steering system for freedom of movement through entire steering column adjustment range.
- Carry out steering angle sensor adjustment using BMW scan tool. If replacing steering angle sensor, code using BMW scan tool before performing steering angle offset check.

POWER STEERING PUMP

Power assist is provided by a belt-driven pump at the lower left front of the engine. The power steering fluid reservoir is located at the left side of the engine compartment.

Power steering system, bleeding and filling

The power steering system is permanently filled with either CHF or ATF hydraulic fluid. Routinely adding fluid is not required unless the system is leaking.

> ***CAUTION—***
> - *Power steering reservoir cap is marked with the type of fluid being used— ATF or CHF. Do not mix.*

To check power steering fluid level in fluid reservoir:
- Park vehicle on level ground with engine off.
- Level is correct if it is between **MIN** and **MAX** marks on dipstick.
- If level is below **MIN** mark, add fluid to reservoir to bring level up.

> ***CAUTION—***
> - *Correct power steering fluid level can show as much as 10 mm (0.4 in) high when engine is at normal operating temperature. Do not draw off fluid to **MAX** mark when checking fluid with engine warmed up.*

– To bleed power steering system, start engine. Turn steering wheel twice to left lock and right lock.

– Recheck fluid level with engine off. Fill to MAX.

– Hand-tighten reservoir cap.

Power steering fluid application	
3 Series (E90, E91, E92, E93): • Green label (check cap) • Black label (check cap)	 Pentosin CHF 11 S ATF Dexron III

320

Power steering pump, removing and installing (non-turbo)

– Remove intake air filter housing. See **130 Fuel Injection**.

– Drain power steering fluid reservoir using clean syringe. Do not reuse fluid.

– Raise front of car.

> ***WARNING —***
> - *Make sure the car is firmly supported on jack stands designed for the purpose. Place jack stands underneath structural chassis points, not underneath suspension parts.*

– Remove splash shield from under engine.

– Remove accessory belt from power steering pump. See **020 Maintenance**. Mark direction of rotation if reusing belt.

Working under vehicle, release hose clamp (**1**) and detach low pressure fluid hose (**2**) from pump. Be prepared to catch dripping fluid.

– Plug openings in pump and hose ends to prevent contamination.

Power steering pump, removing and installing (non-turbo)

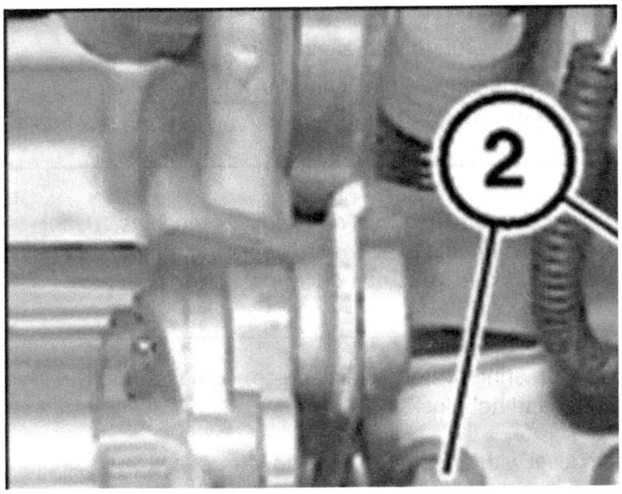

< Remove fastener (**1**) for A/C refrigerant line clamp.

– Remove fasteners (**2**) for power steering pump bracket.

< Remove banjo bolt (**1**) and detach high pressure fluid hose from pump. Be prepared to catch dripping fluid.

– Plug openings in pump and hoses to prevent contamination.

– Remove fasteners (**2**) and remove power steering pump out from below.

– When installing pump, replace aluminium fasteners with new, tighten pump fasteners finger tight and observe the following tightening sequence:

1. Tighten side bracket fasteners to 2 Nm (18 in-lb).
2. Tighten front bracket fasteners to 2 Nm (18 in-lb)
3. Tighten front bracket fasteners to final specification.
4. Release side bracket fasteners and make sure bracket is flush with engine block.
5. Tighten side bracket fasteners to final specification.

Tightening torques	
Power steering pump to block (except N54 engine)	20 Nm (15 ft-lb) + 90°

– Remainder of installation is reverse of removal. Remember to:

- Replace sealing rings on high pressure fluid hose.
- Fill and bleed hydraulic system.
- Check for leaks.

Tightening torque	
Hydraulic line to power steering pump (replace sealing rings)	35 Nm (26 ft-lb)

Power steering pump, removing and installing (turbo)

– Remove left charge air duct. See **130 Fuel Injection**.

– Drain power steering fluid reservoir using clean syringe. Do not reuse fluid.

– Raise front of car.

> ***WARNING —***
> • *Make sure the car is firmly supported on jack stands designed for the purpose. Place jack stands underneath structural chassis points, not underneath suspension parts.*

– Remove splash shield from under engine. See **020 Maintenance.**

– Remove left inner tie rod from steering rack. See **Tie rod (inner), replacing** in this repair group.

– Remove accessory belt from power steering pump. See **020 Maintenance**. Mark direction of rotation if reusing belt.

◄ Working at front of pump, remove fasteners (**A**) and remove power steering pulley (**B**) from pump.

◄ Working under vehicle, mark orientation of pressure line (**arrow**) for reinstallation.

- Release banjo bolt (**A**) and detach pressure line from pump. Be prepared to catch dripping fluid.
- Make sure to replace sealing rings (**B**) when reinstalling.

– Plug openings in pump and hose ends to prevent contamination.

– Working from bottom of vehicle, remove fastener from rear of power steering pump (not shown).

320

◀ Remove fasteners (**A**, **B**) from power steering pump.

◀ Moving power steering pump towards front to access supply hose:

- Mark orientation of supply hose (**arrow**) for reinstallation.
- Remove clamp (**A**) and remove supply hose from pump. Be prepared to catch dripping fluid.

– Remove pump from below.

– Plug openings in pump and hoses to prevent contamination.

– When installing pump, replace aluminium fasteners with new, tighten pump fasteners finger tight and observe the following tightening sequence:

1. Tighten side bracket fasteners to 2 Nm (18 in-lb).
2. Tighten front bracket fastener to 2 Nm (18 in-lb)
3. Tighten front bracket fastener to final specification.
4. Release side bracket fasteners and make sure bracket is flush with engine block.
5. Tighten side bracket fasteners to final specification.

Tightening torques	
Power steering pump bracket to engine block	38 Nm (28 ft-lb)

– Remainder of installation is reverse of removal. Remember to:

- Install fluid hoses so marks line up.
- Replace sealing rings on high pressure fluid hose.
- Lettering on power steering pump pulley faces out.
- Replace clamp on fluid supply hose
- Fill and bleed hydraulic system.
- Check for leaks.

Tightening torque	
Hydraulic line to power steering pump	35 Nm (26 ft-lb)
Power steering pump pulley • Replace fasteners	21 Nm (15.5 ft-lb)

MECHANICAL STEERING COMPONENTS

Steering rack, removing and installing

– Drain power steering fluid reservoir using clean syringe. Do not reuse fluid.

– Raise front of car and remove front wheels.

> ***WARNING —***
> • *Make sure the car is firmly supported on jack stands. Place jack stands underneath structural chassis points, not underneath suspension parts.*

– Remove splash shield from underneath engine. See **020 Maintenance**.

– Detach tie rod ends from steering knuckles. See **Tie rod (outer), replacing** in this repair group.

– If necessary, remove heat shield from power steering rack.

– Remove steering spindle universal joint pinch bolt and disengage spindle from steering rack.

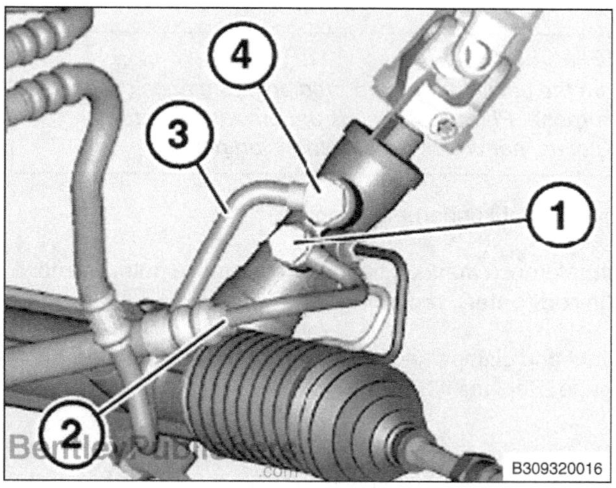

◄ Release banjo bolt fasteners (**1** and **4**). Remove pressure line (**2**) and return line (**3**) from steering rack. Be prepared to catch dripping fluid.

– Tie hydraulic lines off to side. If necessary, remove hydraulic line bracket from power steering pump. See **Power steering pump, removing and installing** in this repair group.

– Plug openings in rack and hoses to prevent contamination.

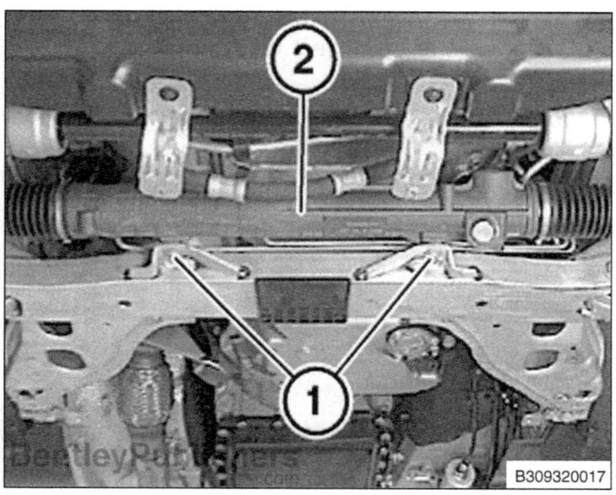

◄ Release fasteners (**1**) and remove steering rack (**2**) forward and down.

– Installation is reverse of removal, keeping in mind the following:
- Make sure all threaded bores, bolts, nuts, splines and mating surfaces are clean.
- Replace banjo bolt sealing O-rings. Do not overtorque banjo bolts.
- Make sure power steering fluid lines are routed without tension and with sufficient spacing to nearby components.
- Use new steering rack mounting bolts. Tighten in two stages.
- Replace steering spindle double universal joint pinch bolt(s).
- Use new self-locking fasteners wherever applicable.

Tightening torques	
Hydraulic lines to steering rack: • M14 • M16	 30 Nm (22 ft-lb) 35 Nm (26 ft-lb)
Steering rack to subframe M10 (replace fasteners with new)	56 Nm (41 ft-lb) + 90°
Tie rod end to steering knuckle (replace fastener with new)	80 Nm (59 ft-lb)

– Rotate steering wheel and check that steering spindle and steering double universal joint do not contact vehicle chassis or front subframe. If necessary, loosen steering rack and rotate in slotted holes for better steering spindle clearance.

– After reassembling steering and front suspension:

- Fill and bleed power steering system. Check system for leaks. See **Power steering system, bleeding and filling** in this repair group.
- Have car professionally aligned.
- Carry out steering angle sensor adjustment using BMW scan tool.

Steering rack boot, replacing

– Raise front of car. Remove road wheel.

> ***WARNING —***
> - *Make sure the car is firmly supported on jack stands designed for the purpose. Place jack stands underneath structural chassis points, not underneath suspension parts.*

– Remove splash shield underneath engine.

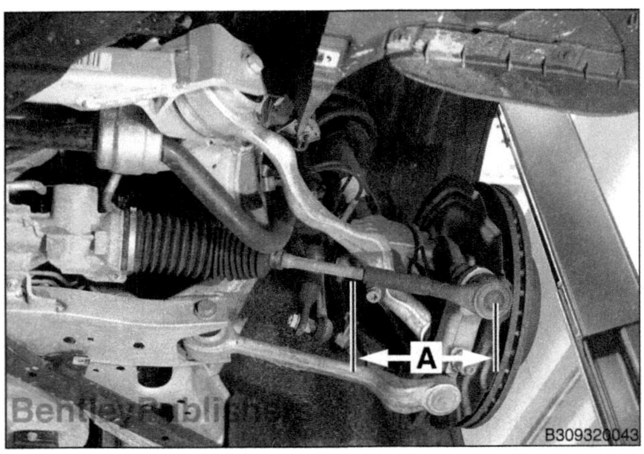

◄ Make length reference mark on tie rod, then remove outer tie rod end. See **Tie rod (outer), replacing**.

– Cut rack boot band clamps and slide off boot. Inspect boot for any sign of damage. Replace if necessary.

NOTE —
- *New rack boot kit comes with new band clamps.*

– Grease tie rod taper so that small end of rack boot slides on tie rod when tie rod is tightened, preventing rack boot from twisting.

– Slide new boot into position and replace band clamps. Reinstall tie rod end using previously made reference marks.

Tightening torques	
Tie rod end to tie rod (pinch bolt)	40 Nm (30 ft-lb)
Tie rod to steering knuckle (use new nut)	80 Nm (59 ft-lb)

– After reassembling steering:

- Have car professionally aligned.
- Carry out steering angle sensor adjustment using BMW scan tool.

Tie rod (outer), replacing

– Raise front of car. Remove road wheel.

> ***WARNING—***
> *• Make sure the car is firmly supported on jack stands designed for the purpose. Place jack stands underneath structural chassis points, not underneath suspension parts.*

– Remove splash shield underneath engine.

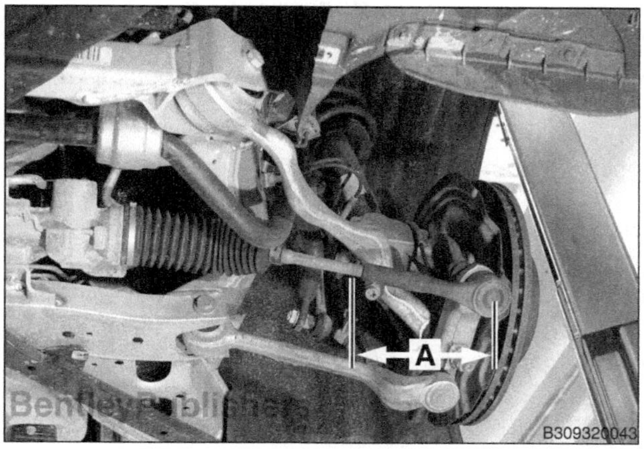

◄ Make reference measurement (**A**) of outer tie rod end to tie rod. Record measurement.

NOTE—

• Accurate measurement of tie rod end with reference to tie rod helps approximate correct wheel alignment when new parts are installed.

• Note correct placement of inner taper on locking ring.

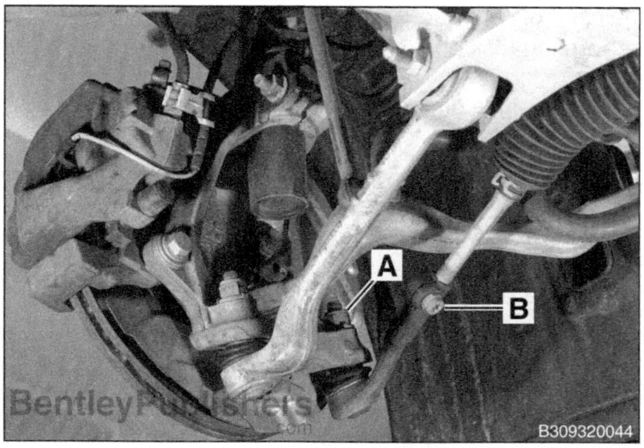

◄ Working at outer end of tie rod:

• Remove tie rod lock nut (**A**) at steering knuckle.

• Loosen tie rod adjustment lock nut (**B**).

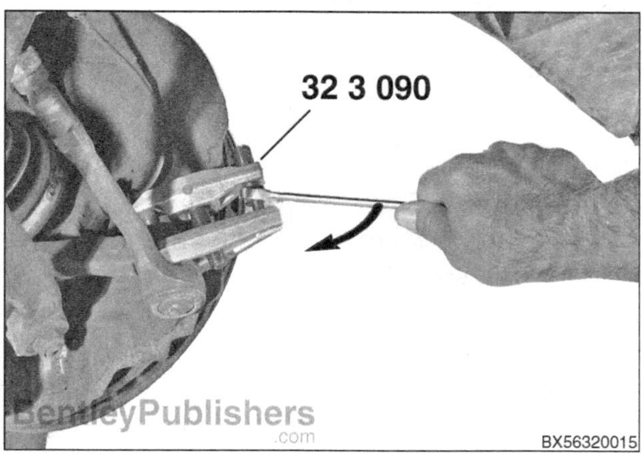

◄ Use BMW special tool 32 3 090 or equivalent to press tie rod end out of steering knuckle.

– Unscrew tie rod end from tie rod shaft.

– Installation is reverse of removal.

• Make sure threaded parts are clean.

• Use anti-seize paste on inner tie rod threads.

• Use new self-locking nuts where applicable.

• Use previously made reference marks to set toe temporarily.

Tightening torques	
Tie rod end to tie rod (pinch bolt)	40 Nm (30 ft-lb)
Tie rod to steering knuckle (use new nut)	80 Nm (59 ft-lb)

– After reassembling steering:

• Have car professionally aligned.

• Carry out steering angle sensor adjustment using BMW scan tool.

Tie rod (inner), replacing

– Raise front of car. Remove road wheel.

> ***WARNING —***
> *• Make sure the car is firmly supported on jack stands designed for the purpose. Place jack stands underneath structural chassis points, not underneath suspension parts.*

– Make length reference mark on tie rod, then remove outer tie rod end. See **Tie rod (outer), replacing**.

– Cut rack boot clamps and slide boot off.

◄ Loosen and remove inner tie rod shaft (**1**) from steering rack.

> ***CAUTION—***
> *• To avoid damage to steering rack while removing tie rod, turn steering until end of rack is as far as possible inside rack housing.*

– When reassembling, grease tie rod taper so that rack boot support buffer or small end of rack boot slides on tie rod when tie rod is tightened, preventing rack boot from twisting.

– Inspect boot for any signs of damage. Replace boot if necessary, using new band clamps.

NOTE —
• New rack boot comes with new band clamps.

– Installation is reverse of removal, noting the following:
- Make sure threaded parts are clean.
- Use anti-seize paste on inner tie rod threads.
- Tighten inner tie rod to rack in 2 stages.
- Use new self-locking nuts where applicable.
- Use previously made reference marks to set toe temporarily.

Tightening torques	
Tie rod end to tie rod (pinch bolt)	40 Nm (30 ft-lb)
Tie rod to steering knuckle	80 Nm (59 ft-lb)
Tie rod to steering rack: • ZF rack (fluid = Pentosin CHF 11S) • TRW rack (fluid = ATF Dexron III)	 110 +10 Nm (81 +7 ft-lb) 100 +10 Nm (74 +7 ft-lb)

– After reassembling steering:
- Have car professionally aligned.
- Carry out steering angle sensor adjustment using BMW scan tool.

Wheel Alignment

Proper handling, stability and driving ease depend upon the correct alignment of all four wheels. The front axle is aligned in relation to the rear axle, then the front wheels are aligned in relation to one another. This is known as a four-wheel or thrust-axis alignment.

BMW vehicles use a sophisticated multi-link suspension at the front and rear of the car. Proper alignment requires computerized alignment equipment.

For front and rear alignment specifications, see **Alignment specifications** in this repair group.

Front toe, setting

Set front toe before adjusting camber. Camber and toe influence each other. Toe is the difference in the distance between the front of the wheels and the rear of the wheels. It is adjusted by altering the length of the tie rods.

Make toe adjustments with vehicle in normal loaded position. See **Normal loaded position** in this repair group.

– Clean threads on tie rod.

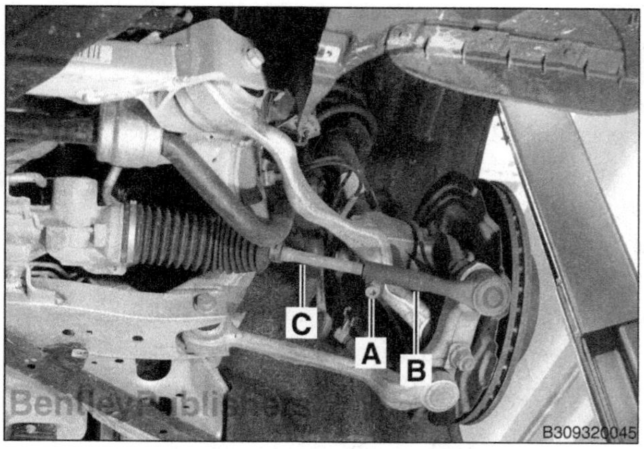

< Loosen tie rod adjuster pinch bolt (**A**).

- To adjust toe, grip tie rod end (**B**) and turn inner tie rod (**C**) to change length.

NOTE—

- *Center steering rack by aligning centering mark on steering shaft with lug on steering rack.*
- *To keep steering wheel centered, adjust both tie rods equal amounts.*
- *Make sure the rack boot moves freely on the tie rod and does not become twisted.*

Tightening torques	
Tie rod end to tie rod (pinch bolt)	40 Nm (30 ft-lb)

Front camber, adjusting

Set front toe before adjusting camber. Camber and toe influence each other. Camber is the deviation of each wheel from vertical. If necessary, adjust camber by removing front strut top centering pin.

> ***CAUTION—***
> *• Do not attempt to straighten out accident-caused changes in axle geometry by adjusting the camber.*

– Working in engine compartment, remove upper strut brace. See **310 Front Suspension**.

◄ Working at strut top bearing:
- Pry off protective cap.
- Remove centering pin (**A**).
- Loosen strut top bearing mounting nuts (**arrows**) 1 - 1½ turns.

– Raise vehicle until wheels are off ground. Support vehicle safely.

> ***WARNING —***
> *• Make sure the vehicle is stable and well supported at all times. Use a professional automotive lift or jack stands designed for the purpose. A floor jack is not adequate support.*

– Working below vehicle, use compressed air to clean off debris in wheel housing near strut top bearing.

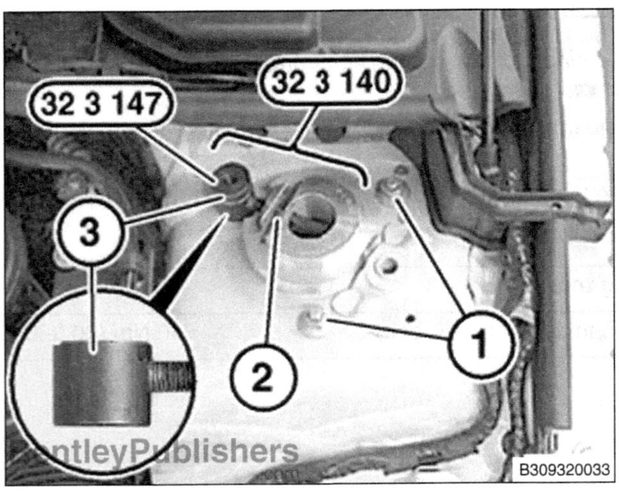

◄ Fit BMW special tool 33 3 140 and 32 3 147 over inboard strut top nut.
- Face short end of guide sleeve (**3**) up.
- Lower vehicle on alignment rack and bounce vehicle to make sure suspension is in loaded position and free from tension.
- Remove outboard strut top bearing nuts (**1**). Reinstall finger tight.
- Turn nut (**2**) in special tool to adjust camber to specified value.
- Tighten down outboard strut top mounting nuts (**1**).

– Remove special tool and replace inboard strut top mounting nut.

– Check directional stability of vehicle. If necessary, reset toe. See **Front toe, setting**.

Tightening torque	
Strut top bearing to chassis (replace M8 shoulder nuts)	34 Nm (25 ft-lb)

Rear camber, adjusting

Adjust rear camber before setting toe. A camber change means a toe change as well. Camber is the deviation of each wheel from vertical.

– Raise vehicle and support safely.

> ***WARNING —***
> - *Make sure the vehicle is stable and well supported at all times. Use a professional automotive lift or jack stands designed for the purpose. A floor jack is not adequate support.*

◀ Working at swing arm (**A**) underneath rear suspension:

- Replace nut on swing arm eccentric bolt (**arrow**). Tighten to 5 Nm (finger tight).
- Lower vehicle on alignment rack and use eccentric bolt to adjust camber (**curved arrow**).
- Tighten swing arm eccentric bolt to specification with vehicle in normal loaded position.

Tightening torque	
Swing arm eccentric fastener to rear subframe (replace nut, tighten with suspension loaded)	165 Nm (122 ft-lb)

Rear toe, setting

Adjust rear camber before setting toe. A camber change means a toe change as well. Toe is the difference in the distance between the front of the wheels and the rear of the wheels.

◀ Working at toe link in rear (**B**):

- Replace nut (**arrow**) on eccentric bolt. Tighten to 5 Nm (finger tight).
- Lower vehicle on alignment rack and use eccentric bolt to set toe (**curved arrow**).
- Tighten toe link eccentric bolt to specification with vehicle in normal loaded position.

Tightening torque	
Traction strut eccentric fastener to rear subframe (replace nut, tighten with suspension loaded)	100 Nm (74 ft-lb)

Caster

Front and rear caster are fixed and deviations are usually the result of worn or damaged suspension or body parts.

– Check front suspension arms and bushings for wear, damage and deformation if front caster problems are present.

– Check rear axle subframe and traction struts if rear caster problems are present.

Preparing for alignment

The following conditions are necessary prior to wheel alignment:

- Correct wheels and tires in good condition and inflated correctly.
- Steering and suspension parts and bushings undamaged and showing no signs of abnormal wear.
- Wheel bearings in good condition.
- Ride height in accordance with specifications. See **Ride height** in this repair group.
- Vehicle in normal loaded position. See **Normal loaded position** in this repair group.

Normal loaded position

BMW defines vehicle normal loaded position as follows.

Normal loaded position		
Location	Sedan, Wagon	Coupe, Convertible
Each front seat	68 Kg (150 lb)	68 Kg (150 lb)
Center of rear seat	68 Kg (150 lb)	
Cargo compartment	21 Kg (46 lb)	14 Kg (31 lb)
Fuel tank	Full	Full

Ride height

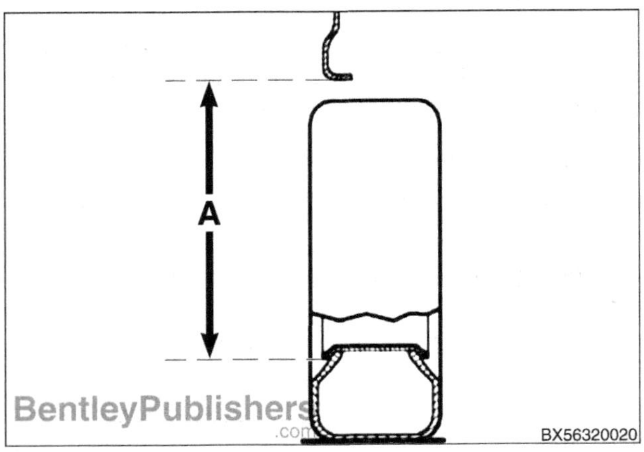

< Measure ride height (**A**) from center of fender arch to bottom of wheel rim.

- Car in normal loaded position on the ground. See **Normal loaded position** in this repair group.
- Specified tires and wheels, correct tire pressure, even tire wear
- Correct wheel bearing play

– If ride height is outside specification listed, install new springs. Suspension spring removal and installation is covered in **310 Front Suspension** and **330 Rear Suspension**.

Table a. Front ride height (measurement A)	
Wheel size	**Ride height in mm (in)**
16 inch	584 (22.99)
17 inch	599 (23.58)
18 inch	612 (24.09)
19 inch	625 (24.60)
Maximum combined deviation from specification: 10 mm (0.4 in)	

Table b. Rear ride height (measurement A)	
Wheel size	**Ride height in mm (in)**
16 inch	565 (22.24)
17 inch	580 (22.83)
18 inch	593 (23.35)
19 inch	605 (23.82)
Maximum combined deviation from specification: 10 mm (0.4 in)	

NOTE—
- *Due to fender shape or model variation, ride height may vary by 1 mm (0.04 in) from specifications.*

Alignment specifications

Table c. Alignment specifications	Specification	
Parameter	**Rear wheel drive**	**All wheel drive**
Front axle		
Adjustment total toe	0° 14' ± 4'	0° 4' ± 4'
Adjustment camber	- 18' ± 25'	- 27' ± 25'
Toe angle difference with 20° lock on inside wheel (difference between left / right, maximum 30')	-1° 40' ± 30'	-1° 52' ± 30'
Front caster (difference between left / right maximum 30'):		
Front wheel displacement	0° ± 15'	0° ± 15'
Maximum wheel lock		
Inside wheel (approx.)	41° 05'	37° 58'
Outside wheel (approx.)	33° 18'	32° 02'
Rear axle		
Adjustment total toe	0° 18' ± 4'	0° 10' ± 4'
Adjustment camber	-1° 30' ± 5'	-1° 30' ± 5'
Geometrical axis deviation	0° ± 12'	0° ± 12'

NOTE—
- *These specifications are for vehicles with standard suspension.*

330 Rear Suspension

330

GENERAL

This repair group covers removal and replacement of 3 Series rear suspension components. For related information see:

- **300 Suspension, Steering and Brakes–General** for a general description of the 3 Series suspension.
- **310 Front Suspension** for front suspension component replacement.
- **320 Steering and Wheel Alignment** for ride height and alignment specifications.

Special service tools are required for some of the work described in this repair group. Most of these tools are specialized press jigs and pullers that may be replaced by standard pullers of various sizes. Read the procedures through before beginning any job.

Rear suspension description

B309330001

The 3 Series rear suspension uses a subframe as a rigid mounting platform for the differential (also called final drive) and rear suspension components. The differential is mounted to the subframe and the subframe is bolted to the body through rubber bushings which help isolate drivetrain noise and vibration.

The 3 Series rear suspension is known as a multi-link system. Five control arms on each side locate the rear wheels. The lower control arm, called the swing arm, is attached to the wheel bearing carrier.

The rear suspension uses conventional shock absorbers and coil springs. The bottom of each shock absorber bolts to the swing arm (lower control arm). The top shock absorber mount bolts to the body.

Warnings and Cautions

> ***WARNING*** *—*
> - *Do not reuse self-locking nuts, bolts or fasteners. They are designed to be used only once and may fail if reused. Replace them with new self-locking fasteners.*

> ***CAUTION*** *—*
> - 3 Series *models are equipped with hardened steel suspension components. Do not heat, weld on or bend.*

Rear Shock Absorbers and Coil Springs

Rear shock absorber, removing and installing

– Working in luggage compartment, remove wheel arch trim.

– Raise car and remove rear wheel.

> ***WARNING*** *—*
> - *Make sure the car is firmly supported on jack stands designed for the purpose. Place jack stands underneath structural chassis points, not underneath suspension parts.*

– Support swing arm from below with a suitable jack.

> ***CAUTION*** *—*
> - *The shock absorber prevents the drive axle and wheel bearing carrier from dropping too far. Supporting the wheel bearing carrier before disconnecting the shock absorber mounting fasteners prevents damage to the brake hose, parking brake cable and drive axle CV joints.*

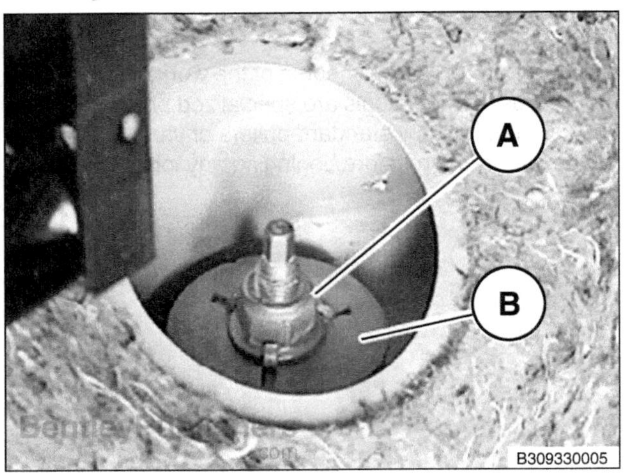

B309330005

Remove upper shock absorber mount fastener (**A**) along with washer (**B**).

◀ Remove shock absorber lower mounting bolt (**arrow**).

– Compress and remove shock absorber from vehicle.

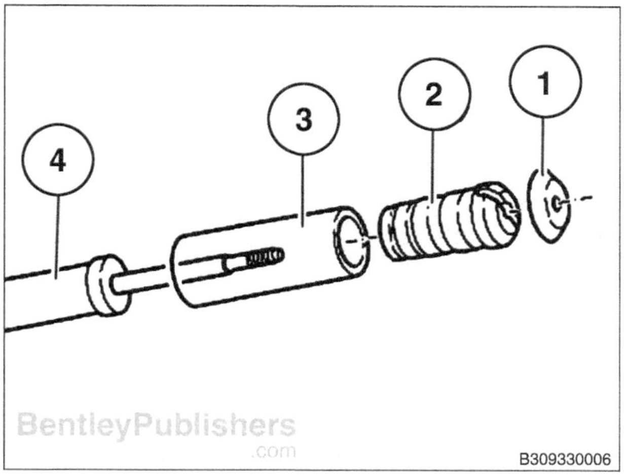

◀ If replacing shock absorber, transfer top mount, dust cover (if applicable) and related components to new shock absorber. Counterhold piston rod with suitable wrench:

1. Washer plate
2. Bump stop
3. Damper protective tube
4. Rear shock absorber

– Installation is reverse of removal, noting the following:
- Make sure all threaded bolts, nuts and mating surfaces are clean.
- Install shock absorber upper mount to subframe using new self-locking nuts.
- Do not mix up shock brands on a single axle. Use BMW part number to match manufacturers.
- Tighten fasteners to final torque only after vehicle has been lowered and suspension has settled.

Tightening torques	
Shock absorber to body (replace fastener) • M10 • M14	 27 Nm (19.9 ft-lb) 37 Nm (27.2 ft-lb)
Shock absorber to swing arm (replace fastener)	38 Nm (28 ft-lb)
Road wheel to hub	120 Nm (88.5 ft-lb)

Rear shock absorber thrust bearing removing and installing

– Remove shock absorber. See **Shock absorber, removing and installing** in this repair group.

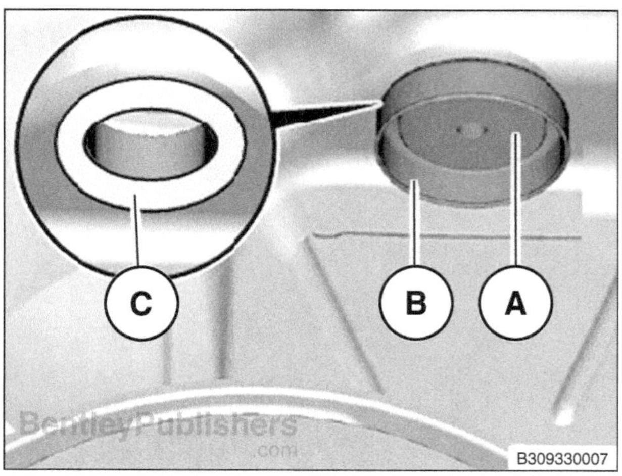

◀ Pull shock absorber support bearing (**A**) with sealing grommet (**B**) out of shock absorber mounting (**C**).

– Installation is reverse of removal. Remember to clean contact area (**C**) on mounting surface.

Coil spring, removing and installing

NOTE—
- *Replace coil springs in pairs per axle.*

– Raise car and remove rear wheel.

> ***WARNING—***
> - *Make sure the car is firmly supported on jack stands designed for the purpose. Place jack stands underneath structural chassis points, not underneath suspension parts.*

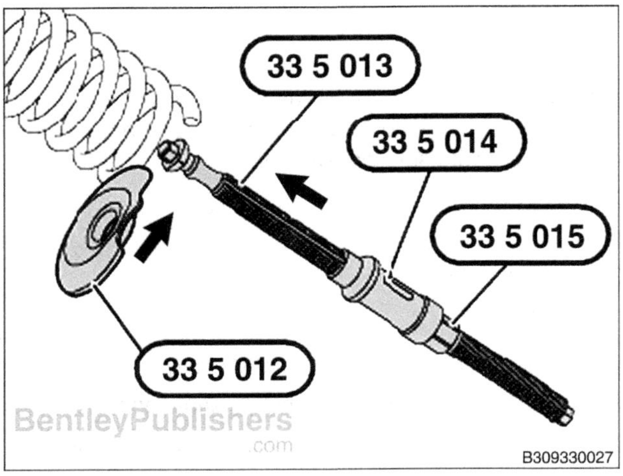

Insert BMW special tool 33 5 012 centrally into coil spring and rotate to lowest coil. Guide BMW special tools 33 5 013, 33 5 014, 33 5 015 from below through swing arm and BMW special tool 33 5 012.

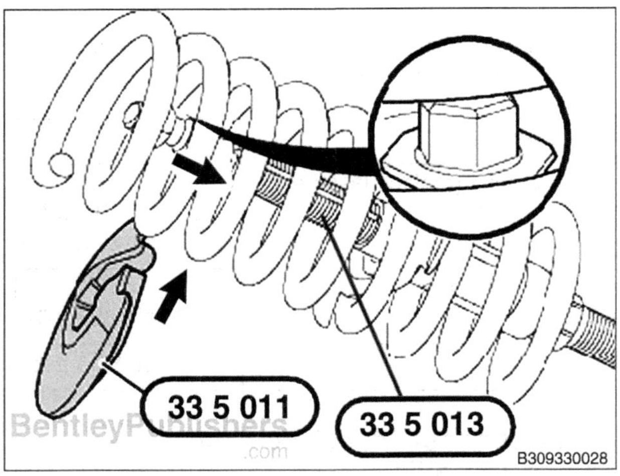

Insert BMW special tool 33 5 011 sideways into coil spring and turn to uppermost coil. Pull BMW special tool (spindle) 33 5 013 downwards.

NOTE—
- *Make sure BMW special tool 33 5 013 hexagon (inset) is correctly seated in BMW special tool 33 5 011.*

– Install BMW special tools (spring tensioner) centrally in order to gain the most contact area on spring.

◄ Check that coil spring is correctly positioned in spring plates.

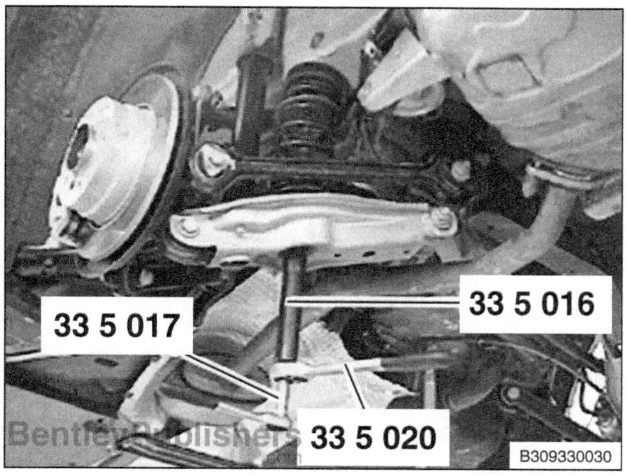

◄ Using BMW using special tools 33 5 016 and 33 5 020, gripping spindle of spring tensioner with special tool 33 5 017 in the process, compress and remove coil spring upwards.

– Slowly decompress spring tensioner tool and remove tool from coil spring.

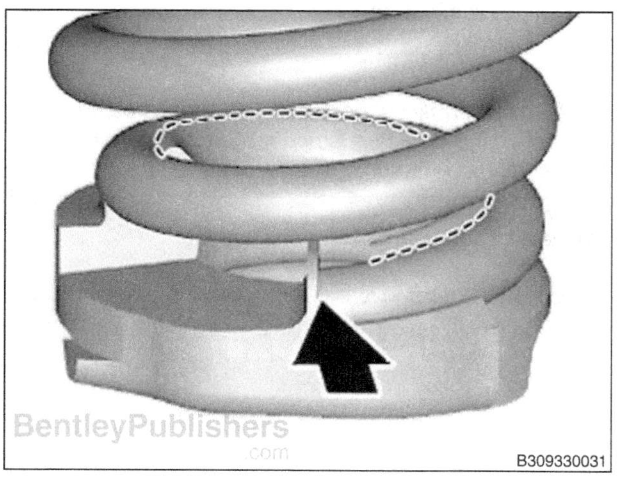

◄ Installation is reverse of removal. Remember to:

- Inspect coil spring mounts for wear and replace if necessary.
- Inspect coil spring for any surface damage or corrosion.
- Properly align upper and lower coil spring mounts (**arrow**).
- Check and adjust headlight aim if necessary. See **630 Lights**.

Rear Suspension Arms, Subframe and Bushings

Rear suspension arm components

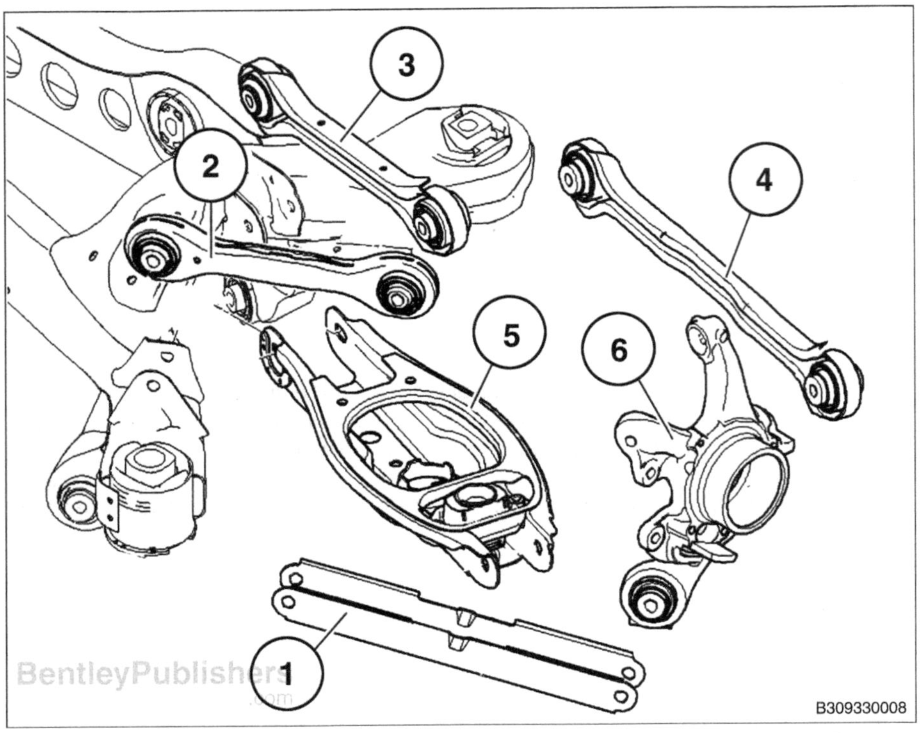

1. Trailing arm
2. Guide arm (traction strut)
3. Upper control arm
4. Toe link
5. Lower control arm (swing arm)
6. Wheel bearing carrier

Trailing arm, removing and installing

NOTE—
- *Check wheel alignment if trailing arm is removed.*

– Raise car and remove rear wheel.

> ***WARNING—***
> - *Make sure the car is firmly supported on jack stands designed for the purpose. Place jack stands underneath structural chassis points, not underneath suspension parts.*

– Support rear wheel bearing carrier with suitable jack.

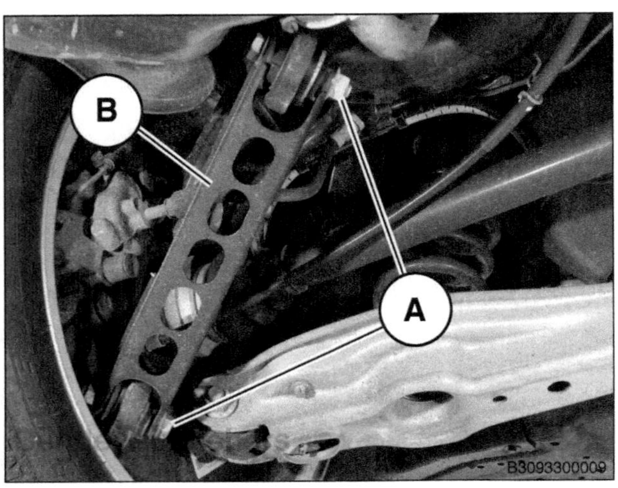

◄ Remove fasteners (**A**) and remove trailing arm (**B**) in a downward direction.

– Installation is reverse of removal, noting the following:
  - Use new self-locking nuts.
  - Tighten fasteners to final torque only after vehicle has been lowered and suspension has settled.
  - Have car professionally aligned when job is complete.

Tightening torques	
Trailing arm to rear subframe (use new self-locking nut)	100 Nm (73.7 ft-lb)
Trailing arm to wheel bearing carrier (use new self-locking nut)	100 Nm (73.7 ft-lb)
Road wheel to hub	120 Nm (88.5 ft-lb)

Trailing arm bushings, removing and installing

NOTE—
- *Replace trailing arm bushings in sets.*
- *Check wheel alignment if trailing arm is removed.*

– Raise car and remove rear wheel.

> ***WARNING—***
> - *Make sure the car is firmly supported on jack stands designed for the purpose. Place jack stands underneath structural chassis points, not underneath suspension parts.*

– Support rear wheel bearing carrier with suitable jack.

– Remove trailing arm. See **Trailing arm, removing and installing** in this repair group.

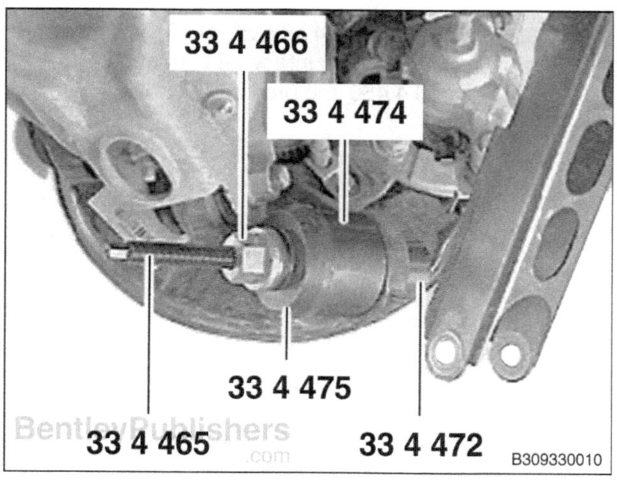

◄ Working at wheel bearing carrier: Using BMW special tools 33 4 465, 33 4 466, 33 4 475, 33 4 474 and 33 4 472, remove bushing from wheel bearing carrier

330

Trailing arm bushings, removing and installing

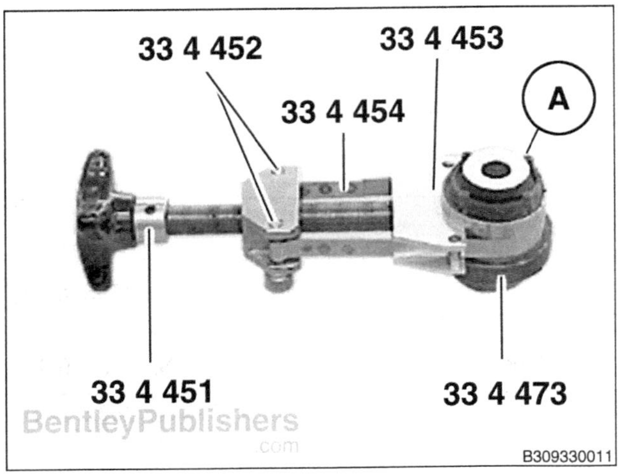

Using BMW special tools 33 4 451, 33 4 452, 33 4 454, 33 4 453, compress new bushing (**A**) and insert bushing into BMW special tool 33 4 473 with spray on point facing upwards.

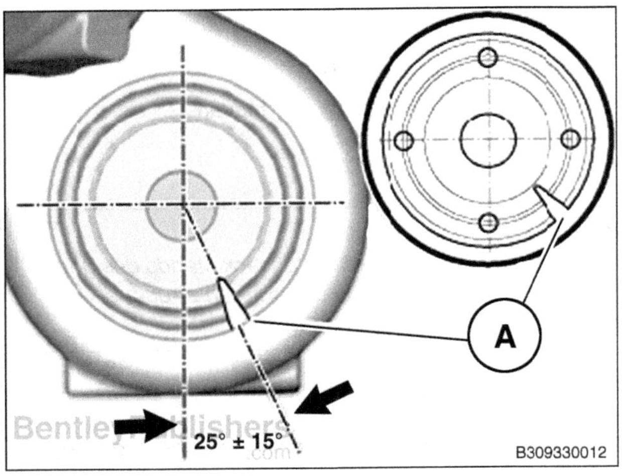

When installing bushing into wheel bearing carrier, align slot (**A**) at specified angle with spray on points facing rear of vehicle.

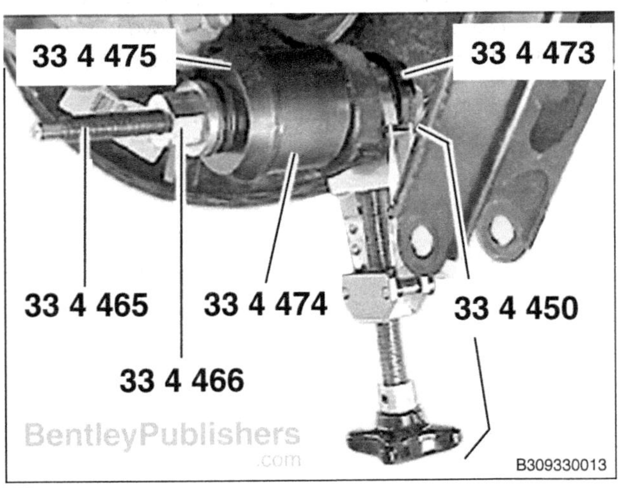

Using BMW special tools 33 4 465, 33 4 466, 33 4 475, 33 4 474 and 33 4 473, slightly draw rubber bushing into wheel bearing carrier. Remove BMW special tool 33 4 450 and press rubber bushing in as far as it will go.

– Working at rear subframe: Mark bushing slot alignment on subframe.

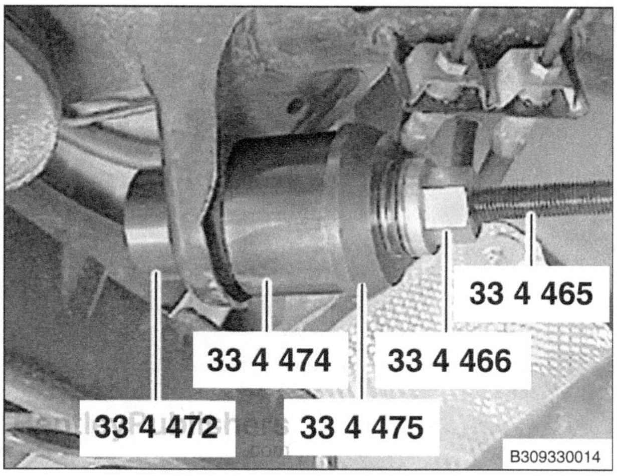

B309330014

◀ Using BMW special tools 33 4 472, 33 4 474, 33 4 475, 33 4 466 and 33 4 465, remove bushing from subframe.

– Clean rubber bushing mounting hole.

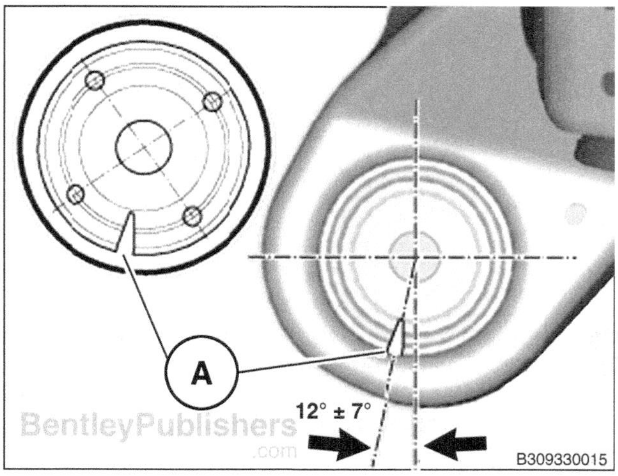

B309330015

◀ When installing bushing into subframe, align slot (**A**) at specified angle with spray on points facing rear of vehicle.

– Align rubber mount slot with your mark on subframe.

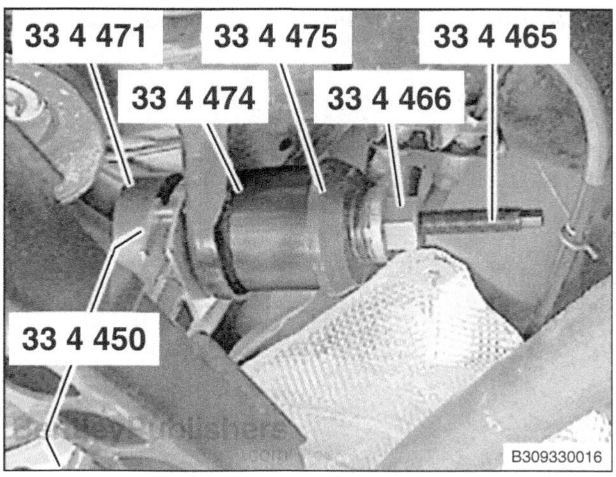

B309330016

◀ Using BMW special tools 33 4 471, 33 4 474, 33 4 475, 33 4 466 and 33 4 465, slightly draw rubber bushing into subframe. Remove special tool 33 4 450. Apply a thin coating of Loctite 638 to rubber bushing. Press rubber bushing in as far as it will go.

– Remainder of installation is reverse of removal, noting the following:
  - Use new self-locking nuts.
  - Tighten fasteners to final torque only after vehicle has been lowered and suspension has settled.
  - Have car professionally aligned when job is complete.

Tightening torques	
Trailing arm to rear subframe	100 Nm (73.7 ft-lb)
Trailing arm to wheel bearing carrier	100 Nm (73.7 ft-lb)
Road wheel to hub	120 Nm (88.5 ft-lb)

Upper control arm, removing and installing

NOTE —
- *Check wheel alignment if control arm is removed.*

– Raise car and remove rear wheel.

> ***WARNING —***
> - *Make sure the car is firmly supported on jack stands designed for the purpose. Place jack stands underneath structural chassis points, not underneath suspension parts.*

– Support rear wheel bearing carrier with suitable jack.

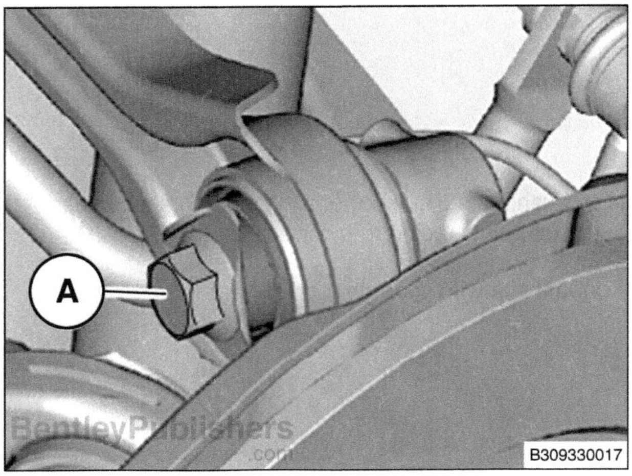

◄ Working at wheel bearing carrier: Remove fastener (**arrow**) and discard.

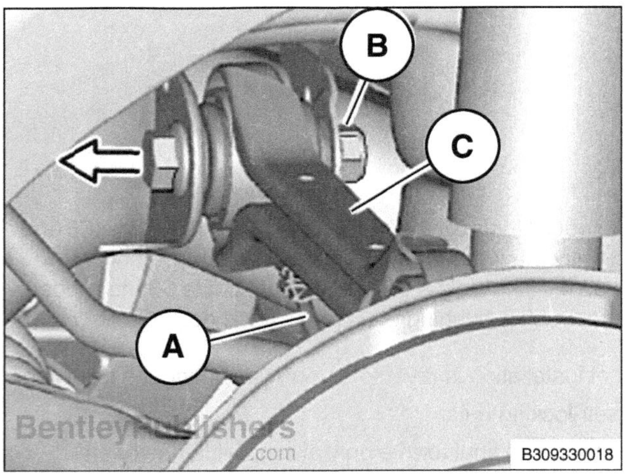

◄ Unclip wiring harness from control arm (**A**). Remove control arm fastener (**B**) and remove control arm (**C**).

– installation is reverse of removal, noting the following:
- Use new self-locking nuts.
- Tighten fasteners to final torque only after vehicle has been lowered and suspension has settled.
- Have car professionally aligned when job is complete.

Tightening torques	
Control arm to rear subframe (use new self-locking nuts)	100 Nm (73.7 ft-lb)
Control arm to wheel bearing carrier (replace fastener)	100 Nm (73.7 ft-lb) +90°
Road wheel to hub	120 Nm (88.5 ft-lb)

Guide arm (traction strut), removing and installing

NOTE—
- *Check wheel alignment if guide arm is removed.*

– Raise car and remove rear wheel.

> ***WARNING—***
> - *Make sure the car is firmly supported on jack stands designed for the purpose. Place jack stands underneath structural chassis points, not underneath suspension parts.*

– Support rear wheel bearing carrier with suitable jack.

– Remove stabilizer links and rotate stabilizer bar upwards. See **Stabilizer link, removing and installing** in this repair group.

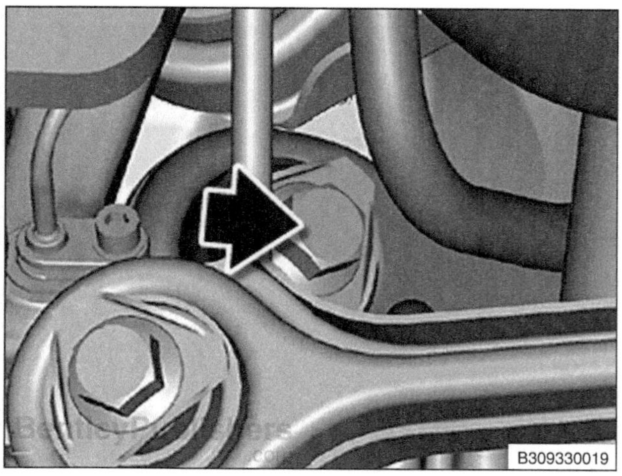
B309330019

◄ Working at wheel bearing carrier, remove fastener (**arrow**) and discard.

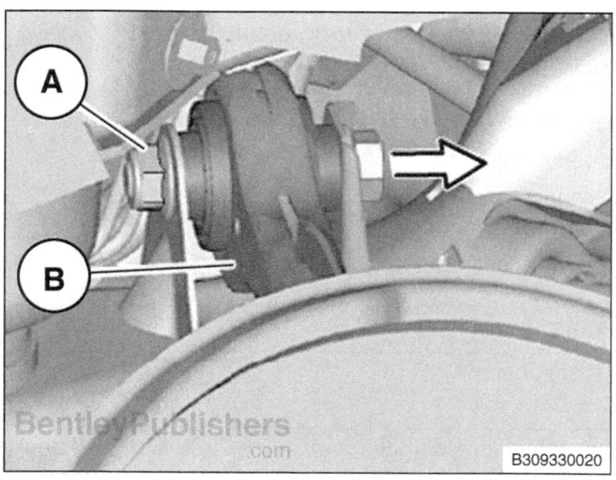

B309330020

◄ Remove guide arm fastener (**A**) and remove guide arm (**B**).

– Installation is reverse of removal, noting the following:
- Make sure subframe guide arm fastener head faces rear of vehicle.
- Use new self-locking nuts.
- Tighten fasteners to final torque only after vehicle has been lowered and suspension has settled.
- Have car professionally aligned when job is complete.

Tightening torques	
Guide arm to rear subframe (use new self-locking nuts)	100 Nm (73.7 ft-lb)
Guide arm to wheel bearing carrier (replace fastener)	100 Nm (73.7 ft-lb) +90°
Road wheel to hub	120 Nm (88.5 ft-lb)

330

Toe link, removing and installing

NOTE—
- *Check wheel alignment if guide arm is removed.*

– Raise car and remove rear wheel.

> ***WARNING—***
> - *Make sure the car is firmly supported on jack stands designed for the purpose. Place jack stands underneath structural chassis points, not underneath suspension parts.*

– Support rear wheel bearing carrier with suitable jack.

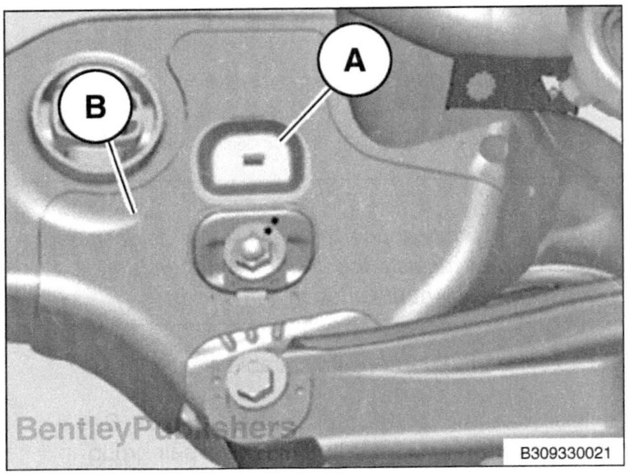

◄ Open cover (**A**) and mark eccentric washer location on subframe (**arrow**).

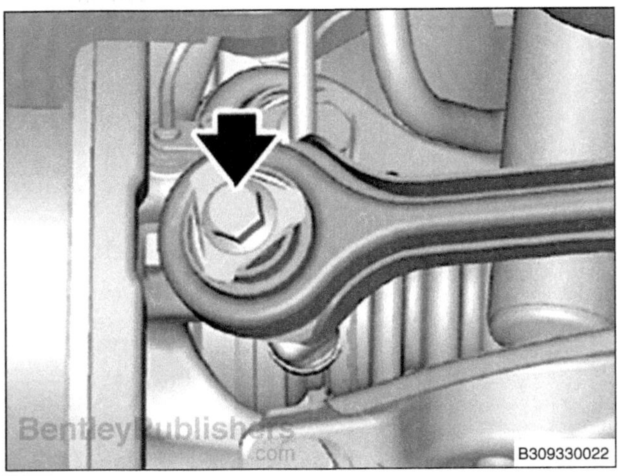

◄ Working at wheel bearing carrier: Remove fastener (**arrow**) and discard.

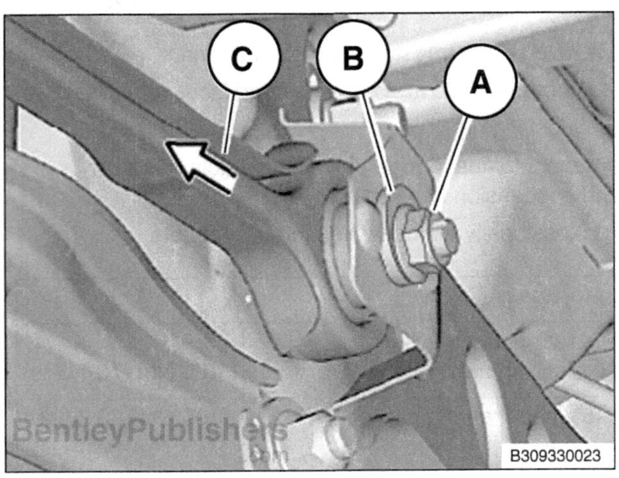

◄ Remove nut (**A**) and discard. Remove eccentric washer (**B**), bolt and remove toe link (**C**).

– Installation is reverse of removal, noting the following:
- Use new self-locking nuts.
- Tighten fasteners to final torque only after vehicle has been lowered and suspension has settled.
- Have car professionally aligned when job is complete.

Tightening torques	
Toe link to rear subframe (use new self-locking nuts)	100 Nm (73.7 ft-lb)
Toe link to wheel bearing carrier	100 Nm (73.7 ft-lb)
Road wheel to hub	120 Nm (88.5 ft-lb)

Lower control arm (swing arm), removing and installing

NOTE—
- *Check wheel alignment if swing arm is removed.*

– Raise car and remove rear wheel.

> ***WARNING—***
> - *Make sure the car is firmly supported on jack stands designed for the purpose. Place jack stands underneath structural chassis points, not underneath suspension parts.*

– Support rear wheel bearing carrier with suitable jack.

– Remove coil spring. See **Coil spring, removing and installing** in this repair group.

– Remove ride height sensor if equipped.

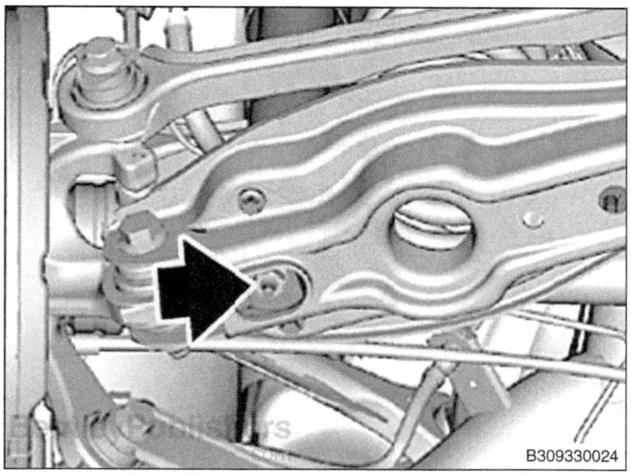

◄ Remove lower shock absorber fastener (**arrow**).

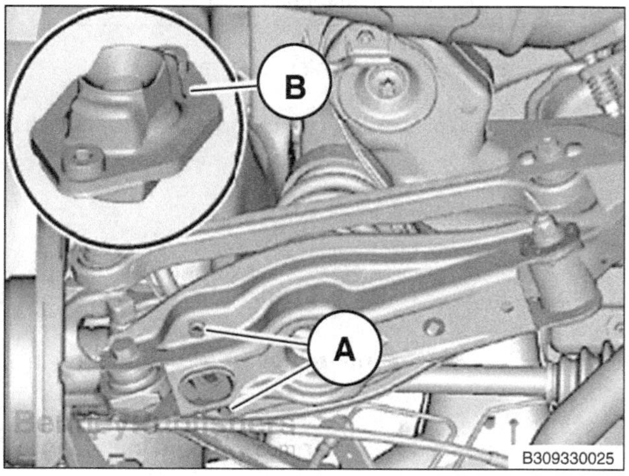

◄ Remove lower shock absorber mount fasteners (**A**) and remove mount (**B**).

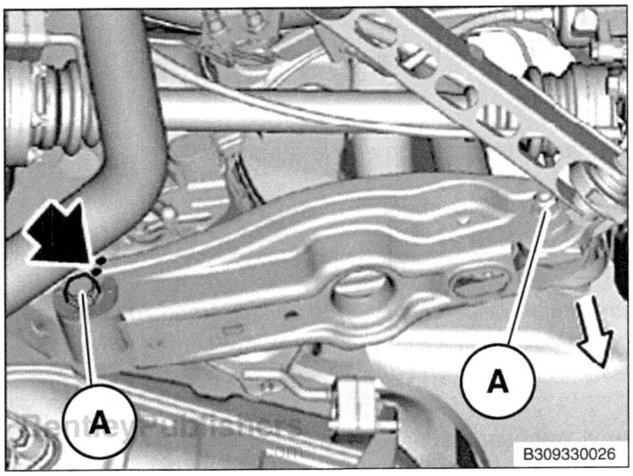

Mark eccentric washer location on subframe (**arrow**). Remove fasteners (**A**) and eccentric washer and remove swing arm from vehicle.

– Installation is reverse of removal, noting the following:
  - Make sure subframe swing arm fastener head faces rear of vehicle.
  - Use new self-locking nuts.
  - Tighten fasteners to final torque only after vehicle has been lowered and suspension has settled.

– Have car professionally aligned when job is complete.

Tightening torques	
Swing arm to rear subframe (use new self-locking nut)	165 Nm (121.6 ft-lb)
Swing arm to wheel bearing carrier (use new self-locking nut)	165 Nm (121.6 ft-lb)
Shock absorber to swing arm (use new self-locking nut)	38 Nm (28 ft-lb)
Shock absorber mount to swing arm (replace fasteners)	60 Nm (44.2 ft-lb)
Road wheel to hub	120 Nm (88.5 ft-lb)

Lower control arm (swing arm) ball joint, removing and installing

NOTE —
- *Replace ball joints in pairs.*

– Raise car and remove rear wheel.

> ***WARNING —***
> - *Make sure the car is firmly supported on jack stands designed for the purpose. Place jack stands underneath structural chassis points, not underneath suspension parts.*

– Support rear wheel bearing carrier with suitable jack.

– Remove coil spring. See **Coil spring, removing and installing** in this repair group.

– Remove ride height sensor if equipped.

– Remove rear shock absorber. See **Rear shock absorber, removing and installing** in this repair group.

– Remove swing arm. See **Swing arm, removing and installing** in this repair group.

– Remove trailing arm. See **Trailing arm, removing and installing** in this repair group.

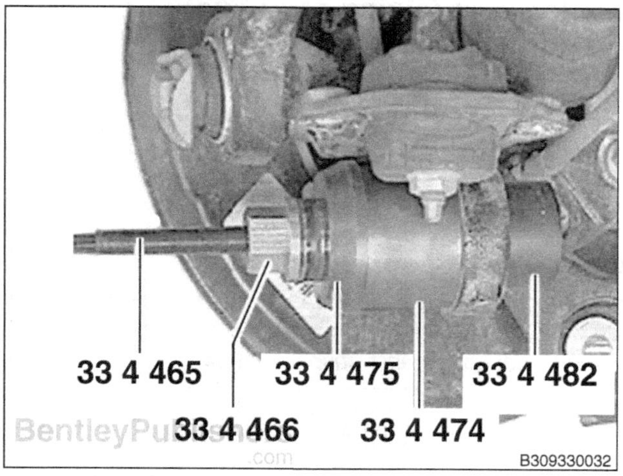

Using BMW special tools special tools 33 4 465, 33 4 466, 33 4 475, 33 4 474 and 33 4 482, press out ball joint from wheel bearing carrier.

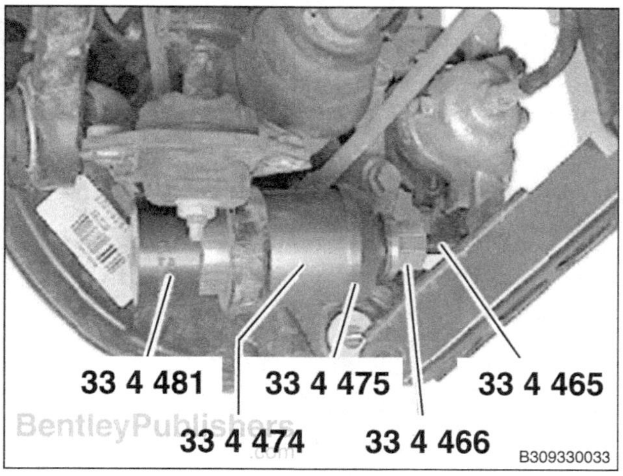

Draw in new ball joint using BMW special tools 33 4 481, 33 4 474, 33 4 475, 33 4 466 and 33 4 465 as far as it will go.

– Remainder of installation is reverse of removal, noting the following:
  - Use new self-locking nuts.
  - Tighten fasteners to final torque only after vehicle has been lowered and suspension has settled.

– Have car professionally aligned when job is complete.

Tightening torques	
Swing arm to rear subframe (use new self-locking nut)	165 Nm (121.6 ft-lb)
Swing arm to wheel bearing carrier (use new self-locking nut)	165 Nm (121.6 ft-lb)
Shock absorber to swing arm (use new self-locking nut)	38 Nm (28 ft-lb)
Shock absorber mount to swing arm (replace fasteners)	60 Nm (44.2 ft-lb)
Trailing arm to rear subframe (use new self-locking nut)	100 Nm (73.7 ft-lb)
Trailing arm to wheel bearing carrier (use new self-locking nut)	100 Nm (73.7 ft-lb)
Road wheel to hub	120 Nm (88.5 ft-lb)

330

Lower control arm (swing arm) bushing, removing and installing

NOTE—

• Replace bushings in pairs.

– Raise car and remove rear wheel.

> ***WARNING—***
> *• Make sure the car is firmly supported on jack stands designed for the purpose. Place jack stands underneath structural chassis points, not underneath suspension parts.*

– Support rear wheel bearing carrier with suitable jack.

– Remove coil spring. See **Coil spring, removing and installing** in this repair group.

– Remove ride height sensor if equipped.

– Remove swing arm. See **Swing arm, removing and installing** in this repair group.

◄ Using BMW special tools 33 4 462, 33 4 464, 33 4 463, 33 4 466 and 33 4 465, remove bushing from subframe.

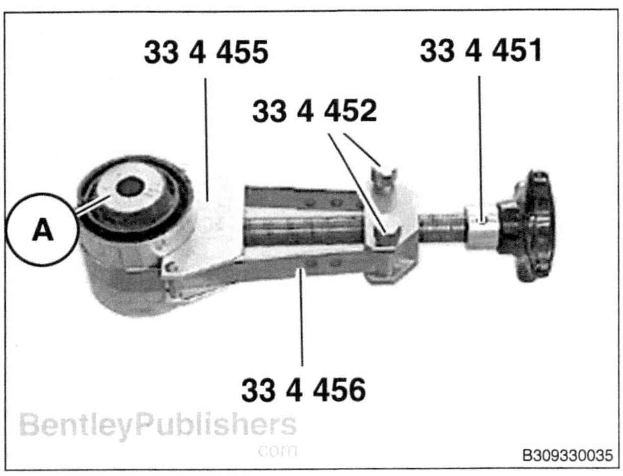

◄ Using BMW special tools 33 4 455, 33 4 456, 33 4 452 and 33 4 451, compress new bushing (**A**).

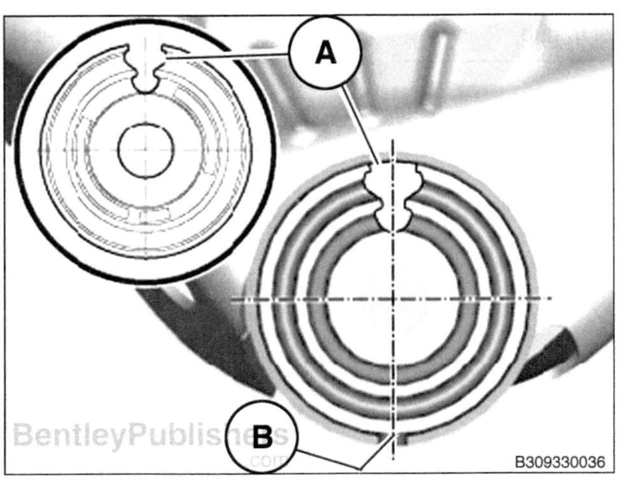

◄ During installation align rubber bushing slot (**A**) with center line mark (**B**).

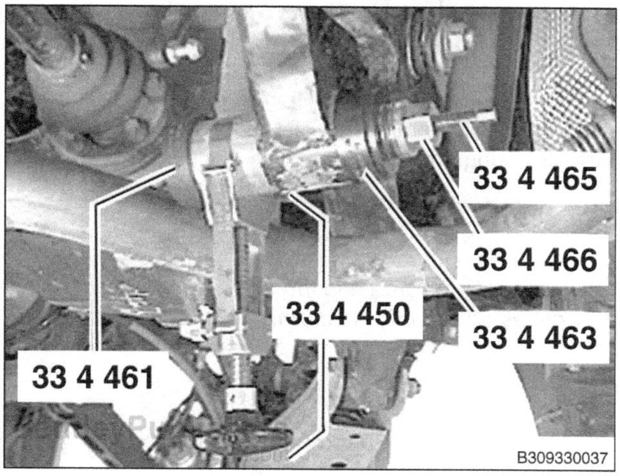

◄ Using BMW special tools 33 4 461, 33 4 463, 33 4 466 and 33 4 465 press mount in as far as possible, then remove special tool 33 4 450 and draw in rubber mount as far as it will go.

– Remainder of installation is reverse of removal, noting the following:
  - Use new self-locking nuts.
  - Tighten fasteners to final torque only after vehicle has been lowered and suspension has settled.

– Have car professionally aligned when job is complete.

Tightening torques	
Swing arm to rear subframe (use new self-locking nut)	165 Nm (121.6 ft-lb)
Swing arm to wheel bearing carrier (use new self-locking nut)	165 Nm (121.6 ft-lb)
Shock absorber to swing arm (use new self-locking nut)	38 Nm (28 ft-lb)
Shock absorber mount to swing arm (replace fasteners)	60 Nm (44.2 ft-lb)
Road wheel to hub	120 Nm (88.5 ft-lb)

330

Rear subframe components

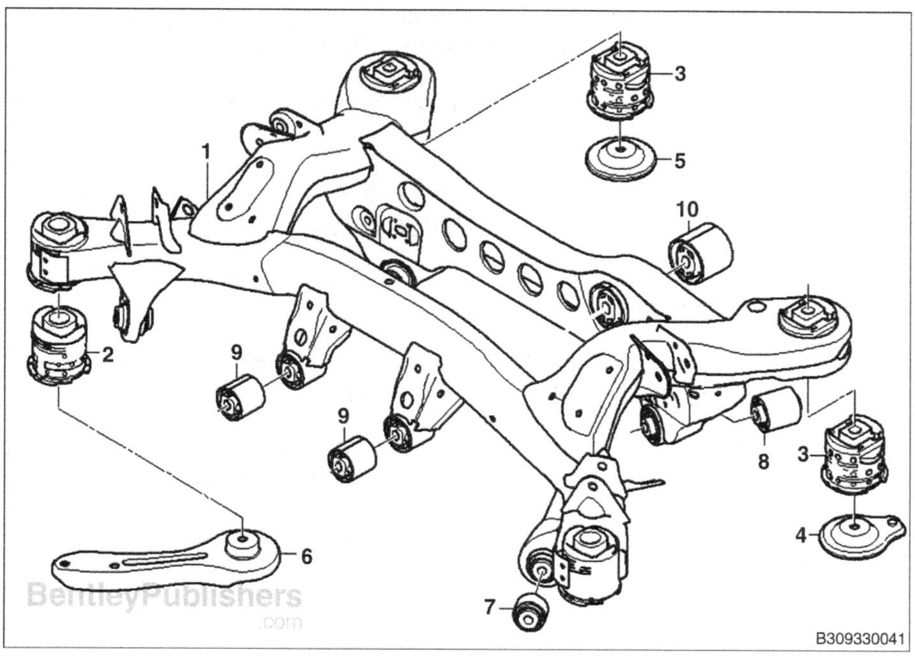

1. Rear subframe
2. Subframe mount
3. Subframe mount
4. Stop plate
5. Stop plate
6. Thrust rod
7. Trailing arm bushing
8. Swing arm bushing
9. Differential mount
10. Differential mount (round)

Rear subframe and axle assembly, removing and installing

– In order to maintain even weight distribution in vehicle, load the luggage compartment with a minimum of 100 kg (220 lbs) before lowering / removing the rear axle carrier.

> ***CAUTION—***
> - *When supporting rear subframe, make sure that the vehicle can no longer be raised or lowered and the vehicle does not lift off the locating plates on the lifting platform.*

– Remove both rear wheels.

– Remove exhaust system. See **180 Exhaust System**.

NOTE—
- *Procedure shows vehicle with single outlet exhaust installed. It may be possible to complete procedure without removing single outlet exhaust system. Vehicles with dual outlet exhaust must have exhaust system removed to complete procedure.*

– Remove rear driveshaft. See **260 Driveshafts**.

– Remove both rear coil springs. See **Coil spring, removing and installing** in this repair group.

– Remove both rear wheel speed sensors, unclip wiring harness from control arm and subframe. See **340 Brakes**.

– Disconnect electrical connector for brake pad wear sensor. See **340 Brakes**.

– Disconnect electrical connector for ride-height sensor and unclip line from subframe if equipped.

– Disengage both parking brake cables from parking brake. See **340 Brakes**.

– Remove both rear shock absorbers. See **Rear shock absorbers, removing and installing** in this repair group.

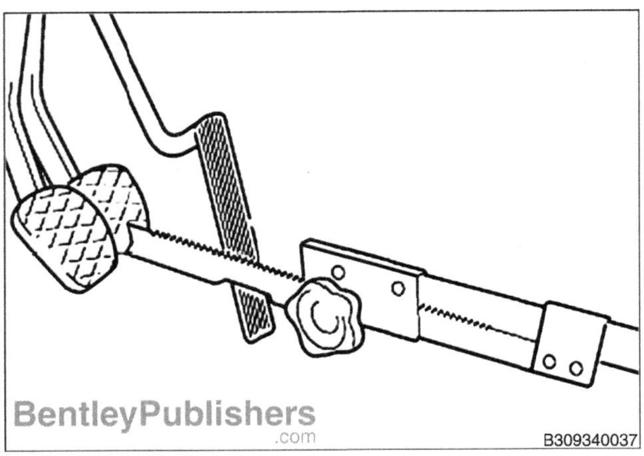

◄ Insert pedal prop and depress brake pedal slightly. This prevents brake fluid from escaping when brake lines are detached.

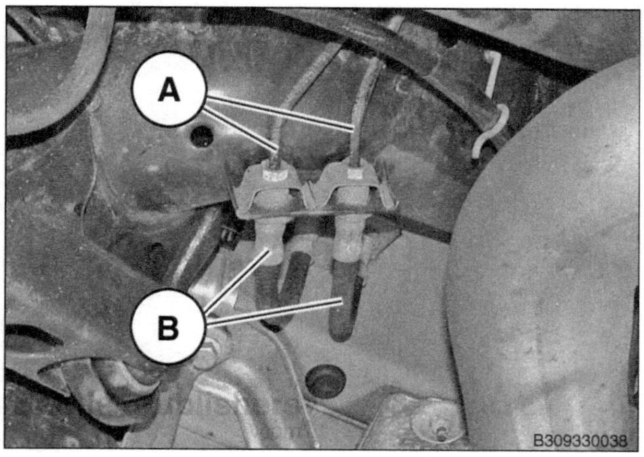

Loosen brake line bolts (**A**), gripping brake hoses (**B**) at square head in the process. Disconnect brake hoses (**B**) and seal off.

NOTE—
- *Be prepared to catch any dripping brake fluid.*

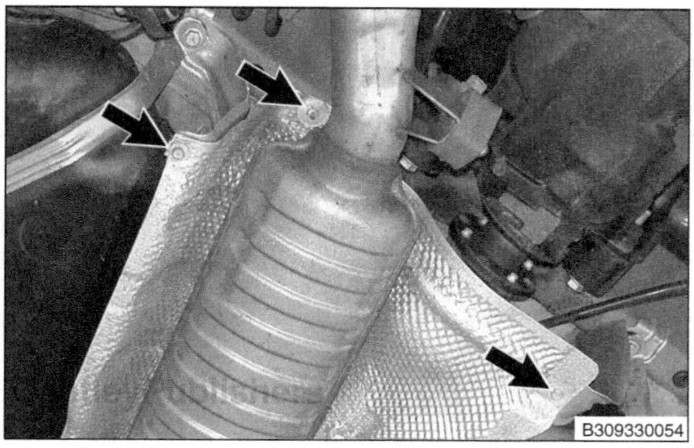

Remove fasteners (**arrows**) and remove heat shield.

NOTE—
- *Single outlet exhaust shown, dual outlet exhaust is similar.*

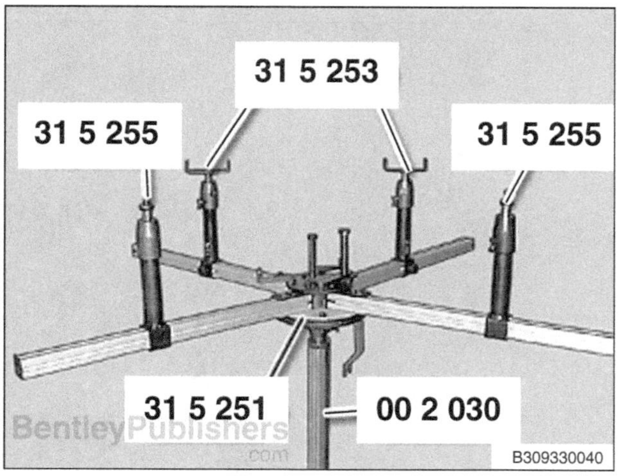

Assemble BMW special tools 31 5 251, 31 5 253, 31 5 255 and 00 2 030 (subframe jack assembly).

◀ Align subframe jack assembly and raise jack until subframe is supported.

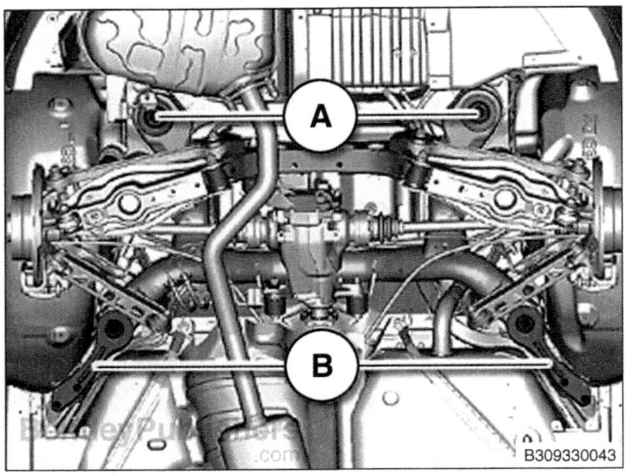

◀ Remove rear subframe fasteners (**A**) and front subframe / tension strut fasteners (**B**).

> ***WARNING —***
> • *Removing the rear subframe alters the vehicle's center of gravity. Make sure vehicle remains securely in place on lift or jacks.*

– Slowly lower and remove rear subframe assembly from vehicle.

– To install, jack subframe into position. Install tension struts in their original position and tighten subframe mounting bolts.

Tightening torque	
Rear subframe to body (M12)	100 Nm (73.7 ft-lb)

– Remainder of installation is reverse of removal, noting the following.
  - Tighten suspension arms and shock absorber fasteners to final torque only after vehicle is lowered and suspension has settled.
  - Bleed entire brake system before driving car. See **340 Brakes**.
  - Adjust emergency brake.
  - Have car professionally aligned when job is complete.

Tightening torques	
Subframe mounts to body (replace fasteners)	100 Nm (73.7 ft-lb)
Tension strut to body (replace fasteners)	47 Nm (34.6 ft-lb) +90°
Vibration dampener to subframe (Convertible) M8 M10	 27 Nm (19.9 ft-lb) 56 Nm (41.3 ft-lb)
Shock absorber to swing arm (use new self-locking nut)	38 Nm (28 ft-lb)
Shock absorber mount to swing arm (replace fasteners)	60 Nm (44.2 ft-lb)
Brake line nut to hose	12 Nm (9 ft-lb)
Road wheel to hub	120 Nm (88.5 ft-lb)

Rear subframe mounting bushings, removing and installing

– Lower subframe approximately 40 - 45 mm (1½ - 2 in). See **Rear subframe and axle assembly, removing and installing** in this repair group.

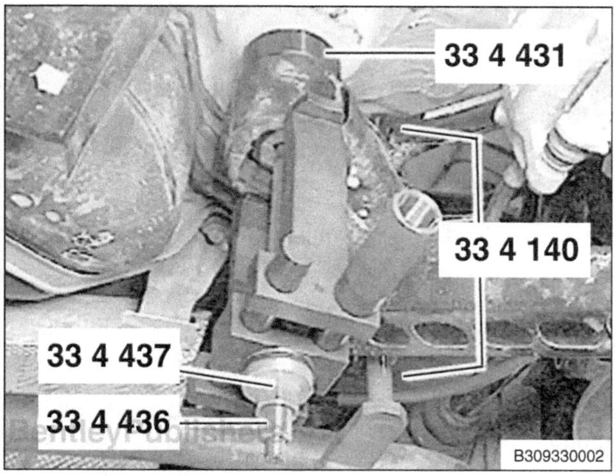

◀ To remove subframe mounting bushing:
  - Coat top edge of mount with Circolight® anti-friction agent.
  - Install BMW special tool **33 4 431** on top edge of subframe mounting bushing.
  - Install BMW special tool **33 4 140** through opening in subframe mounting bushing.
  - Using BMW special tools **33 4 436**, **33 4 437**, **33 4 140** and **33 4 431**, remove subframe mounting bushing from subframe.

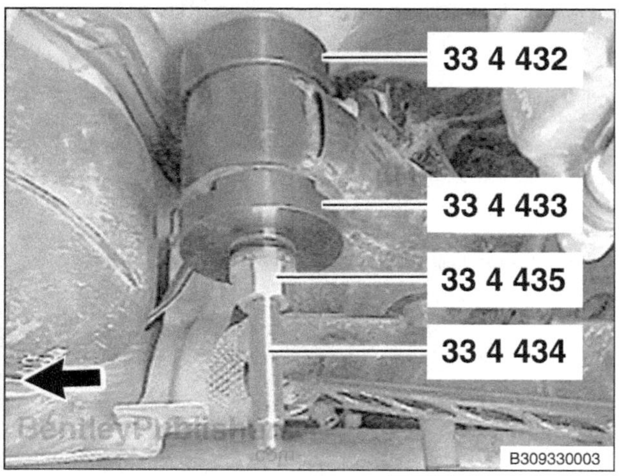

◀ To install subframe mounting bushing:
  - Coat new mount with Circolight® anti-friction agent.
  - Align rubber mount by way of **arrow** to front of vehicle.
  - Using BMW special tools **33 4 432**, **33 4 433**, **33 4 435** and **33 4 434**, install subframe mounting bushing as far as it will go.

– Remainder of installation is reverse of removal.Bleed entire brake system before driving car. See **340 Brakes**.

Tightening torques	
Road wheel to hub	120 Nm (88.5 ft-lb)

Rear Wheel Bearings

The rear wheel bearing is pressed into the rear wheel bearing carrier. The wheel bearing can be replaced without removing the rear wheel bearing carrier. The rear wheel hub is pressed into the rear wheel bearing. Removing the hub destroys the wheel bearing. To service the wheel bearing, remove the wheel hub and replace the wheel bearing.

Rear wheel bearing carrier, removing and installing

– Raise vehicle and remove rear wheel.

> ***WARNING —***
> - *Make sure the car is firmly supported on jack stands designed for the purpose. Place jack stands underneath structural chassis points, not underneath suspension parts.*

– Remove coil spring. See **Coil spring, removing and installing** in this repair group.

– Remove brake calipers and brake discs. Hang brake calipers aside with stiff wire. Do not disconnect brake fluid hoses. See **340 Brakes**.

– Remove ABS wheel speed sensor from wheel bearing carrier. See **340 Brakes**.

– Disconnect parking brake cable from brake shoe expander. See **340 Brakes**.

– Remove rear drive axle. See **331 Rear Axle Differential**.

– Remove shock absorber. See **Shock absorber, removing and installing** in this repair group.

– Remove control arm. See **Control arm, removing and installing** in this repair group.

– Remove trailing arm. See **Trailing arm, removing and installing** in this repair group.

– Remove guide arm. See **Guide arm, removing and installing** in this repair group.

– Remove swing arm. See **Swing arm, removing and installing** in this repair group.

– Remove toe link. See **Toe link, removing and installing** in this repair group.

– Installation is reverse of removal. Remember to:
- Adjust parking brake.
- Have car professionally aligned when job is complete.

Rear wheel hub, removing and installing

– Raise vehicle and remove wheel.

> ***WARNING —***
> *• Make sure the car is firmly supported on jack stands designed for the purpose. Place jack stands underneath structural chassis points, not underneath suspension parts.*

◄ With an assistant applying brakes, break free and remove staked collar nut (**arrow**).

– Disconnect brake pad sensor connector at brake caliper.

– Remove brake caliper assembly and rotor. See **340 Brakes**. Leave brake hose connected to caliper. Suspend caliper assembly from chassis using stiff wire.

– Disconnect parking brake cables from brake shoe expanders. See **340 Brakes**.

– Remove ABS wheel speed sensor at wheel bearing carrier.

– Remove rear drive axle. See **331 Rear Axle Differential**.

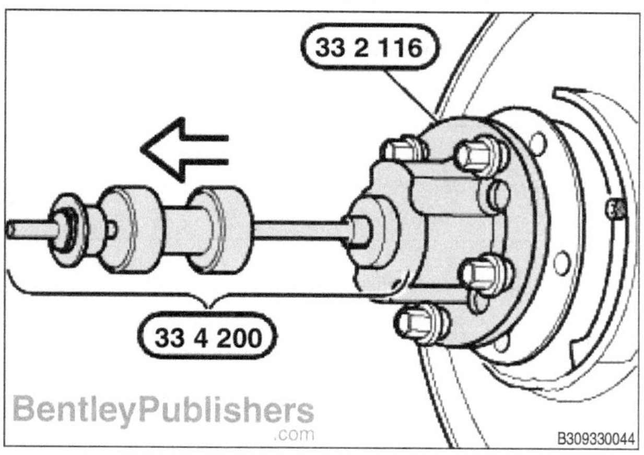

◄ Remove wheel hub from bearing assembly using BMW special tools 33 2 116 / 33 4 200 and 5 wheel bolts.

> ***CAUTION—***
> *• The wheel bearing is destroyed when the hub is removed.*

– Replace wheel bearing. See **Rear wheel bearing, replacing** in this repair group.

◄ Lightly oil drive axle spline teeth and insert drive axle into wheel hub.

– Screw BMW special tool 33 2 2 05 into drive axle.

> ***CAUTION—***
> *• Do not oil axle or collar nut threads.*

NOTE —
• Depending on axle bearing outside diameter BMW special tools 33 2 118 or 33 2 119 may be substituted.

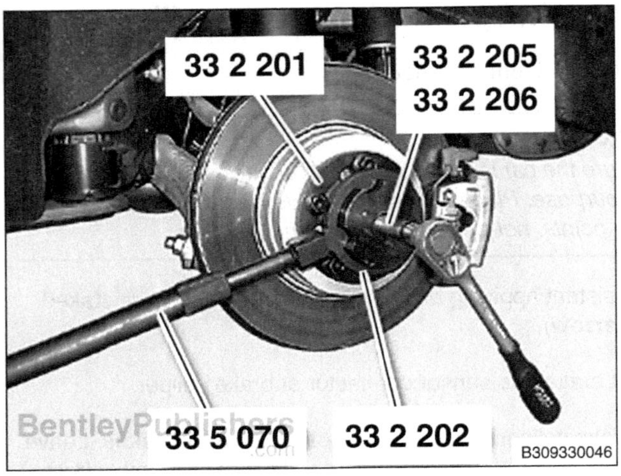

- Use three lug nuts to attach BMW special tool 33 2 201 to wheel hub.

– Draw axle into wheel hub using special tool 33 2 208. Counterhold hub with special tools 33 2 202 and 33 5 070.

NOTE—
- *Depending on axle bearing outside diameter BMW special tools 33 2 116, 33 2 111, 33 2 117, 33 5 070 and 33 2 202 may be substituted.*

– The remainder of installation is reverse of removal. Remember to:
- Use new collar nut at outboard end of drive axle.
- Restake nut after tightening.
- Remember to adjust parking brake when job is complete.

Tightening torques	
Drive axle collar nut to wheel hub • M24 • M27	 250 Nm (184.3 ft-lb) 420 Nm (310 ft-lb)
Road wheel to hub	120 Nm (88.5 ft-lb)

Rear wheel bearing, replacing

– Remove drive flange. See **Rear wheel hub, removing and installing** in this repair group.

CAUTION—
- *The wheel bearing is destroyed when the drive flange is removed. Replace wheel bearing.*

– Press wheel bearing inner race off wheel hub shaft.

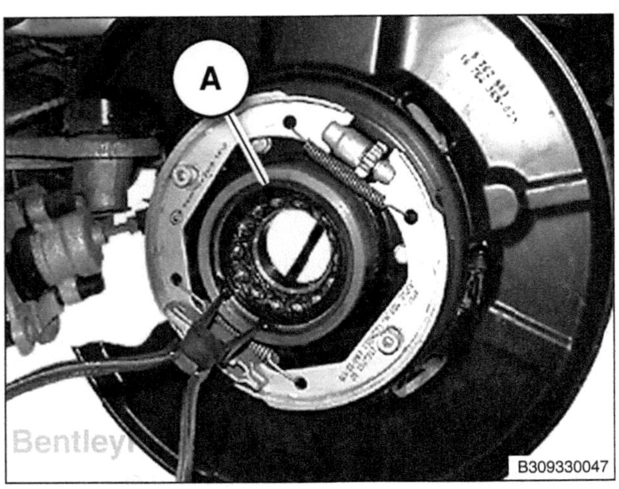

- Using a pair of needle nose pliers, remove snap ring (**A**) from wheel bearing carrier.

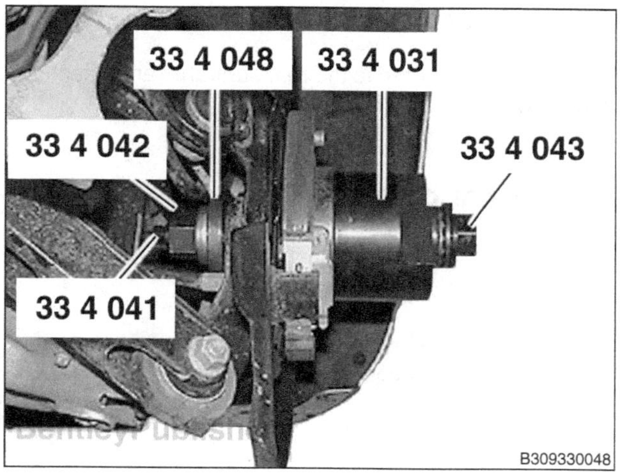

Using BMW special tools 33 4 041, 33 4 042, 33 4 031, 33 4 048 and 33 4 043, pull wheel bearing out of wheel bearing carrier.

NOTE—
- *Wheel bearing cannot be reused.*
- *85 mm outside diameter bearing will use BMW special tools 33 3 2 61, 33 3 263, 33 3 262 and 33 2 261.*

85 mm outside diameter wheel bearings:
- Black seal (**A**) points towards center of vehicle.

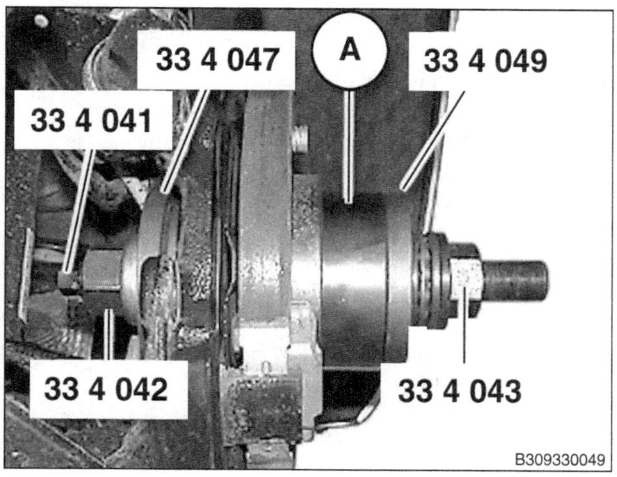

Using BMW special tools 33 4 041, 33 4 042, 33 4 049, 33 4 047 and 33 4 043, draw wheel bearing (**A**) into wheel bearing carrier.

NOTE—
- *85 mm outside diameter bearing will use BMW special tools 33 3 2 61, 33 3 264 and 33 2 265.*

– The remainder of installation is reverse of removal. Remember to:
- Use new collar nut at outboard end of drive axle.
- Restake nut after tightening.
- Remember to adjust parking brake when job is complete.

Tightening torques	
Drive axle collar nut to wheel hub • M24 • M27	 250 Nm (184.3 ft-lb) 420 Nm (310 ft-lb)
Road wheel to hub	120 Nm (88.5 ft-lb)

330

Rear Stabilizer Bar

The rear stabilizer bar is mounted to the rear subframe and attached to the swing arms with stabilizer bar links.

Rear stabilizer bar components

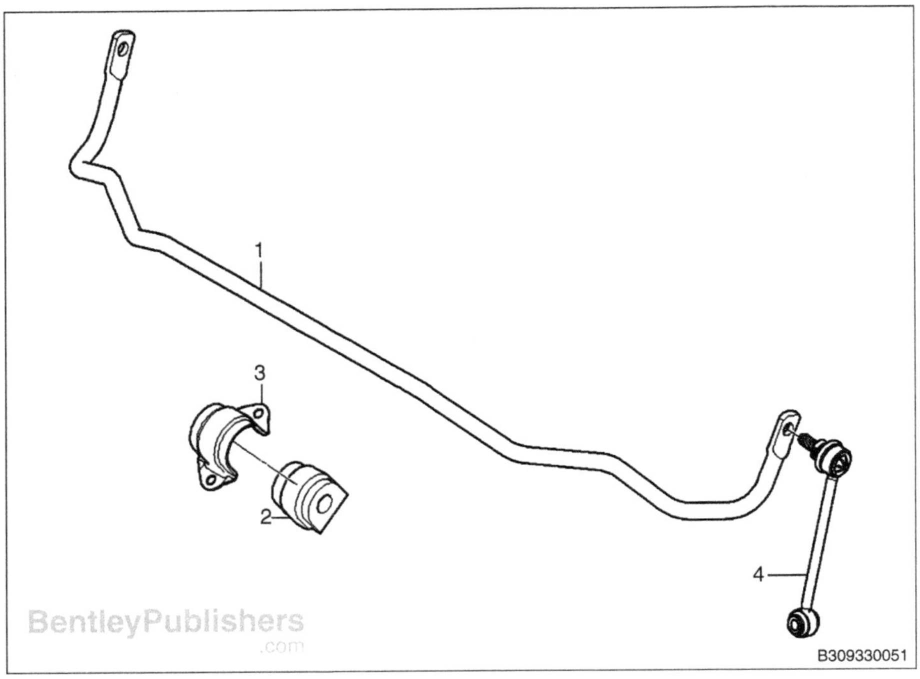

1. Stabilizer bar
2. Stabilizer mount
3. Stabilizer bushing
4. Stabilizer link

Stabilizer bar, removing and installing

- Raise vehicle and safely support.

> ***WARNING—***
> - *Make sure the car is firmly supported on jack stands designed for the purpose. Place jack stands underneath structural chassis points, not underneath suspension parts.*

- Mark stabilizer bar on left side for ease of assembly.
- Remove both coil springs. See **Coil spring, removing and installing** in this repair group.
- Remove left side control arm. See **Control arm, removing and installing** in this repair group.
- Remove stabilizer links. See **Stabilizer links, removing and installing** in this repair group.
- Lower rear subframe. See **Rear subframe and axle assembly, removing and installing** in this repair group.

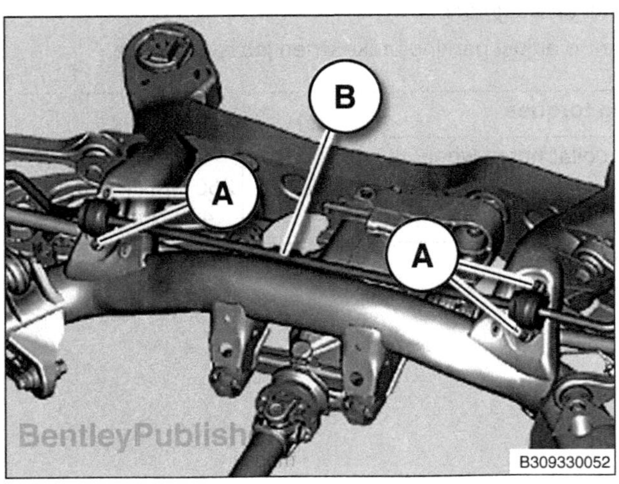

- Remove stabilizer support bracket fasteners (**A**) on each side and remove stabilizer bar (**B**).
- Check rubber mounts. Replace if necessary.

- Installation is reverse of removal. Use previously made mark for reassembly.

Tightening torques	
Stabilizer bar bracket to subframe (M8)	21 Nm (15.4 ft-lb)
Stabilizer link to stabilizer bar (M10)	58 Nm (42.7 ft-lb)

Stabilizer link, removing and installing

- Raise vehicle and safely support.

> ***WARNING —***
> - *Make sure the car is firmly supported on jack stands designed for the purpose. Place jack stands underneath structural chassis points, not underneath suspension parts.*

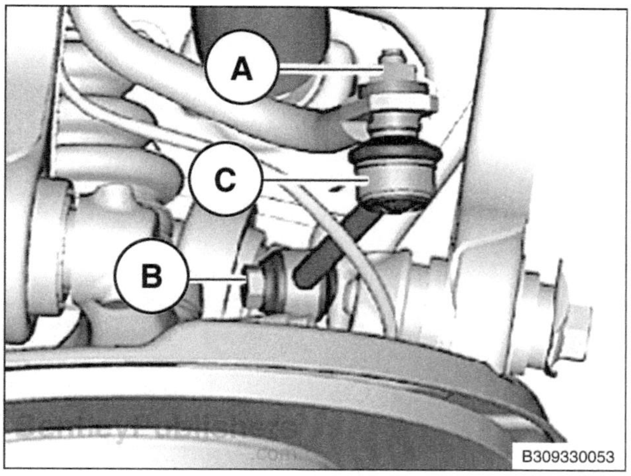

< Remove stabilizer link mounting nut (**A**) at stabilizer bar.

- Remove stabilizer link mounting fastener (**B**) at swing arm.
- Press out stabilizer link ball joints and remove stabilizer link (**C**).
- Installation is reverse of removal.

Tightening torques	
Stabilizer bar bracket to subframe (M8)	21 Nm (15.4 ft-lb)
Stabilizer link to stabilizer bar (M10)	58 Nm (42.7 ft-lb)

331 Rear Axle Differential

TABLE

GENERAL

This repair group covers removal and repair information for the rear differential (final drive), axle shafts, CV joints, CV joint boots, and differential seal replacement.

Internal repairs of the differential assembly are not covered in this manual.

REAR DIFFERENTIAL

Rear differential applications

Several rear differentials are used in the various 3 Series models. See **Table a**.

Table a. Rear differential applications

Engine	Rear differential	Capacity
Non-turbo	188L / 188LW	1.0 ltr (1.05 qt)
Turbo	215L / 215LW	1.2 ltr (1.3 qt)

Differential oil, draining and filling

The 3 Series rear differential is filled with lifetime oil that ordinarily does not need to be changed. BMW recommends using only a specially formulated synthetic gear oil (SAF-XO) that is available through an authorized BMW dealer parts department. For additional information on this lubricant and any other lubricants that may be compatible, contact an authorized BMW dealer service department.

– Operate vehicle to warm differential oil.

Remove differential plug (**arrow**). Using a suction gun, remove fluid from differential.

– Drain oil into a suitable container.

– Replace plug and seal.

– Add rear differential oil and check level. See **Differential oil level, checking** in this repair group.

Tightening torque	
Fill / drain plug to rear differential housing: • Plug with sealing O-ring	60 Nm (44 ft-lb)

Differential oil level, checking

Check lubricant level with vehicle on a level surface:

- Remove differential plug (**arrow**).
- Level is correct when fluid just reaches edge of plug hole.
- If necessary, top up fluid.
- Replace plug sealing O-ring.
- Install and tighten oil filler plug when oil level is correct.

Tightening torque	
Fill / drain plug to rear differential housing: • Plug with sealing O-ring	60 Nm (44 ft-lb)

Differential, removing and installing

– Raise car and support safely.

> ***WARNING —***
> - *Make sure the car is firmly supported on jack stands designed for the purpose. Place jack stands underneath structural chassis points, not underneath suspension parts.*

– On vehicles equipped with dual outlet exhaust: remove exhaust system. See **180 Exhaust System.**

– Disconnect rear drive shaft from differential. See **260 Driveshaft**.

Remove drive axle CV joint bolts (**arrows**) at left and right sides. Suspend drive axles from body using stiff wire.

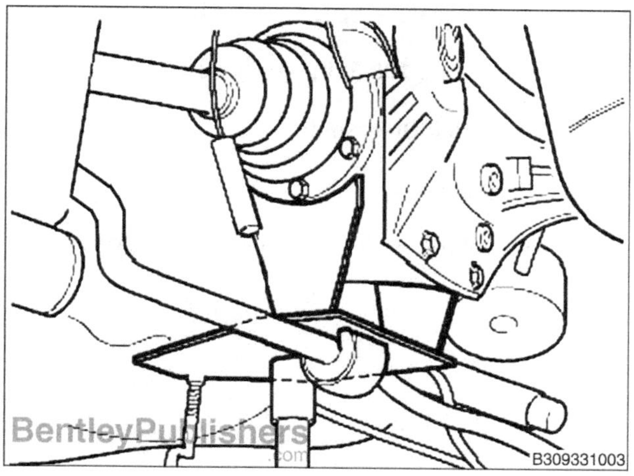

Support differential with BMW special tool 33 4 420. Make sure special tool does not damage output flange dust covers:

- Remove front differential mounting bolts.
- Remove rear differential mounting bolt.
- Remove vent line from differential.
- Carefully lower differential unit.

– To install, use BMW special tool 33 4 420 to lift differential into place:

- Install mounting bolts finger tight (replace nuts and bolts).
- Remove differential support.
- Tighten both front mounting bolts.
- Tighten rear mounting bolt.

– Remainder of installation is reverse of removal. Remember to check differential oil. See **Differential oil level, checking** in this repair group.

Tightening torques	
Differential to subframe • Front mounting bolts (M12) • Rear mounting bolts (M14)	 100 Nm (74 ft-lb) 165 Nm (122 ft-lb)
Rear driveshaft to differential (flex-disc) • M10x10.9 (replace ZNS fasteners) • M12x10.9 (replace ZNS fasteners)	 20 Nm (15 ft-lb) + 90° 55 Nm (41 ft-lb) + 90°
Rear driveshaft to differential (universal joint) • M10x10.9 (bolt with ribbed teeth) (replace ZNS fasteners) • M10x10.9 (and M3 models) (replace ZNS fasteners)	 40 Nm (30 ft-lb) + 45° 20 Nm (15 ft-lb) + 90°
Rear driveshaft to differential (flange nut)	75 Nm (55 ft-lb)
Drive axle to differential flange: • Torx M8 (replace bolts and washers) • Torx M10 (replace bolts and washers) • Torx M12 (replace bolts and washers)	 52 Nm (38.3 ft-lb) 70 Nm (51.6 ft-lb) 120 Nm (88.5 ft-lb)

331

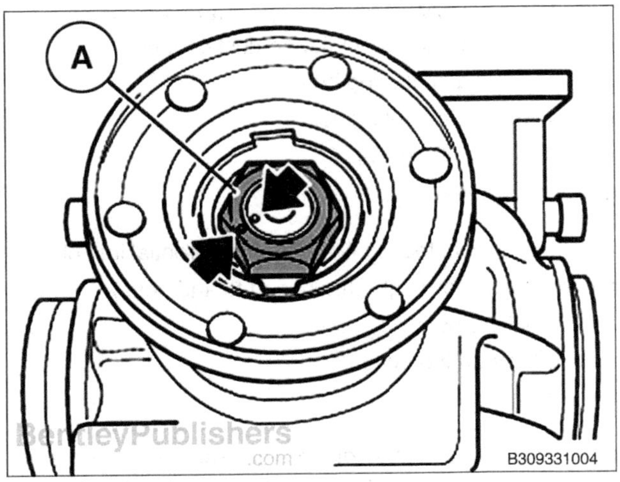

Differential input shaft seal, replacing

- Remove exhaust system. See **180 Exhaust System**.
- Remove drive shaft. See **260 Driveshaft**.
- Lift out collar nut locking plate.
- Mark position of collar nut (**A**) on driveshaft flange with a center punch.

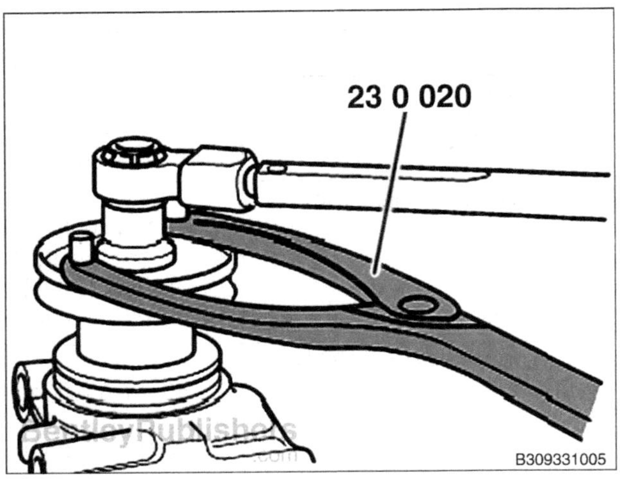

- Using BMW special tool **23 0 020** or equivalent, brace driveshaft flange and remove collar nut.

NOTE—
- *For clarity, illustration shows differential removed.*

- 188L / 188LW rear differential: Using BMW special tool 33 1 150 or equivalent, remove differential input flange.

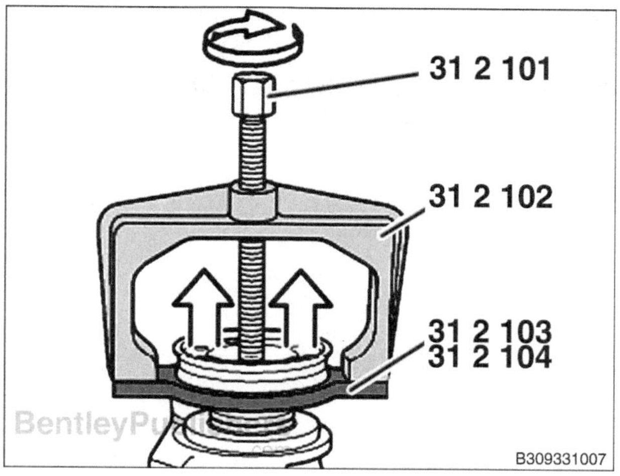

215L / 215LW rear differential: Using BMW special tools 31 2 101, 31 2 102, 31 2 103 and 31 2 104 or equivalent, remove differential input flange.

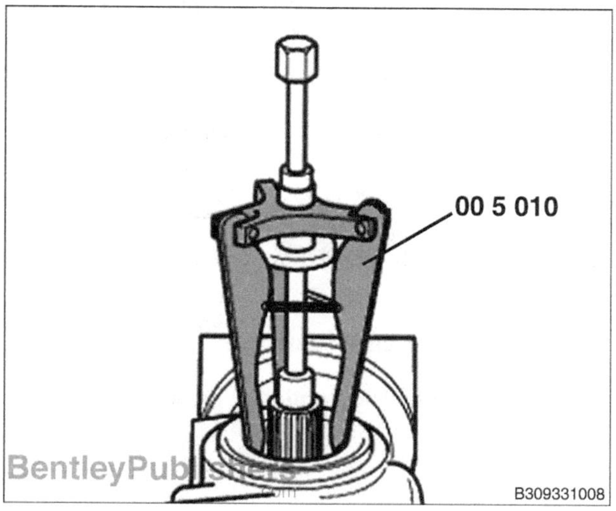

Using BMW special tool 00 5 010 or equivalent remove seal from differential housing.

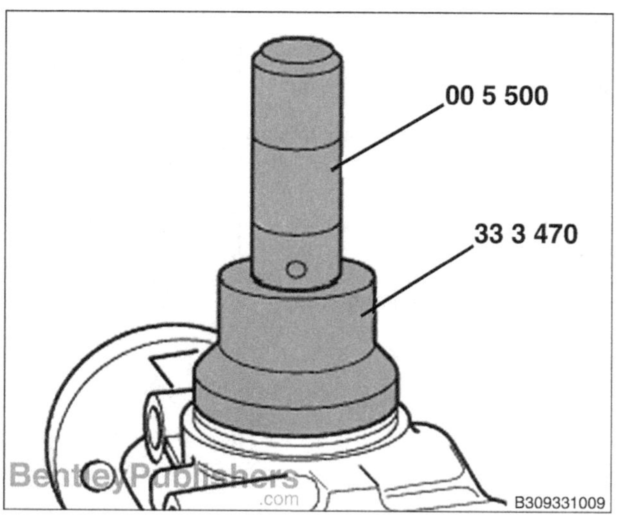

Using BMW special tools 00 5 500 and 33 3 470 or equivalent, drive new seal into place until fully seated.

331

Differential input shaft seal, replacing

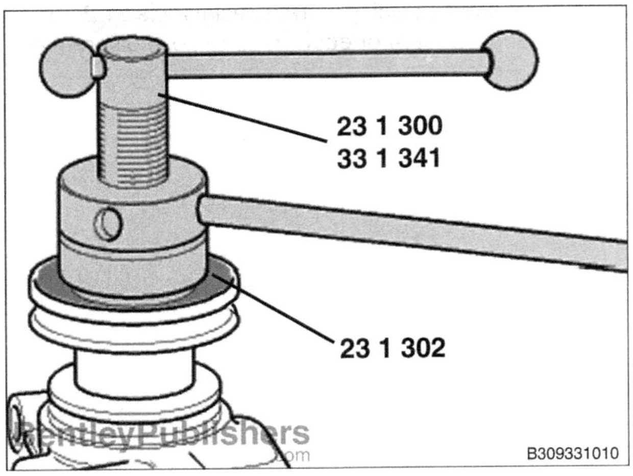

Coat drive flange sealing area and seal lip with differential oil:

- Install drive flange on pinion shaft.
- Using BMW special tools 23 1 300, 33 1 341 and 23 1 302, press drive flange on pinion shaft just far enough to allow collar nut to be installed.

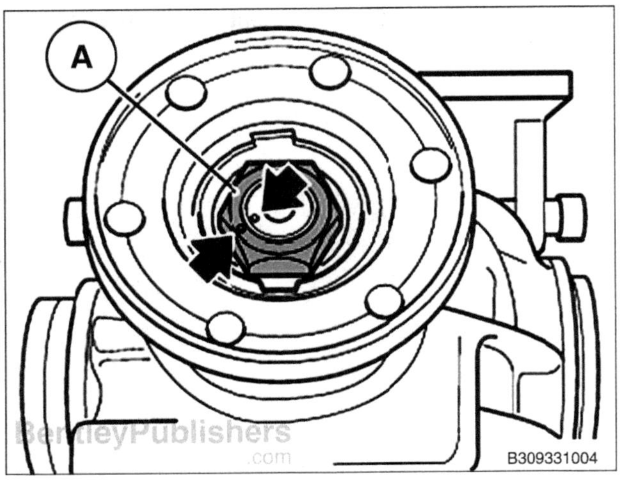

Tighten collar nut only until previously marked points are aligned (**arrow**).

> ***CAUTION—***
> - *Do not under any circumstances tighten collar nut beyond the marked points, otherwise clamping sleeve inside differential housing will have to be replaced.*

– Using a suitable drift pin punch, install new collar nut locking plate. Stake plate in place.

– Remainder of installation is reverse of removal.

– Check differential oil level. See **Differential oil level, checking** in this repair group.

Tightening torques	
Rear driveshaft to differential (flex-disc) • M10x10.9 (replace ZNS fasteners) • M12x10.9 (replace ZNS fasteners)	20 Nm (15 ft-lb) + 90° 55 Nm (41 ft-lb) + 90°
Rear driveshaft to differential (universal joint) • M10x10.9 (bolt with ribbed teeth) (replace ZNS fasteners) • M10x10.9 (and M3 models) (replace ZNS fasteners)	40 Nm (30 ft-lb) + 45° 20 Nm (15 ft-lb) + 90°
Rear driveshaft to differential (flange nut)	75 Nm (55 ft-lb)

Differential output shaft seals, replacing

- Remove exhaust system (if necessary). See **180 Exhaust System**.

◄ Remove drive axle CV joint bolts (**arrows**). Suspend drive axle from body using stiff wire.

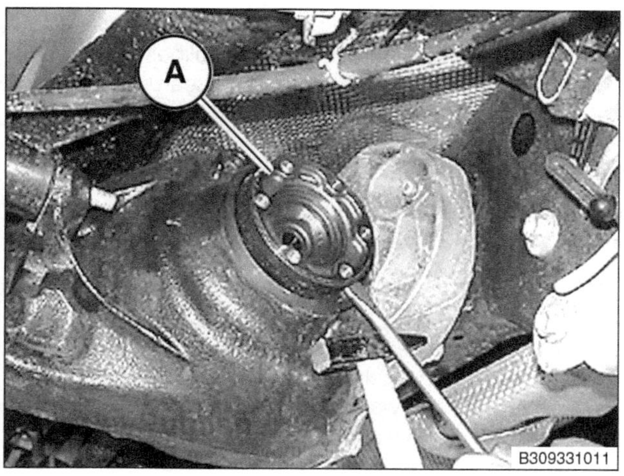

◄ Using a suitable prybar and a hammer (acting as a rest), lever axle flange (**A**) out of differential.

NOTE—
- *Be careful not to damage output flange dust covers (if applicable).*

- Pry off output flange dust cover (if applicable).

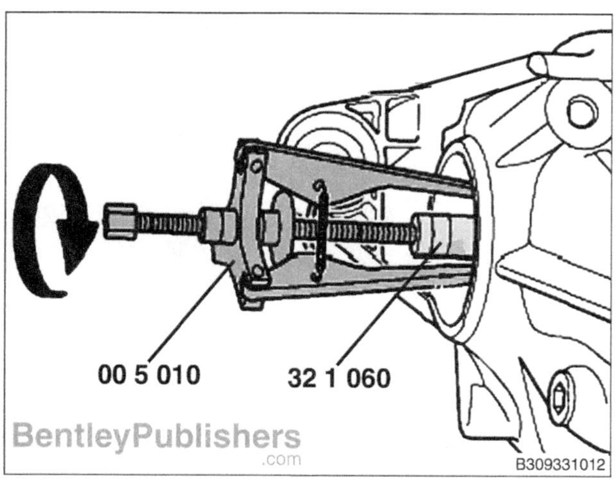

◄ Remove seal using BMW special tools 00 5 010 and 32 1 060 / 33 1 308 or equivalent.

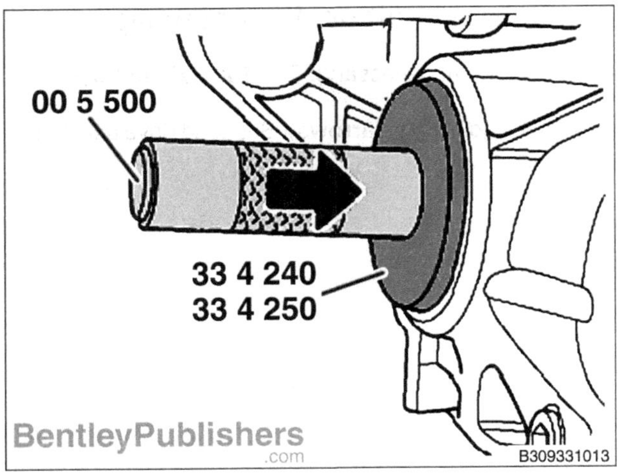

Coat seal with differential oil and drive into place using BMW special tools 00 5 500 and 33 4 240 / 33 4 250 or equivalent.

Tool dimensions:
- 188L / 188LW rear differential: 33 4 240 (90x44x10mm)
- 215L / 215LW rear differential: 33 4 250 (100x50x10mm)

– Replace output flange dust cover (if applicable).

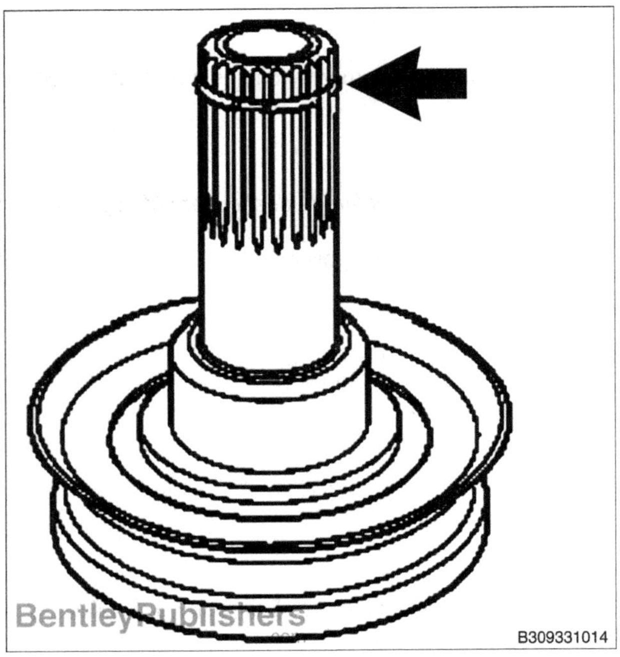

Replace snap ring (**arrow**) on differential output flange shaft:
- Coat output flange shaft with differential oil where it contacts shaft seal.
- Push output flange into differential until flange splines engage splines of differential gear and snap ring can be heard to snap into place.

– Remainder of installation is reverse of removal. Remember to:
- Check differential oil level. See **Differential oil level, checking** in this repair group.

Tightening torques	
Drive axle to differential flange: • Torx M8 (replace bolts and washers) • Torx M10 (replace bolts and washers) • Torx M12 (replace bolts and washers)	 52 Nm (38.3 ft-lb) 70 Nm (51.6 ft-lb) 120 Nm (88.5 ft-lb)

Differential cover, removing and installing

– Drain rear differential oil to a suitable container.

– Remove differential. See **Differential, removing and installing.**

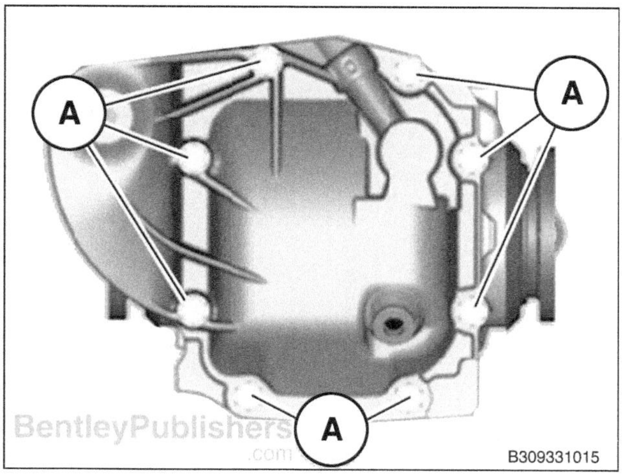

188L / 188LW rear differential:

- Remove fasteners (**A**).
- Clean cover and differential housing sealing surfaces.
- Install new gasket with cover.
- Remainder of installation is reverse of removal.

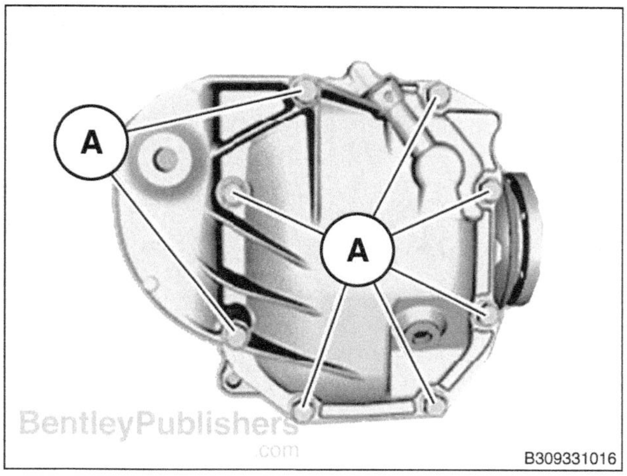

215L / 215LW rear differential:

- Remove fasteners (**A**).
- Clean cover and differential housing sealing surfaces.
- Install new gasket with cover.
- Remainder of installation is reverse of removal.

– Refill differential with oil. See **Differential oil, draining and filling** in this repair group.

Tightening torque	
Differential cover to differential housing: • 188L / 188LW • 215L / 215LW	 55 Nm (40.5 ft-lb) 90 Nm (66.3 ft-lb)

Differential mounts, replacing

– Remove differential. See **Differential, removing and installing** in this repair group.

Rear differential mounts

– Remove rear differential rubber mounts using suitable puller.

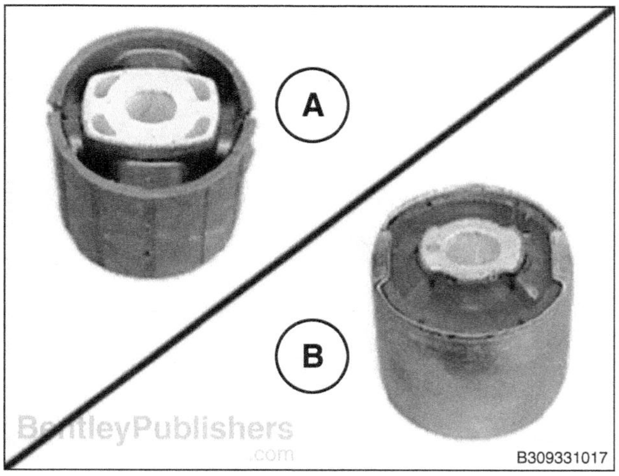

Coat new mount with Circolight® anti-friction agent and install, noting the following:

- Do not mix up rubber (**A**) and hydraulic mounts (**B**).
- Draw mount in firmly using suitable press.

331

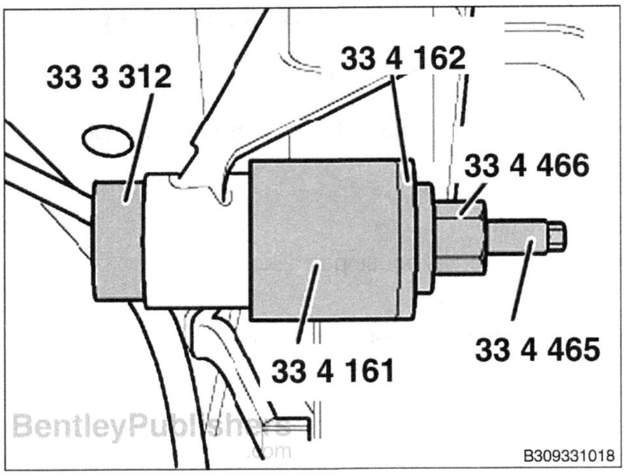

Front differential mounts

◀ Using BMW special tools 33 3 312, 33 4 161, 33 4 162, 33 4 465 and 33 4 466, remove front differential mount.

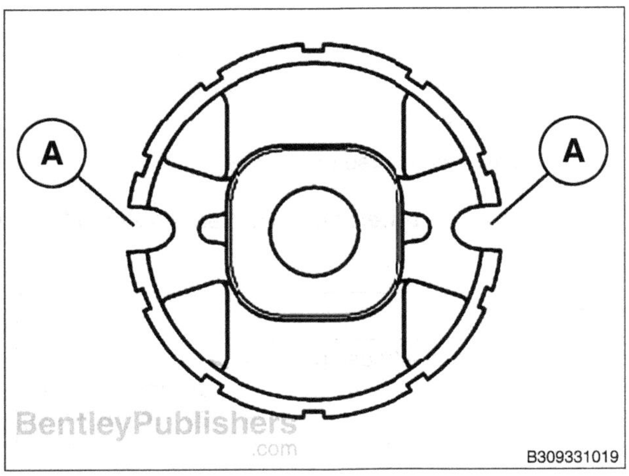

◀ Position slots (**A**) horizontally in rear axle support (A = 90° ± 7°).

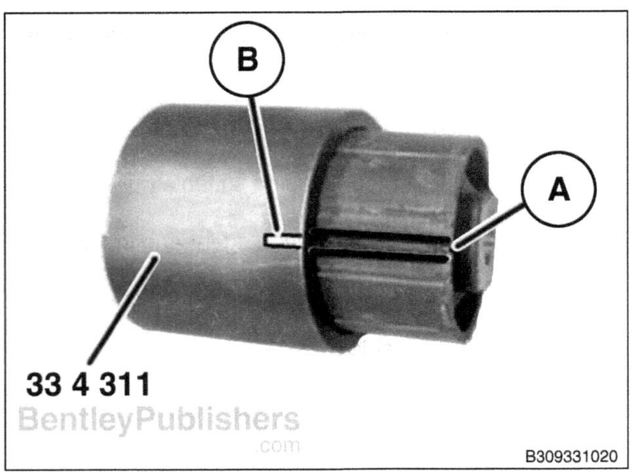

◀ Coat bearing sleeve in rear subframe and rubber mount with Circolight® anti-friction agent:

- Slide rubber mount from side with large diameter into BMW special tool 33 4 311.
- Slot **A** must line up with mark **B**.

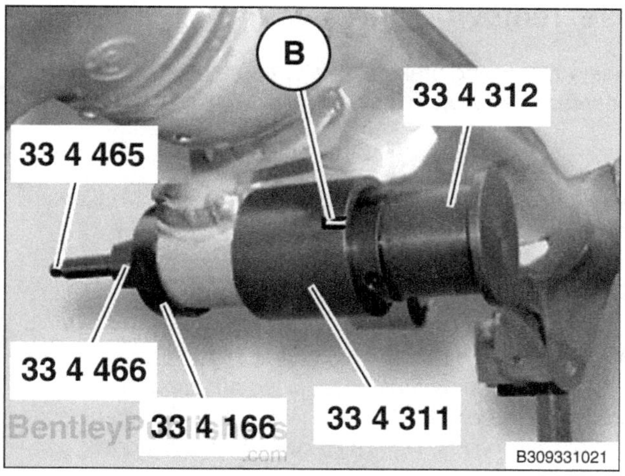

◄ Using BMW special tools 33 4 166, 33 4 311, 33 4 312, 33 4 465 and 33 4 466, install front differential mount as far as it will go.

– Remainder of installation is reverse of removal.

DRIVE AXLES

Drive axles use constant-velocity (CV) joints on both ends. For replacement parts, only CV joint boots or complete axles are offered by BMW.

Drive axle assembly

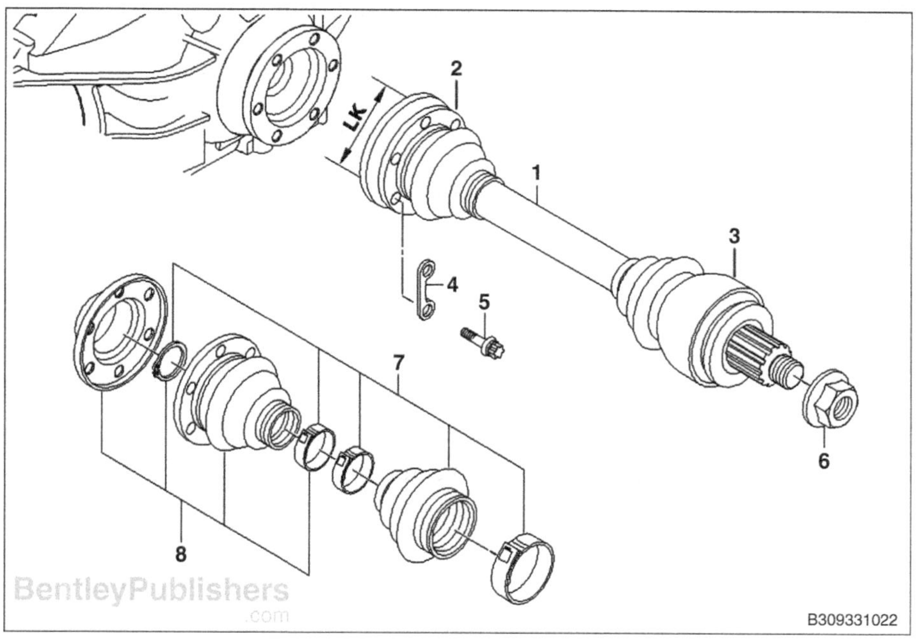

1. **Drive axle**
2. **Inner CV joint**
3. **Outer CV joint**
4. **Reinforcement**
5. **Torx bolt**
6. **Collar nut**
7. **Outer CV boot kit**
8. **Inner CV boot kit**

331

Drive axle, removing and installing

◀ With an assistant applying brakes, break free staked collar nut (**arrow**) at center of rear wheel hub. Do not remove completely.

NOTE—

- *The wheel hub collar nut is tightened to a high torque. Make sure the car is firmly on the ground.*

– Raise rear of car. Remove rear wheel.

> ***WARNING—***
> - *Make sure that the car is firmly supported on jack stands designed for the purpose. Place the jack stands beneath structural chassis points. Do not place jack stands under suspension parts.*

– Remove exhaust components as needed. See **180 Exhaust System**.

◀ Remove drive axle mounting bolts (**arrows**) from differential flange.

– Support rear wheel bearing carrier with a suitable jack.

– Using jack, lift wheel bearing carrier so that inboard side of drive axle clears the differential.

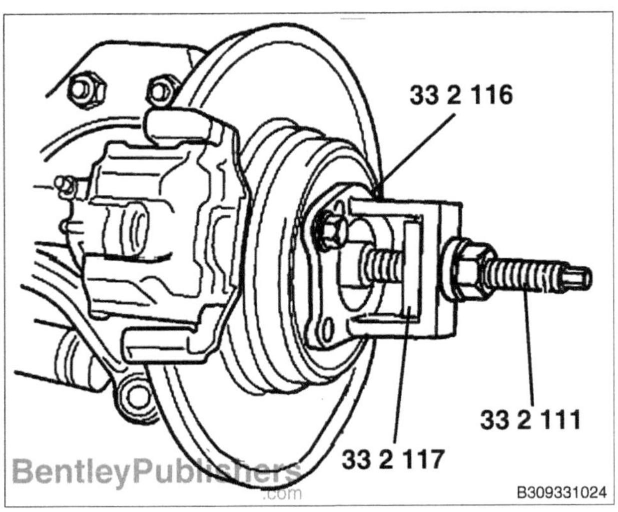

◀ Remove staked collar nut and press output shaft out of wheel hub.

– Remove drive axle towards center of vehicle.

– Installation is reverse of removal, noting the following:
  - Use a new collar nut.
  - Apply a light coating of oil to contact face of collar nut and tighten firmly, but not to final torque.
  - Install road wheel and lower car to ground.
  - With an assistant applying brakes, tighten drive axle collar nut to its final torque. Stake collar nut.

Tightening torques	
Drive axle collar nut to wheel hub • M24 • M27	 250 Nm (184.3 ft-lb) 420 Nm (310 ft-lb)
Drive axle to differential flange: • Torx M8 (replace bolts and washers) • Torx M10 (replace bolts and washers) • Torx M12 (replace bolts and washers)	 52 Nm (38.3 ft-lb) 70 Nm (51.6 ft-lb) 120 Nm (88.5 ft-lb)
Road wheel to hub	120 Nm (88.5 ft-lb)

CV joint boots

NOTE—

- *When replacing a CV joint boot, use a complete CV joint boot repair kit. The kit will include a new boot, clamping bands, special lubricant, and a new inner CV joint circlip. The kit is available from an authorized BMW dealer parts department.*
- *The outer CV joint cannot be removed from the axle shaft. In order to replace the outer CV boot, it is necessary to remove the inner joint and boot first.*
- *If the CV joints are worn or defective, a complete rebuilt axle shaft is available from an authorized BMW dealer parts department.*

– Remove axle shaft. See **Drive axle, removing and installing** in this repair group.

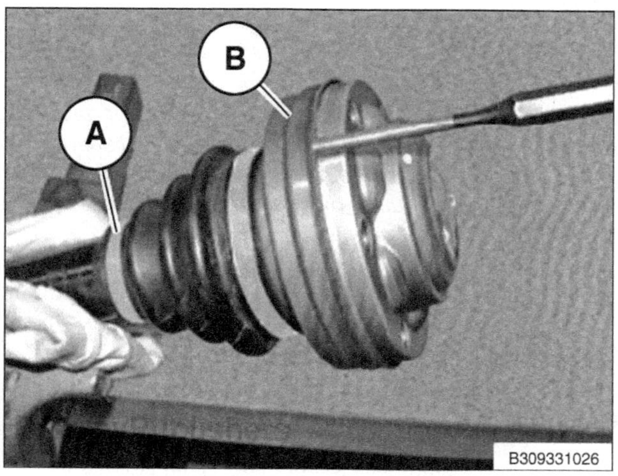

◄ Working with axle shaft at bench, cut off old boot clamps and remove boot (**A**) from inner joint (**B**) with suitable tool. Clean old grease off joint and shaft.

– Remove dust cover from inner CV joint.

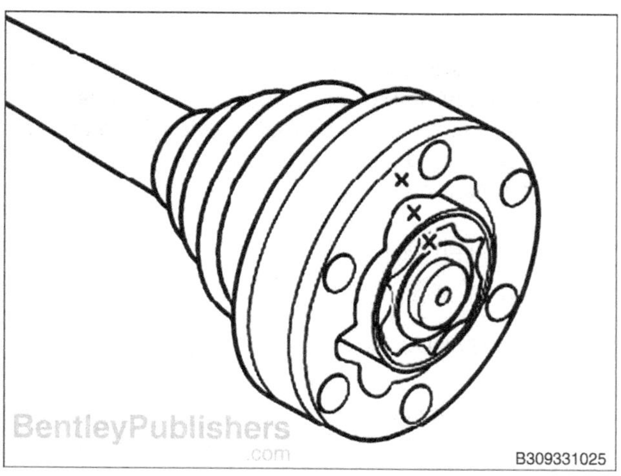

◄ Mark CV joint component positions in relation to each other.
  - Ball hub
  - Ball cage
  - CV joint

NOTE—

- *This will aid in reassembly if CV joint comes apart.*

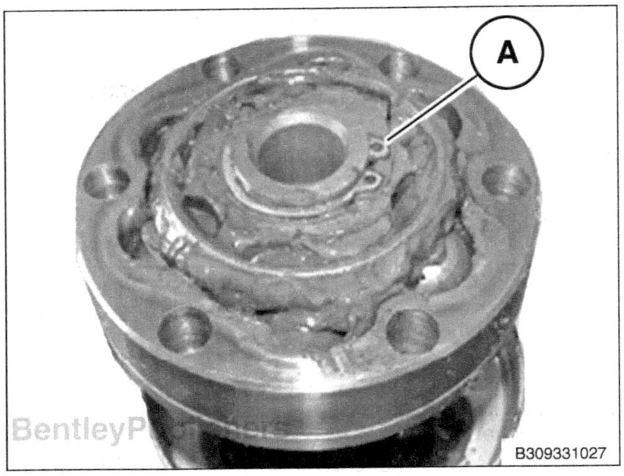

Remove circlip (**A**).

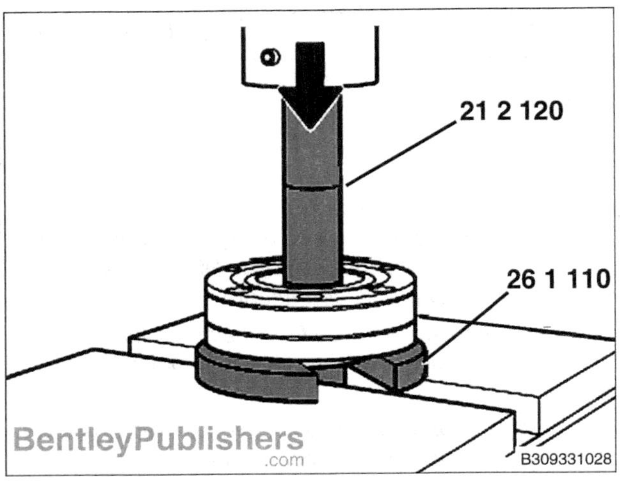

Support inner hub with BMW special tool 26 1 110 and press axle shaft out of joint using BMW special tool 21 2 120.

- Clean all old lubricant off shaft splines and inner joint splines.

> ***CAUTION—***
> - *If the CV joint must be disassembled for cleaning and inspection, be sure to matchmark inner and outer race and intermediate ball cage. This allows reassembly of parts in their original positions.*

NOTE—
- *To inspect a CV joint, clean away the grease and look for galling, pitting, and other signs of wear or physical damage. Polished surfaces or visible ball tracks alone are not necessarily cause for replacement. Discoloration due to overheating indicates lack of lubrication and need for a new CV joint.*
- *Do not let the ball hub pivot too far in the outer ring of the joint. The balls will fall out.*

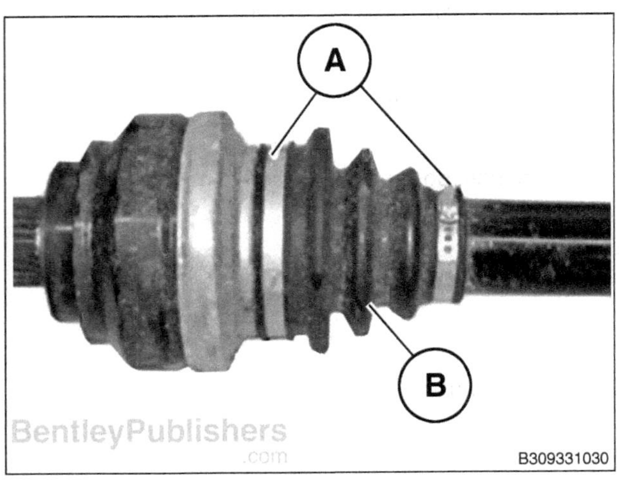

If replacing outer CV joint boot, cut off old boot clamps (**A**) and remove boot (**B**) from outer CV joint. Clean old grease off CV joint and shaft and carefully separate joint from axle.

- Clean all old lubricant off shaft splines and inner joint splines.

NOTE—
- *To inspect a CV joint, clean away the grease and look for galling, pitting, and other signs of wear or physical damage. Polished surfaces or visible ball tracks alone are not necessarily cause for replacement. Discoloration due to overheating indicates lack of lubrication and need for a new CV joint.*

- Slide outer CV joint boot on axle shaft.

NOTE—
- *Do not let the ball hub pivot too far in the outer ring of the joint. The balls will fall out.*
- *Before installing each small boot clamp be sure to "burp" the boot by flexing the CV joint. A small screwdriver inserted between the boot and the axle shaft will help the process.*

– Install new boot clamps.

NOTE—
- *Apply Loctite® 270 or an equivalent heavy-duty locking compound to inner drive axle splines.*

> ***CAUTION—***
> - *Do not let the locking compound contact the balls in the joint. Apply only a thin coat to cover the splines.*

– Slide inner CV joint boot on axle shaft.

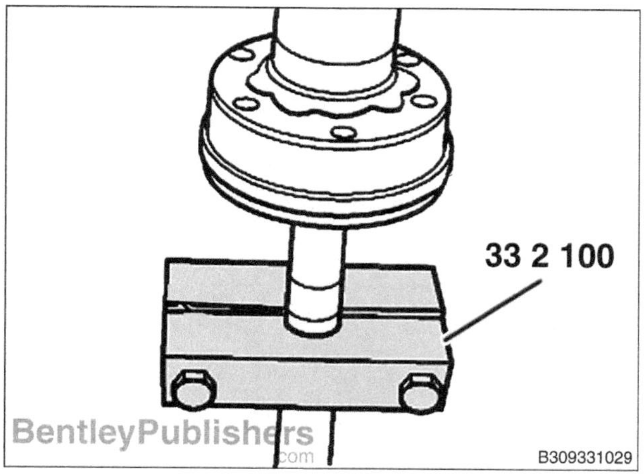

◀ While supporting axle shaft with BMW special tool 33 2 100, press inner hub of CV joint onto shaft. Install a new circlip.

– Install new boot clamps.

NOTE—
- *Before installing each small boot clamp be sure to "burp" the boot by flexing the CV joint. A small screwdriver inserted between the boot and the axle shaft will help the process.*

– Use sealing gel to seal dust cover to CV joint prior to reinstallation.

– Remainder of installation is reverse of removal.

Tightening torques	
Drive axle collar nut to wheel hub • M24 • M27	 250 Nm (184.3 ft-lb) 420 Nm (310 ft-lb)
Drive axle to differential flange: • Torx M8 (replace bolts and washers) • Torx M10 (replace bolts and washers) • Torx M12 (replace bolts and washers)	 52 Nm (38.3 ft-lb) 70 Nm (51.6 ft-lb) 120 Nm (88.5 ft-lb)
Road wheel to hub	120 Nm (88.5 ft-lb)

340 Brakes

TABLES

GENERAL

This repair group covers service for the brake system and for electronic braking and stability control (traction control) systems.

See also:

- **020 Maintenance** for basic brake system checks
- **300 Suspension, Steering and Brakes–General**
- **612 Switches** for brake light switch
- **ECL Electrical Component Locations** for fuse and component access
- **ELE Electrical Wiring Diagrams**

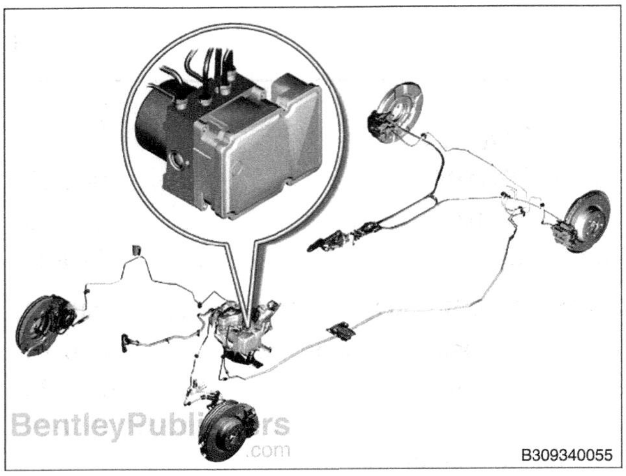

Brake system

3 Series models are equipped with vacuum power-assisted four-wheel disc brakes with integral antilock braking system (ABS). Single-piston calipers act on vented front and rear rotors. Two-stage brake pad wear sensors work along with condition based service (CBS) system to indicate when brake pads need replacement. The first stage is activated when brake pad linings reach a thickness of 6 mm, the second is activated at a thickness of 4 mm. The dual drum-type parking brake system is integrated with the rear brake rotors.

Electronic braking and stability control

3 Series models are equipped with dynamic stability control (DSC). DSC is a computer controlled traction control system that uses the ABS system in conjunction with engine management controls to control wheel spin during acceleration and maintain vehicle stability while braking.

Troubleshooting

Brake performance is mainly affected by three factors:

- Level and condition of brake fluid
- Ability of brake system to create and maintain pressure
- Condition of friction components

Air in brake fluid makes the brake pedal feel spongy during braking or increases the brake pedal force required to stop. Fluid contaminated by moisture or dirt corrodes the system. Inspect the brake fluid inside the reservoir. If it is dirty or murky, or is more then two years old, replace fluid. See **Brake system, bleeding** in this repair group.

To check the function of the master cylinder, hold the brake pedal down hard with the engine running. If the pedal slowly falls to the floor, either the master cylinder is leaking internally or fluid is leaking externally.

Inspect the brake rotors for glazing, discoloration and scoring. Steering wheel vibration while braking at speed is often caused by warped rotors, but can also be caused by worn suspension components.

When troubleshooting, keep in mind that tire inflation, wear and temperature can all have an affect on braking. See **300 Suspension, Steering and Brakes–General** for additional suspension and brake system troubleshooting.

Table a lists symptoms of brake problems, probable causes, and suggested corrective actions. Unless noted otherwise, relevant repairs are described later in this repair group.

Table a. Brake system troubleshooting

Symptom	Probable cause	Repairs
Brake squeal	Brake pad carriers dirty or corroded or pads loose (poor fit) in pad carrier	Remove brake pads and clean calipers. Use original equipment pads for proper fit and use BMW anti-squeal compound during installation.
	Brake pads heat-glazed or oil-soaked	Replace brake pads. Clean rotors. Replace leaking calipers as required.
	Wheel bearings worn (noise most pronounced when turning)	Replace worn bearings. See **310 Front Suspension** or **330 Rear Suspension**.
	Incorrectly installed brake pads, parking brake shoes, or brake parts	Check component installation. Check/replace anti-rattle springs.
Pedal goes to floor when braking	Brake fluid loss due to system leaks	Check fluid level and inspect for signs of leakage.
	Master cylinder or traction control system faulty	Replace master cylinder. Diagnose traction control system using factory or compatible diagnostic tool.
Low pedal after system bleeding	Master cylinder faulty	Replace master cylinder.
Pedal spongy or brakes work only when pedal is pumped	Air in brake fluid	Bleed system using factory or compatible diagnostic tool.
	Master cylinder or traction control system faulty	Replace master cylinder. Diagnose traction control system using factory or compatible diagnostic tool.
Excessive braking effort	Brake pads wet	Use light pedal pressure to dry pads while driving.
	Brake pads heat-glazed or fluid-soaked	Replace brake pads and rotors. Replace leaking calipers.
	Vacuum booster or vacuum hose connections to booster faulty	Inspect vacuum lines. Test vacuum booster and replace as required. Test brake booster check valve for one-way flow.
Brakes pulsate, chatter or grab	Warped brake rotors	Resurface or replace rotors.
	Brake pads worn	Replace brake pads.
	Brake pads heat-glazed or oil-soaked	Clean rotors. Replace leaking calipers.
Uneven braking, car pulls to one side, rear brakes lock	Incorrect tire pressures or worn tires	Inspect tire condition. Check and correct tire pressures.
	Brake pads on one side of car heat-glazed or fluid-soaked	Replace brake pads. Clean rotors. Replace leaking calipers.
	Caliper or brake pads binding	Clean and recondition brakes.
	Worn suspension components	Inspect for worn or damaged suspension components. See **310 Front Suspension** or **330 Rear Suspension**.
Brakes drag, bind or overheat	Brake caliper or brake pads binding	Clean or replace caliper.
	Master cylinder or traction control system faulty	Replace master cylinder. Diagnose traction control system using factory or compatible diagnostic tool.

Warnings and Cautions

WARNING—
- *Make sure that the brake system is bled using a BMW scan tool or equivalent. See* **Bleeding Brakes** *in this repair group.*
- *Semi-metallic and metallic brake friction materials in brake pads or shoes produce dangerous dust. Treat all brake dust as a hazardous material. Do not create dust by grinding, sanding, or cleaning brake friction surfaces with compressed air.*
- *Brake fluid is poisonous, corrosive and dangerous to the environment. Wear safety glasses and rubber gloves when working with brake fluid. Do not siphon brake fluid with your mouth. Dispose of brake fluid properly.*
- *Do not reuse self-locking nuts, bolts or fasteners. They are designed to be used only once and may fail if reused. Replace them with new self-locking fasteners.*
- *A car with electronic stability control is still subject to normal physical laws. Avoid excessive speeds for the road conditions encountered.*

CAUTION—
- *Brake fluid damages paint. Immediately clean brake fluid spilled on painted surfaces and wash with water.*
- *Use new brake fluid from a fresh, unopened container. Brake fluid absorbs moisture from the air. This can lead to corrosion problems in the braking system and also lowers the fluid boiling point.*
- *When working on brake fluid lines:*
  -Do not mix up fluid lines at the master cylinder or hydraulic unit. Label unions before disconnecting.
  -Do not kink brake lines.
  -Plug open lines and brake fluid ports to prevent contamination.
- *Tighten brake hoses on front wheels with wheels in straight ahead position.*
- *If carrying out electric welding work, be sure to disconnect electrical harness connector from electronic control module.*
- *Do not expose electronic control modules to high sustained heat. Maximum heat exposure:*
  -95°C (203°F) for short periods of time
  -85°C (185°F) for long periods of time (approx. 2 hours)

Bleeding Brakes

> ***WARNING—***
> - *The BMW traction control system uses electronic controls and a sophisticated hydraulic unit in the brake system. Once air enters the hydraulic unit, it is very difficult to remove using traditional methods. For this reason, use BMW scan tool or equivalent to pressure bleed brakes.*
> - *When flushing brake fluid from the system, use extreme care to not let the brake fluid reservoir run dry. If air enters the hydraulic unit, be sure to use the BMW scan tool to bleed the brake system before the vehicle is driven.*

Brake bleeding is usually done for one of two reasons:

- To replace old brake fluid as part of routine maintenance
- To expel trapped air in the system that resulted from opening the brake hydraulic system during repairs.

BMW recommends completely replacing the brake fluid at least once every two years. When replacing brake fluid or bleeding brakes, use the correct specification brake fluid according to **Table b**.

Table b. Brake fluid application	
BMW preferred fluid	Low viscosity DOT 4 brake fluid
Low viscosity DOT 4 brake fluid may be used in all 3 Series vehicles. DOT 4 and low viscosity DOT 4 brake fluid can be mixed.	

When adding or replacing brake fluid, add new brake fluid from an unopened container. It is important to bleed the entire system when any part of the hydraulic system is opened.

If you are certain no air was introduced into the master cylinder or DSC hydraulic unit, bleed the brakes at the calipers using a pressure bleeder. See **Brake calipers, bleeding** in this repair group.

However, if air enters the DSC hydraulic unit, bubbles may adhere to the edges and internal valves of the unit and these cannot be removed via conventional flushing. In that case it is necessary to bleed brakes using a BMW scan tool or equivalent. The special tool creates pulsations or vibrations which loosen and flush the bubbles.

Therefore, if you are in any doubt about introduced air into the brake system, use the service tools to bleed the system or have the brakes bled by an authorized BMW dealer. See **Brake system, bleeding** in this repair group.

When bleeding the brakes, start at the wheel farthest from the master cylinder and progress in the following order:

- right rear brake
- left rear brake
- right front brake
- left front brake

Brake calipers, bleeding

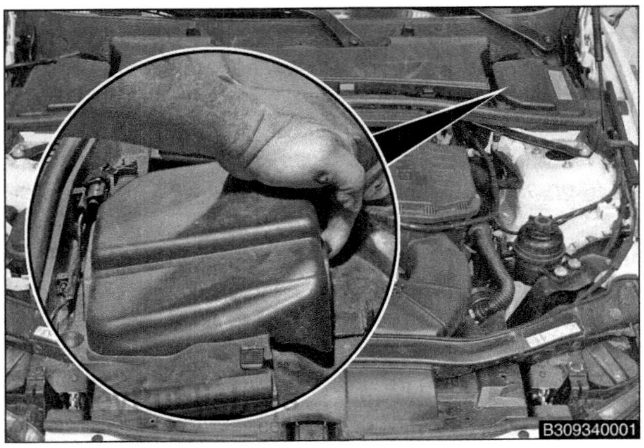

Remove cover (**inset**) to access brake fluid reservoir.

Top off brake fluid reservoir (**arrow**).

- Connect pressure bleeder to reservoir. Pressurize system to approximately 2 bar (29 psi).

> ***CAUTION—***
> - *Do not exceed a pressure of 2 bar (29 psi) when pressure bleeding the brake system. Excessive pressure damages the brake fluid reservoir.*

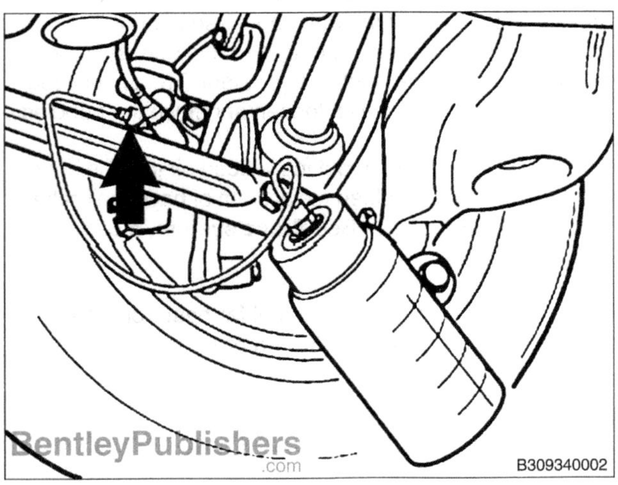

Connect bleeder hose and bottle to **right rear** caliper bleeder screw (**arrow**). Have a helper hold brake pedal down.

Open bleeder screw (**arrow**). Have helper slowly pump brakes about 10 times with bleeder screw open, holding pedal down on last pump. When escaping fluid is free of air bubbles, close bleeder screw.

> ***CAUTION—***
> *• Make sure bleeder hose remains submersed in clean brake fluid whenever the bleeder valve is open.*

– Close bleeder screw and release brake pedal. Refill brake fluid reservoir and proceed to left rear wheel.

– Continue bleeding remaining wheels in the following order:
- **left rear**
- **right front**
- **left front**

Tightening torques	
Bleeder to caliper: • 9 mm screw • 11 mm screw	 7 - 11 Nm (5 - 8 ft-lb) 12 - 18 Nm (9 - 13 ft-lb)

Brake system, bleeding

The procedure below requires the use of BMW scan tool or equivalent.

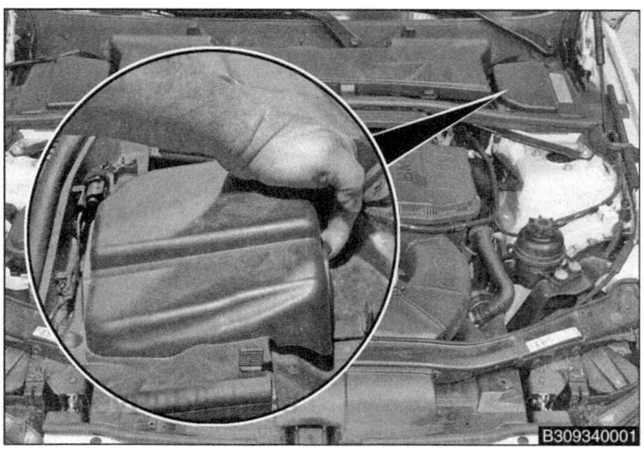

Remove cover (**inset**) to access brake fluid reservoir.

Top off brake fluid reservoir (**arrow**).

– Connect pressure bleeder to reservoir. Pressurize system to approximately 2 bar (29 psi).

> ***CAUTION—***
> *• Do not exceed a pressure of 2 bar (29 psi) when pressure bleeding the brake system. Excessive pressure damages the brake fluid reservoir.*

– Connect BMW scan tool or equivalent to OBD II plug on underside of dash in left footwell.

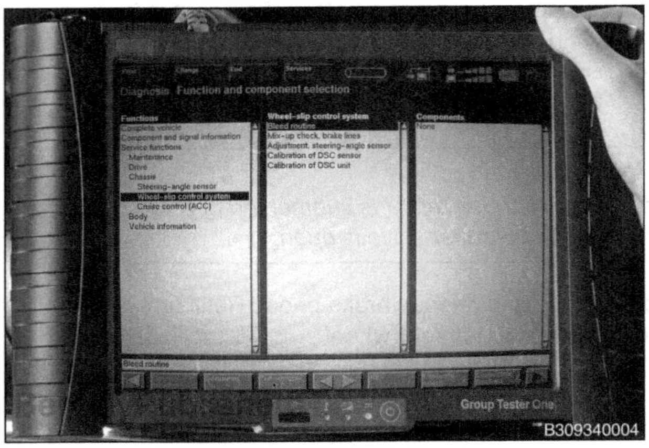

B309340004

Set tool to service function Bleeding ABS / DSC.

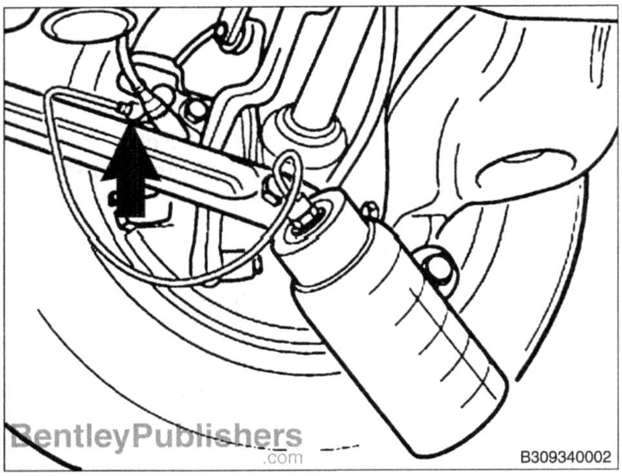
B309340002

Connect bleeder hose and bottle to **right rear** caliper bleeder screw (**arrow**). Have a helper hold brake pedal down.

B309340030

Open bleeder screw (**arrow**). Carry out bleeding procedure using BMW scan tool on-screen instructions until clear, bubble-free fluid flows.

- After BMW scan tool bleeding routine has finished, press brake pedal to floor 5 times until clear, bubble-free fluid flows. Close bleeder.

> ***CAUTION—***
> *• Make sure bleeder hose remains submersed in clean brake fluid whenever the bleeder valve is open.*

- Repeat procedure at **left rear** brake.
- Repeat procedure at **right front** brake.
- Repeat procedure at **left front** brake.

– Remove brake bleeding apparatus and disconnect BMW scan tool. Top off brake fluid. Check to make sure brake fluid reservoir cap seal is intact.

Tightening torques	
Bleeder to caliper: • 9 mm screw • 11 mm screw	 7 - 11 Nm (5 - 8 ft-lb) 12 - 18 Nm (9 - 13 ft-lb)

BRAKE PADS, CALIPERS AND ROTORS

Braking system components

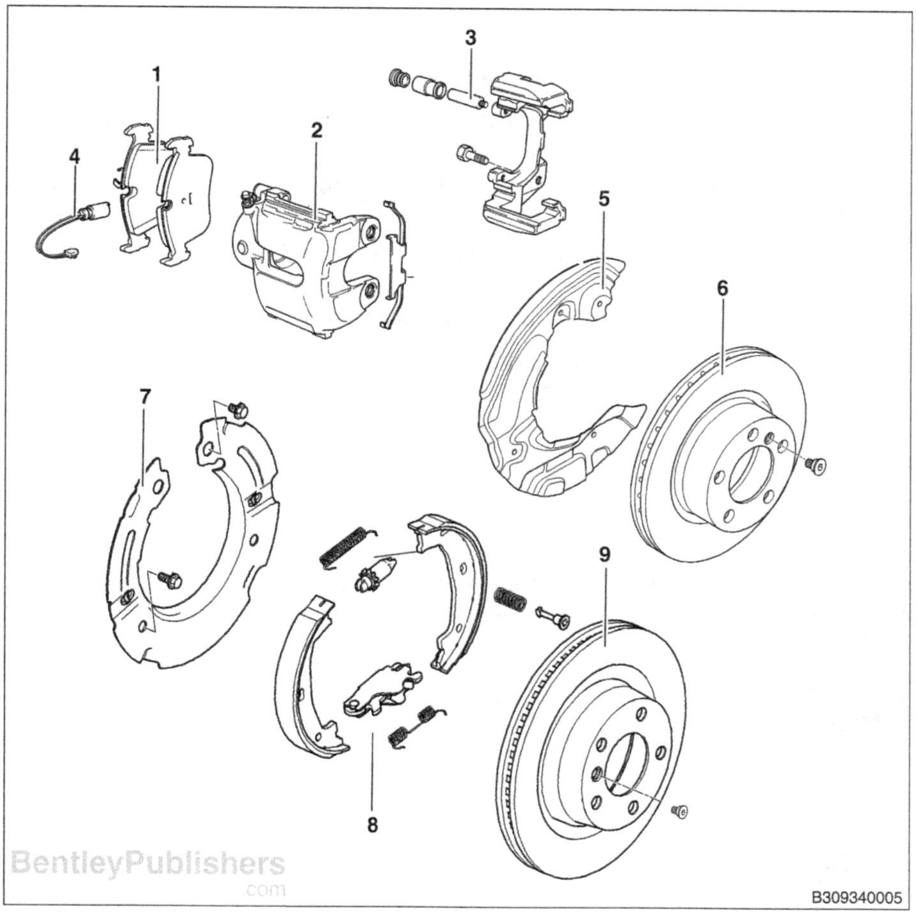

1. Brake pads
    - Wear limit: 3 mm (0.12 in).
    - Follow directional marking when installing.
2. Brake caliper
3. Brake caliper guide bolt
    - Tighten to 30 ± 2 Nm (22 ± 1 ft-lb).
4. Brake pad wear sensor
    - On left front, right rear inner pad.
    - Replace with new pads.
    - Replace if brake pad wear warning light illuminated.
5. Front brake backing plate
6. Front brake rotor
    - See **Table d** or **Table e** for brake rotor specifications.
    - Clean off preservative before installing new rotor.
7. Rear brake backing plate
8. Parking brake shoes with hardware
9. Rear brake rotor

340

Brake pads, checking and replacing

Brake pads can be replaced without disconnecting the brake fluid hose from the caliper or having to bleed the brakes. The rotors can be replaced without disassembling wheel hub and bearing. Front and rear brake pad replacement procedures are similar.

Replace pads in sets.

– Raise car and support safely. Remove wheels.

> ***WARNING —***
> *• Make sure the car is stable and well supported at all times. Use a professional automotive lift or jack stands designed for the purpose. A floor jack is not adequate support.*

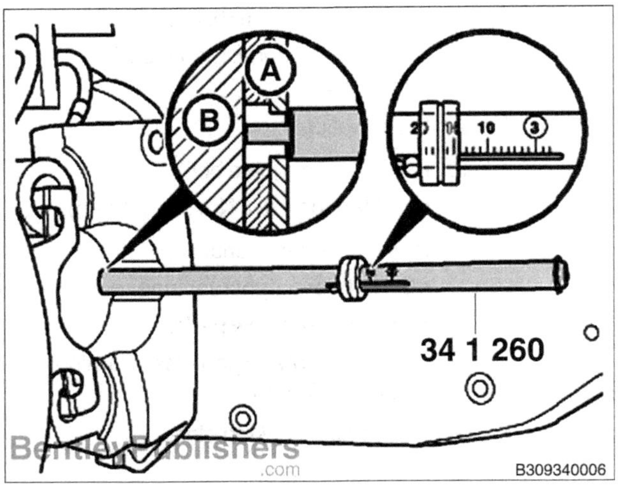

To measure brake pad lining thickness, insert BMW special tool 34 1 260 at either right front or left rear wheel.

- Move wheel until notch for brake wear indicator can be seen through wheel opening.
- Insert tip of tool into notch so that body of tool rests on brake pad backing plate (**A**), and tip touches brake rotor (**B**).
- Replace pads if at minimum thickness. See **Table c**.

Table c. Brake pad lining minimum thickness	
Minimum pad thickness, front or rear	2.4 mm (0.9 in)

Pry off brake caliper anti-rattle spring in direction of **arrows**.

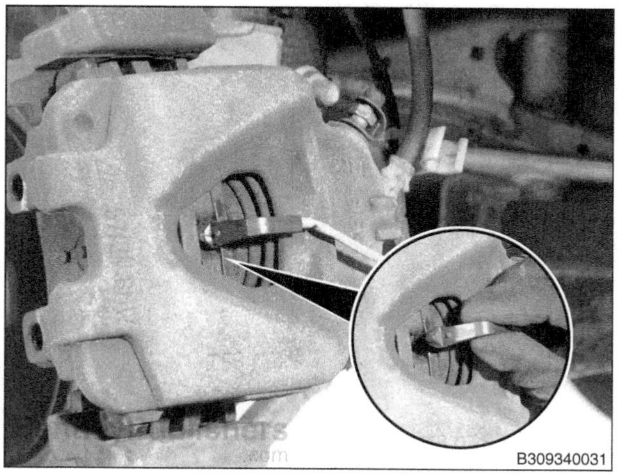

Using your fingers, carefully remove brake pad wear sensor from brake pad.

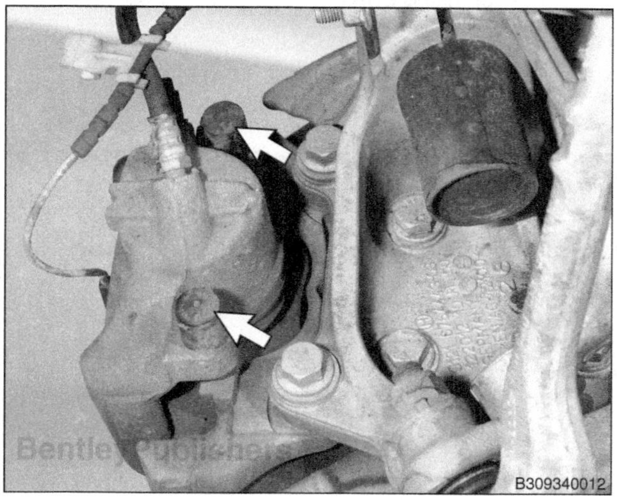

Remove plastic caps from caliper guide bolts (**arrows**).

Use BMW special tool 34 1 080 (7 mm Allen wrench) to remove caliper guide bolts. Remove caliper from pad carrier.

CAUTION—

- *Do not let the brake caliper assembly hang from the brake hose. Support caliper from chassis with strong wire.*

NOTE—

- *If there is a ridge on brake rotor edge, press caliper pistons back into caliper before removing caliper.*

– Check brake rotor thickness. Inspect for rust or damage. If necessary replace or machine brake rotors. See **Brake rotor, removing and installing** in this repair group. Brake rotor specifications are in **Table d** and **Table e**.

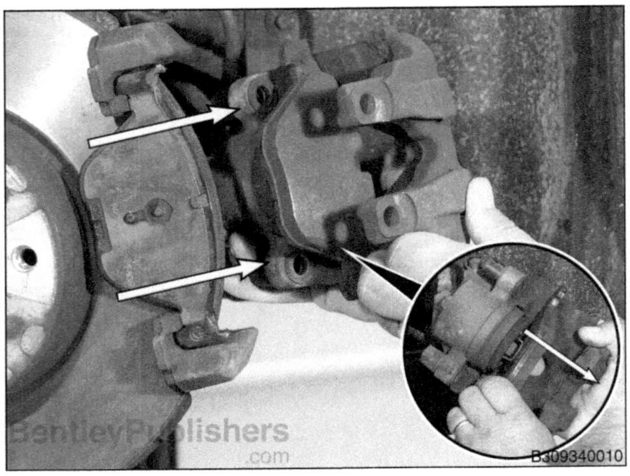

Remove brake pads in direction of **arrows**.

NOTE—
- *Inner brake pad (**inset**) has a spring to locate it in the caliper piston.*

Compress caliper piston using BMW special tool 34 1 050 or equivalent.

> ***CAUTION—***
> - *Pressing caliper pistons in may cause brake fluid reservoir to overflow. To prevent this, use a clean syringe to first remove some fluid from reservoir.*

– Check caliper dust boots for damage and replace if necessary.

– Clean contact surfaces between caliper and caliper carrier.

Apply thin coating of BMW anti-squeal compound to caliper contact face (**arrows**).
- Do not apply grease to brake pad backing plate.

> ***CAUTION—***
> - *Do not let caliper rubber dust sleeve come in contact with anti-squeal compound. The compound causes rubber to swell and deteriorate.*

Apply thin coating of BMW anti-squeal compound to brake pad rests (**arrows**) on pad carrier.

NOTE—
- *In order to preserve brake caliper surface coating use brake cleaner only to clean.*

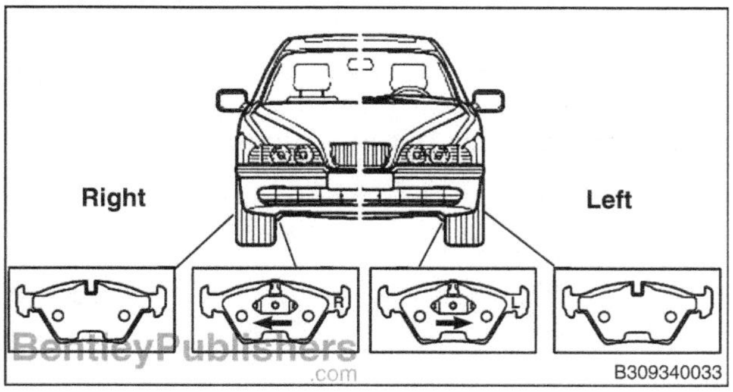

When installing directional brake pads, install marked pads as shown.

NOTE—
- *BMW-supplied (OEM) front brake pads may be marked as directional pads. Aftermarket brands are generally not labeled as directional. When installing directional pads, be sure to install them as indicated in the illustration.*

– Where applicable, insert brake pad wear sensor into cutout in new pad. Push sensor into pad cutout until it locks into place. Brake pad wear sensor is fragile, be careful not to damage during installation.

NOTE—
- *If brake pad wear sensor light illuminated prior to brake pad replacement, replace wear sensor or reset CBS data. Brake pad sensor can only be installed once, then needs replacing. See* **020 Maintenance**.

– Route pad wear sensor wiring through caliper opening and under bleeder dust cap.

– Remainder of installation is reverse of removal.
- Clean brake caliper guide bolts (7 mm Allen). Replace ones which are not in perfect condition. Do not grease.
- Top off brake fluid to MAX marking.
- Before driving car, pump brake pedal several times so that brake pads contact brake rotors.
- Check that brake fluid level is correct. Top off if necessary.
- Hold ignition key for at least 30 seconds in accessory position without starting engine. This clears fault codes in memory and turns brake pad warning light OFF. If light remains on reset condition based service (CBS) system. See **020 Maintenance**.

Tightening torques	
Brake caliper to pad carrier (7 mm Allen)	30 ± 2 Nm (22 ± 1 ft-lb)
Road wheel to hub	120 Nm (88.5 ft-lb)

Brake caliper and pad carrier, removing and installing

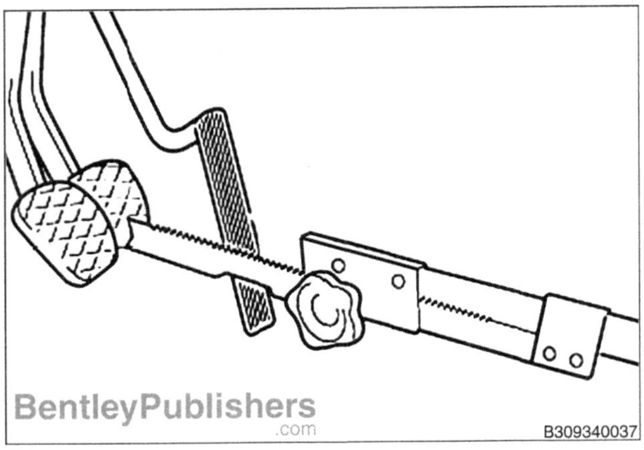

Insert pedal prop and depress brake pedal slightly. This prevents brake fluid from escaping when brake lines are detached.

– Raise car and support safely. Remove wheels.

> ***WARNING —***
> - *Make sure the car is stable and well supported at all times. Use a professional automotive lift or jack stands designed for the purpose. A floor jack is not adequate support.*

Left front wheel: Working in junction box in wheel housing, separate brake pad warning sensor electrical harness (**arrow**).

– Right rear wheel: Remove right rear wheel well housing liner. See **410 Fenders, Engine Hood**.

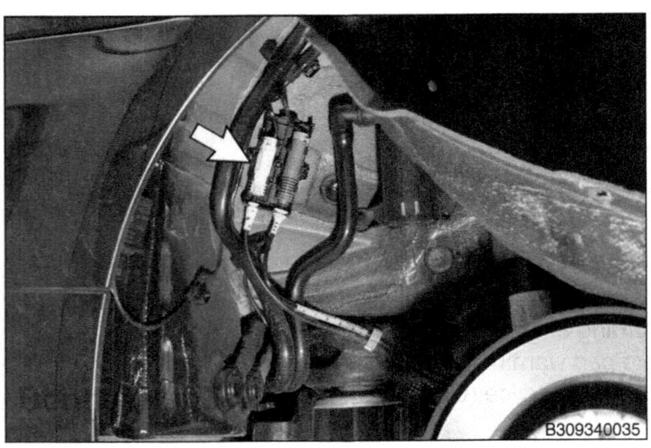

Working in junction box in wheel housing, separate brake pad warning sensor electrical harness (**arrow**).

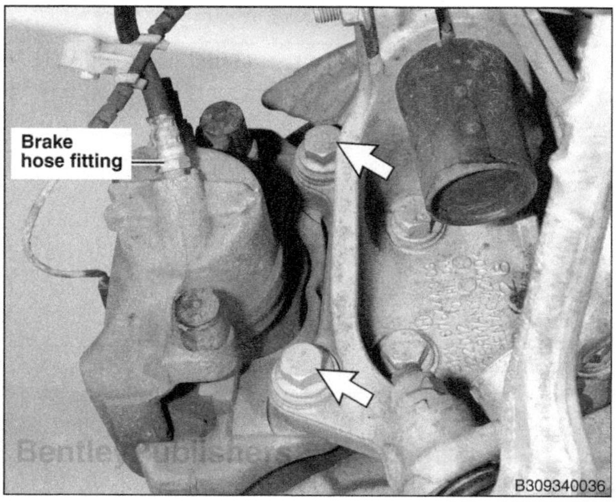

- Working at brake caliper:
  - Loosen brake hose fitting at caliper. Use shop towels to catch dripping brake fluid.
  - Remove pad carrier and caliper mounting bolts (**arrows**) from steering knuckle (front caliper) or from wheel bearing carrier (rear caliper).

– Lift off caliper and spin assembly off hose. Plug open fluid lines and ports.

– Inspect brake caliper for signs of leakage. Check that caliper piston slides smoothly into caliper. Replace caliper if any faults are found.

– Installation is reverse of removal. Bleed entire brake system before driving car. See **Brake calipers, bleeding** in this repair group.

Tightening torques	
Brake caliper to pad carrier	30 ± 2 Nm (22 ± 1 ft-lb)
Brake fluid hose to caliper	24 ± 2 Nm (17.7 ± 1 ft-lb)
Brake hose to steel line	12 Nm (8.8 ft-lb)
Front pad carrier to steering knuckle	110 Nm (81 ft-lb)
Rear pad carrier to wheel bearing carrier	65 Nm (50 ft-lb)
Road wheel to hub	120 Nm (88.5 ft-lb)

Brake rotor, removing and installing

Measure brake rotor diameter on vehicle and check against corresponding brake rotor specifications in **Table d** (front brakes) or **Table e** (rear brakes). Additional application information is available through parts data and authorized BMW dealer parts department.

Table d. Front brake rotor specifications in mm (inches)		
Diameter	**Thickness (new)**	**Thickness (min.)**
360 (14.2)	30 (1.18)	28.4 (1.12)
348 (13.7)	30 (1.18)	28.4 (1.12)
338(13.3)	26 (1.02)	24.4 (0.96)
330 (13.0)	24 (0.94)	22.4 (0.88)
312 (12.3)	24 (0.94)	22.4 (0.88)
300 (11.8)	24 (0.94)	22.4 (0.88)
292	22 (0.87)	20.4 (0.80)
Max. machine limit per friction ring side: 0.8 mm (0.03 in). Do not machine M3 brake rotors.		
Wear warning from residual lining thickness: 3.7 mm (0.15 in).		

340

Table e. Rear brake rotor specifications in mm (inches)		
Diameter	**Thickness (new)**	**Thickness (min.)**
350 (13.8)	24 (0.94)	22.4 (0.88)
336 (13.2)	22 (0.87)	20.4 (0.80)
300 (11.8)	20 (0.79)	18.4 (0.72)
296 (11.7)	10 (0.39)	8.4 (0.33)
Max. machine limit per friction ring side: 0.8 mm (0.03 in). Do not machine M3 brake rotors.		
Wear warning from residual lining thickness: 3.7 mm (0.15 in)		

Machine or replace brake rotors in pairs per axle.

– Raise car and support safely. Remove wheels.

> ***WARNING —***
> - *Make sure the car is stable and well supported at all times. Use a professional automotive lift or jack stands designed for the purpose. A floor jack is not adequate support.*

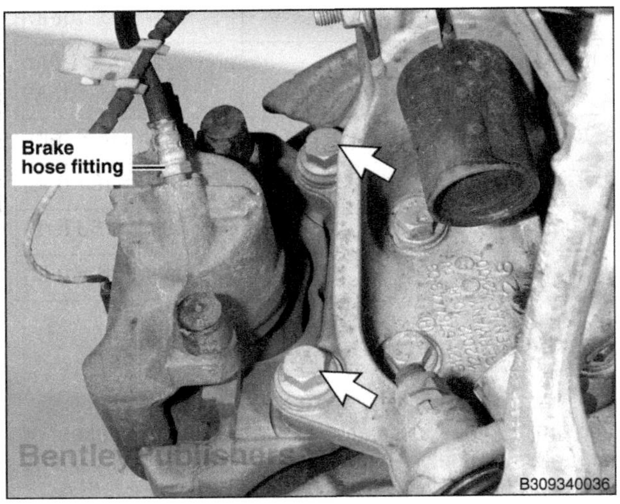

◀ Remove brake caliper carrier bolts (**arrows**). Suspend brake caliper from chassis using stiff wire.

NOTE —
- *Hydraulic brake line remains connected.*

◀ Remove brake rotor mounting screw (**arrow**) and remove rotor.

– Inspect rotor for cracks, signs of overheating and scoring.

– Minimum allowable thickness (MIN TH) is stamped on rotor hub. Measure rotor braking surface with a micrometer at eight to ten different points and use the smallest measurement. Compare to specifications in **Table d** or **Table e**.

– If rotor does not pass minimum thickness requirements or is damaged, replace rotor.
- Clean rotor with brake cleaner before installing.
- When installing new rear brake rotors, adjust parking brake. See **Parking brake, adjusting** in this repair group.

Tightening torques	
Brake rotor to hub	16 Nm (12 ft-lb)
Front brake pad carrier to steering knuckle	110 Nm (81 ft-lb)
Rear brake pad carrier to wheel bearing carrier	65 Nm (48 ft-lb)
Road wheel to hub	120 Nm (88.5 ft-lb)

Master Cylinder

The brake master cylinder is mounted to the front of the vacuum booster on the driver side bulkhead.

> ***WARNING —***
> - *Make sure that the brake system is bled using the BMW scan tool or equivalent. See* **Bleeding Brakes** *in this repair group.*

Master cylinder, removing and installing

> ***CAUTION—***
> - *Brake fluid is highly corrosive and dangerous to the environment. Dispose of it properly.*

– Remove cabin microfilter housings. See **640 Heating and Air-conditioning**.

– Remove left lower dashboard trim. See **513 Interior Trim**.

< Working at brake fluid reservoir at left rear of engine compartment:
- Detach brake fluid level sensor connector (**arrow**).
- Remove reservoir cap.
- Using a clean syringe, empty brake fluid reservoir.
- Plug open brake fluid lines and ducts to prevent fluid leakage and contamination.

– Remove brake fluid reservoir by tilting sideways out of grommets.

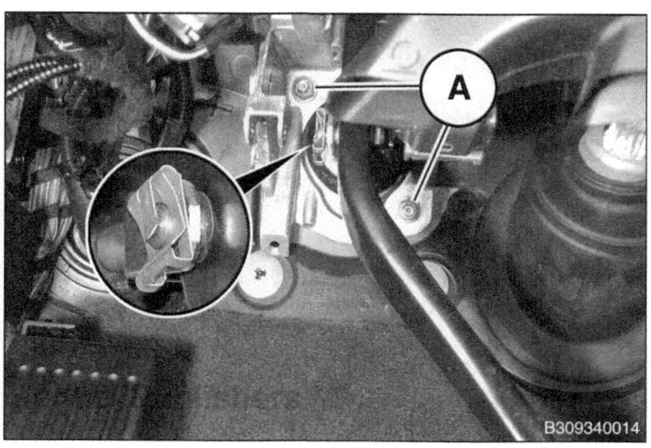

< Slacken brake booster:
- Remove fasteners (**A**).
- Disconnect brake pedal from push rod (**inset**).

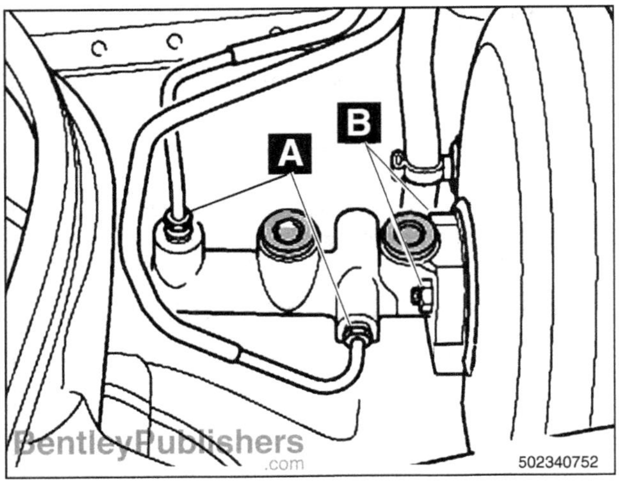

◀ Disconnect master cylinder brake lines (**A**).

- Plug open brake lines to prevent contamination.
- Remove master cylinder mounting nuts (**B**) and remove master cylinder.

– During reinstallation, make sure all nuts, fluid couplings, thread bores, and mating surfaces are clean.

– Mount master cylinder to brake booster using new sealing O-ring and new self-locking nuts.

> ***CAUTION—***
> - *Be sure to align master cylinder pushrod and booster pushrod.*
> - *Do not over-torque master cylinder mounting nuts. This could damage the brake booster and prevent proper vacuum build-up.*

Tightening torque	
Brake master cylinder to brake booster	21 ± 3 Nm (15.4 ± 2 ft-lb)

– Connect brake fluid lines to master cylinder.

Tightening torque	
Brake fluid line to master cylinder	12 Nm (8.8 ft-lb)

– Reinstall fluid reservoir using new sealing grommets.

– Fasten brake booster.

Tightening torque	
Brake booster to body panel • M8	21 Nm (15.4 ft-lb)

– Remainder of installation is reverse of removal. Remember to:

- Top up with fresh brake fluid.
- Bleed entire brake system. See **Brake system, bleeding** in this repair group.

Brake booster check valve

The check valve in the brake booster vacuum line prevents contamination from engine backfires and other sources from entering the brake booster. The check valve is attached to brake booster.

– Remove DSC hydraulic control unit. See **DSC hydraulic control unit, removing and installing** In this repair group.

– Pump brake pedal a few times to reduce vacuum in brake booster. This makes removal of check valve easier.

◀ Disconnect quick connect coupler (**arrow**).

- Remove valve to test or replace. Valve is pressed into grommet in vacuum booster (**inset**), pry it out carefully.

- Reinstall valve using new hose clamps. Install valve so that molded arrow is pointing toward intake manifold.

Auxiliary brake booster vacuum pump

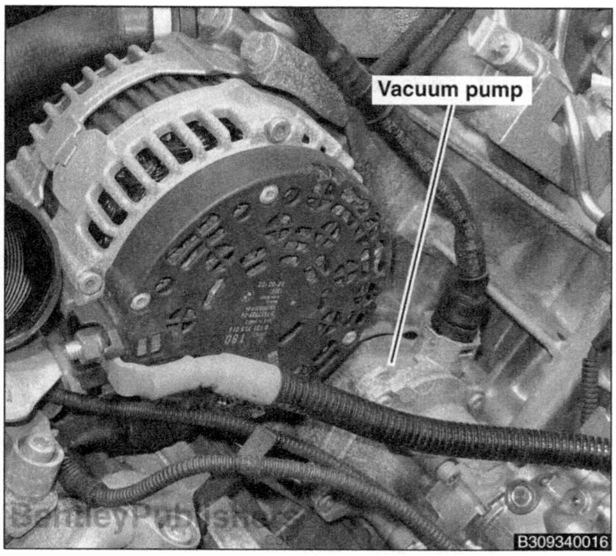

- 3 Series models use an auxiliary pump to supply vacuum to the brake booster, rather than using traditional manifold vacuum.

PARKING BRAKE

Parking brake components

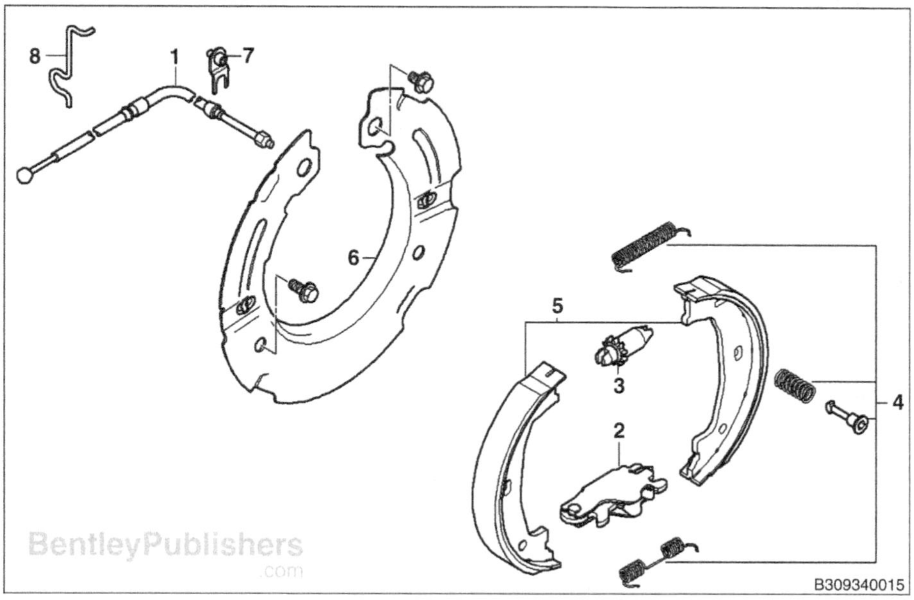

1. Parking brake bowden cable
2. Expanding lock
3. Adjuster
4. Brake shoe hardware
5. Brake shoes
6. Backing plate
7. Spring clip
8. Bowden cable bracket

Parking brake, adjusting

The parking brake is a brake drum system integrated into the rear brake rotors. Adjust with rear of car raised off the ground and the wheels installed.

Adjusting parking brake under the following circumstances:

- After replacing parking brake shoes
- After replacing rear brake rotors
- Excessive stroke of parking brake handle required for actuation (more then 10 clicks)
- After replacement of brake shoe adjuster or parking brake cable(s)

< Remove parking brake handle boot (**arrow**).

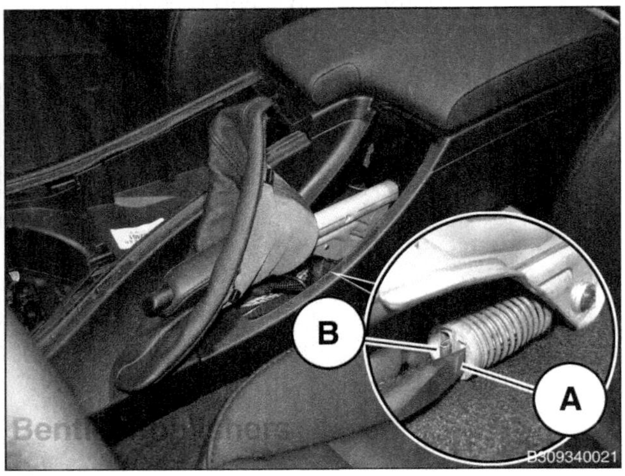

< relieve parking brake cable tension: Using a screwdriver, lock parking brake handle adjuster by pressing stop (**A**) spring back to engage hook (**B**). **Inset** shows hook engaged.

– Raise rear of car.

> ***WARNING —***
> - *Make sure that the car is firmly supported on jack stands designed for the purpose. Place jack stands beneath structural chassis points. Do not place jack stands under suspension parts.*

< Remove one rear wheel stud and rotate wheel until parking brake adjuster is visible through wheel stud hole (**arrow**).

B309340020

Using a screwdriver turn parking brake adjuster (**inset**) until wheel can no longer be rotated. Back adjuster off corresponding amount of notches. See table below.

Parking brake adjusting (initial)	
185 diameter brake rotor	8 notches
160 diameter brake rotor	9 notches

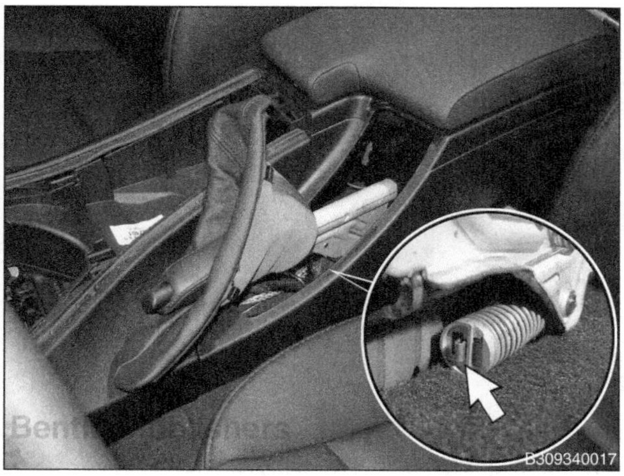
B309340017

Unlock parking brake handle adjuster by levering out restraining hook (**arrow**) with a screwdriver.

- Working inside car, set parking brake several times to seat brakes.
- Release lever and make sure rear wheels turn freely.
- Switch ignition ON. Pull up parking brake lever 1 notch and make sure that parking brake warning light comes on. If not, adjust parking brake warning light contact switch.
- Install parking brake lever boot. Install road wheel lug bolts.

Tightening torque	
Road wheel to hub	120 Nm (88.5 ft-lb)

Parking brake shoes, removing and installing

B309340018

Remove parking brake handle boot (**arrow**).

340

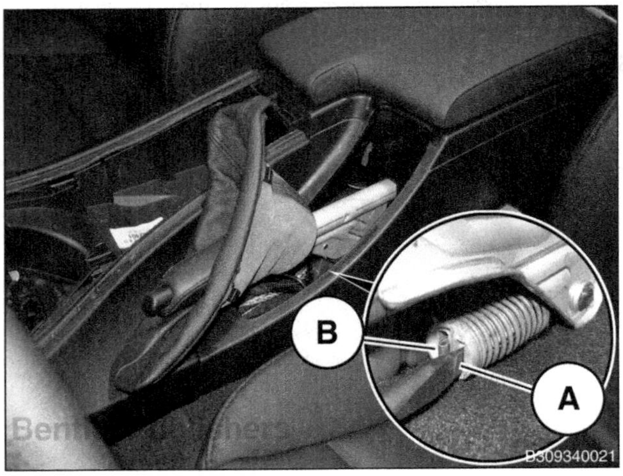

◄ relieve parking brake cable tension: Using a screwdriver, lock parking brake handle adjuster by pressing stop (**A**) spring back to engage hook (**B**). **Inset** shows hook engaged.

– Raise rear of car and remove wheels.

> ***WARNING —***
> *• Make sure the car is firmly supported on jack stands designed for the purpose. Place jack stands beneath structural chassis points. Do not place jack stands under suspension parts.*

– Without disconnecting brake fluid hose, remove rear brake calipers from trailing arms. Remove rear brake rotors. See **Brake rotor, removing and installing** in this repair group.

> ***CAUTION—***
> *• Do not let the brake caliper assembly hang from the brake hose. Support caliper from chassis with strong wire.*

◄ Unhook upper return spring (**A**) from brake shoes. Note position of parking brake shoe adjuster (**B**).

◄ Unhook lower return spring (**arrow**) from brake shoes.

Rotate hub flange to align lug hole with return spring. Remove brake shoe retaining pins using 6 mm allen wrench.

- Rotate retainer ¼ turn to release.
- Spread shoes apart and lift out.

– Apply thin coat of grease to sliding parts and pins before reassembly.

– Installation is reverse of removal. Be sure to adjust parking brake. See **Parking brake, adjusting** in this repair group.

Tightening torque	
Road wheel to hub	120 Nm (88.5 ft-lb)

Parking brake cable, replacing

The parking brake is actuated by two separate Bowden cables. Each cable can be replaced separately.

– Working inside car, gain access to base of parking brake handle by removing center console. See **513 Interior Trim**.

– Remove airbag control module. See **721 Airbag System (SRS)**.

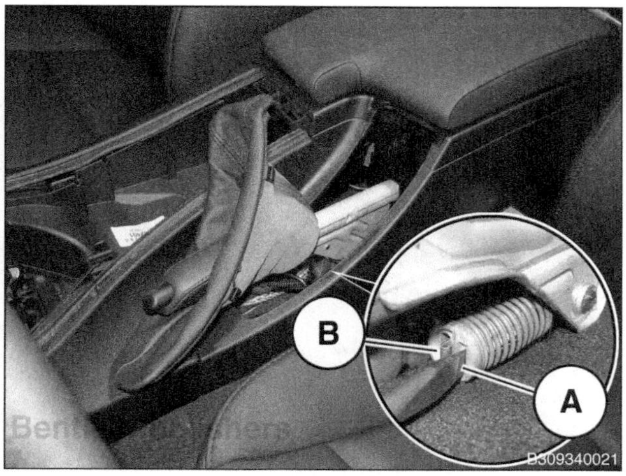

relieve parking brake cable tension: Using a screwdriver, lock parking brake handle adjuster by pressing stop (**A**) spring back to engage hook (**B**). **Inset** shows hook engaged.

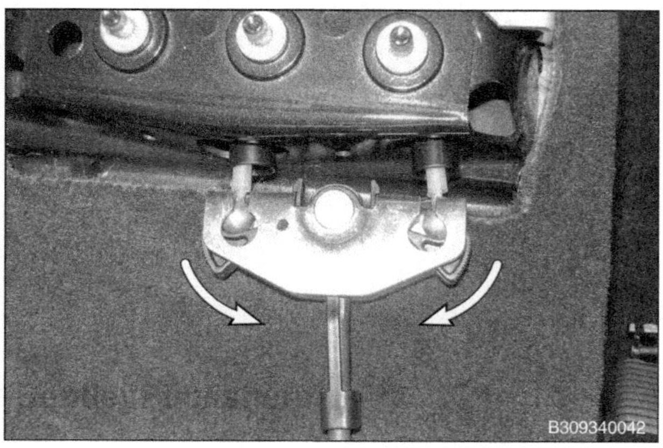

Press cable retainer (**A**) forward in direction of **arrows**.

Parking brake cable, replacing

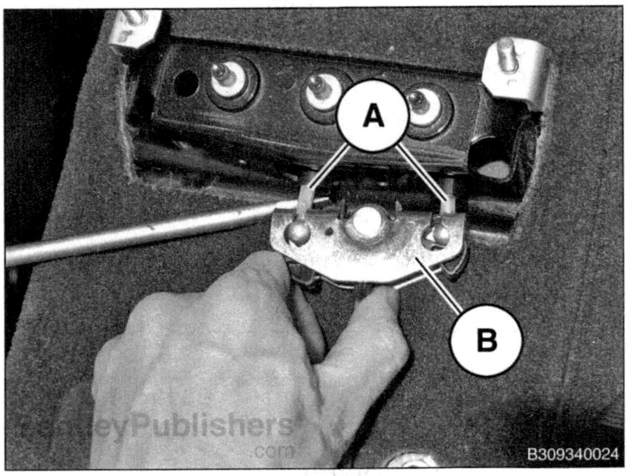

Remove parking brake cables (**A**) from balance arm (**B**).

– Raise rear of car and remove wheels.

> ***WARNING —***
> • *Make sure the car is firmly supported on jack stands designed for the purpose. Place jack stands beneath structural chassis points. Do not place jack stands under suspension parts.*

Remove fastener and cable hold down (**arrow**).

Rotate brake rotor to align stud hole until cable end and expander are visible through hole (**arrow**).

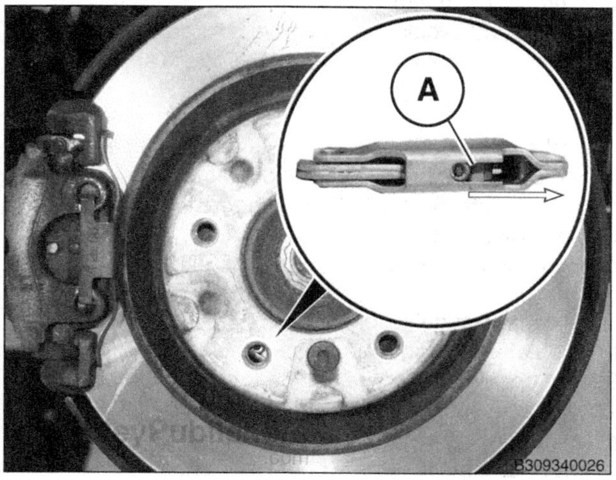

Press and release spring (**A**) in direction of **arrow** while pulling parking brake cable out of expander and backing plate.

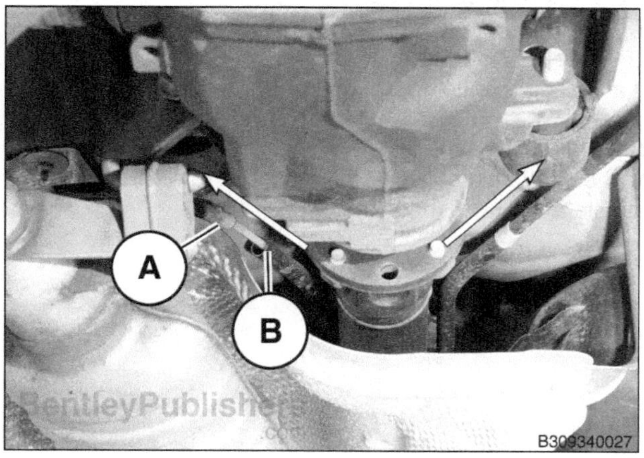

Pull parking brake cable (**A**) out of guide tube (**B**) in direction of **arrow** and detach from routing brackets, noting correct routing for reinstallation.

- Installation is reverse of removal. Adjust parking brake. See **Parking brake, adjusting** in this repair group.

ANTILOCK BRAKE AND STABILITY CONTROL

3 Series vehicles are equipped with antilock brakes (ABS) with dynamic stability control (DSC). This manual refers to these systems as ABS. DSC is specified when necessary.

Antilock brake system (ABS)

The electronically controlled antilock brake system (ABS) maintains vehicle stability and control during emergency braking by preventing wheel lock-up. ABS provides optimum deceleration and stability during adverse conditions. It automatically adjusts brake system hydraulic pressure at each wheel to prevent wheel lock-up.

Dynamic stability control (DSC)

DSC works in conjunction with ABS and the engine management system to enhance vehicle control. The main DSC function is to maintain contact between the tires and the road surface under all driving conditions. This is achieved through exact application and management of braking and drivetrain forces.

DSC is active throughout the driving range, helping to stabilize the vehicle in cornering and avoidance maneuvers by adjusting engine controls such as throttle, ignition, fuel injection and the application of brake pressure individually to the wheels.

The DSC control module uses various inputs to determine vehicle instability during braking, cornering, or reduced traction situations. Based upon these inputs the ABS / DSC control module sends outputs to the engine control module and the ABS / DSC hydraulic unit to activate torque reduction protocols and braking intervention.

The ABS / DSC control module, operating through the ABS hydraulic control unit, modulates braking force at the wheels. In addition, DSC overrides throttle opening to reduce engine torque and maintain vehicle traction. Because throttle is controlled electronically, the driver cannot increase engine power output during DSC intervention regardless of how far the accelerator pedal is pushed.

Traction control also comes into operation during deceleration. Decelerating on snowy or icy road surfaces can lead to rear wheel slip. If a rear wheel starts to drag or lock up, DSC can limit the problem by adjusting throttle, fuel injection and ignition timing.

B309340028

◀ DSC can be toggled ON and OFF by a switch labeled DTC, (**inset**) mounted on the center console switching center. Turning DSC OFF does not disable ABS functions.

CAN-bus and traction control

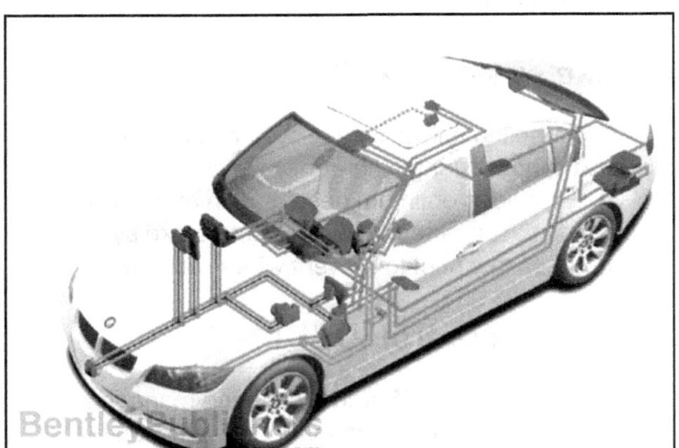
B309340029

◀ The CAN-bus (controller area network) is a serial bus system in which the ECM, transmission control module (TCM), longitudinal management system (LDM), active cruise control (ACC) and ABS / DSC control module send and receive signals. The connection consists of two data links (CAN-low and CAN-high). See **600 Electrical System–General** for additional details.

DSC acceleration sensor

The DSC acceleration sensor utilizes two yaw rate sensor elements to detect yaw (rotation about the vertical axis) rate and lateral acceleration (G-force) rate.

B309340047

For rotational acceleration (yaw), the sensor produces a reference signal and a linear voltage signal. The sensor also produces a linear voltage signal for lateral acceleration. The DSC control module uses this input to determine rotational and side forces acting on the vehicle.

Steering angle sensor

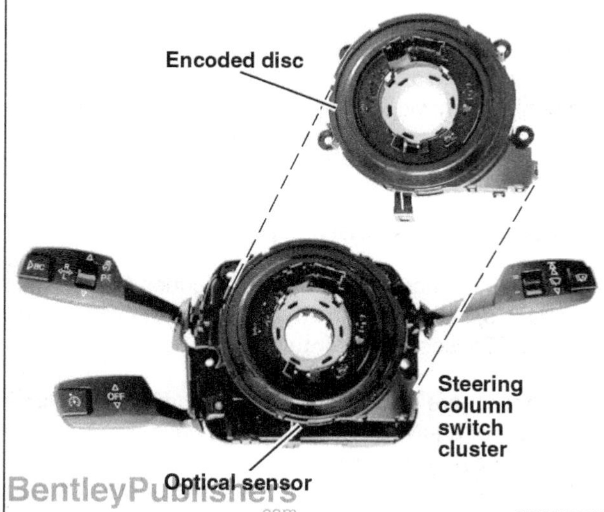

B309340048

The steering angle sensor is located in the steering column switch cluster (SZL). It optically measures the angle of rotation of the steering wheel to determine steering angle and rate of steering.

After repairs to the steering or suspension system, use a BMW scan tool or equivalent to calibrate the sensor. Once calibration is complete, the sensor sends an identification number over the CAN-bus to the DSC control module. The ID confirms that the sensor is calibrated correctly.

DSC control module logic checks the plausibility of the steering angle sensor signal against other inputs such as wheel speeds and acceleration inputs.

If battery voltage is interrupted, steering wheel angle of rotation is recalculated by the DSC control module evaluating the wheel speeds. If replacing, steering angle sensor, remember to recalibrate sensor.

Wheel speed sensors

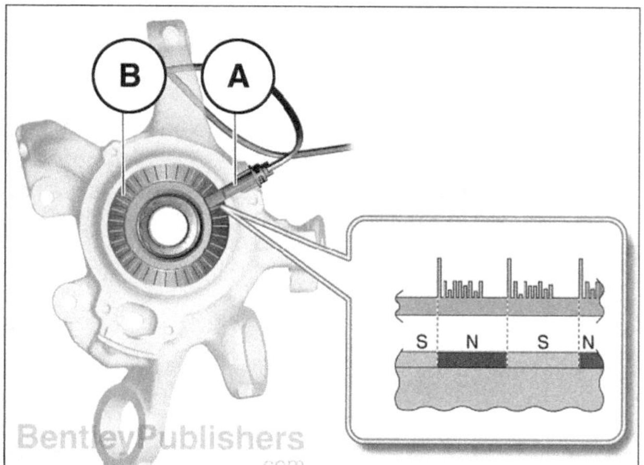

B309340049

A wheel speed sensor (**A**) is mounted at each wheel along with a ring of magnets (**B**) used to measure direction of wheel rotation and speed. The electrical resistance of the wheel speed sensor changes under the influence of the magnetic field. Each increment generates 2 pulses in the wheel speed sensor (96 pulses / revolution of wheel). When vehicle is stationary the sensor sends one pulse every 0.75 second.

DSC and xDrive

xDrive uses information from the DSC system to control a multi-plate clutch in the transfer case. The multi plate clutch varies torque split between front and rear wheels.

xDrive calculates the necessary torque split from information supplied by DSC:

- Accelerator pedal position
- Engine torque
- Dynamic state of vehicle (drive dynamic state)

DSC Components and Repairs

> ***CAUTION—***
> - *If the tires on the car are of different makes, the DSC system may overreact. Only fit tires of the same make and tread pattern.*
> - *In adverse conditions, such as trying to rock the car out of deep snow or other soft surface, or when snow chains are fitted, switch traction control OFF and allow the car driveline to operate conventionally.*

3 Series models are equipped with Dynamic Stability Control (DSC). DSC is a computer controlled traction control system that uses the ABS system in conjunction with engine management controls to control wheel spin during acceleration and maintain vehicle stability while braking.

On-board diagnostics, coding

DSC systems are self-diagnosing and store fault codes (diagnostic trouble codes or DTCs) in the DSC control module. For information on how to access DTCs, see **020 Maintenance**.

ABS / DSC components are coded to each other and to the vehicle using BMW scan tool or equivalent. If you do not have access to a scan tool, be sure to have newly installed ABS / DSC components coded at a BMW dealer service department or other qualified shop with the correct equipment.

DSC power supply

See **ECL Electrical Component Locations** for fuse panel access information.

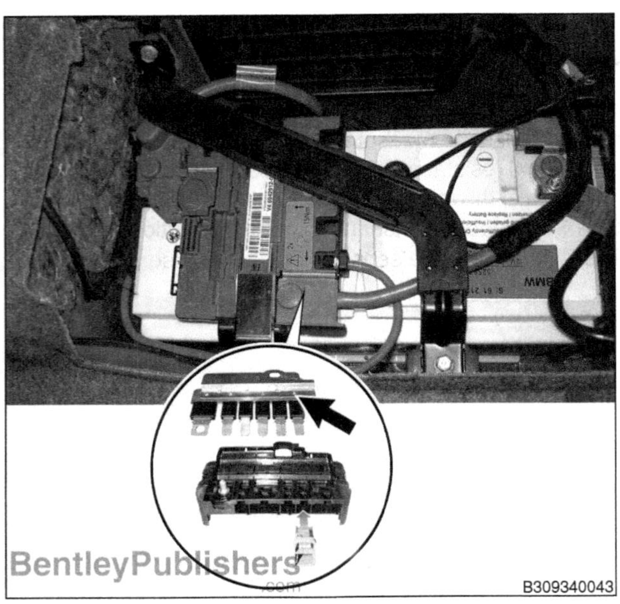

B309340043

◀ Rear power distribution panel A46 (**arrow**) is located directly on top of battery. A46 supplies power to junction box A4010 which houses DSC fuses. See **ECL Electrical Component Locations** for specific fuse assignment according to model / year.

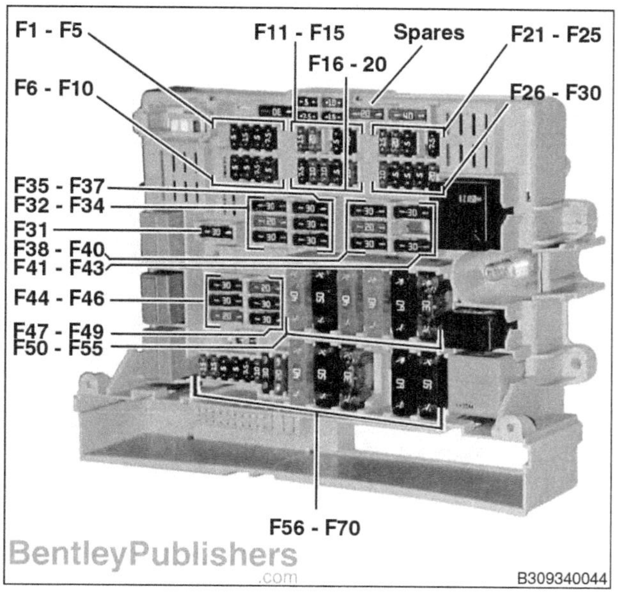

Fuse panel, above glove box (A4010):

- **F20** 5A: DSC control module
- **F35** 30A: DSC control module
- **F65** 40A: DSC control module

NOTE—

- *2006 model fuse panel shown, see* **ECL Electrical Component Locations** *for specific fuse locations for your model.*

DSC controls

Lower dashboard above center console:

- **DTC** (dynamic traction control) switch

Left side engine compartment (**arrow**):

- Combined DSC control module / hydraulic unit / brake pressure sensors

B309340046

Above brake pedal, underneath left side dashboard (**arrow**):

- **S29** Brake light switch

DSC hydraulic control unit, removing and installing

> ***CAUTION—***
> - *Brake fluid is highly corrosive and dangerous to the environment. Dispose of it properly.*

– Remove cabin microfilter upper and lower housings. See **640 Heating and Air-conditioning**.

– Using a syringe, remove brake fluid from master cylinder reservoir.

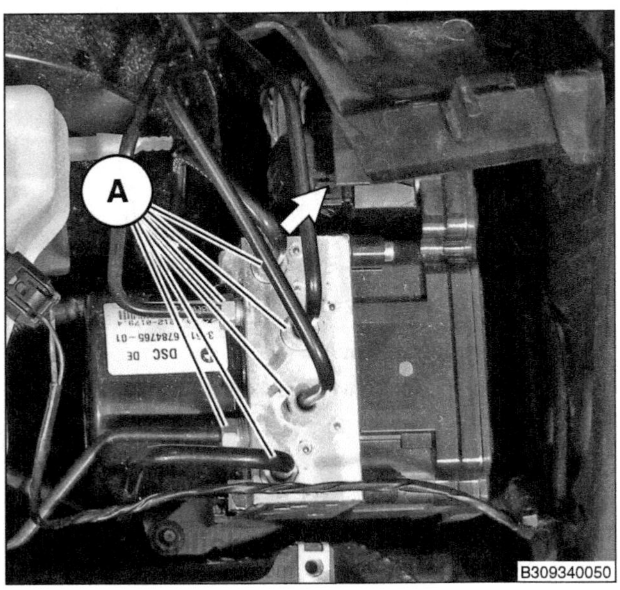

B309340050

Working at DSC hydraulic control unit:

- Disconnect electrical connector (**arrow**).
- Remove brake lines (**A**).

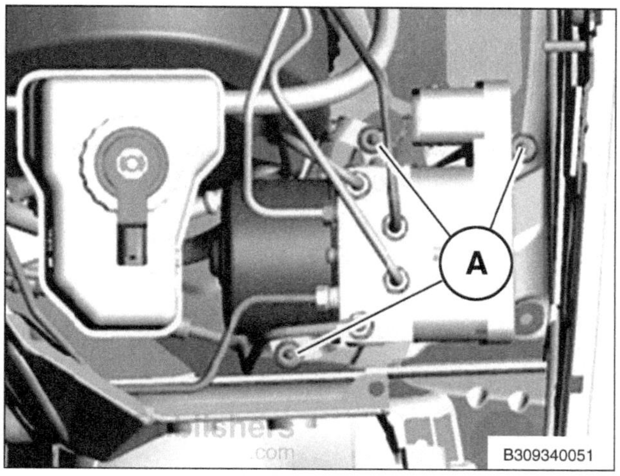

Remove fasteners (**A**).

- Tilt unit in direction of fender and remove.
- Installation is reverse of removal.

Tightening torque	
Brake line to DSC control unit	12 Nm (8.8 ft-lb)
DSC control unit mounting fasteners	8 Nm (5.9 ft-lb)

- Bleed entire brake system. See **Brake system, bleeding** in this repair group.
- Program using BMW scan tool or equivalent.

Wheel speed sensor, replacing

- Raise car and support safely.

> ***WARNING—***
> - *Make sure the car is stable and well supported at all times. Use a professional automotive lift or jack stands designed for the purpose. A floor jack is not adequate support.*

Front wheel speed sensor

Working in junction box in wheel housing, separate wheel speed sensor electrical harness (**arrow**). (Left front junction box illustrated. Right front contains single harness connector.)

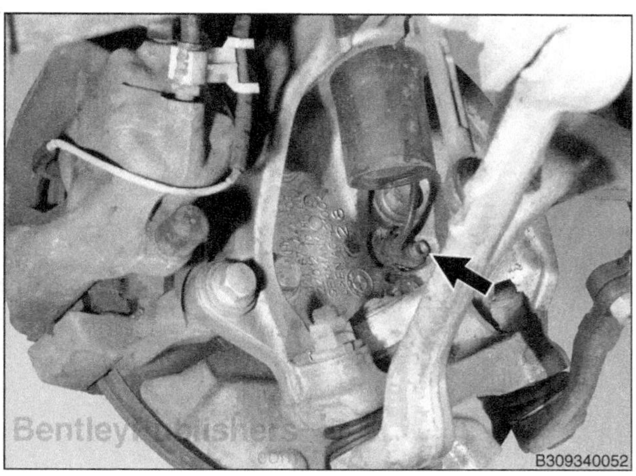

Unscrew sensor mounting bolt (**arrow**) at steering knuckle and remove sensor.

- Installation is reverse of removal. Apply thin coat of Staburags®NBU 12/K or equivalent grease to speed sensor and housing.

Tightening torque	
ABS wheel speed sensor to steering knuckle	8 Nm (6 ft-lb)

Rear wheel speed sensor

– Remove right wheel well housing liner. See **410 Fenders, Engine Hood**.

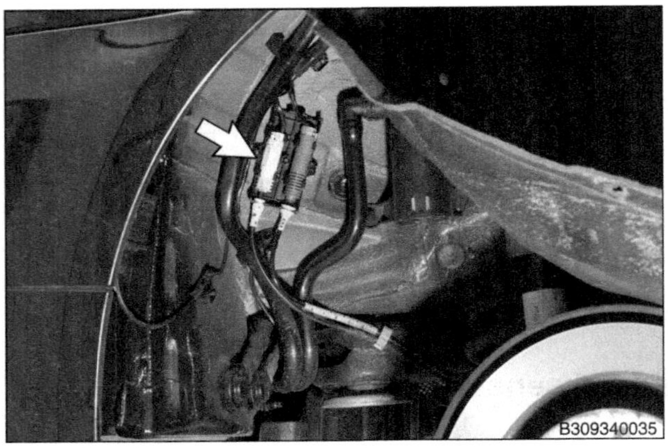

< Working in junction box in wheel housing, separate wheel speed sensor electrical harness (**arrow**).

< Unscrew mounting bolt (**arrow**) in rear wheel bearing carrier.

– Installation is reverse of removal. Apply thin coat of Staburags®NBU 12/K or equivalent grease to speed sensor and housing.

Tightening torque	
ABS wheel speed sensor to rear wheel bearing carrier	8 Nm (6 ft-lb)

ABS impulse wheel

The front and rear ABS impulse wheels are integral with the inner wheel bearing seal and not available as separate parts. See **310 Front Suspension** or **330 Rear Suspension** for wheel bearing replacement procedures.

DSC acceleration sensor, removing and installing

– Remove left front seat. See **520 Seats**.

– Remove left door sill trim. See **513 Interior Trim**.

◄ Remove fasteners (**arrows**) and subwoofer speaker grill if equipped.

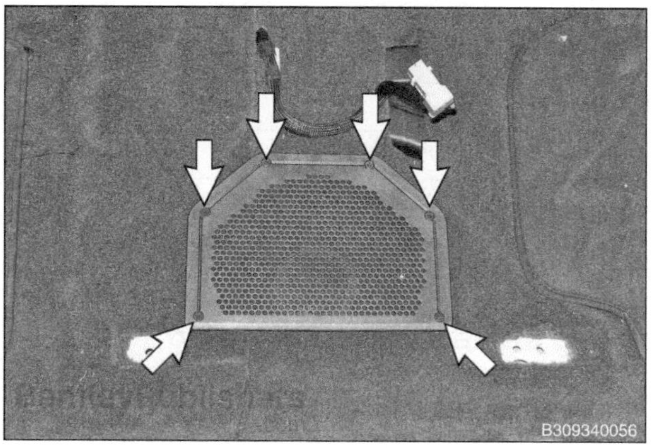

◄ Lift carpet (**A**), lay aside and remove carpet underlay (**B**).

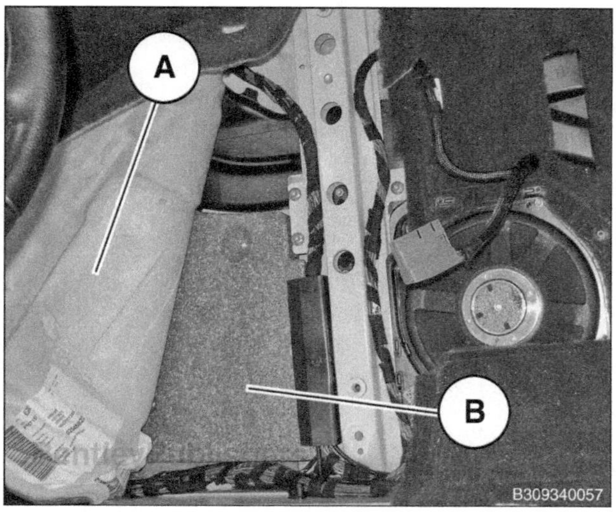

◄ Remove DSC acceleration sensor mounting fastener (**A**). Loosen fasteners (**B**) enough to slide sensor out from under seat rail. Disconnect electrical connector and remove sensor.

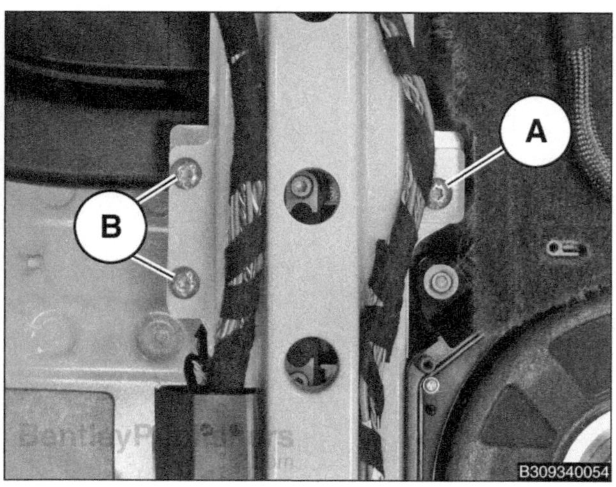

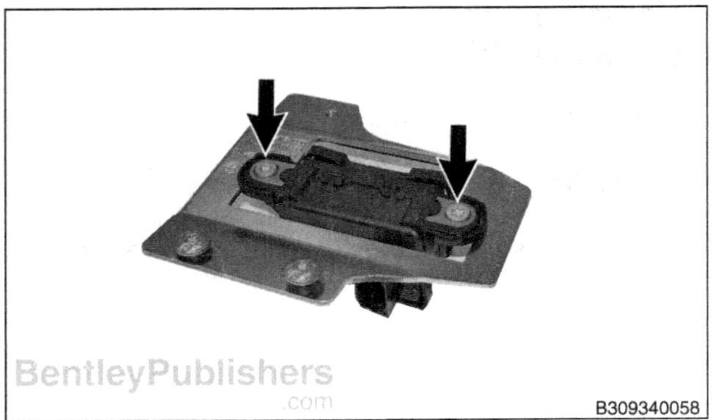

B309340058

◀ Remove fasteners (**arrows**) and remove sensor from bracket.

– Installation is reverse of removal.

> ***CAUTION—***
> • *Be sure to tighten the DSC acceleration sensor and mounting bracket, if applicable, to specified torques. The sensor is vibration sensitive and causes DSC malfunctions if installed improperly.*

Tightening torques	
DSC acceleration sensor to bracket	8 Nm (6 ft-lb)
DSC acceleration sensor bracket to body	8 Nm (6 ft-lb)

– Program using BMW scan tool or equivalent.

DSC steering angle sensor, replacing

– Remove steering column switch assembly. See **612 Switches**.

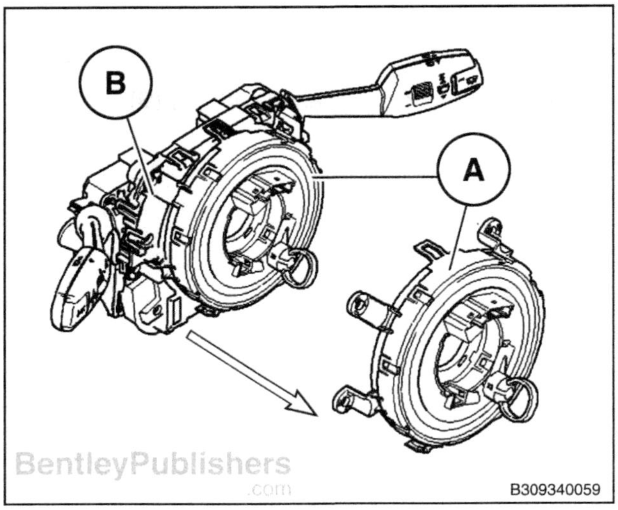

B309340059

◀ Separate steering angle sensor (**A**) from steering column switch assembly (**B**).

– Installation is reverse of removal.

– Program using BMW scan tool or equivalent.

400 Body–General

General

This chapter covers system descriptions and general information for the repair groups in partitions **4 Body** and **5 Body Equipment**.

The 2006 3 Series chassis was introduced in the North America market as a Sedan (E90) and Sport Wagon (E91) in fall 2005. Both rear-wheel drive and all-wheel drive (xDrive) versions were offered. In subsequent years, a Coupe (E92) and a Convertible (E93) became available. In 2009 the Sedan and Sport wagon received a mid-life update, referred to as Life Cycle Impulse (LCI). The Coupe and Convertible followed with an LCI in 2011.

3 Series family

B311400020

Body Assembly

Body

B309400004

◄ Sedan (E90) and Sport Wagon (E91) bodies are conventionally manufactured from steel, fully galvanized and equipped with a safety passenger cell. Vehicle performance, weight optimization, body stiffness and safety are inherent in the body design.

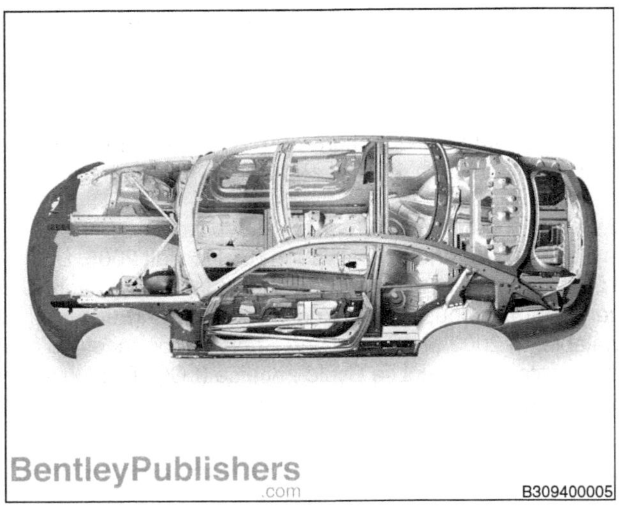

B309400005

◄ The bodies of the Sedan and Sports Wagon were developed in parallel. This made it possible from the start not only to identify the identical components required but also to take into account parts and components specific to each.

B309400006

◄ The Sports Wagon floor assembly does not require any reinforcement because the lightweight design of the E91 was combined with increased load-carrying capacity. Without additional reinforcements vehicle weight is reduced and interior space and load capacity expanded.

B309400003

The inclusion of strong but light weight side-frames accommodates the special demands made by the large roof opening for the panorama sunroof. The static stiffness of the Sport Wagon is approx. 19000 Nm/degree, while the dynamic stiffness is approximately 29 Hz.

B309400007

The cargo compartment volume of the Sports Wagon offers 16.24 cu. ft. (460 liters) of space and expands to 49 cu. ft. (1385 liters) with the rear seat backrests folded down.The indentation in the rear bumper reduces the height of the loading sill and makes loading easier.

B309400008

The E92 Coupe, introduced in 2007, features a strong, light body constructed of a combination of different types of materials including thermo plastic. Structural rigidity and support were enhanced without increasing overall vehicle weight.

◀ The E93 Convertible features a retractable hardtop which operates electrohydraulically and stows in the trunk.

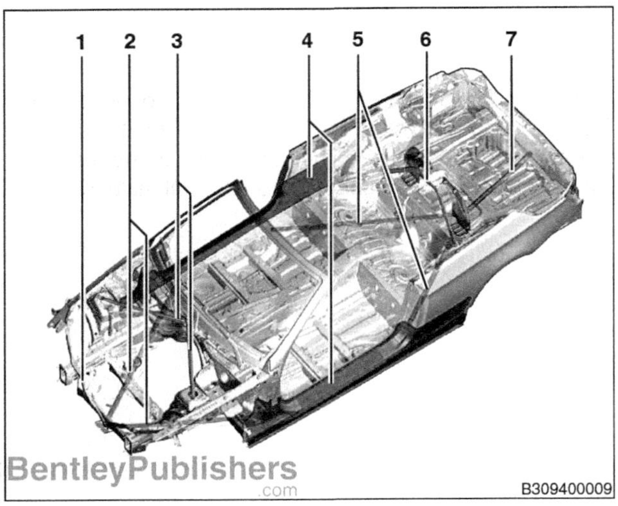

◀ Significant torsional (twisting) forces are introduced into the Convertible body structure while driving due to the run-flat tires and sporty suspension. Consequently, high body rigidity targets were set when the body was designed. The main means for increasing body rigidity include strengthened sills and bolt-on struts.

1. Engine compartment strut
2. Front subframe struts
3. Front strut tower struts
4. Sills
5. Rear underbody struts
6. Strut in rollover protection system
7. Tension strut

Vehicle side sills are the main load-bearing components. A horizontal flange is used between the inner and outer sill shell in order to optimize bending and torsional rigidity. In addition, the sills are reinforced with transverse bulkheads.

Exterior body dimensions

In the following illustration, external body dimensions for 2006 - 2008 vehicles are given in inches / mm.

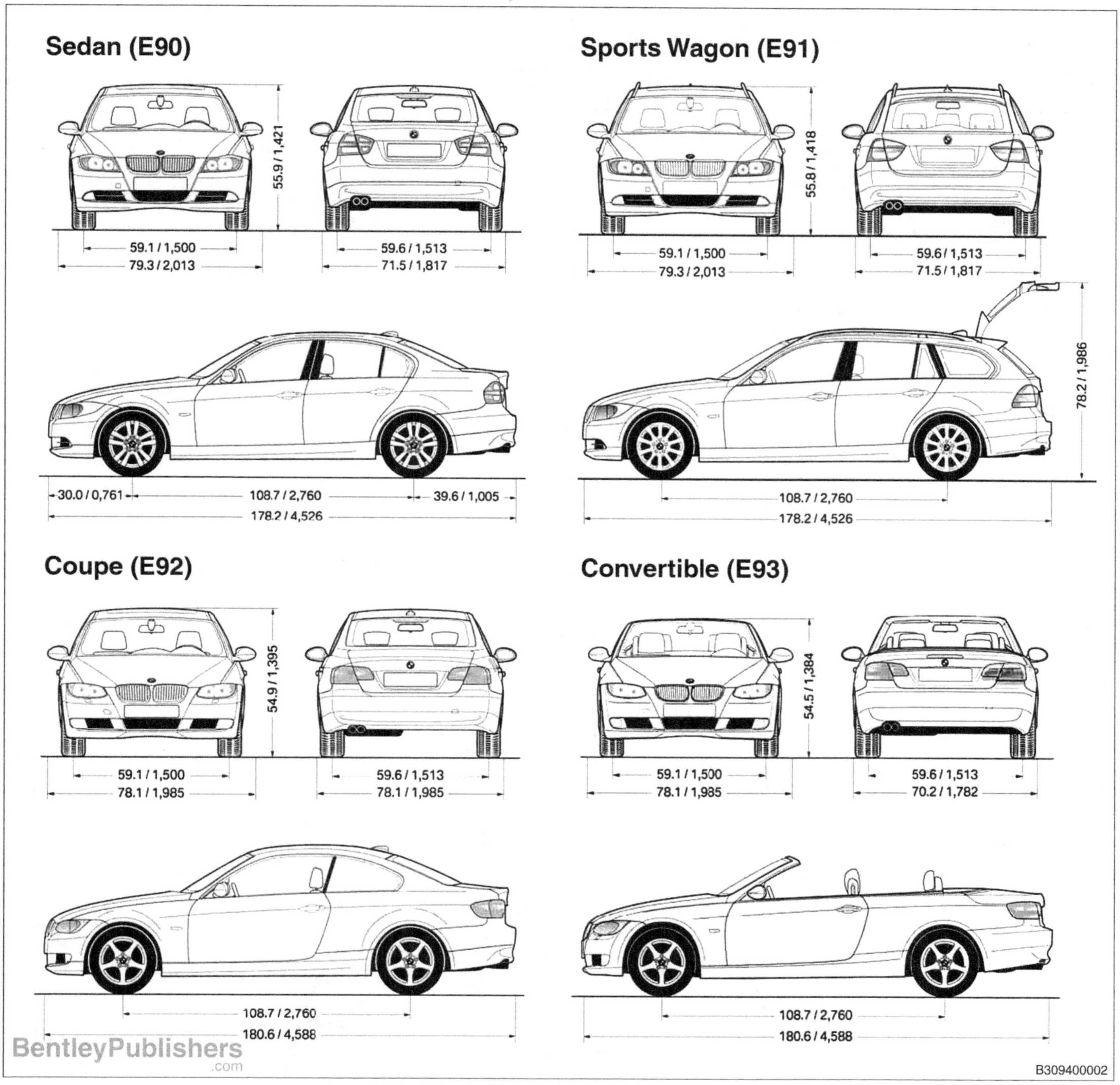

400

Body panel gap dimensions, Sedan

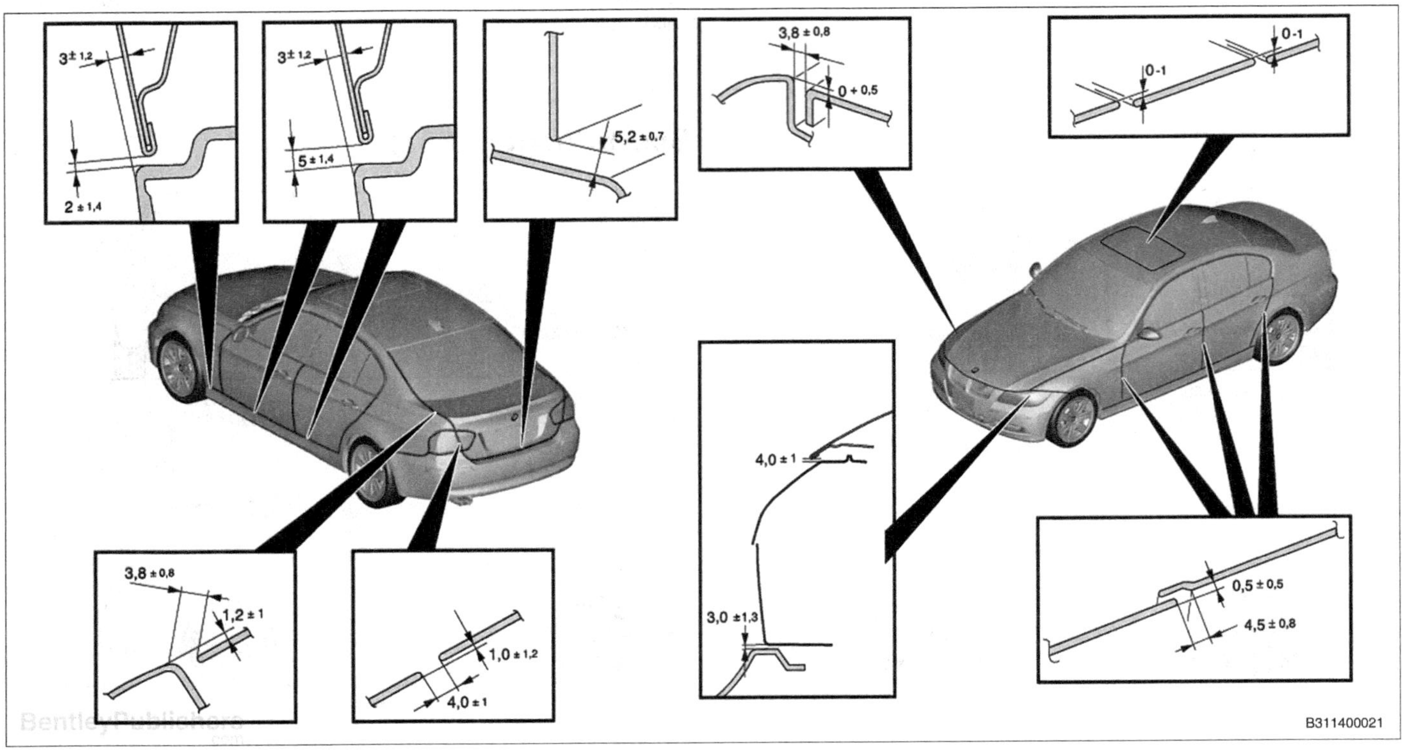

Body panel gap dimensions, Sport Wagon

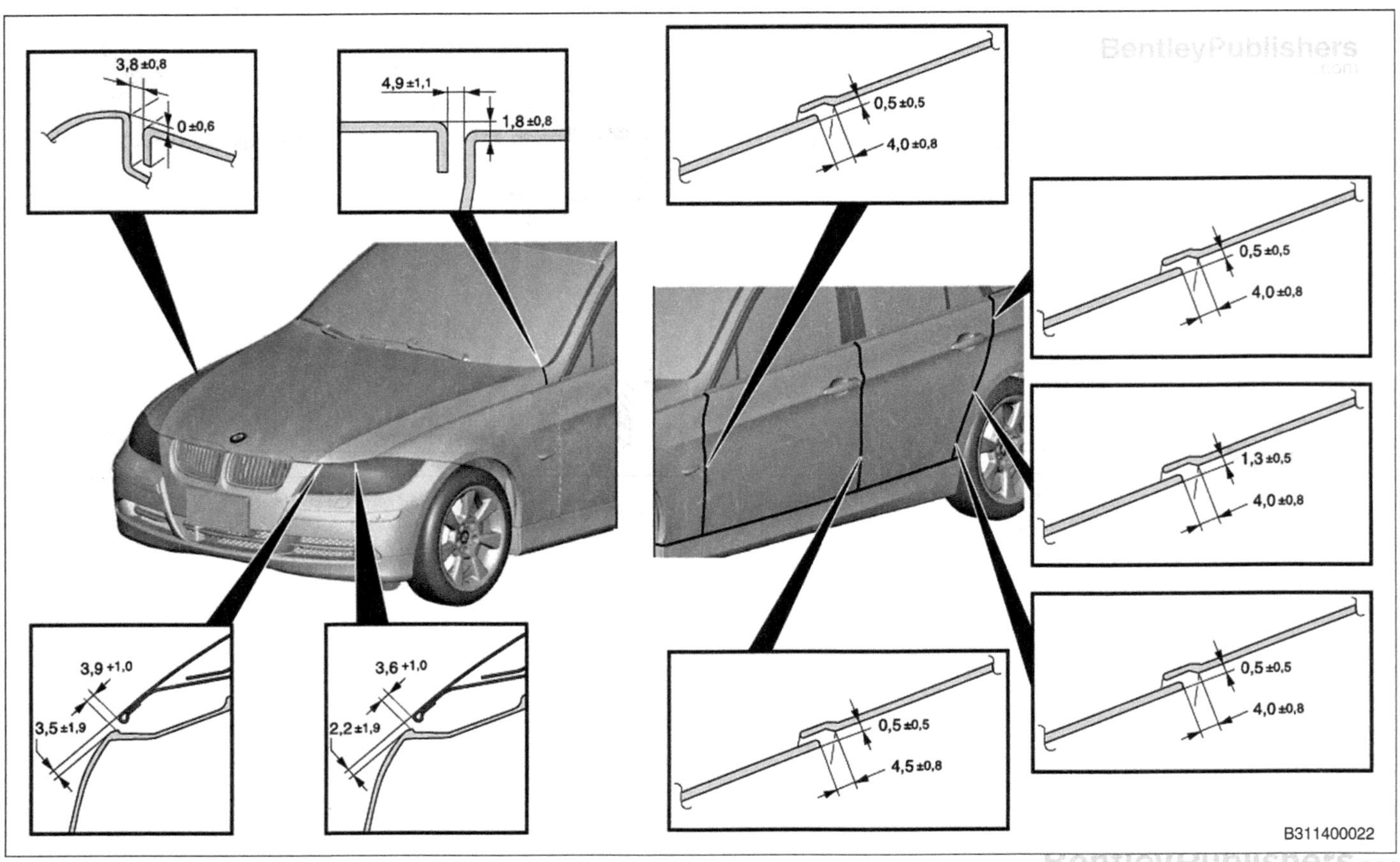

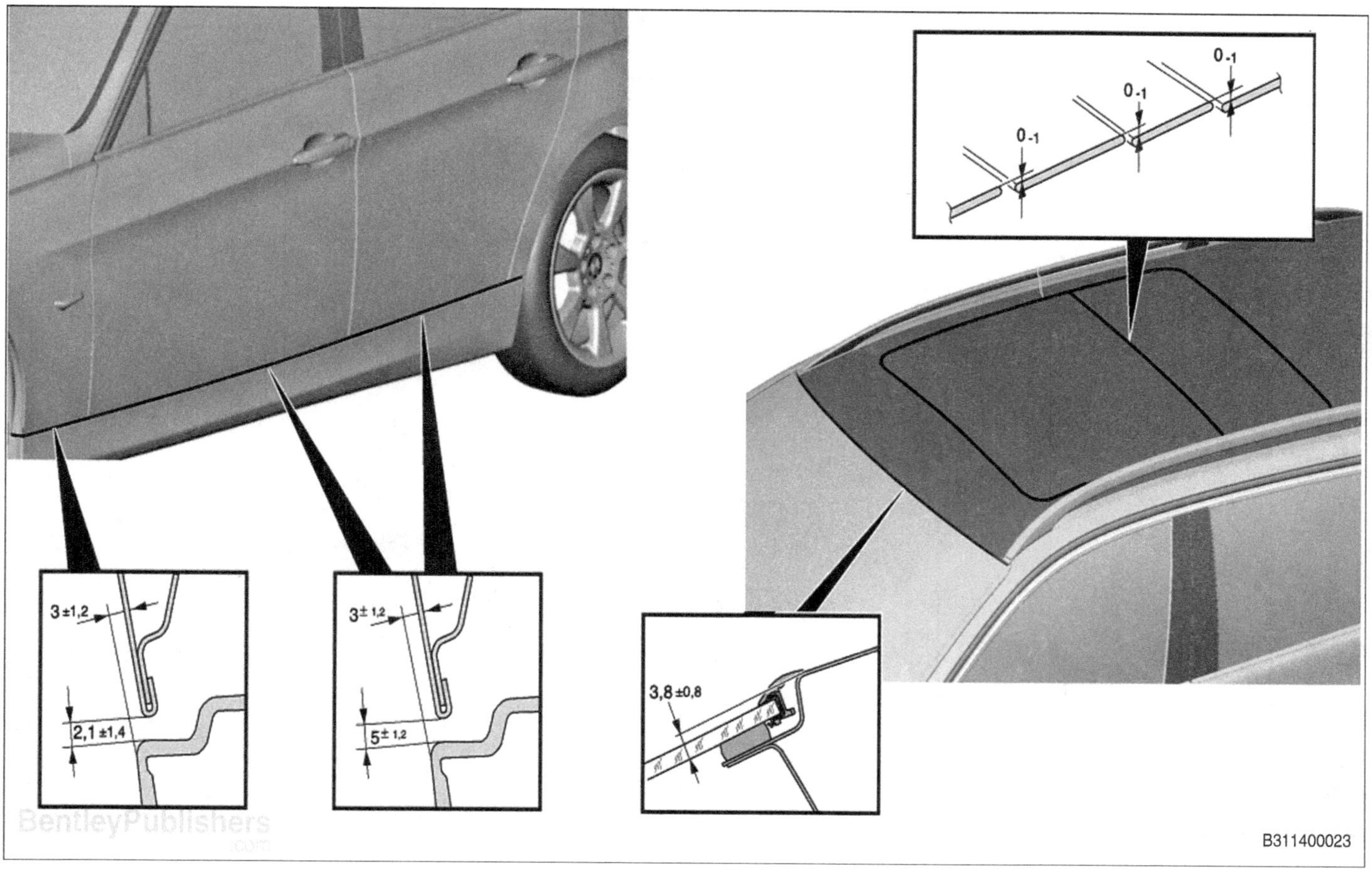
0-1
0-1
0-1
3 ±1,2
2,1 ±1,4
3± 1,2
5± 1,2
3,8 ±0,8
BentleyPublishers.com
B311400023

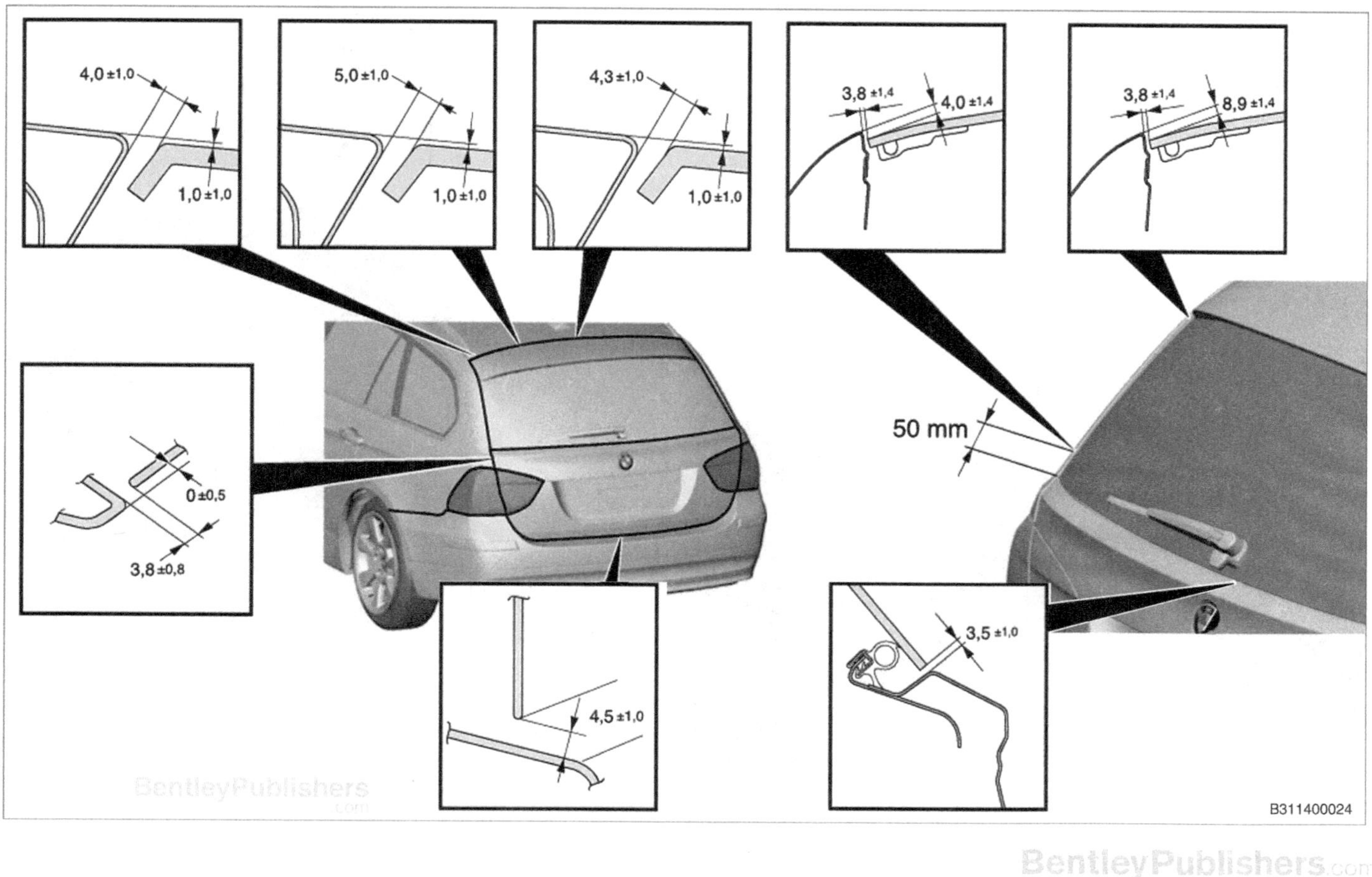
4,0 ±1,0
1,0 ±1,0
5,0 ±1,0
1,0 ±1,0
4,3 ±1,0
1,0 ±1,0
3,8 ±1,4
4,0 ±1,4
3,8 ±1,4
8,9 ±1,4
0 ±0,5
3,8 ±0,8
50 mm
4,5 ±1,0
3,5 ±1,0
BentleyPublishers.com
B311400024

Body panel gap dimensions, Coupe

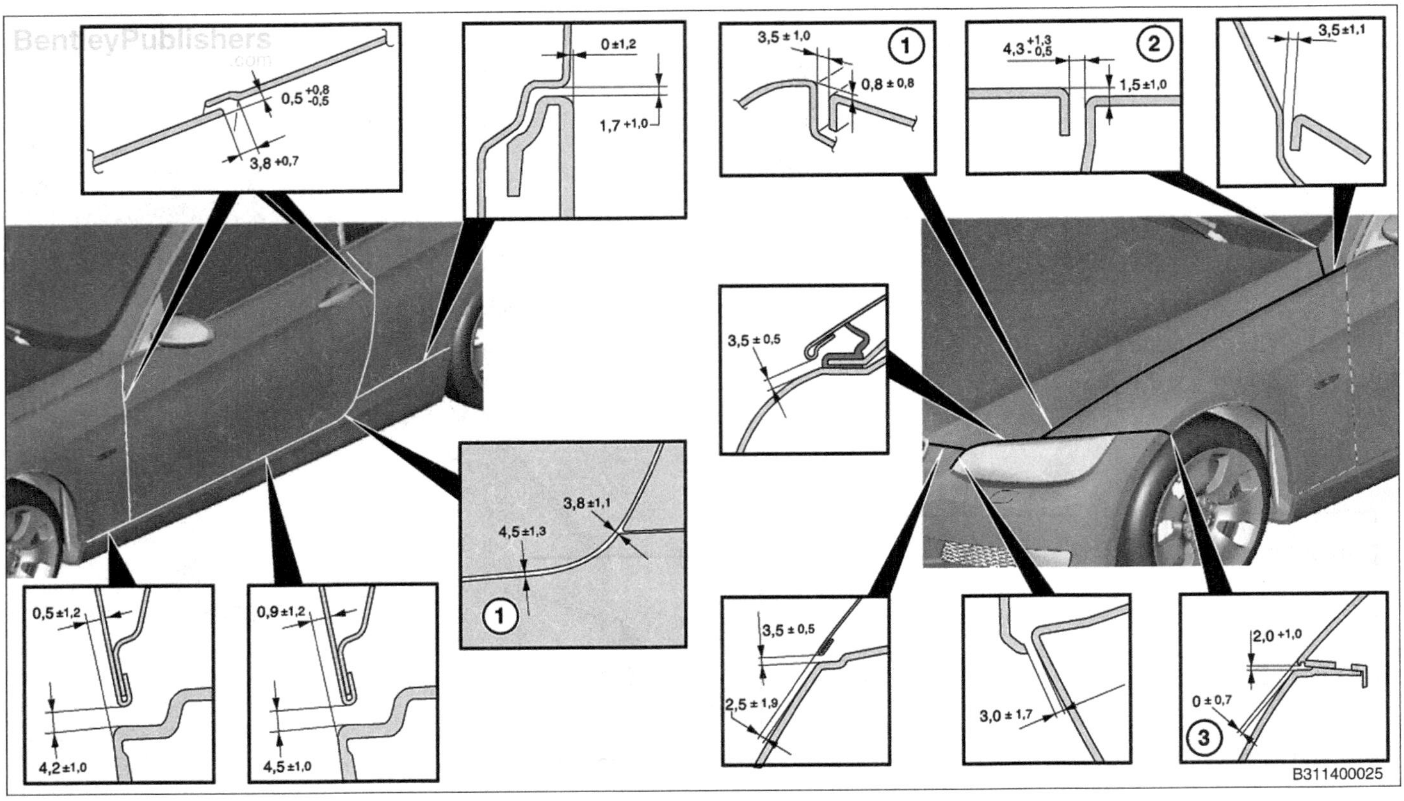

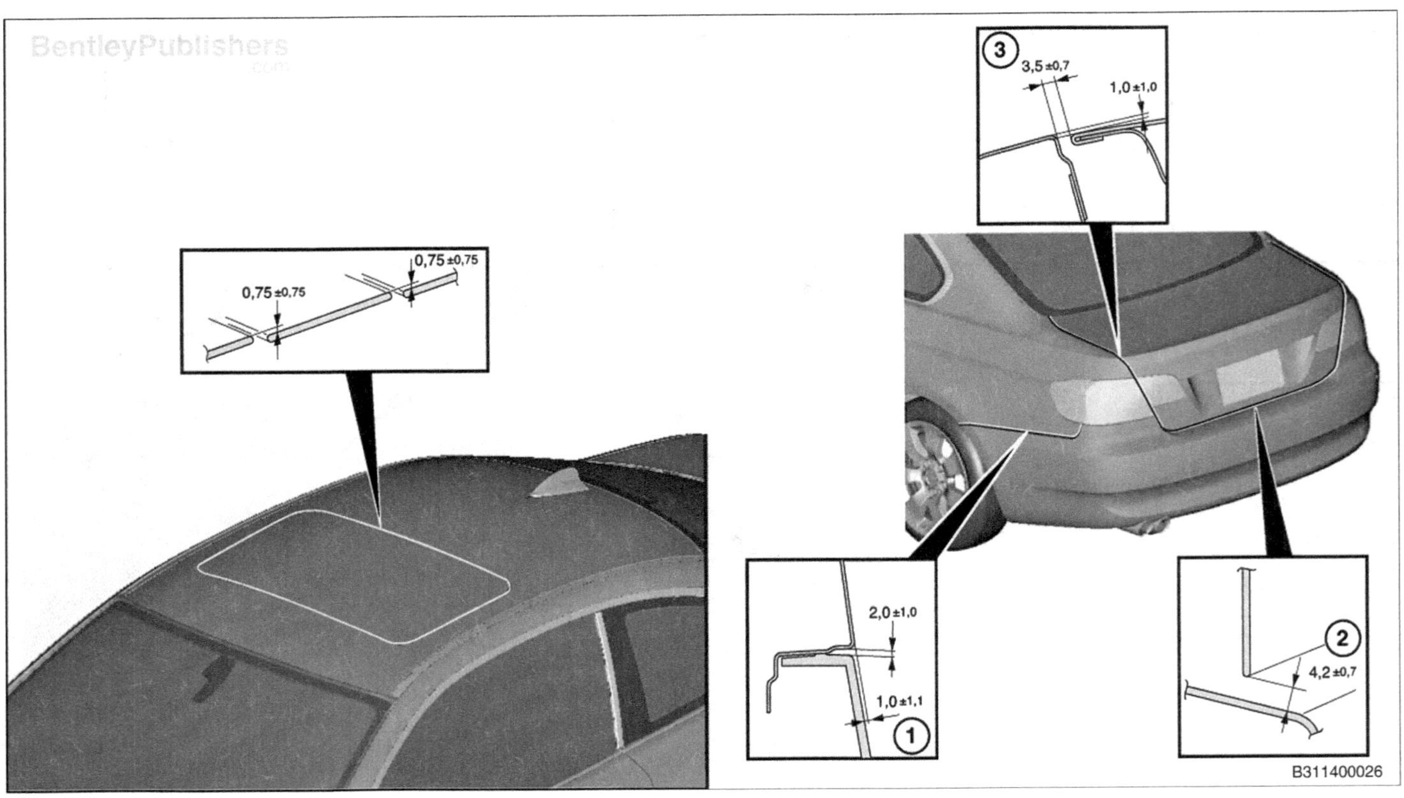

Body panel gap dimensions, Convertible

NOTE—
- *For Convertibe hood and door gap dimensions, see* **Body panel gap dimensions, Coupe.**

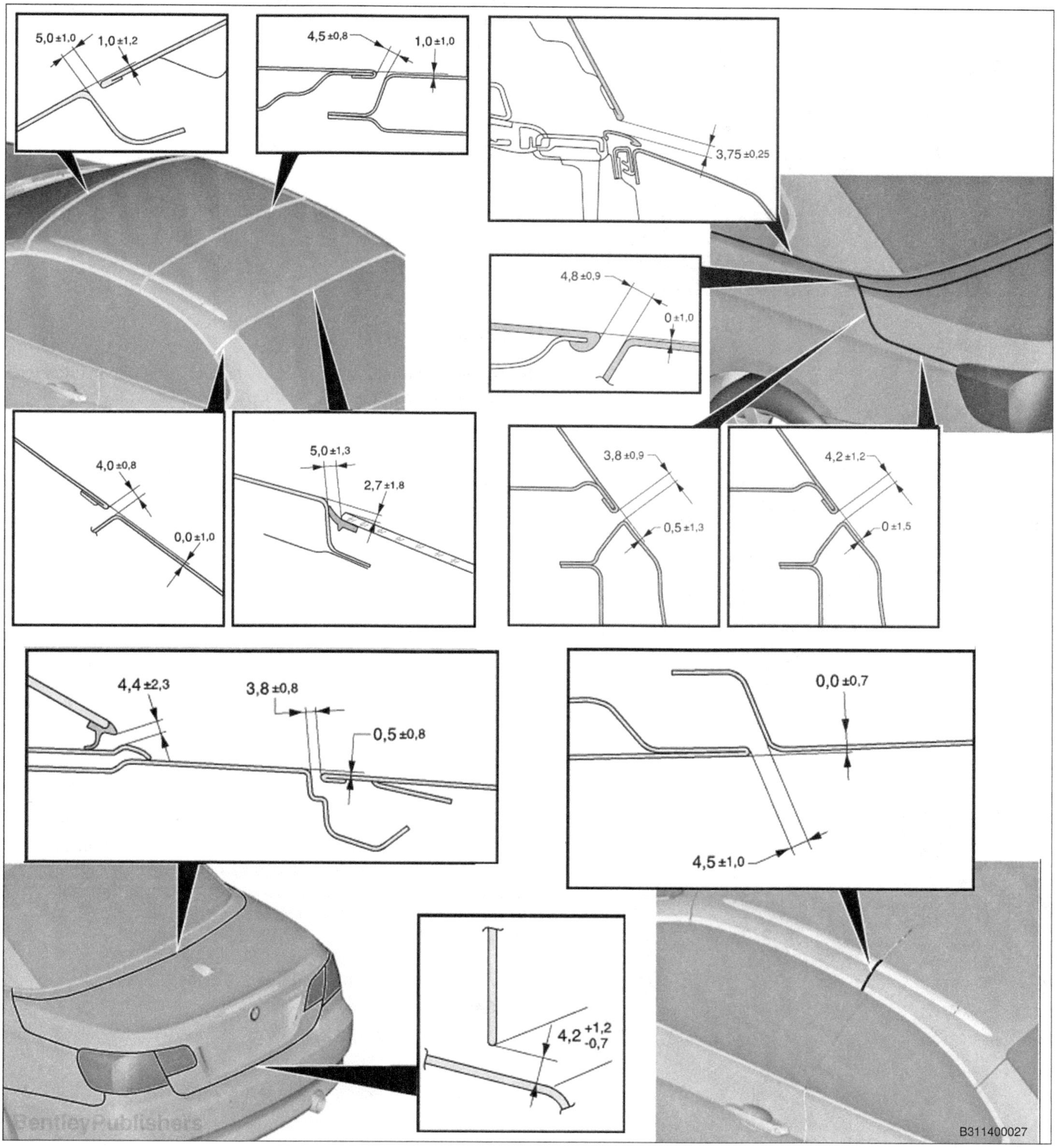

Safety and Security

Passenger safety

BMW passive safety is based on the principle of protecting the passenger compartment with dynamic deformation zones. Body structures with a high load bearing capacity isolate the extremely rigid passenger cell. In case of accident, the passenger cage is designed to absorb the impact and route the deformation around the passengers.

Restraint system

The passive restraint system consists of seat belts with pyrotechnic (explosive) tensioners and a minimum of 6 airbags.

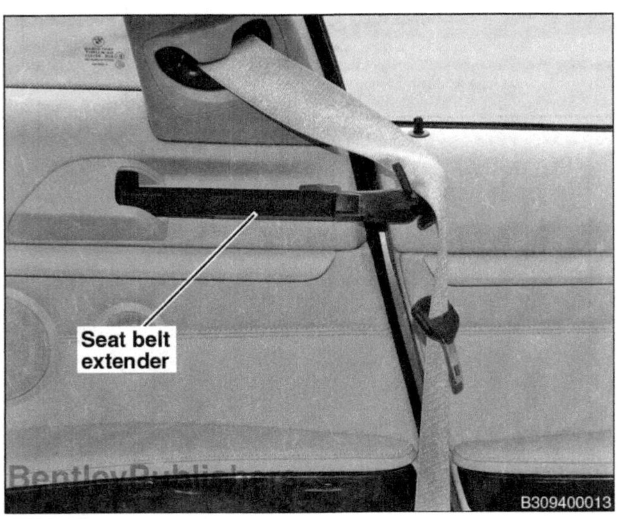

The E92 Coupe features large doors. As a result, the B-pillar is located further toward the rear relative to front seat position, making it difficult for the driver or front passenger to reach the seat belt. For this reason, an electrically operated seat belt extender is installed on the E92. The extender pushes the seat belt approximately 25 cm (10 inches) forward.

For additional restraint system information, see:

- **720 Seat belts**
- **721 Airbag System (SRS)**

Door handles

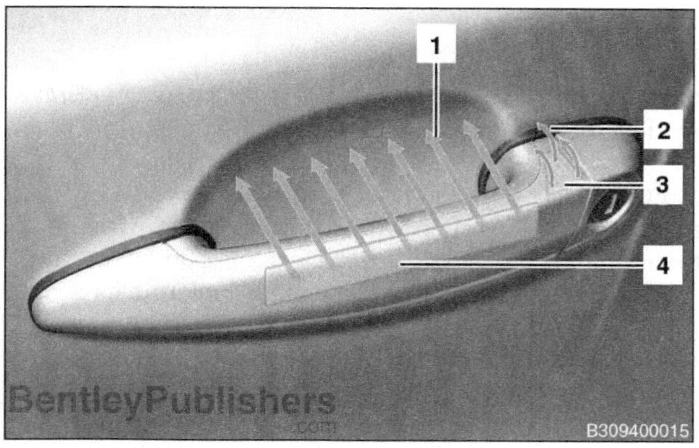

In vehicle equipped with comfort access, the front door handle contains the components of the electronic outer door handle module (TAGE).

1. Electric field, capacitor 1
2. Electric field, capacitor 2
3. Capacitor plate, capacitive sensor 2
4. Capacitor plate, capacitive sensor 1

If a vehicle remote key is in the vicinity of the vehicle, a hand inserted between the door handle and the door automatically unlocks the car.

See **515 Central Locking and Anti-theft**.

Central locking

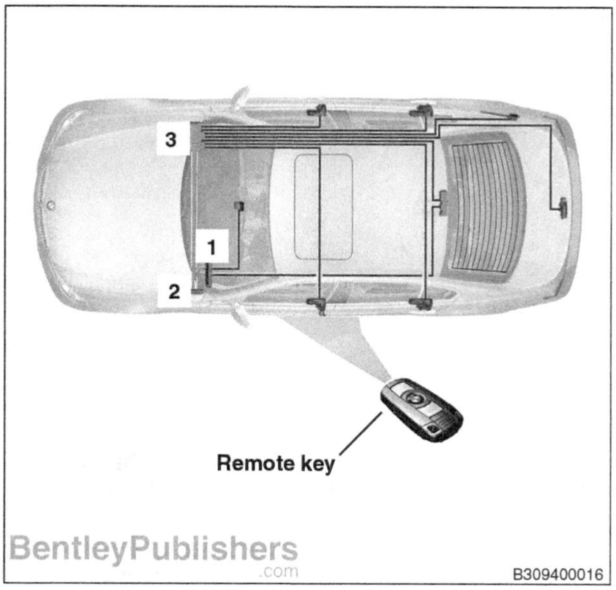

All doors locks as well as trunk lid lock, tailgate lock and fuel filler flap lock are integrated into central locking and can be operated via the following:

- Remote key
- Driver's door lock barrel (door lock)
- Central locking button
- Electronic outer door handle module (TAGE) (comfort access vehicle)

1. Car access system (CAS) module
2. Footwell module (FRM)
3. Junction box electronic module (JBE)

Antitheft alarm (DWA)

When armed, the antitheft system monitors door lock contacts and trunk and engine hood locks and sounds an alarm if it detects tampering. Included in the enhanced system is a tilt sensor to protect against the vehicle being towed away, and an interior motion sensor.

For more information, see **515 Central Locking and Anti-theft**.

400

Interior Features

Instruments, iDrive

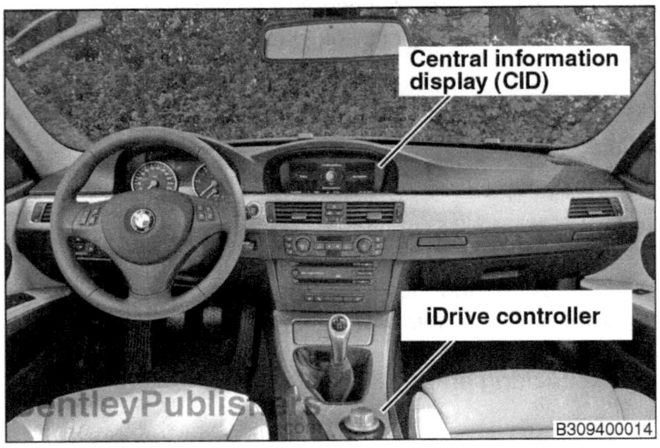

The instrument cluster and dashboard layout is similar to other BMW models with all of the controls in easy reach of the driver.

The dashboard is equipped with the optional iDrive central information display (CID) or car information computer (CIC). The display screen is used for a variety of vehicle control and diagnostic tasks and is also capable of displaying navigation information.

Navigation, climate control, sound system and other functions are controlled via iDrive controller, if equipped.

Functions and controls essential to the driver are logically grouped and easy to reach. Instruments and controls are fully integrated into the overall design of the vehicle.

- Tilt-telescopic steering wheel has 30 mm (1.2 in) of vertical and longitudinal adjustment.
- Multifunction steering wheel contains two key pads containing controls for the sound system, telephone and cruise control.

Seats

Ergonomically engineered seats are constructed from polyurethane foam containing areas or zones of different firmness. They offer superior lateral support without constricting the occupant.

In cars equipped with seat position memory, two different seat configurations can be memorized by the seat control module. Seat memory coordinates with outside mirror memory. These functions are controlled by the seat memory module.

For additional information, see **520 Seats**.

410 Fenders, Engine Hood

GENERAL

This repair group covers replacement of the front fenders and removal and installation of the engine hood.

> ***CAUTION—***
> *• The body is painted at the factory after assembly. Realignment of body panels may expose unpainted metal. Paint all exposed metal once the work is complete.*

Special tools

Most body repairs can be performed using regular automotive service tools. Special BMW tools are required to set engine hood into service position.

FRONT FENDERS

Front wheel housing liner, removing and installing

– Raise front of vehicle and remove wheel.

> ***WARNING—***
> *• Make sure that the car is firmly supported on jack stands designed for the purpose. Place jack stands beneath structural chassis points. Do not place jack stands under suspension parts.*

B309410022

◄ Remove clips (**arrows**) from fender edge by driving center out with a suitable sized punch, then prying out clip with suitable plastic prying tool.

NOTE—
• The clips are not reusable, replace with new.

410

◄ Remove fasteners (**arrows**) from rear section of wheel housing liner.

– Remove rear section of liner (**A**).

◄ Remove front wheel housing liner screws and nut (**arrows**) and disconnect plug at tire pressure control antenna.

– Remove front section of liner.

– Installation is reverse of removal.

Front fender, removing and installing

– Raise hood to service position. See **Engine hood, raising to service position** in this repair group.

– Remove front wheel housing liner. See **Front wheel housing liner, removing and installing** in this repair group.

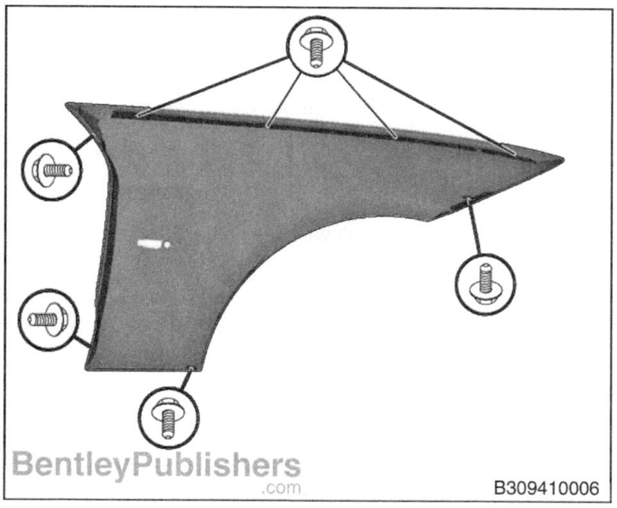

⊲ Fastener locations shown for Sedan and Sport Wagon models.

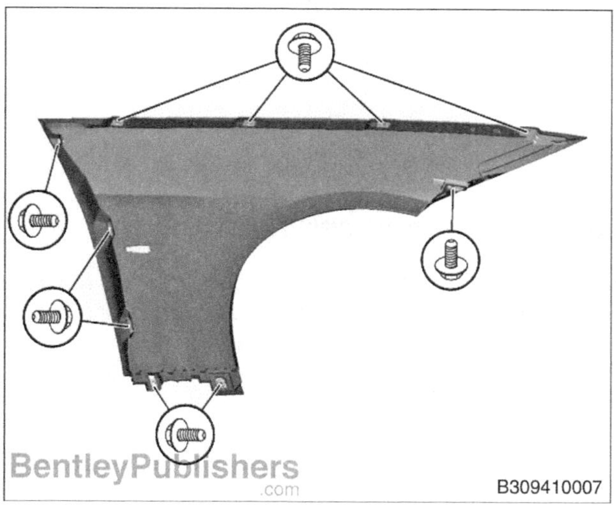

⊲ Fastener locations shown for Coupe and Convertible models.

⊲ On Coupe and Convertible models make sure sliding element (**1**) is securely seated in fender.

- For front fender gap dimensions, see **400 Body - General.**

Tightening torque	
Fender to body (M6)	7.6 Nm (67 in-lb)

Engine Hood

Engine hood latch components

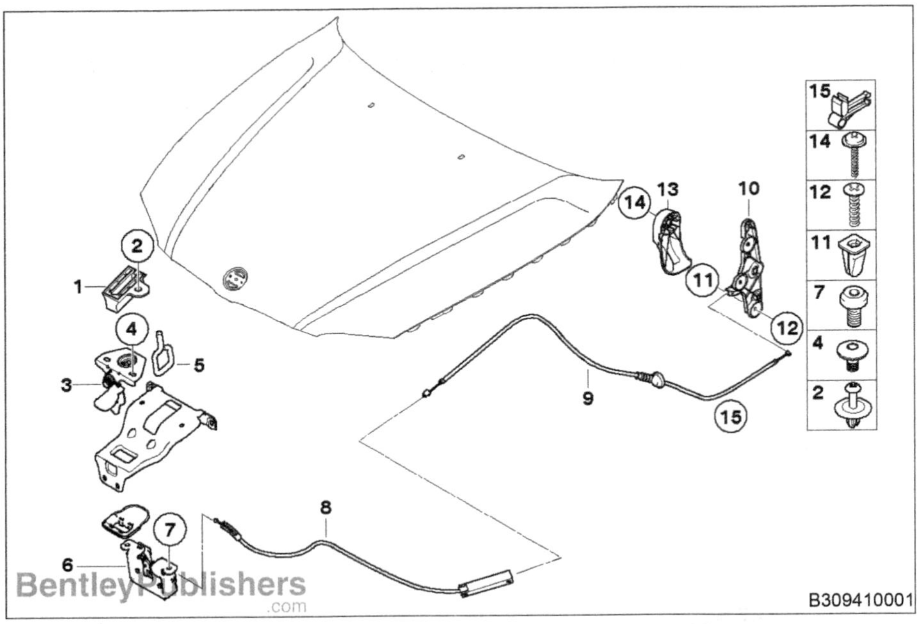

1. Twist protection
2. Expanding rivet
3. Hood latch
4. Torx bolt with washer, M6 x 12 mm
5. Safety bracket
6. Hood lock
7. Torx bolt with washer, M6 x 9 mm
8. Bowden cable, hood mechanism
9. Rear Bowden cable
10. Combination bracket
11. Expanding nut
12. Sheet metal screw
13. Hood release lever
14. Phillips screw, 5 x 25 mm
15. Cable holder

Engine hood, raising to service position

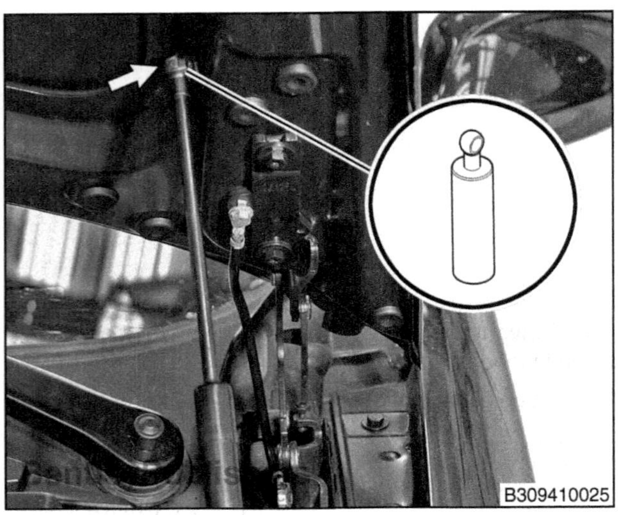

◄ With hood open and help of an assistant, support hood and remove retaining clips (**arrow**) on upper end of left pressurized lifting strut.

– Slide BMW special tool 51 2 170 (**inset**) over housing of gas spring strut then clip ball socket of special tool on ball stud on hood.

– Repeat on right.

Engine hood, removing and installing

> ***WARNING—***
> - *The hood is heavy. Before removing the hood supports, be sure to have an assistant help support the hood.*

– Mark position of hood hinge mounting plates.

B309410005

< With help of assistant, support hood and remove retaining clips (**white arrow**) on upper end of pressurized lifting struts. Pull struts off hood.

– Loosen upper hinge mounting bolts and remove lower bolts (**black arrows**). Lift hood off carefully.

– Installation is reverse of removal noting the following:
- Repair any paint damage and paint any exposed metal.
- Check hood alignment. See **Engine hood, aligning** in this repair group.

Tightening torque	
Hood to hood hinge (M8)	15 Nm (11 ft-lb)

Engine hood, aligning

When installing hood, align hinges as close to original painted surface as possible. Movement of hood on its attaching hardware may require touch up paint.

B309410005

< With help of assistant, support hood and remove retaining clips (**white arrow**) on upper end of pressurized lifting struts. Pull struts off hood.

– Loosen left upper and lower hinge mounting bolts (**black arrows**). Hood must be able to be moved.

– Repeat on right.

– Align hood so gap to fender is as even as possible.
- For engine hood gap dimensions, see **400 Body - General.**

Tightening torque	
Hood to hood hinge (M8)	15 Nm (11 ft-lb)

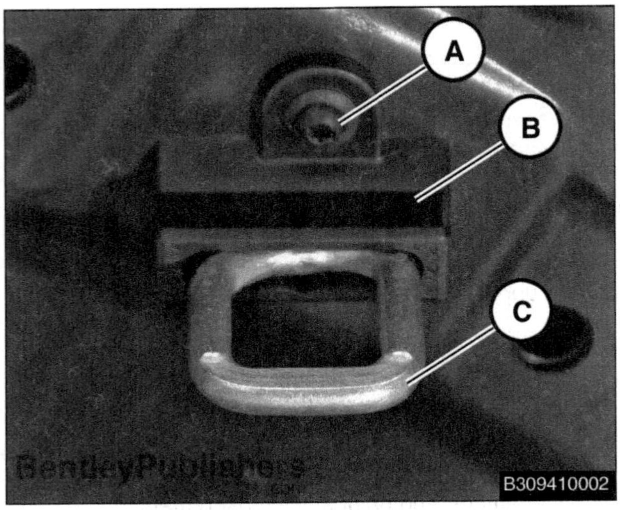

If front height adjustment is off, adjust safety brackets:

- Release screw (**A**).
- Remove cover (**B**).
- Adjust height by turning latch (**C**).

If height adjustment of engine hood lid to front fenders is off, turn front buffer stops (**arrow**) on left and right.

CAUTION—   *• To avoid excessive wind noise, make sure hood does not protrude beyond front fenders.*

411 Doors

GENERAL

This repair group covers front and rear door repair information and includes door trim panel service.

CAUTION—
- *The body is painted at the factory after assembly. Realignment of body panels may expose unpainted metal. Paint exposed metal once work is complete.*

For additional information, see:

- **512 Door Windows** for power door windows and door glass replacement
- **515 Central Locking and Anti-theft** for power door locks

Cautions

CAUTION—
- *Prior to disconnecting the battery, read the battery disconnection cautions given in* **001 Warnings and Cautions**.
- *To avoid damaging plastic interior trim, use a plastic prying tool or a screwdriver with the tip wrapped with masking tape.*

Doors

Door check, replacing

– Close door window completely.

– Disconnect negative (-) battery cable.

> **CAUTION—**
> - *Prior to disconnecting the battery, read the battery disconnection cautions given in* **001 Warnings and Cautions.**

– Remove interior door panel. See **Door trim panel, removing and installing** in this repair group.

◄ Remove door check seal (**C**).

– Release screws (**A** and **B**) on door check.

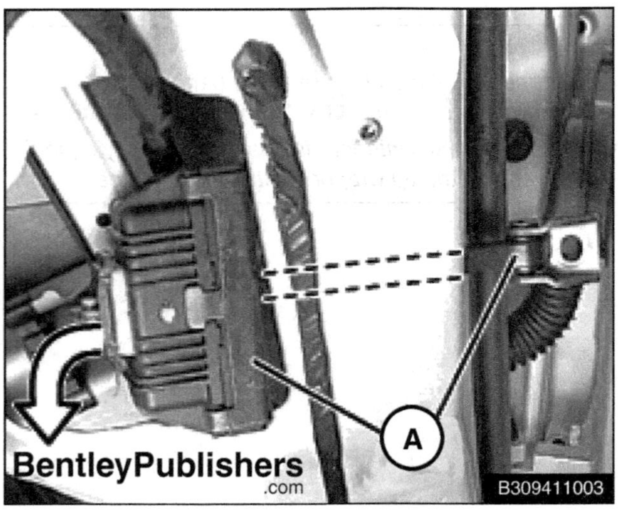

– Working inside door, remove door check assembly (**A**).

– Installation is reverse of removal.

Tightening torques	
Door check to body	22 Nm (16 ft-lb)
Door check to door	12 Nm (9 ft-lb)

Door hinge assembly, front

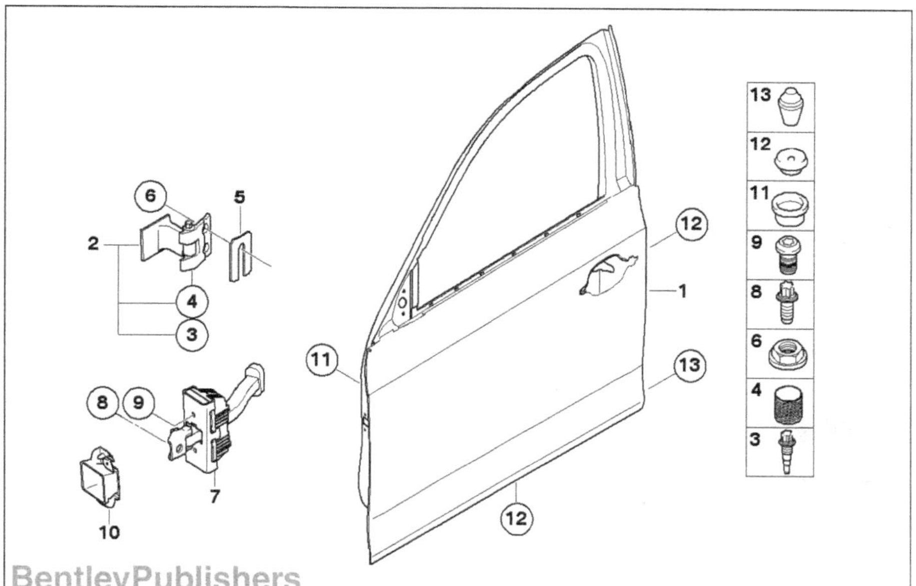

B309411001

1. Front left door
2. Door hinge
3. Hinge pin bolt
4. Hinge bushing
5. Shim
6. Nut with plate, M8
7. Door check
8. Torx bolt with washer, M8 x 20 mm
9. Torx bolt with washer, M6 x 12 mm
10. Door check gasket
11. Protection cap
12. Blind plug
13. Bump stop

Door, adjusting

Front and rear door adjustment procedure are similar.

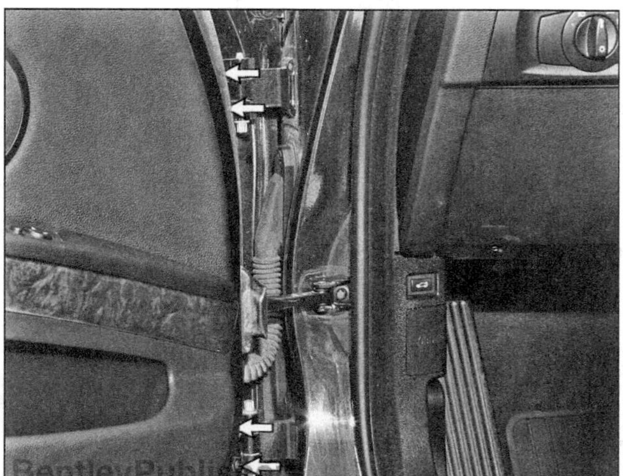

B309411009

◄ If the installed door is uneven or out of parallel, loosen nuts at door hinges (**arrows**) to adjust at top and bottom.

– If more adjustment is necessary, spacers (or shims) can be used to correct its position. Spacers are placed behind hinge.

Check that adjoining body parts are flush in terms of height (**dotted line**) and correct if necessary. After adjustment, tighten hinge nuts and screws.

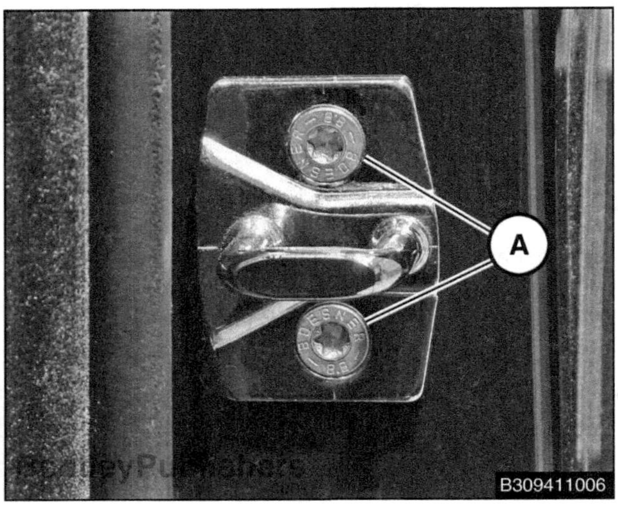

Loosen screws (**A**) to adjust lock striker.

NOTE—

- *When door is closed, lock striker must not touch or brush against door lock. Avoid scratching door.*

Tightening torques	
Door to door hinge (M8 nut)	20 Nm (15 ft-lb)
Door striker to body	18.5 Nm (13.5 ft-lb)

Door, removing and installing

Front and rear door removal and installation are similar.

Disconnect negative (-) battery cable.

> ***CAUTION—***
> - *Prior to disconnecting the battery, read the battery disconnection cautions given in* **001 Warnings and Cautions**.

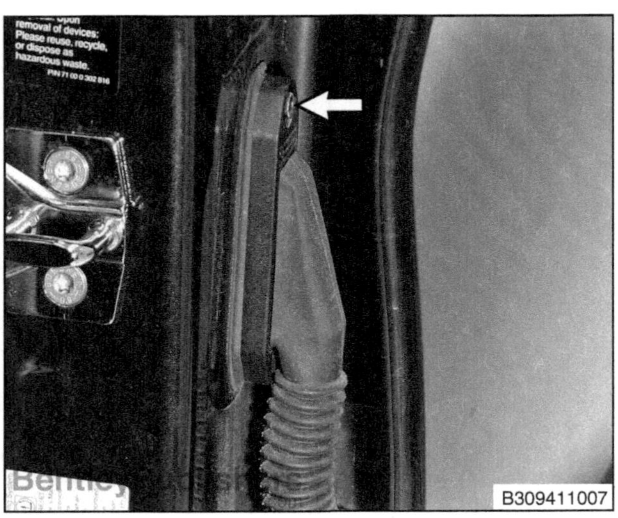

Remove harness connector mounting bolt (**arrow**) at door pillar.

B309411011

Pull plug connection from door pillar by lifting it up and out.

– Detach plug connection (**arrows**).

B309411021

Pull back door check gasket (**A**).

– Remove door check mounting bolt (**B**).

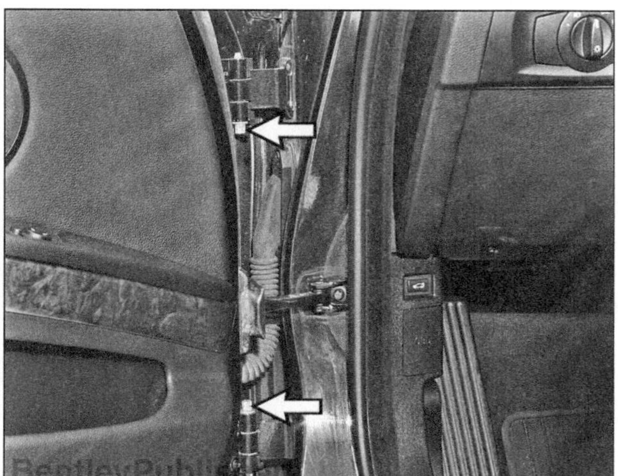

B309411020

With door fully open, unscrew door hinge pin bolts (**arrows**) from top and bottom hinges.

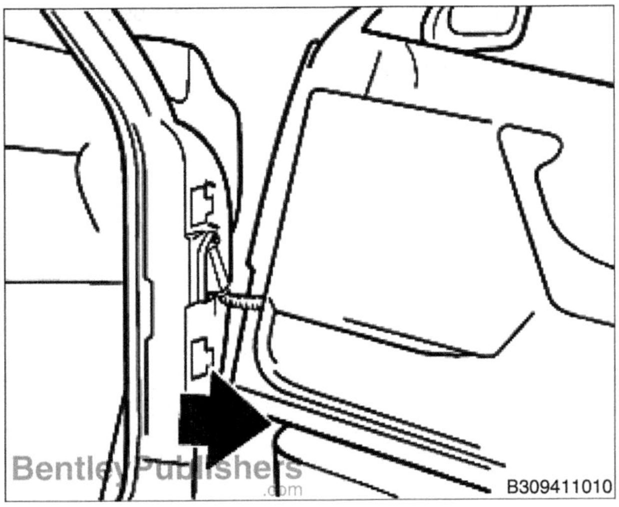

Remove door by pulling out sideways.

- Installation is reverse of removal. Keep in mind the following:
  - Mount and align rear doors first (if applicable), followed by the front doors.
  - Align door so that panel gaps are equal on either side. If necessary, adjust door hinges. See **Door, adjusting** in this repair group.
  - Adjust door striker so that trailing edge of front door is slightly higher than leading edge of rear door.
  - Repair paint damage and paint exposed metal.

Tightening torques	
Door check to body	22 Nm (16 ft-lb)
Door electrical harness to body (M5 x 16 mm)	3 Nm (27 in-lb)
Door hinge pin bolts	25 Nm (18 ft-lb)

Door Panels

Left front door panel of sedan is illustrated. Door panels used on other models are similar.

Door trim panel, removing and installing

- Disconnect negative (-) battery cable.

> ***CAUTION—***
> *• Prior to disconnecting the battery, read the battery disconnection cautions given in* **001 Warnings and Cautions**.

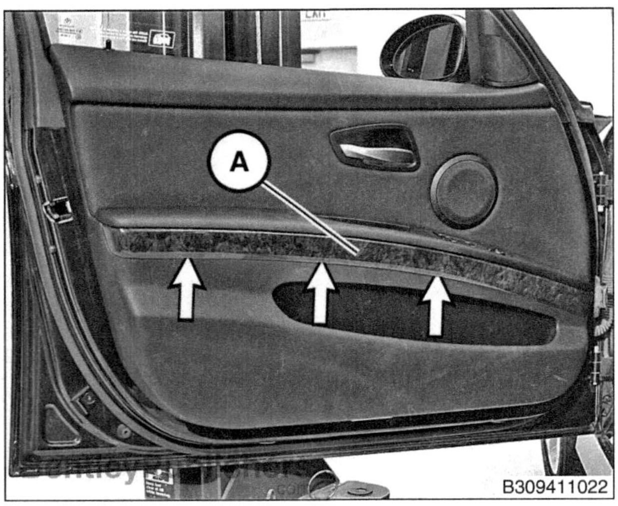

Pry out decorative panel (**A**) on driver's side using plastic prying tool.

- Remove screws (**arrows**).

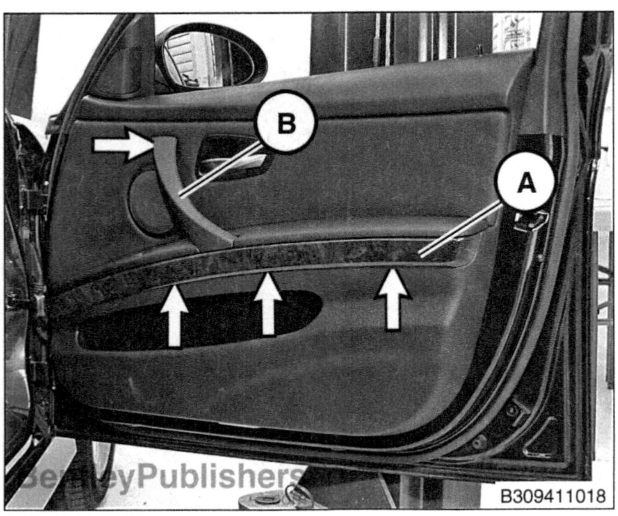

On passenger side, pry out decorative panel (**A**) and door handle cover (**B**) using plastic prying tool.

- Remove screws (**arrows**).

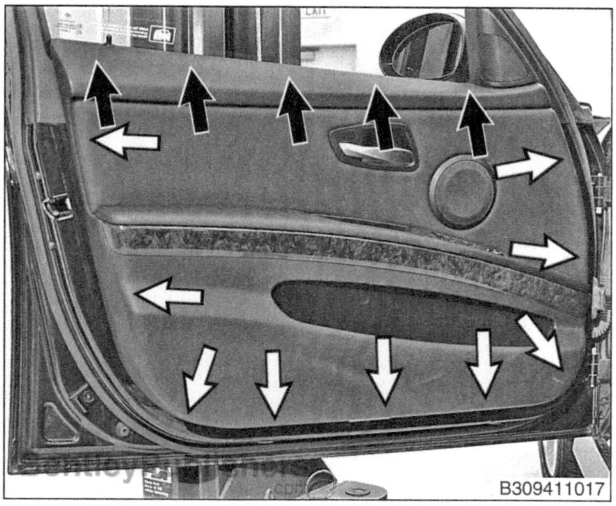

< Detach clips (**white arrows**) on door trim panel with plastic prying tool.

- Unclip door trim panel at top (**black arrows**) using a plastic prying tool. Feed door trim panel out of unlocking button.

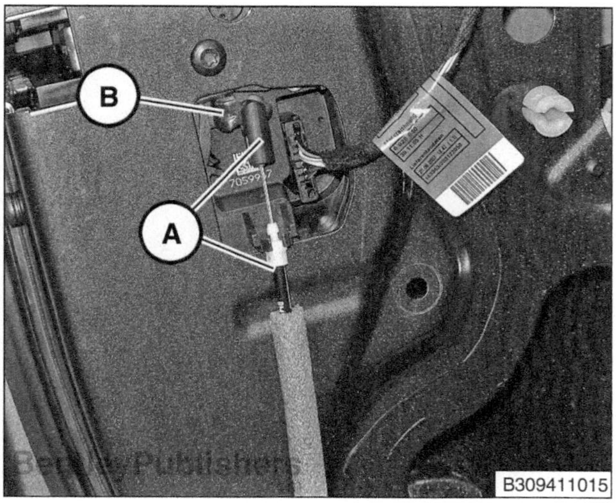

< Unhook Bowden cable (**A**) from inner door opener by unlatching tab (**B**).

- Disconnect wiring harness for window switch panel and remove door trim panel.

- Installation is reverse of removal. To reattach bowden cable snap into position.

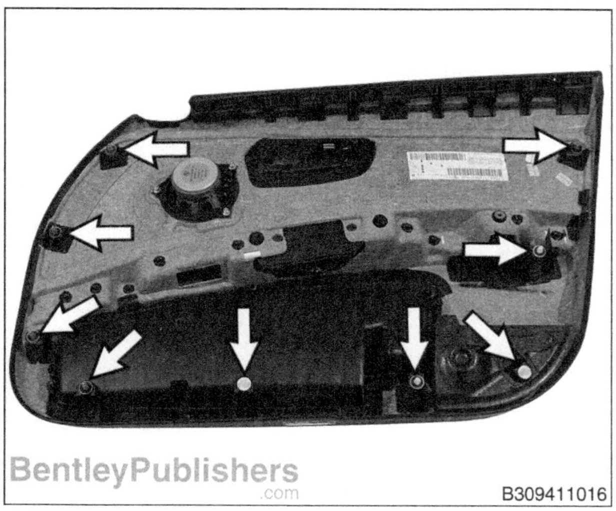

< If necessary, replace any broken clips including sealing ring (**arrows**). Check door-lock mechanism and window for ease of movement and proper function.

Tightening torque	
Door trim panel to door	4 Nm (35 in-lb)

411

412 Trunk lid, Tailgate

GENERAL

This repair group covers trunk lid and tailgate removal and installation. Also included here are replacement procedures for gas-charged support struts that hold trunk lid or tailgate in open position.

> ***CAUTION—***
> - *Body is painted at factory after assembly. Realignment of body panels may expose unpainted metal. Paint exposed metal once work is complete.*

TRUNK LID (SEDAN AND COUPE)

Trunk lid, removing and installing (Sedan and Coupe)

– Raise trunk lid.

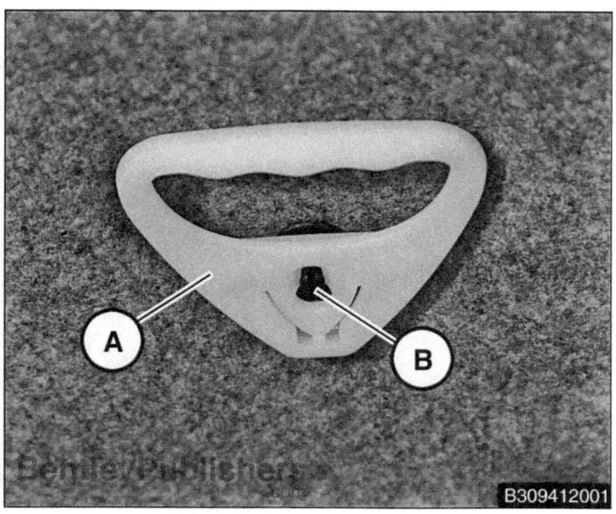

Detach emergency release handle (**A**) from clip (**B**) and disconnect Bowden cable from handle (**A**).

412

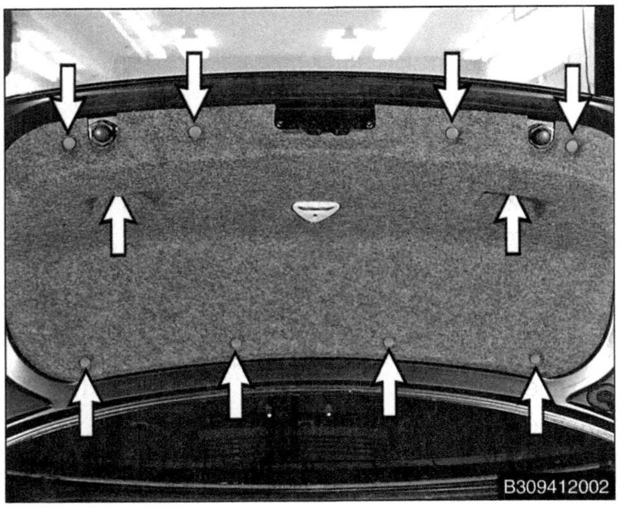

◀ Release clips (**arrows**) and remove trunk lid trim panel.

– Disconnect all electrical connectors.

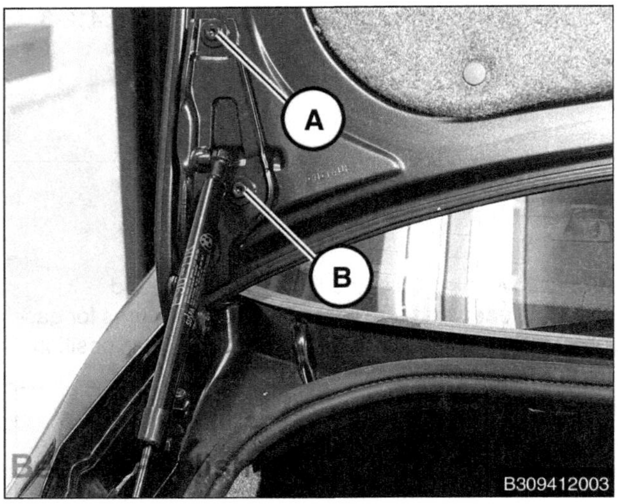

◀ While supporting trunk lid, loosen top hinge bolts (**A**) and remove lower bolts (**B**) from left and right sides.

NOTE—

- *Before loosening hinge bolts, mark hinge and hinge bolt locations for reinstallation.*

– Installation is reverse of removal. If necessary, align trunk lid to body. See **Trunk lid, aligning (Sedan and Coupe)** in this repair group.

Tightening torque	
Trunk lid to hinge (M8)	15 Nm (11 ft-lb)

Trunk lid, aligning (Sedan and Coupe)

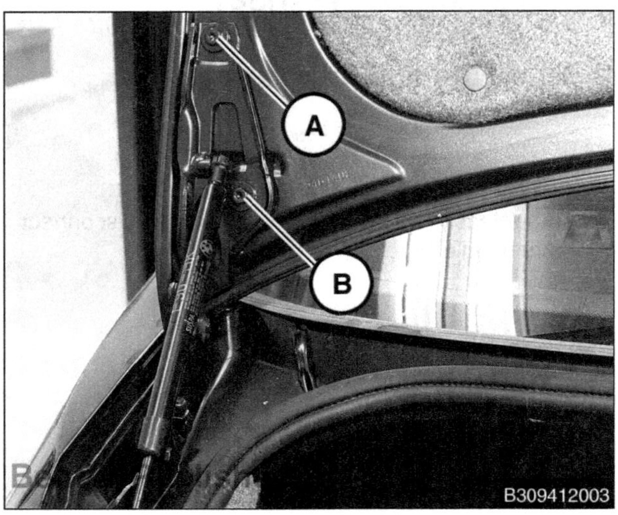

◀ Loosen top hinge bolts (**A** and **B**) so that trunk lid can be moved.

To adjust trunk lid height in relation to side panel, loosen bolts (**A**) so that trunk lid can be moved.

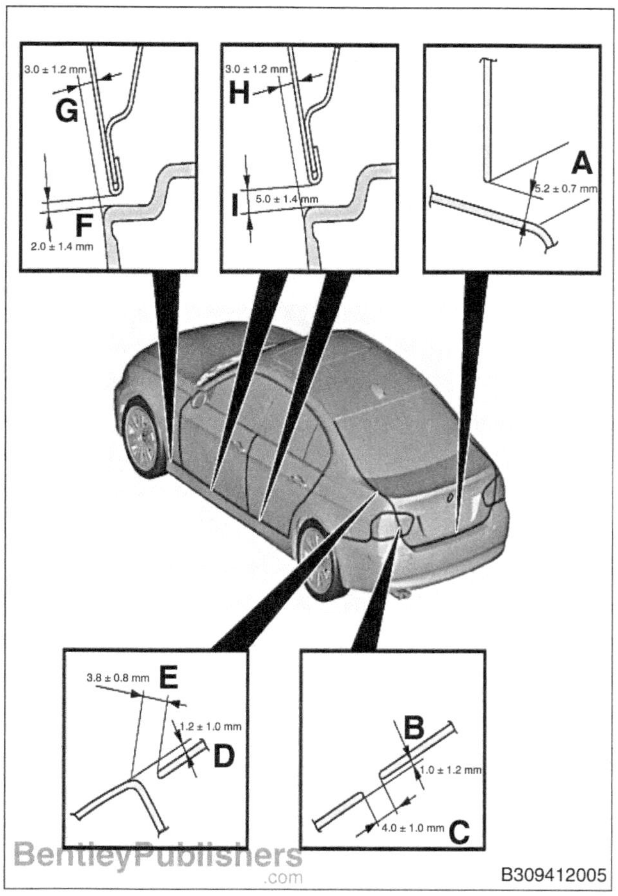

Sedan: Set gap measurements as listed below.

Trunk lid gap specifications (Sedan)
• Dimension **A** . . . . 5.2 ± 0.7 mm (0.20 ± 0.03 in)
• Dimension **B** . . . . 1.0 ± 1.2 mm (0.04 ± 0.05 in)
• Dimension **C** . . . . 4.0 ± 1.0 mm (0.16 ± 0.04 in)
• Dimension **D** . . . . 1.2 ± 1.0 mm (0.05 ± 0.04 in)
• Dimension **E**. . . . . 3.8 ± 0.8 mm (0.15 ± 0.03 in)

CAUTION—
- *Before closing trunk lid, be sure that trunk lid and body do not scrape.*

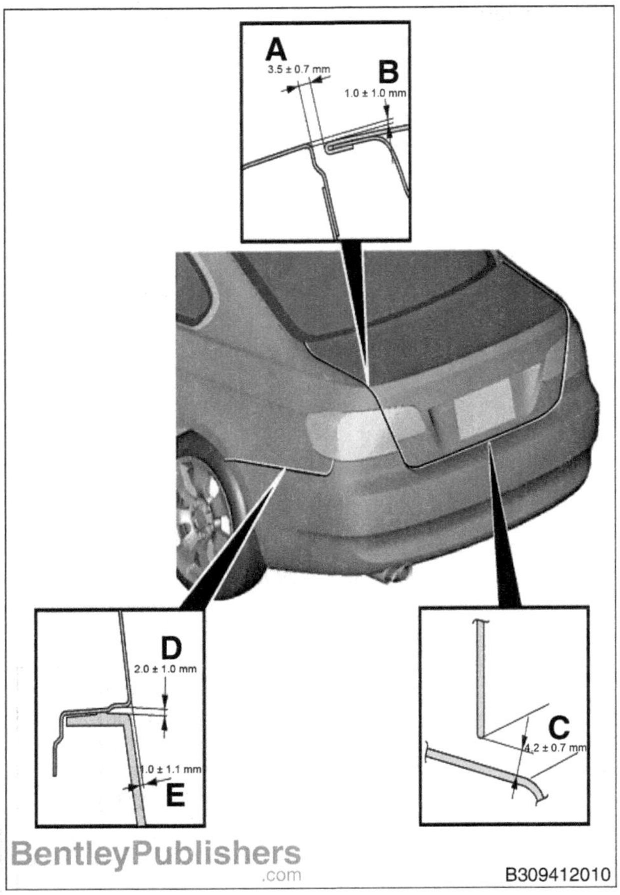

◀ Coupe: Set gap measurements as listed below.

Trunk lid gap specifications (Coupe)
• Dimension **A** . . . . 3.5 ± 0.7 mm (0.14 ± 0.03 in)
• Dimension **B** . . . . 1.0 ± 1.0 mm (0.04 ± 0.04 in)
• Dimension **C** . . . . 4.2 ± 0.7 mm (0.17 ± 0.03 in)
• Dimension **D** . . . . 2.0 ± 1.0 mm (0.08 ± 0.04 in)
• Dimension **E** . . . . 1.0 ± 1.1 mm (0.04 ± 0.04 in)

CAUTION—
- *Before closing trunk lid, be sure that trunk lid and body do not scrape.*

Tightening torques	
Trunk lid to hinge (M8)	15 Nm (11 ft-lb)
Trunk lid hinge to body (M8)	20 Nm (15 ft-lb)

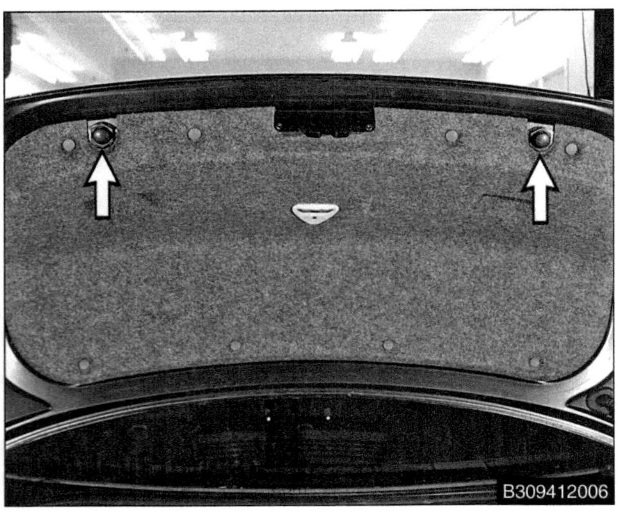

Adjusting trunk lock

◀ Screw in left and right trunk lid detent buffers (**arrows**) completely.

◄ Inspect pads (**black arrows**) on each side of striker assembly for damage or wear. Replace if necessary.

– Loosen trunk striker screws (**white arrows**) so that striker is just able to move. Close trunk lid to center striker.

– Open trunk lid and tighten striker screws.

– Check adjustment of trunk lock and striker. Repeat adjustment process if necessary.

– Unscrew trunk lid detent buffers until left and right sides of lid rest on buffers with trunk lid closed.

> ***CAUTION—***
> - *Be sure top surface of trunk lid is even with top surfaces of fenders.*

Tightening torque	
Trunk striker to body	10 Nm (7 ft-lb)

Trunk lid support strut, removing and installing (Sedan and Coupe)

> ***WARNING—***
> - *Be sure to support trunk lid before removing strut.*

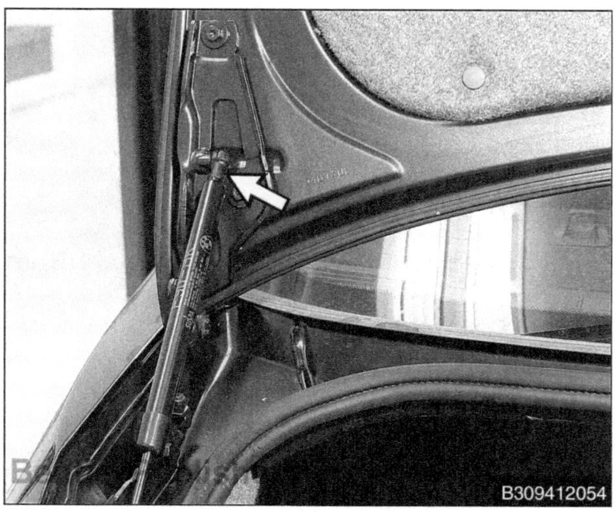

◄ Open trunk lid and support in open position. Remove spring clip (**arrow**) from left support strut end.

– Remove strut from trunk lid.

– Repeat on right.

– Installation is reverse of removal. Replace spring clips damaged during removal.

Trunk Lid (Convertible)

Trunk lid, removing and installing (Convertible)

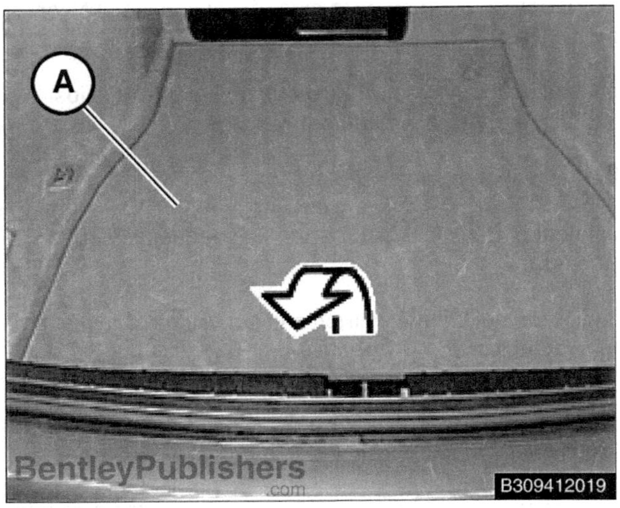

- Raise trunk lid.
- Remove trunk floor trim panel (**A**).

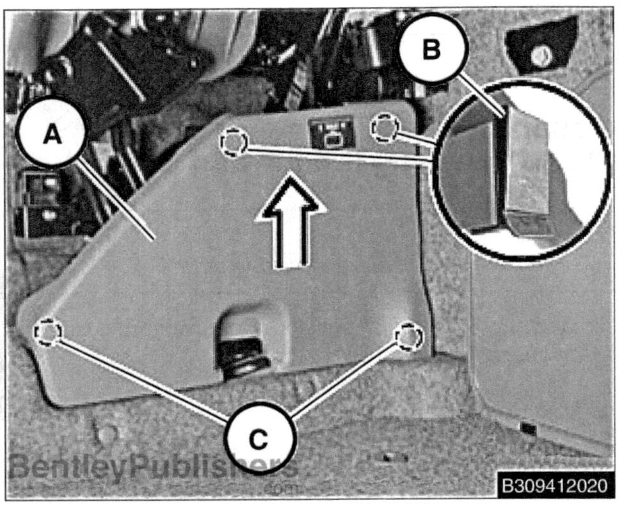

- Move luggage compartment cover so that panel (**A**) is accessible.
- Slide panel (**A**) up to release from retainers (**B**) and catches (**C**) and remove panel.

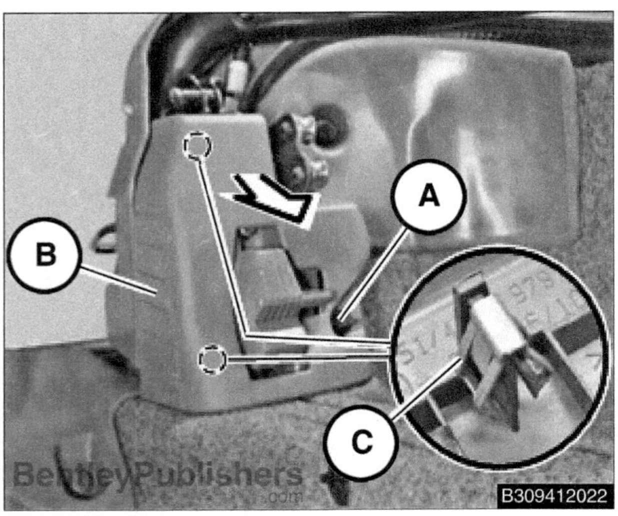

- Turn clip (**A**) 90° (¼ turn) and remove left rear trunk trim panel (**B**) in direction of **arrow**.
- Repeat on right.

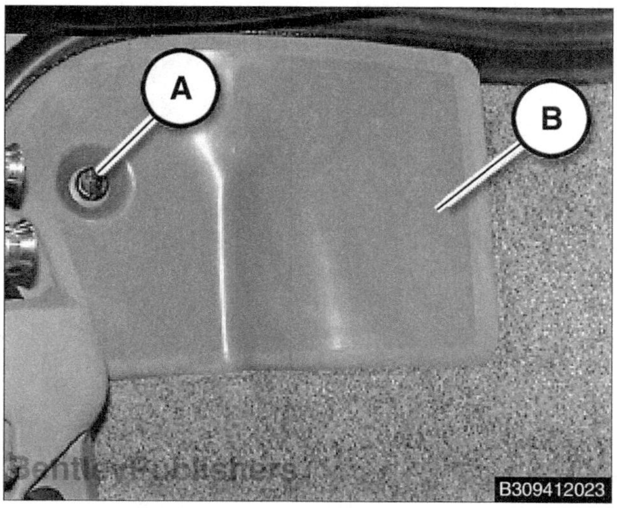

◄ Release clip (**A**) and remove left side trunk trim panel (**B**).

– Open convertible top lid.

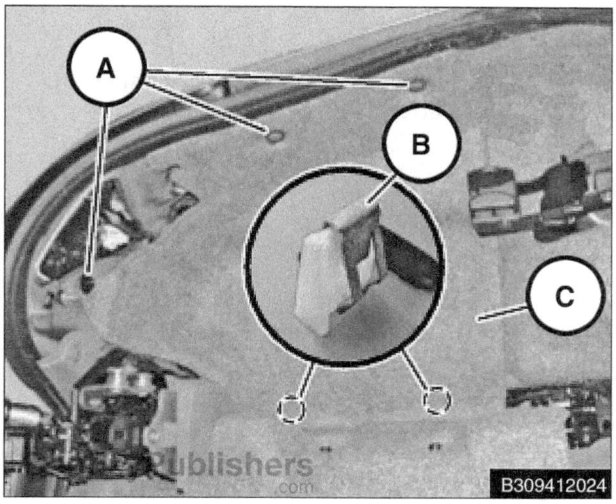

◄ Release clips (**A** and **B**) and remove panel (**C**).

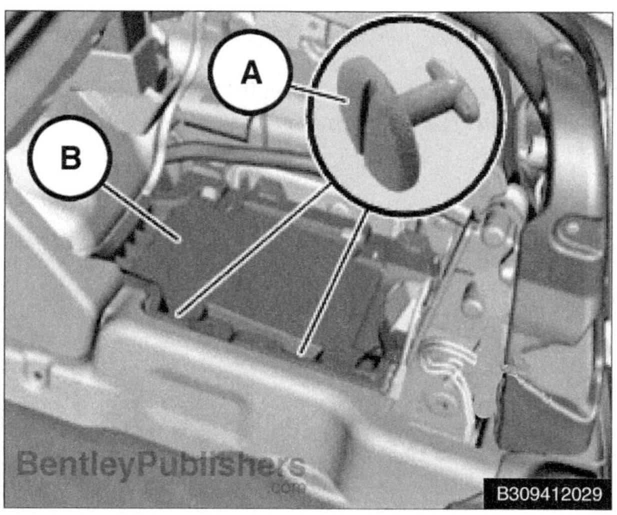

◄ On right side, release clips (**A**) and remove battery cover (**B**).

Trunk lid, removing and installing (Convertible)

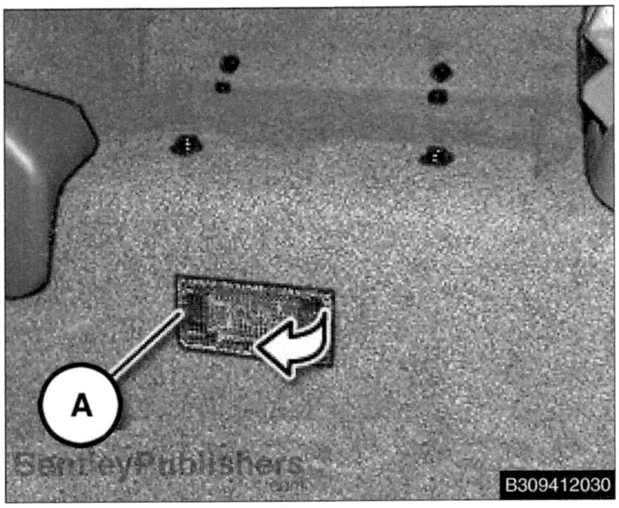

Pry out trunk light (**A**) in direction of **arrow** and disconnect electrical connection.

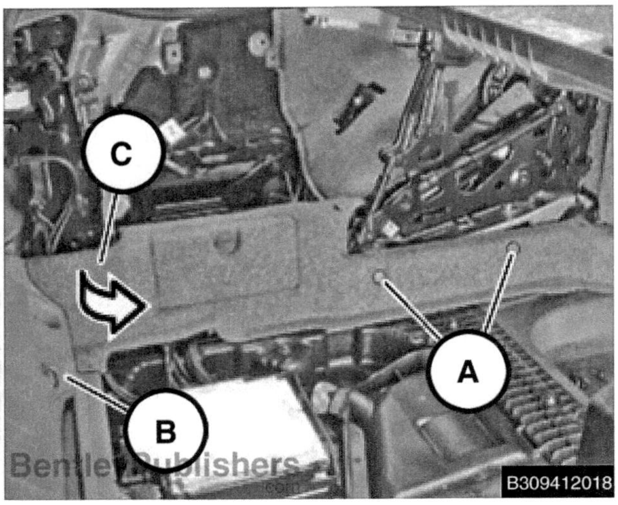

Release clips (**A**).

- Pry left and right side member trim panels (**B**) away from trim (**C**) and remove in direction of **arrow**.

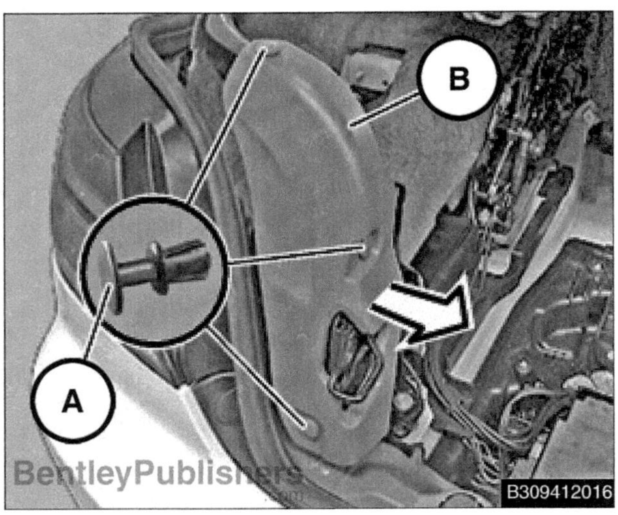

Release clips (**A**) and remove tail panel trim (**B**) in direction of **arrow**.

- Remove trunk lid support struts. See **Trunk lid support strut, removing and installing (Convertible)** in this repair group.

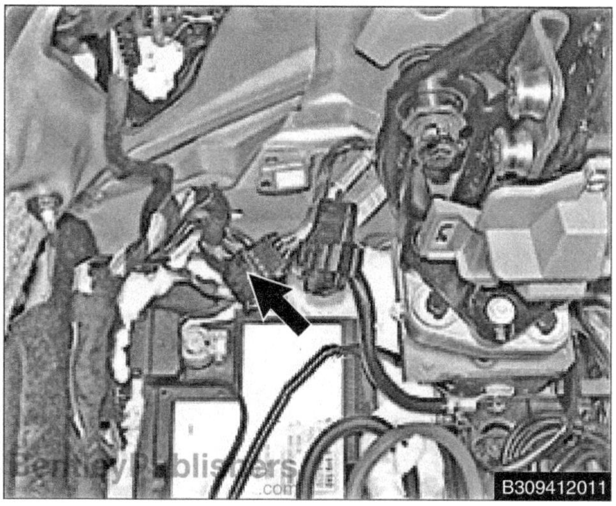

◄ Disconnect electrical connections (**arrow**).

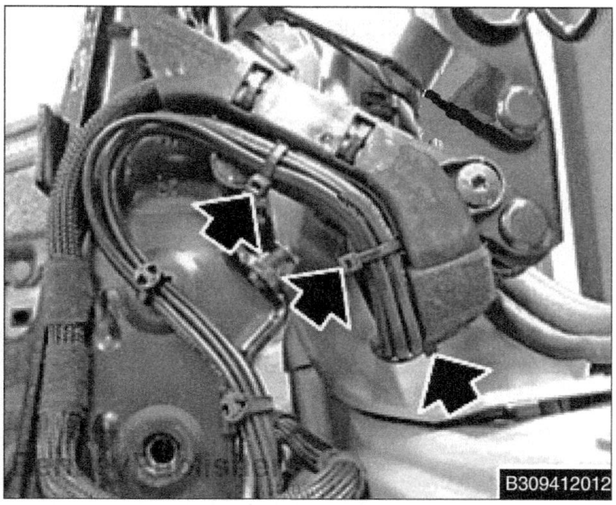

◄ Cut cable ties (**arrows**).

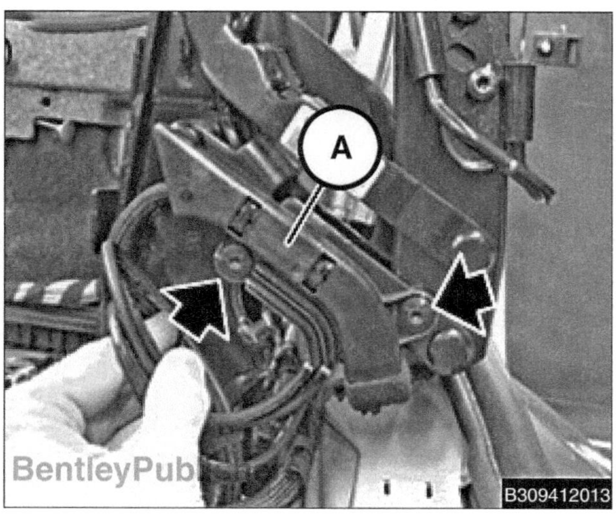

◄ Remove screws (**arrows**) and cable duct (**A**).

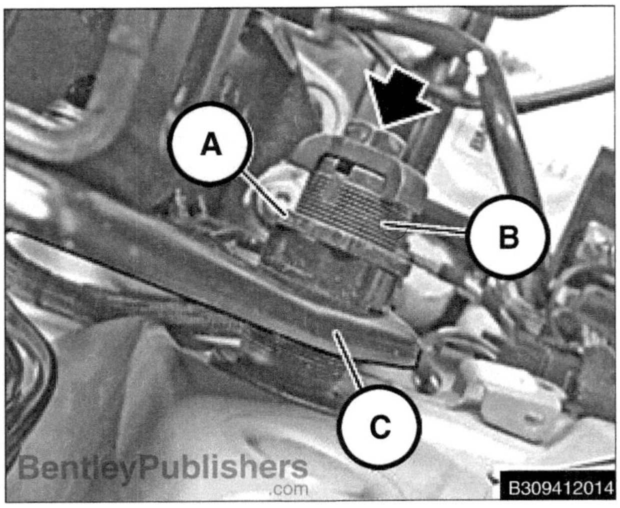

◀ Remove convertible top main bearing bolt (**arrow**).

– Loosen nut (**A**).

– Loosen barrel screw (**B**) so that wiring harness can be removed between body and frame (**C**).

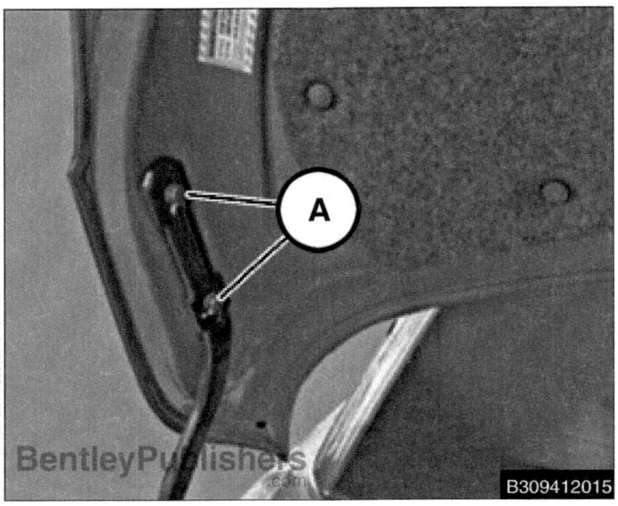

◀ Remove bolts (**arrow**) and lift off trunk lid.

NOTE—

• Before loosening hinge bolts, mark hinge and hinge bolt locations for reinstallation.

– Installation is reverse of removal. If necessary, align trunk lid to body. See **Trunk lid, aligning (Convertible)** in this repair group.

Tightening torques	
Trunk lid to hinge (M8 x 25 mm)	20 Nm (15 ft-lb)
Main bearing to body and bracket (M8)	19 Nm (14 ft-lb)
Barrel screw to frame, rear module	0.2 Nm (1.6 in-lb)

Trunk lid, aligning (Convertible)

Aligning trunk lid

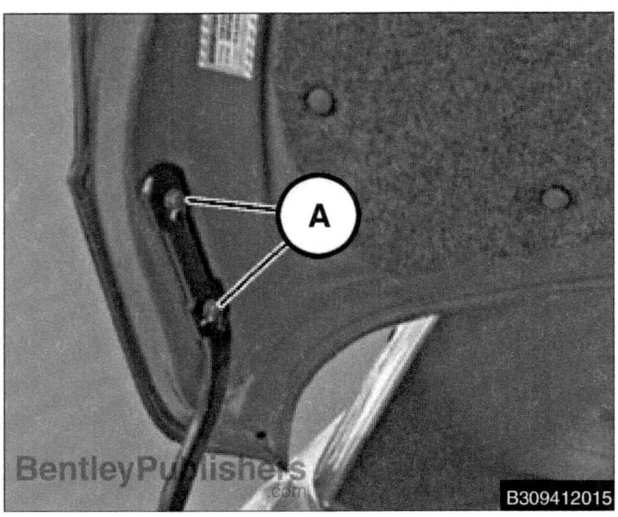

◀ Loosen upper hinge bolts (**A**) so that trunk lid can be moved.

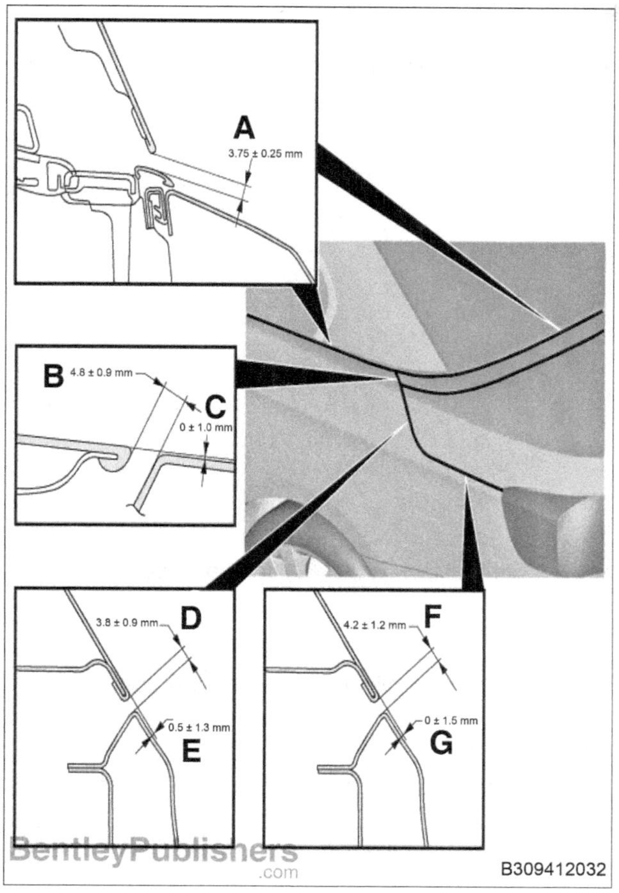

Set gap measurements as listed below.

Trunk lid gap specifications (Convertible)
• Dimension **A** . . . . 3.75 ± 0.25 mm (0.15 ± 0.01 in)
• Dimension **B** . . . . 4.8 ± 0.9 mm (0.18 ± 0.04 in)
• Dimension **C** . . . . 0 ± 1.0 mm (0.0 ± 0.04 in)
• Dimension **D** . . . . 3.8 ± 0.9 mm (0.15 ± 0.04 in)
• Dimension **E**. . . . . 0.5 ± 1.3 mm (0.02 ± 0.05 in)
• Dimension **F**. . . . . 4.2 ± 1.2 mm (0.17 ± 0.05 in)
• Dimension **G** . . . . 0 ± 1.5 mm (0.0 ± 0.06 in)

CAUTION—
- *Before closing trunk lid, be sure that trunk lid and body do not scrape.*

412

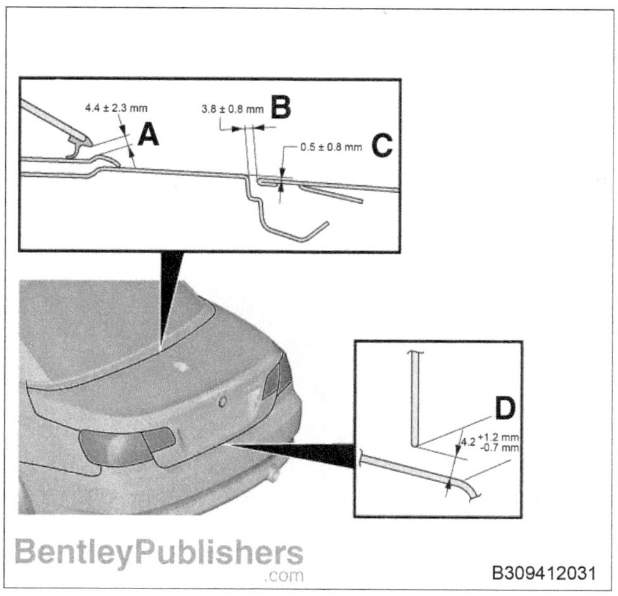

Set gap measurements as listed below.

Trunk lid gap specifications (Convertible)
• Dimension **A** . . . . 4.4 ± 2.3 mm (0.17 ± 0.09 in)
• Dimension **B** . . . . 3.8 ± 0.8 mm (0.15 ± 0.03 in)
• Dimension **C** . . . . 0.5 ± 0.8 mm (0.02 ± 0.03 in)
• Dimension **D**4.2 + 1.2 mm / - 0.7 mm (0.17 + 0.05in / - 0.03 in)

CAUTION—
- *Before closing trunk lid, be sure that trunk lid and body do not scrape.*

Tightening torque	
Trunk lid to hinge (M8 x 25 mm)	20 Nm (15 ft-lb)

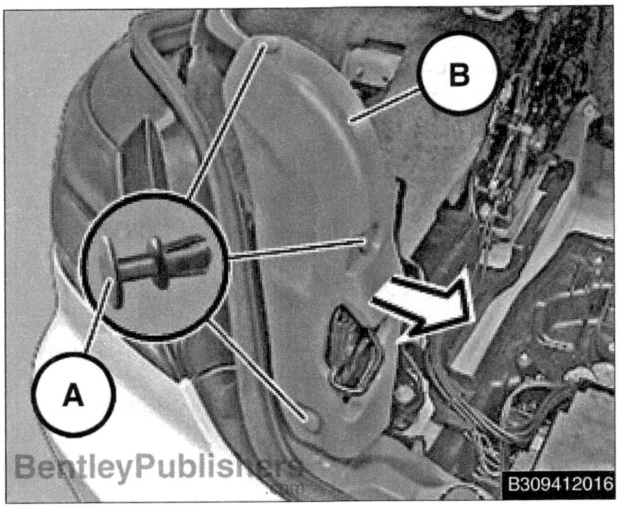

Adjusting trunk lock

◀ Release clips (**A**) and remove tail panel trim (**B**) in direction of **arrow**.

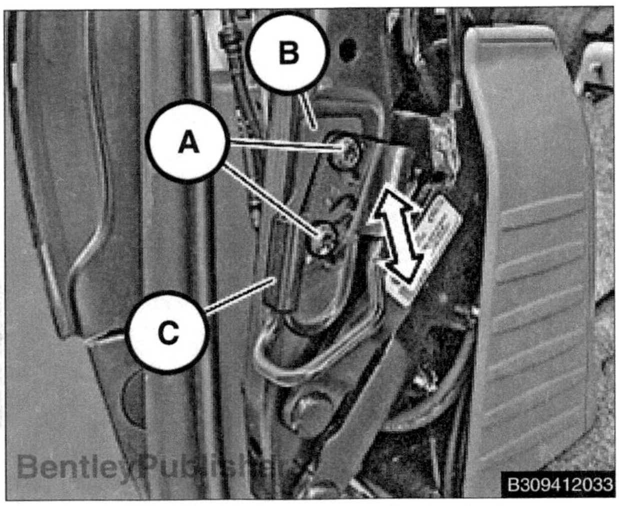

◀ Loosen screws (**A**) so that lock striker (**C**) can be moved.

- Slide lock striker in direction of **arrow**.
- Tighten screws (**A**) and check alignment of rear lid and lock striker.
- Add or remove shims (**B**) as necessary.

Tightening torque	
Lock striker to convertible top module	10 Nm (7 ft-lb)

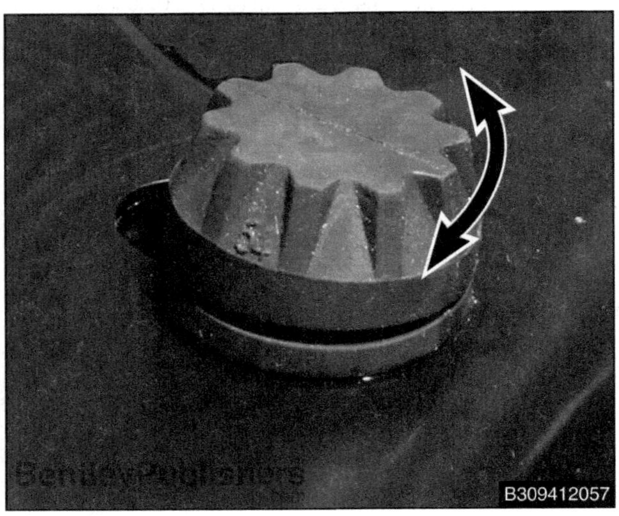

Adjusting buffer stops

◀ Version 1: Turn buffer stop (**arrow**) left or right to adjust height.

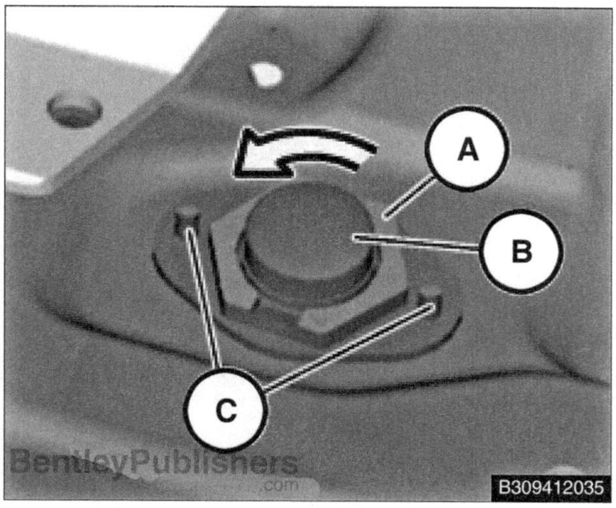

Version 2: Turn lock (**A**) counterclockwise 90° (¼ turn). Pull buffer stop (**B**) up. Close trunk lid slowly until it is at the same height as the side panel. Open trunk lid and turn lock (A) 90° (¼ turn) clockwise.

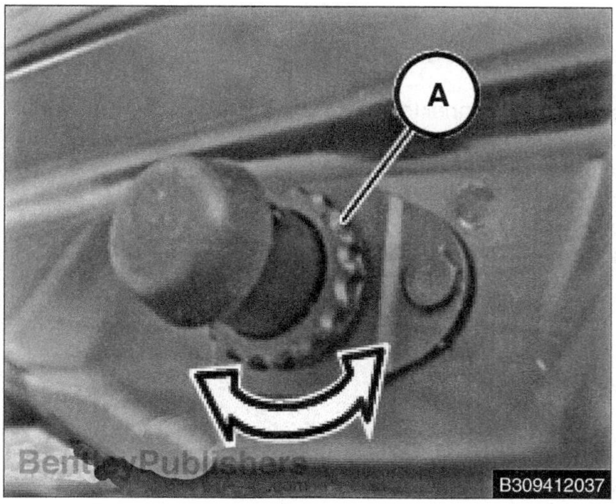

Version 3: Turn buffer stop (**A**) left or right to adjust height.

Trunk lid support strut, removing and installing (Convertible)

> ***WARNING—***
> *• Be sure to support trunk lid before removing strut.*

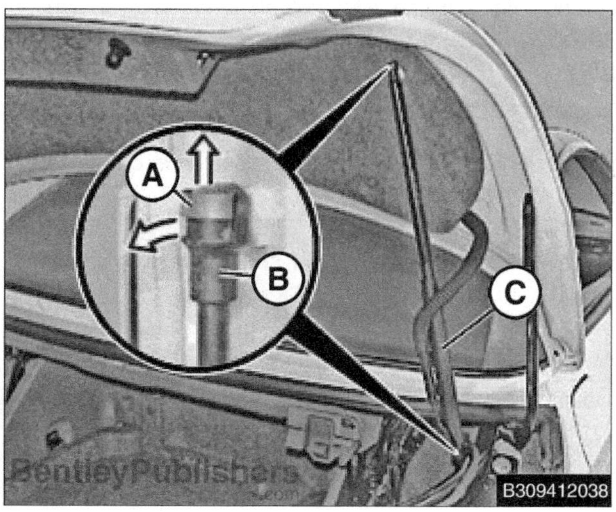

Open trunk lid and support in open position. Remove spring clips (**A**) from support strut ends (**B**).

- Remove strut (**C**) from trunk lid.

- Installation is reverse of removal. Replace spring clips damaged during removal.

TAILGATE (SPORTS WAGON)

Tailgate, removing and installing

- Raise tailgate.

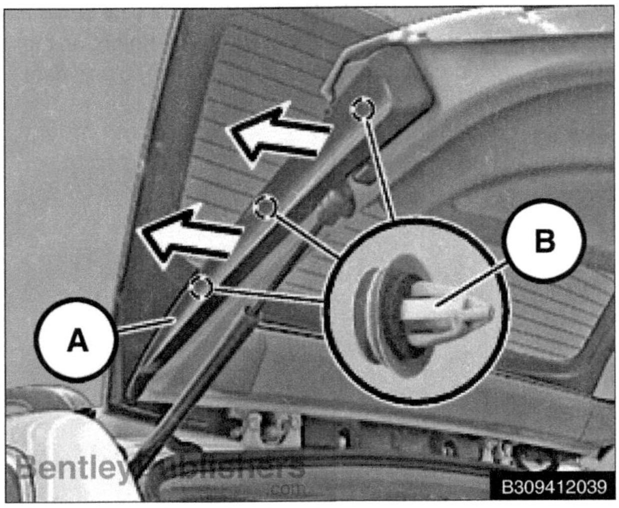

◀ Remove tailgate left and right inside trim (**A**) by releasing trim clips (**B**).

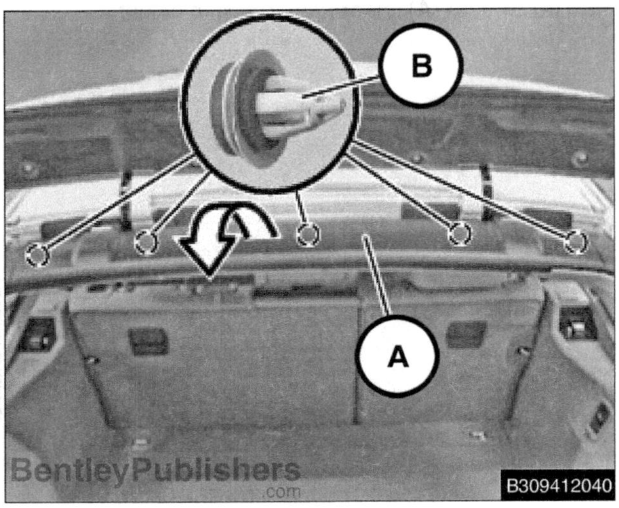

◀ Remove tailgate upper inside trim (**A**) by releasing trim clips (**B**).

- Disconnect electrical connectors from tailgate lock, rear wiper, rear window defogger, center brake light and license plate light assembly. Remove wiring harness from tailgate.

- Disconnect left and right support struts. See **Tailgate support strut, removing and installing** in this repair group.

◀ While supporting tailgate, remove left tailgate hinge bolt (**arrow**).

- Repeat on right.

> ***CAUTION—***
> - *The tailgate is very heavy. Use assistance to support both sides prior to removal of hinge bolts.*

- Installation is reverse of removal. To align, see **Tailgate, aligning** in this repair group.

Tightening torque	
Tailgate to tailgate hinge (M8)	30 Nm (22 ft-lb)

Tailgate support strut, removing and installing

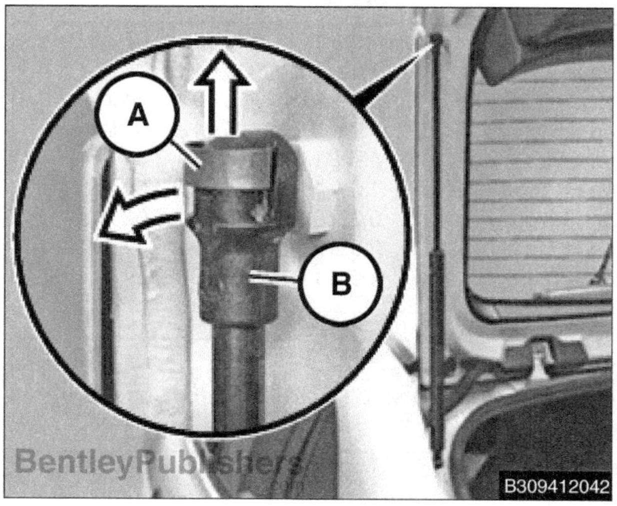

Fully open tailgate and support with suitable jack. Remove retaining clip (**A**) on upper end of pressurized support strut (**B**).

> ***CAUTION—***
> • *The tailgate is very heavy and will close without both pressurized struts installed. Properly support tailgate prior to removal of a strut.*

– Pull support strut (**B**) off tailgate.

– Remove retaining clip from lower end of support strut. Remove support strut.

– Installation is reverse of removal. Replace retaining clips if damaged during removal.

Tailgate, aligning

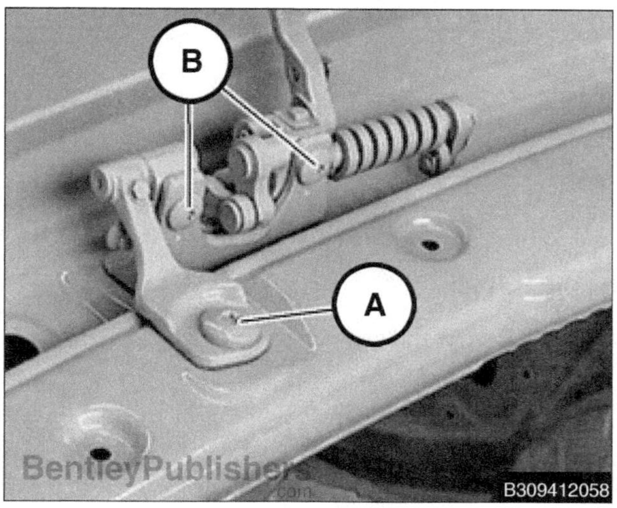

Loosen tailgate hinge screws (**A**) so tailgate can be moved left or right.

– Loosen tailgate hinge screws (**B**) so tailgate can be moved up or down.

412

Tailgate, aligning

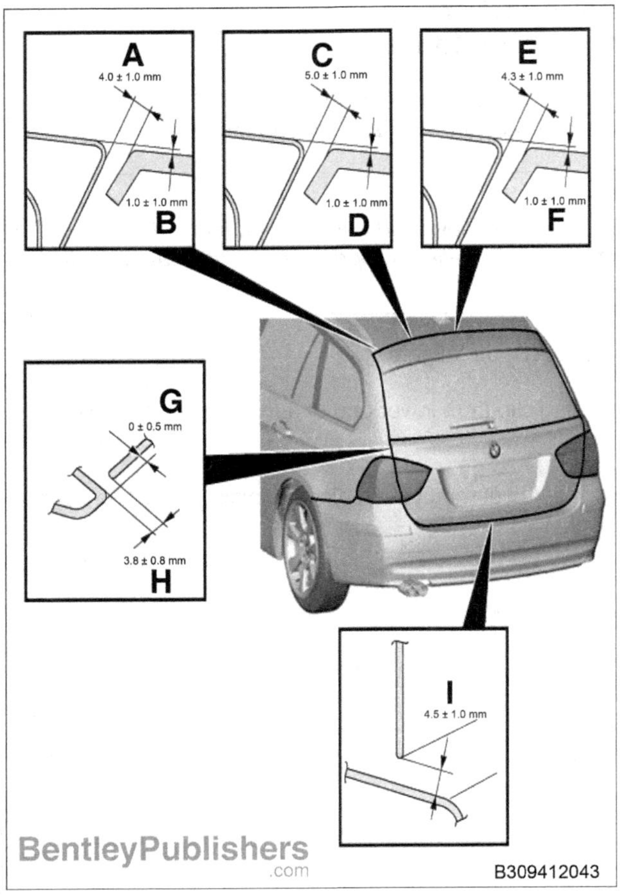

Set gap measurements as listed below for Sport Wagon.

Trunk lid gap specifications (Sport Wagon)
• Dimension **A** . . . . 4.0 ± 1.0 mm (0.16 ± 0.04 in)
• Dimension **B** . . . . 1.0 ± 1.0 mm (0.04 ± 0.04 in)
• Dimension **C** . . . . 5.0 ± 1.0 mm (0.20 ± 0.04 in)
• Dimension **D** . . . . 1.0 ± 1.0 mm (0.04 ± 0.04 in)
• Dimension **E** . . . . 4.3 ± 1.0 mm (0.17 ± 0.04 in)
• Dimension **F** . . . . 1.0 ± 1.0 mm (0.04 ± 0.04 in)
• Dimension **G** . . . . 0.0 ± 0.5 mm (0.00 ± 0.02 in)
• Dimension **H** . . . . 3.8 ± 0.8 mm (0.15 ± 0.03 in)
• Dimension **I** . . . . 4.5 ± 1.0 mm (0.18 ± 0.04 in)

> ***CAUTION—***
> - *Before closing truck lid, be sure that trunk lid and body do not scrape.*

Adjusting tailgate lock

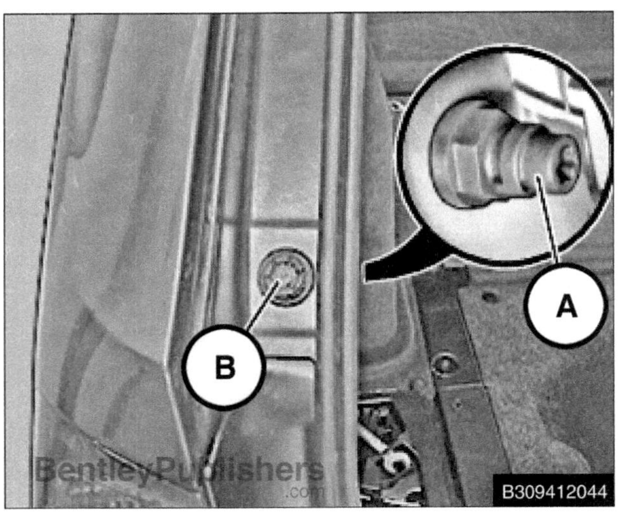

Remove protective cap (**A**) and fully screw in buffer stop (**B**).

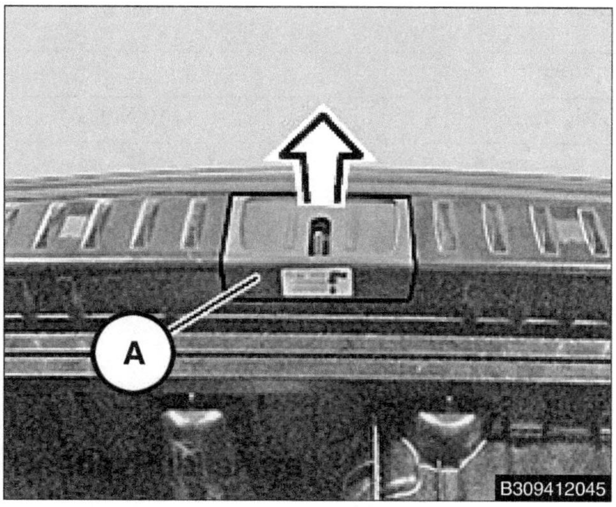

Unclip and remove tailgate lock striker cover (**A**).

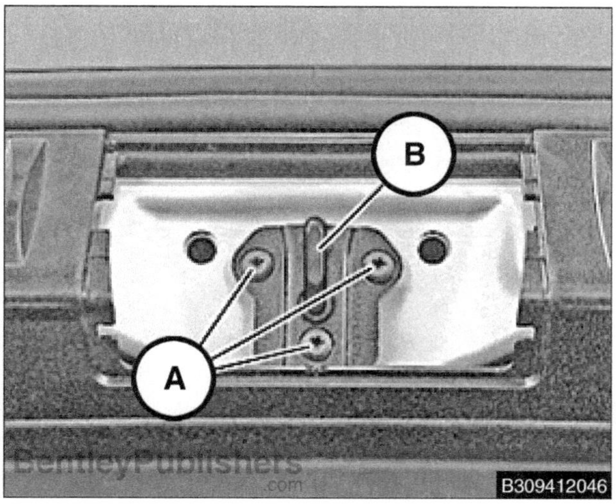

Loosen screws (**A**) so that tailgate lock striker (**B**) can be moved.

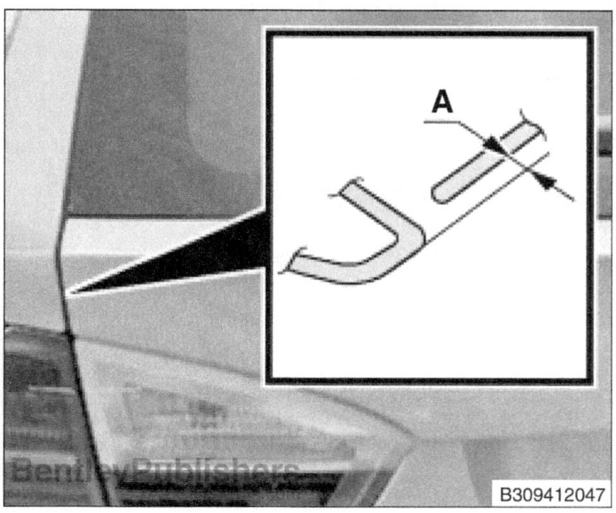

Adjust tailgate at striker so that tailgate rests below side panel on left and right sides (**A**).

Trunk lid gap specification
• Dimension **A** . . . . 1.0 to 1.5 mm (0.04 ± 0.06 in)

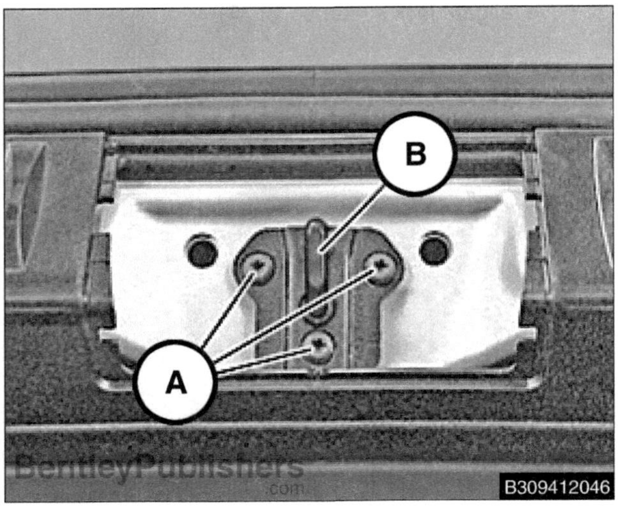

Tighten screws (**A**).

Tightening torque	
Striker to body (M8)	10 Nm (7 ft-lb)

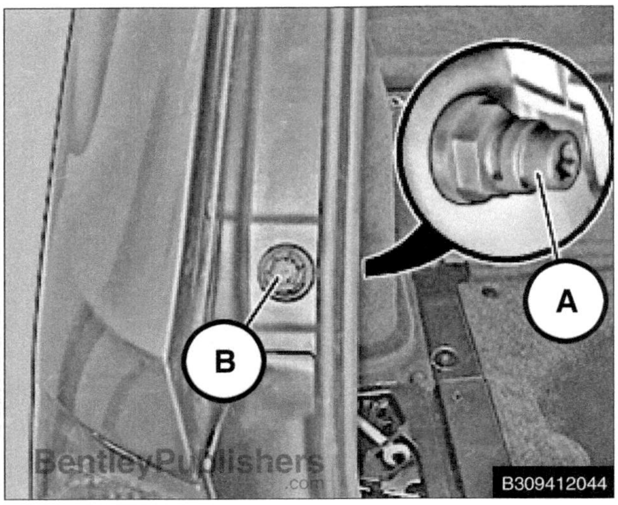

Unscrew buffer stops (**B**) until tailgate is flush with side panel. Replace protective cap (**A**).

Rear Spoiler (Sports Wagon)

Rear spoiler, removing and installing

Removing

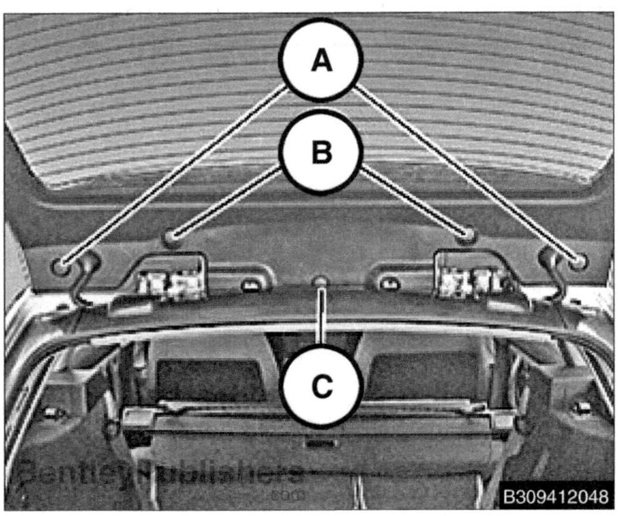

Pry out plugs (**A, B** and **C**) and remove fasteners underneath.

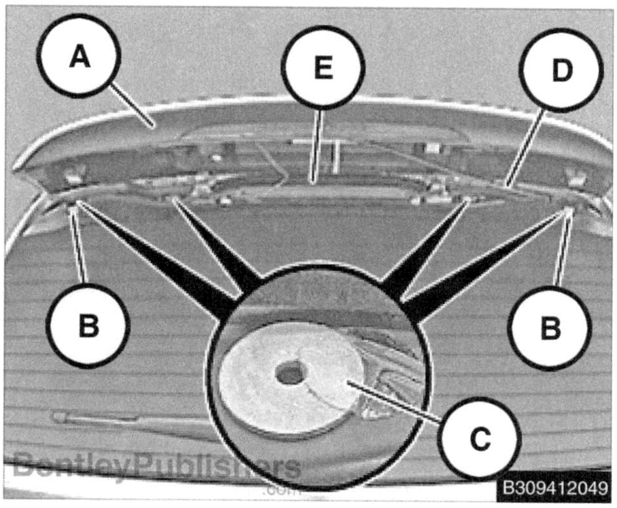

- Pull rear spoiler (**A**) toward rear and feed out of guides (**B**). If shims (**C**) are in installed, note location and reinstall using original fasteners.

- Tilt rear spoiler (**A**) upward, remove cover (**E**) and disconnect electrical connections underneath.

- Disconnect rear window washer hose (**D**) and remove rear spoiler (**A**).

Installing

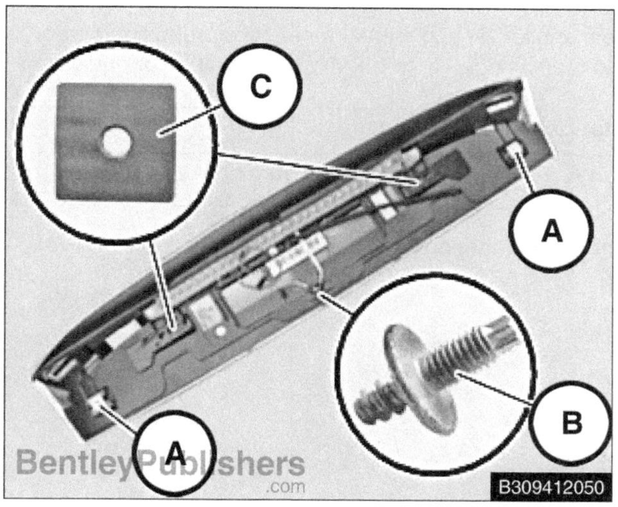

- Replace adjusting screw (**B**) if missing or damaged.

- Replace slide nuts (**A** and **C**) and retaining clips. Slide nuts (**C**) vary by vehicle build date. Consult authorized BMW parts dealer for correct part information.

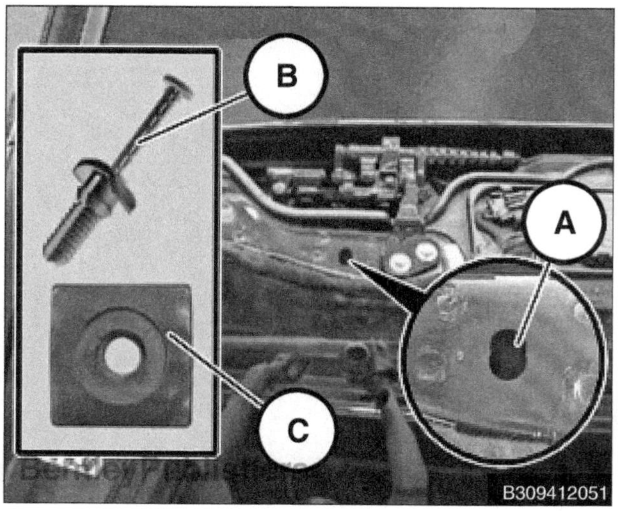

- Replace expanding rivet (**B**) and slide nut (**C**) (early vehicle shown, late vehicle similar).

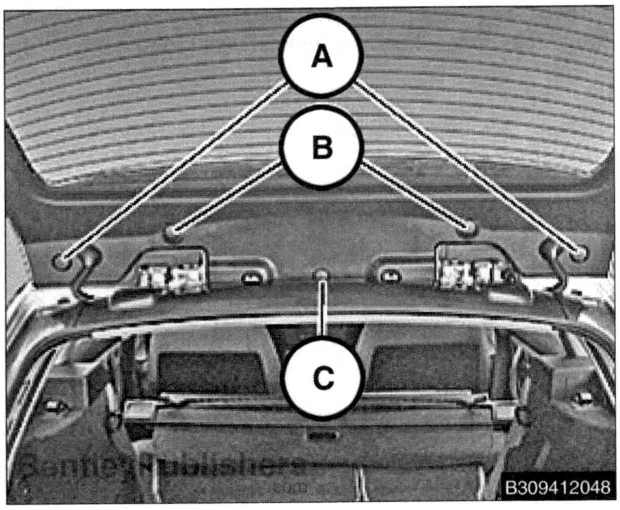

Observe correct installation sequence:

- Tighten screws (**A**).
- Adjust rear spoiler. See **Adjusting rear spoiler** in this repair group.
- Tighten nut (**C**).
- Secure expanding rivets (**B**).

Rear spoiler, adjusting

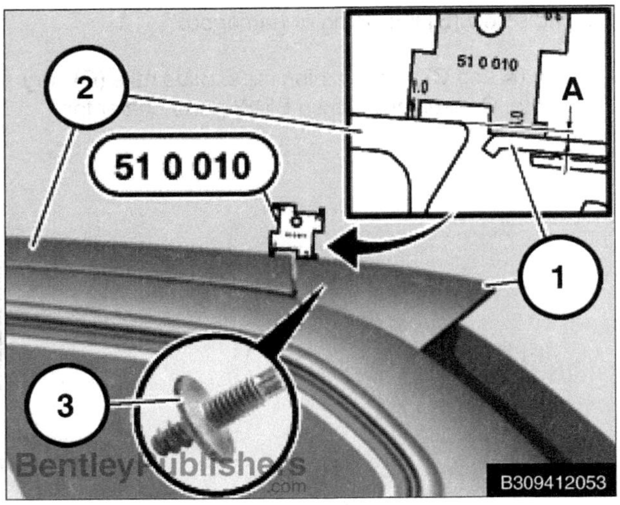

Press on rear spoiler (**1**) and measure negative protrusion of rear spoiler (**1**) to rear window (**2**) with BMW tool 51 0 010 or equivalent.

Rear spoiler gap specification
• Dimension **A** . . . . 1.0 to 1.0 mm (0.04 ± 0.04 in)

– If necessary, adjust rear spoiler (**1**) by turning adjusting screw (**3**).

510 Exterior Trim, Bumpers

GENERAL

This repair group includes repair information for the outside rear view mirrors, front and rear bumpers, and the easily removable exterior trim parts.

NOTE—

- *The procedures outlined in this group apply specifically to a 2007 330i. Other models may vary slightly from the illustrations shown.*

See also:

- **400 Body General** for body panel gap dimensions
- **411 Doors** for door panels
- **513 Interior Trim**

510

OUTSIDE REAR VIEW MIRROR

Outside mirror glass, removing and installing

Move mirror glass carefully and slowly. For added protection, cover glass completely with masking tape or wear hand protection when removing.

> ***CAUTION—***
> - *Make sure mirror glass is at or above room temperature before removing. Otherwise, small plastic parts or glass may break.*

– Tilt mirror housing out.

– With mirror glass squarely positioned in housing frame, push bottom of glass fully into housing.

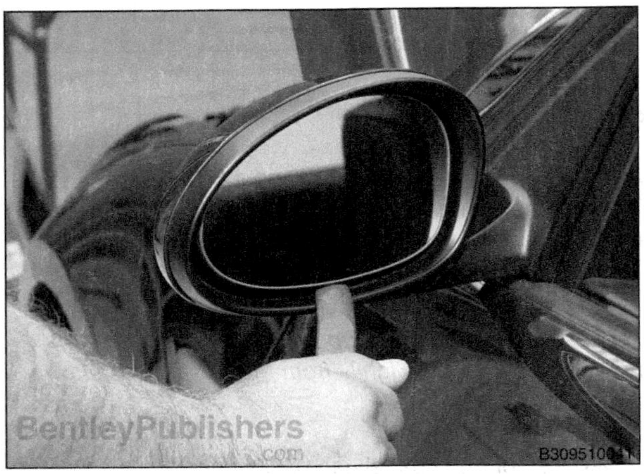

◄ Insert plastic wedge under center of glass and gently pry glass up until glass disengages from retaining clips.

– Lift glass out and store mirror glass safely.

– When installing:
- Position mirror glass in housing while aligning plastic retainers.
- Carefully lever top center of glass down to engage retaining clips.
- Check that mirror moves freely in all directions.

Outside mirror housing, removing and installing

– Remove interior door trim panel. See **411 Doors**.

– Remove door window frame cover.

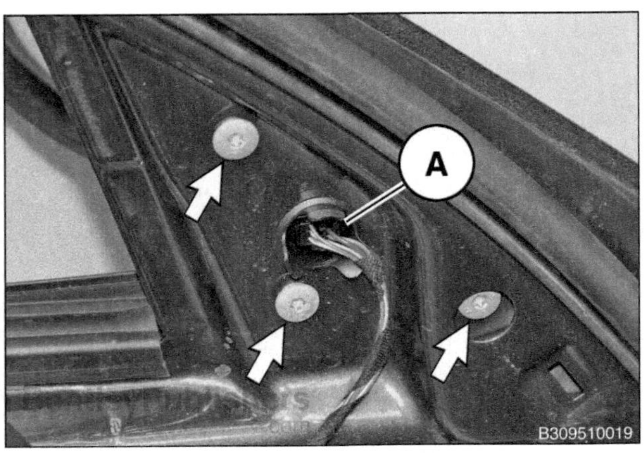

◄ Disconnect electrical connector (**A**).

– Support mirror from outside and remove fasteners (**arrows**).

– Installation is reverse of removal.

NOTE—
- *Check mirror function before reinstalling door panel trim.*

Tightening torques	
Outside mirror to door • Previously installed mirror • New mirror	 6 Nm (4.5 ft-lb) 8 Nm (6 ft-lb)

Bumpers

Front bumper assembly

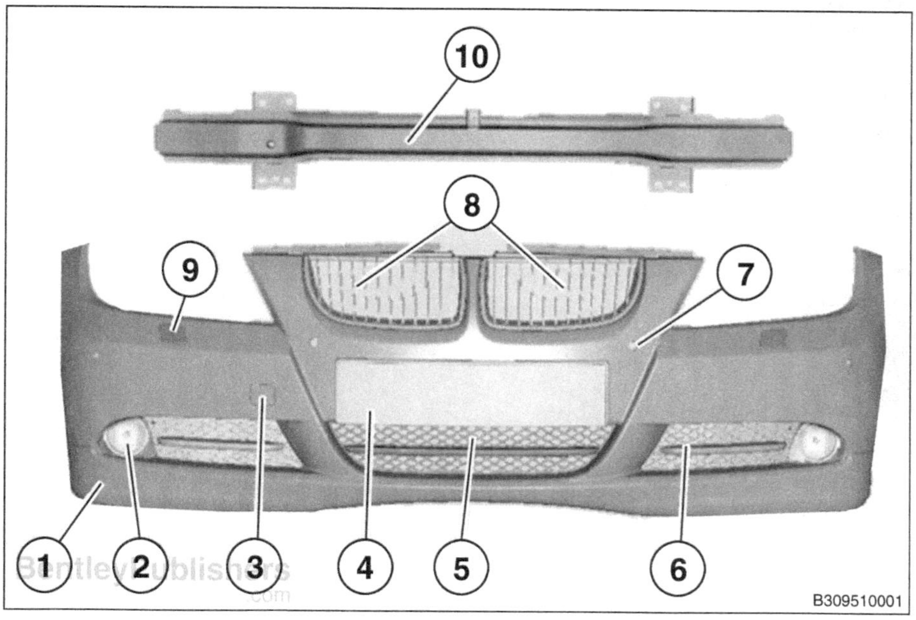

1. Front bumper trim
2. Fog light
3. Towing eye cover
4. License plate holder
5. Center trim grill
6. Side trim grill
7. Parktronic sensor
8. Radiator grill
9. Headlight washer nozzle cover
10. Front bumper support

Front bumper, removing and installing

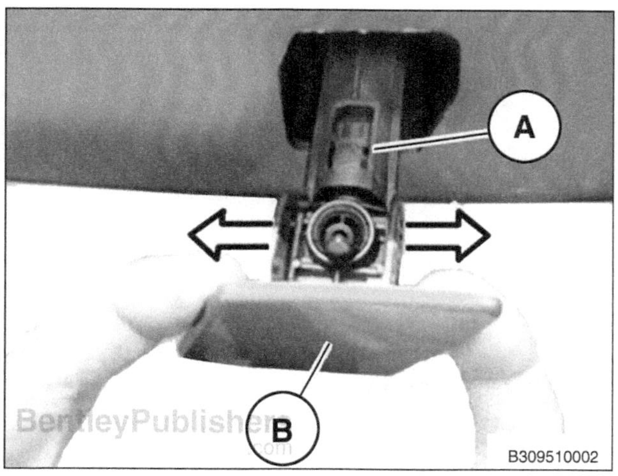

◀ Remove headlight washer nozzle cover if equipped.

– Pull headlight washer nozzle (**A**) out by cover (**B**).

– Firmly grasp headlight washer nozzle (**A**) and remove cover (**B**) in direction of **arrows**. Allow headlight washer nozzle to retract slowly once cover is removed.

◀ Remove front bumper fasteners (**arrows**).

510

Front bumper, removing and installing

Working in left front wheel well, remove wheel housing trim fasteners (**arrows**).

NOTE—
- *Repeat procedure for right side of vehicle.*

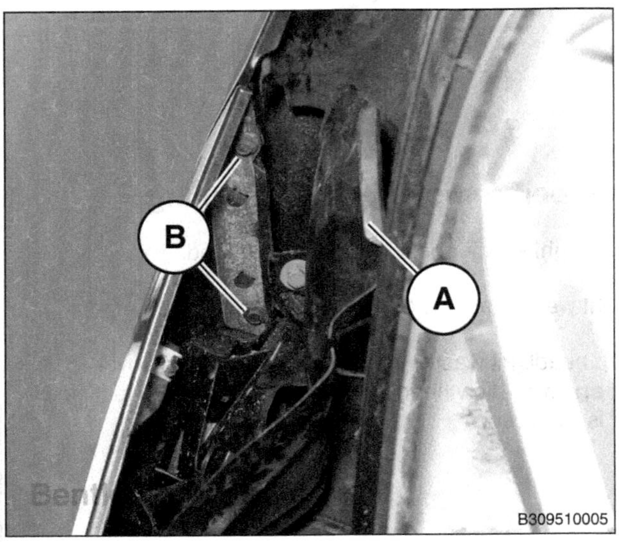

Push wheel housing trim (**A**) aside and remove bumper fasteners (**B**).

NOTE—
- *Repeat procedure for right side of vehicle.*

Remove bumper fasteners (**arrows**).

◀ Detach bumper at sides in direction of **arrows**.

– Slide bumper (**A**) forward just enough to disconnect electrical connectors for fog lights and parktronic sensors if equipped.

– Remove bumper forward with help from an assistant.

– Installation is reverse of removal.

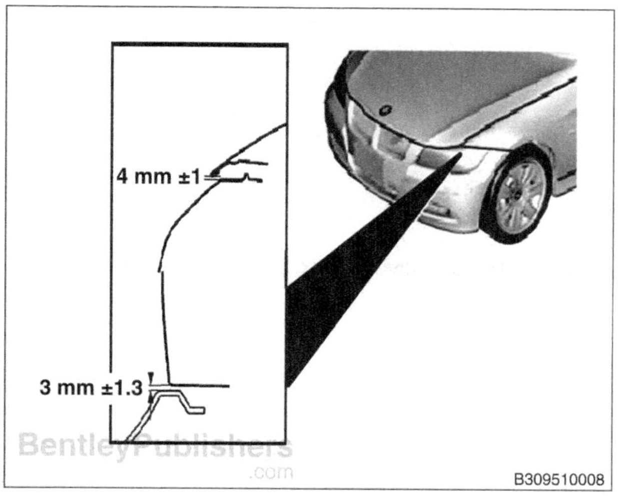

◀ Adjust bumper body gap if necessary. See **400 Body-General**.

Rear bumper assembly

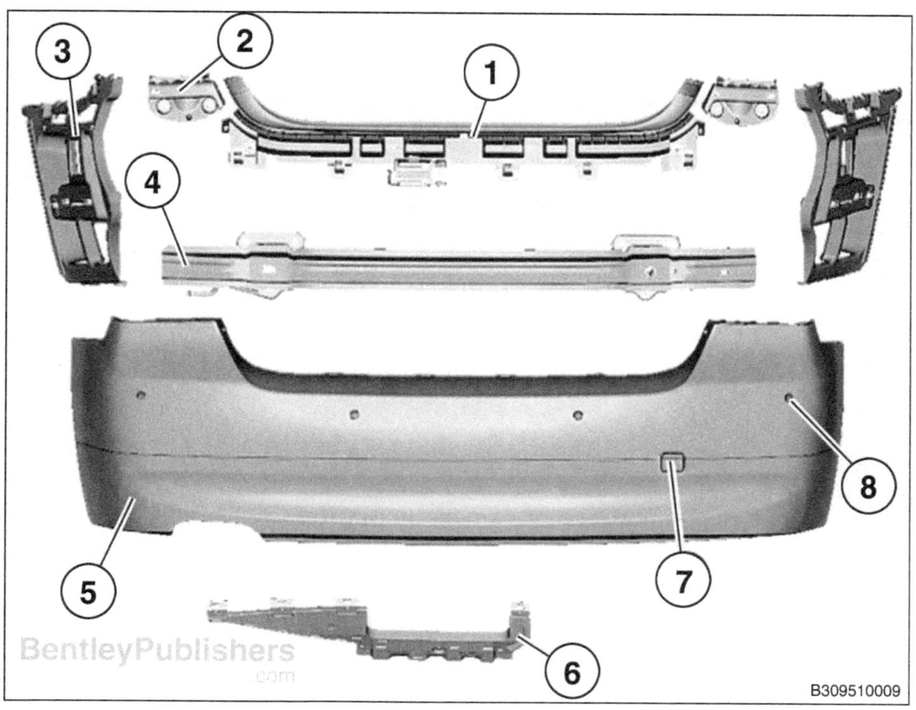

1. Middle guide
2. Side guide
3. Side holder
4. Rear carrier
5. Bumper
6. Bottom guide
7. Towing eye cover
8. Parktronic sensor

510

Rear bumper, removing and installing

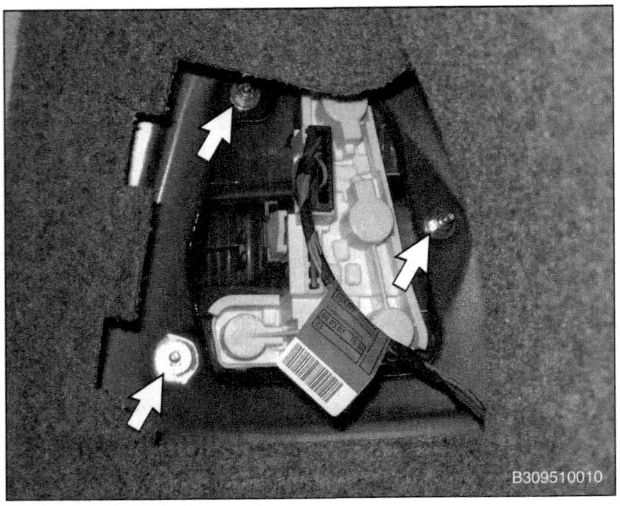

B309510010

Working at left tail light assembly:

- Disconnect electrical connector.
- Remove fasteners (**arrows**).
- Remove tail light assembly from body panel.

NOTE—

- *Repeat procedure for right side of vehicle.*

B309510011

Using a screwdriver, pry out covers (**arrows**) and remove fasteners underneath.

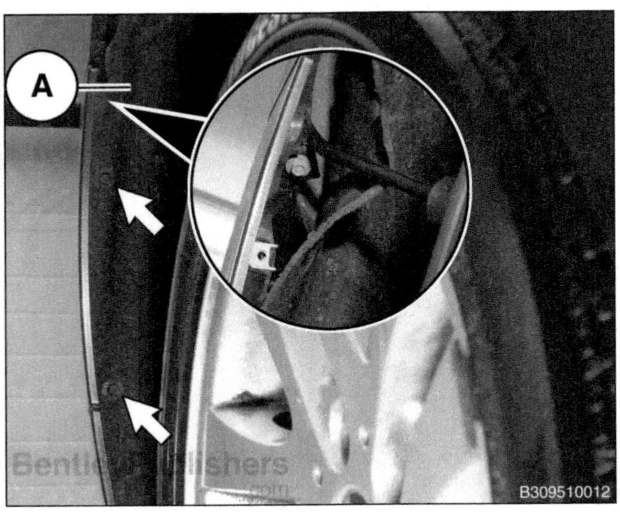

B309510012

Working in left rear wheel well:

- Remove fasteners (**arrows**).
- Pull wheel housing trim (**A**) aside and remove fastener (**inset**).

NOTE—

- *Repeat procedure for right side of vehicle.*

◄ Remove fasteners (**arrows**).

◄ Unclip bumper by pushing front edges in area (**A**) and pulling upper edge out of retaining clips.

– Remove by pulling bumper back and up (**arrow**).

NOTE—

• Repeat procedure for right side of vehicle.

– Disconnect electrical connectors for parktronic sensors.

– Remove bumper with help from an assistant. Be careful not to damage bumper catches.

– Installation is reverse of removal.

Rear bumper impact absorber, replacing

– Remove rear bumper. See **Rear bumper, removing and installing** in this repair group.

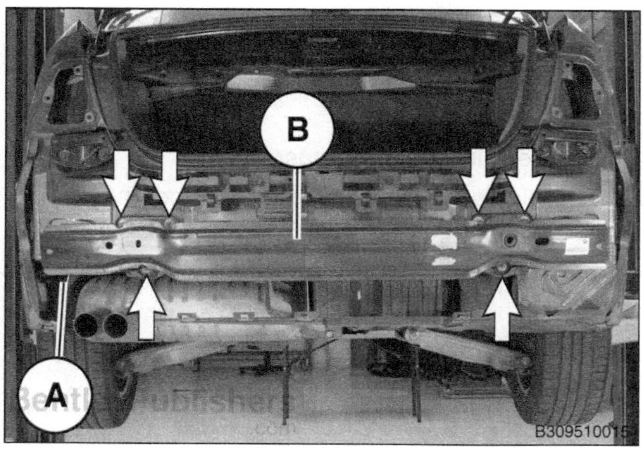

◄ If necessary, release rubber mount (**A**) on impact absorber (**B**).

– Remove fasteners (**arrows**) and remove impact absorber (**B**).

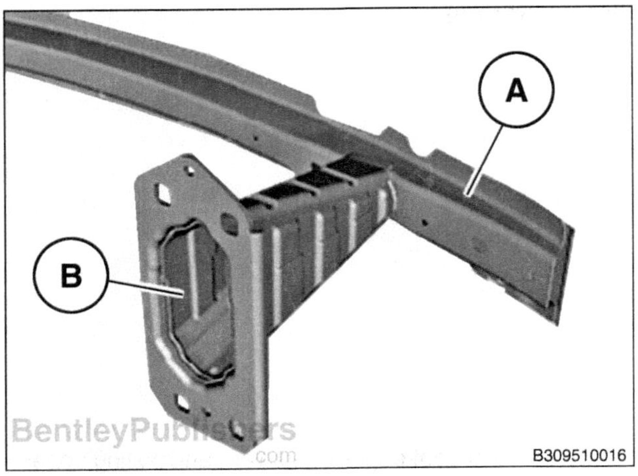

B309510016

Installation is reverse of removal. Remember to:

- replace defective panel nuts (**D**).
- Seal all cavities (**B**) of impact absorber (**A**) with cavity sealant.

Tightening torques	
Impact absorber to body	66 Nm (48.6 ft-lb)

Exterior Trim

Exterior trim is attached to the body with plastic clips and fasteners that may be damaged during removal. Be sure to have necessary fasteners on hand when reinstalling exterior trim pieces.

BMW emblem, removing and installing

The procedure given below applies to both front and rear emblems.

– Wrap end of a screwdriver with tape.

> ***CAUTION—***
> *• Protect hood paint by covering area around emblem with tape.*

B309510017

Pry up emblem carefully on either side (**arrows**).

NOTE—
• Notice tape on screwdriver tips.

– Installation is reverse of removal.
- Replace plastic inserts in body if damaged.
- If emblem fits loosely, use a small amount of body molding tape or adhesive on rear of emblem before installing.

Radiator grill, removing and installing

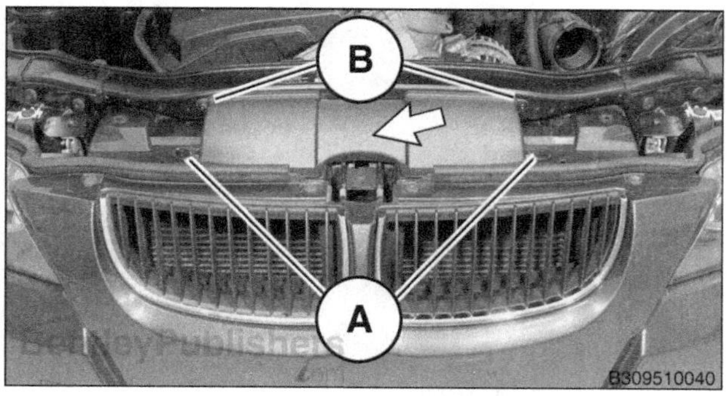

◄ Remove fasteners (**B**) and trim clips (**A**) and remove air duct (**arrow**).

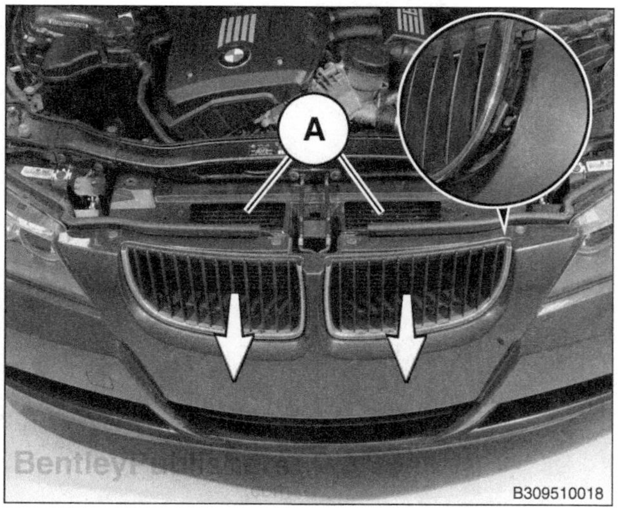

◄ Reach behind grill through air duct openings (**A**), release catches (**inset**) and remove radiator grill in direction of **arrows**.

- Once grill is removed, pry remaining tabs to separate inner grill from chrome trim ring.
- Before installation, assemble chrome trim ring and grill insert securely. Replace components if tabs or catches are broken or missing.
- Install grill and trim ring in appropriate location in hood. Press on trim ring until grill snaps into place.

512 Door Windows

General

This repair group covers door glass and window regulator repair information. The windshield, rear window, and fixed rear door glass are bonded using special adhesives and tools. For bonded glass replacement, see an authorized BMW service facility or an automotive glass installer.

See also:
- **411 Doors** for door trim panel
- **515 Central Locking and Anti-theft**
- **612 Switches** for electric window switch replacement
- **721 Airbag System (SRS)** for side-impact airbag information

Power window features

- Door window motors controlled by the car access system (CAS) footwell module (FRM) and / or junction box electronics (JBE).
- One-touch operation in both directions on all four windows.
- Cable-type window regulator used for all door windows.
- Anti-trap protection provided by monitoring window motor torque.
- Convenience opening / closing of the windows from driver's lock cylinder and from remote unlocking feature of remote key.
- Window operation can be owner customized with Car Memory function. See **515 Central Locking and Anti-theft.**
- After ignition is switched OFF, electric windows can be operated until a door is opened, or until 16 minutes has elapsed.
- Window drop down feature (Coupe, Convertible). Window glass drops out of window seal when the door is opened

Power window control modules

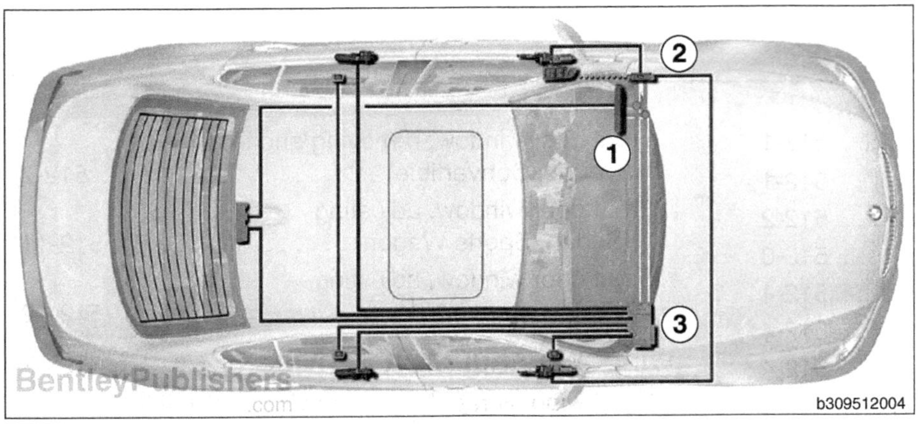

1. Car access system (CAS)
2. Footwell module (FRM)
3. Junction box electronics module (JBE)

Car access system (CAS) is the master control module for lowering and raising the windows.

Footwell module (FRM) contains relays for the driver and passenger front windows.

Junction box electronics module (JBE) contains relays for the driver and passenger rear windows.

CAS is the central control module for electric opening and closing of the power windows. CAS issues the signal to enable the open and close function for the power windows. FRM and the JBE activate the power window motors.

By monitoring motor speed of the power window motors FRM and JBE can respond to overheating or the event of an object being trapped in the windows.

Window switches

Drivers window switch cluster

When the power window switch for the window in the driver's door or front passenger's door is operated the drivers window switch cluster sends a signal via the LIN-bus to the FRM. The FRM then actuates the corresponding power window motor.

When the power window switch for the window in a rear door is operated the drivers window switch cluster sends a signal via the LIN-bus to the FRM. FRM sends the signal via the K-CAN to JBE, JBE then actuates the window motors.

Passenger window switches

When the power window switch in the front passenger's door is operated the JBE sends a signal via the K-CAN to the footwell module, the FRM then actuates the power window motor.

When the power window switches in the rear doors are operated the switch sends a signal to JBE, JBE then actuates the power window motor.

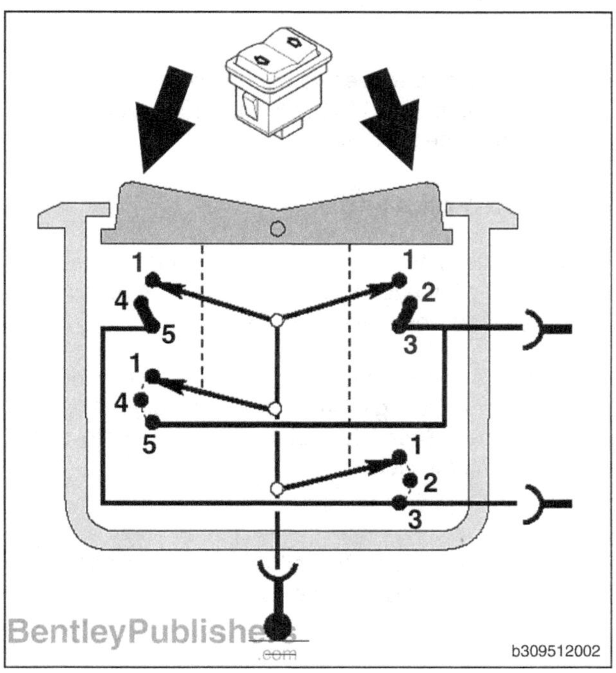

Window switch positions:

1. Off
2. Open
3. One touch open
4. Close
5. One touch close

The window toggle switch provides the corresponding control module with a coded ground signal. Holding a switch at the first detent provides a single ground signal on one wire requesting the general module to open the window. When released, the ground signal is removed and the window motor stops.

Momentarily pushing the switch to the second detent and releasing provides an additional ground signal on the second wire requesting one touch mode. The corresponding module lowers the window automatically until it reaches the end position.

Rear window child lockout switch

The rear window child lockout switch (**arrow**) is incorporated in the driver's window switch block. When activated, it provides a signal VIA the LIN bus to the footwell module (FRM), preventing the windows from being operated from the rear door switches.

The lockout switch signal is overridden if a multiple restraint system (MRS) crash signal is received.

Power window motors

The window motors are mounted on cable regulators. The window motor control circuit consists of two wires for operating the motor in both directions.

The motors are activated by relays in the FRM and JBE. The relays provide either power or ground depending on the direction of window travel. FRM and JBE controls the polarity based on a request to run the window from a window switch or a convenience opening / closing signal.

Convenience opening / closing

The CAS module provides the convenience open / close feature, providing control of the power windows (and sunroof) from outside the vehicle using the key in the driver's door lock, or with the remote key and the drivers door handle.

Anti-trap protection is active during convenience closing from the driver's door lock.

If the CAS module receives a request to operate convenience closing or opening for more than 110 seconds, the function is deactivated and a fault code is stored.

Window anti-trap protection

Anti-trapping function does not prevent an object being trapped but rather limits the trapping force to maximum 80 Nm. The power window motor is reversed when this force is exceeded.

Anti-trapping function is based on the evaluation of power window motor Hall sensor pulses. During initialization speed of the Hall sensor pulses are learned. Speed fluctuations within a certain range triggers the anti-trapping function.

NOTE—

- *If window is not initialized or a faulty hall sensor is detected the window will only move in small increments.*

Panic mode

Panic mode can be used to close a window in the event of an emergency. It is triggered by overpulling - releasing - overpulling (overpulling = pulling beyond limit stop) the power window switches. It is necessary to release and overpull the switch again in order to deactivate the anti-trapping protection function, which is still active the first time the switch is overpulled.

Overpulling the power window switch the second time within 4 s closes the window with maximum force.

NOTE—
- *Anti-trapping function is not active during panic mode. The window closes at the maximum closing force and does not reverse.*

Window motor thermal protection

FRM and JBE monitor power window motor temperature. Motor temperature is determined based on outside ambient temperature, motor running time and the time the motor is stationary.

Each motor can be switched off individually to prevent the window motor overheating during operation of the window regulator. The motor is deactivated for a period of time.

Thermal protection function does not prevent windows from being opened in case of trapping. Once started, a power window function is not interrupted by the thermal protection facility.

NOTE—
- *In panic mode the window can still be closed even when the thermal protection function is active.*

Warnings and Cautions

WARNING—
- *E90 models are fitted with side-impact airbags in the front seats. When servicing the door windows on cars with side-impact airbags, always disconnect the negative (–) battery cable. See* **721 Airbag System (SRS)** *for cautions and procedures relating to the airbag system.*
- *Always wear hand and eye protection when working with broken glass.*
- *If a window is broken, all of the glass bits should be vacuumed out of the door cavity. Use a blunt screwdriver to clean out any remaining glass pieces from the window guide rails.*
- *When servicing the door windows, the harness connector to the window regulator should always be disconnected to prevent pinching fingers in the moving window mechanism.*

CAUTION—
- *Prior to disconnecting the battery, read the battery disconnection cautions given in* **001 Warnings and Cautions**.

Window Service

Front door window, removing and installing (Sedan, Sports Wagon)

– Remove door panel. See **411 Doors**.

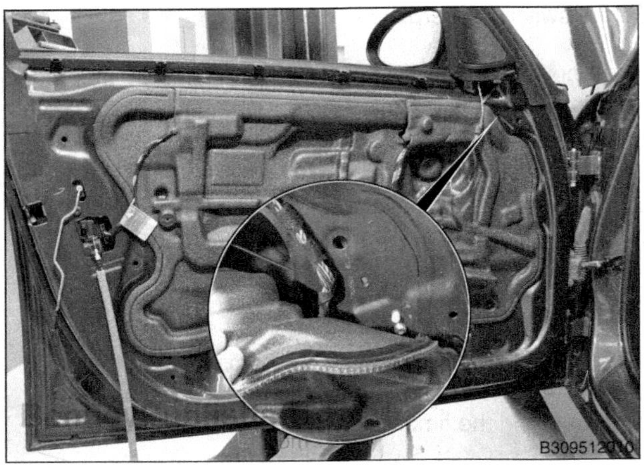

< Remove vapor barrier from inside of door (**inset**).

> ***CAUTION—***
> *• Use care when peeling back vapor barrier. A damaged vapor barrier should be replaced to prevent possible water leaks.*

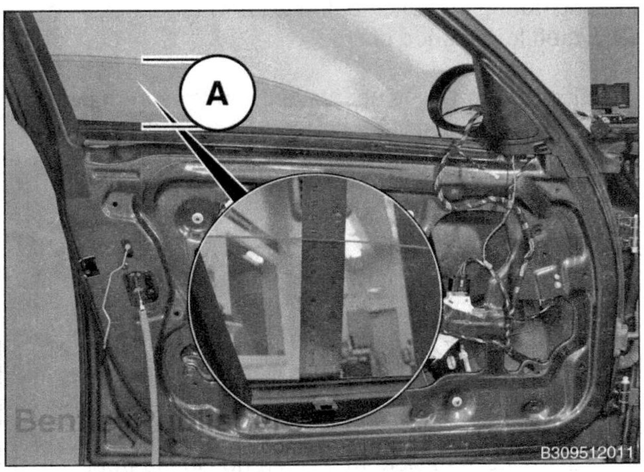

< Reconnect window switch and lower window down to 105 mm (4.1 in.) (**A**). Turn ignition OFF and disconnect window switch.

– Disconnect electrical connector from power window motor.

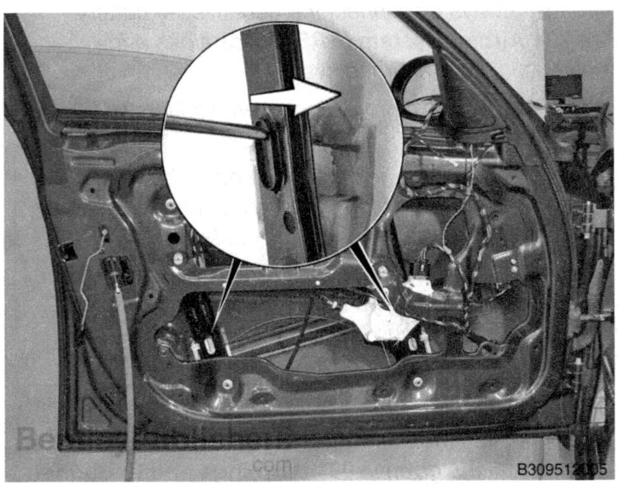

< Release door window catches with screwdriver in direction of **arrow** while an assistant lifts window out of window regulator guides.

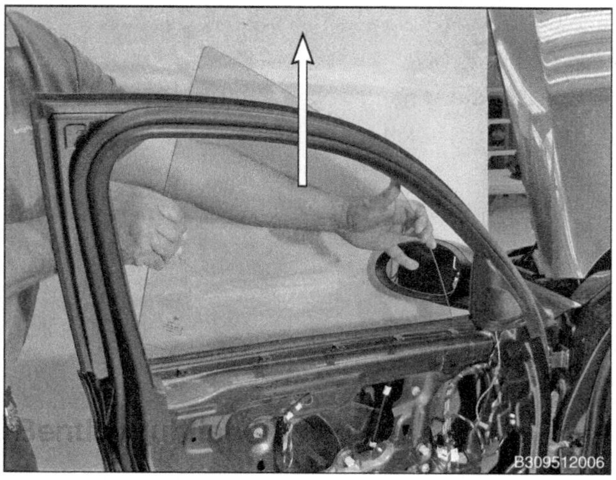

< Tilt and lift glass out of door in direction of **arrow**.

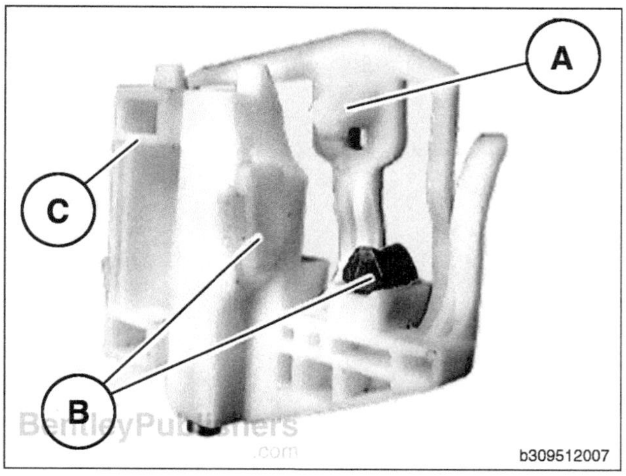

< Installation is reverse of removal, noting the following:

- Be careful not to break catch (**A**) or buffer stop (**B**) on window guide (**C**).
- Adjust door window if necessary. See **Front door window, adjusting, (Sedan, Sports Wagon)** in this repair group.
- Initialize power window. See **Initializing windows** in this repair group.

Front door window, removing and installing (Coupe, Convertible)

– Remove door panel. See **411 Doors**.

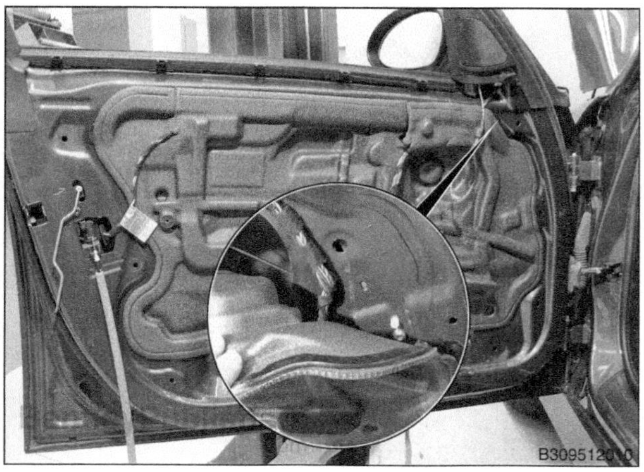

< Remove vapor barrier from inside of door (**inset**).

> ***CAUTION—***
> - *Use care when peeling back vapor barrier. A damaged vapor barrier should be replaced to prevent possible water leaks.*

512

Front door window, removing and installing (Coupe, Convertible)

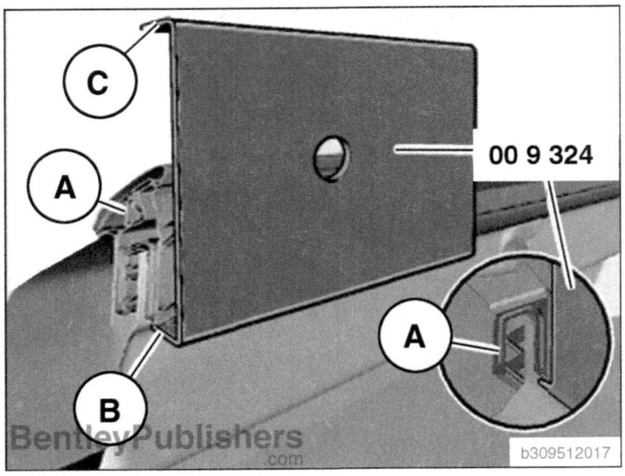

◄ Lower door window and install BMW special tool 00 9 324 on external window cavity trim strip as shown:

- Window cavity trim strip (**A**).
- BMW special tool 00 9 324 narrow edge (bottom) (**B**).
- BMW special tool 00 9 324 top (**C**).

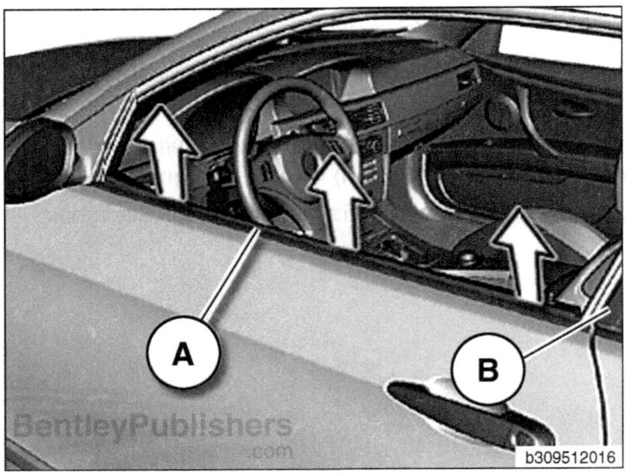

◄ Using special tool 00 9 324, remove external window cavity trim strip (**A**) starting at B-pillar (**B**).

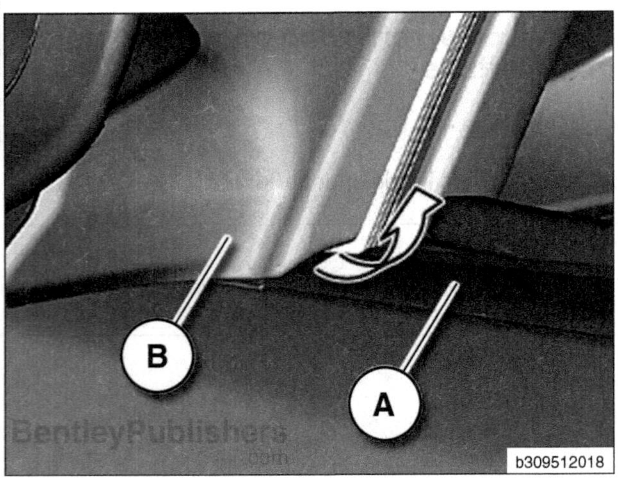

◄ Remove external window cavity trim strip (**A**) out from under mirror (**B**) in direction or **arrow**.

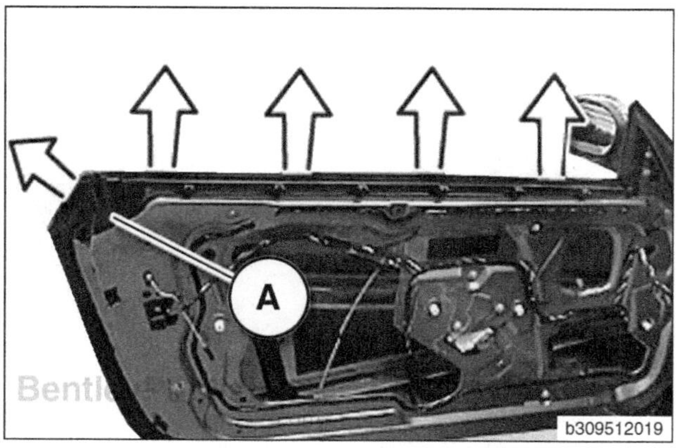

◀ Remove interior window cavity strip (**A**) in directions of **arrows**.

- Remove outside door handle. See **515 Central Locking and Anti-Theft**.

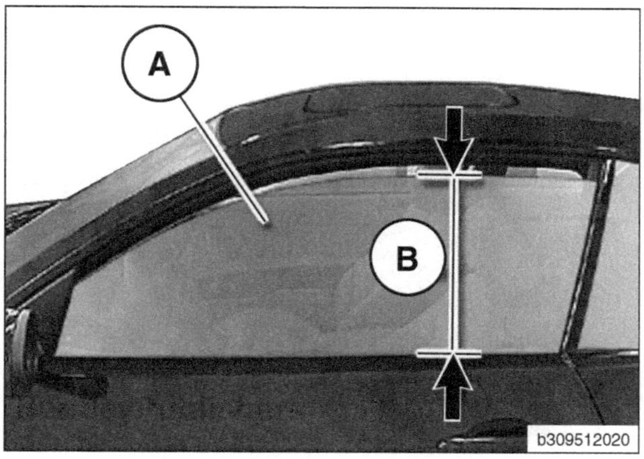

◀ Raise door window (**A**) to 335 mm (14 in) (**B**).

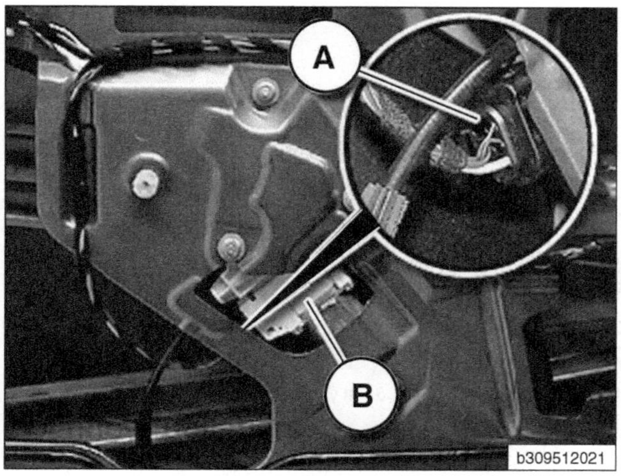

◀ Disconnect electrical connector (**A**) from power window motor (**B**).

Front door window, removing and installing (Coupe, Convertible)

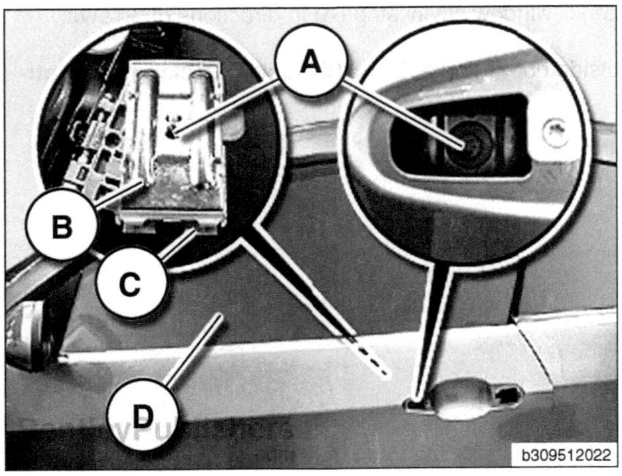

◄ Remove door window mounting clamp (**B**) fastener (**A**) through outside door handle opening.

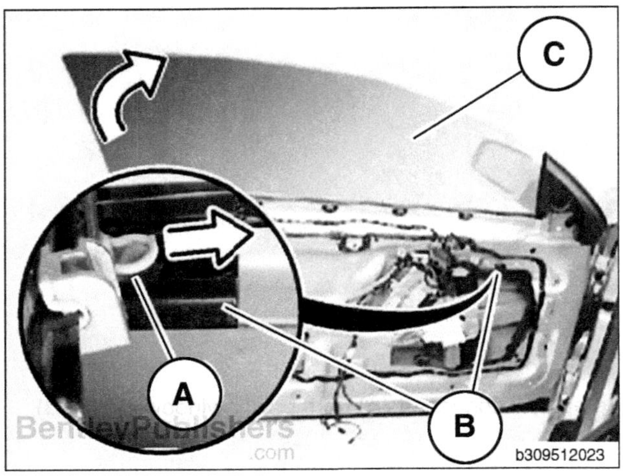

◄ Slide locking clip (**A**) in direction of **arrow**.

- Remove door window (**C**) from power window regulator.
- Rotate door window (**C**) in direction of **arrow** and feed towards top rear out of guide rail (**B**).

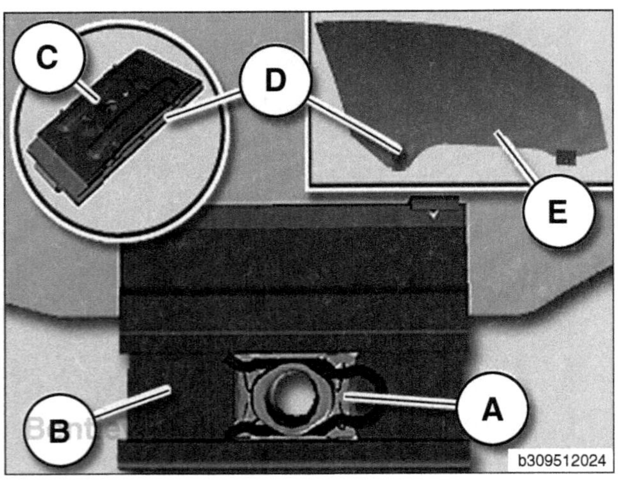

◄ Installation is reverse of removal, noting the following:

- Check that slide (**B**) and clip (**A**) are correctly installed in window regulator.
- Check that clamp (**C**) is correctly attached to clamping plate (**D**) on door window (**E**).
- Adjust front door window. See **Front door window adjusting, Coupe Convertible** in this repair group.
- Initialize power window in necessary. See **Initializing windows** in this repair group.

Tightening torques	
Door window regulator	10 Nm (7.3 ft-lb)

Front door window adjusting (Sedan, Sports Wagon)

- At time of publication no BMW factory procedure for adjusting door windows was available for Sedan or Sports Wagon models. However the window regulator mounting holes are slotted (**arrow**) and do have room for adjustment. The following procedure can be used if adjustment is needed.

– Remove front door panel. See **411 Doors**.

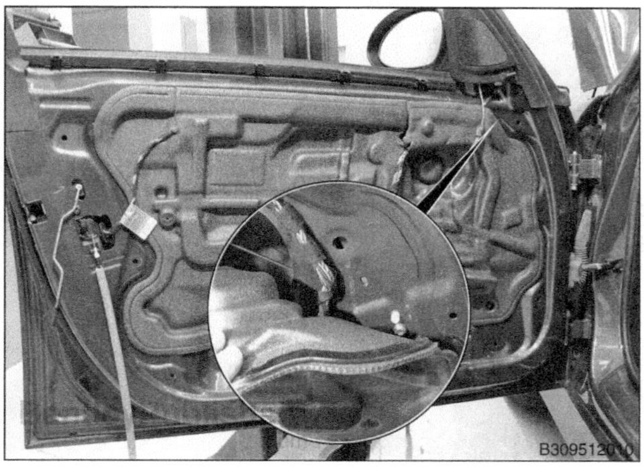

- Remove vapor barrier from inside of door (**inset**).

> ***CAUTION—***
> - *Use care when peeling back vapor barrier. A damaged vapor barrier should be replaced to prevent possible water leaks.*

– Reconnect window switch and slightly lower door window.

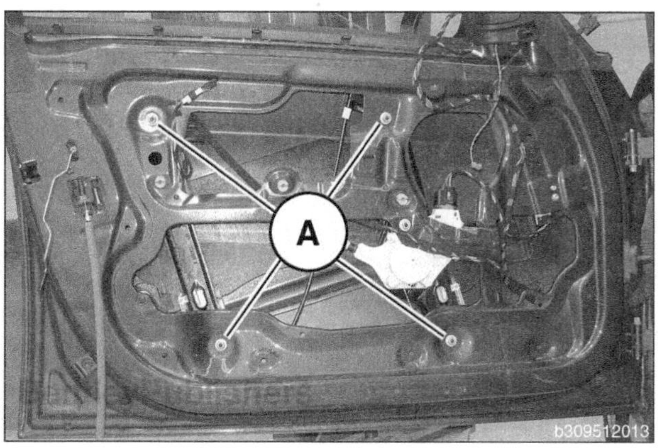

- Loosen fasteners for window regulator (**A**) then snug fasteners but do not tighten.

– Fully close window and tighten window regulator fasteners (**A**).

Tightening torques	
Window regulator to door	10 Nm (7.3 ft-lb)

– Initialize power window. See **Initializing windows** in this repair group.

Front door window adjusting (Coupe, Convertible)

Window regulator service varies dependent on model. Read through entire procedure before beginning work as window adjustment on some models require BMW special tools.

– Park vehicle on level ground.

– Confirm front door is properly adjusted. See **411 Doors**.

– Delete power window initialization. See **Initializing windows** in this repair group.

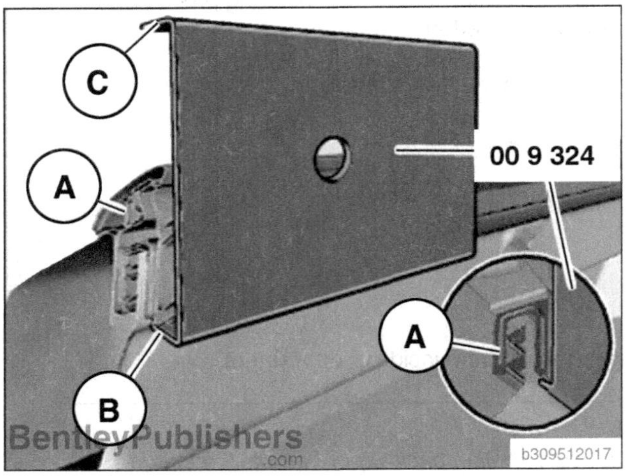

◄ Install special tool 00 9 324 on external window cavity trim strip as shown:

- Window cavity trim strip (**A**).
- Special tool 00 9 324 narrow edge (bottom) (**B**).
- Special tool 00 9 324 top (**C**).

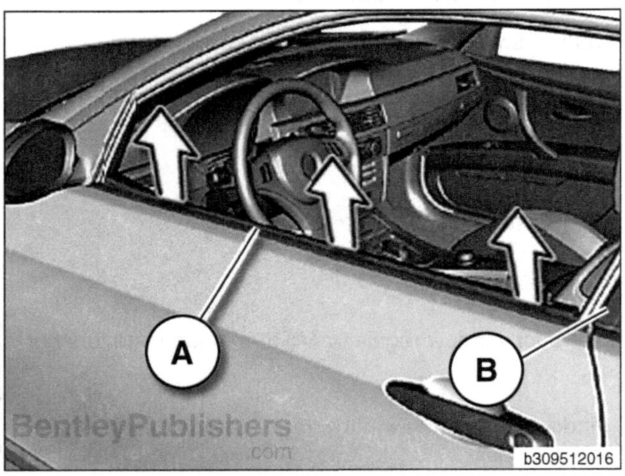

◄ Using special tool 00 9 324, remove external window cavity trim strip (**A**) starting at B-pillar (**B**).

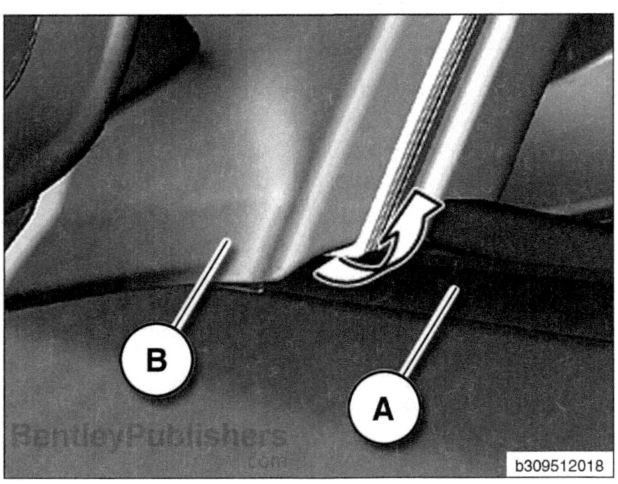

◄ Remove external window cavity trim strip (**A**) out from under mirror (**B**) in direction or **arrow**.

Longitudinal / retraction depth adjustment

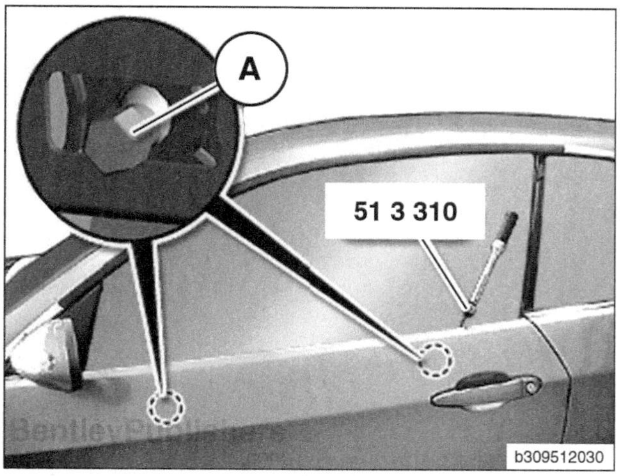

Using ratchet extension tool (BMW special tool 51 3 310), loosen fasteners (**A**) until door window can be moved.

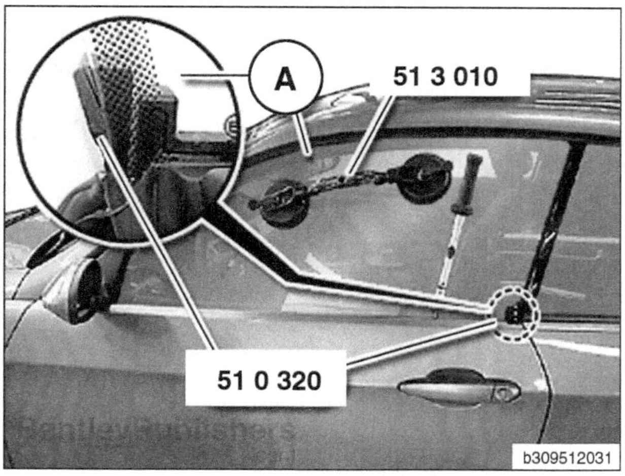

Attach suction cup handle (BMW special tool 51 3 010), to door window (**A**).

Install BMW special tool 51 0 320 on front door and press back as far as it will go in direction of **arrow**. Tool should rest against door and reach the stop on guide (**A**).

Front door window adjusting (Coupe, Convertible)

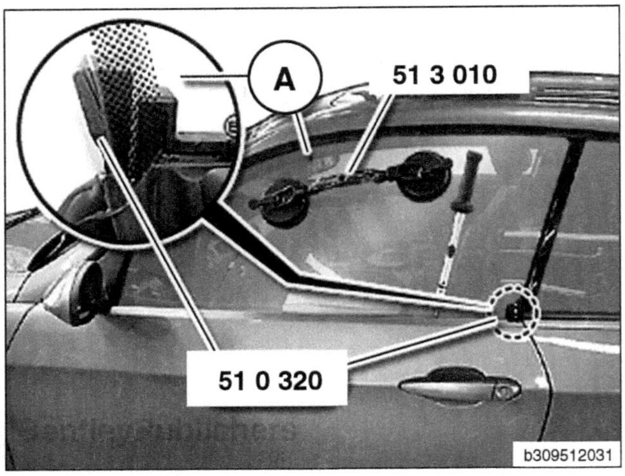

Slide door window (**A**) up against BMW special tool no. 51 0 320 and hold in place.

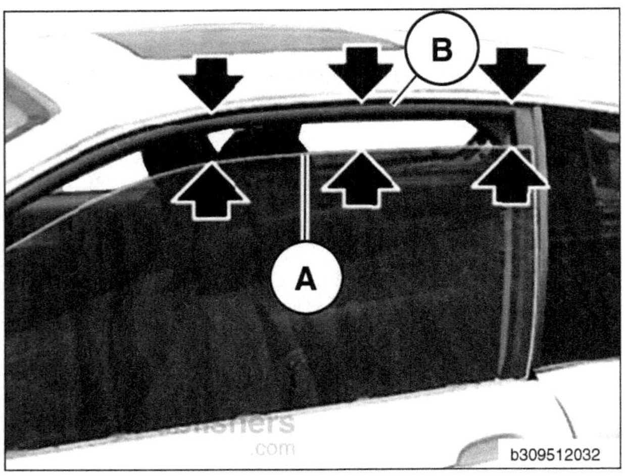

Adjust top edge of door window (**A**) so it is parallel to contour of water drain (**B**).

- Be careful not to damage seals on A-pillar and retractable hardtop.
- When door window is retracted into seals, the seals should not be distorted.

– Temporarily tighten adjustment fasteners.

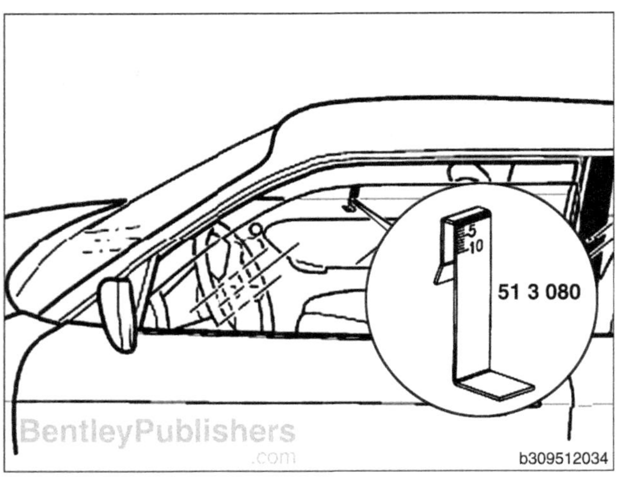

Using BMW special tool 51 3 080 measure window retraction depth.

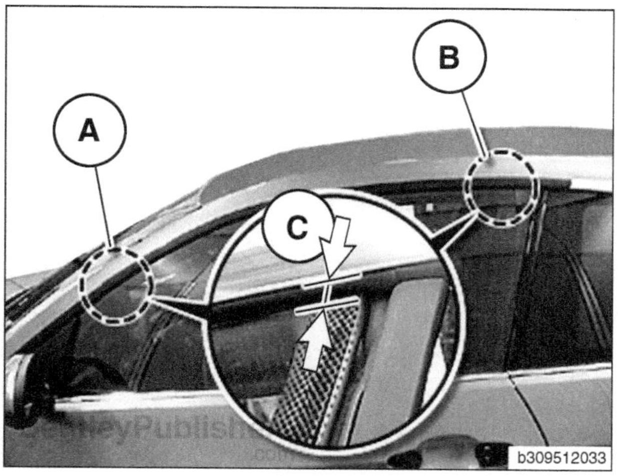

Adjust retraction depth (**C**) if necessary.

Retraction depth	
Area **A**	2.5 mm ± 0.5 mm
Area **B**	3.5 mm ± 0.5 mm

- Area **A** located 30mm from mirror triangular point.
- Area **B** in located next to DOT screen.

– Tighten fasteners once adjustments are complete.

Tightening torques	
Window adjustment fasteners • Using ratchet extension (BMW special tool 51 3 310)	7 Nm (5.1 ft-lb)

– Initialize power windows. See **Initializing windows** in this repair group.

Pretension adjustment

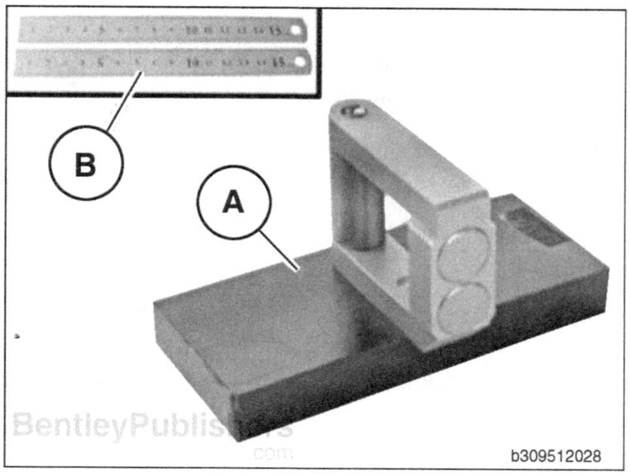

Pretension can be checked with or without door window cavity strip installed. Pretension is 1.0 mm less with window cavity strip installed. The magnet built into BMW special tool 51 0 341 (**A**) creates the correct tension on door window seal for measurement. No force should be placed on door or door window during pretension measurement.

- **A** BMW special tool 51 0 341
- **B** BMW special tool 51 0 342

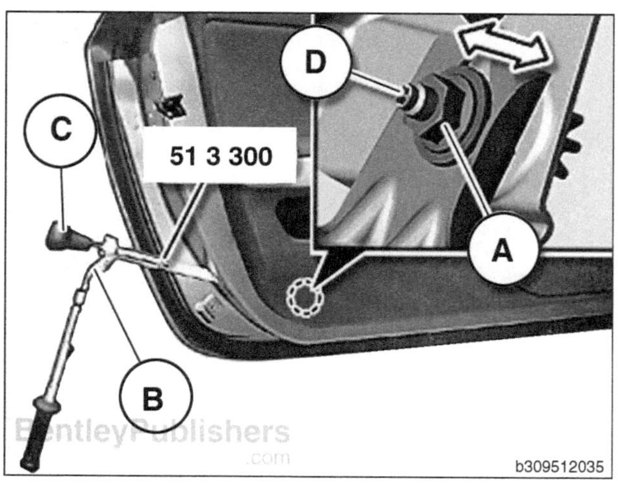

Loosen nut (**A**) with ratcheting wrench and BMW special tool 51 3 300.

– Turn knob (**C**) to rotate pretension adjustment stud.

Front door window adjusting (Coupe, Convertible)

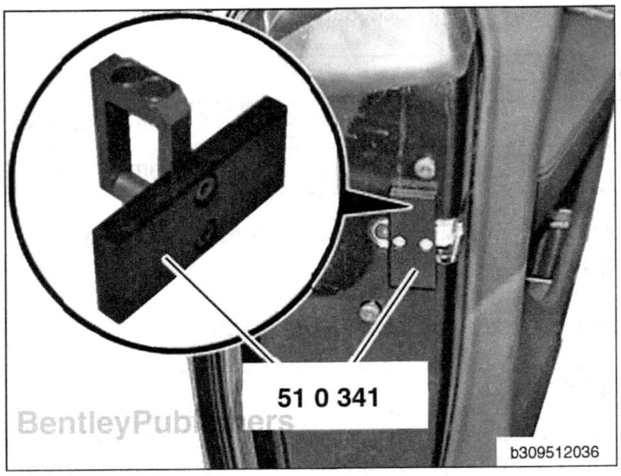

Install BMW special tool 51 0 341 in vehicle door latch and carefully close door.

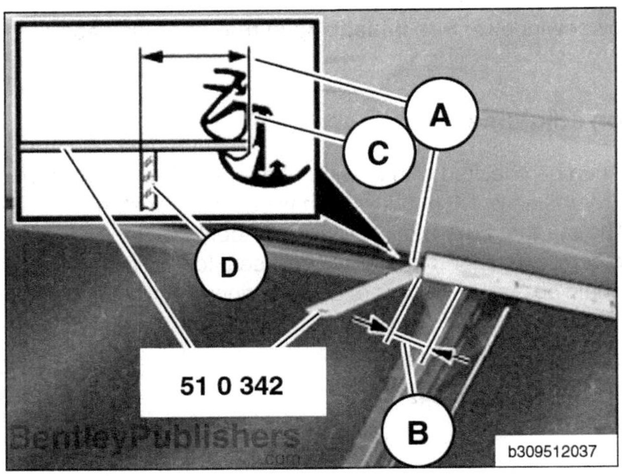

Slide BMW special tool 51 0 342 at distance (**B**) to door window side edge into seal (**C**) and measure dimension (**A**) to outside edge of door window (**D**).

Pretension measurement	
Dimension **A** • With window cavity strip installed • Without window cavity strip installed	 42 mm ± 1.0 mm 43 mm ± 1.0 mm
Dimension **B**	10 mm

– Tighten fasteners once adjustment has been made.

Tightening torques	
Window adjustment fasteners	10 Nm (7.3 ft-lb)

– Initialize power windows. See **Initializing windows** in this repair group.

Window Regulator Service

Window regulator service varies dependent on model. Read through entire procedure before beginning work as window adjustment on some models require BMW special tools.

NOTE—

- *The electronically-controlled window motor does not have mechanical end positions. For this reason the motor can be removed and installed with the window in any position.*

Front window regulator, removing and installing (Sedan, Sports Wagon)

NOTE—

- *Remove window regulator and motor as one unit. If necessary, separate the two on the bench.*

– Remove front door panel. See **411 Doors**.

– Remove window glass. See **Front door window removing and installing** in this repair group.

◄ Disconnect window motor electrical connector (**arrow**).

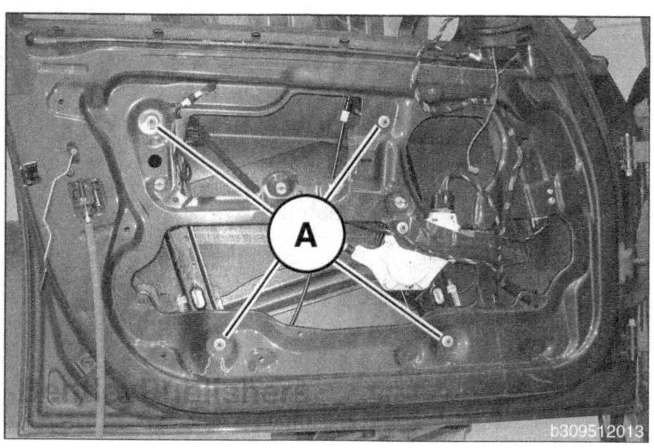

◄ Remove window regulator fasteners (**A**).

512

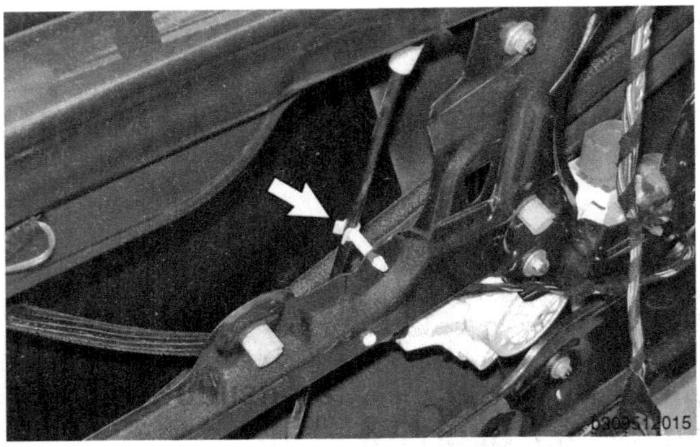

Unclip regulator cable from retaining clip on door.

Feed window regulator (**A**) out of door cavity.

– Installation is reverse of removal, noting the following:
  - Route wiring harnesses to keep them away from moving window mechanism. Use new wire ties as necessary.
  - Initialize power window. See **Initializing windows** in this repair group.

Tightening torques	
Window regulator to door	10 Nm (7.3 ft-lb)
Motor to window regulator	6 Nm (4.4 ft-lb)

Front window regulator, removing and installing (Coupe, Convertible)

NOTE—

- *Remove window regulator and motor as one unit. If necessary, separate the two on the bench.*

– Remove door window. See **Front door window, removing and installing Coupe, Convertible** in this repair group.

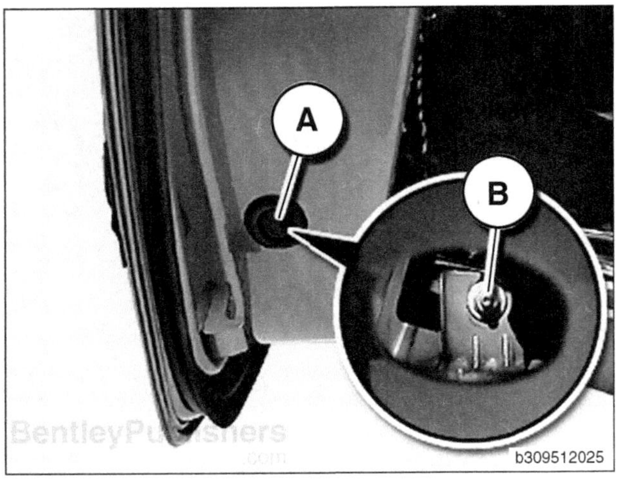

Remove plastic plug (**A**) and remove fastener (**B**).

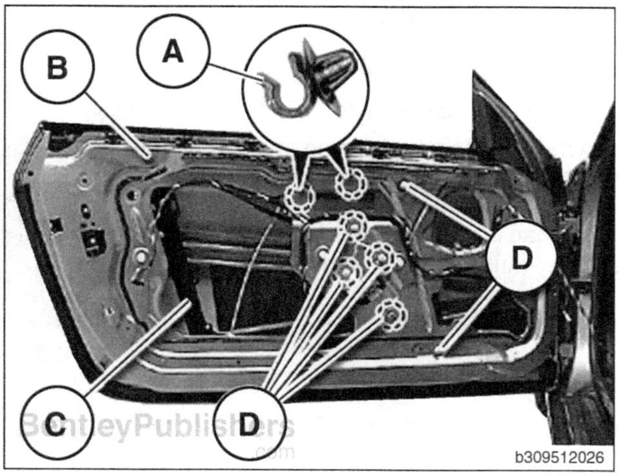

◄ Remove window regulator cables from clips (**A**).

- Remove fastener (**B**) and feed out front window regulator rail (**C**).
- Remove fasteners (**D**) and feed rear window regulator rail out of door.

– Installation is reverse of removal, noting the following:

- Route wiring harnesses to keep them away from moving window mechanism. Use new wire ties as necessary.
- Replace fasteners for window regulator motor if removed.
- Adjust front door window. See **Front door window adjusting, Coupe Convertible** in this repair group.
- Initialize power window. See **Initializing windows** in this repair group.

Tightening torques	
Window regulator to door	10 Nm (7.3 ft-lb)
Motor to window regulator	6 Nm (4.4 ft-lb)

Rear window regulator, removing and installing (Sedan, Sports Wagon)

Front and rear window regulator removal procedures are similar. The main difference being, there are two window rails in each front window regulator and only one rail in each rear window regulator. See **Front window regulator, removing and installing (Sedan, Sports Wagon)** for rear window regulator removal.

512

Initializing Windows

Two parameters are learned during initialization:

- Upper end stop (normalization of the power windows).
- Power characteristic curve for opening and closing (learning the characteristic curve).

The initialization can be carried out using the control switch in each door or the power-window switch block in the driver's door.

The following requirements are necessary for initialization to be carried:

- Vehicle stationary.
- Adequate battery voltage present (12.4 volts), connect vehicle power supply if necessary.
- Terminal R (radio readiness) or terminal 15 switched ON (ignition ON) See **020 Maintenance** for vehicle key states.
- All doors closed.

Deleting a previous initialization

Deleting an initialization and subsequent re-initialization can remedy sporadic, incorrect shutdowns in one touch operation mode.

Open the window of each door completely. Press and hold the control switch completely (switch position: one touch operation mode) for longer than 15 seconds and less than 20 seconds.

Deletion of the initialization was successful when one touch operation mode is no longer possible for window close function.

Performing initialization

– Fully close window by pulling the switch so that the top end stop is reached (normalization).

– Open the window completely so that the lower end stop is reached.

– Pull the control switch into one touch operation mode, close (one touch operation, close) position and hold it there until the window has reached the top end stop (learning the characteristic curve).

The initialization was successful if the window can be opened and closed without faults in one touch operation mode.

NOTE—

- *Windows will move in small increments if not initialized.*

513 Interior Trim

GENERAL

This repair group covers interior trim removal and installation.

Photos in this repair group illustrate a 2008 3 Series Sedan. Other models are similar.

See also:

- **411 Doors** for interior door trim panel removal
- **520 Seats** for rear side bolster removal
- **612 Switches**
- **620 Instruments**
- **640 Heating and Air-conditioning**
- **650 Radio**
- **721 Airbag System (SRS)** for passenger airbag

Trim clips

Interior trim and finish panels are clipped or screwed into place. When removing trim that is held in place with clips, be sure to have spare clips (also known as plastic rivets) on hand before beginning the job.

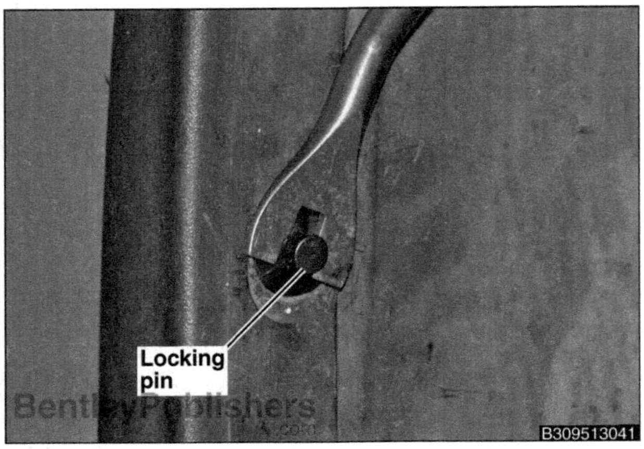

Many trim clips may be reused if removed correctly:

- Carefully pry out center locking pin.
- Lever out clip using removal tool.

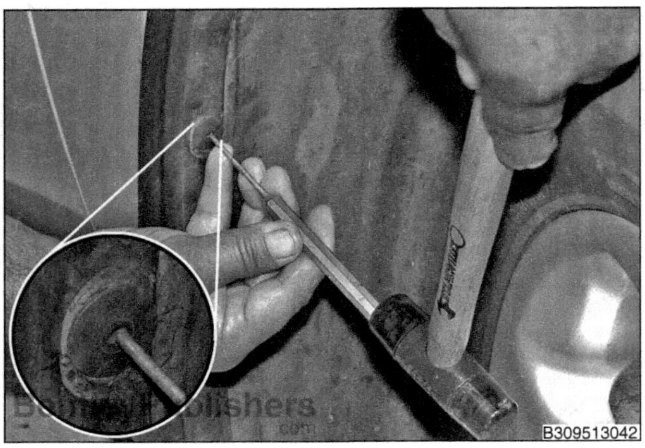

Other trim retaining clips are designed to be used only once:

- Use thin pin punch to drive in headless pin (**inset**) in center of clip.
- Lever out clip using removal tool.

Warnings and Cautions

WARNING—
- *Serious injury may result if airbag system service is attempted by persons unfamiliar with the BMW SRS and its approved service procedures.*
- *Before performing any work involving airbags, disconnect the negative (-) battery cable. See* **721 Airbag System (SRS)**.
- *BMW airbags are equipped with a back-up power supply inside the airbag control module. Observe a 5 second waiting period after disconnecting the battery cable to allow the reserve power supply to discharge.*

CAUTION—
- *When working on electrical switches or lights, disconnect the negative (-) battery cable and insulate the cable end to prevent accidental reconnection.*
- *Prior to disconnecting the battery, read the battery disconnection cautions given in* **001 Warnings and Cautions**.
- *To prevent marring the trim, work with a plastic prying tool or wrap a screwdriver tip with masking tape before prying out trim panels, switches or electrical accessories.*

DASHBOARD

Right lower dashboard trim, removing and installing

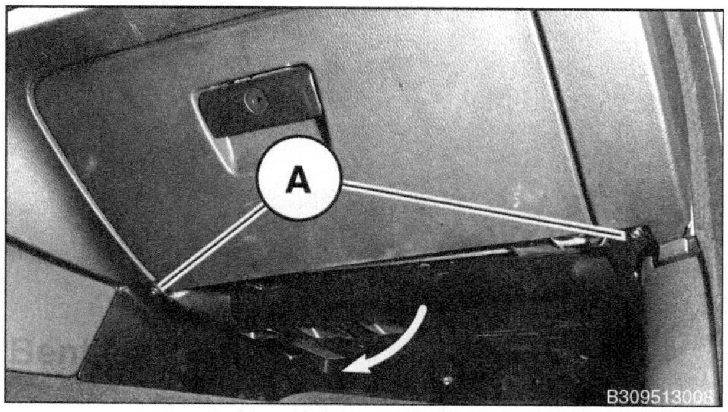

- Move passenger seat all the way back.
- ◄ Remove trim panel fasteners (**A**) and feed trim panel in direction of **arrow**.
- Disconnect footwell light electrical connector if equipped.
- Remove trim panel.
- Installation is reverse of removal.

Left lower dashboard trim, removing and installing

- Move driver seat all the way back.

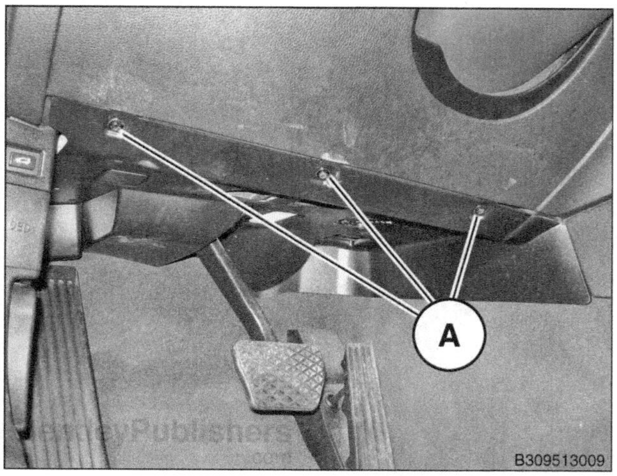

- ◄ Remove trim panel fasteners (**A**).

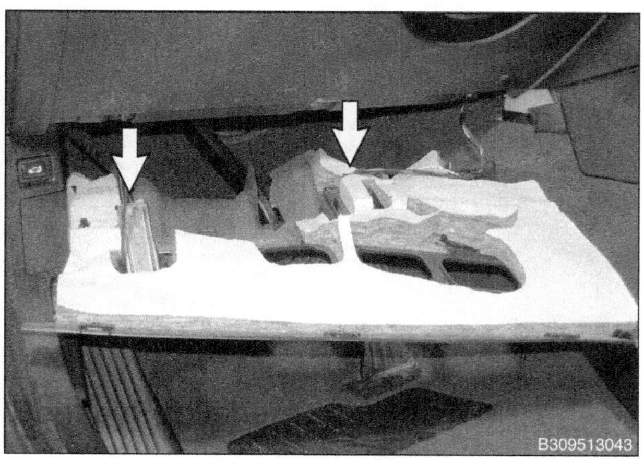

- ◄ Lower trim panel and disconnect fiber optic programming connector and footwell light electrical connector (**arrows**).
- Remove trim panel.
- Installation is reverse of removal.

CENTER CONSOLE

Center console, removing and installing

– Coupe, Convertible: Remove rear center console. See **Rear center console (Coupe, Convertible) removing and installing** in this repair group.

– Remove shift knob. See **250 Gearshift Linkage**.

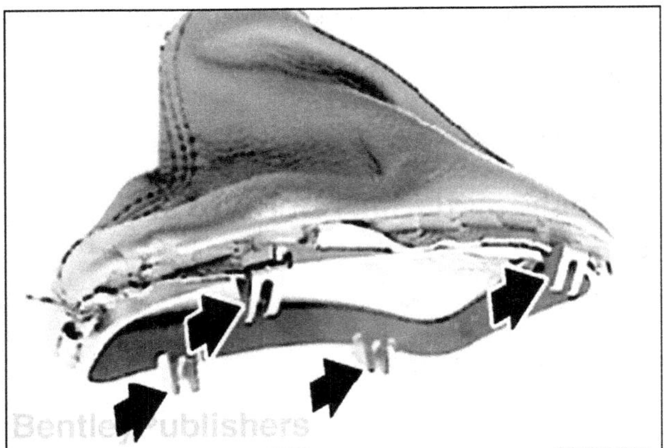

B309513011

< Manual transmission: Remove shift boot by grasping boot material and pulling up to release tabs (**arrows**). Be careful not to break retaining tabs (**arrows**).

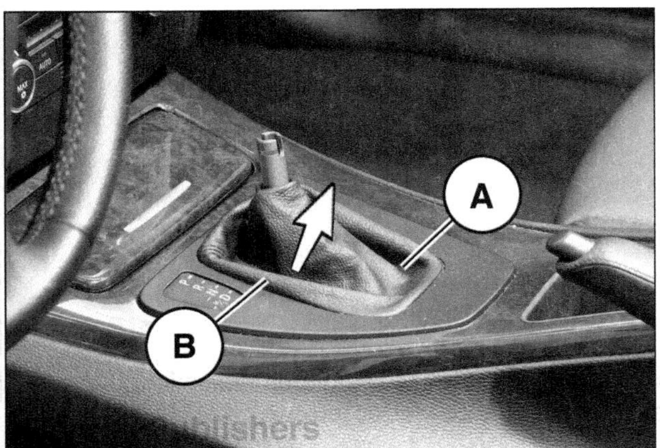

B309513012

< Automatic transmission: Grasp shift boot (**A**). Gently press left side of frame (**B**) inwards (**arrow**) until trim clip is released and lift out shift boot.

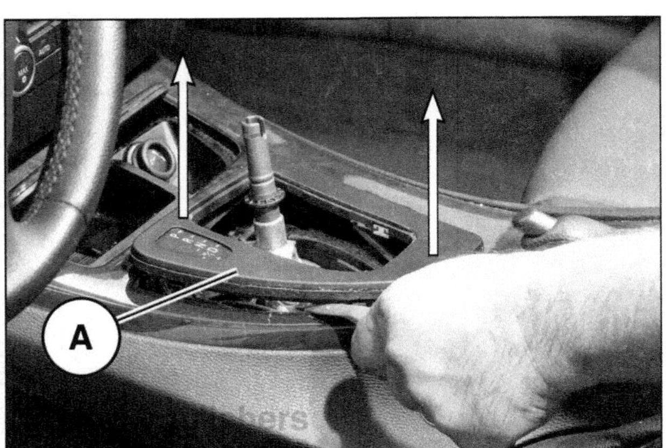

B309513013

< Automatic transmission: Using a plastic prying tool, lever out trim piece (**A**). Disconnect electrical connectors and remove in direction of **arrows**.

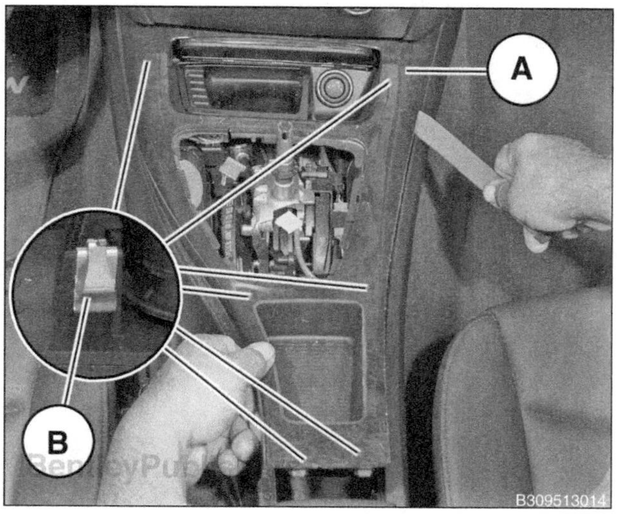

All models: Pry off trim piece (**A**) in area of trim clips (**B**).

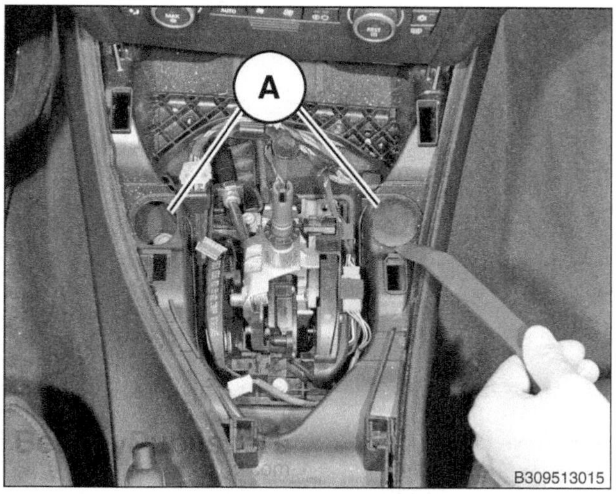

Pry out covers (**A**) and remove fasteners underneath.

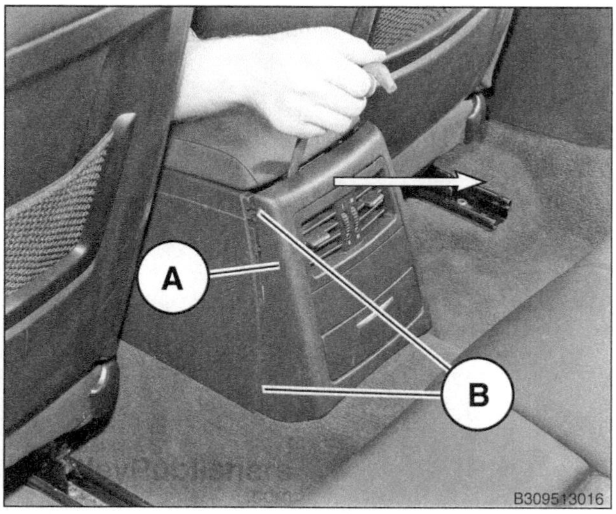

Pry trim panel (**A**) off in direction of arrow while carefully unclipping trim clips (**B**).

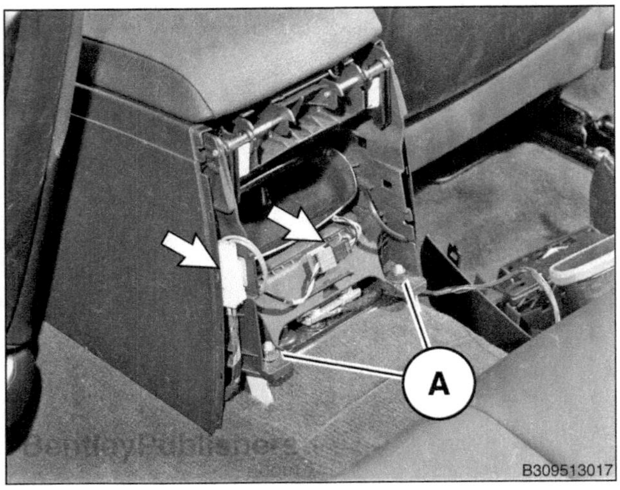

Remove fasteners (**A**) and disconnect electrical connectors (**arrows**).

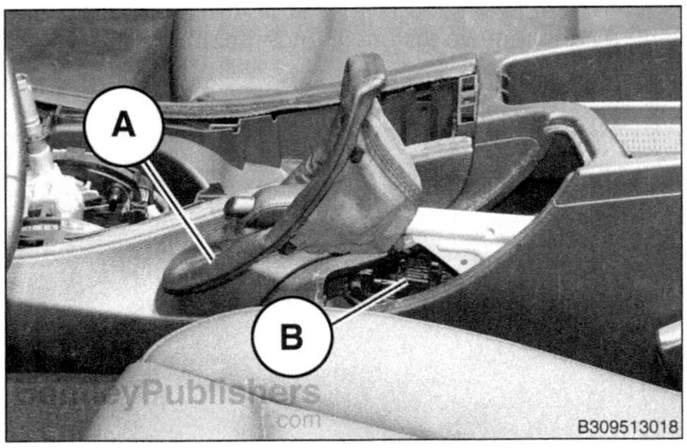

Pull parking brake handle boot (**A**) over handle. Disconnect phone system electrical connector (**B**) if equipped.

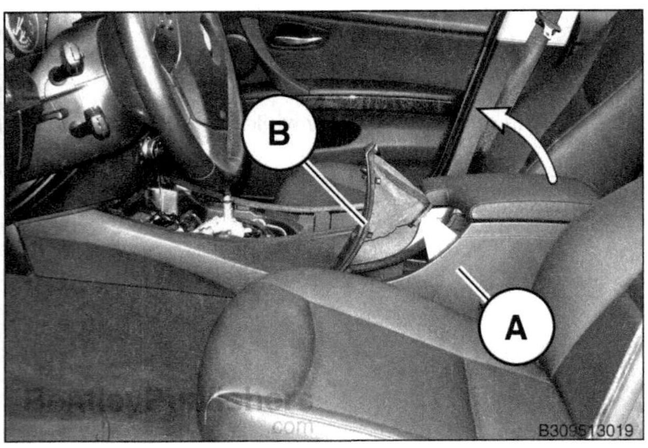

Raise center console (**A**) at rear in direction of **arrow** while feeding parking brake lever boot (**B**) through opening. Disconnect electrical connectors and remove center console (**A**).

- Installation is reverse of removal. Remember to:
  - Connect electrical connectors.
  - Connect air ducts.
  - Replace any damaged panel clips.

Rear center console (Coupe, Convertible) removing and installing

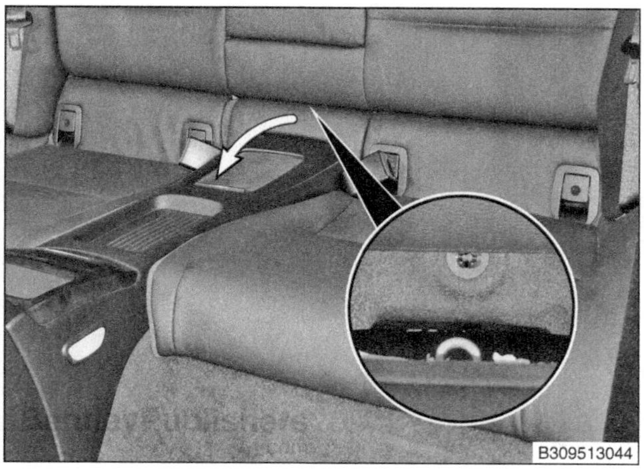

B309513044

< Remove rear seat filler element in direction of **arrow** detaching guide loop (**inset**).

B309513045

< Remove left and right rear seat cushions in direction of **arrows** while feeding seat belt buckles through opening in seat cushion.

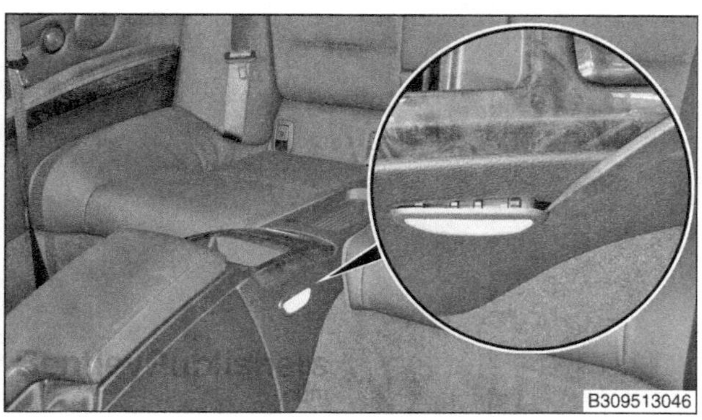

B309513046

< Using a plastic prying tool, remove left and right rear footwell lights (**inset**).

Rear center console (Coupe, Convertible) removing and installing

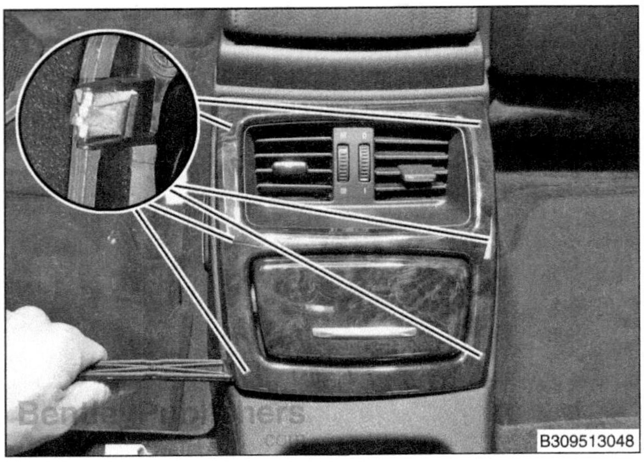

< using a plastic prying tool, release clips (**inset**) and remove rear trim piece from center console.

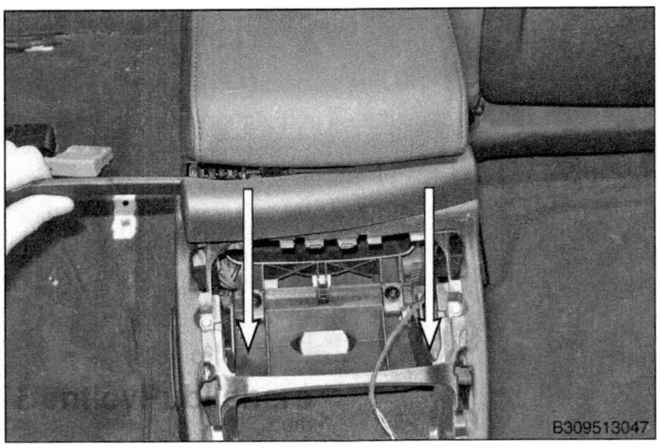

< Using a plastic prying tool, remove center trim piece in direction of **arrows**.

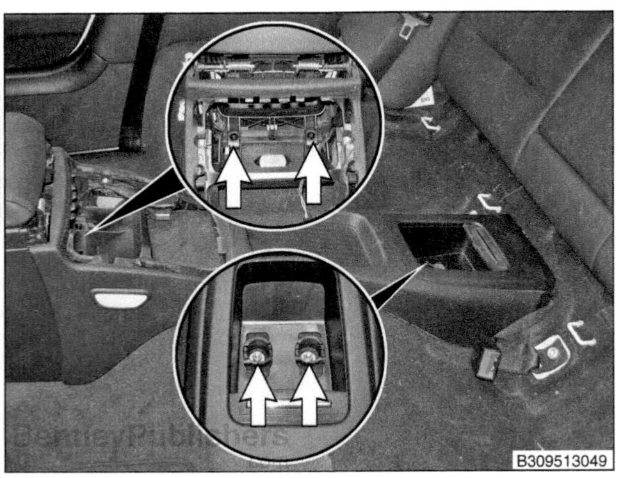

< Remove center console fasteners (**arrows**).

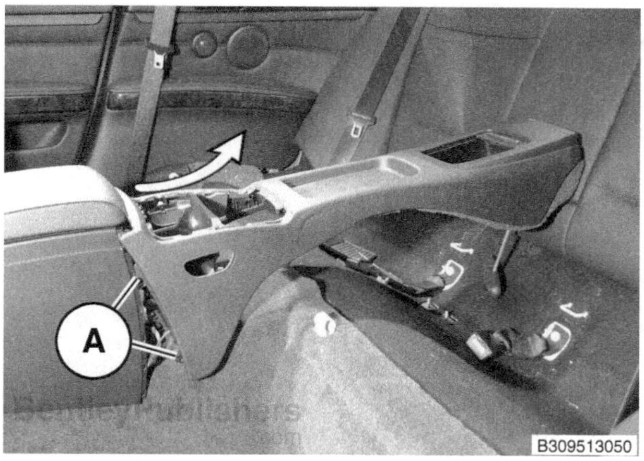

Using a plastic prying tool, release catches on both sides and lift center console out in direction of **arrow**.

– Installation is reverse of removal. Remember to:
- Connect electrical connectors.
- Connect air ducts.
- Replace any damaged panel clips.

Glove Compartment

Glove compartment, removing and installing

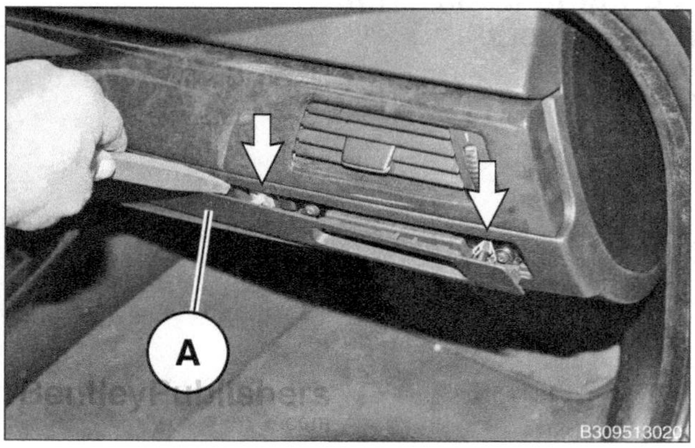

Pry off instrument trim panel (**A**) being careful not to break catches (**arrows**).

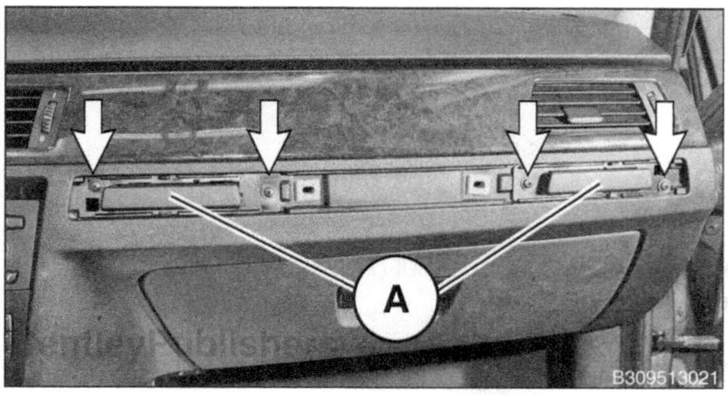

Remove fasteners (**arrows**) and cupholders (**A**).

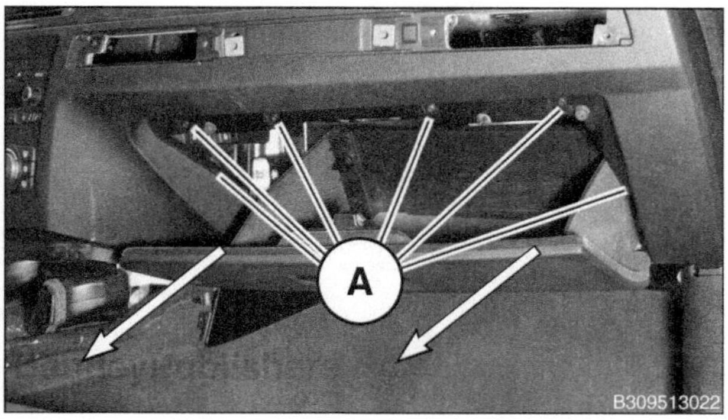

Remove fasteners (**A**) and pull glove compartment out slightly in direction of **arrows**.

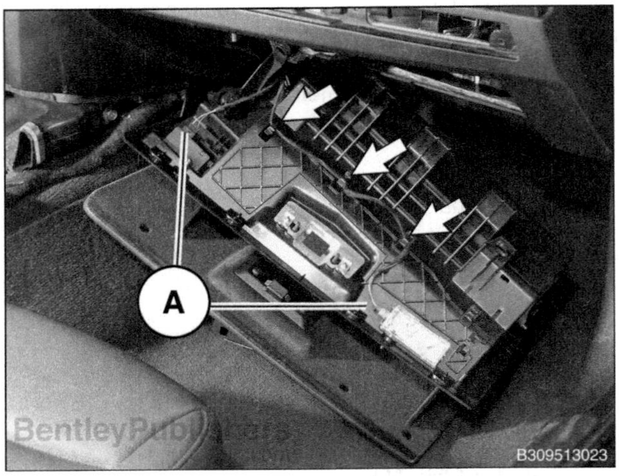

◀ Disconnect electrical connectors (**A**), remove wires from clips (**arrows**) and remove glove compartment.

– Installation is reverse of removal. Remember to:
  - Connect electrical connectors.
  - Replace any damaged panel clips.

Covers and Trim Panels

Steering column upper trim, removing and installing

– Adjust steering column to fully extended and lowered position.

◀ Unclip steering column upper trim piece (**arrow**) from side with plastic prying tool.

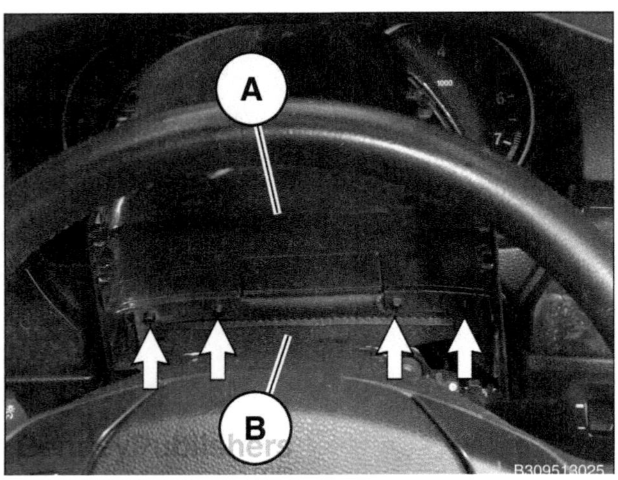

◀ Tilt steering column upper trim panel (**A**) forward and unclip (**arrows**) from cover (**B**).

– Installation is reverse of removal.

Steering column lower trim, removing and installing

– Remove steering column upper trim panel. See **Steering column upper trim, removing and installing** in this repair group.

< Press detent lug (**arrow**) on each side of trim panel outwards and unclip trim panel.

– Installation is reverse of removal.

Door sill trim, removing and installing

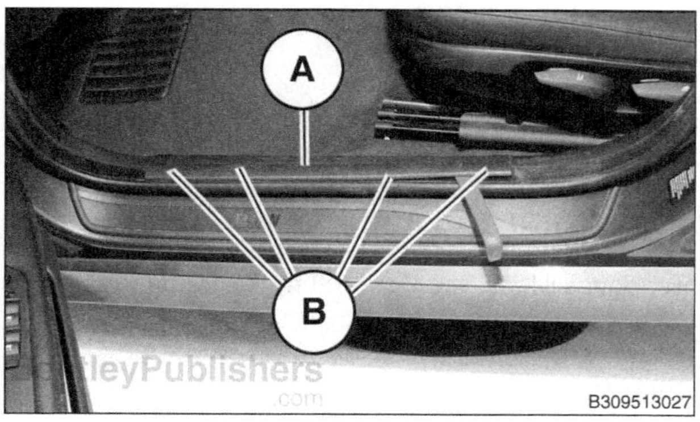

< Using a plastic prying tool unclip door sill trim (**A**) clips (**B**) starting at rear.

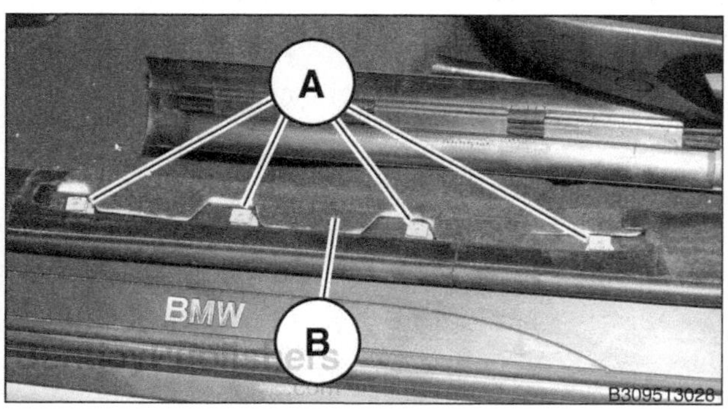

< Remove panel clips (**A**) left in floor panel (**B**) after trim panel removal if necessary.

– Installation is reverse of removal. Replace any damaged panel clips.

513

A-pillar trim, removing and installing

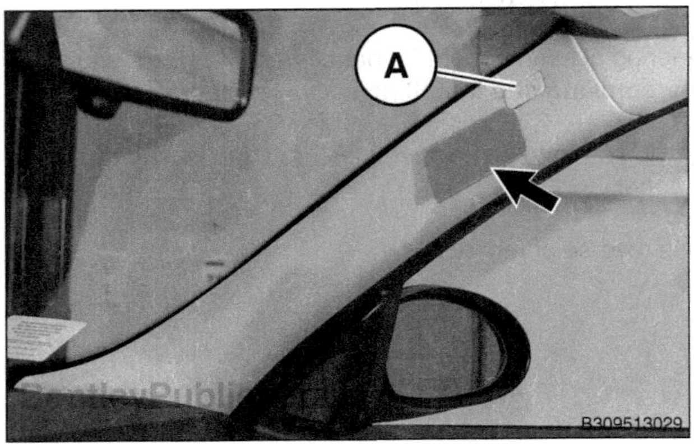

◄ Using plastic trim tool (**arrow**) remove cover (**A**).

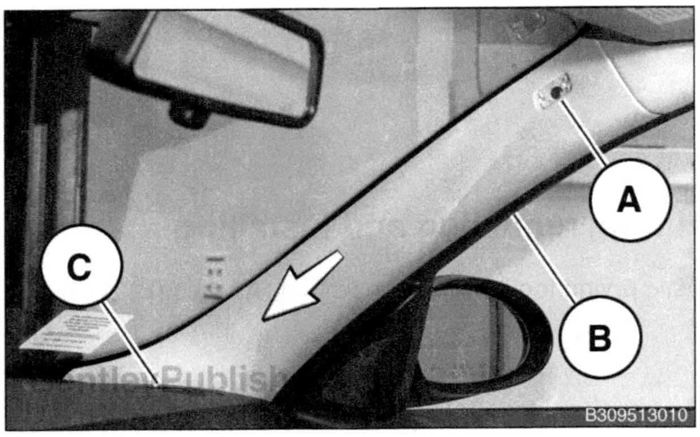

◄ Remove fastener (**A**) then release door seal (**B**) from A-pillar trim.

– Unclip trim from A-pillar and out of instrument panel (**C**) in direction of **arrow**.

– Installation is reverse of removal. Replace any damaged panel clips

B-pillar trim, removing and installing

– Remove driver door sill trim. See **Door sill trim, removing and installing** in this repair group.

Lower B-pillar trim

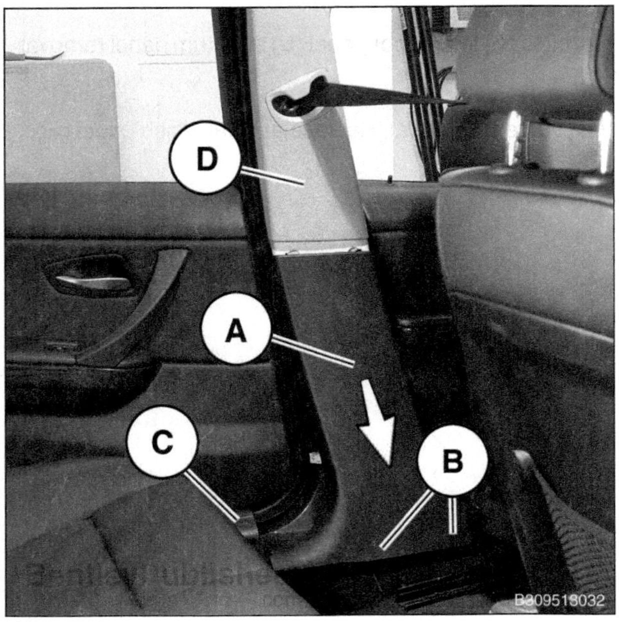

◄ Snap trim (**A**) out of trim clips at bottom (**B**) and feed trim panel out of rear door sill trim (**C**) and door seal.

– Carefully guide trim panel (**A**) out of upper trim panel (**D**).

Upper B-pillar trim

Using a plastic prying tool unclip release tab for seat belt trim cover (**arrow**).

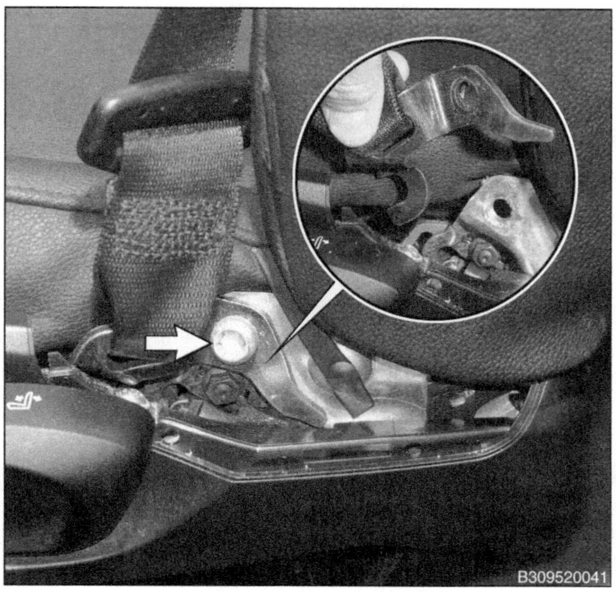

Remove fastener for seat belt (**arrow**) and discard. Disconnect seat belt from tab (**inset**) and lay aside.

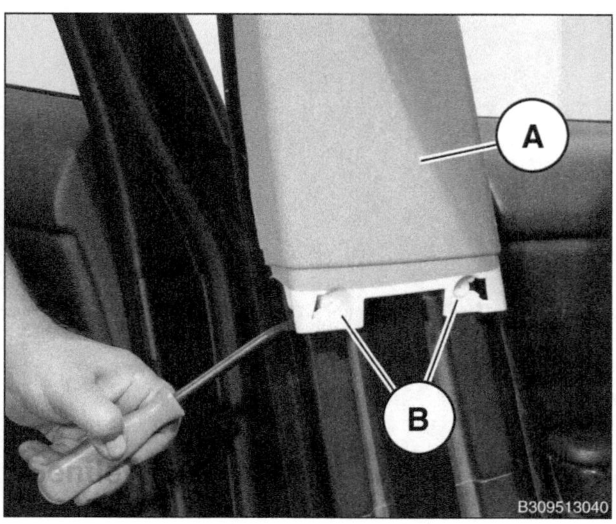

Disconnect trim panel (**A**) trim clips (**B**).

Remove trim panel in direction of **arrow**.

- Installation is reverse of removal. Remember to:
  - Replace any damaged panel clips.
  - Replace fastener for seat belt.

Tightening torque	
Seatbelt to front seat (Replace bolt)	44 Nm (32.4 ft-lb)

C-pillar trim, removing and installing

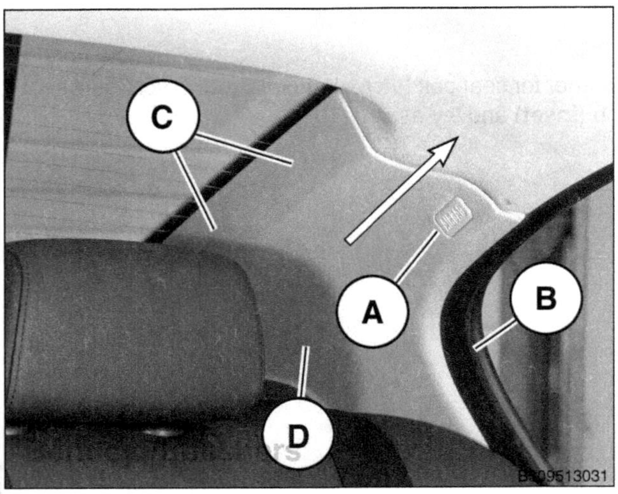

Remove cap (**A**) and fastener underneath. Remove door seal (**B**) from trim panel (**D**).

- Pull trim panel (**D**) in direction of **arrow** to disconnect clips (**C**) and remove.
- Installation is reverse of removal. Replace any damaged panel clips

Trunk lid trim panel, removing and installing

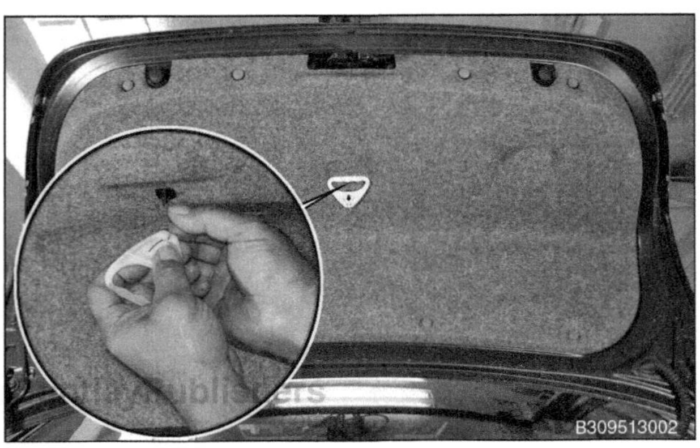

Remove emergency trunk release handle by pushing lever and releasing cable (**inset**).

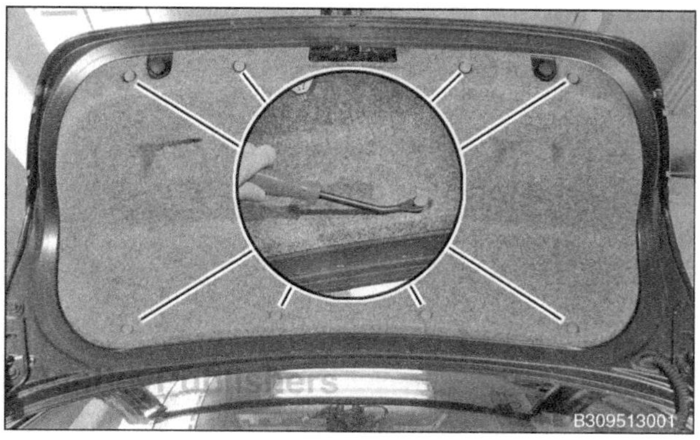

- Remove trim panel clips (**inset**) and remove trunk lid trim panel.

– Installation is reverse of removal. Remember to replace damaged trim panel clips.

Trunk lower trim panel, removing and installing

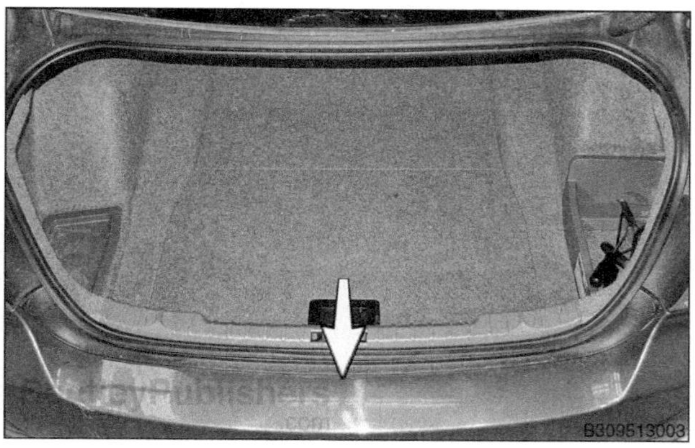

- Remove luggage compartment floor trim panel in direction of **arrow**.

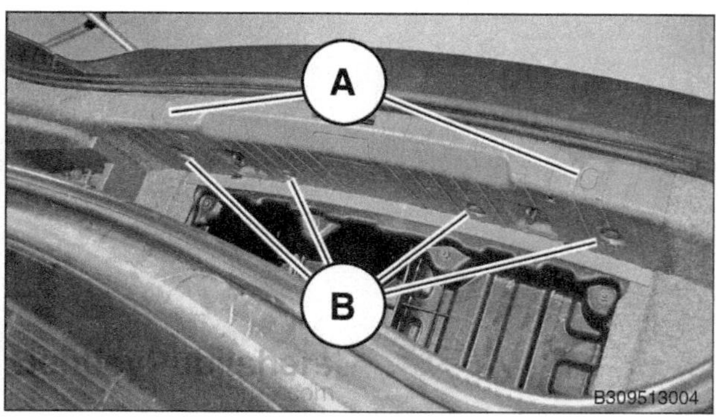

- Remove plastic cover and fasteners (**A**). Remove trim panel clips (**B**) then lift out and remove trunk trim panel.

– Installation is reverse of removal. Remember to replace damaged trim panel clips.

Tailgate lid trim panel, removing and installing

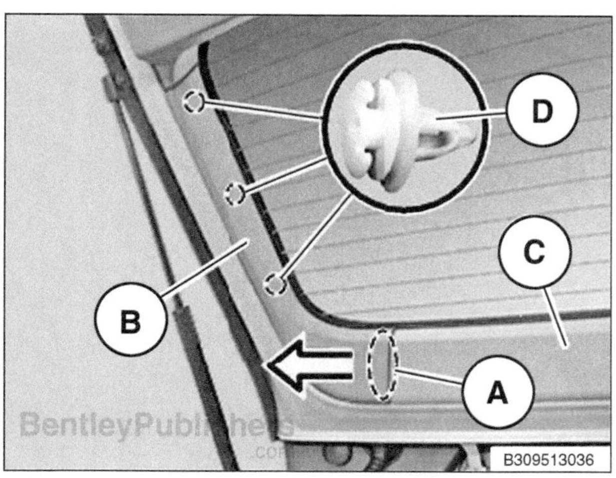

- Remove left and right side window trim panels:
  - Release trim clips (**D**) with trim tool.
  - Feed window trim panel (**B**) in area (**A**) out of trim panel (**C**) in direction of arrow.

Tailgate lid trim panel, removing and installing

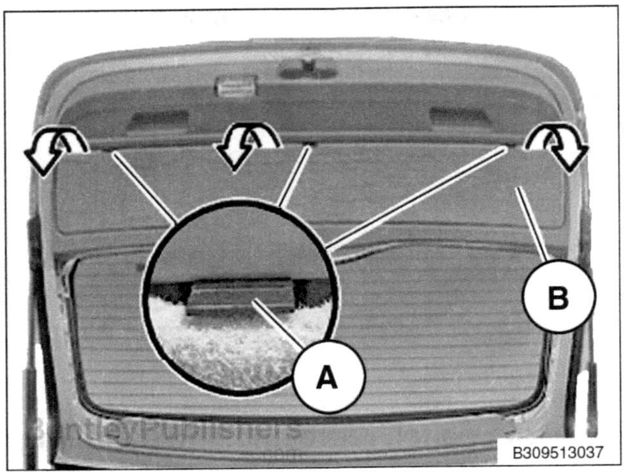

◀ Release catches (**A**) and rotate panel (**B**) downwards.

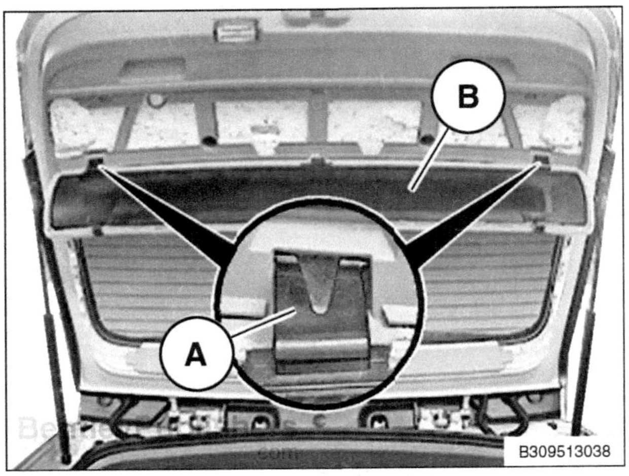

◀ Carefully compress tabs (**A**) and remove insert (**B**).

– Remove tailgate light housing.

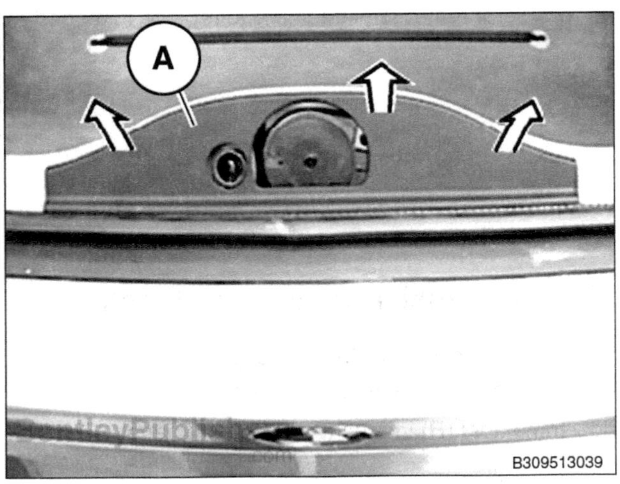

◀ Pull up on trim panel (**A**) to unclip (**arrows**).

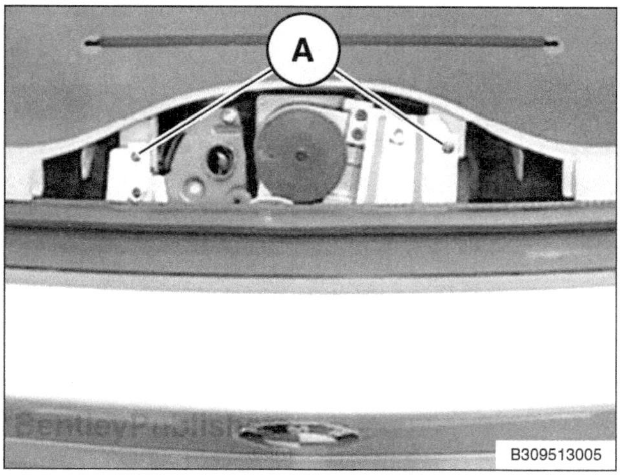

< Remove fasteners (**A**).

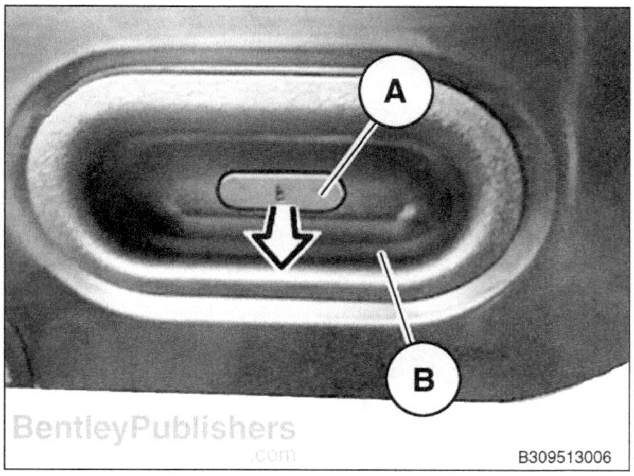

< Remove plastic cover (A) and screw behind it. Remove recessed handle (**B**). Right side shown; left is similar.

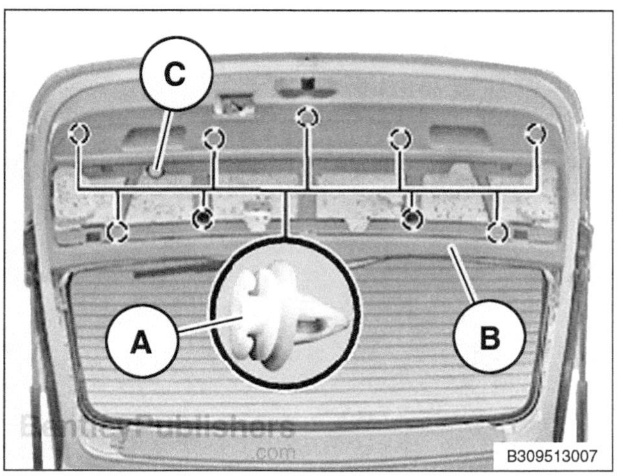

< Release panel clips (**A**) on trim panel **B**. Feed out eyelet (**C**) and lower trim panel **B**.

- Installation is reverse of removal. Remember to replace damaged trim panel clips.

515 Central Locking and Anti-theft

GENERAL

This section covers repair information for door and tailgate locks, central locking, electronic immobilization (EWS) and anti-theft alarm (DWA).

3 Series vehicles are equipped with sophisticated self-diagnostic electrical systems. When experiencing malfunctions relating to central locking or anti-theft systems, start the diagnosis process using the BMW factory scan tool or equivalent. An advanced diagnostic scan tool can usually pinpoint electrical faults quickly and safely.

See also:

- **411 Doors** for inner door trim removal
- **513 Interior Trim** for tailgate trim removal
- **600 Electrical System–General**
- **ECL Electrical Component Locations**
- **ELE Electrical Wiring Diagrams**

Fuel filler flap emergency opening

The fuel filler flap can be unlocked manually in the event of an electrical defect. The emergency release is located in the luggage compartment on the right behind the luggage compartment cover.

◄ Remove cover (**arrow**).

◄ Pull green knob (**inset**) with fuel pump symbol to release fuel filler flap.

CENTRAL LOCKING

Central locking in 3 Series vehicles controls the door locks, trunk lid lock and fuel filler flap lock.

Central locking is distributed over several control modules. This offers the advantage that sensors and actuators are connected directly to a control module in the vicinity of their installed location, which result is shorter cable connections. By interlinking the control modules, it is possible to exchange sensor data between them.

The primary control modules for central locking in the 3 Series are:

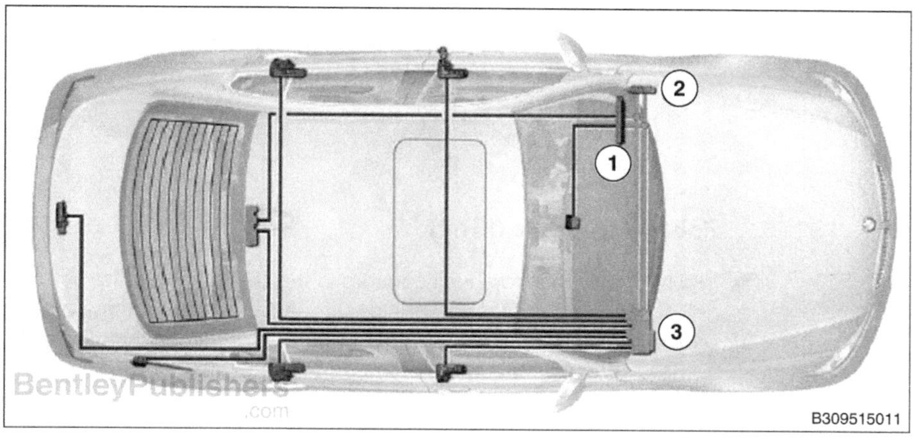

1. Car access system (CAS)
2. Footwell module (FRM)
3. Junction box electronics (JBE)

Central locking can be operated via the following components:

- Remote control / remote key.
- Driver's door lock barrel (door lock).
- Center-lock button.
- Electronic outer door handle module (TAGE) in connection with comfort access.

Car access system (CAS)

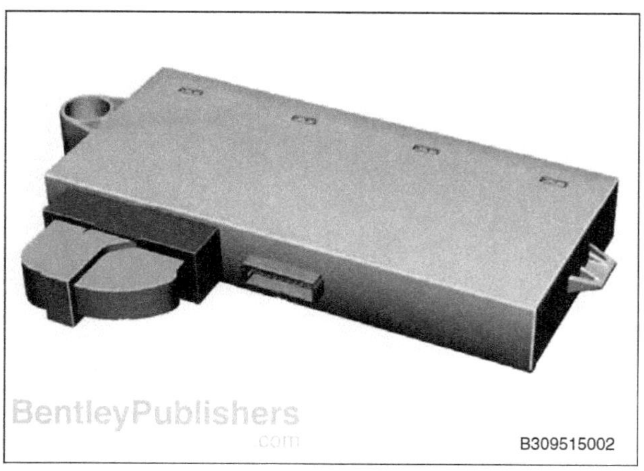

Car access system (CAS) is the master control module for the central locking system, it issues the enable signal to activate a lock / unlock function. When CAS receives a lock / unlock signal from the remote control receiver, it checks whether the remote key is valid and belongs to the vehicle. If the check / authentication is successful CAS will forward the request to activate central locking via the body bus system (K-CAN) to JBE.

NOTE—

- *For summary of CAS functions see* **600 Electrical System–General**.

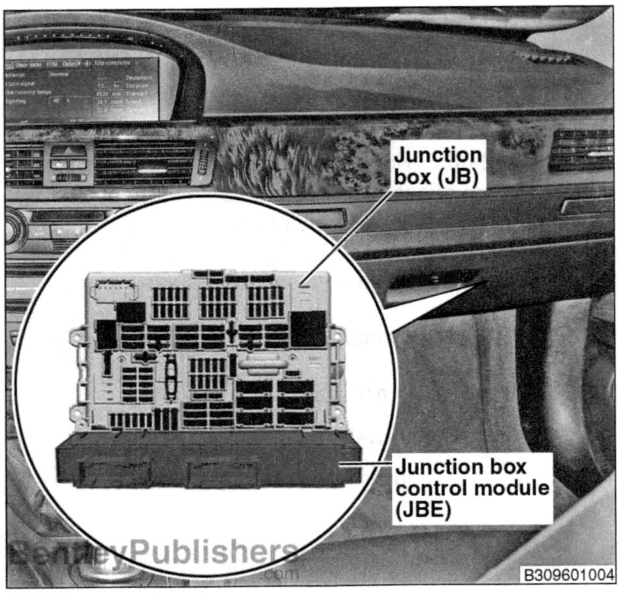

Junction box control module (JBE)

◀ JBE is responsible for the locking and unlocking the entire vehicle. It contains relays which drive the respective lock / unlock motors.

The following central locking relays are activated by JBE:

- Driver door
- Front passenger door
- Rear doors
- Fuel filler flap

The central locking function for the trunk lid is activated by the JBE.

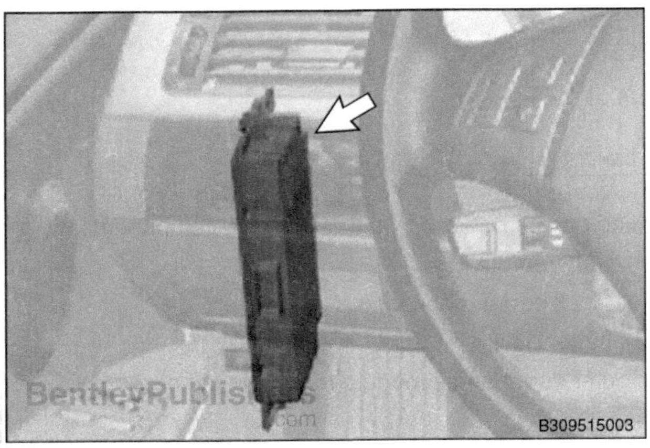

Footwell module (FRM)

◀ FRM (**arrow**) monitors Hall sensors in the door contacts to determine if a door is open or closed. CAS indirectly obtains the door status and uses the information to determine if a lock / unlock authorization signal is to be provided to JBE.

Central locking inputs, outputs

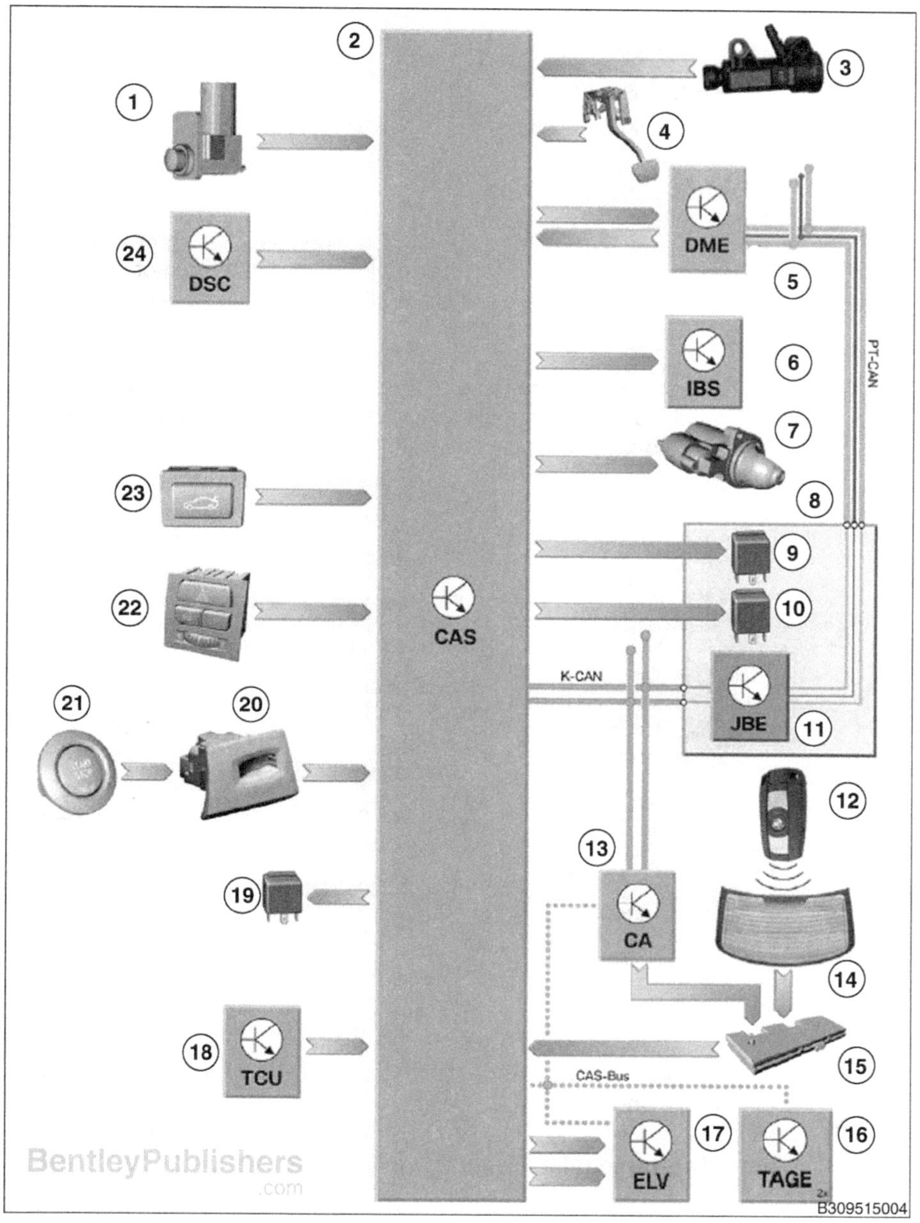

1. Hood contact switch
2. Car access system (CAS)
3. Clutch switch
4. Brake light switch
5. Digital motor electronics (DME)
6. Intelligent battery sensor (IBS)
7. Starter motor
8. Junction box (JB)
9. Terminal 30g relay
10. Terminal 15, load shielding relay
11. Junction box electronics module (JBE)
12. Identification transmitter
13. Comfort access (CA)
14. Remote control receiver
15. Rear window antenna
16. Electronic door handle module (TAGE)
17. Electric steering lock (ELV)
18. Telematics control unit (TCU)
19. Fuel injector relay
20. Remote key slot
21. Start stop switch
22. Central lock button
23. Trunk lid button
24. Dynamic stability control (DC)

515

Central locking features

Central locking can be activated when the driver door is closed.

Vehicle locking / unlocking is initiated by the following components:
- Remote key / identification transmitter.
- Central locking button on center dashboard.
- Mechanical key / spare key.

Driver identification is incorporated within the remote key and is also used for the optional comfort access (CA) system. CA module activates the identification transmitter in the remote key by way of a radio signal. This makes it possible to unlock the vehicle without actively using the remote key.

The central locking system activates the following system components:

- Driver and front passenger door locks.
- Rear door locks.
- Fuel filler flap lock.
- Trunk lid or tailgate.

Unlocking / locking

When the remote key unlock button is pressed, the signal is received by the rear window antenna and forwarded to the remote control receiver in the diversity module. The remote control receiver forwards the signal to CAS.

The signal from the remote key is verified in CAS. If the signal is valid, JBE is authorized to unlock the vehicle. JBE now activates the relay to trigger vehicle unlocking.

Remote key signal path:

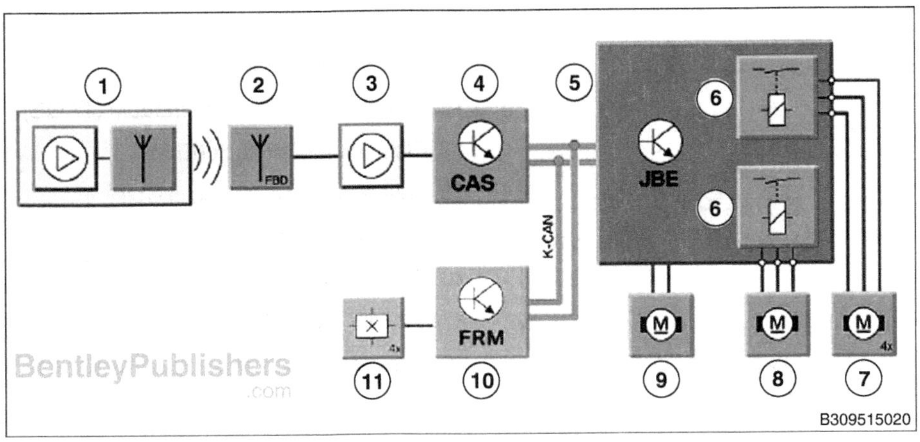

1. Remote key
2. Rear window antenna
3. Remote key receiver
4. Car access system (CAS)
5. Junction box electronics (JBE)
6. Central locking relays
7. Lock actuators, passenger door, rear doors and fuel filler flap
8. Lock actuator, driver door
9. Lock actuator, trunk / tailgate
10. Footwell module (FRM)
11. Door contacts

The vehicle can be locked after the CAS signals to the FRM that the doors are closed.

Mechanical key locking / unlocking

The vehicle can be locked / unlocked with the mechanical key in the driver door lock. The footwell module (FRM) monitors the Hall sensor signal for the lock barrel in the driver door. When the lock is turned a change in the Hall sensor state initiates locking / unlocking.

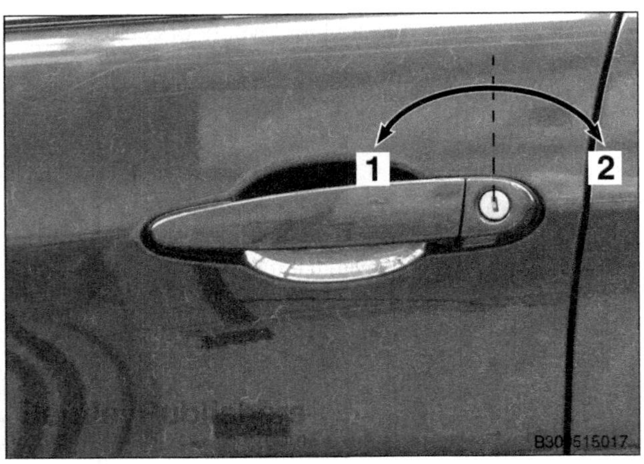

◄ Door key positions for electrical / manual locking and unlocking are:

1. Turn once: Unlocks driver door
   Turn twice: Unlocks remaining doors, trunk, tailgate, fuel filler
   Turn and hold (door closed): Opens windows, sunroof
2. Turn once: Locks all doors, tailgate, fuel filler
   Turn and hold (door closed): Closes windows, sunroof

Selective unlocking

When unlocking with the key or the identification transmitter, the first unlock request only unlocks the driver's door. A second unlock request unlocks the remaining doors, tailgate and fuel flap.

Central locking button

The central locking button (**arrow**) is in the center of dashboard.

- The central locking button only locks the doors and tailgate. The filler flap remains unlocked for refueling purposes.
- If a door is opened from inside while centrally locked, the remaining doors remain locked.

The open door can be relocked, when closed, by manually locking or pressing the central locking button twice. This synchronizes the door locks.

Single lock and double lock function

Each door lock actuator incorporates two lock positions.

Single lock controls the mechanical lock mechanism when the central lock switch is pressed. The lock mechanism is fully locked at this point but can still be opened from the interior by pulling the interior door handle twice or by pressing the central lock switch again. When single lock function is activated, the fuel filler flap is not locked.

Double lock, also known as central arrest, is activated only when the vehicle is locked from the outside at the driver's door lock with a key or when CAS receives a lock request from the remote key. In this case the double lock motor is activated, mechanically offsetting an internal rod in the lock actuator. This disables the actuator from unlocking the vehicle from the interior and prevents the doors from being unlocked by any means other than an unlock request at the driver's door or via the remote key.

Vehicle accident unlocking

During a vehicle accident the multiple restraint system (MRS) module sends a signal to CAS to unlock the vehicle. The remote key and central locking button are disabled until ignition status (terminal R) is changed from ON to OFF back to ON.

Center console emergency opening (convertible)

Convertible 3 Series models have a locking center console cover that is activated by the central locking system.

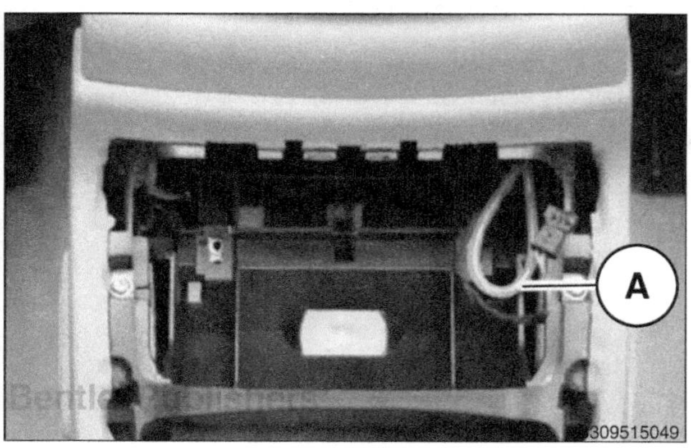

In case of battery discharge or center console locking actuator failure, use the emergency release cable (**A**) to unlock and open center console.

– Unclip and remove rear air vents and air ducts.

– Pull cable (**A**) to release center console cover.

Car memory / key memory (personalization)

A number of features and functions can be customized to the driver(s) preference. The identity of the vehicle user is provided by a signal from the remote key.

Car memory and key memory are two separate functions, although they are marketed as a combined feature.

Car memory

Prior to new vehicle delivery, the BMW factory scan tool is used to code driver preferences into the appropriate control modules. Thereafter these choices cannot be changed without recoding using a BMW factory scan tool or equivalent. Only one car memory setting setting per vehicle is possible.

The functions that can be set using car memory include:

- Audible confirmation (siren chirp) and visual confirmation (via turn signal lights) when alarm is armed. Siren chirp can be de-activated with BMW factory scan tool or equivalent.
- Daytime running lamps ON or OFF.
- Pathway lighting allows use of the dimmer switch to turn on the headlights and interior lights for 40 seconds.
- Automatic locking of central locking system once vehicle reaches 10 mph.
- Selective unlocking. Unlocks only drivers door on first actuation of unlock button on remote key. Unlocks all doors, trunk and fuel filler door after second actuation of button on remote key.

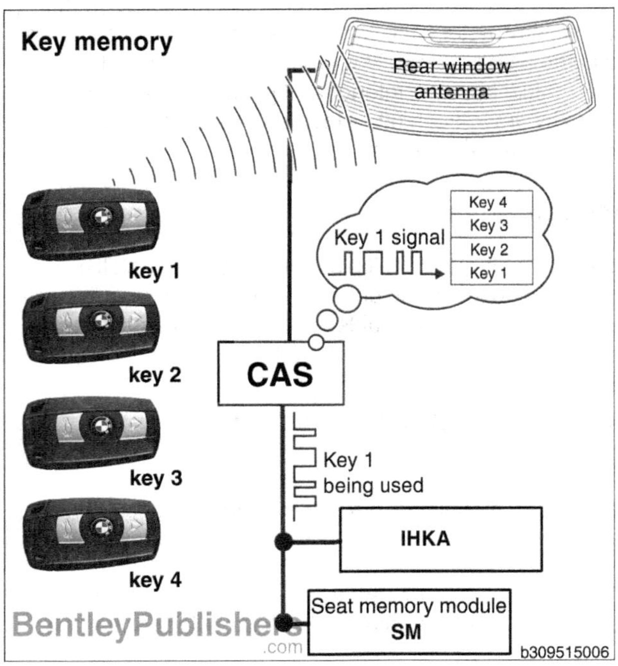

Key memory

Whenever a remote keys (identification transmitter) is used to lock or unlock the car, the user is identified by CAS. Multiple keys can be programmed with the personalization feature. The use of the personalized key then triggers car memory functions such as heating and air-conditioning settings or memory seat position adjustment.

Most key memory options can be programed using the iDrive menu. Some programming requires the use of BMW factory scan tool or equivalent.

Available Key memory functions vary based on vehicle equipment. The functions that can be set include:

- Audio tone settings and radio presets.
- Language of displays and voice functions.
- Climate control temperature.
- Seat / mirror memory settings.
- Lighting preferences.

Comfort access (CA)

Comfort access (CA), optional in 3 Series models, is a passive access system which allows the vehicle to be unlocked by grasping the outer door handle, provided the remote key is located within a radius of no more than approx. 0.5 - 1.5 m (1½ - 4½ ft) from the vehicle. With CA it is sufficient for the driver to carry the remote key on his or her person in order to open or start the vehicle.

Modules and other components which control and operate CA:

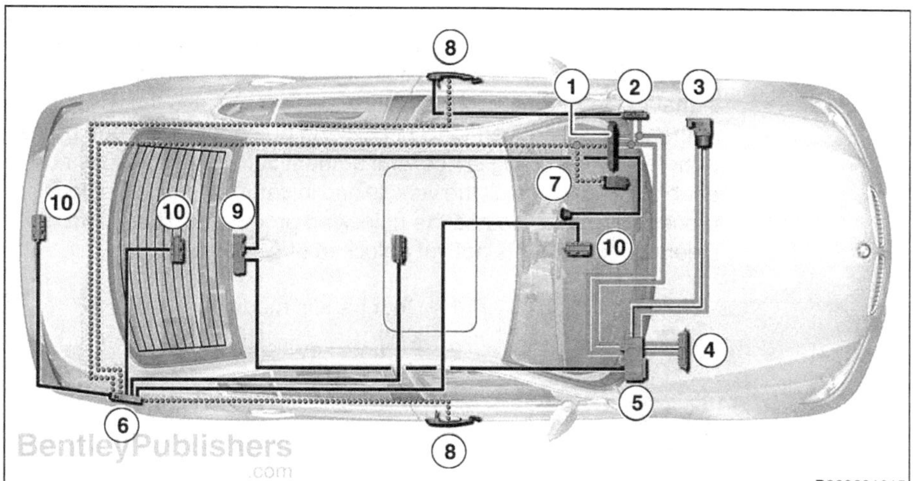

B309601015

1. Car access system (CAS)
2. Footwell module (FRM)
3. Dynamic stability control (DSC) module
4. Engine control module (ECM)
5. Junction box module (JBE)
6. Comfort access (CA) module
7. Electric steering lock (ELV)
8. Door handle module (TAGE)
9. Remote control receiver
10. Antennas

When a remote key comes into range of the CA antennas, the signal is sent to CAS to be verified. If seen as valid the lock / unlock function is granted.

Comfort access antennas

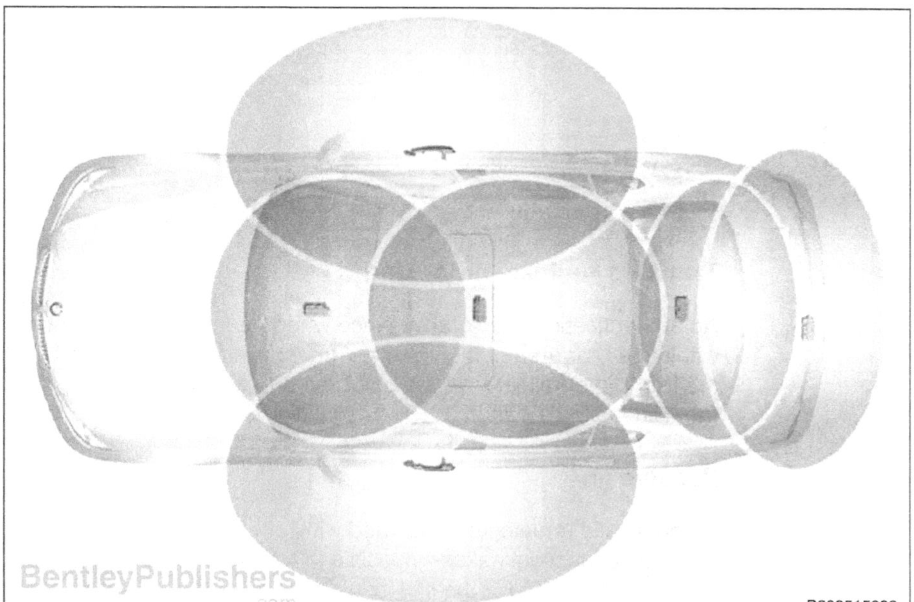

B309515022

- Driver door handle
- Passenger door handle
- Rear bumper
- Luggage compartment
- Interior front
- Interior center

515

Comfort access features

Passive entry

Passive entry enables access to the vehicle without operating the remote key. The vehicle recognizes the presence of a valid remote key and access is granted by grasping the outer door handle.

Unlocking

A capacitive sensor in the door handle module (TAGE) recognizes that the handle has been grasped and activates the transmit antenna. The transmit antenna sends a signal to the remote key. In turn, the identification transmitter sends a 315 MHz high frequency signal to the remote control receiver, which contains the authentication request. CAS checks the authentication code of the remote key. Following successful authentication, CAS issues an enable signal to unlock the vehicle and initiates the vehicle unlocking procedure. JBE executes the unlocking procedure. The electronic steering lock (ELV) is not yet unlocked (if equipped).

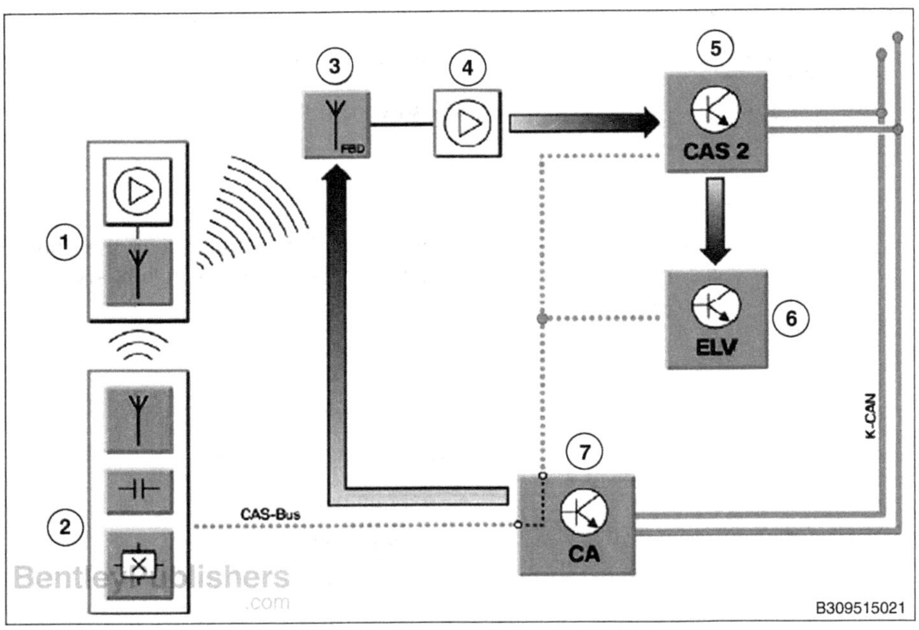

1. Door handle module (TAGE)
2. Remote key
3. Rear window antenna
4. Remote key receiver
5. Car access system (CAS)
6. Electronic steering lock (ELV)

Trunk lid / tailgate unlocking

An authentication check takes place when a remote key is located within the rear area of the vehicle. After successful authentication, the trunk lid or tailgate can be unlocked and opened with the outer trunk lid / tailgate button.

Passive go

When a valid remote key is located within the vehicle interior, the passive go function makes it possible to start the vehicle without the remote key inserted in the slot in instrument panel.

After a door has been opened, CAS starts a check after 3 seconds to establish whether a valid remote key is in the vehicle. The remote replies with data for the electronic vehicle immobilizer. CAS enables engine start by sending a signal to the ECM. If equipped, the electric steering lock (ELV) is unlocked.

Passive exit

Passive exit makes it possible to lock the vehicle without using the remote control. After the vehicle door is closed, the locking procedure is started by touching the recognition area on the outer door handle. The door handle module (TAGE) sends the request to CAS to lock the vehicle.

If a valid remote key is detected in the interior of the vehicle during locking with another valid remote key from the exterior, the key left in the vehicle is deactivated until the vehicle in unlocked again.

Door Handles and Locks

In the procedures that follow, door handle removal, door lock cylinder removal and door latch removal are covered for the left front door. Other doors are similar although simpler, due to the lack of lock cylinder.

Inner door panel removal is covered in **411 Doors**.

Door lock cylinder, removing and installing

- Open door. Working at door rear edge, pry out plastic cover from access hole.

- Use 4 mm Allen wrench to remove lock cylinder mounting screw (**arrow**).

515

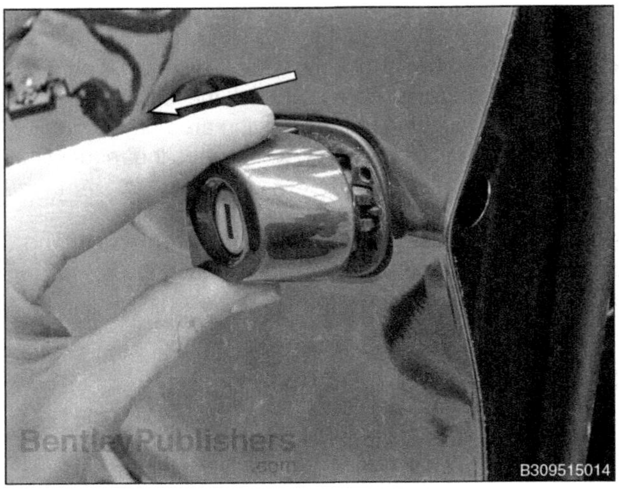

Slide lock cylinder slightly toward rear of car and out of door.

- Installation is reverse of removal.
  - Replace door handle gaskets if damaged.
  - Reset comfort access (CA) by disconnecting and reconnecting battery. See **121 Battery, Starter, Alternator**.

Door handle, removing and installing

- Remove door lock cylinder. See **Door lock cylinder, removing and installing** in this repair group.

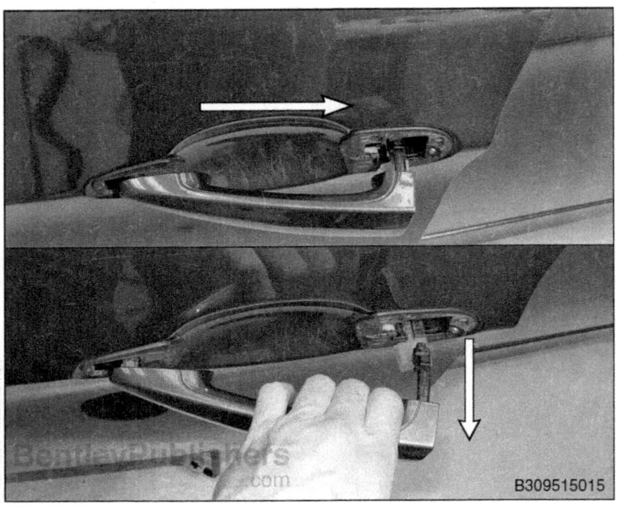

Pull door handle out and in direction of **arrow**. Carefully feed wire out with handle and disconnect electrical connector if equipped with comfort access.

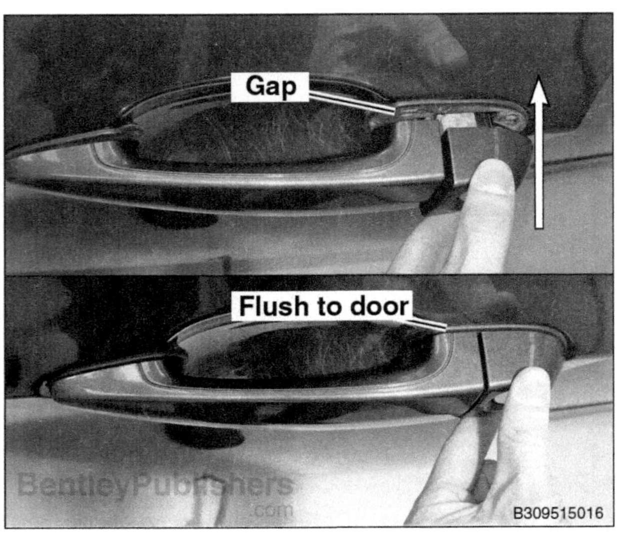

Installation is reverse of removal.
- Replace door handle gaskets if damaged.
- Handle will not sit flush until lock cylinder is installed.
- Reset comfort access (CA) by disconnecting and reconnecting battery. See **121 Battery, Starter, Alternator**.

Door latch, removing and installing

NOTE—

- *Do not use silicone lubricant on door latch. Latch faults have been traced to silicone contamination.*

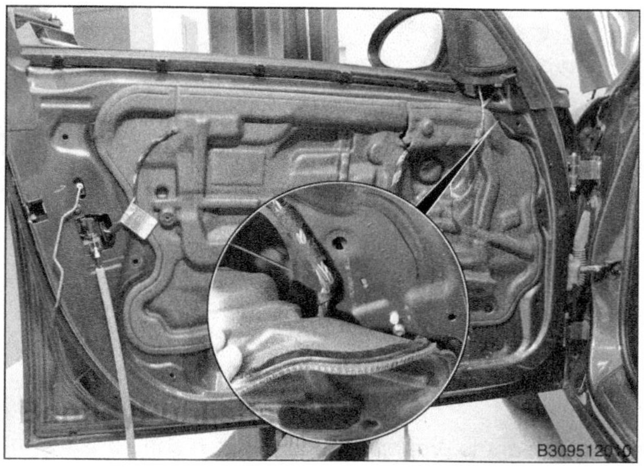

– Remove door trim panel. See **411 Doors**.

◄ Carefully peel (**inset**) off vapor barrier covering inner door cavity.

> ***CAUTION—***
> - *Use care when peeling back vapor barrier. A damaged vapor barrier should be replaced to prevent possible water leaks.*

– Partially remove window regulator to gain access to door latch. See **512 Door Windows**.

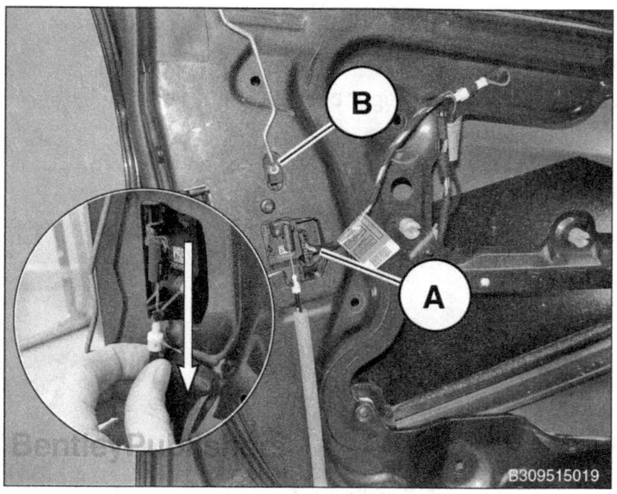

◄ Working at corner of door at door latch assembly:

- Detach electrical connector (**A**) from latch assembly.
- Detach door lock rod (**B**) from latch assembly.
- Pull down in direction of **arrow** to detach Bowden cable from latch assembly.

– Remove door lock cylinder. See **Door lock cylinder, removing and installing** in this repair group.

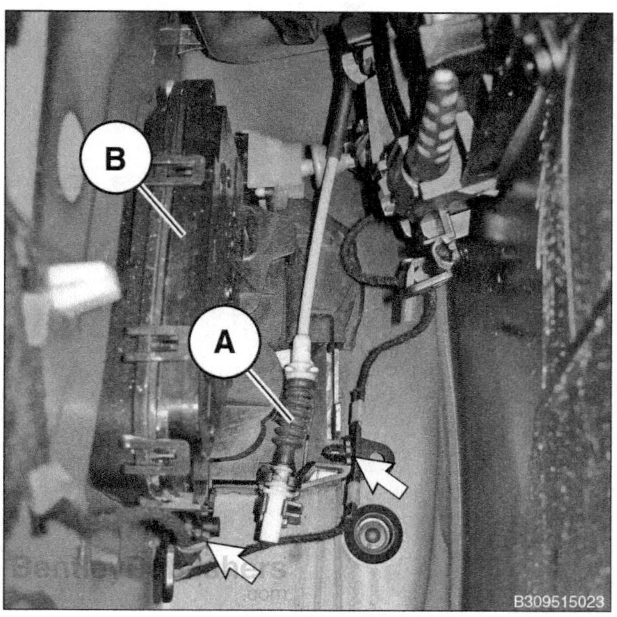

◄ Working inside door:

- Disconnect Bowden cable (**A**) from latch (**B**).
- Detach electrical harness from latch (**arrows**).

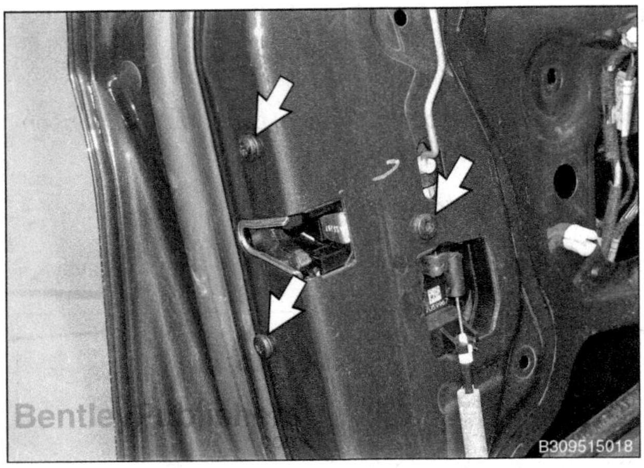

Remove latch fasteners (**arrows**).

- Remove latch assembly from inside door.

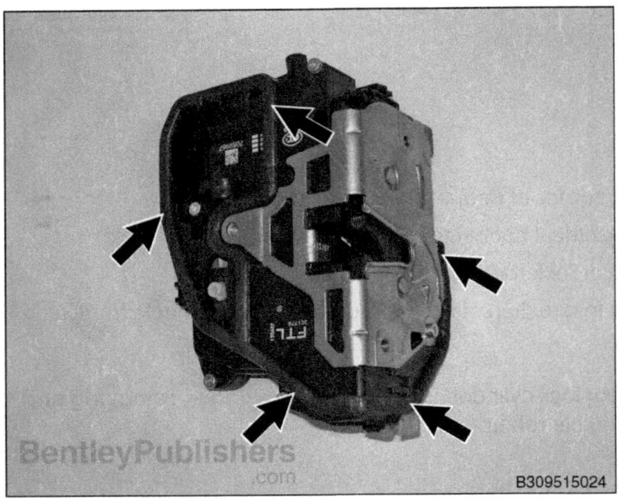

Installation is reverse of removal, keeping in mind the following:

- Do not bend door lock button metal rod when inserting through door skin opening.
- Hand tighten fasteners to properly seat door latch seal (**arrows**) before tightening.
- Replace latch mounting screws and use threadlock compound.
- Make sure seal on latch is not damaged.
- Make sure inner door cavity vapor barrier is installed intact and leak-proof.

Tightening torque	
Latch assembly to door (replace screws)	9.5 Nm (7 ft-lb)

TRUNK AND TAILGATE LOCKS

Trunk lock cylinder

- Remove trunk lid trim panel. See **513 Interior Trim**.

Unclip and remove trunk lock cylinder trim cover (**arrow**).

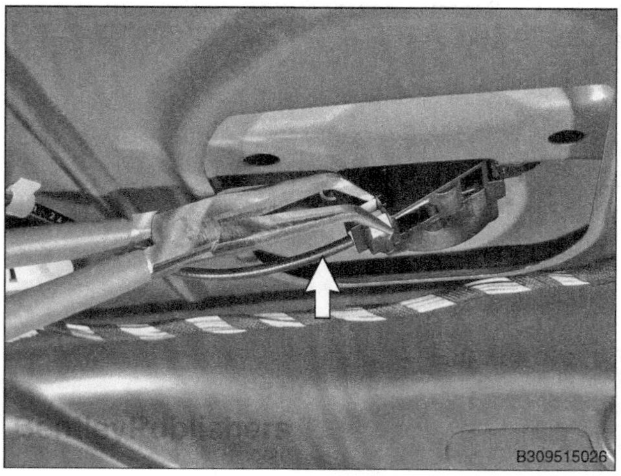

Working inside trunk at rear of lock cylinder, disconnect bowden cable from lock cylinder (**arrow**).

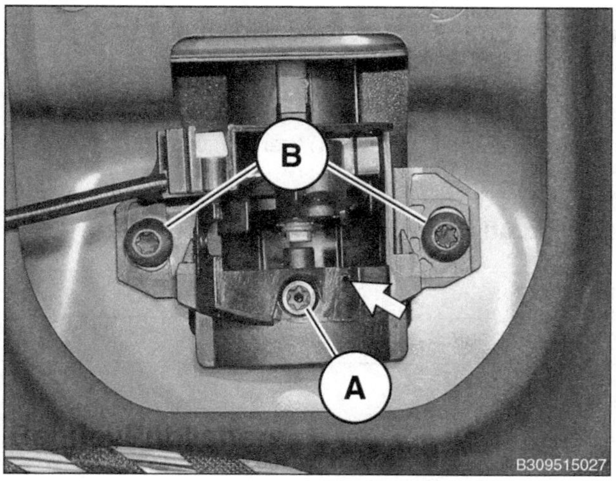

Working inside trunk at rear of lock cylinder:

- Insert a 2 mm diameter punch into hole (**arrow**) and press down catch.
- Rotate lock release (**A**) 90° counterclockwise and remove punch.
- Remove fasteners (**B**) and remove lock cylinder.

– Installation is reverse of removal. Remember to:

- Inspect and replace lock cylinder seal if necessary.
- Properly seat seal.
- Rotate lock release (**A**) 90° clockwise once lock is in place.

Tightening torque	
Lock cylinder to trunk lid	10 Nm (7.3 ft-lb)

Trunk lock assembly

– Remove trunk lid trim panel. See **513 Interior Trim**.

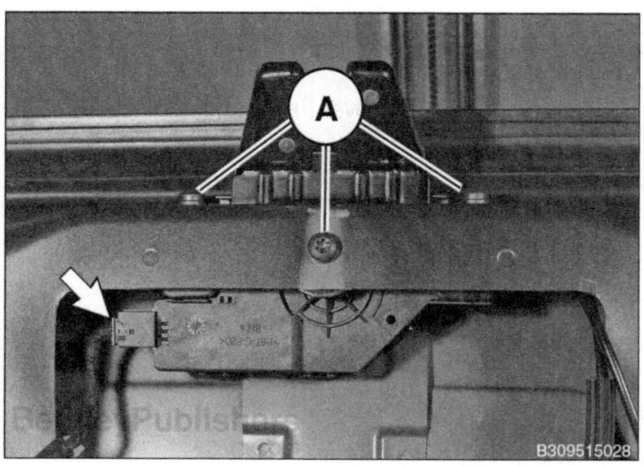

Disconnect electrical connector (**arrow**) from trunk lock assembly.

– Remove fasteners (**A**) and pull latch assembly out of trunk lid.

515

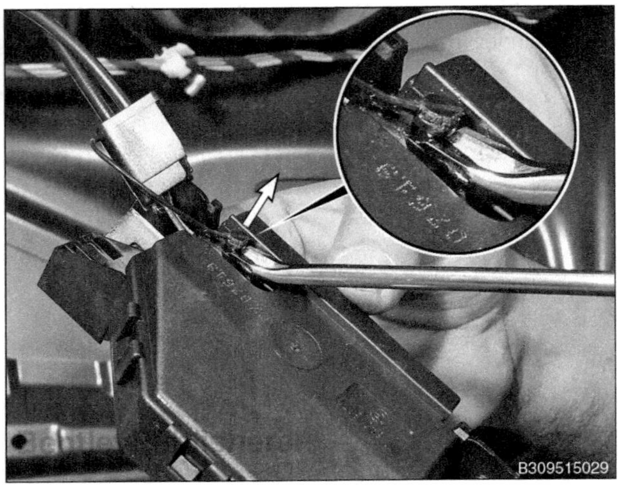

< Lever out locking pin (**inset**) in direction of **arrow** and remove bowden cable from lock assembly.

– Installation is reverse of removal.

Tightening torque	
Lock assembly to trunk lid	10 Nm (7.3 ft-lb)

Trunk lock striker, removing and installing

– Remove lower trunk trim panel. See **513 Interior**.

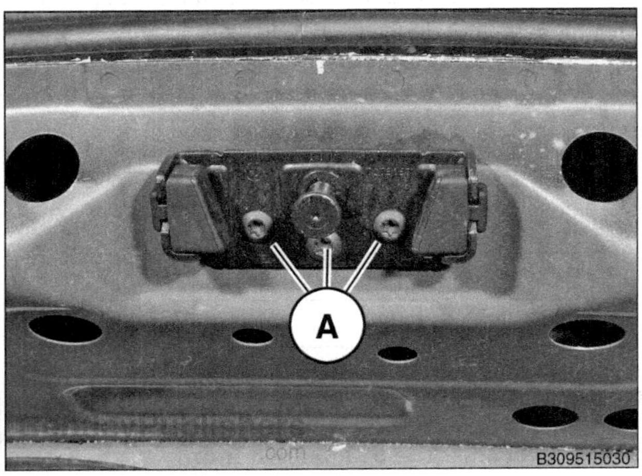

< Remove trunk lock striker fasteners (**A**) then remove striker.

– Installation is reverse of removal. Adjust striker if necessary. See **Trunk lock striker, adjusting** in this repair group.

Tightening torque	
Trunk lock striker to body	10 Nm (7.3 ft-lb)

Trunk lock striker, adjusting

< Remove trunk lock striker access cover (**inset**).

◀ Inspect fulcrum pads (**arrows**) for wear of damage, replace if necessary. Interior trim panel removed for clarity.

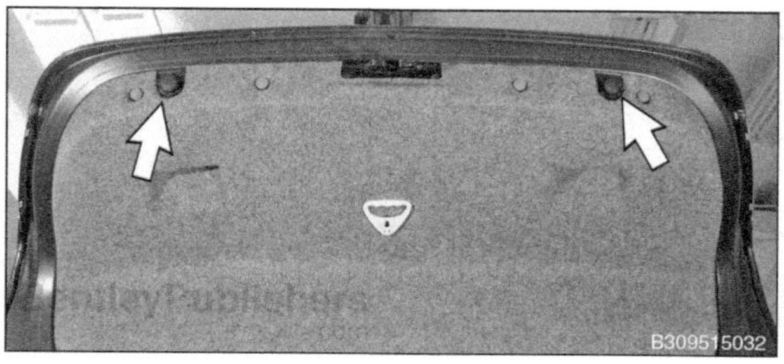

◀ Screw in trunk lid detent buffers (**arrows**) completely.

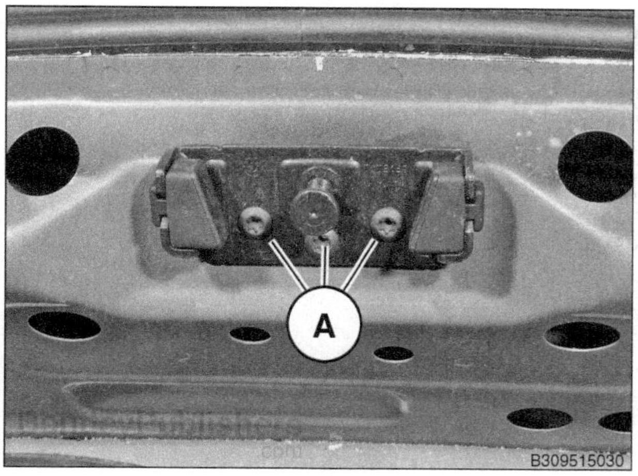

◀ Loosen trunk lock striker fasteners (**A**) slightly, just enough so it is able to move and center itself.

– Close trunk lid. This allows for the trunk lock striker to adjust itself.

– Open trunk and tighten fasteners. Check adjustment and repeat procedure if necessary.

Tightening torque	
Trunk lock striker to body	10 Nm (7.3 ft-lb)

– Reassemble trunk interior trim.

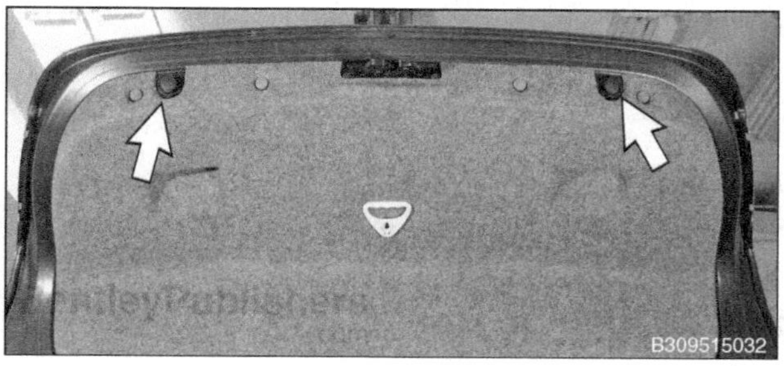

◀ Unscrew trunk lid detent buffers (**arrows**) until closed rear trunk lid left / right detent buffers make contact with body panels. Trunk lid should be even with rear body panels.

Tailgate, emergency opening

In case of battery failure or other electrical problems, open tailgate as follows.

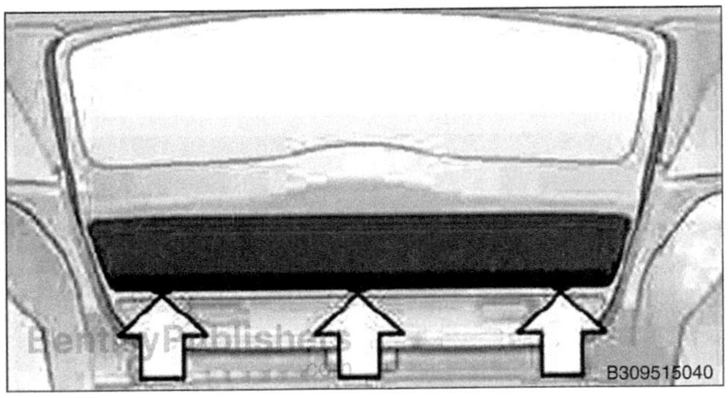

B309515040

Working inside the vehicle, swing tailgate trim up (**arrows**).

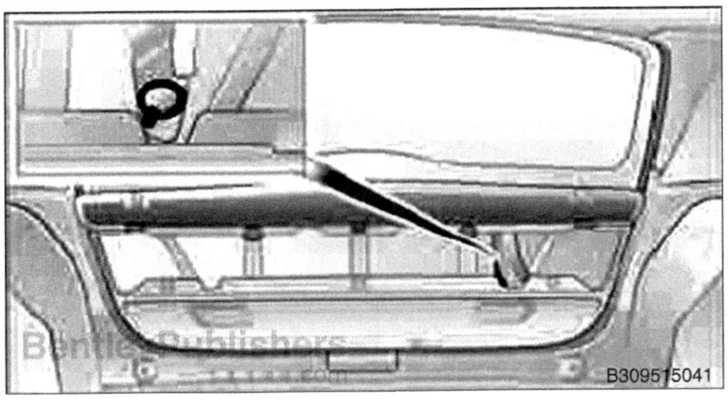

B309515041

Pull ring upwards (**inset**) to unlock tailgate.

Tailgate lock

To gain access to tailgate locking mechanisms, remove tailgate trim. See **513 Interior Trim**.

Tailgate lock assembly, removing and installing

– Open upper tailgate and remove trim. See **513 Interior Trim**.

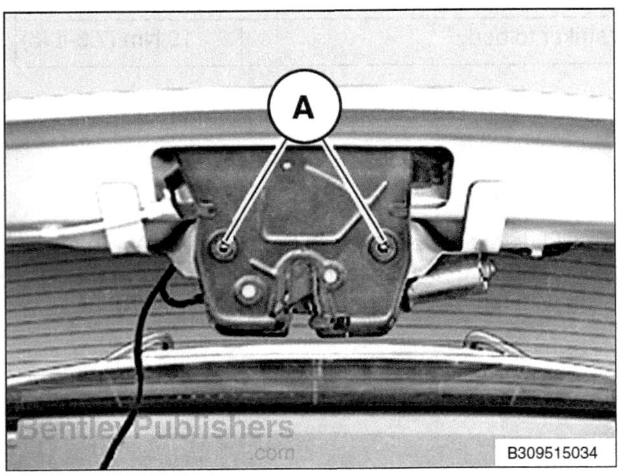

B309515034

Remove tailgate lock fasteners (**A**).

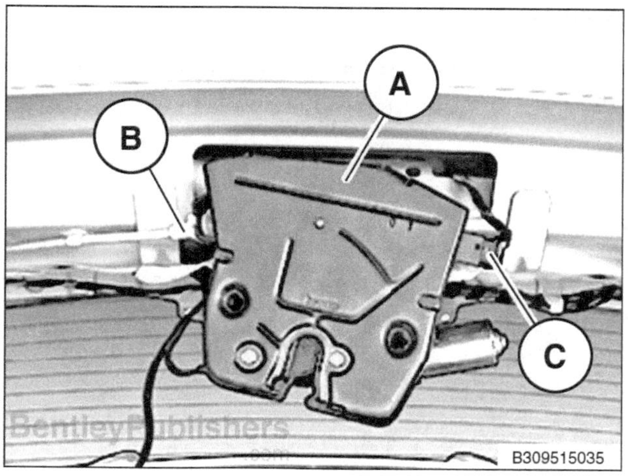

Pull tailgate lock (**A**) slightly out of lid. Remove bowden cable (**B**) and disconnect electrical connector (**C**).

– Installation is reverse of removal.

Tightening torque	
Lock to tailgate lid	10 Nm (7.3 ft-lb)

Tailgate striker assembly, removing and installing

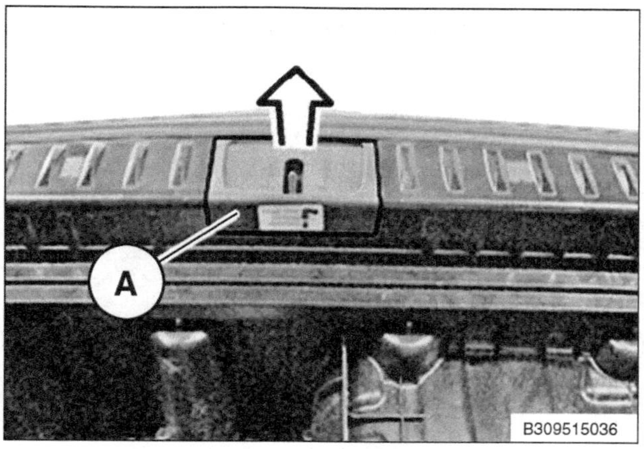

Snap out cover (**A**) in direction of **arrow** and remove.

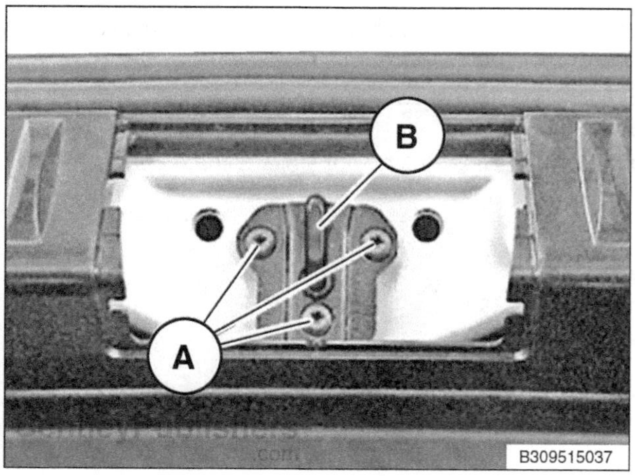

Remove fasteners (**A**) and remove striker (**B**).

– Installation is reverse of removal.

Tightening torque	
Lock to tailgate lid	10 Nm (7.3 ft-lb)

515

Tailgate striker assembly, adjusting

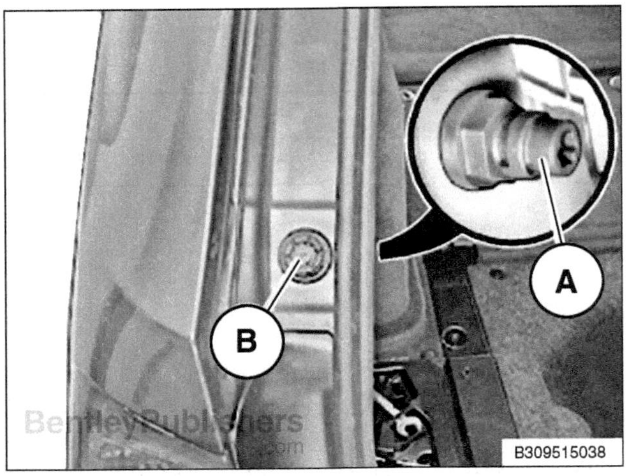

Remove protective caps (**A**) on left and right side bump stops (**B**) and fully screw in.

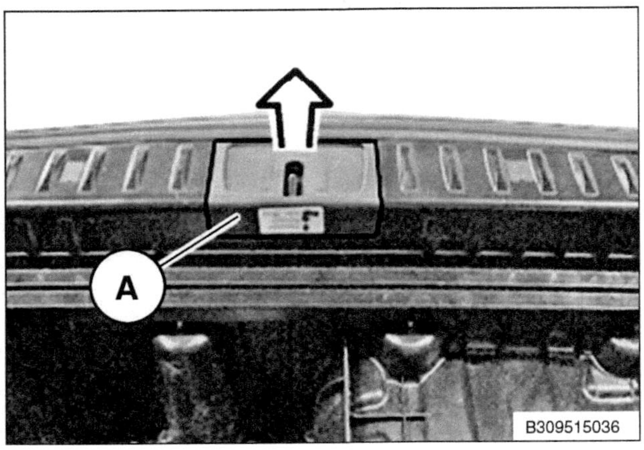

Snap out cover (**A**) in direction of **arrow** and remove.

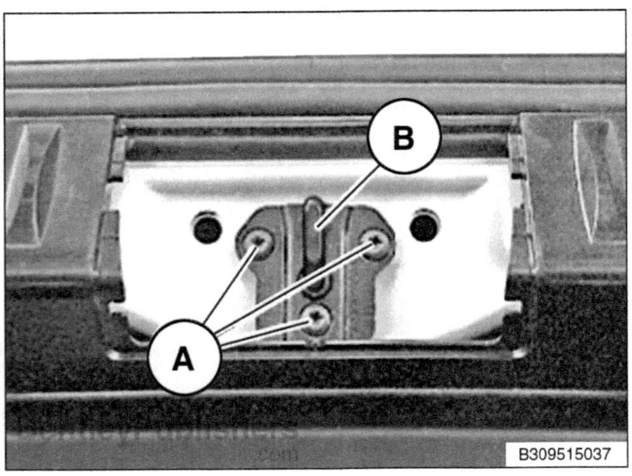

Loosen tailgate striker fasteners (**A**) slightly, just enough so it is able to move and center itself.

> ***CAUTION—***
> *• Check that tailgate fasteners do not strike tailgate during adjustment.*

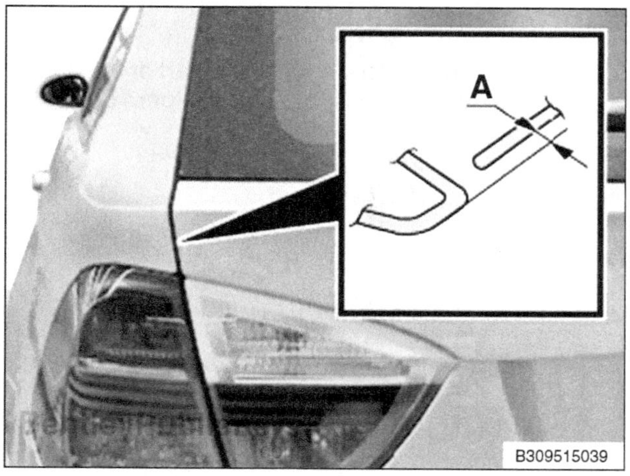

⮜ Adjust tailgate striker until tailgate in recessed 1.0 to 1.5 mm (**A**). See **400 Body-General** for body gap dimensions.

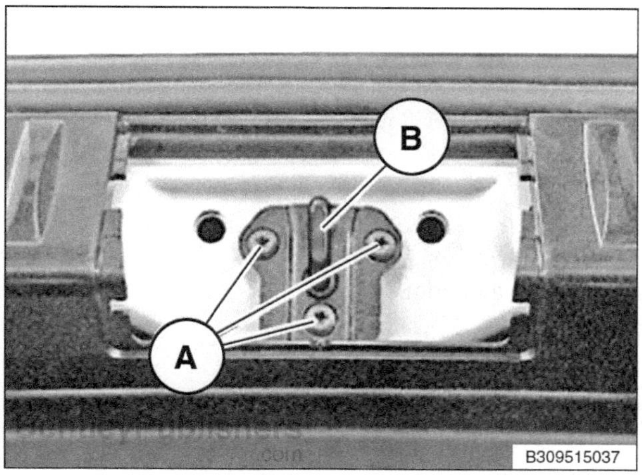

⮜ Tighten tailgate striker fasteners (**A**).

Tightening torque	
Lock to tailgate lid	10 Nm (7.3 ft-lb)

– Install striker trim panel.

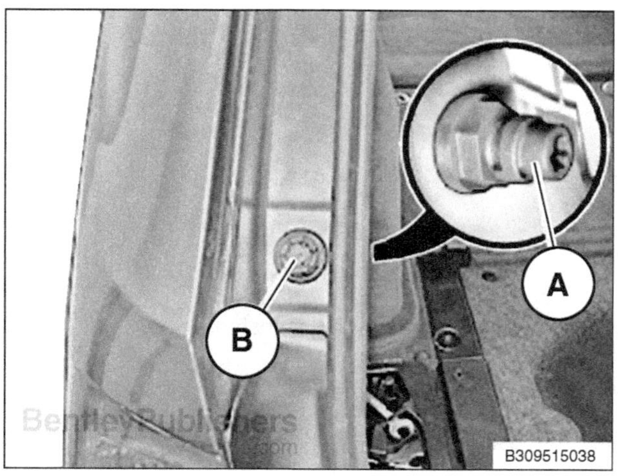

⮜ Unscrew bump stops (**B**) until tailgate flush with side body panel. Install bump stop cover (**A**).

– Check for proper adjustment and tailgate operation. Repeat adjustment if necessary.

515

Rear window lock assembly

The rear window (tailgate glass) lock assembly is part of the rear wiper motor. For removing and installing see **611 Wipers and Washers**.

Rear window lock, adjusting

– Check that tailgate is adjusted properly.

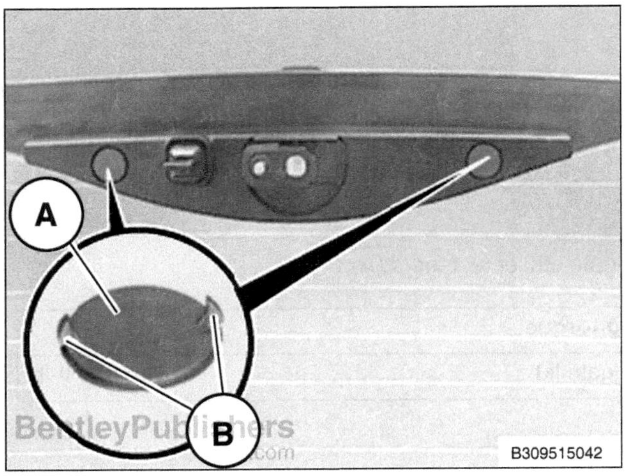

◄ Remove plastic covers (**A**). Be careful not to break catches (**B**).

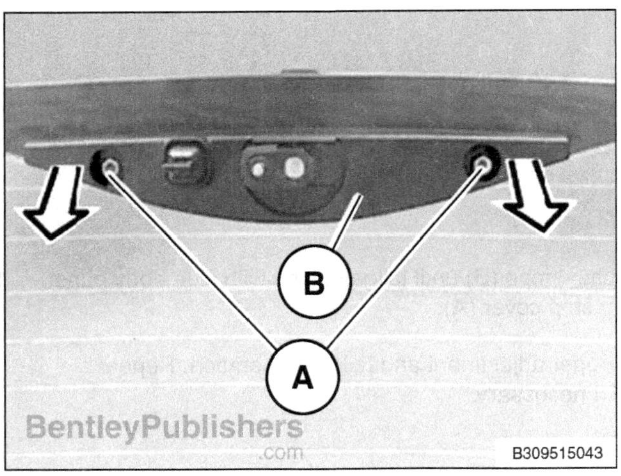

◄ Remove fasteners (**A**) then trim panel (**B**).

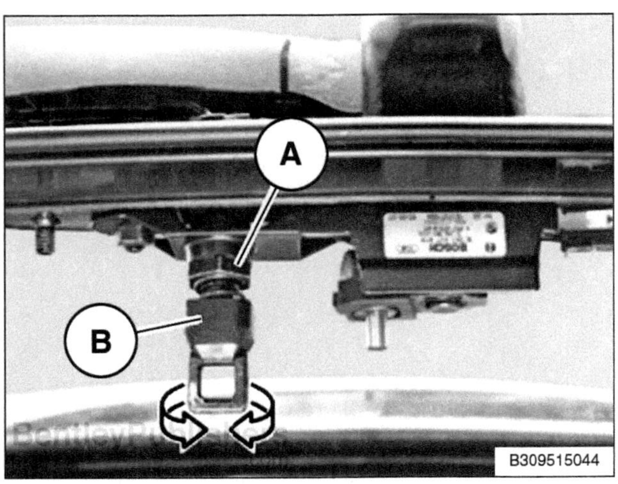

◄ Loosen nut (**A**). Adjust striker by turning in or out (**B**).

– See **400 Body-General** for body gap dimensions.

– Tighten nut and recheck adjustment.

– Install tailgate trim panels.

ELECTRONIC IMMOBILIZER (EWS)

EWS is a shared system between car access system (CAS) and digital motor electronics (DME). If an authorized key is recognized by CAS a start signal is authorized and sent to the DME. Troubleshooting is performed with a BMW factory scan tool or equivalent.

ANTI-THEFT SYSTEM (DWA)

DWA components

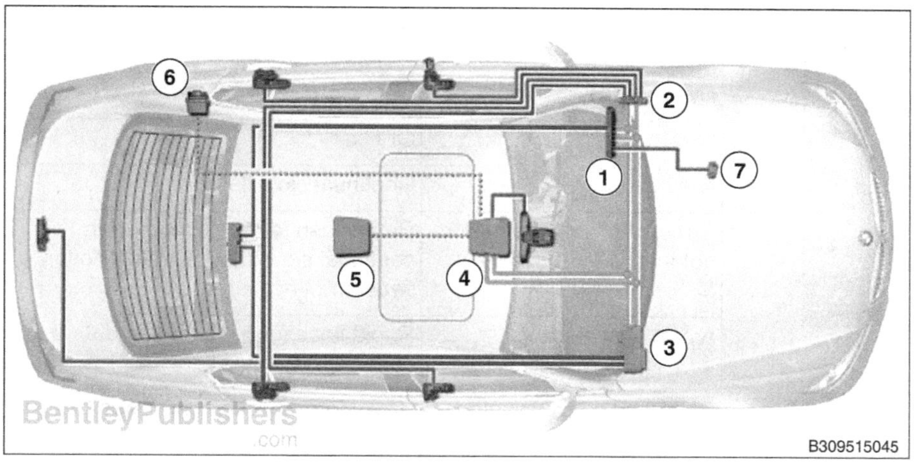

1. **Car access system (CAS)**
2. **Footwell module (FRM)**
3. **Junction box electronics (JBE)**
4. **Roof function center (FZD)**
5. **Ultra sonic sensor (USIS)**
6. **Tilt sensor / alarm siren (SINE)**
7. **Hood switch**

DWA operation

When the anti-theft system (DWA) is armed:

- The doors, hood, windows, and trunk lid are monitored against forcible entry
- A tilt sensor protects the vehicle from being jacked up or towed away.
- Movement inside the vehicle is monitored.
- Battery voltage is monitored.

The system responds to unauthorized vehicle entry or attempted theft by activating the following:

- Alarm siren sounds for 30 seconds.
- Hazard warning lights and high beams flash for approx. 5 minutes.

The system is armed or disarmed from the driver's door lock or the remote transmitter when the vehicle is locked or unlocked. The interior compartment monitor is activated approx. 30 seconds after the vehicle is locked.

The system indicates that it is armed by flashing the hazard warning lights once and emitting a brief chirp from the siren.

If the alarm is activated, the tailgate may still be opened using button **3** on the remote key. The alarm resets when the tailgate is closed.

Following the triggering of an alarm, the system resets and can trigger again if further tampering to the vehicle is detected.

The interior protection ultrasonic sensor (USIS) is in the DWA main control module. It monitors the passenger compartment and receives inputs from corresponding modules for alarm activation, deactivation and triggering.

- FRM monitors door contacts.
- JBE monitors trunk lid and tailgate status.
- CAS monitors engine hood contact switch.

DWA LED display

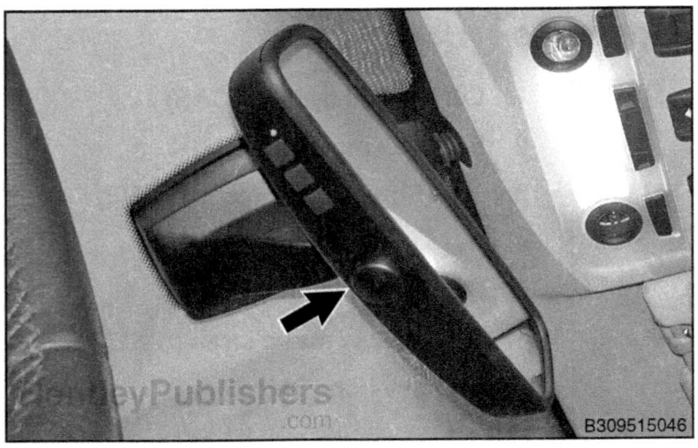
B309515046

The DWA status LED (**arrow**) is below the interior rear view mirror. LED displays are listed in **Table a**.

Table a. DWA LED status

DWA status	LED signal
Disarmed	OFF
Armed	Continual slow flash
Armed with tailgate or door not fully closed	Rapid flash for 10 second, then continual slow flash. Interior motion sensor not activated.
Alarm activated	Rapid flash for 5 minutes, then continual slow flash
Disarmed after activated alarm	Blinks for 5 minutes then goes OFF, or goes off when remote key in inserted.

DWA alarm siren

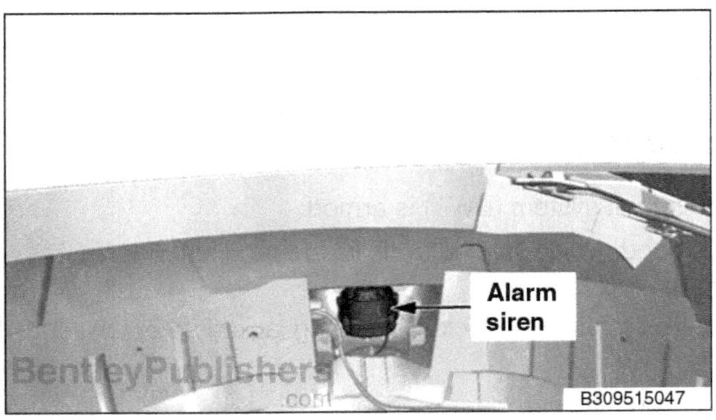

B309515047

The DWA alarm siren (**arrow**) is at the left side rear inner fenderwell, behind the plastic inner fenderwell.

The siren is powered by a separate rechargeable battery. This battery is recharged by the vehicle electrical system when DWA is not armed.

Tilt sensor

The tilt sensor is integrated into the alarm siren. It registers the vehicles rest position when armed and detects changes in position, for example jacking of the vehicle.

When flat-bed transporting the vehicle, lock the vehicle twice within 10 seconds to switch tilt sensor OFF.

Interior protection

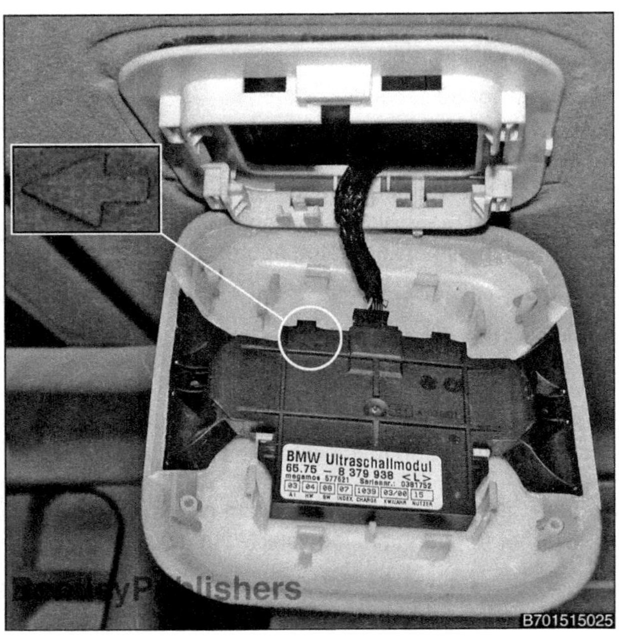

B701515025

The interior motion ultrasonic sensor (USIS) is in the center of the headliner. Due to the design of the vehicle interior, install sensor in the correct direction to ensure proper operation of the system. Arrow (**inset**) points toward front of vehicle

As with the tilt sensor, when flat-bed transporting the vehicle, lock the vehicle twice within 10 seconds to switch interior motion sensor OFF.

The USIS system uses ultrasound to sense motion inside its detection cone. Every time DWA is armed, the USIS sensor adapts to whatever objects are stationary in the interior. USIS also checks for background hiss (wind noise through a partially open window) and adapts for this.

- If detected echoes and sounds are consistent, no movement is detected.
- If the echoes are altered (inconsistent), USIS determines motion in the interior compartment.
- If motion is detected, the USIS changes from a pulsed signal to a constant signal and the echo is compared again.
- If the inconsistency is still present USIS triggers the alarm.

Panic mode

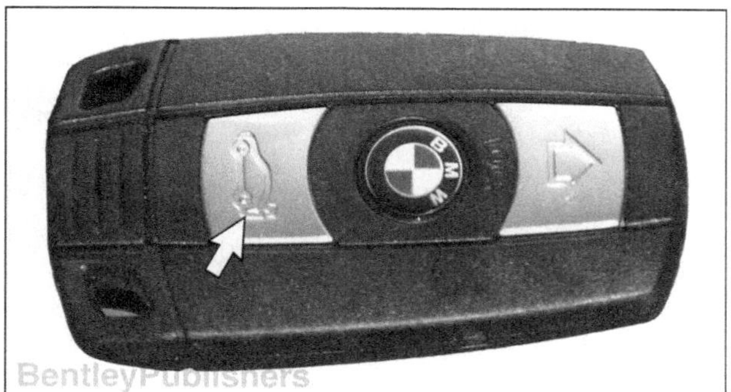

B309515048

If the tailgate button (**3**) is pressed and held for more than 2 seconds, USIS activates the siren in panic mode. This function is available with either an armed or disarmed DWA.

Emergency disarming

Emergency disarming occurs automatically when a recognized remote key is inserted into the key holder. If the key is accepted by CAS, the doors are unlocked and the alarm deactivated.

520 Seats

General

This repair group covers removal and installation of the front and rear seats.

See also:

- **ECL Electrical Component Locations**
- **ELE Electrical Wiring Diagrams**

Seat memory

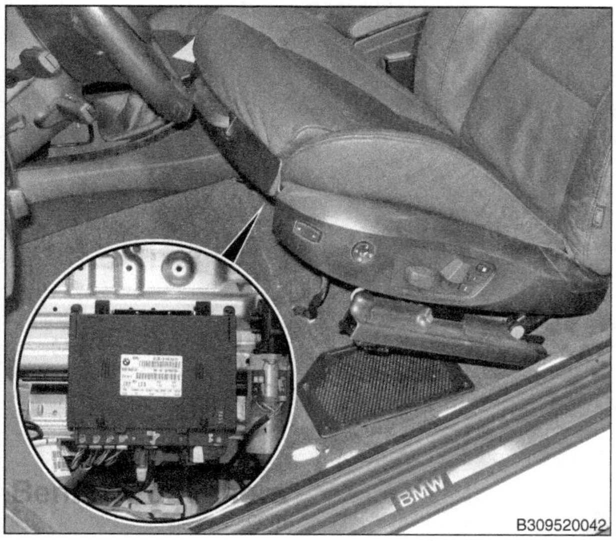

B309520042

Seat and outside rear-view mirror positions can be memorized and stored in the seat control module for two different users. The seat control module is mounted to the bottom of the seat (**inset**).

Seat memory position, setting

- With transmission range selector in P, switch ignition ON and adjust seat and mirrors to desired position.

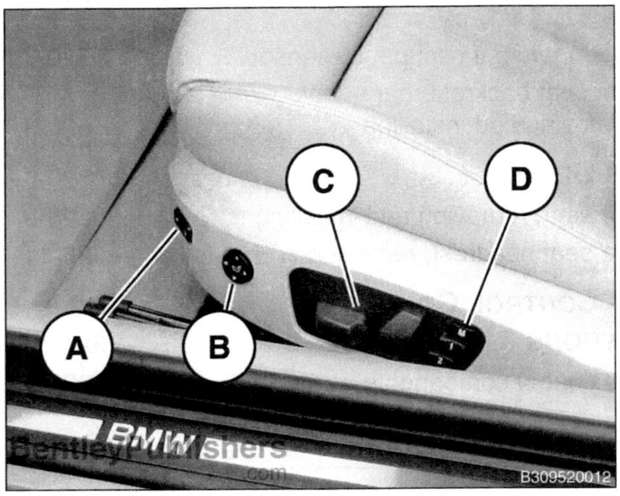

B309520012

- Press M on memory switch and press one of the two memory switches (**D**).
  - The current position of the mirrors, seat and steering column is now stored in memory.

Power seat controls.

- **A** — Backrest width adjustment
- **B** — Lumbar support
- **C** — Seat adjustment
- **D** — Memory buttons

FRONT SEATS

Seat repair and component replacement is possible once the seat has been removed from the vehicle. Before servicing front seats read safety regulations on handling airbags and pyrotechnic seat belt tensioners. See **720 Seat Belts** and **721 Airbag System (SRS)**.

> ***WARNING —***
> - *The front seats are equipped with side impact airbags and pyrotechnic seat belt tensioners. These tensioners are powerful devices. Handle with extreme care. Incorrect handling can trigger off the airbag or tensioner and cause injury.*
> - *BMW recommends that repair or replacement work on airbag and pyrotechnic devices be carried out by a qualified BMW technician.*
> - *Be sure to disconnect the battery and wait 5 seconds before attempting to work on pyrotechnic devices.*
> - *During body straightening and welding with an electric arc welder, disconnect the battery and the connection to the pyrotechnic gas generators.*

Front seat headrest, removing and installing

- Slide headrest as far up as possible.

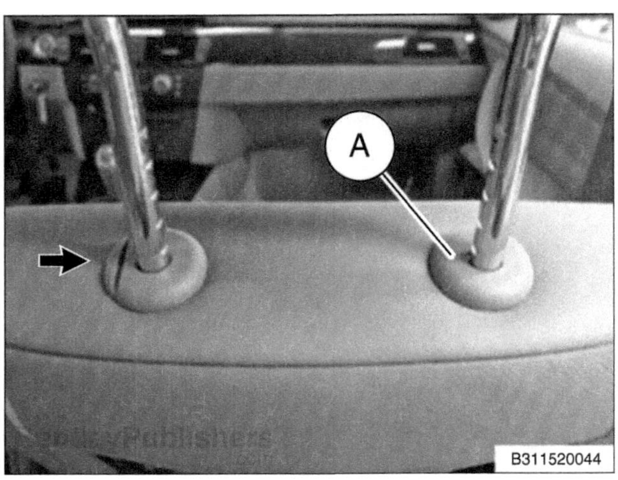

B311520044

- Press lock (**arrow**) and pull headrest upward from guide (**A**) to remove.
- Installation is reverse of removal.

Front seat headrest with crash-active head restraint, removing

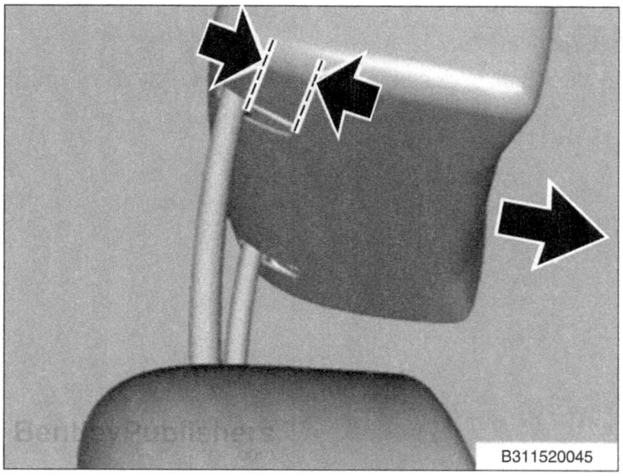

A vehicle that has had its crash-active head restraint system deployed can be recognized if the front headrests have moved forward and upward (up to 60mm / 2.4 in. forward and 40mm / 1.6 in. upward).

In the event the crash-active head restraint system has been deployed, the gas cartridge contained in the head rest must be replaced. Gas cartridge may only be replaced when headrest is in deployed position. In the event of a fault for a headrest that has not been deployed, entire headrest must be replaced as a unit.

- Switch ignition off.
- Slide headrest as far up as possible.
- Disconnect negative (–) cable from battery and cover negative terminal with insulating material.

> ***WARNING—***
> - *After disconnecting the battery, wait 1 minute before beginning work on airbag components.*

> ***CAUTION—***
> - *Prior to disconnecting the battery, read the battery disconnection cautions given in* **001 Warnings and Cautions**.

- Remove rear panel of backrest. See **Front seat backrest rear panel, removing and installing** in this repair group.

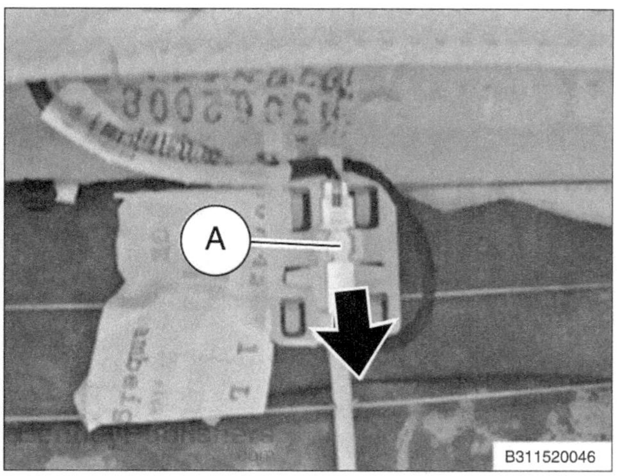

Unclip connector (**A**) for crash-active headrest from holder in direction of arrow, and disconnect.

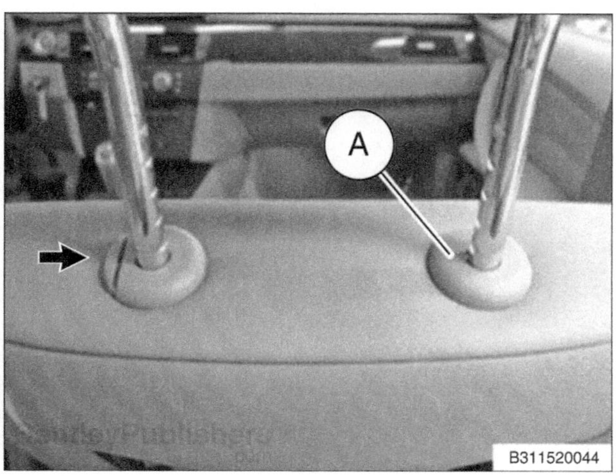

Using plastic wedge, lever sealing cap up at top of seat (**A**).

- Press lock (**arrow**).

520

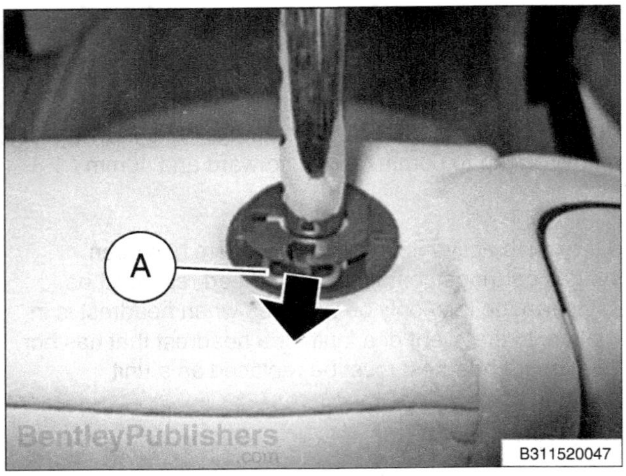

- Pull retaining clip in direction of arrow and lift headrest straight up, being careful not to damage wiring or connector when removing.

- Installation is reverse of removal:
  - Make sure electrical connector is positioned correctly.
  - Check and clear fault codes using BMW or equivalent scan tool.

Front seat, removing and installing

- Switch ignition OFF.

- Move seat as far back as possible.

- Remove headrest, see **Front seat headrest, removing** in this repair group.

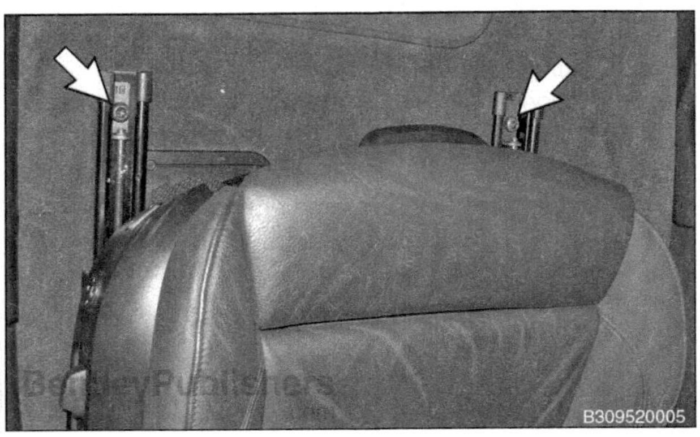

- Remove front seat mounting bolts (**arrows**) and discard.

- Move seat as far forward as possible.

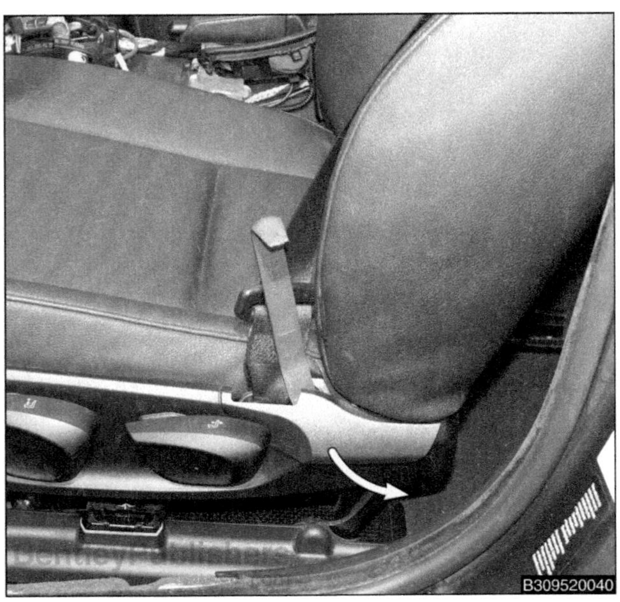

- Using plastic prying tool, unclip seat belt trim cover in direction of **arrow**.

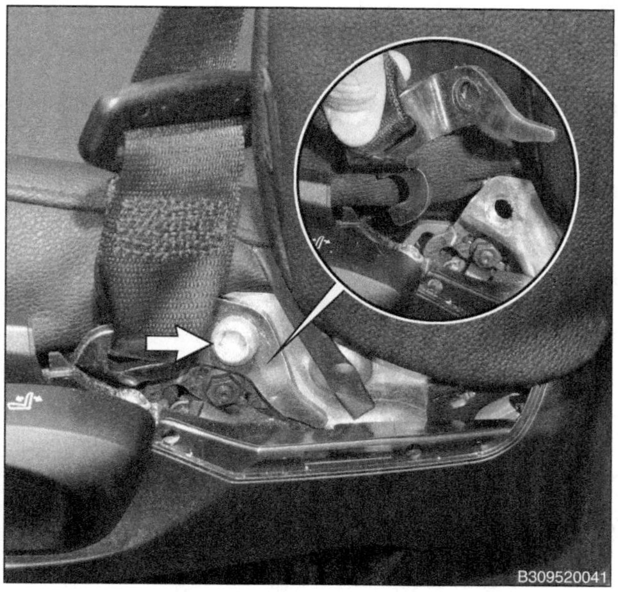

< Remove fastener for seat belt (**arrow**) and discard. Disconnect seat belt hook (**inset**) from seat and lay aside.

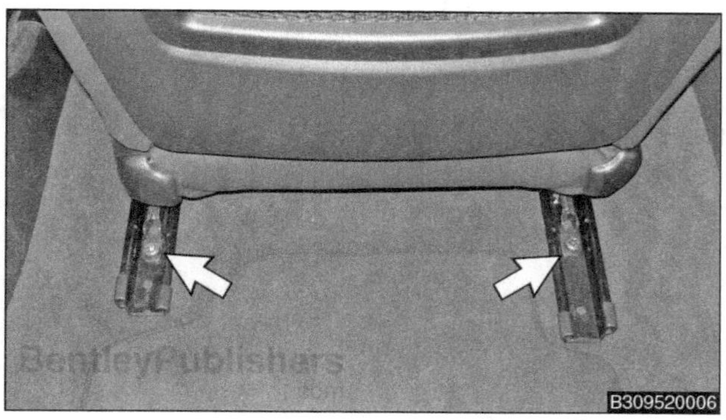

< Remove rear seat mounting bolts (**arrows**) and discard.

- Disconnect negative (–) cable from battery and cover negative terminal with insulating material.

> ***WARNING—***
> - *After disconnecting the battery, wait 1 minute before beginning work on airbag components.*

> ***CAUTION—***
> - *Prior to disconnecting the battery, read the battery disconnection cautions given in* **001 Warnings and Cautions**.

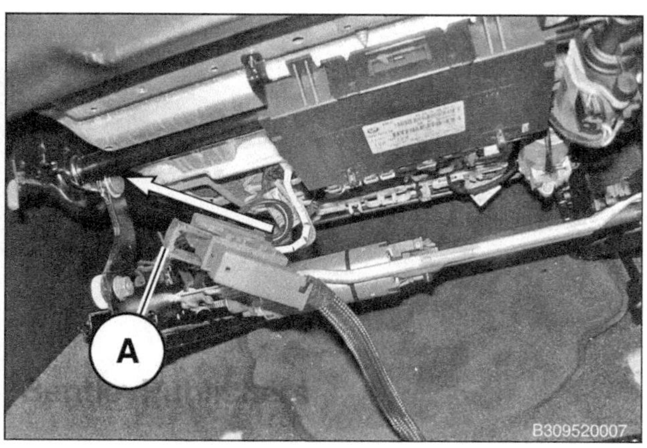

< Tilt seat back and use a screwdriver to unlock harness connector lock (**A**) in direction of **arrow**. Disconnect connector.

- Cover door sill with protective covers and remove front seat from car.

NOTE—
- *Use a blanket to protect the seat upholstery from damage if placing the seat upside down for repairs.*

- Installation is reverse of removal. Use wire ties or equivalent means to keep seat harness wiring from fraying.

Tightening torques	
Front seat to floor (replace bolts)	44 Nm (32.4 ft-lb)
Seatbelt to front seat (replace bolt)	44 Nm (32.4 ft-lb)

Front seat control switches, removing and installing

– Remove front seat. See **Front seat, removing and installing** in this repair group.

– Place seat backrest down on a soft surface.

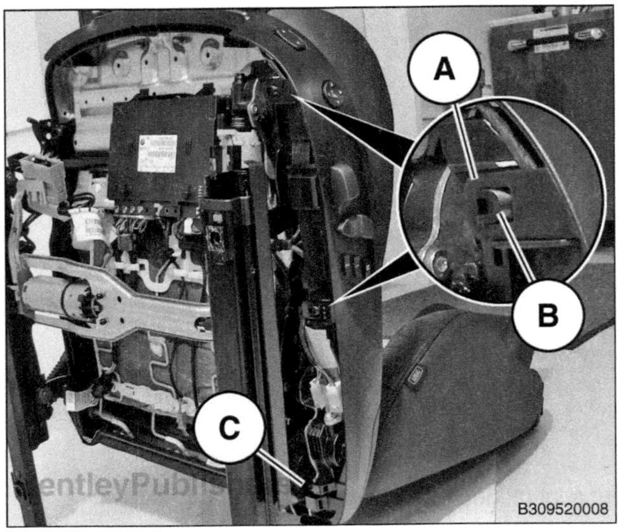

◄ Remove mounting screw or release catch (**C**). Using your finger, unclip lugs (**A**) out of catches (**B**).

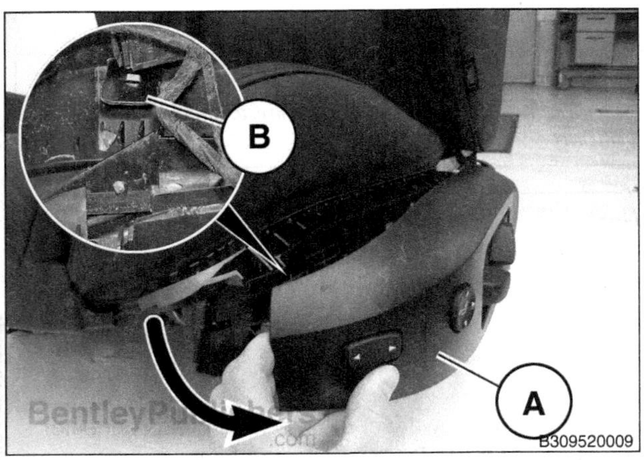

◄ Working at front of seat carefully pull cover (**A**) with switches away from seat. Release unlocking lug (**B**) above seat switches with screwdriver and detach cover (**A**) from seat.

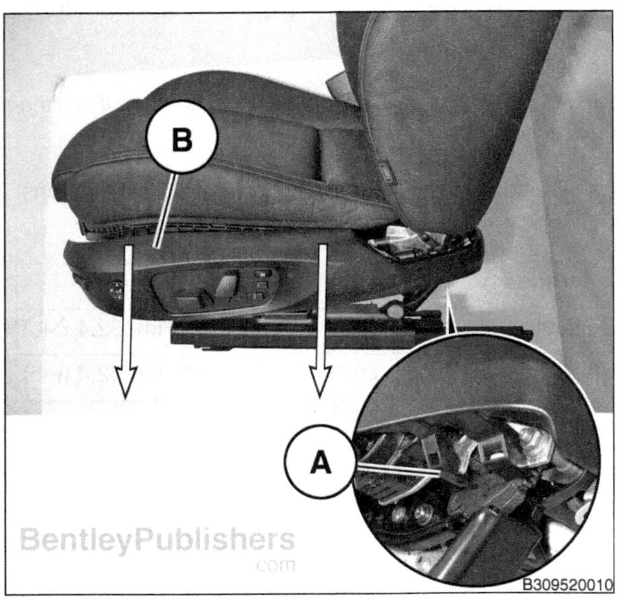

◄ Unlock lug (**A**). Reach between seat cushion and cover (**B**) and disconnect trim piece.

– Disconnect seat switch electrical connectors.

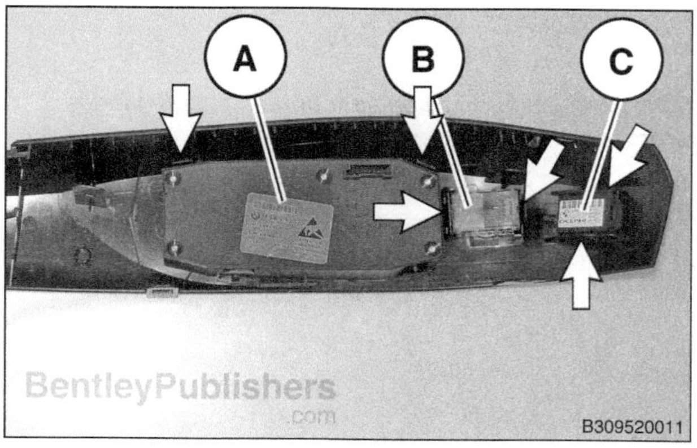

Unlock catches of switch housing (**arrows**) and remove switches.

- **A** Combination switch
- **B** Lumbar support
- **C** Backrest adjustment

– Installation is reverse of removal.

Passenger seat occupancy sensor

Vehicles covered by this manual are equipped with a passenger seat occupancy sensor in the passenger seat bottom. This device is part of the two-stage deployment airbag system. Access to the seat occupancy sensor is described below. 3 Series models use an OC3 mat which is integrated in the seat cushion. The seat cushion and occupancy mat are replaced as a unit.

– Using BMW factory scan tool or equivalent, disable occupancy detection mat from restraint control module.

– Remove passenger seat. See **Front seat, removing and installing** in this repair group.

– Remove seat control switches. See **Front seat control switches, removing and installing** in this repair group.

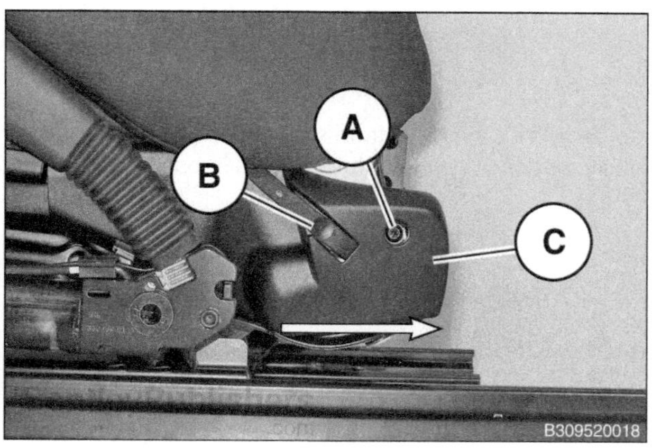

Remove fastener (**A**) and seat cover clip panel (**B**). Remove trim panel (**C**) in direction of **arrow**.

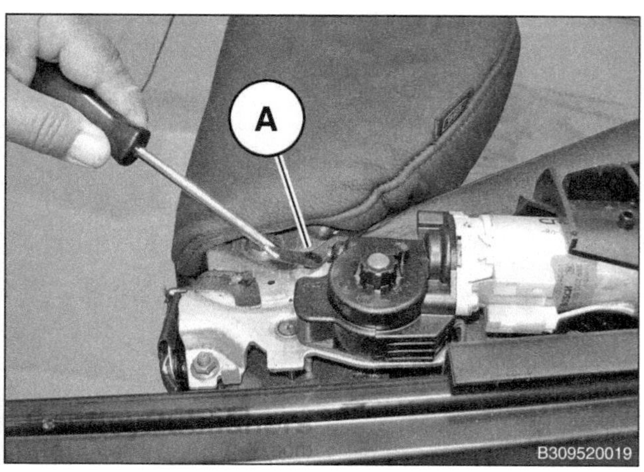

Using a panel clip tool, pry clip (**A**) out of seat cover on right side of seat.

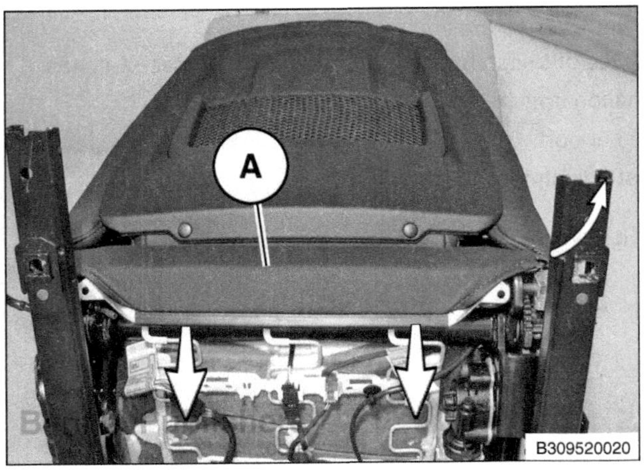

Unhook seat bottom upholstery (**A**) at rear of seat and pull it away from seat frame (**arrows**).

NOTE—
- *Having an assistant push down on seat bottom cushion helps to unhook it from the seat frame.*

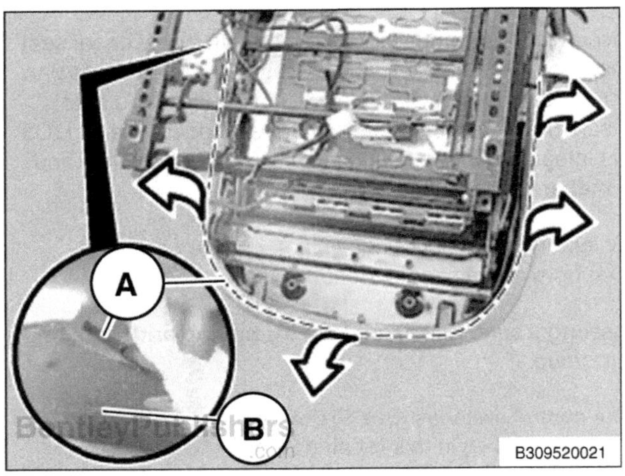

Pull out cover welt (**A**) completely from seat frame (**B**).

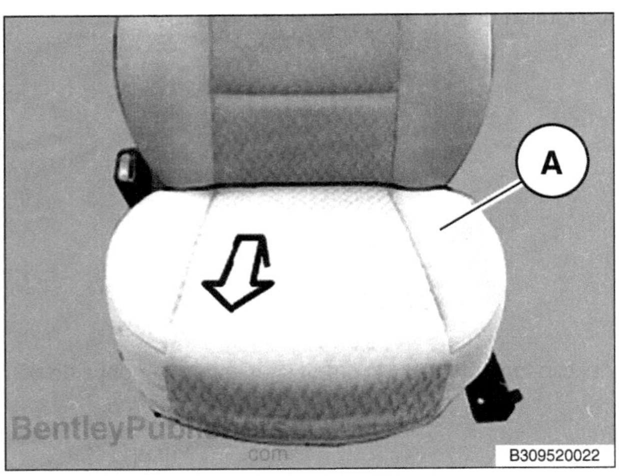

Move seat cover with cushion (**A**) from seat frame in direction of **arrow**. Carefully feed bracing cloth through gap in backrest.

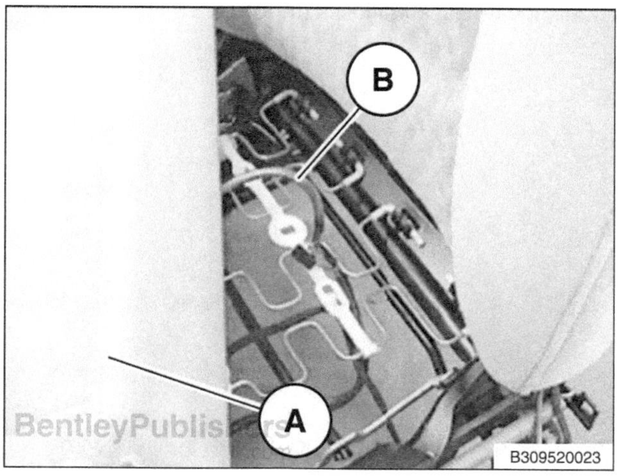

- Disconnect harness connector (**B**) for seat occupancy sensor and seat heating if equipped.
- Remove seat cushion (**A**) while carefully detaching wire retainers.
- Installation is reverse of removal. Remember to enable occupancy mat with BMW factory scan tool or equivalent.

Front seat backrest rear panel, removing and installing

The back of the front seat is accessible by removing the rigid backrest panel.

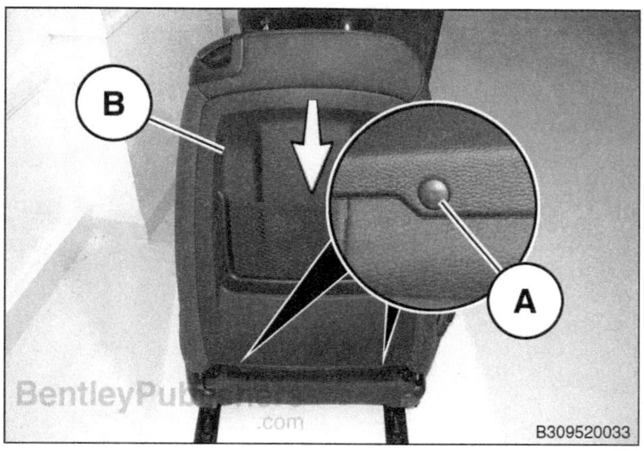

- Cut panel clips (**A**) with diagonal cutters and remove backrest panel (**B**) downward with a turning action to remove (**arrows**).
- Installation is reverse of removal.
  - Remove remnants of panel clips (**A**).
  - Replace panel clips (**A**).

Rear Seats

Rear seat, removing and installing

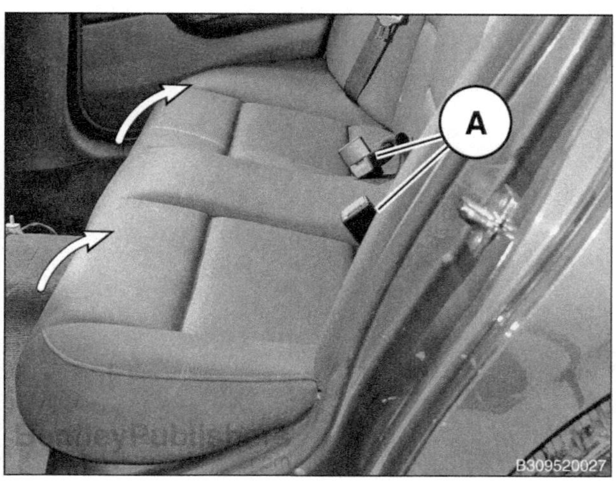

- Pull seat bottom up and away (**arrows**) from pedestal and feed seat belt buckles (**A**) through opening in seat. Lift out rear seat.

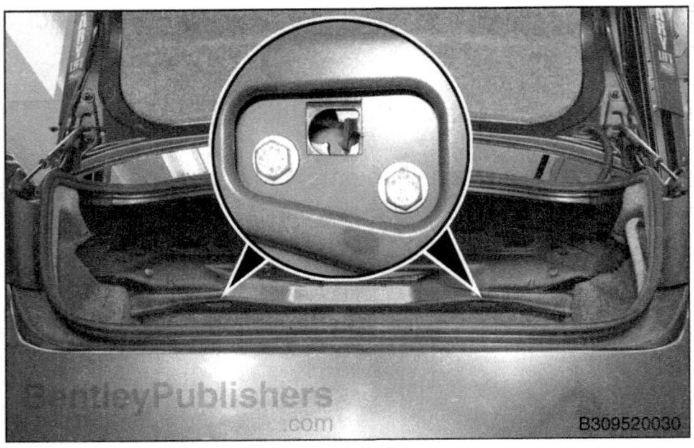

◀ Working in trunk, locate backrest locks (**inset**).

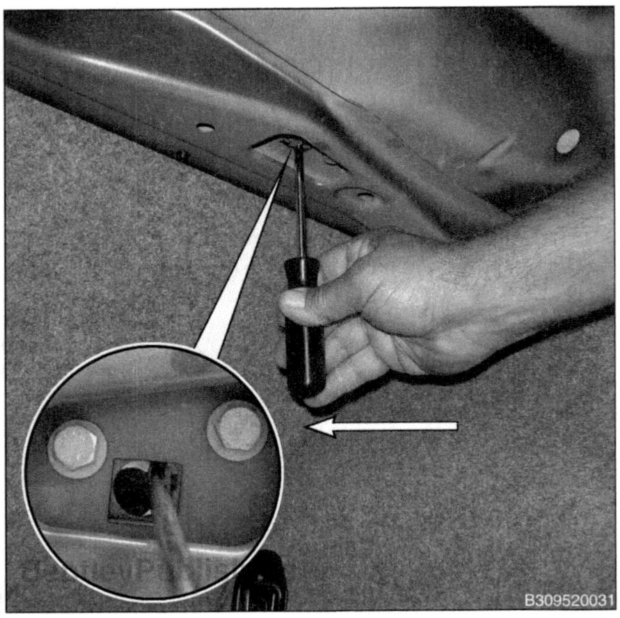

◀ Using a screwdriver release backrest lock (**inset**) in direction of **arrow**.

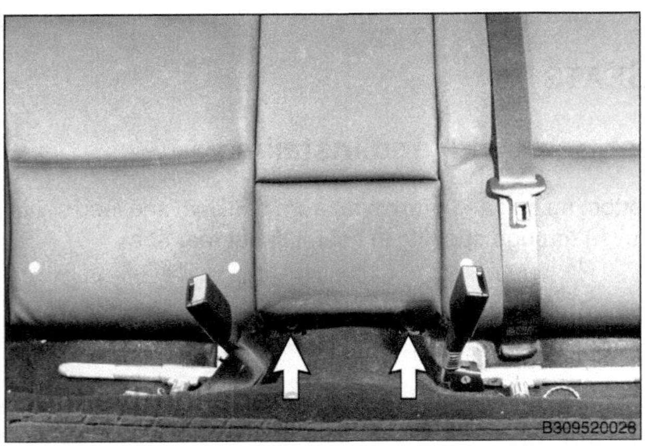

◀ Remove backrest fasteners (**arrows**).

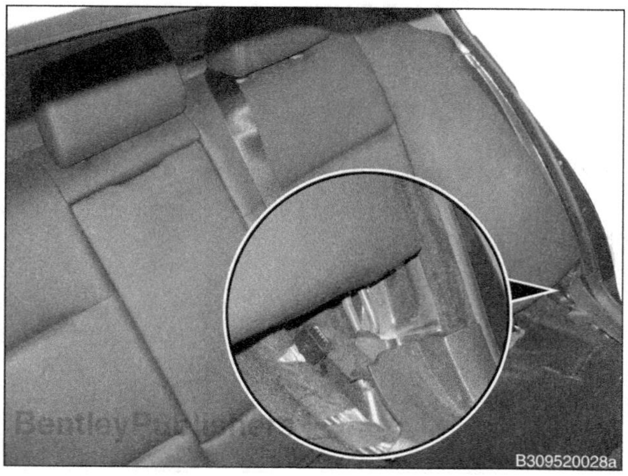
B309520028a

Tilt backrest forward while lifting guides (**inset**) out of body panel.

- Lift backrest while feeding out seat belts and remove backrest.
- Installation is reverse of removal.

Tightening torque	
Rear seat belt to body	31 Nm (22.8 ft-lb)

Rear seat headrest, removing and installing

- Remove rear seat. See **Rear seat, removing and installing** in this repair group.
- Slide headrest as far up as possible.

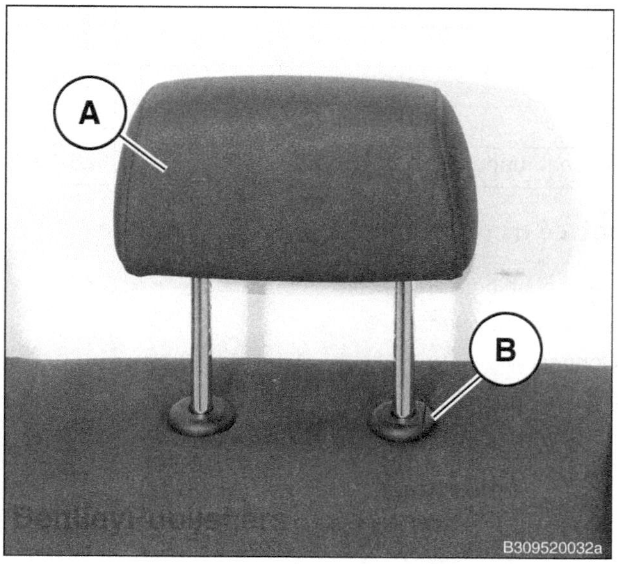

B309520032a

Press lock (**B**) and pull headrest (**A**) upward to remove.

- Installation is reverse of removal.

Seat Control Component Locations

Component	ID	Location	Page
Backrest angle adjustment motor	M58a	Side of passenger seat	520-12
Backrest width adjustment switch	S289 S0298	Side of driver or passenger seat	520-12
Lumbar support vacuum pump	M55b M56b	Driver or passenger seat backrest	520-11
Lumbar support valve block, left or right	Y193 Y194	Driver or passenger seat backrest	520-11
Seat angle adjustment motor	M61a	Underneath passenger seat	520-12
Seat backrest heater, driver, passenger	E56a E59a	Behind seat backrest	520-11
Seat belt buckle contact switch, driver seat, passenger seat	S58a S59a	Seat belt buckle, driver seat belt, passenger seat belt	520-12
Seat forward-backward adjustment motor	M60a	Underneath driver seat	520-12
Seat heater, driver, passenger	E57a E58a	Underneath seat cushion	520-11
Seat heating module	A186a	Underneath center of right front seat	520-11
Seat heating module	A187a	Underneath center of left front seat	520-10
Seat height adjustment motor	M59a	Underneath driver seat	520-12
Seat lumbar support switch, driver	S52	Left side of driver seat	520-12
Seat lumbar support switch, passenger	S55	Right side of passenger seat	520-12
Seat occupancy sensor module	A113	Center rear of right front seat, underneath cushion	520-10

Seat control components

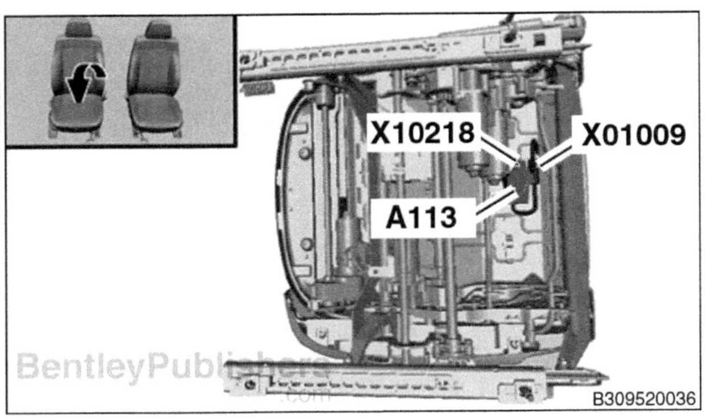

Right front seat cushion (**arrow**):

- **A113** Seat occupancy sensor
- **X01009** Connector
- **X10218** Connector

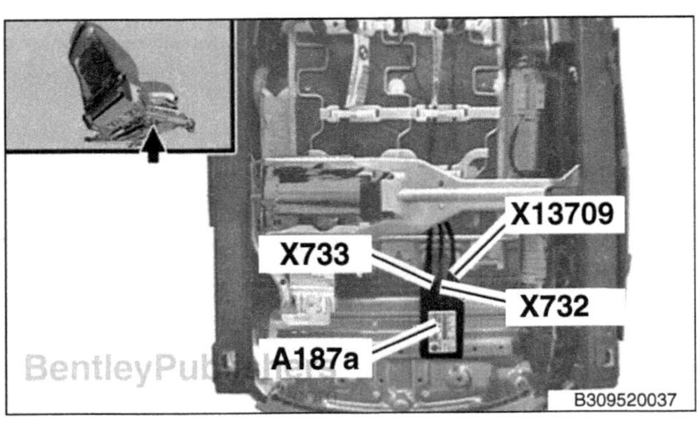

Underneath left front seat (**arrow**):

- **A187a** Driver seat heating module
- **X187a** Connector
- **X733** Connector
- **X13709** Connector

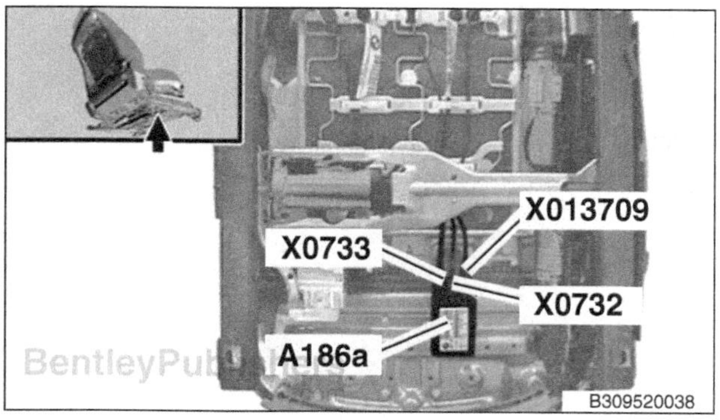

Underneath right front seat (**arrow**):
- **A186a** Passenger seat heating module
- **X0187a** Connector
- **X0733** Connector
- **X013709** Connector

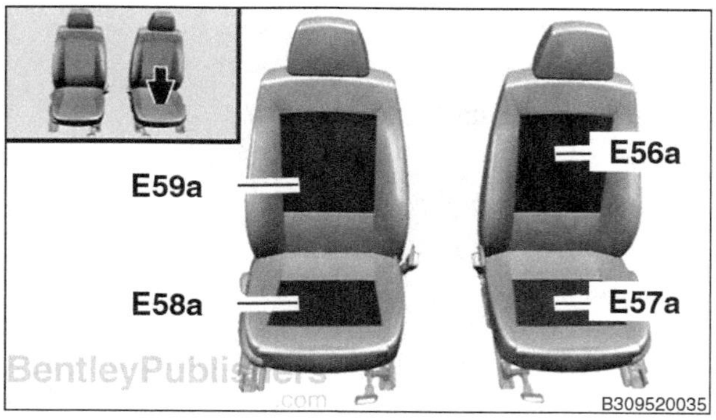

Behind seat backrest (**arrow**):
- **E56a** Backrest heater
- **E57a** Seat heater
- **E58a** Seat heater
- **E59a** Backrest heater

In driver seat backrest (**arrow**):
- **M55b** Lumbar support vacuum pump
- **Y193** Lumbar control valve block
- **Y206** Backrest width adjustment valve
- **X1503** Connector
- **X1927** Connector
- **X11585** Connector

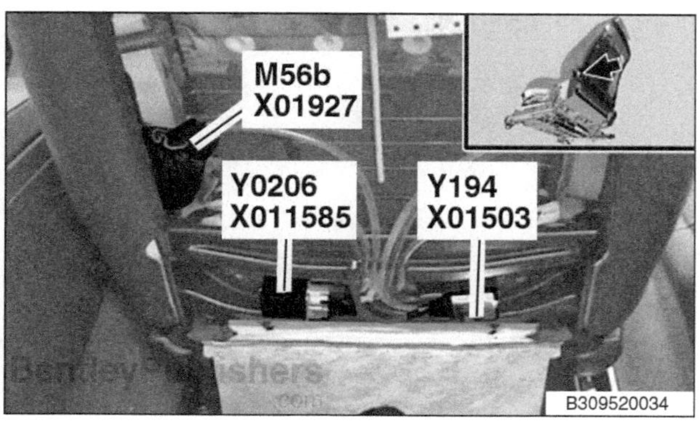

Passenger seat backrest lumbar controls (**arrow**):
- **M56b** Lumbar support vacuum pump
- **Y194** Lumbar control valve block
- **Y0206** Backrest width adjustment valve

Seat control components

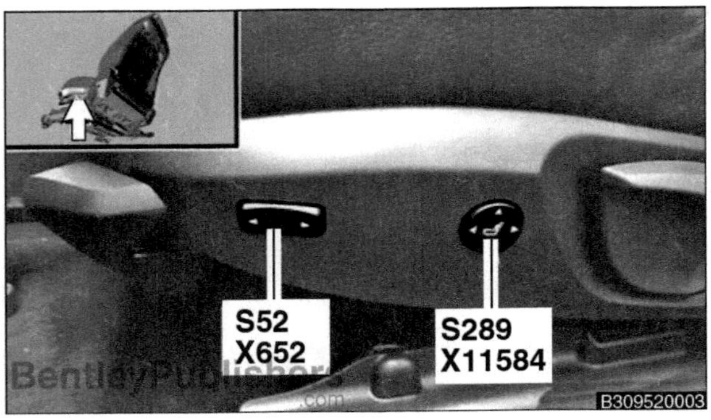

Side of driver seat (**arrow**):

- **S52** Lumbar control switch
- **S289** Backrest width adjustment control switch
- **X652** Connector
- **X11584** Connector

Side of passenger seat (**arrow**):

- **M58a** Backrest angle adjustment motor
- **S55** Lumbar control switch
- **S0289** Backrest width adjustment control switch
- **X659** Connector
- **X01467** Connector
- **X011584** Connector
- **X013371** Connector

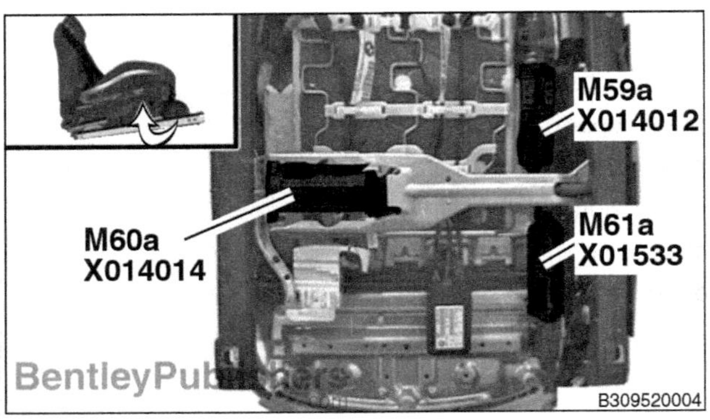

Underneath driver / passenger seat (**arrow**):

- **M59a** Seat height adjustment motor
- **M60a** Seat forward-backward adjustment motor
- **M61a** Seat angle adjustment motor
- **X01533** Connector
- **X014012** Connector
- **X014014** Connector

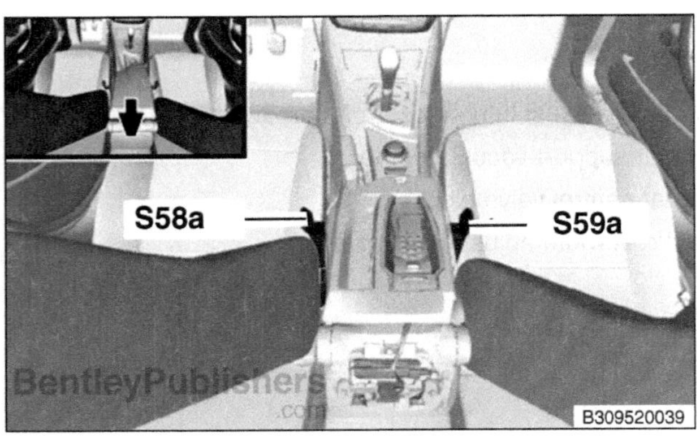

Seat belt buckle, driver and passenger (**arrow**):

- **S58a** Driver seat belt buckle switch
- **S59a** Passenger seat belt buckle switch

541 Convertible Top

GENERAL

This repair group covers the automatic electrohydraulic convertible hard top. Information on the rollover protection system is also included here.

Convertible top basics

The E93 convertible top system opens and closes the top using hydraulic cylinders and an electrohydraulic pump.

The convertible top system features:

- Convertible top module (CTM) with fault memory storage.
- Electrohydraulic operation.
- Convenience opening / closing using the remote key or driver door lock cylinder.
- Convenience trunk loading / unloading using remote key.
- Top monitoring using hall sensors and microswitches.

Emergency operation

An emergency closing procedure for the consumer is not provided by the factory due to multiple BMW special tools needed to perform the procedure. Contact a BMW service facility in the event of convertible top failure.

Hydraulic fluid level, checking or filling

The convertible top electrohydraulic pump is filled with lifetime fluid. In the event there is a leak or service is performed and the fluid level has to be topped off, fill to the mark on oil reservoir. Use Aral Vitamol fluid available through BMW parts.

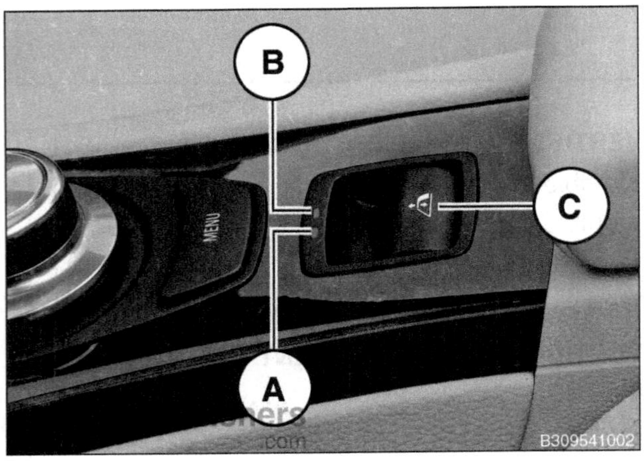

Convertible top switch

The convertible top switch is located in the center console (**C**). When the switch is pressed or pulled the top opens or closes. Operation of the switch is similar to that of the power windows.

- Pushing the switch opens the hardtop; pulling the switch closes it.
- The green LED (**A**) in the switch lights up while the hardtop is moving.
- If the switch is released while the hardtop is moving, movement of the hardtop, the rear module or the side windows stops.The red LED (**B**) flashes. Hardtop movement can be resumed by pressing the switch again. Movement of the side windows can be resumed within 10 seconds.
- If the red LED (**B**) is lit continuously. One of the convertible top operating condition have not been met. See **Convertible top operating conditions** in this repair group.

Convertible top operating conditions

The convertible top can be opened and closed using the button in the center console when the following conditions are met:

- Terminal R activated.
- Outside temperature above -12°C (10°F).
- Trunk lid closed.
- Vehicle stationary (driving speed 0 mph).
- Luggage compartment divider in lowest position.
- Lateral inclination of the vehicle less than 8°.
- Power windows initialized.
- Battery voltage greater than 9.5 V.
- Fewer than five consecutive successive opening / closing operations.
- Temperature of the hydraulic fluid.
  Opening: maximum 90°C (194°F)
  Closing: maximum 105°C (221°F)

Convenience operation

Convenience opening or closing is possible using the remote key or drivers door lock. A convenience loading / unloading feature can be used to access luggage compartment when the convertible top is open.

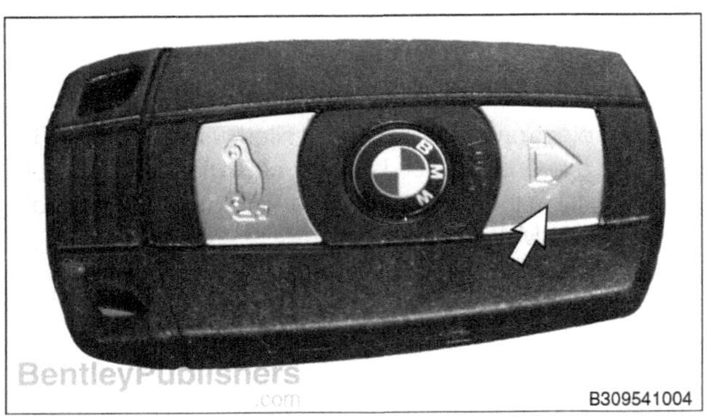

To open convertible top using remote key press and hold unlock button (**arrow**). Windows will open first, followed by convertible top.

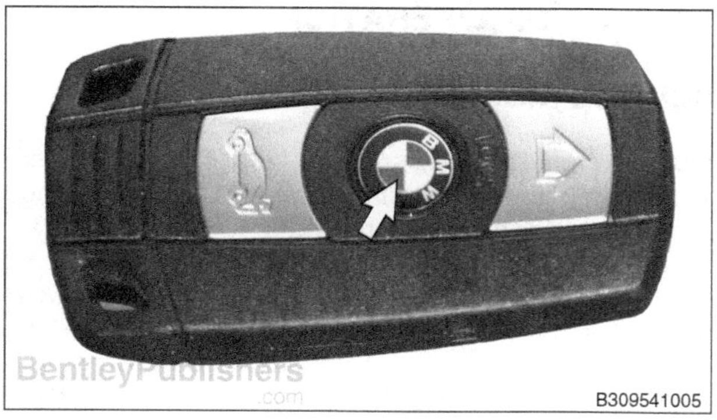

To close convertible top using remote key press and hold center button (**arrow**).

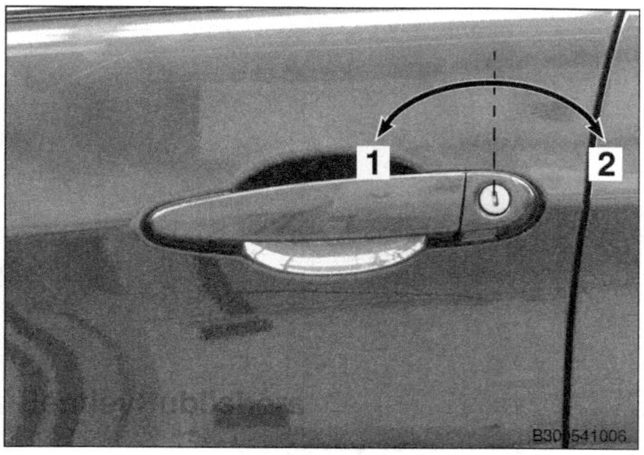

To open or close top using lock cylinder turn and hold lock cylinder in unlock position (**1**) to open or locked position (**2**) to close. Windows will open first, followed by convertible top.

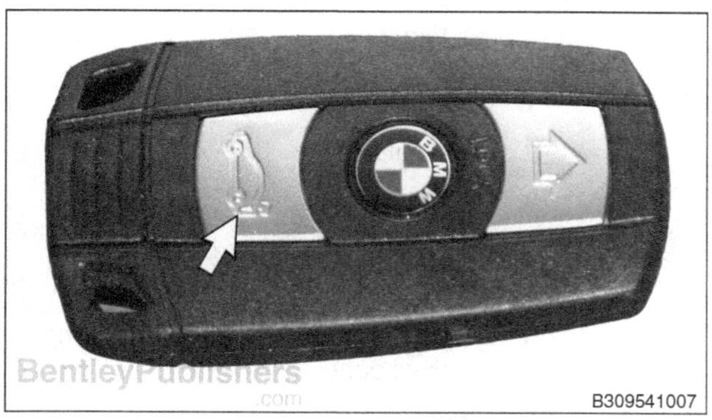

Press and hold trunk button (**arrow**) on remote key to activate convenience trunk loading.

Convertible Top Operation

Convertible top module (CTM)

The convertible top module (CTM) is located behind the passenger rear seat on the right (**inset**). It contains the processing, controlling and monitoring electronics for top operation.

The CTM communicates with the car access system (CAS), footwell module (FRM) and door modules for operation of the convertible top.

The CTM is fully self-diagnostics and is capable of monitoring and storing faults. Fault code access and diagnosis requires a BMW factory scan tool or equivalent.

Convertible top locking

The roof sections of the convertible top are interlocked when opened or closed. The convertible top locks into the windshield in two places. Each roof section locks together.

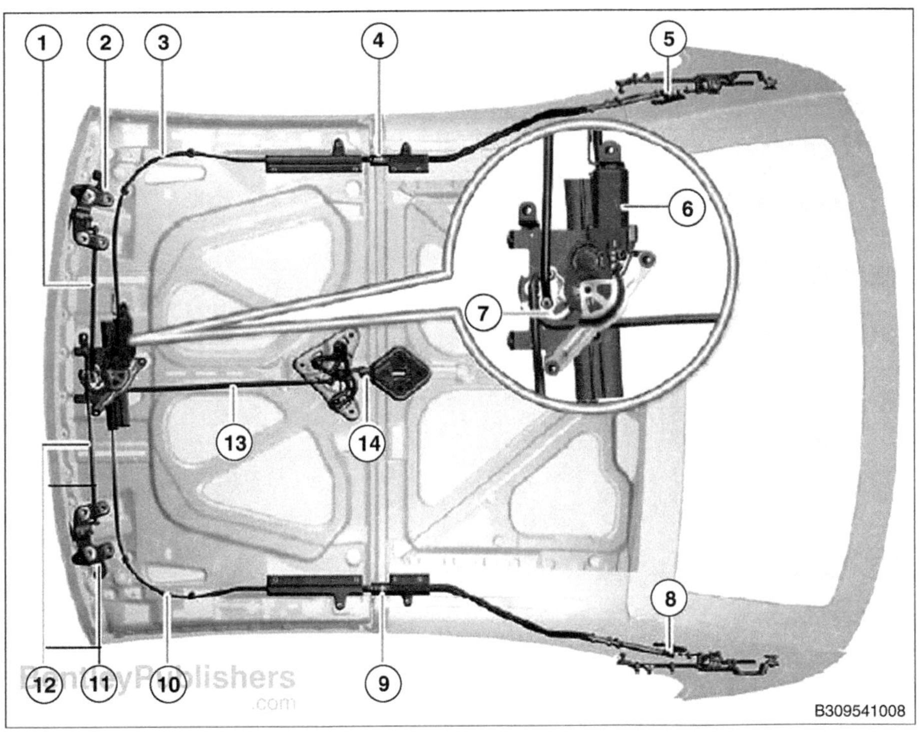

1. Connecting rod for right catch hook.
2. Right catch hook.
3. Right drive cable.
4. Locking pin for center roof panel to center right roof panel.
5. Locking pin for center roof panel to right rear roof panel.
6. Electric motor
7. Control disk
8. Locking pin for center roof panel to left rear roof panel.
9. Locking pin for front center roof panel to left center roof panel.
10. Left drive cable.
11. Left catch hook.
12. Connecting rod for left catch hook.
13. Connecting rod for locking catch hook.
14. Locking hook

Convertible top position sensors

The various positions of the convertible top and the rear module are monitored with 9 Hall sensors and 5 microswitches. The CTM monitors these sensors for opening, closing and fault detection.

B309541009

Cowl panel microswitch (**A**) is built into the left cowl panel on the vehicle. When the front roof panel guide pin has reached the cowl panel, the microswitch is closed. Beginning at this position, the electric motor is activated and the roof sections are locked.

Catch hook locking microswitch (**B**) is installed on the left below the hardtop locking mechanism electric motor. The contacts of the microswitch are opened if the catch hooks are locked. The catch hooks lock both at the cowl panel and at the base plate in the luggage compartment.

Catch hook unlocking microswitch (**C**) is installed on the right below the hardtop locking mechanism electric motor.The contacts of the microswitch are opened if the catch hooks on the cowl panel are unlocked.

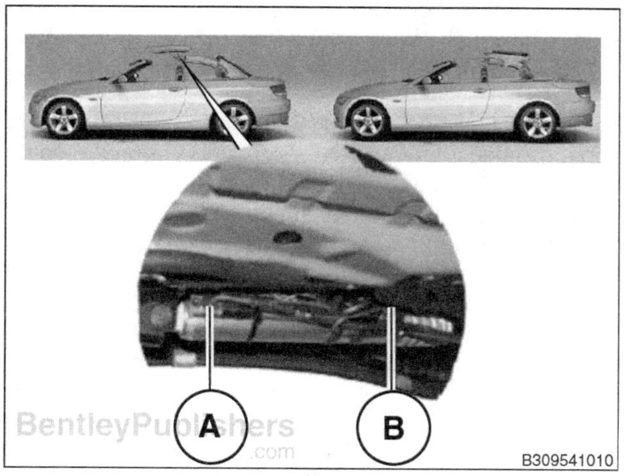

B309541010

Roof panel partially open (**A**) / partially closed (**B**) Hall sensors detect movement of the piston in the roof panel. When the piston is extended or completely retracted, a signal is sent from the roof panel partially open Hall sensor to the CTM.

Convertible top position sensors

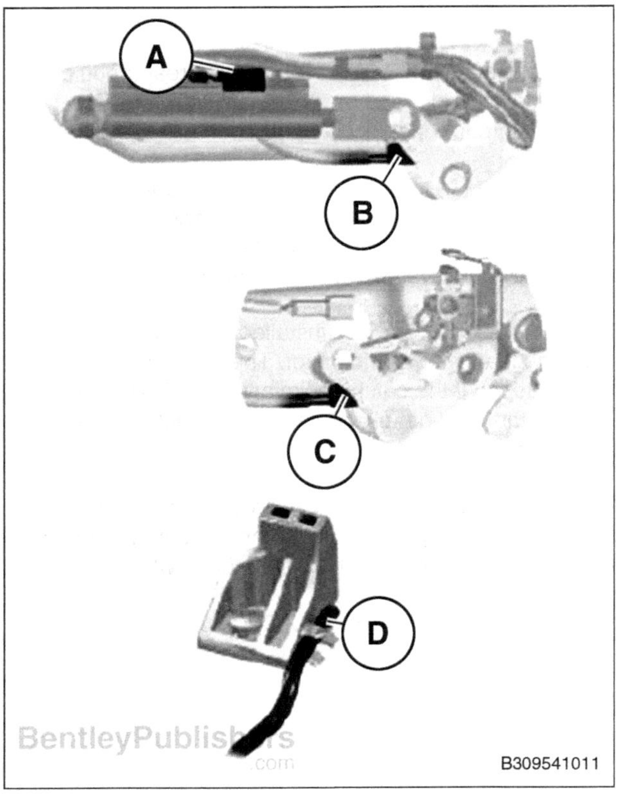

Right closure open Hall Sensor (**A**) is located on the right closure cylinder. It transmits a signal to the CTM when the closure cylinder piston is fully extended.

Left / right closure closed microswitches (**B**) (**C**) are on both the left and right closure cylinders. When the closure is locked these microswitches transmit a signal to the CTM.

Trunk lid closed Hall sensor (**D**) is installed on the right of the trunk lid divider. When the trunk lid bow reaches the bottom position it transmits a signal to the CTM.

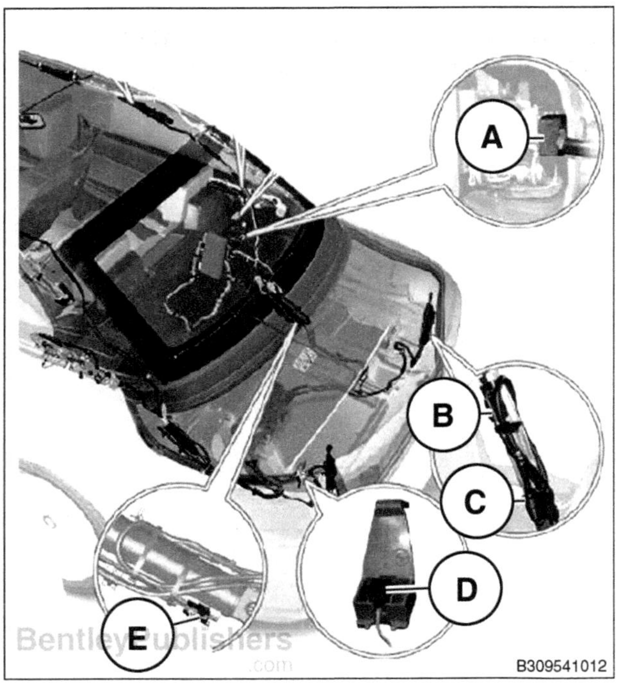

Roof package Hall sensor (**A**) is installed on the right base plate in the luggage compartment. When the guide pin of the front roof panel has reached the guide in the base plate it transmits a signal to the CTM.

Rear module open (**B**) / almost closed (**C**) Hall sensors detect rear module piston movement. If the piston is extended, a signal is sent from the top rear module open Hall sensor to the CTM. The lower rear module almost closed Hall sensor sends a signal to the CTM when the piston in the rear module cylinder is almost completely extended.

Luggage compartment Hall sensor (**D**) signals that the luggage compartment divider is in the bottom position. If this signal is missing, the convertible top cannot be operated.

Roof package Hall sensor (**E**) is installed on the right rear pillar cylinder. when the piston in the rear pillar cylinder is extended it sends a signal to the CTM.

Convertible top hydraulics

Movement of the convertible top and rear module are determined by corresponding valve positions and by reversing rotation direction of the hydraulic pump. The hydraulic pump is driven by an electric motor that operates in two directions. Both rotation directions are actuated with a relay.

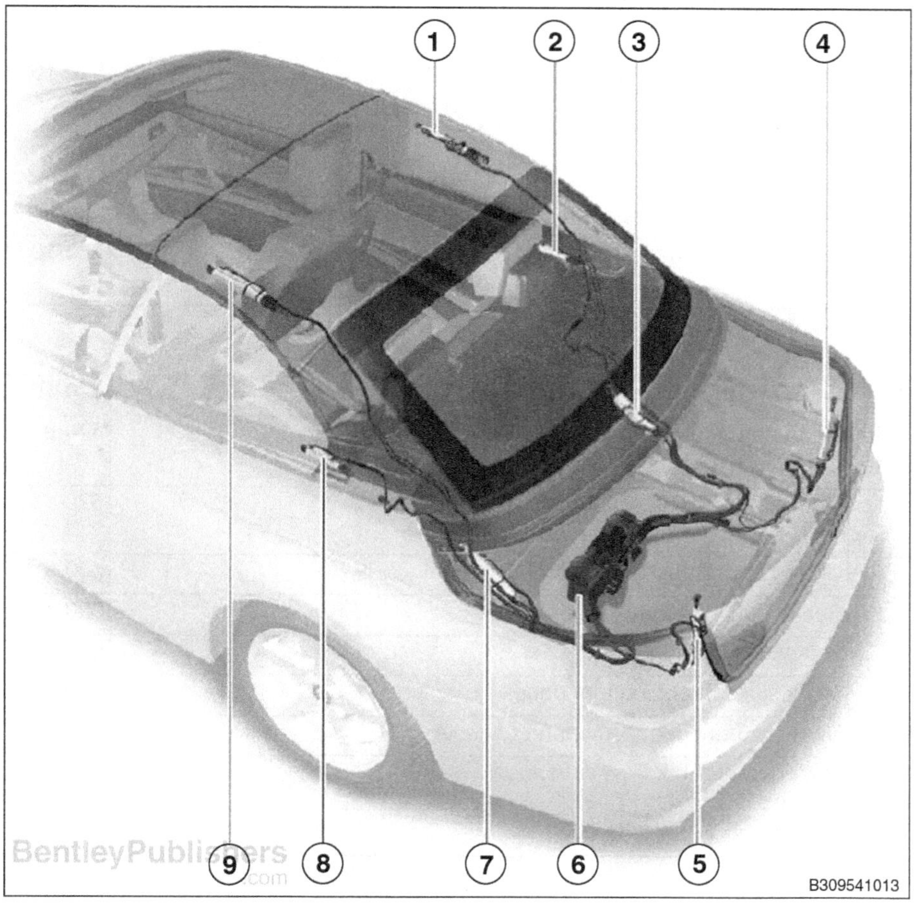

1. Roof panel cylinder
2. Right closure cylinder
3. Right main pillar cylinder
4. Right rear module cylinder
5. Left rear module cylinder
6. Hydraulic assembly
7. Left main pillar assembly
8. Left closure cylinder
9. Left roof panel cylinder

Electrohydraulic pump assembly

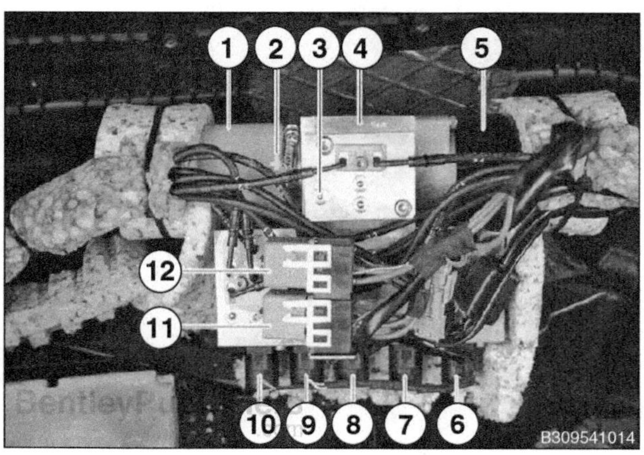

1. Fluid reservoir
2. Fill level mark
3. Bleed screw for emergency actuation
4. Hydraulic pump
5. Electric pump motor
6. Valve 1
7. Valve 3
8. Valve 5
9. Valve 4
10. Valve 2
11. Relay for counterclockwise pump operation
12. Relay for clockwise pump operation

541

CONVERTIBLE TOP COMPONENT LOCATIONS

Component	ID	Location	Page
Navigation module	A112a	Trunk floor under floor covering	520-11
Convertible top coupling fastener microswitch	I01197	Left C-pillar	520-9
Convertible top rear module Hall sensors	I01198 I01199	Right rear of trunk behind trim	520-10
Convertible top front lock microswitches	I01200 I01201	Front of convertible top, under trim	520-10
Convertible top coupling fastener	I01202 I01208	Right C-pillar	520-9
Convertible top Hall sensor	I01203	Right C-pillar	520-9
Convertible top Hall sensor	I01205 I01206	Convertible top railside, behind trim panel	520-10
Convertible top Hall sensors	I01204 I01207	Right C-pillar	520-10
Convertible top front lock	I01209	Front of convertible top, under trim	520-10
Convertible top drive motor relays	K18363a K18364a	Underneath trunk floor covering	520-9
Trunk lid soft-close motor, left, right	M79a M85	Convertible: Trunk lid lock assembly	520-11
Convertible top drive motor	M101	Underneath trunk floor covering	520-9
Cowl microswitch	S41	Behind left side trim panel	520-11
Rear lid lock microswitch	S149	Left side lid, behind trim panel	520-11
Rear lid lock microswitch	S167b	Right side lid, behind trim panel	520-11
Convertible top switch	S700	Between front seats on center console	520-2
Convertible top drive valves	Y802 Y804 Y805	Underneath trunk floor covering	520-9

Convertible top components

Trunk

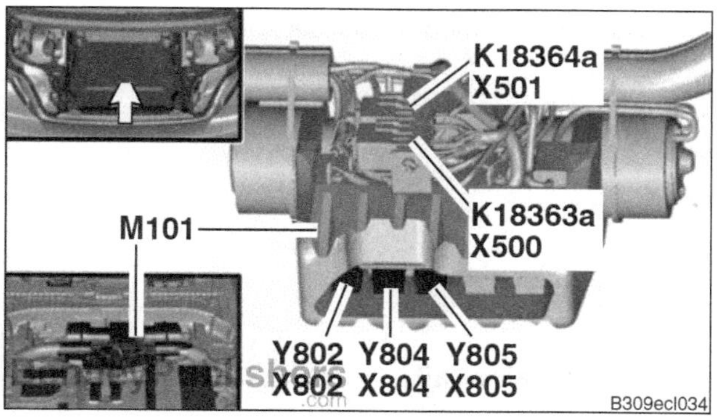

Trunk floor covering removed (**arrow**):

- **K18363a**, **K18364a** Convertible top drive motor relays
- **M101** Convertible top drive motor
- **X500** Connector
- **X501** Connector
- **X802** Connector
- **X804** Connector
- **X805** Connector
- **Y802** Valve
- **Y804** Valve
- **Y805** Valve

Left C-pillar

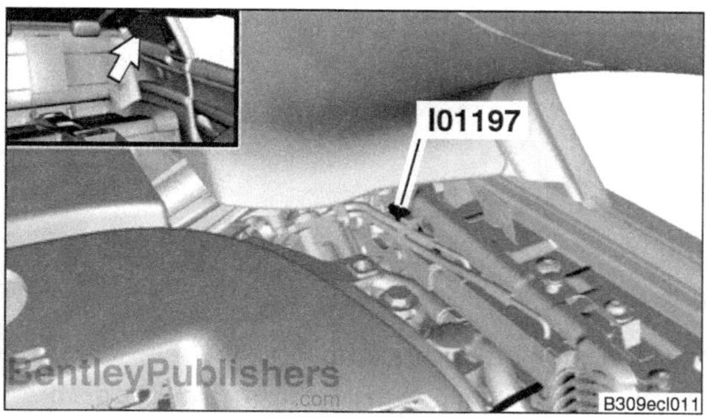

Behind trim panel (**arrow**):

- **I01197** Convertible top coupling fastener microswitch

Right C-pillar

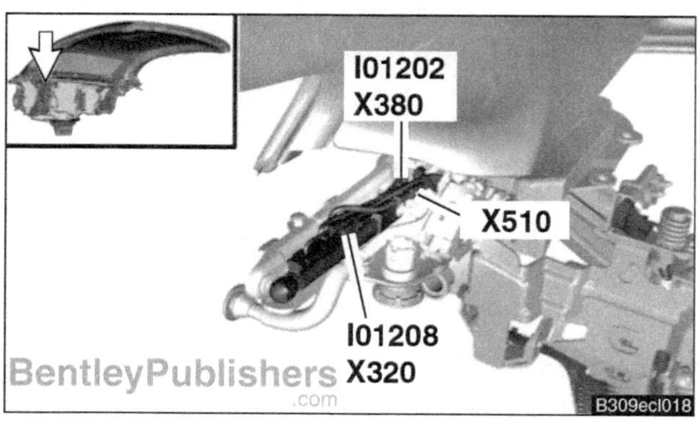

Behind trim panel (**arrow**):

- **I01202** Convertible top coupling fastener microswitch
- **I01208** Convertible top coupling fastener microswitch
- **X320** Connector
- **X380** Connector
- **X510** Connector

Right C-pillar

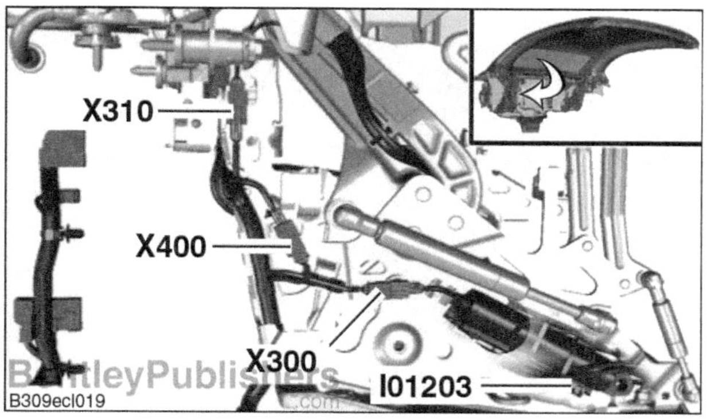

Behind trim panel (**arrow**):

- **I01203** Convertible top Hall sensor (roof up)
- **X300** Connector
- **X310** Connector
- **X400** Connector

541

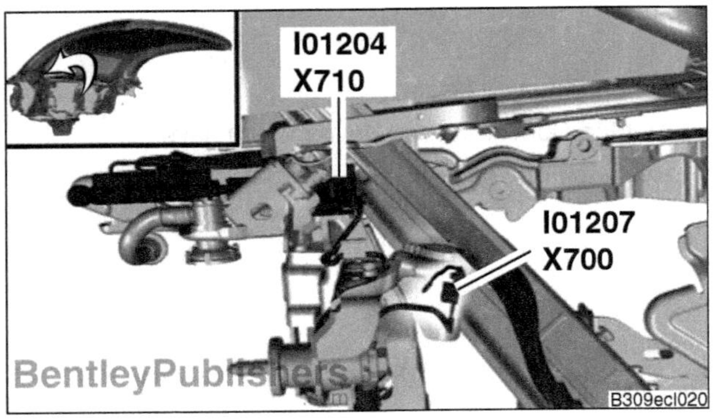

Right C-pillar

◀ Behind trim panel (**arrow**):

- **I01204** Convertible top Hall sensor (roof down)
- **I01207** Convertible top rear module Hall sensor (closed)
- **X700** Connector
- **X710** Connector

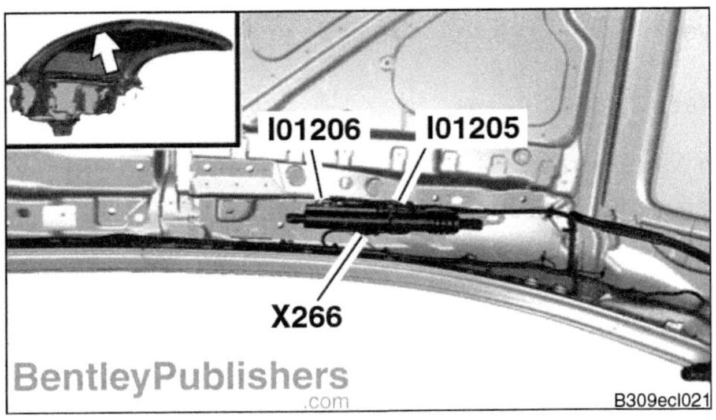

Convertible top right side rail

◀ Behind trim panel (**arrow**):

- **I01205** Convertible top Hall sensor (roof partially closed)
- **I01206** Convertible top rear module Hall sensor (roof partially open)
- **X266** Connector

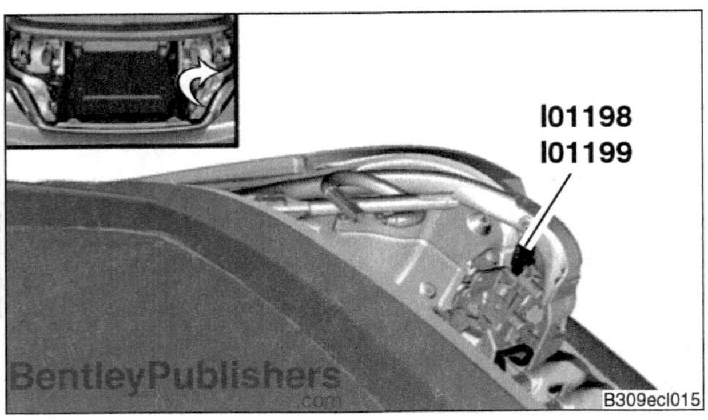

Right rear trunk

◀ Behind trim panel (**arrow**):

- **I01198** Convertible top rear module Hall sensor (almost closed)
- **I01199** Convertible top rear module Hall sensor (open)

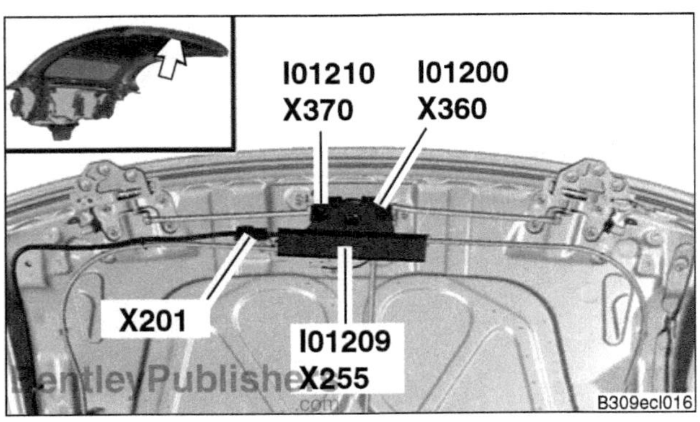

Front of convertible top

◀ Behind trim panel (**arrow**):

- **I01200** Convertible top front locks Hall switch (locked)
- **I01201** Convertible top front locks Hall switch (unlocked)
- **I01209** Convertible top lock
- **X201** Connector
- **X255** Connector
- **X360** Connector
- **X370** Connector

Top of windshield frame

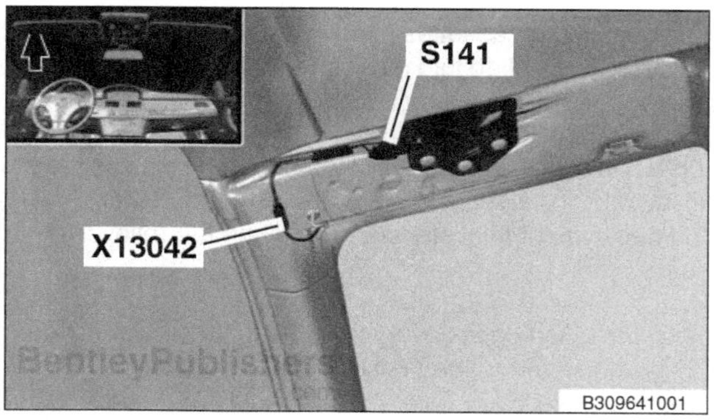

Behind trim panel
- **S41** Cowl microswitch
- **X13042** Connector

Trunk

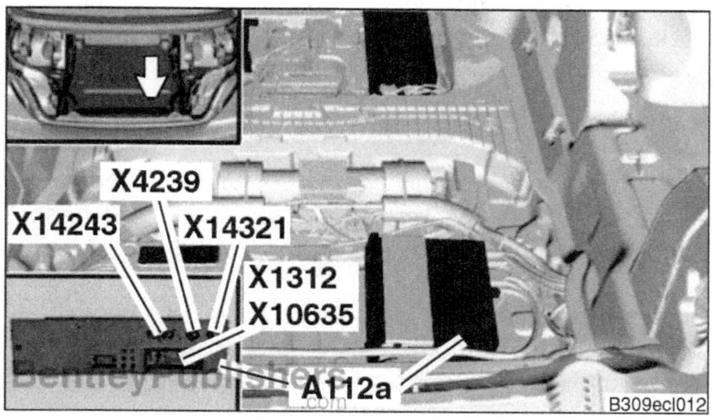

Trunk floor covering removed (**arrow**):
- **A112a** Navigation module
- **X1312** Connector, OPPS adapter
- **X4293** Connector
- **X10635** Connector, OPPS adapter
- **X14243** Connector
- **X14321** Connector

Trunk lid

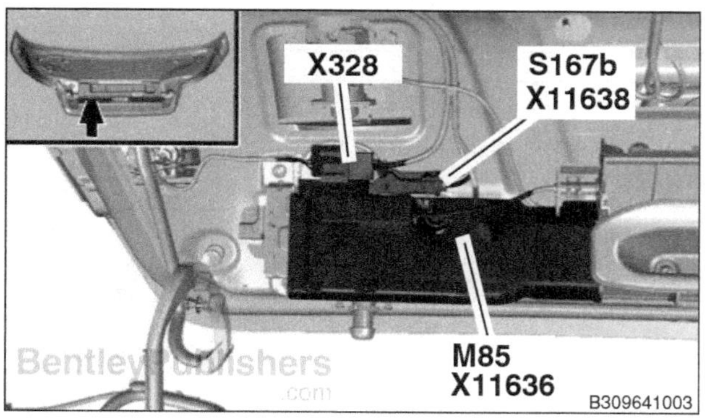

Right side, behind trim panel
- **M85** Trunk lid lock assembly
- **S167b** Rear lid lock microswitch
- **X328** Connector
- **X11636** Connector
- **X11638** Connector

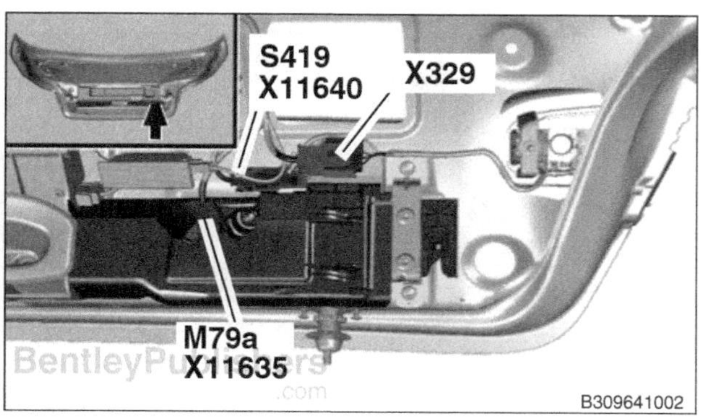

Left side, behind trim panel
- **M79a** Trunk lid lock assembly
- **S149** Rear lid lock microswitch
- **X329** Connector
- **X11635** Connector
- **X11640** Connector

541

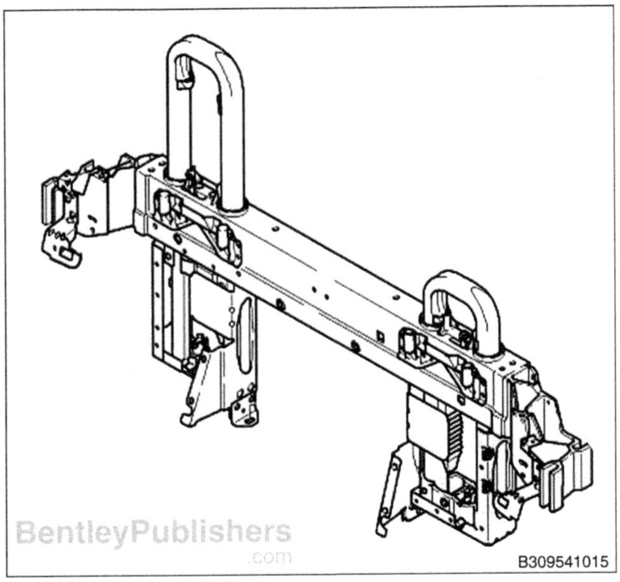

Rollover Protection System

Two spring-loaded rollbar cassettes are mounted behind the rear seat. The cassettes are bolted into the reinforced carrier behind the seat backs.

A rollover control unit (ROC), mounted in the rear behind the left rear seat back on the rollbar cassette, contains the electronics for rollover detection and deployment final stage for triggering the rollover bar solenoids.

The ROC performs a self-check every time the ignition is switched on. The ROC is connected to the restraint control module for troubleshooting purposes.

If faults are detected, the warning lamp in the instrument cluster lights up. In case of a crash, the system attempts to trigger the rollover cassettes to deploy even if a fault code is stored in fault memory.

NOTE—
- *Diagnosis of convertible top and Rollover Protection System are beyond the scope of this book. Your authorized BMW dealer has proper diagnostic equipment and tools to carry out these tasks.*

After deployment, the detent pawl in a rollover protection cassette can be retracted by press the toothed strap back so that rollbar can be pushed down and locked into the solenoids.

WARNING—
- *Ensure that area above and adjacent to rollover bars remains clear and unobstructed at all times.*

CAUTION—
- *It is not possible to close convertible top with rollover bars extended.*

600 Electrical System–General

TABLES

GENERAL

This section presents a brief description of the principal parts of the electrical system. Also covered here are basic electrical system troubleshooting tips.

See also:

- **121 Battery, Starter, Alternator**
- **ECL Electrical Component Locations** for common BMW acronyms as well as component location information
- **ELE Electrical Wiring Diagrams**
- **OBD On-Board Diagnostics**

Electrical test equipment

Many electrical tests described in this manual call for measuring voltage, current or resistance using a digital multimeter. A digital meter is preferred for precise measurements and for electronics work because it is generally more accurate than an analog meter (swing-needle). An analog meter may draw enough current to damage sensitive electronic components.

An LED test light is a safe, inexpensive tool that can be used to perform many simple electrical tests that would otherwise require a digital multimeter. The LED indicates when voltage is present between any two test-points in a circuit.

The integrated safety, comfort, security and handling systems on 3 Series vehicles are designed with self-diagnostic capabilities. The quickest way to diagnose many problems is to start with a scan tool read-out of diagnostic trouble codes (DTCs). See **Scan tool basics** in this repair group.

Static damage prevention

Electronic circuits can be easily damaged by static electricity held by the human body and vehicle electrical components. To avoid static electricity damage, take precautions to ground the static electricity before touching any internal components of a circuit.

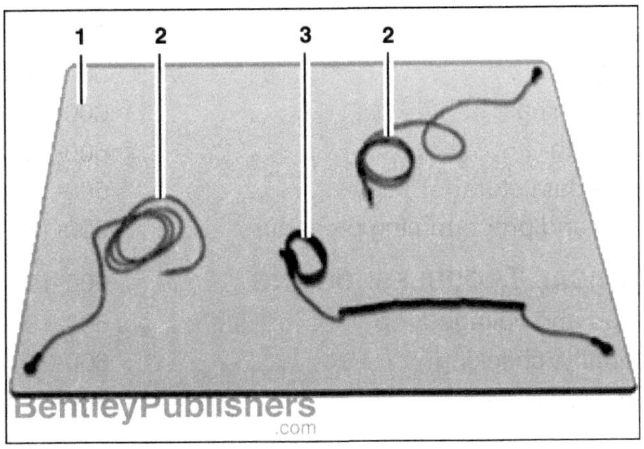

Wearing an electrostatic discharge (ESD) wrist strap or working on an anti-static mat prevents static electricity damage.

1. ESD mat
2. Grounding lead
3. ESD wrist strap

Warnings and Cautions

WARNING —
- *Airbags and pyrotechnic seat belt tensioners utilize explosive devices. Handle with extreme care. See warnings and cautions in* **721 Airbag System (SRS)**.
- *The ignition system operates at lethal voltages. If you have a weak heart or wear a pacemaker, do not expose yourself to ignition system electric currents. Take extra precautions when working on the ignition system or when servicing the engine while it is running or the key is ON. See* **120 Ignition System** *for additional ignition system warnings and cautions.*
- *Keep hands, clothing and other objects clear of the electric engine cooling fan when working on a warm engine. The fan may start at any time, even when the ignition is switched OFF.*

> ***CAUTION—***
> - *Do not disconnect the battery with the engine running.*
> - *Prior to disconnecting the battery, read the battery disconnection cautions given in* **001 Warnings and Cautions**.
> - *Switch the ignition OFF and remove the negative battery cable before removing any electrical components. Connect and disconnect electrical connectors and ignition test equipment leads only while the ignition is switched OFF.*
> - *Relay and fuse positions are subject to change and may vary from vehicle to vehicle. If questions arise, an authorized BMW dealer is the best source for the most accurate and up-to-date information.*
> - *Use a digital multimeter for electrical tests. Switch the multimeter to the appropriate function and range before making test connections.*
> - *Many control modules are static sensitive. Static discharge damages them permanently. Handle the modules using static prevention equipment and techniques. See* **Static damage prevention** *in this repair group.*
> - *To avoid damaging harness connectors or relay panel sockets, use jumper wires with flat-blade connectors that are the same size as the connector or relay terminals.*
> - *Do not try to start the engine of a vehicle which has been heated above 176°F (80°C) (for example, in a paint drying booth). Allow it to cool to normal temperature.*
> - *Disconnect the battery before doing any electric welding on the vehicle.*
> - *Do not wash the engine while it is running, or any time the ignition is ON.*
> - *Choose test equipment carefully. Use a digital multimeter with at least 10 MΩ input impedance or an LED test light. An analog meter (swing-needle) or a test light with a normal incandescent bulb may draw enough current to damage sensitive electronic components.*
> - *Do not use an ohmmeter to measure resistance on solid state components such as control modules.*
> - *Disconnect the battery before making resistance (ohm) measurements on a circuit.*

VEHICLE ELECTRICAL SYSTEM

Voltage and polarity

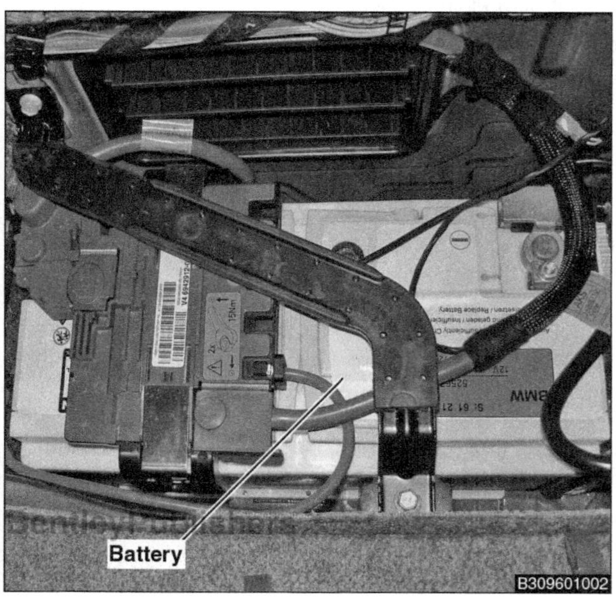

The vehicle operates on a 12-volt direct current (DC) negative-ground system. Power is supplied by a lead-acid battery in the trunk or cargo compartment.

A voltage regulator controls system voltage at approximately 14 volts. All circuits are grounded by direct or indirect connection to the negative (–) terminal of the battery. A number of ground connections throughout the vehicle connect the wiring harness to chassis ground. These circuits are completed by the battery cable or ground strap between the body and the battery negative (–) terminal.

Fuses are color coded to indicate current capacities.

Electrical components connect using one of the following:

- Heavy cables with lug-type connectors (battery, starter, alternator).
- Electrical harnesses with keyed, push-on connectors that lock into place.
- Buses with modular connectors.

Relays and control modules are mounted in various places throughout the vehicle.
See **ECL Electrical Component Locations**.

Battery connections

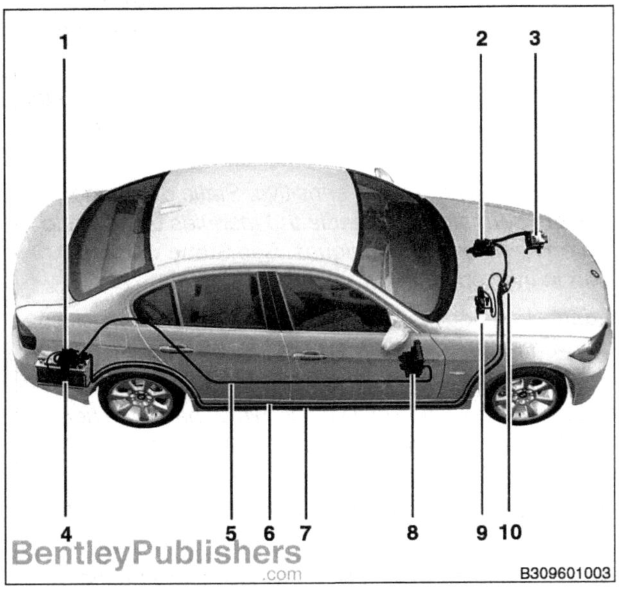

◄ From the battery, power is supplied to consumers in the vehicle via three main supply cables.

1. Rear power distribution panel (high amperage fuses)
2. Starter
3. Alternator (generator)
4. Battery
5. Line to junction box
   Copper 40 mm^2 (1 gauge)
6. Line to engine electronics (ECM, Valvetronic control module)
   Copper 10 mm^2 (7 gauge)
7. Line to B junction, starter and alternator
   Aluminum 80 mm^2 (000 gauge)
8. Junction box (JB)
9. E-box containing engine electronics fuse carriers and control modules
10. B+ junction (jump start connector) in engine compartment

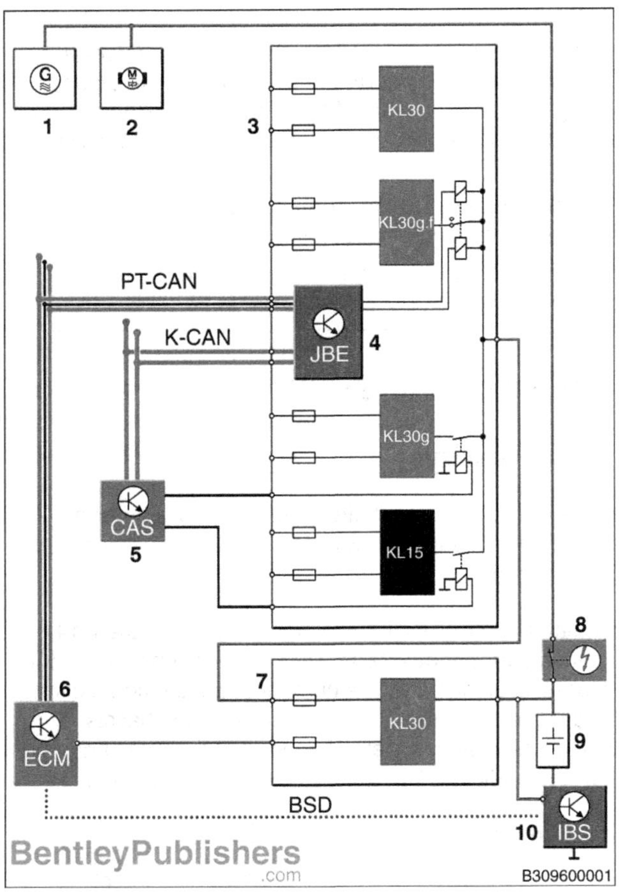

Power distribution

1. Alternator (generator)
2. Starter
3. Junction box (JB)
4. Junction box control module (JBE)
5. Car access system (CAS)
6. Engine control module (ECM)
7. Rear power distribution panel
8. Battery safety terminal
9. Battery
10. Intelligent battery sensor (IBS)

The high amperage fuses (fusible links) in the rear power distribution panel are not replaceable separately.
See **ECL Electrical Component Locations**.

The junction box (JB) underneath right side dashboard serves as the primary power distribution point. See **Junction box (JB)** in this repair group.

The junction box control module (JBE) is the primary bus system gateway. See **Bus Systems** in this repair group.

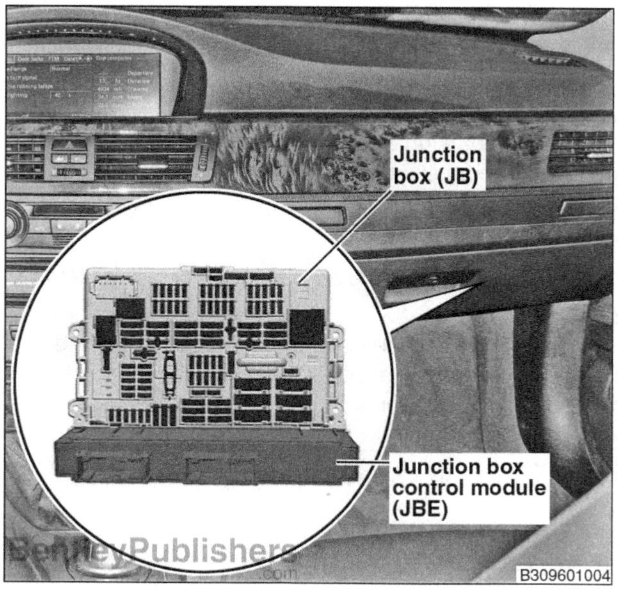

To ensure efficient energy management in the vehicle, an energy management function is incorporated into the ECM operating software. See **Power Management** in this repair group

Junction box (JB)

The junction box (JB), underneath right side of the dashboard behind the glove compartment, carries fuses, relays and the junction box control module (JBE).

For fuse ratings and locations, see **ECL Electrical Component Locations**.

Some JB relays are plugged into the box while others are soldered to the PC board. JB relay locations are shown in **ECL Electrical Component Locations**. The following relays are soldered:

- Horn relay
- Terminal 30g_f relay
- Terminal 15 relay

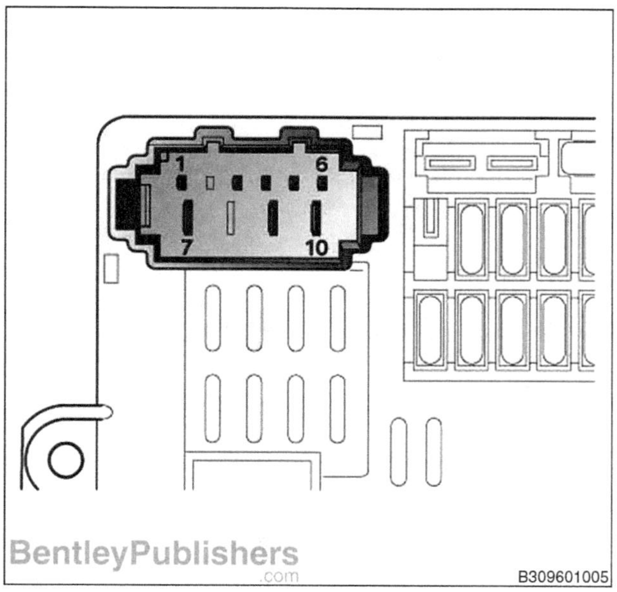

Upper left corner of JB interfaces directly to vehicle wiring harness. Its function is relay actuation and supplying power to various loads.

1. Secondary air pump actuation ground
2. not used
3. ECM terminal 87, secondary air pump
4. Fuel pump actuation, ground
5. Terminal 15 actuation
6. Terminal 30g actuation
7. Ground
8. not used
9. Wiper stage 1
10. Wiper stage 2

Junction box control module (JBE)

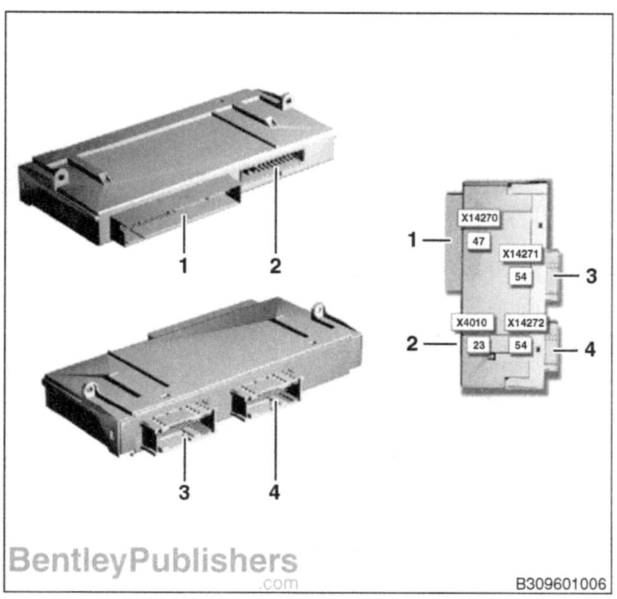

JBE module uses 4 connectors:

1. **X14270** Connector to wiring harness (47 pin)
2. **X4010** Connector to junction box (JB) (23 pin)
3. **X14271** Connector to wiring harness (54 pin)
4. **X14272** Connector to instrument cluster (54 pin)

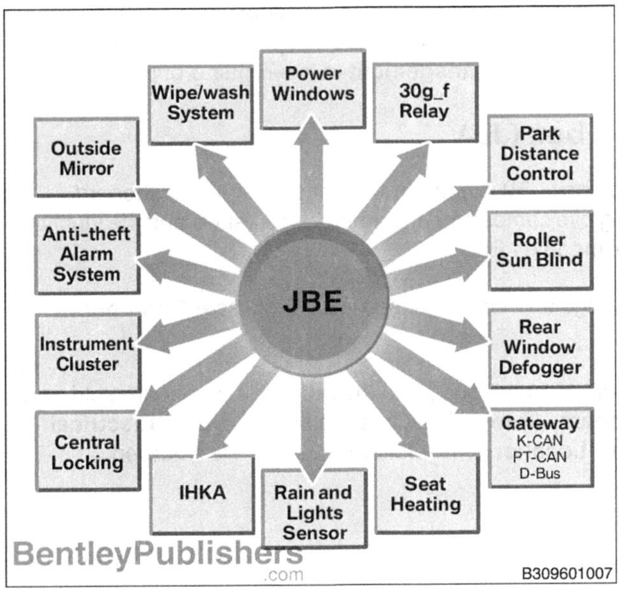

JBE serves the following functions:

- Gateway module, vehicle bus systems (pass-through function for F-CAN)
- Data from engine coolant level sensor, washer fluid level sensor, fuel level sensor and parking brake switch evaluated and transmitted to instrument cluster
- Data from automatic recirculation air control and refrigerant pressure evaluated and transmitted to IHKA module
- Actuation of A/C compressor valve and rear window defogger from IHKA module
- Wiper and washer functions, heated washer jets, seat heating, mirror heating, coolant valve, terminal 30g_f, rear power windows, rear window sun blind actuation
- Vehicle locking, unlocking
- Outside temperature sensor data pass-through

Soldered relays controlled by JBE:

- Rear power windows
- Central locking (except trunk)

Plug-in relays controlled by JBE:

- Rear window defroster
- Headlight washer
- Terminal 30g_f (deactivation of off-load power consumers)
- Wiper stages 1 and 2

JBE module failure

In vehicles with N51 (non-turbo) engine, the following sporadic and seemingly unrelated electrical problems while driving may indicate JBE module failure:

- A/C stops working.
- Fuel gauge display is implausible (shows empty).
- Rear windows one-touch function is inoperative.
- Windshield wipers work without being switched ON.
- Various instrument cluster warning lights illuminate.

During the course of diagnosis, several fault codes are detected in the JBE module:

- A6E5 or A6E4 (fuel sensor signal plausibility)
- 9C5E (A/C refrigerant sensor signal)
- A72A, A72B, A72C or A72D (rear window Hall sensor signal)
- 9C69 (rear stratification potentiometer)

Also, fuel sensor plausibility faults may be stored:

- 2DE4 or 2DE5 in the ECM
- 9319 or 931A in the instrument cluster.

Additionally, the JBE module may show signs of local overheating. First check harness and ground connections at JBE module.

The problem may be that the right side fuel sending unit ground wire is intermittently shorted to the B+ terminal of the electric fuel pump inside the fuel tank. Battery voltage, traveling via the fuel sender ground path, overloads the ground circuits of the JBE module, causing its failure.

To inspect fuel sender wiring for chafing, see **160 Fuel Tank and Fuel Pump**. For JBE module replacement, see **JBE module, removing and installing** in this repair group.

JBE module, removing and installing

– Disconnect negative (-) battery cable and cover battery terminal to keep cable from accidentally contacting terminal.

> ***CAUTION—***
> • *Prior to disconnecting the battery, read the battery disconnection cautions given in* **001 Warnings and Cautions**.

– Remove glove compartment and right side dashboard lower trim (trim above right footwell). See **513 Interior Trim**.

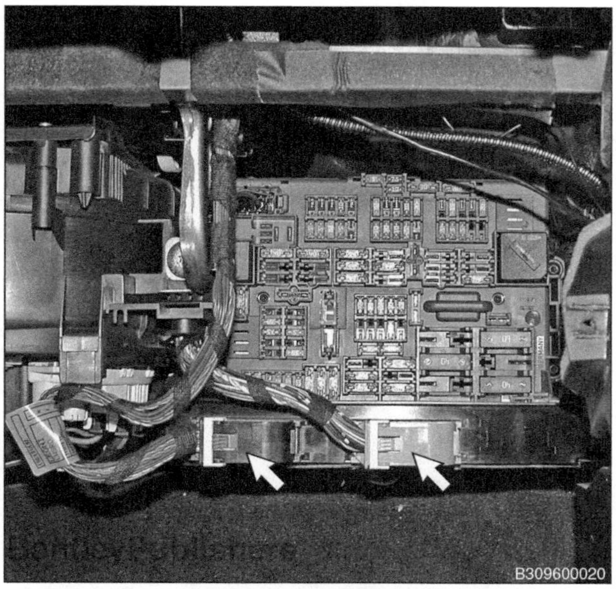

◄ Working at JBE module, detach electrical connectors (**arrows**).

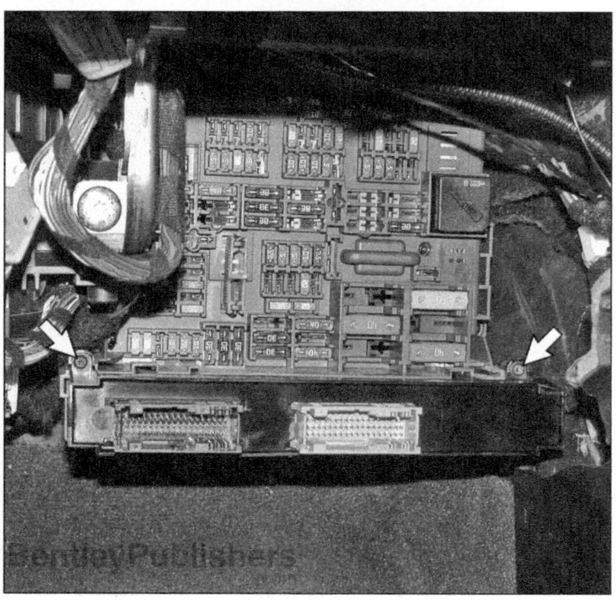

◄ Remove JBE mounting screws (**arrows**).

600

Pull JBE out of junction box. Slide connector lock to right (**arrow**) to detach connector.

– When installing, make sure JBE module is seated correctly on plug connections.

– After reassembly, carry out vehicle coding and programming. See **Coding, Programming, Adaptation** in this repair group.

Car access system (CAS)

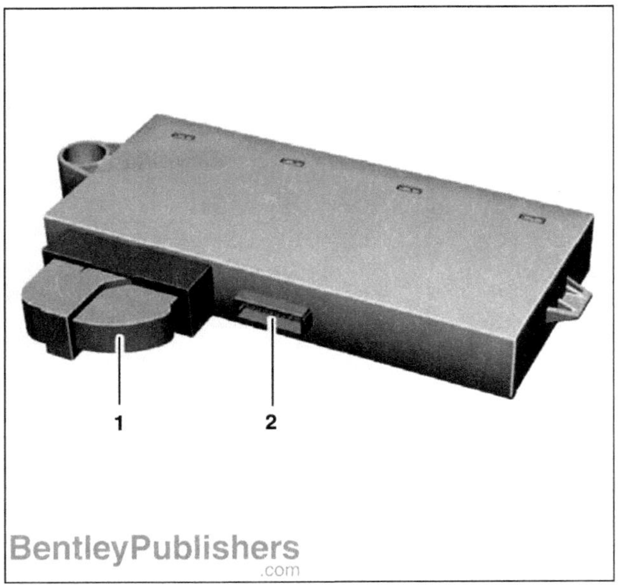

Car access system (CAS) module underneath steering column uses 2 connectors:

- Connector to vehicle wiring harness (42 pin)
- Ribbon cable connector (14 pin)

CAS removal and installation is covered in **121 Battery, Starter, Alternator**.

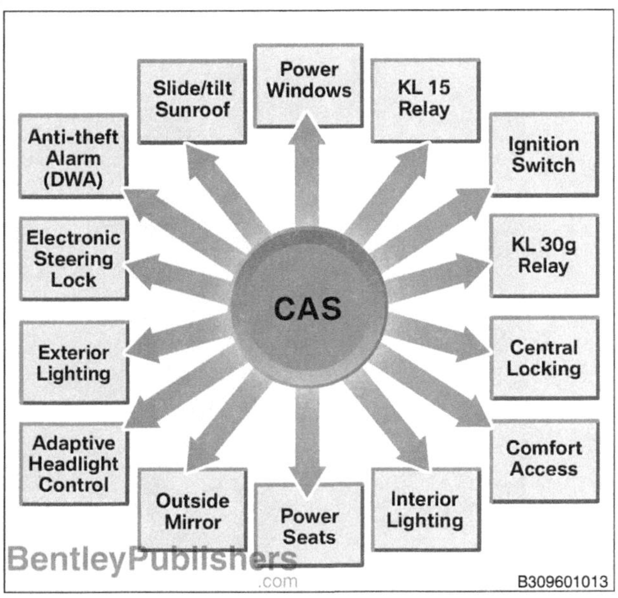

CAS serves the following functions:

- Ignition switch control
- Central locking, comfort access, power windows, sunroof master controller (issues enable command)
- Electronic steering lock actuation and control
- Key validation, electronic immobilization
- Vehicle data storage, also known as vehicle order or VO (redundant with FRM)
- Condition based service (CBS) data storage
- Terminal 15, terminal 30g relays control

Note that electronic immobilization (EWS) is a function of CAS.

The accompanying IPO (input-processing-output) diagram illustrates CAS inputs and outputs. In this type of stylized diagram, sensor inputs to the control module are on the left, control module processing is in the center and control module output commands are on the right of the diagram.

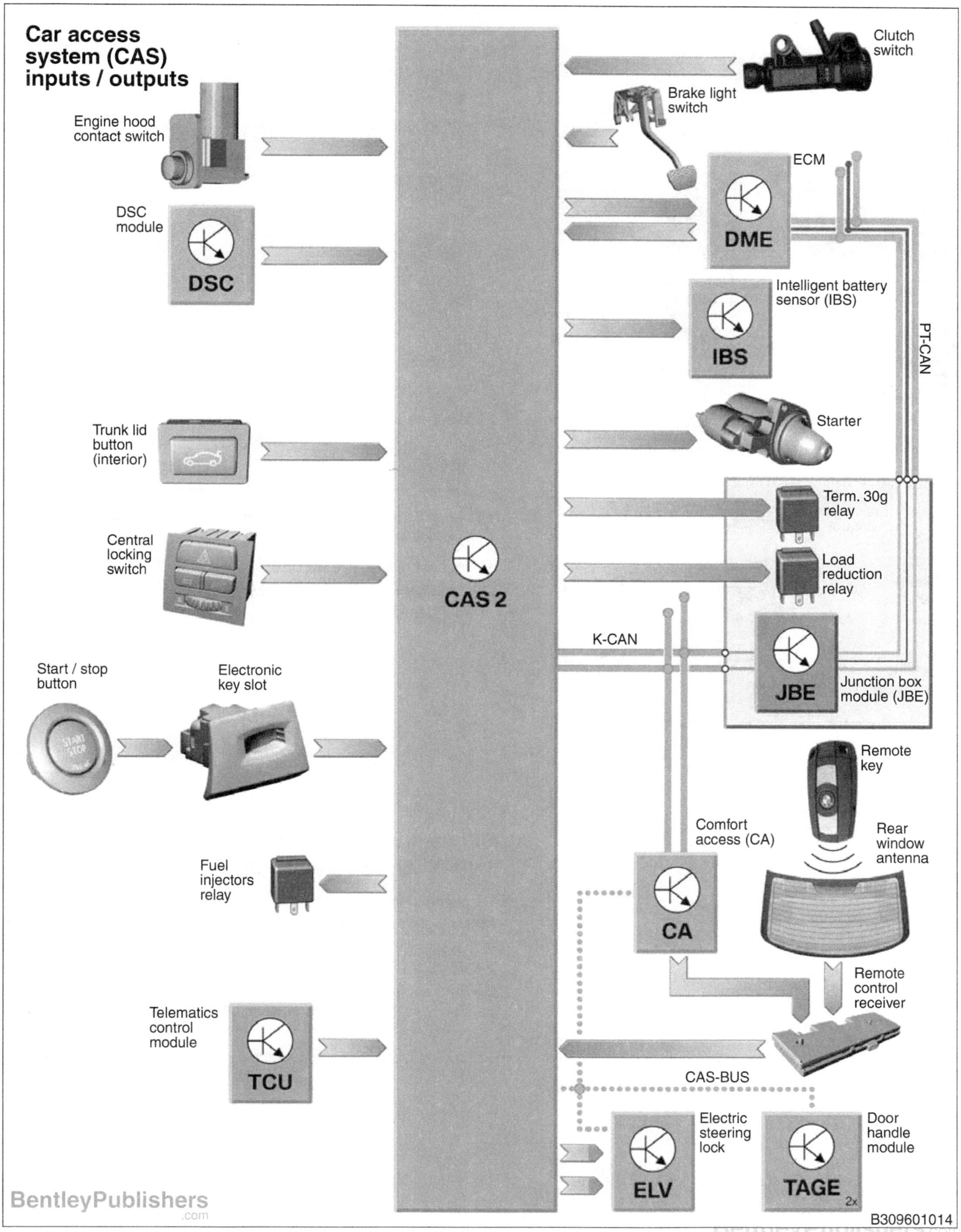
Car access system (CAS) inputs / outputs
Engine hood contact switch
DSC module
DSC
Trunk lid button (interior)
Central locking switch
Start / stop button
START STOP
Electronic key slot
Fuel injectors relay
Telematics control module
TCU
CAS 2
Clutch switch
Brake light switch
ECM
DME
Intelligent battery sensor (IBS)
IBS
PT-CAN
Starter
Term. 30g relay
Load reduction relay
K-CAN
JBE
Junction box module (JBE)
Remote key
Comfort access (CA)
Rear window antenna
CA
Remote control receiver
CAS-BUS
Electric steering lock
ELV
Door handle module
TAGE
2x
B309601014

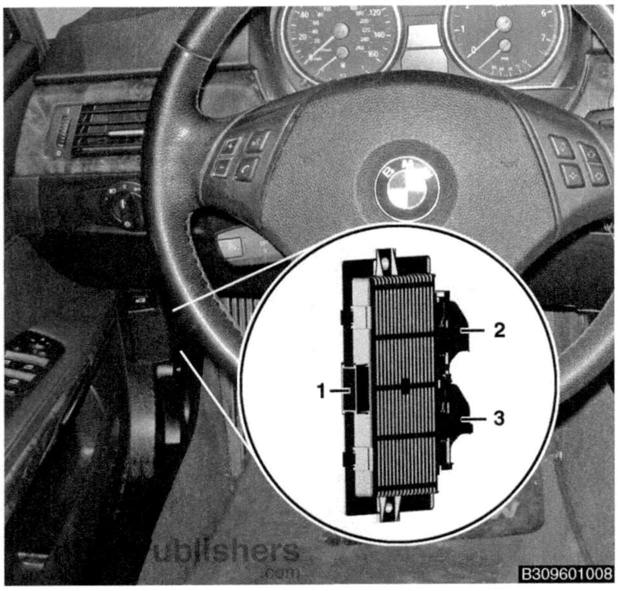

Footwell module (FRM)

Footwell module (FRM), behind left footwell trim, uses 3 connectors:

1. Connector to instrument cluster (46 pin)
2. Connector to vehicle wiring harness (51 pin)
3. Connector to vehicle wiring harness (51 pin)

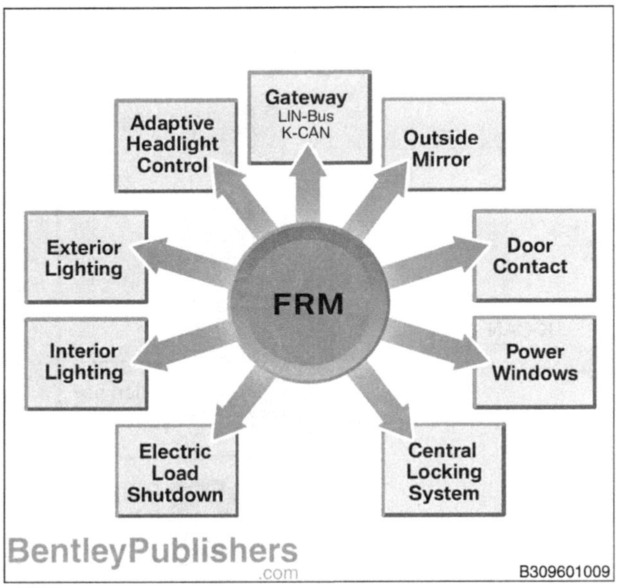

FRM serves the following functions:

- Gateway module, LIN-bus and K-CAN (outside mirrors, driver door switch cluster)
- Door contact switches and door lock cylinders data evaluation
- Exterior lights, adaptive headlights evaluation, actuation
- Front power windows, electric load shut-down control
- Window anti-trap actuator
- Vehicle data storage, also known as vehicle order or VO (redundant with CAS module)

Footwell module (FRM), removing and installing

– Disconnect negative (-) battery cable and cover battery terminal to keep cable from accidentally contacting terminal.

> ***CAUTION—***
> - *Prior to disconnecting the battery, read the battery disconnection cautions given in* **001 Warnings and Cautions**.

– Remove driver door sill trim, left side dashboard lower trim (pedal cluster trim) and left kick panel trim. See **513 Interior Trim**.

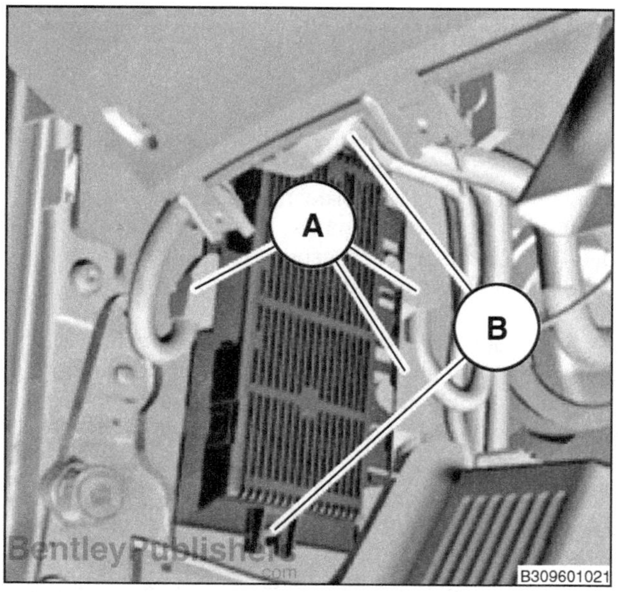

Working at FRM:

- Detach electrical connectors (**A**).
- Remove mounting fasteners (**B**).
- Lift FRM out of vehicle.

– After reassembly, carry out vehicle coding and programming. See **Coding, Programming, Adaptation** in this repair group.

Roof function center (FZD)

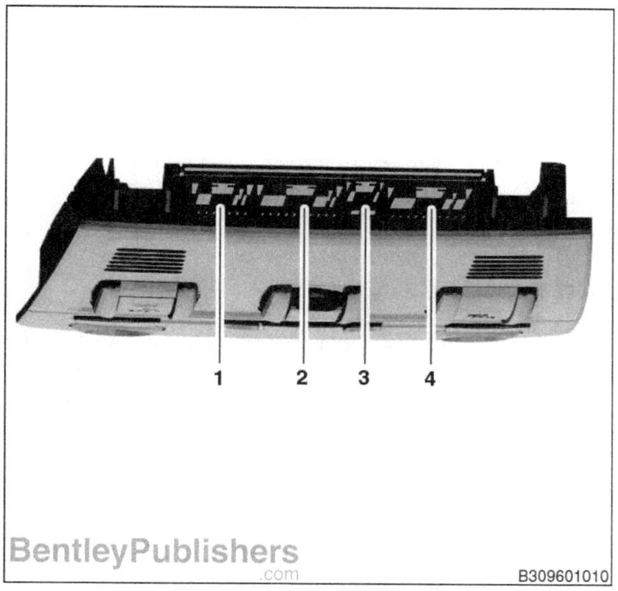

Roof function center (FZD) in front center of headliner uses 4 connectors:

1. Connector to vehicle wiring harness (20 pin)
2. Connector to interior rear view mirror (20 pin)
3. Connector to vehicle wiring harness (4 pin)
4. Connector to rear interior lighting (20 pin)

For roof function center (FZD) removal and installation, see **Interior light bulb replacement** in **630 Lights**.

Sunroof, interior lights, rain sensor and other functions controlled by the FZD (roof function center) may fail owing to incorrect FZD software. To check, remove and reinstall FZD fuses in the junction box (JB) behind the glove compartment. If functionality is restored, use BMW scan tool to update FZD software.

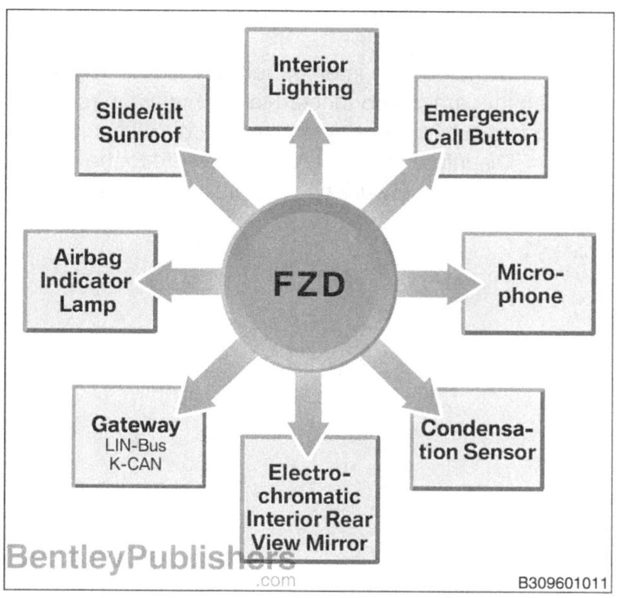

FZD serves the following functions:

- Sunroof control
- Rain-light sensor data transmitted via LIN-bus, then via K-CAN to other modules
- Condensation sensor data evaluated to calculate relative humidity, transmitted via K-CAN to IHKA module
- Electrochromatic inside rear view mirror data converted and transmitted to FRM via K-CAN. (FRM dims outside rear view mirrors.)
- Garage door opener power
- Vanity mirror lights, map lights, reading lights and interior lights actuation
- Passenger airbag light, microphone, and emergency call button integration

Bus Systems

Bus basics

To handle electrical complexity, 3 Series vehicles are equipped extensively with bus systems. Signals are shared digitally among electrical components on a bus, eliminating the need for separate connections for each pair of components. The use of bus communication for controls and accessories reduces wiring complexity and improves system response time.

Data transfer over a bus is similar to a telephone conference. A component on the bus transmits a stream of data which other components receive at the same time. Each component is then free to use or ignore this data.

The benefits of the bus method of data transfer are as follows:

- As data and programs are modified and extended, only software modifications are necessary.
- Continuous verification of transmitted data leads to low error rate.
- Sensors and signal wires can be simplified or eliminated due to the transmittal of multiplexed digital data.
- Control modules transfer data at a high rate.
- Control module sizes and connector sizes are smaller.
- Bus architecture conforms to international standards. This facilitates data interchange between components of different manufacture.

Distributed functions

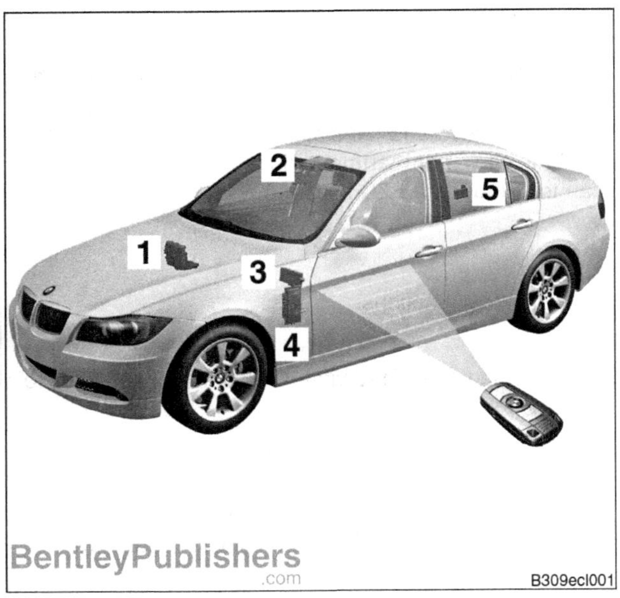

The 3 Series bus system allows system functions to be distributed over multiple control modules. For example, central locking, power window control and interior lighting functions are distributed among the following control modules:

1. Junction box module (JBE)
2. Roof function center (FZD)
3. Car access system (CAS)
4. Footwell module (FRM)
5. Comfort access (CA) module

In addition, due to the increase in interconnectivity allowed by bus systems, some sensors are not connected to the main control module for that system but rather to the control module closest to the sensor or actuator. The information is then transferred to the main controller via the bus system. By utilizing the closest module as a data transfer point, cable length and the number of connectors is reduced.

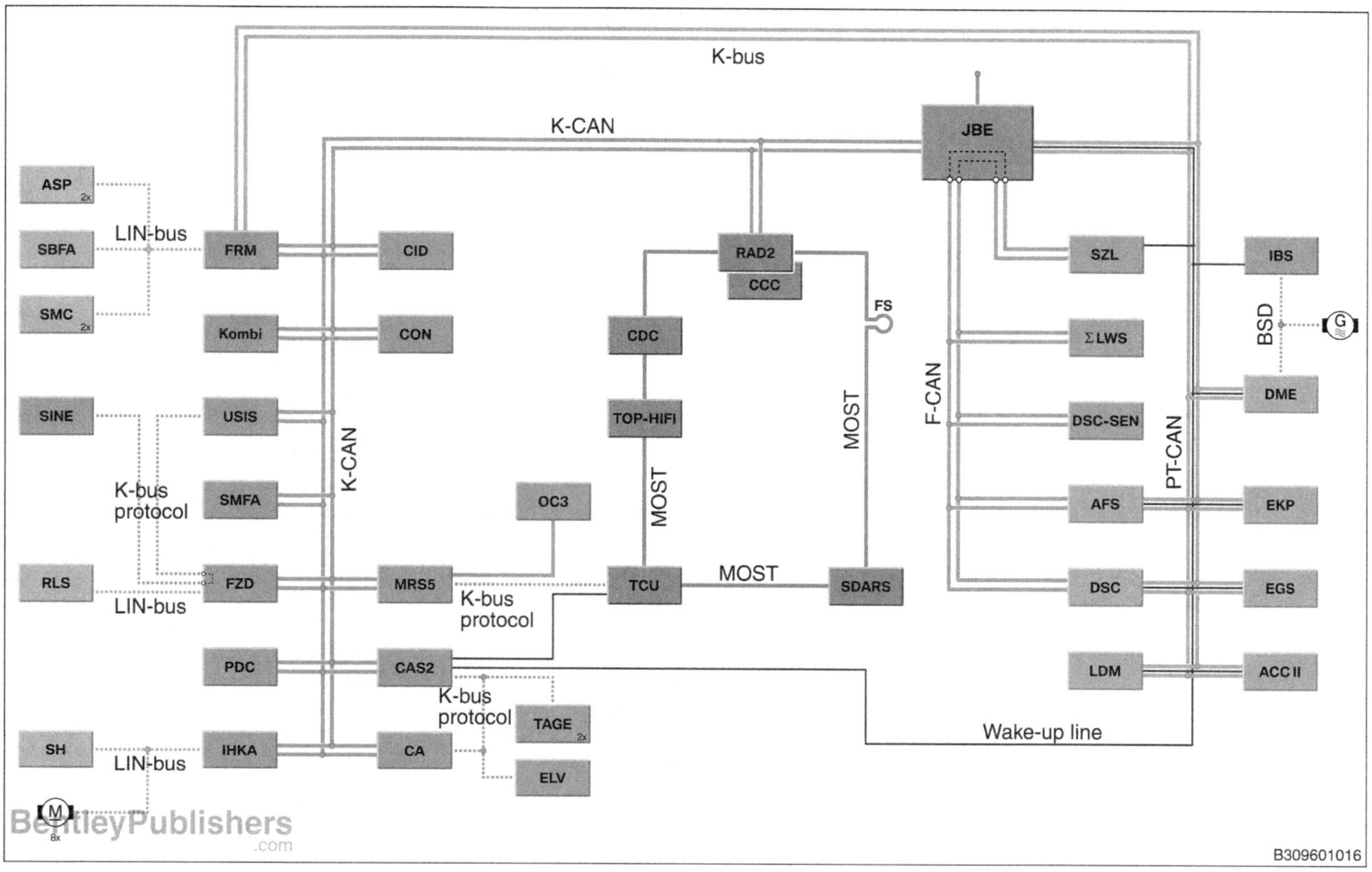

Bus system connections

ACCII Active cruise control

ASP Outside mirror(s)

CA Comfort access

CAS2 Car access system

CCC Car communications computer

CDC CD changer

CID Central information display

CON iDrive controller

DME Engine control module (ECM)

DSC Dynamic stability control module

DSC-SEN DSC sensor

EGS Automatic transmission control module

EKP Fuel pump control module

ELV Electric steering lock

FRM Footwell module

FS MOST direct access

FZD Roof function center

G Battery

IBS Intelligent battery sensor

IHKA Automatic climate control

JBE Junction box module

KOMBI Instrument cluster

LDM Longitudinal dynamics management

LWS Steering angle sensor

MRS5 Multiple restraint system

OC3 Seat occupancy sensor

PDC Park distance control

RAD2 Radio

RLS Rain-lights sensor

SBFA Driver door switch block

SDARS Satellite radio

SH Seat heater

SINE Emergency siren with tilt sensor

SMC Seat motor controller(s)

SMFA Driver seat module

SZL Steering column switch cluster

TAGE Door handle module

TCU Telematics control module

TOP-HIFI Amplifier

USIS Ultrasonic passenger compartment sensor

Bus types

3 Series vehicles are equipped with two groups of bus systems:

- Main bus systems are
  D-bus (diagnostic bus)
  K-CAN (body bus)
  PT-CAN (powertrain bus)
  F-CAN (chassis bus)
  MOST (communications)
- Sub-bus system are
  K-bus (body bus)
  K-bus protocol (protocol body bus)
  LIN-bus (local interconnect network bus)
  BSD (bit-serial data interface)

Main bus systems exchange data between control modules throughout the vehicle. *Example:* Door contacts status is relayed to footwell module (FRM) when doors are locked. This information is transmitted via K-CAN to junction box module (JBE) which activates central locking drive units.

Sub-bus systems exchange relatively small quantities of data within one system. *Example:* Rain-lights sensor (RLS) data is relayed to the roof function center (FZD) via LIN-bus, then forwarded via K-CAN to JBE and FRM.

Table a shows characteristics of main bus and sub-bus systems.

Table a. Bus system properties

Bus	Name	Data rate	Properties
Main bus			
D-bus	Diagnostic bus	10.5 / 115 Kbit/s	Linear, 1-wire
K-CAN	Body CAN-bus	100 Kbit/s	Linear, 2-wire
PT-CAN	Powertrain CAN-bus	500 Kbit/s	Linear, 2-wire
F-CAN	Chassis CAN-bus	500 Kbit/s	Linear, 2-wire
MOST	Multimedia oriented system transport	22.5 Mbit/s	Ring, fiber optic
Sub-bus			
K-bus	Body bus	9.6 Kbit/s	Linear, 1-wire
K-bus protocol	Protocol body bus	9.6 Kbit/s	Linear, 1-wire
LIN-bus	Local interconnect network bus	9.6 / 19.2 Kbit/s	Linear, 1-wire
BSD	Bit-serial data interface	9.6 Kbit/s	Linear, 1-wire

Terminating resistors

Terminating resistors, located in control modules, are used to ensure exact data transmission in bus systems.

- K-CAN terminating resistors are in each control module connected to the bus.
- F-CAN terminating resistors are in two module on the bus (SZL and DSC).
- PT-CAN terminating resistors are in two modules on the bus (EKP and DSC).

POWER MANAGEMENT

Power management basics

During vehicle operation, engine mechanical energy is converted by the alternator into electrical energy and made available to electric loads in the vehicle. Most electric loads receive power primarily via switched terminal 30g and terminal 30g_f relays in the junction box (JB). Certain electric loads are supplied unswitched battery power directly by terminal 30 or terminal R. *Example:* Anti-theft alarm system is active when the vehicle is parked and engine is shut OFF. Therefore anti-theft power is from an unswitched terminal.

The power management portion of the engine control module (ECM) operating program is able to:

- Regulate idle speed and charging voltage while the engine is running.
- Regulate power consumption of electric loads with relatively high power demands, or switch OFF those loads if needed.
- Switch OFF electric loads when the engine is stationary either as a timed function (via CAS and terminal 30g relay) or in response to electrical faults (via the ECM, JB and terminal 30g_f relay).
- Generate and store fault codes to help with vehicle or battery diagnosis.

Idle speed boost

Although the alternator may be operating at maximum speed, the idle speed can be increased by up to 200 rpm as soon as current is drawn from the battery.

Electric load reduction (engine running)

In addition to increasing idle speed and charging voltage, power management may reduce or switch OFF electric loads to reduce power consumption in critical situations. Electric loads are shut down only under the following two conditions:

- Battery charge status in critical range
- Alternator at maximum output

Table b shows measures implemented if these two conditions are detected.

600

Table b. Electric load reduction

Load (function)	Operation	Control module
Heater blower	Reduced to 75%	IHKA
Heater blower	Reduced to 50%	IHKA
Heater blower	Reduced to 25%	IHKA
Mirror heating	Off	FRM
Rear window defogger	Timed	IHKA
Rear window defogger	Off	IHKA
Seat heating	Reduced to stage 2	Seat control module, JBE
Seat heating	Reduced to 50%	Seat control module, JBE
Seat heating	Off	Seat control module, JBE

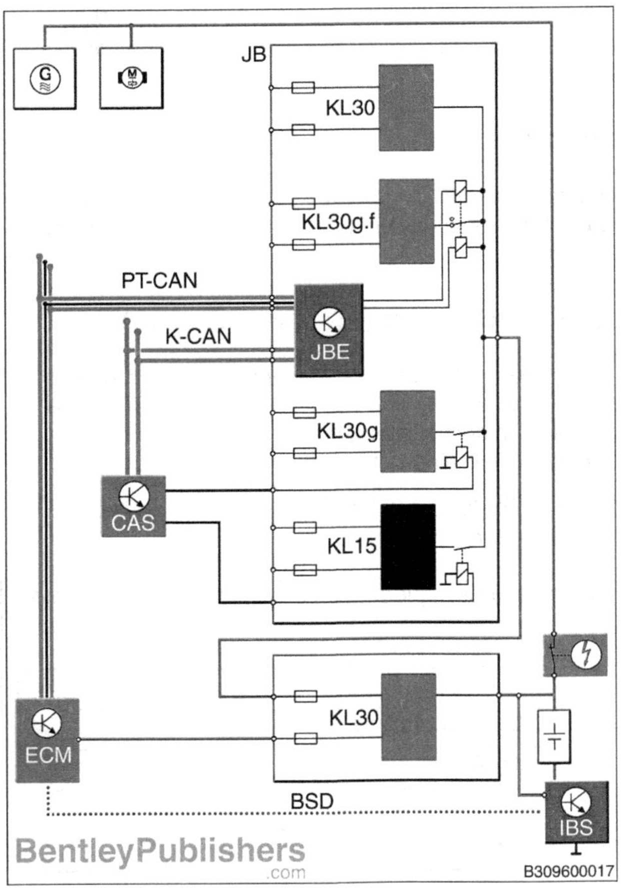

Electric load cut-off (engine OFF)

Even if the engine is OFF and the closed-circuit current monitoring feature of power management is in operation, some electric loads may be active:

- Required electric loads such as side lights and hazard warning system.
- Convenience load such as radio or telephone.

Under normal conditions, power management recognizes these activities and accepts the higher power consumption until the systems are deactivated. Then power management logs off the relevant control modules.

If power management detects a problem in the battery state of charge, it sends a request to switch OFF active convenience loads (radio, telephone, etc.) with the vehicle stationary. As a result of the request, these electric loads deactivate and reach their preprogrammed closed-circuit current within 5 minutes. Required electric loads (lights, hazard warning, etc.) are excluded from this function.

< Most control modules in the 3 Series electrical system are powered by the following relays in the junction box (JB):

Terminal 30g relay Controlled by CAS
CAS switches connected control modules OFF after 30 minutes. Switch OFF time extended to 60 minutes if equipped with telephone.

Terminal 30g_f relay Controlled by JBE
Bistable (latching) relay switches power OFF if a fault is detected:

- Invalid wake-up procedure within bus systems.
- Control units keep bus systems constantly active.
- Limit of battery power for starting reached.

Bistable (latching) relay switches power ON if:

- Vehicle is unlocked.
- Terminal change from R OFF to R ON or terminal 15
- Change in trunk lid, engine hood or door status.

Terminal 30 relay Unswitched, controlled by CAS

Terminal 15 relay Controlled by CAS, switched ON with ignition. Switches PDC control module.

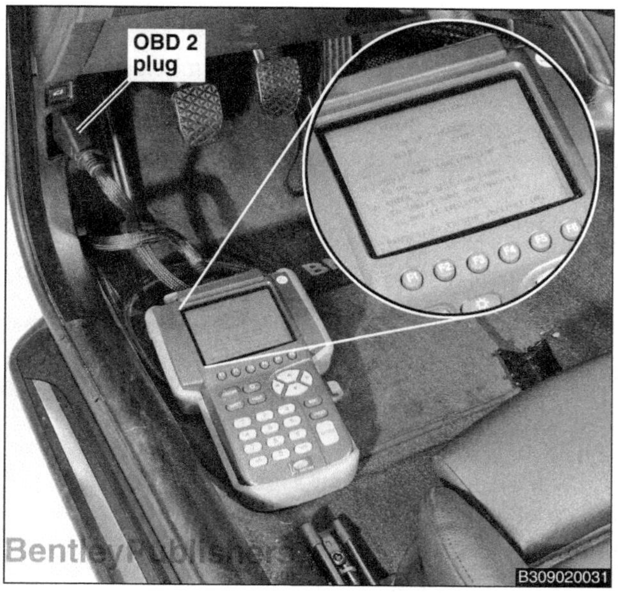

Coding, Programming, Adaptation

Scan tool basics

The scan tool, shown here connected to the OBD 2 plug, is an electronic device used for the following:

- Displaying vehicle data such as engine, engine management and transmission versions
- Viewing and clearing fault codes (diagnostic trouble codes or DTCs)
- Coding and programming new control modules and other electronic equipment
- Clearing and resetting adaptations

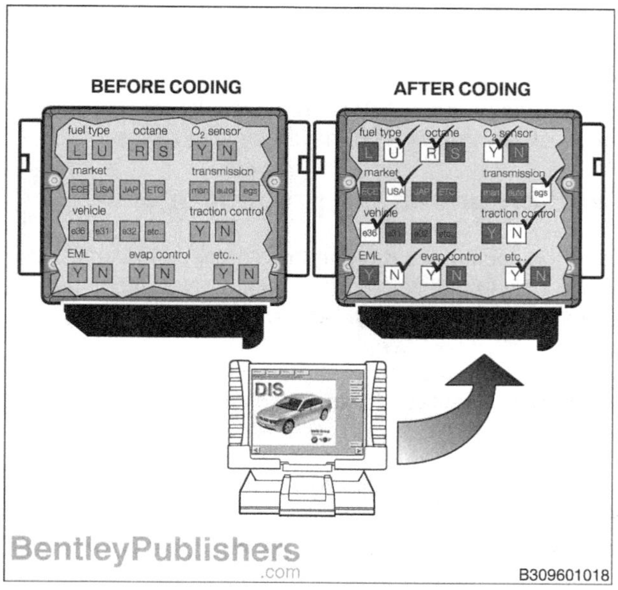

Coding

The procedure of assigning one labeled group of data to the operating program of a control module or component is referred to as coding. A codable control module has a basic operating program already installed along with several variations of operating data. The coding process allows a specific set of operating data to be assigned to the basic operating program of that module or component to match a specific application.

Here are some types of operating requirements:

- Nominal values of device input signals (0.25 - 2.5 volts, 5 - 25 watts, etc.)
- Type of device input signal (PWM, square wave, analog)
- Operational parameters (device activation or deactivation time)
- Market specific operations (oxygen sensors, fuel type, emission standards)
- Country specific regulations (USA, Canada, Japan, UK, EU)
- Powertrain configurations (manual transmission, automatic transmission, TLEV, ULEV, SULEV, Diesel)

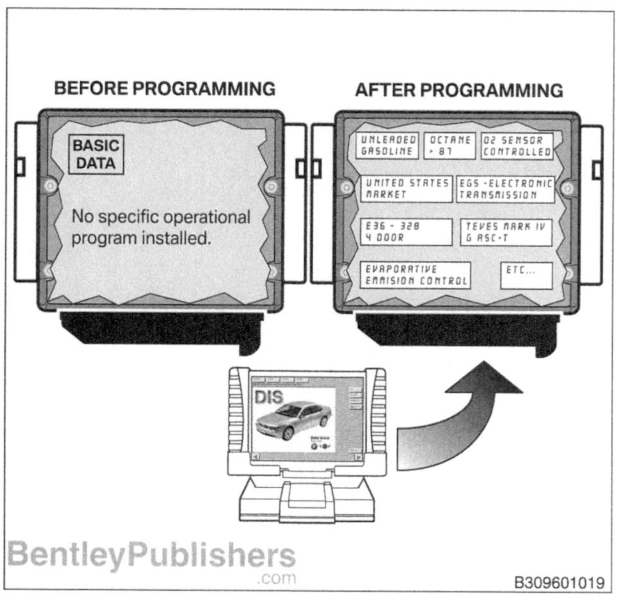

Programming

Programming loads application and system-specific operating instructions (program) into a coded module. Programming is also a means of updating data and operating instructions previously installed in a control module.

600

Adaptation

The engine control model (ECM), automatic transmission control module (EGS), dynamic stability control (DSC) module and other modules and components in the vehicle are adaptive. The software in each module learns from use and becomes adapted to other accompanying modules.

When installing a new module or component, be sure to use the scan tool to clear old adaptations in order to allow the components to readapt.

Vehicle data storage

In the 3 Series vehicle, data such as engine type, engine management, transmission type and other control module information as well as odometer mileage reading and service information is called vehicle order (VO). This is equivalent to the central coding key (ZCS) in other BMW models and is stored redundantly in two locations: the footwell module (FRM) and car access system (CAS).

The VO is retrieved by coding software whenever a new module is coded. However, if possible, before removing the old module, use the scan tool to retrieve application information such as hardware and software level. Record this information for later reference.

Coding and programming procedure

Before starting the coding and programming procedure, use a vehicle power supply to maintain correct voltage throughout the electrical system. See **121 Battery, Starter, Alternator**.

For the most up-to-date data and program information, make sure the scan tool has the current version of CIP (coding, individualization & programming) installed.

Connect BMW scan tool or equivalent to OBD II plug under dashboard. See **Scan tool basics** in this repair group. In addition to BMW scan tools, there are a number of aftermarket tools available. See **Tools** in **020 Maintenance**.

Electrical Troubleshooting

Four things are required for current to flow in any electrical circuit:

- Voltage source.
- Wires or connections to transport voltage.
- Load or device that uses electricity.
- Connection to ground.

Most problems can be found using a digital multimeter (volt / ohm / ammeter) to check the following:

- Voltage supply.
- Breaks in the wiring (infinite resistance / no continuity).
- A path to ground that completes the circuit.

Electric current is logical in its flow, always moving from the voltage source toward ground. Electrical faults can usually be located through a process of elimination. When troubleshooting a complex circuit, separate the circuit into smaller parts. General tests outlined below may be helpful in finding electrical problems. The information is most helpful when used with wiring diagrams.

Be sure to analyze the problem. Use wiring diagrams to determine the most likely cause. Get an understanding of how the circuit works by following the circuit from ground back to the power source.

When making test connections at connectors and components, use care to avoid spreading or damaging the connectors or terminals. Some tests may require jumper wires to bypass components or connections in the wiring harness. When connecting jumper wires, use blade connectors at the wire ends that match the size of the terminal being tested. The small internal contacts are easily spread apart, and this can cause intermittent or faulty connections that can lead to more problems.

Voltage and voltage drop

Wires, connectors, and switches that carry current are designed with very low resistance so that current flows with a minimum loss of voltage. A voltage drop is caused by higher than normal resistance in a circuit. This additional resistance actually decreases or stops the flow of current. Excessive voltage drop can be noticed by problems ranging from dim headlights to sluggish wipers. Some common sources of voltage drops are corroded or dirty switches, dirty or corroded connections or contacts, and loose or corroded ground wires and ground connections.

A voltage drop test is a good test to perform if current is flowing through the circuit but the circuit is not operating correctly. A voltage drop test helps pinpoint a corroded ground strap or a faulty switch. Normally, there should be less than 1 volt drop across most wires or closed switches. A voltage drop across a connector or short cable should not exceed 0.5 volt.

A voltage drop test is generally more accurate than a simple resistance check because the resistances involved are often too small to measure with most ohmmeters. For example, a resistance as small as 0.02 Ω results in a 3 volt drop in a typical 150 amp starter circuit. (150 amps x 0.02 Ω = 3 volts).

Keep in mind that voltage with ignition key ON and voltage with engine running are not the same. With ignition ON and engine OFF, fully charged battery voltage is approximately 12.6 volts. With engine running (charging voltage), normal voltage is approximately 14.0 volts. Measure voltage at battery with ignition ON and then with engine running to get exact measurements.

Voltage, measuring

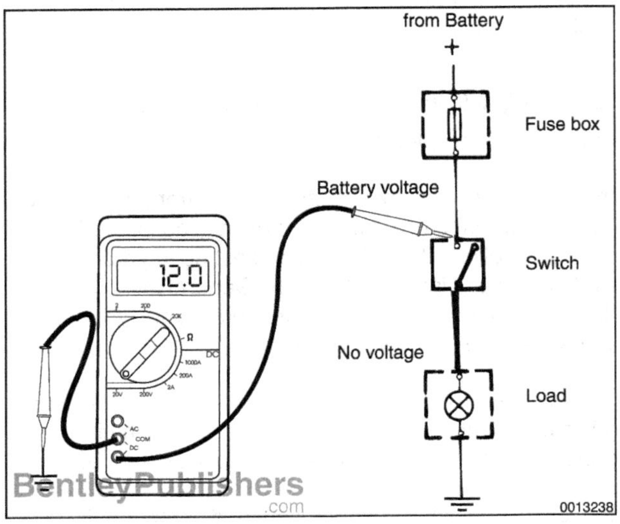

- Connect digital multimeter negative lead to a reliable ground point on vehicle.

NOTE—
- *The negative (-) battery terminal is always a good ground point.*

- Connect digital multimeter positive lead to point in circuit you wish to measure.

- Check that voltage reading does not deviate more than 1 volt from voltage at battery. If voltage drop is more than this, check for a corroded connector or loose ground wire.

Voltage drop, testing

Check voltage drop only when there is a load on the circuit, such as when operating the starter motor or turning on the headlights. Use a digital multimeter to ensure accurate readings.

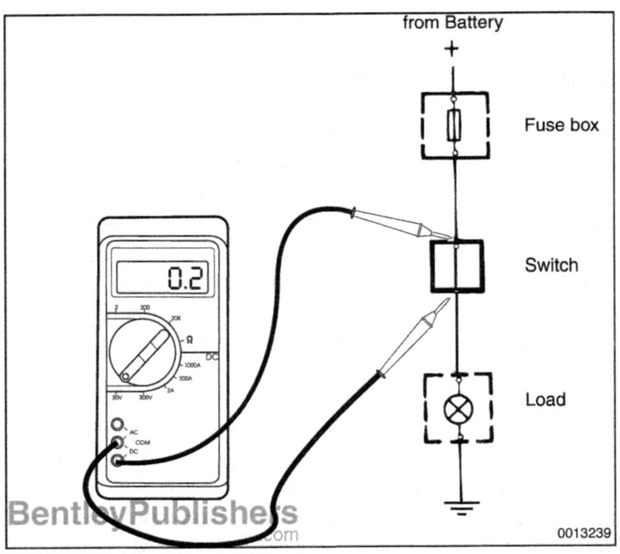

- Connect digital multimeter positive lead to positive (+) battery terminal or a positive power supply close to battery source.

- Connect digital multimeter negative lead to other end of cable or switch being tested.

- With power switched ON and circuit working, meter shows voltage drop (difference between two points). This value should not exceed 1 volt.

- Maximum voltage drop in an automotive circuit, as recommended by the Society of Automotive Engineers (SAE), is as follows:
  - 0 volt for small wire connections
  - 0.1 volt for high current connections
  - 0.2 volt for high current cables
  - 0.3 volt for switch or solenoid contacts

- On longer wires or cables, the drop may be slightly higher. In any case, a voltage drop of more than 1.0 volt usually indicates a problem.

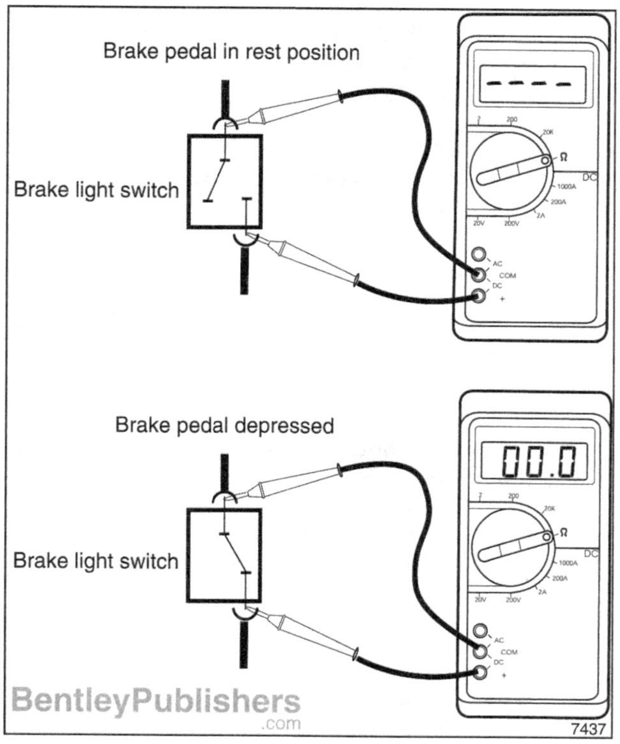

Continuity, checking

Use continuity test to check a circuit or switch. Because most automotive circuits are designed to have little or no resistance, a circuit or part of a circuit can be easily checked for faults using an ohmmeter. An open circuit or a circuit with high resistance does not allow current to flow. A circuit with little or no resistance allows current to flow easily.

When checking continuity, switch ignition OFF. On circuits that are powered at all times, disconnect battery. Using the appropriate wiring diagram, test circuit for faulty connections, wires, switches, relays and engine sensors by checking for continuity.

Example: Test brake light switch for continuity:

- With brake pedal in rest position (switch open) there is no continuity (infinite Ω).
- With pedal depressed (switch closed) there is continuity (0 Ω).

Short circuits, testing

Short circuits are exactly what the name implies. Current in the circuit takes a shorter path than it was designed to take. The most common short that causes problems is a short to ground where the insulation on a positive (+) wire wears away and the metal wire is exposed. When the wire rubs against a metal part of the vehicle or other ground source, the circuit is shorted to ground. If the exposed wire is live (positive battery voltage), a fuse blows or the circuit may be damaged.

Short circuits vary in nature and are often difficult to locate. They can be found using a logical approach based on knowledge of the current path.

Use a digital multimeter to locate short circuits.

> ***CAUTION—***
> - *In circuits protected with high rating fuses (25 amp and greater), wires or circuit components may be damaged before the fuse blows. Check for wiring damage before replacing fuses of this rating. Also, check for correct fuse rating.*

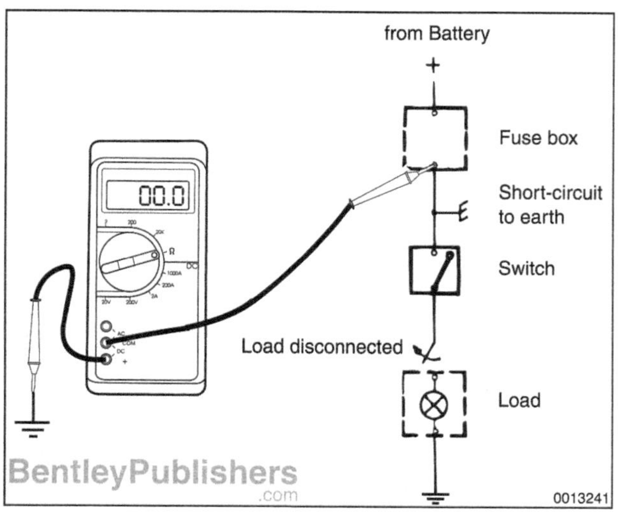

Testing with ohmmeter

– Remove blown fuse from circuit and disconnect cables from battery. Disconnect harness connector from circuit load or consumer.

Using an ohmmeter, connect one test lead to load side of fuse terminal (terminal leading to circuit) and other test lead to ground.

– If there is continuity to ground, there is a short to ground.

– If there is no continuity, work from wire harness nearest to fuse and relay panel and move or wiggle wires while observing meter. Continue to move down harness until meter displays a reading. This is the location of the short to ground.

– Visually inspect wire harness at this point for any faults. If no faults are visible, carefully slice open harness cover or wire insulation for further inspection. Repair any faults found.

Testing with voltmeter

– Remove blown fuse from circuit. Disconnect harness connector from circuit load or consumer.

NOTE—

- *Most fuses power more than one consumer. Be sure all consumers are disconnected when checking for a short circuit.*

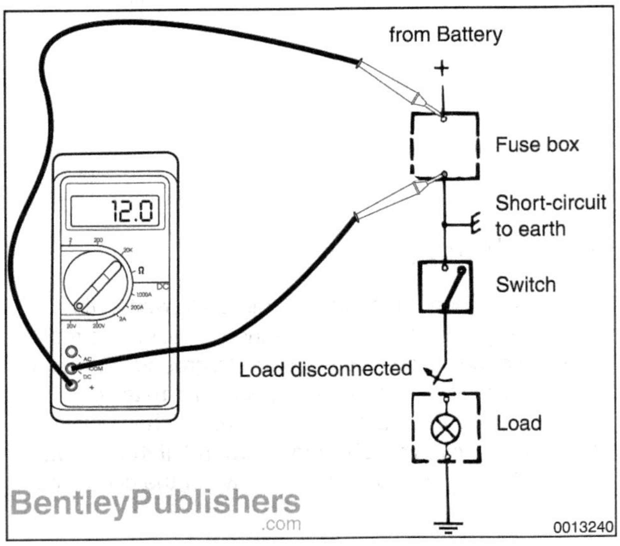

◀ Using a digital multimeter, connect test leads across fuse terminals. Make sure power is present in circuit. If necessary switch ignition ON.

– If voltage is present at voltmeter, there is a short to ground.

– If voltage is not present, work from wire harness nearest to fuse and relay panel and move or wiggle wires while observing meter. Continue to move down harness until meter displays a reading. This is the location of the short to ground.

Visually inspect wire harness at this point for any faults. If no faults are visible, carefully slice open harness cover or wire insulation for further inspection. Repair any faults found.

611 Wipers and Washers

TABLES

GENERAL

This repair group covers repair information for windshield, headlight and rear window wiper and washer systems.

See also:

- **612 Switches** for steering column switch cluster replacement
- **640 Heating and Air-conditioning** for cabin microfilter housing removal
- **ECL Electrical Component Locations** for wiper and washer system fuse and relay locations and applications
- **ELE Electrical Wiring Diagrams**

Wiper and washer system operation

Wiper and washer functions in 3 Series vehicles are controlled by the junction box control module (JBE), located behind the glove compartment.

Driver input to wiper and washer system is via multi-function stalk switch to right of steering column.

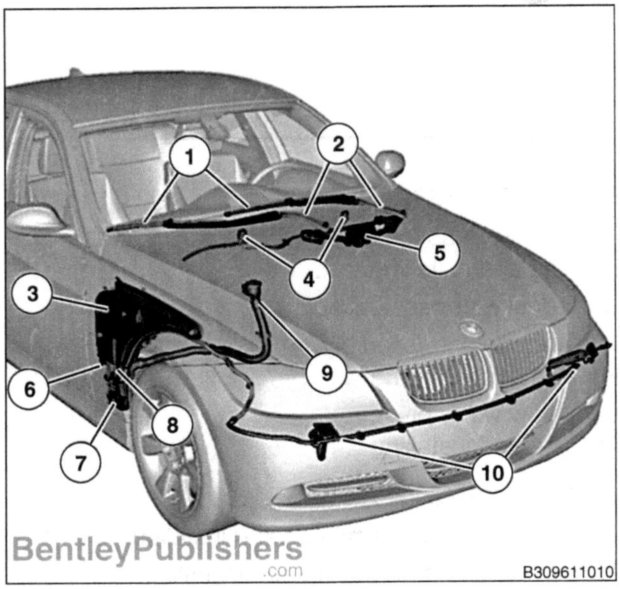

Wiper and washer system components (Sedan)

1. Wiper blades
2. Wiper arms
3. Washer fluid reservoir
4. Heated windshield washer jets
5. Wiper motor assembly
6. Washer fluid level switch
7. Windshield washer pump
8. Headlight washer pump
9. Washer reservoir filler neck
10. Headlight washer jets

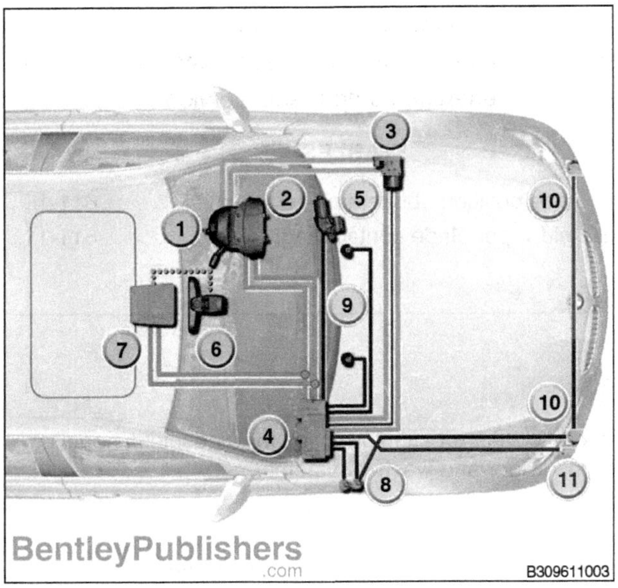

Wiper and washer system schematic (Sedan)

1. Wiper and washer switch, steering column switch cluster
2. Instrument cluster
3. DSC control module
4. Junction box module (JBE)
5. Windshield wiper motor
6. Rain and lights sensor (RLS)
7. Roof function center (FZD)
8. Washer fluid pumps
9. Heated windshield washer jets
10. Headlight washer jets
11. Outside temperature sensor

Wiper and washer system inputs-outputs (Sedan)

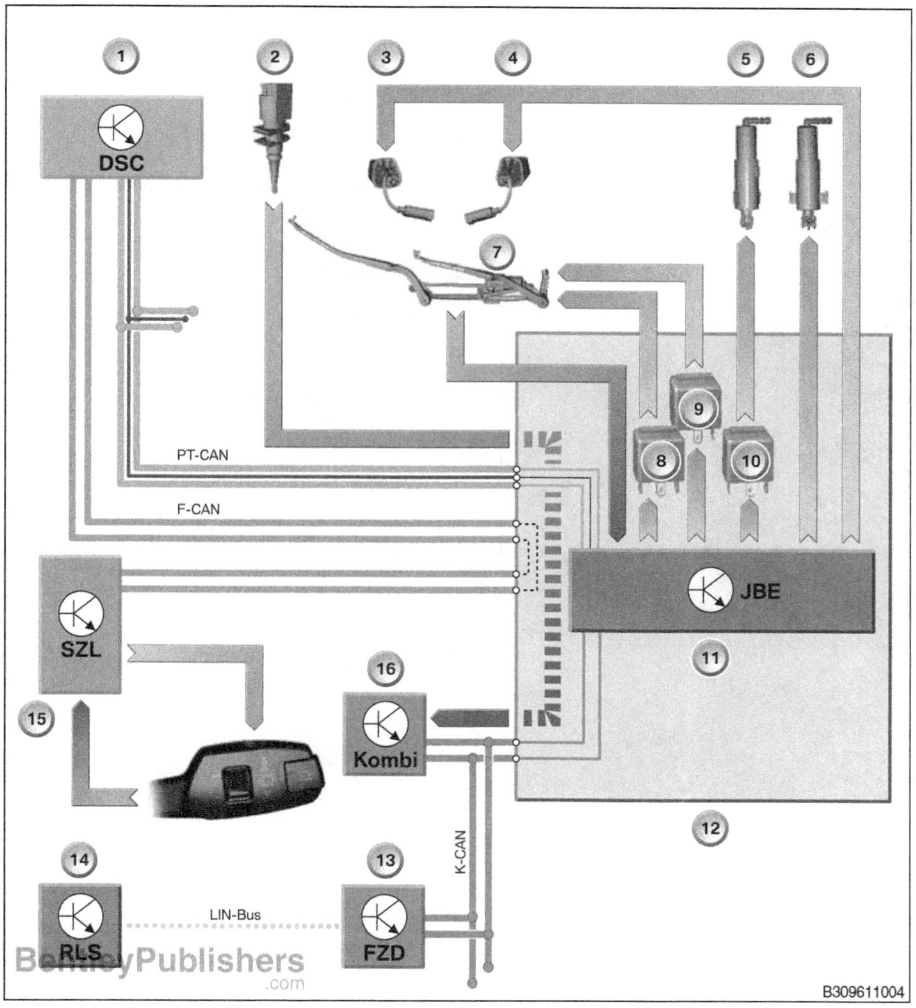

1. DSC control module
   - Provides vehicle speed signal
   - Steering column switch center (SZL) interface
2. Outside temperature sensor
3. Heated windshield washer jet, driver's
   - PTC resistor limits current
4. Heated windshield washer jet, passenger
   - PTC resistor limits current
5. Headlight washer pump
   - In washer fluid reservoir behind right front wheel housing
   - Activated by relay in junction box (JB)
6. Windshield washer pump
   - In washer fluid reservoir behind right front wheel housing
   - Activated directly by junction box module (JBE)
7. Windshield wiper motor
   - 2-speed
   - Equipped with reset contact
8. Wiper relay 1
   - Plugged in JB
9. Wiper relay 2
   - Soldered in JB
10. Headlight washer relay
    - Plugged in JB
11. Junction box module (JBE)
    - Master control for wiper and washer functions
    - Plugged in JB
12. Junction box (JB)
    - Behind glove compartment
13. Roof function center (FZD)
    - Connected to rain and lights sensor via LIN-bus
14. Rain and lights sensor (RLS)
15. Wiper switch
    - Component of steering cluster switch center (SZL)
    - 4-stage optical switch
16. Instrument cluster

611

Wiper and washer system components (Sports Wagon)

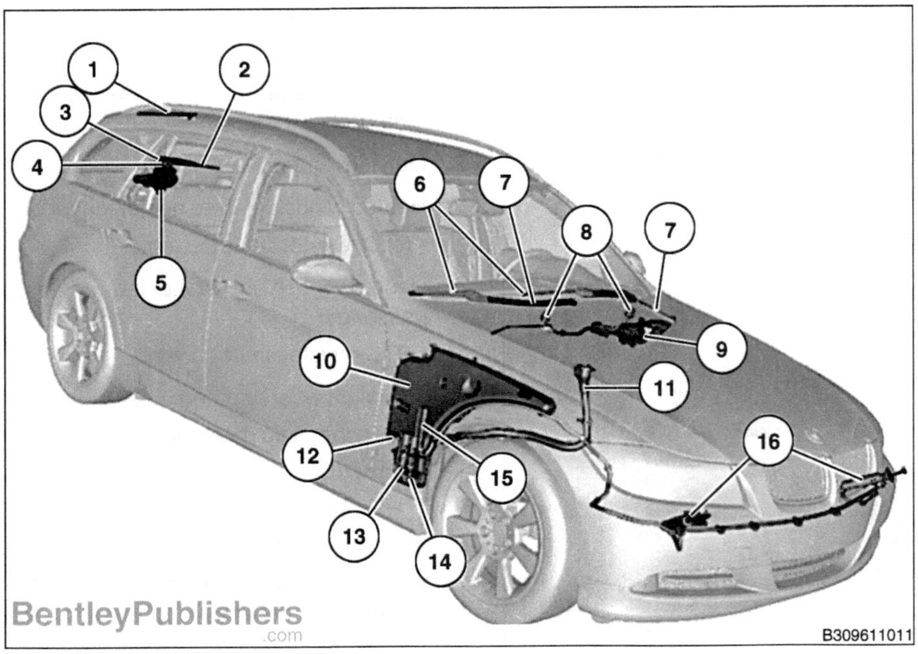

1. Rear window washer jet
2. Rear wiper blade
3. Rear wiper arm
4. Rear wiper pivot
5. Rear wiper motor assembly
6. Windshield wiper blades
7. Windshield wiper arms
8. Heated windshield washer jets
9. Windshield wiper motor assembly
10. Washer fluid reservoir
11. Washer reservoir filler neck
12. Washer fluid level switch
13. Rear window washer pump
14. Windshield washer pump
15. Headlight washer pump
16. Headlight washer jets

Wiper and washer system inputs-outputs (Sports Wagon)

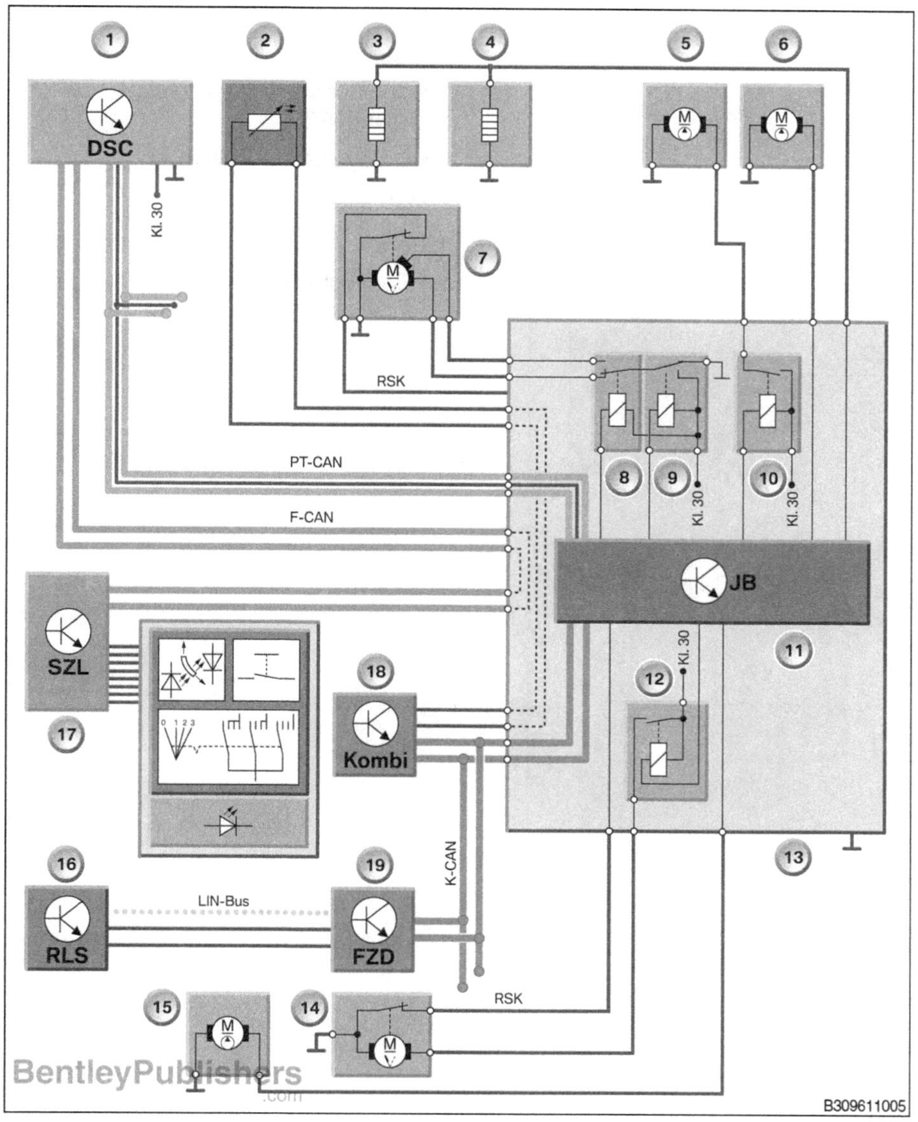

1. DSC control module
   - Provides vehicle speed signal
   - Steering column switch center (SZL) interface
2. Outside temperature sensor
3. Heated windshield washer jet, driver's
   - PTC resistor limits current
4. Heated windshield washer jet, passenger
   - PTC resistor limits current
5. Headlight washer pump
   - In washer fluid reservoir behind right front wheel housing
   - Activated by relay in junction box (JB)
6. Windshield washer pump
   - In washer fluid reservoir behind right front wheel housing
   - Activated directly by junction box module (JBE)
7. Windshield wiper motor
   - 2-speed
   - Equipped with reset contact
8. Wiper relay 1
   - Plugged in JB
9. Wiper relay 2
   - Soldered in JB
10. Headlight washer relay
    - Plugged in JB
11. Junction box module (JBE)
    - Master control for wiper and washer functions
    - Plugged in JB
12. Rear wiper relay
    - Plugged in JB
13. Junction box (JB)
    - Behind glove compartment
14. Rear window wiper motor
    - Intermittent when vehicle moving forward
    - Continuous wipe when vehicle in reverse
15. Rear window washer pump
    - In washer fluid reservoir behind right front wheel-housing
    - Activated directly by junction box module (JBE)

611

Wiper and washer system inputs-outputs (Sports Wagon) *(continued)*

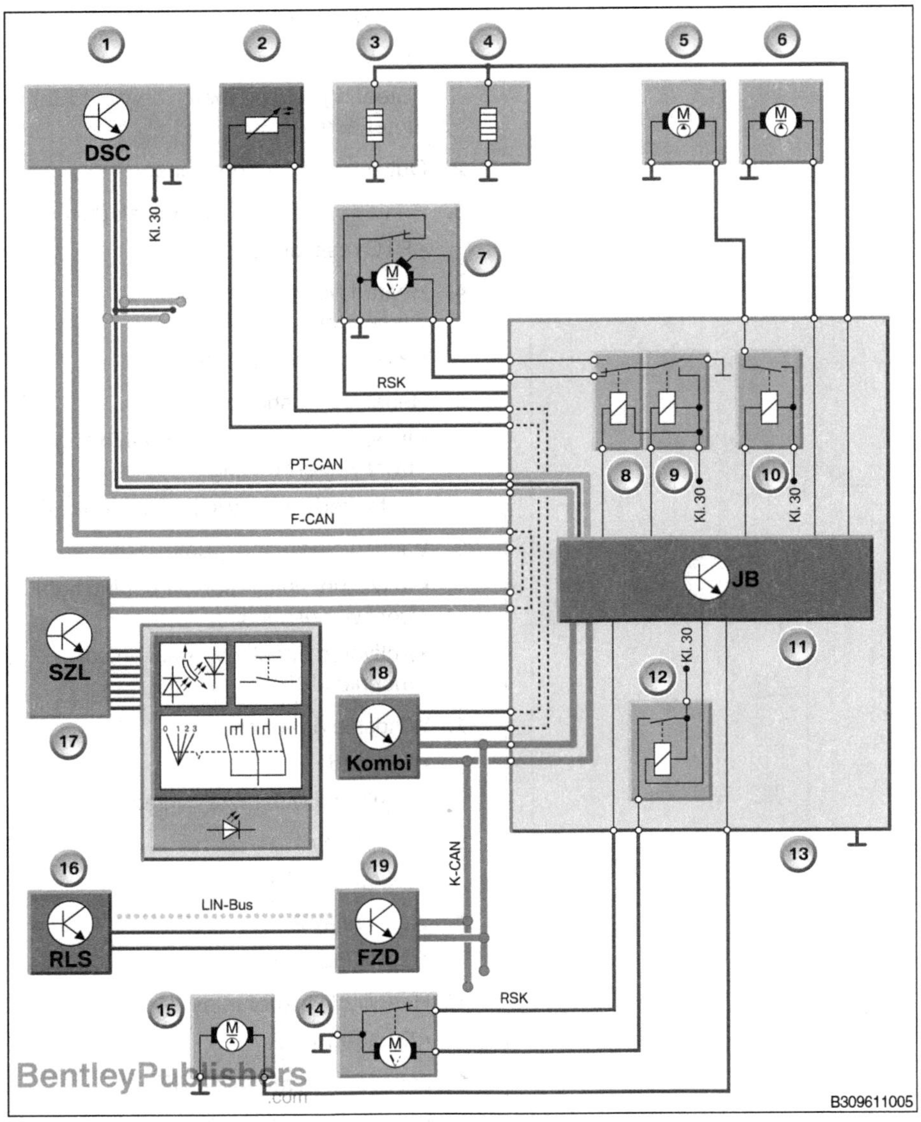

16. Rain and lights sensor (RLS)

17. Wiper switch
- Component of steering cluster switch center (SZL)
- 4-stage optical switch

18. Instrument cluster

19. Roof function center (FZD)
- Connected to rain and lights sensor via LIN-bus

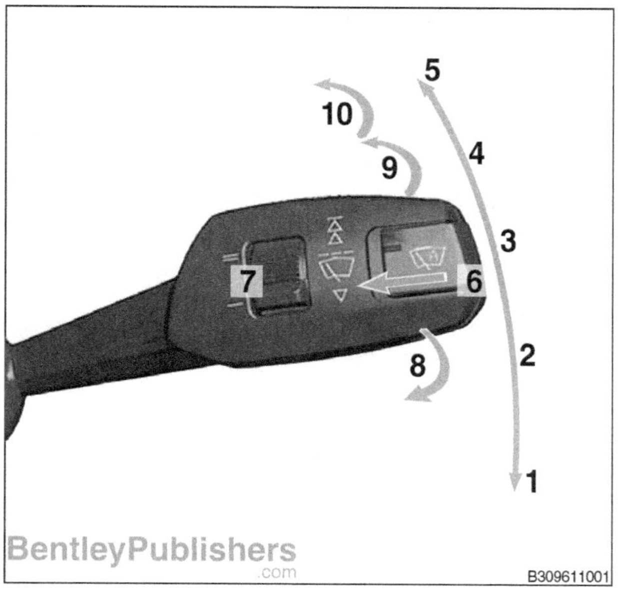

Wiper and washer switch operation

1. Single wipe
   - Hold stalk switch down
2. Off
3. Interval windshield wipe
4. Slow windshield wipe
   - Automatically switches to interval when car is stopped
5. Fast windshield wipe
   - Automatically switches to slow speed when car is stopped
6. Automatic interval switch with LED
   - Push inward to activate
7. Sensitivity adjustment thumb wheel for interval control
8. Windshield wash
   - Pull stalk toward driver
9. Rear window wipe (Sports Wagon)
   - Push stalk away from driver
10. Rear window wash (Sports Wagon)
    - Push stalk away from driver

WIPER BLADES AND ARMS

Wiper blade cleaning problems

Common problems with the wipers include streaking or sheeting, water drops after wiping, and blade chatter.

Streaking is usually caused when wiper blades are coated with road film or car wash wax.

– Clean blades using soapy water. If cleaning does not cure problem, replace blades.

NOTE—
- *BMW recommends replacing the wiper blades twice a year, before and after the cold season.*

Drops that remain behind after wiping are usually caused by oil, road film, or diesel exhaust residue on the glass.

– Use an alcohol or ammonia solution or other non-abrasive cleaner to clean glass.

Chatter may be caused by dirty or worn blades, or by twisted wiper arms, causing incorrect wiper blade contact angle.

– Clean blades and glass as described above.

– Check and adjust wiper arm twist. See **Wiper arm twist, adjusting** in this repair group.

– If problems persist, replace wiper blades and arms. See **Windshield wiper blade, replacing**, in this repair group.

B309611007

Windshield wiper blade, replacing

– Pivot wiper arm off windshield.

◄ Working at wiper blade pivot:
- Press on locking clip (**arrow**) to release plastic cap.
- Lift off cap (**curved arrow**).

B309611006

◄ Position wiper blade approximately perpendicular to wiper arm and slide off wiper arm pin (**arrow**).

> ***CAUTION—***
> - *Do not allow wiper arm to snap back against windshield when wiper blade is off.*

– Installation is reverse of removal. Make sure plastic cap is intact and snaps into place.

B309611009

Windshield wiper arm, removing and installing

– Open engine hood.

◄ Pry off (**arrow**) wiper pivot nut plastic cap.

Remove wiper arm mounting nut (**arrow**).

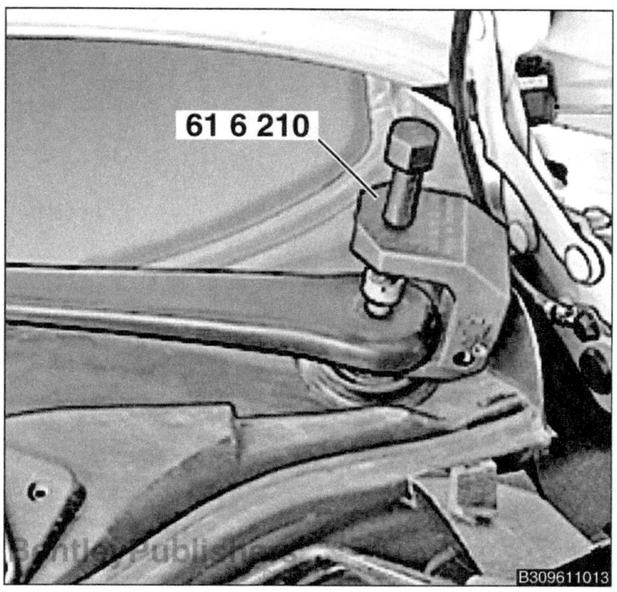

Use BMW special tool 61 6 210 or equivalent puller to remove wiper arm from pivot.

CAUTION—
• Do not bend wiper arm while removing.

- Before installing wiper arms, make sure wipers are in PARK position:
  - Switch ignition ON.
  - Switch wipers ON and allow two cycles to complete.
  - Switch wipers OFF. Wait for wiper motor to come to rest, then switch ignition OFF.
- Attach wiper arms and tighten down mounting nuts temporarily, then check and adjust wiper blade positions. See **Windshield wiper blades, adjusting position** in this repair group.
- Tighten arms to final torque.

Tightening torque	
Front wiper arm to wiper pivot (M10)	30 Nm (22 ft-lb)

- If necessary, adjust wiper arm twist (wiper blade contact angle). See **Windshield wiper arm twist, adjusting** in this repair group.

Windshield wiper blades, adjusting position

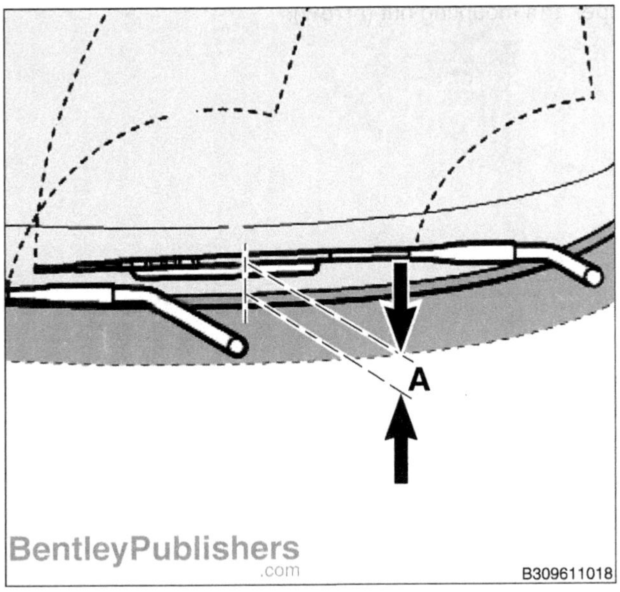

Wiper blade position is set in relation to top of cowl cover at base of windshield:

- Make sure wipers are in PARK position.
- Loosen wiper arm nut. See **Windshield wiper arm, removing and installing** in this repair group.
- Measure from center of wiper blade to base of windshield. See **Table a**. Reset wiper arm position as necessary.

Table a. Wiper blade position above top of cowl cover (wipers in PARK position)		
Distance A	**Sedan, Sports Wagon (E90, E91)**	**Coupe, Convertible (E92, E93)**
Right side	88 ± 3 mm (3.5 ± 0.1 in)	75 ± 3 mm (3.0 ± 0.1 in)
Left side	95 ± 3 mm (3.7 ± 0.1 in)	84 ± 3 mm (3.3 ± 0.1 in)

– When finished, tighten arms to final torque.

Tightening torque	
Front wiper arm to wiper pivot (M10)	30 Nm (22 ft-lb)

Windshield wiper arm twist, adjusting

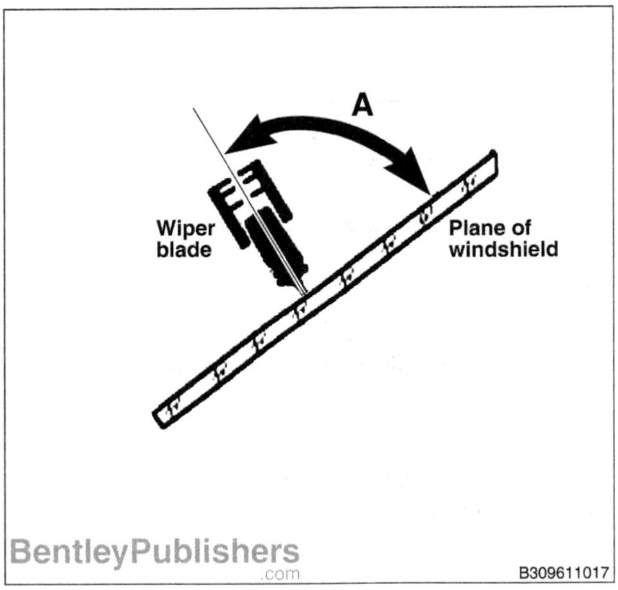

Wiping action is improved if contact angle (**A**) of wiper blade to plane of windshield is set correctly by adjusting wiper arm twist.

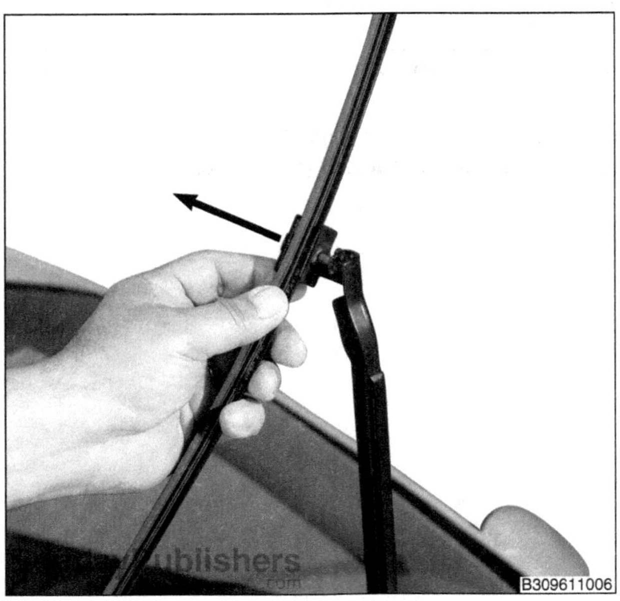

Slide wiper blade off wiper arm pin (**arrow**). See **Windshield wiper blade, replacing** in this repair group.

> ***CAUTION—***
> - *Do not allow wiper arm to snap back against windshield when wiper blade is off.*

Slide BMW special tool 61 6 100 on wiper arm pin. Place tool on windshield and read off degrees on scale.

Table b. Windshield wiper blade contact angle	
Angle of wiper blade to windshield: • Right wiper • Left wiper	 86.7° ± 1° 86° ± 1°

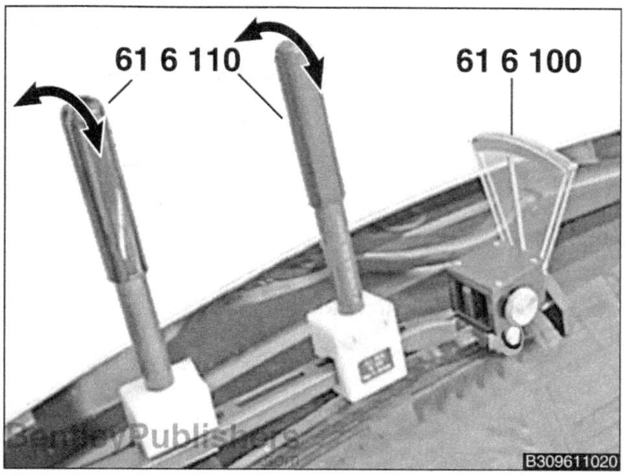

If angle is incorrect, use BMW special tool set 61 6 110 to twist wiper arm for correct wiper blade contact angle.

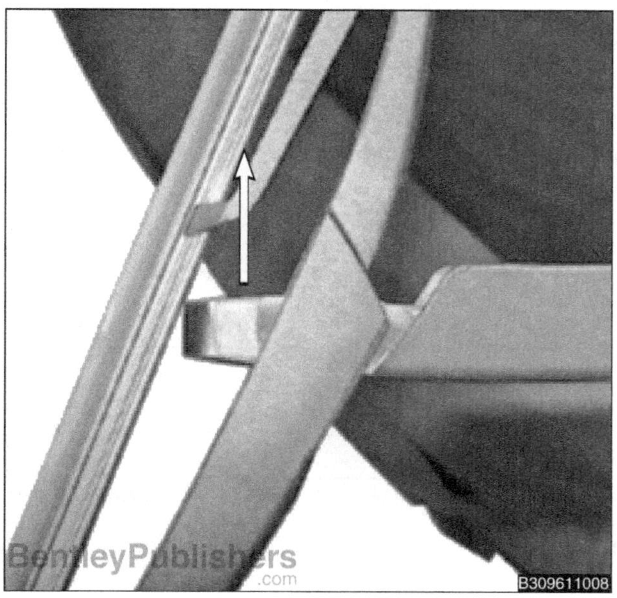

Rear wiper blade, replacing

– Pivot wiper arm off rear window.

Slide blade (**arrow**) off wiper arm.

611

Rear wiper arm, removing and installing

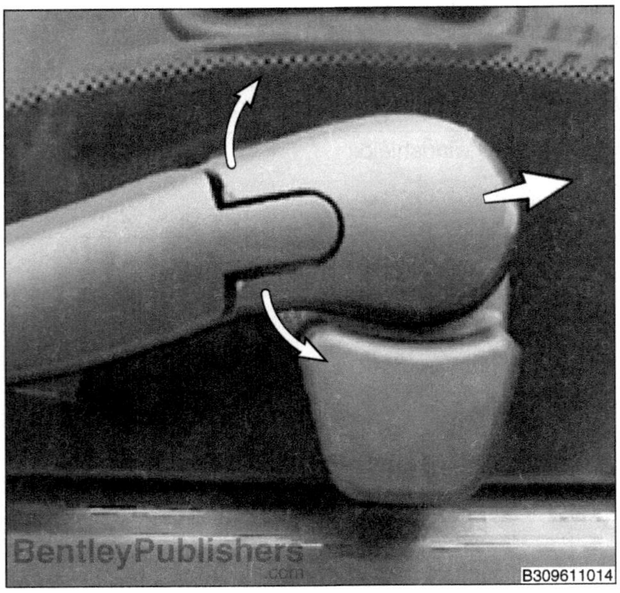

◄ Spread wiper pivot plastic cap catches (**curved arrows**) and remove cap (**flared arrow**).

◄ Pivot wiper arm off rear window, then remove mounting nut (**arrow**).

– Use BMW special tool 61 6 060 or equivalent puller to remove wiper arm from pivot.

– Before installing wiper arm, make sure wiper assembly is in PARK position:
  - Switch ignition ON.
  - Switch rear wiper ON and allow two cycles to complete.
  - Switch wiper OFF. Wait for wiper motor to come to rest, then switch ignition OFF.

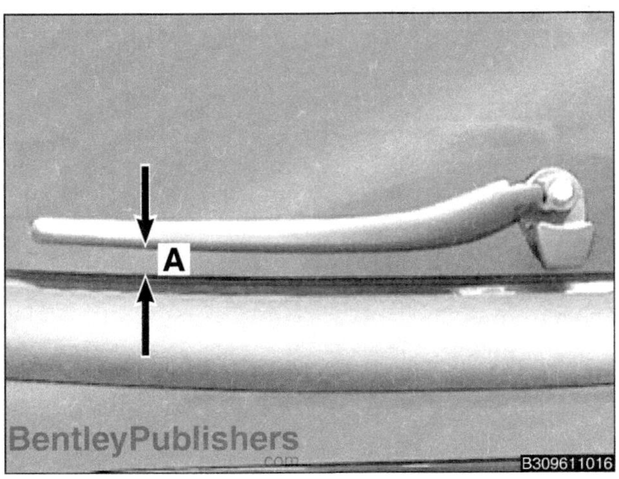

◄ Attach wiper arm and tighten down mounting nut temporarily, then check and adjust wiper blade position.

Rear wiper blade position	
Measurement **A** (distance between bottom of wiper arm and rear window lower edge	35 ± 3 mm (1.4 ± 0.1 in)

– Tighten arm to final torque.

Tightening torque	
Rear wiper arm to wiper pivot (M8)	10 Nm (7 ft-lb)

Wiper Assemblies

Windshield wiper assembly, removing and installing

> ***CAUTION—***
> - *Make sure wipers are parked (stalk switch in OFF position) and the ignition is also OFF.*
> - *Use fender cover to protect windshield.*
> - *To avoid damaging the wiper arms and pivots, do not manually slide or force the wiper arms across the windshield.*

– Remove wiper arms. See **Windshield wiper arm, removing and installing** in this repair group.

– Remove upper and lower cabin microfilter housings. See **640 Heating and Air-conditioning**.

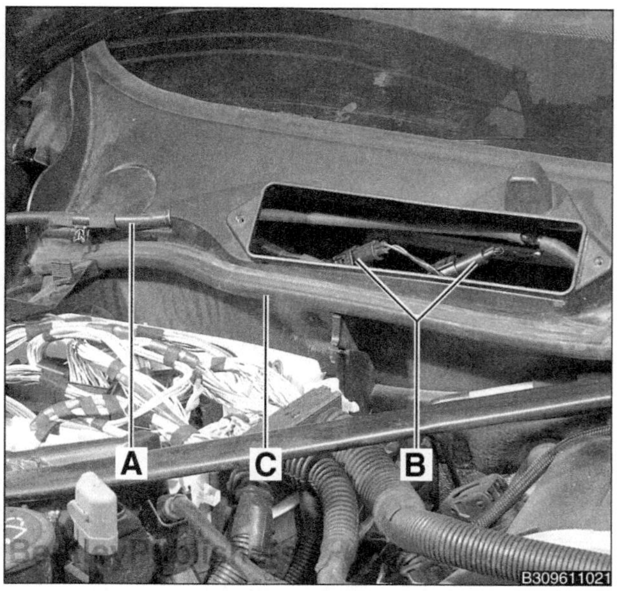

◀ Working at right side of cowl cover:

- Detach windshield washer hose (**A**).
- Separate washer jet electrical connectors (**B**).
- Remove rubber seal (**C**).

◀ Using plastic prying tool, start at corner of windshield and carefully peel cowl cover off retainer at lower edge of windshield.

611

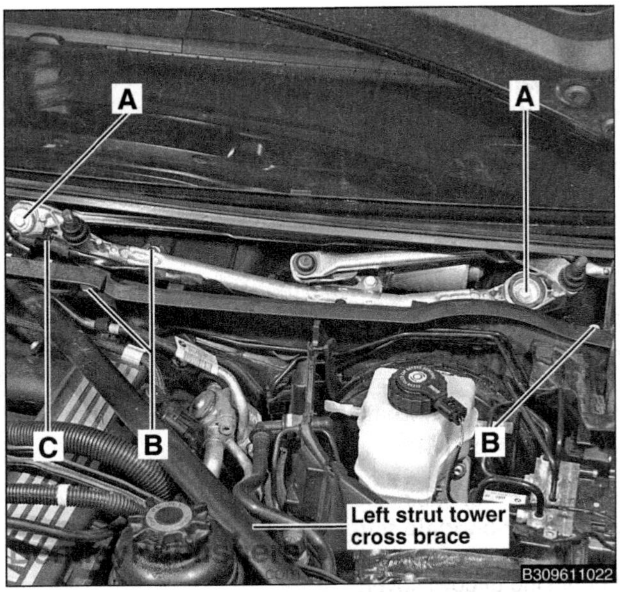

Working at left side of plenum chamber:

- Remove wiper motor assembly mounting screws (**A**).
- Remove left side plenum chamber bulkhead fasteners (**B**). If necessary, unbolt one end of left strut tower cross brace for access to rightmost bolt.
- Detach wiper motor wiring harness (**C**) from bracket.

Remove center plenum chamber bulkhead bolt (**arrow**). This allows removal of left plenum chamber bulkhead.

Pull wiper assembly out of plenum chamber and detach electrical connector.

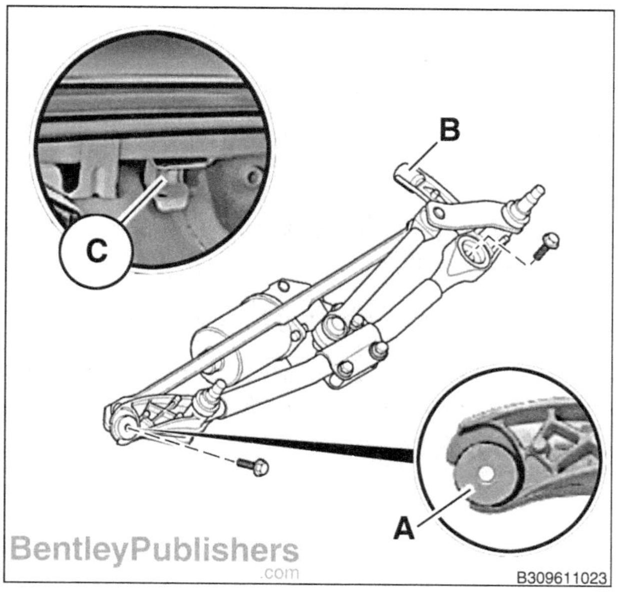

When installing wiper assembly:

- Check that rubber buffers **A** and **B** are intact and in place.
- Place wiper assembly in plenum chamber. Note that buffer **B** fits in bracket **C**.

Tightening torque	
Wiper motor assembly to bulkhead (M6)	10 Nm (7 ft-lb)

– When reinstalling cowl cover, to avoid water leaks into cabin, check that seals and grommets are intact and seat correctly.

– Before reinstalling wiper arms, make sure wiper motor is in PARK position. Reset wiper blade positions and contact angle. See **Windshield wiper blades, adjusting position** and **Windshield wiper arm twist, adjusting** in this repair group.

Rear wiper assembly

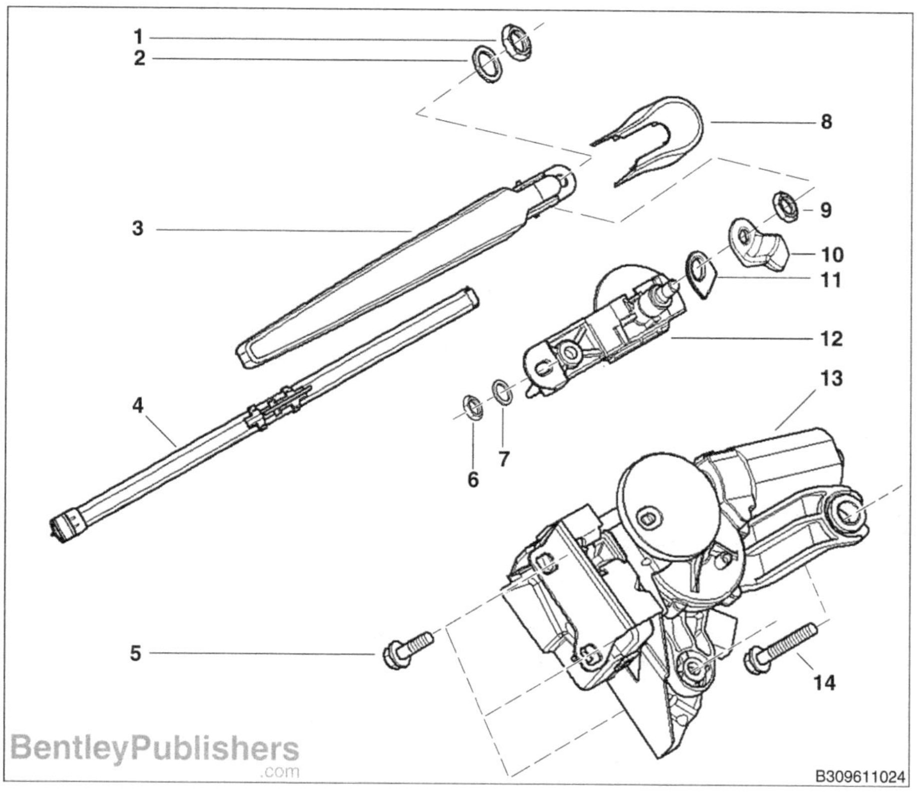

1. Wiper arm nut (M8)
   - Tighten to 10 Nm (7 ft-lb)
2. Wave washer
3. Wiper arm
4. Wiper blade
5. Torx bolt (M6 x 9 mm)
   - Tighten to 10 Nm (7 ft-lb)
6. Wiper pivot nut (M6)
   - Tighten to 8 Nm (6 ft-lb)
7. Gasket
8. Cover
9. Lock nut
10. Rear window lock release button
11. Gasket
12. Wiper pivot assembly
13. Wiper motor assembly
14. Torx bolt (M6 x 22 mm)
    - Tighten to 10 Nm (7 ft-lb)

Rear wiper motor, removing and installing

The rear wiper motor is bolted to the Sports Wagon tailgate. The wiper arm and blade are mounted to the rear window which is hinged at the top. The motor drives the rear wiper arm via a pivot assembly mounted on the rear window. For the window to close correctly and rear wiper to operate, align the pivot assembly on the glass with the drive on the wiper motor using BMW special tool 61 1 370.

The rear window lock is bolted to the rear wiper motor assembly.

Rear wiper motor, removing and installing

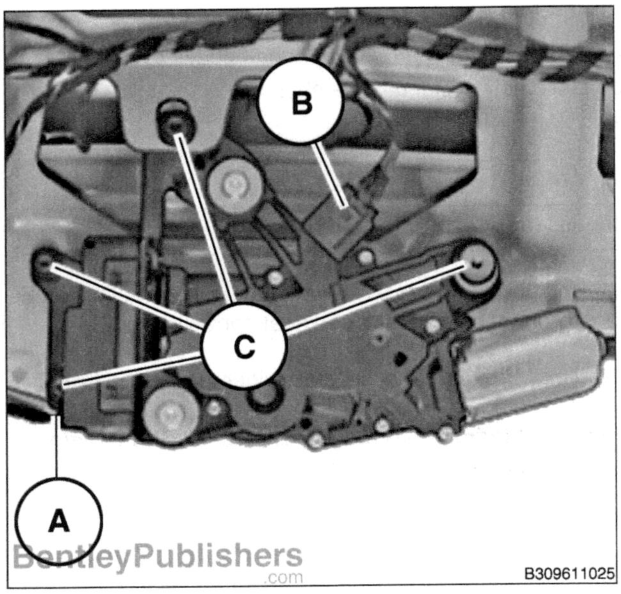

- Remove tailgate inner trim panel. See **513 Interior Trim**.

◄ Working at rear wiper motor:
- Detach electrical connectors (**A**, **B**).
- Remove mounting bolts (**C**).
- Lift off wiper motor.

- If replacing motor: Separate rear window lock from rear wiper motor assembly and bolt to new unit.
- Reinstall wiper motor but tighten mounting bolts finger tight at first.
- Attach wiper motor electrical harness. Switch ignition ON. Cycle rear wiper twice to make sure wiper motor is in PARK position. Switch ignition OFF.

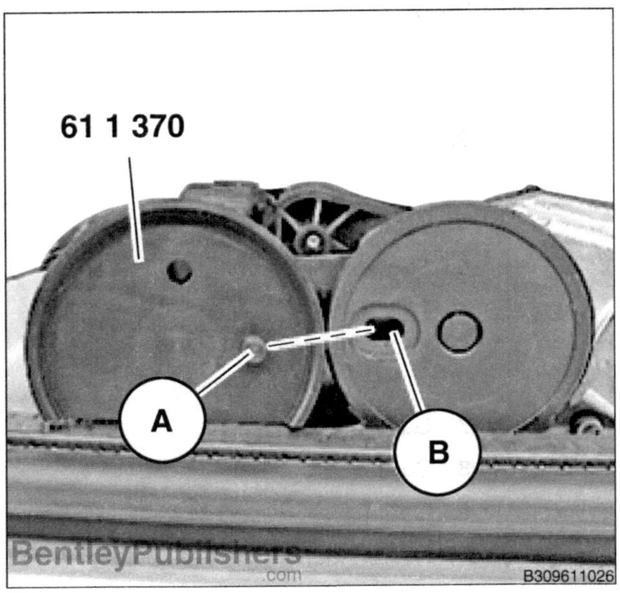

◄ Align assembly using BMW special tool 61 1 370: Position special tool so that pin (**A**) on tool inserts into slot (**B**) in wiper motor drive.

◄ With rear wiper arm vertical to glass, close rear window and allow journal of wiper pivot assembly to snap into bore (**arrow**). Close window completely.

- Tighten rear wiper motor mounting bolts.

Tightening torque	
Rear wiper motor to tailgate	10 Nm (7 ft-lb)

- Open window and remove special tool.
- Replace tailgate trim.

Rear window wiper pivot, removing and installing

– Remove rear wiper arm. See **Rear wiper arm, removing and installing** in this repair group.

– Use duct tape to hold window lock release button in place.

◄ Remove nut (**arrow**) securing pivot to window lock release button.

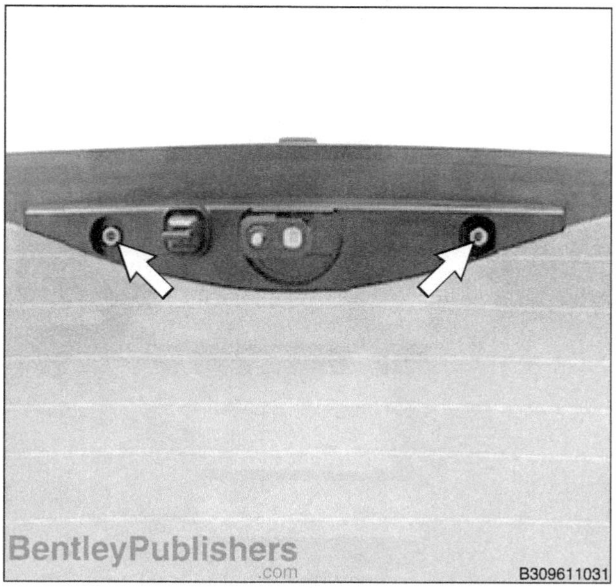

◄ With window open:

- Carefully pry out wiper pivot assembly trim covers.
- Remove trim cover mounting nuts (**arrows**) and pull off cover.

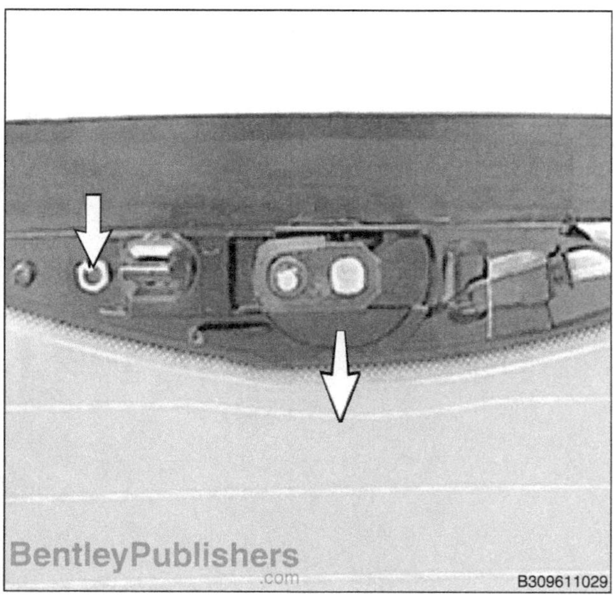

◄ With window open:

- Detach window lock release button electrical connector.
- Remove pivot assembly mounting nut (**arrow**) and remove pivot (**flared arrow**).

– Installation is reverse of removal.

Tightening torques	
Window lock release button to glass	10 Nm (7 ft-lb)
Wiper pivot to glass (M6)	8 Nm (6 ft-lb)

– Synchronize wiper pivot and wiper motor drive. See **Rear wiper motor, removing and installing** in this repair group.

Washer Systems

The windshield washer system includes electrically heated spray jets under the engine hood, the washer fluid pump, and washer fluid reservoir behind the right front wheel housing.

The headlight washer system (optional) consists of front washer fluid reservoir (shared with windshield washer system), a separate washer pump, and washer jets in the front bumper.

The rear window washer consists of the fluid reservoir (shared with windshield washer system), a separate washer pump, and a washer jet at the top of the rear window.

Windshield washer jet, removing and installing

– Remove cabin microfilter housing. See **640 Heating and Air-conditioning**.

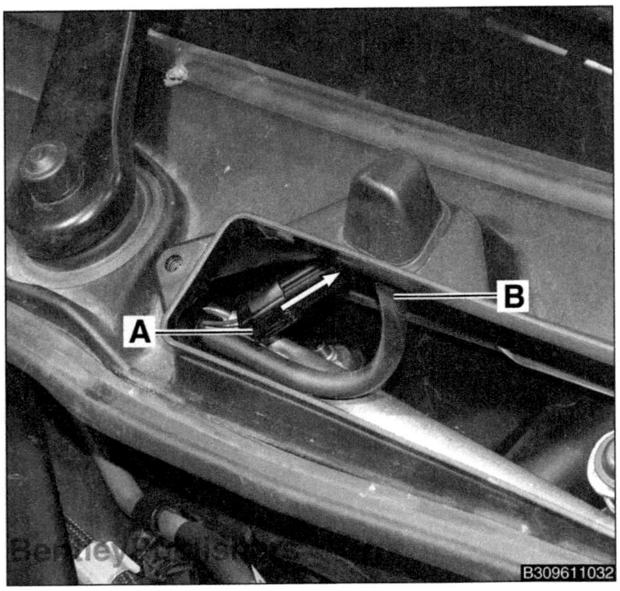

Working inside fresh air intake opening in cowl cover:

- Press on lock clip and separate washer jet electrical connector (**arrow**).
- Detach washer fluid hose (**B**) from jet.

Tilt (**arrow**) washer jet to detach and remove from cowl cover.

– When installing, check that the retaining clips and hose connection are intact.

– Check windshield washer function. Washer jet nozzle aim is set at the factory and cannot be adjusted.

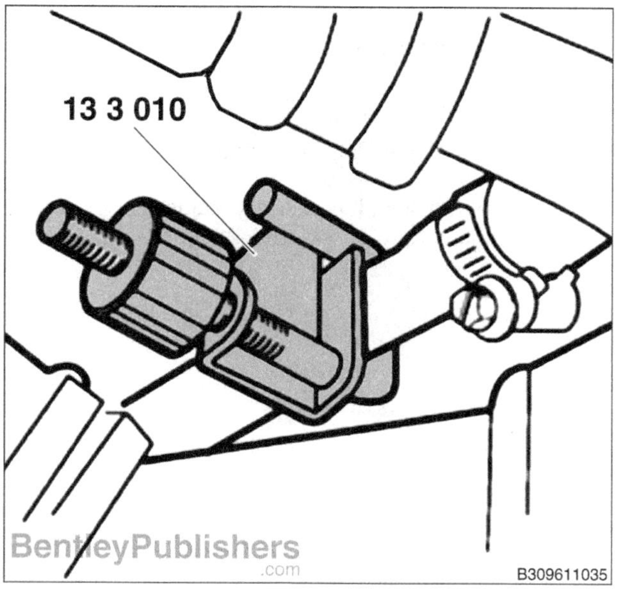

Headlight washer jet, removing and installing

- Remove right front wheel housing trim. See **410 Fender, Engine Hood**.

To avoid washer fluid spillage, pinch off washer hose with hose pinch tool 13 3 010 or equivalent.

Pull headlight washer jet out of bumper using trim cover, then detach cover by prying carefully at side clips (**arrows**).

> ***CAUTION—***
> - *In order to avoid damage to washer jet, do not let it snap back. Slide it back slowly into bumper opening*

Working through bumper cover opening (bumper cover removed for purpose of illustration):

- Press on catches (**arrows**) to release jet housing.
- Push housing backward and detach high pressure washer fluid line. Remove housing.

611

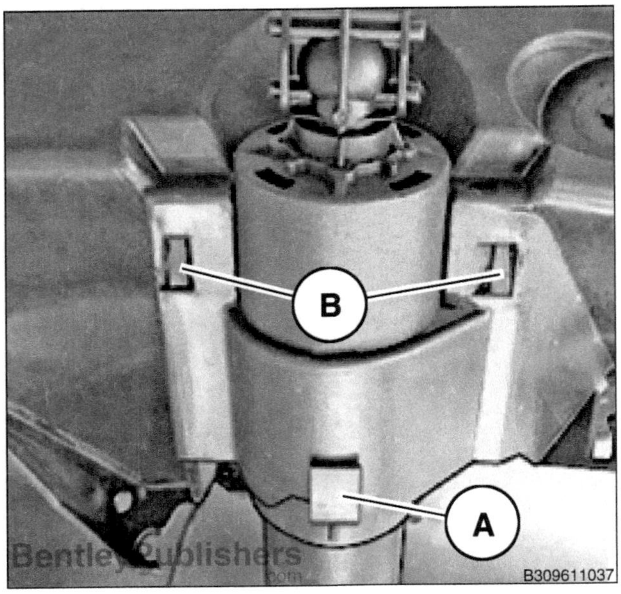

When reinstalling:
- Keep high pressure washer fluid line and connections clean and grease-free.
- Make sure guide (**A**) seats correctly.
- Make sure catches (**B**) snap audibly into place.

– Check headlight washer function. If necessary, adjust jet nozzles using needle-nosed pliers.

Rear window washer jet, removing and installing

– Remove rear spoiler. See **412 Trunk Lid, Tailgate**.

– Remove center brake light from spoiler. See **630 Lights**.

– Unlock clip (**arrow**) and pull washer jet off brake light housing.

– Separate washer fluid hose from washer jet.

– Installation is reverse of removal.

Washer fluid reservoir, removing and installing

– Open engine hood. Working at right side of engine compartment, siphon out washer fluid from reservoir.

– Raise front of vehicle and support safely.

> ***WARNING —***
> - *Make sure the vehicle is stable and well supported at all times. Use a professional automotive lift or jack stands designed for the purpose. A floor jack is not adequate support.*

– Remove right front wheel.

– Remove right front wheel housing trim. See **410 Fenders, Engine Hood.**

– Remove right side indicator light. See **630 Lights**.

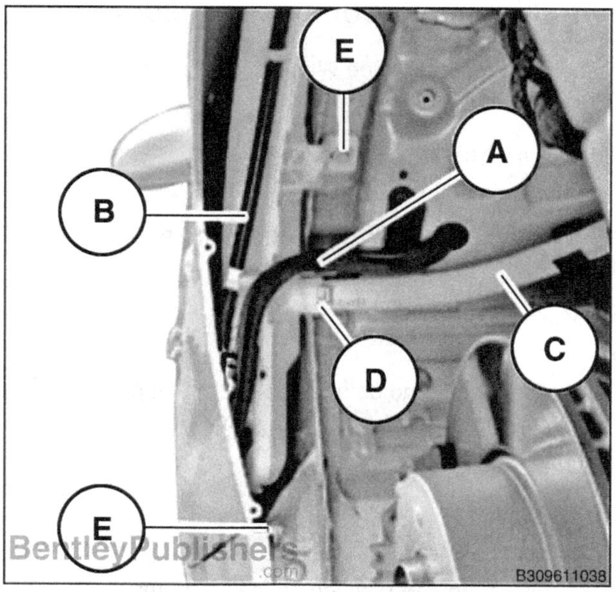

Working underneath right front wheel housing at washer fluid reservoir:

- Unhook electrical harness (**A**) out of bracket(s).
- Unhook washer fluid hose (**B**).
- Unlock filler hose (**C**) and detach from fluid reservoir (**D**). Be prepared to catch dripping washer fluid.
- Remove fluid reservoir mounting screws (**E**).
- Pull fluid reservoir forward to remove from under fender.

– For individual component replacement, see **Washer fluid reservoir components service** in this repair group.

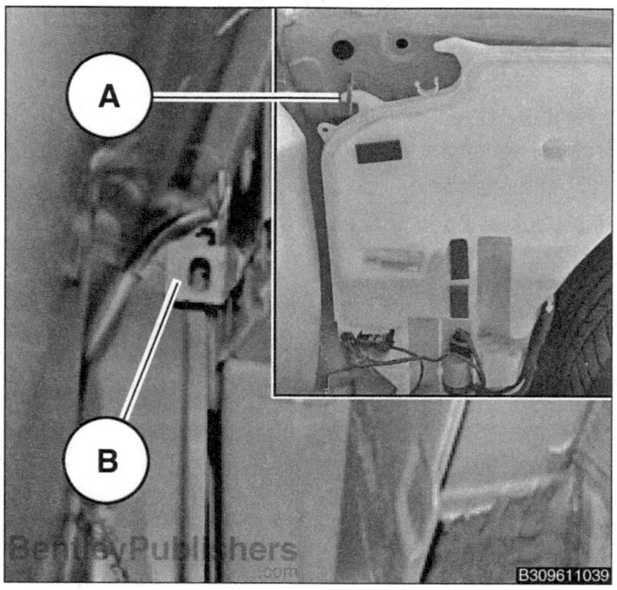

When installing:

- Make sure fluid reservoir lug (**A**) hooks into bracket (**B**) under fender.
- Check to see that fluid hoses are not kinked.
- Fill reservoir and check for leaks.

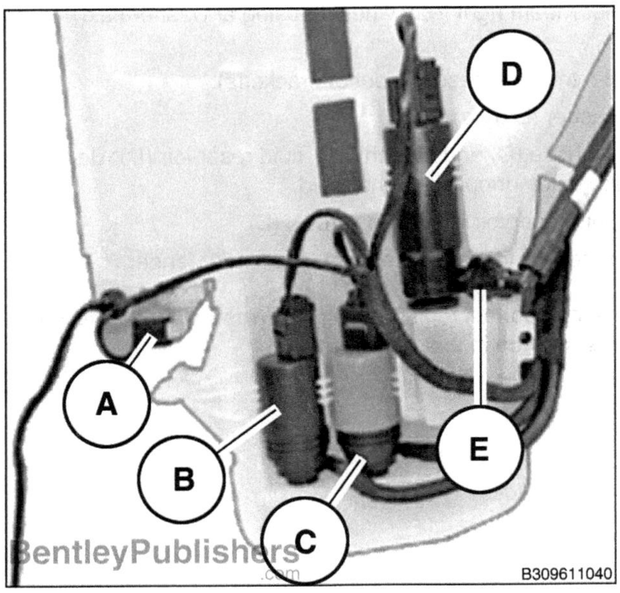

Washer fluid reservoir components service

- Remove washer fluid reservoir. See **Washer fluid reservoir, removing and installing** in this repair group.

< Washer fluid level switch (**A**):
  - Detach electrical connector.
  - Rotate switch clockwise and pry out of reservoir. Be prepared to catch dripping fluid.

- Rear window washer pump (**B**):
  - Detach electrical connector.
  - Cut or loosen hose clamp and detach hose from pump.
  - Rotate pump clockwise and pry out of reservoir. Be prepared to catch dripping fluid.

- Windshield washer pump (**C**):
  - Detach electrical connector.
  - Cut or loosen hose clamp and detach hose from pump.
  - Rotate pump clockwise and pry out of reservoir. Be prepared to catch dripping fluid.

- Headlight washer pump (**D**):
  - Detach electrical connector.
  - Separate high pressure fluid hose at split connector (**E**).
  - Rotate pump clockwise and pry out of reservoir. Be prepared to catch dripping fluid.

- Installation is reverse of removal, noting the following:
  - Replace strainers on washer pumps.
  - Coat grommet at base of pump or sensor with anti-friction agent.
  - Use new hose clamps, if applicable.
  - After installation, check that fluid hoses are not kinked.

- Fill reservoir and check for leaks.

612 Switches

General

This repair group covers replacement of electrical switches at the steering wheel, steering column, dashboard, pedal cluster, center console and door panels.

See also the following sections:

- **210 Clutch** for clutch switch
- **230 Manual Transmission** for manual transmission back-up light switch
- **240 Automatic Transmission** for automatic transmission back-up light switch function
- **250 Gearshift Linkage** for automatic shiftlock
- **320 Steering and Wheel Alignment** for steering wheel and steering column components
- **520 Seats** for seat position control switches
- **541 Convertible Top** for convertible top microswitches
- **ECL Electrical Component Locations**
- **ELE Electrical Wiring Diagrams**

Cautions

> ***CAUTION—***
> - *When working on electrical switches or lights, disconnect the negative (–) cable from the battery and insulate the cable end to prevent accidental reconnection.*
> - *Prior to disconnecting the battery, read the battery disconnection cautions given in* **001 Warning and Cautions**.
> - *To prevent marring interior trim, work with plastic prying tools or wrap the tips of screwdrivers and pliers with tape before prying out switches or trim.*

STEERING WHEEL SWITCHES

The steering wheel of vehicles covered by this manual are equipped with the following:

- SRS airbag and horn button
- Horn contact
- Cellular telephone controls
- Radio controls

To replace the steering wheel switches and buttons, remove the airbag first. The horn button is integrated with the airbag and is not replaceable separately.

Multifunction steering wheel switches

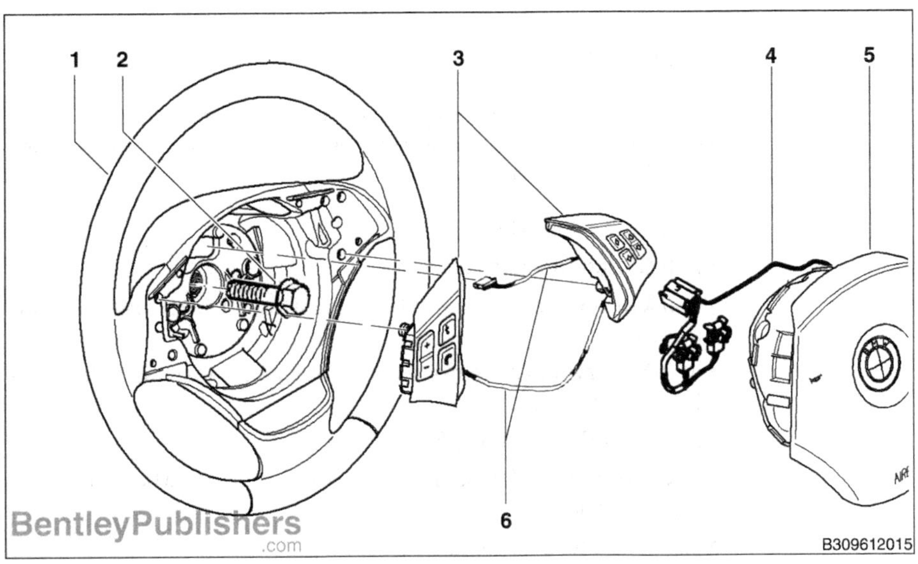

1. Multifunction steering wheel
2. Mounting bolt (M16)
   - Tighten to 63 Nm (46 ft-lb)
3. Multifunction switches
4. Airbag and horn electrical harness
5. Airbag unit and horn button
6. Multifunction switch electrical harness

Sport steering wheel switches

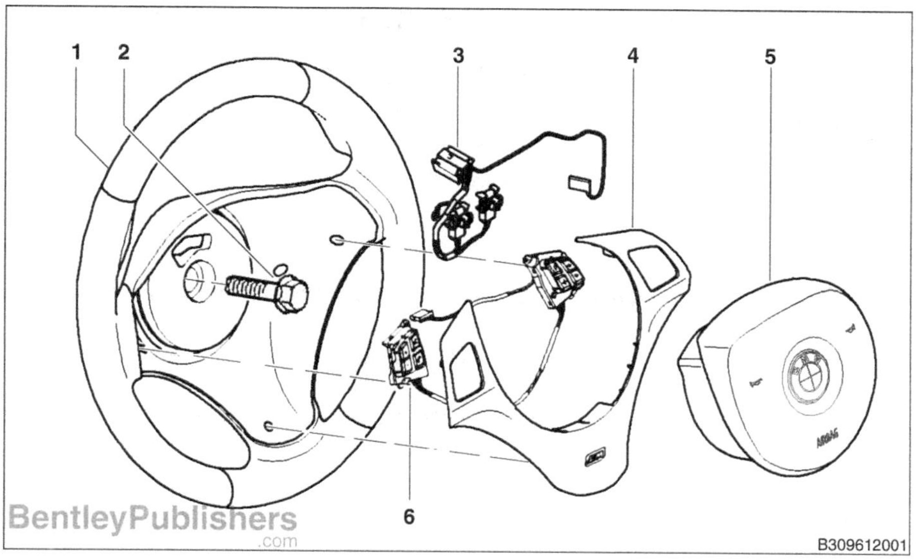

1. Sport steering wheel
2. Mounting bolt (M16)
   - Tighten to 63 Nm (46 ft-lb)
3. Airbag and horn electrical harness
4. Plastic trim
5. Airbag unit and horn button
6. Radio and telephone control switches

Steering wheel switches, removing and installing

– Disconnect negative (-) battery cable and cover battery terminal to keep cable from accidentally contacting terminal.

> ***CAUTION—***
> - *Prior to disconnecting the battery, read the battery disconnection cautions given in* **001 Warnings and Cautions**.

– Remove driver airbag in steering wheel. See **721 Airbag System (SRS)**.

> ***WARNING —***
> - *The steering wheel mounted airbag is an explosive device. Treat with extreme caution. Follow the airbag removal procedure in* **721 Airbag System (SRS)**.
> - *Airbag removal may set SRS fault codes. The SRS indicator light remains ON until problems are corrected and fault memory cleared.*

< Multifunction steering wheel:
- Use plastic prying tool to pry switches off steering wheel.
- Detach switch electrical harness. Detach harness loom from steering wheel and remove switches.

– Sport steering wheel:
- Use plastic prying tool to pry plastic trim and multifunction switches off steering wheel. Separate switches from trim.
- Detach switch electrical harness. Detach harness loom from steering wheel and remove switches.

– Installation is reverse of removal.

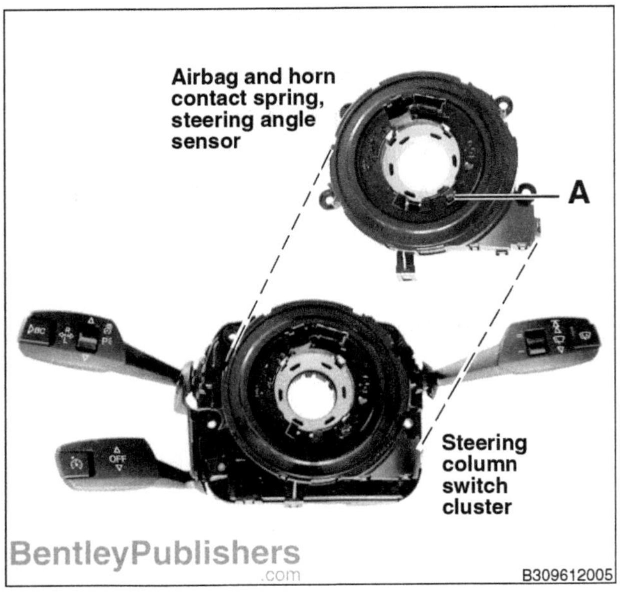

STEERING COLUMN SWITCH CLUSTER (SZL)

Steering column switch cluster (SZL) basics

The steering column switch cluster (SZL) integrates the following functions:

- Wiper and washer switch
- Headlight beam switch
- Turn signal switch
- Cruise control
- Airbag and horn contact spring, steering angle sensor with stop pin **(A)**
- On-board computer (BC) switch

SZL switches are optical devices.

SZL system overview

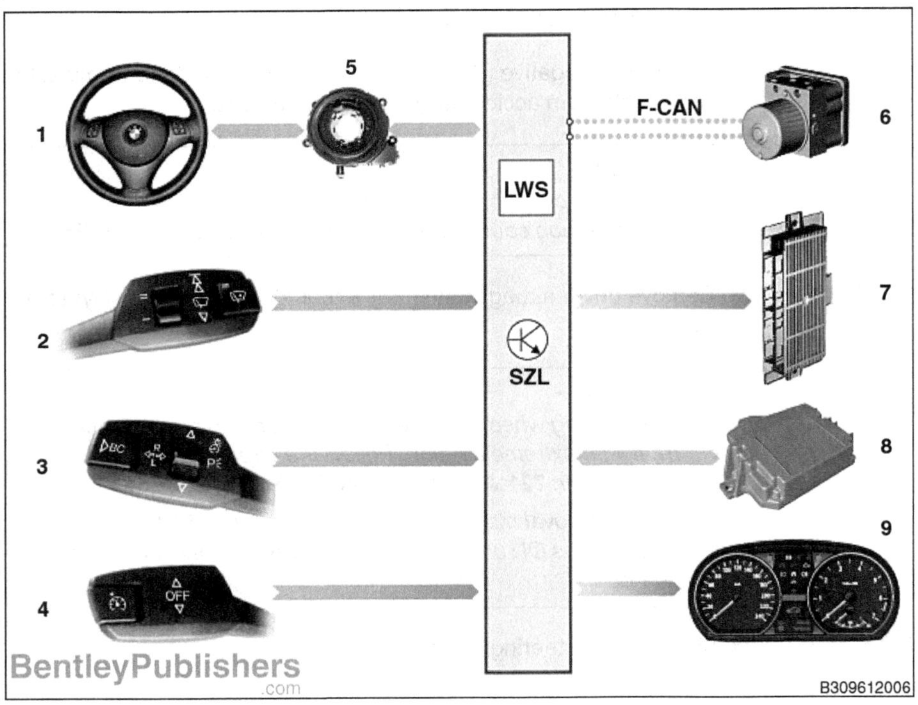

1. Steering wheel and driver airbag
2. Wiper and washer switch
3. Turn signal switch
   Headlight beam switch
   On-board computer switch
4. Cruise control switch
5. Airbag and horn contact spring, steering angle sensor
6. DSC control module
7. Footwell module (FRM)
8. Multiple restraint system (MRS) control module
9. Instrument cluster

- **F-CAN** Chassis CAN-bus
- **LWS** Steering angle sensor
- **SZL** Steering column switch cluster

SZL system schematic

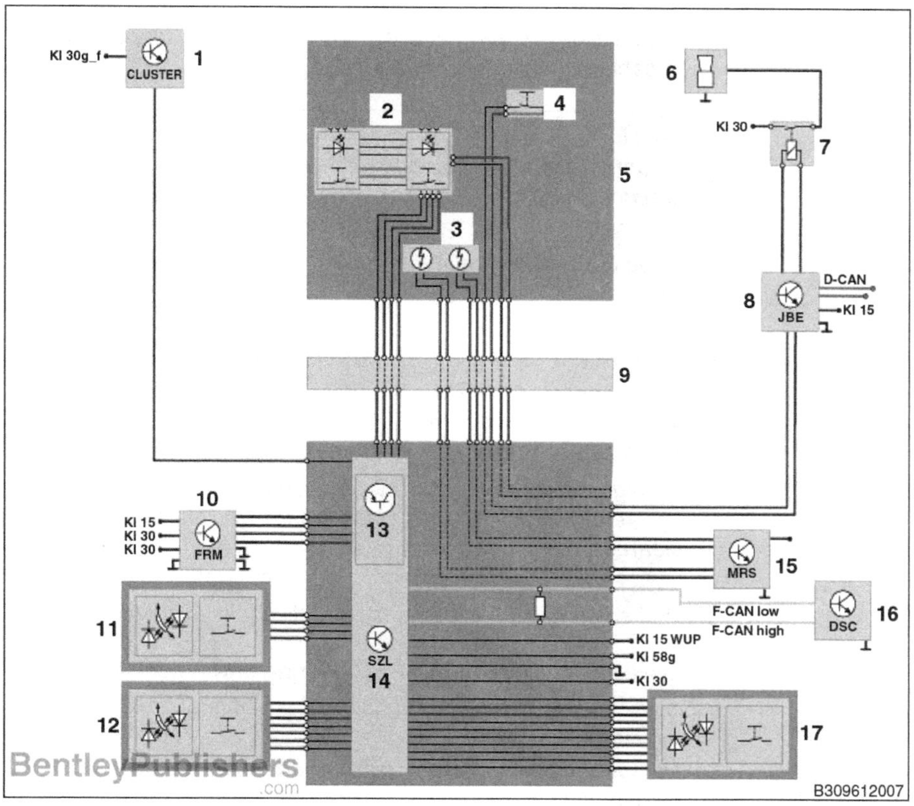

1. Instrument cluster
2. Multifunction steering wheel switches
3. Driver airbag
4. Horn switch
5. Multifunction steering wheel
6. Horn
7. Horn relay in junction box (JB)
8. Junction box control module (JBE)
9. Airbag and horn contact spring
10. Footwell module (FRM)
11. Cruise control switch
12. Turn signal switch
    Headlight beam switch
13. Steering angle sensor (LWS)
14. Steering column switch cluster (SZL)
15. Multiple restraint system (MRS) control module under center console
16. DSC control module
17. Wiper and washer switch

SZL connector pin assignments

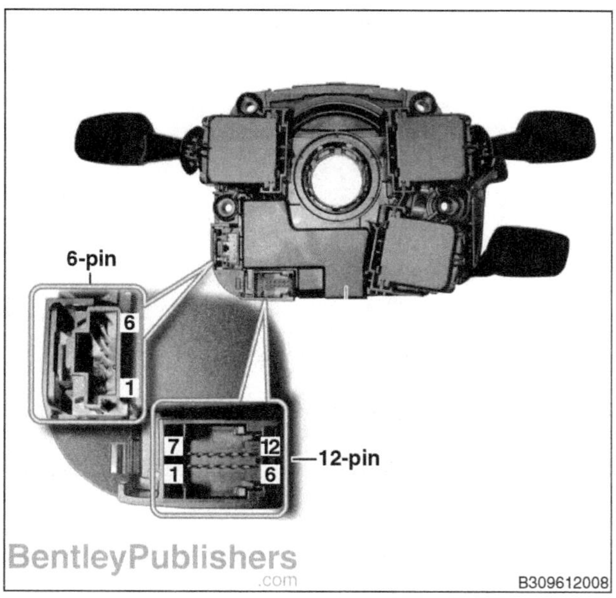

6-pin connector:

1. Horn button ground
2. Horn button signal wire
3. Driver airbag data line, stage 2
4. Driver airbag data line, stage 2
5. Driver airbag data line, stage 1
6. Driver airbag data line, stage 1

12-pin connector:

1. Right turn signal
2. Not used
3. Terminal 58g light
4. Not used
5. Left turn signal
6. F-CAN low
7. Terminal 31 (ground)
8. Headlight flasher and headlight beam switch
9. SZL control module voltage supply (terminal 30)
10. Terminal 15 wake-up wire
11. On-board computer signal
12. F-CAN high

Steering column switch cluster (SZL), removing and installing

– Disconnect negative (-) battery cable and cover battery terminal to keep cable from accidentally contacting terminal.

> ***CAUTION—***
> - *Prior to disconnecting the battery, read the battery disconnection cautions given in* **001 Warnings and Cautions**.

– Remove driver airbag in steering wheel. See **721 Airbag System (SRS).**

> ***WARNING —***
> - *The steering wheel mounted airbag is an explosive device. Treat with extreme caution. Follow the airbag removal procedure in* **721 Airbag System (SRS)**.
> - *Airbag removal may set SRS fault codes. The SRS indicator light remains ON until problems are corrected and fault memory cleared.*

– Extend steering column as far back and as low as possible.

– Remove steering wheel. See **320 Steering and Wheel Alignment**.

> ***CAUTION—***
> - *Do not move front wheels from straight-ahead position while steering wheel is off.*
> - *While steering wheel is off, do not turn or twist the airbag and horn contact spring.*

◄ Use plastic prying tool to unclip upper steering column cover at sides.

◄ Tilt trim up and unclip gap cover pins (**arrows**). Remove trim.

– Convertible: Detach hands-free microphone from trim.

– Place steering column in extended position and as high as possible. Do not lock manual adjustment lever.

◀ Release steering column lower trim cover detent lugs (**arrows**) and detach lower trim.

◀ Remove SZL mounting screws (**arrows**) and pull cluster back.

– Detach electrical connectors and remove SZL.

– Installation is reverse of removal. Be sure to connect BMW scan tool or equivalent and carry out steering angle sensor adjustment.

Airbag and horn contact spring, steering angle sensor, removing and installing

– Remove SZL. See **Steering column switch cluster (SZL), removing and installing** in this repair group.

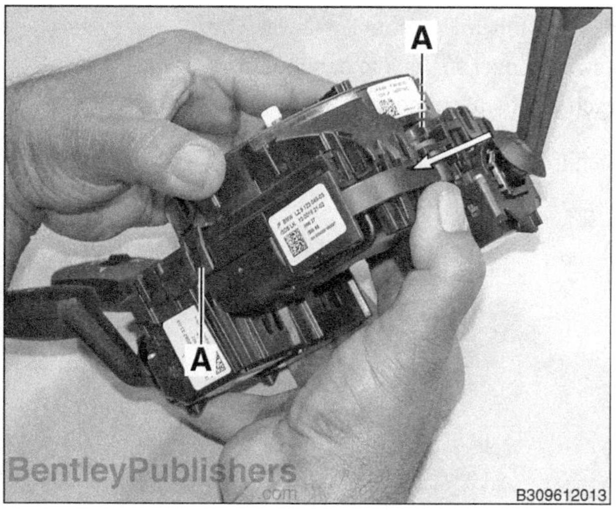

◀ Working at contact spring module:

- Unlock catches **A**.
- Press lock (**arrow**) and pull contact spring off SZL (**arrow**).

> ***CAUTION—***
>
> - *Do not rotate inner ring of contact spring. If necessary, secure ring using adhesive tape.*

When installing contact spring, make sure guide (**arrow**) slides into notch in switch cluster.

Dashboard Switches

Light switch, removing and installing

Use plastic prying tool to pry out left side dashboard trim strip and vent (**arrow**).

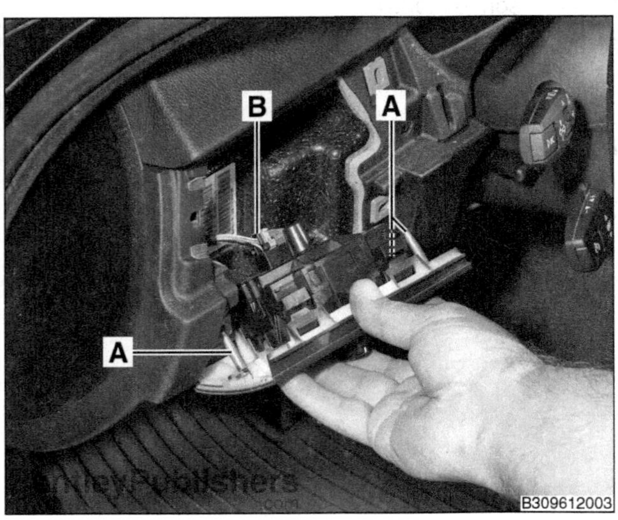

Use plastic prying tool to lever out light switch bezel with switch.

- Note that switch bezel snaps into dashboard using lugs **A**.
- Unclip switch electrical connector (**B**).

– Detach switch from bezel and replace.

START STOP switch, removing and installing

– Remove hazard warning and central locking switch. See **Hazard warning, central locking and DTC switch assembly, removing and installing** in this repair group.

< Use plastic prying tool to pry off right side dashboard decorative strip.

< Pull back decorative strip and press on lock tabs (**arrow**) to separate ignition ribbon harness from START STOP switch.

– Press together catches on START STOP switch to remove from decorative strip.

– Installation is reverse of removal.

Hazard warning, central locking and DTC switch assembly, removing and installing

< Use plastic prying tools to lever out hazard warning, central locking and DTC switches on center dashboard. Detach electrical harness from back of switch assembly after pulling it out slightly.

– Installation is reverse of removal.

Other Switches

Back-up light switch

For manual transmission back-up light switch replacement, see **230 Manual Transmission**.

Automatic transmission electronics combines the following functions:

- Neutral safety switch.
- Back-up light switch.

Brake light switch, removing and installing

– Remove left lower dashboard trim (above pedals). See **513 Interior Trim**.

◄ Working at pedal cluster, disconnect electrical harness connector (**arrow**) from brake light switch.

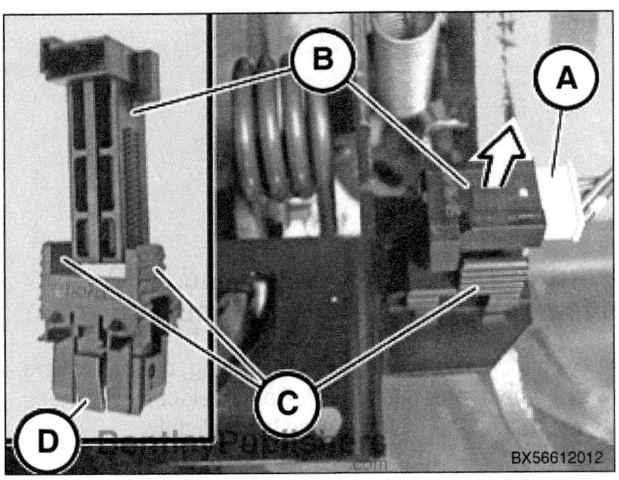

◄ Pull brake light switch (**B**) from bracket mounting in direction of **arrow**.

– To install, depress brake pedal and hold down with brake pedal prop tool.

– Slide brake light switch (**B**) as far as it will go into brake light switch holder (**C**).

– Attach harness connector (**A**).

– Grip brake light switch holder (**C**), slowly return brake pedal to rest position and pull switch back to stop.

– Check function of brake light switch with helper.

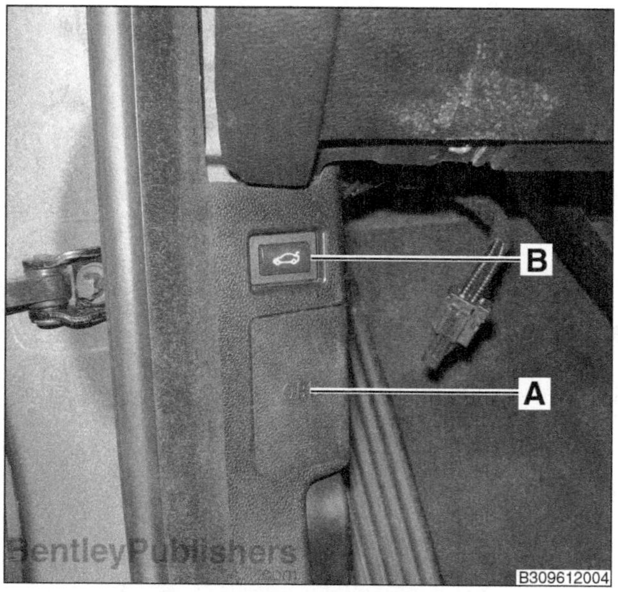

Trunk lid or tailgate release button, replacing

◄ Working at left door jamb:
- Remove OBD II plug cover (**A**).
- Reach through opening and push out trunk lid or tailgate switch (**B**).
- Detach electrical connector.

– Installation is reverse of removal.

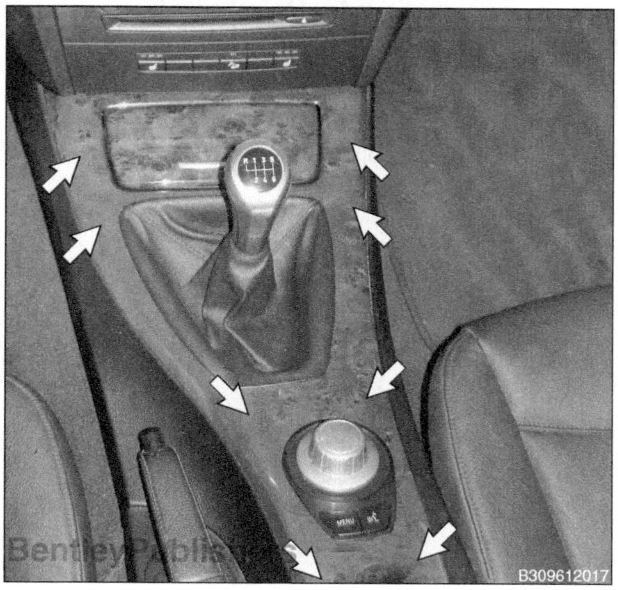

iDrive controller, removing and installing

– Remove shifter knob. See **250 Gearshift Linkage**.

◄ Use plastic prying tool to pry up center console cover. Note locations of locking clips on underside of cover (**arrows**).

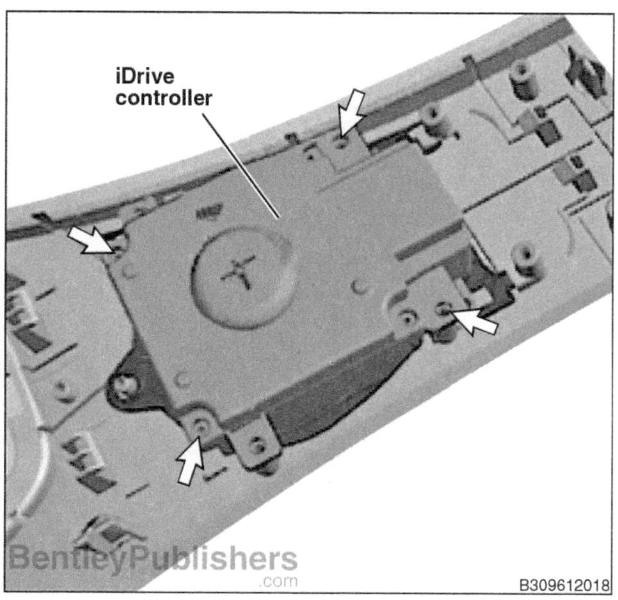

◄ Working at underside of center console cover:
- Remove iDrive controller mounting screws (**arrows**).
- Slide controller forward to remove.

– If installing new controller:
- Use plastic prying tool to pry controller knob off old unit and press on new unit.
- Use BMW scan tool or equivalent to program and code new unit.

Driver door switch module, removing and installing

The master front and rear window switches are ganged with child safety switch and outside mirror control switch on the driver door arm rest.

- Using plastic prying tool, pry complete assembly out of arm rest.
- Disconnect electrical harnesses and remove module.
- Installation is reverse of removal.

Passenger door power window switch, removing and installing

- Using plastic prying tool, pry door switch unit from door arm rest.
- Disconnect harness connector from switch unit.
- Installation is reverse of removal.

620 Instruments

GENERAL

This repair group covers removal and installation of the instrument cluster. The cluster does not contain any replaceable components. If necessary, replace the entire unit.

See **020 Maintenance** for an explanation of condition based service (CBS) and Check Control, both of which use instrument cluster displays.

INSTRUMENT CLUSTER

Instrument cluster layout

1. Speedometer
2. Indicator and warning lights
3. Tachometer
4. Trip odometer reset button
5. Fuel gauge
6. Clock
   Outside temperature
   Check Control
   Indicator and warning lights
7. Automatic transmission gear selected
   On-board computer (BC)
   Next scheduled service
   Odometer
   Trip odometer
   Flat tire monitor (FTM) initialization
   Engine oil level
   Settings and information
8. Fuel mileage gauge

INSTRUMENT CLUSTER SERVICE

Instrument cluster replacement

If replacing the instrument cluster, keep in mind that vehicle odometer reading and other data is redundantly stored in the instrument cluster, footwell module (FRM) and car access system (CAS) module.

If FRM, CAS and the instrument cluster are replaced simultaneously, the odometer reading may be lost as a result.

Instrument cluster, removing and installing

– Extend steering column as far back and down as it will go.

< Remove instrument cluster fasteners (**arrows**). Tilt cluster backward (**curved arrow**) out of dashboard.

– Unlock and disconnect harness connectors from back of cluster. Slide cluster sideways to clear steering wheel.

– Installation is reverse of removal, noting the following:

- Make sure instrument cluster harness connector locking levers are in fully unlocked position before installing connector.
- Recode new or replacement cluster using BMW scan tool or equivalent.

Tightening torque	
Instrument cluster to dashboard	1.5 Nm (8.5 in-lb)

630 Lights

TABLES

GENERAL

This repair group covers interior and exterior lights.

See also:

- **600 Electrical System–General** for bus system basics and footwell module (FRM) replacement
- **611 Wipers and Washers** for headlight washer system
- **612 Switches** for light switch replacement
- **620 Instruments** for instrument cluster removal
- **ECL Electrical Component Locations**
- **ELE Electrical Wiring Diagrams**

Bulb applications

Bulb applications for Sedan and Sports Wagon models are in **Table a**; for Coupe and Convertible models in **Table b**.

Table a. Bulb applications: Sedan, Sports Wagon	
Location	**Type and wattage**
Headlights • Low beam (halogen) • Low beam (xenon) • High beam	 H7 55 w D1S H7 55 w
Back-up lights	P21 w
Brake light • Sides • Center	 21 w LEDs
Licence plate lights • to 09 / 2007 • from 09 / 2007	 Festoon 5 w LEDs
Adaptive brake light	H21 w
Taillights	21 w
Turn signals • Front to 09 / 2008 from 09 / 2008 • Rear • Side	 21 w LEDs 21w WY5 w ST
Interior lights	
• Cargo area light (D-pillar)	W5 w
• Dome and map lights, front or rear	Xenon W6 w
• Door courtesy lights	W3 w
• Footwell lights	W5 w
• Glove compartment	Festoon C5 w
• Trunk light	Festoon C10 w
• Vanity mirror	Festoon C10 w

Table b. Bulb applications: Coupe, Convertible	
Location	**Type and wattage**
Headlights • Driving light (xenon) • Parking light • Turning light	 D1S H8 35 w H3 55 w
Back-up lights	W16 w
Brake light • Sides • Center	 W16 w LEDs
Licence plate lights • to 09 / 2007 • from 09 / 2007	 Festoon 5 w LEDs
Adaptive brake light	H21 w
Taillights	LEDs
Turn signals • Front to 2011 from 2011 • Rear • Side	 24 w LEDs 21 w WY5 w ST
Interior lights	
• Dome and map lights, front or rear	Xenon W6 w
• Door courtesy lights	W3 w
• Footwell lights	W5 w
• Glove compartment	Festoon C5 w
• Trunk light	Festoon C10 w
• Vanity mirror	Festoon C10 w

Exterior lights overview

The exterior lighting system consists of:

- Headlights with low beams, high beams and parking (side) lights
- Turn signal lights
- Brake lights including center brake light
- Side turn signals
- Taillights
- Back-up lights
- Front fog lights
- Rain and light sensor with automatic driving light control

The optional bi-xenon headlights are available in conjunction with adaptive headlights.

630

Exterior lighting control modules

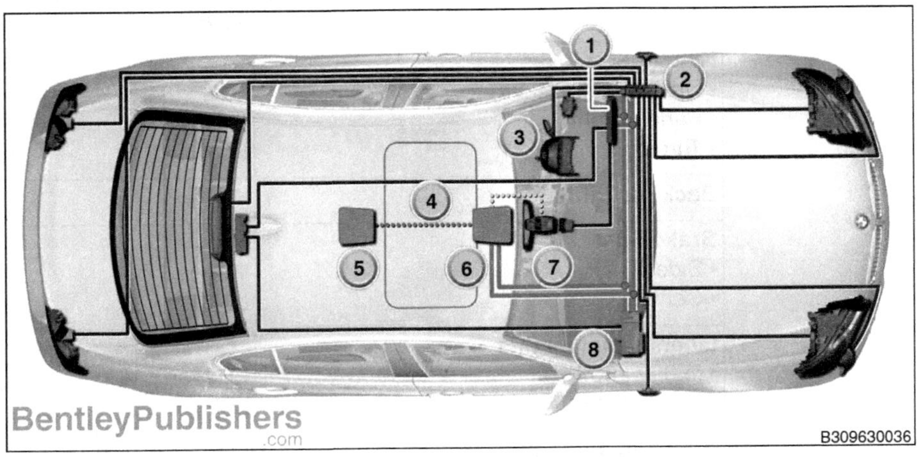

1. Car access system (CAS)
2. Footwell module (FRM)
3. Steering column switch cluster (SZL)
4. Multiple restraint system (MRS)
5. Ultrasonic passenger compartment sensor (USIS)
6. Roof function center (FZD)
7. Rain and light sensor (RLS)
8. Junction box electronic module (JBE)

Footwell module (FRM) is the master control module for all exterior lighting functions. Exterior light systems (headlights and side and parking lights) are switched ON and OFF by the light switch via the FRM. The hazard light switch is connected directly to the FRM.

Steering column switch cluster (SZL) directly provides information to flash headlights, activate high beams or activate turn signal indicators to the FRM via a hard wired connection.

Rain and light sensor (RLS) provides the FRM with light switching information in the "automatic" driving lights setting.

Junction box electronics module (JBE) provides a pass-through function for the signals from the SZL, which are transmitted on the F-CAN to the DSC module.

Junction box (JB) fuses supply power to the FRM.

Car access system (CAS) provides ignition switch information to the FRM.

Roof function center (FZD) routes information from RLS to FRM via K-CAN. RLS provides information to switch headlights ON or OFF based on ambient light levels.

Ultrasonic passenger compartment protection sensor (USIS) is part of the optional alarm system. If the alarm is triggered, a request is sent to the FRM to trigger a visual alarm by flashing the lights. Flashing of the lights in association with arming and disarming the alarm system can be set using car / key memory (personal profile). See **515 Central Locking and Anti-theft**.

Multiple restraint system (MRS) sends a crash signal to the FRM to activate the hazard lights and illuminate the interior lights.

Exterior lighting functions

Automatic headlight control is activated by turning the light switch to the AUTO headlight position. Driving lights are switched ON together with the side lights by the automatic driving lights control system. Lights activation is based on input from the rain and light sensor (RLS), depending on ambient lighting conditions (tunnel, twilight, rain or snow).

In case of RLS malfunction, FRM illuminates the headlights.

> ***WARNING —***
> - *The automatic headlight control cannot serve as a substitute for personal judgement in determining when to switch the lights ON. For example: The system cannot detect fog.*

Foglights are activated by pressing the foglight button; switch parking lights or low beam headlights ON first.

Turn signals are activated via the turn signal stalk on the SZL, an optical switch. A defective bulb in the front or rear turn signals results in the remaining lights flashing at double the normal rate.

The one- touch function flashes the turn signals three times. The function can be modified using car / key memory (personal profile). See **515 Central Locking and Anti-theft**.

Hazard lights are activated by depressing the hazard light switch (ganged with the central locking and DTC switches and stratification thumbwheel) located in the center of the dashboard.

Turn signals have priority if the hazard flashers are activated first. Hazard flashers have priority if the turn signal is activated first.

Vehicle with alarm system: Hazard lights flash for up to 6 minutes if alarm is triggered and not switched off. FRM receives the flasher request via K-CAN from USIS module.

When central locking is activated, CAS supplies a signal to FRM via K-CAN to flash the hazard lights indicating that the vehicle is locked. This visual feedback can be deactivated using car / key memory (personal profile). See **515 Central Locking and Anti-theft**.

630

Taillights. In case of a taillight bulb failure or other malfunction, the brake light bulbs are used as a substitute. The bulbs are dimmed by a pulsed signal to provide substitute taillights.

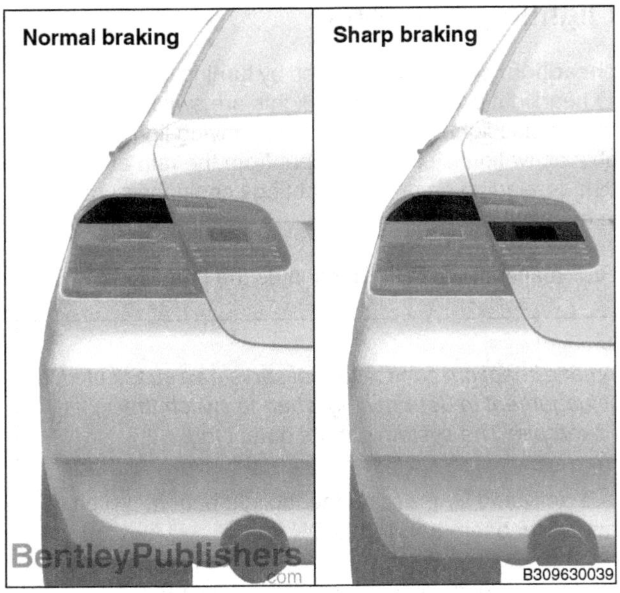

Brake lights, brake force display. Brake lights illuminate in two stages, depending on how sharply the brakes are applied:

- Normal braking: Outboard and center brake lights illuminate
- Sharp braking: brake light bulb in trunk lid or tailgate also illuminates.

Brake force display, standard on 3 Series vehicles, is activated at speeds above 5 kph (3 mph). The threshold for triggering brake force display is deceleration above 5 m / s^2 (0.003 mach).

The brake light switch is powered by a 5 v signal from CAS with terminal R ON.

Back-up lights. Automatic transmission signal for activating back-up lights is communicated from EGS module via PT-CAN to FRM.

Manual transmission back-up light signal is communicated by reverse gear switch to FRM.

Bulb monitoring. FRM monitors the exterior lighting system with the lights switched ON or OFF if terminal 15 is active (ignition ON).

Cold monitoring with lights OFF: Brief current pulses, so short that bulbs are not illuminated, are used for measurement purposes. FRM evaluates individual bulb outputs to establish whether there is a line break or a bulb is defective.

The number of current pulses is large during the first 4 seconds after terminal 15 ON to check whether bulbs are in working order before setting off. This function is referred to as the predrive check. The number of pulses is then reduced after the predrive check. Pulsed power is then applied to the bulbs every 1.5 minutes.

The center brake light is not included in the cold monitoring system because LEDs react too fast to the current pulse and would consequently light up. The bi-xenon headlight is also not included in the cold monitoring because of legal restrictions.

Hot monitoring with lights ON is based on measuring the current of individual bulbs, used to detect an overload or interruption (break).

Pathway / follow me home light is activated by the headlight flasher position on the SZL stalk.

Exterior lighting circuit diagram

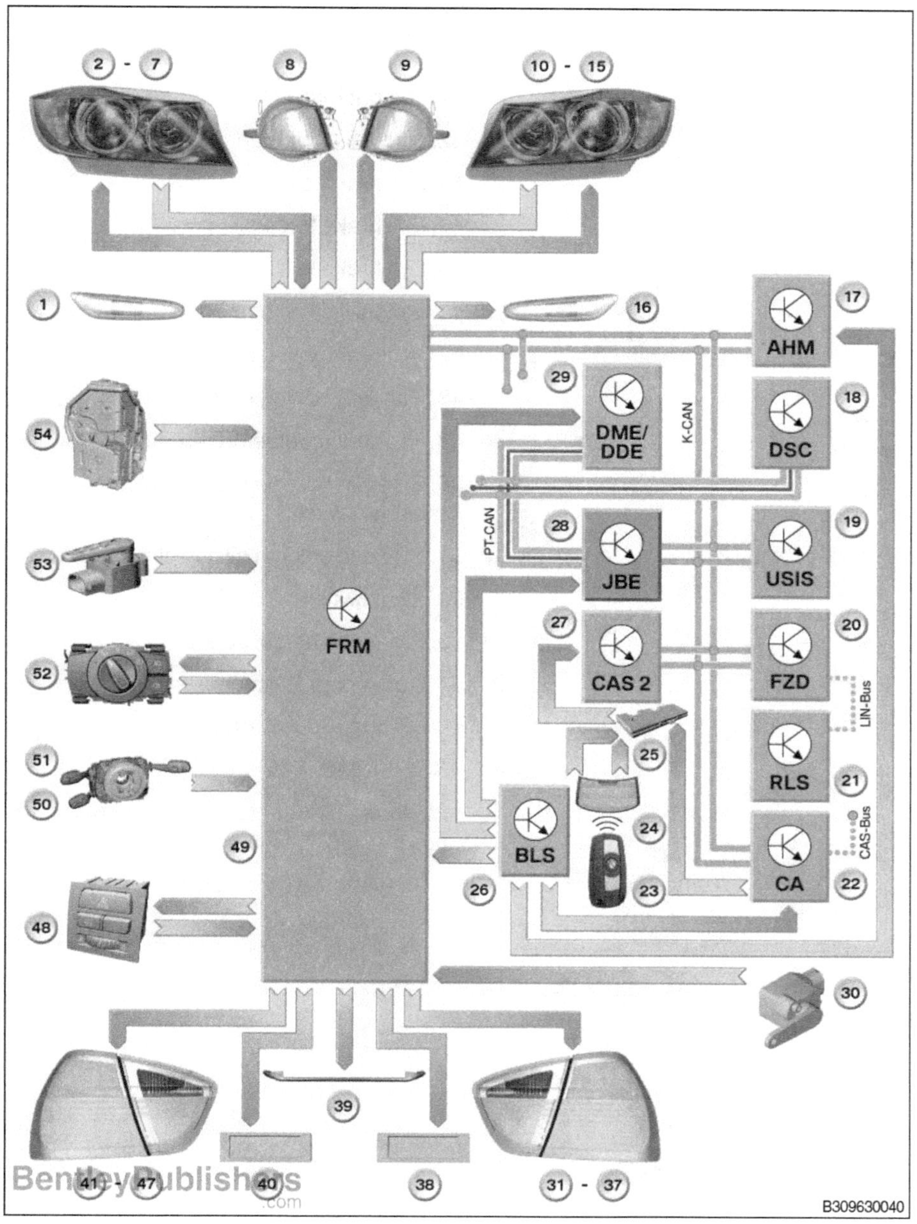

1. Left side turn signal
2. Left headlight vertical aim control stepper motor
3. Left front turn signal
4. Left high beam shutter
5. Left side light
6. Left low beam
7. Left high beam
8. Left front foglight
9. Right front foglight
10. Right high beam
11. Right low beam
12. Right side light
13. Right high beam shutter
14. Right front turn signal
15. Right headlight vertical aim control stepper motor
16. Right side turn signal
17. Not used
18. Dynamic stability control (DSC)
19. Ultrasonic passenger compartment protection sensor (USIS)
20. Roof function center (FZD)
21. Rain and light sensor (RLS)
22. Comfort access (CA) module
23. Remote key (identification transmitter)
24. Rear window antenna
25. Remote control receiver
26. Brake light switch
27. Car access system (CAS)
28. Junction box electronic module (JBE)
29. Engine control module (ECM)
30. Rear ride height sensor
31. Right rear turn signal
32. Right taillight, outboard
33. Right brake light
34. Right brake force display light
35. Right rear foglight
36. Right taillight, inboard
37. Right back-up light
38. Right license plate light

Exterior lighting circuit diagram (continued)

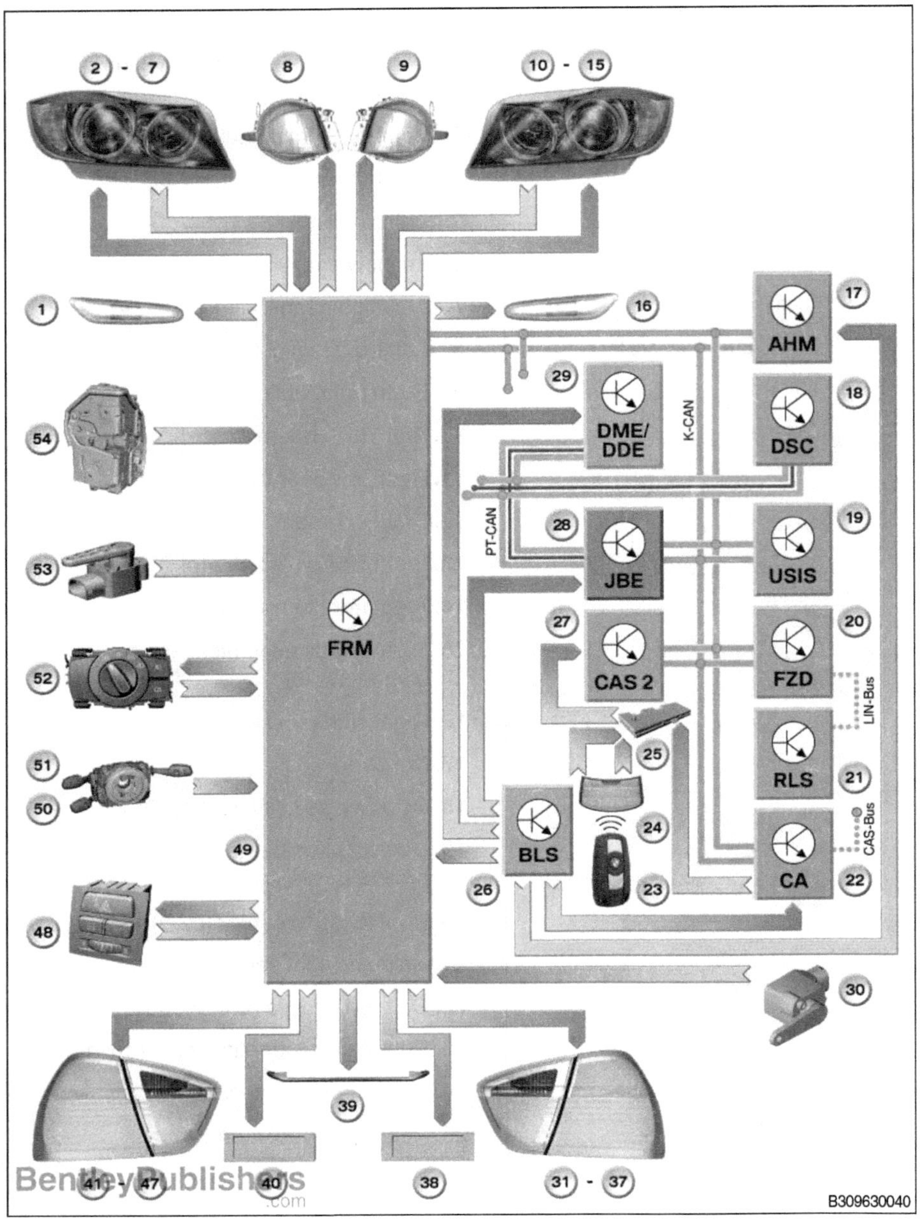

Exterior lighting circuit diagram *(continued)*

39. Center brake light

40. Left license plate light

41. Left back-up light

42. Left taillight, inboard

43. Left rear foglight

44. Left brake force display light

45. Left brake light

46. Left taillight, outboard

47. Left rear turn signal

48. Hazard warning switch

49. Footwell module (FRM)

50. Steering column high beam and turn signal switch

51. Steering column switch cluster (SZL)

52. Light switch

53. Front ride height sensor

54. Door contact switch

- **CAS-bus** K-bus protocol
- **K-CAN** Body bus
- **LIN-bus** Local interconnected network bus
- **PT-CAN** Powertrain bus

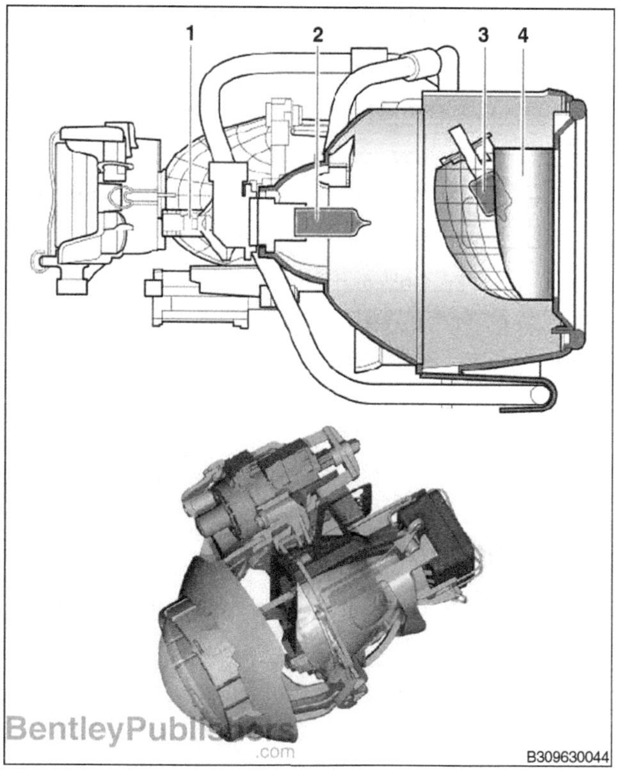

Bi-xenon headlights

The optional bi-xenon headlight is equipped with an electrically activated shutter which directs the low beam cone of light in the same direction as the high beam.

1. Xenon bulb
2. H8 bulb for side light and daytime running light
3. H3 bulb for cornering light
4. Mirror for cornering light

Adaptive headlight control

The bi-xenon headlights are equipped with an adaptive headlight control system.

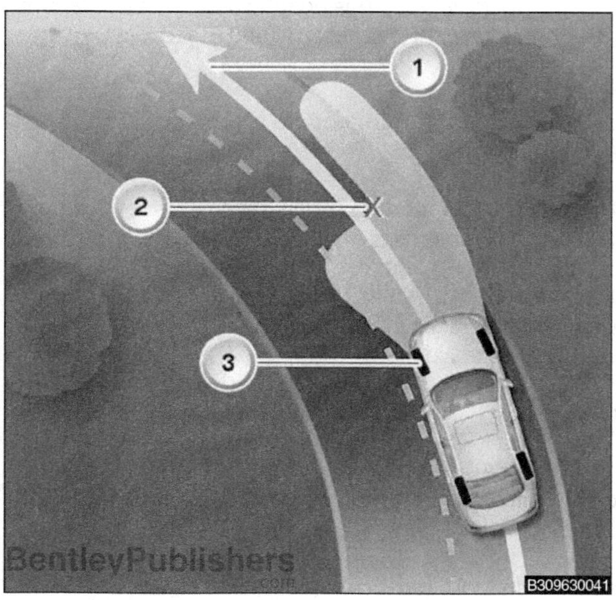

Adaptive headlights rotate slightly as the front wheels (**3**) turn, providing an enhanced lighting path as the vehicle travels through a turn. The light / dark transition point (**2**) is designed to be to the right of the anticipated curve of the vehicle (**1**) in order to reduce the risk of glare to oncoming traffic.

Headlights are rotated via a stepper motor in each headlight assembly. Footwell module (FRM) controls the amount of headlight rotation based on the following information:

- Steering angle (from steering angle sensor)
- Road speed (from vehicle speed sensors)
- Yaw rate (from DSC acceleration sensor)

630

Adaptive headlight control modules

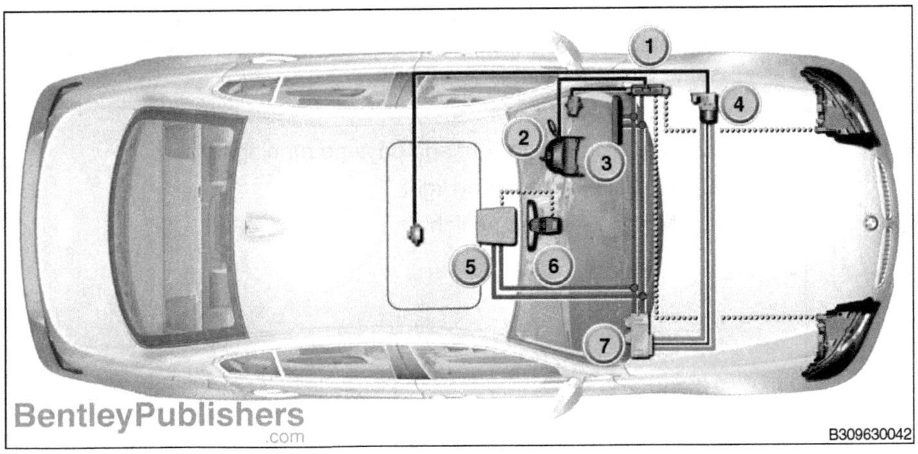

1. Footwell module (FRM)
2. Steering column switch cluster (SZL)
3. Car access system (CAS)
4. Dynamic stability control (DSC) module
5. Roof function center (FZD)
6. Rain and light sensor (RLS)
7. Junction box electronic module (JBE)

Adaptive headlight functions

Car access system (CAS) provides ignition switch information to footwell module (FRM).

Footwell module (FRM) controls adaptive headlight system. FRM is connected to:

- K-CAN
- PT-CAN
- LIN-bus.

FRM is gateway between K-CAN and LIN-bus. FRM receives data via PT-CAN, K-CAN and LIN-bus, but it only transmits data via K-CAN and LIN-bus. If FRM is replaced, use BMW scan tool to enter VIN and to code FRM to vehicle. This adaptation activates adaptive headlights. FRM replacement is covered in **600 Electrical System–General**.

Dynamic stability control (DSC) module sends yaw rate and vehicle speed signals to FRM.

Junction box electronics module (JBE) transmits steering angle data from steering column switch cluster (SZL) to FRM.

Rain and light sensor (RLS) is at base of inside rear view mirror. RLS signals switch automatic driving lights ON and activate adaptive headlight control in FRM.

Roof function center (FZD) is gateway for RLS. FZD transfers LIN-bus signal of RLS via K-CAN to FRM.

Ultrasonic passenger compartment protection sensor (USIS) transmits anti-theft alarm system signal via K-CAN to FRM.

Multiple restraint system (MRS) supplies crash signal to FRM.

Bi-xenon headlight control module is mounted on the headlight assembly and supplies power and ignition voltage for the bi-xenon light bulb, integrated in the swivel section of the adaptive headlight.

Zero position Hall sensor registers zero position of swivel module.

Stepper motor rotates the swivel module. A separate stepper motor controls headlight vertical aim control.

If the headlight is replaced, headlight-specific coding is necessary for the stepper motor controller. If this adaptation is not performed, adaptive function appear to operate, but not correctly. The swivel range and zero point can vary from vehicle model to vehicle model.

Stepper motor controller is mounted on side of bi-xenon headlight and controls and monitors movement of both stepper motors. If controller is replaced, use BMW scan tool to store VIN and enter headlight related coding in controller. Adaptive headlights do not function without this adaptation.

Take care when replacing stepper motor controller to ensure that controller housing gasket is fitted and seals correctly.

Turn signal and high beam switch is integrated in steering column switch cluster (SZL). Signal from this switch goes directly to FRM via hard-wired connection.

DSC sensor provides vehicle yaw (rotation of vehicle about the vertical axis) data via DSC module to FRM.

Wheel speed sensors supply vehicle speed data via DSC module to FRM.

Steering angle sensor, integrated in the SZL, is optical sensor providing steering wheel angle data via DSC module to FRM.

Front and rear ride-height sensors on front and rear axles provide signals for headlight vertical aim control and are evaluated by FRM.

Brake light switch signal is used by FRM to adjust headlight vertical aim.

Adaptive headlight system diagnosis

Use BMW scan tool or equivalent to set adaptive headlights to diagnosis mode for following:

- Read-out of relevant bus signals with vehicle stationary:
  Road speed
  Yaw rate
  Steering angle
- Checking signal plausibility
- Checking that conditions for activation are fulfilled:
  Rain and light sensor status
  Light switch status.

Missing or non-plausible bus signals are stored as fault codes in FRM. Fault types are stored in the stepper motor controller, accessed via FRM.

Note that if headlight rotation function is being checked while vehicle is standing still, headlights only rotate right.

Adaptive headlight control inputs-outputs

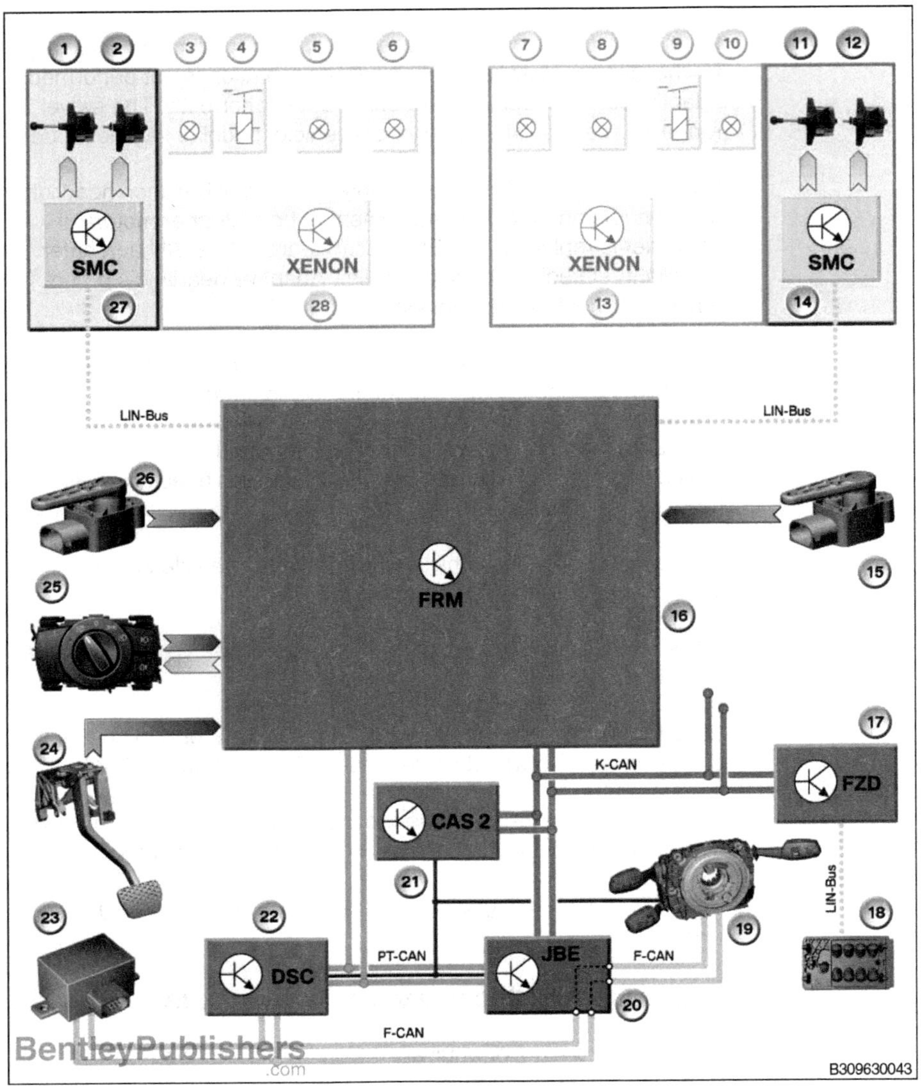

1. Left headlight vertical aim control stepper motor
2. Left headlight adaptive stepper motor
3. Left side light
4. Left high beam shutter
5. Left bi-xenon bulb
6. Left high beam bulb
7. Right high beam bulb
8. Right bi-xenon bulb
9. Right high beam shutter
10. Right side light
11. Right headlight adaptive stepper motor
12. Right headlight vertical aim control stepper motor
13. Right bi-xenon control module
14. Right stepper motor controller
15. Rear ride-height sensor
16. Footwell module (FRM)
17. Roof function center (FZD)
18. Rain and light sensor (RLS)
19. Steering column switch cluster (SZL)
20. Junction box electronics module (JBE)
21. Car access system (CAS)
22. Dynamic stability control (DSC) module
23. DSC sensor
24. Brake light switch
25. Light switch
26. Front ride height sensor
27. Left stepper motor controller
28. Left bi-xenon control module

- **F-CAN** Chassis bus
- **K-CAN** Body bus
- **LIN-bus** Local interconnected network bus
- **PT-CAN** Powertrain bus

Adaptive headlight control circuit diagram

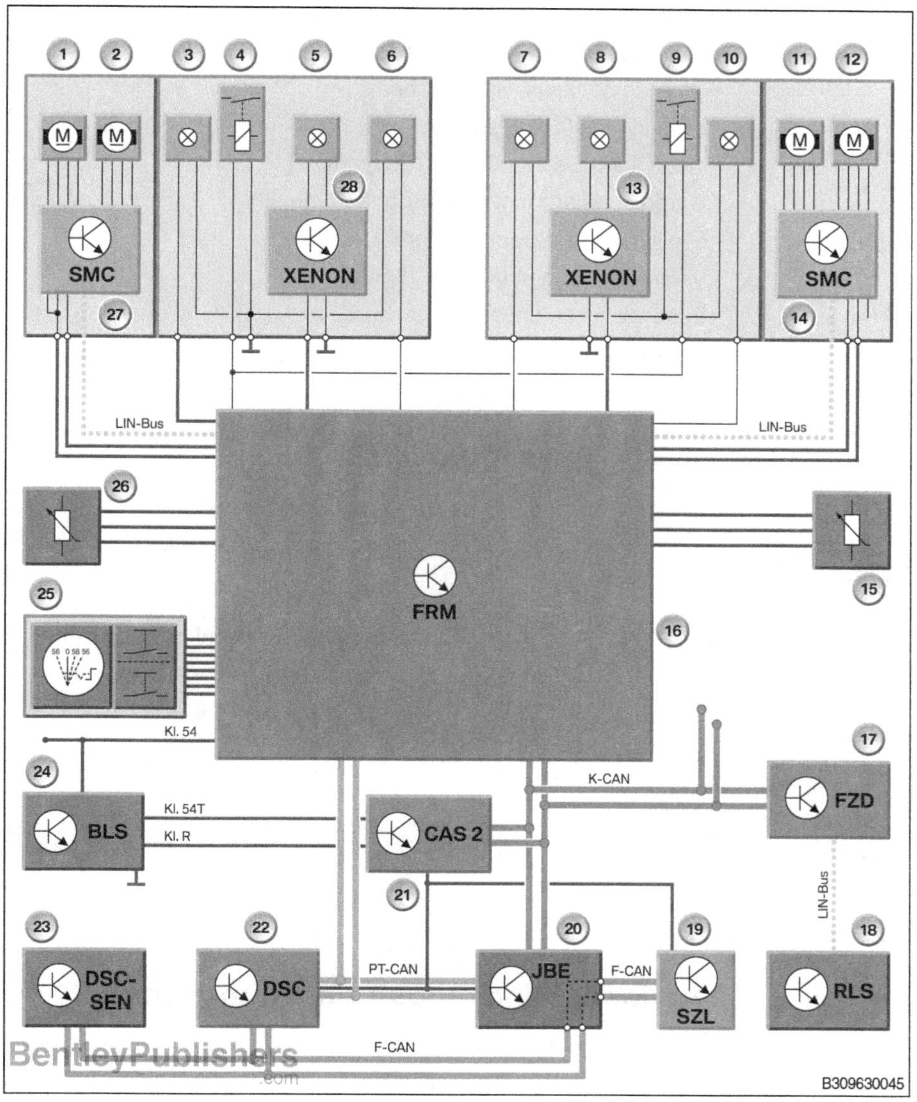

1. Left headlight vertical aim control stepper motor
2. Left headlight adaptive stepper motor
3. Left side light
4. Left high beam shutter
5. Left bi-xenon bulb
6. Left high beam bulb
7. Right high beam bulb
8. Right bi-xenon bulb
9. Right high beam shutter
10. Right side light
11. Right headlight adaptive stepper motor
12. Right headlight vertical aim control stepper motor
13. Right bi-xenon control module
14. Right stepper motor controller
15. Rear ride-height sensor
16. Footwell module (FRM)
17. Roof function center (FZD)
18. Rain and light sensor (RLS)
19. Steering column switch cluster (SZL)
20. Junction box electronics module (JBE)
21. Car access system (CAS)
22. Dynamic stability control (DSC) module
23. DSC sensor
24. Brake light switch
25. Light switch
26. Front ride height sensor
27. Left stepper motor controller
28. Left bi-xenon control module

- **F-CAN** Chassis bus
- **K-CAN** Body bus
- **LIN-bus** Local interconnected network bus
- **PT-CAN** Powertrain bus

630

Interior lights–overview

Interior lights consist of:
- Front dome lights with switches
- Rear dome lights with switches
- Reading lights with switches
- Trunk light (Sedan, Coupe, Convertible)
- Cargo compartment light (Sports Wagon)
- D-pillar lights (Sports Wagon)
- Vanity mirror light, driver and passenger
- Footwell lights, driver and passenger
- Door courtesy lights
- Door handle courtesy lights

Interior lighting modules

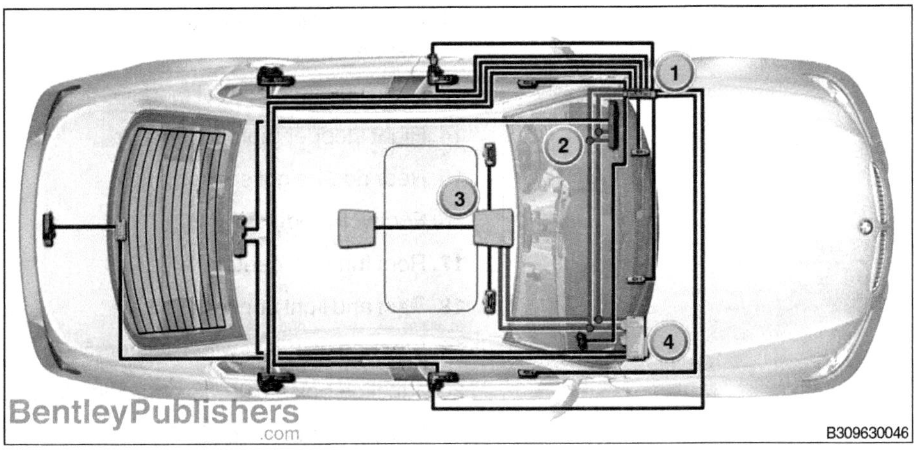

1. Footwell module (FRM)
2. Car access module (CAS)
3. Roof function center (FZD)
4. Junction box electronics module (JBE)

Interior lighting modules and functions

Interior lighting function is distributed over several control module that communicate with each other via K-CAN.

Footwell module (FRM)

FRM is responsible for switching interior lighting ON and OFF.

FRM interior lighting outputs are pulse-width modulated to ensure that interior lighting functions are at a constant brightness level despite voltage fluctuations. Pulse-width modulation is also used for the soft ON / OFF function.

FRM controls the following:
- Switching interior lighting ON / OFF
- Electric load shut-down after 16 minutes
- Instrument lighting (terminal 58g)

FRM signals to switch interior lighting ON are either internal to FRM or received via K-CAN (body bus):

- Central locking signals from remote key via CAS
- Crash signal from MRS
- Door contact signal from FRM
- Driver door lock cylinder unlocked
- Interior light switch via FRM and FZD
- Trunk lid or tailgate opening via JB

FRM signals to switch interior lighting OFF are via K-CAN or are obtained indirectly by the FRM:

- Central locking in central arrest, all doors and the trunk lid closed.
- Terminal R OFF after 16 minutes.
- Interior lighting button pressed for longer than 3 seconds.
- Terminal R ON with doors closed.
- Terminal 58 ON and terminal R OFF.

Interior lighting is switched OFF:

- If no door is opened within 20 seconds after remote unlocking.
- Terminal R is OFF and a vehicle door is opened for longer than 1 minute.
- Power down via diagnosis of low battery power by intelligent battery sensor (IBS).

Electric load shutdown

Interior lighting is switched off by the FRM after 16 minutes by way of terminal R OFF. For this purpose, FRM sends the electric load shutdown information via K-CAN. FZD receives this information and switches dome lights OFF. The interior lights that are switched ON directly by FRM are also switched OFF.

Instrument lights

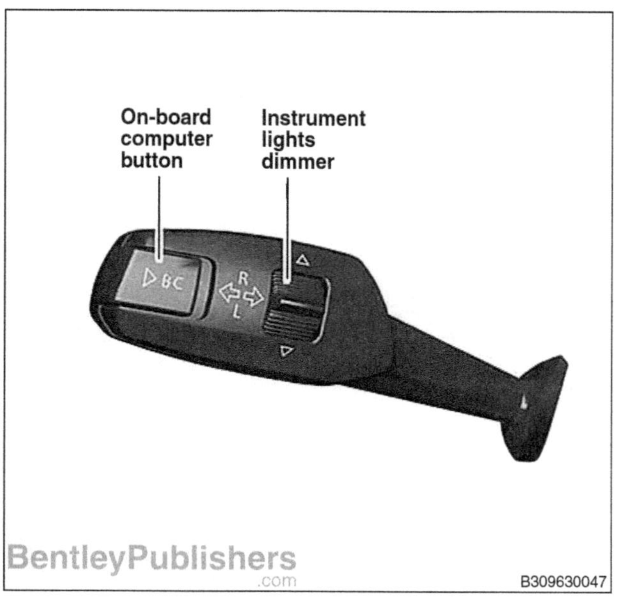

Instrument lighting via terminal 58g and K-CAN is pulse-width modulated and features two brightness levels:

- Brightness level for instrument lighting is toggled via switch on turn signal lever (lights ON).
- Brightness level for function lighting is not dimmed and is switched on at full brightness.

See **Instrument lights dimming** in this repair group.

630

Warnings and Cautions

WARNING —

- *There is high pressure inside a halogen bulb. Bulb temperature may exceed 700° Celsius. Wear safety glasses and gloves when removing and installing a halogen bulb.*
- *Do not look directly at an operating xenon bulb. The UV emissions are approximately 2.5 times that of a comparable halogen bulb.*
- *When working on electrical systems, remove the fuse protecting the circuit under repair. See* **ECL Electrical Component Locations** *for fuse locations.*

CAUTION—

- *Xenon bulbs and igniter modules are electrically sensitive. Use an antistatic mat and work with caution. See* **600 Electrical System–General**.
- *Do not operate the xenon control module unless a bulb is connected.*
- *Before servicing the headlight system, switch electrical consumers OFF. Switch ignition OFF and remove ignition key.*
- *Do not handle bulb glass with bare fingers. Dirt and skin oils cause a bulb to fail prematurely. If necessary, wipe bulb using a clean cloth dampened with rubbing alcohol.*
- *Use only original equipment replacement bulbs. Non-original bulbs may cause false failure readings on the Check Control display.*
- *To avoid marring car paint or trim, work with plastic prying tools or wrap the tips of tools with tape.*

HEADLIGHTS

Halogen headlight components, Sedan, Sport Wagon, pre-LCI

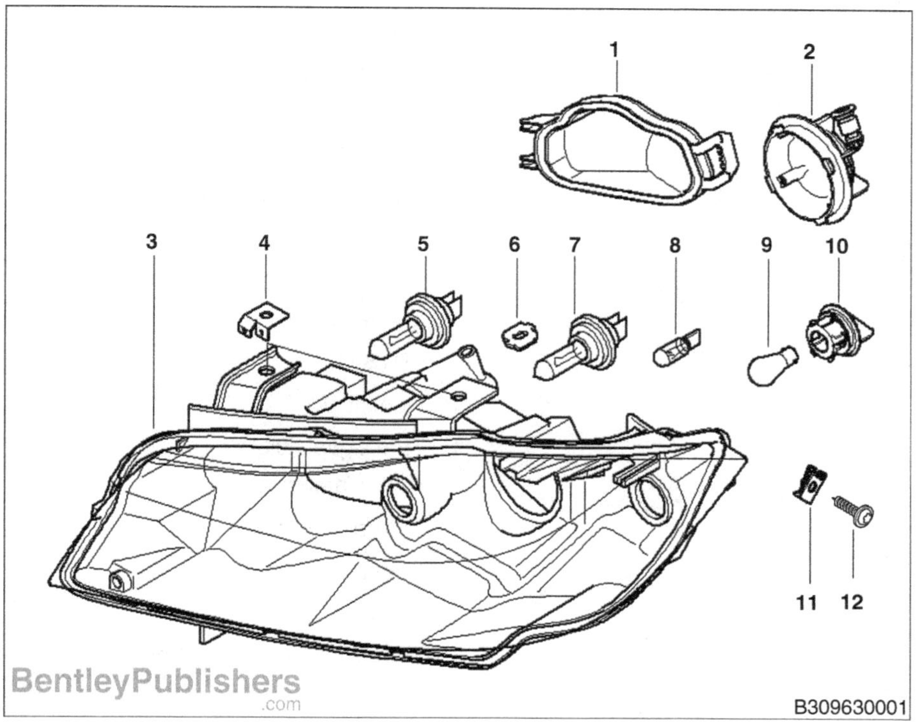

B309630001

1. High beam bulb cover
2. Low beam bulb cover
3. Headlight assembly
4. Sheet metal nut
5. High beam bulb
   - H7 55 w
6. Adjusting element
7. Low beam bulb
   - H7 55 w
8. Front driving light
   - 5 w
9. Turn signal bulb
   - 21 w (amber)
10. Turn signal socket
11. Sheet metal nut
12. Sheet metal screw

Halogen headlight components, Sedan, Sport Wagon, LCI

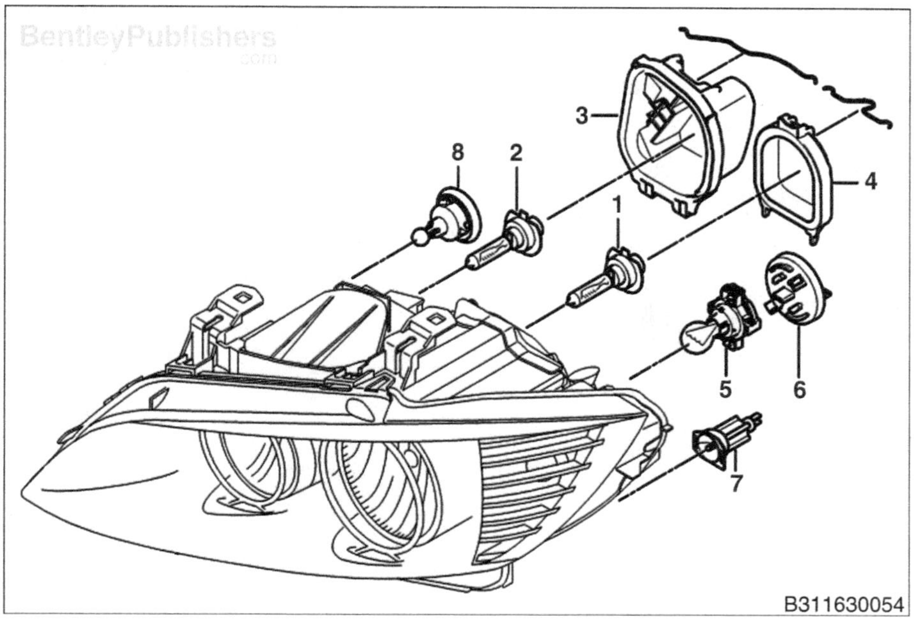

B311630054

1. Low beam bulb
   - H7 55 w
2. High beam bulb
   - H7 55 w
3. Covering cap, high beam bulb
4. Covering cap, low beam bulb
5. Turn signal bulb
   - PY 24W
6. Socket, turn signal bulb
7. Lighting unit, headlight rings
8. Headlight vertical aim control motor

630

Xenon headlight components, Sedan, Sport Wagon, pre-LCI

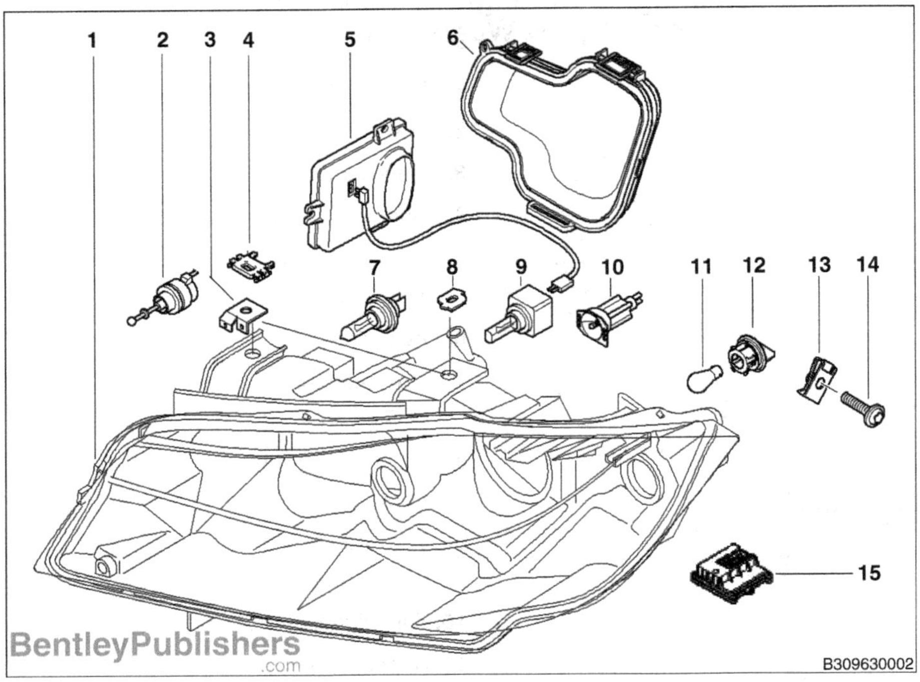

1. Headlight assembly
2. Headlight vertical aim stepper motor
3. Sheet metal nut
4. Adjusting element
5. Xenon bulb ignition unit
6. Bulb cover
7. Halogen high beam bulb
   - H7 55 w
8. Adjusting element
9. Xenon low beam bulb
   - D1S
10. Light rings
11. Turn signal bulb
    - 21 w (amber)
12. Turn signal socket
13. Sheet metal nut
14. Sheet metal screw
15. Adaptive headlight control module

Xenon headlight components, Sedan, Sport Wagon, LCI

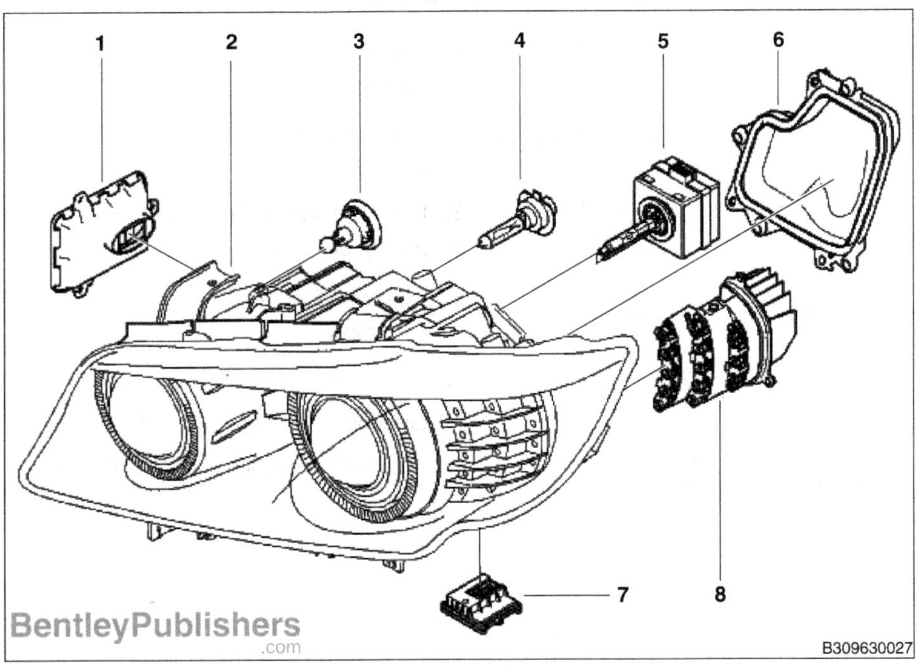

1. Xenon control module
2. Headlight assembly
3. Headlight vertical aim stepper motor
4. High beam bulb
5. Xenon low beam bulb with ignition unit
6. Bulb cover
7. Adaptive headlight control module
8. LED turn signal unit

Xenon headlight components, Coupe, Convertible, pre-LCI

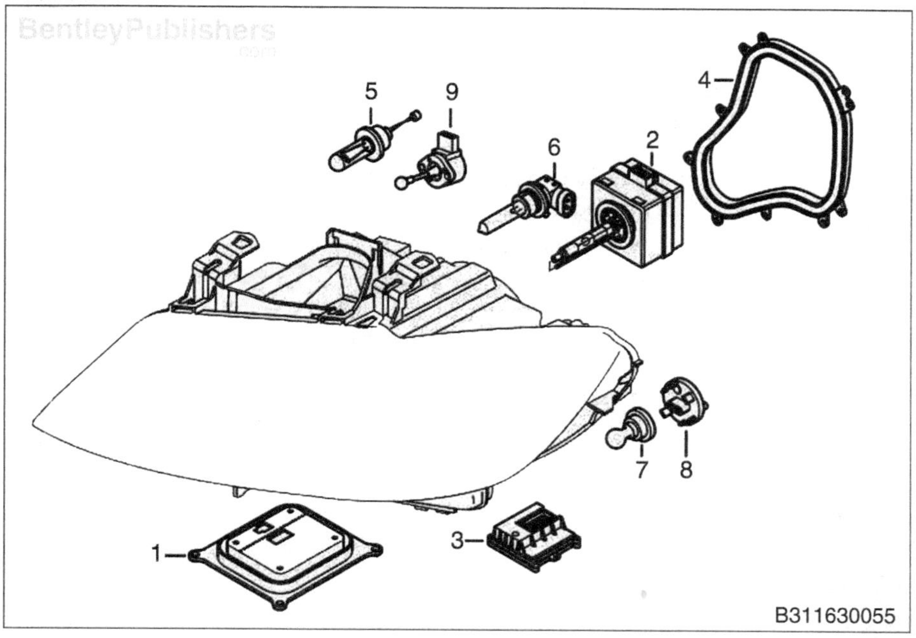

1. Xenon control unit
2. Xenon low beam bulb with ignition unit
3. Adaptive headlight control unit
4. Low beam lamp cover
5. Cornering light bulb
   - H3 55 w
6. High beam bulb
   - H8 35 w
7. Turn signal bulb, silver
   - PSY 24 w SV
8. Bulb socket, turn signal
9. Headlight vertical aim stepper motor

Xenon headlight components, Coupe, Convertible, LCI

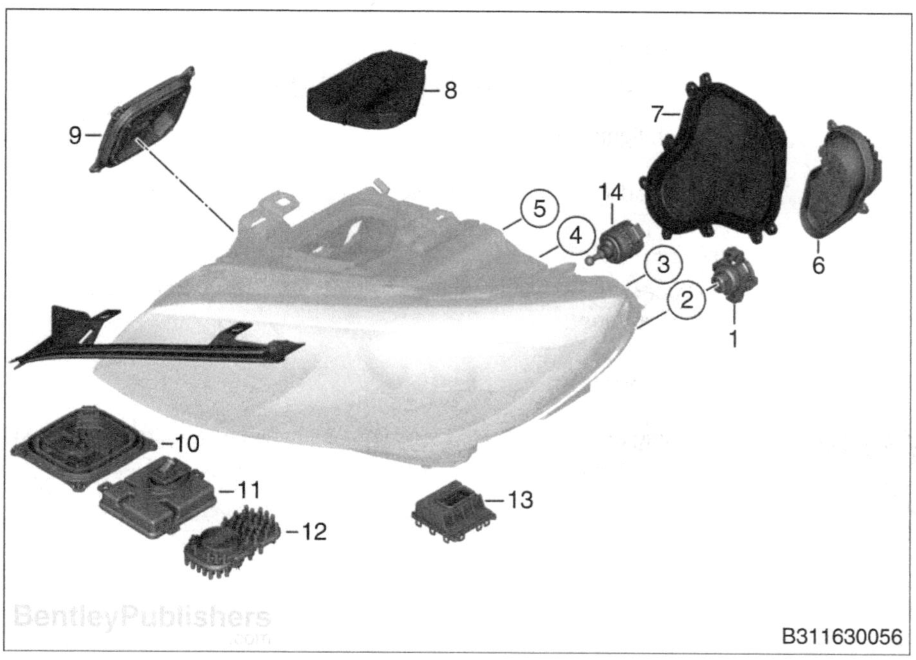

1. Bulb socket, turn signal
2. Turn signal bulb, silver
   - PSY 24 w SV
3. Cornering light bulb
   - H3 55 w
4. Xenon bulb with ignition element
   - D1 35 w
5. Bulb
   - H8 35 w
6. Turn signal LED lamp
7. Low beam lamp cover
8. Covering cap
9. Turn signal control unit
10. Daytime driving light control unit
11. Xenon light control unit
12. LED lighting module
13. Adaptive headlight control unit
14. Headlight vertical aim stepper motor

Headlight aim, adjusting

Adjust headlight aim with correct tire pressures, fuel tank full, and weight of one person (approximately 75 kg or 165 lb) in driver seat.

When adjusting xenon headlights, switch lights ON, then wait 80 seconds before proceeding with adjustment. Do not move or vibrate vehicle during that time.

Working above and in rear of headlight housing, use screws to adjust headlight aim:

- **A**: Primarily vertical aim adjustment
- **B**: Primarily lateral aim adjustment

Adjuster **B** is hidden under plastic plug in fender edge.

Note that turning each adjuster affects both planes of adjustment.

Headlight bulb, replacing (halogen headlight assembly)

– Switch lights OFF.

– Left headlight: Remove air filter housing. See **020 Maintenance**.

NOTE —

- *Procedure shown may vary slightly based on vehicle model year and options.*

Low beam bulb access

Working at front wheel housing liner, twist plastic retainers (**arrows**) and remove trapdoor behind headlight assembly.

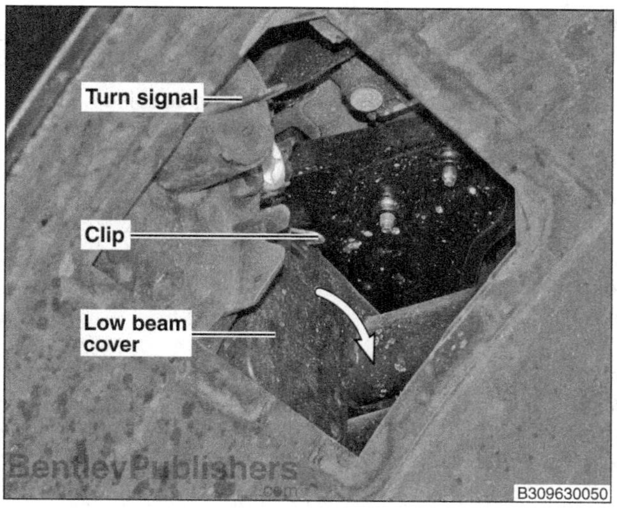

Release clip and remove (**arrow**) plastic low beam bulb cover.

High beam bulb access

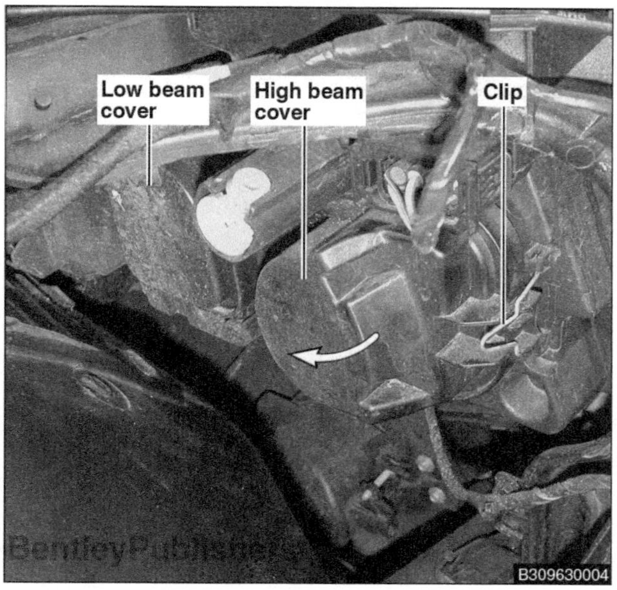

Working in engine compartment behind headlight, release clip and remove (**arrow**) plastic high beam bulb cover.

Bulb replacement

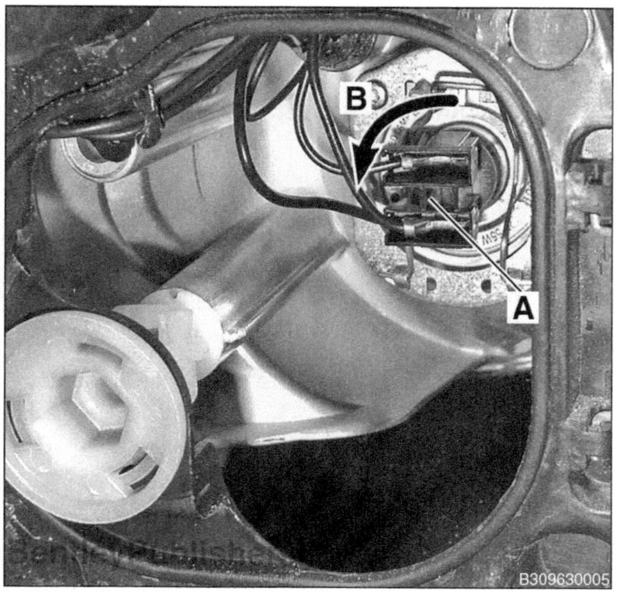

Working at back of headlight bulb (high beam bulb shown; low beam similar):

- Detach electrical connector (**A**).
- Unlock bulb retainer (**B**).
- Pull bulb out of reflector hole.

– Replace bulb. Do not touch bulb surface with bare finger. Grease from skin can cause bulb to fail prematurely.

– Installation is reverse of removal. Make sure cover is firmly seated on headlight.

Headlight bulb, replacing (xenon headlight assembly)

Vehicles equipped with the optional xenon headlights (also known as high intensity discharge or HID headlights) utilize a special high voltage bulb and control unit for the low beam headlights. High beam bulbs are conventional halogens.

NOTE—

- *Procedure shown may vary slightly based on vehicle model year and options.*

– Remove headlight fuse(s). See **ECL Electrical Component Locations**.

> ***WARNING—***
> - *High voltage in xenon headlights is hazardous. Disconnect xenon headlight components from power supply before removing.*
> - *The physical and mechanical properties of xenon bulb and igniter module are very sensitive. Use an antistatic mat and work with caution.*

– Remove wheel housing trim. See **410 Fenders, Engine Hood**.

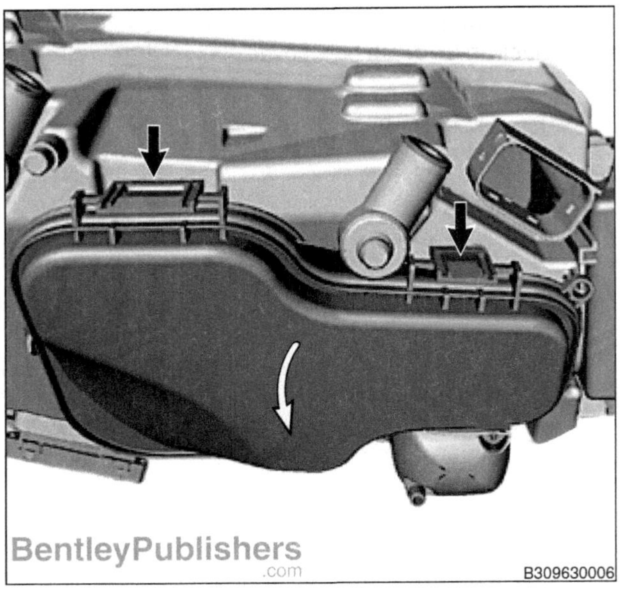

◄ Unlock headlight bulb cover retaining clips (**black arrows**) and remove cover (**curved arrow**).

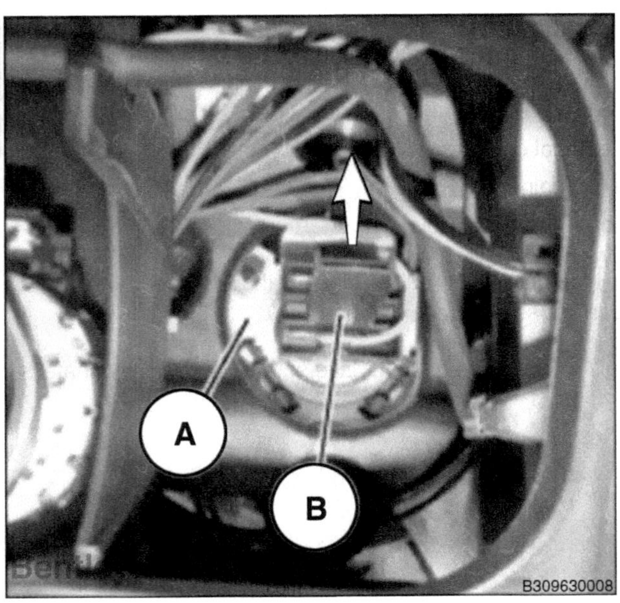

Halogen high beam bulb, replacing

◄ Working at back of high beam bulb:

- Grip bulb socket (**B**) and pull out of headlight (**arrow**).
- Detach bulb (**A**) from socket and remove bulb.

– Replace bulb. Do not touch bulb surface with bare finger. Grease from skin can cause bulb to fail prematurely.

– Installation is reverse of removal. Make sure cover is firmly seated on headlight.

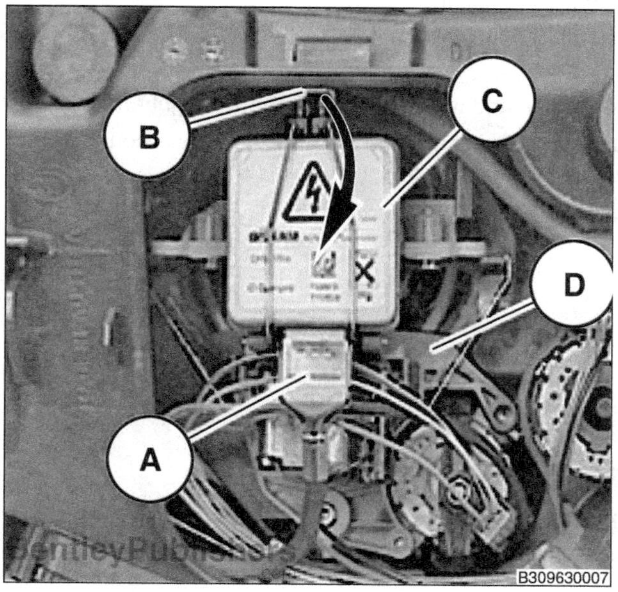

Xenon low beam bulb, replacing

< Working at back of low beam bulb:

- Detach harness connector (**A**) from xenon bulb ignition unit.
- Unlock ignition unit retainer (**B**) and fold down (**arrow**).
- Remove ignition unit (**C**) and xenon bulb together from headlight.
- When installing, make sure ignition unit seats correctly on headlight (**D**).

– Installation is reverse of removal. Make sure cover is firmly seated on headlight.

Headlight assembly, removing and installing

NOTE—

- *Procedure shown may vary slightly based on vehicle model year and options.*

– Xenon headlight: Remove headlight fuse(s). See **ECL Electrical Component Locations**.

> ***WARNING—***
> - *High voltage in xenon headlights is hazardous. Disconnect xenon headlight components from power supply before removing.*
> - *The physical and mechanical properties of xenon bulb and igniter module are very sensitive. Use an antistatic mat and work with caution.*

– Remove wheel housing trim. See **410 Fenders, Engine Hood**.

– Remove front bumper cover. See **510 Exterior Trim, Bumpers**.

– Remove headlight washer system high-pressure nozzle, if equipped. See **611 Wipers and Washers**.

< Working from underneath wheel housing arch, remove screw (**A**) on headlight arm (**B**).

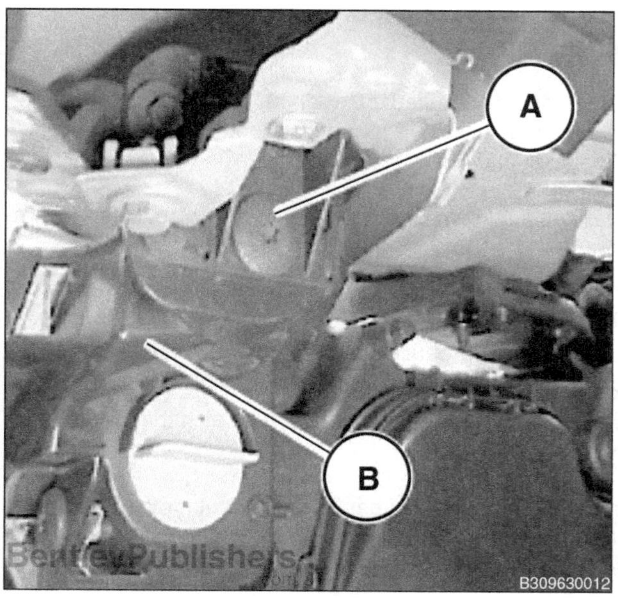

630

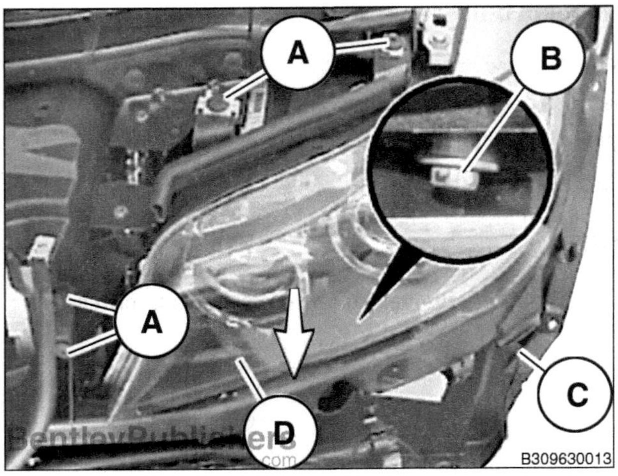

Working in front of headlight:

- Remove headlight assembly mounting screws (**A**).
- Detach wiring harness fastener (**C**) on headlight arm. Remove high-pressure line and wiring harness from headlight arm.
- Pull out headlight (**D**) slightly and disconnect harness connector in back. Remove headlight in direction of arrow.

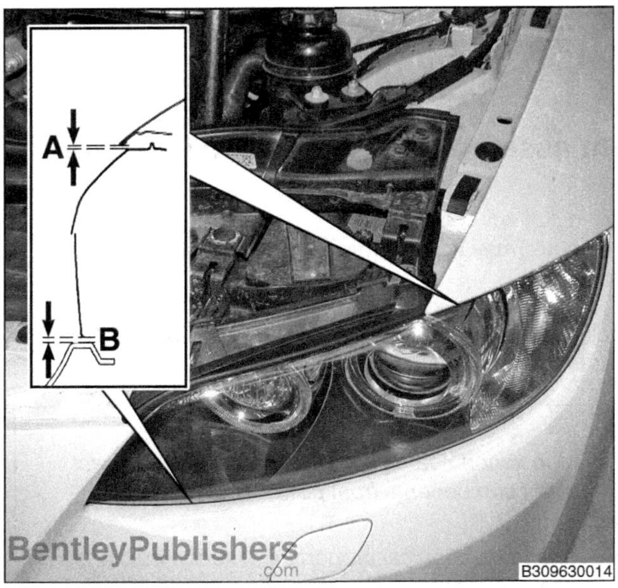

When installing, set gaps from top (below fender) and bottom (above bumper cover) according to specifications.

Headlight installation gaps	
Dimension **A** (below fender edge)	4.0 ± 1.0 mm (0.16 ± 0.04 in)
Dimension **B** (above bumper cover)	3.0 ± 1.3 mm (0.12 ± 0.05 in)

Tightening torques	
Headlight arm to headlight assembly	6.0 Nm (53 in-lb)
Headlight assembly to body member	6.0 Nm (53 in-lb)

– Adjust headlight aim when done. See **Headlight aim, adjusting** in this repair group.

Exterior Lights

Taillight failure

In E92 (Coupe) model produced up to January 21, 2008, a “rear bulb failure” fault message or code may indicate poor contact between taillight bulb socket and bulb.

– In case of taillight failure, inspect taillight bulbs and sockets, noting the following:

- Updated bulb sockets produced up to mid-April 2008 have an additional bulb retention collar.
- Updated bulb sockets produced mid-April 2008 and later have extended bulb retention clips but no retention collar.
- The production date code is shown on the label in the format dd.mm.yy.

– Check with an authorized BMW parts department for the updated taillight socket by part number. Replace as necessary. Note that a new socket comes equipped with a new bulb.

Front turn signal bulb, replacing

NOTE—

- *Procedure shown may vary slightly based on vehicle model year and options.*

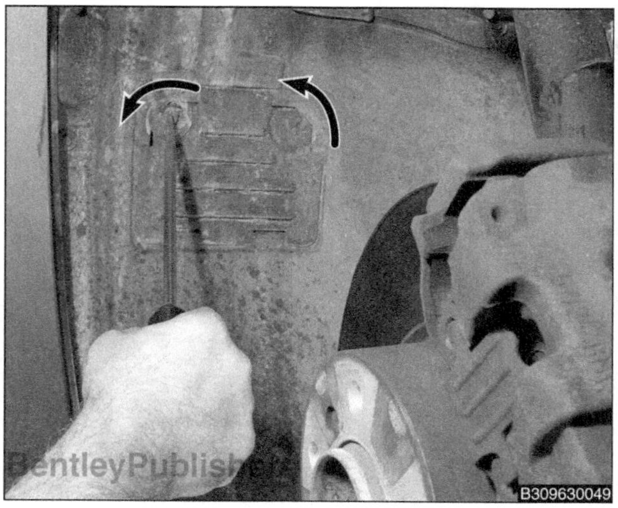

< Working at front wheel housing liner, twist plastic retainers (**arrows**) and remove trapdoor behind headlight assembly.

< Twist turn signal bulb socket base to remove.

– Replace bulb. Do not touch bulb surface with bare finger. Grease from skin can cause bulb to fail prematurely.

– Installation is reverse of removal.

LED front turn signal unit, replacing

NOTE—

- *Procedure shown may vary slightly based on vehicle model year and options.*

– Remove headlight assembly. See **Headlight assembly, removing and installing** in this repair group.

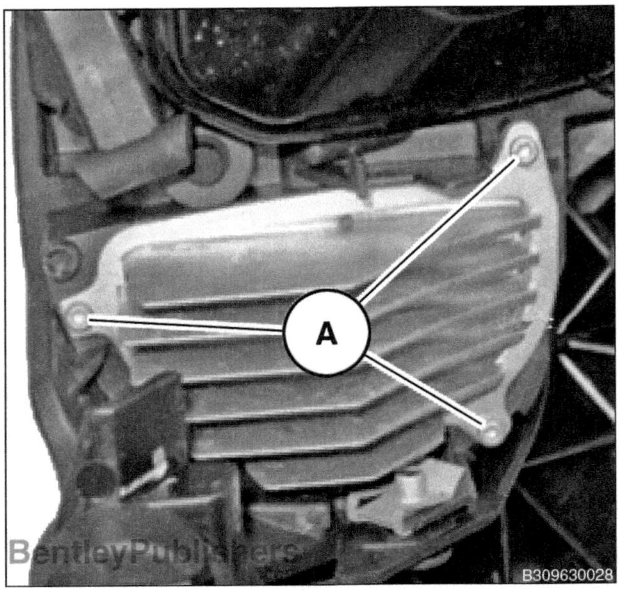

◄ With headlight on workbench, remove turn signal unit mounting bolts (**A**).

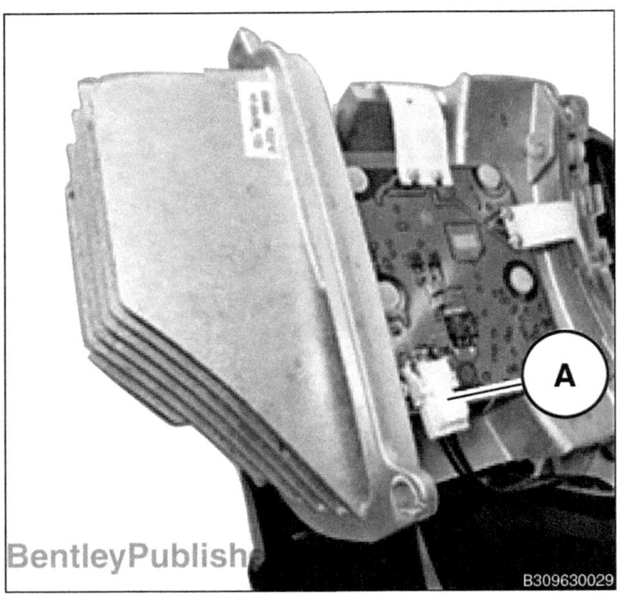

◄ Detach electrical connector (**A**) and remove turn signal unit.

– Installation is reverse of removal.

Tightening torque	
LED turn signal unit to headlight	1.5 Nm (13 in-lb)

Side turn signal bulb, replacing

- Use plastic prying tool or finger to push side turn signal housing forward (**white arrow**). Pivot housing away from fender (**curved arrow**) and remove.
- Rotate bulb socket and remove. Replace bulb. Do not touch bulb surface with bare finger. Grease from skin can cause bulb to fail prematurely.
- Installation is reverse of removal.

Front foglight bulb, replacing

- Remove wheel housing trim. See **410 Fenders, Engine Hood**.

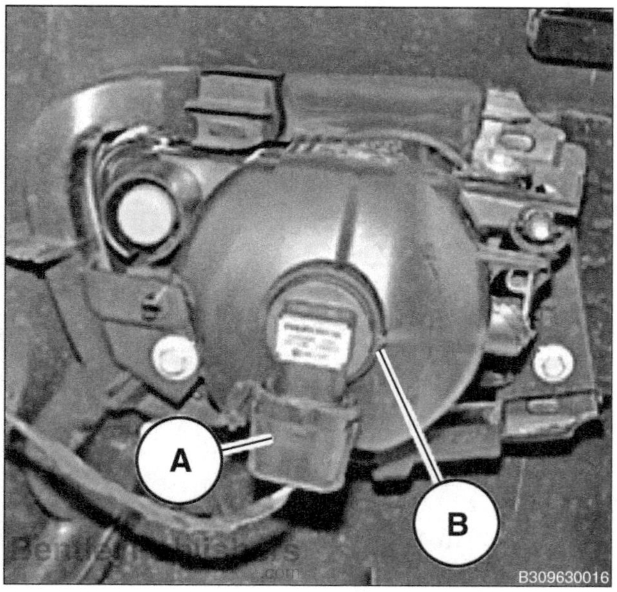

- Working behind end of front bumper cover:
  - Detach foglight harness connector (**A**).
  - Twist foglight socket (**B**) to remove.
- Replace bulb. Do not touch bulb surface with bare finger. Grease from skin can cause bulb to fail prematurely.
- Installation is reverse of removal.
- Adjust foglight aim through slot in front bumper cover.

Taillight assembly (Sedan, Sports Wagon)

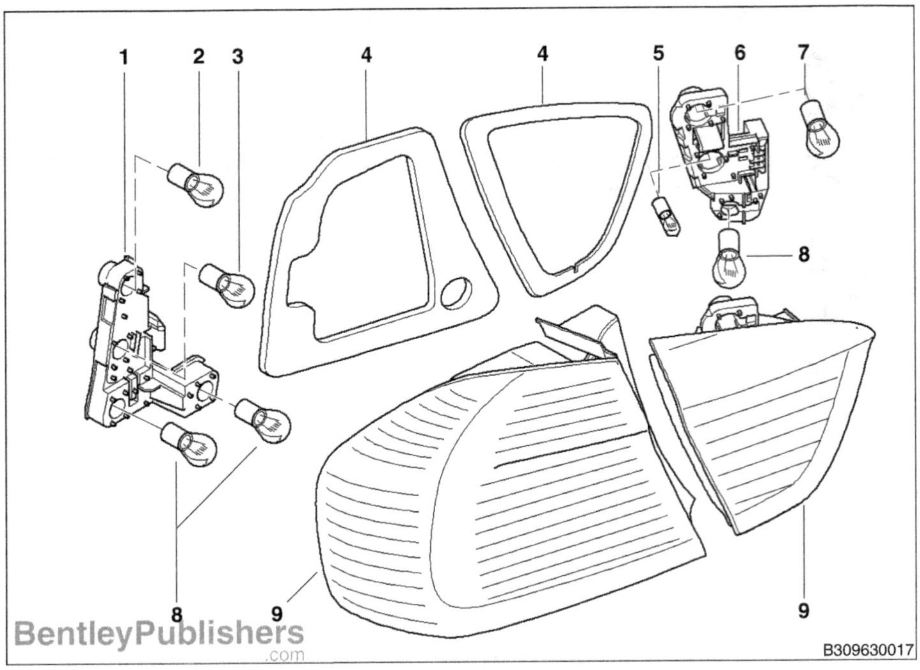

1. Taillight socket, outboard
2. Turn signal bulb
   - 21 w
3. Taillight and parking light bulb
   - 21 w
4. Sealing gasket
5. Brake force display light
   - H21 w
6. Taillight socket, inboard
7. Back-up light bulb
   - 21 w
8. Brake light bulb
   - 21 w
9. Taillight lens

Taillight assembly (Coupe, Convertible)

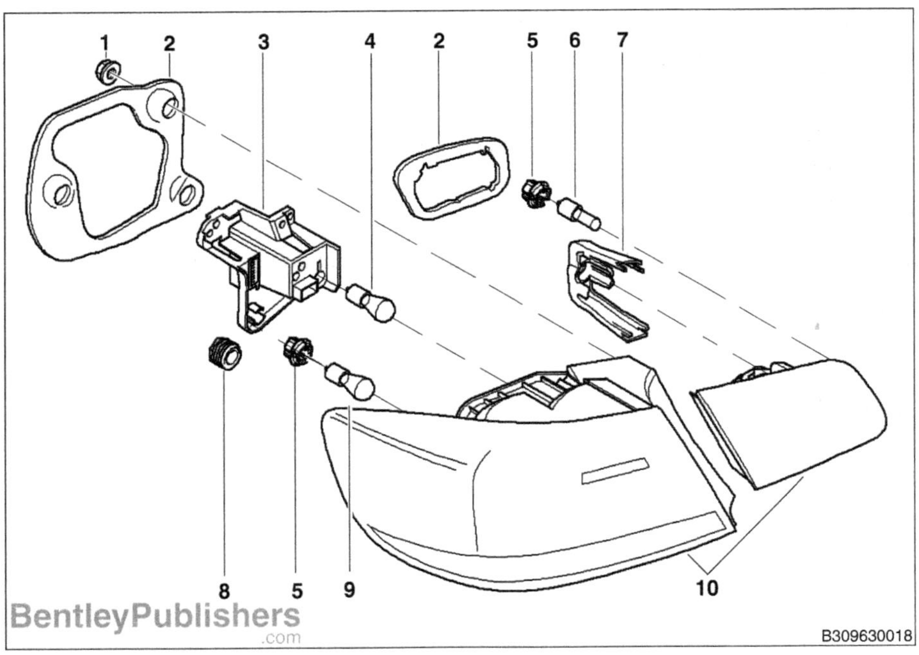

1. Nut with washer, M5
2. Sealing gasket
3. Taillight socket, outboard
4. Bulb (back-up, brake lights)
   - 16 w
5. Bulb socket
6. Brake force display light
   - H21 w
7. Mounting bow
8. Spacer
9. Amber bulb
   - 21 w
10. Taillight lens

Taillights service

Outboard taillight bulbs

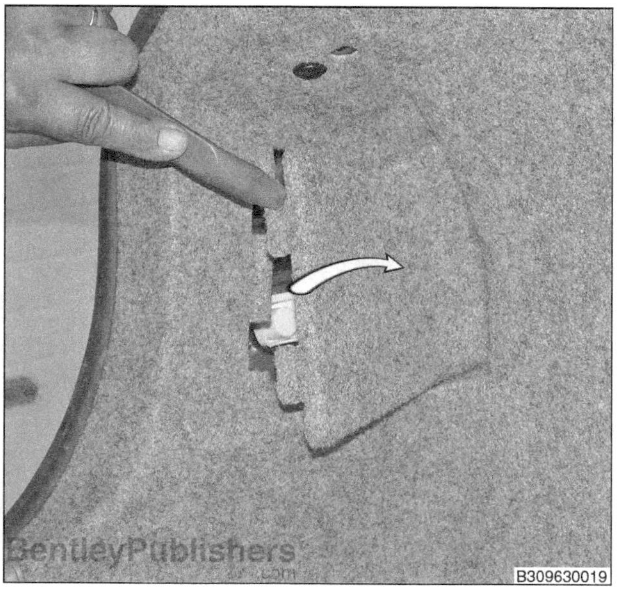

At side rear of trunk or cargo compartment, open taillight access hatch (**arrow**).

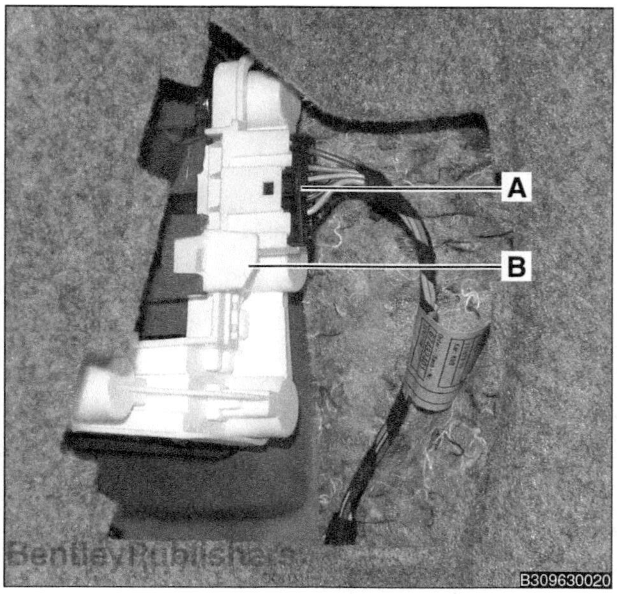

Working at taillight socket:

- Detach electrical connector (**A**).
- Press locking clip (**B**) to unlock socket.
- Remove socket to replace bulb(s). Do not touch bulb surface with bare finger. Grease from skin can cause bulb to fail prematurely.

– Installation is reverse of removal.

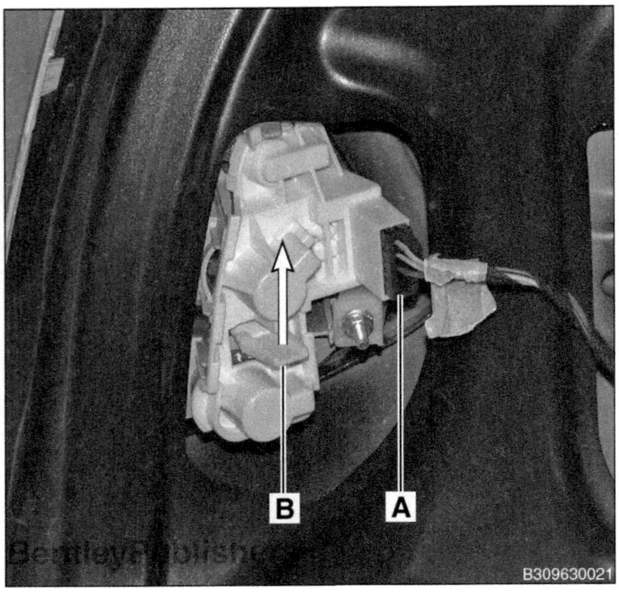

Inboard taillight bulbs

– Open trunk lid or tailgate. Partially remove trunk lid or tailgate trim. See **412 Trunk Lid, Tailgate**.

– Sports Wagon: Cut out and remove sound-insulation in tailgate cavity behind taillight.

◄ Working at taillight socket:

- Detach electrical connector (**A**).
- Press (**arrow**) locking clip (**B**) to unlock socket.
- Remove socket to replace bulb(s). Do not touch bulb surface with bare finger. Grease from skin can cause bulb to fail prematurely.
- Installation is reverse of removal.

Center brake light service

Center brake light bulbs consist of varying numbers of LEDs. In case of bulb failure, replace the entire LED strip.

Sedan, Coupe center brake light

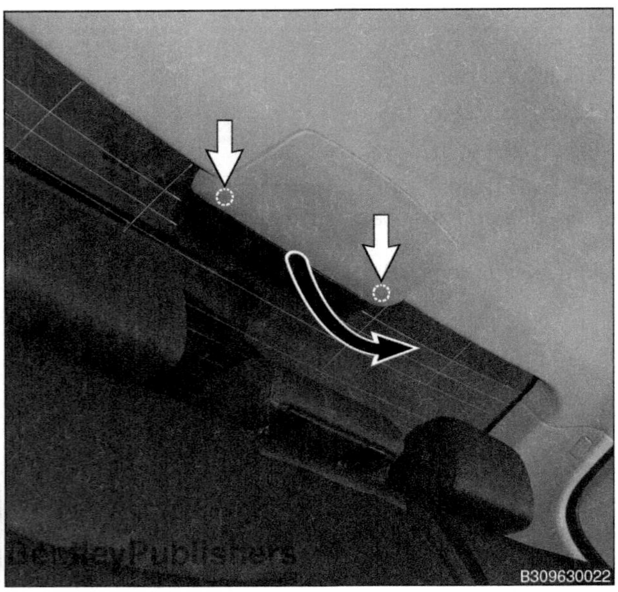

◄ Working at top of rear window, pull off center brake light cover. Cover is held by plastic clips (**white arrows**).

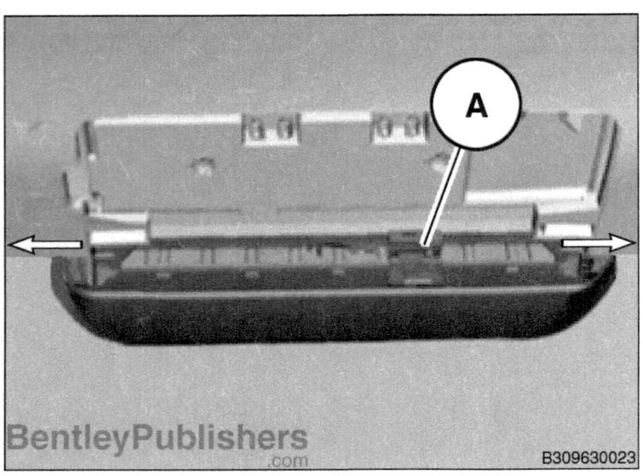

◄ Working at center brake light assembly:

- Detach electrical connector (**A**).
- Press (**arrows**) locking clips to unlock assembly.
- Remove assembly to replace LED strip.

– Installation is reverse of removal.

Sports Wagon center brake light

- Remove rear spoiler. See **412 Trunk Lid, Tailgate**.

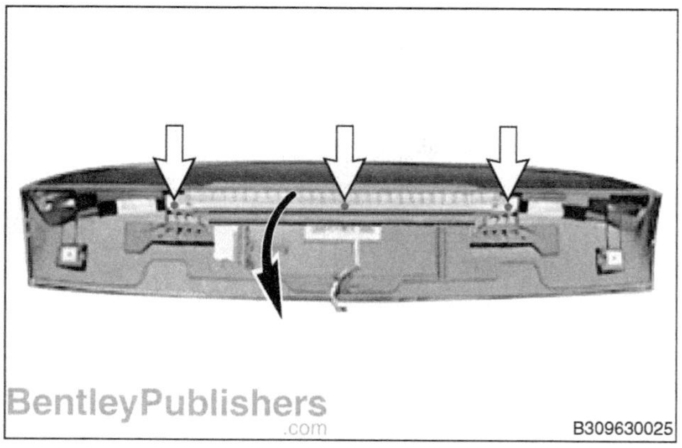

◄ Remove screws (**white arrows**) and remove brake light assembly from spoiler.

- Replace LED strip.
- Installation is reverse of removal.

Convertible center brake light

- Open trunk lid. Partially remove trunk lid trim. See **412 Trunk Lid, Tailgate**.

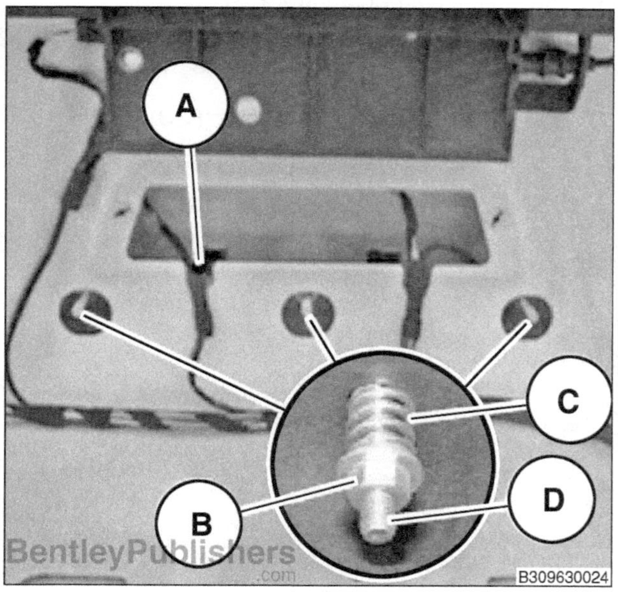

◄ Working underneath trunk lid:

- Detach electrical connector (**A**).
- Working inside trunk lid cavity, remove nuts (**B**) and pull off springs (**C**).
- Push on brake light assembly threaded studs (**D**) to remove assembly and replace LED strip.

- Installation is reverse of removal.

Tightening torque	
Center brake light assembly to trunk lid (M5)	2.5 ± 0.5 Nm (22 ± 4 in-lb)

License plate light bulb, replacing

◀ Use small screwdriver to carefully pry out license plate light. Detach electrical connector.

– Replace bulb. Do not touch bulb surface with bare finger. Grease from skin can cause bulb to fail prematurely.

– Installation is reverse of removal.

INTERIOR LIGHTS

Sunroof, interior lights, rain sensor and other functions controlled by the FZD (roof function center) may fail owing to incorrect FZD software. To check, remove and reinstall FZD fuses in the junction box (JB) behind the glove compartment. If functionality is restored, use BMW scan tool to update FZD software.

Sedan interior lights

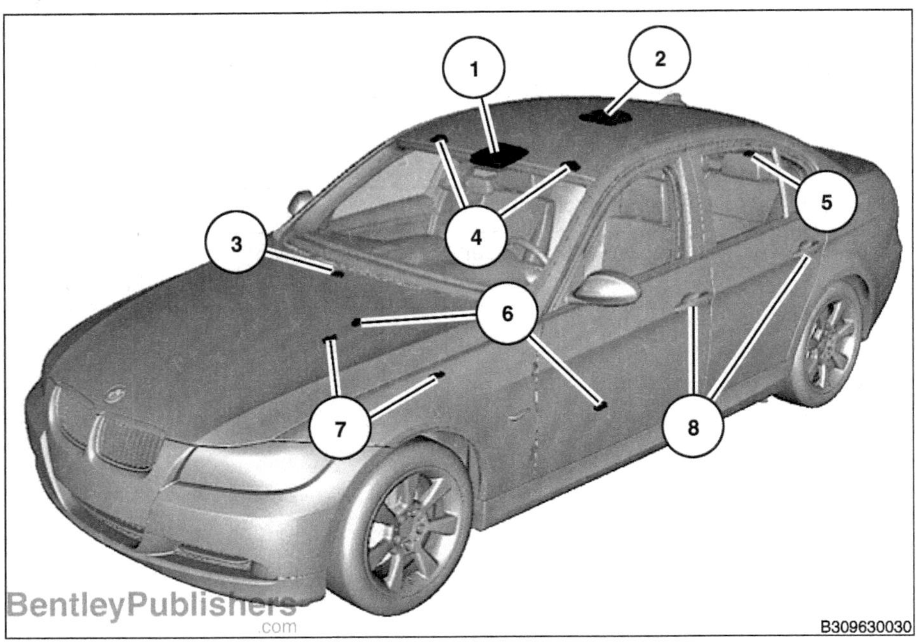

1. Roof function center (FZD)
2. Rear dome lights
3. Glove compartment light
4. Vanity mirror lights
5. Trunk light
6. Door courtesy lights
7. Footwell lights
8. Door handle courtesy lights

Instrument lights dimming

Instrument cluster removal and installation is covered in **620 Instruments**. Instrument lighting is via LED bulbs which are not replaceable separately.

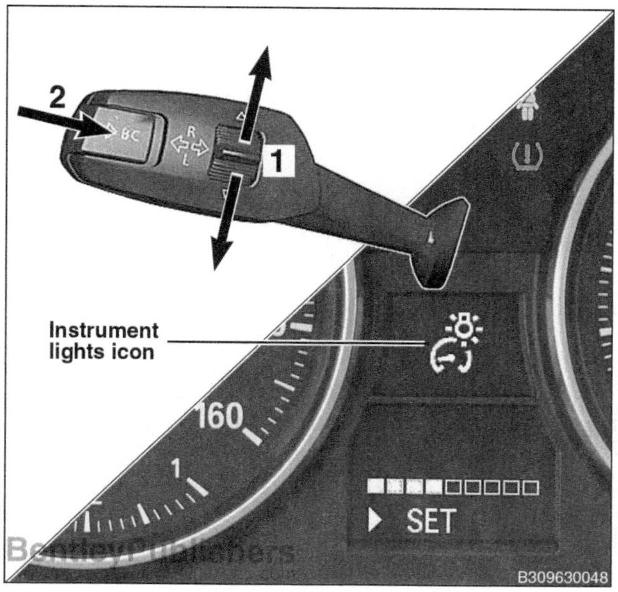

< Use turn signal lever buttons to activate service information:

- Toggle button **1** up or down to scroll through instrument cluster menu items.
- When icon for instrument lights appears, press button **2** to select it.
- Toggle button **1** to increase or decrease lights brightness.
- Press button **2** to confirm selection and exit menu.

Interior light bulb replacement

Dome light bulbs

This procedure applies to roof function center (front dome lights) and rear dome light assembly.

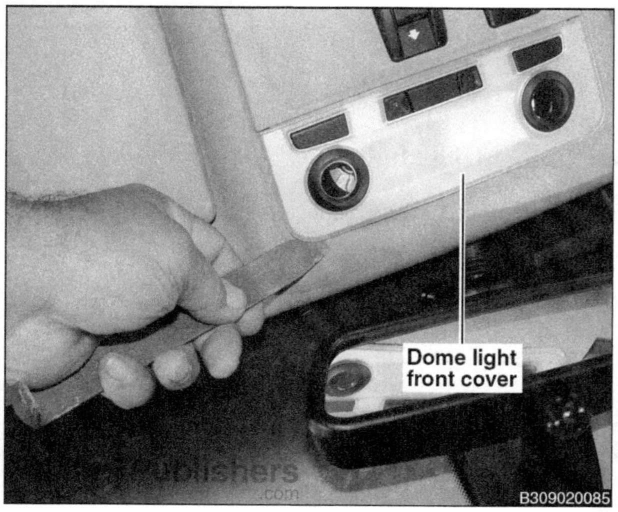

< Use plastic prying tool to lever off dome light front plastic cover.

630

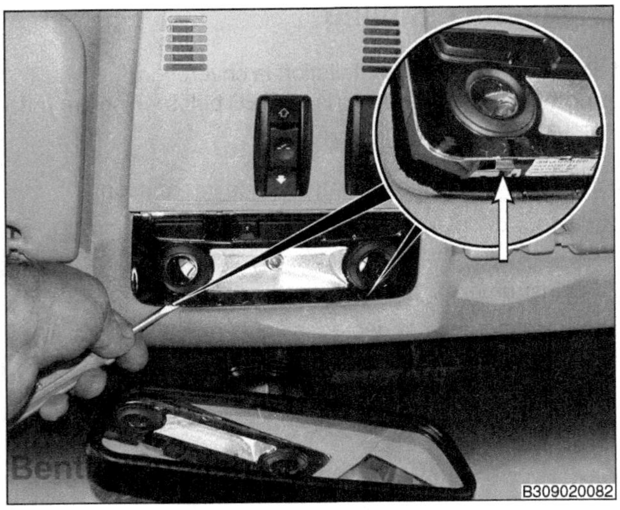

◀ Remove roof control module (FZD).

- Retaining clips (**inset**) are aligned with center line of reading lights. Pry carefully (**arrow**) with thin bladed screwdriver

◀ Light bulb sockets (**arrows**) are accessible from back of unit. Outer bulbs are reading lights; Inner bulb is dome light. Replace as necessary

– Installation is reverse of removal.

Glove compartment light bulb

◀ Open glove compartment and use plastic prying tool to lever off light fixture.

– Replace light bulb.

– Installation is reverse of removal.

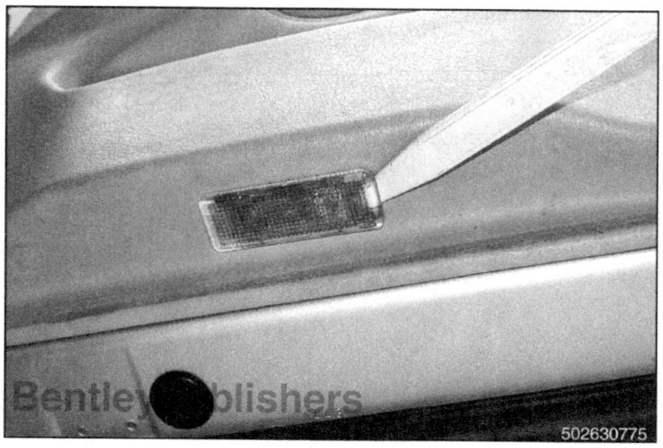

Door courtesy light bulb

< Working at bottom of door trim panel, use plastic prying tool to remove courtesy light.

– Replace bulb.

– Installation is reverse of removal.

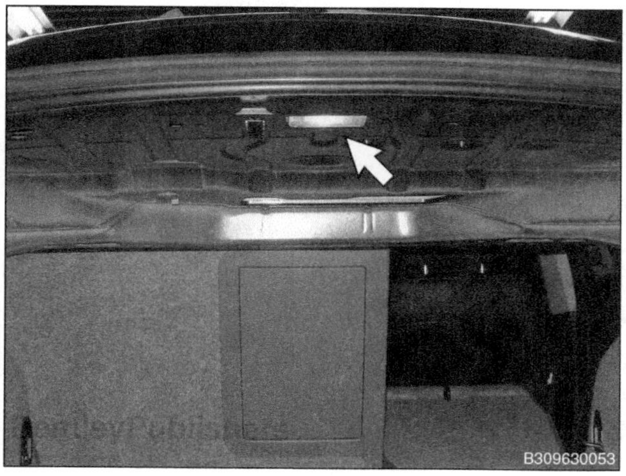

Trunk light bulb

< Open trunk and use plastic prying tool to lever off light fixture (**arrow**).

– Replace light bulb.

– Installation is reverse of removal.

Cargo compartment light bulb

< Open tailgate and use plastic prying tool to lever off light fixture.

– Replace light bulb.

– Installation is reverse of removal.

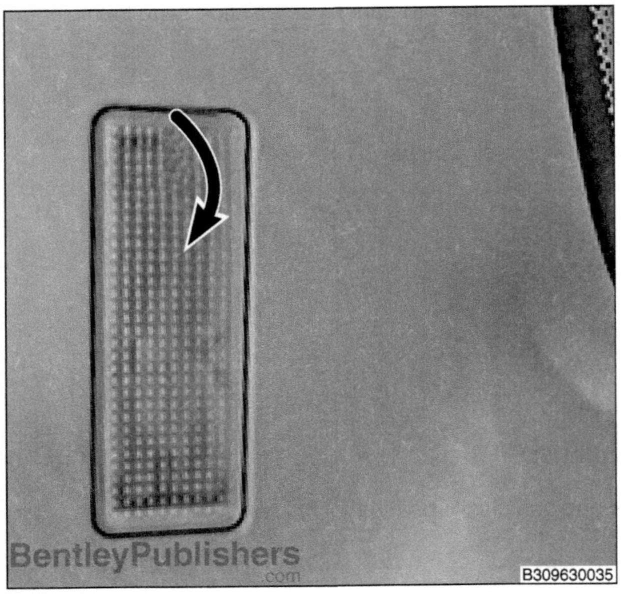

D-pillar light bulb

◄ Open tailgate and use plastic prying tool to lever off light fixture.

– Replace light bulb.

– Installation is reverse of removal.

640 Heating and Air-conditioning

General

This repair group covers heating and air-conditioning operation and component replacement.

If the air-conditioning system requires evacuation and recharging of refrigerant, use equipment specially designed for A/C system service and follow the equipment manufacturer's instructions.

See also:

- **020 Maintenance** for cabin microfilter service
- **170 Radiator and Cooling System** for cooling system service and electric cooling fan removal and installation
- **600 Electrical System–General**

A/C system fluids

The air-conditioning refrigerant used in modern automobiles is R134a, known chemically as *tetrafluoroethane*. Strict regulations govern the handling and disposal of automotive refrigerant. Be sure to read **Warnings and Cautions** in this repair group if working with A/C and heating components.

A sticker in the engine compartment gives the manufacturer's recommendation for refrigerant capacity.

Table a. A/C system refrigerant capacity	
R134a	590 ± 10 grams (20.8 ± 0.4 oz)

A synthetic oil, *polyalkylene glycol* (PAG), is used to lubricate the A/C compressor. This type of oil is highly hygroscopic (absorbs water). Be sure to immediately reseal an opened container after use.

640

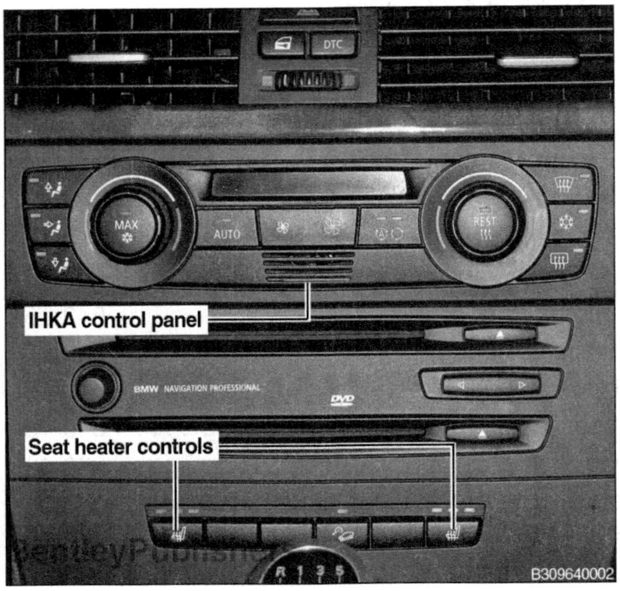

IHKA basics

The 3 Series is equipped with an integrated automatic climate control system (IHKA). The dashboard mounted control panel shares functions with iDrive (if equipped).

IHKA includes the following features:

- Dual zone control system allows driver and passenger to control temperature settings separately.
- Residual heat (REST) function allows brief periods of cabin-heating with the engine OFF.
- Condensation sensor at base of interior rear view mirror.
- Eight air control flap stepper motors (seven are identical).
- Stepper motors control via LIN-bus.
- Seat heater control.
- Rear window defogger control.
- Clutchless A/C compressor.

IHKA system circuit diagram

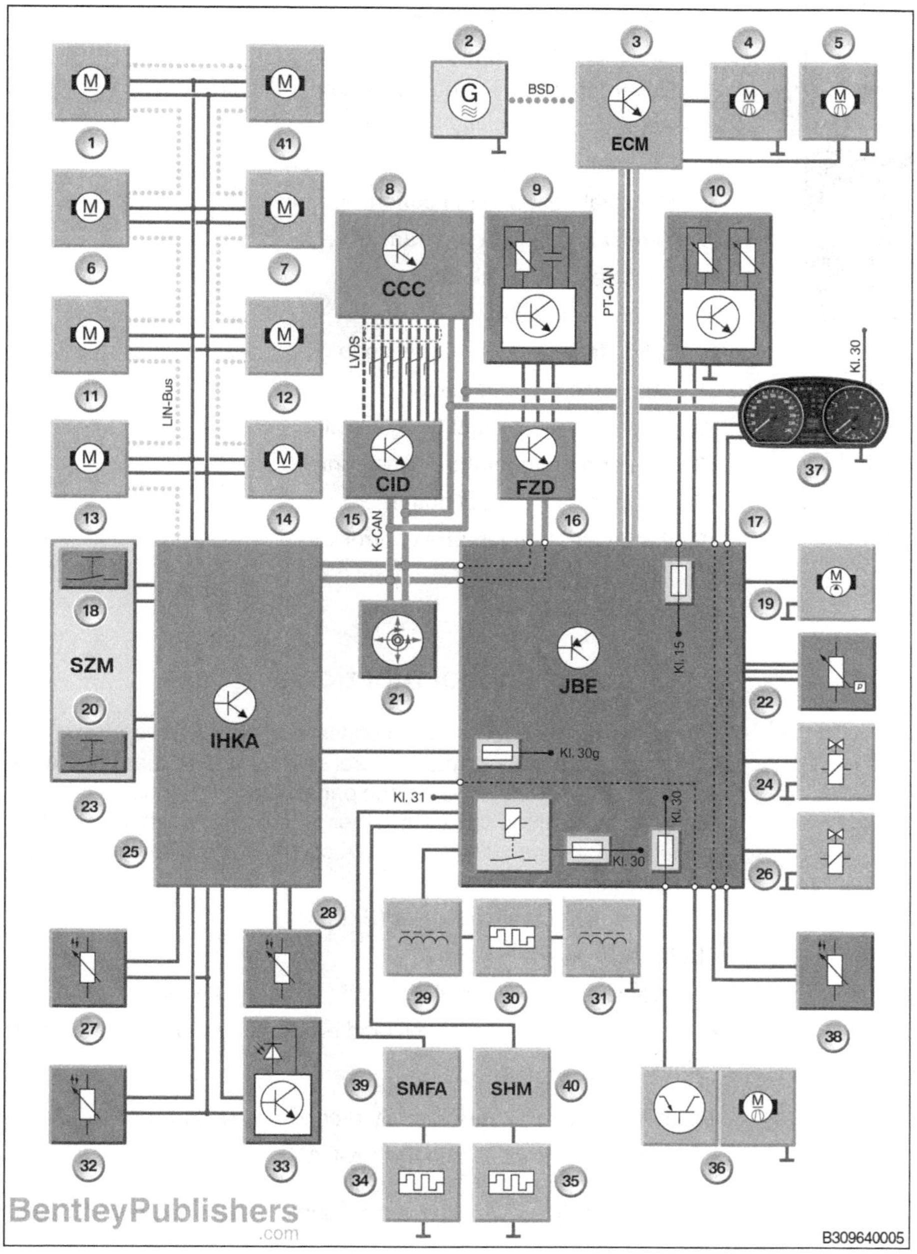

1. Rear air distribution stepper motor
2. Alternator
3. Engine control module (ECM)
4. Electric coolant pump
5. Engine cooling fan
6. Ventilation stepper motor
7. Front air distribution stepper motor
8. Car communication computer (CCC)
9. Condensation sensor
10. Air quality (AUC) sensor
11. Fresh air - recirculation stepper motor
12. Blend flap stepper motor, left
13. Defroster flap stepper motor
14. Footwell flap stepper motor
15. Central information display (CID)
16. Roof function center (FZD)
17. Junction box electronics module (JBE)
18. Seat heater button, left
19. A/C compressor valve
20. Seat heater button, right
21. iDrive controller
22. Refrigerant pressure sensor
23. Center console switch cluster (SZM)
24. Heater valve
25. IHKA control panel
26. Auxiliary coolant pump (not for US)
27. Evaporator temperature sensor
28. Footwell temperature sensor
29. Rear window defogger lockout circuit
30. Rear window defogger
31. Rear window defogger lockout circuit
32. Ventilation temperature sensor
33. Solar sensor
34. Seat heating element, left
35. Seat heating element, right
36. Blower motor and final stage
37. Instrument cluster
38. Outside temperature sensor
39. Driver seat module
40. Seat heating module, right
41. Blend flap stepper motor, right

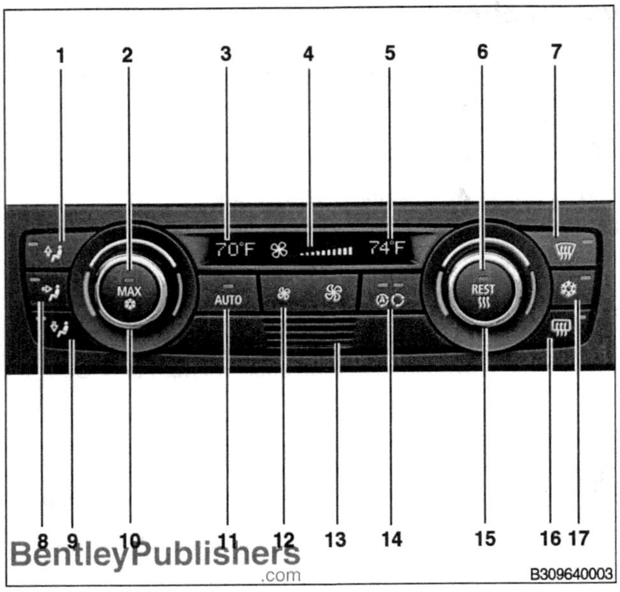

IHKA control panel

1. Windshield air distribution
2. Maximum A/C setting
3. Driver temperature setting display
4. Blower speed display
5. Passenger temperature setting display
6. Residual heat (REST) button
7. Windshield defrost program
8. Face vent air distribution
9. Footwell air distribution
10. Driver temperature control knob
11. Automatic program button
12. Blower speed control (toggle switch)
13. Interior air temperature sensor intake vent
14. Recirculation control button
15. Passenger temperature control knob
16. Rear window defogger button
17. A/C button

IHKA control panel functions

Climate control sensor data is processed in the IHKA control panel. Driver and passenger climate control settings and requests are also entered in the panel. However, the panel does not directly control all functions and components but rather makes use of other control modules for this purpose. The IHKA control panel directly monitors the following:

- Center console switch cluster (SZM) input (if equipped).
- Solar sensor input.
- Receives rear air distribution knob (rheostat) signal.
- Receives ventilation, footwell, and evaporator temperature sensor signals.

The IHKA control panel indirectly receives the following:

- Condensation sensor signal via K-CAN.

The IHKA control panel illuminates function and backlighting LEDs.

IHKA additional controls

Engine control module (ECM) climate control functions are:

- Actuates engine cooling fan for cooling of A/C condenser.
- Interfaces with IHKA control panel via bus network for compressor ON signal.
- Interfaces with IHKA control panel for operation of electric coolant pump for residual heat feature.

Junction box electronic module (JBE) climate control functions are:

- Output signal for seat heating.
- Rear window defogger.
- Blower motor operating voltage.
- Refrigerant control valve (in A/C compressor).
- PT-CAN gateway for bidirectional communication between IHKA and ECM.
- Receives rear air distribution knob (rheostat) signal.
- Receives refrigerant pressure sensor signal.
- Receives air quality (AUC) sensor signal.
- Splice point for outside air temperature sensor.

Roof control panel (FZD) relays condensation sensor signal to IHKA via K-CAN.

Car access system (CAS) assigns a personal identification code to each remote control key. Personal identification codes are transmitted to IHKA control panel via K-CAN. When vehicle enters sleep mode, current climate control settings are stored in IHKA control panel for remote control key in use at that time.

When vehicle is unlocked via remote control key, settings for this key are called up and executed.

Car communication computer (CCC) processes IHKA menu and submenu signals and displays them in the dashboard mounted central information display (CID), if equipped with iDrive.

Central information display (CID). Use iDrive controller to activate the following functions and display selections in CID:

- Air distribution setting. positions for defrost flaps, ventilation flaps and footwell flaps may be individually set in air distribution submenu.
- Automatic IHKA mode. Climate control intensity (low, medium or high) may be set in automatic mode submenu.

◀ **Center console switch cluster (SZM)**. Seat heater switches in SZM (if equipped) are connected via 14-wire ribbon cable directly to IHKA control panel.

640

IHKA sensors

Interior temperature sensor, mounted on IHKA control panel, samples cabin air by using a small electrical fan (non-replaceable) to suck air through the grill on the front face of the control panel. Sensor output is used by the IHKA panel to modulate interior temperature.

Evaporator temperature sensor, mounted close to the evaporator, transfers data directly via cable to IHKA control panel.

Outside temperature sensor is hard wired to the instrument cluster.

Vent flap temperature sensors are 3 NTC type sensors wired directly to the IHKA control panel:

- Stratified temperature sensor
- Ventilation temperature sensor
- Footwell temperature sensor

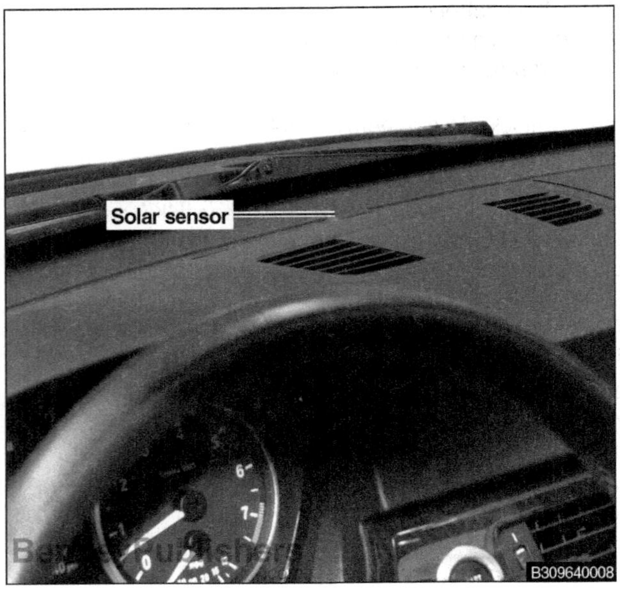

Solar sensor, located at the front of the dashboard under the windshield, is hard wired to the IHKA control panel

Refrigerant pressure sensor is in the pressure line between the A/C condenser and the evaporator. In case of excessively high or low refrigerant pressure, A/C compressor output is reduced via signal from IHKA control panel to JBE. Sensor power is provided by JB.

Air quality (AUC) sensor, mounted on the cabin microfilter housing, is controlled and powered by JB. AUC sensor detects the following:

- Carbon monoxide (CO)
- Hydrocarbons (HC)
- Oxides of nitrogen (NO_X).

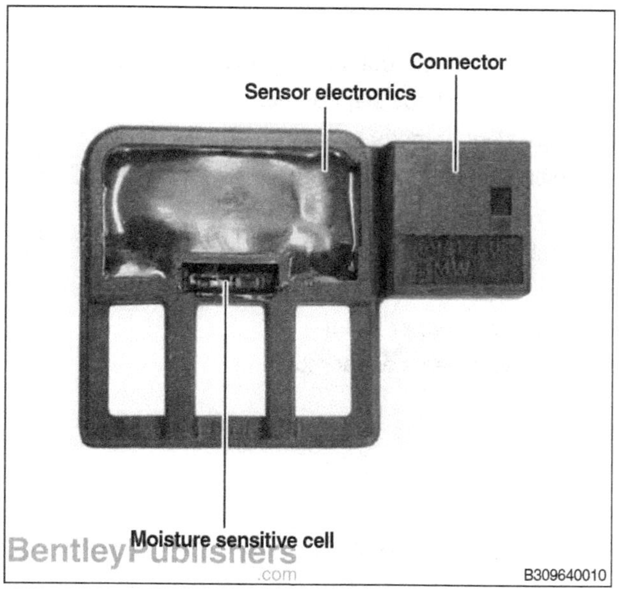

Condensation sensor, mounted under the rain and light sensor (RLS) on interior mirror base at top of windshield, is controlled and powered by the roof control module (FZD).

When moisture is detected on the windshield by the condensation sensor, the following occurs if IHKA system is set on automatic operation:

- Defroster flaps open further.
- Fresh air flaps open 100%.
- Blower speed is increased.
- Footwell flaps are closed.
- Temperature setting increases.
- Evaporator temperature threshold goes to minimum.

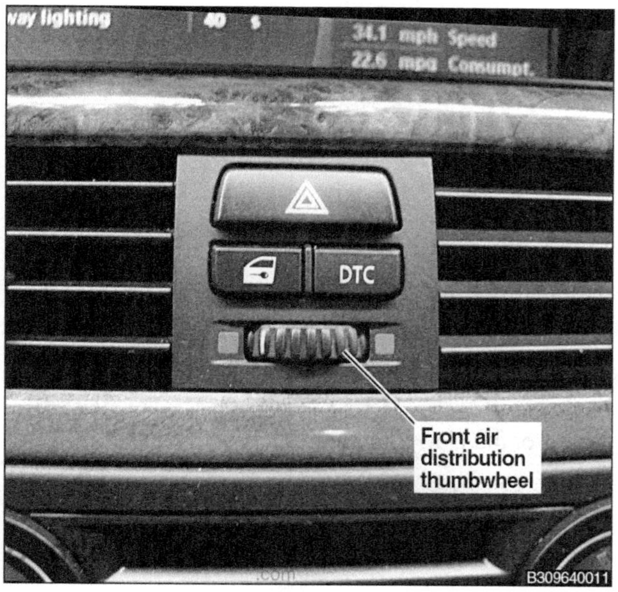

Front air distribution thumbwheel is ganged with hazard, central locking and DTC switches located in the center of the dashboard.

Thumbwheel analog voltage signal is hard wired to IHKA control panel. The panel sends position signals to the front mixing flap stepper motor via LIN-bus.

Rear air distribution thumbwheel is located to the right of the rear center vent, between the front seat backs. Thumbwheel analog voltage signal is hard wired to JBE. JBE converts this signal into a digital signal, transmitted via K-CAN to IHKA control panel, which then sends the position signals to rear mixing flap stepper motor via LIN-bus.

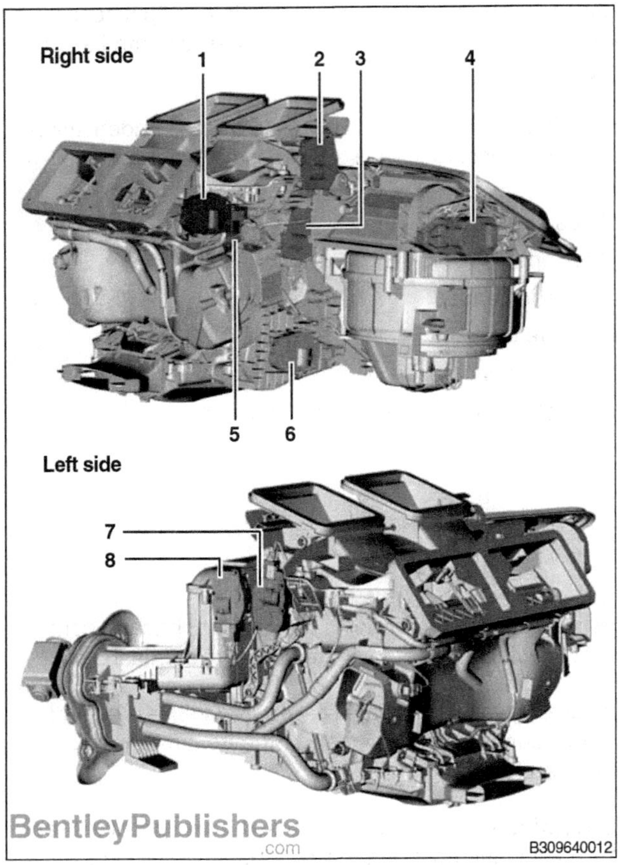

IHKA outputs

< **Stepper motors** in climate control housing under the dashboard:

1. Dashboard ventilation flaps stepper motor
2. Defroster flaps stepper motor
3. Right side blend flap stepper motor
4. Fresh air – recirculation flap stepper motor
5. Rear air distribution flap stepper motor
6. Footwell flaps stepper motor
7. Left side blend flap stepper motor
8. Front air distribution flap stepper motor

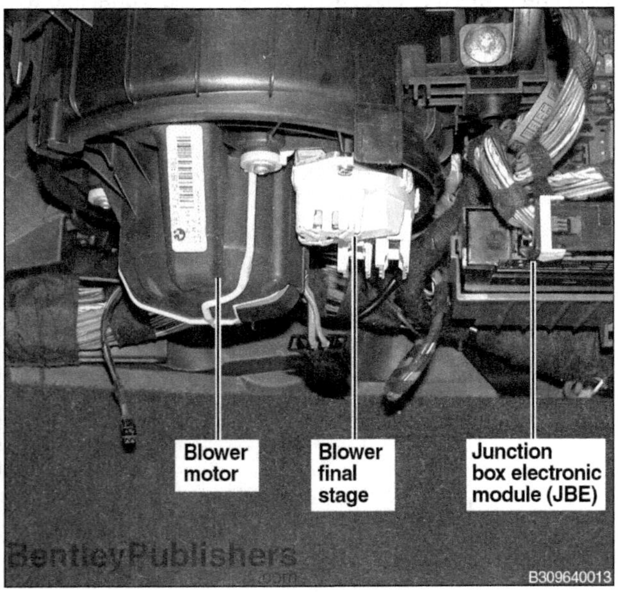

< **Blower** and **blower output stage** are mounted in the climate control housing behind the glove compartment.

Blower output stage is activated via pulse-width modulation by IHKA control panel. This connection is spliced through junction box (JB). Operating power for the blower motor is supplied by JB.

Heater valve controls amount of heated engine coolant sent to the heater core. Blend flaps are used to control the temperature settings on the two sides of the dual zone climate control system.

Heater valve is opened via a spring. It is operated via band pulse width modulated signal from JBE.

A/C compressor is clutchless. A swash plate in the compressor housing varies the amount of compression on the refrigerant. The compressor valve is controlled and powered by JBE.

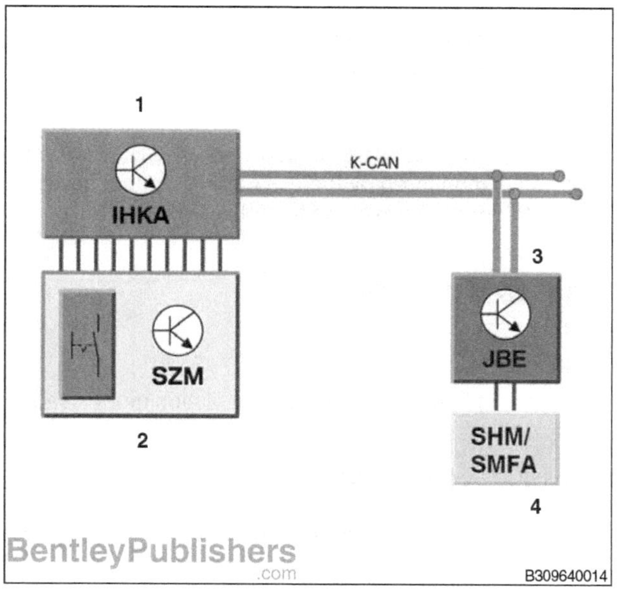

Seat heating is controlled and powered by JBE. Request for seat heating activation is initiated from center console switch cluster (SZM) directly to IHKA control panel, then via K-CAN to JBE.

1. IHKA control panel
2. Center console switch cluster (SZM)
3. Junction block electronic module (JBE)
4. Seat heating module
   Driver seat module

Rear window defogger is controlled and powered by JBE. Defogging request is sent to JB from IHKA control panel via K-CAN.

Electric coolant pump is electronically controlled by the engine control module (ECM). When residual heat (REST) function is activated, IHKA control panel interfaces with ECM to activate the coolant pump, circulating hot or warm coolant through the heater core to warm up the passenger cabin.

IHKA non-electrical components

Refrigerant circuit consists of A/C compressor, expansion valve, evaporator and condenser. The system features:

- Aluminum refrigerant lines.
- Receiver-drier (with replaceable desiccant) integrated in the condenser.
- Clutchless compressor controlled by IHKA logic via JBE.
- Expansion valve accessible from engine compartment.

Heating circuit. Heated engine coolant is pumped by electric coolant pump through heater valve to heater core (heat exchanger). From here, coolant is routed back to engine and coolant thermostat.

Cabin microfilter. The microfilter with activated carbon is accessible from the engine compartment. For microfilter replacement, see **020 Maintenance**. Microfilter housing removal is covered in this repair group.

Filter service is indicated by condition based service (CBS) system. Microfilter condition is monitored by the IHKA control panel using a calculation model (algorithm) based on the following factors:

- Outside temperature.
- Signal from rain and light sensor.
- Signal from solar sensor.
- Blower voltage.
- Air quality, recognized from frequency of recirculation mode usage.
- Average vehicle road speed.
- Service interval display (SIA) timer.

IHKA panel communicates with instrument cluster via K-CAN to detect and report the following:

- Odometer reading.
- Microfilter availability in percent.
- Time remaining until next microfilter service.

IHKA functions

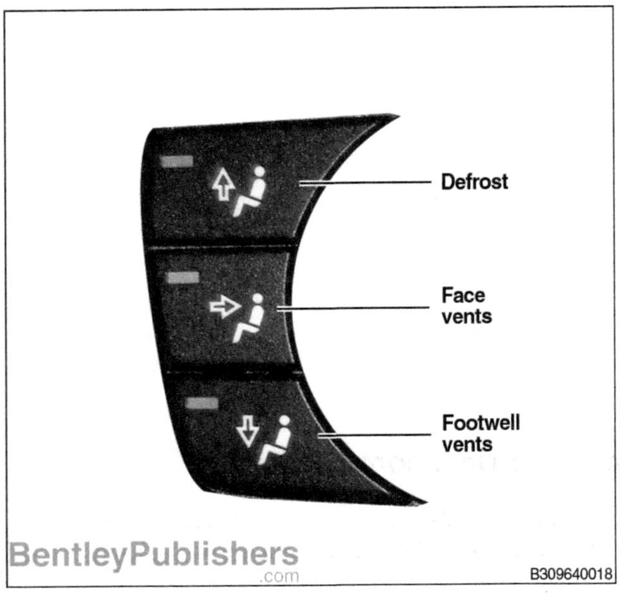

Manual air distribution. For the best possible air distribution, manually adjust air vents using IHKA panel buttons. However, automatic fine adjustment for each side is possible if vehicle is equipped with iDrive.

B309640017

Temperature is adjusted using separate driver and passenger temperature control knobs on IHKA control panel. Interior temperature is calculated from values measured by interior temperature sensor on IHKA panel and footwell temperature sensors. System also responds to outside temperature sensor signals.

Temperature control is via 2 air blend flaps in climate control housing.

MAX button selects maximum cooling with just one press of button. With MAX button pressed:

- Defrost deactivates.
- Temperature control deactivates
- Air-conditioning activates.
- Ventilation flaps open fully.
- Recirculation mode activates.

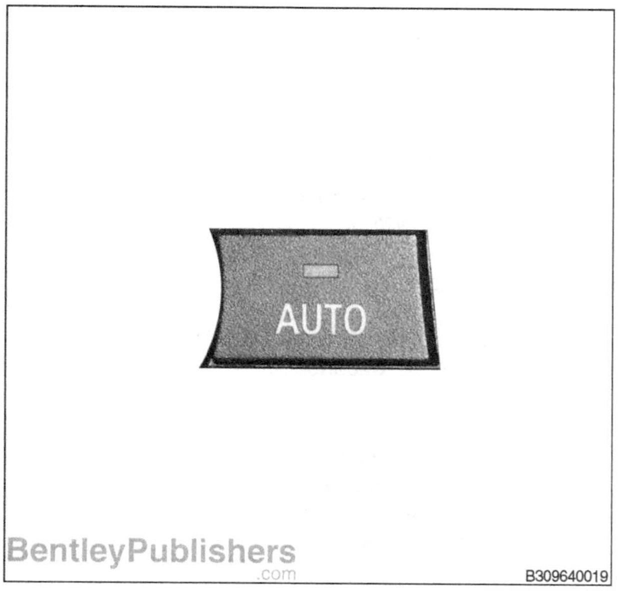

B309640019

AUTO button activates automatic airflow control using programmed blower and flap settings. If one or more automatically controlled functions are set manually, automatic control for those functions is cancelled, but other functions remain automatically controlled.

In this mode, the following applies

- Dynamic pressure compensation: Air volume at air inlet grills increases disproportionately with increasing road speed. This effect is compensated for by programmed reduction of opening angle of fresh-air flaps as vehicle speed increases.
- Blower control: If necessary, vehicle power management reduces blower output via K-CAN. See **600 Electrical System–General**.
- Starting: When engine is cranked (terminal 50 ON), electric coolant pump and blower are switched OFF to reduce load on battery.

B309640022

Blower speed control is via toggle switch at center of IHKA panel. Current blower speed setting is shown by display icon.

OFF. IHKA control panel is switched OFF when blower speed is set to 0.

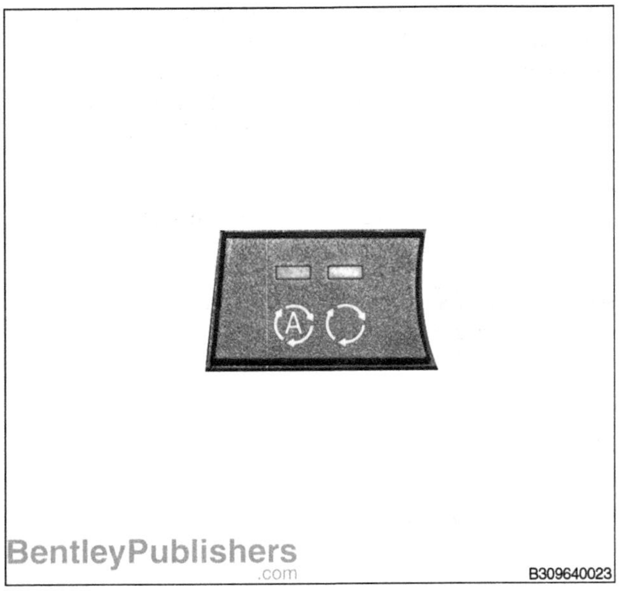

B309640023

Recirculation mode blocks flow of outside air to prevent pollution from entering vehicle. Air inside vehicle is continually recirculated.

To make sure that there is a sufficient supply of fresh air, recirculation mode is only available for 30 minutes. The system then switches to partial fresh air circulation for 30 minutes, then switches back to full recirculation

Automatic air quality control. If air quality (AUC) sensor detects an increased level of automotive pollutants, IHKA automatically switches to recirculation mode.

To make sure there is a sufficient supply of fresh air, automatic recirculation is only available for a limited time:

- Outside temperature under 0°C (32°F):
  2 minute recirculated air mode
  20 seconds fresh air mode
  2 minute recirculated air mode, etc.
- Outside temperature 0° - 6°C (32° - 43°F):
  3 minute recirculated air mode
  20 seconds fresh air mode
  3 minute recirculated air mode, etc.
- Outside temperature above 6°C (43°F), no A/C:
  4 minute recirculated air mode
  20 seconds fresh air mode
  4 minute recirculated air mode, etc.
- Outside temperature above 6°C (43°F), with A/C:
  12 minute recirculated air mode
  20 seconds fresh air mode
  12 minute recirculated air mode, etc.

When the engine is started and AUC function activated, fresh-air mode is selected for approx. 40 seconds due to warming phase of AUC sensor.

B309640020

Residual heat (REST) function allows hot or warm engine coolant to heat up vehicle interior when engine is not running. This function is available for a run-down period of approx. 15 minutes from the time ignition is switched OFF (terminal 15 OFF).

Pressing REST button signals ECM via bus system to activate electric coolant pump and circulate coolant.

REST switch-on conditions:

- Terminal 15 OFF.
- Run-down period (up to 15 minutes after terminal 15 OFF).
- REST button in IHKA controls ON.
- Outside temperature below 25°C (77°F).
- Engine temperature above 60°C (140°F).
- Battery voltage over 11.4 volts.

REST switch-off conditions:

- Terminal 15 ON.
- Residual heat ON past 15 minutes.
- REST button in IHKA control panel OFF.
- Power management switches auxiliary consumers OFF.
- Battery voltage below 11 volts.

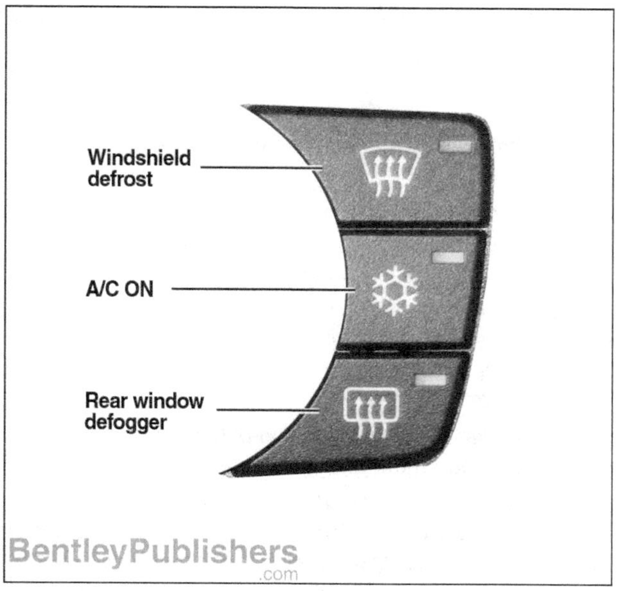

Defrost button opens windshield defroster flaps fully. Fresh air - recirculation flaps move to fresh air position. Other flaps are closed. Blower is run at maximum speed.

A/C button switches cooling function ON in order to cool and dehumidify incoming air before it is heated. This function helps prevent or reduce condensation on windows.

Rear window defogger, toggled ON or OFF by pressing button. Defogging switches OFF automatically after programmed rear window heating time expires.

There are two rear window defogging programs. First program:

- After vehicle starts, the first time defogger is switched ON, defogging time is as follows:
  Outside temperature down to 15°C (59°F): 10 minutes
  Outside temperature below 15°C (59°F): 17 minutes.
- After initial defogging phase, rear window is heated for 25 minutes with pulsed heat output:
  40 seconds ON
  80 seconds OFF.

Second program:

- Each subsequent time defogger button is pressed:
  Defogging is switched ON for 30 minutes.
  After second heating period, output is again pulsed.

Evaporator temperature is regulated by evaporator temperature sensor and expansion valve. The minimum evaporator temperature is set to 2°C (36°F) to avoid risk of icing. Actual evaporator temperature ranges 2° - 7°C (36° - 45°F), depending on outside temperature, vent temperature and refrigerant pressure. Variable evaporator temperature control reduces excessive dehumidification of vehicle interior.

Solar sensor (active in IHKA automatic mode) modifies the following functions, depending on sunlight intensity:

- Blower output increased or reduced.
- Temperature settings using temperature control knobs increased or reduced.

Driver and passenger side (dual-zone) functions are not modified separately.

Condensation sensor operates with engine running and IHKA in automatic mode. IHKA control panel evaluates condensation sensor signal (humidity). If condensation on windshield is imminent, the following measures are initiated in sequence:

- Open defrost flaps further.
- If in recirculation mode, switch to partial fresh-air mode.
- If in partial recirculation mode, switch to fresh air.
- Increase blower speed.
- Reduce footwell air volume.
- Increase set temperature value.

If one measure proves to be ineffective, the next measure is initiated. Once successful, the measures previously performed are performed in reverse order.

Warnings and Cautions

WARNING—
- *Do not discharge or charge the A/C system without proper equipment and training. Damage to the vehicle and personal injury may result.*
- *Wear hand and eye protection (gloves and goggles) when working around the A/C system.*
- *If refrigerant come in contact with your skin or eyes:*
  -Do not rub skin or eyes.
  -Immediately flush skin or eyes with cool water for 15 minutes.
  -Rush to a doctor or hospital.
  -Do not attempt to treat yourself.
- *Work in a well ventilated area. Switch on exhaust / ventilation systems when working on the refrigerant system.*
- *Do not expose any component of the A/C system to high temperatures (above 80°C or 176°F) or open flames. Excessive heat causes a pressure increase which could burst the system.*
- *Keep refrigerant away from open flames. Poisonous gas is produced if it burns. Do not smoke near refrigerant gases for the same reason.*
- *The A/C system is filled with refrigerant gas which is under pressure. Pressurized refrigerant in the presence of oxygen may form a combustible mixture. Do not introduce compressed air into any refrigerant container (full or empty).*
- *Electric welding near refrigerant hoses causes R-134a to decompose. Discharge system before welding.*
- *At normal operating temperature the cooling system is pressurized. Allow the system to cool as long as possible before opening (a minimum of one hour), then release the cap slowly to allow safe release of pressure.*

CAUTION—
- *In the United States, any person who services a motor vehicle air-conditioner must, by law, be properly trained and certified, and use approved refrigerant recycling equipment. Technicians must complete an EPA-approved recycling course to be certified.*
- *Comply with state and local governments which may have additional requirements regarding air-conditioning servicing.*
- *It is recommended that all A/C service be left to an authorized BMW dealer or other qualified A/C service facility.*
- *Do not top off a partially charged refrigerant system. Discharge system, evacuate and then recharge system.*
- *The mixture of refrigerant oil (PAG oil) and refrigerant R-134a attacks some metals and alloys (for example, copper) and breaks down certain hose materials. Use only hoses and lines that are identified with a green mark (stripe) or marked with R-134a.*
- *Immediately plug open connections on A/C components and lines to prevent dirt and moisture contamination.*
- *Do not steam clean the A/C condenser or evaporator. Use only cold water or compressed air.*
- *To avoid damaging plastic interior trim, use a plastic prying tool or a screwdriver with the tip wrapped with masking tape.*

IHKA Component Replacement

IHKA control panel, removing and installing

Version 1: Model without iDrive

- Use plastic prying tool to carefully pry out IHKA control panel.

Version 2: Model with iDrive

- Use plastic prying tool to pry off IHKA control panel (**B**). Unclip front face (**A**) using knobs (**C**). Plastic pins are located at **D**.

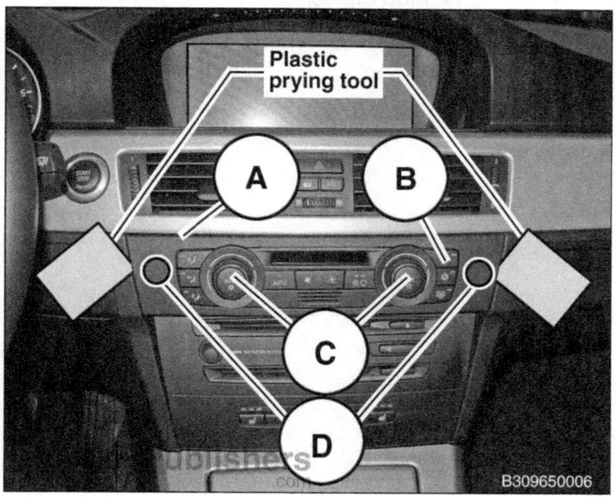

- Pull panel back and unlock connector locks to detach.

– Installation is reverse of removal. Use BMW scan tool to program and code new panel. See **600 Electrical System–General**.

IHKA housing and components

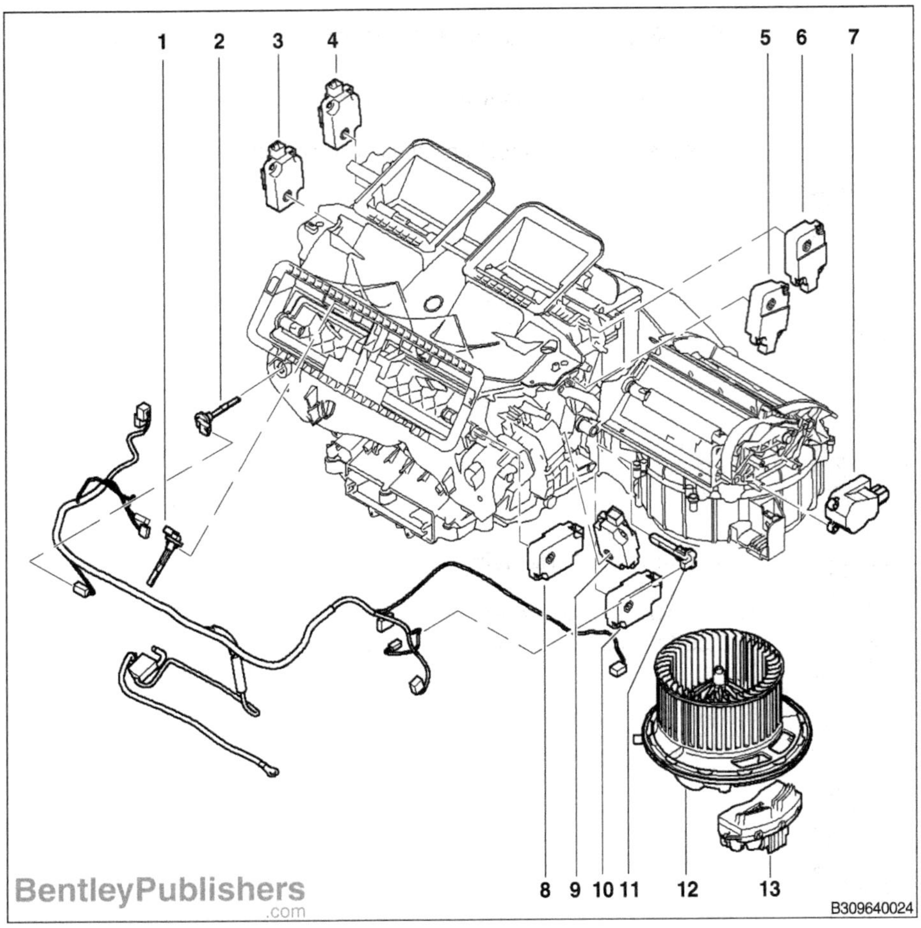

1. **B62** Center vent temperature sensor
2. **B109a** Footwell vent temperature sensor
3. **M153** Blend flap stepper motor, left
4. **M4729** Air distribution flap motor, front
5. **M154** Blend flap stepper motor, right
6. **M35a** Defroster flap stepper motor
7. **M111** Fresh air - recirculation flap stepper motor
8. **M38** Center vent flap stepper motor
9. **M31** Footwell flap stepper motor
10. **M4723** Air distribution flap motor, rear
11. **B14b** Evaporator temperature sensor
12. **M30** Blower
13. **N2** Blower final stage

Stepper motors

The IHKA system utilizes eight stepper motors that are wired in series for climate control operation. IHKA control panel operates stepper motors via LIN-bus.

Stepper motors can be replaced without removing the dashboard or climate control housing.

Seven of the eight stepper motors used are identical and have the same part number. A different stepper motor is used only for the fresh air – recirculation motor.

After replacement, use BMW scan tool or equivalent to program stepper motor locations.

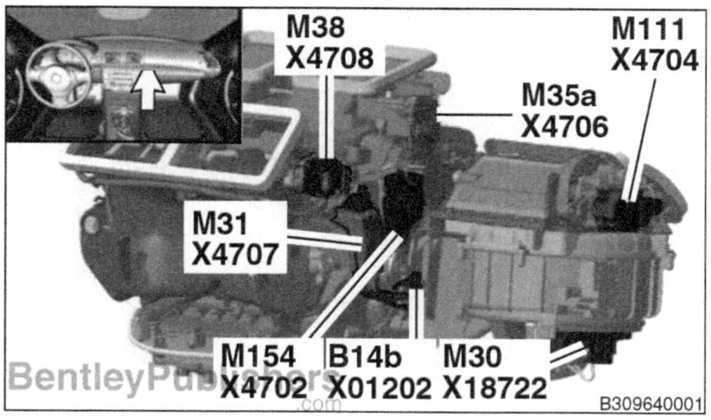

Right side stepper motors

- **B14b** Evaporator temperature sensor
- **M30** Blower motor
- **M31** Footwell flap stepper motor
- **M35a** Defroster flap stepper motor
- **M38** Center vent flap stepper motor
- **M111** Fresh air - recirculation flap stepper motor
- **M154** Blend flap stepper motor, right
- **X4702** Connector
- **X4704** Connector
- **X4706** Connector
- **X4707** Connector
- **X4708** Connector
- **X01202** Connector
- **X18722** Connector

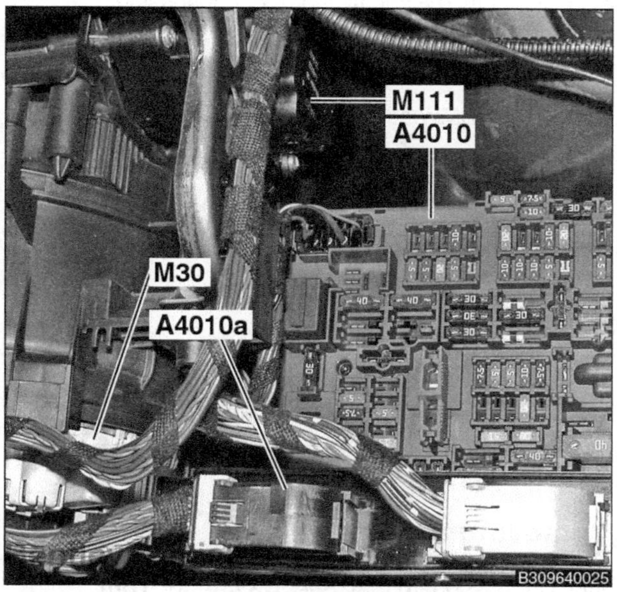

- **A4010** Junction box (JB)
- **A4010a** Junction box electronics module (JBE)
- **M30** Blower
- **M111** Fresh air - recirculation flap stepper motor

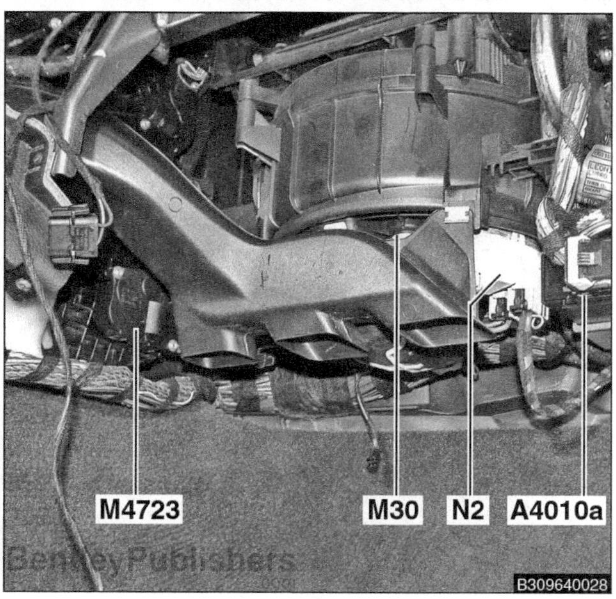

- **A4010a** Junction box electronics module (JBE)
- **M30** Blower
- **N2** Blower final stage
- **M4723** Air distribution flap motor, rear

– To gain access to right side stepper motors:
  - Remove right lower dashboard trim. See **513 Interior Trim**.
  - Remove glove compartment. See **513 Interior Trim**.

640

Left side stepper motors

- **B62** Center vent temperature sensor
- **B109a** footwell vent temperature sensor
- **M153** Blend flap stepper motor, left
- **M4729** Air distribution flap motor, front
- **X4701** Connector
- **X4729** Connector
- **X01200** Connector
- **X01201** Connector

– To gain access to left side stepper motors, remove left lower dashboard trim (pedal cluster trim). See **513 Interior Trim**.

Stepper motor, removing and installing

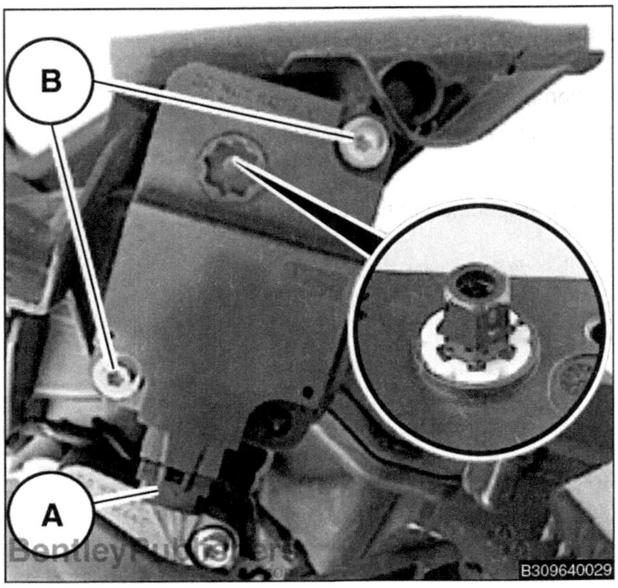

◄ To remove stepper motor:

- Detach electrical connector (**A**).
- Remove mounting bolts (**B**) and tilt motor out of housing.

– During installation, do not twist teeth of motor drive (**inset**).

– After replacement, use BMW scan tool or equivalent to program stepper motor locations.

Blower, removing and installing

– Remove right lower dashboard trim. See **513 Interior Trim**.

◄ Working at blower:

- Pull off right footwell duct
- Detach electrical connector (**arrow**) at blower final stage.

NOTE—

- *Glove compartment removed for purpose of illustration.*

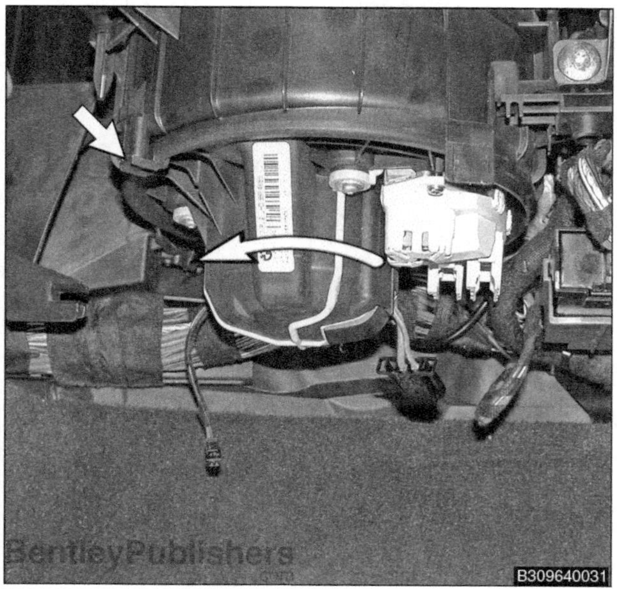
B309640031

Press carefully on lock lug (**arrow**) and rotate blower in direction of **curved arrow** to remove.

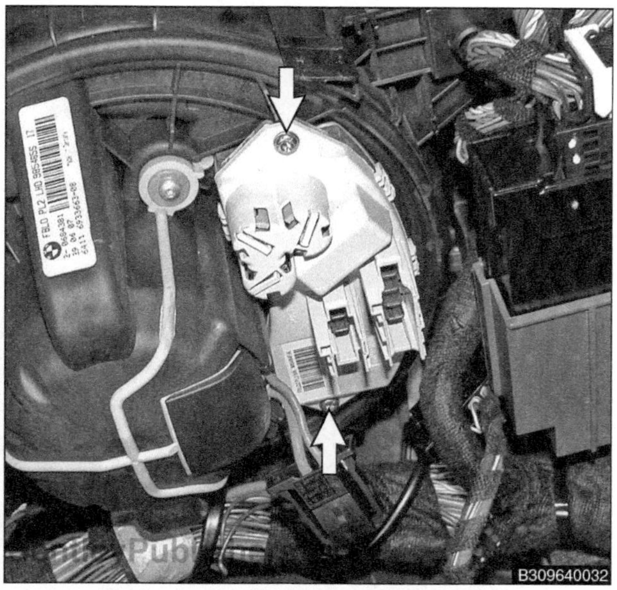
B309640032

If necessary, separate blower final stage by removing screws (**arrows**).

- When installing blower, make sure lock lug snaps audibly into place.

Cabin microfilter housings, upper and lower, removing

- Open engine hood and place in service position. See **020 Maintenance**.

B309640035

Remove upper microfilter housing screws (**arrows**). Lift off microfilter upper housing and microfilter.

Microfilter replacement is covered in **020 Maintenance**.

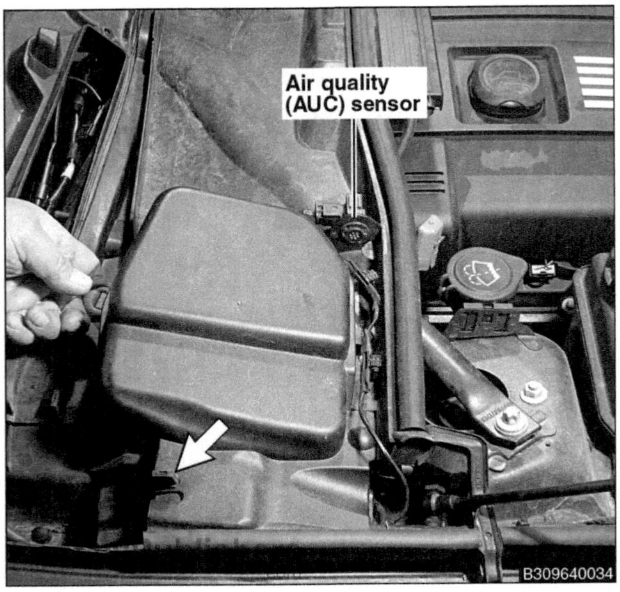

◄ Right side: Unclip E-box cover and detach rubber lock tab ((**arrow**) to lift off cover. Detach AUC sensor and wire from lower microfilter housing and lay aside.

– Left side: Brake fluid reservoir cover removal is similar.

◄ Unclip locking tabs (**arrows**) for engine wiring loom cover and take off cover.

◄ Lift wiring harnesses over edge of plastic loom (**arrows**).

Reach through wire loom opening with plastic prying too and unclip engine wiring loom cover underneath microfilter housing.

Working at left side of housing, remove housing hold-down screw (**A**) and detach rubber lock tab (**B**). Repeat operation on right side of housing.

Slide housing forward and up (**arrows**) to remove.

- Installation is reverse of removal.

> ***CAUTION—***
> - *Make sure upper microfilter housing seals securely to lower housing. A bad seal may allow water leaks into the cabin, IHKA housing or blower.*

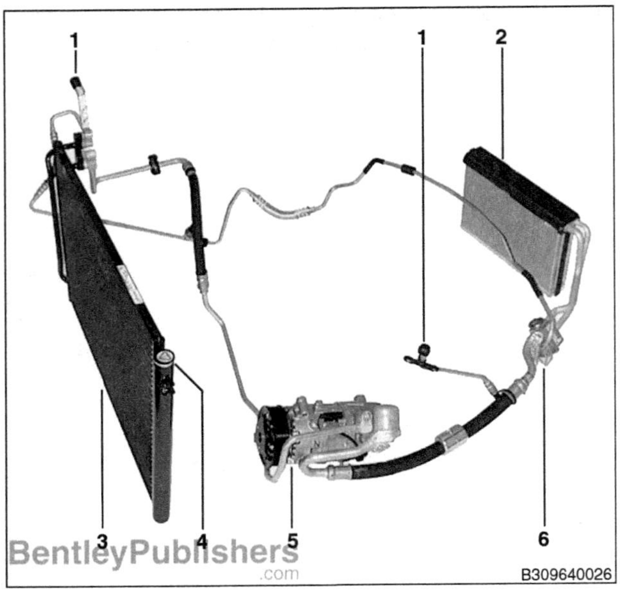

Air-conditioning components in engine compartment

1. Refrigerant service port
2. Evaporator
3. Condenser
4. Receiver-dryer port
5. A/C compressor
6. Expansion valve

650 Radio

GENERAL

This section covers BMW factory-installed sound and navigation systems.

Radio

The two radio versions supplied with E90 models are both on the MOST (optical cable) bus and have CD playing capabilities.

The base radio, with a single cd drive and a two-line LCD display, is referred to as RAD2. The basic 180 watt radio may be upgraded to Top-HiFi Logic7 with 420 watts of power.

The high-end radio is the car communication computer (CCC) which also serves as the navigation system. The CCC is controlled by the iDrive controller and utilizes the navigation video screen or central information display (CID) as a visual monitor. This system comes with the Top-HiFi Logic7 system with 420 watts of power as standard.

MOST-bus (media oriented systems transport)

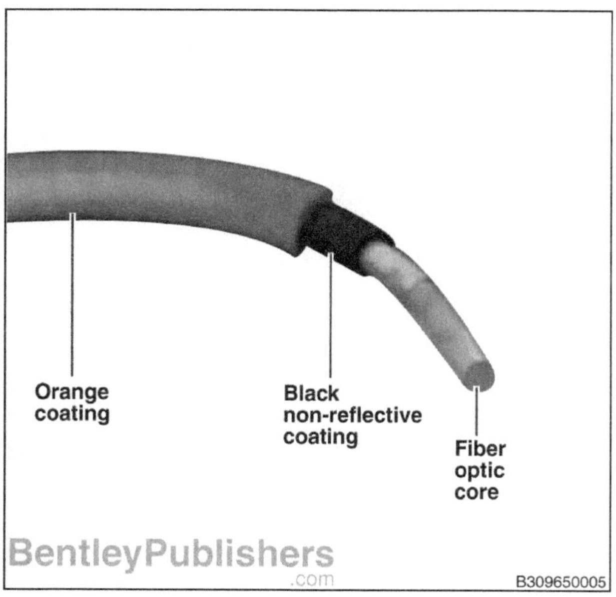

Sound system and navigation components are connected using MOST-bus, a fiber optic network.

650

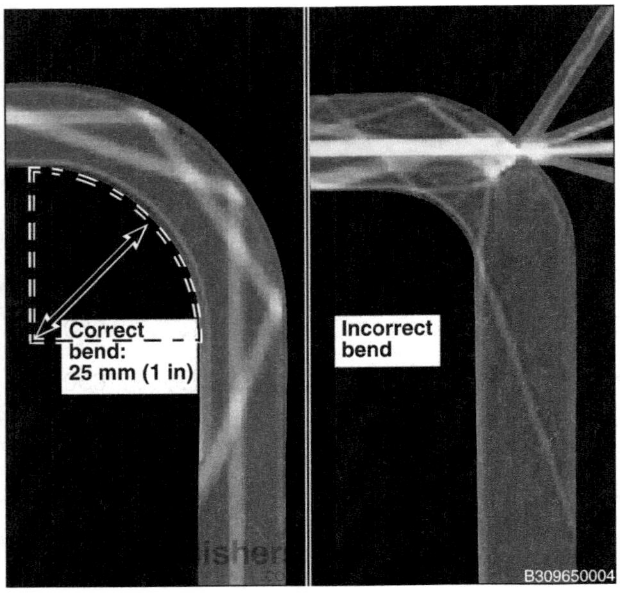

Make sure any bend in MOST-bus fiber optic harness has a radius of 25 mm (1 in) or greater.

> **CAUTION—**
> - *Signal transmission through a fiber optic harness that is bent excessively is impaired.*

Cautions

> **CAUTION—**
> - *Before beginning work on the radio or sound system, verify that the radio is an original equipment BMW radio and that the wiring harness is not modified.*
> - *Refer servicing of aftermarket sound equipment to an authorized agent of the equipment manufacturer.*
> - *When handling electronic equipment (monitors, control modules, relays), use anti-static tools and techniques to prevent static discharge damage. See* **600 Electrical System–General**.
> - *To avoid damaging plastic interior trim, use a plastic prying tool or a screwdriver with the tip wrapped with masking tape.*

COMPONENT LOCATIONS

Sedan audio equipment

RAD2 audio system (basic radio)

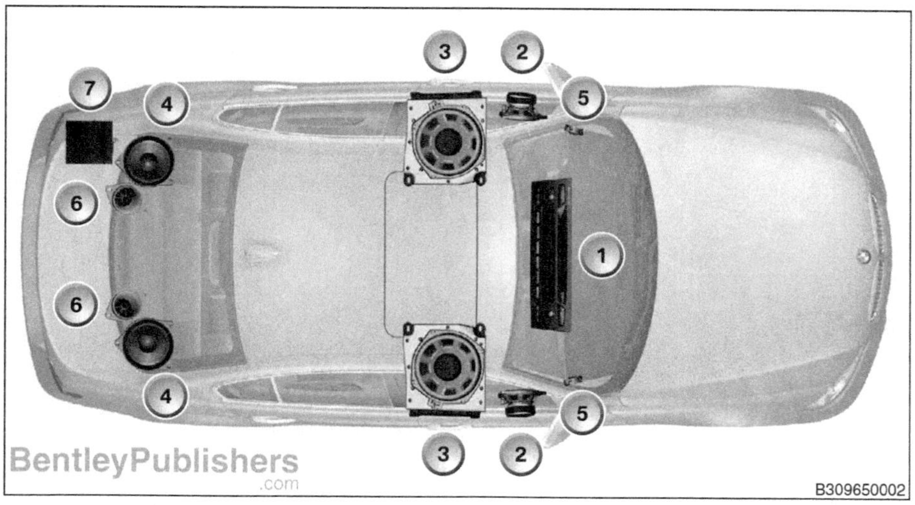

1. Radio (RAD2)
2. Front midrange speakers
3. Floor-mounted woofers
4. Rear midrange speakers
5. Front tweeters
6. Rear tweeters
7. Amplifier

CCC audio system (high-end radio)

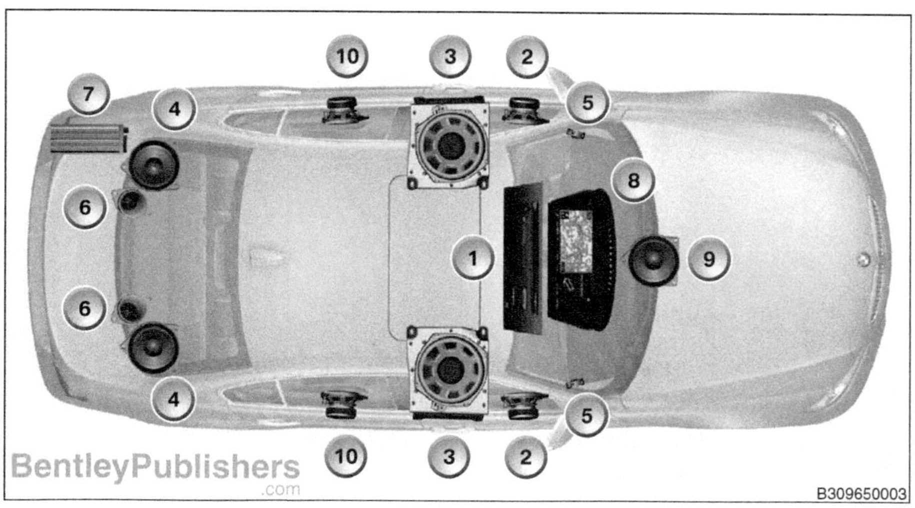

1. Car communication computer (CCC)
2. Front midrange speakers
3. Floor-mounted woofers
4. Rear midrange speakers
5. Front tweeters
6. Rear tweeters
7. Amplifier
8. Central information display (CID)
9. Front center midrange speaker
10. Rear door midrange speakers

Antennas

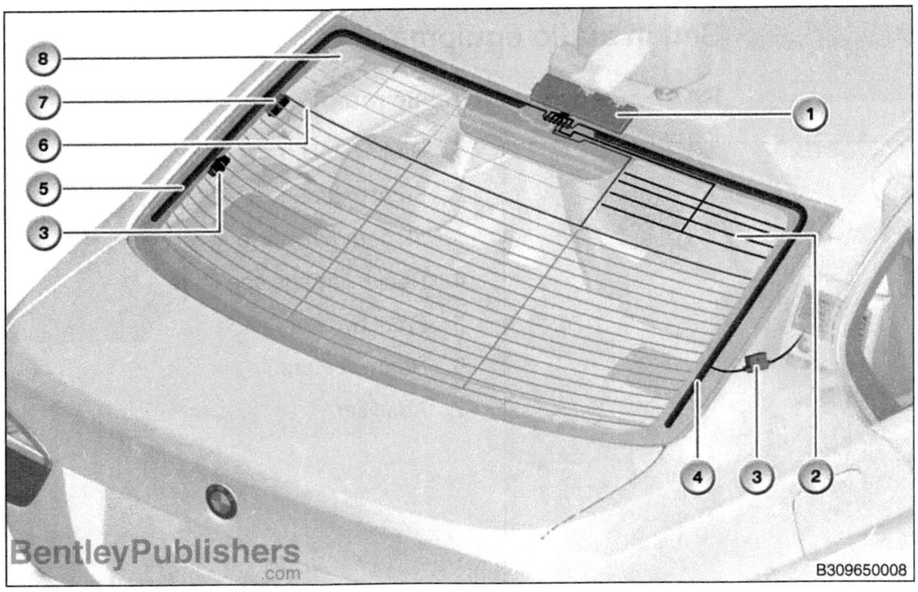

1. Antenna amplifier, diversity module
2. Remote key antenna (FBD)
3. Rear window defogger suppressor filter
4. FM3, TV1 antenna
5. FM2, TV2 antenna
6. FM1 antenna
7. Center brake light filter
8. AM antenna

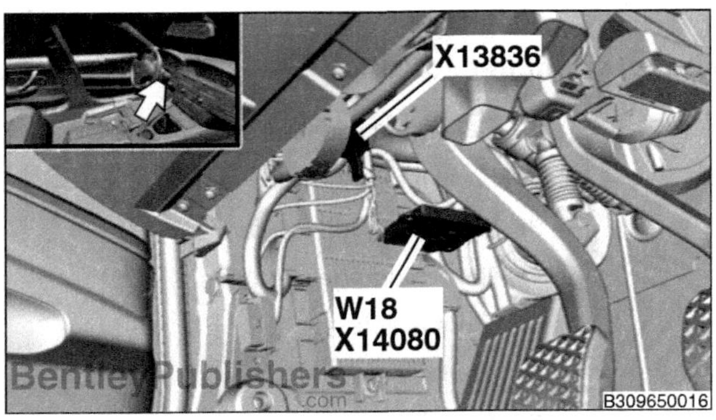

Underneath left side dashboard (**arrow**):

- **W18** Bluetooth antenna
- **X13836** Connector
- **X14080** Connector

Audio equipment

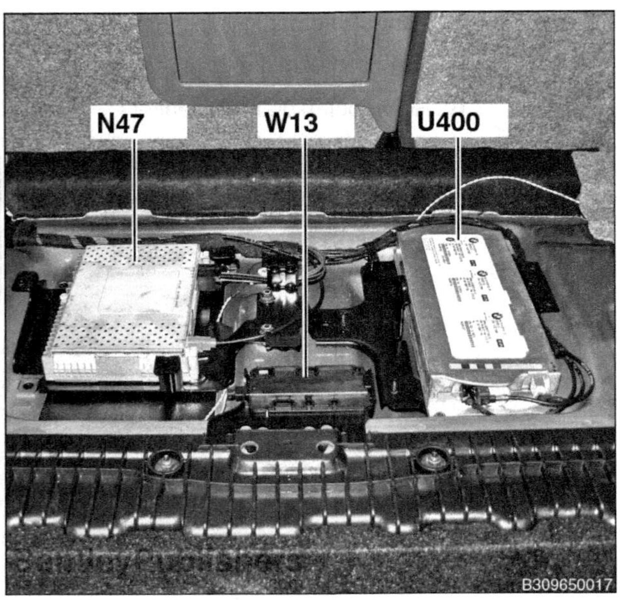

In trunk, front section, underneath trunk floor carpet:

- **N47** Satellite radio
- **U400** Telematics control unit (TCU)
- **W13** Comfort access antenna

Sports Wagon audio and communication equipment

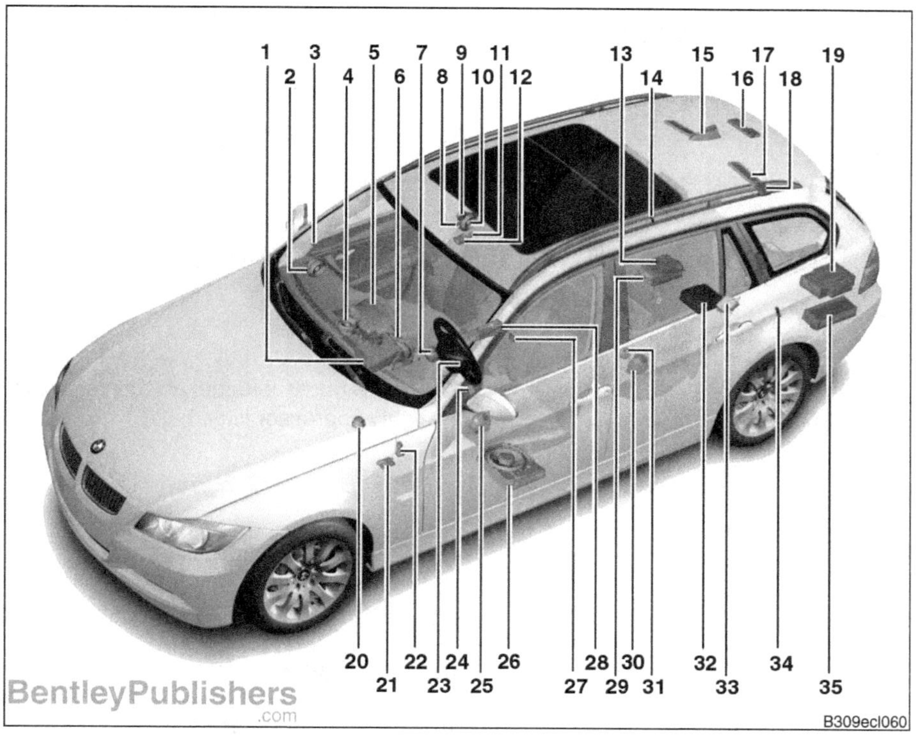

1. Radio
2. Door-mounted midrange speaker
3. Door-mounted tweeter
4. Dashboard midrange speaker
5. Central information display (CID)
6. Floor-mounted woofer
7. Controller
8. Microphone
9. Roof-mounted tweeter
10. Roof-mounted midrange speaker
11. Microphone
12. Emergency call button
13. Satellite radio (SDARS)
14. Wheel speed sensor, right rear
15. Sharkfin (satellite radio, navigation, telephone antenna)
16. Antenna amplifier, diversity module
17. Electrodynamic planar speaker
18. Rear window defogger and center brake light suppressor filter
19. CD changer
20. Emergency speaker
21. Bluetooth antenna
22. MOST direct access port
23. Multifunction (MFL) steering wheel
24. Door-mounted tweeter
25. Door-mounted midrange speaker
26. Floor-mounted woofer
27. Auxiliary audio input
28. Telephone
29. Subwoofer
30. Door-mounted midrange speaker
31. Door-mounted tweeter
32. IBOC tuner
33. Emergency response antenna
34. Wheel speed sensor, left rear
35. Amplifier

650

Antennas

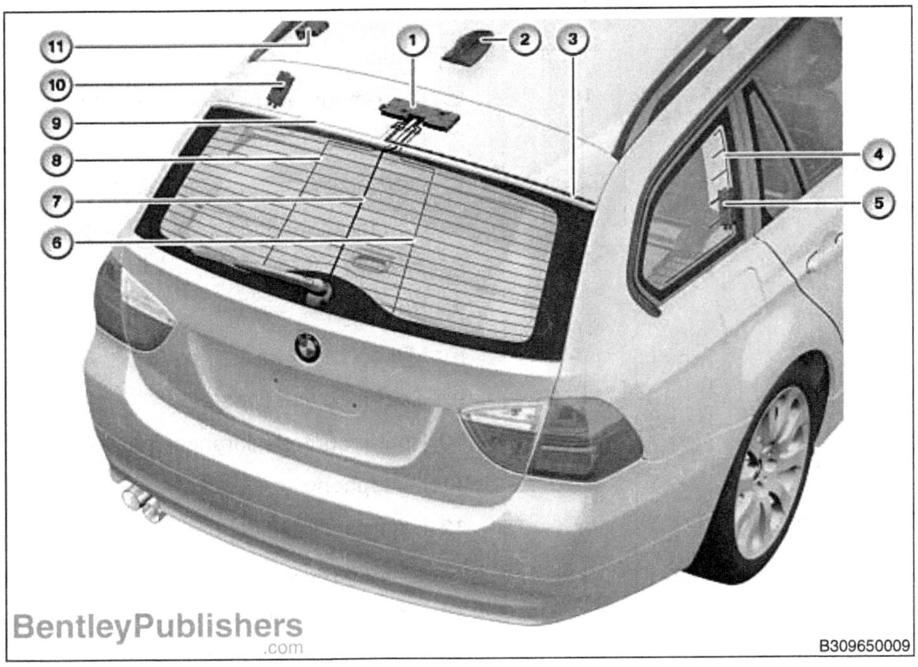

1. Antenna amplifier, diversity module
2. Sharkfin (satellite radio, navigation, telephone antenna)
3. FM1 antenna
4. TV antenna
5. TV antenna
6. FM3 antenna
7. Remote key antenna (FBD)
8. FM2 antenna
9. AM antenna
10. Rear window defogger and center brake light suppressor filter

Convertible communication equipment

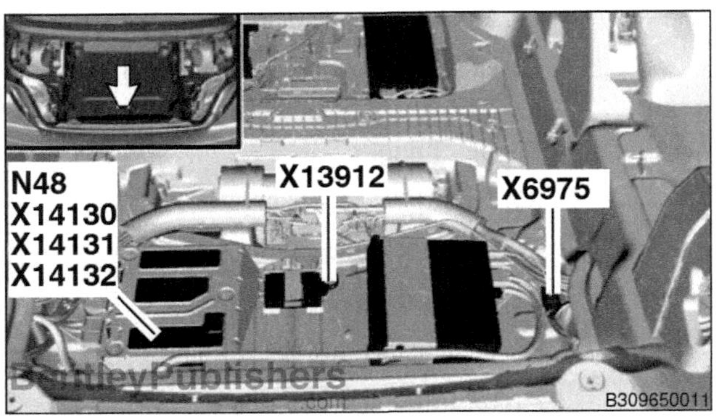

Trunk, rear section, underneath floor carpet (**arrow**):

- **N48** Digital tuner
- **X6975** Connector
- **X13912** Connector
- **X14130** Connector
- **X14131** Connector
- **X14132** Connector

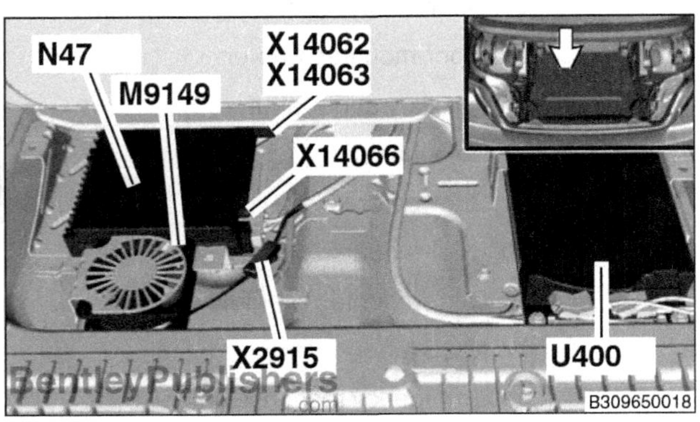

Trunk, front section, underneath floor carpet (**arrow**):

- **M9149** Trunk ventilation fan
- **N47** Amplifier
- **U400** Telematics control module (TCU)
- **X2915** Connector
- **X14062** Connector
- **X14063** Connector
- **X14066** Connector

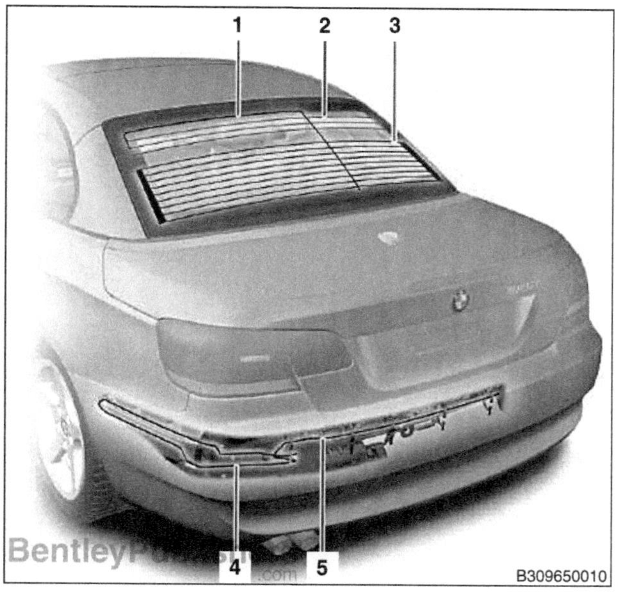

Antennas

Behind rear bumper:

1. FM1 antenna
2. AM antenna
3. FM3 antenna
4. FM2 antenna
5. FM4 antenna

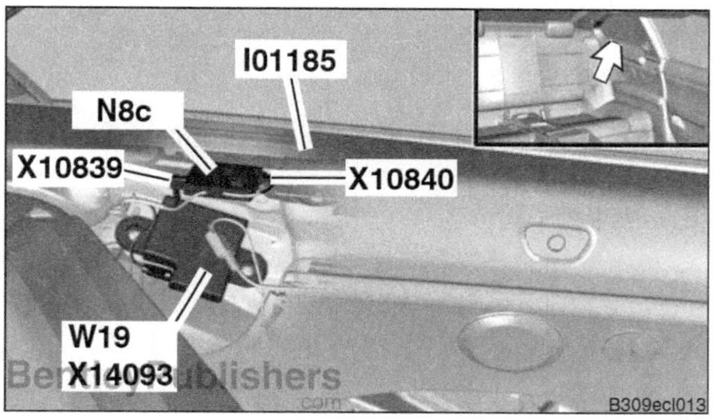

Underneath left quarter window, behind trim panel (**arrow**):

- **I01185** FM1 antenna
- **N8c** Antenna amplifier
- **W19** Emergency call antenna
- **X10839** Connector
- **X10840** Connector
- **X14093** Connector

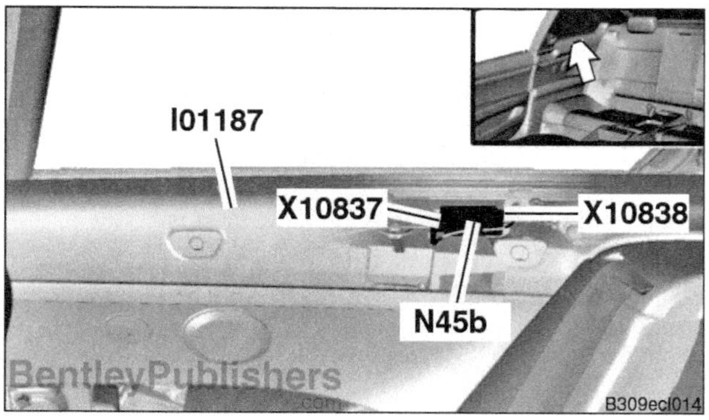

Underneath right quarter window, behind trim panel (**arrow**):

- **I01187** FM3 antenna
- **N45b** Antenna amplifier
- **X10837** Connector
- **X10838** Connector

Sound System

Radio service mode

Use service mode to check radio functions directly at the radio. This procedure differs for the RAD2 (basic radio) and CCC (high end radio with iDrive and navigation).

RAD2 service mode

- Switch radio ON.
- Within 8 seconds, press and hold M button for at least 8 seconds. Service mode is enabled.
- Select menus while in service mode.
- Switch radio OFF to exit service mode.

RAD2 reset

- Switch radio ON, then OFF.
- Disconnect radio from vehicle electrical system.
- Reconnect radio and use BMW scan tool or equivalent to reset.

CCC service mode

The only information available through the CCC service mode are software, hardware, and system status numbers. This information is primarily intended for equipment developers.

- Using iDrive controller, open Start menu.
- Press and hold iDrive controller for at least 10 seconds.
- Move controller 3 stops to right. Read and follow menus.
- Move controller 3 stops to left. Read and follow menus.
- Move controller 1 stop to right. Read and follow menus.
- Move controller 1 stop to left. Read and follow menus.
- Move controller 1 stop to right. Read and follow menus.
- Press controller once.
- Press Menu button to exit service mode.

CCC reset

- Simultaneously press and hold eject buttons on DVD or CD player and iDrive controller for approximately 10 seconds.
  - Central information display (CID) becomes blank.
  - CCC then restarts.

Radio, removing and installing

– Disconnect negative (-) battery cable and cover battery terminal to keep cable from accidentally contacting terminal.

> ***CAUTION—***
> • *Prior to disconnecting the battery, read the battery disconnection cautions given in* **001 Warnings and Cautions**.

◄ Use plastic prying tool to pry off right side dashboard decorative strip.

– Version without iDrive: Use plastic prying tool to pry off IHKA control panel and lower panel underneath radio. See **640 Heating and Air-conditioning**.

– Version with iDrive:
  • Use plastic prying tool to pry off IHKA control panel
  • Pry off center console switch cluster (SZM) panel below radio.

◄ Working below radio face plate, remove mounting screws (**arrows**) and pull radio out of center dashboard.

◄ Use pointed tool such as screwdriver to detach harness connector at rear of radio.

– Installation is reverse of removal. Check to make sure MOST bus is not kinked. See **MOST-bus (media oriented systems transport)** in this repair group.

– Use BMW scan tool to code and program new radio. See **600 Electrical System–General**.

TELEMATICS

Telematics combines information and communications technology such as GPS and cell telephone to send and receive data via telecommunications devices. As implemented in BMW vehicles, Telematics can assist the driver in a wide range of situations and deliver useful information directly to the vehicle. The system consists of several different services which are provided via subscription.

BMW Assist features include the following:

- Vehicle position data (can be transmitted if an emergency request is sent)
- Automatic collision notification.
- Enhanced roadside assistance.
- Customer relations.
- Vehicle service status or required inspections.
- Remote door unlock (in case of lost remote key).
- Stolen vehicle recovery.
- Critical calling (allows a limited number of telephone calls when the driver's mobile phone is not available).

BMW Online features include the following:

- Location information for restaurants, hotels, theaters, etc.
- Traffic news, enabling the navigation system to calculate a route that avoids traffic jams.

BMW TeleServices monitors the condition of key vehicle parts and, if required, contacts a BMW service center automatically to arrange for service.

NAVIGATION SYSTEM

Navigation basics

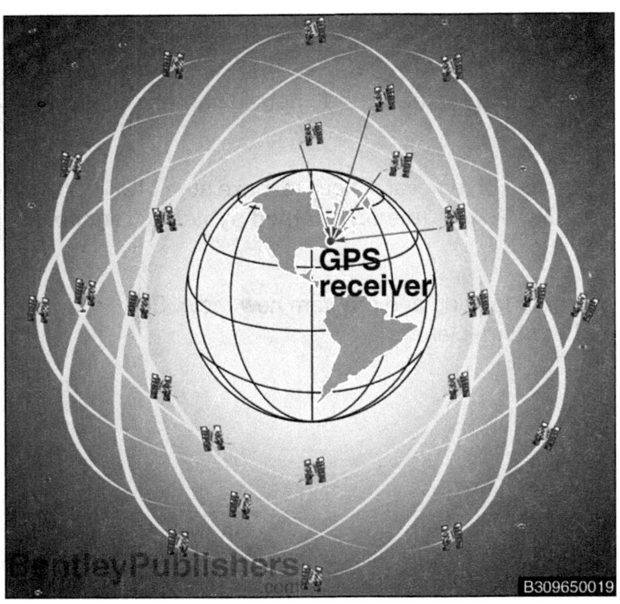

Vehicle navigation systems utilize signals from global positioning system (GPS) satellites.

The 3 Series navigation system operates via the car communication computer (CCC) and features the following range of functions:

- Navigation with map and arrow mode.
- Display on 8.8" color central information display (CID).
- Split-screen view.
- Perspective map presentation.
- Input via iDrive controller with electrically controlled feedback.
- Input optionally controlled by voice commands (SVS).

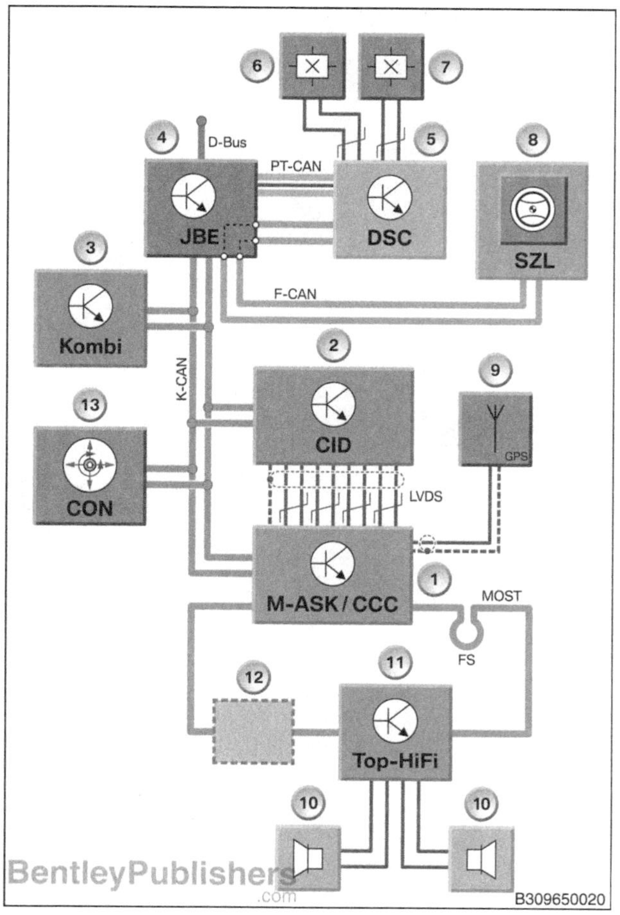

Navigation system schematic

1. Car communication computer (CCC)
2. Central information display (CID)
3. Instrument cluster
4. Junction box electronic module (JBE)
5. DSC control module
6. Left rear wheel speed sensor
7. Right rear wheel speed sensor
8. Steering column switch cluster (SZL)
9. GPS antenna
10. Audio speakers
11. Amplifier
12. MOST components (optional)

Central information display (CID), removing and installing

– Make sure ignition is OFF.

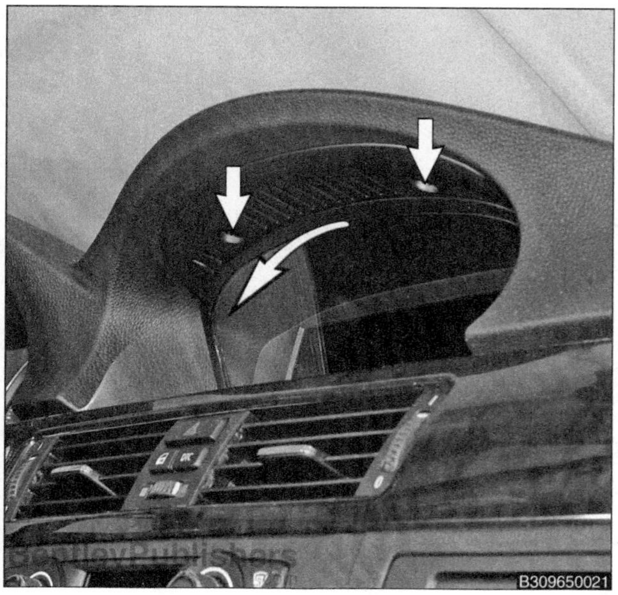

Working at CID screen:

• Remove mounting screws (**arrows**) at top.

• Tilt screen backward (**curved arrow**) and remove.

650

Central information display (CID), removing and installing

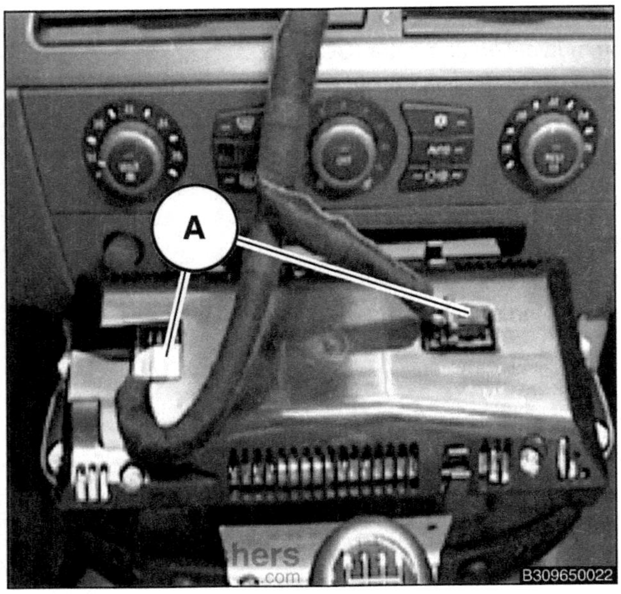

◄ Detach CID screen electrical connectors.

– When installing, make sure cables are routed without kinking.

– Use BMW scan tool to code and program new CID. See **600 Electrical System–General**.

720 Seat Belts

TABLES

GENERAL

This section covers mechanical repairs to seat belts and seat belt tensioner components. Airbag system electronics integrate seat belt operations and airbag deployment. Airbag system information is covered in **721 Airbag System (SRS)**.

See also:

- **513 Interior Trim**
- **520 Seats**

Troubleshooting

Check that seat belt reel locks when driving quickly through curves and during severe braking. The automatic reel does not require any servicing. Replace if it is found faulty.

In case of an accident, follow the seat belt troubleshooting procedures presented in **Table a**.

Table a. Seat belt troubleshooting

Problem	Probable cause	Repairs
Damage to seat belt.	Accident in which bumper impact absorbers were permanently deformed.	Replace complete automatic seat belt. Also check and replace, if necessary, seat belt mounting on car body and seat belt mounting on seat runner.
Belt creased, unraveled, pinched, cut or melted. Belt buckle or belt lock plastic casing worn, damaged or missing.	Seat belts aged or worn.	Replace complete automatic seat belt.
Seat belt buckle not ejected with spring pressure when red button on seat belt lock pressed.	Seat belt lock mechanism worn or damaged.	Replace seat belt buckle.

Table a. Seat belt troubleshooting		
Problem	**Probable cause**	**Repairs**
Seat belt automatic reel does not lock when pulled out suddenly.	Automatic reel defective.	Replace reel assembly.
Seat belt automatic reel jams when pulled out.	Automatic reel loose. Return spring broken inside reel.	Tighten reel mounting bolt. Replace reel assembly.
Seat belt does not retract automatically (see note below).	Automatic reel loose. Return spring broken inside reel.	Tighten reel mounting bolt. Replace reel assembly.
Automatic belt squeaks when fastened or unfastened.	Excessive friction in belt guides Automatic reel loose. Return spring broken inside reel.	Replace reel assembly. Tighten reel mounting bolt. Replace reel assembly.
Seat belt pyrotechnic tensioner triggered.	Accident triggered pyrotechnic deployment.	Replace complete automatic seat belt. Also check retaining bracket of belt tensioner for twist.

NOTE—
- *The rear bench seat belt strap may not retract fully due to increased friction between strap and seat cover. A small remaining loop in belt strap when fully retracted is acceptable.*

Warnings

WARNING—
- *For maximum protection from injury, replace seat belts and hardware if subjected to occupant loading in a collision.*
- *Do not modify or repair seat belts or seat belt mounting points.*
- *Do not bleach or dye seat belt webbing. Webbing that is severely faded or redyed does not meet the strength requirements of a collision. Replace it.*
- *Clean belts with a luke-warm soap solution only.*
- *Periodically inspect seat belts for webbing defects such as cuts or pulled threads.*
- *Immediately after replacing a damaged or worn seat belt, destroy the old belt to prevent it from being used again.*
- *Pyrotechnic seat belt tensioners are powerful devices. Handle with extreme care. Incorrect handling can trigger the tensioner.*
- *BMW recommends that repair or replacement work on pyrotechnic devices be carried out by a qualified BMW technician.*
- *Be sure to disconnect the battery and wait 1 minute before attempting to work on pyrotechnic devices.*
- *Pyrotechnic devices cannot be repaired. Always replace them.*
- *Do not treat pyrotechnic components with cleaning agents or grease.*
- *Do not expose pyrotechnic components to temperatures above 75°C (167°F).*
- *Do not fire a pyrotechnic gas generator prior to disposal. It must be fired by a special disposal company or shipped back to BMW in the packaging of the new component.*
- *During body straightening and welding with an electric arc welder, disconnect the battery and the connection to the pyrotechnic gas generators.*

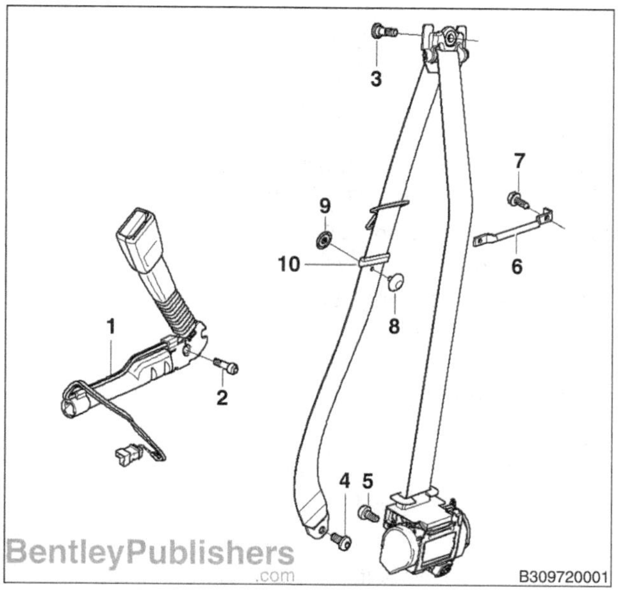

Front Seat Belts

Front seat belt components

Sedan, Sports Wagon

1. Seat belt buckle assembly with pyrotechnic (explosive) tensioner
2. M10 x 22 mm self-locking bolt, replace with new
Tighten to 38 Nm (28 ft-lb)
3. B-pillar bolt
Tighten to 36 Nm (27 ft-lb)
4. M10 x 15 mm seat belt anchor self-locking bolt, replace with new
Tighten to 44 Nm (32 ft-lb)
5. M10 x 22 mm seat belt reel self-locking bolt, replace with new
Tighten to 36 Nm (27 ft-lb)
6. Belt guide
7. ST5.5 x 13 mm sheet metal screw
Tighten to 3.5 Nm (31 in-lb)
8. Plastic button
9. Plastic button
10. Plastic stop

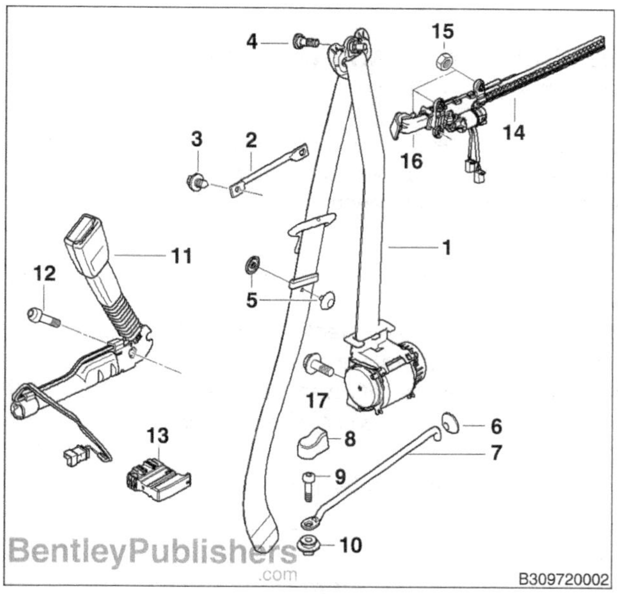

Coupe

1. Driver seat belt
2. Belt guide
3. ST5.5 x 13 mm sheet metal screw
Tighten to 3.5 Nm (31 in-lb)
4. B-pillar bolt
Tighten to 36 Nm (27 ft-lb)
5. Plastic button
6. Plastic trim
7. Slide bar
8. Plastic trim
9. M10 x 55 mm bolt
Tighten to 36 Nm (27 ft-lb)
10. Spacer bushing
11. Seat belt buckle assembly with pyrotechnic (explosive) tensioner
12. M10 x 22 mm self-locking bolt, replace with new
Tighten to 38 Nm (28 ft-lb)
13. Plastic trim
14. Seat belt extender
15. M5 nut
Tighten to 2.5 Nm (22 in-lb)
16. Belt extender tip
17. M10 x 22 mm seat belt reel self-locking bolt, replace with new
Tighten to 36 Nm (27 ft-lb)

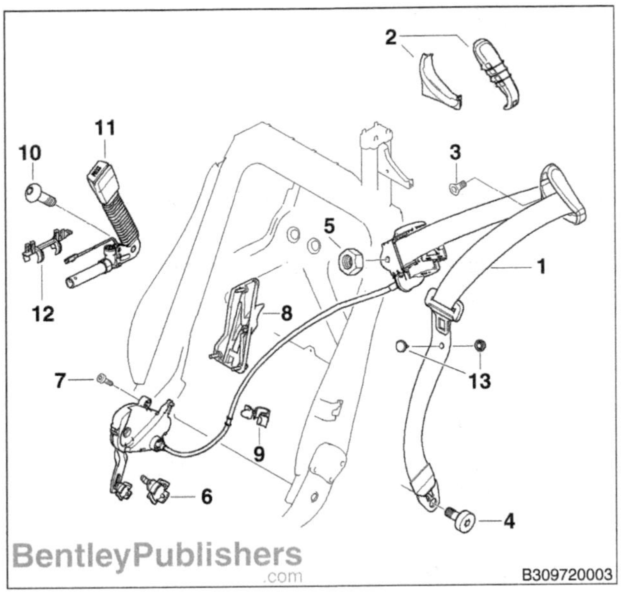

Convertible

1. Driver seat belt
2. Belt guide
3. Belt guide M6 bolt
   To 09 / 2008: Tighten to 9 Nm (90 in-lb)
   From 09 / 2008: Tighten to 8 Nm (71 in-lb)
4. M10 x 22 mm seat belt anchor self-locking bolt, replace with new
   Tighten to 36 Nm (27 ft-lb)
5. M10 seat belt reel self-locking nut, replace with new
   Tighten to 36 Nm (27 ft-lb)
6. Coupling gear stud
   Tighten to 3 Nm (27 in-lb)
7. Coupling gear screw
   Tighten to 2.5 Nm (22 in-lb)
8. Support plate
9. Clip
10. M10 x 22 mm self-locking bolt, replace with new
    Tighten to 38 Nm (28 ft-lb)
11. Seat belt buckle assembly with pyrotechnic (explosive) tensioner
12. Plastic bracket
13. Plastic button

Front seat belt buckle and tensioner, removing and installing

The front seat belt buckle is equipped with pyrotechnic (explosive charge) automatic tensioner designed to automatically retract and tension the seat belt by 55 mm (approximately 2 inches) in case of an accident.

> ***WARNING —***
> - *The side impact airbag and pyrotechnic seat belt tensioner attached to the front seat are powerful and potentially dangerous devices. Handle with extreme care. Incorrect handling can trigger off the airbag or tensioner and cause injury.*

– Disconnect battery negative (–) cable in trunk.

> ***CAUTION—***
> - *Prior to disconnecting the battery, read the battery disconnection cautions given in* **001 Warnings and Cautions**.

– Remove front seat. See **520 Seats**.

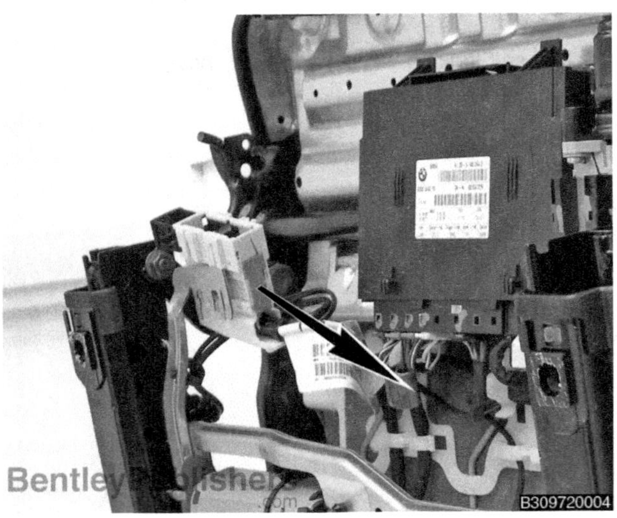

◄ Working underneath seat:

- Pull electrical connectors out of plug housing (**arrow**).
- Cut wire ties and detach wire harnesses from seat base.

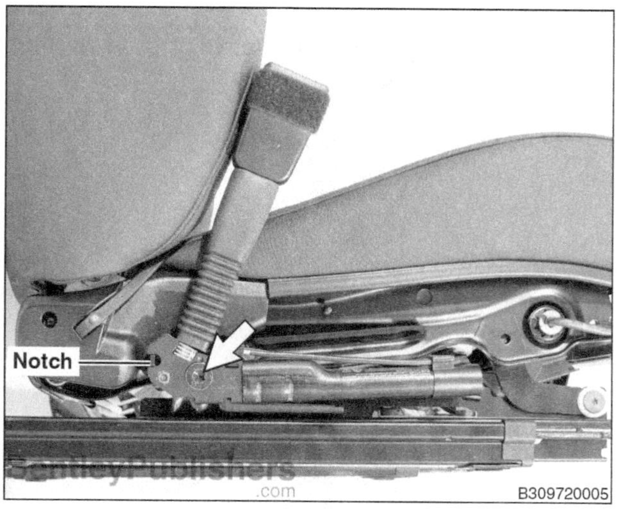

B309720005

– Working at lower side of seat, remove belt buckle mounting bolt (**arrow**) and discard.

– When installing:
- Secure base of belt buckle to seat using aligning notch.
- Use new self-locking belt buckle bolt.

Tightening torque	
Belt buckle to base of seat (M10 x 22 mm self-locking bolt, replace with new)	38 Nm (28 ft-lb)

– Replace wire ties and reconnect harness connectors before reinstalling seat.

Tightening torque	
Front seat to floor (replace bolts)	44 Nm (32 ft-lb)

Front seat belt reel, removing and installing (Sedan, Sports Wagon)

– Remove B-pillar plastic trim. See **513 Interior Trim**.

< Using plastic prying tool, unclip seat belt anchor bolt cover and remove (**arrow**).

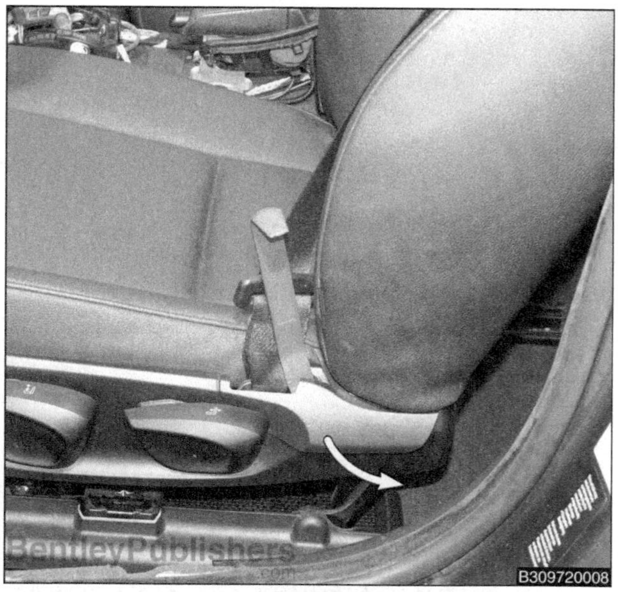
B309720008

< Remove seat belt anchor bolt (**arrow**) and discard. Disconnect seat belt anchor hook (**inset**) from seat.

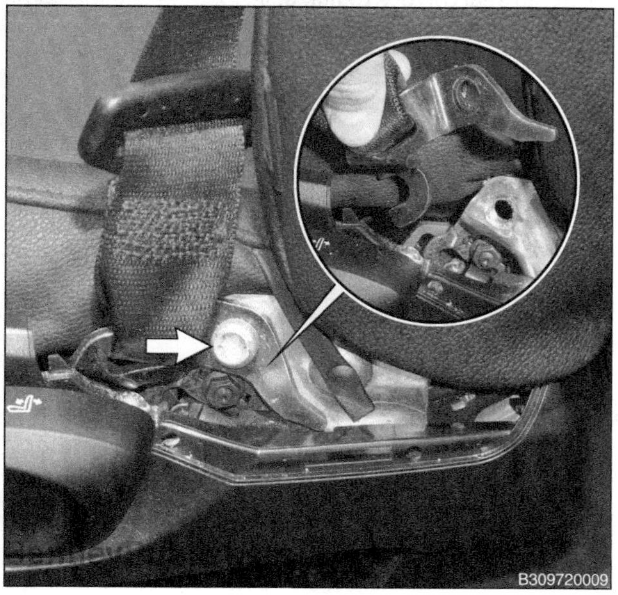
B309720009

720

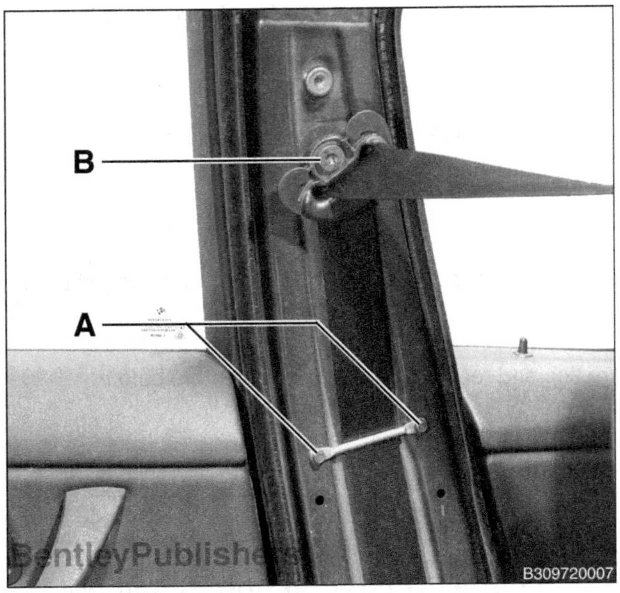

Working at upper B-pillar:

- Remove belt guide mounting screws (**A**). Remove guide.
- Remove upper seat belt bolt (**B**).

– Set upper part of seat belt aside temporarily.

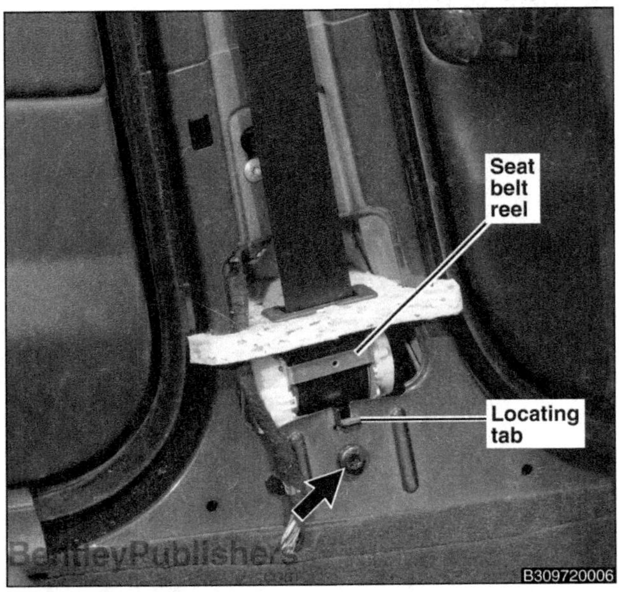

Working at lower B-pillar, remove automatic seat belt reel mounting bolt (**arrow**) and lift out reel with seat belt.

– When installing:

- Make sure reel locating tab fits B-pillar slot.
- Replace self-locking hardware with new.
- Position trim retaining clips back into trim panels before installing.
- Replace damaged trim retaining clips or trim panels.

Tightening torques	
Seat belt to upper B-pillar	36 Nm (27 ft-lb)
Seat belt guide to B-pillar (ST5.5 x 13 mm sheet metal screw)	3.5 Nm (31 in-lb)
Seat belt reel to lower B-pillar (M10 x 22 mm self-locking bolt, replace with new)	36 Nm (27 ft-lb)
Seat belt anchor to seat (M10 x 15 mm self-locking bolt, replace with new)	44 Nm (32 ft-lb)

Front seat belt reel, removing and installing (Coupe)

– Remove B-pillar plastic trim. See **513 Interior Trim**.

– Slide seat forward.

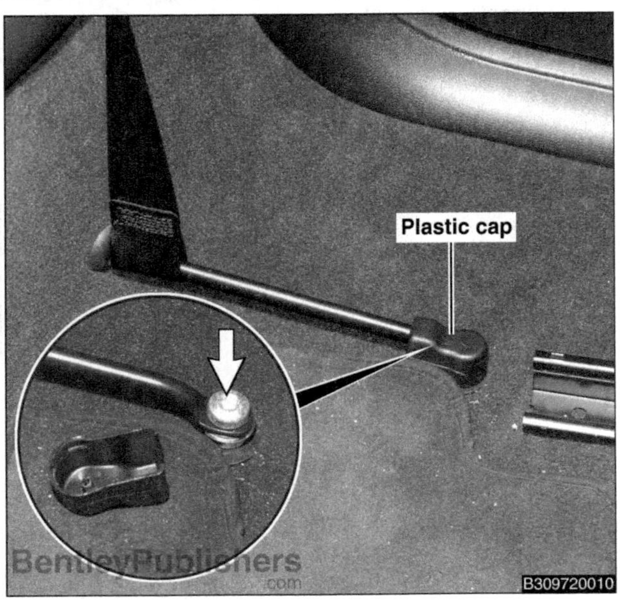

Working at door sill next to seat:

- Remove slide bar plastic cap.
- Remove slide bar mounting bolt (**arrow**). Note position of spacer and washer for reinstallation.
- Twist bar to remove from floor. Disengage seat belt from bar.

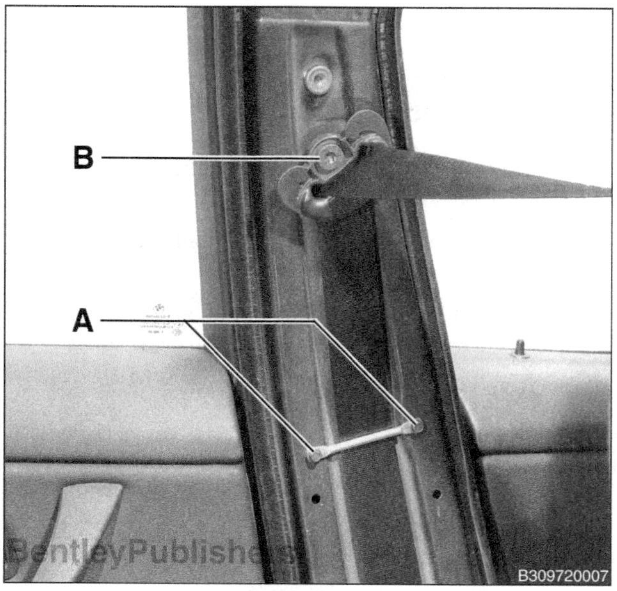

◄ Working at upper B-pillar:
- Remove belt guide mounting screws (**A**). Remove guide.
- Remove upper seat belt bolt (**B**).

– Set upper part of seat belt aside temporarily.

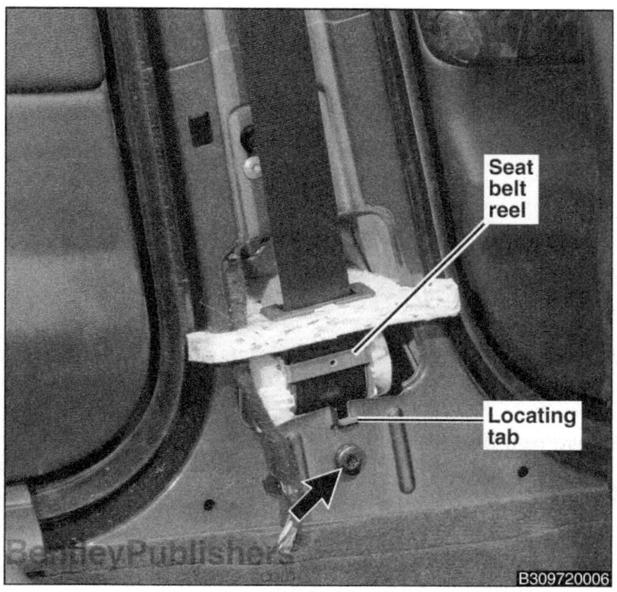

◄ Working at lower B-pillar, remove automatic seat belt reel mounting bolt (**arrow**) and lift out reel with seat belt.

– When installing:
- Make sure reel locating tab fits B-pillar slot.
- Replace self-locking hardware with new.
- Position trim retaining clips back into trim panels before installing.

– Replace damaged trim retaining clips or trim panels.

Tightening torques	
Seat belt to upper B-pillar	36 Nm (27 ft-lb)
Seat belt guide to B-pillar (ST5.5 x 13 mm sheet metal screw)	3.5 Nm (31 in-lb)
Seat belt reel to lower B-pillar (M10 x 22 mm self-locking bolt, replace with new)	36 Nm (27 ft-lb)
Slide bar to floor (M10 x 55 mm)	36 Nm (27 ft-lb)

Rear Seat Belts

Rear seat belt assembly (Sedan, Sports Wagon)

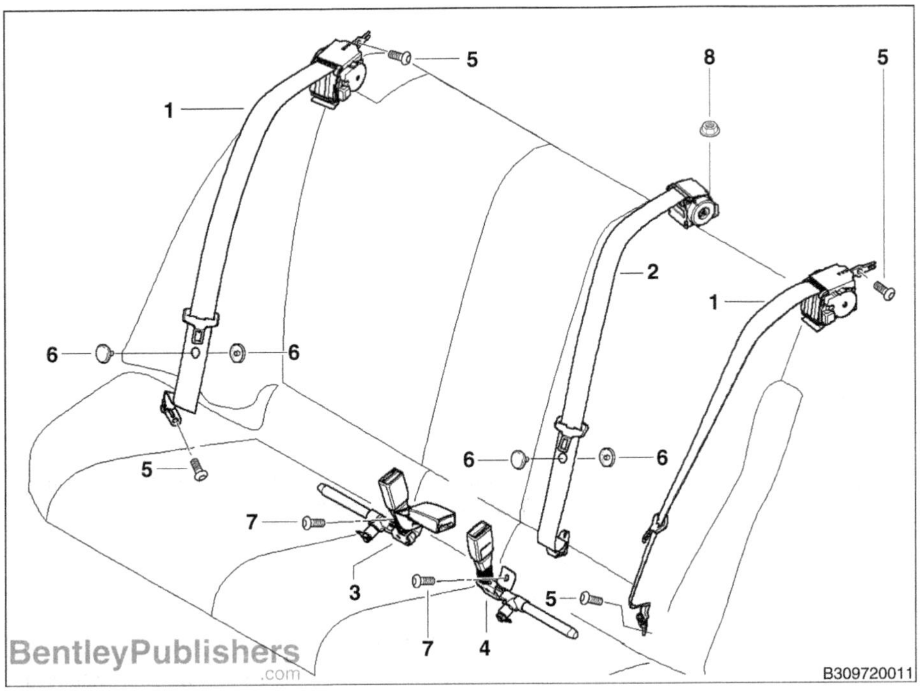

1. Rear seat belt, outboard
2. Rear seat belt, center
   Sports Wagon: Seat belt integrated with left backrest
3. Right rear and center rear seat belt buckles with pyrotechnic tensioner
4. Left seat belt buckle with pyrotechnic tensioner
5. M10 x 26 mm seat belt reel or anchor self-locking bolt, replace with new
   Tighten to 36 Nm (27 ft-lb)
6. Plastic buttons
7. M12 x 27 mm seat belt buckle self-locking bolt, replace with new
   Tighten to 38 Nm (28 ft-lb)
8. M10 nut, replace with new
   Sedan: Tighten to 36 Nm (27 ft-lb)
   Sports Wagon: Does not apply

Rear seat belt, removing and installing (Sedan, Sports Wagon)

In Sports Wagon model with split rear seat backrest, the center seat belt is integrated with the left backrest.

– Sedan: Remove rear parcel shelf

– Sports Wagon:
  - Remove C-pillar and D-pillar trim. See **513 Interior Trim**.
  - Remove inner rear wheel housing trim.
  - Remove rear seat backrest upper trim.

– Remove rear seat. See **520 Seats**.

◀ Remove seat belt reel mounting bolt (**arrow**).

Remove seat belt anchor bolt (**arrow**) at base of backrest and lift out seat belt.

– Installation is reverse of removal.
  - Place seat belt anchor correctly on locating pin.
  - Make sure tab on seat belt reel engages body slot.
  - Use new self-locking bolts.

Tightening torques	
Seat belt anchor to body (M10 x 26 mm self-locking bolt, replace with new)	36 Nm (27 ft-lb)
Seat belt reel to body (M10 x 26 mm self-locking bolt, replace with new)	36 Nm (27 ft-lb)

Rear seat belt buckles and tensioners, removing and installing

Rear seat belt buckles are equipped with pyrotechnic (explosive charge) automatic tensioners designed to automatically retract and tension the seat belts by 55 mm (approximately 2 inches) in case of an accident.

> ***WARNING—***
> - *Pyrotechnic seat belt tensioners are powerful and potentially dangerous devices. Handle with extreme care. Incorrect handling can trigger off the tensioner and cause injury.*

– Disconnect battery negative (–) cable in trunk.

> ***CAUTION—***
> - *Prior to disconnecting the battery, read the battery disconnection cautions given in* **001 Warnings and Cautions**.

– Remove rear seat. See **520 Seats**.

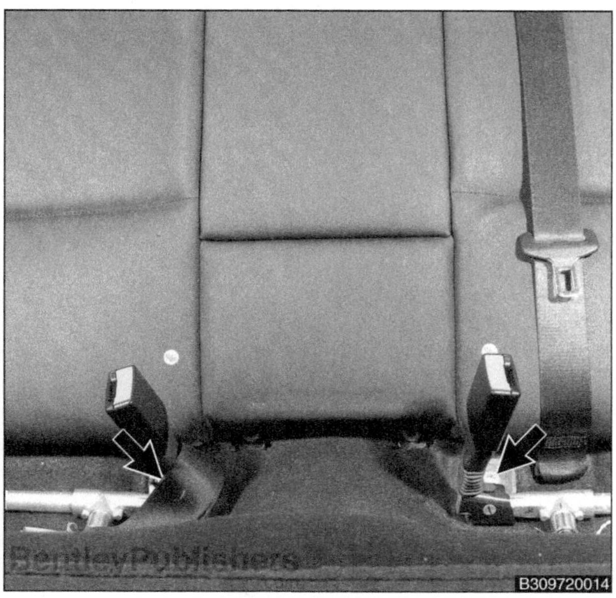

Working at seat belt tensioners:
  - Detach electrical connectors.
  - Loosen and remove mounting fasteners (**arrows**). Lift out tensioners and store in a safe place.

– When installing:
  - Make sure tab on seat belt buckle engages body slot.
  - Use new self-locking bolts.

Tightening torques	
Seat belt tensioner to body (M12 x 27 mm self-locking bolt, replace with new)	38 Nm (28 ft-lb)

721 Airbag System (SRS)

General

This repair group covers the airbag system and component replacement. Airbag system problems can only be diagnosed using BMW scan tool or equivalent.

See also:

- **121 Battery, Starter, Alternator** for battery safety terminal
- **411 Doors** for door panel removal
- **513 Interior Trim** for center console and glove compartment removal
- **520 Seats** for seat removal
- **612 Switches** for steering column switch cluster
- **720 Seat Belts**
- **ECL Electrical Component Locations**

Airbag system overview

The BMW airbag system, including pyrotechnic seat belt tensioners and battery safety terminal, is called multiple restraint system (MRS). (The industry name is supplemental restraint system or SRS.)

Airbag system application	
Year	**Restraint system**
From 2006	MRS 5

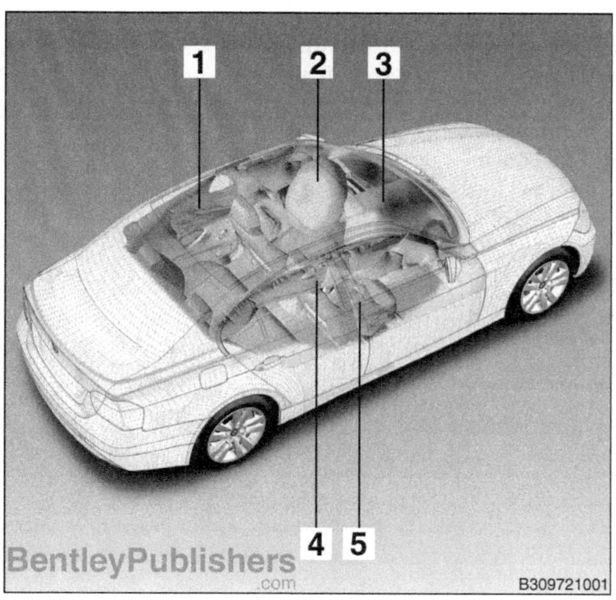

1. Side rear airbag
2. Driver airbag
3. Passenger airbag
4. Curtain side airbag
5. Side front airbag (seat backrest)

721

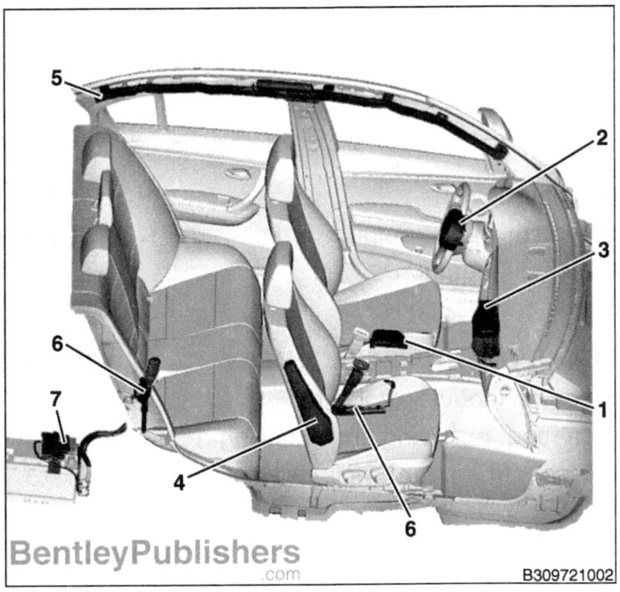

MRS components

The MRS system consists of the following components:

- MRS control module (**1**) under center console
- Crash sensors in B-pillars
- Crash sensors in engine compartment
- Door pressure sensors
- Warning light in instrument cluster
- Driver airbag and horn contact spring
- Passenger seat occupancy sensor (OC-3 mat)
- Driver and passenger airbags (**2**, **3**)
- Driver and passenger thorax (side) airbags (**4**)
- Right and left curtain airbags (**5**)
- Front and rear seat belt pyrotechnic tensioners (**6**)
- Seat belt buckle microswitches
- Battery safety terminal (BST) (**7**)

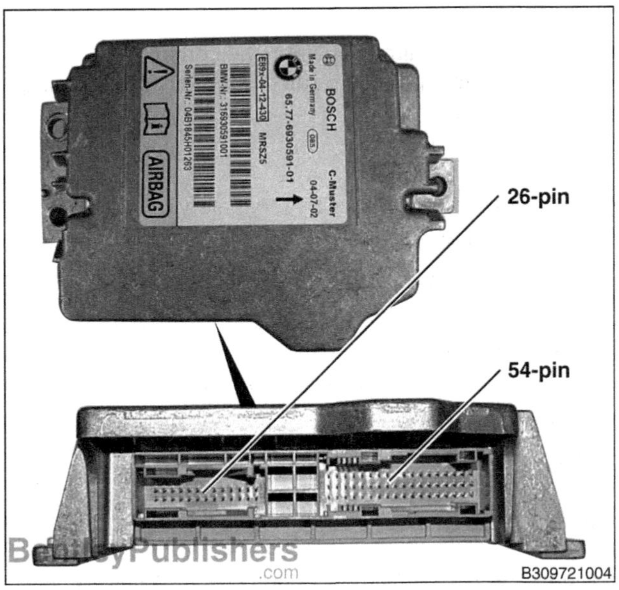

MRS control module

The MRS control module, located under the center console between the parking brake handle and the gear selector lever, connects to other MRS system components and vehicle electronics via two connectors:

- 26-pin connector to instruments
- 54-pin connector to vehicle harness.

The module houses two crash sensors.

Communication with other control modules in the vehicle network takes place via K-CAN. In case of a crash, a K-bus protocol is transmitted via a separate data line to the telematics control module (TCU) and an emergency call is triggered.

For a description of vehicle bus systems, see **600 Electrical System–General**.

The red MRS warning LED in the instrument cluster is illuminated for a short period after switching the ignition ON.

If a fault is stored in the MRS control module, the LED illuminates and remains ON until the ignition is switched OFF. A check control icon also appears in either yellow or red depending on the system fault along with a brief text message.

With the warning LED illuminated, MRS may not operate in case of a collision.

Crash sensors

In addition to two acceleration sensors in the MRS control module, satellite sensors are installed in the B-pillars, frame rails and doors. Together with the acceleration sensors in the control module, the longitudinal and transverse acceleration sensors and door pressure sensors serve the purpose of detecting side crashes.

The longitudinal acceleration sensors detect front end and rear end crashes.

B-pillar satellite, a combined longitudinal and transverse acceleration sensor, detects frontal, side and rear end crashes. The left and right sensors are identical and are mechanically coded to side during installation.

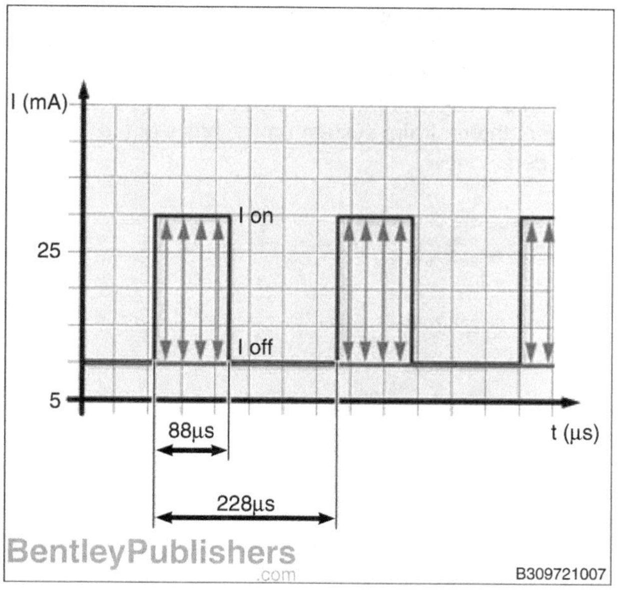

Acceleration sensor data is converted to digital signals and transmitted to the MRS control module as data telegrams every 228 microseconds (µs). The main sensors in the control module provide a directional signal so that the control module recognizes the direction of impact.

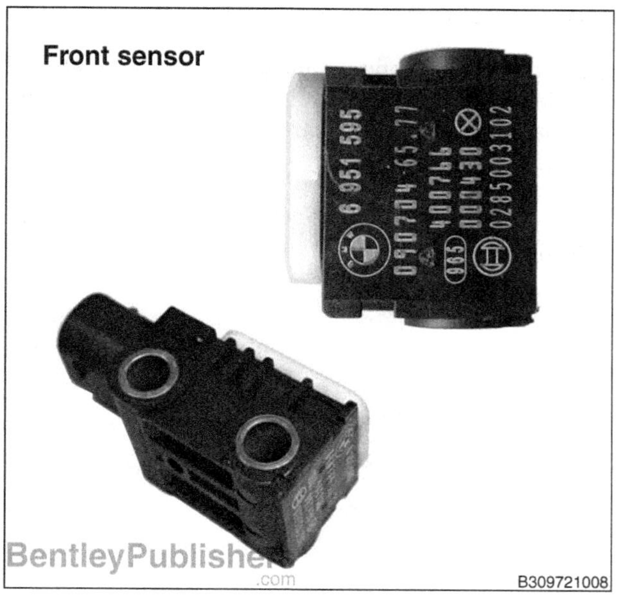

Front sensors on the front frame rails detect frontal impacts and provide the MRS control module with initial information on the progression and severity of the impact. The front sensor consists of an acceleration sensor for detecting deceleration, a signal converter and a microprocessor for data transmission.

Front sensors transmit a digital data message cyclically every 228 µs. Power supply of 5 - 10 mA is via a current-signal interface.

Door pressure sensor in the front door cavity measures the pressure inside the door, providing supplementary side impact detection. In case of a side crash, the outer door panel is pushed inward, thus compressing the space inside the door and increasing the pressure, detected by the door pressure sensor.

The door pressure sensor contains a pressure sensor and an electronic module which digitizes and transmits data cyclically to the MRS control module. At the same time, side impact is detected by the B-pillar satellite sensor. The MRS module processes the two signals and triggers the restraint system on the basis of the information provided.

Driver airbag and horn contact spring

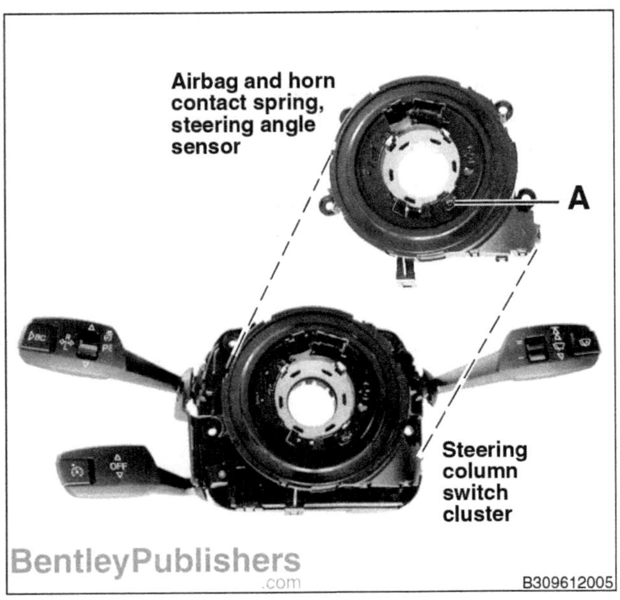

The contact spring on the steering column switch cluster (SZL) behind the steering wheel provides the electrical interface between the fixed wiring harness and the moveable driver airbag. SZL service is covered in **612 Switches**.

The contact spring cassette consists of outer and inner housings with integral connectors and contains a ribbon type flexible cable.

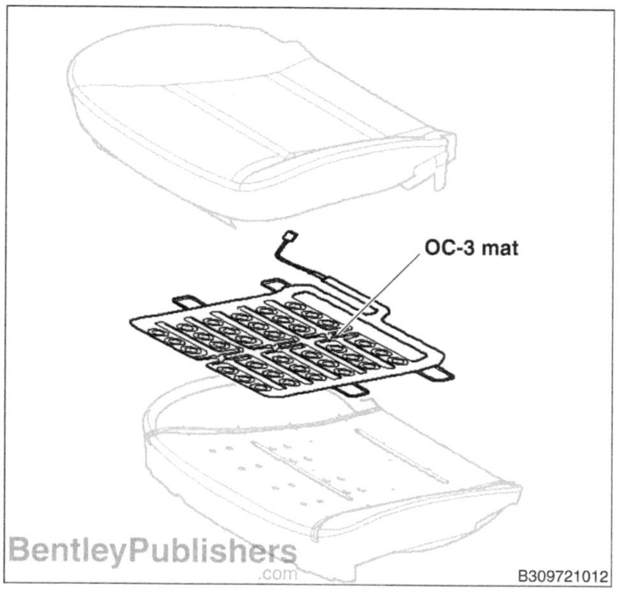

Passenger seat occupancy sensor (OC-3 mat)

The passenger seat occupancy sensor (occupant classifier or OC-3 mat) is integrated into the seat area of the passenger seat. The sensor consists of conductors with pressure-dependent resistor (force sensitive resistance or FSR) elements connected to an electronic analyzer.

The FSR elements are wired in such a way that they can be sampled individually. When the mechanical load on a sensor element increases, its electrical resistance decreases and the current changes accordingly. By analyzing the signals from different sections of the mat, the analyzer maps the occupancy of the seat surface and can identify local concentrations of weight.

The purpose of the OC-3 mat is to monitor the presence of a person or object placed on the front passenger seat and determine whether to deactivate passenger side airbags. The mat is capable of detecting a child seat that conforms to the NHTSA FMVSS 208 standard by the weight pattern on the seat. If detected, passenger airbags are deactivated.

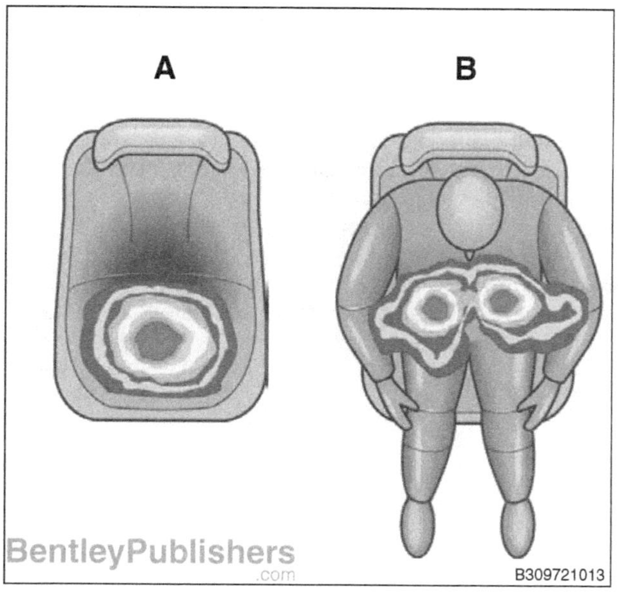

The OC-3 mat is capable of distinguishing between a one-year-old child in a child's seat (**A**) and a light person (**B**). The distances between the areas where pressure is applied and the concentrations of pressure reveal who occupies the seat.

The OC-3 mat analyzer transmits a message to the MRS control module via the K-CAN. If the system detects that the seat is unoccupied or that a child seat for a child up to one year old is fitted, the airbags on the passenger side are deactivated. If a child seat is detected, the passenger airbag status light illuminates, indicating that passenger side airbags are deactivated.

Airbag status light

The airbag status light in the roof function center (FZD) glows yellow when the front passenger airbag and the side passenger airbag are deactivated.

Pyrotechnic devices

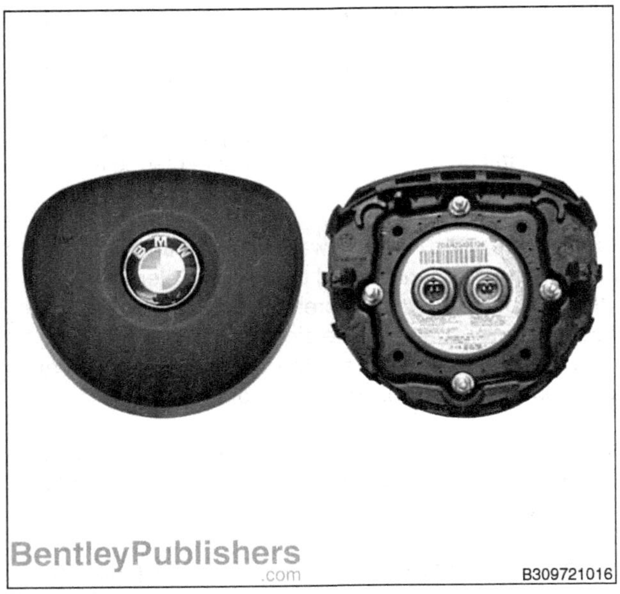

Driver airbag, of two-stage design, is attached to the steering wheel by spring clips. Electrical connection to the MRS control module is provided via the driver airbag and horn contact spring in the steering column.

Once the airbag is fully inflated, vents in the airbag prevent further pressure build-up, so that progressive deceleration is provided as the driver contacts the cushion and injury due to sudden impact forces is prevented.

Passenger airbag, of two-stage design, is above the glove compartment, directly in front of the passenger seat, mounted to the body crossbeam.

Upon deployment, the airbag tears the dashboard cover through several predetermined shear points. Once free of the housing and fascia, the airbag inflates to its full extent to provide a protective cushion between the front seat passenger and the windshield.

Vents in the airbag prevent excess pressure bursting the bag and, as soon as the material in the gas generator is exhausted, the airbag deflates.

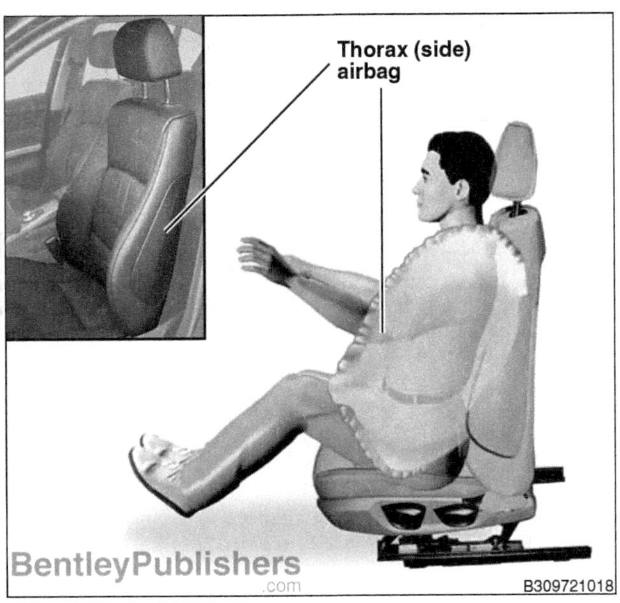

Thorax (side) airbag, mounted to the front seat backrest frame, is designed to protect the front seat occupant during a side impact. Side airbags are activated by a signal from the MRS control module in case of a side impact or a front angled impact of sufficient severity to cause both front and side airbag deployment.

The side airbag module consists of a molded plastic case housing a folded nylon fabric bag, gas generating capsules and an igniter squib. Two studs at the rear of the side airbag module are used for mounting the module to the seat frame and are secured in position by two nylon locknuts.

The side airbag module has a 2-pin connector under the seat where it connects to the vehicle main harness.

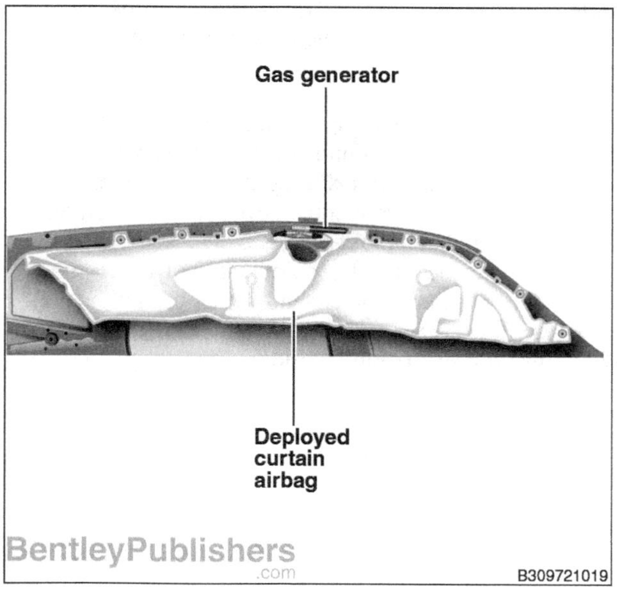

Curtain airbag, extending all the way from the A-pillar to the C-pillar, covering the entire side-window area, inflates between the vehicle occupants and the side windows and pillar trims.

The curtain airbag reduces the risk of occupant's head or other extremities protruding through the windows in a sideways collision. Advantages of the system are:

- Extended covered area for side windows, front and rear.
- Protection against glass splinters and penetrating objects.
- Optimized protective area offering protection for occupants of differing sizes.

The curtain airbag is positioned along the line of the roof side member, folded up. It consists of a gas generator, two gas nozzles and curtain. In the event of a severe enough side collision, the generator is detonated and the gas flows through the two gas nozzles into the curtain. Simultaneous inflation of the curtain at the front and back achieves more even deployment.

Because the curtain generators and curtain are a sealed system, the curtain airbag retains its shape and strength for several seconds.

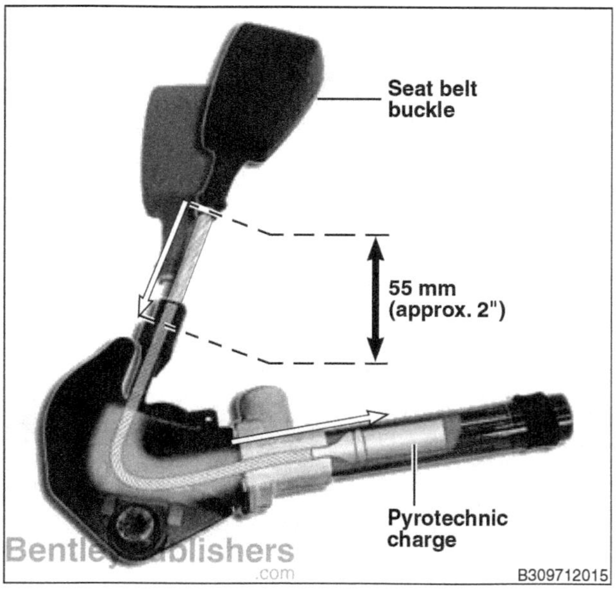

Seat belt tensioner. Each seat belt buckle is equipped with a pyrotechnic (explosive charge) tensioner capable of cinching the belt an additional 55 mm (approx. 2 inches) in case of an accident. The belt buckle is attached via steel cable to a tube containing explosive propellant and a piston. An igniter (squib) in the base of the tube provides an ignition source when triggered by a signal from the MRS control module. A 2-pin connector located on a bracket underneath the seat frame links the igniter to MRS wiring.

The MRS control module deploys the pyrotechnic seat belt tensioners at a slightly lower impact threshold level than the front airbags.

Belt buckle Hall microswitch in the front seat belt buckle is used to detect whether the seat belt is fastened or not. The detection signal is used by the MRS control module as a criterion for selective triggering of airbags and seat belt tensioners in case of a crash.

The switch is supplied current by the MRS control module via a current-signal interface. The current draw of the switch is the signal for switch position. The belt buckle switch is monitored while the ignition is ON.

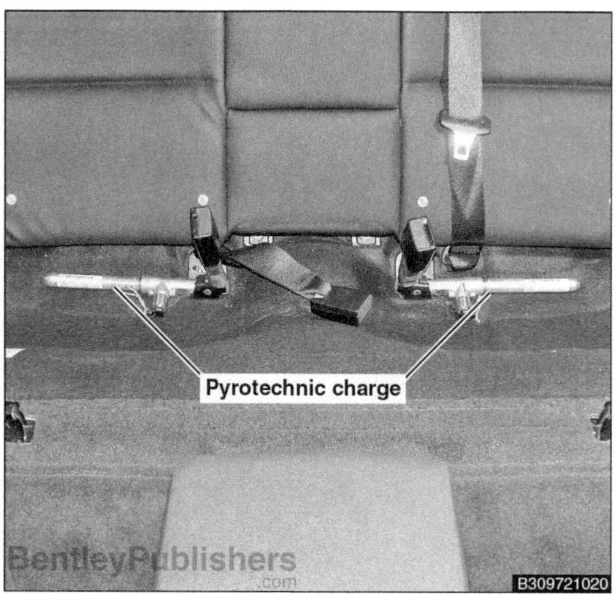

Rear belt tensioners are also equipped with pyrotechnic devices.

Seat belt tensioner replacement is covered in **720 Seat Belts**.

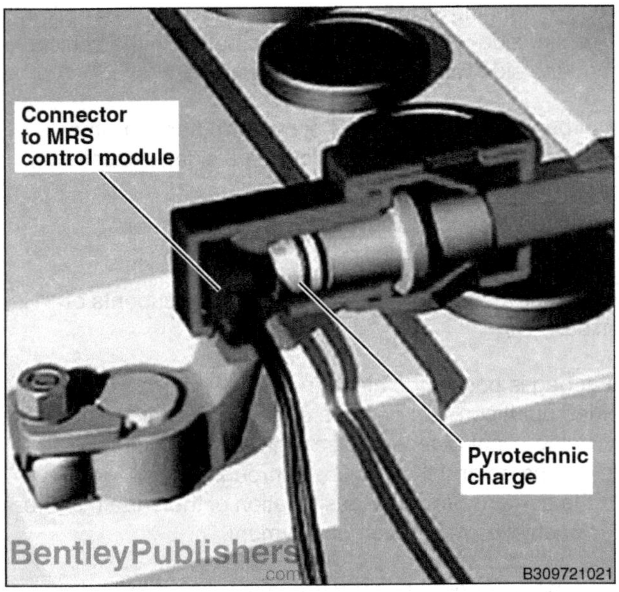

Battery safety terminal (BST) is used to minimize the possibility of a short circuit at the heavy gauge B+ wire that runs the length of the vehicle in case of an accident.

The BST consists of a conventional clamp that is screwed to the positive terminal from above and connected with a hollow cylinder. A propellant charge is stored in this hollow cylinder. As with airbags and seat belt tensioners, this pyrotechnic device is controlled and ignited by the MRS control module. The unit is enclosed in a plastic shell that captures the cable if it is forced out via BST deployment and locks it so that a renewed contact is no longer possible.

See also **121 Battery, Starter, Alternator**.

MRS system inputs, outputs

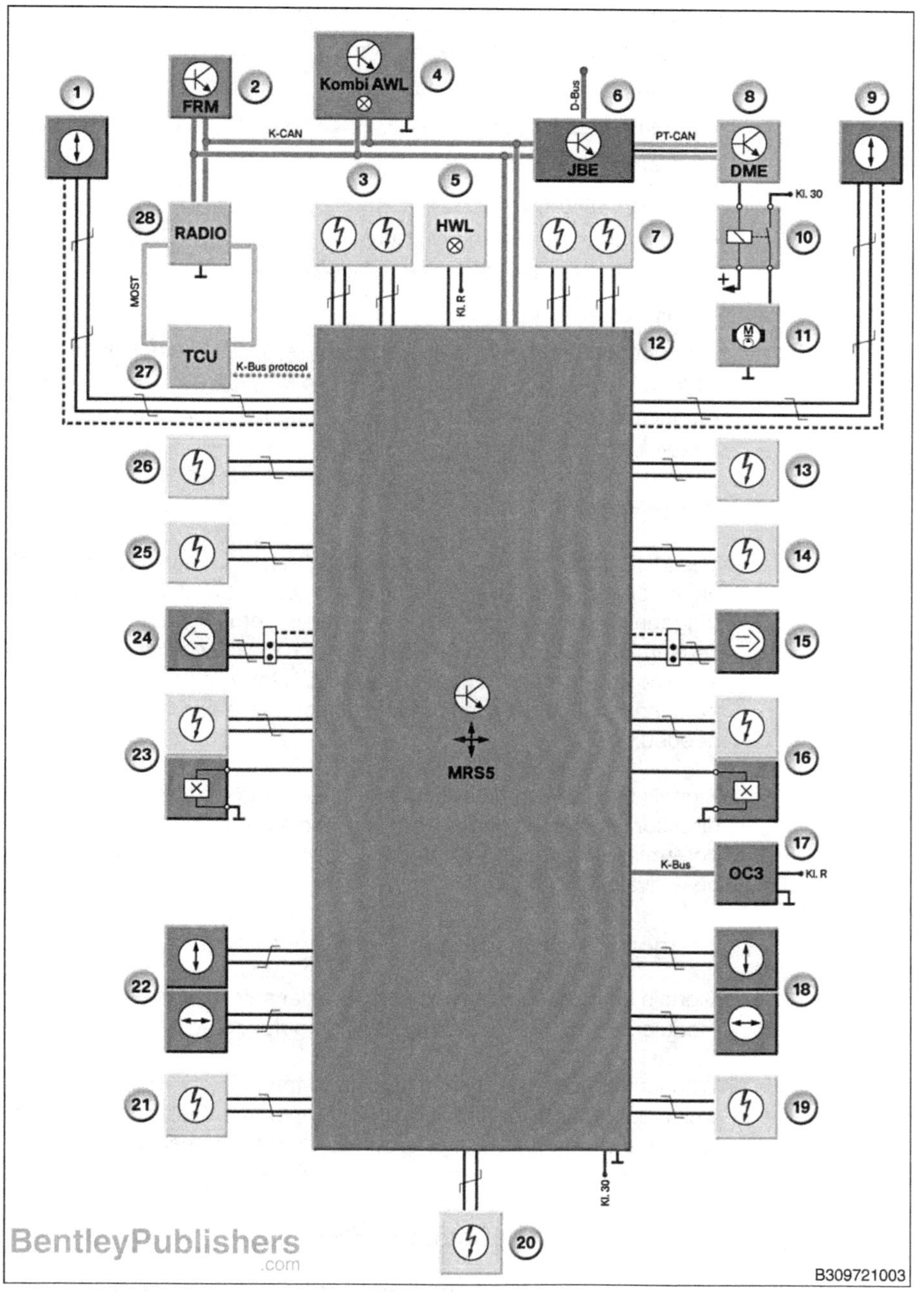

1. Left front crash sensor
2. Footwell module (FRM)
3. Driver airbag
4. Instrument cluster
5. Airbag warning light
6. Junction box electronic module (JBE)
7. Passenger airbag
8. Engine control module (ECM)
9. Right front crash sensor
10. Fuel pump relay
11. Fuel pump
12. MRS control module
13. Right side curtain airbag
14. Passenger thorax (side) airbag
15. Passenger door pressure sensor
16. Right front belt buckle status and seat belt tensioner
17. Passenger seat occupancy sensor (OC-3)
18. Right B-pillar sensor crash sensor
19. Right rear seat belt tensioner
20. Battery safety terminal (BST)
21. Left rear seat belt tensioner
22. Left B-pillar crash sensor
23. Left front belt buckle status and seat belt tensioner
24. Left front door pressure sensor
25. Driver thorax (side) airbag
26. Left curtain airbag
27. Telematics control module (TCU)
28. Radio (RAD2 or CCC)

Principles of operation

MRS control module performs the following functions:

- Crash detection and determining triggering point.
- Triggering ignition output stages.
- Documentation of crash data.
- System self-test.
- Cyclic monitoring.
- Display of system standby status.
- Fault indication and fault code storage.
- Fault output (diagnosis).
- Output of a crash telegram for other users in communication system network.
- Activation of airbag indicator light when passenger airbag is deactivated.

Crash detection

The MRS control module determines whether a crash has occurred based on the values detected by crash sensors and calculated by a triggering algorithm. Deceleration signals from two independent sensors are needed to indicate a crash. In the case of a frontal crash for example, the acceleration values from the B-pillar satellite and from the longitudinal acceleration sensor (in the control module) are needed.

Signals from different sensors help determine crash severity and direction. Based on this information, the stored algorithm determines the triggering (ignition) points of the restraint systems to be activated.

Triggering output stages

Signals from two different sensors, B-pillar satellite and MRS control module sensor, triggers airbag ignition output stages.

With ignition ON, voltage is supplied to the MRS control module, which becomes operational once it completes a system self-test. In case of a crash, a capacitor provides the energy reserve for airbag ignition even if electrical power is interrupted.

Documentation of actuator triggering

The triggering (ignition) commands are recorded in case of a crash where one or several actuators are triggered. The most important crash event data are stored in the form of a crash telegram in the non-volatile memory of the MRS control module. This data is only available to the manufacturer.

A maximum of 3 crash telegrams can be stored, after which the control module needs to be replaced.

System self-test

The control module performs a system self-test when the ignition is switched ON. The airbag warning light is illuminated for 3 - 5 seconds during system self-test.

If system self-test finds no faults, the airbag warning light switches OFF and the system is ready for operation.

Cyclic monitoring

Once system self-test is successfully concluded and the system is ready for operation, cyclic fault monitoring is performed as long as ignition is ON.

Indication of system operability

System operability is indicated by the airbag warning light switching OFF in the instrument cluster.

Fault code storage

A fault in the system is indicated by the airbag warning light and stored in nonvolatile control module memory. A distinction is made between internal and external faults.

Fault output (diagnosis)

Using BMW scan tool or equivalent, fault codes can be read out via the diagnosis interface. After rectifying faults, the fault codes can be cleared by means of “clear fault code memory” diagnosis command.

Crash telegram output

In case of a crash which triggers restraint system components, the MRS control module sends a crash telegram via bus system. The following control modules then perform the following functions depending on crash severity:

Crash telegram responses	
Fuel pump control module (EKP)	Switches fuel pump OFF
Engine control module (ECM)	Switches alternator OFF
Junction box module (JBE)	Releases central locking
Footwell module (FRM)	Activates hazard warning lights
Footwell module (FRM)	Activates interior lights
Telematic control module (TCU)	Places emergency call

Deactivation of passenger airbags

MRS control module utilizes the OC-3 mat signal to deactivate the front and side passenger airbags when a child seat is mounted on the passenger side. Airbag deactivation is indicated by a yellow airbag indicator light.

Seat belt reminder

The seat belt reminder (SBR) function monitors whether the driver or passenger has fastened his or her seat belt. If the seat belt is not worn or is unbuckled while driving at a speed in excess of approx. 1 kph (0.6 mph), a reminder is illuminated and a chime is sounded.

Left and right front seat belt buckle microswitches are monitored separately.

Warnings and Cautions

WARNING—

- *The airbag is inflated by an explosive device. Handled improperly or without adequate safeguards, it can be very dangerous. Observe special precautions prior to any work at or near airbags.*
- *Serious injury may result if system service is attempted by persons unfamiliar with the BMW airbag system and its approved service procedures. BMW advises that airbag system inspection and service be performed by an authorized BMW dealer.*
- *Special test equipment is required to retrieve airbag fault codes, diagnose system faults and switch the airbag warning light OFF. The warning light remains ON until problems are corrected and fault memory cleared.*
- *If the airbag warning light is ON, there is a risk that airbags are not triggered in case of an accident. Be sure to have the system inspected and repaired immediately.*
- *Disconnect the battery and cover the negative (–) battery terminal with an insulator before starting diagnostic, troubleshooting or service work associated with the airbags, and before doing any welding on the car.*
- *After disconnecting the battery, wait 1 minute before beginning work on airbag components.*
- *If an airbag deploys due to an accident, BMW specifies that airbag components be replaced. For more information on post-collision airbag service, see an authorized BMW dealer.*
- *If the driver airbag deploys in an accident, BMW specifies that the steering column be replaced during repairs.*
- *Do not fire an airbag unit prior to disposal. It must be fired by a special disposal company or shipped back to BMW in the packaging of the new components.*
- *Wear gloves and avoid skin contact when removing a deployed airbag unit. In case of skin contact, wash with water.*
- *Do not allow airbag system components to come in contact with cleaning solutions or grease. Do not subject airbag components to temperatures above 75°C (167°F). When reconnecting the battery, make sure no person is inside the vehicle.*
- *Place a removed airbag unit with the padded side facing upward. Do not leave an airbag unit unattended.*
- *If the airbag unit or airbag control module is dropped from a height of ½ meter (1½ feet) or more, do not use it.*

CAUTION—

- *To avoid damaging plastic interior trim, use a plastic prying tool or a screwdriver with the tip wrapped with masking tape.*

MRS Component Replacement

MRS control module, replacing

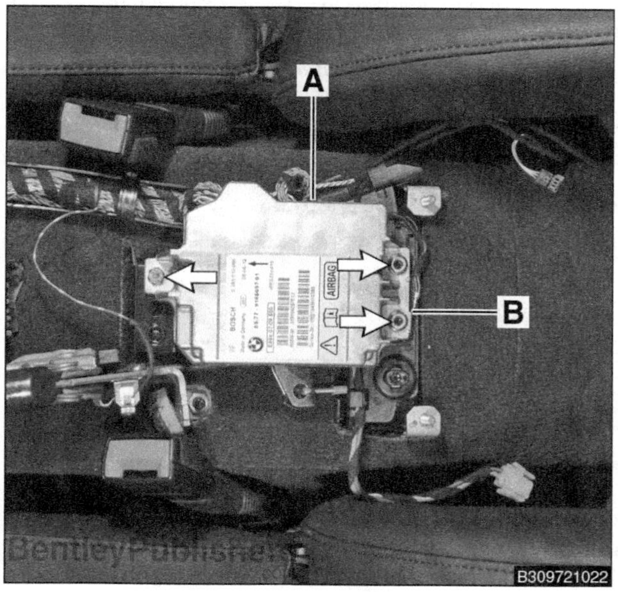

– Disconnect negative (–) cable from battery and cover negative terminal with insulating material.

> ***CAUTION—***
> *• Prior to disconnecting the battery, read the battery disconnection cautions given in* **001 Warnings and Cautions**.

– Remove center console between front seats. See **513 Interior Trim**.

< Remove MRS control module mounting fasteners (**arrows**) and lift up module. Disconnect electrical harness connectors (**A**).

– Installation is reverse of removal. Make sure ground (**B**) is on threaded stud before reinstalling module.

Tightening torque	
MRS control module to center tunnel	8 Nm (6 ft-lb)

– Use BMW scan tool or equivalent to code new module.

Driver airbag, removing and installing

Vehicles covered by this manual are equipped with either a multifunction steering wheel or a sport steering wheel. Follow applicable procedure below to remove airbag.

– Disconnect negative (–) cable from battery and cover negative terminal with insulating material.

> ***WARNING—***
> *• After disconnecting the battery, wait 1 minute before beginning work on airbag components.*

> ***CAUTION—***
> *• Prior to disconnecting the battery, read the battery disconnection cautions given in* **001 Warnings and Cautions**.

Multifunction steering wheel

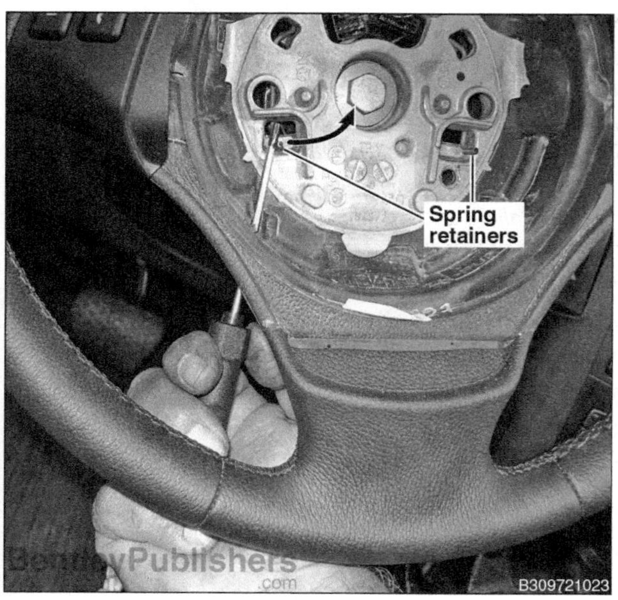

< Insert Torx screwdriver (T20) or equivalent vertically from below into opening on back side of steering wheel up to stop (approx. 5.5 cm or 2 in). Swing screwdriver sideways against spring retainer until one side of airbag unit is unlocked.

– Repeat procedure on other side and tilt back airbag.

◄ Press on electrical connector lock (**arrow**) to detach, then remove airbag unit.

> ***WARNING —***
> - *Place a removed airbag unit with the padded side facing upward. Do not leave an airbag unit unattended.*
> - *Do not pinch airbag harness in center of steering wheel when removing or installing airbag.*

– Installation is reverse of removal:
  - Make sure electrical lead is positioned correctly.
  - Press airbag directly down on steering wheel until it snaps in place.

Sport steering wheel

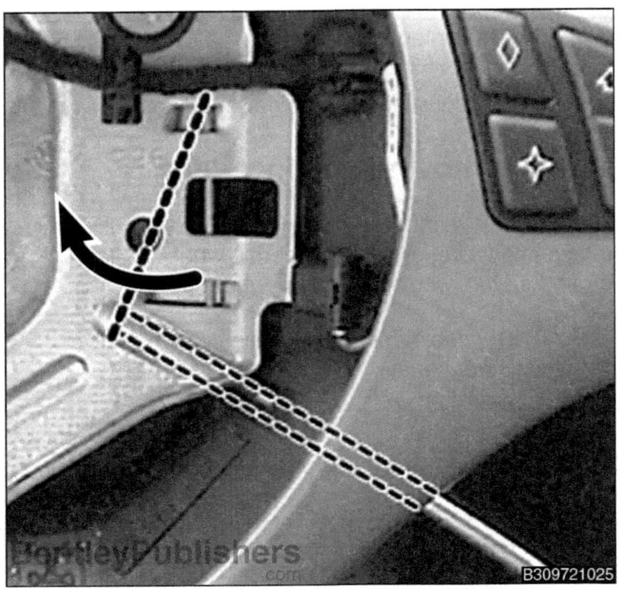

◄ Insert Torx screwdriver (T25) at an angle into concealed opening on back side of steering wheel until spring resistance is felt (approx. 1.5 cm or 0.6 in). Increase pressure on spring until airbag unit is unlocked.

– Repeat procedure on other side and tilt back airbag.

◄ Disconnect electrical connectors (**arrows**) and remove airbag unit.

> ***WARNING —***
> - *Place a removed airbag unit with the padded side facing upward. Do not leave an airbag unit unattended.*
> - *Do not pinch airbag harness in center of steering wheel when removing or installing airbag.*

– Installation is reverse of removal:
  - Make sure electrical leads are positioned correctly. Connect same color connectors to each other.
  - Press airbag directly down on steering wheel until it snaps in place.

Passenger airbag, removing and installing

If the passenger airbag deploys, it tears a hole through the dashboard surface. Be prepared to replace the dashboard.

– Disconnect negative (–) cable from battery and cover negative terminal with insulating material.

> ***WARNING—***
> - *After disconnecting the battery, wait 1 minute before beginning work on airbag components.*

> ***CAUTION—***
> - *Prior to disconnecting the battery, read the battery disconnection cautions given in* **001 Warnings and Cautions**.

– Remove glove compartment. See **513 Interior Trim**.

◀ Working from below right side of dashboard:

- Detach electrical connectors (**A**).
- While supporting airbag unit, remove mounting fasteners (**arrows**), then lower airbag.

> ***WARNING—***
> - *Place a removed airbag unit with the padded side facing upward. Do not leave an airbag unit unattended.*

NOTE—
- *Airbag unit shown is in 2007 vehicle. Models built before 03 / 2006 are equipped with one electrical connector.*

– Models from 03 / 2006: Installation is reverse of removal.

Tightening torque	
Passenger airbag to body crossbeam	7 Nm (5 ft-lb)

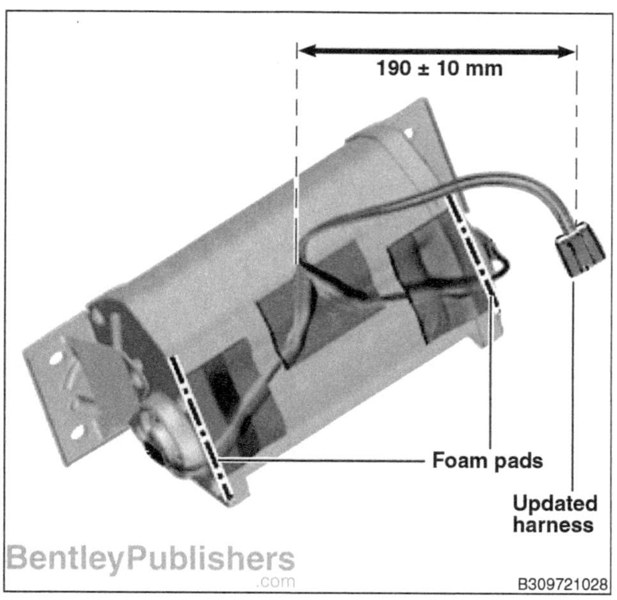

◀ Models to 03 / 2006:

- Attach updated (2-connector) harness to new airbag module. Connect same color connectors to each other.
- Tape harness to airbag, making sure that approx 190 ± 10 mm (7.5 ± 0.5 in) of cable is free.
- Attach foam pads to airbag as indicated.
- Install airbag and plug in single harness connector.

Tightening torque	
Passenger airbag to body crossbeam	7 Nm (5 ft-lb)

ECL Electrical Component Locations

TABLES

GENERAL

This repair group covers electrical component location information. Fuse locations and ground points are also covered.

Electrical equipment and accessories included vary with model and model year. Confirm component identification whenever you begin work on the electrical system.

See also:

- **130 Fuel Injection** for engine management components
- **520 Seats** for seat control and seat heating components
- **541 Convertible Top** for retractable hard top components
- **600 Electrical System–General** for bus systems
- **640 Air-conditioning and Heating** for climate control system components
- **650 Radio** for communication equipment components
- **ELE Electrical Wiring Diagrams** for electrical schematics

BMW acronyms

BMW uses many abbreviations and acronyms in the technical literature, service bulletins, wiring diagrams and parts bulletins it distributes. See **Table a** for common BMW and industry acronyms.

Table a. Common BMW acronyms

Acronym	Component or system
A/C	air-conditioning
ABS	antilock brakes
ACC	active cruise control
AGS	adaptive gearbox system
AUC	automatic air recirculation control
BSD	bit serial data interface
BST	battery safety terminal
CA	comfort access
CAN	controller area network (bus)
CAS	car access system (module)
CBS	condition-based service
CCC/M-ASK	car communications computer / audio system controller
CID	central information display
CIC	car information computer
DCT	double clutch transmission
DISA	variable intake manifold system
DME	digital motor electronics
DM-TL	diagnosis module - tank leakage
DSC	dynamic stability control
DWA	antitheft alarm
ECM	engine control module
ECT	engine coolant temperature (sensor)
EDK	electronic throttle
EGS	electronic transmission control
ELV	electronic steering lock
EVAP	fuel tank evaporative control system
EWS	electronic immobilizer
FH	power windows
FRM	footwell module
FZD	roof function center
GPS	global positioning system
HPS	head protection airbag
IAT	intake air temperature (sensor)
IB	interior lighting
IHKA	automatic heating and air-conditioning system
IKE	integrated instrument cluster module
ITS	inflatable tubular structure (head protection airbag)
JB	junction box
JBE	junction box electronic module
K-CAN	body CAN
KL R	battery positive, ignition on accessories
KL 15	battery positive, ignition switch on RUN
KL 30	battery positive (B+), power
KL 31	battery / chassis ground
KL 50	ignition start position, power
LDP	fuel tank leak diagnosis pump
LED	light emitting diode
LEV	low emissions vehicle
LIN	local interconnected network (bus)
MIL	malfunction indicator light
MOST	media oriented transport services
MRS	multiple restraint system (airbags)
NAV	navigation system
NLEV	national low emissions vehicle
NTC	negative temperature coefficient (resistor)
OBD II	second generation on-board diagnostics
PDC	park distance control
PT-CAN	powertrain CAN
PWG	accelerator pedal module
RAM	random access memory
RDC	tire pressure control
RXD	receive data line
SHD	sunroof module
SRS	supplemental restraint system (airbags)
SULEV	super ultra low emissions vehicle
SZL	steering column switch cluster
TAGE	electronic outer door handle module
TCM	automatic transmission control module
TCU	telematics control module
TDC	top dead center
TI	injection signal
TLEV	transitional low emissions vehicle
TPM	tire pressure monitoring
TVDI	turbo-valvetronic-direct-injection
TXD	transmit data line
ULEV	ultra low emissions vehicle
VANOS	variable camshaft timing
VVT	Valvetronic

Warnings and Cautions

> ***WARNING —***
> - *The battery safety terminal, pyrotechnic seat belt tensioners and airbags utilize explosive devices. Handle with extreme care. See warnings and cautions in* **121 Battery, Alternator, Starter**, **720 Seat Belts**, *and* **721 Airbag System (SRS)**.

> ***CAUTION—***
> - *Prior to disconnecting the battery, read the battery disconnection precautions in* **001 Warnings and Cautions**.
> - *Relay and fuse positions vary from car to car. If questions arise, an authorized BMW dealer is the best source for the most accurate and up-to-date information.*
> - *A good way to verify a relay position is to compare the wiring colors at the relay socket to the colors indicated on the wiring diagrams in* **ELE Electrical Wiring Diagrams**.
> - *Switch the ignition OFF and remove the negative (-) battery cable before removing any electrical components. Connect and disconnect ignition system wires, multiple connectors, and ignition test equipment leads while the ignition is switched OFF.*
> - *Use a digital multimeter for electrical tests.*

ELECTRICAL COMPONENTS

Electrical components table

Table b is a cross-referenced listing of electrical components in E90 vehicles.

- **Column 1**: Components alphabetized by names in current usage
- **Column 2**: BMW alphanumeric code
- **Column 3**: Location in vehicle
- **Column 4**: Figure number in this repair group, if illustrated
- **Column 5**: Page number for illustration

Photos in this repair group illustrate a 2007 328i unless indicated otherwise.

Table b. E90 component locations

Component	**Code**	**Location**	**Fig #**	**Page #**
12v socket, center console	E840	Center console behind parking brake handle		
12v socket, rear	A14112	Right side trunk or cargo compartment		
12v socket, rear	X18846	Left side trunk or cargo compartment	**Fig 47**	ECL-47
30g_f relay		*see* Bistable relay (30g_f)		
A/C and heating control panel (module)	A11a	Center dashboard		
A/C and heating electrical components		*see* **640 Heating and Air-conditioning** *see also* Heater		
A/C compressor	Y2	N51, N52, N52 KP - Right side of engine N54, N55 - Left side of engine		
ABS		*see also* DSC entries		
ABS / DSC control module	A65a	Left rear engine compartment in air intake plenum	**Fig 12** **Fig 13**	ECL-36 ECL-37

ECL

Electrical components table

Table b. E90 component locations				
Component	**Code**	**Location**	**Fig #**	**Page #**
ABS wheel speed sensor	B1, B2 B3, B4	Wheel hub, left front, right front, left rear, or right rear wheel *see also* **340 Brakes**		
Accelerator pedal module	A234a B10	Underneath accelerator pedal		
Active cruise control module	A144a	Center of front bumper, underneath right kidney grille	**Fig 51**	ECL-48
Active steering control module	A467	Left footwell behind kick panel trim	**Fig 51**	ECL-48
AGS		*see* Automatic transmission control module		
Airbag		*see also* MRS		
Airbag contact spring, driver side		Underneath steering wheel, at steering column switch cluster		
Airbag control module	A12	Between front seats, under center console	**Fig 38**	ECL-44
Airbag deactivation switch, passenger airbag	S559	Right end of dashboard		
Airbag sensor, driver, passenger	B10508a, B10509a	Engine compartment inner fender, left, right		
Airbag sensor, front side airbag	B78 B79	Front of front door, left, right		
Airbag sensor, rear side airbag	A173 A174	Coupe, Convertible: Behind B-pillar behind trim		
Airbag sensor, rear side airbag	A173 A174	Sedan, Sports Wagon: Lower left or right B-pillar behind trim		
Airbag, driver	G5	In steering wheel under horn button		
Airbag, head protection, left, right	G17, G18	Top of B-pillar, left, right		
Airbag, passenger	G6	Under right end of dashboard		
Airbag, side, driver	G14b	Left edge of driver seat backrest		
Airbag, side, passenger	G15b	Right edge of passenger seat backrest		
Alarm		*see* Anti-theft		
Alternator (generator)	G6524	Left front of engine	**Fig 21**	ECL-39
Amplifier	A18	Left side trunk or cargo compartment behind trim	**Fig 51**	ECL-48
Antenna		*see* **650 Radio** *see also* Tire pressure control		
Anti-theft siren (DWA)	H1	Left rear inner fender well		
AUC sensor		*see* Automatic air recirculation (AUC) sensor		
Audio system components		*see* **650 Radio**		
Audio system controller / car communications computer (CCC/M-ASK)	N38a	Center dashboard		
Audio-visual socket	A18807	Center console behind parking brake handle		
Automatic air recirculation (AUC) sensor	B414	Right rear engine compartment in fresh air plenum		
Automatic transmission control module (TCM)	A7000a	In transmission housing, rear		
Automatic transmission range indicator light	E82	Under selector lever bezel		
B+ jump start terminal	G6430	Right rear engine compartment	**Fig 12** **Fig 13**	ECL-36 ECL-37
B+ power	A2076	Right rear engine compartment in electronics box (E-box)	**Fig 7**	ECL-28
Back-up light switch	S8511	Manual transmission: Right rear transmission housing	**Fig 25**	ECL-41

Table b. E90 component locations

Component	Code	Location	Fig #	Page #
Battery	G1	Right side trunk or cargo compartment, behind trim	**Fig 1** **Fig 50**	ECL-16 ECL-47
Battery safety terminal (BST)	G19a	Positive battery terminal, in trunk or cargo compartment	**Fig 1**	ECL-16
Battery sensor	B895	Top of battery, in trunk or cargo compartment	**Fig 1** **Fig 51**	ECL-16 ECL-48
Bistable relay (30g_f)	I01139	Junction box (JB), behind glove compartment		
Blower	M30	Under right side dashboard		
Blower output stage	N2	On blower under right side dashboard		
Brake fluid level switch	B18a	Brake fluid reservoir, left rear engine compartment	**Fig 12** **Fig 13**	ECL-36 ECL-37
Brake light switch	S29	Above brake pedal		
Brake pad wear sensor	B16a B17a	Brake caliper, left front, right rear		
BST		*see* Battery safety terminal (BST)		
Camshaft sensor, intake, exhaust	B6214, B6224	Front of cylinder head, left, right	**Fig 14**	ECL-38
Car access system		*see* CAS module		
Cargo compartment roller cover motor release, left, right	M300 M301	D-pillar behind quarter glass, left, right		
CAS module	A149a	Underneath left side dashboard, left of steering column		
CCC/M-ASK		*see* Audio system controller / car communications computer (CCC/M-ASK)		
CD changer		Left side trunk or cargo compartment behind trim	**Fig 51**	ECL-48
Center brake light	H34	Convertible: Top of trunk lid		
Center brake light	H34a	Non-convertible: Above rear window	**Fig 46**	ECL-46
Center console switch center	A169	Above center console in lower center dashboard		
Central information display	A165a	Center dashboard	**Fig 11** **Fig 51**	ECL-35 ECL-48
Central locking switch		Ganged with hazard warning and DSC switches, upper center dashboard		
Classification resistor		*see* xDrive classification resistor		
Closed circuit latching relay		*see* Bistable relay (30g_f)		
Clutch switch	S805a	Above clutch pedal		
Comfort access control module	A215	Right side trunk or cargo compartment behind trim	**Fig 50** **Fig 51**	ECL-47 ECL-48
Compressor		*see* A/C compressor		
Condensation sensor	B100	Top center of windshield		
Convertible top components		*see* **541 Convertible Top**		
Coolant		*see* Engine coolant		
Crankcase breather heater	E65390	Non-turbo engines: Intake manifold	**Fig 18**	ECL-39
Crankcase breather heater	E65390	N54 engine: Behind left rear of cylinder head	**Fig 20**	ECL-39
Crankcase breather heater	E65391	N55 engine: Intake air pipe on top of engine		
Crankcase breather heater relay	K6539	Non-turbo engines: Right rear engine compartment in electronics box (E-box)	**Fig 5**	ECL-27

ECL

Electrical components table

Table b. E90 component locations				
Component	**Code**	**Location**	**Fig #**	**Page #**
Crankshaft sensor	B6203a	N51, N52, N52KP, N54 engines: Left rear of engine block near bell housing		
Crankshaft sensor	B6203a	N55 engine: inside transmission bell housing		
DISA controllers		*see* Variable intake manifold (DISA) controllers		
DLC		*see* OBD II socket		
DME main relay (to 03/2007)	K6300	In electronics box (E-box)	**Fig 5** **Fig 6**	ECL-27 ECL-28
DME main relay (from 03/2007)	K6300	On junction box (JB)	**Fig 31**	ECL-42
Door handle control module, driver door, passenger door	S263 S264	Outer door handle, driver door, passenger door		
Door locks, driver door, passenger door	S47 S49	Rear of door in door cavity, left, right		
Door locks, right rear, left rear	M14a M15a	Rear lower edge of door inside door cavity, right, left,		
Door switch cluster, driver door	A23b	Driver door arm rest		
Driver seat control module	A187	Underneath center of driver seat		
DSC		*see also* ABS		
DSC acceleration sensor	B9801	Under driver seat front rail, bolted to floor	**Fig 51**	ECL-48
DSC control module		*see* ABS / DSC control module		
DSC hydraulic unit		On DSC control module		
DSC steering angle sensor		Steering column switch center (SZL) *see* **612 Switches**		
DSC switch		Ganged with hazard warning and central locking switches, upper center dashboard		
Dynamic stability control		*see* ABS / DSC *see also* DSC		
EAC sensor		*see* Environmental air catalyst (EAC) sensor		
E-box		Right rear engine compartment under cover	**Fig 12** **Fig 13**	ECL-36 ECL-37
E-box fan	M6506	Base of E-box		
Eccentric shaft sensor	B60213	N51, N52, N52KP: Top front of cylinder head cover		
ECM		*see* Engine control module (ECM)		
Electric cooling fan cutoff relay	K9137	Right rear engine compartment in electronics box (E-box)	**Fig 8** **Fig 9**	ECL-30 ECL-30
Electronic power steering		*see* Steering		
Electronics box		*see* E-box		
Engine control module (ECM) N51, N52, N52KP, N54	A6000	Right rear engine compartment in electronics box (E-box)	**Fig 5** **Fig 8** **Fig 9** **Fig 11** **Fig 51**	ECL-27 ECL-30 ECL-30 ECL-35 ECL-48
Engine control module (ECM) N55	A6000	Fastened to rear of intake manifold		
Engine control module relay		*see* DME main relay		
Engine coolant level switch	S63b	Bottom of coolant reservoir, right front engine compartment		
Engine coolant pressure sensor	B8	Right side engine compartment underneath coolant reservoir		

Table b. E90 component locations				
Component	**Code**	**Location**	**Fig #**	**Page #**
Engine coolant pump, electric	M6035	Right front lower engine compartment	**Fig 15** **Fig 16**	ECL-38 ECL-38
Engine coolant temperature (ECT) sensor	B6236	Turbo engines: Left front of cylinder head, on thermostat housing cover	**Fig 14**	ECL-38
Engine coolant temperature (ECT) sensor	B6236a	Non-turbo engines: Right front engine compartment on thermostat housing		
Engine coolant temperature sensor, radiator outlet	B604b	Lower radiator hose, right front engine compartment		
Engine cooling fan	M9	Between radiator and engine		
Engine electronics fuse carriers	A4010 A8680 A8681 A8682 A8684 A8685	*see* **Fuse Locations and Ratings** in this repair group *see also* **E-box engine electronics fuse carriers** in this repair group *see also* **130 Fuel Injection**		
Engine hood contact switch	S19a	Left rear engine compartment behind plenum bulkhead		
Engine mount changeover valve	B2231	Right rear of engine		
Environmental air catalyst (EAC) sensor	B111	N51 engine: Behind right side of radiator		
Evaporative emissions valve	Y6120	N51, N52, N52KP, N55 engines: Underneath intake manifold	**Fig 19** **Fig 22**	ECL-39 ECL-40
Evaporative emissions valve	Y6120	N54 engine: Behind cylinder head	**Fig 20**	ECL-39
Exhaust camshaft sensor		*see* Camshaft sensor		
Exhaust flap	Y198	Tailpipe		
Final stage unit		*see* Blower final stage		
Foglight switch		On dashboard, left of steering column		
Footwell module	A4011	Left lower A-pillar behind kick panel	**Fig 51**	ECL-48
Fuel filler flap lock motor	M16	Right side trunk or cargo compartment behind trim	**Fig 50** **Fig 52**	ECL-47 ECL-49
Fuel injector relay (N51, N52 engines)	K6327	Right rear engine compartment in electronics box (E-box) *See* **130 Fuel Injection**	**Fig 5**	ECL-27
Fuel injection relay (N55)	K6341	*See* Ignition and fuel injection relay		
Fuel injectors	Y6101 - Y6106	Non-turbo engines: Intake manifold Turbo engines: Top of cylinder head	**Fig 12** **Fig 13**	ECL-36 ECL-37
Fuel level sensor	B25a	Top of fuel tank, underneath right rear seat		
Fuel pressure sensor, low pressure	B6125a	Turbo engines: Left lower engine, underneath throttle housing	**Fig 21**	ECL-39
Fuel pump	M2	Underneath right rear seat cushion, top of fuel tank		
Fuel pump control module	A13663	Sedan, Sports Wagon: Right C-pillar behind rear seat side bolster	**Fig 44** **Fig 51**	ECL-46 ECL-48
Fuel pump control module	A13663	Convertible: Behind rear seat backrest, lower right	**Fig 45** **Fig 51**	ECL-46 ECL-48
Fuel pump relay	K96	Junction box, underneath right side dashboard, behind glove compartment	**Fig 30**	ECL-42
Fuel rail pressure sensor	B2261	Turbo engines: Fuel rail, top of engine	**Fig 21**	ECL-39
Fuel tank flap emergency release cable		Trunk or cargo compartment, behind right trim		
Fuel tank leakage diagnostic module	M119a	Underneath vehicle, behind left rear wheel housing		
Fuel volume control valve	Y2381	Turbo engines: high pressure pump, left side engine	**Fig 21**	ECL-39

Electrical components table

Table b. E90 component locations				
Component	**Code**	**Location**	**Fig #**	**Page #**
Fuse carrier, engine electronics		*see* **E-box engine electronics fuse carriers** in this repair group		
Fuses		*see* **Fuse Locations and Ratings** in this repair group		
Gearshift paddles	I01091 I01092	On steering wheel spokes		
Generator		*see* Alternator (generator)		
GPS		*see* Audio system controller / car communications computer (CCC/M-ASK) *see also* Navigation		
Grounds		*see* **Grounds** in this repair group		
Hall effect camshaft position sensor		*see* Camshaft sensor		
Hand-free microphone	B402 B403	Dome light unit, left, right	**Fig 51**	ECL-48
Hazard warning switch	S18a	Ganged with central locking and DSC switches, upper center dashboard		
Headlight aim control motor, right, left	E126 E127	Rear of headlight assembly, right, left		
Headlight washer pump	M7	Washer fluid reservoir, behind right wheel housing	**Fig 23**	ECL-40
Headlight washer relay	K6	Junction box (JB), underneath right side dashboard, behind glove compartment	**Fig 30**	ECL-42
Heated oxygen sensor		*see* Oxygen sensor		
Heater valve	Y4	Left rear engine compartment		
Heating		*see* Air-conditioning and heating		
High amperage fuses	A46	Top of battery, in trunk or cargo compartment	**Fig 1**	ECL-16
Horn relay	K2	Junction box (JB), underneath right side dashboard, behind glove compartment	**Fig 30**	ECL-42
Horn switch	S4a	Steering wheel		
Horns	H2a H3a	Behind front bumper, left, right		
Hot-film mass air flow sensor		*see* Mass air flow sensor		
iDrive controller	A167a	Center console between front seats		
Ignition and fuel injection relay (N55 engine)	K6341	Right rear engine compartment in electronics box (E-box) *See* **130 Fuel Injection**	**Fig 10**	ECL-31
Ignition coil suppression capacitor	I01046	Top of cylinder head cover in ignition coil harness	**Fig 12**	ECL-36
Ignition coils	T6151 - T6156	Top of cylinder head cover above spark plugs	**Fig 12** **Fig 13**	ECL-36 ECL-37
Ignition key slot		*see* Slide-in compartment		
Ignition switch	S2	Right of steering column		
IHKA		*see* **640 Air-conditioning and Heating**		
IKE		*see* Instrument cluster module		
Information display module		*see* Central information display		
Instrument cluster module	A2a	Dashboard	**Fig 51**	ECL-48
Intake camshaft sensor		*see* Camshaft sensor		
Intake pressure sensor	B6239	Non-turbo engines: Left rear cylinder head, on cylinder head cover	**Fig 12** **Fig 18**	ECL-36 ECL-39
Intake pressure sensor	B6239	N55 engine: Right rear of intake manifold		

Table b. E90 component locations				
Component	**Code**	**Location**	**Fig #**	**Page #**
Intake resonance valve		*see* Variable intake manifold (DISA) controllers		
Interference suppressor filter, radio	U410	Left C-pillar	**Fig 43**	ECL-46
Interior movement sensor (ultrasonic detector)	A121a	Sedan: Dome light unit	**Fig 11**	ECL-35
Interior movement sensor (ultrasonic detector)	A121a	Sports Wagon: Roof function module	**Fig 51**	ECL-48
JB		*see* Junction box (JB)		
JBE		*see* Junction box electronic control module (JBE)		
Junction box (JB)	A4010	Underneath right side dashboard, behind glove compartment	**Fig 2** **Fig 11** **Fig 30** **Fig 31** **Fig 51**	ECL-18 ECL-35 ECL-42 ECL-42 ECL-48
Junction box electronic control module (JBE)	A4010a	Junction box (JB), underneath right side dashboard, behind glove compartment	**Fig 30** **Fig 31**	ECL-42 ECL-42
Knock sensors	B62400	Left side engine block	**Fig 21**	ECL-39
Level sensor		*see* Ride height sensor, front, rear		
Light sensor		*see* Rain / light sensor		
Light switch	S8	Left of steering column		
Lockout circuit		*see* Rear window defroster suppressor filter, right, left		
Longitudinal dynamics management module	A14282	Sedan: Underneath left side dashboard behind light switch		
Longitudinal dynamics management module	A14282	Sports Wagon: Junction box behind glove compartment		
Low fuel pressure sensor		*see* Fuel pressure sensor, low pressure		
Mass air flow sensor	B6207b	Non-turbo: Air intake duct between air filter housing and throttle housing *see also* Secondary air injection intake mass air flow sensor		
Memory switch	S50	Seat control switch		
Mirror module, electrochromic (inside)	A22	Top center of windshield		
Mirror, outside, left, right	Y5 Y6	Driver door, passenger door		
MOST-bus connector	I14255	Left C-pillar, behind rear seat side bolster	**Fig 41**	ECL-45
MRS		*see* Airbag entries		
Multifunction switch assemblies	I01032 I01033	On steering wheel spokes		
Multiple restraint system		*see* Airbag entries		
Navigation module	A112a	Convertible: Rear center trunk floor under cover		
Navigation module	A112a	Non-convertible: Left side trunk or cargo compartment behind trim		
Neutral safety switch	Y19	Under selector lever bezel, center console	**Fig 37**	ECL-44
O_2 sensor		*see* Oxygen sensor		
OBD II socket	X19527	Edge of driver door post		
Oil condition sensor	B62540	Non-turbo: Rear of oil pan	**Fig 24**	ECL-40
Oil pressure switch	B6231	Left front of cylinder head	**Fig 12** **Fig 13** **Fig 21**	ECL-36 ECL-37 ECL-39

Table b. E90 component locations				
Component	**Code**	**Location**	**Fig #**	**Page #**
Outside temperature sensor	B21a	Behind front bumper, right of center		
Overhead function control module	A14286	Front dome light unit		
Oxygen sensor	B62101a B62102a B62201a B62202a	In exhaust pipes before and after catalytic converters	**Fig 24** **Fig 25** **Fig 26**	ECL-40 ECL-41 ECL-41
Oxygen sensor connectors (post-catalyst)	X62102 X62202	Non-turbo engine: Underneath transmission bell housing	**Fig 24**	ECL-40
Oxygen sensor connectors (precatalyst)	X62101 X62201	Non-turbo engine: Above intake manifold	**Fig 12** **Fig 13**	ECL-36 ECL-37
Oxygen sensor connectors (post-catalyst)	X62102 X62202	N54 engine: Underneath transmission bell housing		
Oxygen sensor connectors (precatalyst)	X62101 X62201	N54 engine: At top of fuel rail		
Oxygen sensor connectors (post-catalyst)	X62102	N55 engine: Rear of cylinder head cover		
Oxygen sensor connectors (precatalyst)	X62101	N55 engine: Rear of cylinder head cover		
Park / neutral position switch		*see* Neutral safety switch		
Park distance control (PDC) module	A81a	Right side trunk behind trim	**Fig 50**	ECL-47
Park distance control sensor, rear	B34a - B37a	Rear bumper		
Park distance control sensors, front	B30a - B33a	Front bumper		
Park distance control signal	H45	Coupe, Convertible: Right quarter panel, behind trim	**Fig 39** **Fig 40**	ECL-45 ECL-45
Parking brake warning switch	S31a	Base of parking brake handle, under center console	**Fig 38**	ECL-44
PDC		*see* Park distance control (PDC) entries		
Power steering		*see* Steering		
Pressure sensor		*see* Engine coolant pressure sensor		
Radiator outlet coolant temperature sensor		*see* Engine coolant temperature sensor, radiator outlet		
Radio	N9	Center dashboard *see also* **650 Radio**		
Rain / light sensor	B57b	Top center of windshield		
RDC		*see* Tire pressure control (RDC) entries		
Rear window defroster	E9	Rear window		
Rear window defroster relay	K13	Junction box (JB), underneath right side dashboard, behind glove compartment	**Fig 30**	ECL-42
Rear window defroster suppressor filter, right, left	Z1 Z2	Sedan, Coupe: Right C-pillar, left C-pillar	**Fig 43**	ECL-46
Rear window lock motor	M96a	Sports Wagon: Center tailgate behind trim		
Rear window release button	S147a	Sports Wagon: Base of rear window		
Rear window washer pump	M95	Washer fluid reservoir, behind right wheel housing	**Fig 23**	ECL-40
Relay, terminal 15	I01069	Junction box (JB), underneath right side dashboard, behind glove compartment (on PC board)	**Fig 30**	ECL-42
Relay, terminal 30g	I01068	Junction box (JB), underneath right side dashboard, behind glove compartment	**Fig 30** **Fig 31**	ECL-42 ECL-42
Resonance valve		*see* Variable intake manifold (DISA) controllers		

Table b. E90 component locations				
Component	**Code**	**Location**	**Fig #**	**Page #**
Ride height sensor, front, rear	B42b B64a	Left front, right rear suspension		
Seat belt positioner motor, left, right	M49 M62	Coupe, Convertible: Behind B-pillar behind trim	**Fig 40**	ECL-45
Seat belt positioner, left, right	I01157 - I01158	Coupe, Convertible: Behind B-pillar behind trim	**Fig 40**	ECL-45
Seat belt pyrotechnic tensioner, driver seat belt, passenger seat belt	G12 G13	Seat belt buckle, driver seat belt, passenger seat belt		
Seat belt pyrotechnic tensioner, left rear, right rear	G27 G28	Seat belt buckle, left rear, right rear		
Seat control, seat heater components		*see* **520 Seats**		
Secondary air injection intake mass air flow sensor	B6206	N51 engine: Right front engine compartment in secondary air intake hose		
Secondary air injection pump	M63	N51 engine: Right front, mounted to coolant reservoir		
Secondary air injection pump relay	K6304	N51 engine: Junction box (JB), underneath right side dashboard, behind glove compartment	**Fig 30**	ECL-42
Secondary air injection pump relay	K6304a	2009-2010 non-turbo: Right rear engine compartment in electronics box (E-box)	**Fig 17**	ECL-38
Selector lever position switch	S227	Under selector lever bezel, center console	**Fig 37**	ECL-44
Slide-in compartment	S14028	Right of steering column		
Solar sensor	B66	Front center of dashboard		
Speakers		*see* **650 Radio**		
Speed (rpm) sensor		*see* Crankshaft sensor		
SRS		*see* Airbag entries		
Starter	M6510	Left side of engine under intake manifold	**Fig 21**	ECL-39
Steering angle sensor		*see* Steering column switch center		
Steering column switch cluster	A72	Behind steering wheel on steering column	**Fig 11** ECL-35	ECL-35 ECL-48
Steering control module	A60233	On steering rack		
Steering lock	M137a	Underneath steering column		
Steering lock	Y14035	On electric steering rack		
Steering module		*see* Active steering control module		
Steering rack, electric	M179	Underneath vehicle, center front	**Fig 27**	ECL-41
Steering torque sensor	I01096	Top of steering rack		
Stepper motor		*see* **640 Heating and Air-conditioning**		
Steptronic switch	S224a	Under selector lever bezel, center console	**Fig 37**	ECL-44
Suction jet pump valve	Y6165a	Left side engine compartment		
Sunroof control module	A14102	Sports Wagon: Above center of windshield, behind dome light unit		
Sunroof drive unit	A33c	Above center of windshield, behind dome light unit		
Sunroof motors	M14104 M14105	Sports Wagon: Above center of windshield, behind headliner		
Sunshade motor, rear window	M74	Underneath rear parcel shelf		
Supplemental restraint system		*see* Airbag entries		
Suspension level sensor		*see* Ride height sensor, front, rear		

Electrical components table

Table b. E90 component locations				
Component	**Code**	**Location**	**Fig #**	**Page #**
Tailgate lock motor	M17a	Tailgate lock		
Tailgate release button	S172a	Sports Wagon: Base of tailgate, outside		
TCM		*see* Automatic transmission control module (TCM)		
Telephone		*see* **650 Radio**		
Telematics control module (TCU)	U400a	Right side trunk *see also* **650 Radio**	**Fig 11** **Fig 51**	ECL-35 ECL-48
Temperature sensor, outside	B21a	Behind front bumper, right		
Thermostat, coolant	Y6279	Right front lower engine compartment on coolant pump housing	**Fig 15** **Fig 16**	ECL-38 ECL-38
Throttle valve	Y6390 Y63900	Underneath intake manifold	**Fig 19**	ECL-39
Tire pressure control (RDC) control module	A85a	Convertible: Left front trunk behind rear seat		
Tire pressure control (RDC) control module	A85a	Non-convertible: Right side trunk or cargo compartment behind trim		
Tire pressure control (RDC) transmitter	B43a - B47a	Left front, right front, left rear, right rear fender housing	**Fig 29**	ECL-42
Tire pressure control (RDC) wheel electronics	B43b - B47b	Inside each wheel		
Towing hitch release	S492	Sports Wagon: Left side cargo compartment		
Towing hitch release	A195	Right side trunk or cargo compartment behind trim		
Trailer module	A6	Right side trunk behind trim		
Transfer case control module	A70006	Underneath floor mat in front of passenger seat		
Transmission		*see* Automatic transmission		
Trunk fan	M9149	Convertible: Left side trunk underneath floor covering		
Trunk lid lock motor	M17a	Trunk lid lock		
Trunk lid lock switch, left, right	S419 S167b	Convertible: Trunk lid lock assembly		
Trunk lid lock switch, right, left	S167b S419	Convertible: Trunk lid lock assembly		
Trunk lid release	S172a	Center trunk lid above license plate lights		
Trunk lid soft-close motor, left, right	M79a M85	Convertible: Trunk lid lock assembly		
Trunk partition microswitch	B6229	Convertible: Behind rear seat backrest		
Turbo bypass valve	B2409	Right side of engine at exhaust manifold		
Turbo control valve	B2408	Right side of engine at exhaust manifold		
Turbo intake temperature-boost pressure sensor	B6583	Turbo: Rear of intake manifold		
Turbo wastegate valve	B2407	Right side of engine at exhaust manifold		
Turn signal / high beam switch	S7	Steering column stalk switch		
Tweeter		*see* **650 Radio**		
Ultrasonic detector		*see* Interior movement sensor (ultrasonic detector)		
Valvetronic drive motor	M6352	Non-turbo: Top center of cylinder head cover	**Fig 12**	ECL-36
Valvetronic relay	K6319	Right rear engine compartment in electronics box (E-box) *See also* **130 Fuel Injection**	**Fig 5** **Fig 8** **Fig 10**	ECL-27 ECL-30 ECL-31

Table b. E90 component locations				
Component	**Code**	**Location**	**Fig #**	**Page #**
Vanity mirror switch, left, right	S77 S78	Sun visor, left, right		
VANOS solenoid, intake, exhaust	Y6275, Y6276	Front of cylinder head	**Fig 14**	ECL-38
Variable intake manifold (DISA) controllers	Y6540 Y6541	Non-turbo: Intake manifold	**Fig 18**	ECL-39
Ventilation temperature sensor	B62	Top of center vent on dashboard		
Video module	A197	Left side trunk or cargo compartment behind trim		
Volume control valve		*see* Fuel volume control valve		
VTG actuator		*see* xDrive clutch (VTG) actuator		
Washer fluid level switch	S136a	Washer fluid reservoir behind right front wheel, behind wheel housing liner	**Fig 23**	ECL-40
Washer pumps	M4 M7 M95	Washer fluid reservoir behind right front wheel, behind wheel housing liner	**Fig 23**	ECL-40
Wastegate valve	Y6039 Y6723	Turbo: side cylinder head		
Wheel speed sensor		*see* ABS wheel speed sensor *see also* **340 Brakes**		
Window regulator motors, left front, right front	M21 M23	Center of front door inside door cavity, left, right		
Window regulator motors, left rear, right rear	M20b M22b	Center of rear door inside door cavity, left, right		
Window switch, driver		*see* Door switch cluster, driver door		
Window switch, passenger	S127	Passenger door armrest		
Window switches, left rear, right rear	S41a S42a	Rear door armrests, left, right		
Windshield washer nozzle heater, left, right	E51a E52a	Base of windshield		
Windshield washer pump	M4	Washer fluid reservoir, behind right wheel housing	**Fig 23**	ECL-40
Wiper and washer control module, rear	A36	Below center of tailgate window, behind trim		
Wiper motor, windshield	M3a	Underneath plenum chamber cover, left rear engine compartment		
Wiper relay, rear	K91	Junction box (JB), underneath right side dashboard, behind glove compartment	**Fig 30**	ECL-42
Wiper relays	K36, K37	Junction box (JB), underneath right side dashboard, behind glove compartment	**Fig 30** **Fig 31**	ECL-42 ECL-42
X connector		*see* **Harness connectors, wire splices (X connectors)** in this repair group.		
X ground		*see* **Grounds** in this repair group		
xDrive classification resistor	R8554	Rear of transfer case		
xDrive clutch (VTG) actuator	M8533	Rear of transmission housing		
xDrive control module		*see* Transfer case control module		

Harness connectors, wire splices (X connectors)

BMW electrical components connect to the electrical harness via X connectors. Most connectors bear the same numerical designation as the component they attach to. For example, the connector for Y6279 (coolant thermostat) is designated X6279.

Table c lists harness connectors and wire splices not attached directly to components and gives brief location information for each.

Table c. E90 X connectors

Code	Description and application	Location	Fig #	Page #
X01091	Seat control, passenger	Base of seat		
X018812	Seat control, passenger	Base of seat		
X10183	DSC control module to navigation system	Behind instrument cluster	Fig 35	ECL-43
X10237	Passenger seat occupancy sensor, front seat belt buckle sensors, rollover sensor controller to ground	Behind center right dashboard		
X10545 X10546	ECM, fuel pump control module, longitudinal dynamics management to PT CAN-bus	Behind glove compartment	Fig 36	ECL-44
X10547	CAS, battery sensor, longitudinal dynamics management, DSC control module, active steering, transfer box control module, automatic transmission control module, fuel pump control module to junction box	2006: Behind center dashboard from 2006: Behind glove compartment	Fig 33	ECL-43
X10548 X10549	Powertrain CAN-bus to footwell module	Behind instrument cluster	Fig 34	ECL-43
X10550	Battery sensor, longitudinal dynamics management, DSC control module, active steering to junction box	Behind instrument cluster		
X1108	Amplifier, sound system to junction box	Left footwell underneath carpet	Fig 32	ECL-43
X11366	Convertible top module, towing hitch release to CAS	Convertible: Right of battery in trunk		
X11619	Park distance control signal	Coupe, Convertible: Right quarter panel, behind trim	Fig 39 Fig 40	ECL-45 ECL-45
X1179	Brake light switch	Behind left side of dash		
X1256	License plate lights, right taillights, trunk lock connector	Trunk		
X13007	Center brake light, right inner taillight, right license plate light to ground	Convertible: Trunk lid under trim		
X13172	Tailpipe flap connector	Left side trunk behind trim	Fig 49	ECL-47
X13337	Compensator connector		Fig 49	ECL-47
X13722 X13722	DSC control module, DSC sensor, junction box to F CAN-bus	Left footwell underneath dashboard	Fig 36	ECL-44
X13727	Headlights to footwell module	Behind center dashboard	Fig 35	ECL-43
X13916 X13917	Antenna diversity module connectors	Convertible: Left side trunk behind trim	Fig 49	ECL-47
X15001 X15002	Junction box, roof function control center to K CAN-bus	Behind glove compartment	Fig 36	ECL-44
X15003 X15004	Footwell module, radio, iDrive to K CAN-bus	Behind instrument cluster	Fig 35	ECL-43

Table c. E90 X connectors				
Code	**Description and application**	**Location**	**Fig #**	**Page #**
X15005 X15006	Park distance control module, comfort access module, trailer module to K CAN-bus	Right side trunk, to right of battery		
X1771	Taillights connector to footwell module	Convertible: Right of battery in trunk		
X181	Brake light switch	Behind instrument cluster	**Fig 34**	ECL-43
X217	Components under dash board	Behind instrument cluster	**Fig 34**	ECL-43
X219	Washer nozzle heaters to ground	Behind glove compartment	**Fig 35**	ECL-43
X256 X257	Door components, passenger door, driver door	Door hinge, passenger, driver		
X275 X279	Seat control, driver, passenger	Under seat, driver, passenger		
X3255 X3257	Footwell module to taillights	Convertible: Footwell module, left footwell		
X329	Taillight connector	Convertible: Center trunk lid, near trunk lid lock assembly, under trim		
X3313	Telephone, antenna splitter	Behind left rear seat bolster	**Fig 42**	ECL-45
X6011	Engine harness connector	Right rear engine compartment in electronics box (E-box)		
X6021	Engine harness connector	Right rear engine compartment in electronics box (E-box)		
X6031	Engine harness connector	Right rear engine compartment in electronics box (E-box)		
X6041	Engine harness connector	Right rear engine compartment in electronics box (E-box)		
X60551	Engine harness connector	Right rear engine compartment in electronics box (E-box)		
X60552	Engine harness connector	Right rear engine compartment in electronics box (E-box)	**Fig 5**	ECL-27
X62400	Knock sensor connector	Underneath intake manifold	**Fig 19**	ECL-39
X6460 X6462 X6463	Engine components to ground	Engine wiring harness, top of E-box, right rear engine compartment		
X82	Engine cooling fan connector	Upper left fan shroud		
X834 X835	Door harness connector, left rear, right rear	Under door panel, near lower hinge, left rear, right rear		
X849 X891	Door harness connector, driver door, passenger door	Under door panel, near lower hinge, driver door, passenger door		
X908	Front cigar lighter, gear indicator, front dome light, passenger door power switch, passenger door window control, radio, courtesy lights right, driver door switch cluster to footwell module	2006: Behind center dashboard from 2006: Behind glove compartment	**Fig 33**	ECL-43
X9331	iDrive, CAS control module, MRS control module, telephone transceiver to junction box	Left footwell underneath carpet	**Fig 32**	ECL-43
X9985	License plate lights to footwell module	Convertible: Right side trunk		

Fuse Locations and Ratings

Fuse panels

For a description of the power supply system, see **600 Electrical System–General**.

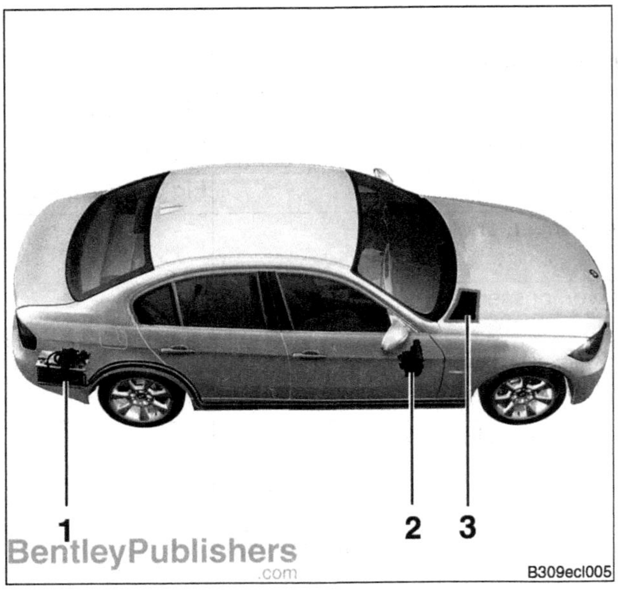

Fuses and fusible links in E90 vehicle are located as follows:

1. **A46** Rear power distribution panel in trunk or cargo compartment, attached to top of battery. High amperage fuses (fusible links) are not replaceable separately.
   See **Rear power distribution panel (high amperage fuses) (A46)** in this repair group.
2. **A4010** Junction box under right side dashboard, behind glove compartment.
   See **Junction box (A4010) fuse panel** in this repair group.
3. **A8680**, **A8681**, **A8682**, **A8684**, **A8685** Engine electronics fuse carriers in E-box, right rear engine compartment.
   See **E-box engine electronics fuse carriers** in this repair group.

Rear power distribution panel (high amperage fuses) (A46)

Fig 1 Inside trunk or cargo compartment, top of battery

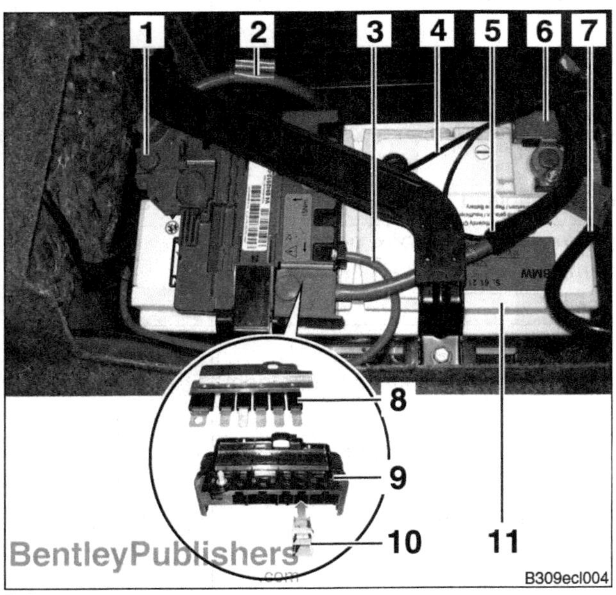

Rear power distribution panel (A46) is installed directly on top of battery.

1. **G19a** Battery safety terminal (BST)
2. Line to B+ junction, starter and alternator
3. Line to engine electronics
4. Line to IBS electronics
5. Line to junction box (A4010)
6. **B895** Battery sensor (IBS)
7. Battery ground cable
8. **A46** High amperage fuses (fusible links)
9. Housing
10. High current connector
11. **G1** Battery

Fuse ratings for high amperage fuses are in **Table d** and **Table e**.

Table d. High amperage fuses in rear power distribution panel (A46) (to 03 / 2007)

Fuse	Rating in amps	Protected circuits
F104		Intelligent battery sensor (IBS) (B895)
F105	100	Electronic power steering (A60233)
F106	100	Auxiliary heater (R6138)
F106	100	Electric auxiliary heater
F108	250	Junction box (A4010)

Table d. High amperage fuses in rear power distribution panel (A46) (to 03 / 2007)		
Fuse	**Rating in amps**	**Protected circuits**
F203	100	B+ terminal (engine compartment) (G6430), starter, battery

Table e. High amperage fuses in rear power distribution panel (A46) (from 03 / 2007)		
Fuse	**Rating in amps**	**Protected circuits**
F101	250	Junction box (A4010)
F102	100	B+ terminal (engine compartment) (G6430), starter, battery
F103	100	Electronic power steering (A60233)
F104	100	Auxiliary heater (R6138)
F105		Intelligent battery sensor (IBS) (B895)
F106	100	Electric auxiliary heater

Rear power distribution panel fuses are not replaceable separately.

Junction box (A4010) fuse panel

The junction box or JB (A4010) is underneath right side of the dashboard, behind the glove compartment.

◀ Open glove compartment. Twist plastic retainers (**arrows**) 90° to remove fuse cover. Cover lists fuse applications and ratings.

Fuse applications and ratings vary by year. Fuse applications for each model year are shown in **Table f** (2006 models), **Table g** (2007 models) and **Table h** (2008 models).

NOTE—

- *No vehicle is equipped with every one of the components or fuses in the fuse tables.*
- *Model year changes usually take effect in September of the previous year. 2008 model changes are usually incorporated in 09 / 2007 production.*

For junction box relays and modules, see **Fig 30**, ECL-42 in this repair group.

Junction box (A4010) fuse panel

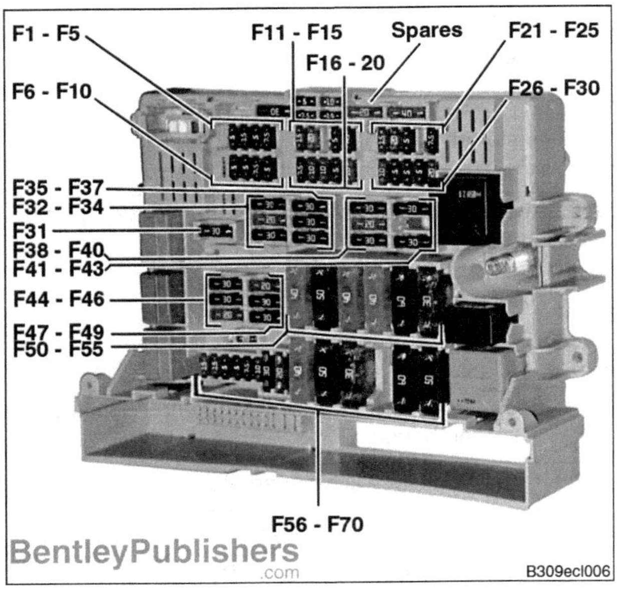

Fig 2 Behind glove compartment (to 03 / 2007)

◀ **A4010** Junction box (JB) fuse panel.

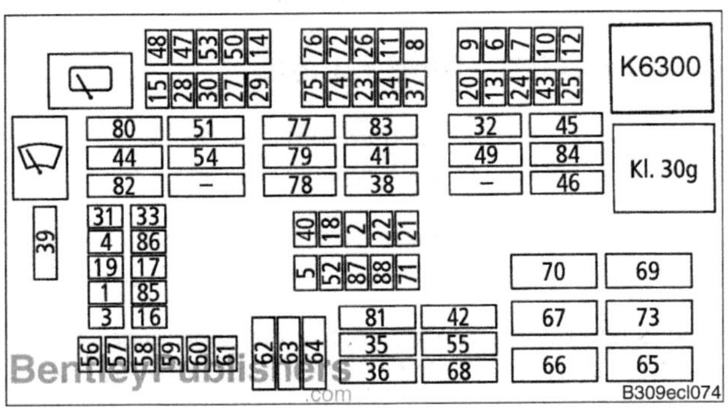

Fig 3 Behind glove compartment (03 / 2007 - 09 / 2007)

◀ **A4010** Junction box (JB) fuse panel.

NOTE—

- *Fuses in this version of JB are not numbered in order.*

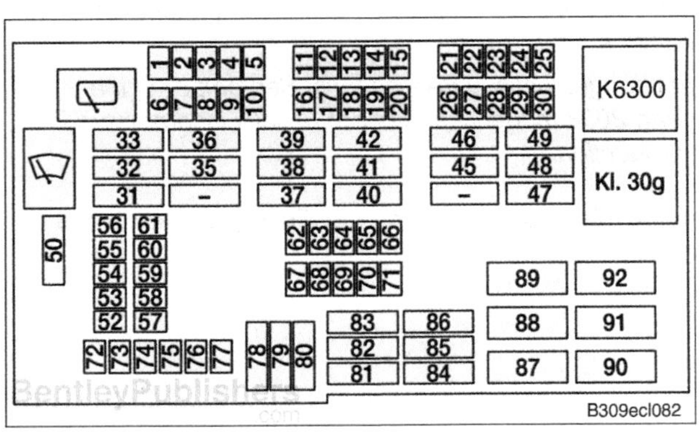

Fig 4 Behind glove compartment (09 / 2007 and later)

◀ **A4010** Junction box (JB) fuse panel.

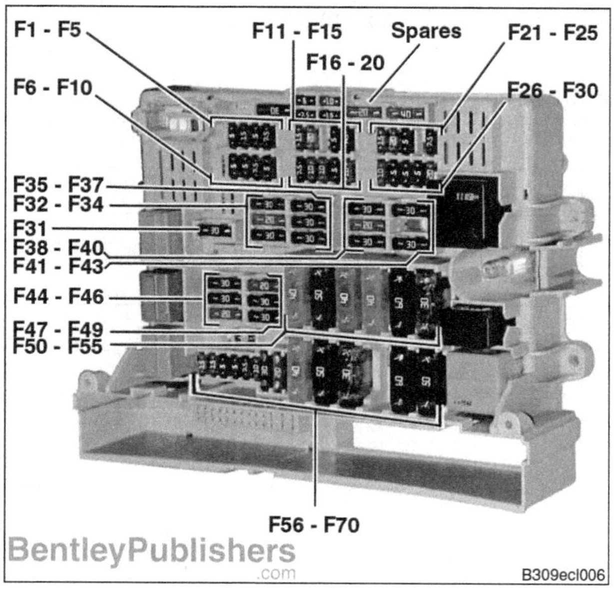

Fuses - to 03/2007

Table f. Junction box (A4010) fuses to 03/2007

Fuse	Rating in amps	Protected circuits
F1		not used
F2	5	Diversity antenna
F3	20	Passenger seat heating
F4	5	Car access system
F5	7.5	Roof function control center
F6	15	Transmission control module
F7	20	Auxiliary heater control module
F8	5	CD changer Diversity antenna
F9	10	Active cruise control
F10		not used
F11	10	Radio
F12	20	Convertible top or sunroof control Roof function center (FZD)
F13	5	iDrive controller
F14		not used
F15	5	AUC sensor
F16	15	Horns
F17	5	Telephone eject box Telephone transceiver
F18	5	CD changer
F19	7.5	Comfort access control module Front door outer handles control modules Siren and tilt alarm sensor
F20	5	DSC Transfer case control module
F21	7.5	Driver door switch cluster Outside rear view mirrors
F22	10	Longitudinal dynamics management Towing hitch release speaker
F23	10	Digital tuner Satellite radio
F24	5	Tire pressure control (RDC)
F25	10	Front seat belts positioner control modules
F26	10	Shift selector lighting Telephone eject box Telephone transceiver
F27	5	Driver door switch cluster Telephone transceiver
F28	5	Roof function control center Park distance control (PDC)
F29	5	AUC sensor Front seat heating modules
F30	20	12-volt utility sockets Front cigar lighter
F31	20	CCC/M-ASK Radio
F32	30	Driver seat heating module Driver seat module
F33	30	Front seat control
F34	30	Sound system amplifier
F35	30	DSC
F36	30	Footwell module
F37	30	Driver seat control
F38	30	Transfer case control module
F39	30	Wipers
F40	20	Fuel pump (EKPS)
F41	30	Footwell module
F42	30	Trailer module
F43	30	Headlight washer pump
F44	30	Trailer module
F45	40	Active steering

ECL

Fuses - to 03/2007

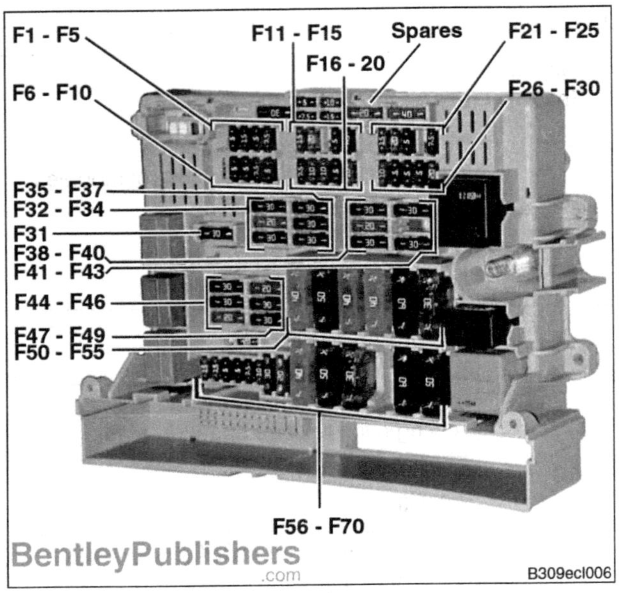

Table f. Junction box (A4010) fuses to 03/2007

Fuse	Rating in amps	Protected circuits
F46	30	Rear window defroster
F47	20	Trailer socket
F48	20	Rear wiper and washer control
F49	30	Passenger seat heating
F50	40	Active steering
F51	50	Car access system
F52	50	Footwell module
F53	50	Footwell module
F54	60	B+ potential distributor
F55		not used
F56	15	Central locking
F57	15	Central locking
F58	5	Instrument cluster OBD II socket
F59	5	Steering column switch cluster
F60	7.5	A/C and heating system
F61	10	Cargo compartment lights Central information display Glove compartment light Trunk light
F62	30	Window control
F63	30	Window control
F64	30	Window control
F65	40s	DSC

Table f. Junction box (A4010) fuses to 03/2007

Fuse	Rating in amps	Protected circuits
F66	50	Fuel heater (Diesel)
F67	50	Blower output stage
F68	50	Vacuum pump relay
F69	50	Engine cooling fan
F70	50	Secondary air injection pump
F71	20	Trailer socket
F72		not used
F73		not used
F74		not used
F75		not used
F76		not used
F77	30	Fuel injectors Ignition coils Interference suppression capacitor
F78		not used
F79		not used
F80		not used
F81		not used
F82		not used
F83		not used
F84		not used
F85		not used
F86		not used
F87		not used
F88		not used

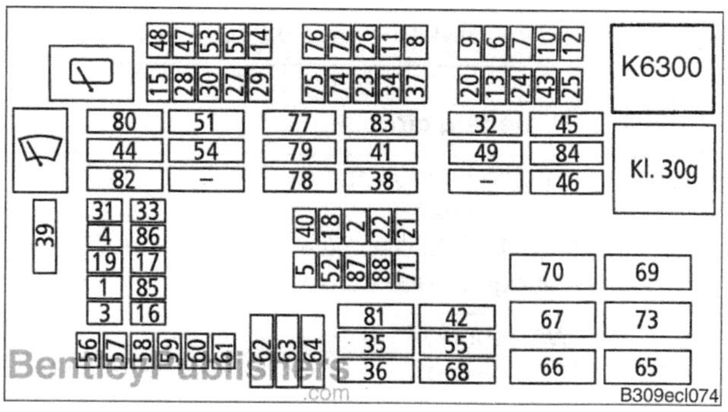

Fuses - from 03 / 2007 to 09/2007

Table g. Junction box (A4010) fuses 03/2007 - 09/2007

Fuse	Rating in amps	Protected circuits
F1	10	Rollover protection control module
F2	5	Instrument cluster OBD II plug
F3	20	Passenger seat heating
F4	5	Car access system
F5		not used
F6	15	Transmission control module
F7	20	Auxiliary heater control module
F8	20	Sound system amplifier
F9	10	Active cruise control
F10	15	Trailer module
F11	10	Radio
F12	20	Convertible top or sunroof control Roof function center (FZD)
F13	5	iDrive controller Tire pressure control (RDC)
F14		not used
F15	5	AUC sensor
F16	15	Horns
F17	5	Telephone eject box Telephone transceiver
F18	5	*Convertible:* Diversity antenna Gearshift bezel lighting *Non-convertible:* Electrochromic rear view mirror Gearshift bezel lighting
F19	7.5	Siren and tilt alarm sensor
F20	5	DSC Transfer case control module
F21	7.5	Driver door switch cluster Outside rear view mirrors
F22	10	Longitudinal dynamics management
F23	10	Digital tuner Satellite radio
F24	5	DC converter Fan cutout relay
F25	10	Front seat belts positioner control modules
F26	10	Telephone eject box Telephone transceiver
F27	5	Driver door switch cluster Telephone transceiver
F28	5	Roof function control center Park distance control (PDC)
F29	5	Front seat heating modules
F30	20	12-volt utility sockets Front cigar lighter
F31	20	CCC/M-ASK
F32	30	Driver seat module
F33	5	Comfort access control module Front door outer handles control modules
F34	5	CD changer Diversity antenna
F35	30	DSC
F36	30	Footwell module
F37	10	Front seat control
F38	30	Transfer case control module
F39	30	Wipers
F40	7.5	Roof function control center
F41	30	Footwell module
F42	40	Footwell module
F43		not used
F44	30	Trailer module
F45	40	Active steering
F46	30	Rear window defroster
F47	20	Trailer socket
F48	20	Rear wiper and washer control
F49	30	Passenger seat module
F50	10	Engine control module (ECM)
F51	40	Car access system

Fuses - from 03 / 2007 to 09/2007

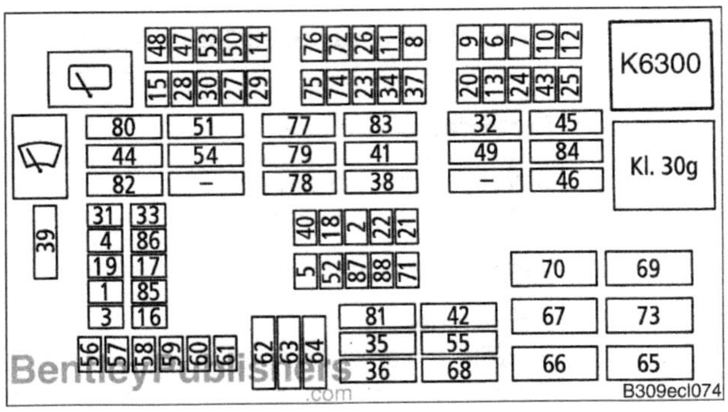

Table g. Junction box (A4010) fuses 03/2007 - 09/2007

Fuse	Rating in amps	Protected circuits
F52	20	Driver seat heating
F53	20	Passenger seat heating
F54	30	Trailer module
F55		not used
F56	15	Central locking
F57	15	Central locking
F58	5	Instrument cluster OBD II socket
F59	5	Steering column switch cluster
F60	5	Central information display
F61	10	Cargo compartment lights Central information display Glove compartment light Trunk light
F62	30	Window control
F63	30	Window control
F64	30	Window control
F65	10	Selector lever illumination Longitudinal dynamics management
F66	50	Fuel heater (Diesel)
F67	40	Blower output stage
F68	40	Footwell module
F69	50	400 watt engine cooling fan
	60	600 watt engine cooling fan
F70	40	Secondary air injection pump
F71	20	Trailer socket
F72		not used
F73		not used
F74	10	Engine control module (ECM) Exhaust flap Fuel tank leakage diagnostic module Nitrogen oxide sensor
F75	10	*N51 engine:* EAC sensor E-box fan ECM Secondary air pump relay
F76	30	Crankshaft sensor Fuel tank vent valve Mass air flow sensor Oil condition sensor Variable intake manifold controllers Volume control valve
F77	30	Fuel injectors Ignition coils Ignition coil interference suppression capacitor
F78	30	Camshaft sensors Coolant thermostat Electric coolant pump Engine control module (ECM) VANOS valves Waste gate valves
F79	30	Crankcase breather heating Oxygen sensor heating
F80	40	*Non-turbo:* Electric coolant pump
F81	30	Trailer module
F82		not used
F83	40	Footwell module
F84	30	Headlight washer pump
F85		not used
F86		not used
F87		not used
F88	20	Fuel pump (EKPS)

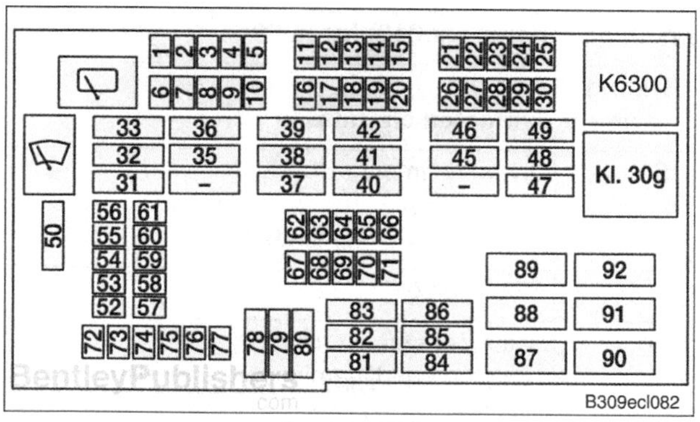

Fuses - from 09 / 2007 to 04/2010

Table h. Junction box (A4010) fuses 09/2007 - 04/2010

Fuse	Rating in amps	Protected circuits
F1	10	Rear wiper and washer
F2	5	Instrument cluster OBD II plug
F3	20	Passenger seat heating
F4	10	Engine control module (ECM)‘
F5		not used
F6	5	AUC sensor DC converter
F7	20	Roof function center (FZD) Park distance control (PDC)
F8	20	Cigar lighters Utility 12 volt outlets
F9	5	Driver door switch cluster Telephone
F10	5	Front seat heating
F11	20	Crankshaft sensor Engine control module (ECM) Fuel tank vent valve Fuel volume control valve Mass air flow sensor Oil condition sensor Variable intake manifold controllers
F12	15	Vacuum pump relay
F13	5	Telephone USB hub
F14	10	Radio
F15	20	Amplifier
F16	10	EAC sensor E-box fan Engine control module (ECM) Radiator shutter control Secondary air pump relay
F17	10	Engine control module (ECM) Exhaust flap Fuel tank leakage diagnostic module
F18	10	Digital tuner Satellite radio
F19	5	CD changer *Convertible:* Diversity antenna
F20	10	Seat control
F21	10	Active cruise control
F22	15	Automatic transmission control module
F23	20	Auxiliary heater control
F24	15	Towing module
F25	20	Convertible top module Roof control center (FZD)
F26	5	Dynamic stability control (DSC) Transfer case control module
F27	5	iDrive controller Tire pressure control (RDC)
F28	5	Cooling fan cut-out relay DC converter
F29	5	Sunroof
F30	10	Seat belt positioner controllers
F31	30	Trailer module
F32	30	Trailer module
F33	40	Electric coolant pump (N51, N52KP) For N54, N55 see **E-box engine electronics fuse carriers**
F34	5	CD changer Diversity antenna
F35	30	DSC
F36	40	Car access system (CAS)
F37	30	Camshaft sensors Coolant thermostat ECM Electric coolant pump VANOS valves Waste gate valves
F38	30	Crankcase breather heating Engine control module (ECM) Oxygen sensor heating
F39	30	Fuel injectors Ignition coils Ignition coil interference suppression capacitor

Fuses - from 09 / 2007 to 04/2010

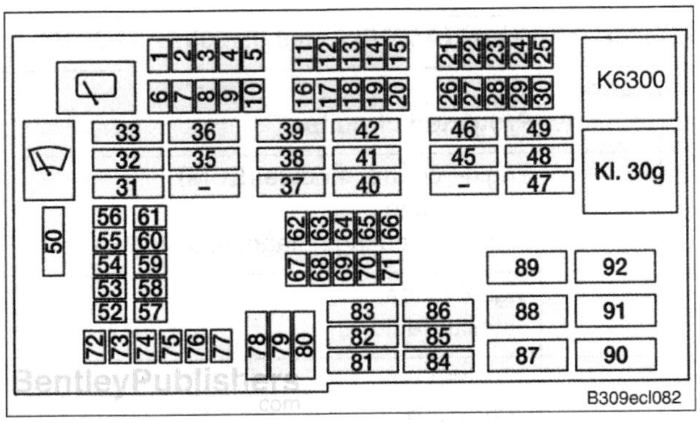

Table h. Junction box (A4010) fuses 09/2007 - 04/2010

Fuse	Rating in amps	Protected circuits
F40	30	Transfer case control
F41	30	Footwell module (FRM)
F42	40	Footwell module
F43	30	Headlight washer pump
F44	30	Trailer module
F45	30	Passenger seat module
F46	30	Driver seat module
F47	30	Rear window defogger
F48	30	Headlight washer Rear wiper and washer control
F49	40	Passenger seat module
F50	30	Wiper control
F51	40	Car access system
F52		not used
F53	10	Rollover protection
F54	7.5	Anti-theft alarm siren, tilt sensor *Convertible:* Door microwave sensors
F55	5	Car access system (CAS)
F56	20	CCC/M-ASK
F57	15	Horns
F58	5	Instrument cluster OBD II socket
F59	5	Telephone
F60	5	Central information display
F61	5	Comfort access control module Dual remote control receiver Front door handle control module
F62	7.5	Roof function control center (FZD)

Table h. Junction box (A4010) fuses 09/2007 - 04/2010

Fuse	Rating in amps	Protected circuits
F63	5	Diversity antenna Electrochromic rear-view mirror Selector lever illumination
F64	5	OBD II plug
F65	10	Selector lever illumination Longitudinal dynamics management
F66	7.5	Driver door switch cluster Passenger outside mirror
F67	20	DSC
F68	20	Driver seat heating module
F69		not used
F70	20	Fuel pump (EKPS)
F71	20	Trailer module
F72	15	Central locking
F73	15	Central locking
F74	5	Instrument cluster
F75	5	Steering column switch cluster
F76	5	Central information display (CID)
F77	10	Glove compartment light Heating and air-conditioning Trunk or cargo compartment light
F78	30	Window control
F79	30	Wiper control
F80	30	Window control
F81	30	Footwell module
F82	30	DSC control module
F83	40	Footwell module
F84	40	Footwell module
F85	30	Car access system (CAS)
F86	40	Footwell module
F87		not used
F88	40	Blower
F89	40	Secondary air pump relay
F90	40	DSC control module
F91		not used
F92	50	400 watt engine cooling fan
	60	600 watt engine cooling fan

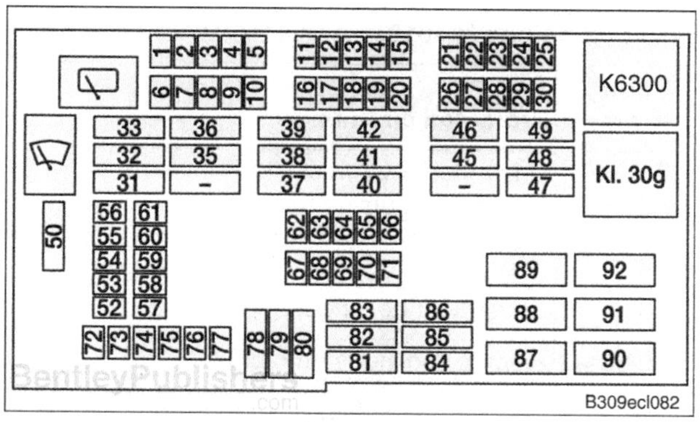

Fuses - from 04/2010

Table i. Junction box (A4010) fuses 04/2010 - on

Fuse	Rating in amps	Protected circuits
F1	20	Rear wiper and washer, convertible top
F2	15	Instrument cluster OBD II plug
F3	20	Seat heating, seat adjustment
F4	10	Engine control module (ECM), DSC
F5	10	Active steering
F6	5	HVAC, DC converter
F7	5	Roof function center (FZD) Park distance control (PDC)
F8	20	Cigar lighters Utility 12 volt outlets
F9	5	Driver door switch cluster
F10	5	Front seat heating, seat adjustment
F11	20	Crankshaft sensor Engine control module (ECM) Fuel tank vent valve Fuel volume control valve Mass air flow sensor Oil condition sensor Variable intake manifold controllers
F12	15	Vacuum pump relay, DSC
F13	10	Telephone USB hub
F14	15	Radio, CID
F15	20	Sound system
F16	10	EAC sensor E-box fan Engine control module (ECM) Radiator shutter control Secondary air pump relay
F17	10	Engine control module (ECM) Exhaust flap Fuel tank leakage diagnostic module

Table i. Junction box (A4010) fuses 04/2010 - on

Fuse	Rating in amps	Protected circuits
F18	10	Digital tuner, Satellite radio, CID
F19	5	CD changer *Convertible: Diversity antenna*
F20	10	Seat adjustment
F21	10	Active cruise control
F22	15	Automatic transmission control module Double clutch transmission control module
F23	20	Auxiliary heater control Electronic dampening control (EDC)
F24	15	Towing module
F25	20	Convertible top module Roof control center (FZD)
F26	5	Dynamic stability control (DSC) Transfer case control module
F27	5	iDrive controller Tire pressure control (RDC)
F28	5	Cooling fan cut-out relay DC converter
F29	5	Sunroof
F30	10	Seat belt positioner controllers
F31	30	Trailer module
F32	30	Trailer module
F33		Electric coolant pump (N51, N52KP) For N54, N55 see **E-box engine electronics fuse carriers**
F34		not used
F35	30	DSC
F36	40	Car access system (CAS)
F37	30/10	Camshaft sensors Coolant thermostat ECM Electric coolant pump VANOS valves Waste gate valves
F38	30/15/10	Crankcase breather heating Engine control module (ECM) Oxygen sensor heating
F39	30	Fuel injectors Ignition coils Ignition coil interference suppression capacitor
F40	30	Transfer case control
F41	30	Footwell module (FRM)
F42	40	Amplifier

Fuses - from 04/2010

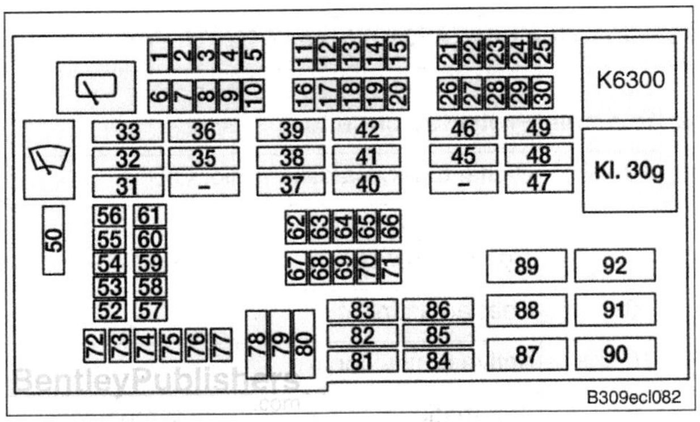

Table i. Junction box (A4010) fuses 04/2010 - on

Fuse	Rating in amps	Protected circuits
F43		not used
F44		not used
F45	30	Passenger seat module
F46	30	Driver seat module
F47	30	Rear window defogger
F48	30	Headlight washer, Windshield defroster
F49	40	Active steering
F50	30	Wiper control
F51		not used
F52		not used
F53	10	Rollover protection
F54	7.5	Anti-theft alarm siren, tilt sensor *Convertible:* Door microwave sensors
F55	5	Car access system (CAS)
F56	20	CCC/M-ASK
F57	15	Horns
F58	5	not used
F59	5	Telephone
F60		not used
F61	5	Comfort access control module Dual remote control receiver Front door handle control module
F62	7.5	Roof function control center (FZD)
F63	5	Diversity antenna Electrochromic rear-view mirror Selector lever illumination
F64		not used
F65	10	Selector lever illumination Longitudinal dynamics management
F66	7.5	Driver door switch cluster Passenger outside mirror
F67	20	DSC
F68	20	Driver seat heating module
F69	50/60	Electric cooling fan motor
F70	20	Fuel pump (EKPS)
F71	20	Trailer module
F72	15	Central locking
F73	20	Central locking
F74	5	Instrument cluster
F75	5	Steering column switch cluster
F76	5	Central information display (CID)
F77	10	Glove compartment light Heating and air-conditioning Trunk or cargo compartment light
F78	30	Window control
F79	30	Wiper control, horn
F80	30	Window control
F81	30	Footwell module
F82	30	DSC control module
F83		not used
F84	40	Footwell module
F85	30	Car access system (CAS)
F86	40	Footwell module
F87		not used
F88	40	Blower
F89	40	Secondary air pump relay
F90	40	DSC control module
F91		not used
F92	50	400 watt engine cooling fan
	60	600 watt engine cooling fan

E-box engine electronics fuse carriers

– Open engine hood and prop in service position. See **410 Fenders, Engine Hood**.

– Remove upper and lower microfilter housings at rear of engine compartment. See **640 Heating and Air-conditioning**.

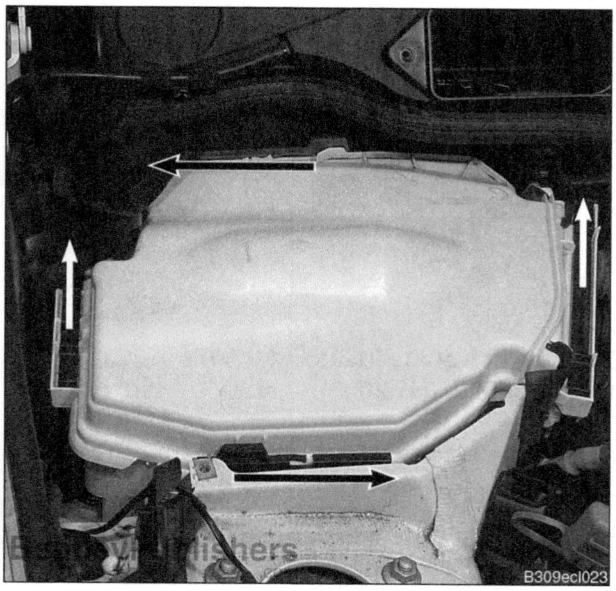

Working at right rear of compartment:

- Slide E-box cover locks in direction of **black arrows**.
- Pull up on left and right side clips (**white arrows**) and remove E-box cover.

Fig 5 Engine electronics fuses F01 - F07, F09 - F010 (N51, N52 engines to 03 / 2007)

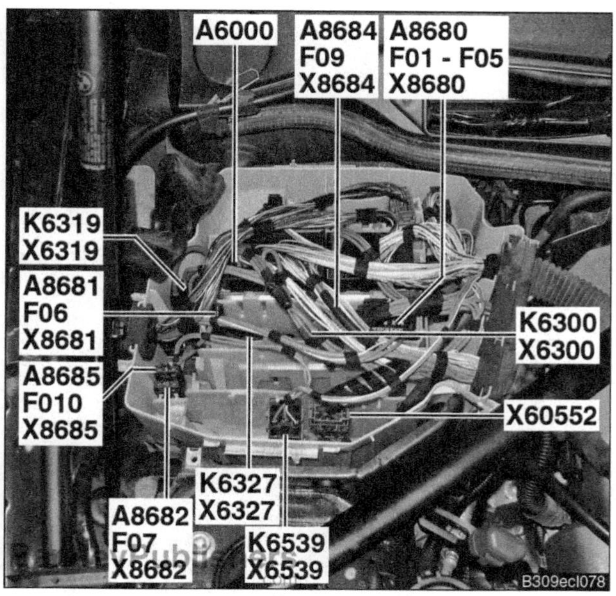

E-box cover off:

- **A6000** engine control module (ECM)
- **A8680** Fuse carrier
  Fuse applications and ratings in **Table j**
- **A8681** Fuse carrier
  Fuse applications and ratings in **Table j**
- **A8682** Fuse carrier
  Fuse applications and ratings in **Table j**
- **A8684** Fuse carrier
  Fuse applications and ratings in **Table j**
- **A8685** Fuse carrier
  Fuse applications and ratings in **Table j**
- **K6300** DME main relay
- **K6319** Valvetronic (VVT) relay
- **K6327** Fuel injector relay
- **K6539** Crankcase breather heating relay
- **X6300** Connector
- **X6319** Connector
- **X6327** Connector
- **X6539** Connector
- **X8680** Connector
- **X8681** Connector
- **X8682** Connector
- **X8684** Connector
- **X8685** Connector
- **X60552** Connector

E-box engine electronics fuse carriers

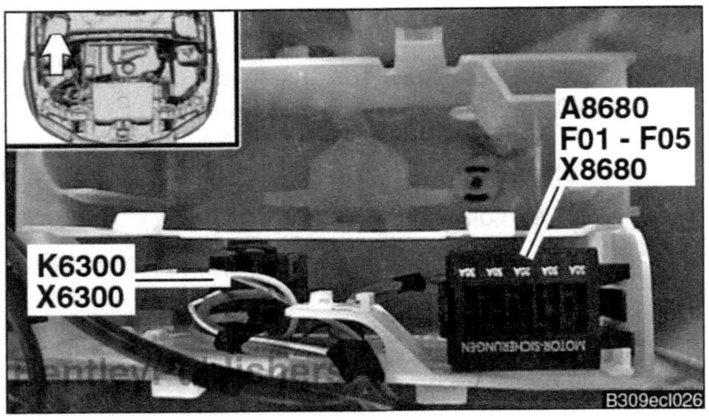

Fig 6 Engine electronics fuses F01 - F05 (N54 engine to 03 / 2007)

Engine compartment electronics box (E-box) cover off (**arrow**).

- **A8680** fuse carrier
  Fuse applications and ratings in **Table k**
- **K6300** DME main relay
- **X6300** Connector
- **X8680** Connector

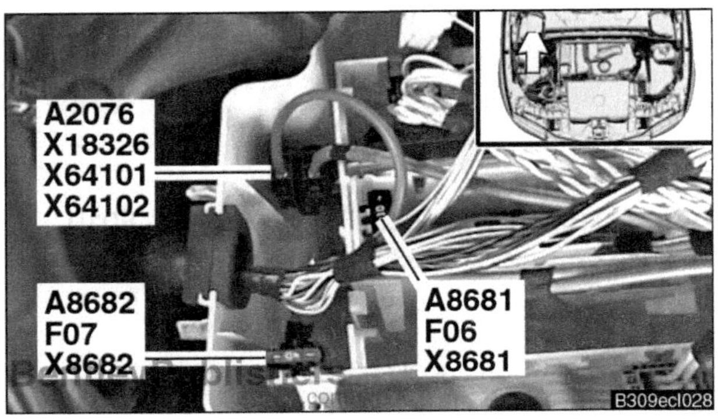

Fig 7 Engine electronics fuses F06 - F07 (N54 engine to 03 / 2007)

Engine compartment electronics box (E-box) cover off (**arrow**).

- **A2076** B+ power
- **A8681** Fuse carrier
  Fuse application and rating in **Table k**
- **A8682** Fuse carrier
  Fuse application and rating in **Table k**
- **X8681** Connector
- **X8682** Connector
- **X18326** Connector
- **X64101** Connector
- **X64102** Connector

If replacing fuses F01 - F05, unplug fuse carrier A8680.

Pry open cover A 8680 using sharp tools. Fuse ratings are in **Table j** and **Table k**.

Table j. Engine electronics fuses in A8680, A8681, A8682, A8684, A8685 (N51, N52 engines to 03 / 2007)

Fuse	Rating in amps	Protected circuits
F01	30	Ignition coils (T6151 - T6156) Interference suppression capacitor (I01046)
F02	30	Coolant thermostat (B6279) Electric coolant pump (M6035) Exhaust camshaft sensor (B6224a) Exhaust VANOS solenoid (Y6276) Intake camshaft sensor (B6214a) Intake VANOS solenoid (Y6275)
F03	20	Crankshaft sensor (B6203a) Engine control module (ECM)(A6000) Fuel tank vent valve (Y6120) Mass air flow sensor (B6207b) Oil condition sensor (B62540a) Variable intake manifold controllers (Y6540, Y6541)
F04	30	Crankcase breather heater (E65390) Oxygen sensor heaters
F05	30	Fuel injector relay (K6327)
F06	10	EAC sensor (B111) E-box fan (M6506) Exhaust flap (Y198) Fuel tank leakage diagnostic module (M119a) Junction box (A4010) Secondary air injection mass airflow sensor (B6206)
F07	40	Valvetronic (VVT) relay
F09	30	Electric coolant pump (M6035)
F010	5	Crankcase breather heating relay (K6539)

Table k. Engine electronics fuses in A8680, A8681 (N54 engine to 03 / 2007)

Fuse	Rating in amps	Protected circuits
F01	30	Ignition coils (T6151 - T6156) Interference suppression capacitor (I01046)
F02	30	Coolant thermostat (B6279) Electric coolant pump (M6035) Engine control module (ECM)(A6000) Exhaust camshaft sensor (B6224a) Exhaust VANOS solenoid (Y6276) Intake camshaft sensor (B6214a) Intake VANOS sensor (Y6275) Wastegate valves (Y6039, Y6723)

E-box engine electronics fuse carriers

Table k. Engine electronics fuses in A8680, A8681 (N54 engine to 03 / 2007)		
Fuse	**Rating in amps**	**Protected circuits**
F03	20	Crankshaft sensor (B6203a) Fuel tank vent valve (Y6120) Oil condition sensor (B62540a) Volume control valve (Y2381)
F04	30	Crankcase breather heaters (E6539, E65390) Oxygen sensor heaters
F05		not used
F06	10	E-box fan (M6506) Exhaust flap (Y198) Fuel tank leakage diagnostic module (M119a)
F07	40	Electric coolant pump (M6035)

Fig 8 Engine electronics fuse F07 (N51, N52KP engines from 03 / 2007)

Engine compartment electronics box (E-box) cover off (**arrow**).

- **A6000** Engine control module (ECM)
- **A8682** Fuse carrier
  Fuse applications and ratings in **Table l**
- **K6319** Valvetronic relay
- **K9137** Electric cooling fan cutoff relay
- **X6319** Connector
- **X8682** Connector

Table l. Engine electronics fuse in A8682 (N51, N52KP engines from 03/2007)		
Fuse	**Rating in amps**	**Protected circuits**
F07	40	Valvetronic (VVT) relay

Fig 9 Engine electronics fuse F07 (N54 from 03 / 2007)

Engine compartment electronics box (E-box) cover off (**arrow**).

- **A6000** Engine control module (ECM)
- **A8682** Fuse carrier
  Fuse application and rating in **Table m**
- **K9137** Electric cooling fan cutoff relay
- **X8682** Connector

Table m. Engine electronics fuse in A8684 (N54 engine from 03/2007)		
Fuse	**Rating in amps**	**Protected circuits**
F07	50	Electric coolant pump (M6035)

Fig 10 Engine electronics fuse F01-F04 (N55 engine)

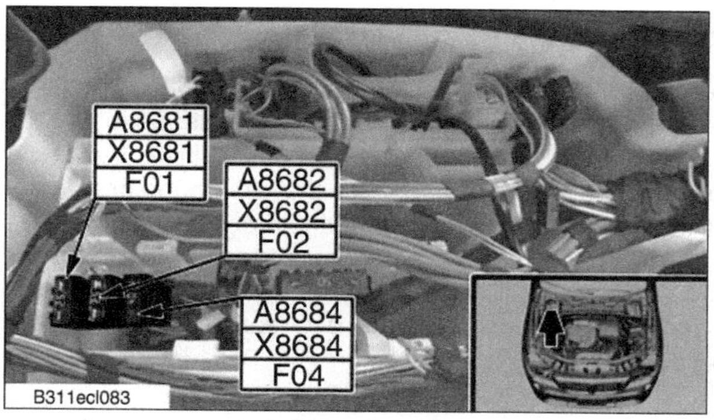

Engine compartment electronics box (E-box) cover off.

- **A8681** Fuse carrier
  Fuse applications and ratings in **Table n**
- **A8682** Fuse carrier
  Fuse applications and ratings in **Table n**
- **A8684** Fuse carrier
  Fuse applications and ratings in **Table n**

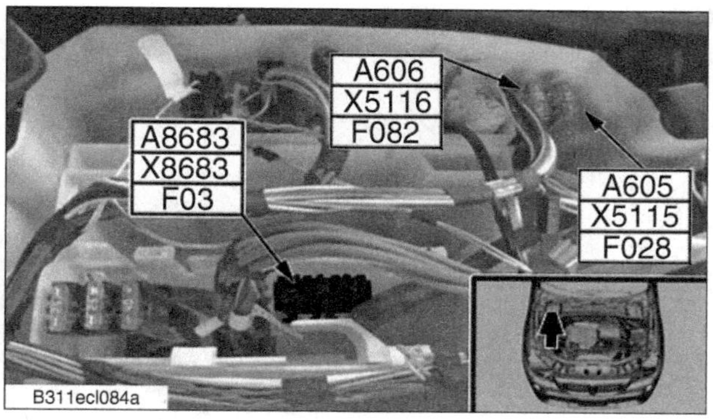

Engine compartment electronics box (E-box) cover off.

- **A8683** Fuse carrier
  Fuse applications and ratings in **Table n**
- **A606** Supplementary fuse carrier
  Fuse applications and ratings in **Table n**
- **A605** Supplementary fuse carrier
  Fuse applications and ratings in **Table n**

Table n. Engine electronics fuses in e-box (N55 engine)

Fuse	Rating in amps	Protected circuits
F01	20	DME ignition circuit
F02	15	DME fuel injection circuit
F03	50	Electric coolant pump
F04	40	DME valvetronic circuit
F028	5	Dynamic stability control (DSC)
F082	20	Dynamic stability control (DSC)

Grounds

Ground distribution

Grounds are distributed throughout the vehicle body. Many are found under the interior carpets or behind trim panels. Several components grounds are often ganged. Ground positions vary among models. Lugs and connectors attached to ground are susceptible to damage and corrosion. Clean or renew as necessary.

Most ground positions are illustrated in photos in this repair group. See figure and page references in **Table o**. Ground applications are detailed in **Table p**.

Table o. Ground locations

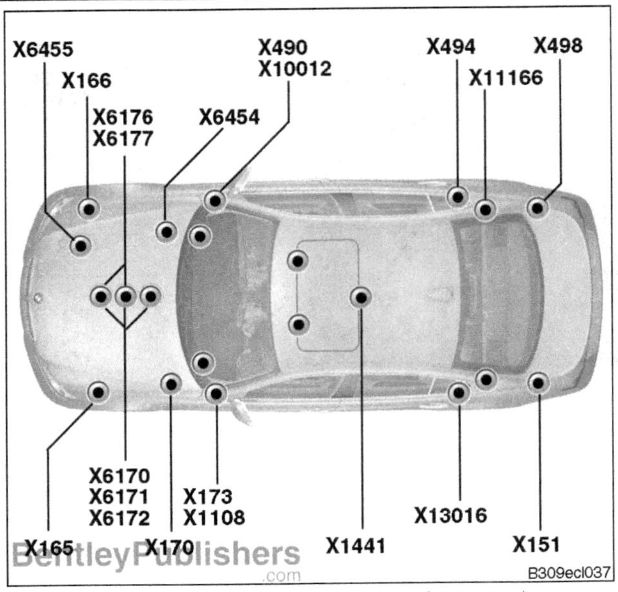

Code	Location, application	Fig #	Page #
X10012	Right footwell underneath carpet, see **Table p**	Fig 33	ECL-43
X1108	Left footwell underneath carpet, see **Table p**	Fig 32	ECL-43
X11166	Convertible: Behind rear seat backrest, lower right	Fig 45	ECL-46
X13016	C-pillar, behind seat side bolster, see **Table p**	Fig 41	ECL-45
X1441	Underneath center console, see **Table p**	Fig 38	ECL-44
X151	Left side trunk behind trim, see **Table p**		
X165	Left front engine compartment on inner fender, see **Table p**	Fig 12	ECL-36
X166	Right front engine compartment on inner fender, see **Table p**	Fig 12	ECL-36
X170	Left rear engine compartment, DSC control module		
X173	Left footwell underneath carpet, see **Table p**	Fig 32	ECL-43
X490	Right footwell underneath carpet, see **Table p**	Fig 33	ECL-43
X494	Right rear, behind seat side bolster, see **Table p**	Fig 44	ECL-46
X498	Right side trunk or cargo compartment behind trim, see **Table p**		
X6170 X6171 X6172	Turbo: Top of cylinder head underneath ignition coil cover; ignition coil grounds		
X6454	Right strut tower, see **Table p**		
X6455	Right lower engine block, electric coolant pump	Fig 15 Fig 16	ECL-38 ECL-38

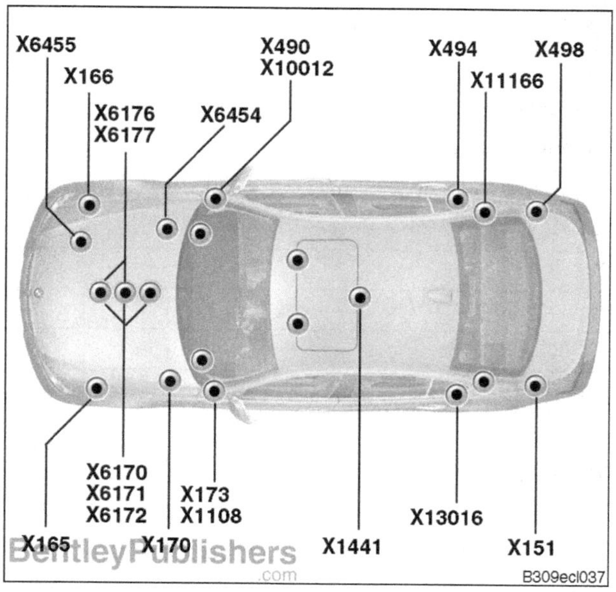

Ground applications

Table p. Ground applications			
Circuit	**Ground**	**Fig #**	**Pg #**
AUC sensor	X10012	**Fig 33**	ECL-43
Footwell module	X10012	**Fig 33**	ECL-43
Gear indicator light	X10012	**Fig 33**	ECL-43
Headlight, right	X10012	**Fig 33**	ECL-43
Junction box	X10012	**Fig 33**	ECL-43
Mirror, interior	X10012	**Fig 33**	ECL-43
Park distance control	X10012	**Fig 33**	ECL-43
Steptronic switch	X10012	**Fig 33**	ECL-43
Washer fluid level switch	X10012	**Fig 33**	ECL-43
Brake fluid level switch	X1108	**Fig 32**	ECL-43
Brake light switch	X1108	**Fig 32**	ECL-43
CAS	X1108	**Fig 32**	ECL-43
Clutch pedal switch	X1108	**Fig 32**	ECL-43
Coolant level switch	X1108	**Fig 32**	ECL-43
Footwell module	X1108	**Fig 32**	ECL-43
Headlight, left	X1108	**Fig 32**	ECL-43
Hood contact switch	X1108	**Fig 32**	ECL-43
Longitudinal dynamics management	X1108	**Fig 32**	ECL-43
OBD II socket	X1108	**Fig 32**	ECL-43
Trunk lid release, interior	X1108	**Fig 32**	ECL-43
Amplifier	X13016	**Fig 41**	ECL-45
CD changer	X13016	**Fig 41**	ECL-45
Digital tuner	X13016	**Fig 41**	ECL-45
Navigation system	X13016	**Fig 41**	ECL-45
Radio	X13016	**Fig 41**	ECL-45
Satellite radio	X13016	**Fig 41**	ECL-45

Table p. Ground applications			
Circuit	**Ground**	**Fig #**	**Pg #**
Video module	X13016	**Fig 41**	ECL-45
Front seat belt buckle contacts, left, right	X1441	**Fig 38**	ECL-44
MRS control module	X1441	**Fig 38**	ECL-44
Passenger seat occupancy sensor	X1441	**Fig 38**	ECL-44
Rollover protection control module	X1441	**Fig 38**	ECL-44
12v utility socket, trunk	X151		
Courtesy light, left door	X151		
Courtesy light, left rear door	X151		
Interference suppressor	X151		
Lock motor, left rear door	X151		
Lock-out circuit, rear window defroster	X151		
Metering pump	X151		
Microwave sensor, left rear	X151		
Roller cover release, left	X151		
Seat belt positioner, left	X151		
Taillights, left	X151		
Tilt sensor	X151		
Wave trap, rear window defroster	X151		
Window motor, left rear door	X151		
Auxiliary heating control	X165	**Fig 12**	ECL-36
Coolant pump, auxiliary	X165	**Fig 12**	ECL-36
Fuel heater	X165	**Fig 12**	ECL-36
Heater valve	X165	**Fig 12**	ECL-36
Horn, left	X165	**Fig 12**	ECL-36
Lights, left front	X165	**Fig 12**	ECL-36
Secondary air injection mass air flow sensor	X165	**Fig 12**	ECL-36
Cruise control	X166	**Fig 12**	ECL-36
Engine cooling fan	X166	**Fig 12**	ECL-36
Horn, right	X166	**Fig 12**	ECL-36
Lights, right front	X166	**Fig 12**	ECL-36
Secondary air pump	X166	**Fig 12**	ECL-36
Washer pumps	X166	**Fig 12**	ECL-36
DSC control module	X170		
12v utility socket, center console	X173	**Fig 32**	ECL-43
CAS	X173	**Fig 32**	ECL-43
Dome light, front	X173	**Fig 32**	ECL-43
Footwell light, front	X173	**Fig 32**	ECL-43
Footwell module	X173	**Fig 32**	ECL-43
Front cigar lighter	X173	**Fig 32**	ECL-43
Lumbar control, driver seat	X173	**Fig 32**	ECL-43

Ground applications

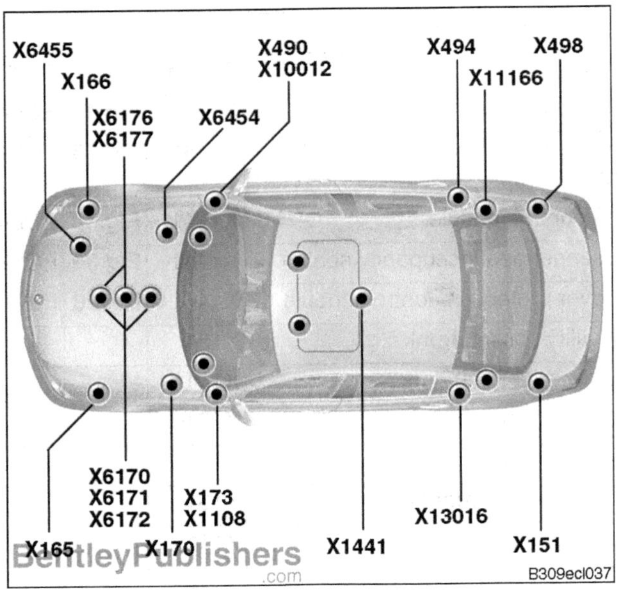

Table p. Ground applications			
Circuit	**Ground**	**Fig #**	**Pg #**
OBD II socket	X173	**Fig 32**	ECL-43
Roof function control center	X173	**Fig 32**	ECL-43
Seat heating, driver seat	X173	**Fig 32**	ECL-43
Blower output stage	X490	**Fig 33**	ECL-43
Dome light, front	X490	**Fig 33**	ECL-43
Footwell light, passenger	X490	**Fig 33**	ECL-43
Junction box	X490	**Fig 33**	ECL-43
Lumbar control, passenger seat	X490	**Fig 33**	ECL-43
Roof function control center	X490	**Fig 33**	ECL-43
Seat heating, passenger seat	X490	**Fig 33**	ECL-43
Transfer case control module	X490	**Fig 33**	ECL-43
Washer nozzle heaters	X490	**Fig 33**	ECL-43
Wiper motor	X490	**Fig 33**	ECL-43
Brake light, center	X494	**Fig 44**	ECL-46
Comfort access control module	X494	**Fig 44**	ECL-46
Courtesy light, right door	X494	**Fig 44**	ECL-46
Courtesy light, right rear door	X494	**Fig 44**	ECL-46
Footwell module	X494	**Fig 44**	ECL-46
Fuel pump	X494	**Fig 44**	ECL-46
Lock motor, right rear door	X494	**Fig 44**	ECL-46
Seat belt positioner, right	X494	**Fig 44**	ECL-46
Taillights, inner	X494	**Fig 44**	ECL-46
Window motor, right rear door	X494	**Fig 44**	ECL-46
Cargo compartment roller cover	X498		
Footwell module	X498		
Keyless entry receiver	X498		
License plate lights	X498		

Table p. Ground applications			
Circuit	**Ground**	**Fig #**	**Pg #**
Rear window defroster	X498		
Rear window lock button	X498		
Rear wiper and washer	X498		
Sunroof	X498		
Taillights. inner	X498		
Tire pressure control (RDC)	X498		
Towing hitch release	X498		
Trailer module	X498		
Trunk lid lock	X498		
Ignition coils (N54, N55 engines)	X6170 X6171 X6172		
Ignition coil suppression capacitor	X6176		
Ignition coils (N51, N52 engines)	X6176 X6177		
A/C compressor valve	X6454		
Back-up light switch	X6454		
Crankcase breather heater	X6454		
ECM	X6454		
Fuel injector relay	X6454		
Oil condition sensor	X6454		
Transmission control module	X6454		
Variable intake manifold control	X6454		
Coolant pump, electric	X6455	**Fig 15** **Fig 16**	ECL-38 ECL-38

Component Location Photos

Sedan components

Fig 11 Control modules

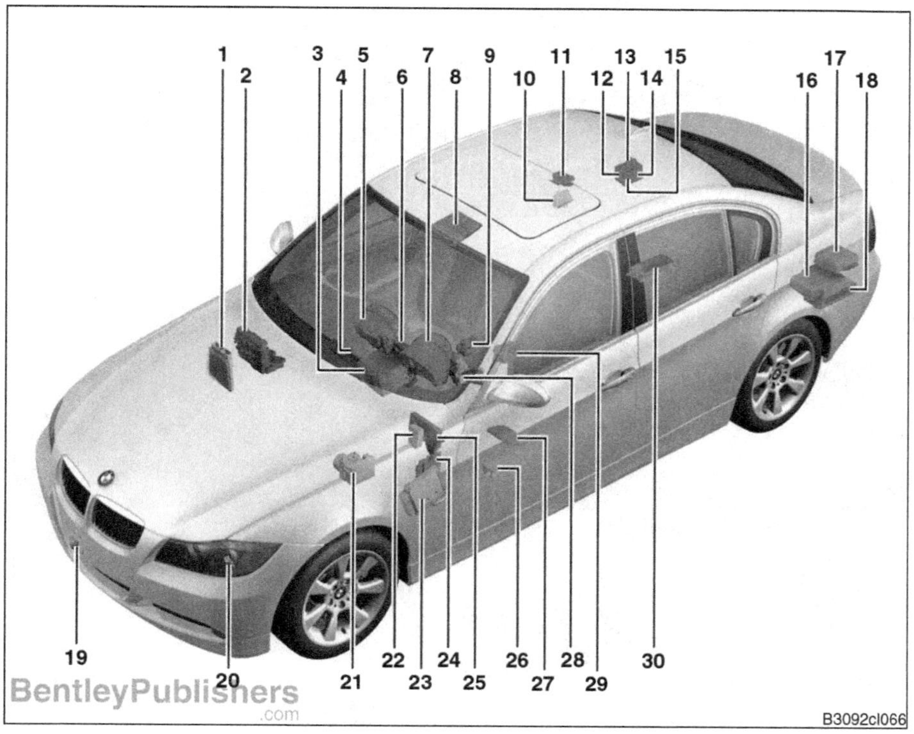

1. **A6000** Engine control module (ECM)
   - N51, N52, N52KP, N54 engines: located in e-box
   - N55 engine: mounted on underside of intake manifold (not shown)
2. **A4010** Junction box (JB)
3. **N38a** Car communications computer (CCC)
4. **A186** Passenger seat module
5. **A165a** Central information display
6. **A11a** IHKA control module
7. **A2a** Instrument cluster
8. **A121b** Interior movement sensor
9. **A167a** iDrive controller
10. **M2** Fuel pump
11. **A121a** Interior movement sensor (ultrasonic detector)
12. **A215** Comfort access control module
13. **A195** Towing hitch release
14. **A6** Trailer module
15. **A81a** Park distance control (PDC) module
16. **A18** Amplifier
17. **A197** Video module
18. **N22** CD changer
19. **U400b** Telematics control module (TCU)
20. **A12** Airbag (MRS) control module
21. **A72** Steering column switch cluster
22. **A187** Driver seat module
23. **B9801** DSC acceleration sensor
24. **A149a** Car access system (CAS) module
25. **A4011** Footwell module (FRM)
26. **A467** Active steering control module
27. **A14282** Longitudinal dynamics management control module
28. **A65a** DSC control module
29. Xenon headlight control
30. **A144a** Active cruise control module

Engine compartment components

Fig 12 Engine compartment, covers removed (328i N52KP)

1. Electronics box (E-box)
2. **G5430** B+ jump start terminal
3. **M6352** Valvetronic driver motor
4. **T6151 -T6156** Ignition coils
5. **X62101, X62201** Oxygen sensor connectors, precatalyst
6. **B6239** Intake pressure sensor
7. Power steering reservoir
8. Refrigerant port
9. **B18a** Brake fluid level switch
10. **A65a** ABS / DSC control module, hydraulic unit
11. **X166** Ground
    See **Ground applications** in this repair group
12. **I01046** Ignition coil suppression capacitor
13. **B6231** Oil pressure switch
14. Vacuum motor line connection
15. **X165** Ground
    See **Ground applications** in this repair group

Fig 13 Engine compartment, covers removed (335i N54)

1. Electronics box (E-box)
2. **G5430** B+ jump start terminal
3. **T6151 -T6156** Ignition coils
4. **X62101, X62201** Oxygen sensor connectors, precatalyst
5. Refrigerant port
6. **B18a** Brake fluid level switch
7. **A65a** ABS / DSC control module, hydraulic unit
8. Vacuum reservoirs
9. **B6231** Oil pressure switch
10. Power steering reservoir

Fig 14 Front of cylinder head

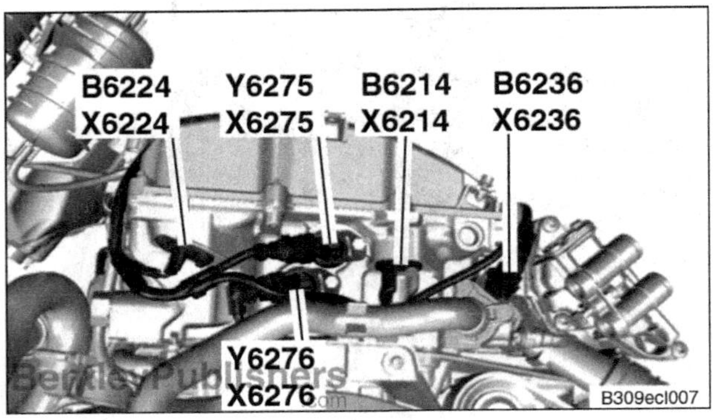

Top of timing chain housing:

- **B6214** Intake camshaft sensor
- **B6224** Exhaust camshaft sensor
- **B6236** Engine coolant temperature (ECT) sensor
- **X6214** Connector
- **X6224** Connector
- **X6236** Connector
- **X6275** Connector
- **X6276** Connector
- **Y6275** Intake VANOS solenoid
- **Y6276** Exhaust VANOS solenoid

Fig 15 Right front engine compartment (non-turbo engines)

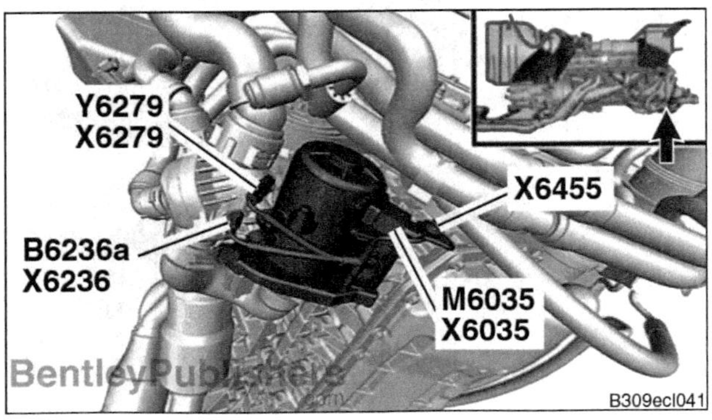

Bolted to lower front right of engine (**arrow**):

- **B6236a** Engine coolant temperature (ECT) sensor
- **M6035** Electric coolant pump
- **X6035** Connector
- **X6236** Connector
- **X6279** Connector
- **X6455** Ground
  Electric coolant pump
- **Y6279** Coolant thermostat

Fig 16 Right front engine compartment (turbo engines)

Bolted to lower front right of engine (**arrow**):

- **M6035** Electric coolant pump
- **X6035** Connector
- **X6455** Ground
  Electric coolant pump
- **X6279** Connector
- **Y6279** Coolant thermostat

Fig 17 Right rear engine compartment (2009-2010 non-turbo engines)

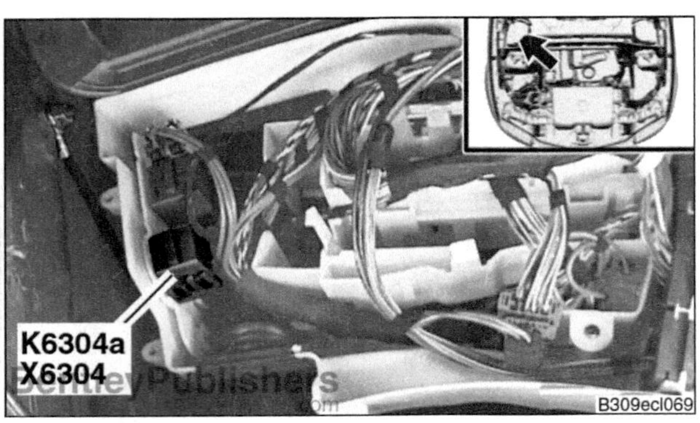

In E-box:

- **K6304a** Secondary air injection pump relay
- **X6304** Connector

Fig 18 Left side cylinder head (non-turbo engines)

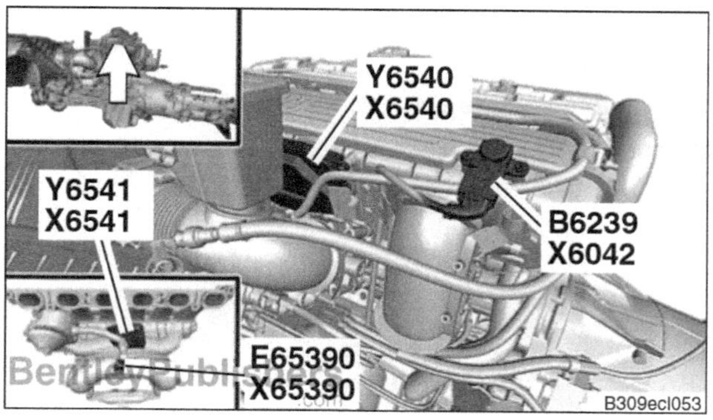

Top of intake manifold (**arrow**):

- **B6239** Intake pressure sensor
- **E65390** Crankcase breather heater
- **X6042** Connector
- **X6540** Connector
- **X6541** Connector
- **X65390** Connector
- **Y6540** Variable intake manifold (DISA) controller 1
- **Y6541** Variable intake manifold (DISA) controller 2

Fig 19 Left side cylinder head (non-turbo engines)

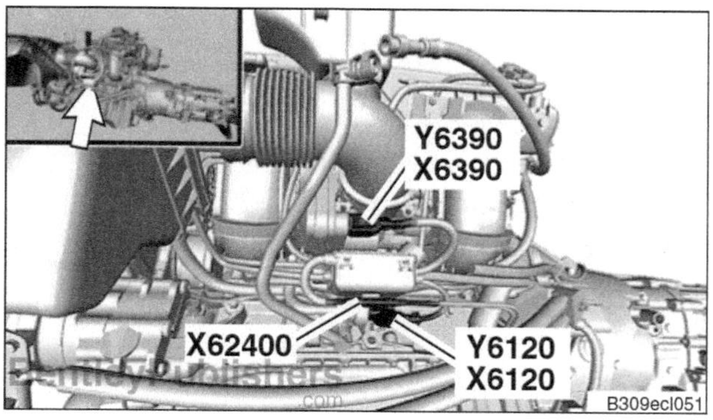

Underneath intake manifold (**arrow**):

- **X6120** Connector
- **X6390** Connector
- **X62400** Knock sensor connector
- **Y6120** Evaporative emissions valve
- **Y6390** Throttle valve

Fig 20 Engine rear (N54 engine)

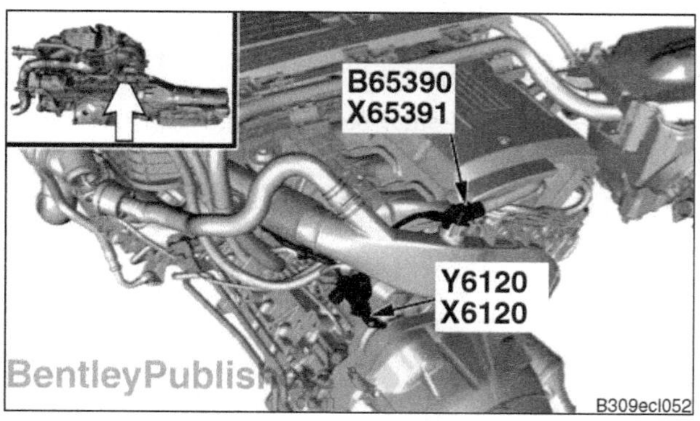

Behind cylinder head (**arrow**):

- **B65390** Crankcase breather heater
- **X6120** Connector
- **X65391** Connector
- **Y6120** Evaporative emissions valve

Fig 21 Left side engine (turbo engines)

Intake manifold removed:

- **B2261** Fuel rail pressure sensor
- **B6125a** Low fuel pressure sensor
- **B6231** Oil pressure switch
- **B62400** Knock sensor
- **G6524** Alternator
- **M6510** Starter
- **Y2381** Fuel volume control valve
- **B6238a** Oil temperature sensor
(N55 only, engine block behind high pressure fuel pump)

Fig 22 Intake manifold (N55 engine)

Left side intake charge air duct and intake manifold:

- **Y6120** Fuel tank vent valve
- **B6583** Intake air temperature and pressure sensor
- **X6120** Connector
- **X6583** Connector

Components underneath vehicle

Fig 23 Behind right front wheel

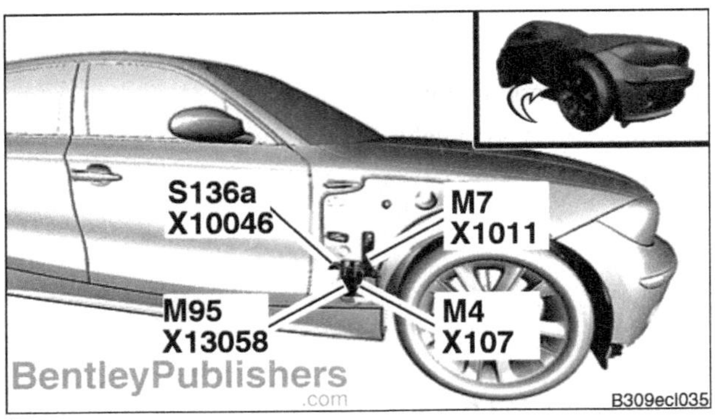

Behind wheel housing liner:

- **M4** Windshield washer pump
- **M7** Headlight washer pump
- **M95** Rear window washer pump (Sports Wagon)
- **S136a** Washer fluid level switch
- **X107** Connector
- **X1011** Connector
- **X10046** Connector
- **X13058** Connector

Fig 24 Underneath vehicle

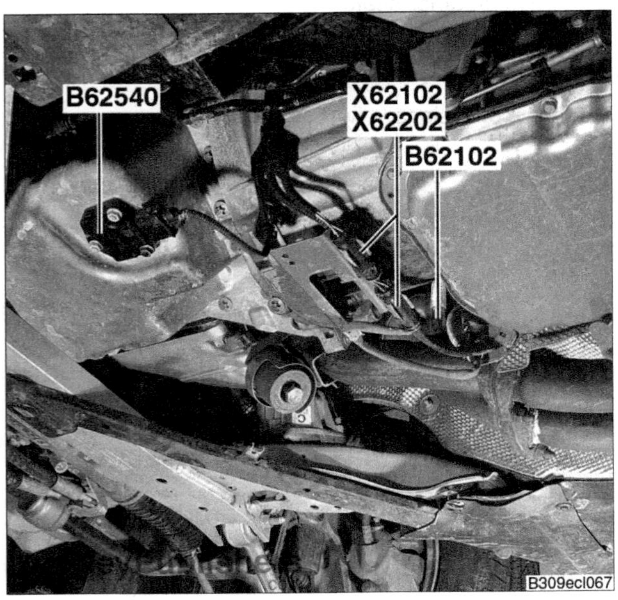

Engine rear, transmission bell housing:

- **B62102** Oxygen sensor (post-catalyst N51, N52, N52KP, N54)
- **B62540** Oil condition sensor
- **X62102**, X62202 Connectors, oxygen sensors (post-catalyst)

Fig 25 Underneath vehicle

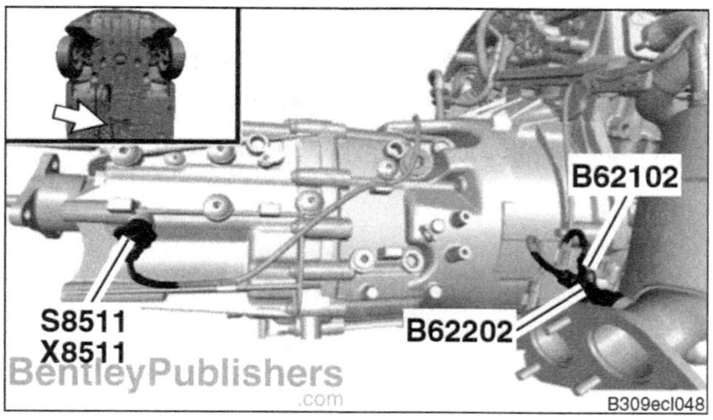

Right rear manual transmission housing (**arrow**):

- **S8511** Back-up light switch
- **B62102** Oxygen sensor
- **B62202** Oxygen sensor (N51, N52, N52KP, N54 engines)
- **X8511** Connector

Fig 26 Underneath vehicle (N55 engine)

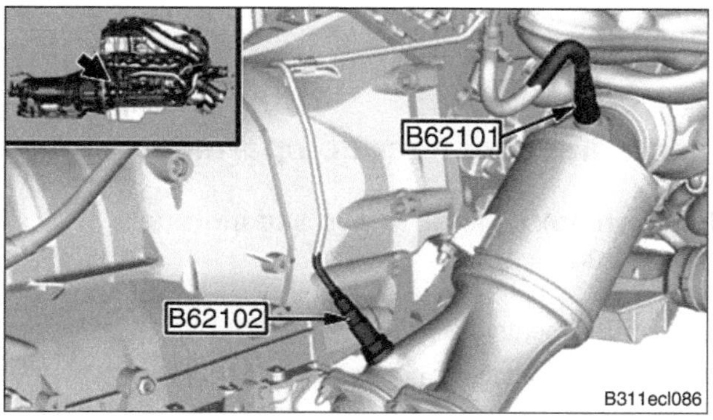

Exhaust catalytic converter:

- **B62101** pre-catalyst oxygen sensor
- **B62102** post-catalyst oxygen sensor

Fig 27 Underneath vehicle

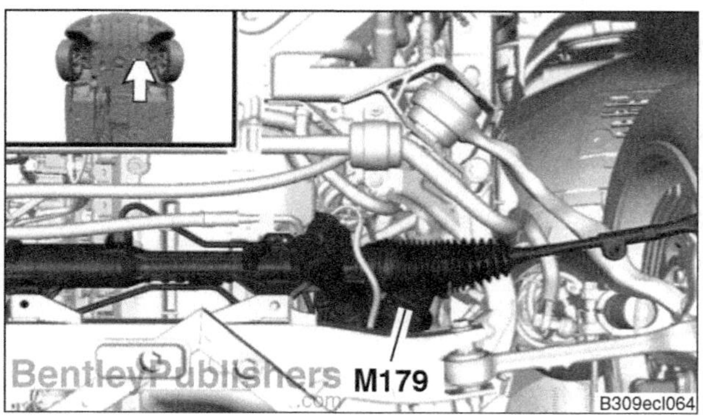

Steering rack (**arrow**):

- **M179** Electric steering rack

Fig 28 Underneath vehicle at steering rack

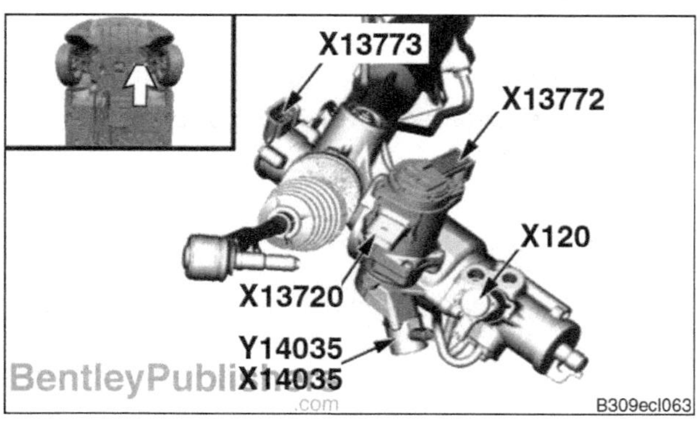

Steering rack (**arrow**):

- **X120** Connector
- **X13720** Connector
- **X13772** Connector
- **X13773** Connector
- **X14035** Connector
- **Y14035** Steering lock

ECL

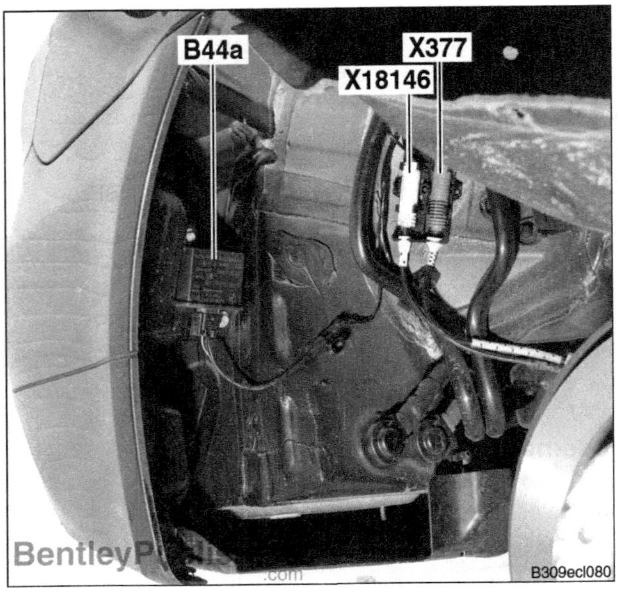

Fig 29 Behind right rear wheel

Wheel housing liner removed:

- B44a Right rear tire pressure control (RDC) transmitter
- X377 Right rear wheel speed sensor connector
- X18146 Right rear brake pad warning sensor connector

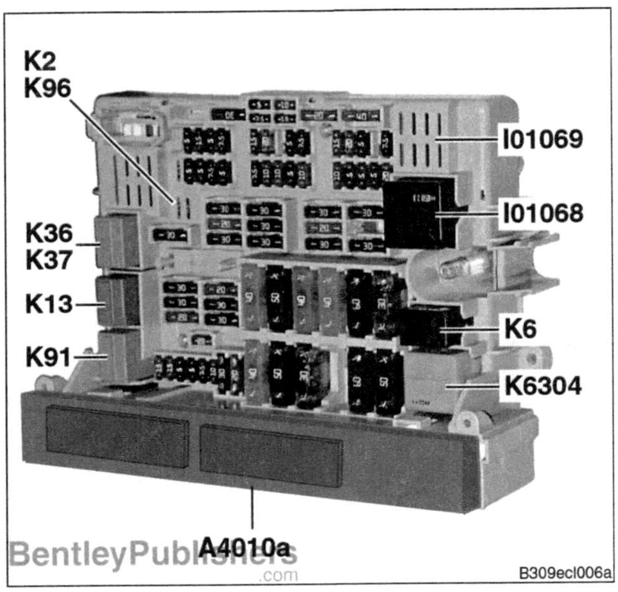

Components in passenger compartment

Fig 30 Junction box (A4010) relays and modules (to 03 / 2007)

Behind glove compartment:

- **A4010a** Junction box electronic control module
- **I01068** Relay, terminal 30g
- **I01069** Relay, terminal 15 (on PC board)
- **K2** Horn relay (on PC board)
- **K6** Headlight washer relay
- **K13** Rear window defroster relay
- **K36** Wiper relay 1
- **K37** Wiper relay 2
- **K91** Rear wiper relay (Sports Wagon)
- **K6304** Secondary air injection pump relay

For junction box fuses, see **Fig 2**, ECL-18 in this repair group.

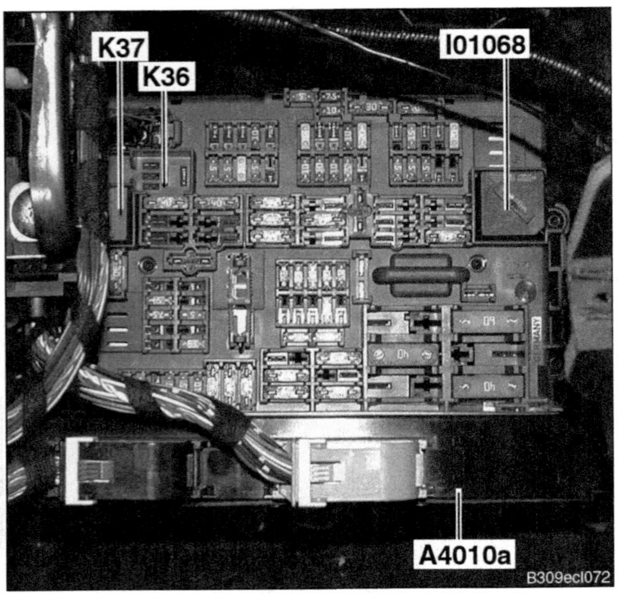

Fig 31 Junction box (A4010) relays and modules (03 / 2007 and later)

Behind glove compartment:

- **A4010a** Junction box electronic control module (JBE)
- **I01068** Relay, terminal 30g
- **K36** Wiper relay 1
- **K37** Wiper relay 2

For junction box fuses, see **Fig 3** and **Fig 4**, ECL-18 in this repair group.

Fig 32 Left footwell

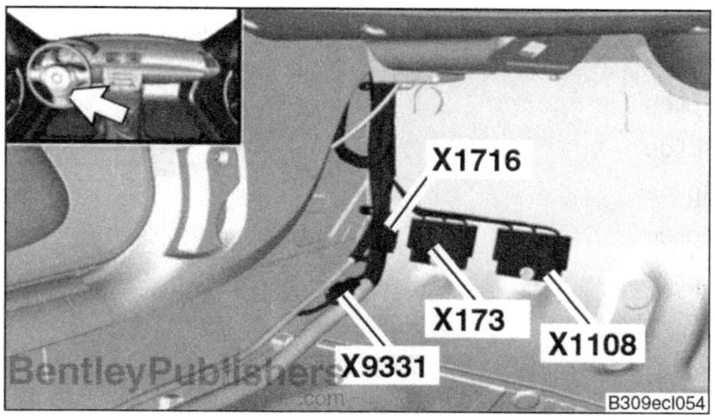

Underneath carpet (**arrow**):

- **X173** Ground
  See **Ground applications** in this repair group.
- **X1108** Ground
  See **Ground applications** in this repair group.
- **X1716** Connector
- **X9331** Connector

Fig 33 Right footwell

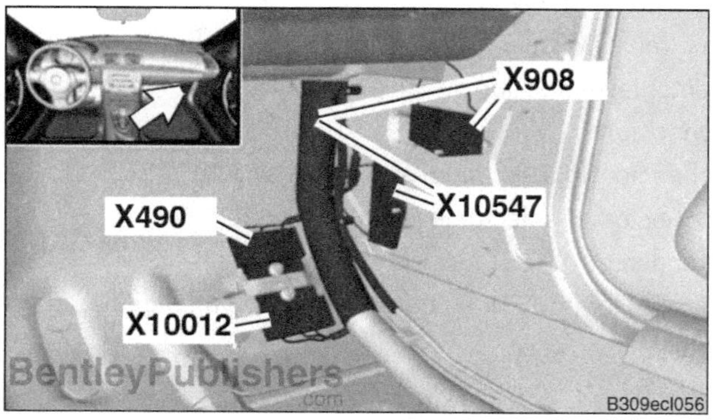

Underneath carpet (**arrow**):

- **X490** Ground
  See **Ground applications** in this repair group.
- **X908** Connector (2006)
  X908 Splice in harness (from 2006)
- **X10012** Ground
  See **Ground applications** in this repair group.
- **X10547** Connector (2006)
  X10547 Splice in harness (from 2006)

Fig 34 Underneath dashboard

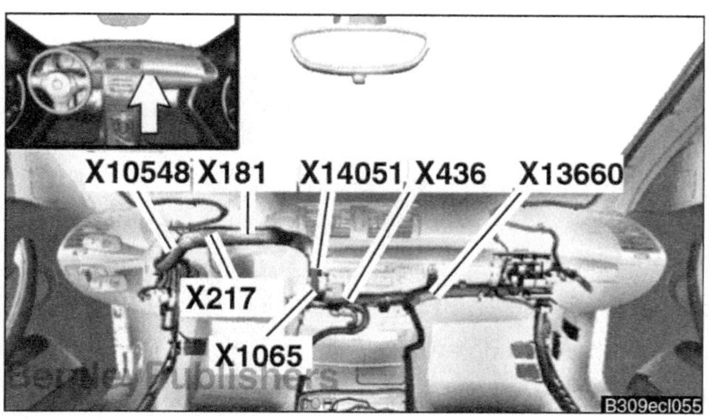

Wiring harness (**arrow**):

- **X181** Splice
- **X217** Splice
- **X436** Splice
- **X1065** Splice
- **X10548** Splice
- **X13660** Splice
- **X14051** Splice

Fig 35 Underneath dashboard

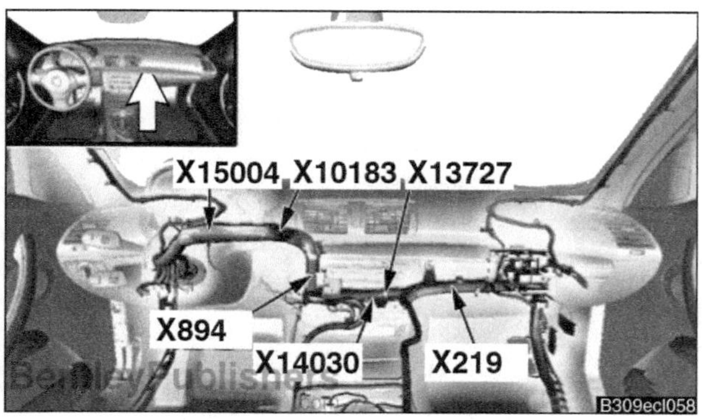

Wiring harness (**arrow**):

- **X219** Splice
- **X894** Splice
- **X10183** Splice
- **X13727** Splice
- **X14030** Splice
- **X15004** Splice

Components in passenger compartment

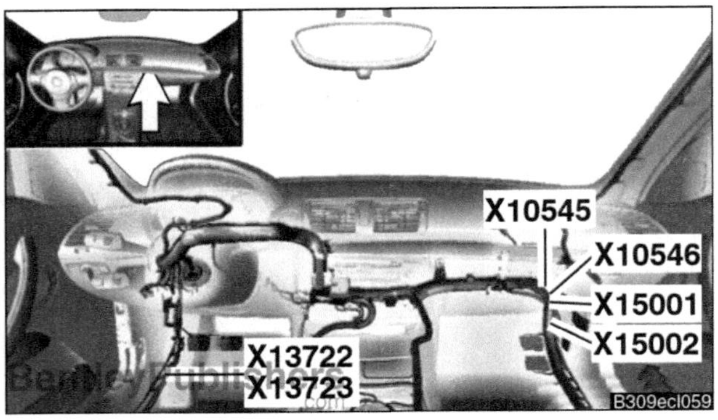

Fig 36 Underneath dashboard

Wiring harness (**arrow**):

- **X10545** Splice
- **X10546** Splice
- **X13722** Splice
- **X13723** Splice
- **X15001** Splice
- **X15002** Splice

Fig 37 At selector lever (automatic transmission)

Selector lever bezel removed:

- **S224a** Steptronic switch
- **S227** Selector lever position switch
- **X1561** Connector
- **X1599** Connector (to selector lever position switch)
- **X9944** Connector (to selector lever illumination)
- **X14274** Connector
- **X14275** Connector (to A70000 transmission control module)
- **Y19** Neutral safety switch

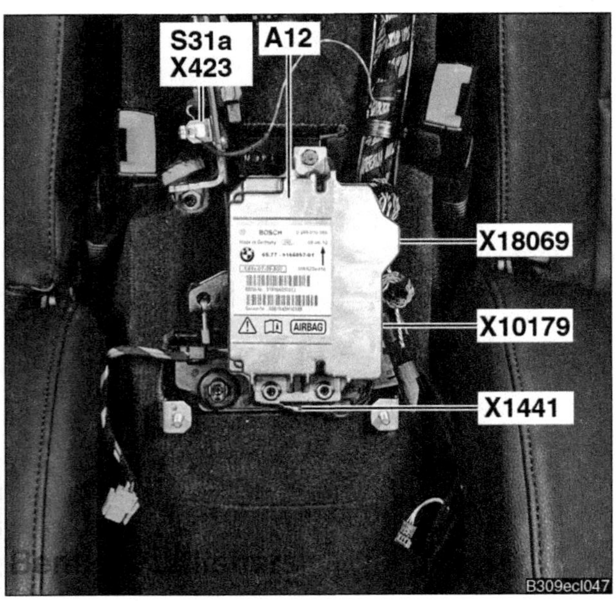

Fig 38 On center tunnel

Underneath center console:

- **A12** MRS control module
- **S31a** Parking brake warning switch
- **X423** Connector
- **X1441** Ground
  See **Ground applications** in this repair group.
- **X10179** Connector
- **X18069** Connector

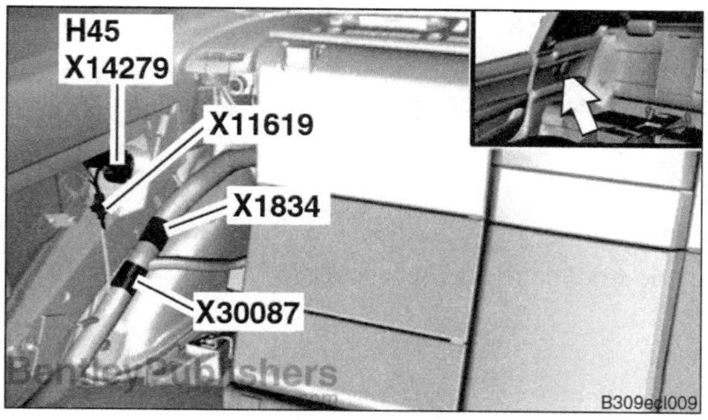

Fig 39 Behind right B-pillar (Convertible)

Behind trim panel (**arrow**):

- **H45** Park distance control signal
- **X1834** Splice
- **X11619** Splice
- **X14279** Park distance control signal connector
- **X30087** Splice, footwell module to trailer module

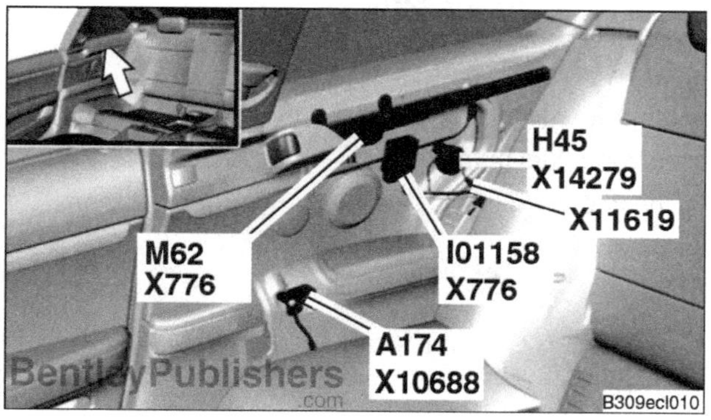

Fig 40 Behind right B-pillar (Coupe)

Behind trim panel (**arrow**):

- **A174** Airbag sensor, rear side airbag
- **H45** Park distance control signal
- **I01158** Seat belt positioner
- **M62** Seat belt positioner motor
- **X776** Seat belt positioner connector
- **X10688** Airbag sensor connector
- **X11619** Connector
- **X14279** Park distance control signal connector

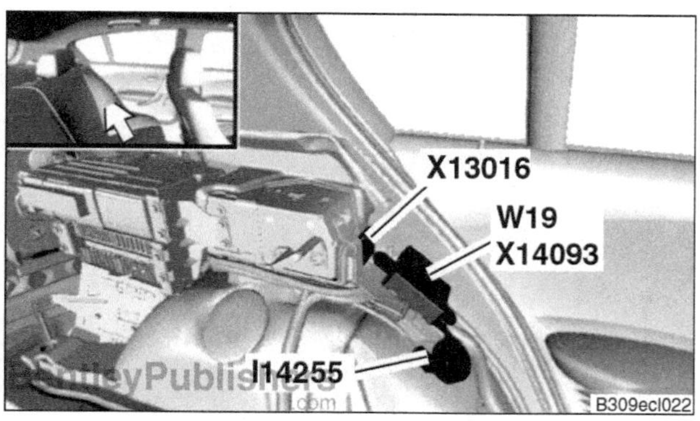

Fig 41 Left C-pillar (Sedan, Sports Wagon)

Behind rear seat side bolster (**arrow**):

- **I14255** MOST-bus connector
- **W19** Emergency call antenna
- **X13016** Ground
  See **Ground applications** in this repair group
- **X14093** Connector

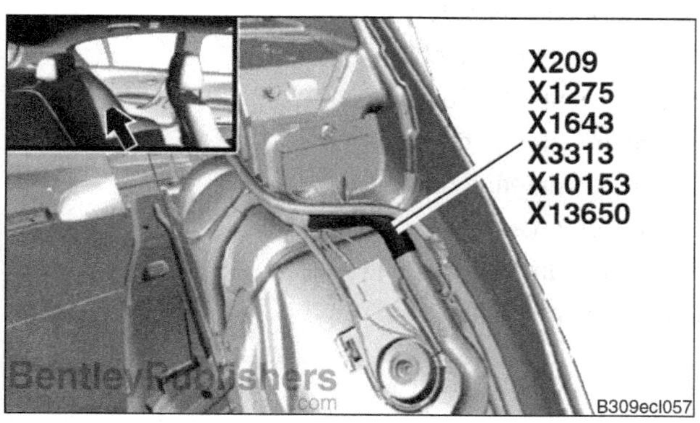

Fig 42 Left C-pillar

Behind rear seat side bolster (**arrow**):

- **X209** Splice
- **X1275** Splice
- **X1643** Splice
- **X3313** Splice
- **X10153** Splice
- **X13650** Splice

ECL

Components in passenger compartment

Fig 43 Left upper C-pillar (Sedan)

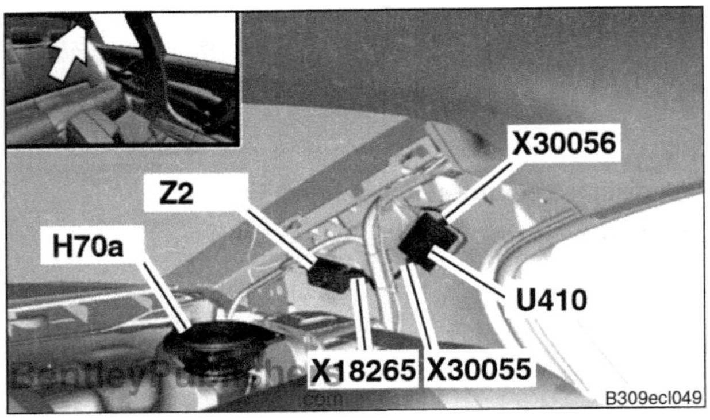

Behind trim panel (**arrow**):

- **H70a** Mid-range speaker
- **U410** Interference suppressor filter
- **X18265** Connector
- **X30055** Connector
- **X30056** Connector
- **Z2** Rear window defroster suppressor filter

Fig 44 Right C-pillar (Sedan, Sports Wagon)

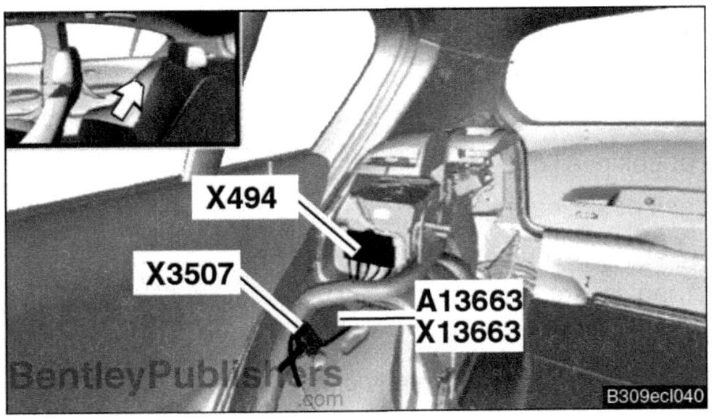

Behind rear seat side bolster (**arrow**):

- **A13663** Fuel pump control module
- **X494** Ground
  See **Ground applications** in this repair group.
- **X3507** Connector to fuel pump
- **X13663** Connector

Fig 45 Behind rear seat (Convertible)

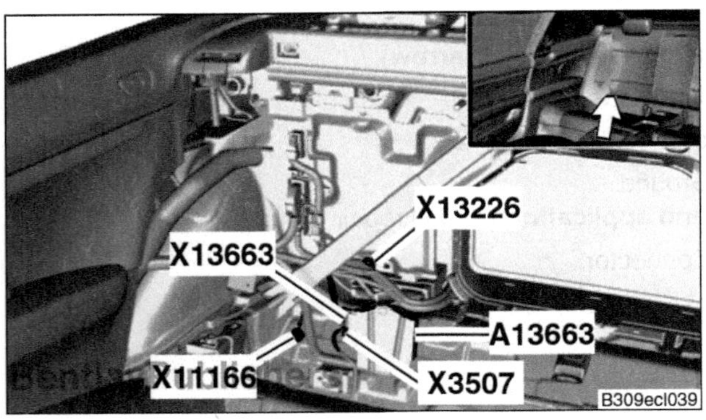

Behind backrest, lower right (**arrow**):

- **A13663** Fuel pump control module
- **X3505** Connector to fuel pump
- **X11166** Ground
- **X13226** Connector
- **X13663** Connector

Fig 46 Above rear window (non-Convertible)

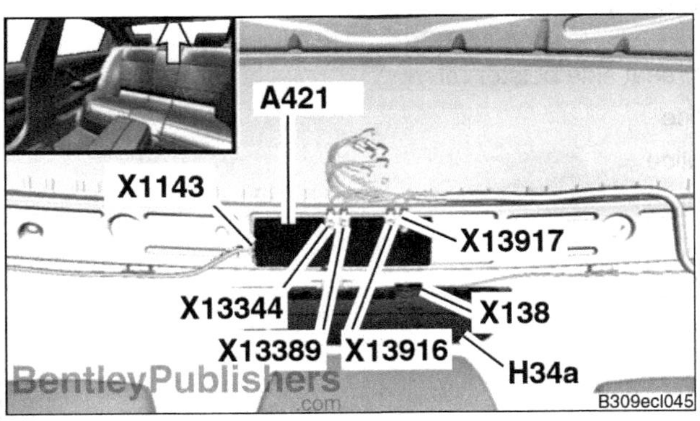

Behind headliner (**arrow**):

- **A421** Antenna diversity module
- **H34a** Center brake light assembly
- **X138** Connector, center brake light
- **X1143** Connector, antenna diversity
- **X13344** Connector, antenna diversity
- **X13389** Connector, antenna diversity
- **X13916** Connector, antenna diversity
- **X13917** Connector, antenna diversity

Components in trunk

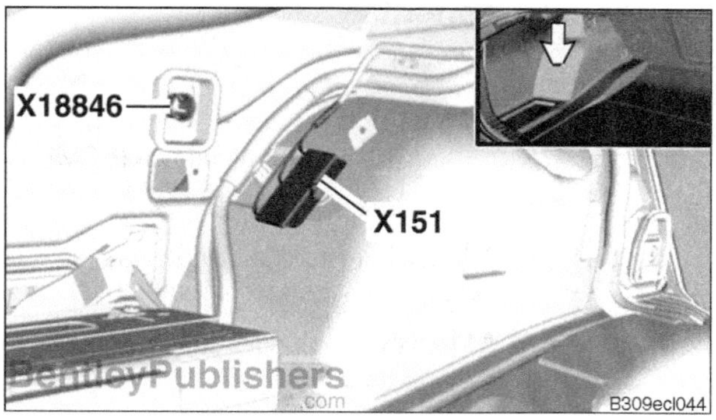

Fig 47 Left side trunk (non-Convertible)

Behind trim (**arrow**):

- **X151** Ground
  See **Ground applications** in this repair group.
- **X18846** Rear 12v utility socket

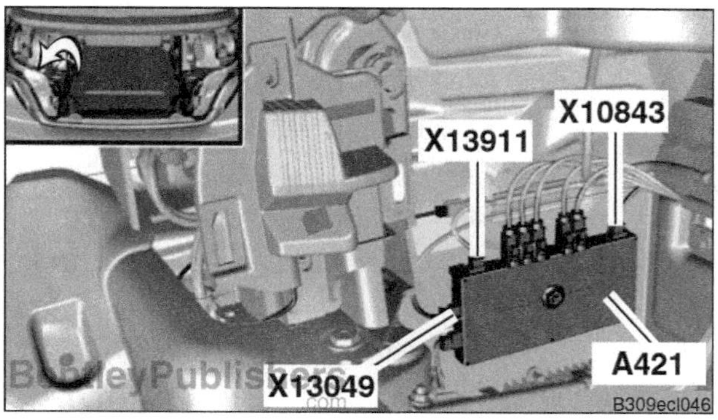

Fig 48 Left front trunk (Convertible)

Behind trim (**arrow**):

- **A421** Antenna diversity module
- **X10843** Connector
- **X13049** Connector
- **X13911** Connector

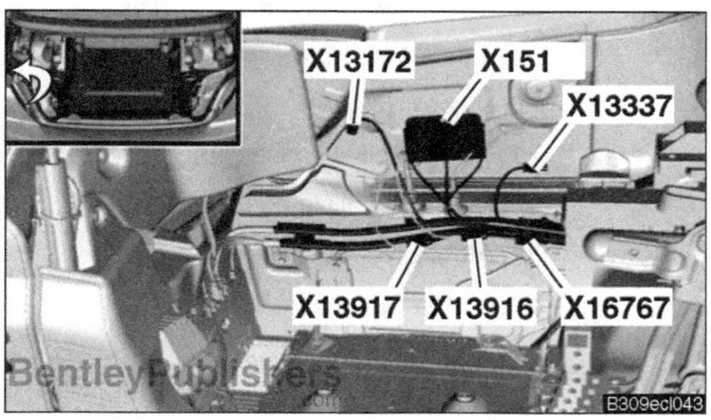

Fig 49 Left side trunk (Convertible)

Behind trim (**arrow**):

- **X151** Ground
  See **Ground applications** in this repair group.
- **X13172** Connector
- **X13337** Connector
- **X13916** Splice
- **X13917** Splice
- **X16767** Splice

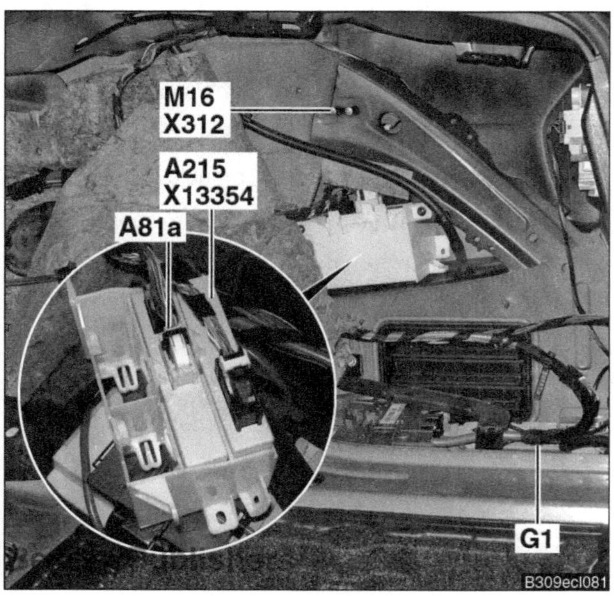

Fig 50 Right side trunk

Behind trim:

- **A215** Comfort access control module
- **G1** Battery
- **M16** Fuel filler flap lock motor
- **X312** Connector
- **X13354** Connector

ECL

Sports Wagon components

Fig 51 Control modules

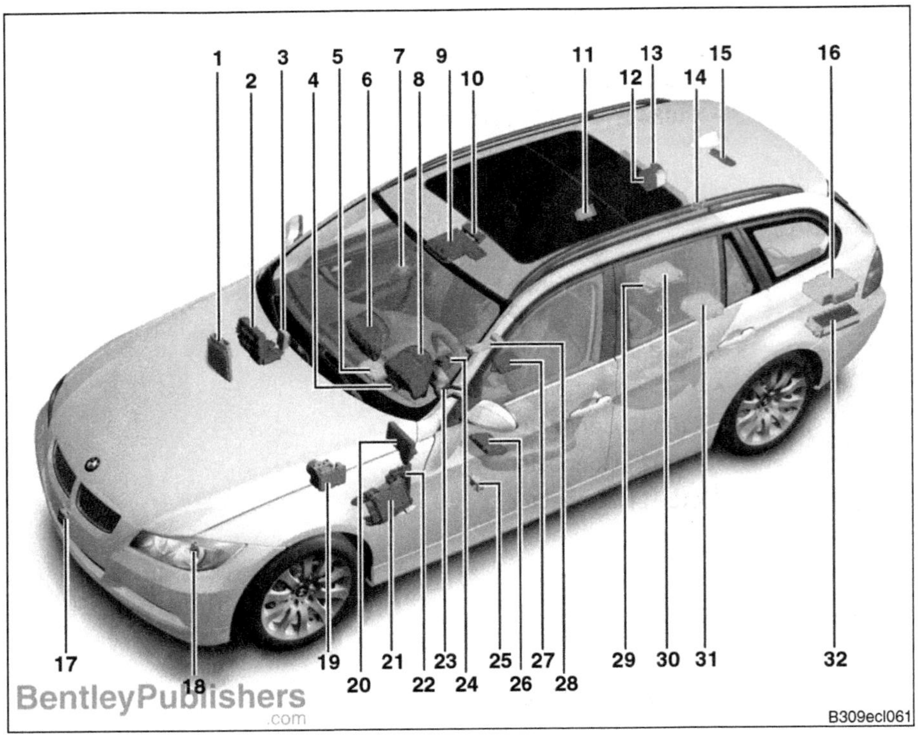

1. **A6000** Engine control module (ECM)
2. **A4010** Junction box (JB)
3. **A14282** Longitudinal dynamics management control module
4. **A11a** IHKA control module
5. **A9** Radio
6. **A165a** Central information display
7. **B57b** Rain / light sensor
8. **A2a** Instrument cluster
9. **A14286** Roof function center (FZD)
10. **A121a** Interior movement sensor (ultrasonic detector)
11. **A13663** Fuel pump control module (N54 engine)
12. **A81a** Park distance control (PDC) module
13. **A215** Comfort access control module
14. **B895** Intelligent battery sensor
15. **A14102** Sunroof control module
16. **N22** CD changer
17. **A144a** Active cruise control module
18. Xenon headlight control
19. **A65a** DSC control module
20. **A149a** Car access system (CAS) module
21. **A467** Active steering control module
22. **A4011** Footwell module (FRM)
23. **A72** Steering column switch cluster
24. **I01032**, **I01033** Multifunction (MFL) steering wheel switch assemblies
25. **B9801** DSC acceleration sensor
26. **A187** Driver seat module
27. **A12** Airbag (MRS) control module
28. Universal charging and hands-free kit
29. **U400b** Telematics control module (TCU)
30. **N47** Satellite radio SDARS
31. **A197** Video module (not USA)
32. **A18** Amplifier

Fig 52 Tailgate

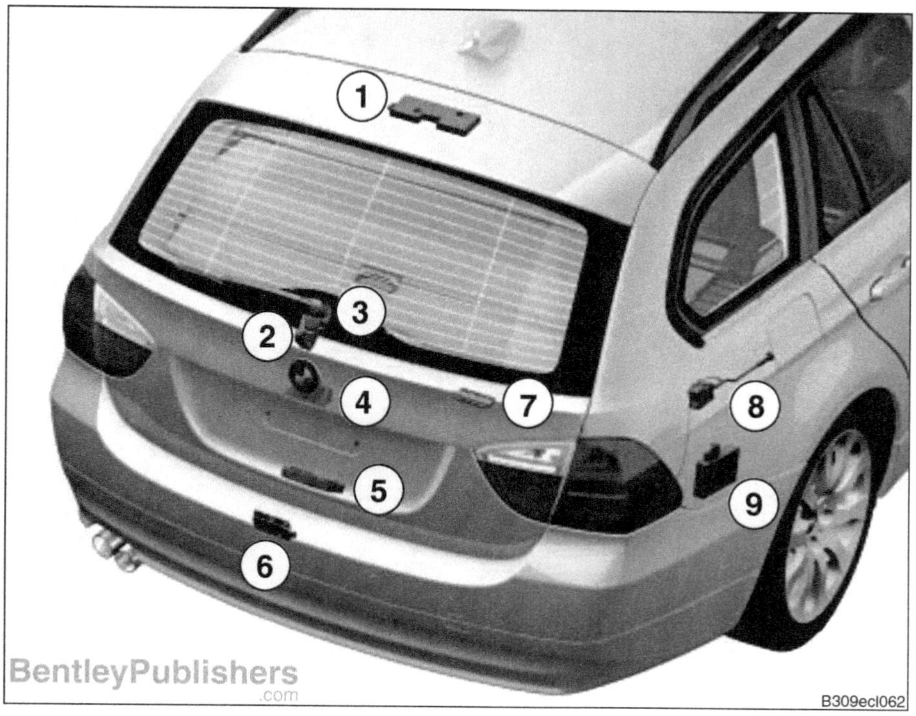

1. **A421** Antenna diversity module
2. **M96a** Rear window lock motor
3. **S147a** Rear window release button
4. **S172a** Tailgate release button
5. **M17a** Tailgate lock motor
6. Comfort access antenna
7. Comfort access antenna
8. **M16** Fuel filler flap motor
9. **A215** Comfort access control module

ELE Electrical Wiring Diagrams

ELECTRICAL COMPONENT LOCATIONS (relay and fuse positions, ground locations)see **Repair Group ECL**

GENERAL

This section contains selected electrical wiring diagrams for E90 3 Series models. A detailed index of the diagrams and electrical component is listed in the opening pages.

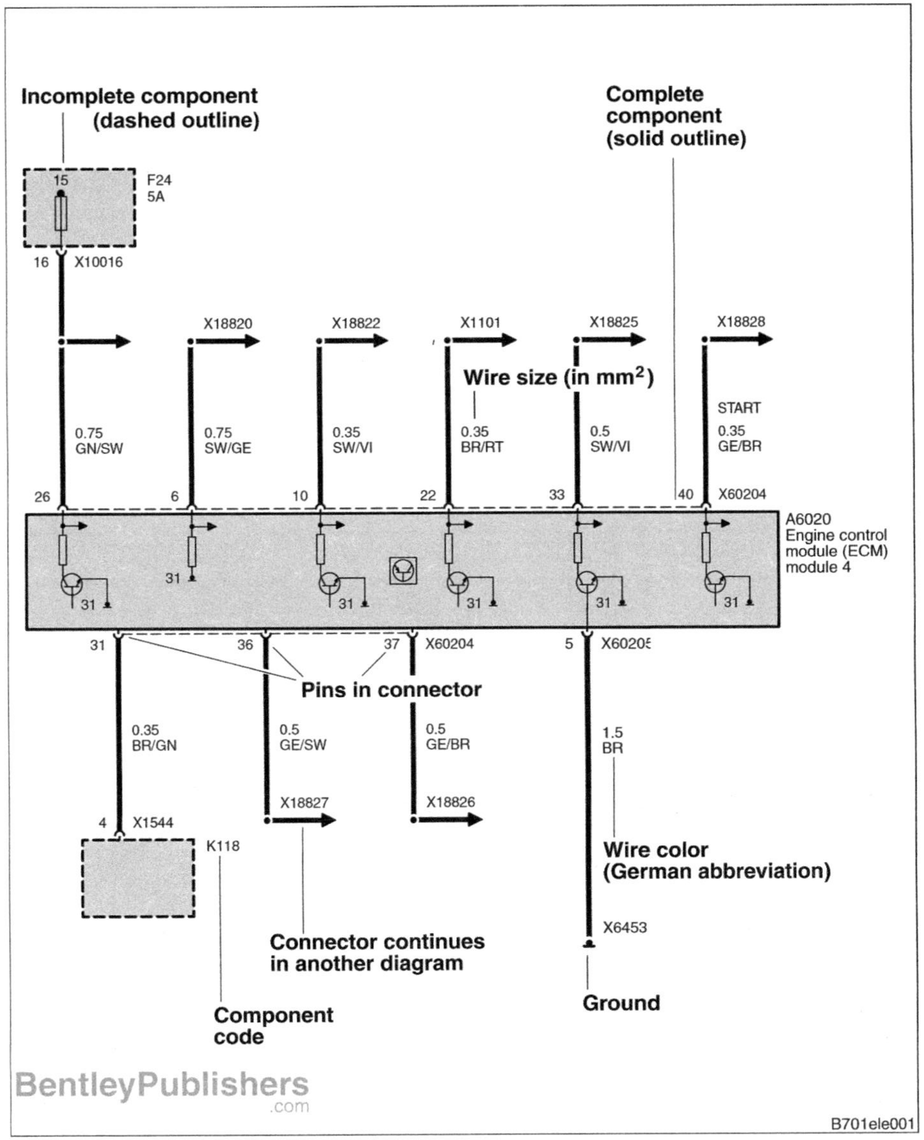

Schematic conventions

The schematics (wiring diagrams) divide the vehicle electrical system into individual circuits. Interacting electrical components are shown on one schematic.

Electrical components are represented in such a way that their general layout and function are self-explanatory. They are usually arranged in the diagrams so that the current path can be followed from positive at the top to negative at the bottom.

- If a schematic spans several pages, this fact is clearly indicated at the top of each page.
- A component (or connector) which is completely represented in the schematic is shown as a solid box.
- A component (or connector) which has other connectors in addition to the ones shown in the schematic is shown with a dashed line.
- Switches and relays are always shown in rest position (generally OFF).

Symbols

The schematics utilize simplified electrical symbols.

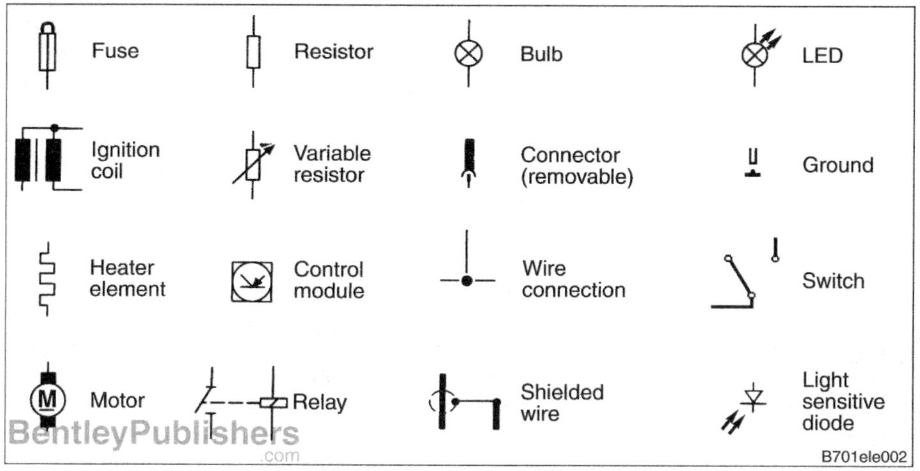

Wire insulation colors in this section are given with German color abbreviations.

Wire sizes follow the DIN (European) convention.

Example: 0.5 wire is ½ mm^2 in cross-section area. This corresponds to approx. SAE 16 gauge wire.

BMW identifies many electrical circuits with unique designations which follow the DIN standard. Also, BMW designates electrical components, junctions and grounds with a unique alphanumeric designation, most of which also follow the DIN standard.

Wiring color code

BL	= blue
BR	= brown
GE	= yellow
GN	= green
GR	= grey
RT	= red
SW	= black
WS	= white
VI	= violet

B701ele003

Fuse F01
N52 and N54 engines
(to 03 / 2007)

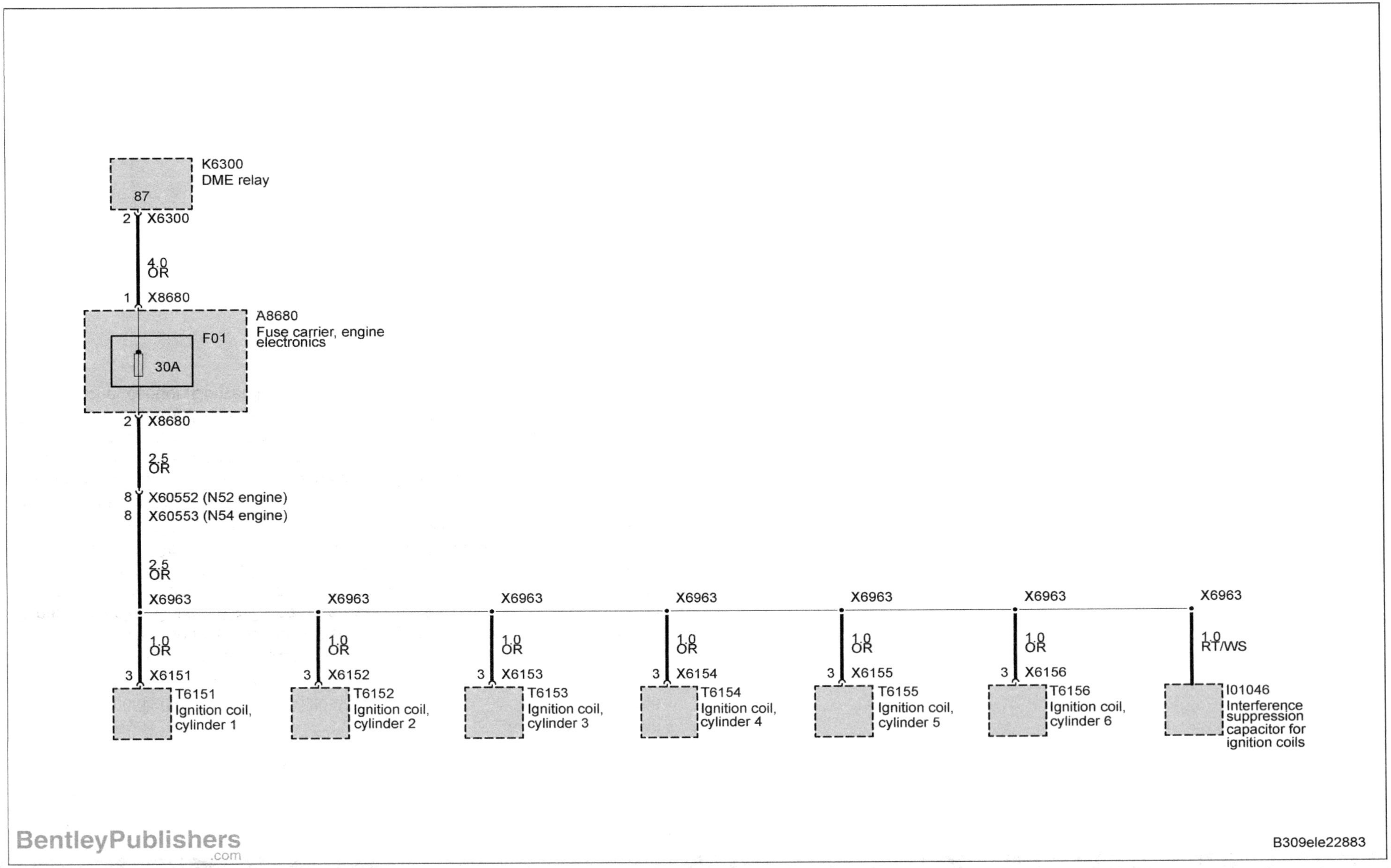

Fuse F01
N55 engine

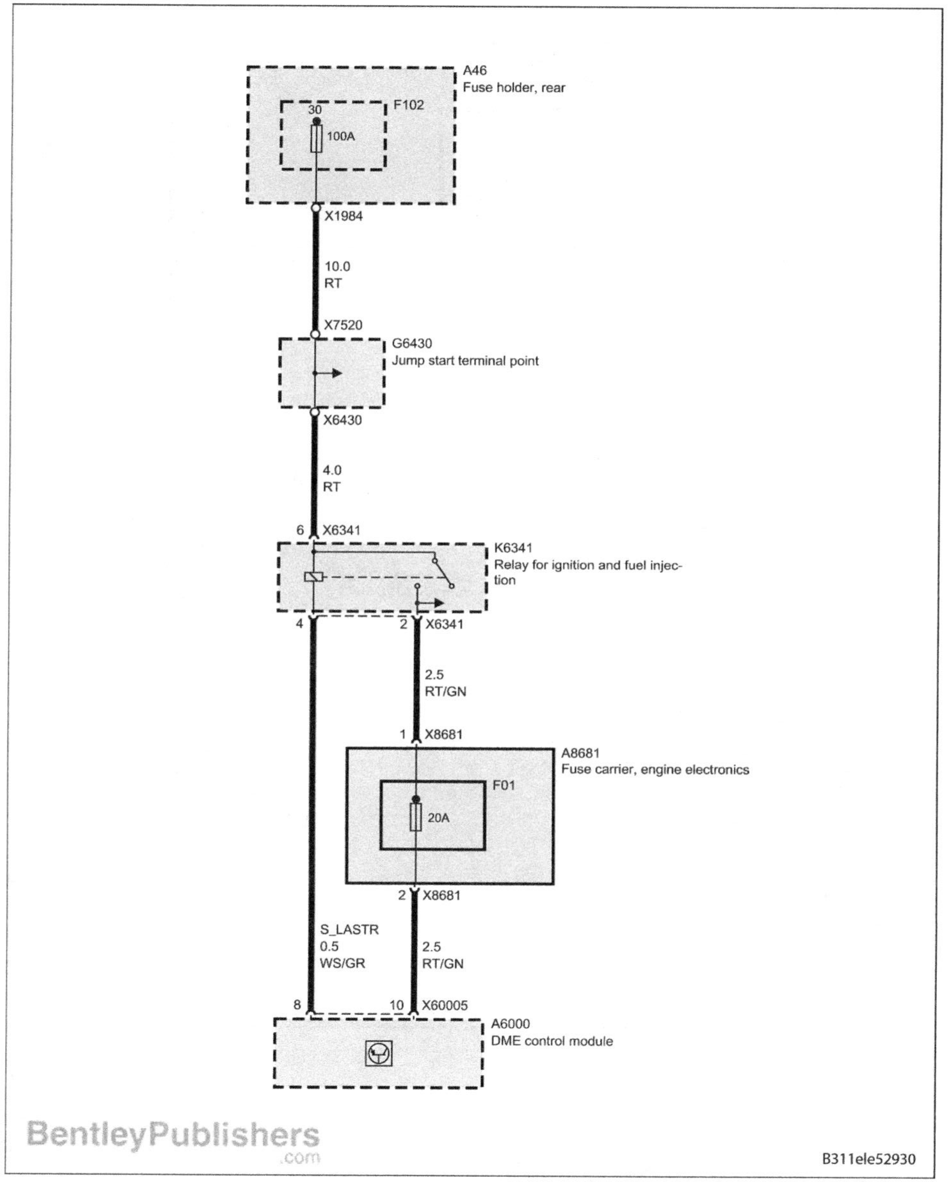

Fuse F02
N55 engine

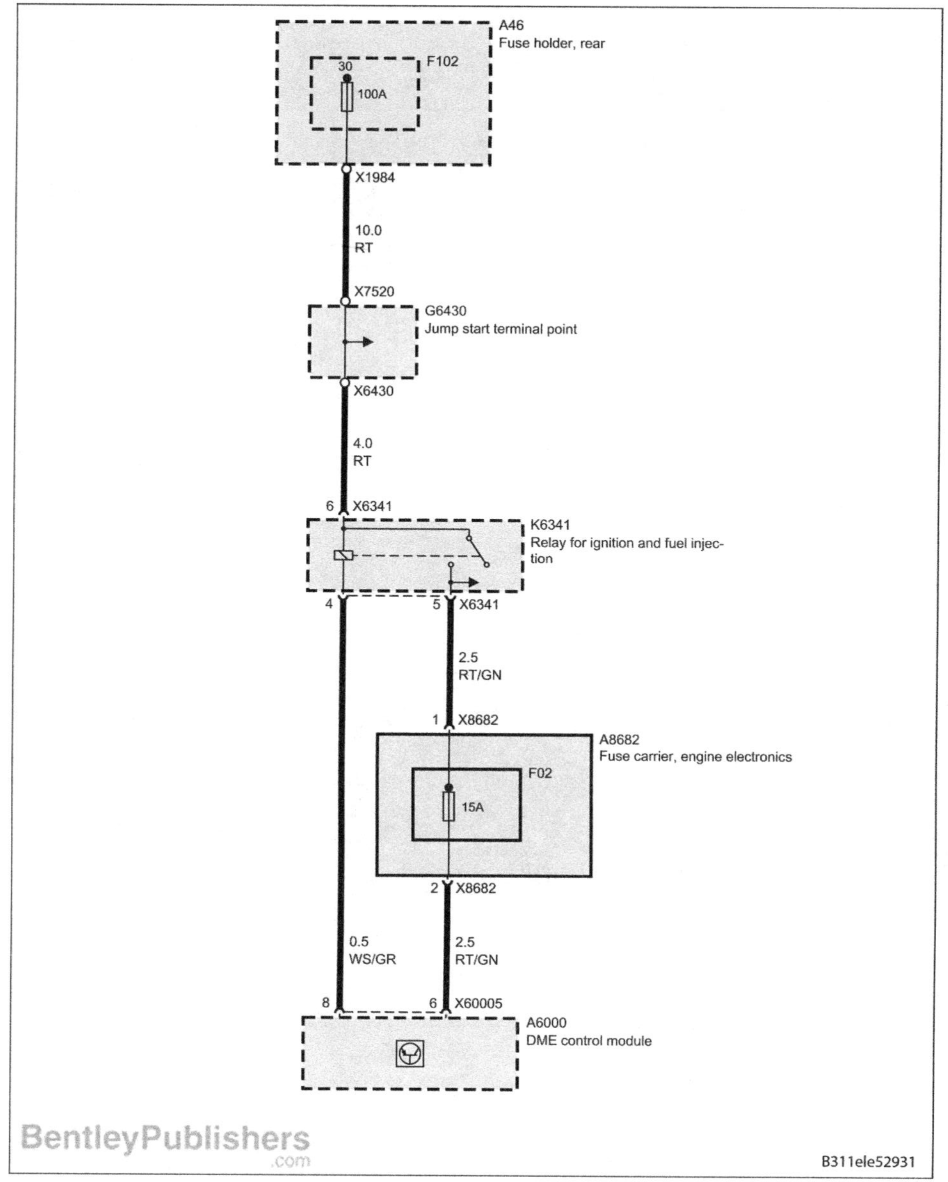

Fuse F02
N52 engine
(to 03 / 2007)

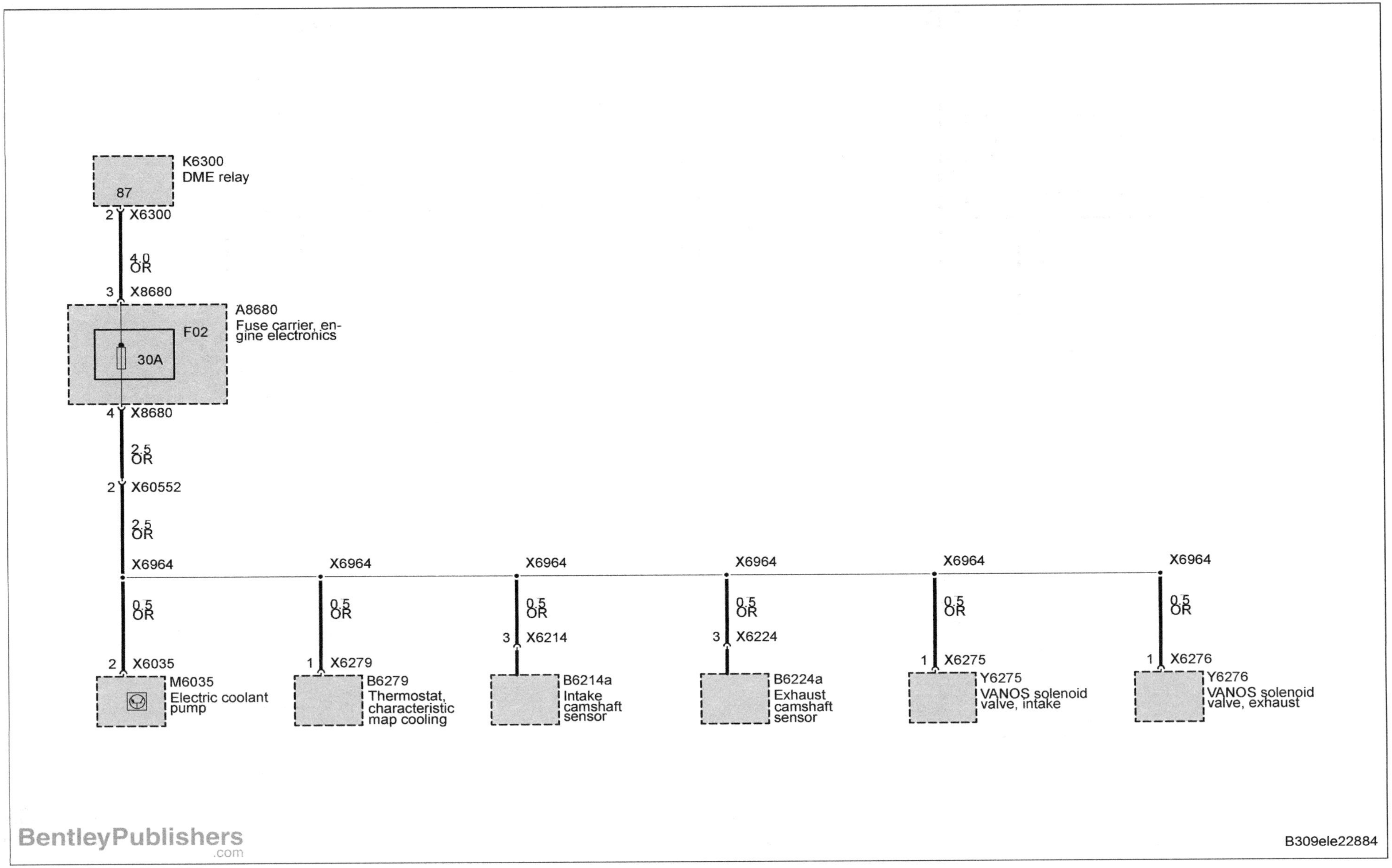

Fuse F02
N54 engine
(to 03 / 2007)

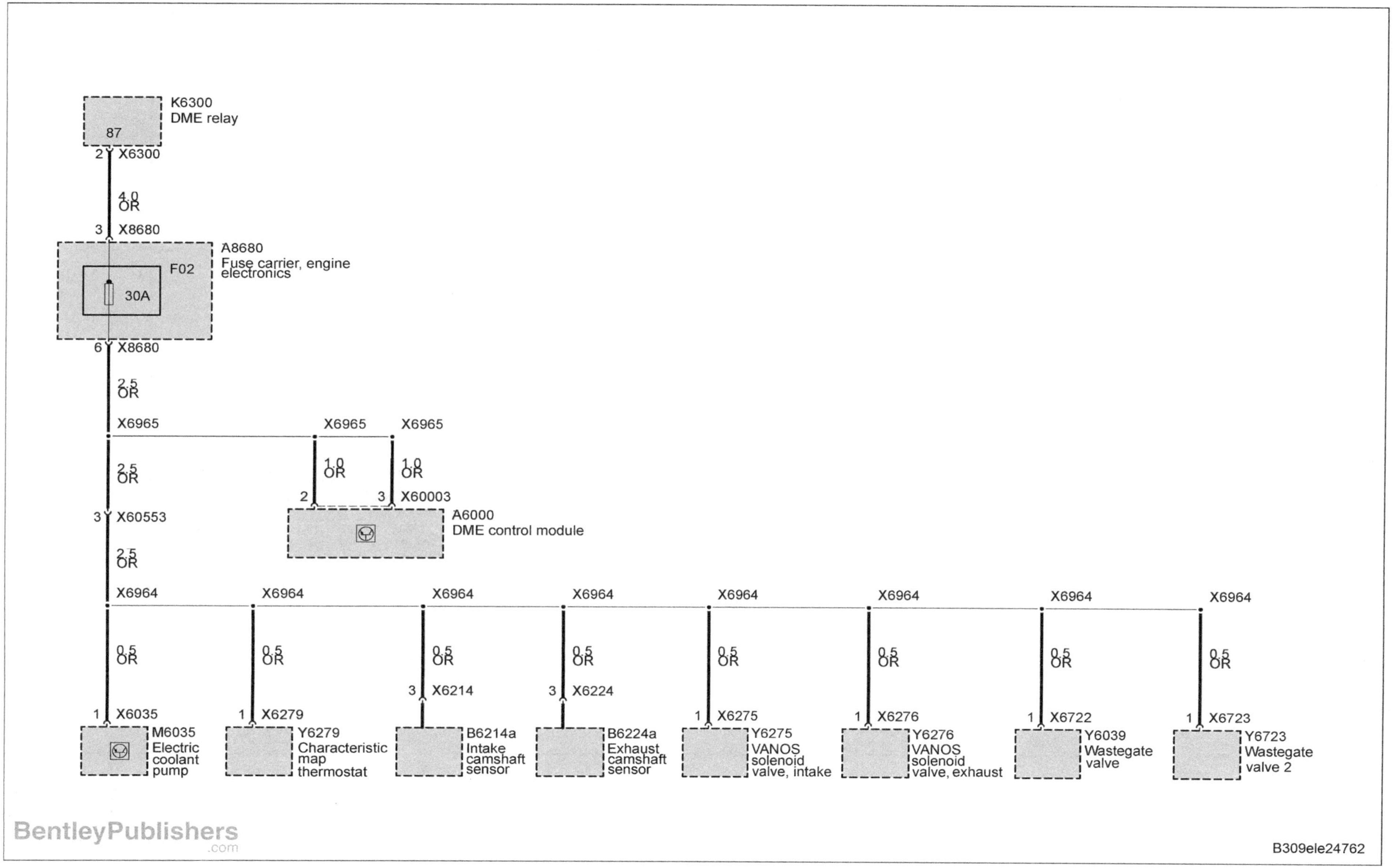

Fuse F03
N52 engine
(to 03 / 2007)

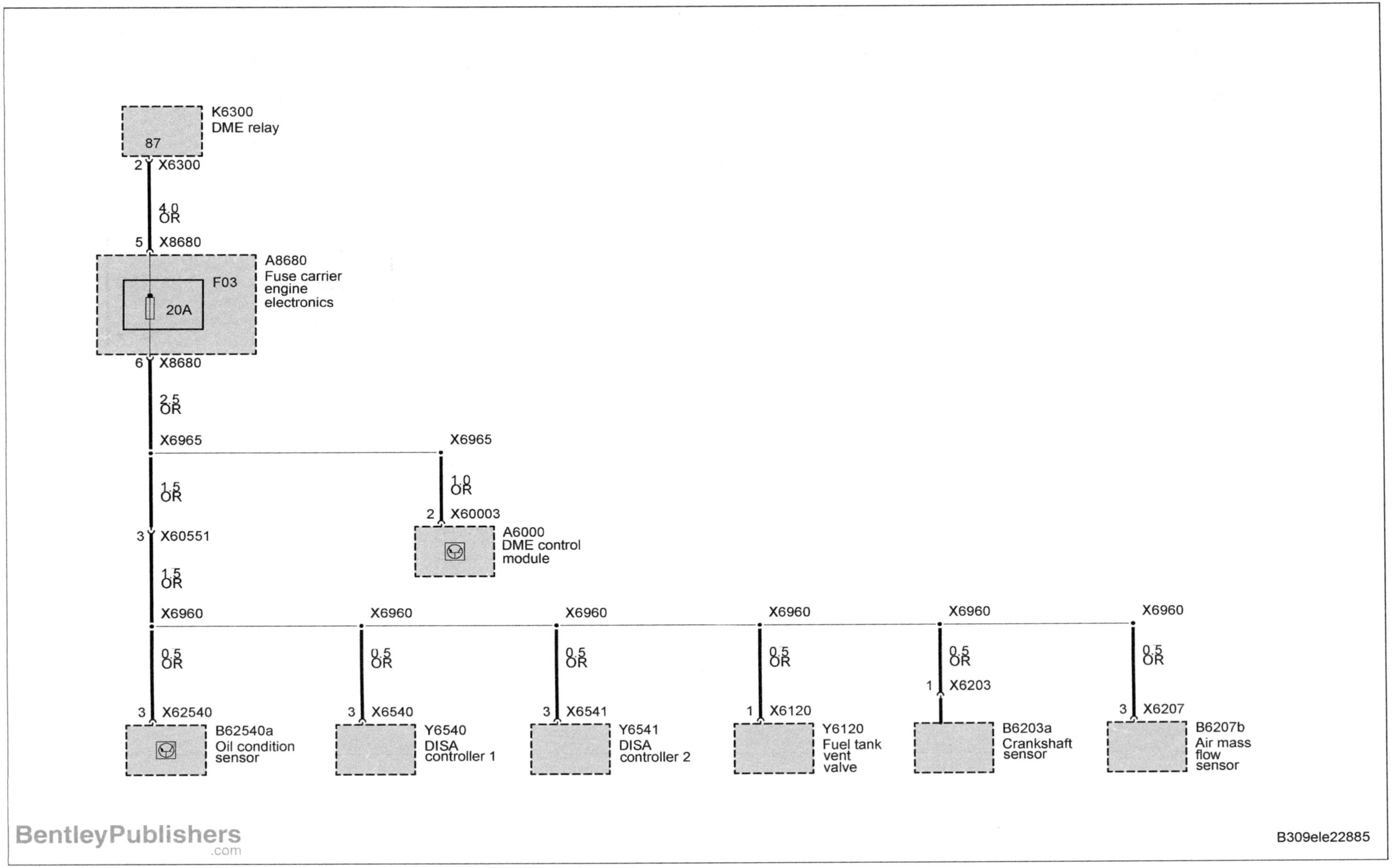

Fuse F03
N54 engine
(to 03 / 2007)

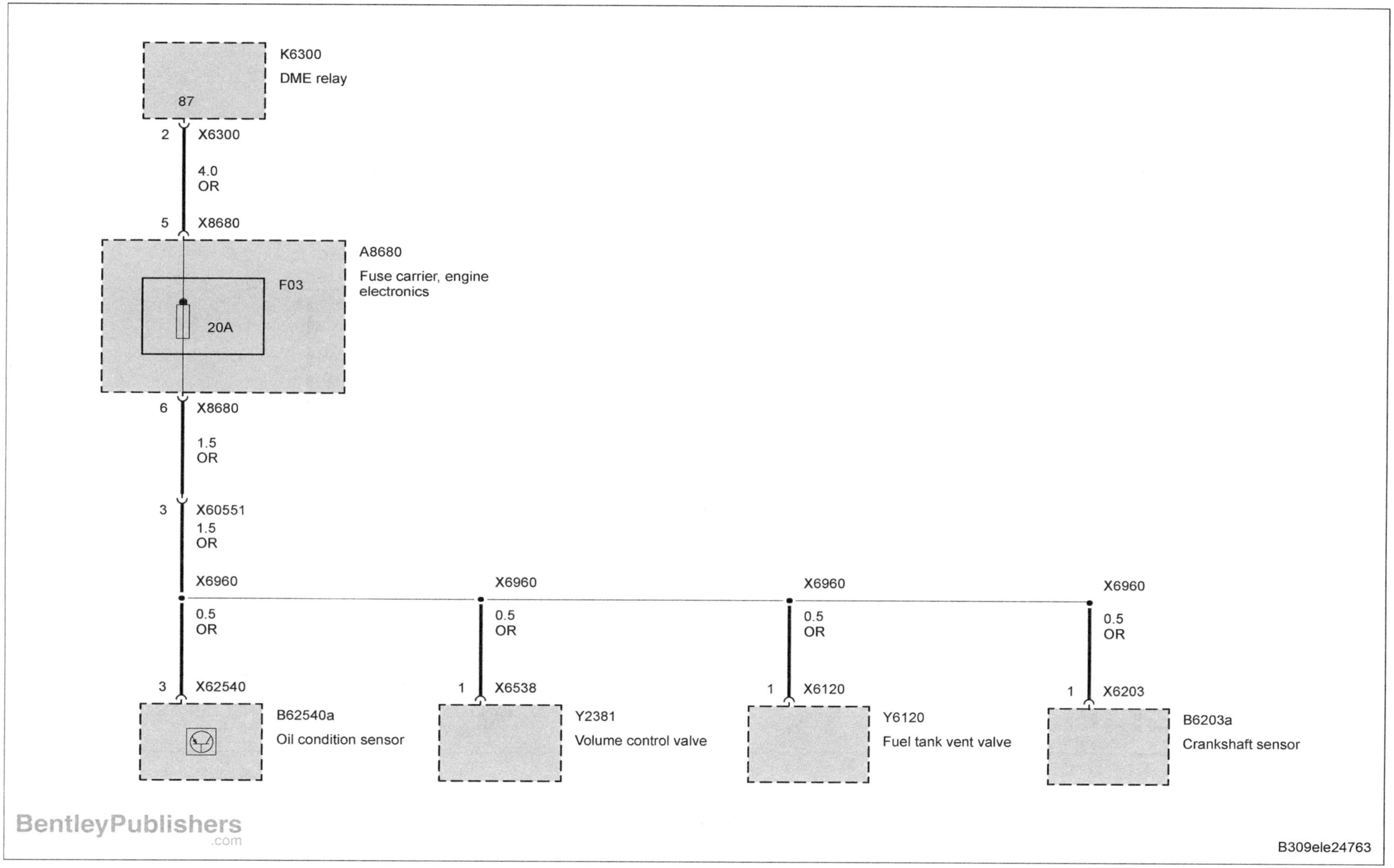

Fuse F03
N55 engine

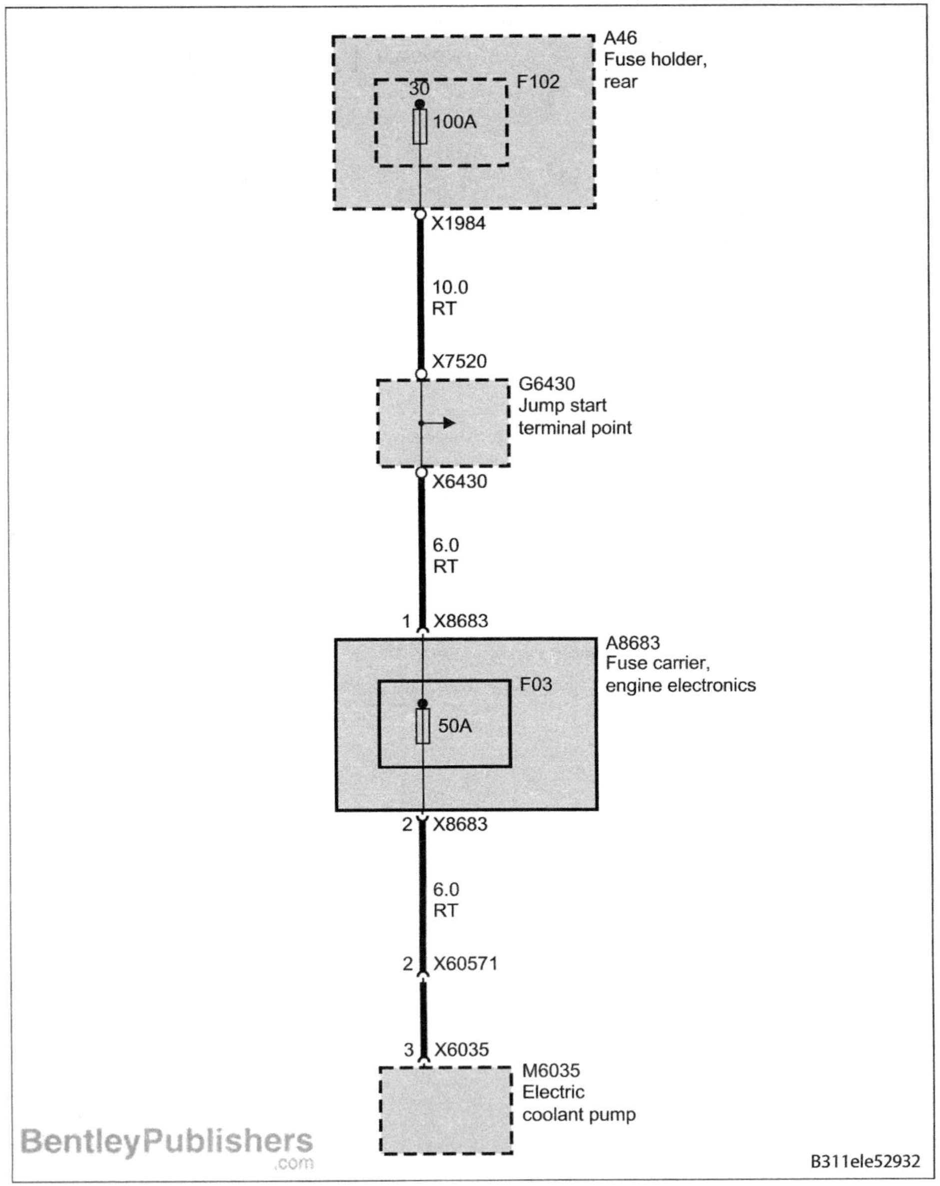

Fuse F04
N55 engine

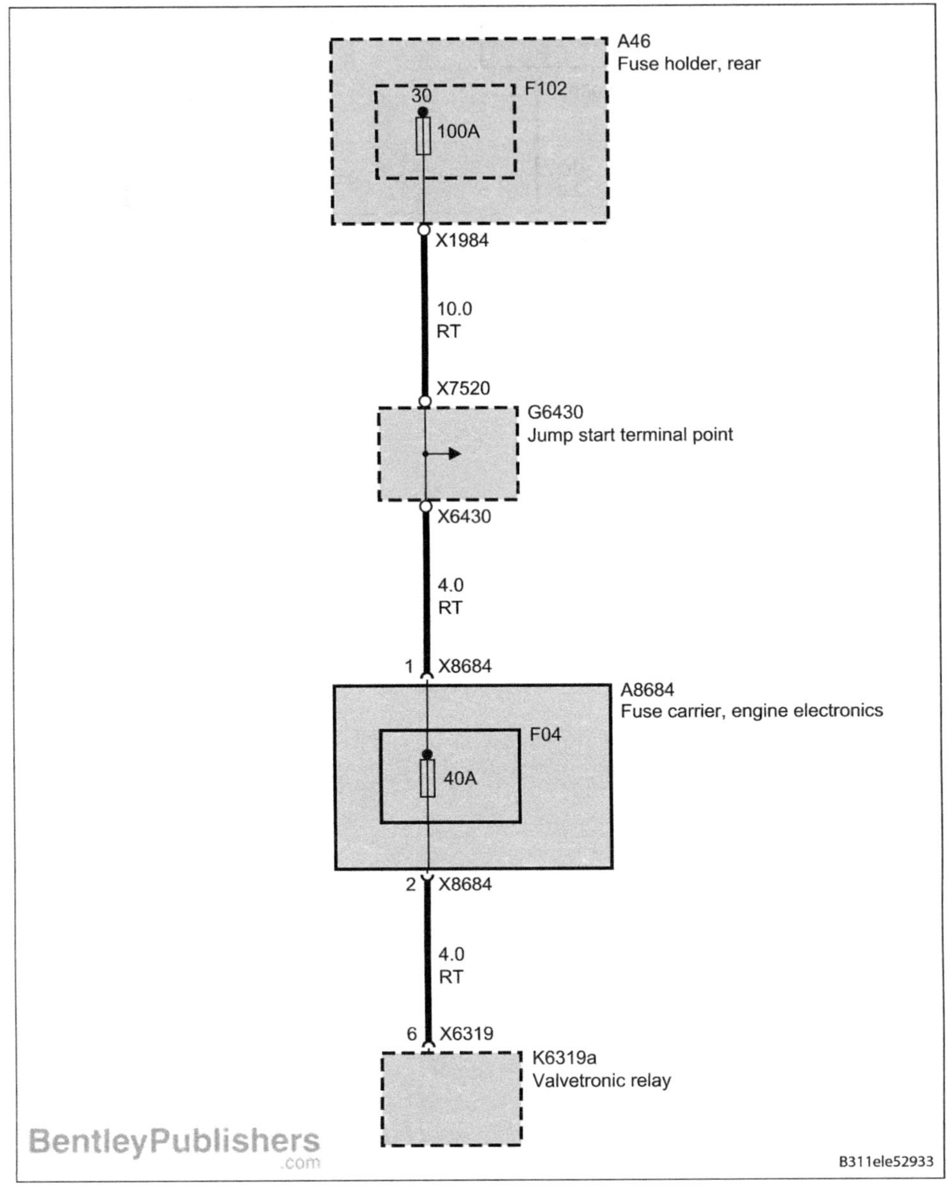

Fuse F04
N52 and N54 engines
(to 03 / 2007)

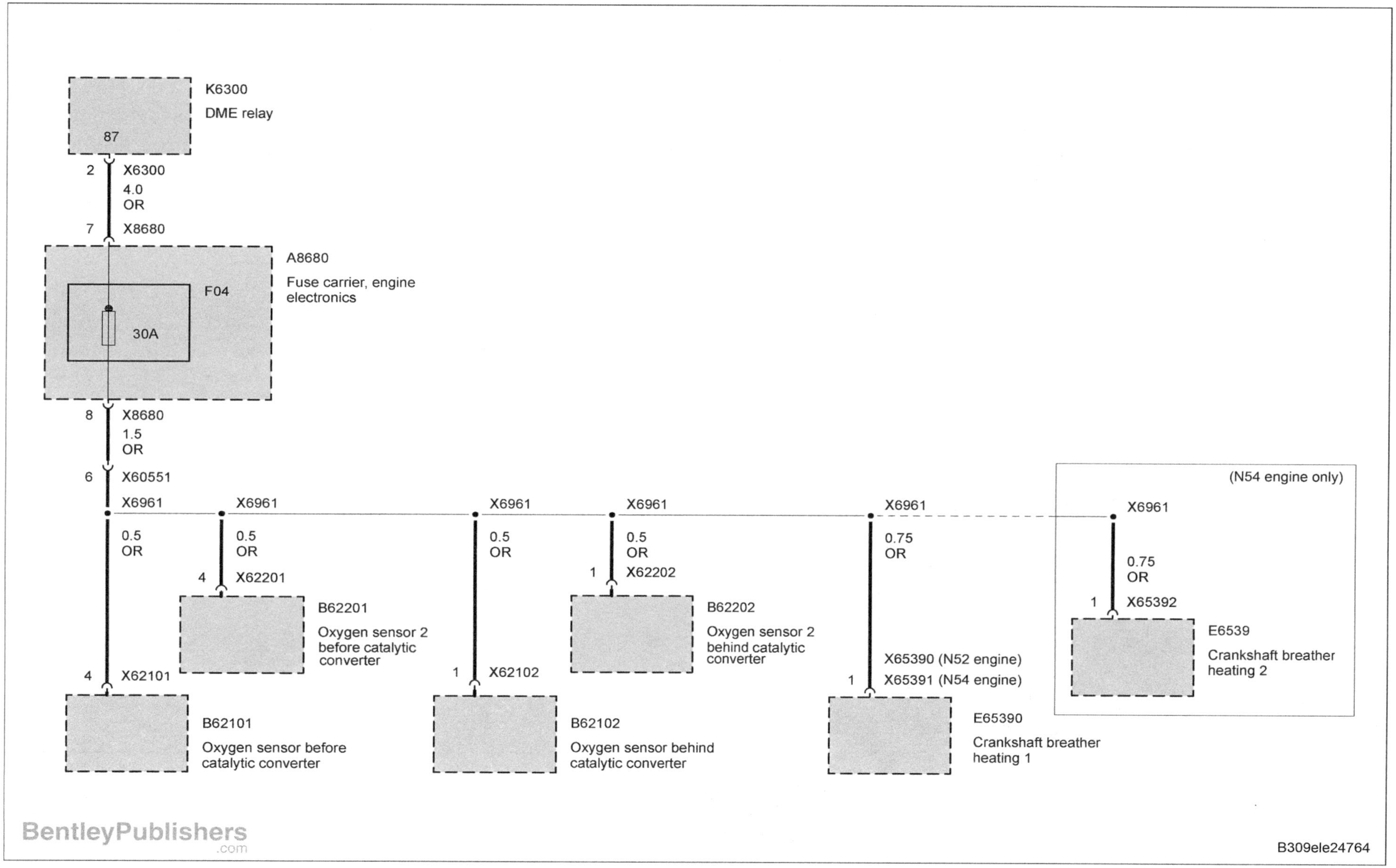

Fuse F05
N52 engine
(to 03 / 2007)

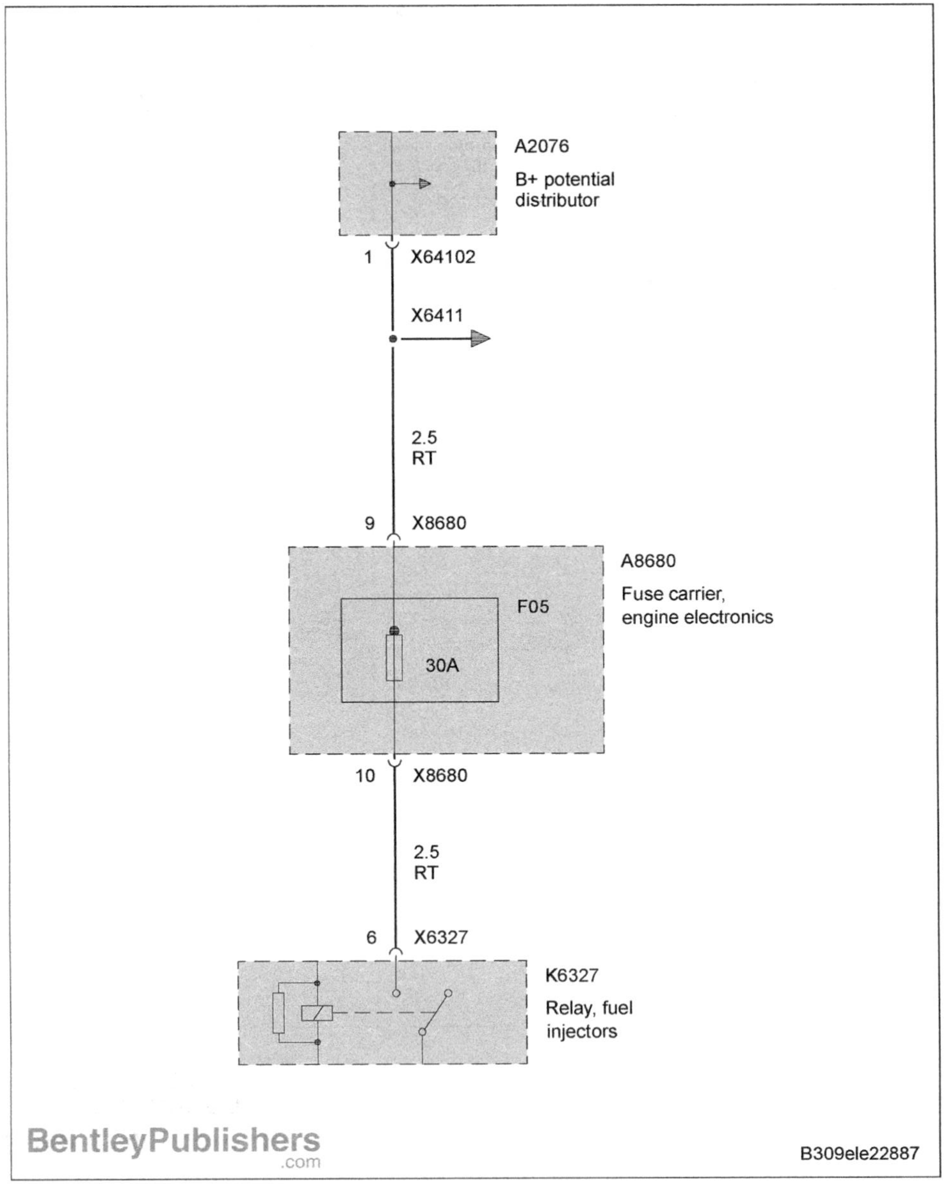

Fuse F06
N54 engine
(to 03 / 2007)

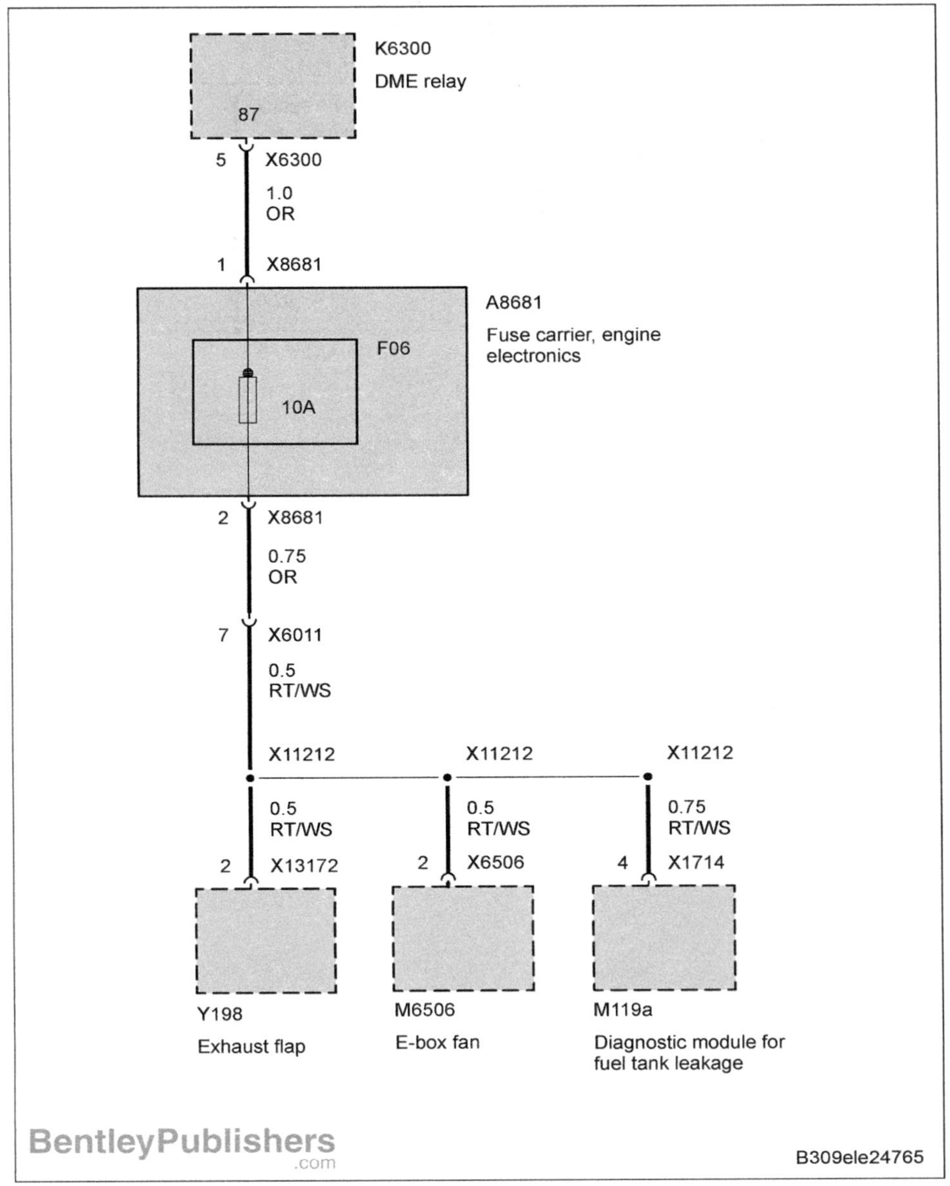

Fuse F06
N52 and N51 engines
(to 03 / 2007)

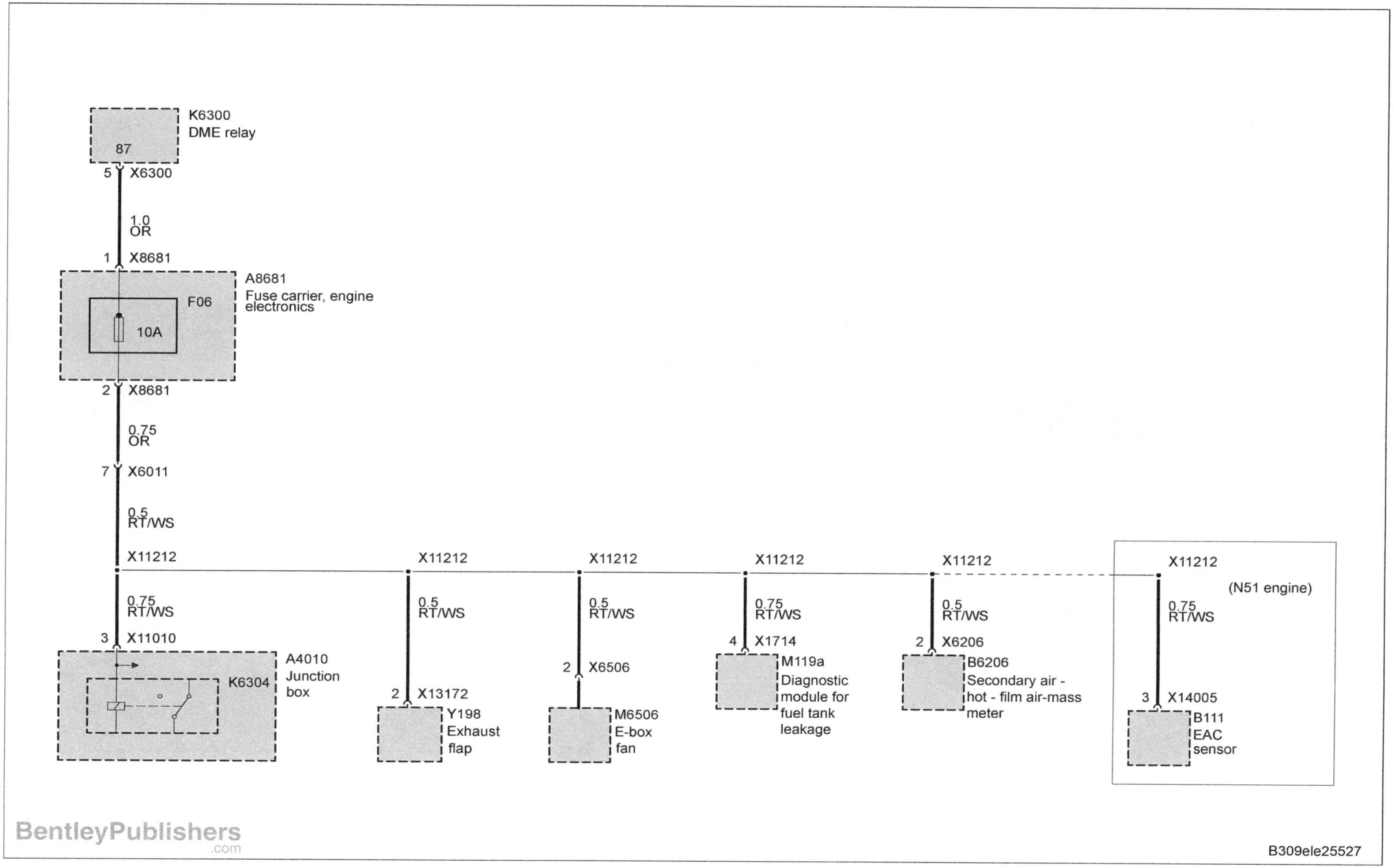

Fuse F07
N52 and N54 engines

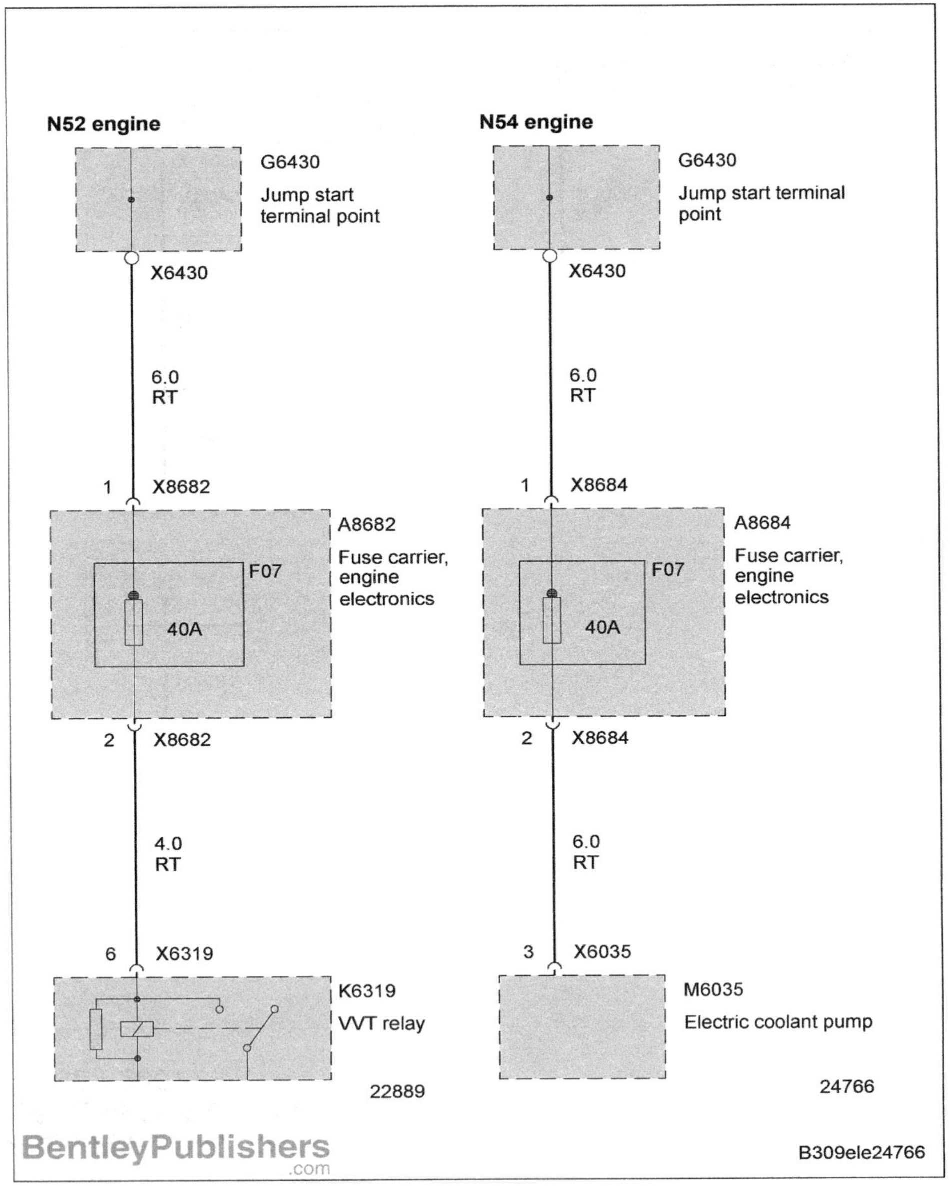

Fuse F09
N52 engine

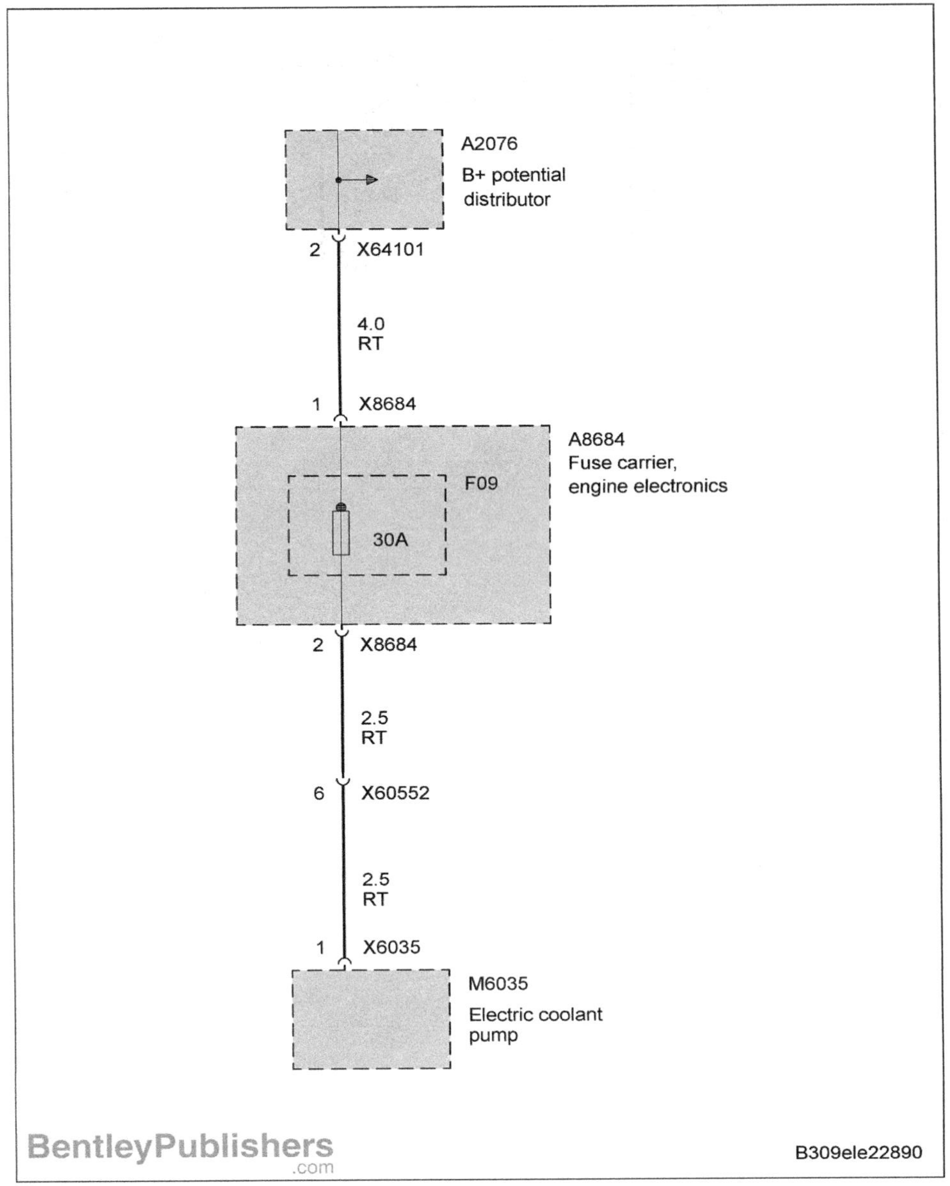

Fuse F010
N52 engine
(to 03 / 2007)

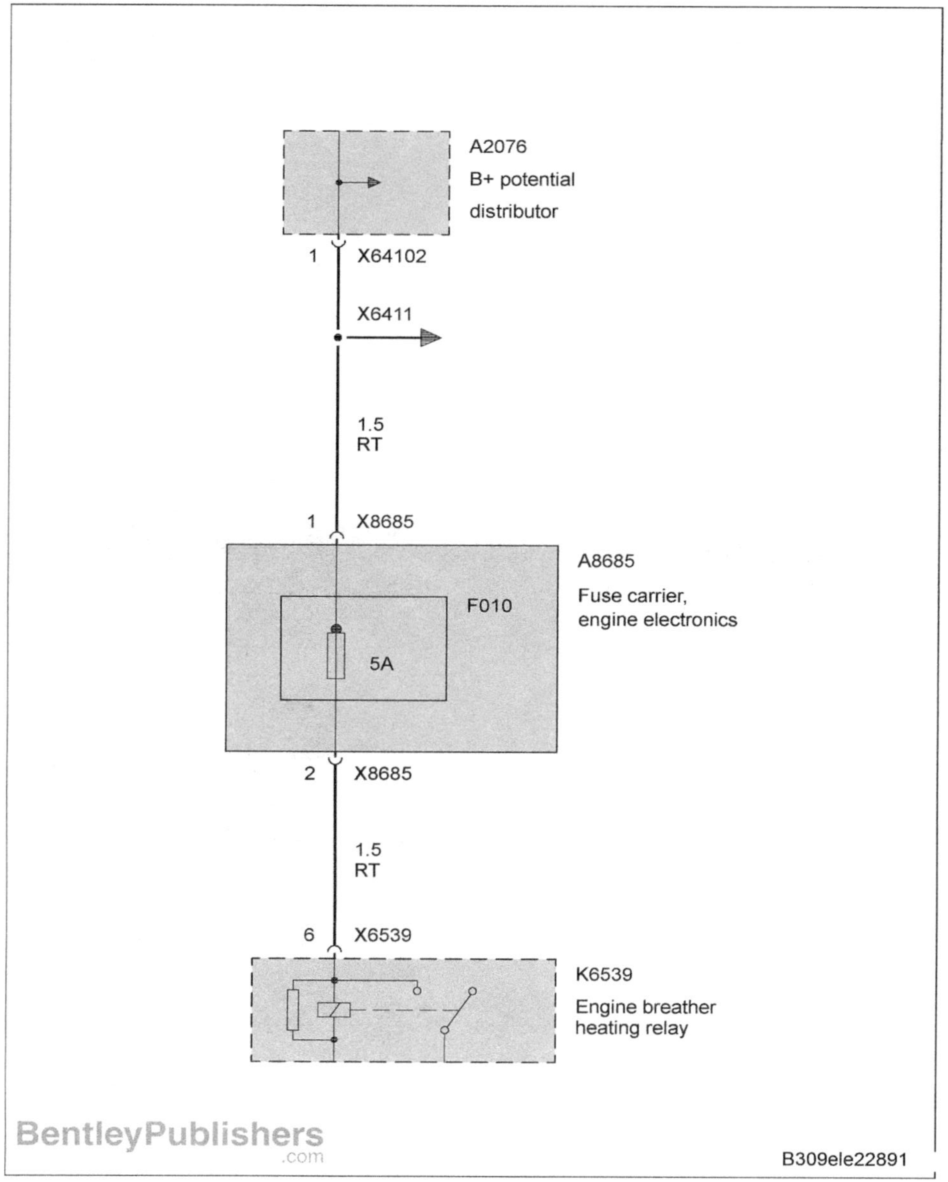

Fuse F1

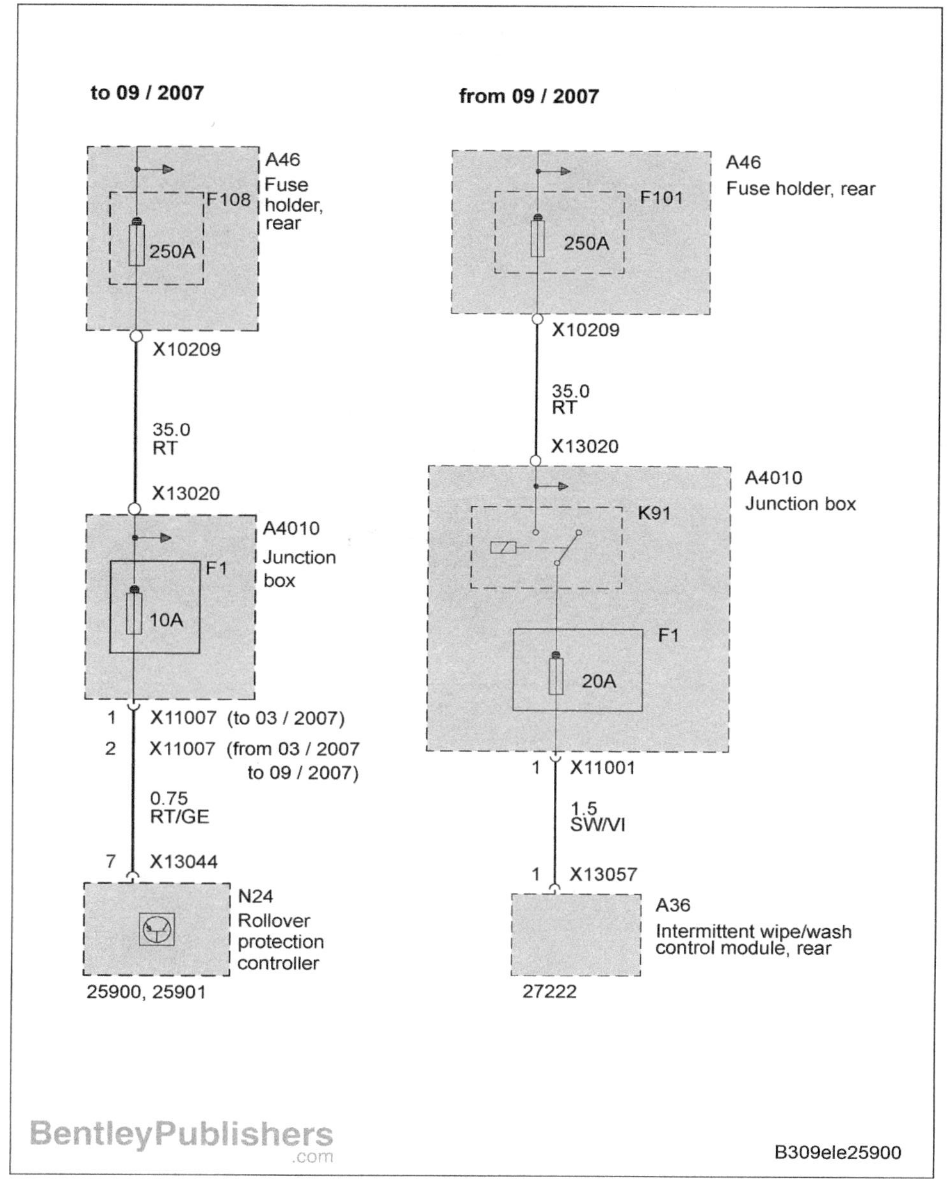

Fuse F2

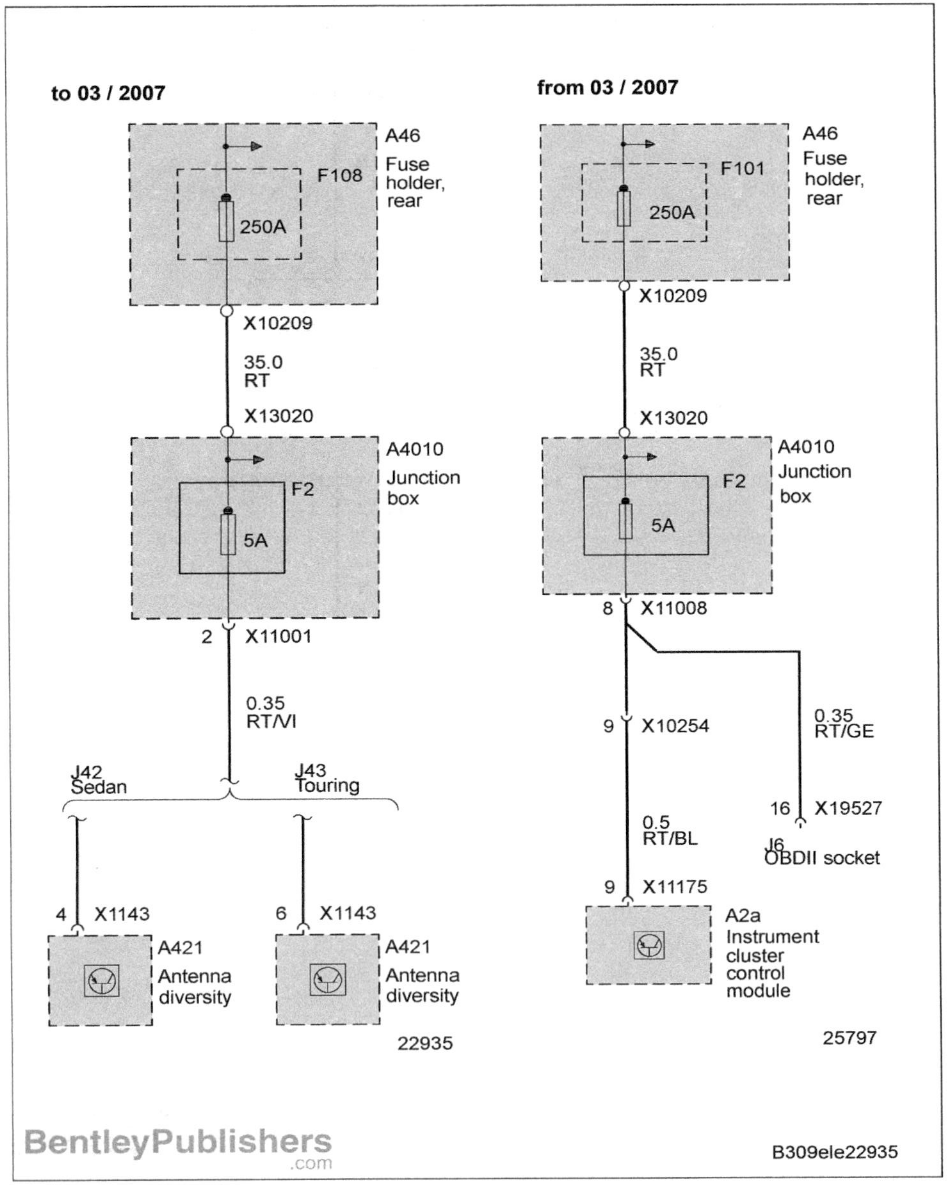

Fuse F3

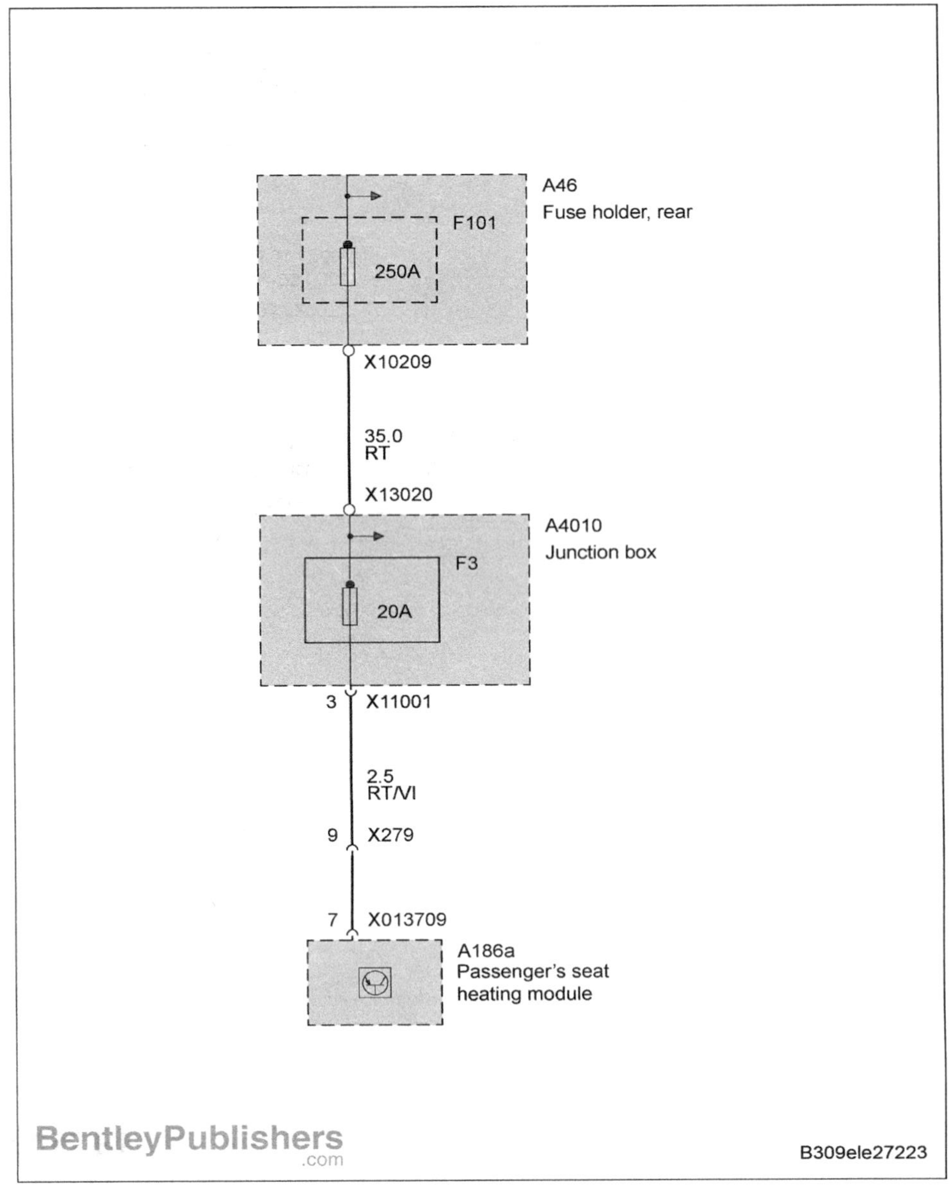

Fuse F4

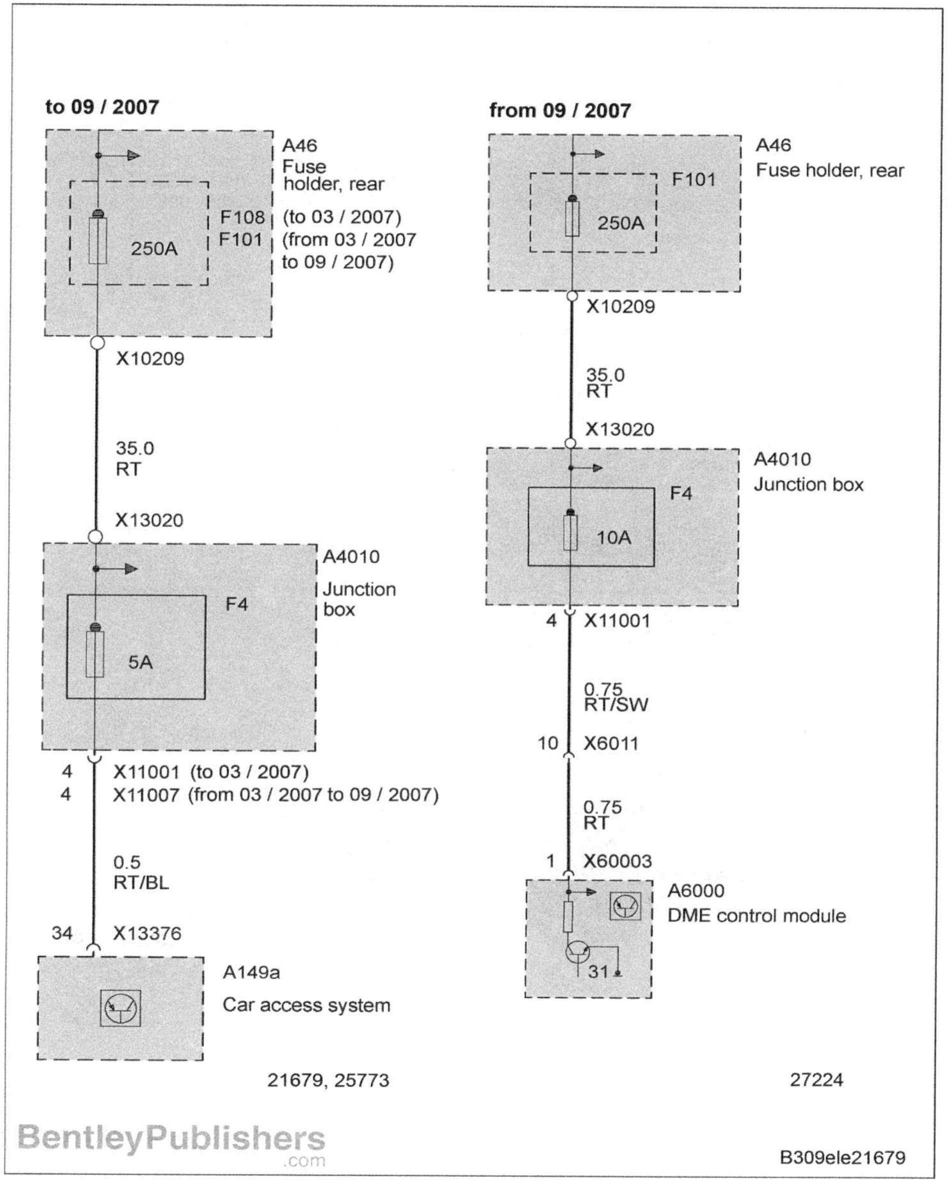

Fuse F5

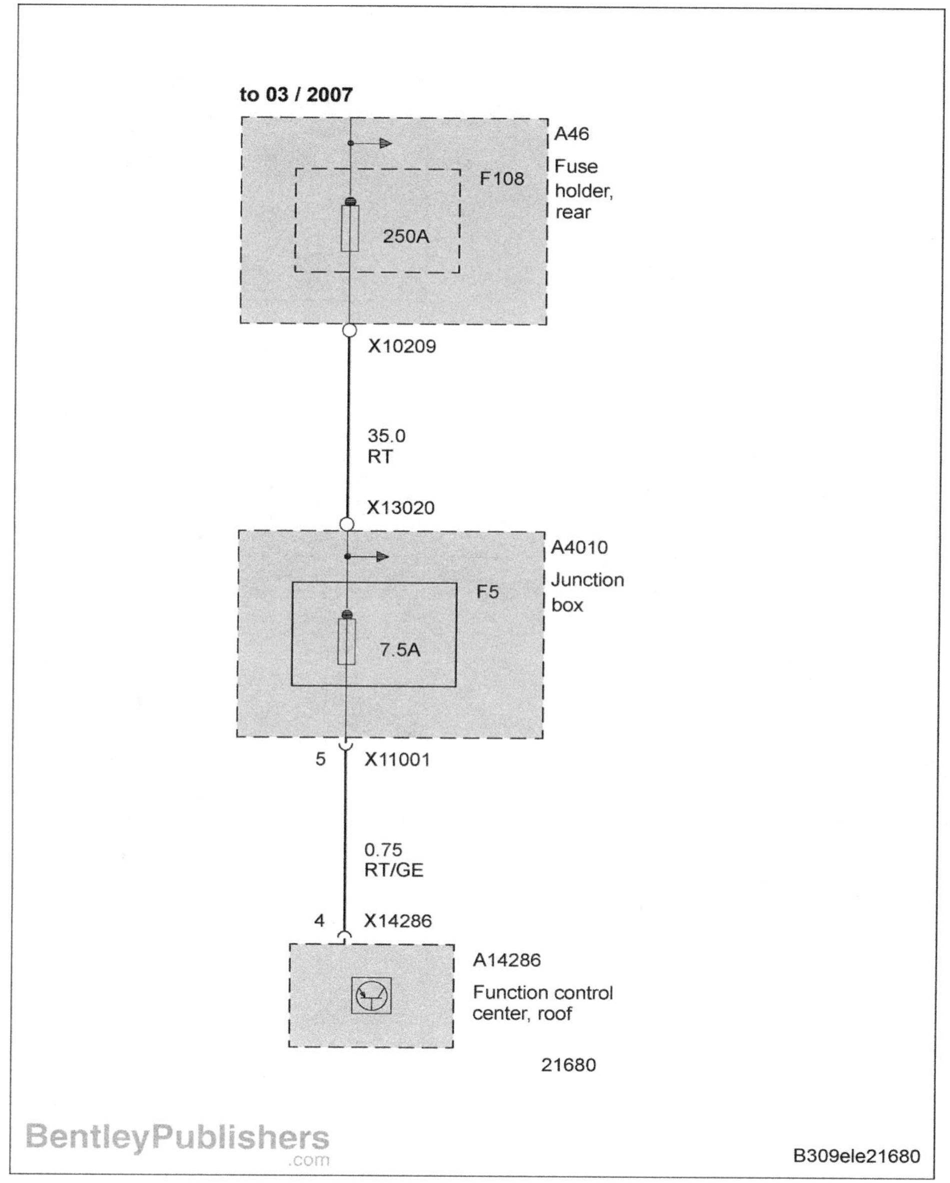

Fuse F6

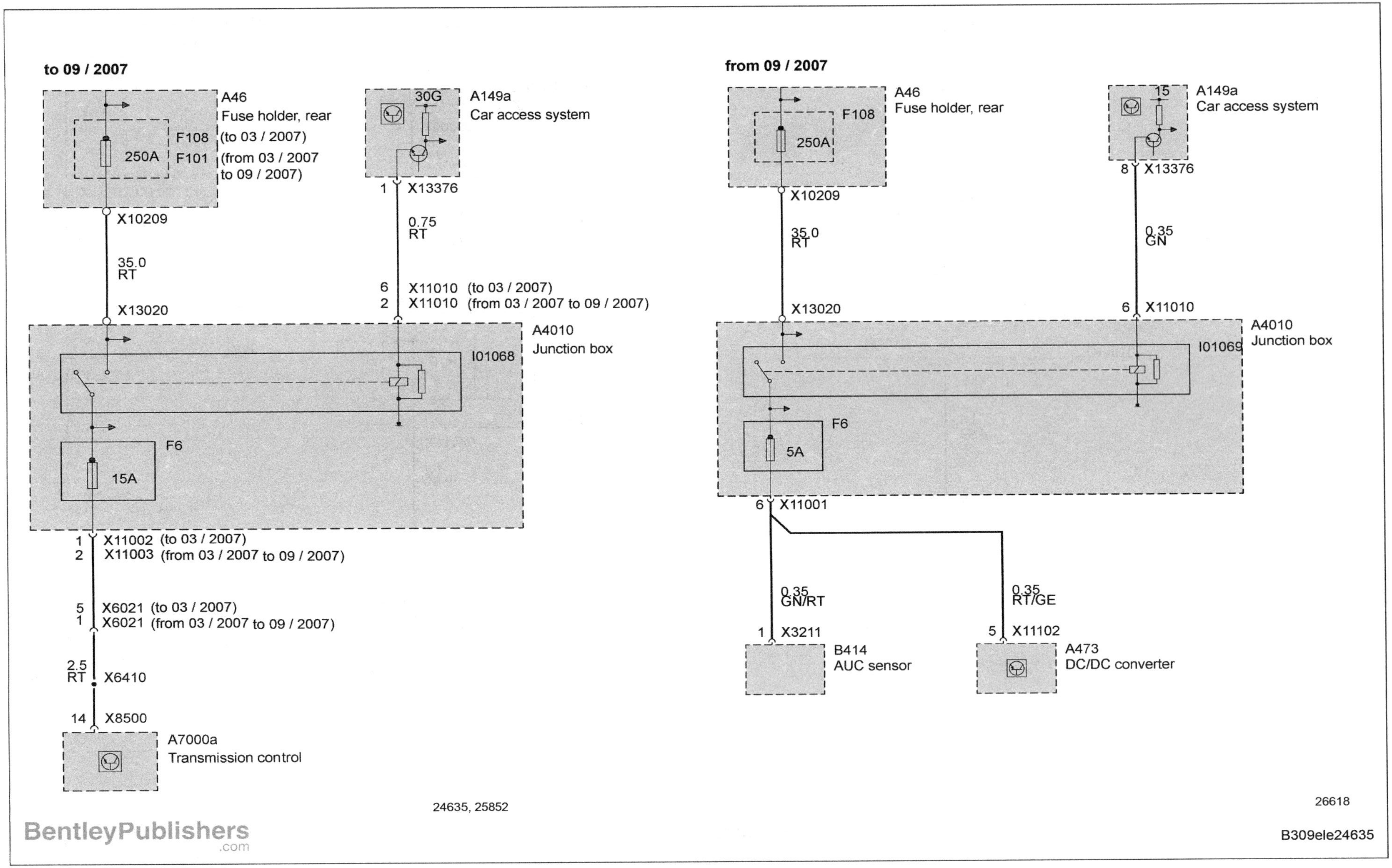
to 09 / 2007
A46
Fuse holder, rear
F108 (to 03 / 2007)
F101 (from 03 / 2007 to 09 / 2007)
250A
X10209
35.0
RT
X13020
30G
A149a
Car access system
1 X13376
0.75
RT
6 X11010 (to 03 / 2007)
2 X11010 (from 03 / 2007 to 09 / 2007)
A4010
Junction box
I01068
F6
15A
1 X11002 (to 03 / 2007)
2 X11003 (from 03 / 2007 to 09 / 2007)
5 X6021 (to 03 / 2007)
1 X6021 (from 03 / 2007 to 09 / 2007)
2.5
RT
X6410
14 X8500
A7000a
Transmission control
24635, 25852
from 09 / 2007
A46
Fuse holder, rear
F108
250A
X10209
35.0
RT
X13020
15
A149a
Car access system
8 X13376
0.35
GN
6 X11010
A4010
Junction box
I01069
F6
5A
6 X11001
0.35
GN/RT
1 X3211
B414
AUC sensor
0.35
RT/GE
5 X11102
A473
DC/DC converter
26618
B309ele24635

Fuse F7

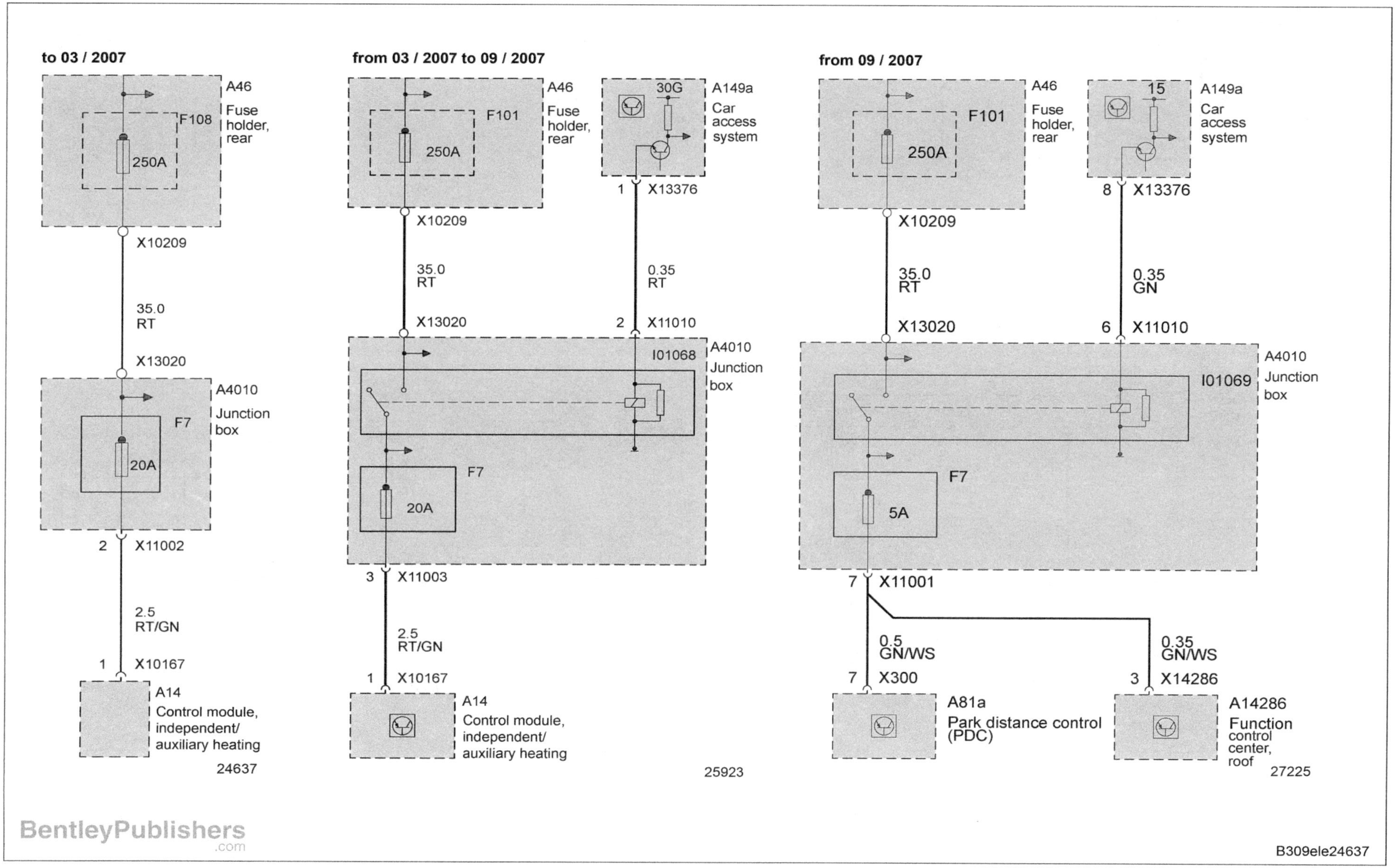

to 03 / 2007
A46
Fuse holder, rear
F108
250A
X10209
35.0
RT
X13020
A4010
Junction box
F7
20A
2
X11002
2.5
RT/GN
1
X10167
A14
Control module, independent/ auxiliary heating
24637
from 03 / 2007 to 09 / 2007
A46
Fuse holder, rear
F101
250A
X10209
35.0
RT
X13020
30G
A149a
Car access system
1
X13376
0.35
RT
2
X11010
I01068
A4010
Junction box
F7
20A
3
X11003
2.5
RT/GN
1
X10167
A14
Control module, independent/ auxiliary heating
25923
from 09 / 2007
A46
Fuse holder, rear
F101
250A
X10209
35.0
RT
X13020
15
A149a
Car access system
8
X13376
0.35
GN
6
X11010
I01069
A4010
Junction box
F7
5A
7
X11001
0.5
GN/WS
7
X300
A81a
Park distance control (PDC)
0.35
GN/WS
3
X14286
A14286
Function control center, roof
27225
BentleyPublishers.com
B309ele24637

Fuse F8 (to 09 / 2007)

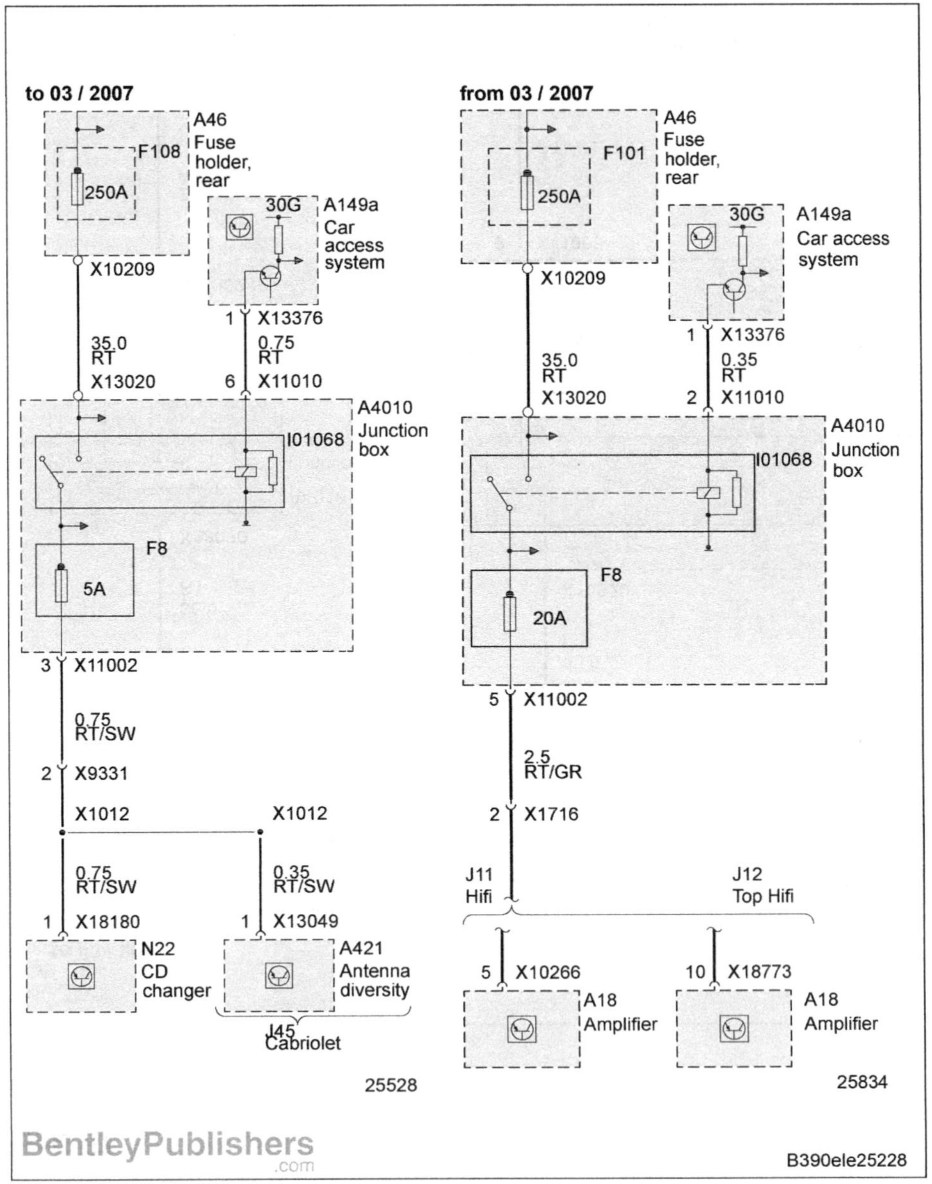

Fuse F8 (from 09 / 2007)

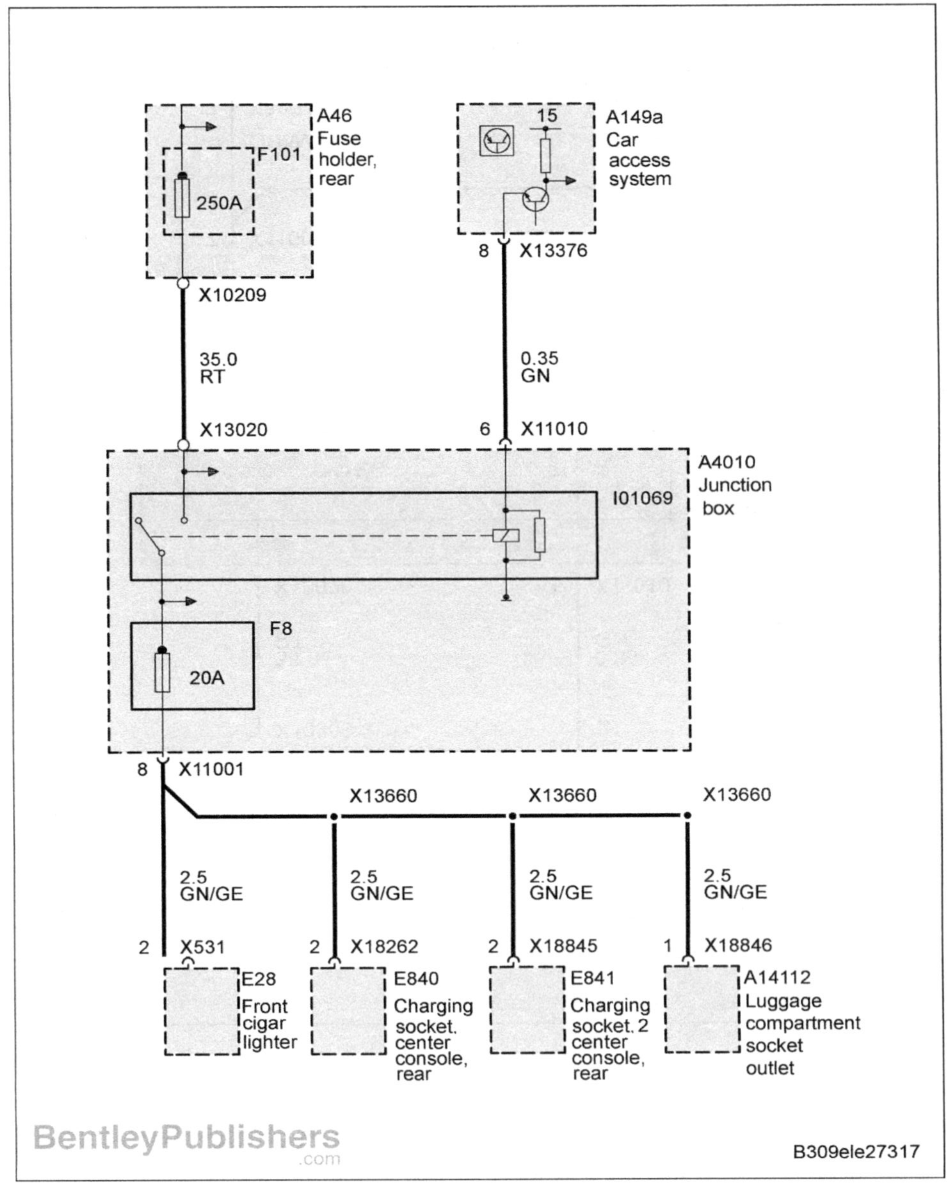

Fuse F9 (to 09 / 2007)

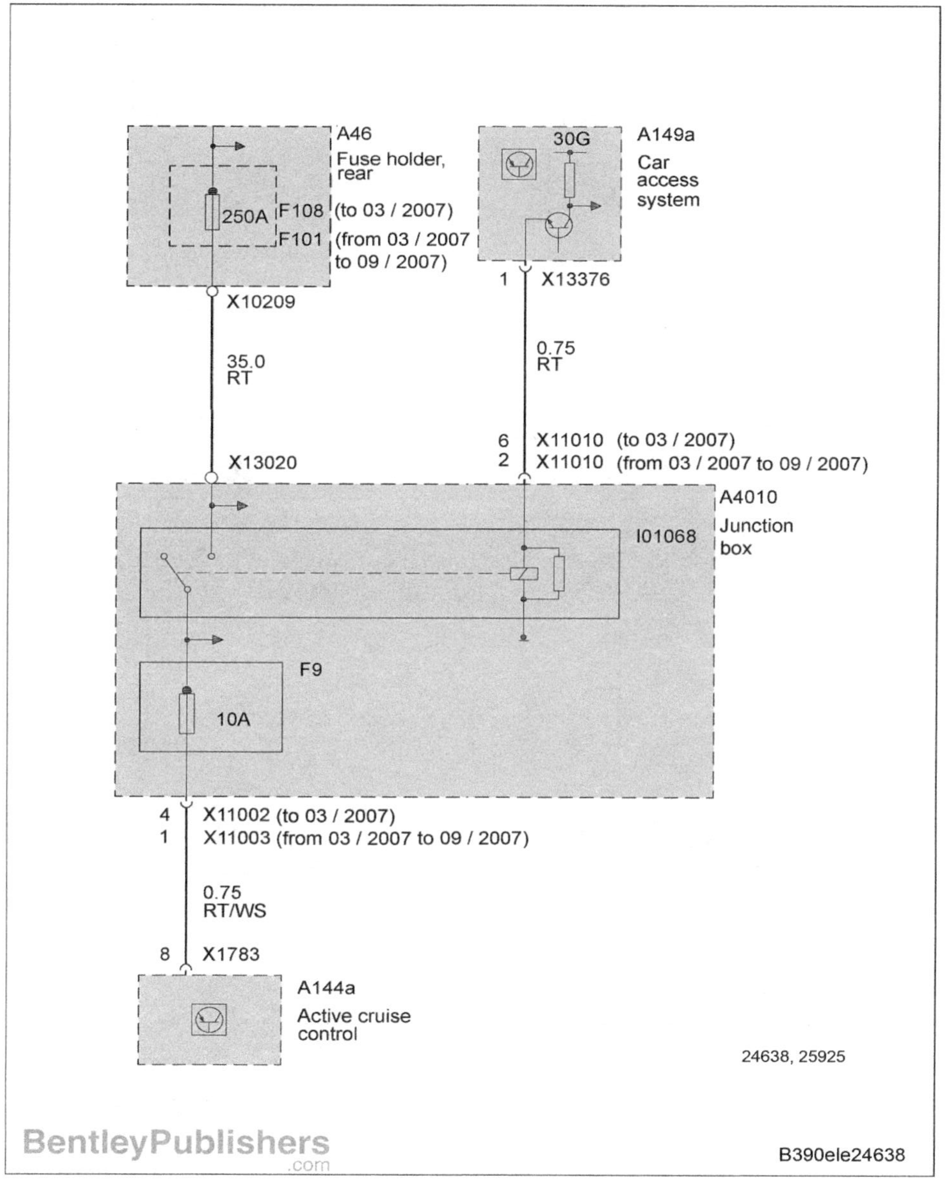

Fuse F9 (from 09 / 2007)

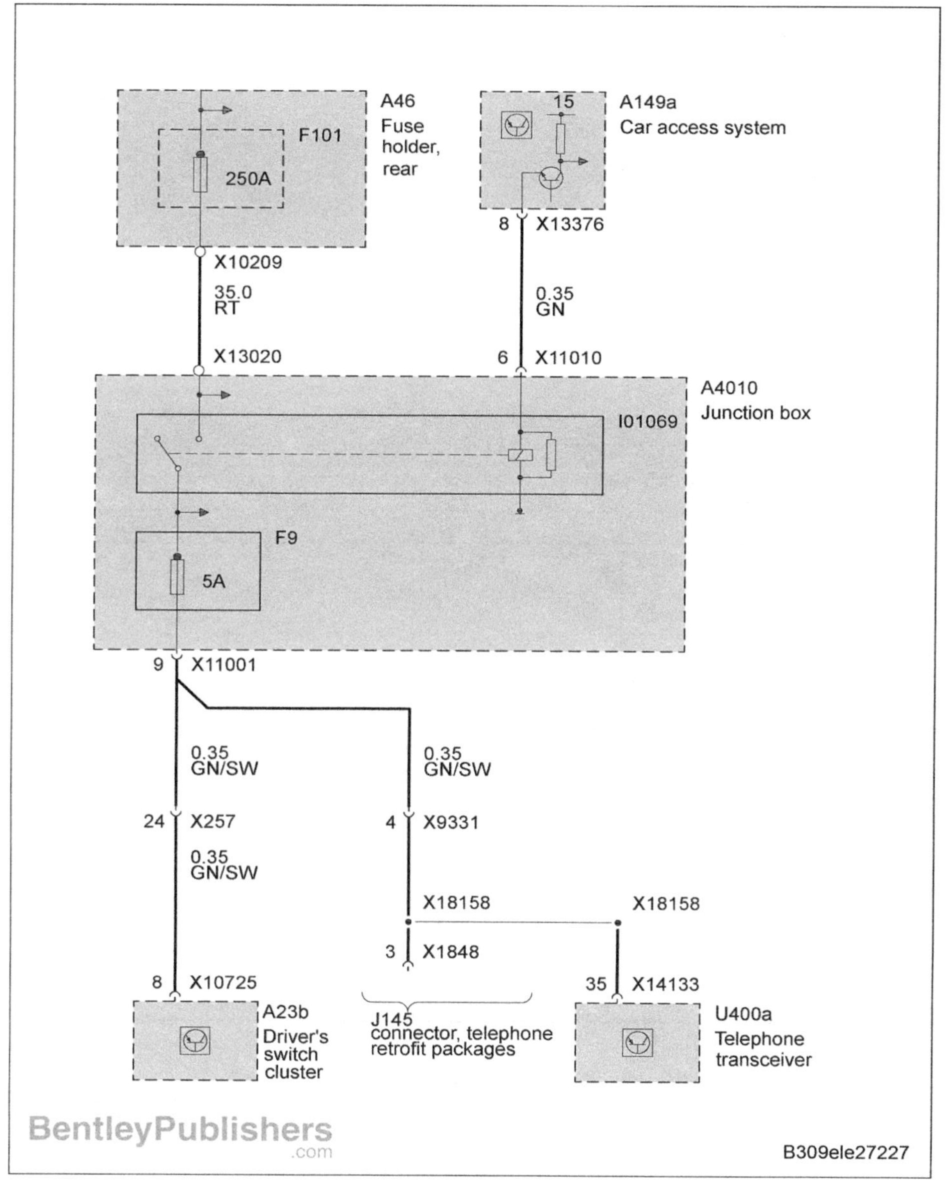

Fuse F10
(from 09 / 2007)

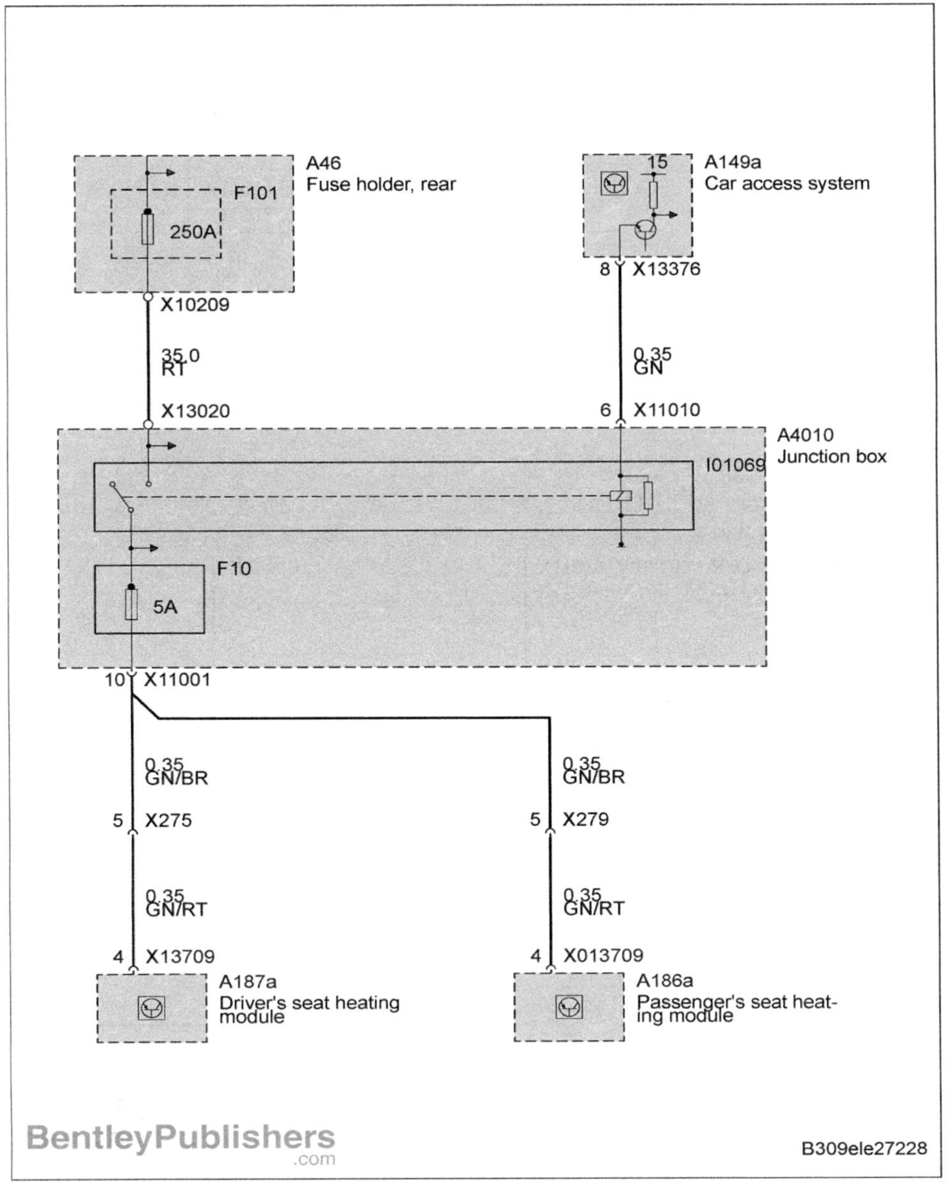

Fuse F11
(to 09 / 2007)

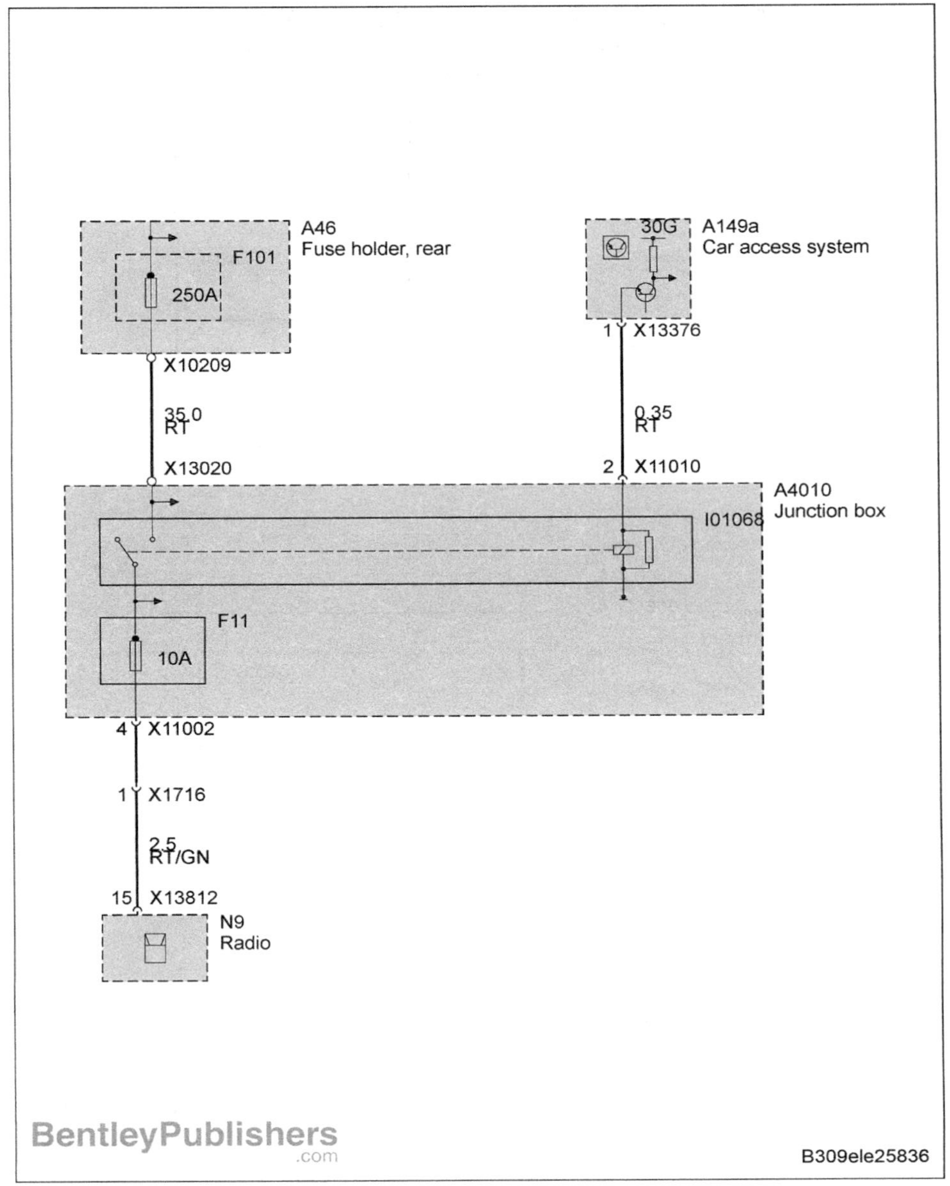

Fuse F11
N52 or N51 engine
(from 09 / 2007)

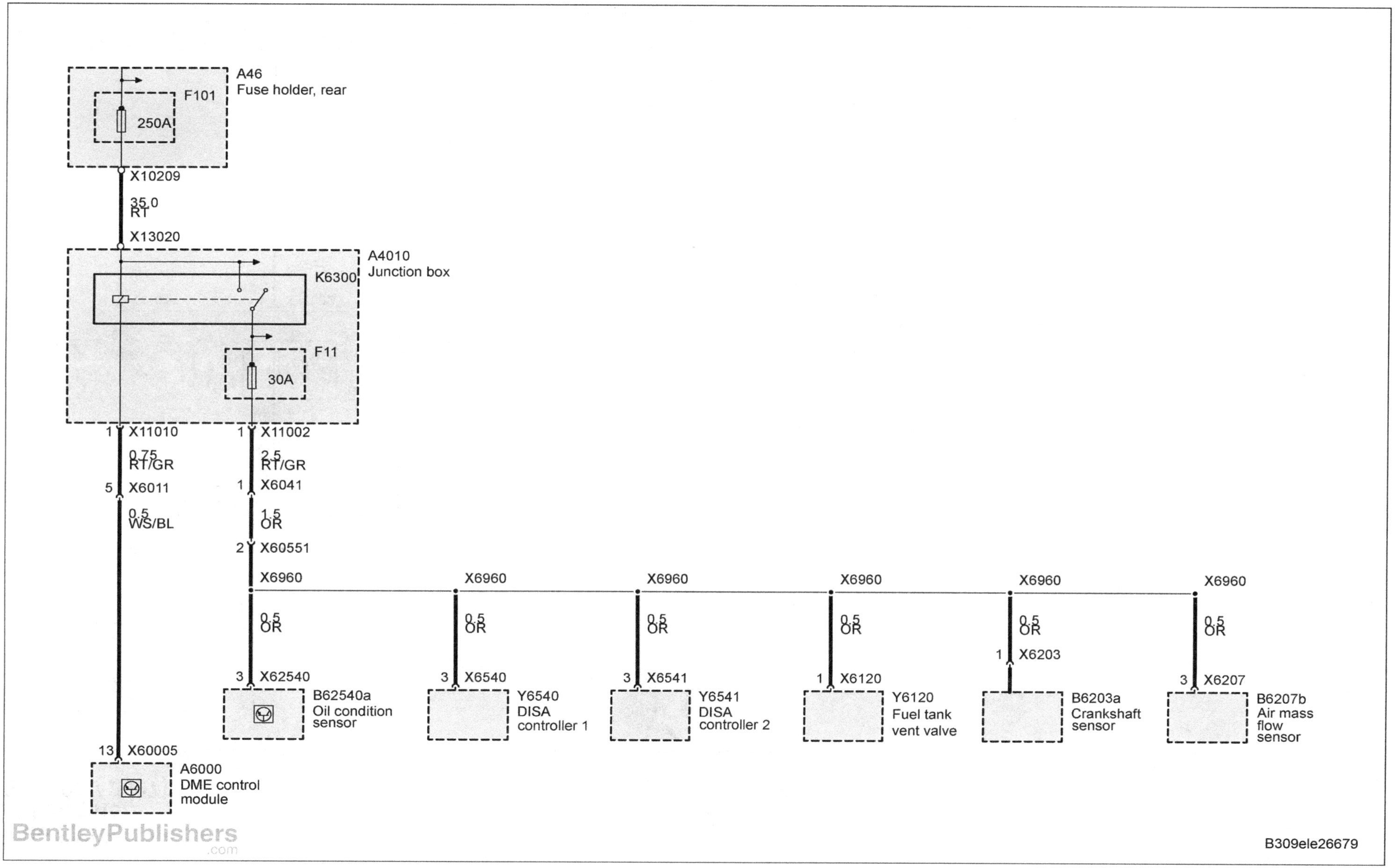

Fuse F11
N54 engine
(from 09 / 2007)

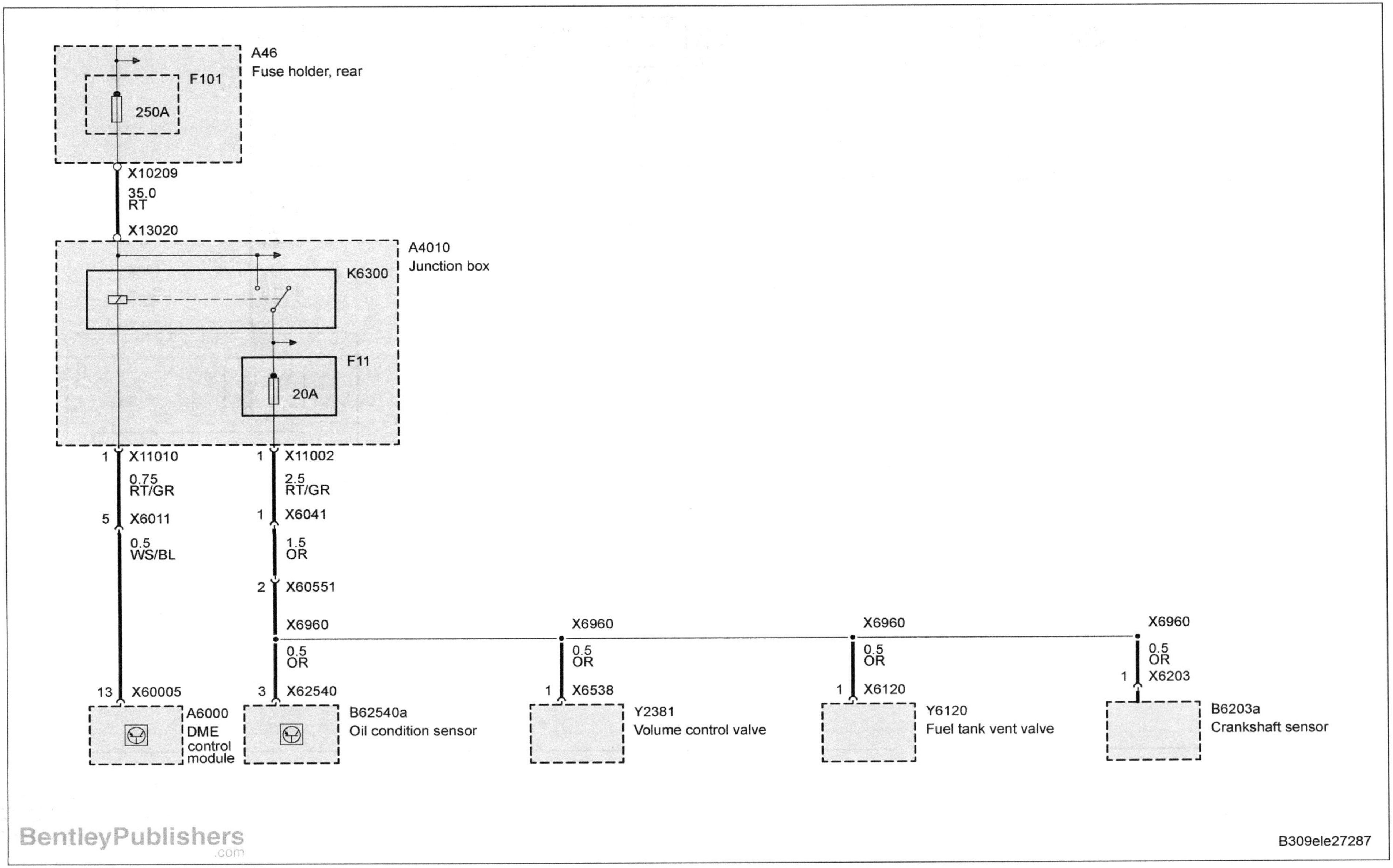

Fuse F11 (N55 engine)

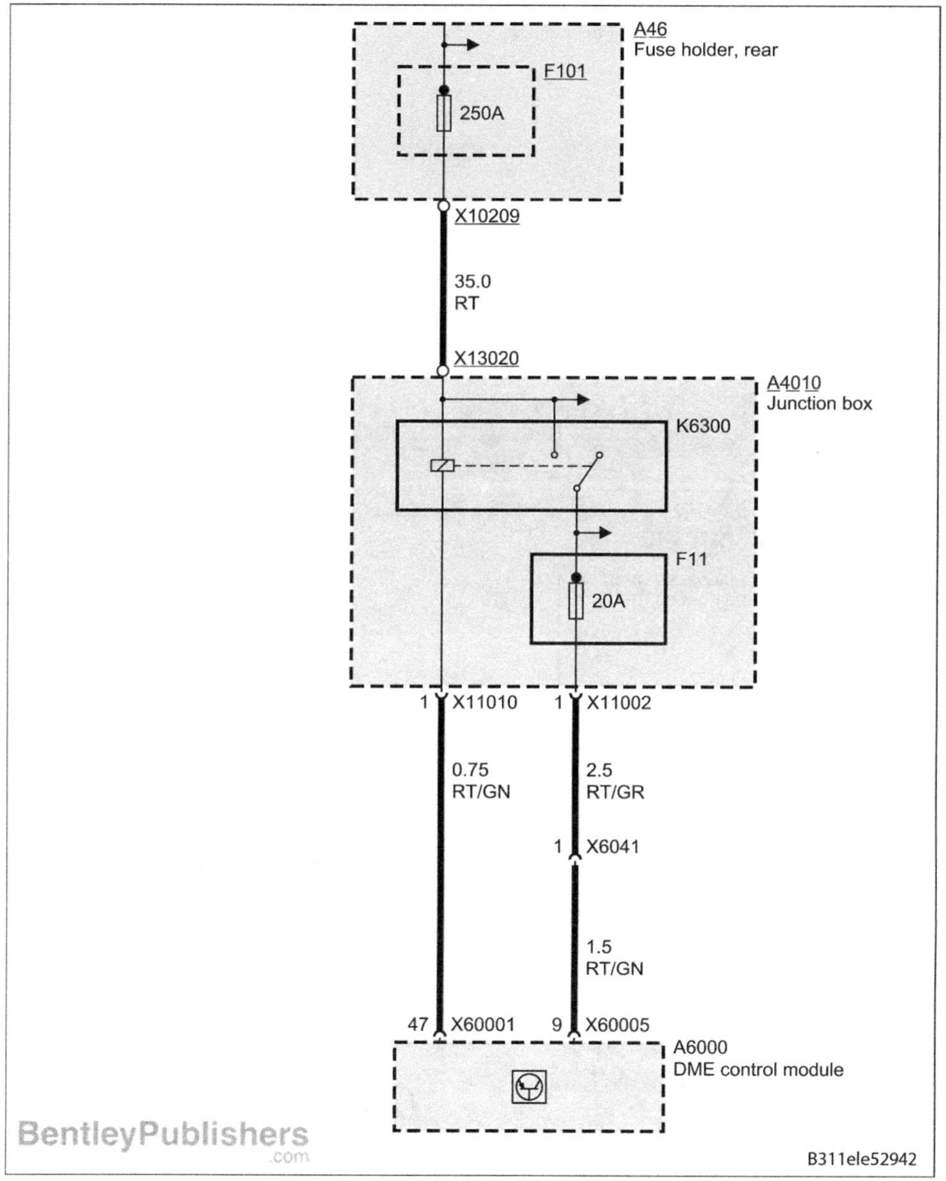

Fuse F12 (to 03 / 2007)

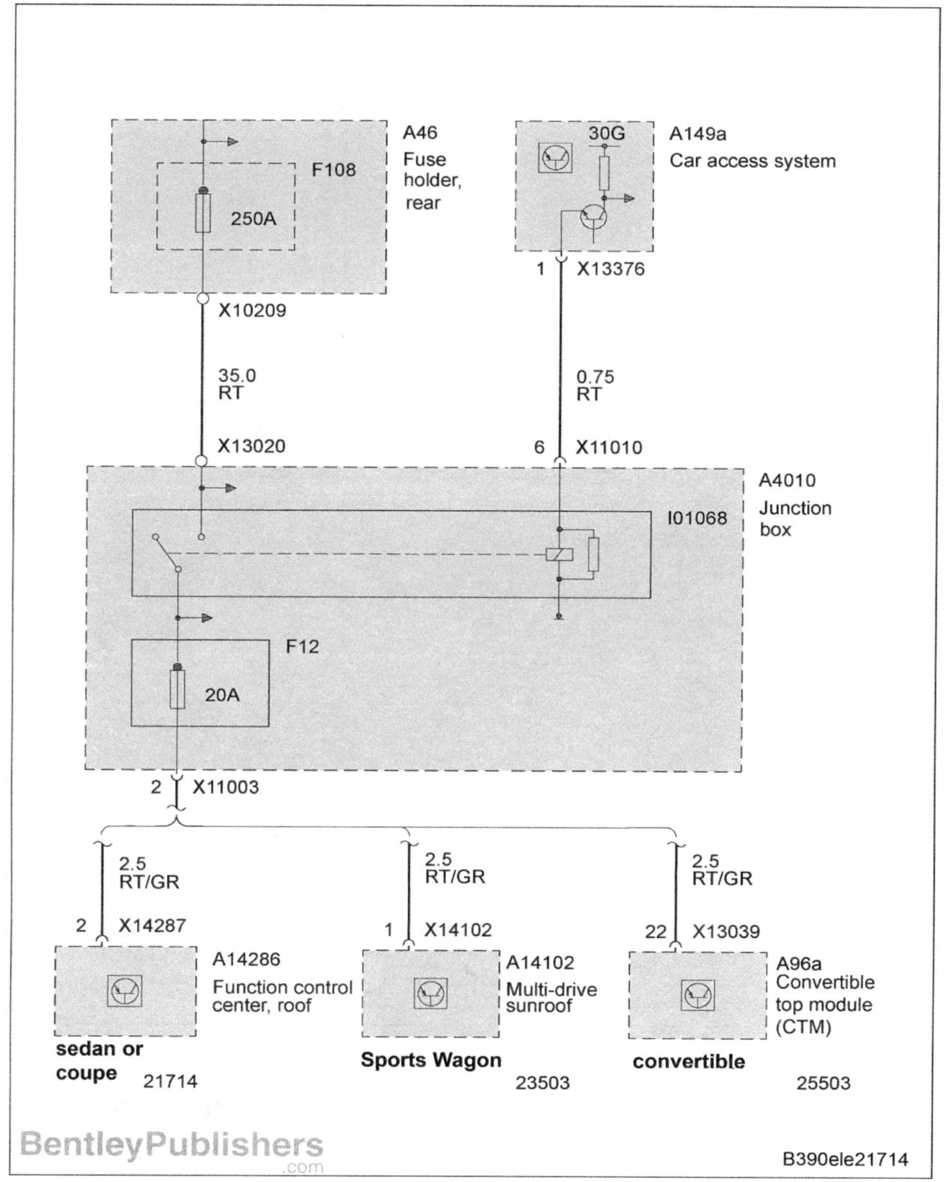

Fuse F12 (from 03 / 2007 to 09 / 2007)

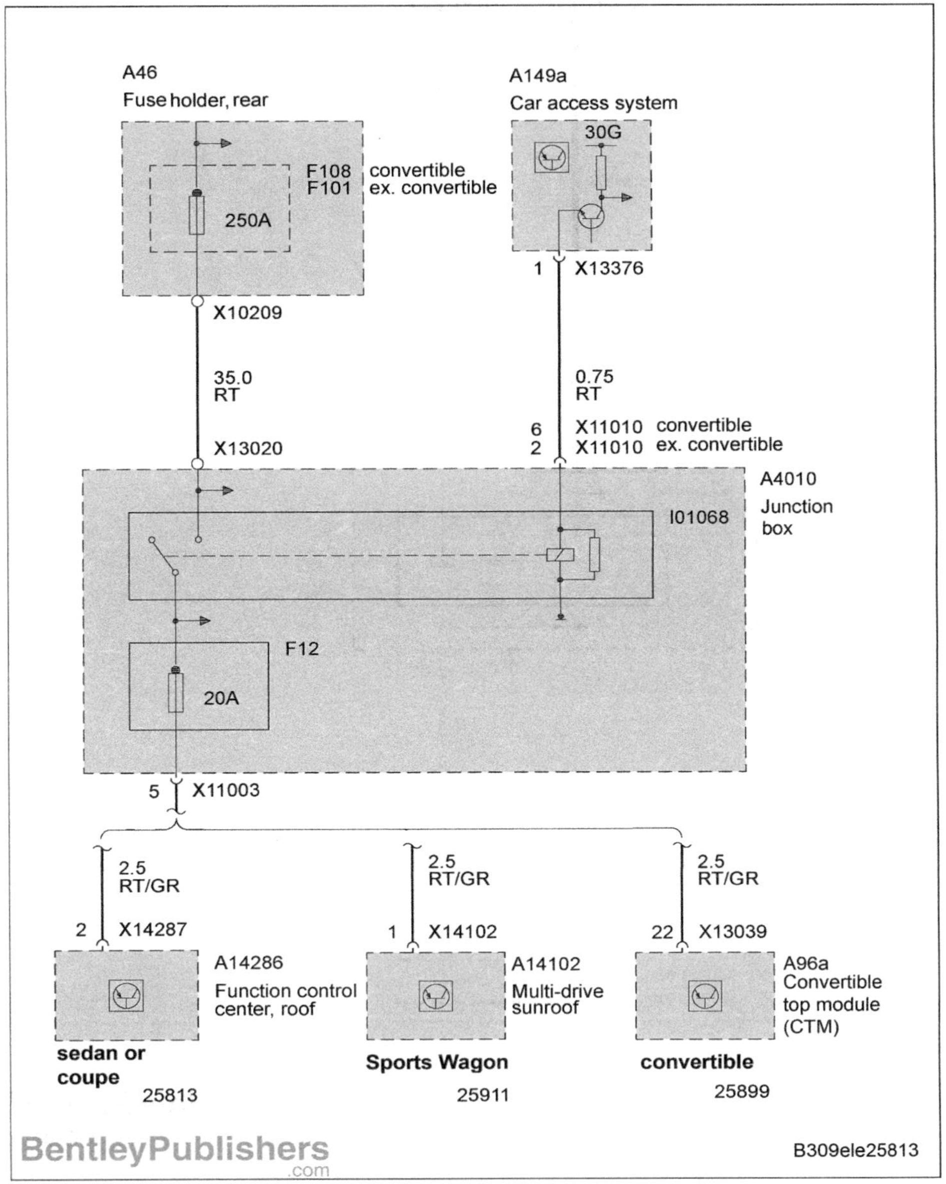

Fuse F12 (from 09 / 2007)

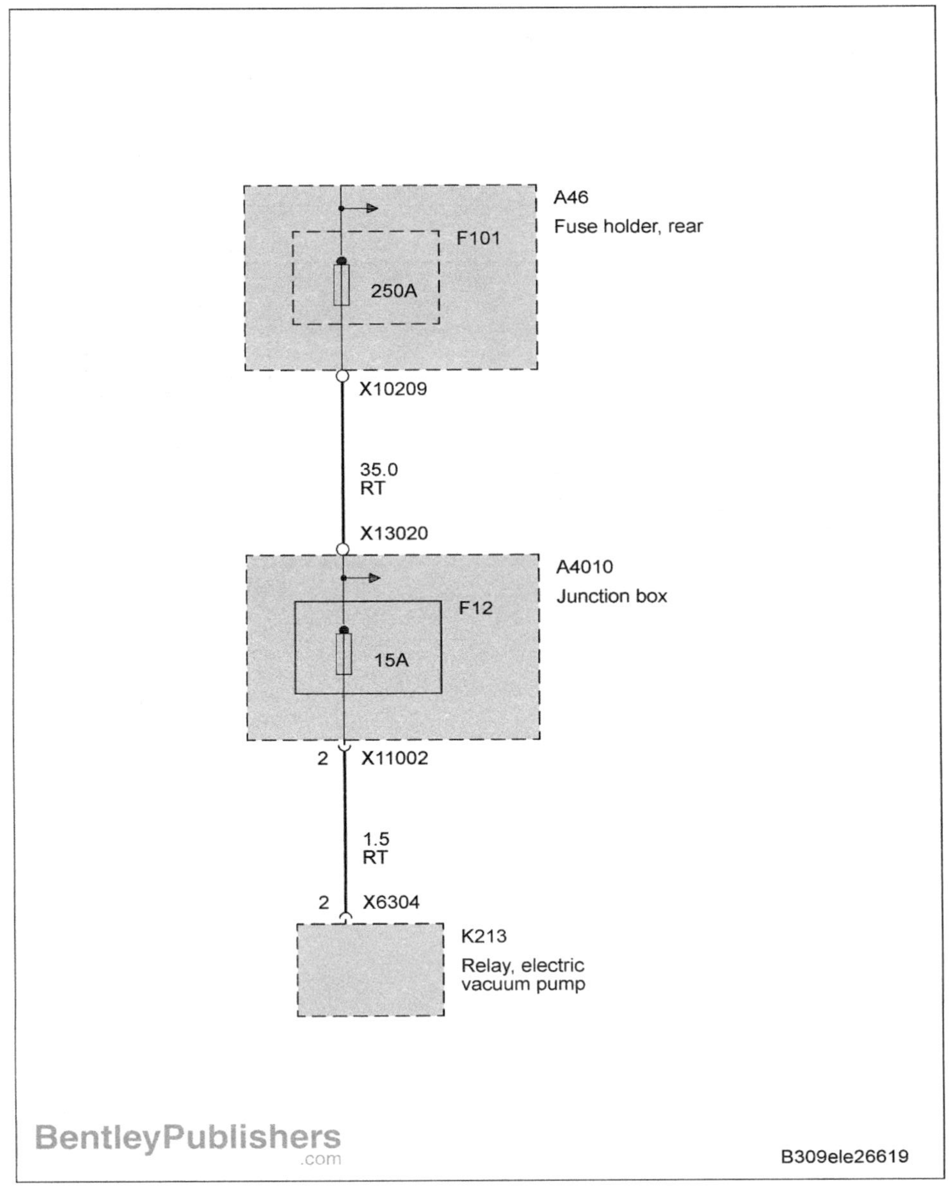

Fuse F13

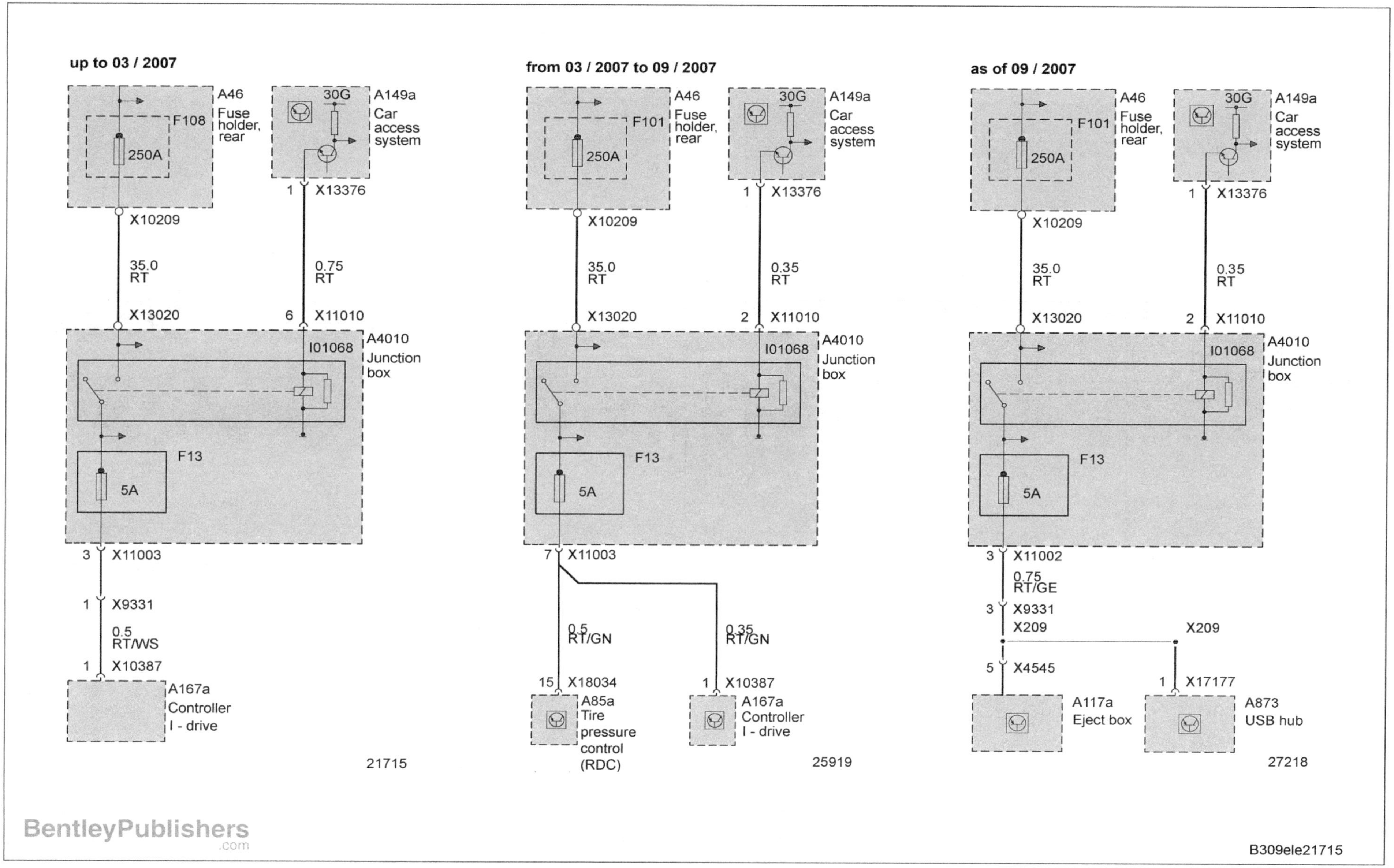

up to 03 / 2007
A46
Fuse holder, rear
F108
250A
X10209
35.0
RT
X13020
30G
A149a
Car access system
1
X13376
0.75
RT
6
X11010
A4010
Junction box
I01068
F13
5A
3
X11003
1
X9331
0.5
RT/WS
1
X10387
A167a
Controller
I - drive
21715
from 03 / 2007 to 09 / 2007
A46
Fuse holder, rear
F101
250A
X10209
35.0
RT
X13020
30G
A149a
Car access system
1
X13376
0.35
RT
2
X11010
A4010
Junction box
I01068
F13
5A
7
X11003
0.5
RT/GN
15
X18034
A85a
Tire pressure control (RDC)
0.35
RT/GN
1
X10387
A167a
Controller
I - drive
25919
as of 09 / 2007
A46
Fuse holder, rear
F101
250A
X10209
35.0
RT
X13020
30G
A149a
Car access system
1
X13376
0.35
RT
2
X11010
A4010
Junction box
I01068
F13
5A
3
X11002
0.75
RT/GE
3
X9331
X209
X209
5
X4545
A117a
Eject box
1
X17177
A873
USB hub
27218
BentleyPublishers.com
B309ele21715

Fuse F14
(from 09 / 2007)

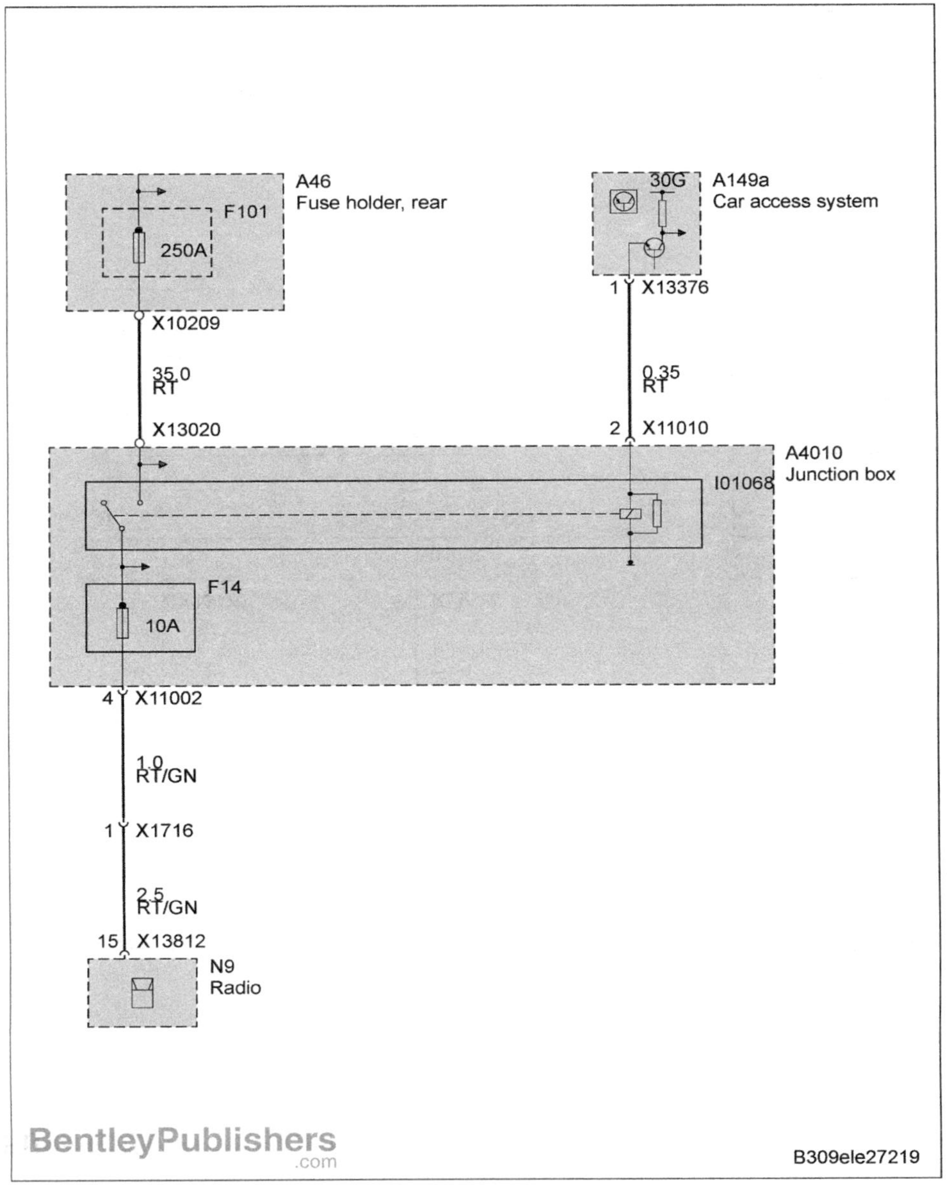

Fuse F15
(to 09 / 2007)

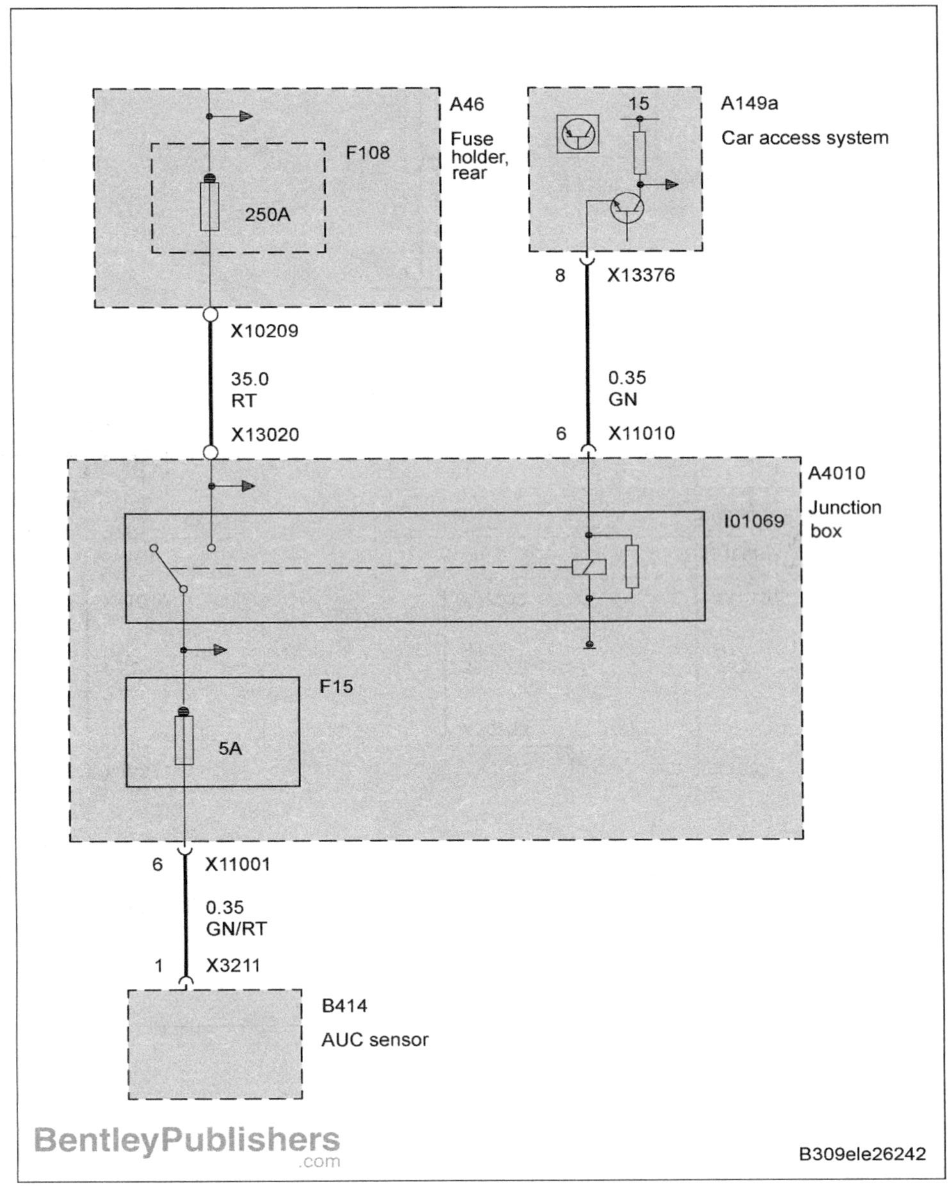

Fuse F15
(from 09 / 2007)

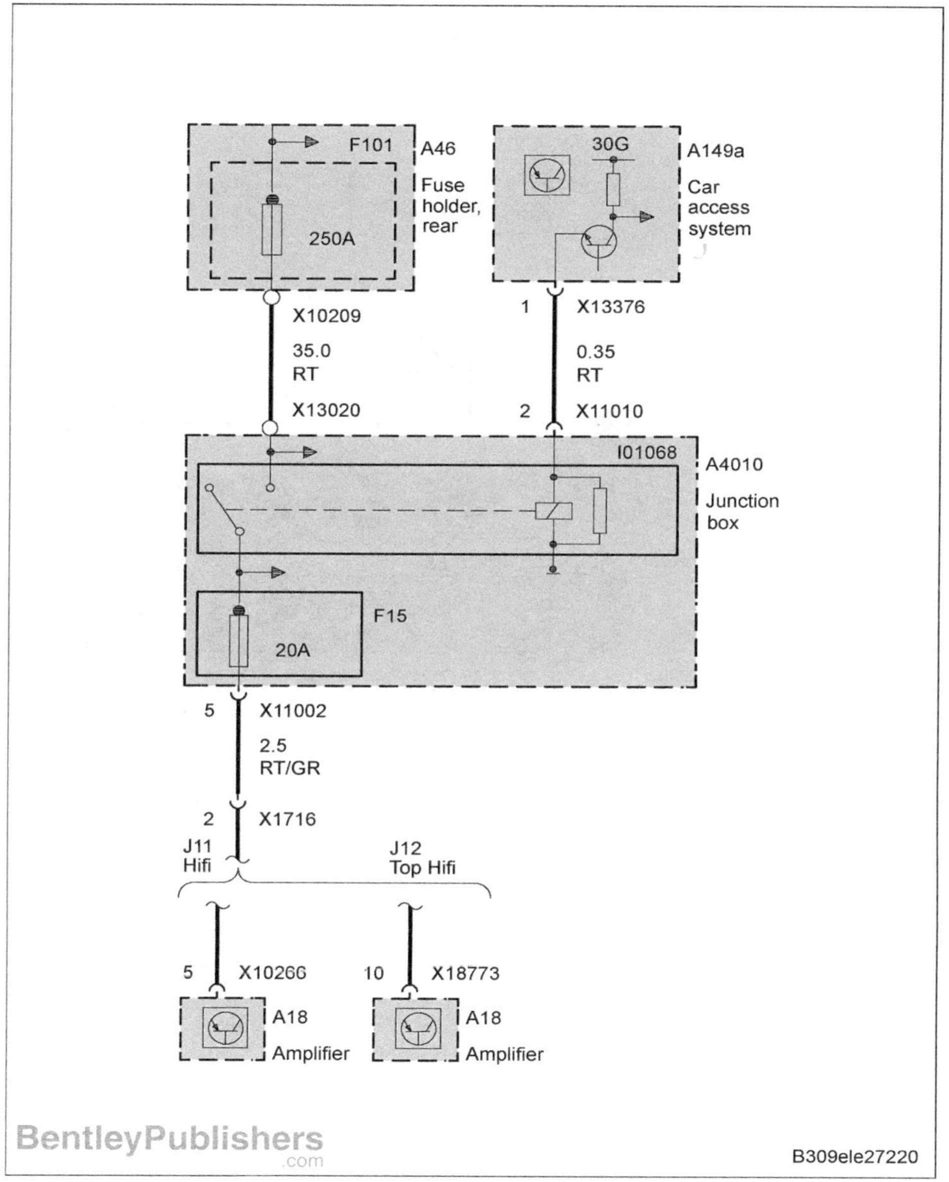

Fuse F16
(to 09 / 2007)

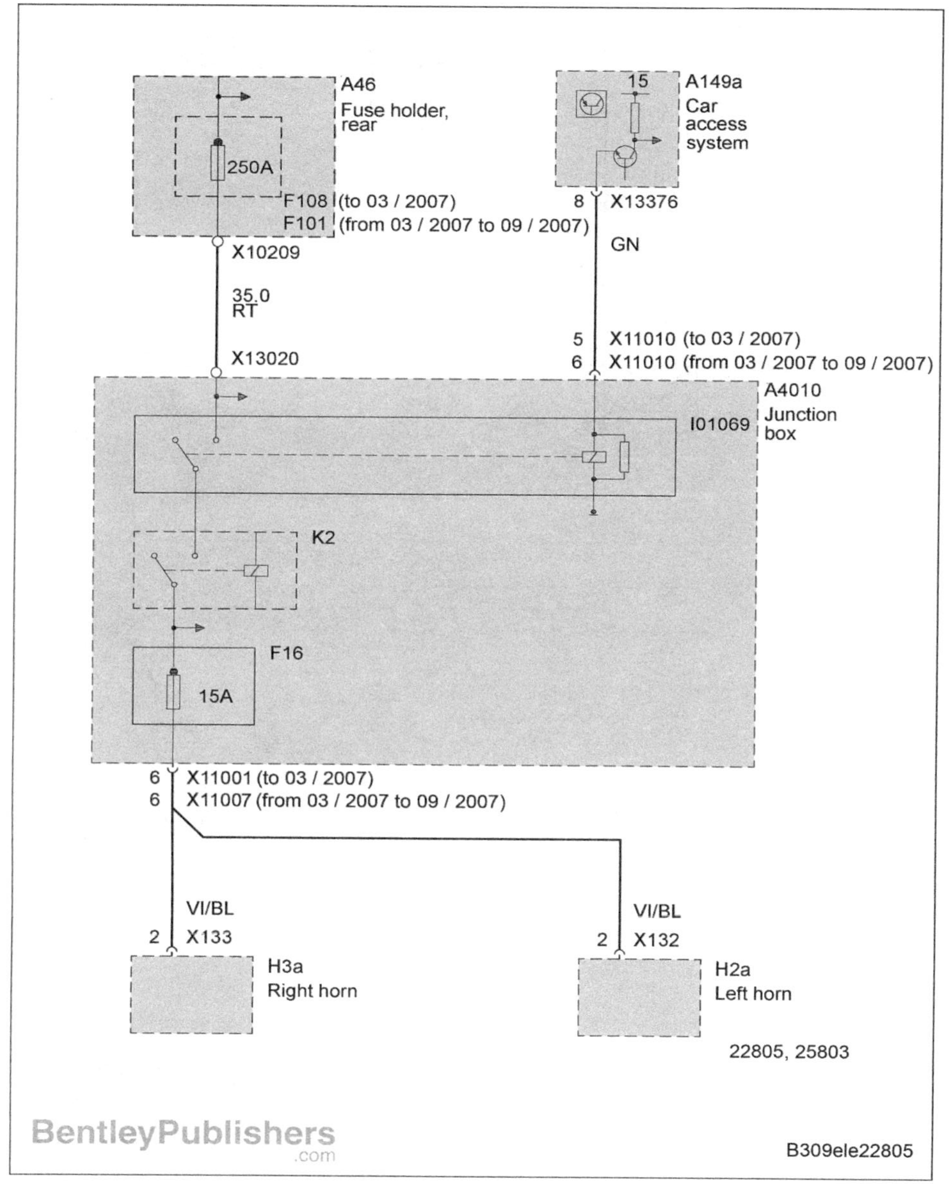

Fuse F16
N51 engine
(from 09 / 2007)

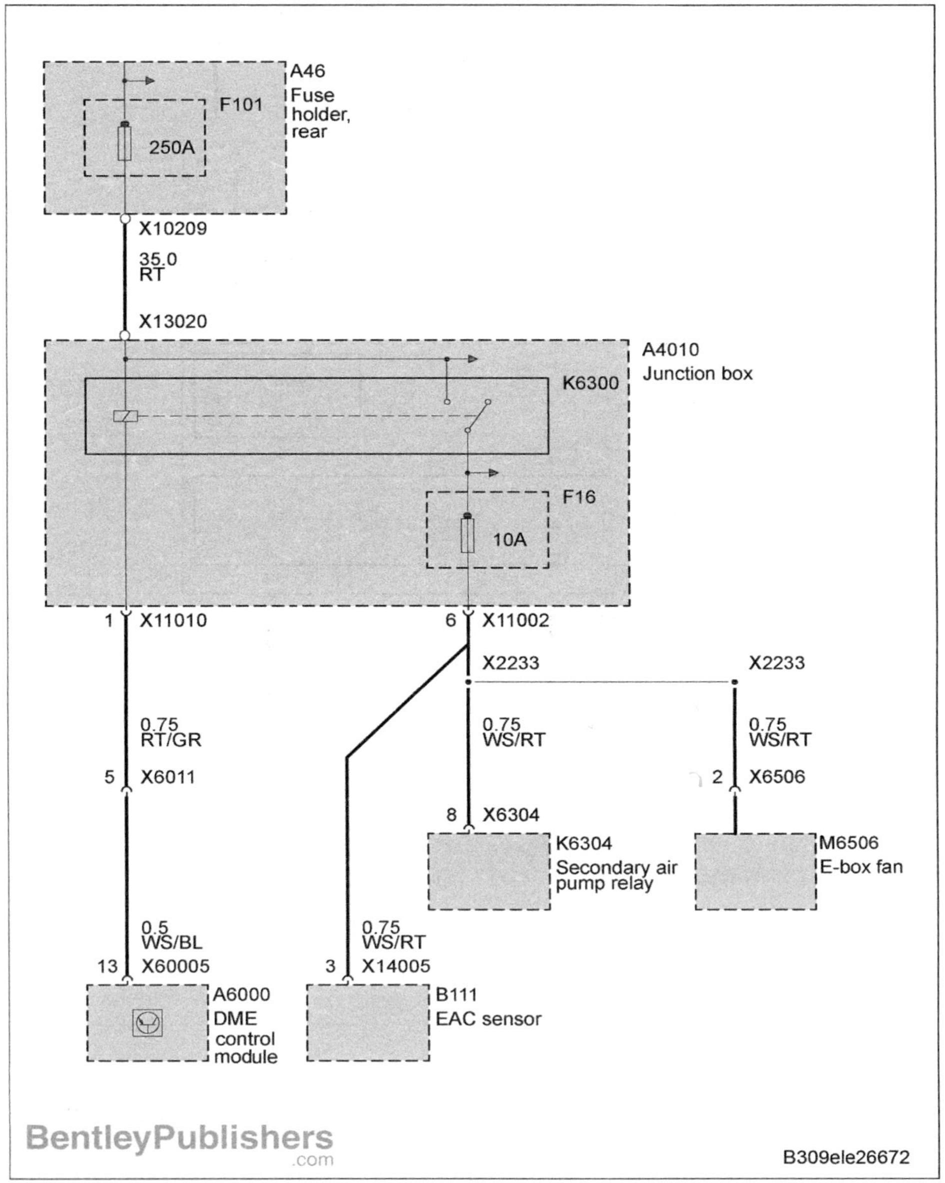

Fuse F16
N52 and N54 engines
(from 09 / 2007)

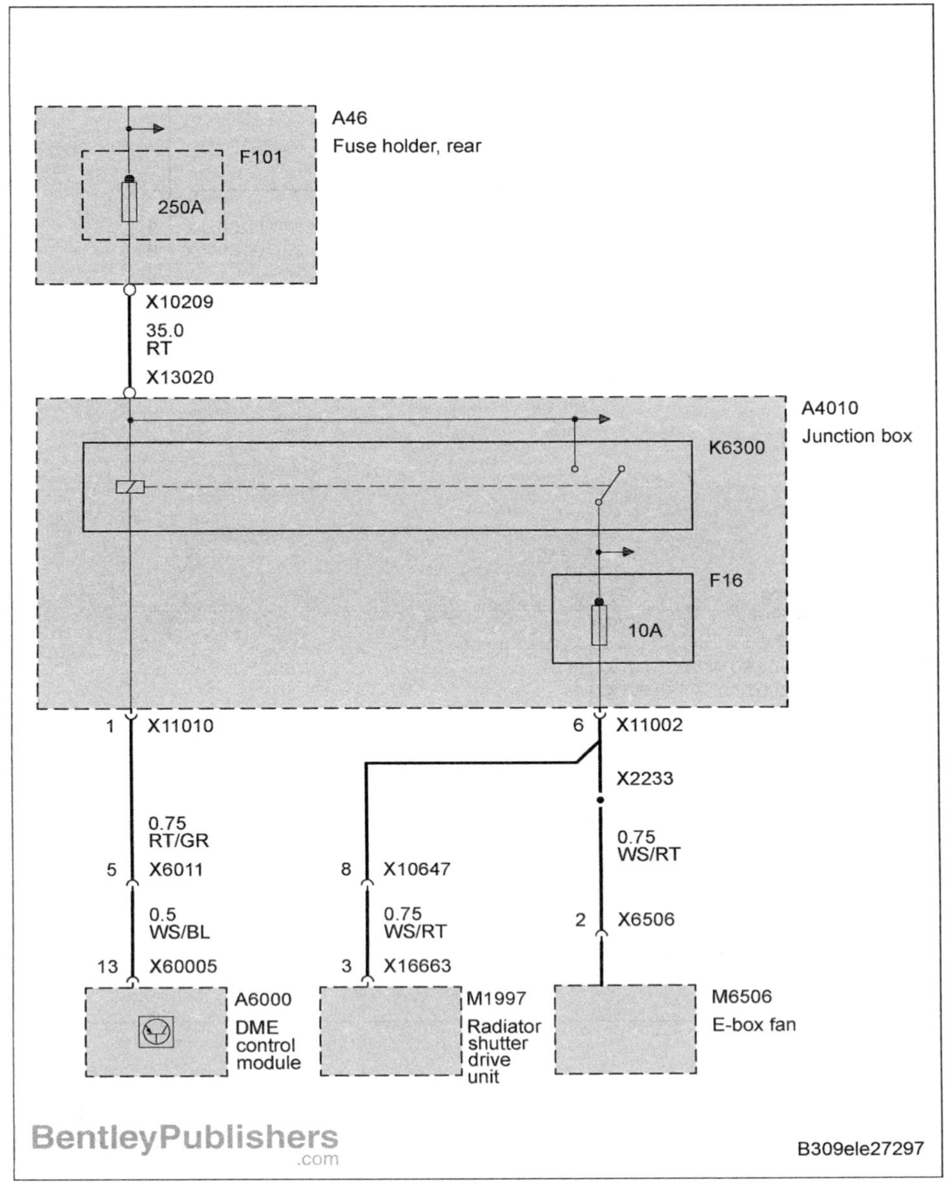

Fuse F16
N55 engine

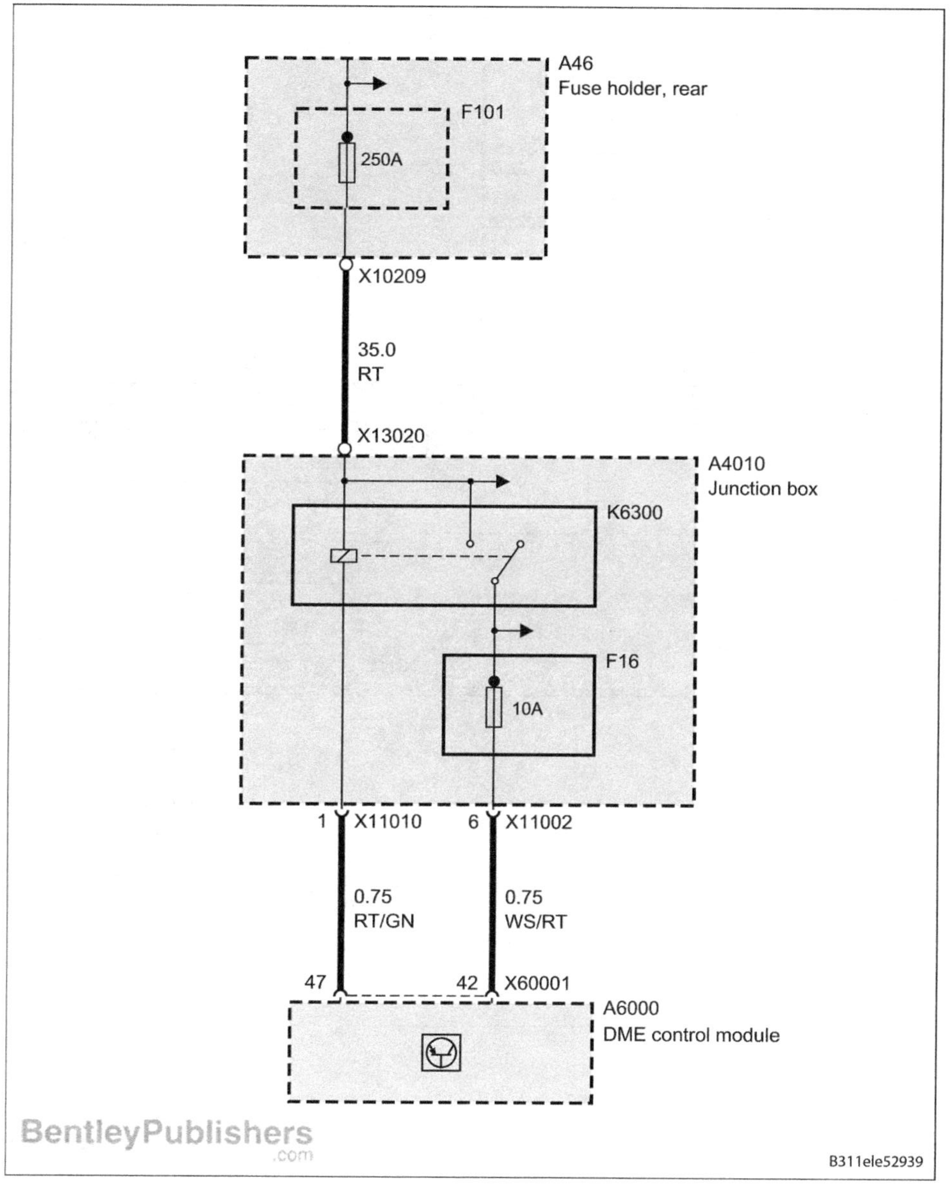

Fuse F17
N55 engine

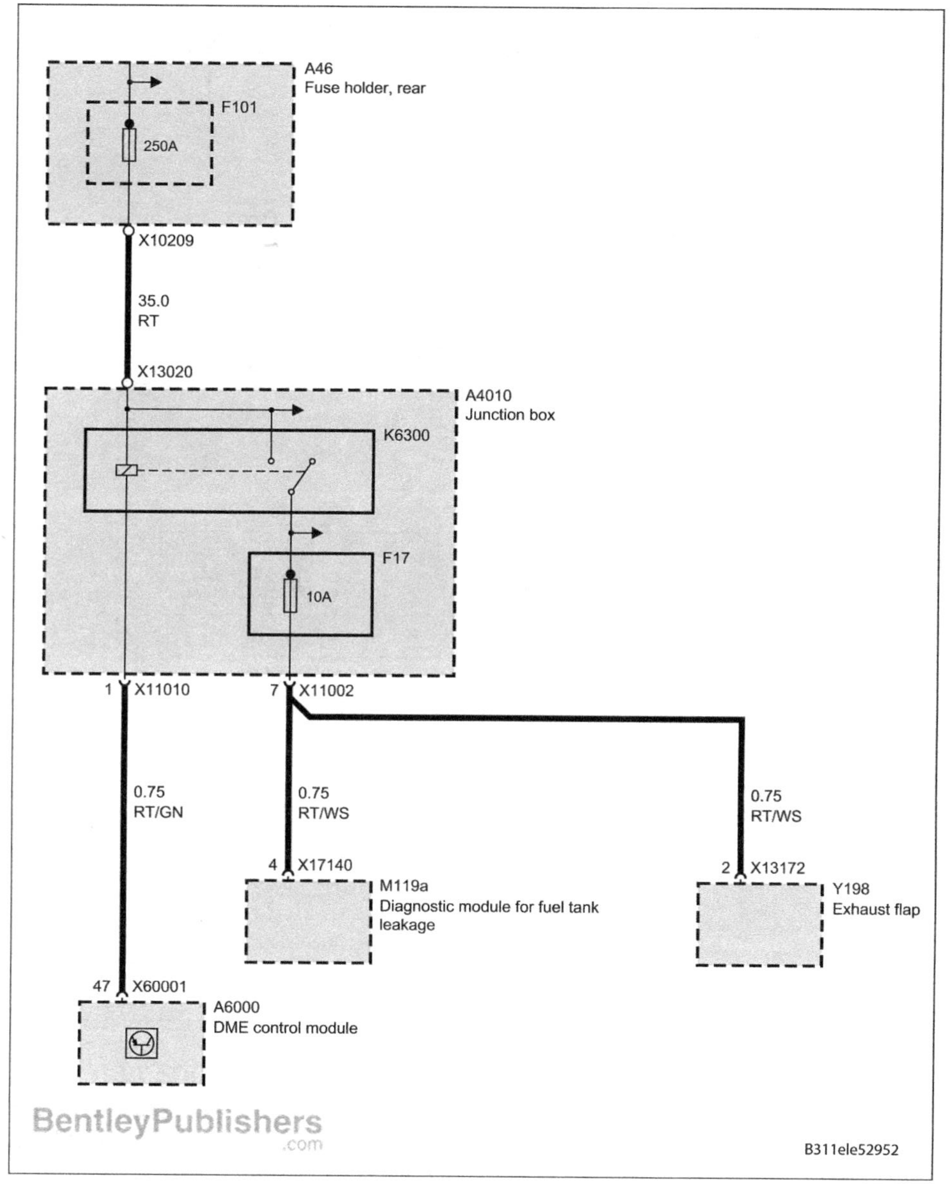

Fuse F17
(to 09 / 2007)

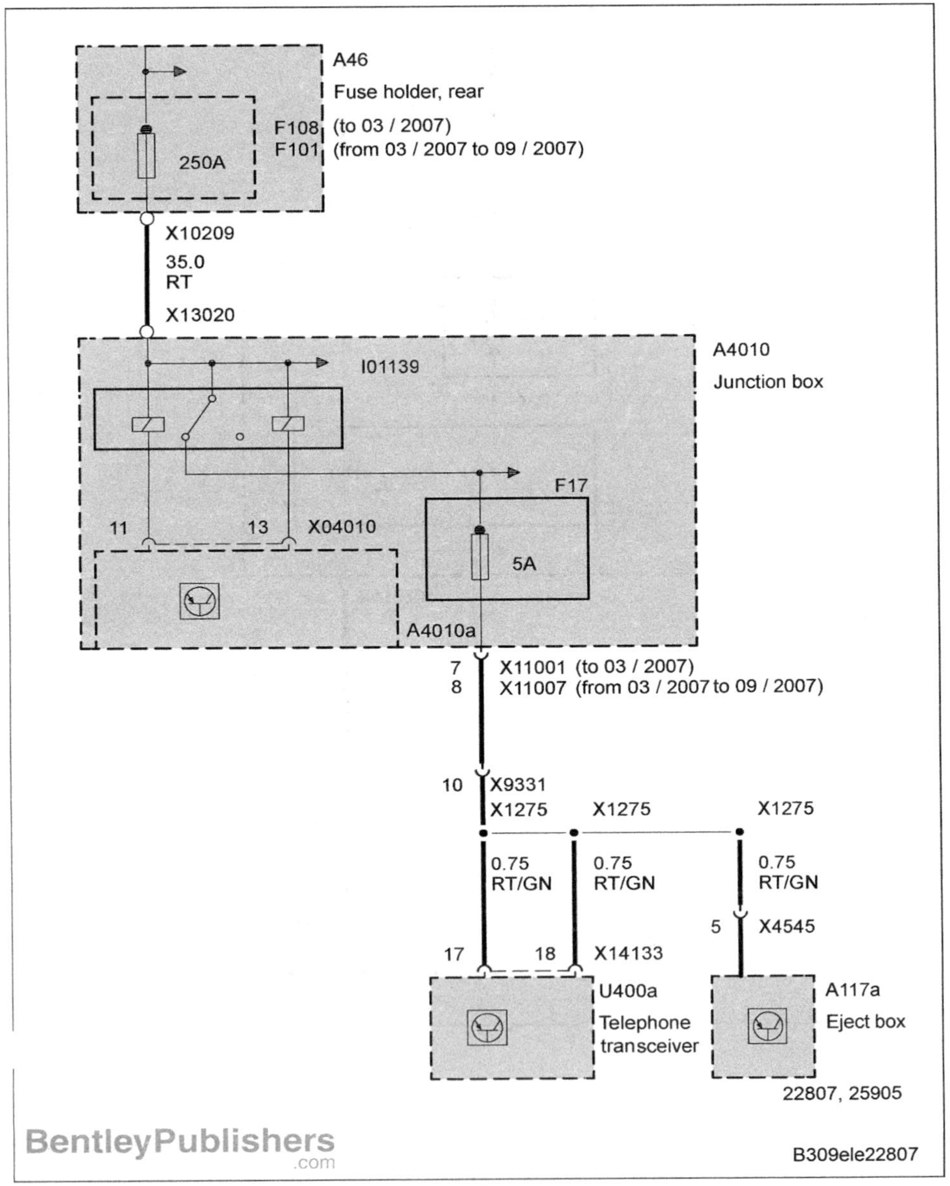

Fuse F17
N52 and N51 engines
(from 09 / 2007)

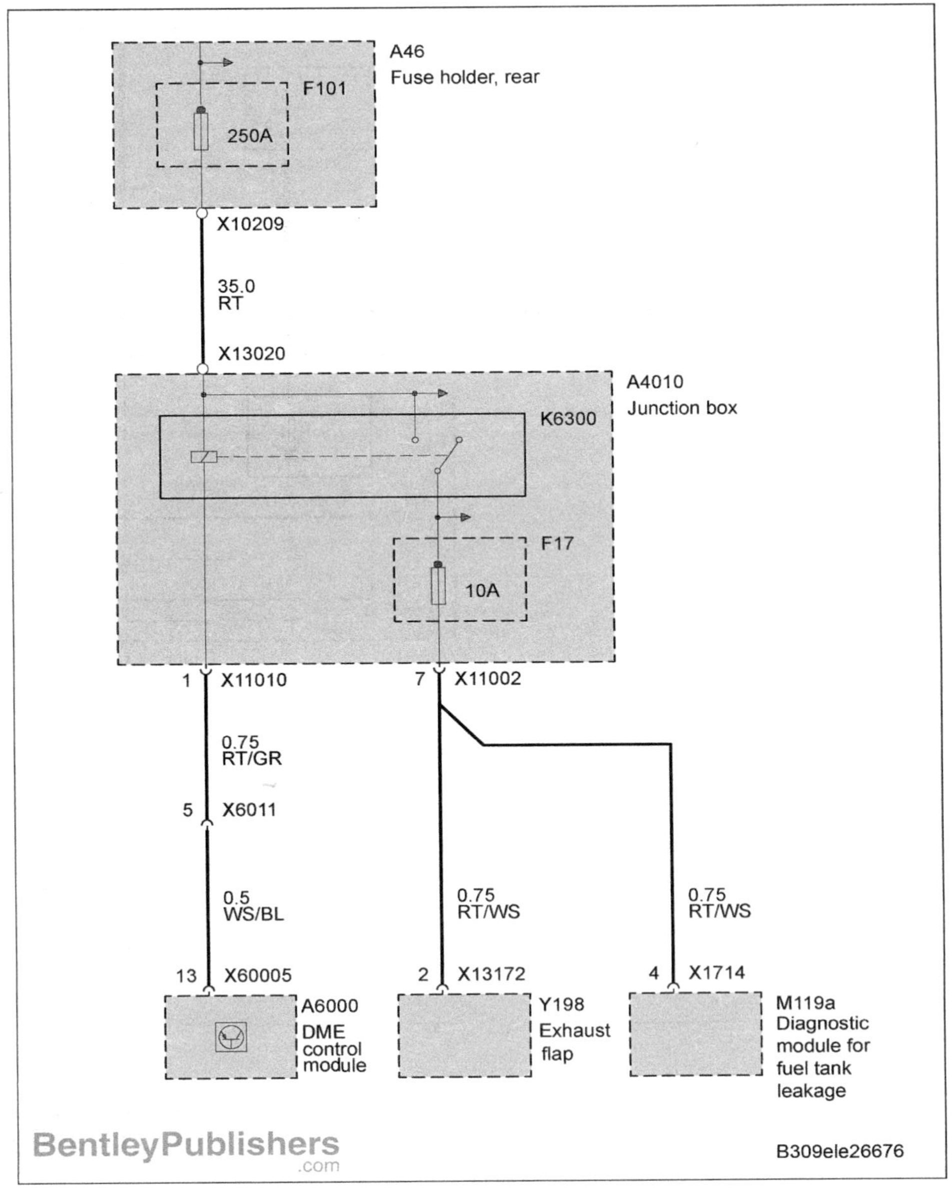

Fuse F17
N54 engine
(from 09 / 2007)

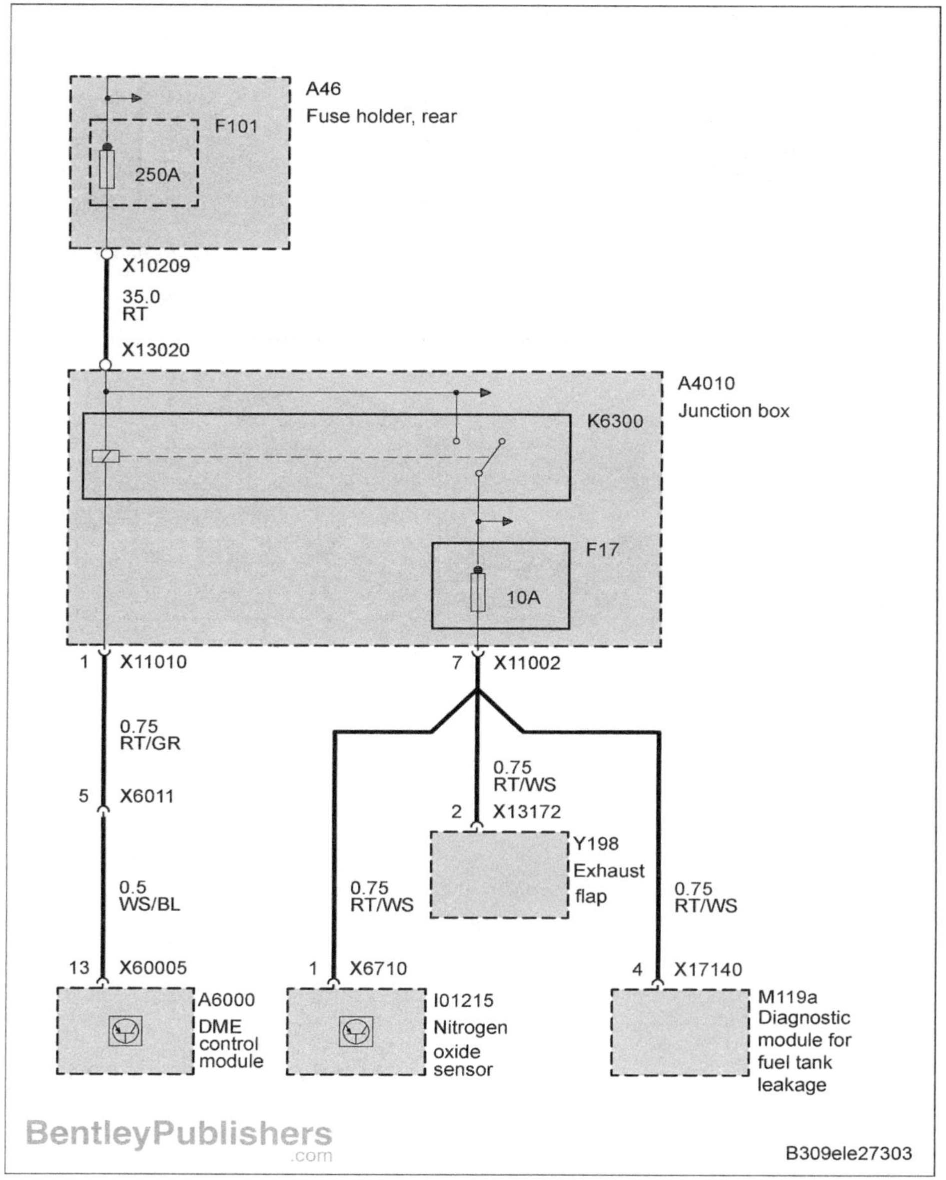

Fuse F18
(to 03/ 2007)

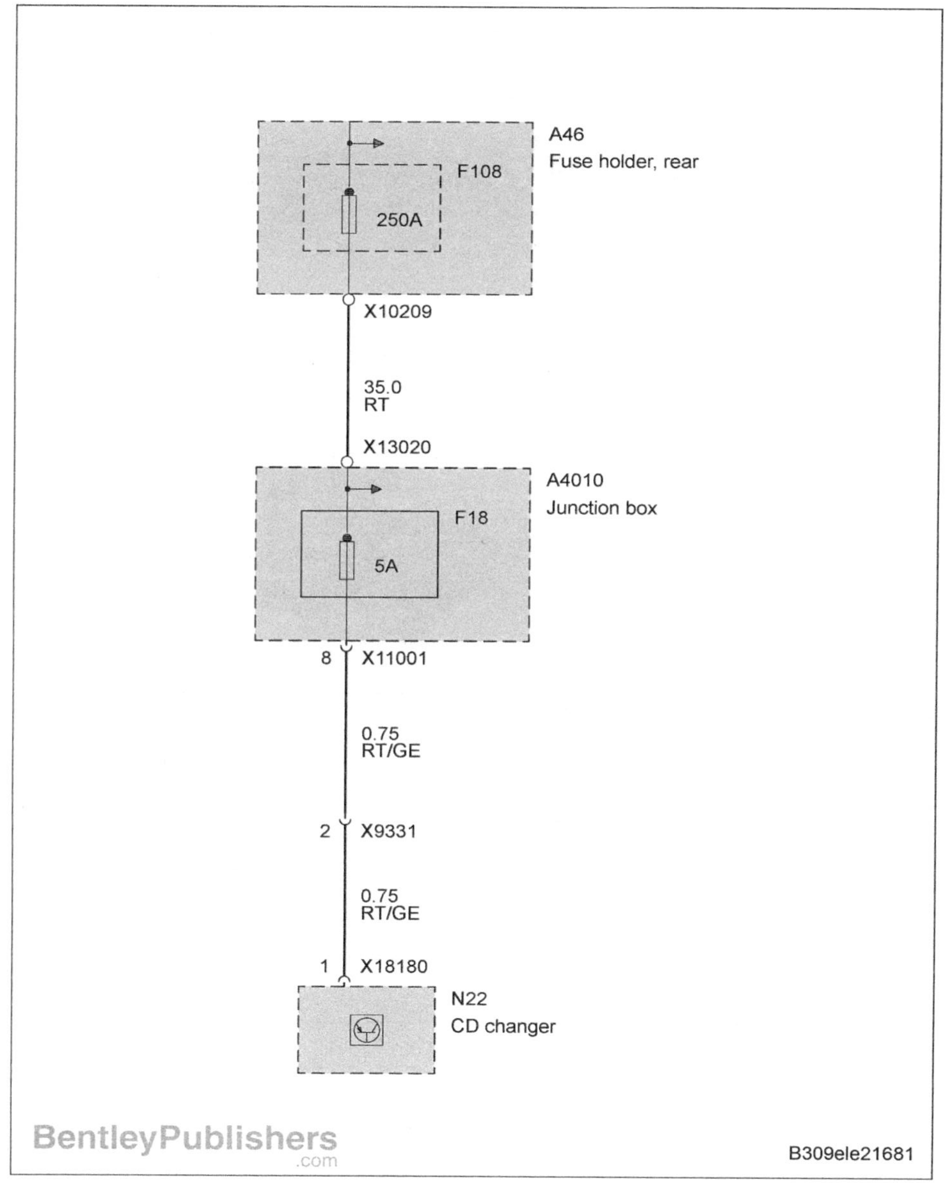

Fuse F18
Convertible
(from 03 / 2007 to 09 / 2007)

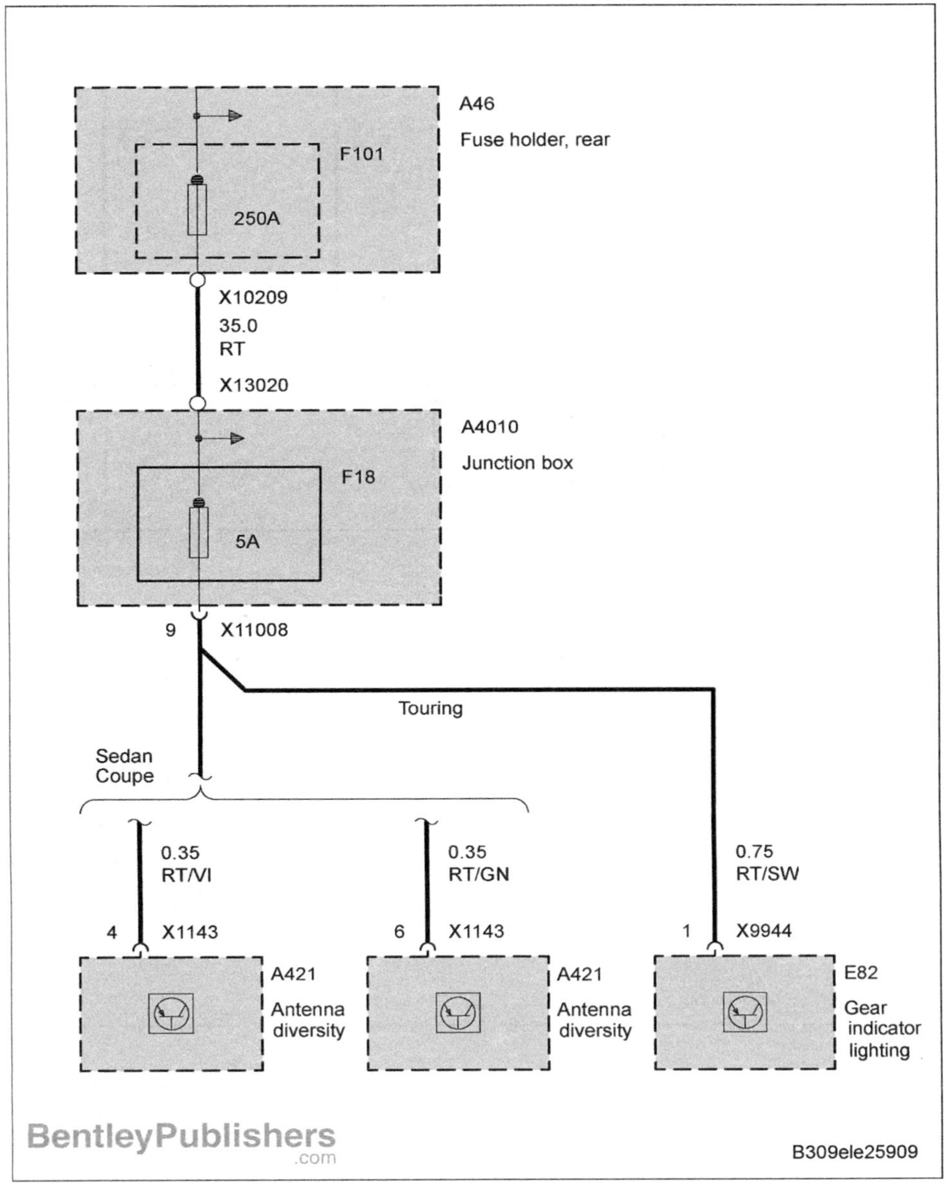

Fuse F18
non-Convertible
(from 03 / 2007 to 09 / 2007)

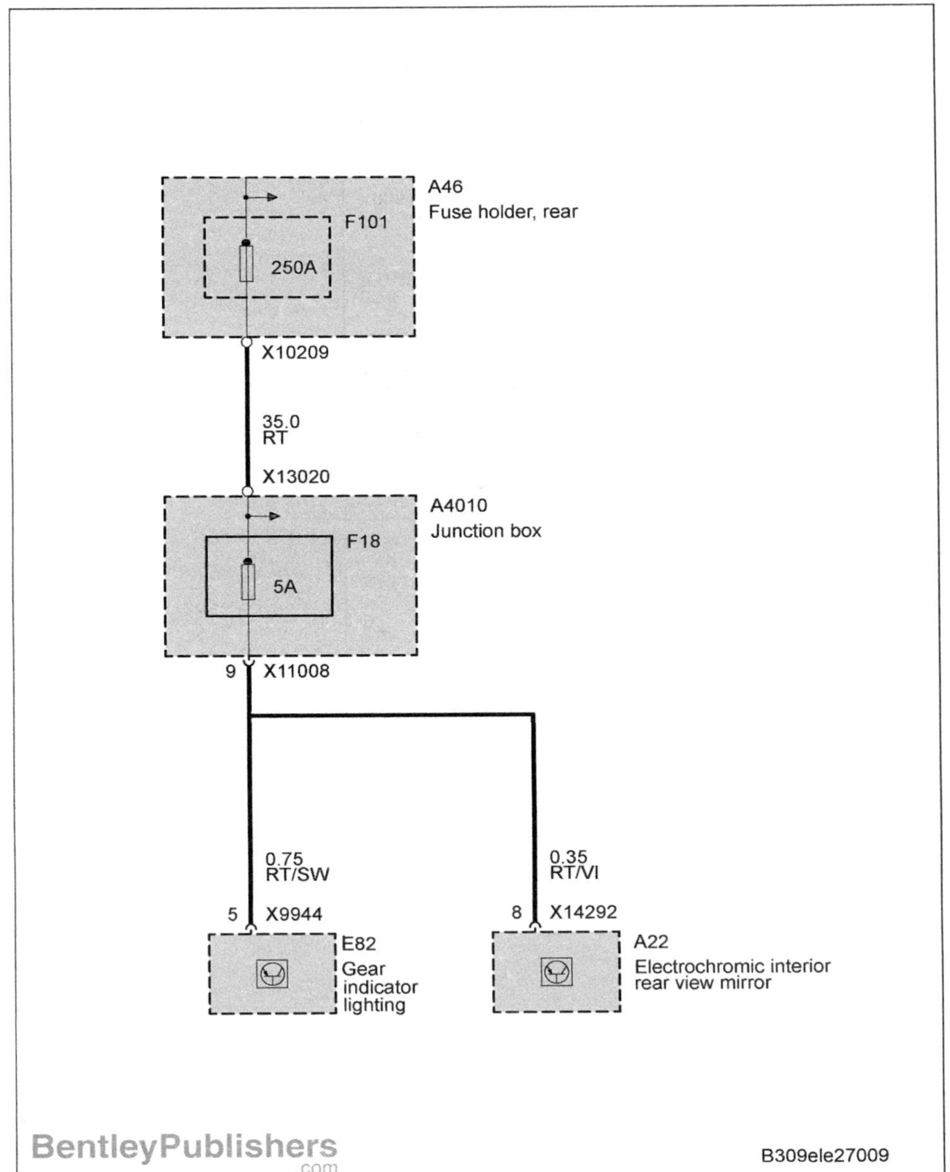

Fuse F18 (from 09 / 2007)

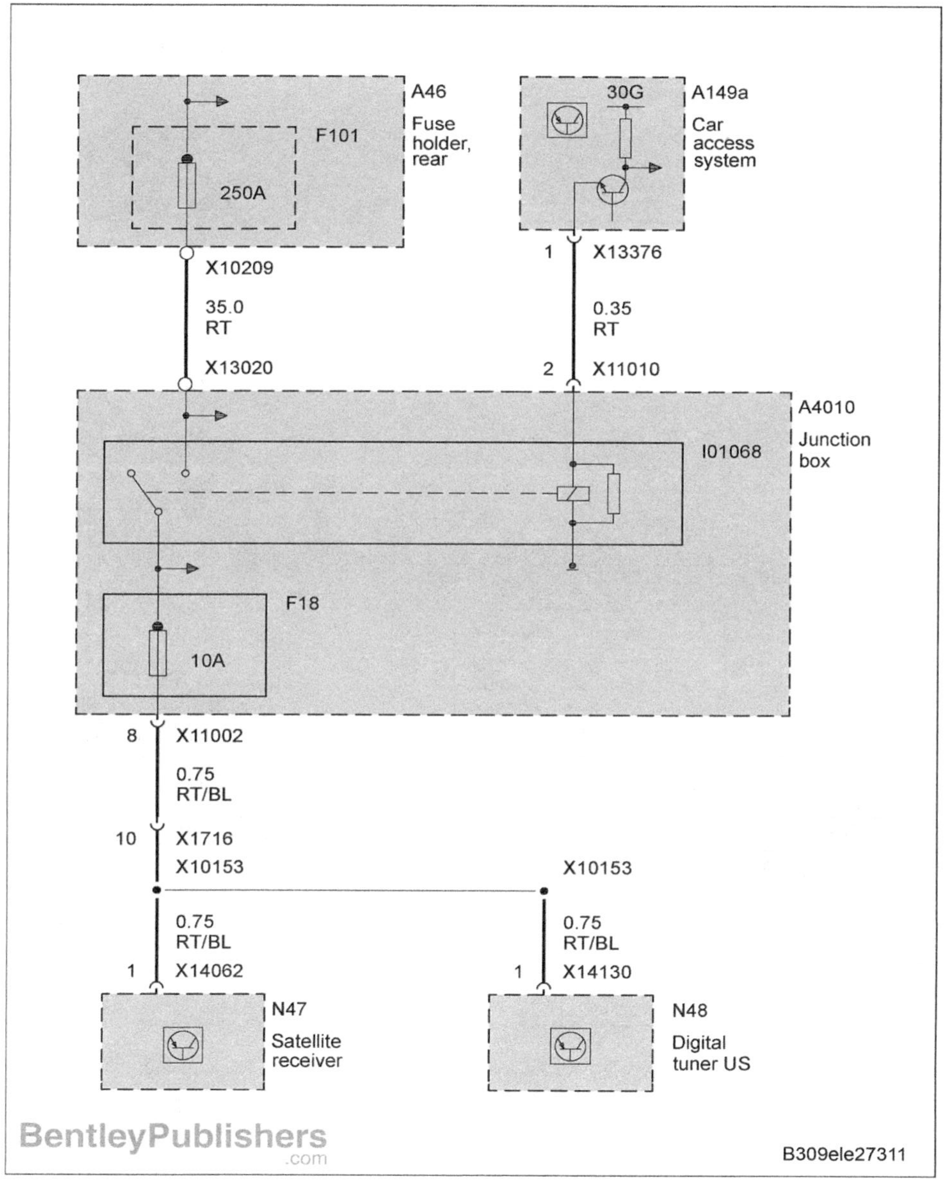

Fuse F19 (to 03 / 2007)

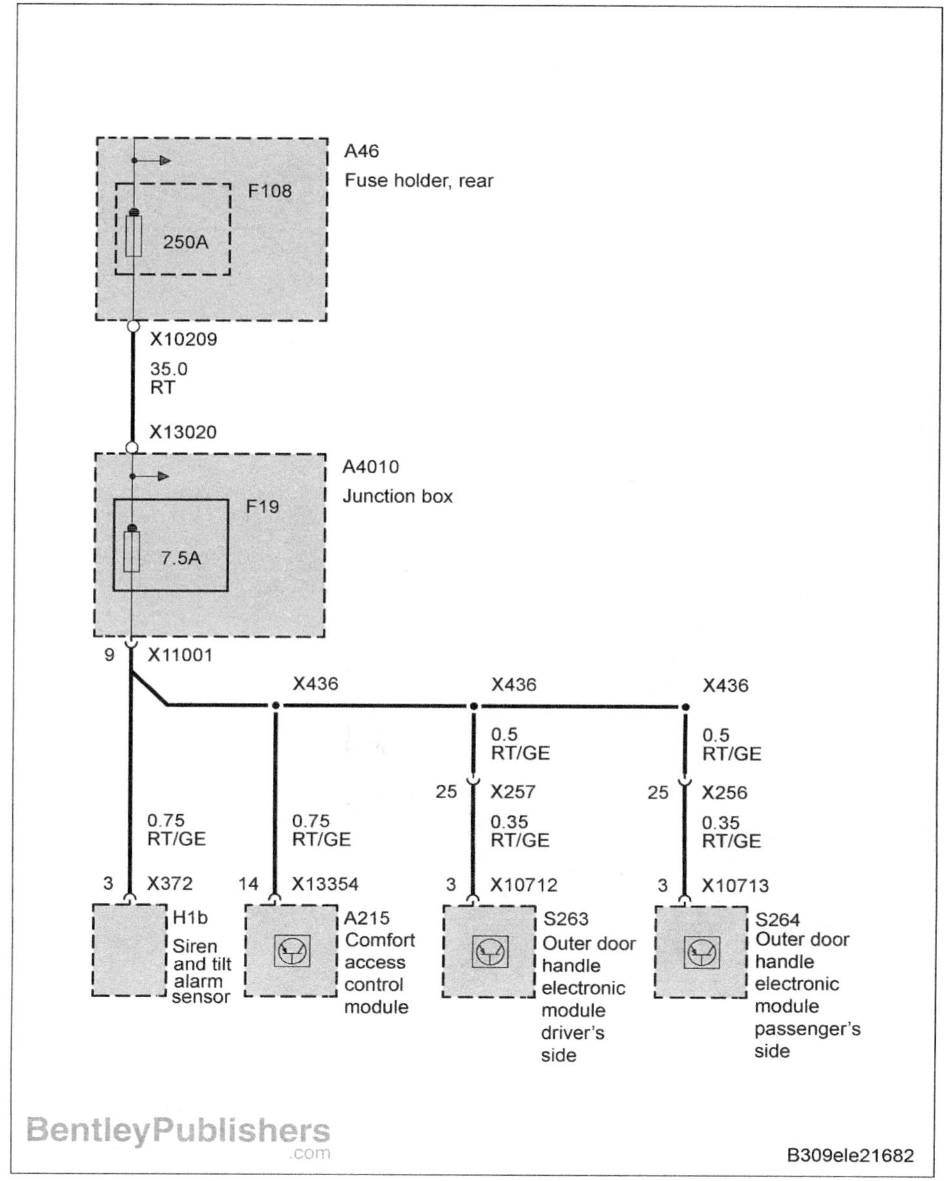

Fuse F19
(from 03 / 2007)

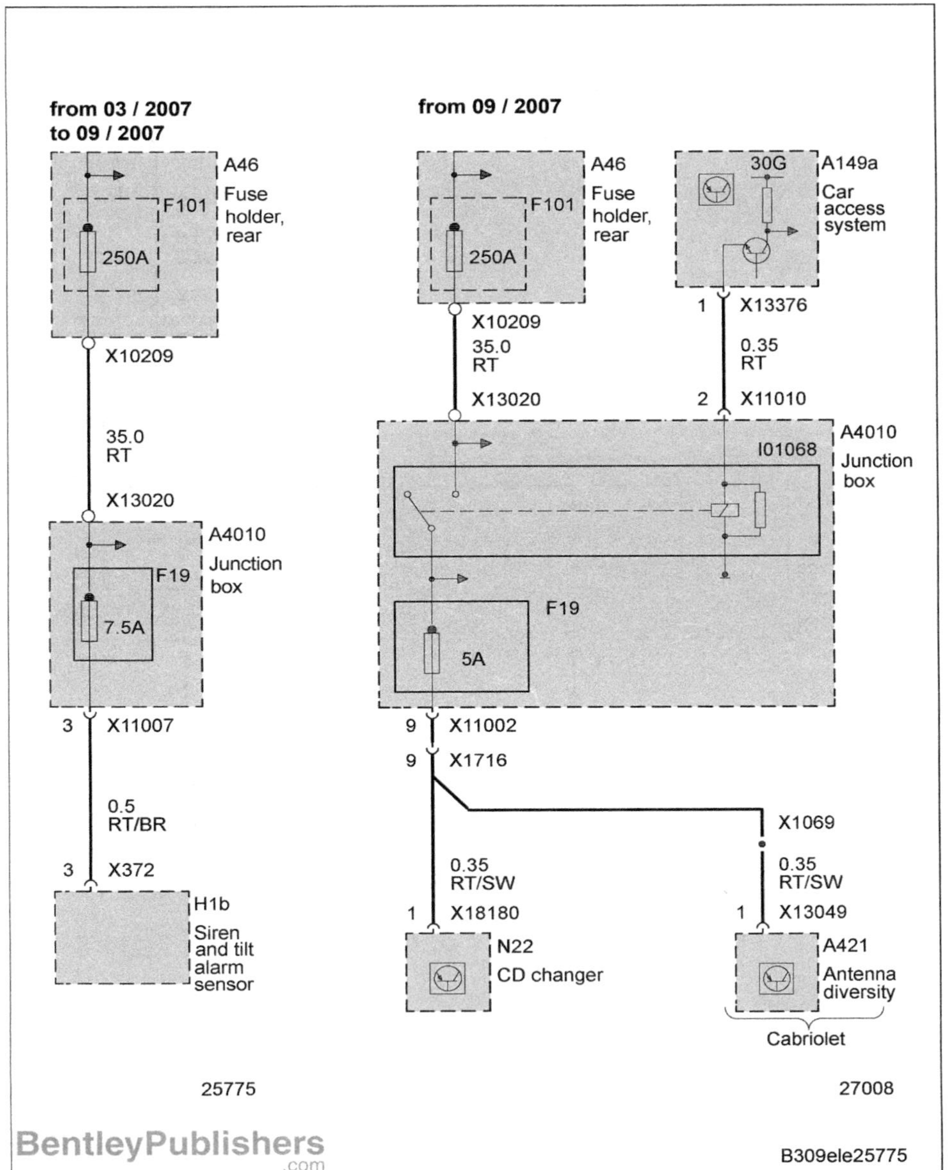

Fuse F20
(to 09 / 2007)

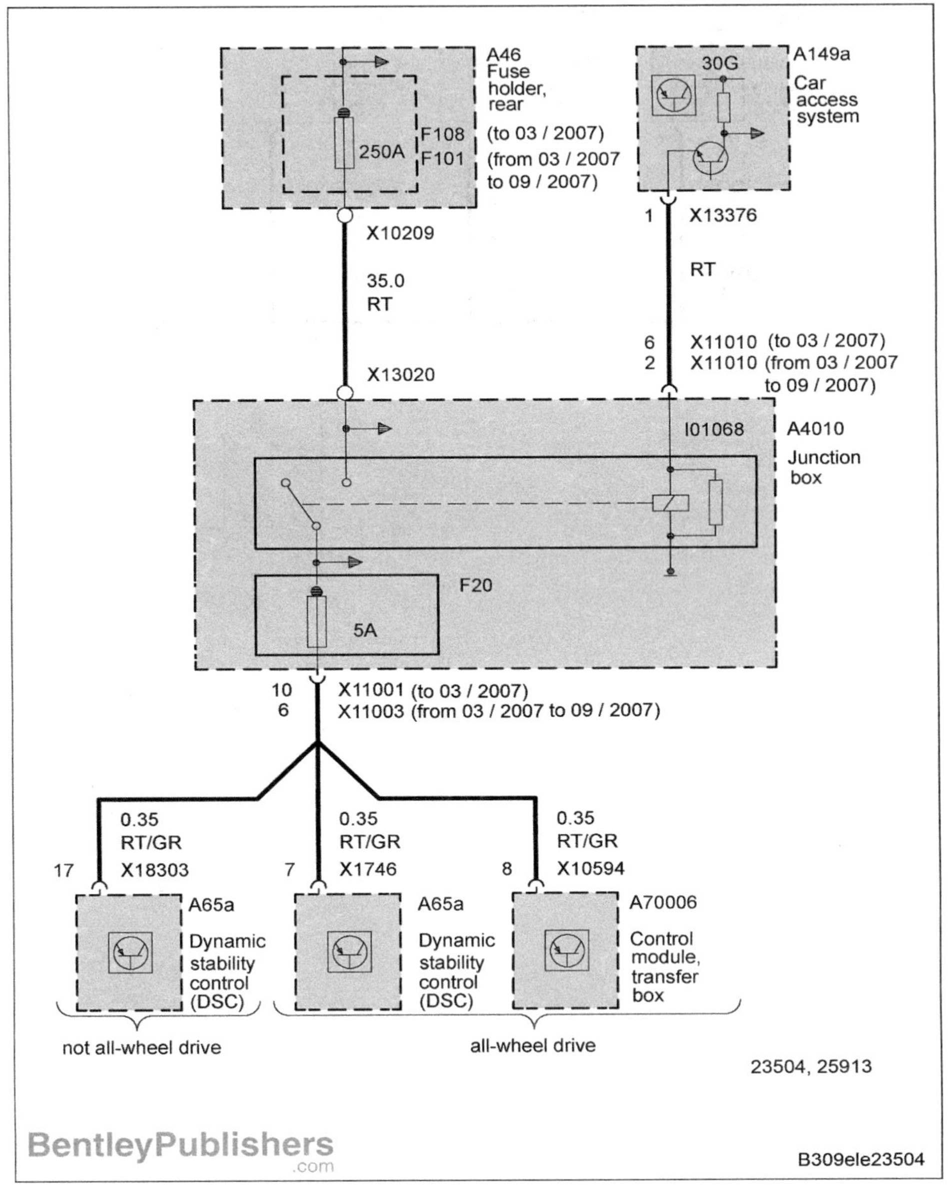

Fuse F20
(from 09 / 2007)

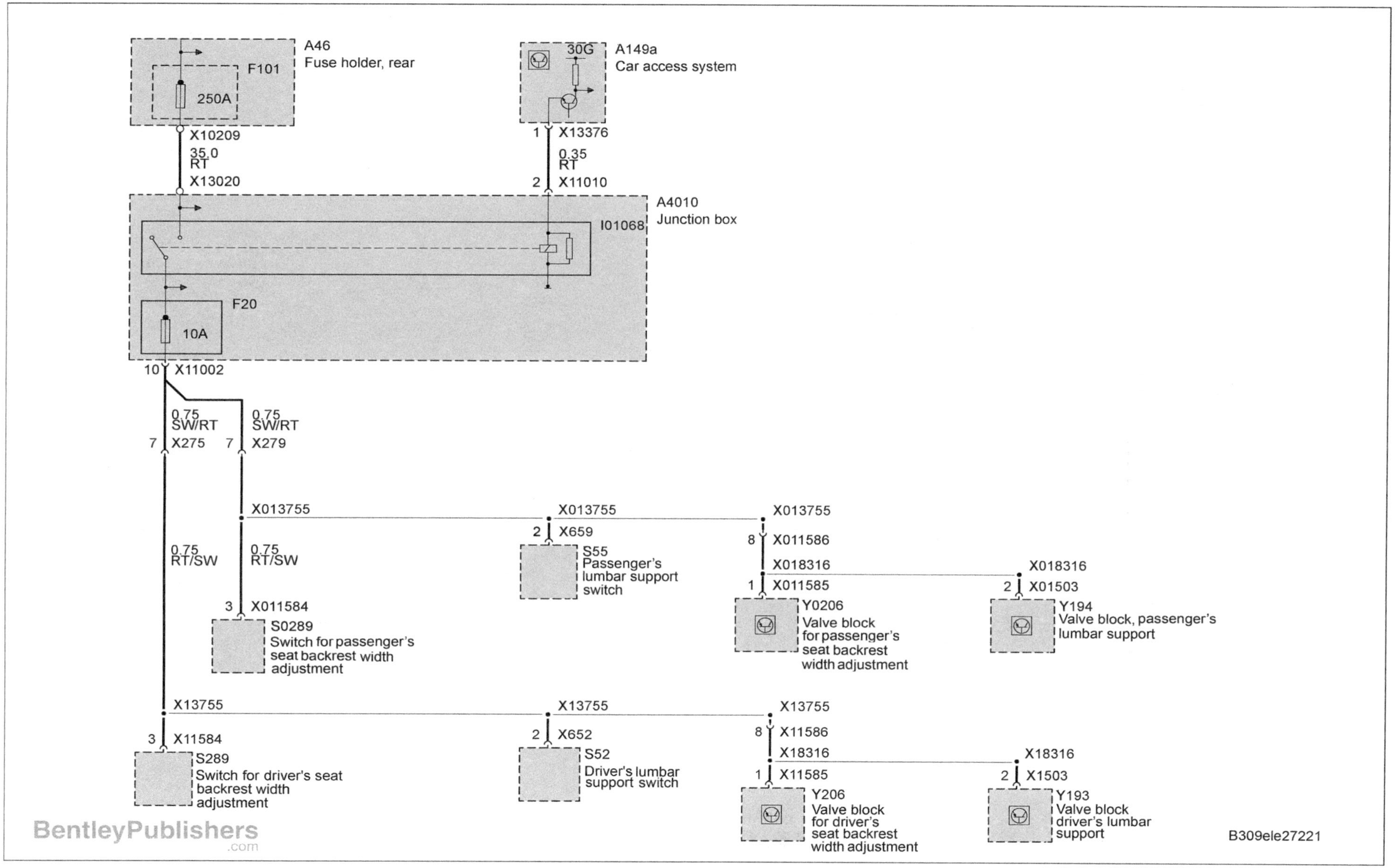

Fuse F21
(to 09 / 2007)

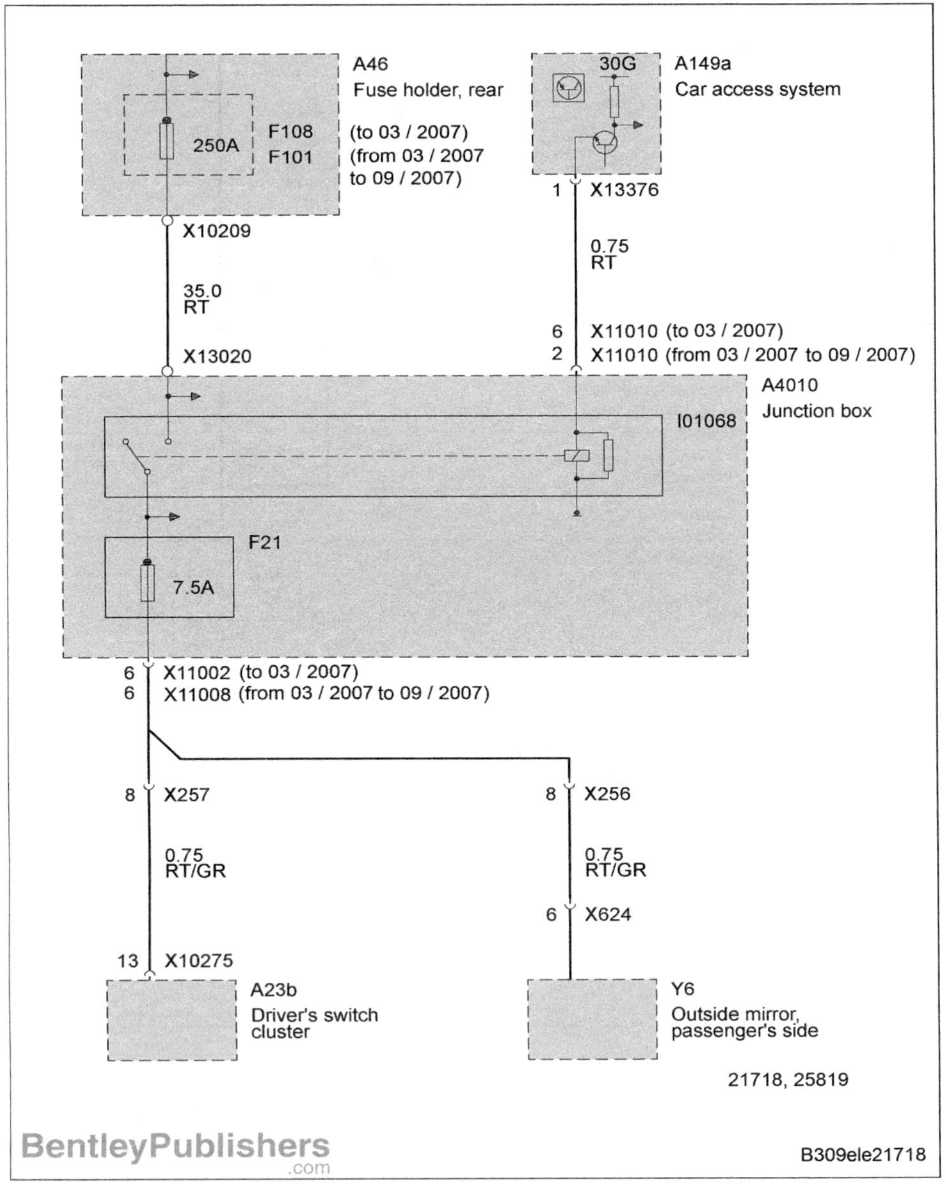

Fuse F21
(from 09 / 2007)

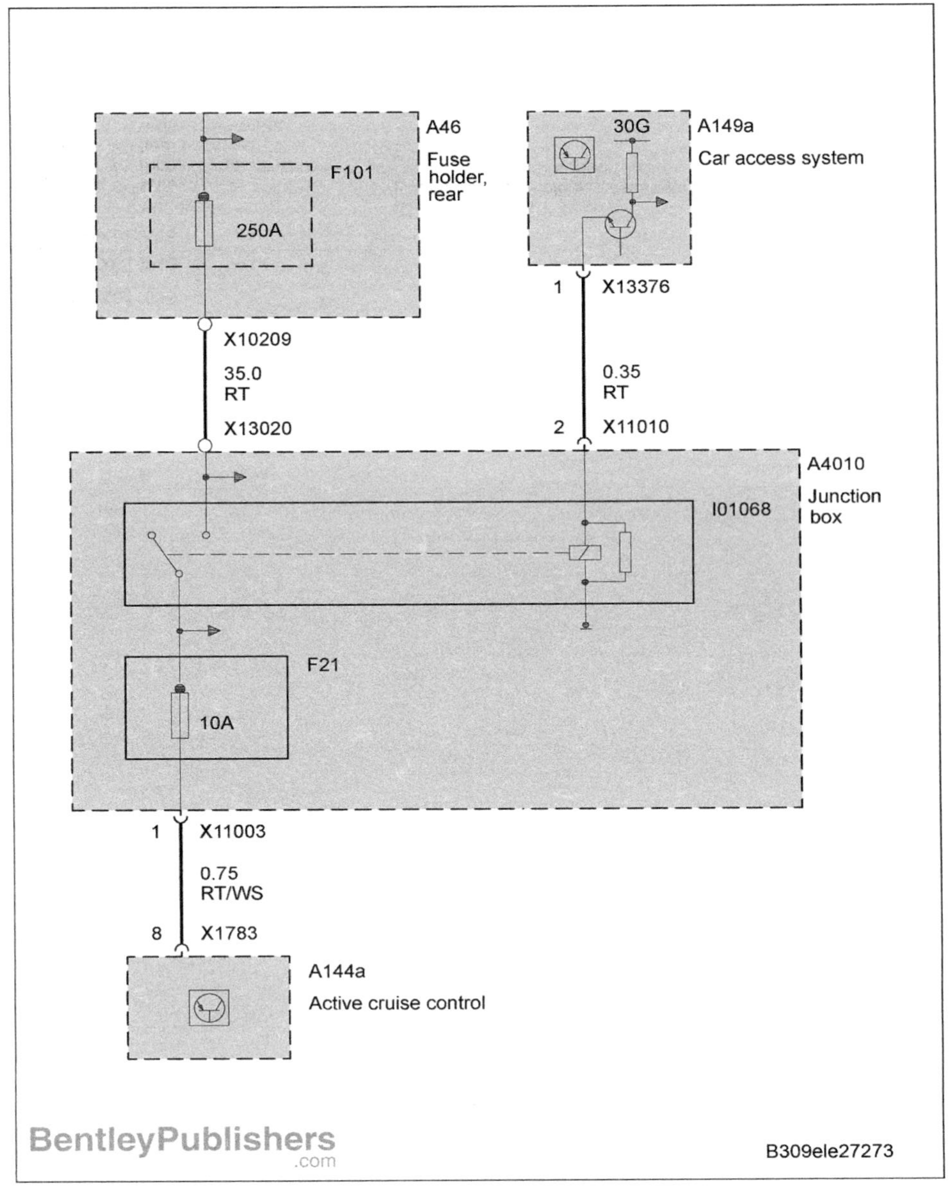

Fuse F22

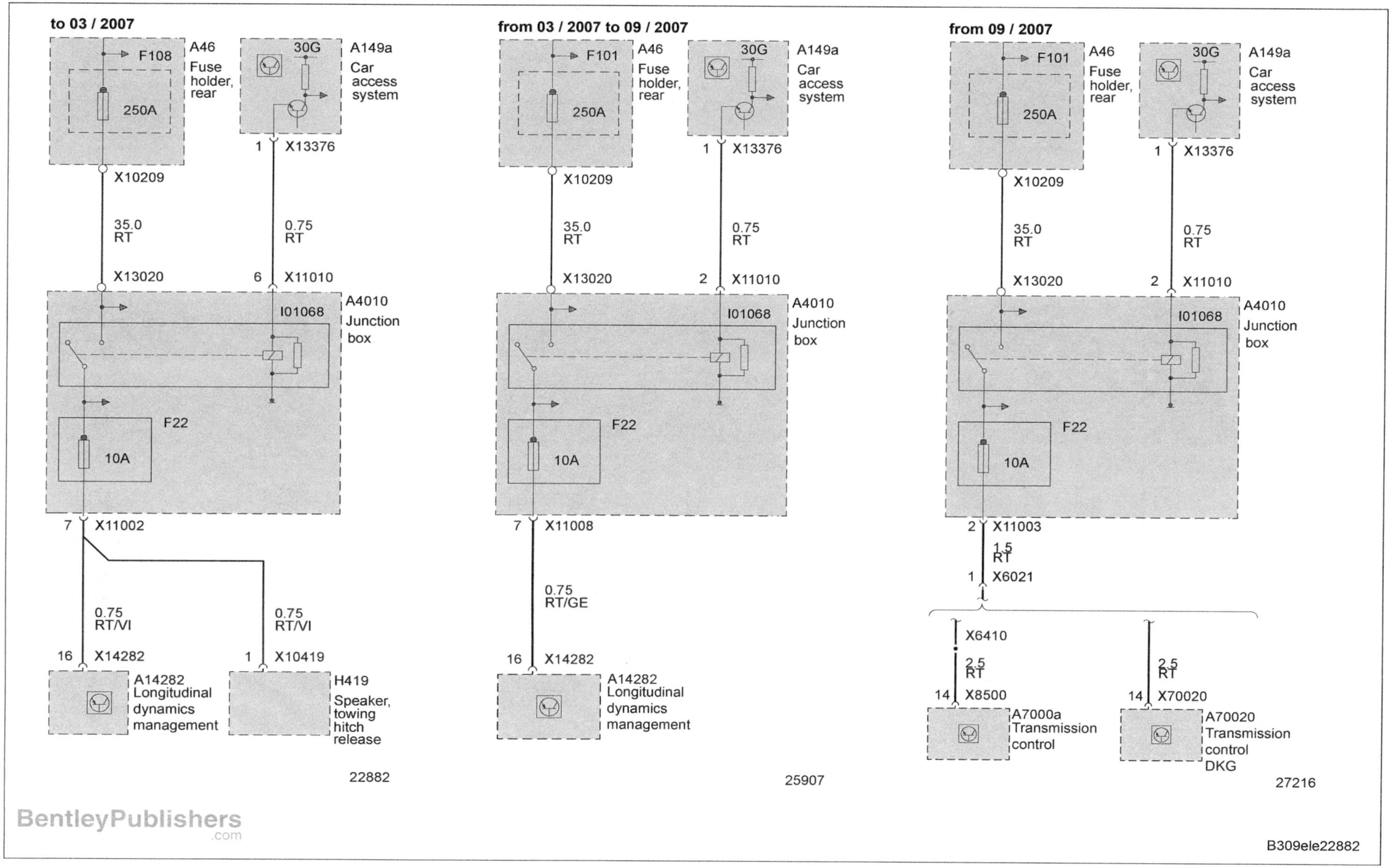

to 03 / 2007
F108
250A
A46
Fuse holder, rear
30G
A149a
Car access system
1
X13376
X10209
35.0
RT
0.75
RT
X13020
6
X11010
A4010
Junction box
I01068
F22
10A
7
X11002
0.75
RT/VI
0.75
RT/VI
16
X14282
1
X10419
A14282
Longitudinal dynamics management
H419
Speaker, towing hitch release
22882
from 03 / 2007 to 09 / 2007
F101
250A
A46
Fuse holder, rear
30G
A149a
Car access system
1
X13376
X10209
35.0
RT
0.75
RT
X13020
2
X11010
A4010
Junction box
I01068
F22
10A
7
X11008
0.75
RT/GE
16
X14282
A14282
Longitudinal dynamics management
25907
from 09 / 2007
F101
250A
A46
Fuse holder, rear
30G
A149a
Car access system
1
X13376
X10209
35.0
RT
0.75
RT
X13020
2
X11010
A4010
Junction box
I01068
F22
10A
2
X11003
1.5
RT
1
X6021
X6410
2.5
RT
2.5
RT
14
X8500
14
X70020
A7000a
Transmission control
A70020
Transmission control DKG
27216
BentleyPublishers.com
B309ele22882

Fuse F23

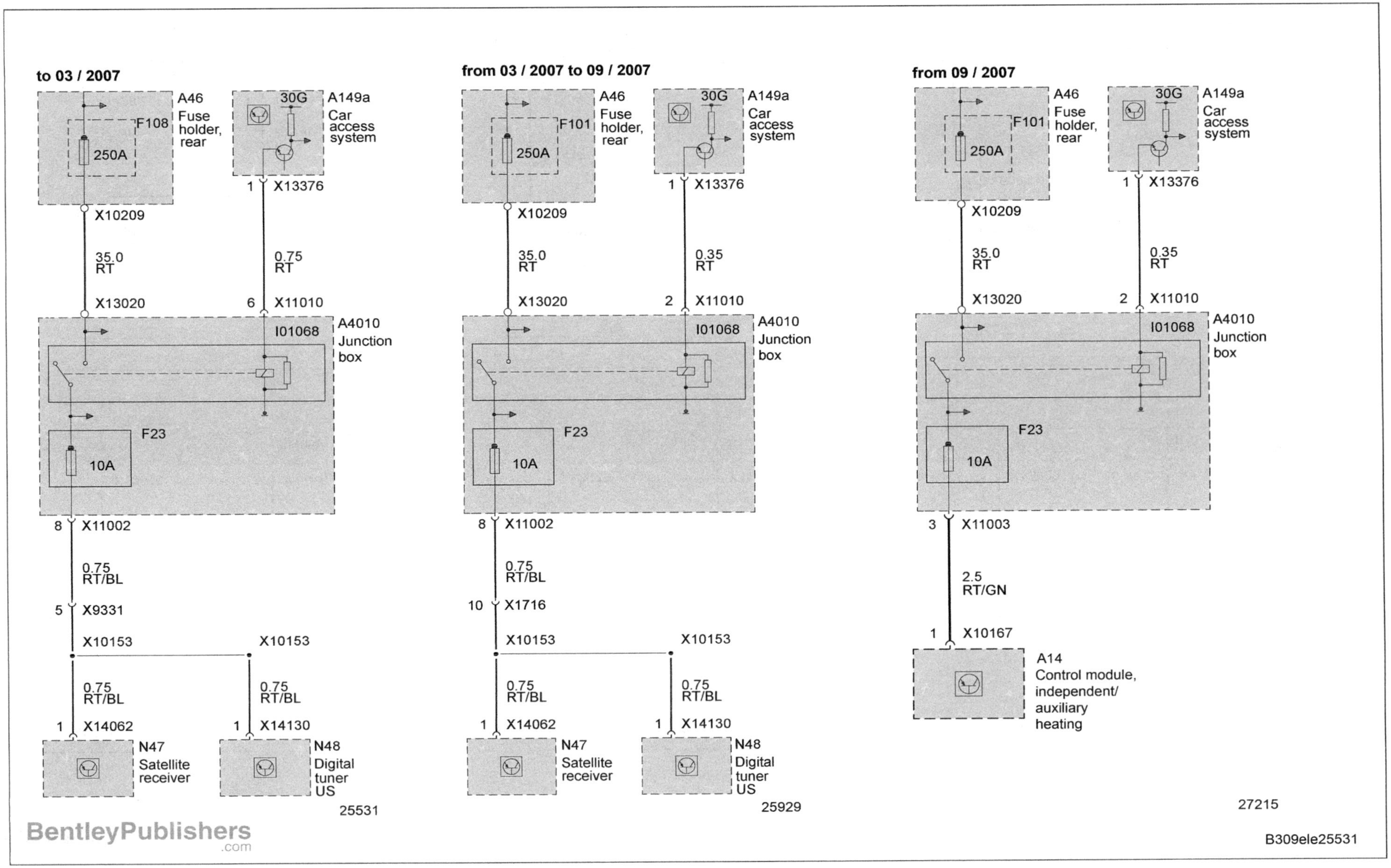
to 03 / 2007
A46
Fuse holder, rear
F108
250A
X10209
35.0
RT
X13020
30G
A149a
Car access system
1 X13376
0.75
RT
6 X11010
A4010
Junction box
I01068
F23
10A
8 X11002
0.75
RT/BL
5 X9331
X10153
X10153
0.75
RT/BL
0.75
RT/BL
1 X14062
1 X14130
N47
Satellite receiver
N48
Digital tuner US
25531
from 03 / 2007 to 09 / 2007
A46
Fuse holder, rear
F101
250A
X10209
35.0
RT
X13020
30G
A149a
Car access system
1 X13376
0.35
RT
2 X11010
A4010
Junction box
I01068
F23
10A
8 X11002
0.75
RT/BL
10 X1716
X10153
X10153
0.75
RT/BL
0.75
RT/BL
1 X14062
1 X14130
N47
Satellite receiver
N48
Digital tuner US
25929
from 09 / 2007
A46
Fuse holder, rear
F101
250A
X10209
35.0
RT
X13020
30G
A149a
Car access system
1 X13376
0.35
RT
2 X11010
A4010
Junction box
I01068
F23
10A
3 X11003
2.5
RT/GN
1 X10167
A14
Control module, independent/ auxiliary heating
27215
B309ele25531

Fuse F24

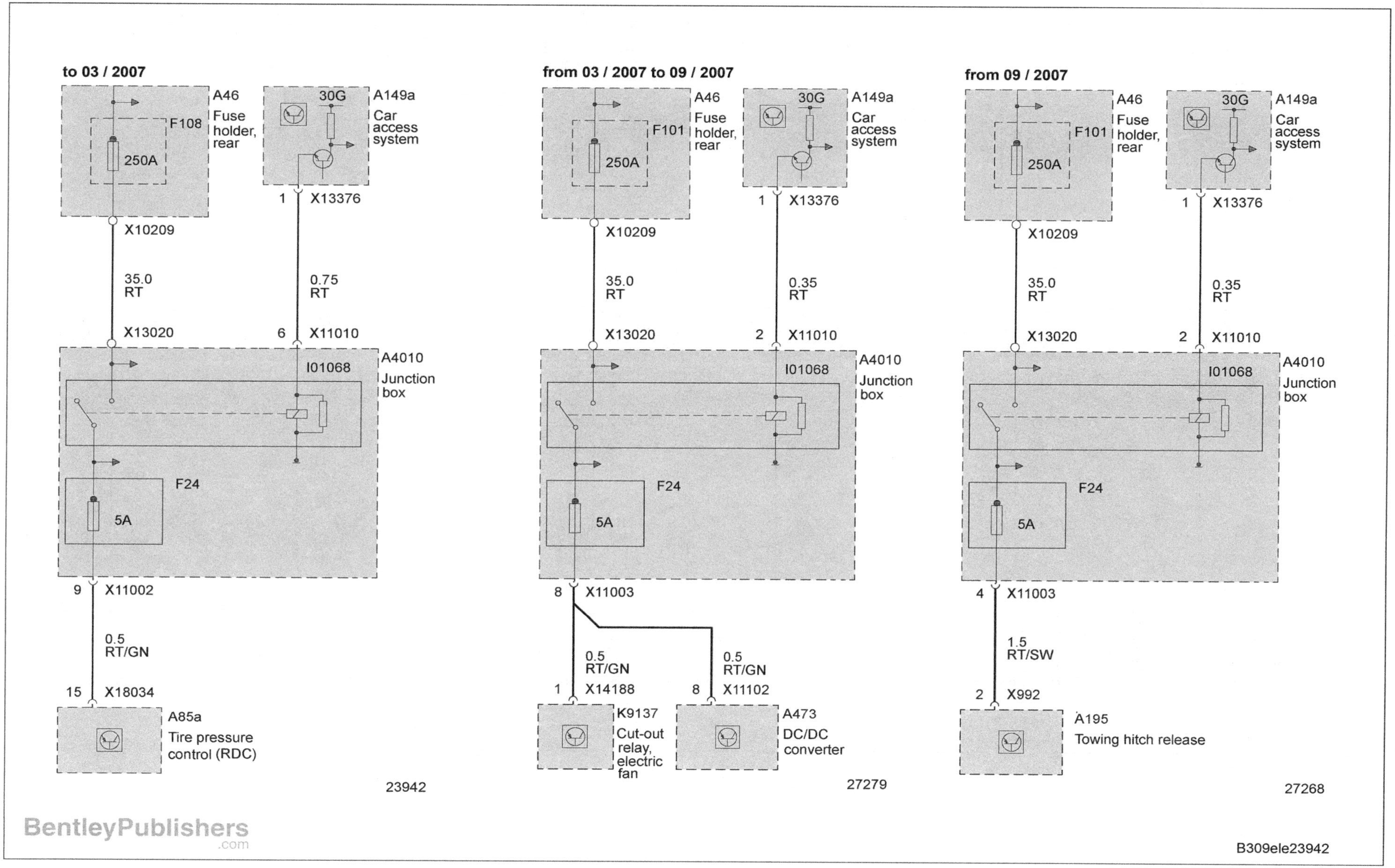

to 03 / 2007
A46
Fuse holder, rear
F108
250A
X10209
35.0
RT
X13020
A149a
Car access system
30G
1
X13376
0.75
RT
6
X11010
A4010
Junction box
I01068
F24
5A
9
X11002
0.5
RT/GN
15
X18034
A85a
Tire pressure control (RDC)
23942
from 03 / 2007 to 09 / 2007
A46
Fuse holder, rear
F101
250A
X10209
35.0
RT
X13020
A149a
Car access system
30G
1
X13376
0.35
RT
2
X11010
A4010
Junction box
I01068
F24
5A
8
X11003
0.5
RT/GN
1
X14188
K9137
Cut-out relay, electric fan
0.5
RT/GN
8
X11102
A473
DC/DC converter
27279
from 09 / 2007
A46
Fuse holder, rear
F101
250A
X10209
35.0
RT
X13020
A149a
Car access system
30G
1
X13376
0.35
RT
2
X11010
A4010
Junction box
I01068
F24
5A
4
X11003
1.5
RT/SW
2
X992
A195
Towing hitch release
27268
B309ele23942

Fuse F25

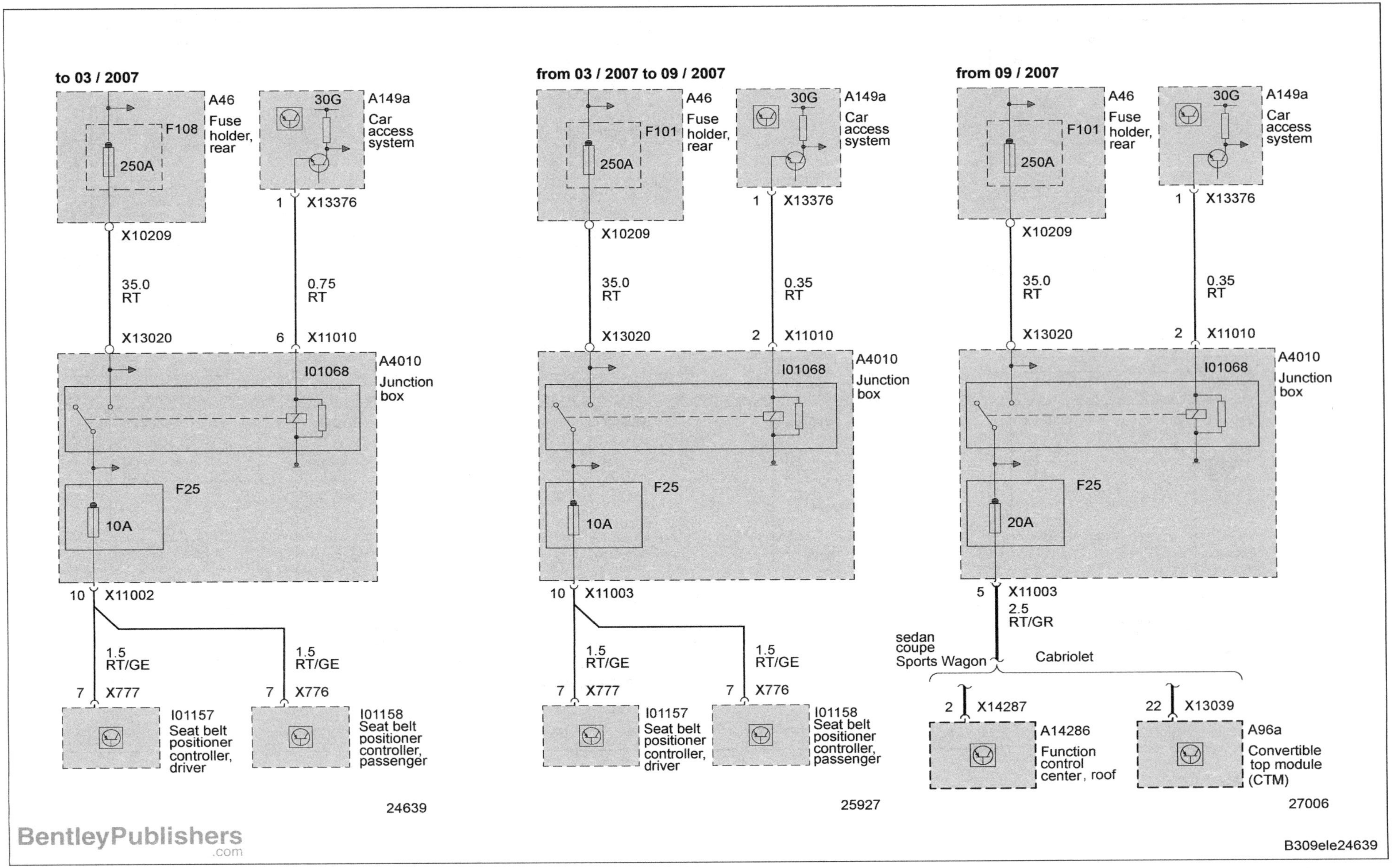

to 03 / 2007
A46
Fuse holder, rear
F108
250A
X10209
35.0 RT
X13020
A149a
Car access system
30G
1 X13376
0.75 RT
6 X11010
A4010
Junction box
I01068
F25
10A
10 X11002
1.5 RT/GE
7 X777
1.5 RT/GE
7 X776
I01157
Seat belt positioner controller, driver
I01158
Seat belt positioner controller, passenger
24639
from 03 / 2007 to 09 / 2007
A46
Fuse holder, rear
F101
250A
X10209
35.0 RT
X13020
A149a
Car access system
30G
1 X13376
0.35 RT
2 X11010
A4010
Junction box
I01068
F25
10A
10 X11003
1.5 RT/GE
7 X777
1.5 RT/GE
7 X776
I01157
Seat belt positioner controller, driver
I01158
Seat belt positioner controller, passenger
25927
from 09 / 2007
A46
Fuse holder, rear
F101
250A
X10209
35.0 RT
X13020
A149a
Car access system
30G
1 X13376
0.35 RT
2 X11010
A4010
Junction box
I01068
F25
20A
5 X11003
2.5 RT/GR
sedan
coupe
Sports Wagon
Cabriolet
2 X14287
A14286
Function control center, roof
22 X13039
A96a
Convertible top module (CTM)
27006
BentleyPublishers.com
B309ele24639

Fuse F26
with TCU or ULF
(to 03 / 2007)

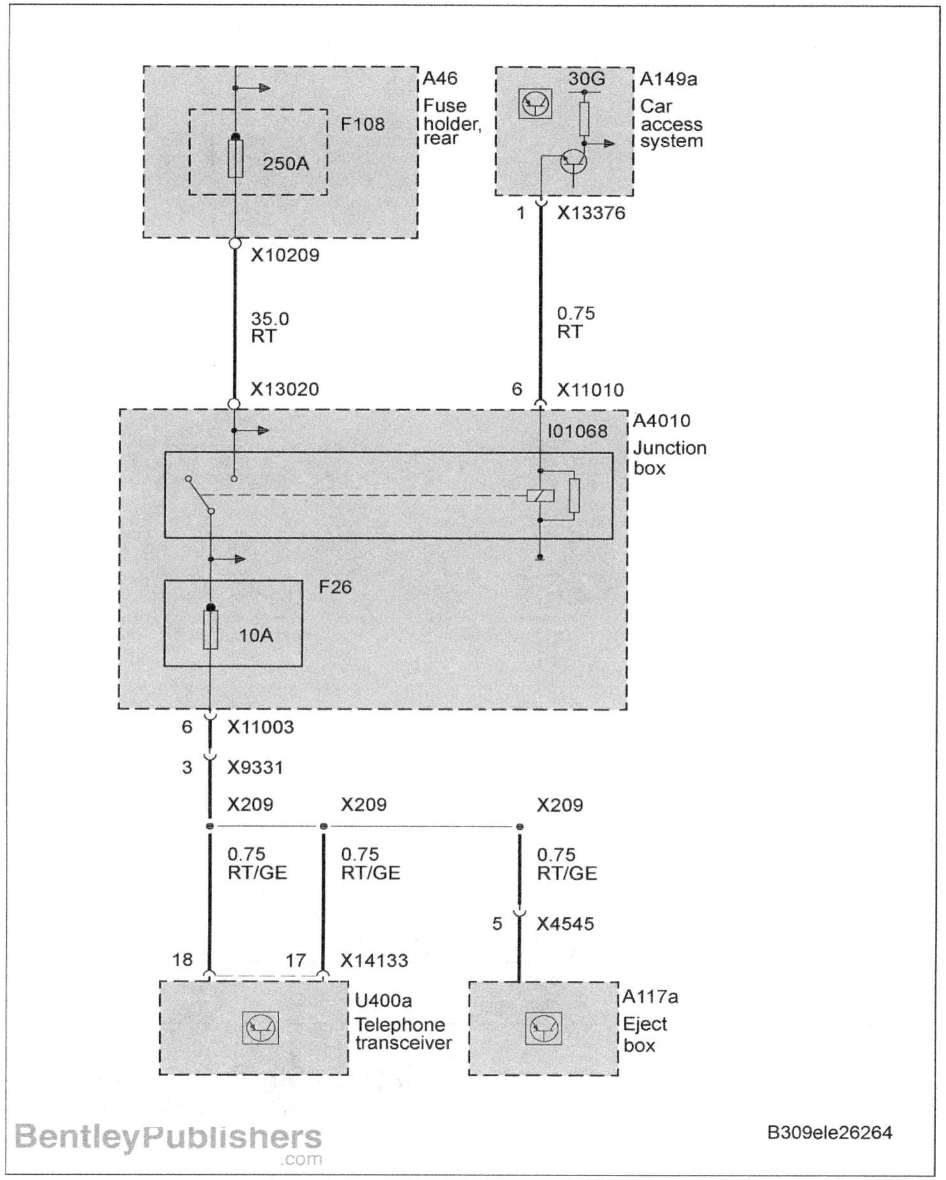

Fuse F26
without TCU or ULF
(to 03 / 2007)

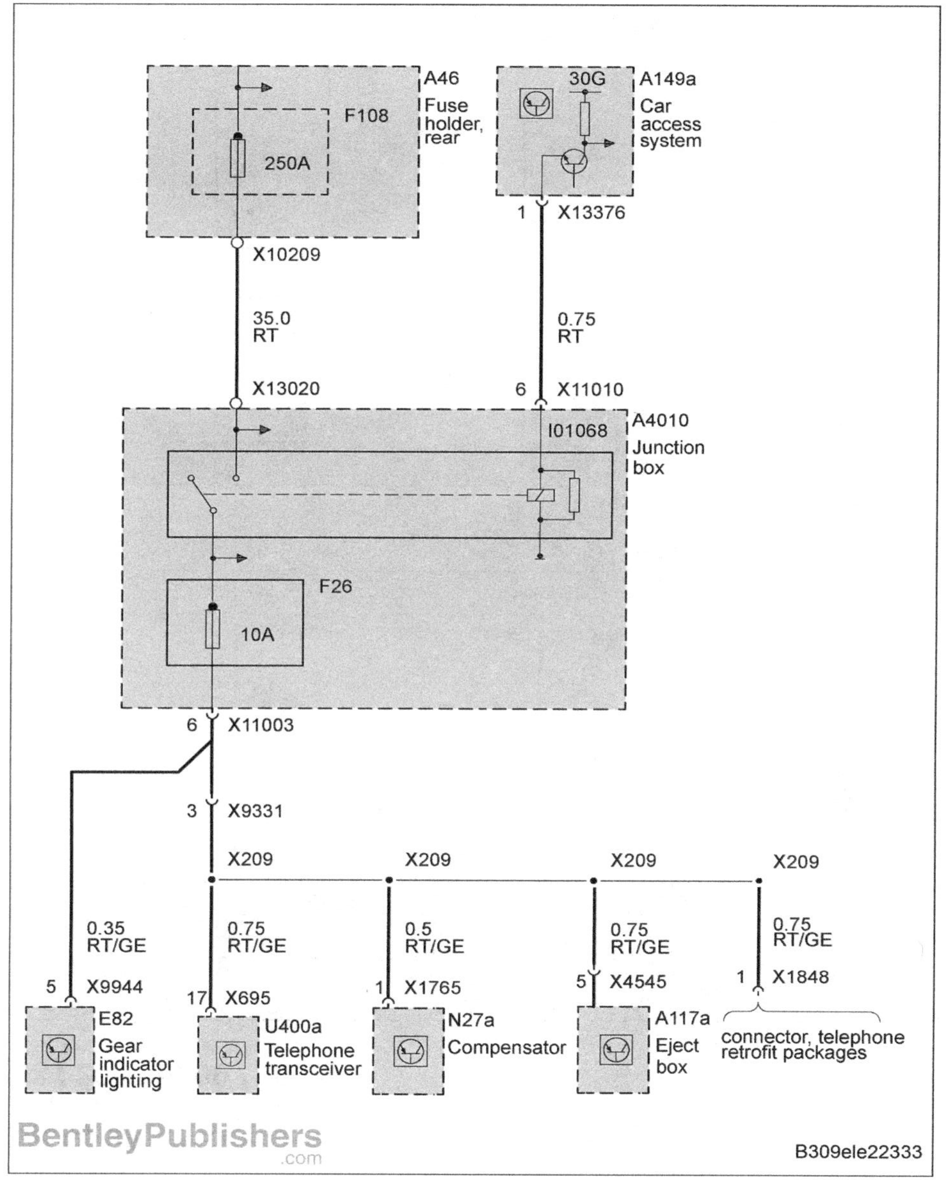

Fuse F26
without TCU or ULF
(from 03 / 2007 to 09 / 2007)

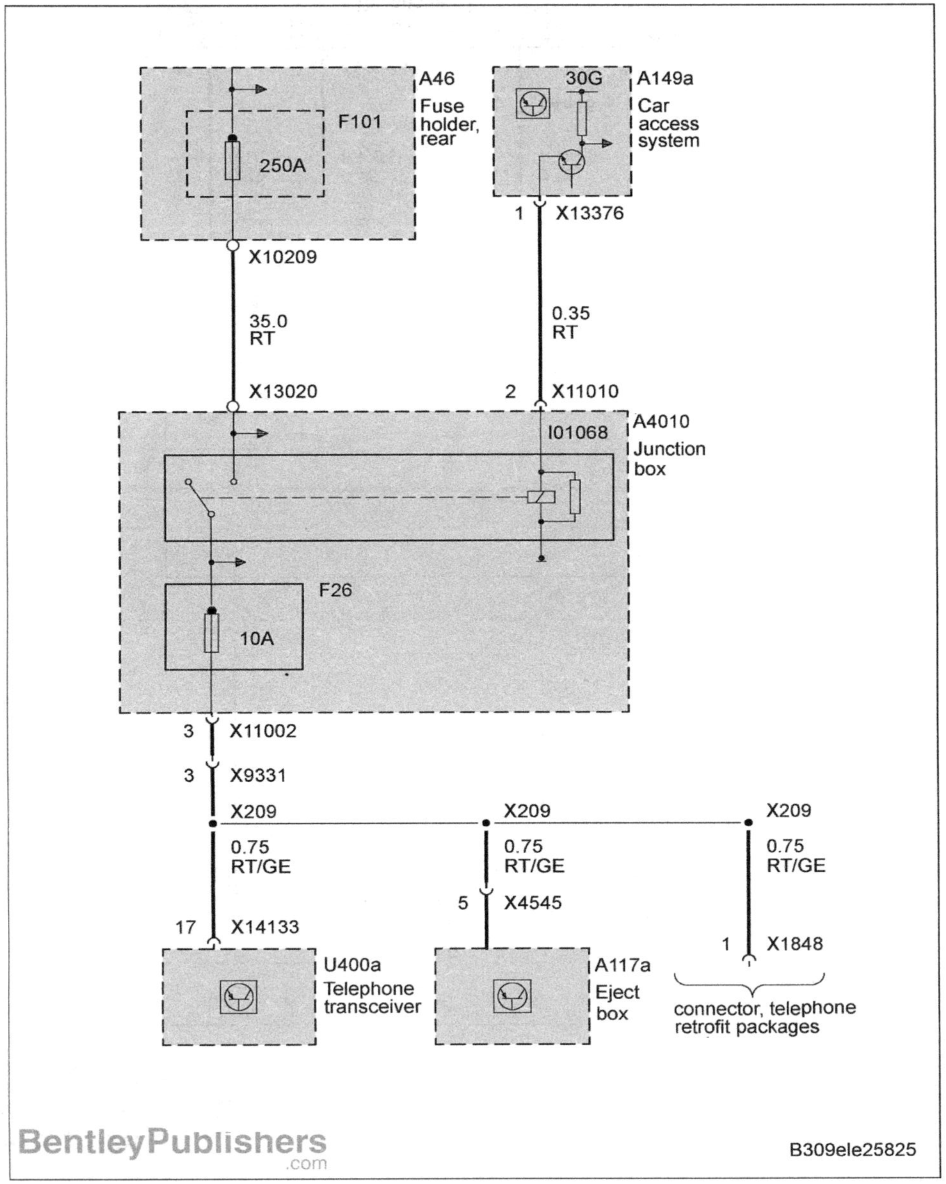

Fuse F26
with TCU or ULF from
(03 / 2007 to 09 / 2007)

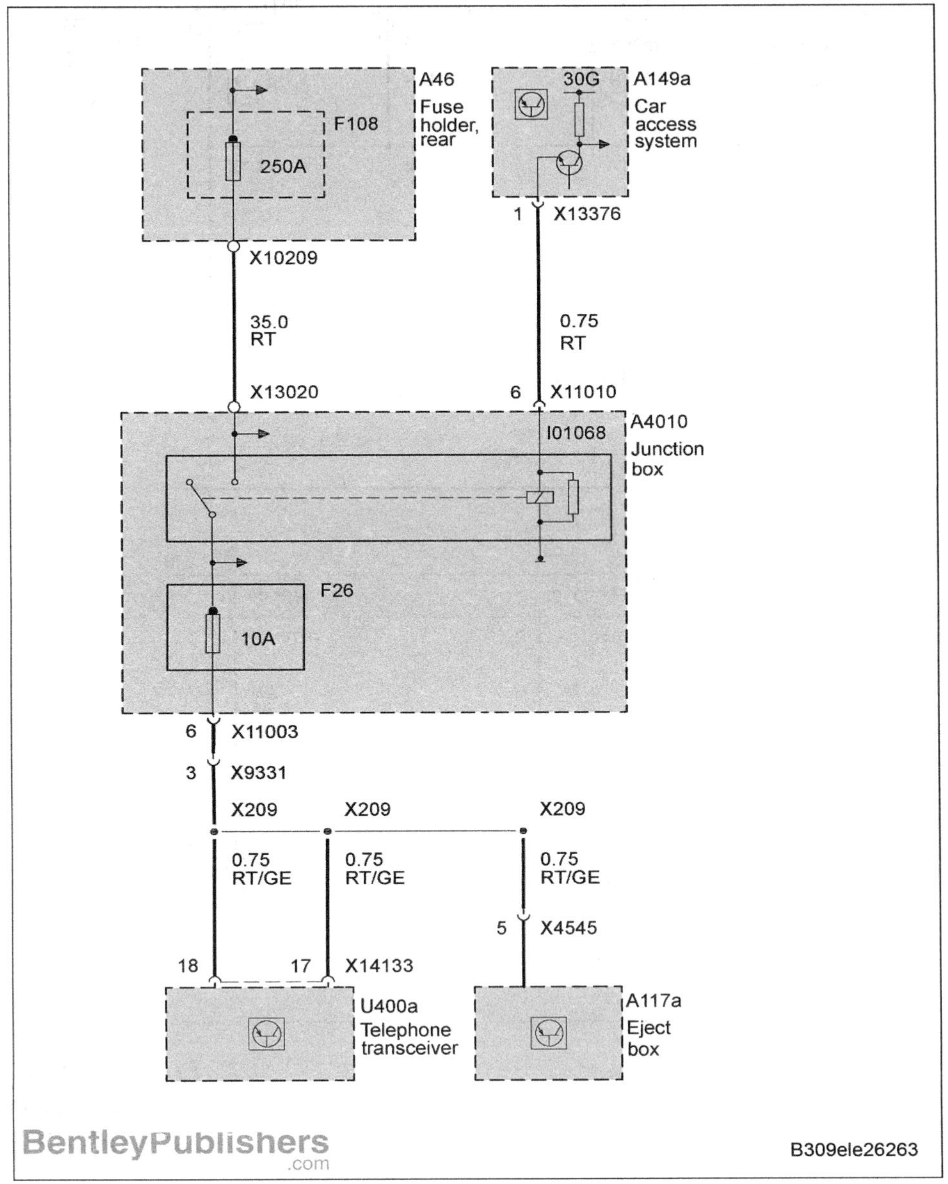

Fuse F26
(from 09 / 2007)

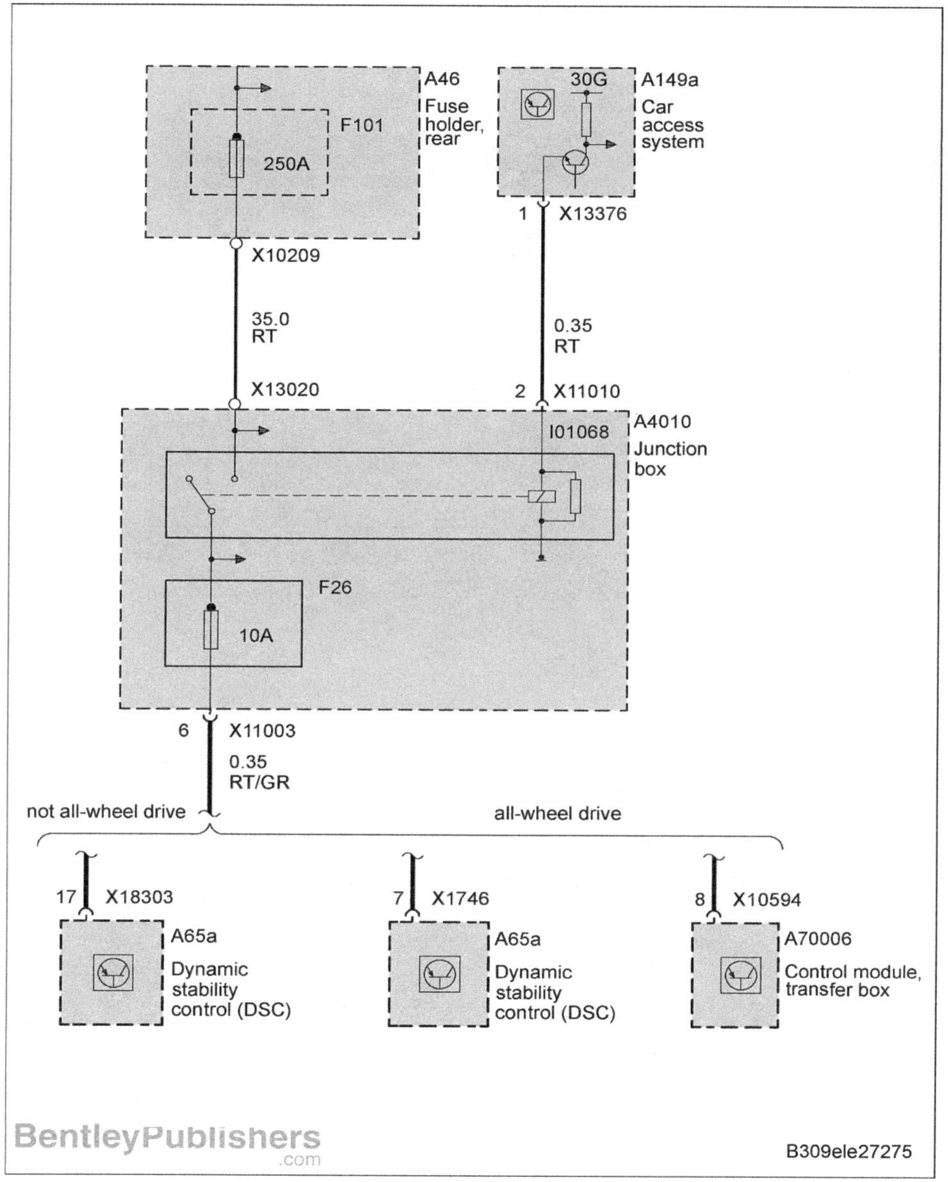

Fuse F27
(to 09 / 2007)

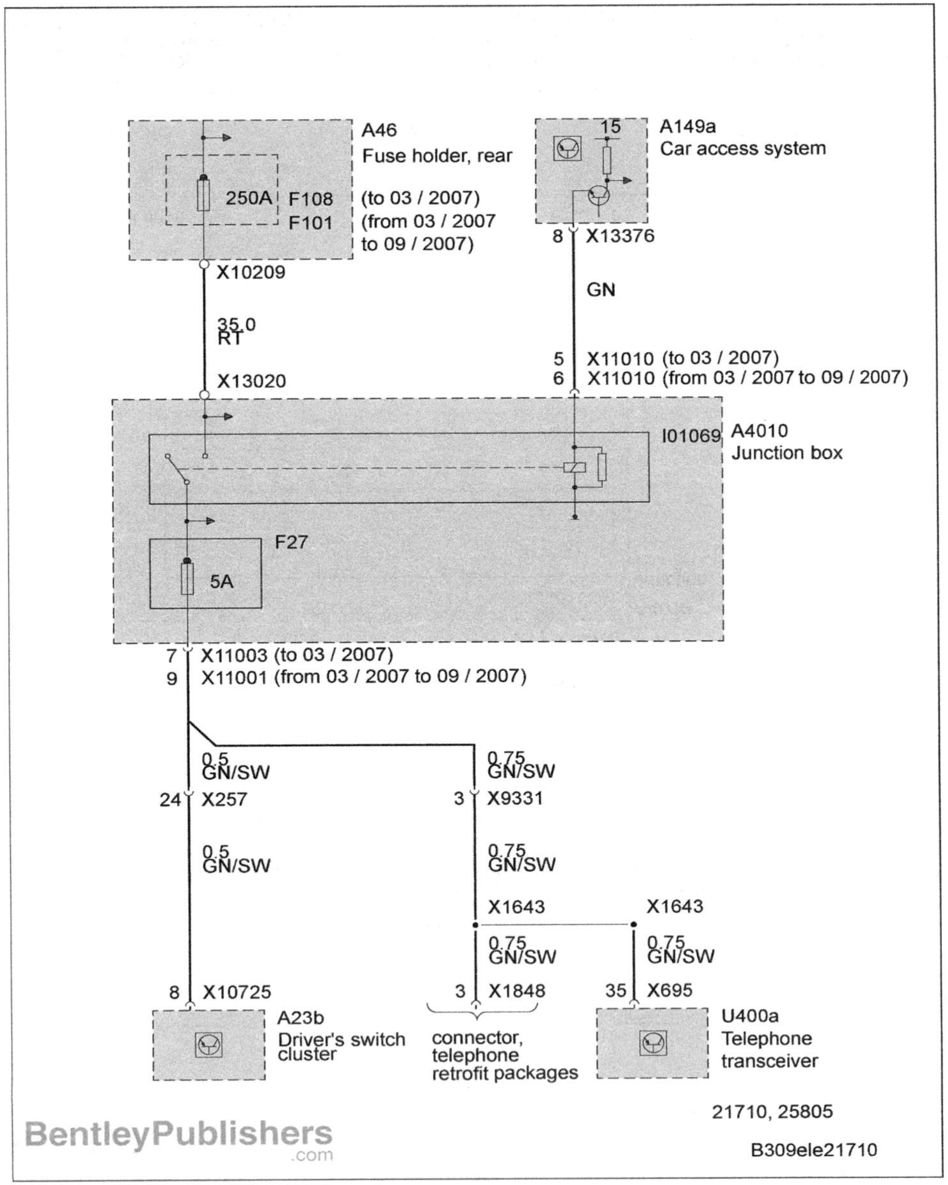

Fuse F27
(from 09 / 2007)

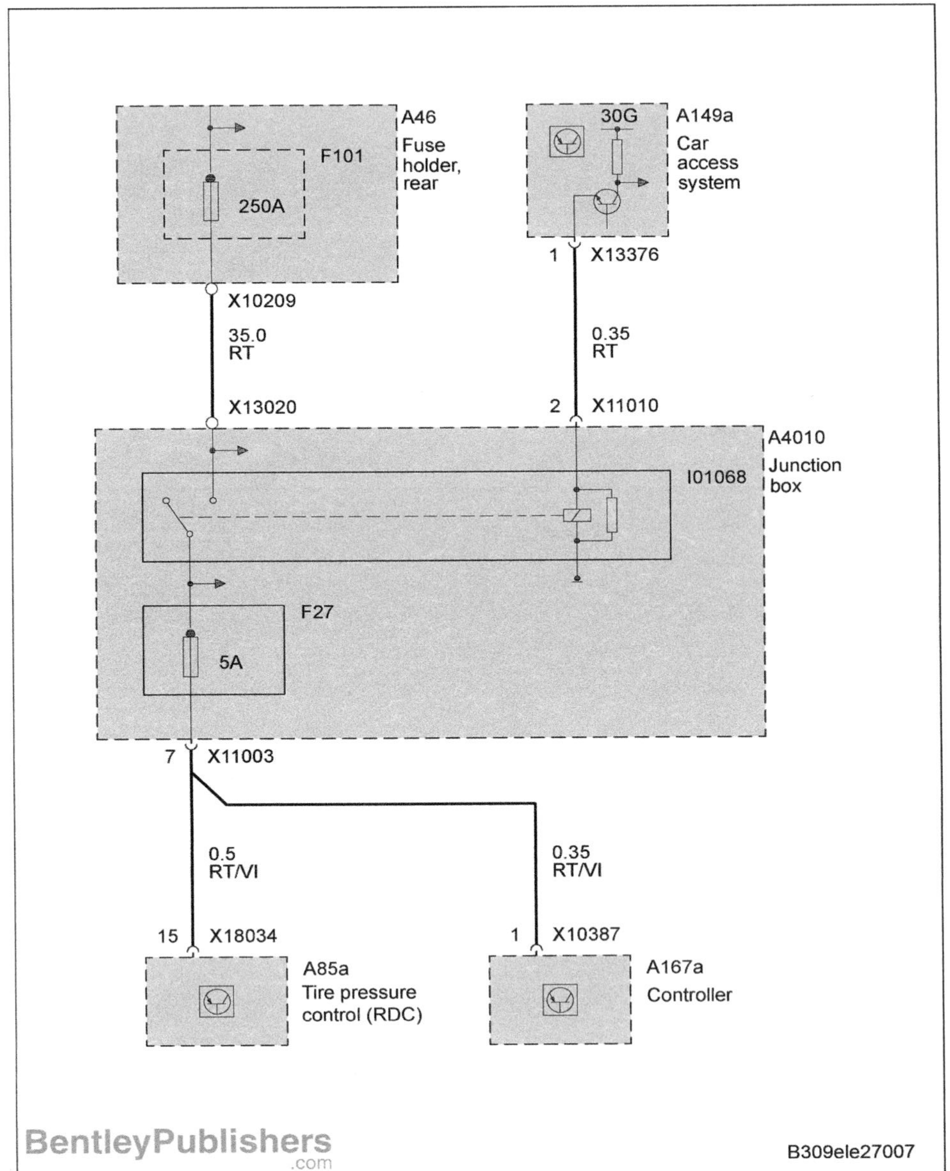

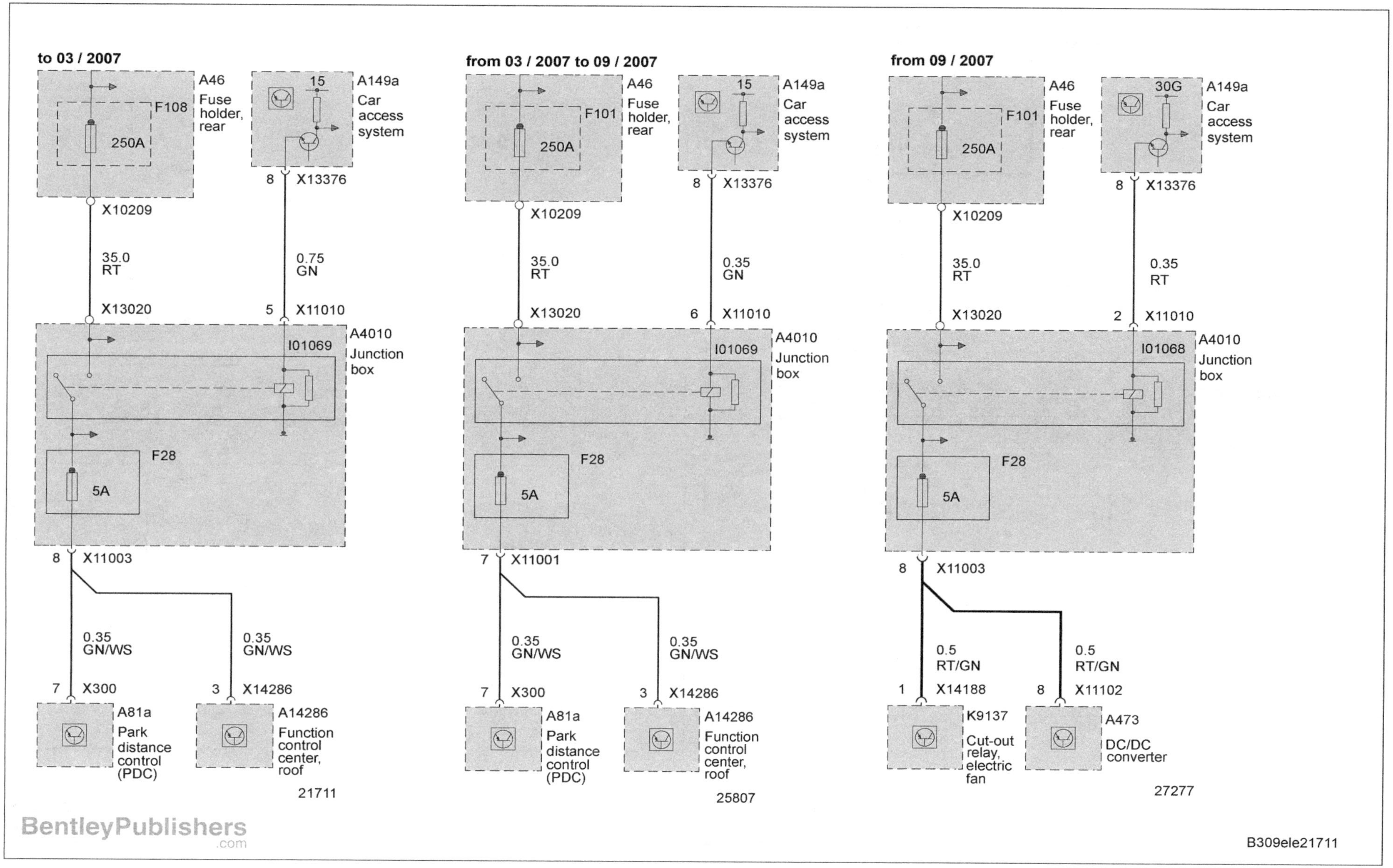

to 03 / 2007
A46
Fuse holder, rear
F108
250A
X10209
35.0
RT
X13020
A149a
Car access system
15
8
X13376
0.75
GN
5
X11010
A4010
Junction box
I01069
F28
5A
8
X11003
0.35
GN/WS
7
X300
A81a
Park distance control (PDC)
0.35
GN/WS
3
X14286
A14286
Function control center, roof
21711
from 03 / 2007 to 09 / 2007
A46
Fuse holder, rear
F101
250A
X10209
35.0
RT
X13020
A149a
Car access system
15
8
X13376
0.35
GN
6
X11010
A4010
Junction box
I01069
F28
5A
7
X11001
0.35
GN/WS
7
X300
A81a
Park distance control (PDC)
0.35
GN/WS
3
X14286
A14286
Function control center, roof
25807
from 09 / 2007
A46
Fuse holder, rear
F101
250A
X10209
35.0
RT
X13020
A149a
Car access system
30G
8
X13376
0.35
RT
2
X11010
A4010
Junction box
I01068
F28
5A
8
X11003
0.5
RT/GN
1
X14188
K9137
Cut-out relay, electric fan
0.5
RT/GN
8
X11102
A473
DC/DC converter
27277
B309ele21711

Fuse F29 (to 03 / 2007)

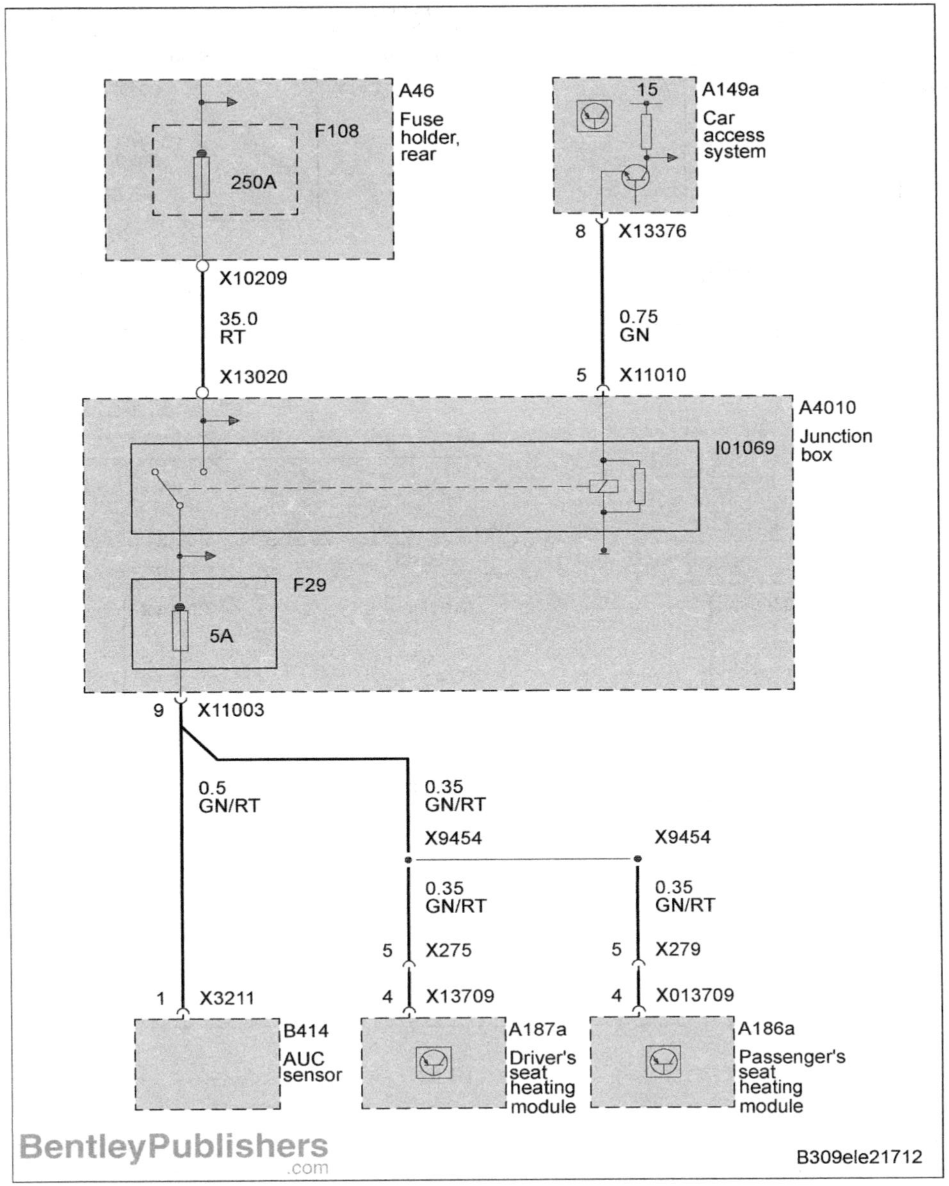

Fuse F29 (from 03 / 2007)

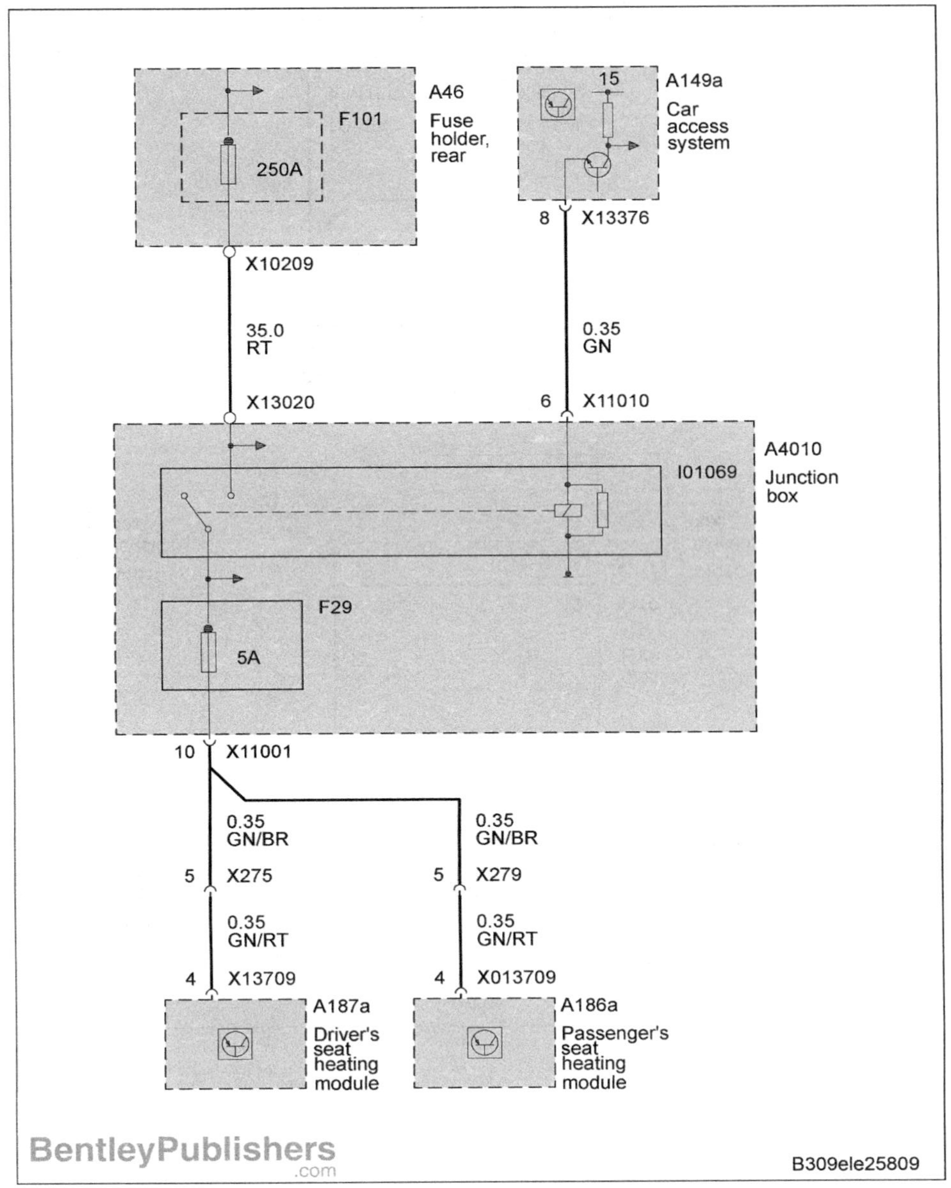

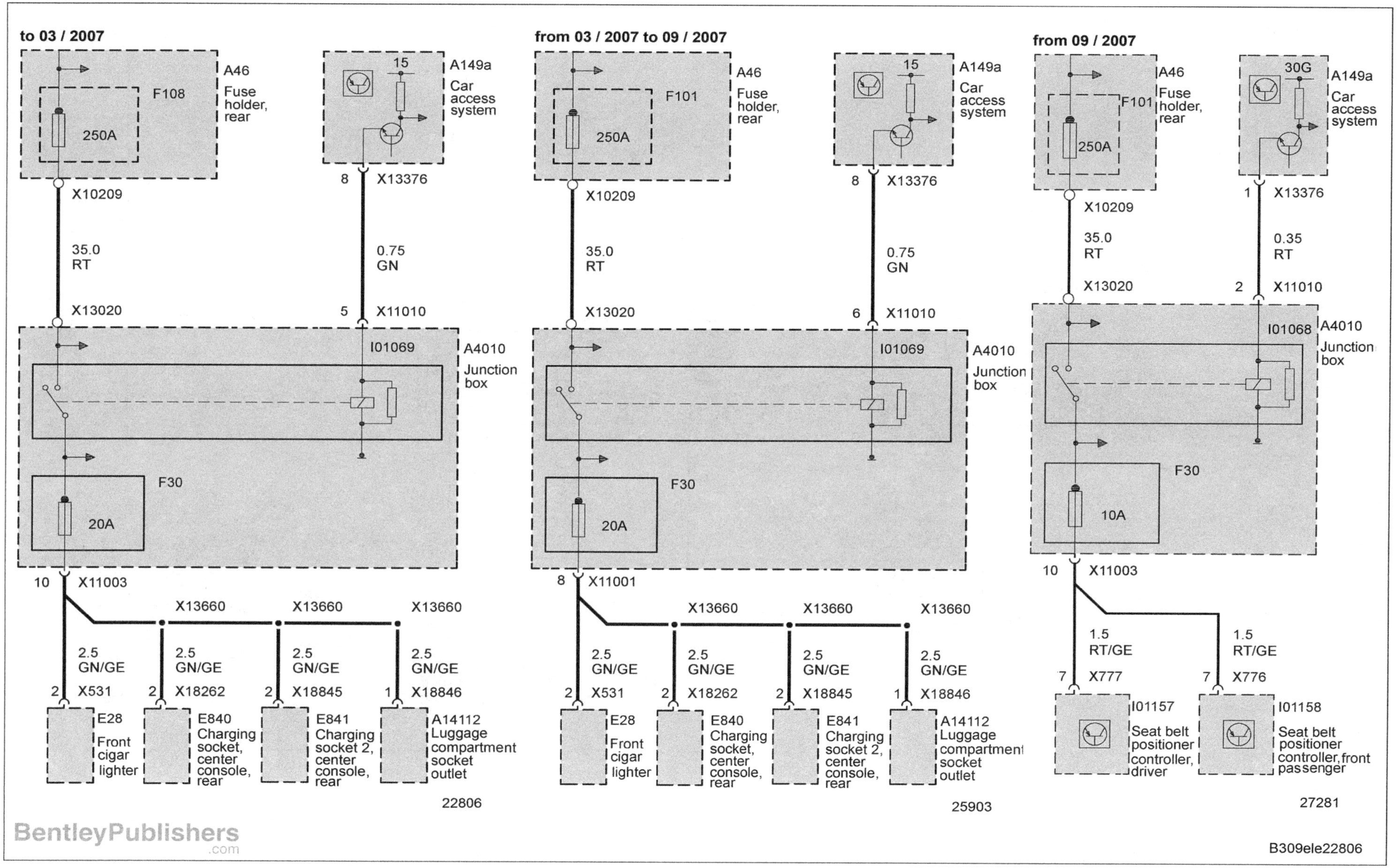

to 03 / 2007
A46
Fuse holder, rear
F108
250A
X10209
35.0
RT
X13020
A149a
Car access system
15
8
X13376
0.75
GN
5
X11010
I01069
A4010
Junction box
F30
20A
10
X11003
X13660
X13660
X13660
2.5
GN/GE
2
X531
E28
Front cigar lighter
2.5
GN/GE
2
X18262
E840
Charging socket, center console, rear
2.5
GN/GE
2
X18845
E841
Charging socket 2, center console, rear
2.5
GN/GE
1
X18846
A14112
Luggage compartment socket outlet
22806
from 03 / 2007 to 09 / 2007
A46
Fuse holder, rear
F101
250A
X10209
35.0
RT
X13020
A149a
Car access system
15
8
X13376
0.75
GN
6
X11010
I01069
A4010
Junction box
F30
20A
8
X11001
X13660
X13660
X13660
2.5
GN/GE
2
X531
E28
Front cigar lighter
2.5
GN/GE
2
X18262
E840
Charging socket, center console, rear
2.5
GN/GE
2
X18845
E841
Charging socket 2, center console, rear
2.5
GN/GE
1
X18846
A14112
Luggage compartment socket outlet
25903
from 09 / 2007
A46
Fuse holder, rear
F101
250A
X10209
35.0
RT
X13020
A149a
Car access system
30G
1
X13376
0.35
RT
2
X11010
I01068
A4010
Junction box
F30
10A
10
X11003
1.5
RT/GE
7
X777
I01157
Seat belt positioner controller, driver
1.5
RT/GE
7
X776
I01158
Seat belt positioner controller, front passenger
27281
BentleyPublishers.com
B309ele22806

Fuse F31
(to 03 / 2007)

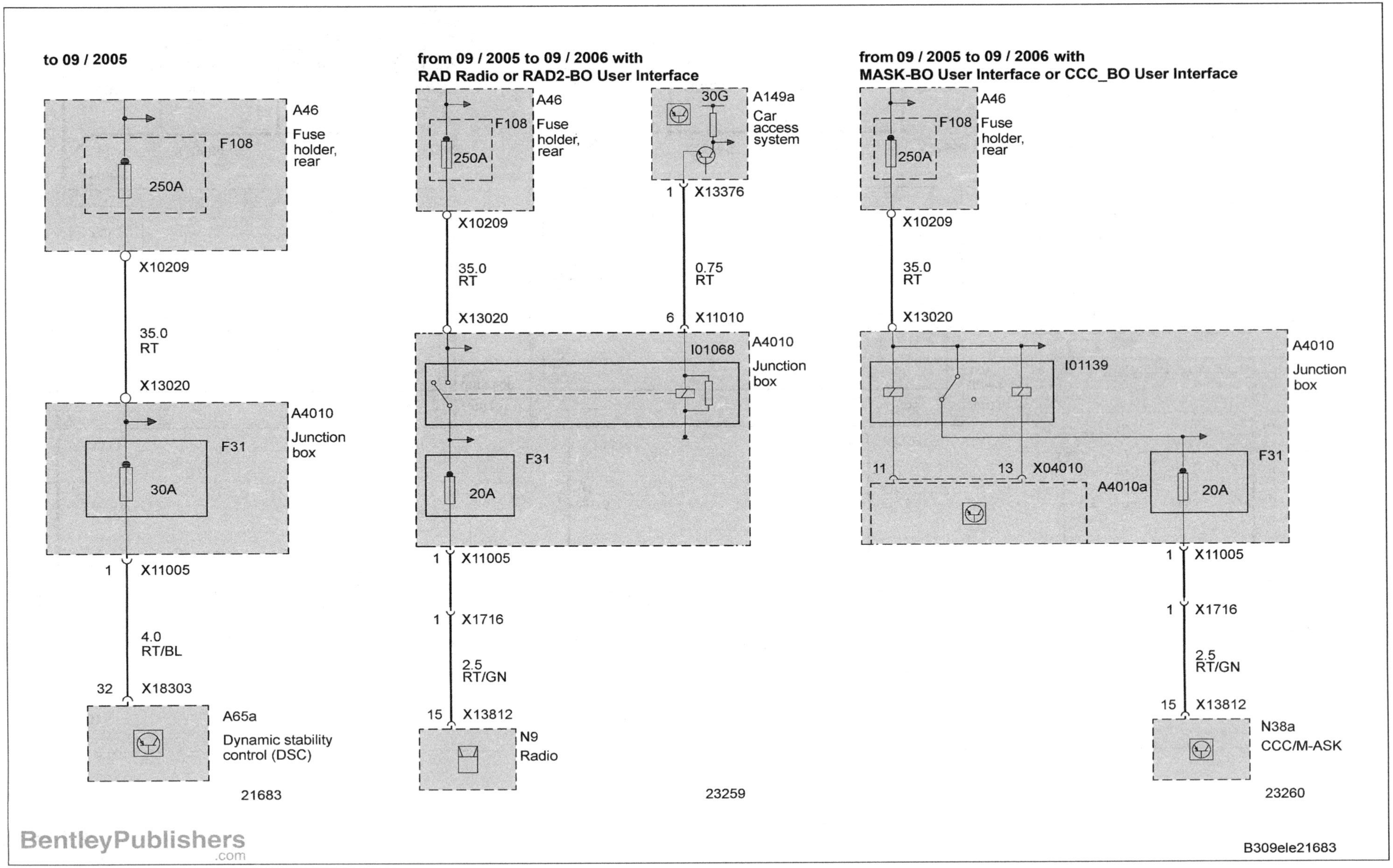

Fuse F31
(from 03 / 2007 to 09 / 2007)

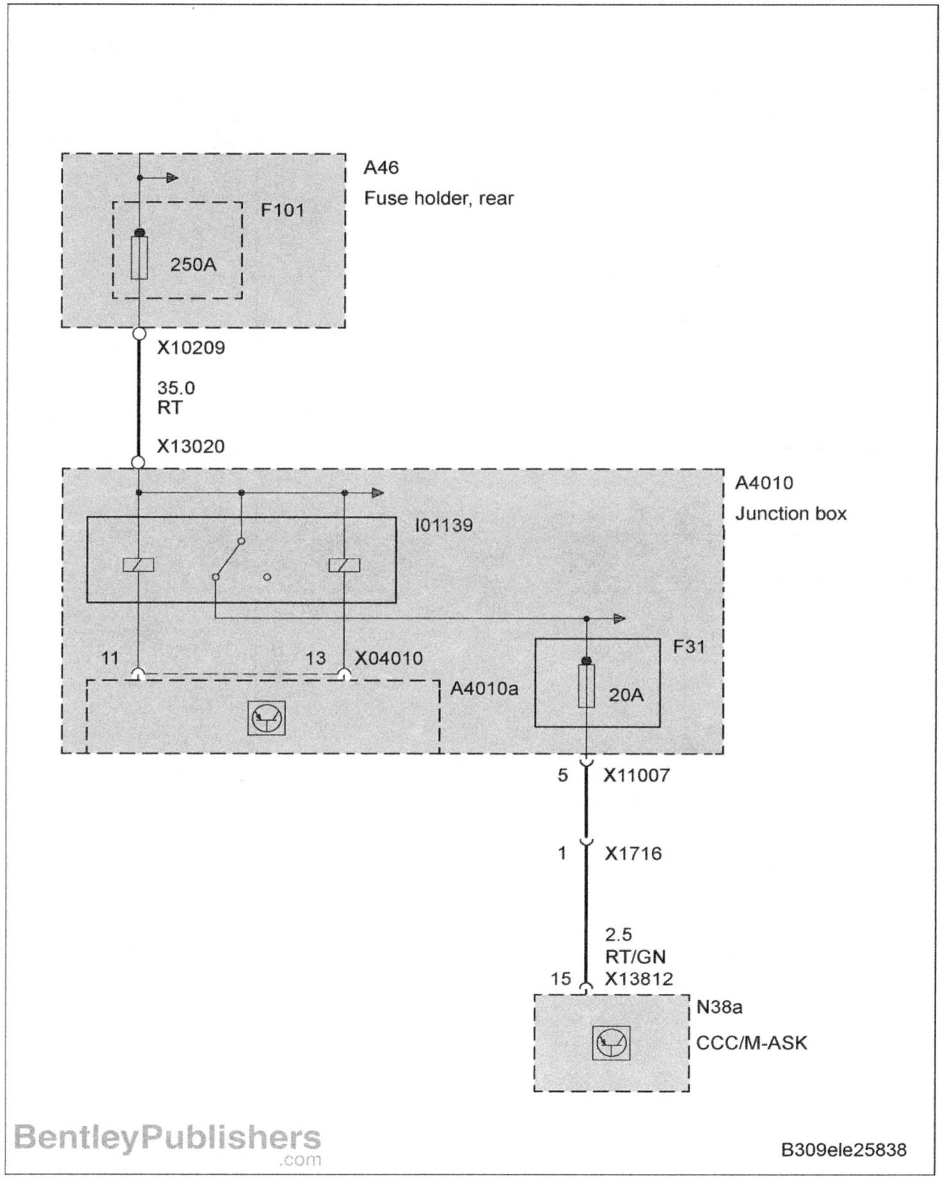

Fuse F31
(from 09 / 2007)

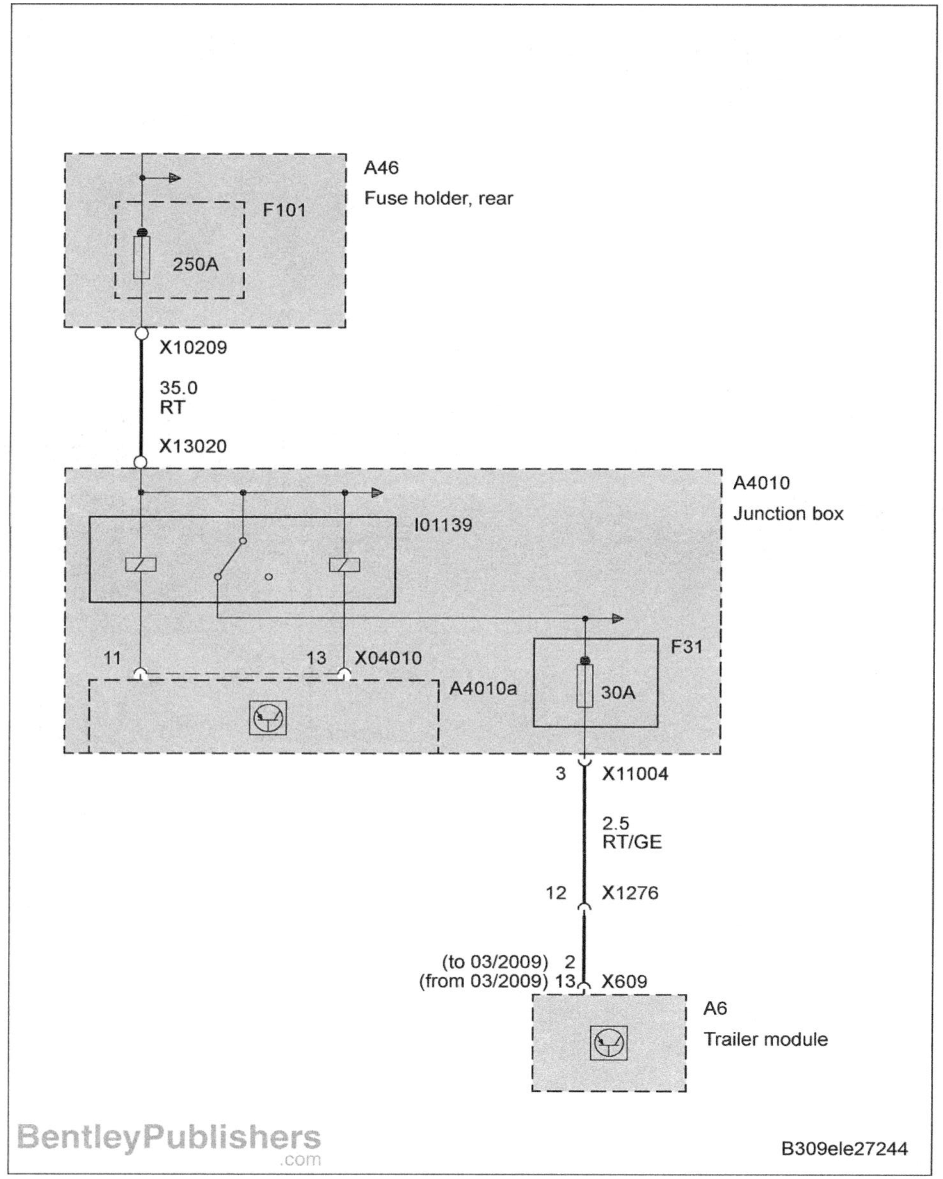

Fuse F32

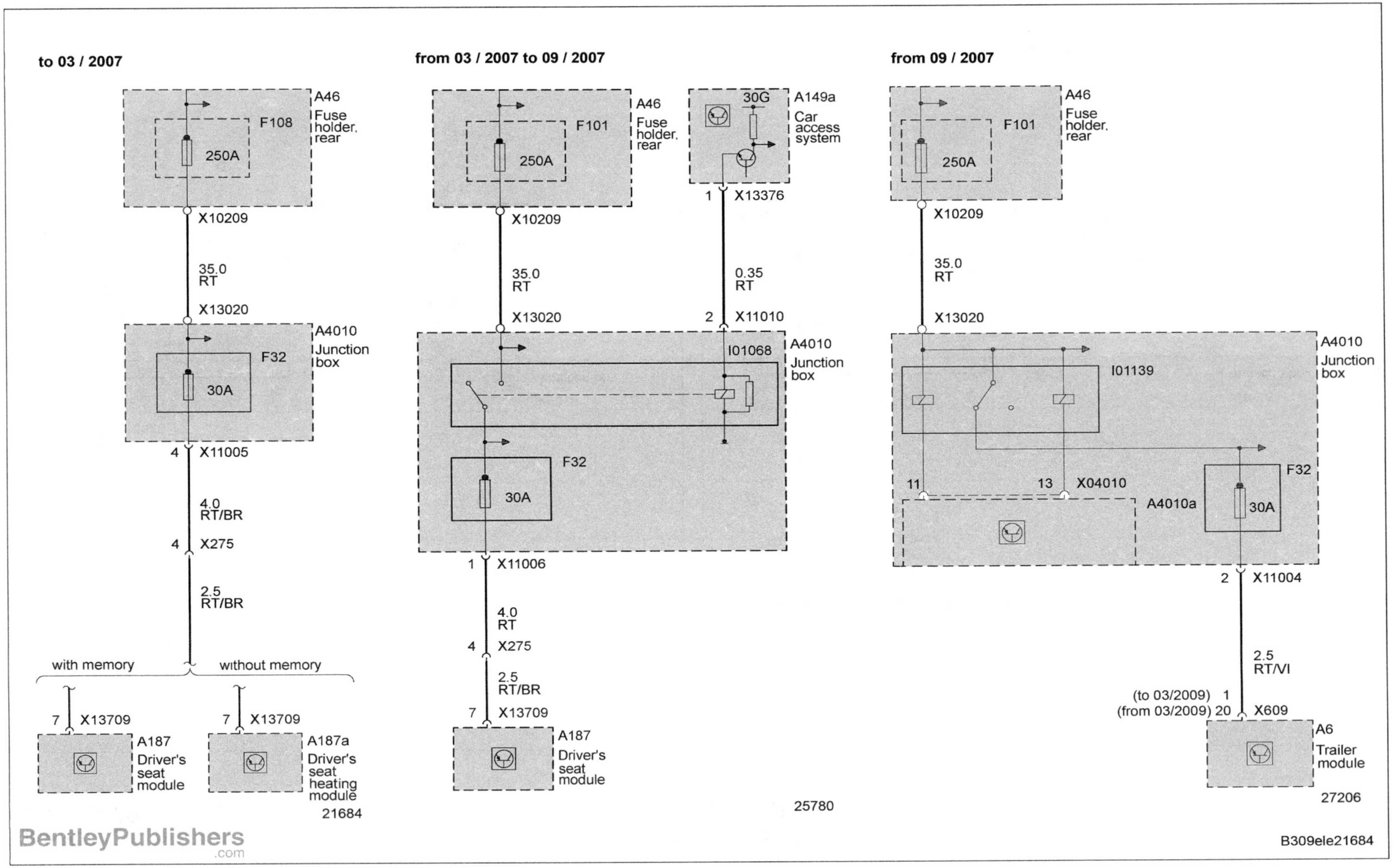

to 03 / 2007
A46
Fuse holder, rear
F108
250A
X10209
35.0 RT
X13020
A4010
Junction box
F32
30A
4 X11005
4.0 RT/BR
4 X275
2.5 RT/BR
with memory
without memory
7 X13709
A187
Driver's seat module
7 X13709
A187a
Driver's seat heating module
21684
from 03 / 2007 to 09 / 2007
A46
Fuse holder, rear
F101
250A
X10209
35.0 RT
X13020
30G
A149a
Car access system
1 X13376
0.35 RT
2 X11010
I01068
A4010
Junction box
F32
30A
1 X11006
4.0 RT
4 X275
2.5 RT/BR
7 X13709
A187
Driver's seat module
25780
from 09 / 2007
A46
Fuse holder, rear
F101
250A
X10209
35.0 RT
X13020
A4010
Junction box
I01139
11
13 X04010
A4010a
F32
30A
2 X11004
2.5 RT/VI
(to 03/2009) 1
(from 03/2009) 20 X609
A6
Trailer module
27206
B309ele21684

Fuse F33
(to 03 / 2007)

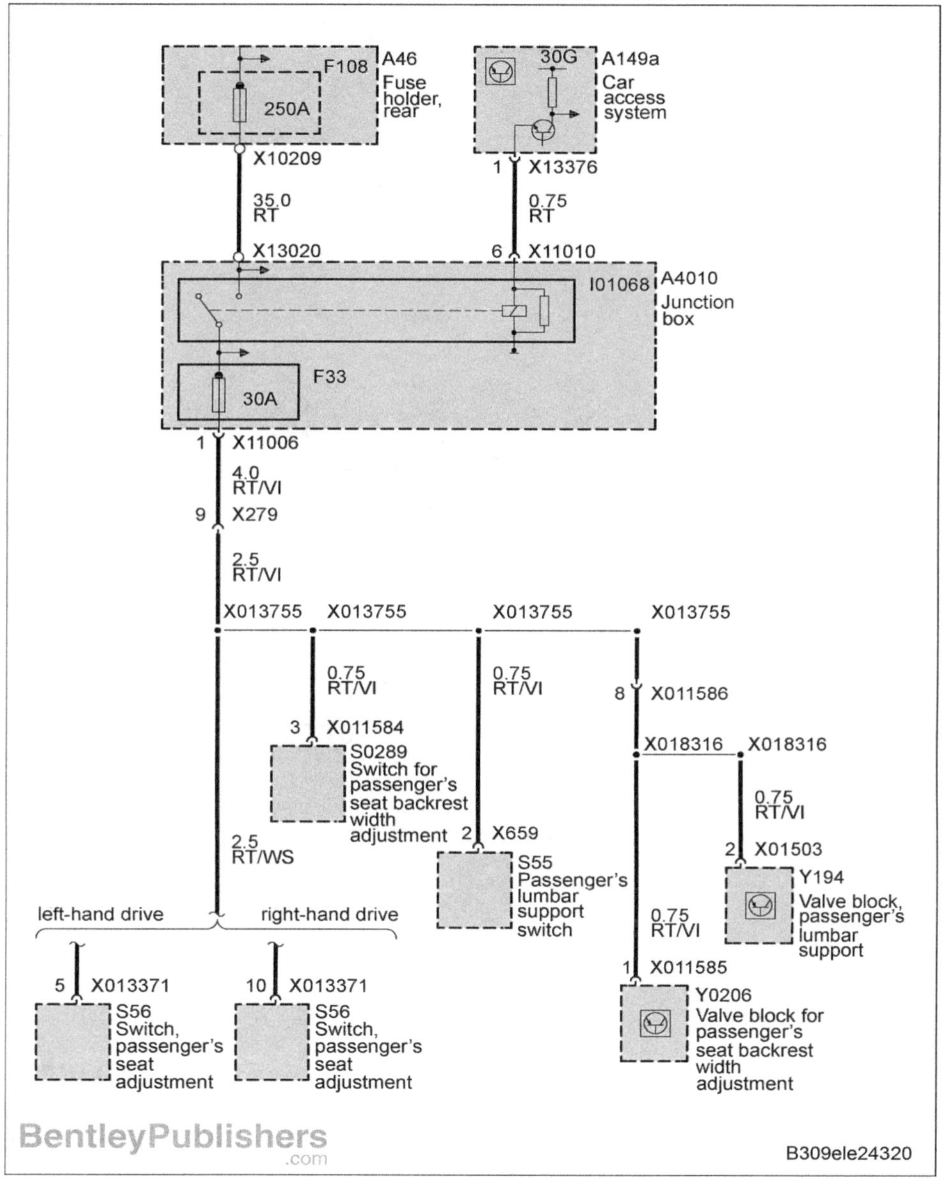

Fuse F33
(from 03 / 2007 to 09 / 2007)

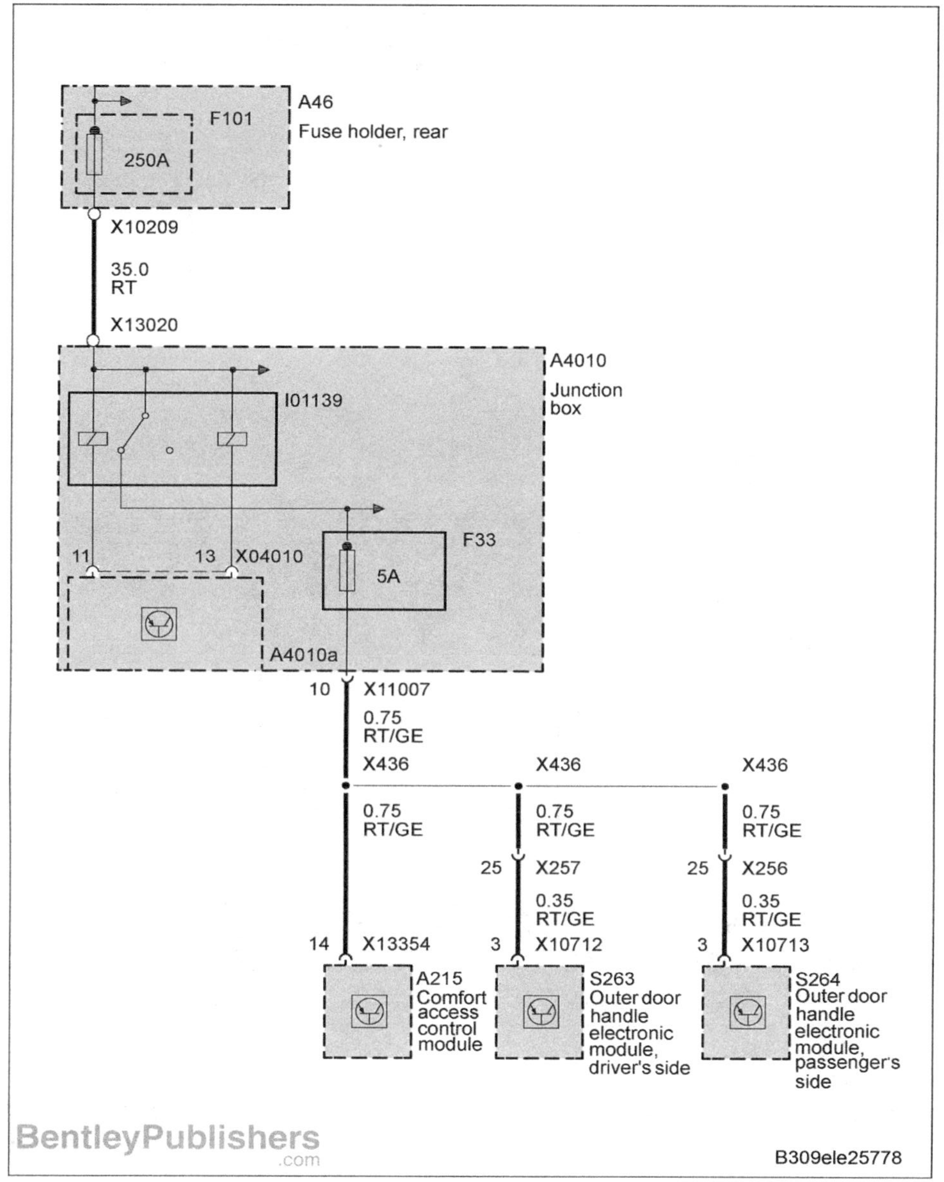

Fuse F33
N51 and N52 engines
(from 09 / 2007)

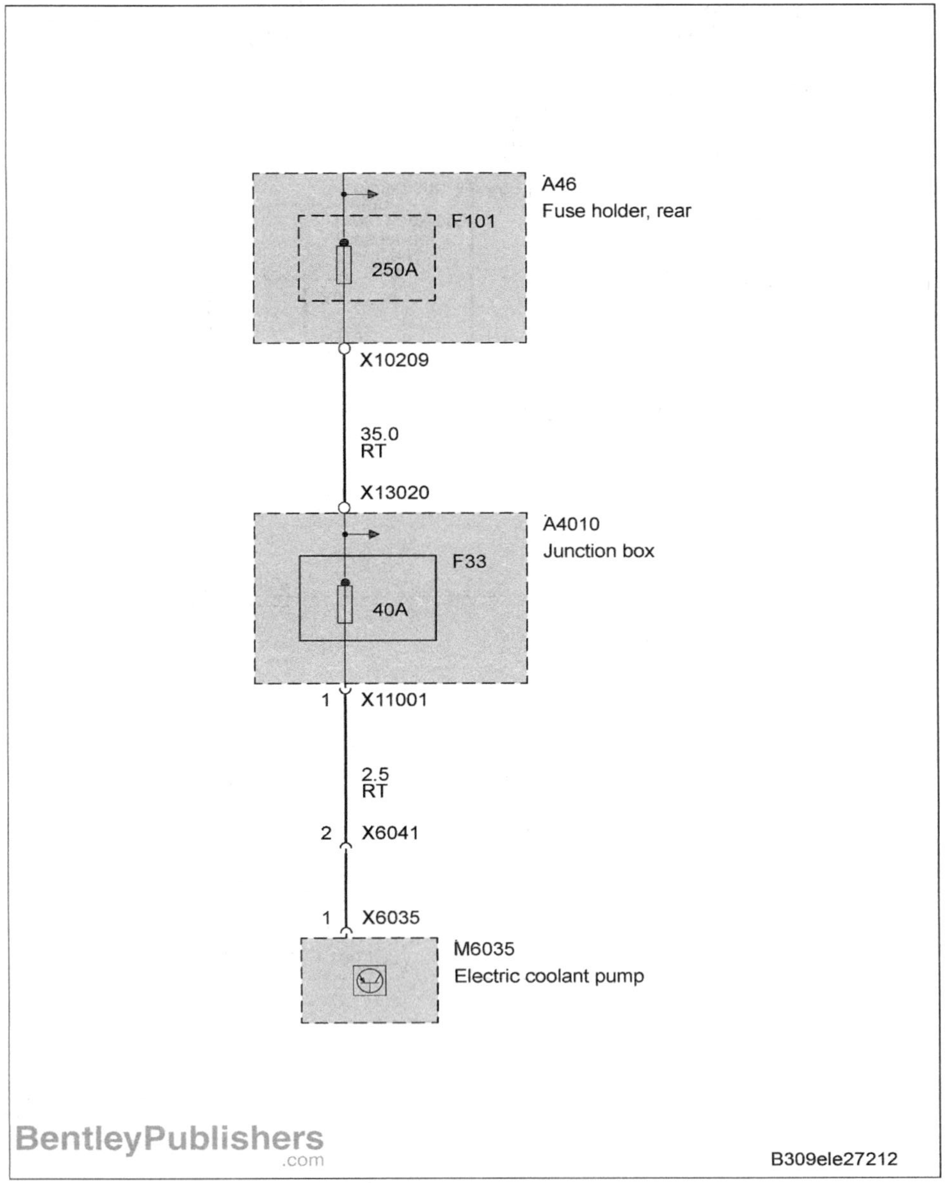

Fuse F34
(to 03 / 2007)

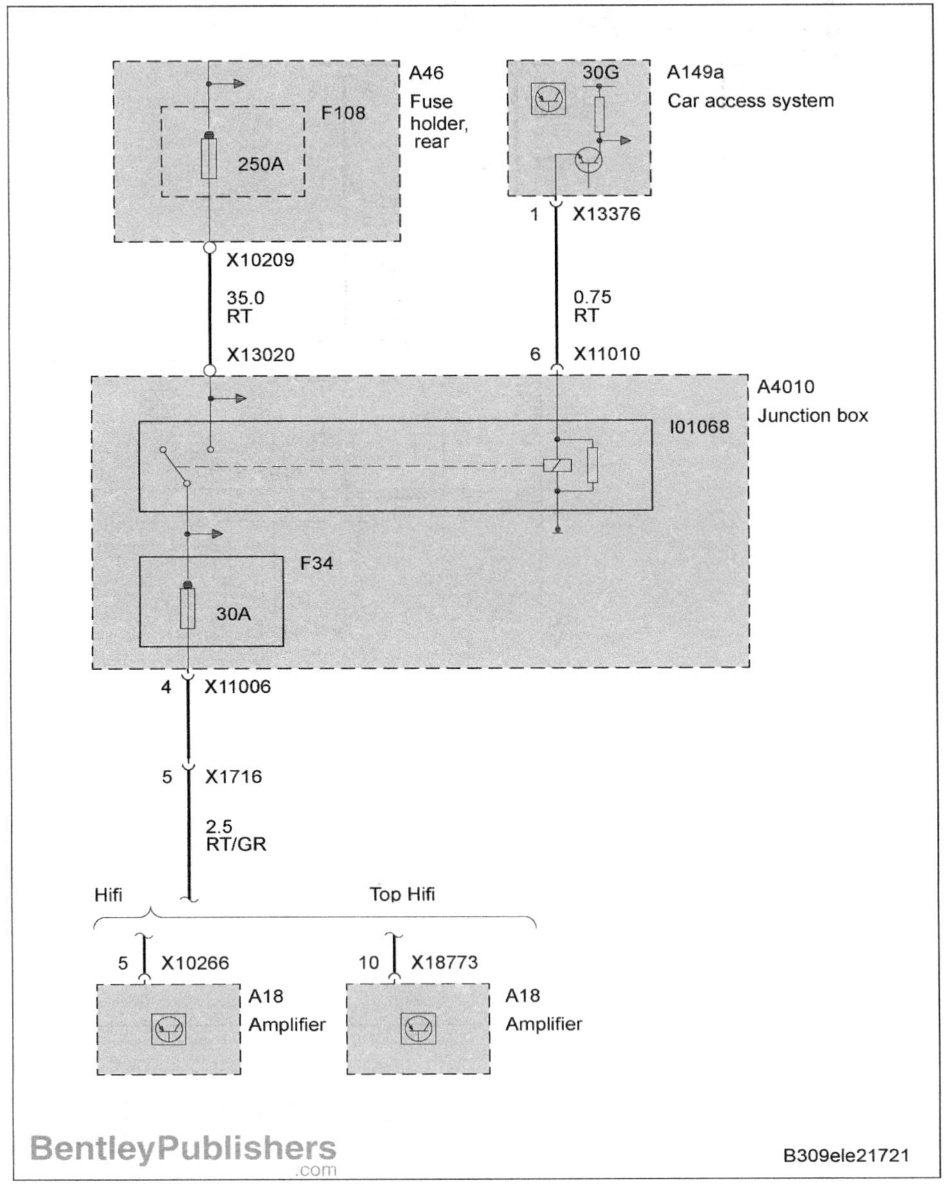

Fuse F34
(from 03 / 2007)

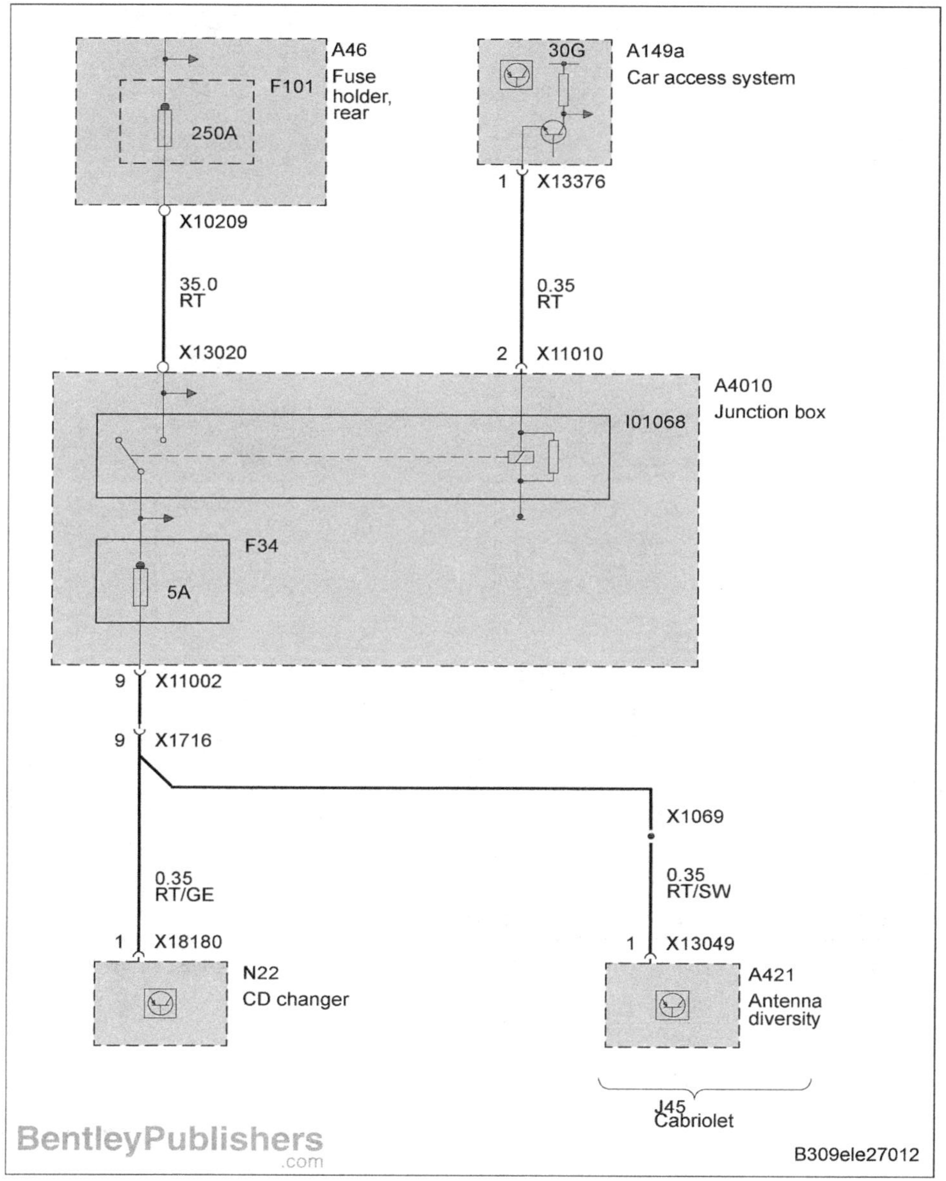

Fuse F35

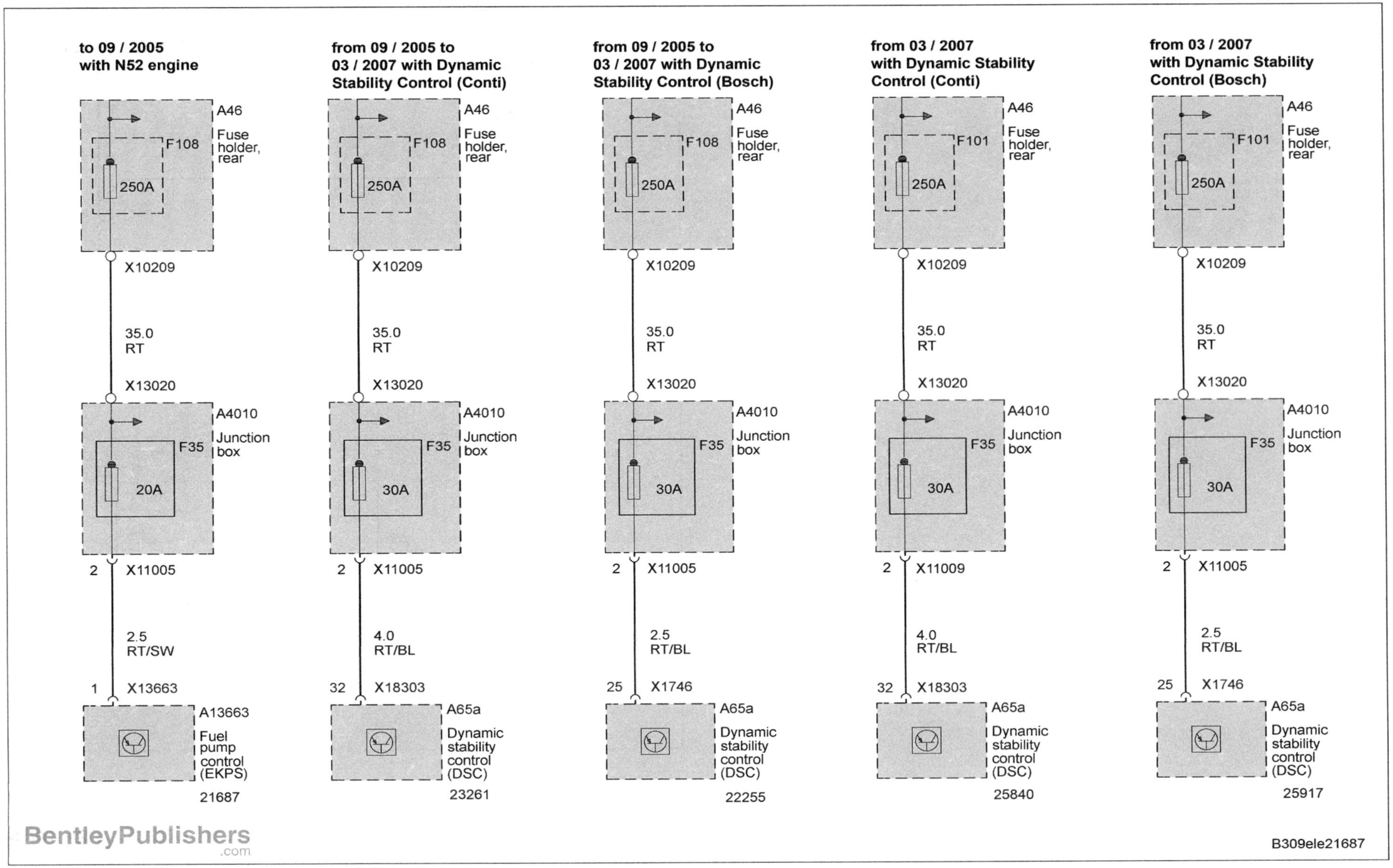
to 09 / 2005
with N52 engine
A46
Fuse holder, rear
F108
250A
X10209
35.0
RT
X13020
A4010
Junction box
F35
20A
2
X11005
2.5
RT/SW
1
X13663
A13663
Fuel pump control (EKPS)
21687
from 09 / 2005 to
03 / 2007 with Dynamic
Stability Control (Conti)
A46
Fuse holder, rear
F108
250A
X10209
35.0
RT
X13020
A4010
Junction box
F35
30A
2
X11005
4.0
RT/BL
32
X18303
A65a
Dynamic stability control (DSC)
23261
from 09 / 2005 to
03 / 2007 with Dynamic
Stability Control (Bosch)
A46
Fuse holder, rear
F108
250A
X10209
35.0
RT
X13020
A4010
Junction box
F35
30A
2
X11005
2.5
RT/BL
25
X1746
A65a
Dynamic stability control (DSC)
22255
from 03 / 2007
with Dynamic Stability
Control (Conti)
A46
Fuse holder, rear
F101
250A
X10209
35.0
RT
X13020
A4010
Junction box
F35
30A
2
X11009
4.0
RT/BL
32
X18303
A65a
Dynamic stability control (DSC)
25840
from 03 / 2007
with Dynamic Stability
Control (Bosch)
A46
Fuse holder, rear
F101
250A
X10209
35.0
RT
X13020
A4010
Junction box
F35
30A
2
X11005
2.5
RT/BL
25
X1746
A65a
Dynamic stability control (DSC)
25917
BentleyPublishers.com
B309ele21687

Fuse F36

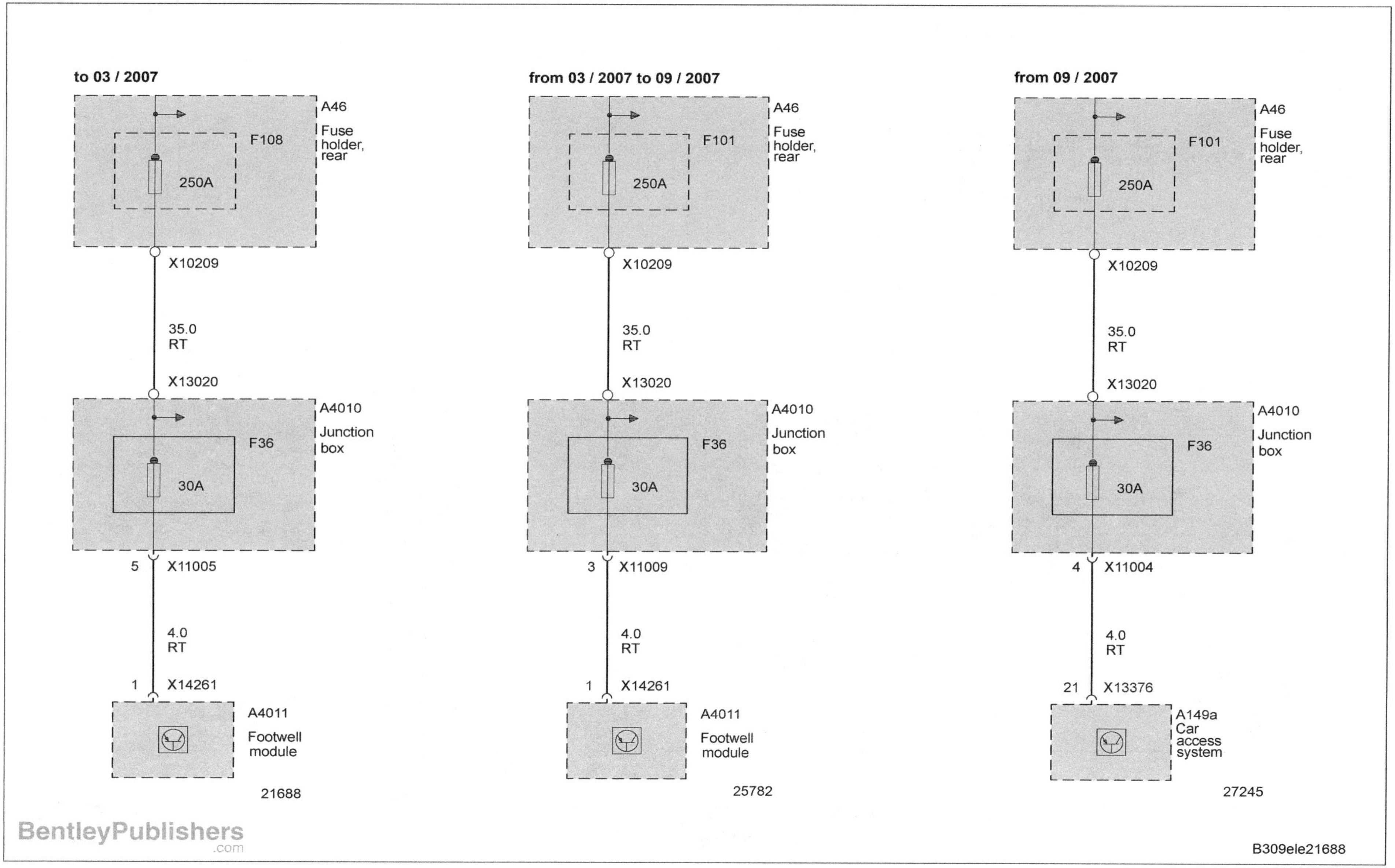

to 03 / 2007
A46
Fuse holder, rear
F108
250A
X10209
35.0
RT
X13020
A4010
Junction box
F36
30A
5
X11005
4.0
RT
1
X14261
A4011
Footwell module
21688
from 03 / 2007 to 09 / 2007
A46
Fuse holder, rear
F101
250A
X10209
35.0
RT
X13020
A4010
Junction box
F36
30A
3
X11009
4.0
RT
1
X14261
A4011
Footwell module
25782
from 09 / 2007
A46
Fuse holder, rear
F101
250A
X10209
35.0
RT
X13020
A4010
Junction box
F36
30A
4
X11004
4.0
RT
21
X13376
A149a
Car access system
27245
BentleyPublishers.com
B309ele21688

Fuse F37
(to 03 / 2007)

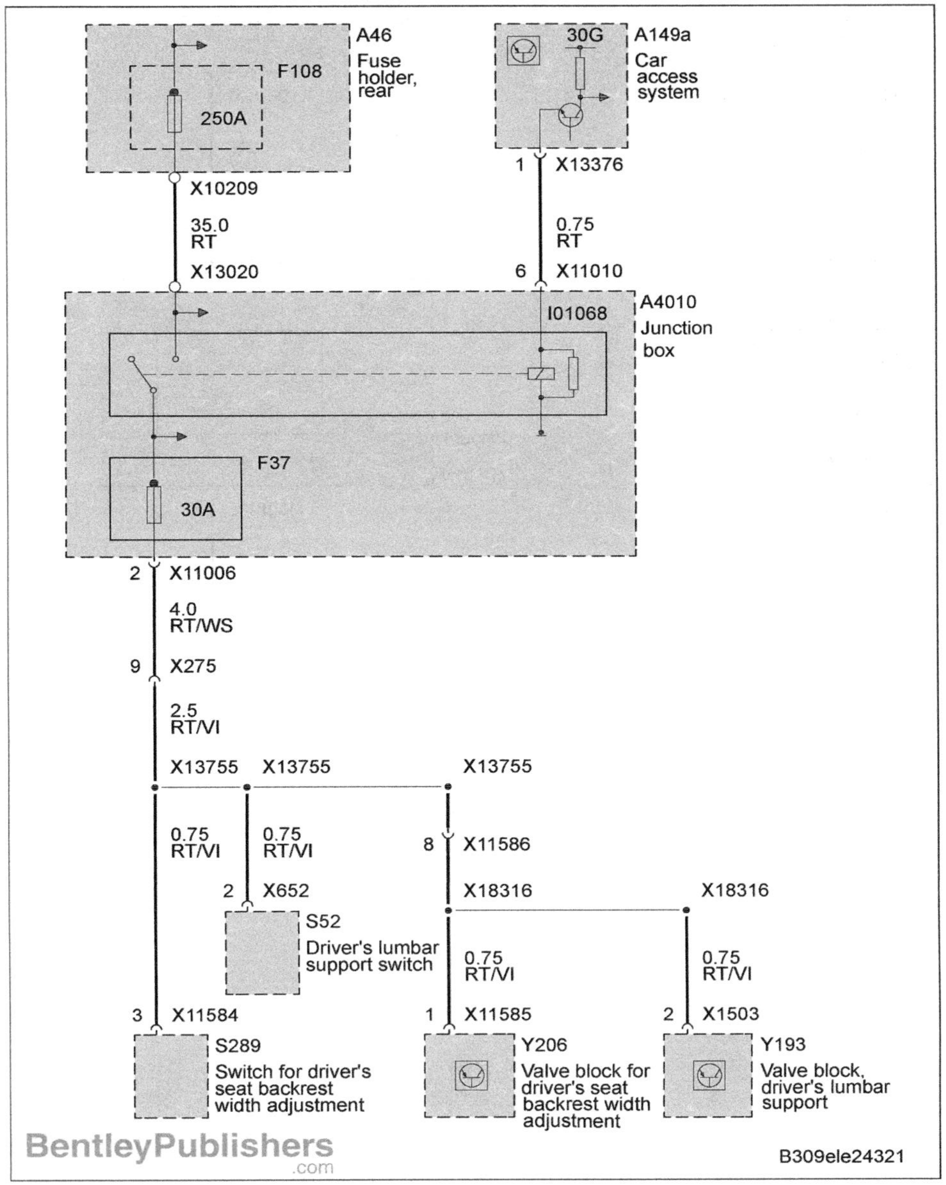

Fuse F37
(from 03 / 2007 to 09 / 2007)

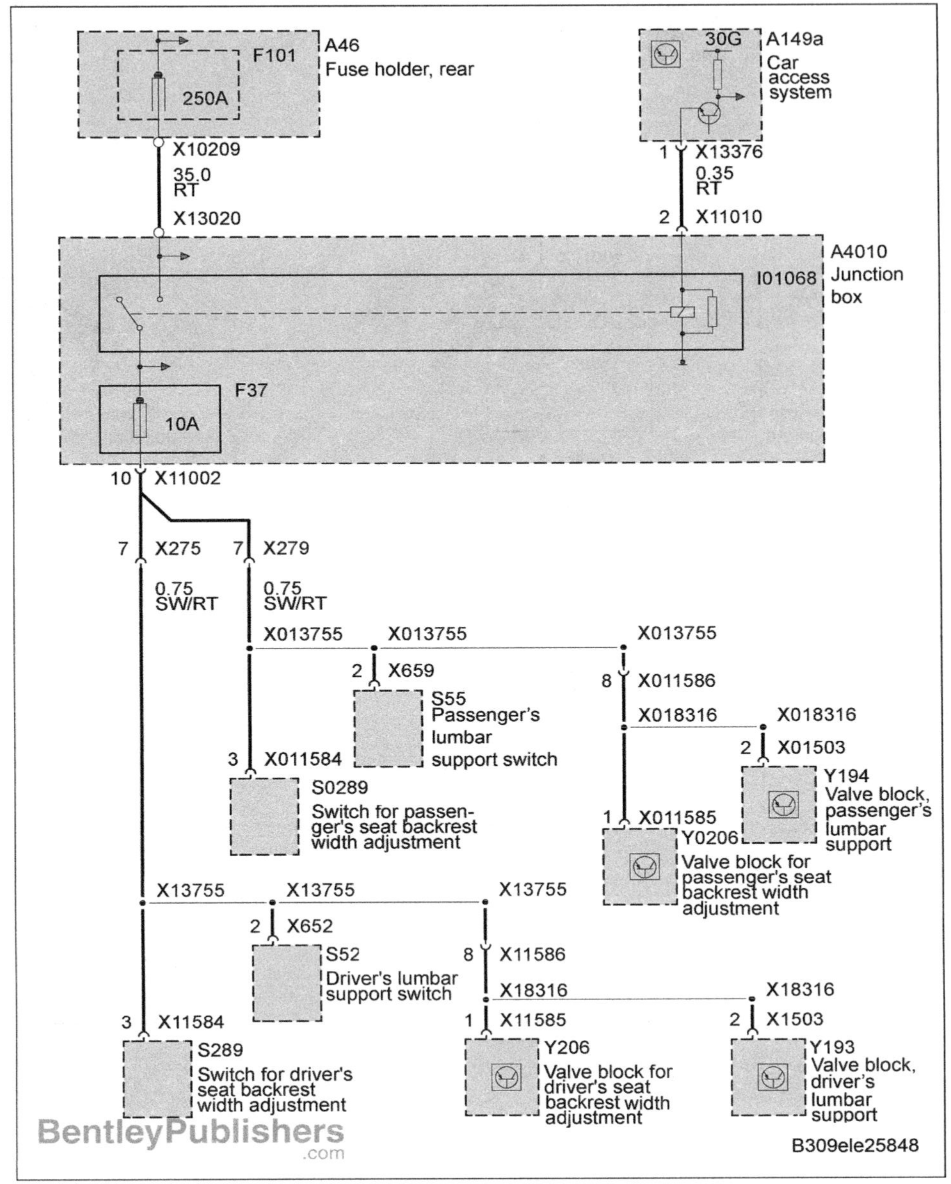

Fuse F37
N52 or N51 engine
(from 09 / 2007)

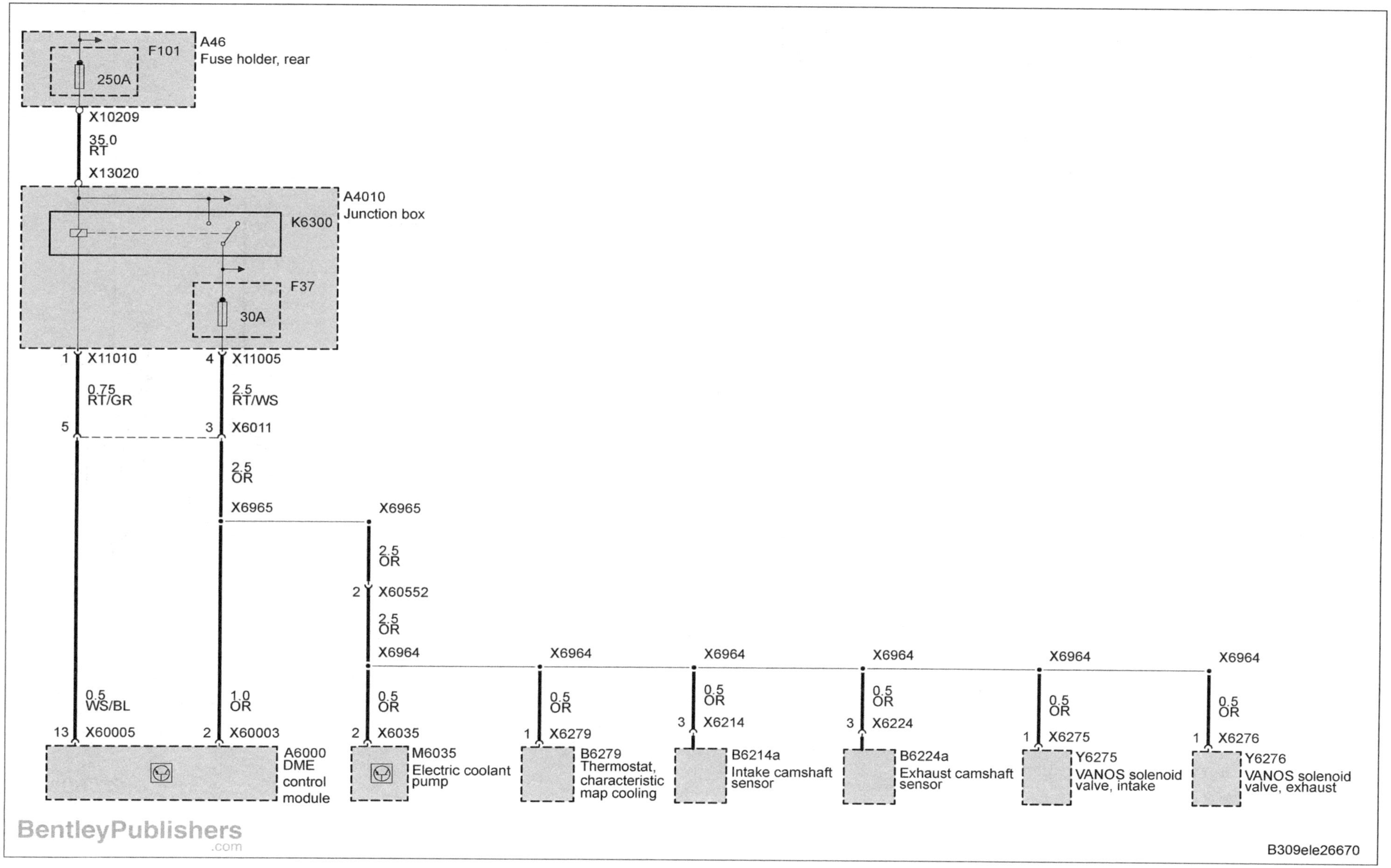

Fuse F37
N54 engine
(from 09 / 2007)

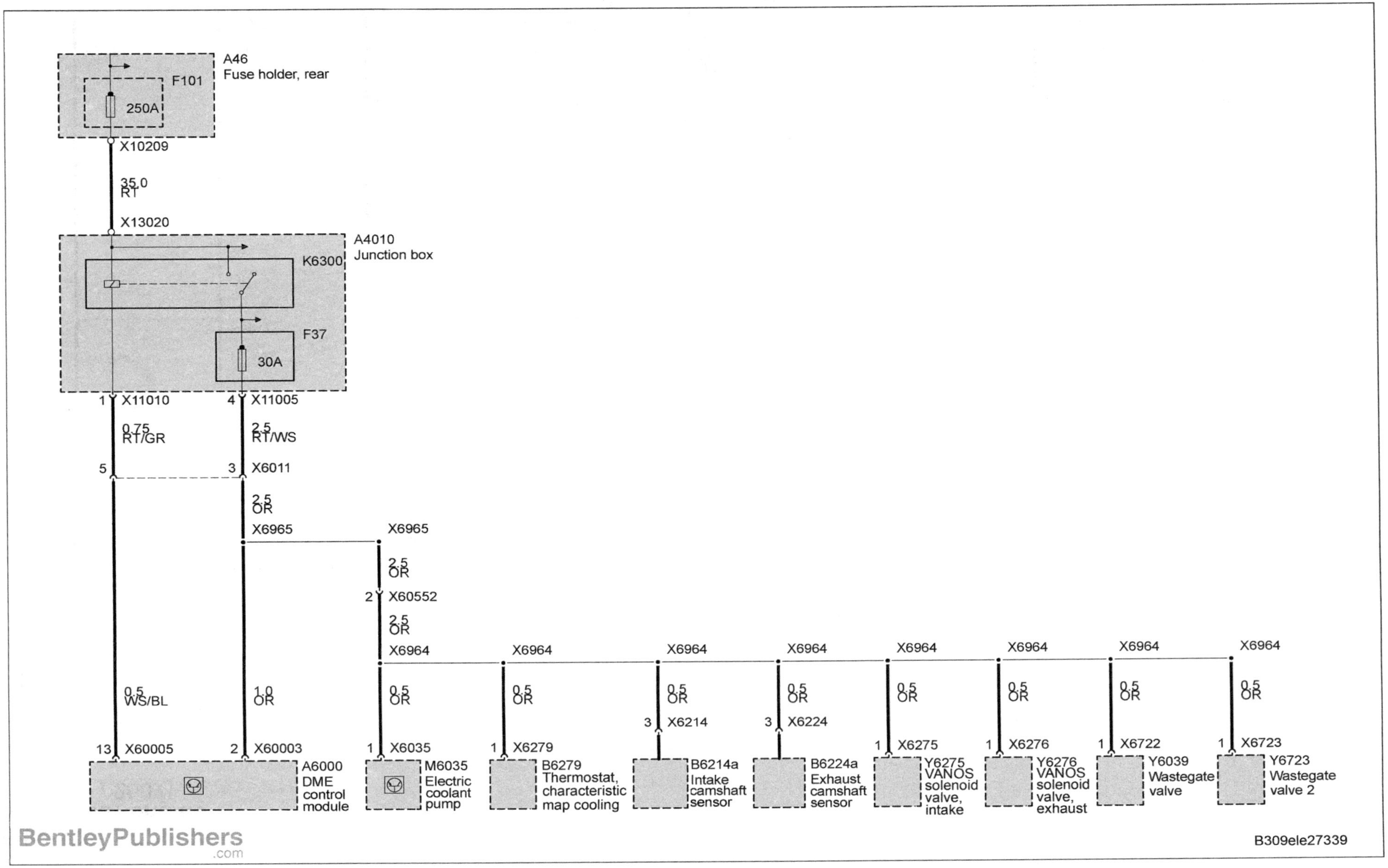

Fuse F37
N55 engine

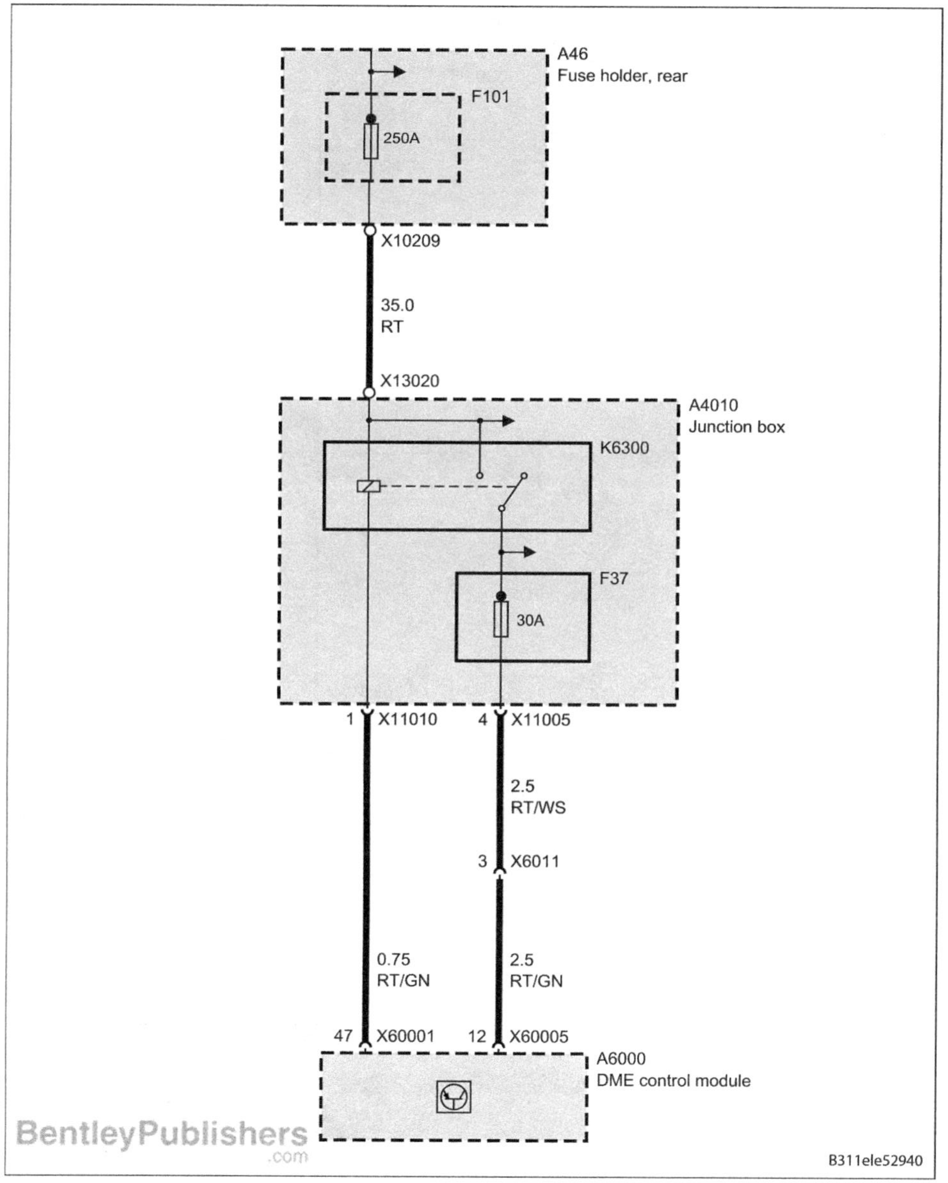

Fuse F38
N55 engine

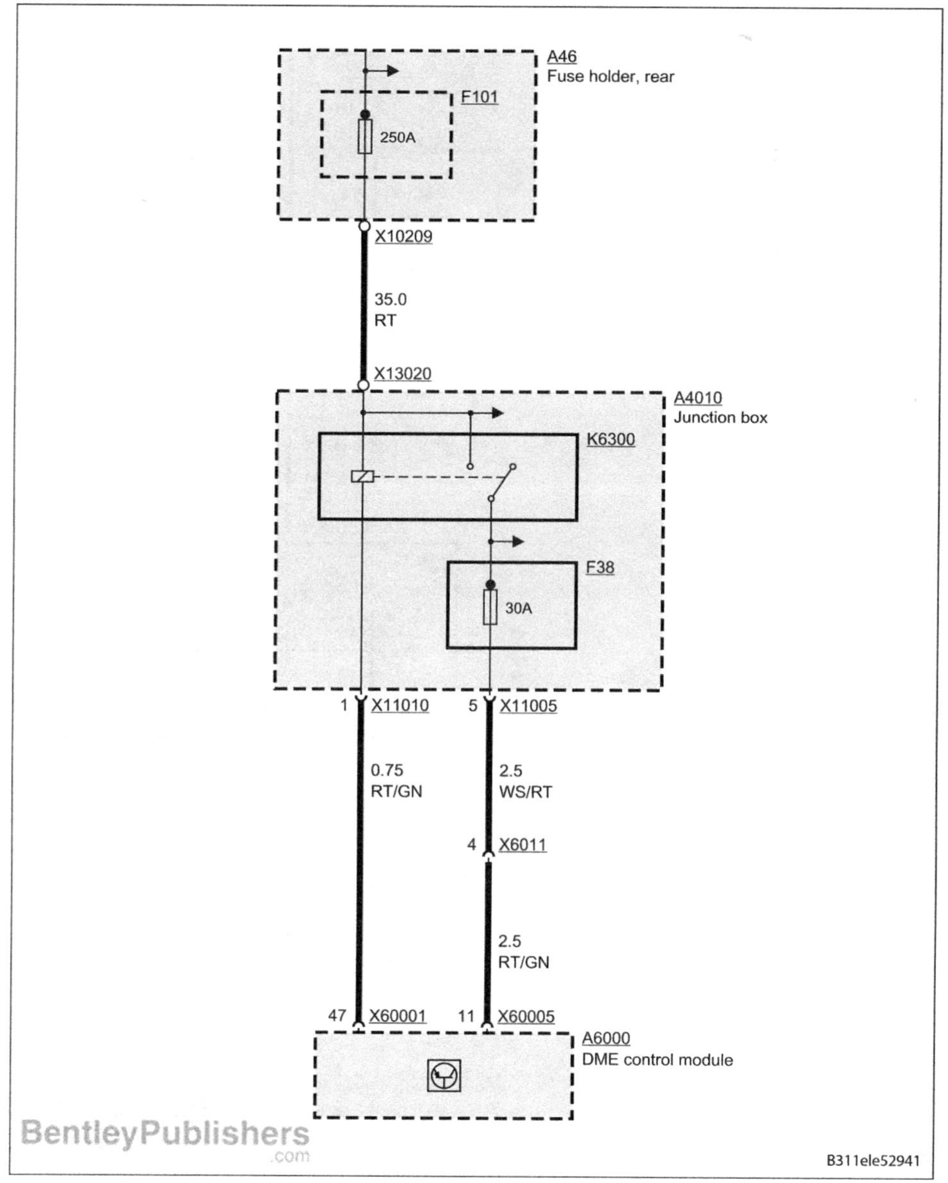

**Fuse F38
(to 09 / 2007)**

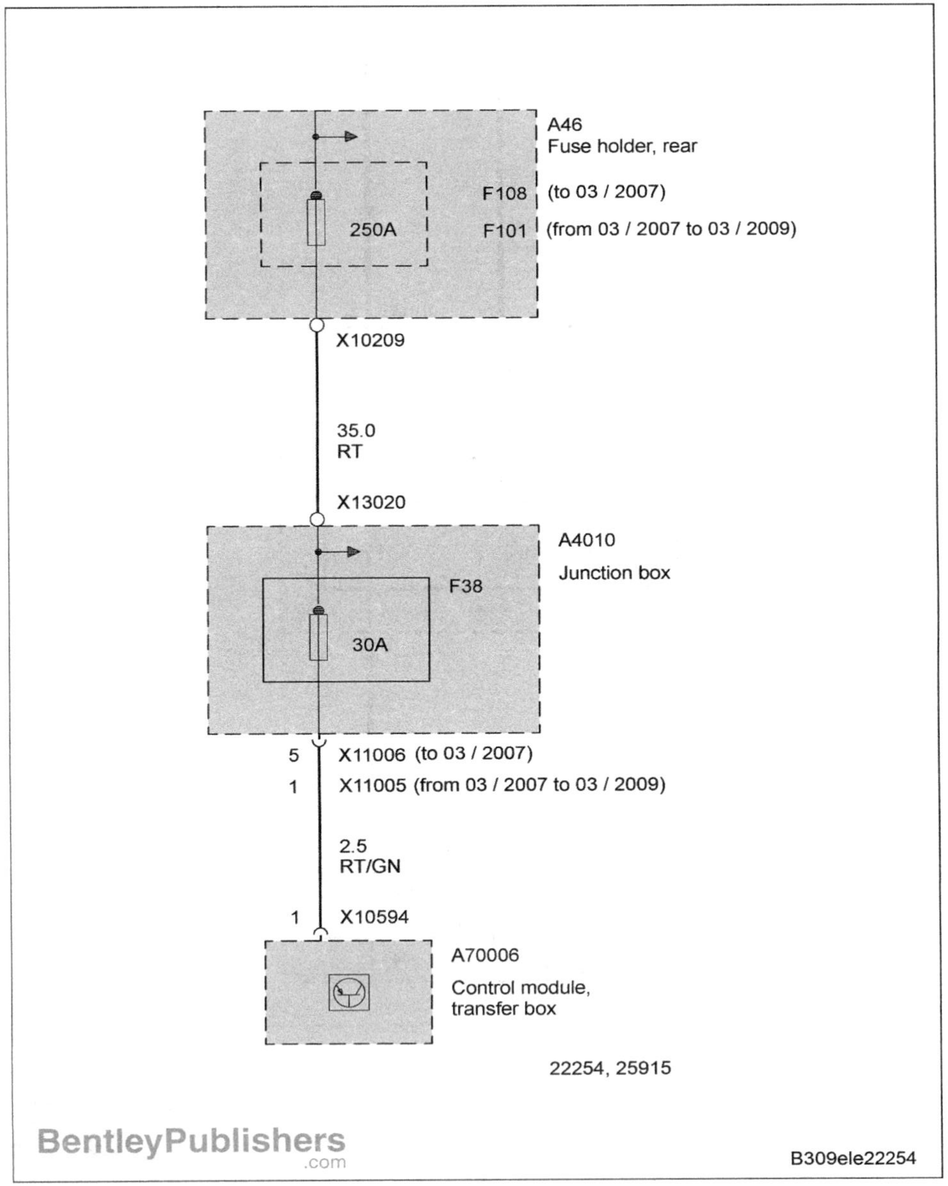

**Fuse F38
(from 09 / 2007)**

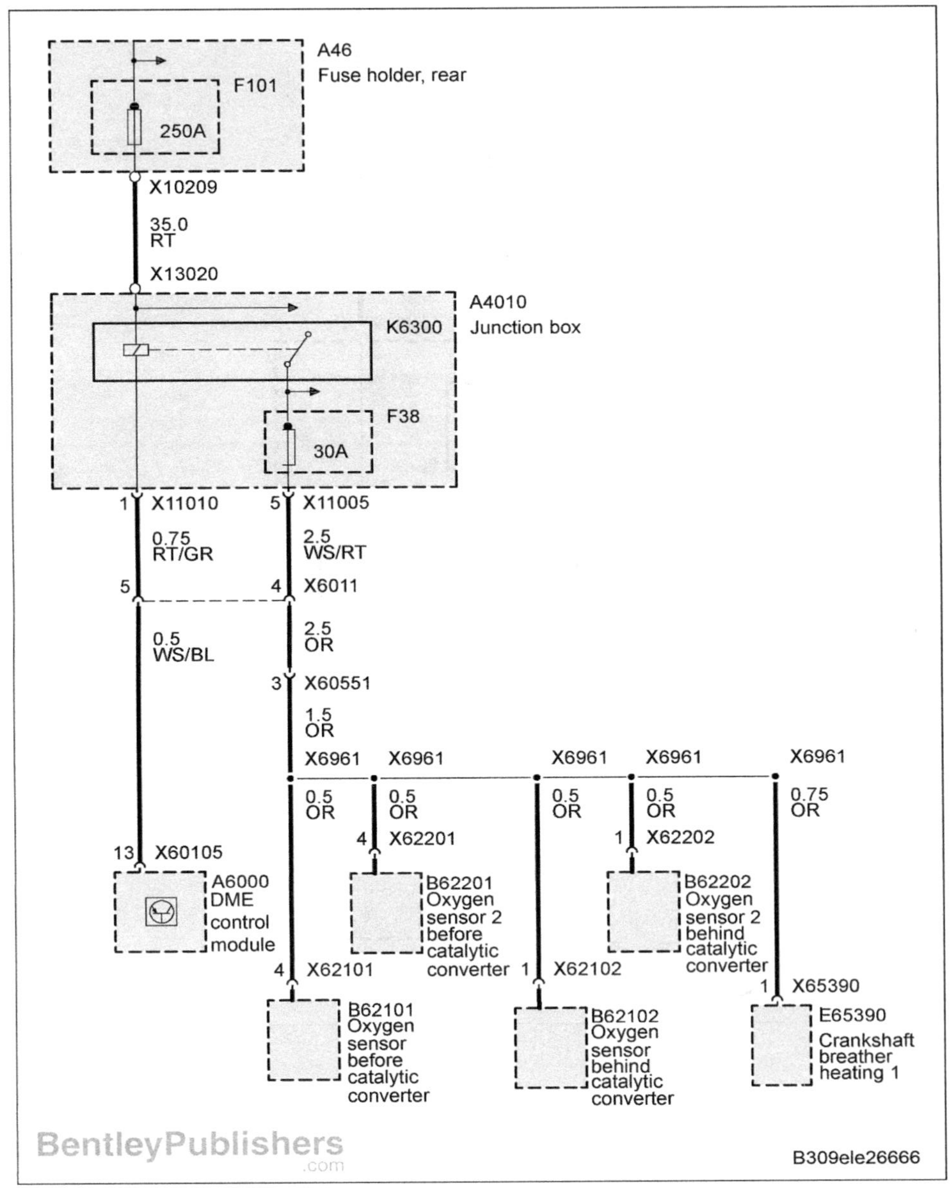

Fuse F39
(to 03 / 2007)

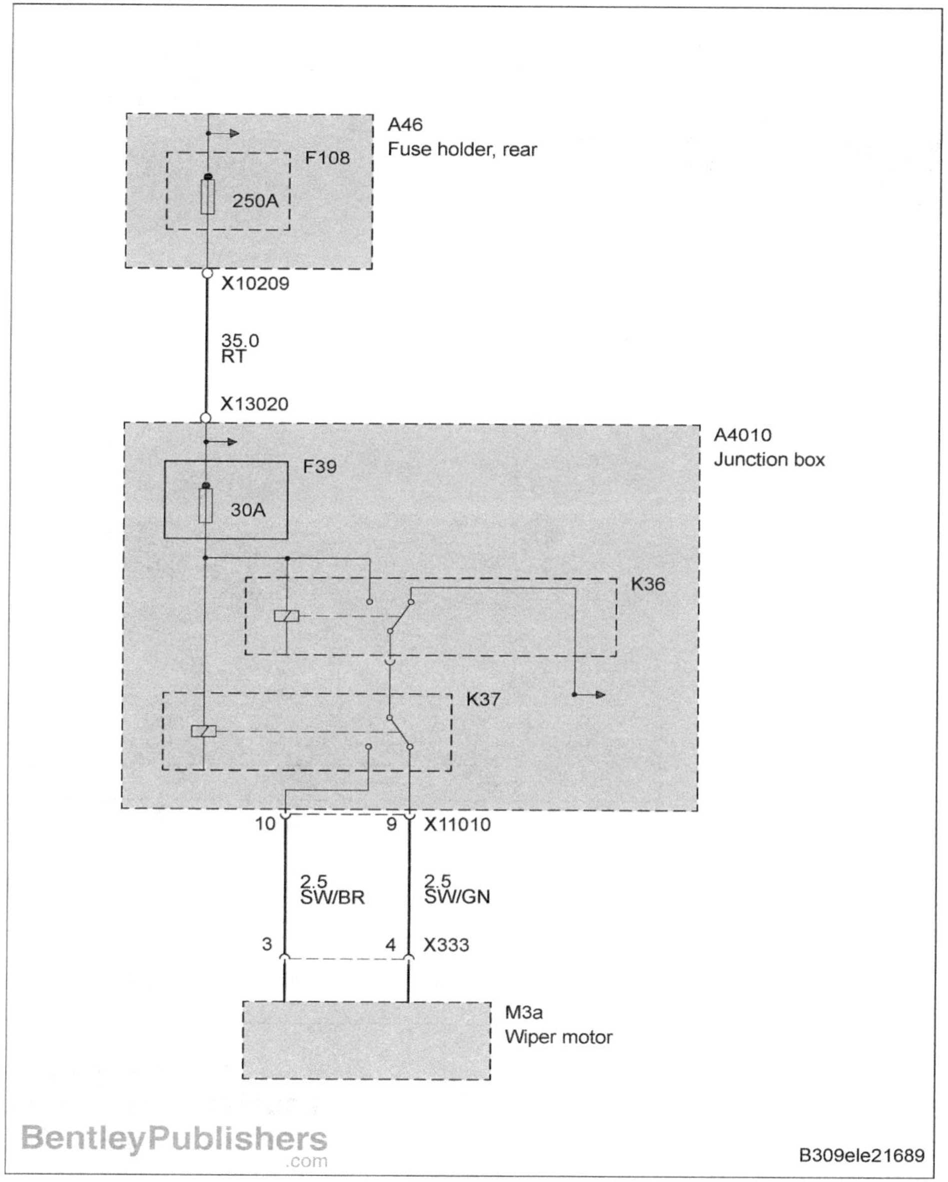

Fuse F39
(from 03 / 2007 to 09 / 2007)

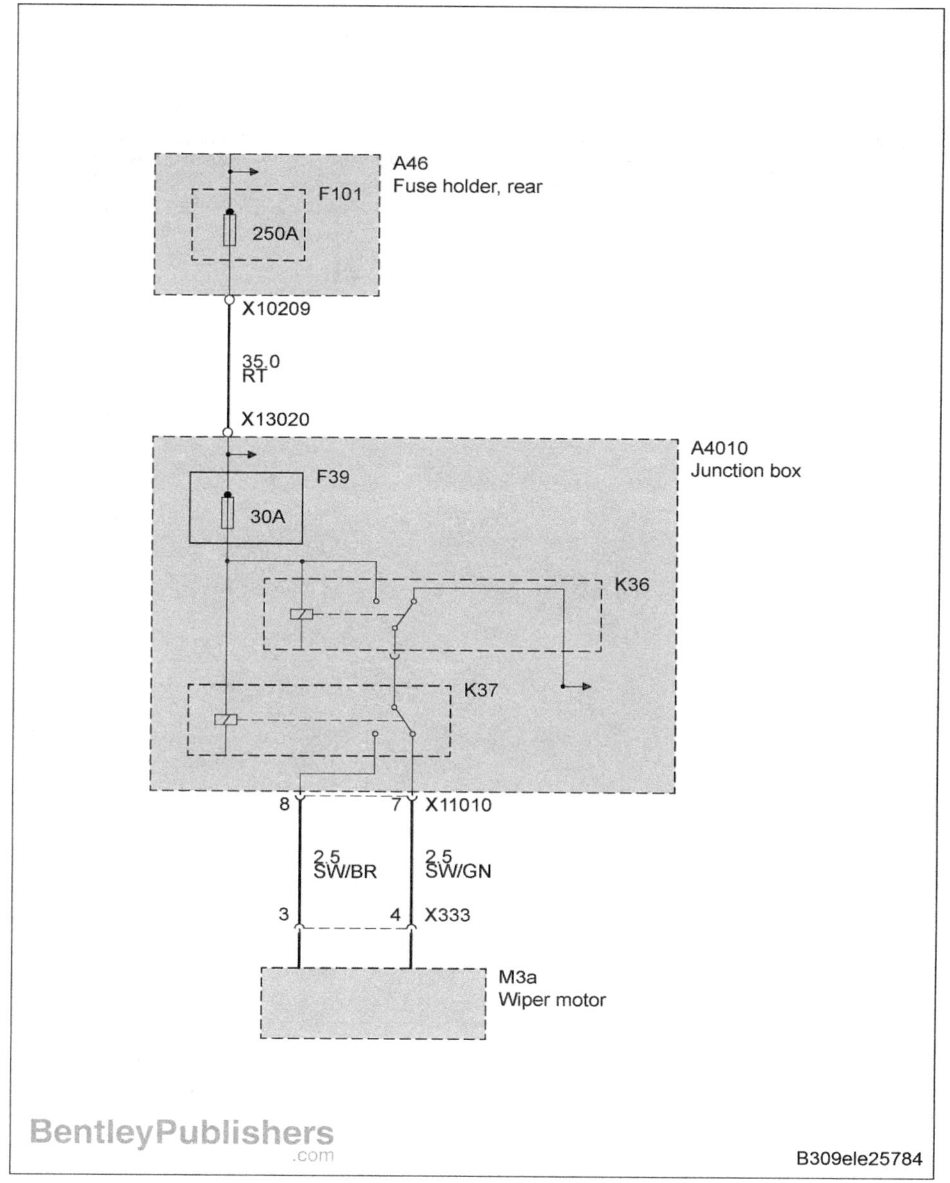

Fuse F39
N52 and N51 engines
(from 09 / 2007)

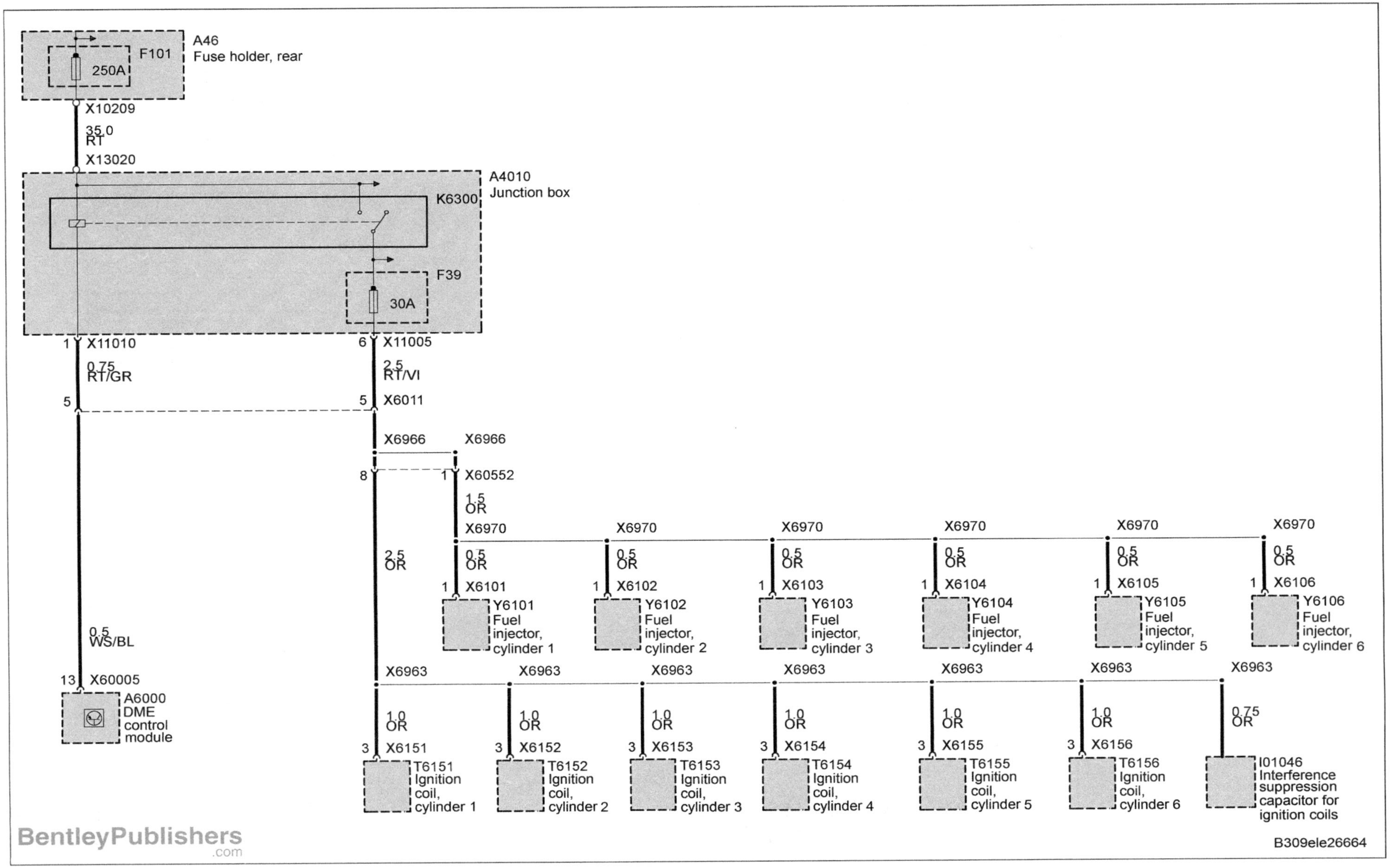

Fuse F40
(to 03 / 2007)

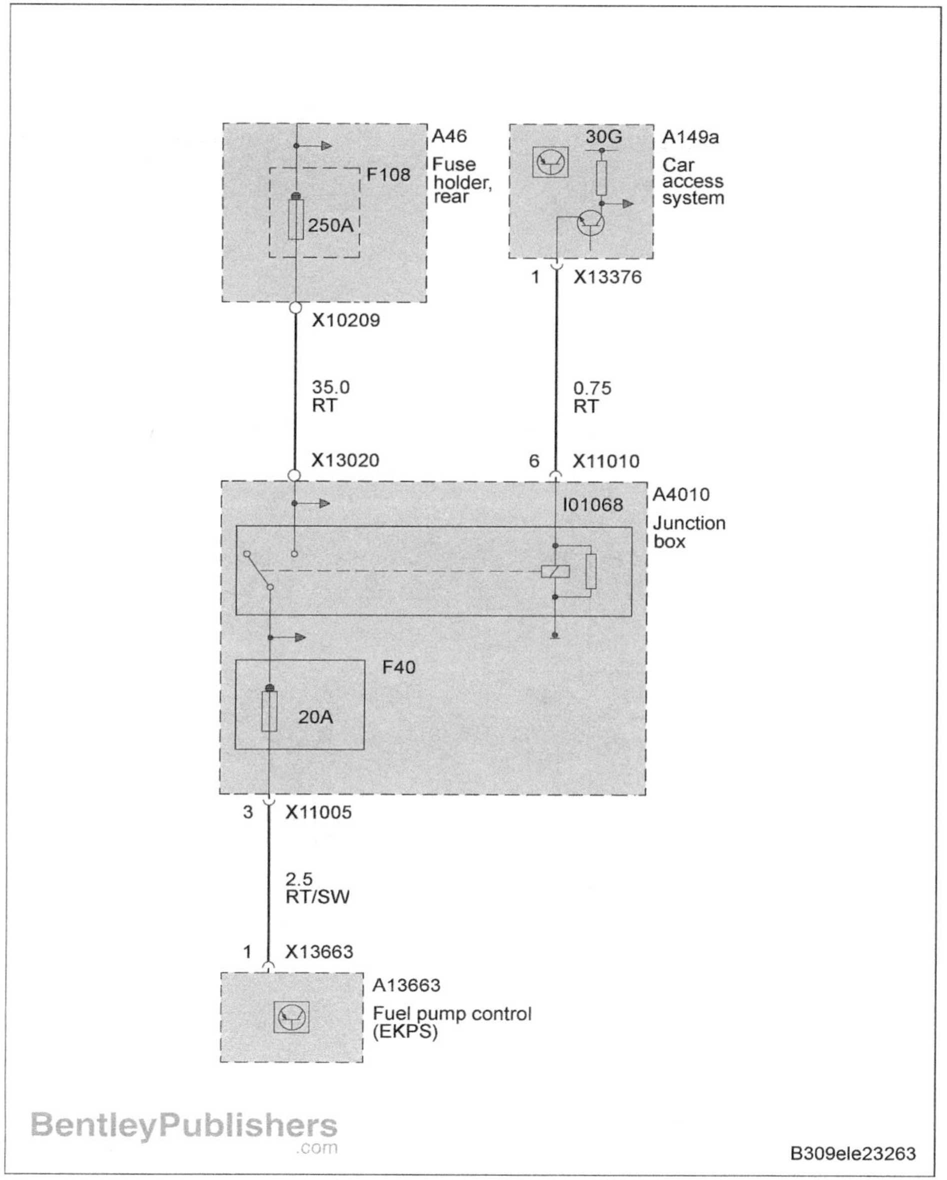

Fuse F40
(from 03 / 2007)

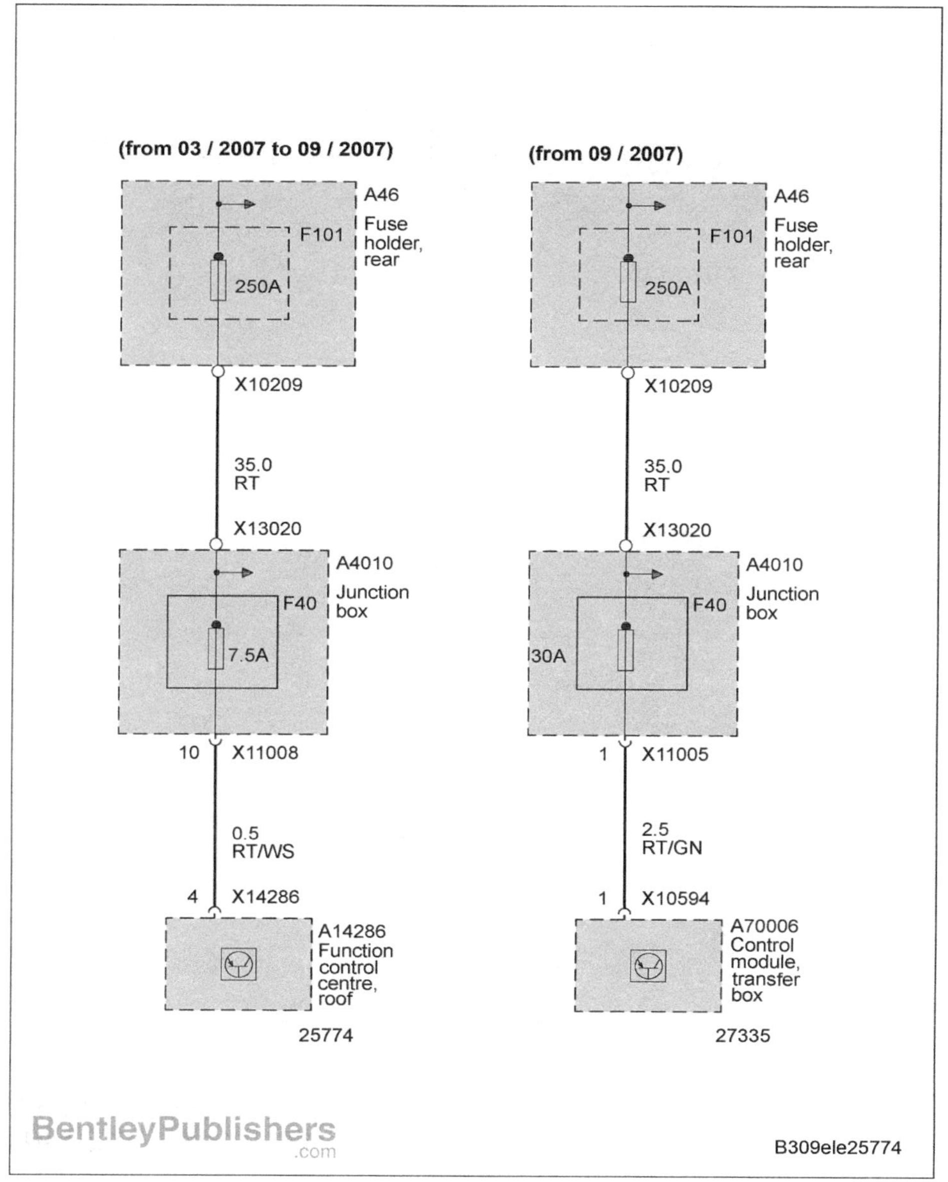

Fuse F41

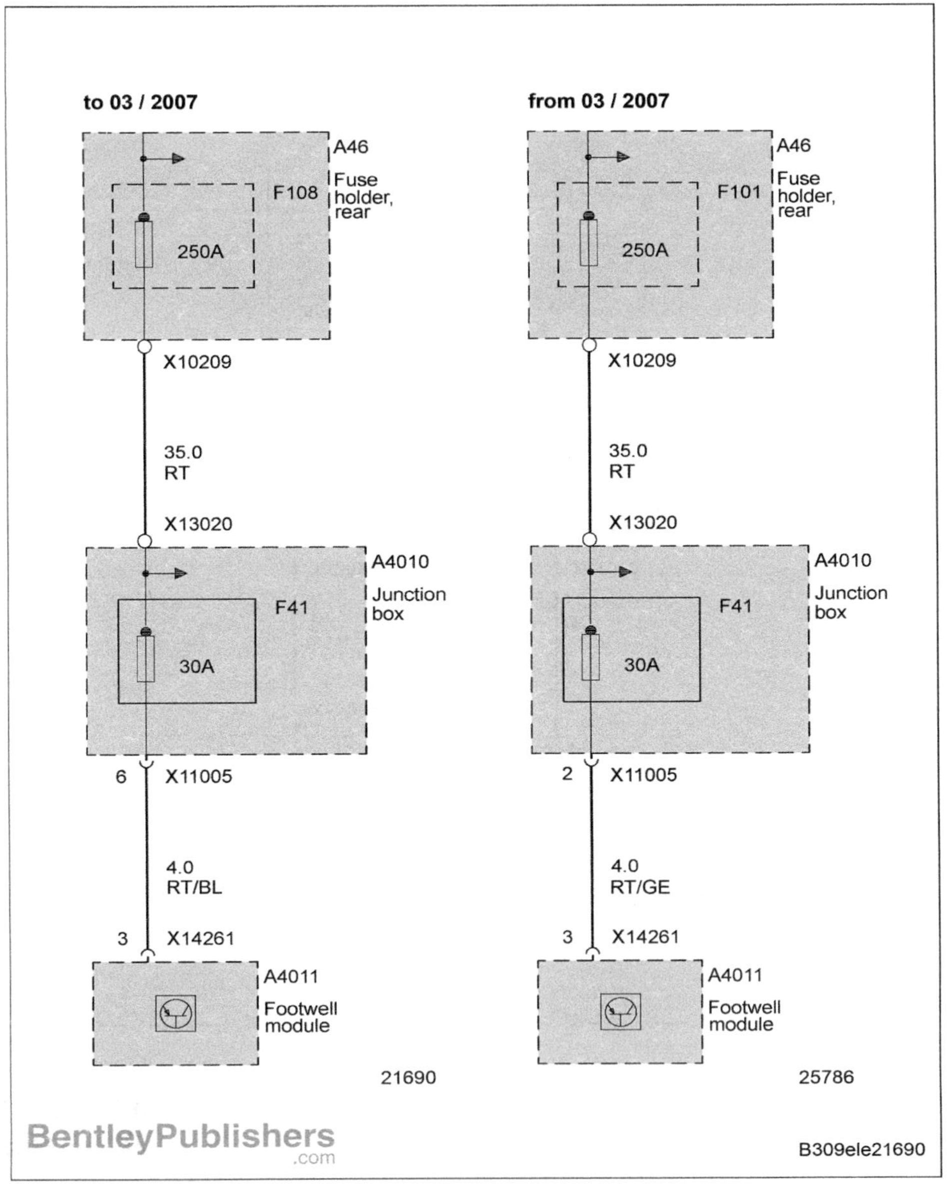

Fuse F42 (to 03 / 2007)

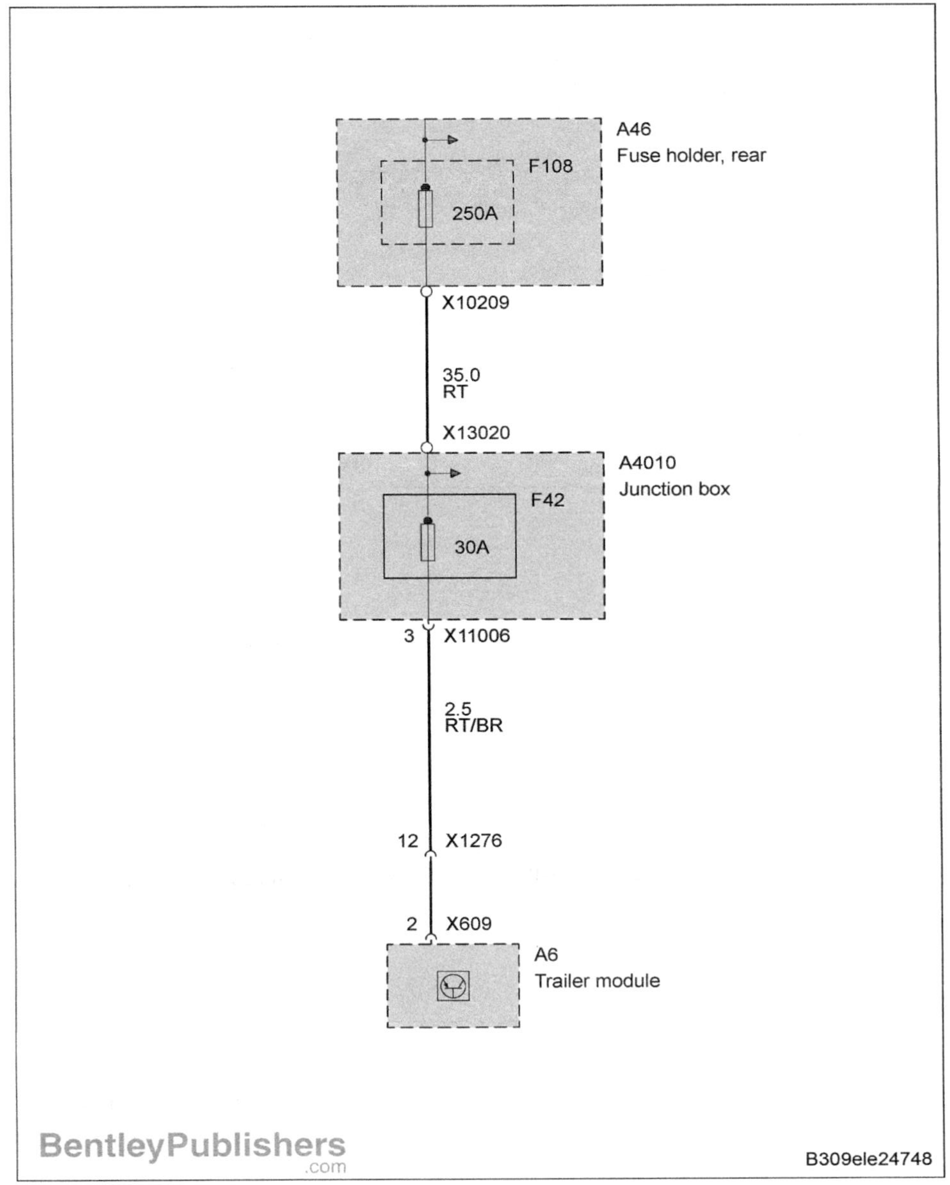

Fuse F42 (from 03 / 2007)

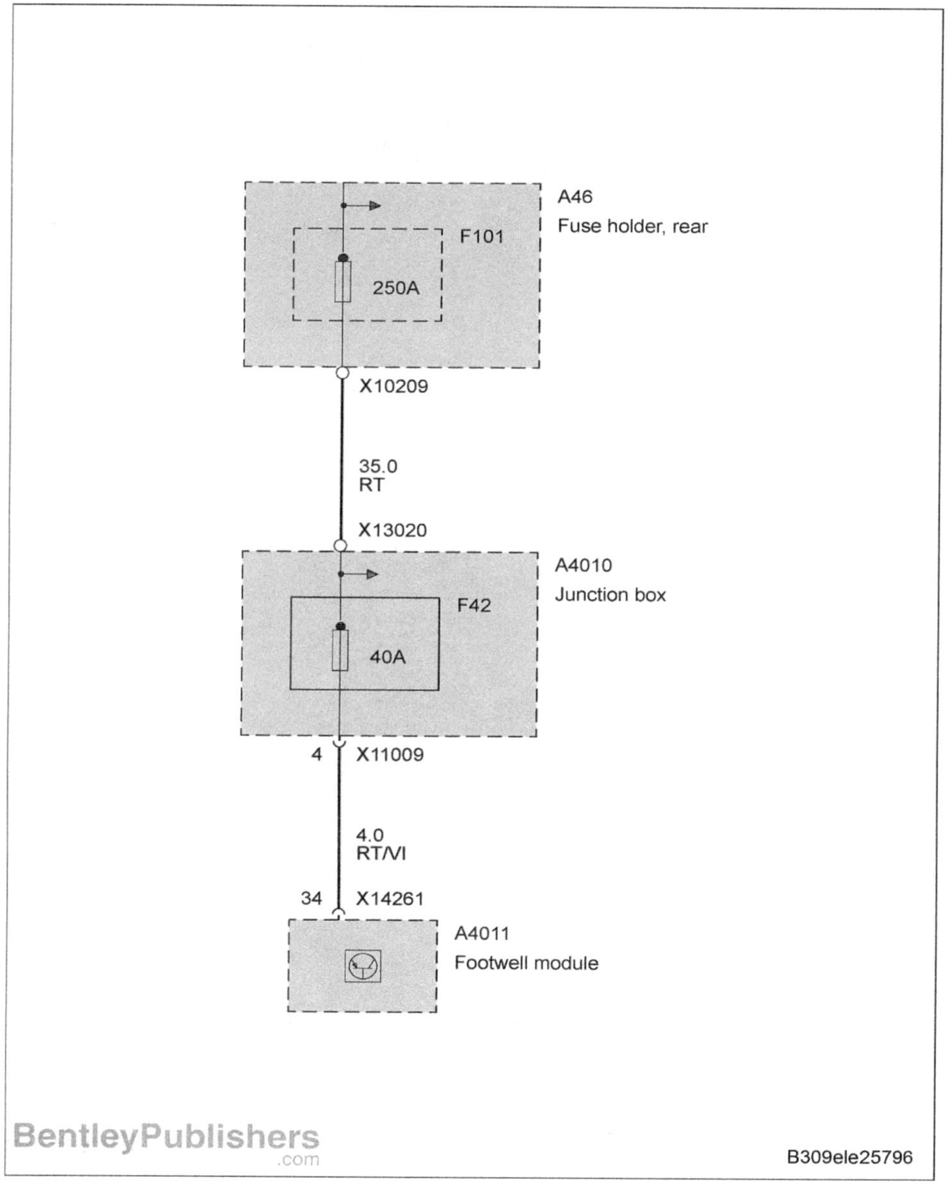

Fuse F43

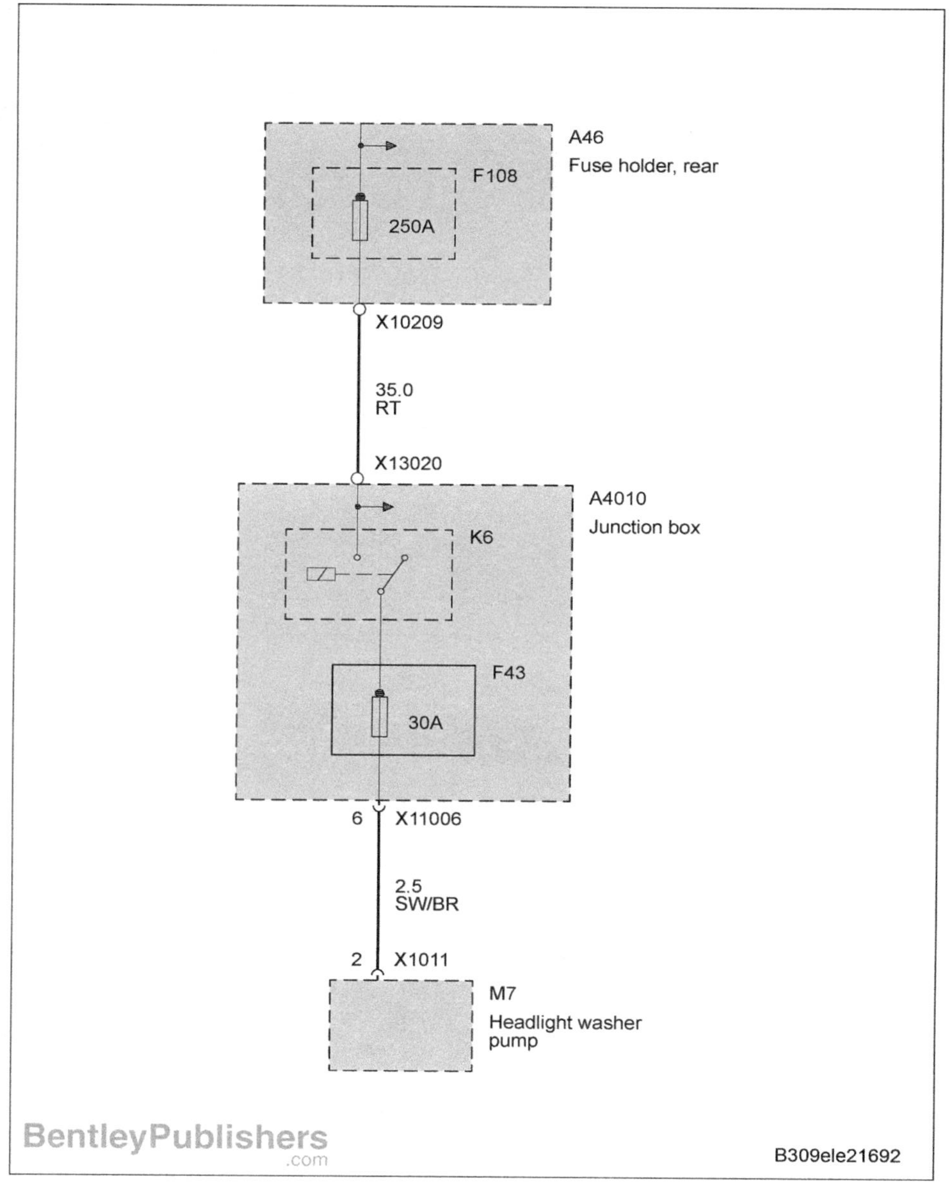

Fuse F44

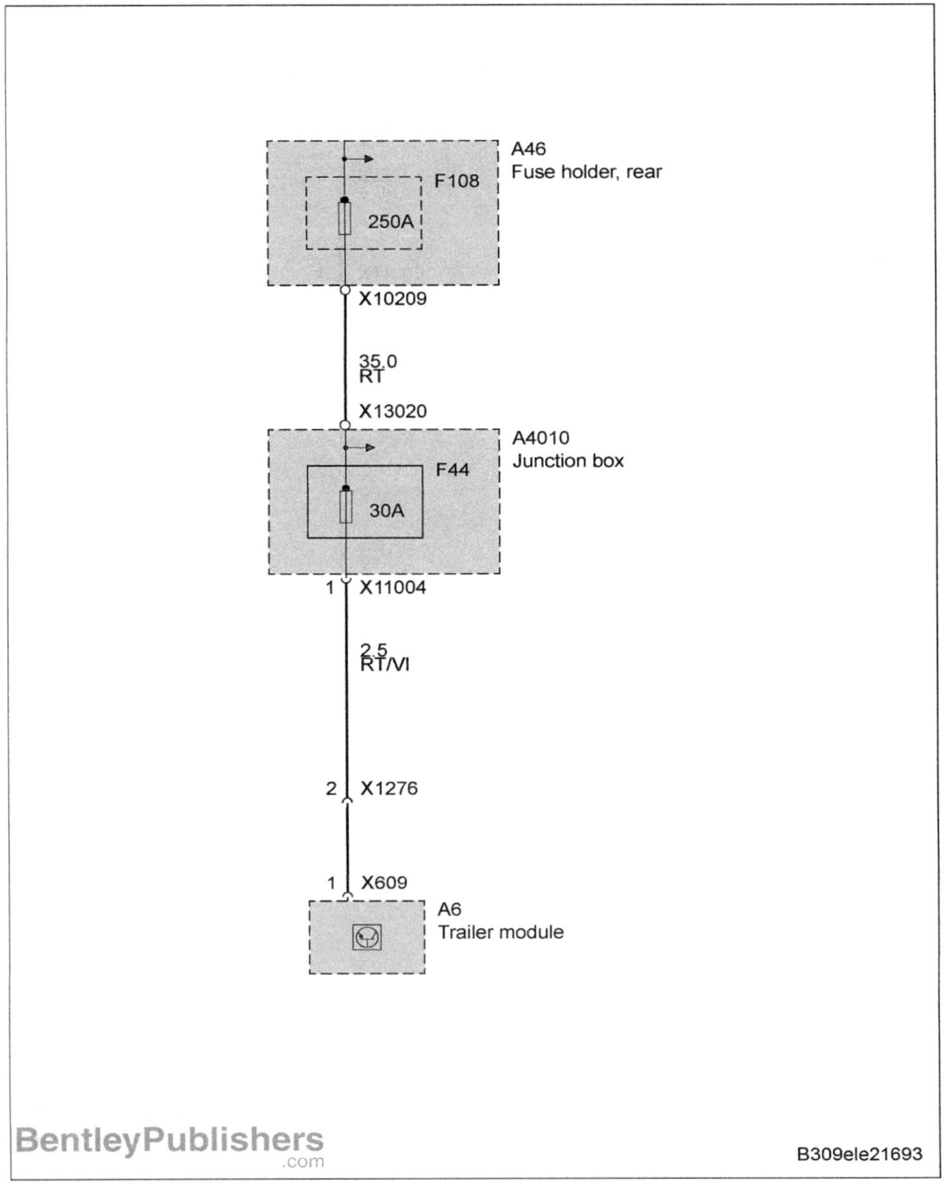
A46
Fuse holder, rear
F108
250A
X10209
35.0
RT
X13020
A4010
Junction box
F44
30A
1
X11004
2.5
RT/VI
2
X1276
1
X609
A6
Trailer module
BentleyPublishers.com
B309ele21693

Fuse F45

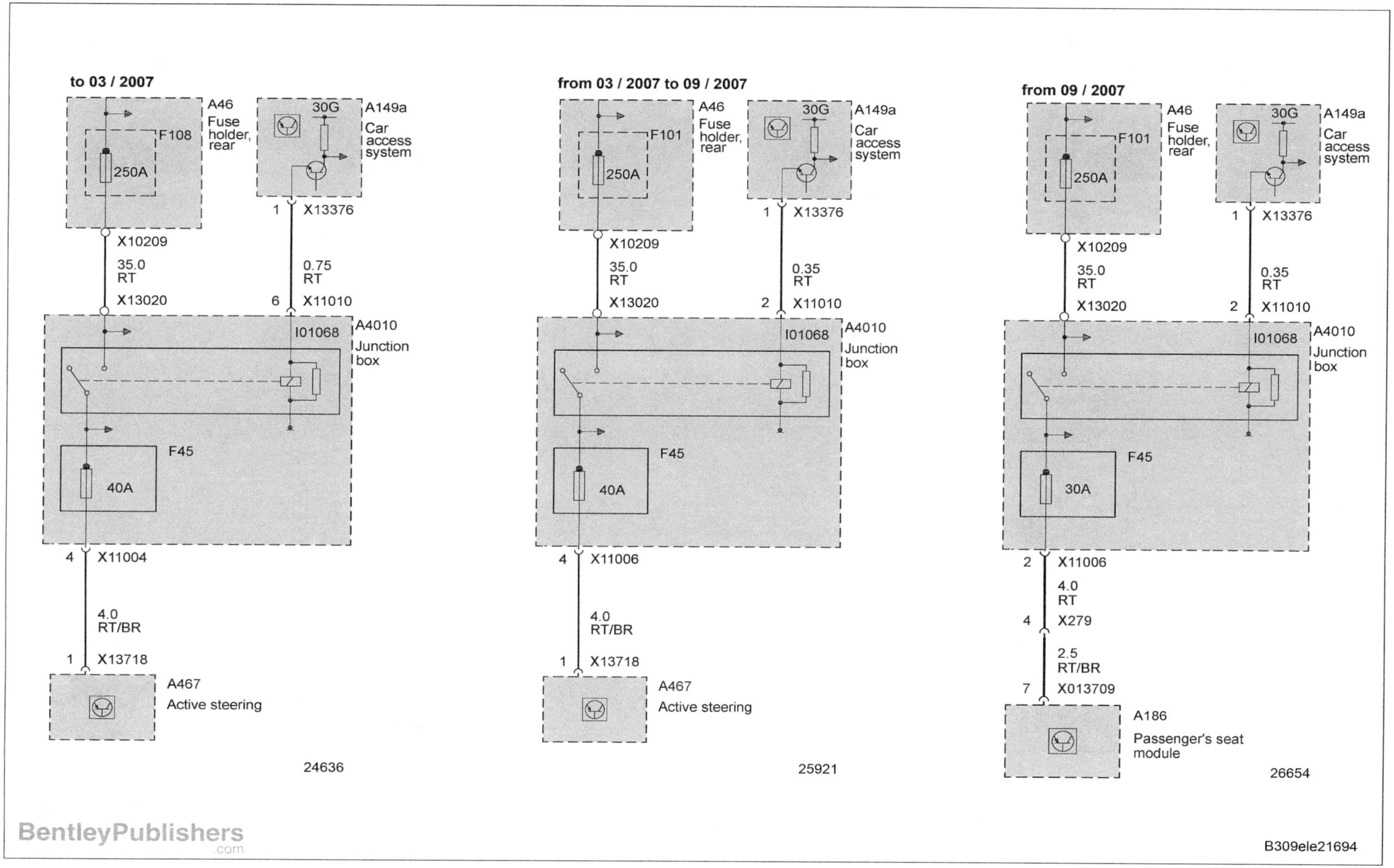

to 03 / 2007
A46
Fuse holder, rear
F108
250A
X10209
35.0
RT
X13020
A149a
Car access system
30G
1
X13376
0.75
RT
6
X11010
A4010
Junction box
I01068
F45
40A
4
X11004
4.0
RT/BR
1
X13718
A467
Active steering
24636
from 03 / 2007 to 09 / 2007
A46
Fuse holder, rear
F101
250A
X10209
35.0
RT
X13020
A149a
Car access system
30G
1
X13376
0.35
RT
2
X11010
A4010
Junction box
I01068
F45
40A
4
X11006
4.0
RT/BR
1
X13718
A467
Active steering
25921
from 09 / 2007
A46
Fuse holder, rear
F101
250A
X10209
35.0
RT
X13020
A149a
Car access system
30G
1
X13376
0.35
RT
2
X11010
A4010
Junction box
I01068
F45
30A
2
X11006
4.0
RT
4
X279
2.5
RT/BR
7
X013709
A186
Passenger's seat module
26654
B309ele21694

Fuse F46
(to 03 / 2007)

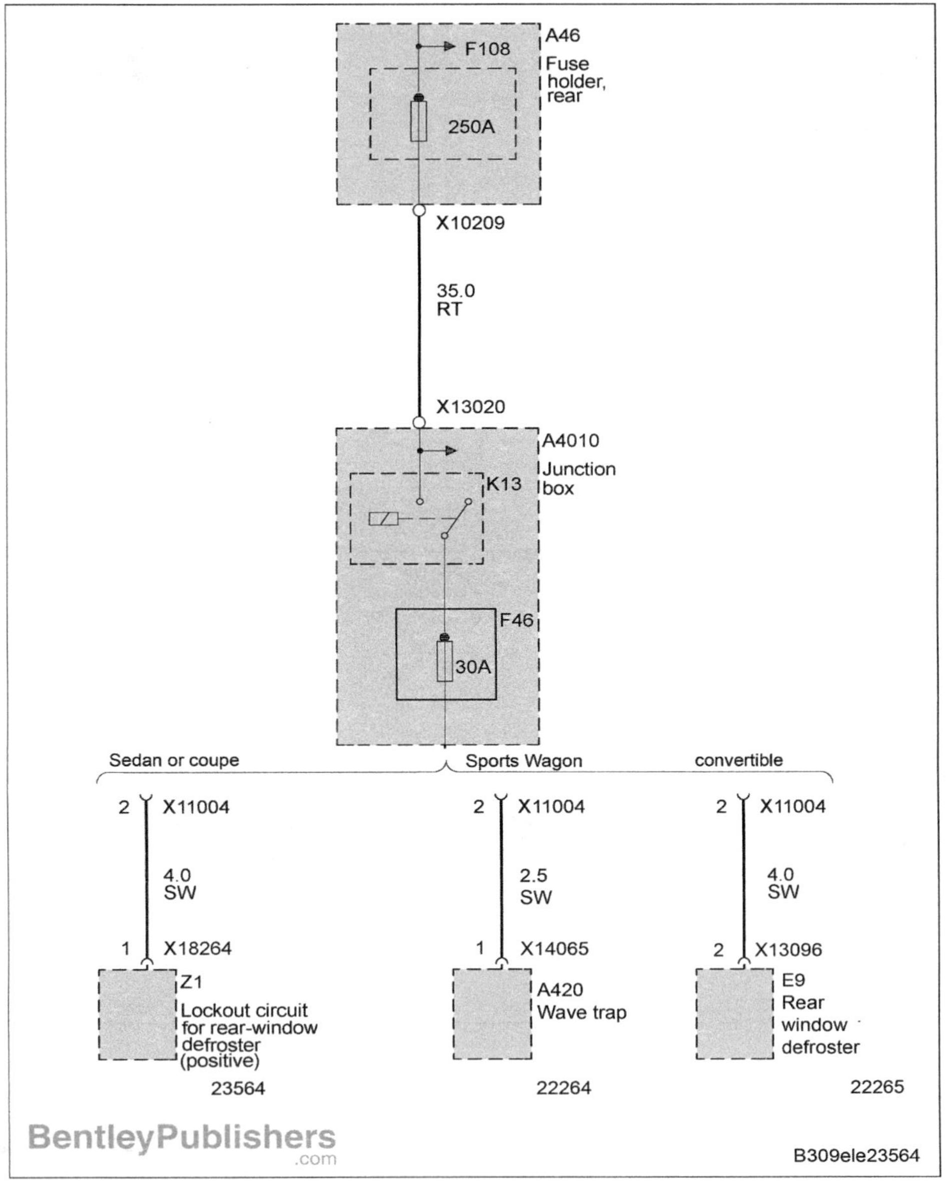

Fuse F46
(from 03 / 2007 to 09 / 2007)

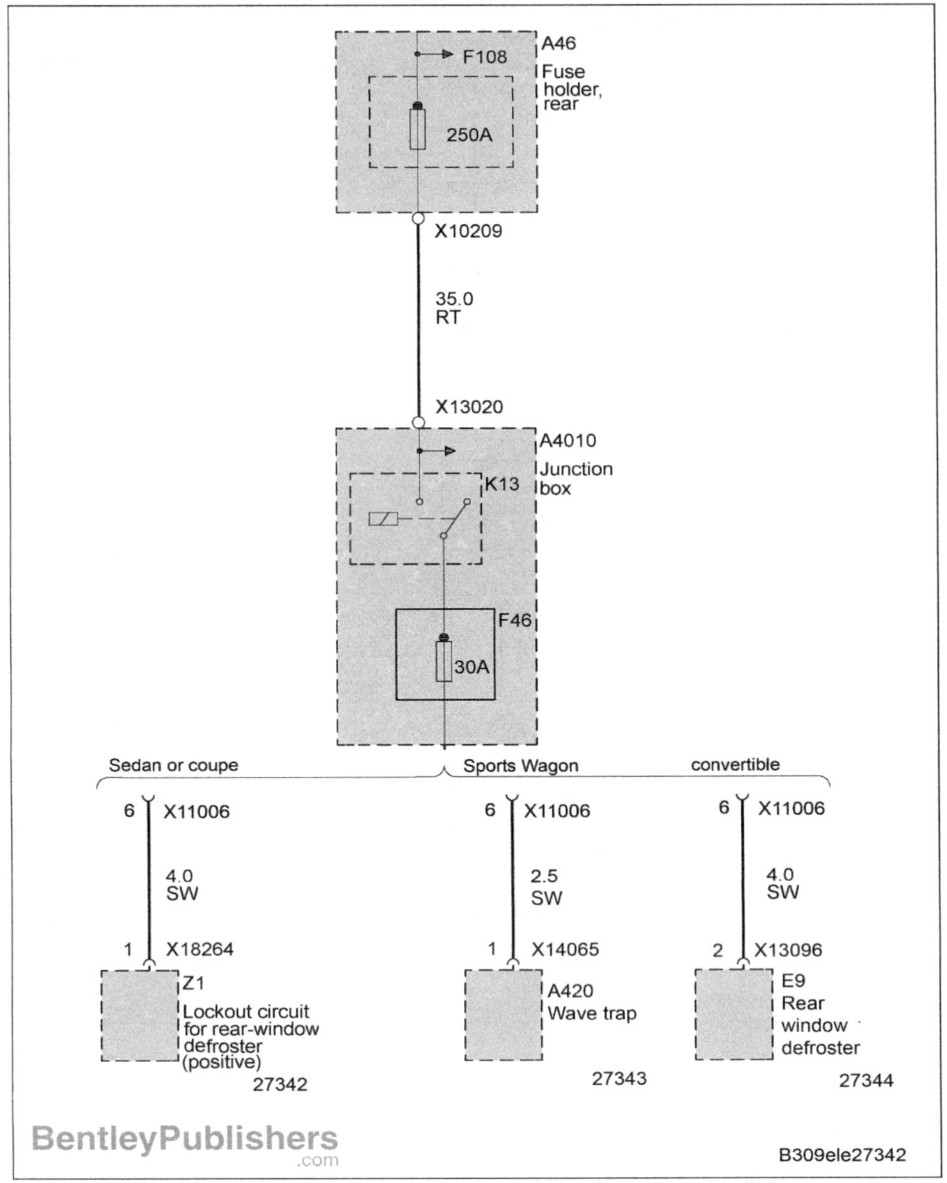

Fuse F46 (from 09 / 2007)

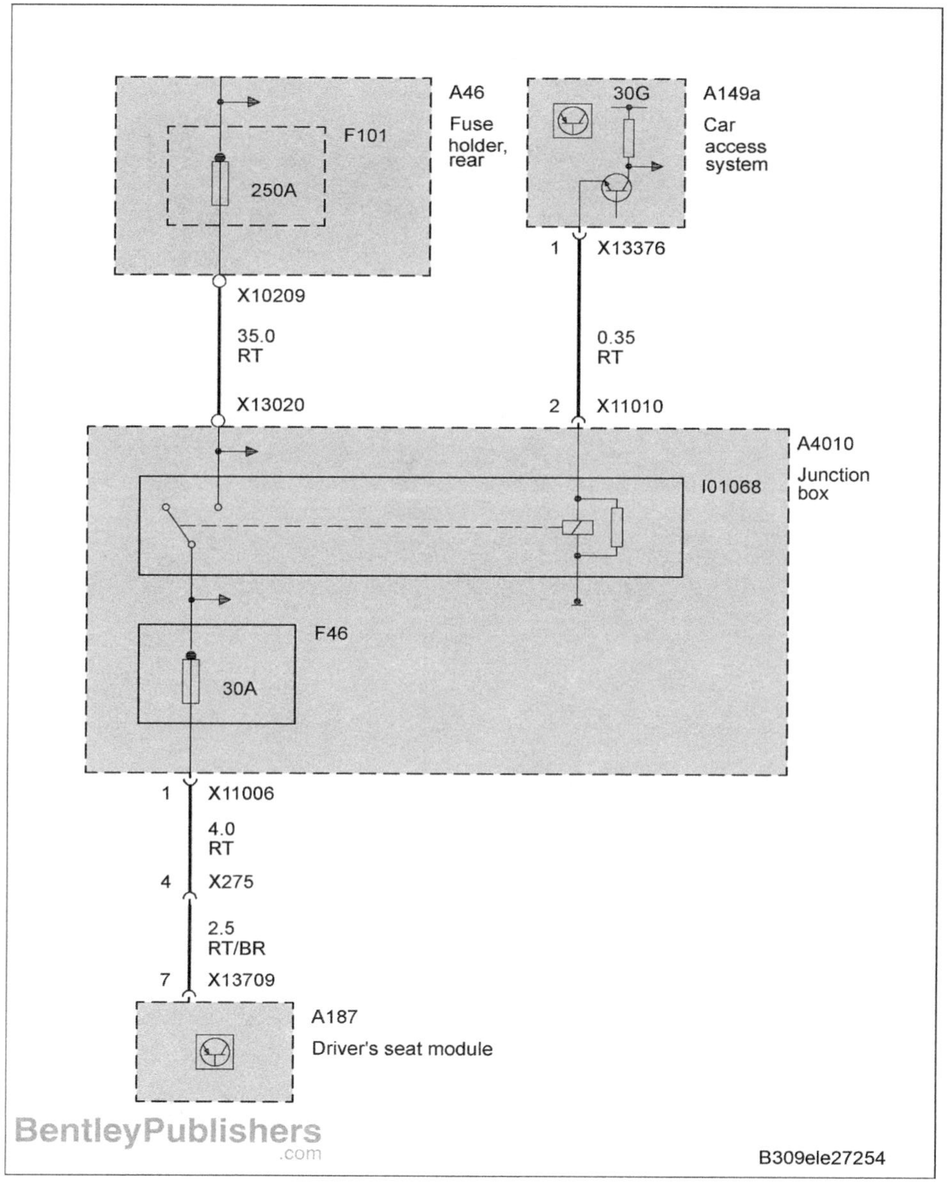

Fuse F47 (to 09 / 2007)

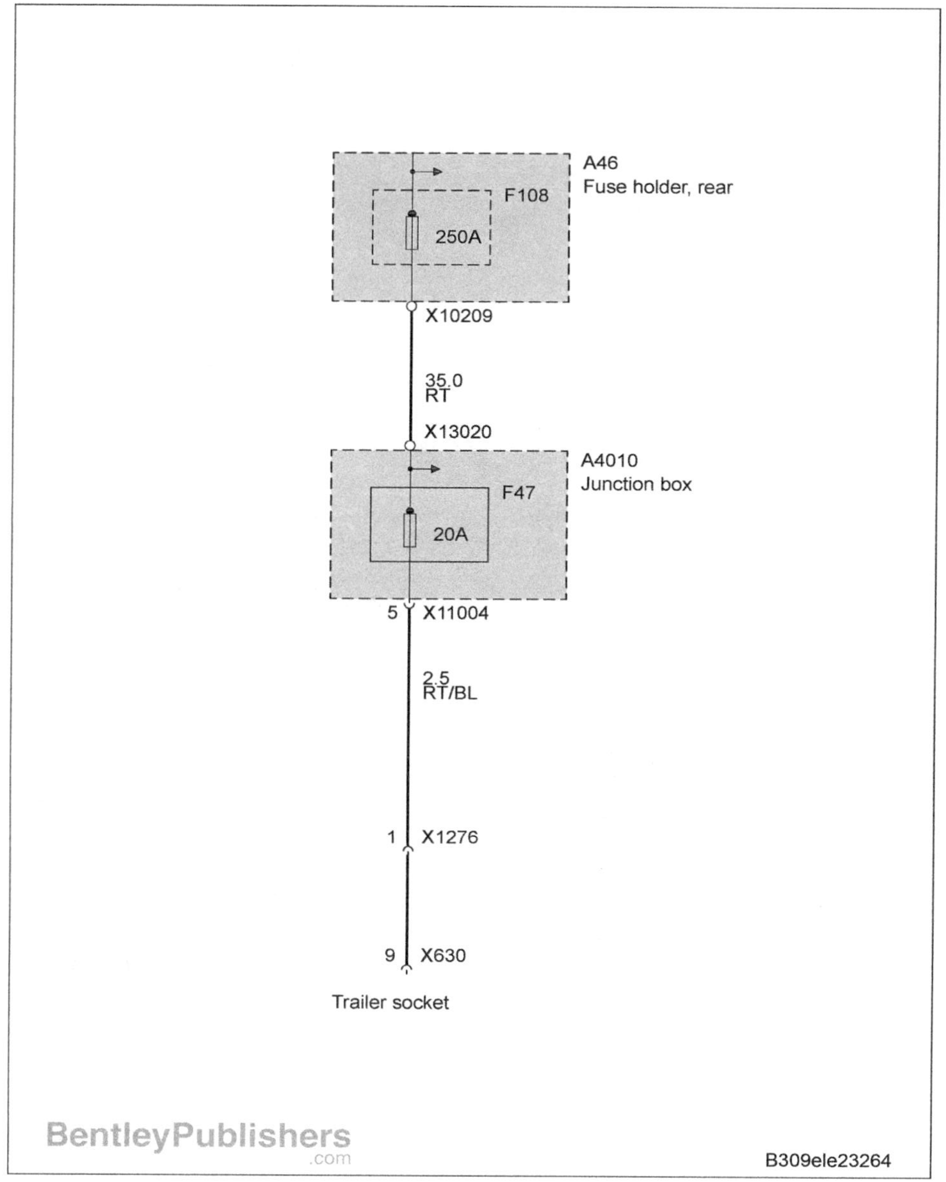

Fuse F47 (from 09 / 2007)

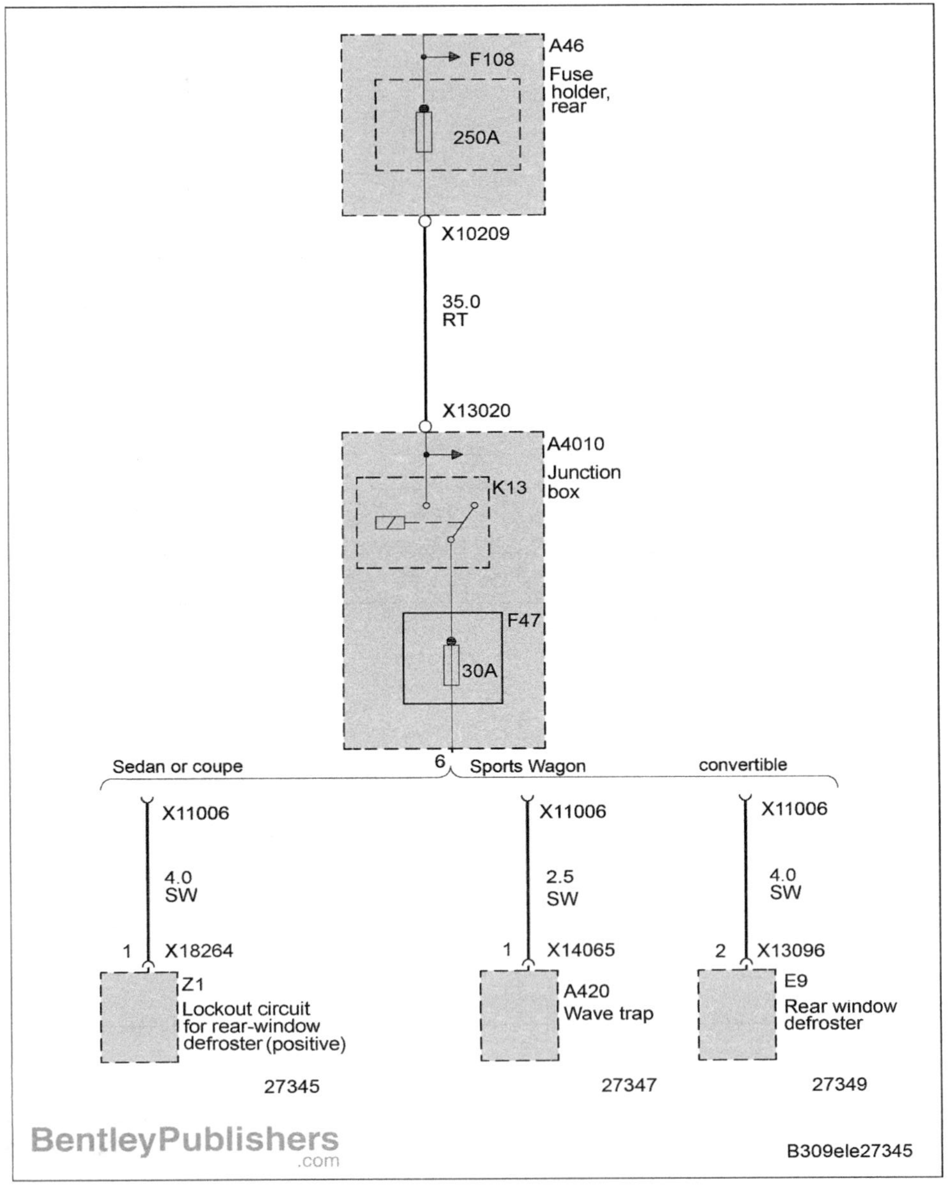

Fuse F48

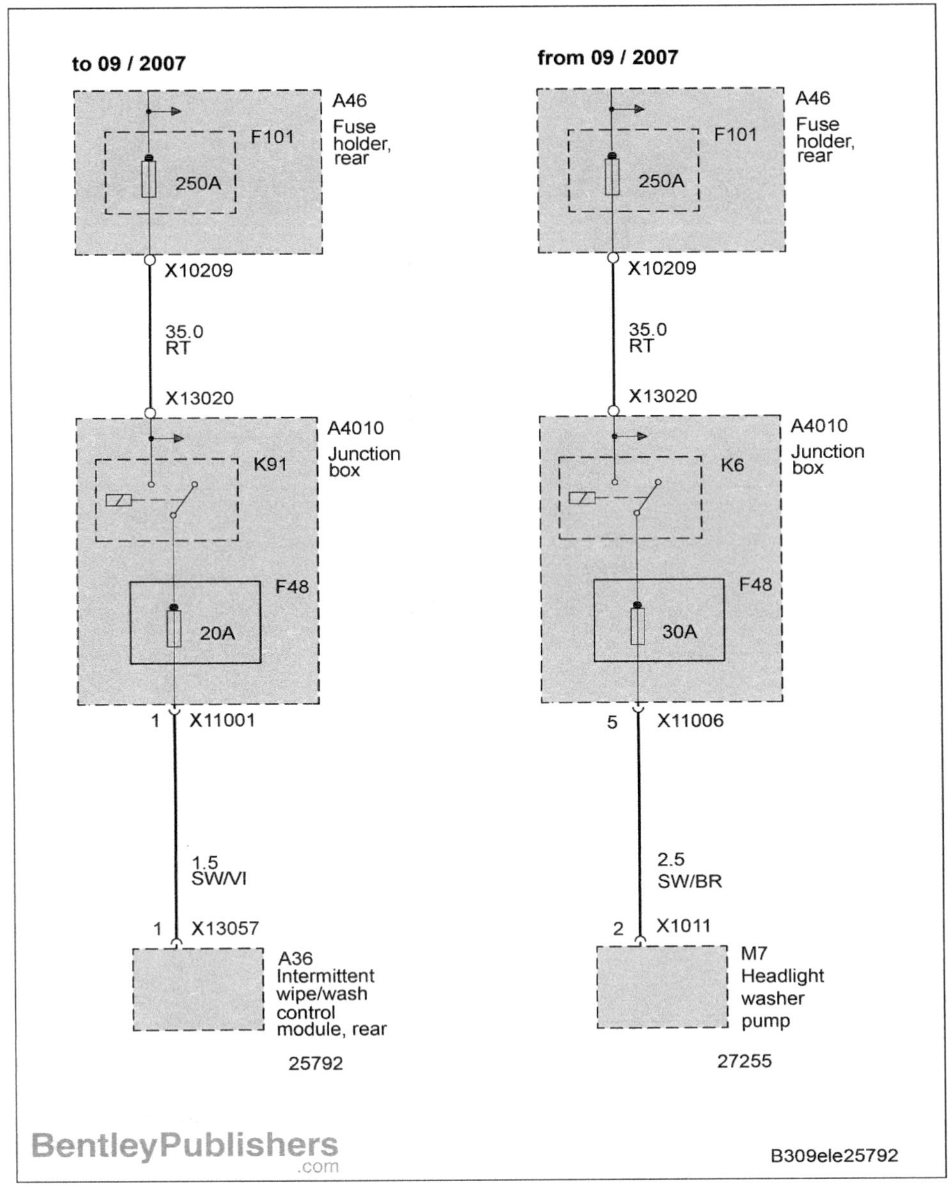

Fuse F49

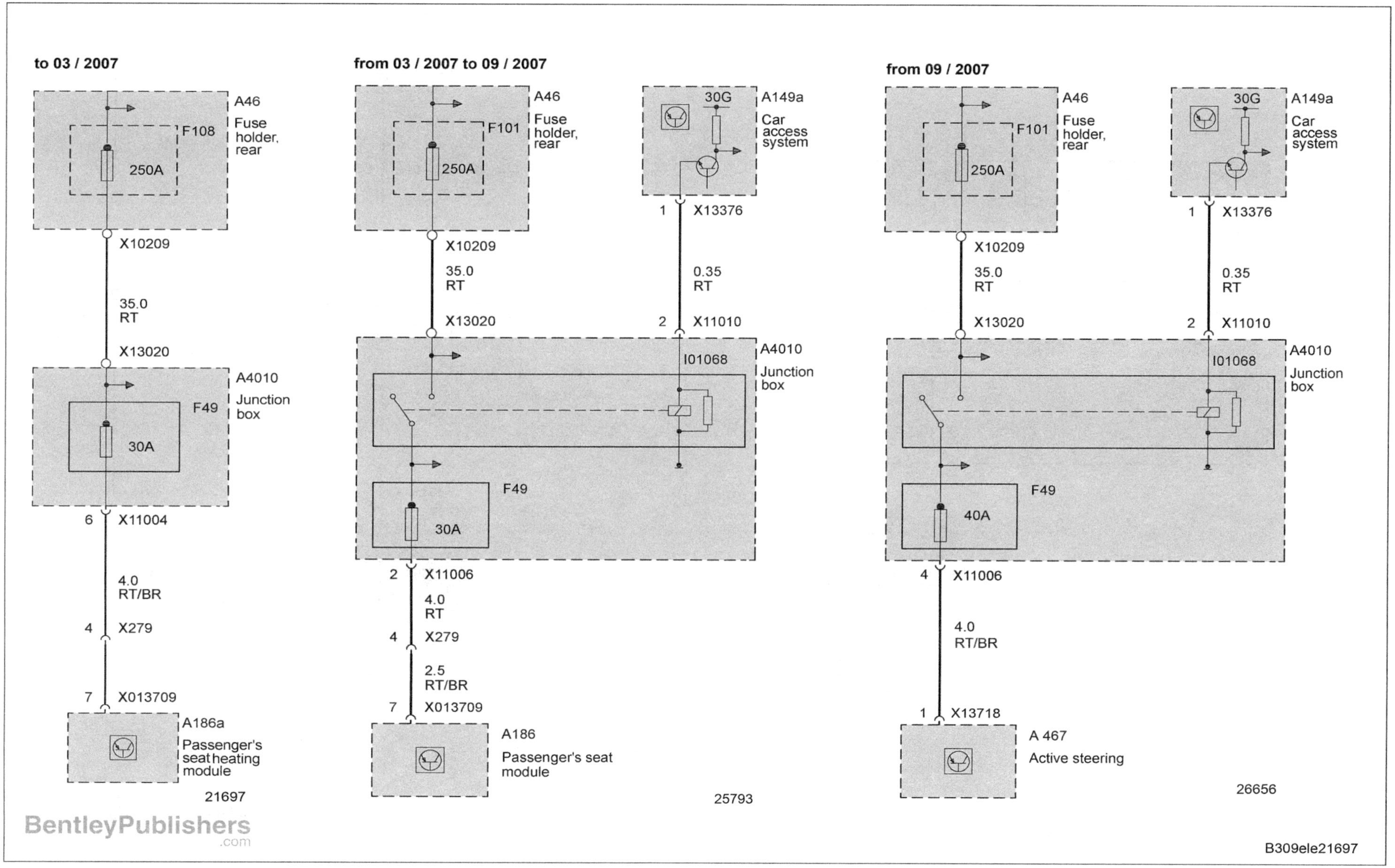

to 03 / 2007
A46
Fuse holder, rear
F108
250A
X10209
35.0
RT
X13020
A4010
Junction box
F49
30A
6
X11004
4.0
RT/BR
4
X279
7
X013709
A186a
Passenger's seat heating module
21697
from 03 / 2007 to 09 / 2007
A46
Fuse holder, rear
F101
250A
X10209
35.0
RT
X13020
30G
A149a
Car access system
1
X13376
0.35
RT
2
X11010
A4010
Junction box
I01068
F49
30A
2
X11006
4.0
RT
4
X279
2.5
RT/BR
7
X013709
A186
Passenger's seat module
25793
from 09 / 2007
A46
Fuse holder, rear
F101
250A
X10209
35.0
RT
X13020
30G
A149a
Car access system
1
X13376
0.35
RT
2
X11010
A4010
Junction box
I01068
F49
40A
4
X11006
4.0
RT/BR
1
X13718
A 467
Active steering
26656
BentleyPublishers.com
B309ele21697

Fuse F50
N51, N52, N54 engines

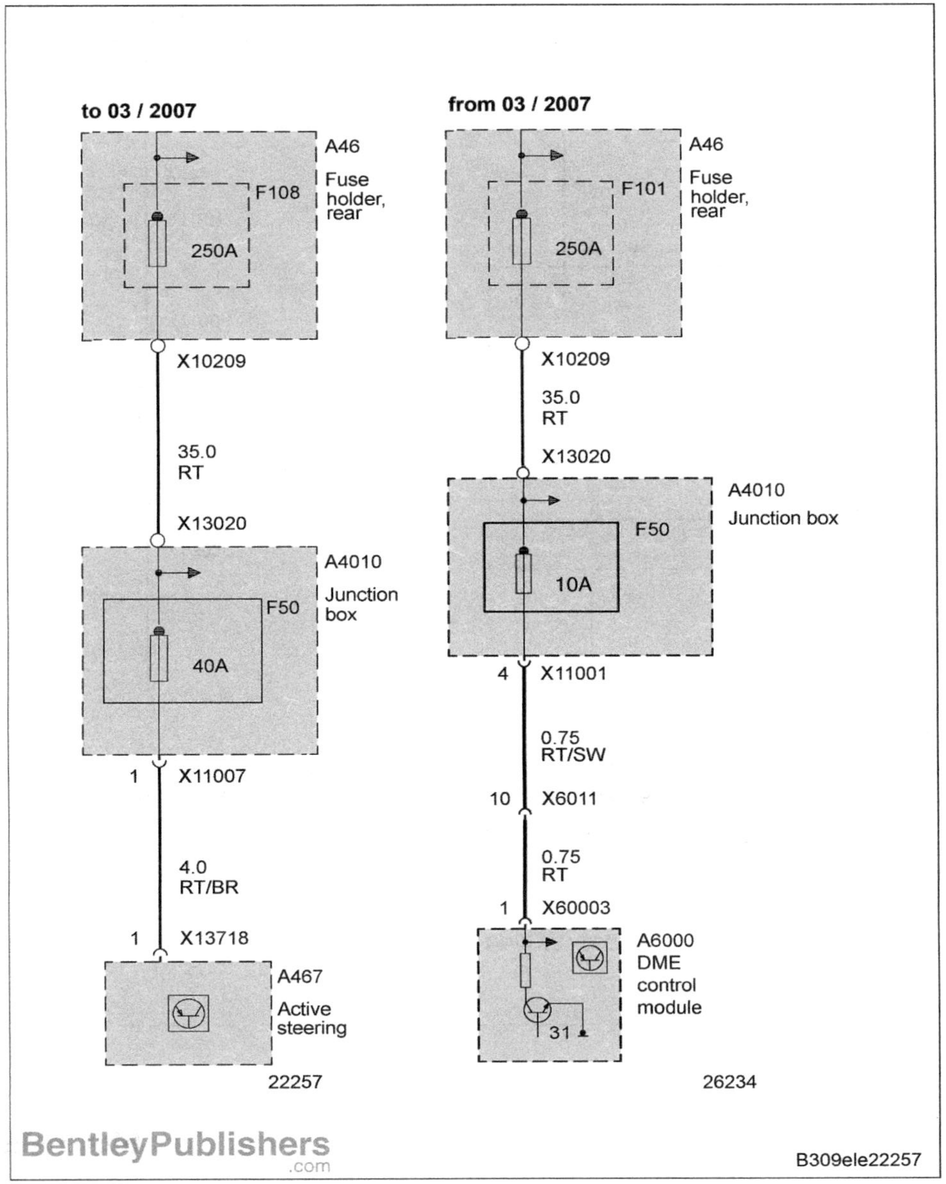

Fuse F50
N55 engine

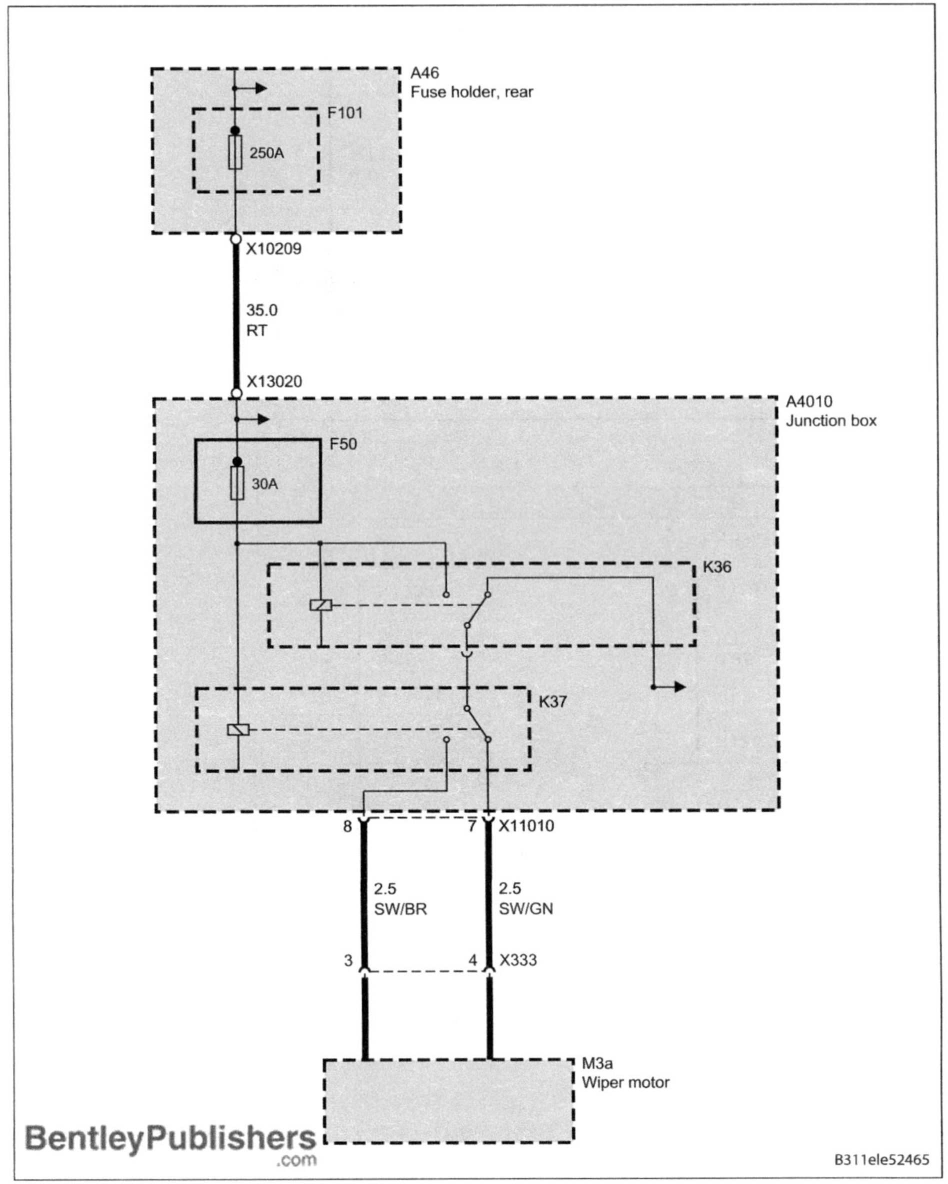

Fuse F51

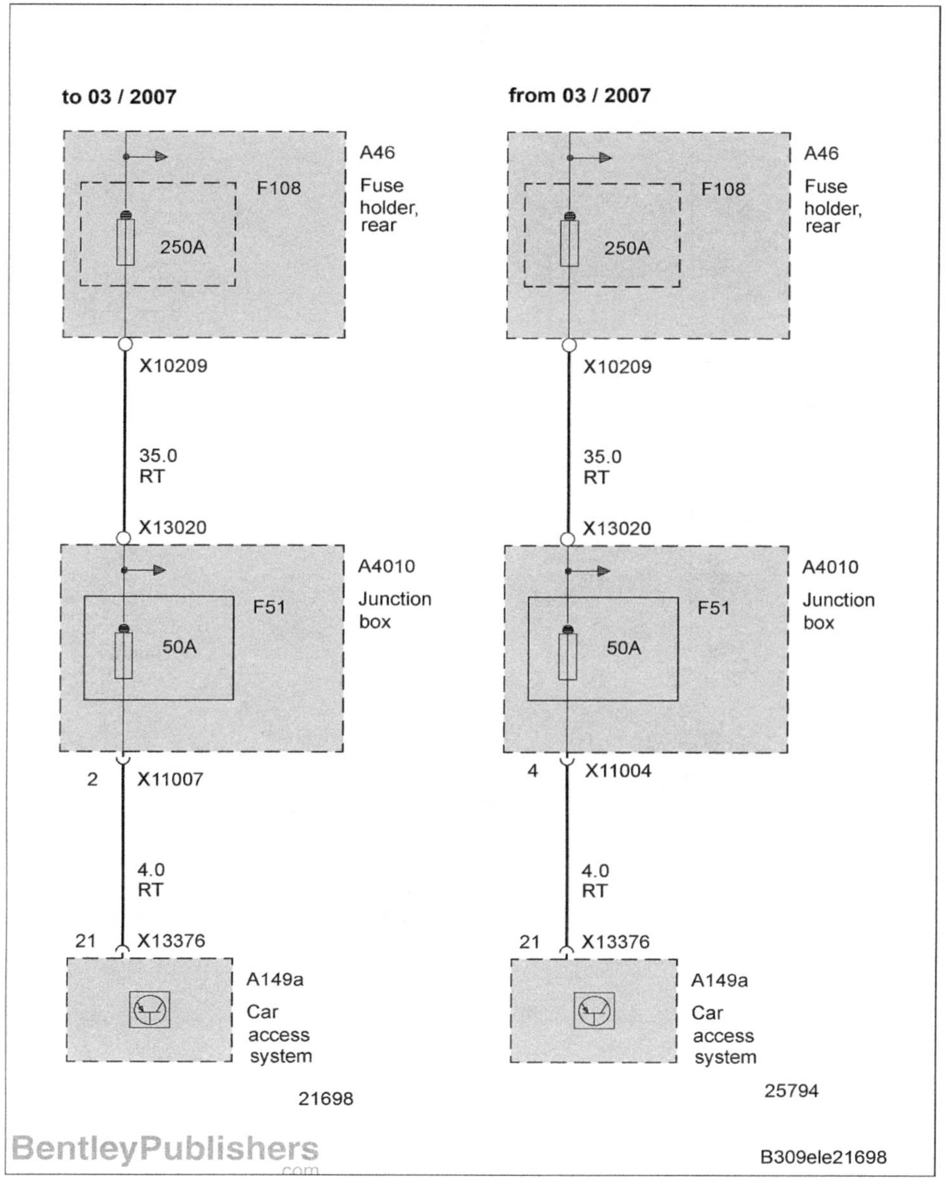

Fuse F52

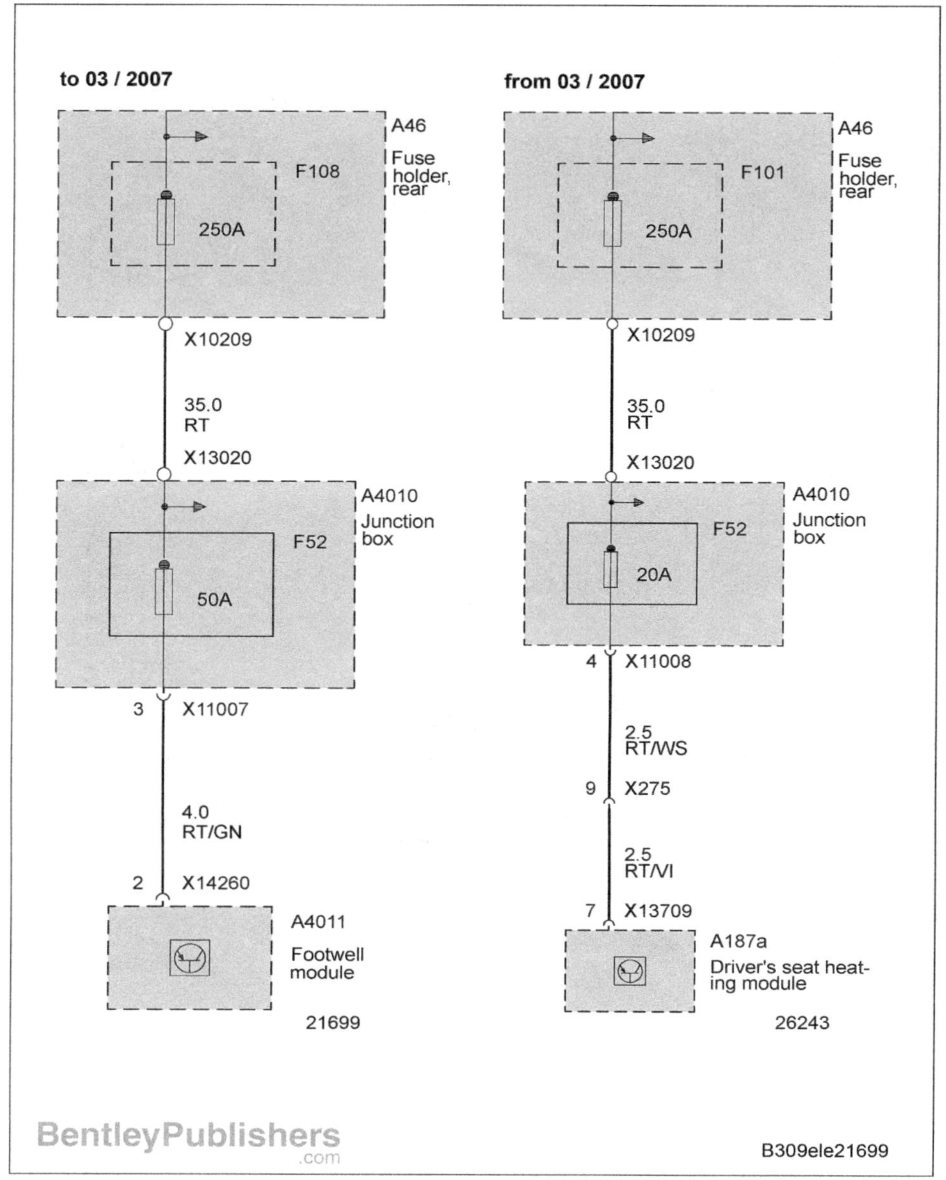

Fuse F53

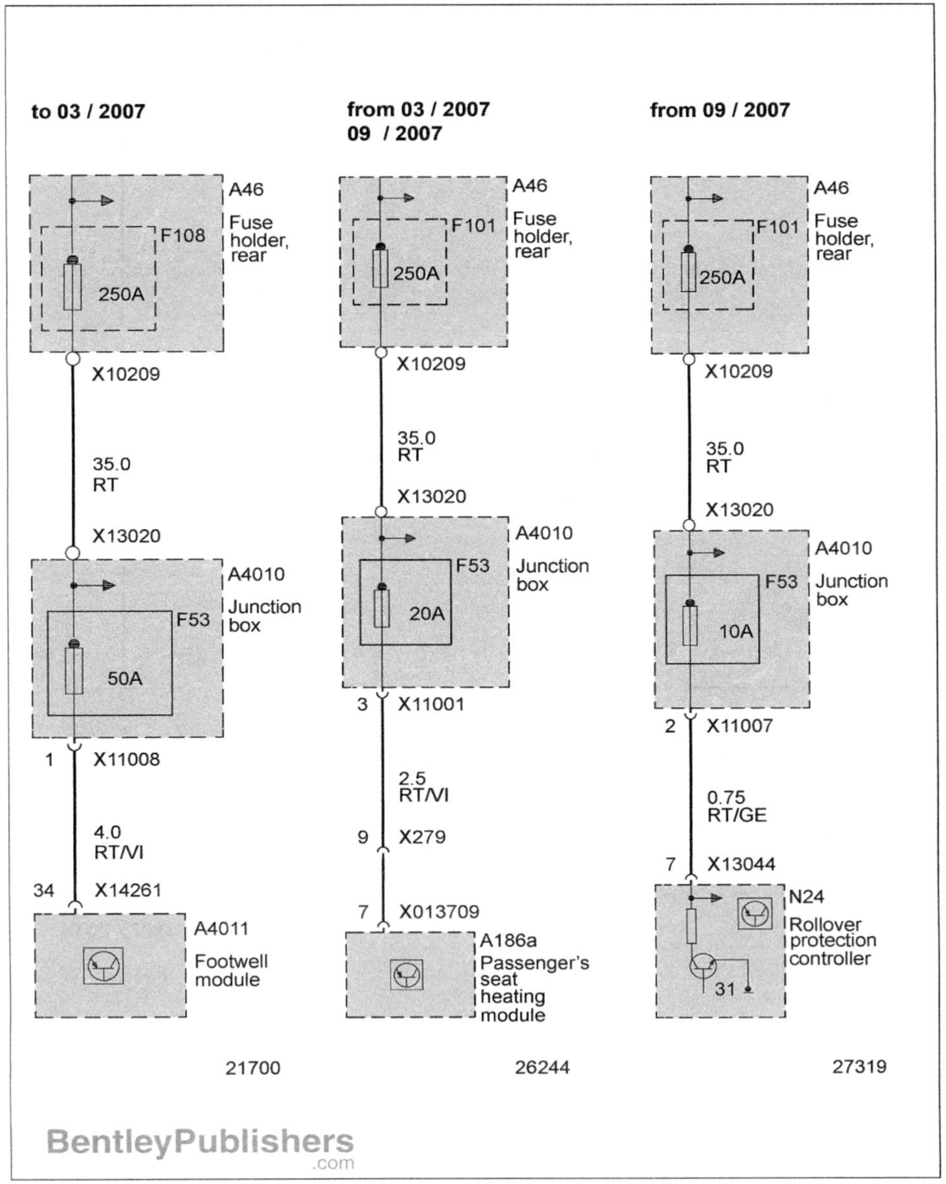

Fuse F54 ex. Convertible

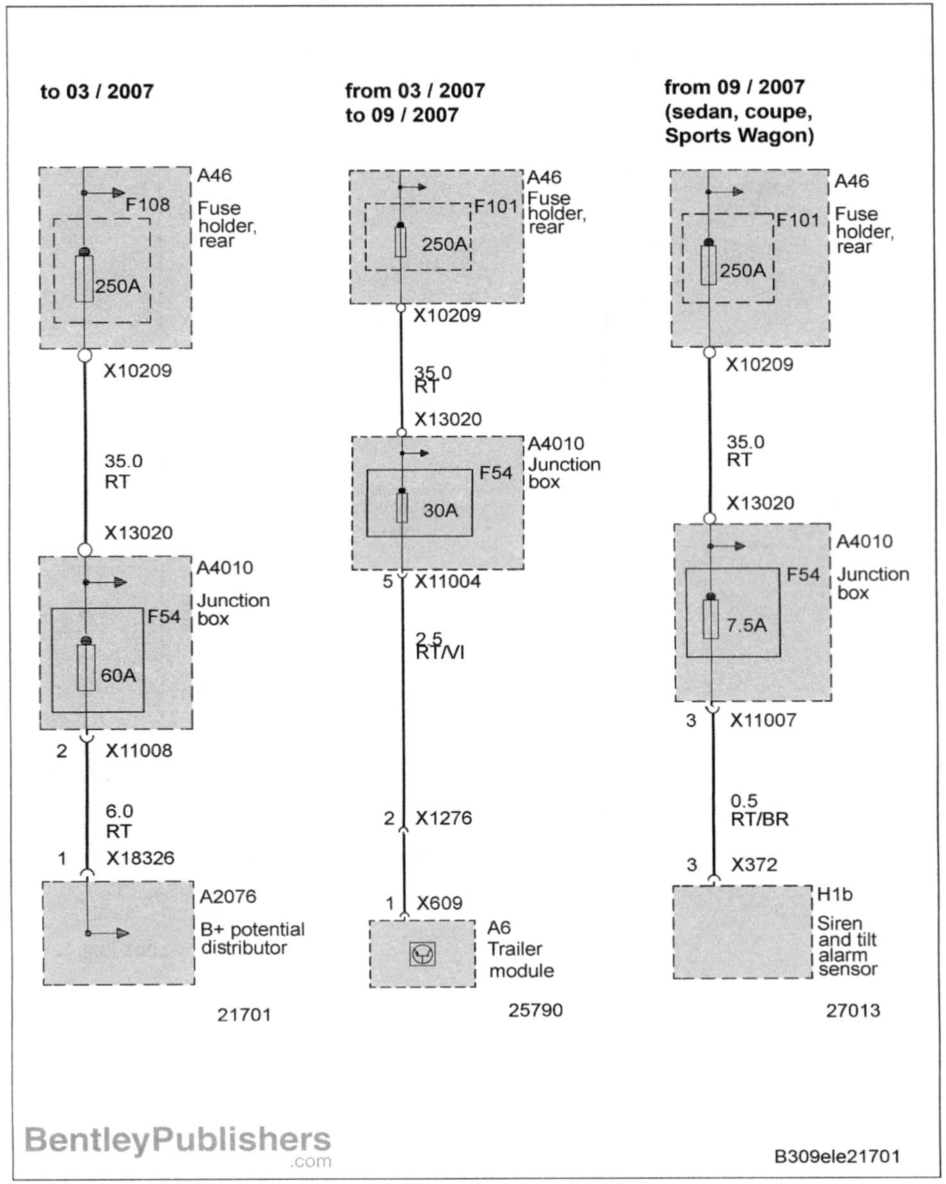

Fuse 54
Convertible

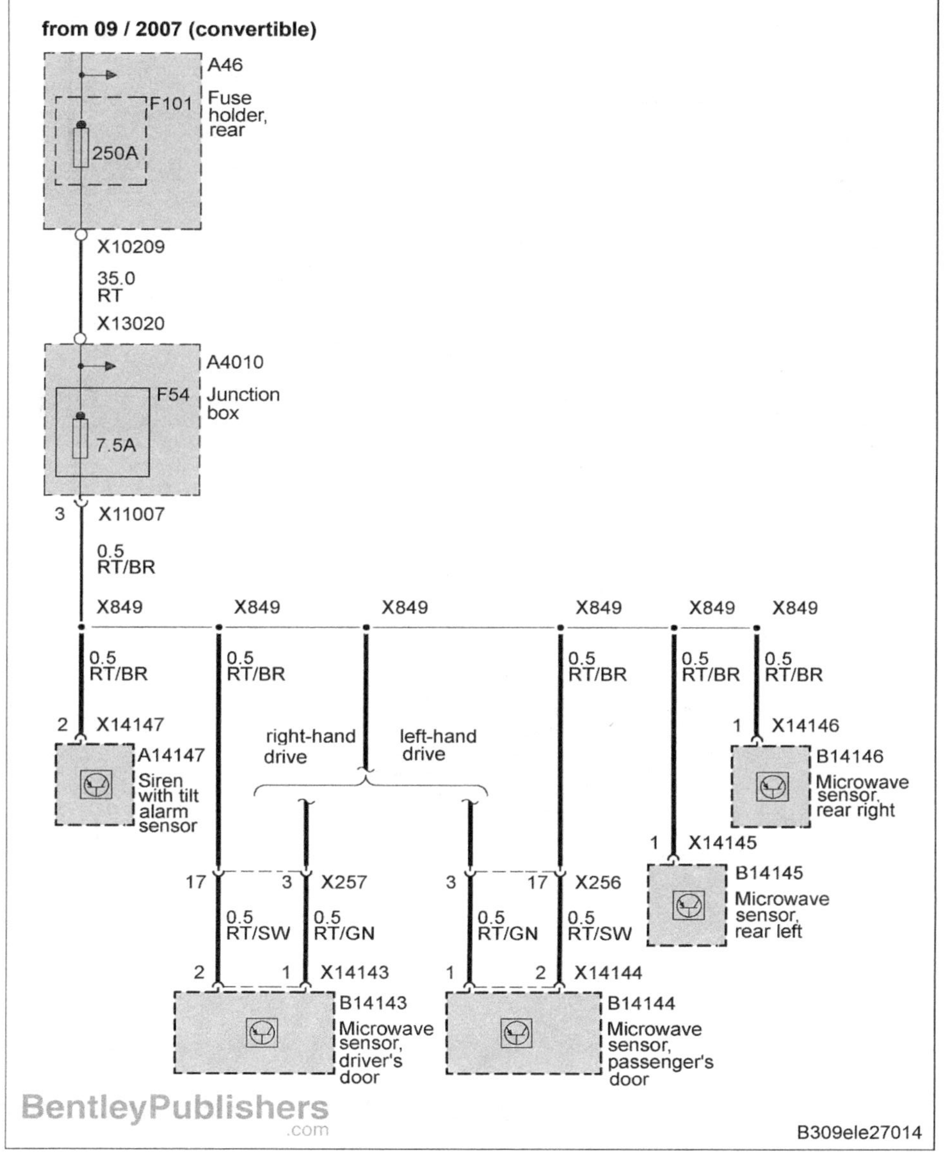

Fuse F55
(from 09 / 2007)

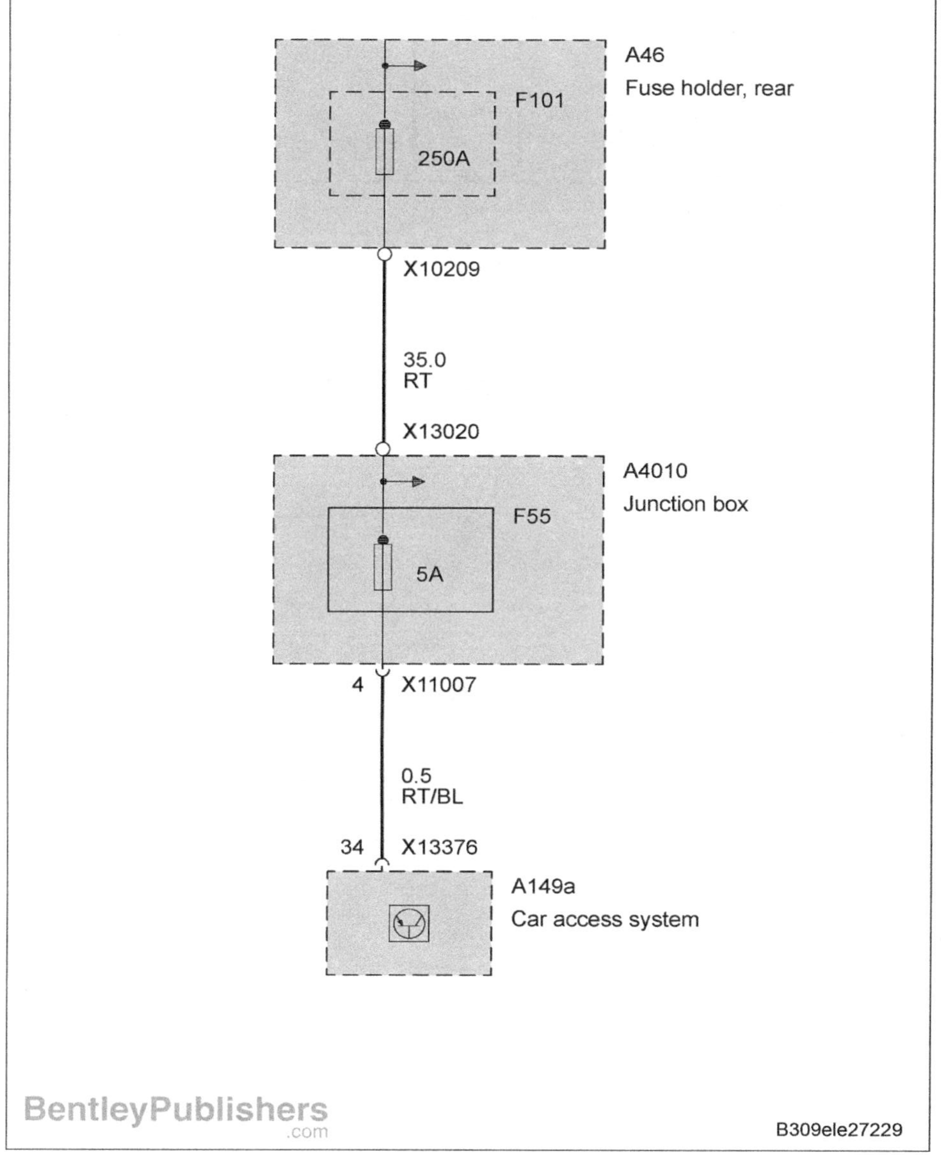

Fuses F56 and F57 and junction box (to 09 / 2007) page 1 of 2

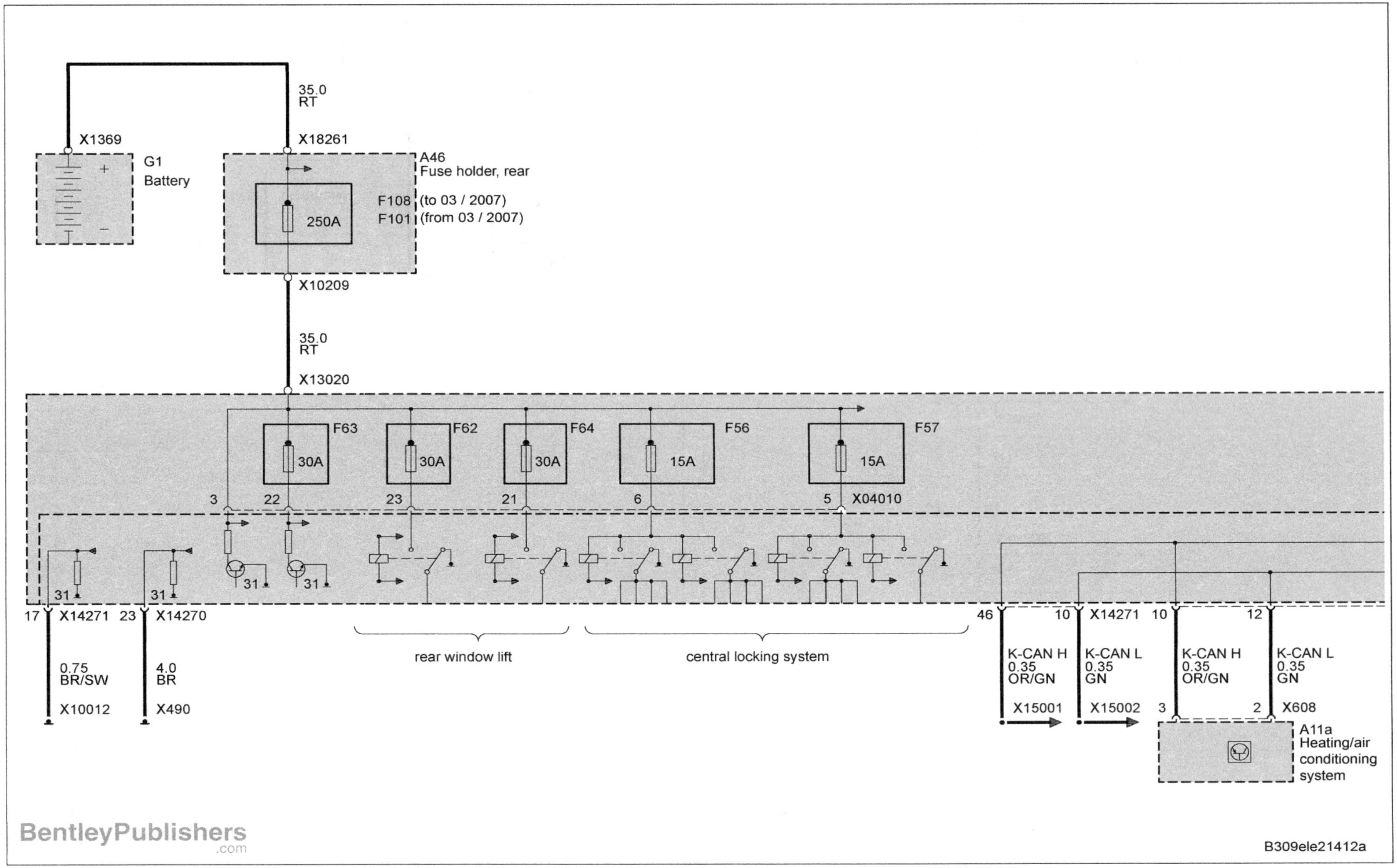

Fuses F56 and F57 and junction box
(to 09 / 2007)
page 2 of 2

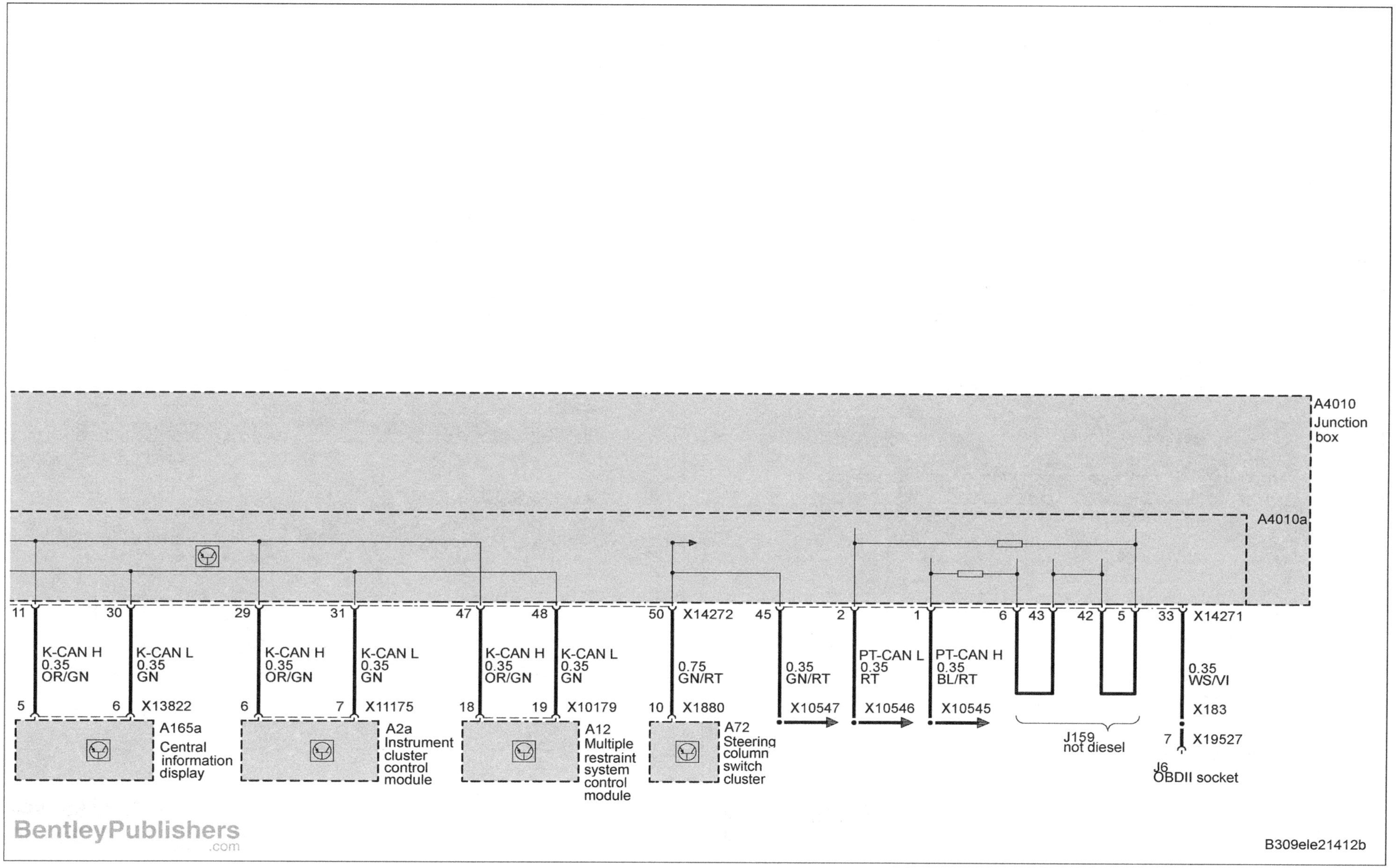

Fuse F56 (from 09 / 2007)

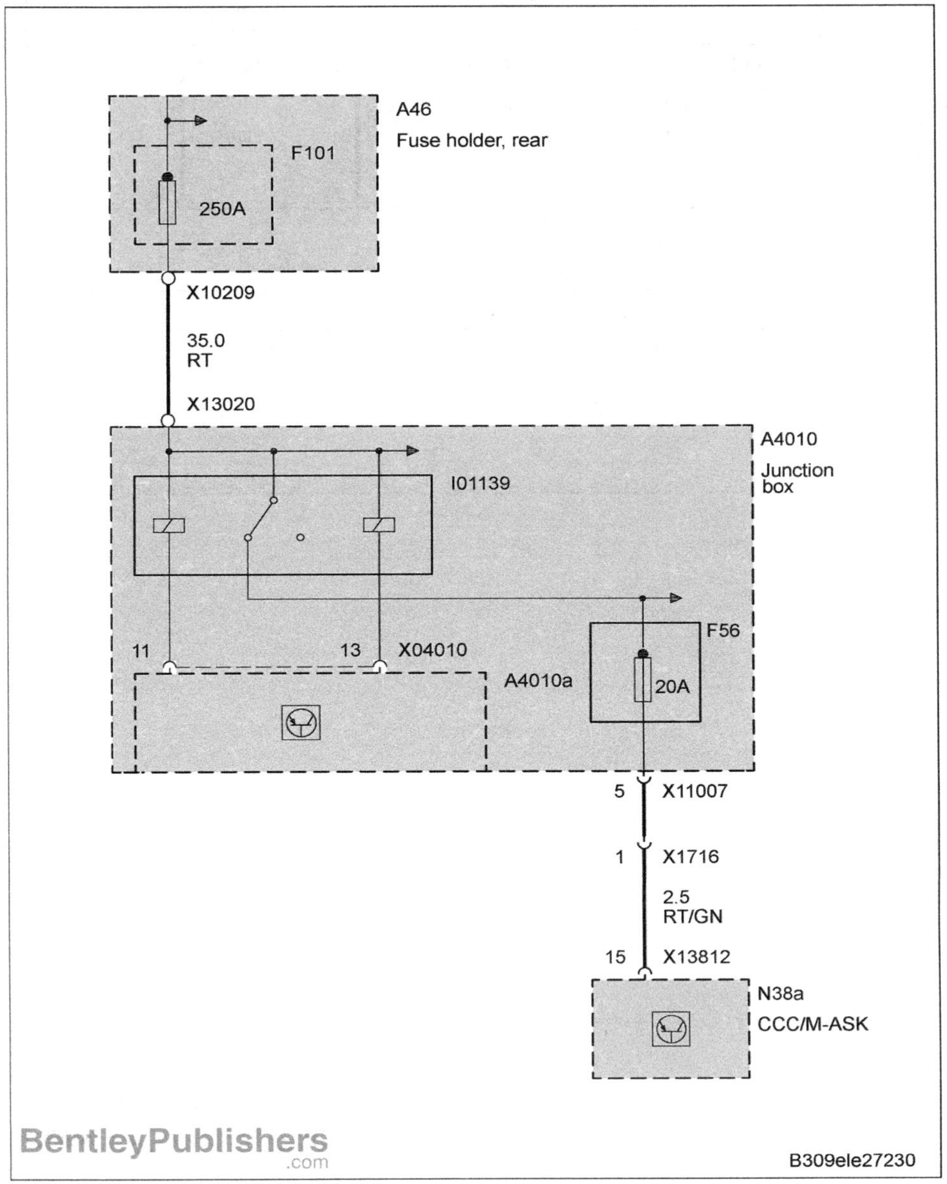

Fuse F57 (from 09 / 2007)

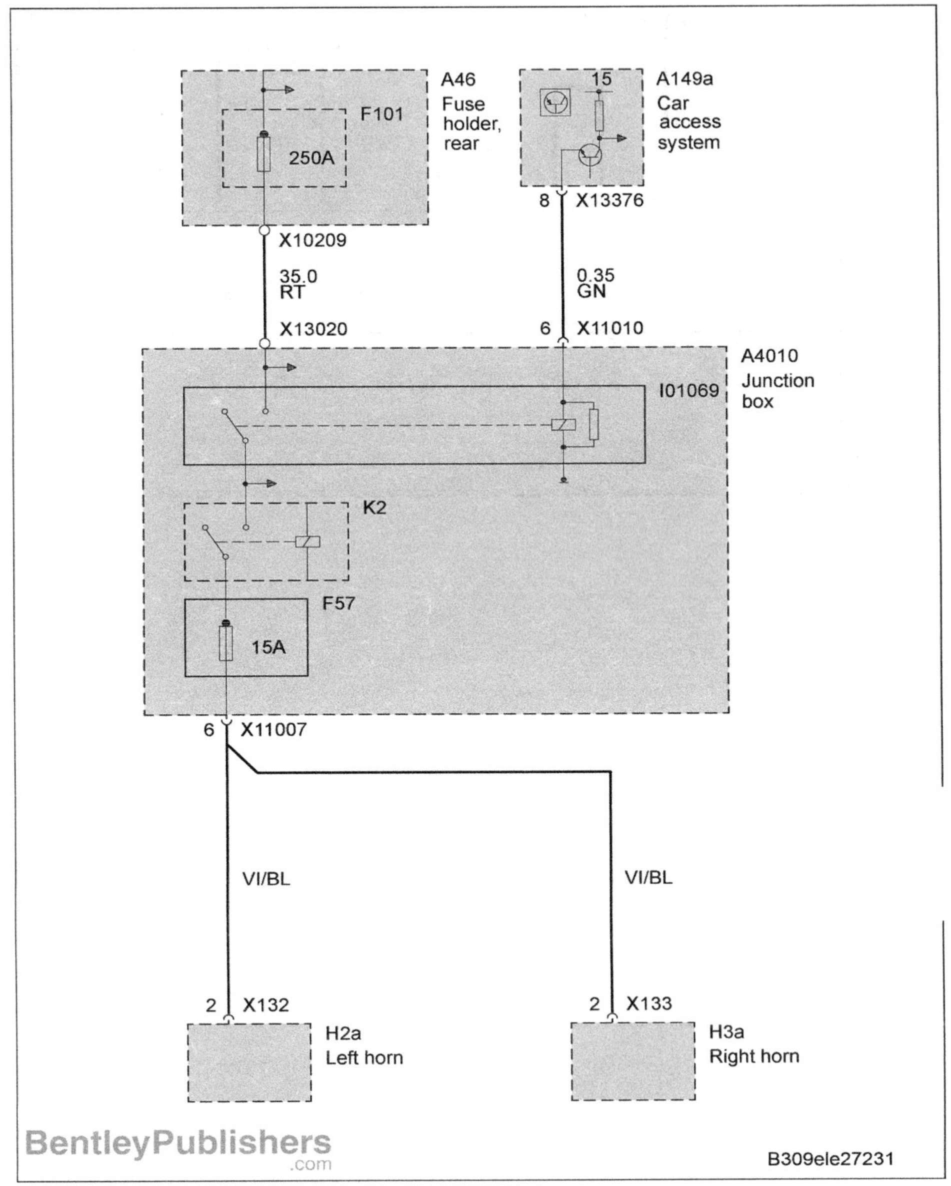

Fuse F58

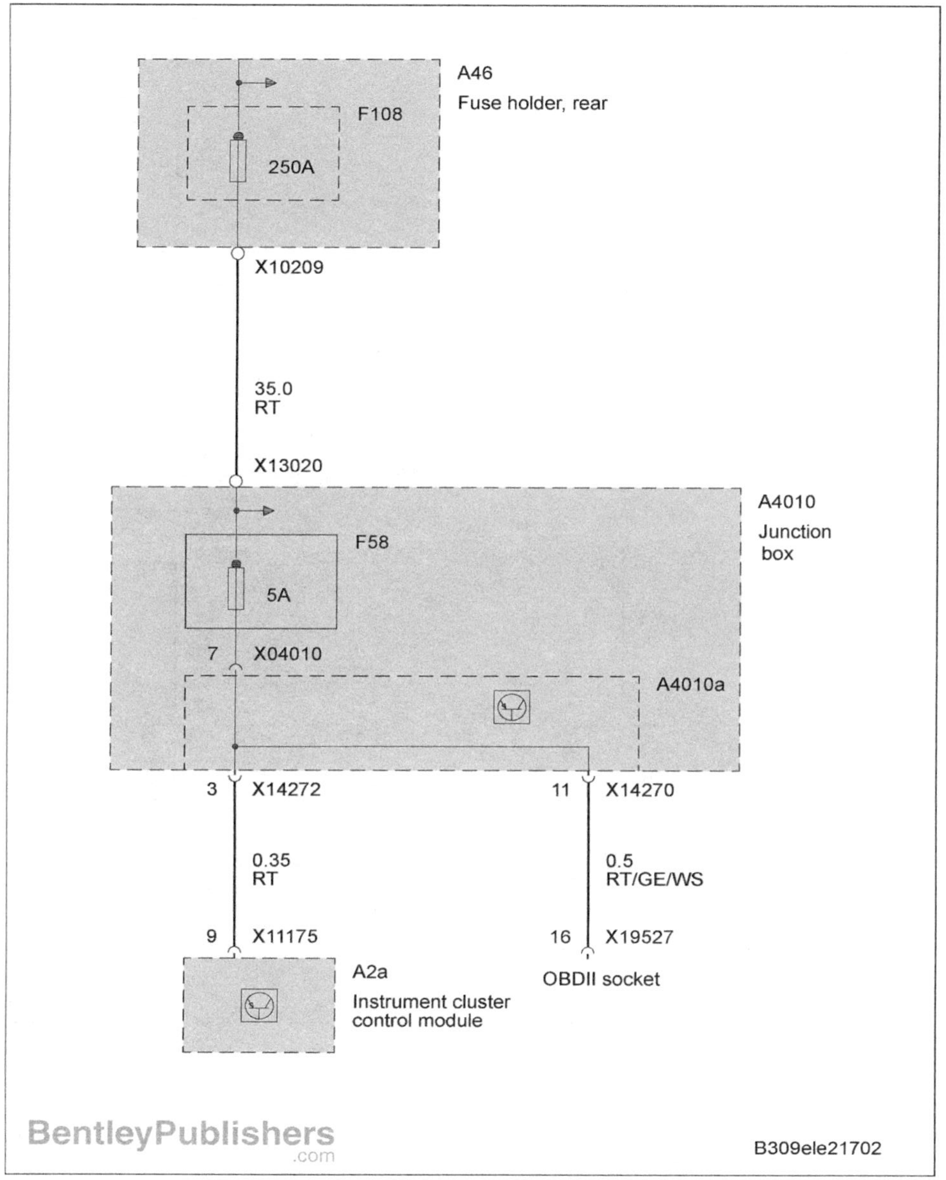
A46
Fuse holder, rear
F108
250A
X10209
35.0
RT
X13020
A4010
Junction
box
F58
5A
7
X04010
A4010a
3
X14272
11
X14270
0.35
RT
0.5
RT/GE/WS
9
X11175
16
X19527
A2a
Instrument cluster
control module
OBDII socket
BentleyPublishers
.com
B309ele21702

Fuse F59

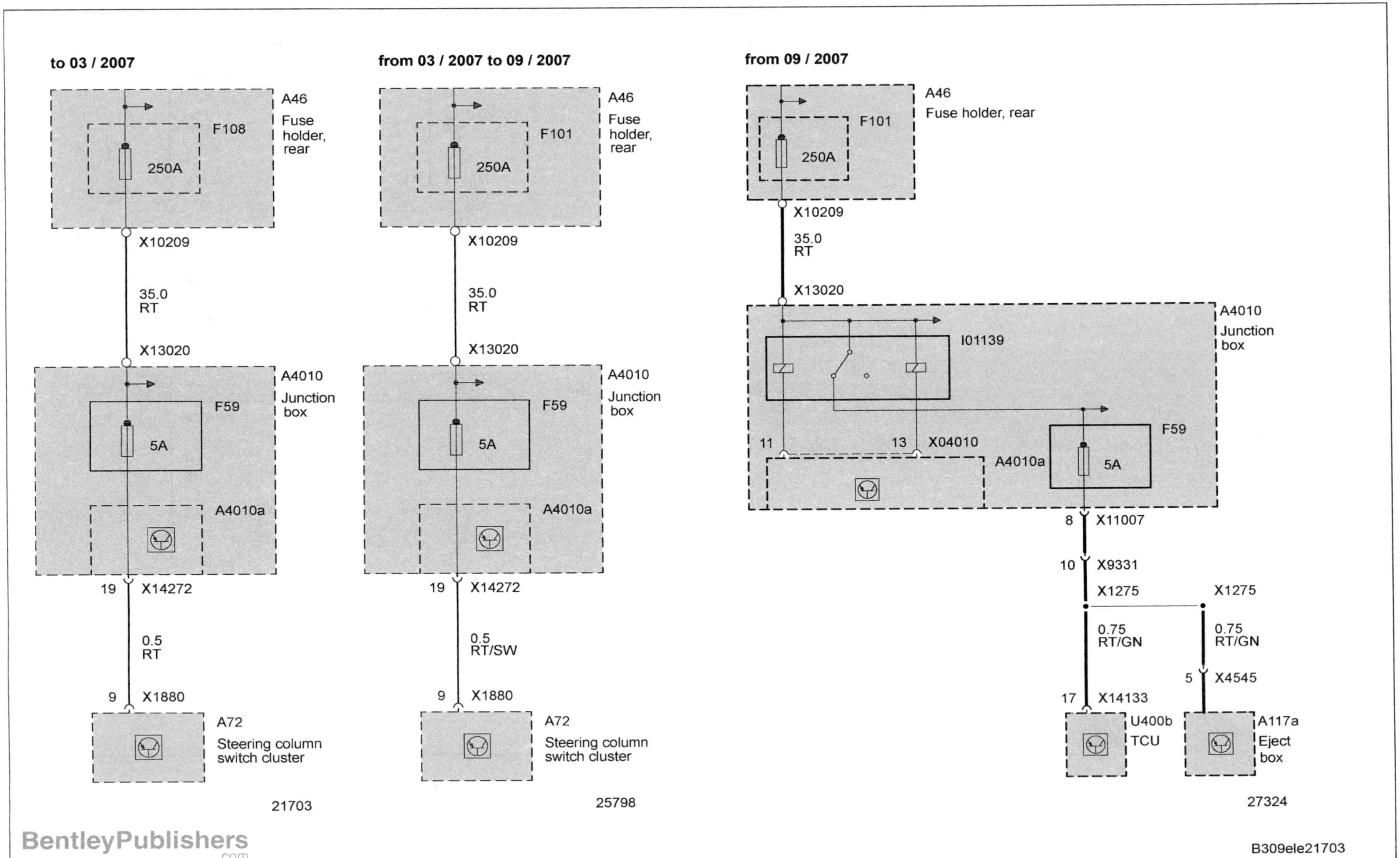
to 03 / 2007
A46
Fuse holder, rear
F108
250A
X10209
35.0
RT
X13020
A4010
Junction box
F59
5A
A4010a
19
X14272
0.5
RT
9
X1880
A72
Steering column switch cluster
21703
from 03 / 2007 to 09 / 2007
A46
Fuse holder, rear
F101
250A
X10209
35.0
RT
X13020
A4010
Junction box
F59
5A
A4010a
19
X14272
0.5
RT/SW
9
X1880
A72
Steering column switch cluster
25798
from 09 / 2007
A46
Fuse holder, rear
F101
250A
X10209
35.0
RT
X13020
A4010
Junction box
I01139
11
13
X04010
A4010a
F59
5A
8
X11007
10
X9331
X1275
X1275
0.75
RT/GN
0.75
RT/GN
5
X4545
17
X14133
U400b
TCU
A117a
Eject box
27324
B309ele21703

Fuse F60
(to 03 / 2007)

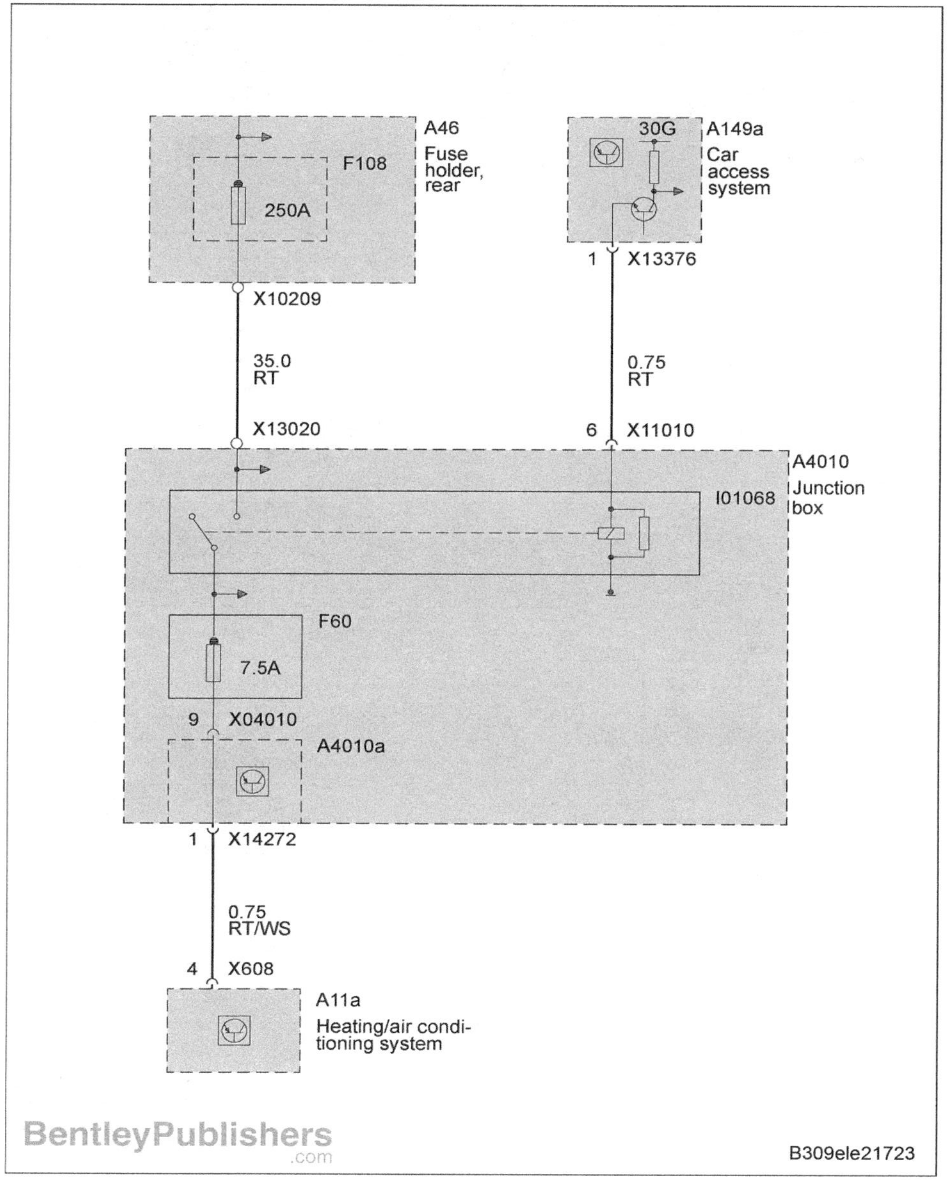

Fuse F60
(from 03 / 2007)

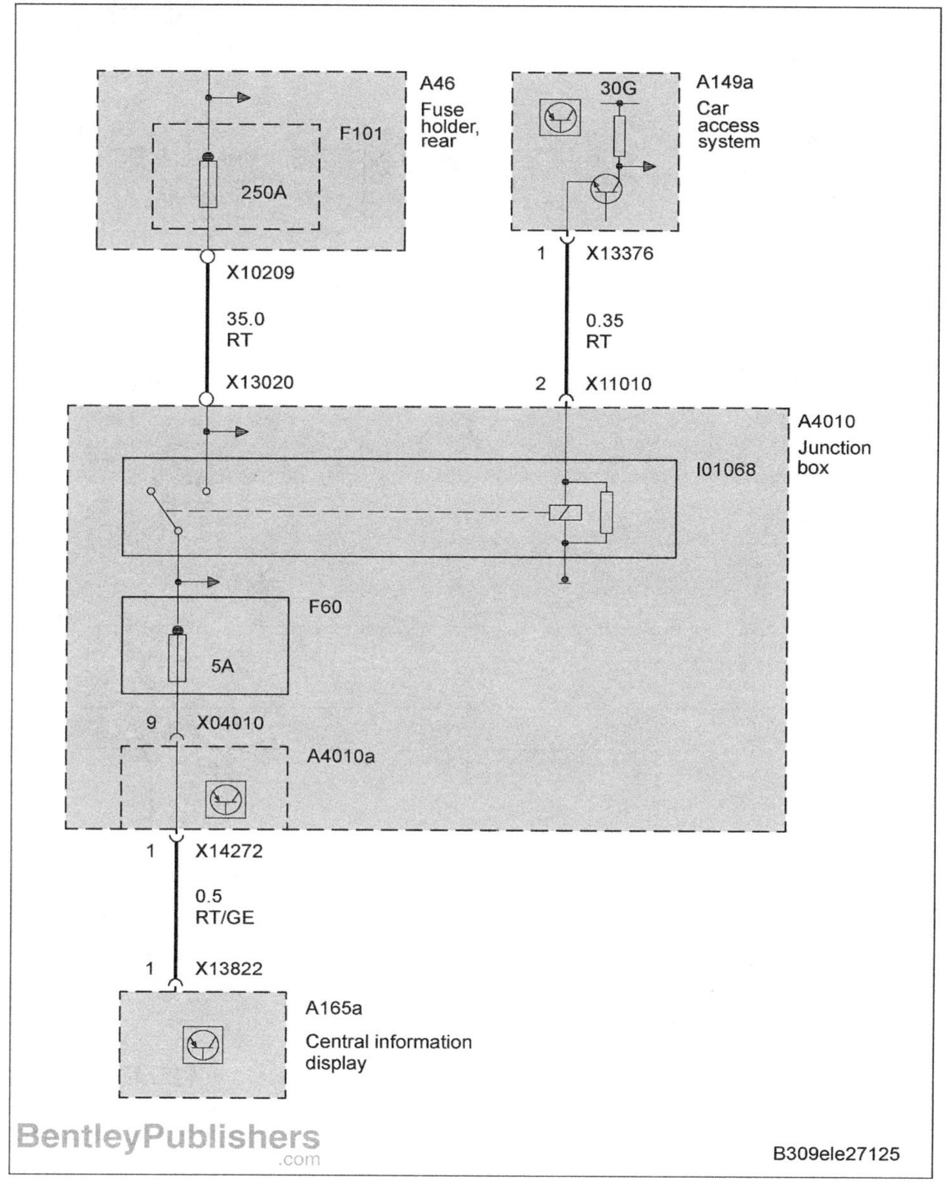

Fuse F61
Sedan and Coupe
(to 03 / 2007)

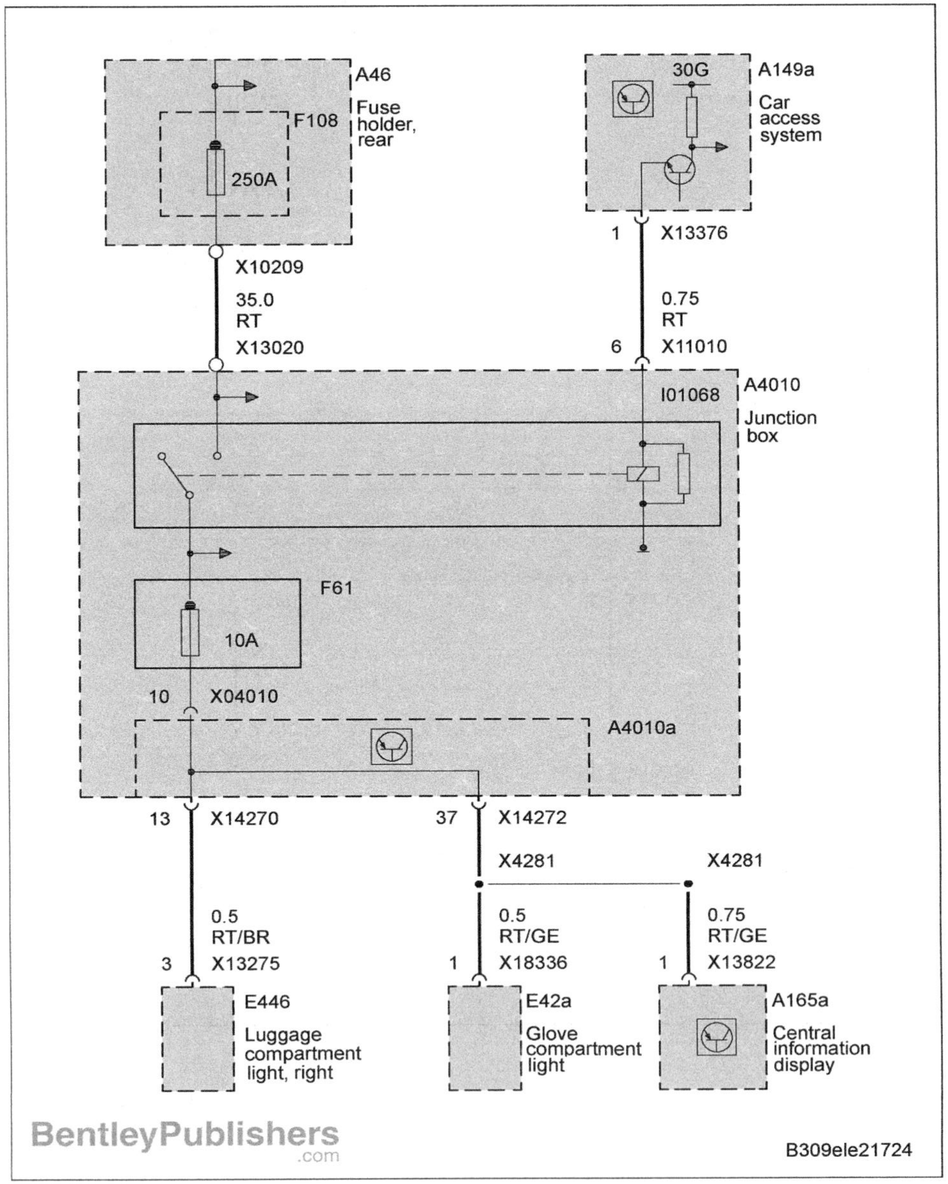

Fuse F61
Sports Wagon
(to 03 / 2007)

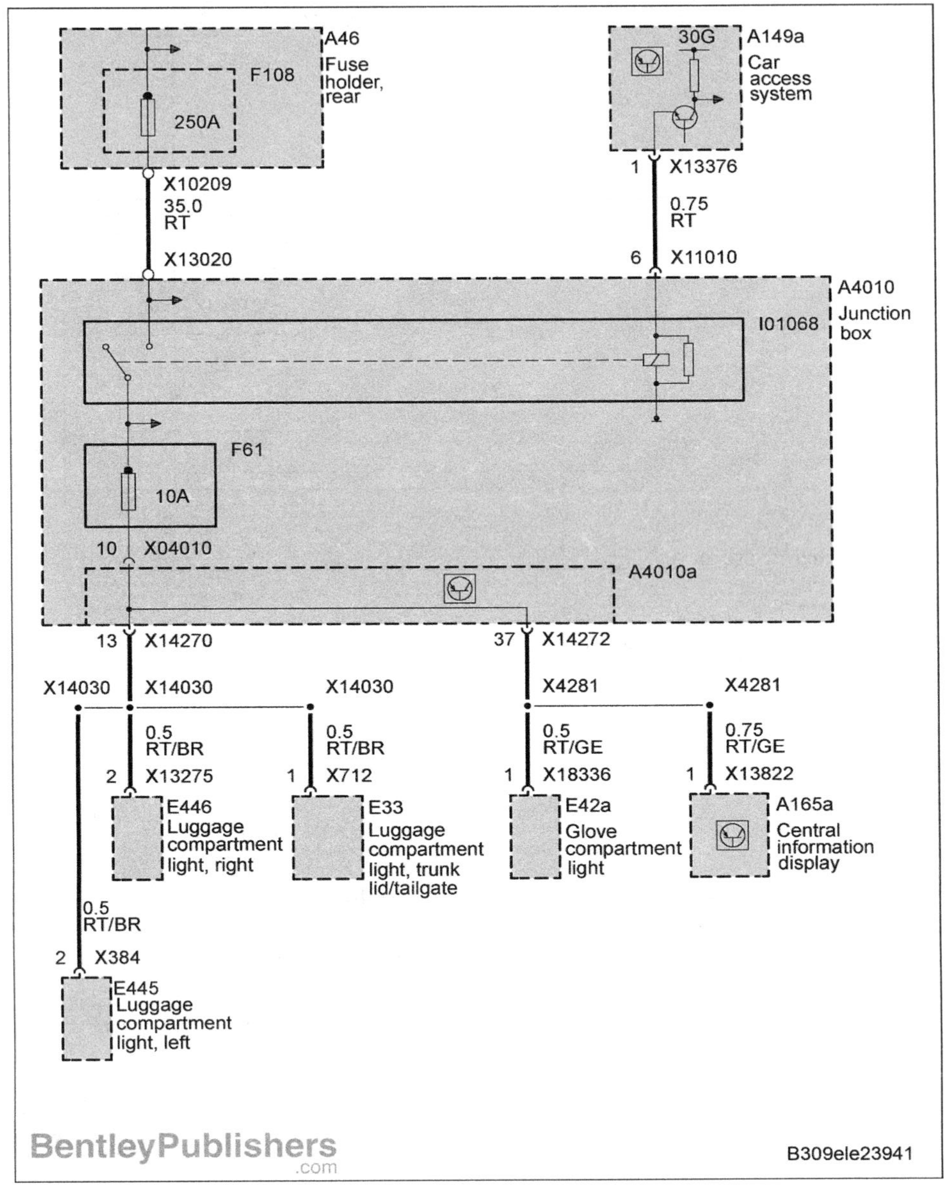

Fuse F61
(Convertible to 03 / 2007)

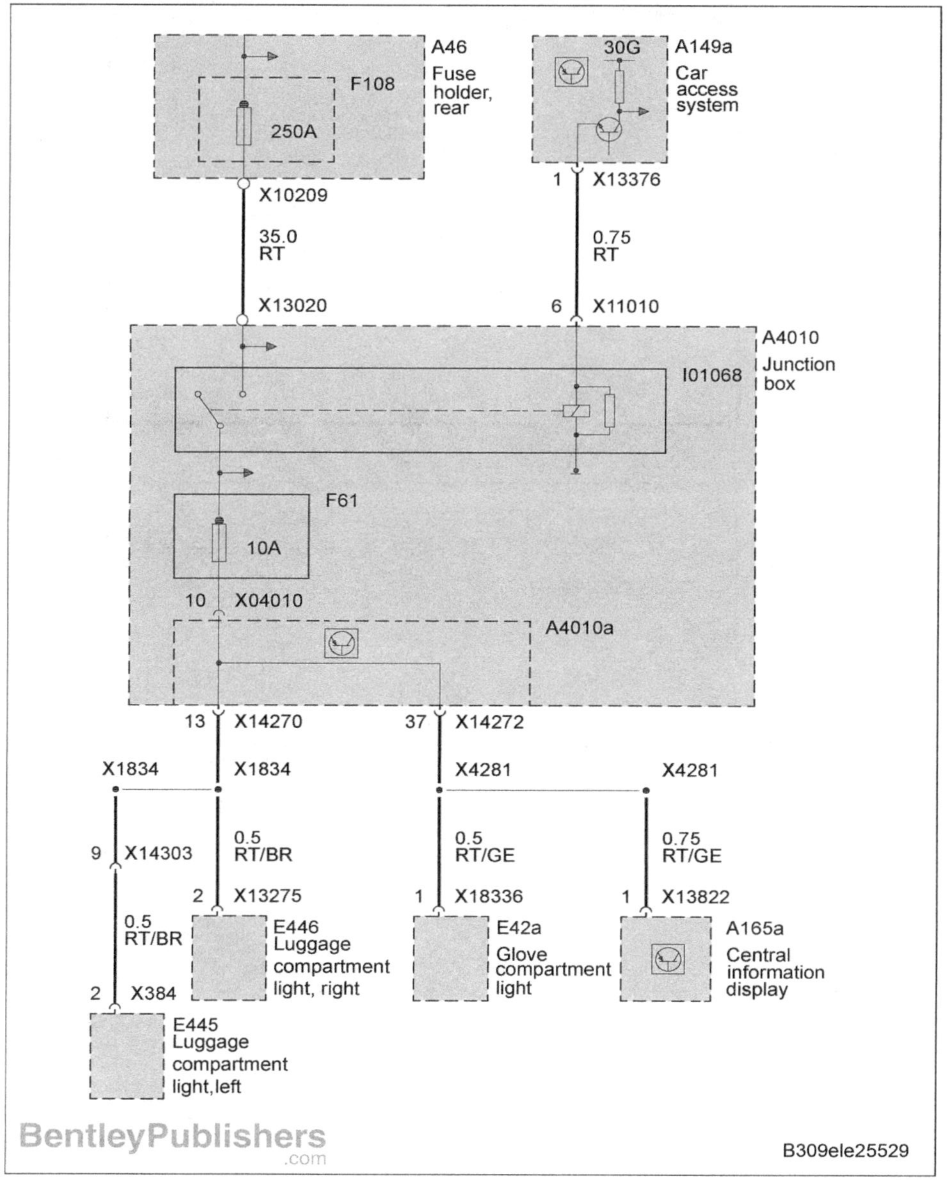

Fuse F61
(from 03 / 2007 to 09 / 2007)

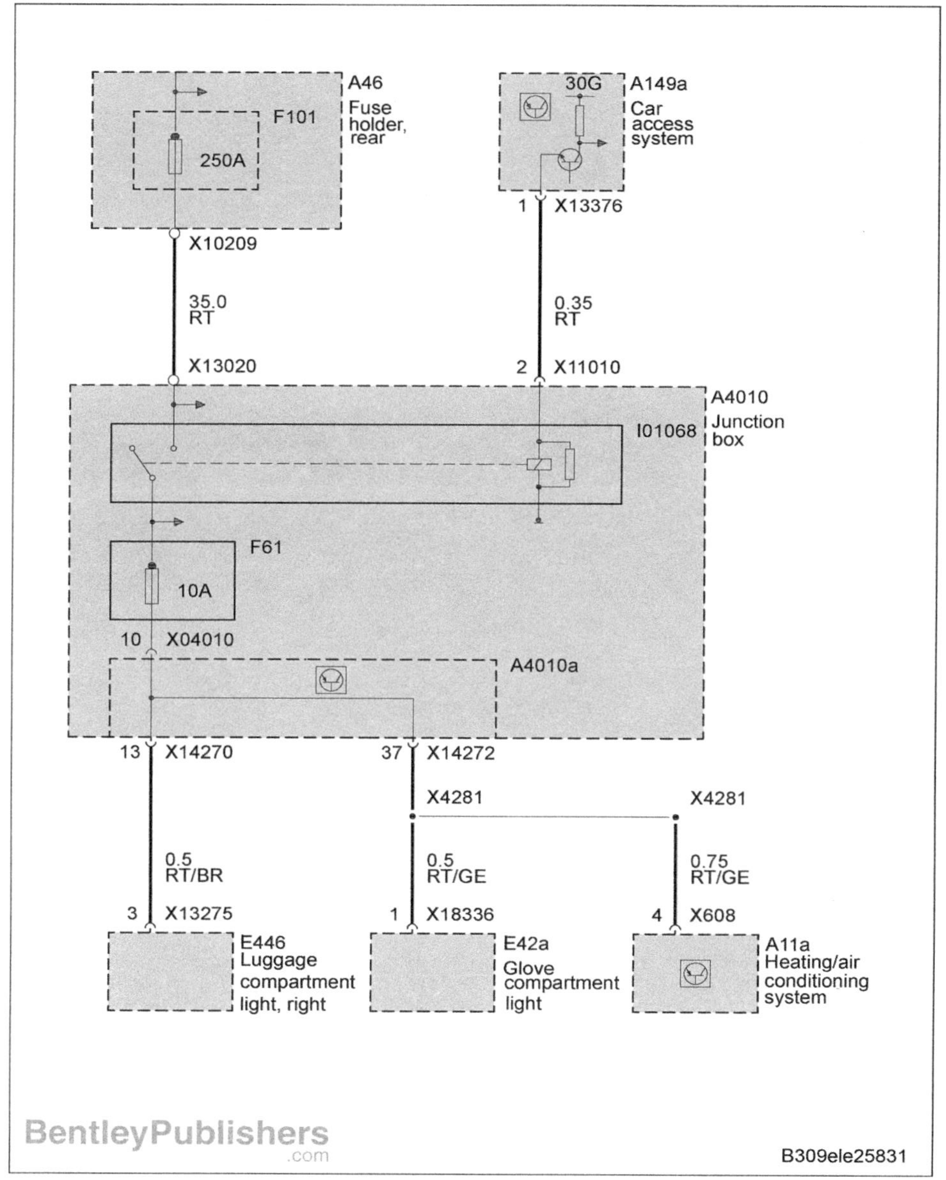

Fuse F61
(from 09 / 2007)

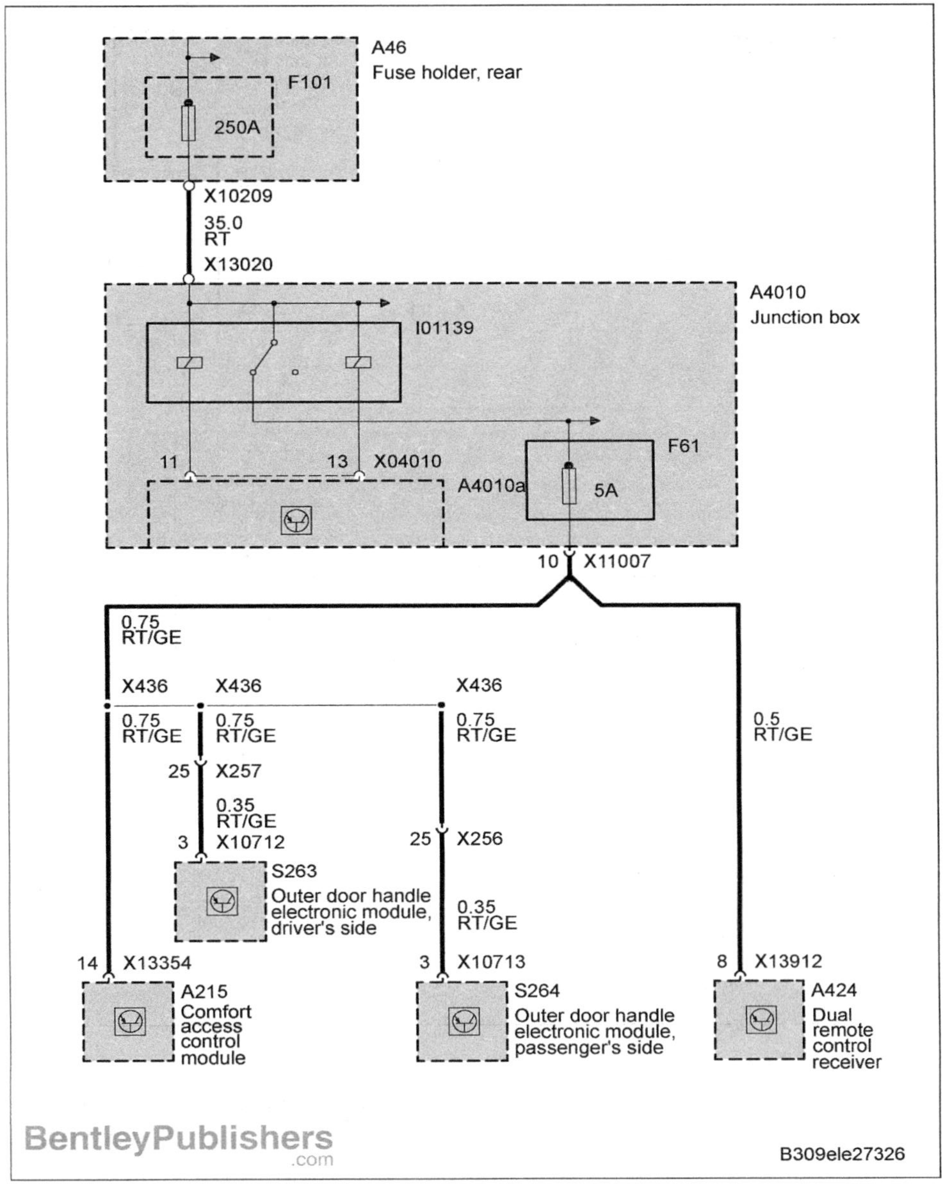

Fuses F62, F63, and F64 (to 09 / 2007) page 1 of 2

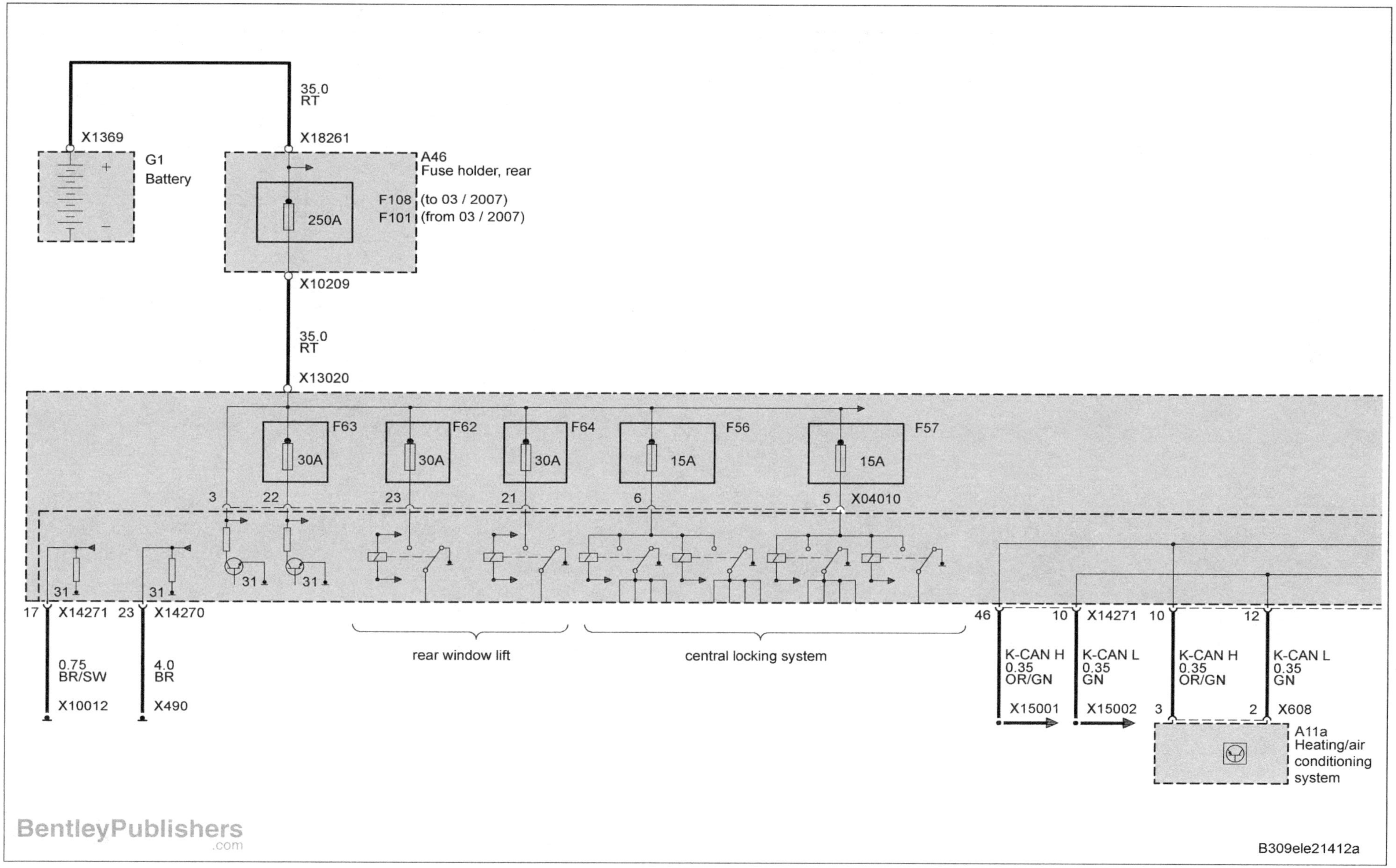

Fuses F62, F63, and F64
(to 09 / 2007)
page 2 of 2

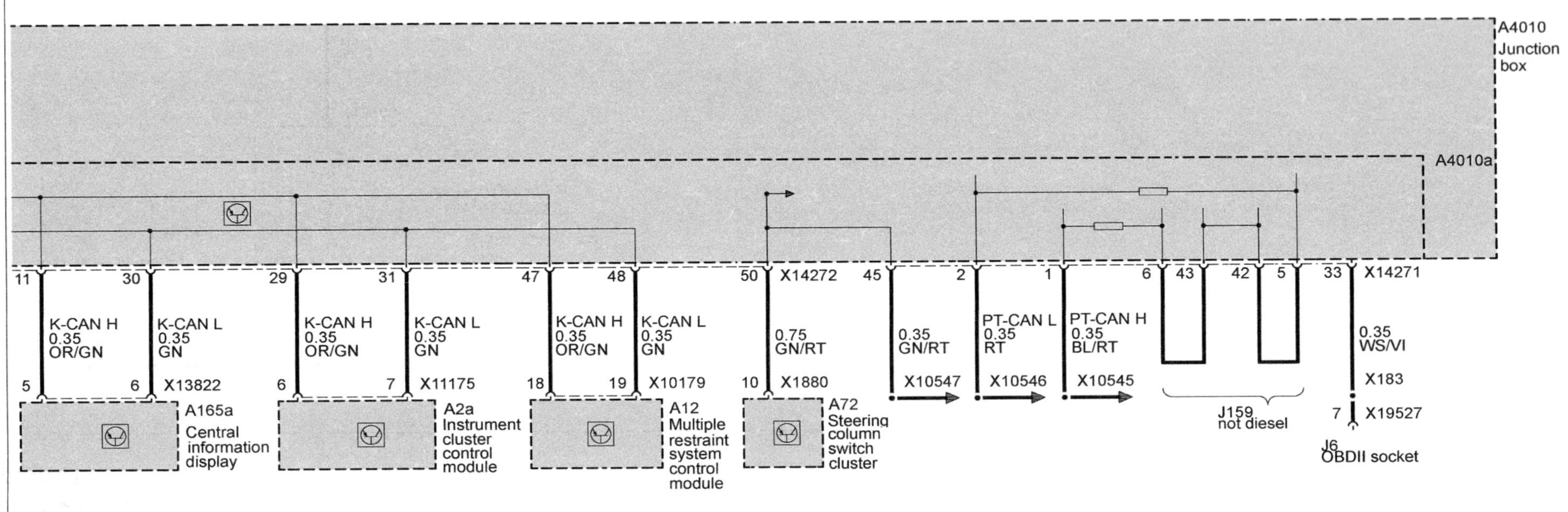

B309ele21412b

Fuse F62
(from 09 / 2007)

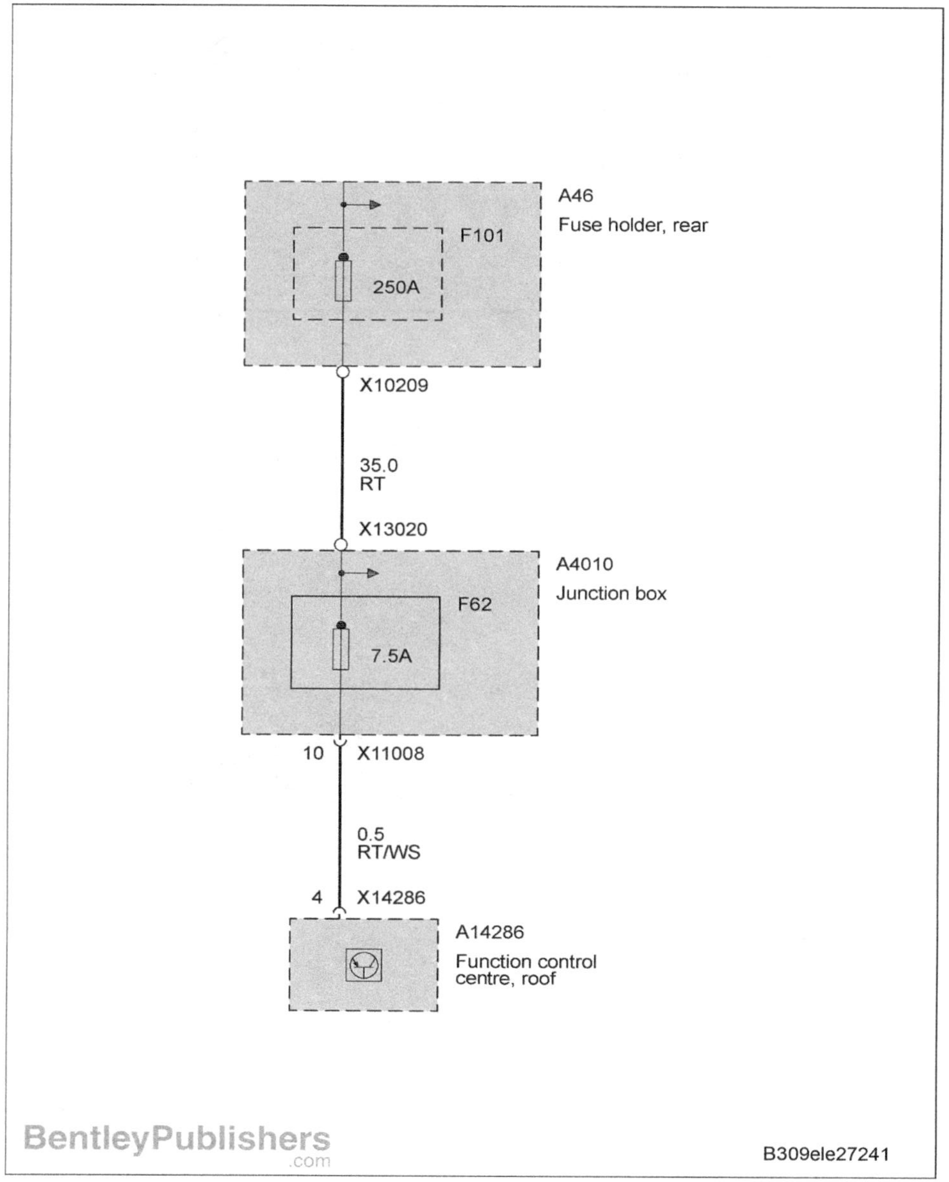

Fuse F63
Sedan, Sports Wagon and Coupe
(from 09 / 2007)

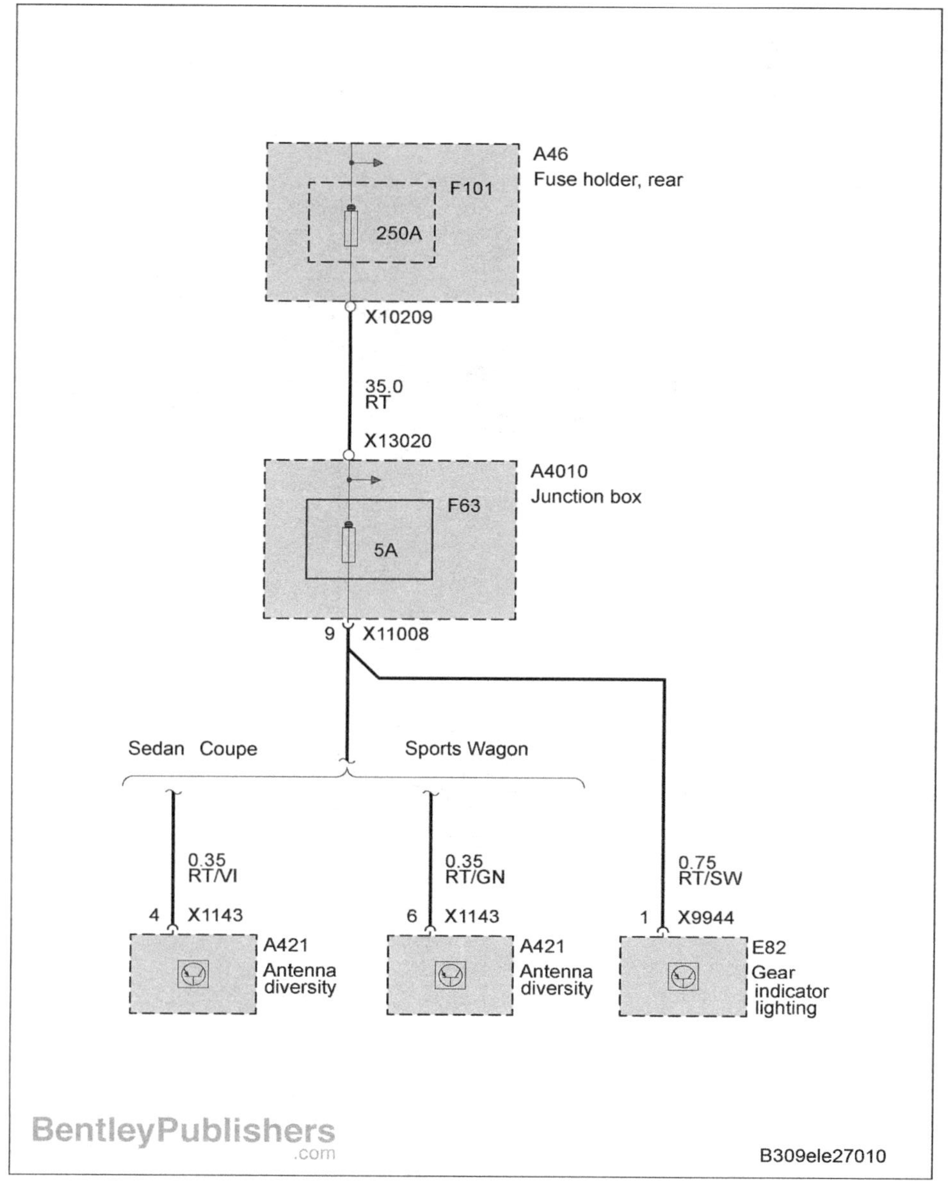

Fuse F63 Convertible (from 09 / 2007)

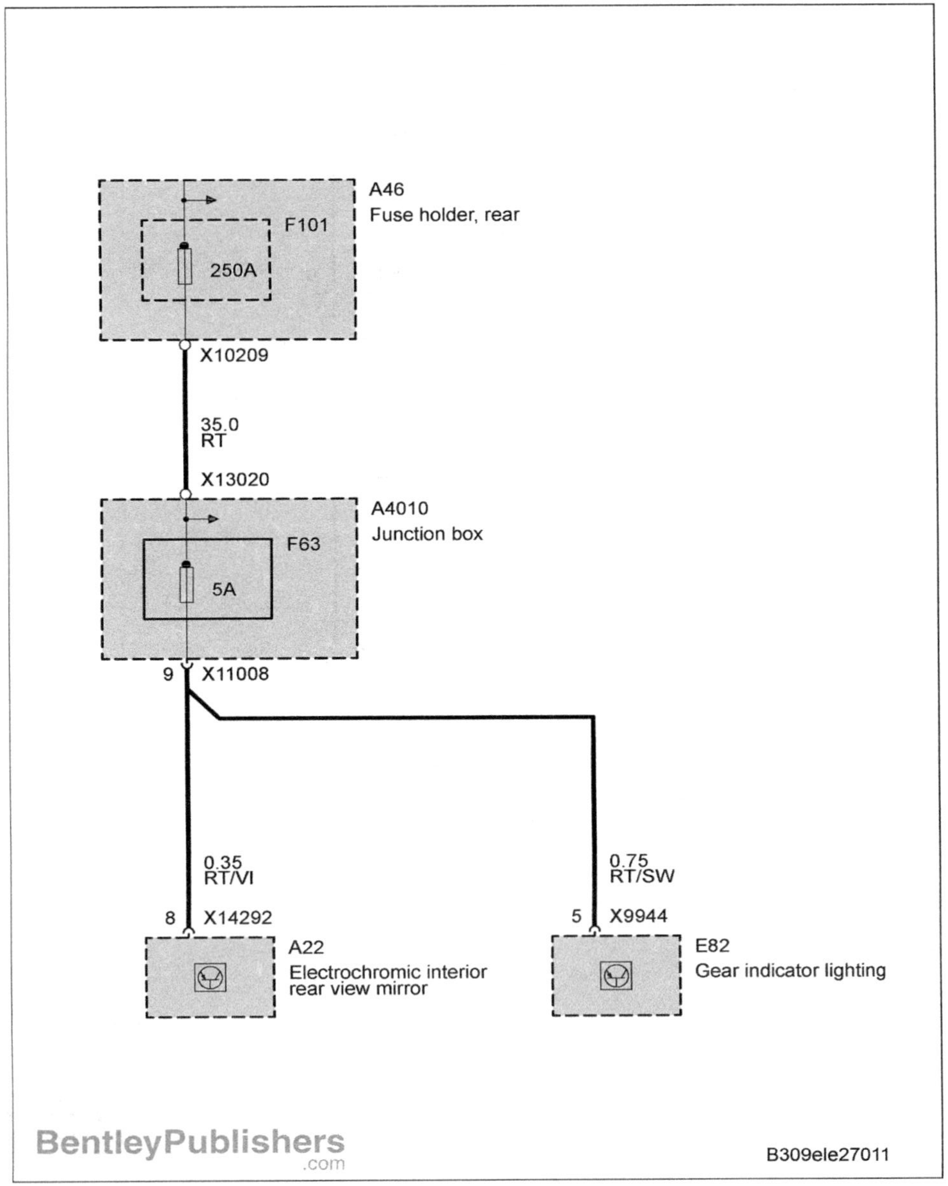

Fuse F64 (from 09 / 2007)

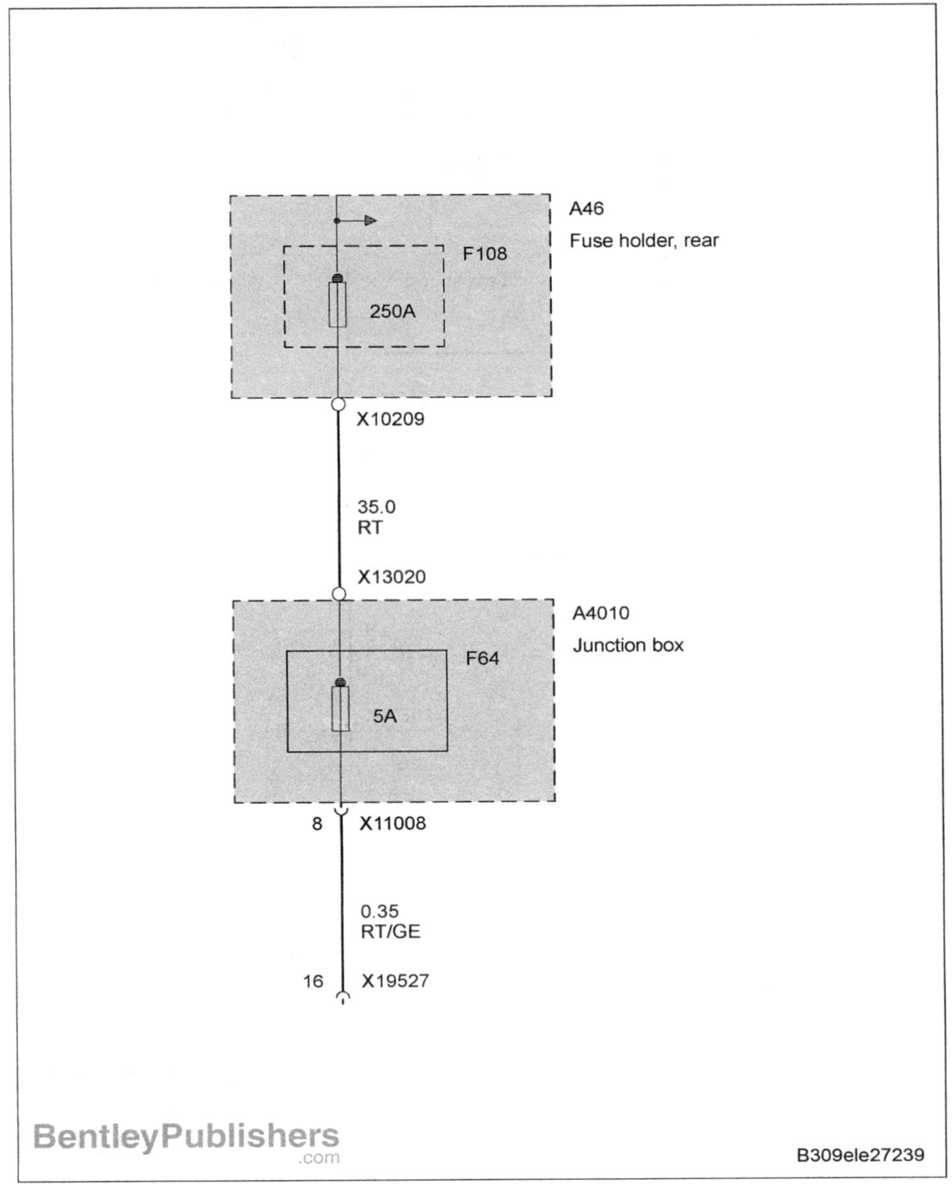

Fuse F65

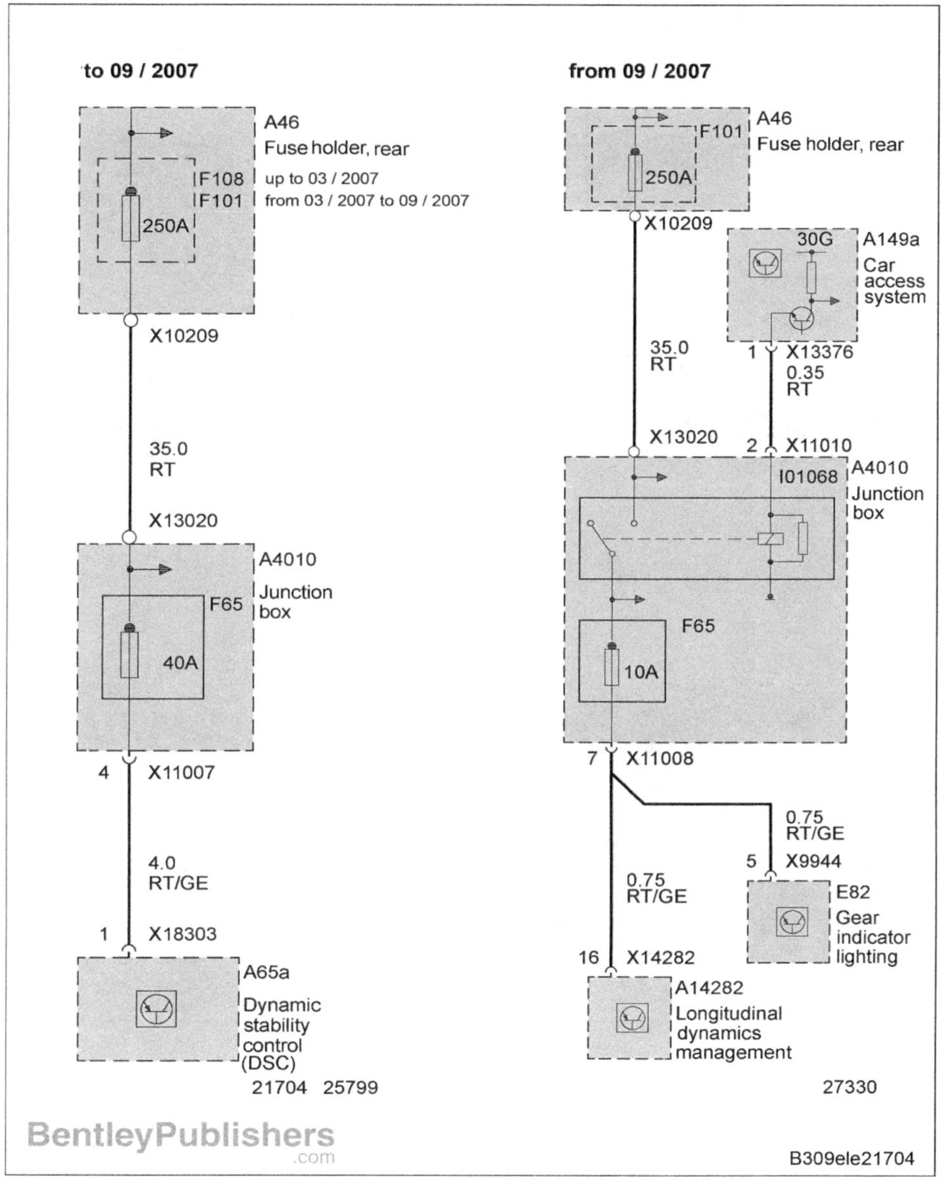

Fuse F66

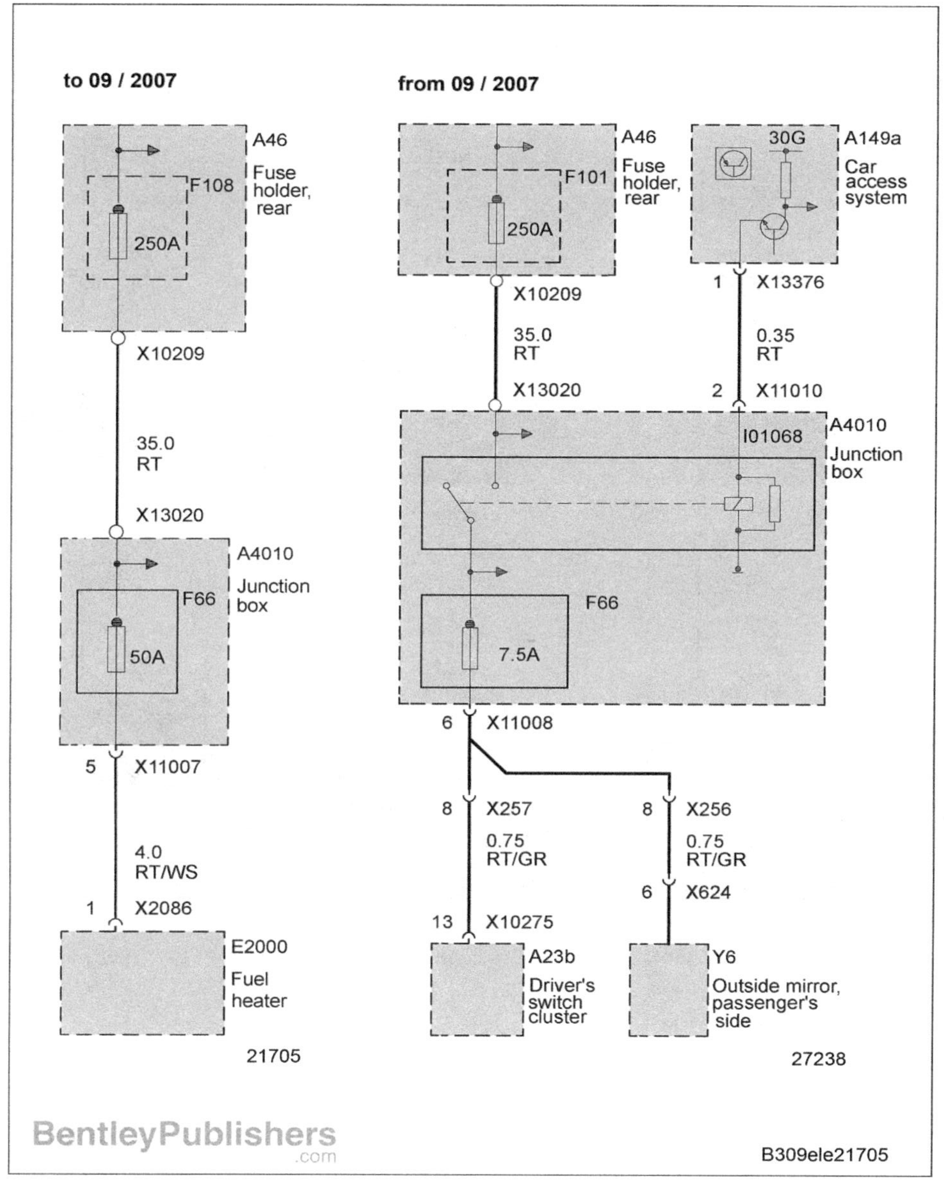

Fuse F67

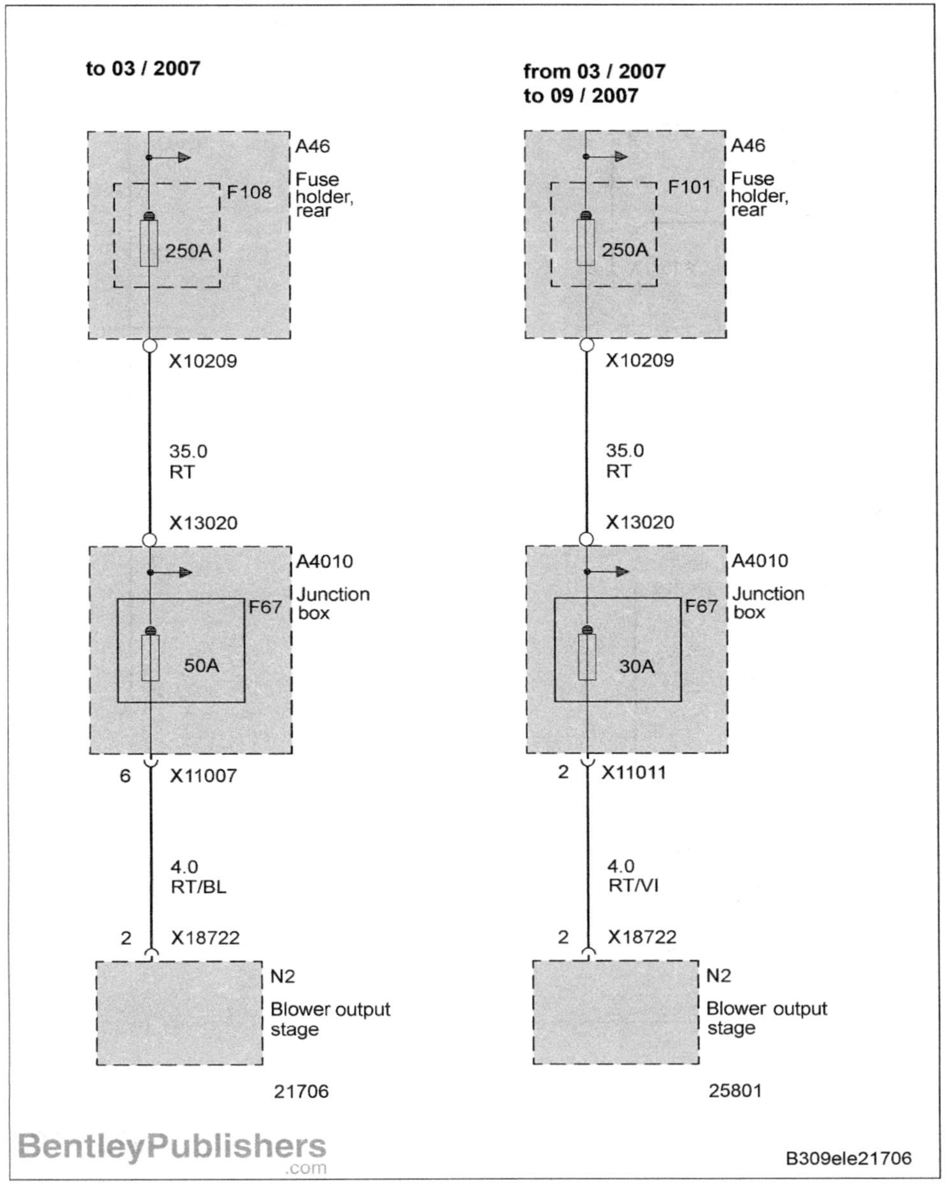

Fuse F68

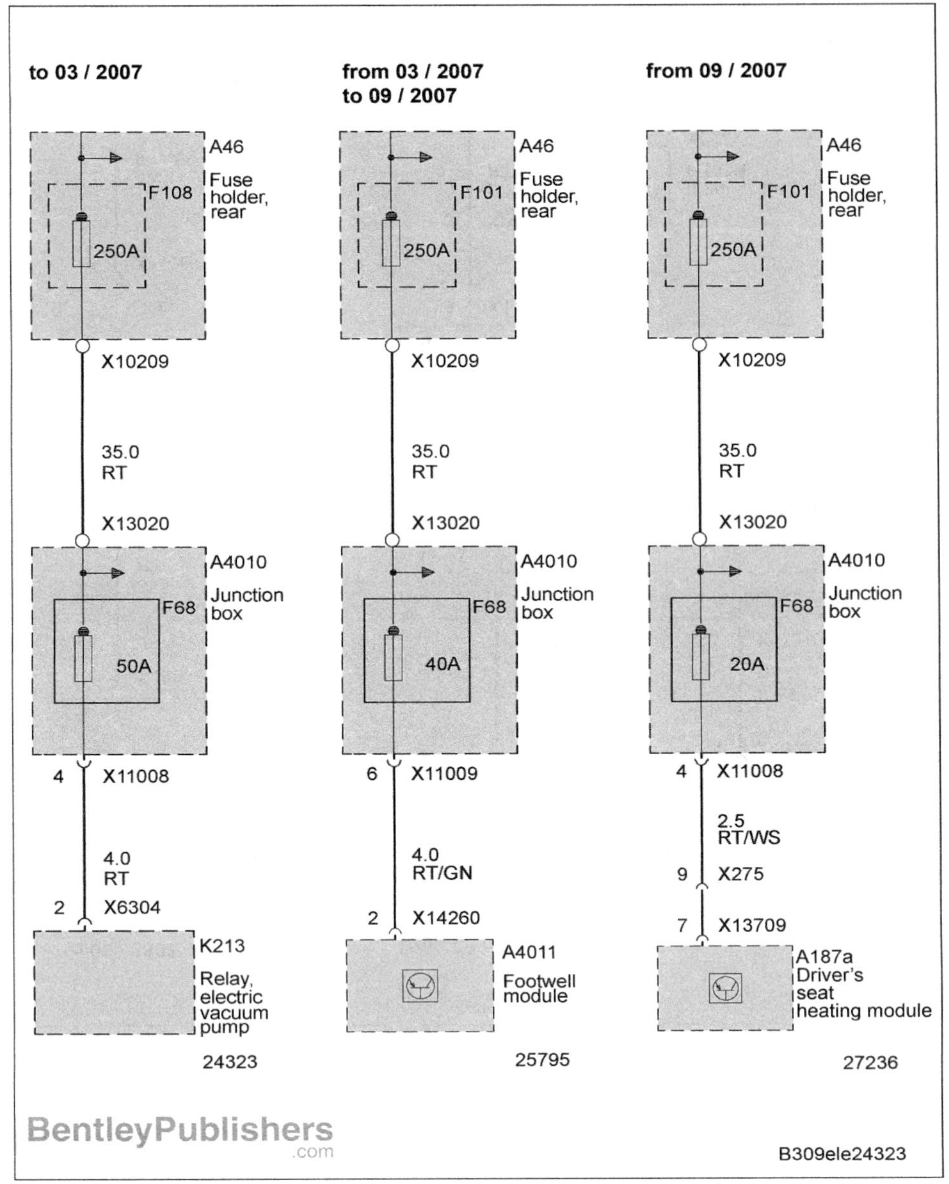

Fuse F69

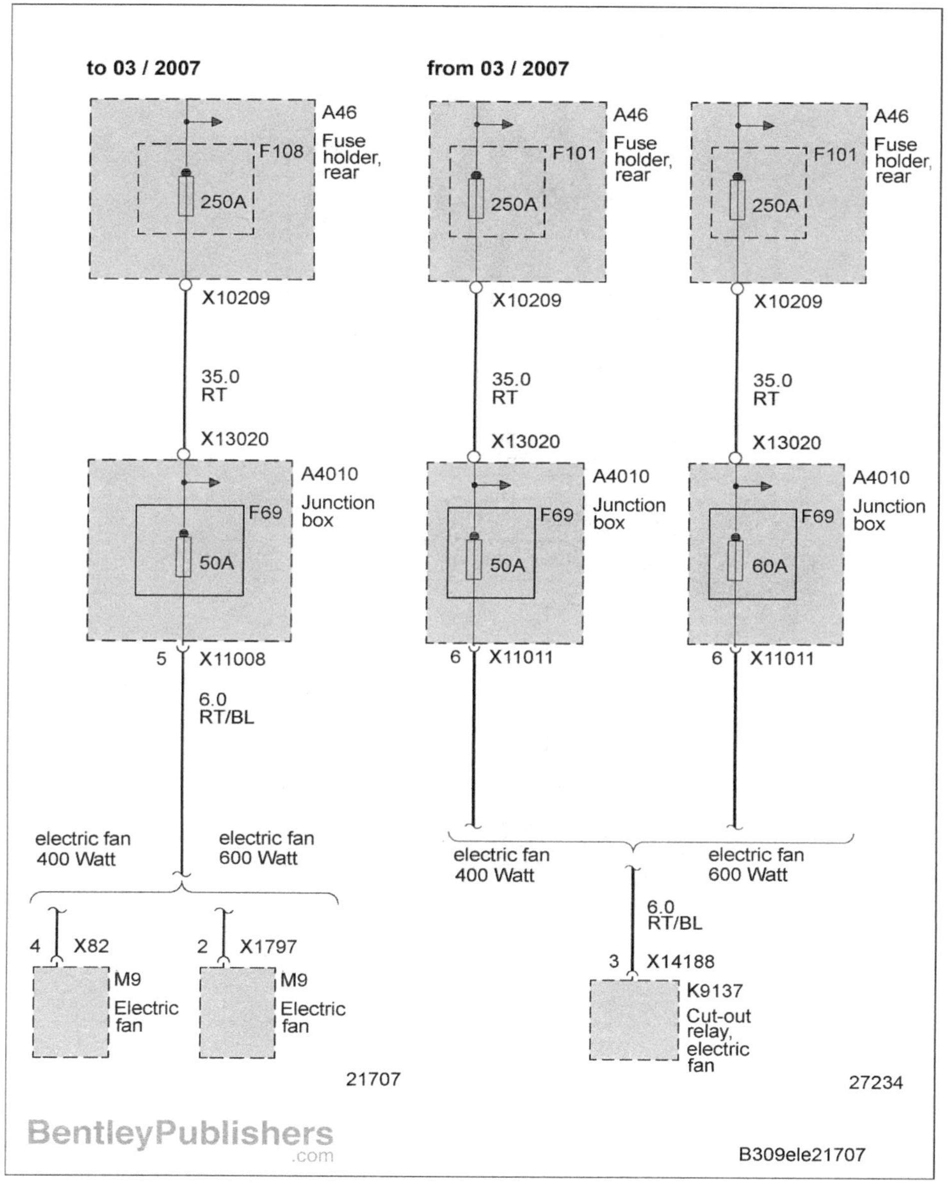

Fuse F70 N51 engine (to 09 / 2007)

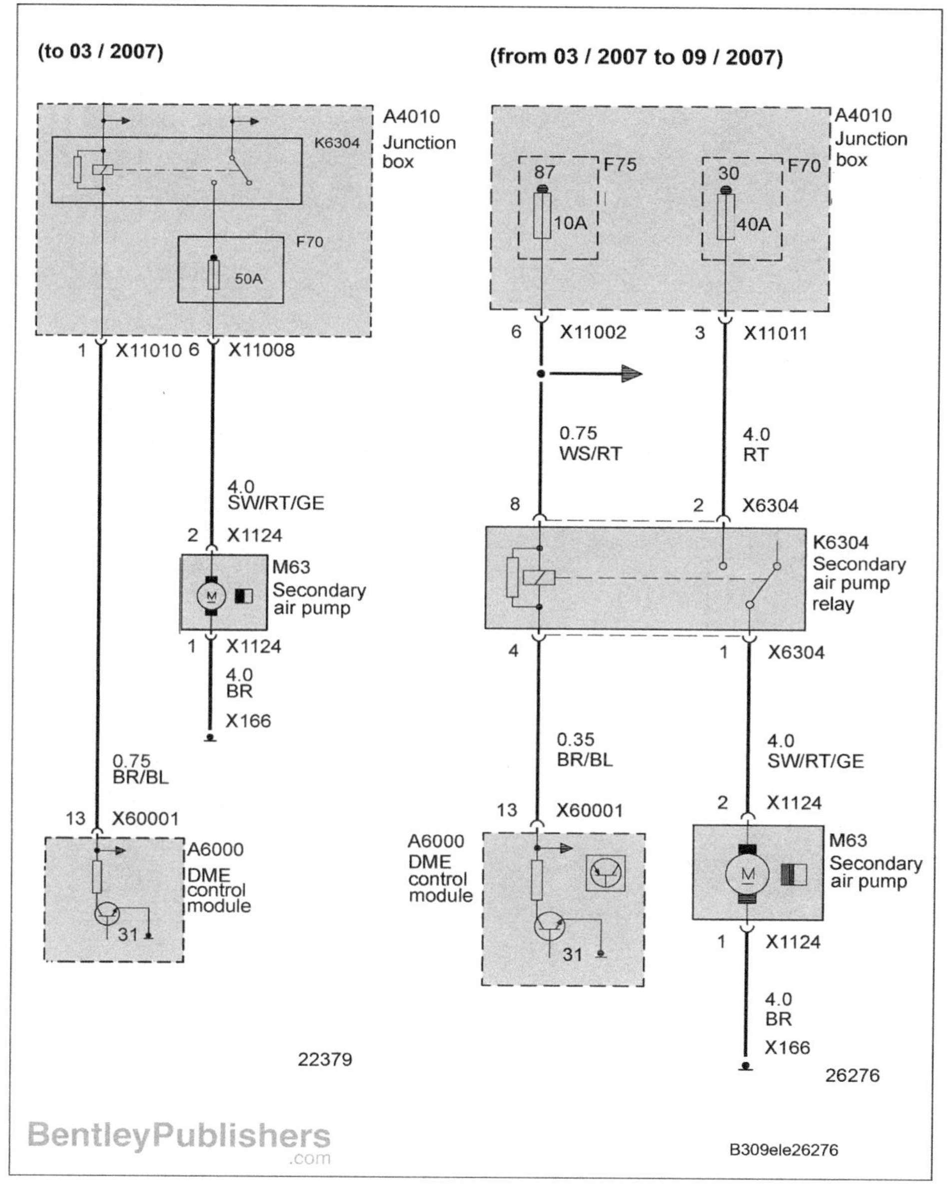

Fuse F70
(from 09 / 2007)

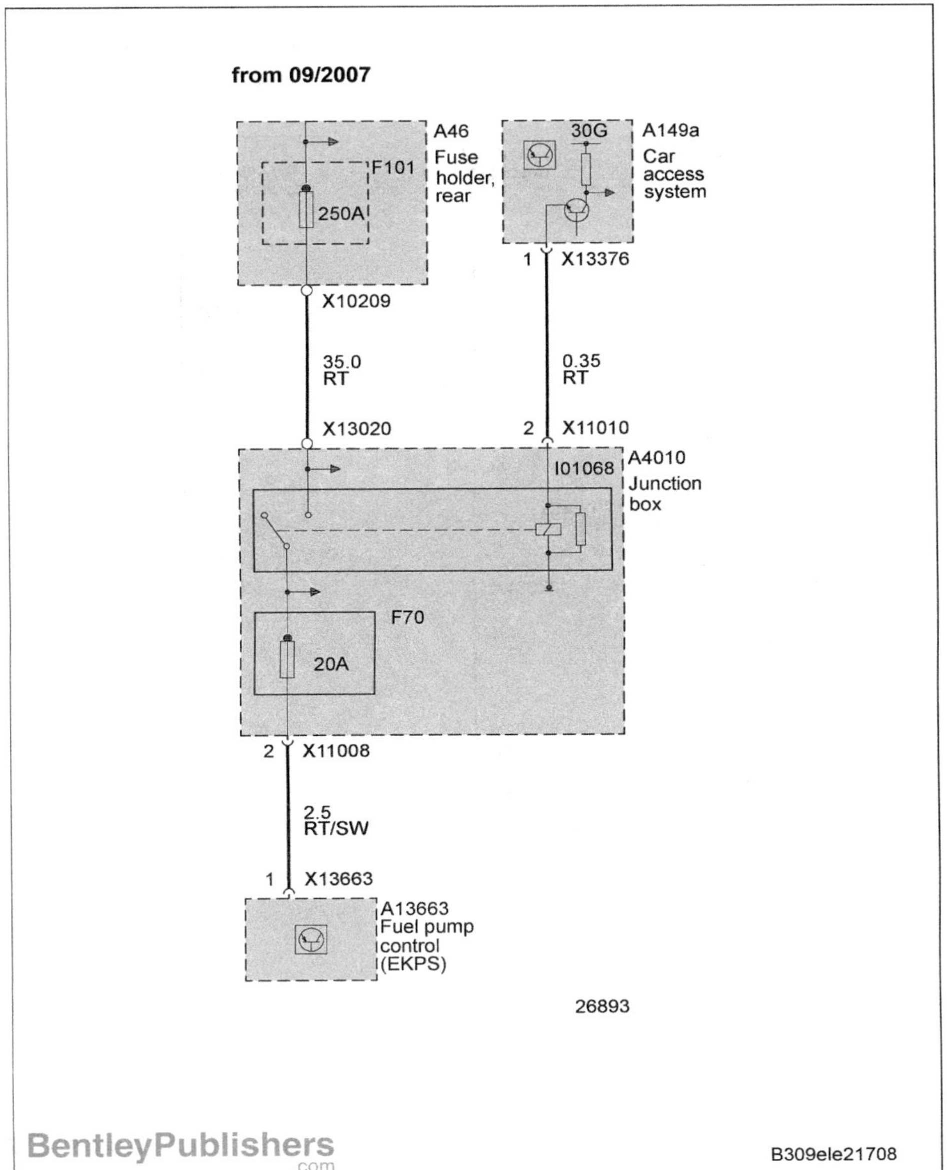

Fuse F71

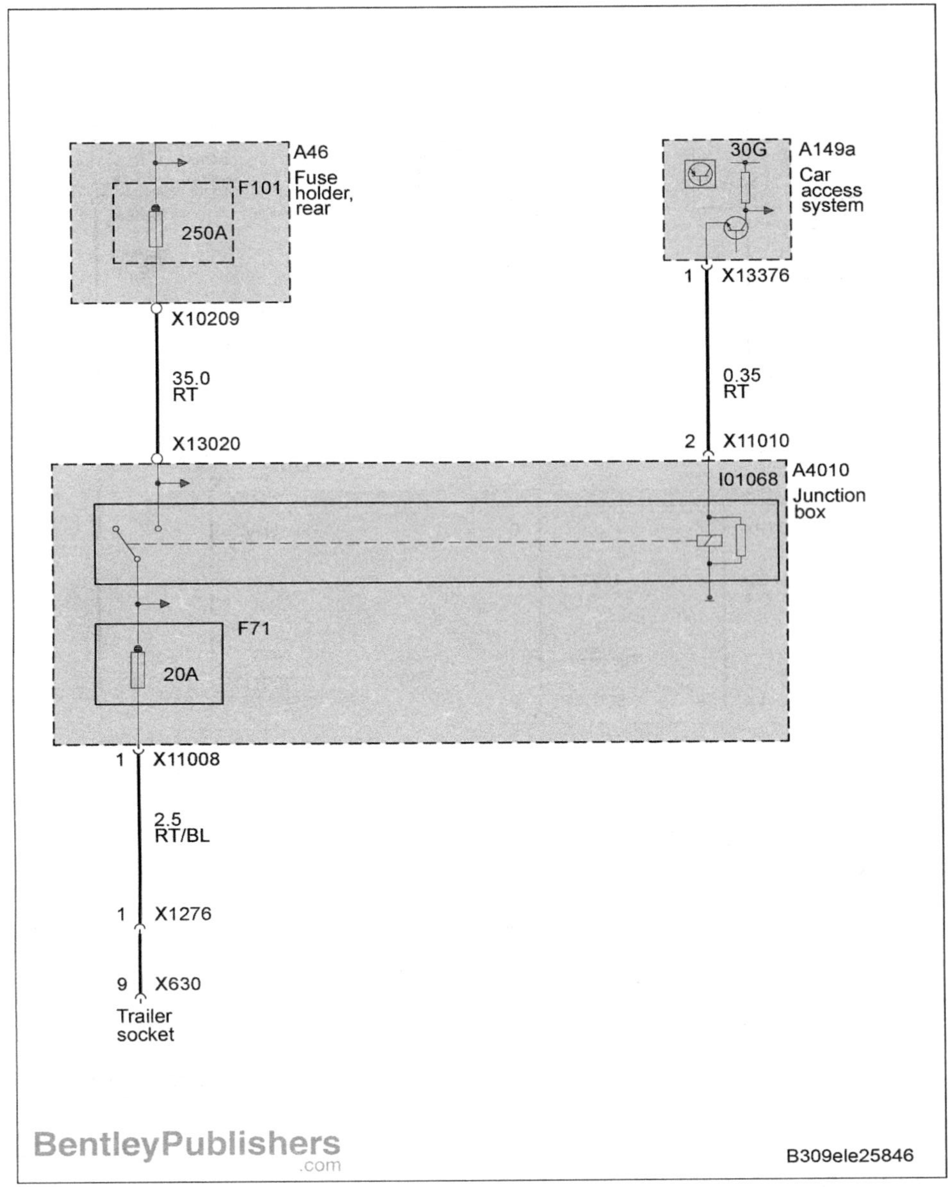

Fuses F72 and F73 (from 09 / 2007) page 1 of 2

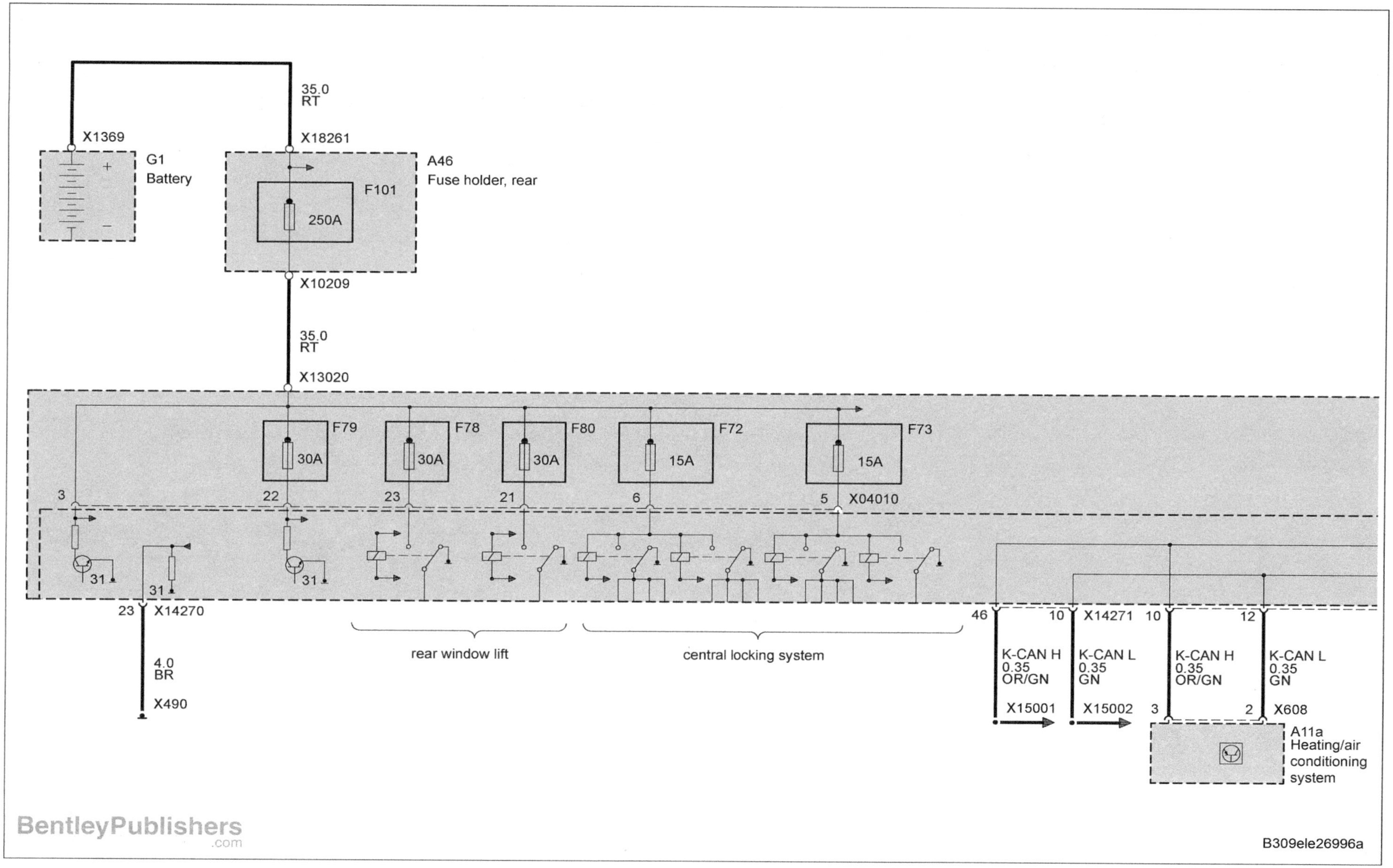

Fuses F72 and F73 (from 09 / 2007) page 2 of 2

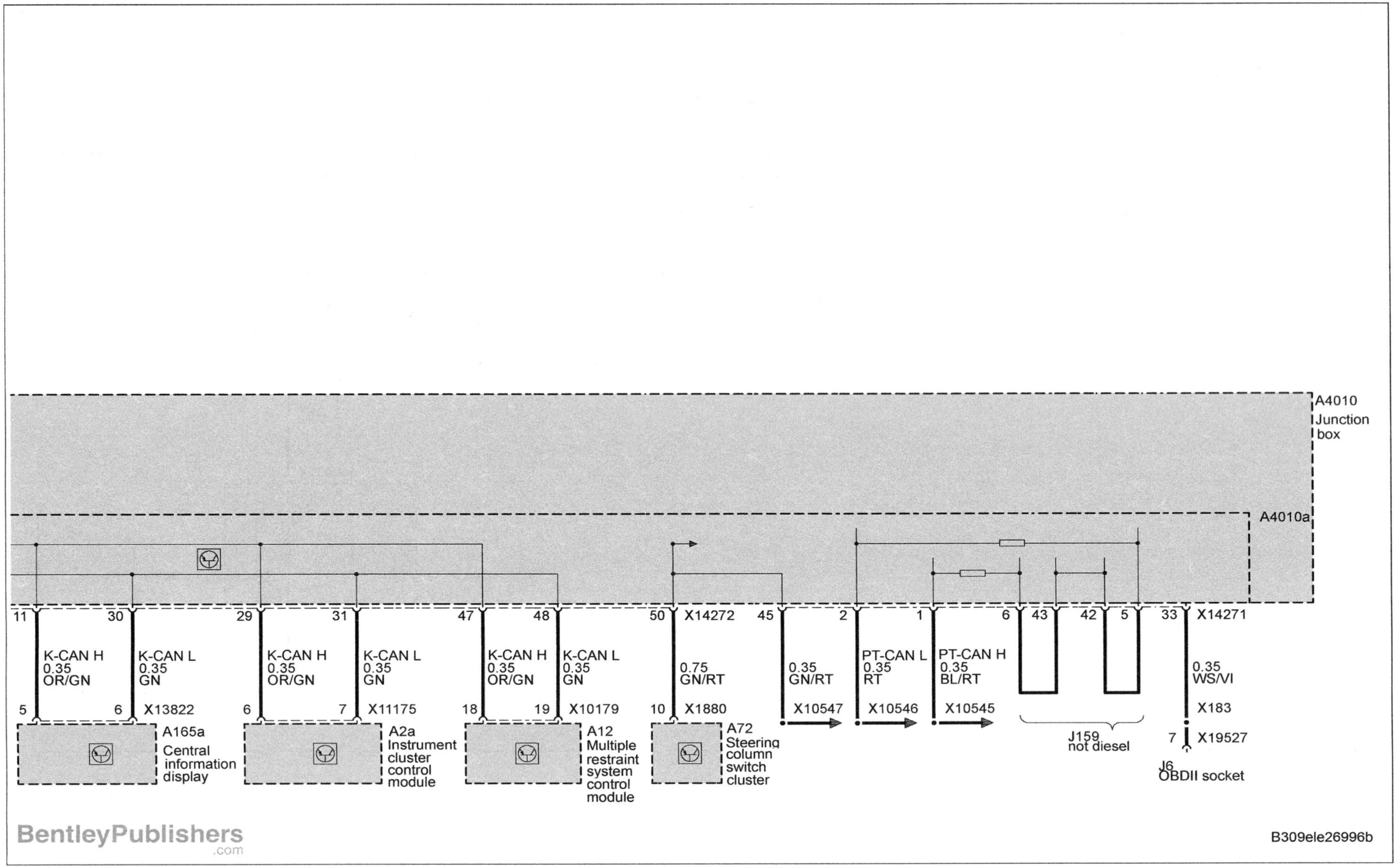

Fuse F74

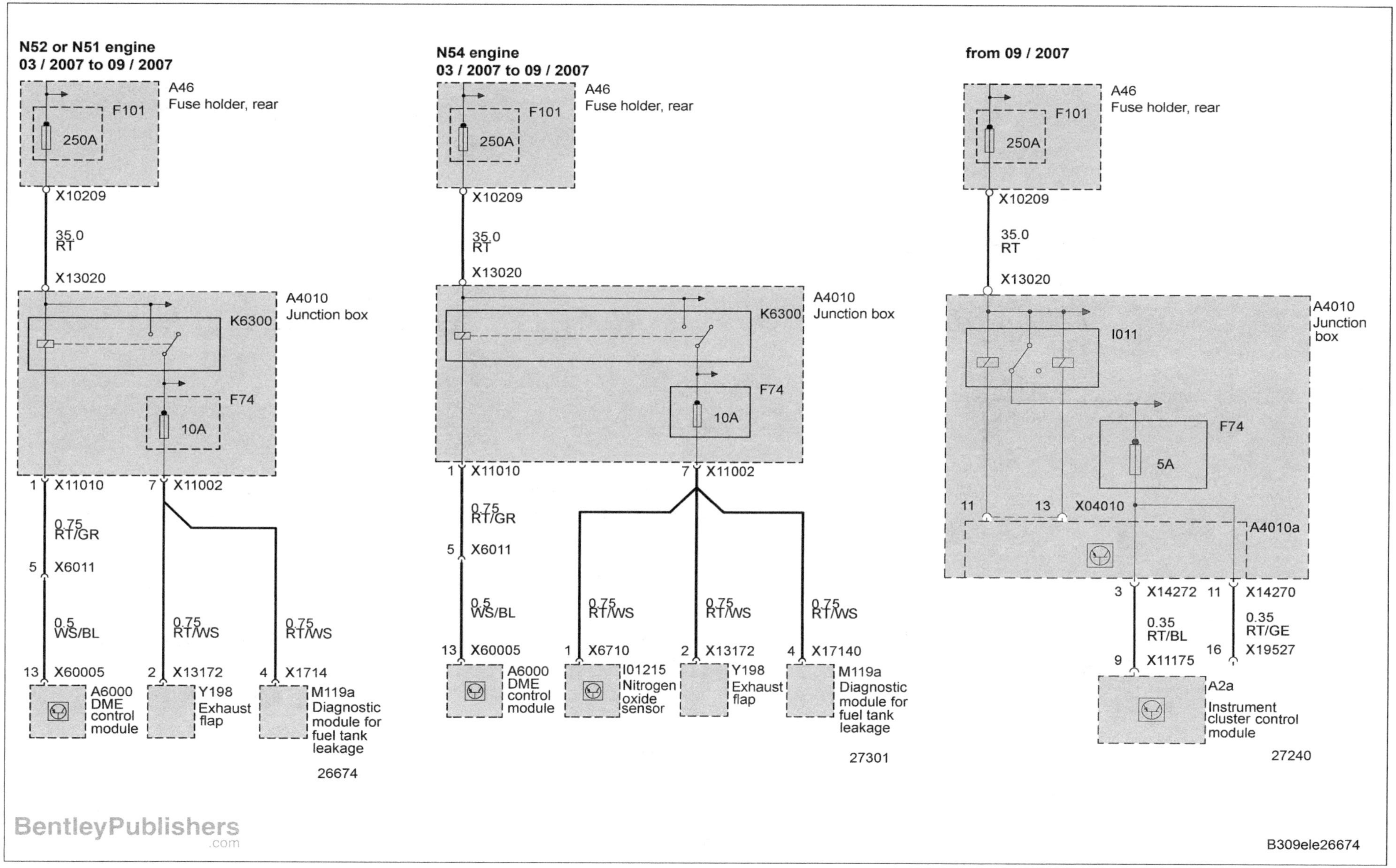
N52 or N51 engine
03 / 2007 to 09 / 2007
A46
Fuse holder, rear
F101
250A
X10209
35.0
RT
X13020
A4010
Junction box
K6300
F74
10A
1 X11010
7 X11002
0.75
RT/GR
5 X6011
0.5
WS/BL
0.75
RT/WS
0.75
RT/WS
13 X60005
2 X13172
4 X1714
A6000
DME
control
module
Y198
Exhaust
flap
M119a
Diagnostic
module for
fuel tank
leakage
26674
N54 engine
03 / 2007 to 09 / 2007
A46
Fuse holder, rear
F101
250A
X10209
35.0
RT
X13020
K6300
A4010
Junction box
F74
10A
1 X11010
7 X11002
0.75
RT/GR
5 X6011
0.5
WS/BL
0.75
RT/WS
0.75
RT/WS
0.75
RT/WS
13 X60005
1 X6710
2 X13172
4 X17140
A6000
DME
control
module
I01215
Nitrogen
oxide
sensor
Y198
Exhaust
flap
M119a
Diagnostic
module for
fuel tank
leakage
27301
from 09 / 2007
A46
Fuse holder, rear
F101
250A
X10209
35.0
RT
X13020
A4010
Junction
box
I011
F74
5A
11
13
X04010
A4010a
3 X14272
11 X14270
0.35
RT/BL
0.35
RT/GE
9 X11175
16 X19527
A2a
Instrument
cluster control
module
27240
BentleyPublishers
.com
B309ele26674

Fuse F75
N51 engine
(from 03 / 2007 to 09 / 2007)

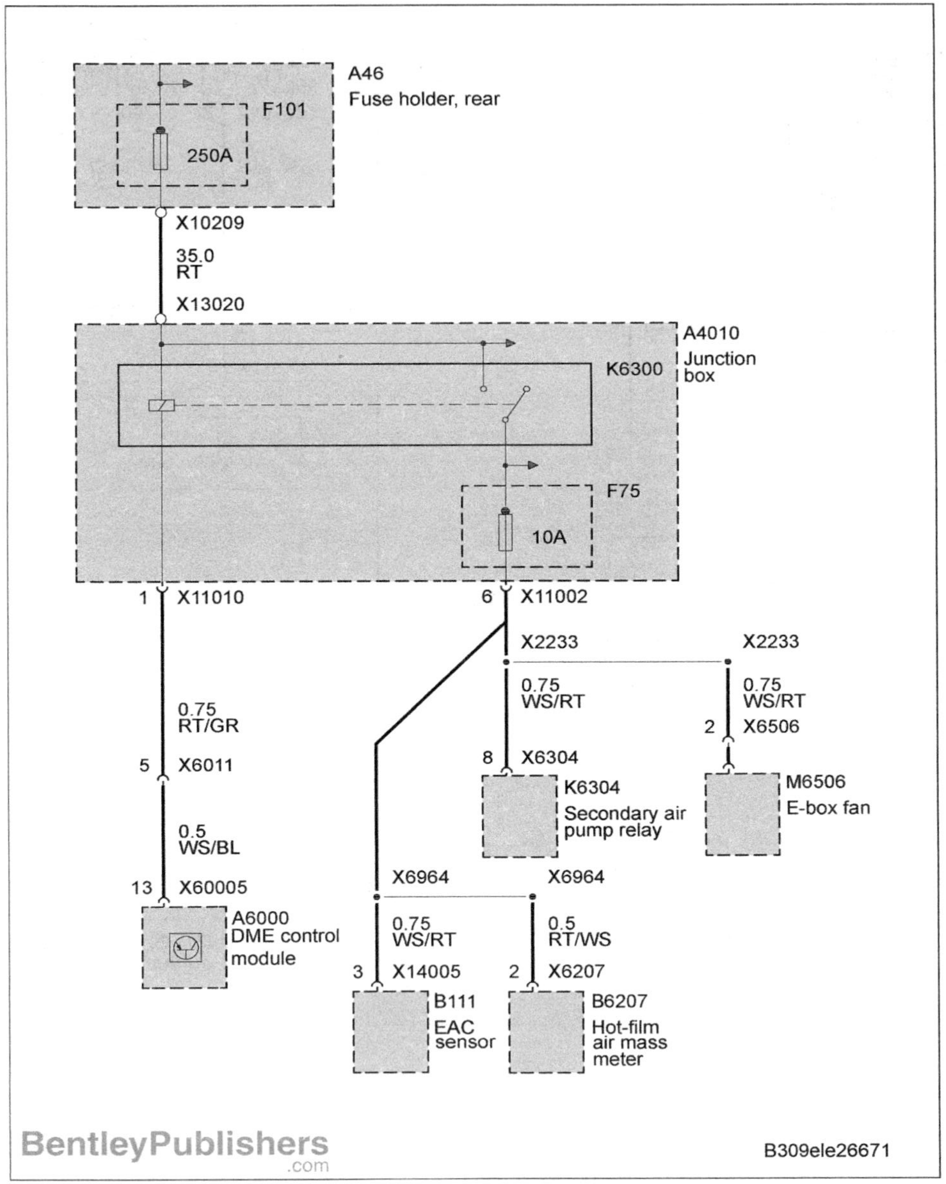

Fuse F75
(from 09 / 2007)

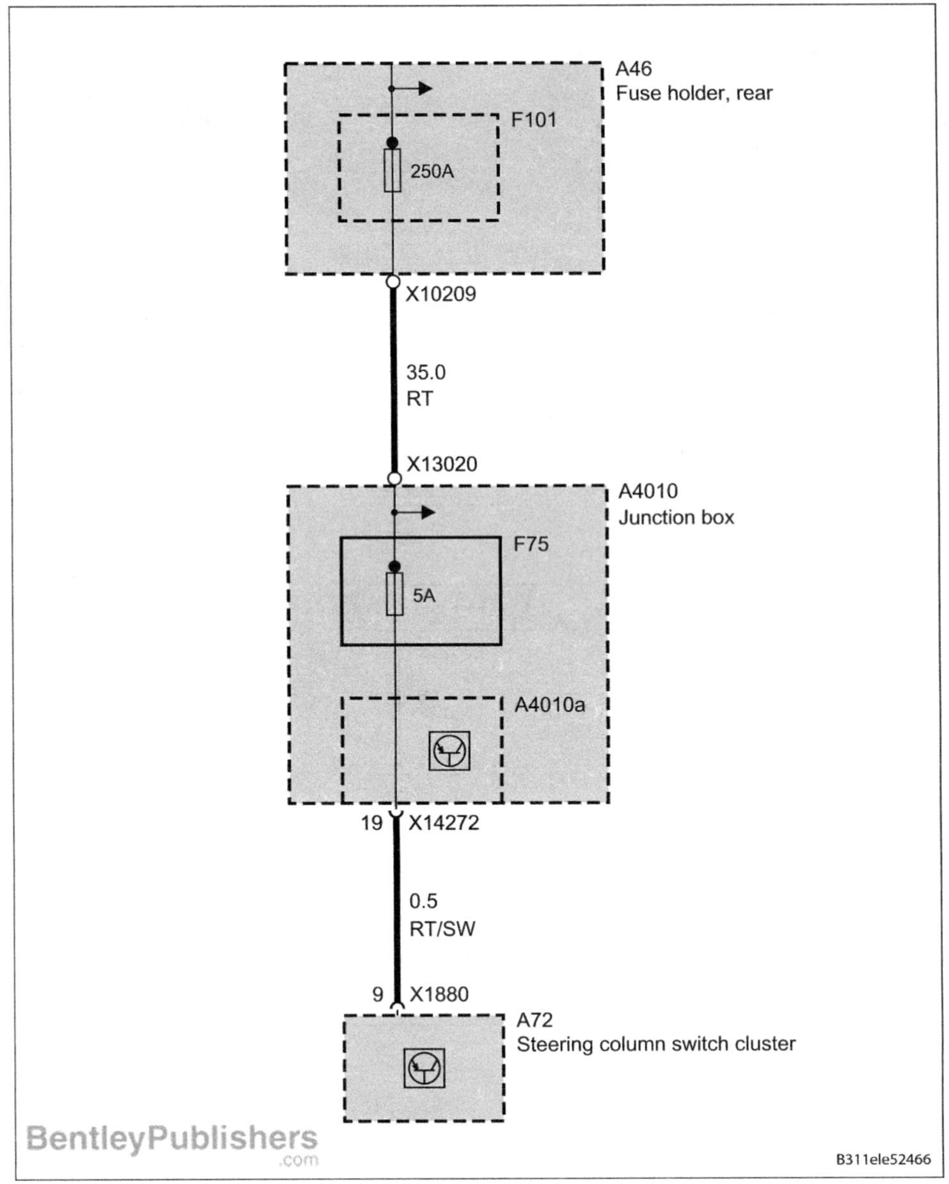

Fuse F76
N52 and N51 engine
(from 03 / 2007 to 09 / 2007)

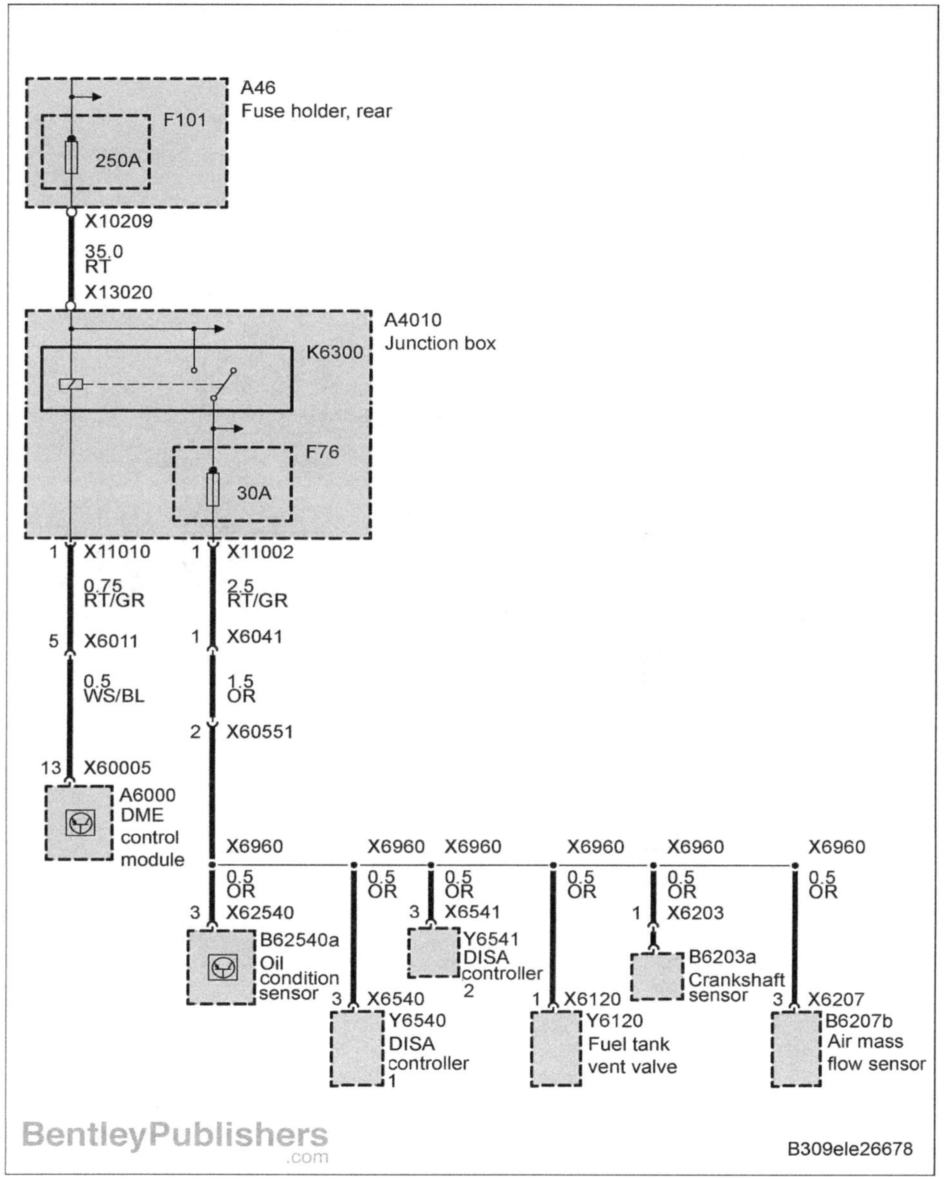

Fuse F76
N54 engine
(from 03 / 2007 to 09 / 2007)

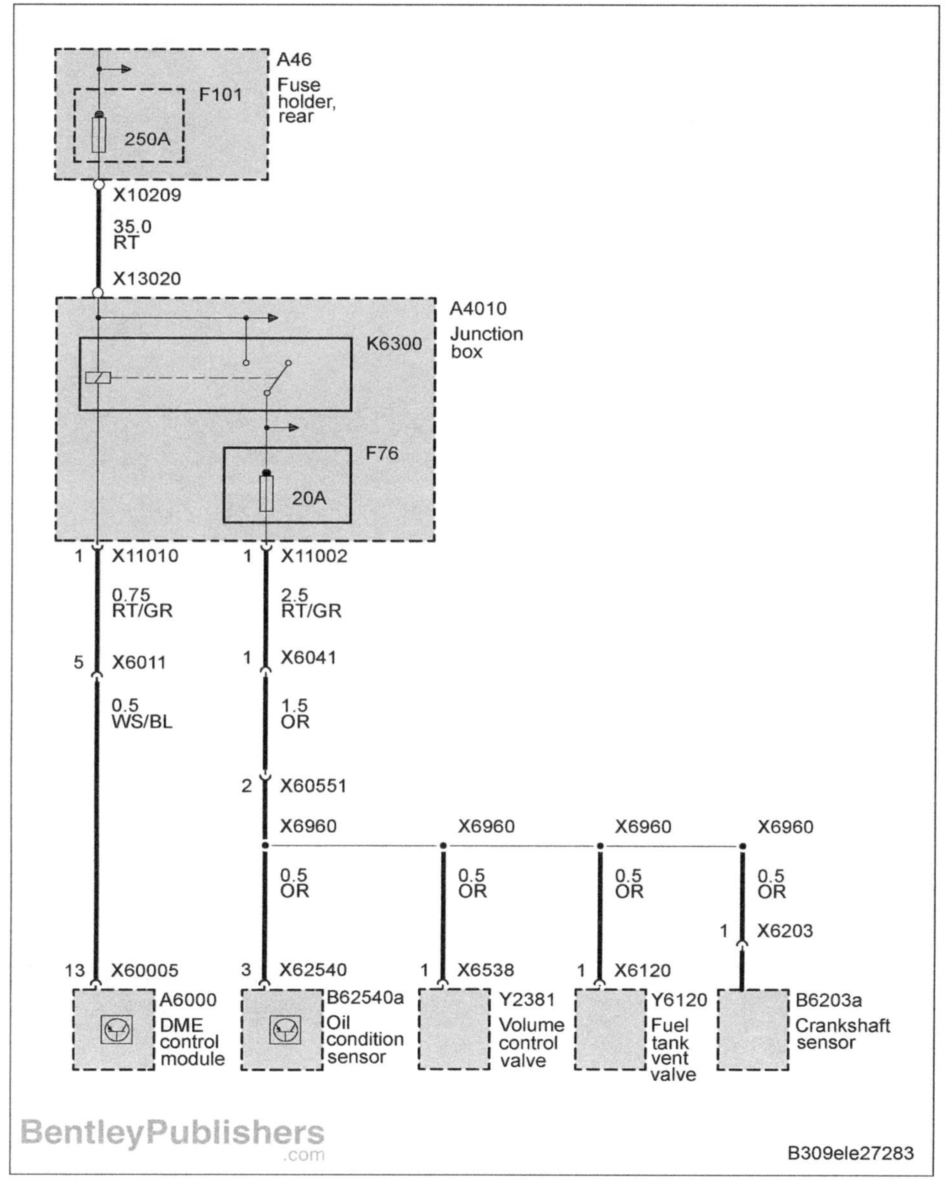

Fuse F76
(from 09 / 2007)

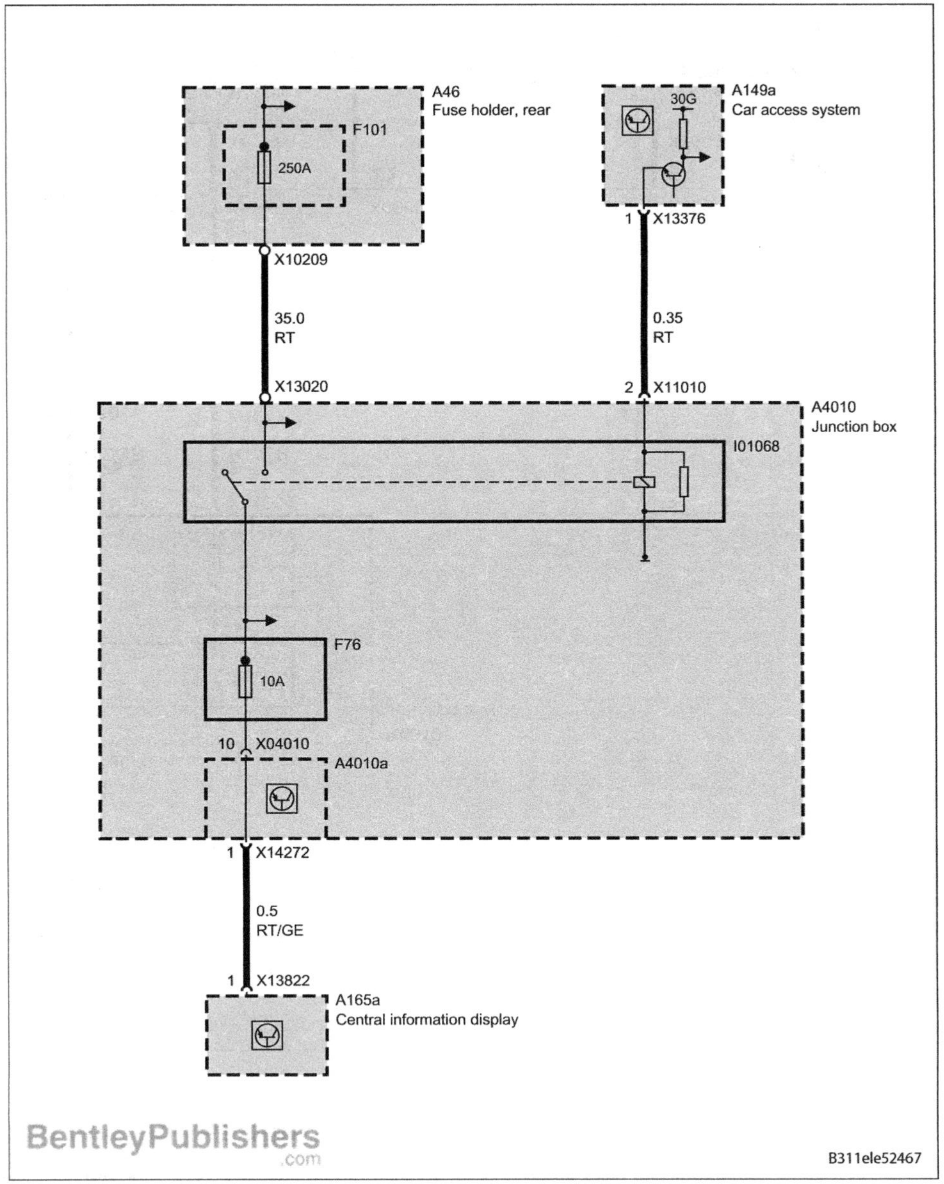

Fuse F77
N52 or N51 engine
(to 03 / 2007)

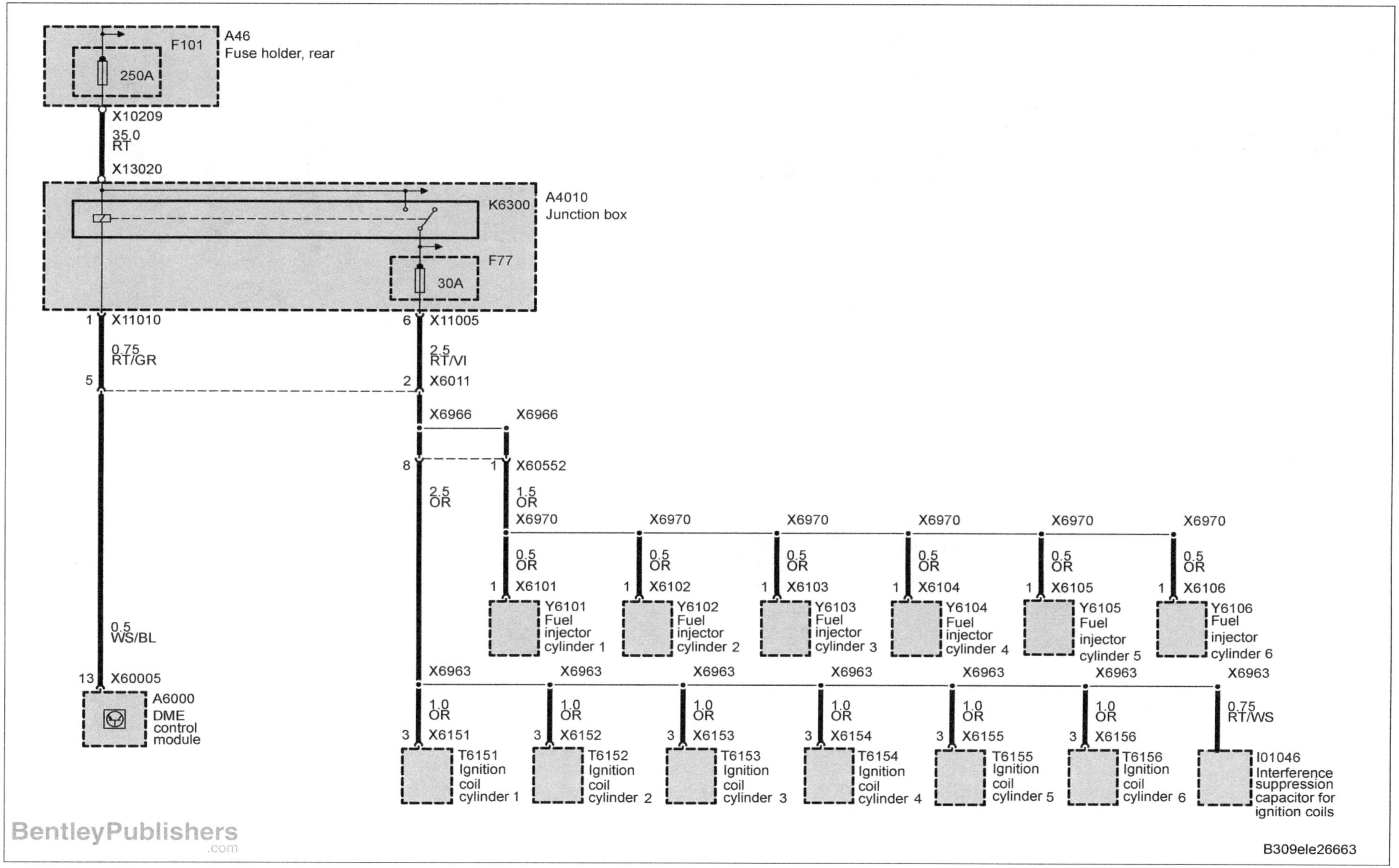

Fuse F77
(from 09 / 2007)

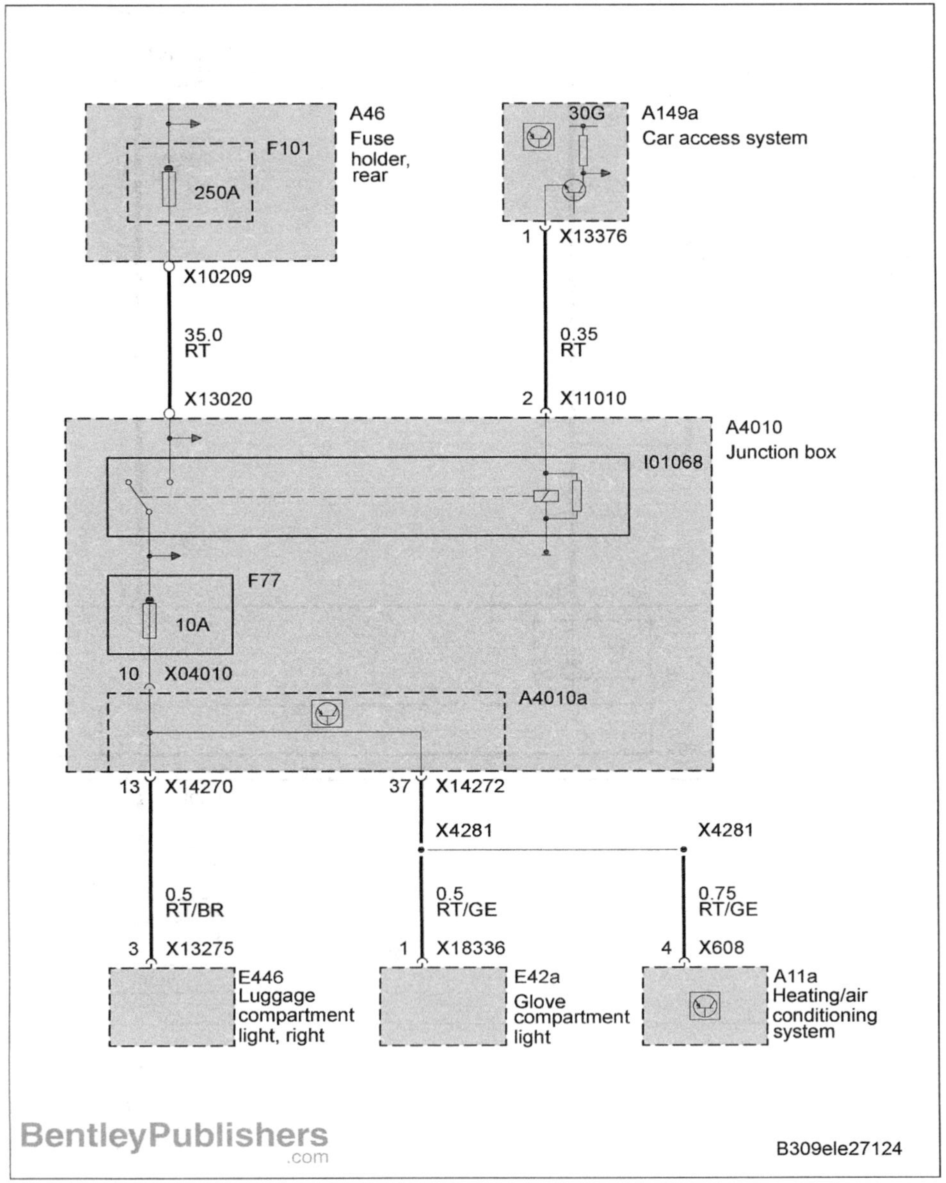

Fuse F78
N52 or N51 engine
(from 03 / 2007 to 09 /2007)

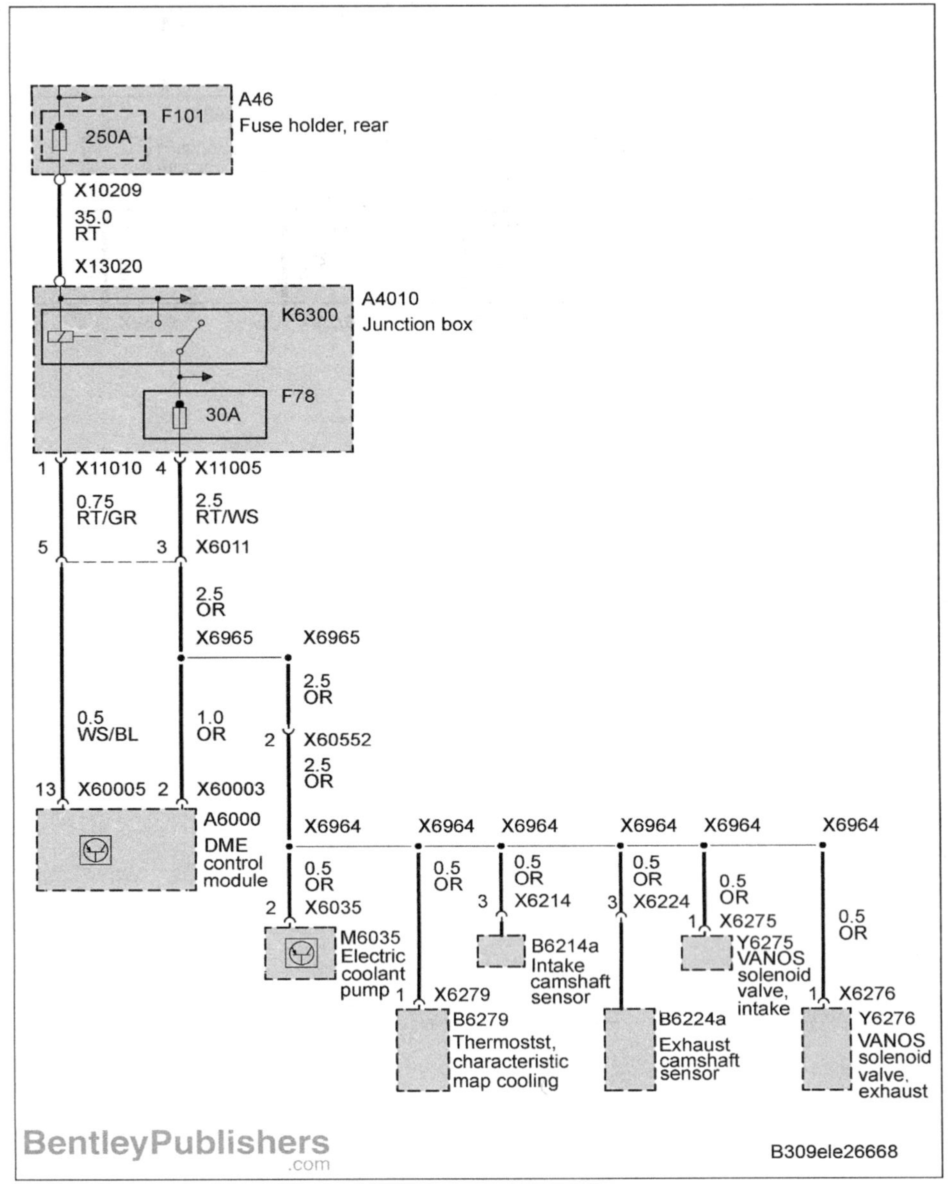

Fuse F79
N52 or N51 engine
(from 03 / 2007 to 09 / 2007)

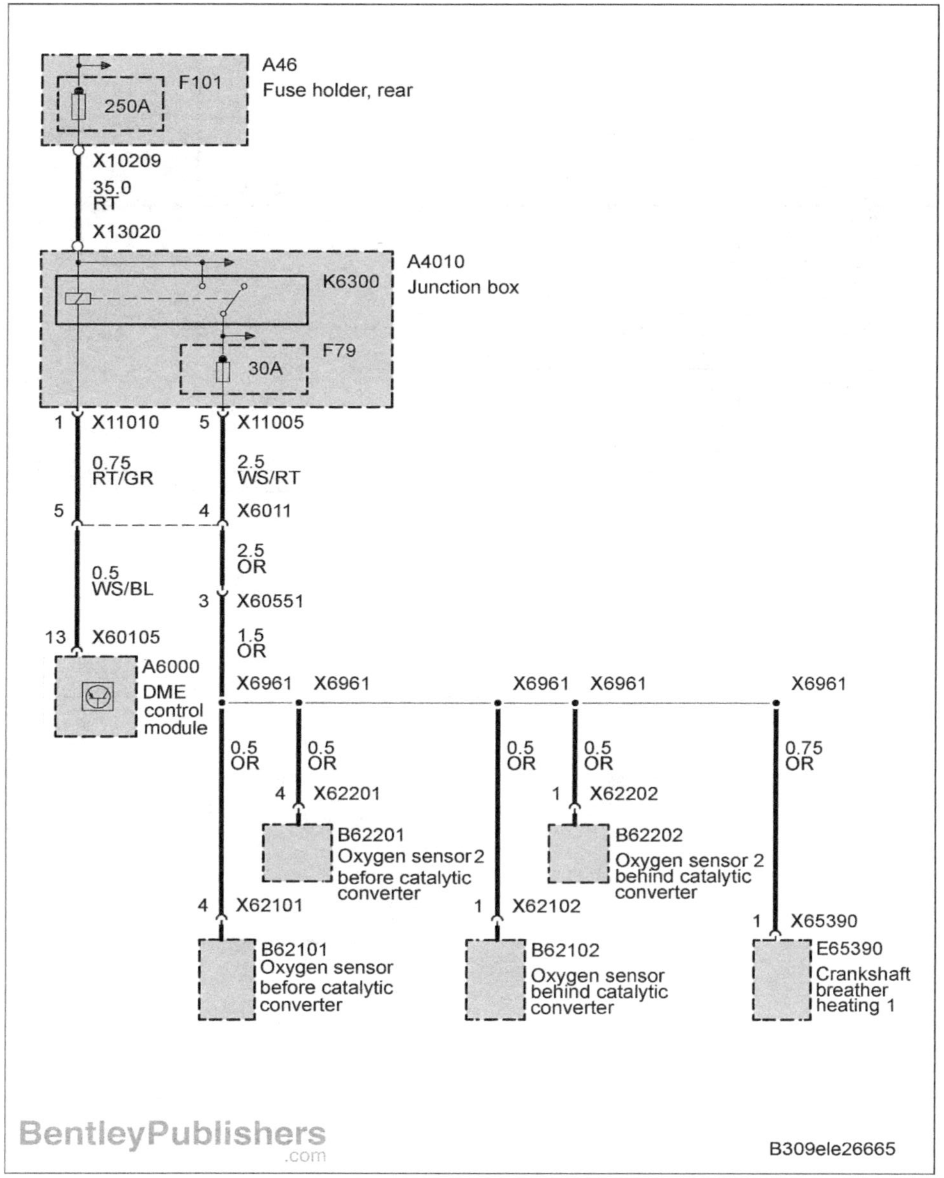

Fuse F80
(from 03 / 2007 to 09 / 2007)

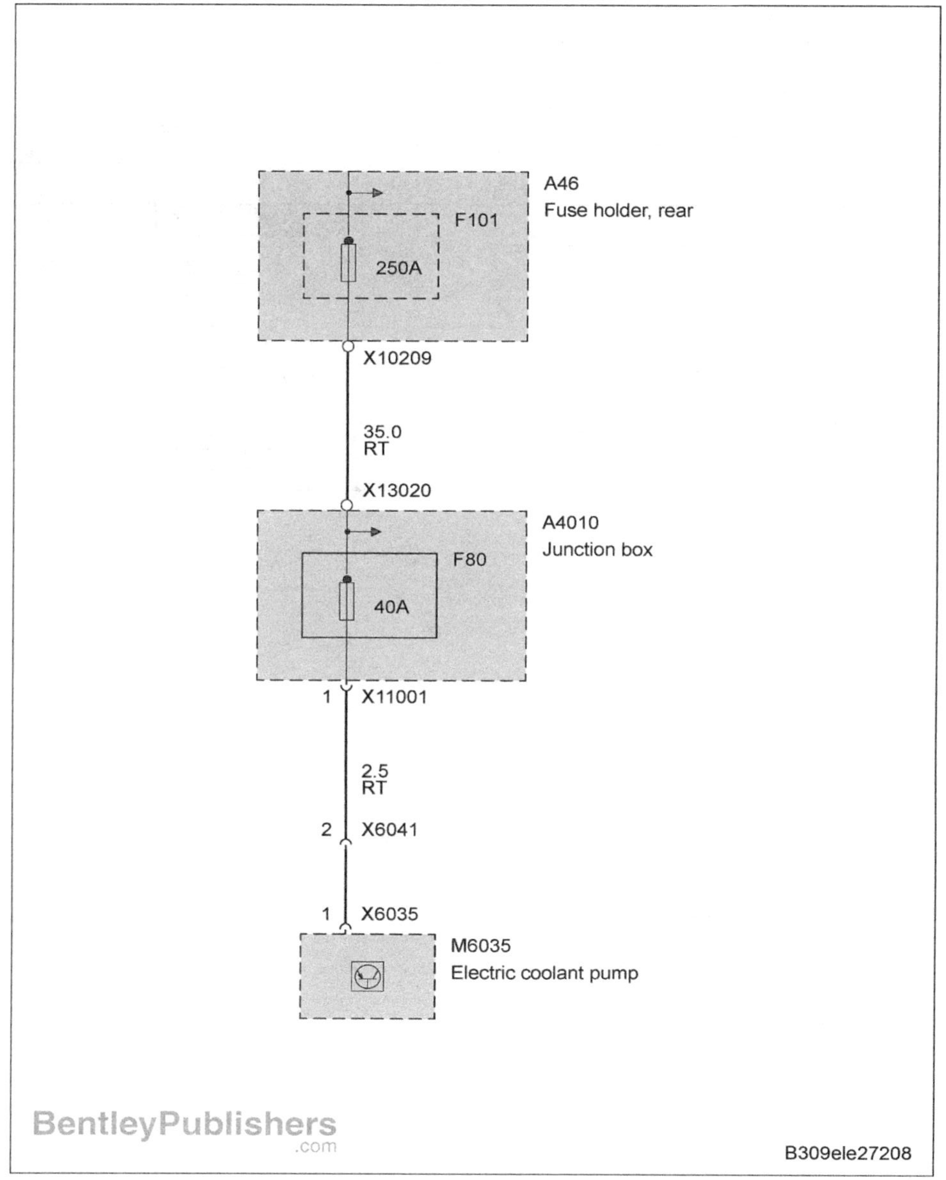

Fuses F78, F79 and F80 (from 09 / 2007) page 1 of 2

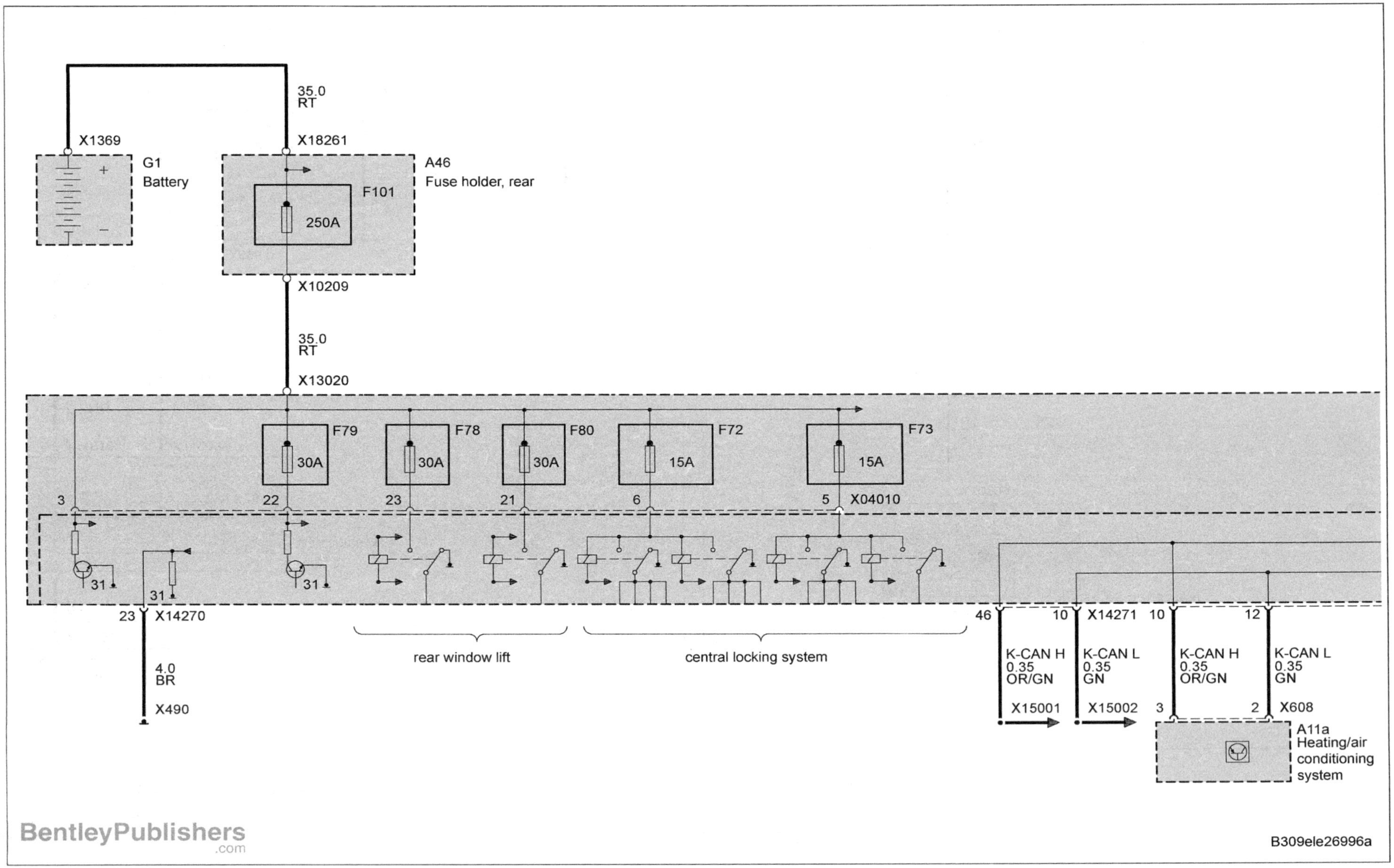

Fuses F78, F79 and F80
(from 09 / 2007)
page 2 of 2

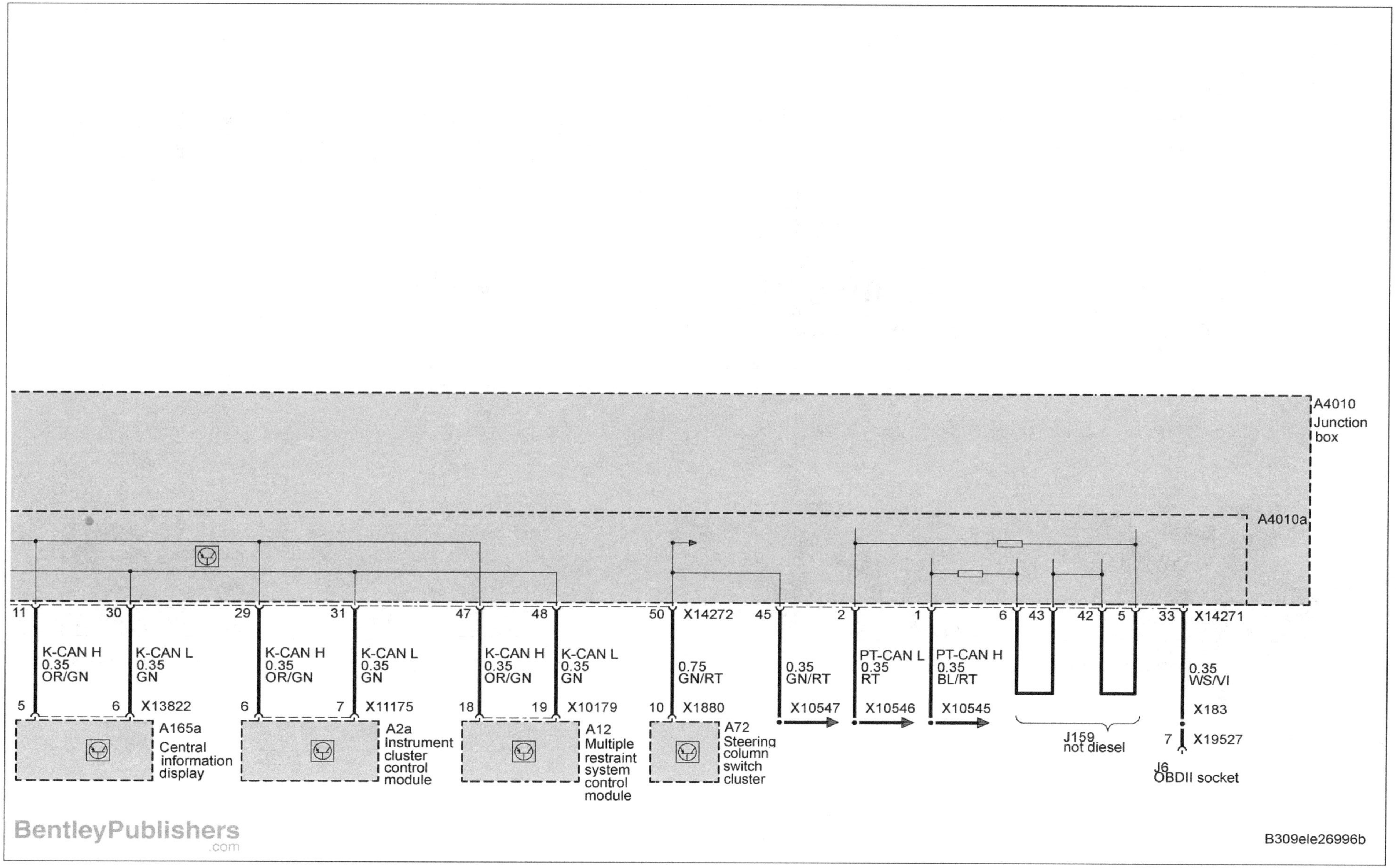

Fuse F81

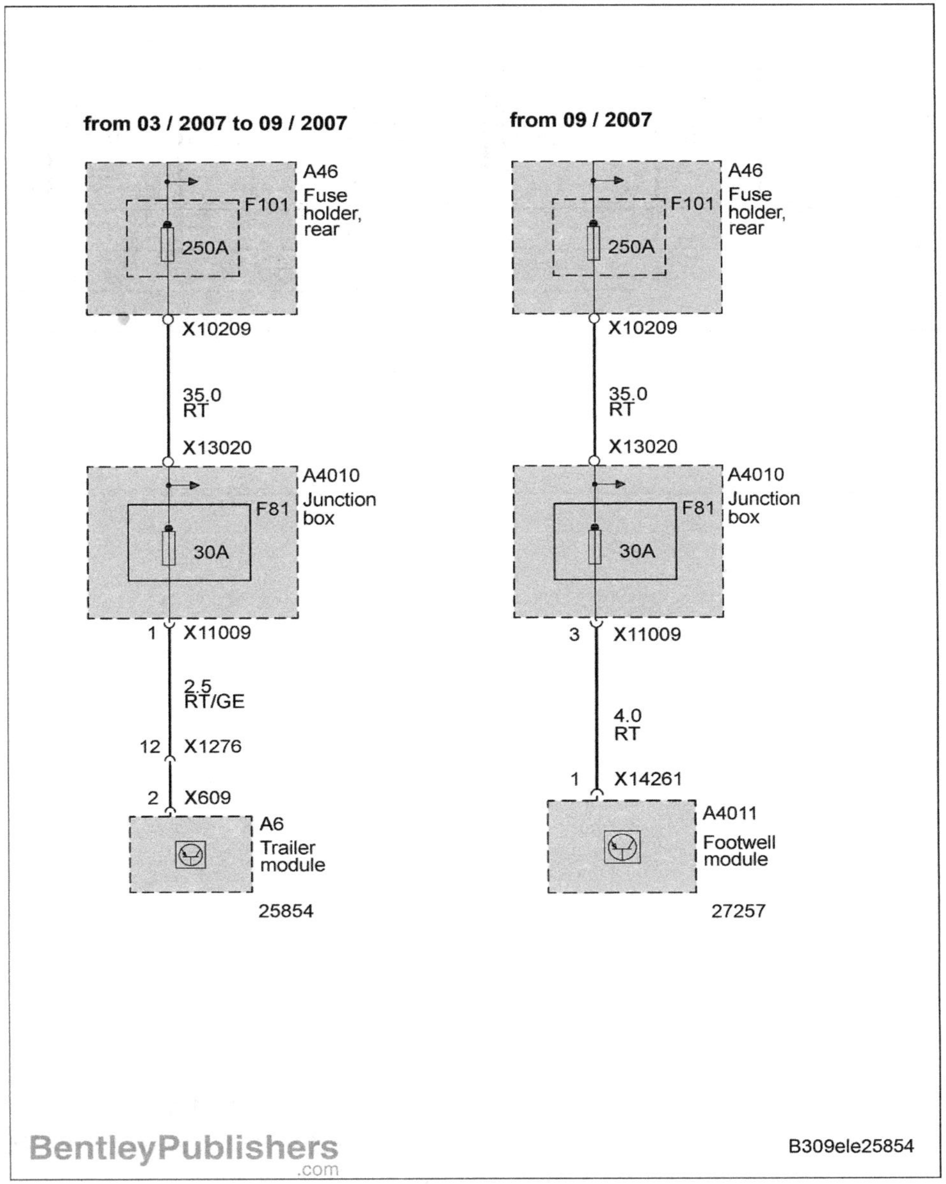

Fuse F82 from 09 / 2007

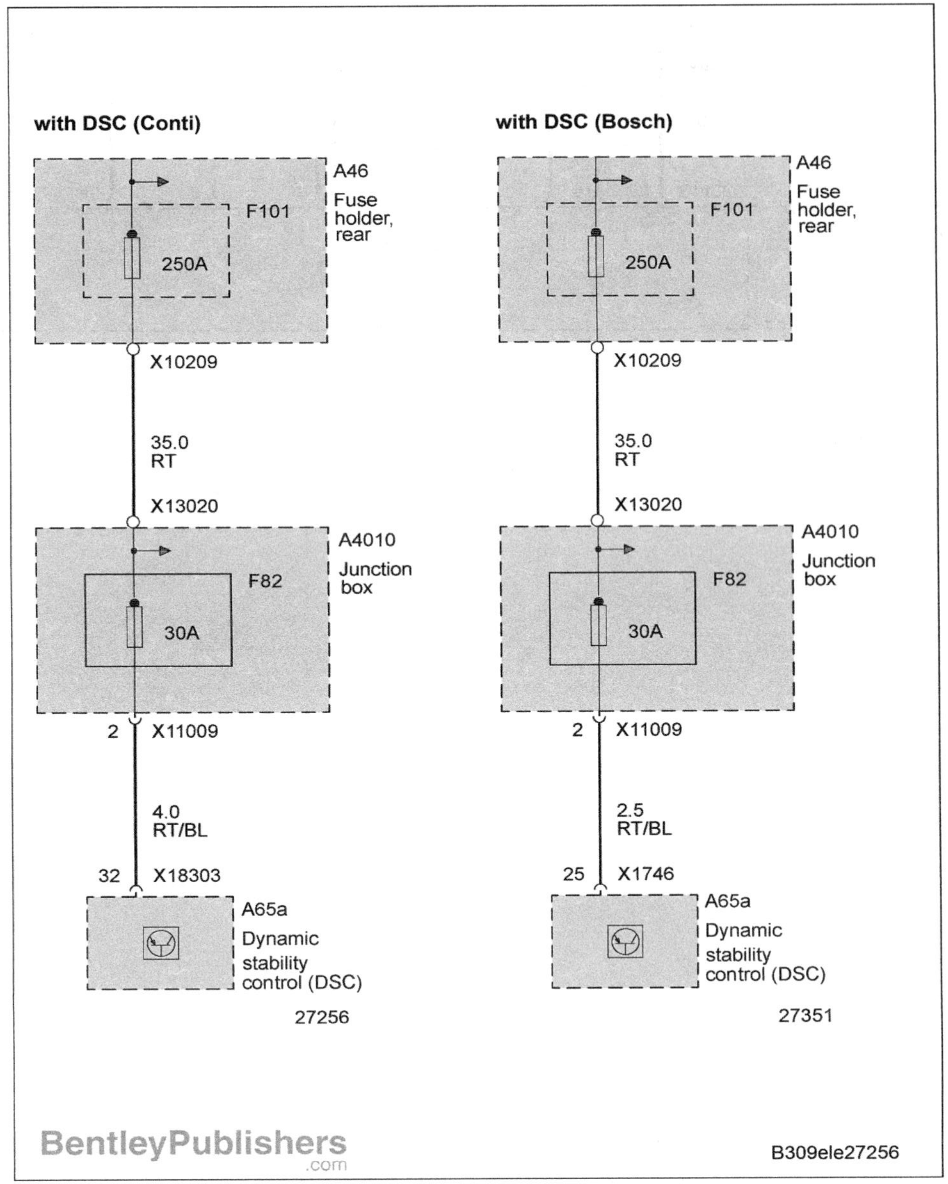

Fuse F84

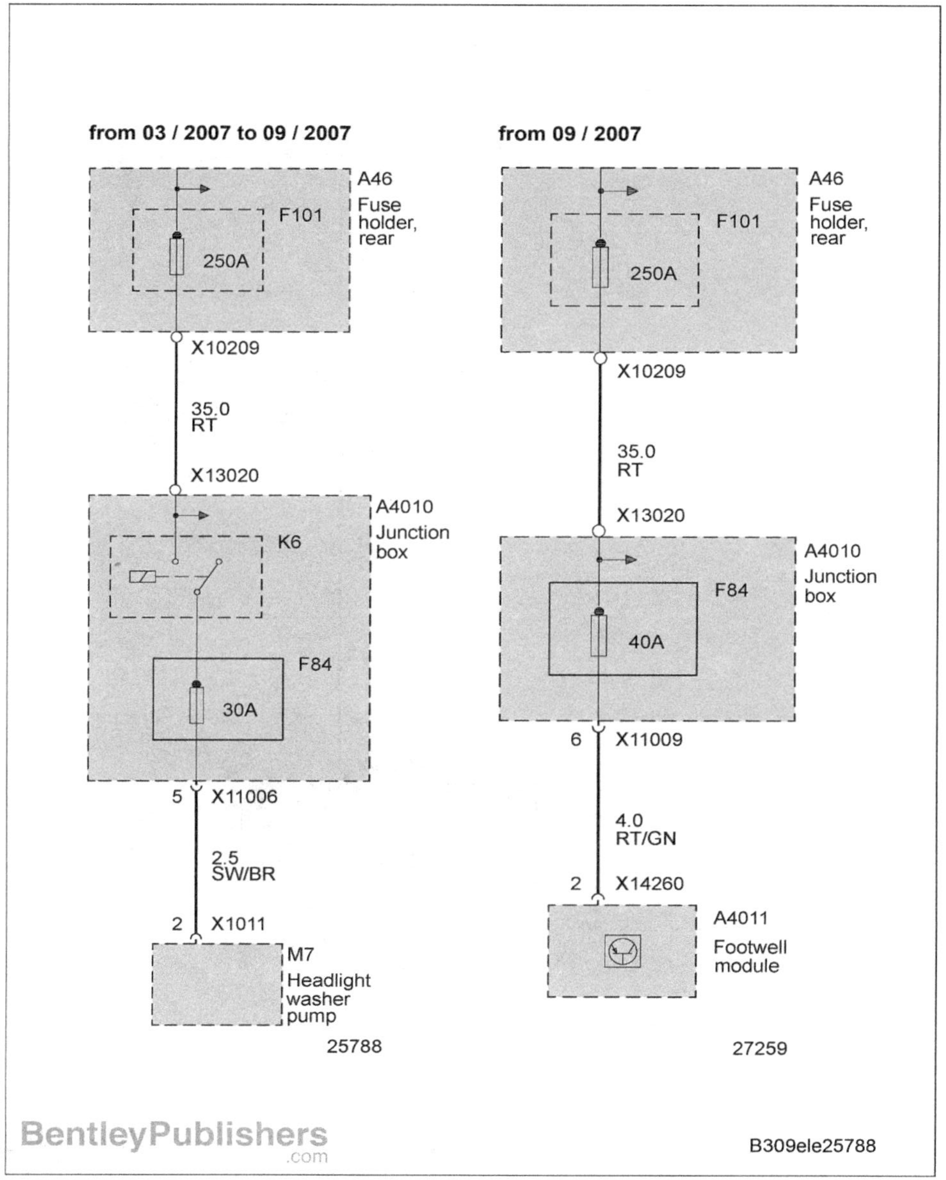

Fuse F85 from 09 / 2007

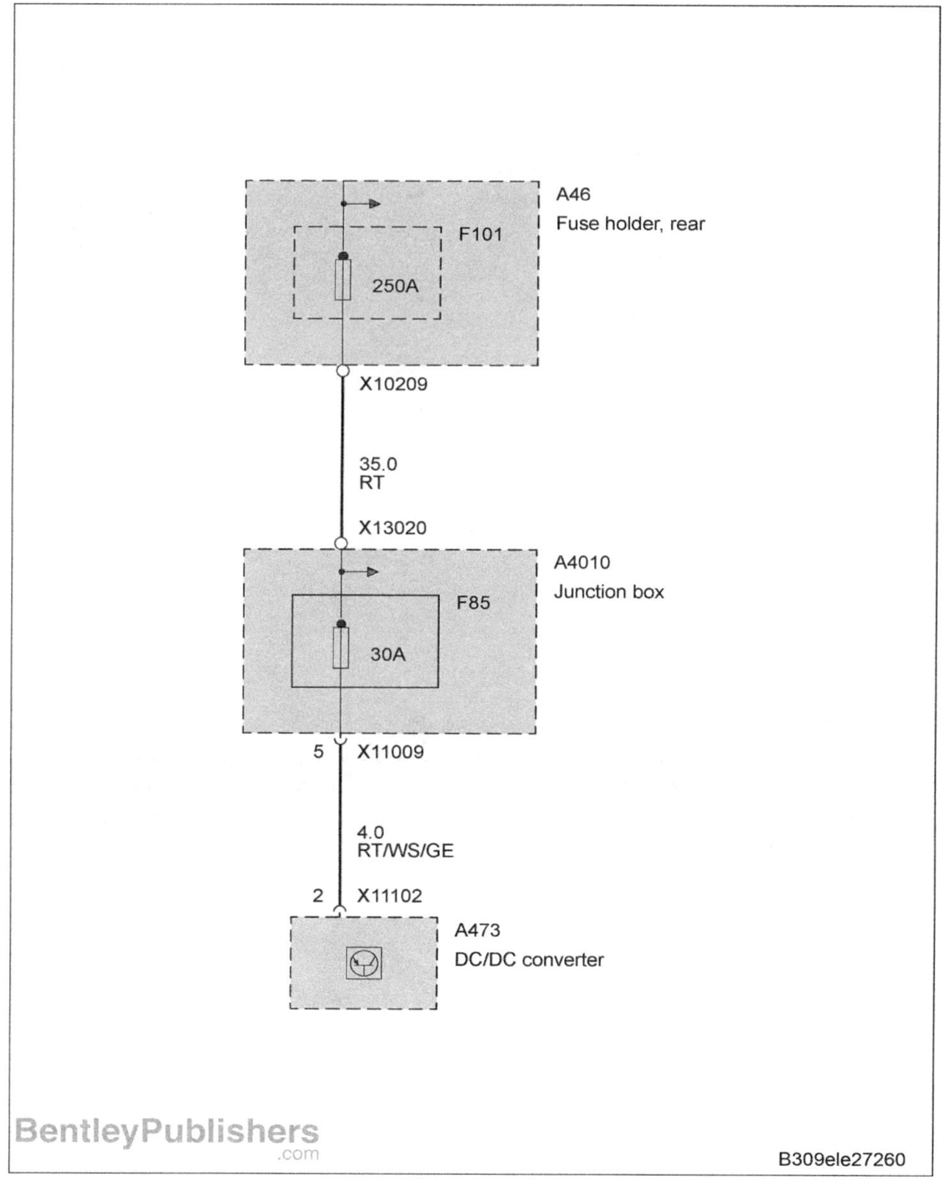

Fuse F86

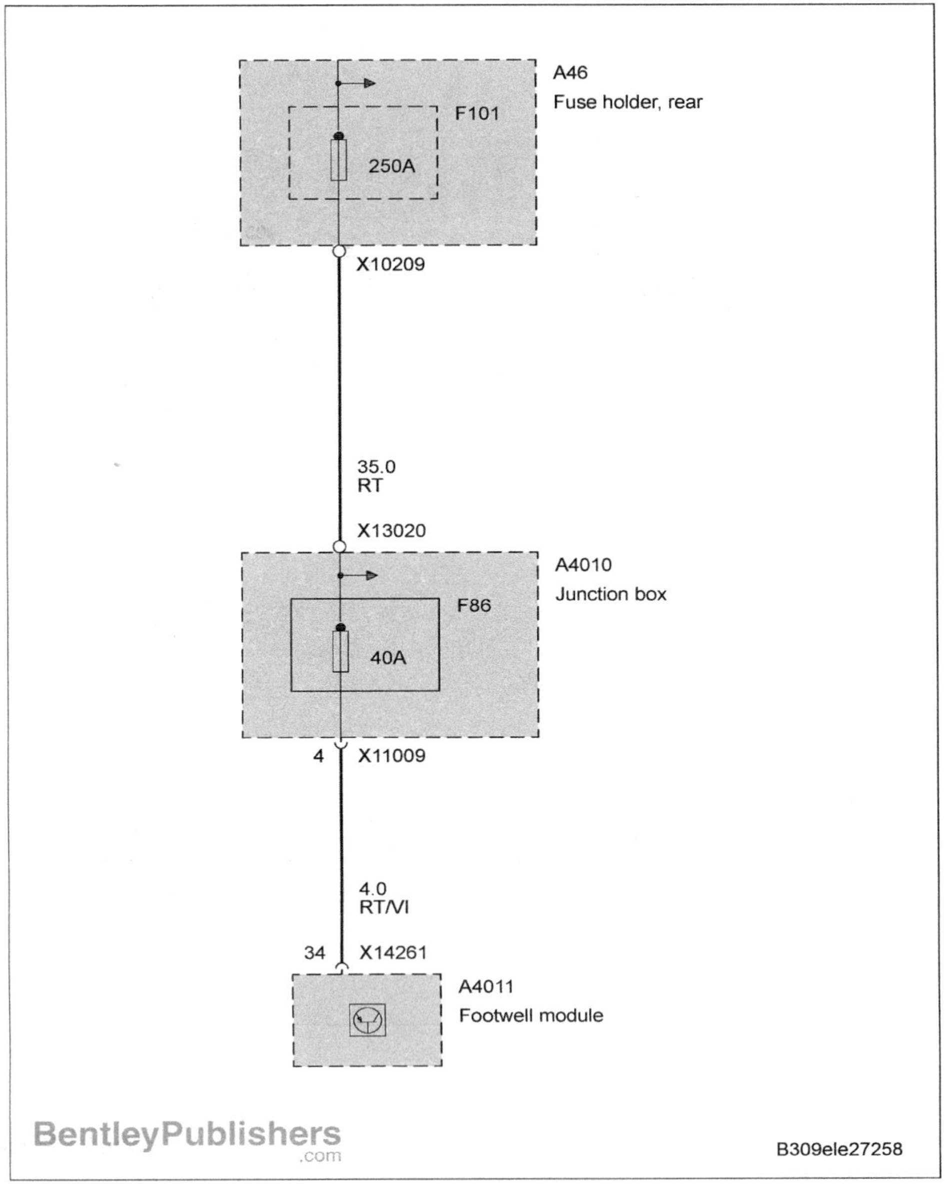

Fuse F88

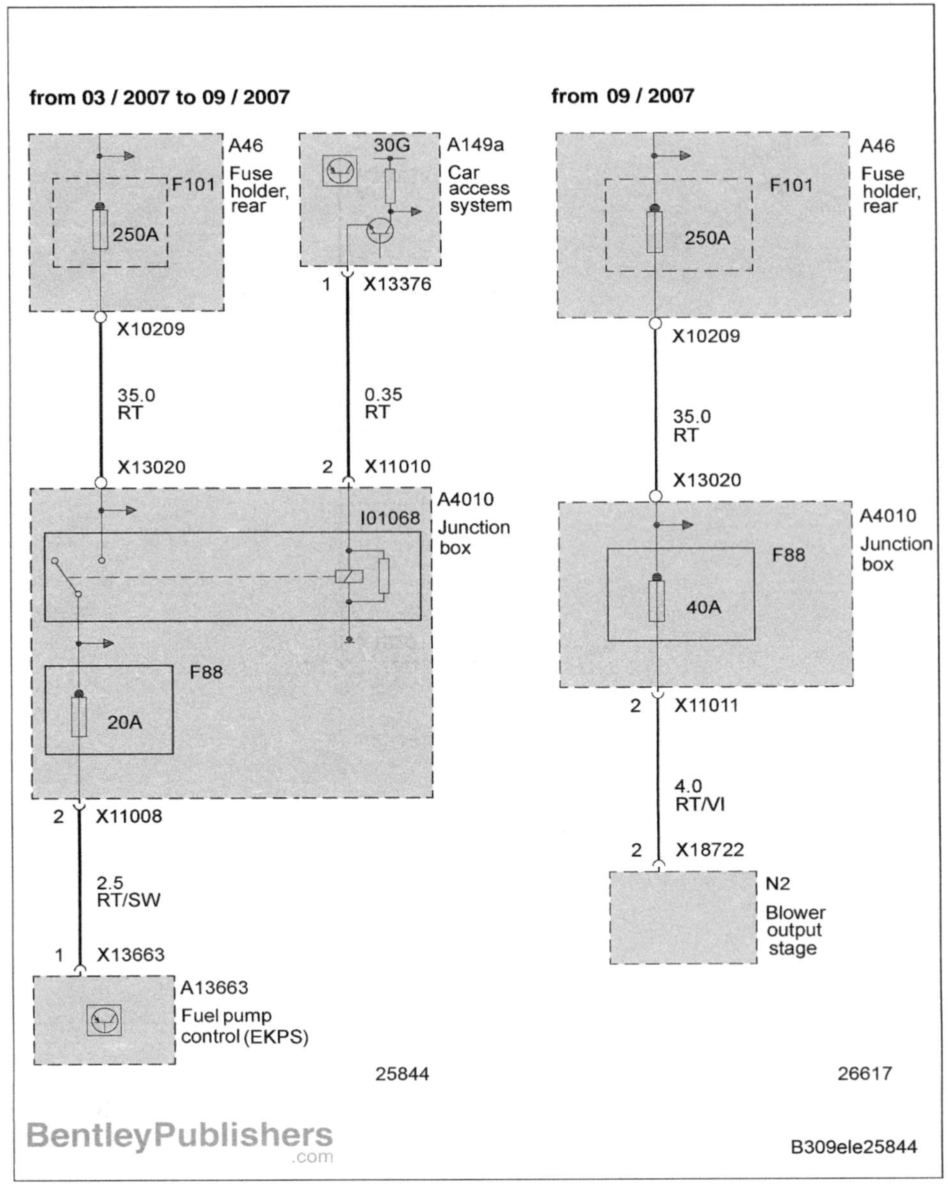

Fuse F89
N51 engine (from 09 / 2007)

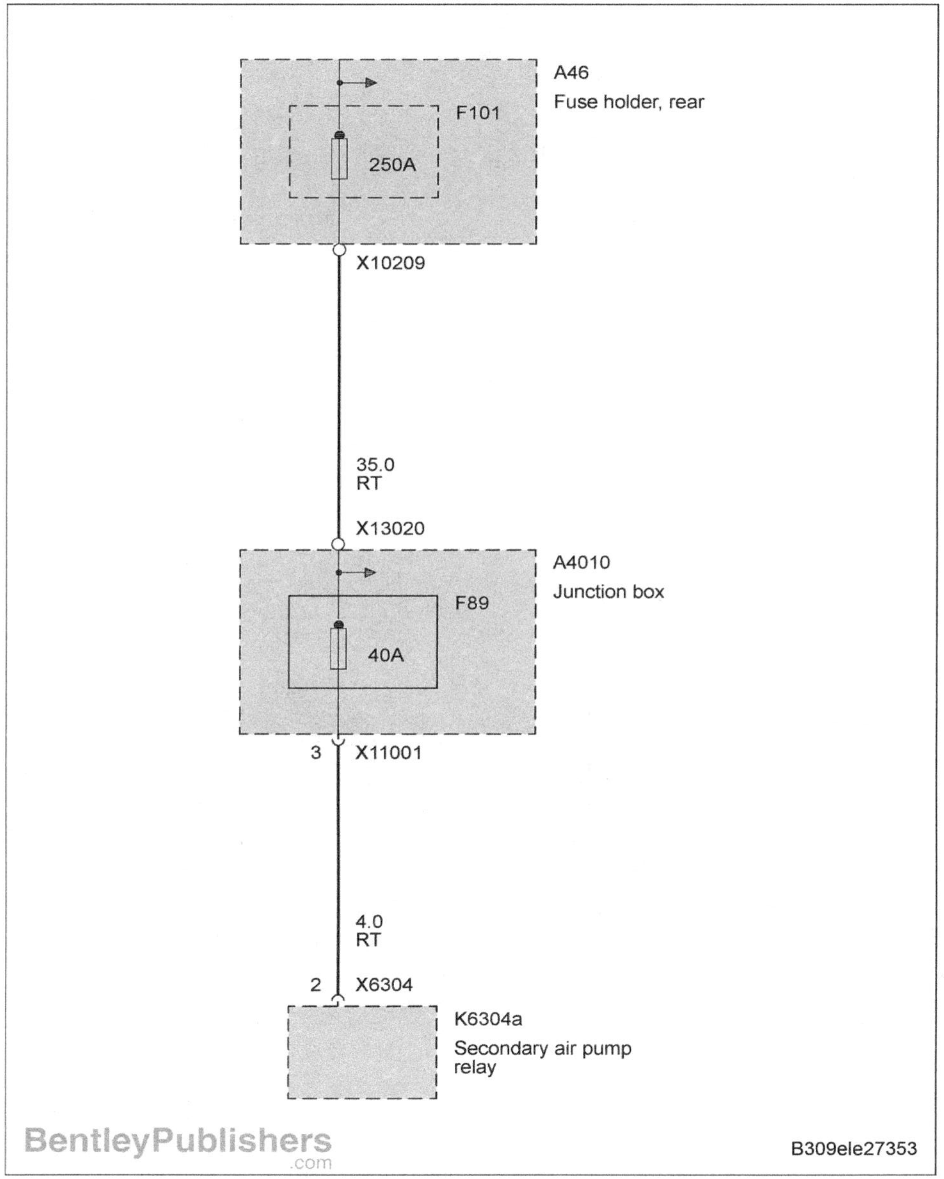

Fuse F90
from 09 / 2007

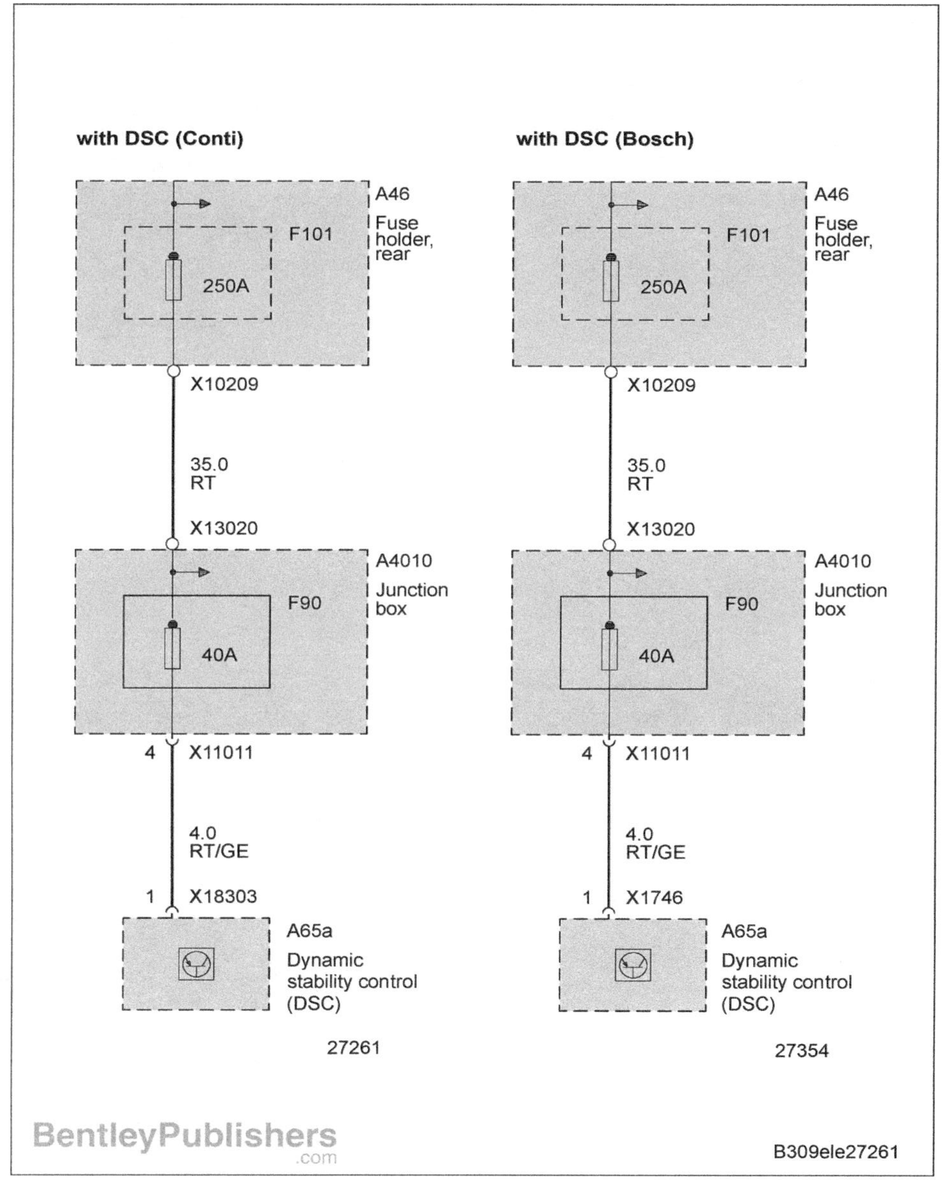

Fuse F92
from 09 /2007

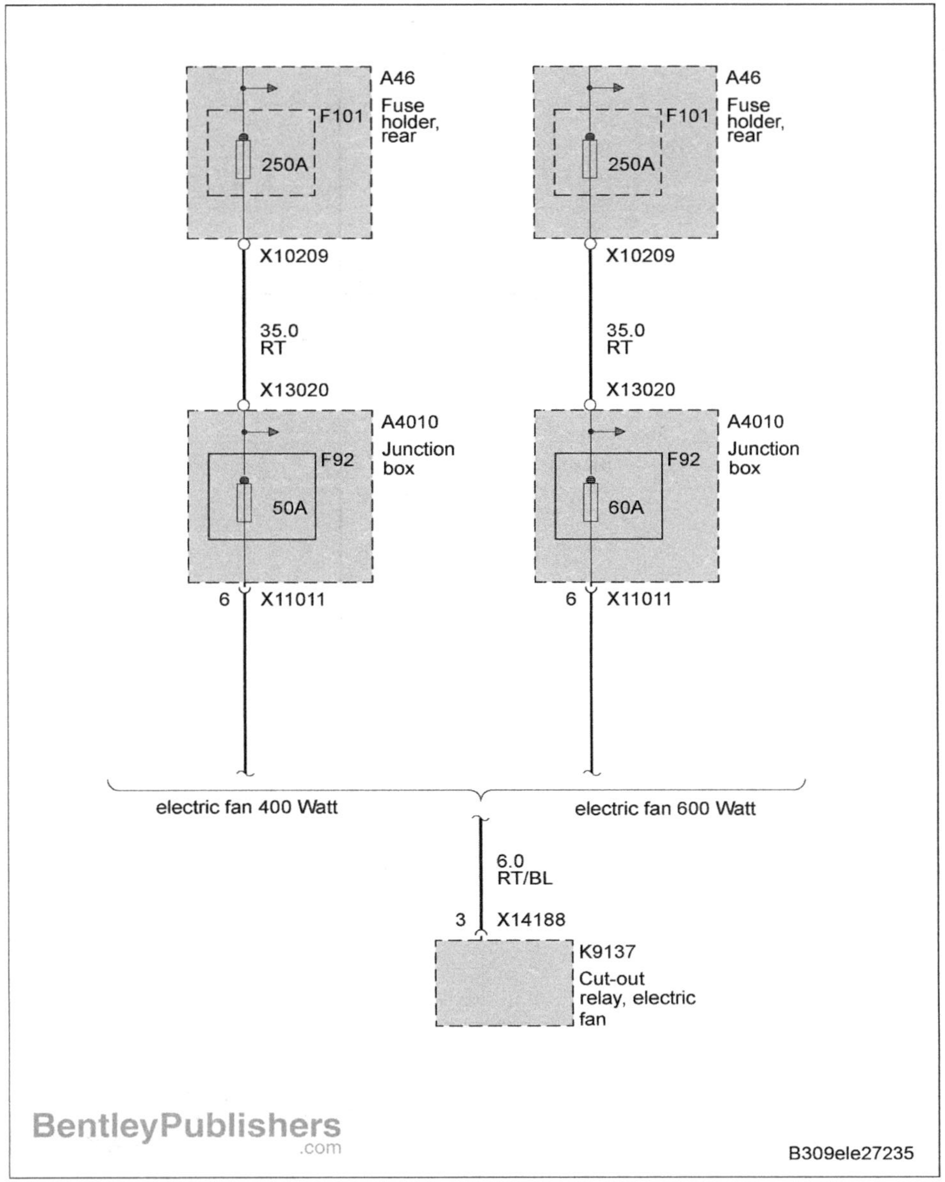

Fuses F101, F102, F103, F104, F105 and F106
(from 03 / 2007)

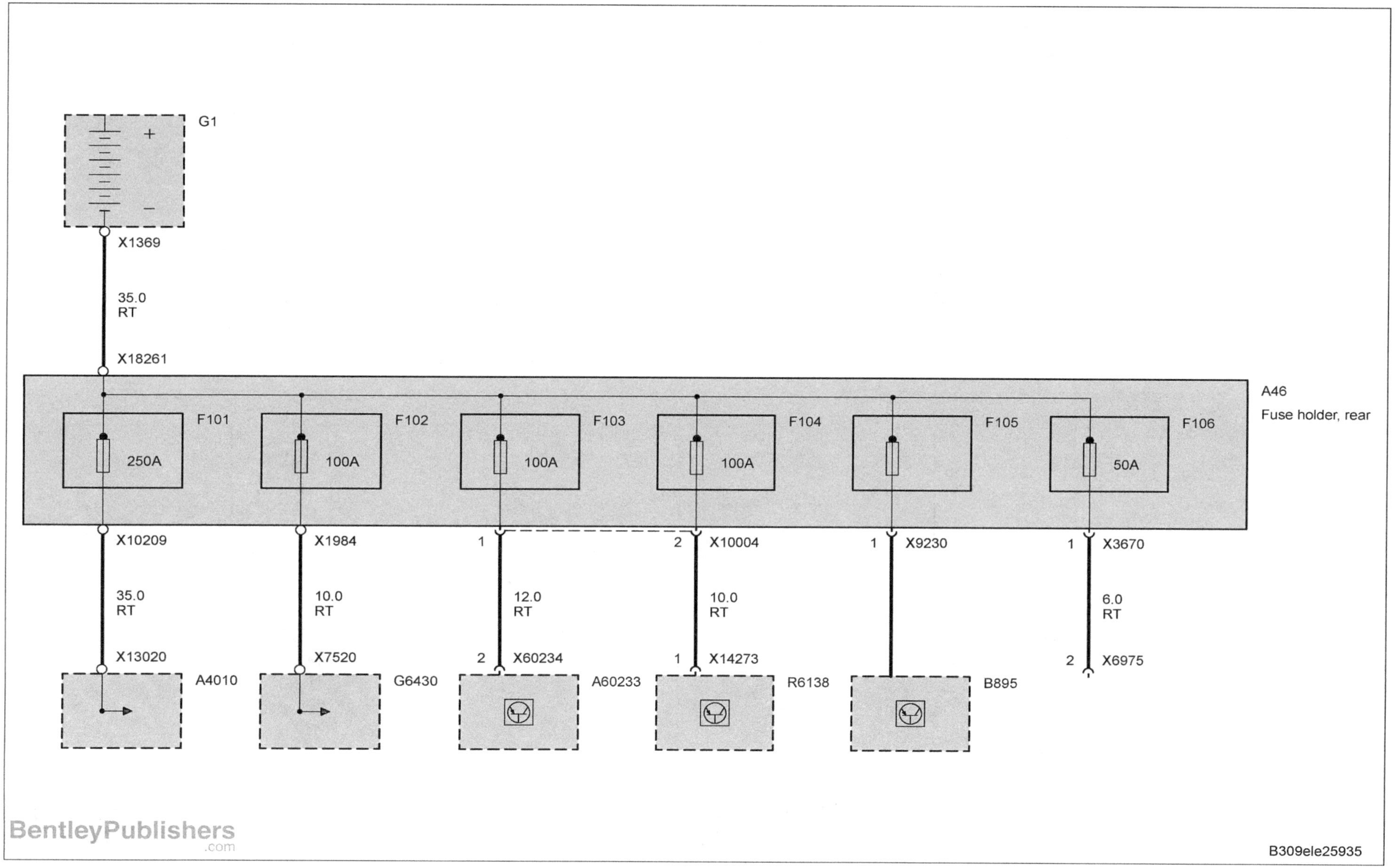

Fuse F104
(to 03 / 2007)

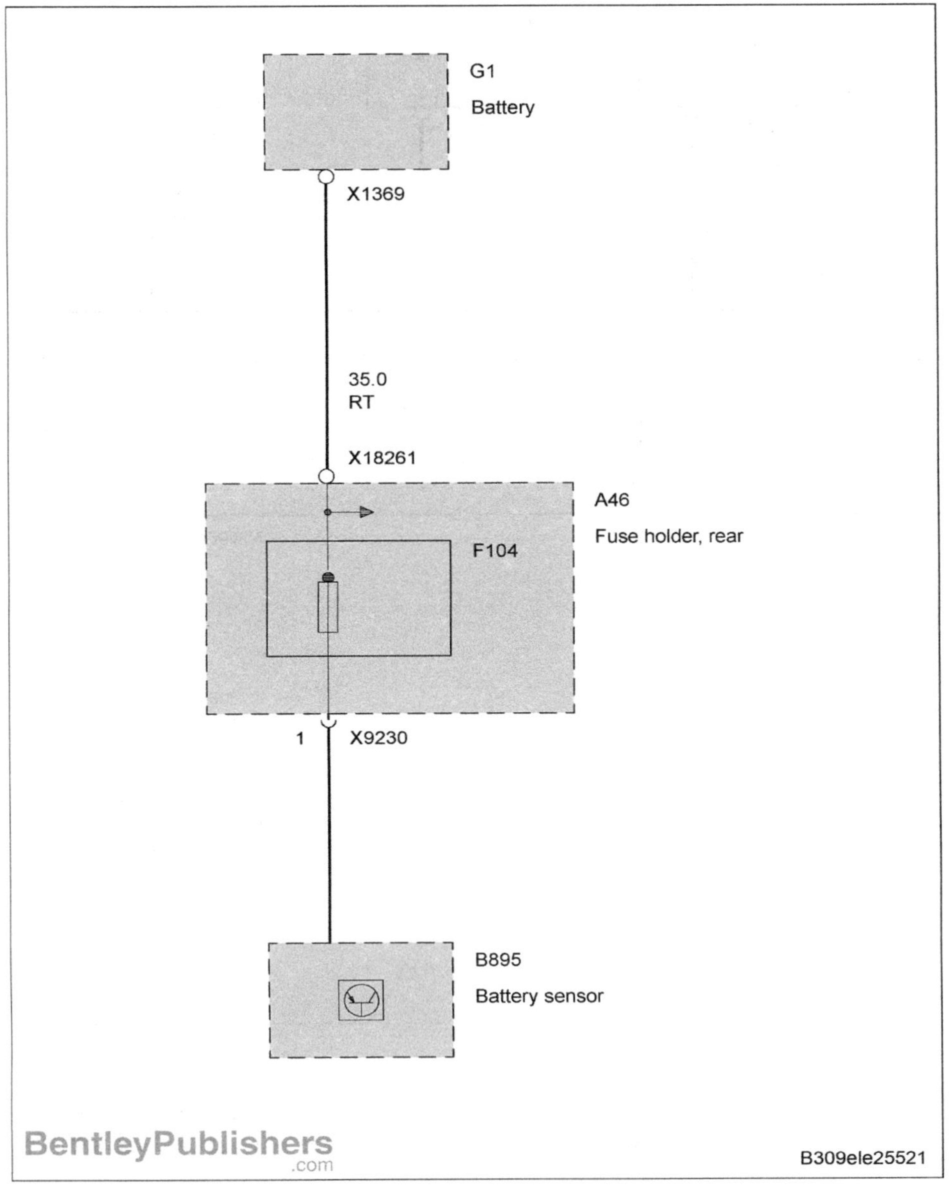

Fuse F105
(to 03 / 2007)

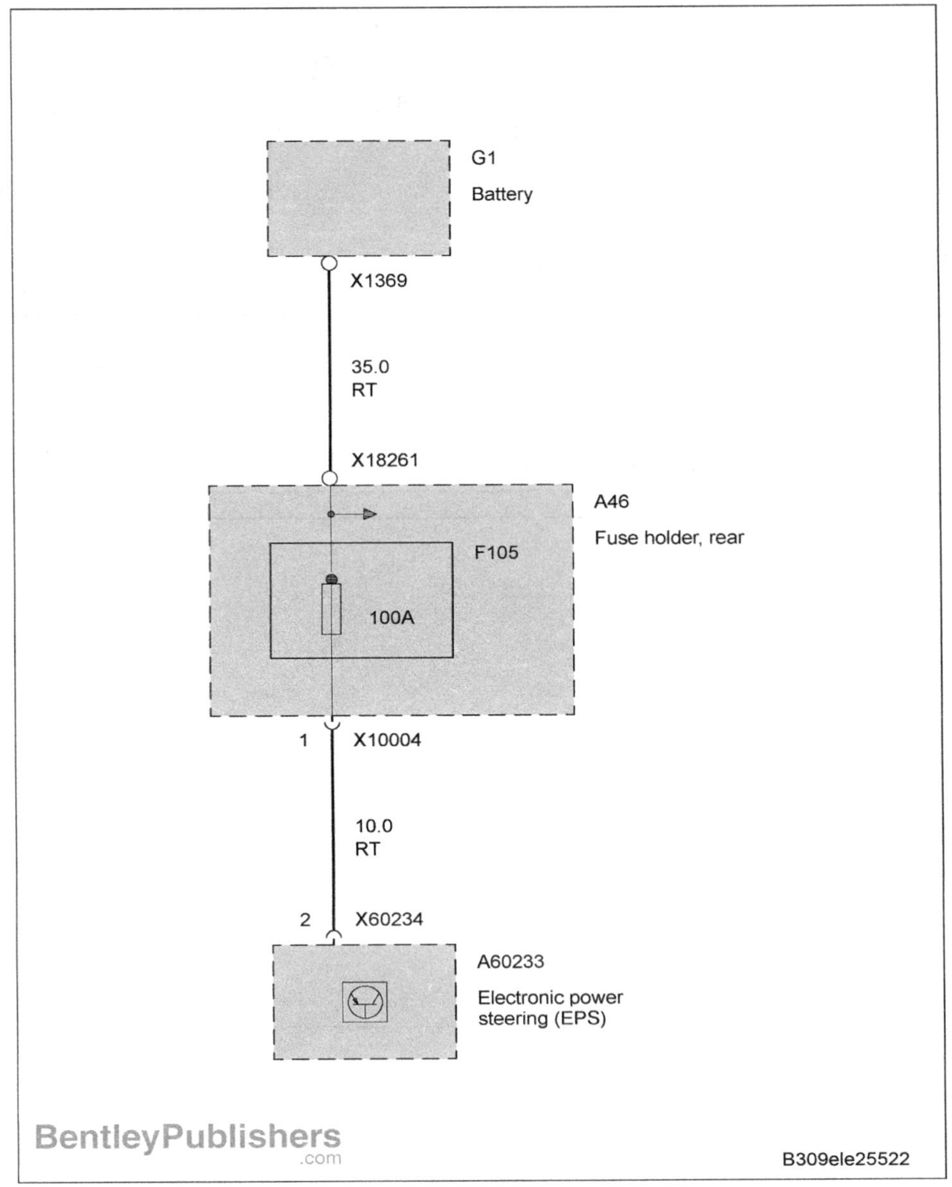

Fuse F106

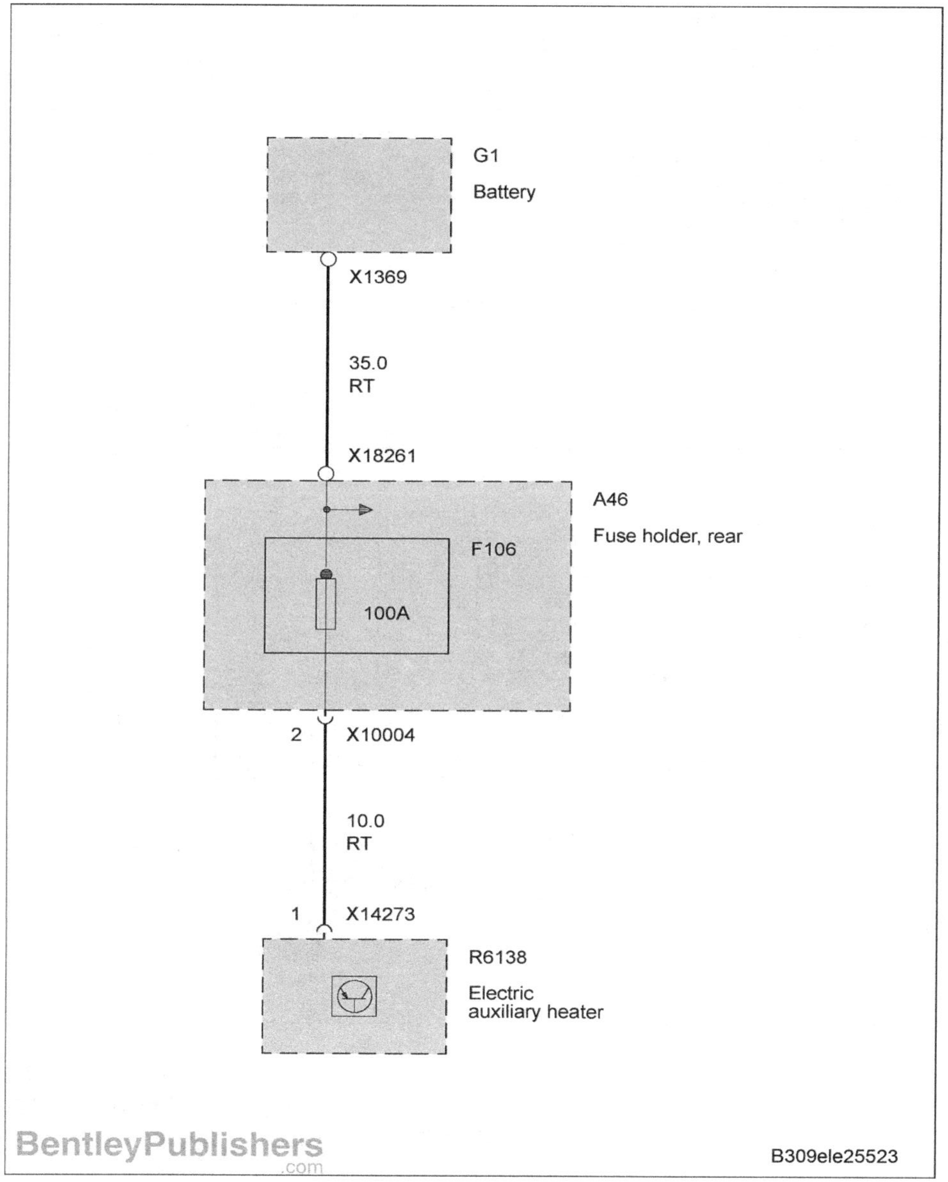

Fuse F108

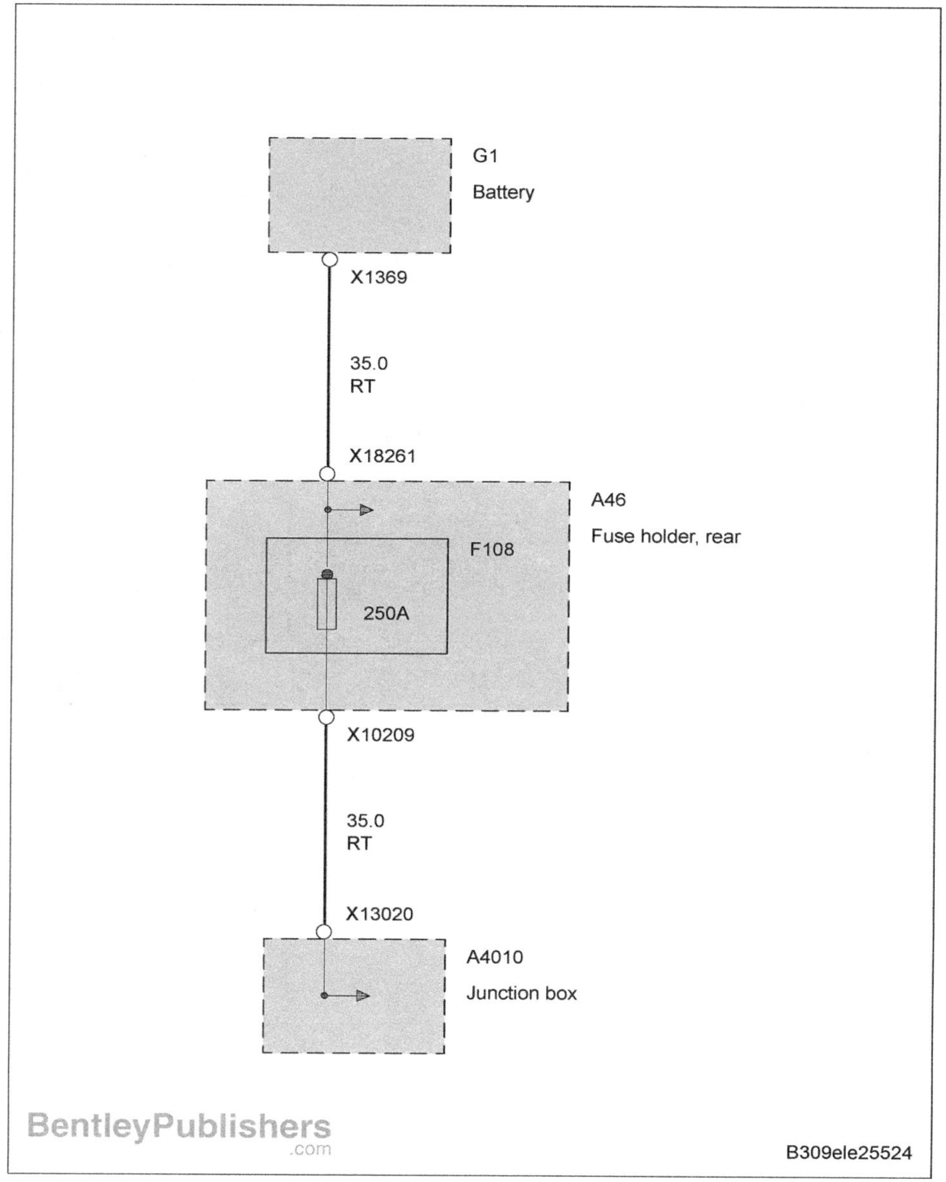

Engine control module, overview N52 and N51 engines page 1 of 7

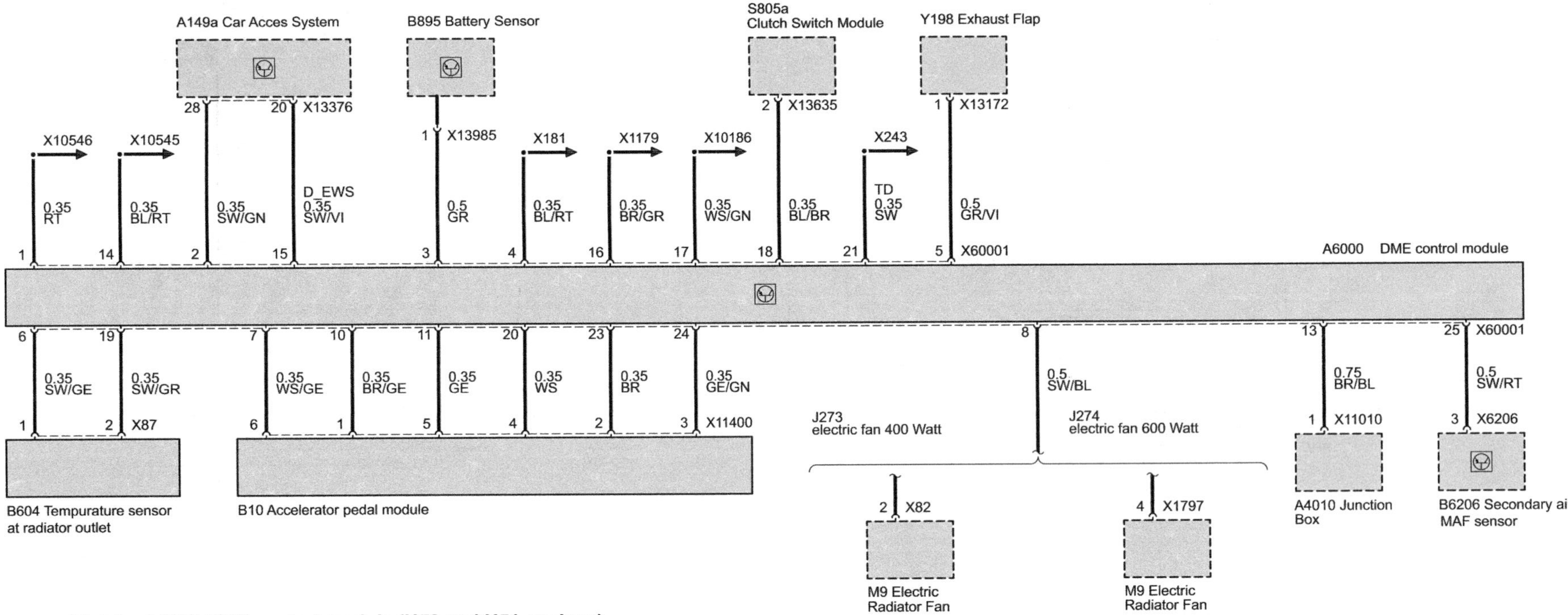

Component list for A6000 DME control module (N52 and N51 engines)

A149a	Car access system (CAS)
A2076	B+ potential distributor
A4010	Junction box
A6000	DME control module
A8680	Fuse carrier, engine electronics
B10	Accelerator pedal module
B111	EAC (Environmental Air Catalyst) sensor
B604	Temperature sensor at radiator outlet
B895	Battery sensor
B6203a	Crankshaft sensor
B6206	Secondary air MAF sensor
B6207b	Mass air flow (MAF) sensor
B6214a	Camshaft sensor, intake
B6224a	Camshaft sensor, exhaust
B6231	Oil pressure switch
B6236a	Engine coolant temperature (ECT) sensor
B6239a	Intake air temperature sensor
B60213	Eccentric shaft sensor (Valvetronic)
B62101	Oxygen sensor, before catalytic converter
B62102	Oxygen sensor, behind catalytic converter
B62201	Oxygen sensor 2, before catalytic converter
B62202	Oxygen sensor 2, behind catalytic converter
B62400	Knock sensor, double
K6300	DME relay
K6319	VVT (Valvetronic) relay
K6539	Engine breather heating relay
M9	Electric radiator fan
M6035	Electric coolant pump
S805a	Clutch switch module
T6151	Ignition coil, cylinder 1
T6152	Ignition coil, cylinder 2
T6153	Ignition coil, cylinder 3
T6154	Ignition coil, cylinder 4
T6155	Ignition coil, cylinder 5
T6156	Ignition coil, cylinder 6
Y198	Exhaust flap
Y6101	Fuel injector, cyl. 1
Y6102	Fuel injector, cyl. 2
Y6103	Fuel injector, cyl. 3
Y6104	Fuel injector, cyl. 4
Y6105	Fuel injector, cyl. 5
Y6106	Fuel injector, cyl. 6
Y6120	Evap. emission valve
Y6275	VANOS solenoid valve, intake
Y6276	VANOS solenoid valve, exhaust
Y6279	Thermostat, characteristic map
Y6540	DISA controller I
Y6541	DISA controller II
Y6390	Electric throttle valve

B309ele22370

Engine control module, overview
N52 and N51 engines
page 2 of 7

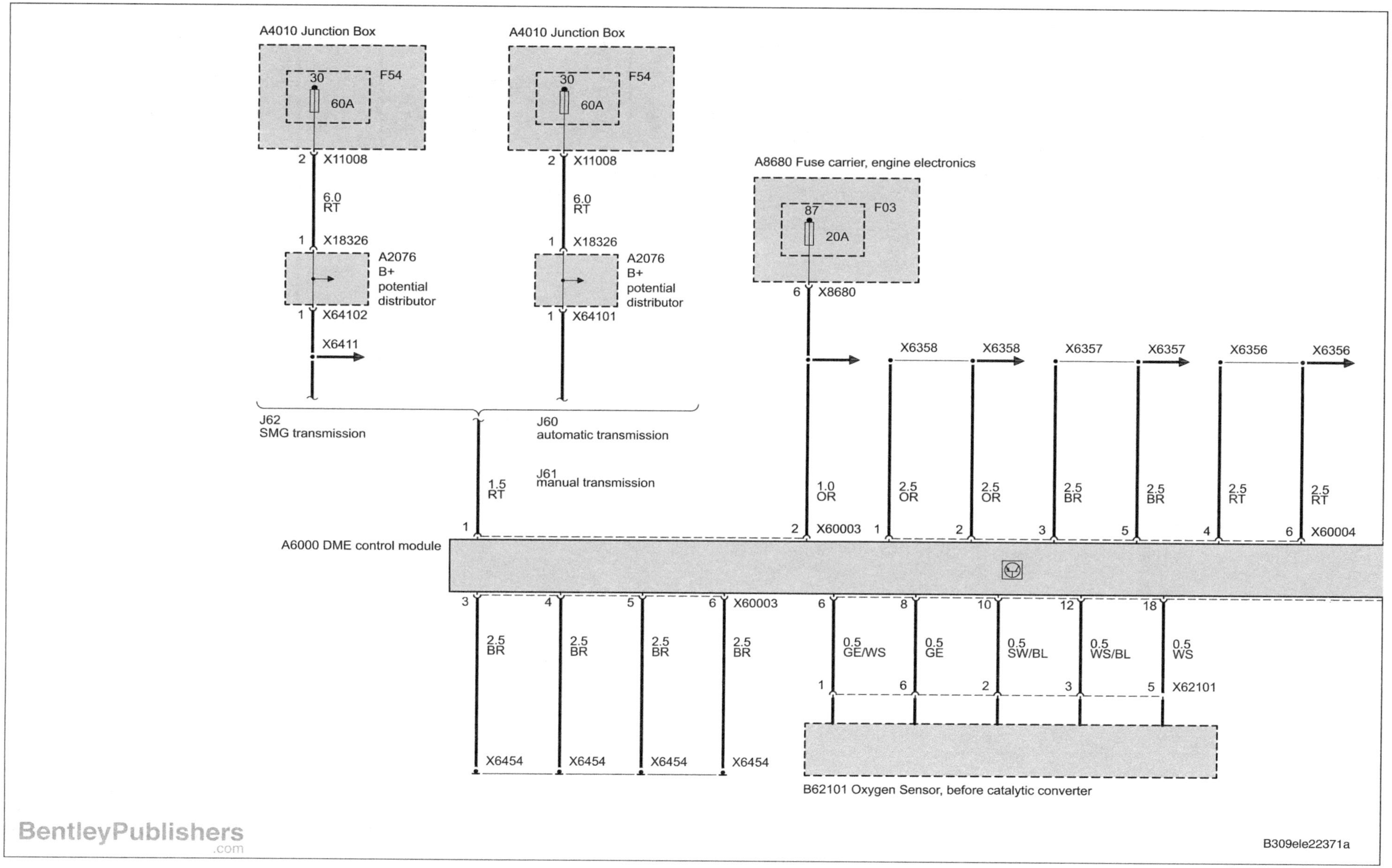

Engine control module, overview
N52 and N51 engines
page 3 of 7

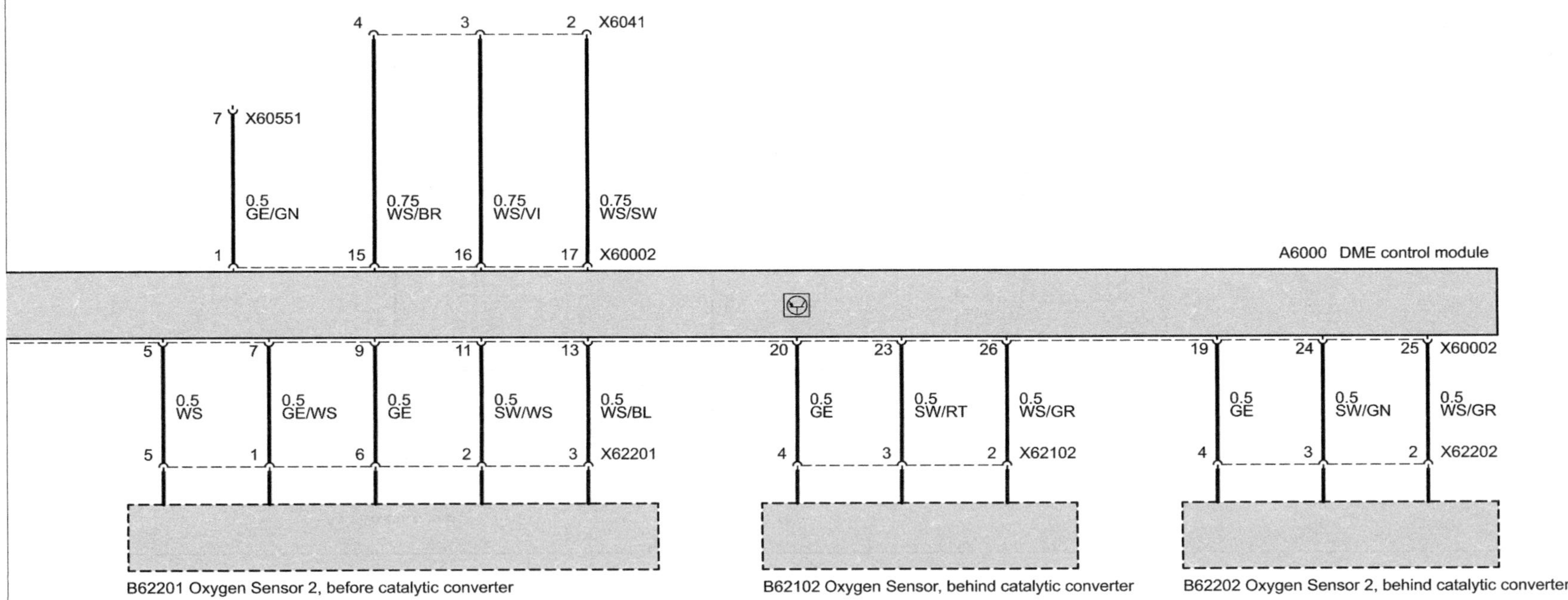

B309ele22371b

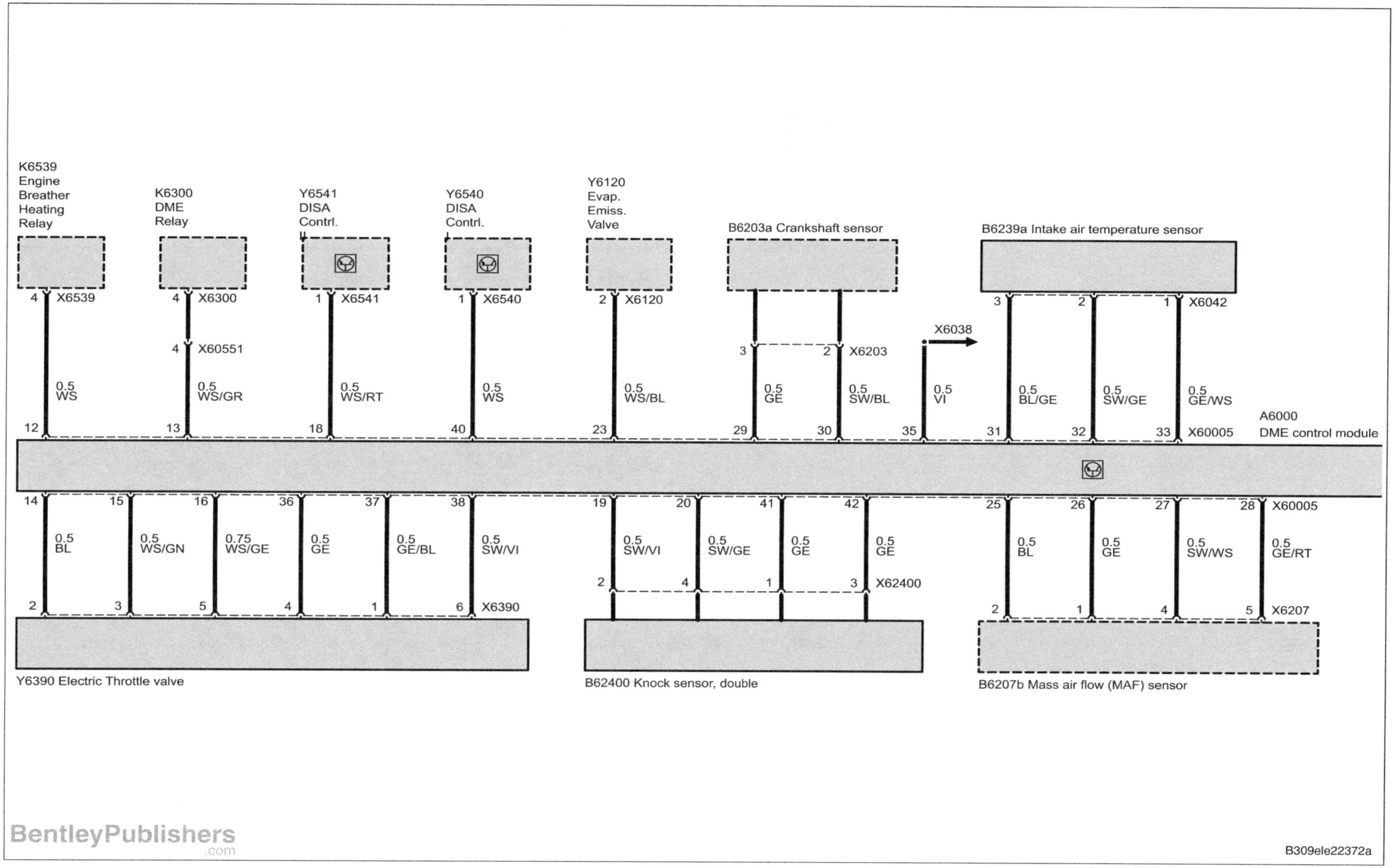
K6539
Engine
Breather
Heating
Relay
K6300
DME
Relay
Y6541
DISA
Contrl.
Y6540
DISA
Contrl.
Y6120
Evap.
Emiss.
Valve
B6203a Crankshaft sensor
B6239a Intake air temperature sensor
X6539
X6300
X60551
X6541
X6540
X6120
X6203
X6038
X6042
0.5 WS
0.5 WS/GR
0.5 WS/RT
0.5 WS
0.5 WS/BL
0.5 GE
0.5 SW/BL
0.5 VI
0.5 BL/GE
0.5 SW/GE
0.5 GE/WS
X60005
A6000
DME control module
0.5 BL
0.5 WS/GN
0.75 WS/GE
0.5 GE
0.5 GE/BL
0.5 SW/VI
0.5 SW/VI
0.5 SW/GE
0.5 GE
0.5 GE
0.5 BL
0.5 GE
0.5 SW/WS
0.5 GE/RT
X6390
X62400
X6207
Y6390 Electric Throttle valve
B62400 Knock sensor, double
B6207b Mass air flow (MAF) sensor
B309ele22372a

Engine control module, overview
N52 and N51 engines
page 5 of 7

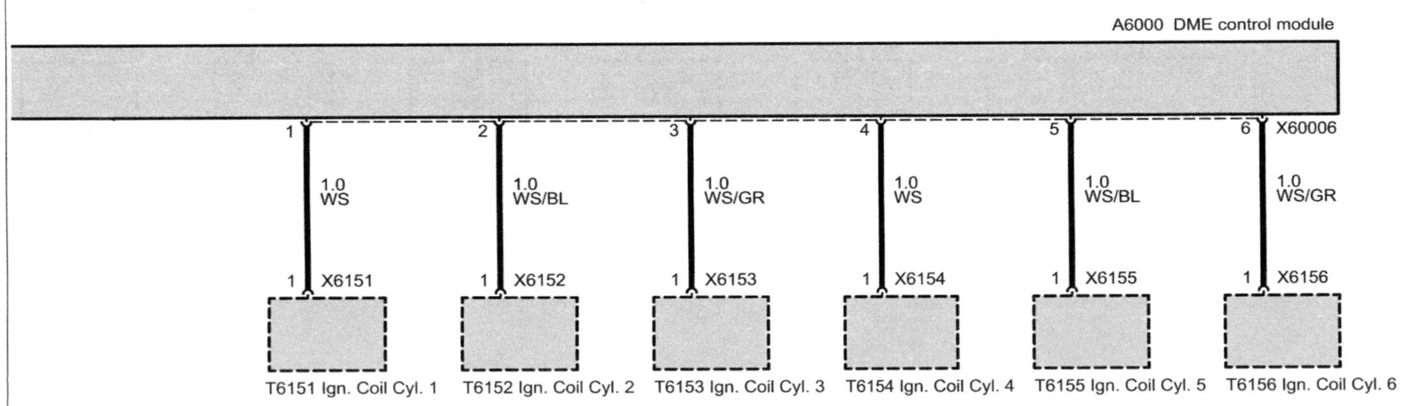

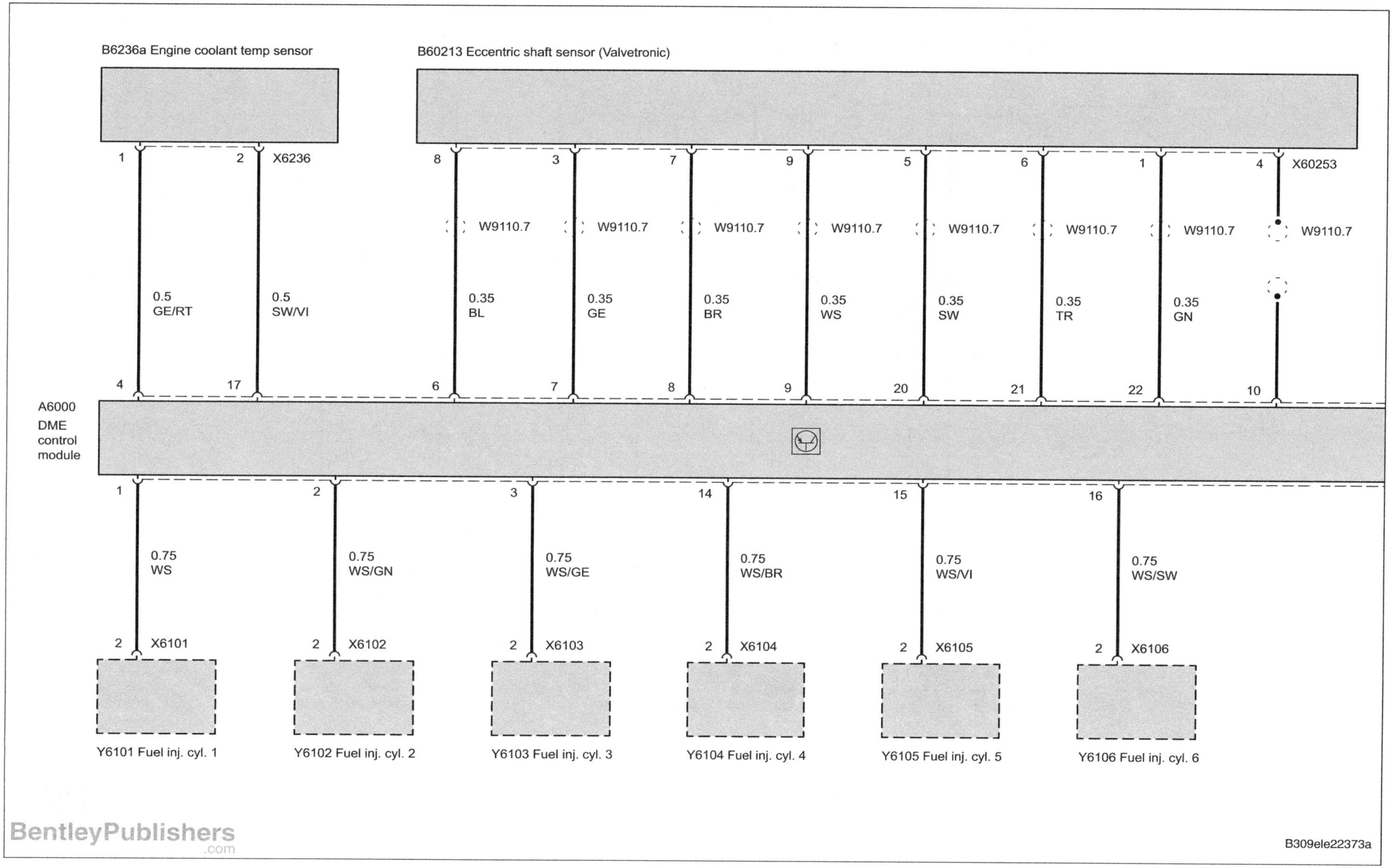
B6236a Engine coolant temp sensor
B60213 Eccentric shaft sensor (Valvetronic)
X6236
X60253
W9110.7
0.5
GE/RT
0.5
SW/VI
0.35
BL
0.35
GE
0.35
BR
0.35
WS
0.35
SW
0.35
TR
0.35
GN
A6000
DME
control
module
0.75
WS
0.75
WS/GN
0.75
WS/GE
0.75
WS/BR
0.75
WS/VI
0.75
WS/SW
X6101
X6102
X6103
X6104
X6105
X6106
Y6101 Fuel inj. cyl. 1
Y6102 Fuel inj. cyl. 2
Y6103 Fuel inj. cyl. 3
Y6104 Fuel inj. cyl. 4
Y6105 Fuel inj. cyl. 5
Y6106 Fuel inj. cyl. 6
B309ele22373a

Engine control module, overview
N52 and N51 engines
page 7 of 7

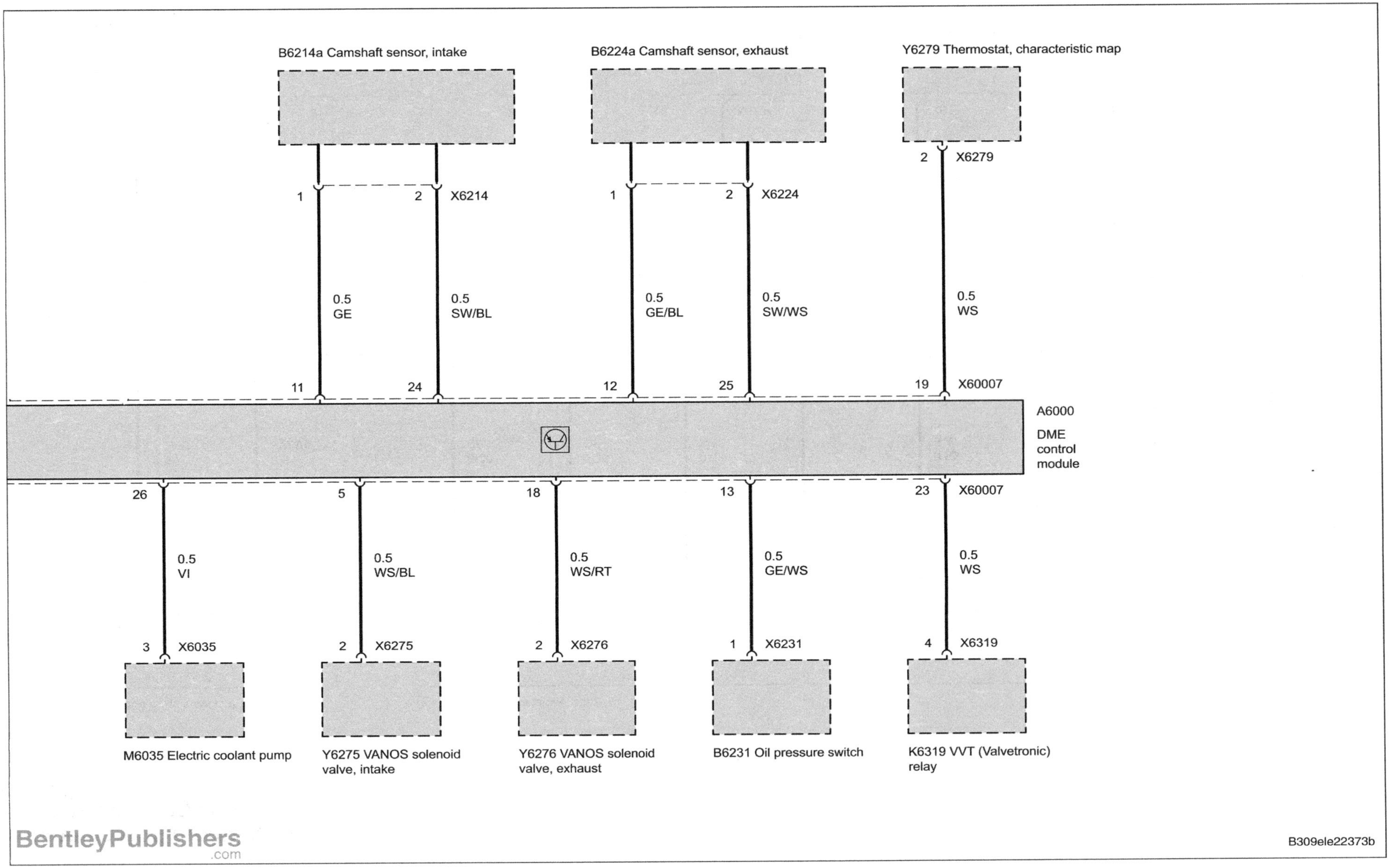

Engine control module, overview
N54 engine
page 1 of 7

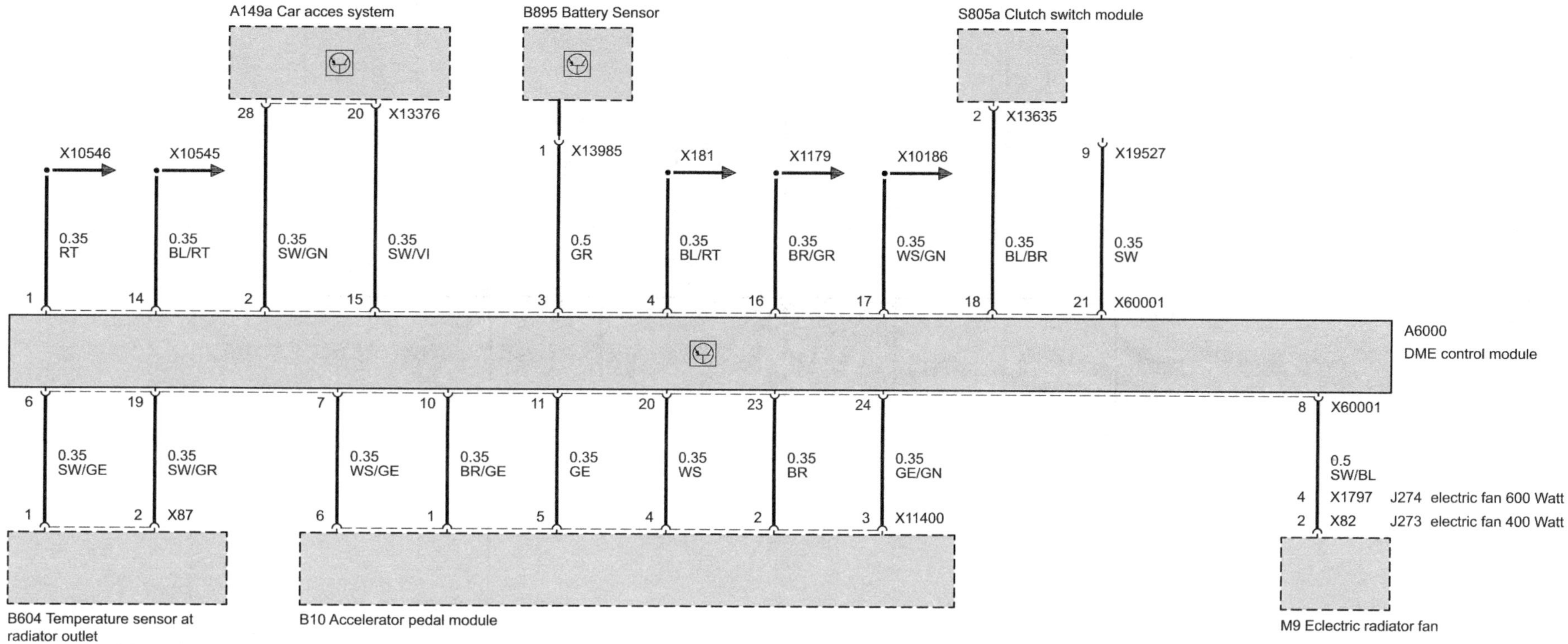

Component list for A6000 DME control module (N54 engine)

A149a	Car access system (CAS)
A2076	B+ potential distributor
A4010	Junction box
A6000	DME control module
A8680	Fuse carrier, engine electronics
B10	Accelerator pedal module
B604	Temperature sensor at radiator outlet
B895	Battery sensor
B6125a	Low fuel pressure sensor
B6203	Crankshaft/RPM position sensor
B2261	Fuel rail pressure sensor
B6214a	Camshaft sensor, intake
B6224a	Camshaft sensor, exhaust
B6231	Oil pressure switch
B6236a	Engine coolant temperature (ECT) sensor
B6239	Intake pipe pressure sensor
B6583	Intake temp. boost pressure sensor
B62101	Oxygen sensor, before catalytic converter
B62102	Oxygen sensor, behind catalytic converter
B62201	Oxygen sensor 2, before catalytic converter
B62202	Oxygen sensor 2, behind catalytic converter
B62400	Knock sensor, double
K6300	DME relay
M9	Electric radiator fan
M6035	Electric coolant pump
S805a	Clutch switch module
T6151	Ignition coil, cylinder 1
T6152	Ignition coil, cylinder 2
T6153	Ignition coil, cylinder 3
T6154	Ignition coil, cylinder 4
T6155	Ignition coil, cylinder 5
T6156	Ignition coil, cylinder 6
Y198	Exhaust flap
Y2381	Fuel volume control valve
Y6101	Fuel injector, cyl. 1
Y6102	Fuel injector, cyl. 2
Y6103	Fuel injector, cyl. 3
Y6104	Fuel injector, cyl. 4
Y6105	Fuel injector, cyl. 5
Y6106	Fuel injector, cyl. 6
Y6120	Evap. emission valve
Y6275	VANOS solenoid valve, intake
Y6276	VANOS solenoid valve, exhaust
Y6279	Thermostat, characteristic map
Y6390	Electric throttle valve
Y6039	Waste gate valve
Y6723	Waste gate valve 2

B309ele24781

Engine control module, overview
N54 engine
page 2 of 7

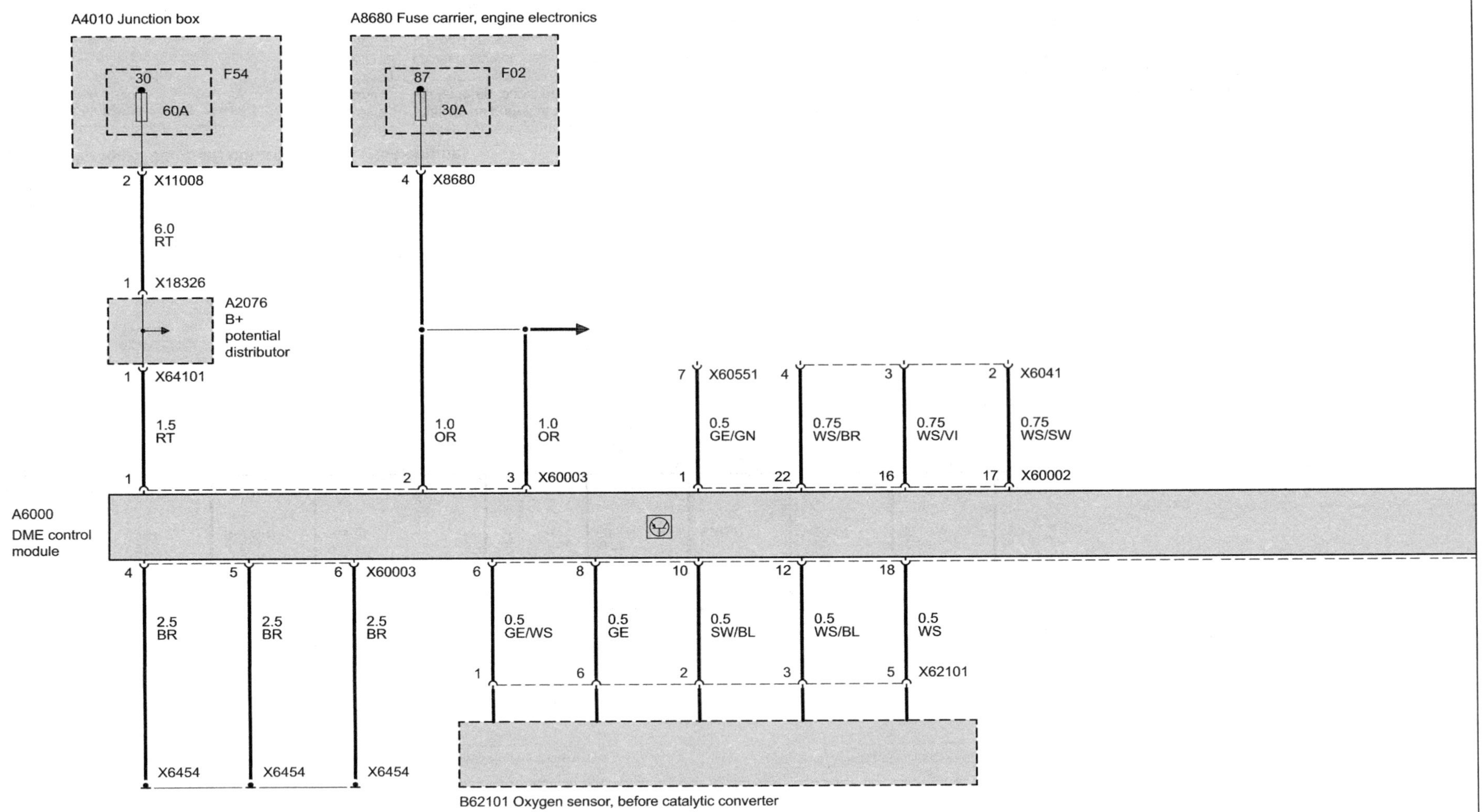

B309ele24782a

Engine control module, overview
N54 engine
page 3 of 7

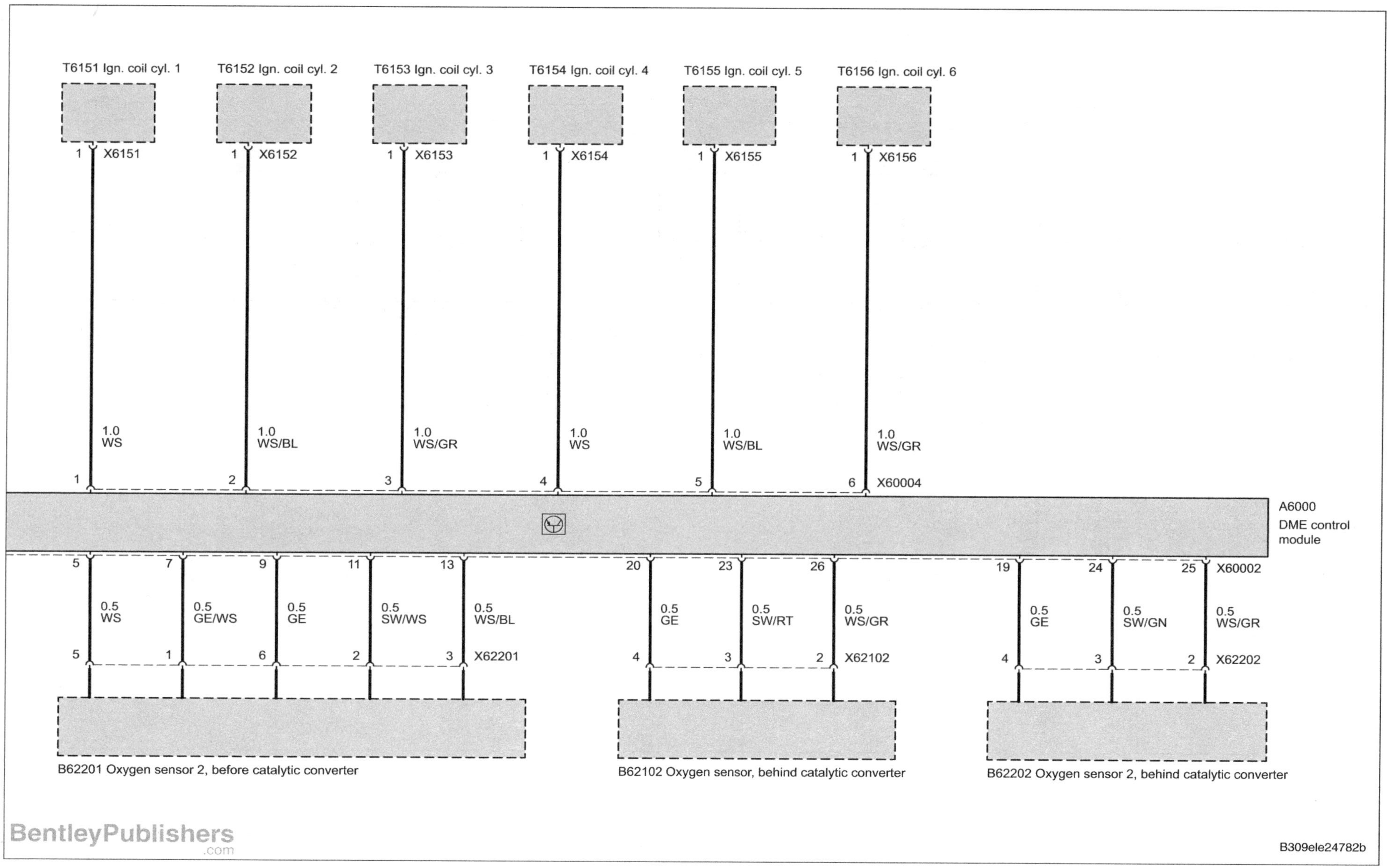

Engine control module, overview
N54 engine
page 4 of 7

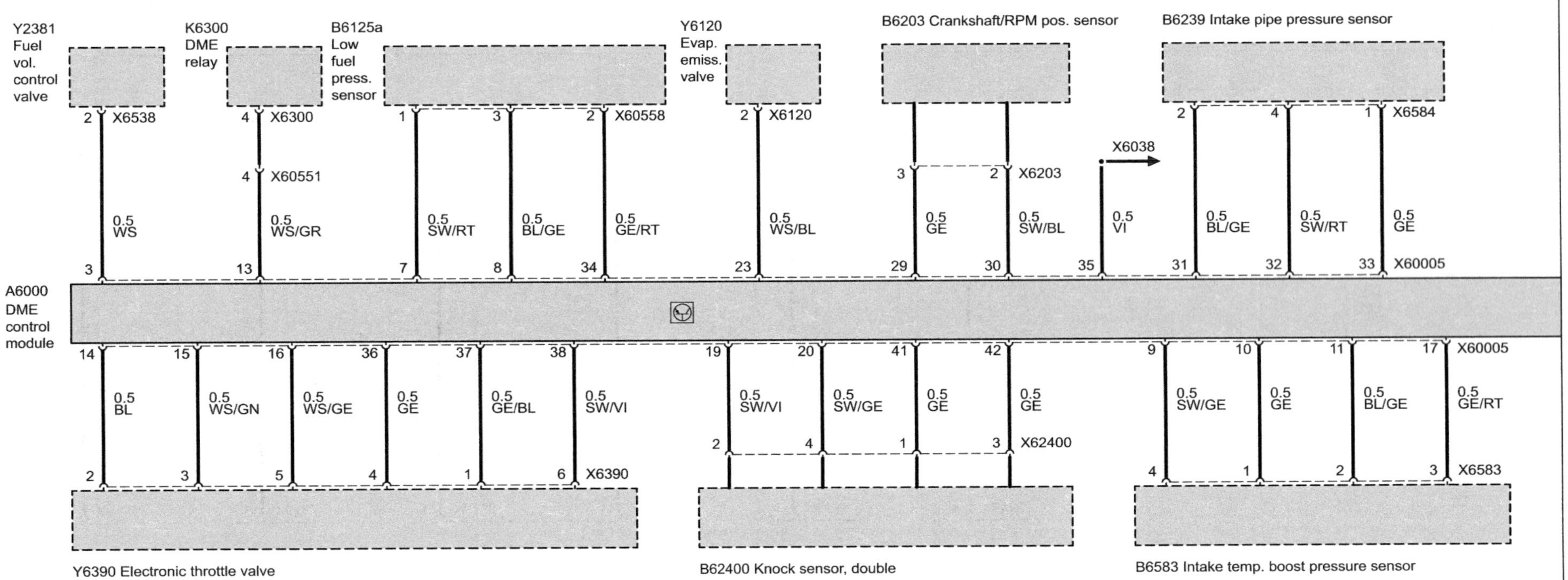

B309ele24783a

Engine control module, overview
N54 engine
page 5 of 7

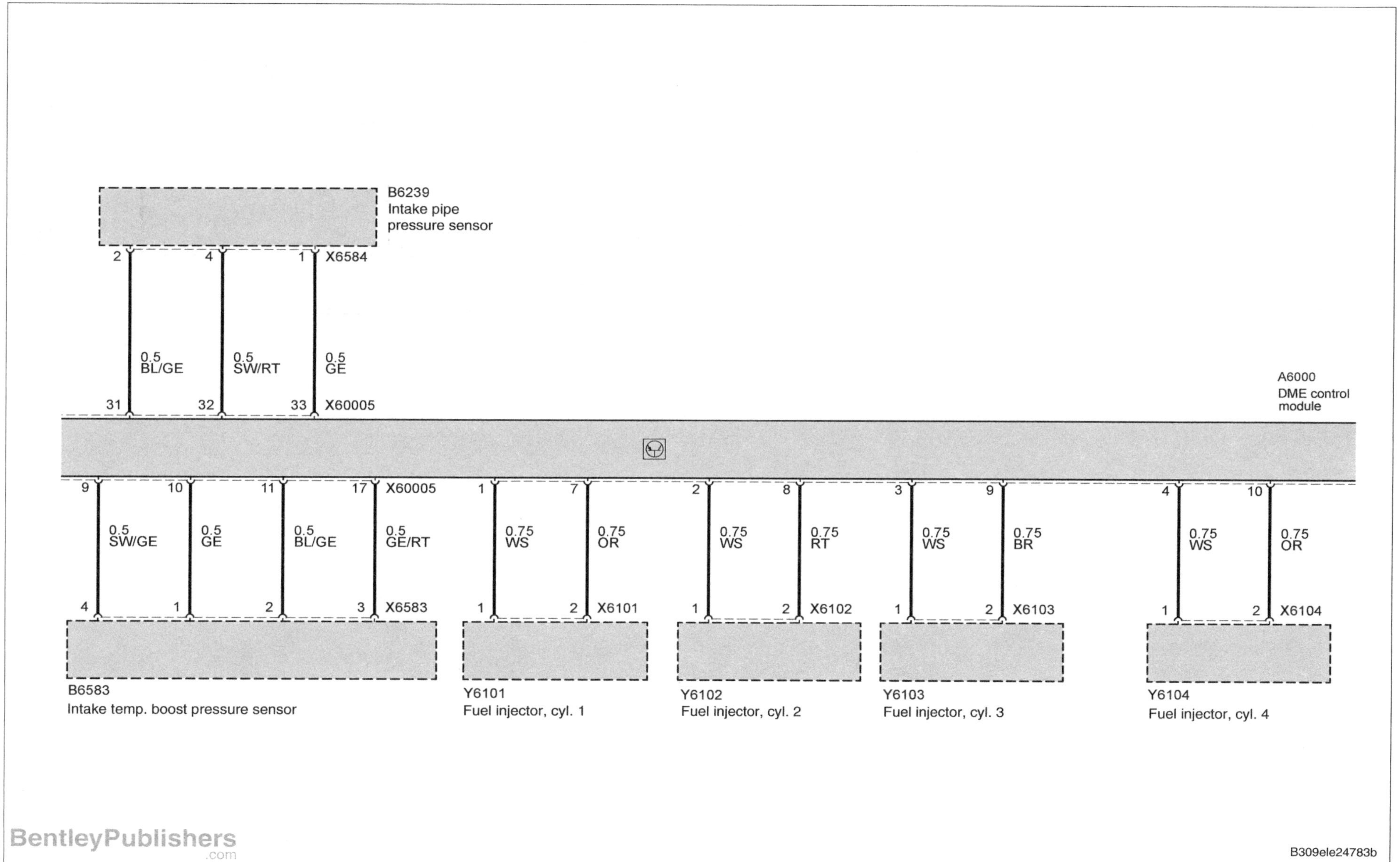

Engine control module, overview
N54 engine
page 6 of 7

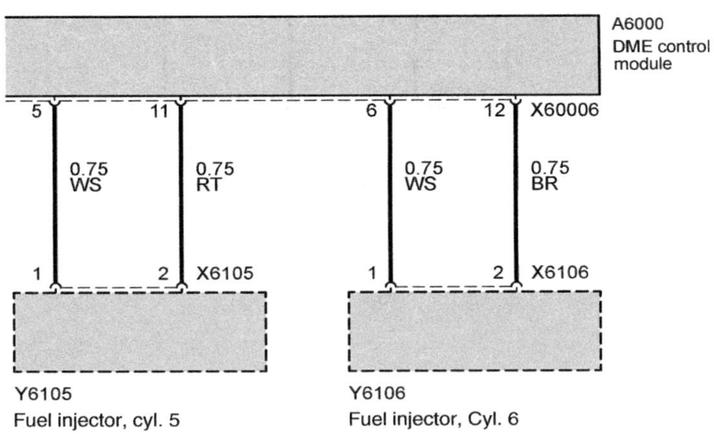

Engine control module, overview
N54 engine
page 7 of 7

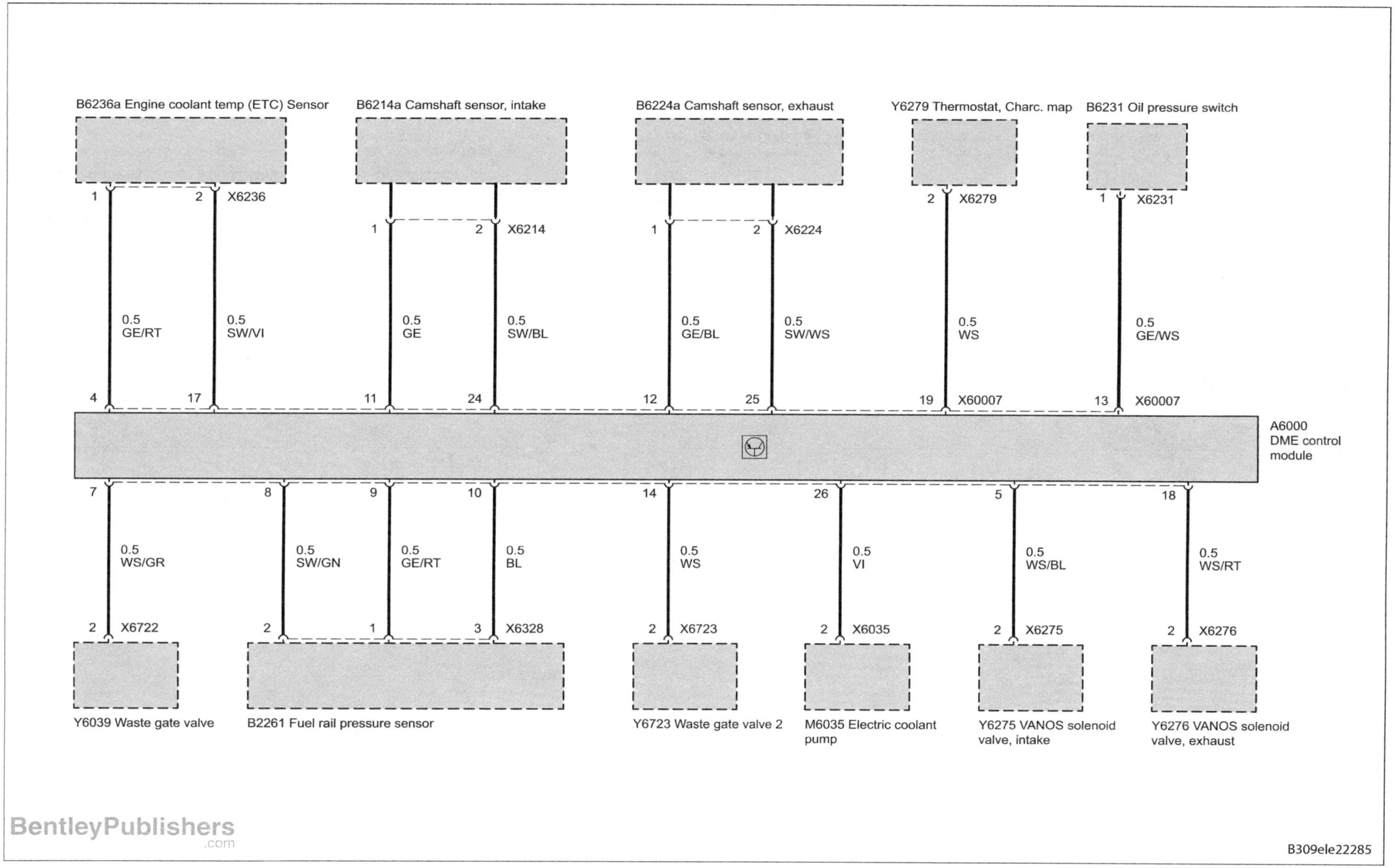

Engine control module, overview
N55 engine
page 1 of 8

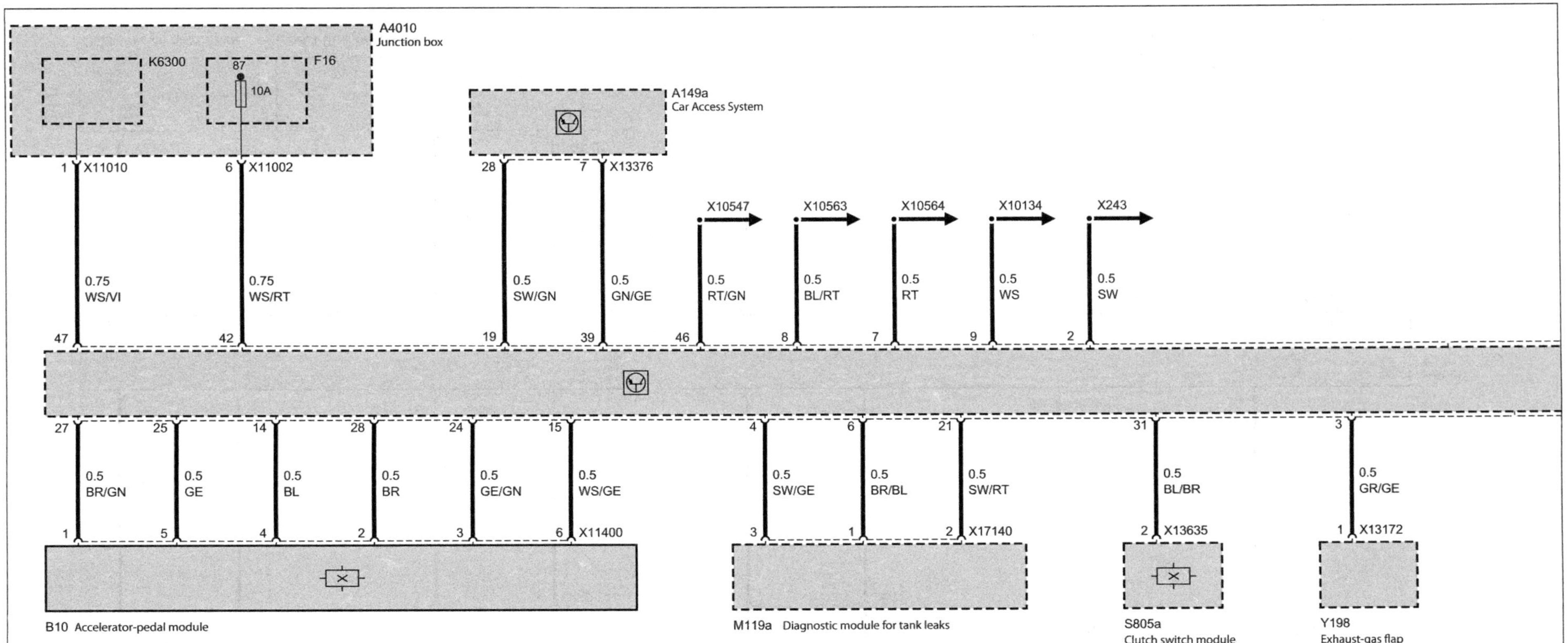

Component list for A6000 DME control module (N55 engine)

A149a Car access system (CAS)
A4010 Junction box
A6000 DME control module
A65a Dynamic Stability Control
A8681 Fuse Carrier Engine Electronics
A8682 Fuse Carrier Engine Electronics
B10 Accelerator pedal module
B2261 Fuel rail pressure sensor
B895 Battery sensor
B6125a Low fuel pressure sensor
B6214a Camshaft sensor, intake
B6224a Camshaft sensor. exhaust
B6236a Engine coolant temperature (ECT) sensor
B6239 Intake pipe pressure sensor
B6203a Crankshaft Sensor
B6207a Air Supply
B6238a Oil Temp Sensor
B62400a Knock Sensor
B62540a Oil Condition Sensor
B6571a Engine Pressure Sensor
B6583 Intake temp. boost pressure sensor
B62101 Oxygen sensor, before catalytic converter
B62102 Oxygen sensor, behind catalytic converter
E65391 Engine Breather Heater
G6524 Alternator
K6319a Valvetronic Relay
K6341 Relay Ignition Eclectrical Control
M119a Diagnostic Module For Fuel Tank Leakage
M9 Electric radiator fan
M6035 Electric coolant pump
M6351 Valvetronic Servomotor
S805a Clutch switch module
T6151 Ignition coil. cvlinder 1
T6152 Ignition coil, cylinder 2
T6153 Ignition coil, cylinder 3
T6154 Ignition coil, cylinder 4
T6155 Ignition coil, cylinder 5
T6156 Ignition coil, cylinder 6
Y196
Y2381 Fuel volume control valve
Y6101a Fuel injector, cyl. 1
Y6102a Fuel injector, cyl. 2
Y6103a Fuel injector, cyl. 3
Y6104a Fuel injector, cyl. 4
Y6105a Fuel injector, cyl. 5
Y6106a Fuel injector, cyl. 6
Y6120 Evap. emission valve
Y6275 VANOS solenoid valve, intake
Y6276 VANOS solenoid valve, exhaust
Y6279 Thermostat, characteristic map
Y6039 Waste gate valve
Y6384 Oil Pressure Control Valve
Y63900 Electric Throttle Valve Actuator

B311ele52953a

Engine control module, overview
N55 engine
page 2 of 8

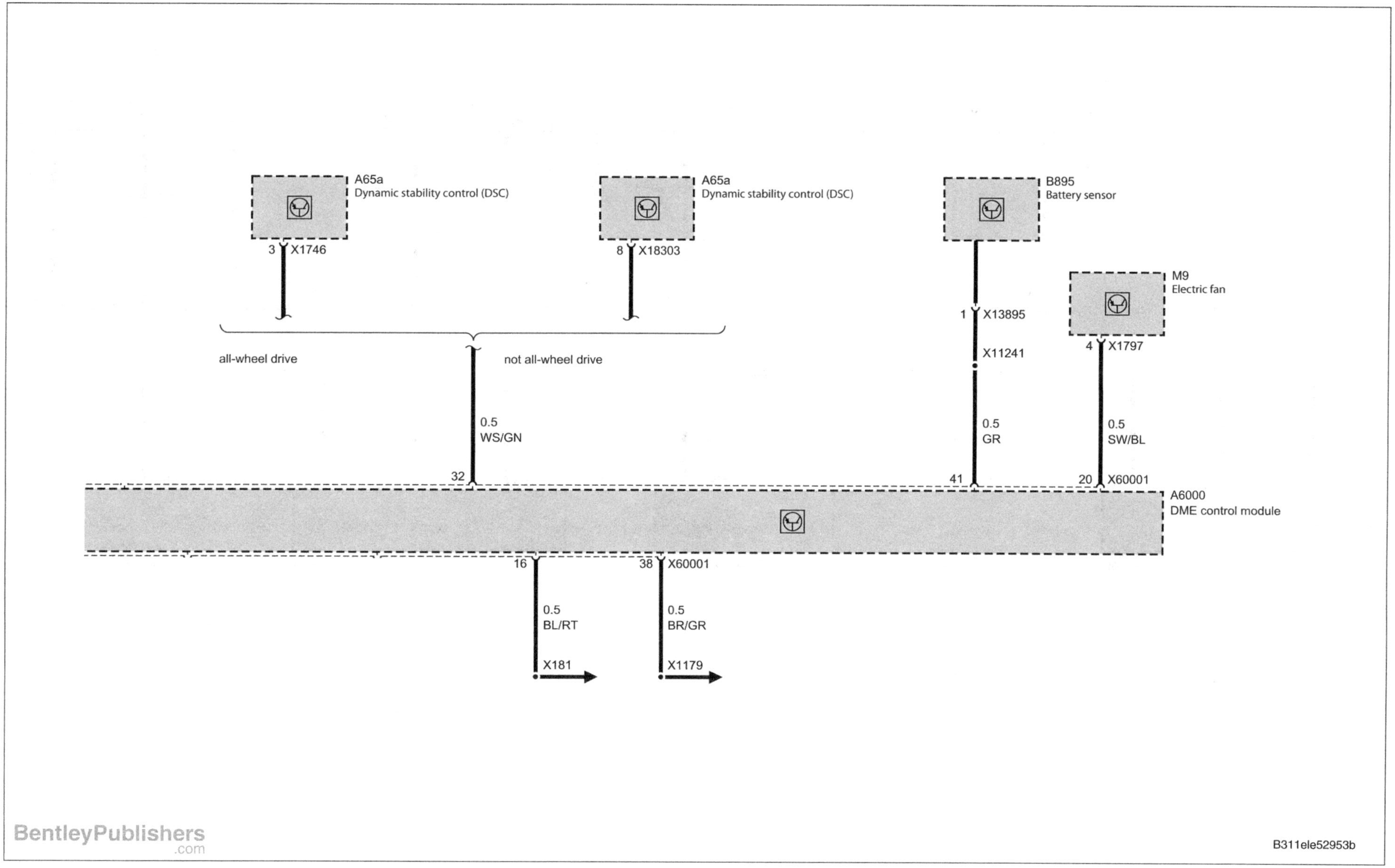

Engine control module, overview
N55 engine
page 3 of 8

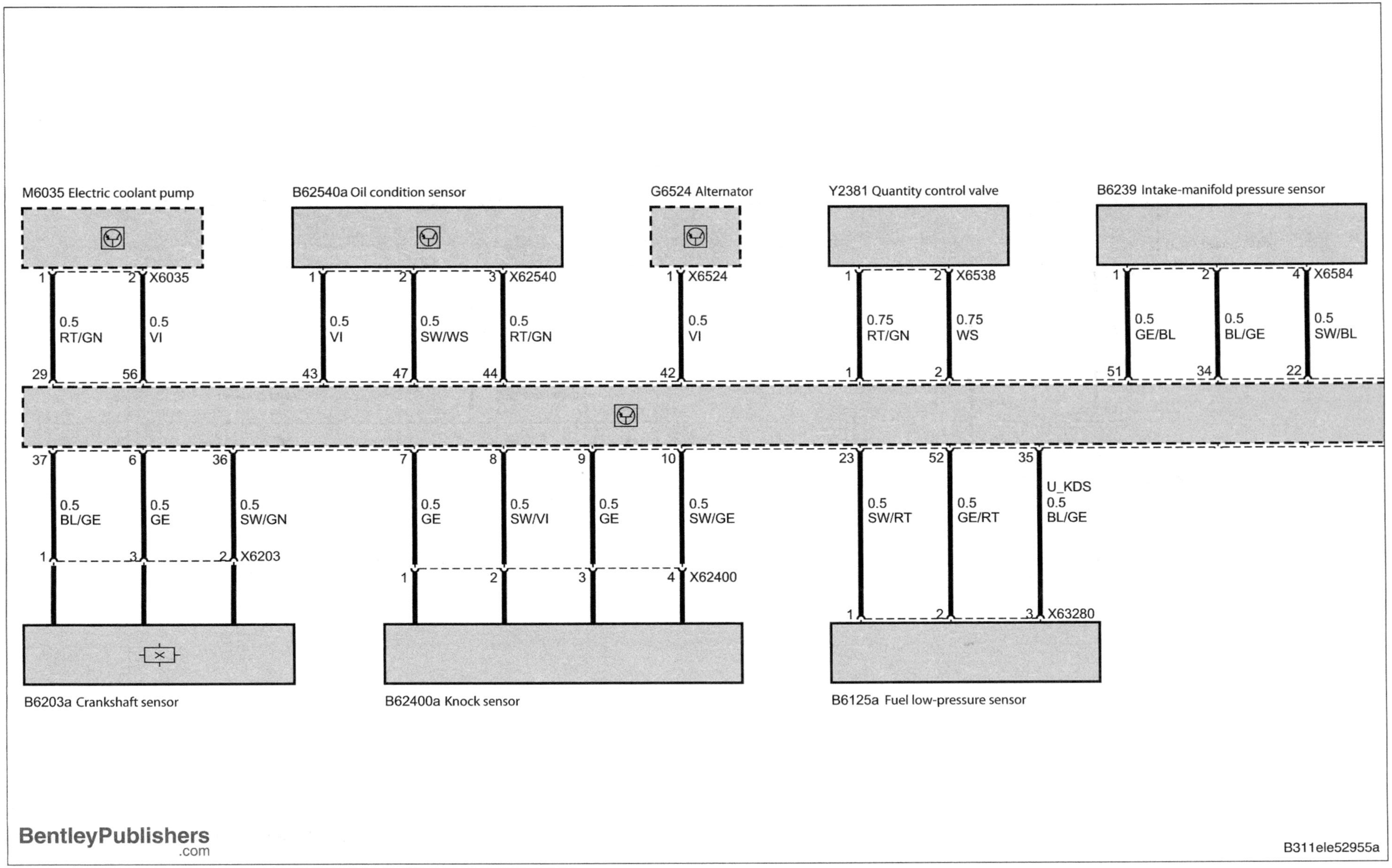

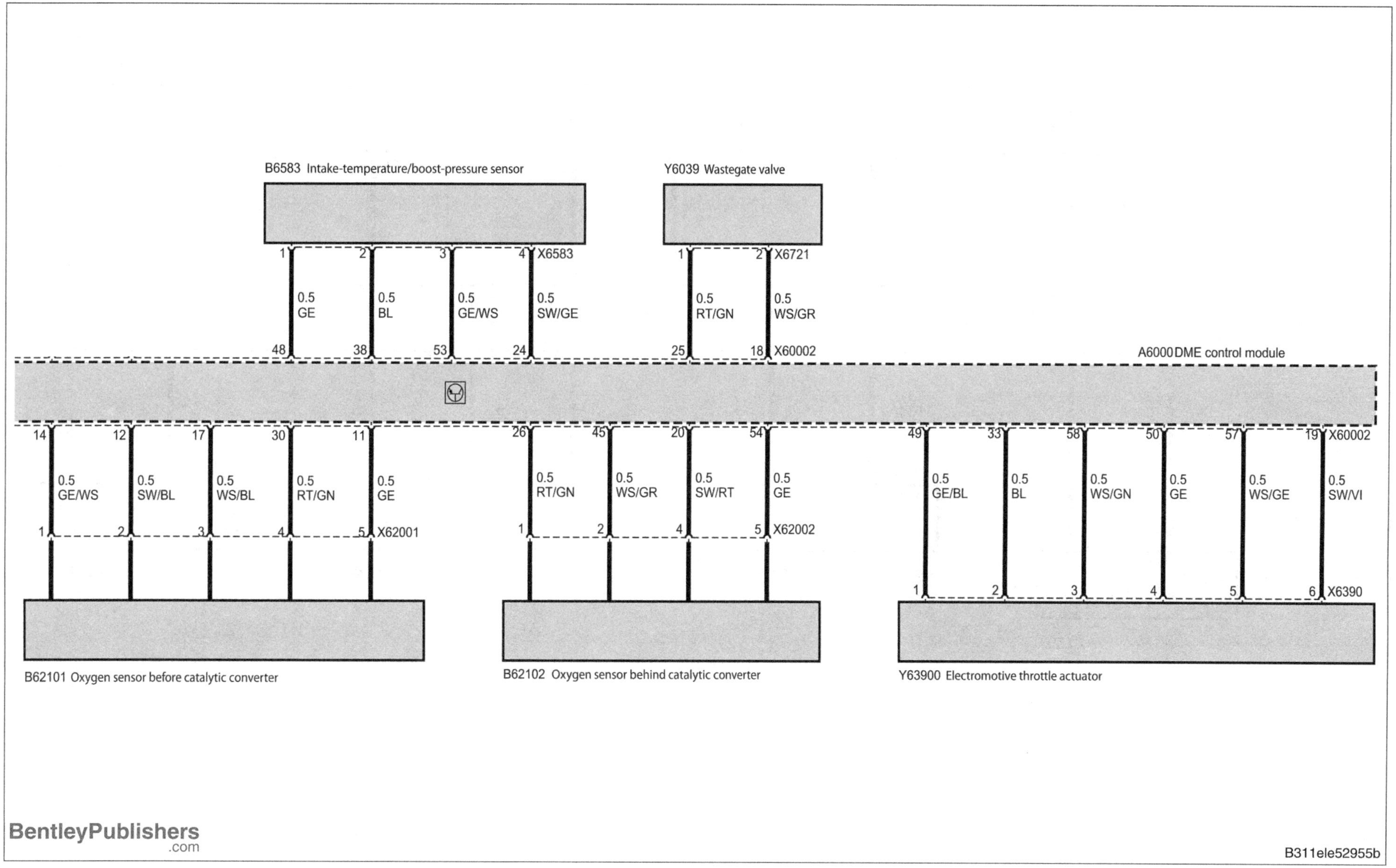
B6583 Intake-temperature/boost-pressure sensor
Y6039 Wastegate valve
1
2
3
4
X6583
0.5 GE
0.5 BL
0.5 GE/WS
0.5 SW/GE
48
38
53
24
1
2
X6721
0.5 RT/GN
0.5 WS/GR
25
18
X60002
A6000 DME control module
14
12
17
30
11
0.5 GE/WS
0.5 SW/BL
0.5 WS/BL
0.5 RT/GN
0.5 GE
1
2
3
4
5
X62001
26
45
20
54
0.5 RT/GN
0.5 WS/GR
0.5 SW/RT
0.5 GE
1
2
4
5
X62002
49
33
58
50
57
19
X60002
0.5 GE/BL
0.5 BL
0.5 WS/GN
0.5 GE
0.5 WS/GE
0.5 SW/VI
1
2
3
4
5
6
X6390
B62101 Oxygen sensor before catalytic converter
B62102 Oxygen sensor behind catalytic converter
Y63900 Electromotive throttle actuator
BentleyPublishers.com
B311ele52955b

Engine control module, overview
N55 engine
page 5 of 8

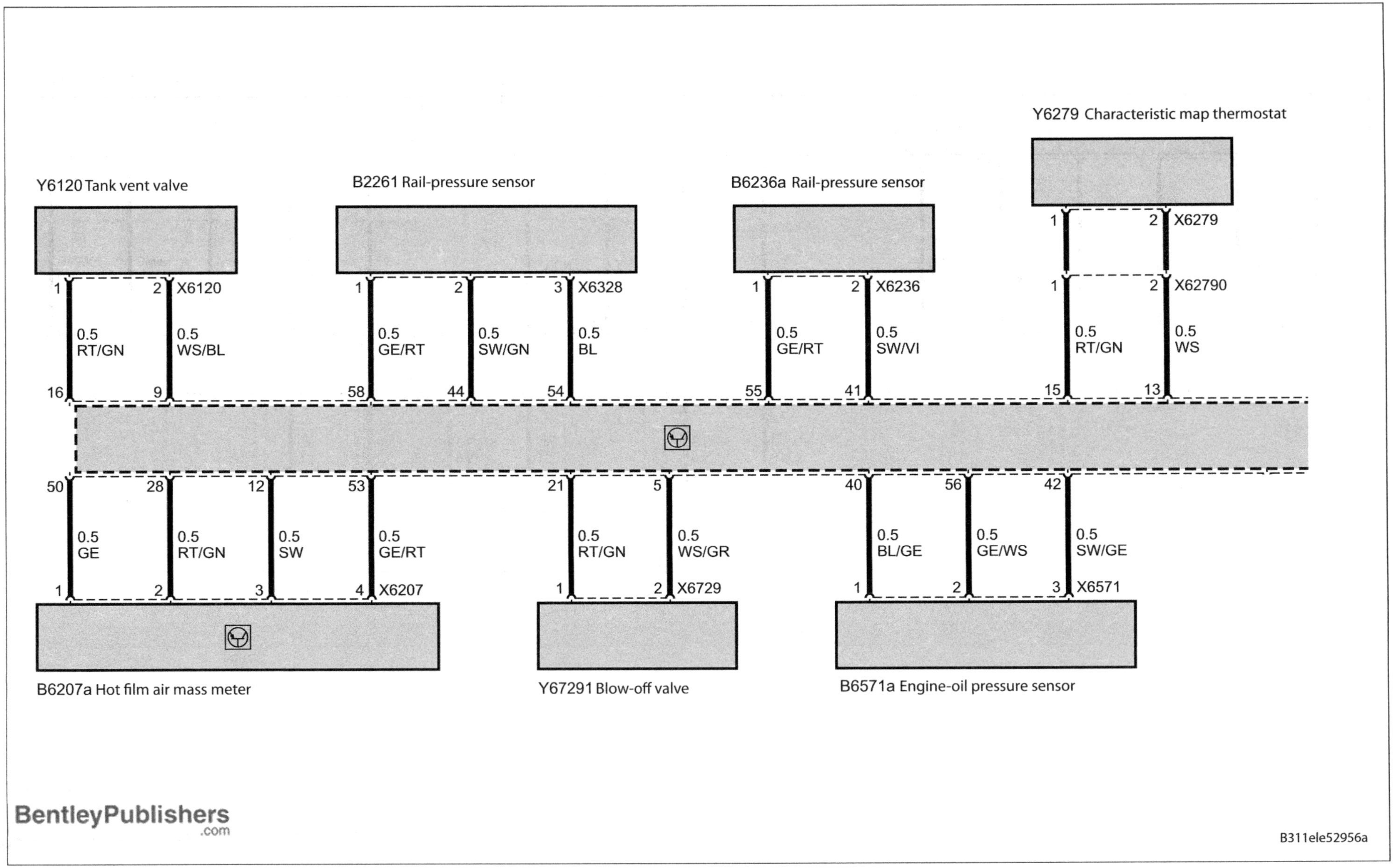

Engine control module, overview
N55 engine
page 6 of 8

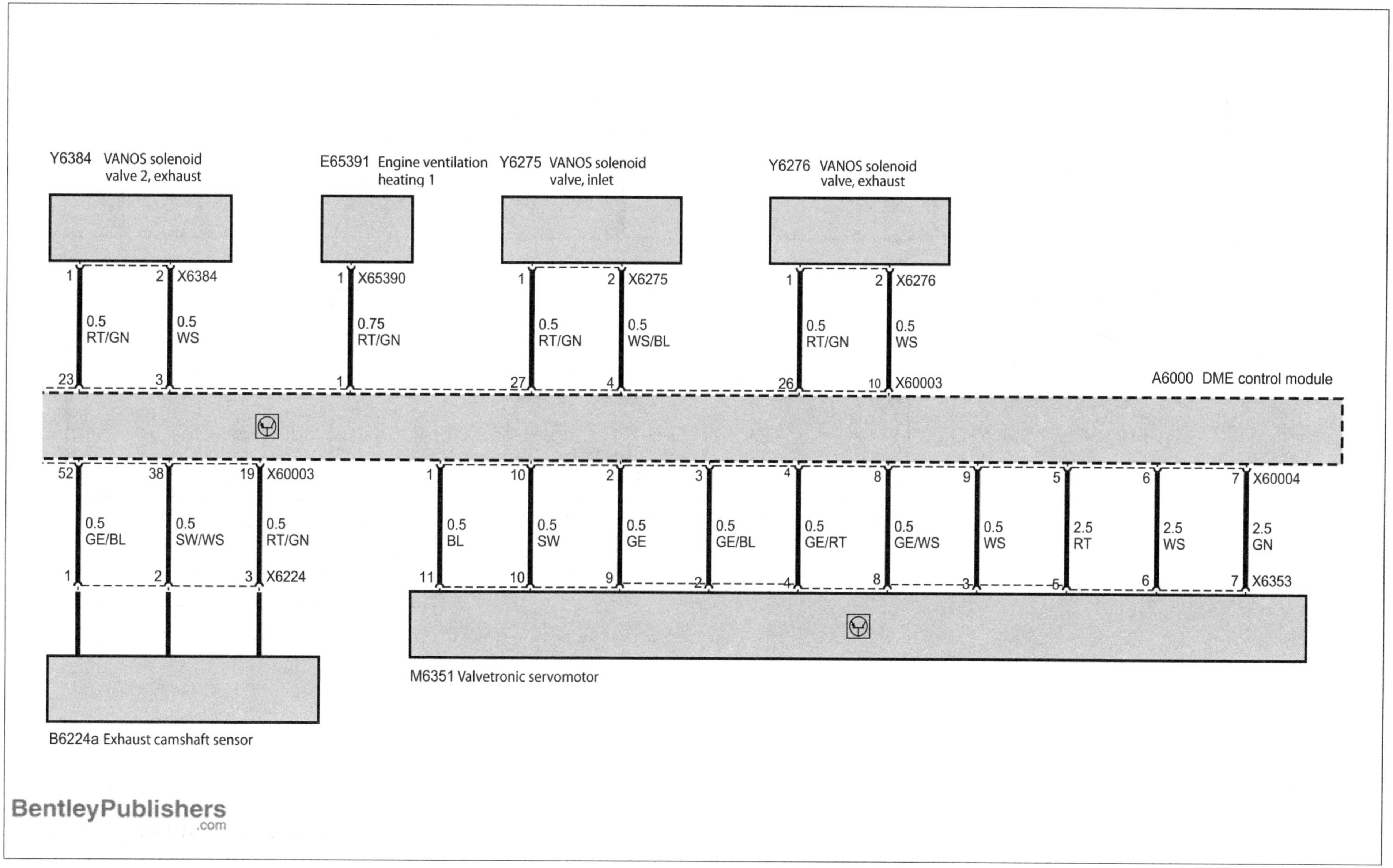

Engine control module, overview
N55 engine
page 7 of 8

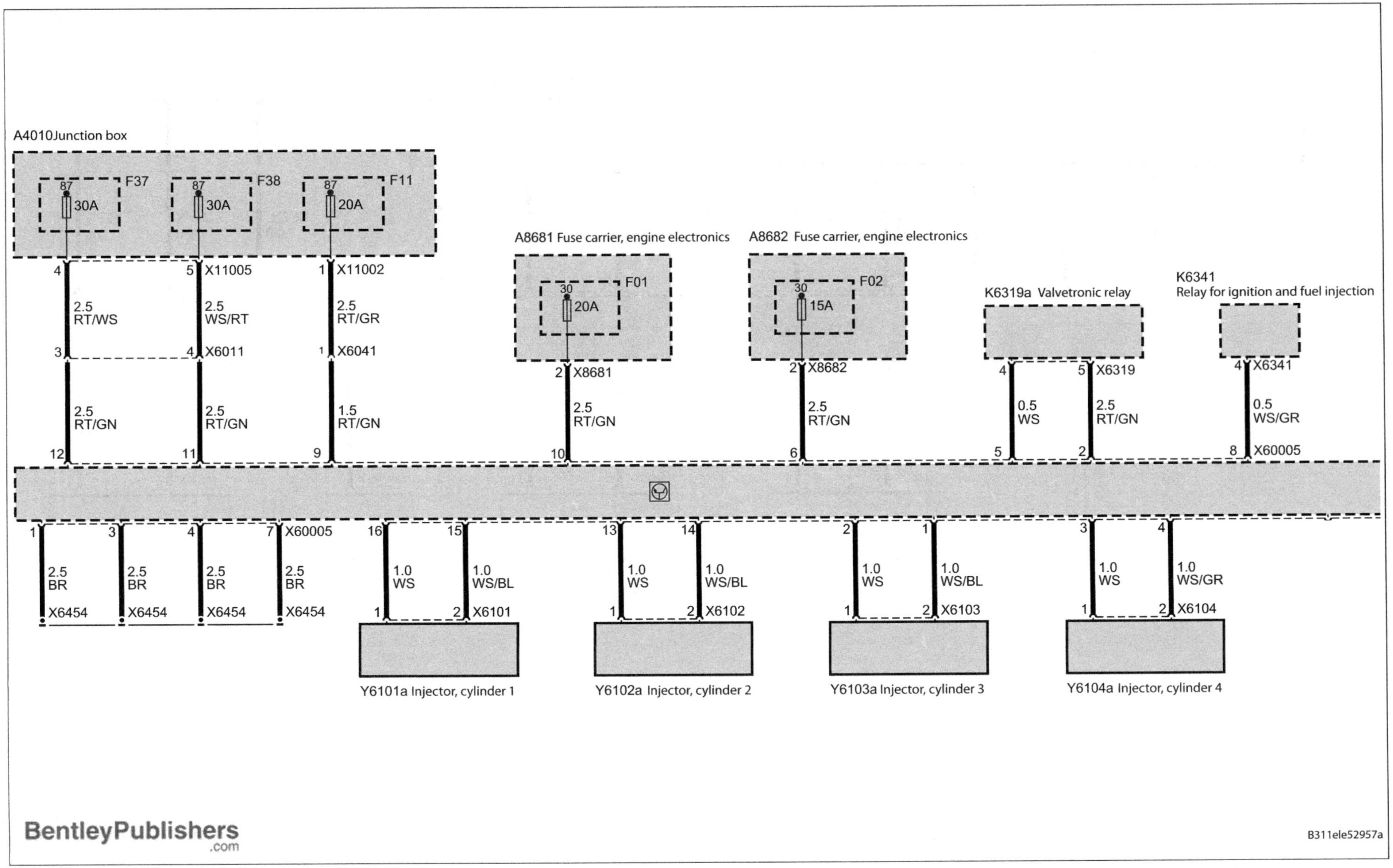

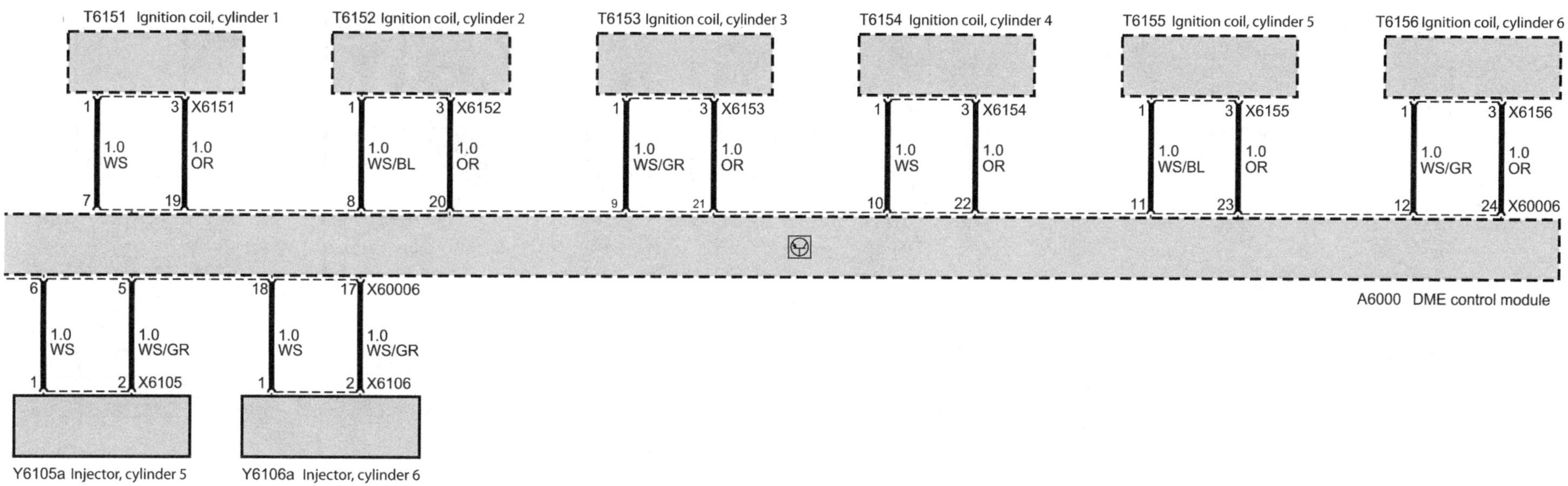

BentleyPublishers.com

B311ele52957b

OBD II socket

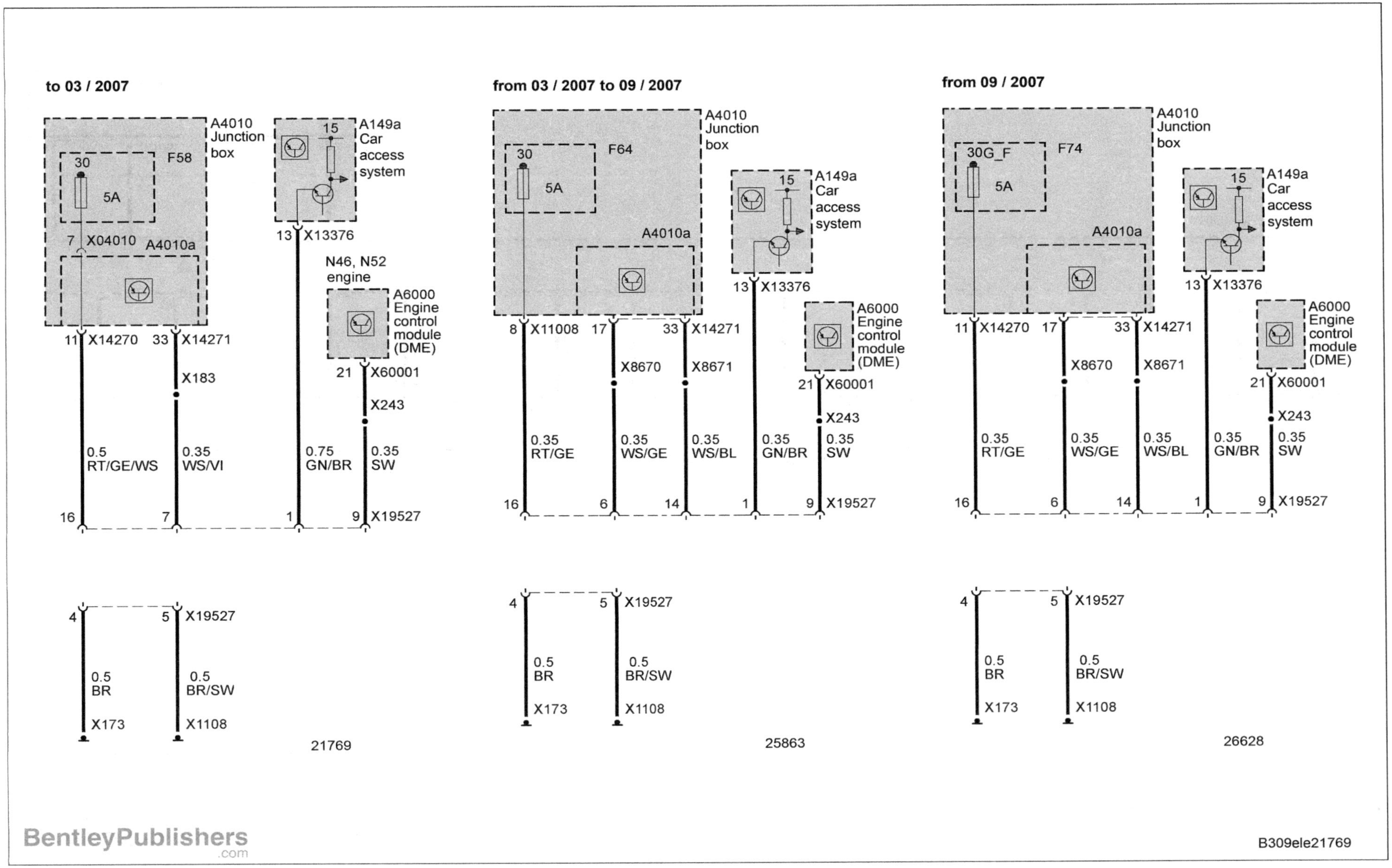

Exhaust flap

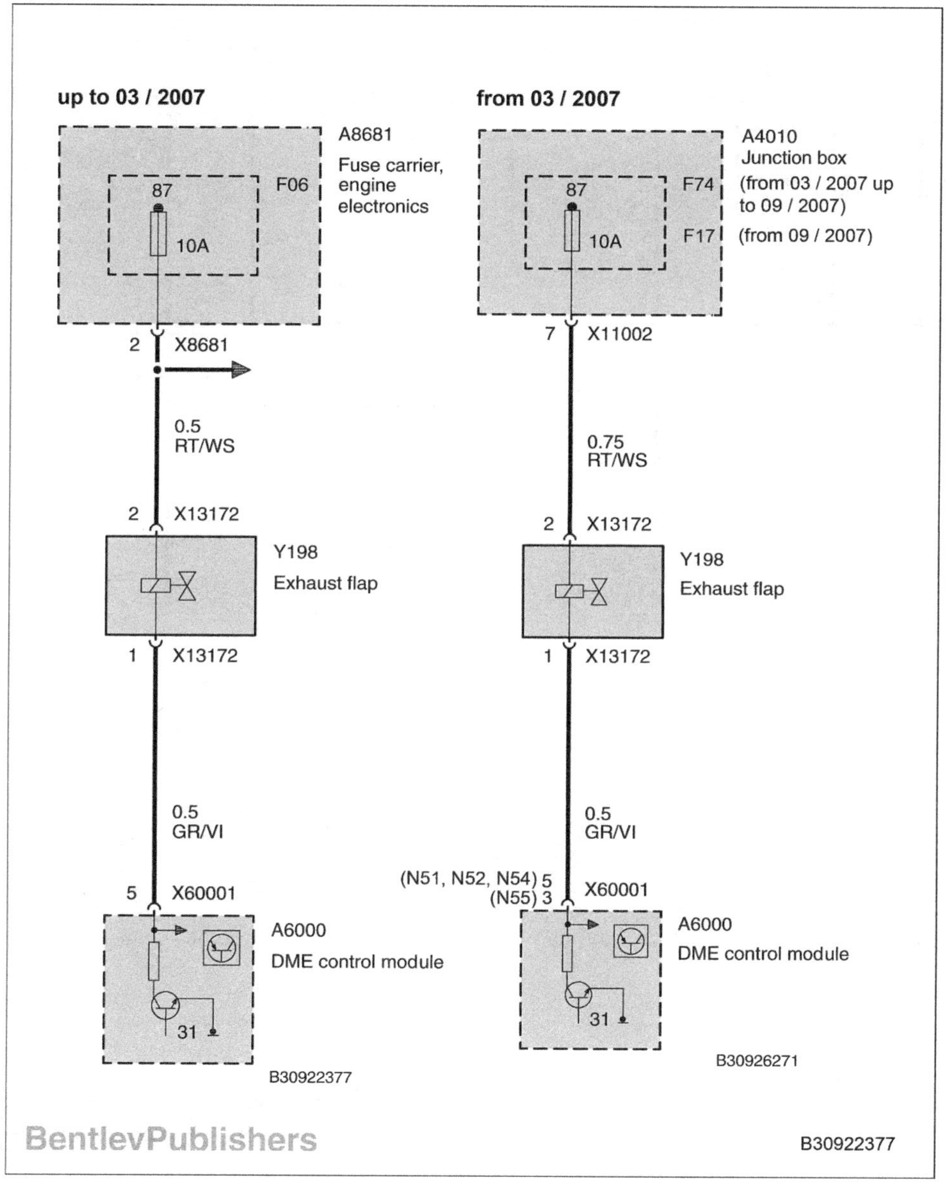

Oxygen sensors
N51, N52 N54 engines

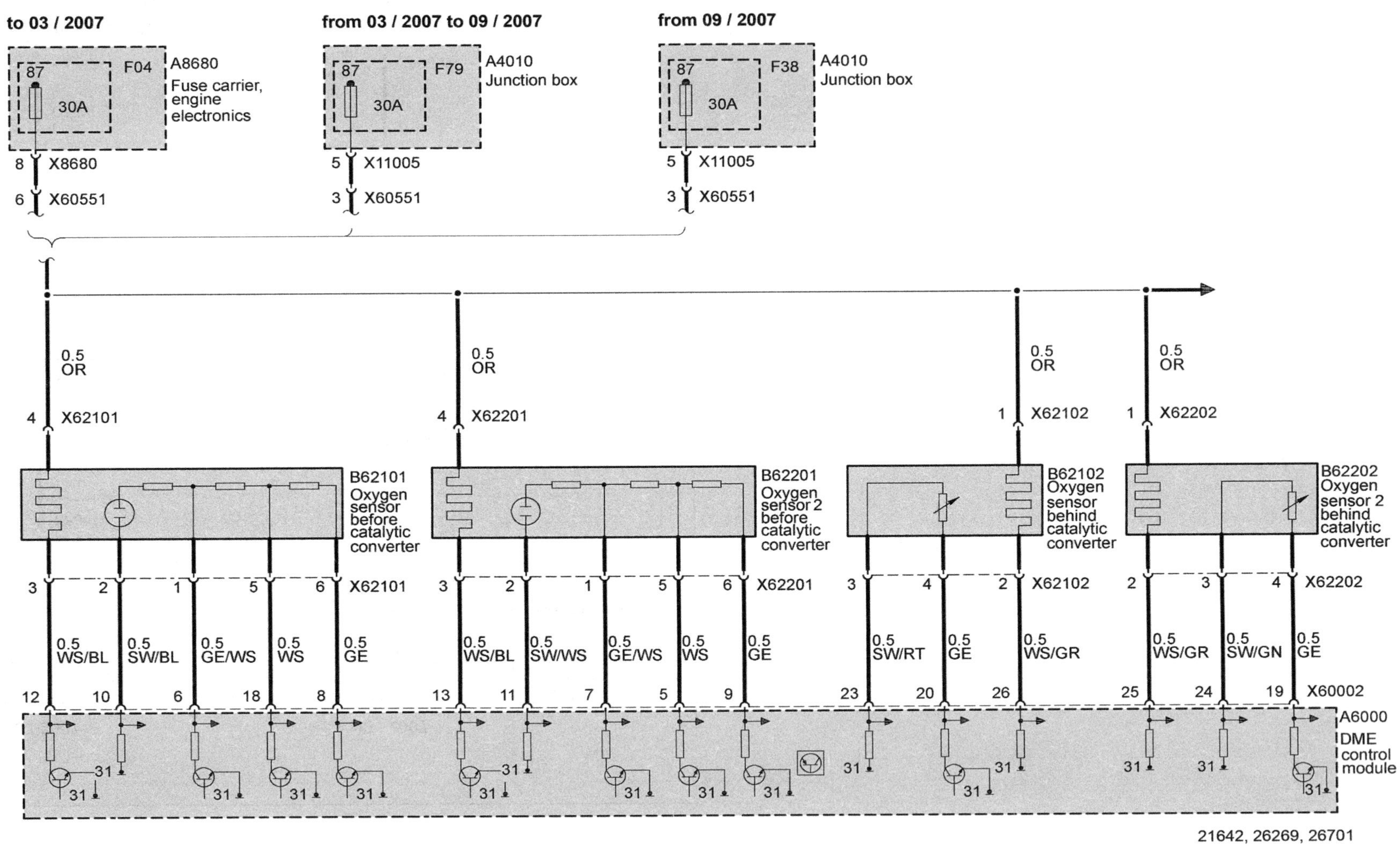

B309ele21642

Oxygen sensors
N55 engine

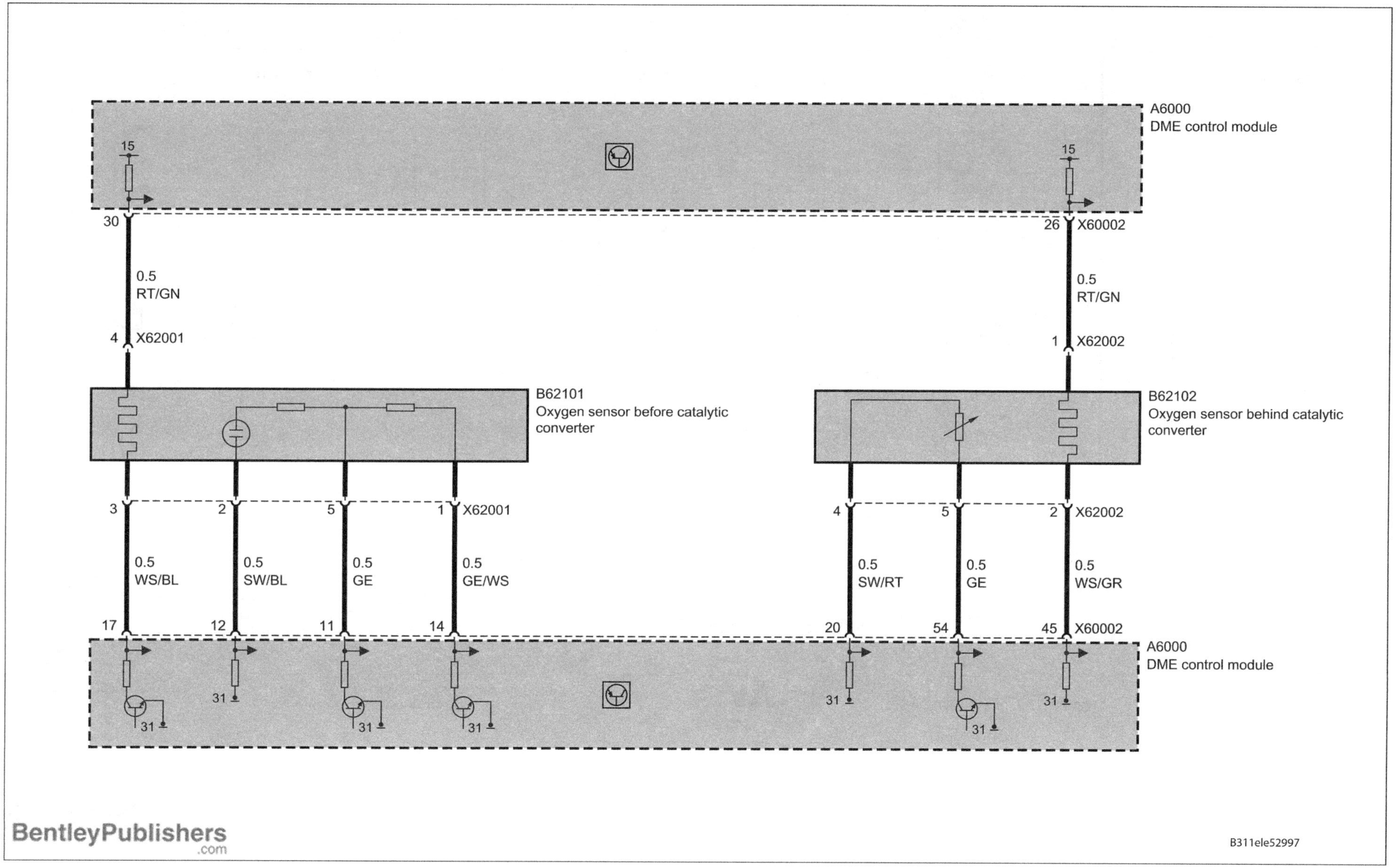

Crankshaft position sensor
N54, N55 engines

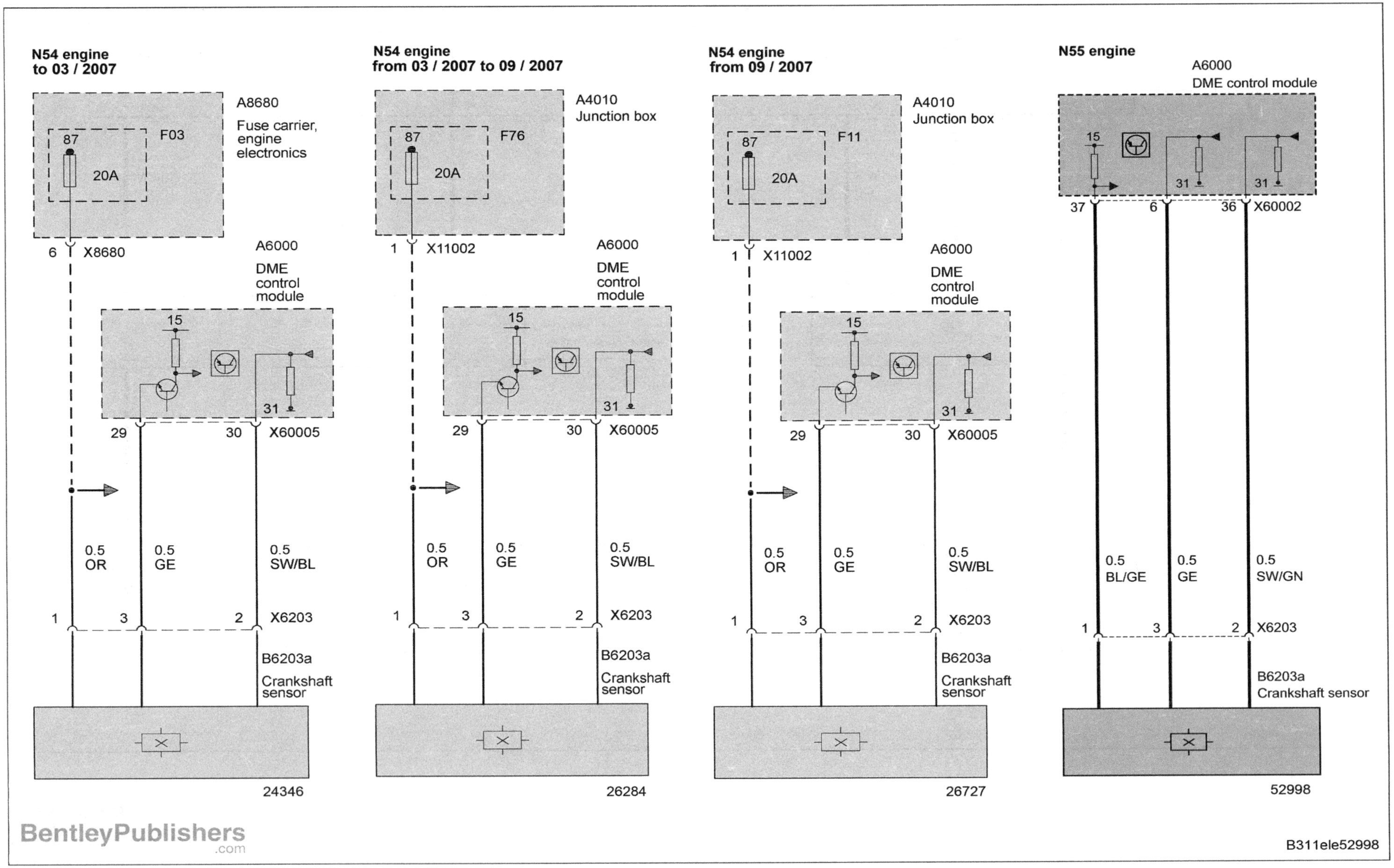

Valve gear, Camshaft position sensors, VANOS solenoids
N54 engine

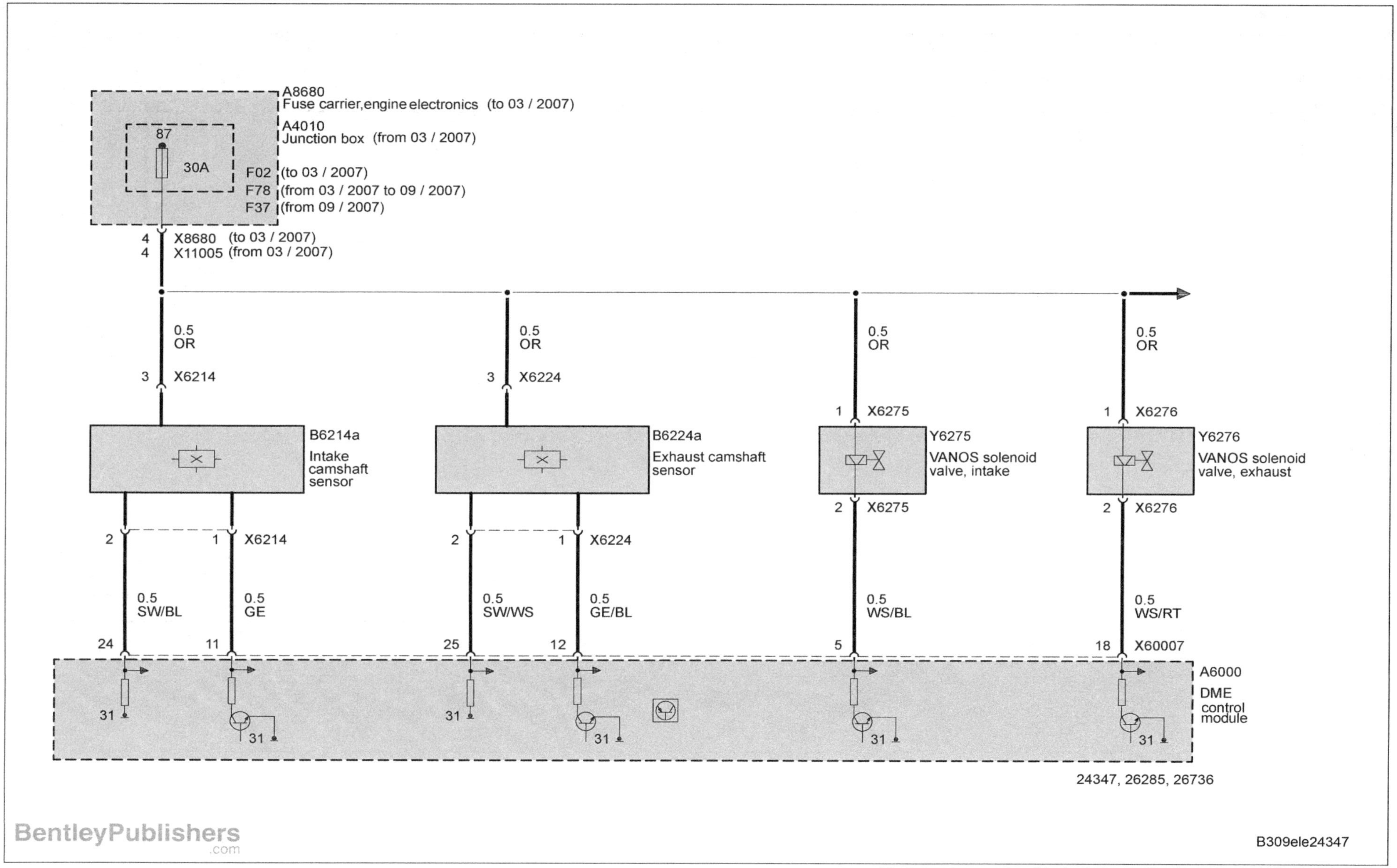

Valve gear, VANOS solenoids, Valvetronic (VVT)
Crankshaft position sensor
N52 and N51 engines (page 1 of 2)

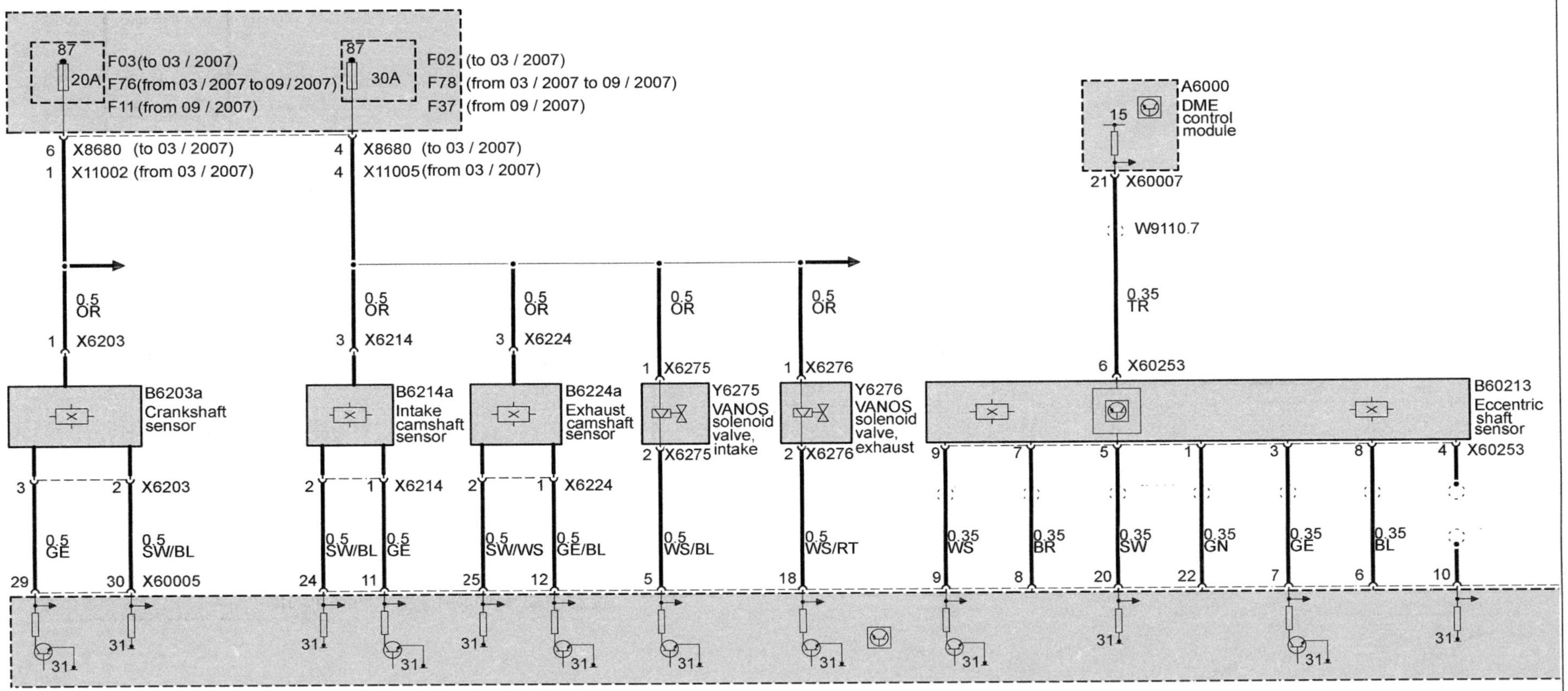

22402, 26274, 26693

B309ele22402a

Valve gear, VANOS solenoids, Valvetronic (VVT) Crankshaft position sensor N52 and N51 engines (page 2 of 2)

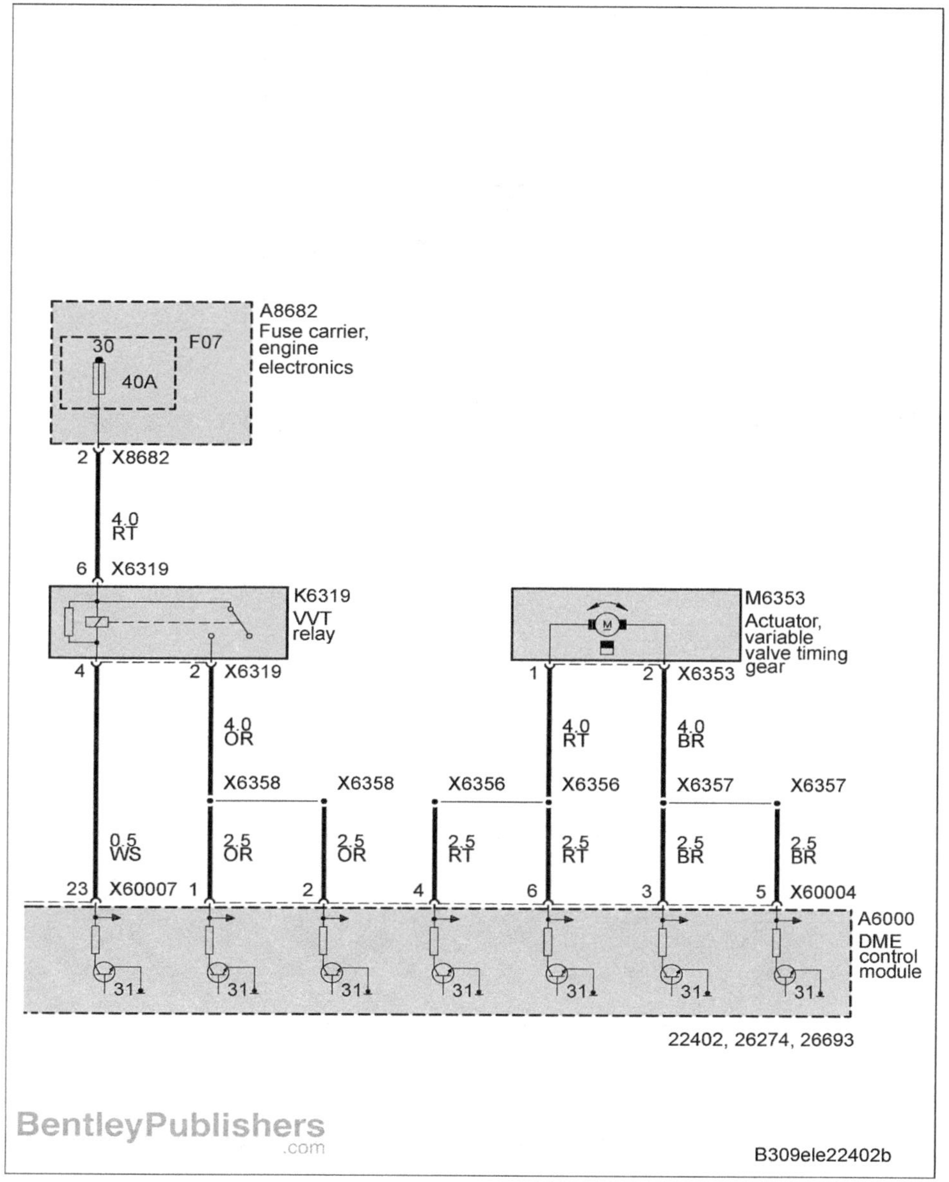

E-box fan

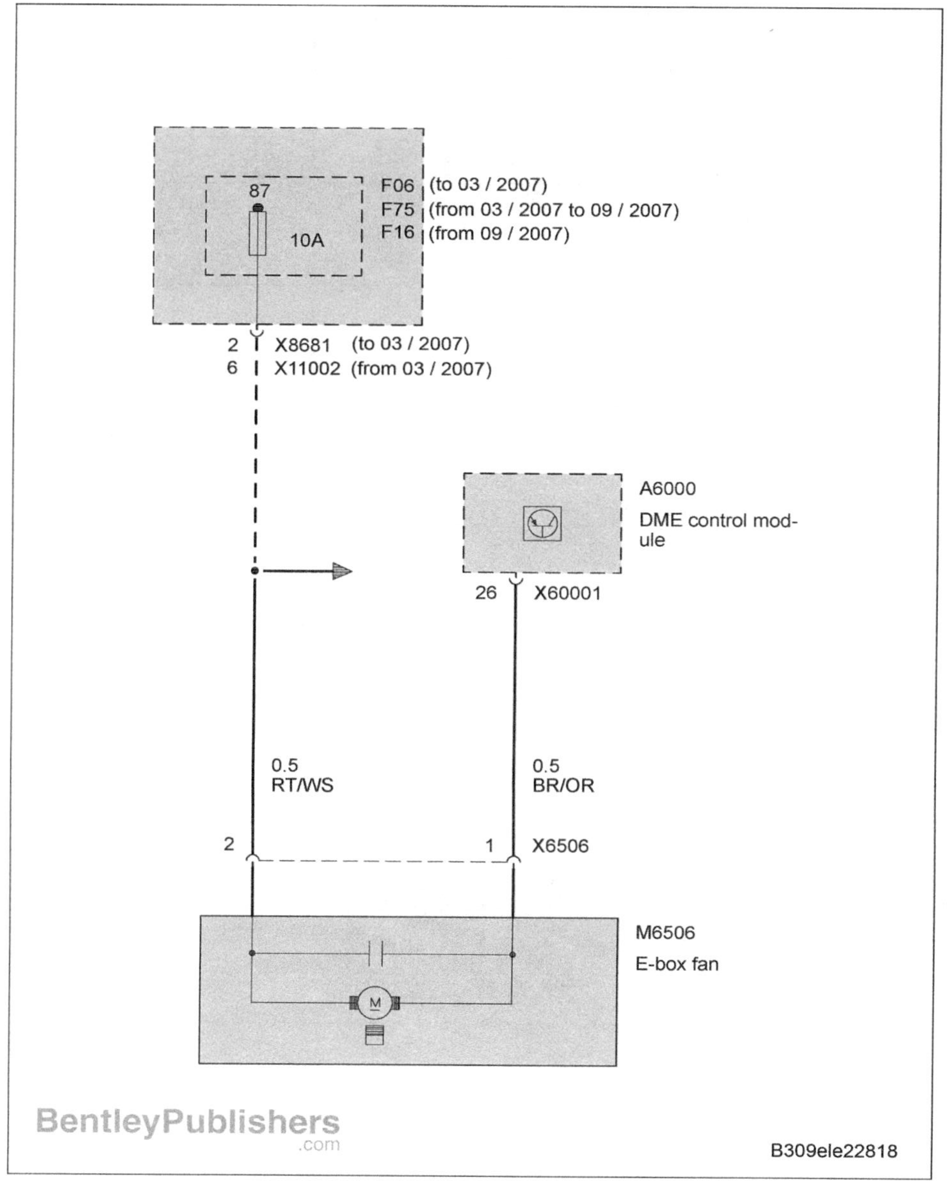

Valve gear, VANOS solenoids, Camshaft position sensors, Valvetronic (VVT) N55 engine

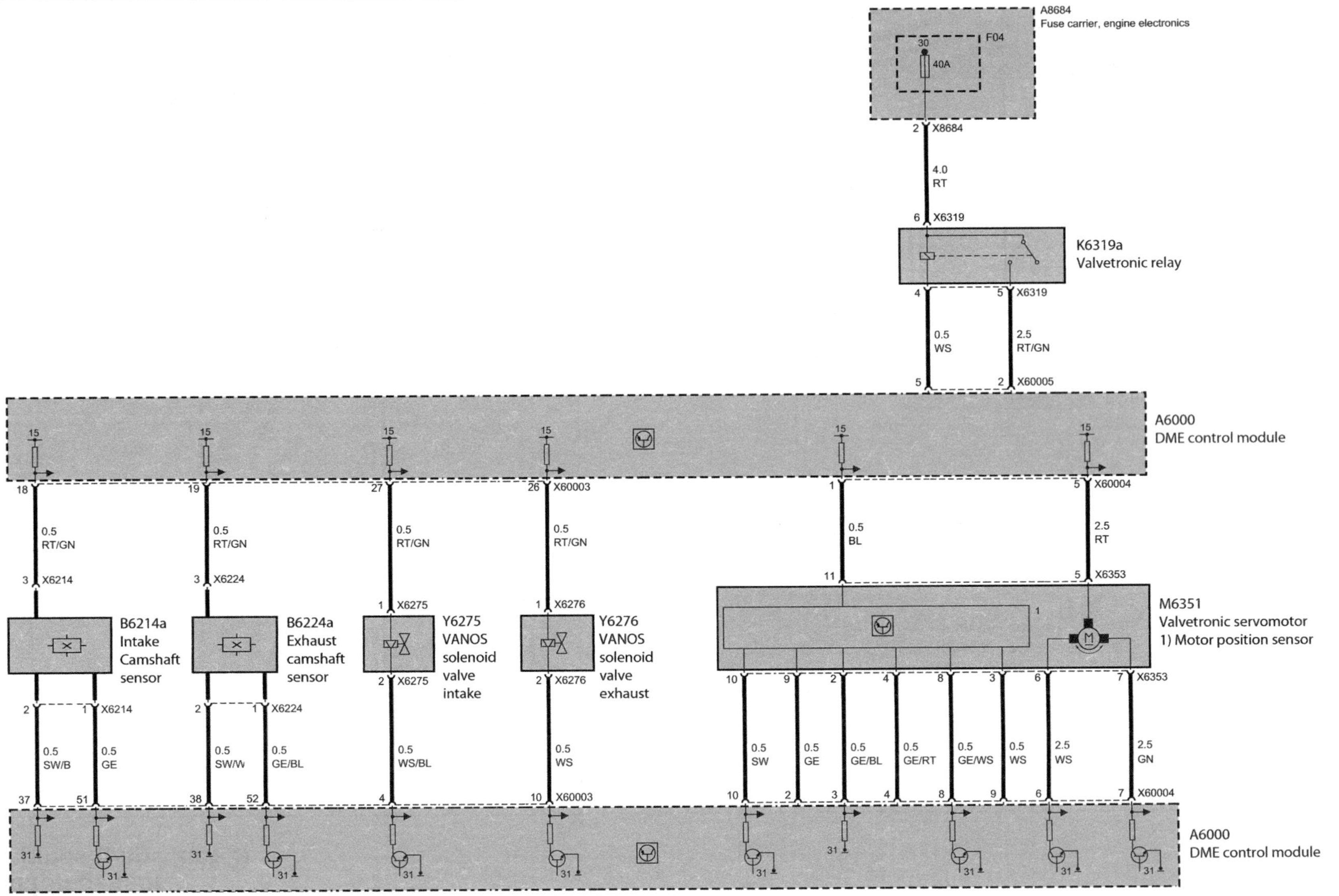

B311ele53017a

Accelerator pedal module, brake light switch
Clutch switch module
N54 engine

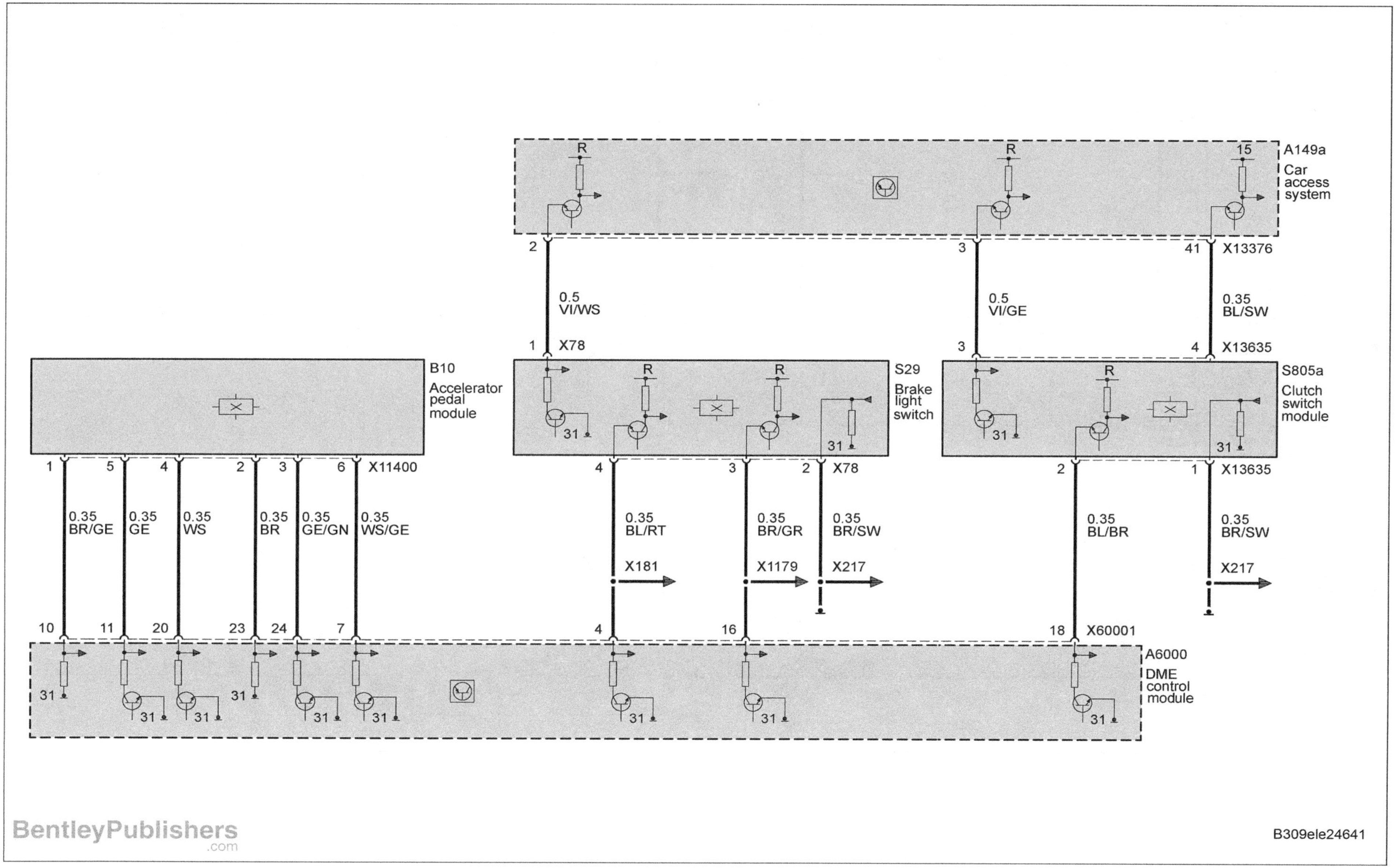

Accelerator pedal module, brake light switch
Clutch switch module
N55 engine

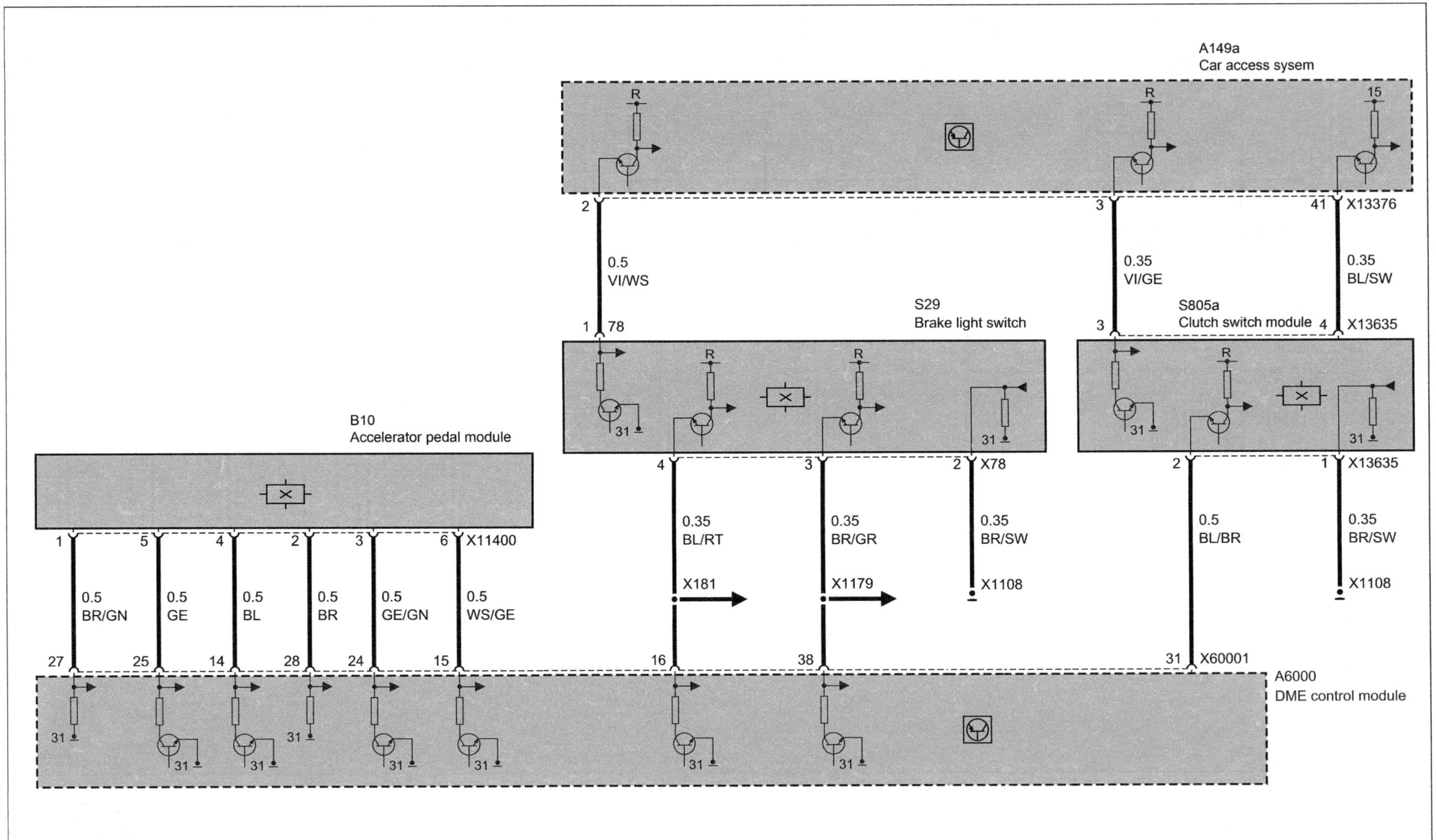

Accelerator pedal module
N52 and N51 engines

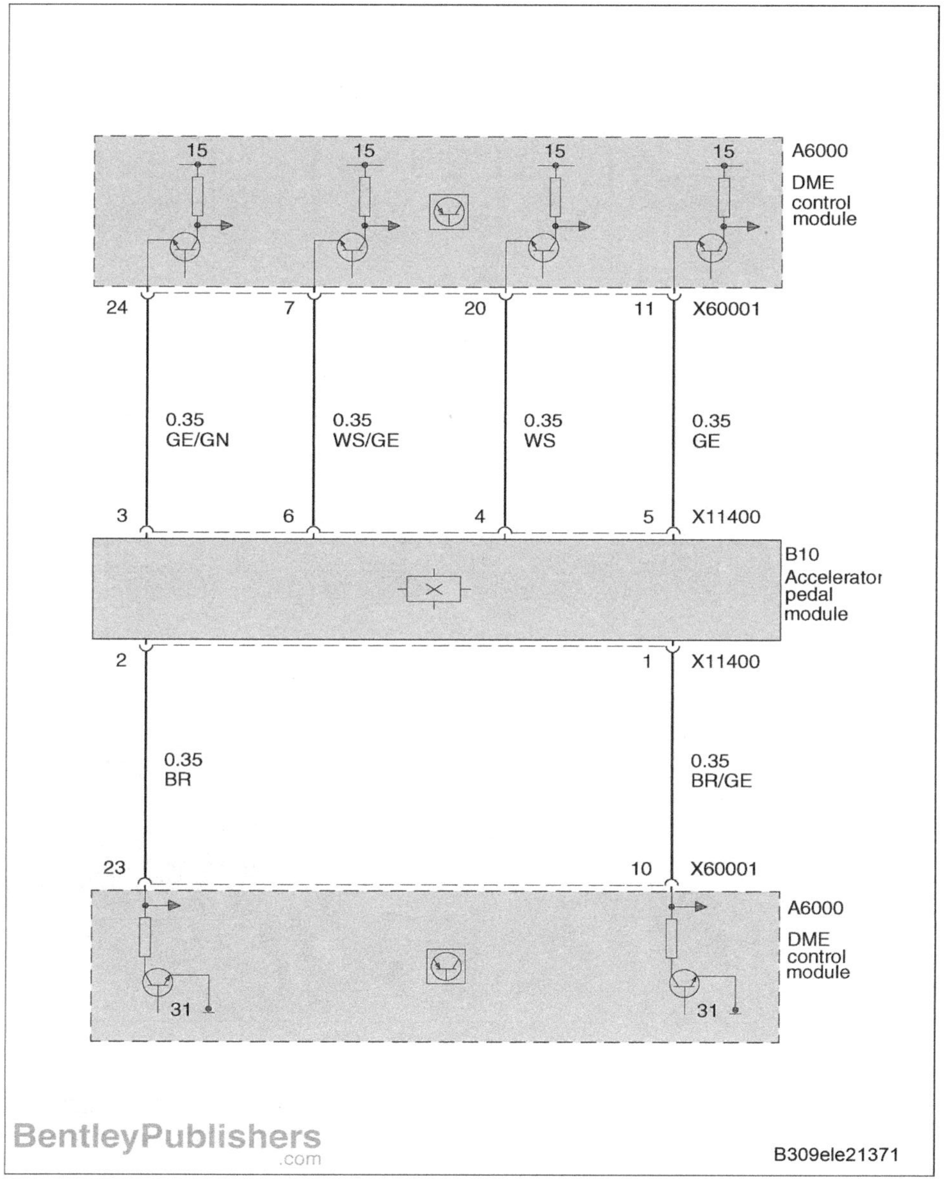

Brake light switch
N52 and N51 engines

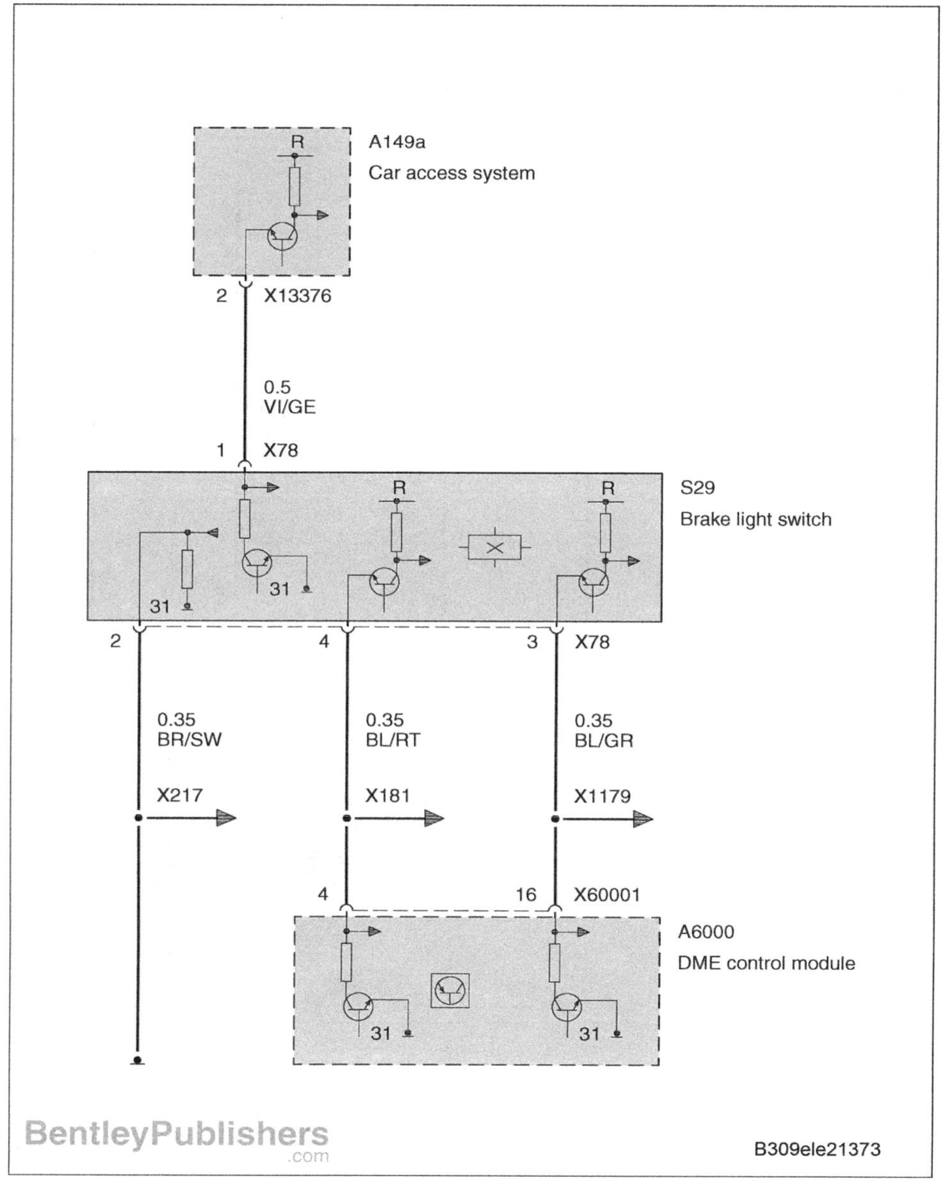

Clutch switch module N52 and N51 engines

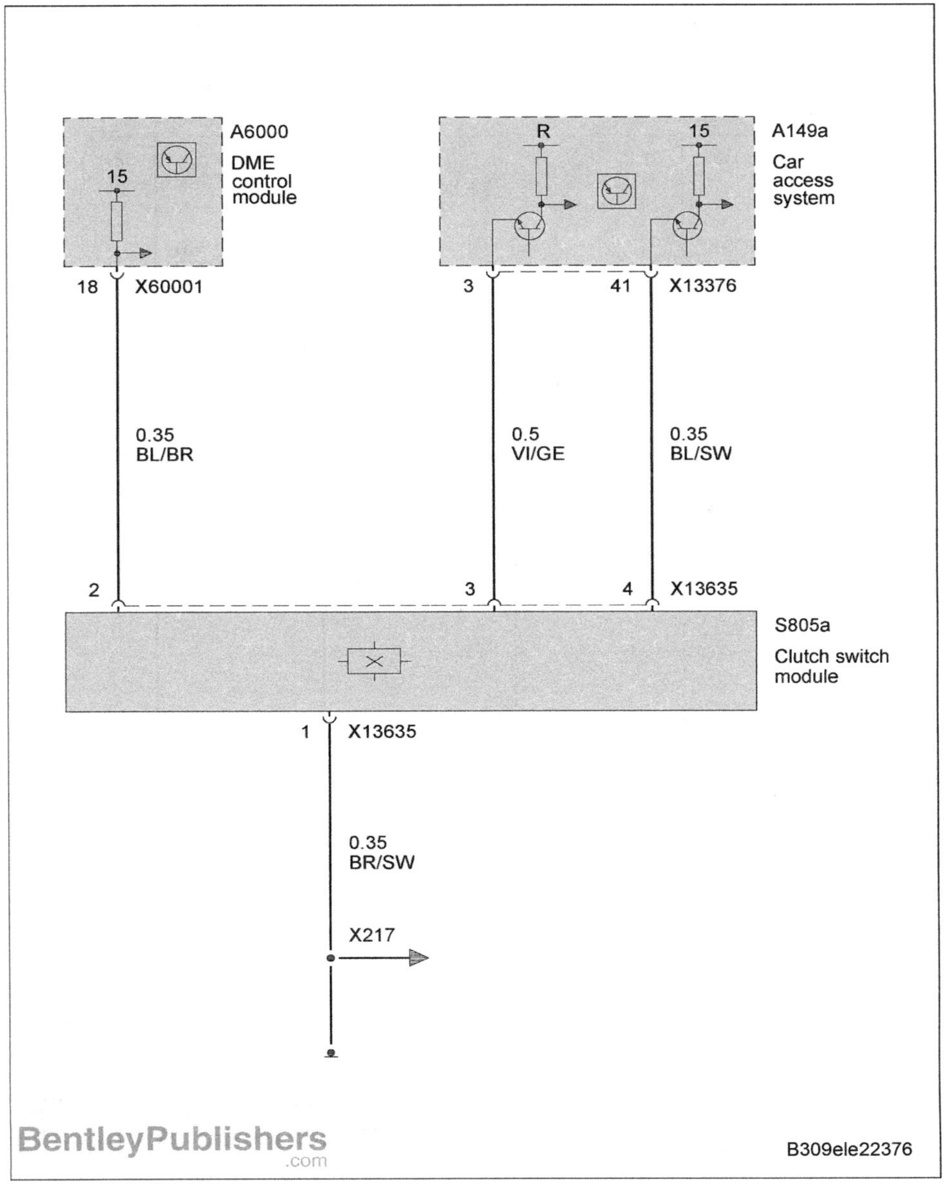

Knock sensor

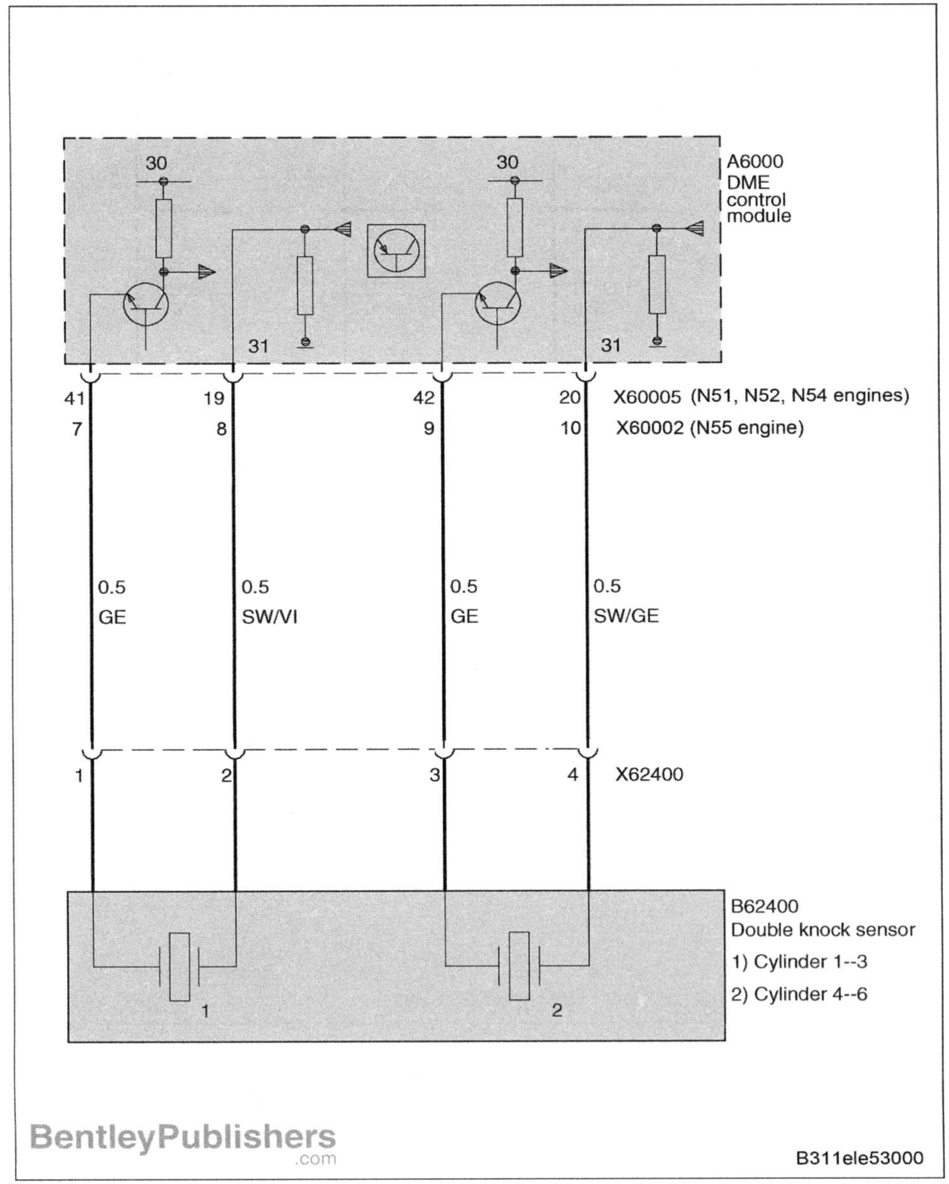

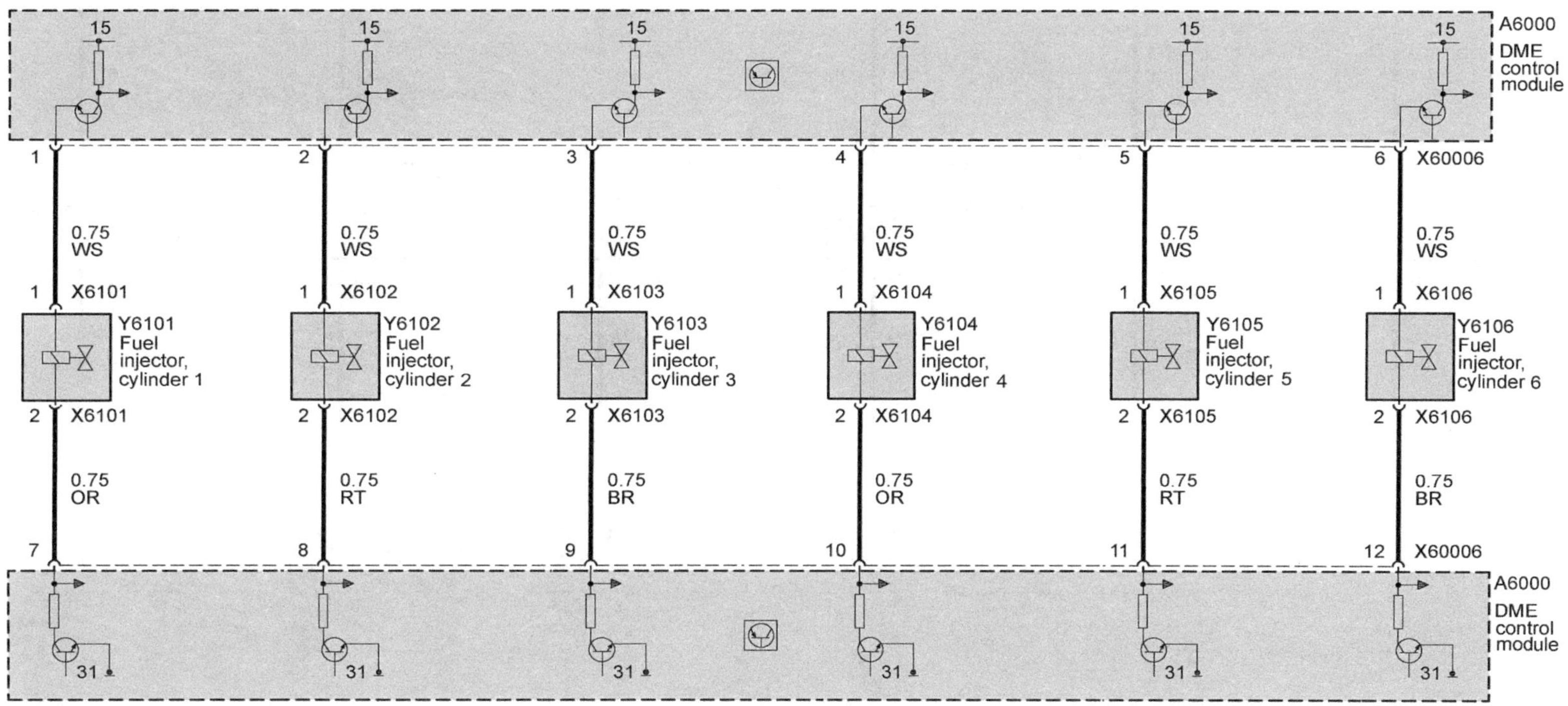

B309ele24342

Fuel injectors
N55 engine

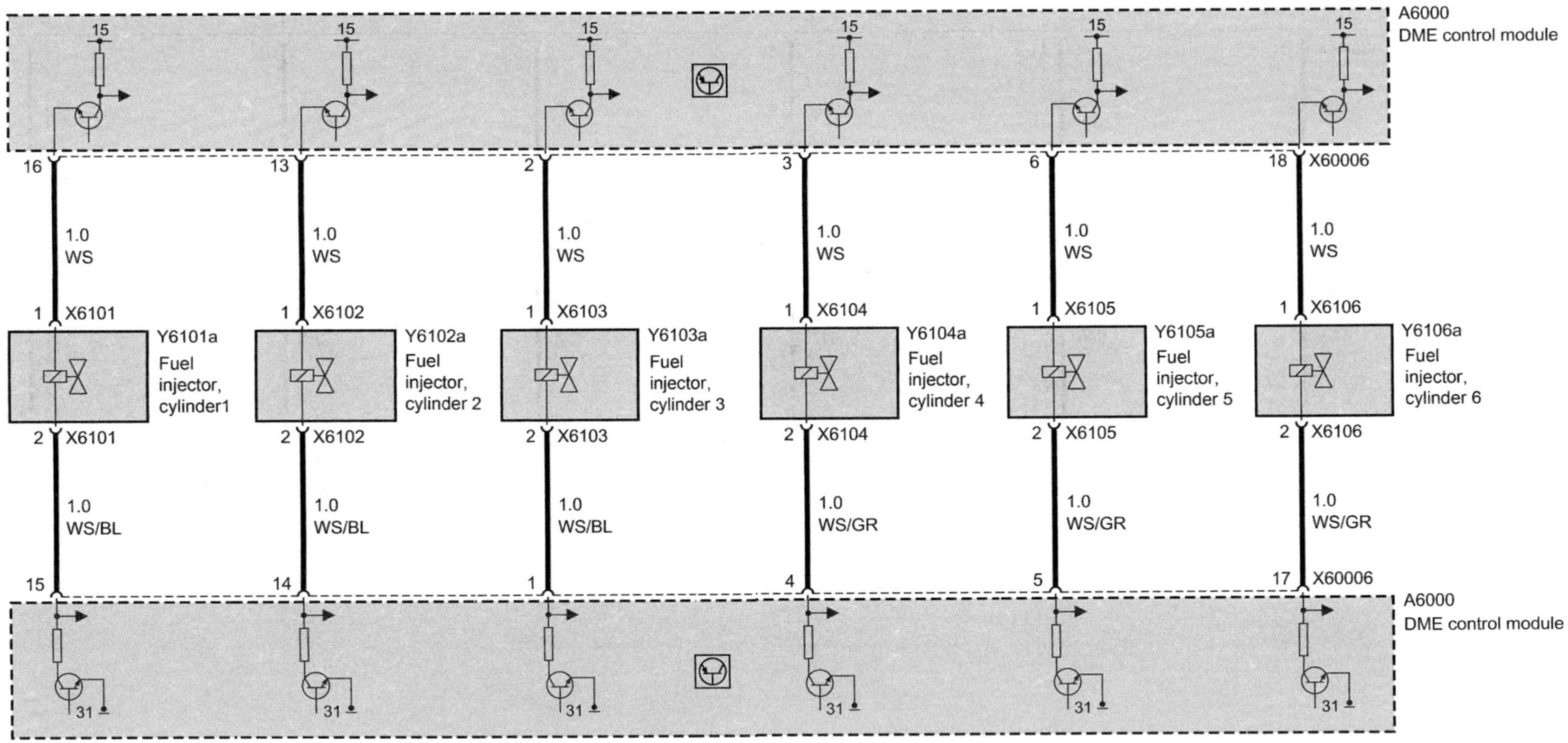

B311ele53002

Fuel injectors
N52 and N51 engines
(to 03 / 2007)

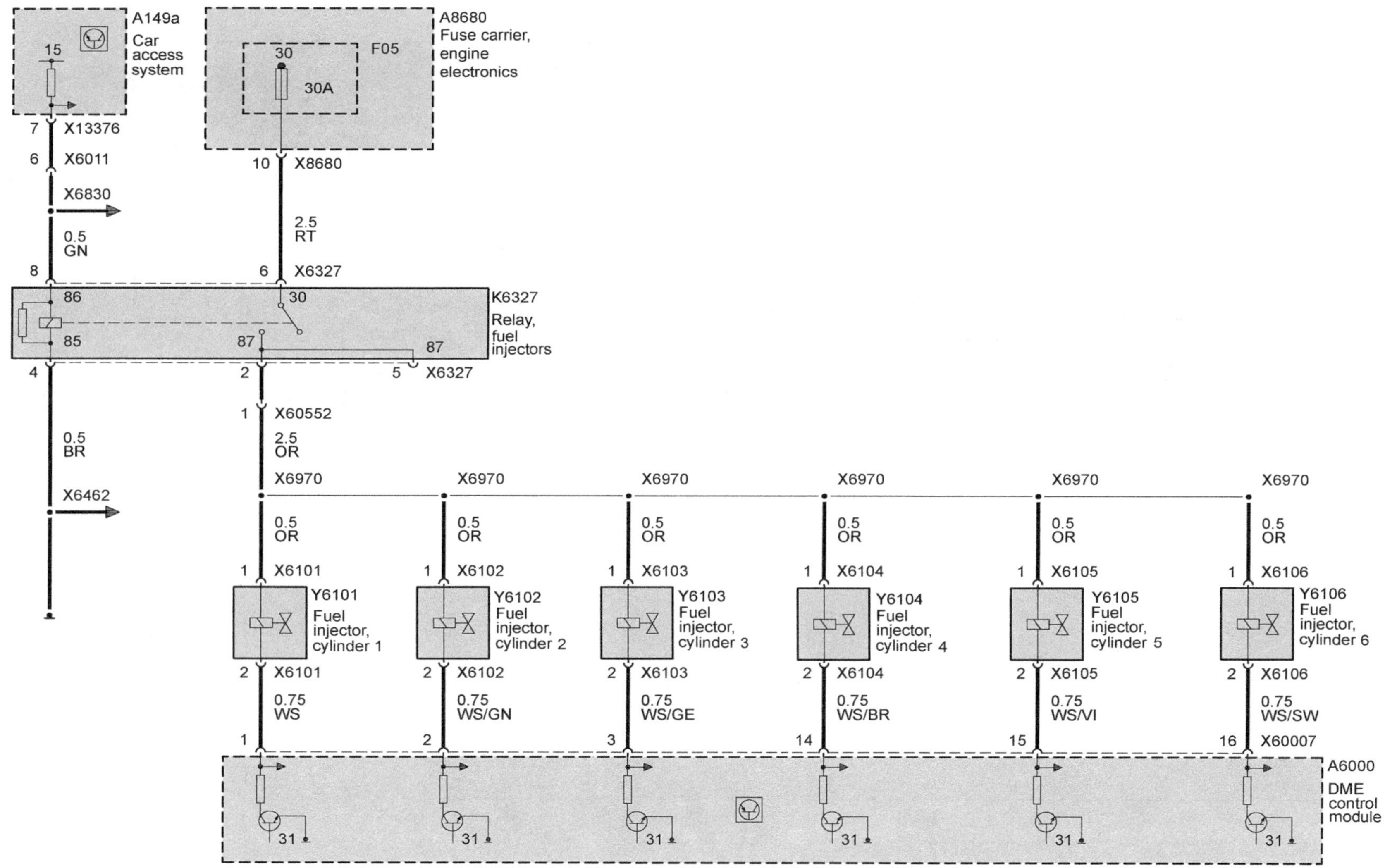

B309ele22375

Fuel injectors
N52 and N51 engines
(from 03 / 2007)

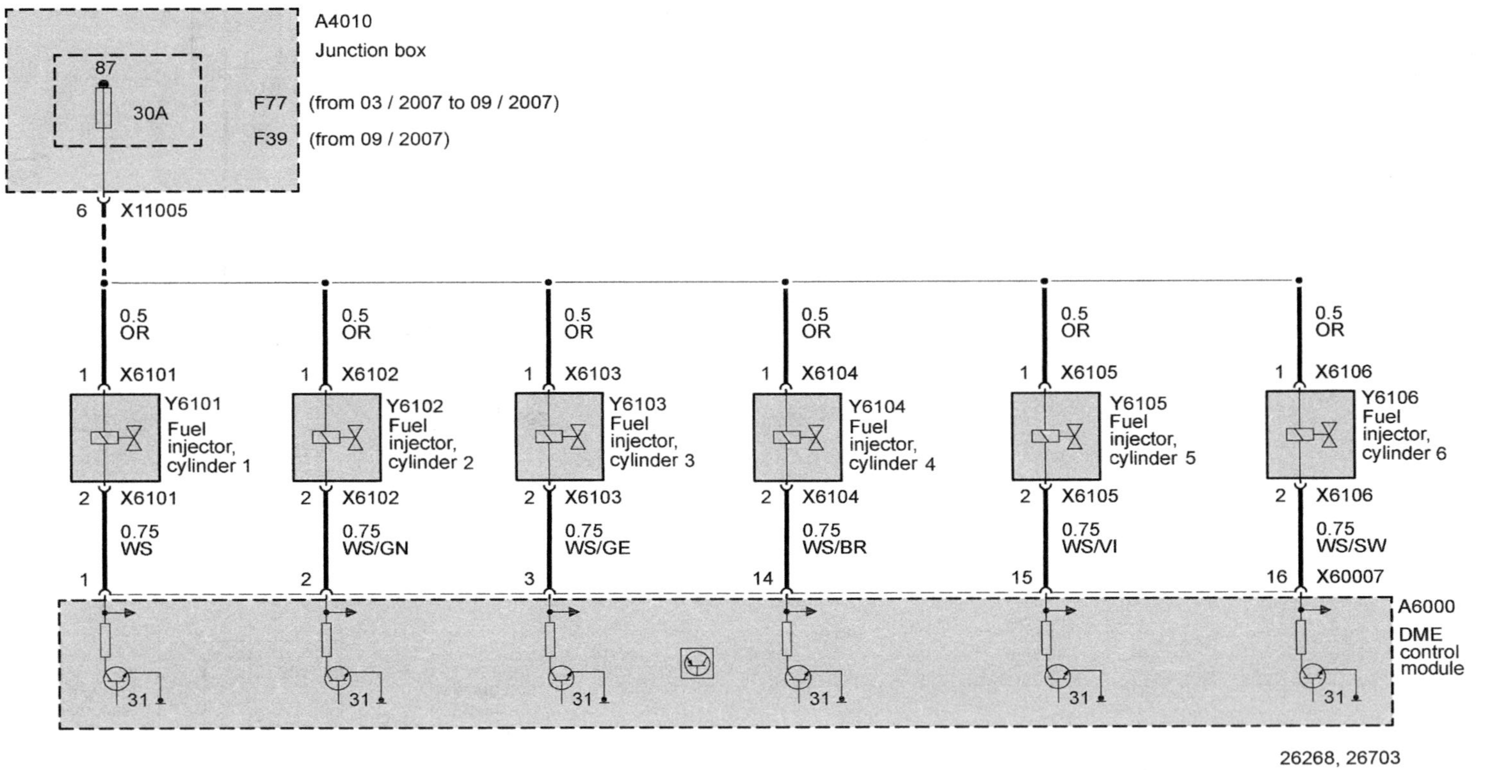

High pressure fuel system
N54 engine

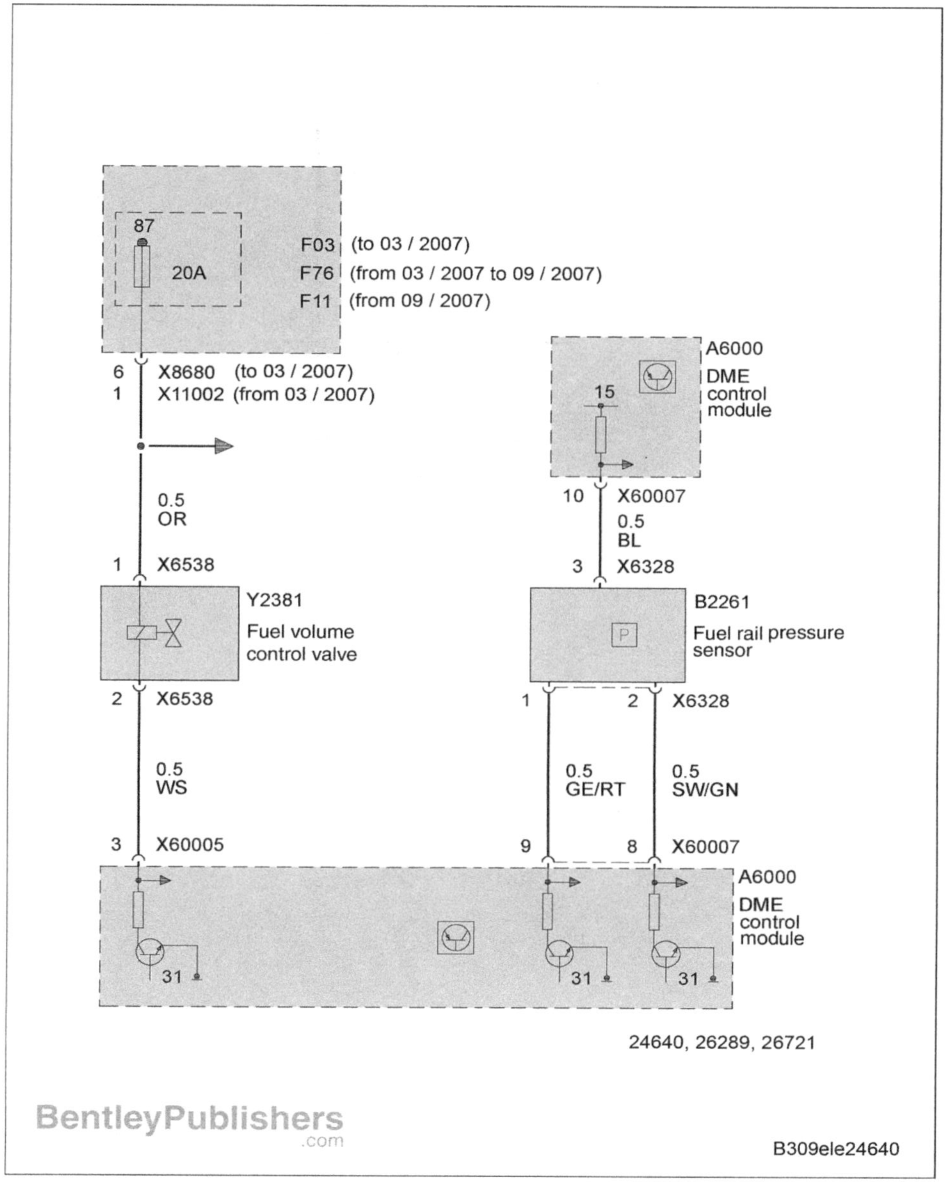

High pressure fuel system
N55 engine

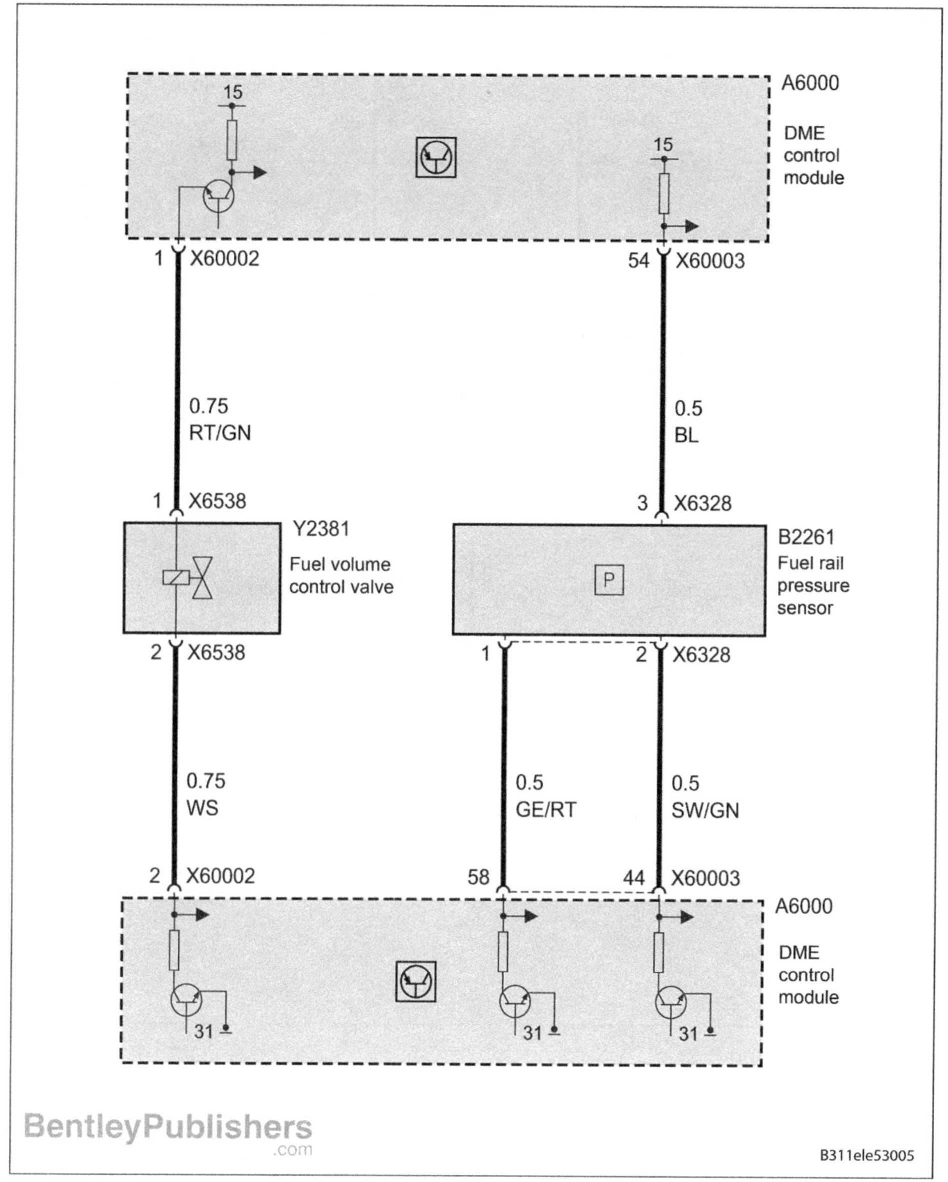

Low pressure fuel sensor
N54, N55 engines

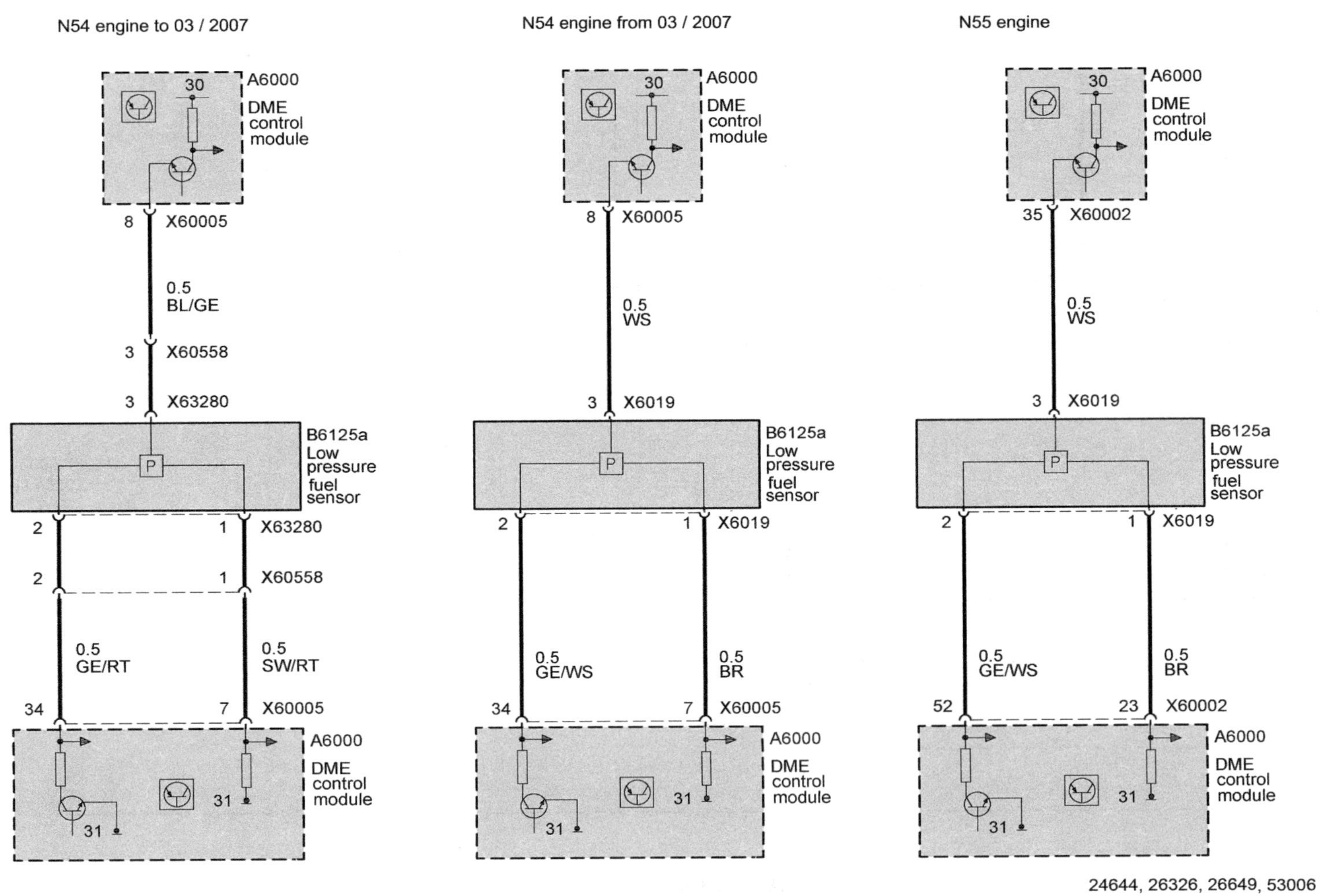

Fuel pump, electronically controlled

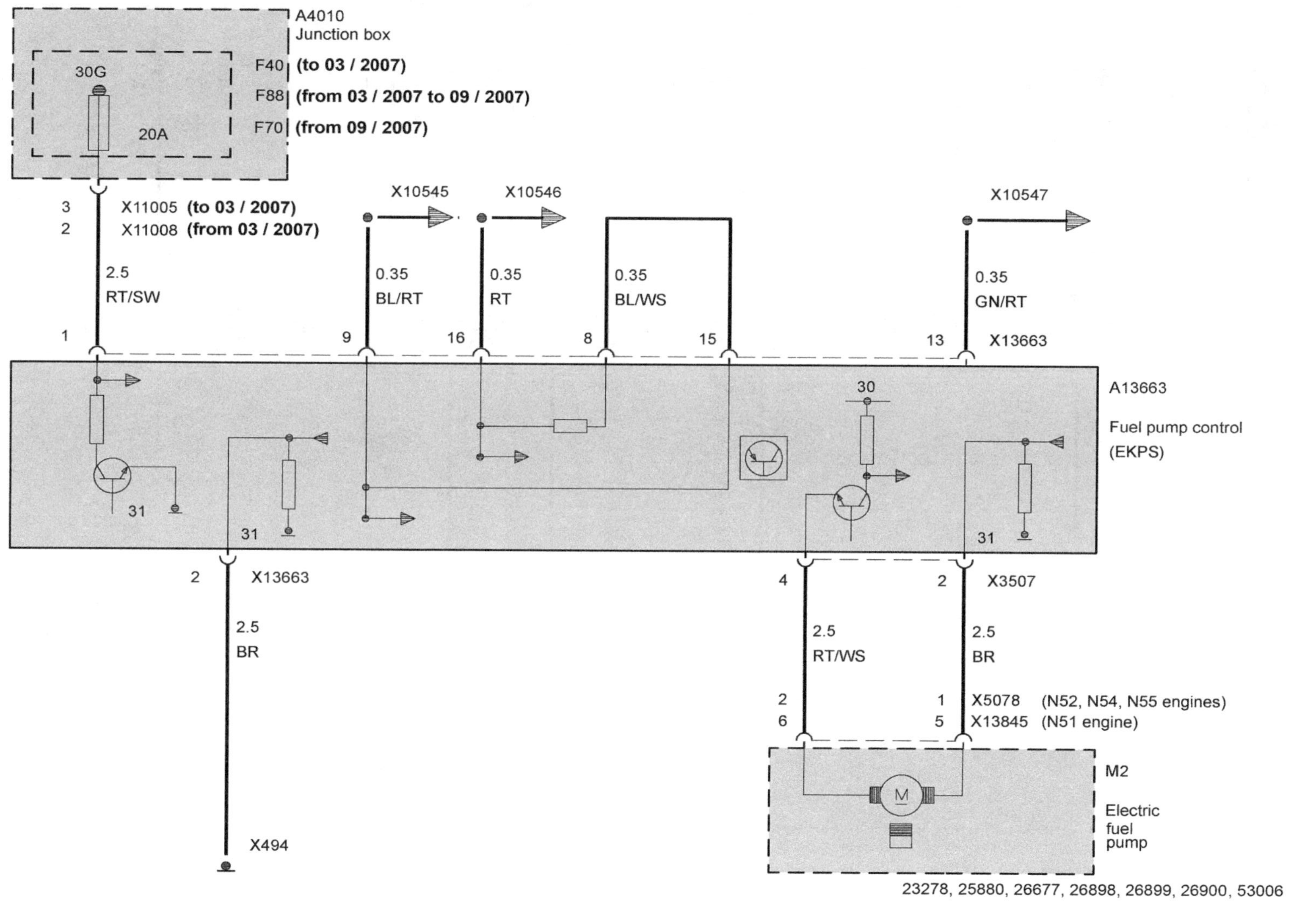

Air supply, electric throttle valve actuator, turbocharger N54 engine

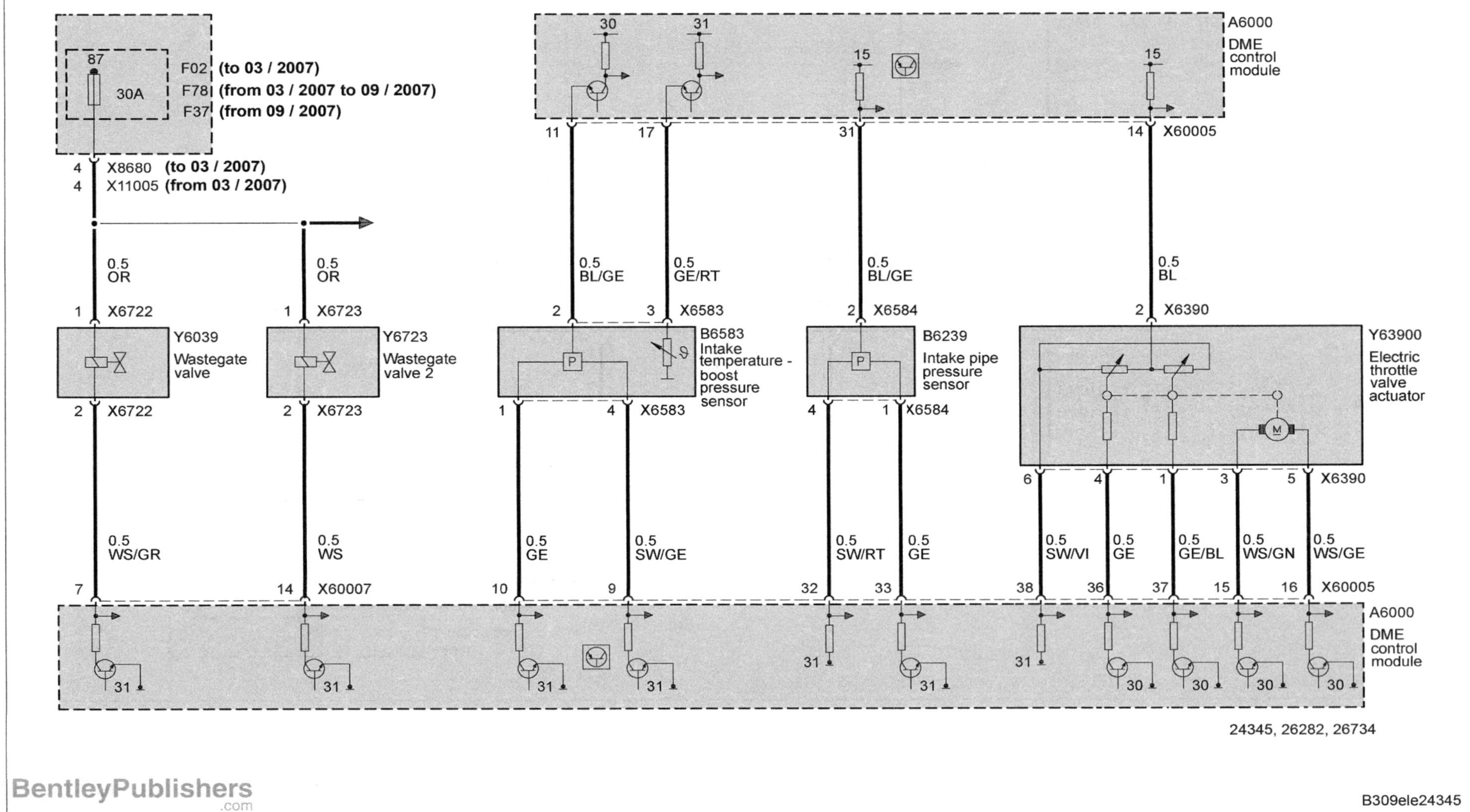

Air supply, electric throttle valve actuator, turbocharger
N55 engine

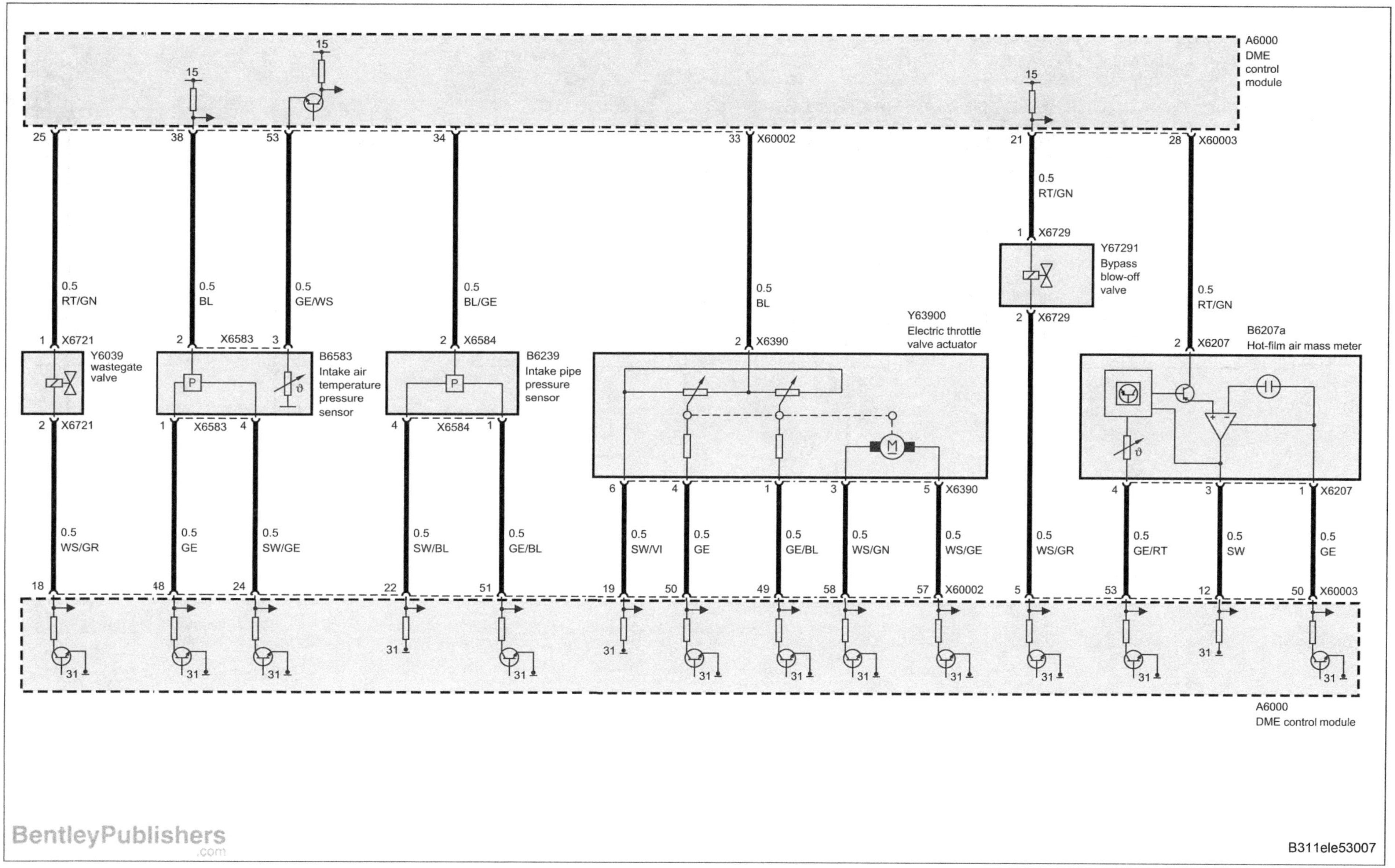

Air supply, DISA, mass air flow sensor
Electric throttle valve actuator
N52 and N51 engines (to 03 / 2007)

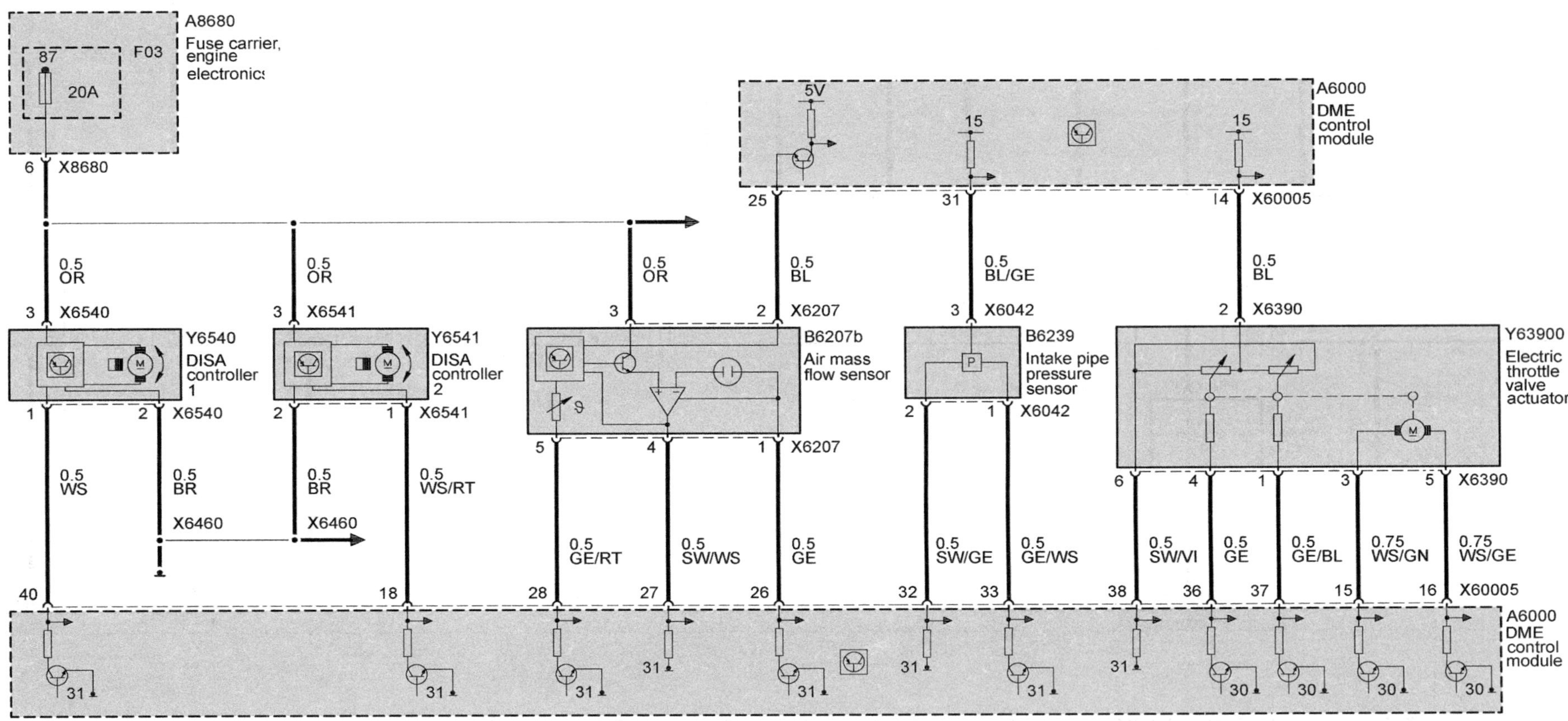

B309ele21644

Air supply, DISA, mass air flow sensor
Electric throttle valve actuator
N52 and N51 engines (from 03 / 2007)

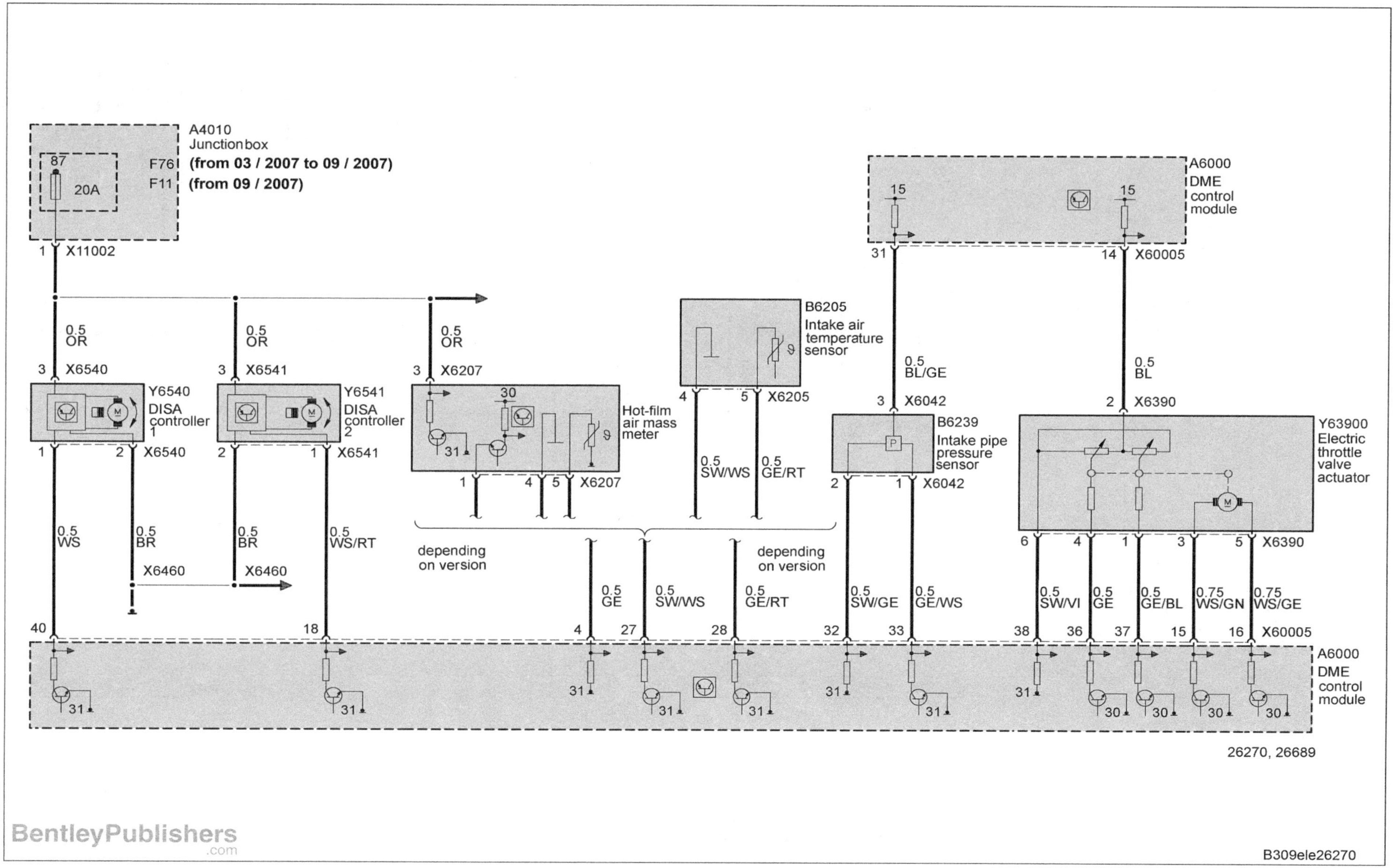

Engine cooling system N54 engine (to 03 / 2007)

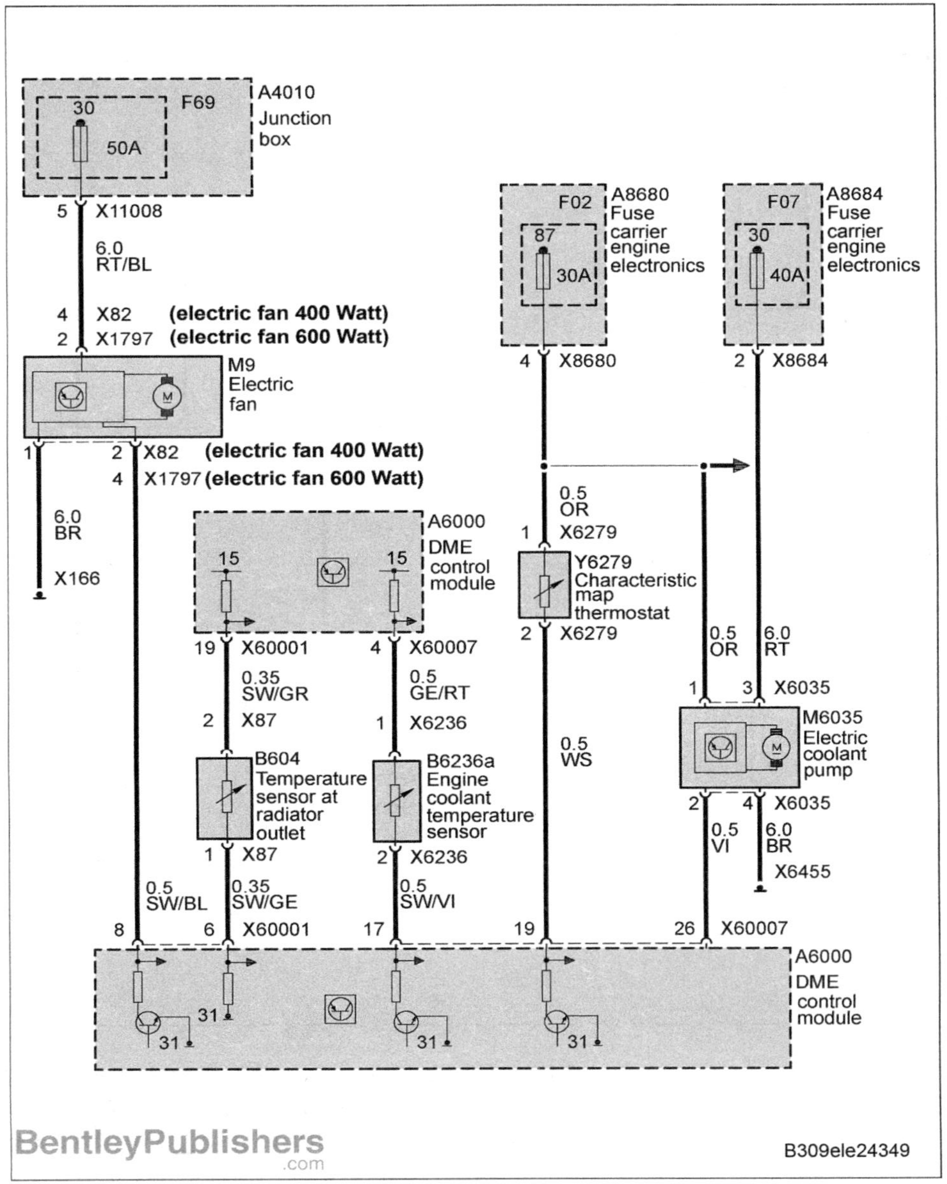

Engine cooling system N52 engine (to 03 / 2007)

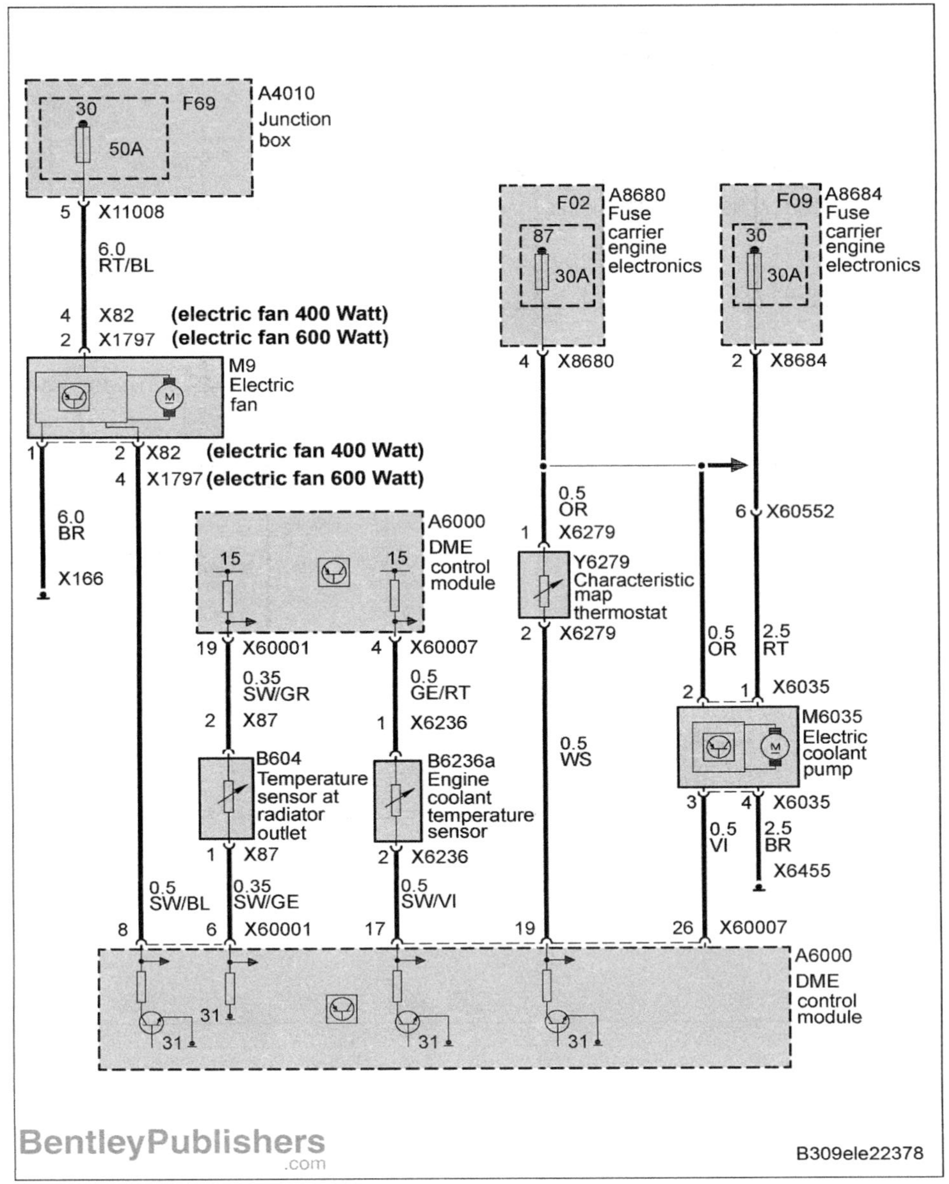

Engine cooling system
N51 engine
(to 03 / 2007)

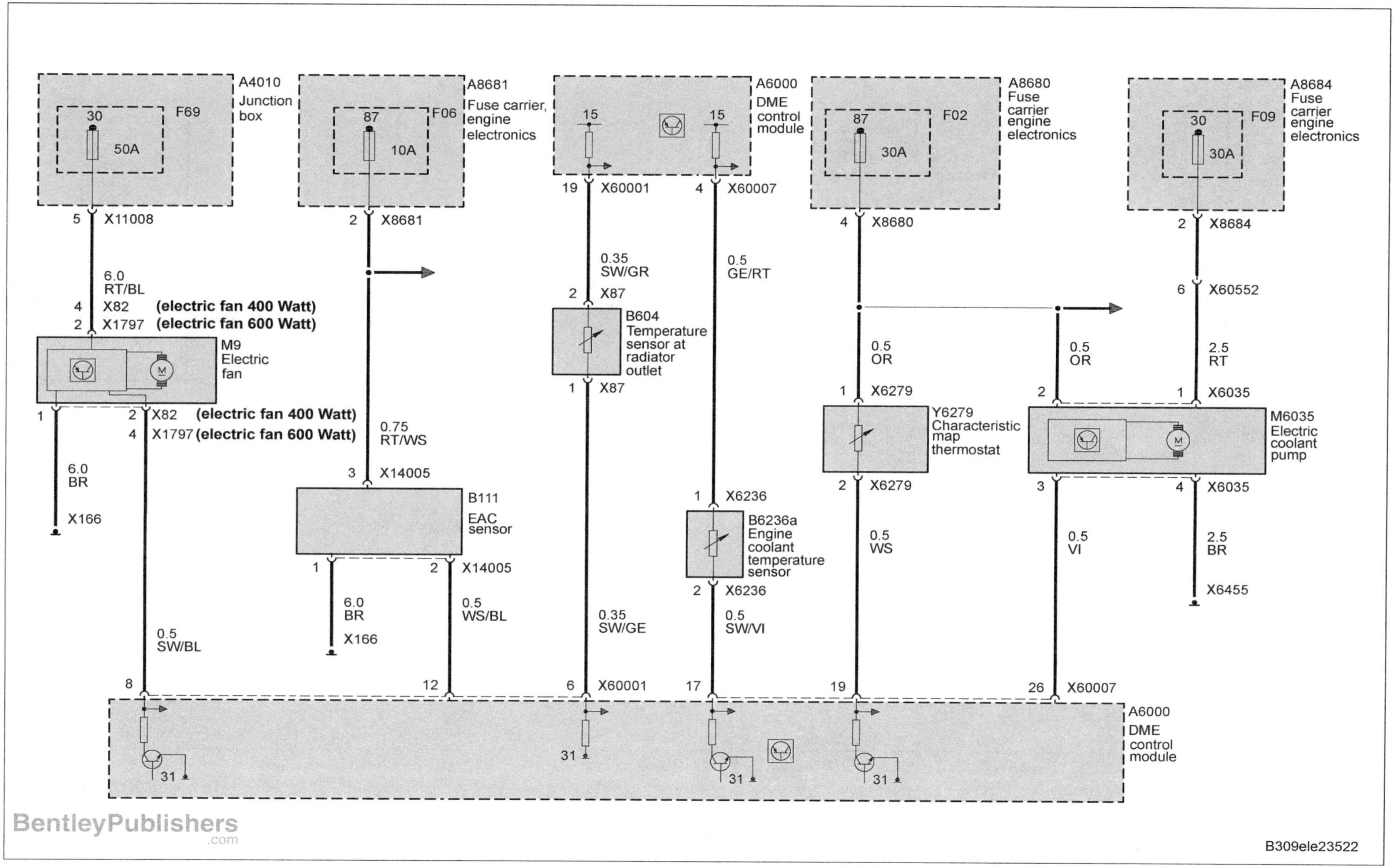

B309ele23522

Engine cooling system
N54 engine
(from 03 / 2007)

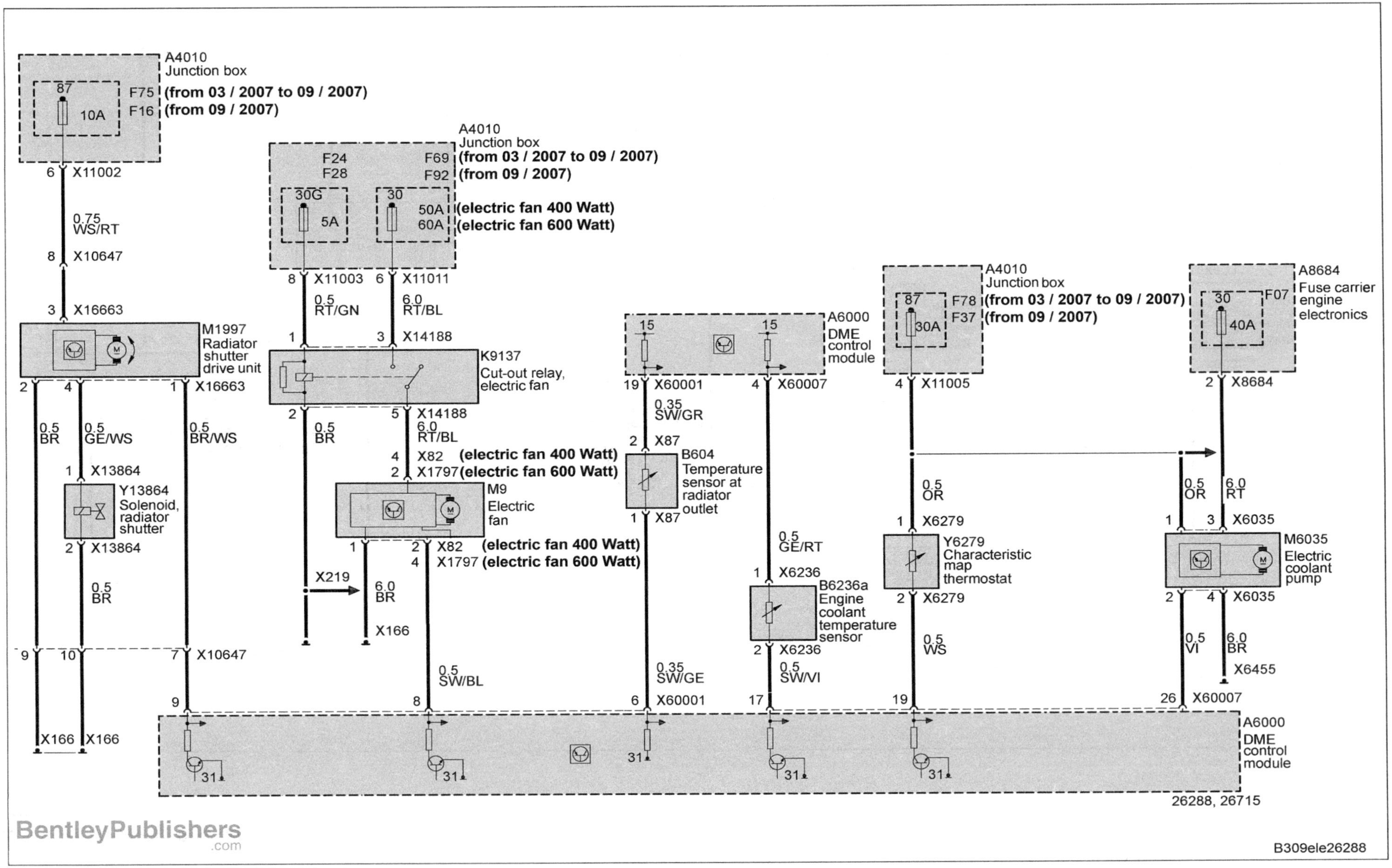

Engine cooling system
N52 engine
(from 03 / 2007)

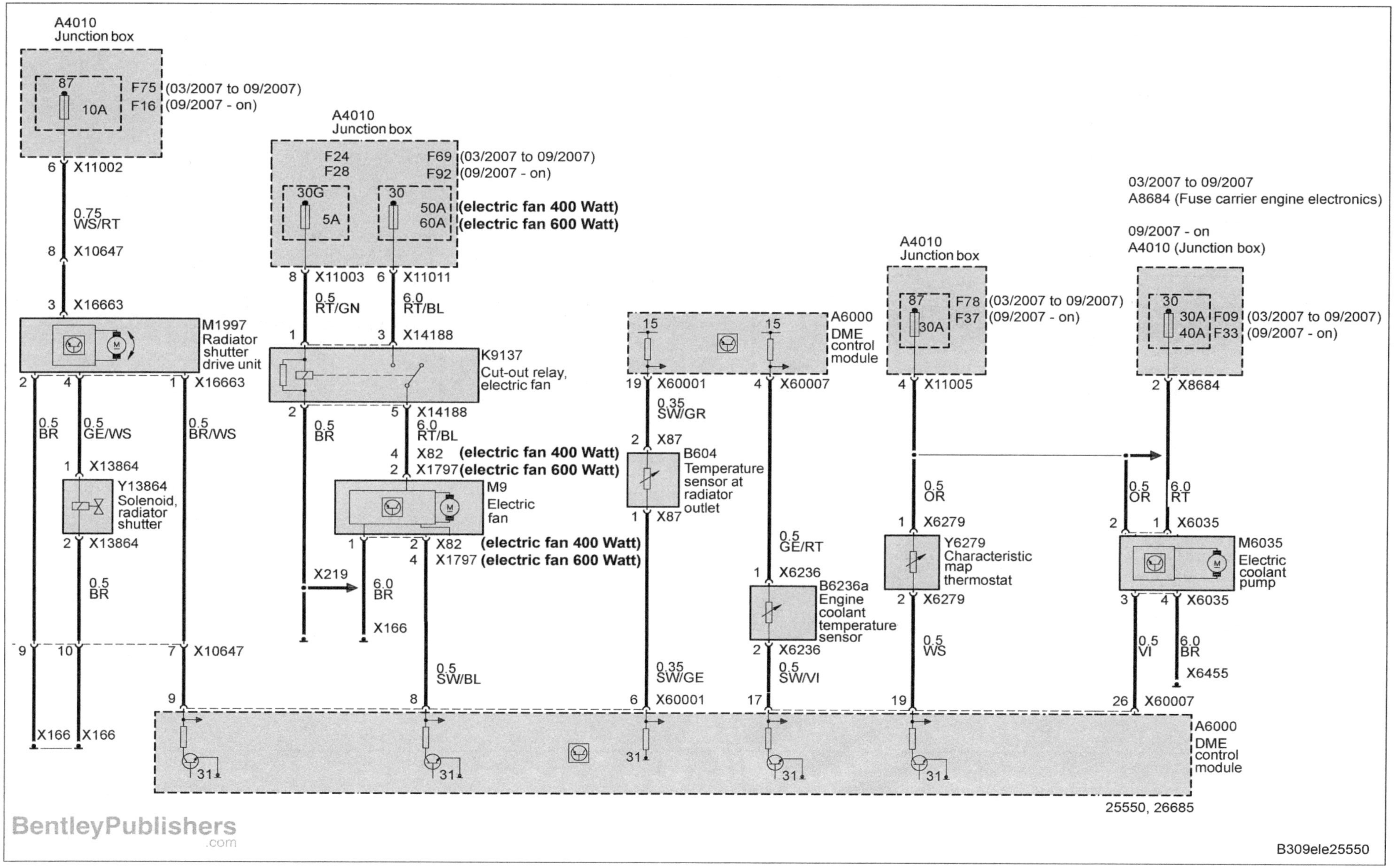

Engine cooling system
N51 engine
(from 03 / 2007)

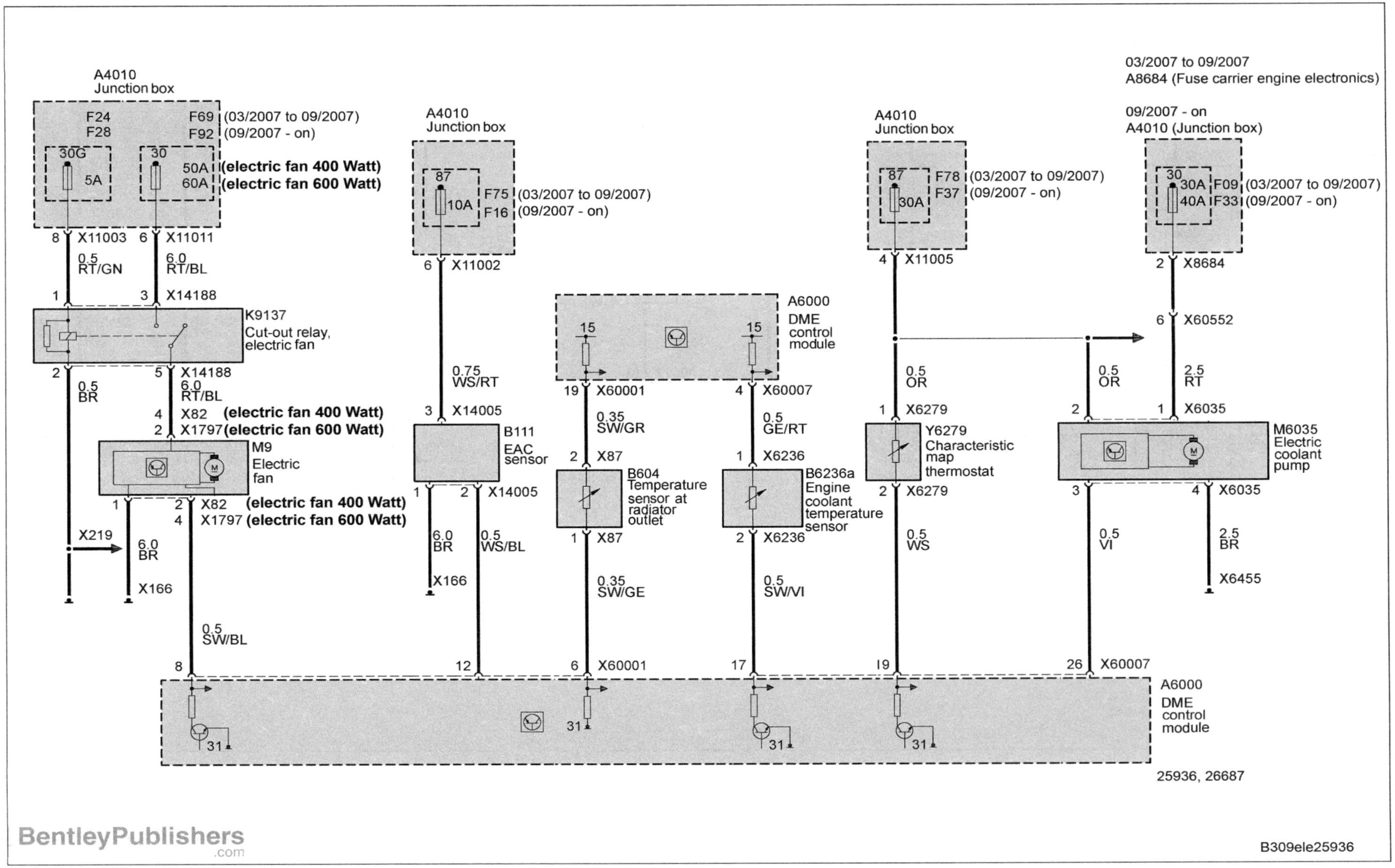

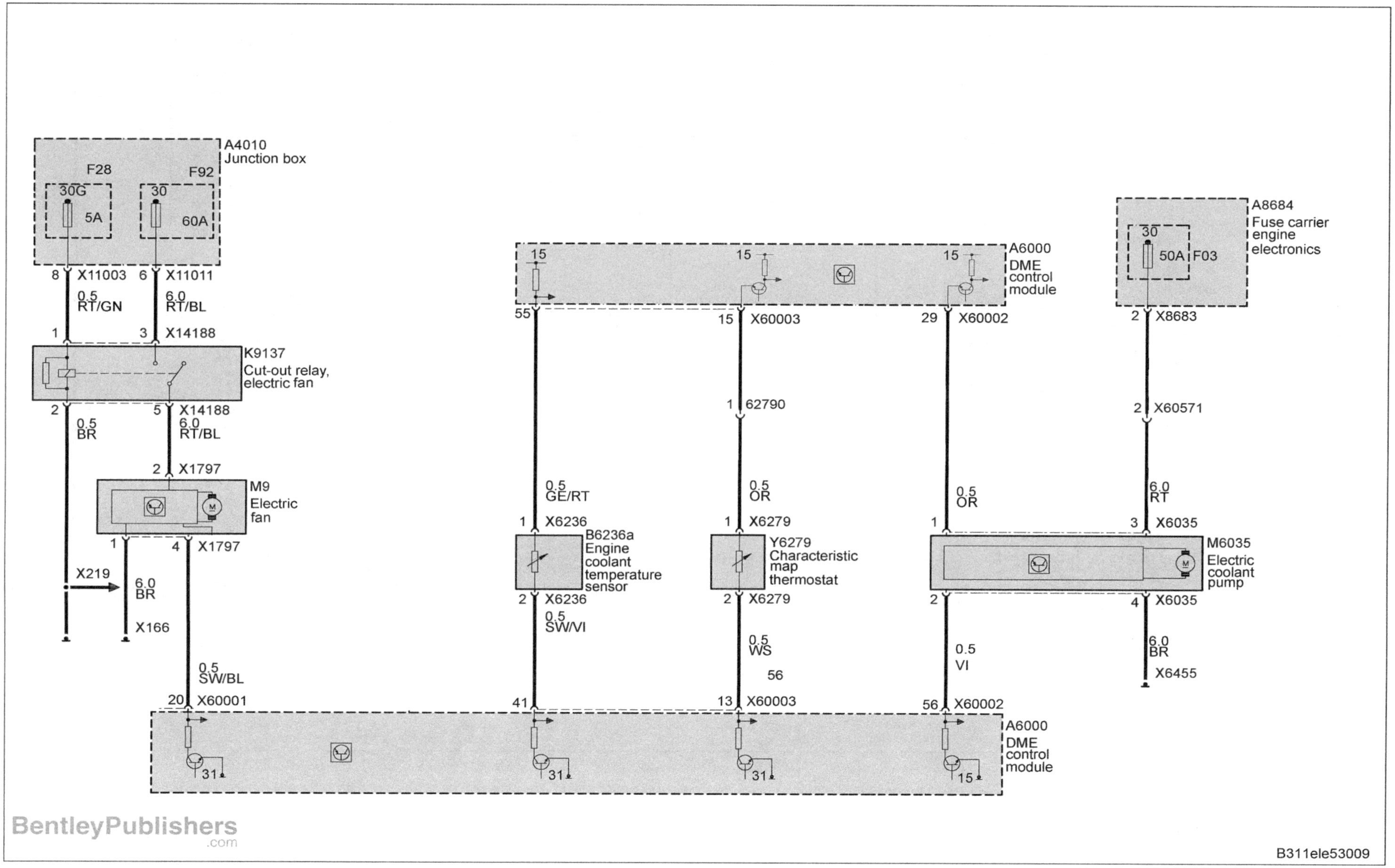
A4010
Junction box
F28
30G
5A
F92
30
60A
8 X11003
6 X11011
0.5
RT/GN
6.0
RT/BL
1
3 X14188
K9137
Cut-out relay,
electric fan
2
5 X14188
0.5
BR
6.0
RT/BL
2 X1797
M9
Electric
fan
1
4 X1797
X219
6.0
BR
X166
0.5
SW/BL
20 X60001
A6000
DME
control
module
15
55
15 X60003
29 X60002
1 62790
0.5
GE/RT
1 X6236
B6236a
Engine
coolant
temperature
sensor
2 X6236
0.5
SW/VI
41
0.5
OR
1 X6279
Y6279
Characteristic
map
thermostat
2 X6279
0.5
WS
56
13 X60003
0.5
OR
1
2
0.5
VI
56 X60002
31
15
A8684
Fuse carrier
engine
electronics
50A F03
2 X8683
2 X60571
6.0
RT
3 X6035
M6035
Electric
coolant
pump
4 X6035
6.0
BR
X6455
B311ele53009

Oil supply
N54 engine

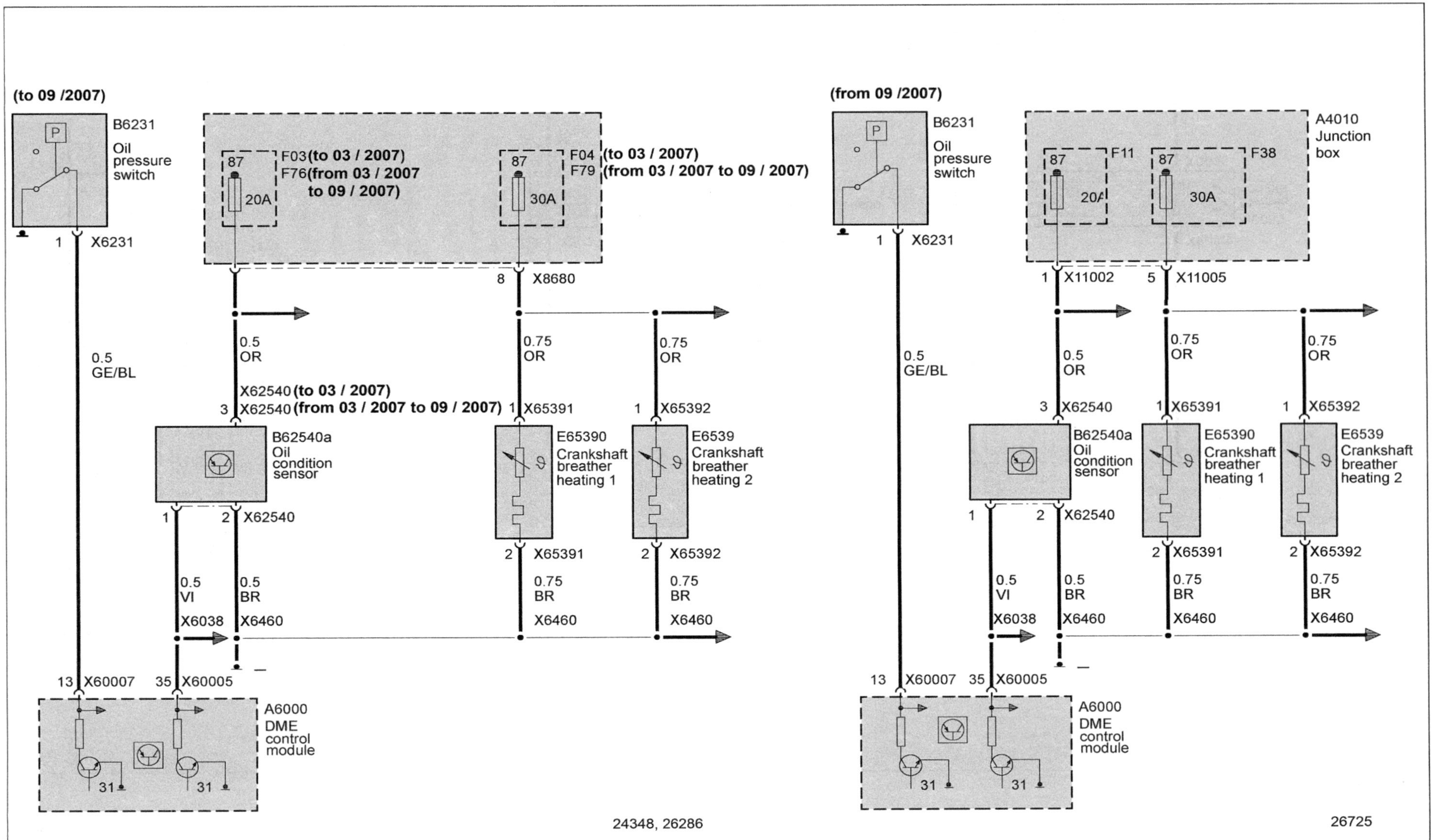

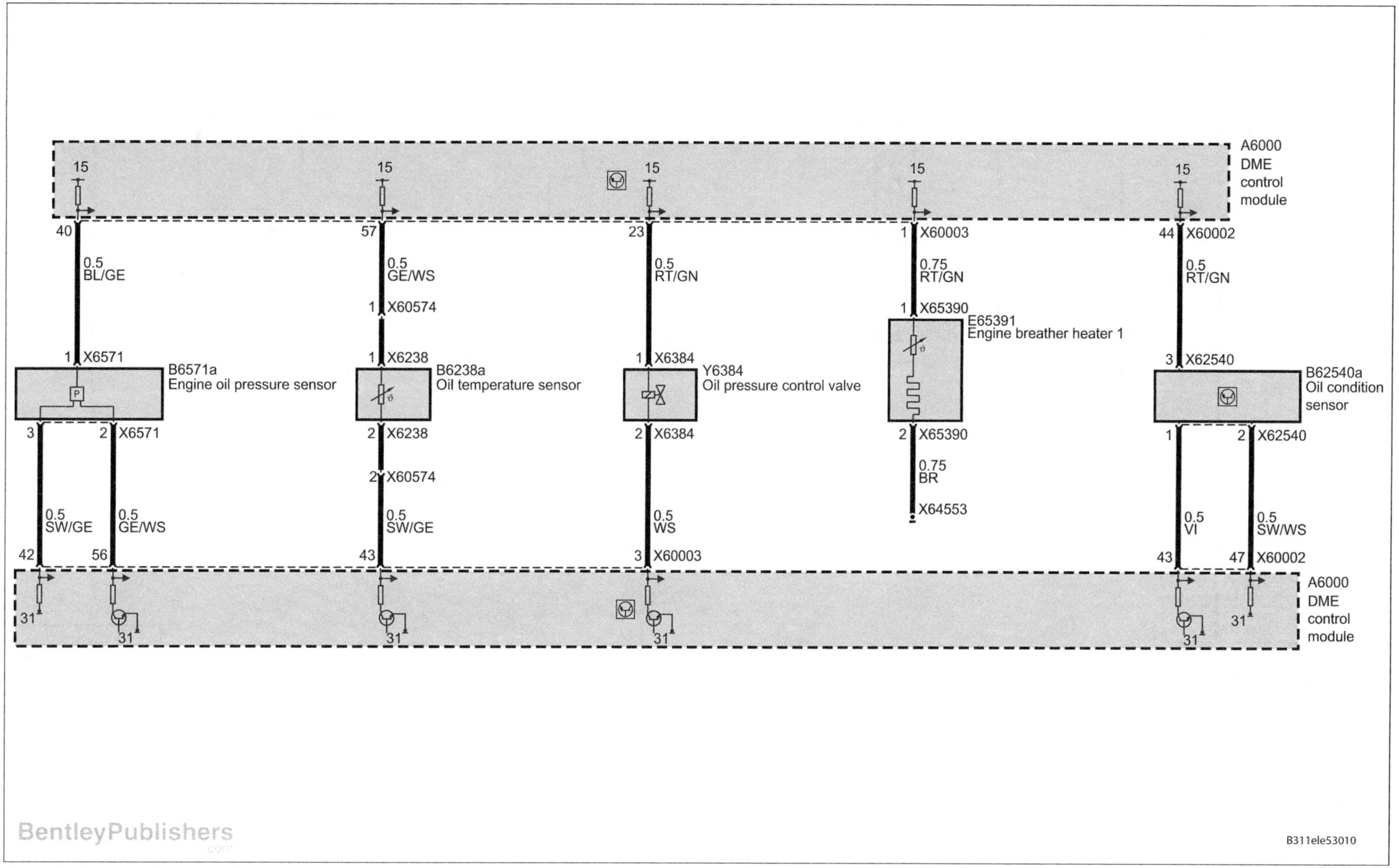
A6000
DME
control
module
15
15
15
15
15
40
0.5
BL/GE
1 X6571
B6571a
Engine oil pressure sensor
3
2 X6571
0.5
SW/GE
0.5
GE/WS
42
56
57
0.5
GE/WS
1 X60574
1 X6238
B6238a
Oil temperature sensor
2 X6238
2 X60574
0.5
SW/GE
43
23
0.5
RT/GN
1 X6384
Y6384
Oil pressure control valve
2 X6384
0.5
WS
3 X60003
1 X60003
0.75
RT/GN
1 X65390
E65391
Engine breather heater 1
2 X65390
0.75
BR
X64553
44 X60002
0.5
RT/GN
3 X62540
B62540a
Oil condition
sensor
1
2 X62540
0.5
VI
0.5
SW/WS
43
47 X60002
31
31
31
31
31
31
A6000
DME
control
module
BentleyPublishers
.com
B311ele53010

Oil supply
N52 and N51 engines

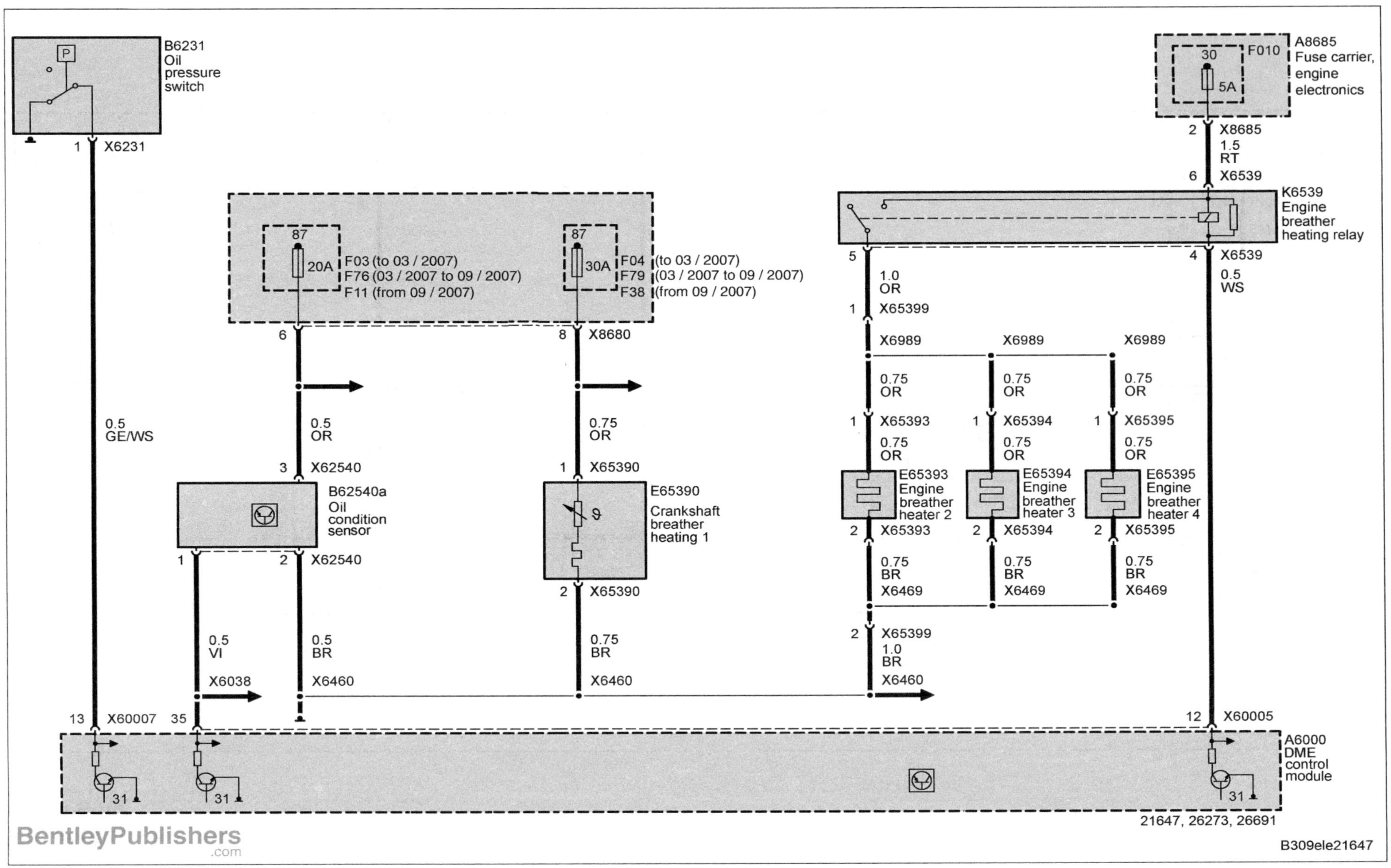

Alternator (BSD)

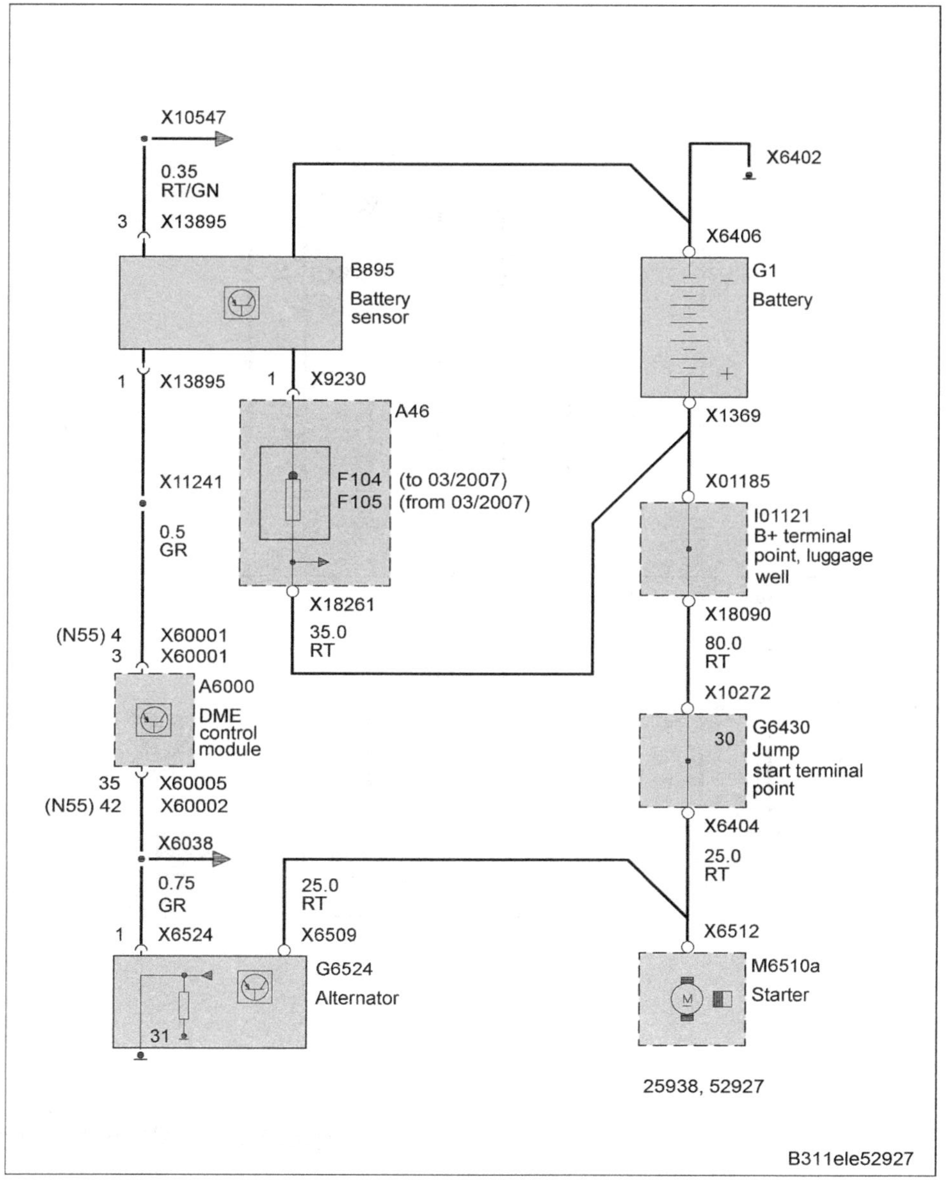

Convenient start (with EWS 4) (page 1 of 2)

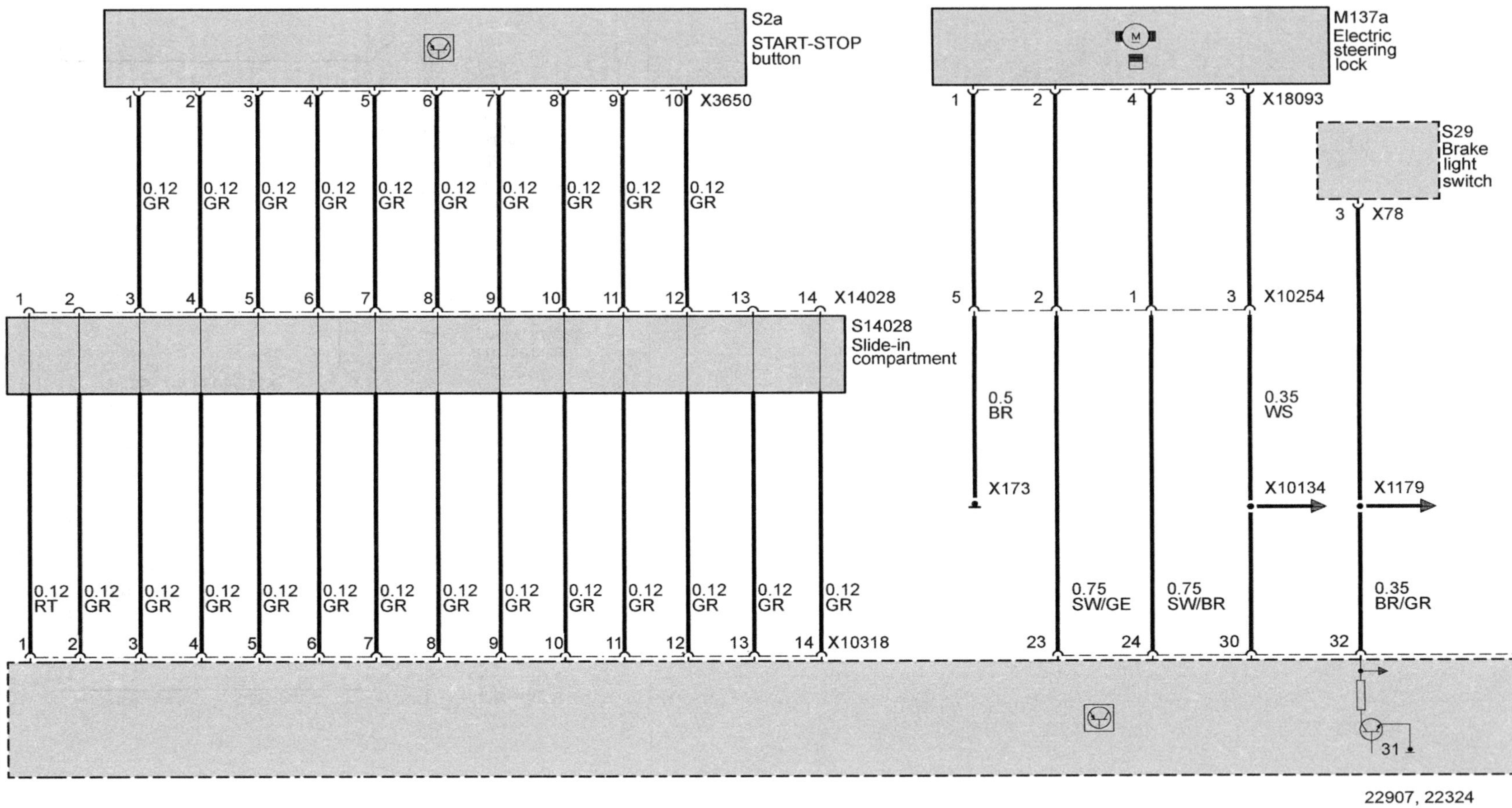

Convenient start (with EWS 4)
(page 2 of 2)

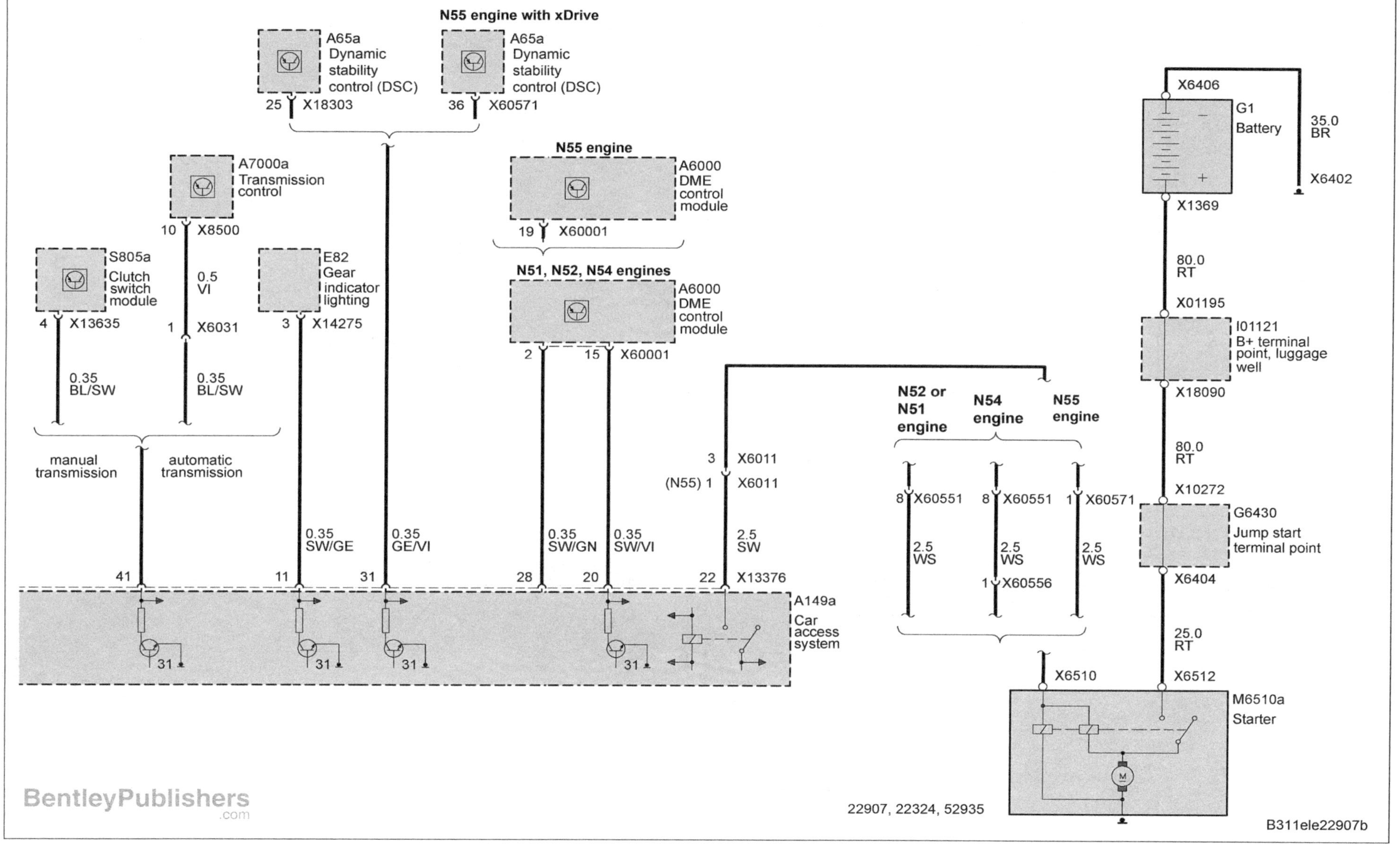

Vehicle speed control (N51, N52, N54 engines)

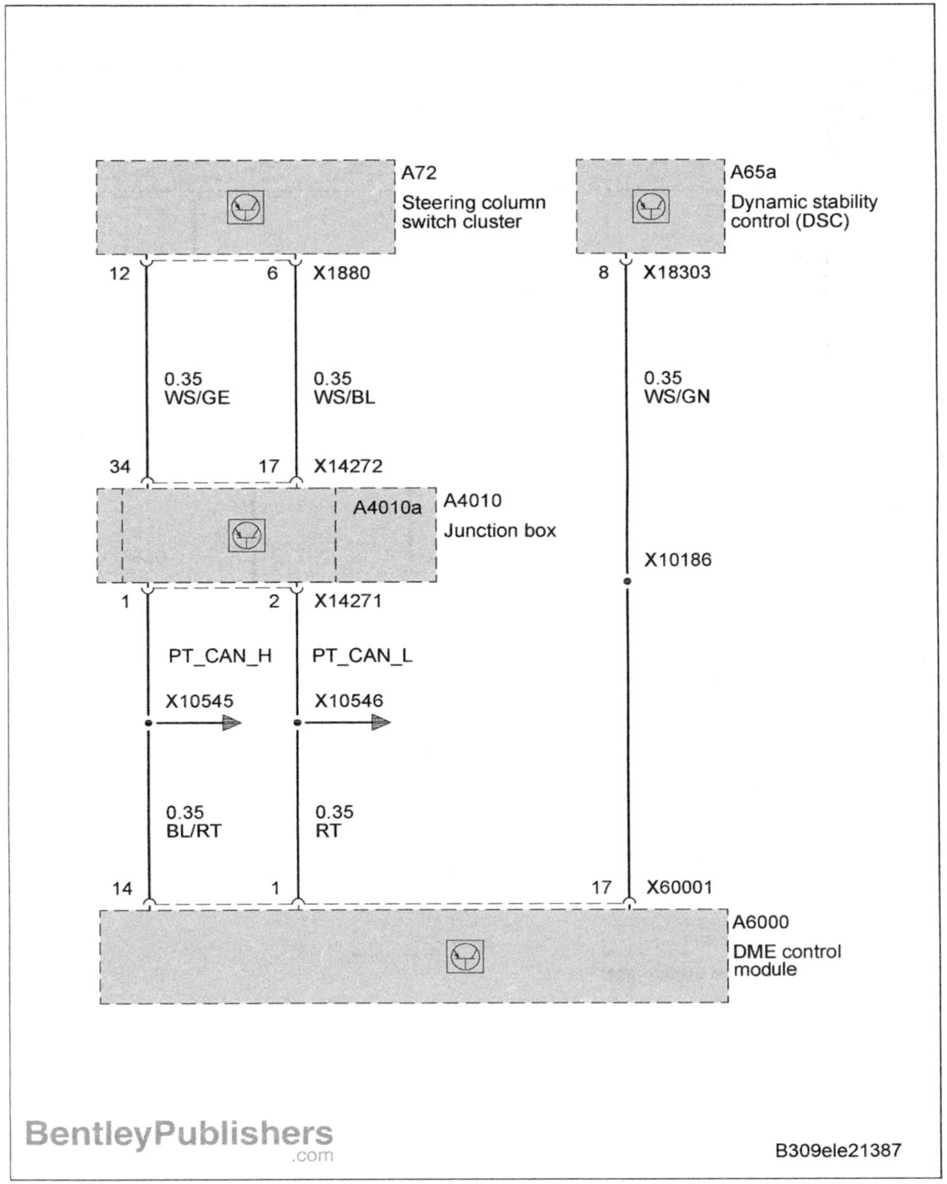

Vehicle speed control (N55 engine)

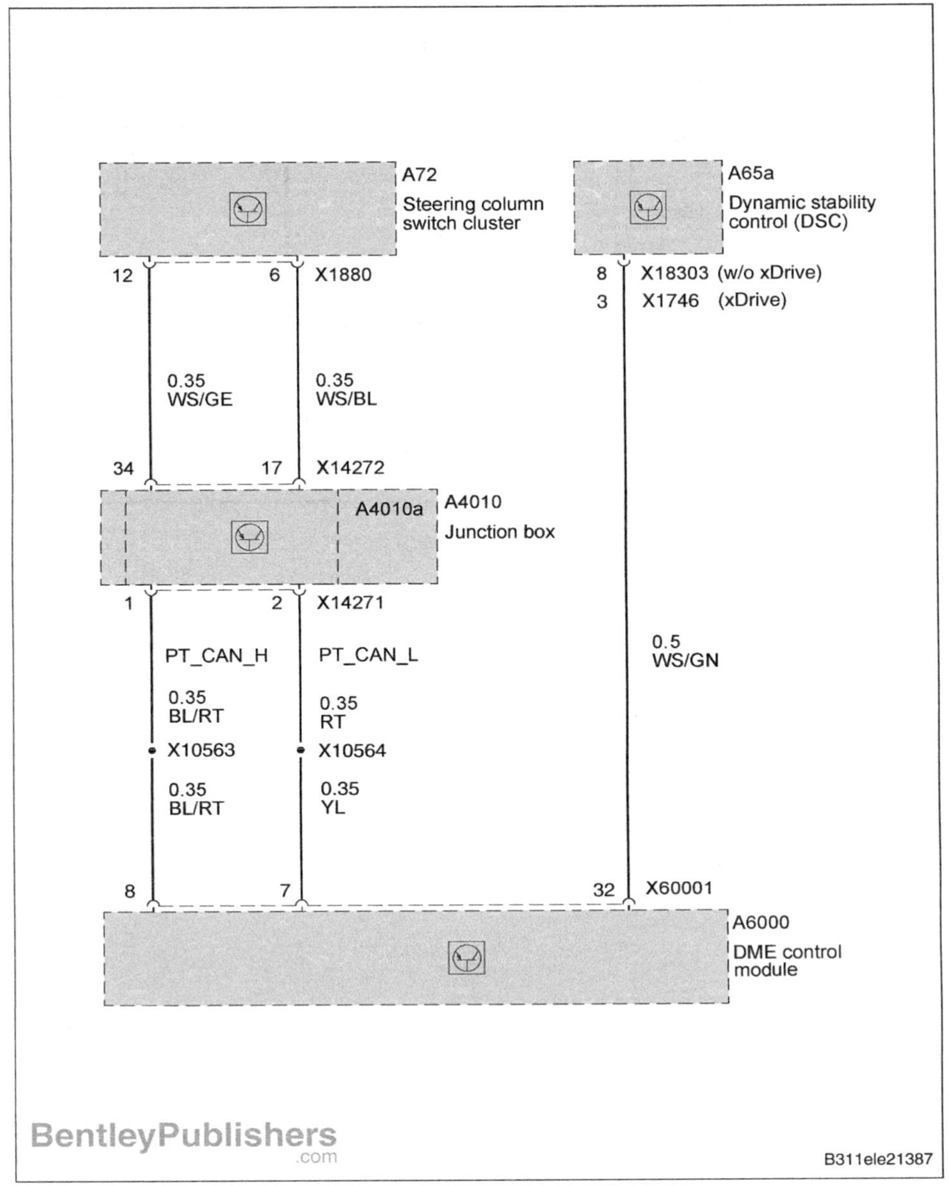

Secondary air system
(N51 engine)

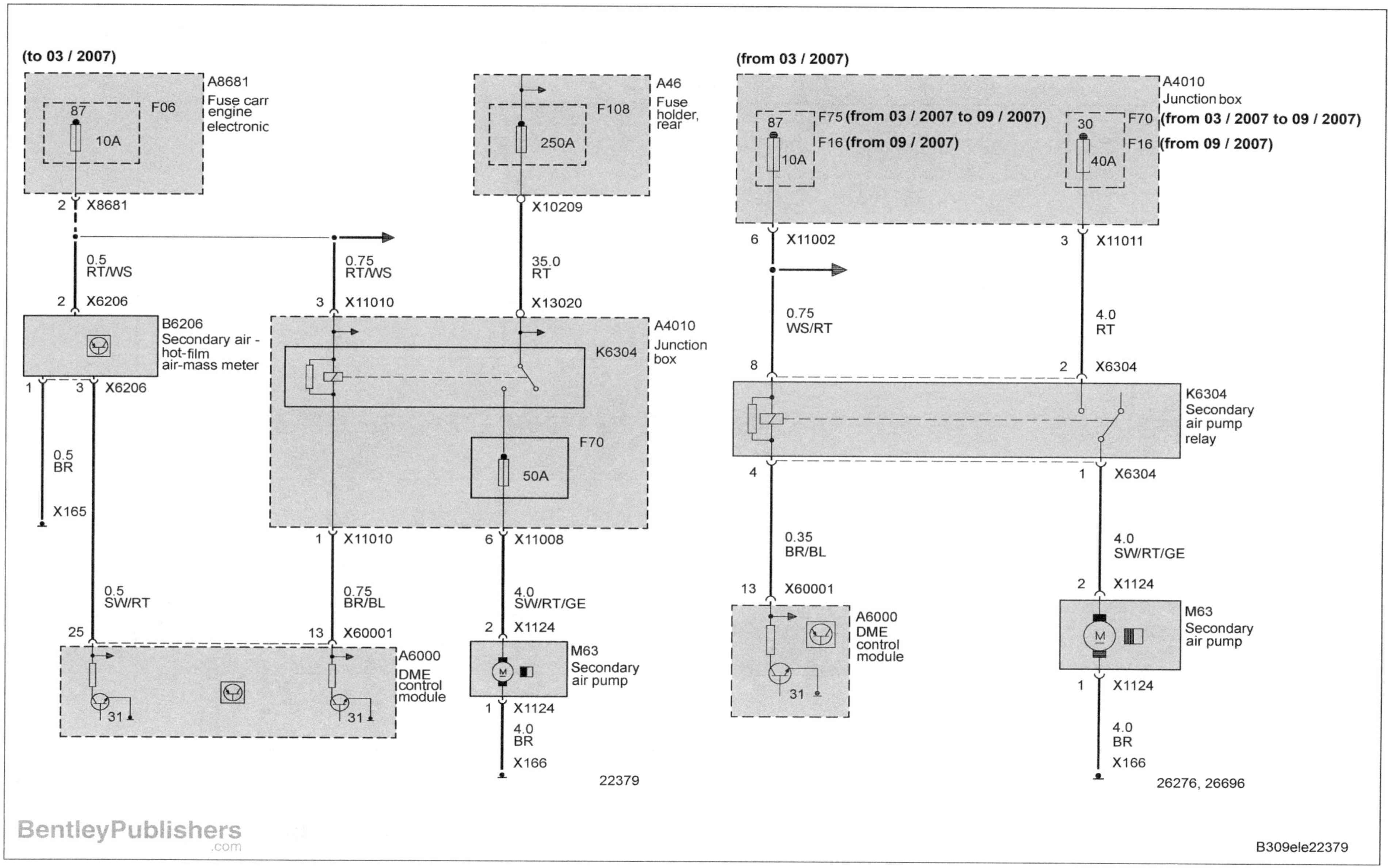

DME control module, voltage supply
N54 engine
(to 03 / 2007)

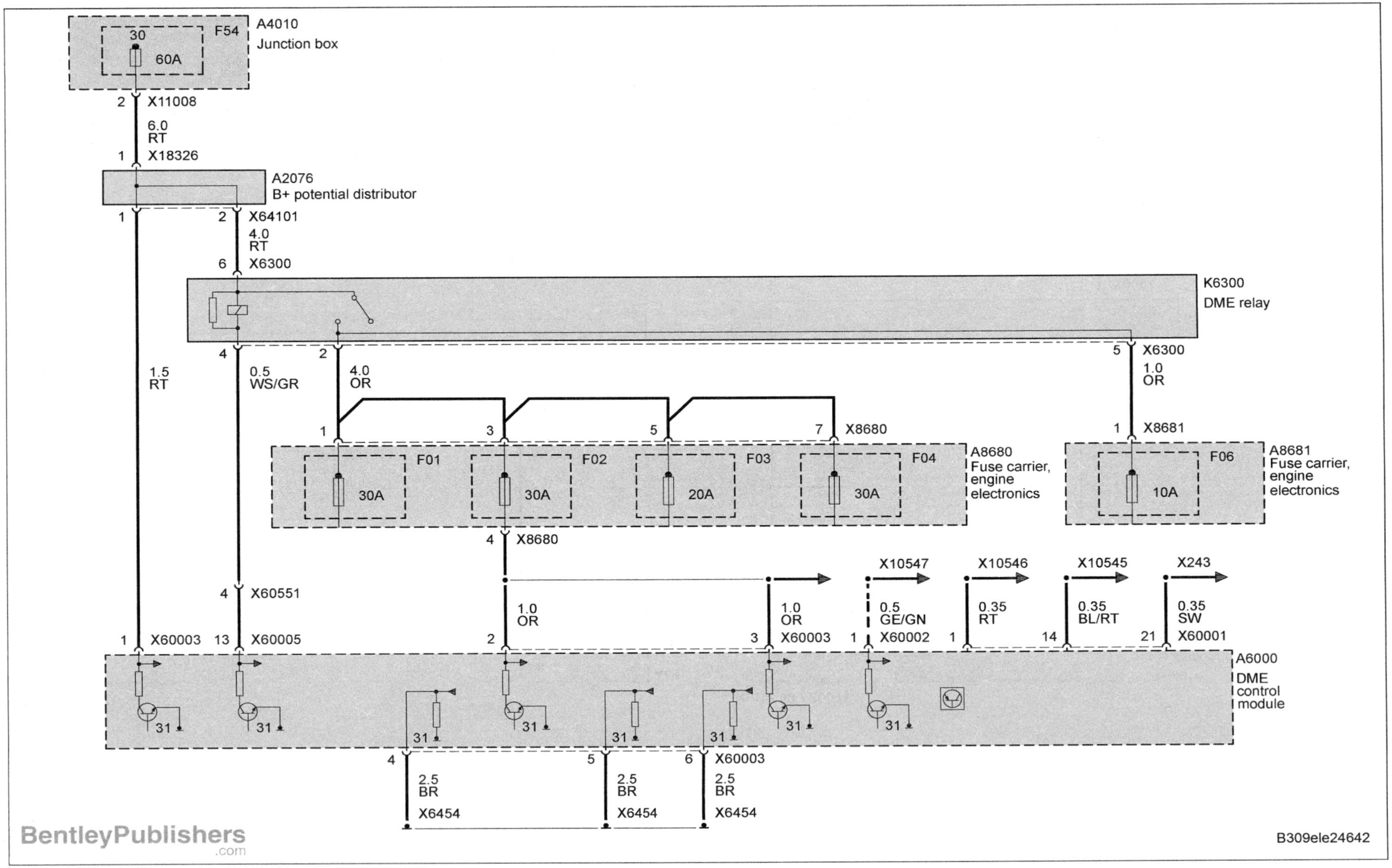

B309ele24642

DME control module, voltage supply N52 and N51 engines (to 03 / 2007)

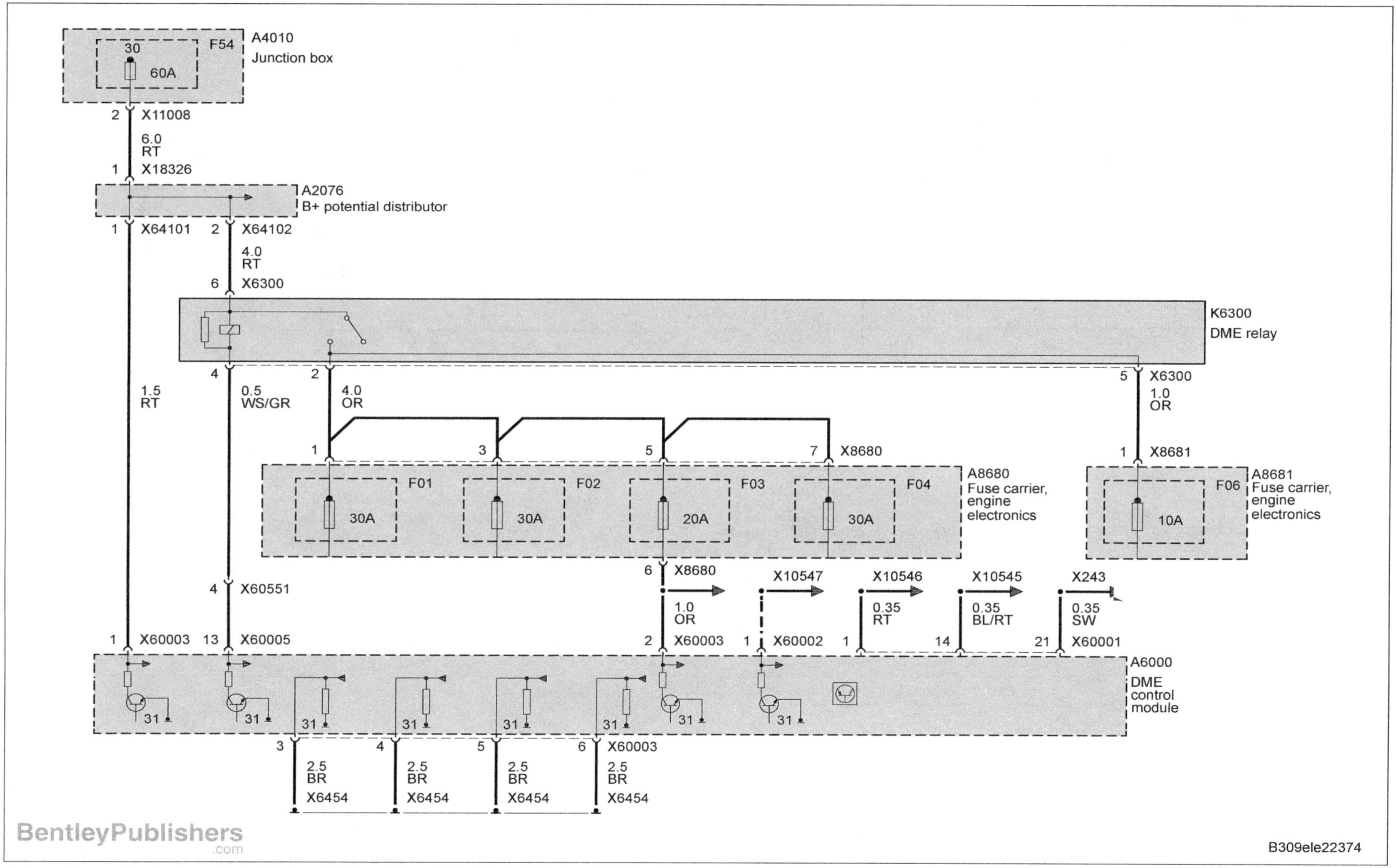

DME control module, voltage supply N54 engine (from 03 / 2007)

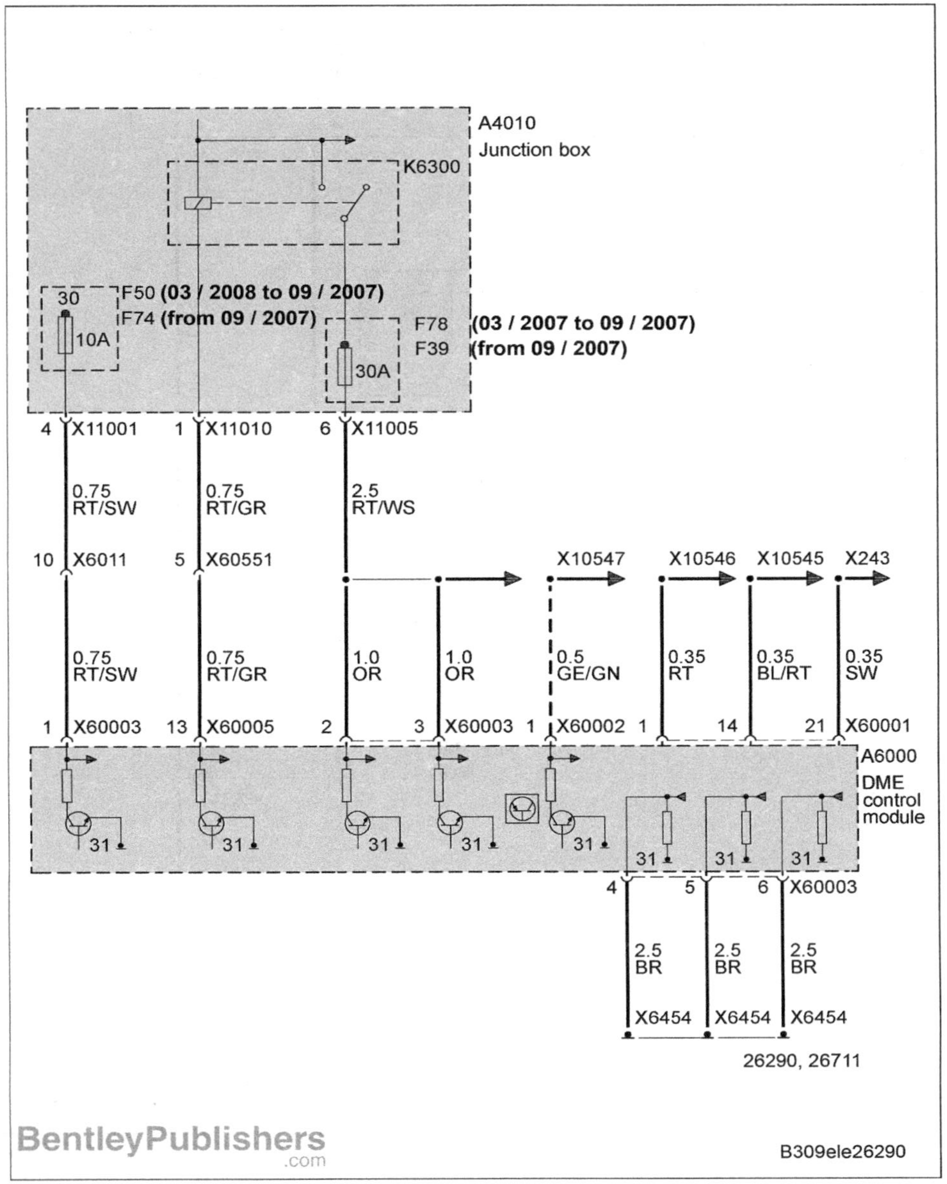

DME control module, voltage supply N52 and N51 engines (from 03 / 2007)

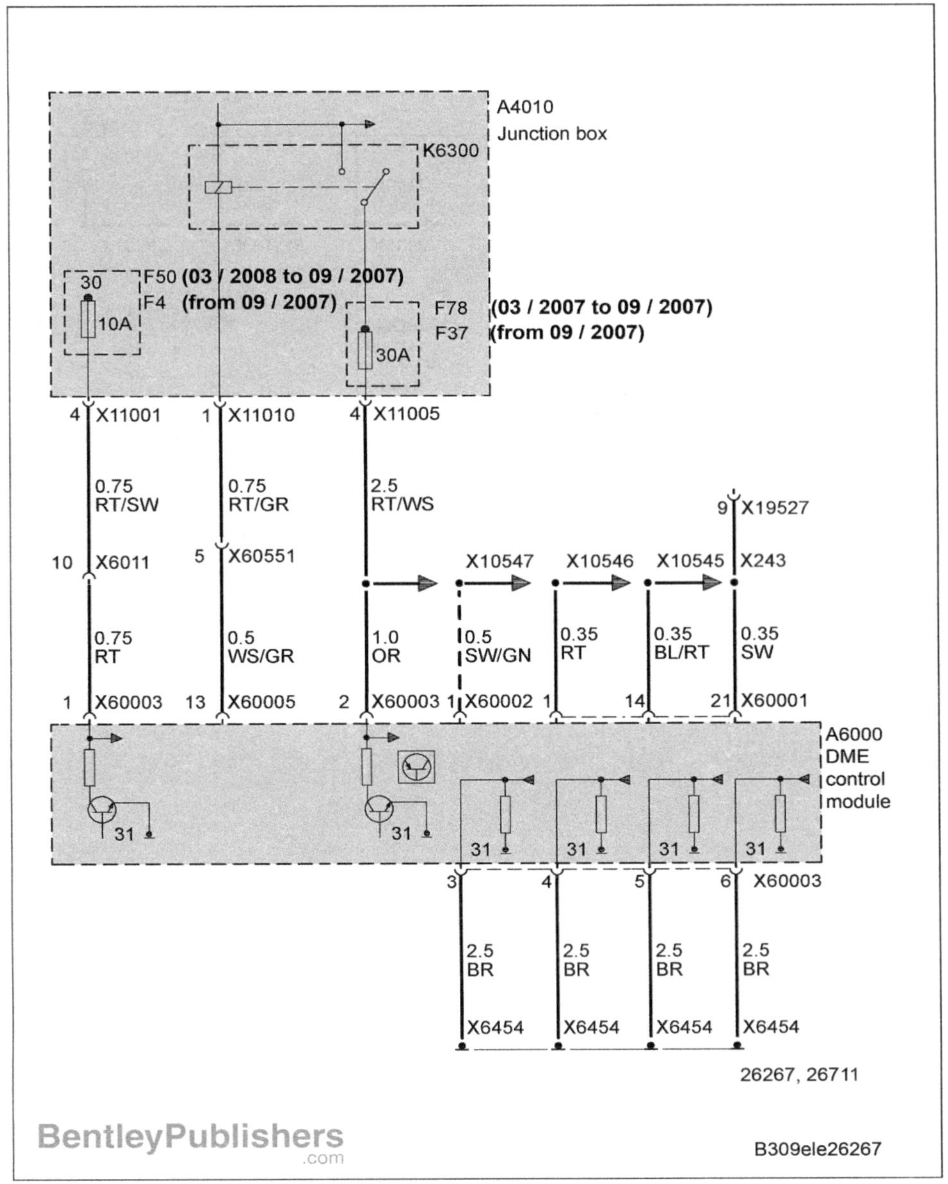

DME control module, voltage supply
N55 engine

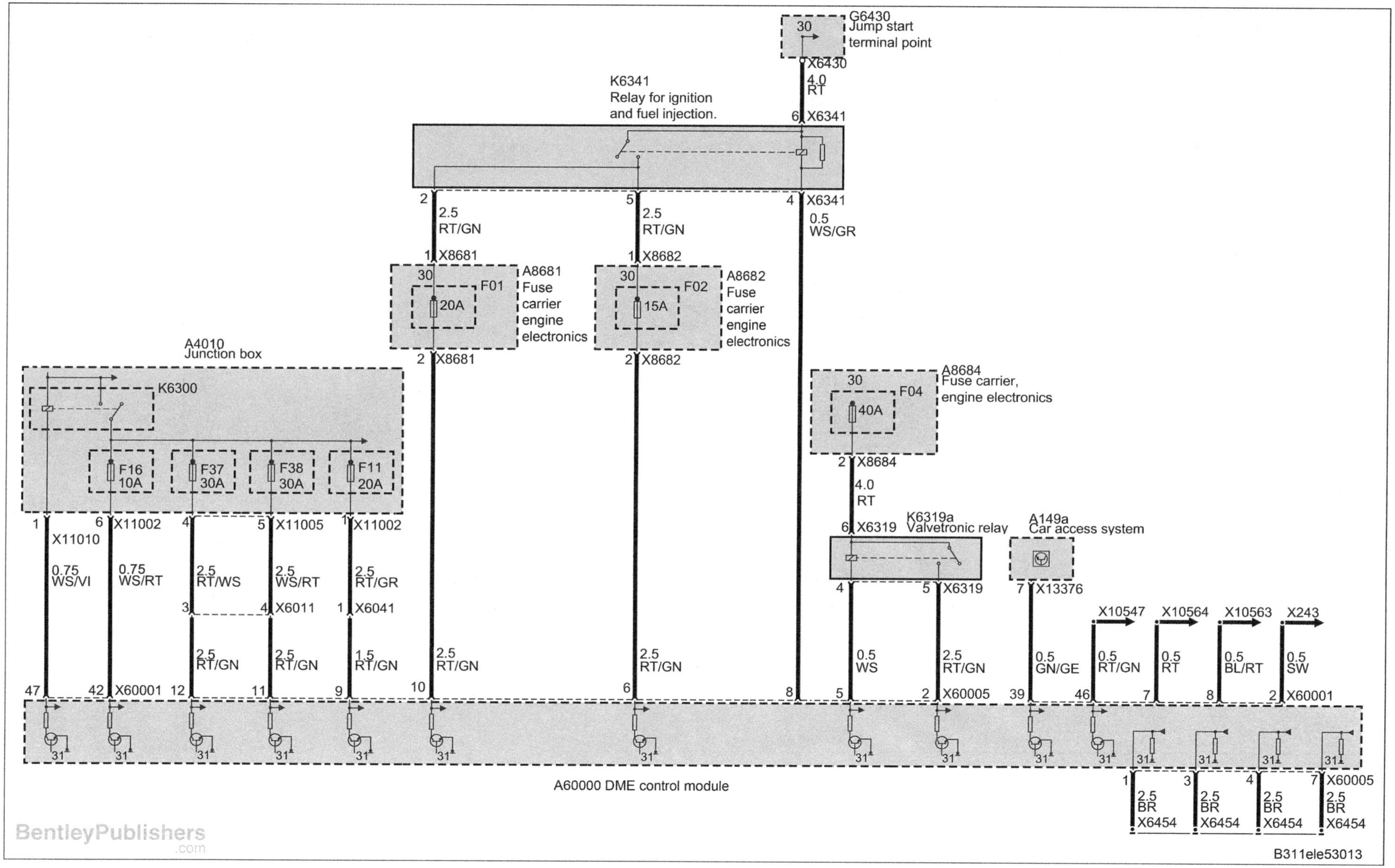

Fuel tank vent valve

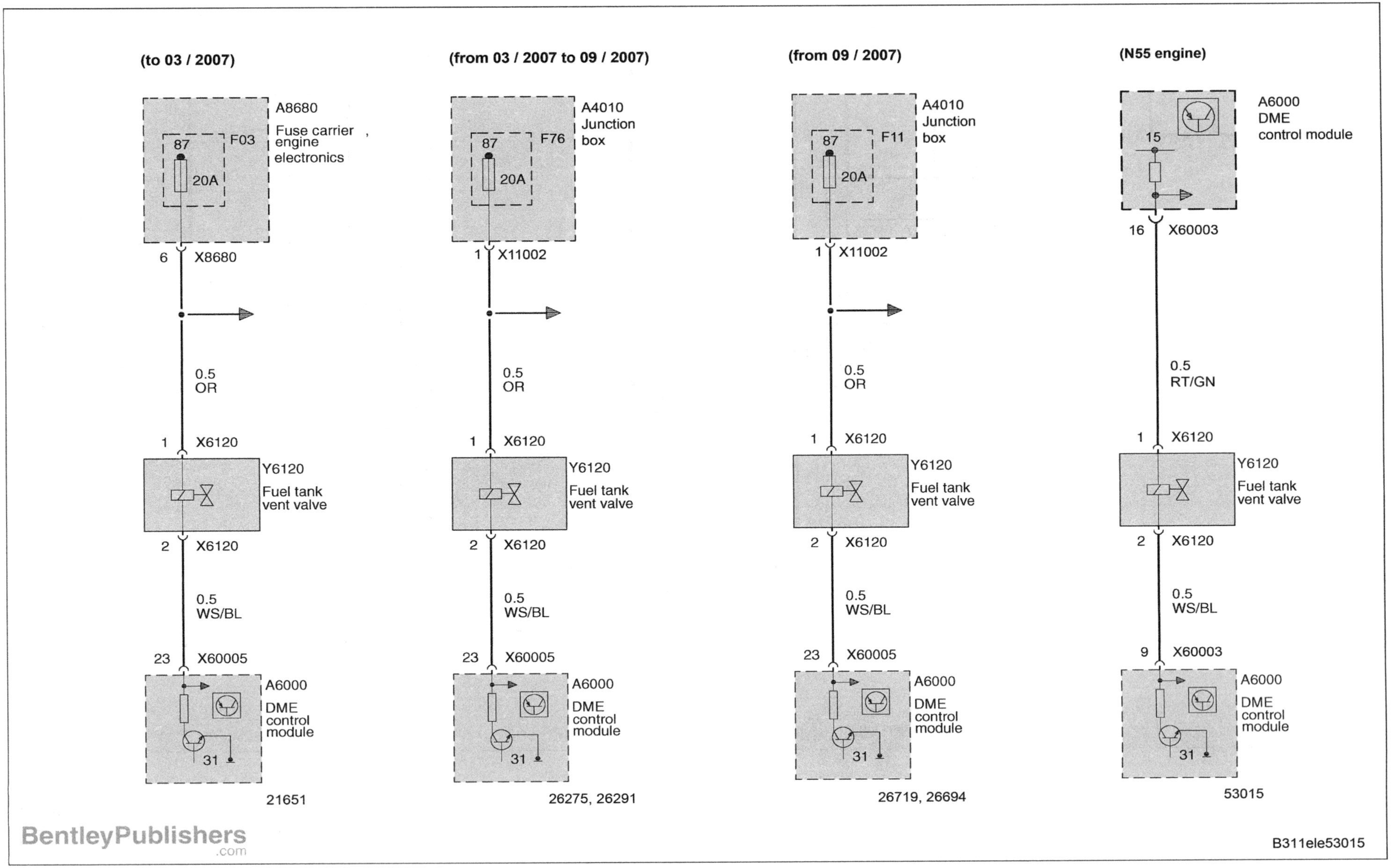

Diagnostic module, fuel tank leak detection

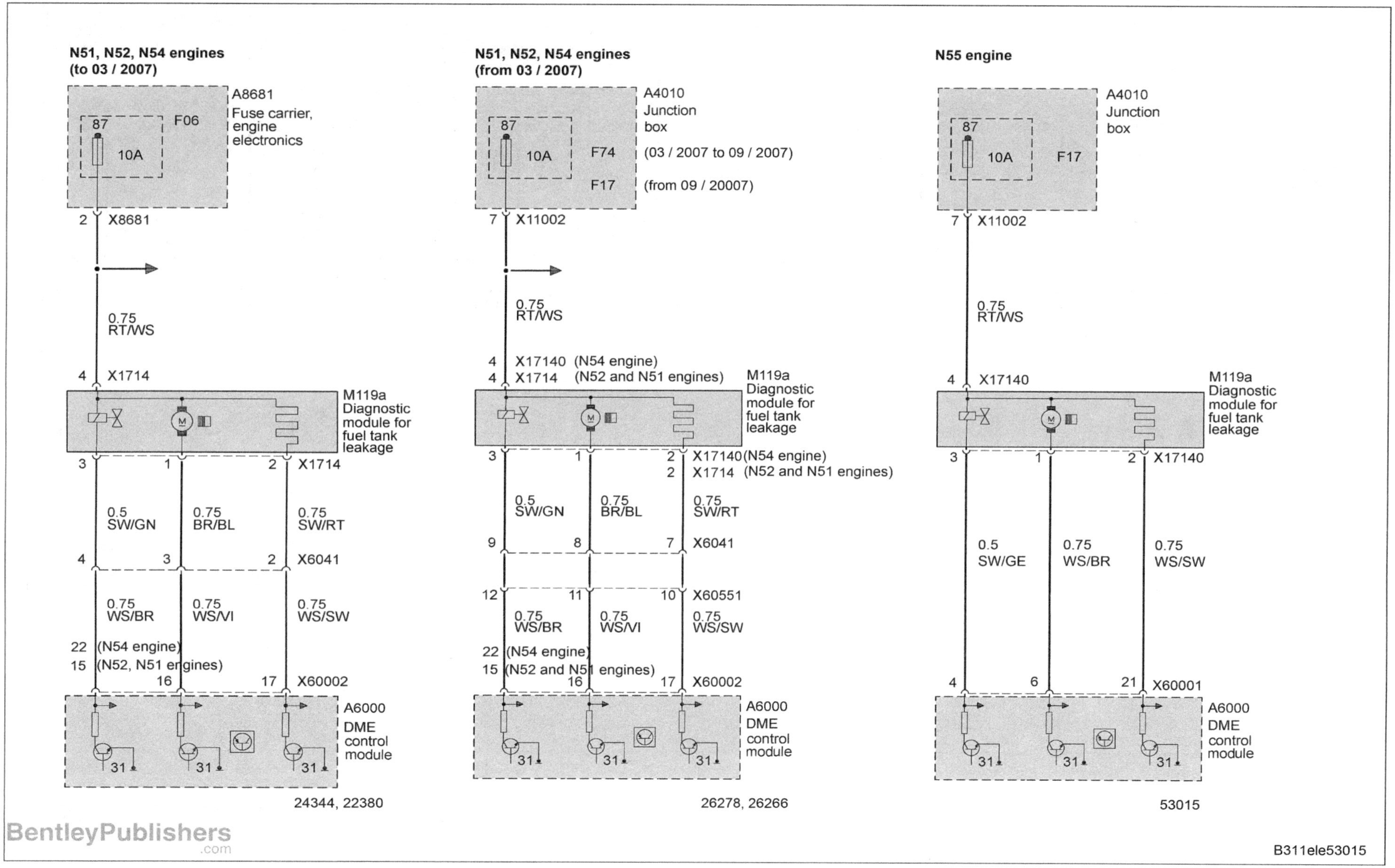

Ignition coils
(N51, N52, N54 engines)

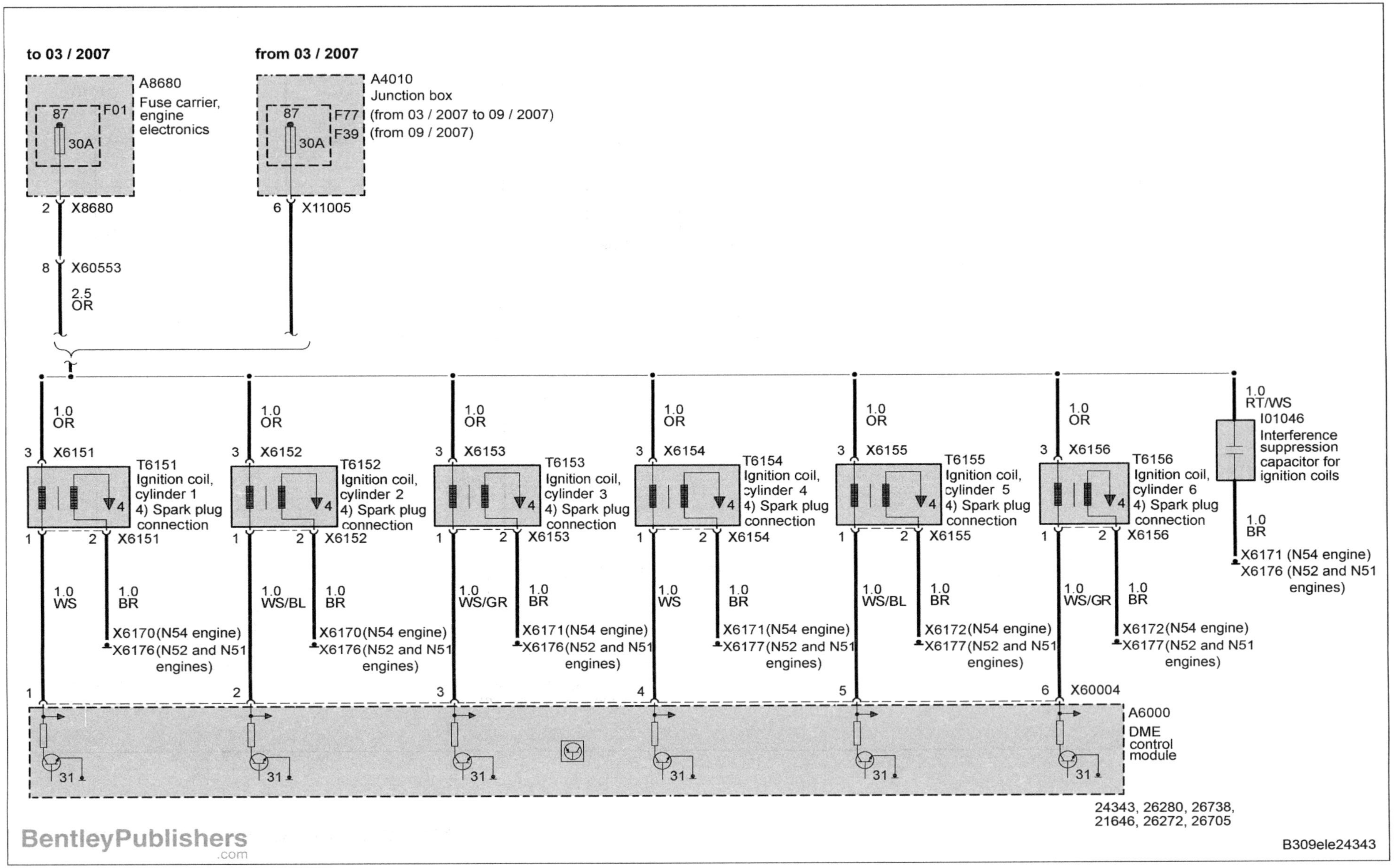

Ignition coils (N55 engine)

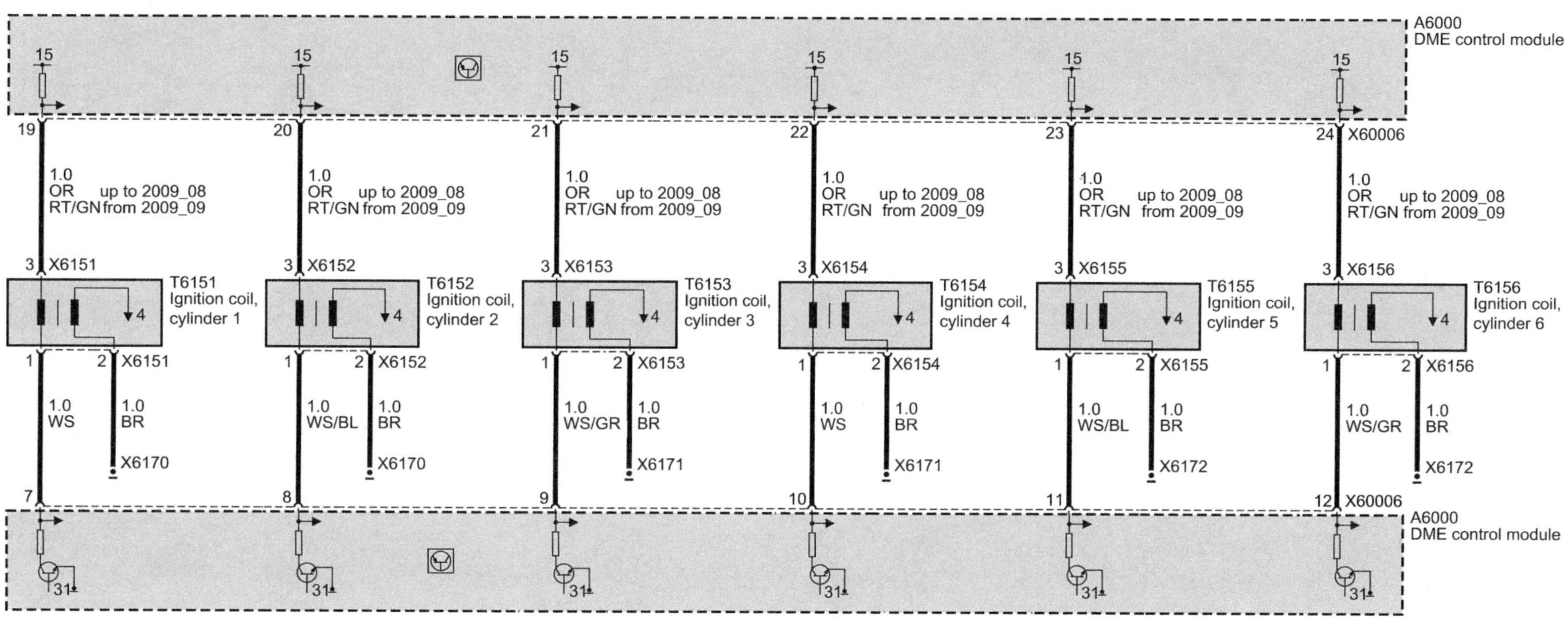

Car access system (CAS), voltage supply

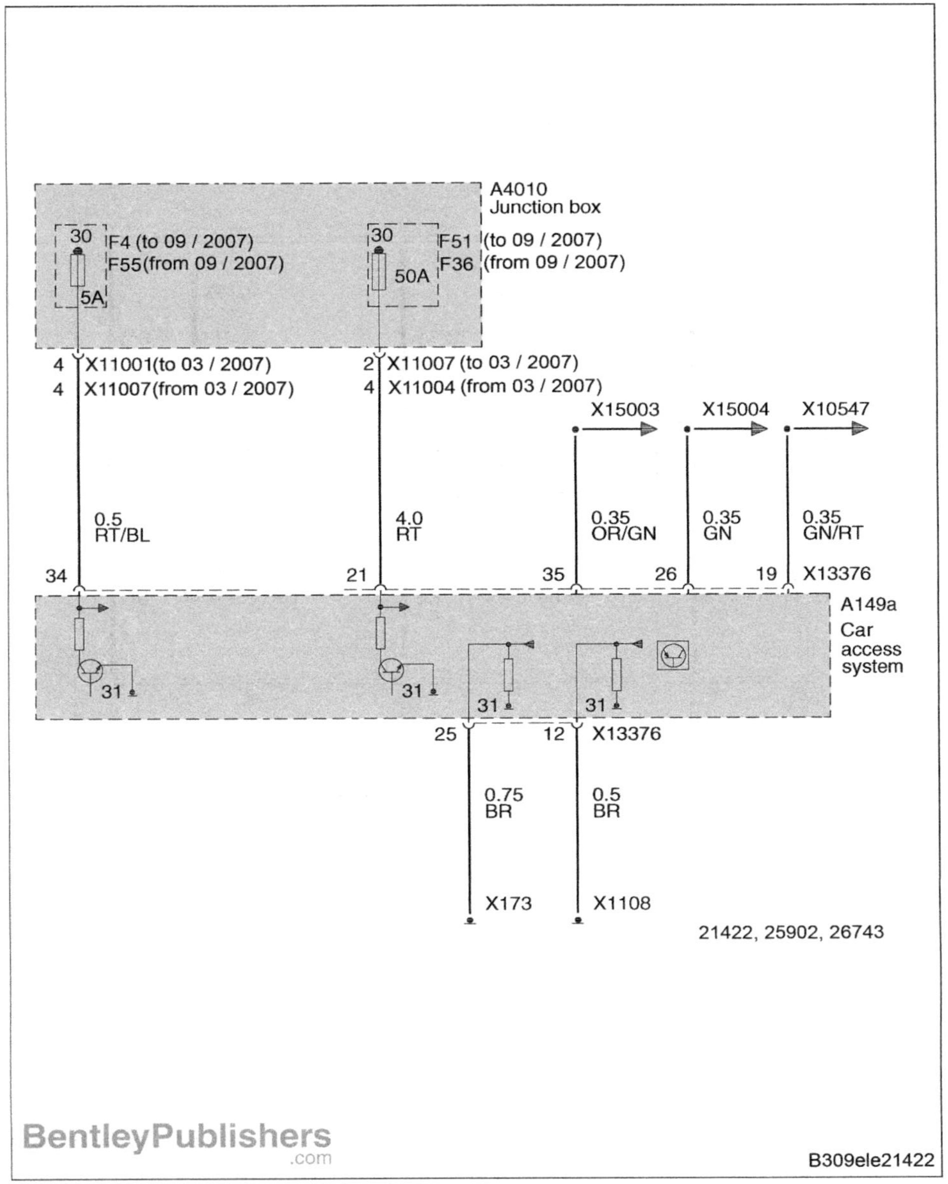

Car access system (CAS), terminal voltage control

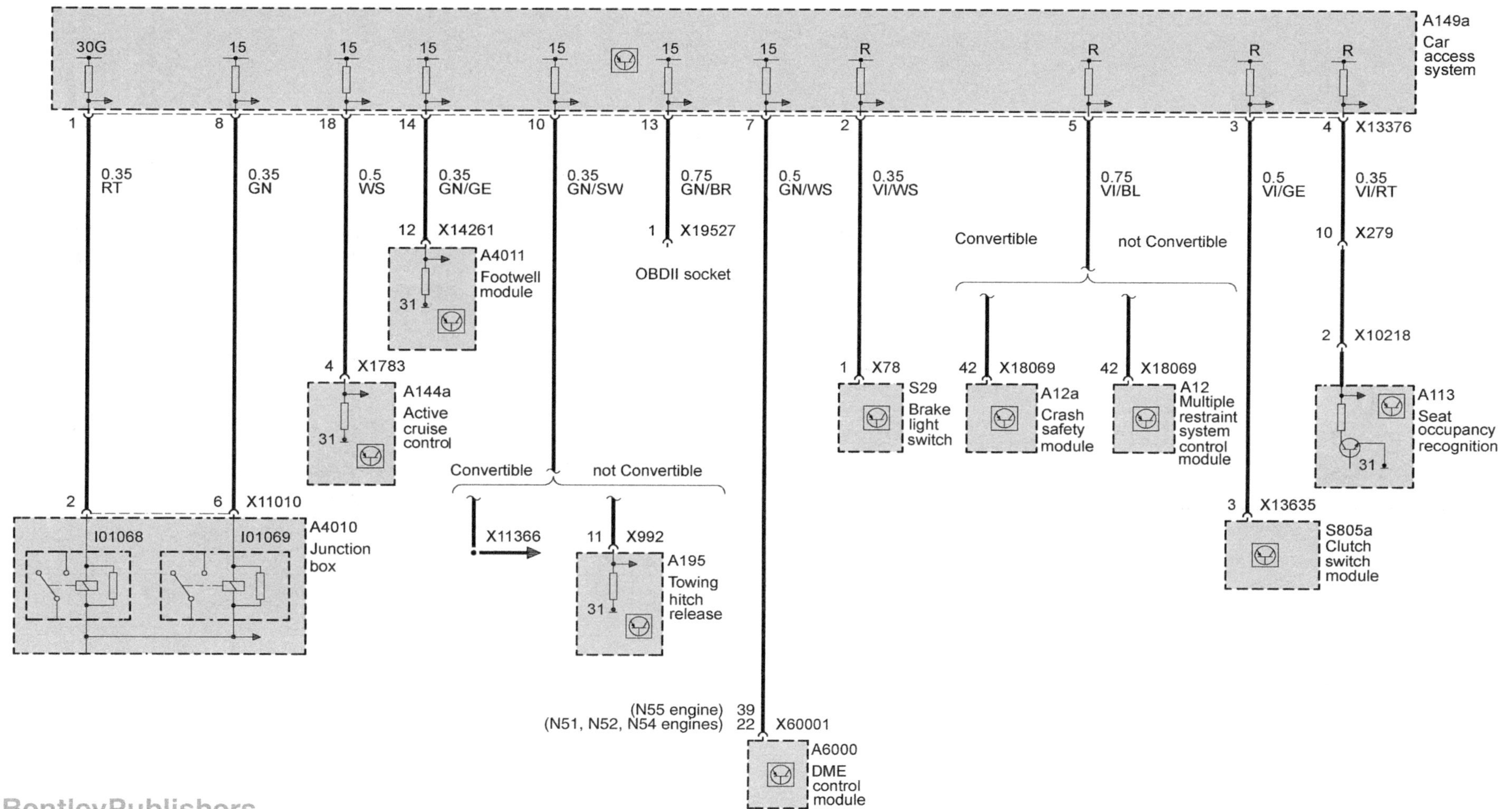

Dynamic stability control (DSC), power supply (without Bosch)

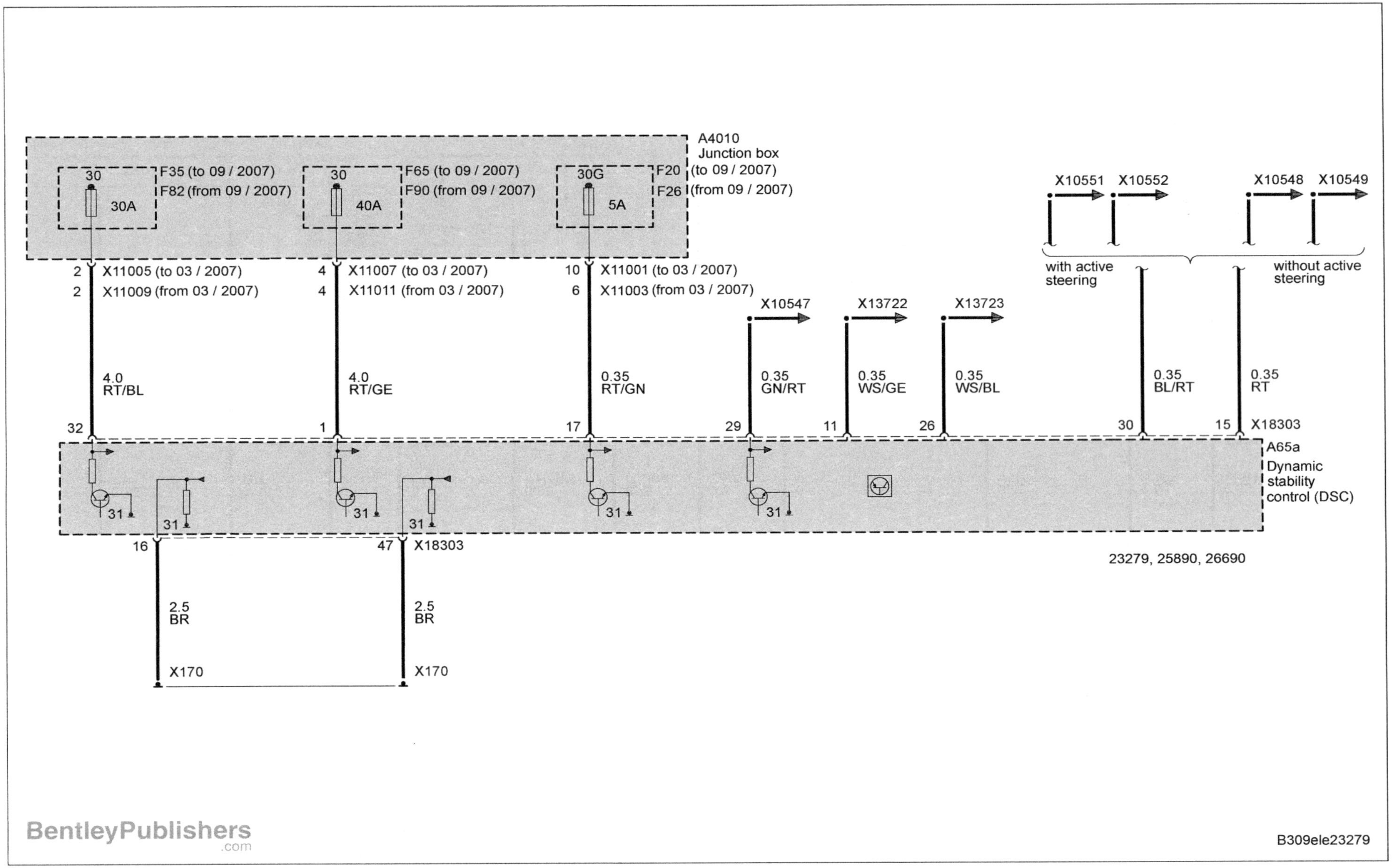

Dynamic stability control (DSC), power supply (Bosch)

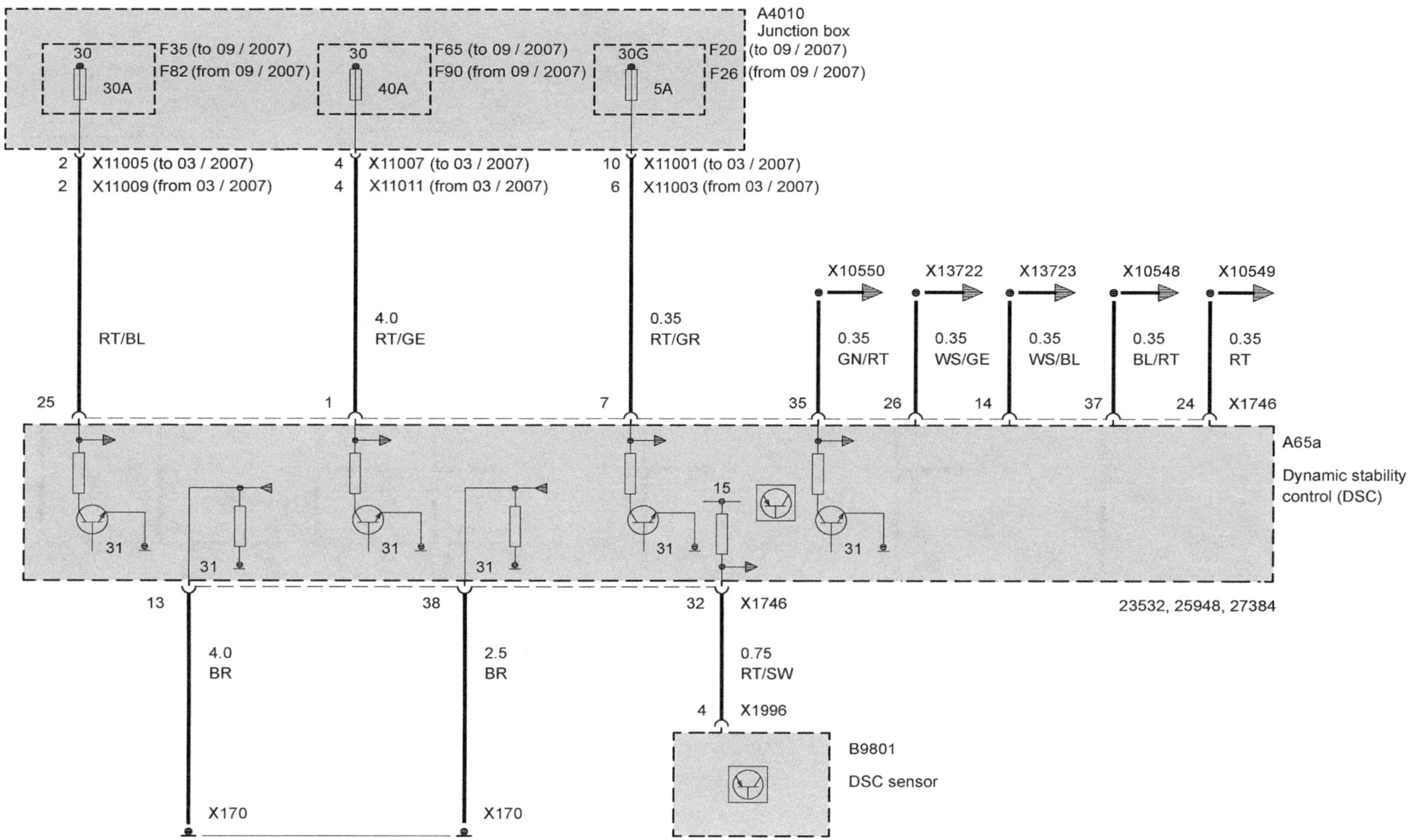

Dynamic stability control (DSC), switch functions (without Bosch)

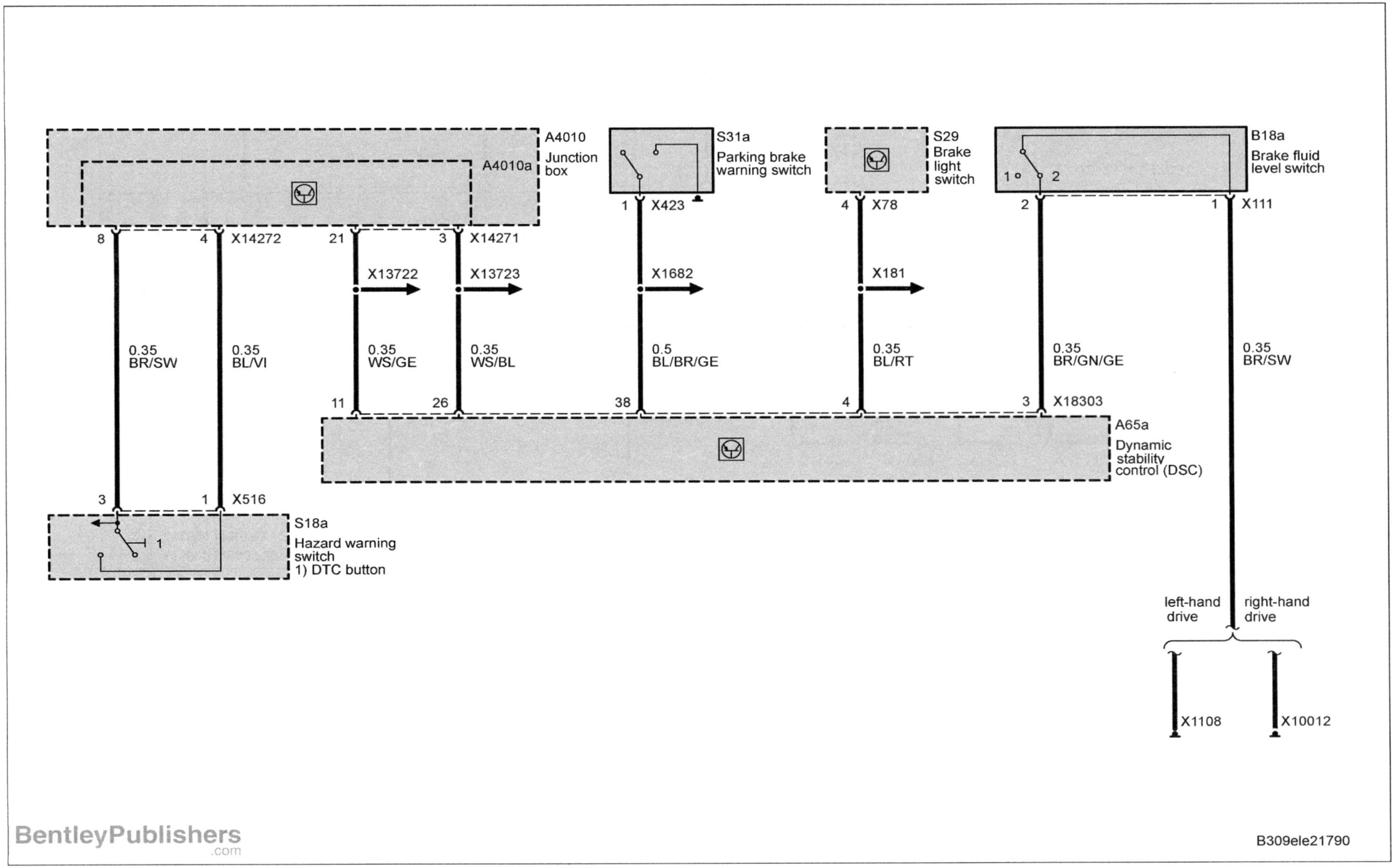

Dynamic stability control (DSC), switch functions (Bosch)

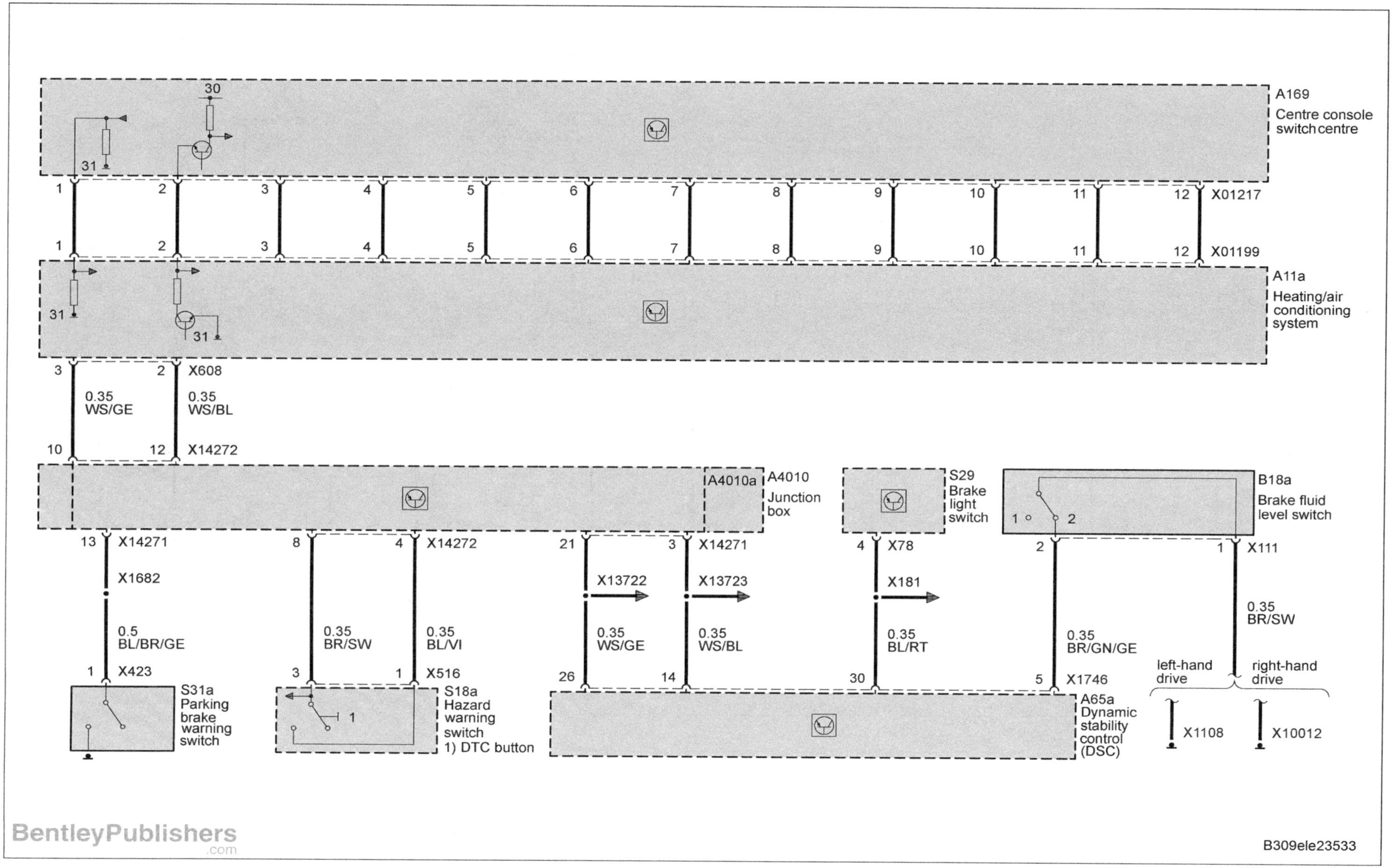

Dynamic stability control (DSC), sensor system (without Bosch) (page 1 of 2)

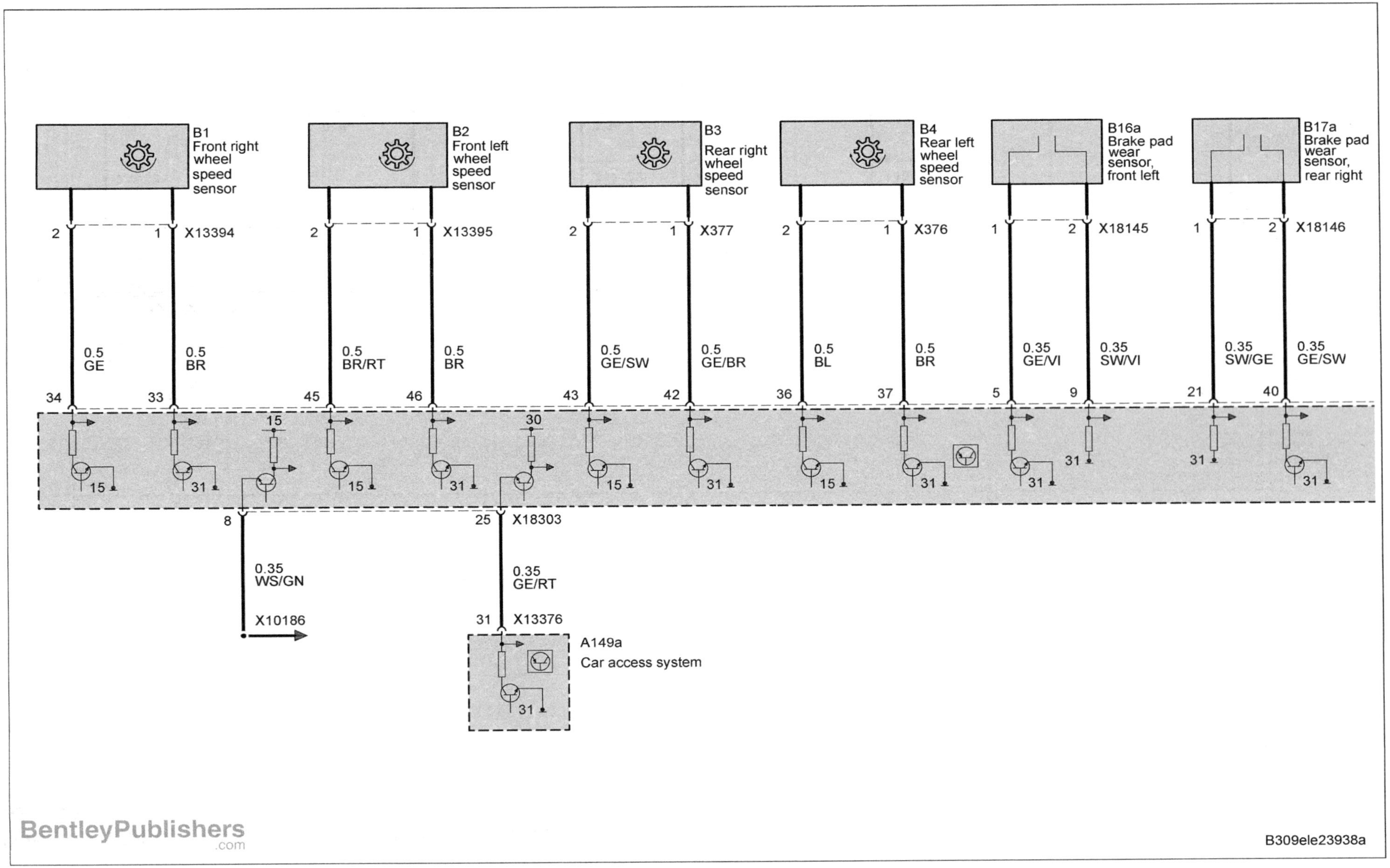

Dynamic stability control (DSC), sensor system (without Bosch) (page 2 of 2)

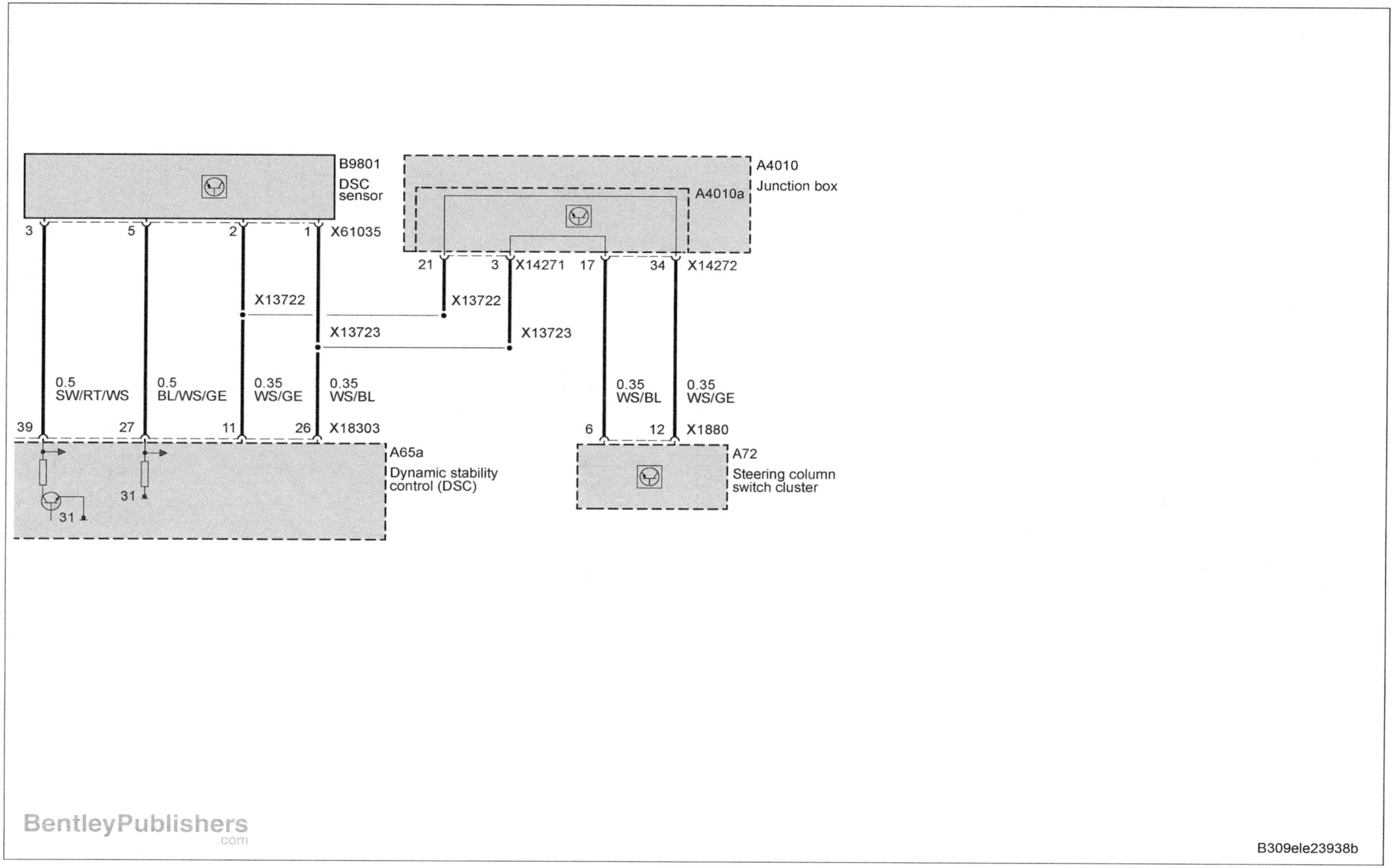

Dynamic stability control (DSC), sensor system (Bosch) (page 1 of 2)

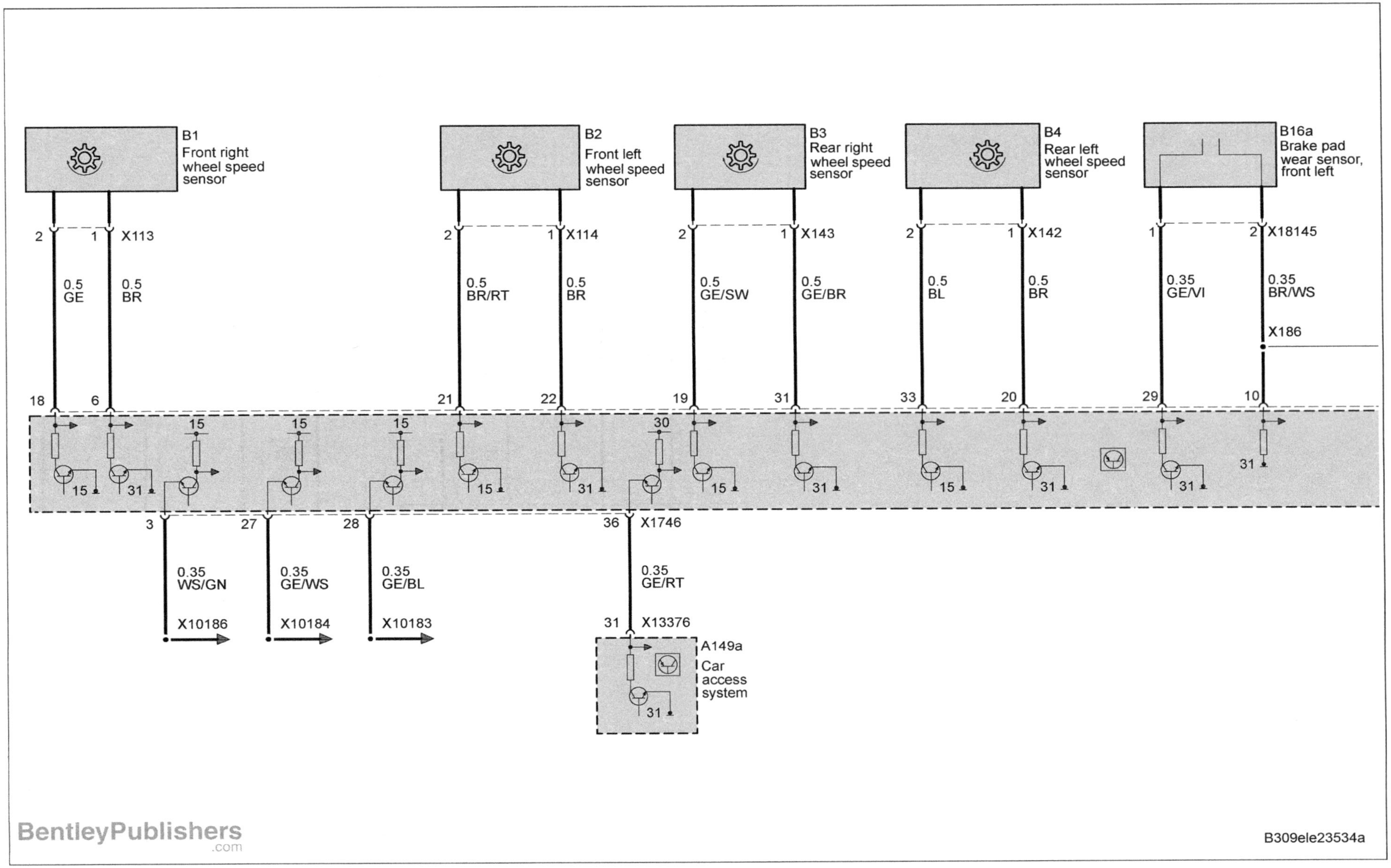

Dynamic stability control (DSC), sensor system (Bosch) (page 2 of 2)

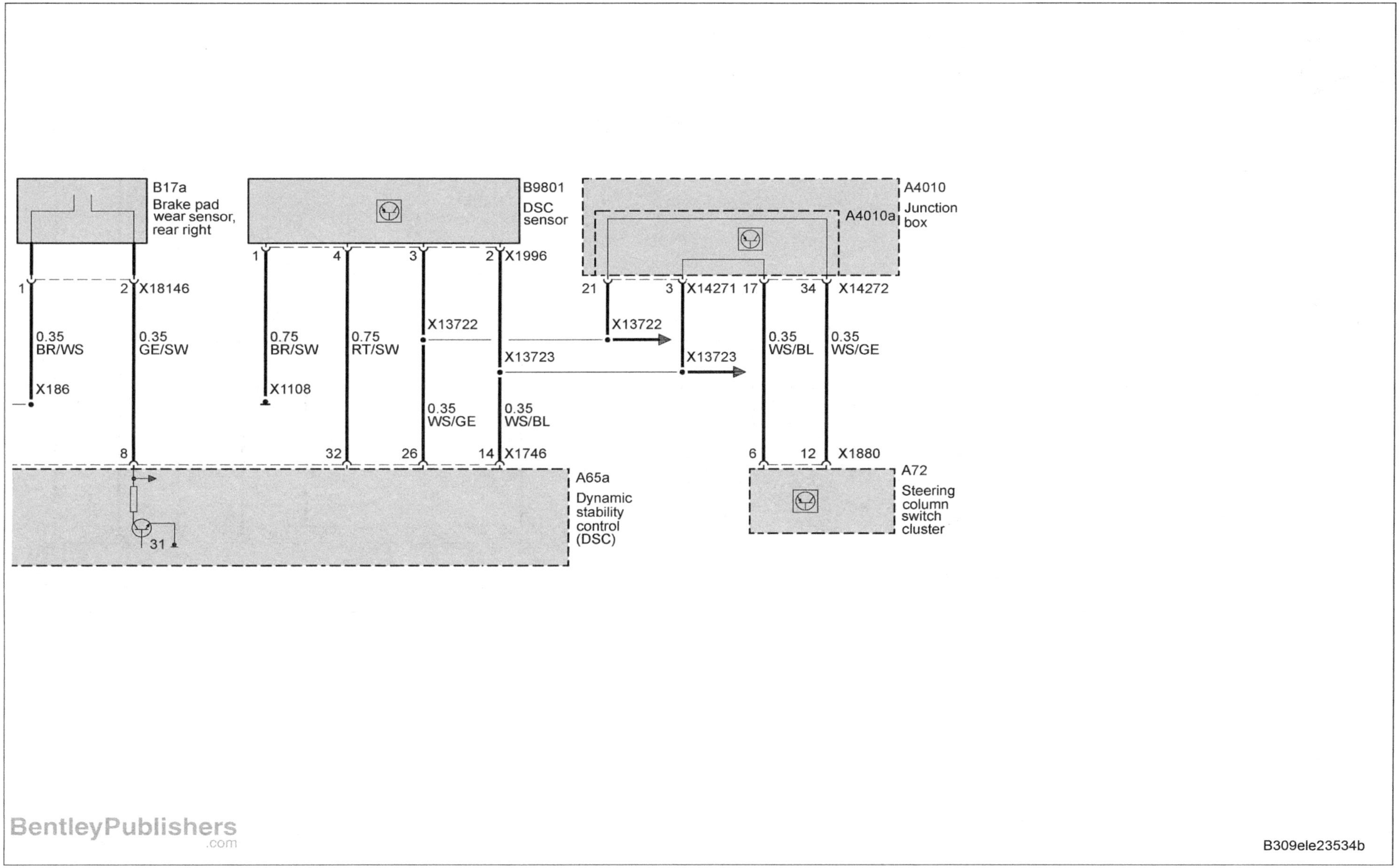

Steering column switch cluster (SZL)

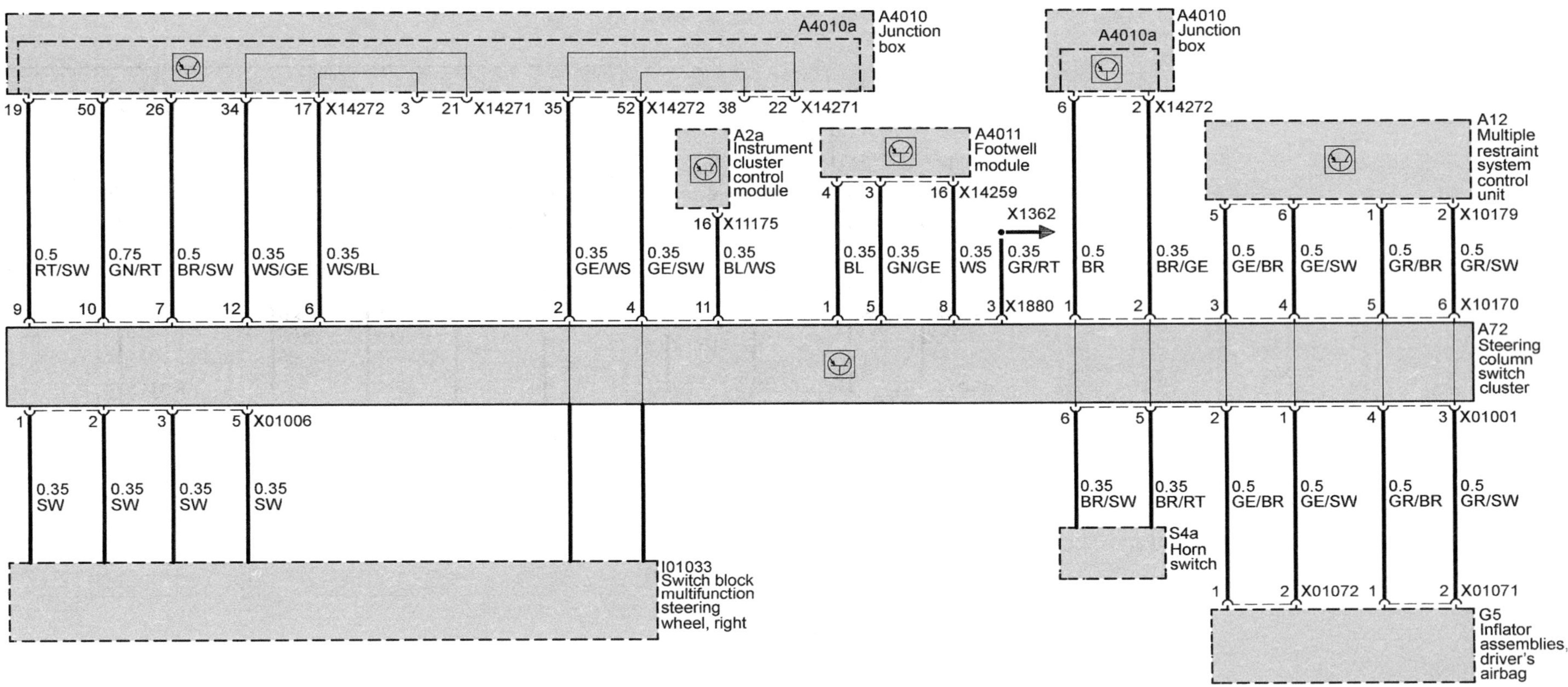

B309ele23930

Steering column switch cluster (SZL), power supply

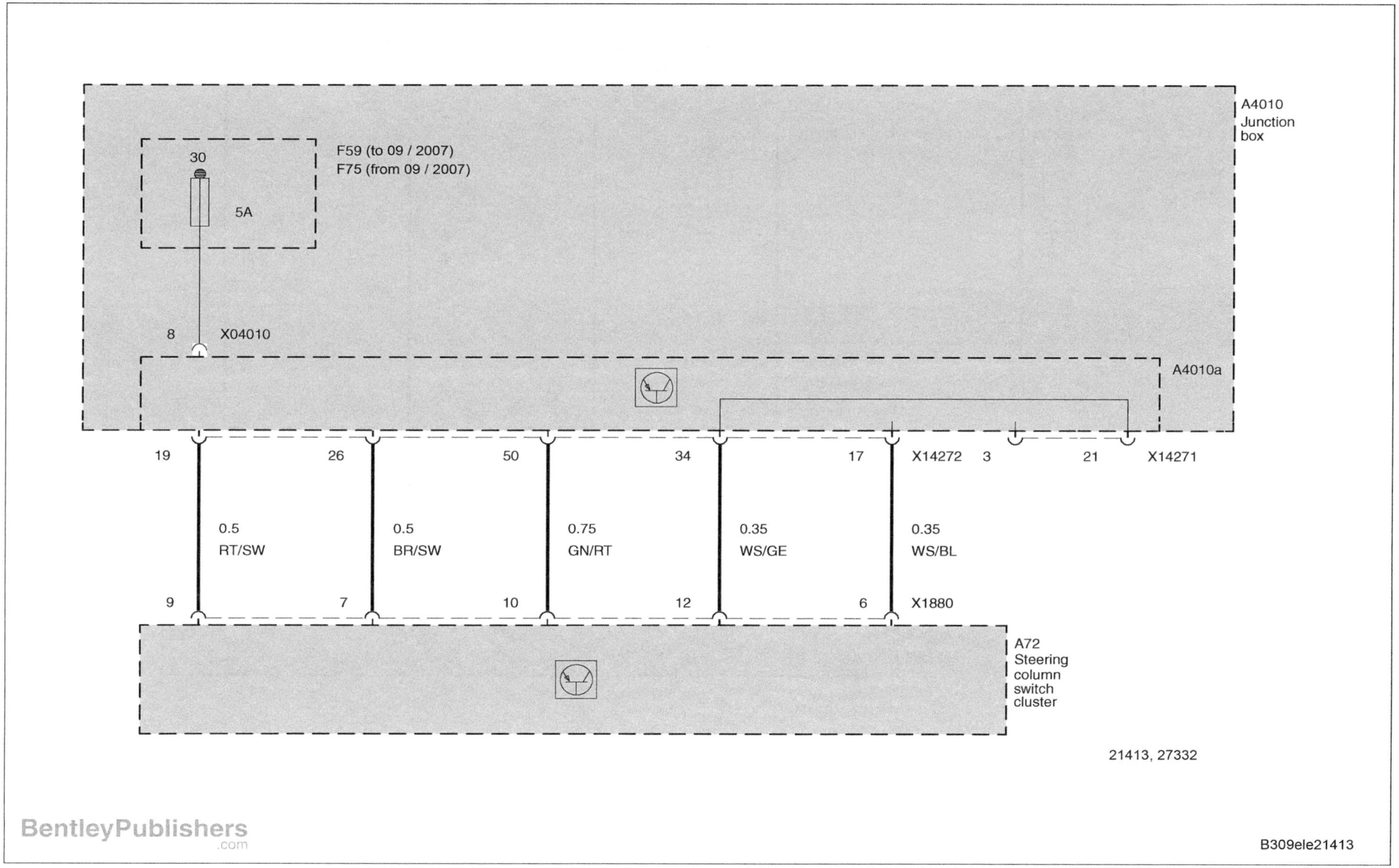

Electric steering lock (ELV)

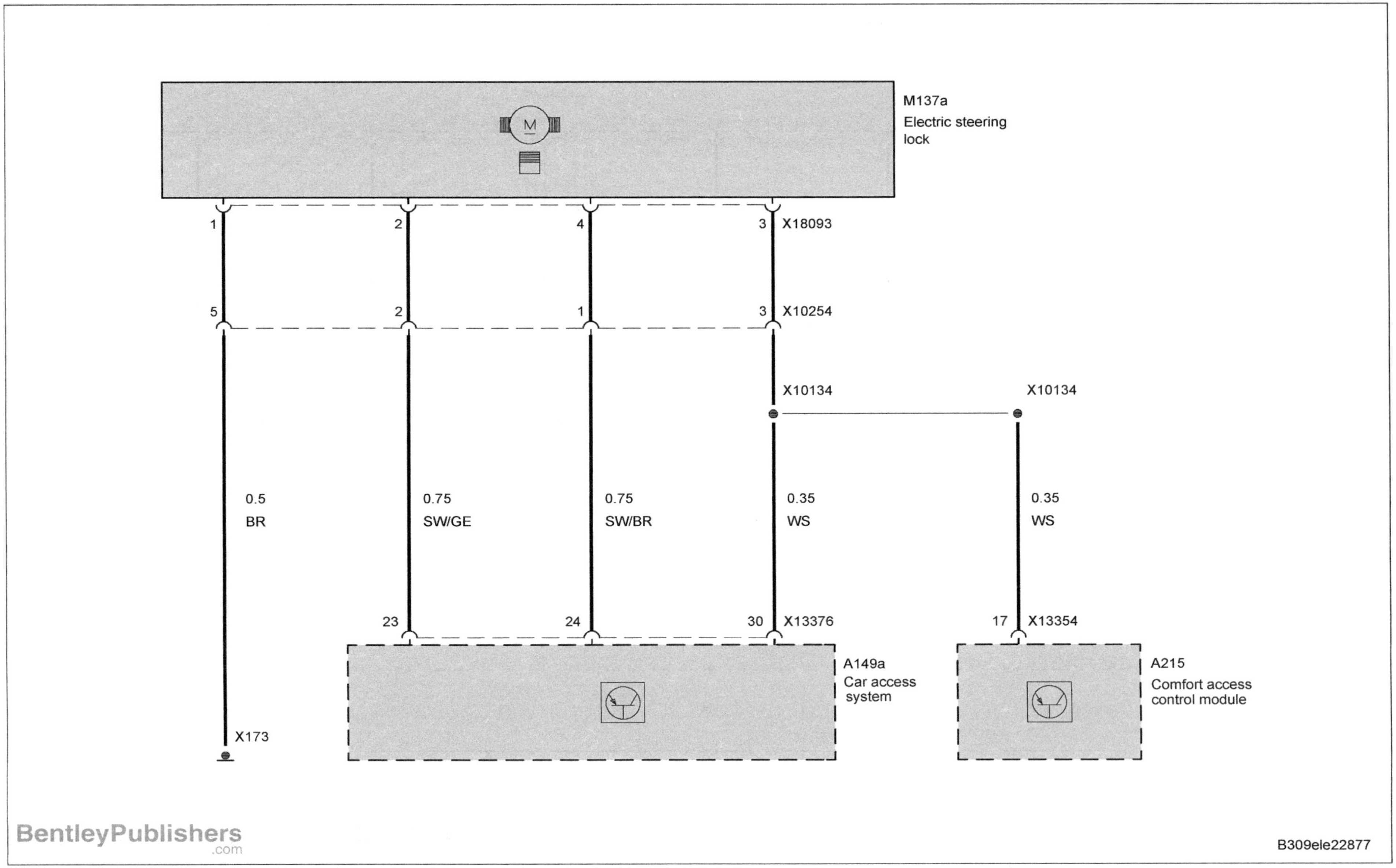

Tire pressure control (RDC)
(page 1 of 2)

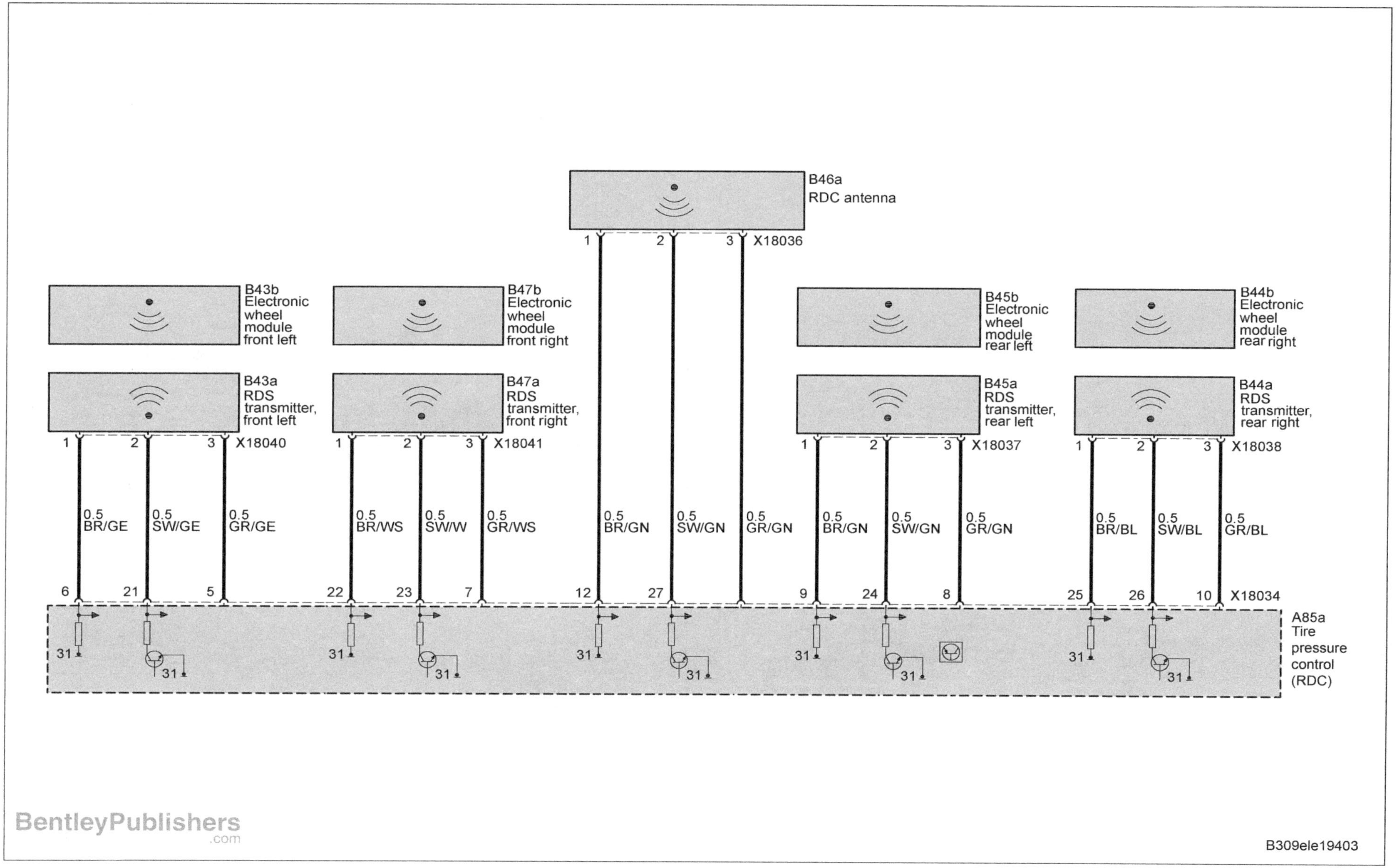

Tire pressure control (RDC)
(page 2 of 2)

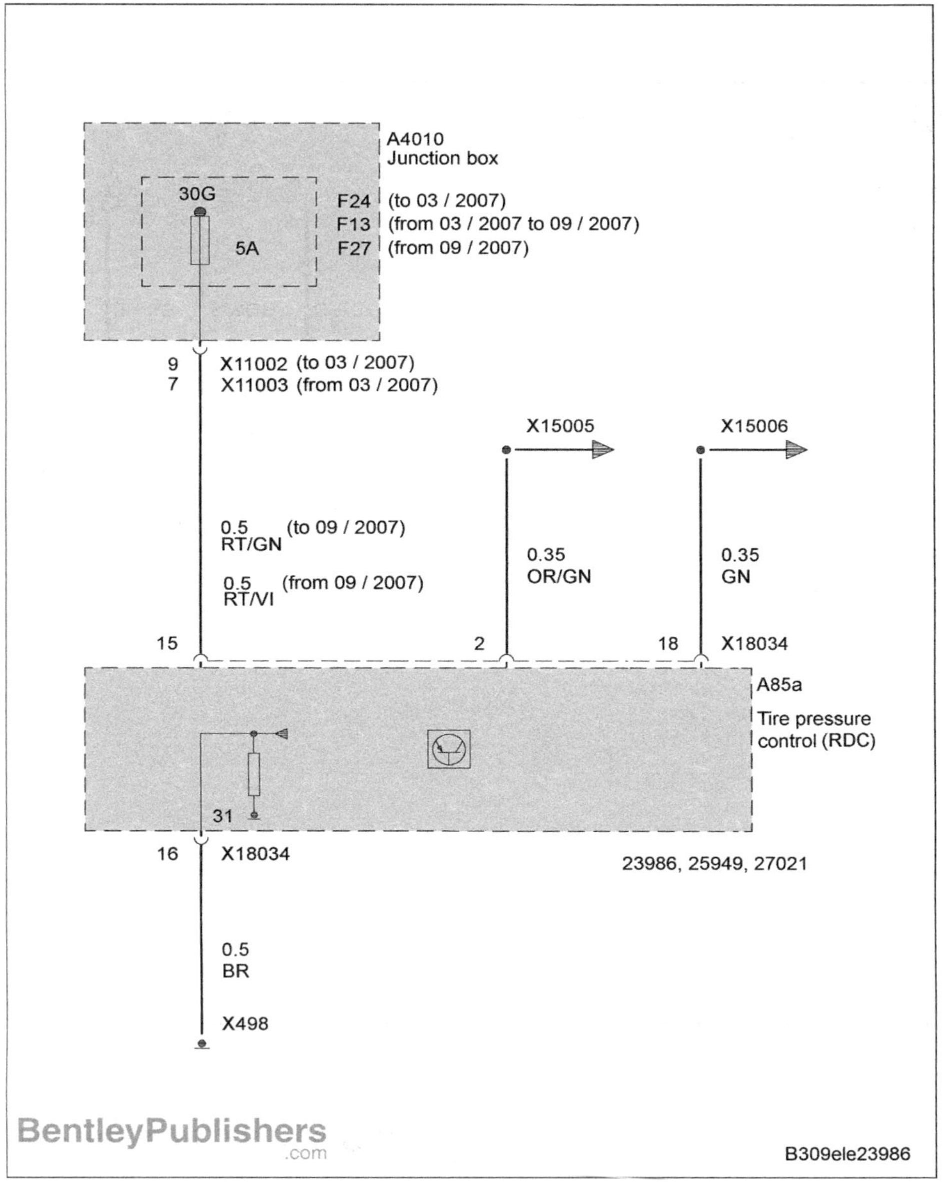

Car access system (to 03 / 2007)
(page 1 of 3)

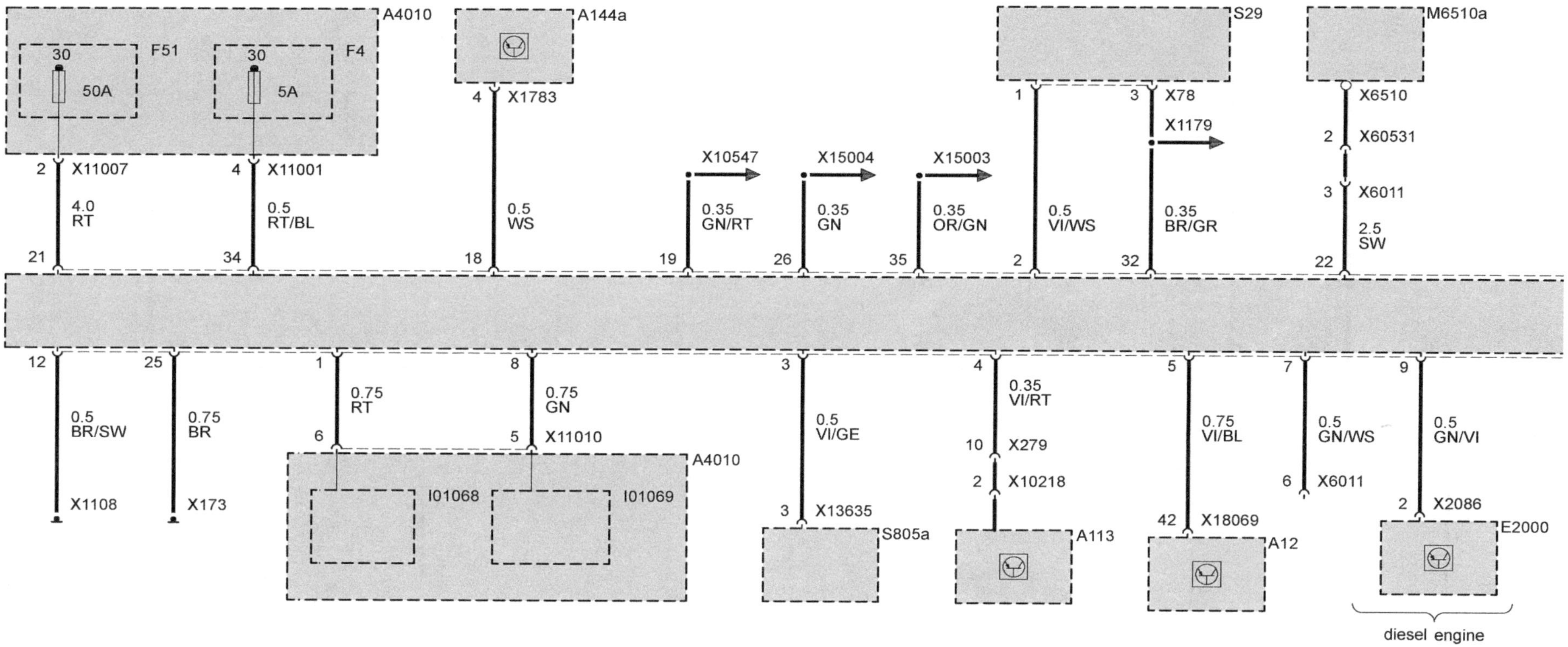

A12	Multiple restraint system (MRS) control module	A4010	Junction box	M6510a	Starter
A65a	Dynamic stability control (DSC) module	A4011	Footwell module	S19a	Hood contact switch
A113	Seat occupancy recognition	A6000	Engine control module (DME)	S29	Brake light switch
A144a	Active cruise control	A7000a	Transmission control module	S204	Trunk lid release switch
A149a	Car access system	E82	Gear indicator lighting	S805a	Clutch switch module
A195	Towing hitch release	E2000	Fuel heater (Diesel)	S14028	Remote key slot
A421	Antenna diversity	M137a	Electric steering lock	U400a	Telephone transceiver

B309ele23518a

Car access system (to 03 / 2007) (page 2 of 3)

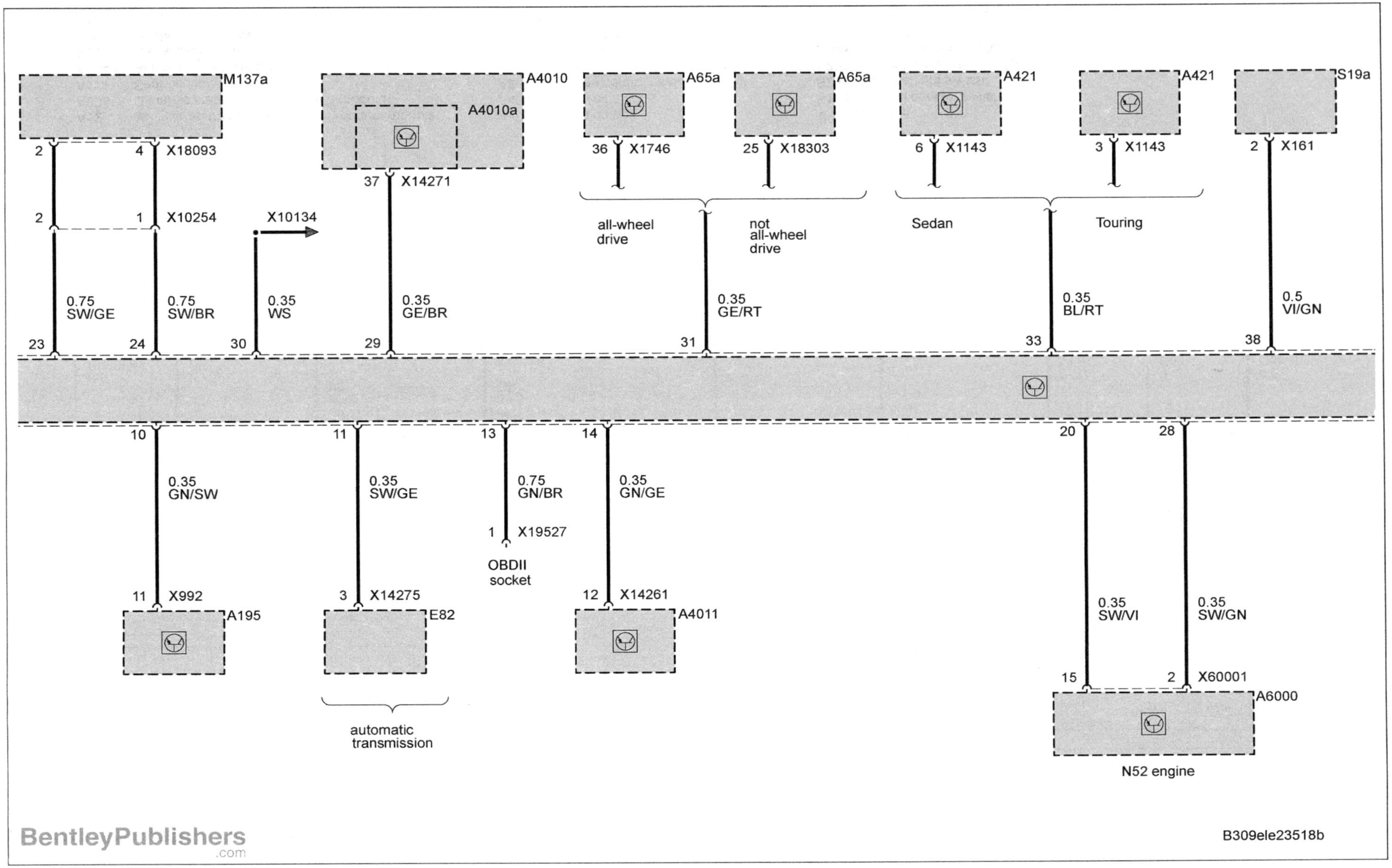

Car access system (to 03 / 2007)
(page 3 of 3)

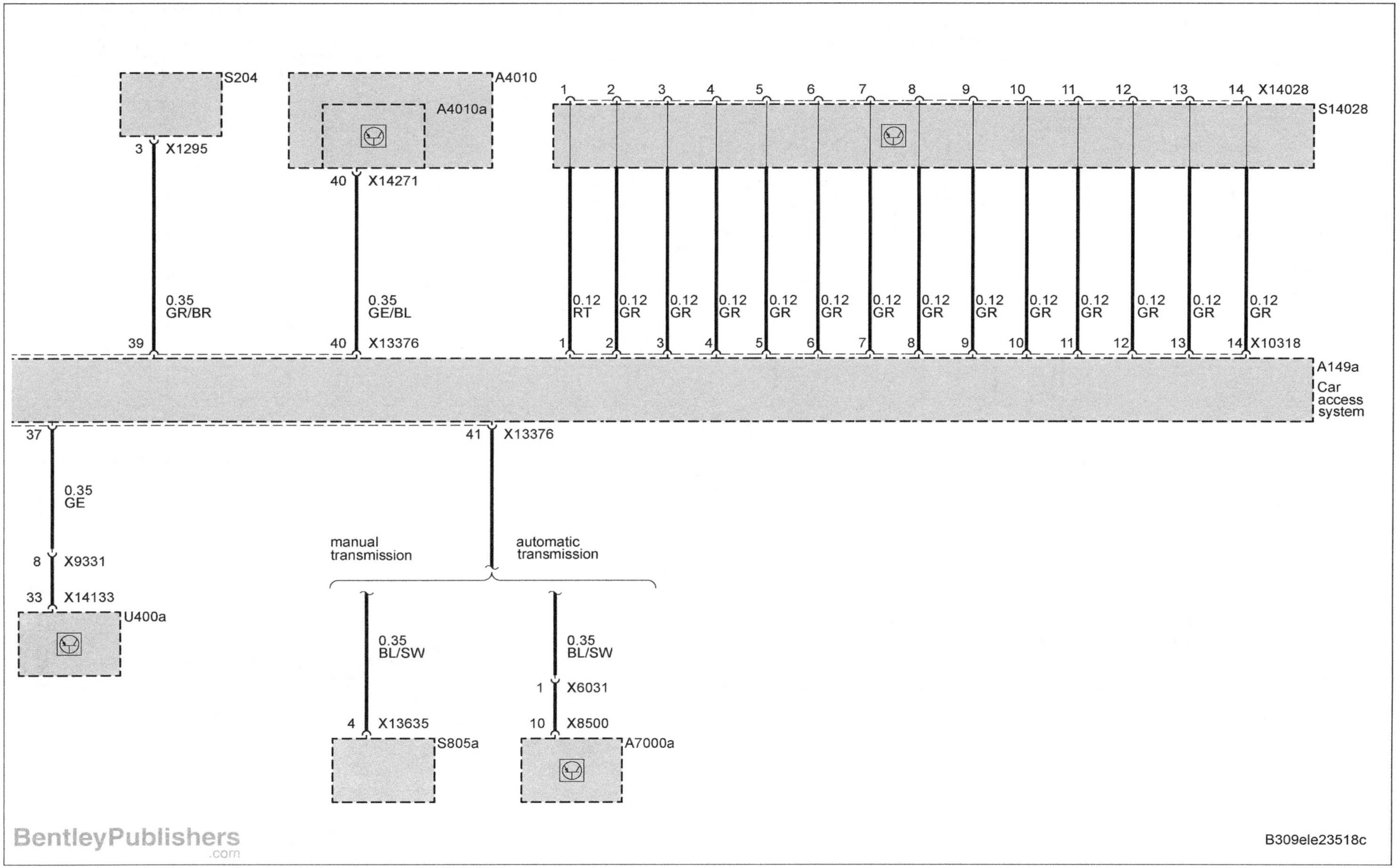

Car access system (from 03 / 2007) (page 1 of 3)

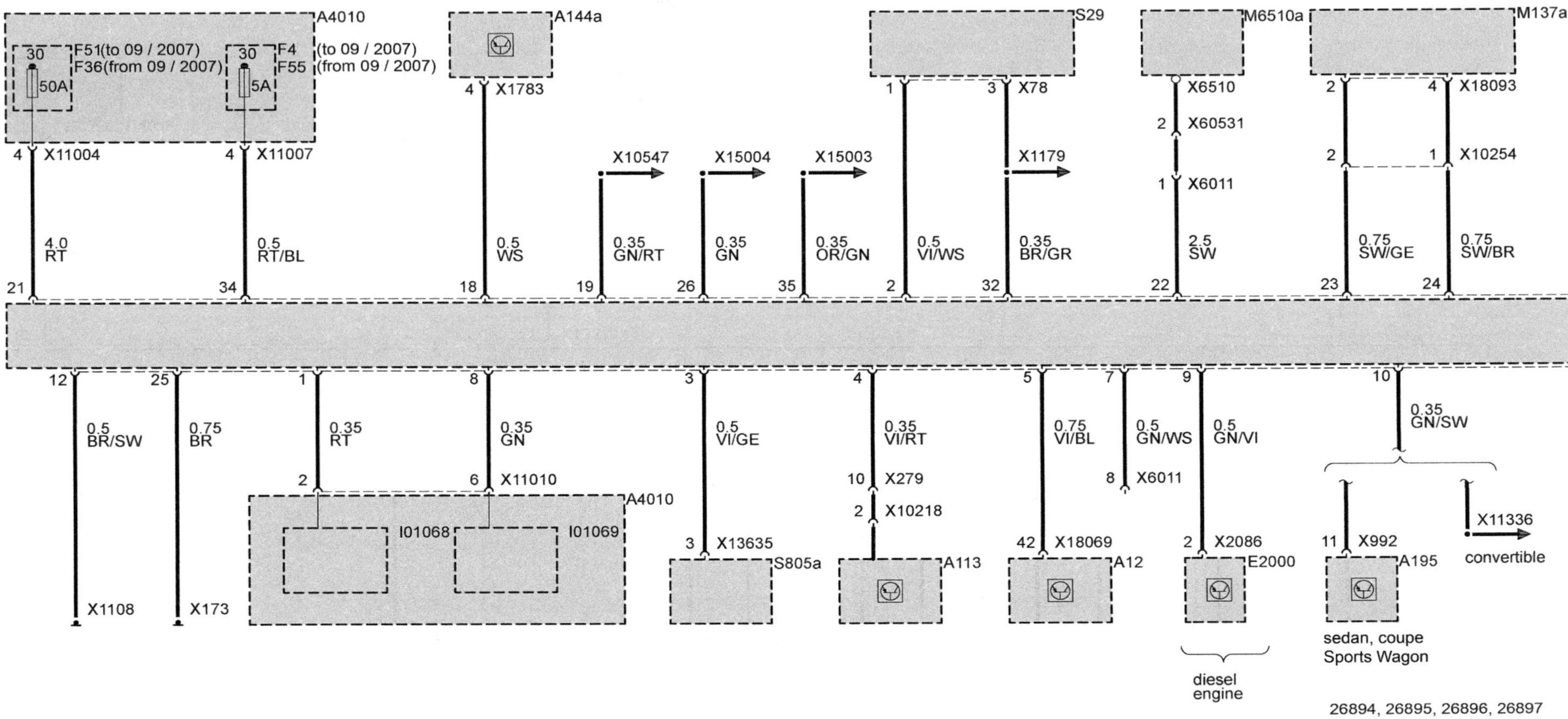

A12	Multiple restraint system (MRS) control module	A4010	Junction box	M6510a	Starter
A65a	Dynamic stability control (DSC) module	A4011	Footwell module	S19a	Hood contact switch
A113	Seat occupancy recognition	A6000	Engine control module (DME)	S29	Brake light switch
A144a	Active cruise control	A7000a	Transmission control module	S204	Trunk lid release switch
A149a	Car access system	E82	Gear indicator lighting	S805a	Clutch switch module
A195	Towing hitch release	E2000	Fuel heater (Diesel)	S14028	Remote key slot
A421	Antenna diversity	M137a	Electric steering lock	U400b	Telematic control unit (TCU)

B309ele26894a

Car access system (from 03 / 2007) (page 2 of 3)

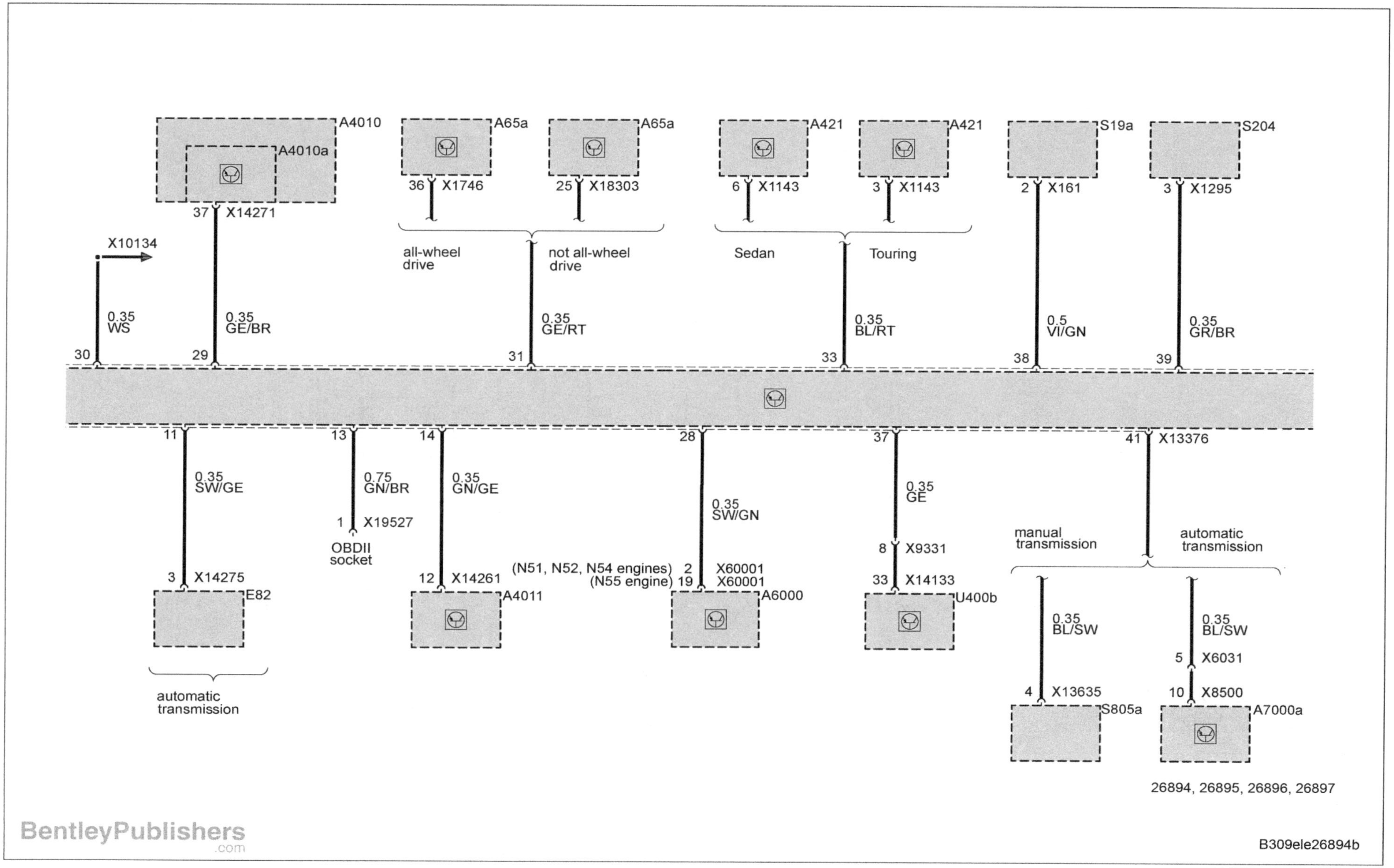

Car access system (from 03 / 2007)
(page 3 of 3)

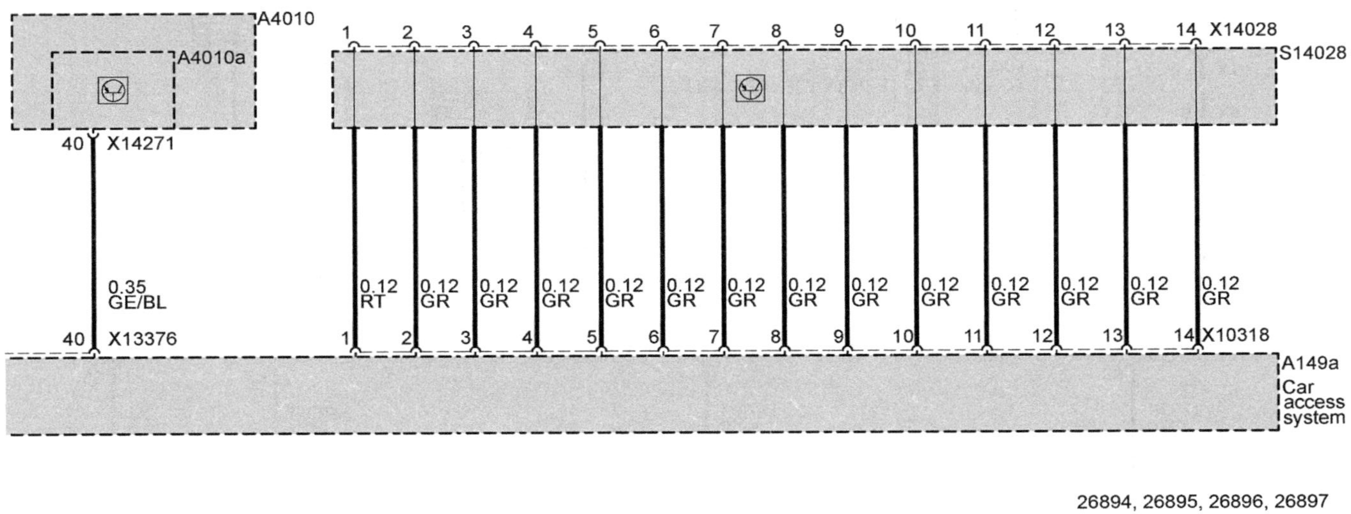

B309ele26894c

Footwell module, Sedan and Sports Wagon (page 1 of 4)

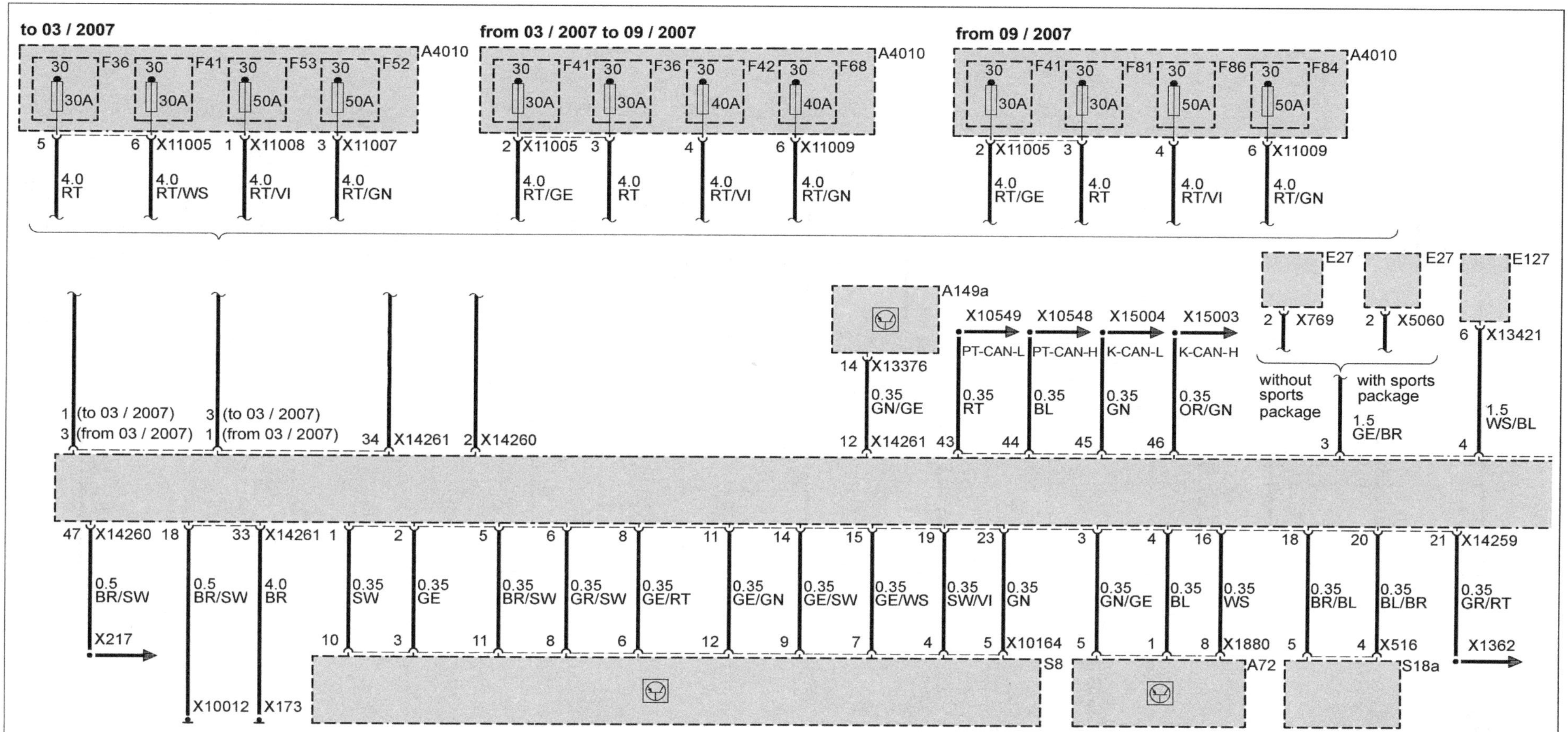

23568, 27373, 27379

A72	Steering column switch center (SZL)	E26	Left fog light	E80	Tail light, inner left	H9a	Direction indicator light, front left
A149a	Car access system	E27	Right fog light	E81	Tail light, inner right	H34a	Auxiliary brake light
A4010	Junction box	E34a	Interior reading lamp, front	E126	Left headlight	S8	Light switch
B42b	Ride height sensor, front	E46a	Tail light, left	E127	Right headlight	S18a	Hazard warning switch
B64a	Ride height sensor, rear	E47a	Tail light, right	H8a	Direction indicator light, front right		

B309ele23568a

Footwell module, Sedan and Sports Wagon
(page 2 of 4)

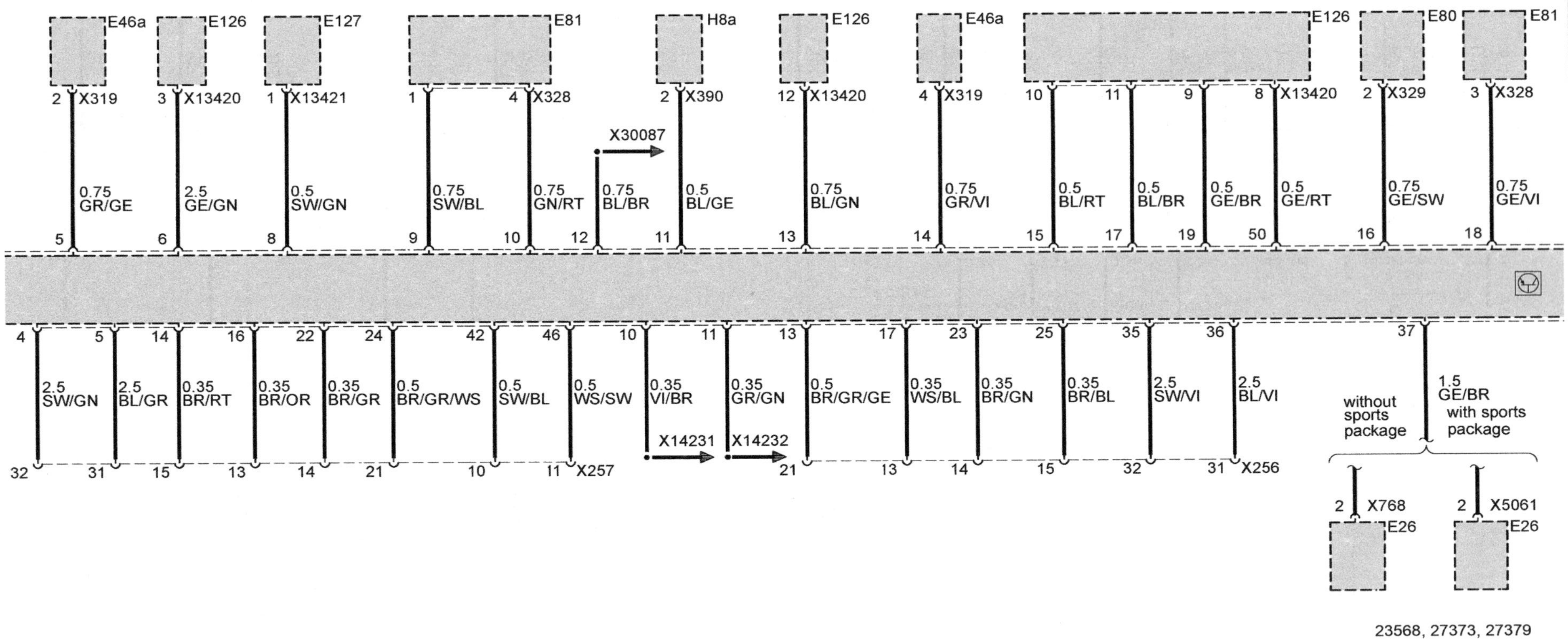

B309ele23568b

Footwell module, Sedan and Sports Wagon
(page 3 of 4)

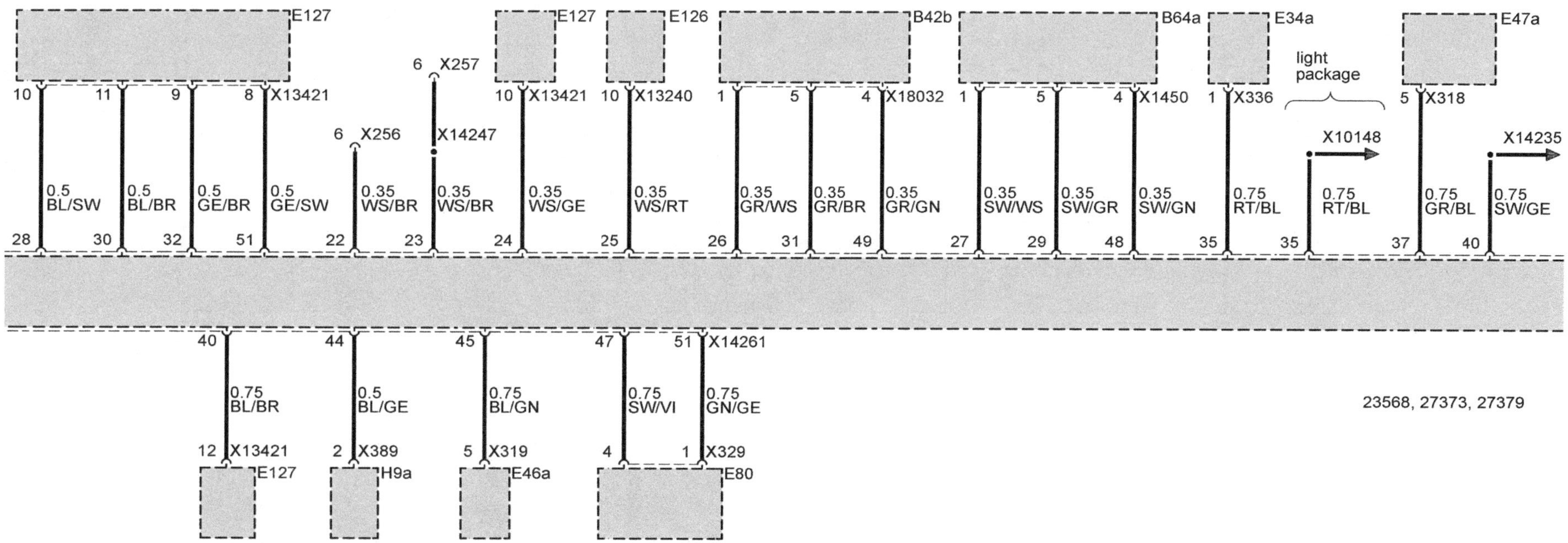

Footwell module, Sedan and Sports Wagon (page 4 of 4)

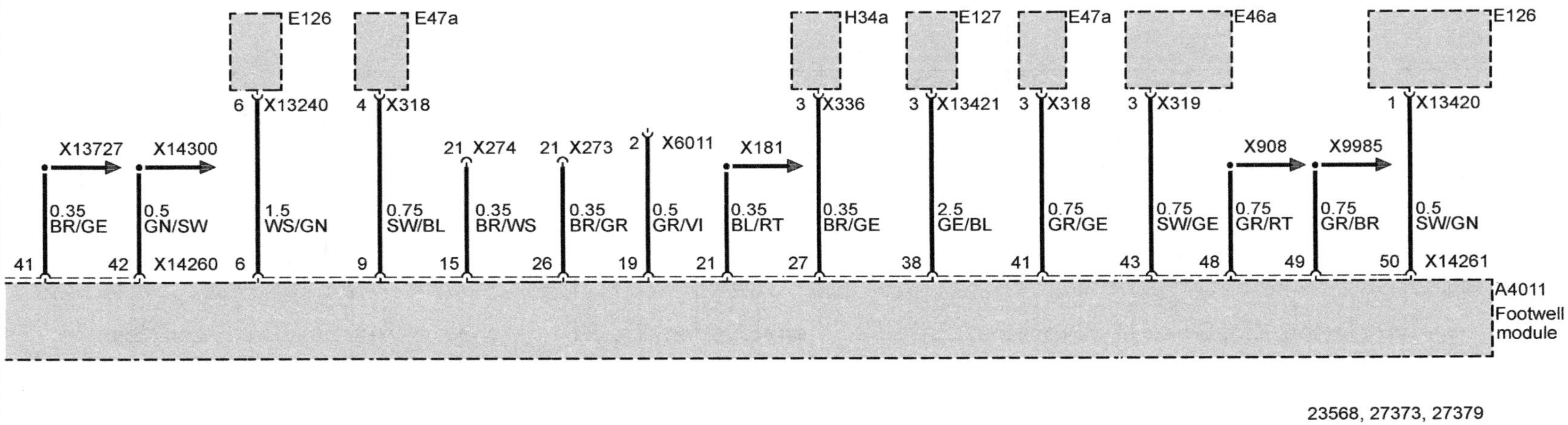

Footwell module, Coupe
(page 1 of 4)

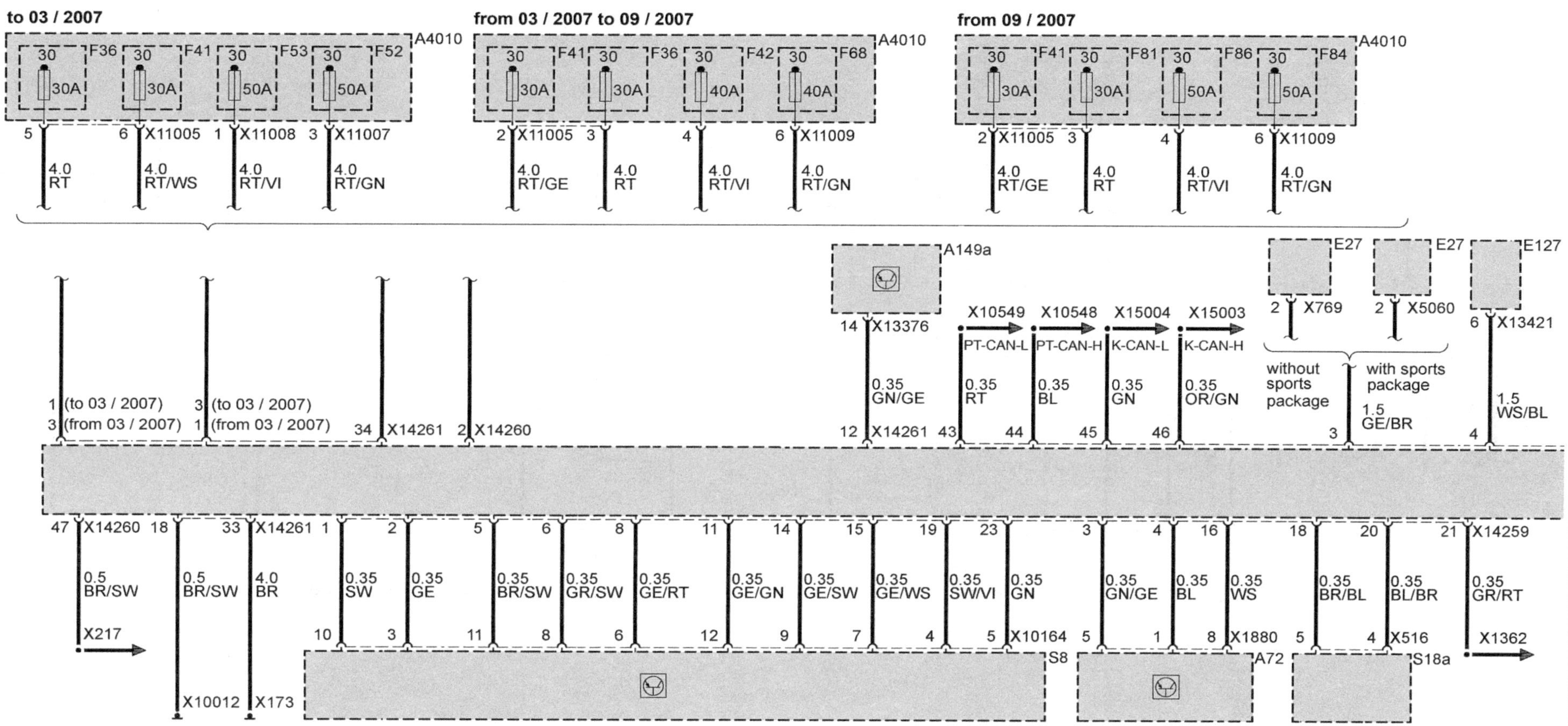

25545, 27375, 27380

A72	Steering column switch center (SZL)	E26	Left fog light	E80	Tail light, inner left	H9a	Direction indicator light, front left
A149a	Car access system	E27	Right fog light	E81	Tail light, inner right	H34a	Auxiliary brake light
A4010	Junction box	E34a	Interior reading lamp, front	E126	Left headlight	S8	Light switch
B42b	Ride height sensor, front	E46a	Tail light, left	E127	Right headlight	S18a	Hazard warning switch
B64a	Ride height sensor, rear	E47a	Tail light, right	H8a	Direction indicator light, front right		

B309ele25545a

**Footwell module, Coupe
(page 2 of 4)**

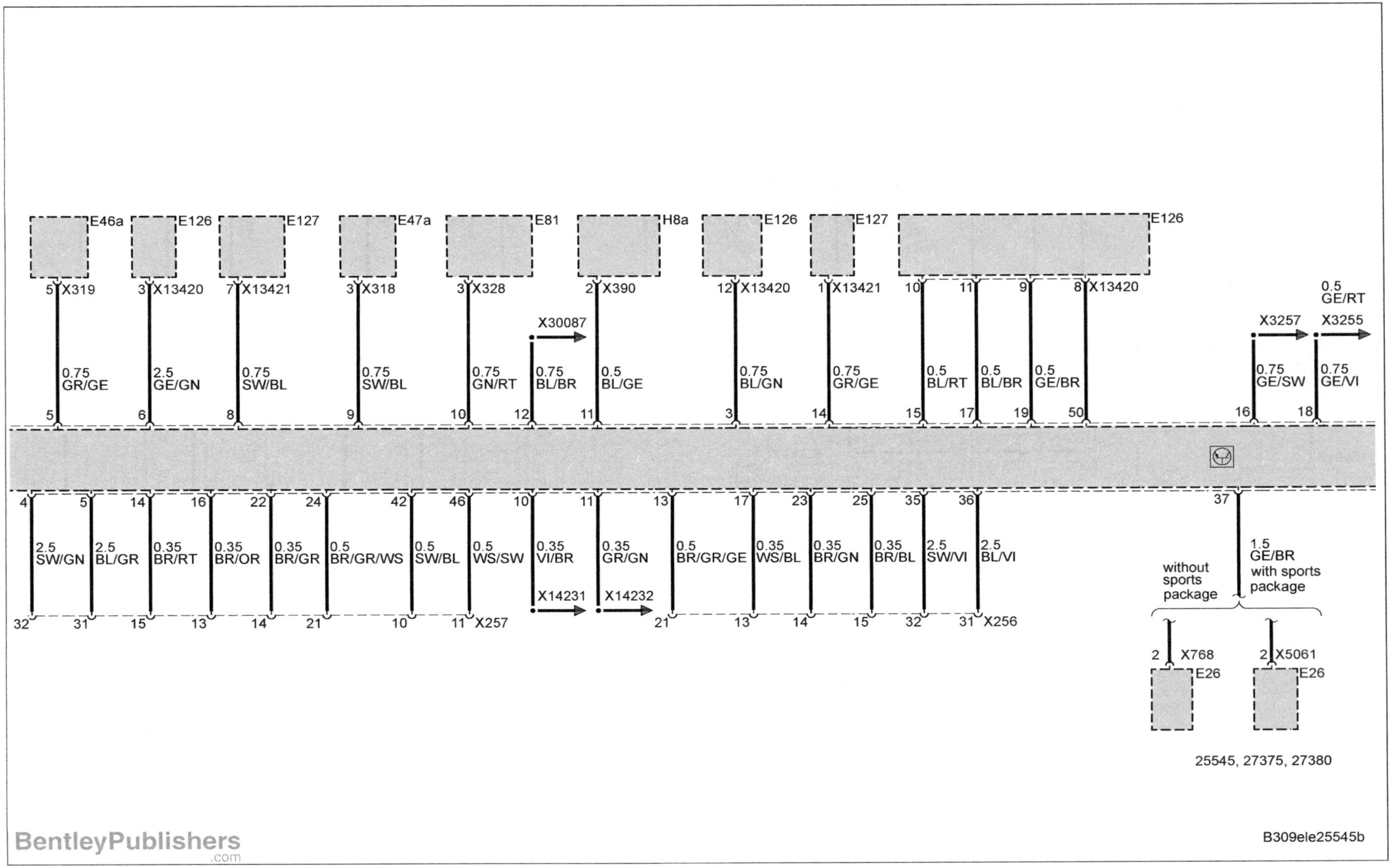

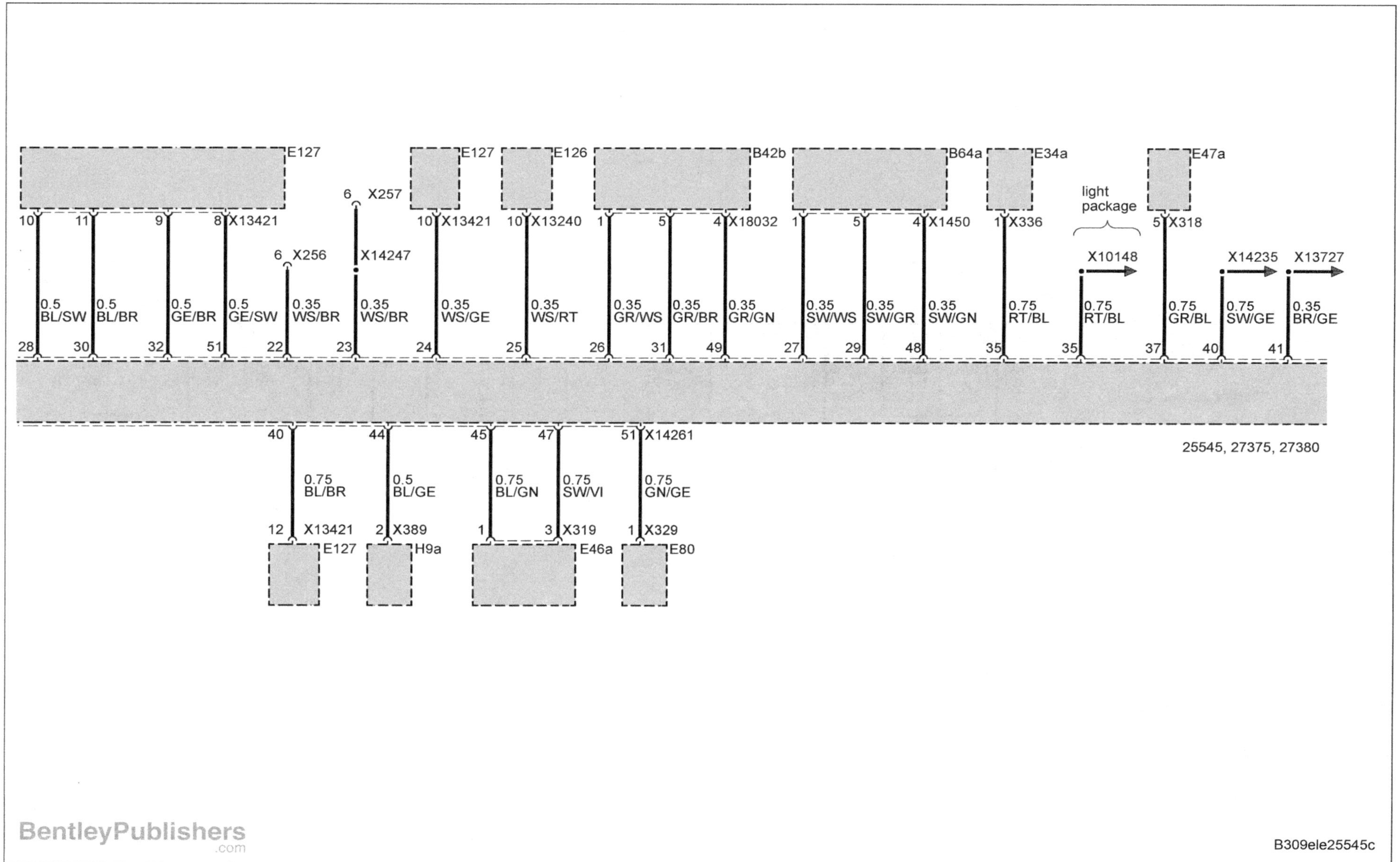
E127
10
11
9
8 X13421
0.5
BL/SW
0.5
BL/BR
0.5
GE/BR
0.5
GE/SW
28
30
32
51
6 X256
0.35
WS/BR
22
6 X257
X14247
0.35
WS/BR
23
E127
10 X13421
0.35
WS/GE
24
E126
10 X13240
0.35
WS/RT
25
B42b
1
5
4 X18032
0.35
GR/WS
0.35
GR/BR
0.35
GR/GN
26
31
49
B64a
1
5
4 X1450
0.35
SW/WS
0.35
SW/GR
0.35
SW/GN
27
29
48
E34a
1 X336
0.75
RT/BL
35
light
package
X10148
0.75
RT/BL
35
E47a
5 X318
0.75
GR/BL
37
X14235
0.75
SW/GE
40
X13727
0.35
BR/GE
41
40
0.75
BL/BR
12 X13421
E127
44
0.5
BL/GE
2 X389
H9a
45
0.75
BL/GN
1
47
0.75
SW/VI
3 X319
E46a
51 X14261
0.75
GN/GE
1 X329
E80
25545, 27375, 27380
B309ele25545c

Footwell module, Coupe
(page 4 of 4)

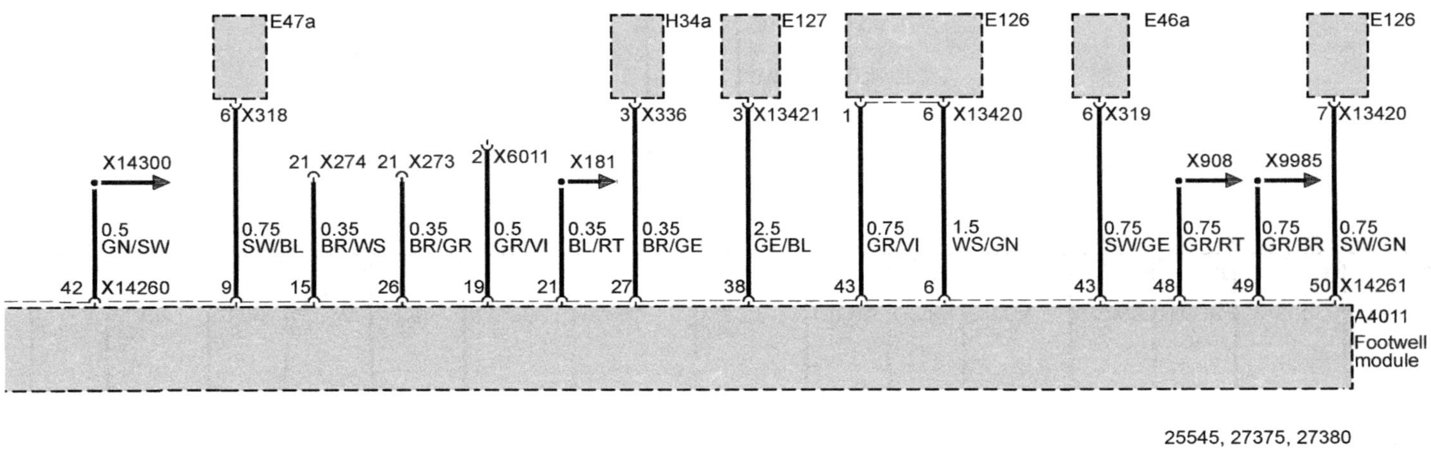

B309ele25545d

Footwell module, Convertible
(page 1 of 4)

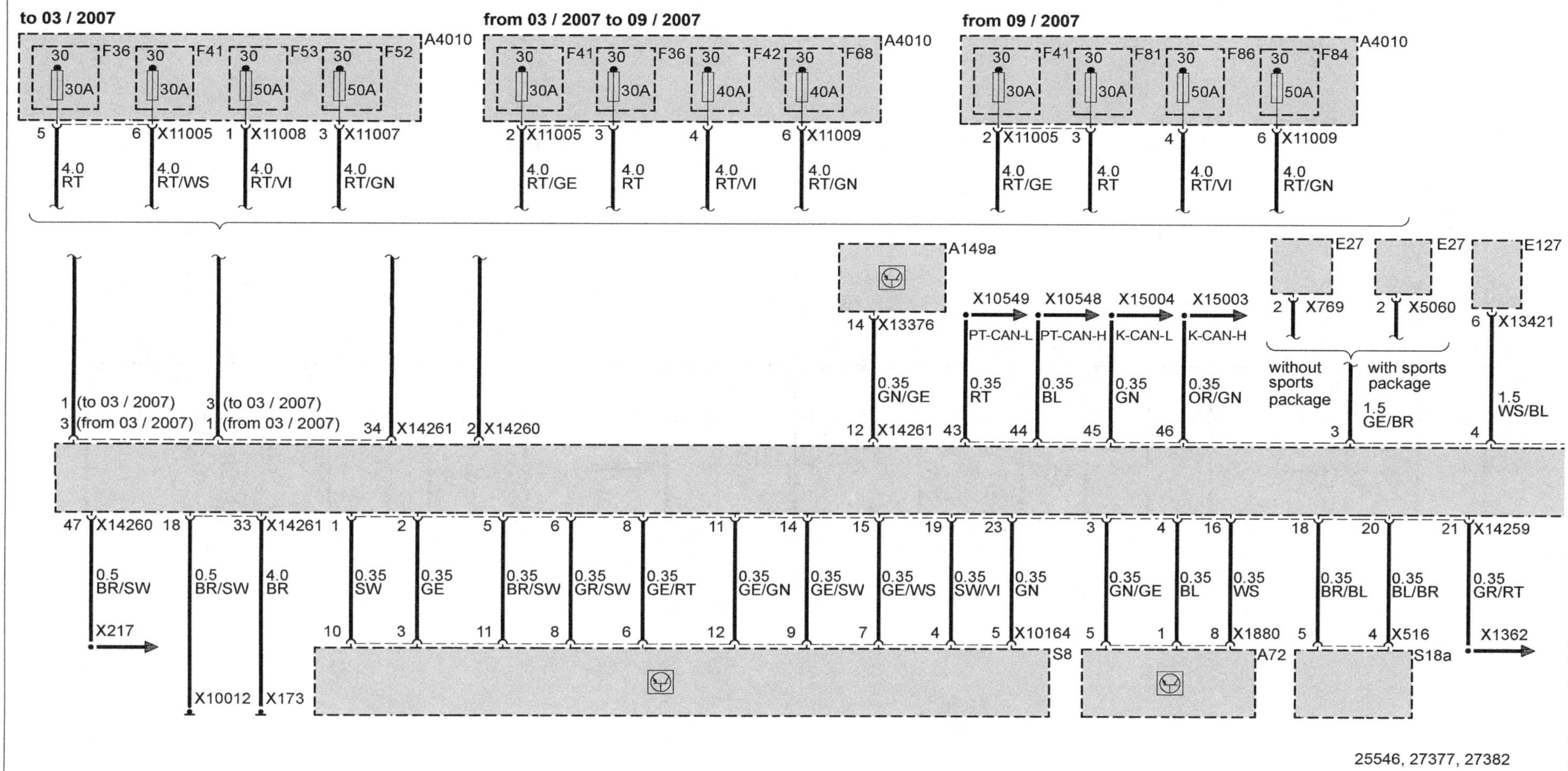

A72	Steering column switch center (SZL)	E26	Left fog light	E80	Tail light, inner left	H9a	Direction indicator light, front left
A149a	Car access system	E27	Right fog light	E81	Tail light, inner right	H34a	Auxiliary brake light
A4010	Junction box	E34a	Interior reading lamp, front	E126	Left headlight	S8	Light switch
B42b	Ride height sensor, front	E46a	Tail light, left	E127	Right headlight	S18a	Hazard warning switch
B64a	Ride height sensor, rear	E47a	Tail light, right	H8a	Direction indicator light, front right		

B309ele25546a

Footwell module, Convertible
(page 2 of 4)

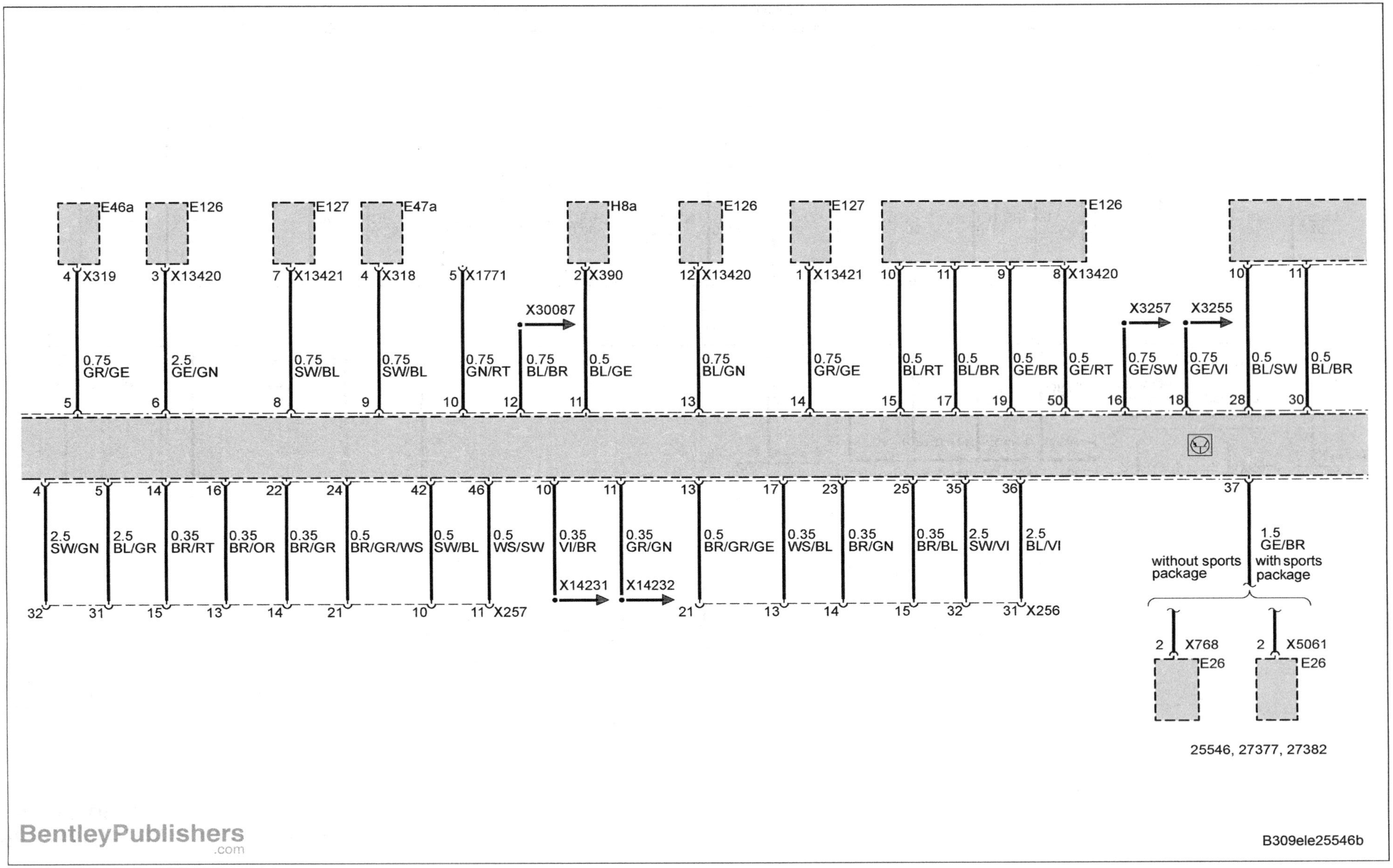

Footwell module, Convertible
(page 3 of 4)

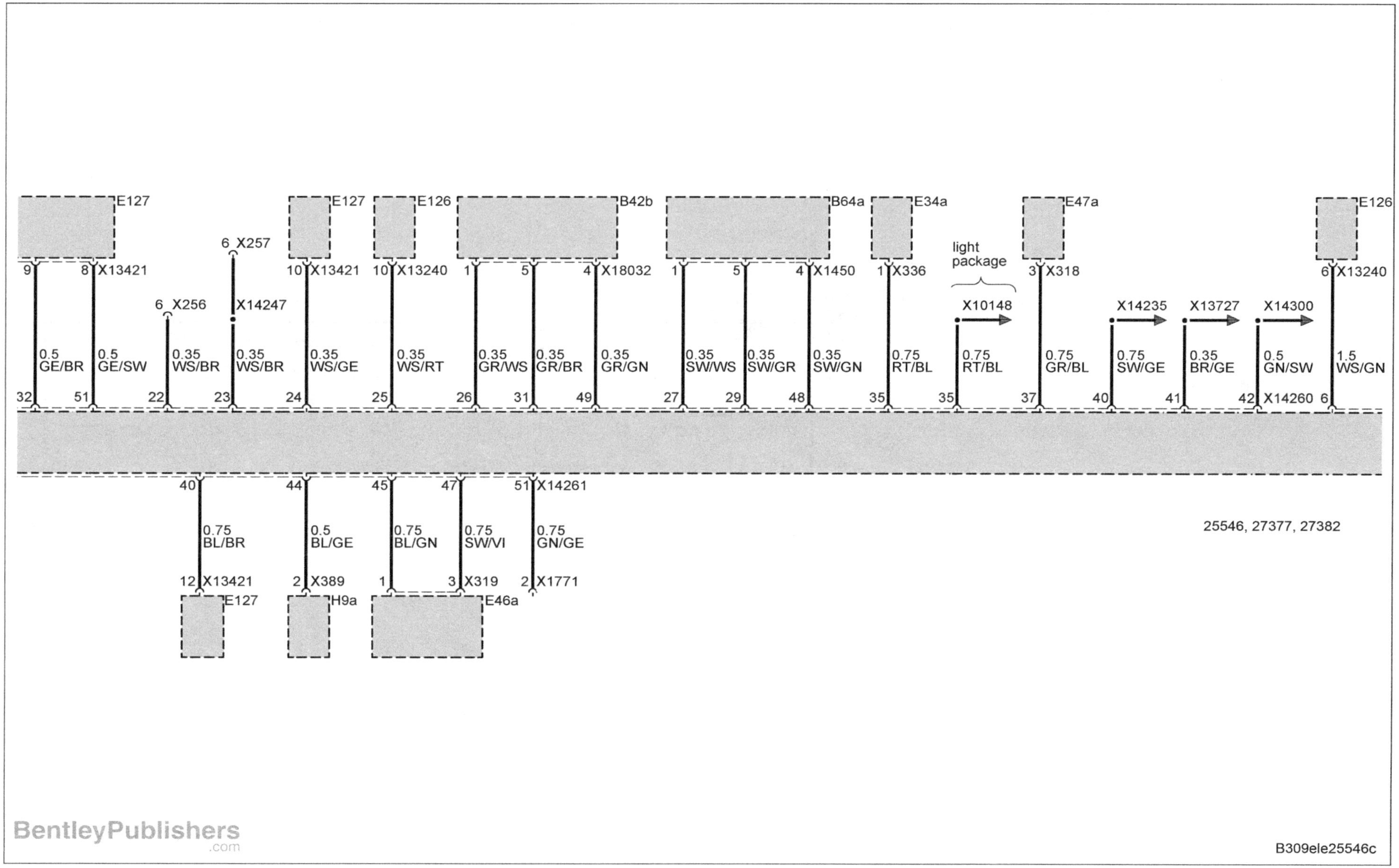

Footwell module, Convertible
(page 4 of 4)

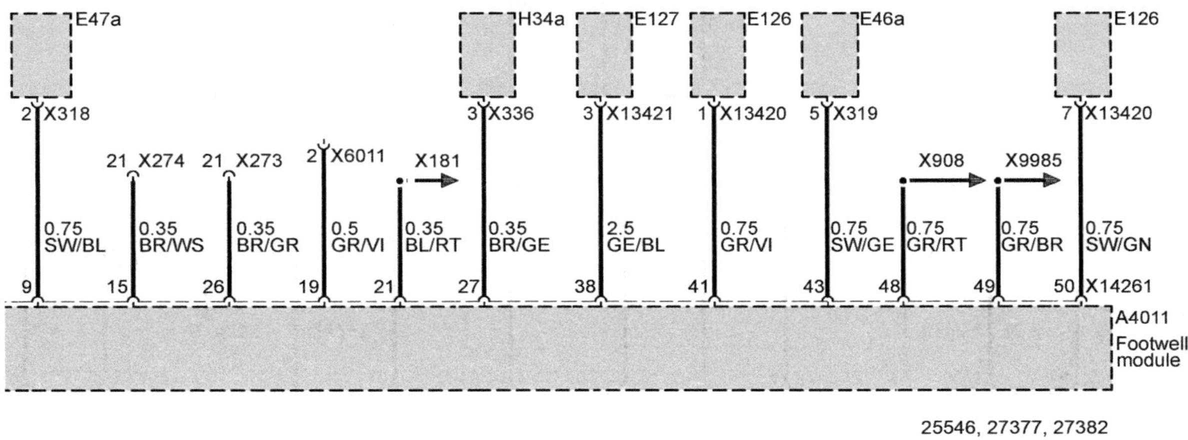

B309ele25546d

Power window inputs
Sedan and Sports Wagon
(page 1 of 2)

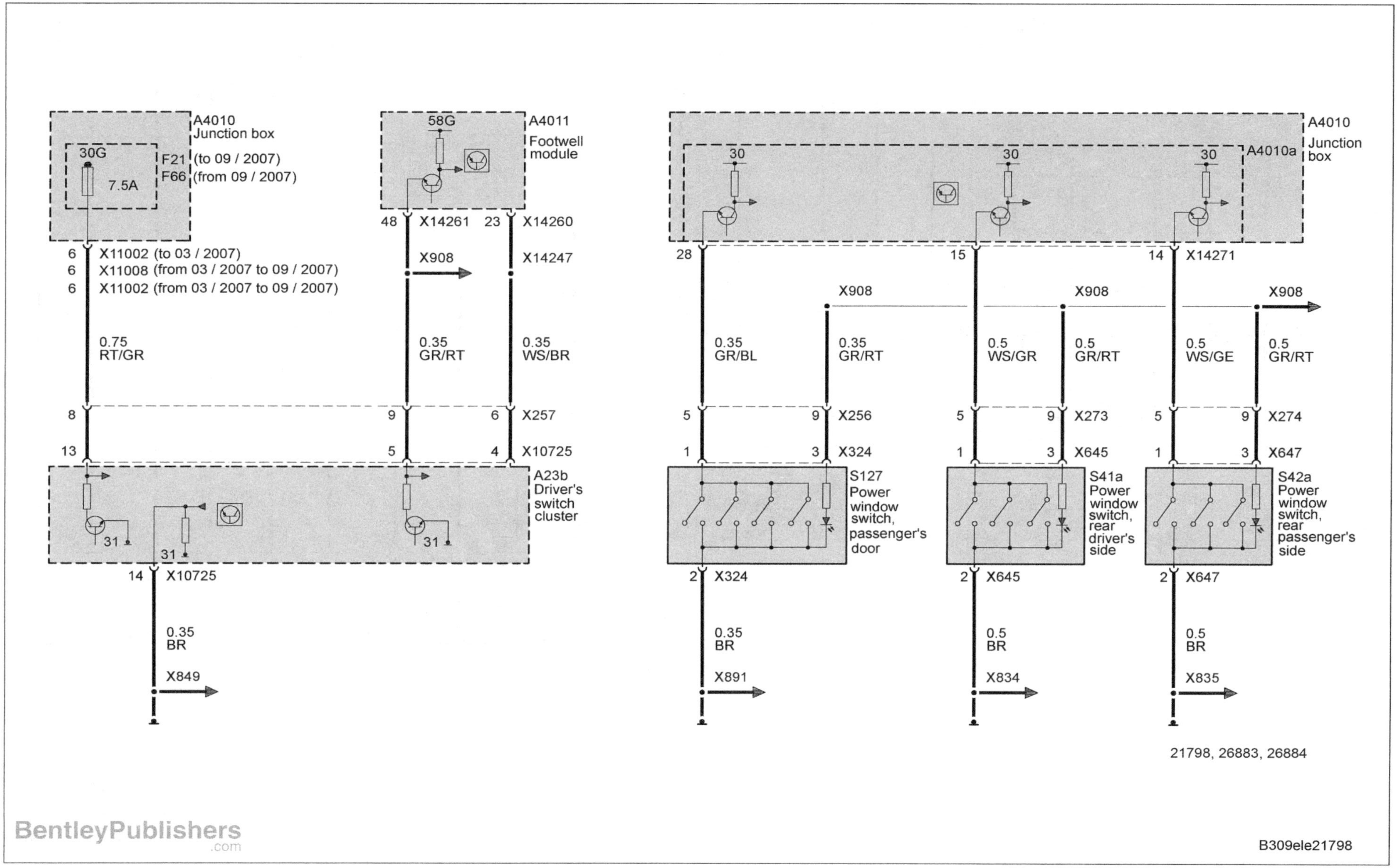

Power window outputs
Sedan and Sports Wagon
(page 2 of 2)

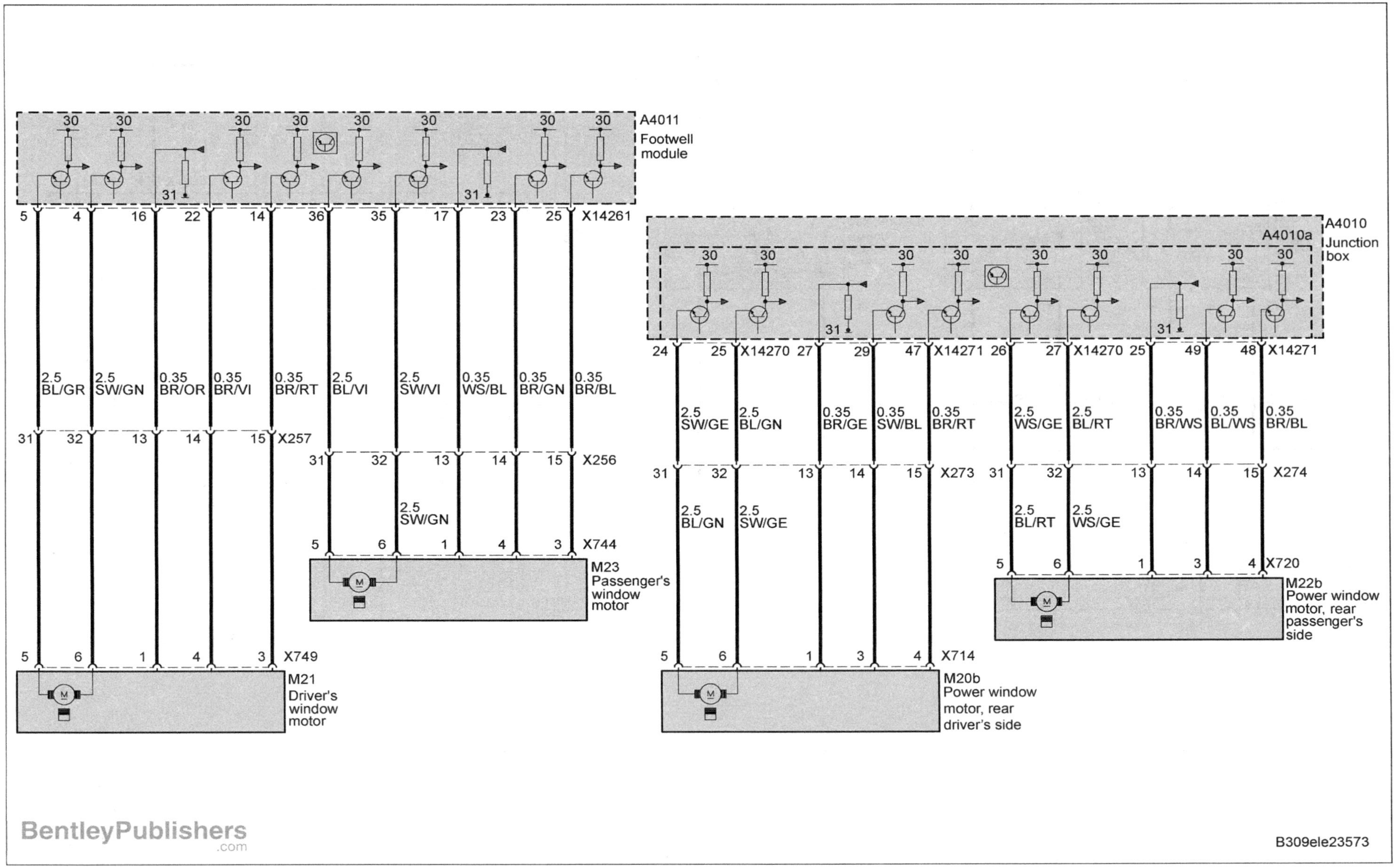

Power window inputs
Coupe and Convertible
(page 1 of 2)

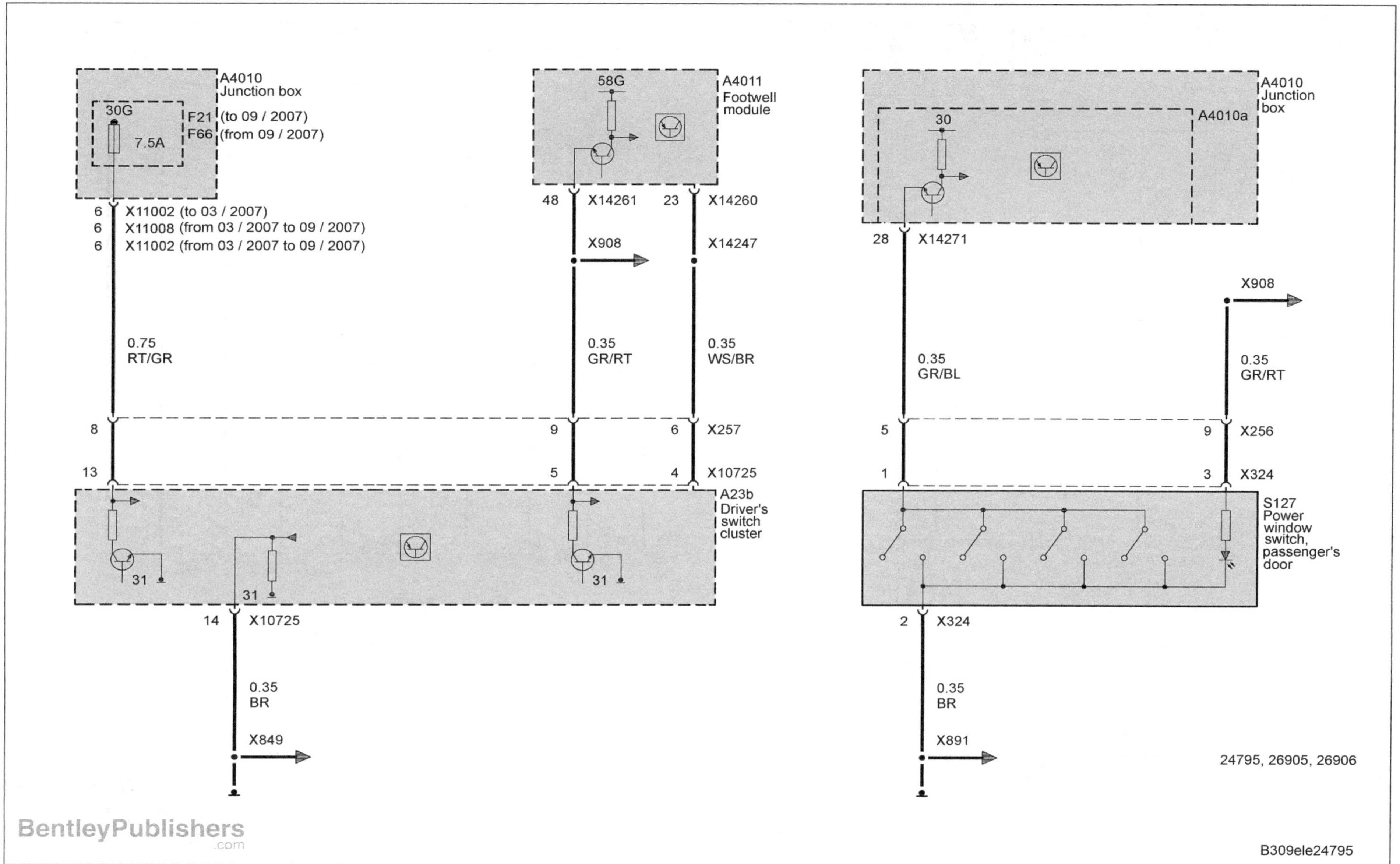

Power window outputs
Coupe and Convertible
(page 2 of 2)

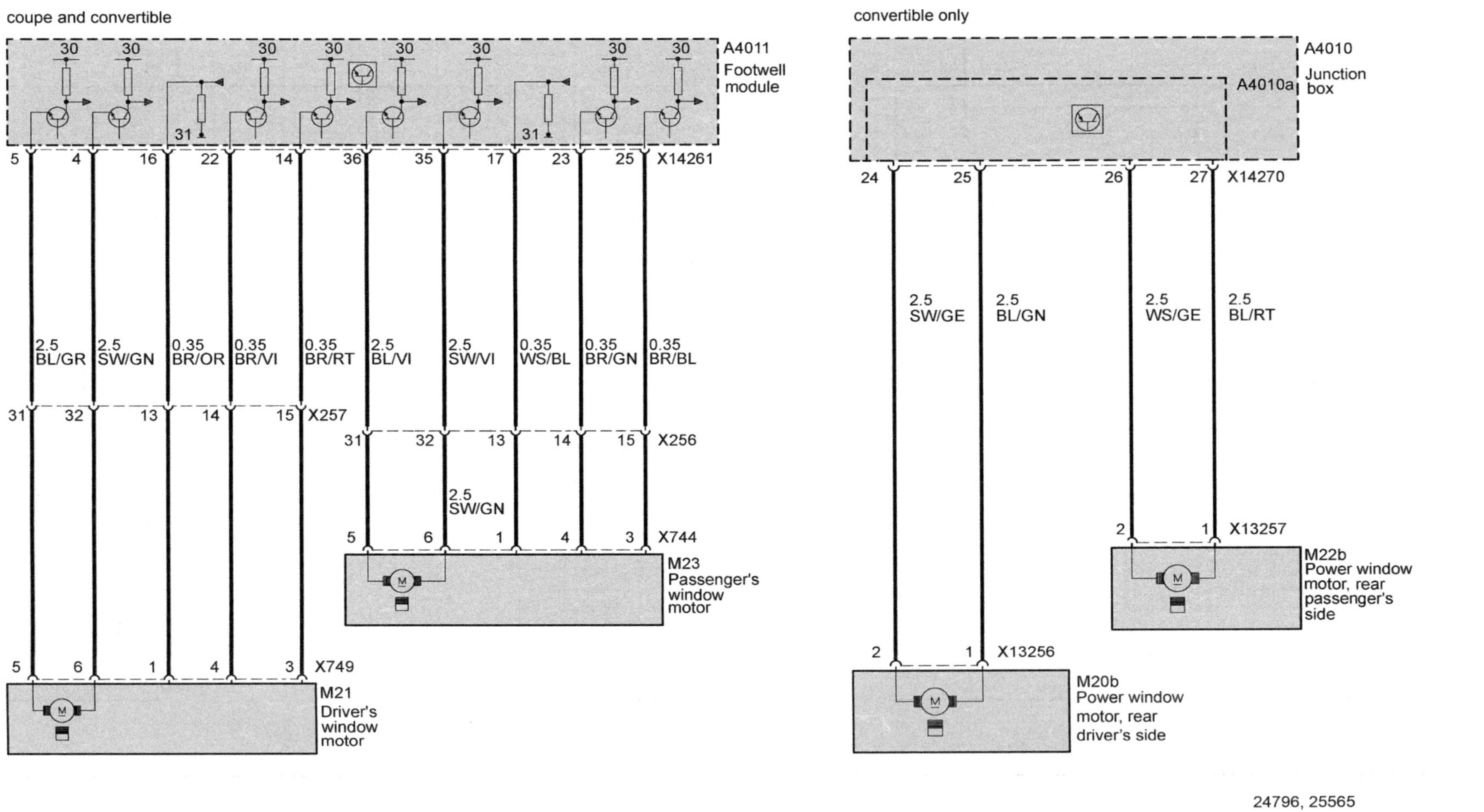

Central locking system - inputs
(page 1 of 4)

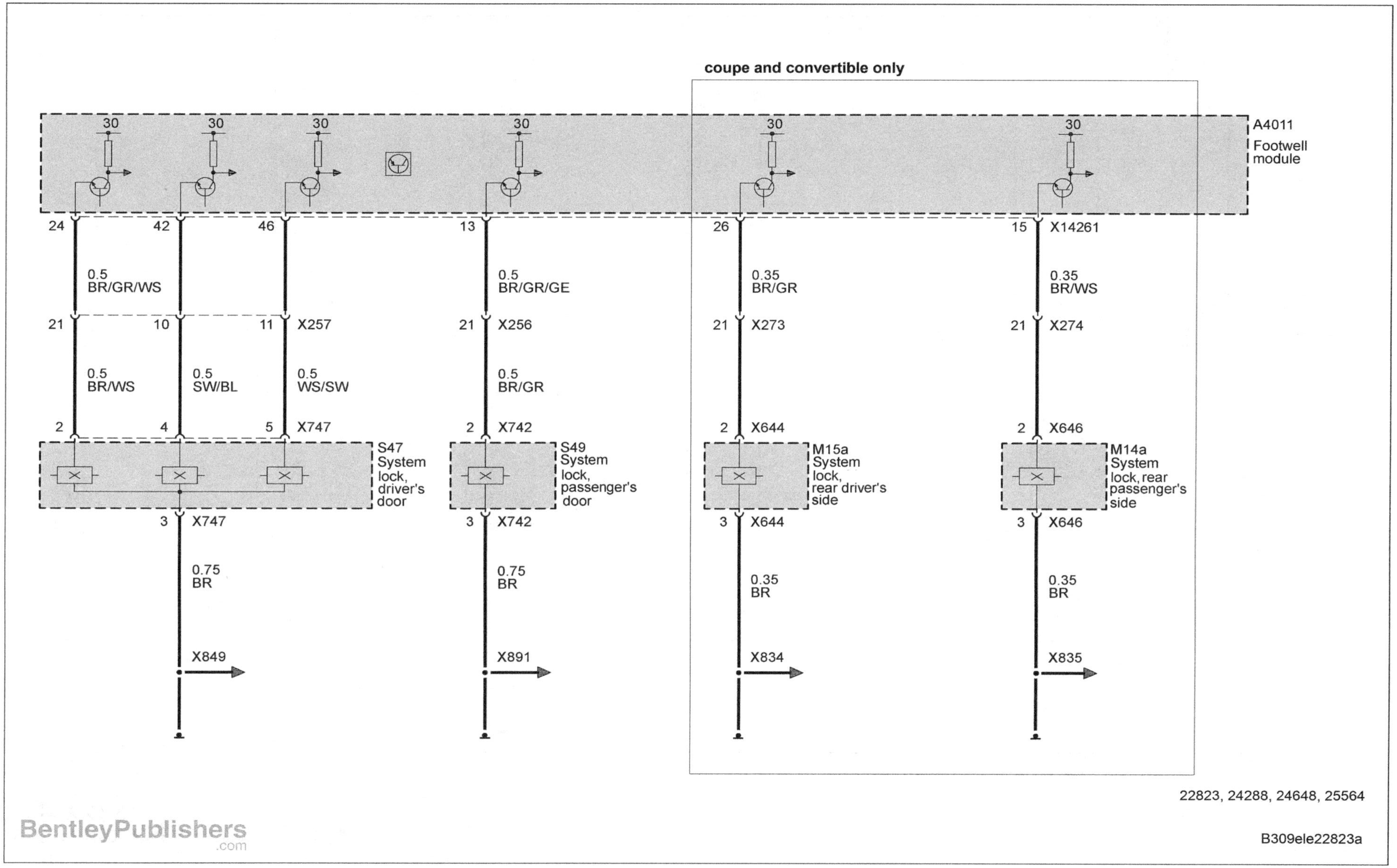

Central locking system - inputs (page 2 of 4)

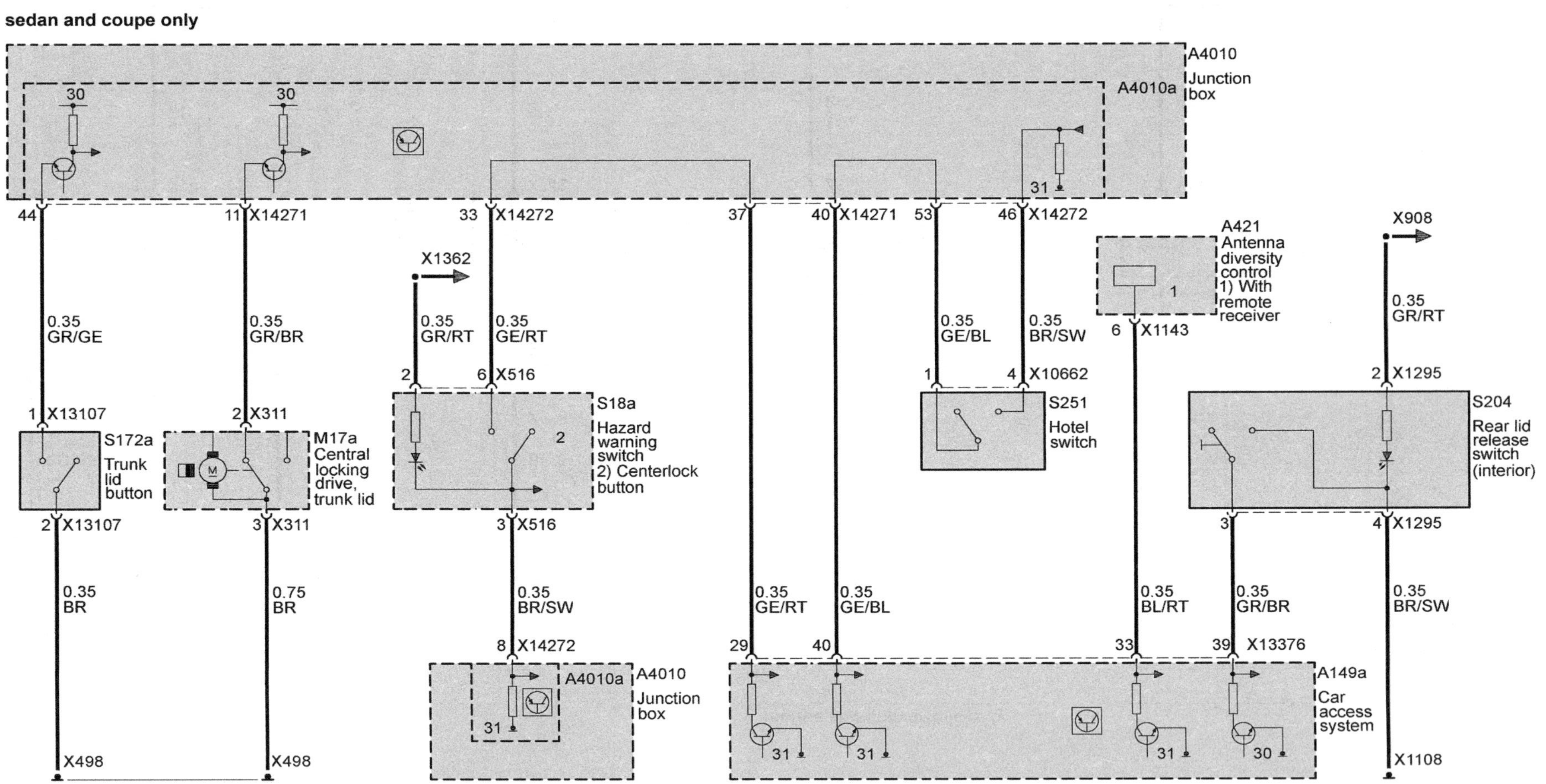

22823, 24648

B309ele22823b

Central locking system - inputs (page 3 of 4)

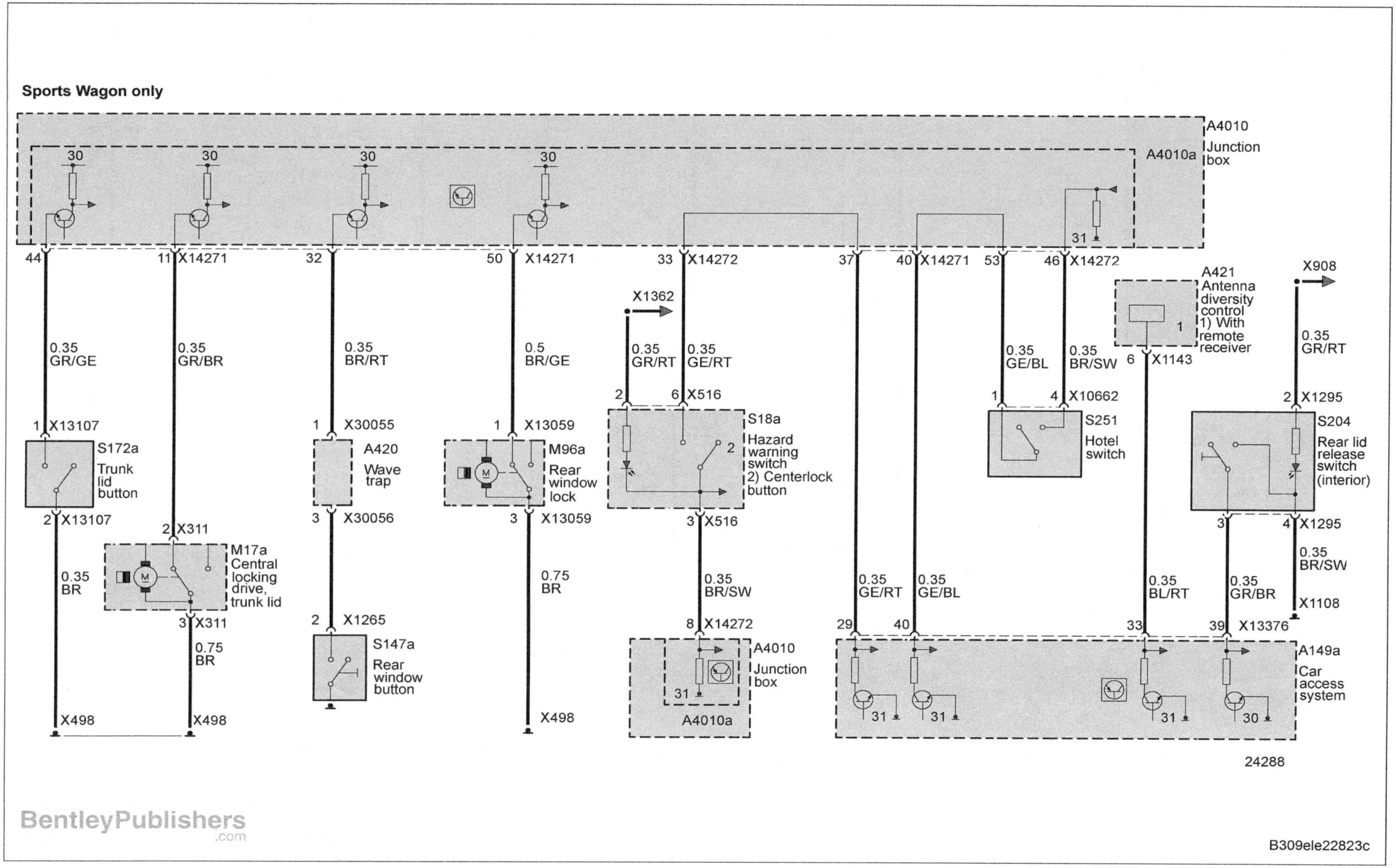

BentleyPublishers.com

Central locking system - inputs (page 4 of 4)

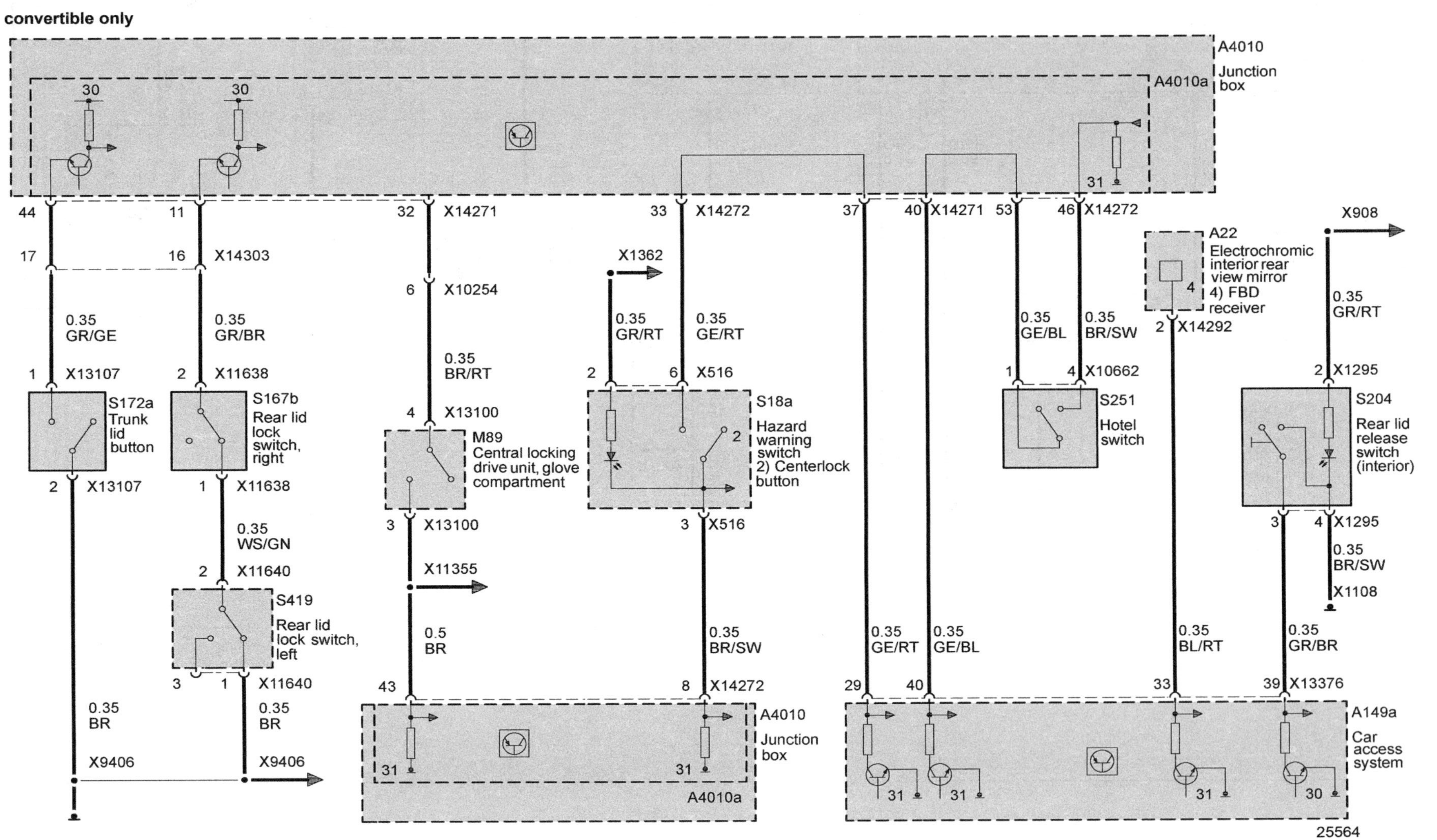

Central locking system - outputs
Sedan

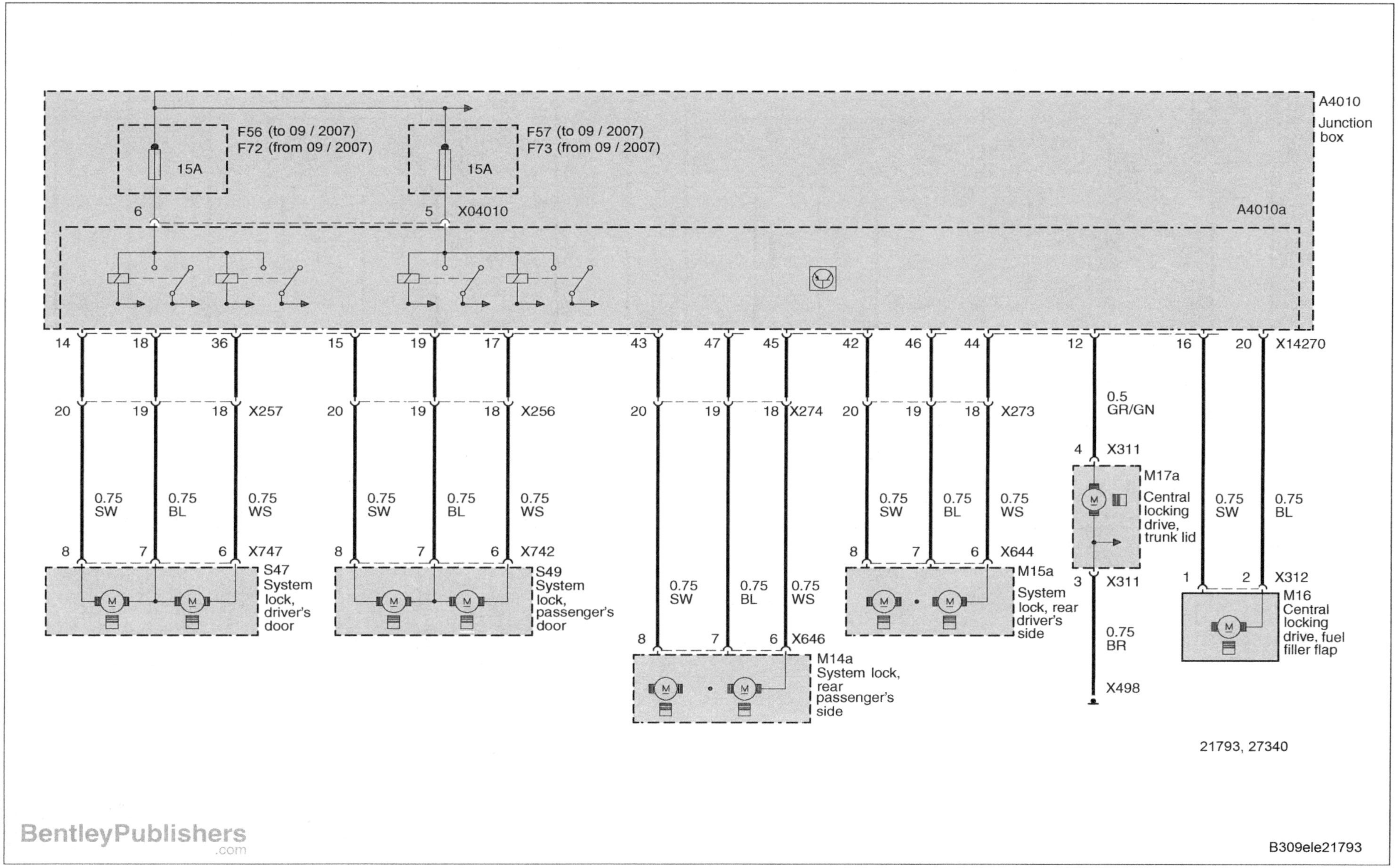

Central locking system - outputs
Sports Wagon

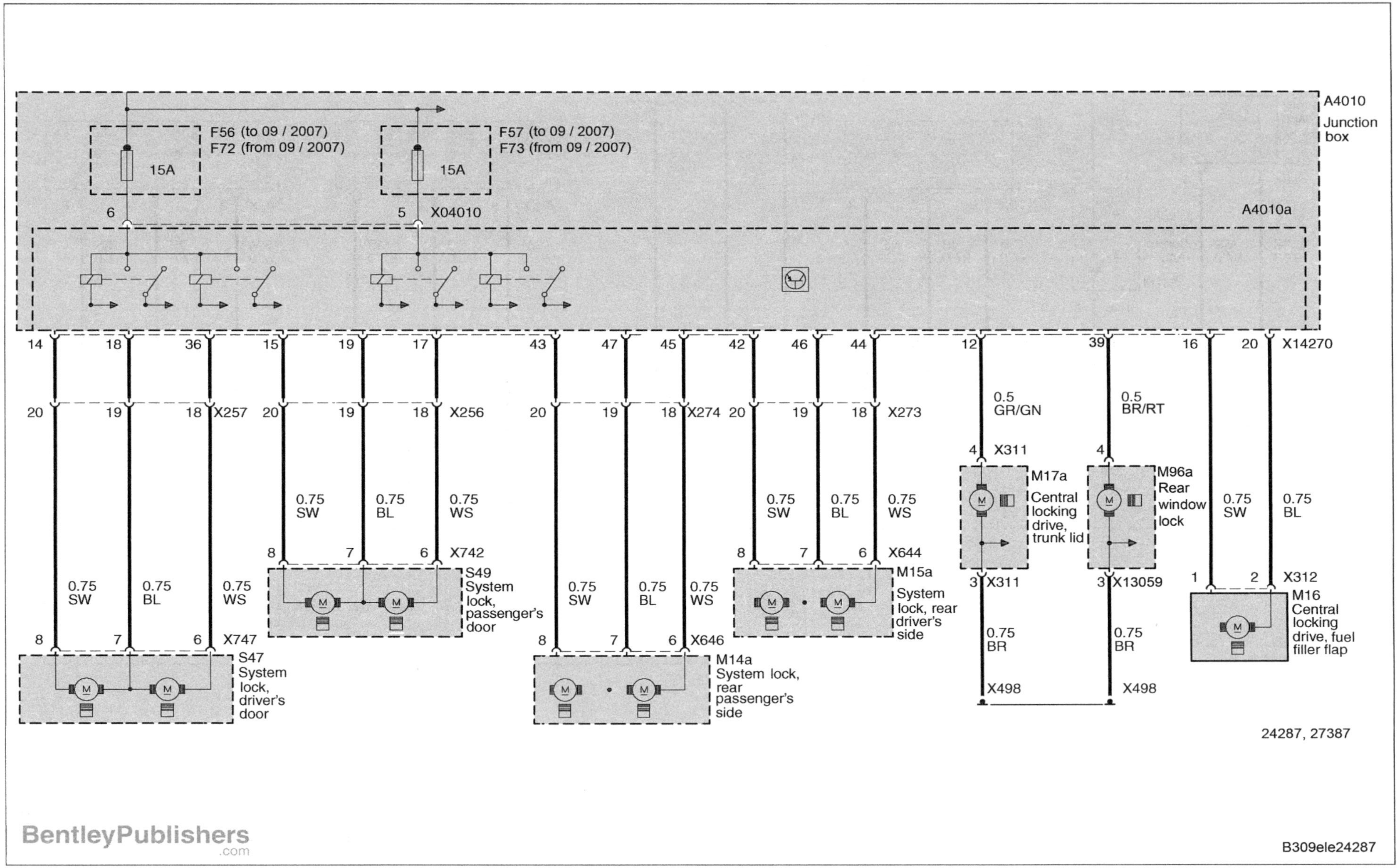

B309ele24287

Central locking system - outputs
Coupe

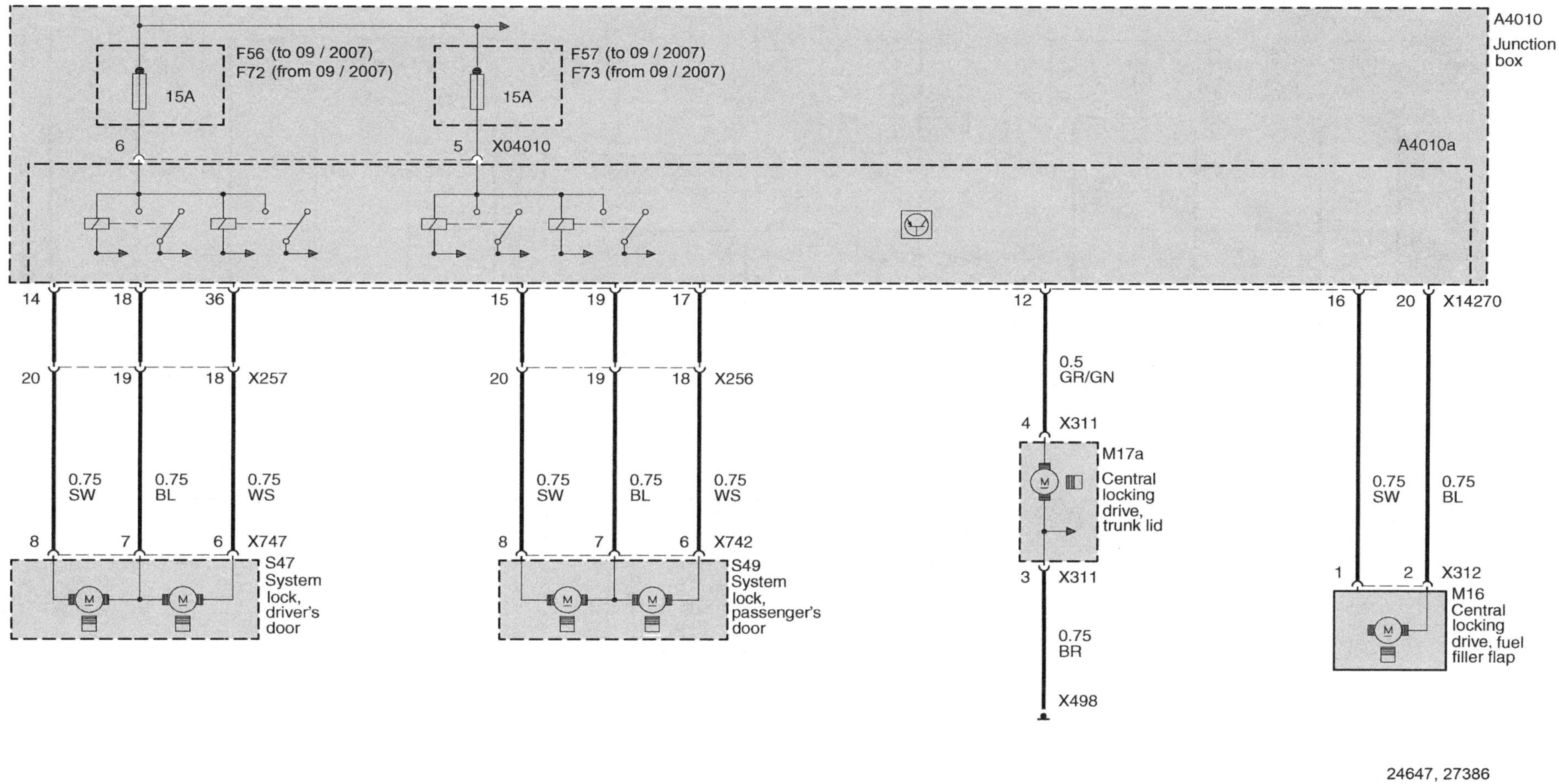

Central locking system - outputs
Convertible

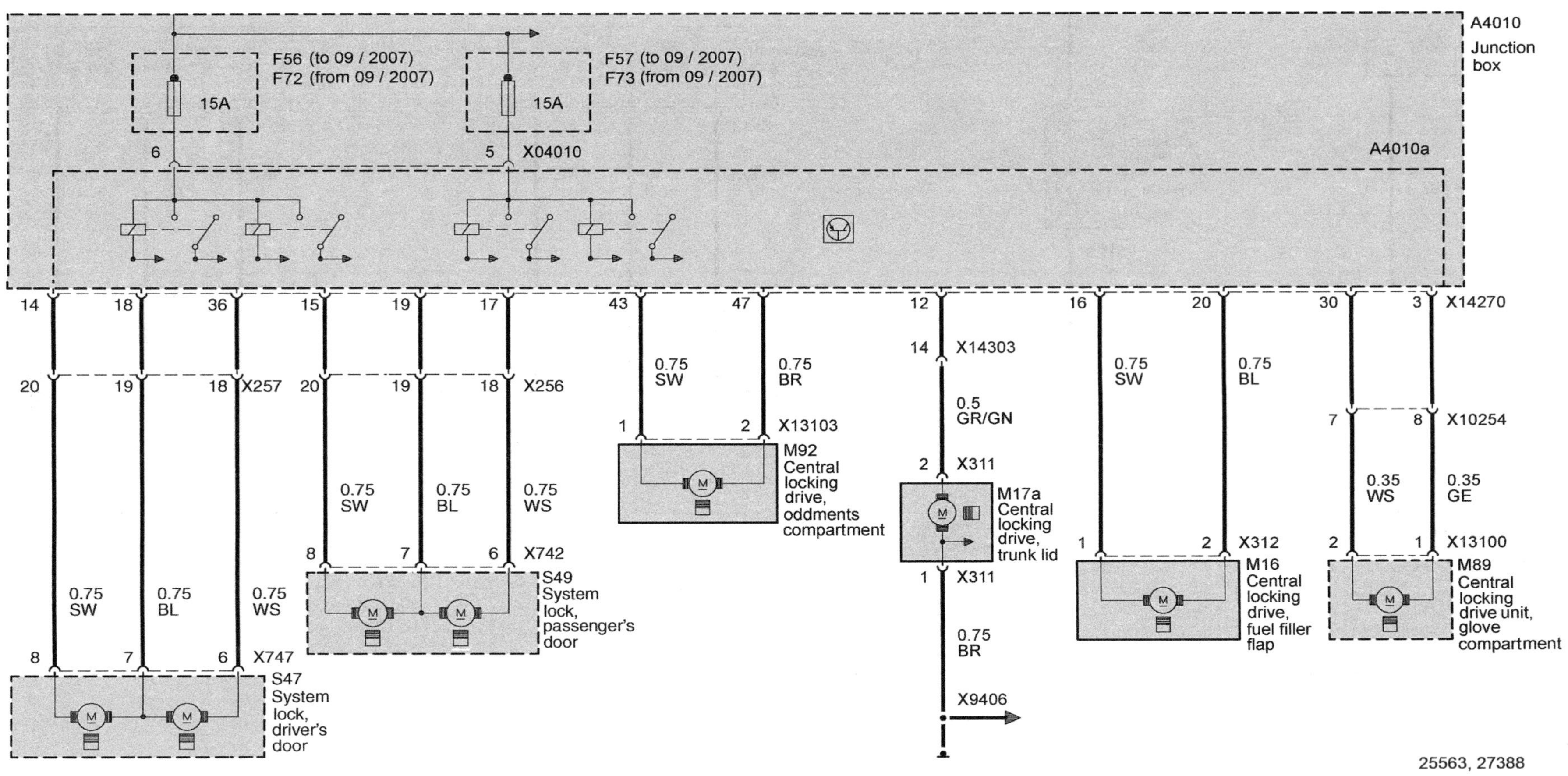

Low beam / high beam without xenon lights

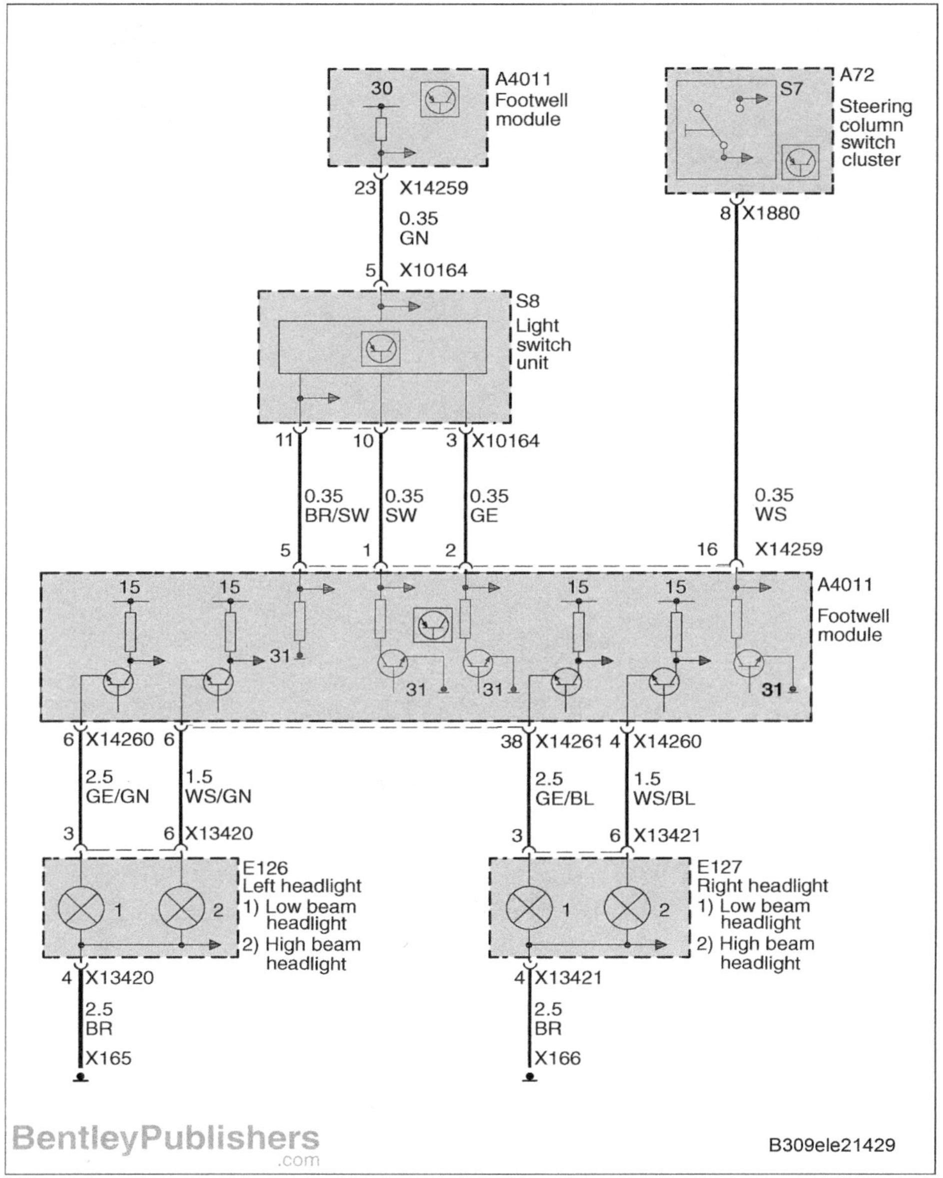

Low beam / high beam with xenon lights

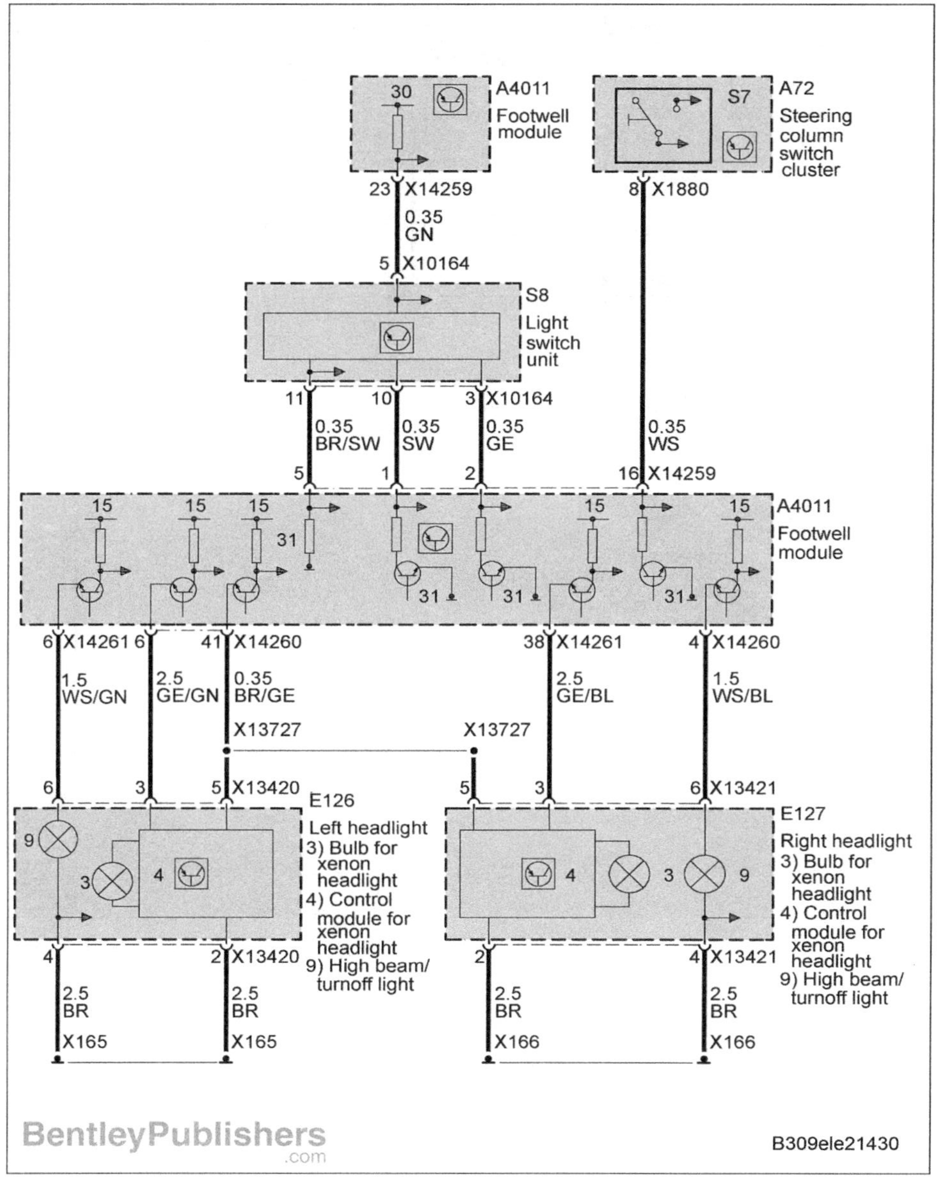

Side light, parking light
Sedan and Sports Wagon

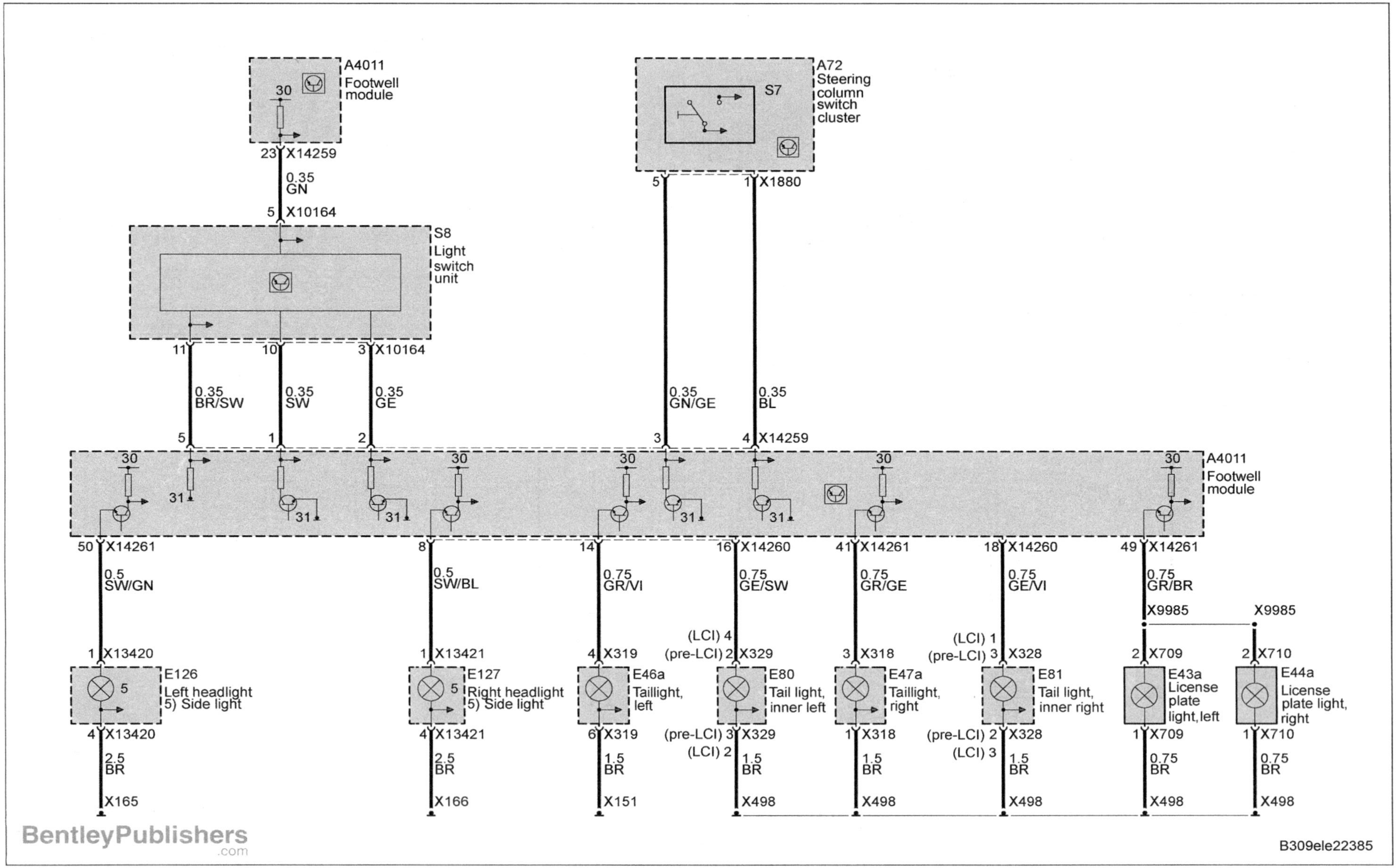

Side light, parking light
Coupe

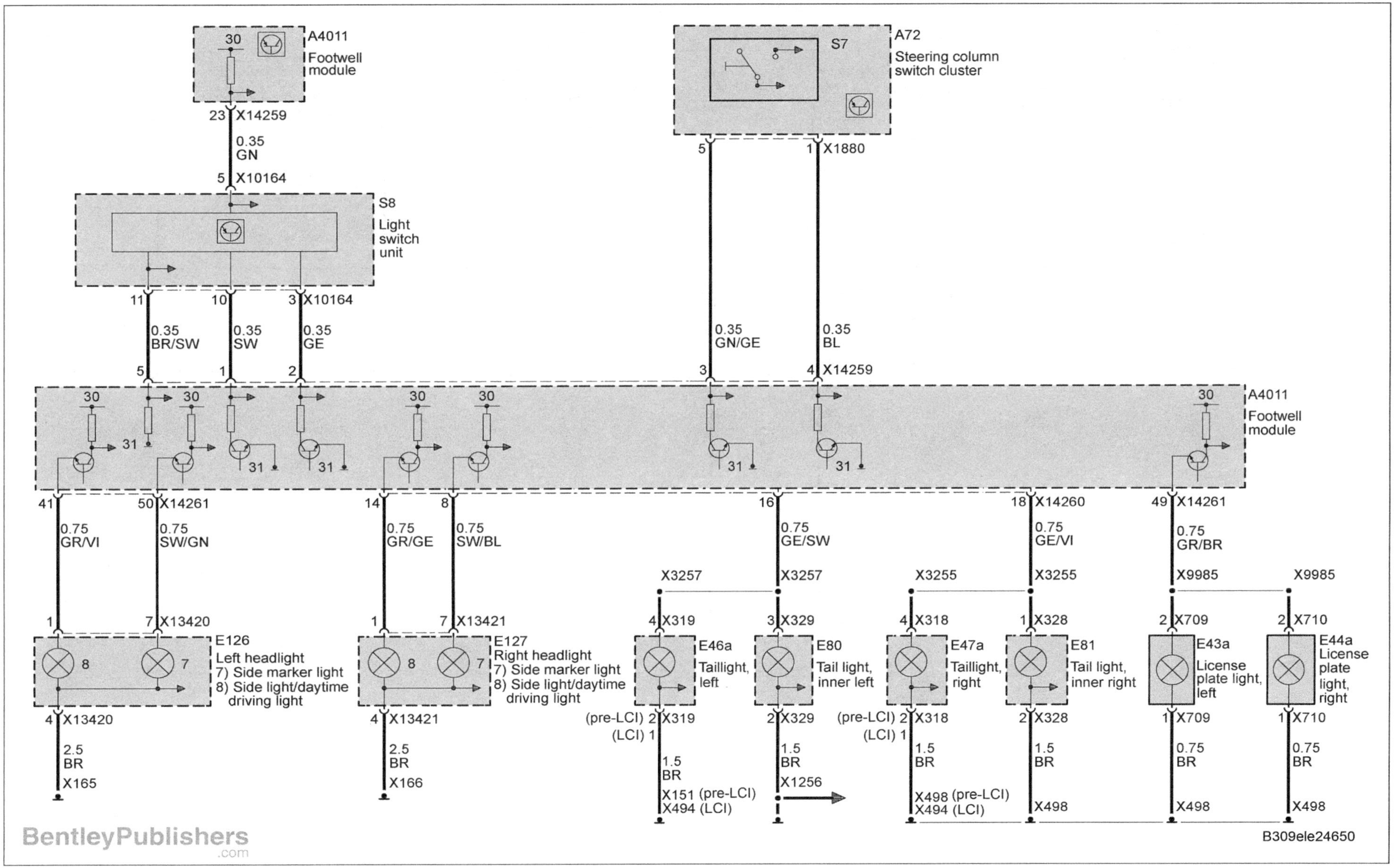

Side light, parking light
Convertible

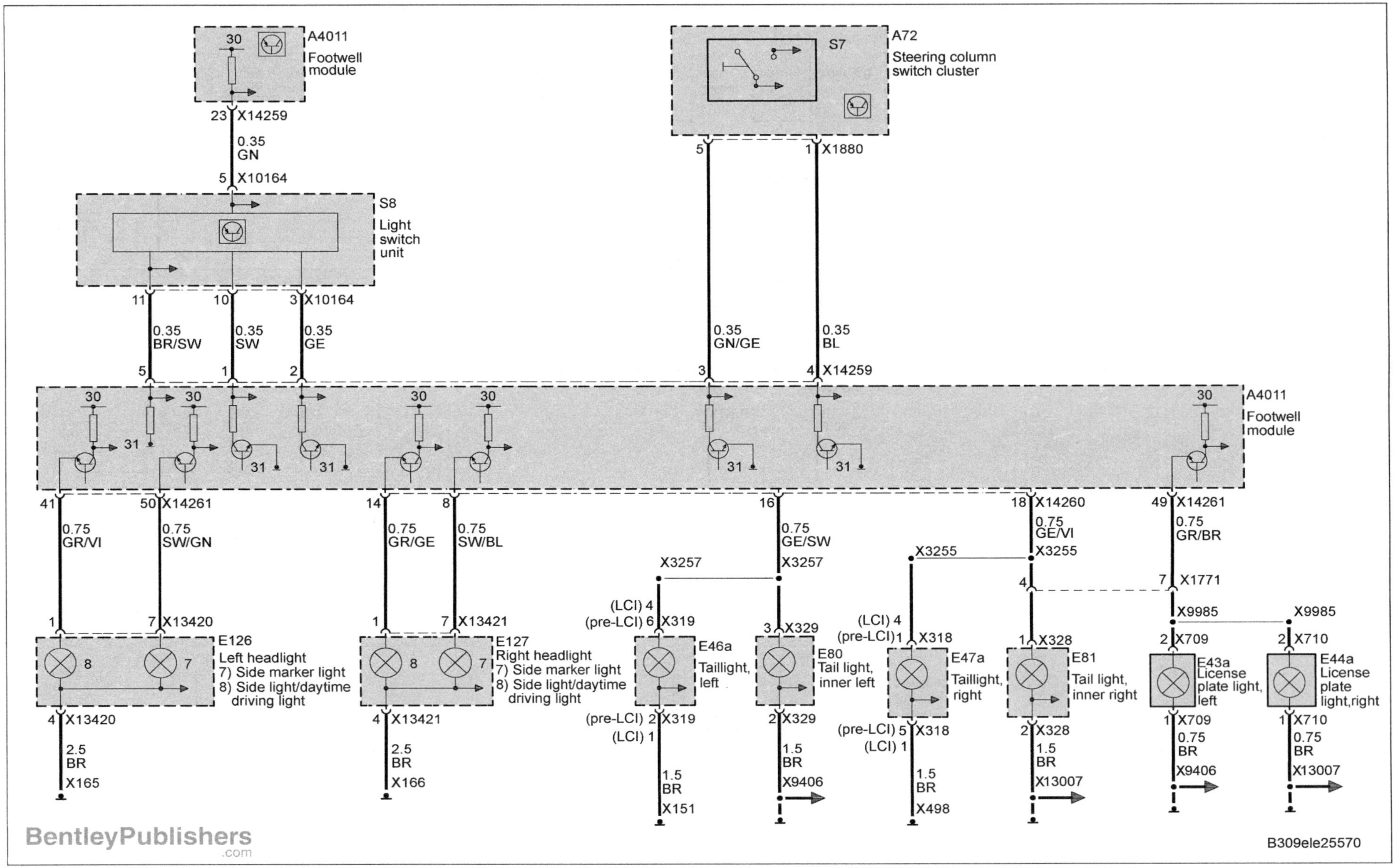

Turn signal indicator
Sedan and Sports Wagon

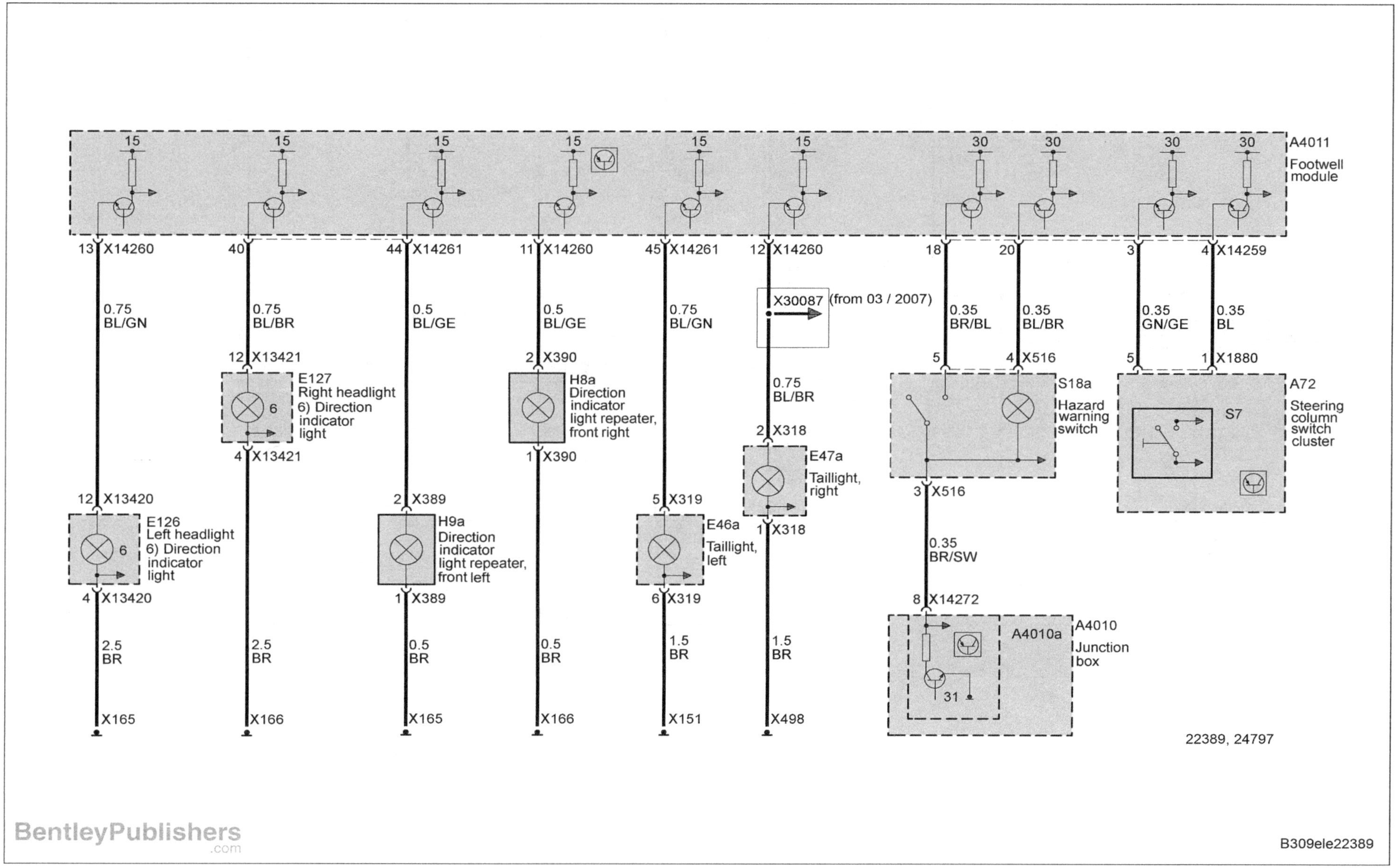

Turn signal indicator
Coupe and Convertible

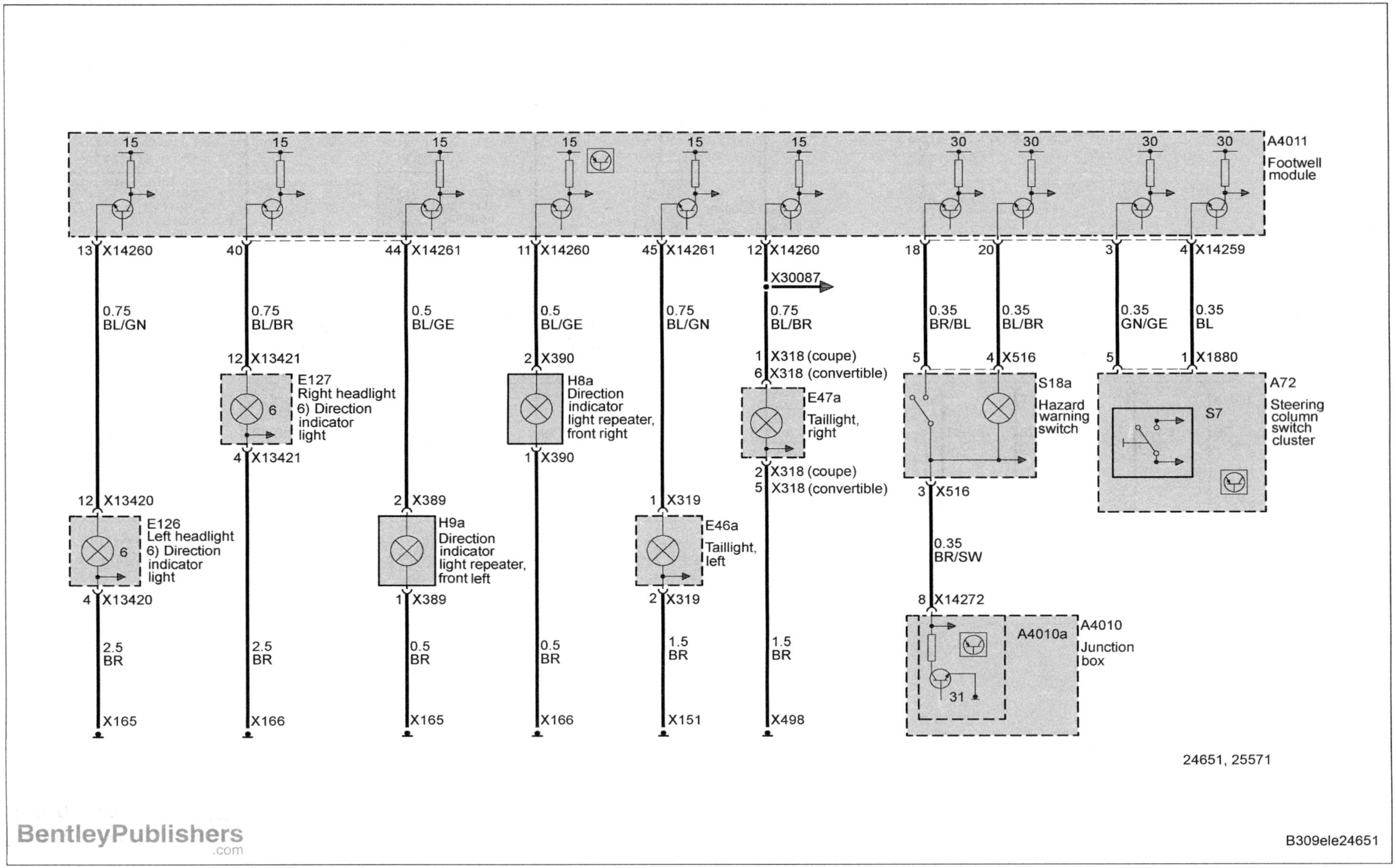

Brake lights
Sedan and Sports Wagon

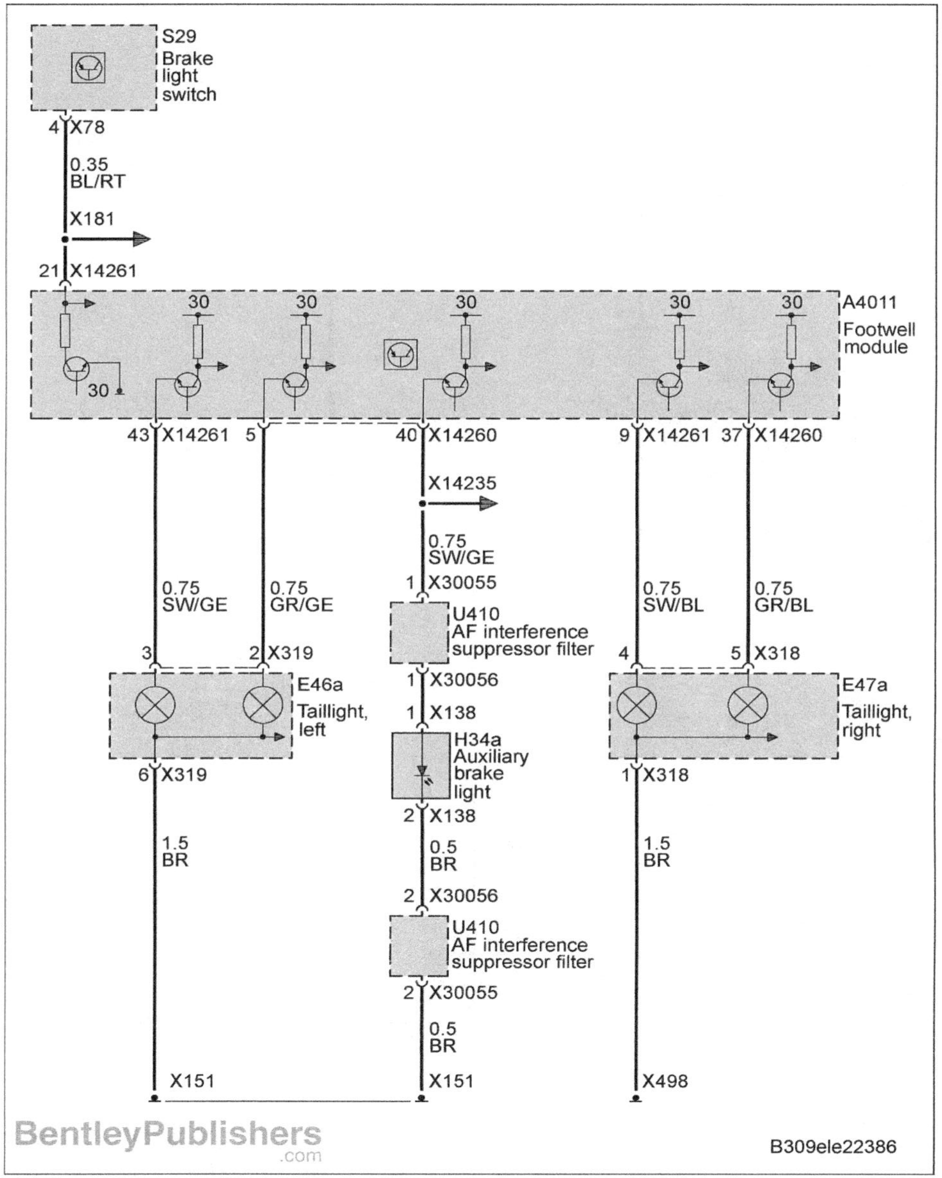

Brake lights
Coupe

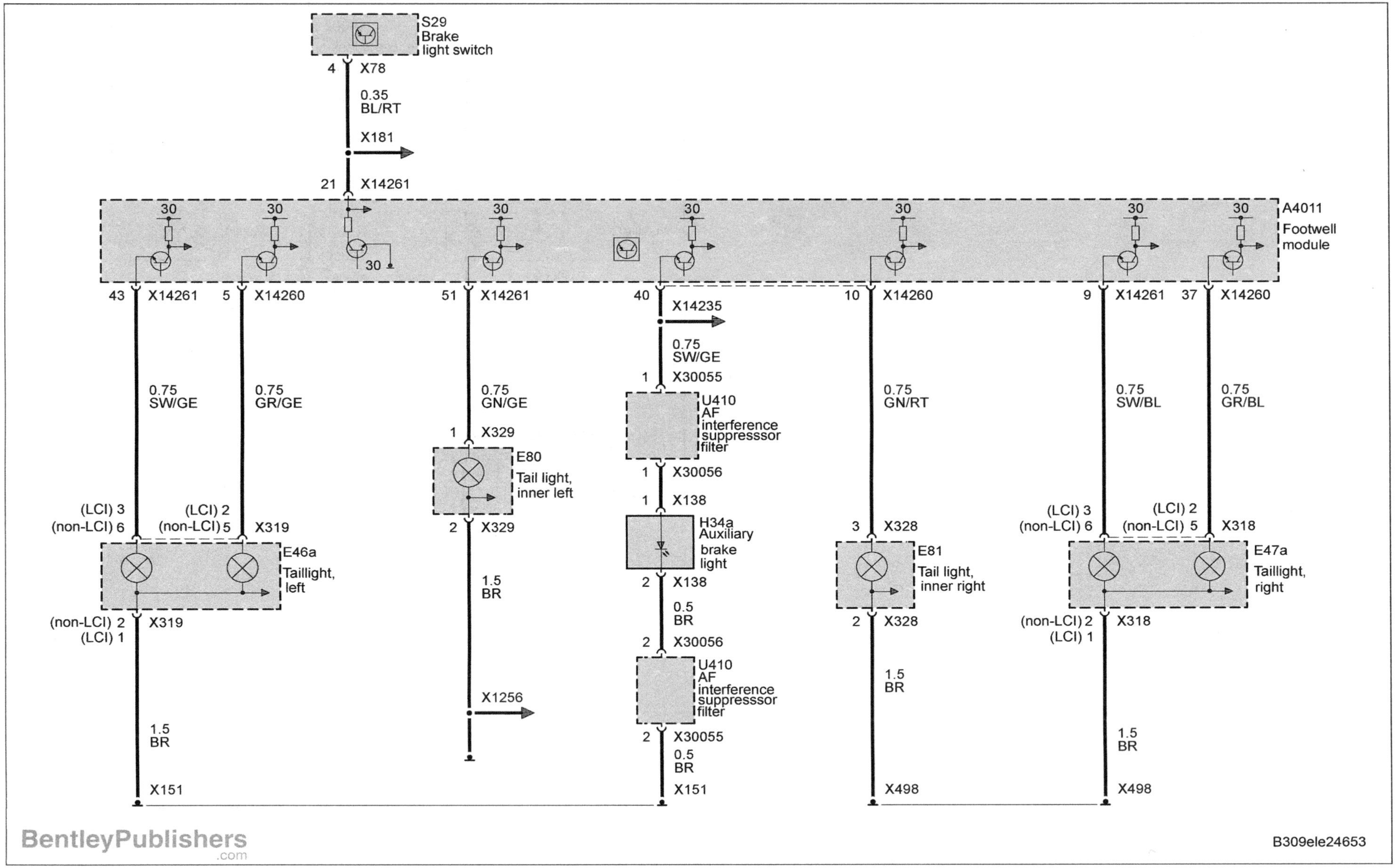

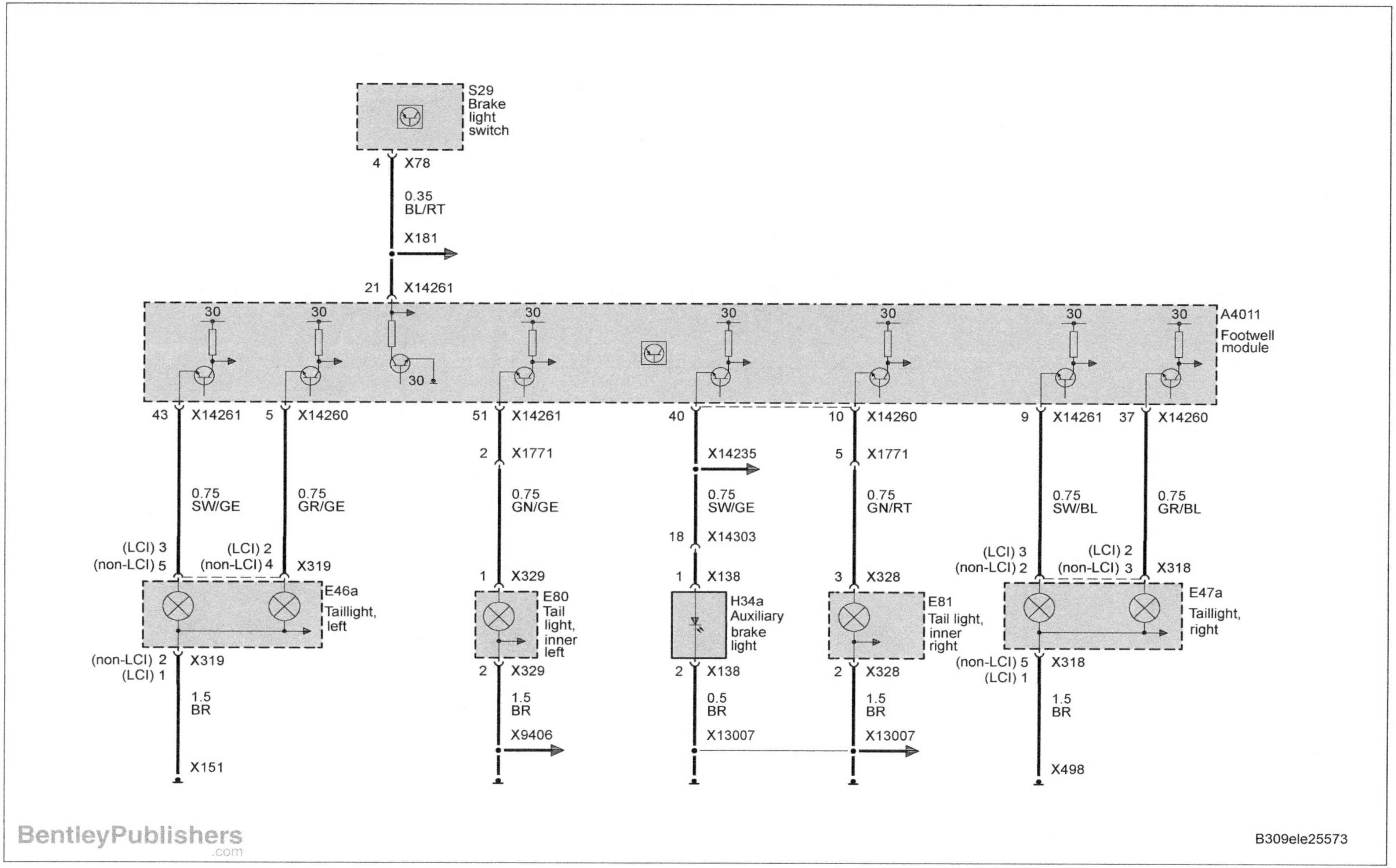
S29
Brake
light
switch
4
X78
0.35
BL/RT
X181
21
X14261
30
A4011
Footwell
module
43
X14261
5
X14260
51
X14261
40
10
X14260
9
X14261
37
X14260
2
X1771
X14235
5
X1771
0.75
SW/GE
0.75
GR/GE
0.75
GN/GE
0.75
SW/GE
0.75
GN/RT
0.75
SW/BL
0.75
GR/BL
18
X14303
(LCI) 3
(non-LCI) 5
(LCI) 2
(non-LCI) 4
X319
1
X329
1
X138
3
X328
(LCI) 3
(non-LCI) 2
(LCI) 2
(non-LCI) 3
X318
E46a
Taillight,
left
E80
Tail
light,
inner
left
H34a
Auxiliary
brake
light
E81
Tail light,
inner
right
E47a
Taillight,
right
(non-LCI) 2
(LCI) 1
X319
2
X329
2
X138
2
X328
(non-LCI) 5
(LCI) 1
X318
1.5
BR
1.5
BR
0.5
BR
1.5
BR
1.5
BR
X9406
X13007
X13007
X151
X498
B309ele25573

Front and rear foglights
Sedan and Sports Wagon

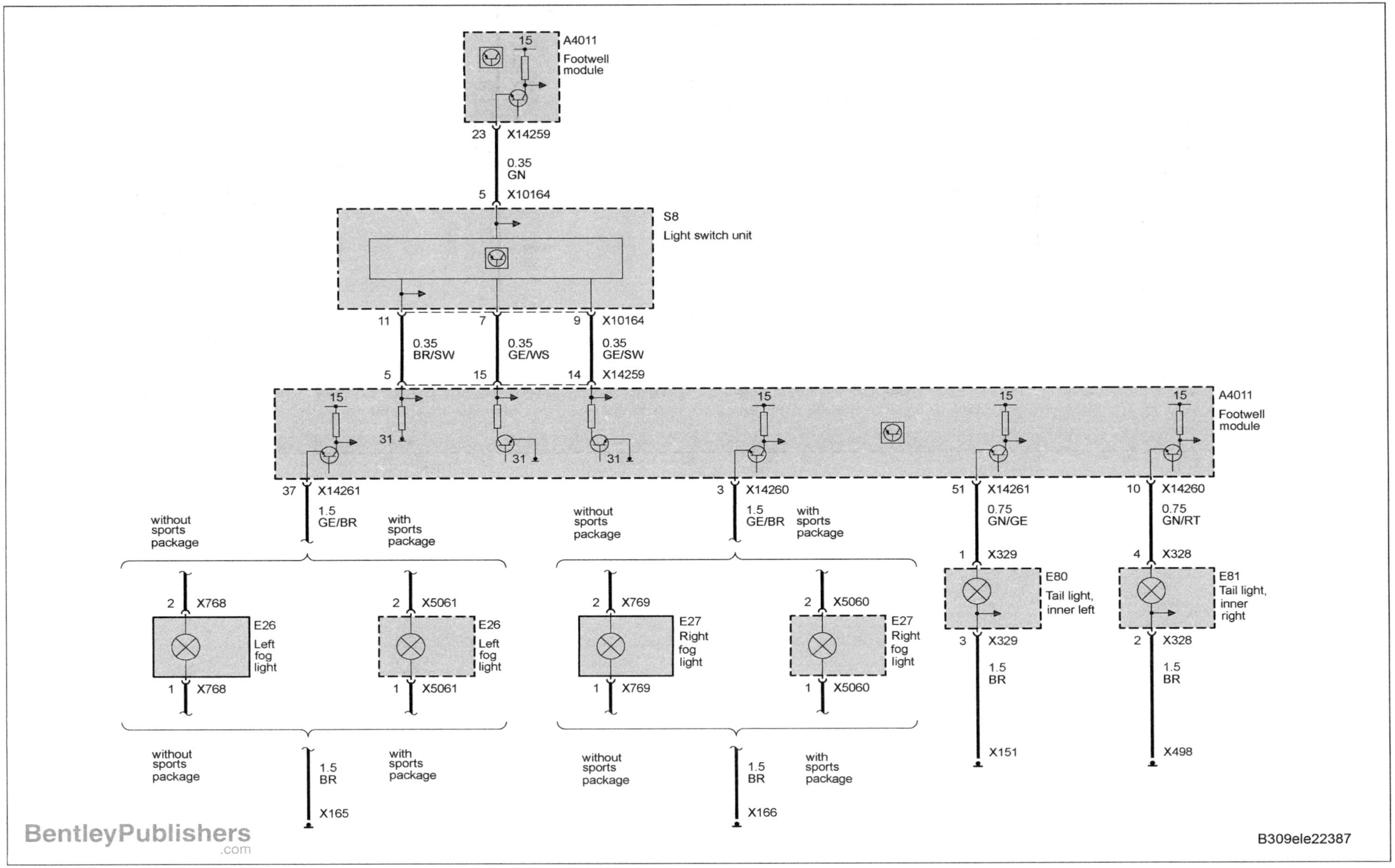

Front and rear foglights
Coupe

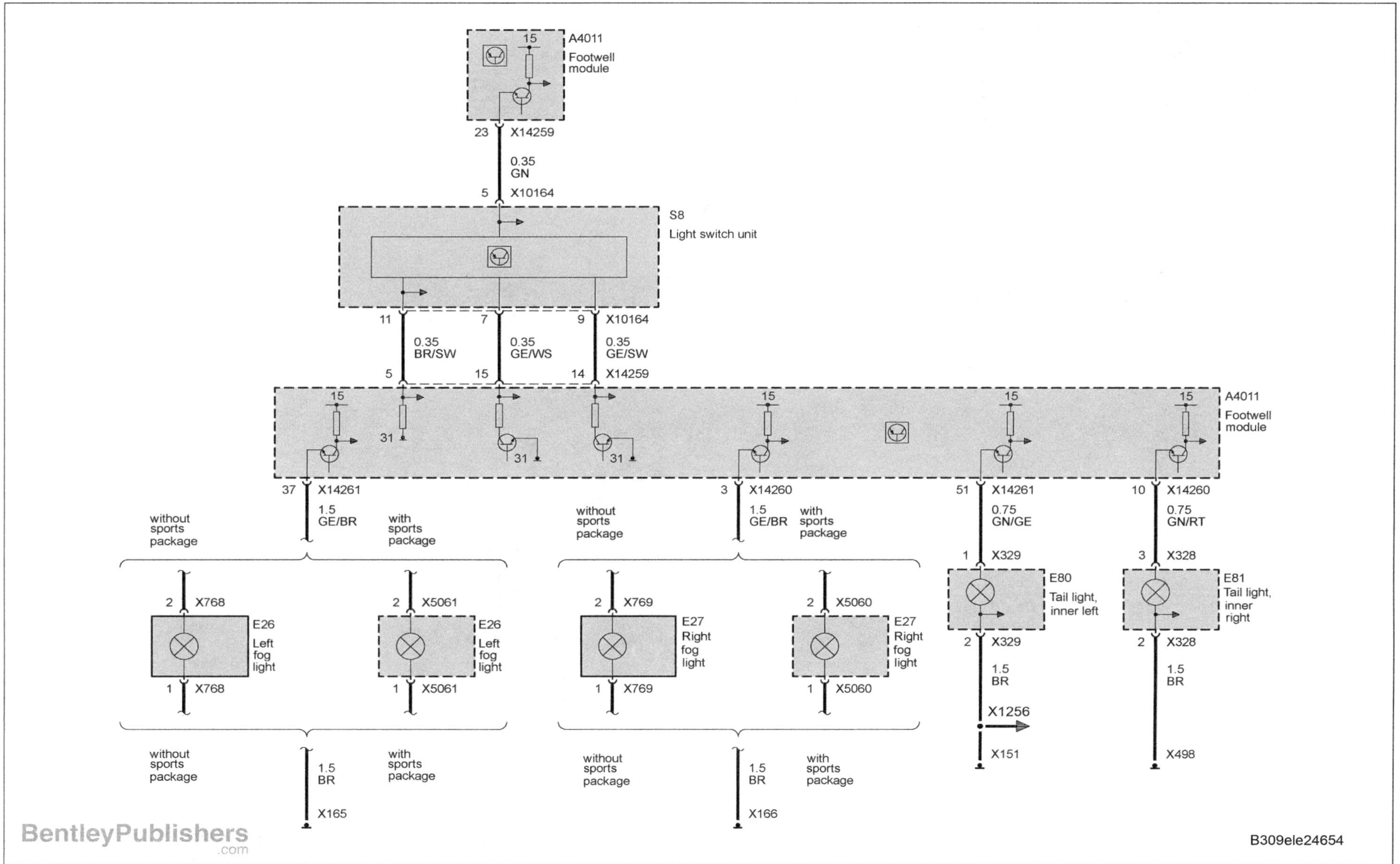

Front and rear foglights
Convertible

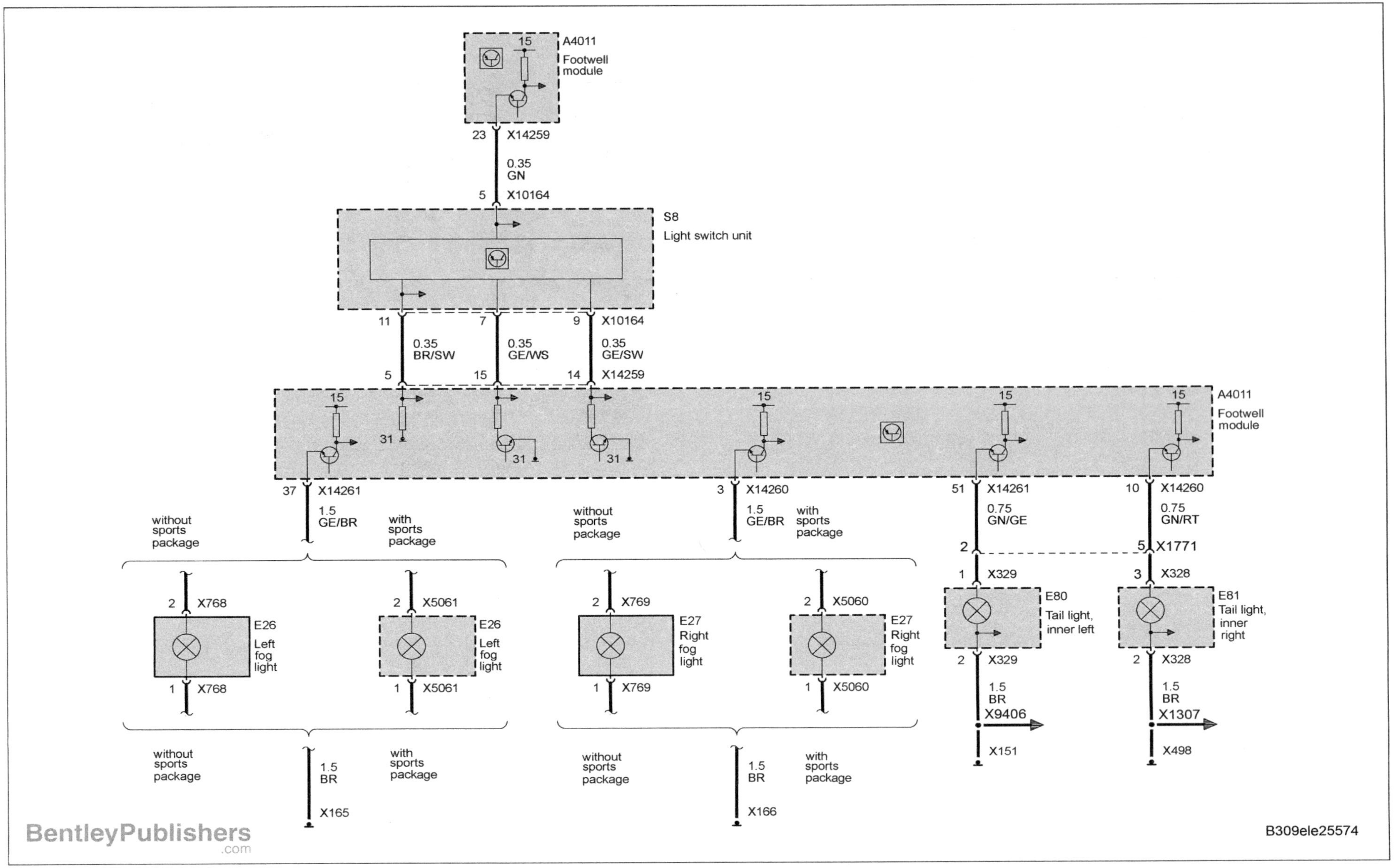

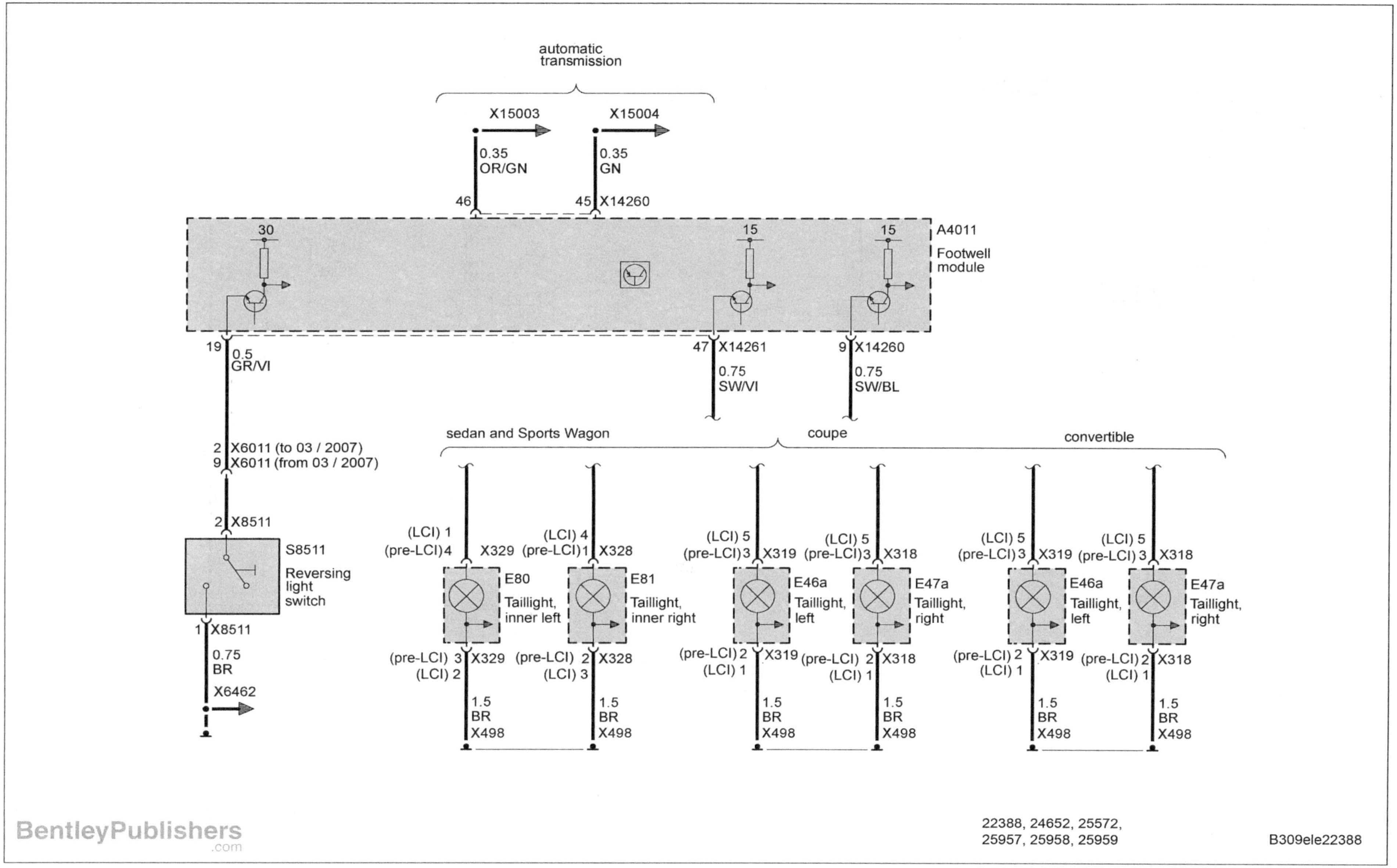
automatic transmission
X15003
X15004
0.35 OR/GN
0.35 GN
46
45 X14260
30
15
15
A4011 Footwell module
19
0.5 GR/VI
47 X14261
0.75 SW/VI
9 X14260
0.75 SW/BL
sedan and Sports Wagon
coupe
convertible
2 X6011 (to 03 / 2007)
9 X6011 (from 03 / 2007)
2 X8511
S8511 Reversing light switch
1 X8511
0.75 BR
X6462
(LCI) 1 (pre-LCI) 4 X329
E80 Taillight, inner left
(pre-LCI) 3 X329 (LCI) 2
(LCI) 4 (pre-LCI) 1 X328
E81 Taillight, inner right
(pre-LCI) 2 X328 (LCI) 3
(LCI) 5 (pre-LCI) 3 X319
E46a Taillight, left
(pre-LCI) 2 X319 (LCI) 1
(LCI) 5 (pre-LCI) 3 X318
E47a Taillight, right
(pre-LCI) 2 X318 (LCI) 1
1.5 BR X498
BentleyPublishers.com
22388, 24652, 25572, 25957, 25958, 25959
B309ele22388

Interior lights
without roof function center (FZD)

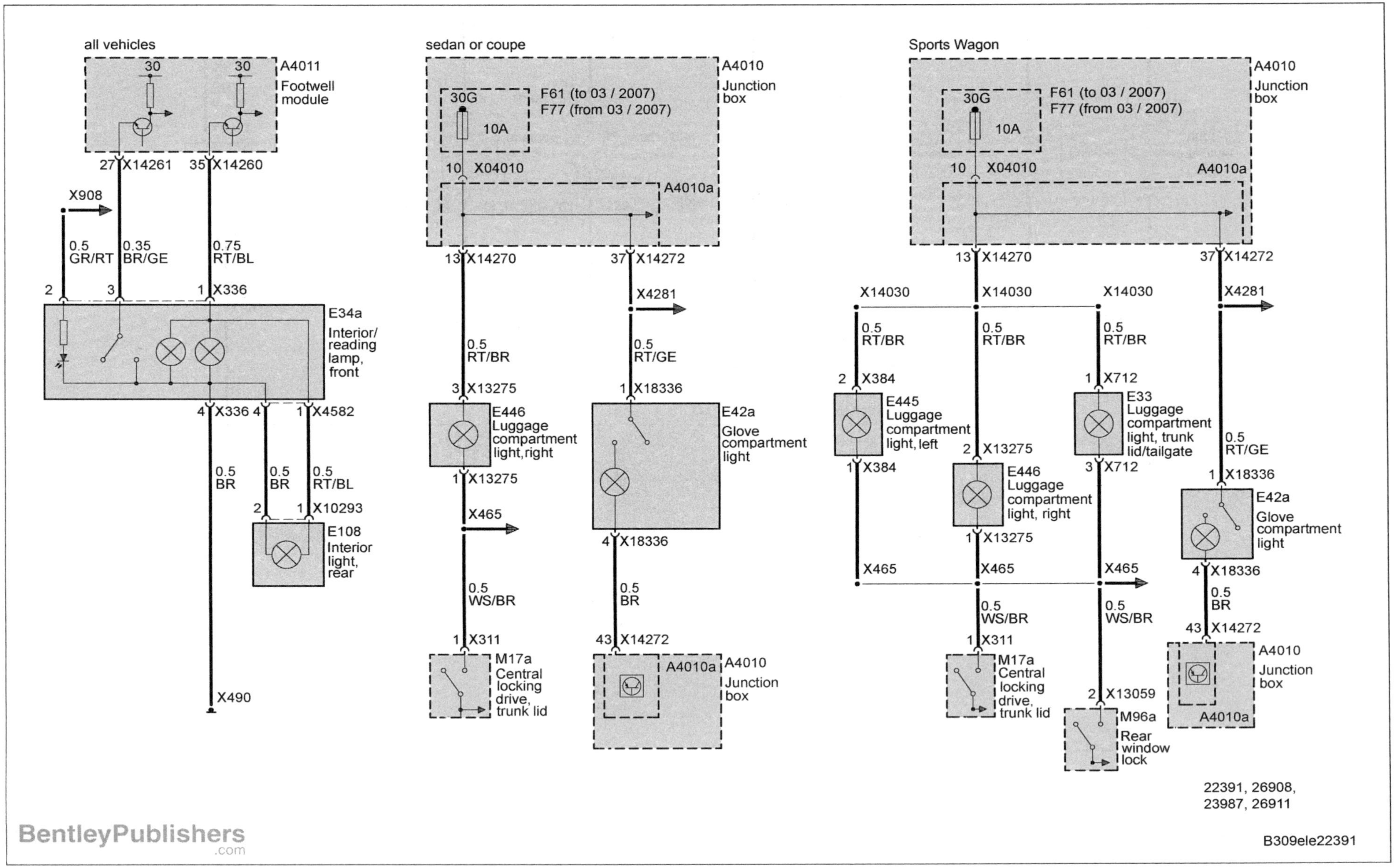

Interior lights
Sedan with roof function center (FZD)
(page 1 of 2)

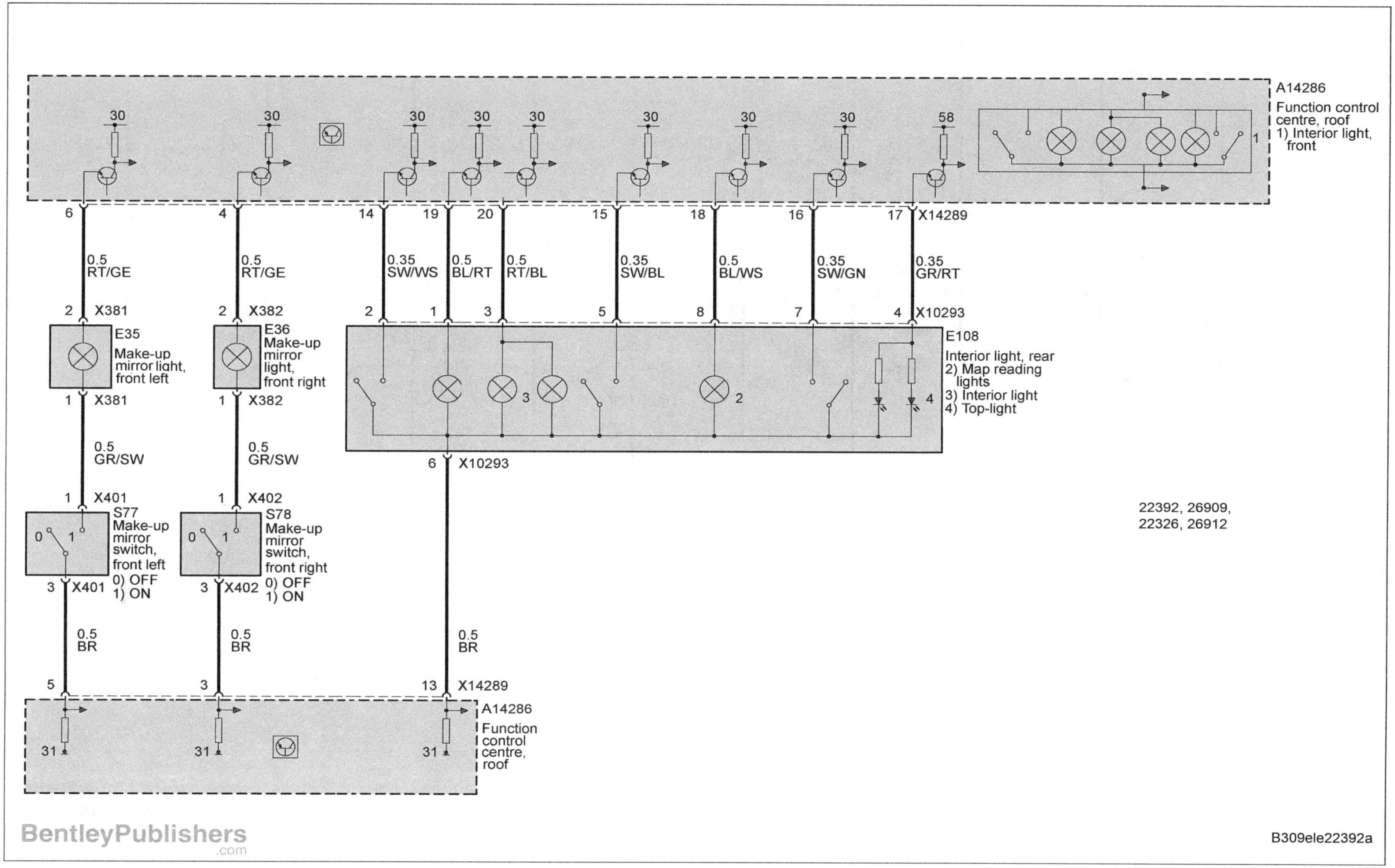

Interior lights
Sedan with roof function center (FZD)
(page 2 of 2)

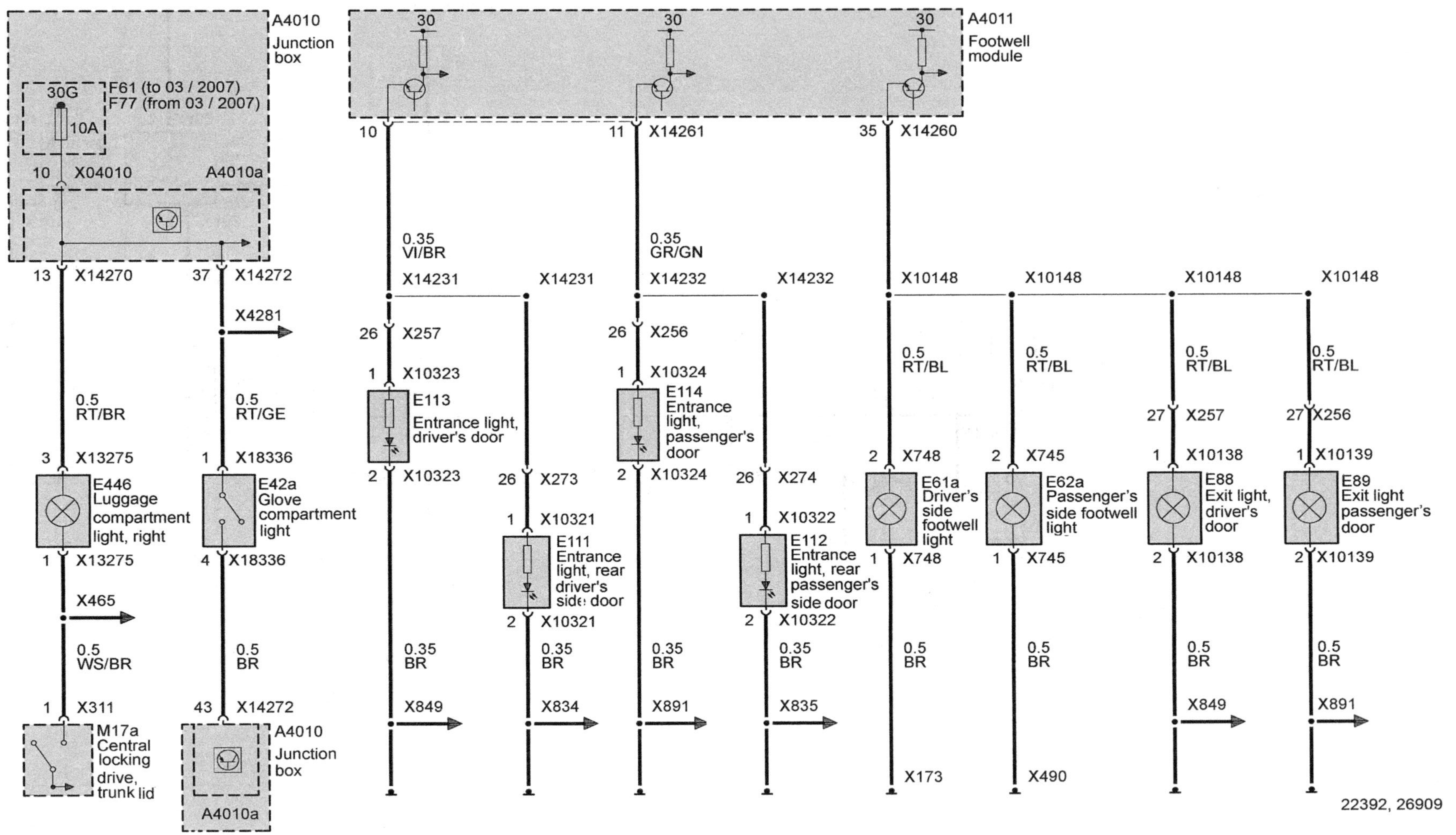

B309ele22392b

Interior lights
Coupe with roof function center (FZD)
(page 1 of 2)

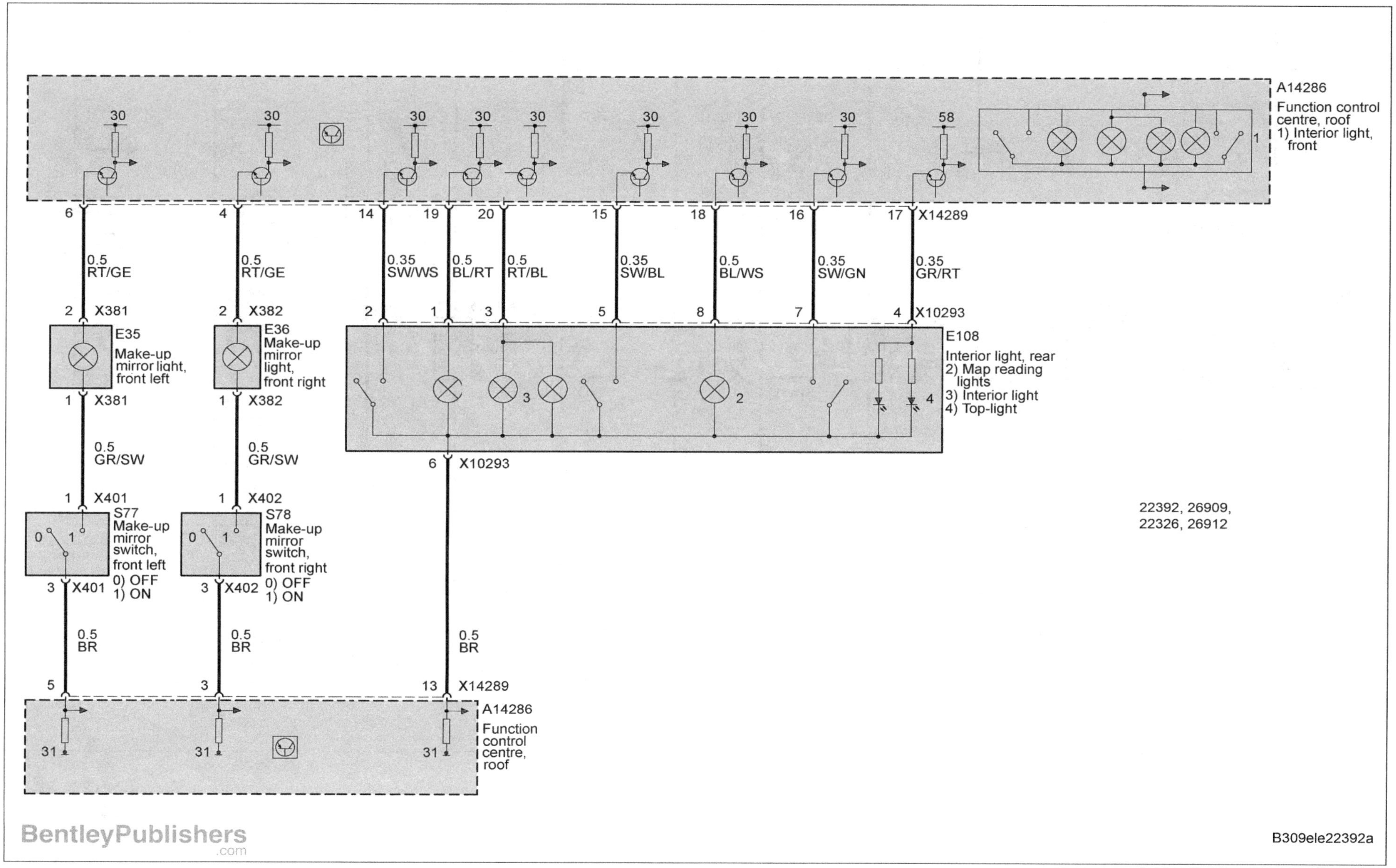

Interior lights
Coupe with roof function center (FZD)
(page 2 of 2)

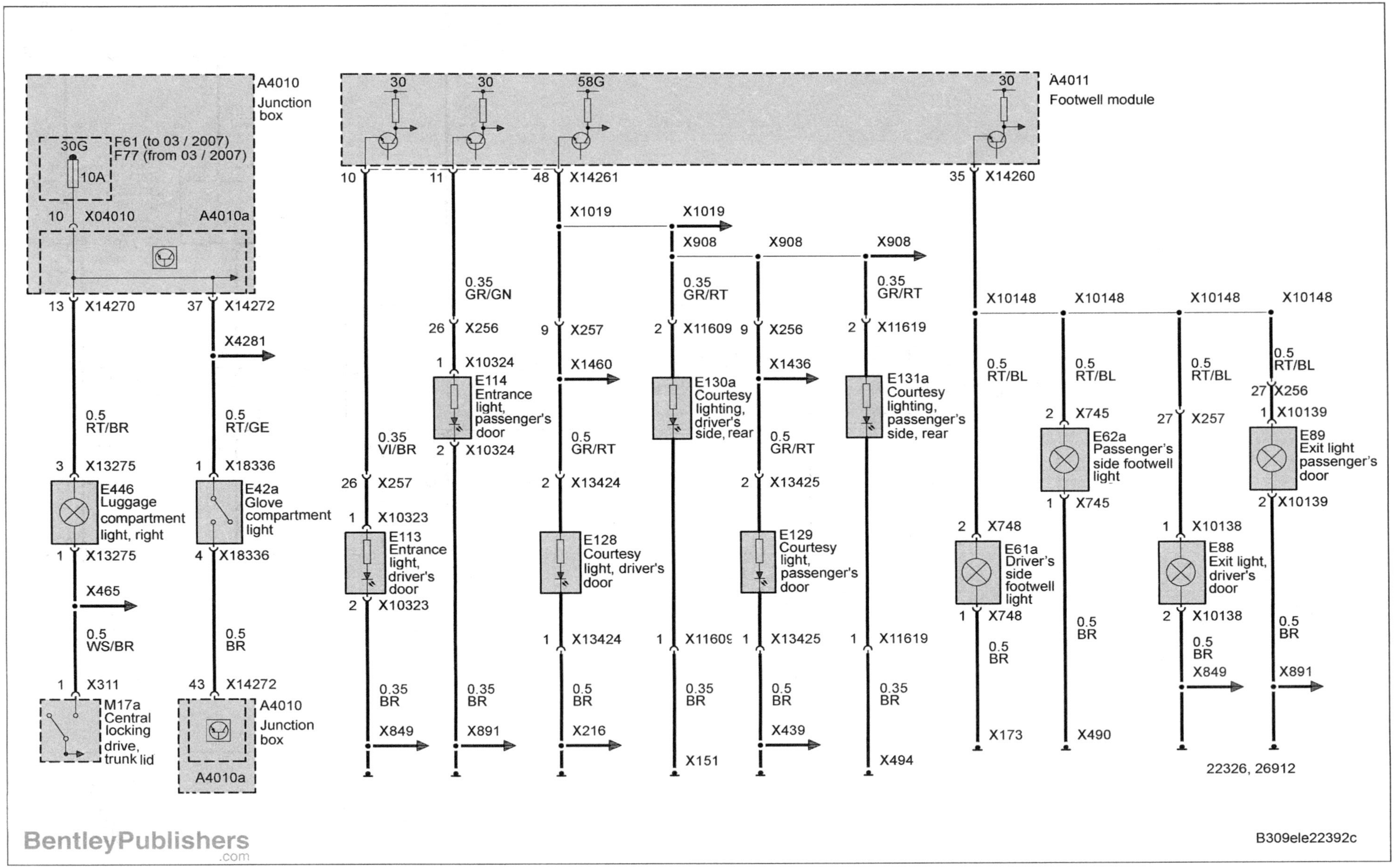

Interior lights
Sports Wagon with roof function center (FZD)
(page 1 of 2)

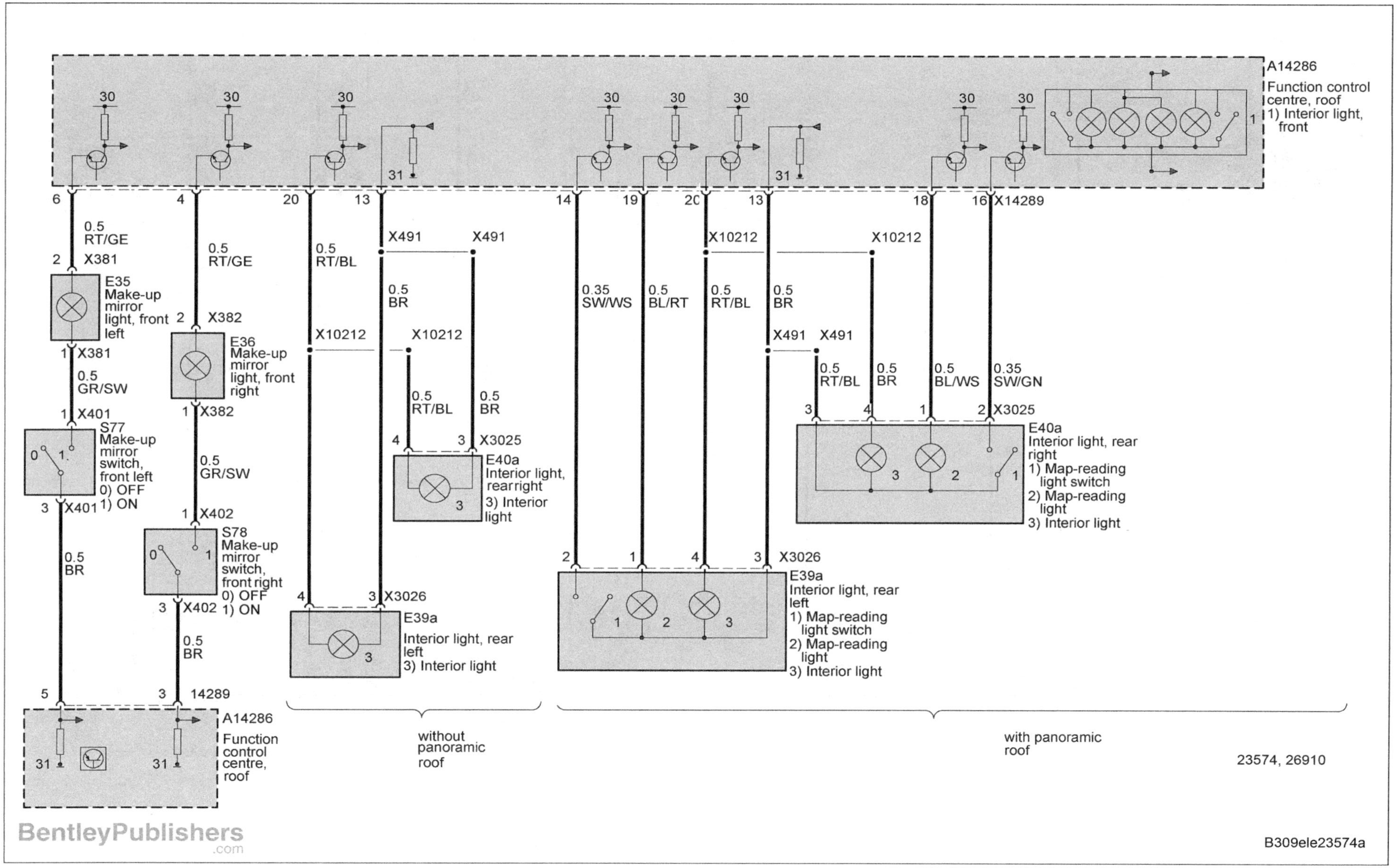

Interior lights
Sports Wagon with roof function center (FZD)
(page 2 of 2)

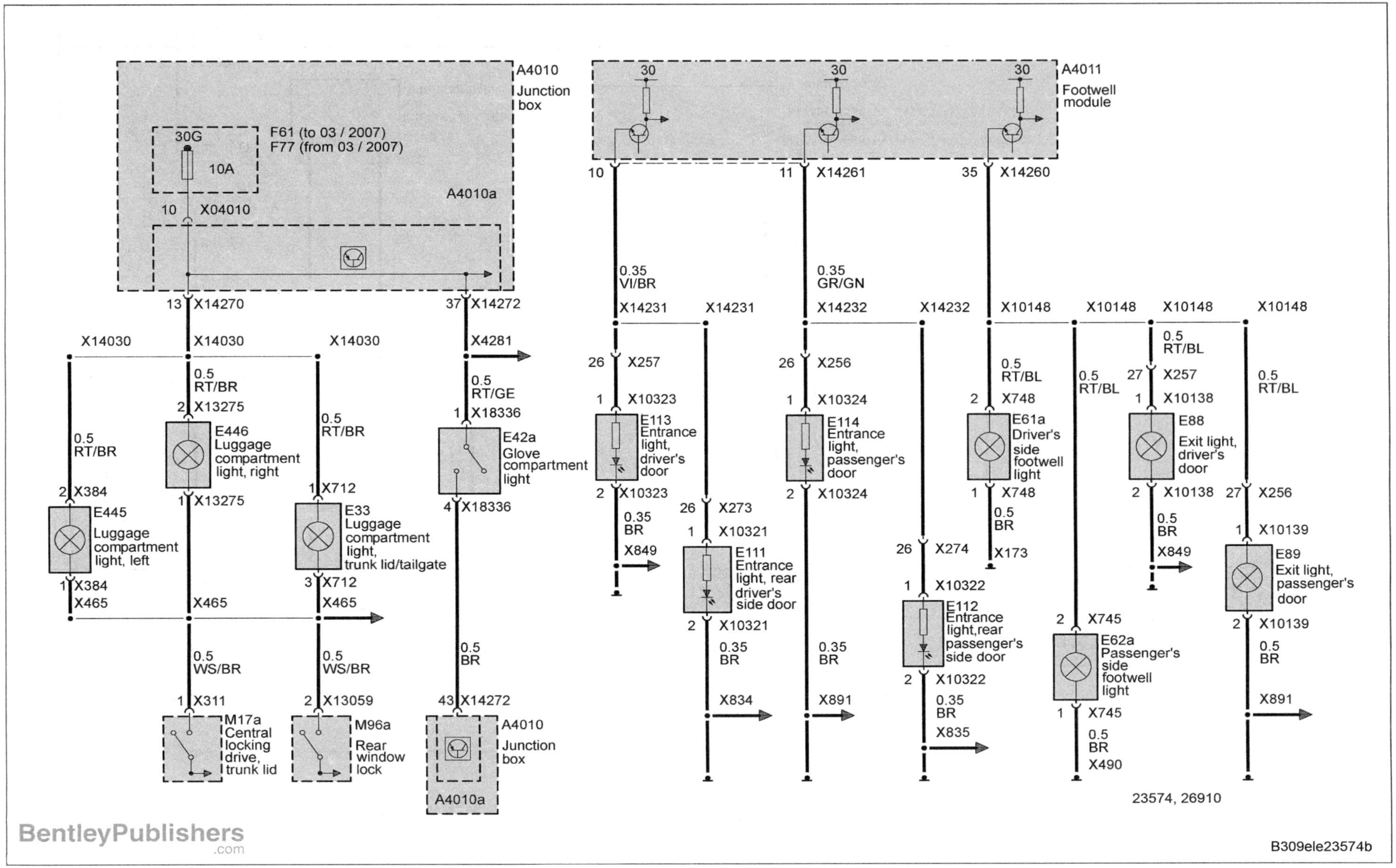

Interior lights
Convertible with roof function center (FZD)
(page 1 of 2)

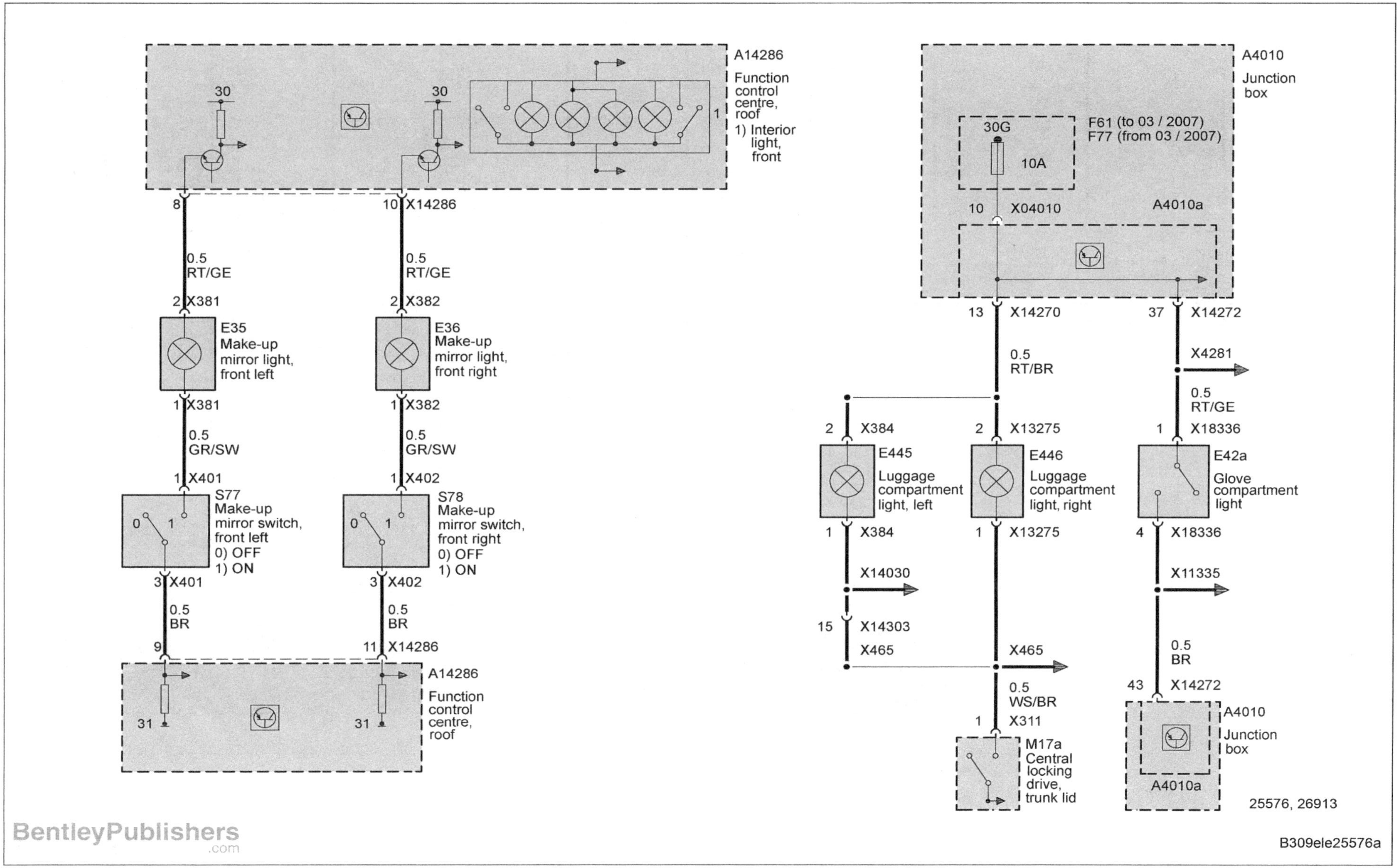

Interior lights
Convertible with roof function center (FZD)
(page 2 of 2)

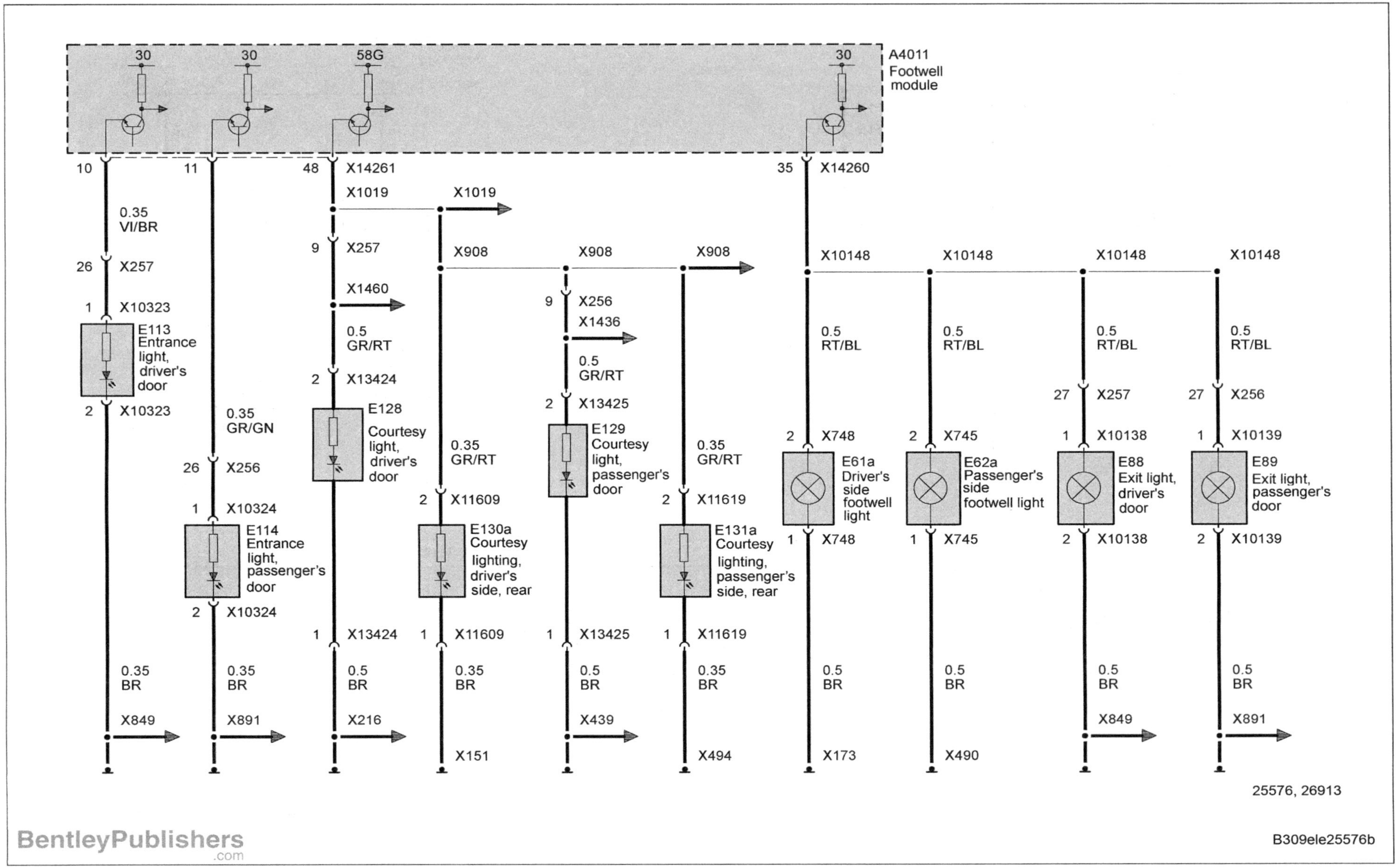

Roof function center (FZD), power supply

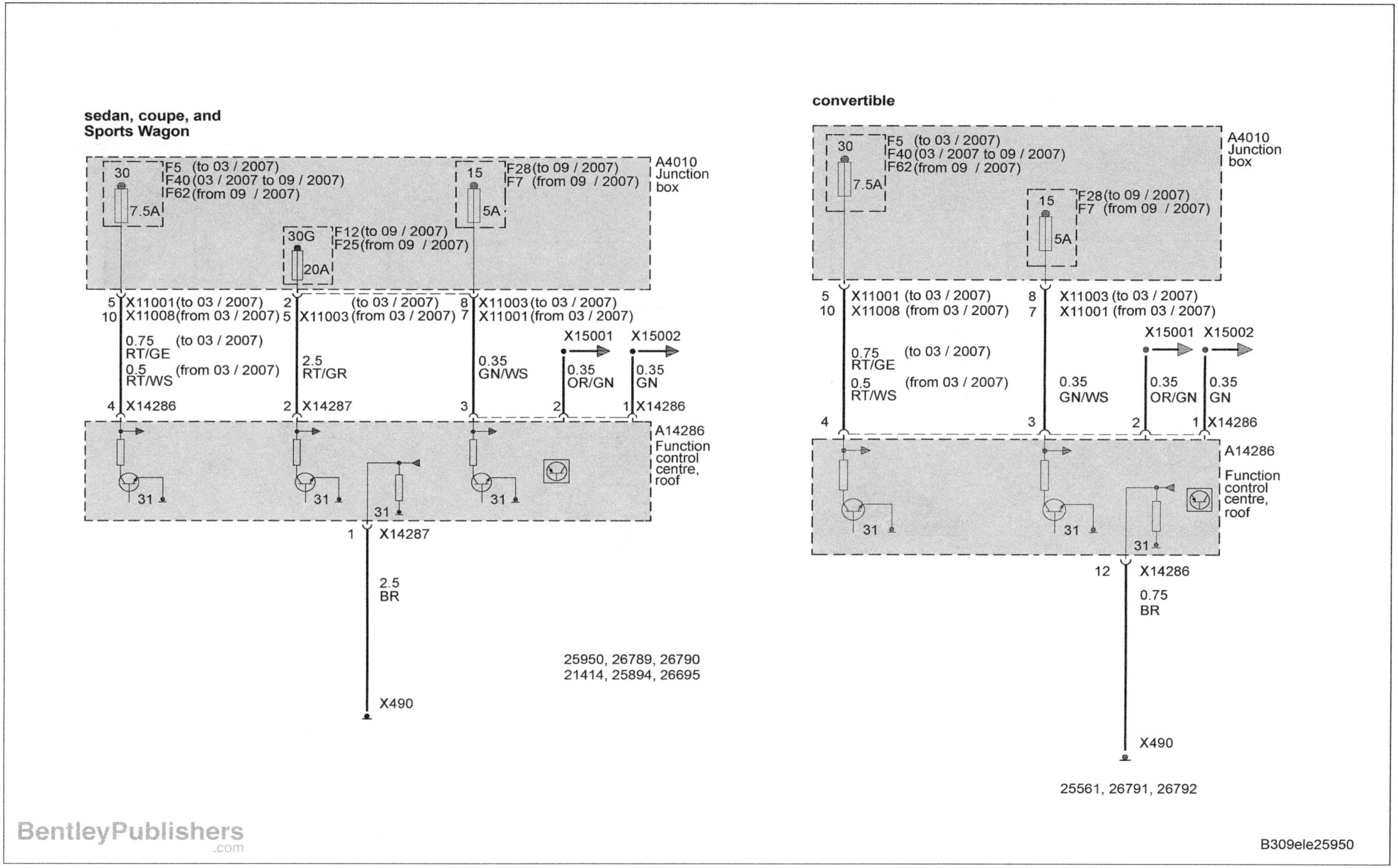

Automatic headlight vertical aim control

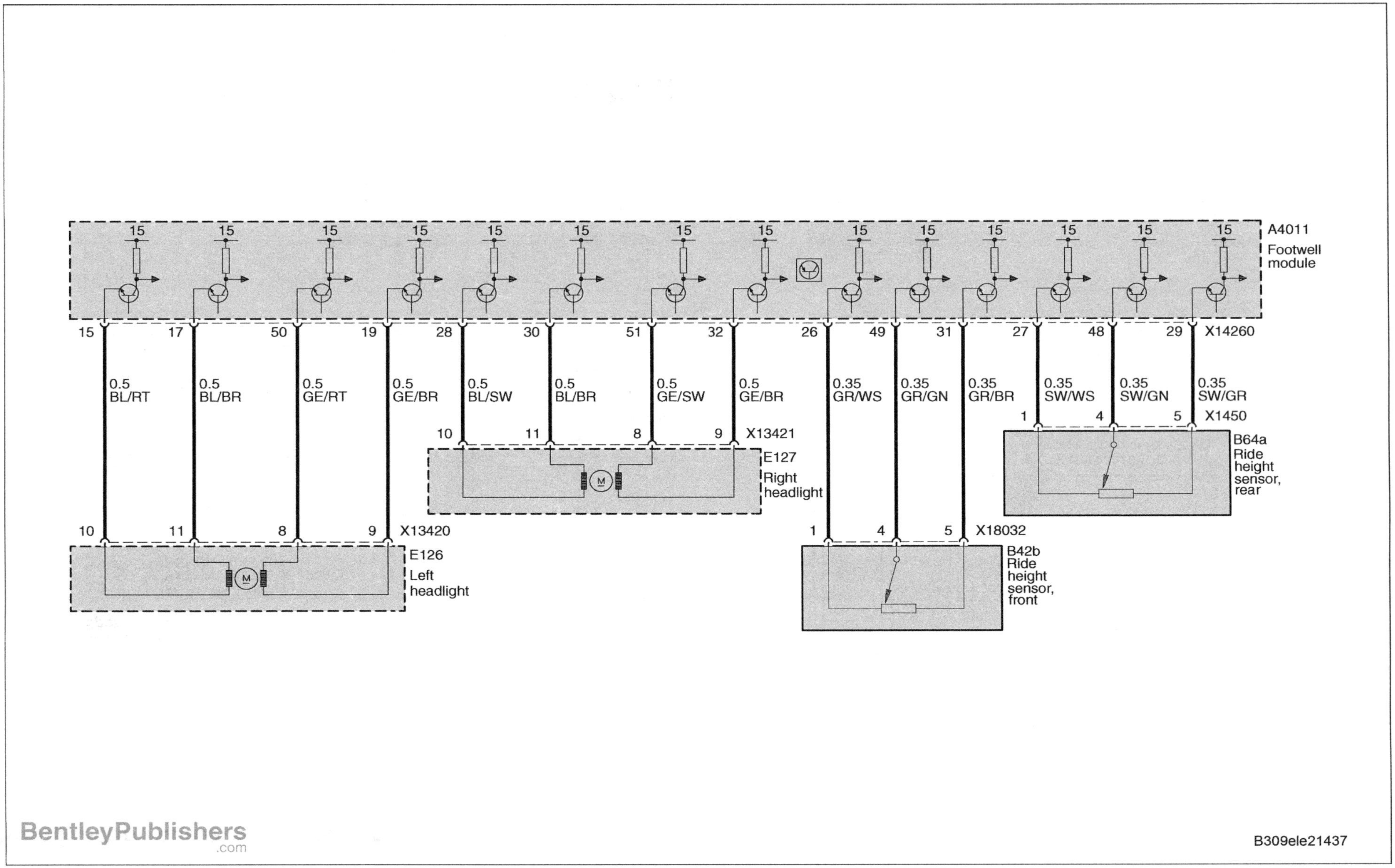

Adaptive headlight

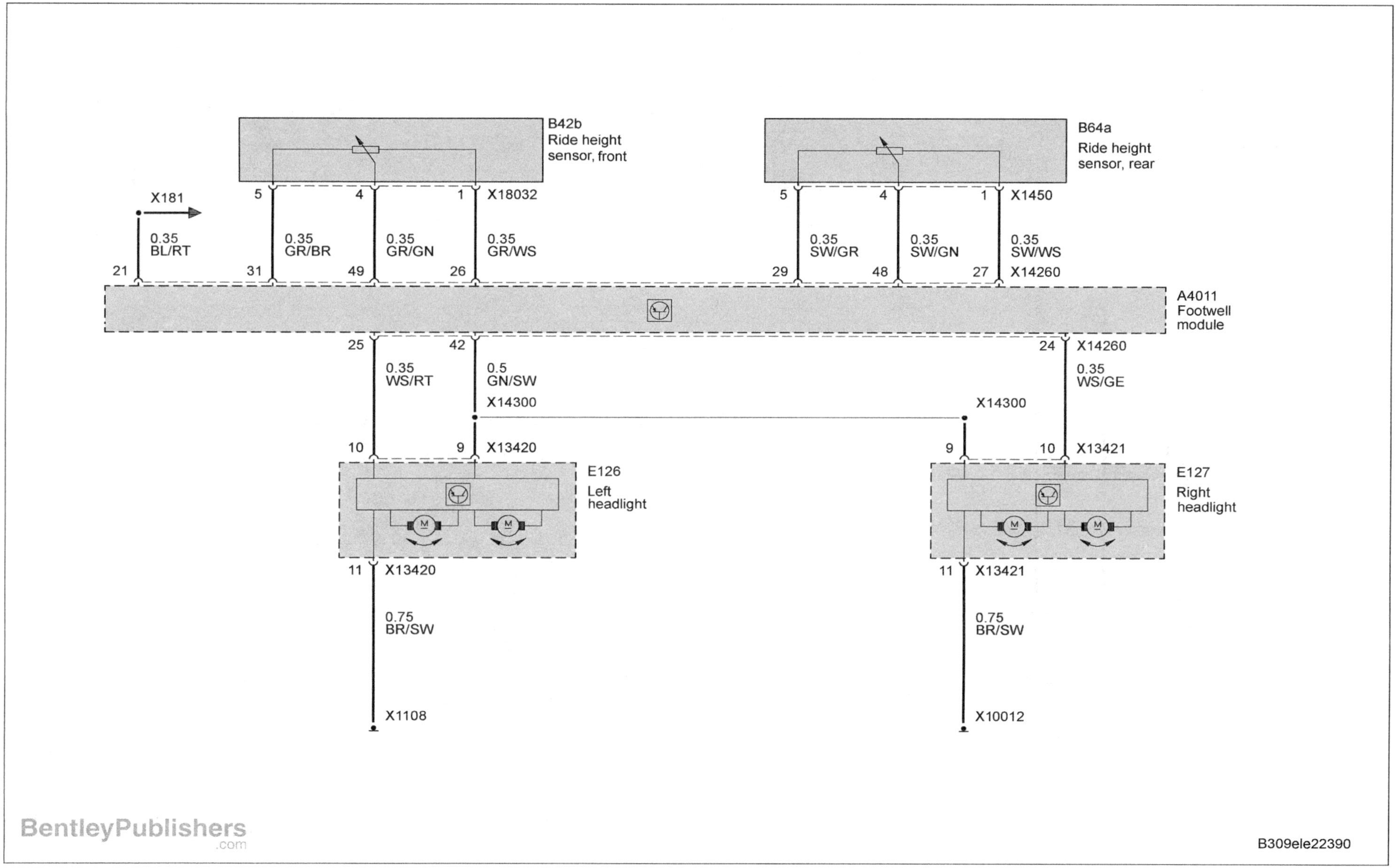

Automatic driving lights control
Sedan, Coupe and Sports Wagon without xenon headlights

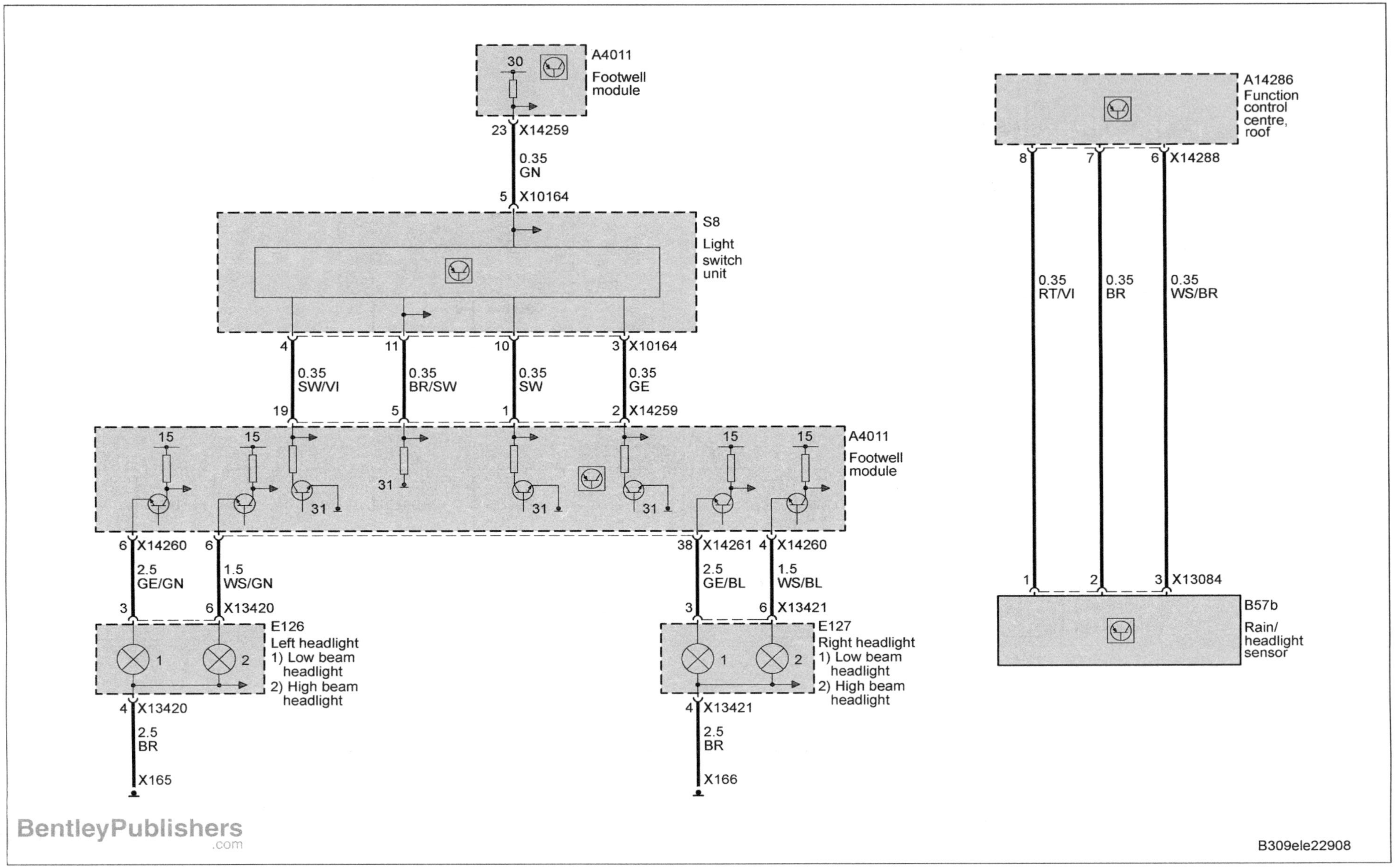

Automatic driving lights control
Sedan, Coupe and Sports Wagon with xenon headlights

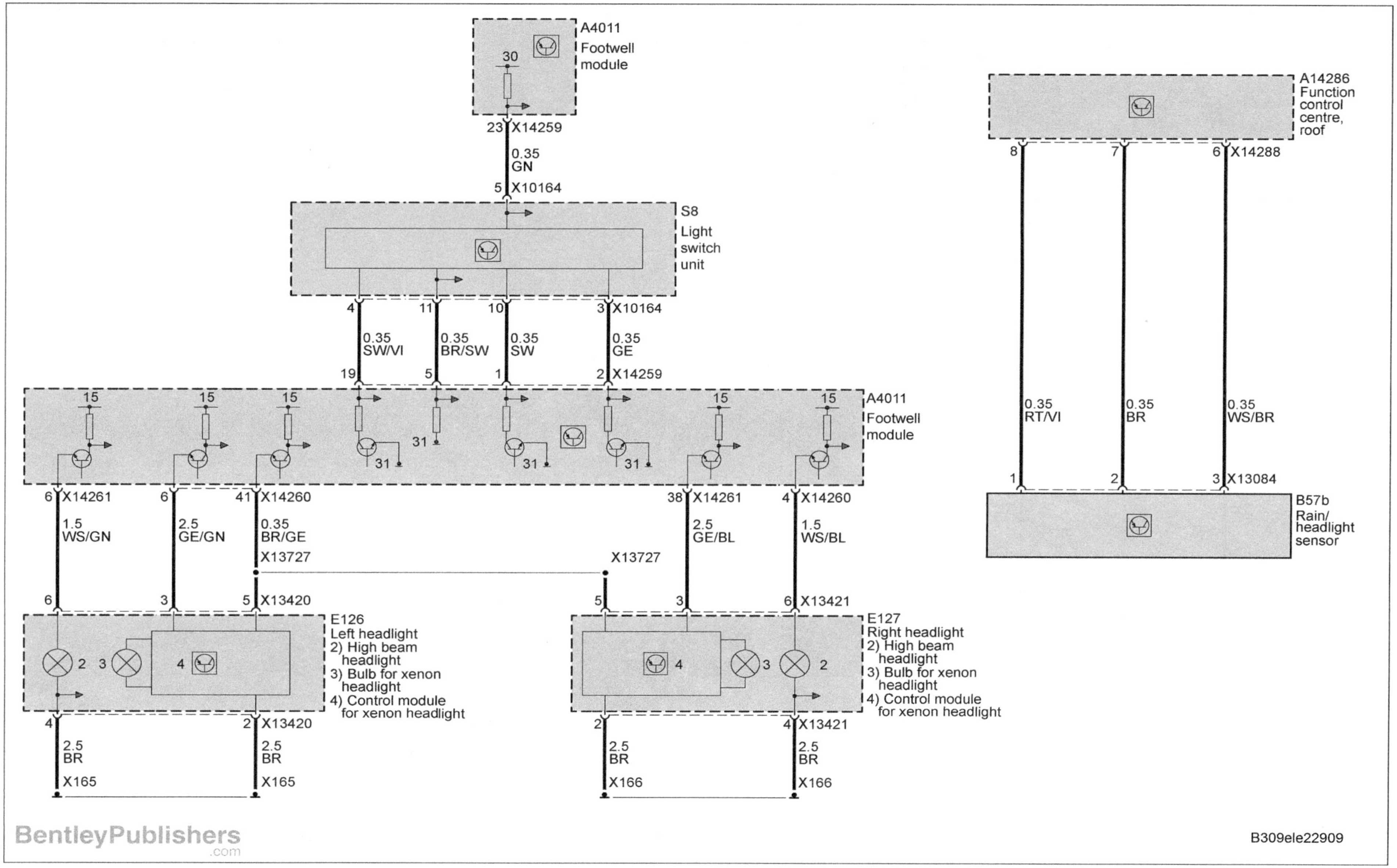

Automatic driving lights control
Convertible

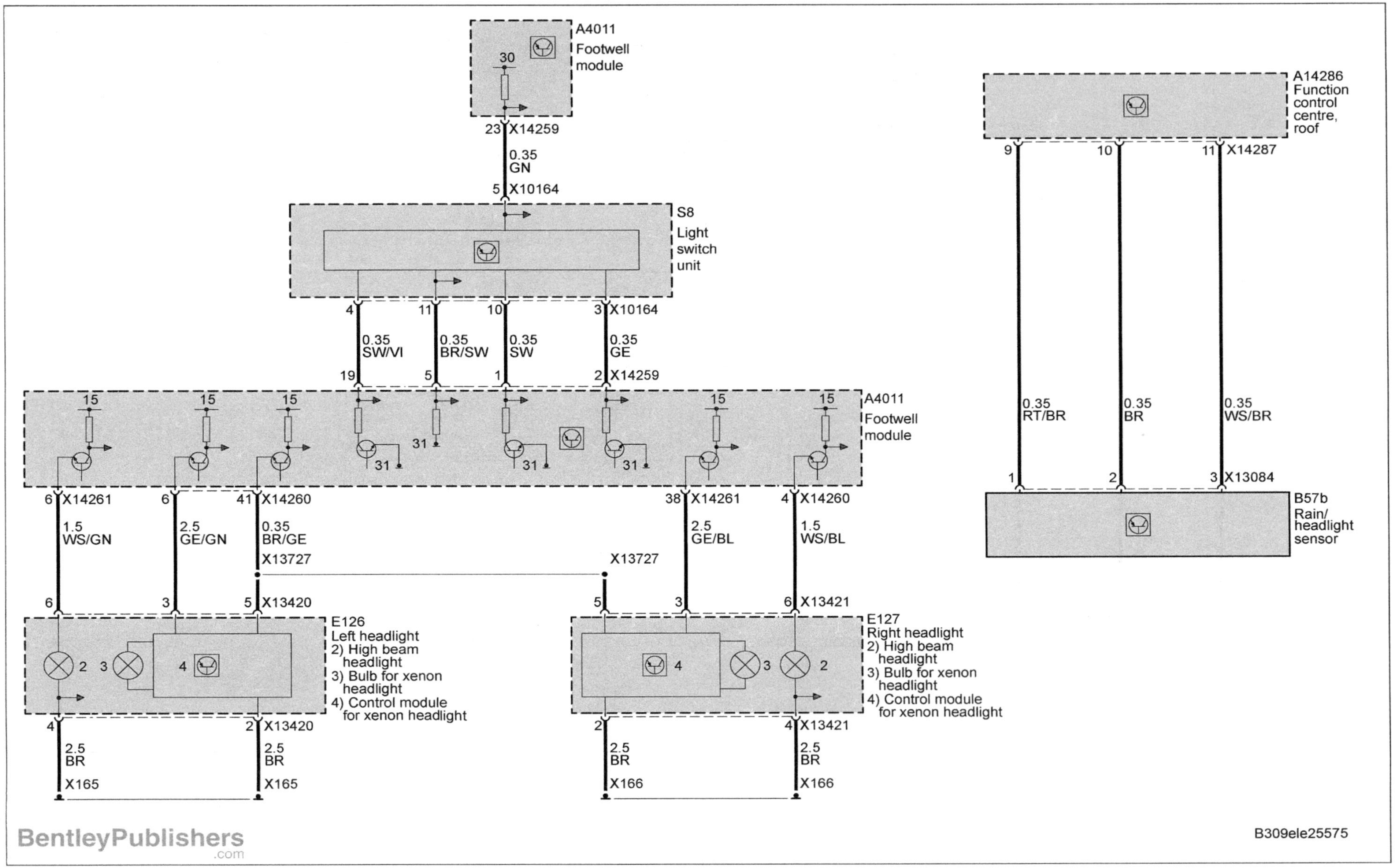

Trailer lighting

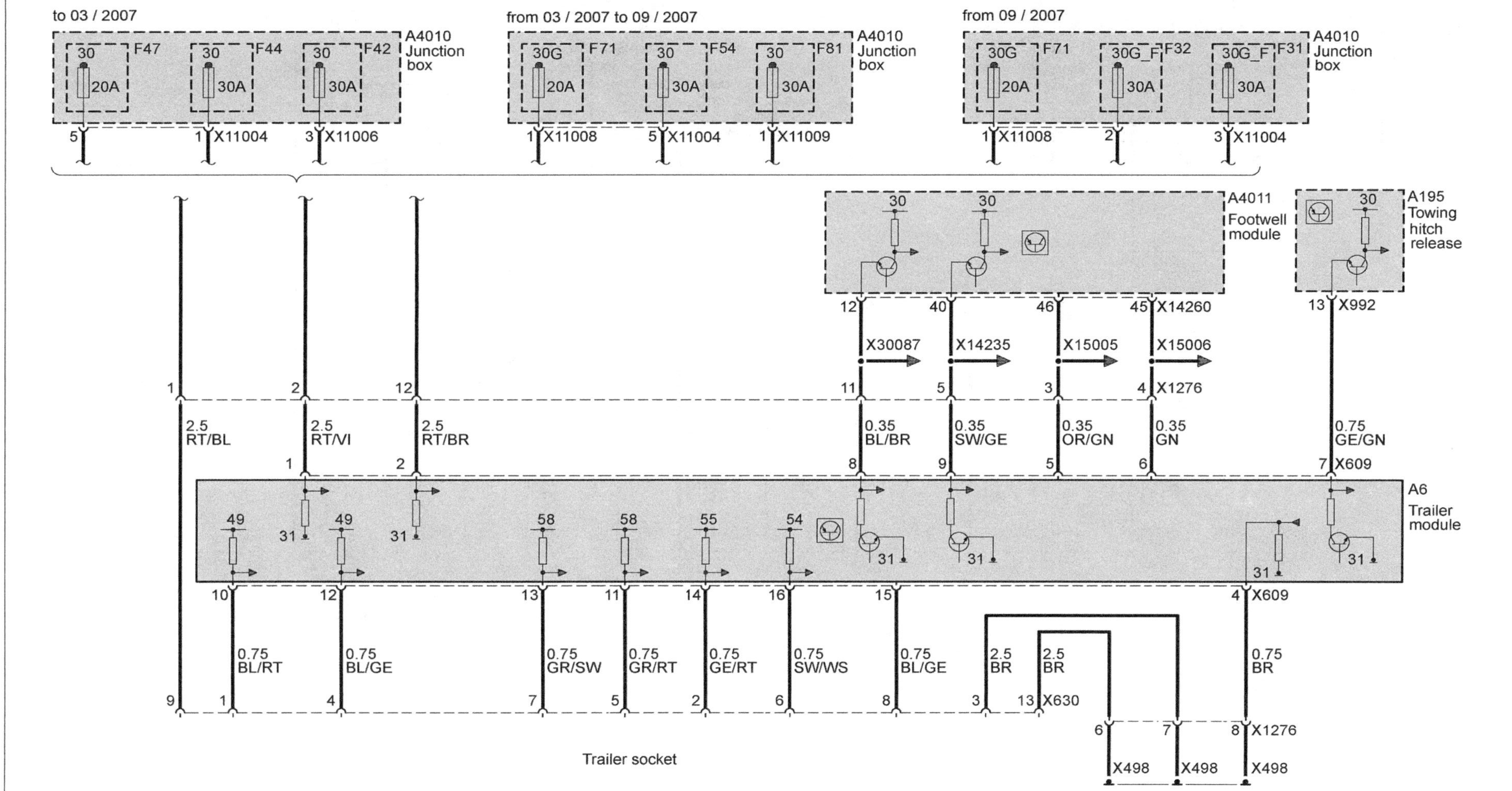

24801, 26817, 26819

B309ele24801

Instrument lighting
Sedan and Sports Wagon

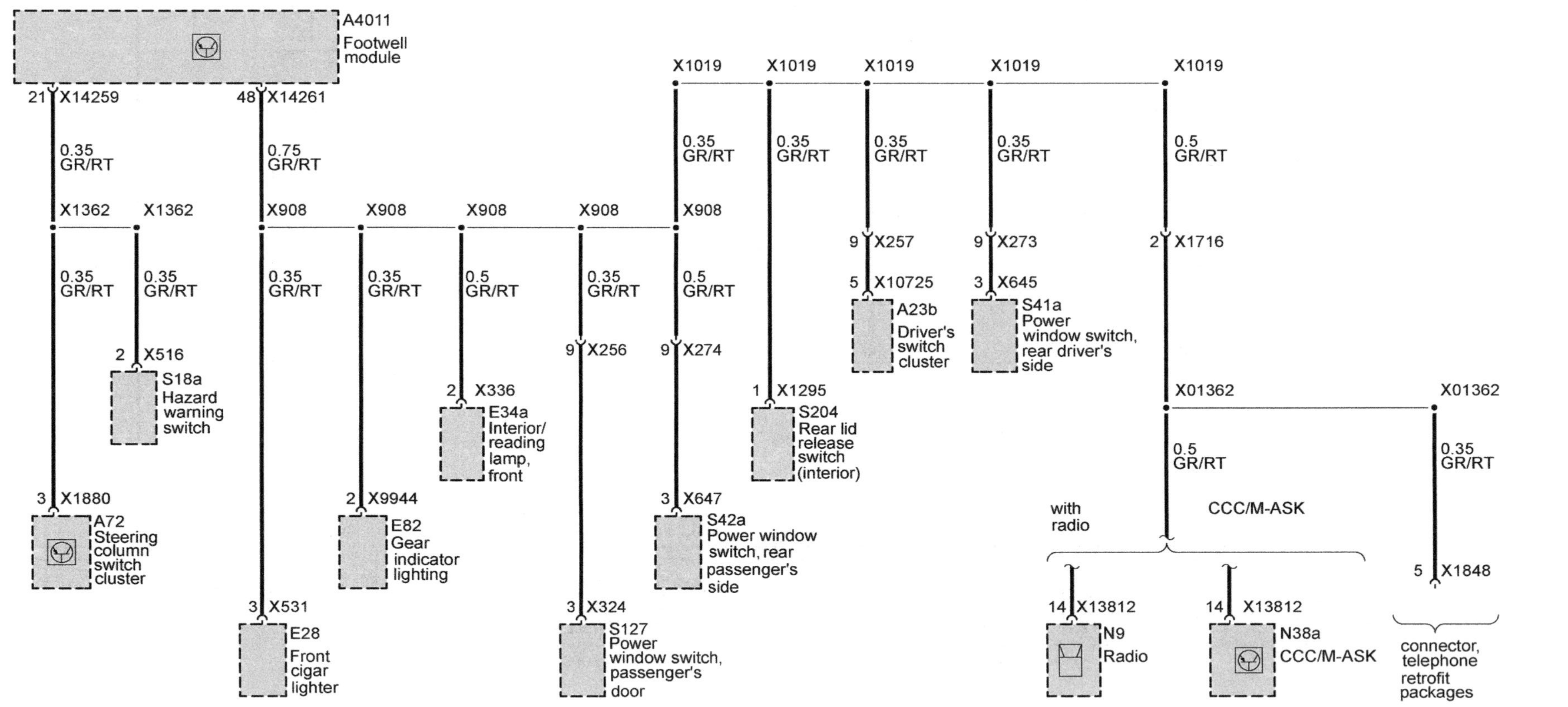

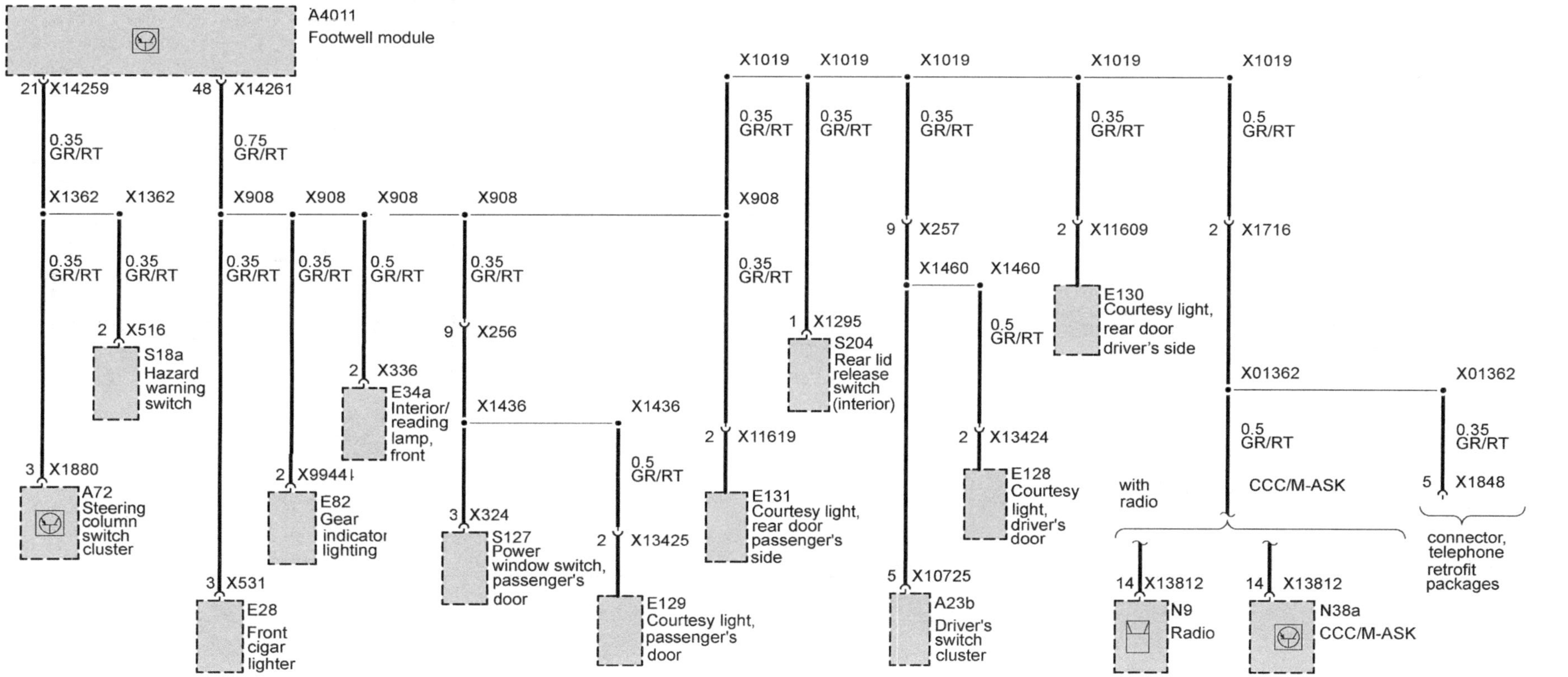
A4011
Footwell module
21 X14259
48 X14261
0.35 GR/RT
0.75 GR/RT
X1362
X1362
X908
X908
X908
X908
X908
0.35 GR/RT
0.35 GR/RT
0.35 GR/RT
0.35 GR/RT
0.5 GR/RT
0.35 GR/RT
0.35 GR/RT
2 X516
S18a Hazard warning switch
3 X1880
A72 Steering column switch cluster
3 X531
E28 Front cigar lighter
2 X9944
E82 Gear indicator lighting
2 X336
E34a Interior/ reading lamp, front
9 X256
X1436
X1436
3 X324
S127 Power window switch, passenger's door
0.5 GR/RT
2 X13425
E129 Courtesy light, passenger's door
X1019
X1019
X1019
X1019
X1019
0.35 GR/RT
0.35 GR/RT
0.35 GR/RT
0.35 GR/RT
0.5 GR/RT
2 X11619
E131 Courtesy light, rear door passenger's side
1 X1295
S204 Rear lid release switch (interior)
9 X257
X1460
X1460
0.5 GR/RT
2 X13424
E128 Courtesy light, driver's door
5 X10725
A23b Driver's switch cluster
2 X11609
E130 Courtesy light, rear door driver's side
2 X1716
X01362
X01362
0.5 GR/RT
0.35 GR/RT
with radio
CCC/M-ASK
5 X1848
connector, telephone retrofit packages
14 X13812
N9 Radio
14 X13812
N38a CCC/M-ASK
B309ele24777

Instrument warning and indicator lights

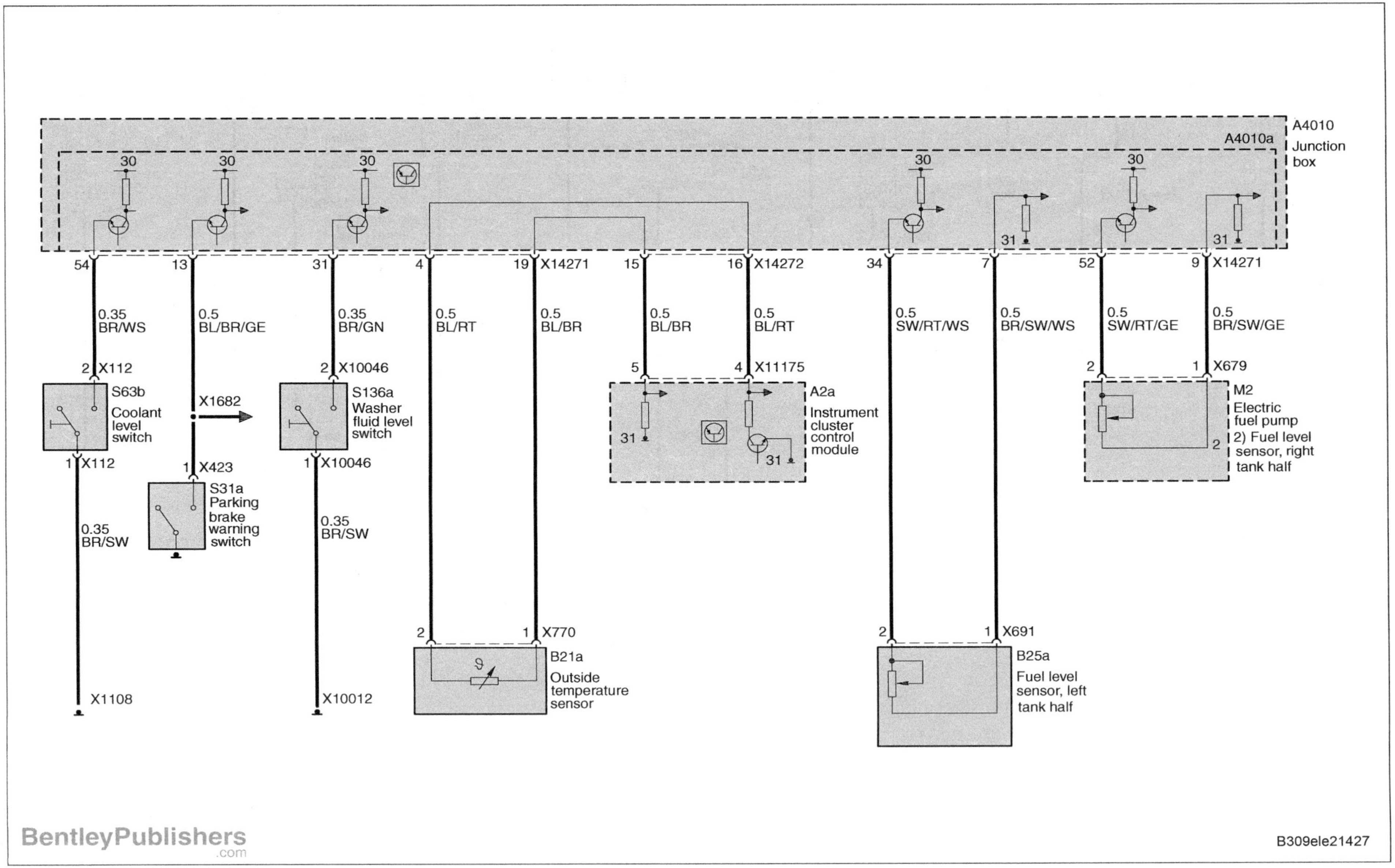

Electrochromic mirror except Convertible

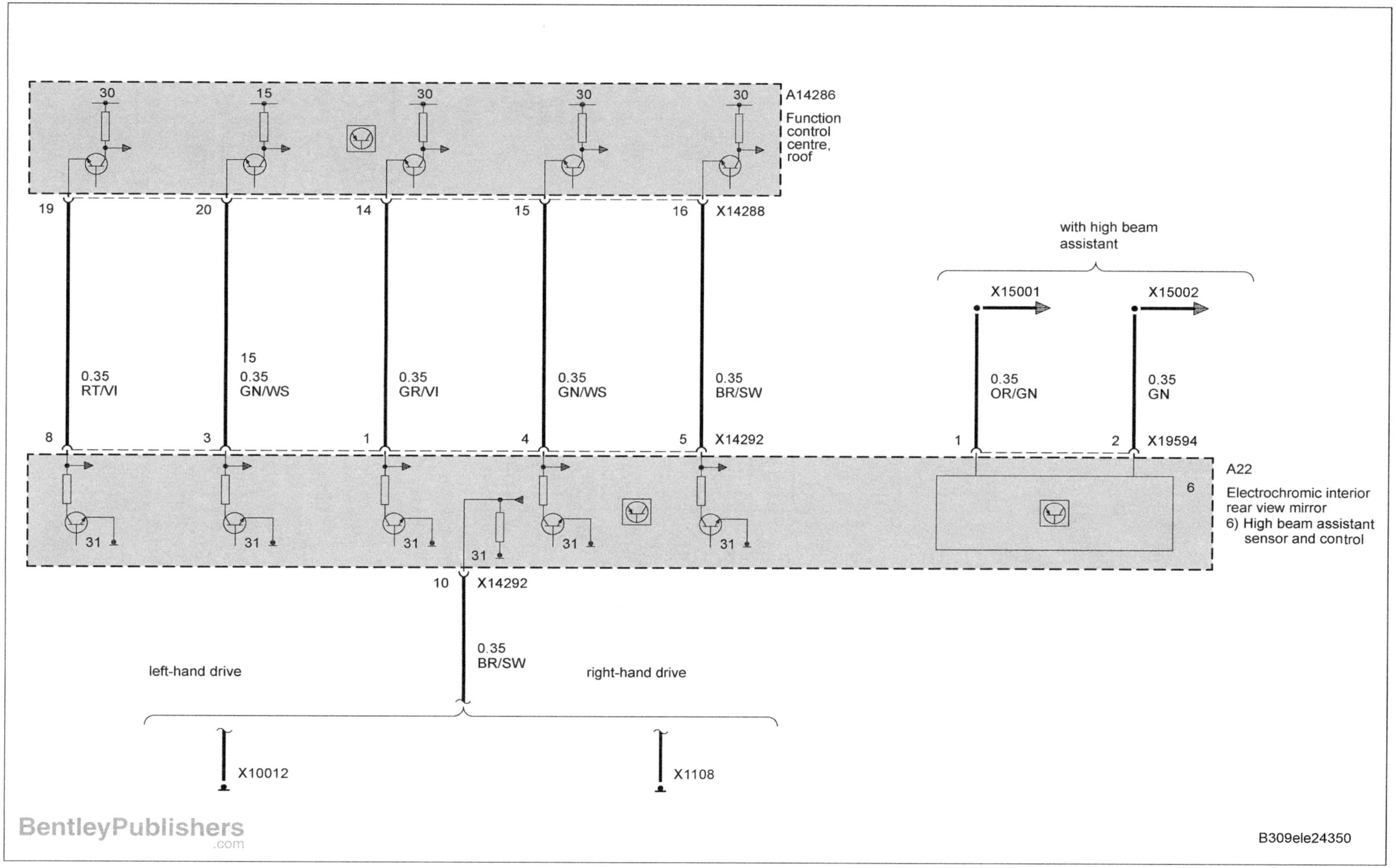

Electrochromic mirror
Convertible

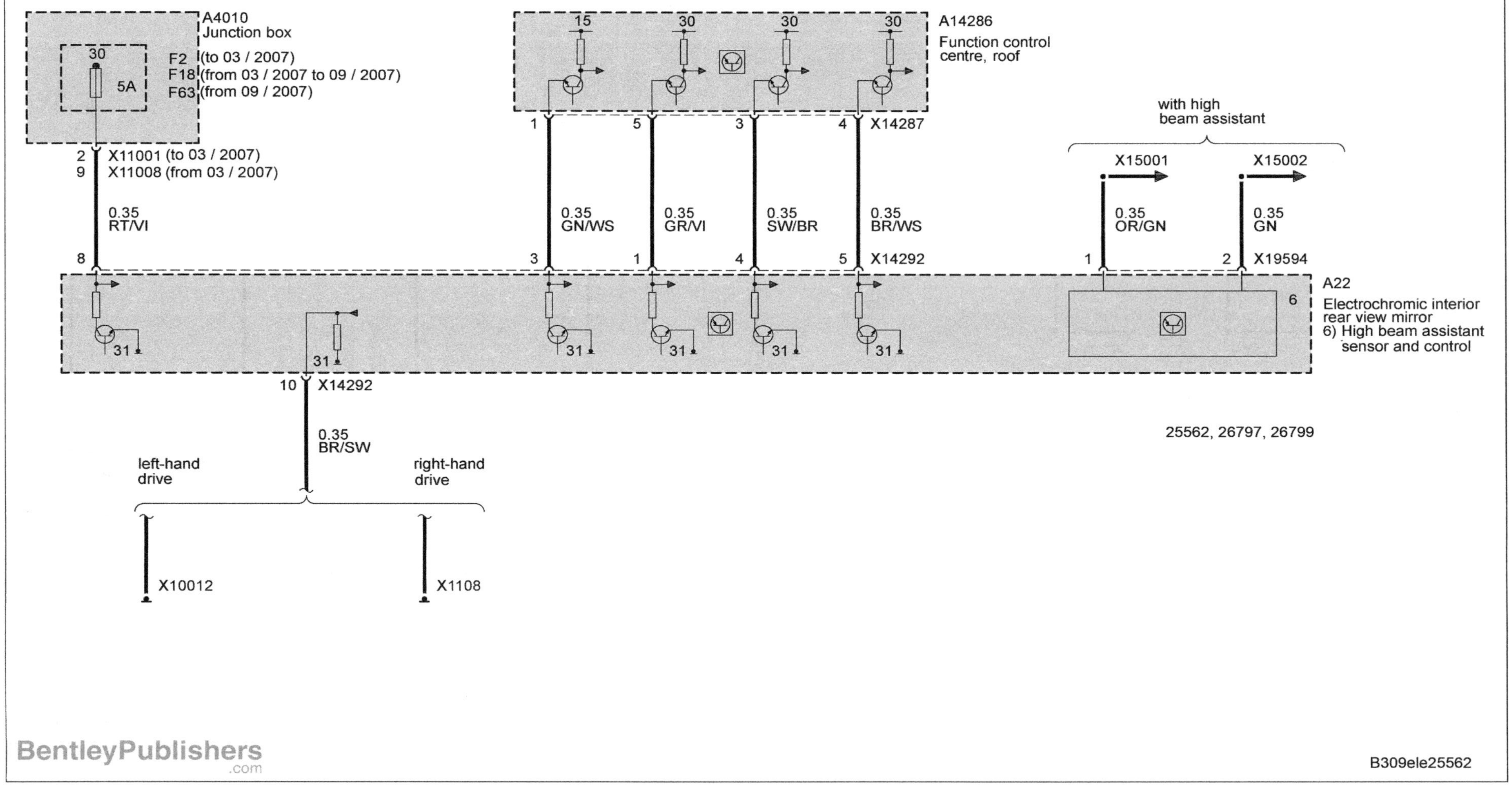

Heating and air-conditioning control module, power supply

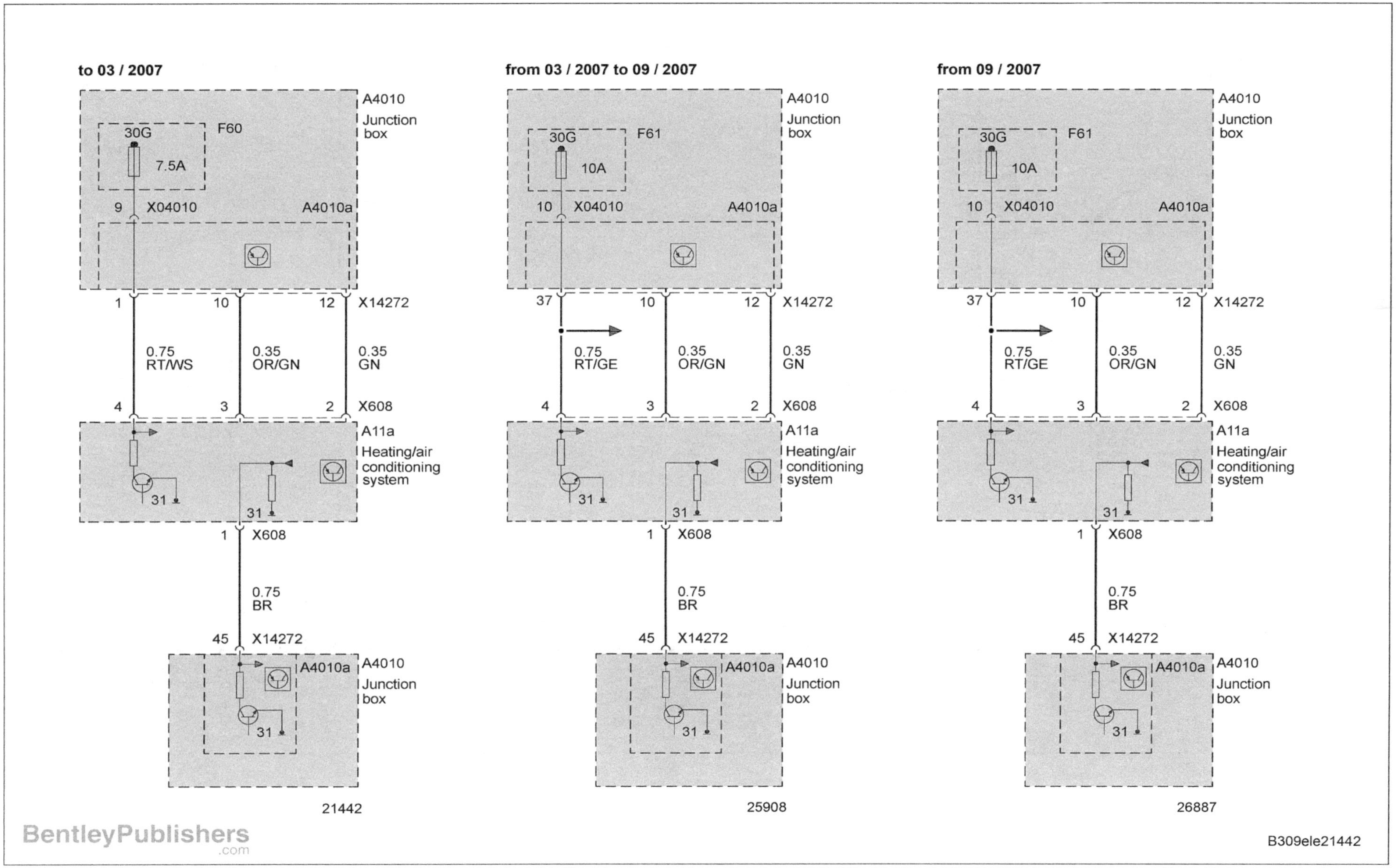

Heating and air-conditioning functions (to 03 / 2007) (page 1 of 3)

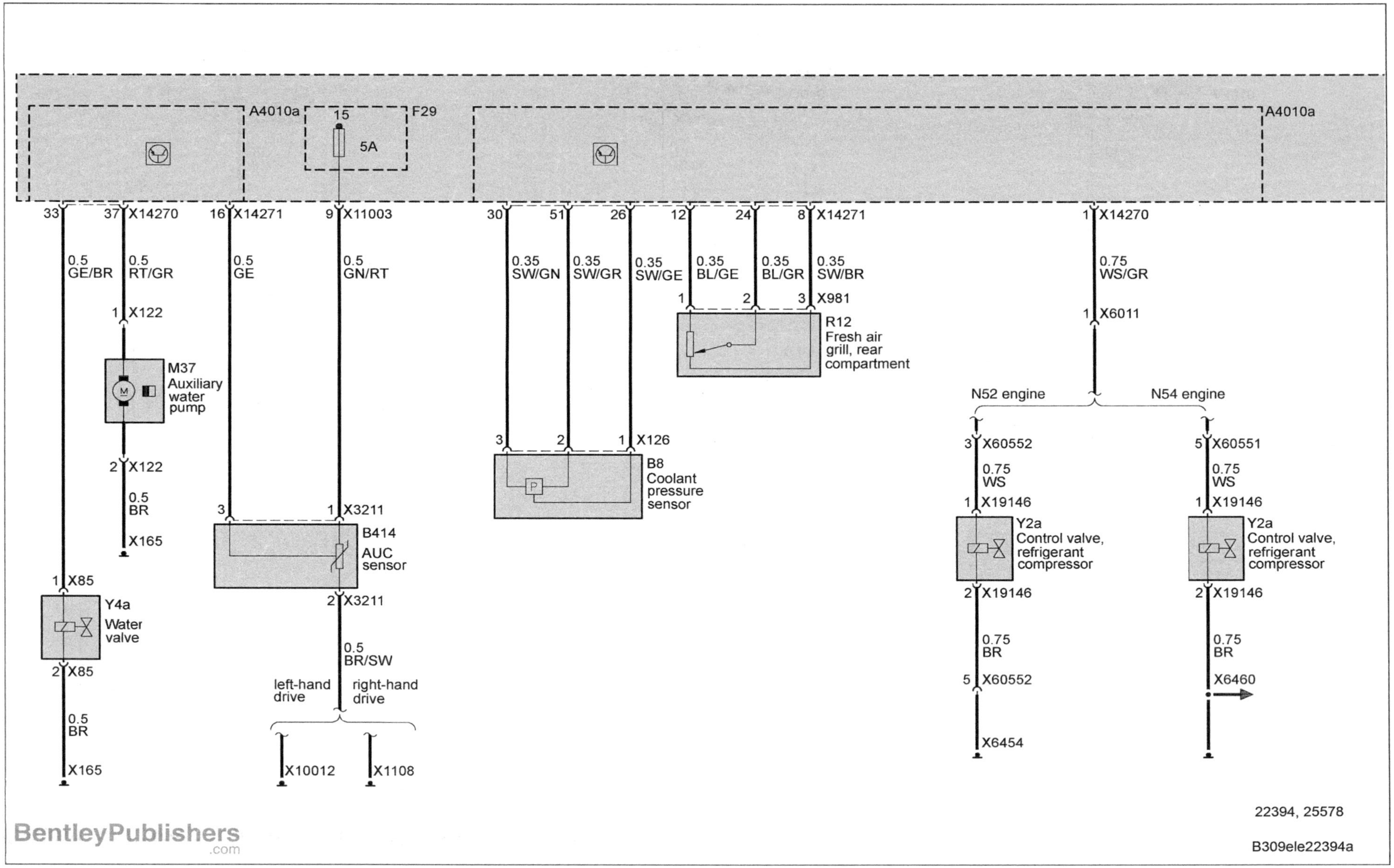

Heating and air-conditioning functions
(to 03 / 2007)
(page 2 of 3)

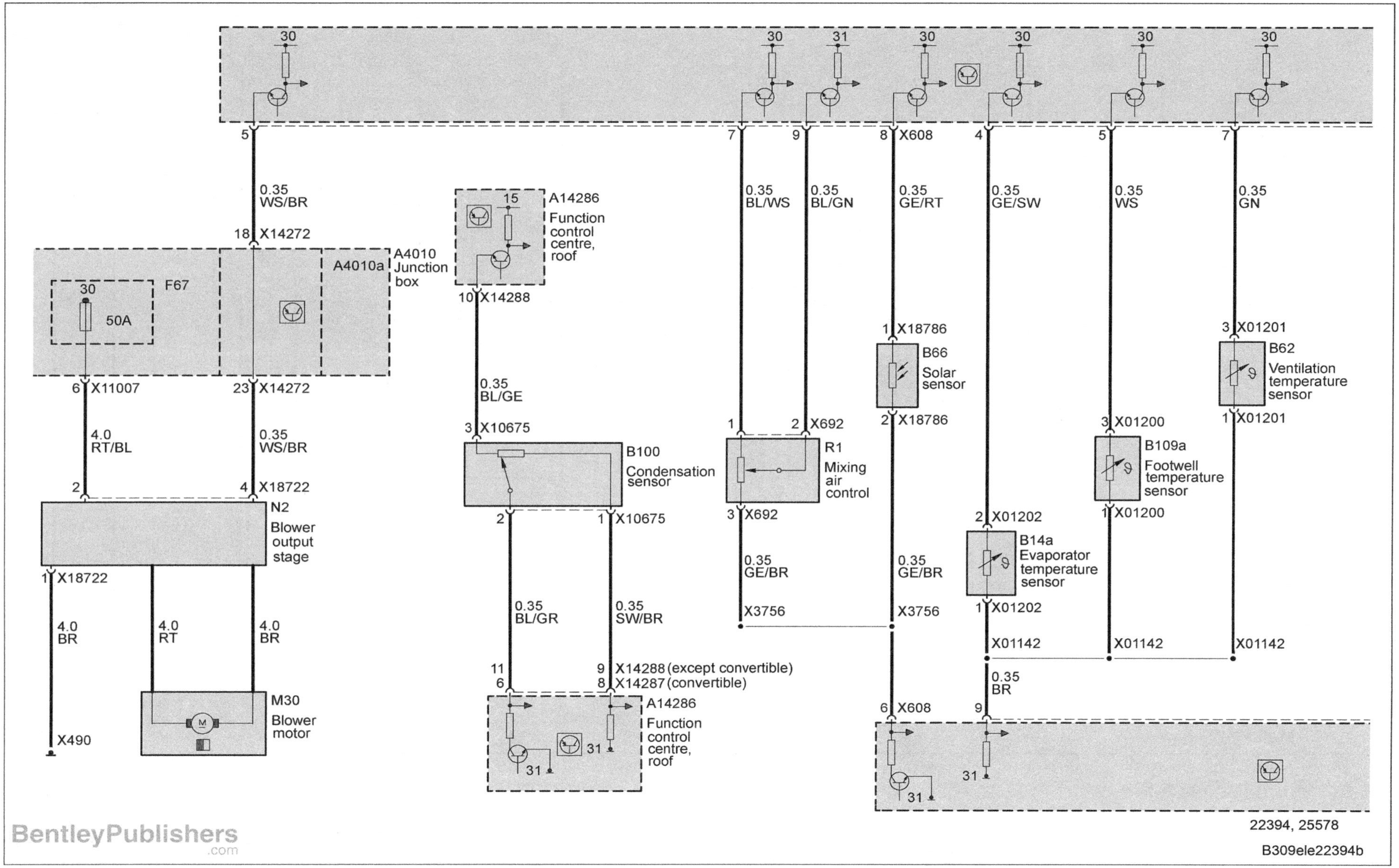

Heating and air-conditioning functions
(to 03 / 2007)
(page 3 of 3)

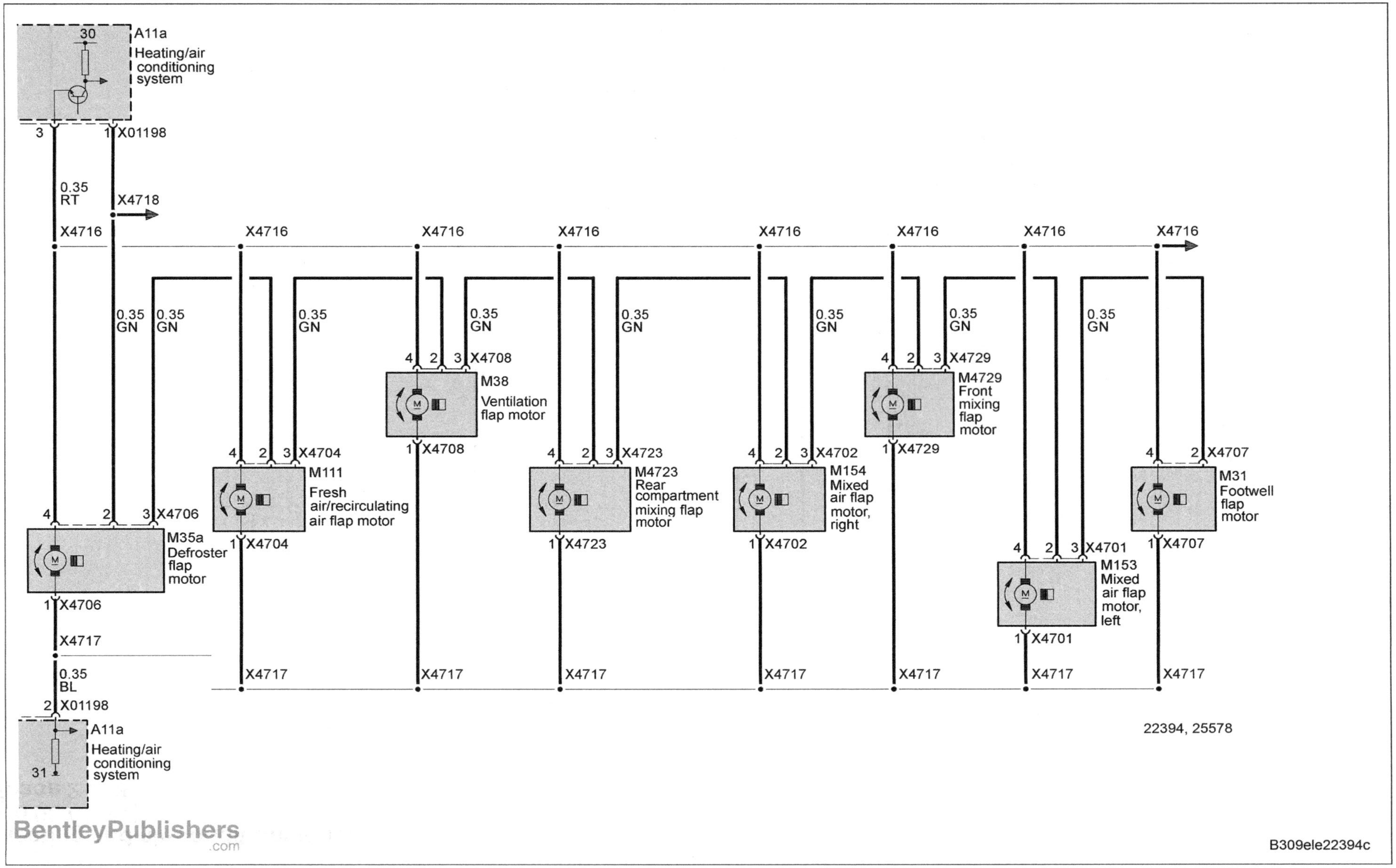

Heating and air-conditioning functions (from 03 / 2007 to 09 / 2007) (page 1 of 3)

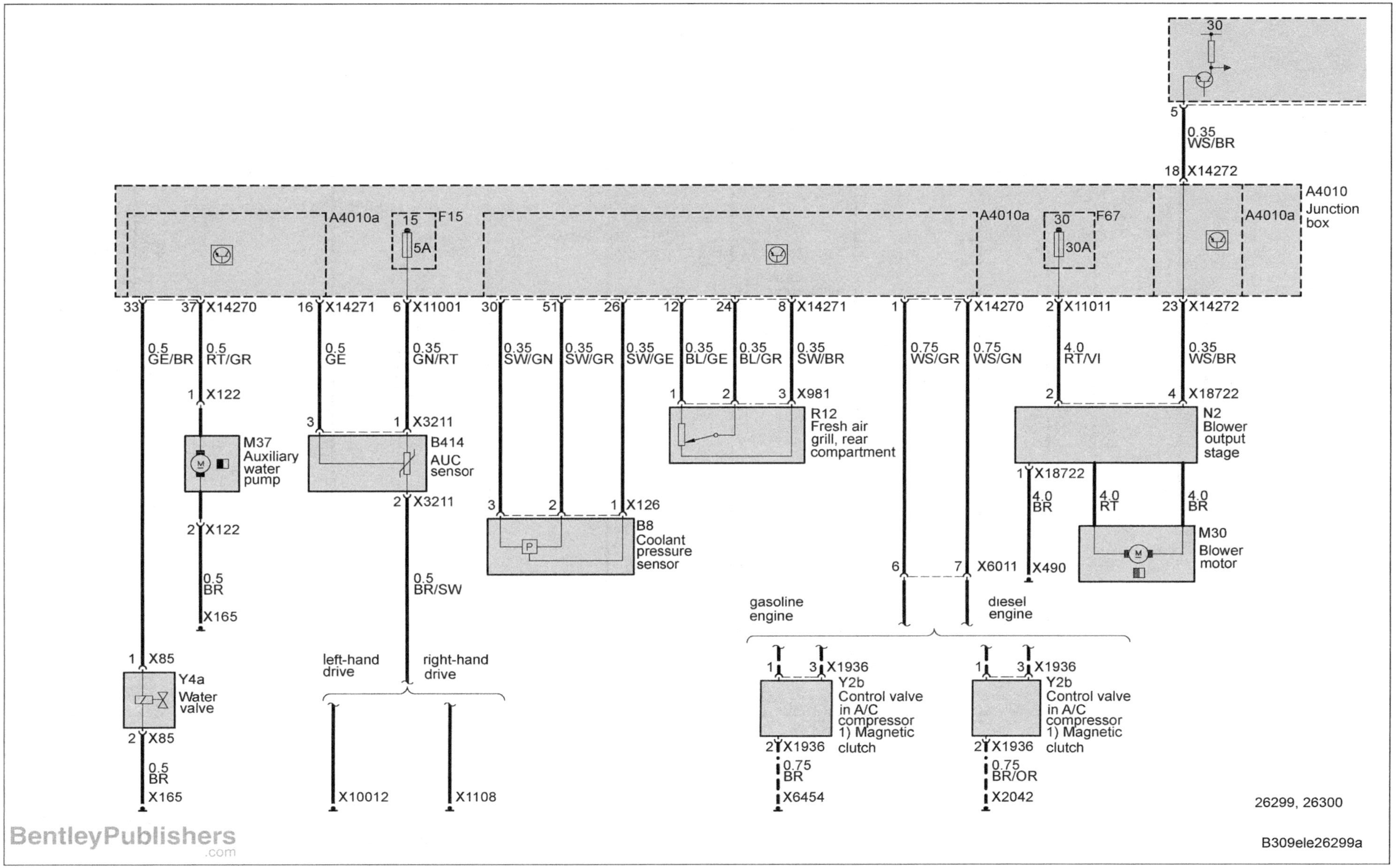

Heating and air-conditioning functions (from 03 / 2007 to 09 / 2007) (page 2 of 3)

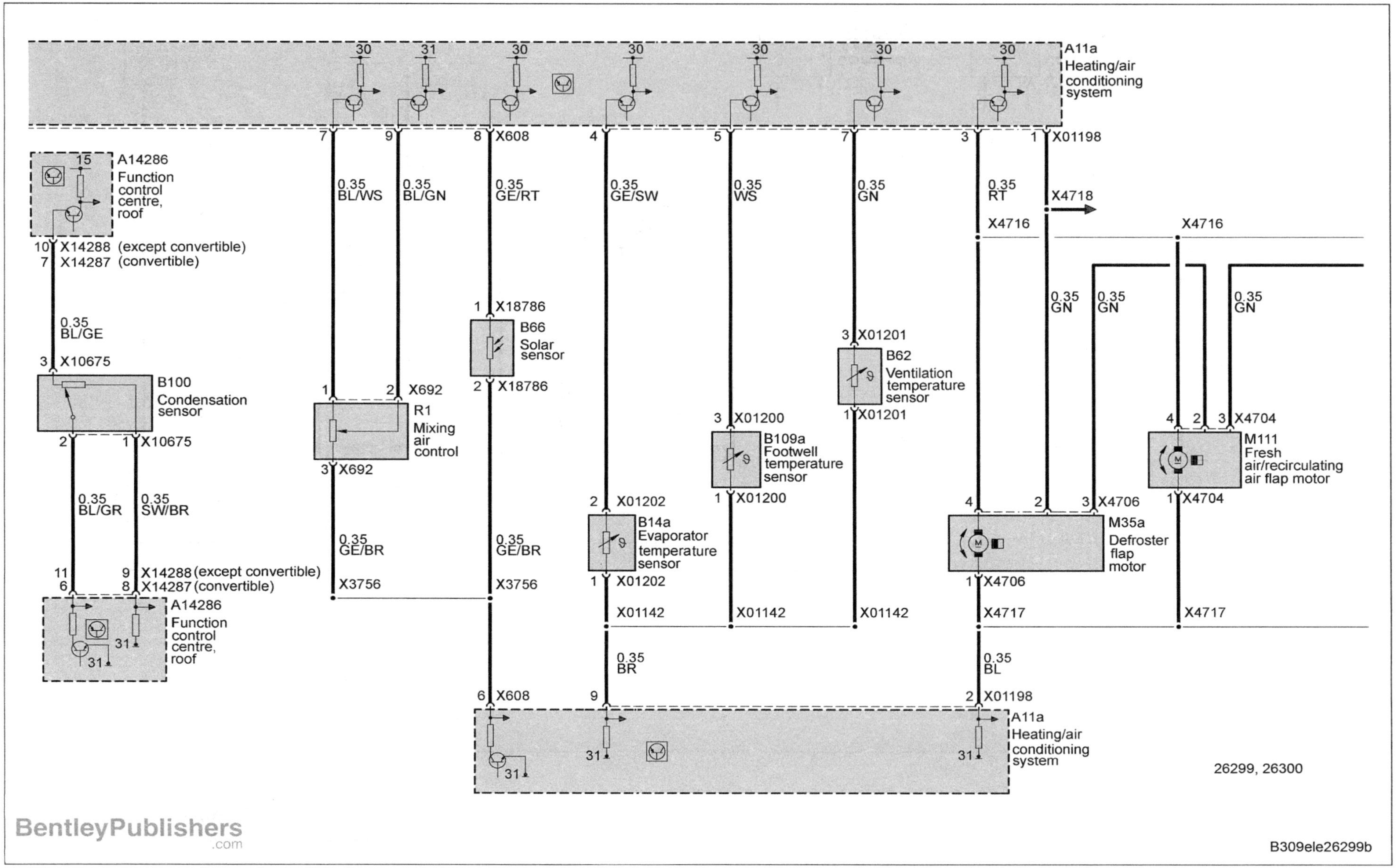

26299, 26300

B309ele26299b

Heating and air-conditioning functions (from 03 / 2007 to 09 / 2007) (page 3 of 3)

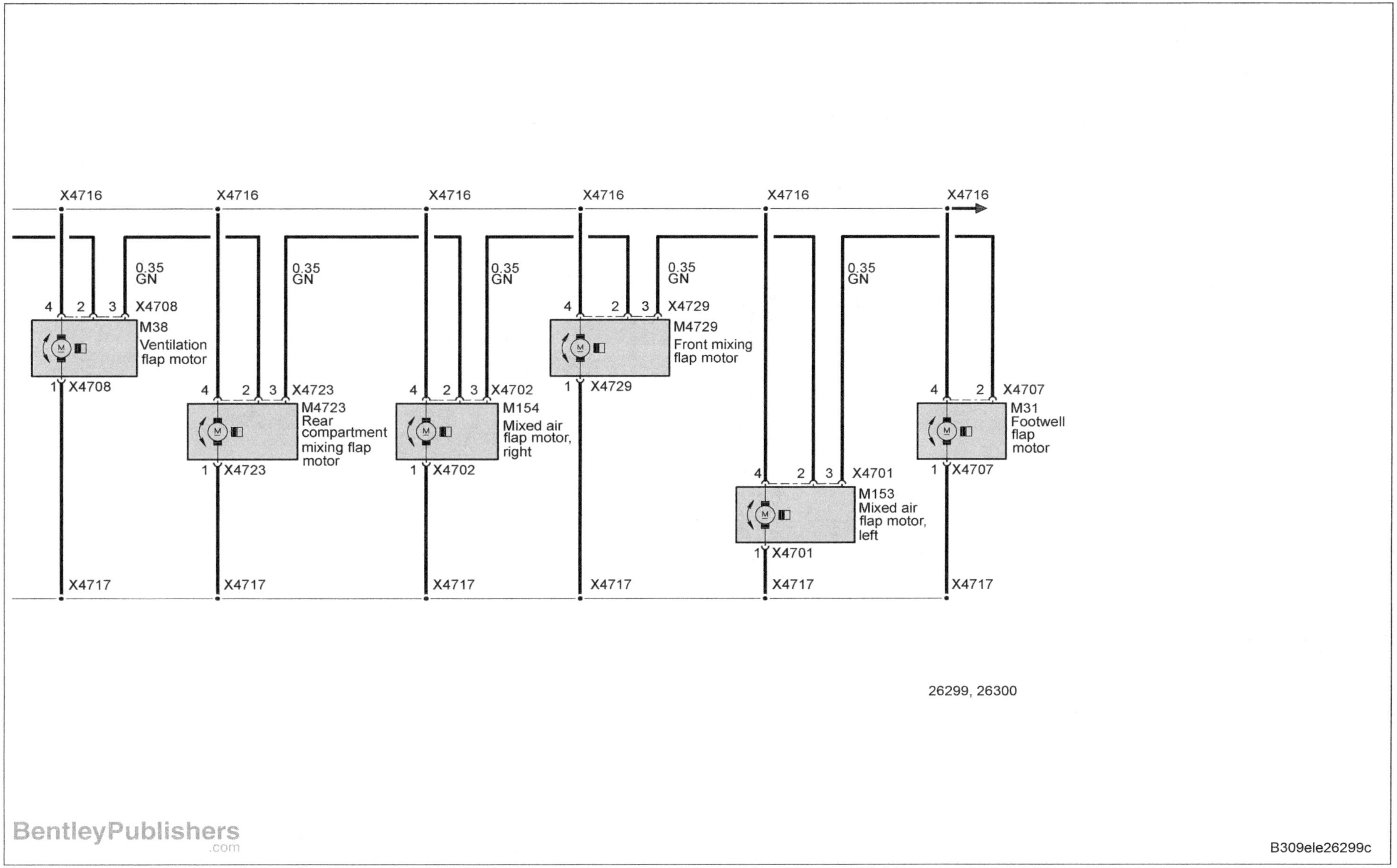

Heating and air-conditioning functions (from 09 / 2007) (page 1 of 3)

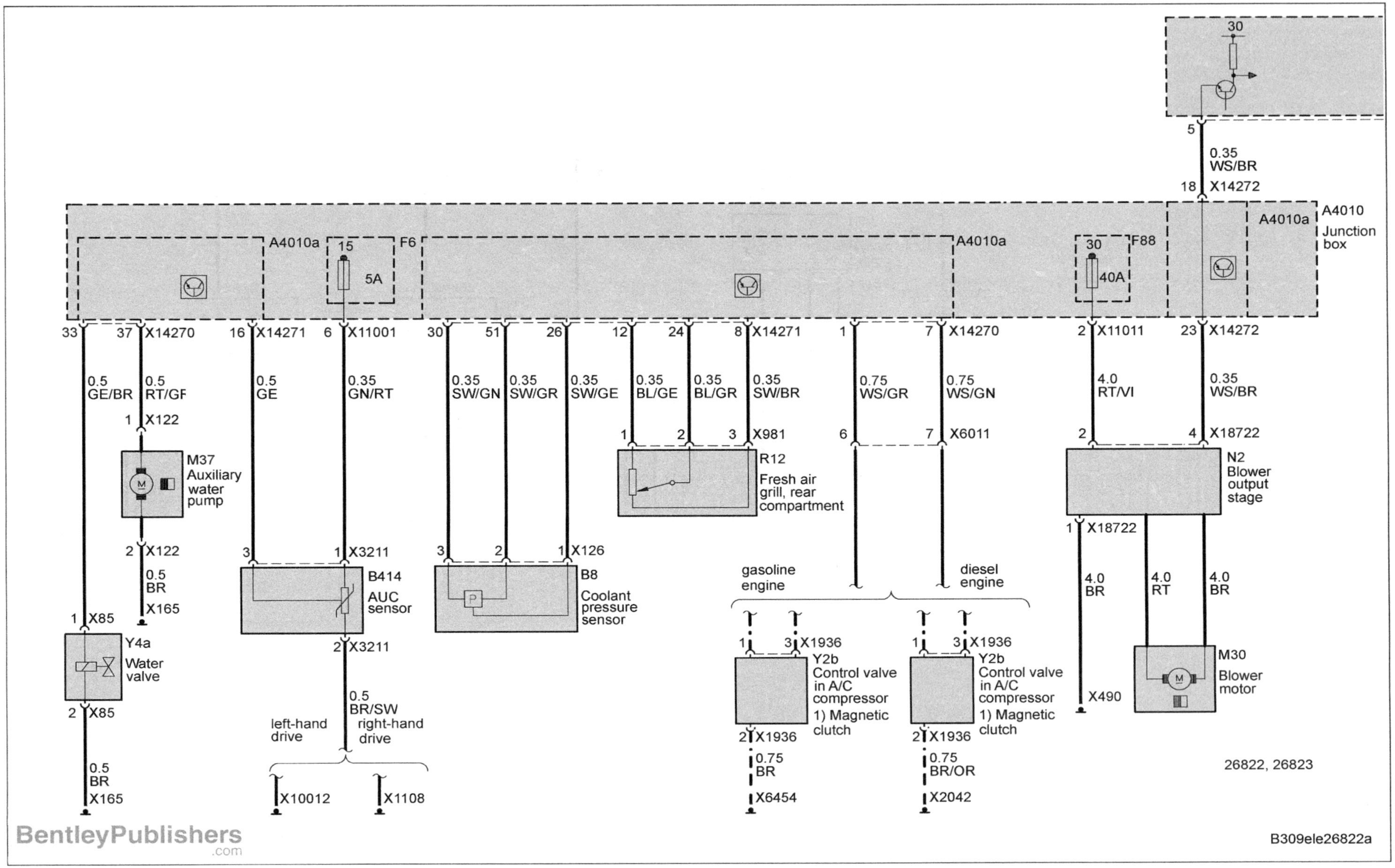

Heating and air-conditioning functions (from 09 / 2007) (page 2 of 3)

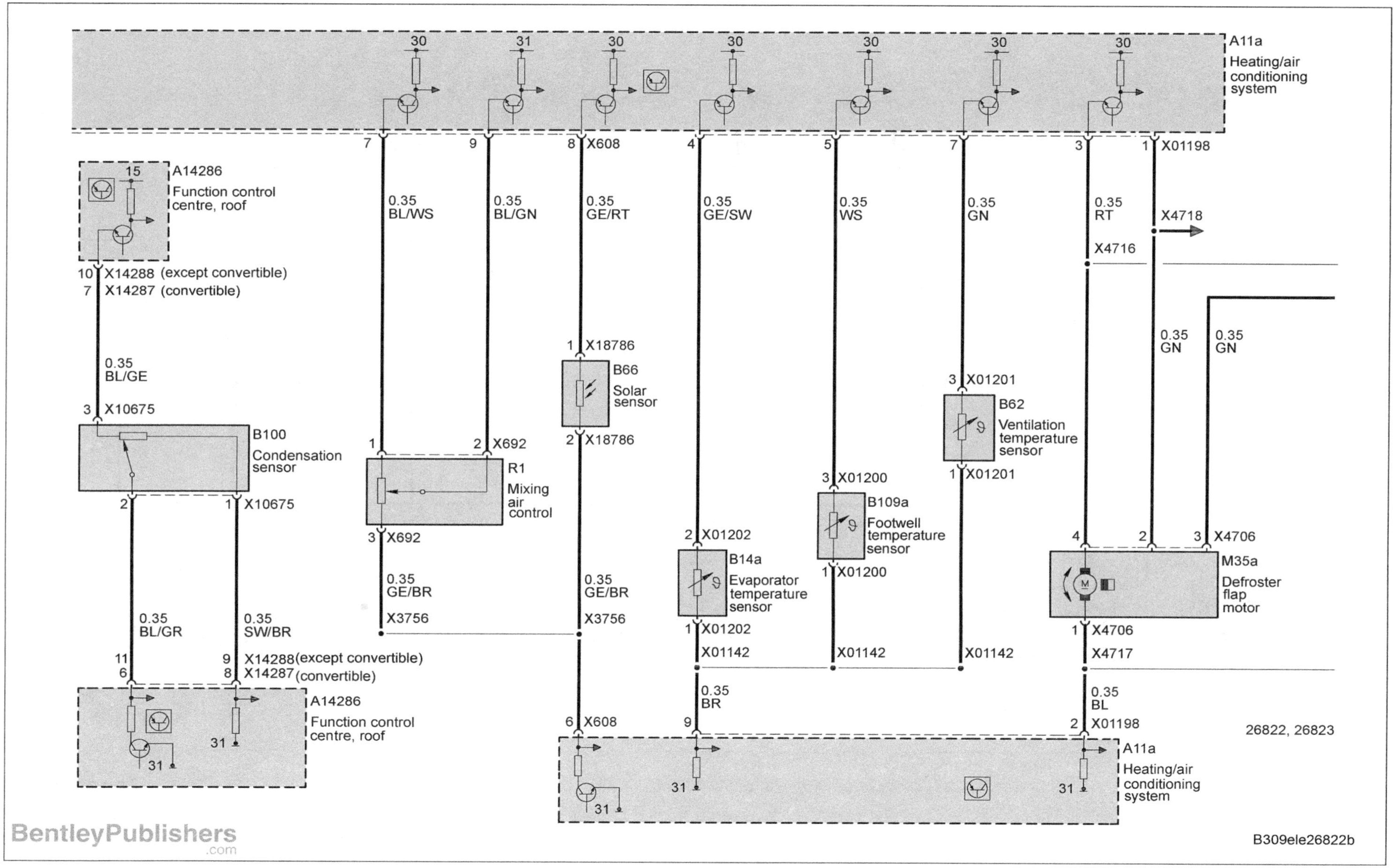

Heating and air-conditioning functions (from 09 / 2007) (page 3 of 3)

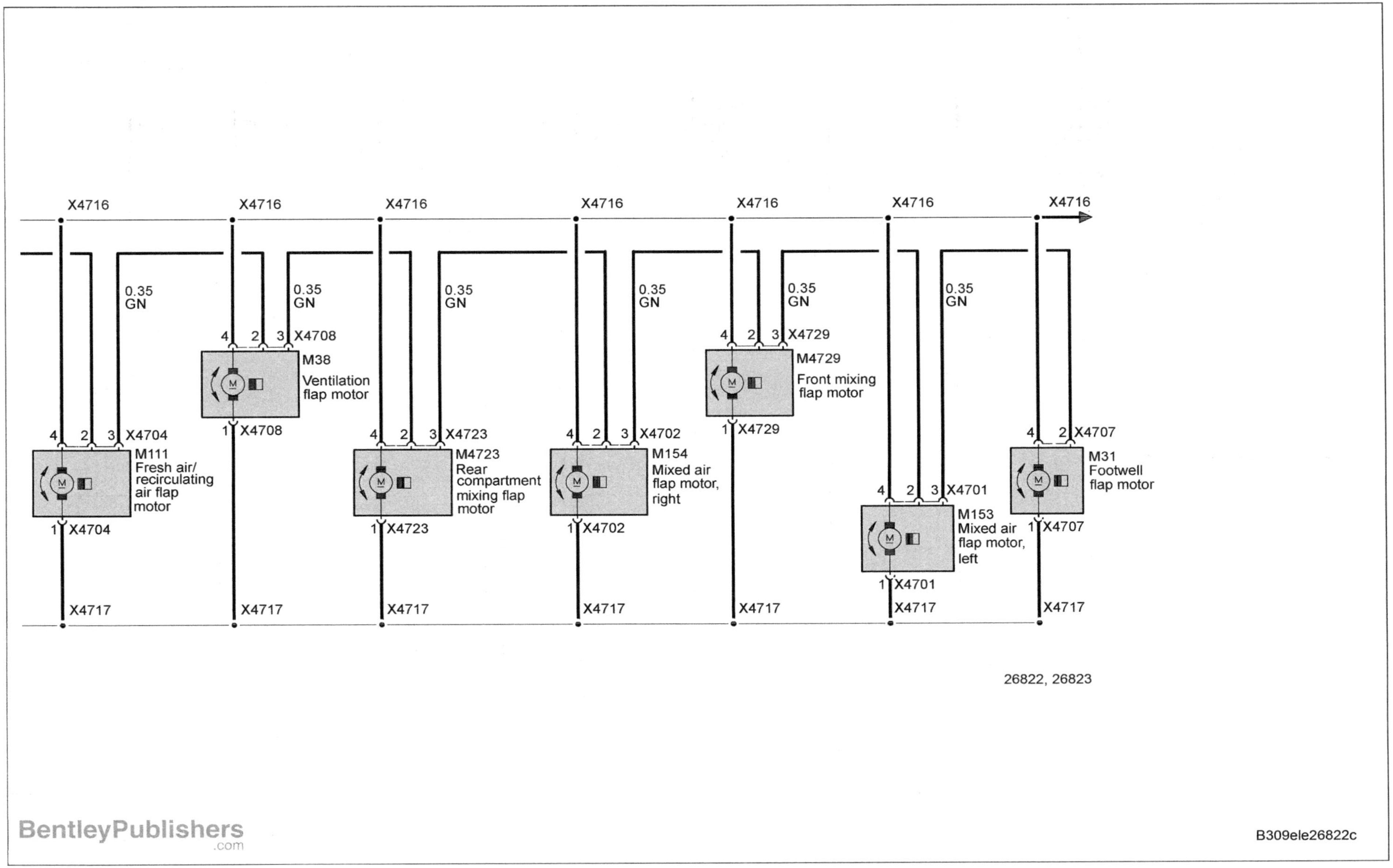

Rear window defogger

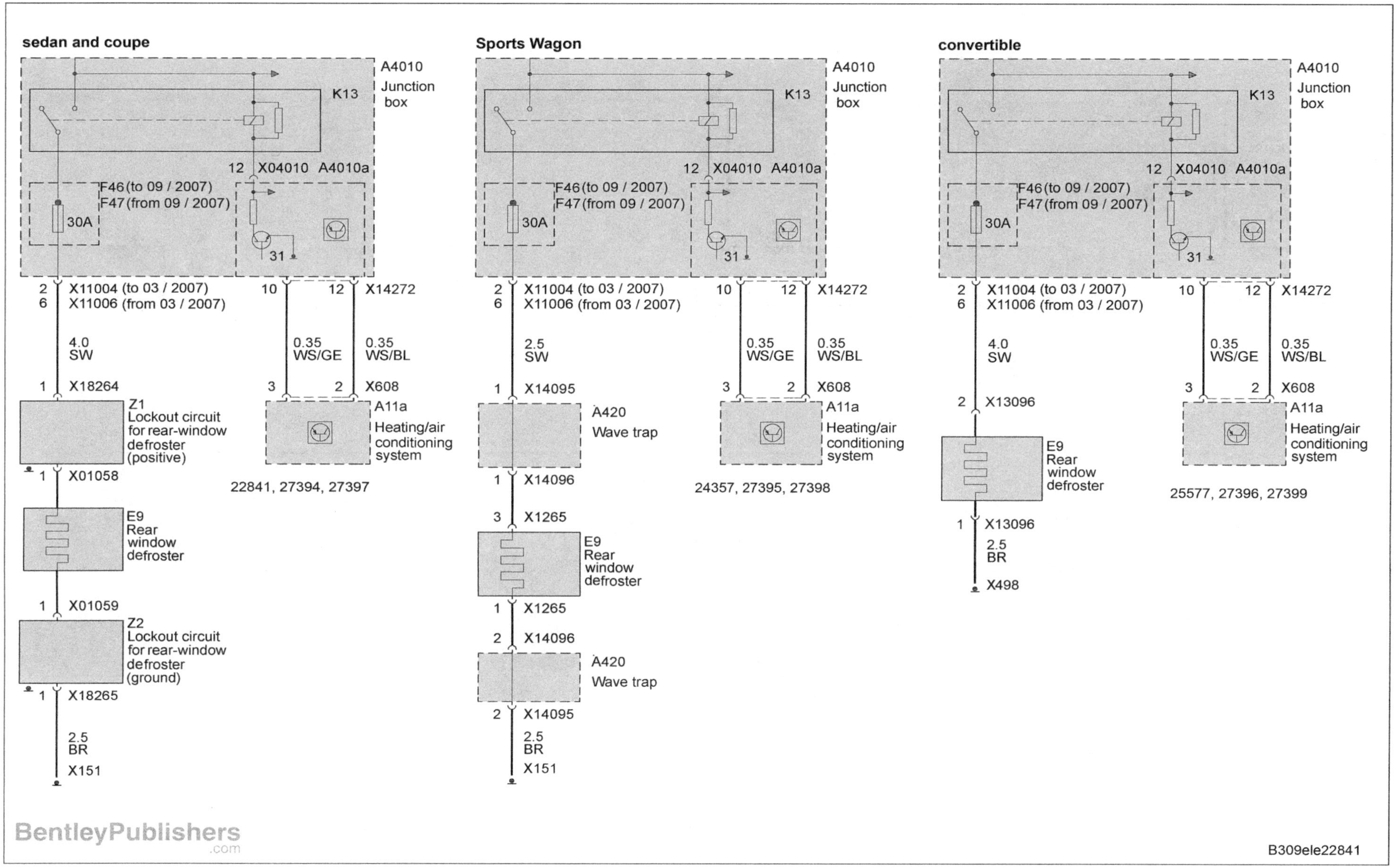

Independent heating (to 03 / 2007)

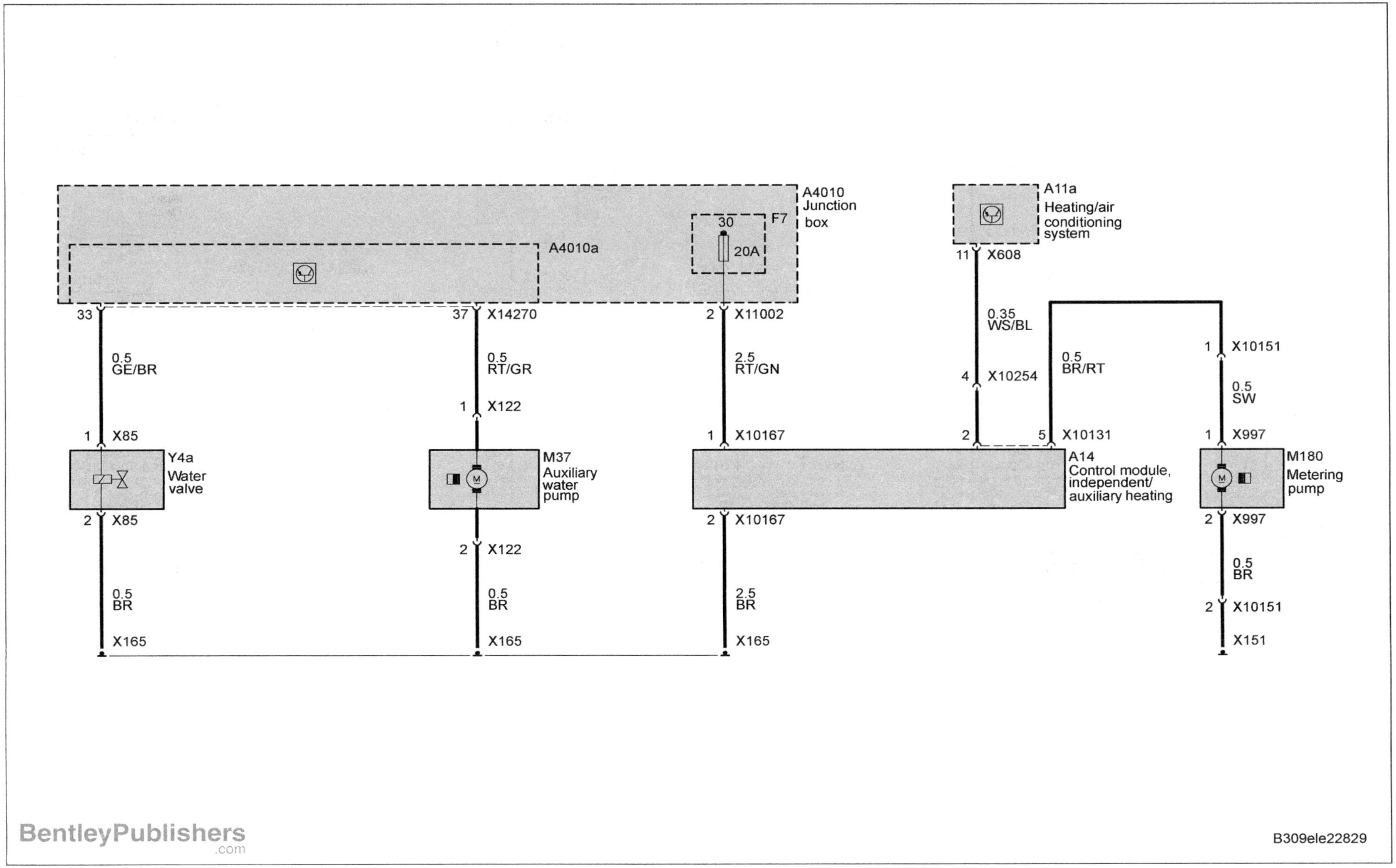

Independent heating
(from 03 / 2007)

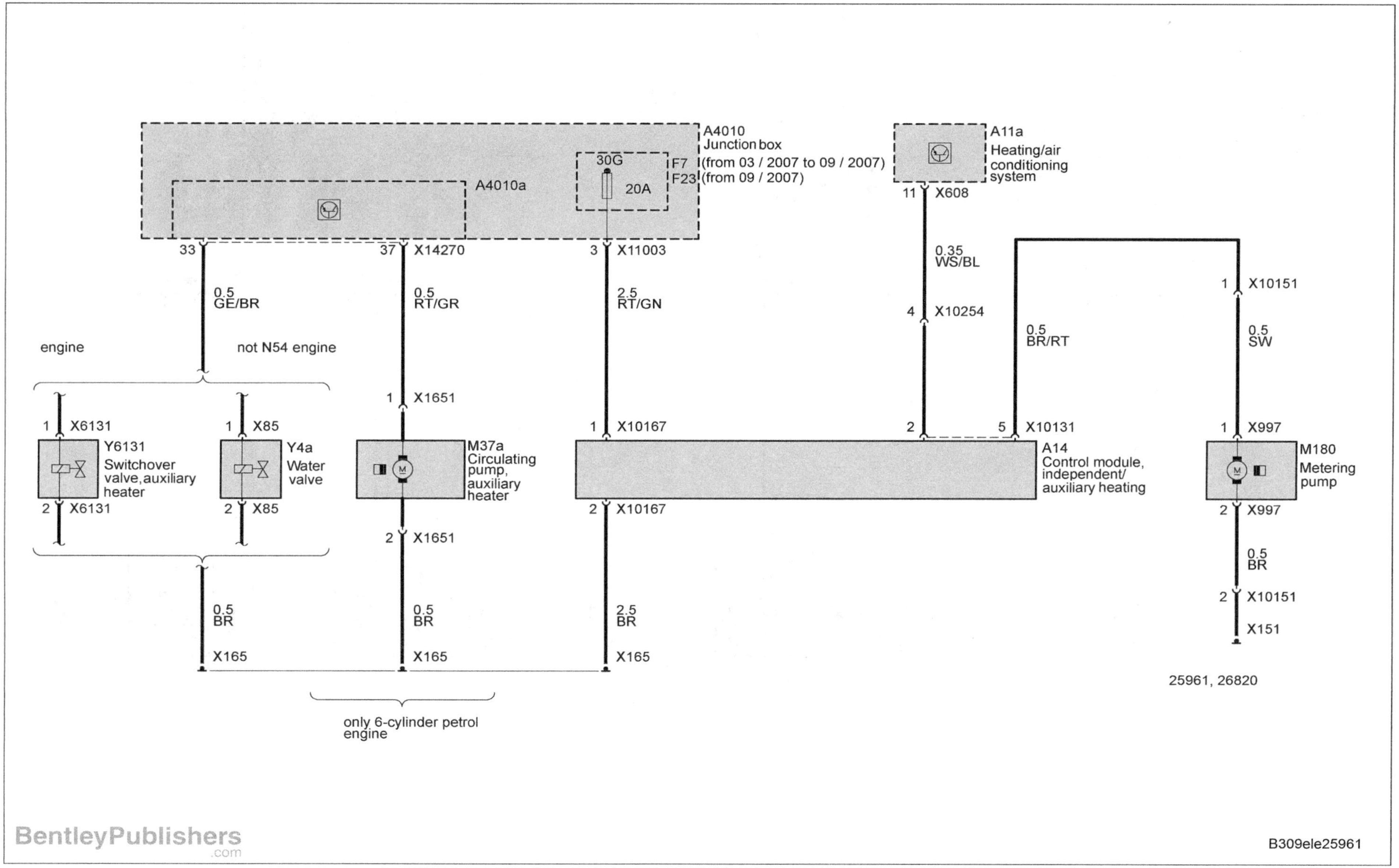

Convertible top module (CTM), power supply

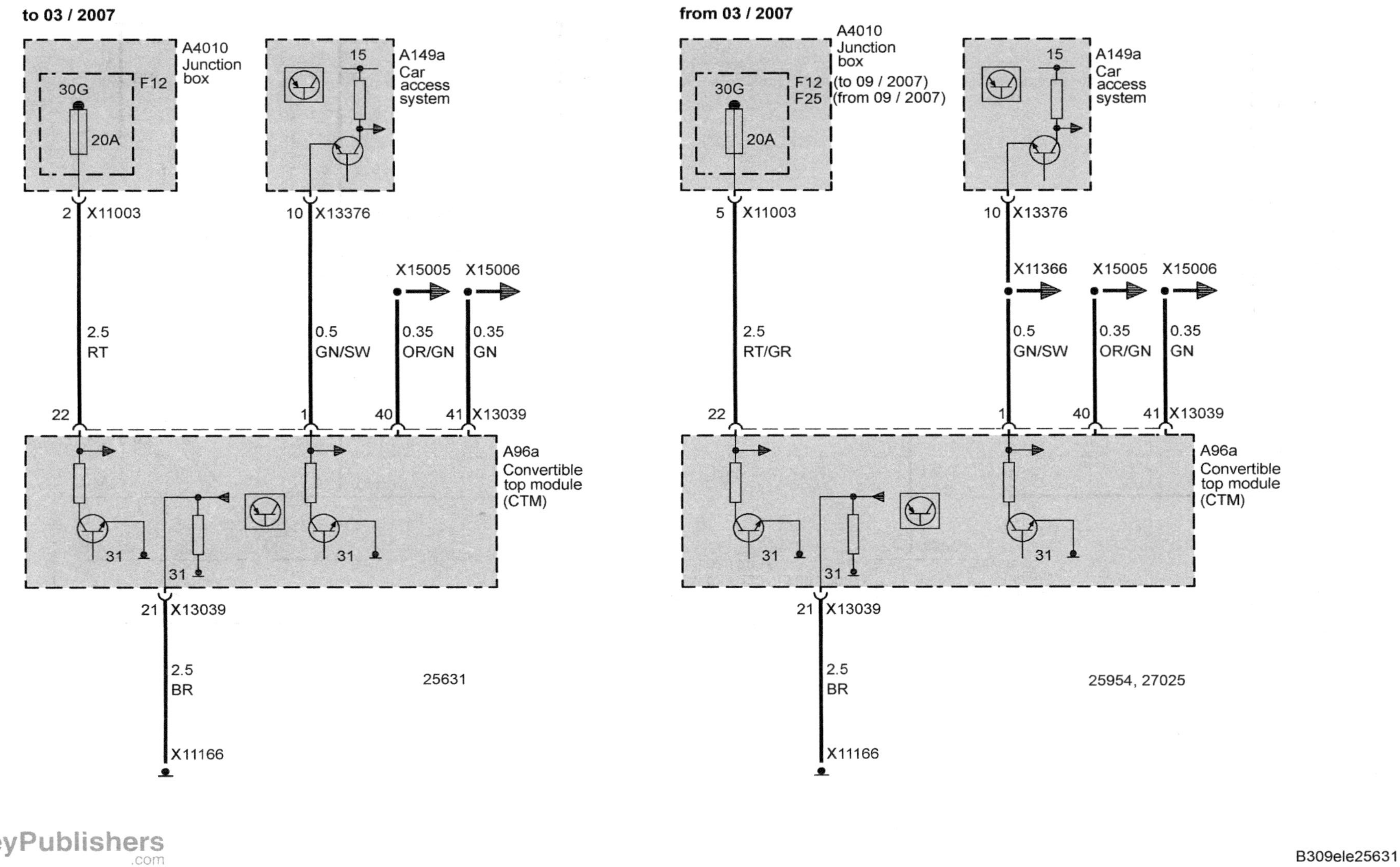

Convertible top, inputs
(page 1 of 2)

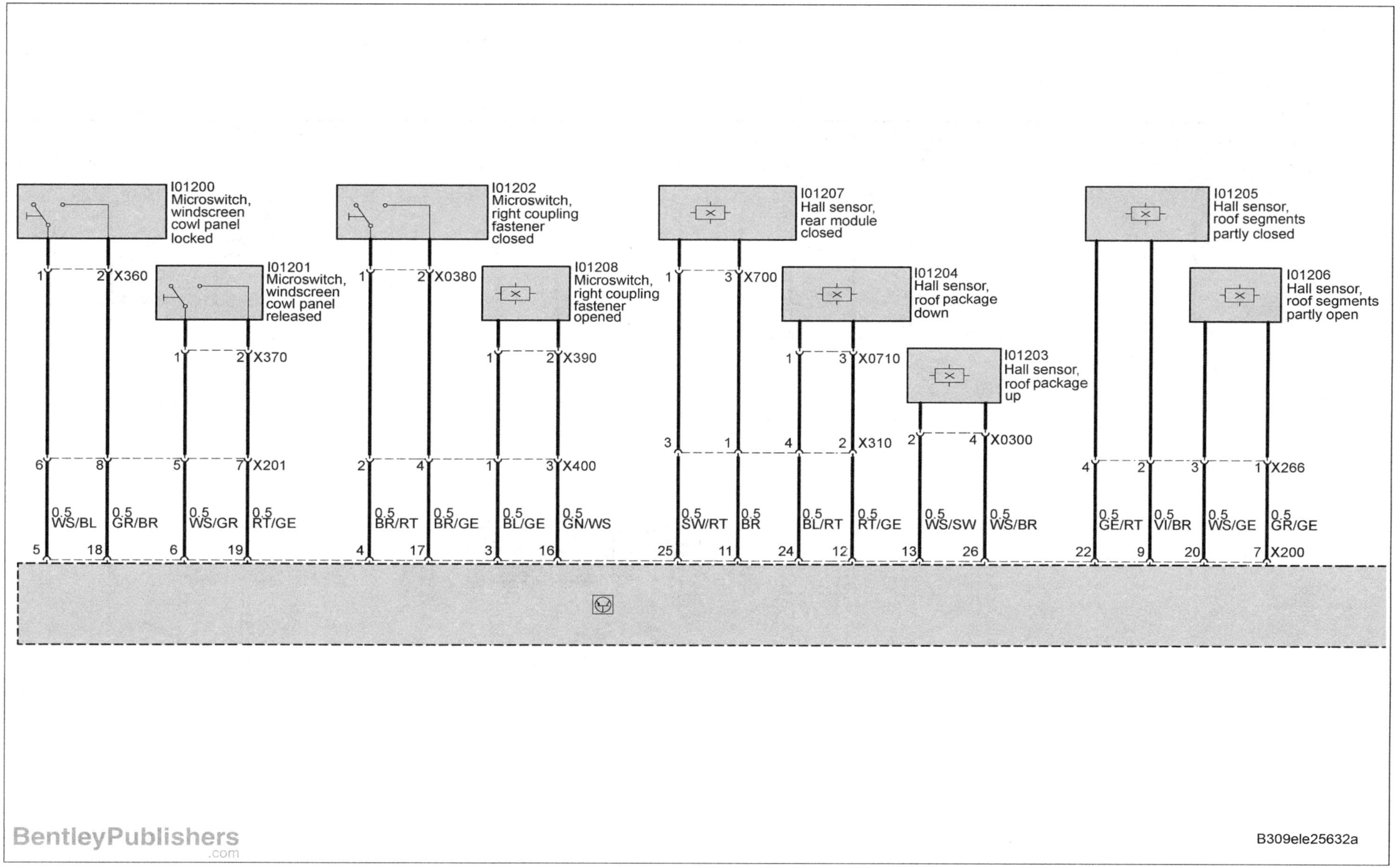

Convertible top, inputs (page 2 of 2)

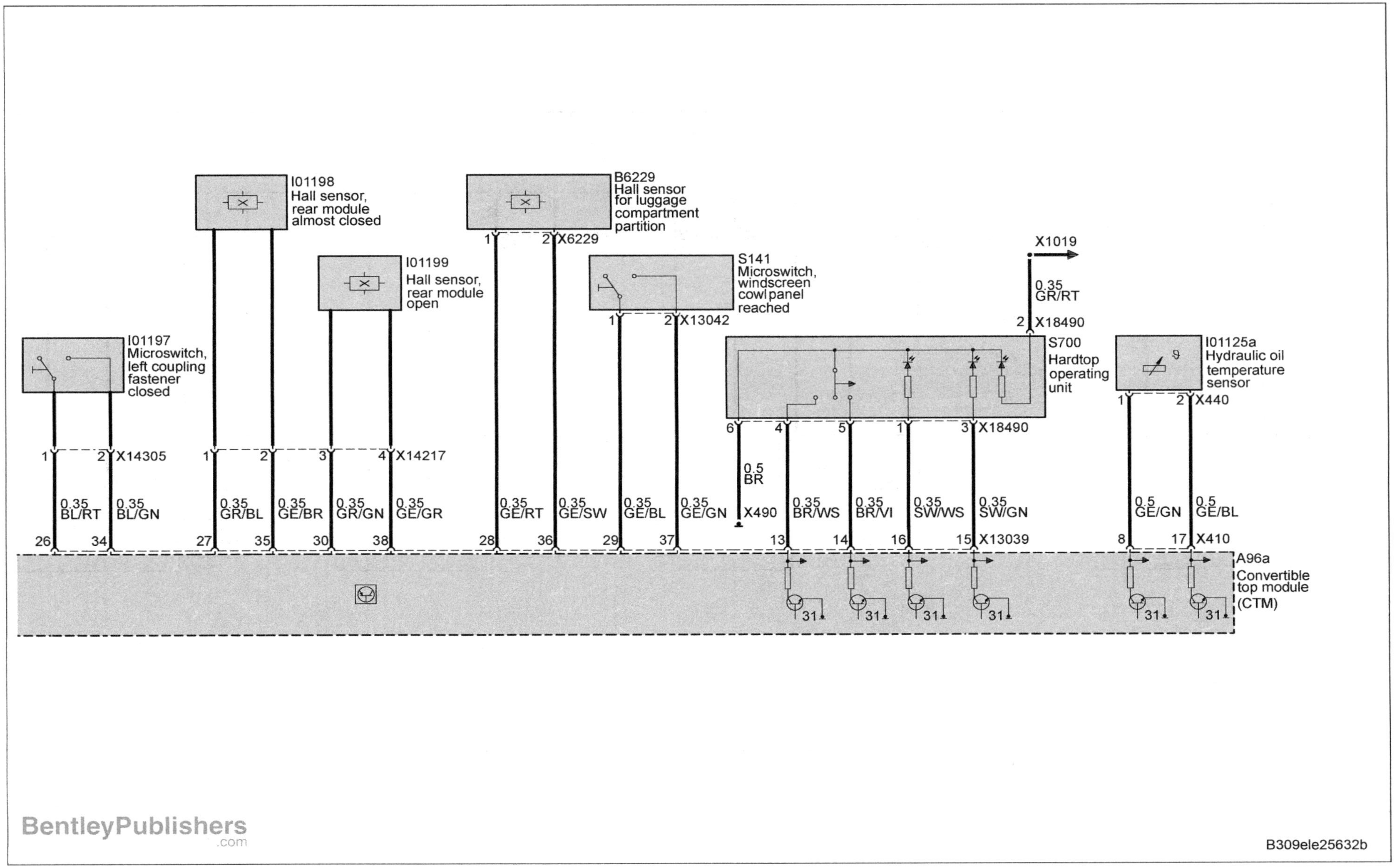

B309ele25632b

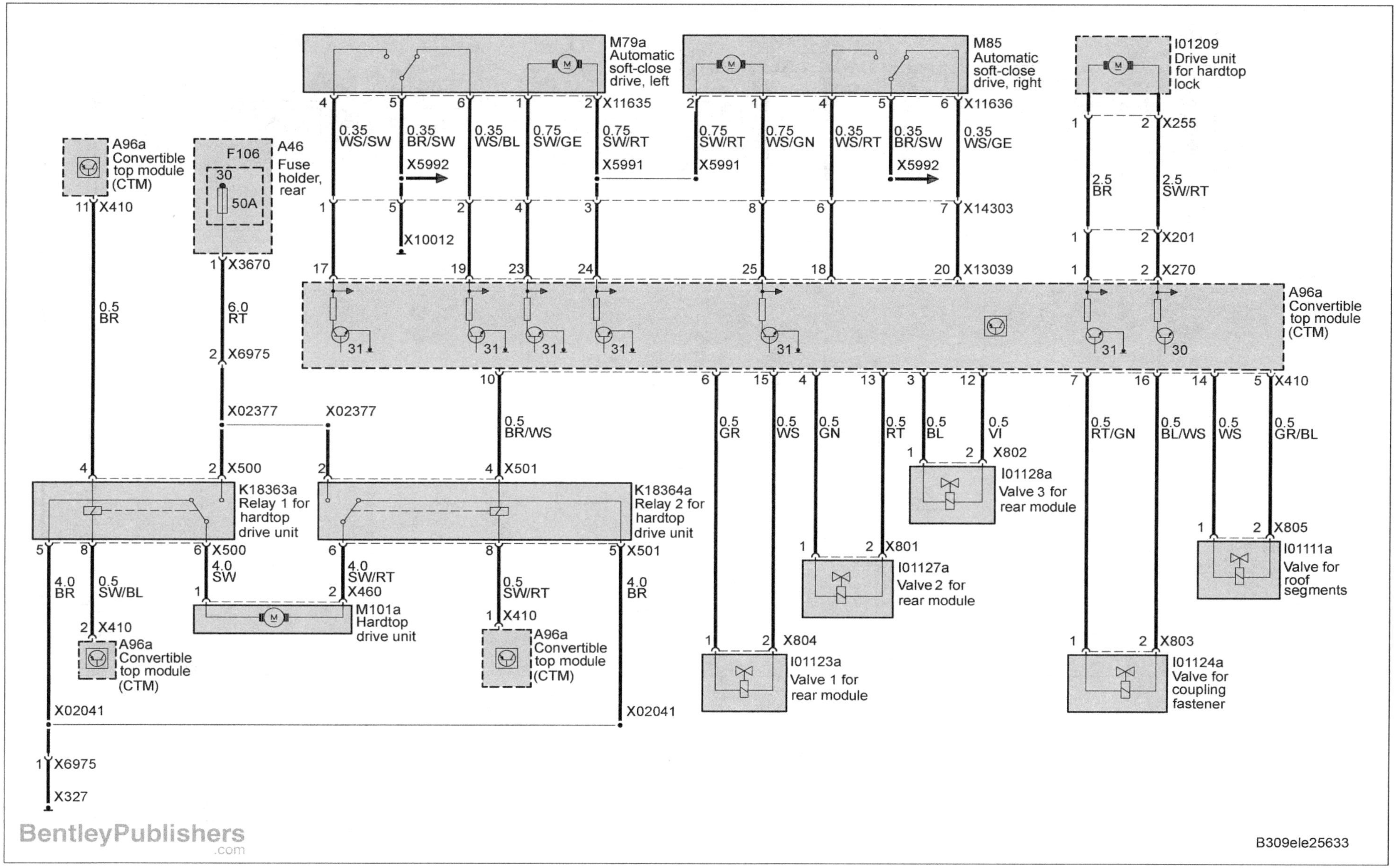
M79a
Automatic
soft-close
drive, left
X11635
M85
Automatic
soft-close
drive, right
X11636
I01209
Drive unit
for hardtop
lock
X255
X201
X270
A96a
Convertible
top module
(CTM)
X410
F106
30
50A
A46
Fuse
holder,
rear
X3670
0.5
BR
6.0
RT
X6975
X02377
0.35
WS/SW
0.35
BR/SW
X5992
0.35
WS/BL
0.75
SW/GE
0.75
SW/RT
X5991
0.75
WS/GN
0.35
WS/RT
0.35
WS/GE
2.5
BR
2.5
SW/RT
X10012
X14303
X13039
0.5
BR/WS
X500
X501
K18363a
Relay 1 for
hardtop
drive unit
K18364a
Relay 2 for
hardtop
drive unit
4.0
SW
4.0
SW/RT
X460
M101a
Hardtop
drive unit
0.5
SW/BL
0.5
SW/RT
4.0
BR
X02041
X327
0.5
GR
0.5
WS
0.5
GN
0.5
RT
0.5
BL
0.5
VI
X802
I01128a
Valve 3 for
rear module
X801
I01127a
Valve 2 for
rear module
X804
I01123a
Valve 1 for
rear module
0.5
RT/GN
0.5
BL/WS
0.5
GR/BL
X805
I01111a
Valve for
roof
segments
X803
I01124a
Valve for
coupling
fastener
B309ele25633

Wiper-washer control
Sedan and Coupe (to 03 / 2007)

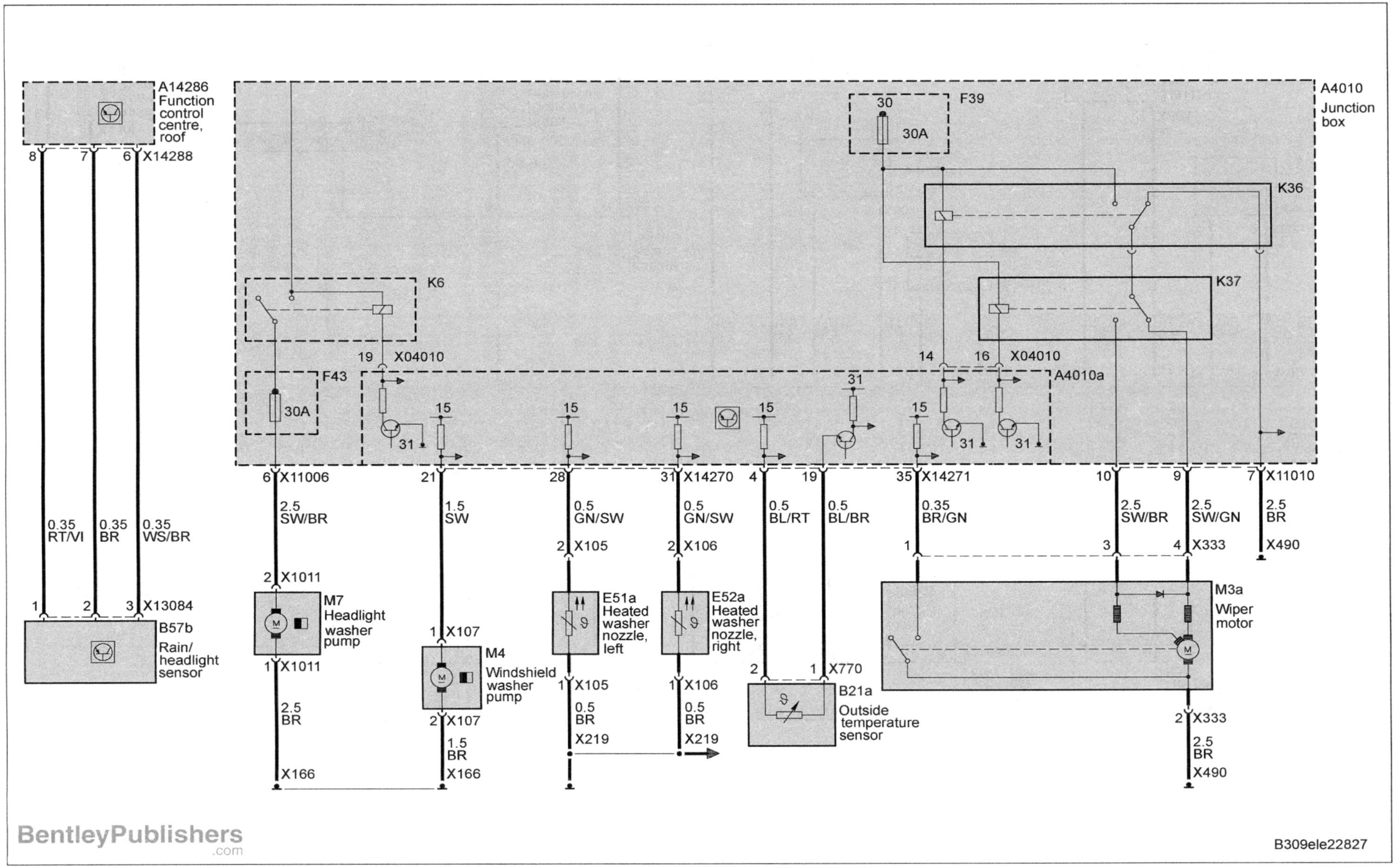

B309ele22827

Wiper-washer control
Convertible (to 03 / 2007)

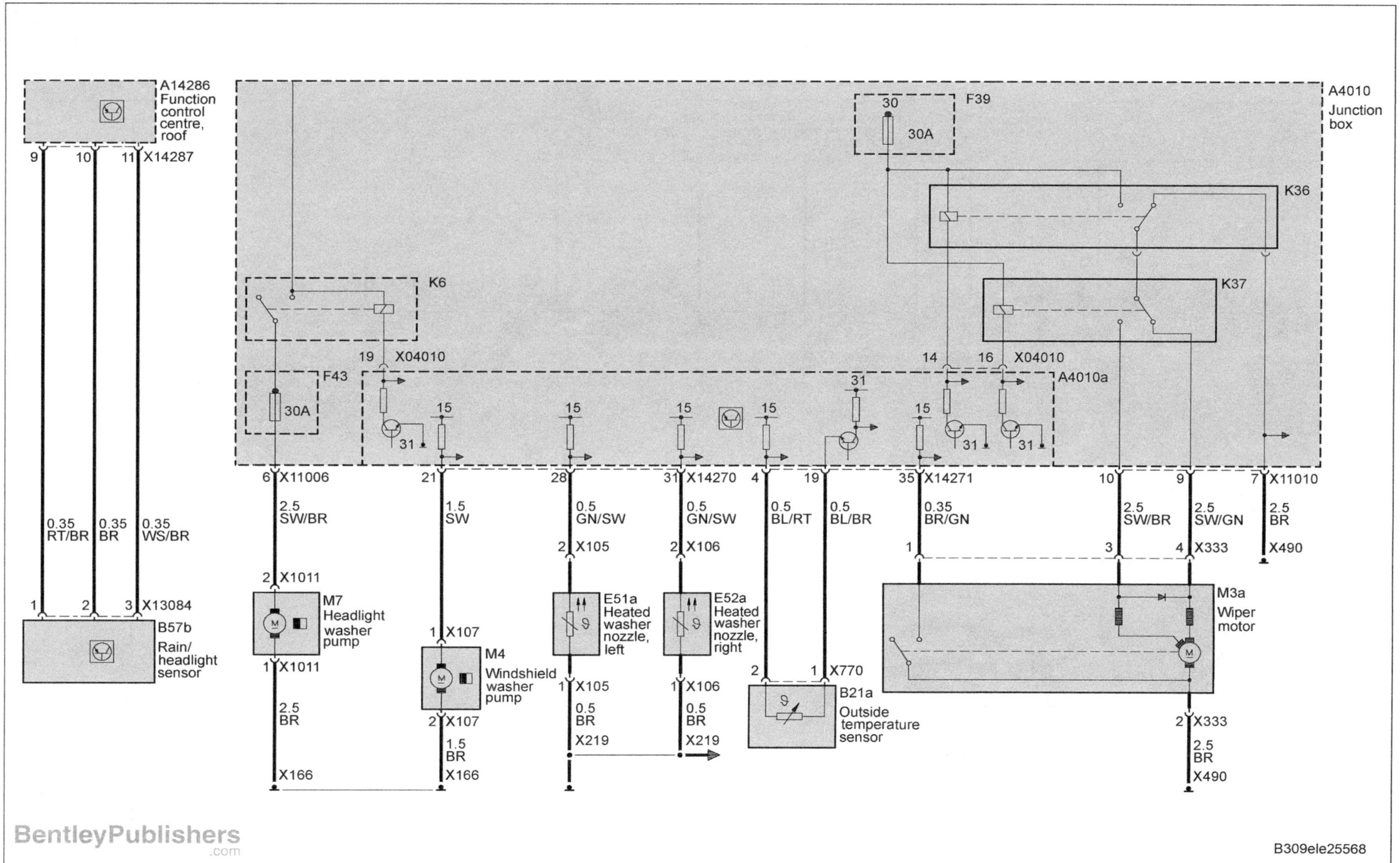

Wiper-washer control
Sports Wagon
(page 1 of 2)

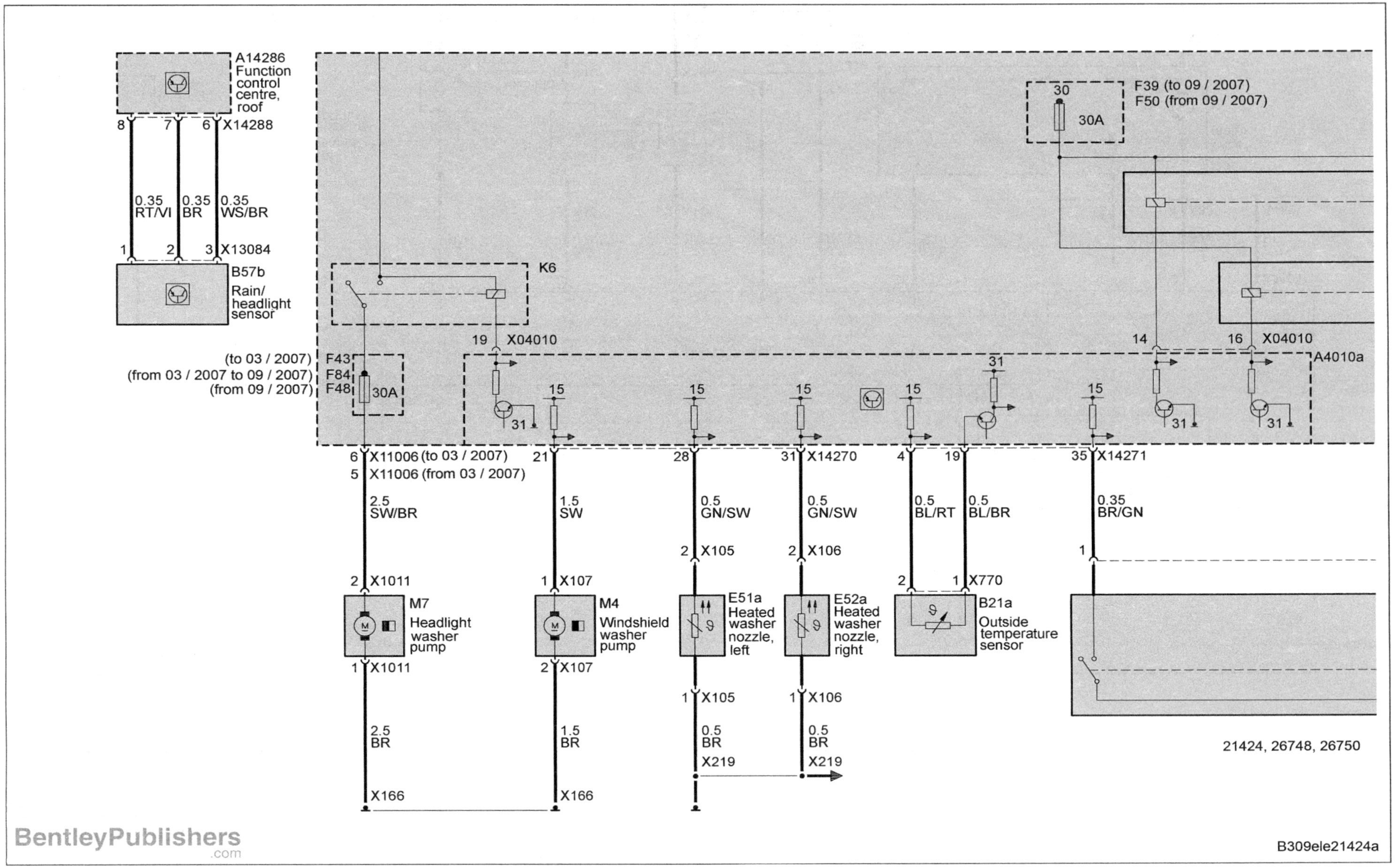

Wiper-washer control
Sports Wagon
(page 2 of 2)

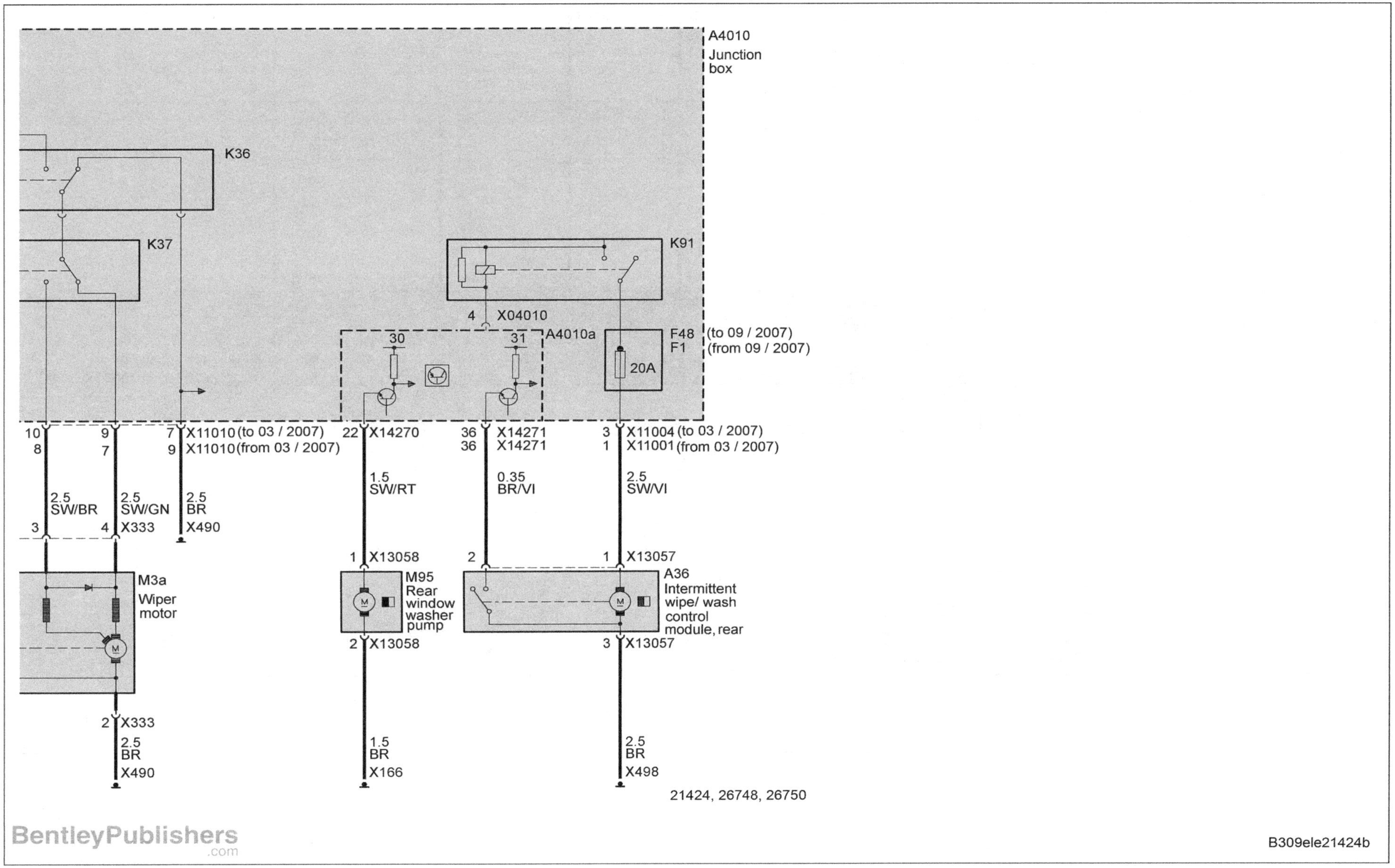

Wiper-washer control
Sedan and Coupe (from 03 / 2007)

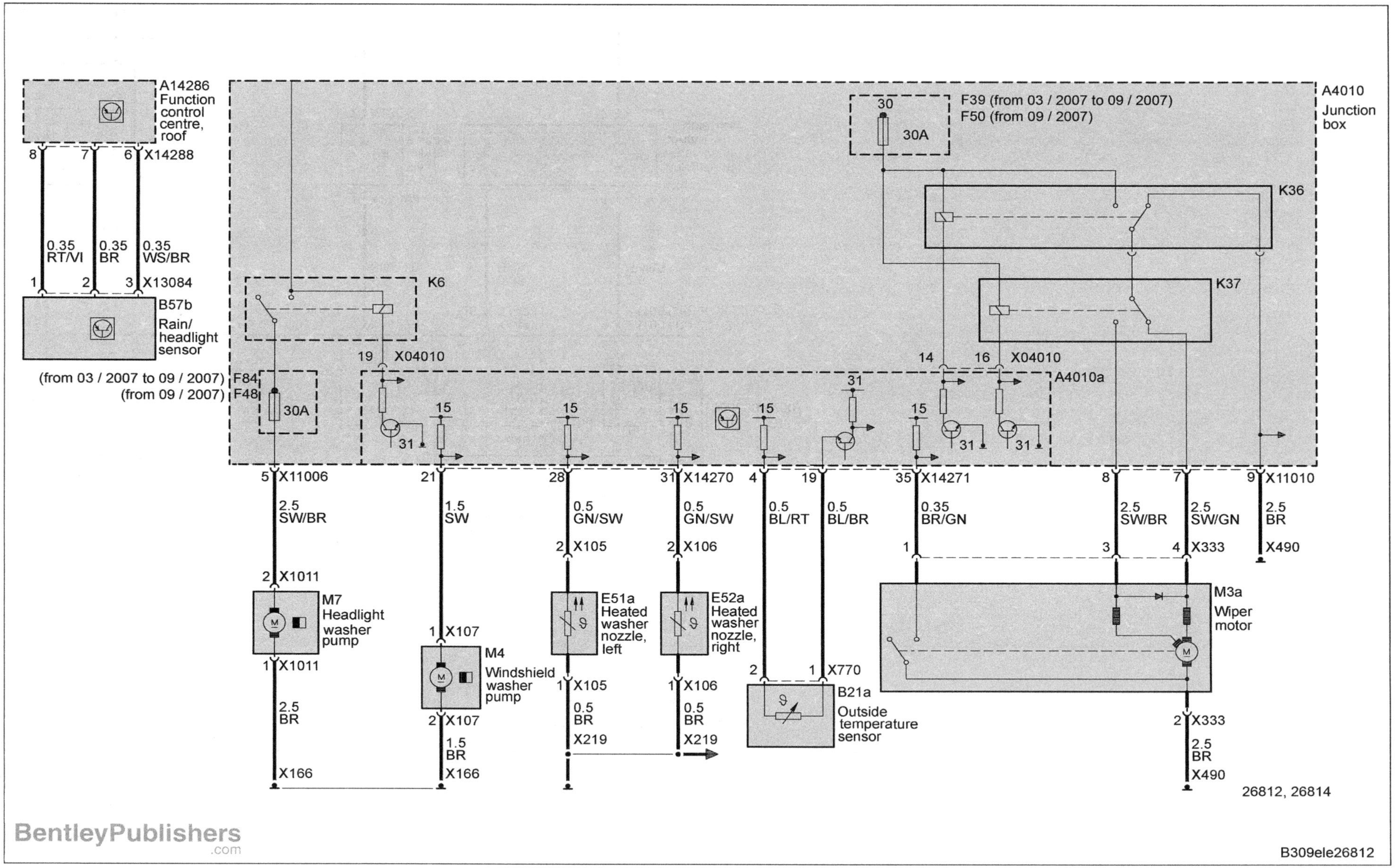

B309ele26812

Wiper-washer control
Convertible (from 03 / 2007)

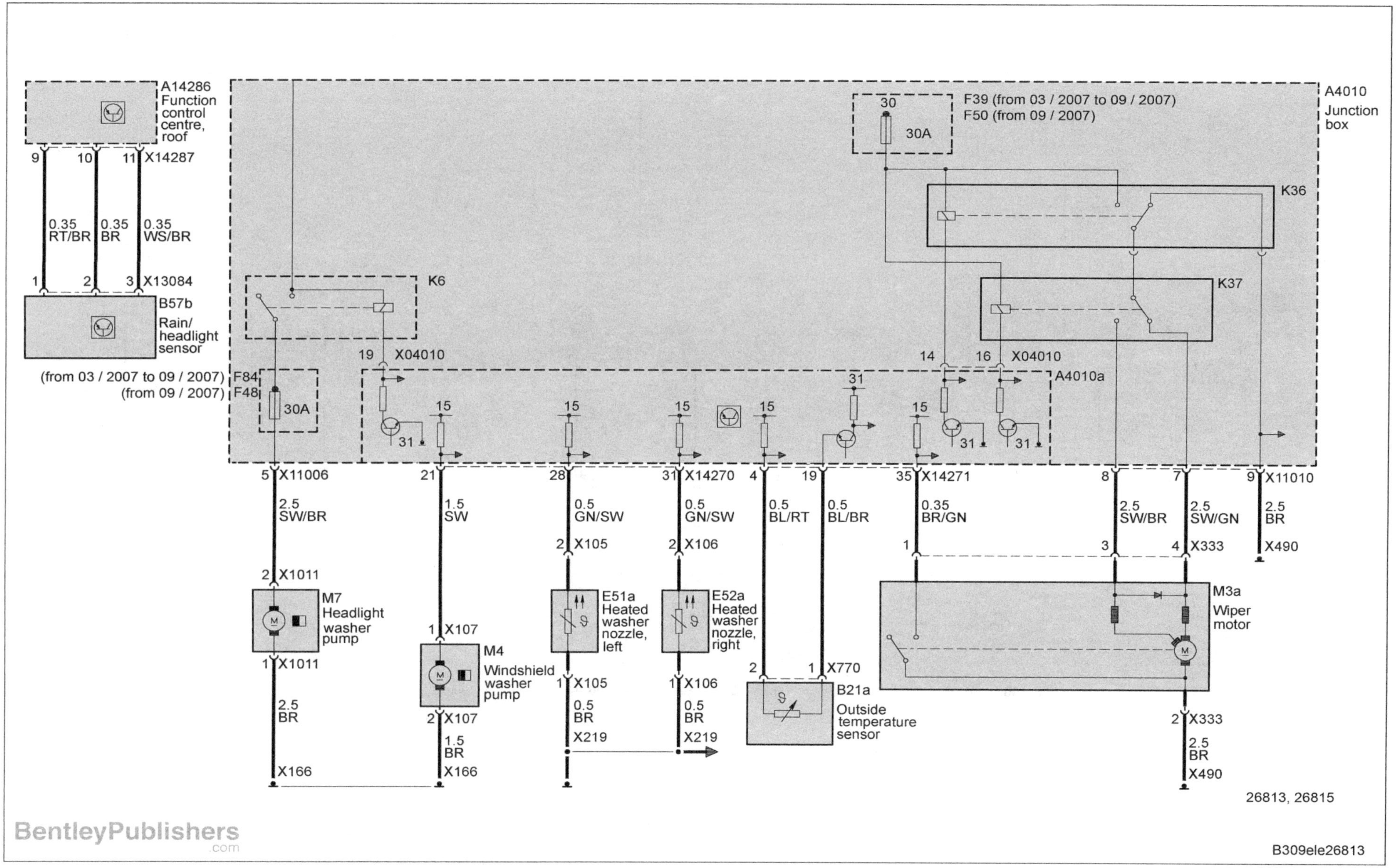

Instrument cluster, power supply

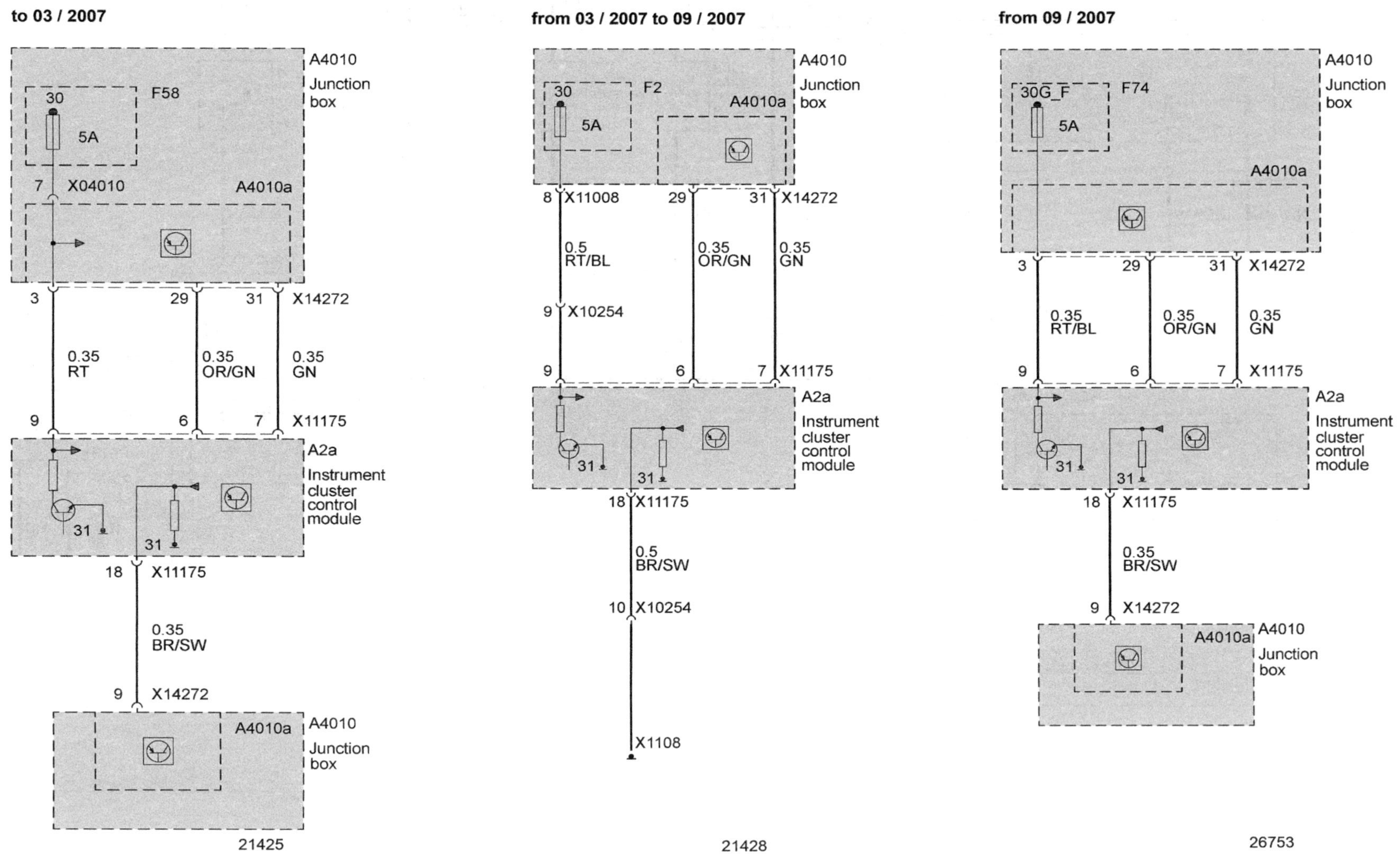

B309ele21425

Powertrain CAN
page 1 of 2

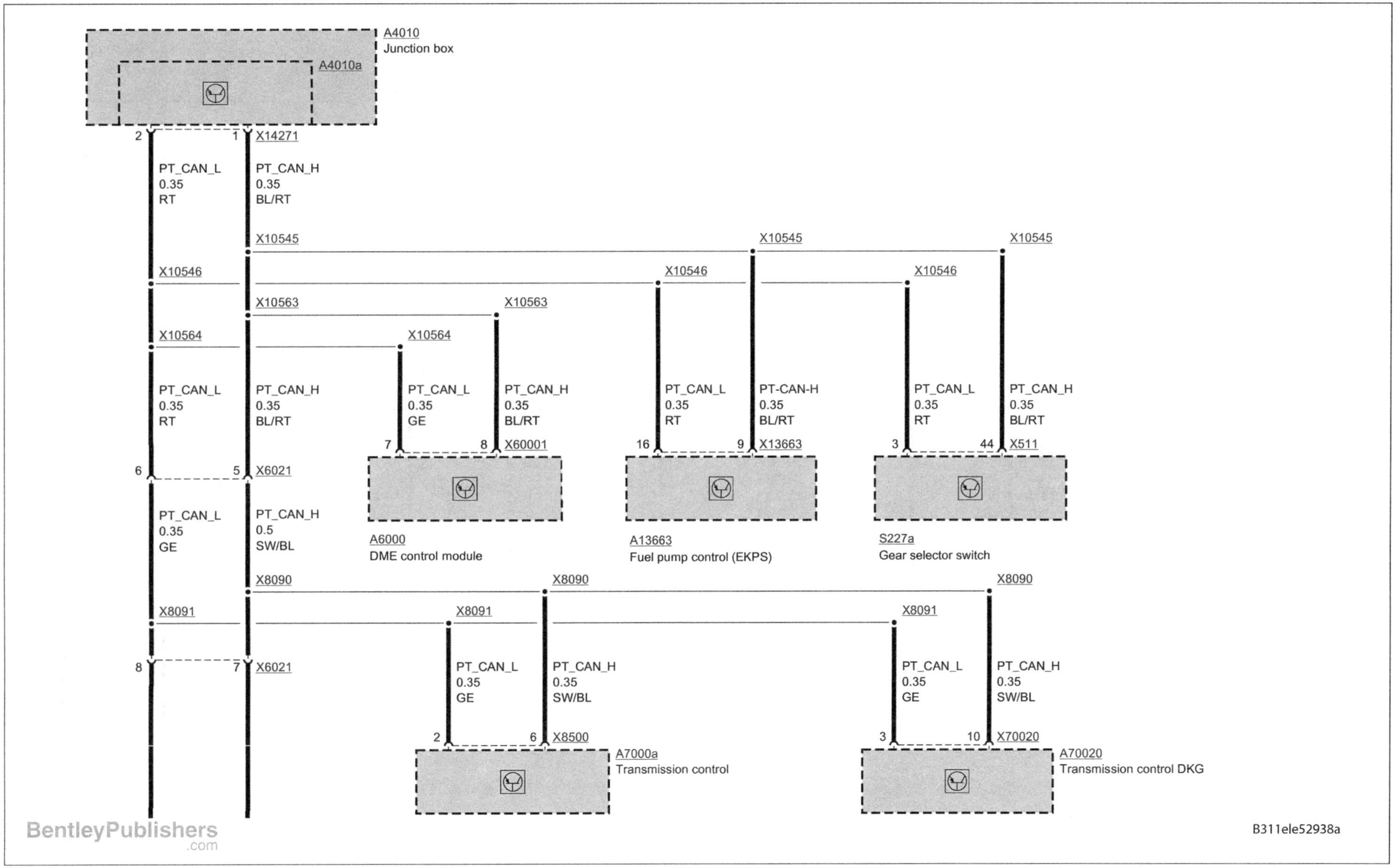

Powertrain CAN
page 2 of 2

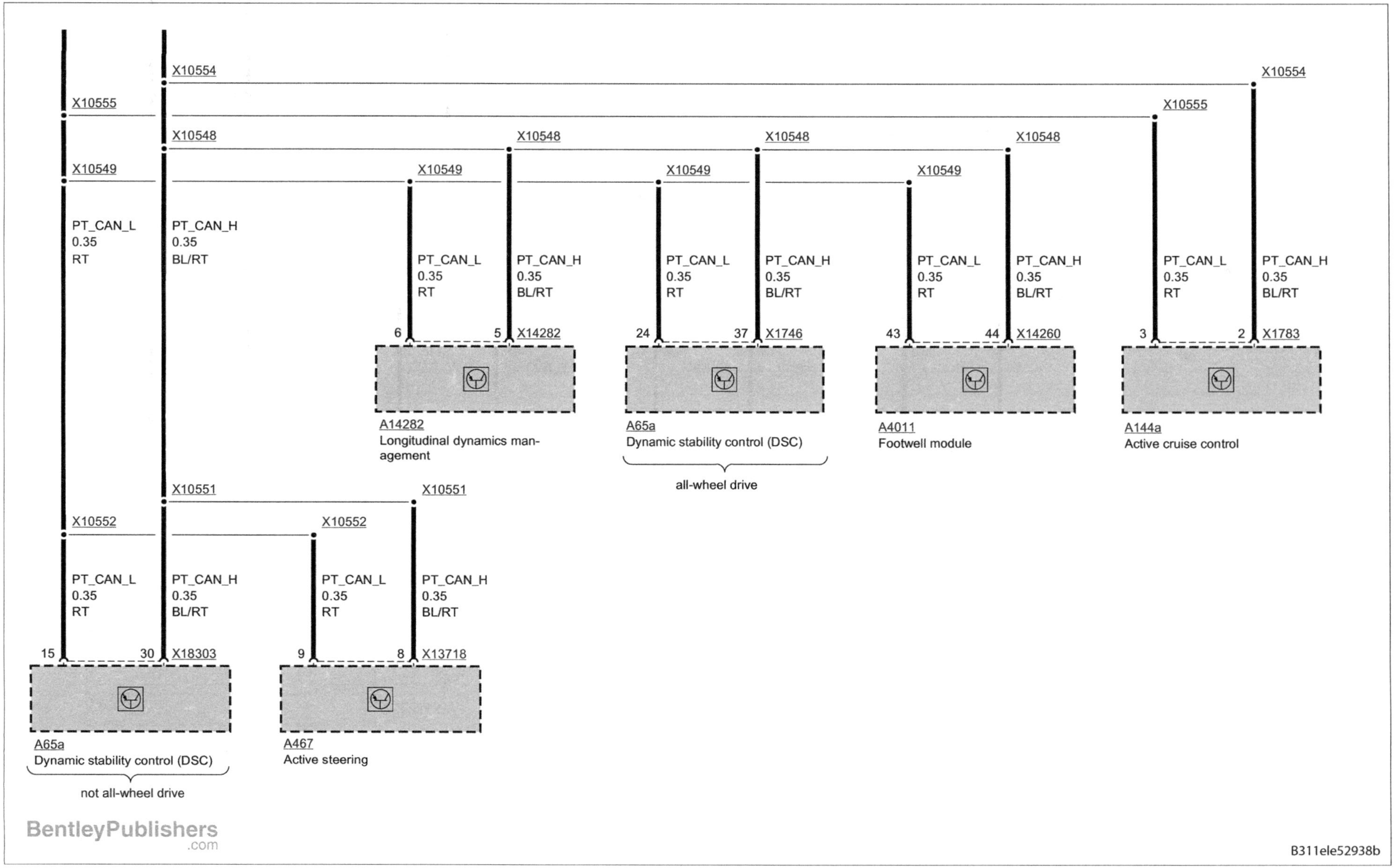

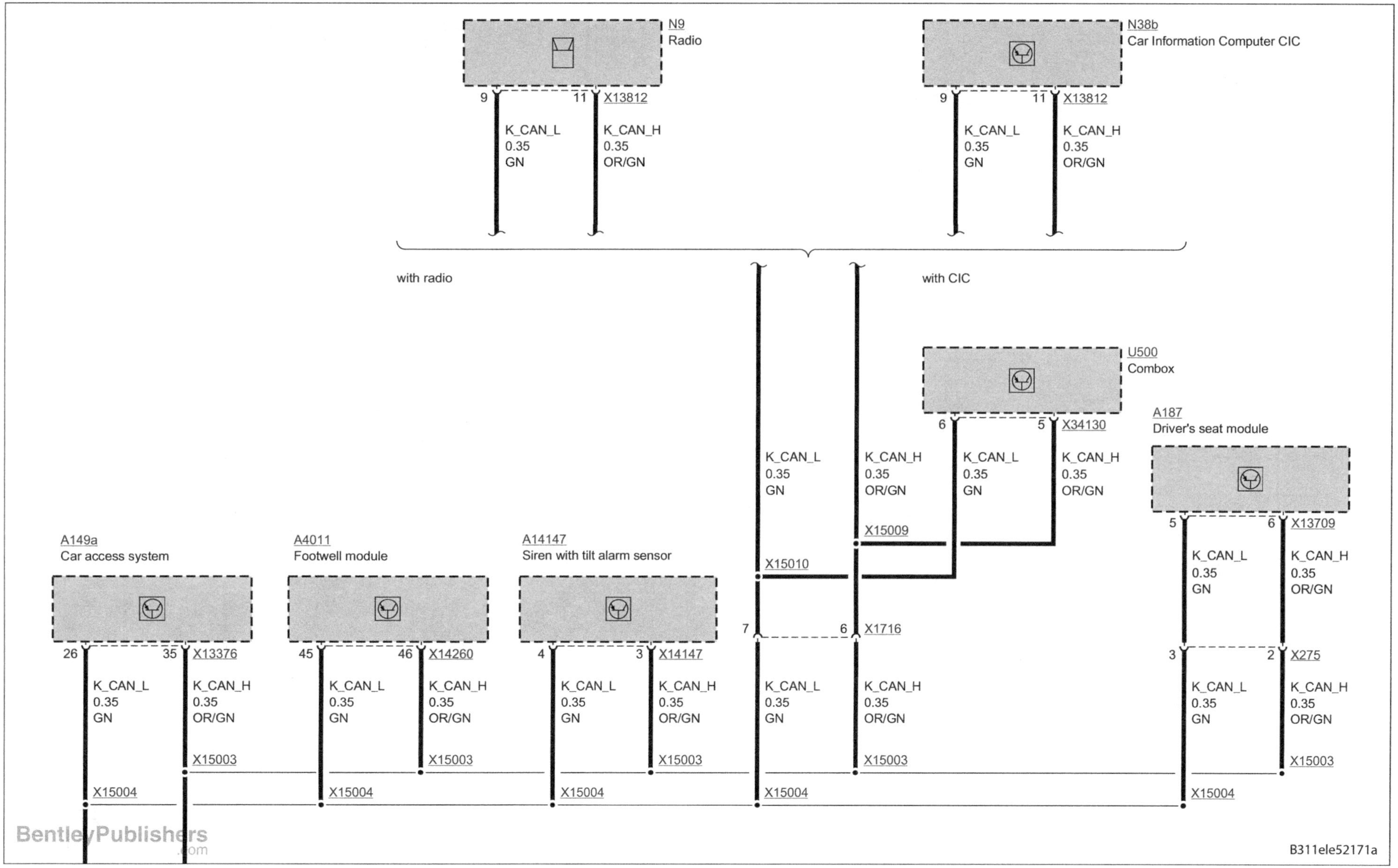
N9
Radio
9
11
X13812
K_CAN_L
0.35
GN
K_CAN_H
0.35
OR/GN
N38b
Car Information Computer CIC
9
11
X13812
K_CAN_L
0.35
GN
K_CAN_H
0.35
OR/GN
with radio
with CIC
U500
Combox
6
5
X34130
K_CAN_L
0.35
GN
K_CAN_H
0.35
OR/GN
A187
Driver's seat module
5
6
X13709
K_CAN_L
0.35
GN
K_CAN_H
0.35
OR/GN
X15009
X15010
7
6
X1716
3
2
X275
A149a
Car access system
26
35
X13376
A4011
Footwell module
45
46
X14260
A14147
Siren with tilt alarm sensor
4
3
X14147
K_CAN_L
0.35
GN
K_CAN_H
0.35
OR/GN
X15003
X15004
B311ele52171a

K-CAN
page 2 of 3

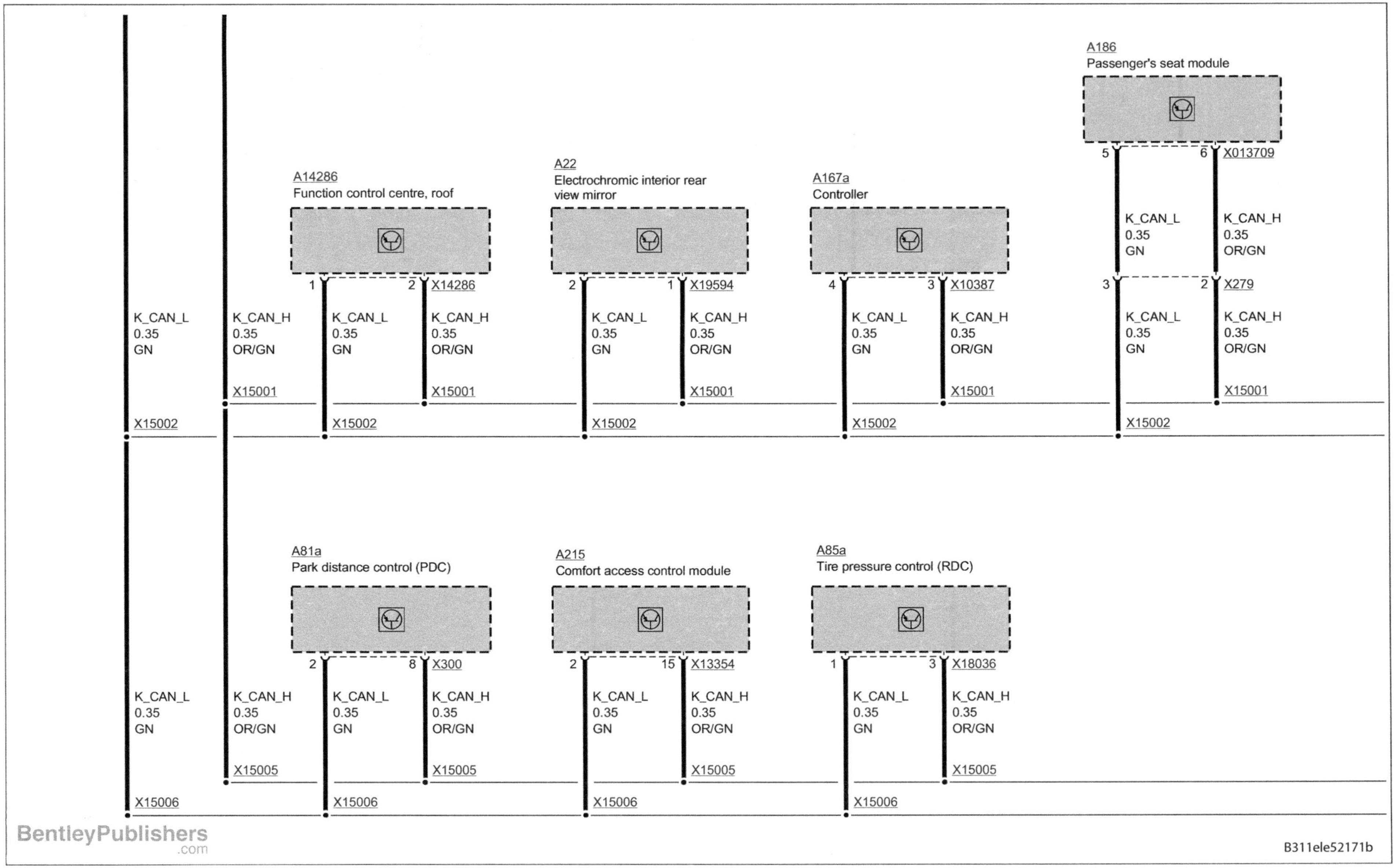

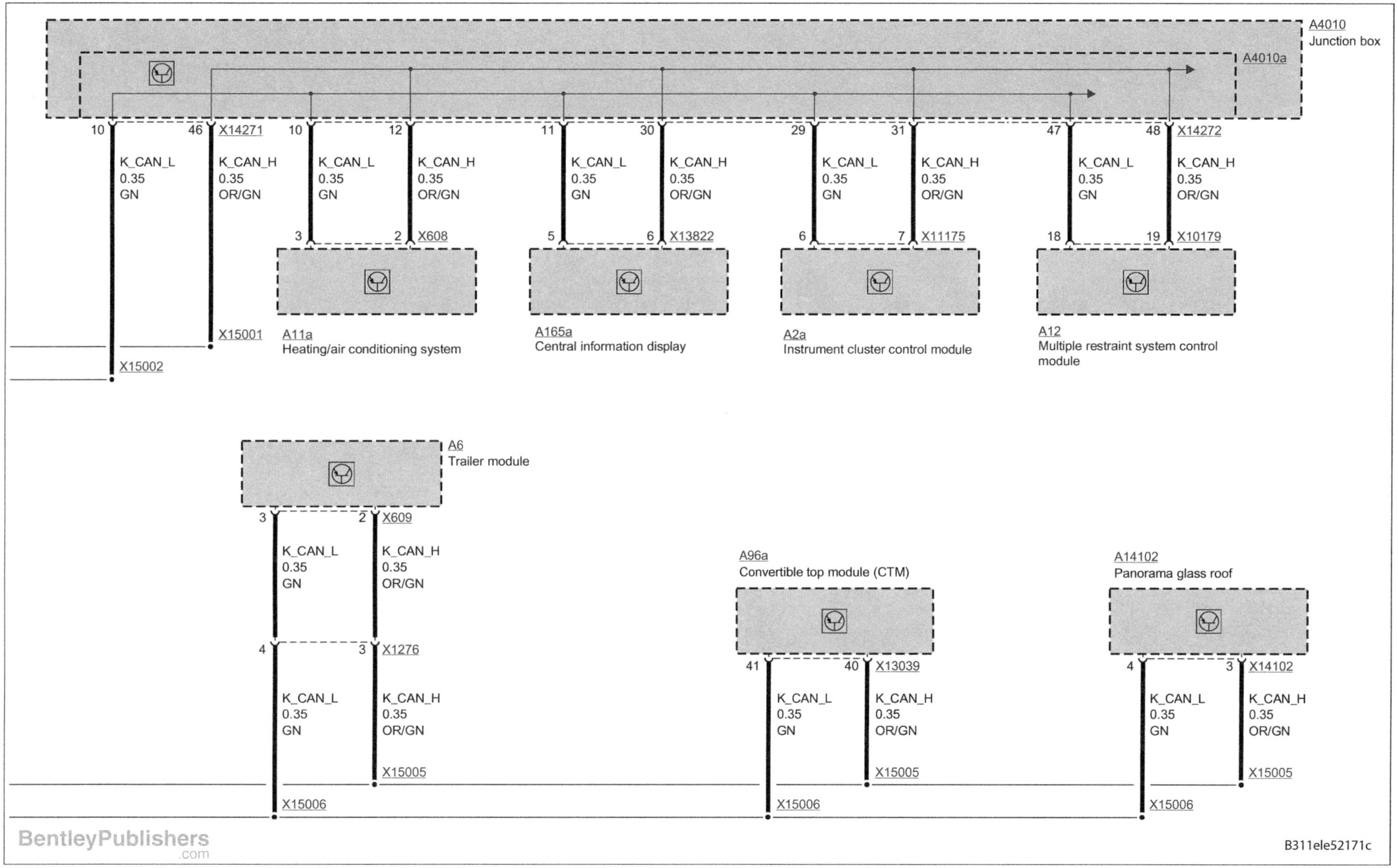
A4010
Junction box
A4010a
10
46
X14271
10
12
11
30
29
31
47
48
X14272
K_CAN_L
0.35
GN
K_CAN_H
0.35
OR/GN
3
2
X608
5
6
X13822
6
7
X11175
18
19
X10179
X15001
X15002
A11a
Heating/air conditioning system
A165a
Central information display
A2a
Instrument cluster control module
A12
Multiple restraint system control module
A6
Trailer module
3
2
X609
4
3
X1276
A96a
Convertible top module (CTM)
41
40
X13039
A14102
Panorama glass roof
4
3
X14102
X15005
X15006
BentleyPublishers.com
B311ele52171c

OBD On-Board Diagnostics

GENERAL

This chapter outlines the fundamentals and equipment requirements of On-Board Diagnostics II (OBD II) standards as they apply to BMW vehicles. Also covered here is a listing of BMW and OBD II diagnostic trouble codes (DTCs).

ON-BOARD DIAGNOSTICS (OBD II)

OBD II standards were developed by the SAE (Society of Automotive Engineers) and CARB (California Air Resources Board). OBD II is the second generation of on-board self-diagnostic equipment requirements. These standards were originally mandated for California vehicles. Since 1996 they have been applied to all passenger vehicles sold in the United States.

On-board diagnostic capabilities are incorporated into the hardware and software of the engine control module (ECM) to monitor virtually every component that can affect vehicle emissions. The OBD II system works to ensure that emissions remain as clean as possible over the life of the vehicle.

Each emission-influencing component is checked by a diagnostic routine (called a monitor) to verify that it is functioning properly. If a problem or malfunction is detected, the **diagnostic executive** built into the OBD II system illuminates a malfunction indicator light (MIL) on the instrument panel.

The OBD II system also stores diagnostic trouble codes (DTCs) about the detected malfunction in the ECM so that a repair technician can accurately find and fix the problem. Specialized OBD II scan tool equipment is needed to access the fault memory and OBD II data.

The extra hardware needed to operate the OBD II system consists mainly of the following:

- Additional oxygen sensors downstream of the catalytic converters
- Fuel tank pressure sensor and device to pressurize fuel storage system
- Several engine and performance monitoring devices
- Standardized 16-pin OBD II connector under the dashboard
- Upgraded components for the federally required reliability mandate

Malfunction indicator light (MIL)

OBD II software cause the malfunction indicator light (MIL) to illuminate when emission levels exceed 1.5 times Federal standards.

For 3 Series vehicles covered by this manual, two MIL symbols are used.

MIL illuminates under the following conditions:

- Engine management system fault detected for **two** consecutive OBD II drive cycles. See **Drive cycle** in this repair group.
- Catalyst damaging fault detected.
- Component malfunction causes emissions to exceed 1.5 times OBD II standards.
- Manufacturer-defined specifications exceeded.
- Implausible input signal.
- Misfire faults.
- Leak in evaporative system.
- Oxygen sensors observe no purge flow from purge valve / evaporative system.
- ECM fails to enter closed-loop operation within specified time.
- ECM or automatic transmission control module (TCM) in "limp home" mode.
- Ignition key ON before cranking (bulb check function).

OBD II fault memory (including the MIL) can only be reset using a special scan tool. Removing the connector from the ECM or disconnecting the battery does not erase the fault memory.

Additional MIL information:

- A fault code is stored within the ECM upon the first occurrence of a fault in the system being checked.
- Two **complete** consecutive drive cycles with the fault present illuminate the MIL. The exception to the two-fault requirement is a catalyst-damaging fault, which illuminates the MIL immediately.
- If the second drive cycle was not complete and the fault was not checked, the ECM counts the third drive cycle as the next consecutive drive cycle. The MIL illuminates if the system is checked and the fault is still present.
- Once the MIL is illuminated, it remains illuminated until the vehicle completes three consecutive drive cycles without detecting a fault.
- An existing fault code is cleared from memory automatically when the vehicle completes **40** consecutive drive cycles without the fault being detected.

In order to automatically clear a catalyst-damaging fault from memory, the condition under which the fault occurred must be evaluated for **80** consecutive drive cycles without the fault reoccurring.

A generic scan tool connected to the OBD II plug can display diagnostic trouble codes (DTCs), along with the conditions associated with the illumination of the MIL. Using a more advanced or BMW-dedicated scan tool, additional proprietary information is normally available.

Scan tool and scan tool display

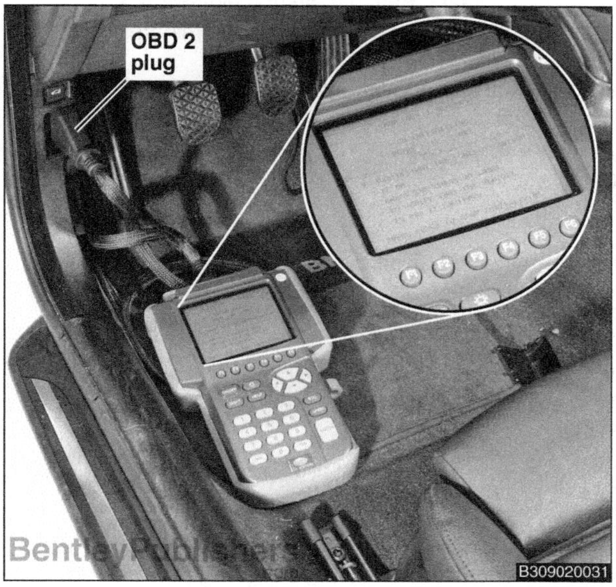

The complexity of the OBD II system requires that all diagnostics begin by connecting a scan tool to the 16-pin OBD II plug inside the vehicle.

OBD II standards require that the 16-pin OBD II plug be located within three (3) feet of the driver and not require any tools to access.

Professional diagnostic scan tools available at the time of this printing include the BMW factory tools (GT1, ISTA) and a small number of aftermarket BMW-specific tools. See **020 Maintenance**.

In addition to the professional line of scan tools, inexpensive generic OBD II scan tool software programs and handheld units are readily available. Though limited, they are nonetheless powerful diagnostic tools. These tools read live data streams and freeze frame data as well as a host of other valuable diagnostic data.

Diagnostic monitors

Diagnostic monitors run tests and checks on specific emission control systems, components, and functions.

A complete drive cycle is required for the tests to be valid. See **Drive cycle** in this repair group. The diagnostic monitor signals the ECM of the loss or impairment of the signal or component and determines if a signal or sensor is faulty based on 3 conditions:

- Signal or component shorted to ground
- Signal or component shorted to B+
- Signal or component missing (open circuit)

The OBD II system monitors all emission control systems that are installed. Emission control systems vary by vehicle model and year. For example, a vehicle may not be equipped with secondary air injection, so no secondary air readiness code would be present.

OBD II software monitors the following:

- Oxygen sensors
- Catalysts
- Engine misfire
- Fuel tank evaporative control system
- Secondary air injection
- Fuel system

Oxygen sensor monitoring. When driving conditions allow, response rate and switching time of each oxygen sensor is monitored. The oxygen sensor heater function is also monitored. The OBD II system differentiates between precatalyst and post-catalyst oxygen sensors and reads each one individually. In order for the oxygen sensor to be effectively monitored, the system must be in closed loop operation.

Catalyst monitoring. This strategy monitors the two heated oxygen sensors per bank of cylinders. It compares the oxygen content going into the catalytic converter to the oxygen leaving the converter.

The diagnostic executive knows that most of the oxygen should be used up during the oxidation phase. If it sees higher than programmed values, a fault is set and the MIL illuminates.

Misfire detection. This strategy monitors crankshaft speed fluctuations and determines if an engine misfire occurs by monitoring variations in speed between each crankshaft sensor trigger point. This strategy is so finely tuned that it can determine the severity of the misfire.

The system determines if a misfire is occurring, as well as other pertinent misfire information such as:

- Specific cylinder(s)
- Severity of the misfire event
- Emissions relevant or catalyst damaging

Misfire detection is an on-going monitoring process that is only disabled under certain limited conditions.

Secondary air injection monitoring. Secondary air injection is used to reduce HC and CO emissions during engine warm up. Immediately following a cold engine start (-10° to 40°C), fresh air (and therefore oxygen) is pumped directly into the exhaust manifold. By injecting additional oxygen into the exhaust manifold, catalyst warm-up time is reduced.

Secondary air system components are:

- Electric air injection pump
- Electric pump relay
- Non-return valve
- Vacuum / vent valve
- Mini air mass meter

The secondary air system is monitored via the use of the pre-catalyst oxygen sensors and a mini air mass meter. The oxygen sensors monitor exhaust gas for a lean condition once the air pump is active and air is injected into the system.If the oxygen sensor signal does not change, a fault is set and the faulty bank(s) identified. If after completing the next cold start a fault is again present, the MIL illuminates. The mini air mass meter monitors the air supplied by the secondary air pump when commanded on. If the mini air mass meter detects no air mass or insufficient air mass, a fault is stored in the ECM and the malfunction indicator light (MIL) is activated.

Fuel system monitoring. This monitor looks at the fuel delivery needed (long / short term fuel trim) for proper engine operation based on programmed data. If too much or not enough fuel is delivered over a predetermined time, a DTC is set and the MIL is turned on. Fuel trim refers to adjustments to base fuel schedule. Long-term fuel trim refers to gradual adjustments to the fuel calibration adjustment as compared to short term fuel trim. Long term fuel trim adjustments compensate for gradual changes that occur over time. Fuel system monitoring monitors the calculated injection time (ti) in relation to engine speed, load, and precatalytic converter oxygen sensor(s) signals. Using this data, the system optimizes fuel delivery for all engine operating conditions.

Evaporative system monitoring. This monitor checks the fuel storage system and related fuel lines for leaks. It can detect very small leaks anywhere in the system. A leak detection unit (DMTL) is used to pressurize the EVAP system on a continuous basis (as the drive cycle allows) and to check system integrity.

Drive cycle

The OBD II drive cycle is an important concept in understanding OBD II requirements. The purpose of the drive cycle is to run all of the emission-related on-board diagnostics over a broad range of driving conditions. A drive cycle is considered complete when all of the diagnostic monitors have run their tests without interruption. For a drive cycle to be initiated, the vehicle must be started cold and brought up to 160°F and at least 40°F above its original starting temperature.

Readiness codes

Inspection/maintenance (I/M) readiness codes are mandated as part of OBD II. The readiness code is stored after complete diagnostic monitoring of specified components and systems is carried out. The readiness code function was designed to prevent manipulating an I/M emission test procedure by clearing faults codes or disconnecting the ECM or battery.

Readiness codes indicate whether the OBD II system is actually ready to monitor the various emission control systems on the vehicle. The vehicle must complete a drive cycle to set readiness codes. The code is binary: 0 for ready, 1 for not ready.

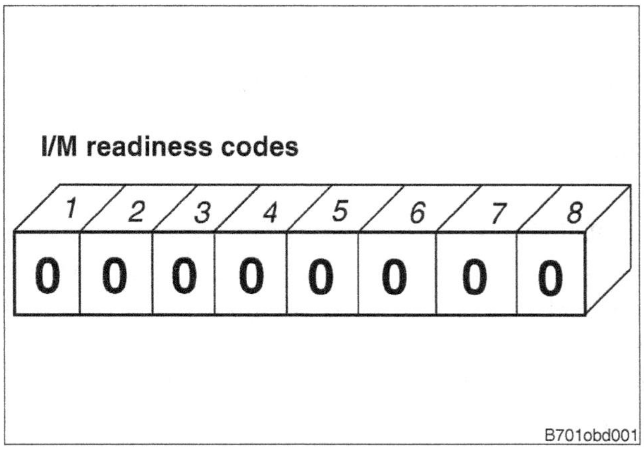

The parameters which are monitored for readiness are:

1. Catalyst efficiency
2. Catalyst heating
3. Fuel tank evaporative control
4. Secondary air injection
5. A/C refrigerant
6. Oxygen sensors
7. Oxygen sensor heaters
8. Exhaust gas recirculation

When all zeros are displayed, the system has established readiness. Readiness codes can be displayed using BMW and aftermarket scan tools. Readiness codes are set to 1 (not ready) in the following cases: The battery or ECM is disconnected, DTCs are erased after completion of repairs and a drive cycle is not completed.

Diagnostic trouble codes (DTCs)

SAE standard J2012 mandates a 5-digit diagnostic trouble code (DTC) standard. Each digit represents a specific value. Emission related DTCs start with the letter P for power train. When the MIL illuminates it indicates that a DTC has been stored:

- DTCs are stored as soon as they occur, whether or not the MIL illuminates.
- DTCs store and display a time stamp.
- DTCs record the current fault status: Present, not currently present, or intermittent.

DTC digit interpretation	
1st digit P B C	 powertrain body chassis
2nd digit 0 1	 SAE BMW
3rd digit 0 1 2 3 4 5 6 7	 total system air / fuel induction fuel injection ignition system or misfire auxiliary emission control vehicle speed & idle control ECM inputs / outputs transmission
4th - 5th digits	individual circuits or components

DTC example: P 0 3 0 6

- **P:** A powertrain problem
- **0**: SAE sanctioned ('generic')
- **3:** Related to an ignition system / misfire
- **06** Misfire detected at cylinder #6

DTCs provide a freeze frame or snap-shot of a vehicle performance or emissions fault at the moment that the fault first occurs. This information is accessible through generic scan tools.

Freeze frame data contains, but isn't limited to, the following information:

- Engine load (calculated)
- Engine rpm
- Short and long-term fuel trim
- Vehicle speed
- Coolant temperature
- Intake manifold pressure
- Open / closed loop operation
- Fuel pressure (if available)

Diagnostic trouble codes (DTCs)

Table a. Diagnostic trouble codes (DTCs)

P-code	BMW FC	Definition
P00B2	2EEC	Radiator Coolant Temperature Sensor Circuit Range / Performance
P00B3	2EEA	Radiator Coolant Temperature Sensor Circuit Low
P00B4	2EEA	Radiator Coolant Temperature Sensor Circuit High
P0010	2A80	'A' Camshaft Position Actuator Circuit Open (Bank 1)
P0011		'A' Camshaft Position Timing Over-Advanced or System Performance (Bank 1)
P0012	2A82	'A' Camshaft Position Timing Over-Retarded (Bank 1)
P0013	2A85	'B' Camshaft Position Actuator Circuit Open (Bank 1)
P0014		'B' Camshaft Position Timing Over-Advanced or System Performance (Bank 1)
P0015	2A87	'B' Camshaft Position Timing Over-Retarded (Bank 1)
P0016	2AA4	Camshaft Position Sensor Correlation) Bank 1 Sensor 'A')
P0017	2AA5	Camshaft Position Sensor Correlation) Bank 1 Sensor 'B')
P0030	2C9C	HO2S Heater Control Circuit (Bank 1 Sensor 1)
P0031	2C9C	HO2S Heater Control Circuit Low (Bank 1 Sensor 1)
P0032	2C9C	HO2S Heater Control Circuit High (Bank 1 Sensor 1)
P0036	2C9E	HO2S Heater Control Circuit (Bank 1 Sensor 2)
P0037	2C9E	HO2S Heater Control Circuit Low (Bank 1 Sensor 2)
P0038	2C9E	HO2S Heater Control Circuit High (Bank 1 Sensor 2)
P0040	2C24	HO2S Signals Swapped Bank 1 Sensor 1 / Bank 2 Sensor 1
P0041	2C64	HO2S Signals Swapped Bank 1 Sensor 2/ Bank 2 Sensor 2
P0050	2C9D	HO2S Heater Control Circuit (Bank 2 Sensor 1)
P0051	2C9D	HO2S Heater Control Circuit Low (Bank 2 Sensor 1)
P0052	2C9D	HO2S Heater Control Circuit High (Bank 2 Sensor 1)
P0053	2CA6	HO2S Heater Resistance (Bank 1 Sensor 1)
P0056	2C9F	HO2S Heater Control Circuit (Bank 2 Sensor 2)
P0057	2C9F	HO2S Heater Control Circuit Low (Bank 2 Sensor 2)
P0058	2C9F	HO2S Heater Control Circuit High (Bank 2 Sensor 2)
P0059	2CA7	HO2S Heater Resistance (Bank 2 Sensor 1)
P0070	2F9A	Ambient Air Temperature Sensor Circuit
P0071	2F99	Ambient Air Temperature Sensor Circuit Range / Performance
P0072	2F9A	Ambient Air Temperature Sensor Circuit Low
P0073	2F9A	Ambient Air Temperature Sensor Circuit High
P0090	2FBC	Fuel Pressure Regulator 1 Control Circuit Open
p0091	2FBC	Fuel Pressure Regulator 1 Control Circuit Low
P0092	2FBC	Fuel Pressure Regulator 1 Control Circuit High
P0A14	2FAB	Engine Mount 'A' Control Circuit Open
P0A15	2FAB	Engine Mount 'A' Control Circuit Low

Table a. Diagnostic trouble codes (DTCs) (continued)

P-code	BMW FC	Definition
P0A16	2FAB	Engine Mount ‘A’ Control Circuit High
P0A3B	2E97	Generator Over Temperature
P0A3B	2ECF	Generator Over Temperature
P0100	2D16	Mass Air Flow or Volume ‘A’ Circuit
P0101	2D15	Mass or Volume Air Flow Circuit Range/Performance
P0102		Mass or Volume Air Flow Circuit Low Input
P0103		Mass or Volume Air Flow Circuit High Input
P0107		Manifold Absolute Pressure/Barometric Pressure Circuit Low Input
P0108		Manifold Absolute Pressure/Barometric Pressure Circuit High Input
P0111	2F09	Intake Temperature Sensor Bank 1 Temperature Range / Performance
P0112	2F08	Intake Air Temperature Sensor 1 Circuit Low
P0113	2F08	Intake Air Temperature Sensor 1 Circuit High
P0117	2EE0	Engine Coolant Temperature Circuit Low
P0118	2EE0	Engine Coolant Temperature Circuit High
P0121	2CF6	Throttle/Pedal Position Sensor/Switch 'A' Circuit Range/Performance
P0122	2CF9	Throttle/Pedal Position Sensor/Switch 'A' Circuit Low
P0123	2CF9	Throttle/Pedal Position Sensor/Switch 'A' Circuit High
P0125		Insufficient Coolant Temperature for Closed Loop Fuel Control
P0128	2EF4	Coolant Thermostat (Coolant Temperature Below Thermostat Regulating Temperature)
P0131	2C3F	O2 Sensor Circuit Low Voltage (Bank 1 Sensor 1)
P0132	2C3F	O2 Sensor Circuit High Voltage (Bank 1 Sensor 1)
P0133	2C39	O2 Sensor Circuit Slow Response (Bank 1 Sensor 1)
P0134		O2 Sensor Circuit No Activity Detected (Bank 1 Sensor 1)
P0135	2CA6	O2 Sensor Heater Circuit (Bank 1 Sensor 1)
P0137	2C75	O2 Sensor Circuit Low Voltage (Bank 1 Sensor 2)
P0138	2C73	O2 Sensor Circuit High Voltage (Bank 1 Sensor 2)
P0139	2C7B	O2 Sensor Circuit Slow Response (Bank 1 Sensor 2)
P0139		O2 Sensor Circuit Slow Response (Bank 1 Sensor 2)
P0140	2C77	O2 Sensor Circuit No Activity Detected (Bank 1 Sensor 2)
P0141	2CA8	O2 Sensor Heater Circuit (Bank 1 Sensor 2)
P0151	2C40	O2 Sensor Circuit Low Voltage (Bank 2 Sensor 1)
P0152	2C40	O2 Sensor Circuit High Voltage (Bank 2 Sensor 1)
P0153	2C3A	O2 Sensor Circuit Slow Response (Bank 2 Sensor 1)
P0154		O2 Sensor Circuit No Activity Detected (Bank 2 Sensor 1)
P0155	2CA7	O2 Sensor Heater Circuit (Bank 2 Sensor 1)
P0157	2C76	O2 Sensor Circuit Low Voltage (Bank 2 Sensor 2)
P0158	2C74	O2 Sensor Circuit High Voltage (Bank 2 Sensor 2)

Table a. Diagnostic trouble codes (DTCs) (continued)

P-code	BMW FC	Definition
P0159	2C7E	O2 Sensor Circuit Slow Response (Bank 2 Sensor 2)
P0159	2C7C	O2 Sensor Circuit Slow Response (Bank 2 Sensor 2)
P0160	2C78	O2 Sensor Circuit No Activity Detected (Bank 2 Sensor 2)
P0161	2CA9	O2 Sensor Heater Circuit (Bank 2 Sensor 2)
P0171	29E0	System Too Lean (Bank 1)
P0171	2A2B	System Too Lean (Bank 1)
P0172	29E0	System Too Rich (Bank 1)
P0172	2A2B	System Too Rich (Bank 1)
P0174	29E1	System Too Lean (Bank 2)
P0174	2A2C	System Too Lean (Bank 2)
P0175	29E1	System Too Rich (Bank 2)
P0175	2A2C	System Too Rich (Bank 2)
P0190	29E2	Fuel Rail Pressure Sensor ‘A’ Circuit
P0192	29E2	Fuel Rail Pressure Sensor ‘A’ Circuit Low
P0197		Engine Oil Temperature Sensor Low
P0198		Engine Oil Temperature Sensor High
P02AA	3074	Cylinder 5 Fuel Trim at Maximum Limit
P02AB	3074	Cylinder 5 Fuel Trim at Minimum Limit
P02AE	3075	Cylinder 6 Fuel Trim at Maximum Limit
P02AF	3075	Cylinder 6 Fuel Trim at Minimum Limit
P02A2	3072	Cylinder 3 Fuel Trim at Maximum Limit
P02A3	3072	Cylinder 3 Fuel Trim at Minimum Limit
P02A6	3073	Cylinder 4 Fuel Trim at Maximum Limit
P02A7	3073	Cylinder 4 Fuel Trim at Minimum Limit
P0201	2E30	Injector Circuit/Open - Cylinder 1
P0202	2E31	Injector Circuit/Open - Cylinder 2
P0203	2E32	Injector Circuit/Open - Cylinder 3
P0204	2E33	Injector Circuit/Open - Cylinder 4
P0205	2E34	Injector Circuit/Open - Cylinder 5
P0206	2E35	Injector Circuit/Open - Cylinder 6
P0221	2CF7	Throttle/Pedal Position Sensor/Switch 'B' Circuit Range/Performance
P0222	2CFA	Throttle/Pedal Position Sensor/Switch 'B' Circuit Low
P0223	2CFA	Throttle/Pedal Position Sensor/Switch 'B' Circuit High
P0234	30FE	Turbocharger ‘A’ Overboost Condition
P0236	2ABD	Turbocharger Boost Sensor ‘A’ Circuit Range / Performance
P0237	2ABC	Turbocharger Boost Sensor ‘A’ Circuit Low
P0238	2ABD	Turbocharger Boost Sensor ‘A’ Circuit High

Table a. Diagnostic trouble codes (DTCs) (continued)		
P-code	**BMW FC**	**Definition**
P0243	30CF	Turbocharger Wastegate Solenoid 'A'
P0245	30CF	Turbocharger Wastegate Solenoid 'A' Low
P0246	30CF	Turbocharger Wastegate Solenoid 'A' High
P0247	30D0	Turbocharger Wastegate Solenoid 'B'
P0249	30D0	Turbocharger Wastegate Solenoid 'B' Low
P0250	30D0	Turbocharger Wastegate Solenoid 'B' High
P0261	2E30	Cylinder 1 Injector Circuit Low
P0262	2E30	Cylinder 1 Injector Circuit High
P0264	2E31	Cylinder 2 Injector Circuit Low
P0265	2E31	Cylinder 2 Injector Circuit High
P0266	2E32	Cylinder 3 Injector Circuit High
P0267	2E32	Cylinder 3 Injector Circuit Low
P0268	2E32	Cylinder 3 Injector Circuit High
P0270	2E33	Cylinder 4 Injector Circuit Low
P0271	2E33	Cylinder 4 Injector Circuit High
P0273	2E34	Cylinder 5 Injector Circuit Low
P0274	2E34	Cylinder 5 Injector Circuit High
P0276	2E35	Cylinder 6 Injector Circuit Low
P0277	2E35	Cylinder 6 Injector Circuit High
P029A	3070	Cylinder 1 Fuel Trim at Maximum Limit
P029B	3070	Cylinder 1 Fuel Trim at Minimum Limit
P029E	3071	Cylinder 2 Fuel Trim at Maximum Limit
P029F	3071	Cylinder 2 Fuel Trim at Minimum Limit
P0299	30FF	Turbocharger 'B' Overboost Condition
P0300	29CC	Cylinder Misfire, Several Cylinders
P0301	29CD	Cylinder 1 Misfire Detected
P0302	29CE	Cylinder 2 Misfire Detected
P0303	29CF	Cylinder 3 Misfire Detected
P0304	29D0	Cylinder 4 Misfire Detected
P0305	29D1	Cylinder 5 Misfire Detected
P0306	29D2	Cylinder 6 Misfire Detected
P0313	29D9	Misfire Detected with Low Fuel
P0326	2E68	Knock Sensor 1 Circuit Range / Performance (Bank 1 or Single Sensor)
P0326	2CA6	Knock Sensor 1 Circuit Range / Performance (Bank 1 or Single Sensor)
P0327	2E68	Knock Sensor 1 Circuit Low (Bank 1 or Single Sensor)
P0328	2E68	Knock Sensor 1 Circuit High (Bank 1 or Single Sensor)
P0332		Knock Sensor 2 Circuit Low (Bank 2)

Table a. Diagnostic trouble codes (DTCs) (continued)		
P-code	**BMW FC**	**Definition**
P0335	2A94	Crankshaft Position Sensor 'A' Circuit
P0339		Crankshaft Position Sensor 'A' Circuit Intermittent
P0340	2AA0	Camshaft Position Sensor 'A' Circuit (Bank 1 or Single Sensor)
P0341	2A9A	Camshaft Position Sensor 'A' Performance (Bank 1)
P0344	2A9E	Camshaft Position Sensor 'A' Circuit Intermittent (Bank 1 or Single Sensor)
P0351	2E24	Ignition Coil 'A' Primary / Secondary Circuit
P0352	2E25	Ignition Coil 'B' Primary / Secondary Circuit
P0353	2E26	Ignition Coil 'C' Primary / Secondary Circuit
P0354	2E27	Ignition Coil 'D' Primary / Secondary Circuit
P0355	2E28	Ignition Coil 'E' Primary / Secondary Circuit
P0356	2E29	Ignition Coil 'F' Primary / Secondary Circuit
P0365	2AA1	Camshaft Position Sensor 'B' Circuit (Bank 1)
P0366	2A9B	Camshaft Position Sensor 'B' Performance (Bank 1)
P0369	2A9F	Camshaft Position Sensor 'B' Circuit Intermittent (Bank 1)
P0370	29DB	Smooth Running Segment Timing
P0370	2A96	Timing Reference High Signal 'A' Resolution
P0370	2A97	Timing Reference High Signal 'A' Resolution
P0373	2A95	Timing Reference High Signal 'A' Resolution Erratic
P0413		Secondary Air Injection System Switching Valve A Circuit Open
P0414		Secondary Air Injection System Switching Valve A Circuit Shorted
P0420	29F4	Catalyst System Efficiency Below Threshold (Bank 1)
P0420	29F6	Catalyst System Efficiency Below Threshold (Bank 1)
P0430	29F5	Catalyst System Efficiency Below Threshold (Bank 2)
P0440	2A1A	Evaporative Emission System Incorrect Flow
P0441	2A1A	Evaporative Emission System Incorrect Purge Flow
P0442	2A15	Evaporative Emission System Leak Detected (small leak)
P0443		Evaporative Emission System Purge Control Valve Circuit
P0444	2A19	Evaporative Emission System Purge Control Valve Circuit Open
	2A1A	Fuel Tank Venting Function Fault
P0445		Evaporative Emission System Purge Control Valve Circuit Shorted
P0455		Evaporative Emission System Leak Detected (large leak)
P0456	2A16	Evaporative Emission System Leak Detected (very small leak)
P0457	2A1B	Evaporative Emission System Leak Detected (Fuel Filler Cap Loose)
P0458	2A19	Evaporative Emission System Purge Control Valve Circuit Low
P0459	2A19	Evaporative Emission System Purge Control Valve Circuit High
P0461	2A1C	Fuel Level Sensor A Performance
P0462	2DE2	Fuel Level Sensor 'A' Circuit Low

OBD

Table a. Diagnostic trouble codes (DTCs) (continued)		
P-code	**BMW FC**	**Definition**
P0463	2DE2	Fuel Level Sensor 'A' Circuit High
P0475	2F6C	Exhaust Pressure Control Valve
P0476	2F6C	Exhaust Pressure Control Valve Low
P0477	2F6C	Exhaust Pressure Control Valve Low
P0478	2F6C	Exhaust Pressure Control Valve High
P0480	2EFE	Fan 1 Control Circuit
P0491	2A00	Secondary Air Injection System Insufficient Flow (Bank 1)
P0492	2A00	Secondary Air Injection System Insufficient Flow (Bank 2)
P0500	2F4E	Vehicle Speed Sensor 'A'
P0503	2F4F	Vehicle Speed Sensor 'A' Intermittent / Erratic
P0505		Idle Air Control System
P0506	2ADF	Idle Air Control System Lower Than Expected
P0507	2ADF	Idle Air Control System Higher Than Expected
P0512	2F58	Starter Request Circuit
P0520	2F7B	Engine Oil Pressure Switch Circuit
P0521	30C6	Engine Oil Pressure Switch Range / Performance
P0522	30C3	Engine Oil Pressure Switch Open
P0523	30C3	Engine Oil Pressure Switch High
P0524	30C5	Engine Oil Pressure Too Low
P053A	2AE4	Positive Crankcase Ventilation Heater Circuit Open
P053B	2AE4	Positive Crankcase Ventilation Heater Circuit Low
P053C	2AE$	Positive Crankcase Ventilation Heater Circuit High
P0545	2C87	Exhaust Gas Temperature Sensor Circuit Low (Bank1 Sensor 1)
P0546	2C87	Exhaust Gas Temperature Sensor Circuit High (Bank1 Sensor 1)
P0571	2F63	Brake Switch 'A' Circuit
P0597	2EF5	Thermostat Heater Control Circuit / Open
P0598	2EF5	Thermostat Heater Control Circuit Low
P0599	2EF5	Thermostat Heater Control Circuit High
P060C	2D67	Internal Control Module Internal Processor fault
P0600		Serial Communication Link
P0604	2AB2	Internal Control Module Random Access Memory (RAM) Error
P0605	2D67	Internal Control Module ROM
P0606	2D67	ECM Processor
P062F	2FA3	Internal Control Module EEPROM Error
P0620	2ECD	Generator Control Circuit
P0620	2E97	Generator Control Circuit
P0645	2F12	A/C Clutch Relay Control Circuit

Table a. Diagnostic trouble codes (DTCs) (continued)		
P-code	**BMW FC**	**Definition**
P0646	2F12	A/C Clutch Relay Control Circuit Low
P0647	2F12	A/C Clutch Relay Control Circuit High
P0668	2F85	ECM / TCM Internal Temperature Sensor Circuit Low
P0669	2F85	ECM / TCM Internal Temperature Sensor Circuit High
P0686	2ACB	ECM Power Relay Control Circuit Low
P0687	2ACB	ECM Power Relay Control Circuit High
P0691	2EFE	Fan 1 Control Circuit Low
P0692	2EFE	Fan 1 Control Circuit High
P0700	2AD0	Transmission Control System MIL Request
P0703	2F64	Brake Switch 'B' Circuit
P0831	2F67	Clutch Pedal Switch 'A' Circuit Low
P0832	2F67	Clutch Pedal Switch 'A' Circuit High
P101A	2A39	VVT Self Learning Function Stops Not Learned
P101A	2A46	VVT Self Learning Function Stops Not Learned
P102C	2A34	VVT Eccentric Shaft Sensor Diagnostic Error
P103A	2A45	VVT System Temperature Too High
P104E	2F0A	Turbocharger Intake Air Temperature Sensor 1 Circuit High or Open
P104F	2F0A	Turbocharger Intake Air Temperature Sensor 1 Circuit Input Low
P105A	2A77	Internal Control Module Fault VVT Current Too High
P105B	2A77	Internal Control Module Fault VVT Current Too Low
P107A	2A43	VVT Overload Protection Current Too High (Bank 1)
P107B	2A43	VVT Overload Protection (Bank 1)
P107C	2A43	VVT Overload Protection Current Too High (Bank 1)
	2A44	Valvetronic Power Limitation
P1004	2A35	VVT Guiding Sensor Solenoid Loss (Bank 1)
P1006	2A31	VVT Eccentric Shaft Sensor Parity Error (Bank 1)
P1012	2A36	VVT Guiding Sensor Solenoid Loss (Bank 1)
P1014	2A32	VVT Eccentric Shaft Sensor Parity Error (Bank 1)
P1017	2A37	VVT Guiding Sensor Plausibility (Bank 1)
P1019	2A30	VVT Eccentric Shaft Sensor Circuit Low
P102B	2A33	VVT Guiding Sensor Diagnostic Error (Bank 1)
P102C	2A34	VVT Reference Sensor Diagnostic Error (Bank 1)
P1020	2A30	VVT Eccentric Shaft Sensor Circuit High
P1023	2A39	VVT Self Learning Function Faulty Adjustment Range (Bank 1)
P1024	2A39	VVT Self Learning Function Faulty Lower Learning Range (Bank 1)
P1030	2A38	VVT Control Motor Position Control Deviation (Bank1)
P1041	2A3A	Internal VVT Module EEPROM Error

Table a. Diagnostic trouble codes (DTCs) (continued)

P-code	BMW FC	Definition
P1047	2A3D	VVT Control Circuit High (Bank 1)
P1048	2A3D	VVT Control Circuit Low (Bank 1)
P1049	2A3D	VVT Control Circuit Short (Bank 1)
P1055	2A3F	VVT Control Circuit High (Bank 1)
P1056	2A3F	VVT Control Circuit High (Bank 1)
P1057	2A3C	VVT Motor Supply Voltage (Bank 1)
P1062	2A44	VVT Limp Home Request Full Stroke Position Reached (Bank 1)
P1064	2A42	VVT Value Comparison Starting / Parking Position Plausibility
P1075	2A41	VVT Overload Protection (Bank 1)
P1076	2A40	VVT Overload Protection ECM temperature (Bank 1)
P1078	2A3E	VVT Overload Protection Current Too High (Bank 1)
P1083		Fuel Control Limit Mixture Too Lean (Bank 1 Sensor 1)
P1084		Fuel Control Limit Mixture Too Rich (Bank 1 Sensor 1)
P1085		Fuel Control Limit Mixture Too Lean (Bank 2 Sensor 1)
P1086		Fuel Control Limit Mixture Too Rich (Bank 2 Sensor 1)
P1087		O2 Sensor Circuit Slow Response in Lean Control Range (Bank 1 Sensor 1)
P1088		O2 Sensor Circuit Slow Response in Rich Control Range (Bank 1 Sensor 1)
P1089		O2 Sensor Circuit Slow Response in Lean Control Range (Bank 1 Sensor 2)
P1090		Pre Catalyst Fuel Trim System Too Lean (Bank 1)
P1091		Pre Catalyst Fuel Trim System Too Lean (Bank 2)
P1092		Pre Catalyst Fuel Trim System Too Rich (Bank 1)
P1093		Pre Catalyst Fuel Trim System Too Rich (Bank 2)
P1094		O2 Sensor Circuit Slow Response in Rich Control Range (Bank 2 Sensor 1)
P110D	2D07	Throttle Position Sensor 'A' and 'B' Range / Performance
P110D	2D61	Throttle Position Sensor 'A' and 'B' Range / Performance
P1104	2D29	Differential Pressure Sensor Intake Manifold Pressure Too Low Bank 1
P1105	2D29	Differential Pressure Sensor Intake Manifold Pressure Too High Bank 1
P111E	2F09	Intake Temperature Sensor Bank 1 Maximum Temperature Implausible
P111F	2F09	Intake Temperature Sensor Bank 1 Temperature Implausible
P1111		Engine Coolant Temperature Sensor Radiator Outlet Low Input
P1112		Engine Coolant Temperature Sensor Radiator Outlet High Input
P112C	2C3D	O2 Sensor Negative Current or Positive Current Control Circuit Open (Bank 1 Sensor 1)
P112D	2C3E	O2 Sensor Negative Current or Positive Current Control Circuit Open (Bank 2 Sensor 1)
P112F	2D2E	Manifold Absolute Pressure to Throttle Angle - Too High
P1120		Pedal Position Sensor Circuit
P1121		Pedal Position Sensor 1 Range/Performance Problem
P1122		Pedal Position Sensor 1 Low Input

Table a. Diagnostic trouble codes (DTCs) (continued)		
P-code	**BMW FC**	**Definition**
P1123		Pedal Position Sensor 1 High Input
P1124	2D2A	Differential Pressure Sensor Intake Manifold Pressure Offset Bank 1
P1130	2C6D	O2 Sensor Circuit Dynamic Test (Bank 1 Sensor 2)
P1131	2C6E	O2 Sensor Circuit Dynamic Test (Bank 2 Sensor 2)
P1134		O2 Sensor Heater Circuit Signal Intermittent (Bank 1 Sensor 1)
P1135		O2 Sensor Heater Circuit Low Voltage (Bank 1 Sensor 1)
P1136		O2 Sensor Heater Circuit High Voltage (Bank 1 Sensor 1)
P1137		O2 Sensor Heater Circuit Signal Intermittent (Bank 1 Sensor 2)
P1138		O2 Sensor Heater Circuit Low Voltage (Bank 1 Sensor 2)
P1139		O2 Sensor Heater Circuit High Voltage (Bank 1 Sensor 2)
P114A	2C7E	Post Catalyst Fuel Trim Too Rich Bank 1
P114B	2C7E	Post Catalyst Fuel Trim Too Lean Bank 1
P114C	2C7F	Post Catalyst Fuel Trim Too Rich Bank 2
P114D	2C7F	Post Catalyst Fuel Trim Too Lean Bank 2
P114F	2D16	Air Mass Flow Sensor Defective
P1143		O2 Sensor Activity Check Signal Too High (Bank 1 Sensor 2)
P1144		O2 Sensor Activity Check Signal Too Low (Bank 1 Sensor 2)
P1149		O2 Sensor Activity Check Signal Too High (Bank 2 Sensor 2)
P115A	2D15	Mass or Volume Air Flow 'A' Maximum Exceeded
P115E	2F0C	Turbocharger Intake Air Temperature Sensor 1 Gradient Implausible
P1150		O2 Sensor Activity Check Signal Too Low (Bank 2 Sensor 2)
P1151		O2 Sensor Heater Circuit Signal Intermittent (Bank 2 Sensor 1)
P1152		O2 Sensor Heater Circuit Low Voltage (Bank 2 Sensor 1)
P1153		O2 Sensor Heater Circuit High Voltage (Bank 2 Sensor 1)
P1155		O2 Sensor Heater Circuit Signal Intermittent (Bank 2 Sensor 2)
P1156		O2 Sensor Heater Circuit Low Voltage (Bank 2 Sensor 2)
P1157		O2 Sensor Heater Circuit High Voltage (Bank 2 Sensor 2)
P116C	2D0F	Air Mass Flow Sensor Signal Range
P116E	2D0F	Air Mass Flow Sensor Signal Electrical
P1171		Ambient Pressure Sensor Variant Recognition Value in Boot Range Implausible
P1172		Ambient Pressure Sensor Variant Recognition Error Value Stored in Boot Range
P1173		Ambient Pressure Sensor Variant Recognition Learning Failed
P119A	2D33	Manifold Absolute Pressure Sensor High (Bank 1)
P119B	2D33	Manifold Absolute Pressure Sensor Low (Bank 1)
P119D	2E74	Fuel Trim, Injector Aging Long Term Adaptation Too High (Bank 1)
P119E	2E75	Fuel Trim, Injector Aging Long Term Adaptation Too High (Bank 2)
P1190		Pre Catalyst Fuel Trim System (Bank 1)

Table a. Diagnostic trouble codes (DTCs) (continued)

P-code	BMW FC	Definition
P1191		Pre Catalyst Fuel Trim System (Bank 2)
P1192		Post Catalyst Fuel Trim System (Bank 1)
P1193		Post Catalyst Fuel Trim System (Bank 2)
P1197	2D28	Differential Pressure Sensor Intake Manifold High Input Bank 1
P1198	2D28	Differential Pressure Sensor Intake Manifold Low Input Bank 1
P121C	2AF0	NOx Sensor Heater Control Circuit Shorted (Bank 1)
P121E	2AF2	NOx Sensor Heater Control Circuit Open (Bank 1)
P121F	2AF2	NOx Sensor Circuit Shorted (Bank 1)
P1214	2AAE	Fuel Pump Speed Too High
P1215	2AAE	Fuel Pump Speed Too Low
P1216	2AAE	Fuel Pump Emergency Operation
P1217	2AAE	Fuel Pump Over temperature Condition
P122E	2AF6	NOx Sensor Binary Oxygen Sensor Signal Control Circuit Open (Bank 1)
P122F	2AF6	NOx Sensor Binary Oxygen Sensor Signal Control Circuit Shorted (Bank 1)
P1222		Pedal Position Sensor 2 Low Input
P1223		Pedal Position Sensor 2 High Input
P1230	2F94	Fuel Pump Relay Circuit
P1234	2F94	Fuel Pump Relay Circuit Low
P1236	2F94	Fuel Pump Relay Circuit High
P1244	2AAD	Fuel Pump Emergency Cut Off
P126F	30E2	NOx Sensor Linear Oxygen Sensor Signal Too Rich During Deceleration Test (Bank 1)
P127A	30E2	NOx Sensor Signal Too Low During Deceleration Test (Bank 1)
P127B	30E2	NOx Sensor Signal Too High During Deceleration Test (Bank 1)
P129B	2D2B	Manifold Absolute Pressure Sensor Diagnosis Performance
P1298	2EAF	Serial Communication NOx Sensor (Bank 1)
P1299	2EAF	Serial Communication NOx Sensor (Bank 2)
P130A	2AA3	Camshaft Position Sensor ‘B’ Segment Timing Error (Bank 1)
P1300	2AA2	Camshaft Position Sensor ‘A’ Segment Timing Error (Bank 1)
P1301	2E18	Ignition Monitoring Cylinder 1 Spark Duration Too Short
P1302	2E19	Ignition Monitoring Cylinder 2 Spark Duration Too Short
P1303	2E1A	Ignition Monitoring Cylinder 3 Spark Duration Too Short
P1304	2E1B	Ignition Monitoring Cylinder 3 Spark Duration Too Short
P1305	2E1C	Ignition Monitoring Cylinder 5 Spark Duration Too Short
P1306	2E1D	Ignition Monitoring Cylinder 6 Spark Duration Too Short
P1314		Fuel Mixture Deviation Detected with Low Fuel
P1327	2E69	Knock Sensor 2 Circuit Low (Bank 1 or Single Sensor)
P1328	2E69	Knock Sensor 2 Circuit Range / Performance (Bank 1 or Single Sensor)

Table a. Diagnostic trouble codes (DTCs) (continued)

P-code	BMW FC	Definition
P1342		Misfire During Start Cylinder 1
P1343		Misfire Cylinder 1 with Fuel Cut-Off
P1344		Misfire During Start Cylinder 2
P1345		Misfire Cylinder 2 with Fuel Cut-Off
P1346		Misfire During Start Cylinder 3
P1347		Misfire Cylinder 3 with Fuel Cut-Off
P1348		Misfire During Start Cylinder 4
P1349		Misfire Cylinder 4 with Fuel Cut-Off
P135B	2E69	Knock Sensor 2 Circuit Range / Performance (Bank 1 or Single Sensor)
P1350		Misfire during Start Cylinder 5
P1351		Misfire Cylinder 5 with Fuel Cut-Off
P1352		Misfire during Start Cylinder 6
P1353		Misfire Cylinder 6 with Fuel Cut-Off
P1383	2E77	Ignition Monitoring Malfunction
P1396	29DA	Crankshaft Position Sensor Segment Timing Plausibility
P140A	2A00	Secondary Air Injection System Flow Bank 1 and Bank 2
P140E	29DC	Cylinder Injection Cut Off, Fuel Level Too Low
P14C0	2EFF	Fan Mechanical Hardware Defect
P14C1	2F0F	Radiator Shutter Mechanical hardware Defect
P14C2	2AAB	DISA (Differentiated Intake Manifold) Actuator 1 Fault
P14C3	2AAC	DISA (Differentiated Intake Manifold) Actuator 2 Fault
P14C4	2F11	Upper Radiator Shutter Mechanical fault
P14C5	2F11	Upper Radiator Shutter Electrical fault
P14C6	2F10	Lower Radiator Shutter Electrical fault
P140E	29DC	Cylinder Injection Cut Off, Fuel Level Too Low
P1413	2A03	Secondary Air Injection Pump Relay Control Circuit Signal Low
P1414	2A03	Secondary Air Injection Pump Relay Control Circuit Signal High
P1407	2DE2	Fuel Level Signal 1
P1408	2DE1	Fuel Level Signal 2
P1415	2D06	Mass or Volume Air Flow Too Low
P1417	2D06	Throttle Control Incorrect Air Supply
P1417	2D09	Throttle Control Incorrect Air Supply
P142A	2AE4	Crankcase Ventilation Heater Relay Circuit Input High
P142B	2AE4	Crankcase Ventilation Heater Relay Circuit Input Low
P142C	2AE4	Crankcase Ventilation Heater Relay Circuit Input Open
P142E	29DC	Cylinder Injection Cut Off, Pressure Too Low (High Pressure Fuel System)
P142F	29DC	Cylinder Injection Cut Off, Pressure Too Low (Low Pressure Fuel System)

Table a. Diagnostic trouble codes (DTCs) (continued)		
P-code	**BMW FC**	**Definition**
P1424	2D06	Mass or Volume Air Flow Too High
P1429	2A18	DMTL Heater
P143B	2AD9	Direct Ozone Reduction Catalyst Temperature Sensor Wrong Code
P143C	2AD8	Direct Ozone Reduction Catalyst Temperature / Radiator Temperature Correlation
P143E	2AD8	Direct Ozone Reduction Catalyst Temperature Sensor Gradient Too Low
P1430	2A18	DMTL Heater Circuit Low
P1431	2A18	DMTL Heater Circuit High
P1434	2A17	DMTL Tank Leakage
P1444		Diagnostic Module Tank Leakage (DMTL) Pump Control Open Circuit
P1445		Diagnostic Module Tank Leakage (DMTL) Pump Control Circuit Signal Low
P1446		Diagnostic Module Tank Leakage (DMTL) Pump Control Circuit Signal High
P1447	2A17	Diagnostic Module Tank Leakage (DMTL) Pump Current Too High during Switching Solenoid Test
P1448	2A17	Diagnostic Module Tank Leakage (DMTL) Pump Current Too Low
P1449	2A17	Diagnostic Module Tank Leakage (DMTL) Pump Current Too High
P1451		Diagnostic Module Tank Leakage (DMTL) Switching Solenoid Control Circuit Signal Low
P1452		Diagnostic Module Tank Leakage (DMTL) Switching Solenoid Control Circuit Signal High
P1453	2A03	Secondary Air Injection Pump Relay Control Circuit Fault
P15AA	30FC	Turbocharger Leak in System
P15A1	30C4	Engine Oil Pressure Mechanical Valve Stuck in De-energized Position
P15A2	30C4	Engine Oil Pressure Mechanical Valve Stuck in Fully Energized Position
P15A3	30C5	Engine Oil Pressure Too High
P15A6	30C6	Engine Oil Pressure Too High Before Start
P15A7	30C6	Engine Oil Pressure Too Low Before Start
P15A9	2FC7	Energy Saving Mode - Transportation Mode
P15B0	2DC3	Terminal 15 Sense Circuit Input High
P15B1	2DC3	Terminal 15 Sense Circuit Input Low
P15B2	2DC3	Terminal 15 Sense Circuit CAS Error
P15B3	2DC3	Terminal 15 Sense Circuit Range / Performance
P150A	2E8B	Battery Sensor Extended Communication Circuit
P150B	2E8B	Battery Sensor Serial Data Interface
P150C	2E8B	Battery Sensor Firmware Implausible
P150D	2E8B	Battery Sensor Temperature Error
P150E	2E8C	Battery Sensor Voltage Error
P150F	28EC	Battery Sensor Current Error
P1500		Idle-Speed Control Valve Stuck Open
P1501		Idle-Speed Control Valve Stuck Closed
P1502		Idle-Speed Control Valve Closing Solenoid Control Circuit Signal High

Table a. Diagnostic trouble codes (DTCs) (continued)

P-code	BMW FC	Definition
P1503		Idle-Speed Control Valve Closing Solenoid Control Circuit Signal Low
P1504		Idle-Speed Control Valve Closing Solenoid Control Open Circuit
P1506		Idle-Speed Control Valve Opening Solenoid Control Circuit Signal High
P1507		Idle-Speed Control Valve Opening Solenoid Control Circuit Signal Low
P1508		Idle-Speed Control Valve Opening Solenoid Control Open Circuit
P151A	2E8D	Battery Sensor Terminal 15 / 30 Wakeup Circuit
P151B	2E8D	Battery Sensor Wakeup Circuit
P151C	2E8D	Battery Sensor System Error
P1511	2AA8	DISA (Differentiated Intake Manifold) Control Circuit
P1511	2AA9	DISA (Differentiated Intake Manifold) Control Circuit
	2AAA	Variable Intake System Plausibility
P1512	2AA8	DISA (Differentiated Intake Manifold) Control Circuit Signal Low
P1512	2AA9	DISA (Differentiated Intake Manifold) Control Circuit Signal Low
P1513	2AA8	DISA (Differentiated Intake Manifold) Control Circuit Signal High
P1513	2AA9	DISA (Differentiated Intake Manifold) Control Circuit Signal High
P1515	2F80	Engine OFF Timer Plausibility
P1521	2E9F	Engine Oil Quality Sensor Temperature Communication Error
P1523		'A' Camshaft Position Actuator Signal Low (Bank 1)
P1524		'A' Camshaft Position Actuator Control Circuit Signal High (Bank 1)
P1525		'A' Camshaft Position Actuator Control Open Circuit (Bank 1)
P1529		'B' Camshaft Position Actuator Control Circuit Signal Low (Bank 1)
P1530		'B' Camshaft Position Actuator Control Circuit Signal High (Bank 1)
P1531		'B' Camshaft Position Actuator Control Open Circuit (Bank 1)
P1540	2AC6	Driving Dynamics Switch Input High
P1541	2AC6	Driving Dynamics Switch Input Low
P155A	2DB7	Multifunction Steering Wheel Toggle-Bit Fault
P1551	2F80	Engine OFF Timer Time-out
P1553	2A99	Engine Position System 'B' Performance (Bank 1)
P1554	2A98	Engine Position System 'A' Performance (Bank 1)
P1561	2AE0	Cold Start Idle RPM Lower Than Expected
P1562	2AE0	Cold Start Idle RPM Higher Than Expected
P1563	2DB6	Multifunction Steering Wheel Rocker Switch Defective
P1565	2DB5	Multifunction Steering Wheel Rocker Switch + / - Pressed Simultaneously
P1567	2DB7	Multifunction Steering Wheel Toggle Bit Error
	2DBE	Adaptive Cruise Control Blocked for Driving Cycle
	2DC0	No Message From LDM
	2DC3	Monitoring Terminal 15

Table a. Diagnostic trouble codes (DTCs) (continued)

P-code	BMW FC	Definition
P1576	2DB5	Multifunction Steering Wheel Interface Error
P1582	30C2	Oil Pump Circuit High
P1583	30C2	Oil Pump Circuit Low
P1584	30C2	Oil Pump Circuit Open
P1586	2E9F	Engine Oil Quality Sensor Temperature Measurement
P1587	2E9F	Engine Oil Quality Sensor Temperature Level Measurement
P1588	2E9F	Engine Oil Quality Sensor Temperature Permeability Measurement
P16A0	2AB3	Internal Control Module Checksum Fault
P16A1	2AB3	Internal Control Module Application Software Checksum Fault
P16A2	2AB3	Internal Control Module Checksum Fault in Data
P16A3	2AB4	Internal Control Module Checksum Fault in Non-Volatile Memory
P16A4	2AB5	Time-out Control Module Knock Sensor SPI-Bus
P16A5	2AB6	Time-out Control Module Multiple Output Stage SPI-Bus
P16A6	2D50	Control Module Self test / Cruise Control Monitoring
P16A7	2D51	Control Module Self Test Hot Film Air Mass Meter Monitoring
P16A8	2D51	Control Module Self Test Throttle Position Monitoring
P16A9	2D52	Control Module Self Test Speed Monitoring Reset
P16B1	2D56	Control Module Self Test Idle Air Control System Plausibility
P16B2	2D56	Control Module Self Test Idle Air Control System Component Plausibility
P16B3	2D57	Control Module Self Test Engine Drag Torque
P16B4	2D50	Control Module Self Test Dynamic Cruise Control Monitoring
P16B5	2D57	Control Module Self Test Automatic Manual Transmission
P16B6	2D57	Control Module Self Test ETC Monitoring
P16B7	2D58	Control Module Self Test Clutch Torque Monitoring Maximum value Plausibility
P16B8	2D58	Control Module Self Test Clutch Torque Monitoring
P16B9	2D58	Control Module Self Test Torque Loss Monitoring
P16C0	2D58	Control Module Self Test Driving Dynamics Control Switch Monitoring
	2D5A	Monitoring Engine Torque Limiting
P16C1	2D59	Control Module Self Test Torque Monitoring Current Indicated value Plausibility
P16C2	2D53	Control Module Self Test Speed Limitation Monitoring
P16C3	2D54	Control Module Self Test Speed Limitation Reset
P16C5	2AAC	DME Main Relay Switching Delay
P16C6	2E7C	CAN Time-out Bit Serial Data Interface
P16C8	2DE0	Serial Communication Link EKP (Electronic Fuel Pump)
P164C	2D1D	Pedal Position Sensor Potentiometer Supply Channel 1 Electrical
P16B0	2D55	Control Module Self Test Pedal Position Monitoring
P160A	2DEC	Powermanagement Exhaustive Discharge

Table a. Diagnostic trouble codes (DTCs) (continued)

P-code	BMW FC	Definition
P160B	2DEC	Powermanagement Defective
P160C	2DEB	Powermanagement Overvoltage
P160D	2DEB	Powermanagement Undervolatge
P160E	2DEB	Powermanagement Operation Without Battery
P160F	2DED	Powermanagement No Load Current Error
P165F	2CA6	Internal Control Module Measurement Error O2 Sensor Heating (Bank 1 Sensor 1)
P1602		Control Module Self-Test, Control Module Defective
P1603		Control Module Self-Test, Torque Monitoring
P1604		Control Module Self-Test, Speed Monitoring
P1611	2DC8	Serial Communication Link TCM
P1612	2DD0	Serial Communication Link Instrument Panel
P1613	2DCC	Serial Communication Link ASC
P1613	2DCD	Serial Communication Link ASC
P1613	2DCE	Serial Communication Link ASC
P1618	2D5C	Control Module Self Test AD-Converter Monitoring
P1619		Map Cooling Thermostat Control Circuit Signal Low
P1620		Map Cooling Thermostat Control Circuit Signal High
P1624	2D1D	Pedal Position Sensor Potentiometer Supply Channel 1 Electrical (M52: Coolant Thermostat (Coolant Temperature Below Thermostat Regulating Temperature))
P1625	2D1E	Pedal Position Sensor Potentiometer Supply Channel 2 Electrical
P1632	2CFB	Throttle Valve Adaptation Conditions Not Met
P1633	2CFB	Throttle Valve Adaptation Limp-Home Position Unknown
P1634		Throttle Valve Adaptation Spring Test Failed
P1634	2CFC	Throttle Valve Adaptation Spring Test Failed
P1635	2CFE	Throttle Valve Adaptation Lower Mechanical Stop not Adapted
P1636	2CEF	Throttle Valve Control Circuit
P1637	2CEE	Throttle Valve Position Control, Control Deviation
P1638	2CEC	Throttle Valve Position Control Throttle Stuck Temporarily
P1639	2CED	Throttle Valve Position Control Throttle Stuck Permanently
P164E	2D0C	Throttle Deicing Stuck in Closed Direction
P164F	2D0C	Throttle Deicing Stuck in Open Direction
P1644	2CFB	Throttle Valve Adaptation Relearning Lower Mechanical Stop
P166A	2D50	Control Module Self Test, Hot Film Air Mass Meter Monitoring
P166B	2DC0	Longitudinal Dynamics Module Torque Request Inspite of Brake Signal
P166C	2DC0	Longitudinal Dynamics Module Request Implausible
P166F	2CA7	Internal Control Module Measurement Error O2 Sensor Heating (Bank 2 Sensor 1)
P166F	2CAB	Internal Control Module Measurement Error O2 Sensor Heating (Bank 2 Sensor 1)

Table a. Diagnostic trouble codes (DTCs) (continued)		
P-code	**BMW FC**	**Definition**
P1660	2F4A	EWS Telegram Error
P1661	2F4A	Time-out EWS Telegram
P165A	2F4A	EWS Interface to ECM Error
P165B	2F4A	EWS Interface to ECM Checksum Error
P165C	2F4B	EWS Data, No Available Storage Possible
P165D	2F4B	EWS Data, Faulty Release Code
P165E	2F4B	EWS Data Checksum Error
P1667	2F49	EWS Start Value not yet Programmed
P1668	2F4B	EWS Start Value Destroyed
P167C	2D08	Throttle Heating Relay Circuit Input Low
P167D	2D08	Throttle Heating Relay Circuit
P1675	2CFD	Throttle Valve Actuator Start Test Re-Adaptation Required
P169A	2CFC	Throttle Valve Actuator Start Test Failed Limp Home Position
P1694	2CFB	Throttle Valve Actuator Start Test Spring Test and Limp-Home Position Failed
P1794	2DD3	TCM Checksum Error
P2067	2DE1	Fuel Level Sensor ‘B’ Circuit Low
P2068	2DE1	Fuel Level Sensor ‘B’ Circuit High
P2088	2A80	‘A’ Camshaft Position Actuator Control Circuit Low (Bank 1)
P2089	2A80	‘A’ Camshaft Position Actuator Control Circuit High (Bank 1)
P2090	2A85	‘B’ Camshaft Position Actuator Control Circuit Low (Bank 1)
P2091	2A85	‘B’ Camshaft Position Actuator Control Circuit High (Bank 1)
P2096	2C31	Post Catalyst Fuel Trim System Too Lean (Bank 1)
P2097	2C31	Post Catalyst Fuel Trim System Too Rich (Bank 1)
P2098	2C32	Post Catalyst Fuel Trim System Too Lean (Bank 2)
P2099	2C32	Post Catalyst Fuel Trim System Too Rich (Bank 2)
P213F	2AAD	Fuel Pump System Fault Engine Shut Down
P2120	2D1F	Throttle / Pedal Position Sensor ‘D’ Circuit
P2122	2D1B	Throttle Pedal Position Sensor ‘D’ Circuit Low
P2123	2D1B	Throttle Pedal Position Sensor ‘D’ Circuit High
P2127	2D1C	Throttle Pedal Position Sensor ‘E’ Circuit Low
P2128	2D1C	Throttle Pedal Position Sensor ‘E’ Circuit High
P213F	2AAD	Fuel Pump Emergency Cut Off
P2138	2D20	Throttle / Pedal Position Sensor ‘D’ ‘E’ Voltage Correlation
P2183	2EEC	Engine Coolant Temperature Sensor 2 Circuit Range / Performance
P2184	2EEA	Engine Coolant Temperate Sensor 2 Circuit Low
P2185	2EEA	Engine Coolant Temperate Sensor 2 Circuit High
P2187	29E0	System Too Lean at Idle (Bank 1)

Table a. Diagnostic trouble codes (DTCs) (continued)		
P-code	**BMW FC**	**Definition**
P2188	29E0	System Too Rich at Idle (Bank 1)
P2189	29E1	System Too Lean at Idle (Bank 2)
P2190	29E1	System Too Rich at Idle (Bank 2)
P2191	29E5	System Too Lean, Higher Load (Bank 1)
P2192	29E5	System Too Rich, Higher Load (Bank 1)
P2193	2E96	System Too Lean, Higher Load (Bank 2)
P2194	2E96	System Too Rich, Higher Load (Bank 2)
P2195	2C27	O2 Sensor Signal Stuck Lean (Bank 1 Sensor 1)
P2196	2C27	O2 Sensor Signal Stuck Rich (Bank 1 Sensor 1)
P2196	2C2B	O2 Sensor Signal Stuck Rich (Bank 1 Sensor 1)
P2196	2C2C	O2 Sensor Signal Stuck Rich (Bank 1 Sensor 1)
P2197	2C28	O2 Sensor Signal Stuck Lean (Bank 2 Sensor 1)
P2198	2C2C	O2 Sensor Signal Stuck Rich (Bank 2 Sensor 1)
P2200	2AF4	NOx Sensor Circuit (Bank 1)
P2205	2AF0	NOx Sensor Heater Control Circuit Open (Bank 1)
P2228	2F76	Barometric Pressure Circuit Low
P2229	2F76	Barometric Pressure Circuit High
P2243	2C3D	O2 Sensor reference Voltage Circuit Open (Bank 1 Sensor 1)
P2247	2C3E	O2 Sensor Reference Voltage Circuit Open (Bank 2 Sensor 1)
P2270	2C6B	O2 Sensor Signal Stuck Lean (Bank 1 Sensor 2)
P2271	2C6B	O2 Sensor Signal Stuck Lean (Bank 1 Sensor 2)
P2272	2C6C	O2 Sensor Signal Stuck Lean (Bank 2 Sensor 2)
P2273	2C6C	O2 Sensor Signal Stuck Lean (Bank 2 Sensor 2)
P2297	2C2D	O2 Sensor Signal Out Of Range During Decel (Bank 1 Sensor 1)
P2298	2C2E	O2 Sensor Signal Out Of Range During Decel (Bank 2 Sensor 1)
P2299	2F8F	Brake Pedal Position / Accelerator Pedal Position Incompatible
P2301	30A0	Ignition Coil Primary 'A' Circuit High
P2304	30A1	Ignition Coil Primary 'B' Circuit High
P2307	30A2	Ignition Coil Primary 'C' Circuit High
P2310	30A3	Ignition Coil Primary 'D' Circuit High
P2313	30A4	Ignition Coil Primary 'E' Circuit High
P2316	30A5	Ignition Coil Primary 'F' Circuit High
P240A	2A18	DMTL Pump Heater Circuit Open
P240B	2A18	DMTL Pump Heater Circuit Low
P240C	2A18	DMTL Pump Heater Circuit High
P2400	2A13	DMTL Activation Control Circuit Open
P2401	2A13	DMTL Activation Control Circuit Low

Table a. Diagnostic trouble codes (DTCs) (continued)		
P-code	**BMW FC**	**Definition**
P2402	2A13	DMTL Activation Control Circuit High
P2414	2C3B	O2 Sensor Oxygen Sample Error (Bank 1 Sensor 1)
P2415	2C3C	O2 Sensor Oxygen Sample Error (Bank 2 Sensor 1)
P2418	2A12	DMTL Solenoid Control Circuit Open
P2419	2A12	DMTL Solenoid Control Circuit Low
P2420	2A12	Evaporative Emission System Switching Valve Control Circuit High
P250A	2F9E	Engine Oil Level Sensor Circuit
P250B	2F9E	Engine Oil Level Sensor Range / Performance
P250F	2F9E	Engine Oil Level Too Low
P252A	2EA1	Engine Oil Quality Sensor Circuit
P2420	2A12	DMTL Solenoid Control Circuit High
P2541	29F3	Low Pressure Fuel System Sensor Circuit Low
P2542	29F3	Low Pressure Fuel System Sensor Circuit High
P2568	2ADA	Direct Ozone Reduction Catalyst Temperature Sensor Performance
P2569	2ADA	Direct Ozone Reduction Catalyst Temperature Sensor Circuit Low
P2570	2ADA	Direct Ozone Reduction Catalyst Temperature Sensor Circuit High
P2626	2C3D	O2 Sensor Pumping Current Circuit Open (Bank 1 Sensor 1)
P2629	2C3E	O2 Sensor Pumping Current Circuit Open (Bank 2 Sensor 1)
P300A	2F0D	Controlled Air Guiding Circuit High
P300B	2F0D	Controlled Air Guiding Circuit Low
P300C	2F0D	Controlled Air Guiding Circuit
P3003	29F2	Fuel Rail Pressure Flow Rate Controlled, Pressure Too High
P3004	29F2	Fuel Rail Pressure Flow Rate Controlled, Maximum Pressure Exceeded
P3022	2C41	O2 Sensor Disturbed SPI WRAF-IC (Bank 1 Sensor 1)
P3023	2C42	O2 Sensor Disturbed SPI WRAF-IC (Bank 2 Sensor 1)
P3024	2C41	O2 Sensor Initialization Error WRAF-IC (Bank 1 Sensor 1)
P3025	2C42	O2 Sensor Initialization Error WRAF-IC (Bank 1 Sensor 1)
P3026	2CAA	O2 Sensor Operating Temperature Not Reached (Bank 1 Sensor 1)
P3027	2CAA	O2 Sensor Operating Temperature Not Reached (Bank 2 Sensor 1)
P3041		O2 Sensor Lean and Rich Voltage Thresholds not Reached (Bank 2 Sensor 2)
P3090	29F2	Fuel Rail Pressure Flow Rate Controlled, Fallen Below Minimum Pressure
P3094	2A2D	Fuel Low Pressure System Pressure Too High
P3095	2A2D	Fuel Low Pressure System Pressure Maximum Pressure Exceeded
P3096	2A2D	Fuel Low Pressure System Pressure Minimum Pressure Fallen Below
P310B	2E30	Cylinder 1 High Pressure Injector Low Side / High Side Electrical
P310E	2E31	Cylinder 2 High Pressure Injector Low Side / High Side Electrical
P3101	30AC	Cylinder 1 High Pressure Injector Low Side Circuit Low

Table a. Diagnostic trouble codes (DTCs) (continued)

P-code	BMW FC	Definition
P3102	30AC	Cylinder 1 High Pressure Injector Low Side Circuit High
P3105	30AD	Cylinder 2 High Pressure Injector Low Side Circuit Low
P3106	30AD	Cylinder 2 High Pressure Injector Low Side Circuit high
P3109	30AE	Cylinder 3 High Pressure Injector Low Side Circuit Low
P311B	2E32	Cylinder 3 High Pressure Injector Low Side / High Side Electrical
P311E	2E33	Cylinder 4 High Pressure Injector Low Side / High Side Electrical
P3110	30AE	Cylinder 3 High Pressure Injector Low Side Circuit High
P3113	30AF	Cylinder 4 High Pressure Injector Low Side Circuit Low
P3114	30AF	Cylinder 4 High Pressure Injector Low Side Circuit High
P3117	30B0	Cylinder 5 High Pressure Injector Low Side Circuit Low
P3118	30B0	Cylinder 5 High Pressure Injector Low Side Circuit High
P312B	2E34	Cylinder 5 High Pressure Injector Low Side / High Side Electrical
P312E	2E35	Cylinder 6 High Pressure Injector Low Side / High Side Electrical
P3121	30B1	Cylinder 6 High Pressure Injector Low Side Circuit Low
P3122	30B1	Cylinder 6 High Pressure Injector Low Side Circuit High
P3149	30AC	Cylinder 1 High Pressure Injector High Side Circuit Low
P3150	30AC	Cylinder 1 High Pressure Injector High Side Circuit High
P3152	30AC	Cylinder 2 High Pressure Injector High Side Circuit Low
P3153	30AD	Cylinder 2 High Pressure Injector High Side Circuit High
P3155	30AD	Cylinder 3 High Pressure Injector High Side Circuit Low
P3156	30AE	Cylinder 3 High Pressure Injector High Side Circuit High
P3158	30AF	Cylinder 4 High Pressure Injector High Side Circuit Low
P3159	30AF	Cylinder 4 High Pressure Injector High Side Circuit High
P316A	2EE6	Engine Coolant Temperature Signal Stuck High
P3161	30B0	Cylinder 5 High Pressure Injector High Side Circuit Low
P3162	30B0	Cylinder 5 High Pressure Injector High Side Circuit High
P3164	30B1	Cylinder 6 High Pressure Injector High Side Circuit Low
P3165	30B1	Cylinder 6 High Pressure Injector High Side Circuit High
	2FBF	Fuel Supply Pressure Low During Release of Injection
	2FC0	Fuel Rail Pressure Management Range
P319A	2FBD	Fuel Pressure Control Minimum Characteristic Curve Operation 1 Out of Range
P3194	2FBD	Fuel Pressure Control Basic Characteristic Curve Operation 1 Out of Range
P3196	2EEC	Radiator Coolant Temperature Sensor High
P3197	2EEB	Radiator Coolant Temperature Gradient Too High
P3198	2EE3	Engine Coolant Temperature Gradient Too High
P3199	2EE2	Engine Coolant Temperature Signal Stuck
P3202	CD87	Powertrain CAN Chip Cut-Off

Table a. Diagnostic trouble codes (DTCs) (continued)		
P-code	**BMW FC**	**Definition**
P3205	CD8B	Local CAN Chip Cut-Off
P321E	2F77	Ambient Pressure Sensor Maximum Pressure Implausible
P321F	2F77	Ambient Pressure Sensor Minimum Pressure Implausible
P3213	2DD3	CAN Message Monitoring ETC Alive Check
P3223	2E97	Generator Mechanical
P2332	2ED1	Generator Mechanical
P3226	27F1	E-box Control Fan High Input
P3227	27F1	E-box Control Fan Low Input
P3228	27F1	E-box Control Fan Open Circuit
P323F	2D60	Control Module Monitoring Fuel Volume, Air Mass Injected Fuel Volume Correlation
P3235	2FA4	Control Module Monitoring Version Coding Plausibility
P3238		Control Module Monitoring TPU Chip Defective
P324A	2E97	Generator Type Implausible
P324A	2ED3	Generator Type Implausible
P324C	2ED0	Generator Over Temperature Calculated
P324E	2ED2	Generator Regulator Type Implausible
P325A	2ECE	Generator Electrical Error Calculated
P3255	2E96	Generator Voltage In Starting Above Threshold
P3256	2DD2	CAN Time-out Steering Angle Sensor
P3259	2D60	Control Module Monitoring Fuel Volume, Lambda Implausible to Operating Mode
P3283	29F1	Fuel Pressure Control Adaptive Fuel Volume Out of Range (Bank 1)
P3284	29F1	Fuel Pressure Control Adaptive Fuel Volume Implausible (Bank 1)

WARNING

Your common sense, good judgement and general alertness are crucial to safe and successful service work. Before attempting any work on your BMW, be sure to read **001 Warnings and Cautions** *and the copyright page at the front of the manual. Review these warnings and cautions each time you prepare to work on your car. Please also read any warnings and cautions that accompany the procedures in the manual.*

A

B

WARNING

Your common sense, good judgement and general alertness are crucial to safe and successful service work. Before attempting any work on your BMW, be sure to read **001 Warnings and Cautions** *and the copyright page at the front of the manual. Review these warnings and cautions each time you prepare to work on your car. Please also read any warnings and cautions that accompany the procedures in the manual.*

E

WARNING

Your common sense, good judgement and general alertness are crucial to safe and successful service work. Before attempting any work on your BMW, be sure to read **001 Warnings and Cautions** *and the copyright page at the front of the manual. Review these warnings and cautions each time you prepare to work on your car. Please also read any warnings and cautions that accompany the procedures in the manual.*

WARNING

Your common sense, good judgement and general alertness are crucial to safe and successful service work. Before attempting any work on your BMW, be sure to read **001 Warnings and Cautions** *and the copyright page at the front of the manual. Review these warnings and cautions each time you prepare to work on your car. Please also read any warnings and cautions that accompany the procedures in the manual.*

WARNING

Your common sense, good judgement and general alertness are crucial to safe and successful service work. Before attempting any work on your BMW, be sure to read **001 Warnings and Cautions** *and the copyright page at the front of the manual. Review these warnings and cautions each time you prepare to work on your car. Please also read any warnings and cautions that accompany the procedures in the manual.*

WARNING

Your common sense, good judgement and general alertness are crucial to safe and successful service work. Before attempting any work on your BMW, be sure to read **001 Warnings and Cautions** *and the copyright page at the front of the manual. Review these warnings and cautions each time you prepare to work on your car. Please also read any warnings and cautions that accompany the procedures in the manual.*

Selected Books and Repair Information From Bentley Publishers

Motorsports

Alex Zanardi: My Sweetest Victory *Alex Zanardi and Gianluca Gasparini*
ISBN 978-0-8376-1249-2

The Unfair Advantage *Mark Donohue and Paul van Valkenburgh*
ISBN 978-0-8376-0069-7

Driving Forces: The Grand Prix Racing World Caught in the Malestrom of the Third Reich
Peter Stevenson
ISBN 978-0-8376-0217-2

Equations of Motion – Adventure, Risk and Innovation
William F. Milliken
ISBN 978-0-8376-1570-7

The Racing Driver – The Theory and Practice of Fast Driving
Denis Jenkinson
ISBN 978-0-8376-0201-1

Engineering

The Hack Mechanic Guide to European Automotive Electrical Systems *Rob Siegel*
ISBN 978-0-8376-1751-0

Physics for Gearheads *Randy Beikmann*
ISBN 978-0-8376-1615-5

Bosch Automotive Handbook
Updated 9th Edition *Robert Bosch GmbH*
ISBN 978-0-8376-1732-9

Bosch Fuel Injection and Engine Management *Charles O. Probst, SAE*
ISBN 978-0-8376-0300-1

Maximum Boost: Designing, Testing, and Installing Turbocharger Systems
Corky Bell ISBN 978-0-8376-0160-1

Supercharged! Design, Testing and Installation of Supercharger Systems
Corky Bell ISBN 978-0-8376-0168-7

Race Car Aerodynamics *Joseph Katz*
ISBN 978-0-8376-0142-7

Audi Repair Manuals

Audi A4 Service Manual: 2002-2008, 1.8L Turbo, 2.0L Turbo, 3.0L, 3.2L
Bentley Publishers
ISBN 978-0-8376-1574-5

Audi A4 Service Manual: 1996-2001, 1.8L Turbo, 2.8L *Bentley Publishers*
ISBN 978-0-8376-1675-9

Audi TT Service Manual: 2000-2006, 1.8L turbo, 3.2 L *Bentley Publishers*
ISBN 978-0-8376-1625-4

Audi A6 (C5 platform) Service Manual: 1998-2004 *Bentley Publishers*
ISBN 978-0-8376-1670-4

BMW

BMW 3 Series (E36) Service Manual: 1992-1998 *Bentley Publishers*
ISBN 978-0-8376-1709-1

BMW 3 Series (E30) Service Manual: 1984-1990 *Bentley Publishers*
ISBN 978-0-8376-1647-6

BMW X5 (E53) Service Manual: 2000-2006 *Bentley Publishers*
ISBN 978-0-8376-1643-8

BMW 5 Series (E39) Service Manual: 1997-2003 *Bentley Publishers*
ISBN 978-0-8376-1672-8

BMW Z3 Service Manual: 1996-2002
Bentley Publishers
ISBN 978-0-8376-1617-9

BMW 7 Series (E32) Service Manual: 1988-1994 *Bentley Publishers*
ISBN 978-0-8376-1619-3

BMW 7 Series (E38) Service Manual: 1995-2001 *Bentley Publishers*
ISBN 978-0-8376-1618-6

Memoirs of a Hack Mechanic
Rob Siegel ISBN 978-0-8376-1720-6

Porsche

Porsche 911 (Type 996) Service Manual: 1999-2005 *Bentley Publishers*
ISBN 978-0-8376-1710-7

Porsche 911 Carrera Service Manual: 1984-1989 *Bentley Publishers*
ISBN 978-0-8376-1696-4

Porsche 911 SC Service Manual: 1978-1983 *Bentley Publishers*
ISBN 978-0-8376-1705-3

Porsche 911 (964): Enthusiast's Companion *Bentley Publishers*
ISBN 978-0-8376-0293-6

Porsche Boxster. Boxster S (986) Service Manual: 1997-2004
Bentley Publishers
ISBN 978-0-8376-1645-2

Porsche: Excellence Was Expected
Karl Ludvigsen ISBN 978-0-8376-0235-6

Ferdinand Porsche – Genesis of Genius
Karl Ludvigsen ISBN 978-0-8376-1557-8

Porsche – Origin of the Species
Karl Ludvigsen ISBN 978-0-8376-1331-4

Volkswagen

Volkswagen Jetta, Golf, GTI Service Manual: 1999-2005 *Bentley Publishers*
ISBN 978-0-8376-1678-0

Volkswagen Jetta Service Manual: 2005-2010 *Bentley Publishers*
ISBN 978-0-8376-1616-2

Volkswagen Passat Service Manual: 1998-2005 *Bentley Publishers*
ISBN 978-0-8376-1669-8

Volkswagen Jetta, Golf, GTI: 1993-1999, Cabrio: 1995-2002 Service Manual *Bentley Publishers*
ISBN 978-0-8376-1660-5

Volkswagen GTI, Golf, Jetta Service Manual: 1985-1992 *Bentley Publishers*
ISBN 978-0-8376-1637-7

MINI Repair Manuals

MINI Cooper Service Manual: 2002-2006 *Bentley Publishers*
ISBN 978-0-8376-1639-1

MINI Cooper Service Manual: 2007-2013 *Bentley Publishers*
ISBN 978-0-8376-1730-5

Featured Repair Manuals

BMW 3 Series (F30, F31, F34) Service Manual: 2012-2015
Bentley Publishers
ISBN 978-0-8376-1752-7

BMW X3 (E83) Service Manual: 2004-2010
Bentley Publishers
ISBN 978-0-8376-1731-2

BMW 5 Series (E60, E61) Service Manual: 2004-2010
Bentley Publishers
ISBN 978-0-8376-1689-6

BMW 3 Series (E46) Service Manual: 1999-2005
Bentley Publishers
ISBN 978-0-8376-1657-5

[B] BentleyPublishers®
Automotive Reference

Bentley Publishers has published service manuals and automobile books since 1950. For more information, please contact Bentley Publishers at 1734 Massachusetts Avenue, Cambridge, MA 02138 USA, or visit our web site at
`BentleyPublishers.com`